# DEUTSCHLAND – FRANKREICH

# DEUTSCHLAND – FRANKREICH
## DIE GEBURT ZWEIER VÖLKER

VON

CARLRICHARD BRÜHL

2., verbesserte Auflage

1995

BÖHLAU VERLAG KÖLN WIEN

Die Deutsche Bibliothek – CIP-Einheitsaufnahme

**Brühl, Carlrichard:**
Deutschland - Frankreich ; die Geburt zweier
Völker / von Carlrichard Brühl. - 2., verb. Aufl. –
Köln ; Wien : Böhlau, 1995
ISBN 3-412-08295-3

Satz: Pro Publishing Service GmbH, Jüchen
Druck und Bindung: Tiskarna Ljudske pravice, Ljublijana
Printed in Slovenia
ISBN 3 – 412 – 08295 – 3

Le patriotisme est une vertu,
l'histoire est une science;
il ne faut pas les confondre.
(N.D. Fustel de Coulanges)

GLEN W. BOWERSOCK

GILES CONSTABLE

CHRISTIAN HABICHT

KENNETH M. SETTON

AMICIS PRINCETONIENSIBUS SACRUM

# INHALT

## EINLEITUNG

## I. HAUPTTEIL
### Die terminologisch-ideologische und verfassungsgeschichtliche Problematik.

## II. HAUPTTEIL

### Die politische Geschichte der „regna Francorum" vorwiegend im 10. Jahrhundert.

# AUS DEM VORWORT ZUR 1. AUFLAGE

Im Jahre 1972 veröffentlichte ich in den „Sitzungsberichten der wissenschaftlichen Gesellschaft an der Johann-Wolfgang-Goethe-Universität Frankfurt/Main" (Bd. 10, Nr. 5) einen Beitrag unter dem Titel „Die Anfänge der deutschen Geschichte", in dem ich die These vertrat, daß erst seit dem frühen 11. Jahrhundert von deutscher und französischer Geschichte im Vollsinn des Wortes gesprochen werden könne. Der Titel dieses Aufsatzes, dem der Jahresvortrag 1971 im „Deutschen Historischen Institut in Paris" sowie ein Vortrag vor der „Wissenschaftlichen Gesellschaft an der Johann-Wolfgang-Goethe-Universität zugrunde lagen, war bewußt zugespitzt gewählt, um die Reaktionen der Fachgenossen zu testen, an denen denn auch kein Mangel war: vom milden Vorwurf Theodor SCHIEFFERS „doch eigentlich offene Türen einzurennen" und der grundsätzlichen Zustimmung zahlreicher kompetenter Kollegen (Robert-Henri BAUTIER, Eugen EWIG, Michel FLEURY, Hagen KELLER, Eckehard MÜLLER-MERTENS, Heinz THOMAS, Karl Ferdinand WERNER, Herwig WOLFRAM u.v.a.m.) bis hin zur leidenschaftlichen, sich innerlich zutiefst verletzt fühlenden Ablehnung (Walter SCHLESINGER) oder zum sturen Nein der geistig Überforderten hat wohl keine Nuance der Zustimmung oder Ablehnung gefehlt, ja man ist nicht einmal davor zurückgeschreckt, mich „fortschrittlichen Denkens" – was immer das sein soll – zu zeihen, und das war auch noch als Kompliment gemeint. Ich hegte daher schon seit langem den Wunsch, meine Darlegungen von 1972, die von ihrem ursprünglichen Vortragscharakter her notwendig knapp gehalten sein mußten, zu vertiefen und der regen Diskussion Rechnung zu tragen, die in den letzten 20 Jahren zu dem angeschnittenen Problemkreis geführt worden ist und die allein schon die treuherzige Bemerkung eines Kollegen ad absurdum führt, wonach meine These „in der zukünftigen Diskussion nur wenig Beachtung finden dürfte", wobei wohl der Wunsch der Vater des Gedankens war.

Der Schwächen meiner Arbeit von 1972 bin ich mir stets bewußt geblieben: statt von den „Anfängen der deutschen Geschichte", die der Titel verhieß, war eigentlich viel mehr vom Ausgang der fränkischen Geschichte die Rede gewesen (was sich natürlich gegenseitig bedingt); weder die terminologische noch die politische Seite des Problems konnten hinreichend gewürdigt werden, der linguistische Aspekt war sogar bewußt ausgespart worden. Meine Ausführungen hatten Thesencharakter und ermangelten folgerichtig der Durchfüh-

rung im Detail. All das soll nun auf den folgenden Seiten in der gebotenen
Auseinandersetzung mit der fast schon überreichen Literatur nachgeholt
werden, wobei allerdings auch hier angesichts der Fülle des Materials eine gewisse Beschränkung not tat, denn über jedes der in den folgenden Kapiteln behandelten Themen ließe sich mit Leichtigkeit ein dickes Buch schreiben, ja sogar einige der hier erörterten Detailfragen könnten bequem in Buchform abgehandelt werden. Obwohl ich daher im folgenden an Quellenbelegen nicht
spare und auch den Stand der Forschung darzulegen bemüht sein werde insbesondere da, wo ich mich von der sogen. „herrschenden Lehre" abzuwei-
chen veranlaßt sehe, möge sich der Leser doch vor Augen halten, daß nur eine
Auswahl an Belegen geboten und auch die Literatur nur in Auswahl und unter
deutlicher Bevorzugung der letzten 30 – 40 Jahre berücksichtigt werden
konnte.

Das vorliegende Buch ist als eine „Auftragsarbeit" entstanden. Als die Stadt
Paris 1987 das „Millénaire capétien" beging, wünschte die Stadtverwaltung
neben der großartigen Ausstellung im „Hôtel de Ville" eine dauerhafte Erinnerung an dieses Ereignis zu schaffen in Gestalt einer wissenschaftlichen historischen Darstellung: „France – Allemagne. Naissance de deux peuples".
Ich bin dem „Maire de la Ville de Paris" und ehem. „Premier Ministre",
Herrn Jacques CHIRAC, zu tiefstem Dank verpflichtet, daß er mich mit
dieser ehrenvollen Aufgabe betraut hat. Die deutsche Fassung des Buches
lege ich hiermit vor, die französische wird in Bälde folgen. Ich werte es
nicht als das berühmte „hoffnungsvolle Zeichen", sondern als die Bestätigung einer nun schon seit Jahrzehnten als politische Realität praktizierten
deutsch – französischen Zusammenarbeit, daß die Stadt Paris anläßlich des
„Millénaire capétien" einen deutschen Gelehrten mit der Abfassung eines
Werks über die Staat- und Volkwerdung Deutschlands und Frankreichs
betraut hat. Der Auftrag zur Abfassung des Buches wurde mir im Jubiläumsjahr 1987 erteilt, was ein termingerechtes Erscheinen des Buches ausschloß. Daß es allerdings erst 1990 vorgelegt werden kann, hat seinen Grund
darin, daß ich mich im Umfang des Bandes gründlich getäuscht hatte.

Der Böhlau-Verlag in Köln, dem ich nunmehr seit über 25 Jahren verbunden bin, hat auch diesen Band mit der üblichen Sorgfalt betreut und die schöne Ausstattung ermöglicht. Die „Verwertungsgesellschaft Wort" hat einen
namhaften Druckkostenzuschuß bewilligt, wofür ich meinen aufrichtigen
Dank sage. Redaktionsschluß war der 1.VII.1990. Dies bedeutet, daß die Vorträge der 38. „Settimana di studio" des „Centro italiano di studi sull'alto medioevo" über „Il secolo di ferro: mito e realtà del secolo X" keine Berücksichtigung mehr finden konnten. Mein eigener in Spoleto gehaltener Schlußvor-
trag war der Versuch, die Ergebnisse dieses Bandes in einem Vortrag von 45
Minuten zu kondensieren. Dank dem Entgegenkommen von Herrn Kollegen

Stefan WEINFURTER-Mainz, war es mir noch möglich, einige Beiträge zu dem im Erscheinen befindlichen Salier-Werk einzuarbeiten, wofür ich auch an dieser Stelle meinen herzlichen Dank sage. Das Buch erscheint im Augenblick meines Abschieds von der Universität, die seit der Revolution von 1968 nur noch meine Arbeitsstätte, aber nicht mehr meine geistige Heimat gewesen ist. Ich sage ihr leichten Herzens Lebewohl und hoffe, an meinem Lebensabend noch einige nützliche Beiträge zur Forschung leisten zu können. Damit ist zugleich gesagt, daß ich nicht die Absicht habe, mich jahrelang mit den unvermeidlichen Besserwissern herumzuschlagen. Die Kampagne für das Jahr 919, die meiner Veröffentlichung von 1972 folgte, hatte eher die gegenteilige Wirkung der beabsichtigten, so daß ich dem Urteil der Fachwelt mit Ruhe entgegensehe.

Düsseldorf, im August 1990

Carlrichard Brühl, membre ass. étr. de l'Institut

## VORWORT ZUR 2. AUFLAGE

Die sehr freundliche Aufnahme dieses Bandes in der Forschung und weit darüber hinaus (Handelsblatt, F.A.Z., Die Welt, Westdeutscher Rundfunk u.a.) hat gewiß dazu beigetragen, daß die erste, schon relativ hoch bemessene Auflage seit einigen Monaten beim Verlag ausverkauft ist. Inzwischen war im Februar dieses Jahres bei Fayard eine französische Bearbeitung meines Buches aus der Feder von Olivier Guyotjeannin, Professor an der „École des chartes", erschienen, die schon nach fünf Monaten das Verkaufsergebnis des deutschen Bandes nach fünf Jahren um das Doppelte übertraf, was allerdings vor allem durch eine energische Straffung des Textes und eine drastische Reduzierung des kritischen Apparates auf etwa 10 % des deutschen bedingt gewesen sein dürfte. Ich wünsche mir daher, daß eine deutsche Version dieser Bearbeitung erscheinen möge, die in Frankreich sogleich ein lebhaftes Echo (ausführliche Besprechung in „Le Monde", im „Figaro", mehrfache Kommentare im Rundfunk) gefunden hat. Es wäre dies dann die sich an ein breiteres Publikum wendende Fassung, während die für die wissenschaftliche Diskussion maßgebliche Ausgabe hier nun in 2. Auflage vorgelegt wird.

Bei deren Vorbereitung stellte sich natürlich sogleich die Frage, ob die neue Auflage unter Berücksichtigung der in den vergangenen fünf Jahren erschienenen reichen Literatur völlig neu bearbeitet werden sollte. Abgesehen davon, daß eine solche Neubearbeitung neben dem erheblichen Zeit- und Arbeitsaufwand, den ich derzeit nicht erbringen kann, den völligen Neusatz des Bandes erfordert haben würde, glaubte ich auch aus einem „historischen" Grund davon absehen zu sollen: das Werk stellt in seiner Fassung von 1990 einen Markstein der Forschung dar, und es schiene mir nicht opportun, um einer problematischen Aktualisierung willen, den Forschungsstand des Jahres 1990 zu verwischen. Meine Stellungnahme zu den wichtigsten Werken der Jahre 1991–1995 findet sich in meiner „Zusammenfassung" der Beiträge zu der von mir geleiteten Sektion auf dem Deutschen Historikertag 1992 in Hannover, die als Beiheft der „Historischen Zeitschrift" erscheinen wird. Dies bedeutet, daß ich mich im wesentlichen auf die Ausmerzung der mir bekannt gewordenen Druckfehler und kleineren Irrtümer beschränkt habe. Nur in drei Fällen (S. 561, 565, 570) habe ich mich zu gewichtigen Änderungen entschlossen, die mehrheitlich auf eigenen Überlegungen (S. 565, 570), in einem Fall (S. 561 m. Anm. 67) aber auf einem von mir übersehenen Aufsatz ausgerechnet meines guten Freundes Robert-Henri BAUTIER, membre de l'Institut, beruhen, den dieser schon 1985 veröffentlicht hatte. In keinem Fall ist somit das Jahr 1990 als bibliographische Grenze überschritten worden. Weitere Eingriffe in den Text hielt ich nicht für erforderlich. Leider war mir die Aufsatzsammlung „Stirps regia. Forschungen zu Königtum und Führungsschichten im frühen Mittelalter" von Eduard HLAWITSCHKA zu spät zu Gesicht gekommen, als daß ich sie in meinem Buch noch hätte berücksichtigen können. Ich habe angesichts der hohen Zahl erforderlich werdender Korrekturen und der damit verbundenen Kosten auch jetzt davon abgesehen, möchte aber nicht versäumen, auf diesen Sammelband ausdrücklich hinzuweisen.

So kann ich abschließend nur noch einmal das im Vorwort zur 1. Auflage Gesagte wiederholen. Die neue Auffassung hat sich überraschend schnell durchgesetzt, ja es werden bereits von einigen weit über meine zeitlichen Vorstellungen hinausgehende Daten propagiert. Die aus gekränkter Eitelkeit auf ihren überholten Ansichten Beharrenden werde – und will – ich auch jetzt nicht überzeugen, und ich betone noch einmal, daß ich nicht die Absicht habe, meine Zeit in einer Diskussion ohne Ende mit den professionellen Besserwissern der 3. Kategorie zu vergeuden. Die emphatische Zustimmung zu den Thesen meines Buches in Frankreich, nicht zuletzt aus der Feder von Staatspräsident J. CHIRAC persönlich, zeigt mir, auf dem rechten Weg zu sein.

Düsseldorf, im Sommer 1995

Carlrichard Brühl, membre ass. étr. de l'Institut

# VERZEICHNIS DER BENUTZTEN QUELLEN

(Es werden grundsätzlich alle in diesem Werk
nach einer Edition zitierten Quellen verzeichnet).

## I. Verzeichnis der erzählenden Quellen.

Adalbert von Bamberg, Vita Heinrici II. imperatoris, ed. Georg WAITZ, in:
MGH, SS. IV (Hannover 1841; Nachdruck: Stuttgart 1981) S. 787–811.

Adalbert von Magdeburg, s. Continuator Reginonis.

Adalbold von Utrecht, Vita Heinrici II. imperatoris, ed. Georg WAITZ, in: MGH,
SS. IV (Hannover 1841; Nachdruck: Stuttgart 1981) S. 679 (683)–695;
ed. H. van RIJ: De Vita Heinrici II imperatoris van bisschop Adelbold van
Utrecht, in: Nederlandse Historische Bronnen 3 (1983) S. 7–95 (Edition:
S. 44–95).

Adam von Bremen, Gesta Hammaburgensis ecclesiae pontificum, ed. Bernhard
SCHMEIDLER, Hannover-Leipzig 1917³ (Nachdruck: Hannover 1977; MGH,
SS. rer. Germ. in us. schol.).

Ademar von Chabannes, Chronicon, ed. Jules CHAVANON: Adémar de Chabannes. Chronique, Paris 1897 (Collection de textes pour servir à l'étude et à
l'enseignement de l'histoire, fasc. 20).

Ado von Vienne, Chronicon in aetates sex divisum, in: PL.123 (Paris 1852; Nachdruck 1879) coll. 23–138;
ed. Georg Heinrich PERTZ in: MGH, SS. II (Hannover 1829; Nachdruck:
Stuttgart 1976) S. 315–323 (Auszüge).

Adrevald von Fleury, s. Miracula sancti Benedicti.

Aethicus Ister, Origo Francorum, ed. Bruno KRUSCH, in: MGH, SS. rer. Merov.
VII (Hannover-Leipzig 1920; Nachdruck: Hannover 1979) S. 524–527.

Aimoin von Fleury, Historiae Francorum ll.IV, in: PL. 139 (Paris 1853; Nachdruck 1880) coll. 627–798; s. auch Miracula sancti Benedicti.

Aimoin von Fleury, Vita s. Abbonis, in: PL.139 (Paris 1853; Nachdruck 1880)
coll. 375 (387)–414.

Albert von Aachen, Historiae Hierosolymitanae expeditionis ll.XII, in: Recueil
des Historiens des Croisades. Historiens occidentaux, t. IV (Paris 1879;
Nachdruck: Farnborough 1967) S. 265–713.

Alkuin von York, Epistolae, ed. Ernst DÜMMLER, in: MGH, Epistolarum t. IV:
Epistolae Karolini aevi, t. II (Berlin 1895; Nachdruck 1974) S. 18–493.

Alexander von Roes, Memoriale ... de prerogativa imperii Romani, ed. Herbert GRUNDMANN, in: Alexander von Roes. Schriften, hgg. von Herbert GRUNDMANN und Hermann HEIMPEL (Stuttgart 1958) S. 91–148 (MGH, Staatsschriften des späteren Mittelalters, t. I/1).

Alexander von Roes, Noticia seculi, ed. Herbert GRUNDMANN, in: Alexander von Roes. Schriften, hgg. von Hermann GRUNDMANN und Hermann HEIMPEL (Stuttgart 1958) S. 149–171 (MGH, Staatsschriften des späteren Mittelalters, t. I/1).

Andreas von Bergamo, Historia, ed. Georg WAITZ, in: MGH, SS. rer. Langob. (Hannover 1878; Nachdruck 1964) S. 220–230.

Annales Alamannici, ed. Walter LENDI: Untersuchungen zur frühalamannischen Annalistik. Die Murbacher Annalen (Freiburg/Schweiz 1971) S. 144–193 (Scrinium Friburgense, Bd. 1).

Annales Altahenses maiores, ed. Edmund von OEFELE, Hannover 1891² (Nachdruck 1979; MGH, SS. rer. Germ. in us. schol.).

Annales Augienses, ed. Ildefons von ARX, in: MGH, SS. I (Hannover 1826; Nachdruck: Stuttgart 1976) S. 67–69.

Annales Bertiniani, edd. †Felix GRAT, Jeanne VIELLIARD et Suzanne CLÉMENCET; Introduction et notes: † Léon LEVILLAIN, Paris 1964 (Société de l'Histoire de France. Série antérieure à 1789; zitiert: ed. GRAT).

Annales ex annalibus Iuvavensibus antiquis excerpti (Annales Iuvavenses maximi), ed. Harry BRESSLAU, in: MGH, SS. XXX/2 (Leipzig 1934; Nachdruck: Stuttgart 1976) S. 727(732)–744.

Annales Farfenses, ed. Ludwig BETHMANN, in: MGH, SS. XI (Hannover 1854; Nachdruck: Stuttgart 1983) S. 587–590;
edd. Ignazio GIORGI – Ugo BALZANI: Il Regesto di Farfa compilato da Gregorio di Catino, t. II (Roma 1879) S. 6–19 (Società romana di Storia patria).

Annales Fuldenses sive Annales regni Francorum orientalis ... cum continuationibus Ratisbonensi et Altahensibus, ed. Friedrich KURZE, Hannover 1891 (Nachdruck 1978; MGH, SS. rer. Germ. in us. schol.).

Annales Hildesheimenses, ed. Georg WAITZ, Hannover 1878 (Nachdruck 1947; MGH, SS. rer. Germ. in us. schol.).

Annales Iuvavenses antiqui, s. Annales ex annalibus Iuvavensibus antiquis excerpti.

Annales Laubienses, Leodienses, ed. Georg Heinrich PERTZ, in: MGH, SS. IV (Hannover 1841; Nachdruck: Stuttgart 1981) S. 9–20.

Annales Laureshamenses, ed. Georg Heinrich PERTZ, in: MGH, SS. I (Hannover 1826; Nachdruck: Stuttgart 1976) S. 19(31)–39.

Annales Lausannenses, ed. Charles ROTH, in: Cartulaire du chapitre de Notre-Dame de Lausanne (Lausanne 1948) S. 5–9 (Mémoires et documents publiés par la Société d'histoire de la Suisse romande. Troisième série, t. III).

Annales Lobienses, ed. Georg Heinrich PERTZ, in: MGH., SS. II (Hannover 1829; Nachdruck: Stuttgart 1976) S. 209–211; ed. Georg WAITZ, in: MGH, SS. XIII (Hannover 1881; Nachdruck: Stuttgart 1985) S. 224–235.

Annales Magdeburgenses, ed. Georg Heinrich PERTZ, in: MGH, SS. XVI (Hannover 1859; Nachdruck: Stuttgart 1988) S. 105–196.

Annales Mettenses priores, ed. Bernhard v. SIMSON, Hannover-Leipzig 1905 (Nachdruck: Hannover 1979; MGH, SS. rer. Germ. in us. schol.).

Annales Nivernenses, ed. Georg WAITZ, in: MGH, SS. XIII (Hannover 1881; Nachdruck: Stuttgart 1985) S. 88–91.

Annales Pegavienses, ed. Georg Heinrich PERTZ, in: MGH, SS. XVI (Hannover 1859; Nachdruck: Stuttgart 1988) S. 234–270.

Annales Prumienses, ed. Lothar BOSCHEN: Die Annales Prumienses (Düsseldorf 1972) S. 75(78)–84.

Annales Quedlinburgenses usque ad an. 1025, ed. Georg Heinrich PERTZ, in: MGH, SS. III (Hannover 1839; Nachdruck: Stuttgart 1987) S. 18–90.

Annales Ratisponenses, ed. Wilhelm WATTENBACH, in: MGH, SS. XVII (Hannover 1861; Nachdruck: Stuttgart 1987) S. 577–590.

Annales regni Francorum... qui dicuntur Annales Laurissenses maiores et Einhardi, ed. Friedrich KURZE, Hannover 1895 (Nachdruck 1950; MGH, SS. rer. Germ. in us. schol.).

Annales Remenses, ed. Georg WAITZ, in: MGH, SS. XIII (Hannover 1881; Nachdruck: Stuttgart 1985) S. 80–81.

Annales S. Columbae Senonensis, ed. Georg Heinrich PERTZ, in: MGH, SS. I (Hannover 1826; Nachdruck: Stuttgart 1976) S. 102–109; ed. Louis-Maximilien DURU, in: Bibliothèque historique de l'Yonne, t. I (Auxerre 1850) S. 200–216.

Annales Sancti Dionysii, ed. Georg WAITZ, in: MGH, SS. XIII (Hannover 1881; Nachdruck: Stuttgart 1985) S. 718–721.

Annales Sancti Germani minores, ed. Georg Heinrich PERTZ, in: MGH, SS. IV (Hannover 1841; Nachdruck: Stuttgart 1981) S. 3–4.

Annales S. Germani Parisiensis, ed. Georg Heinrich PERTZ, in: MGH, SS. III (Hannover 1839; Nachdruck: Stuttgart 1987) S. 166–168.

Annales Sancti Medardi Suessionis, ed. Georg WAITZ, in: MGH, SS. XXVI (Hannover 1882; Nachdruck: Stuttgart 1975) S. 518–522 (Auszüge).

Annales S. Petri Erphesfurtenses antiqui, ed. Oswald HOLDER-EGGER, in: Monumenta Erphesfurtensia saec. XII. XIII. XIV. (Hannover-Leipzig 1899) S. 3–20 (MGH, SS. rer. Germ. in us. schol.).

Annales S. Rudberti Salisburgenses, ed. Wilhelm WATTENBACH, in: MGH, SS. IX (Hannover 1851; Nachdruck: Stuttgart 1983) S. 758–810.

Annales Sangallenses maiores, ed. Carl HENKING: Die annalistischen Aufzeichnungen des Klosters St. Gallen (St. Gallen 1884) S. 197–368, bes. S. 265–323 (Mittheilungen zur vaterländischen Geschichte, hgg. vom historischen

Verein in St. Gallen, t. XIX; N.F., H.9);
für die Jahre 1014 – 1039 ed. Harry BRESSLAU in: Wiponis opera (Hannover-Leipzig 1915³; Nachdruck: Hannover 1956) S. 91 – 94 (MGH, SS. rer. Germ. in us. schol.).

Annales Sithienses, ed. Georg WAITZ, in: MGH, SS. XIII (Hannover 1881; Nachdruck: Stuttgart 1985) S. 34 – 38.

Annales Vedastini, s. Annales Xantenses.

Annales Weingartenses, ed. Georg Heinrich PERTZ, in: MGH, SS. I (Hannover 1826; Nachdruck: Stuttgart 1976) S. 65 – 67.

Annales Xantenses und Annales Vedastini, ed. Bernhard v. SIMSON, Hannover-Leipzig 1909 (Nachdruck: Hannover 1979; MGH, SS. rer. Germ. in us. schol.).

„Annalista Saxo" (Arnold von Berge?), ed. Georg WAITZ, in: MGH, SS.VI (Hannover 1844; Nachdruck: Stuttgart 1980) S. 542 (553) – 777.

Anselm von Lüttich, Gesta episcoporum Tungrensium, Traiectensium et Leodiensium, ed. Rudolf KOEPKE, in: MGH, SS.VII (Hannover 1846; Nachdruck: Stuttgart 1963) S. 135 (189) – 234.

Anselm von Lüttich, Historia dedicationis ecclesiae S. Remigii apud Remos, ed. Johann Matthias WATTERICH, in: Pontificum Romanorum...Vitae ab aequalibus conscriptae, t. I (Leipzig 1862; Nachdruck: Aalen 1966) S. 113 – 127.

Anselm von Besate, Epistola Anselmi Perypathetici ad imperatorem Heinricum, ed. Karl MANITIUS, in: MGH, Quellen zur Geistesgeschichte des Mittelalters, t. II (Weimar 1958; Nachdruck: München 1983) S. 97 – 100.

Anselm von Besate, Rhetorimachia, ed. Karl MANITIUS, in: MGH, Quellen zur Geistesgeschichte des Mittelalters, t. II (Weimar 1958; Nachdruck: Köln-München 1983) S. 107 – 183.

Ardo (qui et Smaragdus) von Aniane, Vita Benedicti abbatis Anianensis et Indensis, ed. Georg WAITZ, in: MGH, SS. XV/1 (Hannover 1887; Nachdruck: Stuttgart 1976) S. 198 – 220.

Arnold von Berge, s. Annalista Saxo.

Arnold von St. Emmeram, Libri II de s. Emmerammo, ed. Georg WAITZ, in: MGH, SS. IV (Hannover 1841; Nachdruck: Stuttgart 1981) S. 543 – 574 (Auszüge).

Arnulf von Mailand, Gesta archiepiscoporum Mediolanensium, edd. Ludwig BETHMANN – Wilhelm WATTENBACH, in: MGH, SS. VIII (Hannover 1848; Nachdruck: Stuttgart 1987) S. 1 (6) – 31.

Asser, De rebus gestis Aelfredi, ed. William Henry STEVENSON: Asser's Life of King Alfred together with the Annals of Saint Neots erroneously ascribed to Asser (Oxford 1904; Nachdruck 1959) S. 1 – 96.

„Astronomus", Vita Hludowici imperatoris, ed. Georg Heinrich PERTZ, in: MGH, SS. II (Hannover 1829 Nachdruck: Stuttgart 1976) S. 604 – 648; ed. Wolfgang TENBERKEN: Die Vita Hludowici Pii auctore Astronomo.

Einleitung und Edition (Diss. phil. Freiburg i. Br. 1971; Druck: Rottweil 1982) S. 1–242 (Edition).

Auctarium Affligemense (zu Sigebert von Gembloux), ed. Ludwig BETHMANN, in: MGH, SS. VI (Hannover 1844; Nachdruck: Stuttgart 1980) S. 398–405.

Benedikt von S. Andrea, Chronicon, ed. Giuseppe ZUCCHETTI: Il *Chronicon* di Benedetto, monaco di S. Andrea del Soratte e il *Libellus de imperatoria potestate in urbe Roma*, Roma 1920 (Fonti per la storia d'Italia, t. 55).

Bertar von Verdun, Gesta episcoporum Virdunensium, ed. Georg WAITZ, in: MGH, SS. IV (Hannover 1841; Nachdruck: Stuttgart 1981) S. 36–45; s. Gesta episcoporum Virdunensium continuatio.

Berthold von Reichenau, Annales 1054–1080, ed. Georg Heinrich PERTZ, in: MGH, SS. V (Hannover 1844; Nachdruck: Stuttgart 1985) S. 264–326.

Biblia Sacra iuxta vulgatam versionem, ed. Robert WEBER, O.S.B., 2 Bde., Stuttgart 1969.

Jean Bodin, Methodus ad facilem historiarum cognitionem (a. 1566), in: Œuvres philosophiques de Jean Bodin, ed. Pierre MESNARD (Paris 1951) S. 99–269 (Corpus général des philosophes français, hgg. von Raymond BAYER. Auteurs modernes, t. V, 3: Jean Bodin).

Brun von Querfurt, S. Adalberti Pragensis episcopi et martyris vita altera, ed. Jadwiga KARWASIŃSKA, Warszawa 1969 (Monumenta Poloniae Historica, N.S., t. IV/2).

Brun von Querfurt, Vita quinque fratrum eremitarum, ed. Jadwiga KARWASIŃSKA (Warszawa 1973) S. 7(27)–84 (Monumenta Poloniae Historica, N.S., t. IV/3).

Brun von Querfurt, Epistola ad Henricum regem, ed. Jadwiga KARWASIŃSKA, (Warszawa 1973) S. 85(97)–106 (Monumenta Poloniae Historica, N.S., t. IV/3).

Bruno von Merseburg, Saxonicum Bellum, ed. Hans-Eberhard LOHMANN, Leipzig 1937 (Nachdruck: Stuttgart 1980; MGH, Deutsches Mittelalter. Kritische Studientexte, Bd. 2).

Gaius Julius Caesar, Commentarii rerum gestarum, vol. I: Bellum Gallicum, ed. Otto SEEL, Stuttgart 1977[8] (Bibliotheca Teubneriana); ed. Léopold-Albert CONSTANS: César. Guerre des Gaules, 2 vol., Paris 1958–1959[6] (Collection Budé).

Carmina de Ludovico II. imperatore, ed. Ludwig TRAUBE, in: MGH, Poetae Latini aevi Carolini, t. III (Berlin 1896; Nachdruck 1964) S. 403–405.

Catalogi regum Italicorum Oscelenses, ed. Georg WAITZ, in: MGH, SS. rer. Langob. (Hannover 1878; Nachdruck 1964) S. 519–521.

Catalogus Langobardorum et ducum Beneventanorum et comitum Capuae e codice Cavense 22, ed. Georg WAITZ, in: MGH, SS. rer. Langob. (Hannover 1878; Nachdruck 1964) S. 490–501.

Catalogus regum et imperatorum Aretinus, s. Gerhard von Arezzo.

Catalogus regum et imperatorum ex codice Monacensi, ed. Rudolf KÖPKE, in: MGH, SS. X (Hannover 1852; Nachdruck: Stuttgart 1987) S. 136;
ed. Adolf HOFMEISTER: Wipos Verse über die Abstammung der Kaiserin Gisela von Karl dem Großen, in: Historische Vierteljahrsschrift 19 (1919/20) S. 386–392, bes. S. 391–392.

Chronica regum Francorum, ed. Georg Heinrich PERTZ, in: MGH, SS. III (Hannover 1839; Nachdruck: Stuttgart 1987) S. 214.

Chronicon Centulense, s. Hariulf von St-Riquier.

Chronicon Ebersheimense, ed. Ludwig WEILAND, in: MGH, SS. XXIII (Hannover 1874; Nachdruck: Stuttgart 1986) S. 427(431)–453.

Chronicon Mauriniacense, ed. Léon MIROT: La chronique de Morigny (1095–1152), Paris 1909 (Collection de textes pour servir à l'étude et à l'enseignement de l'histoire, fasc. 41).

Chronicon S. Michaelis in pago Virdunensi, ed. Georg WAITZ, in: MGH SS.IV (Hannover 1841; Nachdruck: Stuttgart 1981) S. 78–86;
ed. André LESORT: Chronique et chartes de l'abbaye de Saint-Mihiel, in: Mettensia, t. VI (Paris 1909–1912) S. 1–38.

Chronicon Moissiacense, ed. Georg Heinrich PERTZ, in: MGH, SS. I (Hannover 1826; Nachdruck: Stuttgart 1976) S. 280–313.

Chronicon regum Langobardorum codicis Antoniani, ed. Mechthild SANDMANN: Herrscherverzeichnisse als Geschichtsquelle. Studien zur langobardisch–italischen Überlieferung (München 1984) S. 77–81 (Münstersche Mittelalter-Schriften, Bd. 41).

Chronicon Salernitanum, ed. Ulla WESTERBERGH, Stockholm 1956 (Studia Latina Stockholmiensia, t. III).

Chronicon S. Petri Vivi Senonensis, edd. Robert-Henri BAUTIER – Monique GILLES: Chronique de Saint-Pierre-le-Vif de Sens dite de Clarius, Paris 1979 (Sources d'histoire médiévale, t. 13).

Chronicon Venetum, s. Johannes Diaconus.

Chronique de l'abbaye de Saint-Bénigne de Dijon suivie de la Chronique de Saint-Pierre de Bèze, edd. Louis-Emile BOUGAUD – Joseph GARNIER, Dijon 1875 (Analecta Divionensia. Documents inédits pour servir à l'histoire de France et particulièrement à celle de Bourgogne tirés des archives et de la bibliothèque de Dijon).

Clausula de unctione Pippini, s. De unctione Pippini regis.

Codex Carolinus, ed. Wilhelm GUNDLACH, in: MGH, Epistolarum t. III: Epistolae Merowingici et Karolini aevi, t. I (Berlin 1892; Nachdruck 1978) S. 469–657.

Collectio Sangallensis, s. Quellenverzeichnis II, MGH, Legum sectio V.

Constantin von Metz, Vita Adalberonis II. Mettensis episcopi, ed. Georg Heinrich PERTZ, in: MGH, SS. IV (Hannover 1841; Nachdruck: Stuttgart 1981) S. 658–672.

Continuator Reginonis (Adalbert von Magdeburg?), s. Regino von Prüm.

De gradus Romanorum, ed. Georg BAESECKE, in: Kritische Beiträge zur Geschichte des Mittelalters. Festschrift für Robert Holtzmann zum sechzigsten Geburtstag (Berlin 1933; Nachdruck: Vaduz 1965) S. 1–8 (Historische Studien Ebering, H. 238);
ed. Max CONRAT (Cohn): Ein Traktat über romanisch – fränkisches Ämterwesen, in: ZSavRG., G.A. 29 (1908) S. 239–260, bes. S. 248–250.

De proprietatibus gentium, ed. Theodor MOMMSEN, in: MGH, Auct. ant. XI (Berlin 1894; Nachdruck 1981) Additamentum IX, S. 389–390.

De unctione Pippini regis nota monachi Sancti Dionysii, ed. Georg WAITZ, in: MGH, SS. XV/1 (Hannover 1887; Nachdruck Stuttgart 1976) S. 1;
ed. Alain STOCLET: La «clausula de unctione Pippini regis»: Mises au point et nouvelles hypothèses, in: Francia 8 (1980) S. 1–42, bes. S. 2–3.

Dudo von Saint-Quentin, De moribus et actis primorum Normanniae ducum, ed. Jules LAIR, Paris-Caen 1865 (Mémoires de la Société des Antiquaires de Normandie, 3ᵉ série, t. III).

Einhard, Vita Karoli Magni, ed. Oswald HOLDER-EGGER, Hannover 1911⁶ (Nachdruck 1965; MGH, SS. rer. Germ. in us. schol.).

Ekkehard von Aura, Chronica, edd. Franz-Josef SCHMALE – Irene SCHMALE-OTT: Frutolfi et Ekkehardi Chronica necnon Anonymi Chronica imperatorum, Darmstadt 1972 (Freiherr vom Stein-Gedächtnisausgabe, Bd. XV).

Ekkehard IV. von St. Gallen, Casus sancti Galli, ed. Hans F. HAEFELE, Darmstadt 1980 (Freiherr vom Stein-Gedächtnisausgabe, Bd. X).

Ellenhard von Fulda, Chronicon, ed. Philipp JAFFÉ, in: MGH, SS. XVII (Hannover 1861; Nachdruck: Stuttgart 1963) S. 118–141.

Epistola ad Henricum regem, s. Brun von Querfurt.

Epistola ad imperatorem Heinricum, s. Anselm von Besate.

Epistola Adefonsi Hispaniae regis a.906, in: PL. 133 (Paris 1853; Nachdruck 1880) col. 730 Anm. 125 (auf coll. 731–732).

Epistolae de causa Heinrici regis, s. Walram von Naumburg und Herrand von Halberstadt.

Epistolae variorum Carolo Magno regnante scriptae, ed. Ernst DÜMMLER, in: MGH, Epistolarum t. IV: Epistolae Karolini aevi, t. II (Berlin 1895; Nachdruck 1974) S. 494–567, bes. Nr. 37: ebd. S. 555–556.

Epistolae selectae Sergii II, Leonis IV, Benedicti III Pontificum Romanorum, ed. Adolf v. HIRSCH-GEREUTH, in: MGH, Epistolarum t. V: Epistolae Karolini aevi, t. III, ed. Ernst DÜMMLER (Berlin 1898–1899; Nachdruck 1978) S. 581–614.

Epitaphium Arsenii, s. Vita Walae abbatis auctore Paschasio Radberto.

Epitaphium Gregorii V. papae, ed. Karl STRECKER, in: MGH, Poetae Latini medii aevi, t. V/2: Die Ottonenzeit (Berlin 1939; Nachdruck: [München] 1979) S. 337–338.

Epitaphium et miracula Odilonis, s. Iotsaldus von Cluny.

Erchanberti Breviarium regum Francorum, monachi Augiensis continuatio, ed. Georg Heinrich PERTZ, in: MGH, SS. II (Hannover 1829; Nachdruck: Stuttgart 1976) S. 328–330.

Erchempert von Montecassino, Historia Langobardorum Beneventanorum, ed. Georg WAITZ, in: MGH, SS. rer. Langob. (Hannover 1878; Nachdruck 1964) S. 231–264.

Ermenrich von Ellwangen, Sermo de vita s. Sualonis dicti Soli, ed. Oswald HOLDER-EGGER, in: MGH, SS. XV/1 (Hannover 1887; Nachdruck: Stuttgart 1976) S. 151–163.

Ermoldus Nigellus, Carmen in honorem Hludowici christianissimi Caesaris Augusti, ed. Edmond FARAL: Ermold le Noir. Poème sur Louis le Pieux et épitres au roi Pépin, Paris 1932 (Nachdruck 1964; Les classiques de l'histoire de France au moyen âge, t. 14).

Everhelm von St. Peter zu Gent, Vita Popponis abbatis Stabulensis, ed. Wilhelm WATTENBACH, in: MGH, SS. XI (Hannover 1854; Nachdruck: Stuttgart 1983) S. 291–316.

(Monachi Sancti Bertini) Flandria generosa, ed. Ludwig BETHMANN, in: MGH, SS. IX (Hannover 1851; Nachdruck: Stuttgart 1983) S. 313–325.

Flodoard von Reims, Annales, ed. Philippe LAUER: Les Annales de Flodoard, Paris 1905 (Collection de textes pour servir à l'étude et à l'enseignement de l'histoire, fasc. 39).

Flodoard von Reims, Historia Remensis ecclesiae, edd. Johann HELLER – Georg WAITZ, in: MGH, SS. XIII (Hannover 1881; Nachdruck: Stuttgart 1985) S. 405–599.

Florentius von Worcester, Chronicon ex Chronicis, ed. Benjamin THORPE, 2 Bde., London 1848–1849 (English Historical Society);
ed. Reinhold PAULI, in: MGH, SS. XIII (Hannover 1881; Nachdruck: Stuttgart 1985) S. 124–130 (Auszüge aus Thorpe; hiernach zitiert).

Folkwin von Lobbes (Laubach), Gesta abbatum Lobbiensium, ed. Georg Heinrich PERTZ, in: MGH, SS. IV (Hannover 1841; Nachdruck: Stuttgart 1981) S. 52–74.

Folkwin von Lobbes, Gesta abbatum S. Bertini Sithiensium, ed. Oswald HOLDER-EGGER, in: MGH, SS. XIII (Hannover 1881; Nachdruck: Stuttgart 1985) S. 606–635.

Fragmentum de Arnulfo duce, ed. Philipp JAFFÉ, in: MGH, SS. XVII (Hannover 1861; Nachdruck: Stuttgart 1987) S. 570 und danach: REINDEL, Luitpoldinger, Nr. 56, S. 112.

Frechulf von Lisieux, Chronicorum ll. II, in: PL.106 (Paris 1851; Nachdruck 1864) coll. 917–1258.

„Fredegarius Scholasticus", Chronicarum ll. IV, ed. Bruno KRUSCH, in: MGH, SS. rer. Merov. II (Hannover 1888; Nachdruck 1984) S. 18–168.

Frutolf von Michelsberg, Chronica (bis 1000), ed. Georg WAITZ, in: MGH, SS. VI (Hannover 1844; Nachdruck: Stuttgart 1980) S. 33–192 (unter dem Namen Ekkehards von Aura); von 1001–1102: edd. Franz-Josef SCHMALE – Irene SCHMALE-OTT (Darmstadt 1972) S. 48–120; s. Ekkehard von Aura.

Fulbert von Chartres, Epistolae, ed. Frederick BEHRENDS: The Letters and Poems of Fulbert of Chartres, Oxford 1976 (Oxford medieval texts).

Fundatio monasterii Brunwilarensis, ed. Hermann PABST, in: Archiv 12 (1874) S. 147–200;
ed. Georg WAITZ, in: MGH, SS. XIV (Hannover 1883; Nachdruck: Stuttgart 1988) S. 121–144.


Galbert von Brügge, De multro, traditione et occisione gloriosi Karoli comitis Flandriarum, ed. Henri PIRENNE: Histoire du meutre de Charles le Bon, comte de Flandre (1127–1128), Paris 1891 (Collection de textes pour servir à étude et à l'enseignement de l'histoire, fasc.10).

Gallus Anonymus, Cronicae et gesta ducum sive principum Polonorum, ed. Karol MALECZYŃSKI, Kraków 1952 (Monumenta Poloniae Historica, N.S., t. II).

Genealogia comitum Flandriae, s. Lambert von St- Omer.

Gerbert von Reims, Epistolae, ed. Fritz WEIGLE: MGH, Die Briefe der deutschen Kaiserzeit, t. II: Die Briefsammlung Gerberts von Reims, Berlin-Zürich-Dublin 1966.

Gerhard von Arezzo, Catalogus regum Langobardorum et imperatorum Aretinus, ed. Adolf HOFMEISTER, in: MGH, SS. XXX/2 (Leipzig 1934; Nachdruck: Stuttgart 1976) S. 1430–1437.

Gerhard von Augsburg, Vita s. Oudalrici episcopi, ed. Georg WAITZ, in: MGH, SS. IV (Hannover 1841; Nachdruck: Stuttgart 1981) S. 377(384)–419.

Gesta abbatum Lobbiensium, s. Folkwin von Lobbes.

Gesta abbatum Sancti Bertini, s. Folkwin von Lobbes.

Gesta archiepiscoporum Magdeburgensium, ed. Wilhelm SCHUM, in: MGH, SS. XIV (Hannover 1883; Nachdruck: Stuttgart 1988) S. 361–484.

Gesta archiepiscoporum Mediolanensium, s. Arnulf von Mailand.

Gesta Berengarii imperatoris, ed. Paul v. WINTERFELD, in: MGH, Poetae Latini aevi Carolini, t. IV/1 (Berlin 1899; Nachdruck 1964) S. 354–401.

Gesta domni Aldrici Cenomannicae urbis episcopi a discipulis suis, edd. Robert
    CHARLES – Louis FROGER, Mamers 1889;
    ed. Georg WAITZ, in: MGH, SS. XV/1 (Hannover 1887; Nachdruck: Stutt-
    gart 1976) S. 304 – 327 (Auszüge).
Gesta episcoporum Cameracensium, ed. Ludwig BETHMANN, in: MGH, SS. VII
    (Hannover 1846; Nachdruck: Stuttgart 1963) S. 393(402) – 489.
Gesta episcoporum Leodiensium, s. Anselm von Lüttich.
Gesta episcoporum Virdunensium, s. Bertar von Verdun, Laurentius von Lüttich.
Gestarum episcoporum Virdunensium continuatio, ed. Georg WAITZ, in: MGH,
    SS. IV (Hannover 1841; Nachdruck: Stuttgart 1981) S. 45 – 51; s. Bertar von
    Verdun.
Gesta regum Anglorum, s. Wilhelm von Malmesbury.
Gilles Le Bouvier dit Berry, Le livre de la Description des pays, ed. Ernest-Théo-
    dore HAMY, Paris 1908 (Recueil de voyages et de documents pour servir à
    l'histoire de la géographie depuis le XIII$^e$ jusqu'à la fin du XVI$^e$ siècle, t.
    XXII).
Giraldus Cambrensis, Liber de instructione principis, ed. George F. WARNER:
    Opera, vol.VIII (London 1891; Nachdruck: Vaduz 1964) S. 1 – 329 (Rolls
    Series, t. 21).
Gobelinus Person, Cosmodromium hoc est Chronicon universale, ed. Heinrich
    MEIBOM, in: Scriptores rerum Germanicarum, t. I (Helmstedt 1688) S. 61 –
    343;
    Cosmidromius, ed. Max JANSEN, Münster i. W. 1900 (Veröffentlichungen
    der Historischen Kommission der Provinz Westfalen).
Gottfried von Viterbo, Memoria seculorum (Liber memorialis), ed. Georg
    WAITZ, in: MGH, SS. XXII (Hannover 1872; Nachdruck: Stuttgart 1976)
    S. 94 – 106 (Auszüge).
Gottfried von Viterbo, Pantheon, ed. Georg WAITZ, in: MGH, SS. XXII (Hanno-
    ver 1872; Nachdruck: Stuttgart 1976) S. 107 – 307 (Auszüge).
Gottfried von Viterbo, Speculum regum, ed. Georg WAITZ, in: MGH, SS. XXII
    (Hannover 1872; Nachdruck: Stuttgart 1976) S. 21 – 93.
Gottschalk von Orbais, De praedestinatione, ed. Dom Cyrille LAMBOT: Œuvres
    théologiques et grammaticales de Godescalc d'Orbais (Louvain 1945)
    S. 180 – 258 (Spicilegium Sacrum Lovaniense. Etudes et documents, fasc.
    20).
Gregorii VII. Registrum, ed. Erich CASPAR, Berlin 1920 – 1923 (Nachdruck 1978;
    MGH, Epistolae selectae, t. II).
Guillelmi Aquitanorum dux epistolae, s. Fulbert von Chartres.
Guillelmus de Nangiaco, Chronicon, ed. Hercule GÉRAUD: Chronique latine de
    Guillaume de Nangis de 1113 à 1300 avec les continuations de cette chroni-
    que de 1300 à 1368, 2 Bde., bes. t. I, Paris 1843 (Société de l'Histoire de France).

Hariulf von St-Riquier, Chronicon Centulense, ed. Ferdinand LOT: Hariulf. Chronique de l'abbaye de Saint-Riquier (Vᵉ siècle – 1104), Paris 1894 (Collection de textes pour servir à l'étude et à l'enseignement de l'histoire, fasc. 17).

Heinrich IV., Epistolae, ed. Carl ERDMANN: Die Briefe Heinrichs IV., Leipzig 1937 (Nachdruck: Stuttgart 1980; MGH, Deutsches Mittelalter. Kritische Studientexte, Bd. 1).

Heiric von Auxerre, Miraculorum s. Germani ll.II, ed. Louis- Maximilien DURU in: Bibliothèque historique de l'Yonne, t. II (Auxerre 1863) S. 114 – 192;
ed. Georg WAITZ, in: MGH, SS. XIII (Hannover 1881; Nachdruck: Stuttgart 1985) S. 401 – 404 (Auszüge aus l.II).

Helgald von Fleury, Epitoma vitae regis Roberti Pii, edd. Robert-Henri BAUTIER – Gilette LABORY: Helgaud de Fleury. Vie de Robert le Pieux, Paris 1965 (Sources d'histoire médiévale, t. 1).

Heliand, ed. Eduard SIEVERS, Halle/Saale 1878 (Germanistische Handbibliothek, hgg. von Julius ZACHER, t. IV);
ed. Otto BEHAGHEL, Halle/Saale 1882.

Hepedannus von St. Gallen, Vita s. Wiboradae, in: AA SS, 2. Maii, t. I (Antwerpen 1680; Nachdruck: Bruxelles 1968) S. 294 – 308.

Herbord von Bamberg, Dialogus de vita Ottonis episcopi Babenbergensis, ed. Rudolf KÖPKE, Hannover 1868 (MGH, SS. rer. Germ. in us. schol.).

Hermann von Reichenau (Hermann der Lahme), Chronicon, ed. Georg Heinrich PERTZ, in: MGH, SS.V (Hannover 1844; Nachdruck: Stuttgart 1985) S. 67 – 133.

Herrand von Halberstadt, s. Walram von Naumburg.

Hinkmar von Reims, Vita sancti Remigii, ed. Bruno KRUSCH, in: MGH, SS. rer. Merov. III (Hannover 1896; Nachdruck 1977) S. 239 – 341.

Hinkmar von Reims, s. Annales Bertiniani.

Historia Francorum Senonensis, ed. Georg WAITZ, in: MGH, SS. IX (Hannover 1851; Nachdruck: Stuttgart 1983) S. 364 – 369.

Historia Langobardorum codicis Gothani, ed. Georg WAITZ, in: MGH, SS. rer. Langob. (Hannover 1878; Nachdruck: 1964) S. 7 – 11.

François Hotman, Francogallia (a. 1573), ed. Ralph E. GIESEY (mit englischer Übersetzung und Einleitung von John H. M. SALMON) Cambridge 1972. (Die Einleitung zitiert: SALMON.)

Hrabanus Maurus, De inventione linguarum (lies: litterarum) ab Hebraea usque ad Theodiscam et notis antiquis, in: PL.112 (Paris 1852) coll. 1579 – 1583.

Hugo von Flavigny, Chronicon, ed. Georg Heinrich PERTZ, in: MGH, SS. VIII (Hannover 1848; Nachdruck: Stuttgart 1987) S. 280 – 502;
Flodoard von Reims, Annales ed. Philippe LAUER (Paris 1905) S. 193 – 211 (Auszüge für die Jahre 919 – 962).

Inventio et miracula sancti Gisleni, ed. Oswald HOLDER- EGGER, in: MGH, SS. XV/2 (Hannover 1888; Nachdruck: Stuttgart 1976) S. 576–579 (Auszüge); s. auch Rainerus von St-Ghislain.

Iocundus von Maastricht, Translatio s. Servatii, ed. Rudolf KOEPKE, in: MGH, SS. XII (Hannover 1856; Nachdruck: Stuttgart 1963) S. 85–126.

Iotsaldus von Cluny, Epitaphium et miracula Odilonis abbatis Cluniacensis, ed. Georg WAITZ, in: MGH, SS. XV/2 (Hannover 1888; Nachdruck: Stuttgart 1976) S. 812–820 (Auszüge).

Isidor von Sevilla, Etymologiarum sive originum ll. XX, ed. Wallace M. LINDSAY, 2 Bde., Oxford 1911 (Nachdruck 1957; Scriptorum Classicorum Bibliotheca Oxoniensis).

Jean Golein, Traité du Sacre (a. 1372), ed. Marc BLOCH: Les rois thaumaturges (Strasbourg-Paris 1924) Append. IV, S. 479–489 (Auszüge).

Johannes Diaconus, Chronicon Venetum, ed. Giovanni MONTICOLO: Cronache veneziane antichissime (Roma 1890; Nachdruck: Torino 1969) S. 57–171 (Fonti per la storia d'Italia, t. 9).

Johann von St. Arnulf zu Metz, Vita Johannis abbatis Gorziensis, ed. Georg Heinrich PERTZ, in: MGH, SS. IV (Hannover 1841; Nachdruck: Stuttgart 1981) S. 335–377.

Karolus magnus et Leo papa, ed. Franz BRUNHÖLZL, in: Karolus Magnus et Leo papa. Ein Paderborner Epos vom Jahre 799 (Paderborn 1966) S. 55–97 (mit deutscher Übersetzung; Studien und Quellen zur westfälischen Geschichte, Bd. 8).

Lambert von St-Omer, Genealogia comitum Flandriae, ed. Ludwig BETHMANN, in: MGH, SS. IX (Hannover 1851; Nachdruck: Stuttgart 1983) S. 308–313.

Lambert von St-Omer, Liber Floridus, ed. Léopold DELISLE: Notice sur les manuscrits du „Liber Floridus" de Lambert, chanoine de St-Omer, in: Notices et extraits des manuscrits de la Bibliothèque Nationale et d'autres bibliothèques, t. XXXVIII (Paris 1906) S. 577–791, bes. S. 747–791 (Auszüge).

Lampert von Hersfeld, Annales, in: Lamperti monachi Hersfeldensis opera, ed. Oswald HOLDER-EGGER (Hannover-Leipzig 1894; Nachdruck: Hannover 1984) S. 1–304 (MGH, SS. rer. Germ. in us. schol.).

Landulphus Senior, Historiae Mediolanensis ll.IV, edd. Ludwig BETHMANN – Wilhelm WATTENBACH, in: MGH, SS. VIII (Hannover 1848; Nachdruck: Stuttgart 1987) S. 32(36)–100; ed. Alessandro CUTOLO, Bologna 1942 (Rerum Italicarum SS. , t. IV/1–2).

Laurentius von Lüttich, Gesta episcoporum Virdunensium et abbatum S. Vitoni, ed. Georg WAITZ, in: MGH, SS. X (Hannover 1852; Nachdruck: Stuttgart 1987) S. 486–516.

Jean Lemaire de Belges, Œuvres de Jean Lemaire de Belges, ed. Jean STECHER, 4 Bde., Louvain 1882 – 1891.

Liber de compositione castri Ambaziae et ipsius dominorum gesta, edd. Louis HALPHEN – René POUPARDIN, in: Chroniques des comtes d'Anjou et des seigneurs d'Amboise (Paris 1913) S. 1 – 24 (Collection de textes pour servir à l'étude et à l'enseignement de l'histoire, fasc. 48).

Liber historiae Francorum, ed. Bruno KRUSCH, in: MGH, SS. rer. Merov. II (Hannover 1888; Nachdruck 1984) S. 238 – 328.

Liber Pontificalis, ed. Louis DUCHESNE: Le Liber Pontificalis. Texte, introduction et commentaire, 2 Bde., Paris 1886 – 1892 (Nachdruck 1955[2]); t. III: Additions et corrections de Mgr. L. Duchesne, Tables générales etc., ed. Cyrille VOGEL, Paris 1957 (BEFAR.).

Liudprand von Cremona, Liudprandi opera (Liber antapodóseos, Liber de rebus gestis Ottonis magni imperatoris, Relatio de legatione Constantinopolitana), ed. Joseph BECKER, Hannover-Leipzig 1915[3] (Nachdruck: Hannover 1977; MGH, SS. rer. Germ. in us. schol.).

Lupus von Ferrières, Epistolae, ed. Ernst DÜMMLER in: MGH, Epistolarum t. VI: Epistolae Karolini aevi, t. IV/1 (Berlin 1902; Nachdruck: München 1978) S. 1 – 126;

ed. Léon LEVILLAIN: Loup de Ferrières, Correspondance, 2 Bde., Paris 1927 – 1935 (Nachdruck 1964; Les classiques de l'histoire de France au moyen âge, t. 10 und t. 16).


Meginhart von Fulda, s. Annales Fuldenses; s. Translatio s. Alexandri.

Miracula sanctae Waldburgis, s. Wolfhard von Herrieden.

Miracula sancti Benedicti, ed. Eugène de CERTAIN: Les miracles de St-Benoît écrits par Adrevald, Aimoin, André, Raoul Tortaire et Hugues de Ste-Marie, Paris 1858 (Société de l'Histoire de France).

Miracula sancti Gisleni, s. Rainerus von St-Ghislain.

Miracula sancti Goaris, s. Wandalbert von Prüm.

Miracula sancti Martialis, ed. Oswald HOLDER-EGGER, in: MGH, SS. XV/1 (Hannover 1887; Nachdruck: Stuttgart 1976) S. 280 – 283 (Auszüge).

Miracula sancti Trudonis, s. Stepelin von St. Trond.

Miracula sancti Wandregisili, ed. Oswald HOLDER-EGGER, in: MGH, SS. XV/1 (Hannover 1887; Nachdruck: Stuttgart 1976) S. 406 – 409 (Auszüge).

Miracula sanctorum in ecclesias Fuldenses translatorum, s. Rudolf von Fulda.

Miracula Severi episcopi Neapolitani, ed. Bartolommeo CAPASSO, in: Monumenta ad Neapolitani ducatus historiam pertinentia, t. I (Napoli 1881) Appendix monumentorum, S. 269 – 279 (Società Napoletana di storia patria. Monumenti storici. Serie I[a]: Cronache).

Miraculorum sancti Germani ll.II, s. Heiric von Auxerre.

Miraculorum sancti Vedasti ll.II (l.II cc. 1 – 8 von Ulmar von St. Vaast), ed. Os-
wald HOLDER-EGGER, in: MGH, SS. XV/1 (Hannover 1887; Nachdruck:
Stuttgart 1976) S. 396 – 402 (Auszüge); vollständig in: AA SS, Februarii, t. I
(Paris 1863) S. 813 – 817.

Narratio de electione Lotharii regis Romanorum, ed. Wilhelm WATTENBACH, in:
MGH, SS. XII (Hannover 1856; Nachdruck: Stuttgart 1963) S. 509 – 512.

Nithard, Historiarum ll.IV, ed. Philippe LAUER: Nithard. Histoire des fils de
Louis le Pieux, Paris 1926 (Nachdruck 1964; Les classiques de l'histoire de
France au moyen âge, t. 7).

Notker Balbulus, Gesta Karoli Magni imperatoris, ed. Hans F. HAEFELE, Berlin
1959 (Nachdruck 1962; MGH, SS. rer. Germ., N. S., t. XII); s. auch Collectio
Sangallensis.

Odo von Deuil, De via Sancti Sepulcri a Ludovico VII Francorum rege suscepta,
ed. Henri WAQUET: La croisade de Louis VII, roi de France, Paris 1949 (Documents relatifs à l'histoire des croisades, t. III).

Odorannus von Sens, Opera omnia, edd. Robert-Henri BAUTIER – Monique
GILLES, Paris 1972 (Sources d'histoire médiévale, t. 4).

Otfrid von Weissenburg, Evangelienbuch, ed. Ludwig WOLFF, Tübingen 1973[6]
(Altdeutsche Textbibliothek, Nr. 49).

Otto von Freising, Chronica sive Historia de duabus civitatibus, ed. Adolf HOF-
MEISTER, Hannover-Leipzig 1912[2] (Nachdruck: Hannover 1984; MGH, SS.
rer. Germ. in us. schol.).

Otto von Freising – Rahewin, Gesta Friderici I. imperatoris, edd. Georg WAITZ –
Bernhard v. SIMSON, Hannover-Leipzig 1912[3] (Nachdruck: Hannover 1978;
MGH, SS. rer. Germ. in us. schol.).

Paschasius Radbertus, Vita sancti Adalhardi Corbeiensis abbatis, in: PL. 120 (Paris 1852) coll. 1507 – 1556;
ed. Georg Heinrich PERTZ in: MGH, SS. II (Hannover 1829; Nachdruck:
Stuttgart 1976) S. 524 – 532 (Auszüge).

Paschasius Radbertus, Vita Walae abbatis, ed. Georg Heinrich PERTZ, in: MGH,
SS. II (Hannover 1829; Nachdruck: Stuttgart 1976) S. 533 – 569 (Auszüge);
vollständig ed. Ernst DÜMMLER: Radberts Epitaphium Arsenii, in: Abhandlungen der Preuss. Akad. der Wissenschaften zu Berlin, Phil.-Hist. Klasse,
Jg. 1900, S. 3 – 98.

Passio Kiliani martyris Wirziburgensis, ed. Wilhelm LEVISON, in: MGH, SS. rer.
Merov. VII (Hannover-Leipzig 1910; Nachdruck: Hannover 1979) S. 711
(722) – 728.

Passio Tiemonis archiepiscopi Iuvavensis, ed. Georg Heinrich PERTZ, in: MGH,
SS. XI (Hannover 1854; Nachdruck: Stuttgart 1983) S. 51 – 62.

Paulus Diaconus, Historia Langobardorum, edd. Ludwig BETHMANN – Georg WAITZ, in: MGH, SS. rer. Langob. (Hannover 1878; Nachdruck 1964) S. 12 (45) – 187.

Peire Vidal, Poesie, ed. Silvio AVALLE D'ARCO, 2 Bde., Milano-Napoli 1960 (Documenti di filologia, t. 4/I – II).

Petrus Damiani, Disceptatio synodalis, ed. Lothar von HEINEMANN, in: MGH, Libelli de lite imperatorum et pontificum, t. I (Hannover 1891; Nachdruck 1956) S. 76 – 94.

Petrus Damiani, Vita beati Romualdi, ed. Giovanni TABACCO, Roma 1957 (Fonti per la storia d'Italia, t. 94).

Petrus de Bosco (Pierre Dubois), De recuperatione terre sancte, ed. Charles-Victor LANGLOIS: De recuperatione terre sancte. Traité de politique générale par Pierre Dubois, avocat des causes ecclésiastiques au baillage de Coutances sous Philippe le Bel, Paris 1891 (Collection de textes pour servir à l'étude et à l'enseignement de l'histoire, fasc. 9).

Primat von St-Denis, Les Grandes Chroniques de France, ed. Jules VIARD, 10 Bde., bes. t. I und III, Paris 1920 – 1953 (Société de l'Histoire de France).

Prudentius von Troyes, s. Annales Bertiniani.

Pseudo-Turpinus, Historia Karoli Magni et Rotholandi, ed. Cyril MEREDITH-JONES, Paris 1936.


Rainerus von St-Ghislain, Miracula sancti Gisleni, ed. Oswald HOLDER-EGGER, in: MGH, SS. XV/1 (Hannover 1887; Nachdruck: Stuttgart 1976) S. 579 – 585 (Auszüge).

Radbod von Utrecht, Libellus de miraculo s. Martini, ed. Oswald HOLDER-EGGER, in: MGH, SS. XV/2 (Hannover 1888; Nachdruck: Stuttgart 1976) S. 1239 – 1244.

Regino von Prüm, Chronicon cum continuatione Treverensi, ed. Friedrich KURZE, Hannover 1890 (Nachdruck 1989; MGH, SS. rer. Germ. in us. schol.).

Rhythmus in Odonem regem. ed. Paul v. WINTERFELD, in: MGH, Poetae Latini aevi Karolini, t. IV/1 (Berlin 1899; Nachdruck 1964) S. 137 – 38.

Richer von Reims, Historiarum ll.IV, ed. Robert LATOUCHE, 2 Bde., Paris 1930 – 1937 (Nachdruck 1964 – 1967; Les classiques de l'histoire de France au moyen âge, t. 12 und t. 17);
ed. Georg WAITZ Hannover 1877² (MGH, SS. rer. Germ. in us. schol.; nur für einige Sachfragen zitiert).

Rithmus teutonicus de piae memoriae Hluduico rege, filio Hluduici aeque regis, ed. Elisabeth BERG: Das Ludwigslied und die Schlacht bei Saucourt, in: Rheinische Vierteljahrsblätter 29 (1964) S. 175 – 199, bes. S. 196 – 199 (mit deutscher Übersetzung von Rudolf SCHÜTZEICHEL).

Rodulfus Glaber, Historiarum ll.V, ed. Maurice PROU: Raoul Glaber. Les cinq
    livres de ses histoires (900 – 1044), Paris 1886 (Collection de textes pour ser-
    vir à l'étude et à l'enseignement de l'histoire, fasc. 1).

Rodulfus Glaber, Vita sancti Willelmi abbatis Divionensis, ed. Georg WAITZ, in:
    MGH, SS. IV (Hannover 1841; Nachdruck: Stuttgart 1981) S. 655 – 658
    (Auszüge);
    vollständig in: PL. 142 (Paris 1853; Nachdruck 1880) coll. 697 – 720.

Rudolf von Fulda, Miracula sanctorum in ecclesias Fuldenses translatorum, ed.
    Georg WAITZ, in: MGH, SS. XV/1 (Hannover 1887; Nachdruck: Stuttgart
    1976) S. 328 – 341.

Rudolf von Fulda, s. Annales Fuldenses.

Rudolf und Meginhart von Fulda, Translatio s. Alexandri, ed. Bruno KRUSCH:
    Die Übertragung des H. Alexander von Rom nach Wildeshausen durch den
    Enkel Widukinds 851, in: Nachrichten von der Gesellschaft der Wissen-
    schaften zu Göttingen. Phil.- Hist. Klasse 1933, H. 4, S. 405 – 436; die Edi-
    tion der Translatio: ebd. S. 423 – 436 (cc. 1 – 3 sind von Rudolf, cc. 4 – 15 von
    Meginhart).

Ruotger von Köln, Vita Brunonis archiepiscopi Coloniensis, ed. Irene (SCHMALE)-
    OTT, Weimar 1951 (Nachdruck: Köln 1958; MGH, SS. rer. Germ., N.S., t. X).

Rupert von Lüttich, Chronicon Sancti Laurentii Leodiensis, ed. Wilhelm WAT-
    TENBACH, in: MGH, SS. VIII (Hannover 1848; Nachdruck: Stuttgart 1987)
    S. 261 – 279.


Salomo III. von Konstanz, s. Collectio Sangallensis.

Sigebert von Gembloux, Chronica, ed. Ludwig BETHMANN, in: MGH, SS. VI
    (Hannover 1844; Nachdruck: Stuttgart 1980) S. 268(273) – 374.

Smaragdus von St-Mihiel, Liber in partibus Donati, edd. Bengt LÖFSTEDT, L.
    HOLTZ und Adele KIBRE, Turnhout 1986 (Corpus Christianorum. Conti-
    nuatio medievalis, t. LXVIII).

Stepelin von St. Trond, Miracula s. Trudonis, ed. Oswald HOLDER-EGGER, in:
    MGH, SS. XV/2 (Hannover 1888; Nachdruck: Stuttgart 1976) S. 821 – 830
    (Auszüge).

Suger von St-Denis, De glorioso rege Ludovico, Ludovici filio, ed. Auguste MO-
    LINIER: Vie de Louis VI le Gros par Suger suivie de l'histoire du roi Louis
    VII (Paris 1887) S. 147 – 178 (Collection de textes pour servir à l'étude et à
    l'enseignement de l'histoire, fasc. 4).

Suger von St-Denis, Vita Ludovici Grossi regis, ed. Henri WAQUET: Suger. Vie de
    Louis VI le Gros, Paris 1929 (Nachdruck 1964; Les classiques de l'histoire de
    France au moyen âge, t. 11).

Symeon von Durham, Historia regum, ed. Thomas ARNOLD, in: Symeonis mona-
    chi opera omnia, t. II (London 1885; Nachdruck: Vaduz 1965) S. 3 – 283 (Rolls
    Series, t. 75).

Syrus von Cluny, Vita s. Maioli abbatis, ed. Georg WAITZ, in: MGH, SS. IV
(Hannover 1841; Nachdruck: Stuttgart 1981) S. 649–655 (Auszüge);
ed. Jean CARNANDET, in: AA SS, Maii, t. 2 (Paris-Rome 1866) S. 667–688
(der von Aldebold überarbeitete und ergänzte Text).

Publius Cornelius Tacitus, Opera, t. I: Annales, ed. Heinz HEUBNER, Stuttgart
1983 (Bibliotheca Teubneriana).

Publius Cornelius Tacitus, Opera, t. II/2: Germania (De origine et situ Germanorum liber), ed. Alf ÖNNERFORS, Stuttgart 1983 (Bibliotheca Teubneriana);
ed. Jacques PERRET: Tacite. La Germanie, Paris 1949 (Collection Budé).

Thangmar von Hildesheim, Vita Bernwardi episcopi Hildesheimensis, ed. Georg
Heinrich PERTZ, in: MGH, SS. IV (Hannover 1841; Nachdruck: Stuttgart
1981) S. 754–782.

Thegan, Vita Hludowici imperatoris, ed. Georg Heinrich PERTZ, in: MGH, SS. II
(Hannover 1829; Nachdruck: Stuttgart 1976) S. 585–604.

Thietmar von Merseburg, Chronicon, ed. Robert HOLTZMANN: Die Chronik des
Bischofs Thietmar von Merseburg und ihre Korveier Überarbeitung, Berlin
1935 (Nachdruck: München 1980; MGH, SS. rer. Germ., N. S., t. IX).

Tommellus, Historia monasterii Hasnoniensis, ed. Oswald HOLDER-EGGER, in:
MGH, SS. XIV (Hannover 1883; Nachdruck: Stuttgart 1963) S. 147–158.

Translatio sancti Alexandri, s. Rudolf und Meginhart von Fulda.

Translatio sancti Liborii a. 836, ed. Georg Heinrich PERTZ, in: MGH, SS. IV
(Hannover 1841; Nachdruck: Stuttgart 1981) S. 149–157.

Translatio sancti Servatii, s. Iocundus von Maastricht.

Translatio sancti Viti, ed. Irene SCHMALE-OTT, Münster 1979 (Veröffentlichungen der Historischen Kommission für Westfalen, t. 41: Fontes minores 1).

Turpinus, s. Pseudo-Turpinus.

Ulmar von St. Vaast, s. Miraculorum sancti Vedasti ll.II.

Vinzenz von Beauvais, Speculum Quadruplex sive Speculum Maius, t. IV: Speculum Historiale, Douai 1624 (Nachdruck: Graz 1965).

Vincenz von Prag, Annales 1140–1167, ed. Wilhelm WATTENBACH, in: MGH,
SS. XVII (Hannover 1861; Nachdruck: Stuttgart 1963) S. 654–683.

Vita Adalhardi abbatis, s. Paschasius Radbertus.

Vita Adalberonis II. Mettensis episcopi, s. Constantin von Metz.

Vita beati Romualdi, s. Petrus Damiani.

Vita Benedicti abbatis Anianensis, s. Ardo von Aniane.

Vita Bernwardi episcopi Hildesheimensis, s. Thangmar von Hildesheim.

Vita Brunonis archiepiscopi Coloniensis, s. Ruotger von Köln.

Vita et actus sancti Pirminii episcopi ed. Oswald HOLDER-EGGER, in: MGH, SS.
XV/1 (Hannover 1887; Nachdruck: Stuttgart 1976) S. 21–31;

ed. Charles de SMEDT, in: AA SS, Novembris, t. II/1 (Bruxelles 1894) S. 34 – 44 (nur die geraden Seiten).

Vita Heinrici imperatoris, s. Adalbert von Bamberg, Adalbold von Utrecht.

Vita Hludowici imperatoris, s. „Astronomus", Thegan.

Vita Johannis abbatis Gorziensis, s. Johann von St. Arnulf zu Metz.

Vita Karoli Magni, s. Einhard.

Vita Leonis IX., s. Wibert von Toul.

Vita Ludovici Grossi regis, s. Suger von St-Denis.

Vita Mathildis reginae antiquior, ed. Rudolf KOEPKE, in: MGH, SS. X (Hannover 1852; Nachdruck: Stuttgart 1987) S. 573 – 582.

Vita Mathildis reginae posterior, ed. Georg Heinrich PERTZ, in: MGH, SS. IV (Hannover 1841; Nachdruck: Stuttgart 1981) S. 282 – 302.

Vita Meinwerci episcopi Patherbrunnensis, ed. Franz TENCKHOFF, Hannover 1921 (Nachdruck 1983; MGH, SS. rer. Germ. in us. schol.).

Vita Popponis abbatis Stabulensis, s. Everhelm von St. Peter zu Gent.

Vita prior Godehardi episcopi Hildesheimensis, s. Wolfhere von Hildesheim.

Vita quinque fratrum, s. Brun von Querfurt.

Vita Ratbodi episcopi Traiectensis, ed. Oswald HOLDER-EGGER, in: MGH, SS. XV/1 (Hannover 1887; Nachdruck: Stuttgart 1976) S. 568 – 571$^c$.

Vita sanctae Wiboradae, s. Hepedannus von St. Gallen.

Vita sancti Abbonis, s. Aimoin von Fleury.

Vita sancti Adalberti Pragensis episcopi, s. Brun von Querfurt.

Vita sancti Oudalrici episcopi, s. Gerhard von Augsburg.

Vita sancti Maioli abbatis, s. Syrus von Cluny.

Vita sancti Remigii, s. Hinkmar von Reims.

Vita sancti Willelmi Divionensis, s. Rodulfus Glaber.

Vita Stephani regis Ungariae maior, ed. Wilhelm WATTENBACH, in: MGH, SS. XI (Hannover 1854; Nachdruck: Stuttgart 1963) S. 229 – 242.

Vita Theogeri abbatis, s. Wolfger von Prüfening.

Vita Walae abbatis, s. Paschasius Radbertus.


Walafrid Strabo, Libellus de exordiis et incrementis rerum ecclesiasticarum, ed. Viktor KRAUSE, in: MGH, Capit. II (Hannover 1890; Nachdruck 1984) Append., S. 473 – 516.

Walram von Naumburg und Herrand von Halberstadt, Epistolae de causa Heinrici regis, ed. Ernst DÜMMLER, in: MGH, Libelli de lite imperatorum et pontificum, t. II (Hannover 1892; Nachdruck 1957) S. 285 – 291.

Walter Map, De nugis curialium. Courtier's Trifles, ed. Montague Rhodes JAMES, revised by C.N.L. BROOKE and R.A.B. MYNORS (mit englischer Übersetzung von M.R. JAMES), Oxford 1983 (Oxford medieval texts).

Wandalbert von Prüm, Miracula s. Goaris, ed. Oswald HOLDER-EGGER, in: MGH, SS. XV/1 (Hannover 1887; Nachdruck: Stuttgart 1976) S. 361 – 373.

Wibert von Nogent, Gestarum Dei per Francos ll.VIII, in: Recueil des Historiens des Croisades. Historiens occidentaux, t. IV (Paris 1879; Nachdruck: Farnborough 1967) S. 113–263.

Wibert von Nogent, De pignoribus sanctorum ll.IV, in: PL. 156 (Paris 1853; Nachdruck 1880) coll. 607–679.

Wibert von Toul, Vita Leonis IX. ed. Johann Matthias WATTERICH, in: Pontificum Romanorum...Vitae ab aequalibus conscriptae, t. I (Leipzig 1862; Nachdruck: Aalen 1966) S. 127–170.

Widukind von Corvey, Rerum gestarum Saxonicarum libri tres, ed. Paul HIRSCH, Hannover 1935[5] (Nachdruck 1977; MGH, SS. rer. Germ. in us. schol.).

Wilhelm von Malmesbury, De gestis regum Anglorum, ed. William STUBBS, 2 Bde., London 1887–1889 (Nachdruck: [Vaduz] 1964; Rolls Series, t. 90).

Wipo, Gesta Chuonradi imperatoris, in: Wiponis opera, ed. Harry BRESSLAU, (Hannover-Leipzig 1915[3]; Nachdruck: Hannover 1956) S. 3–62 (MGH, SS. rer. Germ. in us. schol.).

Wipo, Tetralogus, in: Wiponis opera, ed. Harry BRESSLAU (Hannover-Leipzig 1915[3]; Nachdruck: Hannover 1956) S. 75–86 (MGH, SS. rer. Germ. in us. schol.).

Wolfger von Prüfening, Vita Theogeri abbatis S. Georgii et episcopi Mettensis, ed. Philipp JAFFÉ, in: MGH, SS. XIII (Hannover 1856; Nachdruck: Stuttgart 1987) S. 449–479.

Wolfhard von Herrieden, Miracula s. Waldburgis Monheimensia, ed. Andreas BAUCH: Ein bayerisches Mirakelbuch aus der Karolingerzeit. Die Monheimer Walpurgis-Wunder des Priesters Wolfhard, Regensburg 1979 (Quellen zur Geschichte der Diözese Eichstätt, t. 2 = Eichstätter Studien, N. F., t. 12).

Wolfhere von Hildesheim, Vita prior Godehardi episcopi Hildesheimensis, ed. Georg Heinrich PERTZ, in: MGH, SS. XI (Hannover 1854; Nachdruck: Stuttgart 1983) S. 167–196.


MIGNE, Jacques-Paul, Patrologiae cursus completus. Series Latina, 217 Bde. und 4 Bde. Indices, Paris 1844–1855, 1862–1864, bes. t. 106, 112, 120, 123, 133, 139, 142, 156; Nachdruck 1879ff. und: Turnhout ca. 1970–1988).

Scriptorum rerum Austriacarum, plurimam partem nunc primum editorum ex cod. mss., tomus I, ed. P. Hieronymus PEZ, Leipzig 1721.

## II. Verzeichnis der urkundlichen Quellen, Regestenwerke und Gesetzestexte.

AFFÒ, Ireneo, Storia della città e ducato di Guastalla, t. I, Guastalla 1785 (Nachdruck: Bologna 1981).

BALUZIUS, Stephanus, Historiae Tutelensis libri tres, Paris 1717.

BERNARD, Auguste, s. Cartulaire de l'abbaye de Savigny.

BERNARD, Auguste – BRUEL, Alexandre, s. Recueil des chartes de l'abbaye de Cluny.

BESLY, Jean, Histoire, des comtes de Poictou et ducs de Guyenne, Paris 1647.

BITTERAUF, Theodor, Die Traditionen des Hochstifts Freising, t. I: 744 – 926, München 1905 (Nachdruck: Aalen 1967; Quellen und Erörterungen zur bayerischen und deutschen Geschichte, N. F., Bd. 4).

BÖHMER, Johann Friedrich, Acta imperii selecta. Urkunden deutscher Könige und Kaiser mit einem Anhange von Reichssachen, hgg. von Julius FICKER, Innsbruck 1870 (Nachdruck: Aalen 1967).

BÖHMER, Johann Friedrich, Regesta imperii, t. I²: Die Regesten des Kaiserreichs unter den Karolingern 751 – 918, nach Johann Friedrich Böhmer neubearbeitet von Engelbert MÜHLBACHER,...vollendet von Johann LECHNER, Innsbruck 1908; Nachdruck mit einem Vorwort, Konkordanztabellen und Ergänzungen von Carlrichard BRÜHL und Hans H. KAMINSKY, Hildesheim 1966.

BÖHMER, Johann Friedrich, Regesta Imperii: Die Regesten des Kaiserreichs unter den Karolingern 751 – 918 (924), t. III: Die Regesten des „Regnum Italiae und der burgundischen Regna 840 – 924. Erster Teil: Die Karolinger im „Regnum Italiae" 840 – 887, bearbeitet von Herbert ZIELINSKI, Köln-Wien 1990.

BÖHMER, Johann Friedrich, Regesta Imperii, t. II: Sächsisches Haus 919 – 1024. Erste Abteilung: Die Regesten des Kaiserreichs unter Heinrich I. und Otto I. 919 – 973, neubearbeitet von Emil von OTTENTAL mit Ergänzungen von Hans H. KAMINSKY, Hildesheim 1967 (Innsbruck 1893).

BÖHMER, Johann Friedrich, Regesta Imperii, t. II: Sächsisches Haus: 919 – 1024. Zweite Abteilung: Die Regesten des Kaiserreiches unter Otto II. 955(973) – 983, neubearbeitet von Hanns Leo MIKOLETZKY, Graz 1950.

BÖHMER, Johann Friedrich, Regesta Imperii, t. II: Sächsisches Haus: 919 – 1024. Dritte Abteilung: Die Regesten des Kaiserreiches unter Otto III. 980(983) – 1002, neubearbeitet von Mathilde UHLIRZ, Graz-Köln 1956.

BÖHMER, Johann Friedrich, Regesta Imperii, t. II: Sächsisches Haus: 919 – 1024. Vierte Abteilung: Die Regesten des Kaiserreiches unter Heinrich II. 1002 – 1024, neubearbeitet von Theodor GRAFF, Wien-Köln-Graz 1971.

BÖHMER, Johann Friedrich, Regesta Imperii, t. II: Sächsische Zeit. Fünfte Abteilung. Papstregesten 911 – 1024, bearbeitet von Harald ZIMMERMANN, Wien-Köln-Graz 1969.

BÖHMER, Johann Friedrich, Regesta Imperii, t. III: Salisches Haus 1024 – 1125. Erster Teil: 1024 – 1056. Erste Abteilung: Die Regesten des Kaiserreiches unter Konrad II. 1024 – 1039, neubearbeitet von Heinrich APPELT, Graz 1951.

BÖHMER, Johann Friedrich, Regesta Imperii, t. III: Salisches Haus. Zweiter Teil: 1056 – 1106. Dritte Abteilung: Die Regesten des Kaiserreichs unter Heinrich IV. (1050) – 1106. 1. Lieferung: 1056 (1050) – 1065, neubearbeitet von Tilman STRUVE, Köln-Wien 1984.

BÖHMER, Johann Friedrich, Regesta Imperii, t. IV: Ältere Staufer. Dritte Abteilung: Die Regesten des Kaiserreichs unter Heinrich VI. 1165/1190 – 1197, neubearbeitet von Gerhard BAAKEN, 2 Bde., Köln-Wien 1972 – 1979.

BOUQUET, Dom Martin, Recueil des historiens des Gaules et de la France, 24 Bde., t. I – XIII (Paris 1738 – 1786), t. XIV – XXII (Paris 1806 – 1876), t. XXIV (Paris 1904), bes. t. VIII – X, XVI (Nachdruck: Farnborough 1967).

Bündner Urkundenbuch, hgg. von Elisabeth MEYER-MARTHALER und François PERRET, t. I, Chur 1955.


Cartario di Vigevano e del suo comitato, ed. Alessandro COLOMBO, Torino 1933 (Biblioteca della Società storica subalpina, t. 128).

Cartulaire de l'abbaye bénédictine de Saint-Martin de Tulle en Limousin, ed. Jean-Baptiste CHAMPEVAL, in: Bulletin de la Sociéte scientifique, historique et archéologique de la Corrèze, t. IX (1887) – t. XXI (1899).

Cartulaire de l'abbaye de Redon, ed. Aurélien de COURSON, Paris 1863 (Collection de documents inédits).

Cartulaire de l'abbaye de St-Chaffre du Monastier... suivi de la chronique de Saint-Pierre du Puy et d'un appendice de chartes, ed. Ulysse CHEVALIER, Paris 1884.

Cartulaire de l'abbaye de Saint-Victor de Marseille, ed. Benjamin GUÉRARD, 2 Bde., Paris 1857 (Collection de documents inédits).

Cartulaire de l'abbaye de Savigny suivi du petit cartulaire de l'abbaye d'Ainay, ed. Auguste BERNARD, 2 Bde., Paris 1853 (Collection de documents inédits).

Cartulaires de l'église cathédrale de Grenoble dits Cartulaires de Saint- Hugues, ed. Jules MARION, Paris 1869 (Collection de documents inédits).

Cartulaire de St-Cyprien de Poitiers: B.N., Ms. lat. 10122.

Cartulaire du chapitre de Notre-Dame de Lausanne, ed. Charles ROTH, Lausanne 1948 (Mémoires et documents publiés par la Société d'histoire de la Suisse romande. Troisième série, t. III).

CHAMPEVAL, Jean-Baptiste, s. Cartulaire de l'abbaye bénédictine de Saint-Martin de Tulle en Limousin.

Collectio Sangallensis, s. MGH, Legum sectio V.
de COURSON, Aurélien, s. Cartulaire de l'abbaye de Redon.

DE MARCA, Pierre, Histoire de Béarn, nouv. édition ... par l'abbé Victor DURA-
    BAT, 2 Bde., Pau-Paris 1894 (Nachdruck: Marseille 1977; Erstausgabe: Paris
    1640).
DE MARCA, Petrus, Marca Hispanica sive limes Hispanicus, hoc est geographica
    et historica descriptio Cataloniae, Ruscinonis et circum jacentium populo-
    rum, Paris 1668 in Fol.
DONIOL, Henry, Cartulaire de Brioude (Liber de honoribus S^{to} Juliano collatis),
    Clermont-Ferrand-Paris 1863.
DRONKE, Ernst Friedrich Johann, Traditiones et antiquitates Fuldenses, Fulda
    1844 (Nachdruck: Aalen 1962).

FAUROUX, Marie, Recueil des actes des ducs de Normandie de 911 à 1066, Caen
    1961 (Mémoires de la Société des Antiquaires de la Normandie, t. 36).

Gallia Christiana, in provincias ecclesiasticas distributa, t. I – XIII: Paris 1725 –
    1785; t. XIV – XVI: Paris 1856 – 1865 (Nachdruck: Farnborough 1970), bes.
    t. I.
GUÉRARD, Benjamin, s. Cartulaire de l'abbaye de Saint-Victor.

HALKIN, Joseph – ROLAND, Charles Gustave, Recueil des chartes de l'abbaye de
    Stavelot-Malmedy, t. I, Bruxelles 1909.
HILGARD, Alfred, Urkunden zur Geschichte der Stadt Speyer, Straßburg 1885.
HUILLARD-BRÉHOLLES, Jean-Louis-Alphonse, Historia diplomatica Friderici
    secundi..., 6 t. in 12 vol., Paris 1852 – 1861 (Nachdruck: Torino 1963), bes.
    t. VI/1.

JAFFÉ, Philipp, Regesta pontificum Romanorum ab condita Ecclesia ad annum
    post Christum natum MCXCVIII, unter Leitung von Wilhelm WATTEN-
    BACH bearbeitet von Samuel LOEWENFELD, Ferdinand KALTENBRUNNER
    und Paul EWALD, 2 Bde., Leipzig 1885² (Nachdruck: Graz 1956).

KERN, Fritz, Acta imperii Angliae et Franciae ab a. 1267 ad a. 1313. Dokumente
    vornehmlich zur Geschichte der auswärtigen Beziehungen Deutschlands,
    Tübingen 1911.

LECHNER, Johann, Verlorene Urkunden, s. BÖHMER – MÜHLBACHER, Regesta
    Imperii, t. I² (Innsbruck 1908) S. 839 – 873 (zitiert: LECHNER mit Nr.).
de LA BORDERIE, Arthur, Recueil d'actes inédits des ducs et princes de Bretagne,
    Rennes 1888.

LUCHAIRE, Achille, Études sur les actes de Louis VII, Paris 1885 (Nachdruck: Bruxelles 1964).

MANARESI, Cesare, s. I Placiti del Regnum Italiae (Istituto storico italiano per il medio evo).

MARION, Jules, s. Cartulaires de l'église cathédrale de Grenoble.

MIRBT, Carl – ALAND, Kurt, Quellen zur Geschichte des Papsttums und des römischen Katholizismus, 2 Bde., bes. t. I$^6$, Tübingen 1967.

NEWMAN, William Mendel, Catalogue des actes de Robert II, roi de France, Paris 1937 (Thèse complémentaire..., Université de Strasbourg).

POTTHAST, August, Regesta pontificum Romanorum inde ab a. post Christum natum MCXCVIII ad a. MCCCIV, 2 Bde., Berlin 1874–1875 (Nachdruck: Graz 1957).

OEDIGER, Friedrich Wilhelm, Die Regesten der Erzbischöfe von Köln im Mittelalter. Erster Band: 313–1099, Bonn 1954–1961 (Publikationen der Gesellschaft für Rheinische Geschichte, t. XXI).

Recueil des chartes de l'abbaye de Cluny, edd. Auguste BERNARD – Alexandre BRUEL, 6 Bde., Paris 1876–1903, bes. t. I–IV (Collection de documents inédits).

SANTIFALLER, Leo, Die Urkunden des Brixener Hochstiftsarchivs 845–1295, Innsbruck 1929.

SŒHNÉE, Frédéric, Catalogue des actes d'Henri I$^{er}$, roi de France, Paris 1907 (BEHE., fasc. 161).

STUMPF, Karl Friedrich, Die Reichskanzler vornehmlich des X., XI. und XII. Jahrhunderts, t. II: Die Kaiserurkunden des X., XI. und XII. Jahrhunderts chronologisch verzeichnet als Beitrag zu den Regesten und zur Kritik derselben, Innsbruck 1865–1883 (Nachdruck: Aalen 1964).

Urkundenbuch der Abtei St. Gallen, 4 Bde., bes. t. I–II, ed. Hermann WARTMANN, Zürich 1863–1866 (Nachdruck: Frankfurt 1981).

Urkundenbuch der Stadt Hildesheim, t. I, hgg. von Richard DOEBNER, Hildesheim 1881 (Nachdruck: Aalen 1980).

Urkundenbuch zur Geschichte der, jetzt die Preussischen Regierungsbezirke Coblenz und Trier bildenden Territorien, t. I, ed. Heinrich BEYER, Coblenz 1860 (Nachdruck: Aalen 1974).

VAISSÈTE, Dom Jean – DE VIC, Dom Claude, Histoire générale du Languedoc, 15 Bde., Toulouse 1872–1893, bes. t. V (5 Bde., Paris 1730–1745[1]; Nachdruck: Osnabrück 1973).

VOLPINI, Raffaello, Placiti del „Regnum Italiae" (secc. IX – XI). Primi contributi per un nuovo censimento, in: Contributi dell'Istituto di storia medievale dell'Università cattolica, t. III (Milano 1975) S. 245 – 520.

WARTMANN, Hermann, s. Urkundenbuch der Abtei St. Gallen.

WILMANS, Roger, Die Kaiserurkunden der Provinz Westfalen 777 – 1313 kritisch, topographisch und historisch..., t. I: Die Urkunden des Karolingischen Zeitalters 777 – 900, Münster 1867.

ZIMMERMANN, Harald, Papsturkunden 896 – 1046, 3 Bde., Wien 1988 – 1989[2] (Österreichische Akademie der Wissenschaften. Phil.-hist. Klasse, Denkschriften, t. 174, 177, 198. Veröffentlichungen der Historischen Kommission, t. III – V).

INSTITUT DE FRANCE. ACADÉMIE DES INSCRIPTIONS ET BELLES-LETTRES.
Chartes et diplômes relatifs à l'histoire de France:

Recueil des actes de Charles II le Chauve, roi de France, ed. Georges TESSIER, 3 Bde., Paris 1940 – 1955 (t. III zitiert: TESSIER, Introduction).

Recueil des actes de Louis II le Bègue, Louis III et Carloman II, rois de France, ed. Robert-Henri BAUTIER, Paris 1978.

Recueil des actes d'Eudes, roi de France (888 – 897), ed. Robert-Henri BAUTIER, Paris 1967.

Recueil des actes de Charles III le Simple, roi de France (893 – 923), ed. Philippe LAUER, 2 Bde., Paris 1940 – 1949 (t. II zitiert: LAUER, Introduction).

Recueil des actes de Robert I[er] et de Raoul de Bourgogne, rois de France (922 – 936), ed. Jean DUFOUR, Paris 1978.

Recueil des actes de Louis IV, roi de France (936 – 954), ed. Philippe LAUER, Paris 1914.

Recueil des actes de Lothaire et de Louis V, rois de France (954 – 987), edd. Louis HALPHEN – Ferdinand LOT, Paris 1908.

Recueil des actes de Philipe Ier, roi de France, ed. Maurice PROU, Paris 1908.

Recueil des actes des rois de Provence (855 – 928), ed. René POUPARDIN, Paris 1920.

Recueil des actes de Pépin Ier et de Pépin II, rois d'Aquitaine (814 – 848), ed. Léon LEVILLAIN, Paris 1926.

ISTITUTO STORICO ITALIANO PER IL MEDIO EVO.

Fonti per la storia d'Italia:

t. 35: I diplomi di Berengario I, ed. Luigi SCHIAPARELLI, Roma 1903 (Nachdruck: Torino 1966).

t. 36: I diplomi di Guido e di Lamberto, ed. Luigi SCHIAPARELLI, Roma 1906 (Nachdruck: Torino 1970).

t. 37: I diplomi italiani di Lodovico III e di Rodolfo II, ed. Luigi SCHIAPARELLI, Roma 1910 (Nachdruck: Torino 1970).

t. 38: I diplomi di Ugo e di Lotario, di Berengario II e di Adalberto, ed. Luigi SCHIAPARELLI, Roma 1924 (Nachdruck: Torino 1966).

t. 92, 96/I–II, 97/I–II: I Placiti del Regnum Italiae (776–1100), ed. Cesare MANARESI, 3 t. in 5 vol., Roma 1955–1960.

MONUMENTA GERMANIAE HISTORICA.

Legum sectio I: Leges nationum Germanicarum, t. IV/2: Lex Salica (100 Titel-Text), ed. Karl August ECKHARDT, Hannover 1969.

Legum sectio II: Capitularia regum Francorum, ed. Alfred BORETIUS, 2 Bde., Hannover 1883–1890 (Nachdruck 1980–1984).

Legum sectio III: Concilia, t. II/1–2: Concilia aevi Karolini, ed. Albert WERMINGHOFF, Hannover-Leipzig 1904–1908 (Nachdruck: Hannover 1979);

t. III, ed. Wilfried HARTMANN, Hannover 1984;

t. VI Concilia aevi Saxonici DCCCC XII–MI. Pars I: DCCCC XVI–DCCCCLX, edd. Horst FUHRMANN – Ernst Dieter HEHL, Hannover 1987.

Legum Sectio IV: Constitutiones et acta publica imperatorum et regum,

t. I: 921–1197, ed. Ludwig WEILAND, Hannover 1893 (Nachdruck 1963);

t. II: 1198–1272, ed. Ludwig WEILAND, Hannover 1896 (Nachdruck 1963);

t. III: 1273–1298, ed. Jakob SCHWALM, Hannover-Leipzig 1904–1906 (Nachdruck: Hannover 1980);

t. IV/1–2: 1298–1313, ed. Jakob SCHWALM, Hannover-Leipzig 1906–1911 (Nachdruck: Hannover 1981);

t. V: 1313–1324, ed. Jakob SCHWALM, Hannover-Leipzig 1909–1913 (Nachdruck: Hannover 1981).

Legum Sectio V: Formulae Merowingici et Karolingi aevi, ed. Karl ZEUMER, Hannover 1886 (Nachdruck 1963): Collectio Sangallensis: ebd. S. 390–437.

Diplomata Karolinorum, t. I: Pippini, Carlomanni, Caroli Magni diplomata, ed. Engelbert MÜHLBACHER, Hannover 1906 (Nachdruck: Berlin 1979).

Diplomata Karolinorum, t. III: Lotharii I. et Lotharii II. diplomata, ed. Theodor SCHIEFFER, Berlin-Zürich 1966 (Nachdruck 1979).

Diplomata regum Germaniae ex stirpe Karolinorum, t. I: Ludowici Germanici, Karlomanni, Ludowici iunioris diplomata, ed. Paul Fridolin KEHR, Berlin 1932–1934 (Nachdruck 1980).

Diplomata regum Germaniae ex stirpe Karolinorum, t. II: Karoli III diplomata, ed. Paul Fridolin KEHR, Berlin 1937 (Nachdruck 1984).

Diplomata regum Germaniae ex stirpe Karolinorum, t. III: Arnolfi diplomata, ed. Paul Fridolin KEHR, Berlin 1940 (Nachdruck 1988).

Diplomata regum Germaniae ex stirpe Karolinorum, t. IV: Zwentiboldi et Ludowici infantis diplomata, ed. Theodor SCHIEFFER, Berlin 1960 (Nachdruck 1982).

Diplomata regum et imperatorum Germaniae, t. I: Conradi I., Heinrici I. et Ottonis I. diplomata, ed. Theodor SICKEL, Hannover 1879 – 1884 (Nachdruck 1980).

Diplomata regum et imperatorum Germaniae, t. II/1 – 2: Ottonis II. et Ottonis III. diplomata, ed. Theodor SICKEL, Hannover 1888 – 1893 (Nachdruck 1980).

Diplomata regum et imperatorum Germaniae, t. III: Heinrici II. et Arduini diplomata, ed. Harry BRESSLAU, Hannover 1900 – 1903 (Nachdruck 1980).

Diplomata regum et imperatorum Germaniae, t. IV: Conradi II. diplomata, ed. Harry BRESSLAU, Hannover-Leipzig 1909 (Nachdruck: Hannover 1980).

Diplomata regum et imperatorum Germaniae, t. V: Heinrici III. diplomata, edd. Harry BRESSLAU – Paul Fridolin KEHR, Berlin 1926 – 1930 (Nachdruck 1980).

Diplomata regum et imperatorum Germaniae, t. VI/1 – 3: Heinrici IV. diplomata, edd. Dietrich von GLADISS – Alfred GAWLIK, Berlin-Weimar-Hannover 1941 – 1952 – 1978 (Nachdruck des Textteils: Hannover 1978).

Diplomata regum et imperatorum Germaniae, t. X: Friderici I. diplomata, 4 Bde., ed. Heinrich APPELT, Hannover 1975 – 1990.

Regum Burgundiae e stirpe Rudolfina diplomata et acta, ed. Theodor SCHIEFFER unter Mitwirkung von Hans-Eberhard MAYER, München 1977 (Nachdruck 1983).

Die falschen Investiturprivilegien, ed. Claudia MÄRTL, München 1986 (Fontes iuris Germanici antiqui, t. 13).

# VERZEICHNIS DER BENUTZTEN LITERATUR

(Aufgenommen wurden nur Autoren und Werke, die
dreimal und häufiger zitiert worden sind; ein- oder zweimal
benutzte Arbeiten sind an ihrem Ort voll zitiert und über das
Autorenverzeichnis: unten S. XXXVff., leicht zu ermitteln).

ALLEN, John William, A History of Political Thought in the Sixteenth Century,
London-Totowa/N. J. 1977 (1928[1]).

ALTHOFF, Gerd, Adels- und Königsfamilien im Spiegel ihrer Memorialüberlief-
rung. Studien zum Totengedenken der Billunger und Ottonen. München
1984 (Münstersche Mittelalter-Schriften, Bd. 47; zitiert: Althoff, Studien).

ALTHOFF, Gerd, Königsherrschaft und Konfliktbewältigung im 10. und 11. Jahrhundert, in: Frühmittelalterliche Studien 23 (1989) S. 265 – 290 (zitiert: Althoff, Königsherrschaft).

ALTHOFF, Gerd, Der Corveyer Konvent im Kontakt mit weltlichen und geistlichen Herrschaftsträgern des 9. und 10. Jahrhunderts, in: Der Liber Vitae der
Abtei Corvey. Studien zur Corveyer Gedenküberlieferung und zur Er-
schließung des Liber Vitae, hgg. von Karl Schmid und Joachim Wollasch
(Wiesbaden 1989) S. 29 – 38 (zitiert: Althoff, Konvent).

ALTHOFF, Gerd – KELLER, Hagen, Heinrich I. und Otto der Große. Neubeginn
und karolingisches Erbe, 2 Bde., Göttingen-Zürich 1985 (Persönlichkeit
und Geschichte, Bd. 122/123, 124/125).

ARNALDI, Girolamo, Regnum Langobardorum – Regnum Italiae, in: L'Europe
aux IX$^e$ – X$^e$ siècles. Aux origines des États nationaux (Varsovie 1968)
S. 105 – 122 (Institut d'histoire de l'Académie polonaise des Sciences. Actes
du colloque international sur les origines des États européens aux IX$^e$ – X$^e$
siècles..., hgg. von Tadeusz Manteuffel und Aleksander Gieysztor).

AUZIAS, Léonce, L'Aquitaine carolingienne (778 – 987), Toulouse-Paris 1937
(Bibliothèque méridionale, 2$^e$ série, t. XXVIII).

BAESECKE, Georg, Das Nationalbewußtsein der Deutschen des Karolingerreichs
nach den zeitgenössischen Benennungen ihrer Sprache, in: Der Vertrag von
Verdun 843, hgg. von Theodor Mayer (Leipzig 1943) S. 116 – 136 = Kleinere Schriften zur althochdeutschen Sprache und Literatur, hgg. von Werner
Schröder (Bern-München 1965) S. 292 – 309 = Der Volksname Deutsch,

hgg. von Hans E g g e r s (Darmstadt 1970) S. 324 – 350 (Wege der Forschung, t. 156; hiernach zitiert).

BARTMUSS, Hans-Joachim, Die Geburt des ersten deutschen Staates. Ein Beitrag zur Diskussion der deutschen Geschichtswissenschaft um den Übergang vom ostfränkischen zum mittelalterlichen deutschen Reich, Berlin 1966 (Schriftenreihe des Instituts für deutsche Geschichte an der Martin-Luther-Universität Halle-Wittenberg, Bd. 2).

BAUERMANN, Johannes, ‚herescephe'. Zur Frage der sächsischen Stammesprovinzen, in: Westfälische Zeitschrift 97 (1947) S. 38 – 63.

BAUTIER, Robert-Henri, Le règne d'Eudes (888 – 898) à la lumière des diplômes expédiés par sa chancellerie, in: Académie des Inscriptions et Belles-Lettres. Comptes rendus des séances de l'année 1961 (Paris 1962) S. 140 – 157 (zitiert: B a u t i e r, Eudes).

BAUTIER, Robert-Henri, Anne de Kiev, reine de France, et la politique royale au XIᵉ siècle, in: Revue des études slaves 67 (1985) S. 539 – 564 (zitiert: B a u t i e r, Anne).

BAUTIER, Robert-Henri, Sacres et couronnements sous les Carolingiens et les premiers Capétiens. Recherches sur la genèse du sacre royal français, in: Annuaire – Bulletin de la Soc. de l'histoire de France 1987 (aber 1989) S. 7 – 56 (zitiert: B a u t i e r, Sacres).

BEAUNE, Colette, Naissance de la nation France, Paris 1985.

BECKER, Franz, Das Königtum der Thronfolger im Deutschen Reich des Mittelalters, Weimar 1913 (Quellen und Studien zur Verfassungsgeschichte des Deutschen Reiches in Mittelalter und Neuzeit, hgg. von Karl Z e u m e r, Bd. V, H.3).

BETZ, Werner, Karl der Große und die Lingua Theodisca, in: Karl der Große. Lebenswerk und Nachleben, t. II: Das geistige Leben, hgg. von Bernhard B i s c h o f f (Düsseldorf 1965) S. 300 – 306; verbesserter Nachdruck in: Der Volksname Deutsch, hgg. von Hans E g g e r s (Darmstadt 1970) S. 392 – 404 (Wege der Forschung, t. 156; hiernach zitiert).

BEUMANN, Helmut, Widukind von Korvei. Untersuchungen zur Geschichtsschreibung und Ideengeschichte des 10. Jahrhunderts, Weimar 1950 (Abhandlungen über Corveyer Geschichtsschreibung, Bd. 3. Veröffentlichungen der Historischen Kommission des Provinzialinstituts für westfälische Landes- und Volkskunde X, 3; zitiert: B e u m a n n, Widukind).

BEUMANN, Helmut, Das Imperium und die Regna bei Wipo, in: Geschichte und Landeskunde. Franz Steinbach zum 65. Geburtstag gewidmet von seinen Freunden und Schülern (Bonn 1960) S. 11 – 36 = Wissenschaft vom Mittelalter. Ausgewählte Aufsätze, hgg. von Roderich S c h m i d t (Köln-Wien 1972) S. 175 – 200 (hiernach zitiert: B e u m a n n, Imperium).

BEUMANN, Helmut, Das Kaisertum Ottos des Großen. Ein Rückblick nach tausend Jahren, in: HZ. 195 (1962) S. 529 – 573 = Das Kaisertum Ottos des Großen. Zwei Vorträge von H. Beumann und H. Büttner (Konstanz-Stuttgart 1963) S. 6–54 = Ausgewählte Aufsätze (Köln-Wien 1972) S. 411–458 (hiernach zitiert: Beumann, Rückblick).

BEUMANN, Helmut, Das Paderborner Epos und die Kaiseridee Karls des Großen, in: Karolus Magnus et Leo papa. Ein Paderborner Epos vom Jahre 799 (Paderborn 1966) S. 1–54 (Studien und Quellen zur westfälischen Geschichte, Bd. 8; zitiert: Beumann, Paderborner Epos).

BEUMANN, Helmut, Regnum Teutonicum und rex Teutonicorum in ottonischer und salischer Zeit. Bemerkungen zu einem Buch von Eckhard Müller-Mertens, in: AKG. 55 (1973) S. 215–223 = Ausgewählte Aufsätze aus den Jahren 1966–1986. Festgabe zu seinem 75. Geburtstag, hgg. von Jürgen Petersohn und Roderich Schmidt (Sigmaringen 1987) S. 115–123 (hiernach zitiert: Beumann, Regnum).

BEUMANN, Helmut, Laurentius und Mauritius. Zu den missionspolitischen Folgen des Ungarnsieges Ottos des Großen, in: Festschrift für Walter Schlesinger, hgg. von Helmut Beumann, t. II (Köln-Wien 1974) S. 238–275 (Mitteldeutsche Forschungen, t. 74/II) = Ausgewählte Aufsätze... (Sigmaringen 1987) S. 139–176 (hiernach zitiert: Beumann, Laurentius).

BEUMANN, Helmut, Die Einheit des ostfränkischen Reiches und der Kaisergedanke bei der Königserhebung Ludwigs des Kindes, in: AfD. 23 (1977) S. 142–163 = Ausgewählte Aufsätze... (Sigmaringen 1987) S. 45–65 (hiernach zitiert: Beumann, Einheit).

BEUMANN, Helmut, Die Bedeutung des Kaisertums für die Entstehung der deutschen Nation im Spiegel der Bezeichnungen von Reich und Herrscher, in: Aspekte der Nationenbildung im Mittelalter (Sigmaringen 1978) S. 317–365 (Nationes, t. 1) = Ausgewählte Aufsätze... (Sigmaringen 1987) S. 66–114 (hiernach zitiert: Beumann, Kaisertum).

BEUMANN, Helmut, Unitas ecclesiae – unitas imperii – unitas regni. Von der imperialen Reichseinheitsidee zur Einheit der Regna, in: Nascita dell'Europa ed Europa carolingia: un'equazione da verificare (Spoleto 1981) S. 531–571 (Settimane di studio del Centro italiano di studi sull'alto medioevo, t. XXVII) = Ausgewählte Aufsätze... (Sigmaringen 1987) S. 3–43 (hiernach zitiert: Beumann, Unitas).

BEUMANN, Helmut, Der deutsche König als „Romanorum rex", Wiesbaden 1981, in: SB. der Wissenschaftlichen Gesellschaft an der Johann-Wolfgang-Goethe-Universität Frankfurt/Main, t. 17 (1981) Nr. 2, S. 39–84 (zitiert: Beumann, König).

BEUMANN, Helmut, Imperator Romanorum, rex gentium. Zu Widukind III, 76, in: Tradition als historische Kraft. Interdisziplinäre Forschungen zur Geschichte des frühen Mittelalters, hgg. von Norbert Kamp und Joachim Wollasch (Berlin-New York 1982) S. 214–230 = Ausgewählte Aufsätze... (Sigmaringen 1987) S. 324–340 (hiernach zitiert: Beumann, Imperator).

BEUMANN, Helmut, Sachsen und Franken im werdenden Regnum Teutonicum, in: Angli e Sassoni al di qua e al di là del mare, t. II (Spoleto 1986) S. 887 – 912 (Settimane di studio del Centro italiano di studi sull'alto medioevo, t. XXXII; zitiert: B e u m a n n, Sachsen).

BEUMANN, Helmut, Zur Nationenbildung im Mittelalter, in: Nationalismus in vorindustrieller Zeit, hgg. von Otto D a n n (München 1986) S. 21 – 33 (Studien zur Geschichte des neunzehnten Jahrhunderts. Abhandlungen der Forschungsabteilung des Historischen Seminars der Universität Köln, t. 14) = Ausgewählte Aufsätze... (Sigmaringen 1987) S. 124 – 136 (hiernach zitiert: B e u m a n n, Nationenbildung).

BEYERLE, Franz, Das frühmittelalterliche Schulheft vom Ämterwesen, in: ZSavRG., G.A.69 (1952) S. 1 – 23.

BEZZOLA, Gian Andri, Das Ottonische Kaisertum in der französischen Geschichtsschreibung des 10. und beginnenden 11. Jahrhunderts, Graz-Köln 1956 (Veröffentlichungen des Instituts für österreichische Geschichtsforschung, t. XVIII).

BICKEL, Ernst, Arminiusbiographie und Sagensigfrid, Bonn 1949.

BLOCH, Marc, Les rois thaumaturges. Etude sur le caractère surnaturel attribué à la puissance royale particulièrement en France et en Angleterre, Strasbourg-Paris 1924 (Thèse; Nachdruck: Paris 1961).

BODMER, Jean-Pierre, Die französische Historiographie des Spätmittelalters und die Franken, in: AKG. 45 (1963) S. 91 – 118.

BÖCKENFÖRDE, Ernst-Wolfgang, Die deutsche verfassungsgeschichtliche Forschung im 19. Jahrhundert. Zeitgebundene Fragestellungen und Leitbilder, Berlin 1961 (Schriften zur Verfassungsgeschichte, Bd. 1).

BÖHM, Helmut, „Gallica gloria". Untersuchungen zum kulturellen Nationalgefühl in der älteren französischen Neuzeit, Diss. phil. Freiburg i. Br. 1977.

BOEHM, Laetitia, Gedanken zum Frankreich-Bewußtsein im frühen 12. Jahrhundert, in: Hist. Jb. 74 (1955) S. 681 – 687 (zitiert: B o e h m, Gedanken).

BOEHM, Laetitia, „Gesta Dei per Francos" oder „Gesta Francorum"? Die Kreuzzüge als historiographisches Problem, in: Saeculum 8 (1957) S. 43 – 81 (zitiert: B o e h m, Gesta).

BOEHM, Laetitia, Rechtsformen und Rechtstitel der burgundischen Königserhebungen im 9. Jahrhundert, in: Hist. Jb. 80 (1961) S. 1 – 57 (zitiert: B o e h m, Rechtsformen).

BORCHARDT, Frank L., German antiquity in Renaissance myth, Baltimore-London 1971.

BORGOLTE, Michael, Karl III. und Neudingen. Zum Problem der Nachfolgeregelung Ludwigs des Deutschen, in: ZGO. 125 (1977) S. 21 – 55.

v. BORRIES, Emil, Wimpfeling und Murner im Kampf um die ältere Geschichte des Elsasses. Ein Beitrag zur Charakteristik des deutschen Frühhumanismus, Heidelberg 1926 (Schriften des Wissenschaftlichen Instituts der Elsaß-Lothringer im Reich).

BORST, Arno, Ranke und Karl der Große, in: Dauer und Wandel der Geschichte. Aspekte europäischer Vergangenheit. Festgabe für Kurt von Raumer zum 15. Dezember 1965, hgg. von Rudolf Vierhaus und Manfred Botzenhart (Münster 1966) S. 448–482 (zitiert: Borst, Ranke).

BORST, Arno, Das Karlsbild in der Geschichtswissenschaft vom Humanismus bis heute, in: Karl der Große. Lebenswerk und Nachleben, t. IV: Das Nachleben, hgg. von Wolfgang Braunfels und Percy Ernst Schramm (Düsseldorf 1967) S. 364–402 (zitiert: Borst, Karlsbild).

BOSCHEN, Lothar, Die Annales Prumienses. Ihre nähere und ihre weitere Verwandtschaft, Düsseldorf 1972.

BOSHOF, Egon, Lothringen, Frankreich und das Reich in der Regierungszeit Heinrichs III., in: Rheinische Vierteljahrsblätter 42 (1978) S. 63–127 (zitiert: Boshof, Lothringen).

BOSHOF, Egon, Das Reich in der Krise. Überlegungen zum Regierungsausgang Heinrichs III., in: HZ. 228 (1979) S. 265–287 (zitiert: Boshof, Krise).

BOUWSMA, William Jones, Concordia mundi: The Career and Thought of Guillaume Postel (1510–1581), Cambridge/Mass. 1957.

BRESSLAU, Harry, Jahrbücher des Deutschen Reiches unter Konrad II., 2 Bde., Leipzig 1879–1884 (Nachdruck: Berlin 1967; Jahrbücher der Deutschen Geschichte; zitiert: Bresslau, Jbb. I–II).

BRESSLAU, Harry, Das tausendjährige Jubiläum der deutschen Selbständigkeit. Rede gehalten in der Wissenschaftlichen Gesellschaft zu Straßburg am 1. Juli 1911, Straßburg 1912 (Schriften der Wissenschaftlichen Gesellschaft in Straßburg, 14. Heft; zitiert: Bresslau, Jubiläum).

BRESSLAU, Harry, Handbuch der Urkundenlehre für Deutschland und Italien, t. I–II/1², Leipzig 1912–1915; t. II/2, hgg. von Hans-Walter Klewitz, Berlin-Leipzig 1931 (Nachdruck als 3. Auflage, Berlin 1958; Registerband von Hans Schulze, Berlin 1960; zitiert: Bresslau I–II/1–2).

BRESSLAU, Harry, Die ältere Salzburger Annalistik: Abhandlungen der Preussischen Akademie der Wissenschaften, Phil.-hist. Klasse, Jg. 1923, Nr. 2 (zitiert: Bresslau, Annalistik).

BRINKMANN, Hennig, Theodiscus. Ein Beitrag zur Frühgeschichte des Namens „Deutsch", in: Altdeutsches Wort und Wortkunstwerk. Georg Baesecke zum 65. Geburtstage 13. Januar 1941 (Halle/Saale 1941) S. 20–45 = Der Volksname Deutsch, hgg. von Hans Eggers (Darmstadt 1970) S. 183–208 (Wege der Forschung, t. 156; hiernach zitiert).

BROWN, John L., The Methodus ad facilem historiarum cognitionem of Jean Bodin. A Critical Study, Washington/D.C. 1939 (Diss. der „Catholic University of America").

BRÜHL, Carlrichard, Fränkischer Krönungsbrauch und das Problem der Festkrö-
    nungen, in: HZ. 194 (1962) S. 265 – 326 = Aus Mittelalter und Diplomatik.
    Gesammelte Aufsätze, t. I (Hildesheim-München-Zürich 1989) S. 351 – 412
    (hiernach zitiert: B r ü h l, Krönungsbrauch).

BRÜHL, Carlrichard, Fodrum, Gistum, Servitium regis. Studien zu den wirt-
    schaftlichen Grundlagen des Königtums im Frankenreich und in den fränki-
    schen Nachfolgestaaten Deutschland, Frankreich und Italien vom 6. bis zur
    Mitte des 14. Jahrhunderts, 2 Bde., Köln-Graz 1968 (Kölner Historische
    Abhandlungen, t. 14/I – II; zitiert: B r ü h l, Fodrum).

BRÜHL, Carlrichard, Das «Palatium» von Pavia und die «Honorantiae civitatis
    Papiae», in: Pavia, capitale del Regno (Spoleto 1969) S. 189 – 220 (Atti del
    4 Congresso internazionale di studi sull'alto medioevo) = Gesammelte Auf-
    sätze, t. I (Hildesheim-München-Zürich 1989) S. 138 – 169 (zitiert: B r ü h l,
    Honorantiae).

BRÜHL, Carlrichard, Die Anfänge der deutschen Geschichte, Wiesbaden 1972,
    in: SB. der Wissenschaftlichen Gesellschaft an der Johann-Wolfgang-Goe-
    the-Universität Frankfurt/Main, t. 10 (1972) Nr. 5, S. 147 – 181 (zitiert: B r ü h l,
    Anfänge).

BRÜHL, Carlrichard, Palatium und Civitas. Studien zur Profantopographie spät-
    antiker Civitates vom 3. bis zum 13. Jahrhundert, t. I: Gallien, Köln-Wien
    1975; t. II: Germanien, Köln-Wien 1990 (zitiert: B r ü h l, Palatium I – II).

BRÜHL, Carlrichard, Purpururkunden, in: Festschrift für Helmut Beumann zum
    65. Geburtstag (Sigmaringen 1977) S. 3 – 21 = Gesammelte Aufsätze, t. II
    (Hildesheim-München-Zürich 1989) S. 601 – 619 (hiernach zitiert: B r ü h l,
    Purpururkunden).

BRÜHL, Carlrichard, Kronen- und Krönungsbrauch im Frühen und Hohen Mit-
    telalter, in: HZ. 234 (1982) S. 1 – 31 = Gesammelte Aufsätze, t. I (Hildes-
    heim-München- Zürich 1989) S. 413 – 443 (hiernach zitiert: B r ü h l, Kronen-
    brauch).

BRÜHL, Carlrichard, Urkunden und Kanzleien der germanischen Königreiche
    auf dem Boden des Imperium Romanum, in: Gesammelte Aufsätze, t. II
    (Hildesheim-München-Zürich 1989) S. 474 – 494 (zitiert: B r ü h l, Urkunden).

BRÜHL, Carlrichard, Karolingische Miszellen II: Eine angebliche Urkunde der
    Königin Irmingard von der Provence für den Venezianer Dominicus Cari-
    mannus aus dem Jahre 909 und die Frühgeschichte von Teutonicus – Deut-
    scher, in: DA. 44 (1988) S. 371 – 384 = Diplomatische Miszellen zur Ge-
    schichte des 9. und 10. Jahrhunderts. V, in: Gesammelte Aufsätze, t. II (Hil-
    desheim- München-Zürich 1989) S. 824 – 837 (hiernach zitiert: B r ü h l, Ir-
    mingard).

BRÜHL, Carlrichard, Karolingische Miszellen III: Ein westfränkisches Reichstei-
    lungsprojekt aus dem Jahre 953, in: DA. 44 (1988) S. 385 – 389 (zitiert:
    B r ü h l, Reichsteilungsprojekt).

BRUNNER, Karl, Der fränkische Fürstentitel im neunten und zehnten Jahrhundert, in: Intitulatio II. Lateinische Herrscher- und Fürstentitel im neunten und zehnten Jahrhundert, hgg. von Herwig Wolfram (Wien-Köln-Graz 1973) S. 179–340 (MIÖG., Erg.bd. XXIV; zitiert: B r u n n e r, Fürstentitel).

BRUNNER, Karl, Oppositionelle Gruppen im Karolingerreich, Wien-Köln-Graz 1979 (Veröffentlichungen des Instituts für österreichische Geschichtsforschung, t. XXV; zitiert: B r u n n e r, Gruppen).

BUCHNER, Rudolf, Kulturelle und politische Zusammengehörigkeitsgefühle im europäischen Frühmittelalter, in: HZ. 207 (1968) S. 562–583.

BÜHRER, Peter, Studien zu den Beinamen mittelalterlicher Herrscher, in: Schweizerische Zeitschrift für Geschichte 22 (1972) S. 205–236.

BÜTTNER, Heinrich, Zur Burgenbauordnung Heinrichs I., in: Blätter für deutsche Landesgeschichte 92 (1956) S. 1–17 (zitiert: B ü t t n e r, Burgenbauordnung).

BÜTTNER, Heinrich, Die Ungarn, das Reich und Europa bis zur Lechfeldschlacht des Jahres 955, in: ZBLG. 19 (1956) S. 433–458 (zitiert: B ü t t n e r, Ungarn).

BÜTTNER, Heinrich, Heinrichs I. Südwest- und Westpolitik, Konstanz-Stuttgart 1964 (zitiert: B ü t t n e r, Westpolitik).

BULST, Neithard, Untersuchungen zu den Klosterreformen Wilhelms von Dijon (962–1031), Bonn 1973 (Pariser Historische Studien, t. 11).

BUND, Konrad, Thronsturz und Herrscherabsetzung im Frühmittelalter, Bonn 1979 (Bonner Historische Forschungen, t. 44).


CALMETTE, Joseph, La diplomatie carolingienne du traité de Verdun à la mort de Charles le Chauve, Paris 1901 (Nachdruck: Genève-Paris 1977; BEHE., fasc. 135; zitiert: C a l m e t t e, Diplomatie).

CALMETTE, Joseph, L'effondrement d'un empire et la naissance d'une Europe IX$^e$–X$^e$ siècles, Paris 1941 (Nachdruck: Genève 1978; zitiert: C a l m e t t e, Naissance).

CLASSEN, Peter, Die Verträge von Verdun und von Coulaines 843 als Grundlagen des westfränkischen Reiches, in: HZ. 196 (1963) S. 1–35 = Ausgewählte Aufsätze von Peter Classen, hgg. von Josef F l e c k e n s t e i n (Sigmaringen 1983) S. 249–277 (Vorträge und Forschungen, t. XXVIII; hiernach zitiert: C l a s s e n, Verträge).

CLASSEN, Peter, Karl der Große und die Thronfolge im Frankenreich, in: Festschrift für Hermann Heimpel zum 70. Geburtstag am. 19. September 1971, t. III (Göttingen 1972) S. 109–134 (Veröffentlichungen des Max-Planck-Instituts für Geschichte t. 36/I) = Ausgewählte Aufsätze von Peter Classen (Sigmaringen 1983) S. 205–229 mit 6 Karten (hiernach zitiert: C l a s s e n, Thronfolge).

CLASSEN, Peter, Karl der Große, das Papsttum und Byzanz. Die Begründung des karolingischen Kaisertums, hgg. von Horst F u h r m a n n und Claudia

Märtl, Sigmaringen 1988² (Beiträge zur Geschichte und Quellenkunde des Mittelalters, hgg. von Horst Fuhrmann, Bd. 9; zitiert: Classen, Begründung).

CORBET, Patrick, Les saints ottoniens. Sainteté dynastique, sainteté royale et sainteté féminine autour de l'an Mil, Sigmaringen 1986 (Beihefte der Francia, Bd. 15).

COUSIN, Dom Patrice, Abbon de Fleury-sur-Loire. Un savant, un pasteur, un martyr à la fin du Xᵉ siècle, Paris 1954.


DANNENBAUER, Heinz, Germanisches Altertum und deutsche Geschichtswissenschaft, Tübingen 1935 (Philosophie und Geschichte, H. 52).

DE CAPRARIIS, Vittorio, Propaganda e pensiero politico in Francia durante le guerre di religione, t. I: 1559 – 1572, Napoli 1959 (Biblioteca Storica, Nuova Serie, hgg. von Federico Chabod, t. 7).

DELOGU, Paolo, „Consors regni": un problema carolingio, in: BISI. 76 (1964) S. 47 – 98.

DHONDT, Jan, Henri Iᵉʳ, l'Empire et l'Anjou (1043 – 1056) in: Revue belge de philologie et d'histoire 25 (1947) S. 87 – 109 (zitiert: Dhondt, Empire).

DHONDT, Jan, Études sur la naissance des principautés territoriales en France (IXᵉ – Xᵉ siècle), Brugge 1948 (Rijksuniversiteit te Gent. Werken uitgegeven door de Faculteit van de wijsbegeerte en letteren, t. 102; zitiert: Dhondt, Études).

DHONDT, Jan, Quelques aspects du règne d'Henri Iᵉʳ, roi de France, in: Mélanges d'histoire du Moyen Age dédiés à la mémoire de Louis Halphen (Paris 1951) S. 199 – 208 (zitiert: Dhondt, Aspects).

DICKENS, A. Geoffrey, The German Nation and Martin Luther (London 1974) ch.2: Humanism and national myth (S. 21 – 48).

DIEHL, Adolf, Heiliges Römisches Reich deutscher Nation, in: HZ.156 (1937) S. 457 – 484.

DIGEON, Claude, La crise allemande de la pensée française (1870 – 1914), Paris 1959 (Thèse).

DRABEK, Anna M., Die Verträge der fränkischen und deutschen Herrscher mit dem Papsttum von 754 bis 1020, Wien-Köln-Graz 1976 (Veröffentlichungen des Instituts für österreichische Geschichtsforschung, t. XXII).

DUBOIS, Claude-Gilbert, Celtes et Gaulois au XVIᵉ siècle. Le développement littéraire d'un mythe nationaliste, Paris 1972 (De Pétrarque à Descartes, t. XXVIII).

DÜMMLER, Ernst, Geschichte des ostfränkischen Reiches, 3 Bde., Leipzig 1887 – 1888² (Nachdruck: Darmstadt 1960; Jahrbücher der Deutschen Geschichte).

DUPRÈ-THESEIDER, Eugenio, Otto I. und Italien, in: Festschrift zur Jahrtausendfeier der Kaiserkrönung Ottos des Großen. Erster Teil: Festbericht, Vorträge, Abhandlungen (Graz-Köln 1962) S. 53 – 69 (MIÖG., Erg.bd. XX/1).

DURANTON, Henri, „Nos ancêtres les Gaulois". Genèse et avatars d'un cliché historique, in: Cahiers d'histoire 14 (1969) S. 339–370.

ECKEL, Auguste, Charles le Simple, Paris 1899 (Nachdruck: Genève-Paris 1977; BEHE., fasc. 124; Annales de l'histoire de France à l'époque carolingienne).

EGGERS, Hans, Nachlese zur Frühgeschichte des Wortes Deutsch, in: Beiträge zur Geschichte der Deutschen Sprache und Literatur, t. 82: Sonderband. Elisabeth Karg-Gasterstädt zum 75. Geburtstag am 9. Februar 1961 gewidmet (Halle/Saale 1961) S. 157–173 = Der Volksname Deutsch, hgg. von Hans Eggers (Darmstadt 1970) S. 374–391 (Wege der Forschung, t. 156; hiernach zitiert).

EGGERT, Wolfgang, 919 – Geburts- oder Krisenjahr des mittelalterlichen deutschen Reiches? Betrachtungen zu einem zweifelhaften Jubiläum, in: ZGW. 18 (1970) S. 46–65 (zitiert: Eggert, Krisenjahr).

EGGERT, Wolfgang, Das ostfränkisch–deutsche Reich in der Auffassung seiner Zeitgenossen, Berlin 1973 (Forschungen zur mittelalterlichen Geschichte, t. 21; zitiert: Eggert, Auffassung).

EGGERT, Wolfgang – PÄTZOLD, Barbara, Wir-Gefühl und Regnum Saxonum bei frühmittelalterlichen Geschichtsschreibern, Weimar 1984 (Forschungen zur mittelalterlichen Geschichte, t. 31).

EHLERS, Joachim, Karolingische Tradition und frühes Nationalbewußtsein in Frankreich, in: Francia 4 (1976) S. 213–235 (zitiert: Ehlers, Tradition).

EHLERS, Joachim, Die *Historia Francorum Senonensis* und der Aufstieg des Hauses Capet, in: Journal of Medieval History 4 (1978) S. 1–26 (zitiert: Ehlers, Aufstieg).

EHLERS, Joachim, Elemente mittelalterlicher Nationsbildung in Frankreich (10.–13. Jahrhundert), in: HZ. 231 (1980) S. 565–587 (zitiert: Ehlers, Elemente).

EHLERS, Joachim, Kontinuität und Tradition als Grundlage mittelalterlicher Nationsbildung in Frankreich, in: Beiträge zur Bildung der französischen Nation im Früh- und Hochmittelalter (Sigmaringen 1983) S. 15–47 (Nationes, t. 4; zitiert: Ehlers, Kontinuität).

EHLERS, Joachim, Die Anfänge der französischen Geschichte, in: HZ. 240 (1985) S. 1–44 (zitiert: Ehlers, Anfänge).

EHLERS, Joachim, Die deutsche Nation des Mittelalters als Gegenstand der Forschung, in: Ansätze und Diskontinuität deutscher Nationsbildung im Mittelalter, hgg. von Joachim Ehlers (Sigmaringen 1989) S. 11–58 (Nationes, t. 8; zitiert: Ehlers, Nation).

EHLERS, Joachim, Schriftkultur, Ethnogenese und Nationsbildung in ottonischer Zeit, in: Frühmittelalterliche Studien 23 (1989) S. 302–317 (zitiert: EHLERS, Schriftkultur).

EICHLER, Hermann, Die Gründung des Ersten Reiches. Ein Beitrag zur Verfassungsgeschichte des 9.–10. Jahrhunderts, Berlin 1942.

EITEN, Gustav, Das Unterkönigtum im Reiche der Merowinger und Karolinger, Heidelberg 1907 (Heidelberger Abhandlungen zur mittleren und neueren Geschichte, H.18).

ENGELS, Odilo, Das Reich der Salier – Entwicklungslinien, in: Die Salier und das Reich, hgg. von Stefan W e i n f u r t e r, t. III: Gesellschaftlicher und ideengeschichtlicher Wandel im Reich der Salier (Sigmaringen 1990) S. 497–541.

EPPERLEIN, Siegfried, Über das romfreie Kaisertum im frühen Mittelalter, in: Jahrbuch für Geschichte 2 (1967) S. 307–342.

ERDMANN, Carl, Der Name Deutsch, in: Karl der Große oder Charlemagne. Acht Antworten deutscher Historiker (Berlin 1935) S. 94–105 (zitiert: E r d m a n n, Name).

ERDMANN, Carl, Der ungesalbte König, in: DA. 2 (1938) S. 311–340 = Ottonische Studien, hgg. von Helmut B e u m a n n (Darmstadt 1968) S. 1–30 (hiernach zitiert: E r d m a n n, König).

ERDMANN, Carl, Beiträge zur Geschichte Heinrichs I. III: Zur Frage der „Kanzlei" Heinrichs I., in: Sachsen und Anhalt. Jahrbuch der Landesgeschichtlichen Forschungsstelle für die Provinz Sachsen und für Anhalt 17 (1941–43) S. 98–106 = Ottonische Studien (Darmstadt 1968) S. 74–82 (hiernach zitiert: E r d m a n n, Kanzlei).

ERDMANN, Carl, Die Burgenordnung Heinrichs I., in: DA. 6 (1943) S. 59–101 = Ottonische Studien (Darmstadt 1968) S. 131–173 (hiernach zitiert: E r d m a n n, Burgenordnung).

ERDMANN, Carl, Das ottonische Reich als Imperium Romanum, in: DA. 6 (1943) S. 412–439 = Ottonische Studien (Darmstadt 1968) S. 174–201 (hiernach zitiert: E r d m a n n, Imperium).

ERDMANN, Carl, Die nichtrömische Kaiseridee, in: Forschungen zur politischen Ideenwelt des Frühmittelalters, hgg. von Friedrich B a e t h g e n (Berlin 1951) S. 1–51 (zitiert: E r d m a n n, Kaiseridee).

ERDMANN, Carl, Die Würde des Patricius unter Otto III., in: Forschungen zur politischen Ideenwelt des Frühmittelalters (Berlin 1951) S. 92–111 (zitiert: E r d m a n n, Patricius).

ERKENS, Franz-Reiner, Fürstliche Opposition in ottonisch-salischer Zeit. Überlegungen zum Problem der Krise des frühmittelalterlichen deutschen Reiches, in: AKG. 64 (1982) S. 307–370.

EWIG, Eugen, Volkstum und Volksbewußtsein im Frankenreich des 7. Jahrhunderts, in: I Caratteri del secolo VII in Occidente (Spoleto 1958) S. 587–648 (Settimane di studio del Centro italiano di studi sull'alto medioevo, t. V) = Spätantikes und fränkisches Gallien. Gesammelte Aufsätze, hgg. von Hartmut A t s m a, t. I (München 1976) S. 231–273 (Beihefte der Francia, t. 3/I; hiernach zitiert: E w i g, Volkstum).

EWIG, Eugen, Beobachtungen zur politisch-geographischen Terminologie des fränkischen Großreiches und der Teilreiche des 9. Jahrhunderts, in: Spiegel

der Geschichte. Festschrift Max Braubach (Münster 1964) S. 99 – 140 = Spätantikes und fränkisches Gallien, t. I (München 1976) S. 323 – 361 (Beihefte
der Francia, t. 3/I; hiernach zitiert: E w i g, Beobachtungen).

FALKENSTEIN, Ludwig, Der „Lateran" der karolingischen Pfalz zu Aachen,
Köln-Graz 1966 (Kölner Historische Abhandlungen, t. 13).

FARAL, Edmond, La légende arthurienne – Etudes et documents. Première partie: Les plus anciens textes, t. I: Des origines à Geoffroy de Monmouth (Paris
1929) Appendice I: Comment s'est formée la légende de l'origine troyenne
des Francs, S. 262 – 293 (BEHE., fasc. 255).

FASOLI, Gina, Le incursioni ungare in Europa nel secolo X, Firenze 1945 (Biblioteca Storica Sansoni, N. S. XI).

FAUSSNER, Hans Constantin, Zum Regnum Bavariae Herzog Arnulfs (907 –
938), Wien 1984 (Österreichische Akademie der Wissenschaften. Phil.-hist.
Klasse, Sitzungsberichte, 426. Band).

FAVRE, Edouard, Eudes, comte de Paris et roi de France, Paris 1893 (Nachdruck:
Genève-Paris 1976; BEHE., fasc. 99; Annales de l'histoire de France à l'époque carolingienne).

FEDELE, Pietro, Accenti d'italianità in Montecassino nel medioevo, in:BISI. 47
(1932) S. 1 – 16.

FERGUSON, Wallace K., The Renaissance in Historical Thought. Five Centuries
of Interpretation, Cambridge/Mass. 1948 (französische Übersetzung: La Renaissance dans la pensée historique, Paris 1950).

FICHTENAU, Heinrich von, „Politische" Datierungen des frühen Mittelalters, in:
Intitulatio II: Lateinische Herrscher- und Fürstentitel im neunten und zehnten Jahrhundert, hgg. von Herwig W o l f r a m (Wien-Köln-Graz 1973)
S. 453 – 548 (MIÖG., Erg.bd. XXIV) = Beiträge zur Mediävistik. Ausgewählte Aufsätze, t. III (Stuttgart 1986) S. 186 – 286 (überarbeitete Fassung;
hiernach zitiert: F i c h t e n a u, Datierungen).

FICHTENAU, Heinrich von, Gentiler und europäischer Horizont an der Schwelle
des ersten Jahrtausends, in: Römische Historische Mitteilungen 23 (1981)
S. 227 – 243 = Ausgewählte Aufsätze, t. III (Stuttgart 1986) S. 80 – 97 (hiernach zitiert: F i c h t e n a u, Horizont).

FICHTENAU, Heinrich von, „Barbarus", „theodiscus" und Karl der Große, in:
Lebendige Altertumswissenschaft. Festgabe zur Vollendung des 70. Le-
bensjahres von Hermann Vetters (Wien 1985) S. 340 – 343 (zitiert: F i c h t e -
n a u, Barbarus).

FIERRO-DOMENECH, Alfred, Le Pré Carré. Géographie historique de la France,
Paris 1986 (zitiert: F i e r r o).

FLACH, Jacques, Les origines de l'ancienne France, 4 Bde., Paris 1886 – 1917
(Nachdruck: New York 1969), bes. t. III – IV.

FLECKENSTEIN, Josef, Die Hofkapelle der deutschen Könige, I. Teil: Grundle-
    gung. Die karolingische Hofkapelle; II. Teil: Die Hofkapelle im Rahmen der
    ottonisch-salischen Reichskirche, Stuttgart 1959–1966 (Schriften der Mo-
    numenta Germaniae historica, Bd. XVI/1–2; zitiert: Fleckenstein I–II).

FLECKENSTEIN, Josef, Über die Anfänge der deutschen Geschichte, Opladen
    1987 (Gerda Henkel Vorlesung) = Ordnungen und formende Kräfte des
    Mittelalters. Ausgewählte Beiträge (Göttingen 1989) S. 147–167 (hiernach
    zitiert: Fleckenstein, Anfänge).

FLICHE, Augustin, Le règne de Philippe I$^{er}$, roi de France (1060–1108), Paris
    1912 (Thèse; Nachdruck: Genève-Paris 1975).

FOLZ, Robert, Le Souvenir et la Légende de Charlemagne dans l'Empire germanique
    médiéval, Paris 1950 (Thèse; Publications de l'Université de Dijon, t. VII).

FONT-RÉAULX, Jacques de, Les diplômes de Charles le Simple, in: Annales de
    l'Université de Grenoble. Nouvelle Série. Section Lettres-Droit, t. XIX (1943)
    S. 29–49.

FOURNIAL, Etienne, La souveraineté du Lyonnais au X$^e$ siècle, in: MA. 62 (1956)
    S. 413–452.

FRÉZOULS, Edmond, Sur l'historiographie de l'impérialisme romain, in: Ktèma 8
    (1983) S. 143–162.

FRIED, Johannes, Boso von Vienne oder Ludwig der Stammler? Der Kaiserkandi-
    dat Johanns VIII., in: DA. 32 (1976) S. 193–208 (zitiert: Fried, Boso).

FRIED, Johannes, Wo beginnt – woher kommt die deutsche Geschichte? in: Ploetz.
    Deutsche Geschichte. Epochen und Daten, hgg. von Werner Conze und
    Volker Hentschel (Würzburg 1979) S. 26–36 (zitiert: Fried, Geschichte).

FRIED, Johannes, König Ludwig der Jüngere in seiner Zeit, in: Geschichtsblätter
    des Kreises Bergstraße 16 (1983) S. 5–27 (zitiert: Fried, Ludwig).

FRIED, Johannes, Neue historische Literatur. Deutsche Geschichte im frühen
    und hohen Mittelalter. Bemerkungen zu einigen neuen Gesamtdarstellun-
    gen, in: HZ. 245 (1987) S. 625–659 (zitiert: Fried, Bemerkungen).

FRIED, Johannes, Otto III. und Boleslaw Chrobry. Das Widmungsbild des Aa-
    chener Evangeliars, der „Akt von Gnesen" und das frühe polnische und un-
    garische Königtum, Wiesbaden-Stuttgart 1989 (Frankfurter Historische
    Abhandlungen, Bd. 30; zitiert: Fried, Otto III.).

FRINGS, Theodor, Das Wort Deutsch, in: Altdeutsches Wort und Wortkunst-
    werk. Georg Baesecke zum 65. Geburtstage 13. Januar 1941 (Halle/Saale
    1941) S. 46–82 = Der Volksname Deutsch, hgg. von Hans Eggers (Darm-
    stadt 1970) S. 209–244 (Wege der Forschung, t. 156; hiernach zitiert).

FUHRMANN, Horst, Die Synode von Hohenaltheim (916) – quellenkundlich be-
    trachtet, in: DA. 43 (1987) S. 440–468 (zitiert: Fuhrmann, Synode).

FUHRMANN, Manfred, Die Germania des Tacitus und das deutsche Nationalbe-
    wußtsein, in: Brechungen. Wirkungsgeschichtliche Studien zur antik-euro-

päischen Bildungstradition (Stuttgart 1982) S. 113 – 128, 233 (zitiert: F u h r -
m a n n , Germania).

GANSHOF, François Louis, Stämme als „Träger des Reiches"? Zu Walther Kienasts Studien über die französischen Volksstämme des Frühmittelalters, in:
ZSavRG., G.A. 89 (1972) S. 147 – 160.

GARMS-CORNIDES, Elisabeth, Die langobardischen Fürstentitel (774 – 1077).
Exkurs: Provincia-Terra-Patria, in: Intitulatio II: Lateinische Herrscher-
und Fürstentitel im neunten und zehnten Jahrhundert, hgg. von Herwig
W o l f r a m (Wien-Köln-Graz 1973) S. 422 – 443, bes. S. 425 – 432 (MIÖG.,
Erg.bd. XXIV).

GATTO, Ludovico, Viaggio intorno al concetto di medioevo. Profilo di storia della storiografia medievale, Roma 1981² (Biblioteca di cultura, t. 108).

GAY, Jules, L'Italie méridionale et l'empire byzantin depuis l'avènement de Basile I$^{er}$ jusqu'à la prise de Bari par les Normands (867 – 1071), Paris 1904
(Nachdruck: New York o. J. in 2 Bdn.; BEFAR., fasc. 90).

GESCHE, Helga, Caesar, Darmstadt 1976 (Erträge der Forschung, t. 51).

GIESE, Wolfgang, Der Stamm der Sachsen und das Reich in ottonischer und salischer Zeit, Wiesbaden 1979.

GIEYSZTOR, Alexander, Gens Polonica: aux origines d'une conscience nationale,
in: Études de civilisation médiévale (XIᵉ – XIIᵉ siècle). Mélanges offerts à
Edmond-René Labande...à l'occasion de son départ à la retraite et du XXᵉ
anniversaire du C.É.S.C.M. par ses amis, ses collègues, ses élèves (Poitiers
1974) S. 351 – 362.

GÖHRING, Martin, Weg und Sieg der modernen Staatsidee in Frankreich, Tübingen 1947².

GOETZ, Hans-Werner, „Dux" und „Ducatus". Begriffs- und verfassungsgeschichtliche Untersuchungen zur Entstehung des sogenannten „Jüngeren" Stammes-
herzogtums an der Wende vom neunten zum zehnten Jahrhundert, (Diss. phil.)
Bochum 1977 (Nachdruck als 2. Auflage 1981; zitiert: G o e t z , Dux).

GOETZ, Hans-Werner, Der letzte Karolinger? Die Regierung Konrads I. im Spiegel seiner Urkunden, in: AfD. 26 (1980) S. 56 – 125 (zitiert: G o e t z , Konrad I.).

GOETZ, Hans-Werner, Regnum: Zum politischen Denken der Karolingerzeit, in:
ZSavRG., G.A. 104 (1987) S. 110 – 189 (zitiert: G o e t z , Regnum).

GOETZ, Walter, Das Werden des italienischen Nationalgefühls, in: SB. der Bayerischen Akademie der Wissenschaften. Phil.-histor. Abt., Jg. 1939, H. 7 (zitiert: G o e t z , Nationalgefühl).

GOEZ, Werner, Translatio imperii. Ein Beitrag zur Geschichte des Geschichts-
denkens und der politischen Theorien im Mittelalter und in der frühen Neuzeit, Tübingen 1958.

GOLLWITZER, Heinz, Zur Auffassung der mittelalterlichen Kaiserpolitik im 19.
Jahrhundert, in: Dauer und Wandel in der Geschichte. Festgabe für Kurt

von Raumer zum 15. Dezember 1965, hgg. von Rudolf Vierhaus und Manfred Botzenhart (Münster 1966) S. 483 – 512 (zitiert: Gollwitzer, Auffassung).

GOLLWITZER, Heinz, Zum politischen Germanismus des 19. Jahrhunderts, in: Festschrift Hermann Heimpel zum 70. Geburtstag am 19. September 1971, t. I (Göttingen 1971) S. 282 – 356 (Veröffentlichungen des Max-Planck-Instituts für Geschichte, t. 36/I; zitiert: Gollwitzer, Germanismus).

GRAF, Gerhard, Die weltlichen Widerstände in Reichsitalien gegen die Herrschaft der Ottonen und der ersten beiden Salier, (Diss. phil.) Erlangen 1936 (Erlanger Abhandlungen zur mittleren und neueren Geschichte, Bd. 24).

GRANSDEN, Antonia, Historical Writing in England, (t.I:) c.550 – c.1307, London und Ithaca/N.Y. 1974.

GRAUS, František, Lebendige Vergangenheit. Überlieferungen im Mittelalter und in den Vorstellungen vom Mittelalter, Köln-Wien 1975 (zitiert: Graus, Vergangenheit).

GRAUS, František, Die Nationenbildung der Westslawen im Mittelalter, Sigmaringen 1980 (Nationes, t. 3; zitiert: Graus, Nationenbildung).

GRAUS, František, Verfassungsgeschichte des Mittelalters, in: HZ. 243 (1986) S. 529 – 589 (zitiert: Graus, Verfassungsgeschichte).

GRUNDMANN, Herbert, Betrachtungen zur Kaiserkrönung Ottos I., in: SB. der Bayerischen Akademie der Wissenschaften. Phil.-hist. Klasse, Jg. 1962, H. 2 = Otto der Große, hgg. von Harald Zimmermann (Darmstadt 1976) S. 200 – 217 (Wege der Forschung, t. 450; hiernach zitiert).

GUENÉE, Bernard, État et nation en France au Moyen Age, in: RH. 481 (1967) S. 17 – 30 = Politique et histoire au moyen-âge. Recueil d'articles sur l'histoire politique et l'historiographie médievale (Paris 1981) S. 151 – 164 (Publications de la Sorbonne. Série Reimpressions, n° 2; hiernach zitiert: Guenée, État).

GUENÉE, Bernard, Les limites de la France, in: La France et les Français, hgg. von Michel François (Paris 1972) S. 50 – 68 (Encyclopédie de la Pléiade, t. 32) = Recueil d'articles sur l'histoire politique et l'historiographie médiévale (Paris 1981) S. 73 – 91; hiernach zitiert: Guenée, Limites).

GUYOTJEANNIN, Olivier, Les actes établis par la chancellerie royale sous Philippe Ier, in: BECh. 147 (1989) S. 29 – 48.

GYÖRFFY, György, König Stephan der Heilige, [Budapest] 1988.


HALLER, Johannes, Das Papsttum. Idee und Wirklichkeit. Verbesserte und ergänzte Ausgabe, besorgt von Heinz Dannenbauer, 5 Bde., Urach 1951 (Nachdruck: Darmstadt 1962), bes. t. II.

HARTMANN, Ludo Moritz, Geschichte Italiens im Mittelalter, t. III/1: Italien und die fränkische Herrschaft, Gotha 1908; t. III/2: Die Anarchie, Gotha 1911; t. IV/1: Die ottonische Herrschaft, Gotha 1915 (Nachdruck: Hildes-

heim 1969; Geschichte der europäischen Staaten, 32. Werk; zitiert: Hartmann mit Bandzahl).

HARTOG, François, Le XIX^e siècle et l'histoire. Le cas Fustel de Coulanges, Paris
1988 (Les chemins de l'histoire).

HAUBRICHS, Wolfgang, Die Praefatio des Heliand. Ein Zeugnis der Religions-
und Bildungspolitik Ludwigs des Deutschen, in: Niederdeutsches Jahrbuch
89 (1966) S. 7–32 = Der Heliand, hgg. von Jürgen Eichhoff und Irmen-
gard Rauch (Darmstadt 1973) S. 400–435 (Wege der Forschung, t. 321;
hiernach zitiert).

HEFELE, Charles-Joseph – LECLERCQ, Dom Henri, Histoire des conciles
d'après les documents originaux. Nouvelle traduction française faite sur la 2^e
édition allemande, corrigée et augmentée de notes critiques et bibliogra-
phiques..., 8 t. in 16 vol., Paris 1907–1921, bes. t. IV/1–2, Paris 1911 (deutsche Erstausgabe: 9 Bde., Freiburg i.Br. 1855–1890).

HEIL, August, Die politischen Beziehungen zwischen Otto dem Großen und
Ludwig IV. von Frankreich (936–954), Berlin 1904 (Nachdruck: Vaduz
1965; Historische Studien Ebering, H. 46).

HEIMPEL, Hermann, Alexander von Roes und das deutsche Selbstbewußtsein des
13. Jahrhunderts, in: AKG. 26 (1935/36) S. 19–60 (zitiert: Heimpel, Alexander).

HEIMPEL, Hermann, Bemerkungen zur Geschichte König Heinrichs I., in: Berichte über die Verhandlungen der Sächsischen Akademie der Wissenschaften. Philol.-hist. Klasse 88 (1936) H. 4, S. 1–45 = Königswahl und Thronfolge im ottonisch-frühdeutscher Zeit, hgg. von Eduard Hlawitschka
(Darmstadt 1971) S. 1–45 (Wege der Forschung, t. 178; hiernach zitiert:
Heimpel, Bemerkungen).

HEISSENBÜTTEL, Kurt, Die Bedeutung der Bezeichnungen für „Volk" und „Nation" bei den Geschichtsschreibern des 10. bis 13. Jahrhunderts, Diss. phil.
Göttingen 1920.

HERRICK, Jane, The Historical Thought of Fustel de Coulanges, Washington/
D.C. 1954 (Diss. der „Catholic University of America").

HIESTAND, Rudolf, Byzanz und das Regnum Italicum im 10. Jahrhundert, Zürich
1964 (Geist und Werk der Zeiten, H. 9).

HIRSCH, Siegfried, Jahrbücher des Deutschen Reiches unter Heinrich II., 3 Bde.,
Leipzig 1862–1875; t. II vollendet von Hermann Pabst, t. III bearbeitet
von Harry Bresslau ( Nachdruck: Berlin 1975; Jahrbücher der Deutschen
Geschichte; zitiert: Hirsch I–III).

HLAWITSCHKA, Eduard, Franken, Alemannen, Bayern und Burgunder in Oberitalien (774–962). Zum Verständnis der fränkischen Königsherrschaft in
Italien, Freiburg i. Br. 1960 (Diss. phil. Freiburg 1956; Forschungen zur
oberrheinischen Landesgeschichte, Bd. VIII; zitiert: Hlawitschka, Franken).

HLAWITSCHKA, Eduard, Lotharingien und das Reich an der Schwelle der deutschen Geschichte, Stuttgart 1968 (Schriften der Monumenta Germaniae historica, Bd. XXI; zitiert: Hlawitschka, Lotharingien).

HLAWITSCHKA, Eduard, Das Werden der Unteilbarkeit des mittelalterlichen Deutschen Reiches, in: Jahrbuch der Universität Düsseldorf 1969/70, S. 43 – 55 (zitiert: Hlawitschka, Unteilbarkeit).

HLAWITSCHKA, Eduard, Zur Herkunft der Liudolfinger und zu einigen Corveyer Geschichtsquellen, in: Rheinische Vierteljahrsblätter 38 (1974) S. 92 – 165 (zitiert: Hlawitschka, Herkunft).

HLAWITSCHKA, Eduard, Die verwandtschaftlichen Verbindungen zwischen dem hochburgundischen und dem niederburgundischen Königshaus. Zugleich ein Beitrag zur Geschichte Burgunds in der 1. Hälfte des 10. Jahrhunderts, in: Grundwissenschaften und Geschichte. Festschrift für Peter Acht (Kallmünz 1976) S. 28 – 57 (Münchener Historische Studien. Abteilung Geschichtliche Hilfswissenschaften, Bd. 15; zitiert: Hlawitschka, Verbindungen).

HLAWITSCHKA, Eduard, Die Ottonen-Einträge der Lausanner Annalen, in: Roma renascens. Beiträge zur Spätantike und Rezeptionsgeschichte. Ilona Opelt von ihren Freunden und Schülern zum 9. 7. 1988 in Verehrung gewidmet, hgg. von Michael Wissemann (Frankfurt a. M.-Bern-New York-Paris 1978) S. 125 – 148 (zitiert: Hlawitschka, Lausanner Annalen).

HLAWITSCHKA, Eduard, Vom Frankenreich zur Formierung der europäischen Staaten- und Völkergemeinschaft 840 – 1046, Darmstadt 1986 (zitiert: Hlawitschka, Frankenreich).

HLAWITSCHKA, Eduard, Untersuchungen zu den Thronwechseln der ersten Hälfte des 11. Jahrhunderts und zur Adelsgeschichte Süddeutschlands. Zugleich klärende Forschungen um „Kuno von Öhningen", Sigmaringen 1987 (Vorträge und Forschungen, Sonderband 35; zitiert: Hlawitschka, Untersuchungen).

HLAWITSCHKA, Eduard, Von der großfränkischen zur deutschen Geschichte. Kriterien der Wende, München 1988 (Sudentendeutsche Akademie der Wissenschaften und Künste. Geisteswissensch. Klasse. Sitzungsberichte, Jg. 1988, H.2; zitiert: Hlawitschka, Kriterien).

[HLAWITSCHKA, Eduard, Stirps regia. Forschungen zu Königtum und Führungsschichten im frühen Mittelalter. Ausgewählte Aufsätze. Festgabe zu seinem 60. Geburtstag hgg. von Gertrud THOMA und Wolfgang GIESE. Frankfurt a.M. – Bern 1988 (nicht benutzt)].

HÖLZLE, Erwin, Die Idee einer altgermanischen Freiheit vor Montesquieu, München-Berlin 1925 (Historische Zeitschrift, Beiheft 5).

HOFFMANN, Hartmut, Böhmen und das Deutsche Reich im Hohen Mittelalter, in: Jahrbuch für die Geschichte Mittel- und Ostdeutschlands 18 (1969) S. 1 – 62 (zitiert: Hoffmann, Böhmen).

HOFFMANN, Hartmut, Zur Geschichte Ottos des Großen, in: DA. 28 (1972) S. 42 – 73 = Otto der Große, hgg. von Harald Zimmermann (Darmstadt 1976) S. 9 – 45 (Wege der Forschung, t. 450; hiernach zitiert: Hoffmann, Geschichte).

HOFFMANN, Hartmut, Buchkunst und Königtum im ottonischen und frühsalischen Reich, Text- und Tafelband, Stuttgart 1986 (Schriften der Monumenta Germaniae historica, Bd. XXX/1–2; zitiert: Hoffmann, Buchkunst).

HOFMEISTER, Adolf, Markgrafen und Markgrafschaften im italischen Königreich in der Zeit von Karl dem Großen bis auf Otto den Großen (774–962), in: MIÖG., Erg.bd.VII (1907) S. 215–435 (zitiert: Hofmeister, Markgrafschaften).

HOFMEISTER, Adolf, Deutschland und Burgund im früheren Mittelalter. Eine Studie über die Entstehung des Arelatischen Reiches und seine(sic) politische Bedeutung, Leipzig 1914 (Nachdruck: Darmstadt 1962; zitiert: Hofmeister, Burgund).

HOLTZMANN, Robert, Die Urkunden König Arduins, in: NA. 25 (1899) S. 453–479.

HUGELMANN, Karl Gottfried, Stämme, Nation und Nationalstaat im deutschen Mittelalter, Stuttgart 1955.

HUPPERT, George, The Trojan Franks and their Critics, in: Studies in the Renaissance 12 (1965) S. 227–241.


JACOBSEN, Peter Christian, Flodoard von Reims. Sein Leben und seine Dichtung „De triumphis Christi", Leiden-Köln 1978 (Mittellateinische Studien und Texte, Bd. 10; zitiert: Jacobsen, Flodoard).

JACOBSEN, Peter Christian, Der Titel *princeps* und *domnus* bei Flodoard von Reims (893/4–966), in: Mittellateinisches Jahrbuch 13 (1978) S. 50–72 (zitiert: Jacobsen, Princeps).

JÄSCHKE, Kurt-Ulrich, Königskanzlei und imperiales Königtum im 10. Jahrhundert, in: Hist. Jb. 84 (1964) S. 288–333 = Otto der Große, hgg. von Harald Zimmermann (Darmstadt 1976) S. 137–196 (Wege der Forschung, t. 450; hiernach zitiert: Jäschke, Königskanzlei).

JÄSCHKE, Kurt-Ulrich, Burgenbau und Landesverteidigung um 900. Überlegungen zu Beispielen aus Deutschland, Frankreich und England, Sigmaringen 1975 (Vorträge und Forschungen, Sonderband 16; zitiert: Jäschke, Burgenbau).

JAKOBS, Hermann, Zum Thronfolgerecht der Ottonen, in: Königswahl und Thronfolge in ottonisch-frühdeutscher Zeit, hgg. von Eduard Hlawitschka (Darmstadt 1971) S. 509–528 (Wege der Forschung, t. 178).

JANSSEN, Johannes, Frankreichs Rheingelüste und deutsch-feindliche Politik in früheren Jahrhunderten, Freiburg i. Br. 1883² (= Frankfurt a.M. 1861¹).

JARNUT, Jörg, Gedanken zur Entstehung des mittelalterlichen deutschen Reiches, in: GWU. 32 (1981) S. 99–114.

JOACHIMSEN, Paul, Geschichtsauffassung und Geschichtsschreibung in Deutschland unter dem Einfluß des Humanismus. Erster Teil, Leipzig-Berlin 1910 (Nachdruck: Aalen 1968; Beiträge zur Kulturgeschichte des Mittelalters und der Renaissance, t. 6; zitiert: Joachimsen, Humanismus).

JOACHIMSEN, Paul, Vom deutschen Volk zum deutschen Staat. Eine Geschichte des deutschen Nationalbewußtseins, bearbeitet und bis in die Gegenwart fortgesetzt von Joachim Leuschner, Göttingen 1956³ (Kleine Vandenhoeck-Reihe, H. 24/25; stark überarbeitete Fassung der 2. Auflage von 1920; zitiert: JOACHIMSEN, Volk).).

JONGKEES, Adriaan Gerard, Translatio Studii: Les avatars d'un thème médiéval, in: Miscellanea mediaevalia in memoriam Jan Frederik Niermeyer (Groningen 1967) S. 41–51.

JULLIAN, Camille, Histoire de la Gaule, 8 Bde., Paris 1920⁵–1926¹ (Nachdruck: Bruxelles 1964), bes. t. III–IV (zitiert: Jullian mit Bandzahl).

JULLIAN, Camille, De la Gaule à la France. Nos origines historiques, Paris 1922 (Bibliothèque d'histoire).


KÄMPF, Hellmut, Pierre Dubois und die geistigen Grundlagen des französischen Nationalbewußtseins um 1300, Leipzig-Berlin 1935 (Beiträge zur Kulturgeschichte des Mittelalters und der Renaissance, t. 54).

KAHL, Hans-Dietrich, Die Angliederung Burgunds an das mittelalterliche Imperium, in: Schweizerische Numismatische Rundschau 48 (1969) S. 13–105 (zitiert: Kahl, Burgund).

KAHL, Hans-Dietrich, Einige Beobachtungen zum Sprachgebrauch von *natio* im mittelalterlichen Latein mit Ausblicken auf das neuhochdeutsche Fremdwort „Nation", in: Aspekte der Nationenbildung im Mittelalter (Sigmaringen 1978) S. 63–108 (Nationes, t. 1; zitiert: Kahl, Beobachtungen).

KARPF, Ernst, Königserhebung ohne Salbung. Zur politischen Bedeutung von Heinrichs I. ungewöhnlichem Verzicht in Fritzlar, in: Hess. Jahrbuch für Landesgeschichte 34 (1984) S. 1–24 (zitiert: Karpf, Königserhebung).

KARPF, Ernst, Herrscherlegitimation und Reichsbegriff in der ottonischen Geschichtsschreibung des 10. Jahrhunderts, Wiesbaden-Stuttgart 1985 (Historische Forschungen im Auftrag der Historischen Kommission der Akademie der Wissenschaften und Literatur, t. X; zitiert: Karpf, Reichsbegriff).

KELLER, Hagen, Das Kaisertum Ottos des Großen im Verständnis seiner Zeit, in: DA. 20 (1964) S. 325–388 = Otto der Große, hgg. von Harald Zimmermann (Darmstadt 1976) S. 218–295 (Wege der Forschung, t. 450; hiernach zitiert: Keller, Kaisertum).

KELLER, Hagen, Zum Sturz Karls III. Über die Rolle Liutwards von Vercelli und Liutberts von Mainz, Arnulfs von Kärnten und der ostfränkischen Großen bei der Absetzung des Kaisers, in: DA. 22 (1966) S. 333–384 (zitiert: Keller, Sturz).

KELLER, Hagen, Widukinds Bericht über die Wahl und Krönung Ottos I.: Vortrag Freiburg i. Br. 1969; Aachen als zentraler Ort der Kaisergeschichte. Die Sicht Widukinds von Corvey: Vortrag Münster 1972 (zwei Manuskripte; zitiert: Keller, Widukind, ohne Seitenzahlen).

KELLER, Hagen, Reichsstruktur und Herrschaftsauffassung in ottonisch-salischer Zeit, in: Frühmittelalterliche Studien 16 (1982) S. 74–128 (zitiert: Keller, Reichsstruktur).

KELLER, Hagen, Schwäbische Herzöge als Thronbewerber: Herzog Hermann II. (1002), Rudolf von Rheinfelden (1077), Friedrich von Staufen (1125). Zur Entwicklung von Reichsidee und Fürstenverantwortung. Wahlverständnis und Wahlverfahren im 11. und 12. Jahrhundert, in: ZGO. 131 (1983) S.123–162 (zitiert: Keller, Herzöge).

KELLER, Hagen, Herrscherbild und Herrscherlegitimation. Zur Deutung der ottonischen Denkmäler, in: Frühmittelalterliche Studien 19 (1985) S. 290–311 (zitiert: Keller, Herrscherbild).

KELLER, Hagen, Zum Charakter der ‚Staatlichkeit‘ zwischen karolingischer Reichsreform und hochmittelalterlichem Herrschaftsausbau, in: Frühmittelalterliche Studien 23 (1989) S. 248–264 (zitiert: KELLER, Staatlichkeit).

KELLEY, Donald R., Foundations of Modern Historical Scholarship. Language, Law and History in the French Renaissance, New York-London 1970 (zitiert: Kelley, Foundations).

KELLEY, Donald R., François Hotman. A Revolutionary's Ordeal, Princeton/N.J. 1973 (zitiert: Kelley, Hotman).

KELLEY, Donald R., The Monarchy of France. Claude de Seyssel. Translated by J. H. Hexter. Edited, annotated and introduced by Donald R. Kelley. Additional translations by Michael Sherman, New Haven/Ct.-London 1981 (zitiert: Kelley, Monarchy).

KELLEY, Donald R., The Beginning of Ideology. Consciousness and Society in the French Reformation, Cambridge/Mass. 1981 (zitiert: Kelley, Ideology).

KERN, Fritz, Die Anfänge der französischen Ausdehnungspolitik bis zum Jahr 1308, Tübingen 1910.

KESTING, Hermann, Der Befreier Arminius im Lichte der geschichtlichen Quellen und der wissenschaftlichen Forschung. Anhang: Ernst von Bandel und die Errichtung des Hermannsdenkmals, Detmold 1962[5].

KIENAST, Walther, Die deutschen Fürsten im Dienste der Westmächte bis zum Tode Philipps des Schönen von Frankreich, 2 Bde. (bis 1270), Utrecht 1924–1931 (Bijdragen van het Instituut voor middeleeuwsche geschiedenis der Rijks-Universiteit te Utrecht, hgg. von O. Oppermann, t. 10 und t. 16; zitiert: Kienast, Fürsten I–II/1).

KIENAST, Walther, Magnus = der Ältere, in: HZ. 205 (1967) S. 1–14 (zitiert: Kienast, Magnus).

KIENAST, Walther, Studien über die französischen Volksstämme des Frühmittelalters, Stuttgart 1968 (Pariser Historische Studien, t. VII; zitiert: Kienast, Studien).

KIENAST, Walther, Der Herzogstitel in Frankreich und Deutschland (9.–12. Jahrhundert), München-Wien 1968 (zitiert: Kienast, Herzogstitel).

KIENAST, Walther, Deutschland und Frankreich in der Kaiserzeit (900–1270). Weltkaiser und Einzelkönige, 3 Teile, Stuttgart 1974–1975 (Monographien zur Geschichte des Mittelalters, t. 9/I–III; zitiert: K i e n a s t I–III).

KIRN, Paul, Aus der Frühzeit des Nationalgefühls. Studien zur deutschen und französischen Geschichte sowie zu den Nationalitätenkämpfen auf den britischen Inseln, Leipzig 1943.

KLEINSCHMIDT, Harald, Die Titulaturen englischer Könige im 10. und 11. Jahrhundert, in: Intitulatio III: Lateinische Herrschertitel und Herrschertitulaturen vom 7. bis zum 13. Jahrhundert, hgg. von Herwig W o l f r a m und Anton S c h a r e r (Wien-Köln-Graz 1988) S. 75–129 (MIÖG., Erg.bd. XXIX).

KLIPPEL, Maria, Die Darstellung der fränkischen Trojanersage in Geschichtsschreibung und Dichtung vom Mittelalter bis zur Renaissance in Frankreich, Diss. phil. Marburg 1936.

KOCH, Gottfried, Auf dem Wege zum Sacrum Imperium. Studien zur ideologischen Herrschaftsbegründung der deutschen Zentralgewalt im 11. und 12. Jahrhundert, Wien-Köln-Graz 1972 (Forschungen zur mittelalterlichen Geschichte, t. 20).

KÖPKE, Rudolf, Jahrbücher der Deutschen Geschichte. Kaiser Otto der Große, begonnen von R. K., vollendet von Ernst DÜMMLER, Leipzig 1876 (Nachdruck: Darmstadt 1962; Jahrbücher der Deutschen Geschichte; zitiert: K ö p k e – D ü m m l e r).

KORTÜM, Hans-Henning, Richer von Saint-Remi. Studien zu einem Geschichtsschreiber des 10. Jahrhunderts, Wiesbaden-Stuttgart 1985 (Historische Forschungen, t. VIII).

KRAPF, Ludwig, Germanenmythus und Reichsideologie. Frühhumanistische Rezeptionsweisen der taciteischen „Germania", Tübingen 1979 (Diss. phil. Konstanz 1974; Studien zur deutschen Literatur, t. 59).

KUEHNEMUND, Richard, Arminius or the Rise of a National Symbol in Literature (from Hutten to Grabbe), Chapel Hill/N. Carol. 1953 (University of North Carolina. Studies in the Germanic Languages and Literatures, vol. 8).

KUNSEMÜLLER, Johannes, Die Chronik Benedikts von S. Andrea, Diss. phil. Erlangen 1961 (masch.schr.).


LA BORDERIE, Arthur de, La chronologie du cartulaire de Redon, Rennes 1901 (SD. aus den „Annales de Bretagne; zitiert: de L a  B o r d e r i e, Chronologie); s. auch Le Moyne de La Borderie.

LAMPRECHT, Karl, Deutsche Geschichte, 4 Bde., Berlin 1920–1922[6–5], bes. t. I[6].

LAPORTE, Jean, Un diplôme pour Romainmôtier dans les archives de Fécamp, in: Bull. de la Soc. des Antiquaires de Normandie 56 (1961–62) S. 415–429.

LAUER, Philippe, Le règne de Louis IV d'Outremer, Paris 1900 (Nachdruck: Genève-Paris 1977; BEHE., fasc. 127; Annales de l'histoire de France à l'époque carolingienne; zitiert: L a u e r, Louis IV).

LAUER, Philippe, Robert I$^{er}$ et Raoul de Bourgogne, Paris 1910 (Nachdruck: Ge-nève-Paris 1976; BEHE., fasc. 188; Annales de l'histoire de France à l'époque carolingienne; zitiert: L a u e r, Raoul).

LAUER, Introduction; s. Urkundliche Quellen. Chartes et diplômes relatifs à l'hi-stoire de France. Recueil des actes de Charles III le Simple, roi de France.

LAURANSON-ROSAZ, Christian, L'Auvergne et ses marges (Velay, Gévaudan) du VII$^e$ au XI$^e$ siècle. La fin du monde antique? Le Puy in Velay 1987.

LEICHT, Pier Silverio, Dal „Regnum Langobardorum" al „Regnum Italiae", in: Rivista di storia del diritto italiano 3 (1930) S. 3 – 20 = Scritti vari di storia del diritto italiano, t. I (Milano 1943) S. 221 – 235 (hiernach zitiert).

LEMARIGNIER, Jean-François, Le gouvernement royal aux premiers temps capé-tiens (987 – 1108), Paris 1965 (zitiert: L e m a r i g n i e r, Gouvernement).

LEMARIGNIER, Jean-François, Autour de la date du sacre d'Hugues Capet (1$^{er}$ juin ou 3 juillet 987?) in: Miscellanea mediaevalia in memoriam Jan Frederik Niermeyer (Groningen 1967) S. 125 – 135 (zitiert: L e m a r i g n i e r, Date).

LE MOYNE de LA BORDERIE, Arthur, Histoire de Bretagne, 6 Bde., Rennes-Paris 1896 – 1914 (Nachdruck: Mayenne 1972), bes. t. II, 1898; (zitiert: de L a B o r d e r i e, Histoire II).

LENDI, Walter, Untersuchungen zur frühalamannischen Annalistik. Die Murbacher Annalen. Mit Edition, Freiburg/Schweiz 1971 (Scrinium Friburgense. Veröf-fentlichungen des mediaevistischen Instituts der Universität Freiburg, Bd. 1).

LERCH, Eugen, Der Ursprung des Wortes „Deutsch", in: Die Welt als Geschichte 8 (1942) S. 14 – 31 = Der Volksname Deutsch, hgg. von Hans E g g e r s (Darmstadt 1970) S. 261 – 289 (Wege der Forschung, t. 156; hiernach zitiert).

LEROUX, Alfred, Recherches critiques sur les relations politiques de la France avec l'Allemagne de 1292 à 1378, Paris 1882 (BEHE., fasc. 50; zitiert: L e - r o u x, Recherches).

LEROUX, Alfred, La royauté française et le Saint Empire romain, in: RH. 49 (1892) S. 241 – 288; 50 (1892) S. 408 – 414 (zitiert: L e r o u x, Royauté).

LESTOCQUOY, Jean, Histoire du patriotisme en France des origines à nos jours, Paris 1968.

LEWIS, Andrew W., Royal Succession in Capetian France: Studies on Familial Or-der and the State. Cambridge/Mass.-London 1981 (Harvard Historical Stu-dies, vol. C; französische Übersetzung: Le Sang royal: la famille capétienne et l'État. France X$^e$ – XIV$^e$ siècle, Paris 1986).

LEYSER, Karl J., Herrschaft und Konflikt. König und Adel im ottonischen Sach-sen, Göttingen 1984 (Veröffentlichungen des Max-Planck-Instituts für Ge-schichte, t. 76; englische Originalausgabe: Rule and Conflict in Early Medie-val Society. Ottonian Saxony, London 1979; zitiert: LEYSER, Konflikt).

LEYSER, Karl J., Ends and Means in Liudprand of Cremona, in: Byzantium and the West c.800 – c.1200. Proceedings of the XVIII Spring Symposium of Byzan-tine Studies, Oxford 30$^{th}$ March – 1$^{st}$ April 1984, hgg. von J.D. HOWARD-JOHNSTON (Amsterdam 1988) S. 119 – 143 (zitiert: LEYSER, Liudprand).

LINDERSKI, Jerzy, Si vis pacem, para bellum: Concepts of defensive imperialism, in: The Imperialism of mid-republican Rome (Rome 1984) S. 133–164 (American Academy in Rome. Papers and Monographs, vol. 29).

LINTZEL, Martin, Heinrich I. und das Herzogtum Schwaben, in: Hist. Vierteljahrsschrift 24 (1927) S. 1–17 = Ausgewählte Schriften, t. II (Berlin 1961) S. 73–84 (hiernach zitiert: Lintzel, Schwaben).

LINTZEL, Martin, Die Schlacht von Riade und die Anfänge des deutschen Staates, in: Sachsen und Anhalt 9 (1933) S. 27–51 = Ausgewählte Schriften, t. II (Berlin 1961) S. 92–111 (hiernach zitiert: Lintzel, Riade).

LINTZEL, Martin, Studien über Liudprand von Cremona, Berlin 1933 (Historische Studien Ebering, H. 233) = Ausgewählte Schriften, t. II (Berlin 1961) S. 351–398 (hiernach zitiert: Lintzel, Studien).

LINTZEL, Martin, Das abendländische Kaisertum im neunten und zehnten Jahrhundert, in: Die Welt als Geschichte 4 (1938) S. 423–447 = Ausgewählte Schriften, t. II (Berlin 1961) S. 122–141 (hiernach zitiert: Lintzel, Kaisertum).

LINTZEL, Martin, Die politische Haltung Widukinds von Korvei, in: Sachsen und Anhalt 14 (1938) S. 1–39 = Ausgewählte Schriften, t. II (Berlin 1961) S. 316–346 (hiernach zitiert: Lintzel, Widukind).

LINTZEL, Martin, Erzbischof Adalbert von Magdeburg als Geschichtsschreiber, in: Zur Geschichte und Kultur des Elb-Saale-Raumes. Festschrift für Walter Möllenberg, hgg. von Otto Korn (Burg 1939) S. 12–22 = Ausgewählte Schriften, t. II (Berlin 1961) S. 399–406 (hiernach zitiert: Lintzel, Adalbert).

LINTZEL, Martin, Zur Designation und Wahl König Heinrichs I., in: DA. 6 (1943) S. 379–400 = Königswahl und Thronfolge in ottonisch-frühdeutscher Zeit, hgg. von Eduard Hlawitschka (Darmstadt 1971) S. 46–70 (Wege der Forschung, t. 178; hiernach zitiert: Lintzel, Designation).

LINTZEL, Martin, Die Kaiserpolitik Ottos des Großen, München-Berlin 1943 = Ausgewählte Schriften, t. II (Berlin 1961) S. 142–219 (hiernach zitiert: Lintzel, Kaiserpolitik).

LINTZEL, Martin, Zu den deutschen Königswahlen der Ottonenzeit, in: ZSavRG., G.A. 66 (1948) S. 46–63 = Königswahl und Thronfolge in ottonisch-frühdeutscher Zeit (Darmstadt 1971) S. 199–215 (Wege der Forschung, t. 178; hiernach zitiert: Lintzel, Königswahlen).

LINTZEL, Martin, Miszellen zur Geschichte des zehnten Jahrhunderts, in: Berichte über die Verhandlungen der Sächsischen Akademie der Wissenschaften zu Leipzig. Phil.-hist. Klasse 100, H. 2, Berlin 1953 = Ausgewählte Schriften, t. II (Berlin 1961) S. 220–296 (hiernach zitiert: Lintzel, Miszellen); Miszellen I–IV auch in: Königswahl und Thronfolge in ottonisch-frühdeutscher Zeit (Darmstadt 1971) S. 309–388 (Wege der Forschung, t. 178).

LINTZEL, Martin, Heinrich I. und die fränkische Königssalbung, in: Berichte über die Verhandlungen der Sächsischen Akademie der Wissenschaften zu

Leipzig. Phil.-hist. Klasse 102, H. 3, Berlin 1955 = Ausgewählte Schriften, t. II (Berlin 1961) S. 583 – 612 (hiernach zitiert: L i n t z e l, Königssalbung).

LIPPELT, Helmut, Thietmar von Merseburg. Reichsbischof und Chronist, Köln-Wien 1973 (Mitteldeutsche Forschungen, Bd. 72).

LIPPERT, Woldemar, König Rudolf von Frankreich, (Diss. phil.) Leipzig 1886.

LÖWE, Heinz, Von den Grenzen des Kaisergedankens in der Karolingerzeit, in: DA. 14 (1958) S. 345 – 374 = Von Cassiodor zu Dante. Ausgewählte Aufsätze zur Geschichtsschreibung und politischen Ideenwelt des Mittelalters (Berlin-New York 1973) S. 206 – 230; hiernach zitiert: L ö w e, Grenzen).

LÖWE, Heinz, Kaisertum und Abendland in ottonischer und frühsalischer Zeit, in: HZ. 196 (1963) S. 529 – 562 = Ausgewählte Aufsätze... (Berlin-New York 1973) S. 231 – 259; hiernach zitiert: L ö w e, Kaisertum).

LOHRMANN, Klaus, Die Titel der Kapetinger bis zum Tod Ludwigs VII., in: Intitulatio III. Lateinische Herrschertitel und Herrschertitulaturen vom 7. bis zum 13. Jahrhundert, hgg. von Herwig W o l f r a m und Anton S c h a r e r (Wien-Köln-Graz 1988) S. 201 – 256 (MIÖG., Erg.bd. XXIX).

LOT, Ferdinand, Les derniers Carolingiens. Lothaire – Louis V – Charles de Lorraine (954 – 991), Paris 1891 (Nachdruck: Genève-Paris 1975; BEHE., fasc. 87; Annales de l'histoire de France à l'époque carolingienne; zitiert: L o t, Carolingiens).

LOT, Ferdinand, Études sur le règne de Hugues Capet et la fin du X^e siècle, Paris 1903 (Thèse; Nachdruck: Genève-Paris 1975; BEHE., fasc. 147; zitiert: L o t, Capet).

LOT, Ferdinand, Les origines de la France, t. IV – V: Naissance de la France II – III, hgg. von Jacques B o u s s a r d, Paris 1976 (zitiert: L o t, Naissance II – III).

LOT, Ferdinand, Qu'est-ce qu'une nation? in: Mercure de France 306 (1949) S. 29 – 46 = Recueil des travaux historiques de Ferdinand Lot, t. I (Genève-Paris 1968) S. 253 – 270 (Centre de recherches d'histoire et de philologie de la IV^e Section de l'École pratique des Hautes Études V: Hautes études médiévales et modernes, t. 4; hiernach zitiert: L o t, Nation).

LOT, Ferdinand, Formation de la nation française, in: Revue des Deux Mondes 1950, S. 256 – 278, 418 – 435 = Recueil des travaux historiques de Ferdinand Lot, t. I (Genève-Paris 1968) S. 271 – 311 (hiernach zitiert: L o t, Formation).

LOT, Ferdinand – HALPHEN, Louis, Le règne de Charles le Chauve, 1^re partie, Paris 1909 Nachdruck: Genève 1975; BEHE, fasc. 175).

LUDAT, Herbert, An Elbe und Oder um das Jahr 1000. Skizzen zur Politik des Ottonenreiches und der slawischen Mächte im Mitteleuropa, Köln-Wien 1971.

LÜDTKE, Franz, König Heinrich I., Berlin 1936.

LÜTTICH, Rudolf, Ungarnzüge in Europa im 10. Jahrhundert, Berlin 1910 (Nachdruck: Vaduz 1965; Historische Studien Ebering, H. 84).

LUGGE, Margret, „Gallia" und „Francia" im Mittelalter. Untersuchungen über den Zusammenhang zwischen geographisch-historischer Terminologie und politischem Denken vom 6. – 15. Jahrhundert, Bonn 1960 (Diss. phil. Bonn 1953; Bonner Historische Forschungen, t. 15).

LUISELLI, Bruno, Il mito dell'origine troiana dei Galli, dei Franchi e degli Scandinavi, in: Romanobarbarica 3 (1978) S. 89 – 121.


MAFFEI, Domenico, Gli inizi dell'umanesimo giuridico, Milano 1956.

MARIOTTE, Jean-Yves, Le royaume de Bourgogne et les souverains allemands du haut moyen âge, in: Mémoires de la Société pour l'histoire du droit et des institutions des anciens pays bourguignons, comtois et romands 23 (1962) S. 163 – 183.

MARTIN, Marie-Madeleine, Histoire de l'unité française. L'idée de patrie en France des origines à nos jours, Paris 1949 (Nachdruck 1982).

MAURER, Helmut, Der Herzog von Schwaben. Grundlagen, Wirkungen und Wesen seiner Herrschaft in ottonisch-salischer und staufischer Zeit, Sigmaringen 1978.

MAURRAS, Charles, Devant l'Allemagne éternelle. Gaulois, Germains, Latins, Paris 1937.

MAYER, Theodor, Der Vertrag von Verdun, in: Der Vertrag von Verdun 843. Neun Aufsätze zur Begründung der europäischen Völker- und Staatenwelt (Leipzig 1943) S. 5 – 30 = Mittelalterliche Studien. Gesammelte Aufsätze (Lindau-Konstanz 1959) S. 7 – 27 (hiernach zitiert).

MESNARD, Pierre, L'essor de la philosophie politique au XVIᵉ siècle, Paris 1977³ (De Pétrarque à Descartes, t. XIX).

MERTA, Brigitte, Die Titel Heinrichs II. und der Salier, in: Intitulatio III. Lateinische Herrschertitel und Herrschertitulaturen vom 7. bis zum 13. Jahrhundert, hgg. von Herwig Wolfram und Anton Scharer (Wien-Köln-Graz 1988) S. 163 – 200 (MIÖG., Erg.bd. XXIX).

MEUTHEN, Erich, Karl d.Gr. – Barbarossa – Aachen. Zur Interpretation des Karlsprivilegs für Aachen, in: Karl der Große. Lebenswerk und Nachleben, t. IV: Das Nachleben, hgg. von Wolfgang Braunfels und Percy Ernst Schramm (Düsseldorf 1967) S. 54 – 76.

MEYER, Lucienne, Les légendes des matières de Rome, de France et de Bretagne dans le „Pantheon" de Godefroi de Viterbe, Paris 1933.

MICHEL, Pierre, Un mythe romantique: Les barbares 1789 – 1848, Lyon 1981.

MITTEIS, Heinrich, Die Krise des deutschen Königswahlrechts, in: SB. der Bayerischen Akademie der Wissenschaften. Phil.-hist. Klasse, Jg. 1950, H. 8, = Königswahl und Thronfolge in ottonisch-frühdeutscher Zeit, hgg. von Eduard Hlawitschka (Darmstadt 1971) S. 216 – 302 (Wege der Forschung, t. 178; hiernach zitiert).

MOHR, Walter, König Heinrich I. (919–936). Eine kritische Studie zur Geschichtsschreibung der letzten hundert Jahre, Saarlouis 1950 (zitiert: Mohr, Heinrich I.).

MOHR, Walter, Die begriffliche Absonderung des ostfränkischen Gebietes in westfränkischen Quellen des 9. und 10. Jahrhunderts, in: ALMA. 24 (1954) S. 19–41 (zitiert: Mohr, Absonderung).

MOHR, Walter, Von der „Francia orientalis" zum „Regnum Teutonicum", in: ALMA. 27 (1957) S. 27–49 (zitiert: Mohr, Francia).

MOHR, Walter, Entwicklung und Bedeutung des lothringischen Namens, in: ALMA. 27 (1957) S. 313–336 (zitiert: Mohr, Entwicklung).

MOHR, Walter, Die lothringische Frage unter Otto II. und Lothar, in: Revue belge de philologie et d'histoire 35 (1957) S. 705–725 (zitiert: Mohr, Frage).

MOHR, Walter, Die Rolle Lothringens im zerfallenden Karolingerreich, in: Revue belge de philologie et d'histoire 47 (1969) S. 361–398 (zitiert: Mohr, Rolle).

MOHR, Walter, Geschichte des Herzogtums Lothringen, t. I, Saarbrücken 1974 (zitiert: Mohr, Geschichte).

MOMIGLIANO, Arnaldo, The Ancient City of Fustel de Coulanges, in: Rivista storica italiana 87 (1970) S. 81–98 = Essays in Ancient and Modern Historiography (Middletown/Ct. 1977) S. 325–343 (hiernach zitiert).

MONOD, Bernard, Le moine Guibert et son temps (1053–1124), Paris 1905 (zitiert: Monod, Guibert).

MONOD, Gabriel, Du rôle de l'opposition des races et des nationalités dans la dissolution de l'empire carolingien, in: École pratique des Hautes Études. Section des sciences historiques et philologiques. Annuaire 1896 (Paris 1895) S. 5–17 (zitiert: Monod, Opposition).

MOR, Carlo Guido, Consors regni: La regina nel diritto pubblico italiano del sec. IX–X, in: Archivio giuridico «Serafini» 135 (1948) S. 7–32.

MÜLLER, Franz Walter, Zur Geschichte des Wortes und Begriffes „nation" im französischen Schrifttum des Mittelalters bis zur Mitte des 15. Jahrhunderts, in: Romanische Forschungen 58–59 (1947) S. 247–321 (zitiert: F. Müller).

MÜLLER, Heribert, Heribert, Kanzler Ottos III. und Erzbischof von Köln, Köln 1977 (Diss. phil. Köln 1976; Veröffentlichungen des Kölner Geschichtsvereins, Bd. 33; zitiert: Müller, Heribert).

MÜLLER, Walther, Deutsches Volk und Deutsches Land im späteren Mittelalter, in: HZ. 132 (1925) S. 450–465 (zitiert: W. Müller).

MÜLLER-MERTENS, Eckhard, Regnum Teutonicum. Aufkommen und Verbreitung der deutschen Reichs- und Königsauffassung im früheren Mittelalter, Wien-Köln-Graz 1970 (zitiert: Müller-Mertens, Regnum).

MÜLLER-MERTENS, Eckhard, Die Reichsstruktur im Spiegel der Herrschaftspraxis Ottos des Großen, Berlin 1980 (Forschungen zur mittelalterlichen Geschichte, t. 25; zitiert: Müller-Mertens, Reichsstruktur).

MÜLLER-MERTENS, Eckhard, Reich und Hauptorte der Salier: Probleme und Fragen, in: Die Salier und das Reich, t. I: Salier, Adel und Reichsverfassung, hgg. von Stefan W e i n f u r t e r (Sigmaringen 1990) S. 139 – 158 (zitiert: M ü l - l e r - M e r t e n s , Reich).

NAUMANN, Helmut, Rätsel des letzten Aufstandes gegen Otto I. (953 – 954), in: AKG. 46 (1964) S. 133 – 184 = Otto der Große, hgg. von Harald Z i m m e r - m a n n (Darmstadt 1976) S. 70 – 136 (Wege der Forschung, t. 450; hiernach zitiert).

NEDDERMEYER, Uwe, Das Mittelalter in der deutschen Historiographie vom 15. bis zum 18. Jahrhundert, Köln 1988 (Kölner Historische Abhandlungen, t. 34).

NESSELHAUF, Herbert, Die spätrömische Verwaltung der gallisch-germanischen Länder, Berlin 1938 (Abhandlungen der Preußischen Akademie der Wissen- schaften Phil.-hist. Klasse, Jg. 1938, Nr. 2).

NIPPERDEY, Thomas, Nationalidee und Nationaldenkmal im Deutschland des 19. Jahrhunderts, in: HZ. 206 (1968) S. 529 – 585 = Gesellschaft, Kultur, Theorie. Gesammelte Aufsätze zur neueren Geschichte (Göttingen 1976) S. 133 – 173 (Kritische Studien zur Geschichtswissenschaft, t. 18; hiernach zitiert).

NOLTE, Ernst, Der Faschismus in seiner Epoche. Die Action française. Der italie- nische Faschismus. Der Nationalsozialismus, München 1963 (hiernach zi- tiert: inzwischen 1984[6]).

NONN, Ulrich, Der lothringische Herzogstitel und die Annales Prumienses, in: DA. 31 (1975) S. 546 – 555 (zitiert: N o n n , Herzogstitel).

NONN, Ulrich, Heiliges römisches Reich deutscher Nation. Zum Nationen-Be- griff im XV. Jahrhundert, in: Zeitschrift für historische Forschung 9 (1982) S. 129 – 142 (zitiert: N o n n , Reich).

NONN, Ulrich, Pagus und Comitatus in Niederlothringen, Bonn 1983 (Bonner Historische Forschungen, t. 49; zitiert: N o n n , Pagus).

OHNSORGE, Werner, Das Zweikaiserproblem im frühen Mittelalter. Die Bedeu- tung des byzantinischen Reiches für die Entwicklung der Staatsidee in Eu- ropa, Hildesheim 1947 (zitiert: O h n s o r g e , Zweikaiserproblem).

OHNSORGE, Werner, Das Mitkaisertum in der abendländischen Geschichte des früheren Mittelalters in: ZSavRG., G.A. 67 (1950) S. 309 – 335 = Abendland und Byzanz. Gesammelte Aufsätze zur Geschichte der byzantinisch-abend- ländischen Beziehungen und des Kaisertums (Darmstadt 1958) S. 261 – 287 (hiernach zitiert: O h n s o r g e , Mitkaisertum).

OHNSORGE, Werner, Die Heirat Kaiser Ottos II. mit der Byzantinerin Theopha- no (972), in: Braunschweigisches Jahrbuch 54 (1973) S. 24 – 60 (zitiert: O h n - s o r g e , Heirat).

OLSCHKI, Leonardo, Der ideale Mittelpunkt Frankreichs im Mittelalter in Wirklichkeit und Dichtung, Heidelberg 1913.

OPPENHEIMER, Sir Francis, The Legend of the Ste. Ampoule, London o. J. [1953].

OSTROGORSKY, Georg, Geschichte des byzantinischen Staates, München 1963³ (Byzantinisches Handbuch im Rahmen des Handbuchs der Altertumswissenschaft. Erster Teil, Bd. 2).

PABST, Hermann, Frankreich und Konrad der Zweite in den Jahren 1024 und 1025, in: Forschungen zur Deutschen Geschichte 5 (1865; Nachdruck: Osnabrück 1968) S. 337–368.

PÄTZOLD, Barbara, „Francia et Saxonia" – Vorstufe einer sächsischen Reichsauffassung, in: Jahrbuch für Geschichte des Feudalismus 3 (1979) S. 19–49.

PAHNCKE, Hans, Geschichte der Bischöfe Italiens deutscher Nation 951–1264, Berlin 1913 (Nachdruck: Vaduz 1965; Historische Studien Ebering, H. 112).

PANGE, Jean de, Le roi très chrétien, Paris 1949.

PANICK, Käthe, La Race Latine. Politischer Romanismus im Frankreich des 19. Jahrhunderts, Bonn 1978 (Diss. phil. Münster 1976; Pariser Historische Studien, t. 15).

PARISET, Jean-Daniel, Humanisme – Réforme et Diplomatie. Les relations entre la France et l'Allemagne au milieu du XVIᵉ siècle d'après des documents inédits (Strasbourg 1981) ch. I: Que connaissait-on au XVIᵉ siècle de l'Empire et de ses membres (S. 8–27) (Société savante d'Alsace et des régions de l'Est. Série «Grandes Publications», t. 19).

PARISOT, Robert, Le royaume de Lorraine sous les Carolingiens (843–923), Paris 1898 (Thèse; Nachdruck: Genève 1975).

PAUL, Ulrich, Studien zur Geschichte des deutschen Nationalbewußtseins im Zeitalter des Humanismus und der Reformation, Berlin 1936 (Diss. phil. Göttingen 1933; Nachdruck: Vaduz 1965; Historische Studien Ebering, H. 298).

PAULER, Roland, Das Regnum Italiae in ottonischer Zeit. Markgrafen, Grafen und Bischöfe als politische Kräfte, Tübingen 1982 (Diss. phil. München 1980; Bibliothek des Deutschen Historischen Instituts in Rom, Bd. 54).

PENNDORF, Ursula, Das Problem der „Reichseinheitsidee" nach der Teilung von Verdun (843), München 1974 (Diss. phil. Tübingen 1973; Münchener Beiträge zur Mediävistik und Renaissance-Forschung).

PETERSEN, Leiva, Überblick über Entstehung und Entwicklung der römischen Provinzen am Rhein und an der oberen Donau im 1. und 2. Jahrhundert (58 v.u.Z. – 193 u.Z.), in: Die Römer an Rhein und Donau. Zur politischen, wirtschaftlichen Entwicklung in den römischen Provinzen an Rhein, Mosel und oberer Donau im 3. und 4. Jahrhundert, hgg. von Rigobert Günther und Helga Köpstein (Wien-Köln-Graz 1985³ = 1975¹) S. 32–59.

PETRI, Franz, Die fränkische Landnahme und die Entstehung der germanisch-romanischen Sprachgrenze in der interdisziplinären Diskussion, Darmstadt 1977 (Erträge der Forschung, t. 70).

PETRIKOVITS, Harald von, Arminius, in: Bonner Jahrbücher 166 (1966) S. 175 – 193 = Beiträge zur römischen Geschichte und Archäologie 1931 bis 1974, Bonn 1976 (Beihefte der Bonner Jahrbücher, t. 36; hiernach zitiert).

PFISTER, Christian, Études sur le règne de Robert le Pieux (996 – 1031), Paris 1885 (Nachdruck: Genève 1974; BEHE., fasc. 64).

PINGEOT, Anne, Les Gaulois sculptés (1850 – 1914), in: Nos ancêtres les Gaulois. Actes du colloque international de Clermont-Ferrand, hgg. von Paul Viallaneix – Jean Ehrard (Clermont-Ferrand 1982) S. 255 – 261 und Katalog: S. 262 – 275 (Faculté des Lettres et Sciences humaines de l'Université de Clermont-Ferrand II, Nouvelle série, fasc. 13).

PIVANO, Silvio, Stato e Chiesa da Berengario I ad Arduino (888 – 1015), Torino 1908.

POLIAKOV, Léon, Le mythe arien. Essai sur les sources du racisme et des nationalismes, Paris 1972 (englische Ausgabe: New York 1974).

POUPARDIN, René, Le royaume de Provence sous les Carolingiens (855 – 933?), Paris 1901 (Nachdruck: Genève 1974; BEHE., fasc., 131; zitiert: Poupardin, Provence).

POUPARDIN, Réne, Le royaume de Bourgogne (888 – 1038). Étude sur les origines du royaume d'Arles, Paris 1907 (Thèse; Nachdruck: Genève 1974; zitiert: Poupardin, Bourgogne).

RATZEL, Friedrich, Politische Geographie oder die Geographie der Staaten, des Verkehrs und des Krieges, München 1903².

REINDEL, Kurt, Die bayerischen Luitpoldinger 893 – 989. Sammlung und Erläuterung der Quellen, München 1953 (Quellen und Erörterungen zur bayerischen Geschichte, N.F., t. XI; zitiert: Reindel, Luitpoldinger).

REINDEL, Kurt, Herzog Arnulf und das Regnum Bavariae, in: ZBLG. 17 (1954) S. 187 – 252 = Die Entstehung des Deutschen Reiches. Deutschland um 900, hgg. von Hellmut Kämpf (Darmstadt 1971³) S. 213 – 288 (Wege der Forschung, t. 1; hiernach zitiert: Reindel, Arnulf).

RENAN, Ernest, Œuvres complètes, 10 Bde., édition définitive établie par Henriette Psichari, Paris 1947 – 1961, bes. t. I.

RENTSCHLER, Michael, Liudprand von Cremona. Eine Studie zum ost-westlichen Kulturgefälle im Mittelalter, Frankfurt a. M. 1981 (Frankfurter Wissenschaftliche Beiträge. Kulturwissenschaftliche Reihe, Bd. 14).

REXROTH, Karl Heinrich, Volkssprache und werdendes Volksbewußtsein im ostfränkischen Reich, in: Aspekte der Nationenbildung im Mittelalter (Sigmaringen 1978) S. 275 – 315 (Nationes, t. 1).

RICHARD, Alfred, Histoire des comtes de Poitou 778–1204, 2 Bde., Paris 1903, bes. t. I (zitiert: RICHARD I).

RICHARD, Jean, Les ducs de Bourgogne et la formation du duché du XIᵉ siècle, Paris 1954 (Thèse; Nachdruck: Genève 1986; Publications de l'Université de Dijon, t. XI).

RIDÉ, Jacques, L'image du Germain dans la pensée et la littérature allemandes de la redécouverte de Tacite à la fin du XVIᵉ siècle. Contribution à l'étude de la genèse d'un mythe, 3 Bde., Paris 1977 (Thèse; zitiert: Ridé I–III).

RIECKENBERG, Hans Jürgen, Königsstraße und Königsgut in liudolfingischer und frühsalischer Zeit (919–1056) in: AUF. 17 (1941) S. 32–154 = Separatdruck: Darmstadt 1965 (hiernach zitiert).

RIGAULT, Jean, La frontière de la Meuse. L'utilisation des sources dans un procès devant le Parlement de Paris en 1535, in: BECh. 106 (1945/46) S. 80–99.

RIVIÈRE, Jean, Le problème de l'Église et de l'État au temps de Philippe le Bel. Étude de théologie positive, Louvain-Paris 1926 (Spicilegium Sacrum Lovaniense. Études et documents, fasc. 8).

RÖRIG, Fritz, Geblütsrecht und freie Wahl in ihrer Auswirkung auf die deutsche Geschichte: Abhandlungen der Deutschen Akademie der Wissenschaften zu Berlin, Jg. 1945/46, Phil.-hist. Klasse, H. 6, Berlin 1948 = Königswahl und Thronfolge in ottonisch-frühdeutscher Zeit, hgg. von Eduard Hlawitschka (Darmstadt 1971) S. 71–147 (Wege der Forschung, t. 178; hiernach zitiert).

ROSENSTOCK, Eugen, Unser Volksname Deutsch und die Aufhebung des Herzogtums Bayern, in: Mitteilungen der Schlesischen Gesellschaft für Volkskunde 29 (Breslau 1928) S. 1–66 = Der Volksname Deutsch, hgg. von Hans Eggers (Darmstadt 1970) S. 32–102 (Wege der Forschung, t. 156; hiernach zitiert).

RÜCKERT, Heinrich, Annalen der deutschen Geschichte. Abriß der deutschen Entwicklungsgeschichte in chronologischer Darstellung. Erster Teil: Bis zum Jahre 1493, Leipzig 1850 (Vorwort vom 23. II. 1848; zitiert: Rückert I).

RÜCKERT, Heinrich, Deutsches Nationalbewußtsein und Stammesgefühl im Mittelalter, in: Historisches Taschenbuch, 4. Folge, t. II (1861) S. 337–404 (zitiert: Rückert, Nationalbewußtsein).

SALMON, John H. M., s. Quellen: Hotman, François.

SANTIFALLER, Leo, Zur Geschichte des ottonisch-salischen Reichskirchensystems, Wien 1964² (Österreichische Akademie der Wissenschaften. Phil.-hist. Klasse. Sitzungsberichte, Bd. 229/1).

SCHALK, Fritz, Die Entstehung der französischen Nation, in: Der Vertrag von Verdun 843. Neun Aufsätze zur Begründung der europäischen Völker- und Staatenwelt, hgg. von Theodor Mayer (Leipzig 1943) S. 137–149.

SCHELLHASE, Kenneth C., Tacitus in Renaissance Political Thought, Chicago-London 1976.

SCHIEFFER, Rudolf, Ludwig „der Fromme". Zur Entstehung eines Herrscherbeinamens, in: Frühmittelalterliche Studien 16 (1982) S. 58–73 (zitiert: Schieffer, Entstehung).

SCHIEFFER, Rudolf, Der ottonische Reichsepiskopat zwischen Königtum und Adel, in: Frühmittelalterliche Studien 23 (1989) S. 291–301 (zitiert: Schieffer, Reichsepiskopat).

SCHIEFFER, Theodor, Heinrich II. und Konrad II. Die Umprägung des Geschichtsbildes durch die Kirchenreform des 11. Jahrhunderts, in: DA. 8 (1951) S. 384–437 = Separatdruck mit einem Nachwort: Darmstadt 1969 (Libelli, t. 285; hiernach zitiert: Schieffer, Heinrich II.).

SCHIEFFER, Theodor, Die lothringische Kanzlei um 900, in: DA.14 (1958) S. 16–148 (zitiert: Schieffer, Kanzlei).

SCHIEFFER, Theodor, Geschichtlicher Überblick im Spiegel der Urkunden, in: MGH, Regum Burgundiae e stirpe Rudolfina diplomata et acta (München 1977) S. 3–35 (zitiert: Schieffer, Überblick).

SCHLESINGER, Walter, Kaiser Arnulf und die Entstehung des deutschen Staates und Volkes, in: HZ. 163 (1941) S. 457–470 = Die Entstehung des Deutschen Reiches. Deutschland um 900, hgg. von Hellmut Kämpf (Darmstadt 1971³) S. 94–108 mit Nachträgen: ebd. S. 108–109 (Wege der Forschung, t. 1) = Beiträge zur deutschen Verfassungsgeschichte des Mittelalters, t. I: Germanen, Franken, Deutsche (Göttingen 1963) S. 233–244 mit Nachträgen: ebd. S. 346 (hiernach zitiert: Schlesinger, Arnulf).

SCHLESINGER, Walter, Die Anfänge der deutschen Königswahl, in: ZSavRG., G.A. 66 (1948) S. 381–440 = Die Entstehung des Deutschen Reiches. Deutschland um 900, hgg. von Hellmut Kämpf (Darmstadt 1971³) S. 313–382 (Nachtrag 1955: S. 382–385; Wege der Forschung, t. 1) = Beiträge zur deutschen Verfassungsgeschichte des Mittelalters, t. I (Göttingen 1963) S. 139–192 mit Nachträgen: ebd. S. 342–344 (hiernach zitiert: Schlesinger, Anfänge).

SCHLESINGER, Walter, Kaisertum und Reichsteilung. Zur Divisio regnorum von 806, in: Forschungen zu Staat und Verfassung. Festgabe für Fritz Hartung (Berlin 1958) S. 9–52 = Beiträge zur deutschen Verfassungsgeschichte des Mittelalters, t. I (Göttingen 1963) S. 193–232 (hiernach zitiert: Schlesinger, Kaisertum).

SCHLESINGER, Walter, Die Grundlegung der deutschen Einheit im frühen Mittelalter, in: Die deutsche Einheit als Problem der europäischen Geschichte, hgg. von Carl Hinrichs – Wilhelm Berges (Berlin [1960]) S. 5–45 = Beiträge zur deutschen Verfassungsgeschichte des Mittelalters, t. I (Göttingen 1963) S. 245–285 mit Nachträgen: ebd. S. 346–348 (hiernach zitiert: Schlesinger, Grundlegung).

SCHLESINGER, Walter, Erbfolge und Wahl bei der Königserhebung Heinrichs II. 1002, in: Festschrift für Hermann Heimpel zum 70. Geburtstag..., t. III (Göttingen 1972) S. 1 – 36 = Ausgewählte Aufsätze von Walter Schlesinger 1965 – 1979 (Sigmaringen 1987) S. 221 – 253 (hiernach zitiert: Schlesinger, Erbfolge).

SCHLESINGER, Walter, Die sogenannte Nachwahl Heinrichs II. in Merseburg, in: Geschichte in der Gesellschaft. Festschrift für Karl Bosl zum 65. Geburtstag (Stuttgart 1974) S. 350 – 369 = Ausgewählte Aufsätze ... 1965 – 1979 (Sigmaringen 1987) S. 255 – 271 (hiernach zitiert: Schlesinger, Nachwahl).

SCHLESINGER, Walter, Die Königserhebung Heinrichs I. zu Fritzlar im Jahre 919, in: Fritzlar im Mittelalter. Festschrift zur 1250-Jahr-Feier (Fritzlar 1974) S. 121 – 143 = Ausgewählte Aufsätze ... 1965 – 1979 (Sigmaringen 1987) S. 199 – 220 (hiernach zitiert: Schlesinger, Fritzlar).

SCHLESINGER, Walter, Die Königserhebung Heinrichs I., der Beginn der deutschen Geschichte und die deutsche Geschichtswissenschaft, in: HZ. 221 (1975) S. 529 – 552 (zitiert: Schlesinger, Beginn).

SCHLESINGER, Walter, Die Entstehung der Nationen. Gedanken zu einem Forschungsprogramm, in: Aspekte der Nationenbildung im Mittelalter (Sigmaringen 1978) S. 11 – 62 (Nationes, t. 1) = Ausgewählte Aufsätze ... 1965 – 1979 (Sigmaringen 1987) S. 125 – 172 (hiernach zitiert: Schlesinger, Entstehung).

SCHMID, Karl, Die Thronfolge Ottos des Großen, in: ZSavRG., G.A. 81 (1964) S. 80 – 163 = Königswahl und Thronfolge in ottonisch-frühdeutscher Zeit, hgg. von Eduard Hlawitschka (Darmstadt 1971) S. 417 – 505 mit Nachträgen: ebd. S. 505 – 508 (Wege der Forschung, t. 178; hiernach zitiert: Schmid, Thronfolge).

SCHMID, Karl, Unerforschte Quellen aus quellenarmer Zeit. Zur amicitia zwischen Heinrich I. und dem westfränkischen König Robert im Jahre 923, in: Francia 12 (1984) S. 119 – 146 (zitiert: Schmid, Unerforschte Quellen).

SCHMID, Karl, Das Problem der „Unteilbarkeit des Reiches", in: Reich und Kirche vor dem Investiturstreit. Vorträge beim wissenschaftlichen Kolloquium aus Anlaß des achtzigsten Geburtstages von Gerd Tellenbach, hgg. von Karl Schmid (Sigmaringen 1985) S. 1 – 15 (zitiert: Schmid, Unteilbarkeit).

SCHMIDT, Charles, Histoire littéraire de l'Alsace à la fin du XVe et au commencement du XVIe siècle, 2 Bde., Paris 1879 (zitiert: Schmidt I – II).

SCHMIDT, Roderich, Königsumritt und Huldigung in ottonisch-salischer Zeit, in: Vorträge und Forschungen, t. VI (Konstanz-Stuttgart 1961; Nachdruck als 2. Auflage: Sigmaringen 1981) S. 97 – 233 (zitiert: SCHMIDT, Königsumritt).

SCHMIDT-CHAZAN, Mireille, Histoire et sentiment national chez Robert Gaguin, in: Le métier d'historien au moyen âge. Études sur l'historiographie médiévale, hgg. von Bernard Guenée (Paris 1977) S. 233 – 300 (Publications de la Sorbonne. Série „Études", t. 13).

SCHMUGGE, Ludwig, Über „nationale" Vorurteile im Mittelalter, in: DA. 38 (1982) S. 439–459.

SCHNABEL, Franz, Deutschlands Geschichtsquellen und Darstellungen in der Neuzeit. Erster Teil: Das Zeitalter der Reformation 1500–1550, Leipzig-Berlin 1931.

SCHNEIDER, Friedrich, Universalstaat oder Nationalstaat. Macht und Ende des Ersten deutschen Reiches. Die Streitschriften von Heinrich v. Sybel und Julius Ficker zur deutschen Kaiserpolitik des Mittelalters, Innsbruck 1941 (zitiert: Schneider, Streitschriften).

SCHNEIDER, Gerhard, Erzbischof Fulco von Reims (883–900) und das Frankenreich, München 1973 (Diss. phil. Heidelberg 1972; Münchener Beiträge zur Mediävistik und Renaissance-Forschung, t. 14; zitiert: Schneider, Fulco).

SCHNEIDER, Reinhard, Brüdergemeine und Schwurfreundschaft. Der Auflösungsprozeß des Karlingerreiches im Spiegel der caritas-Theologie in den Verträgen der karolingischen Teilkönige des 9. Jahrhunderts, Lübeck-Hamburg 1964 (Historische Studien, H. 388; zitiert: Schneider, Brüdergemeine).

SCHNEIDER, Reinhard, Mittelalterliche Verträge auf Brücken und Flüssen (und zur Problematik von Grenzgewässern), in: AfD. 23 (1977) S. 1–14 (zitiert: Schneider, Verträge).

SCHNEIDMÜLLER, Bernd, Karolingische Tradition und frühes französisches Königtum. Untersuchungen zur Herrschaftslegitimation der westfränkisch-französischen Monarchie im 10. Jahrhundert, Wiesbaden 1979 (Diss. phil. Frankfurt 1977; Frankfurter Historische Abhandlungen, Bd. 22; zitiert: Schneidmüller, Tradition).

SCHNEIDMÜLLER, Bernd, Französisches Sonderbewußtsein in der politisch-geographischen Terminologie des 10. Jahrhunderts, in: Beiträge zur Bildung der französischen Nation in Früh- und Hochmittelalter (Sigmaringen 1983) S. 49–91 (Nationes, t. 4; zitiert: Schneidmüller, Terminologie).

SCHNEIDMÜLLER, Bernd, Nomen patriae. Die Entstehung Frankreichs in der politisch-geographischen Terminologie (10.–13. Jahrhundert), Sigmaringen 1987 (Nationes, t. 7; zitiert: Schneidmüller, Nomen).

SCHNEIDMÜLLER, Bernd, Regnum und Ducatus. Identität und Integration in der lothringischen Geschichte, in: Rheinische Vierteljahrsblätter 51 (1987) S. 81–114 (zitiert: Schneidmüller, Regnum).

SCHOENE, Curt, Die politischen Beziehungen zwischen Deutschland und Frankreich in den Jahren 953–980, Berlin 1910 (Nachdruck: Vaduz 1965; Historische Studien Ebering, H. 82).

SCHOLZ, Richard, Die Publizistik zur Zeit Philipps des Schönen und Bonifaz' VIII. Ein Beitrag zur Geschichte der politischen Anschauungen des Mittelalters, Stuttgart 1903 (Nachdruck: Amsterdam 1962; Kirchenrechtliche Abhandlungen, hgg. von Ulrich Stutz, H. 6–8).

SCHRAMM, Percy Ernst, Kaiser, Rom und Renovatio. Studien und Texte zur Geschichte des römischen Erneuerungsgedankens vom Ende des karolingischen Reiches bis zum Investiturstreit, 2 Teile, Leipzig-Berlin 1929 (Studien der Bibliothek Warburg, hgg. von Fritz Saxl; Nachdruck des 1. Teils: Darmstadt 1984 als 4. Auflage; zitiert: Schramm, Renovatio I – II).

SCHRAMM, Percy Ernst, Ottos I. Königskrönung in Aachen (936), ursprünglich in: ZSavRG. 55, K.A. 24 (1935) S. 196 – 215; neu bearbeitet in: Kaiser, Könige und Päpste. Gesammelte Aufsätze zur Geschichte des Mittelalters, t. III (Stuttgart 1969) S. 33 – 54 (hiernach zitiert: Schramm, Aachen).

SCHRAMM, Percy Ernst, Die Königskrönungen der deutschen Herrscher von 961 bis um 1050, in: ZSav RG. 55, K.A. 24 (1935) S. 274 – 306; neu bearbeitet in: Gesammelte Aufsätze zur Geschichte des Mittelalters, t. III (Stuttgart 1969) S. 108 – 134 (hiernach zitiert: Schramm, Königskrönungen).

SCHRAMM, Percy Ernst, Der König von Frankreich. Das Wesen der Monarchie vom 9. bis zum 16. Jahrhundert, 2 Bde., Weimar 1939 (Nachdruck: Darmstadt 1960 in einem Band als Neuauflage mit bibliographischem Nachtrag; zitiert: Schramm I – II).

SCHRAMM, Percy Ernst, Herrschaftszeichen und Staatssymbolik. Beiträge zu ihrer Geschichte vom dritten bis zum sechzehnten Jahrhundert, 3 Bde., Stuttgart 1954 – 1956 (Schriften der Monumenta Germaniae historica, Bd. XIII/1 – 3; zitiert: Schramm, Herrschaftszeichen I – III).

SCHRAMM, Percy Ernst, Die Siegel, Bullen und Kronen der Karolinger, in: Gesammelte Aufsätze zur Geschichte des Mittelalters, t. II (Stuttgart 1968) S. 15 – 118 (zitiert: Schramm, Siegel).

SCHRAMM, Percy Ernst, Karl der Kahle, in: Gesammelte Aufsätze zur Geschichte des Mittelalters, t. II (Stuttgart 1968) S. 119 – 139 (überarbeitete Fassung des entsprechenden Teils in: Der König von Frankreich; zitiert: Schramm Karl).

SCHRAMM, Percy Ernst, Die Kaiser aus dem Sächsischen Haus im Lichte der Staatssymbolik, in: Festschrift zur Jahrtausendfeier der Kaiserkrönung Ottos des Großen: MIÖG., Erg.bd. 20/I (1962) S. 31 – 52 = Gesammelte Aufsätze zur Geschichte des Mittelalters, t. III (Stuttgart 1969) S. 153 – 181 (hiernach zitiert: Schramm, Kaiser).

SCHRAMM, Percy Ernst, Die deutschen Kaiser und Könige in Bildern ihrer Zeit 751 – 1190. Neuauflage unter Mitarbeit von Peter Berghaus, Nikolaus Gassone, Florentine Mütherich, München 1983 (zitiert: Schramm, Bilder).

SCHRAMM, Percy Ernst – MÜTHERICH, Florentine, Denkmale der deutschen Könige und Kaiser. Ein Beitrag zur Herrschergeschichte von Karl dem Großen bis Friedrich II. 768 – 1250, München 1962 (Veröffentlichungen des Zentralinstituts für Kunstgeschichte, t. II).

SCHREINER, Ludwig, Karl Friedrich Schinkels Entwürfe zum Hermannsdenkmal und die Bandelsche Vorplanung, in: Niederdeutsche Beiträge zur
Kunstgeschichte 7 (1968) S. 205 – 218.

SCHROD, Konrad, Reichsstraßen und Reichsverwaltung im Königreich Italien
(754 – 1197), Stuttgart 1931 (Beiheft 25 zur Vierteljahrsschrift für Sozial-
und Wirtschaftsgeschichte).

SCHÜTZEICHEL, Rudolf, Das Ludwigslied und die Erforschung des Westfränkischen, in: Rheinische Vierteljahrsblätter 31 (1966/67) S. 291 – 306.

SCHWARTZ, Gerhard, Die Besetzung der Bistümer Reichsitaliens unter den sächsischen und salischen Kaisern mit Listen der Bischöfe 951 – 1122, Leipzig-
Berlin 1913.

SEE, Klaus von, Deutsche Germanen-Ideologie vom Humanismus bis zur Gegenwart, Frankfurt/M. 1970 (zitiert: v. See, Ideologie).

SEE, Klaus von, Der Germane als Barbar, in: Jahrbuch für Internationale Germanistik 13/1 (1981) S. 42 – 72 (zitiert: v. See, Barbar).

SEE, Klaus von, Das „Nordische" in der deutschen Wissenschaft des 20. Jahrhunderts, in: Jahrbuch für Internationale Germanistik 15/2 (1983) S. 8 – 38 (zitiert: v. See, Das Nordische).

SEE, Klaus von, Politisch-soziale Interessen in der Sprachgeschichtsforschung
des 19. und 20. Jahrhunderts, in: Sprachgeschichte. Ein Handbuch zur Geschichte der deutschen Sprache und ihrer Erforschung, hgg. von Werner
Besch, Oskar Reichmann, Stefan Sonderegger; Erster Halbband
(Berlin-New York 1984) S. 242 – 257 (Handbücher zur Sprach- und Kom-
munikationswissenschaft, t. 2/I; zitiert: v. See, Interessen).

SESTAN, Ernesto, Stato e nazione nell'alto medioevo. Ricerche sulle origini nazio-
nali in Francia, Italia, Germania, Napoli 1952 (Biblioteca Storica. Nuova Serie, hgg. von Federico Chabod, t. 3).

SICKEL, Theodor (v.), Das Privilegium Otto I.(sic) für die Römische Kirche,
Innsbruck 1883.

SIMONE, Franco, The French Renaissance. Medieval Tradition and Italian Influ-
ence in Shaping the Renaissance in France, London 1969 (italienische Originalausgabe: Torino 1961).

SMIDT, Wilhelm, Deutsches Königtum und deutscher Staat des Hochmittelalters
während und unter dem Einfluß der italienischen Heerfahrten. Ein zwei-
hundertjähriger Gelehrtenstreit im Lichte der historischen Methode. Zur
Erneuerung der abendländischen Kaiserwürde durch Otto I., Wiesbaden 1964.

SOLMI, Arrigo, L'amministrazione finanziaria del regno italico nell'alto medio
evo, Pavia 1932 (Biblioteca della Società pavese di storia patria, t. 2).

SONDEREGGER, Stefan, Tendenzen zu einem überregional geschriebenen Alt-
hochdeutsch, in: Aspekte der Nationenbildung im Mittelalter (Sigmaringen
1978) S. 229 – 273 (Nationes, t. 1).

SOREL, Albert, L'Europe et la Révolution française, t. I: Les mœurs politiques et la tradition, Paris 1885.

SPITZ, Lewis W., The Religious Renaissance of the German Humanists, Cambridge/Mass. 1963.

SPROEMBERG, Heinrich, Die Anfänge eines „Deutschen Staates" im Mittelalter, in: La naissance d'un État allemand au moyen âge, in: MA., 4ᵉ série, t. 13 (1958) S. 213–258; deutsche Fassung in: Mittelalter und demokratische Geschichtsschreibung. Ausgewählte Abhandlungen, hgg. von Manfred Unger (Berlin 1971) S. 3–26 (Forschungen zur mittelalterlichen Geschichte, t. 18; hiernach zitiert: Sproemberg, Anfänge).

SPROEMBERG, Heinrich, Die Alleinherrschaft im mittelalterlichen Imperium 909–1024, in: Recueils de la Société Jean Bodin 21 (1969) S. 201–239 = Ausgewählte Abhandlungen (Berlin 1971) S. 45–66 (Forschungen zur mittelalterlichen Geschichte, t. 18; hiernach zitiert: Sproemberg, Imperium).

STADLER, Peter, Geschichtsschreibung und historisches Denken in Frankreich 1789–1871, Zürich 1958.

STEIN, Henri – LE GRAND, Léon, La frontière d'Argonne (843–1659). Procès de Claude de La Vallée (1535–1561), Paris 1905.

STEINBACH, Franz, Austrien und Neustrien. Die Anfänge der deutschen Volkwerdung und des deutsch–französischen Gegensatzes, in: Rheinische Vierteljahrsblätter 10 (1940) S. 217–228 = Collectanea. Aufsätze und Abhandlungen zur Verfassungs-, Sozial- und Wirtschaftsgeschichte, hgg. von Franz Petri und Georg Droege (Bonn 1967) S. 194–203 = Der Volksname Deutsch, hgg. von Hans Eggers (Darmstadt 1970) S. 166–182 (Wege der Forschung, t. 156; hiernach zitiert).

STEINDORFF, Ernst, Jahrbücher des Deutschen Reichs unter Heinrich III., 2 Bde., Leipzig 1874–1881 (Nachdruck: Darmstadt 1963; Jahrbücher der Deutschen Geschichte).

STENGEL, Edmund Ernst, Der Heerkaiser (Den Kaiser macht das Heer). Studien zur Geschichte eines politischen Gedankens, in: Abhandlungen und Untersuchungen zur Geschichte des Kaisergedankens im Mittelalter (Köln-Graz 1965) S. 1–169 (Neufassung der erstmals 1910 erschienenen Abhandlung; zitiert: Stengel, Heerkaiser).

STENGEL, Edmund Ernst, Die Entstehung des Kaiserprivilegs für die römische Kirche, in: HZ.134 (1926) S. 216–241; überarbeitete Fassung in: Abhandlungen und Untersuchungen zur mittelalterlichen Geschichte (Köln-Graz 1960) S. 218–248 (hiernach zitiert: Stengel, Entwicklung).

STENGEL, Edmund Ernst Kaisertitel und Suveränitätsidee(sic). Studien zur Vorgeschichte des modernen Staatsbegriffs, in: DA. 3 (1939) S. 1–56; überarbeitete Fassung in: Abhandlungen und Untersuchungen zur Geschichte des Kaisergedankens im Mittelalter (Köln-Graz 1965) S. 239–286 (hiernach zitiert: Stengel, Kaisertitel).

STINGL, Herfried, Die Entstehung der deutschen Stammesherzogtümer am Anfang des 10. Jahrhunderts, Aalen 1974 (Diss. phil. Frankfurt/M. 1968; Untersuchungen zur deutschen Staats- und Rechtsgeschichte, N.F., Bd. 19).

STRASSER, Ingrid, Diutisk – deutsch. Neue Überlegungen zur Entstehung der Sprachbezeichnung, Wien 1984 (Österreichische Akademie der Wissenschaften. Phil.-hist. Klasse. Sitzungsberichte, Bd. 444).

STRAUSS, Gerald, Historian in an Age of Crisis. The Life and Work of Johannes Aventinus 1477 – 1534, Cambridge/Mass. 1963.

SUTHERLAND, Ion Nicholas, Liudprand of Cremona, bishop, diplomat, historian. Studies of the Man and his Age, Spoleto 1988 (Biblioteca degli «Studi medievali», t. XIV).

SZÜCS, Jenö, Nation und Geschichte. Studien, Köln-Wien 1981 (Beihefte zum Archiv für Kulturgeschichte, hgg. von Egon B o s h o f, H.17).


TEILLET, Suzanne, Des Goths à la nation gotique. Les origines de l'idée de nation en Occident du Ve au VIIe siècle, Paris 1984 (Collection d'études anciennes).

TELLENBACH, Gerd, Die Unteilbarkeit des Reiches. Ein Beitrag zur Entstehungsgeschichte Deutschlands und Frankreichs, in: HZ. 163 (1941) S. 20 – 42 = Die Entstehung des Deutschen Reiches. Deutschland um 900 hgg. von Hellmut K ä m p f (Darmstadt 1971[3]) S. 110 – 134 (Wege der Forschung, t. 1; hiernach zitiert: T e l l e n b a c h, Unteilbarkeit).

TELLENBACH, Gerd, Von der Tradition des fränkischen Reiches in der deutschen und französischen Geschichte des hohen Mittelalters, in: Der Vertrag von Verdun 843..., hgg. von Theodor M a y e r (Leipzig 1943) S. 181 – 202 (zitiert: T e l l e n b a c h, Tradition).

TELLENBACH, Gerd, Wann ist das deutsche Reich entstanden? in: DA. 6 (1943) S. 1 – 41 = Die Entstehung des Deutschen Reiches. Deutschland um 900, hgg. von Hellmut K ä m p f (Darmstadt 1971[3]) S. 171 – 212 (Wege der Forschung, t. 1; hiernach zitiert: T e l l e n b a c h, Reich).

TELLENBACH, Gerd, Zur Geschichte des mittelalterlichen Germanenbegriffs, in: Jahrbuch für Internationale Germanistik 7/1 (1975) S. 145 – 165 (zitiert: T e l l e n b a c h, Germanenbegriff).

TELLENBACH, Gerd, Die geistigen und politischen Grundlagen der karolingischen Thronfolge, in: Frühmittelalterliche Studien 13 (1979) S. 184 – 302 (zitiert: T e l l e n b a c h, Grundlagen).

TELLENBACH, Gerd, Kaiser, Rom und Renovatio. Ein Beitrag zu einem großen Thema, in: Tradition als historische Kraft. Interdisziplinäre Forschungen zur Geschichte des frühen Mittelalters, hgg. von Norbert K a m p und Joachim W o l l a s c h (Berlin-New York 1982) S. 231 – 253 (zitiert: T e l l e n b a c h, Kaiser).

TESSIER, Georges, Diplomatique royale française, Paris 1962 (zitiert: T e s s i e r, Diplomatique).

TESSIER, Introduction; s. Urkundliche Quellen. Chartes et diplômes relatifs à l'histoire de France. Recueil des actes de Charles II le Chauve, roi de France.

THEIS, Laurent, L'avènement d'Hugues Capet 3 juillet 987, Paris 1984 (Trente journées qui ont fait la France, t. IV).

THIERRY, Augustin, Lettres sur l'histoire de France, in: Œuvres complètes, 10 Bde., t. III, Paris 1851 (Nachdruck 1859; zitiert: Lettre mit Nr.).

THOMAS, Heinz, Regnum Teutonicorum = Diutiskono richi? Bemerkungen zur Doppelwahl des Jahres 919, in: Rheinische Vierteljahrsblätter 40 (1976) S. 17–45 (zitiert: Thomas, Regnum).

THOMAS, Heinz, Bemerkungen zu Datierung, Gestalt und Gehalt des Annoliedes, in: Zeitschrift für Deutsche Philologie 96 (1977) S. 48–61 = Die Reichsidee in der deutschen Dichtung des Mittelalters, hgg. von Rüdiger Schnell (Darmstadt 1983) S. 384–402 (mit Nachtrag 1980; Wege der Forschung, t. 589; hiernach zitiert: Thomas, Bemerkungen).

THOMAS, Heinz, Kaiser Otto III. Eine Skizze, [Goch] 1980 (Gocher Schriften, H.2; zitiert: Thomas, Otto III.).

THOMAS, Heinz, Besprechung von: Aspekte der Nationenbildung im Mittelalter, (Nationes, t. 1), in: Zeitschrift für Deutsche Philologie 100 (1981) S. 124–129 (zitiert: Thomas, Rezension).

THOMAS, Heinz, Theodiscus – Diutiskus – Regnum Teutonicorum. Zu einer neuen Studie über die Anfänge des deutschen Sprach- und Volksnamens, in: Rheinische Vierteljahrsblätter 51 (1987) S. 287–302 (zitiert: Thomas, Anfänge).

THOMAS, Heinz, Der Ursprung des Wortes theodiscus, in: HZ. 247 (1988) S. 295–331 (zitiert: Thomas, Ursprung).

THOMAS, Heinz, Die Deutschen und die Rezeption ihres Volksnamens, in: Nord und Süd in der deutschen Geschichte des Mittelalters. Akten des Kolloquiums veranstaltet zu Ehren von Karl Jordan, 1907–1984, Kiel, 15.–16. Mai 1987, hgg. von Werner Paravicini (Sigmaringen 1990) S. 19–50 (Kieler Historische Studien, Bd. 34; zitiert: Thomas, Rezeption).

THOMAS, Julius Caesar und die Deutschen. Zu Ursprung und Gehalt eines deutschen Geschichtsbewußtseins in der Zeit Gregors VII. und Heinrichs IV., in: Die Salier und das Reich, hgg. von Stefan Weinfurter, t. III: Gesellschaftlicher und ideengeschichtlicher Wandel im Reich der Salier (Sigmaringen 1990) S. 245–277 (zitiert: Thomas, Caesar).

THUASNE, Louis, (Robert Gaguin) Notice biographique, in: Roberti Gaguini epistolae et orationes, t. I (Paris 1903) S. 3–168 (Bibliothèque littéraire de la Renaissance, t. 2).

TIEDEMANN, Hans, Tacitus und das Nationalbewußtsein der deutschen Humanisten Ende des 15. und am Anfang des 16. Jahrhunderts, Diss. phil. Berlin 1913.

TIMPE, Dieter, Arminius-Studien, Heidelberg 1970 (Bibliothek der klassischen Altertumswissenschaften, N.F., 2. Reihe, t. 34).

UHLIRZ, Karl, Jahrbücher des Deutschen Reiches unter Otto II. und Otto III., t. I: Otto II. 973–983, Leipzig 1902 (Nachdruck: Berlin 1967; Jahrbücher der Deutschen Geschichte; zitiert: Uhlirz, Otto II.).

UHLIRZ, Mathilde, Die italienische Kirchenpolitik der Ottonen, in: MIÖG. 48 (1934) S. 201–321 (zitiert: Uhlirz, Kirchenpolitik).

UHLIRZ, Mathilde, Die Restitution des Exarchates Ravenna durch die Ottonen, in: MIÖG. 50 (1936) S. 1–34 (zitiert: Uhlirz, Restitution).

UHLIRZ, Mathilde, Jahrbücher des Deutschen Reiches unter Otto II. und Otto III., t. II: Otto III. 983–1002, Berlin 1954 (Jahrbücher der Deutschen Geschichte; zitiert: Uhlirz, Otto III.).

UHLIRZ, Mathilde, Zu dem Mitkaisertum der Ottonen. Theophanu coimperatrix, in: BZ. 50 (1957) S. 383–389 (zitiert: Uhlirz, Mitkaisertum).

ULLMANN, Walter, The Origins of the Ottonianum, in: Cambridge Historical Journal 11 (1953) S. 114–128; deutsche Übersetzung in: Otto der Große, hgg. von Harald Zimmermann (Darmstadt 1976) S. 296–324 (Wege der Forschung, t. 450; hiernach zitiert).

USINGER, Rudolf, Die Erhebung Heinrichs II. zum deutschen König, in: Siegfried HIRSCH, Jahrbücher des Deutschen Reiches unter Heinrich II., t. I (Leipzig 1862; Nachdruck: Berlin 1975) Exkurs III, S. 428–446 (Jahrbücher des Deutschen Reiches).

VIDIER, Alexandre († 1927), L'historiographie à Saint-Benoît-sur-Loire et les miracles de Saint Benoît. Ouvrage posthume revu et annoté par les soins des moines de l'abbaye de Saint-Benoît de Fleury (Saint-Benoît-sur-Loire), Paris 1965.

VIGENER, Fritz, Bezeichnungen für Volk und Land der Deutschen vom 10. bis zum 13. Jahrhundert, Heidelberg 1901 (Nachdruck: Darmstadt 1976).

VOGEL, Walther, Die Normannen und das fränkische Reich bis zur Gründung der Normandie (799–911), Heidelberg 1906 (Nachdruck: Aalen 1973; Heidelberger Abhandlungen zur mittleren und neueren Geschichte, H.14).

VOSS, Ingrid, Herrschertreffen im frühen und hohen Mittelalter. Untersuchungen zu den Begegnungen der ostfränkischen und westfränkischen Herrscher im 9. und 10. Jahrhundert sowie der deutschen und französischen Könige vom 11. bis 13. Jahrhundert, Köln-Wien 1987 (Diss. phil. Giessen 1985; Beihefte zum Archiv für Kulturgeschichte, hgg. von Egon Boshof, H. 26; zitiert: Voss, Herrschertreffen).

VOSS, Jürgen, Das Mittelalter im historischen Denken Frankreichs. Untersuchungen zur Geschichte des Mittelalterbegriffes und der Mittelalterbewertungen von der zweiten Hälfte des 16. bis zur Mitte des 19. Jahrhunderts,

München 1972 (Veröffentlichungen des Historischen Instituts der Universität Mannheim, t. 3; zitiert: Voss, Mittelalter).

WAGNER, Joachim, Äußerungen deutschen Nationalgefühls am Ausgang des Mittelalters, in: Deutsche Vierteljahrsschrift für Literaturwissenschaft und Geistesgeschichte 9 (1931) S. 389–424.

WAITZ, Georg, Jahrbücher des Deutschen Reichs unter Heinrich I. Anhang mit 2 Beiträgen von Rudolf Buchner und Martin Lintzel, Darmstadt 1963[4] (Leipzig 1885[3]; Jahrbücher der Deutschen Geschichte).

WAITZ, Georg, Deutsche Verfassungsgeschichte, t. I[3] – VIII[1], Kiel 1876 – Berlin 1896, bes. t. V[2], bearbeitet von Karl Zeumer, Berlin 1893; t. VI[2], bearbeitet von Gerhard Seeliger, Berlin 1896 (Nachdruck als 2.–4. Auflage: Darmstadt und Graz 1953–1956).

WALTHER, Hans, Scherz und Ernst in der Völker- und Stämme- Charakteristik mittellateinischer Verse, in: AKG. 41 (1959) S. 263–301.

WATTENBACH, Wilhelm – LEVISON, Wilhelm – LÖWE, Heinz, Deutschlands Geschichtsquellen im Mittelalter. Vorzeit und Karolinger, 5 Hefte und ein Beiheft, Weimar 1952–1973 (zitiert: H. 1: Wattenbach – Levison; H. 2–5: Wattenbach – Löwe).

WATTENBACH, Wilhelm – HOLTZMANN, Robert, Deutschlands Geschichtsquellen im Mittelalter. Die Zeit der Sachsen und Salier. Erster Teil: Das Zeitalter des Ottonischen Staates. Zweiter Teil: Das Zeitalter des Investiturstreits (1050–1125), Tübingen 1948[3] (Nachdruck: Darmstadt 1967). Dritter Teil: Italien (1050–1125). England (900–1135). Nachträge zum ersten und zweiten Teil, hgg. von Franz-Josef Schmale, Darmstadt 1971 (zitiert: Wattenbach–Holtzmann–Schmale).

WATTENBACH, Wilhelm – SCHMALE, Franz-Josef, Deutschlands Geschichtsquellen im Mittelalter. Vom Tode Kaiser Heinrichs V. bis zum Ende des Interregnum, t. I, Darmstadt 1976.

WEINFURTER, Stefan, Die Zentralisierung der Herrschaftsgewalt im Reich durch Kaiser Heinrich II., in: Hist. Jb. 106 (1986) S. 241–297.

WEIS, Eberhard, Geschichtsschreibung und Staatsauffassung in der französischen Enzyklopädie, Wiesbaden 1956 (Veröffentlichungen des Instituts für europäische Geschichte Mainz; Abteilung Universalgeschichte, hgg. von Martin Göhring, t. 14).

WEISERT, Hermann, War Otto d.Gr. wirklich *rex Langobardorum*? in: AfD. 28 (1982) S. 23–37.

WEISGERBER, Leo, Deutsch als Volksname, Ursprung und Bedeutung, Stuttgart 1953 (Aufsätze aus den Jahren 1936–1949; einheitlich zitiert: Weisgerber).

WENSKUS, Reinhard, Studien zur politisch-historischen Gedankenwelt Bruns von Querfurt, Münster-Köln 1956 ( Mitteldeutsche Forschungen, t. 5; zitiert: Wenskus, Studien).

WENSKUS, Reinhard, Stammesbildung und Verfassung. Das Werden der frühmit-
    telalterlichen gentes, Köln-Graz 1961 (Nachdruck als 2. Auflage 1977; zi-
    tiert: W e n s k u s , Verfassung).

WENSKUS, Reinhard, Sächsischer Stammesadel und fränkischer Reichsadel, Göt-
    tingen 1976 (Abhandlungen der Akademie der Wissenschaften in Göttingen.
    Phil.-hist. Klasse. Dritte Folge, Nr. 93; zitiert: W e n s k u s , Stammesadel).

WERNER, Karl Ferdinand, Die Legitimität der Kapetinger und die Entstehung
    des „Reditus regni Francorum ad stirpem Karoli", in: Welt als Geschichte 12
    (1952) S. 203 – 225 = Structures politiques du monde franc (VIᵉ – XIIᵉ siè-
    cles). Études sur les origines de la France et de l'Allemagne, London 1979
    (Variorum reprints, Nr. VIII; zitiert: W e r n e r , Legitimität).

WERNER, Karl Ferdinand, Untersuchungen zur Frühzeit des französischen Für-
    stentums (9. – 10. Jahrhundert), in: Die Welt als Geschichte 18 (1958)
    S. 256 – 289; 19 (1959) S. 146 – 193; 20 (1960) S. 87 – 119 (zitiert: W e r n e r ,
    Untersuchungen I – III).

WERNER, Karl-Ferdinand, Das hochmittelalterliche Imperium im politischen
    Bewußtsein Frankreichs (10. – 12. Jahrhundert) in: HZ. 200 (1965) S. 1 – 60 =
    Structures politiques du monde franc, London 1979 (Variorum reprints, Nr. X;
    zitiert: W e r n e r , Imperium).

WERNER, Ferdinand, Das NS-Geschichtsbild und die deutsche Geschichts-
    wissenschaft, Stuttgart-Berlin-Köln-Mainz 1966 (zitiert: W e r n e r , Ge-
    schichtsbild).

WERNER, Karl Ferdinand, Die Nachkommen Karls des Großen bis um das Jahr
    1000 (1. – 8. Generation), in: Karl der Große. Lebenswerk und Nachleben, t. IV:
    Das Nachleben, hgg. von Wolfgang B r a u n f e l s und Percy Ernst S c h r a m m
    (Düsseldorf 1967) S. 403 – 482 (zitiert: W e r n e r , Nachkommen).

WERNER, Karl-Ferdinand, Heeresorganisation und Kriegführung im deutschen
    Königreich des 10. und 11. Jahrhunderts, in: Ordinamenti militari in Occi-
    dente nell'alto medioevo, t. II (Spoleto 1968) S. 791 – 843 (Settimane di stu-
    dio del Centro italiano di studi sull'alto medioevo, t. XV) = Structures po-
    litiques du monde franc, London 1979 (Variorum reprints, Nr. III; zitiert:
    W e r n e r , Heeresorganistion).

WERNER, Karl Ferdinand, Königtum und Fürstentum im französischen 12. Jahr-
    hundert, in: Probleme des 12. Jahrhunderts (Konstanz-Stuttgart 1968)
    S. 177 – 225 (Vorträge und Forschungen, t. XII) = Structures politiques du
    monde franc, London 1979 (Variorum reprints, Nr. V; zitiert W e r n e r , Kö-
    nigtum).

WERNER, Karl Ferdinand, Les nations et le sentiment national dans l'Europe mé-
    diévale, in: RH. 244 (1970) S. 285 – 304 = Structures politiques du monde
    franc, London 1979 (Variorum reprints, Nr. IX; zitiert: W e r n e r , Nations).

WERNER, Karl Ferdinand, Les principautés périphériques dans le monde franc du
    VIIIᵉ siècle, in: I problemi dell'Occidente nel secolo VIII, t. I (Spoleto 1973)

S. 483–514 (Settimane di studio del Centro italiano di studi sull'alto medioevo, t. XX) = Structures politiques du monde franc, London 1979 (Variorum reprints, Nr. II; zitiert: W e r n e r, Principautés).

WERNER, Karl Ferdinand, Quelques observations au sujet des débuts du «duché» de Normandie, in: Droit privé et institutions régionales. Études historiques offertes à Jean Yver (Paris 1976) S. 691–709 = Structures politiques du monde franc, London 1979 (Variorum reprints, Nr. IV; zitiert: W e r n e r, Observations).

WERNER, Karl Ferdinand, Westfranken-Frankreich unter den Spätkarolingern und frühen Kapetingern (888–1060), in: Handbuch der Europäischen Geschichte, hgg. von Theodor S c h i e d e r, t. I, hgg. von Theodor S c h i e f f e r (Stuttgart 1976) S. 731–783 = Vom Frankenreich zur Entfaltung Deutschlands und Frankreichs. Ursprünge – Strukturen – Beziehungen. Ausgewählte Beiträge. Festgabe zu seinem sechzigsten Geburtstag (Sigmaringen 1984) S. 225–277 (hiernach zitiert: W e r n e r, Westfranken).

WERNER, Karl Ferdinand, Gauzlin von Saint-Denis und die westfränkische Reichsteilung von Amiens (März 880). Ein Beitrag zur Vorgeschichte von Odos Königtum, in: DA. 35 (1979) S. 395–462 = Ausgewählte Beiträge (Sigmaringen 1984) S. 157–224 und ebd. S. 470 (hiernach zitiert: W e r n e r, Gauzlin).

WERNER, Karl Ferdinand, Les duchés „nationaux" d'Allemagne au IX$^e$ et au X$^e$ siècle, in: Les principautés au moyen âge. Actes du Congrès de la Société des historiens médiévistes de l'enseignement supérieur public, Bordeaux 1975 (Bordeaux 1979) S. 29–46 = Ausgewählte Beiträge (Sigmaringen 1984) S. 311–328 (hiernach zitiert: W e r n e r, Duchés).

WERNER, Karl Ferdinand, La genèse des duchés en France et en Allemagne, in: Nascita dell'Europa ed Europa carolingia, t. I (Spoleto 1981) S. 175–207 (Settimane di studio del Centro italiano di studi sull'alto medioevo, t. XXVII) = Ausgewählte Beiträge (Sigmaringen 1984) S. 278–310 (hiernach zitiert: W e r n e r, Genèse).

WERNER, Karl-Ferdinand, Histoire de France, hgg. von Jean F a v i e r, t. I: Les origines (avant l'an mil), Paris 1984 (Deutsche Ausgabe: Die Ursprünge Frankreichs bis zum Jahr 1000, Stuttgart 1989; nach der Originalausgabe zitiert: W e r n e r, Histoire).

WERNER, Karl Ferdinand, Hludovicus Augustus. Gouverner l'empire chrétien – Idées et réalités, in: Charlemagne's Heir. New Perspectives on the Reign of Louis the Pious (814–840), hgg. von Peter G o d m a n und Roger C o l l i n s (Oxford 1990) S. 3–123 (zitiert: W e r n e r, Hludovicus).

WICKERT, Lothar, Theodor Mommsen, t. IV: Größe und Grenzen, Frankfurt a.M. 1980.

WOLF, Gunther, Über die Hintergründe der Erhebung Liudolfs von Schwaben, in: ZSavRG., G.A. 80 (1963) S. 315–323 = Otto der Große, hgg. von Harald

Zimmermann (Darmstadt 1976) S. 56–69 (hiernach zitiert: Wolf, Erhebung).

WOLF, Gunther, Das sogenannte „Gegenkönigtum" Arnulfs von Bayern, in: MIÖG. 91 (1983) S. 375–400 (zitiert: Wolf, Gegenkönigtum).

WOLFRAM, Herwig, Intitulatio I. Lateinische Königs- und Fürstentitel bis zum Ende des 8. Jahrhunderts, Graz-Wien-Köln 1967 (MIÖG., Erg.bd. XXI; zitiert: Wolfram I).

WOLFRAM, Herwig, Lateinische Herrschertitel im neunten und zehnten Jahrhundert, in: Intitulatio II. Lateinische Herrscher- und Fürstentitel im neunten und zehnten Jahrhundert, hgg. von Herwig Wolfram (Wien-Köln-Graz 1973) S. 19–178 (MIÖG., Erg.bd. XXIV; zitiert: Wolfram II).

WORSTBROCK, Franz-Josef, Translatio artium. Über die Herkunft und Entwicklung einer kulturhistorischen Theorie, in: AKG. 47 (1965) S. 1–22.

WRACKMEYER, Andreas, Studien zu den Beinamen der abendländischen Könige und Fürsten bis zum Ende des 12. Jahrhunderts, Diss. phil. Marburg 1936.

WUCHER, Albert, Theodor Mommsen. Geschichtsschreibung und Politik, Göttingen 1956 (Göttinger Bausteine zur Geschichtswissenschaft, t. 26).

YARDENI, Myriam, La conscience nationale en France pendant les guerres de religion (1559–1598), Louvain-Paris 1971 (Publications de la Faculté des Lettres et sciences humaines de Paris-Sorbonne. Série „Recherches", t. 59).

ZATSCHEK, Heinz, Die Reichsteilungen unter Kaiser Ludwig dem Frommen, in: MIÖG.49 (1935) S. 185–224 (zitiert: Zatschek, Reichsteilungen).

ZATSCHEK, Heinz, Wie das Erste Reich der Deutschen entstand. Staatsführung, Reichsgut und Ostsiedlung im Zeitalter der Karolinger, Prag 1940 (Quellen und Forschungen aus dem Gebiete der Geschichte, t. 16; zitiert: Zatschek, Reich).

ZATSCHEK, Heinz, Die Erwähnungen Ludwigs des Deutschen als Imperator, in: DA. 6 (1943) S. 374–378 (zitiert: Zatschek, Erwähnungen).

ZATSCHEK, Heinz, Ludwig der Deutsche, in: Der Vertrag von Verdun 843..., hgg. von Theodor Mayer (Leipzig 1943) S. 31–65 (zitiert: Zatschek, Ludwig).

ZELLER, Gaston, La réunion de Metz à la France (1552–1648), 2 Bde., Paris 1926 (Thèse; Publications de la Faculté des Lettres de l'Université de Strasbourg, fasc. 35–36; zitiert: Zeller I–II).

ZELLER, Gaston, Les rois de France candidats à l'Empire. Essai sur l'idéologie impériale en France, in: RH. 173 (1934) S. 273–311, 497–534.

ZEUMER, Karl, Heiliges römisches Reich deutscher Nation. Eine Studie über den Reichstitel, Weimar 1910 (Quellen und Studien zur Verfassungsgeschichte des Deutschen Reiches in Mittelalter und Neuzeit, t. IV/2).

ZIMMERMANN, Gerd, Vergebliche Ansätze zu Stammes- und Territorialherzogtum Franken, in: Jahrbuch für fränkische Landesforschung 23 (1963) S. 379–408 (zitiert: Zimmermann, Ansätze).

ZIMMERMANN, Harald, Der Streit um das Lütticher Bistum vom Jahre 920/921. Geschichte. Quellen und kirchenrechtshistorische Bedeutung, in: MIÖG. 65 (1957) S. 15–52 (zitiert: Zimmermann, Streit).

ZIMMERMANN, Harald, Das Privilegium Ottonianum von 962 und seine Problemgeschichte = Ottonische Studien II, in: Festschrift zur Jahrtausendfeier der Kaiserkrönung Ottos des Großen. Erster Teil (Graz-Köln 1962) S. 122–190, bes. S. 147–190 (MIÖG., Erg.bd. XX/1) = Im Banne des Mittelalters. Ausgewählte Beiträge zur Kirchen- und Rechtsgeschichte. Festgabe zu seinem 60. Geburtstage (Sigmaringen 1986) S. 1–69, bes. S. 26–69 (hiernach zitiert: Zimmermann, Ottonianum).

ZIMMERMANN, Harald, Imperatores Italiae, in: Historische Forschungen für Walter Schlesinger, hgg. von Helmut Beumann, t. III (Köln-Wien 1974) S. 379–399 (zitiert: Zimmermann, Imperatores).

ZIELINSKI, Herbert, Der Reichsepiskopat in spätottonischer und salischer Zeit (1002–1125), Teil I, Wiesbaden-Stuttgart 1984.

ZÖLLNER, Erich, Die politische Stellung der Völker im Frankenreich, Wien 1950 (Veröffentlichungen des Instituts für österreichische Geschichtsforschung, t. XIII).

# AUTORENVERZEICHNIS

(Es sind nur Gelehrte mit Publikationsdaten nach 1800 aufgenommen)

ACKER, Lieben van 46[230]
AMALVI, Christian 79[459], 80[460]
ANRICH, Ernst 19[79]
ATSMA, Hartmut (Hg.) 305[11]
AUBIN, Hermann 17[74], 183[20]

BAAKEN, Gerhard 120[204]
BAESECKE, Georg 206[185], 524[482]
BALDWIN, Marshall W. (Hg.) 241[415]
BAETHGEN, Friedrich 17[74]
BAUTIER, Robert-Henri 561[67]
BAYET, Charles 354[3]
BÉDIER, Joseph 52[269]
BENZ, Karl-Josef 154[4366], 674[361]
BERGES, Wilhelm 648[167], 723[102]
BERNHARDI, Wilhelm 639[96]
BERNHEIM, Ernst 213[235]
BEUMANN, Helmut 387[203], 606[391], 678[392]; (Hg.) 146[368]
BEUMANN, Jutta 164[509]
BEYREUTHER, Gerald 646[150]
BEZOLD, Friedrich von 39[177]
BILLARD, Claude 79[459]
BLOCH, Marc 127[247]
BÖHMER, Johann Friedrich 10[25]
BOGNETTI, Gian Piero 516[414]
BONGARS, Jacques 128[253]
BOOS, Heinrich, 20[84]
BORGOLTE, Michael 408[333]
BOYE, Martin 644[138]
BRACKMANN, Albert 559[46]; (Hg.) 556[27]
BRANDI, Karl 288[292]
BRAUNFELS, Wolfgang (Hg.) 16[73] (606[391])
BRESSLAU, Harry 390[217], 694[518]
BRINCKEN, Anna Dorothee von den 310[49]

BRUEL, Alexandre 438[196]
BRUNNER, Otto 32[133], 264[133]
BRUNOT, Ferdinand 67[383]
BRUNSCHWIG, Henri 78[453]
BRÜHL, Carlrichard 78[452], 358[38], 365[81], 413[11], 492[222], 503[319], 505[331], 508[352], 547[669], 582[220], 611[431], 657[226], 677[383 384], 679[400]
BUCHNER, Rudolf 286[276 278]
BUENO de MESQUITA, Daniel M. 677[384]
BULST-THIELE, Marie-Luise, 696[534]
BÜNAU, Heinrich Reichsgraf von 141[331]
BUSCH, Jörg W. 235[376]

CALASSO, Francesco 60[329]
CARBONELL, Charles-O. 26[105]
CARTELLIERI, Alexander 239[405]
CARUTTI, Domenico 651[185]
CAVIGLIA, Alberto 67[382]
CHAMARD, Henri 63[353]
CHRIST, Karl 23[95]
CLASSEN, Peter 505[331]; (Hg.) 613[447]
COMEAU, Baron de 19[81]
CONSTABLE, Giles 59[325], 283[253]
CONTAMINE, Philippe 58[308]
COOLIDGE, Robert T. 599[335]
COULET, Jules 54[280]
CUVILLIER, Jean-Pierre 79[457]

DANNHEIMER, Hermann (Hg.) 274[201]
DAVID, Pierre 621[513]
DECKER-HAUFF, Hansmartin 550[697]
DEÉR, Josef 613[447]
DENZER, H. (Hg.) 69[394]

# ABKÜRZUNGEN

Allgemein

| | |
|---|---|
| a., ann. | anno, annis |
| ad (h.) an., ad (h.) ann. | ad (hunc) annum, ad (hos) annos (bei Annalenwerken) |
| ags. | angelsächsisch (in Fremdzitat) |
| Akad. | Akademie |
| Anh. | Anhang |
| Ann. | Annalen, Annales |
| Append. | Appendix, Appendice |
| Arch. | Archiv(io) |
| arr. | arrondissement |
| AT | Altes Testament |
| B.G. | (Caesars) Bellum Gallicum |
| B.N. | Bibliothèque Nationale (Paris) |
| Boll. | Bollettino |
| c., cc. | caput, capitulum; capitula |
| $c^{on}$ | canton |
| Cart. | Cartulaire |
| Cod. (Monac., Vat.) | Codex (Monacensis, Vaticanus u.a.) |
| col., coll. | columna(e) |
| Coll. | Collection |
| Cont., cont. | Continuator, continuatio |
| D, DD | Diplom, Diplomata |
| dep. | deperditum |
| Dép. | département |
| dist. | distinctio |
| ed., edd. | edidit, ediderunt |
| ed. cit. | editione citata |
| ep., epp. | epistola(e) |
| Erg.bd. | Ergänzungsband |
| fasc. | fasciculus, fascicule |
| fol. | folio |
| Hz. | Herzog |
| hist. | historia(e), historique, histoire, historisch(e) |
| hgg. | herausgegeben |
| Hs(s). | Handschrift(en) |

| | |
|---|---|
| i.f. | in fine |
| Instrum. | Instrumenta |
| in us. schol. | in usum scholarum (die MGH – Schulausgaben) |
| Jb., Jbb. | Jahrbuch, Jahrbücher |
| Jer. | Jeremias |
| Jg. | Jahrgang |
| Jh., Jhh. | Jahrhundert, Jahrhunderte |
| kgl. | königlich |
| l, ll. | liber, livre; libri |
| Lit. | Literatur |
| Mém. | Mémoires |
| Misc. hist. | Miscellanea historica |
| mlat. | mittellateinisch |
| Ms. | Manuskript, manuscript |
| nö | nordöstlich |
| N.F. | Neue Folge |
| Nouv. | Nouvelle(s) |
| Nr(n). | Nummer(n) |
| N.S. | Nova Series, Nouvelle Série |
| O | Ostern |
| o.D. | ohne Datum |
| o.J. | ohne Jahr |
| Or. | Original |
| Pf | Pfingsten |
| P.J. | Pièce(s) justificative(s) |
| praef. | praefatio |
| prol. | prologus |
| Ps. | Psalm |
| Rec. | Recensio |
| Reg., Regg. | Regest(en), Registrum |
| s., S. | sanctus, sancti usw. |
| SB. | Sitzungsbericht(e) |
| scil. | scilicet |
| ser. | serie(s), série |
| Soc. | Société, Società |
| Str. | Strophe |
| s. v$^{is}$ | sub verbis |
| t. | tomus |
| Tab. | Tabelle, tabella |
| UB. | Urkundenbuch |
| Uk., Ukk. | Urkunde(n) |
| v. | versus |

| | |
|---|---|
| Vf. | Verfasser |
| Vorbem. | Vorbemerkung |
| VU, VUU | Vorurkunde(n) |
| W | Weihnachten |
| Z. | Zeile |

Reihen

| | |
|---|---|
| AA SS | Acta Sanctorum (der Bollandisten) |
| Actes de ... | s. Recueil des actes (im Verzeichnis der urkundlichen Quellen: Chartes et diplômes) |
| B – A (mit Nr.) | Böhmer-Appelt (Regesta Imperii, t.III/1) |
| B – B (mit Nr.) | Böhmer-Baaken (Regesta Imperii, t.IV/3) |
| B – G (mit Nr.) | Böhmer-Graff (Regesta Imperii, t.II/4) |
| B – M$^2$ (mit Nr.) | Böhmer-Mühlbacher (Regesta Imperii, t.I$^2$) |
| B – Mi (mit Nr.) | Böhmer-Mikoletzky (Regesta Imperii, t.II/2) |
| B – O (mit Nr.) | Böhmer-Ottental (Regesta Imperii, t.II/1) |
| B – St (mit Nr.) | Böhmer-Struve (Regesta Imperii, t.III/3) |
| B – U (mit Nr.) | Böhmer-Uhlirz (Regesta Imperii, t.II/3) |
| B – Z (mit Nr.) | Böhmer-Zimmermann (Regesta Imperii, t.II/5) |
| B – Zi (mit Nr.) | Böhmer-Zielinski (Regesta Imperii, t.I/3) |
| BEFAR. | Bibliothèque des Écoles françaises d'Athènes et de Rome |
| BEHE. | Bibliothèque de l'École des Hautes Études, section des sciences historiques et philologiques |
| D Ber. I. | Diplom Berengars I. |
| D Ber. II. | Diplom Berengars II. |
| D Hu. | Diplom Hugos |
| D Hu.-Lo. | Diplom Hugos und Lothars |
| D Lo. | Diplom Lothars |
| D Wid. | Diplom Widos |
| D Lamb. | Diplom Lamberts |
| D L.III. | Diplom Ludwigs III. |
| D Rud.II. | Diplom Rudolfs II. |

s. Verzeichnis der urkundlichen Quellen: Fonti per la storia d'Italia.

| | |
|---|---|
| H.-Br. | Huillard-Bréholles |
| J. – E. | Jaffé-Ewald |
| J. – L. | Jaffé-Loewenfeld |

s. Verzeichnis der urkundlichen Quellen

| | |
|---|---|
| L.P. | Liber Pontificalis |

s. Verzeichnis der erzählenden Quellen

| | |
|---|---|
| MGH | Monumenta Germaniae Historica (mit Ausnahme der Scriptores-Serien, der Auctores antiquissimi, |

|  |  |
|---|---|
|  | der Poeta Latini und der Epistolae sind alle übrigen Reihen unter den urkundlichen Quellen zusammengefaßt) |
| Capit. | Capitularia |
| Conc. | Concilia |
| Const. | Constitutiones |
| DD | Diplomata |
| D Ard. (mit Nr.) | Diplom Arduins |
| D Arn. (mit Nr.) | Diplom Arnulfs |
| D F. I. (mit Nr.) | Diplom Friedrichs I. |
| D H.I., II., III., IV. (mit Nr.) | Diplom Heinrichs I., II., III., IV. |
| D K.III. (mit Nr.) | Diplom Kaiser Karls III. |
| DD Karol. I (mit Nr.) | Diplomata Karolinorum (Pippin, Karlmann, Karl d. Gr.) |
| D Kn. (mit Nr.) | Diplom Karlmanns (von Ostfranken) |
| D Ko.I., II. (mit Nr.) | Diplom Konrads I., II., |
| D LG. (mit Nr.) | Diplom Ludwigs II. von Ostfranken (Ludovici Germanici) |
| D LJ. (mit Nr.) | Diplom Ludwigs III. des Jüngeren |
| D LK. (mit Nr.) | Diplom Ludwigs IV. des Kindes |
| D Lo.I., II. (mit Nr.) | Diplom Lothars I., II. |
| D O.I., II., III. (mit Nr.) | Diplom Ottos I., II., III. |
| D Zw. (mit Nr.) | Diplom Zwentibolds |
| MUB. I | Mittelrheinisches Urkundenbuch, t.I |
| P. (mit Nr.) | Potthast (s. Verzeichnis der urkundlichen Quellen) |
| PL. | Patrologia Latina (ed. Migne) |
| RE. | Paulys Realencyclopädie der classischen Altertumswissenschaften (seit 1893) |
| RHC. | Recueil des Historiens des Croisades (s. Verzeichnis der erzählenden Quellen) |
| St. (mit Nr.) | Stumpf (s. Verzeichnis der urkundlichen Quellen) |

Zeitschriften

|  |  |
|---|---|
| AfD. | Archiv für Diplomatik (seit 1955) |
| AKG. | Archiv für Kulturgeschichte (seit 1903) |
| ALMA. | Archivum Latinitatis medii aevi. Bulletin Du Cange (seit 1924) |

| | |
|---|---|
| Arch. stor. per le prov.Napol. | Archivio storico per le province Napoletane (seit 1876) |
| AUF. | Archiv für Urkundenforschung (1908–1944). |
| BECh. | Bibliothèque de l'École des Chartes (seit 1839) |
| BZ. | Byzantinische Zeitschrift (seit 1892) |
| DA. | Deutsches Archiv (seit 1937) |
| FDG. | Forschungen zur Deutschen Geschichte (1862–1886) |
| GGA. | Göttingische Gelehrte Anzeigen (seit 1755) |
| Hist. Jb. | Historisches Jahrbuch (seit 1880) |
| HZ. | Historische Zeitschrift (seit 1859) |
| MA. | Le Moyen Age (seit 1888) |
| MIÖG. | Mitteilungen des Instituts für Österreichische Geschichtsforschung (seit 1880) |
| NA. | Neues Archiv der Gesellschaft für ältere deutsche Geschichtskunde (1875–1935) |
| RH. | Revue historique (seit 1879) |
| QFitAB. | Quellen und Forschungen aus italienischen Archiven und Bibliotheken (seit 1898) |
| ZBLG. | Zeitschrift für bayerische Landesgeschichte (seit 1928) |
| ZGO. | Zeitschrift für die Geschichte des Oberrheins (seit 1850) |
| ZGW. | Zeitschrift für Geschichtswissenschaft (seit 1953) |
| ZHF. | Zeitschrift für historische Forschung (seit 1974) |
| ZKG. | Zeitschrift für Kirchengeschichte (seit 1876) |
| ZSavRG. | Zeitschrift der Savigny-Stiftung für Rechtsgeschichte |
| –, G.A. | Germanistische Abteilung (seit 1880) |
| –, K.A. | Kanonistische Abteilung (seit 1911) |

# EINLEITUNG

## Gefahren der Sprache.

Die moderne Umgangssprache Europas steckt voller historischer Widersprüche, deren sich der Durchschnittsbürger naturgemäß kaum bewußt ist. Wie soll ein Engländer die Deutschen nicht für Germanen halten,
wenn er sie „Germans", ihr Land „Germany" nennt[1]? Umgekehrt erinnert das deutsche – und englische – Wort „England" zwar an die Angeln,
während die ungleich höhere Bedeutung der Normannen für die Ausformung des heutigen englischen Staates sprachlich keinen Niederschlag findet. Der Deutsche, der von „Frankreich" spricht, denkt selbstverständlich
an die Franken, obwohl diese sehr viel stärker im Raum des heutigen
Deutschland und Belgien gesiedelt haben als gerade in Frankreich und das
gegenwärtige Frankreich mit dem historischen Frankenreich so viel oder
so wenig zu tun hat wie Deutschland. Natürlich ist diese Terminologie
kein Zufall und wird uns im folgenden noch ausführlich beschäftigen[2]. Die
französische Bezeichnung Deutschlands als „Allemagne" – nicht etwa
„Germanie, Teutonie" o.ä. und schon gar nicht „Franconie"[3] – ist hoch-
mittelalterlich und historisch weniger belastet, was wiederum kein Zufall
ist. In Italien heißt Deutschland „Germania" und Frankreich „Francia",
womit die germanische Komponente für Deutschland, die fränkische für
Frankreich unterstrichen wird. Für das Frankenreich gibt es dagegen im
Italienischen kein eigenes Wort, es muß mit „regno franco" umschrieben
werden, um es von Frankreich abzugrenzen, was selten genug geschieht.
Die Deutschen als Nation sind „tedeschi", während „deutsch" als kultu-

---

[1]) Es gibt im Englischen kein Substantiv für „Germanen", man muß von „Germanic
tribes, peoples" o.ä. sprechen; vgl. schon LERCH, S. 269; GOLLWITZER, Germanismus,
S. 283 – 84: s. auch BORCHARDT, S. 14.

[2]) Vgl. unten Kap. 2 § 1, S. 83ff.; Kap. 3 § 3, S. 234ff.

[3]) „Franconie" bezeichnet die deutsche Landschaft Franken und nur diese; vgl. aber
unten Kap. 2 § 1, S. 111 m. Anm. 149.

reller Begriff häufig mit „germanico" übersetzt wird[4]. All diese Länder-
und Volksbezeichnungen sind somit belastet mit historischen Traditionen, deren politische Relevanz, aber auch Problematik auf der Hand liegen. Zu ändern ist daran nichts, doch scheint es mir wichtig, sich der politisch-historischen Bedingtheiten bewußt zu werden, denn diese Namen
sind ja nicht vom Himmel gefallen, sondern ihrerseits das Produkt einer
historischen Entwicklung.

Wie gefährlich die unreflektierte Anwendung moderner politischer Begriffe auf z.T. weit zurückliegende historische Ereignisse sein kann, wird
im folgenden Kapitel am Beispiel Deutschlands und Frankreichs darzustellen sein, doch sind solche Tendenzen politischer „Aktualisierung" der
Geschichte weder auf Deutschland und Frankreich noch auf Europa beschränkt geblieben. Ich erinnere nur an die naive Anknüpfung der modernen persischen Geschichte an das Persien der Achämeniden, wie sie Schah
Reza Pahlewi versucht hatte, bevor das Regime der Ayatollas ein neues,
von religiösem Fanatismus geprägtes Geschichtsbild rein islamischen
Charakters propagierte. Aus eigener Erinnerung kann ich hierzu folgende
authentische Geschichte beisteuern: in den frühen 50er Jahren unternahm
ich eine Bahnreise nach Istanbul, die wegen Hochwassers für mehrere Tage in Saloniki unterbrochen werden mußte. Unter den so im Hotel „Ge-
strandeten" befand sich ein hoher persischer Beamter – er selbst bezeichnete sich als Staatssekretär, was ich nicht nachprüfen kann –, der vorzüglich französisch sprach und in Paris zum Dr.jur. promoviert worden war.
Den zahlreichen Gesprächen, die wir in Erwartung der Weiterreise führten, mußte ich entnehmen, daß mein Gesprächspartner alles Griechische
zutiefst verachtete. Meine etwas verständnislose Frage nach den Gründen
für diese Haltung wurde mit dem Hinweis auf die zahlreichen Siege der
Perser über die Griechen beantwortet, womit er allen Ernstes die Feldzüge
des Xerxes meinte und störende Kleinigkeiten wie Salamis, die Thermopy-
len usw. als „Pannen in einem Kolonialkrieg"(!) abtat. Es geht hier nicht
um die historische Absurdität dieser Äußerung, sondern allein um die
Selbstverständlichkeit, mit der ein nach akademischen Kriterien fraglos
„gebildeter" Perser in dem Persien der Jahre 1950/55 den direkten Nachfolger des Achämenidenreichs erblickte. Eine ähnlich bewußte „Angliederung" des faschistischen Italiens an das „Imperium Romanum" der Antike
vollzog Mussolini, indem er auf der „Via dei Fori imperiali" drei großen

---

[4]) So heißt z.B. das Deutsche Historische Institut in Rom „Istituto Storico Germanico".

Marmorkarten, auf denen die kontinuierliche Ausweitung des römischen Imperium dargestellt war, als vierte eine Karte mit den Grenzen Italiens und seiner damaligen Kolonien (einschließlich Äthiopiens) hinzufügte, was selbstverständlich als ein politisches Programm zu gelten hatte[5].

In den eben zitierten Fällen wurde die Geschichte zu politischen Zwecken mißbraucht. Nicht selten findet sich aber auch die unreflektierte Anwendung moderner politischer Terminologie auf Epochen, in denen es den fraglichen Begriff noch gar nicht gab, ohne daß damit eine bewußte politische Absicht verbunden wäre. Gerade historische Publikationen sind vor solchen gefährlichen „lapsus linguae" nicht gefeit, wie gleichfalls im folgenden Kapitel ausführlich zu zeigen sein wird. Ergänzend sei auf das Beispiel Belgiens hingewiesen, das als selbständiger Staat bekanntlich seit 1830 besteht; von den „belgischen Niederlanden" spricht man bereits im 18. Jahrhundert, doch dem Mittelalter war der Begriff Belgien als einer politischen Größe völlig fremd, mehr noch: das Territorium des heutigen belgischen Staates gehörte zu einem Teil zum Königreich Frankreich, zum anderen zum Deutschen Reich, wobei die heute so virulente Sprachenfrage übrigens keine Rolle spielte[6]. Dies hinderte Belgiens größten Historiker Henri PIRENNE (1862–1935) nicht, eine „Histoire de Belgique" zu schreiben, von deren sieben Bänden nur die beiden letzten wirklich die Geschichte Belgiens und die Vorphase der belgischen Unabhängigkeit behandelten[7]; auf derselben Linie liegt es, wenn Edouard de MOREAU (1879–1952) eine „Histoire de l'église en Belgique" schrieb, die aufgrund des Todes des Autors nicht über das 16. Jahrhundert hinausgekommen ist[8] und somit auf die eigentlich „belgische" Kirchengeschichte gar nicht eingeht. Die wichtige Ausgabe der Urkunden der Grafen von Flandern, Hennegau, Namur usw. erscheint unter dem historisch absurden Titel „Recueil des actes des princes belges au moyen âge"[9], obwohl, wie schon oben bemerkt, der politische Begriff „Belgien" dem Mittelalter unbekannt war. Alle diese Beispiele zeigen, wie leichtfertig auch unter den Historikern, die es doch

---

[5]) Vgl. auch die Bemerkungen von FRÉZOULS, S. 146 m. Anm. 21.

[6]) Die überwiegend flämischsprachige Grafschaft Flandern war ein Lehen der französischen Krone (Flandre sous la couronne) – daneben gab es auch ein zum Reich gehöriges Flandern (Flandre impériale) –, das vorwiegend französischsprachige Bistum Lüttich war Reichsbistum.

[7]) t. VI–VII, Bruxelles 1926–32: t.I[5]–IV[3], Bruxelles 1922–29.

[8]) 5 Bde., Bruxelles 1945–52[2] (Museum Lessianum. Section historique, vol. 1–3, 12, 15). KIENAST III, S. 661, verteidigt diese Terminologie zu unrecht.

[9]) Mehrere Bände, hgg. von der Belgischen Akademie; den ersten Band der Reihe edierte Félix ROUSSEAU: Actes des comtes de Namur de la première race, 946–1196, Bruxelles 1936.

besser wissen müßten, Begriffe gebraucht werden, die historisch irreführ-
rend, um nicht zu sagen falsch, politisch unter Umständen sogar höchst gefährlich sind. Wie sehr der falsche Gebrauch historischer Termini die politischen Beziehungen zwischen zwei Völkern belasten kann, soll nun am
Beispiel der deutsch–französischen Historiographie des 16. und des 19.–
20. Jahrhunderts dargelegt werden.

# I. HAUPTTEIL

## DIE TERMINOLOGISCH–IDEOLOGISCHE UND VERFASSUNGSGESCHICHTLICHE PROBLEMATIK

# 1. KAPITEL

## „DEUTSCHLAND" UND „FRANKREICH" IN DER MODERNEN HISTORIOGRAPHIE SEIT DEM HUMANISMUS.
## DER GALLIER- UND GERMANENMYTHOS.

### § 1: Die Historiographie des 19. – 20. Jahrhunderts.

Daß spätestens seit der Mitte des 11. Jahrhunderts von Deutschland und Frankreich als selbständigen Staatswesen auszugehen ist, darf als von niemandem bestrittenes Allgemeingut der Forschung gelten. Es ist daher überflüssig, hierfür Belege zu zitieren. In höchstem Maße umstritten ist dagegen, seit wann man von Frankreich und Deutschland als eigenständigen politischen Größen sprechen kann, womit fast automatisch die Frage verbunden ist, wann das Frankenreich sein Ende findet oder, anders formuliert, von welchem Zeitpunkt ab nicht mehr von fränkischer, sondern von deutscher und französischer Geschichte gesprochen werden muß. Auf diese Frage haben die Historiker sehr unterschiedliche Antworten gegeben, zumal damit ja die Frage nach dem chronologischen Beginn eines deutschen oder französischen Staates aufs engste verbunden ist. Ich will zunächst in aller gebotenen Kürze die hierfür vorgeschlagenen Daten in beiden Ländern Revue passieren lassen[1], doch wäre es ein leichtes, allein über dieses Thema ein kleines Buch zu schreiben[2]. So ist denn Vollständigkeit der Stellungnahmen weder erstrebt noch erstrebenswert, da die Begründungen oft monoton gleichförmig sind.

Sieht man einmal ab von der These EGGERTS, wonach nur die Periode 833--887 als „ostfränkisches Reich" bezeichnet werden dürfe[3], so gilt 843

---

[1]) Vgl. schon BRÜHL, Anfänge, S. 149 – 50.

[2]) BARTMUSS, S. 23 – 93, benötigt dafür immerhin 70, von marxistischer Klassenkampftheorie getränkte Seiten, die in ihrer borniertén Einseitigkeit eine denkbar unerfreuliche Lektüre bilden. Vgl. noch unten Anm. 46.

[3]) EGGERT, Auffassung, S. 342 und ebd. S. 237ff. Ich möchte betonen, daß Eggert im Jahre 833 nicht den Beginn des deutschen, sondern gerade des ostfränkischen Reiches erblickt. Vgl. dazu unten Kap. 2 § 1, S. 106 – 07. Auf dem Schlachtfeld von Fontenoy-en-Puisaye errichtete man 1860(!) einen Granitobelisken mit folgendem Text: „Ici fut livrée

allgemein als das früheste Epochenjahr für den Beginn einer deutschen und
französischen Geschichte. Kein Geringerer als Georg WAITZ hat den Beginn der deutschen Geschichte im Vertrag von Verdun erblickt[4] und Johann Gustav DROYSEN ihm darin voll zugestimmt. Bei der Universitäts-
feier in Kiel, zu der WAITZ sein „Universitätsprogramm" beigesteuert hatte, war DROYSEN der eigentliche „spiritus rector" gewesen, der auch die
zündende Festrede hielt[5]. Für Preußen hatte König Friedrich Wilhelm IV.
in den Städten Berlin, Königsberg und Breslau[6] Verdunfeiern zum 6. August angeordnet[7], während sich die übrigen deutschen Staaten – mit Ausnahme von Sachsen-Weimar und Hannover – dem Wunsche des Preußen-
königs nach einer nationalen Feierstunde in kirchlichem Rahmen (für beide Konfessionen) nach anfänglichem Zögern verschlossen[8]. Im folgenden
Jahr stiftete der König noch einen „Verdunpreis" von 1000 Talern Gold,
der alle fünf Jahre für das beste Werk über deutsche Geschichte zu vergeben war[9]. 1943 erschien zur 1100-Jahrfeier des Vertrags von Verdun ein
Sammelwerk mit Beiträgen von acht Historikern, denen Theodor MAYER
einen einleitenden Aufsatz zum Vertrag von Verdun voranstellte, in dem
er sehr viel nuancierter formulierte als hundert Jahre zuvor WAITZ[10]. All-

---

le 25 juin 841 la bataille de Fontenoy entre les enfants de Louis-le-Débonnaire. La victoire
de Charles-le-Chauve sépara la France de l'Empire d'Occident et fonda l'indépendance de
la nationalité française". (Mein Freund und Kollege R.-H. BAUTIER, membre de l'Institut,
mit dem ich das Schlachtfeld vor etlichen Jahren besucht hatte, war so freundlich, eigens
noch einmal nach Fontenoy zu fahren, um mir den Text der Inschrift, an den ich mich nur
vage erinnerte, mit Brief vom 19.X.1987 im Wortlaut mitzuteilen.)
    [4]) Über die Gründung des deutschen Reichs durch den Vertrag von Verdun. Kieler
Universitätsprogramm als Einladung zur 1000jährigen Gedächtnisfeier der Gründung des
deutschen Reichs am 10. August 1843, Kiel 1843 = Gesammelte Abhandlungen, t.I:
Abhandlungen zur Deutschen Verfassungs- und Rechtsgeschichte, hgg. von Karl ZEUMER
(Göttingen 1896; Nachdruck: Aalen 1966) S. 1–24. Der Aufsatz von Waitz muß binnen
einer Woche geschrieben worden sein, da der Beschluß des akademischen Konsistoriums
erst am 28. Juli erfolgt war, das „Programm" aber schon zum 10. August gedruckt vorlag;
vgl. BRESSLAU, Jubiläum, S. 12 und EICHLER, S. 15–17. Zu älteren Stimmen (z.B. Heinrich
Luden) vgl. BARTMUSS, S. 24–26. Von Waitz beeinflußt auch RÜCKERT I, S. X, 114, 115.
Vgl. unten Anm. 83.
    [5]) Vgl. BRESSLAU, Jubiläum, S. 12–14; MAYER, S. 7.
    [6]) BRESSLAU, Jubiläum, S. 9, bemerkt sarkastisch: „also an drei Orten, von denen 843
keiner zu Deutschland (lies: zum Frankenreich) gehört hatte".
    [7]) Offenbar unter dem Einfluß des 1842 als „Oberbibliothekar" nach Berlin berufenen
Georg Heinrich Pertz, des Leiters der „Monumenta Germaniae Historica", der somit wohl
gleichfalls zu den Befürwortern des Jahres 843 zu zählen ist; vgl. BRESSLAU, Jubiläum, S. 6
und ebd. S. 15.
    [8]) Vgl. BRESSLAU, Jubiläum, S. 2–11.
    [9]) Vgl. BRESSLAU, Jubiläum, S. 9–10.
    [10]) MAYER, passim, bes. S. 7–8, 27.

gemein erfreute sich das Jahr 843 als Zäsur zum Beginn der deutschen Geschichte bei den deutschen Historikern keiner großen Beliebtheit[11]. Nur
Martin LINTZEL ist 1942 ein letztes Mal mit Einschränkungen für 843 eingetreten[12], ohne bei den Fachgenossen Gehör zu finden[13].

Ob auch in Frankreich im Jahre 1843 Gedenkfeiern stattgefunden hatten, entzieht sich meiner Kenntnis, doch hat das Jahr 843 als Epochejahr in
Frankreich zweifellos mehr Anhänger gehabt als in Deutschland. Die wohl
am weitesten verbreitete Darstellung der Geschichte Frankreichs vor LA-
VISSE, die „Histoire de France" von Henri MARTIN, die in ihrer maßgeb-
lichen Ausformung 1865 erschienen ist[14], sah bereits im Vertrag von Verdun den entscheidenden Einschnitt[15], und viele französische Historiker
sind MARTIN in dieser Auffassung gefolgt[16]. Die „Annales de l'histoire de
France à l'époque carolingienne" beginnen mit Karl d.K., und Ferdinand
LOT zögerte nicht, den Vertrag von Verdun als „l'acte constitutif de la
France du moyen âge" zu bezeichnen[17]. Mit derselben Sicherheit tat dies
auch Camille JULLIAN in einem 1922 erschienenen kleinen Bändchen „De
la Gaule à la France": „Le traité de Verdun....sanctionna l'existence publi-
que du royaume de France et lui assigna quelques-unes de ses limites naturelles" (sic)[18]. Auch Louis HALPHEN und Joseph CALMETTE sprachen

---

[11]) Ältere Stimmen, die im Vertrag von Verdun den Beginn eines deutschen Staatswesens erblickten (v. Gagern 1837, der Engländer Bryce 1864) zitiert PARISOT, S. 23 Anm.
3; s. noch EICHLER, S. 18; JARNUT, S. 100. In Italien hatte SESTAN, S. 352, noch im Jahre
1952 geurteilt: „Veramente, l'assoggettamento dei Sassoni e Verdun sono l'Annunciazione
se non il Natale della nazione tedesca", während er: ebd. S. 353, die Entstehung Frankreichs und Italiens wesentlich später ansetzt.
[12]) Die Anfänge des Deutschen Reiches. Über den Vertrag von Verdun und die
Erhebung Arnulfs von Kärnten (München-Berlin 1942) S. 15–16. LINTZEL, aaO., nahm
immerhin an, „daß in dem Vertrage von 843 tatsächlich der Wille des deutschen Volkes
zur Selbständigkeit zum Durchbruch gekommen ist"; im übrigen sah er die entscheidende
Zäsur im Jahre 887: unten S. 11 m. Anm. 30. Vgl. aber unten Kap. 4 § 1, S. 262 m. Anm.
121–22.
[13]) Strikt ablehnend bes. TELLENBACH, Reich, S. 175 und ebd. S. 174–90 zum Vertrag
von Verdun; ablehnend auch MAYER, S. 19  20. Vgl. bes. unten Kap. 6 § 1, S. 353–54 m.
Anm. 2–3.
[14]) Die beiden ersten Auflagen von 1834/37 sind wertlos. Vgl. STADLER, S. 155–56;
VOSS, Mittelalter, S. 354–55.
[15]) Ich zitiere nach der letzten, überarbeiteten Auflage von 1865 in 16 Bden.: t.II⁴,
S. 421; vgl. schon VOSS, Mittelalter, S. 355 m. Anm. 92.
[16]) Weitere Belege aus der Zeit vor 1900 bietet PARISOT, S. 23 Anm. 3. Ich brauche
nicht noch einmal zu betonen, daß weder für die deutsche noch für die französische
Historiographie Vollständigkeit der Belege auch nur angestrebt wird. Es kann sich stets
nur um einige ausgewählte Zeugnisse handeln.
[17]) LOT–HALPHEN, S. 67; vgl. noch ebd. S. VI das Vorwort von F. LOT: „Mais la
France médiévale et moderne commençant véritablement avec le règne de Charles le
Chauve...".
[18]) JULLIAN, S. 222.

sich für dieses Datum aus[19]. Ferdinand LOT hat bis in die letzten Lebensjahre hinein an ihm festgehalten[20], obwohl Robert PARISOT diese These schon 1898 mit Entschiedenheit und, wie ich meine, mit guten Gründen zurückgewiesen hatte[21].

Zum Jahr 887 haben sich vorwiegend deutsche Historiker bekannt, während dieses Datum in Frankreich bei aller Würdigung seiner Bedeutung als Epochejahr keine Anerkennung fand, wovon noch zu sprechen sein wird[22]. Der nach meiner Kenntnis einzige französische Historiker, der 887 bzw. 888 als einen entscheidenden Einschnitt betrachtete, war Augustin THIERRY[23] im 12. Brief seiner „Lettres sur l'histoire de France"[24], während J.F. BÖHMER schon 1833 in einer Anmerkung der „Vorrede" seiner „Regesta chronologico-diplomatica Karolorum" bemerkte: „Ich weiss recht gut, dass gerade heutzutage beim Jahr 888 ein Hauptabschnitt gemacht wird, weil man Arnolf für den ersten blos deutschen König hält"[25]. Unter den großen Namen der deutschen Geschichtsschreibung des 19. Jahrhunderts ist wohl Engelbert MÜHLBACHER der bekannteste Befür-

---

[19]) Les Barbares des grandes invasions aux conquêtes turques du XIe siècle (Paris 1948[5]) S. 292 (Peuples et civilisations, t.V); CALMETTE, Naissance, S. 75. Vgl. noch unten § 2, S. 46 – 47 m. Anm. 233.

[20]) LOT, Naissance, S. 150,151, wo Karl d.K. als „le premier roi de France" behandelt wird; vgl. noch STENGEL, Kaisertitel, S. 246; EHLERS, Anfänge, S. 8 und bes. CLASSEN, Verträge, S. 250 m. Anm. 4.

[21]) PARISOT, S. 21 – 23, bes. S. 23: „Nous ne croyons donc pas pouvoir accepter l'opinion qui fait dater de 843 les royaumes de France et d'Allemagne. Pas plus après qu'avant cette date, il n'y a de sentiment national; le traité de Verdun n'est pas le produit de ce sentiment, et il n'en est pas davantage l'origine". Vgl. bes. unten Kap. 6 § 1, S. 353 – 54.

[22]) Zu einer kritischen Erörterung dieses Datums vgl. unten Kap. 6 § 2, S. 368ff.

[23]) Zu Thierry als Historiker vgl. bes. STADLER, S. 141ff.; VOSS, Mittelalter, S. 325ff.; s. auch MICHEL, S. 143ff. Vgl. noch WERNER, Geschichtsbild, S. 12 – 13, 82 – 83. Zu Thierrys „Rassenlehre" vgl. nach DURANTON, S. 367 jetzt bes. MICHEL, S. 150 – 53.

[24]) Sur l'expulsion de la seconde dynastie franke(sic): „Ce roi, le premier auquel notre histoire devrait donner le titre de roi de France, par opposition au roi des Franks, est Ode, ou...Eudes...Eudes fut le candidat national de la population mixte qui avait combattu cinquante ans (d.h. seit 840) pour former un Etat par elle-même...". Im vorangehenden Satz hatte Thierry von der „révolution territoriale de 888" gesprochen: Lettre XII, S. 122 – 23. Die „Lettres" datieren von 1827. Zu gewissen „klassenkämpferischen" Tendenzen, wie sie etwa auch in der „Lettre Première" zum Ausdruck kommen: Lettre I, S. 10, 19 u.ö., vgl. STADLER, S. 148 – 49; VOSS, Mittelalter, S. 326 – 27; ebd. S. 327 auch zum Zeitkolorit, dem Thierry durch die Wahl altertümlicher Namensformen (Franks, Karolings, Karl, Ode u.a.m.) Ausdruck zu verleihen suchte. Vgl. noch EHLERS, Nation, S. 29 m. Anm. 81 und unten S. 14 – 15 m. Anm. 59 – 62.

[25]) Der Untertitel lautet: Die Urkunden sämmtlicher Karolinger in kurzen Auszügen, mit Nachweisung der Bücher, in welchen solche abgedruckt sind (Frankfurt am Main 1833) S. VI*. Zu Böhmers eigener Meinung s. unten Anm. 31.

worter dieser These[26]. Von neueren Historikern verfocht Walter SCHLE-
SINGER diese Auffassung[27] „so entschieden, wie es vor ihm noch nie geschehen war"[28], was ihn allerdings nicht hinderte, in späteren Jahren einen
anderen Zeitansatz zu vertreten[29]. Neben SCHLESINGER haben sich vor
allem Martin LINTZEL und in Belgien Jan DHONDT dezidiert für eine Zäsur im Jahre 887 ausgesprochen[30].

Die Jahre 911 und 919 gedenke ich allein schon ob ihrer zeitlichen Nähe
zueinander gemeinsam zu behandeln, wobei ich mich mit J.F. BÖHMER einig weiß[31]. In Frankreich haben sie naturgemäß kein Echo gefunden[32]: allenfalls dem Jahr 911 könnte vom Standpunkt der modernen französischen
Nationalgeschichte eine gewisse Bedeutung zuerkannt werden[33], ohne daß
man darum den Beginn der französischen Geschichte hätte ernsthaft in Betracht ziehen wollen. Das Jahr 919 bedeutet für den Westen überhaupt
nichts. Von deutscher Seite hat man die Jahre 888–922 als den Beginn der
französischen Geschichte bezeichnet[34]. Für das Jahr 911 sind neben
BRESSLAU[35] vor allem Robert HOLTZMANN[36] und Johannes HALLER mit
Entschiedenheit eingetreten, letzterer allerdings mit der klugen Ein-

---

[26]) Deutsche Geschichte unter den Karolingern (Stuttgart 1896; Nachdruck: Darmstadt 1959) S. 620 und dazu TELLENBACH, Reich, S. 197–98.

[27]) SCHLESINGER, Arnulf, bes. S. 239–40. Vgl. noch DERS., Anfänge, S. 153: „Damit
erfolgte die Trennung von Deutschen und Franzosen, das Jahr 887 wird zum Epochenjahr
der deutschen Volksgeschichte(sic); die Männer, die den Kaiser des Gesamtreichs absetz-
ten und Arnulf erhoben, wollten einen deutschen (Sperrung Verf.) König wählen".

[28]) Gerd TELLENBACH: Zur Geschichte Kaiser Arnulfs (1942) = Die Entstehung des
Deutschen Reiches. Deutschland um 900, hgg. von Hellmut KÄMPF (Darmstadt 1971³)
S. 135–52, bes. S.135 (Wege der Forschung, t.1)

[29]) Vgl. unten S. 13 m. Anm. 48.

[30]) LINTZEL (oben Anm. 12) S. 88–89 und DHONDT, Études, S. 45: „C'est une ère
nouvelle qui commence en France, une cassure, une rupture nette avec une tradition
périmée...".

[31]) BÖHMER (oben Anm. 25) S. VI*: „Aber meiner Meinung nach dürfte dieser Hauptabschnitt richtiger vor oder nach Conrad I gemacht werden". Er entscheidet sich dann im
Text für „nach Conrad I".

[32]) Vgl. aber LOT, Naissance, S. 150, der für Frankreich 843, für Deutschland aber 911
als Geburtsjahr annimmt; vgl. unten Anm. 36 und Epilog, S. 710 m. Anm. 16–17.

[33]) Wegen des Erwerbs Lotharingiens in diesem Jahr; vgl. etwa CALMETTE, Naissance,
S. 192: „un rattachement(sic) de la Lorraine à la France serait-il à la veille de s'ébaucher à
l'horizon? Quoiqu'il en devienne...l'avenir est sauvegardé". Vgl. dagegen die nüchternen
Bemerkungen von PARISOT, S. 578ff. und unten Kap. 6 § 3, S. 395ff.

[34]) EHLERS, Anfänge, S. 42–43 und ebd. S. 44: „Die französische Geschichte hat in den
Jahren 888–922 begonnen". Vgl. dazu unten Kap. 7 § 2, S. 433–34.

[35]) BRESSLAU, Jubiläum, S. 1.

[36]) Geschichte der sächsischen Kaiserzeit (München 1941 = 1979⁶) S. 15, 59. Bresslau
und R. Holtzmann nennen beide präzis den 10. November 911, d.h. den Tag der Königswahl Konrads I. In Frankreich trat bes. Ferdinand Lot für dieses Datum ein; vgl. etwa
LOT, Formation, S. 279: „Quant à l'Allemagne, constitueé vraiment en 911..."; s. schon
oben Anm. 32. Zu Holtzmann vgl. noch unten Kap. 7 § 1, S. 414 Anm. 14.

schränkung: „wenn man nach festen Zahlen fragt, die immer etwas Äußer-
liches behalten"[37].

Die überwältigende Mehrheit der deutschen Historiker würde sich allerdings, wie ich fürchte, auch heute noch für 919 als Epochejahr aussprechen. Sie kann sich dabei auf den erlauchten Namen Johann Friedrich
BÖHMERS berufen[38]. Auch Ernst DÜMMLER führte seine „Jahrbücher des
ostfränkischen Reiches" bis zum Tode Konrads I.[39]. Die Zahl derer, die
für 919 eintreten, ist Legion. Zu nennen wären seit dem Jubiläumsjahr
1936 etwa Franz LÜDTKE [40], dessen Buch ein Musterbeispiel „zeitgebun-
dener" unkritischer Geschichtsschreibung ist, das ich nur mit Widerwillen
und Abscheu als symptomatisch für jene Jahre zitiere[41]. Hermann HEIM-
PEL, dessen mutige Kritik an diesem Scharlatan hervorgehoben zu werden
verdient[42], war sich zumindest im Datum 919 mit ihm einig[43]. Unter den
Rechtshistorikern wären etwa EICHLER und HUGELMANN zu nennen[44],

---

[37]) Die Epochen der deutschen Geschichte (Esslingen 1959) S. 24. Die 1. Auflage dieses
problematischen Buches – das schlechteste und natürlich populärste, das Haller geschrieben hat – erschien 1922; die Auflage von 1959 war das 173.–174. Tausend! Die letzte
Auflage datiert: Essen 1984! Vgl. auch EICHLER, S. 41 m. Anm. 19 und bes. WERNER,
Geschichtsbild, S. 71–73; s. jetzt auch EHLERS, Nation, S. 33–34.

[38]) Oben Anm. 31. Dies ist auch der Grund, warum der erste Band der „Regesta
Imperii" bis 918 reicht.

[39]) DÜMMLER III², S. 620, der aber ebd. S. 621 von den „achtzig Jahren d e u t s c h e r
Geschichte" spricht, die zwischen der ersten Erhebung Ludwigs „des Deutschen" und
dem Tode Konrads I. verflossen seien.

[40]) LÜDTKE, S. 78: „Eine neue Epoche deutscher Geschichte begann".

[41]) Man lese etwa LÜDTKE, S. 53, über die Jugend Heinrichs I., von der keine Quelle
ein Sterbenswörtchen berichtet: „Zuweilen wird er der Großmutter Oda gelauscht haben,
die, fast siebzig Jahre älter als er, viel zu erzählen weiß von der Geschichte des Hauses und
Stammes. Hat sie doch Kaiser Karl noch erlebt und alle Könige seitdem... Mit Freude
erfüllt es sie, daß ihres Gatten Liudolf Werk gut aufgehoben ist in Ottos, ihres Sohnes
Händen; und weiter schaut sie und ahnt, daß ihr Enkel Heinrich, der Ottos und Liudolfs
Züge trägt(!), das große Werk fortführen wird..." (Die Punkte stehen so im Buch). Zu ODA
vgl. jetzt WERNER, Hludovicus, S. 100–01. Die auf gleichem Niveau angesiedelte Ge-
schichtsschreibung eines gewissen Alfred Thoss würdigt MOHR, Heinrich I., S. 19 m.
Anm. 27–30, 84 Anm. 27 und unten Kap. 7 § 1, S. 414 m. Anm. 14.

[42]) HEIMPEL, Bemerkungen, S. 11ff. ist nur zur Widerlegung der meist haltlosen
Behauptungen Lüdtkes geschrieben; man lese aber ebd. S. 3–11 wie vorsichtig diese Kritik
„verpackt" werden mußte, um gedruckt werden zu können; vgl. auch WERNER, Geschichtsbild, S. 113 Anm. 35, der dem albernen Buch von Lüdtke nur eine Anmerkung
widmet; vgl. schon MOHR, Heinrich I., S. 51–52, 63. Vgl. allerdings unten Kap. 3 § 2,
S. 229 m. Anm. 340–41.

[43]) HEIMPEL, Bemerkungen, S. 29, 45 und auch DERS.: König Heinrich der Erste, in:
Deutsches Mittelalter (Leipzig 1941) S. 31–49, bes. S. 31; vgl. noch MOHR, Heinrich I.,
S. 5–6; JOACHIMSEN, Volk, S. 11; HUGELMANN, S. 411: „Der Tag von Fritzlar ist die
Geburtsstunde des deutschen Königreiches, und Heinrich I. ist sein erster, d e r erste im
v o l l e n Sinn deutscher König". (Die Hervorhebungen sind von Hugelmann).

[44]) EICHLER, S. 41–42 und ebd. S. 43ff.; HUGELMANN, S. 411. EICHLER, S. 49–50,
macht allerdings Einschränkungen, die sich indes nur auf wenige Jahre beziehen; s. auch
BARTMUSS, S. 79ff., bes. S. 85.

von marxistischer Seite vor allem BARTMUSS [45], der zweifellos ein linien-
treuer Marxist, aber ein sehr mäßiger Historiker ist [46]. Es ließen sich noch
viele Namen anführen [47]; zuletzt hat sich neben SCHLESINGER auch HLA-
WITSCHKA dezidiert zu 919 bekannt [48], das dank des „Gebhardt" als „ge-
sichertes" Handbuchwissen gelten darf [49]. Alle folgen letztlich dem schon
genannten J.F. BÖHMER sowie vor allem Heinrich v. SYBEL und Julius
FICKER, die doch wenigstens in diesem Punkte einig waren [50].

Spätere Daten sind zumindest in Deutschland nur vereinzelt vorgeschlagen worden. TELLENBACH urteilte 1943: „Die Entstehung des deutschen
Reiches vollzieht sich also in Stufen zwischen 843 und 936" [51], worin ihm
MITTEIS zustimmt, der von einem „gestreckten Tatbestand" spricht, worunter er allerdings die Entwicklungslinie von 887 bis 921 (Bonner Vertrag)
versteht [52]. An einer Stelle, wo man es gewiß nicht suchen würde, nämlich
im neuen „Ploetz", stellte Johannes FRIED tiefgründige Überlegungen
über den Beginn der deutschen Geschichte an, deren „Entstehungspro-
zeß...bereits im 9. Jh. eingesetzt (hatte) und...seinen letzten Abschluß erst
im 11. Jh. (fand)" [53], wobei er Regierungszeit und Persönlichkeit Ottos d.
Gr. besonders hervorhebt [54]. Josef FLECKENSTEIN sprach sich unlängst für

---

[45]) BARTMUSS, S. 267 u.ö.

[46]) Die Lektüre von Bartmuss ist in ihrer doktrinären Einseitigkeit ebenso unangenehm
wie die von Lüdtke: die Phrasendrescherei und politische Zeitgebundenheit sind – unter
grundverschiedenen Vorzeichen – identisch, doch während Lüdtke ein Außenseiter war,
bei dem man den Eindruck hat, daß er sich seinen Haß auf die Zunft von der Seele schrieb,
ist Bartmuss ein karrierebewußter marxistischer Hochschulfunktionär. (Diese Zeilen sind
lange vor dem 9.XI. 1989 niedergeschrieben worden.)

[47]) Vgl. etwa BARTMUSS, S. 48ff.

[48]) SCHLESINGER, Beginn, S. 533ff.; DERS., Fritzlar, S. 200–01, 202,220; HLAWITSCH-
KA, Frankenreich, S. 103–04 und DERS., Kriterien, passim, bes. S. 61ff. BEUMANN, Sachsen, S. 887, begnügt sich dagegen mit der Feststellung, dieses Datum sei „als eine entscheidende Station auf dem Wege zur Bildung des Regnum Teutonicum...weithin anerkannt".

[49]) Bruno GEBHARDT: Handbuch der deutschen Geschichte, t.I⁹, hgg. von Herbert
GRUNDMANN (Stuttgart 1970) S. 266 (Bearbeiter der Ottonenzeit war Josef FLECKEN-
STEIN); weitere Lit. zitiert BEUMANN, Sachsen, S. 887 Anm. 1. JARNUT, S. 104, erklärt mit
Entschiedenheit, daß das ostfränkische Reich 919 sein Ende gefunden habe; ebd. S. 105
bemerkt er jedoch zutreffend, daß von einem „deutschen" Reich noch nicht die Rede sein
könne. Einen anderen Namen für dieses „Zwischenreich" sucht man bei ihm vergebens;
vgl. noch unten Kap. 4 § 3, S. 296 m. Anm. 346.

[50]) SCHNEIDER, Streitschriften, S. 12, 54 und oben S. 11 m. Anm. 31. Zum Sybel – Ficker-
Streit vgl. noch GOLLWITZER, Auffassung, S. 483 und bes. unten Epilog, S. 723 – 24.

[51]) TELLENBACH, Reich, S. 212; vgl. ebd. S. 209: „Deshalb ist es nicht richtig, in dem
Übergang des Königtums an einen Sachsen im Jahre 919 ein besonders epochemachendes
Ereignis zu sehen".

[52]) Heinrich MITTEIS: Lehnrecht und Staatsgewalt (Weimar 1933; Nachdruck: Darmstadt 1958) S. 209. Zur Bedeutung des Jahres 921 vgl. bes. unten Kap. 2 § 3, S. 173, 175;
Kap. 7 § 2, S. 433 m. Anm. 161.

[53]) FRIED, Geschichte, S. 31.

[54]) FRIED, Geschichte, S. 31 – 35.

die Jahrzehnte 919–962 aus, während Gerd ALTHOFF und Hagen KEL
LER, denen wir die neueste Darstellung der Zeit Heinrichs I. und Ottos d.
Gr. verdanken, noch ganz den ostfränkischen Charakter dieses Reichs betonen, „das man drei Generationen später allmählich als „Deutsches
Reich" zu begreifen begann"[55]. Walter MOHR, der sich in mehreren Aufsätzen um die Erforschung der ost-–westfränkischen Beziehungen und
insbesondere der Geschichte Lothringens verdient gemacht hat, sieht in
dem Konflikt von 978 den entscheidenden Einschnitt[56], und jüngst ist
Bernd SCHNEIDMÜLLER für das „endende 10. Jahrhundert" eingetreten[57].

Das Jahr 987 wird naturgemäß nur in Frankreich als Epochejahr gesehen
und ist so das französische Pendant zu 919, d.h. das Jahr eines Dynastiewechsels, der lediglich in dem betroffenen Reich oder Reichsteil zur Periodisierung taugt, wenn man bereit ist, einem Dynastiewechsel einen solch
hohen historiographischen Rang zuzugestehen, wie dies in Frankreich
schon seit dem 16. Jahrhundert bei einflußreichen Schriftstellern der Fall
gewesen ist[58]. Im 19. Jahrhundert ist vor allem Augustin THIERRY der
große Befürworter: „c'est, à proprement parler, la fin du règne des Franks
et la substitution d'une royauté nationale au gouvernement fondé par la
conquête. Dès lors, en effet, l'histoire de France devient simple: c'est toujours un même peuple qu'on suit et qu'on reconnaît, malgré les changements qui surviennent dans les mœurs et la civilisation"[59]. Eben darum
führt er von diesem Zeitpunkt ab die romanisierte Schreibweise germanischer Namen ein und verzichtet auf das, was er für den „orthographe de la
langue teutonique" hält[60]. Die vernichtende Kritik von Ferdinand LOT,

---

[55] FLECKENSTEIN, Anfänge, S. 165; ALTHOFF–KELLER I, S. 19 und ebd. S. 31ff. Auch
JARNUT, S. 111, spricht von einem „sich bis in die Salierzeit hinziehenden Prozeß", hält
es aber nicht für nötig, meine Arbeit von 1972 zu zitieren; vgl. noch ebd. S. 99. SPROEM
BERG, Anfänge, S. 17, hatte schon 1956 festgestellt: „Das Reich der Ottonen und Salier(!)
als „deutsch" zu qualifizieren, ist ein Anachronismus, welcher den staatsrechtlichen
Vorstellungen der Zeit widerspricht". Vgl. unten Epilog, S. 720 m. Anm. 78–79.

[56] MOHR, Rolle, S. 396. (Die Aufsätze von Mohr sind vorwiegend in Belgien erschienen, was politische Gründe im Zusammenhang mit der Saarfrage hatte.) Im Ergebnis wie
Mohr jetzt auch LOHRMANN, S. 201–02, dessen Begründung jedoch erheblich von der
Mohrs abweicht. Vgl. unten Kap. 9 § 1, S. 568 m. Anm. 115.

[57] SCHNEIDMÜLLER, Regnum, S. 94: „Seit dem endenden 10. Jahrhundert wollen wir
von Deutschland und Frankreich sprechen, ohne hier auf die Problematik dieser Begriffsbildung eingehen zu können". Schneidmüller hat damit eigene ältere Urteile nicht unerheblich korrigiert.

[58] Beispiele bei LOT, Carolingiens, S. 384ff.

[59] Lettre XII, S. 132; vgl. aber oben S. 10 m. Anm. 24.

[60] Lettre XII, S. 133; vgl. VOSS, Mittelalter, S. 37. Die altertümliche Schreibweise, die
Thierry anwandte, wurde auch von Stendhal beibehalten, der darin eines der wenigen
„Verdienste" Thierrys erblickte; vgl. MICHEL, S. 358.

dessen eigene Auffassung in der Tat meilenweit von der THIERRYS entfernt war[61], gipfelte in der Feststellung: „La théorie d'Augustin Thierry
était superficielle et fausse. Elle avait donc toutes les chances d'être accep-
tée" [62]. LOT selbst zitiert einige Ausnahmen[63], die indes eher die Regel bestätigen als widerlegen. So verzichte ich auf zahllose Einzelbelege und stelle lediglich fest, daß selbst solche Historiker, die die Bedeutung der Wahl
Hugos Capet als Zäsur ausdrücklich leugnen wie z.B. DHONDT und LE-
MARIGNIER [64], das Jahr 987 aber dann doch als Zeitgrenze wählen oder anerkennen[65]. Auch im Ausland, nicht zuletzt in Deutschland – in evidenter
Parallele zum Dynastiewechsel des Jahres 911 – hat man 987 häufig als
Epochejahr gewertet[66]. Die ersten Jahrzehnte des 11. Jahrhunderts – ohne
präzises Datum – hatte ich selbst vorgeschlagen[67], und Laurent THEIS
möchte, was Frankreich anbelangt, den Einschnitt noch um „plusieurs générations" hinausschieben[68]. Doch genug der Zahlen: was von den einzelnen Vorschlägen zu halten ist, wird am Ende dieser Arbeit noch einmal
kurz zu erörtern sein. Im Zusammenhang dieses Kapitels geht es mir nur
um die Feststellung, daß alle diese Daten – was immer dazu anzumerken
sein mag – von ernst zu nehmenden Gelehrten vorgeschlagen worden und
somit diskussionswürdig sind. Wenn daher ein Ferdinand LOT ab 843 von
französischer Geschichte, wenn zahlreiche deutsche Gelehrte ab 911 oder
919 von deutscher Geschichte sprechen, so ist das von ihrem Standpunkt
aus legitim; ob es der historischen Wirklichkeit entspricht, steht auf einem
anderen Blatt. Eben zu diesem Zweck wird dieses Buch geschrieben.

---

[61]) Vgl. oben S. 9 m. Anm. 17.

[62]) LOT, Carolingiens, S. 390; vgl. oben Anm. 23.

[63]) LOT, Carolingiens, S. 390ff. und die folg. Anm.

[64]) Vgl. bes. DHONDT, Études, S. 77 – 80 (mit unausgesprochener Kritik: ebd. S. 77, an
F. LOT: „selon certains historiens", obwohl er Lot sonst fleißig zitiert: auf S. 77 allein
zweimal); LEMARIGNIER, Gouvernement, S. 25ff. äußert sich weniger eindeutig; s. auch
ebd. S. 37. Vgl. die Bemerkungen von THEIS, S. 10 – 11.

[65]) z.B. DHONDT, Études, S. 1: „Les destinées du pouvoir royal en France de 843 à 987;
auch LEMARIGNIER, Gouvernement, gibt das Jahr 987 auf dem Titelblatt an; vgl. ebd. S. 37.

[66]) z.B. SCHRAMM I, S. 83ff., 91ff. und zuletzt noch DUBY: unten § 3, S. 82 m. Anm.
467. Für SCHALK, S. 149, „beginnt Frankreich – um das Jahr 1000 – zu entstehen"! Vgl.
noch unten Kap. 9 § 2, S. 604 m. Anm. 372.

[67]) BRÜHL, Anfänge, S. 176–78; zustimmend in den Grundgedanken GRAUS, Vergangenheit, S. 201 Anm. 279, 202 Anm. 284, 204 Anm. 294; RIDÉ I, S. 10; III, S. 2 Anm. 13.
Vgl. noch oben S. 13 m. Anm. 53 und S. 14 m. Anm. 55. Gegen GRAUS, aaO., S. 201 Anm.
279 i.f. möchte ich jedoch bemerken, daß ich nirgendwo den Begriff „eigentliches Reich"
gebraucht habe, der keinen Sinn ergibt.

[68]) THEIS, S. 196: „La royauté d'Hugues Capet s'affirme donc comme une royauté
franque, en opposition à l'Empire germanique. Il ne s'agit pas encore, de beaucoup s'en
faut, d'une royauté nationale. Du roi des Francs au roi de France, il faudra encore plusieurs
générations...".

Sehr viel problematischer ist der Gebrauch der Begriffe „deutsch" und „französisch" für Epochen, in denen von der Existenz eines deutschen oder französischen Staats nicht einmal im Ansatz die Rede sein kann, nur weil „Deutschland" und „Frankreich" gewissermaßen als von der Geschichte vorgegebene Größen betrachtet werden. Das war vorwiegend die Sicht des 18. – 19. Jahrhunderts, die aber bis weit in unser Jahrhundert hinein nachgewirkt hat und auch heute noch – zumindest in der Polulärgeschichtsschreibung – nicht völlig überwunden ist. So war es für den Leipziger Privatdozenten H.K. DIPPOLDT keine Frage, daß Karl d. Gr. als „der erste deutsche Kaiser" zu gelten hatte, eine Auffassung, die sich kein Geringerer als RANKE in seinen „Epochen der neueren Geschichte" von 1854 ausdrücklich zu eigen machte[69]. Da kann es nicht verwundern, daß noch 1935 in Deutschland eine Streitschrift „Karl der Große oder Charlemagne. Acht Antworten deutscher Geschichtsforscher" erschien mit Beiträgen namhafter deutscher Historiker[70]. Die Schrift hatte eine überwiegend innenpolitische Stoßrichtung[71]; manches darin Gesagte würde man auch heute noch unterschreiben können[72], doch durfte ein Beitrag des Neuhistorikers Wolfgang WINDELBAND über „Charlemagne in der französischen Ausdehnungspolitik"[73] nicht fehlen, und auch anderen Aufsätzen

---

[69]) „Karl der Große fühlte sich überhaupt als guter Deutscher..."; zitiert nach BORST, Ranke, S. 468 m. Anm. 111. Zu Hans Karl DIPPOLDT: Leben Kaiser Karls des Großen (Tübingen 1810) S. 23 vgl. BORST, aaO., S. 450 m. Anm. 11.

[70]) Berlin 1935, 123 Seiten in Klein-8°. Als Herausgeber fungierte wohl Karl HAMPE, der den einleitenden Artikel „Karls Persönlichkeit" schrieb: ebd. S. 9 – 29. Weitere Mitarbeiter waren Hermann Aubin, Friedrich Baethgen, Albert Brackmann, Carl Erdmann, Martin Lintzel, Hans Naumann und Wolfgang Windelband; vgl. noch unten mit Anm. 72 – 74.

[71]) Nämlich gegen Alfred Rosenberg und Genossen, die aus Karl d. Gr. „Karl den Sachsenschlächter" machen wollten; vgl. bes. WERNER, Geschichtsbild, S. 74 und ebd. S. 39; s. auch BORST, Karlsbild, S. 398 und v. SEE, Das Nordische, S. 12, 28 m. Anm. 70 – 72; vgl. schon DERS., Ideologie, S. 89ff. ; s. auch GRAUS, Vergangenheit, S. 133 – 35, 197 – 98. Zu Rankes Urteil über die Sachsenkriege vgl. bes. BORST, Ranke, S. 460, 462, 467, 470 u.ö.

[72]) Dies gilt insbes. für ERDMANN, Name: unten Kap. 3 § 1, S. 181 m. Anm. 1 u.ö., der allerdings den einzigen noch heute zitierfähigen Aufsatz geschrieben hat. Martin LINTZEL: Die Sachsenkriege: ebd. S. 49 – 65, war die politisch heikelste Aufgabe zugefallen, die er historisch sauber und korrekt löste, doch hat Lintzel vorher und nachher bessere Arbeiten zu diesem Thema vorgelegt, insbes.: Die Unterwerfung Sachsens durch Karl den Grossen und der sächsische Adel (1938) in: Ausgewählte Schriften, t.I (Berlin 1961) S. 95 – 127; Die Vorgänge in Verden im Jahre 782 (1938) in: ebd. S. 147 – 74; Karl der Große und Widukind (1935) in: ebd. S. 199 – 224. Der oben zitierte Aufsatz fehlt in den „Ausgewählten Schriften".

[73]) ebd. S. 106 – 22 und hierzu die Kritik von WERNER, Geschichtsbild, S. 74 – 75. Zur heutigen Sicht vgl. etwa Robert FOLZ: Aspects du culte liturgique de Saint Charlemagne en France, in: Karl der Große. Lebenswerk und Nachleben, t.IV: Das Nachleben, hgg. von Wolfgang BRAUNFELS und Percy Ernst SCHRAMM (Düsseldorf 1967) S. 77 – 99;

ist die politische Zeitgebundenheit überdeutlich anzumerken[74]. Es war daher eine mutige Tat von Martin LINTZEL, daß er in seinem Beitrag über die Sachsenkriege kühl feststellte: „Zur Zeit Karls gab es kein deutsches Volk, keine deutsche Nation und überhaupt nicht den Begriff deutsch in unserem Sinn. Weder Karl noch sein Gegner Widukind dachten noch konnten deutsch denken"[75].

Während man in Deutschland eifrig bemüht war, Karl zu germanisieren und auf diese Weise einzudeutschen, war für Ferdinand LOT die gegenteilige Entscheidung längst gefallen: „Charlemagne fut nôtre parce que nous l'adoptâmes"[76]. Man wird zugeben, daß auch ein solcher Satz nicht unbe-

---

Matthias ZENDER: Die Verehrung des hl. Karl im Gebiet des mittelalterlichen Reiches, in: ebd. S. 100–12; Paul SCHOENEN: Das Karlsbild der Neuzeit, in: ebd. S. 274–305; Sigurd Graf von PFEIL: Karl der Große in der deutschen Sage, in: ebd. S. 326–36 und bes. BORST, Karlsbild, S. 364ff.; vgl. noch unten § 2, S. 52–53 m. Anm. 269–70. Unendlich viel wichtiger und gründlicher als der knappe Beitrag Zenders ist FOLZ, passim, bes. S. 70ff., 96ff., 155ff., 186ff.; DERS.: Etudes sur le culte liturgique de Charlemagne dans les églises de l'Empire, Paris 1951 (Publications de la Faculté des Lettres de l'Université de Strasbourg, fasc. 115). Zur Behandlung Karls in der lateinischen Literatur des Mittelalters noch immer grundlegend Paul LEHMANN: Das literarische Bild Karls des Grossen vornehmlich im lateinischen Schrifttum des Mittelalters(1934), in: Erforschung des Mittelalters. Ausgewählte Abhandlungen und Aufsätze, t.I (Leipzig 1941; Nachdruck: Stuttgart 1959) S. 154–207; vgl. zuletzt GRAUS, Vergangenheit, S. 182–98 sowie unten Anm. 76.

[74]) Dies gilt etwa für den „Ahnenpaß" Karls d. Gr. – so WERNER, Geschichtsbild, S. 75 – aus der Feder von Hermann AUBIN: Die Herkunft der Karlinger (oben Anm. 70) S. 41–48, bes. S. 48: „Alle diese Beobachtungen treffen zusammen, um mit äußerster Wahrscheinlichkeit die Abstammung Karls d.Gr. als einheitlich und zwar als rein fränkisch, also germanisch (Sperrung BRÜHL) anzusprechen", während ein Heinrich Leo 1832 gerade um den gegenteiligen Nachweis bemüht gewesen war; vgl. BORST, Ranke, S. 455 m. Anm. 54. Peinlich auch der Beitrag von Friedrich BAETHGEN: Die Front(sic) nach Osten: ebd. S. 66–79, wo Karl d.Gr. im „Gesamtzusammenhang der deutschen(!) Ostpolitik" (S. 66) gewürdigt wird. Mit Entsetzen liest man auf S. 67 vom „Volk(sic) der Slawen", auf S. 73 von Karl als dem „Begründer des deutschen Österreich", auf S. 79, daß Karl sich seiner „germanisch-deutschen Sendung bewußt gewesen sein (muß)". Dies alles aus der Feder eines bedeutenden Gelehrten. In seine Aufsatzsammlung: Mediaevalia. Aufsätze, Besprechungen, Nachrufe, 2 Bde., Stuttgart 1960 (Schriften der Monumenta Germaniae Historica, t.17/I–II) hat BAETHGEN diese Verirrung nicht mehr aufgenommen. Völlig unerträglich ist der Beitrag des germanomanen Hans NAUMANN: Karls germanische Art: ebd. S. 30–40, aber der war wenigstens kein Historiker. Zur Würdigung der obengenannten Arbeiten s. auch WERNER, Geschichtsbild, S. 74–77 und BORST, Karlsbild, S. 398–99; zu Naumann s. ergänzende Beispiele bei v. SEE, Ideologie, S.72; DERS., Das Nordische, S. 20, 29.

[75]) LINTZEL (oben Anm. 72) S. 65; vgl. dazu WERNER, Geschichtsbild, S. 78. Noch 1947 brachte es OHNSORGE, Zweikaiserproblem, S. 26, fertig, im Zusammenhang mit einer fränkischen Gesandtschaft nach Byzanz 802/03 von den „deutschen Geschäftsträgern" zu sprechen.

[76]) LOT, Capet, S. 239. Auch die voraufgehenden Sätze sind es wert zitiert zu werden (ebd. S. 238–39): „En France et en Lorraine Charles est un héros national. Il n'importe qu'il ait été de race germanique et qu'il parlât teuton. Ces détails n'interessent que les maîtres d'écoles du XXᵉ siècle. Le Moyen Âge dédaignait superbement nos préoccupations de race et de langue"; vgl. bes. unten § 2, S. 52–53. Der junge Ranke hatte ganz ähnlich geurteilt; vgl. BORST, Ranke, S. 457 m. Anm. 66; s. auch SCHALK, S. 145.

dingt der wissenschaftlichen Weisheit letzter Schluß ist, und die Beispiele
ließen sich natürlich beliebig vermehren. Es war schwierig, in Deutschland
aus Chlodwig einen „deutschen" König zu machen: dagegen sprach die
Geographie des damaligen Frankenreiches; um so leichter konnte er in
Frankreich als der erste der „rois de la première race" verstanden werden
und damit als der Begründer der französischen Monarchie, als der er schon
im 18. Jahrhundert bei dem Grafen Henry de BOULAINVILLIERS (1658 –
1722) erscheint[77]. Hand in Hand damit ging eine je nach Bedarf germanische, römische oder gallische (keltische) Auffassung des Staates, wobei
man sich größtmögliche „Reinheit" angelegen sein ließ. So war Adolf
WAAS bemüht, die „rein germanischen Elemente" im Aufbau des früh-
deutschen Staates nachzuweisen[78]; Ernst ANRICH pries in einer Rede 1942
anläßlich des 1100jährigen Jubiläums der Straßburger Eide das „auf dem
Germanentum" errichtete Karolingerreich und bemerkte in bester Tradition des deutschen Humanismus des 16. Jahrhunderts verächtlich, daß

---

[77]) Zu Boulainvilliers – und zugleich zur „querelle des deux races" im Streit mit dem
Abbé Dubos – vgl. HÖLZLE, S. 56 – 58; Friedrich MEINECKE: Die Entstehung des Histo-
rismus (München 1959; 1936[1]) S. 168 – 75 (Gesammelte Schriften, t.III); GÖHRING,
S. 126 – 29; WEIS, S. 24 – 26; DIGEON, S. 239; DURANTON, S. 352 – 57; STADLER, S. 26 – 30;
POLIAKOV, S. 36 – 37; VOSS, Mittelalter, S. 262 – 66, bes. S. 263; GOLLWITZER, Germanis-
mus, S. 297, 301 – 02; GRAUS, Vergangenheit, S. 88, 385; PANICK, S. 15 – 16, 29; MICHEL,
S. 27 – 29; WERNER, Histoire, S. 40. Vgl. noch unten Anm. 107 und Anm. 227. Zu den
abenteuerlichen Theorien eines Bruno Krusch vgl. unten S. 20 m. Anm. 85.
[78]) Herrschaft und Staat im deutschen Frühmittelalter (Berlin 1938) bes. S. 3, 5, 9, 326ff.
(Historische Studien Ebering, H. 335; Nachdrucke: Darmstadt und Vaduz 1965). Schon
JOACHIMSEN, Volk, S. 3 – 10, nannte sein 1. Kapitel: „Die Entstehung eines deutschen
Volkes aus dem Germanentum"; ähnlich auch HÖLZLE, S. 9 – 16, zur „altdeutschen Frei-
heitsidee" – „altdeutsch" ersetzt häufig den Begriff „germanisch" – vorwiegend aus dem
Blickwinkel der Humanisten; hierzu vgl. unten § 2, S. 32ff. Grauenvollen Unsinn erfand
der einst vom „Reichsführer ✠" protegierte und nach dem Krieg munter in Wien weiter-
lehrende Otto HÖFLER: Kultische Geheimbünde der Germanen, Frankfurt a.M. 1934
(Geheimbünde haben den immensen Vorzug, geheim zu sein; da ist es unschicklich, nach
Quellen zu fragen.) Absoluter Unsinn war die von Höfler erfundene „germanische Kon-
tinuität", die selbst von ernsthaften Historikern nachgebetet wurde; vgl. Otto HÖFLER:
Das germanische Kontinuitätsproblem, in: HZ. 157 (1937) S. 1 – 26 und als Vortrag:
Hamburg 1937 (Schriften des Reichsinstituts für Geschichte des Neuen Deutschlands).
Zu den Höflerschen Ergüssen – der Herr erhielt zwei Festschriften! – vgl. neben
WERNER, Geschichtsbild, S. 79 – 80, bes. v. SEE, Ideologie, S. 73 – 78; DERS., Das Nordi-
sche, S. 29 – 36 und DERS.: Kontinuitätstheorie und Sakraltheorie in der Germanenfor-
schung. Antwort an Otto Höfler, Frankfurt a.M. 1972; s. auch GRAUS, Verfassungsge-
schichte, S. 557 Anm. 91; vgl. aber schon ERDMANN, König, S. 11 Anm. 2. Ein eifriger
Verkünder der Höflerschen Phantasien war Karl Bosl; vgl. GRAUS, aaO., S. 561 Anm. 102
und Anm. 105. Meine eigene Auffassung von Kontinuität bereits in: Fodrum, S. 773 m.
Anm. 15, wo ich gleichfalls gegen Höfler Stellung genommen hatte. Vgl. noch GRAUS,
Vergangenheit, S. 11 m. Anm. 37 und Anm. 39, 342 m. Anm. 226; DERS., Verfassungsgeschichte, S. 561 Anm. 103 – 04, 565 m. Anm. 122. Vgl. auch unten Anm. 176. Zur „Rein-
heitslehre" vgl. auch die Diskussion zwischen Sybel und Waitz: unten Anm. 82.

zwar die Gallier, aber nicht die Germanen von den Römern besiegt worden seien. Fazit: „Die Germanen waren eben nicht Gallier"[79]. Solche Thesen fanden sich übrigens gelegentlich auch in Frankreich [80] und waren in
der königlichen Armee vor 1789 verbreitet; selbst Napoleon soll ein Anhänger dieser Auffassung gewesen sein[81].

Damit sind wir aber bei der Antike angelangt, von der man erwarten
sollte, daß sie in einer Diskussion über die Anfänge der deutschen und der
französischen Geschichte keine Rolle spielen könne. Das Gegenteil ist der
Fall: gerade das Germanen- und Gallierproblem erweist sich für unsere
Fragestellung als von höchster Wichtigkeit, weil man in einem für den heutigen Historiker schlechterdings unfaßlich naiven Nationalismus Deutsche mit Germanen, Franzosen mit Galliern gleichsetzte. Auch hierfür sollen im folgenden nur einige wenige Beispiele gegeben werden, die sich fast
beliebig vermehren ließen. In seiner bis auf den heutigen Tag lesens- und
schätzenswerten „Deutschen Verfassungsgeschichte" hat Georg WAITZ
im ersten Band unter dem Titel „Die Verfassung des d e u t s c h e n Volks in
ältester Zeit" ausschließlich die germanische Frühzeit bis zur „Germania"

---

[79]) Ernst ANRICH: Die Straßburger Eide vom 14. Februar 842 als Markstein der
deutschen Geschichte (Straßburg 1943) S. 4, 8; vgl. dazu WERNER, Geschichtsbild, S. 80,
der versehentlich vom 1000jährigen Jubiläum der Straßburger Eide spricht. (Ich zitiere
Anrich nach WERNER, aaO., S. 119 Anm. 89).

[80]) Und zwar schon wesentlich früher bei Boulainvilliers: oben Anm. 77, nicht zuletzt
natürlich bei dem Einzelgänger Arthur de Gobineau (1816 – 1882); s. dazu DIGEON,
S. 92 – 94; STADLER, S. 313 – 16; NOLTE, S. 346 – 51 (auch zu Vacher de Lapouge); s. noch
GOLLWITZER, Germanismus, S. 301 – 02, 316, 318 – 19; v. SEE, Ideologie, S. 56 – 59; POLIA-
KOV, S. 219ff. Wegen seiner Germanophilie war Gobineau der französischen Rechten
übrigens suspekt und wurde z.B. von Maurras scharf abgelehnt: MAURRAS, S. 1 – 3; vgl.
dazu NOLTE, S. 83, 567 Anm. 155 und PANICK, S. 268. Zu Gobineaus geistigem Erben
Houston Stewart Chamberlain (1855 – 1927) vgl. NOLTE, S. 351 – 54; v. SEE, Ideologie,
S. 59 – 62; DERS., Das Nordische, S. 14 – 15; ebd. S. 21ff. zur Problematik der Eingliederung der Rassenlehre in die NS-Ideologie; vgl. ferner POLIAKOV, S. 321ff.; PANICK,
S. 41ff., 234ff.; s. noch FUHRMANN, Germania, S. 127 – 28. Unter dem Aspekt der Renaissance interessante Einsichten bei FERGUSON, S. 205ff., 323ff. Vgl. die folg. Anm.

[81]) Dies berichtet jedenfalls der Baron de COMEAU in seinen Kriegserinnerungen:
Souvenirs des guerres d'Allemagne pendant la Révolution et l'Empire par le Baron de
Comeau (Paris 1900) S. 106: „Napoléon répondit très brusquement: „Non, sous sa propre
bannière, un drapeau blanc fleurdelisé (die Rede ist von Turenne; Ort der Handlung: das
Pariser Kriegsministerium zur Zeit des „Empire"). Qui nous dit que dans ces combats ce
n'est pas Francs et Bourguignons contre Gaulois?"; de Comeau selbst, der ein tüchtiger
Artillerieoffizier ohne gelehrte Neigungen und Ambitionen war, sprach so 1792 zum
Prince de Condé: „Hé quoi! Dans le fond, ne sommes-nous pas des gentilshommes? Ce
mot, ne veut-il pas dire les hommes de la Nation, surtout des Francs et des Bourguignons?
Je suis Bourguignon et je voudrais continuer la lutte avec les Gaulois qui emprisonnent
mon Roi...": ebd. S. 58; de Comeau bemerkt dazu noch: „Cette sortie égaya un instant le
Prince et son triste entourage. Je crois qu'on l'attendait, elle exprima la pensée de tout le
corps" (frdl. Hinweis von Herrn Kollegen M. Fleury-Paris, vom 3.IX.1988).

des Tacitus behandelt[82]. Der 1848 schreibende Heinrich RÜCKERT läßt Alarich „mit 30.000 deutschen Soldaten" Rom erobern, nennt die Ostgoten einen „deutschen Volks- oder Heerhaufen" und spricht von der „Errichtung eines deutschen Reiches in Italien 476"(sic)[83]. Gottfried KENTENICH stellt in seiner Beschreibung der Schlacht am Frigidus zwischen Theodosius und Eugenius/Arbogast 394 fest, daß „in den Heeren wesentlich Deutsche gegen Deutsche (kämpften)", während unter Berufung auf den berühmten Brief des Hieronymus Heinrich BOOS zum großen Germaneneinfall des Jahres 406 bemerkt: „...Flandern, Speier, Straßburg sind deutsch geworden"[84]. Noch 1933 stilisiert Bruno KRUSCH die Ernennung Chlodwigs zum römischen Honorarkonsul durch den oströmischen Kaiser zur „ersten deutschen Kaiserkrönung in Tours"(!) hoch[85]. Daß Theoderich d. Gr., der nie über die Alpen gezogen und ausgerechnet in Konstantinopel aufgewachsen war, schon angesichts seiner Rolle als Dietrich von Bern (Verona) in der deutschen Heldensage in unzähligen Darstellungen – und nicht zuletzt in den Schulbüchern – als Deutscher ‚honoris causa' auftritt, versteht sich da geradezu von selbst[86]. Für Paul von ROTH

---

[82]) WAITZ I[3], S. 1: Die Deutsche Verfassung in der ältesten Zeit; s. ebd. S. XIII – XIX das Inhaltsverzeichnis. Vgl. GRAUS, Verfassungsgeschichte, S. 547 – 48 und ebd. S. 551; s. auch TELLENBACH, Germananbegriff, S. 148 – 49 und BEUMANN, Nationenbildung, S. 132. Zur Zeitgebundenheit dieser Anschauungen vgl. BÖCKENFÖRDE, S. 102ff.; hierzu vgl. aber GRAUS, aaO., S. 537 m. Anm. 21. Auch Heinrich von SYBEL: Die Entstehung des Deutschen Königthums, Frankfurt a.M. 1881[2] (1844[1]!) behandelt ausschließlich die germanische und fränkische Zeit. Zu Sybels methodisch höchst interessantem Streit mit Waitz in der „Germanenfrage" vgl. unten Epilog, S. 712 m. Anm. 28 – 29. Zum „Germanismus" in der Rechtswissenschaft vgl. BÖCKENFÖRDE, S. 74ff.; GOLLWITZER, Germanismus, S. 293 – 95, 309 – 12; s. auch v. SEE, Ideologie, S. 49 – 52.

[83]) RÜCKERT I, S. 67, 73, 72. Rückert war 1850 a.o. Professor in Jena, später Professor in Breslau. Vgl. noch EHLERS, Nation, S. 31 m. Anm. 90 und unten Kap. 2 § 2, S. 141 Anm. 331.

[84]) Gottfried KENTENICH: Geschichte der Stadt Trier von ihrer Gründung bis zur Gegenwart (Trier 1915) S. 54; Heinrich BOOS: Geschichte der rheinischen Städtekultur von den Anfängen bis zur Gegenwart mit besonderer Berücksichtigung von Worms, t.I[2] (Berlin 1897) S. 85.

[85]) Die erste deutsche Kaiserkrönung in Tours Weihnachten 508, in: SB. der Preuss. Akad. der Wissensch., Phil.-hist. Klasse 1933, Nr. 28 – 29, S. 1060 – 66, bes. S. 1065: „Wenn ich von der ersten deutschen Kaiserkrönung spreche, so geschieht das in Erinnerung an einen Ausspruch Bismarcks(!): Chlodwig, sagte er einmal, hat plattdeutsch gesprochen...Die Sprache Chlodwigs sprechen noch heute(!) die Vlamen in Belgien und Frankreich". (Herr Kollege Christian HABICHT-Princeton/N.J., weist mich ergänzend mündlich darauf hin, daß der leider so früh verstorbene Peter Classen während seines Aufenthalts am „Institute for Advanced Study" vor etwa zehn Jahren einen Passus bei Krusch entdeckt und ihm gezeigt hatte, wonach Genserich in Karthago die „Reichskriegsflagge" gehißt hätte. Ich konnte die Stelle leider nicht ausfindig machen – eine längere Suche hätte nicht gelohnt –, doch paßt sie zur Diktion Kruschs.)

[86]) Vgl. oben mit Anm. 83. Allgemein vgl. WENSKUS, Verfassung, S. 82, 84 und GOLLWITZER, Germanismus, S. 283 m. Anm. 2; s. auch SCHLESINGER, Beginn, S. 532. Zu Theoderich vgl. bes. Wilhelm ENSSLIN: Theoderich der Große (München 1959[2]) S. 14ff., 332ff.; vgl. noch BORCHARDT, S. 156; GRAUS, Vergangenheit, S. 39 – 48.

stand es fest, daß „die deutschen (lies: germanischen) Völkerschaften" „ein viel besser geordnetes Gemeinwesen als alle alten und neuen Völker auf derselben Stufe der Cultur" hatten; die Kämpfe germanischer Völker untereinander sind ihm Bürgerkriege(!), im Lehnwesen sieht er einen Hauptgrund dafür, daß „ein grosses mächtiges Volk (gemeint ist offenbar Deutschland im Hochmittelalter)... in vierhundertjähriger Agonie stufenweise verliert, was die fleissigen Vorfahren erworben..." und „von der gebietenden Stelle an der Spitze(!) der gebildeten Welt (an welche Zeit denkt ROTH?) herabsteigt, um das Land zu einem allgemeinen europäischen Fechtplatz zu erniedrigen"[87].

Aber es sind nicht nur die Mediävisten, die aus den Germanen aller Völker „Deutsche" gemacht haben. Die folgenden Zeilen würde man wohl zunächst geneigt sein, in eine nicht allzu ferne Vergangenheit zu datieren: „...immer werden wir Deutschen uns in der Freude und in dem Stolze vereinigen, daß einer der besten Römer (scil. Tacitus), als er seiner Nation Sonne niedergehen sah, eine Schilderung der unsrigen entworfen hat, die, wenn nicht im heiligen römischen, so in dem neuen deutschen Reich sich nach Jahrtausenden zu großem Schaffen hat zusammenfinden dürfen und deren Zukunft auf lange hinaus die Geschicke der Welt noch mehr bedingen wird, als ihre zweitausendjährige Vergangenheit es getan hat". Wer diese Worte sprach, war kein Geringerer als der größte Althistoriker des vergangenen Jahrhunderts Theodor MOMMSEN. Er sprach sie am 21. Januar 1886 in der Preußischen Akademie anläßlich der Festsitzung zur Feier des Geburtstags Friedrichs des Großen. Noch deutlicher wird er in einem im März 1871 in Köln gehaltenen Vortrag über „Die germanische Politik des Augustus", die er wie folgt resümiert: „Aber im ganzen war es wahr geworden, jenes mächtige „Zurück", das die deutsche Frau(!) dem ersten Eroberer latinischen Stammes, der Deutschlands Boden betrat, zugerufen hat. „Zurück" ist der Schlachtruf der Deutschen gewesen, zuerst in der Varusschlacht und zuletzt bei Mars la Tour und Sedan. Dies Zurück aber, wir nennen es Vorwärts; vorwärts, nicht um zu nehmen, was nicht unser ist und was uns nicht frommen, noch fruchten kann, sondern...um das zu-

---

[87] Paul (von) ROTH: Geschichte des Beneficialwesens von den ältesten Zeiten bis ins zehnte Jahrhundert (Erlangen 1850; Nachdruck: Aalen 1967) S. 31–32; DERS.: Feudalität und Unthertanenverband (Weimar 1863; Nachdruck: Aalen 1966) S. 3. Zu Roth vgl. bes. BÖCKENFÖRDE, S. 180ff., bes. S. 185, wo sich auch die hier im Text gebotenen Zitate finden; vgl. noch GRAUS, Verfassungsgeschichte, S. 549 m. Anm. 55. Allgemein s. zuletzt EHLERS, Nation, S. 30–31.

rückzufordern, was uns widerrechtlich entfremdet ward..." [88]. MOMMSEN
(1817–1903) war ein eher nach links tendierender Liberaler, der als Abge-
ordneter zur Regierung meist in Opposition stand und 1881 in einer Wahl-
rede in Tempelhof dem Reichskanzler Fürst Bismarck bezüglich dessen
Wirtschaftpolitik eine „Politik des Schwindels" vorgeworfen hatte, was
ihm eine Beleidigungsklage eintrug[89].

Aber für MOMMSEN war der Nationalstaat das „Summum Bonum"
schlechthin, die „Vollendung des menschlichen Daseins" (1871), „das Hei-
ligthum der Gegenwart" (1848), hinter dem alle rechtlichen und morali-
schen Bedenken in Einzelfragen zurückzustehen hatten[90]. So hat er die
Kriege von 1866 und 1870/71 aus vollem Herzen bejaht, einschließlich der
Annektion Elsaß-Lothringens, die er in seinem dritten „Sendschreiben"
an die Italiener vom August 1870 ausdrücklich rechtfertigte und begründete[91]. FUSTEL de COULANGES (1830–1889) hat dazu eine lesens- und bedenkenswerte Replik geschrieben, die würdig neben dem „Briefwechsel"
zwischen David Friedrich STRAUSS (1808–1874) und Ernest RENAN

---

[88]) Theodor MOMMSEN: Reden und Aufsätze (Berlin 1905; Nachdruck: Hildesheim-
New York 1976) S. 153 und ebd. S. 342–43. Zu dem „Zurückfordern" (nämlich Elsaß-
Lothringens) vgl. unten mit Anm. 91. Es war Mommsens tiefste Überzeugung, daß die
Überschreitung der nationalen Grenzen – was immer man sich darunter konkret vorstel-
len mag – , den Keim des Untergangs in sich birgt; vgl. den bereits zitierten Aufsatz über
die Germanienpolitik des Augustus: Reden und Aufsätze, aaO., S. 318: „Sehr wohl haben
die Römer es begriffen, daß, wie die Eroberung, solange sie das Volk zusammenfaßt,
Selbsterhaltung ist, sie ebenso Selbstvernichtung wird, sowie sie die nationalen Grenzen
überschreitet". Vgl. hierzu die bemerkenswerten Ausführungen von LINDERSKI, S. 134 m.
Anm. 9, 136–38; s. auch WUCHER, S. 77–78 sowie unten mit der folg. Anm.
[89]) Alfred HEUSS: Theodor Mommsen und das 19. Jahrhundert (Kiel 1956) S. 189ff.,
203ff.; WUCHER, S. 147ff., 168ff., 191ff.; WICKERT, S. 46ff., 82ff., 94ff. Zu den genannten
Arbeiten vgl. die Bemerkungen von LINDERSKI, S. 153 Anm. 2; s. noch die folg. Anm.
[90]) Reden und Aufsätze (oben Anm. 88) S. 316; ebd. S. 317: „was die Völker anlangt,
so fragt die Geschichte wenig nach dem Einigungsgrund, wenn nur das Ziel erreicht...‚das
Volk zum Staat zusammengefaßt wird"; das Zitat aus dem Jahr 1848 bei WUCHER, S. 66
m. Anm. 10; vgl. noch: Römische Geschichte, t.I⁹ (Berlin 1902; Nachdruck DTV: München
1976) S. 56: „...von dem kantonalen Partikularismus, mit dem jede Volksgeschichte anhebt
und anheben muß, zu der nationalen Einigung, mit der jede Volksgeschichte endigt oder
doch endigen sollte"; vgl. dazu LINDERSKI, S. 135, 155 Anm.13. Allgemein s. WUCHER,
S. 63ff. Treffend das Urteil von LINDERSKI, S. 139: „In his divided mind lived side by side
the revolutionary of 1848, the enemy of Bismarck, junkers and clericals, and the nationalist
who applauded the results of Bismarck's and Caesar's policies"; vgl. noch die folg. Anm.
[91]) Vgl. WICKERT, S. 170ff., bes. S. 177–78. Zur nationalen, manchmal geradezu nationalistischen Haltung Mommsens s. noch FRÉZOULS, S. 144 Anm. 14 und ebd. S. 145.
Gegen die pangermanistischen und imperialistischen Tendenzen der Jahrhundertwende
hat er dagegen unerschrocken Front gemacht; vgl. WUCHER, S. 194ff., bes. S. 195, 198–99;
vgl. unten Anm. 97.

(1823–1892) bestehen kann[92]. MOMMSEN hat sich gegen den Vorwurf der Frankreichfeindlichkeit mit Recht zur Wehr gesetzt[93], seine Schriften von 1870 aber ausdrücklich verteidigt[94]. Übrigens war dies nicht das einzige Mal, daß MOMMSEN Germanen mit Deutschen gleichsetzte: in der „Römischen Geschichte" ist ihm das mehrfach, wenn auch nicht durchgängig passiert[95], was natürlich den scharfen Protest eines Camille JULLIAN herausforderte[96]. MOMMSEN war der bei weitem bedeutendste, aber natürlich nicht der einzige Altertumsforscher, der mit der Gleichsetzung von Germanen und Deutschen einem gefährlichen Pangermanismus das Wort redete, von dem MOMMSEN persönlich meilenweit entfernt war[97]. Ein so

---

[92]) L'Alsace est-elle allemande ou française. Réponse à M. Mommsen, professeur à Berlin, in: Numa Denis FUSTEL de COULANGES: Questions historiques, hgg. von Camille JULLIAN (Paris 1923[2]) S. 505–12 und zuletzt bei HARTOG, S. 376–82 (unwesentlich gekürzt); vgl. HERRICK, S. 19 m. Anm. 2; DIGEON, S. 235–36; NOLTE, S. 82; MOMIGLIANO, S. 329 sowie unten S. 27–28 m. Anm. 108–10. HARTOG, S. 125 m. Anm. 68, geht auf diesen Aufsatz nur anmerkungsweise ein, wichtiger ist ihm mit Recht der für Fustels Denken typischere Aufsatz von 1872: unten S. 27 m. Anm. 108. Die beiden Briefe Renans in: RENAN, Œuvres I, S. 437–48, 449–62. Vgl. dazu DIGEON, S. 192–93, 205–07; STADLER, S. 330–31. Zu Renan s. DIGEON, S. 179–215; PANICK, S. 227ff. Allgemein zum geistigen Verhältnis Frankreichs zu Deutschland um 1870 s. auch LESTOCQUOY, S. 127ff., der ebd. S. 128 Anm. 1 u.ö. das Werk von Digeon versehentlich als „Digouin" zitiert.

[93]) Vgl. WUCHER, S. 196–98 u.ö.; s. auch WICKERT, S. 137ff., 164ff.; LINDERSKI, S. 139, scheint mir Mommsens Redlichkeit in diesem Punkt nicht richtig einzuschätzen; vgl. noch STADLER, S. 329 sowie unten Anm. 97.

[94]) In eigener Sache, in: Reden und Aufsätze (oben Anm. 88) S. 427–31,bes. S. 429: „Ich bin nicht naiv genug, um mir einzureden, daß jener Zeitungsartikel irgend eine Wirkung auf die Geschicke des Krieges ausgeübt habe; aber wie der einzelne Soldat seinen Schuß abgibt, ohne zu fragen, ob er überflüssig sei, so tut in solchen Zeiten ein jeder, was ihm im Dienst des eigenen Landes zu tun rätlich scheint, ohne nach den weiteren Folgen zu fragen" und ebd. S. 431: „von dem schweren sittlichen Vorwurf des Hohnes gegen die Besiegten weiß ich mich völlig frei". Vgl. noch LINDERSKI, S. 157 Anm. 31 und oben Anm. 91.

[95]) Römische Geschichte, t.III[9] (Berlin 1904; Nachdruck DTV: München 1976) S. 257–58, wo Mommsen den benachbarten Kelten Wehrhaftig- und Zuverlässigkeit abspricht, weshalb Caesar die besiegten „Deutschen" geschont habe: „die übersiedelten Deutschen versprachen nicht bloß tapfere Grenzhüter, sondern auch bessere Untertanen Roms(sic) zu werden...". Zur „Römischen Geschichte" vgl. bes. HEUSS (oben Anm. 89) S. 58ff.; WUCHER, S. 87ff., 103ff. und ebd. S. 215ff. zur „Römischen Geschichte" in der zeitgenössischen Kritik; s. auch Karl CHRIST: Theodor Mommsen und die „Römische Geschichte", in: Theodor MOMMSEN: Römische Geschichte, t.VIII (DTV: München 1976) S. 7–66.

[96]) JULLIAN, S. 148–49 und JULLIAN III[5], S. 533: „Allemands acharnés à flageller la France sous le nom de Gaule", womit Mommsen gemeint ist; einschlägige Stellen aus dem 5. Band zitiert FRÉZOULS, S. 143–44, in extenso. Ähnlich aber schon Fustel 1871; vgl. DIGEON, S. 236 m. Anm. 4.

[97]) Der alte Mommsen war voller Sorge um die politische Zukunft Deutschlands und denkbar unzufrieden mit Deutschlands innerer Entwicklung; als Treitschke, mit dem er in früheren Jahren befreundet war, dessen Judenhetze er aber aufs schärfste verurteilte, 1895 in die Berliner Akademie gewählt wurde, wollte er zurücktreten; die „Alldeutschen" nannte er kurz vor seinem Tod „unsere nationalen Narren"; vgl. bes. WUCHER, S. 195–96; s. auch WICKERT, S. 67ff. Zum Pangermanismus vgl. GOLLWITZER, Germanismus, S. 337ff. und unten S. 76.

feinsinniger Philologe wie Eduard NORDEN hat über die „Germania" des Tacitus ähnlich deutschtümelnd geschrieben wie dreißig Jahre zuvor MOMMSEN. Schon in der Einleitung seines Buches nennt er das Werk des Tacitus „ein Kleinod", das „eine gütige Fee unserem Volk als Patenge-schenk in die Wiege seiner vaterländischen Geschichte gelegt" habe[98]. Sei-ne eigenen wissenschaftlichen Erkenntnisse, so zutreffend sie auch waren, paßten einigen Germanomanen nicht in ihr borniertes Weltbild, weshalb sie NORDEN, der zufällig Jude war, zunächst totzuschweigen versuchten, später dann anpöbelten[99]. Abermals muß gesagt werden, daß sich die Bei-spiele beliebig vermehren ließen und eine Spezialstudie, die allerdings auch die französischen Aussagen zu Galliern und Römern einzubeziehen hätte, höchst wünschenswert wäre.

In Frankreich liegen die Dinge weit komplizierter als in Deutschland, wo die germanisch–deutsche Tradition scheinbar ungebrochen fortbe-standen hatte. In Frankreich dagegen hatte man die Qual der Wahl: waren die Franzosen „Gallier" (Kelten) oder „Gallo-Römer" (Gallo-romains)? FUSTEL de COULANGES hat es auf die pointierte Formel gebracht: „Nous ne sommes pas de race latine, mais nous sommes d'esprit latin" [100]; einem Camille JULLIAN (1859–1933) genügte diese Formulierung nicht mehr, und er verschärfte die Aussage FUSTELS: „Qu'on ne me parle plus du „gé-nie latin", qu'on ne fasse pas de la France l'élève et l'héritière de ce génie. Elle est autre chose, et elle vaut mieux" [101]. Er spricht von der „grande pa-

---

[98] Eduard NORDEN: Die germanische Urgeschichte in Tacitus Germania (Leipzig-Berlin 1920; Nachdruck als 4. Auflage: Darmstadt 1959) S. 5; vgl. ebd. S. 57: „Dieses Übermaß der Hingabe – Vf. spricht von der Assimilationsfähigkeit der Germanen – hat uns in entscheidungsvollen Abschnitten unserer Geschichte an der rechten Entfaltung der inneren Kräfte und der Ausprägung des Nationalbewußtseins gehindert". Vgl. v. SEE, Barbar, S. 42 und ebd. S. 45 – 46 zur Reaktion klassischer Philologen.

[99] Vgl. hierzu die interessanten Ausführungen von v. SEE, Barbar, S. 42–45, bes. S. 43 m. Anm. 5 – 6; ebd. S. 44 – 45 zur Qualität des berüchtigten Germania-Kommentars von Rudolf MUCH (1967³); vgl. ebd. S. 44 Anm. 9 – 10; s. schon v. SEE, Ideologie, S. 12.

[100] Numa Denis FUSTEL de COULANGES: Leçons à l'impératrice sur les origines de la civilisation. Vorwort und hgg. von Pierre FABRE (Paris 1930) S. 119; vgl. STADLER, S. 323. Die Vorlesungen vor der Kaiserin, an denen gelegentlich auch Napoleon III. teilnahm, wurden im Juni/Juli 1870 gehalten, aber erstmals 1930 veröffentlicht; vgl. STADLER, S. 321 – 22; s. auch HARTOG, S. 210. Zur Bedeutung dieser Vorlesungen für die Entwick-lung von Fustels „antigermanistischen" Thesen vgl. DIGEON, S. 242 – 43; HARTOG, S. 79, 82, 86 – 89. Zu der alten „römischen" Tradition der französischen Geschichtswissenschaft vgl. zuletzt FRÉZOULS, S. 142, trotz der schon früh laut gewordenen Kritik an gewissen Methoden der römischen Herrschaft; s. auch GRAUS, Vergangenheit, S. 283 – 84 und bes. LINDERSKI, S. 140ff.

[101] JULLIAN, S. 172. Er fährt fort: „Le génie latin n'a pas transformé la nature et le tempérament des hommes de Gaule. Ce qu'ils étaient comme race, ils le sont restés...“; vgl. noch ebd. S. 188: „Quelle que soit ma reconnaissance envers les maîtres latins de ma

trie gauloise", seine Charakterisierung von Vercingetorix ist die eines französischen Marschalls des 19. Jahrhunderts, die der Gallier entspricht seinen Vorstellungen der Franzosen. Er ist zu klug, die Gallier als Franzosen zu bezeichnen, aber er stellt sie zumindest als solche dar, und zum Ausgleich für seine sprachliche Zurückhaltung bei den Galliern sind ihm Franken und Franzosen eins[102].

Aber es war nicht JULLIAN, der die Gallier zu den direkten Ahnherren der Franzosen gemacht hat, das war vielmehr Amédée THIERRY (1797–1873), dessen „Histoire des Gaulois depuis les temps les plus reculés jusqu'à l'entière soumission de la Gaule à la domination romaine" schon 1828 erschienen war und als eine für ihre Zeit bemerkenswerte wissenschaftliche Leistung gelten darf, obwohl schon hier das „sang gaulois" eine fragwürdige Rolle spielt und sich bei ihm die absurde Behauptung findet, die Gallier seien „une race de laquelle descendent les dix-neuf vingtièmes d'entre nous Français"[103]. Schon 1823 war der Graf von SAINT-SIMON (1760–1825) zu der bemerkenswerten Feststellung gelangt, daß „les descendants des Gaulois, c'est-à-dire les industriels(!), ont constitué la force pécuniaire...Mais le gouvernement est resté entre les mains des Francs...". Es war dann Paul-Henri MARTIN (1810–1883), der den „mythe celtique" zum Gemeingut des französischen Bildungsbürgertums gemacht hat, wäh-

---

jeunesse, je ne peux plus admirer l'Empire romain et me réjouir de ce que la Gaule lui ait appartenu. Si j'ai pu faire jadis l'un et l'autre, c'est parce que l'étude, la réflexion et l'âge ne m'avaient pas encore donné l'expérience de l'histoire"; vgl. noch ebd. S. 155: „historiens et poètes de Rome ont déliré pendant des siècles dans l'admiration de cette œuvre (scil. de l'Empire romain). Et nous délirons à leur suite: car les écrivains de Rome nous ont élèves et élèvent encore notre jeunesse; ils nous imposent leurs sentiments de vainqueurs, ils prolongent en nous, à deux mille ans de la défaite de nos pères(!), une mentalité de vaincus qui acceptent leurs maîtres et qui les adorent"! Diese Sätze wurden 1921/22 verfaßt, d.h. ein halbes Jahrhundert nach Fustel, der das in dieser Form niemals geschrieben hätte; vgl. auch GESCHE, S. 108. Zur Bedeutung des römischen Imperium in der Ideologie der Kolonialmächte s. FRÉZOULS, S. 145–47; vgl. noch LINDERSKI, S. 143ff.

[102]) JULLIAN, S. 233: „Les gens se sont aperçus qu'ils etaient Francs ou Français, et non pas Germains ou Tudesques..." (Ausgang des 10. Jh.). Vgl. im übrigen Jullians Schilderung des Vercingetorix und dessen Taten bei JULLIAN III[5], S. 418ff., 484ff., bes. S. 531ff. und JULLIAN, S. 104, 130, 138–40, 147 u.ö. Auch Mommsen empfand für Vercingetorix (ebenso wie für Hannibal) größte Hochachtung; vgl. WUCHER, S. 83–85. Zur Geschichte der Vercingetorix-Forschung vgl. zuletzt GRAUS, Vergangenheit. S. 254–56; neuere Urteile über Vercingetorix bei GESCHE, S. 107–08; s. noch LESTOCQUOY, S. 17 und unten § 3, S. 80 m. Anm. 460.

[103]) Zitiert nach STADLER, S. 152; zu Amédée Thierry vgl. ebd. S. 151–53; PANICK, S. 20ff. und zuletzt Claudine LACOSTE: Les Gaulois d'Amédée Thierry, in: Nos ancêtres les Gaulois. Actes du colloque international de Clermont-Ferrand, hgg. von Paul VIALLANEIX – Jean EHRARD (Clermont-Ferrand 1982) S. 204–09, bes. S. 208–09 (Faculté des Lettres et Sciences humaines de l'Université de Clermont-Ferrand II. Nouv. série, fasc. 13); vgl. noch MICHEL, S. 161ff., bes. S. 164–65.

rend Jules MICHELET (1798–1874) bei allen „egalitären" – und das heißt für ihn: keltischen Idealen, vom Germanentum stets fasziniert blieb[104]. Im allgemeinen aber ist als direkte Folge der antideutschen Tendenz in der französischen Historiographie nach 1870 das fränkisch–germanische Erbe bewußt zugunsten eines „vorgermanischen" Galliens aufgegeben worden: Preussen und Germanen sind eins, was dazu führte, daß ein französischer General, der Baron Joachim AMBERT, eine vierbändige Geschichte des deutsch–französischen Kriegs unter dem Titel „Gaulois et Germains. Récits militaires" (Paris 1883–85) schreiben konnte[105]. Wenn selbst ein MOMMSEN Deutschland eine zweitausendjährige Geschichte zubilligt, wenn JULLIAN für Gallien/Frankreich dreitausend Jahre errechnet, dann darf man sich nicht wundern, daß im Jahre 1940 ein Narr von „4000 Jahren deutscher Geschichte" sprach[106].

Es versteht sich, daß ein solches Verständnis der Geschichte Galliens die sogen. Völkerwanderungszeit fast zwangsläufig zu einem Ereignis zweiten Ranges macht, dem keinesfalls jene umwälzende Bedeutung zukommt, wie bis dahin meist angenommen worden war. Es war vor allem FUSTEL de COULANGES, der diese These mit Geist und Verve verfochten hat[107]. Sein

---

[104]) Das Zitat von Saint-Simon bei POLIAKOV, S. 44; vgl. ebd. S. 44–46 zu Michelet und Martin; s. auch Rémi MALLET: Henri Martin et les Gaulois: histoire et mythe, in: Nos ancêtres les Gaulois (oben Anm. 103) S. 231–44. Zum „mythe gaulois" vgl. zuletzt WERNER, Histoire, S. 34ff.; s. auch DURANTON, passim, bes. S. 358ff.

[105]) Vgl. Charles-O. CARBONELL: Après 1870: régénérescence de la France et renaissance de la Gaule, in: Nos ancêtres les Gaulois (oben Anm. 103) S. 391–94, bes. S. 391–92. Schon seit Napoleon pflegte man in Frankreich Gallier und Franzosen gleichzusetzen; vgl. DURANTON, S. 363.

[106]) Kurt PASTENACI: Das viertausendjährige Reich der Deutschen, Berlin 1940. Zu Mommsen vgl. oben S. 21–23. Vgl. noch JULLIAN, S. 111–12: „Trois millénaires et peut-être davantage pour l'histoire de ces pays de France, c'est une des beautés de notre destin"; vgl. ebd. S. 110 über die Druiden als „garants de l'unité nationale" (sic) und S. 105 über die „Entente cordiale" – diese Formulierung stammt von mir – zwischen den „Druides de Gaule" und den „Druides de Grande-Bretagne". Der Druiden-Kult von Jullian nimmt gelegentlich geradezu groteske Formen an. Im Gegensatz zu Mommsen und Jullian war der heute vergessene Pastenaci allerdings nur ein Stern fünfter Größe.

[107]) Numa Denis FUSTEL de COULANGES: Histoire des institutions politiques de l'ancienne France, t.II: L'invasion germanique et la fin de l'Empire, hgg. von Camille JULLIAN (Paris 1891; Nachdruck: Bruxelles 1964) S. XI–XII (dieses Vorwort stammt aus dem Jahre 1877); ungerecht generalisierend allerdings ebd. S. 302: „Les Germains qui vont se montrer dans l'histoire au Ve siècle...ne sont pas un peuple jeune...Ce sont les restes d'une race affaiblie(!) qui a été assaillie et vaincue pendant trois siècles par les Romains, qui a été ensuite assaillie et vaincue encore par les Slaves et par les Huns, qui a été surtout déchirée par ses longues luttes intérieures, qui a été énervée par une série de révolutions sociales et qui a perdu ses institutions"; hier spürt man deutlich, daß auch Fustel mit Germanen letztendlich die Deutschen meint; sehr lesenswert dagegen seine Bemerkungen: „Comment les Francs sont entrés en Gaule": ebd. S. 460ff., bes. S. 477ff. Vorgänger von Fustel war der Abbé J.-B. Dubos (†1742): oben Anm. 77; vgl. dazu HARTOG, S. 87–88. JULLIAN, S. 191 Anm. 1, versucht den Einfluß von Dubos zu minimieren; s. auch MOMIGLIANO, S. 330. Allgemein s. HERRICK, S. 25ff.

Buch über „L'Invasion germanique et la fin de l'Empire", 1891 postum
veröffentlicht, gehört fraglos zum besten, was je über die Völkerwande-
rung geschrieben wurde und muß noch heute von jedem, der über diese
Epoche arbeitet, herangezogen werden, auch wenn es natürlich in Reaktion auf die bis dahin herrschende Doktrin einer gewissen Einseitigkeit
nicht entbehrte. In seiner „Introduction" hat FUSTEL seine Position glän-
zend resümiert: „Il y a des assertions qui ont commencé par être des hypothèses et qui, à force d'être redites, sont devenues des axiomes. (Dieser Satz
könnte meinem Buch als Motto vorangestellt werden.) Je n'ai parlé ni de
l'esprit de liberté des guerriers francs, ni de la royauté élective...ni de la
confiscation des terres des vaincus, ni d'alleux distribués aux vainqueurs.
J'ai cherché tout ceci dans les documents et je ne l'ai point trouvé. On y
aperçoit, en compensation, quelques faits certains: par exemple, le main-
tien du droit de propriété foncière sans nulle altération, la continuité du régime administratif, au moins dans ses formes, surtout la permanence des
mêmes distinctions sociales et l'existence d'une aristocratie où entrèrent
sans nul doute beaucoup de Germains, mais qui ne fut pas exclusivement
germaine..."[107]. Seine im übrigen völlig berechtigte Ablehnung einer
Überbewertung des germanischen Elements – dessen Existenz leugnen
zu wollen, FUSTEL nie eingefallen ist – im Zusammenhang mit einer unter
dem Eindruck der Niederlage von 1871 verfaßten Streitschrift: „De la manière d'écrire l'histoire en France et en Allemagne depuis cinquante ans",
die 1872 in der „Revue des Deux Mondes" erschienen war[108], hat FUSTEL
nach seinem Tode zu einem Heros der äußersten Rechten gemacht[109], der

---

[108]) Questions historiques (oben Anm. 92) S. 1–16 = HARTOG, S. 382–92. FUSTEL
wendet sich hier in der Form einer Rezension einer sehr einseitigen und negativen
„Histoire de l'Allemagne" von Jules ZELLER gegen die nach seiner Meinung zu objektive
Form der Geschichtsschreibung in Frankreich, die er aber dennoch als sein Ideal bezeich-
net; er stellt ihr die bewußt nationale Geschichtsschreibung in Deutschland (Giesebrecht,
Sybel, Treitschke) als Vorbild gegenüber; vgl. HERRICK, S. 34–35; DIGEON, S. 237–38;
STADLER, S. 333–34; MOMIGLIANO, S. 329; PANICK, S. 253–56; LINDERSKI, S. 143–44;
HARTOG, S. 125–26; EHLERS, Nation, S. 20 m. Anm. 40, 31. Man vergleiche etwa hierzu
Mommsens Rektoratsrede aus dem Jahre 1874 in: Reden und Aufsätze (oben Anm. 88)
S. 7: „Lange bevor die deutschen Waffen auf dem Schlachtfeld den Sieg gewannen, hat die
deutsche Forschung auf ihrem Gebiet die gleiche Anerkennung sich erobert und die
Nachbarn gezwungen(!), unsere strenge, aber unentbehrlich gewordene Sprache wider-
willig zu lernen. Der deutsche Gelehrte hat nicht zu wünschen, daß das werde, was nicht
ist, sondern daß das bleibe, was ist".
[109]) MAURRAS, S. 104–38, füllt 35 Seiten seines haßerfüllten Buches gegen Deutschland
und die deutsche Kultur mit zwar korrekten, aber höchst einseitig ausgewählten Fustel-
Zitaten unter dem Titel: „Quelques beaux textes de Fustel"; s. jetzt auch die Zusammenstellung bei HARTOG, S. 225–330, 375–92. Charles Maurras (1868–1952) hatte Fustel
nie persönlich kennengelernt, betrachtete sich aber als dessen getreuesten Schüler: MAUR-
RAS, S. 153–54; vgl. hierzu NOLTE, S. 82–83; s. auch PANICK, S. 268. Maurras war nach

er in Wahrheit nie gewesen ist, weshalb sich die Mehrzahl seiner engeren Schüler von dieser Art von Fustel-Kult deutlich distanzierte[110]. Der immer etwas zur Vergröberung neigende JULLIAN [111] hat die Thesen FUSTELS nicht nur aufgenommen, sondern auch auf die Eroberung Galliens durch die Römer übertragen: „Quelques milliers de Celtes ont conquis la Gaule, quelques milliers de Romains, la Gaule celtique; quelque milliers de Francs, la Gaule romaine"[112]. Die volle Bedeutung dieses Satzes wird erst dem klar, der weiß, daß JULLIAN die Bevölkerung Galliens zur Zeit der Eroberung durch Caesar auf 30 Millionen Einwohner schätzt[113].

Germanen- und Galliermythos – in beiden Ländern manchmal bis ins Groteske verzerrt – erscheinen so als eine schwere Erbschaft des 19. Jahrhunderts. Es konnte nicht ausbleiben, daß sich diese Mythen auch in der zeitgenössischen Kunst niederschlugen, was doch wenigstens in aller Kürze angedeutet sei. Bereits zu Ausgang des 18. Jahrhunderts finden sich dafür in Deutschland die ersten Anzeichen: als 1787/91 Vorschläge zu einem würdigen Denkmal für Friedrich d. Gr. erörtert wurden, erwogen mehrere Bildhauer, u.a. auch Gottfried Schadow (1764 – 1850), Friedrich, der besser französisch als deutsch gesprochen und in seinem ganzen Leben nur preußische und nie „deutsche" Politik getrieben hatte, in „germanischer"

---

1940 ein überzeugter Anhänger Marschall Pétains, weshalb er 1945 in einem politischen Prozeß zu lebenslänglicher Haft verurteilt, aber 1952 kurz vor seinem Tod begnadigt wurde. Mit der katholischen Kirche, die 1927 einige seiner Bücher auf den Index gesetzt hatte, machte er noch vor dem Tod seinen Frieden. Zur „Action française" und insbes. zu Maurras vgl. DIGEON, S. 434 – 48 u.ö. und bes. NOLTE, S. 61ff., 95ff., 114ff., 119ff., 141ff.; vgl. auch POLIAKOV, S. 281 – 82.

[110]) Anlaß war eine von der „Action française" 1905 veranstaltete Gedenkfeier anläßlich des 75. Geburtstags des schon 1889 verstorbenen Fustel, die viel Staub aufwirbelte; vgl. MAURRAS, S. 95ff., 138ff. Rund ein Drittel seines Buches ist erfüllt von der „bagarre de Fustel"; vgl. noch ebd. S. 205ff. Hierzu s. HERRICK, S. 106 – 11, die ebd. S. 111 feststellt: „Fustel would have been aghast to find himself so aligned"; vgl. zuletzt die ausführliche Darstellung bei HARTOG, S. 168 – 94. Die berechtigte, wenn auch kritiklose Bewunderung für Fustel ging bei MAURRAS, S. 145ff. Hand in Hand mit einem grenzenlosen Haß auf den um die französische Mediävistik hochverdienten Gabriel Monod (1844 –1912), der nicht nur die deutsche Geschichtswissenschaft schätzte, sondern zu allem Überfluß auch noch Protestant war. Monod wie übrigens auch Henri d'Arbois de Jubainville waren wissenschaftliche Gegner Fustels, aber keineswegs dessen persönliche Feinde. Monod hat den Menschen und Gelehrten Fustel stets hoch geschätzt; vgl. HERRICK, S 95ff., bes. S. 97 – 99 und ergänzend DIGEON, S. 373 – 74, 445 – 46; NOLTE, S. 105; s. auch: William R. KEYLOR: Academy and Community: The Foundation of the French Historical Profession (Cambridge/Mass. 1975) S. 36 – 38, 41 sowie die Texte bei HARTOG, S. 349 – 58 und ebd. S. 98ff. Vgl. noch unten Epilog, S. 713 m. Anm. 34.

[111]) Vgl. JULLIAN, S. 199: „Seulement, cette civilisation qui s'achève de décliner, demeure fidèle à Rome en ses derniers jours; les Barbares n'y mettent rien d'eux-mêmes, sauf l'incapacité à la pratiquer, et s'ils contribuent à la détruire, c'est par ignorance et non par hostilité".

[112]) JULLIAN, S. 76 – 77; vgl. ebd. S. 172.

[113]) JULLIAN, S. 147 m. Anm. 1, 172.

Tracht darzustellen; selbst der Plan zu einem Hermann-Denkmal läßt sich bis in das Jahr 1782 zurückverfolgen[114], doch erst 1814/15 legte Karl Friedrich Schinkel (1781 – 1841) einen ersten Entwurf für ein wahrhaft grandioses Denkmal vor, der, aus dem Geist der Freiheitskriege geboren, eindrucksvolles Zeugnis ablegt für den romantischen Stil Schinkels in jenen Jahren (Abb. 1), aber allein schon aus Gründen der gewaltigen Dimensionen dieses Projekts unausgeführt blieb und wohl zu keinem Zeitpunkt ernsthaft zur Realisierung erwogen worden war[115]. Der schließlich ausgeführte, allerdings mehrfach modifizierte Entwurf des Bildhauers Ernst von Bandel (1800 – 1876) wurde 1838 begonnen und im Juni 1875 vollendet (Abb. 2)[116]. Das Geld brachten die sogen. „Hermanns-Vereine" – der älteste war 1838 in Detmold, dem Wohnsitz v. Bandels, gegründet worden – in der ganzen Welt auf. Noch einmal intervenierte Schinkel 1839 mit einem Gegenvorschlag, der den Bandelschen Entwurf an künstlerischer Reife bei weitem übertraf, doch abermals vergebens[117]. Die Inschrift auf Schinkels Entwurf lautete: „Hermann Befreier Deutschlands", während auf dem ausgeführten Denkmal die Worte zu lesen sind: „Deutschlands Einigkeit meine Stärke. Meine Stärke Deutschlands Macht"[118]. Man schrieb eben inzwischen das Jahr 1875. Die Maße des Denkmals, obwohl wesentlich kleiner als das Projekt Schinkels, sind noch immer imponierend genug: Gesamthöhe 53 1/2 m, die Figur knapp 25, das Schwert allein 7 m. Die feierliche Einweihung erfolgte am 16. August 1875 in Anwesenheit Kaiser Wil-

---

114) Vgl. Hubert SCHRADE: Das deutsche Nationaldenkmal. Idee, Geschichte, Aufgabe (München 1934) S. 40ff., bes. S. 42 – 43; vgl. NIPPERDEY, S. 136ff., bes. S. 137 und ebd. S. 433 Anm. 3 kritisch zu Schrade; s. auch GOLLWITZER, Germanismus, S. 286; SCHREINER, S. 206. Allgemein zur Darstellung des deutschen Mittelalters in der bildenden Kunst des 19. Jahrhunderts s. GOLLWITZER, Auffassung, S. 504ff.

115) Vgl. SCHREINER, S. 205 – 06 mit Abb. 1. KESTING, S. 112ff. weiß von den Schinkelschen Entwürfen nichts; dies gilt auch für NIPPERDEY, S. 159ff., dessen Aufsatz mit dem von Schreiner praktisch zeitgleich ist.

116) SCHREINER, S. 206 – 08, 212 – 15. Die ersten Entwurfskizzen Bandels datieren bereits von 1819/20. Auch dieser Umstand scheint KESTING, S. 112, 114, unbekannt geblieben zu sein; s. aber NIPPERDEY, S. 159. Vgl. noch Hans-Ernst MITTIG: Zu Joseph Ernst von Bandels Hermannsdenkmal im Teutoburger Wald, in: Lippische Mitteilungen aus Geschichte und Landeskunde 37 (1968) S. 200 – 23.

117) SCHREINER, S. 209 – 12 mit Abb. 8 – 9, 215 – 17. Entscheidend für die Ablehnung dürfte die Parteinahme des damaligen Kronprinzen und späteren Königs Friedrich Wilhelm IV. für Bandel gewesen sein: SCHREINER, S. 213. Für KESTING, S. 119, manifestiert sich hier „die im Deutschen liegende Neigung zum Dualismus, wie ihn ja auch Arminius...erlebt hatte". Die ganze Borniertheit dieses Buches erhellt aus diesem Satz. Vgl. noch unten Anm. 168.

118) SCHREINER, S. 210, 215. Der Entwurf von 1814/15 trägt den Titel „Entwurf zu einem Denkmal Hermanns, des Befreiers der Deutschen vom römischen Joche"; vgl. bes. NIPPERDEY, S. 162 – 63.

helms I. und vieler deutscher Fürsten[119]. Ein zweites Hermann-Denkmal wurde 1897 in New-Ulm im US-Bundesstaat Minnesota eingeweiht; weitere Denkmäler sind mir nicht bekannt[120].

Wenn die ersten Projekte für ein Hermann-Denkmal in Deutschland auch wesentlich älter sind als entsprechende Ansätze in Frankreich für ein Standbild des Vercingetorix, so ist die Anzahl der Vercingetorix-Statuen um so beeindruckender, wobei dem Hermann-Denkmal von Bandel gelegentlich die Rolle des Anregers zukam[121]. Noch heute stehen drei Vercingetorix-Statuen aufrecht[122]: die älteste von Aimé Millet (1819 – 1891) befindet sich auf dem Mont Auxois über Alise Sainte-Reine, dem alten Alesia; Napoleon III. hat dieses 1865 errichtete gewaltige Denkmal, dessen Sockel ausgerechnet Eugène Viollet-le-Duc (1814 – 1879) gestaltet hatte, aus eigener Tasche bezahlt[123] (Abb. 3); im gleichen Jahr 1865 wollte Auguste Préault (1809 – 1879) auf einem Berggipfel der Auvergne eine gigantische „Acropole de la civilisation gauloise" errichten, deren Krönung eine 20 m hohe Reiterstatue (20 m ohne das Pferd!) von Vercingetorix hätte bilden sollen: „les bras étendus criant l'appel aux armes"[124]. Es versteht sich, daß dieses Projekt nicht einmal bis zur Planung gedieh[125]. Berühmt ist dagegen das eindrucksvolle Reiterstandbild von Frédéric-Auguste Bartholdi (1834 – 1904), des Schöpfers der New Yorker Freiheitsstatue, das im Jahre 1903 auf der „Place de Jaude" im Zentrum von Clermont-Ferrand seinen endgültigen Standplatz fand (Abb. 4), nachdem der Gipsentwurf schon auf dem „Salon" von 1870 einen großen Erfolg zu verzeichnen gehabt hatte[126].

---

[119] KESTING, S. 121 – 22; SCHREINER, S. 214 – 15. Als König hatte Wilhelm I. Bandel schon 1869 in seiner Werkstatt auf dem Teutberg besucht: KESTING, S. 121 und ebd. S. 117, 123. Das elf Zentner schwere Schwert, das die oben zitierte Inschrift trägt, war übrigens eine Stiftung der Fa. Krupp: KESTING, S. 25; vgl. noch NIPPERDEY, S. 160 – 61.

[120] KESTING, S. 122, 127 und ebd. die Abb. 125. Es fehlt m.W. eine Untersuchung über die Darstellung des Arminius in der Historienmalerei des 19. Jh.; vgl. aber v. PETRIKOVITS, S. 424 sowie unten S. 31 m. Anm. 132.

[121] Vgl. PINGEOT, S. 255 – 56.

[122] Über den instruktiven Aufsatz von Anne Pingeot hinaus bin ich meinem Freund und Kollegen Robert-Henri BAUTIER, membre de l'Institut, für ergänzende Mitteilungen mit Brief vom 6.X.1987 zu Dank verpflichtet.

[123] Vgl. PINGEOT, S. 255 – 56, 267, 271.

[124] PINGEOT, S. 256 m. Anm. 10.

[125] Auf dem Weg zum Gipfel sollten in regelmäßigen Abständen 10 m hohe gallische Krieger als „Schildwachen" stehen, während der Sockel der Reiterstatue von vier allegorischen Figuren flankiert worden wäre: der Druide, der Brenn, der Barde und Velleda. Zur mysteriösen Gestalt der Velleda, die durch Chateaubriand in die Literatur einging, s. Jean-Maurice GAUTIER: L'épisode de Velléda dans „Les Martyrs" de Chateaubriand, in: Nos ancêtres les Gaulois (oben Anm. 103) S. 153 – 61; s. auch PINGEOT, S. 257, 271 (allein zwischen 1839 und 1889 wurden acht Velleda-Statuen geschaffen).

[126] PINGEOT, S. 256, 262.

Abb. 1: Der Schinkelsche Entwurf eines Hermann-Denkmals von 1814/15.

Abb. 2: Der ausgeführte Entwurf des Bildhauers E. v. Bandel, der fast vier Jahrzehnte an diesem Denkmal gearbeitet hatte.

Abb. 3: Bei der Einweihung des Hermann-Denkmals war Wilhelm I. in Person anwesend; die Vercingetorix-Statue in Alesia (Alise-Ste-Reine) bezahlte Napoleon III.
aus eigener Tasche.

Abb. 4: Das Vercingetorix-Denkmal von F.-A. Bartholdi befand sich mehrere Jahre im Innenhof der Universität von Clermont, bevor es auf der „Place de Jaude" im Zentrum der Stadt seinen endgültigen Standplatz fand.

Abb. 5: Das im Jahre 1900 errichtete, aber schon 1865 geplante Monument von Gergovia verzichtete auf eine Darstellung des Helden.

Abb. 6: 1872 schuf E. Chatrousse diese einzigartige Symbiose von Antike und Mittelalter im Sinne des nationalistischen 19. Jahrhunderts.

Drei Jahre zuvor, im Jahre 1900, war auf dem Plateau von Gergovia endlich das schon seit 1865 geplante Monument zu Ehren des Sieges von Vercingetorix an dieser Stelle errichtet worden – aber ohne Vercingetorix-Statue (Abb. 5)[127]. Ein drittes Standbild von François Mouly (1816–1886) befindet sich heute in Gien; der Künstler hatte Selbstmord begangen, als sein Werk auf dem Salon von 1886 nur eine „mention honorable" erhielt [128]. Andere Vercingetorix-Denkmäler (in St-Denis, Rodez und Bordeaux) wurden während des Zweiten Weltkriegs ein Opfer der Metallknappheit und kurzerhand eingeschmolzen[129], während das einst in Ham aufgestellte einzigartige Werk von Emile Chatrousse (1829–1896) „Histoire de la Patrie à travers les âges", in dem Vercingetorix, Jeanne d'Arc und die „République française" von 1792 zu einer Gruppe vereint sind, schon im Ersten Weltkrieg untergegangen war. Erhalten hat sich dagegen eine ältere Fassung von 1872, die nur Vercingetorix und Jeanne d'Arc Hand in Hand zeigt (Abb. 6) und für ein „Monument aux Martyrs de l'Indépendance nationale" gedacht war[130]. Insgesamt kennt Anne PINGEOT nicht weniger als 17 Statuen des Vercingetorix aus den Jahren 1852–1914[131], während die Malerei der Zeit weit zurückhaltender ist[132].

---

[127]) Zu den politischen Schicksalen, in die die beiden Denkmäler verwickelt wurden, vgl. die interessanten Ausführungen von Antoinette EHRARD: Vercingetorix contre Gergovie? in: Nos ancêtres les Gaulois (oben Anm. 103) S. 307–17 mit Tafeln: ebd. nach S. 317.

[128]) PINGEOT, S. 259, 267–68; vgl. schon GRAUS, Vergangenheit, S. 257 m. Anm. 77, der ebd. S. 302–03 m. Anm. 57 darauf hinweist, daß die Zahl der Statuen von Jeanne d'Arc schon im Jahre 1910 auf über 20.000 geschätzt wurde.

[129]) PINGEOT, S. 262, 263, 267, 269, 273 und EHRARD (oben Anm. 127) S. 315, die bemerkt, daß keine einzige „Jeanne d'Arc" eingeschmolzen wurde und die Rettung des Vercingetorix-Denkmals in Clermont wohl auf eine Intervention des damaligen Ministerpräsidenten der Vichy-Regierung Pierre Laval zurückzuführen ist: ebd. S. 315, 317 Anm. 58. Bei den eingeschmolzenen Vercingetorix-Statuen handelte es sich um die von Jules Bertin (St-Denis), François Mouly (auf dem Friedhof von Bordeaux, wo Mouly beigesetzt worden war) und Victor Segoffin (1867–1925), dessen Statue von 1912 (Rodez) ursprünglich für das Pantheon in Paris bestimmt gewesen war; vgl. PINGEOT, S. 258, 275.

[130]) PINGEOT, S. 258, 264, 272.

[131]) PINGEOT, S. 263, 265, 267, 271–75 und die Tafeln: ebd. nach S. 276. In Wahrheit liegt die Zahl noch höher, da mehrere Künstler Repliken in anderen Formaten oder Werkstoffen, z.T. mit leichten Abwandlungen des Motivs schufen. Die Studie von Anne PINGEOT beschränkte sich nicht auf Vercingetorix, sondern betraf allgemein „Les Gaulois sculptés", wofür sie über 200 Beispiele beibringen konnte: ebd. S. 270–71.

[132]) Vgl. Pierre VAISSE: Les Gaulois dans la peinture officielle, in: Nos ancêtres les Gaulois (oben Anm. 103) S. 321–26, der nur zwei Gemälde von 1886 und 1899 von Henri Motte (1846–1922) und Lionel Roger (1852–1926), zitiert, beide mit dem gleichen Bildgegenstand: Vercingetorix unterwirft sich Caesar. Vgl. noch GRAUS, Vergangenheit, S. 256–57.

## § 2: Die Historiographie des Humanismus:
## 15. – 16. Jahrhundert.

Die Rolle, die im 19. und teilweise auch noch im 20. Jahrhundert Germanen wie Galliern als Repräsentanten deutschen und französischen Nationalgefühls, ja konkreter noch: der deutschen und französischen Geschichte schlechthin, von Kunst und Wissenschaft zugedacht worden war, ist keine Erfindung der Zeit. Die Wurzeln dieser Geisteshaltung, die Gallier mit Franzosen, Germanen mit Deutschen gleichsetzte, reichen weit zurück in das 16. Jahrhundert, in das Zeitalter des Humanismus, zum Teil sogar bis in das Späte Mittelalter[133]. Der deutsche Humanismus empfing – wie könnte es anders sein? – seine ersten Impulse aus Italien[134], und es war der spätere Papst Pius II., Enea Silvio Piccolomini, dem eine besondere Vermittlerrolle zufiel: seine als kaiserlicher Rat und Bischof von Siena auf dem Frankfurter Fürstentag von 1454 gehaltene Rede: „De Constantinopoli clade et bello contra Turcos" verfolgte zwar einen rein politischen Zweck, nämlich den, die deutschen Fürsten zum Krieg gegen die Türken aufzurufen, doch um dieses Ziel zu erreichen, sparte Enea nicht mit handfesten Schmeicheleien und Übertreibungen[135], wobei er natürlich vor allem die Kriegstüchtigkeit der Deutschen pries[136], zugleich aber auch die Notwendigkeit hervorhob, diese Taten literarisch festzuhalten, um sie so für immer unsterblich zu machen[137]. Er scheute um seiner politischen Zielsetzung willen nicht davor zurück, die *Germani* als sogar den Römern überlegen darzustellen: *Vos fortunatissimi ac Deo accepti Germani estis, quibus... super omnes mortales Romanae potentiae datum fuit obsistere...*

---

[133] Dies rief Otto BRUNNER: Der Historiker und die Geschichte von Verfassung und Recht, in: HZ. 209 (1969) S. 1–16, bes. S. 12, den Historikern und bes. einigen übereifrigen Germanisten zu Recht ins Gedächtnis.

[134] Es versteht sich, daß ich hier für den deutschen wie auch für den französischen Humanismus nur einige Aspekte im Zusammenhang mit der Fragestellung dieses Buches behandeln kann; eine vertiefte Behandlung dieses Gegenstands muß selbstverständlich der Spezialliteratur vorbehalten bleiben, der auch die folgenden Beispiele entnommen sind. Allgemein s. JOACHIMSEN, Humanismus, S. 15ff., 80ff.

[135] Vgl. bes. PAUL, S. 25ff.; s. auch BOEHM, Gesta, S. 58 m. Anm. 76, die mit Recht die „stark ausgeprägten national-patriotischen Züge" hervorhebt und bemerkt, daß die Türkenaufrufe Eneas „sich politisiert haben". Vgl. zuletzt RIDÉ I, S. 165–69; II, S. 986–89; III, S. 69–70, 352–54.

[136] *Mihi inter omnes nationes, quas bello idoneas iudicant, nulla expeditior, nulla fortior, nulla peritior, nulla audentior quam vestra videtur*: zitiert nach PAUL, S. 28; vgl. noch KRAPF, S. 40 und bes. unten S. 37 m. Anm. 164.

[137] Als Reaktion darauf legt Enea den Fürsten die Worte in den Mund: *Quid nobis de literis? Nos hastas gladiosque versamus!* Vgl. PAUL, S. 27. Dies wird dann zum Topos; vgl. TIEDEMANN, S. 9, der aber nicht auf das Vorbild Eneas hinweist.

*Augustus Octavianus, cui et Parthorum et Indorum reges munera mise-runt...ille, inquam, felicissimus imperator nullibi nisi apud Germanos suc-cubuit.* Hier findet sich also bereits die Gleichsetzung von *Germani* mit Deutschen, und wer wollte den deutschen Humanisten verübeln, daß sie kräftig in das gleiche Horn stießen[138]? Nicht nur diese Rede, sondern vor allem des Enea „Germaniae descriptio"[139] von 1458 hat bestimmenden Einfluß auf den deutschen Humanismus ausgeübt[140], womit „Enea Silvio ganz ungewollt eine Art Vater des deutschen Nationalbewußtseins im 15. und 16. Jahrhundert" geworden ist[141].

Enea Silvio war wohl von ehrlicher Zuneigung zu Deutschland erfüllt[142], auch wenn manche seiner Äußerungen um des politischen Effekts willen getan worden waren. Von dem von Paul II. 1471 als Sekretär des Kardinal-legaten Francesco Piccolomini-Tedeschini, des späteren Pius III., nach Deutschland entsandten Giovanantonio Campano, Bischof von Teramo († 1477), kann gleiches nicht behauptet werden, obwohl er in seiner offi-ziellen „Rede", die vor dem Regensburger Reichstag zwar nicht gehalten, dafür aber vielleicht noch im selben Jahr in Nürnberg gedruckt wurde[143], sein Vorbild Enea Silvio an Lobhudelei für die Deutschen eher noch über-bietet, was wiederum durch den politischen Auftrag leicht erklärbar ist. Er war jedoch so unvorsichtig gewesen, seiner wahren Meinung über

---

138) Wenn im Mittelalter die Deutschen als *Germani* bezeichnet werden, so ist dies meist in einem geographischen und nicht im nationalen Sinn gemeint; vgl. VIGENER, S. 3 – 12; W. MÜLLER, S. 451 – 52. GRAUS, Verfassungsgeschichte, S. 531 m. Anm. 3, hat diesen Umstand m.E. nicht genügend beachtet. Das Enea-Zitat bei PAUL, S. 31; vgl. ebd. S. 30 – 32.

139) In Anlehnung an Tacitus nannte er sein Buch: „De ritu, situ, moribus et conditione Germaniae descriptio"; vgl. JOACHIMSEN, Humanismus, S. 32 – 35; PAUL, S. 34 – 58; RIDÉ I, S. 169 – 82; II, S. 989 – 94 und zuletzt KRAPF, S. 49 Anm. 9, zum Titel; vgl. noch unten S. 35 m. Anm. 152 – 53.

140) Vgl. JOACHIMSEN, Humanismus, S. 33, 36; TIEDEMANN, S. 25ff. und bes. PAUL, S. 25 – 58, der durchgängig die Aufnahme von Argumenten und Behauptungen Eneas durch die deutschen Humanisten in z.T. wörtlicher Übernahme nachweist, was das große Verdienst seiner Arbeit ist.

141) Vgl. schon JOACHIMSEN, Humanismus, S. 32; s. auch PAUL, S. 26; vgl. aber ebd. S. 58: „ein so wenig bodenständiges und dazu auf dem künstlichen Wege über Literatur und Gelehrsamkeit zu den Deutschen gekommenes Nationalbewußtsein konnte weder volkstümlich werden, noch von langer Dauer sein. Es blieb im wesentlichen auf den humanistisch gebildeten deutschen Gelehrtenstand in der ersten Hälfte des 16. Jahrhun-derts beschränkt"; s. auch BORCHARDT, S. 53 m. Anm. 22.

142) In diesem Sinne urteilt auch KRAPF, S. 53 – 54.

143) Vgl. TIEDEMANN, S. VII – VIII; PAUL, S. 59 – 60; RIDÉ I, S. 182 – 83; III, S. 76 Anm. 218 und zuletzt KRAPF, S. 45, 49 Anm. 9. Die „Opera" des Campano lagen schon Venedig 1502 im Druck vor (Nachdruck: Farnborough 1969), die „Opera omnia" des Enea erst Basel 1551 und 1571 (Nachdruck: Frankfurt/M. 1967), doch war die „Descriptio Germa-niae" den deutschen Humanisten natürlich vertraut; s. aber RIDÉ I, S. 186; III, S. 78 Anm. 234.

Deutschland und die Deutschen in einigen Privatbriefen überdeutlichen Ausdruck zu geben, was entsprechende Reaktionen bei den deutschen Humanisten hervorrief[144]. Im übrigen aber finden sich bei Campano alle nur denkbaren Rühmungen germanischer Kriegstüchtigkeit (einschließlich der der Frauen!), vor der selbst ein Alexander d. Gr. zurückgewichen sei; unter den Nachbarvölkern sei das Sprichwort geläufig: *male qui velit pugnare, cum Germanis pugnet*, womit übrigens abermals die antiken Germanen und nicht die Deutschen gemeint waren. Eine persönliche Erfindung Campanos war die Behauptung, daß alle bedeutenden Adelsgeschlechter Europas deutschen Ursprungs seien, was Wimpfeling mit Genuß übernahm, nicht ohne als Quellenangabe ausdrücklich auf „Germanorum hostem et detractorem Antonium Campanum" hinzuweisen[145]. Auch Campano hat in seinen für Deutschland positiven Aussagen großen Einfluß auf die deutschen Humanisten gehabt: „it is a considerable irony that Campano,... who detested everything north of the Alps, gave several German patriotic slogans the formulation in which they were to become common usage", bemerkt treffend Frank BORCHARDT[146].

Campano war der erste, der in seiner nicht gehaltenen Rede vor dem Regensburger Reichstag 1471 a u s f ü h r l i c h eine damals noch nicht lange bekannte antike Quelle benutzte, nämlich die „Germania" des Tacitus[147], deren einzige bekannte Handschrift[148] von dem im Auftrag Papst Nikolaus' V. nach Deutschland entsandten Enoch von Ascoli († 1457) im Jahre

[144]) Beispiele für Campanos Verachtung Deutschlands und der Deutschen schon bei Joseph SCHLECHT: Zur Geschichte des erwachenden deutschen Bewußtseins, in: Hist. Jb. 19 (1898) S. 351 – 58, bes. S. 352 – 54 und ebd. S. 354 – 58; vgl. auch PAUL, S. 63 – 64 und ebd. S. 65; BORCHARDT, S. 70 – 71; SCHELLHASE, S. 33 – 34; RIDÉ I, S. 186 – 87; III, S. 77 Anm. 228 – 29 und KRAPF, S. 55; vgl. unten mit der folg. Anm.

[145]) Zitiert nach PAUL, S. 61. Vgl. ebd. S. 61 – 62, 63 – 64; s. auch BORCHARDT, S. 60, 100 und RIDÉ I, S. 185 – 86, 187; II, S. 1150; III, S. 78 Anm. 232 – 33.

[146]) BORCHARDT, S. 71; s. auch RIDÉ I, S. 129 und ebd. S. 188.

[147]) Nach PAUL, S. 60, hätte die 1495 in Nürnberg gedruckte Version von Campanos „Oratio" die ersten in Deutschland gedruckten Zitate aus der „Germania" des Tacitus enthalten; so auch RIDÉ I, S. 186; vgl. aber KRAPF, S. 54 Anm. 14.

[148]) Die These von Clarence W. MENDELL: Tacitus. The Man und his Work (New Haven-London 1957; Nachdruck: Hamden/Conn. 1970) S. 251 – 53, wonach es ursprünglich zwei Hss. der taciteischen „Opera minora" gegeben habe, von denen die eine den „Agricola" enthalten habe, die andere nicht, wird von KRAPF, S. 36 – 37, mit Recht bestritten; vgl. noch ebd. S. 40 – 41 und unten Anm. 157.

1455 aus Fulda(?)[149] nach Rom gebracht worden war[150]. Die Handschrift dürfte nach Enochs Tod noch 1457 in den Besitz des Enea Silvio gekommen sein[151], der sie 1458 in seiner „Germania" flüchtig zitiert hatte[152], während Campano aus reinen Zweckmäßigkeitsgründen, ohne echtes Interesse am Gegenstand und mit einer der des Enea schroff entgegenstehenden Zielsetzung[153] die „Germania" für seine Zwecke ausschlachtete[154]. Von allen bedeutenden Handschriftenfunden des 15. Jahrhunderts[155] ist „keine Entdeckung... folgenreicher gewesen als die des Tacitus"[156]. Neben der fraglos wichtigsten antiken Quelle für die Frühzeit des Germanentums[157]

---

[149]) Daß die einzige bekannte Handschrift nicht aus Hersfeld, wie bisher stets angenommen, sondern aus Fulda stammt, machte zumindest plausibel Ludwig PRALLE: Die Wiederentdeckung des Tacitus (Fulda 1952) S. 40ff., 48ff. (33. Veröffentlichung des Fuldaer Geschichtsvereins = Quellen und Abhandlungen zur Geschichte der Abtei und Diözese Fulda, t.17); vgl. dazu KRAPF, S. 19–23. Die These Pralles ist nicht stringent bewiesen, entbehrt aber nicht einer gewissen Wahrscheinlichkeit, während andere Behauptungen wie ebd. S. 52–53, wonach die Hs. schon 1427 bei Poggio in Rom eingetroffen sei, ganz willkürlich sind; vgl. KRAPF, S. 34–35 und die folg. Anm. sowie unten Anm. 157.

[150]) Hierzu vgl. ausführlich KRAPF, S. 23ff.; vgl. ebd. S. 11–23 zur „Vorgeschichte" der Bemühungen von Poggio Bracciolini, Niccolò Niccoli u.a. in den Jahren 1420/31; s. auch die Zusammenfassung bei RIDÉ I, S. 130ff.

[151]) Dies macht KRAPF, S. 38–42, zumindest wahrscheinlich; vgl. noch ebd. S. 31–32.

[152]) KRAPF, S. 52–53; vgl. ebd. S. 32.

[153]) Während Enea sich ang. gegen Vorwürfe des kurmainzischen Kanzlers Martin Mair wehrt, wobei es sich in Wahrheit um eine literarische Fiktion handelt, und er folglich bemüht ist, die Primitivität der damaligen Zeit im Vergleich zu seiner eigenen als eine Wohltat der Römischen Kirche darzustellen, die somit von Deutschland statt der Vorwürfe Dankbarkeit erwarten dürfe, geht es Campano ganz im Gegenteil um die Hervorkehrung der positiven Eigenschaften der Germanen, insbes. natürlich ihrer kriegerischen Qualitäten; vgl. KRAPF, S. 50–53, 55–56; s. schon TIEDEMANN, S. 6–7, der allerdings die literarische Fiktion nicht erkannt hatte; vgl. auch PAUL, S. 38ff.; RIDÉ II, S. 989ff. und zuletzt GRAUS, Verfassungsgeschichte, S. 532–33; vgl. noch unten Anm. 230.

[154]) KRAPF, S. 56–60.

[155]) Allgemein vgl. Remigio SABBADINI: Le scoperte dei codici latini e greci ne' secoli XIV e XV, 2 Bde., Firenze 1905–14; Nachdruck in einem Band mit Ergänzungen und Korrekturen des Autors (S. 236–82), hgg. von Eugenio GARIN, Firenze 1967 (Biblioteca Storica del Rinascimento, N. S., t.IV) bes. S. 140–42; vgl. ergänzend JOACHIMSEN, Humanismus, S. 113–16; SCHNABEL, S. 75–76, 79, 85, 101; DANNENBAUER, S. 22–23.

[156]) SCHNABEL, S. 76; s. auch FUHRMANN, Germania, S. 121: „Kein anderes Dokument hat das deutsche Nationalgefühl und den deutschen Nationalismus so stark geprägt wie die *Germania*"; s. auch GRAUS, Verfassungsgeschichte, S. 531–32. Allgemein s. TIEDEMANN, S. 8ff., bes. S. 22–24; KRAPF, S. 68ff. Es befremdet, daß die tüchtige Arbeit von Tiedemann bei Krapf nicht berücksichtigt ist, ja nicht einmal im Literaturnachweis: ebd. S. 123, erwähnt wird; vgl. noch unten Anm. 204.

[157]) Man spricht heute nicht mehr von Polydore HOCHART: De l'authenticité des Annales et des Histoires de Tacite, Paris 1890; DERS.: Nouvelles considérations au sujet des Annales et des Histoires de Tacite, Paris 1894, der allerdings in erster Linie die Echtheit der „Annales" und der „Historiae" bestreitet, die nach seiner Meinung eine Fälschung des Poggio Bracciolini wären; auf die „Germania" geht Hochart nur am Rande ein im Zusammenhang mit dem „Mönch von Hersfeld", den PRALLE (oben Anm. 149) S. 19ff. inzwischen mit dem Konventualen Heinrich von Grebenstein identifiziert hat. Zur handschrift-

darf die humanistische Fälschung nicht fehlen: Annius von Viterbo, d. h. der Dominikanermönch Giovanni Nanni († 1502)[158] publizierte im Jahre 1498 in seinen „Antiquitatum Italiae et totius orbis libri quinque cum commentariis Joannis Annii" u. a. das Werk eines ang. babylonischen Priesters Berosus, dem zu entnehmen war, daß der Stammvater der Germanen und Sarmaten (!) Tuyscon in direkter Linie von Noah abstamme; Annius = Berosus liefert „ergänzend" eine komplette „Ahnentafel": Tuyscon – Mannus – Ingaevon – Herminon – Marsus – Gambrivius – Suevus–Vandalus, deren Elemente er natürlich der „Germania" des Tacitus entnommen hatte[159]. Unnötig zu sagen, daß er damit bei vielen Humanisten auf uneingeschränkte Zustimmung traf: „planum est igitur Germaniam Italia, Graecia et tota Europa antiquiorem", das ist die Quintessenz, die der gar nicht so irenische Irenicus aus der Lektüre dieser Teile des „Berosus" gewinnt[160]. Obwohl der Pseudo-Berosus in Italien schon früh als Fälschung entlarvt und auch von Beatus Rhenanus als solche erkannt worden war, fand er bei der Mehrzahl der deutschen Humanisten – und nicht nur bei ihnen – bereitwillige Aufnahme, da sie in ihm all das finden konnten, wonach sie sich sehnten: er kam wie gerufen, um das höhere Alter der Deutschen und ihren Vorrang vor den Römern nachzuweisen[161]. Dabei war die ursprünglich intendierte Stoßrichtung der Fälschung keineswegs progermanisch, sondern antigriechisch und dem Anti-Hellenismus Nannis entsprungen[162].

Nach diesem italienischen „Praeludium", dessen Bedeutung für den deutschen Humanismus allerdings kaum hoch genug veranschlagt werden

lichen Überlieferung der „Opera minora" des Tacitus vgl. bes. MENDELL (oben Anm. 148) S. 256–92; der „Stammbaum" ebd. S. 293 ist jedoch problematisch; vgl. oben Anm. 148; ebd. S. 219–20 nimmt MENDELL auch zu Hochart, Wiener u.a. Stellung.

[158]) Zu ihm vgl. die Lit. bei KRAPF, S. 61 Anm. 22; RIDÉ III, S. 377 Anm. 263.

[159]) Zur Fälschung s. schon SABBADINI (oben Anm. 155) S. 178; JOACHIMSEN, Humanismus, S. 161–62; SCHNABEL, S. 80; DANNENBAUER, S. 7, 23–24, während PAUL, S. 21, glaubt, Annius sei selbst der Getäuschte gewesen; vgl. ebd. S. 122ff.; die Möglichkeit erwägt auch RIDÉ III, S. 378 Anm. 265; s. schon TIEDEMANN, S. 41. Vgl. noch GOEZ, S. 249–50; BORCHARDT, S. 89–91 u.ö.; DUBOIS, S. 25–27 u.ö.; KRAPF, S. 62–67; RIDÉ II, S.1065ff., 1098ff. Vgl. noch unten S. 44 m. Anm. 217.

[160]) Zitiert nach DANNENBAUER, S. 24; vgl. ebd. S. 7–8; s. schon TIEDEMANN, S. 43–44 und SCHNABEL, S. 81 Anm. 2; RIDÉ II, S. 1050.

[161]) Vgl. JOACHIMSEN, Humanismus, S. 95; TIEDEMANN, S. 41–42, SCHNABEL, S. 80, 105; DANNENBAUER, S. 23; FERGUSON, S. 35; STRAUSS, S. 121–22; BORCHARDT, S. 90; DICKENS, S. 37; RIDÉ II, S. 1068–69; III, S. 378 Anm. 266–68. Vgl. unten S. 43 m. Anm. 208. Zur Aufnahme des „Berosus" bei den französischen Humanisten vgl. unten S. 65 m. Anm. 365 und Anm. 369. Es ist vielleicht nicht ohne Interesse, daß schon im 12. Jh. die russische Chronik Nestors von Kiew und die böhmische des Cosmas von Prag, aber auch die „Gesta Treverorum" jeweils mit Noah einsetzen; vgl. THOMAS, Caesar, S. 249–50.

[162]) Vgl. bes. KRAPF, S. 66, dem sich RIDÉ II, S. 1069, anschließt; BORCHARDT, S. 91, erwägt eine „histoire à clef", was mich ganz unwahrscheinlich dünkt.

kann, wende ich mich nun den deutschen Humanisten zu, wobei ich mich auf einige wenige Namen und zugleich auf den alleinigen Aspekt des Nationalismus beschränken muß. So konzentriere ich mich im folgenden auf Johannes Aventinus (Hans Turmair, 1477–1534), Heinrich Bebel (1472–1516), Konrad Celtis (1459–1508), Ulrich von Hutten (1488–1523), Franciscus Irenicus (Franz Friedlieb, ca. 1493/94–1559), Thomas Murner (1475–1537), Beatus Rhenanus (1485–1547), Johannes Trithemius (1462–1516) sowie Jakob Wimpfeling (1450–1528)[163] und gehe auf andere Namen nur am Rande ein. Ich halte mich nicht auf mit den Lobpreisungen der deutschen Kriegstüchtigkeit, die schon bei den italienischen Lobrednern des 15. Jahrhunderts aus durchsichtigen Gründen im Mittelpunkt gestanden hatte[164]. Die beigebrachten „Belege" aus klassischen Autoren beziehen sich natürlich stets auf die Germanen, falls wirklich Germanen gemeint sind, was nicht einmal immer sicher ist[165]. Wichtig ist dabei nur, daß auf diesem Wege in der Gestalt des Arminius der erste „deutsche" Freiheitsheld entdeckt wurde. Der Name des Arminius ist bei mehreren römischen Geschichtsschreibern, nicht nur bei Tacitus bezeugt[166], aber es ist Tacitus, der ihn in den „Annales" ausdrücklich als *liberator haud dubie Germaniae...bello non victus* bezeichnet[167]. Von da zum deutschen Frei-

---

163) Allgemein vgl. JOACHIMSEN, Humanismus, S. 50ff., 64ff., 125ff., 169ff.; SCHABEL, S. 67ff., 72ff., 100ff.; PAUL, S. 87ff.; RIDÉ I, S. 198–203, 285–86, 303–05, 331–32, 353, 371–79, 407–10, 424–25; III, S. 80 Anm. 13, 102 Anm. 70, 109 Anm. 122, 117 Anm. 184, 125 Anm. 252, 131 Anm. 302, 139 Anm. 1,144 Anm. 42 und Anm. 44. Zu den elsässischen Humanisten Wimpfeling und Murner noch immer nützlich SCHMIDT I, S. 3–188; II, S. 211–315 und der bibliographische Index: ebd. S. 317ff. Zu Aventin vgl. STRAUSS, passim, bes. S. 3ff., 75ff.; zu Wimpfeling s. auch SPITZ, S. 41–60. Zu Celtis vgl. unten Anm. 177. Zum deutschen Humanismus allgemein vgl. Heinrich Ritter von SRBIK: Geist und Geschichte vom deutschen Humanismus bis zur Gegenwart, t.I (München-Salzburg 1950) S. 56ff.; s. noch FERGUSON, S. 32ff.; SPITZ, S. 267ff.; DICKENS, S. 21ff.

164) Reiches Material stellt TIEDEMANN, S. 90–112, zusammen; vgl. auch WAGNER, S. 395–97; BORCHARDT, S. 147; zuletzt ausführlich RIDÉ II, S. 1119ff., 1142ff. Vgl. unten mit der folg. Anm. und unten Anm. 169.

165) Zu zeitgenössischen Bezeichnungen vgl. KRAPF, S. 103–06. Zu der „expansiven" Auslegung des Begriffs „Germanen" vgl. unten S. 45–46.

166) Das historische Material bequem zugänglich bei BICKEL, S. 19ff., 31ff., 42ff. Umstritten bleibt Ernst HOHL: Um Arminius. Biographie oder Legende? in: SB. der Deutschen Akad. der Wissensch. zu Berlin. Klasse für Gesellschaftswissensch. 1951, Nr. 1; zur Kritik vgl. v. PETRIKOVITS, S. 428 und bes. TIMPE, S. 21–27, 29. Bemerkenswerte neue Einsichten bei TIMPE, S. 27ff., 35ff., 50ff., 98ff.; vgl. noch GRAUS, Vergangenheit, S. 247.

167) Ann. II, 88,2 (ed. HEUBNER, S. 92) und hierzu TIMPE, S. 131–37. Die ersten fünf Bücher der „Annales" waren 1515 erstmals veröffentlicht worden; s. SCHNABEL, S. 71, 76–77 und bes. RIDÉ I, S. 494ff.

heitshelden schlechthin war für die Humanisten nur ein Schritt, nachdem
schon Enea Silvio in der bedenkenlosen Gleichsetzung von „Germania"
mit Deutschland vorangegangen war[168]. So war der Name den Humanisten denn auch nicht unbekannt geblieben[169], doch erst Hutten, „der einzige Politiker unter den deutschen Humanisten"[170], erkannte, was sich aus
diesem Namen publizistisch machen ließ.

Schon 1515 bezeichnete er Arminius in einem Erzbischof Albrecht von
Mainz gewidmeten „Panegyricus" als den „Brutus Germanicus", d.h. den
Befreier Deutschlands von der (römischen) Tyrannei; in seiner 3. Rede gegen Herzog Ulrich von Württemberg (1517) und in einem Brief an Kurfürst
Friedrich den Weisen (1520) war er auf das Thema zurückgekommen[171].
Doch erst sein kurzer Dialog „Arminius", nach seinem Tode von Eobanus
Hessus 1529 in Erfurt publiziert, steht am Anfang dessen, was SCHNABEL
treffend den „Arminiuskultus" nennt: „it actually marks the beginning of
the broad stream of Germany's patriotic Arminius literature"[172]. Lu-
thers Freund Georg Spalatin (1484–1545) verfaßte 1535 eine Abhandlung „Von dem theuren Deudschen Fürsten Arminio: Ein kurtzer auszug aus glaubwirdigen latinischen Historien", in dem es vor allem um
den Ort der Varusschlacht geht[173]. Aventin war es wohl, der das lateinische Arminius falsch zu Hermann verdeutschte[174]. Der versuchte Nachweis, daß Arminius das Vorbild des Siegfried der deutschen Heldensage

---

168) Vgl. oben S. 33. Der Irrtum der Humanisten ist verzeihlich, während es befremdet,
daß noch KUEHNEMUND, S. 2, schreibt: „Arminius therefore stands at the very opening
of German history"! Völlig hoffnungslos KESTING, passim, bes. S. 24–25; vgl. auch die
Charakteristik dieses verklemmten Buches bei RIDÉ III, S. 167 Anm. 1. Treffend BOR-
CHARDT, S. 173. Vgl. noch unten § 3, S. 75 m. Anm. 442.
169) Schon Peutinger und Nauclerus erwähnen ihn: TIEDEMANN, S. 119; vgl. ebd.
S. 116ff. zur Varusschlacht, auf die schon Enea Silvio und Campano hingewiesen hatten;
s. auch BORCHARDT, S. 121, 145 und bes. RIDÉ I, S. 475ff.; III, S. 170ff.
170) SCHNABEL, S. 67; s. auch KUEHNEMUND, S. 14–15; SPITZ, S. 110–29; SCHELLHASE,
S. 39–48 und zuletzt RIDÉ I, S. 424ff.; III, S. 44ff.
171) Vgl. TIEDEMANN, S. 139; KUEHNEMUND, S. 15; RIDÉ I, S. 570–80; III, S. 194–96;
etwas zu vereinfachend GRAUS, Vergangenheit, S. 248.
172) SCHNABEL, S. 70; KUEHNEMUND, S. 15–19, bes. S. 15; v. SEE, Ideologie, S. 16–17;
GRAUS, Vergangenheit, S. 248–49 und bes. RIDÉ I, S. 580–625; III, S. 196–205. Vgl.
schon JOACHIMSEN, Humanismus, S. 109–10.
173) Vgl. TIEDEMANN, S. 113ff., bes. S. 115–16; PAUL, S. 84; KUEHNEMUND, S. 21–24;
RIDÉ II, S. 886–99.
174) Vgl. TIEDEMANN, S. 116; SCHNABEL, S. 105; RIDÉ I, S. 564–65 und ebd. S. 381; s.
auch KUEHNEMUND, S. 19–20, 22; STRAUSS, S. 158–59; BORCHARDT, S. 168–70; RIDÉ
I, S. 553ff.; II, S. 872ff.; III, S. 191–93, 310–11. Zum Namen des Arminius gegen BICKEL,
S. 52–61, zusammenfassend und hoffentlich abschließend TIMPE, S. 14–19; vgl. schon v.
PETRIKOVITS, S. 426.

gewesen sei[175], scheint mir höchst problemtisch[176], mag hier aber auf sich beruhen. Auf jeden Fall war es Hutten, der mit sicherem politischem Instinkt hier eine „Befreiergestalt" schuf[177], die in der deutschen Literatur bis weit in das 19. Jahrhundert hinein – bis hin zu Gerhart Hauptmann (1862–1946)[178] – gewirkt hat[179] und in den berüchtigten 30er Jahren unter pseudonational-rassistischen Vorzeichen noch einmal eine unerwünschte Renaissance erlebte[180]. Insgesamt kommt KUEHNEMUND für die Zeit von Hutten bis 1939 auf die fast unglaubliche Zahl von 130 literarischen Bearbeitungen des Arminius-Themas, darunter 82 Dramen und 6 Opern[181].

Aber nicht nur Arminius ist eine Persönlichkeit der nationalen Geschichte, auch und besonders Karl der Große wird als d e u t s c h e r Herrscher gefeiert[182]. Dies ist nun zwar gewiß keine Erfindung der Humanisten

---

[175] Dies bereits die These von BICKEL, S. 95ff.; dagegen schon GRAUS, Vergangenheit, S. 248.

[176] Am bedenklichsten scheint mir, daß die maßgebliche Begründung von Otto HÖFLER stammt: Siegfried Arminius und der Nibelungenhort, Wien 1978 (SB. der Österreich. Akad. der Wissensch., Phil.-hist. Klasse, t. 332). Vgl. oben Anm. 78. Da lobe ich mir die Nüchternheit eines Hans KUHN in: Gnomon 34 (1962) S. 628–30; kritisch zurückhaltend auch TIMPE, S. 11–12 m. Anm. 2–3; strikt ablehnend GRAUS, Vergangenheit, S. 248 m. Anm. 27–28; skeptisch ferner RIDÉ I, S. 171; III, S. 169 Anm. 3. Zu den modernen Folgen des Nibelungenticks vgl. bes. GRAUS, Vergangenheit, S. 280ff., bes. S. 285–88. Zu den Nibelungen aus historischer Sicht vgl. zuletzt WENSKUS, Stammesadel, Exkurs I, S. 477–529, bes. S. 483, 524–525.

[177] Konrad Celtis hatte ein Epos über Theoderich d.Gr. geplant, von dem lediglich der Name *Theodoriceis* überliefert ist; vgl. Friedrich von BEZOLD: Konrad Celtis, der deutsche Erzhumanist (Darmstadt 1959) S. 69 (Erstdruck in der HZ. 1883) und Lewis W. SPITZ: Conrad Celtis. The German Arch-Humanist (Cambridge/Mass. 1957) S. 104; vgl. noch RIDÉ I, S. 198ff., bes. S. 224; III, S. 86 Anm. 75; s. auch KRATZ, S. 68 Anm. 1.

[178] KUEHNEMUND, S. 105: der 20jährige Gerhart Hauptmann hatte ein Hermann-Epos in 20 Gesängen unter dem Titel „Germanen und Römer" geplant.

[179] Die größten Namen sind fraglos Friedrich Gottlieb Klopstock (1724–1803), Heinrich von Kleist (1777–1811) und Christian Dietrich Grabbe (1801–1836); vgl. KUEHNEMUND, S. 73ff., 86ff., 99ff.; GRAUS, Vergangenheit, S. 249–50.

[180] Grabbes „Hermannschlacht", 1838 postum veröffentlicht, wurde 1934 erstmals öffentlich aufgeführt und als „das deutscheste aller deutschen Stücke" gepriesen. Der germanomanische Barde Arthur MOELLER van den BRUCK: Die Deutschen. Unsere Menschengeschichte(!). Siebenter Band: Scheiternde Deutsche (Minden 1915²) S. 17–58, ergeht sich volle 42 Seiten über Armin; vgl. bes. S. 53: „Armin war...die zentrale Erscheinung in der Anfangsgeschichte der Rasse"; vgl. noch ebd. S. 13: „Siegend herniedergestiegen von den Gletschergefilden der Eiszeit war das Urvolk der Arier"; S. 19: „Er (scil. Armin) war der erste Held des Germanentums"; ebd. werden Augustus, Christus und Armin als Exponenten von Römer-, Christen- und Germanentum einander gegenübergestellt; S. 58: „Ein Heldenleben ward vor uns aufgerichtet. Eine Heldenleiche ward vor uns niedergelegt"; vgl. auch ebd. S. 32ff.; s. noch KUEHNEMUND, S. 105ff., 121; GRAUS, Vergangenheit, S. 251–53. Zu Grabbe als dem Dichter des deutschen Mittelalters und Verherrlicher der Kaiserzeit s. GOLLWITZER, Auffassung, S. 503.

[181] KUEHNEMUND, S. 113–14. Der Schwerpunkt liegt eindeutig auf den letzten 150 Jahren.

[182] Zahlreiche Belege bei PAUL, S. 88 (Trithemius, Wimpfeling, Nauklerius u.a.); vgl. schon JOACHIMSEN, Humanismus S. 95; TIEDEMANN, S. 137 und BOEHM, Gesta, S. 50

– schon im späten 13. Jahrhundert verfocht ein Alexander von Roes ganz ähnliche Gedanken[183] –, aber im Gesamtbild humanistischer Geschichtsschreibung gewinnt diese Auffassung doch eine neue Dimension, da sie häufig – und besonders im Grenzland Elsaß [184] – Hand in Hand geht mit heftigen Angriffen auf Frankreich und den französischen König, dem Heinrich Bebel ausdrücklich das Recht bestreitet, sich „rex Christianissimus" („le Roi très chrétien") zu nennen[185], da dieser Titel allein dem Kaiser zustehe[186]. Die Frage, ob Karl d. Gr. Deutscher oder Franzose gewesen sei, führte zu einem erbittert geführten Streit zwischen Jakob Wimpfeling und seinem Straßburger Widersacher, dem Franziskanermönch Thomas Murner[187]. In seiner am 20. Dezember 1501 veröffentlichten „Germania" [188]

---

Anm. 33. Auch hier war Enea Silvio das Vorbild gewesen: TIEDEMANN, S. 137 Anm. 10. Vgl. noch v. BORRIES, S. 52; FOLZ, S. 549ff.; GOEZ, S. 252–54; BORST, Karlsbild, S. 367–68; BORCHARDT, S. 43, 72, 86, 115, 135, 148, 273, 294 u.ö.; RIDÉ II, S. 999ff. und zuletzt NEDDERMEYER, S. 24, 275 Anm. 69; vgl. ebd. S. 202ff. Für Aventin war Karl nicht nur Deutscher, sondern insbes. Baier: FOLZ, S. 552 m. Anm. 40; BORCHARDT, S. 172; STRAUSS, S. 149; RIDÉ II, S. 1021–22. Zu Twinger von Königshofen s. EHLERS, Nation, S. 41 m. Anm. 131–32.

[183]) Am klarsten in: Noticia seculi, c. 18: *Nec est dubium, quin Karolus fuisset Teutonicus, licet ipse super Gallicos regnaverit* (ed. GRUNDMANN, S. 165 Z. 17–18); vgl. HEIMPEL, Alexander, S. 25, 42ff., 52; unbegreiflich ist mir, wie KIENAST II, S. 533 m. Anm. 1525, noch 1975 schreiben konnte, Alexander habe „mit guten Gründen ausführlich nachgewiesen(!): Karl war ein Deutscher, deutsch war seine Muttersprache"; hierzu vgl. noch unten § 3 S. 75 m. Anm. 442, S. 76 m. Anm. 445; Kap. 3 § 1, S. 181 Anm. 4–5. Vgl. schon MEYER, S. 11–62; WAGNER, S. 420 und bes. FOLZ, S. 386ff.; BORCHARDT, S. 258ff.; RIDÉ I, S. 103; THOMAS, Caesar, S. 247 m. Anm. 10–12. Im 14. Jh. ist Karl d.Gr. in Italien für den Mailänder Ghibellinen Johannes von Cermenate Deutscher, für den Florentiner Guelfen Giovanni Villani Franzose: GOEZ, S. 210. Im allgemeinen überwiegt aber bei den italienischen Humanisten das Franzosentum Karls; vgl. GOEZ, S. 243–44.

[184]) Vgl. JOACHIMSEN, Humanismus, S. 60–61; SCHNABEL, S. 75, 78–79; PAUL, S. 116–17; SPITZ, S. 55; DICKENS, S. 27, 41; RIDÉ I, S. 299–303, 330. Bei SCHMIDT I, S. 31ff., 165, 172ff. tritt das nationale Element aus zeitgebundenen Gründen – Schmidt schrieb nach 1871 – stark in den Hintergrund; vgl. auch die Bemerkung bei v. BORRIES, S. VIII. Allgemein zu den „Grenzlanden" vgl. noch WAGNER, S. 390–91.

[185]) Zum diplomatischen Aspekt s. Arthur GIRY: Manuel de diplomatique (Paris 1894; Nachdruck 1925) S. 323 m. Anm. 1–2, der mit Recht betont, daß es sich nicht um eine Eigenbenennung (Intitulatio) handelt, sondern um eine Fremdbezeichnung; s. auch BLOCH, S. 137 m. Anm. 1; KÄMPF, S. 27ff.; SCHRAMM I, S. 199, 241–42, 253; problematisch de PANGE, S. 30ff. Von der Ideengeschichte her grundlegend BEAUNE, S. 208ff.

[186]) Quod imperator iure sit Christianissimus dicendus. Maximilianus Christianissimus Romanorum rex semper Augustus, 1509: TIEDEMANN, S. XIX, 62; vgl. RIDÉ I, S. 412; II, S. 1178; III, S. 141–42. Die Gegenposition Robert Gaguins bei SCHMIDT-CHAZAN, S. 286 m. Anm. 375.

[187]) Zu dem Verhältnis Wimpfeling – Murner und zu den ursprünglichen Absichten, die mit der Veröffentlichung der „Germania" verbunden waren, vgl. v. BORRIES, S. 6–12, 21–25.

[188]) Herausgegeben mit moderner deutscher Übersetzung bei v. BORRIES, S. 90–151 mit einem Anmerkungsteil für den lateinischen und deutschen Text: ebd. S. 152–75. Zu den Ausgaben der „Germania" und ihren Übersetzungen vgl. Karl SCHORBACH in: ebd. S. 85–89.

setzte er sich im wesentlichen zwei Ziele: zum einen wollte er nachweisen, daß auf dem linken Rheinufer seit alters Deutsche gesiedelt hätten und alle französischen Ansprüche auf das linke Rheinufer daher abwegig seien, zum anderen, daß Karl d. Gr. ein Deutscher gewesen sei[189]. Seine „Beweisführung" nötigt dem modernen Leser oft ein Lächeln ab, doch in seinen sachlichen Aussagen geht er nicht weiter, als vor ihm schon Enea Silvio gegangen war[190]. Murner vertrat dagegen in seiner „Germania Nova"[191], die er im August 1502 publizierte, den genau entgegengesetzten Standpunkt: Karl d. Gr. war Franzose, das linke Rheinufer einst französisch[192], wobei er sich allerdings ausdrücklich dagegen verwahrte, für die Interessen Frankreichs einzutreten, ja er formulierte sogar noch viel schärfer als Wimpfeling: „Quod Deus offenditur, ubi Argentina a Gallis repetitur", und: „Delinquunt in Apostolicam sedem Galli Argentinam repente"[193]. Wimpfeling erreichte über seinen Freund Sebastian Brant (1457–1521)[194] das Verbot der Schrift Murners[195]. Der ganze unerfreuliche Streit, der sich daran anschloß[196] und letztlich ohne Ergebnis endete[197], braucht hier nicht zu interessieren. Murners Kompromißvorschlag, „ut non possit idem Gallus atque Germanus haberi"[198], wurde von Wimpfeling empört zurückgewiesen[199]. Wissenschaftsgeschichtlich ist es bedeutsam, daß dieser Streit

---

[189]) Zur Beweisführung vgl. v. BORRIES, S. 12–14; s. auch SCHMIDT I, S. 33–35; vgl. noch BORCHARDT, S. 99–100; DICKENS, S. 27–28 und zuletzt RIDÉ II, S. 1004–07.

[190]) Vgl. schon oben S. 39 m. Anm. 182 und PAUL, S. 43; vgl. noch v. BORRIES, S. 13 und bes. KRAPF, S. 102–03.

[191]) Herausgegeben mit moderner deutscher Übersetzung bei v. BORRIES, S. 198–233 und der Facsimiledruck: ebd. S. 243–72; der Anmerkungsteil zum lateinischen Text: ebd. S. 234–39; „Notizen über den alten Druck der Germania Nova" von Karl SCHORBACH: ebd. S. 191–97.

[192]) Zum Inhalt von Murners Schrift s. v. BORRIES, S. 27–32; SCHMIDT I, S. 35–38; RIDÉ II, S. 1007–10.

[193]) ed. v. BORRIES, S. 226 (Druckfehler: repetibur), 257–58 (Facsimiledruck); vgl. v. BORRIES, S. 31, 36; SCHMIDT I, S. 38 (betont knapp); BORST, Karlsbild, S. 367; DICKENS, S. 41; RIDÉ II, S. 1009–10.

[194]) Zu Brant noch immer nützlich SCHMIDT I, S. 191–333; s. auch JOACHIMSEN, Humanismus, S. 61–63; PAUL, S. 116–18; BORCHARDT, S. 87–89; RIDÉ I, S. 326–29; III, S. 115–16.

[195]) Vgl. v. BORRIES, S. 26, 51.

[196]) Ausführlich dargestellt bei v. BORRIES, S. 37ff., 43ff., 47ff.; s. auch SCHMIDT I, S. 39ff. und zuletzt RIDÉ II, S. 1010–20.

[197]) Vgl. v. BORRIES, S. 51–52.

[198]) ed. v. BORRIES, S. 208–09; vgl. v. BORRIES, S. 34–35; BORCHARDT, S. 100.

[199]) Zur Kritik der Beweisführungen beider Gelehrter vgl. SCHMIDT I, S. 40, der mehr zu Murner, und v. BORRIES, S. 32–37, der mehr zu Wimpfeling neigt, auch wenn beiden Autoren klar ist, daß sich Murner und Wimpfeling nach den modernen Kriterien historischer Kritik in der Abwegigkeit ihrer Argumentationen nicht viel nachgeben. ZELLER I, S. 54–55, betont mit Recht, daß dieser heftige Streit in Frankreich nicht das geringste Echo fand; vgl. auch unten S. 54 m. Anm. 284.

für Wimpfeling Anlaß war, auf das Thema in größerem Zusammenhang zurückzukommen, indem er im März 1505 seine „Epithoma rerum Germanicarum usque ad nostra tempora" veröffentlichte[200]. Es war das erste Geschichtswerk, das allein deutsche Geschichte behandelte und nach dem gewiß kompetenten Urteil von Johannes HALLER „eines der chauvinistischsten, die je geschrieben wurden"[201], dabei aber keineswegs originell, sondern im wesentlichen von den italienischen Humanisten des 15. Jahrhunderts, insbesondere von Enea Silvio und Campano, abgeschrieben[202].

Unter den Geschichtsschreibern Deutschlands ragt die edle Gestalt des Beatus Rhenanus hervor, der als erster „ganz scharf die historische Kritik gehandhabt und energisch das Problem der deutschen Geschichte herausgearbeitet (hat)"[203]. Es kann hier nicht meine Aufgabe sein, die Geschichtsschreibung des deutschen Humanismus zu untersuchen, so reizvoll diese Aufgabe auch wäre[204]. Ich beschränke mich auf die im Rahmen meines Themas wichtigsten Fragen, nämlich Herkunft und Alter der Deutschen sowie die Grenzen Deutschlands besonders im Westen; schließlich bleibt noch das Verhältnis der deutschen Humanisten zu Frankreich zu erörtern. Die große Crux aller humanistischen Forschung war ja die Unklarheit darüber, was eigentlich deutsch sei[205], womit die Frage der deutschen Grenzen naturgemäß aufs engste zusammenhing. Gerade auf diesem Gebiet haben die Humanisten die abenteuerlichsten Auffassungen vertreten, doch wäre es ungerecht, sie darum der Kritiklosigkeit oder gar des „Chauvinismus" zu zeihen[206], wenn man bedenkt, daß schon

---

[200] Hierzu vgl. SCHMIDT I, S. 177–81; II, S. 323; vgl. noch SCHNABEL, S. 79 (Druckfehler: 1515 statt 1505) und bes. RIDÉ I, S. 308–22; III, S. 110–14.

[201] Die Epochen (oben Anm. 37) S. 185; vgl. aber RIDÉ III, S. 114 Anm. 162. Vgl. noch unten mit Anm. 206. Wie bei Wimpfeling selbst die Kreuzzüge in dieses „nationale" Bild eingebaut werden, zeigt BOEHM, Gesta, S. 57–58.

[202] Dies sah schon JOACHIMSEN, Humanismus, S. 68–69; s. auch KRAPF, S. 102–09 (zu Wimpfeling und Bebel).

[203] SCHNABEL, S. 79–80; vgl. ebd. S. 73; vgl. bes. JOACHIMSEN, Humanismus, S. 125–46; DANNENBAUER, S. 8; STRAUSS, S. 95 und bes. RIDÉ I, S. 331–45; III, S. 117–22; s. noch FUHRMANN, Germania, S. 124–25; vgl. noch unten S. 46 m. Anm. 227–28.

[204] Zu der speziellen Frage des Verhältnisses zum Mittelalter grundlegend jetzt NEDERMEYER, S. 12ff., 32ff., 57ff., 129ff. Eine modernen wissenschaftlichen Ansprüchen genügende Gesamtdarstellung fehlt; auch RIDÉ I–III behandelt ja nur einen Teilaspekt. So bleibt das von 1910(!) datierende Buch von Joachimsen noch immer die führende Darstellung. (Es zeugt übrigens von einem recht eigenwilligen Umgang mit der Literatur, wenn KRAPF, passim, bes. S. 121, Joachimsen grundsätzlich als Joachimsohn zitiert, was zwar dessen ursprünglicher Name war, doch scheint er in diesem Buch nicht auf.)

[205] So zutreffend TIEDEMANN, S. 48.

[206] Dies bemerkt einschränkend BORCHARDT, S. 99. Auf Irenicus würde diese Charakterisierung noch am ehesten zutreffen; vgl. bes. RIDÉ I, S.356 und unten S. 48 m. Anm. 239.

die antiken Autoren mit der Abgrenzung der *Germania* ihre Schwierigkeiten gehabt hatten[207]. Um ein möglichst hohes Alter des eigenen Volkes nachzuweisen, schreckte ein Trithemius auch vor der literarischen Fälschung nicht zurück, und waren die Humanisten mehrheitlich geneigt, die absurde Fälschung des Pseudo-Berosus stillschweigend zu tolerieren[208].

Im Mittelalter war die Sage über die Abstammung der Franken von den Trojanern weitgehend rezipiert. Sie findet sich erstmals bei dem sogen. „Fredegar", der um die Mitte des 7. Jahrhunderts schrieb[209] und wird in dem um 730 entstandenen „Liber historiae Francorum" noch weiter ausgemalt; um 805 gibt Smaragd von St-Mihiel in seinem Donat-Kommentar als Beispiel für den Genitiv: *Carolus, Pipini filius et Troianae gentis rex*[210]. Die Sage ist in eine Unzahl mittelalterlicher Chroniken eingegangen[211] und fand besonders in Frankreich allgemeine Anerkennung[212]. Aber noch

---

[207]) Vgl. unten Kap. 2 § 2, S. 133 m. Anm. 280 – 86. TIEDEMANN, S. 49, betont überdies zu Recht, daß Archäologie, vergleichende Sprachwissenschaft u.a. im 16. Jh. noch in ihren allerersten Anfängen steckten, ganz zu schweigen von einer Quellenkritik moderner Prägung.

[208]) Oben S. 36 m. Anm. 161 – 62. Zu Trithemius vgl. unten S. 45 m. Anm. 220 – 21. Vgl. noch unten S. 65 m. Anm. 365 und Anm. 369.

[209]) „Fredegar", l.II c.4 (ed. KRUSCH, S. 45 Z. 18), c.5 (ed. KRUSCH, S. 46 Z. 4 – 7); vgl. WATTENBACH – LEVISON, S. 109 – 14, bes. S. 111 m. Anm. 247; vgl. FARAL, S.262ff., bes. S. 269ff., der energisch die These vertritt, daß diese Fabel aus der Zeit des „Fredegar" stamme bzw. von diesem selbst geschaffen worden wäre; dagegen nimmt GRAUS, Vergangenheit, S. 81ff., bes. S. 83 – 84, mit Recht eine ältere Tradition an; in diesem Sinne auch BORCHARDT, S. 197 – 98 und bes. LUISELLI, S. 103ff.; ebd. S.89 bereits zur Kritik an Faral. Unwahrscheinlich dünkt mich die These von JULLIAN, S. 200 Anm. 1, der die Sage im 4. Jh. am Hofe Constantius' II. entstanden glaubt; LUISELLI, S. 90ff. will die Entstehung des Mythos unter Berufung auf Ammian u.a. in das 1. Jh.v.Chr. zurückführen, was mich nicht überzeugt hat, doch gestehe ich die Möglichkeit der Benutzung antiker Vorlagen gern zu. Überholt ist KLIPPEL, S. 6 – 10; einschränkend ZÖLLNER, S. 48; ungenügend auch DURANTON, S. 340.

[210]) Lib. hist. Franc., cc. 3 – 5 (ed. KRUSCH, S. 243 – 45) und Smaragd, Liber in partibus Donati (edd. LÖFSTEDT – HOLTZ – KIBRE, S. 76 Z. 33 mit Anm. zu Z. 33); zu Smaragd von St-Mihiel s. Fidel RÄDLE: Studien zu Smaragd von Saint-Mihiel (München 1974) S. 15 – 21; zum Donat-Kommentar: ebd. S. 51 – 60; s. auch ed. cit., S. VII – XIII; vgl. WATTENBACH – LEVISON, S. 114 – 16; FARAL, S. 281 – 85; MEYER, S. 46 – 50; KLIPPEL, S. 10 – 12; GRAUS, Vergangenheit, S. 84 – 85; LUISELLI, S. 110 – 11, der: ebd. S. 111 – 14, noch auf die von Fredegar unabhängigen Überlieferungen des Pseudo-Dares und des Aethicus Ister verweist. Zum Anno-Lied vgl. THOMAS, Caesar, S. 252, 254.

[211]) Vgl. FARAL, S. 285ff., 288ff.; MEYER, S. 43ff.; HEIMPEL, Alexander, S. 51 – 52; KLIPPEL, S. 12 – 22; s. auch BORCHARDT, S. 200 – 01, 220 – 23, 229, 237, 244, 260 – 61, 275 – 76 und zuletzt LUISELLI, S. 114ff., der dieses Motiv bis nach Skandinavien verfolgt.

[212]) Ausführlich KLIPPEL, S. 23ff.; kritisch hierzu GRAUS, Vergangenheit, S. 82 Anm. 41; vgl. zuletzt SCHNEIDMÜLLER, Nomen, S. 167ff., 175ff.; s. unten S. 55 m. Anm. 287 – 90. Schief DURANTON, S. 340: „Elle (scil. la légende troyenne) a poursuivi une existence obscure (sic) pendant tout le Moyen Age".

ein Twinger von Königshoven zu Anfang des 15. Jahrhunderts ist von der trojanischen Abstammung der Franken überzeugt, ja selbst unter den Humanisten (Wimpfeling, Trithemius, Gebwiler, z.T. auch Meisterlin und Franck) wird sie nicht sogleich aufgegeben[213], doch unter dem Einfluß von Tacitus' „Germania" gewinnt die schon von Celtis, vor allem aber von Heinrich Bebel mit Eifer verfochtene These die Oberhand, daß die Franken „indigenae" seien[214], und ohne Einwanderung von Urzeiten an das Land bewohnt hätten[215]. Diese These, die sich anhand der „Germania" zur Not verteidigen ließe[216], wird nun bei Bebel und anderen auf das eigenartigste vermischt mit den Phantasien des Pseudo-Berosus, als deren Resultat schließlich bei Aventin nachzulesen ist, daß schon *vor dem künigreich Troja wol sibenhundert jar das teutsch erzkünigreich gestanden ist*, das genau 71 Jahre nach der Sintflut begründet worden wäre. An der Trojanersage sei doch immerhin so viel wahr, daß Troja von den Franken gegründet, Franken und Baiern dort die Edelsten am Hofe gewesen seien[217].

Aber was den einen ihr „Berosus", ist Trithemius sein „Hunibald"[218]: während Wimpfeling sich noch in abstracto mit der Feststellung begnügte: *quanta nostrates gloria floruerint ante Urbem conditam*[219], erfindet Trithemius quasi ein ganzes Geschichtswerk, dessen einziger Nachteil ist, daß es zu spät einsetzt, nämlich erst 750 Jahre n a c h Trojas Fall. So hatte dieses Werk gegenüber den Konstruktionen eines Aventin oder Irenicus natürlich keine Chance und blieb daher in Deutschland weitgehend wirkungslos, während in Frankreich noch Bodin, Dumoulin, Hotman u.a. „Huni-

---

213) Vgl. TIEDEMANN, S. 43, 44; WAGNER, S. 418; PAUL, S. 90, 99; BORCHARDT, S. 56 – 57, 92, 294 – 95; RIDÉ II, S. 1057 – 58, 1075.

214) „Demonstratio, Germanos esse indigenas": TIEDEMANN, S. XVIII; RIDÉ II, S. 1087; vgl. dazu v. SEE, Ideologie, S. 15 – 16; FUHRMANN, Germania, S. 118 – 19; s. unten Anm. 216.

215) Vgl. schon JOACHIMSEN, Humanismus, S. 95; TIEDEMANN, S. 40, 42 – 44; WAGNER, S. 418; SPITZ, S. 100; BORCHARDT, S. 110, 113 und ebd. S. 124, 144,162 zu weiteren Humanisten (Cochlaeus, Irenicus, Althamer); vgl. bes. RIDÉ II, S. 1087ff., 1115ff. und NEDDERMEYER, S. 24, 275 Anm 88; s. auch FUHRMANN, Germania, S. 124.

216) Tacitus, Germania, II, 1: *Ipsos Germanos indigenas crediderim minimeque aliarum gentium adventibus et hospitiis mixtos* (ed. ÖNNERFORS, S. 2 Z.10 – 11; ed. PERRET, S. 70). Vgl. hierzu WENSKUS, Verfassung, S. 34, 57 Anm. 278, 58; vgl. noch unten S. 71 m. Anm. 410. Weniger angenehm waren den Humanisten allerdings die Gründe, die Tacitus für diese „Reinheit der Art" angab, nämlich die Unzugänglichkeit des Landes und dessen Rauheit; vgl. RIDÉ II, S. 1086 und ebd. S. 1058 – 65.

217) Vgl. TIEDEMANN, S. 46 – 47; STRAUSS, S. 120ff.; BORCHARDT, S. 166ff.; SCHELLHASE, S. 50ff.; RIDÉ I, S. 392 – 93; II, S. 1075ff., 1094ff.

218) Hierzu s. schon JOACHIMSEN, Humanismus, S. 55 – 57 und bes. RIDÉ II, S. 1032ff., 1041ff.

219) Zitiert nach RIDÉ II, S. 1033; vgl. schon oben S. 36 m. Anm. 160.

bald" fleißig zitierten[220]. Natürlich hatten die Humanisten gewisse Schwierigkeiten, die Namen der Franken oder allgemein: germanischer Völker in so früher Zeit bezeugt zu finden. Dafür wurde gern die Überlieferung verantwortlich gemacht. So schrieb Sebastian Münster 1544: *We wolt es hie nit Zorn thun, daß uff der Teutschen syten so gar niemand gewesen ist, der etwas hett von iren thaten anzeichnet...*[221]. Eine naheliegende Aushilfe war daneben die Behauptung, daß die betreffenden Völker früher anders benannt worden seien. Mit dieser „Methode" war natürlich den phantastischsten Kombinationen Tür und Tor geöffnet. Auf keinem Gebiet hat sich der Mangel eines klaren Begriffs von „deutsch" bei den Humanisten verhängnisvoller ausgewirkt als gerade hier. Als Faustregel gilt, daß alle Feinde Roms grundsätzlich als „Deutsche" gelten, was überdies den Vorzug hat, den Deutschen einen gewaltigen Machtbereich doch wenigstens in grauer Vorzeit zu sichern[222]. So versteht es sich fast von selbst, daß die Gallier Deutsche waren, zumal Germanen und Gallier unter dem Oberbegriff der Kelten zusammengefaßt werden, was die ärgerlicherweise bei Caesar berichtete zeitweise Überlegenheit der Gallier über die Germanen zu einem „Privatkrieg" unter Deutschen machte[223]. Nachdem schon Enea Silvio die keltischen Boier zu den Stammvätern der Baiern gemacht hatte, bei Tacitus Boier und Helvetier aber ausdrücklich als *Gallica utraque gens* bezeichnet werden, schließt Aventin messerscharf, daß Kelten und Gallier Deutsche und Baiern sind, weshalb der Brief des Apostels Paulus an die Galater natürlich an die Baiern gerichtet gewesen sein müsse[224]. Aber damit nicht genug: auch Picten, Scoten, Sarmaten, Skythen, Veneter, Finnen, Hunnen(!), Rhätier, Noriker, Pannonier werden häufig als Germanen, d.h. als Deutsche betrachtet[225]. Nachdem Flavio Biondo die Van-

---

220) Trithemius gilt wegen „Hunibald" als abgefeimter Fälscher, der keinen Glauben verdient, was in dieser Absolutheit sicher unberechtigt ist; s. auch BORCHARDT, S. 127–28. Gegen Trithemius war schon Hermann von Nuenar aufgetreten; vgl. TIEDEMANN, S. 45; BORCHARDT, S. 128–33 sowie unten S. 55 m. Anm. 291 und unten Anm. 400.

221) Zitiert nach NEDDERMEYER, S. 26 m. Anm. 79 und ebd. S. 26–31.

222) Vgl. etwa JOACHIMSEN, Humanismus, S. 175; TIEDEMANN, S. 50. Zur Unsicherheit über die Namengebung für das eigene Volk vgl. PAUL, S. 97–99; s. auch BORCHARDT, S. 144.

223) TIEDEMANN, S. 50, 51, 57 und bes. RIDÉ II, S. 1155ff., bes. S. 1159–60; vgl. noch BORCHARDT, S. 168–69.

224) TIEDEMANN, S. 50–51, 56; DANNENBAUER, S. 7, 23–24; RIDÉ II, S. 1158–59; vgl. ebd. I, S. 369 zu Pirckheimer und II, S. 1029 zu Franck; s. noch BORCHARDT, S. 144, 167–68.

225) TIEDEMANN, S. 50, 53, 55, 57; PAUL, S. 96; RIDÉ I, S. 356; II, S. 1153–54, 1161 u.ö.

Vandalen leichtsinnigerweise mit den Slawen gleichgesetzt hatte, werden bei Albert Krantz auch Wenden, Russen, Polen, Böhmen und Kroaten zu Deutschen, was Pirckheimer allerdings ablehnt[226], während Irenicus Polen und eigentlich auch die Ungarn zu Deutschen machte, da sie sich ja „nur in der Sprache" von diesen unterschieden, während umgekehrt Sebastian Franck von den „Franzosen" bezüglich ihrer Sprache behauptet: *die Frantzosen seind Teutsch Frantzosen*[227]. Der einzige deutsche Humanist, der bei allem Patriotismus, den man ihm gewiß nicht absprechen kann, diesen „Pangermanisus" nicht nur nicht mitmachte, sondern betont kritisch blieb und z.B. die Kelten säuberlich von den Germanen trennte, ist Beatus Rhenanus[228], der alle Zeitgenossen an kritisch-historischem Sinn turmhoch überragte[229].

Ich übergehe die Bestrebungen der Humanisten, den Vorwurf der Barbarei zu entkräften[230], der insbesondere in italienischen Humanistenkreisen lebendig war[231], wobei sich beide Teile des klischeehaften Barbarenbildes der antiken Literatur zweifellos nicht bewußt gewesen sind[232]. In Frankreich hat der Begriff „les barbares" keineswegs eine nur abwertende

---

[226] TIEDEMANN, S. 54; RIDÉ II, S. 1153.

[227] Wobei Irenicus die mittelalterliche Einteilung der „nationes" an den Universitäten – und später auch auf dem Pisaner und dem Konstanzer Konzil im 15. Jh. – als Vorbild diente; vgl. TIEDEMANN, S. 53–54; W. MÜLLER, S. 460–61; RIDÉ II, S. 1153. Irenicus hat übrigens eine besondere Vorliebe für die Völkerwanderungszeit, in der ganz Europa, insbes. aber Gallien germanisches Blut zugeführt wurde. Mit solchen Gedanken wird er geradezu zu einem Vorläufer der „querelle des races" in Frankreich; vgl. JOACHIMSEN, Humanismus, S. 179–80; SCHNABEL, S. 81 Anm. 2; FERGUSON, S. 35; RIDÉ I, S. 356. Vgl. oben Anm. 77. Zu Seb. Franck vgl. RIDÉ II, S. 1028–29. Mit *Frantzosen* sind natürlich die Gallier gemeint.

[228] Grundlegend JOACHIMSEN, Humanismus, S. 131–34; TIEDEMANN, S. 52, 56; DANNENBAUER, S. 8–9; RIDÉ I, S. 335, 337–38, 342–43.

[229] Vgl. JOACHIMSEN, Humanismus, S. 138–45; SCHNABEL, S. 74, 79–80; SCHELLHASE, S. 61–62; RIDÉ I, S. 334ff., 339ff.; FUHRMANN, Germania, S. 124–25. Eine Arbeit von John d'AMATO (†) über Beatus Rhenanus steht in den USA vor dem Erscheinen.

[230] Allgemein vgl. TIEDEMANN, S. 70ff. Aus taktischen Gründen war dieser Vorwurf von Enea Silvio in seiner „Descriptio Germaniae" erhoben worden; vgl. bes. PAUL, S. 36, 38–42, 48–49; RIDÉ I, S. 171–75 u.ö.; KRAPF, S. 110–14. Nüchterner Außenseiter wie immer war Beatus Rhenanus; vgl. JOACHIMSEN, Humanismus, S. 140–41. Ergänzend vgl. Lieben van ACKER: Barbarus und seine Ableitungen im Mittellatein, in: AKG. 47 (1965) S. 125–40.

[231] Vgl. etwa v. SEE, Barbar, S. 67–68; RIDÉ I, S. 112–24 und oben Anm. 230.

[232] Grundlegend hierzu v. SEE, Barbar, S. 49ff., 55ff. und ebd. S. 63ff. zum Weiterwirken dieses Klischees.

Bedeutung[233]; in der Romantik war er geradezu „à la mode"[234], was zur Folge hatte, daß man im Ersten Weltkrieg mit französisch „Boche" und englisch „huns" neue, unmißverständliche Schimpfwörter erfinden mußte[235]. Geradezu komisch wirken die Bemühungen der deutschen Humanisten um ein möglichst hohes Alter der deutschen Kultur, wenn ein Konrad Celtis die angeblich von den Römern unter Tiberius aus Gallien vertriebenen Druiden nach Germanien einwandern läßt, wo sie, die griechisch sprachen, den Bewohnern ihrer neuen Heimat u.a. den Ackerbau, die Viehzucht, die Baukunst und andere schöne Dinge, nicht zuletzt auch die Institution der Ehe lehrten[236]. Auch Trithemius hat diese Auffassung geteilt und 1495 sogar einen Brief: *in domo nostra Druidum Spanhamensi*, datiert[237]. Für die Verbreitung dieser Thesen hat der von Celtis stark beeinflußte Aventin viel geleistet, da seine in deutscher Sprache geschriebene „Bayerische Chronik" große Verbreitung fand: mit dem Gedanken einer Art Urreligion hätte der Stammvater Tuisco zugleich ein Alphabet erfunden; die Druiden werden natürlich erwähnt – Aventin nennt sie *Drudden* –, sie spielen aber neben Tuisco und den übrigen „Erzkönigen", für die natürlich Tacitus Pate gestanden hatte, nicht mehr die gleiche zentrale Rolle wie für Celtis und Trithemius[238].

Ein letzter, in unserem Zusammenhang besonders wichtiger Punkt ist das Verhältnis der deutschen Humanisten zum Ausland, insbesondere zu Frankreich. Der nervös-exaltierte, manchmal geradezu hysterisch zu nennende Nationalismus der Mehrzahl der deutschen Humanisten, dem ich

---

[233]) Der vorwiegend die Zeit der Völkerwanderungen behandelnde Band von Louis HALPHEN in der Reihe „Peuples et civilisations" war betitelt: Les Barbares...: oben Anm. 19. Louis Halphen hat mir kurz vor seinem Tod († 1950) lachend erzählt, daß eine Neuauflage des Bandes während der Besatzungszeit (1941 oder 1942) von dem zuständigen deutschen Zensuroffizier untersagt wurde, nicht etwa, weil Halphen Jude war, sondern weil der Offizier unter diesem Titel eine antideutsche Propagandaschrift vermutete.

[234]) Vgl. das Wort von Jules Michelet: „Barbares. Le mot me plaît, je l'accepte". Diesen Satz stellt MICHEL, S. (5) seinem Buch als Motto voran; vgl. noch ebd. S. 131ff., 247ff., 353ff., 423ff., 479ff.; s. schonWEIS, S. 35. Vgl. aber DIGEON, S. 96.

[235]) Vgl. v. SEE, Barbar, S. 68–71.

[236]) Vgl. schon JOACHIMSEN, Humanismus, S. 111–12; TIEDEMANN, S. 59, 8–85; v. BEZOLD (oben Anm. 177) S. 70; SPITZ, S. 101; BORCHARDT, S. 107, 108;RIDÉ I, S. 236ff.; KRAPF, S. 86–87. Vgl. dazu unten S. 66–67 m. Anm. 377.

[237]) JOACHIMSEN, Humanismus. S. 112; TIEDEMANN, S. 85; PAUL, S. 89, 95; BORCHARDT, S. 127; vgl. ebd. S. 190; vgl. noch RIDÉ I, S. 242–43.

[238]) Tacitus, Germania II, 2 (3): *Tuistonem deum terra editum, ei(et) filium Mannum, originem gentis conditoremque (conditoresque), Manno tris filios adsignant, e quorum nominibus proximi Oceano Ingaevones, medii Herminones, ceteri Istaevones vocentur* (ed. ÖNNERFORS, S. 2 Z.19–23; ed. PERRET, S. 71). Vgl. im übrigen JOACHIMSEN, Humanismus, S. 162; TIEDEMANN, S. 60; PAUL, S. 83–84; STRAUSS, S. 123–25, 133, 215–16; BORCHARDT, S. 169–71; RIDÉ II, S. 1100–02.

einen gewissen chauvinistischen Zug trotz des Einwands von BOR-
CHARDT nicht absprechen möchte[239], läßt ein unbefangenes Verhältnis
zum Ausland a priori als unwahrscheinlich erscheinen. Naürlich ist dieser
überzogene Nationalismus letztlich ein Zeichen innerer Unsicherheit, der
uneingestandenen Erkenntnis, daß Anspruch und politische Realität weit
auseinanderklaffen[240], was sich gelegentlich in einem etwas weinerlichen
Selbstmitleid äußert, wenn etwa ein Sebastian Franck (1499 – ca. 1542)
schreibt: *Wer solt nun das arm versaumpt Germanien nit beweynen*[241], wobei allerdings gerade ihm eine sich auf allgemeine Skepsis gegenüber dem
Menschengeschlecht gründende, eher nüchterne Haltung in nationalen
Fragen bescheinigt werden muß[242]. Der Haß der deutschen Humanisten
richtete sich zunächst gegen die italienischen Lehrmeister und war der Re-
flex auf die den Deutschen ganz allgemein von den italienischen Humanisten bei jeder Gelegenheit bezeugte Verachtung[243], d.h. er war nichts weiter als eine Art „Retourkutsche"[244]. Mit Frankreich verhält es sich anders:
die Abneigung der elsässischen Humanisten gegenüber Frankreich entsprach einem Gefühl der Bedrohung, wobei immerhin angemerkt zu werden
verdient, daß Wimpfeling ausdrücklich von „Semigalli" im Elsaß und auch in
Straßburg spricht, die er der Sympathie für Frankreich verdächtigt[245]. Direkter Anlaß für den Ausbruch einer ganzen Woge antifranzösischer Ressentiments war die Heirat Karls VIII. 1491 mit der Erbin der Bretagne Anna,
die die Verlobte König Maximilians I. gewesen war, und die gleichzeitige
Zurücksendung von Karls eigener Verlobten Margarete, einer Tochter

---

[239] Vgl. schon oben S. 42 m. Anm. 206. Man könnte von einem „naiven Chauvinismus",
besser: von einem Chauvinismus „avant la lettre" sprechen, da einem Bebel, einem
Wimpfeling, selbst einem Irenicus die politischen Implikationen späterer Jahrhunderte
naturgemäß nicht bewußt gewesen sein können. Den Gipfel dieses „Chauvinismus"
verkörpert wohl der oberrheinische Anonymus; vgl. WAGNER, S. 421 – 24.
[240] Hierzu wesentliche Ausführungen bei RIDÉ I, S. 79ff., bes. S. 110 – 13; s. aber schon
PAUL, S. 65; BORCHARDT, S. 101 – 02 (mit problematischer Formulierung).
[241] Zitiert nach TIEDEMANN, S. 16.
[242] Einige typische Stellen finden sich bei RIDÉ II, S. 830 – 32; ebd. S. 819 bezeichnet
RIDÉ Franck als einen „franc-tireur et ultra de la Réforme". Luther hat Franck gehaßt.
[243] Vgl. oben S. 46 m. Anm. 231 und BÖHM, S. 31 – 33.
[244] Hierzu vgl. zuletzt RIDÉ I, S. 126ff.
[245] Es ist schwer zu sagen, wer diese „Semigalli", wie Wimpfeling sie verächtlich nennt,
gewesen sind; zum Straßburger Patriziat gehörten sie mit Sicherheit nicht. Vgl. noch
BORCHARDT, S. 311; RIDÉ I, S. 308; II, S. 1004 – 05. WAGNER, S. 408 – 09, 413, denkt wohl
mit Recht an Komplizität der Ritterschaft in Erinnerung an die Vorgänge von 1444 beim
Einfall der Armagnaken ins Elsaß; vgl. dazu JANSSEN, S. 6 – 8; HUGELMANN, S. 323 – 24
und bes. ZELLER I, S. 40ff.

Maximilians[246]. Es war dies fraglos ein Affront gegen den bei den deutschen Humanisten überaus beliebten Maximilian, der seit 1486 römischer König war. Aus dem rein dynastisch-politischen Konflikt machten die Humanisten in Windeseile eine „nationale Frage", als deren Wortführer sich Wimpfeling aufspielte[247], während Hans von Ortenstein den Papst als Verteidiger Maximilians anrief[248]. Karl VIII. von Frankreich wie übrigens auch den Burgunder Karl den Kühnen hatten die Humanisten – und nicht nur sie – ohnehin im Verdacht, nach der Kaiserkrone zu streben[249]; Franz I. von Frankreich war ja tatsächlich ein Gegenkandidat Karls V. gewesen[250].

---

[246]) Die am französischen Hof erzogene Margarete war damals gerade elf Jahre alt; sie heiratete 1497 den Infanten Juan von Kastilien und Aragon, der noch im selben Jahr starb, und 1501 Herzog Philibert II. von Savoyen († 1504). Sie war seit 1507 Statthalterin in den Niederlanden und Erzieherin Kaiser Karls V.; 1529 war sie die habsburgische Verhandlungsführerin im „Damenfrieden" von Cambrai. Zu den Ereignissen von 1491 vgl. zuletzt Hermann WIESFLECKER: Kaiser Maximilian I. Das Reich, Österreich und Europa an der Wende zur Neuzeit, t.I (München 1971) S. 326ff., bes. S. 335 – 38; ebd. S. 391 zur „Erbfeindschaft", einem Begriff, den Maximilian I. selbst gebraucht hat; vgl. JANSSEN, S. 17: „der Erbfeind, der nach dem Rheine stehe" als Zitat Maximilians; s. noch ZELLER I, S. 65 – 67 und allgemein zum französisch-österreichischen Gegensatz SOREL, S. 257 – 58. Zur Heirat der Margarete 1497 vgl. WIESFLECKER, aaO., t.II (München 1975) S. 32, 41. Maximilians Beliebtheit bei den Humanisten betonen STRAUSS, S. 13 und WIESFLECKER, aaO., t.V (München 1986) S. 340ff., 354ff. Grundsätzliches zur dynastischen Heiratspolitik der Zeit bei MESNIER, S. 109 – 10. Zu „nationalen" Tönen in der habsburgischen Politik seit ca. 1475 vgl. DIEHL, S. 474ff.; s. auch HUGELMANN, S. 324, 424 – 25.

[247]) Vgl. JOACHIMSEN, Humanismus, S. 64; RIDÉ I, S. 300 – 01; III, S. 107 – 08 Anm. 110 – 16 und zuletzt NEDDERMEYER, S. 21 m. Anm. 51. Wimpfelings Spottgedicht mit dem Kehrreim „die Lilien welken" wurde noch 1519 von Sebastian Brant im Augenblick der Kaiserkandidatur Franz' I. erneut gedruckt; vgl. unten mit Anm. 250.

[248]) Es fehlt in diesem Gedicht aber jede nationale Empörung: Papst Innozenz VIII. wird angerufen, da sich Karl VIII. gegen das Sakrament der Ehe versündigt habe:
*durch schmach des sacraments der ê*
*das tut billich der christenheit we;*
vgl. PAUL, S. 73 – 74.

[249]) So in dem „Somnium" des Ritters Hans von Hermansgrün, den Wimpfeling auf dem Wormser Reichstag von 1495 kennengelernt hatte; auch Trithemius teilte diese Besorgnisse; vgl. JOACHIMSEN, Humanismus, S. 65; PAUL, S. 118 – 21, bes. S. 120. Vgl. noch RIDÉ I, S. 83; III, S. 38 Anm. 13 – 14; ebd. vermutet Ridé, Karl VIII. habe eher die Erneuerung des östlichen Kaisertums angestrebt, was unbeweisbar bleibt; vgl. bes. ZELLER, S. 497 – 99. Zum Italienzug Karls VIII. von 1494 vgl. WIESFLECKER (oben Anm. 246) t.I, S. 369, 386 – 87; II, S. 26, 43ff. Zu ang. Plänen Karls d.Kühnen von Burgund vgl. WAGNER, S. 417. Die Sorge um einen möglichen Verlust der Kaiserwürde bewegte schon den Nürnberger Reichstag von 1487; vgl. DIEHL, S. 470ff.

[250]) Vgl. bes. ZELLER, S. 500ff.; RIDÉ I, S. 83 sowie bes. ebd. S. 331 – 34.

Obwohl die Beziehungen zwischen deutschen und französischen Humanisten um die Jahrhundertwende eher freundlich waren[251] – weitaus freundlicher jedenfalls als mit den italienischen Humanisten –, brachten die oben erwähnten politischen Ereignisse eine gereizte Stimmung auf[252], die bei Aventin in dem Satz gipfelt, die Franzosen seien *teutscher nation abgesagten feind* [253]. Von der eher serenen Haltung eines Alexander von Roes, der Deutschen, Italienern und Franzosen gleichermaßen einen Anteil am Weltregiment hatte zusprechen wollen[254], war man also weit entfernt, obwohl ein Trithemius bei aller Abneigung gegen Frankreich, die auch ihn gelegentlich von Frankreich als dem „geborenen Feind Deutschlands" sprechen läßt, sich letztendlich doch bewußt ist, daß beide Völker eine gemeinsame Wurzel haben, die sich jedoch im Laufe der Jahrhunderte immer weiter auseinandergelebt hätten, wobei seine Sympathie selbstverständlich den „unvermischten", ihre Sprache bewahrt habenden Franken des Ostens gilt[255]. Für Gilg (Aegidius) Tschudi (1505–1572) aus Glarus, der Frankreich und Italien bereist hatte, gehörten Gallier und Germanen zusammen; im Hinblick auf die Sprache betont er, sie seien: *im Grund und Substanz ein Ding und einerley Gemeinschaft der Worten*[256]. Generell kann gesagt werden, daß abgesehen von dynastisch-politisch bedingten „nationalen" Emotionen das Verhältnis der deutschen Humanisten zu

---

[251] Dies betont zutreffend BORCHARDT, S. 98–99; s. auch SCHMIDT-CHAZAN, S. 259–63. Man beachte, daß große Namen des deutschen Humanismus wie Johann Reuchlin, Hieronymus Gebwiler, Beatus Rhenanus, Johannes Aventinus und Rudolf Agricola, der Vater des deutschen Humanismus, in Paris studiert hatten und Schüler des großen Faber Stapulensis (Jacques Lefèvre d'Etaples, ca. 1450–1537) gewesen waren; Reuchlin hatte auch bei Robert Gaguin gehört; vgl. THUASNE, S. 31; STRAUSS, S. 32–33 und bes. RIDÉ I, S. 329, 331, 372; vgl. noch ebd. S. 398.

[252] Beispiele bei PAUL, S. 47, der nun seinerseits zu weit geht, wenn er „eine starke, bis zum gegenseitigen Haß führende Verschiedenheit als das naturgegebene Verhältns zwischen Galliern und Germanen" festzustellen glaubt; Animosität scheint mir der richtigere Ausdruck. Wimpfeling ist da eher eine Ausnahme: RIDÉ I, S. 301.

[253] Zitiert nach PAUL, S. 47. Sehe ich recht, so berücksichtigt STRAUSS, passim, das Verhältnis Aventins zu Frankreich nicht, wie er sich ganz allgemein viele interessante Details im Werk Aventins entgehen läßt.

[254] Daran ändert die Tatsache nichts, daß Alexander voller Sorge ist ob der Anmaßung der Franzosen in ihren Ansprüchen auf das „Imperium"; vgl. HEIMPEL, Alexander, S. 23ff.

[255] Vgl. PAUL, S. 100–03; interessant ebd. S. 103–04 die Haltung Aventins zur Hinrichtung Konradins 1268 im Vergleich zur Freilassung Franz' I. nach seiner Gefangennahme in der Schlacht von Pavia: *es hat nie kain teutscher fürst ein pferd drumb g'satelt, das solchs mord und unschuldig pluet und schmach, der ganzen teutschen nation zuegefügt, gerochen wurd. Got hat ietzo den künig in Frankreich in die hand der Teutschen geben, haben in dennoch weg lassen*; s. auch KIRN, S. 53.

[256] Zitiert nach PAUL, S. 47; vgl. noch BORCHARDT, S. 161.

Frankreich zwar kühl war, aber letztlich doch bestimmt von dem Bewußtsein der einstigen Zusammengehörigkeit der Franken[257].

Damit wende ich mich nunmehr dem französischen Humanismus zu,
der sich in vielen Punkten von dem deutschen unterscheidet. Der französische Humanismus ist vor allem philologisch-literarisch geprägt, nationale Fragen, die für die deutschen Humanisten im Zentrum des Interesses
standen, spielen bei den französischen kaum eine Rolle[258] und werden erst
wieder im Zeitalter der Religionskriege aktuell, dann aber eindeutig als
Propagandawaffe im Streit zwischen Katholiken und Calvinisten[259]. Dies
ist der Grund, warum das späte 15. und die erste Hälfte des 16. Jahrhunderts hier relativ knapp behandelt werden können, während von den spätmittelalterlichen Grundlagen des französischen Nationalgefühls ausführlicher zu sprechen sein wird als von den humanistischen, die im Grunde
nur die bereits im 13.–14. Jahrhundert ausgearbeiteten Positionen übernehmen. Auch in Frankreich hatte man sich zunächst gegenüber den italienischen Vorwürfen der Barbarei zu verteidigen[260], ging aber schon vor
1500 zum Gegenangriff über[261]. Dabei handelte es sich jedoch vor allem
um die Frage, inwieweit das Französische dem Italienischen gleichwertig
oder diesem gar vorzuziehen sei und um die Ebenbürtigkeit des Französischen mit dem Lateinischen[262], Probleme also, denen für unsere Fragestellung keine zentrale Bedeutung zukommt, weshalb ich mich mit dem gene-
rellen Hinweis begnügen kann. Es ist für den französischen Frühhumanismus charakteristisch, daß er nur ein einziges Geschichtswerk hervorgebracht hat, nämlich das erstmals 1495 veröffentlichte „Compendium
super Francorum origine et gestis"[263] des gelehrten Robert Gaguin (ca.

---

257) So ist etwa das „Nationalbewußtsein" des Trithemius vor allem fränkisch, erst in
zweiter Linie deutsch; vgl. PAUL, S. 90–91.
258) Zu den Gründen vgl. BÖHM, S. 8–9 m. Anm. 2.
259) Hierzu vgl. YARDENI, S. 70–71.
260) Vgl. SIMONE, S. 79ff.; BÖHM, S. 21ff., 42ff., 58ff.; SCHMIDT-CHAZAN, S. 245ff.;
BEAUNE, S. 303ff.
261) BÖHM, S. 78ff., 133ff.; SCHMIDT-CHAZAN, S. 251ff., 265.
262) BÖHM, S. 217ff., 239ff., 246ff., 303ff., 346ff., bes. S. 366ff.; BEAUNE, S. 292ff., 307ff.
263) Das Werk erschien zwischen 1495 und 1586 in 17 Auflagen, von denen fast jede
einen anderen Titel hatte; die letzte noch von Gaguin selbst besorgte (4.) Auflage datiert
von Jan. 1501, vier Monate vor Gaguins Tod, den BODMER, S. 93, irrig in das Jahr 1503
legt. Die erste Auflage war so schlecht gesetzt, daß Gaguin die Veröffentlichung verhindern wollte; vgl. THUASNE, S. 117–19, 129–32, 149–51; BODMER, S. 93 m. Anm. 8,94
Anm. 11. Zu dem Empfehlungsschreiben des Erasmus, das am Ende der 1. Ausgabe
gedruckt ist, vgl. unten Anm. 265. Da zwei Versuche Gaguins (1476 und 1479), zum
königlichen Hofhistoriographen bestellt zu werden, fehlschlugen, schrieb er das Buch
allein aus eigenem Antrieb; vgl. THUASNE, S. 38, 45–46; SCHMIDT-CHAZAN, S. 240–41.
Hofhistoriograph wurde dagegen der Italiener Paulus Aemilius, dessen Werk im 16. Jh.
rasch politische Bedeutung gewann; s. RIGAULT, S. 82, 87 m. Anm. 1.

1433–1501)[264], der einer der führenden Humanisten Frankreichs[265] und zugleich ein vielgereister Diplomat im Auftrag seiner Könige war[266], was sich auch in seinem Geschichtswerk niederschlägt, das ganz auf die letzten 40 Jahre (1461–1501) konzentriert ist, auf das also, was wir heute „Zeitgeschichte" nennen würden, während er sich für die ältere Zeit vorwiegend mit einem eher farblosen Resumé aus den „Grandes Chroniques" von St-Denis begnügt[267]. Dennoch überragt sein Werk in Konzeption und Kritik bei weitem etwa die jüngere „Epitome" eines Wimpfeling[268].

Das Geschichtsbild des französischen Humanismus beruhte im wesentlichen auf den schon im Hoch- und Spätmittelalter herausgebildeten Grundlagen, denen die Humanisten kaum etwas Wesentliches hinzuzufügen hatten. Für alle Franzosen war es schon seit den „Chansons de geste" eine Selbstverständlichkeit[269], in Karl d. Gr. einen Franzosen

---

[264]) Zum Leben Gaguins ausführlich THUASNE, S. 3–168 und knapp zusammenfassend SCHMIDT-CHAZAN, S. 234–37.

[265]) Gaguin betrachtete sich als Schüler des gleichaltrigen Guillaume Fichet (1433–ca. 1480) und war nach dessen Abreise nach Rom 1472 das Haupt der Pariser Humanisten noch vor Lefèvre d'Etaples; zu Fichet s. Jules PHILIPPE: Guillaume Fichet. Sa vie, ses œuvres, Annecy 1892; THUASNE, S. 220–22 und zuletzt BÖHM, S. 47ff.; Gaguin übersetzte 1485 die „Commentaria" Caesars für Karl VIII.; 1499 widmete ihm Paul Hemmerlin von Andlau seine Terenz-Ausgabe. Gaguin hat gelegentlich seiner Deutschlandreise 1492 Trithemius und sogar Wimpfeling in Sponheim und Speyer persönlich aufgesucht; mit Erasmus pflegte er während dessen Pariser Aufenthalts engen Kontakt. Erasmus schrieb sogar eine besondere Lobpreisung zur 1. Auflage von Gaguins „Compendium". Es war dies Erasmus' erste Veröffentlichung und damals eine Ehre mehr für ihn als für Gaguin; vgl. THUASNE, S. 61–62, 114–16, 118, 126, 129–32, 141–43; vgl. noch Franco SIMONE: Robert Gaguin ed il suo cenacolo umanistico, in: Aevum 13 (1939) S. 410–76, bes. S. 411ff. und Charity Canon WILLARD: Isabel of Portugal, patroness of humanism? in: Miscellanea di studi e ricerche sul Quattrocento francese, hgg. von Franco SIMONE (Torino 1967) S. 517–44, bes. S. 542–43; vgl. noch SIMONE, S. 162–65.

[266]) Er unternahm diplomatische Missionen für Ludwig XI., Karl VIII. und Ludwig XII. nach Deutschland, Italien und England zwischen 1477 und 1491; 1492 gehörte er zu den Unterzeichnern des Vertrags von Etaples mit England; vgl. THUASNE, S. 41–42, 53–54, 58–60, 64–67, 77–87, 99–102, 103 und SCHMIDT-CHAZAN, S. 236–37. Im Auftrag seines Ordens – er war seit 1473 General des Trinitarierordens – bereiste er überdies Deutschland, Italien und Spanien; vgl. THUASNE, S. 34; SCHMIDT-CHAZAN, S. 235–36

[267]) Damit soll nicht behauptet werden, daß diese seine einzige Quelle gewesen wären und Gaguin sich mit ihrer Paraphrasierung begnügt hätte, wie STRAUSS, S. 84–85, viel zu einseitig urteilt; vgl. schon THUASNE, S. 118–19; s. auch BODMER, S. 111–12 und bes. unten S. 53–55, 63.

[268]) Dies betonte bereits JOACHIMSEN, Humanismus, S. 72–73. Eine allgemeine Würdigung der historiographischen Leistung Gaguins bei BODMER, S. 113ff. und bes. SCHMIDT-CHAZAN, S. 278ff.

[269]) Gaston PARIS: Histoire poétique de Charlemagne (Paris 1865) ist auch heute noch lesenswert; vgl. FOLZ, S. IX. Paris vertrat die These, daß die „epische Überlieferung" seit karolingischer Zeit ungebrochen fortbestanden habe, während Joseph BÉDIER: Les légendes épiques. Recherches sur la formation des Chansons de geste, 4 Bde. (Paris 1926–29³, 1908–13¹) die Entstehung der „Chansons de geste" erst in das 11. Jh. ansetzte. Dieser Streit,

zu erblicken[270], selbst in Deutschland findet sich diese Auffassung hin und wieder vertreten[271]. Doch es ist Barbarossa, der Karl zum Heiligen macht[272], während Ludwig XI. den Karlskult erst 1475 offiziell in Frankreich einführt[273], ohne daß Karl in Deutschland oder Frankreich jemals die Rolle des Nationalheiligen hätte übernehmen können[274]. Es ist aufschlußreich, gerade am Beispiel Karls d. Gr. dessen unterschiedliche Darstellung in der spätmittelalterlichen französischen Chronistik und im „Compendium" Robert Gaguins zu vergleichen. Während die „Grandes Chroniques de France" in einer Beschreibung von Karls unglaublichen Körperkräften schwelgen und genüßlich die enormen Kapazitäten seines Magens beschreiben[275], vergißt Nicole Gilles[276] nicht hervorzuheben: *Il savoit tres bien eloquemment parler Latin, Hebreux(!), Arabois(!), François, Ecossais(!), Allemant, Flammant, et plusieurs autre languages; et estoit instruit es sept arts liberaux*[277]. Von alledem findet sich bei Gaguin, der sich schon in früheren Jahren literarisch mit Karl d. Gr. befaßt hatte[278], kein Wort. Aber er verzichtet nicht nur auf Anekdötchen und ähnliches Füllmaterial, mit dem die spätmittelalterliche Chronistik ihre Leser zu unterhalten pflegte, sondern er treibt auch handfeste Kritik. Er bestreitet zunächst einmal die ang. Pilgerreise

der hier nicht zu interessieren braucht, ist bis heute nicht entschieden; eine knappe Zusammenfassung und Würdigung bei GRAUS, Vergangenheit, S. 186 – 88 mit weiterer Lit. Eine vermittelnde Position bereits bei OLSCHKI, S. 13 – 15; s. auch EHLERS, Kontinuität, S. 43 – 45.

[270] Vgl. schon oben S. 17 m. Anm. 76 sowie v. BORRIES, S. 16; SCHRAMM I, S. 137, 239 u.ö.; FOLZ, S. 277ff.; WEIS, S. 79; GOEZ, S. 208; BODMER, S. 101; BORCHARDT, S. 262 – 63; GRAUS, Vergangenheit, S. 186, 188 – 89, 191; BEAUNE, S. 78, 82, 103, 114, 316, 337 u.ö.

[271] Beispiele bei JOACHIMSEN, Humanismus, S. 7; FOLZ, S. 549 – 50; GOEZ, S. 208 – 09; BORCHARDT, S. 62 – 63; vgl. schon oben S. 41 m. Anm. 192.

[272] Vgl. bes. FOLZ, S. 203ff. und MEUTHEN, S. 60ff., der mit Recht Rainald von Dassel als den „spiritus rector" dieser Heiligsprechung ansieht; vgl. auch GRAUS, Vergangenheit, S. 193 m. Anm. 237.

[273] ZELLER, S. 311 und Robert FOLZ (oben Anm. 73) S. 80 – 81, mit ausdrücklichem Hinweis auf den Bericht bei Gaguin. Zur Beliebtheit Karls d. Gr. in der Literatur des 15. Jh. s. Jean MONFRIN: La figure de Charlemagne dans l'historiographie du XVᵉ siècle, in: Annuaire – Bulletin de la Soc. de l'histoire de France 1964/65, S. 1 – 15, bes. S. 6 – 7; s. auch EHLERS, Kontinuität, S. 24.

[274] Dies betont zutreffend GRAUS, Vergangenheit, S. 191, 193 – 95. Der französische Nationalheilige war St. Denis; hierzu vgl. OLSCHKI, S. 63ff.; SCHRAMM I, S. 131ff.; GRAUS, Vergangenheit, S. 148ff.; EHLERS, Kontinuität, S. 22ff.; BEAUNE, S. 83ff.

[275] Grandes Chroniques de France, l.III c.2; l.IV c. 10 (ed. VIARD III, S. 150, 257 – 58).

[276] Zu den „Annales et chroniques de France" des 1503 verstorbenen Nicole Gilles vgl. BODMER, S. 92 – 93 und bes. HUPPERT, S. 229 – 30 m. Anm. 11.

[277] Zitiert nach BODMER, S. 108; vgl. ebd. S. 109. Das Griechische, dessen Kenntnis ihm Gaguin zubilligt, erwähnt Gilles gerade nicht; s. SCHMIDT-CHAZAN, S. 287.

[278] Vgl. SCHMIDT-CHAZAN, S. 279 – 80 m. Anm. 327 – 29.

Karls nach Jerusalem[279], die seit etwa der Mitte des 12. Jahrhunderts[280] zum festen Repertoire der Karlslegende gehörte[281]; er leugnet einen Besuch Karls in Konstantinopel[282], wobei ihm allerdings die Chronologie gründlich durcheinander gerät[283]. Bemerkenswert ist im übrigen Gaguins Gleichgültigkeit gegenüber der „Nationalität" Karls d. Gr.[284].

---

[279]) *Itaque qui de Hierosolymitana expeditione scribunt, nullum tempus aut locum tam longi itineris signant* und: *nullum fuisse tempus videtur, quo tam longiquum assumere bellum potuit*: zitiert nach SCHMIDT-CHAZAN, S. 280 Anm. 330 und Anm. 333. Schief daher BORST, Karlsbild, S. 366: „Den Sagen von Karls riesiger Körpergröße mißtraute Gaguin; den christlichen Legenden Acciaiuolis glaubte er". Vgl. noch unten Anm. 282–83.

[280]) Die Behauptung, Karl d.Gr. habe Jerusalem und Konstantinopel (in dieser Reihenfolge!) besucht, findet sich erstmals bei dem Mönch Benedikt aus dem Andreas-Kloster am Berg Soracte: Chronicon (ed. ZUCCHETTI, S. 112–15), der hierbei Einhard teils mißverstanden, teils bewußt „erweitert" hat; Benedikt schrieb wohl um 1000; vgl. WATTEN-BACH–HOLTZMANN I³, S. 336–37; s. aber KUNSEMÜLLER, S. 90; zum Zug in den Orient vgl. ebd. S. 86–87. Vgl. noch unten Kap. 4 § 1, S. 250 m. Anm. 41. Erst im 12. Jh. wird dieses Thema in der „Descriptio" von St-Denis, im „Voyage de Charlemagne à Jerusalem et à Constantinople" u.a. wieder aufgenommen; keines dieser Werke ist sicher datierbar (ca. 1120–1175), ihr Verhältnis zueinander umstritten (die „Reise" ist allerdings sicher jünger als die „Descriptio", die wohl das älteste Werk ist); auf Einzelheiten kann hier unmöglich eingegangen werden; vgl. Jules COULET: Etudes sur l'ancien poème français du „Voyage de Charlemagne en Orient" (Montpellier 1907; Thèse) S. 11ff. (zu Benedikt von S. Andrea), S. 169ff. (zur „Descriptio"), S. 253ff. (zur „Reise"); MEYER, S. 170ff.; Jules HORRENT: Le Pèlerinage de Charlemagne. Essai d'explication littéraire avec des notes de critique textuelle (Paris 1961) S. 17ff., 115ff. (Bibliothèque de la Faculté de Philosophie et Lettres de l'Université de Liège, fasc. 158); s. noch FOLZ, S. 134ff., 179–80.

[281]) z.B. Grandes Chroniques de France, l. III cc.5–7 (ed. VIARD III, S. 168–81). Der gesamte 3. Band der zehnbändigen Ausgabe von Viard behandelt die Regierungszeit Karls d.Gr., die zunächst chronologisch relativ getreu nach Einhard dargestellt wird; erst im 3. Buch werden die Legenden eingeführt. Die „Grandes Chroniques" wurden 1274 im Kloster St-Denis wahrscheinlich noch als Auftrag Ludwigs IX. von dem Mönch Primat kompiliert; vgl. VIARD I, Introduction, bes. S. XXXI–II; BODMER, S. 92 m. Anm. 4 und LEWIS, S. 115–16.

[282]) Die Reisen nach Jerusalem und Konstantinopel gehören zusammen; die Legenden differieren lediglich in der Frage, ob Karl auf dem Hin- oder auf dem Rückweg Konstantinopel aufgesucht hat; nach Benedikt und dem „Voyage" besuchte er Konstantinopel auf dem Rückweg, nach der „Descriptio" und „Pseudo-Turpin" auf der Hinreise; vgl. COULET (oben Anm. 280) S. 189–90. Die „Grandes Chroniques" folgen der „Descriptio", die ja gleichfalls in St-Denis entstanden war, doch trennen sich Karl und „Konstantin" hier erst in Jerusalem.

[283]) Er hält den „Konstantin" der „Grandes Chroniques" fraglos für Konstantin d.Gr., da sein Argument gegen ein Treffen Karls mit Konstantin sich auf dessen Aussatz bezieht: *Cuius rei fidem non facile admiserim ob id maxime, quod hic Constantinus gravi lepra eo tempore laborabat*: zitiert nach SCHMIDT-CHAZAN, S. 280 Anm. 331. Auch der Name Konstantins in den „Grandes Chroniques" ist selbstverständlich der Vorlage: oben Anm. 282, entnommen.

[284]) Er erwähnt sie praktisch nicht, was natürlich auch bedeuten kann, daß sie ihm selbstverständlich erschien; vgl. aber JOACHIMSEN, Humanismus, S. 72. Im Vorwort seiner Übersetzung der „Commentaria" Caesars für Karl VIII.: oben Anm. 265, erwähnt er die Rheingrenze mit keinem Wort und bemerkt nur beiläufig, daß Frankreich auf dem Boden der alten Gallia liegt; vgl. ZELLER I, S. 54 und unten Kap. 5 § 3, S. 348–49.

Gewiß ist Gaguins Kritik nicht überall gleichmäßig scharfsinnig: er glaubt z.B. noch an die Gründung der Universität Paris durch Karl[285] und durchschaut zumindest nicht vollständig die ang. Pilgerfahrt nach Santiago[286], doch in einem Punkt kommt seiner historischen Kritik eine ganz besondere Bedeutung zu: in seiner Ablehnung der Trojanersage. In keinem Land hatte der Trojamythos eine weitere Verbreitung gefunden als in Frankreich[287], was nicht verwundern kann angesichts der Tatsache, daß bei der seit dem Hohen Mittelalter üblichen Gleichsetzung von *Franci* mit „Franzosen" in erster Linie Frankreich der politische Nutzniesser dieser Sage war[288]. Es zählt unzweifelhaft zu den großen wissenschaftlichen Verdiensten Gaguins, hier zumindest den Zweifel gesät und seine Bedenken so klar formuiert zu haben[289], wie es in einer politisch so brisanten Frage überhaupt möglich war[290]. Er leitete damit eine Kritik ein, die im Laufe des 16. Jahrhunderts immer mehr die Oberhand gewann: ein Bodin, ein Hotman, die beide den famosen „Hunibald" noch akzeptierten[291], lehnen die Trojanersage einmütig ab und erklären die Franken für Germanen[292].

---

[285]) Die in den „Grandes Chroniques" l.III c.3 (ed. VIARD III, S. 157–58) nicht einmal klar ausgesprochen wird; vgl. unten S. 63 m. Anm. 348; vgl. aber unten S. 63 m. Anm. 352.

[286]) Grandes Chroniques de France, l.IV c.1 und c.10 (ed. VIARD III, S. 204–06, 253–55); vgl. hierzu BORST, Karlsbild, S. 366 und einschränkend SCHMIDT-CHAZAN, S. 280. Auch das Urteil von HUPPERT, S. 230, dem Gaguin nicht kritisch genug ist, halte ich in dieser Form für verfehlt.

[287]) So steht er denn auch wie selbstverständlich am Anfang der „Grandes Chroniques", l.I c.1 (ed. VIARD I, S. 9–12); vgl. hierzu KLIPPEL, S. 33–38 und GRAUS, Vergangenheit, S. 86 m. Anm. 60; s. auch EHLERS, Elemente, S. 580–81; SCHNEIDMÜLLER, Nomen, S. 167ff.

[288]) Dies betont zutreffend BORCHARDT, S. 310, unter Verweis auf KLIPPEL, S. 49ff.; s. auch HUPPERT, S. 228.

[289]) *Verum cum hec de Sycambris et Francorum exortu constantissime narrantur, suboritur tamen mihi ex sententia Cesaris non sine ratione dubitatio*: zitiert nach THUASNE, S. 118 Anm. 2; vgl. HUPPERT, S. 230–31, der unverständlicherweise: ebd. S. 230 Anm. 14, eine französische Übersetzung Gaguins zitiert, der wenig Beweiskraft zukommt; ebenso schon KLIPPEL, S. 46–48; vgl. aber SCHMIDT-CHAZAN, S. 273 Anm. 290–91.

[290]) Unverständlich daher, wie BORST, Karlsbild, S. 366, gerade diesen Aspekt übersehen konnte; vgl. aber THUASNE, S. 120–22; SCHMIDT-CHAZAN, S. 272–73.

[291]) Bodin, Methodus, c.X: De historicorum ordine et collectione (ed. MESNARD, S. 257B Z. 27–31); HOTMAN, Francogallia, c.5, c.7 u.ö. (ed. GIESEY, S. 206, 234 u.ö.) und SALMON, S. 53.

[292]) Bodin, Methodus, c.IX: „Quare cum quaeritur de origine Francorum, qui postremi Galliarum imperium invaserunt, non ego illos a Trojanis...aut a Phrygiis... aut a Cimbris vel Phrisiis..., sed ab incolis Franconiae Orientalis ultra Rhenum..." (ed. MESNARD, S. 248A Z. 53–59); wohl aber leitet Bodin die Herkunft der Gallier von den Griechen oder Trojern ab: „...satis arguunt Gallorum originem Trojanis aut Graecis aut utrisque deberi" (ed. MESNARD, S. 245B Z. 4–5). An anderer Stelle spricht sich Bodin noch deutlicher über die germanische Herkunft der Franken aus: c.IX: „Francos a Germanis originem traxisse demus. Quid enim ad nostri nominis famam praeclarius...aut ad utriusque Imperii salutem utilius potest, quam ad fortissimam ... Germanorum gentem Francorum origines referre?"

Um so erstaunlicher ist daher, daß sie im 17. Jahrhundert plötzlich wieder so etwas wie eine Auferstehung erlebte[293], was dazu führte, daß der gelehrte Nicolas Fréret (1688–1749) für seinen 1714 gehaltenen, aber erst 1796 gedruckten Akademievortrag „Recherches sur la véritable origine des Français" dank einer Denunziation des Abbé de Vertot vier Monate in der Bastille verbringen durfte[294]. Noch im Jahre 1863 hat ein Narr die Trojasage wissenschaftlich zu „retten" versucht[295], dann war endgültig Schluß.

Zu den weiteren aus dem Hoch- und Spätmittelalter übernommenen Traditionen von der Einzigartigkeit des französischen Königtums zählt die erstmals von Hinkmar von Reims aufgezeichnete Legende von der „Ste-Ampoule", dem himmlischen Salböl, das anläßlich der Taufe Chlodwigs eine Taube vom Himmel gebracht haben soll[296]. Ob Hinkmar der „Erfinder" der Legende war, ist zumindest fraglich[297]; unzweifelhaft aber war er es, der diese Legende gelegentlich der Krönung und Salbung Karls d. K. zum König von Lotharingien am 9. September 869 in Metz auf die Königssalbung bezog[298], doch dauert es bis zur Krönung Ludwigs VII. in Reims 1131, bevor ein sicheres Zeugnis für den Gebrauch des Salböls aus der Ste-Ampoule beim „Sacre" eines französischen Königs überliefert

---

(ed. MESNARD, S. 242A Z.58–B Z.5). Hotman ist seinem Temperament gemäß weitaus drastischer: Francogallia, c.4: „De caeteris vero prope omnibus, qui fabulis delectati, Francorum originem ad Trojanos et Priami filium Francionem nescio quem retulerunt; tantum dicimus, Poëtis illos, non historicis scribendi argumentum praebuisse..." (ed. GIESEY, S. 196, 198); vgl. ebd.: „...illud summe admirandum videtur, quod cum Francorum nomen per tot annos magnam totius Europae partem occupavit, eamque Germaniae gentem fuisse constet..." (ed. GIESEY, S. 182); vgl. MESNARD, S. 330 Anm. 4; HUPPERT, S. 228–29, 233–37; s. auch GRAUS, Vergangenheit, S. 87. Vgl. bes. unten S. 69 m. Anm. 397–98.

[293]) Vgl. HUPPERT, S. 237–38, 239–41; GRAUS, Vergangenheit, S. 87. Irrig daher DURANTON, S. 343: „La théorie troyenne n'a donc pas survécu au XVIᵉ siècle".

[294]) Vgl. THUASNE, S. 122–23; HUPPERT, S. 227, 238–39; GRAUS, Vergangenheit, S. 87 m. Anm. 69; WERNER, Histoire, S. 41.

[295]) Übrigens nicht in Frankreich, sondern in Deutschland; vgl. BORCHARDT, S. 315 m. Anm. 15.

[296]) Zuerst in der von ihm selbst verfaßten „Vita s. Remigii", c.15 (ed. KRUSCH, S. 297 Z.33–298 Z. 39); vgl. aber unten mit der folg. Anm.

[297]) Den Gedanken als solchen könnte Hinkmar bereits in einer (mündlichen, ikonographischen, liturgischen?) Tradition der Reimser Kirche vorgefunden haben; vgl. WATTENBACH–LÖWE, S. 519 m. Anm. 101; so etwa BLOCH, S. 225–26. Auch OPPENHEIMER, S. 27ff., bes. S. 35–37, spricht sich gegen Hinkmar als den „Erfinder" der Legende aus und plädiert für eine ikonographische Vorlage: ebd. S. 41ff., doch ist sein Lösungsversuch wenig überzeugend; vgl. aber WERNER, Imperium, S. 55 m. Anm. 1 (–S. 56).

[298]) Capit. II, Nr. 276 c.4 (S. 340 Z. 29–33); vgl. BLOCH, S. 225; SCHRAMM I, S. 27, 146; WATTENBACH–LÖWE, S. 519–20. OPPENHEIMER, S. 175–76, bezweifelt zu Recht, daß die Ste-Ampoule 869 in Metz benutzt worden wäre.

ist[299]. Fortan spielte das hl. Salböl stets eine wichtige Rolle, um die Sonderstellung des französischen Königs zu begründen[300]. Obwohl der „citoy-
en" Ruehll die Ste-Ampoule 1793 in öffentlicher Zeremonie mit einem
Hammer zerschlagen hatte, wurde noch Karl X. 1825 letztmals mit dem hl.
Salböl gesalbt[301]. In enger Verbindung hiermit steht die Fähigkeit des
französischen Königs, durch einfache Berührung des Kranken die Skrofeln (den Aussatz) heilen zu können[302], was erstmals für Robert II. bezeugt ist, aber nur ad personam und überdies auf das Heilen von Wunden
im allgemeinen bezogen[303]. Auch hier beginnt die eigentliche Tradition
erst im 12. Jahrhundert[304], erreicht ihren Höhepunkt im 13. – 15. Jahrhun-

---

[299]) Chronicon Mauriniacense, l.II c.15 (ed. MIROT, S. 59): der zehnjährige Ludwig VII.
wird von Innozenz II. gekrönt: *et oleo, quo sanctus Remigius per angelicam manum sibi
presentato Clodoveum regem Francorum in Christianum unxerat,...consecravit*; vgl.
SCHRAMM I, S. 147, der aber ebd. II, S. 72 (zu S. 147 Anm. 3 – 4) die maßgebliche Ausgabe
von Mirot nicht kennt, insbes. auch nicht dessen Einleitung: ebd. S. I – XI. OPPENHEIMER,
S. 182ff. hält das „Sacre" Karls III. von Westfranken 893 durch Fulco von Reims für den
ersten Gebrauch der Ste-Ampoule, was mich nicht überzeugt hat; vgl. ebd. S. 259 – 61 zum
„Sacre" von 1131, dessen Bedeutung er herunterspielt. Zuletzt hat Aline POENSGEN:
Geschichtskonstruktionen des früheren Mittelalters zur Legitimierung kirchlicher Ansprüche in Metz, Reims und Trier (Diss. phil. Marburg 1971) S. 73 – 86, den Versuch
unternommen, das „Sacre" an Hugo Capet 987 als erstes Beispiel des Gebrauchs der
Ste-Ampoule zu erweisen; ihre Ausführungen haben mich nicht im entferntesten überzeugt; zustimmend aber BEUMANN, Nationenbildung, S. 135 m. Anm. 50.
[300]) Vgl. etwa Jean GOLEIN, Traité du Sacre (ed. BLOCH, S. 483 – 84); vgl. dazu BLOCH,
S. 228 – 29.
[301]) Vgl. SCHRAMM I, S. 148 – 50; II, S. 73 – 74; OPPENHEIMER, S. 270 – 72.
[302]) Grundlegend BLOCH, bes. S. 87ff., 120ff.
[303]) Helgald, Epitoma, c.27 (edd. BAUTIER – LABORY, S. 128): *Tantam quippe gratiam
in medendis corporibus perfecto viro contulit divina virtus, ut sua piissima manu infirmis
locum tangens vulneris et illis inprimens signum sançte crucis, omnem auferret ab eis
dolorem infirmitatis*; vgl. BLOCH, S. 36 – 40, der diese Stelle entschieden zu einseitig im
Hinblick auf spätere Jahrhunderte deutet; vorsichtiger SCHRAMM I, S. 151; vgl. bes.
BAUTIER, ed. cit., S. 128 Anm. 1. Helgald spricht nur ganz allgemein von Wunden, und
man hat bisher nicht beachtet, daß nach dem Wortlaut des Textes von H e i l u n g gar nicht
die Rede ist: das Berühren der Wunde durch Robert und das Kreuzzeichen über der
Wunde bewirken nach Helgald lediglich die Befreiung vom *dolor infirmitatis*; die Heilung
der Wunde steht dahin. Helgald ist somit als Beleg für die Fähigkeit des Königs, die
Skrofeln zu heilen, auf jeden Fall zu streichen. Zu Helgald vgl. VIDIER, S. 90 – 93 und bes.
BAUTIER, ed. cit., Introduction, S. 17 – 28; ebd. S. 32 – 50 zur „Epitoma".
[304]) Ausdrücklich erwähnt bei Wibert von Nogent, De pignoribus sanctorum, l.I c.1:
*Quid quod dominum nostrum Ludovicum regem consuetudinario uti videmus prodigio?
Hos plane, qui scrophas circa iugulum aut uspiam in corpore patiuntur, ad tactum eius,
superaddito crucis signo, vidi catervatim, me ei cohaerente et etiam prohibente, concurrere.
Quos tamen ille ingenita liberalitate...humillime consignabat. Cuius gloriam miraculi, cum
Philippus, pater eius, alacriter exerceret, nescio quibus incidentibus culpis amisit...*: PL. 156,
col. 616A; s. auch BLOCH, S. 30 Anm. 3. Die Nachricht, auch Philipp I. habe die Skrofeln
geheilt, ist zunächst einmal nur eine Behauptung Wiberts, die nicht dadurch an Glaubwürdigkeit gewinnt, daß Philipp sie nach Wiberts eigener Aussage später nicht mehr
besaß! Vgl. noch BLOCH, S. 31: „Il convient d'observer aussi que ce texte, si précieux,
demeure en son temps absolument unique"! Zu Wibert von Nogent vgl. MONOD, Guibert,
S. 3ff., 31ff., 49ff., 99ff.; zu „De pignoribus" vgl. ebd. S. 302ff.

dert[305] und klingt abermals mit Karl X. aus[306]. Die „Oriflamme", ursprünglich das Banner der Abtei St-Denis, im 12. – 13. Jahrhundert das königliche Feldzeichen[307], verliert im 14. Jahrhundert rasch an Bedeutung und wird nach 1418 nicht mehr benutzt[308]. An ihre Stelle treten im 15. Jahrhundert die „Fleurs de lys", das Lilienbanner, das schon Philipp II. August in der Schlacht von Bouvines (1214) geführt hatte[309].

Im 15. Jahrhundert wurden alle eine Sonderstellung des französischen Königs nachweisenden Privilegien im „Liber liliorum" zusammengestellt[310], doch schon zu Ausgang des 14. Jahrhunderts hatte die Legende diese besonderen Eigenschaften und Vorrechte mit der Person des „heiligen" Chlodwig verbunden[311], der – ohne je offiziell zur Ehre der Altäre erhoben worden zu sein – in einigen südfranzösischen Kirchen, insbesondere in Moissac, als Heiliger verehrt wurde[312], womit „Saint Clovis" vor allem im 15. Jahrhundert, als die Reputation des eigentlichen Patrons Frankreichs, des hl. Dionysius[313], angeschlagen war[314], „Saint Denis" Konkurrenz machte, dessen Kloster nördlich Paris als „der religiöse Mittelpunkt Frankreichs" bezeichnet worden ist[315]. Im 15. Jahrhundert zählten – natürlich aus politischen Gründen – auch die schon im 14. Jahrhundert entdeckte sogen. „salische" Erbfolge[316], die die Frauen (und deren Nachkom-

---

[305]) Vgl. Bloch, S. 32, 128ff.; problematisch SCHRAMM I, S. 152 – 54.

[306]) Die bekannte Formel: „Le Roi te touche, Dieu te guérisse", ist erst seit dem 16. Jh. bezeugt: BLOCH, S. 93, 403; vgl. ebd. S. 360ff., bes. S. 402 – 04.

[307]) OLSCHKI, S. 56 – 58; BLOCH, S. 235 – 36; SCHRAMM I, S. 139 – 40, 204; BEAUNE, S. 112 – 13.

[308]) Philippe CONTAMINE: L'oriflamme de Saint-Denis aux XIVe et XVe siècles, in: Annales de l'Est 25 (1973) S. 179 – 245; vgl. BEAUNE, S. 113.

[309]) Vgl. BLOCH S. 229ff., 250 – 51; SCHRAMM I, S. 214 – 15, 239 – 40; Sir Francis OPPENHEIMER: Frankish Themes and Problems. V: The Fleur-de-Lis (London o.J.[1953]) S. 171 – 235, bes. S. 183ff. und vor allem BEAUNE, S. 237 – 63; ebd. S. 239 – 40 kritisch zu Oppenheimer.

[310]) BEAUNE, S. 226 – 28.

[311]) Vgl. BEAUNE, S. 61 – 64. In diesem Zusammenhang ist bemerkenswert, daß praktisch alle bekannten Urkundenfälschungen auf den Namen Chlodwigs spätmittelalterlich sind.

[312]) BEAUNE, S. 66 – 74.

[313]) BEAUNE, S. 83ff. und oben Anm. 274.

[314]) Vgl. bes. BEAUNE, S. 111 – 12, 115 – 20, 123; vgl. ebd. S. 165ff.

[315]) OLSCHKI, S. 61; vgl. ebd. S. 51ff.; vgl. noch SCHRAMM I, S. 131ff.; BEAUNE, S. 96ff., 112 – 14, 120 – 22. Zu dem großen Projekt der Neuordnung der Königsgräber in St-Denis im 13. Jh. vgl. LEWIS, S. 142 – 43 und zuletzt EHLERS, Kontinuität, S. 32 – 35 mit Plan auf S. 33.

[316]) BEAUNE, S. 264ff. Die sogen. salische Erbfolge spielte weder 1314 noch 1328 eine Rolle; sie diente vor allem als Waffe gegen die Erbansprüche des englischen Königs: BEAUNE, S. 266 – 67, 278 – 79, 288 – 89; s. auch LEWIS, S. 149ff.; schief SCHRAMM I, S. 231 – 33. Vgl. noch unten S. 72 m. Anm. 421, S. 74 – 75 m. Anm. 435 – 36.

men) von der Thronfolge ausschloß, sowie die gefälschte „Pragmatische Sanktion" des hl. Ludwig[317] zu den im „Liber liliorum" enthaltenen Privilegien des französischen Königtums[318]. Man kann daher mit Recht von einer „royauté sacrée" sprechen[319], oder wie es Ernest RENAN so schön formuliert hat: „La France avait créé un huitième sacrament qui ne s'administrait qu'à Reims, le sacrement de la royauté"[320]. SCHRAMM ging noch einen Schritt weiter und sprach von einer „religion royale", deren theologische Fragwürdigkeit ihm selbst klar war[321]. Unter dem Eindruck der Autorität SCHRAMMS ist dies oft nachgeschrieben worden[322], doch gibt es dafür keine Quellengrundlage. Der einzige (!) Wortbeleg findet sich in einem „petit traitié de la consecracion des princes", den der Karmeliter Jean Golein im Jahre 1372 Karl V. widmete, und den dieser vielleicht mit eigenen Randglossen versehen hat[323]. Es heißt hier: *Et quant le roy se despoille, c'est signifiance qu'il relenquist l'estat mondain de par devant pour prendre celui de la religion royal; et s'il le prent en tele devocion comme il doit, je tieng qu'il est telement nettoié de ses pechiez comme celui qui entre nouvellement en religion esprouvée*[324]. Er zitiert dann noch den hl. Bernhard, der den Eintritt in den Mönchsstand mit einer zweiten Taufe vergleicht[325]. Es ist ganz klar, daß *religion royal* hier ganz banal ein geistliches G e w a n d meint[326], das den priesterlichen Aspekt des Königtums unterstreicht, den Golein selbst

---

[317]) BEAUNE, S. 156–57. Die Fälschung datiert um 1450, liegt also nach der echten Pragmatischen Sanktion von Bourges 1438.

[318]) BEAUNE, S. 226–27.

[319]) So z.B. BLOCH, S. 51ff.

[320]) La monarchie constitutionelle en France (1869), in: Œuvres I, S. 477–521, bes. S. 488; ebd. auch die Formulierung „la religion de Reims"!

[321]) SCHRAMM I, S. 241: „So unpassend dieser Ausdruck einem geschulten Dogmatiker dünken mochte, so treffend war er mitten im geschichtlichen Leben"; vgl. noch ebd. S. 4, 257, 266, 270.

[322]) Selbst von so feinen Kennern wie SCHALK, S. 148; TELLENBACH, Tradition, S. 192 und WERNER, Nations, S. 294, 301. Ich nenne noch de PANGE, S. 22 (als Kapitelüberschrift: La religion royale et Jeanne d'Arc); SCHMIDT-CHAZAN, S. 286 (unter Berufung auf de Pange); EHLERS, Anfänge, S. 37 (für die Zeit um 900!). Vor Schramm hatte schon KÄMPF, S. 91, 92, die „religion royale" bemüht. Bereits im übertragenen Sinn gebraucht den Begriff GRAUS, Verfassungsgeschichte, S. 562 Anm. 107.

[323]) Vgl. BLOCH, S. 139–40, 233, 479.

[324]) ed. BLOCH, S. 483; zitiert auch bei SCHRAMM I, S. 241 (nur bis *royal*).

[325]) Hierzu vgl. bes. Giles CONSTABLE: The ceremonies and symbolism of entering religious life and taking the monastic habit, from the fourth to the twelfth century, in: Segni e riti nella Chiesa altomedievale occidentale, t.II (Spoleto 1987) S. 771–834, bes. S. 799–802 (Settimane di studio del Centro italiano di studi sull'alto medioevo, t.XXXIII).

[326]) Etwas mißverständlich formulierte schon BLOCH, S. 197–98: „du même coup la dignité royale se trouvait comparée à une ‚religion', c'est-à-dire à l'état monastique, e le sacre se voyait attribuer les mêmes pouvoirs de régénération que l'entrée en religion". Das ist zwar richtig, beachtet aber nicht die Tatsache, daß Golein den Verlauf des „Sacre"

betont, wenn er anläßlich der Kommunion des Königs und der Königin „sub utraque specie" bemerkt: *Et en ce est demonstrée la dignité royal et prestral: car on ne baille a nul autre, s'il n'est prestre, le sanc separeement*[327].

Muß so die ang. „religion royale" auch ersatzlos gestrichen werden, so bleibt doch genug, um die Sonderstellung des französischen Königs unter den Königen des Abendlands hervorzuheben und schon im 13. Jahrhundert – im Anschluß an die Bulle „Per venerabilem" Innozenz' III. von 1202[328] – gipfelt sie in der Feststellung, daß *rex Francie non recognoscit superiorem in regno suo*, oder noch einprägsamer: *rex Francie est imperator in regno suo*[329]. Der deutsche König hat mit dem König von Frankreich stets auf der Grundlage der absoluten Gleichrangigkeit verkehrt[330]. Seit 1271 sind verschiedene Versuche von französischer Seite zum Erwerb der Kaiserwürde unternommen worden[331], aber weder die Bemühungen Karls von Anjou für Philipp III.[332], noch die Kandidatur Karls von Valois, des Bruders Philipps IV. des Schönen von Frankreich, im Jahre 1308, noch die Karls IV. von Valois 1328, bei der der König von Frankreich erstmals in ei-

---

beschreibt und hier eindeutig ein Kleiderwechsel gemeint ist. Meiner Deutung haben Robert-Henri BAUTIER, membre de l'Institut-Paris und Giles CONSTABLE-Princeton, ausdrücklich zugestimmt. Der Begriff „religion royal" findet sich in keinem der großen Lexika (Godefroy, Tobler – Lommatzsch, v. Wartburg). In dem bei RIVIÈRE, S. 258, zitierten politischen Traktat hat *regis religio* die Bedeutung von „eifriger Pflichterfüllung, Sorgfalt" des Königs.

[327]) ed. BLOCH, S. 484.

[328]) P. 1794 = MIRBT – AHLAND, t.I, Nr. 397, S. 308 – 09, bes. S. 309: *Insuper, cum rex ipse* (scil. rex Francie) *superiorem in temporalibus minime recognoscat*; vgl. hierzu ZELLER, S. 291; SCHRAMM I, S. 229 und bes. die folg. Anm.; s. noch KÄMPF, S. 88 m. Anm. 7. Interessant ist, daß auch Alexander von Roes diesen Grundsatz anerkennt: Memoriale, c.24 (ed. GRUNDMANN, S. 125 Z. 10 – 11). Zur Frage der Lehnsherren der Wilhelme von Montpellier, die für „Per venerabilem" von Bedeutung ist, vgl. jetzt KIENAST III, Anh. XIII, S. 699 – 711, bes. S. 708 – 11.

[329]) Aus der überreichen Lit. zu dieser Frage zitiere ich nach SCHOLZ, S. 239ff.; RIVIÈRE, S. 268, 279, 424ff.; KÄMPF, S. 23ff.; MARTIN, S. 151ff. vor allem Francesco ERCOLE: Studi sulla dottrina politica e sul diritto pubblico di Bartolo, in: Da Bartolo all'Althusio. Saggi sulla storia del pensiero pubblicistico del rinascimento italiano (Firenze 1932) S. 157 – 217 (für französischen Ursprung); Francesco CALASSO: I glossatori e la teoria della sovranità (Milano 1951²) S. 26ff., 44ff., 108ff. (für süditalienischen Ursprung); Sergio MOCHI-ONORY: Fonti canonistiche dell'idea moderna dello stato (Milano 1951) bes. S. 209ff., 227ff., 271ff.; MAFFEI, S. 178ff.; Gaines POST: Studies in Medieval Legal Thought (Princeton 1964) S. 453ff.; vgl. noch die Ausführungen von KIENAST II, S. 417ff., 439ff.; III, Anh.X, S. 691ff.; Anh.XII, S. 697ff. und bes. LÖWE, Kaisertum, S. 253 – 54.

[330]) Vgl. WERNER, Imperium, S. 21ff. und ausführlich VOSS, Herrschertreffen, S. 65ff. sowie unten Kap. 10 § 2, S. 666 – 67.

[331]) Grundlegend bleibt ZELLER, S. 273ff., 497ff.; vgl. auch RIDÉ I, S. 82 – 83 und die folg. Anm.

[332]) Const. III, Nr. 618, S. 585 – 88. Karl von Anjou wußte sehr wohl, daß er selbst schon auf Grund des Justizmords an Konradin keinerlei Chance hatte, gewählt zu werden; vgl. LEROUX, Recherches, S. 49 – 51; KERN, S. 71 – 73; ZELLER, S. 286 – 88; KÄMPF, S. 47 – 49.

gener Person kandidierte, waren von Erfolg gekrönt[333]. Nach der gescheiterten Kaiserkandidatur Franz' I. von 1519 vertraten die französischen Legisten die Auffassung, daß der König von Frankreich kein Bewerber um die Kaiserkrone mehr sein dürfe, da er damit einräumen würde, daß ihm etwas an seiner „plenitudo potestatis" fehle. Dies hinderte jedoch nicht, daß in den Jahren 1546/53 erneut von einer französischen Kaiserkandidatur die Rede war, zunächst für den Dauphin, danach für Heinrich II. in Person, doch auch diese Pläne zerschlugen sich bald[334].

Um 1300 lassen sich die ersten Anzeichen eines Aufflammens chauvinistischer Gedanken im Umkreis des französischen Königtums registrieren, die meist mit dem Namen von Pierre Dubois (Petrus de Bosco, † nach 1321) verbunden werden, den man den ersten „Dogmatiker des Chauvinismus" genannt hat[335]. Aber der Einfluß von Pierre Dubois wurde maßlos überschätzt: er gehörte nie zum engeren Beraterkreis Philipps des Schönen, war über die Interna der französischen Politik schlecht, wenn überhaupt, informiert und eher ein Phantast als ein Realpolitiker[336]; mit Politikern vom Range eines Peter Flote († 1302) oder Wilhelm von Nogaret († 1313) darf er nicht verglichen werden[337]. Aber vielleicht sind seine in mehreren Traktaten, insbesondere in seinem Hauptwerk „De recuperatione terre sancte"[338] gemachten Vorschläge gerade darum so aufschlußreich, weil sie Ansichten wiedergeben, die in den gehobenen Bürgerkreisen Frankreichs offenbar diskutiert wurden[339]. Bemerkenswert ist, daß Dubois vor dem deutschen König erheblichen Respekt hat. Der Gedanke einer gewaltsamen Eroberung Deutschlands kommt ihm gar nicht: er will

---

[333] Const. IV/1, Nr. 239–49, S. 203–14 (zu 1308); vgl. LEROUX, Recherches, S. 127ff., 166ff.; KERN, S. 298ff. (nur zu 1308); ZELLER, S. 297–99, 300–02.

[334] Vgl. oben S. 49 m. Anm. 249–50; ZELLER, S. 508–11 und bes. PARISOT, S. 17–18.

[335] KERN, S. 30; vgl. KIENAST III, S. 652–53. Vgl. noch F. MÜLLER, S. 285–89 und zuletzt Otto Gerhard OEXLE: Utopisches Denken im Mittelalter: Pierre Dubois, in: HZ. 224 (1977) S. 293–339.

[336] Vgl. LANGLOIS (unten Anm. 338) S. VI–XXI; SCHOLZ, S. 375ff., 381ff.; KERN, S. 30–35. Vgl. unten Anm. 342. Die ältere, auf Renan (!) fußende Auffassung, die in Dubois noch einen ernsthaften politischen Kopf sah, bei SOREL, S. 248–50.

[337] Allgemein s. Robert HOLTZMANN: Wilhelm von Nogaret, Freiburg i.Br. 1898; vgl. noch SCHOLZ, S. 353ff., 363ff.; RIVIÈRE, S. 103ff., 109ff., 125–26.

[338] Der erste Teil (cc.1–110: ed. LANGLOIS, S. 1–98) war für eine weitere Öffentlichkeit bestimmt und König Eduard I. von England (1272–1307) gewidmet; nur der zweite Teil (cc.111–42: ed. LANGLOIS, S. 98–130) war allein an Philipp den Schönen gerichtet; der Traktat „De recuperatione" ist zwischen dem 5. VI. 1305 (Wahl Clemens'V.) und dem 7. VII. 1307 (Tod Eduards I.) entstanden; vgl. LANGLOIS, Introduction, S. X, XXIII; SCHOLZ, S. 391–92. Nach RIVIÈRE, S. 343, wäre das ganze Werk Philipp dem Schönen am 23.V.1308 als 2. Auflage gewidmet worden.

[339] Dies betont zutreffend SCHOLZ, S. 384–85 und ebd. S. 436; s. auch ZELLER, S. 299.

den Habsburgern vielmehr die Erblichkeit der Kaiserwürde, an der ihm
offenkundig nichts liegt, garantieren, sofern sie das linke Rheinufer, die
Provence und Savoyen sowie alle Rechte in der Lombardei an den französischen König abzutreten bereit sind[340]. Die Krone Siziliens soll mit der
Krone Jerusalems verbunden werden, derweilen Karl von Valois, der schon
genannte Bruder Philipps des Schönen, Kaiser des Ostens würde[341]. All das
macht doch mehr den Eindruck von „Stammtischpolitik" als von ernsthafter politischer Planung[342]. So absurd viele der Thesen von Dubois auch an-
muten, unstreitig war der französische König in der ersten Hälfte des 14.
Jahrhunderts der mächtigste Monarch Europas, die Besorgnis in Deutschland über die schon im 13. Jahrhundert einsetzende, allmähliche Ausweitung
der Grenzen Frankreichs nach Osten zumindest subjektiv berechtigt[343].
Dies machte die Schriften eines Alexander von Roes für ihre Zeit so aktuell. Sein wohlmeinender Versuch, Frankreich durch die Zuerkennung des
*studium*, d. h. durch Anerkennung seiner damals noch unbestrittenen kulturellen Vormachtstellung[344], von politischen Ambitionen gewissermaßen abzulenken, mutet zwar eher naiv an, bezeugt aber die auch in
Deutschland herrschende Überzeugung von der Spitzenstellung des Pariser Studium generale, vom Vorrang französischer Hofsitten, französischen Rittertums usw.

Das Wissen darum wurde vom französischen Hof bereits im 14. Jahr-
hundert systematisch zu politischen Zwecken eingesetzt[345], doch war der
Gedanke als solcher wesentlich älter: schon im 12. Jahrhundert erscheint
Paris als die *curia philosophorum*[346] ,und die erste voll ausgebildete Theorie

---

[340]) De recuperatione, c.114 und c.116 (ed. LANGLOIS, S. 103, 104 – 05); vgl. KERN,
S. 32 – 34; ZELLER, S. 298 – 99; KÄMPF, S. 80 – 81. Solche Erbreichspläne, die schon zu
Ausgang des 13. Jh. an der Kurie ventiliert worden zu sein scheinen, trafen auf den
erbitterten Widerstand eines Alexander von Roes; vgl. HEIMPEL, Alexander, S. 32 – 34; s.
noch KÄMPF, S. 84. Vgl. unten Kap. 5 § 3, S. 348 m. Anm. 311.

[341]) De recuperatione, c.113 und c.115 (ed. LANGLOIS, S. 102, 103). Allgemein zu den
politischen Theorien von Dubois s. SCHOLZ, S. 394ff., 397ff., 408ff., 427ff.; vgl. noch
RIVIÈRE, S. 343ff. und bes. OEXLE (oben Anm. 335) S. 323ff.

[342]) ZELLER, S. 298, bemerkt treffend: „Il est de la famille de ces raisonneurs en chambre
qui, de temps en temps, refont au gré de leur fantaisie la carte de l'Europe". Wirklichen
Einfluß auf die Politik Philipps IV. hat Dubois nie ausgeübt; vgl. RIVIÈRE, S. 120 – 27,
342 – 43.

[343]) Hierzu ausführlich KERN, S. 61ff., 69ff., 111ff.; vgl. auch KIENAST, Fürsten I,
S. 153ff.; II/1, passim. Vgl. noch unten Kap. 5 § 3, S. 343 – 44 m. Anm. 285 – 86.

[344]) Vgl. JONGKEES, S. 50: „Jusqu'au milieu du XIVᵉ siècle, il n'y aura eu personne qui
se serait avisé de refuser à la France la précellence dans le domaine culturel"; s. auch
KELLEY, Ideology, S. 137.

[345]) Vgl. hierzu KERN, S. 52 – 55.

[346]) WORSTBROCK, S. 17 – 18 m. Anm. 71.

einer *translatio sapientiae* findet sich bei Otto von Freising[347]; von einer *translatio studii* spricht das „Speculum historiale" des Vinzenz von Beauvais[348], und Alexander von Roes sagt ausdrücklich, daß Karl d. Gr. selbst das *studium philosophie et liberalium artium...de urbe Romana in civitatem Parisiensem transplantavit*[349], was von dem Westfalen Gobelinus Person (1358–1425) weiter ausgebaut[350] und natürlich bei den französischen Humanisten in ihrer Polemik gegen die italienischen Ansprüche weidlich ausgeschlachtet wird[351]. Robert Gaguin ist wieder einmal der Außenseiter: zwar hält auch er Karl d. Gr. für den Gründer der Pariser Universität, aber er glaubt nicht an eine Translatio von Rom nach Paris, sondern betrachtet die Gründung des Pariser „Studium" als eigenständiges Werk Karls „ex nihilo"[352]. In der erklärten Absicht, Paris wieder zum Zentrum der Wissenschaften zu machen, gründet Franz I. (1515–1547) 1529 das „Collège royal", das heutige „Collège de France"[353]. Dies bedeutete in den Augen der Humanisten allerdings, daß Franz I. Frankreich aus den „tenebrae" der

---

[347]) Otto von Freising, Chronica, Prol. zu l.I (ed. HOFMEISTER, S. 8 Z. 19–21): *Hinc* (scil. a Chaldaeis) *translatam esse scientiam ad Grecos, deinde ad Romanos, postremo ad Gallos et Hyspanos diligens inquisitor rerum inveniet*; noch ausführlicher in: Prol. zu l.V (ed. HOFMEISTER, S. 227 Z. 8–24); Vgl. GOEZ, S. 117–18; WORSTBROCK, S. 2, 13–14; JONGKEES, S. 44–45, der die Studie von Worstbrock noch nicht kennt.

[348]) Vinzenz von Beauvais, Speculum historiale, l.XXIII c.173 (ed. Douai 1624, S. 960): *Alcuinus scientia vitaque praeclarus, quia* (lies: qui et) *sapientiae studium de Roma Parisius transtulit, quod illuc quondam a Graecia translatum fuerat a Romanis.* GOEZ, S. 122, spricht statt von Alkuin irrig von Karl d.Gr.; vgl. aber JONGKEES, S. 45 m. Anm. 24. Erst Martin von Troppau und Alexander von Roes setzen Karl d.Gr. an die Stelle Alkuins. Daß Vinzenz von Beauvais und Martin von Troppau nicht von Otto von Freising abgeleitet werden dürfen, zeigt WORSTBROCK, S. 15, 18–19 gegen GOEZ, S. 122–23; s. auch JONGKEES, S. 45 und zuletzt BEAUNE, S. 302–03.

[349]) Alexander von Roes, Memoriale, c.24 (ed. GRUNDMANN, S. 126 Z. 2–4); vgl. GOEZ, S. 122–23; JONGKEES, S. 50; s. auch HEIMPEL, Alexander, S. 45.

[350]) Cosmodromium, c.40 (ed. MEIBOM, S. 240): *Carolus eruditus in artibus liberalibus studium transtulit de urbe Roma ad Parisios, quod de Graecia Romam translatum erat a Romanis. Non tamen sic transtulit, quod ipsum studium Romae auferret, sed modum et solennitatem, qui in Urbe servabatur, translatis inde doctoribus et magistris, Parisiis instauravit et privilegiis confirmavit*; vgl. GOEZ, S. 123. Zur Herkunft der Translationsvorstellungen s. bes. WORSTBROCK, S. 2ff.

[351]) Vgl. SIMONE, S. 81ff.; BÖHM, S. 166ff.; KELLEY, Ideology, S. 137; vgl. schon DERS., Foundations, S. 282–83. Zur italienischen Geschichtsschreibung des Humanismus s. GATTO, S. 25ff., 48ff.

[352]) Vgl. die Texte bei SCHMIDT-CHAZAN, S. 288–89 m. Anm. 394–97 und ebd. S. 244–45.

[353]) Grundlegend Abel Jules LEFRANC: Fondation et commencements du Collège de France (1530–1542), in: Le Collège de France (1530–1930). Livre jubilaire composé à l'occasion de son quatrième centenaire (Paris 1932) S. 27–58; Henri CHAMARD: Collège de France, in: Dictionnaire des Lettres françaises, hgg. von Georges GRENTE u.a.: Le seizième siècle (Paris 1951) S. 186–92 und zuletzt BÖHM, S. 171ff., 202ff.

Vergangenheit in die „lux" der Gegenwart geführt und das „goldene Zeitalter" begründet habe,[354] womit die Theorie der „Translatio studii" im
überkommenen Sinne völlig aufgegeben ist und denn auch konsequenter-
weise nur noch von geschworenen Gegnern des Humanismus, darum aber
mit nicht minder hohem Anspruch, verfochten wird[355]. Der Gedanke der
kulturellen Barbarei vor dem Glanz der eigenen Zeit spielt auch in der
Aufklärung, z.B. bei Voltaire (1694 – 1778), eine Rolle[356]. Es wird deutlich,
daß bei einem seit dem Hohen Mittelalter so stark ausgeprägten Nationalstolz auf kulturellem wie auf politischem Gebiet für die französischen Humanisten nicht mehr viel zu tun übrig blieb, weshalb sich, wie schon oben
festgestellt, ihre Interessen im wesentlichen auf Philologie und Literatur
konzentrierten[357].

In einem Punkt allerdings dürfen die Humanisten für sich beanspruchen, dem bisherigen Geschichtsbild etwas Neues hinzugefügt zu haben,
indem sie nämlich die Gallier (Kelten) für die französische Geschichte entdeckten, ganz so wie ihre deutschen Kollegen die Germanen für die deutsche Geschichte vereinnahmt hatten[358]. Robert Gaguin hatte in seinem
„Compendium" von den Galliern noch keine Notiz genommen; lediglich
sein Briefwechsel läß reges Interesse an der vorrömischen Vergangenheit
erkennen[359], wie sich ja auch in der spätmittelalterlichen Chronistik da
und dort gelegentliche Hinweise auf die Tapferkeit der Gallier, die schon
Justinus gerühmt hatte, finden[360]. Erst Jean Le Maire de Belges (1473 –
1520), dessen politisches Ideal die Einigkeit zwischen Deutschland und
Frankreich war: *les dites deux nations d'Allemaigne et de Gaule ont pour le
plus du temps esté conjointes et alliées ensemble, comme sœurs germaines*[361],
bot in seinen 1509 erstmals erschienenen[362] „Illustrations de Gaule et singularitez de Troye" ein Geschichtsbild, das unter bewußter Negierung

---

[354] Hierzu BÖHM, S. 176ff., 185ff.
[355] Etwa von Laurentius Campester (Laurens van de Velde) in seiner „Oratio laudatoria
pro Francisco Valesio rege Francorum Christianissimo"; vgl. BÖHM, S. 199 – 201, 415.
[356] Vgl. SIMONE, 108, 300 Anm. 1; s. auch WEIS, S. 129ff. Bei Friedrich d.Gr. lebte der
Gedanke der „Translatio sapientiae" in eigenwilliger Weise fort; vgl. das Zitat von 1772
bei GOEZ, S. 124.
[357] Vgl. oben S. 51 m. Anm. 258 – 62. Allgemein vgl. LESTOCQUOY, S. 43ff.
[358] Vgl. oben S. 37 – 41.
[359] SCHMIDT-CHAZAN, S. 276 – 77.
[360] Belege bei SCHMIDT-CHAZAN, S. 275 – 76 m. Anm. 305 – 08.
[361] Les Illustrations de Gaule et singularitez de Troye, Lyon [1509]: ed. Jean STECHER:
Œuvres de Jean Lemaire de Belges, t.I, Louvain 1882; hier zitiert nach DUBOIS, S. 33. Zu
Symphorien Champier s. BÖHM, S. 61 – 66; DUBOIS, S. 177, 178.
[362] Die verschiedenen Auflagen bis 1549 zitiert DUBOIS, S. 31 Anm. 17.

Roms und Griechenlands und in direkter Anknüpfung an die Trojanersage, die hier wieder einmal ihre politische Brisanz beweist[363], die Gallier zu den Ahnherren der Franzosen macht[364]. Natürlich spielt der unselige Annius von Viterbo mit seinem „Pseudo-Berosus" auch hier eine unheilvolle Rolle[365]. Doch während Le Maire in seinem Werk eine eher harmonisierende, auf Ausgleich bedachte Tendenz verfolgt, die in krassem Widerspruch steht zu den „guerres de prestige" der Fürsten seiner Zeit[366], zeigt der Gallier- oder Keltenmythos in den folgenden Jahrzehnten auch seine aggressive Seite.

Diese tritt besonders in einigen Werken der Jahrhundertmitte hervor, die hier im einzelnen nicht alle vorgestellt zu werden brauchen. Ich beschränke mich auf einige herausragende Namen und Werke wie die „Gallica Historia" des Robert Céneau, Bischof von Avranches (1483–1560)[367] oder die „Summe" der gallischen Studien des 16. Jahrhunderts von Noël Taillepied (1540–1589): „L'Histoire de l'estat et republique des Druides" aus dem Jahre 1585, das DUBOIS treffend als „ouvrage classique de référence dans l'ensemble des œuvres consacrées à l'histoire des anciens Gaulois" bezeichnet[368]. Bei niemandem aber gewinnen die Gallier eine größere Bedeutung – auch und vor allem in politischer Hinsicht – als bei Guillaume Postel (1510–1581), in dessen Geschichtsbild oder besser: Geschichtstheologie die *primauté de la gent gallique* eine zentrale Rolle spielt. Natürlich ist auch Postel ein eifriger Verteidiger des Pseudo-Berosus, dessen ang. Echtheit er in seiner „Apologie contre les détracteurs de la Gaule" zu beweisen bemüht ist unter dem aufschlußreichen Titel: *Contre ceulx qui detractent de Berose parce qu'il porte trop de faveur à Moyse et aux Gauloys*[369]. Seine Thesen hat er vorwiegend in den „Raisons de la Monarchie" von 1551 und der „Histoire memorable" des Folgejahres entwickelt[370]: für Postel duldet es keinen Zweifel, daß dem französischen König – und nur

---

363) Vgl. schon oben S. 55–56.
364) Vgl. DUBOIS, S. 35–37.
365) Vgl. oben S. 36 m. Anm. 161–62 und DUBOIS, S. 24–27; BÖHM, S. 67–68. Vgl. noch unten Anm. 369. Zur Kritik in Frankreich vgl. DUBOIS, S. 103–07, 177–79.
366) Vgl. bes. DUBOIS, S. 34, 38–39.
367) DUBOIS, S. 45ff., 180. Vgl. unten S. 71 m. Anm. 411.
368) DUBOIS, S. 91 und ebd. S. 91ff., 100ff.; ebd. S. 178–82 eine Liste von Werken des 16. Jh., die sich mit Kelten und Galliern befassen; s. auch DURANTON, S. 343ff. und unten Anm. 370.
369) Zitiert nach DUBOIS, S. 104 m. Anm. 6. Zu Postel s. noch MESNARD, S. 431–53 und bes. BOUWSMA, S. 1–29; vgl. unten S. 66 m. Anm. 375.
370) Les Raisons de la Monarchie et quelz moyens sont necessaires pour y parvenir, là où sont compris les tres admirables privileges et droicts tant divins celestes comme humains, de la gent gallique et des Princes par icelle esleuz et approuvez, Paris 1551;

ihm – die Kaiserwürde zusteht, die die Päpste in unrechtmäßiger Weise den deutschen Herrschern übertragen haben. Hier legt sich Postel mit den deutschen Humanisten an[371], ohne doch die enge Verwandschaft zwischen Franzosen und Deutschen zu leugnen; er ist im Gegenteil Verfechter einer engen Verbindung zwischen beiden Völkern[372], doch selbstverständlich unter „historisch" begründeter französischer Führung[373]. Die Kreuzzüge sind für ihn die *quatriesme et plus parfaicte Expedition des Gauloys jusque en Terre saincte, et pour la racquisition d'icelle*[374]. Kein französischer Humanist kommt – mit umgekehrten Vorzeichen natürlich – den „nationalen" Phantasievorstellungen deutscher Humanisten wie etwa Bebel oder Aventin so nahe wie Postel, der nicht nur Pseudo-Berosus, sondern auch die Trojanersage und „Hunibald" zu seinen Quellen zählt[375]. Unter den späteren Autoren sei nur noch auf den Postel-Schüler Guy Le Fèvre de La Borderie verwiesen, dessen „Galliade ou de la révolution des arts et sciences" von 1578 ein in Versen gefaßter Hymnus auf Frankreich und dessen kulturelle Weltsendung ist[376]. In unserem Zusammenhang interessiert dabei besonders die Rolle, die Le Fèvre den Druiden zuweist, die nach seiner Auffassung die Quelle allen menschlichen Wissens sind:

> *Bref il n'y eut iamais ny art ny discipline*
> *Pour sçavoir les vertus du depuis la racine*
> *Qui de la terre sort...*

---

L'histoire memorable des expeditions depuys le deluge faictes par les Gauloys ou Françoys(!) depuis la France jusques en Asie ou en Thrace et en l'orientale partie de l'Europe... A la fin est l'Apologie de la Gaule, Paris 1552: DUBOIS, S. 179 – 80. Grundlegend zu Postel BOUWSMA, passim, bes. S. 213ff. und ebd. S. 219: „Taken as a whole, his argument may well constitute the most comprehensive, if not necessarily the most convincing, justification for French world leadership in the sixteenth century". DURANTON, S. 348 – 49, bietet interessante Beispiele für das Fortleben des Keltenwahns im 18. Jh. (Dom P. Pezron, Simon Pelloutier) ohne zu bemerken, daß diese völlig von den Autoren des 16. Jh. abhängen, die er mit dem Satz abtun zu können glaubt: „Il y a bien eu des précurseurs au XVIᵉ siècle".

[371]) Vgl. DUBOIS, S. 66 und ebd. S. 64ff. zu den Thesen von Postel; s. schon BOUWSMA, S. 222 – 23.

[372]) Seit Pierre Dubois: oben S. 62 m. Anm. 340, hatte sich in Frankreich der Gedanke festgesetzt, daß Deutschland nicht erobert werden könne; s. auch KÄMPF, S. 81 m. Anm. 21.

[373]) Der Grund ist, daß die Gallier = Franzosen von Gomer, dem ältesten Sohn von Japhet, dem Stammvater des Menschengeschlechts, abstammen, die Deutschen aber nur von Askenaz, dem ältesten Sohn Gomers; sie sind also jüngere Brüder der Gallier; vgl. DUBOIS, S. 81 und ebd. S. 66 – 69, 76; s. auch BOUWSMA, S. 220, 228. Vgl. noch unten S. 71 m. Anm. 407.

[374]) Zitiert nach DUBOIS, S. 73.

[375]) Vgl. BOUWSMA, S. 46, 60; DUBOIS, S. 71 – 72 und oben S. 35 – 36, 43 – 44, 53 – 54.

[376]) Vgl. DUBOIS, S. 84 – 87, 181; BÖHM, S. 212 – 16, der das Buch von Dubois leider nicht kennt.

*Science naturelle, ou science de lois*
*Qui n'ait esté connue aux Druydes Gaulois*
*Et seuls ils ont connu les sciences diverses*
*Des Chaldez d'Assyrie, et des Mages des Perses...*[377].

Die Überzeugung, daß vor der römischen Eroberung in Gallien griechisch und hebräisch gesprochen worden sei, wird vereinzelt auch von französischen Humanisten zustimmend vermerkt[378]. Man hat mit Recht betont, wie sehr das Nationalgefühl, man kann getrost sagen: der Nationalstolz allen Literaten des 16. Jahrhunderts gemeinsam ist[379], ein Nationalstolz, der bei Pierre de Ronsard (1524–1585) gelegentlich Züge eines Kulturimperialismus annimmt[380]. Die Religionskriege, die Frankreich in den 60er und 70er Jahren der schwersten politischen Belastungsprobe seit dem „Hundertjährigen Krieg" aussetzten[381], verlagern den Akzent wieder stärker auf die politische Ebene. Während ein Claude de Seyssel (ca. 1450–1520) – er starb als Erzbischof von Turin[382] – neben seinem Vorwort zu einer Justin-Übersetzung von 1509 („Exorde en la Translation de l'histoire de Justin. La Monarchie de France"), in der er für eine breitere Verwendung des Französischen insbesondere bei Übersetzungen aus dem Lateinischen eintrat[383], zugleich auch Autor eines 1519 veröffentlichten Werks „La Grant Monarchie de France" sein konnte[384] und so seine philolo-

---

[377] Zitiert nach BÖHM, S. 213; vgl. ebd. S. 69.

[378] So etwa Geoffroy Tory in seinem „Champ fleury sur l'Art et Science de la Proportion des Lettres" (1529); vgl. BÖHM, S. 367–68 und oben S. 47 m. Anm. 236; vgl. auch unten S. 71 m. Anm. 408–09; s. aber unten S. 74 m. Anm. 432.

[379] MARTIN, S. 184 und ebd. S. 185ff.

[380] Vgl. BÖHM, S. 206–09. Von einer planmäßigen staatlichen, lies: königlichen Kulturpolitik kann dagegen nicht einmal unter Franz I. die Rede sein: BÖHM, S. 402ff.

[381] Auf Einzelheiten kann hier naturgemäß nicht eingegangen werden; vgl. MARTIN, S. 201ff.; DE CAPRARIIS, S. 7ff.

[382] Zum Leben von Claude de Seyssel bleibt grundlegend die Biographie von Alberto CAVIGLIA: Claudio di Seyssel (1450–1520), Torino 1928; eine knappe Zusammenfassung bei KELLEY, Monarchy, S. 3–8.

[383] Vgl. BÖHM, S. 220–36, der mit Recht überzogenen Folgerungen entgegentritt, die aus dem Werk von Seyssel einen Anspruch auf Vorrangstellung des Französischen und auf Verbreitung der französischen Sprache als Mittel eines ang. französischen Kulturimperialismus hatten herauslesen wollen wie etwa Ferdinand BRUNOT: Un projet d'enrichir, magnifier et publier la langue française en 1509, in: Revue d'histoire littéraire de la France 1 (1894) S. 27–37; weitere Lit. bei BÖHM, S. 226–30. Eine englische Übersetzung von Michael SHERMAN in: KELLEY, Monarchy, Append. 1, S. 163–69; s. auch KELLEY, Monarchy, S. 12–13, der leider Böhm nicht kennt.

[384] Claude de Seyssel: La Monarchie de France et deux autres fragments: ed. Jacques POUJOL, Paris 1961 (Bibliothèque elzévirienne. Nouvelle série. Etudes et documents); vgl. KELLEY, Monarchy, S. 25 Anm. 51. Eine englische Übersetzung von J.H. HEXTER in: KELLEY, Monarchy, S. 31–162. Zum Werk selbst vgl. ALLEN, S. 275–79; GÖHRING, S. 66–67 und zuletzt KELLEY, Monarchy, S. 16–25.

gischen Interessen, die auf Förderung der Volkssprache ausgerichtet waren[385], mit seinem Beruf als Jurist, Diplomat und engem Berater Ludwigs XII. auf das glücklichste verband[386]. Nach der Jahrhundertmitte haben dann vor allem die Juristen das Wort. Unter dem Einfluß des italienischen Humanismus[387] waren sie ausgebildet im römischen Recht, von dem Niccoletto Vernia noch 1482 hatte sagen können[388]: *Leges Justiniani in Gallia nihil valent*[389]. Der französische Juristenstand wurde im 16. Jahrhundert so einflußreich, daß schon Claude de Seyssel die Zahl der Juristen in Frankreich für bei weitem zu hoch erachtete[390], was Hotman nicht nur zustimmend zitiert, sondern zugleich Clemens V. und das Avignoneser Papsttum für diesen Zustand verantwortlich macht[391]. Es ist unmöglich – und im Rahmen meines Themas auch überflüssig –, die Polemik zwischen Calvinisten und „Ligisten", d.h. Katholiken, hier im einzelnen zu verfolgen[392]. Ich beschränke mich auf die beiden führenden Geister ihrer Zeit, den fanatischen Calvinisten François Hotman (1524–1590)[393] und den moderierten Katholiken Jean Bodin (1529/30–1596)[394]. Aus dem oben genannten Grund wird uns von letzterem weniger dessen Hauptwerk, die

---

[385] Zum Gebrauch des Französischen schon im 12.–14. Jh. vgl. BEAUNE, S. 291ff. Zu den Bemühungen der Humanisten um die Volkssprache (Christophe de Longueil, Jean Le Maire de Belges u.a.) vgl. BÖHM, S. 217–20, 236–38; vgl. aber ebd. S. 239ff., 246ff.; s. auch YARDENI, S. 43ff. Vgl. die „Epistola" „De laudibus lingue Gallicane" in: Œuvres de Jean Lemaire de Belges, ed. Jean STECHER, t.IV (Louvain 1891) S. 430–32.

[386] Wovon in der Forschung allerdings wenig zu spüren ist; die einzige Studie, die beide Aspekte gemeinsam berücksichtigt, ist KELLEY, Monarchy, S. 8ff.; vgl. noch oben Anm. 382.

[387] Hierzu grundlegend MAFFEI, S. 60ff., 95ff.

[388] „Quaestio est, an medicina nobilior atque praestantior sit iure civili", in: Eugenio GARIN: La disputa delle arti nel Quattrocento (Firenze 1947) S. 111–23 (Edizione nazionale dei Classici del pensiero italiano, t.9); zu dieser Literaturgattung vgl. ebd. die Einleitung, S. XIIIff. und DERS.: L'Umanesimo italiano (Bari 1952) S. 46ff. sowie MAFFEI, S. 66ff.

[389] ed. GARIN (oben Anm. 388) S. 117; vgl. auch MAFFEI, S. 75–76, 177.

[390] La Monarchie de France (oben Anm. 384): ed. POUJOL, S. 123; zitiert bei Hotman, Francogallia, c.27 (ed. GIESEY, S. 498).

[391] Oben Anm. 390 und Francogallia, c.2, c.27 (ed. GIESEY, S. 168, 506, 522); Hotman spricht vom Juristenstand als der „scabies Gallica", den gallischen Pocken, und in der Einleitung dieses Kapitels von einem „regnum iudiciale" von dem er „propter incredibilem artificum industriam" zu sprechen gezwungen sei (ed. GIESEY, S. 496, 522); vgl. MESNARD, S. 333 und bes. KELLEY, Ideology, S. 169ff., 178ff.; vgl. auch unten S. 70 m. Anm. 400–02.

[392] Hierzu vgl. ausführlich DE CAPRARIIS, S. 70ff., 197ff. und passim; YARDENI, S. 99ff., 183ff., 223ff.; vgl. noch ALLEN, S. 302ff., 343ff.; MESNARD, S. 337ff., 371ff. und zuletzt KELLEY, Ideology, S. 215ff.

[393] Grundlegend zu Hotman jetzt die Biographie von KELLEY, Hotman, S. 11ff. und passim, der die ältere Literatur verarbeitet hat; ich nenne noch DE CAPRARIIS, S. 225–45 und MESNARD, S. 327–36; s. auch GÖHRING, S. 87–89.

[394] Die Literatur zu Bodin ist fast unübersehbar; zur ersten Orientierung mögen dienen: ALLEN, S. 394–444; Julian H. FRANKLIN: Jean Bodin and the Rise of Absolutism, Cambridge 1973 sowie: Jean Bodin. Verhandlungen der internationalen Bodin-Tagung,

„Six livres de la République" (1576) interessieren[395], als vielmehr sein „Methodus ad facilem historiarum cognitionem" (1566 und 1572²)[396].

Bodin und Hotman waren Zeitgenossen, standen aber in verschiedenen politischen Lagern[397] und haben sich nie persönlich kennengelernt, was nur aus dem konfessionellen Haß der beiden Lager verständlich wird. Obwohl sie in vielen Punkten verschiedene, oft kraß entgegengesetzte Auffassungen vertraten, haben sie sich, die sonst in der Polemik keineswegs zurückhaltend waren, in ihren Werken gegenseitig ignoriert[398]. Ob aus gegenseitigem Respekt oder aus Furcht vor einer „Polemik ohne Ende" bleibe dahingestellt. Beide waren nach den Maßstäben ihrer Zeit von ungewöhnlicher Gelehrsamkeit, beide waren Juristen und doch zugleich überzeugt von der Wichtigkeit der Historie gerade für die Jurisprudenz, wie dies die „historische Rechtsschule" des 16. Jahrhunderts in Frankreich, ein François Baudouin (1520–1573) oder ein Charles Dumoulin (1500–1566), lehrte[399]. Gerade Dumoulin hat aber in seiner einzigen rein historischen Schrift die These verfochten, daß keine Monarchie der Welt älter sei

hgg. von H. DENZER, München 1973 (Münchener Studien zur Politik, t.18). Zum Leben Bodins s. Pierre MESNARD: Vers un portrait de Jean Bodin, in: Œuvres philosophiques: ed. MESNARD, S. VII–XXI und unten Anm. 397.

[395]) Eine kritische Ausgabe war von Pierre Mesnard vorbereitet worden, ist aber nicht erschienen; s. MESNARD, Supplément bibliographique, S. 14 und ebd. S. 473–546; vgl. bes. DE CAPRARIIS, S. 318ff.

[396]) ed. MESNARD, S. 105–269 (die Ausgabe von 1572) und ebd. S. 271–473 eine französische Übersetzung von MESNARD, die leider manche Fehler aufweist. Allgemein s. BROWN, S. 29ff., 46ff., 86ff.

[397]) Bodin gehörte politisch zu den „Mécontents" oder „Politiques" um den Herzog von Alençon, in späteren Jahren vorübergehend gar der „Liga" an, was nicht hinderte, daß er sowohl in der Bartholomäusnacht als auch später in Laon nur knapp dem Tode entging; vgl. MESNARD (oben Anm. 394) S. XVII, XIX–XX; vgl. auch DE CAPRARIIS, S. 321–26 u.ö.

[398]) Dies gilt vor allem für Hotman, der an Schärfe kaum zu überbieten ist, was aus der „Francogallia" allerdings weniger deutlich wird als vor allem aus seinen Streitschriften; vgl. KELLEY, Hotman, S. 99ff., 179ff. Es ist typisch, daß KELLEY, aaO., S. 260, 299, Bodin nur an zwei Stellen eher beiläufig erwähnt; s. auch SALMON, S. 58 und das Verzeichnis der benutzten Quellen und Literatur bei Bodin, Methodus, c.X (ed. MESNARD, S. 254–60). Bodin war im Vergleich zu Hotman von sehr viel gemessenerem Temperament, aber doch zu sehr Jurist, als daß er einen Streit um jeden Preis vermieden hätte; vgl. etwa unten S. 72 und Anm. 420.

[399]) Vgl. KELLEY, Foundations, S. 116ff., 151ff.; DERS., Hotman, S. 29ff., 36ff., 78ff., 135ff. Baudouins Hauptwerk: De institutione historiae universae et ejus cum jurisprudentia conjunctione (1561) war von großem Einfluß sowohl auf Hotman als auch auf Bodin, dessen „Methodus" die „Institutio" Baudouins nach nur fünf Jahren übertraf; vgl. KELLEY, Foundations, S. 136. Zu Dumoulin vgl. noch die folg. Anm.

als die französische, für die er genau 1632 Jahre errechnete[400]. Bodin nahm allerdings schon im Vorwort zu seinem „Methodus" scharf Stellung gegen gewisse Auswüchse der romanistischen Quellenkritik in der Tradition eines Andrea Alciato (1492–1550) oder Guillaume Budé (1467–1540), was ihn mit Hotman verbindet[401]: „quod ab iis sperari non debet, quos nemo de jure consulere velit: qui se grammaticos malunt quam Juris consultos haberi: qui falsam scientiae, nullam aequitatis opinionem induerunt..."[402]. Dies ändert aber nichts an der Bedeutung, die Bodin der Historie beimißt, ohne doch eine Wissenschaft von der Geschichte begründen zu wollen[403]. Als Historiker – im modernen Sinn des Wortes – waren ein Etienne Pasquier (1529–1615) oder ein Bernard de Girard, seigneur Du Haillan (ca. 1535–1610) Bodin mindestens ebenbürtig. Es ist aber schon von Gabriel MONOD betont worden, daß der Juristenstand die französische Geschichtsschreibung des 16. Jahrhunderts maßgeblich geprägt hat[404], denn alle großen Geschichtswerke dieses Jahrhunderts wurden ausnahmslos von Juristen geschrieben[405].

Bodin hat im einzelnen manche Thesen übernommen, die in Humanistenkreisen geläufig waren, ohne ein selbständiges Urteil zu bieten. Er polemisiert mit Recht gegen die etymologischen Phantasien eines Irenicus oder Lazius, doch sind seine eigenen Vorschläge nicht viel besser[406]. Bodin unterscheidet richtig zwischen keltisch und germanisch – auch hier gegen

---

[400] Charles DU MOLIN: La Premiere partie du Traicté de l'origine, progres et excellence du Royaume et Monarchie des François et couronne de France (Lyon 1561) S. 26–27; ebd. S. 29 unterscheidet er nur „deux lignes des Roys de France", und zwar von „longtemps devant la nativité de Jesus Christ iusques à Loys cinquiesme, le dernier de la ligne de Charlemaigne...", der ang. 989 starb; diese Linie regierte über 1060 Jahre; es folgt die Linie von Hugo Capet, die bisher 572 Jahre – das Buch erschien 1561 – regiert hat. Auch Dumoulin zitiert Berosus und Hunibald als glaubwürdige Quellen. (Frdl. Hinweis von Herrn Kollegen Donald KELLEY-Rochester/N.Y., den ich sowohl in Princeton als auch in Paris zu treffen Gelegenheit hatte.)
[401] Vgl. KELLEY, Foundations, S. 137. Zu Alciato und Budé vgl. MAFFEI, S. 47ff., 52ff. u.ö.
[402] Methodus, Vorwort (ed. MESNARD, S. 109A Z. 41–B Z. 3). In diesem Ton geht es noch eine Weile weiter; vgl. auch DE CAPRARIIS, S. 341–42, der gleichfalls die Gemeinsamkeit mit Hotman herausstellt.
[403] KELLEY, Foundations, S. 138, bemerkt treffend: „what he really wanted was not to make a science out of history but to extract a science from it".
[404] Du progrès des études historiques en France depuis le XVIe siècle, in: RH. 1 (1876) S. 5–38, bes. S. 12–13. Vgl. noch unten S. 73 m. Anm. 427. Zu Pasquier und Du Haillan s. auch GÖHRING, S. 68–69; GATTO, S. 64–65 und unten mit der folg. Anm. sowie unten Anm. 436.
[405] Vgl. YARDENI, S. 57ff.; s. auch DE CAPRARIIS, S. 257ff., 305ff.; KELLEY, Foundations, S. 233ff., 271ff.
[406] Etwa in seiner Deutung von kelt. *reix* oder *rix*: Methodus, c.IX (ed. MESNARD, S. 250B–251A); vgl. die folg. Anm.

Lazius –, leitet aber die Gallier von den Griechen ab oder eher noch von den Trojanern; er glaubt zwar nicht, daß die Gallier direkt von Gomer, dem Sohn Japhets, abstammen, dafür aber von einem Enkel Gomers[407]. Die Aussprache der Stadt Laon, die von den einen „Lan", von anderen „Laón" ausgesprochen wird, erklärt er mit dem dorischen oder äolischen Dialekt[408]; daß die Druiden griechisch sprachen, hält er für zumindest wahrscheinlich[409]. Mit Vehemenz nimmt er gegen die Behauptung des Tacitus Stellung, wonach die Germanen Ureinwohner gewesen seien: „id quod absurdum et impium esse constat"[410]. Bodin kritisiert Peutinger, Irenicus, Lazius, Paolo Giovio, Antonio Sabellico, aber auch Robert Cénau[411], weil sie „tam ambitiose de suis civibus scripserunt, ut nec quicquam aliis tribuant, nec sibi deos pares esse putent; verior Beatus Rhenanus ac Tritemius abbas; reliqui ad sui nominis commendationem multa scripsere, quae, ut vera sint, potuerunt tamen sine aliorum contumelia moderatius scribi"[412].

Die Lehre von den vier Weltreichen erklärt er für einen „inveteratus error"[413]. Von Karl d. Gr. betont er gegen die deutschen Humanisten, er sei „natione Gallum, in Gallia natum, lingua quoque moribus et institutis Gallorum...educatum" und findet es ungehörig, daß sie ihn „modo Germanum, modo Alemanum vocant"[414]. Weiter stellt er fest: „Germaniam hujus imperii partem occupavit (scil. Henricus Auceps, d.h. Heinrich I.) multo verius igitur ac justius Gallica monarchia dici debet", weshalb Bodin einige Seiten zuvor Karl d. K. in der Tradition der hochmittelalterlichen französischen Geschichtsschreibung zum ältesten Sohn Ludwigs d. Fr. gemacht hat, der daher auch die „Francia, imperii caput" geerbt habe, wäh-

---

407) Methodus, c.IX (ed. MESNARD, S. 245B Z.9 – 13) sowie oben Anm. 292 und Anm. 373. Der Name der Stadt Troyes wird von Troja abgeleitet (ed. MESNARD, S. 245B Z.15 – 18).

408) Methodus, c.IX (ed. MESNARD, S. 249B Z.15 – 18). Daß die Galater Kleinasiens gallisch gesprochen hätten, ist seine feste Überzeugung: ebd. (ed. MESNARD, S. 249A Z.38 – 41).

409) Methodus, c.IX: „Druidas quoque Graeca lingua instructos fuisse credibile est" (ed. MESNARD, S. 249A Z.27 – 28). Im übrigen macht er aber von den Druiden nicht viel Aufhebens.

410) c.IX (ed. MESNARD, S. 248A Z.23 – 24).

411) Zu Cénau vgl. oben S. 65 m. Anm. 367; s. auch BROWN, S. 80 – 81. Zur italienischen Geschichtsschreibung des Humanismus allgemein vgl. Edmund B. FRYDE: Humanism and Renaissance Historiography, London 1983 (History Series, t.21); s. auch GATTO, S. 43 m. Anm. 23 zu Marco Antonio Coccio, gen. il Sabellico.

412) Methodus, c.IX (ed. MESNARD, S. 242A Z.47 – 58); vgl. DUBOIS, S. 120 – 21.

413) Methodus, c.VII (ed. MESNARD, S. 223B Z.30). Zur Lehre von den vier Weltreichen vgl. GOEZ, S. 366ff.; s. BROWN, S. 72ff., 89, 91.

414) Methodus, c.VII (ed. MESNARD, S. 225A Z. 29 – 35); vgl. BROWN, S. 75.

rend die anderen Söhne mit weniger wichtigen Reichen abgefunden worden seien[415]. Dazu will es nicht recht passen, daß er in Polemik mit Melanchthon erklärt, es sei absurd, wenn die Deutschen behaupten, sie besäßen die „monarchia Romanorum", da die „vera monarchia" und „majestas imperii" dem „princeps Turcorum" zukomme[416], zumal ja die „Germania" nur dank französischer Hilfe „Hispanorum ac Italorum legionibus duce Carolo V. resistere potuit"[417]. Bemerkenswert ist, daß Bodin Hugo Capet für einen Usurpator hält[418]. Er zieht daraus natürlich keinerlei Konsequenzen für die regierende Dynastie, wie die Bemerkung ohnehin nur im Zusammenhang mit den bei Bodin beliebten Zahlenspielereien fällt[419]; er betont vielmehr gerade den Kontinuitätsgedanken und die Tatsache, daß kein französischer Herrscher jemals den Thron durch eine Revolte des Volkes verloren habe und nur einer ermordet worden sei[420]. Er verteidigt die salische Erbfolge als einzig sinnvolle Form der Thronfolge[421]. Aber auch Bodin ist bei aller Betonung des Vorrangs Frankreichs und der französischen Monarchie doch überzeugt, daß Deutschland und Frankreich Brüdervölker sind: „ac magna me spes habet fore, ut cum Germani et Galli

---

[415]) Methodus, c.VII (ed. MESNARD, S. 225A Z.43 – 46) und dazu c.VI (ed. MESNARD, S. 202A Z.36 – 40). Wahrscheinlich handelt es sich hier um ein Fortwirken der Hist. Franc. Senon. ad an. 840 (ed. WAITZ, S. 365 Z.10 – 11), wo jedoch Karl noch nicht als ältester Sohn Ludwigs d.Fr. erscheint.

[416]) Methodus, c.VII (ed. MESNARD, S. 224A). Bodin begründet dies allein mit den Größenverhältnissen der Reiche, da selbst „Hispaniarum princeps imperium habeat Germanico maius" (Z.22 – 23), und Deutschland „vix centesimam partem orbis terrarum" besitze (Z.20 – 21). Von der „Translatio imperii" hält Bodin offenkundig nichts; vgl. auch GOEZ, S. 328ff., der Bodin nicht berücksichtigt; s. aber BROWN, S. 74.

[417]) Methodus, c.VII (ed. MESNARD, S. 224A Z.34 – 36). Zur Rolle des Königs von Frankreich als „Protektor Deutschlands" vgl. PARISET, S. 17 und ebd. S. 15 – 17.

[418]) Methodus, c.VI (ed. MESNARD, S. 199A Z.21 – 23): „a captititvitate Caroli ducis Lotharingi (quem Capetus de legitima regni successione compulit in carcerem Aureliorum)...". Vgl. dazu unten S. 74 m. Anm. 434.

[419]) Methodus, c.VI: Conversiones rerum publicarum ad numeros collatae (ed. MESNARD, S. 195A – 201A). Hier spielen die von Platos Theorie der vollkommenen Zahl beeinflußten „numerologischen", antiastrologischen Interessen Bodins eine entscheidende Rolle, die von den Fachhistorikern in der Regel zu wenig beachtet werden. DE CAPRARIIS, S. 318 – 71, geht darauf z.B. mit keinem Wort ein; vgl. aber BROWN, S. 137 – 40.

[420]) Methodus, c.VI (ed. MESNARD, S. 210A – B). Bodin verbindet diese Feststellung mit einem scharfen Angriff auf den „Speichellecker" Paolo Giovio, „qui ridicule Gallos insectatur" (ed. MESNARD, S. 210A Z.29 – 40).

[421]) Methodus, c.VI (ed. MESNARD, S. 208A Z. 11 – 24). Er nimmt dabei ausdrücklich gegen Baldus Stellung, der wie auch andere Rechtsgelehrte „in Salica lege interpretanda, cum imperii majestate successionum jura confunderunt quasi de praediis et bonorum possessione ageretur" (S. 208A Z.16 – 19)! Vgl. oben S. 58 m. Anm. 316 und unten S. 74 – 75 m. Anm. 435 – 36.

persuasum habuerint se esse consanguineos et fratres...perpetuo se foedere atque amicitia complectantur"[422].

Ein ganz anderer Geist als Bodin ist François Hotman. Scharfsinniger, aber auch radikaler als Bodin, hat Hotman, „who seemed compelled to push every idea to its extreme"[423], in seiner „Francogallia" ein völlig anderes Bild von der Geschichte Galliens entworfen, ein Bild, in dem das gallische und germanische Element auf Kosten des römischen eindeutig dominiert[424]. Man darf darum aber nicht so weit gehen, seine „Francogallia" nicht als Geschichtswerk zu betrachten[425]: das war sie ganz gewiß[426], nur war bei Hotman noch klarer als bei seinen juristischen Fachgenossen[427] die Geschichte nur Mittel zum Beweis einer juristisch-politischen These und daher dieser Beweisführung stets untergeordnet[428]. Ein Geschichtswerk „sine ira et studio" wäre weder in der Vorstellung Hotmans noch in der irgendeines namhaften Zeitgenossen denkbar gewesen. Wir haben bereits einige von Hotmans historischen Feststellungen zitiert[429]. Die Begriffe „Francogallia" wie auch „Francogalli" für die Bewohner der „Francogallia" = Frankreich sind nicht quellengetreu, sondern eigene Wort-

[422]) Methodus, c.IX (ed. MESNARD, S. 246B Z. 31 – 36); vgl. DUBOIS, S. 122.

[423]) So treffend KELLEY, Foundations, S. 193.

[424]) Vgl. KELLEY, Foundations, S. 193; DERS., Hotman, S. 241.

[425]) Vgl. KELLEY, Foundations, S. 194: „For most historians, of course, Hotman had gone too far. What he offered was not a picture but a caricature(sic) of French history". Es ist mir nicht recht klar, ob sich Kelley den „most historians" zurechnet oder nicht. Wenn ja, wäre dies ein krasses Fehlurteil und praktisch alle Geschichtswerke des 16. Jh. müßten als „Karikaturen" bezeichnet werden; vgl. unten Anm. 427. Hotman vermeidet in der „Francogallia" peinlichst alle Anspielungen auf zeitgenössische Ereignisse: SALMON, S. 62. Vgl. schon HÖLZLE, S. 47 – 52.

[426]) Dies zeigt KELLEY, Hotman, S. 240 – 41, mit aller Deutlichkeit; vgl. schon MESNARD, S. 333.

[427]) Es sei noch einmal daran erinnert, daß alle bedeutenden Geschichtswerke Frankreichs nach 1550 von Juristen geschrieben wurden und daß alle eine bestimmte politische Tendenz verfolgen, wie es gar nicht anders sein kann. Der Unterschied zwischen Hotman und den übrigen Autoren ist also nicht prinzipieller, sondern gradueller Natur.

[428]) Dabei schreckt Hotman auch nicht vor „Korrekturen" seiner Quellen zurück; ein schönes Beispiel bietet SALMON, S. 56: Ado von Vienne (ebd. S. 56 irrig: Aimoin [von Fleury]) schreibt:.... *Franci Theodoricum, fratrem eius, erigunt* (scil. in regem): PL. 123, col. 116B; Hotman druckt so in der Ausgabe 1573 und ändert dies 1576 in *eligunt*! Vgl. noch SALMON, S. 56 – 57 und: Francogallia, c. 6 (ed. GIESEY, S. 230). Zu Ado von Vienne vgl. WATTENBACH – LÖWE, S. 622 – 24. (Die Edition der „Francogallia" weist leider einige nicht unerhebliche Mängel auf. So werden die von Hotman benutzten Quellen nicht nach den Hotman zugänglichen Ausgaben zitiert, sondern nach modernen Editionen, deren Text u.U. abweichen kann; überdies ist bei den modernen Ausgaben keineswegs immer die maßgebliche zitiert worden; richtig wäre gewesen, jeweils zwei Editionen zu zitieren: die von Hotman benutzte und die heute maßgebliche.)

[429]) Vgl. oben S. 55 m. Anm. 291 – 92, S. 68 m. Anm. 391.

schöpfungen Hotmans[430], worin ich allerdings keinen besonderen Chauvinismus erblicken kann[431]. In der leidigen Sprachenfrage erklärt er klipp
und klar, daß keine Rede davon sein könne, daß die Gallier griechisch gesprochen hätten – auf die Druiden geht er in diesem Zusammenhang überhaupt nicht ein –, auch nicht germanisch, sondern eben gallisch, während
die heutige Sprache (des 16. Jahrhunderts) „ex variis variarum gentium ser-
monibus conflatam esse", wobei er den Anteil des Lateinischen mit 50%
veranschlagt, und die restlichen 50% zu gleichen Teilen dem Fränkischen,
Gallischen und Griechischen zuspricht[432].

Aus Hotmans Bemerkungen über die ersten fränkischen Siedlungen in
Gallien spricht keineswegs eine besondere Hochachtung vor den Germanen: die Gallier seien über die Ausplünderung durch die Römer so empört
gewesen, daß sie in Ermangelung ausreichender Krieger „vetus institutum
tenebant, ut Germanos mercede conductos ad suum auxilium evocarent.
Unde Franciarum coloniarum semina primum exorta sunt. Nam Germani
sive a Romanis victi sive (quod probabilius videtur) pretio empti, coepere
sensim in Galliae finibus collocare"[433]. Im Widerspruch zu Bodin stellt
Hotman Hugo Capet als völlig legitimen, weil aus der Wahl des „Volkes"
hervorgegangenen König dar, wobei er entgegen der historischen Wirklichkeit behauptet, daß Hugo im Gegensatz zum Imperium gestanden,
Karl von Lothringen dagegen viele „Franzosen" (Galli) wegen seiner Unterstützung des Reiches „partium se imperii studiosum" gegen sich aufgebracht habe[434]. Hotman erkennt klar, daß die „lex Salica" von Hause aus
nur privat-, keinen staatsrechtlichen Charakter hat[435], was vor ihm schon

---

[430]) Francogallia, c.4: „De ortu Francorum, qui Gallia occupata, eius nomen in Franciam
vel Francogalliam mutant" (ed. GIESEY, S. 182) und passim.
[431]) KELLEY, Foundations, S. 193: „The traditional(sic) conception of the *Francigerma-
ni* he transformed into the chauvinistic image of the *Francogalli*". Ich erblicke in dieser
Wortschöpfung die Ersetzung einer Tautologie durch einen sinnvollen Begriff, auch wenn
er nicht den Quellen entnommen ist. Überdies ist *Francogermani* eine ebenso willkürliche
Wortschöfpung wie *Francogalli*, und ich fürchte, daß Kelley die ang. traditionellen
*Francogermani* mit den in der Tat traditionellen *Francigeni* verwechselt hat.
[432]) Francogallia, c.2 (ed. GIESEY, S. 156, 158, 166, 168, 170); das Zitat im Text: ed.
GIESEY, S. 166 Z.21 – 22.
[433]) Francogallia, c.3 (ed. GIESEY, S. 178 Z.30 – 180 Z.3).
[434]) Francogallia, c.20 (ed. GIESEY, S. 406 Z. 12ff.); vgl. aber ebd. c.17 (ed. GIESEY,
S. 376) zur ang. Entstehung der „pares Franciae" unter Pippin oder Karl d.Gr. (gegen R.
Gaguin, P. Emilio u.a.). Hotman führt die Entstehung dieser Institution auf Hugo Capet
zurück, „qui cum remoto herede legitimo regnum occupasset, proceres aliquot novo
aliquo honore ac beneficio sibi devinciendos putavit" (ed. GIESEY, S. 376 Z.24 – 27); vgl.
schon LOT, Carolingiens, Append. XI, S. 383.
[435]) Francogallia, c. 10 (ed. GIESEY, S. 272).

Du Haillan gesehen hatte[436]. Er betont aber, daß unabhängig davon „instituta et mores gentis tanto seculorum consensu conservatos... legis scriptae vim obtinere"[437]. Je weiter die „Liga" sich aus politischen Gründen von diesem „Grundgesetz" der Monarchie entfernte, um so energischer trat Hotman dafür ein[438]. In den 80er Jahren gingen die ideologischen Kämpfe mit unverminderter Schärfe weiter, bis endlich die Ereignisse von 1589 Frankreich einen neuen König, die innere Befriedung und ein neues Gefühl der Zusammengehörigkeit brachten[439]. Nicht vergessen sei, daß es erst die Humanisten in beiden Ländern waren, die die Begriffe „Gallia" und „Germania" konsequent im Sinne eines französischen und deutschen Staates eingeführt haben, derweilen sie bis dahin überwiegend in geographischem Sinn in Anlehnung an die spätrömischen Verwaltungsgrenzen gebraucht worden waren[440]. Diese Begriffe behielten jedoch ihren gelehrt-antiquierten Charakter und drangen nicht in die Volkssprache ein: statt „Gallien" und „Germanien" ist es letztlich bei „Deutschland" und „Frankreich" geblieben[441].

## § 3: Der gegenwärtige Stand der Forschung.

In diesem kurzen Abschnitt sollen einige Fragen angeschnitten werden, die mir für die heutige, besonders aber für die künftige Forschung bedeutsam erscheinen. Man wird wohl ohne Einschränkung sagen dürfen, daß die schwere Hypothek einer, wie wir gesehen haben, vielhundertjährigen Tradition fast vollständig abgebaut ist. Ein Gelehrter, der heute einen Aufsatz schriebe mit dem Titel: „Das Deutschtum Karls d. Gr." oder: „Charlemagne était français", würde im Fach nicht mehr ernst genommen[442]. Ich

---

[436]) Vgl. DE CAPRARIIS, S. 311 m. Anm. 146; SALMON, S. 61; KELLEY, Foundations, S. 235 – 36. Zum Verhältnis Hotman – Du Haillan s. schon HÖLZLE, S. 48; vgl. oben S. 70 m. Anm. 404.
[437]) Francogallia, c.10 (ed. GIESEY, S. 274 Z. 1 – 2).
[438]) Vgl. MESNARD, S. 331, 335 – 36; YARDENI, S. 225ff.
[439]) YARDENI, S. 317ff.; KELLEY, Ideology, S. 328ff.
[440]) Hierzu vgl. unten Kap. 2 § 2, S. 130ff., bes. S. 136 – 37.
[441]) Vgl. W. MÜLLER, S. 453 – 54, 463 – 64; PARISOT, S. 8 – 9. Die französischen Humanisten gebrauchen übrigens auch „Germanie" für Deutschland, die deutschen Humanisten „Gallien" für Frankreich. Beide Termini konnten sich auf Dauer nicht durchsetzen, haben aber dessen ungeachtet nicht unerheblichen Einfluß auf die Denkweise in beiden Ländern ausgeübt; vgl. bes. LUGGE, S. 208ff.; s. auch HUGELMANN, S. 386 und bes. GUENÉE, Limites, S. 81 – 82; vgl. noch unten Kap. 5 § 3, S. 347 m. Anm. 307.
[442]) Ein peinlicher „Ausrutscher" war KIENAST: oben Anm. 183; vgl. dazu unten S. 78 m. Anm. 455.

kann mir auch keinen Historiker vorstellen, der im Jahre des Heils 1990
noch Arminius als deutschen oder Vercingetorix als französischen Natio-
nalhelden zu feiern wagte: er würde damit seine wissenschaftliche Reputation aufs Spiel setzen. Wir hatten gesehen, daß beider „Karriere" schon im
16. Jahrhundert begonnen hatte, aber fraglos erst im 19. Jahrhundert ihren
Höhepunkt erreichte. Nur Jeanne d'Arc ist als religiös-nationale Kultfigur
eine reine Schöpfung des 19. Jahrhunderts[443]. Immerhin waren noch 1975
in einer wissenschaftlichen Abhandlung zur Frage der Germanisierung des
Raums zwischen Rhein und Maas seit den Tagen Caesars warnende Worte
vor falscher Aktualisierung im Hinblick auf die Ereignisse von 1914 – 1918
und 1939 – 1945 erforderlich[444], und diese Mahnung muß immer wieder ins
Gedächtnis gerufen werden: die Versuchung, auf scheinbare zeitgenössische Parallelen hinzuweisen, ist naheliegend insbesondere dann, wenn sie
politischen Vorstellungen des Verfassers entgegenkommen. Die Zeiten
chauvinistischer Wahnvorstellungen, wie sie bei allen europäischen Großmächten vor 1914 im Schwange waren[445], sind – hoffentlich für immer –
vorbei, ebenso die schrecklichen Pan-ismen des 19. Jahrhunderts wie Pangermanismus[446], Pananglismus[447], Panslawismus[448] oder – in wesentlich

[443]) Vgl. die interessanten Ausführungen von GRAUS, Vergangenheit, S. 294 – 305 und
zuletzt Gerd KRUMEICH: Jeanne d'Arc in der Geschichte. Historiographie – Politik – Kultur, Sigmaringen 1989 (Francia, Beiheft 19). Über den Stil der historischen Würdigung
Johannas vgl. die Darstellung von de PANGE, S. 22ff., 423ff. mit MARTIN, S. 178ff., die im
gleichen Jahr erschienen sind. Das Buch von KESTING: oben Anm. 168, ist das Elaborat
eines Schulmanns, der einer älteren Generation angehört. Die letzte Auflage war schon bei
ihrem Erscheinen 1962 hoffnungslos veraltet.
[444]) Charles TERNES: Die römerzeitliche Civitas Treverorum. I. Von der Gründung bis
zum Ende des dritten Jahrhunderts, in: Aufstieg und Niedergang der Römischen Welt. II.
Prinzipat, t.IV (Berlin-New York 1975) S. 320 – 424, bes. S. 331 Anm. 36: „Emotionale,
aus der Geschichte des XX. Jahrhunderts zu verstehende Gründe haben...ein adäquates
Verständnis dieser Abschnitte (aus Caesar, BG.) erschwert; sieht man davon ab, die Römer
als feindliche Besatzungsmacht im Lichte der Ereignisse von 1914 – 1918 und 1939 – 1945
darzustellen und Indutiomar als Freiheits- und Resistenzhelden im Sinne eines Patriotismus, welcher der Antike völlig abging, so bietet man sich selbst erst die Möglichkeit zum
Verständnis des soziopolitischen Geschehens, in das Caesar hineingeriet, ohne es sofort
zu durchschauen".
[445]) Ich betone ausdrücklich: bei allen Großmächten, weil in Deutschland einige
Pseudohistoriker schon wieder am nächsten „Mythos" basteln.
[446]) Vgl. etwa GOLLWITZER, Germanismus, S. 327ff., 337ff.
[447]) Vgl. z.B. Sir Charles DILKE: Greater Britain: record of travel in English speaking
countries in 1866 and 1867, 2 Bde., London 1868 sowie New York und Philadelphia jeweils
1869 in einem Band; vgl. GOLLWITZER, Germanismus, S. 325 – 26, 340.
[448]) Hans KOHN: Pan-Slavism. Its History and Ideology, Notre Dame/Ind. 1953, kann
bestenfalls als ein erster Versuch zur Erfassung dieser vielschichtigen Frage gewertet
werden. Wie fast alle Bücher Kohns ist auch dieses aus zweiter Hand gearbeitet und darbt
archivalischer Forschung.

geringerem Maße und mit weniger stark ausgeprägtem politischen Akzent – die Idee der „Race latine"[449].

Der nationale Fanatismus und Chauvinismus büßte selbst nach den Schrecken des Ersten Weltkriegs nur wenig von seiner aggressiven Virulenz ein, obwohl es immerhin beachtenswert ist, daß bei Ausbruch des Zweiten Weltkriegs in k e i n e m der an ihm beteiligten Länder Begeisterungsstürme zu registrieren waren wie 25 Jahre zuvor. Und welch ein Unterschied in der Historiographie der Nachkriegsjahre. Es genüge für Frankreich ein Vergleich zwischen den Büchern von Camille JULLIAN: „De la Gaule à la France. Nos origines historiques" (1922) und Marie-Madeleine MARTIN: „Histoire de l'unité française. L'idée de patrie en France des origines à nos jours" (1949): beide sind wenige Jahre nach dem Krieg erschienen[450], beide wenden sich an ein breiteres Publikum und verzichten daher auf den für die Fachgenossen erforderlichen gelehrten Apparat. Aber während das Buch von JULLIAN, um das bekannte Wort von Clausewitz abzuwandeln, eine „Fortsetzung des Krieges mit anderen Mitteln" ist, besticht das Werk von MARTIN durch seine ruhige Sachlichkeit, die auch vor der Kritik nationaler Legenden nicht zurückschreckt, aber doch auf jeder Seite die Liebe zum Vaterland, d.h. den wahren Patriotismus, erkennen läßt. Ein solches Buch gibt es in Deutschland bis heute nicht. Nicht genug damit, daß nach 1945 das Nationalgefühl ohnehin – und mit gutem Grund – schwersten Belastungen ausgesetzt war, hatte sich eine selbsternannte Clique von „Umerziehern" unter eifriger Assistenz der sogen. Massenmedien und gewisser politischer Kreise (übrigens keineswegs nur auf der Linken) zum Ziel gesetzt, den Deutschen auch den letzten Funken von Nationalgefühl auszutreiben in der geradezu kindischen Erwartung, damit perfekte „Europäer" zu schaffen. De Gaulle hat da sehr viel nüchterner – und mit dem besseren historischen Verständnis – von der „Europe des patries" gesprochen. Es gibt in Deutschland eine bestimmte Sorte sogen. Philosophen, Politologen, Soziologen, Pädagogen und sonstiger -gogen, denen solide historische Kenntnisse ein Dorn im Auge sind, und bei denen das Wort „Nationalgefühl", das sie in ihrer Dummheit oder Niedertracht natürlich sogleich mit „Chauvinismus" gleichsetzen, geradezu

---

[449] Charakteristischerweise fehlt der Begriff „Panlatinismus" oder „Panromanismus". Vgl. etwa Paul GACHE: L'idée latine de Roger Barthe, Rodez 1958 (Collection „Unité latine") und bes. PANICK, S. 44ff., 110ff., 135ff. für das 19. Jh.

[450] Nach MARTIN, S. 411, wurde ihr Buch 1942/47 geschrieben, also z.T. sogar während des Krieges.

Schauder des Entsetzens auslöst. Historische Kenntnisse können nämlich u.U. eine unüberwindbare Schranke bilden für allzu abenteuerliche politische Theorien. Diese Kreise sind eifrig bemüht, die Geschichtswissenschaft wo immer möglich, besonders natürlich in der Schule, zurückzudrängen, wobei die eigenen Minderwertigkeitskomplexe eine nicht zu unterschätzende Triebfeder bilden.

In den letzten Jahrzehnten hat sich im Verhältnis der deutschen und französischen Historiker zueinander ein grundlegender Wandel vollzogen[451] Natürlich gab es auch in Frankreich nach dem Zweiten Weltkrieg gelegentliche Rückfälle in die Tonart der Vergangenheit: das Buch von Joseph CALMETTE (1873–1952): „Le Reich allemand au moyen âge" aus dem Jahre 1951 ist dafür ein bedauerliches Beispiel[452]; aber CALMETTE war damals ein Achtziger, der zu diesem Zeitpunkt von seinen eigenen Kollegen nicht mehr ernst genommen wurde[453]. Ein „Rückfall" ganz anderer Art war vor etwas über einem Jahrzehnt in Deutschland zu verzeichnen, als Walther KIENAST sein dreibändiges Werk „Deutschland und Frankreich in der Kaiserzeit" veröffentlichte (1974/75). Es war die stark erweiterte Neuauflage eines 1943(!) unter gleichem Titel erschienenen Buches, das damals als ein wissenschaftliches Ereignis gelten konnte wegen seiner objektiven, verständnisvollen Darstellung der französischen Geschichte[454]. Die Neuauflage nach über 40 Jahren übertraf das ursprüngliche Werk bei weitem an Umfang und Gelehrsamkeit, in seiner historiographischen Konzeption war es jedoch ein bedauerlicher Rückfall in eine enge national-deutsche Sicht des deutsch–französischen Verhältnisses, was mich veranlaßt hat, von einer Rezension des Werkes abzusehen[455]. Aber abgesehen von sol-

---

[451] Vom Thema meines Buches her beschränke ich mich auf das deutsch–französische Verhältnis, dem allerdings für Europa eine besondere Bedeutung zukommt. Ein tiefgreifender Wandel auch im Verhältnis zu anderen Nationen soll damit weder geleugnet, noch gar heruntergespielt werden.

[452] Ich betrachte es als eine Jugendsünde, daß ich diesem Buch in: HZ. 175 (1953) S. 92–97, fünf Seiten gewidmet habe. In der Jugend ist man leichter empört als im Alter; die RH. hatte das Buch nicht einmal angezeigt.

[453] Dies ist kein Urteil über den Gelehrten Calmette, der wichtige und wertvolle Arbeiten im Laufe eines langen Gelehrtenlebens veröffentlicht hat, doch alle seine Publikationen nach 1945 – und deren gibt es leider viele – nimmt man am besten nicht mehr zur Kenntnis. Die französischen Fachzeitschriften haben diese Bücher zumeist ignoriert; vgl. aber Henri BRUNSCHWIG in: RH. 198 (1947) S. 278.

[454] Vgl. dazu auch WERNER, Geschichtsbild, S. 55 m. Anm. 52.

[455] Kienast war bei Erscheinen der Bände ein Achtziger (* 1896), und es wäre mir als ein Akt der Undankbarkeit gegenüber einem Gelehrten erschienen, den ich noch als Student in Frankfurt gehört hatte, eine Rezension zu schreiben, die im Endergebnis doch sehr negativ hätte ausfallen müssen; vgl. etwa oben Anm. 183. Das ändert selbstverständlich nichts an der Tatsache, daß auch in KIENAST I–III viele wertvolle Einzelhinweise zu finden sind, die Beachtung verdienen.

chen Fehlgriffen, meist aus der Feder von Gelehrten der älteren Generation, die sich von bestimmten, schon in der ersten Schulzeit aufgenommenen Vorurteilen einfach nicht mehr frei machen können, darf gesagt wer-
den, daß auf der Ebene der akademischen Forschung und Lehre die alten
Vorurteile und Mißverständnisse ausgeräumt sind. Ich wüßte hierfür kein
schöneres Beispiel zu nennen als die Tatsache, daß der erste Band einer in-
Frankreich unter Leitung von Jean FAVIER erschienenen, repräsentativen
„Histoire de France" in sechs Bänden einem Deutschen anvertraut wurde[456].
Auf der anderen Seite könnte die Darstellung der deutschen Geschichte im
Hochmittelalter von Jean-Pierre CUVILLIER auch von einem deutschen
Historiker geschrieben sein[457].

Das Einverständnis unter den Fachhistorikern ist somit, zumindest was
das Mittelalter anbelangt[458], so gut wie vollständig, doch bei dieser Feststellung liegt die Betonung auf dem Wort Fachhistoriker. Was die Schulen,
die sogen. Gebildeten, die Massenmedien usw. anbelangt, so bleibt noch
viel zu tun. Das Thema ist zu vielschichtig und zu umfangreich, als daß ich
es an dieser Stelle in der gebotenen Ausführlichkeit würdigen könnte.
Wenn ich hier von den Schulen spreche, so meine ich nicht die Darstellung
des deutsch–französischen Verhältnisses in den Schulbüchern der beiden
Länder – auf diesem Gebiet ist viel geschehen[459] –, sondern die Darstellung der eigenen nationalen Geschichte in den Schulbüchern Deutschlands
und Frankreichs. Dieser Frage waren mit Bezug auf Vercingetorix und die

---

[456] WERNER, Histoire, passim. In diesem Zusammenhang darf darauf hingewiesen
werden, daß auch das vorliegende Werk eines deutschen Autors von der Stadt Paris als
Jubiläumsschrift zur 1000-Jahrfeier der Wahl Hugos Capet in Auftrag gegeben wurde.

[457] L'Allemagne médiévale. Naissance d'un Etat (VIIᵉ–XIIIᵉ siècles), Paris 1979; der
2. Band: Echec d'une nation (1273–1525), Paris 1984, behandelt das Spätmittelalter. Das
Werk ist im selben Verlag erschienen wie der Band von Calmette: oben Anm. 452.
Natürlich ist zu berücksichtigen, daß dieses Buch für französische Leser geschrieben ist
und daher Erläuterungen enthält, die für ein deutsches Publikum unnötig wären; vgl. die
Rezension von Marie-Thérèse KAISER-GUYOT in: DA. 37 (1981) S. 685.

[458] Über die Geschichte des 19.–20. Jh. möchte ich mir kein Urteil erlauben, doch ist
mein Eindruck, daß der Graben, der die Lager der deutschen Historiker dieser Jahrhunderte voneinander trennt, tiefer ist als der Graben – falls überhaupt von einem solchen
gesprochen werden kann – zwischen deutschen und französischen Historikern dieser
Epoche.

[459] Vgl. etwa Otto-Ernst SCHUEDDEKOPF: Zwanzig Jahre westeuropäischer Schulge-
schichtsbuchrevision 1945–1965, Braunschweig 1966 (Schriftenreihe des internationalen
Schulbuchinstituts, t.12) und speziell zu Frankreich die Arbeit von Christian AMALVI: Die
Helden der Geschichte Frankreichs. Untersuchungen zur Schulgeschichtsschreibung
1830–1940, in: Internationale Schulbuchforschung 2/I (1980) S. 7–28; vgl. bes. Claude
BILLARD–Pierre GUIBBERT: Histoire mythologique des Français, Paris 1976; Vgl. noch
die folg. Anm.

Gallier einige Beiträge auf dem Colloquium „Nos ancêtres les Gaulois"
gewidmet, das 1980 in Clermont-Ferrand stattgefunden hatte[460]. Dem entspricht natürlich die Rolle des Arminius in deutschen Schulbüchern, die
leider bisher nicht untersucht worden ist. Aber damit nicht genug: auch
der Ostgotenkönig Theoderich, der seinen Fuß niemals auf – heute –
deutschen Boden gesetzt hat, erfreute sich des Wohlwollens deutscher
Schulbuchautoren, weil er a) Germane, d.h. also „Deutscher" war und
b) über Italien herrschte, das bekanntlich zum „Heiligen Römischen
Reich deutscher Nation" gehört hatte[461]. Allgemein kann die Rolle der
Schule in der geistigen Vorbereitung des Ersten Weltkriegs in Deutschland, besonders aber in Frankreich kaum überschätzt werden. Das 1877
erstmals erschienene Buch über die Reise zweier aus dem Elsaß vertriebe-
ner Jungen durch Frankreich (Le Tour de la France par deux enfants) erlebte bis 1971(!) nicht weniger als 411 Auflagen[462]! František GRAUS
schrieb schon 1975, daß die Fachwissenschaft „über Schule und historischen Roman...oft die Nase (rümpft)"; er zeigt auch Verständnis für die
Vorbehalte der Fachwissenschaft, stellt aber mit vollem Recht fest, daß an
Breitenwirkung „Schule und Literatur die gelehrte Geschichtsschreibung
um ein Vielfaches (übertrifft)"[463]. Schule und Literatur – gemeint ist die
Trivialliteratur – wirken sehr viel direkter und nachhaltiger auf die breite
Masse der Bevölkerung ein – einschließlich der sogen. Gebildeten – als
Hochschulen und Forschung.

Unter diesem Aspekt bleibt für die Aufarbeitung nationaler Legenden
und Vorurteile in beiden Ländern noch viel zu tun. Es genügt eben nicht,
daß man in Fachkreisen „Bescheid weiß", derweilen die Massen noch unverdrossen die längst überholten Ansichten des 19. und frühen 20. Jahr-

---

[460] Christian AMALVI: Vercingétorix dans l'enseignement primaire: 1830 – 1940; Alice
GÉRARD: La vision de la défaite gauloise dans l'enseignement secondaire (particulièrement
entre 1870 et 1914); Paul GERBOD: L'enseignement supérieur français à la découverte des
Gaulois (1890 – 1940), in: Nos ancêtres les Gaulois (oben Anm. 103) S. 349 – 55, 357 – 65,
367 – 73; s. schon DURANTON, S. 339 – 40 und LESTOCQUOY, S. 17.

[461] Vgl. oben S. 20 m. Anm. 86.

[462] Vgl. LESTOCQUOY, S. 17, 149 – 51 und allgemein ebd. S. 147ff. Verfasserin war
Mme. Alfred Fovillée, die unter dem Pseudonym G. Bruno schrieb. Charakteristisch ist
der Untertitel des Buches: Devoir et patrie. Das Buch erlebte Übersetzungen ins Deutsche,
Englische und Kroatische und diente vor allem in den USA als Lehrbuch des Französischen. LESTOCQUOY, aaO., bemerkt ironisch, daß es in dem Frankreich der streng laizi-
stisch-republikanischen Verfasserin – ihr Ehemann war der führende französische Phil-
osoph um die Jahrhundertwende – weder Kirchen noch Soldaten gebe. Eine schlimme
Tendenzschrift war das gleichfalls in den Schulen benutzte und in mehreren Auflagen
erschienene Buch: Le Tour de l'Europe pendant la guerre, Paris 1916 u.ö. derselben
Autorin.

[463] GRAUS, Vergangenheit, S. 27.

hunderts für gesicherte Ergebnisse der historischen Forschung halten. Hierfür zwei willkürlich herausgegriffene Beispiele aus der jüngsten Zeit. In der auflagenstarken Sonntagszeitung „Bild am Sonntag", die viele Millionen Leser hat, wurde unlängst die Frage nach der genauen Örtlichkeit der Varus-Schlacht diskutiert[464]. Die Zeitung brachte ein Foto des Hermann-Denkmals mit der Erläuterung, daß Arminius die „Deutschen" geeint habe, was ihm nicht einmal bei den Germanen gelungen ist. Die französische Post gab von 1966 – 1973 Gedenkmarken in Millionenauflage mit Gestalten der französischen Geschichte heraus. Die erste Serie von 1966 umfaßte drei Werte und zeigte Vercingetorix, Chlodwig und Karl d. Gr.! Besonders gefährlich wird es, wenn bekannte Namen des kulturellen oder politischen Lebens zu historischen Fragen Stellung nehmen, zu deren Beantwortung ihnen die fachliche Kompetenz fehlt. So veröffentlichte der Schriftsteller Heinrich Böll in den 70er Jahren in der Wochenzeitschrift „Die Zeit" einen Essay über die ‚Germania' des Tacitus, von der er ja nun bei Gott nichts verstand, und vertrat darin prompt längst überholte Ansichten wie die von den Germanen als frühen Deutschen usw. Treffend bemerkte dazu Manfred FUHRMANN: „Man darf Texte wie die ‚Germania' des Tacitus nicht naiv lesen wollen. Es kann dann nämlich zu höchst unliebsamen Wiederholungen kommen: einstige Fehlentwicklungen, nur noch als gesunkenes Kulturgut verschwommen präsent, steuern das Verständnis in einer Weise, die dem Verstehenden selbst verborgen bleibt. Texte wie die ‚Germania' haben ihre Geschichte, und diese Geschichte gehört zu ihnen, weil ohne sie abermals verführerische und gefährliche Wirkungen von ihnen ausgehen können"[465].

Noch schlimmer ist es allerdings, wenn im Interesse des nationalen Mythos bewußt gegen gesicherte Forschungsergebnisse Stellung bezogen wird. Dies geschah unlängst in Frankreich aus der Feder eines der bekanntesten und klügsten französischen Politologen, Maurice DUVERGER, unter dem Titel: „Rendez-nous Clovis et Charlemagne!", in dem sich Sätze finden wie „Pourquoi nous ôter un lointain passé qui a fasciné les générations précédentes?...Ne coupez pas l'arbre de ses racines. Rendez-nous nos ancêtres les Gaulois. Rendez-nous Vercingétorix. Rendez-nous Ausone et Sidoine Apollinaire. Rendez-nous Clovis et Charlemagne"[466]. DUVERGER

---

[464]) „Bild am Sonntag" vom 3. Mai 1987, S. 53.

[465]) FUHRMANN, Germania, S. 115 und ebd. S. 113 – 115.

[466]) „Le Monde" vom 13. November 1987, S. 21. (Auf diesen Artikel machte mich Herr Kollege Léopold GÉNICOT – Louvain-la-Neuve, membre de l'Institut, gelegentlich unseres gemeinsamen Aufenthaltes in Princeton aufmerksam.)

schrieb diese Zeilen in Polemik gegen eine bei „Hachette" erschienene „Histoire de France", deren erster, von Georges DUBY betreuter Band das Mittelalter von 987 – 1460 behandelt. Was von der historischen Forschung in den letzten Jahrzehnten in mühevoller, z.T. schmerzlicher Kleinarbeit zur Revision eines falschen und überholten Geschichtsbildes geleistet worden ist, soll somit sogleich wieder auf dem Altar einer pseudonationalen Mythenbildung geopfert werden. Quod absit! Die folgenden Seiten bemühen sich zu zeigen, daß die ja nicht allein von DUBY vertretene Konzeption die historisch einzig sinnvolle und verantwortbare ist[467]. Das ändert nichts an DUVERGERS Feststellung, daß dieses „lointain passé" faszinierend ist und auch bleiben soll. Ich würde auch nicht widersprechen, wenn er davor warnt, den Baum von seinen Wurzeln zu trennen. Von alledem kann gar keine Rede sein. Es ist aber eine grobe Verfälschung der Geschichte, wenn man so tut, als ob es sich um f r a n z ö s i s c h e oder d e u t s c h e Geschichte handelt, wenn in Wahrheit von gallischer, germanischer oder fränkischer Geschichte gesprochen werden muß. Daß diese Epochen die Folgezeit bleibend mitgeprägt haben, versteht sich von selbst, rechtfertigt aber keinen „Etikettenschwindel", der nur allzu leicht politisch mißbraucht werden kann.

---

[467]) Georges DUBY: L'Histoire de France, t.I: Le Moyen Age 987 – 1460 (Paris 1987) S. 47 u.ö.; in der chronologische Tabelle: ebd. S. 346 – 50, ist Philipp II. Augustus der erste König, der als „roi de France" bezeichnet wird, noch Philipp I. und Ludwig VI. sind für Duby „roi des Francs"! Die ostfränkischen Könige heißen durchgängig „rois de Germanie" bis hin zu Friedrich I. Barbarossa. Ich würde schon ab Heinrich V. von „rois d'Allemagne" sprechen und ab Ludwig VI. von „rois de France".

## 2. KAPITEL

## DIE GEOGRAPHISCH – POLITISCHE TERMINOLOGIE DES 9. – 13. JAHRHUNDERTS IN DER HISTORIOGRAPHIE UND IN DEN URKUNDLICHEN QUELLEN.

### § 1: Francia und verwandte Begriffe.

Jede begriffsgeschichtliche Untersuchung, die sich nicht auf einen einzigen Begriff beschränkt, steht vor einem Dilemma der Gliederung: soll sich diese an den Begriffen orientieren, oder sollen die zu behandelnden Quellen in chronologischer Abfolge nach den fraglichen Termini befragt werden? Der zweite Weg läuft Gefahr, sich zu einer Reihe von Monographien auszuweiten, während der erste das Risiko einer gewissen Schematisierung auf sich nehmen muß, wie vor allem der schmale Band von VIGENER erkennen läßt[1]. Ich ziehe diese Form der Gliederung dennoch vor, weil sie die komprimiertere Darstellung erlaubt, was um so wichtiger ist, als die Literatur zu dem Thema dieses Kapitels ohnehin überaus umfangreich ist: die allein den Begriffen „Gallia" und „Francia" gewidmete Untersuchung von Margret LUGGE umfaßt bereits über 200 Seiten, und damit ist die Literatur zu dieser Frage ja bei weitem nicht erschöpft[2]. Hieraus wird deutlich, daß eine detaillierte Untersuchung des geographisch-politischen Sprachgebrauchs allein der fränkisch/deutsch – französischen Quellen des 9. –13. Jahrhunderts spielend ein Buch von 500 Seiten füllen würde. Ich kann hier daher nur einen knapp gefaßten Abriß zu geben versuchen, der sich bewußt auf die großen Linien der Entwicklung beschränkt, zumal nach der intensiven Forschung der letzten Jahrzehnte mit alles Bisherige in Frage stellenden neuen Ergebnissen nicht zu rechnen ist. Ich beginne mit der Bezeichnung *Francia*, der in diesem Zusammenhang natürlich zentrale Bedeutung zukommt.

---

[1]) VIGENER, S. 3ff., 12ff., 17ff., 24ff., 102ff., 119ff., 142ff., 152ff. u.ö.
[2]) Ich erwähne nur EWIG, Volkstum, S. 231ff.; DERS., Beobachtungen, S. 323ff.; MOHR, Absonderung, S. 19ff.; DERS., Entwicklung, S. 313ff.; KIENAST, Herzogstitel, S. 11ff., 55ff.; EGGERT, Auffassung, S. 15ff.; SCHNEIDMÜLLER, Terminologie, S. 49ff.; DERS., Nomen, S. 34ff. u.a.m.

Die seit merowingischer Zeit geläufige Bezeichnung des Frankenreichs als *Francia*[3] blieb unter den frühen Karolingern erhalten, auch wenn die Belege nicht sehr zahlreich sind. Am klarsten formulieren diesen Tatbestand einige Urkunden Karls d. Gr., in denen *Francia* und *Italia* einander gegenübergestellt werden[4]; seit 801 erhellt dies auch aus den Datierungen von Karls Präzepten: *anno ... regni nostri in Francia atque...in Italia*[5]. In erzählenden Quellen wird *Francia* in diesem Sinn z.B. bei Einhard in der „Vita Karoli" gebraucht[6], daneben in den Reichs- und den Einhard-Anna-

---

[3]) Ich verzichte auf eine detaillierte Darlegung des Sprachgebrauchs in der Merowingerzeit; vgl. hierzu LUGGE, S. 16–26, bes. S. 22ff. und auch EWIG, Volkstum, S. 259ff.; ebd. S. 263 m. Anm. 177 der Hinweis, daß die Provence, beide Aquitanien, die Gascogne und Burgund nie zur *Francia* gerechnet wurden. Die Arbeit von M. Lugge leidet wie so viele andere unter dem unkritischen Gebrauch der Begriffe „Deutschland" und „Frankreich".

[4]) DD Karol. I, Nr. 89 (775 Jan. 5) für Hersfeld:...*omnibus episcopis... comitibus nostris Franciae, Langobardiae* (S. 129 Z.6): B – M² 176; Nr. 93 (775 März 14) für St-Denis:...*per (infra) regna... Francia et Italia* (S. 134 Z.21, Z.33): B – M² 181; Nr. 125 (779 Mai 23) für Novalese:... *infra regna...nostra Franciae, Italiae* (S. 175 Z.27 – 28): B – M² 222; im gleichen Sinne wohl auch Nr. 208 (808 Juli 17):...*aliquos Langobardos foras patriam in Francia ductos habuimus;...quando in Francia per iussionem nostram ductus est* (S. 279 Z. 17 – 18, Z.29 – 30): B – M² 437. Vgl. LUGGE, S. 28; s. auch unten § 3, S. 156 m. Anm. 450.

[5]) Diese Formel ist erst seit 801 bezeugt, erstmals in: DD Karol. I, Nr. 197 (801 Mai 29): B – M² 372; davor heißt es einfach: *anno...et...regni nostri*, ohne speziellen Hinweis auf *Francia* und *Italia*, so meist schon ab DD Karol. I, Nr. 80 (774 Juni 5): B – M² 165; vgl. BRESSLAU II/2, S. 417 m. Anm. 2 (Druckfehler: 179 statt 197); LUGGE, S. 27 m. Anm. 103; TESSIER, Diplomatique, S. 98; FICHTENAU, Datierungen, S. 247. Noch um die Mitte des 9. Jh. erläutert die päpstliche Kanzlei: *omnes Francie, Gallie seu Germanie archiepiscopos*: Epistulae selectae Leonis IV, Nr. 12 (ed. v. HIRSCH-GEREUTH, S. 591 Z.9 – 10); vgl. EWIG, Beobachtungen, S. 334 m. Anm. 70 (Druckfehler: 19 statt 12). Vgl. noch unten S. 87 m. Anm. 18 – 21 sowie unten § 3, S. 155 – 57.

[6]) Einhard, Vita Karoli, c.2: *Sed cum ex Francia multi nobilium ob vota solvenda Romam...commearent* (ed. HOLDER-EGGER, S. 5 Z.6) und ebd.: *Nam pater eius Karolus* (scil. Karl Martell), *qui tyrannos per totam Franciam dominatum sibi vindicantes oppressit et Sarracenos Galliam occupare temptantes duobus magnis proeliis uno in Aquitania...altero iuxta Narbonam... devicit* (ed. HOLDER-EGGER, S. 4 Z.5 – 10). LUGGE, S. 29, bemerkt zu Einhard etwas apodiktisch: „Francia umfaßte Gallia und Germania, war der politische Oberbegriff zu beiden..."; sie zitiert lediglich die beiden hier genannten Stellen – es sind die einzigen, die *Francia* überhaupt erwähnen, wenn man von Karls „Divisio" von 811 absieht, in der *Francia* in der Datierung erscheint: c.33 (ed. HOLDER-EGGER, S. 38) und oben Anm. 5 –, von denen m.E. keine wirklich zwingend in diesem Sinn gedeutet werden muß, wobei noch zu beachten ist, daß beide Stellen am Anfang der „Vita" stehen und sich auf Karl Martell und Karls Onkel Karlmann beziehen, nicht auf die Zeit Karls d.Gr. Zur „Vita Karoli" vgl. WATTENBACH – LÖWE, S. 272 – 76 (überholt); BRUNNER, Gruppen, S. 40 Anm. 1, 94 – 95; Heinz LÖWE: Die Entstehungszeit der Vita Karoli Einhards, in: DA 39 (1983) S. 85 – 103, bes. S. 103 und zuletzt EGGERT – PÄTZOLD, S. 38 – 39; vgl. noch unten Anm. 306.

len[7], bei Nithard und Ermoldus Nigellus[8] sowie in den sogen. „Annales Bertiniani"[9]. Selbst zu Ausgang des Jahrhunderts findet sich diese Bedeutung noch ausnahmsweise bei Notker, der allerdings eine spezifische Erläuterung für nötig erachtet: *Franciam vero, interdum cum nominavero, omnes cisalpinas provincias significo,.... propter excellentiam gloriosissimi Karoli, et Galli et Aquitani, Edui* (scil. Burgundiones) *et Hispani, Alamanni et Baioarii non parum se insignitos gloriabantur, si vel nomine Francorum servorum censeri mererentur*[10]. Es ist aber vielleicht kein Zufall, daß sich diese Wendung in einem dem Gedächtnis Karls d. Gr. gewidmeten

---

[7]) Ann.q.d. Einhardi ad an. 749:...*ut consulerent pontificem de causa regum, qui illo tempore fuerunt in Francia, qui nomen tantum regis... habuerunt* (ed. KURZE, S. 9); ad an. 774: *et rex...ordinata Italia in Franciam revertitur* (ed. KURZE, S. 39); ad an. 775: (Carolus)*... ad hiemandum in Franciam revertitur* (aus Sachsen; ed. KURZE, S. 43); ad an. 782: (Carolus)*...in Saxoniam eundum et ibi, ut in Francia quotannis solebat, generalem conventum habendum censuit* (ed. KURZE, S. 59) u.ö. Vgl. auch Ann. regni Franc. ad an. 749:...*interrogando de regibus in Francia* (ed. KURZE, S. 8); ad an. 753:...*Carlomannus monachus...per iussionem abbatis sui in Franciam venit* (ed. KURZE, S. 10); ad an. 757: *Misit Constantinus imperator regi Pippino...organum, qui in Franciam usque pervenit* (ed. KURZE, S. 14); ad an. 772: *recepit obsides XII et reversus est in Franciam* (ed. KURZE, S. 34); ad an. 774: *rex, ipsa Italia subiugata..., cum magno triumpho Franciam reversus est* (ed. KURZE, S. 40); ähnlich ad an. 787 (ed. KURZE, S. 76); ad an. 789: (nach Abodritenzug) *Franciam pervenit* (ed. KURZE, S. 86); ad an. 803: ...*nam Herenam* (Irene) *post adventum legationis Franciae deposuerunt* (ed. KURZE, S. 118); ad an. 824: *ad explorandam diligentius insolitae et numquam prius in Franciam venientis legationis causam* (ed. KURZE, S. 164) u.ö.; vgl. LUGGE, S. 29. Ohne die Frage hier vertiefen zu können, sei bemerkt, daß ich ganz wie Löwe die sogen. Einhard-Annalen mit der älteren Forschung (u.a. Ranke) als tatsächlich von Einhard verfaßt betrachte; vgl. auch unten Anm. 304 und Anm. 306. Zu Einhard- und Reichsannalen vgl. WATTENBACH – LÖWE, S. 245ff., 254 – 56, bes. S. 255 – 56. Vgl. noch unten S. 86 m. Anm. 15.

[8]) Nithard, l.I c.5:...*ut...Alpibus excederet* (scil. Lothar I.) *ac deinceps sine patris iussione fines Francie ingredi non praesumeret* (ed. LAUER, S. 22); vgl. KIENAST, Herzogstitel, S. 15 Anm. 27; vgl. aber unten S. 86 m. Anm. 13 – 14. Ermoldus Nigellus, v. 730: *Francia, plaude libens, plaudat simul aurea Roma*; ähnlich auch v. 2520 (ed. FARAL, S. 58, 192); v. 1482 – 83: *Francia...mox tua regna* (scil. Salomonis) *petet* (ed. FARAL, S. 114); v. 1805: *Detestatur enim Francia hocce nefas* (ed. FARAL, S. 136) u.ö.; nur andeutend LUGGE, S. 36. Ganz eindeutig dagegen die Ann. Sith. ad an. 741: *Carlomannus et Pippinus sub optentu maiordomatus totius Franciae regnum suscipiunt et inter se dividunt* (ed. WAITZ, S. 35 Z.15 – 16). Zu Ermoldus Nigellus, Nithard und den Ann. Sithienses s. WATTENBACH – LÖWE, S. 329 – 32, 353 – 56, 557 – 58. Zu den Ann. Sithienses vgl. zuletzt Hartmut HOFFMANN: Untersuchungen zur karolingischen Annalistik (Bonn 1957) S. 91 – 102 (Bonner Historische Forschungen, t.10).

[9]) Vgl. etwa Ann. Bert. ad an. 836:...*de restitutione rerum ecclesiis Dei in Francia constitutis*...(ed. GRAT, S. 19); ad an. 839:...*rex Anglorum legatos mittit, postulans per Frantiam pergendi Romam orationis gratia transitum sibi...tribui* (ed. GRAT, S. 28); vgl. aber unten S. 86 m. Anm. 14. Zu den „Annales Bertiniani" vgl. unten S. 88 m. Anm. 26.

[10]) Gesta Karoli, l.I c.10 (ed. HAEFELE, S. 13 Z.7 – 14). Vgl. hierzu ZÖLLNER, S. 151 – 52; LUGGE, S. 28; EWIG, Beobachtungen, S. 341 Anm. 110; KIENAST, Herzogstitel, S. 15 Anm. 27, 25 Anm. 94 und zuletzt EGGERT–PÄTZOLD, S. 67.

Werk findet[11]. Es wäre jedoch ein gravierender Irrtum zu glauben, daß die Quellen der Zeit Karls d. Gr. und Ludwigs d. Fr. *Francia* ausschließlich in diesem Sinne gebraucht hätten. Mit Recht betonte KIENAST: „Francia wird sehr häufig...von demselben Autor verschieden verwendet"[12]. Wenn Nithard die gesamte *Francia* meint, bezeichnet er sie als *tota* oder *universa Francia*, während er unter *Francia*[13] sonst den Raum zwischen Loire oder Seine und Rhein versteht[14]. In den „Reichsannalen" und den sogen. Einhard-Annalen wird *Francia* meist in dem Zusammenhang: *rex* (oder *imperator*) *in Franciam reversus est* o.ä., gebraucht, wobei dem Textzusammenhang entnommen werden muß, welcher Raum der *Francia* konkret gemeint ist[15]. Besonders deutlich tritt die „verkürzte" Bedeutung von *Fran-*

---

[11] Vgl. aber unten S. 89 m. Anm. 33. Zu Notker dem Stammler vgl. WATTENBACH-LÖWE, S. 277–79 und HAEFELE, ed.cit., Einleitung, S. VII–XVI. Vgl. zuletzt Heinz LÖWE: Das Karlsbuch Notkers von St. Gallen und sein zeitgeschichtlicher Hintergrund (1970), in: Von Cassiodor zu Dante. Ausgewählte Aufsätze zur Geschichtsschreibung und politischen Ideenwelt des Mittelalters (Berlin-New York 1973) S. 123–48; s. noch unten Kap. 3 § 2, S. 208 m. Anm. 194.

[12] Herzogstitel, S. 15 Anm. 27; vgl. unten Anm. 14 und Anm. 17 sowie unten S. 89–90 m. Anm. 29–35.

[13] Nithard, l.II c.1:...*Lodharius...nuntios ubique, presertim per totam Franciam, mittit* (ed. LAUER, S. 36); l.II c.10: *quod...universam Franciam ęqua lance dividerent* (ed. LAUER, S. 74); vgl. LUGGE, S. 52–53, 82–83.

[14] So z.B. l.I c.5: *Quod pater* (scil. Ludwig d.Fr.) *audiens, e Francia manu valida collecta...*(ed. LAUER, S. 22); vgl. hierzu MOHR, Absonderung, S. 27–29; vgl. noch ebd. l.II c.3: (Karl d.K. mit Judith) *pariter ad Francię partes properabat* (ed. LAUER, S. 46); l.III c.4: (Lothar I.)...*fatigato exercitu...fessus Franciam pervenit* (ed. LAUER, S. 100). LAUER, ed. cit., S. 37 Anm. 5, erläutert „France" im Anschluß an Auguste Longnon durchgängig „dans le sens restreint de région située entre la Loire ou même la Seine et le Rhin", was in dieser Absolutheit mit Sicherheit irrig ist; vgl. schon KIENAST, Herzogstitel, S. 15 Anm. 27 sowie oben Anm. 8 und Anm. 13. Auch Thegan, c.39, c.41 (ed. PERTZ, S. 598 Z.22 und Z.29) verwendet *Francia* in dieser eingeschränkten Bedeutung, ebenso die Ann. Bert. ad an. 841: *Karolus...per Cenomannos, Parisios atque Bellovagos Frantiam permeans...* (ed. GRAT, S. 39); ad an. 844: *Pippinus* (scil. Pippin II. von Aquitanien)...*exercitui ex Francia ad Karolum... properanti* (ed. GRAT, S. 46); ad an. 852: *quem* (scil. Pippin II.) *Karolus captum, in Franciam ducit ac...apud Suessiones tonderi iubet* (ed. GRAT, S. 64–65) u.ö.; vgl. aber oben Anm. 9 und unten S. 88 m. Anm. 27–28. Man beachte, daß alle in den Anm. 8, 14, 27–28 zitierten Passagen der Ann. Bert. aus der Feder des Prudentius von Troyes stammen, der die Annalen von 835–861 redigiert hat; vgl. unten Anm. 26 und Anm. 44. Vgl. aber schon DD Karol. I, Nr. 122 (779 März 27):...*discurrentes tam ultra Ligere quam et cetera* (sic) *Ligere vel in Burgundia etiam et in Proventia vel in Frantia quam et in Austria* (S. 171 Z.3–4): B–M² 218; vgl. LUGGE, S. 35, wo irrig Capit. I, S. 47, angegeben wird.

[15] Vgl. die zahlreichen Belege bei MOHR, Absonderung, S. 21 m. Anm. 2. Es kommt natürlich darauf an, ob der König von einem Zug gegen die Sachsen oder die Aquitanier bzw. nach Spanien *in Franciam* zurückkehrt. Italien räume ich eine Sonderstellung ein, da Italien als einziger Reichsteil sowohl in der Intitulatio als auch in der Datatio von Karls Urkunden eigens erwähnt wird: oben S. 84 m. Anm. 4–5. Vgl. oben Anm. 7 sowie unten S. 95 m. Anm. 63.

*cia* bei dem sogen. „Astronomus" hervor[16], der von: *populi tam Frantiae quamque Burgundiae necnon Aquitaniae sed et Germaniae coeuntes*, spricht[17].

Der unmerkliche Bedeutungswandel von *Francia* = fränkisches Gesamtreich zu *Francia* = fränkisches Teilreich tritt in der Datierung der Urkunden Lothars I. besonders klar hervor: in den Jahren 833/34, als Lothar den Vater abgesetzt hatte und als Alleinherrscher auftrat, datiert er in seinen Urkunden mit: *anno imperii...domni Hlotharii in Francia I (II), in Italia XIII (XIIII)*[18]: es steht außer Zweifel, daß hier *Francia* ganz im Sinne der Urkundendatierungen Karls d. Gr. als das gesamte Frankenreich nördlich der Alpen aufzufassen ist[19]. Nach dem Scheitern des Aufstands blieb Lothar auf Italien beschränkt und datierte dort nur noch nach seinen *anni imperii*. Nach dem Tode Ludwigs d. Fr. überschritt Lothar sofort die Alpen und datiert seit Herbst 840 mit: *anno...imperii..., in Italia..., in Francia...*[20]. Unzweifelhaft bezieht sich die Angabe *in Francia* auf das von Lothar beanspruchte Gesamtreich, hat also dieselbe Bedeutung wie in den Jahren 833/34[21]. Bemerkenswert ist jedoch, daß sich an dieser Datierungsformel bis zu Lothars Tod 855 nichts mehr ändert[22]. Da Lothar aber den Vertrag von Verdun förmlich anerkannt und nach diesem Datum niemals mehr Ansprüche auf das Gesamtreich erhoben hat, kann sich *Francia* nunmehr

---

[16]) Zum „Astronomus" vgl. WATTENBACH – LÖWE, S. 335 – 38 und zuletzt Wolfgang TENBERKEN: Die Vita Hludowici Pii auctore Astronomo (Rottweil 1982; Diss. phil. Freiburg/Br. 1972) S. 42 – 44, der die „Vita" auf 840/41 datiert, während LÖWE, aaO., sie zu 843/45 angesetzt hatte. Zu Thegan, dessen „Vita" wohl um 837/38 entstand, vgl. WATTENBACH – LÖWE, S. 332 – 35 und zuletzt Ernst TREMP: Studien zu den Gesta Hludowici imperatoris des Trierer Chorbischofs Thegan, Hannover 1988 (Schriften der Monumenta Germaniae Historica, t. 32).

[17]) Vita Hludowici, c. 49 (ed. PERTZ, S. 637 Z.8 – 9; ed. TENBERKEN, S. 172) und dazu MOHR, Absonderung, S. 23 m. Anm. 1. Dagegen ist in c.1: *res Frantiae* (ed. PERTZ, S. 607 Z.39; ed. TENBERKEN, S. 27) fraglos das Gesamtreich gemeint, während *Francia* in c. 7: *stipendiariam in Frantia interdiceret annonam militarem dari* (ed. PERTZ, S. 611 Z. 8 – 9; ed. TENBERKEN, S. 27) das Frankenreich unter Ausschluß Aquitaniens (und wohl auch Sachsens, Baierns usw.) bezeichnet; zur Sache vgl. BRÜHL, Fodrum, S. 574 Anm. 642.

[18]) DD Lo. I. 13 – 22 (833 [Okt. 7] – 834 Juni 25); vgl. die folg. Anm.

[19]) Vgl. oben S. 84 m. Anm. 5. Allgemein zur Datierungsformel in den Urkunden Lothars I. s. Th. SCHIEFFER in: DD Lo. I., Einleitung, S. 45 – 48, bes. S. 46.

[20]) Zuerst in D Lo. I. 47 (840 Okt. 10) und dann durchgehend bis D Lo. I. 139 (855 Sept. 19); Datierung allein nach *anni imperii* in: DD Lo. I. 23 – 41, 44 – 46 (835 Jan. 24 – 840 Aug. 13). DD 44 – 46 sind bereits in Straßburg und Mainz gegeben. Vgl. noch EWIG, Beobachtungen, S. 350 und unten Anm. 22.

[21]) Vgl. bes. Capit. II, Nr. 226 (840 Aug.) S. 112 Z.11 – 12: *regnante et imperante domno Lothario caesare, anno reversionis eius primo, successor patris factus in Francia...*; vgl. EGGERT, Auffassung, S. 252 – 53; s. noch LUGGE, S. 84.

[22]) Eine kleine, mit D Lo. I. 107 (849 Okt. 18) einsetzende Korrektur in der Zählung von Kaiserjahren und Indiktion ist in unserem Zusammenhang belanglos; vgl. Th. SCHIEFFER in: DD Lo. I., Einleitung, S. 47 – 48.

zwangsläufig nur noch auf seinen Reichsteil, d.h. auf das Mittelreich, beziehen[23] . Fortan ist der Begriff *Francia* auf jeden dieser drei Reichsteile anwendbar[24] unbeschadet der Tatsache, daß nun zusätzlich gesonderte Namen für die einzelnen Reichsteile aufkommen, die sich im Laufe der Jahrzehnte verfestigen, wovon noch ausführlich zu sprechen sein wird. Ich
verfolge zunächst die Bedeutung von *Francia* nach dem Vertrag von Verdun.

Dem Mittelreich Lothars I. wird man wohl am ehesten die Bezeichnung
*Francia* schlechthin zubilligen wollen[25], doch die Belege hierfür sind nicht
zahlreich. Die in der Forschung unter dem irreführenden Namen „Annales Bertiniani" laufenden westfränkischen Reichsannalen[26] berichten zu
855, daß Lothar I. sein Reich geteilt habe: *ita ut Lotharius cognomen eius
Franciam, Karlus vero Provintiam obtineret*[27]; zum folgenden Jahr bezeichnen sie Lothar II. als *rex Franciae*, natürlich mit der bereits zu 855 gemachten Einschränkung[28]. Adrevald von Fleury betont, daß: *maior qui-*

---

[23]) Dies betonte m.W. erstmals Th. SCHIEFFER in: DD Lo. I., Einleitung, S. 8, ohne auf
den Bedeutungswandel von *Francia* in der Datierung eigens aufmerksam zu machen; s.
aber EGGERT, Auffassung, S. 255, während FICHTENAU, Datierungen, S. 266–67, den
Bedeutungswechsel nicht erkannt hat; verfehlt auch PARISOT, S. 28–29; geradezu irreführend LUGGE, S. 55.
[24]) Allgemein vgl. LUGGE, S. 54ff. und EWIG, Beobachtungen, S. 336ff., 343ff., 349ff.
Zu den Begriffen *Austria* und *Neustria*, auf die ich im folgenden nicht eingehe, vgl.
STEINBACH, S. 221ff.; EWIG, Volkstum, S. 266; LUGGE, S. 32ff.; s. auch unten Anm. 28, 62,
92, 155 und oben Anm. 14 i.f. Vgl. aber unten Kap. 5 § 1, S. 308. Die Kritik von SCHNEID-
MÜLLER, Tradition, S. 40 Anm. 1, an der Arbeit von M. Lugge ist berechtigt, die Formulierung zeigt noch den Hochmut des Doktoranden; sehr vernünftig dagegen DERS., Nomen, S. 13.
[25]) Vgl. PARISOT, S. 747: „(Das Reich Lothars II.) avait été dans l'empire carolingien le
cœur et le centre de la *Francia* et, plus que toute autre contrée, il avait le droit de conserver
ce nom glorieux qu'avaient illustré ses enfants"; zu vereinfachend SCHNEIDMÜILLER,
Tradition, S. 41.
[26]) Sie wurden einfach nach der Bibliotheksheimat der ältesten bekannt gewordenen
Hs. benannt; vgl. WATTENBACH – LÖWE, S. 348–49, 503, 520 und bes. Léon LEVILLAIN
in: Ann. Bert., Introduction, S. V – XVI.
[27]) Ann. Bert. ad h.an. (ed. GRAT, S. 71). Vgl. aber schon Capit. II, Nr. 203 (846 ca.
Okt.) c. 9: *Decretum...habemus, ut...filius noster* (scil. Ludwig II. von Italien) *cum omni
exercitu Italiae et parte ex Francia, Burgundia atque Provincia in Beneventum proficiscatur*
(S. 67 Z. 3–5). *Francia* bezeichnet hier klar die fränkischen Kernlande; s. auch PARISOT,
S. 69, 71–72; LUGGE, S. 55. Vgl. noch unten Anm. 62.
[28]) Ann. Bert. ad an. 856 (ed. GRAT, S. 72, 73); vgl. noch ebd. ad an. 880: *id est, ut
Hludowicus* (scil. Ludwig III. von Westfranken), *quod de Francia residuum erat ex paterno
regno, sed et Niustriam...haberet et Karlomannus Burgundiam et Aquitaniam* (ed. GRAT,
S. 241). MOHR, Entwicklung, S. 320 m. Anm. 15, deutet die Stelle dahin, „daß unter *Francia*
in dieser frühen Zeit(!) im Grunde genommen Lothringen verstanden wurde"; ebd. S. 318
spricht er von einem *regnum Franciae*, von dem die Ann. Bert. in dem von Mohr inten-
dierten Sinn nichts wissen; ebenso aber auch MOHR, Rolle, S. 365. Vgl. dagegen unten
S. 91–92 m. Anm. 45–46; s. noch EWIG, Beobachtungen, S. 347.

*dem natu Lotharius Franciam cum Italia, Ludovicus Saxoniam omnemque Germaniam, Carolus autem junior Burgundiam cum Aquitania possedit*[29]. Das ist aber auch schon fast alles. Am ehesten wird man noch geneigt sein, eine Stelle bei Regino von Prüm auf das Mittelreich zu beziehen, wo er von der Entsendung zweier päpstlicher Legaten *in Galliam* berichtet: *qui in Franciam venientes pecunia corrupti magis faverunt iniquitati quam aequitati*[30], denn hier ist *Francia* = Lotharingien von der Sache her gefordert. Allgemein scheint Regino, wenn er während der Regierungszeit Lothars II. die *Francia* erwähnt, das Mittelreich im Auge gehabt zu haben[31], was bei einem diesem Reiche entstammenden Chronisten nicht verwundern kann[32]. Es ist jedoch bemerkenswert, daß derselbe Regino *Francia* später für das gesamte Frankenreich gebraucht[33], um wenige Seiten danach mit diesem Wort ganz eindeutig das Westfranken , einmal aber auch das Ostfrankenreich zu benennen[34].

---

29) Adrevald von Fleury, Miracula s. Benedicti, l.I c.33 (ed. de CERTAIN, S. 70). Vgl. unten Kap. 4 § 1, S. 255 m. Anm. 78. Zu Adrevald vgl. VIDIER, S. 157 – 58; zu den „Miracula s. Benedicti" ebd. S. 135ff.; zu l.I bes. ebd. S. 151ff.

30) Regino, Chronicon ad an. 865 (ed. KURZE, S. 82); zur Sache vgl. PARISOT, S. 228ff. Zu Regino vgl. EGGERT, Auffassung, S. 155ff. und zuletzt Eduard HLAWITSCHKA: Regino von Prüm, in: Rheinische Lebensbilder, Bd. 6, hgg. von Bernhard POLL (Köln 1975) S. 7 – 27; vgl. ferner unten Anm. 32. Zur Chronik und ihren Vorlagen s. auch BOSCHEN, S. 190ff.

31) Das wird weder bei PARISOT, S. 749ff. noch bei MOHR, Entwicklung, S. 318ff. deutlich; ungenau auch LUGGE, S. 56. Vgl. etwa Regino, Chronicon ad ann. 865, 868 (ed. KURZE, S. 84, 94); s. noch unten Anm. 33.

32) Eine umfassende Studie über Regino († 915) wäre sehr erwünscht. Die Bedeutung des „Chronicon" als Geschichtsquelle steht außer Zweifel, obwohl es mit der Chronologie allenthalben hapert und auch die Sachinformation oft zu wünschen übrig läßt, da Regino nun einmal keine persönlichen Beziehungen zu den Herrschern seiner Zeit unterhielt und nie zum engeren Kreis der politisch Eingeweihten gezählt hat. Vgl. oben Anm. 30.

33) Regino, Chronicon ad an. 888: *Multos enim idoneos principes ad regni gubernacula moderanda Francia genuisset...*(ed. KURZE, S. 129). Diesen wichtigen Passus hat LUGGE, S. 27ff. übersehen; vgl. dazu unten Kap. 6 § 2, S. 372 m. Anm. 119. Dagegen dürfte Chronicon ad an. 882: *Qui* (scil. Karl III.) *nihil tardatus...in Franciam venit* (ed. KURZE, S. 119) auf das Mittelreich zu beziehen sein; so auch EWIG, Beobachtungen, S. 352 Anm. 193; ebenso fraglos Chronicon ad an. 898: *Dum haec in Francia geruntur...*(ed. KURZE, S. 146), wo das Reich Zwentibolds gemeint ist.

34) Regino, Chronicon ad an. 893: *Odo compositis rebus in Aquitania, in Franciam revertitur* (ed. KURZE, S. 141). Hier entspricht die Bedeutung in etwa der bei Nithard: oben Anm. 14; s. auch Chronicon ad an. 863: *Carolus* (scil. Karl d.K.)...*in Franciam revertitur*. Vgl. aber Chronicon ad an. 887: *ipse* (scil. Arnulf) *vero compositis in Franciam feliciter rebus, in Baioariam revertitur* (ed. KURZE, S. 128), wo zweifellos Mainfranken gemeint ist; s. auch EWIG, Beobachtungen, S. 352 m. Anm. 193 – 94. Vgl. dazu unten S. 106 m. Anm. 116.

Im Ostreich ist die Bezeichnung *Francia* in den Urkunden Arnulfs und besonders Karls III. nachweisbar[35], und zwar zunächst bezogen auf dessen alamannischen Reichsteil[36], seit 882 für das gesamte Ostfrankenreich und wiederum wie in den Tagen Karls d.Gr. in Gegenüberstellung zu den Herrschaftsjahren in Italien, was auch für Arnulf gilt[37]. Der Unterschied zu Karl d. Gr. wird jedoch darin deutlich, daß die Kanzlei Karls III. nicht nur die Herrscherjahre in Italien und Ostfranken, sondern ab 885 auch die in Westfranken getrennt zählt, das Eigengewicht der Teilreiche sich also gegenüber dem Einheitsgedanken behauptet nach der Formel: *anno imperii...in Italia..., in Francia..., in Gallia...* o.ä.[38]; auch im Text eines Privilegs Karls III. für St. Martin in Tours wird zwischen den *fideles* unterschieden: *partibus Italiae atque Romaniae*(!) *necnon Franciae et Galliae*[39], wobei *Francia* gleichfalls eindeutig den ostfränkischen Reichsteil meint. Als Faustregel gilt, daß die Annalenwerke stets den eigenen Reichsteil als die *Francia* schlechthin bezeichnen: in den Fuldaer Annalen meint dies also

[35]) Vgl. auch LUGGE, S. 61, 64; TESSIER, Diplomatique, S. 98–99. Vgl. aber unten S. 93.
[36]) DD K. III. 13–15 (879 Nov. 23–880 Jan. 8), 18–19 (880 Febr. 1–8), 21 (880 März 21), 23–24 (880 März 30–Juli 10), 26–28 (880 Dez. 21–29), 30 (881 Jan. 4) jeweils nach der Formel: *anno...in Francia..., in Italia...*; vgl. dazu P.F. KEHR in: DD K. III., Einleitung, S. XXXIX–XL; LUGGE, S. 61; EWIG, Beobachtungen, S. 339 m. Anm. 92 und dazu EGGERT, Auffassung, S. 279–81 und ebd. S. 282: „in praxi war seine (d.h. des Inquirinus) *Francia* eben doch nur eine „aufgewertete" *Alamannia* und ihre Verwendung mochte...wie Hochstapelei vorgekommen sein"; vgl. ebd. S. 282 Anm. 441. Vgl. noch unten Anm. 38.
[37]) DD K. III. 59–60 (882 Juli 19–Sept. 23): *anno augustali* (D 60 und alle folgenden DD: *imperii*)..., *in Italia..., in Francia...*; so auch DD K. III. 77 (883 Mai 10), 84 (883 Juni 24), 87–89 (883 Juli 30), 91 (883 Okt. 5), 93 (883 Okt. 23), sonst nur nach den *anni imperii*; s. auch P.F. KEHR in: DD K. III., Einleitung, S. XLI–II. Ab D K. III. 94 (884 Febr. 14) erscheint gelegentlich die Formel: *anno vero regni..., imperii...* Arnulf datiert anläßlich seiner Italienzüge 894 und 896 mehrfach: *anno VII regni domni Arnolfi...regis in Frantia et in Italia I*: DD Arn. 123–25 (894 März 11–Apr. 17); D Arn. 140 (896 Febr. 27) liest: *anno regni Arnolfi regis in Frantia VIIII, in Italia III*; DD Arn. 141–42 (896 März 1–Apr. 25) sind nur nach *anni imperii* datiert, danach werden *anni regni* und *anni imperii* getrennt gezählt; vgl. P.F. KEHR in: DD Arn., Einleitung, S. XXIX und bes. EGGERT, Auffassung, S. 284, 296–97.
[38]) So etwa in: DD K. III. 136 (886 Juni 9), 142–46 (886 Okt. 24–29), 150 (886 Nov. 22), 157 (887 Febr. 16), 160 (887 Juni 16), 168–69 (887 Sept. 21); s. aber schon D K. III. 127 (885 Aug. 23), wo es etwas ausführlicher heißt: *anno regni..., imperatoriae vero dignitatis in Italia..., in Francia..., in Gallia...*; vgl. P.F. KEHR in: DD K. III., Einleitung, S. XLIII–V. Vgl. aber unten S. 93 m. Anm. 58–60; s. noch EWIG, Beobachtungen, S. 339; EGGERT, Auffassung, S. 284ff.; FICHTENAU, Datierungen, S. 270. Gerade unter Karl III. ist die Vielfalt der Datierungen besonders groß. Vgl. noch unten S. 109 m. Anm. 134.
[39]) D K. III. 160 (887 Juni 16) S. 260 Z.24–25. Die Trennung der Romagna von der *Italia* findet sich nur hier; daß tatsächlich die Romagna gemeint ist und nicht etwa der römische Dukat beweist D K. III. 171 (a.887) S. 277 Z.8, Z.25, Z.30; s. LUGGE, S. 91; vgl. noch unten Anm. 62.

Ostfranken; ebenso bezeichnet der Reichenauer Fortsetzer des „Breviarium Erchanberti" Ludwig III. von Ostfranken als *rex Franciae*[40]. Der Xantener Annalist denkt an Ostfranken in seiner Gesamtheit, wenn er Karlmann den gefangenen Mährenfürsten Rastislaw *in Franciam* senden läßt und wenige Zeilen später von den Normannen schreibt: *per aquosa loca Franciae atque Galliae humano generi multas miserias intulerunt*[41].

Angesichts der Tatsache, daß Frankreich im Hohen und Späten Mittelalter unzweifelhaft *Francia* heißt, wäre man wohl geneigt, den Francia-Namen insbesondere mit Westfranken zu verbinden[42], doch die Vermutung trügt: ausgerechnet die westfränkischen Reichsannalen gebrauchen *Francia* im Sinne von Westfrankenreich nur höchst selten[43], wie gerade Hinkmar, ihrem Redaktor seit 861, zu entnehmen ist[44], der nur zu den Jahren 876 und 877 anläßlich der Italienzüge Karls d.K. das Wort in dieser Bedeu-

---

[40]) Erchanberti Breviarium, cont. monachi Augiensis (ed. PERTZ, S. 330 Z.15). Vgl. ferner Ann. Fuld. ad ann. 854, 865, 866, 870, 872, 874, 879, 880, 885, 887, 888, 891, 895, 901 (ed. KURZE, S. 44, 64, 65, 72, 76, 82, 93, 94, 103, 105, 113, 116, 119, 121, 127, 135). *Francia* hat dabei meist den engeren Sinn von Rhein- oder Mainfranken im Gegensatz zu Sachsen, Baiern usw.; vgl. bes. Ann. Fuld., Cont. Ratisb. ad an. 895: *Convenientibus...de toto Hlotharico regno, Saxonia, Baioaria et Alamannia in Francia XX et VI episcopis...magna synodus habebatur* (ed. KURZE, S. 126). Im gleichen Sinn auch c.4 der hier erwähnten Synode von Trebur: Capit. II, Nr. 252: *De Francia nobilis quidam homo nobilem de Saxonia Saxonum lege duxit* (S. 207 Z.11 – 12); vgl. dazu unten Kap. 4 § 2, S. 280 m. Anm. 234 – 38. Vgl. VIGENER, S. 137 m. Anm. 4, der jedoch im Anschluß an Waitz *Francia* zu leicht mit dem ostfränkischen Gesamtreich gleichzusetzen bereit ist; s. auch HESSLER, S. 37 – 38; LUGGE, S. 64; EGGERT, Auffassung, S. 44 – 45 und ebd. S.15 – 18, 49 – 50, 95ff. zu den Verfassern der Fuldaer Annalen (Rudolf, Meginhard, dem Regensburger Fortsetzer). Vgl. noch unten Anm. 63 und S. 104 m. Anm. 106 – 07.

[41]) Ann. Xant. ad an. 871 (ed. v. SIMSON, S. 30). Hier scheint mir der Bezug auf das gesamte Ostfrankenreich unzweifelhaft zu sein im Gegensatz zur Terminologie der Ann. Fuld., in denen die Bedeutung Rhein- und Mainfranken überwiegt; vgl. auch EWIG, Beobachtungen, S. 340. Zu den Xantener Annalen grundlegend Heinz LÖWE: Studien zu den Annales Xantenses, in: DA. 8 (1951) S. 59 – 99 und danach EGGERT, Auffassung, S. 130 – 33. Die bis 873 reichenden Annalen sind wohl in ihrer letzten Redaktion in Köln entstanden.

[42]) So in der Tat JULLIAN, S. 224: „Les hommes du temps le reconnurent presque aussitôt, en réservant pour lui (scil. le royaume des Francs occidentaux) le nom de *Francia* et de France"; vgl. dagegen EWIG, Beobachtungen, S. 359 – 60.

[43]) Vgl. oben S. 85 m. Anm. 9. Häufiger findet sich der restriktive Gebrauch von *Francia* im Sinne der Gebiete nördlich der Loire; vgl. schon oben S. 86 m. Anm. 14. Auch die „Gesta Aldrici" sprechen von der *Cenomannica patria* Pippins I. von Aquitanien, von wo er: *pergere cepit ad Franciam* (edd. CHARLES – FROGER, S. 131; vgl. ebd. S. 132).

[44]) Ann. Bert. ad an. 864: *Tunc imperator* (scil. Ludwig II.) *Guntharium et Theutgaudum degradatos, ut secum venerant, Franciam redire praecepit* (ed. GRAT, S. 106). Hier kann *Francia* nur das Reich Lothars II. meinen. Hinkmar setzt den Sprachgebrauch des Prudentius also zunächst fort; vgl. oben Anm. 14; ebd. ad an. 864 (ed. GRAT, S. 115) ist nicht recht klar, ob *Francia* nur das Westfranken- oder das Frankenreich im allgemeinen bezeichnet, doch ist das Erstere wahrscheinlicher.

tung verwendet[45] und in diesem Zusammenhang sogar den Begriff *regnum Franciae* gebraucht[46]. Von den Annalenwerken sind es vor allem die „Annales Vedastini", die mit *Francia* konsequent das Westreich[47] oder zumindest einen bestimmten Teil desselben, nämlich den Reichsteil Ludwigs III. von Westfranken, bezeichnen[48]. Sieht man einmal ab von einigen Erwähnungen bei Dichtern der Zeit[49], so tritt *Francia* = Westfrankenreich am klarsten wieder einmal in den Urkundendatierungen hervor: Karl d.K. datiert seine Urkunden zunächst nach den Jahren seiner Herrschaft in Westfranken, die er vom Tode Ludwigs d. Fr. ab zählt, ohne nähere geographische Hinweise: *anno...regnante Karolo gloriosissimo rege*[50]. Nach seiner Krönung und Salbung zum König von Lotharingien am 9. September 869 in Metz datiert er zunächt: *anno XXX regnante Karolo...rege et I in succes-*

---

[45]) Ann. Bert. ad an. 876:...*imperator* (scil. Karl d.K.) *ab Italia in Frantiam rediit* (ed. GRAT, S. 201); ad an. 877: ...*cum uxore...de Francia Italiam petiit* (ed. GRAT, S. 214); vgl. MOHR, Entwicklung, S. 321.

[46]) Ann. Bert. ad an. 877:...*qualiter regnum Franciae filius suus Hludovicus... regeret,...ordinavit* (scil. Karl d.K.) *et quomodo tributum de parte regni Franciae...exigeretur, disposuit* (ed. GRAT, S. 213). Vgl. bes. EWIG, Beobachtungen, S. 346–47: auch zu oben Anm. 27–28.

[47]) Ann. Vedast. ad ann. 876, 877, 878, 880, 884, 888, 895 (ed. v. SIMSON, S. 41, 42, 43, 46, 56, 65, 75); vgl. dazu EWIG, Beobachtungen, S. 347, der ebd. Anm. 155 treffend bemerkt: „In den Bezügen auf das Westreich steckt meist zugleich auch ein regionaler Bezug"; vgl. noch MOHR, Entwicklung, S. 321 und bes. KIENAST, Herzogstitel, S. 15 Anm. 27 (auf S. 16). Vgl. noch die folg. Anm.

[48]) Ann. Vedast. ad an. 880: *Hludowicus vero rex rediit in Franciam*, um Weihnachten in Compiègne zu feiern (ed. v. SIMSON, S. 49); ad an. 882:... *et vocaverunt* (scil. Franci) *fratrem eius* (scil. Ludowici III.) *Karlomannus qui festine venit in Franciam* (ed. v. SIMSON, S. 52); ad an. 889: *rex* (scil. Odo)...*festinavit propter Nortmannos redire in Franciam* (ed. v. SIMSON, S. 67); ad an. 895: (Odo) ...*indeque adunato exercitu in Franciam repedavit* (ed. v. SIMSON, S. 76). Bei der Verschwörung gegen Odo 892 wird dieser überredet: *ut relicta Francia hiemandi gratia Aquitaniam peteret* (ed. v. SIMSON, S. 72); vgl. dazu BRÜHL, Fodrum, S. 70 m. Anm. 268. Vgl. noch Ann. Vedast. ad ann. 893, 895, 896 (ed. v. SIMSON, S. 73, 74, 75, 77). In all diesen Fällen ist deutlich die *Francia* im engeren Sinne zwischen Seine und Rhein gemeint; vgl. bes. Ann. Vedast. ad an. 895 (ed. v. SIMSON, S. 76): nachdem Odo die Seine überschritten hatte, belagern Karl III. und Zwentibold Laon. Vgl. noch oben S. 86 m. Anm. 14; s. auch Actes de Carloman II, Nr. 76 (884 März 13): *anno II regni Karlomanni regis in Frantia* (S. 198 Z.30–31); ebd. S. 197 betont der Herausgeber R.-H. BAUTIER, daß die Uk. nicht in der Kanzlei entstanden ist. Vgl. noch unten S. 94 m. Anm. 61.

[49]) Wie z.B. Sedulius Scottus; vgl. LUGGE, S. 56 m. Anm. 28–29 (ebd. Anm. 30 ist ausgefallen).

[50]) Vgl. TESSIER, Introduction, S. 118–19. Die westfränkische Krönung von 848 fand in der Datierung keinen Niederschlag; vgl. noch SCHRAMM I, S. 16–18. Verfehlt AUZIAS, S. 250–51 m. Anm. 5, der zwar mit Recht eine Krönung und Salbung zum König des gesamten Westfrankenreichs annimmt, aber irrig behauptet, Karl habe fortan den Titel eines *rex Francorum et Aquitanorum* geführt; vgl. dazu unten § 3, S. 158 m. Anm. 462–64 und Kap. 6 § 1, S. 361 m. Anm. 57.

*sione regni Hlotharii*[51], was die Kanzlei dann umstilisierte zu: *anno XXX et post successionem Lotharii I regnante Carolo gloriosissimo rege*[52]. Auch Karl III. von Westfranken trug dem Erwerb Lotharingiens mit der Formel: *largiore vero hereditate indepta*, Rechnung[53]. Aber Karls d.K. Ausdehnungsdrang blieb nicht auf Lotharingien beschränkt: 875 gedachte er vorübergehend auch der Nachfolge Kaiser Ludwigs II. von Italien in der Datierung[54], 876 sogar der angestrebten Nachfolge Ludwigs II. von Ostfranken[55]. Von besonderer Bedeutung war aber Karls Kaiserkrönung vom 25. Dezember 875[56], die neben einer neuen Intitulatio auch in den *anni imperii* der Datatio ihren Niederschlag fand[57]; nunmehr entschloß man sich in der Kanzlei, die Herrschaftsjahre Karls in Westfranken als *anni regni...in Francia* zu bezeichnen[58], womit eine drei-, einmal sogar eine viergliedrige Zählung der Regierungsjahre Karls d.K. entstanden war[59], die allerdings nicht konsequent beibehalten wurde[60]. Das *regnum Franciae* taucht dann

---

[51] Actes de Charles II le Chauve, t.II, Nr. 328 (869 Sept. 9) S. 226 Z.19 – 20; vgl. TESSIER, Introduction, S. 120.

[52] So zuerst in: Actes de Charles II le Chauve, t.II, Nr. 330 (869 Nov. 24) S. 235 Z.7 – 8; Nr. 333 – 34 (870 Jan. 15 – Febr. 4), danach erst wieder in Nr. 344 (870 Nov. 24) und in Nr. 360 – 61, 363 (872 Apr. 11 – 20), Nr. 367 (873 Okt. 12), Nr. 370 – 73 (874 Febr. 12 – März 10), Nr. 376 (874 Nov. 16), Nr. 377 – 80 (875 März 16 – 27); vgl. TESSIER, Introduction, S. 120; DERS., Diplomatique, S. 98; EWIG, Beobachtungen, S. 345 – 46 und EGGERT, Auffassung, S. 264 – 65.

[53] Hierzu vgl. unten § 3, S. 161 m. Anm. 484.

[54] Actes de Charles II le Chauve, t.II, Nr. 383 – 84 (875 Sept. 29 – Okt. 1): *anno XXXVI regnante Karolo rege et in successione Hlotarii VI et successionis Hludowici I* (S. 361 Z.23 – 24); Nr. 384 liest: *ex successione Hlotarii anno VI et Hludoici primo* (S. 363 Z.3 – 4); vgl. TESSIER, Introduction, S. 120; EWIG, Beobachtungen, S. 346 Anm. 144 (Übergangsformel).

[55] Actes de Charles II le Chauve, t.II, Nr. 413 (876 Sept.): *anno XXXVII regni domni Karoli imperatoris in Franciam et in successione Hlotharii VII et imperii II et successionis Hludowici regis I* (S. 426 Z.20 – 21). Zu dieser in Köln gegebenen Urkunde, die im Original überliefert ist, s. schon CALMETTE, Diplomatie, S. 163 m. Anm. 4; TESSIER, Introduction, S. 120; ebd. S. 189 zu dem Solaezismus *in Franciam*.

[56] Vgl. DÜMMLER II², S. 397 – 98; CALMETTE, Diplomatie, S. 157; SCHRAMM I, S. 34ff.

[57] TESSIER, Introduction, S. 120 – 21, 151.

[58] Actes de Charles II le Chauve, t.II, Nr. 400 – 01 (875 Dez. 26): *anno XXXVI regni domni Caroli in Francia et in successione Hlotharii sexto et imperii eius primo* (S. 392 Z.24 – 25, S. 396 Z.15 – 16). Von Nr. 403 – 408 (876 Febr. 28 – Mai 30) wird die Formel wieder zweigliedrig, da die Erwähnung der Jahre: *in successione Hlotharii* ausfällt und erst in Nr. 409 – 13 (876 Juli 13 – Sept.) wieder erscheint. In Nr. 408 heißt es ausnahmsweise: *anno I domni Karoli serenissimi imperatoris augusti, regni vero XXXVI* (S. 414 Z.14 – 15), sonst fehlt *in Francia(m)* nie; s. auch LUGGE, S. 56 – 57 m. Anm. 31; s. aber unten Anm. 60.

[59] Vgl. EWIG, Beobachtungen, S. 346 Anm. 144 und oben Anm. 55.

[60] Vgl. schon oben Anm. 52 und Anm. 58. Unter den Diplomen nach Nr. 414, die eine vollständige Datierung aufweisen, fehlt der Hinweis auf die *Francia* nur in Nr. 423 (877 März 29) und Nr. 430 (877 Juni 20), während die Jahre *in successione Hlotharii* wesentlich häufiger ausfallen; sie fehlen auch in Nr. 446 (877 Sept. 10), dem letzten überlieferten Diplom mit vollständiger Datierung; schief daher EGGERT, Auffassung, S. 265.

noch einmal 877 in der Datierung einer Urkunde Ludwigs II. d.St. auf, danach wird wieder einfach nach Herrscherjahren datiert, wie dies schon unter den Merowingern üblich gewesen war [61].

An diesem Punkt scheint es mir angebracht, kurz Rückschau zu halten:
wir haben gesehen, daß *Francia* im 9. Jahrhundert sowohl die Gesamtheit
des Frankenreichs als auch ein jedes seiner Teilreiche und darüber hinaus
auch noch geographisch den Raum zwischen Loire, Seine und Rhein im
Westen, Rhein- und Mainfranken im Osten bezeichnen kann. Italien ist in
dem Begriff *Francia* niemals enthalten, wohl aber k ö n n e n *Alamannia,
Aquitania, Baioaria, Burgundia, Frisia, Gotia, Saxonia, Wasconia* usw. inbegriffen sein, obwohl diese meist als selbständige, vom Frankenreich getrennte Größen n e b e n der *Francia* im engeren Sinn genannt werden [62].
Um die Verwirrung vollständig zu machen, verwendet ein und derselbe
Autor das Wort in verschiedenen Bedeutungen, ja es ist manchmal
schlechterdings unmöglich, mit Sicherheit zu sagen, in welchem Sinn

---

[61]) Actes de Louis II le Bègue, Nr. 4 (877 Dez. 9): *[die] secundo unctionis Hludowici
in regno Franciae* (S. 10 Z.27 – 28) und dazu die Vorbem. von R.-H. BAUTIER: ebd. S. 7 – 8.
LUGGE, S. 57 m. Anm. 35 – 36, zitiert diese Uk. und die Karlmanns: oben Anm. 48,
bemerkt aber nicht, daß *Francia* hier in verschiedenen Bedeutungen gebraucht wird.
Allgemein vgl. BRESSLAU II/2, S. 417; TESSIER, Diplomatique, S. 32 – 33, 97 – 98.
[62]) Vgl. etwa D K. III. 139 (886 Aug, 22) für das Martinskloster bei Tours:... *res eiusdem
sancti Martini in Francia, Austria, Niustria, Burgundia, Aquitania, Provincia, Germania,
Italia et in caeteris imperii...nostri partibus* (S. 224 Z.26 – 27). *Francia* bezeichnet hier nach LUGGE, S. 66 m. Anm. 90, das Mittelreich, d.h. Lotharingien; anders aber
ebd. S. 161 und bes. KIENAST, Herzogstitel, S. 31, der *Francia* mit *Germania* gleichsetzt;
ebd. eine Übersicht der Diplome für St-Martin von Karl d.Gr. bis Hugo Capet. SCHNEID-
MÜLLER, Nomen, S. 20 – 21, der offenbar Kienast übersehen hat, zitiert nur die westfränkischen Könige Odo und Karl III., nicht aber das D K. III. 139. Karl III. von Westfranken
bestätigte den Besitz von St-Martin nicht weniger als dreimal: Actes de Charles III le
Simple, Nr. 46 (903 Apr.), Nr. 63 (910 – 11 Juni 14), Nr. 101 (919 Juni 27); in Nr. 46 und
Nr. 63 heißt es: *in Austria, Neustria, Burgundia, Gallia, Aquitania et in ceteris regni
nostri...partibus* (S. 10 Z.25 – 26, 140 Z.22 – 23), in Nr. 101 dagegen: *in Austria, Neustria,
Burgundia, Aquitania et Francia...* (S. 238 Z.8), während in: Actes d'Eudes, Nr. 41 (896
Juni) *Gallia* oder *Francia* nicht genannt waren (S. 174 Z.25 – 26); KIENAST, Herzogstitel,
S. 31, spricht denn auch von einem „tautologischen" Hinzutreten von *Gallia* oder *Francia*:
„Bis zuletzt (d.h. bis zu Hugo Capet) hält man an der längst ungebräuchlich gewordenen
Bezeichnung Austria et Neustria für Francia fest"; s. auch SCHNEIDMÜLLER, Nomen,
S. 20 – 21, der mit Recht gerade auf die Problematik der Überlieferung für St-Martin
hinweist, wo es wohl nicht nur allein um Empfänger- oder Kanzleiausfertigung geht.
(Ganz unglücklich ist die Zitierweise der DD Karls III. von Westfranken bei SCHNEID-
MÜLLER, Terminologie und DERS., Nomen, der in dem lobenswerten Bemühen, den
törichten Beinamen des „Einfältigen" zu vermeiden – dazu unten § 2, S. 142 – 43 m. Anm.
339 – 41 –, dessen Urkunden als „DD K. III." zitiert, was doch den DD Kaiser Karls III.
vorbehalten ist und nur zu Mißverständnissen und Verwechslungen Anlaß geben kann.)

*Francia* in bestimmten Fällen gebraucht wird[63]. War die Unterscheidung zwischen der engeren, regionalen Bedeutung des Worts und der *Francia* als Frankenreich schon immer schwierig gewesen, so wuchsen die Schwierigkeiten ins schier Ungemessene, seitdem der Vertrag von Verdun drei rechtlich einander gleichgestellte Frankenkönige und damit auch drei Frankenreiche geschaffen hatte, von denen ein jedes den Francia-Namen ausschließlich für sich zu beanspruchen versuchte. Dieser Problematik waren sich auch die Zeitgenossen bewußt, die notgedrungen um einen etwas präziseren Sprachgebrauch bemüht sein mußten. Diese Präzisierung ließ sich auf zweierlei Weise bewerkstelligen: einerseits konnte man den Begriff *Francia* durch erläuternde Adjektive näher umschreiben[64], andererseits die Reiche einfach nach dem Namen des jeweiligen Herrschers bezeichnen, was vielleicht etwas primitiv erscheinen mochte, aber den unleugbaren Vorzug hatte, politisch eindeutig zu sein. Wenn ich hier kurz auf diese Art, die fränkischen Teilreiche zu benennen, eingehe, so selbstverständlich deshalb, weil im Falle des Mittelreichs aus diesem Usus der historisch-politische Begriff „Lothringen" (Lotharingien), frz. „Lorraine", entstanden ist. Um so wichtiger erscheint mir daher die Feststellung, daß nach 843 alle drei Reiche in dieser Weise benannt wurden, wobei dem Mittelreich keineswegs die Rolle des Vorreiters zukam. Es genüge an dieser Stelle eine Auswahl aus den wichtigsten Annalenwerken der Zeit, in denen sowohl ein *regnum Hludowici* bezeugt ist[65], als auch ein *regnum*

---

[63]) Dies gilt vor allem für die Ann. Vedast.: oben S. 92 m. Anm. 47–48, aber auch bei anderen Autoren ist der Bezug manchmal zweifelhaft. So ist z.B. bei der Rückkehr des Königs aus Italien oder Aquitanien *in Franciam* unmöglich zu sagen, welcher Francia-Begriff dieser Aussage zugrundeliegt, wenn der Herrscher de facto in oder durch das Gebiet zwischen Seine und Rhein zieht. Ein klassisches Beispiel hierfür bieten die Ann. Fuld. ad an. 854, wenn Ludwig d.J. nach seinem gescheiterten Aquitanienzug: *cum suis se...in Franciam recepit* (ed. KURZE, S. 44), wobei *Francia* theoretisch sowohl das Reich Karls d.K. als auch das Ostreich oder einschränkend Mainfranken bezeichnen könnte. Lediglich der Sprachgebrauch Rudolfs läßt die Deutung auf Mainfranken als die wahrscheinlichste erscheinen; vgl. EWIG, Beobachtungen, S. 340 m. Anm. 102 und bes. EGGERT, Auffassung, S. 43–44 (gegen Mohr). Vgl. schon oben S. 86 m. Anm. 15, S. 89 m. Anm. 30–31, 33–34 sowie oben Anm. 40 und Anm. 45; s. auch unten Anm. 188 und Anm. 190.

[64]) Vgl. LUGGE, S. 66ff. unter dem Titel: „Ordnende Beinamen für Francia".

[65]) Ein: *Caroli*, nach anderer Lesart: *Lodovici regis regnum* erwähnt „um 805" bereits Smaragd von St-Mihiel, Liber in partibus Donati, zur grammatischen Erläuterung des Genitivs (edd. LÖFSTEDT – HOLTZ – KIBRE, S. 76 Z.36 m. Anm. zu Z.36–37); vgl. im übrigen Ann. Fuld. ad ann. 873, 876 (ed. KURZE, S. 80, 81, 86); Ann. Bert. ad ann. 848, 864, 868, 869, 873, 876 (ed. GRAT, S. 55, 113, 143, 156, 193, 203). *Regnum Hludowici* war auch die offizielle Bezeichnung Ostfrankens in der päpstlichen Kanzlei: Ann. Fuld. ad an. 863 (ed. KURZE, S. 58) und bes. J. – E. 2698, 2751, 2886, 2898, 3039, 3040 u.ö. Allgemein vgl. PARISOT, S. 748 Anm. 1; LUGGE, S. 104 Anm. 72; MOHR, Francia, S. 30; EWIG, Beobachtungen, S. 354 m. Anm. 202; EGGERT, Auffassung, S. 47, 63–64, 78 und unten S. 105 m. Anm. 112.

*Kar(o)li*[66] und entsprechend natürlich ein *regnum Hlotharii*[67], wobei die westfränkischen Reichsannalen zu den Jahren 869/70 betont vom *regnum quondam Hlotharii* sprechen[68]. Vereinzelt ist auch vom *regnum Hludowici imperatoris* die Rede, gelegentlich sogar vom *regnum Karlomanni* in West-, vom *regnum Arnolfi* in Ostfranken[69]. Im wesentlichen bleiben die

---

[66]) Dieser Name ist bei weitem häufiger bezeugt: Ann. Bert. ad ann. 855, 856, 858, 860, 865, 867, 868, 869, 873, 875 (ed. GRAT, S. 70, 72, 77, 84, 119, 139, 143, 156, 189, 193, 199); Ann. Fuld. ad ann. 845, 850, 858, 865, 873, 875, 877, 878 (ed. KURZE, S. 35, 40, 50, 64, 80, 89, 91); Regino, Chronicon ad an. 866 (lies: 858!): (Ludwig II. von Ostfranken)... *fratris sui Caroli regnum cum exercitu ingressus est* (ed. KURZE, S. 90). Die päpstliche Kanzlei gebrauchte diese Ausdrucksweise häufig: Ann. Bert. ad ann. 863, 867 (ed. GRAT, S. 99, 139) und J. – E. 2684, 2698, 2722, 2745, 2749, 2774, 2879, 2917 – 18, 2927, 2929, 2941, 3037, 3039, 3081 u.ö. Vgl. PARISOT, S. 748 Anm. 1; MOHR, Entwicklung, S. 327; LUGGE, S. 104 Anm. 72 (wie Parisot sehr unvollständig); EWIG, Beobachtungen, S. 354 m. Anm. 204; EGGERT, Auffassung, S. 62 und unten S. 99 m. Anm. 79.

[67]) Dies ist die mit Abstand am häufigsten gebrauchte Bezeichnung für das Mittelreich: Ann. Fuld. ad ann. 850, 851, 863, 869, 870 (ed. KURZE, S. 39, 41, 57, 69, 71); Ann. Bert. ad ann. 863, 864, 865, 868, 869, 870, 872 (ed. GRAT, S. 98, 107, 112, 113, 114, 115, 122, 143, 156, 171, 175, 186) sowie Ann. Bert. ad an. 878 (ed. GRAT, S. 231): Vertrag von Fouron und Ann. Bert. ad an. 879: *ut ei* (scil. Ludwig III. von Ostfranken) *offerent partem de regno Hlotharii iunioris* (ed. GRAT, S. 237); Ann. Vedast. ad an. 879 (ed. v. SIMSON, S. 45); Regino, Chronicon ad ann. 865, 869, 876, 879, 883, 886, 888, 891, 893, 894, 895 (ed. KURZE, S. 83, 98, 111, 115, 121, 125, 130, 136, 141, 142, 143). Mit Ausnahme zweier Nennungen in den Ann. Fuld. wird *regnum Hlotharii* also nur für das Reich Lothars II. gebraucht! Auch die päpstliche Kanzlei gebraucht *regnum Hlotharii* erst seit Nikolaus I. regelmäßig: J. – E. 2730, 2871, 2895, 2917 – 19, 2921, 2926 – 30, 3000 u.ö.; vgl. noch die folg. Anm. und unten Anm. 76. Zur Datierung in den DD Karls d.K. vgl. oben S. 92 – 93 m. Anm. 51 – 52. In der Datierung der DD Ludwigs II. von Ostfranken findet sich nur zweimal ein Hinweis auf das *regnum Hlotharii*: DD LG. 167 – 68 (875 Nov. 23 – 25): *anno XXXVIII regni Hludowici...regis in Orientali Frantia regnante et adoptionis regni Hlotharii VI* (S. 234 Z. 11 – 12; vgl. S. 237 Z. 16 – 17); vgl. LUGGE, S. 68; EGGERT, Auffassung, S. 268 – 69. Capit. II, Nr. 203 (846 ca. Okt.) c. 8: *omne regnum domni imperatoris Hlotharii* (S. 66 Z. 37) meint das Gesamtreich Lothars I.; vgl. noch unten Anm. 73. Allgemein s. PARISOT, S. 748 – 49; MOHR, Entwicklung, S. 326 – 30; EWIG, Beobachtungen, S. 354 – 55; EGGERT, Auffassung, S. 183ff.; NONN, Pagus, S. 52ff., bes. S. 53 m. Anm. 13.

[68]) Ann. Bert. ad ann. 869, 870, 873, 876 (ed. GRAT, S. 157, 164, 167, 169, 190, 211); s. auch ad an. 876: *regnum quondam fratris sui* (ed. GRAT, S. 206) im Hinblick auf das Reich Ludwigs II. von Ostfranken. Hinkmar hält diese Benennung aber nicht konsequent durch; vgl. oben Anm. 67. Auch die Ann. Xant. ad an. 871 und die Ann. Vedast. ad ann. 884, 885, 895 (ed. v. SIMSON, S. 29, 55, 56, 75) und Regino, Chronicon ad an. 870 (ed. KURZE, S. 100) sowie J. – E. 2941 gebrauchen diese Formulierung; s. aber Ann. Xant. ad an. 869: *quattuor reges regnaverunt in regno quondam Karoli Magni* (ed. v. SIMSON, S. 27); vgl. EGGERT, Auffassung, S. 180 sowie unten mit Anm. 69 – 71 und unten Anm. 75.

[69]) Ann. Bert. ad ann. 864, 876 (ed. GRAT, S. 143, 203) sprechen von dem *regnum Hludowici imperatoris*, obwohl *Italicum regnum*, *Italiae regnum* oder einfach *Italia* geläufig sind: Ann. Bert. ad ann. 871, 876, 878 (ed. GRAT, S. 184, 203, 231) u.ö. Die Ann. Vedast. ad an. 885 berichten: *ibique* (in Ponthion) *omnes, qui fuerant in regno Karlomanni ad eum* (scil. Kaiser Karl III.) *venerunt...;...praecipiens* (scil. Karl III.) *eos, qui erant ex regno quondam Hlotharii et regno Karlomanni pergere Luvania contra Nortmannos* (ed. v. SIMSON, S. 56); vgl. LUGGE, S. 69; EWIG, Beobachtungen, S. 350, 355 m. Anm. 221; MOHR, Entwicklung, S. 333; DERS., Rolle, S. 367; EGGERT, Auffassung, S. 199; SCHNEID-MÜLLER, Regnum, S. 88 m. Anm. 26. J. – E. 2669 bezeichnet zum Okt. 857 das Reich Karls v.d. Provence, des Bruders Lothars II., als *Caroli regnum*; in J. – E. 2698, wo zugleich von

Bezeichnungen der Reichsteile nach den Namen der Könige aber auf die Söhne Ludwigs d.Fr. und auf Lothar II. beschränkt.

Mit Recht hat Th. MAYER bemerkt, daß das Mittelreich „als Ganzes", d.h. in der Ausdehnung des Vertrags von Verdun, es überhaupt nicht zu einem eigenen Namen gebracht habe, doch dürfte heute allgemein anerkannt sein, daß der eigentliche Namengeber für das *regnum Lotharii* als eines Teilreichs des Mittelreichs Lothar II. gewesen ist und nicht Lothar I.[70], obwohl Regino auch hier für Verwirrung gesorgt hat[71]. Daß der Name *regnum Hlotharii* für „Lotharingien" noch zu Ausgang des 9. Jahrhunderts durchaus nicht fest verwurzelt war, zeigt die Tatsache, daß die „Annales Xantenses" Lothar II. als *rex Ripuariorum* und *rex Ripuariae*, Lotharingien als *Ripuaria* bezeichnen[72] und die „Annales Vedastini" in den 90er Jahren sogar zweimal vom *regnum Zvendebolchi* sprechen[73]. Die Regie-

---

den *regna Hludowici* und *Karoli* (Karls d.K.) die Rede ist, heißt es dann präziser: *regnum Caroli regis Provinciae*. Die Ann. Fuld., Cont. Ratisb. ad an. 883 melden: *Perangarius...mittitur ad expoliandum regnum Witonis* (ed. KURZE, S. 110); vgl. noch ebd. ad an. 884: *in regno Arnolfi* (ed. KURZE, S. 112); vgl. EGGERT, Auffassung, S. 105 m. Anm. 74. Vgl. noch unten mit Anm. 73.

[70]) In diesem Sinne schon PARISOT, S. 749–51; MAYER, S. 18; LUGGE, S. 104 m. Anm. 73; EWIG, Beobachtungen, S. 354; einschränkend MOHR, Entwicklung, S. 326–27 und ebd. S. 329; vgl. aber die folg. Anm.; vgl. zuletzt BRUNNER, Fürstentitel, S. 284–85 und NONN, Pagus, S. 53. Die allgemeine Fragestellung bei MAYER, S. 18.

[71]) Regino, Chronicon ad an. 842 (lies: 843):*...Porro Lotharius, qui et maior natu erat et imperator appellabatur, medius inter utrosque incedens regnum sortitus est, quod hactenus ex eius vocabulo Lotharii nuncupatur, totamque Provintiam necnon et omnia regna Italiae cum ipsa Romana urbe...*(ed. KURZE, S. 75); Chronicon ad an. 855:*...equivoco vero, id est Lothario, quod ex suo nomine vocatur, concessit...*(ed. KURZE, S. 77). Die einzige plausible Erklärung dieser bewußten Fehlinformation Reginos bot EGGERT, Auffassung, S. 180–81; vgl. noch SCHNEIDMÜLLER, Regnum, S. 88 m. Anm. 23–24. Zum Weiterwirken im 12. Jh. vgl. den bald nach 1155 entstandenen „Liber de compositione castri Ambaziae", wo Lothar I. als der Herrscher bezeichnet wird: *a quo Lotharingia nominata est* (edd. HALPHEN–POUPARDIN, S. 19).

[72]) Ann. Xant. ad ann. 861, 870 (ed. v. SIMSON, S. 19, 28); ad an. 869 beschreiben sie den Reichsteil Lothars II. als *Ripuariam, Burgundiam atque Provintiam* (ed. v. SIMSON, S. 27); vgl. HESSLER, S. 46 m. Am. 14; MOHR, Entwicklung, S. 328; DERS., Rolle, S. 371; EGGERT, Auffassung, S. 148; BRUNNER, Fürstentitel, S. 284 Anm. 1. Diese Terminologie findet sich etwa 150 Jahre später noch bei Wipo, allerdings bezogen allein auf Niederlothringen; so nennt er Herzog Friedrich von Oberlothringen *Liutharingorum dux*, Herzog Gozelo von Niederlothringen aber *Ribuariorum dux*: Gesta Chuonradi, c.1 (ed. BRESSLAU, S. 12 Z.8); vgl. noch c.2: *De Gallia* (d.h. die Lande links des Rheins) *Franci qui supra Rhenum habitant, Ribuarii, Liutharingi...* (ed. BRESSLAU, S. 14 Z.8–9); s. ferner ebd. c.6: *per regionem Ribuariorum* und: *reversus rex de Ribuariis* (ed. BRESSLAU, S. 28 Z.6, 29 Z.9). Allgemein s. NONN, Pagus, S. 167–68.

[73]) Ann. Vedast. ad ann. 896, 898 (ed. v. SIMSON, S. 78, 80); vgl. MOHR, Entwicklung, S. 333, der in dieser Formulierung zu Unrecht „eine Tendenz zu weiterer Festigung der lothringischen Selbständigkeit" erblickt; vgl. noch EWIG, Beobachtungen, S. 354; EGGERT, Auffassung, S. 199; NONN, Pagus, S. 54. Ann. Fuld. ad an. 869: *regnum Zwentibaldi, nepotis Rastizi* (ed. KURZE, S. 69) meint natürlich Mähren und zeigt, daß diese Form der Benennung auch auf nicht-fränkische Reiche anwendbar war.

rung Zwentibolds währte indes zu kurz, als daß dieser Name wirklich hätte Fuß fassen können[74]. Es blieb so im 10. Jahrhundert bei *regnum Lotharii*[75] oder *regnum Lothariense*[76], woraus dann  –  schon im dritten Viertel

---

[74]) Vgl. schon D LK. 20 (903 Juni 24): *Kebehart, dux regni, quod a multis Hlotharii dicitur* (S. 126 Z. 22 – 23); vgl. hierzu PARISOT, S. 559; KIENAST, Herzogtitel, S. 314; HLAWITSCHKA, Lotharingien, S. 190 m. Anm. 16; MOHR, Rolle, S. 389; EGGERT, Auffassung, S. 305 – 06, der als einziger eine ansprechende Deutung der eigenartigen Formulierung: *quod a multis Hlotharii dicitur*, bietet; vgl. noch MOHR, Geschichte, S. 14 und zuletzt SCHNEIDMÜLLER, Regnum, S. 100 – 01. Vgl. unten Kap. 5 § 1, S. 309 m. Anm. 44; Kap. 6 § 3, S. 393 Anm. 233.

[75]) Vgl. etwa Flodoard, Annales ad ann. 919, 921, 922, 924, 925, 926 u.ö. (ed. LAUER, S. 1, 6, 11, 23, 31, 36 u.ö.); THIETMAR, Chronicon, l.II c.23: *ducatum... regni...Liutharii*; l.V c.19: *regnum Luithariorum* (ed. HOLTZMANN, S. 66 Z.4, S. 243 Z.18); Liudprand, Antapodosis, l.I c.16, l.III c.48: *in regno Lotharii* (ed. BECKER, S. 18 Z.7 – 8, 100 Z.16); Widukind, l.I c.27, c.29, c.30 (ed. HIRSCH, S. 40 Z.13, 42 Z.8, 43 Z.9 und Z.14); s. auch D O.I. 140 (952 Jan. 21): *Cohonradi, Lotharii quondam regni ducis* (S. 221 Z.18): B – O 202; bei KIENAST, Herzogtitel, S. 325 m. Anm. 88 – 89, übersehen; s. aber STINGL, S. 124 Anm. 155; vgl. ebd. S. 94 Anm. 481. D O.II. 218 (980 Juni): *actum...in regno Lotharii in loco qui dicitur Margoil super fluvium Cher* (S. 247 Z. 17 – 18): B – Mi 813; zur Sache vgl. unten Kap. 9 § 1, S. 568 m. Anm. 117 – 18. Weitere Belege für das 10. – 11. Jh., für die Vollständigkeit ohnehin nicht angestrebt wurde, bei PARISOT, S. 748 Anm. 8; LUGGE, S. 104; vgl. ferner SCHNEIDMÜLLER, Tradition, S. 41 m. Anm. 14; DERS., Terminologie, S. 57 m. Anm. 54 – 55; DERS., Regnum, S. 88, 90. Zu Widukind s. WATTENBACH – HOLTZMANN I³, S. 25 – 33; WATTENBACH – HOLTZMANN – SCHMALE, S. 11* – 13*; zu Thietmar vgl. WATTENBACH – HOLTZMANN I³, S. 52 – 58 und zuletzt LIPPELT, S. 46ff., 64ff., 87ff., 139ff., 193ff. Zu Flodoard vgl. WATTENBACH – HOLTZMANN I³, S. 290 – 94; BEZZOLA, S. 20 – 23 und bes. JACOBSEN, Flodoard, S. 13ff., 31ff., 65ff.; weitere Lit. bei SCHNEIDMÜLLER, Nomen, S. 27 Anm. 65. Vgl. noch unten § 3, S. 177 m. Anm. 597.

[76]) Flodoard, Annales ad ann. 922, 923, 927, 939, 940 (ed. LAUER, S. 7, 12, 40, 72, 74, 78); Cont. Regin. ad ann. 917, 924, 925, 939, 953 (ed. KURZE, S. 155, 157, 160, 167). Eine Vorform bieten die Ann. Fuld., Cont. Ratisb. ad ann. 891, 895 in Gestalt von *Hlotharicum regnum* (ed. KURZE, S. 119, 126): oben Anm. 40; vgl dazu EGGERT, Auffassung, S. 117, 121. Auch Ruotger, c.15, c.24, c.37, c.46 (ed. OTT, S. 14 Z.16, 24 Z.28, 39 Z.10, 49 Z.24) nennt mehrfach den *Lotharici regni populus* bzw. die *Lotharici regni fines*; vgl. SCHNEID-MÜLLER, Regnum, S. 90. Fortan wird auch von *Lotharienses, Lotharii* oder *Lotharingi* gesprochen. Noch Alexander von Roes, Memoriale, c.23, spricht vom *Lothoringicum regnum* (ed. GRUNDMANN, S. 123 Z.8 – 9). Das *regnum Lothariorum* erwähnt Widukind nur im Kapitelverzeichnis (c.XXX) des 1. Buches (ed. HIRSCH, S. 3 Z.16). Gerbert spricht durchgängig vom *Lothariense* oder *Lothariensium regnum*: epp. 31, 35, 57, 63, 138 (ed. WEIGLE, S. 56 Z.9, 63 Z. 12, 87 Z.20, 94 Z.14 – 15, 165 Z.18). Vgl. auch D O.I. 110 (949 Mai 15): *Conradus Luthariensis regni dux* (S. 193 Z.22): B – O 175; vgl. KIENAST, Herzogstitel, S. 325 m. Anm. 89; D O.II. 280 (982 Sept. 26): *omne predium suum, quod habuit in regno Lothariensi* (S. 326 Z.6 – 7): B – Mi 897; D Ko.II. 113 (1027 Dez. 9): *in toto regno Lothariensi* (S. 158 Z.30): B – A 116; D Ko.II. 189 [a. 1033]: *ducatum Hlothariensis regni tenente duce Gozilone* (S. 252 Z.12 – 13): B – A 196 und ebenso D Ko.II. 228a [1036 Apr. 18] S. 311 Z.13 – 14: B – A 237; vgl. KIENAST, Herzogtitel, S. 325 m. Anm. 93. Allgemein vgl. PARISOT, S. 748 Anm. 4 – 6 und Anm. 9; LUGGE, S. 104 – 05; MOHR, Entwicklung, S. 333 – 35; DERS., Rolle, S. 389; EWIG, Beobachtungen, S. 355 – 56, 361; SCHNEIDMÜLLER, Tradition, S. 41 – 42 m. Anm. 15 – 16; DERS., Terminologie, S. 57 – 58; DERS., Regnum, S. 90 – 91. Zum Continuator Reginonis (Adalbert von Magdeburg?), Ruotger und Gerbert von Reims s. WATTENBACH – HOLTZMANN I³, S. 89 – 91, 163 – 70, 295 – 96; WATTENBACH – HOLTZMANN – SCHMALE, S. 34* – 35*, 56* 88*. Zum Cont. Regin. s. bes. LINTZEL, Adalbert, S. 399ff. und unten Anm. 368. Zu Ruotger s. noch Irene OTT, ed. cit., Einleitung, S. VII –

des 10. Jahrhunderts – die Bezeichnung *Lotharingia* erwuchs[77], die sich gegenüber der gleichfalls belegten *Lotharia* durchzusetzen vermochte[78]. Eine interessante Parallele dafür, daß der Name des mit einem Eigennamen bezeichneten *regnum* durchaus nicht mit dem des dort tatsächlich regierenden Herrschers übereinstimmen muß, bietet Widukind, der vom *regnum Karoli* spricht und damit das Westfrankenreich Ludwigs IV. meint[79], doch ist auf die Geschichte des Begriffs *Carolingia*, „Karlingen", hier nicht einzugehen[80], da ihm von Anfang an ein antiquarischer Charakter anhaftete[81], der allerdings in nicht unerheblichem Maße dazu beitrug, den ang. Stammvater dieser *Carolingia*, Karl d.Gr., zum Franzosen zu stempeln[82].

XIV; zu Gerbert vgl. Fritz WEIGLE, ed. cit., Einleitung, S. 1 – 4. Zu Gerberts Briefsammlung vgl. zuletzt Pierre RICHÉ: Nouvelles recherches sur les lettres de Gerbert d'Aurillac, in: Académie des Inscriptions et Belles-Lettres. Comptes rendus des séances de l'année 1987 (Paris 1987) S. 575 – 85.

[77]) Erstmals bezeugt bei dem Italiener Liudprand von Cremona, Antapodosis, l.II c.17: *Giselbertus dux in Lotharingia*; c.23: *...neque de Lotharingia, neque de Francia, neque de Suevia, neque de Bagoaria...* (ed. BECKER, S. 45 Z.32, 49 Z.20 – 22); Hist. Ottonis, c.14: *...a Lotharingia Heinricus Treverensis archiepiscopus*; c.22: *...a Lotharingia et Saxonia archiepiscopis* (ed. BECKER, S. 169 Z.20 – 21, 174 Z.18). Adam von Bremen, l.I c.22:*... ita ut Lotharius maior natu cum Italia Lotharingiam cum Burgundia possideret* (ed. SCHMEIDLER, S. 28 Z.14 – 16); l.I c.55: *... Ungri...trans Rhenum Lotharingiam et Franciam demoliti sunt* (ed. SCHMEIDLER, S. 55 Z.18 – 20); vgl. Flodoard, Annales ad an. 919: *Hungari Italiam partemque Franciae, regnum scilicet Lotharii, depraedantur* (ed. LAUER, S. 1); vgl. dazu LUGGE, S. 105 und bes. SCHNEIDMÜLLER, Terminologie, S. 57 – 58. Allgemein vgl. MOHR, Entwicklung, S. 335 – 36; DERS., Rolle, S. 389 m. Anm. 7; NONN, Pagus, S. 54; vgl. schon PARISOT, S. 748 m. Anm. 7. Zu Adam von Bremen vgl. WATTENBACH – HOLTZMANN II³, S. 566 – 71 und WATTENBACH – HOLTZMANN – SCHMALE, S. 165*. Zu Liudprand von Cremona vgl. nach RENTSCHLER, S. 1 – 6, SUTHERLAND, S. 3ff. und bes. LEYSER, Liudprand, S. 120ff. Zu Italien als Herkunftsland neuer Namen für transalpine, insbes. deutsche Gebiete vgl. unten Kap. 3 § 2, S. 218 – 219; § 3, S. 235 – 36.

[78]) Zu *Lotharia* vgl. die zahlreichen, vorwiegend aus dem Lütticher Raum stammenden Belege bei PARISOT, S. 749 m. Anm. 1.

[79]) Widukind, l.II c.26: *Heinricus, frater regis, discedens a Lothariis, secessit in regnum Karoli* (a. 939) und l.III c.1 (a. 946): *Rex vero in Galliam proficiscens expeditionem...festinat intrare regnum Karoli* (ed. HIRSCH, S. 89 Z. 7 – 8, 104 Z.14 – 16); vgl. LOT, Carolingiens, S. 305; LUGGE, S. 106, 123, die ebd. S. 107 gegen LOT, Carolingiens, S. 306 Anm. 2 (auf S. 307) nicht Karl d.Gr. sondern Karl d.K. als den Namengeber für das *regnum Karoli* annimmt; zustimmend SCHNEIDMÜLLER, Tradition, S. 43 – 44; ungenau MOHR, Entwicklung, S. 325; vgl. noch EGGERT, Auffassung, S. 62. Es ist nicht ohne Interesse, daß der Westfranke Flodoard, ein älterer Zeitgenosse Widukinds, nur vom *regnum Ludovici* spricht: Annales ad an. 954 (ed. LAUER, S. 137 – 38).

[80]) Hierzu vgl. LUGGE, S. 107 – 08; s. schon LOT, Carolingiens, S. 301ff.; vgl. unten mit Anm. 82 und unten Kap. 9 § 2, S. 585 Anm. 240.

[81]) Der Begriff ist nicht französischen, sondern deutschen Ursprungs und nicht vor dem 11. Jh. belegt; populär ist er vorwiegend im 12. – 13. Jh.

[82]) Vgl. LOT, Carolingiens, S. 307: „N'est-il pas curieux de voir les Allemands du Xᵉ au XIIᵉ siècle, identifier la France... avec la race carolingienne? N'est-ce pas la réponse la plus éclatante qu'on puisse faire à ceux qui ont voulu voir des Allemands dans Charlemagne et ses descendants?" Vgl. dazu LUGGE, S. 108 und SCHNEIDMÜLLER, Tradition, S. 44.

Die Benennung fränkischer Teilreiche nach dem jeweiligen Herrscher
war nur in der zweiten Hälfte des 9. Jahrhunderts verbreitet und vor allem
für das West- und das Mittelreich gebräuchlich, aber nur das *regnum Hlotharii* ist als *Lotharingia* – Lothringen/ Lorraine bis auf den heutigen Tag
eine historische Größe geblieben.Daneben war die nähere Erläuterung des
Begriffs *Francia* durch adjektivische Zusätze (*Occidentalis, Orientalis,*
aber auch *Inferior, Superior* u.a.m.) in den zeitgenössischen Quellen mindestens ebenso üblich. Aus den oben dargelegten Gründen sind Bezeichnungen dieser Art für das Mittelreich ungebräuchlich und allenfalls während einer kurzen Übergangszeit zu erwarten. In der Tat findet sich der
doch eigentlich naheliegende Begriff *Francia Media* nur höchst selten: in
dem nie politische Realität gewordenen Teilungsplan Ludwigs d.Fr. von
831[83] heißt es in dem unorganisch „angehängten" c.14[84]: *Ad Alamanniam
totam Burgundiam... totam Provintiam et totam Gotiam; et de ista Media
Francia* (folgt eine Liste von acht *pagi*)[85]. Der Zusammenhang mit der „Divisio regnorum" Karls d.Gr. von 806 ist schon immer gesehen worden[86],
doch glaubte Walter MOHR zeigen zu können, daß der überlieferte Text
der „Divisio" von 806 um 869/70 unter Zuhilfenahme der „Divisio" von
831 verfälscht worden sei[87], was mit Sicherheit abwegig ist[88]. Der Begriff

---

[83]) Das Dokument ist nicht datiert; die übliche Datierung beruht auf der Nachricht
von Nithard, l.I c.3 (ed. LAUER, S. 12 m. Anm. 2 – 3); vgl. die Bemerkungen zu B – M² 882
und Capit. II, Nr. 194 Vorbem., S. 20 – 21; vgl. bes. ZATSCHEK, Reichsteilungen, S. 190 –
91.

[84]) Schon Alfred BORETIUS in: Capit. II, S. 21, hatte die Vermutung geäußert, daß die
Form, in der die Aufzeichnung auf uns gekommen ist, schwerlich die ursprüngliche
gewesen sein kann; vgl. auch die folg. Anm.

[85]) Capit. II, Nr. 194 c.14 (S. 24 Z. 9 – 11). Es ist auffällig, daß alle drei Reichsteile
ohne Namensnennung jeweils nur mit: *Ad Aquitaniam totam...*, *Ad Baiwariam
totam..*und *Ad Alamanniam totam...*, eingeführt werden (S. 24 Z.3, Z.5, Z.8). Die Namen
Pippins I., Ludwigs II. von Ostfranken und Karls d.K. erscheinen lediglich in der Einleitung noch vor c.1 (S. 21 Z.32 – 33). In dieser Form kann dieser Passus nicht an der richtigen
Stelle stehen; s. auch SCHLESINGER, Kaisertum, S. 194 – 95. Zur Divisio von 831 s. noch
LUGGE, S. 36 – 37. FLACH IV, S. 17, 19 u.ö. spricht mehrfach von der „Francie médiane".

[86]) Capit. I, Nr. 45, S. 126 – 30; Divisio von 806, cc.9 – 16, 19 – 20 = Divisio von 831,
cc.5 – 12, 14, 13 (Z.1 – 7). Zur „Divisio regnorum" von 806 vgl. bes. SCHLESINGER,
Kaisertum, S. 197ff., 206ff. und CLASSEN, Thronfolge, S. 216ff. sowie unten Kap. 5 § 2,
S. 329 m. Anm. 185. Vgl. noch unten Anm. 88.

[87]) Walter MOHR: Bemerkungen zur Divisio regnorum von 806, in: ALMA. 24 (1954)
S. 121 – 57; DERS.: Nochmals die Divisio regnorum von 806, in: ALMA. 29 (1959) S. 91 –
109.

[88]) Vgl. bes. SCHLESINGER, Kaisertum, S. 194 – 97, der nachweisen kann, daß c.1 von
831 aus den cc.4 – 5 von 806 zusammengefaßt wurde: ebd. S. 195; zu dem 2. Aufsatz von
MOHR: oben Anm. 87, vgl. Klaus SPRIGADE: Zur Frage der Verfälschung von Karls d.Gr.
Divisio regnorum, in: ZSavRG., G.A. 81 (1964) S. 305 – 17; ablehnend auch CLASSEN,
Thronfolge, S. 225. Die These von SCHLESINGER, Kaisertum, S. 199ff., daß das „Consti-
tutum Constantini" bei der „Divisio" von 806 benutzt worden sei, erscheint akzeptabel;

der *Francia Media* hat keine Nachfolge gefunden[89], auch wenn die großen fränkischen Annalenwerke gelegentlich der Teilung von Verdun indirekt darauf anspielen[90] und die wohl um 860 verfaßten[91] „Gesta Aldrici" noch ein zweites und letztes Mal die *Francia Media* erwähnen[92]. Notker bevorzugt stattdessen *Francia Antiqua*[93],während sowohl Ado von Vienne als

---

vgl. noch ebd. S. 200 zu einer weiteren Parallele mit der „Divisio" von 831 im Protokoll. Zustimmend zu Schlesinger auch CLASSEN, Begründung, S. 89 m. Anm. 342.

[89]) Das betont auch EWIG, Beobachtungen, S. 351, der ebd. Anm. 187 die in der folg. Anm. zitierten Quellen anführt; vgl. aber unten Anm. 92. Beiläufig sei bemerkt, daß der Langobarde Erchempert das Mittelreich als *imperium Aquense* bezeichnet: Historia Langobardorum Beneventanorum, c.11: *Francorum divisum est regnum,quoniam Lutharius Aquensem et Italicum, Lodoguicus autem Baioarium, Karlus vero, ex alia ortus genitrice, Aquitaneum regebant imperium* (ed. WAITZ, S. 239 Z.13 – 14). Von *Francia* ist bei Erchempert keine Rede.

[90]) Ann. Bert. ad an. 842: *Hlotharius medioximis regni Francorum immoratur* (ed. GRAT, S. 43); Ann. Fuld. ad an. 843: *Hlutharius, qui maior natu erat, mediam inter eos* (scil. Ludwig und Karl) *sortitus est portionem* (ed. KURZE, S. 34); Regino, Chronicon ad an. 842: oben Anm. 71. Vgl. noch LUGGE, S. 66 – 67, die jedoch irrt, wenn sie ebd. S. 66 den Begriff der *Francia Media* der „Divisio regnorum" von 806 zuschreibt: er findet sich nur in der „Divisio" von 831.

[91]) Es ist unmöglich, hier auf die vielschichtige Frage der Le Mans-Fälschungen und ihres Umfelds einzugehen; vgl. die knappe Übersicht bei WATTENBACH – LÖWE, S. 347, 594 m. Anm. 410. Die Datierung auf „nach 857/vor 863" beruht auf Walter GOFFART: The Le Mans-Forgeries. A Chapter from the History of Church Property in the Ninth Century(Cambridge/Mass. 1966) S. 30 – 35, 126 – 41.

[92]) Gesta Aldrici ad an. 840: *imperator inter tres filios suos regna sua divideret...Lotharium in Media Francia, Hludovicum...in Hostria et Karolum in Nustria et Aquitaniam collocaret* (edd. CHARLES – FROGER, S. 163 – 64; ed. WAITZ, S. 326 Z.40 – 42); vgl. auch die Ann. Laub. ad an. 911: *Ludovicus rex obiit et Cuonradus succedit in Orientali Francia et Meridiana* (ed. PERTZ, S. 16 Z.11 – 13); vgl LUGGE, S. 66 – 67. Die Ann. Laub. sind nach der Mitte des 11. Jh. nach älteren Vorlagen entstanden; vgl. WATTENBACH – HOLTZMANN I³, S. 139 m. Anm. 190.

[93]) Gesta Karoli, l.II c.11: *Erat itaque Hludowicus rex vel imperator totius Germaniȩ Rhetiarumque et Antiquȩ Franciȩ necnon Saxoniȩ, Thuringiȩ, Norici, Pannoniarum atque omnium septentrionalium nationum...* (ed. HAEFELE, S. 67 Z.15 – 18) und dazu treffend EWIG, Beobachtungen, S. 337 m. Anm. 87, 352 m. Anm. 188, während MOHR, Absonderung, S. 24 Anm. 1, die *Antiqua Francia* irrig auf das Ostreich bezogen hatte; vgl. noch EGGERT, Auffassung, S. 163. Weniger eindeutig ist die Bedeutung von *Francia Nova* und *Antiqua* in: Gesta Karoli, l.I c.21; *Erat quidam episcopus in Francia Nova...* (ed. HAEFELE, S. 27 Z.17 – 18) und l.I c.23: *In Francia quoque quȩ dicitur Antiqua...* (ed. HAEFELE, S. 31 Z.4). Die Deutung dieses Begriffspaares ist umstritten. Die Mehrzahl der Forscher erblickt in der *Francia Antiqua* lediglich Rheinfranken im Gegensatz zu Mainfranken, der *Francia Nova*; so etwa ZÖLLNER, S. 60 und auch HAEFELE, ed. cit., S. 27 Anm. 5; s. aber schon HESSLER, S. 118 – 19. MOHR, Entwicklung, S. 330 – 31, hat sich indes gerade hier für Lothringen entschieden; s. auch ebd. S. 330 Anm. 76 zu der oben zitierten Stelle; unentschieden LUGGE, S. 72 – 73, die ergänzend auf die ang. „Passio Kiliani" verweist: *In pago Austrie, id est Nove Francie, castro immo civitate, ut Teutonico nomine prodit, Wirciburg vocata* (ed. LEVISON, S. 717 Z.8 – 9), doch handelt es sich hier nur um die Einleitung zur Ausgabe und Levison betont ausdrücklich, daß er das „Martyrologium" Notkers von 896 ad diem Juli 8 zitiert; vgl. noch unten Anm. 107 und Anm. 312. Die *Francia Nova* ist für Notker somit eindeutig Mainfranken, das: ebd. S. 720 Z.45 – 46, nach einem Autor des 9. Jh. auch *Teutonica Francia* genannt wird; vgl. bes. unten Kap. 3 § 2, S. 209 m. Anm. 201 und Anm. 203; s. noch unten Kap. 8 § 2, S. 526 m. Anm. 506. Ähnlich noch Vita Theogeri,

auch die „Annales Vedastini" von der *Francia Superior* sprechen[94] im Gegensatz zur *Francia Inferior*, die das Westreich meint[95]. Alle diese Bezeichnungen für das Mittelreich blieben jedoch isoliert; sie konnten sich gegenüber dem allgemein rezipierten *regnum Hlotharii* und dessen Ableitungen nicht durchsetzen.

Damit wende ich mich nunmehr dem Begriffspaar *Francia Orientalis – Francia Occidentalis* zu, die einander gegenseitig bedingen[96]. Ich erörtere zunächst den Begriff der *Francia Orientalis*. Hier ist ein Vorbehalt zu machen, den ich bisher bewußt ausgespart hatte: die ältesten überlieferten Belege sprechen nämlich von *Franci orientales*, der Terminus *Francia Orientalis* ist fraglos jünger. Ich habe mich bisher – und gedenke, es grundsätzlich auch weiter so zu halten – auf die Bezeichnung des Landes beschränkt, unter der stillschweigenden Voraussetzung, daß die Benennungen von Volk und Land ja wohl in etwa zur gleichen Zeit entstanden sein werden. Das ist in einer Vielzahl von Fällen sicherlich richtig[97], darf jedoch nicht vorbehaltlos verallgemeinert werden. Im Fall Lotharingiens besteht kein Zweifel, daß *Lotharienses* o.ä. von *regnum Lothariense* abzuleiten, dabei aber seinerseits eine jüngere Weiterbildung von *regnum Hlotharii*

---

l.I c.1: *Theogerus oriundus fuit ex Francia Orientali, quam alio nomine Teutonicam vocaverunt antiqui* (ed. JAFFÉ, S. 450 Z.33–34); zur „Vita Theogeri" Wolfgers von Prüfening s. WATTENBACH–SCHMALE, S. 235–41, bes. S. 239–40. Vgl. ferner Erchanberti Breviarium, cont. monachi Augiensis, wo das Mittelreich Lothars definiert wird als: ... *Mosellanam provinciam et partem eorum qui dicuntur Veteres Franci* (ed. PERTZ, S. 329 Z.6–7); vgl. schon HESSLER, S. 119 m. Anm. 67 und bes. EWIG, Beobachtungen, S. 352 m. Anm. 189. Die Bezeichnung der Lothringer als „Moselländer" getrennt von den *Franci* noch bei Thietmar, Chronicon, l.V c.11: (Erzbischof Willigis) *Francorum et Muselenensium primatus regi* (scil. Heinrich II.)... *meruit* (ed. HOLTZMANN, S. 234 Z.6–7). Nach dem Sinnzusammenhang meint *Franci* hier die Franken und nicht alle Bewohner des ostfränkischen Reiches.

[94]) Ado von Vienne, Chronicon ad an. 841: *Sic Lotharius imperator in Superiorem Franciam revertitur*: PL. 123, col. 136B; ed. PERTZ, S. 322 Z.19 (*in Superiori Francia*); Ann. Vedast. ad an. 894:... *adiutoresque ei* (scil. Karl III.) *delegavit* (scil. Arnulf) *hos, qui erant de Superiori Francia* (ed. v. SIMSON, S. 74). Während der Sinn bei Ado völlig klar ist, kann man bei dem Passus der Ann. Vedast. im Zweifel sein: v. SIMSON, ed. cit., S. 74 Anm. 5, erläutert „Francia Superior" als „Francia Orientalis"; EWIG, Beobachtungen, S. 348–49, möchte eher an Lothringen denken, was mir mehr einleuchtet; vgl. die folg. Anm.; s. auch LUGGE, S. 73–74; vgl. noch unten S. 114 m. Anm. 172.

[95]) EWIG, Beobachtungen, S. 349, betont zutreffend, daß „das Begriffspaar *superior – inferior* sowohl auf *Gallia* wie auf *Francia* bezogen wurde und die beiden Landesnamen austauschbar waren... Dann aber ist klar, daß *Francia (Gallia) Superior – Inferior* nur die Polarität Lotharingien – Westfranken, nicht die Polarität Ostreich – Westreich zum Ausdruck bringen konnte". Vgl. auch LUGGE, S. 74 und schon oben Anm. 94.

[96]) EWIG, Beobachtungen, S. 349: „In seinem konkreten politischen Bezug entstammte es der Terminologie des Ostreichs, wo der Begriff *Francia orientalis* das Korrelat *Francia occidentalis* geradezu erforderte". Vgl. aber unten Anm. 129 und S. 113 m. Anm. 167.

[97]) Ohne Untersuchung im einzelnen hätte ich keine Bedenken, etwa für *Aquitan(e)i – Aquitania, Baioarii – Baioaria, Saxones – Saxonia* u.a. zeitgleiche Entstehung anzunehmen.

ist[98]. Für *Franci–Francia* hat KURTH parallele Entstehung angenommen[99], was KIENAST wohl mit Recht bezweifelt[100]. Die um 805 im Umkreis des Hofes entstandenen sogen. „Annales Mettenses priores" erwähnen die *orientales Franci* mehrfach[101], ebenso die „Reichsannalen"[102], häufiger noch die Einhard-Annalen[103] und ebenso Einhard in der „Vita Karoli"[104].

---

[98]) Oben S. 96 m. Anm. 67–68, S. 98–99 m. Anm. 75–78.

[99]) Godefroid KURTH: Francia et Francus, in: Etudes franques, t.I (Paris-Bruxelles 1919) S. 67–137, bes. S. 89, 121. Ich habe die ältere Lit. angesichts der zahlreichen Untersuchungen aus den letzten Jahrzehnten nicht weiter berücksichtigt. Dies gilt auch für den verdienstvollen Aufsatz von Benjamin GUÉRARD: Du nom de France et des différents pays auquel il fut appliqué, in: Annuaire historique pour l'année 1849 13(1848) S. 152–68 (Société de l'histoire de France). SCHNEIDMÜLLER, Terminologie, S. 53 Anm. 17; DERS., Nomen, S. 19 Anm. 12 (sogar im Lit.verzeichnis: ebd. S. 301) verwechselt Benjamin Guérard mit Bernard Guenée. Das Ausschreiben der Vornamen wäre vielleicht hilfreich gewesen. Zu der hier nicht zentralen Frage des Auftauchens des Frankennamens, dessen Bedeutung im 3. Jh. und zur Urheimat der Franken vgl. nach WENSKUS, Verfassung, S. 513ff. zuletzt Eugen EWIG: Die Franken am Rhein. Bemerkungen zu Hans Kuhn: Das Rheinland in den germanischen Wanderungen, in: Aspekte der Nationenbildung im Mittelalter (Sigmaringen 1978) S. 109–26 (Nationes, t.1).

[100]) KIENAST, Herzogstitel, S. 11 Anm. 7: „Ich habe den Eindruck, daß der Volksname Franci der Sinneserweiterung auf alle Einwohner des regnums länger widerstrebt als der Landesname Franzien der Erweiterung auf ganz Frankreich". Die Frage nach dem Ursprung beider Begriffe ist damit freilich nicht beantwortet.

[101]) Ann. Mett. priores ad an. 688 (ed. v. SIMSON, S. 1, 4); ad an. 787 ist vom *exercitus orientalium Francorum, Austrasiorum*(!)*Turingorumque et Saxonum* die Rede (ed. v. SIMSON, S. 75); im Gegensatz dazu ist offenbar der *universalis Francorum exercitus* zu verstehen: Ann. Mett. priores ad ann. 692, 780, 784 (ed. v. SIMSON, S. 13, 68, 71). Weder Lugge noch Ewig oder Eggert gehen auf diese Stellen ein; s. aber MOHR, Absonderung, S. 25 m. Anm. 3–5. Bemerkenswert ist vor allem, daß die Ann. Mett. priores auch den Begriff der *occidentales Franci* kennen: unten S. 112 m. Anm. 155. Zu den Ann. Mett. priores vgl. WATTENBACH–LÖWE, S. 260–63 (überholt); HOFFMANN (oben Anm. 8) S. 53ff., 61; CLASSEN, Thronfolge, S. 224 Anm. 86 und zuletzt Norbert SCHROER: Die Annales Mettenses priores. Literarische Form und politische Intention, in: Geschichtsschreibung und geistiges Leben im Mittelalter. Festschrift für Heinz Löwe zum 65. Geburtstag, hgg. von Karl HAUCK und Hubert MORDEK (Köln-Wien 1978) S. 139–58.

[102]) Ann. regni Franc. ad an. 816:...*Saxones et orientales Franci expeditionem in Sorabos Sclavos...facere iussi...compleverunt*; ad an. 819:...*exercitus Saxonum et orientalium Francorum...trans Albiam missus fuerat* (ed. KURZE, S. 143, 149). Offenbar meint *orientales Franci* schon hier die Franken des Rhein-Main-Gebiets und nicht die Bewohner des ostfränkischen Reiches; vgl. unten Anm. 104; ungenau MOHR, Absonderung, S. 27. Vgl. bes. unten Anm. 105

[103]) Ann. q.d. Einhardi ad ann. 778, 782, 785, 787 (ed. KURZE, S. 53, 61, 71, 79); vgl. MOHR, Absonderung, S. 27 m. Anm. 4, der aber die Ann. q.d. Einhardi und die Ann. regni Francorum nicht auseinanderhält. Vgl. auch Ann. Sith. ad an. 785: *Coniuratio orientalium Francorum quae vocatur Hardrati, exorta et cito compressa est* (ed. WAITZ, S. 36 Z.19–20) = Ann. Fuld. ad h. an. (ed. KURZE, S. 11).

[104]) Vita Karoli, c.15: *pars Germaniae, quae inter Saxoniam et Danubium Rhenumque ac Salam fluvium, qui Thuringos et Sorabos dividit, posita, a Francis qui orientales dicuntur, incolitur* (ed. HOLDER-EGGER, S. 18 Z.1–4); c.18: *duas* (scil. filias) *de Fastrada uxore, quae de orientalium Francorum, Germanorum videlicet gente, erat* (ed. HOLDER-EGGER, S. 22 Z.12–14). Der Prolog Walafrids zu Einhards „Vita" sagt zu Einhard: *Natus in Orientali Francia in pago qui dicitur Moingevvi* (ed. HOLDER-EGGER, S. XXVIII Z.15–16). Für Einhard (und wohl auch für Walafrid) ist die *Orientalis*

Dabei ist die Feststellung nicht ohne Belang, daß mit Ausnahme der Metzer Annalen keine der ebenerwähnten Quellen von *Franci occidentales* spricht. Die „Reichsannalen" kennen dagegen bereits den Begriff der *Orientalis Francia*, auf den es hier vor allem ankommt[105]. Besonders aufschlußreich ist der Bericht der „Reichsannalen" zum Jahre 823 über das in Frankfurt a.M. abgehaltene Maifeld Ludwigs d.Fr.: *in quo non universi Franciae primores, sed de Orientali Francia atque Saxonia, Baioaria, Alamannia atque Alamanniae contermina Burgundia et regionibus Rheno adiacentibus adesse iussi sunt*[106]. Auch hier wird wie schon in der „Vita Karoli" deutlich, daß mit *Francia Orientalis* keineswegs das gesamte Ostfrankenreich bezeichnet wird, sondern ein geographisch klar umrissenes Gebiet, das grosso modo als Mainfranken umschrieben werden kann, wenn es z.B. in der um 840 entstandenen „Passio Kiliani" heißt: *venerunt in partem australium Francorum ad castellum quod dicitur Wirziburc*, während an anderer Stelle vom *populus orientalium Francorum* die Rede ist[107].

Mit den „Annales Fuldenses" scheint sich das Bild zunächst zugunsten eines erweiterten Begriffs der *Francia Orientalis* zu ändern: schon zum Jahre 838 spricht Rudolf vom *regnum orientalium Francorum* und will damit eindeutig das gesamte Ostfrankenreich bezeichnen, so wie er Ludwig II. von Ostfranken zweimal *rex orientalium Francorum* nennt[108]; in dem einzigen Fall, da er förmlich von der *Francia Orientalis* spricht, ist eindeu-

---

*Francia* ein geographisch klar umgrenztes Gebiet innerhalb des Ostfrankenreichs; s. auch MOHR, Absonderung, S. 27 – 28; s. noch unten Anm. 106.

[105]) Vgl. schon Ann. regni Franc. ad an. 820: *Hi tres exercitus de Saxonia et Orientali Francia et Alamannia, Baioaria quoque atque Italia congregati sunt* (ed. KURZE, S. 153). Dieser Passus beweist, daß die oben Anm. 101 – 103 zitierten Quellen, in denen von den Heeren der *orientales Franci* in Verbindung mit anderen Völkern (vorzugsweise mit den Sachsen) die Rede ist, eine *Orientalis Francia* begrifflich voraussetzen, die zufällig erst zum Jahre 820 ausdrücklich so genannt wird.

[106]) Ann. regni Franc. ad h. an. (ed. KURZE, S. 160); vgl. MOHR, Absonderung, S. 27. Dieser Passus der Reichsannalen liest sich wie der politische Kommentar zu der geographischen Eingrenzung Einhards: oben Anm. 104; vgl. noch unten Anm. 109.

[107]) Passio s. Kiliani, c.6 (ed. LEVISON, S. 724 Z.12 – 13); vgl. ebd. c.14: *Hetanum, illius filium, populus orientalium Francorum de regno eiecerunt* (ed. LEVISON, S. 727 Z.24 – 25); c.15: *regnante Pippino primo orientalium(!) Francorum rege* (ed. LEVISON, S. 728 Z.7). Zur „Passio Kiliani" vgl. WATTENBACH – LEVISON, S. 145 m. Anm. 361. Vgl. noch Translatio s. Liborii, c.5: *castellum Orientalis Franciae, quod sermone barbaro Wirzeburch appellabatur* (ed. PERTZ, S. 151 Z.3 – 4). Zur „Translatio s. Liborii" vgl. Liborius, Bischof und Schutzpatron. Eine Sammlung von Beiträgen zu Festen des Heiligen, hgg. von Klemens HONSELMANN (Paderborn 1986) S. 36 – 43. Vgl. auch oben Anm. 104 und Anm. 106 sowie schon oben Anm. 40 – 41.

[108]) Ann. Fuld. ad an. 838: *Imperator* (scil. Ludwig d.Fr.)...*Hludowico filio suo regnum orientalium Francorum, quod prius...tenuit, interdixit* (ed. KURZE, S. 29); vgl. noch Ann. Fuld. ad ann. 850, 855 (ed. KURZE, S. 39, 46); vgl. HESSLER, S. 26; EWIG, Beobachtungen, S. 339 – 40 und bes. EGGERT, Auffassung, S. 19ff. Vgl. noch unten Anm. 115.

tig der rhein- und mainfränkische Raum gemeint[109], wie die *Franci* (*orientales*) in den Annalen bei der Zusammensetzung ostfränkischer Heere von den *Alamanni, Saxones, Baioarii* getrennt aufgeführt werden[110], also gleichfalls nur einen Teil des ostfränkischen Heeres ausmachen[111]. Ganz allgemein ist Meginhard mit einem Begriff wie *orientales Franci* sehr zurückhaltend und statt *Francia Orientalis* im Sinne von Ostfrankenreich zieht er die Bezeichnung *regnum Hludowici* vor[112]. Auch die Xantener Annalen und die „Annales Vedastini" gebrauchen *Francia Orientalis* nicht; lediglich die *Franci australes, orientales* oder *superiores* werden gelegentlich erwähnt[113]. Bemerkenswert ist aber, daß in den Xantener Annalen Ludwig II. von Ostfranken als *rex orientalis* tituliert wird[114]. Den sich zunächst aufdrängenden Gedanken, hier habe ein Kopist versehentlich *Franciae* ausgelassen, erledigt die Feststellung, daß diese Titulatur nicht weniger als fünfmal bezeugt ist und ihr ein zu 840 belegtes *regnum orientale*

---

[109]) Ann. Fuld. ad an. 852: *Habita est autem et synodus...in civitate Mogontia, metropoli Germaniae,...cum omnibus episcopis...Orientalis Franciae, Baioariae et Saxoniae* (ed. KURZE, S. 42); vgl. oben S. 104 m. Anm. 106. RIDÉ I, S. 97, irrt gründlich, wenn er den Begriff *Francia Orientalis* als den „le plus rarement des trois" gebrauchten bezeichnet. Das Gegenteil ist richtig.

[110]) Ann. Fuld., passim; vgl. etwa ad an. 840: *Hludowicus vero orientales Francos, Alamannos, Saxones et Thuringios sibi fidelitatis iure confirmat* (ed. KURZE, S. 31); vgl. dazu ad an. 882:...*convenerunt de diversis provintiis viri innumerabiles et omnibus hostibus formidandi, si ducem habuissent idoneum sibique consentientem, hoc est Franci, Norici* (= Baiern), *Alamanni, Thuringii atque Saxones...* (ed. KURZE, S. 98); ad an. 888: *Rex Arnolfus...receptis primoribus Baiowariorum, orientales Francos, Saxones, Duringos, Alamannos, magna parte Sclavorum...Natalem Domini...celebravit* (ed. KURZE, S. 116); s. auch BARTMUSS, S. 101 m. Anm. 40 und EGGERT, Auffassung, S. 75–76.

[111]) Unsicherheit besteht m.E. nur zu Ann. Fuld. ad an. 886: ...*exercitus orientalium Francorum missus est contra Nordmannos in Gallia iuxta Parisios consistentes* (ed. KURZE, S. 104), doch halte ich nach Meginhards Sprachgebrauch ein rein mainfränkisches Heer für wahrscheinlicher als ein Heer aus dem gesamten Ostreich; s. auch EGGERT, Auffassung, S. 76.

[112]) Vgl. schon oben S. 95 m. Anm. 65 und allgemein EGGERT, Auffassung, S. 49ff., bes. S. 63–64. Man beachte, daß das substantivische *Orientalis Francia* in den Ann. Fuld. ohnehin nur ein einziges Mal belegt ist: oben Anm. 109.

[113]) Ann. Xant. ad an. 869 (ed. v. SIMSON, S. 27); Ann. Vedast. ad ann. 882, 887 (ed. v. SIMSON, S. 53, 64); ad an. 887 spricht die Gegenüberstellung von *australes* und *inferiores Franci* anläßlich der Ereignisse von 887/88 für eine Deutung auf Ost- und Westfranken in ihrer Gesamtheit. Vgl. EWIG, Beobachtungen, S. 342, 348 und EGGERT, Auffassung, S. 145, die aber beide auf Ann. Vedast. ad an. 887 nicht näher eingehen. Vgl. noch unten Anm. 156.

[114]) Ann. Xant. ad ann. 855, 858, 866, 871, 873 (ed. v. SIMSON, S. 18, 23, 29, 31). Vgl. dazu die Formulierung in den Ann. Prum. ad an. 911: *Carolus* (scil. Karl III. von Westfranken) *occidentalium rex* (ed. BOSCHEN, S. 82).

entspricht[115]. Auch bei Regino hat *Francia Orientalis* die auf Mainfranken beschränkte geographische Bedeutung[116], die allgemein festzustellen war[117].

Unter diesen Umständen kommt der Datierung der ostfränkischen Königsurkunden besondere Bedeutung zu, in denen die *Orientalis Francia* häufig genannt wird. Ludwig II. von Ostfranken datierte zunächst als bairischer Unterkönig nach den *anni imperii* des Vaters und den eigenen *anni regni*[118]. Die Wende kam 833, als Ludwig zum Dank für die Unterstützung Lothars die rechtsrheinischen Gebiete erhielt, die ihm der Vater bei dessen Wiedereinsetzung 834 bis zum Jahre 838 beließ: fortan datierte Ludwig nach der Formel: *anno...regni domni Hludowici regis in Orientali Francia*, ohne Berücksichtigung der Kaiserjahre zunächst des Bruders, dann des Vaters[119]. Mit Recht bemerkt dazu EGGERT: „Man gab die in der Idee bisher stets gewahrte Einheit der *Francia* auf. Zum ersten Male wird ein teilfränkischer Begriff in den offiziellen Sprachgebrauch eingeführt, werden mit ihm politische Ansprüche verfochten"[120]. Ob und wie die wiederholten Versuche Ludwigs d.Fr., genauer gesagt: der Kaiserin Judith, Ludwig II. von Ostfranken wieder auf Baiern zu beschränken und ihm seinen ost-

---

[115]) Ann. Xant. ad an. 840 (ed. v. SIMSON, S. 11); vgl. EWIG, Beobachtungen, S. 342 m. Anm. 114; EGGERT, Auffassung, S. 145 m. Anm. 126, während HESSLER, S. 45ff. diesen Gesichtspunkt nicht erwähnt; ungenügend auch LUGGE, S. 70; s. noch MOHR, Francia, S. 29, der irreführend auch die Ann. Fuld. ad ann. 850, 855 zitiert: oben S. 104 m. Anm. 108.

[116]) Regino, Chronicon ad an. 876:...*Ludowicus* (scil. Ludwig II.) *exercitum ex Saxonia, Turingia et Orientali Francia congregat* (ed. KURZE, S. 112) und dazu ad an. 891: (Arnulf)...*congregato ex orientalibus regnis exercitu* (ed. KURZE, S. 137); vgl. noch ad an. 876: (Ludwig III. d.J. erhält): *Orientalem Franciam, Turingiam, Saxoniam, Fresiam et partem regni Lotharii* (ed. KURZE, S. 112); ad an. 906: *Compositis in Orientali Francia rebus rex* (scil. Ludwig IV. d.K.) *Mediomatrico venit* (ed. KURZE, S. 152) und oben Anm. 34. Ost- und Westfranken begreift Regino, Chronicon ad an. 842 (ed. KURZE, S. 75) als die *orientalia* und *occidentalia regna* im Plural! Vgl. EWIG, Beobachtungen, S. 342; EGGERT, Auffassung, S. 159, 215. Vom Ausland her gesehen, meint *Orientalis Francia* natürlich das gesamte Ostfrankenreich: Asser, c.66: *una etenim turma in Orientalem Franciam perrexit* (ed. STEVENSON, S. 50 Z.3 – 4).

[117]) Vgl. noch Erchanberti Breviarii cont. Iᵃ ad an. 840: *Ludevicus rex suscepit totam Germaniam, id est Orientalem Franciam, Alamanniam sive Rhaetiam, Noricum, Saxoniam et barbaras nationes quamplurimas* (ed. PERTZ, S. 329 Z.8 – 10); vgl. EWIG, Beobachtungen, S. 337 m. Anm. 87; vgl. noch unten Anm. 312.

[118]) DD LG. 2 – 11 (830 Okt. 6 – 833 Mai 27). D 1 ist eine Traditionsnotiz, D 12 unvollständig überliefert; vgl. noch P.F. KEHR in: DD LG., Einleitung, S. XIX und EGGERT, Auffassung, S. 237 m. Anm. 128; s. schon ZATSCHEK, Reichsteilungen, S. 188 – 89, der auf die Parallele zu Pippin von Aquitanien hinweist.

[119]) DD LG. 13 – 25 (833 Okt. 19 – 837 Sept. 23); vgl. KEHR, aaO., S. XIX – XX; s. auch ZATSCHEK, Ludwig, S. 35; EGGERT, Auffassung, S. 247. Vgl. unten Anm. 121 und Anm. 123.

[120]) Auffassung, S. 241; s. schon TELLENBACH, Reich, S. 182: „Damit ist *orientalis Francia* eine politische Größe geworden, seitdem gibt es den Begriff Ostfrankenreich".

fränkischen Reichsteil streitig zu machen, ihren Niederschlag in der Diplomatik fanden, läßt sich mangels Quellen nicht sagen[121]. Tatsache ist jedoch, daß Ludwig in seinen Urkunden seit 840 von diesen Versuchen keine Notiz nimmt[122] und seine Regierungsjahre *in Orientali Francia* unverdrossen seit dem September 833 zählt[123], weshalb man das Wort *orientalis* – zutreffend, wie ich meine – als ein „Spaltungsattribut" bezeichnet hat[124].

Man sollte aber die „Spaltungstendenz" auch nicht überbewerten: wenn Ludwig gelegentlich seines Einfalls in Westfranken 858 in Attigny urkundet: *anno...XXVI regnante domno Hludowico...rege in Orientali Francia, in Occidentali vero I...*[125], so ist dies zwar ein Beweis dafür, daß Ludwig Karl als abgesetzt betrachtete und er die Herrschaft in dessen Reichsteil für sich beanspruchte[126], aber keineswegs „eine Bestätigung all dessen, was bisher über die von Ludwig und seinen Kreisen verfochtene Reichskonzeption festgestellt werden konnte"[127], denn eine Rechnung nach *anni regni in Francia*, so logisch und konsequent sie auch scheinen mochte, verbot sich schon deshalb, weil das Reich Lothars II. zwischen der *Orientalis*

---

[121]) Zwischen D LG. 25 (837 Sept. 23) und D LG. 26 (840 Dez. 10) klafft eine Lücke von über drei Jahren. Dies ist ein historischer Befund, den ich nicht mit P.F. KEHR in: DD LG., Einleitung, S. XX, allein „mit den Wirren des Bürgerkriegs" erklären möchte; vgl. noch ZATSCHEK, Reichsteilungen, S. 206–08.

[122]) Vgl. EGGERT, Auffassung, S. 249 und ebd. S. 257.

[123]) Die Formel fehlt in den verunechteten: DD LG. 43, 53–54, 76, 78, 106, 150, in den „Notitiae": DD 46, 49, 85, 152, in den Mandaten und Placita: DD 52, 66, 71–72 sowie in den bruchstückhaft, in Regestenform überlieferten oder nur erwähnten: DD 114, 120, 135, 143. Seit 854/55 (DD LG. 68, 73) dominiert die Formel: *in Orientali Francia regnante*, so noch D LG. 171 (876 Juli 19); in D LG. 170 (Placitum) heißt es ausnahmsweise: *regni vero domni Hludowici serenissimi regis in Orientali Francia regnantis...* (S. 241 Z.14–15), doch ist das Stück nur in einer Aufzeichnung des 10. Jh. überliefert. Zu DD LG. 167–68 vgl. oben Anm. 67. Vgl. noch P.F. KEHR in: DD LG., Einleitung, S. XXIV sowie unten § 3, S. 158 m. Anm. 469 und unten Kap. 6 § 1, S. 354 m. Anm. 5.

[124]) EGGERT, Auffassung, S. 241 m. Anm. 152.

[125]) D LG. 94 (858 Dez. 7) S. 136 Z.44–45. Ein Dep. Ludwigs ist erwähnt im „Libellus proclamationis" Karls d. K. gegen Erzbischof Wenilo von Sens, der auf Ludwigs Seite gestanden hatte: Capit. II, Nr. 300 c.10 (859 Juni 14) S. 452 Z.26–28. Vgl. noch PENNDORF, S. 37 m. Anm. 261.

[126]) Vgl. DÜMMLER I², S. 433 m. Anm. 2; CALMETTE, Diplomatie, S. 54; LUGGE, S. 70; PENNDORF, S. 37. Abwegig ZATSCHEK, Reich, S. 101–02, der D LG. 94 keinerlei Beweiskraft zubilligen will, was absurd ist; die bewußte Verharmlosung dieses Überfalls – Karl war gemeinsam mit Lothar II.(!) gerade mit der Belagerung eines Normannenheeres beschäftigt – auch bei ZATSCHEK, Ludwig, S. 47 m. Anm. 1–2, wo noch immer bezweifelt wird, daß Ludwig von Anfang an Annexionspläne gehabt hätte; den „nationalfranzösischen" Standpunkt vertritt CALMETTE, Naissance, S. 89–90; DERS., Diplomatie, S. 52ff. hatte wesentlich besonnener geurteilt; vgl. noch EGGERT, Auffassung, S. 38–39 und zuletzt WERNER, Histoire, S. 414–15. Vgl. noch unten Kap. 6 § 1, S. 357 m. Anm. 27–32. Zur Datierungsweise Karls d.K. nach der Annektion Lotharingiens 869 s. oben S. 93 m. Anm. 51–52.

[127]) So EGGERT, Auffassung, S. 263.

und der *Occidentalis Francia* lag[128]. Eine andere Datierungsweise war daher gar nicht möglich[129], wenn Ludwig sich nicht dem Verdacht aussetzen wollte, auch das Reich seines Neffen Lothars II. zu beanspruchen, denn nur dann wäre eine Datierung nach *anni regni in Francia* sinnvoll gewesen[130]. Mit Ludwig II. von Ostfranken war die Datierung nach Regierungsjahren *in Orientali Francia* noch nicht beendet: auch Ludwig III. datierte in den Jahren 876–879 nach: *anno...Hludowici regis in Orientali Francia regnantis*[131], doch hier bedeutet *Orientalis Francia* gerade nicht das gesamte Ostfrankenreich, wie es Ludwig II. besessen hatte, sondern das Teilreich Ludwigs d.J., das allerdings neben der *Orientalis Francia* im engeren Sinne auch Sachsen und Thüringen umfaßte[132]; nach der Angliederung des Reichs Karlmanns († Sept. 880) datierte er nur noch nach *anni regni* ohne nähere Spezifizierung[133]. Erst unter Karl III. taucht die *Orientalis Francia* noch

---

[128]) Ost- und Westreich hatten keine gemeinsame Grenze, wie jeder beliebigen Karte mit den Grenzen des Vertrags von Verdun zu entnehmen ist; vgl. etwa CLASSEN, Thronfolge, Tafel 6 vor S. 217; s. auch MAYER, S. 13–14. Das Heer Ludwigs II. hatte das zum Reich Lothars II. gehörige Elsaß durchqueren müssen, um in das Reich Karls d.K. einfallen zu können; vgl. DÜMMLER I², S. 430, der darauf beiläufig hinweist, während ZATSCHEK, Ludwig S. 47, diese Kleinigkeit der Erwähnung nicht für wert hält; vgl. bes. DERS., Reich, S. 100, wo der Zug durch das Elsaß sogar ausdrücklich erwähnt wird; s. aber CALMETTE, Naissance, S. 89.

[129]) Natürlich bleibt es richtig, daß hier erstmals „zwei nördlich der Alpen gelegene Herrschaftsbereiche in einer Protokollformel nebeneinanderstanden": EGGERT, Auffassung, S. 263–64. Bis dahin waren nur *Italia* und *Francia* einander gegenübergestellt worden; vgl. oben S. 84 m. Anm. 5, S. 87 m. Anm. 18 und Anm. 20–22. EWIG, Beobachtungen, S. 349, hatte seine grundsätzlich richtige Festellung, daß „der Begriff *Francia orientalis* das Korrelat *Francia occidentalis* geradezu erforderte", etwas einseitig an dem D LG. 94 festgemacht; insoweit ist die Kritik von EGGERT, Auffassung, S. 263 Anm. 313, 289, nicht unberechtigt. Vgl. aber oben Anm. 96. PENNDORF, S. 37, bemerkt zu der durch D LG. 94 ein einziges Mal bezeugten Datierungsformel: „Das hätte aber nicht so bleiben müssen". Vgl. indes oben S. 93 m. Anm. 51–52 sowie unten S. 109 m. Anm. 136.

[130]) Aber eben darum am Hofe Lothars II. als „diplomatische" Kriegserklärung empfunden worden wäre. Den Einwand sah auch EGGERT, Auffassung, S. 264 Anm. 314, ohne ihn gebührend zu beachten.

[131]) DD LJ. 2–9 (877 Jan. 4–878 Mai 26), 12–13 (879 Mai 10–Nov. 22); nur D LJ.1 (876 Nov. 11) hätte noch die alte Formel: *in Orientali Francia regnante*, gebraucht, doch ist diese Ergänzung von Kehr m.E. nicht zwingend; vgl. aber P.F. KEHR in: DD LJ., Einleitung, S. XLVIII. In: DD LJ.10–11 (878 Sept. 13–Dez. 11) datiert die Kanzlei nur nach *anni regni*; dazu vgl. EGGERT, Auffassung, S. 276–77; s. noch unten Anm. 133.

[132]) So schon EWIG, Beobachtungen, S. 338 m. Anm. 90; s. auch LUGGE, S. 60–61; vgl. noch EGGERT, Auffassung, S. 174 und die folg. Anm.

[133]) DD LJ. 14–24 (880 März 23–882 Jan. 18) und oben Anm. 131. P.F. KEHR in: DD LJ., Einleitung, S. XLIV und danach JÄSCHKE, Königskanzlei, S. 179 m. Anm. 166, wollten dies mit dem Erwerb Baierns in Zusammenhang bringen, was ganz unwahrscheinlich ist, weil dies die *Orientalis Francia* im Sinne Ludwigs II. ja gerade vollenden würde; mit Recht ablehnend daher EGGERT, Auffasung, S. 275, der: ebd. S. 277–78, den Wegfall im Kontext des Vertrags von Ribémont sieht, durch den ganz Lotharingien an das Ostreich kam; so auch EGGERT–PÄTZOLD, S. 172 Anm. 1026; vgl. noch EWIG, Beobachtungen, S. 339 m. Anm. 94 (Druckfehler „Karl III.") und unten Kap. 6 § 1, S. 366 m. Anm. 84–85.

einmal in den Datierungen auf, charakteristischerweise aber abwechselnd, d.h. gleichbedeutend mit *Francia* als Bezeichnung des ostfränkischen Reichsteils in seiner Gesamtheit[134], während Karlmann in seiner dreijährigen Regierung nur zwischen den Regierungsjahren *in Baioaria* und *in Italia* unterschieden hatte[135]. Es paßt in dieses Bild, daß auch Karl d.K. nach der Annektion Lotharingiens dieses Ereignisses in der Datierung seiner Urkunden – aber eben auch nur dort – gedenkt, ganz ähnlich also, wie sein Bruder Ludwig 858 gehandelt hatte[136]. Die letzten ostfränkischen Karolinger gebrauchen *Orientalis Francia* nicht in der Datierung[137], sondern datieren im wesentlichen nur nach ihren *anni regni* wie Zwentibold und Ludwig d.K., während Arnulf seit 896 *anni imperii* und *anni regni* trennt[138]. Allerdings erwähnt ein Diplom Arnulfs für das Bistum Würzburg eine Einkunft: *quę, ut diximus, de pagis orientalium Franchorum persolvebatur*, die anschließend namentlich aufgeführt werden[139]; wenige Zeilen zuvor war bereits von der *decima tributi* die Rede gewesen: *quae de partibus orientalium Franchorum vel de Sclavis ad fiscum dominicum annuatim persolvere solebant, quae secundum eorum linguam steora vel ostarstuophă vocatur*[140].

Unter den Frankenkönigen aus dem Sächsischen Haus spielt die *Francia Orientalis* naturgemäß kaum eine Rolle; der Begriff dient allein zur näheren Bezeichnung der Lage eines Orts in Mainfranken[141], wobei gelegent-

---

[134]) DD K.III. 116 – 18 (885 Mai 20), 122 (885 Juni 16), 147 (886 Okt. 29), 152 – 53 (887 Jan. 15), 162 (a.887); vgl. EWIG, Beobachtungen, S. 339 m. Anm. 95 – 96 und bes. EGGERT, Auffassung, S. 289 m. Anm. 491 und ebd. S. 292 – 94; s. schon LUGGE, S. 69.

[135]) DD Kn. 1 – 2 (876 Nov. 3 – 877 Febr. 24): *...anno...I regni domni Karlomanni...regis Bawariorum*: DD Kn. 5 – 10 (877 Okt. 19 – Nov. 22): *...anno regni...in Italia* oder: *anno...regis Italiae*; DD Kn. 11 – 28 (877 Dez. 3 – 879 Aug. 11):*... anno...regni domni Karlomanni...regis in Bavaria (Wawaria) et...in Italia*; nur DD 12 – 13 (878 März 14) lesen: *... regis Bavariorum, ...Italie* und *...regis Bavariorum et in Italia...*; vgl. EWIG, Beobachtungen, S. 338 – 39 m. Anm. 91; EGGERT, Auffassung S. 271 – 73.

[136]) Vgl. schon oben S. 93 m. Anm. 51 – 52, S. 107 m. Anm. 125 – 26.

[137]) D Arn. † 184 und D LK. † 85 sind Spuria des späten 10. Jh. nach D LG. 102 (860 Nov. 20) und datieren daher wie dieses: *in Orientali Francia regnante (regnantis)*; vgl. LUGGE, S. 69 m. Anm. 109.

[138]) Vgl. aber oben S. 90 m. Anm. 37.

[139]) D Arn. 69 (889 Nov. [21]) S. 104 Z. 11 – 21: es werden 14 *pagi* aufgezählt und 26 *fisci dominici*, von denen diese *decima* zu leisten war; s. auch BEUMANN, Sachsen, S. 891.

[140]) D Arn. 69, S. 104 Z.7 – 9.

[141]) D O.I. 220 (961 Febr. 11): *sita in Orientali Francia in pago Tubergowe... Sunderenhof, Baldolvesheim nuncupata* (S. 303 Z.2 – 3): B – O 292; D O.II. 98 (975 März 11): *...in villa Rora... sitas in Orientali Francia* (S. 112 Z.18): B – Mi 679 und bes. D O.II. 130 (976 Juni 30): *actum Greifesdorf in Orientali Francia* (S. 147 Z.33): B – Mi 715; vgl. hierzu unten S. 116 m. Anm. 184. Liudprand gebraucht *orientales Franci* sogar im geographischen Sinn: unten Anm. 177; s. auch Cont. Regin. ad an. 924: *Ungarii Orientalem Franciam*

lich auch von der: *provincia que dicitur Orientalis sive Australis Francia*[142], in einem Spurium auf den Namen Heinrichs II. von der *Austrifrancia* die Rede ist[143]. Auch in literarischen Quellen des 12. Jahrhunderts wie z.B. in der „Vita" Kaiser Heinrichs II. von Adalbert[144] oder in den „Gesta" der Erzbischöfe von Magdeburg[145], in Herbords „Vita" Ottos von Bamberg[146] u.a.m. findet sich *Orientalis Francia*[147], womit fast ausnahmslos Mainfranken im engeren Sinne gemeint ist[148], das angeblich schon seit der Mitte des 11., mit Sicherheit dagegen seit dem ersten Viertel des 12. Jahr-

---

*vastaverunt* (ed. KURZE, S. 157) und dazu ad an. 932: *Ungarii per orientales Francos et Alamanniam...redierunt* (ed. KURZE, S. 159), während Widukind mit den *orientales Franci* die Bewohner des Ostfrankenreichs in ihrer Gesamtheit bezeichnet: l.I c.16: *Ultimus vero Karolorum apud orientales Francos imperantium Hluthowicus* (ed. HIRSCH, S. 25 Z.15–16); l.I c.29: *Unde usque hodie certamen est de regno Karolorum stirpi et posteris Odonis, concertatio quoque regibus Karolorum et orientalium Francorum super regno Lotharii* (ed. HIRSCH, S. 42 Z.5–8; vgl. noch ebd. S. 41 Z.6–7); vgl. BEUMANN, Widukind, S. 60, 180 u.ö.; s. noch MOHR, Francia, S. 36; s. auch LUGGE, S. 156–57 und ebd. S. 96.

[142]) D O.III. 366 (1000 Mai 30) S. 795 Z. 20–21: B–U 1373.

[143]) D H.II. † 511 (ang. 1005 Okt. 1): *castrum Babinberch dictum in Austrifrancię parte situm* (S. 656 Z.3–4): B–G 1602 (Pseudo-Original des 12. Jh.); s. auch Sigebert von Gembloux, Chronica ad an. 697: *Apud Wirziburch, castrum Ostrofranciae* (ed. BETHMANN, S. 328 Z.33). In beiden Fällen ist der geographische Bezug auf Mainfranken offenkundig, während Frutolf, Chronica ad an. 877: *Ludewicus quippe* (scil. Ludwig III. d.J.), *ut aiunt, tenuit Ostrofranciam* (ed. WAITZ, S. 173 Z.14) Ostfranken in seiner Gesamtheit (Rhein- und Mainfranken) einschließlich Sachsens und Thüringens bezeichnet, wobei er das *Orientalis Francia* der Vorlage zu *Ostrofrancia* „modernisierte". Weitere Belege zu Ostfranken u.a. bei STÄLIN (unten Anm. 149) t.II, S. 647 Anm. 5. *Francia Austrasia* findet sich schon 978 in der „Vita" des Abts Johannes von Gorze von Johann von St. Arnulf (c.104): *Gislebertus ducatum regni Hlotharii, Everardus Franciae Austrasiae et quorundam trans Renum tenebat locorum* (ed. PERTZ, S. 367 Z.5–6). Zu Johann von St. Arnulf, Frutolf/Ekkehard und Sigebert von Gembloux s. WATTENBACH–HOLTZMANN I³, S. 180–81; II³, S. 494–506, 727–37, bes. S. 732–35; ergänzend WATTENBACH–HOLTZMANN–SCHMALE, S. 60*, 149–55*, 189*. Vgl. noch LUGGE, S. 70 m. Anm. 117.

[144]) Vita Heinrici imperatoris, c.18: *cum...in partes Germaniae venissemus, quae Orientali Franciae adiacent* (ed. WAITZ, S. 802 Z.11–13). Vgl. LUGGE, S. 156 Anm. 428, die aber nicht darauf hinweist, daß Adalbert hier ein Privileg Leos IX. zitiert: J.–L. 4283 (1052 Nov. 6). Zur „Vita" und ihrem vermutlichen Verfasser Adalbert vgl. WATTENBACH–SCHMALE, S. 152–54. Weitere Belege aus dem 11. Jh.: unten Anm. 195.

[145]) Gesta archiepiscoporum Magdeburgensium, c.22: *castrum quoddam Suinvorde in Orientali Francia* (ed. SCHUM, S. 404–05). Zu den „Gesta" und ihrem Verfasser – wahrscheinlich Abt Arnold von Berge und Nienburg – s. zuletzt WATTENBACH–SCHMALE, S. 12–14, 18–22.

[146]) Dialogus de vita Ottonis episcopi Babenbergensis, l.I c.31, l.II c.1 (ed. KÖPKE, S. 28, 52). Zu Herbord vgl. WATTENBACH–HOLTZMANN II³, S. 489–90; WATTENBACH–HOLTZMANN–SCHMALE, S. 148*. Die ebd. zitierte neue Edition von Jan WIKARJAK in den Monumenta Poloniae Historica, N.S., t.VII/3 (Warszawa 1966) war mir derzeit nicht zugänglich.

[147]) Weitere Belege bei LUGGE, S. 157 m. Anm. 431–32, 434–35.

[148]) Eine Ausnahme macht Otto von Freising: unten S. 119 m. Anm. 199; s. auch oben Anm. 143; vgl. noch LUGGE, S. 71 m. Anm. 123–24 sowie unten S. 121 m. Anm. 207.

hunderts auch als *Franconia* bezeichnet wird[149] und als der *ducatus Orientalis Franciae* der Würzburger Bischöfe in mehreren Spuria des 12. Jahrhunderts erscheint[150]. In einer Urkunde Ottos I. wird gar zwischen der *Orientalis* und der *Occidentalis Francia* unterschieden, was jedoch nicht Ost- und Westfranken im herkömmlichen Sinne meint, sondern Ost-, d.h. Mainfranken, im Gegensatz zu Rheinfranken[151].

Damit wende ich mich nunmehr der *Occidentalis Francia* im Sinne von Westfranken zu. Dieser Abschnitt wird kürzer sein als der der *Orientalis Francia* gewidmete, da die *Occidentalis Francia*, von der oben bereits besprochenen Ausnahme abgesehen[152], in den Urkundendatierungen der westfränkischen Könige nicht aufscheint[153] und überhaupt seltener gebraucht wird als das ostfränkische Korrelat. Immerhin ist beachtenswert,

---

[149]) Der älteste Beleg wäre D H.III. 303 (1053 Mai 17) für das Bistum Eichstätt, wo es in der Grenzbeschreibung heißt: *hinc ad fontem, ubi duae provinciae dividuntur, Swevia quidem et Franconia* (S. 412 Z.26 – 27), doch ist die Überlieferung 18. Jh.! Alle mir sonst bekannten Belege gehören frühestens in das 12. Jh.; vgl. etwa D LG. † 185a (ang. 876 Mai 18):...*id est in locis Boioarię, Suevię, Hassie, Franconię*... (S. 272 Z. 13 – 14): Codex Eberhardi, Mitte 12. Jh. Allgemein vgl. LUGGE, S. 157 – 59, die aber schlecht recherchiert hat und nur auf Friedrich STEIN verweist: Geschichte Frankens, t.I (Schweinfurt 1885; Nachdruck: Aalen 1966) S. 4 (lies: S. 5); der Beleg aber in: t.II (1886) S. 199. Für weitere Belege verweist Stein auf Christoph Friedrich von STÄLIN: Wirtembergische Geschichte, t.II (Stuttgart 1847) S. 647 Anm. 3; vgl. ebd. t.I (Stuttgart 1841) S. 222 Anm. 4, 517 Anm. 3. Ein wichtiger, bei Lugge nicht erwähnter Beleg ist die „Narratio de electione Lotharii in regem Romanorum" vom Jahre 1125, wo es heißt: *decem ex singulis Bawariae, Sweviae, Franconiae, Saxoniae provinciis principes* (ed. WATTENBACH, S. 510 Z.27); vgl. HUGELMANN, S. 120. Vgl. auch unten Kap. 5 § 1, S. 328 m. Anm. 180. WAITZ V², S. 175 Anm. 5, bemerkt bereits zu dem D H.III. von 1053: „wenn der Text der Urkunde ... zuverlässig ist"; ebd. zur Narratio de electione Lotharii: „wo aber Franconia aus Francia corrigiert ist, vielleicht erst von späterer Hand". Zur „Narratio" vgl. WATTENBACH – SCHMALE, S. 7 – 9. Wibert, Gesta Dei, l.II c.1, berichtet von einem Mainzer Archidiakon, der die Franzosen: *non modo Francos, sed irrisorie Francones vocaverit*: RHC. IV, S. 136B, was eine heftige Reaktion Wiberts auslöst. Hier ist die Benennung also gerade umgekehrt; vgl. BOEHM, Gedanken, S. 686. Zu den „Gesta Dei per Francos" vgl. MONOD, Guibert, S. 217ff. Vgl. noch die folg. Anm.

[150]) D H.II. † 391 (ang. 1018): *in toto ducatu vel comeciis Orientalis Francię* (S. 504 Z.8 – 9): B – G 1930; D Ko.II. † 181 (ang. 1032 Juni 6): *in toto ducatu Orientalis Francię* (S. 241 Z.30): B – A 187; D H.III. † 245 (ang. 1049 Dez. 14): *in toto ducatu vel in omnibus comeciis Orientalis Francię* (S. 329 Z.18). Es handelt sich um ca. 1164/65 entstandene Fälschungen: B – G 1930. Vgl. Ekkehard von Aura, Chronica ad an. 1106:...*ducatum Orientalis Francię, qui Wirziburgensi episcopio...competebat* (ed. SCHMALE, S. 316 Z.25 – 27). In dem echten D F.I. 546 (1168 Juli) für Würzburg heißt es dagegen: *per totum episcopatum et ducatum Wirzeburgensem* (S. 5 Z.42). Vgl. aber D F.I. 970 (1188 Apr. 23): *quod est in episcopatu Herbipolensi et Franconia Orientali* (S. 248 Z.31).

[151]) D O.I. 96 (948 März 27):...*in legitimum concambium concessimus, id est in Orientali Francia de predio cuiusdam Fridirici..., in Occidentali vero Francia proprietatem quondam Eburharti...* (S. 179 Z.12 – 16): B – O 160; vgl. HUGELMANN, S. 120; LUGGE, S. 159.

[152]) Vgl. oben S. 107 m. Anm. 125 – 26.

[153]) Wobei noch zu beachten ist, daß die oben Anm. 125 erwähnte Ausnahme ost- und nicht westfränkischer Provenienz ist; vgl. auch EWIG, Beobachtungen, S. 345.

daß die „Annales Mettenses priores" zumindest den Begriff der *occidentales Franci* kennen[154], wenn auch nur im Hinblick auf die frühfränkische Geschichte[155], doch bleibt selbst dieser Begriff die Ausnahme und findet sich gerade in den westfränkischen Reichsannalen nur ein einziges Mal[156], womit die westfränkischen Belege aber auch schon erschöpft sind[157]. In Ostfranken, wo die *Francia Orientalis* zu einem politischen Begriff geworden war, sollte man auch den Gebrauch von *Francia Occidentalis* erwarten; statt dessen ist fast ausschließlich von den *Franci occidentales* die Rede[158], wobei in zwei Fällen eindeutig die Lotharinger gemeint sind[159]. *Francia Occidentalis* kommt nur ein einziges Mal vor im Zusammenhang mit der Einführung Karls III. von Westfranken in die Darstellung[160], während zuvor gelegentlich abstrakt vom „Westen" die Rede ist[161]. Erst der Bonner Vertrag kennt die Datierung nach den Herrschaftsjahren des *rex occidentalium* und des *rex orientalium Francorum*[162]. Auch bei Richer klingt der Terminus einmal an[163], das ist für das 10. Jahrhundert in Westfranken aber auch schon alles, während in England Bischof Asser um

---

154) Vgl. dazu oben Anm. 101.

155) Ann. Mett. priores ad an. 688: *Eodem tempore Theodericus rex occidentalium Francorum* (scil. Theuderich III. 675 – 691), *quos illi Niwistrios dicunt, regebat imperium...* (ed. v. SIMSON, S. 5); ad an. 717: *Compertumque omnibus esse, genitorem suum* (scil. Karls Martell) *Pippinum omnes occidentales Francos...dominasse* (ed. v. SIMSON, S. 24).

156) Ann. Bert. ad an. 832: (Ludwig d.Fr.) *omnes Francos occidentales et australes necnon et Saxones obviam sibi...venire praecepit* (ed. GRAT, S. 6); vgl. EWIG, Beobachtungen, S. 346 m. Anm. 147. Hinkmar gebraucht *Occidentalis Francia* nie; vgl. EWIG, aaO., S. 346 – 47.

157) Vgl. auch EWIG, Beobachtungen, S. 349.

158) Ann. Fuld., Cont. Ratisb. ad an. 891: *Nordmanni igitur fines occidentalium Francorum invadentes* (ed. KURZE, S. 119); ad an. 895: *Per idem tempus magni terrae motus in plurimis locis occidentalium Francorum visi sunt* (ed. KURZE, S. 126); vgl. aber die folg. Anm.

159) Ann. Fuld., Cont. Ratisb. ad an. 893: *Ante quadragesimam rex* (scil. Arnulf) *per totam occidentalium Francorum provintiam...causa orationis obibat* (ed. KURZE, S. 122); vgl. HESSLER, S. 105 – 06; EWIG, Beobachtungen, S. 349, 355; HLAWITSCHKA, Lotharingien, S. 115 m. Anm. 7; EGGERT, Auffassung, S. 118 – 19, der mit Recht auch den Passus ad an. 891: oben Anm. 158, auf Lotharingen bezieht, während ad an. 895 wirklich Westfranken bezeichnen muß, da im voranstehenden Satz die Königserhebung Zwentibolds: *in Burgundia et omni Hlotharico regno*, berichtet wird.

160) Ann. Fuld., Cont. Ratisb. ad an. 895:...*Karolus puer..., Hludowici Karoli de Occidentali Francia regis filii filius, nepos regis* (ed. KURZE, S. 125); vgl. HESSLER, S. 106; EGGERT, Auffassung, S. 120. Mit *nepos regis* ist Arnulf gemeint.

161) Ann. Fuld. ad an. 858: *Legati enim ab Occidente venerunt...* (ed. KURZE, S. 49); ad an. 870: *Rex autem Hludowicus...ad Occidentem profectus est* (ed. KURZE, S. 71). Vgl. noch Regino, Chronicon ad an. 842: oben Anm. 116.

162) Const. I, Nr. 1 (S. 1 Z.10 – 11); vgl. LUGGE, S. 70; SCHNEIDMÜLLER, Nomen, S. 34 Anm. 3 und bes. unten § 3, S. 172 – 73 m. Anm. 570 – 73.

163) Richer, l.IV c.13: (Metropolitanus)...*eius filium Rotbertum, Francis laudantibus...sollempniter coronavit et a Mosa fluvio usque oceanum occidentalibus* (erg. Francis) *regem prefecit* (ed. LATOUCHE II, S. 166); vgl. SCHNEIDMÜLLER, Tradition, S. 60 m. Anm. 62. Zu Richer vgl. unten Anm. 357 – 58.

900 vom *regnum occidentalium Francorum* und von Karlmann als *rex occidentalium Francorum* spricht[164]. In Lothringen erwähnt die „Vita" des Abts Johannes von Gorze die *Francia occidentalium partium*, die von der *pars Franciae regni quondam Lotharii* abgesetzt wird[165]; die „Vita" des Abts Poppo von Stablo bemerkt zu Konrad II. und Heinrich I. von Frankreich: *quorum unus, id est Cuonradus, Romanorum sive orientalium, alter vero, id est Heinricus, occidentalium populis Francorum(!) imperavit*[166]; Anselm von Lüttich spricht um 1050 von den *Occidentalis Franciae partes*, womit das Reich Heinrichs I. von Frankreich gemeint ist[167]. Die Ausbeute bleibt dürftig und gerade der Begriff *Occidentalis Francia* wird nur selten, im Westfrankenreich überhaupt nicht gebraucht, was kein Zufall sein kann.

Dies muß Anlaß sein, die Bedeutung von *Francia* in den ost- und westfränkischen Quellen des 10. Jahrhunderts und der folgenden Jahrhunderte zu untersuchen. Für Ostfranken liegen die Dinge recht einfach. Für Widukind meint *Francia* Franken[168], an einer Stelle allerdings Lothringen[169]; diese Bedeutung findet sich auch in einer Urkunde des *comes et missus dominicus* Reginar aus dem Jahre 911, die nach Regierungsjahren Ludwigs

[164] Asser, c.68, c.70 (ed. STEVENSON, S. 51 Z.1 – 2, 52 Z.2); der sogen. Florentius von Worcester übernimmt diese Angaben wörtlich in seinem „Chronicon ex Chronicis" ad an. 885 (ed. PAULI, S. 124 Z. 4 und Z.49 – 51). LUGGE, S. 71 m. Anm. 125 – 26, weist nicht auf die wörtliche Übernahme hin. Zu Asser vgl. GRANSDEN, S. 46 – 53; ebd. S. 143 – 48 zu Florentius von Worcester, doch dürfte das „Chronicon ex Chronicis" wohl eher von dem Mönch Johannes von Worcester verfaßt sein: ebd. S. 144 – 45.

[165] Vita Iohannis, c.43: *obtinente partem Franciae regni quondam Lotharii Heinrico Germanorum rege, Franciam occidentalium partium Ludowico* (ed. PERTZ, S. 349 Z.31 – 32); vgl. MOHR, Entwicklung, S. 319. Folkwin von St-Bertin spricht von Karl d.K. und Ludwig II. von Ostfranken als dem *rex Franciae Occidentalis* und *Orientalis*: Gesta abbatum S. Bertini, c.82 (ed. HOLDER-EGGER, S. 621 Z 41, Z.43 – 44); ebd. bemerkt er zur Schlacht von Andernach (876): *victores extitere orientales* (scil. Francos), *occidentalibus fugatis* (ed. HOLDER-EGGER, S. 622 Z.1 – 2); vgl. noch unten Anm. 413. Zu den um 961/64 entstandenen „Gesta" des Folkwin, der später Abt von Lobbes war, vgl. WATTENBACH – HOLTZMANN I³, S. 109 – 10, 136 – 39; KIENAST III, Anh. IXa, S. 690 – 91.

[166] Vita Popponis, c.18 (ed. WATTENBACH, S. 304 Z.32 – 33); vgl. schon FLACH III, S. 294 und danach WERNER, Imperium, S. 13 Anm. 2 (– S. 14). Zur „Vita Popponis" des Abts Everhelm von St. Peter in Gent vgl. WATTENBACH – HOLTZMANN I³, S. 115 und ergänzend: WATTENBACH – HOLTZMANN – SCHMALE, S. 44*.

[167] Anselm, l.II c.61 (ed. KOEPKE, S. 225 Z.32 – 33). Zu Anselm von Lüttich vgl. WATTENBACH – HOLTZMANN I³, S. 146 – 48 und bes. WATTENBACH – HOLTZMANN – SCHMALE, S. 53*.

[168] Widukind, l.II c.5; l.III c.6, c.30, c.41, c.71 (ed. HIRSCH, S. 71 Z.17, 108 Z. 7 – 8, 117 – 18, 122 Z.13 – 14, 147 Z.2 – 3). Zum Begriff *Francia Saxoniaque* vgl. unten Kap. 4 § 3, S. 288ff.

[169] Widukind, l.III c.14 (Otto will in Aachen 953 das Osterfest begehen):... *comperit, quia nichil sibi dignum ibi paratum esset...regemque, quem in Francia pene perdidit, in patria* (scil. in Sachsen) *magnifice recepit* (ed. HIRSCH, S. 111 Z.17 – 19); vgl. BEUMANN, Widukind, S. 227; DERS., Sachsen, S. 891 – 92. Vgl. auch Wipo, Gesta Chuonradi, c.8: *Basilea civitas sita est in quodam triviali confinio, id est Burgundiae, Alamanniae et Franciae* (ed. BRESSLAU, S. 30 Z.31 – 32); vgl. LUGGE, S. 150 m. Anm. 367 und unten Anm. 177.

d.K. *in Francia* datiert ist[170]. Für den „Continuator Reginonis" ist *Francia* = Franken ohne jede Einschränkung[171] ; Westfranken erscheint bei ihm einmal als die *Francia Superior*[172]. Bei Liudprand von Cremona liegen die Dinge etwas komplizierter. Für Westfranken gebraucht er zweimal: *Francia, quam Romanam dicunt*[173], was der *Francia Teutonica* in Ostfranken entspricht[174] und seine Parallele hat in der *Latina Francia*, von der im 11. Jahrhundert Wipo und Bruno von Merseburg sprechen[175]. *Francia* heißt

---

[170] HALKIN – ROLAND, t.I, Nr. 51, S. 123 Z.13 – 14 (911 Juni 1); vgl. PARISOT, S. 573 m. Anm. 8; HLAWITSCHKA, Lotharingien, S. 193 – 94 und bes. KIENAST, Herzogstitel, S. 376 m. Anm. 103, die sich aber alle nur für den Missus dominicus-Titel interessieren; ebenso ECKEL, S. 93, der allerdings ebd. S. 97 Anm. 2 (auf S. 98) auch auf die Datierung verweist; danach LUGGE, S. 148 m. Anm. 355. Der Bezug allein auf Lotharingien scheint mir nicht sicher: es könnte auch Ostfranken als Gesamtreich gemeint sein, obwohl die Deutung Eckels wohl die höhere Wahrscheinlichkeit für sich hat. Vgl. noch unten Kap. 6 § 3, S. 393 m. Anm. 234.

[171] *Francia* wird meist im Zusammenhang mit anderen Ländernamen wie *Saxonia, Alamannia, Bawaria* u.a. gebraucht: Cont. Regin. ad ann. 910, 912, 926, 939, 953, 965, 966 (ed. KURZE, S. 154, 155, 158, 161, 166, 175, 177). Vgl. noch Cont. Regin. ad an. 923: *Karolus* (scil. Karl III. von Westfranken) *Alsatiam et partes illas Franciae iuxta Rhenum usque Mogontiam sibi usurpaturus...* (ed. KURZE, S. 157); die hier berichteten Ereignisse gehören in das Jahr 920; vgl. ECKEL, S. 112 m. Anm. 3. Es ist klar, daß nur Rheinfranken gemeint sein kann.

[172] Cont. Regin. ad an. 921 (lies: 922):... *apud Franciam Superiorem graves...discordiae fervent inter Ruodbertum, invasorem regni, et Karolum regem* (ed. KURZE, S. 156). Es ist unverständlich, wie LUGGE, S. 74 m. Anm. 146, diese Stelle auf „den nördlichen Teil des Lotharreichs" beziehen kann; es ist eindeutig Westfranken gemeint. Vgl. schon oben S. 102 m. Anm. 94.

[173] Antapodosis, l.I c.14:...*ut Wido, quam Romanam dicunt Franciam, Berengarius optineret Italiam* (ed. BECKER, S. 17 Z.1 – 2); l.I c.16: *Cumque Burgundionum regna transiens* (scil. Wido), *Franciam quam Romanam dicunt, ingredi vellet...* (ed. BECKER, S. 18 Z.1 – 2); vgl. HIESTAND, S. 47 m. Anm. 8. Ich verstehe nicht, warum LUGGE, S. 76 m. Anm. 160, diese *Francia Romana* auf „Nordgallien bis zur Loire ohne Aquitanien und Burgund" beschränkt sehen will, zumal der Begriff hier fraglos politisch gebraucht wird; vgl. noch THOMAS, Caesar, S. 261 m. Anm. 82.

[174] D H.IV. † 280 (ang. 1075 Okt. 9): ...*in provincia scilicet que dicitur Theutonica Francia* (S. 359 Z.20 – 21). Die Fälschung ist noch Ende 11. Jh. entstanden. Vgl. ferner Liudprand, Antapodosis, l.I c.5: *Arnulfus...Bagoariis, Suevis, Francis Teutonicis, Lotharingis audacibusque principabatur Saxonibus* (ed. BECKER, S. 7 Z.8 – 11); l.III c.20: *Hic* (scil. Hugo von Italien) *ex Francorum genere Teutonicorum uxorem acceperat nomine Aldam* (ed. BECKER, S. 82 Z.3 – 4). Der byzantinische Kaiser Nikephoros Phokas bezeichnete alle Angehörigen des fränkischen Imperium als *Franci*: Legatio, c.33: *ex Francis, quo nomine tam Latinos quam Teutones comprehendit, ludum habuit* (ed. BECKER, S. 192 Z.25 – 26); vgl. VIGENER, S. 40; LUGGE, S. 75 m. Anm. 149; MOHR, Francia, S. 37 – 38. Nach VIGENER, S. 17 Anm. 3, dem LUGGE, S. 75 Anm. 149, folgt, wären mit *Franci Latini* nicht „Franzosen", sondern Italiener gemeint. Ich glaube, daß Nikephoros unter *Franci Latini* alle Franken romanischer Zunge versteht (also auch die Westfranken), denen er die *Franci Teutones*, d.h. die fränkisch sprechenden Franken gegenüberstellt. Vgl. noch unten S. 117 m. Anm. 191.

[175] Wipo, Gesta Chuonradi, c.27: (Ernst von Schwaben) *perrexit in Franciam Latinam* (ed. BRESSLAU, S. 45 Z.11); Bruno von Merseburg, c.36: *Philippum, Latinae Franciae rectorem, sollicitat* (ed. LOHMANN, S. 38 Z.13 – 14); zur Sache vgl. unten Epilog, S. 718 m.

bei Liudprand in der Regel Franken[176]; gelegentlich spricht er auch von den *orientales Franci*[177]; daneben kennt er *Francia* je einmal in der Bedeutung von Westfranken[178] und gar für das Frankenreich schlechthin[179]. Ostfranken in seiner Gesamtheit, d.h. einschließlich Sachsens, Baierns, Lothringens usw. bezeichnet *Francia* dagegen bei den führenden ostfränkischen und italienischen Chronisten des 10. Jahrhunderts also gerade nicht. Die große Ausnahme bilden einige Diplome Ottos I. aus den Jahren 951/52[180], von denen uns einige noch unter dem Gesichtspunkt der Intitulatio beschäftigen werden. In diesen Urkunden datiert die Kanzlei: *anno regni Ottonis regis XVI in Frantia, in Italia I*[181], doch sind hier die Vorbilder des 9. Jahrhunderts mit Händen zu greifen[182], zumal die ottonische

Anm. 67 – 69. Die *Franci Latini* sind sowohl Thietmar als auch Wipo ein Begriff: Chronicon, l.V c.19 (ed. HOLTZMANN, S. 243 Z.20); Gesta Chuonradi, c.1 (ed. BRESSLAU, S. 12 Z.15 – 16); vgl. LUGGE, S. 75. Zu Wipo und Bruno von Merseburg vgl. WATTENBACH – HOLTZMANN I³, S. 76 – 80 und WATTENBACH – HOLTZMANN – SCHMALE, S. 32* – 33*; WATTENBACH – HOLTZMANN II³, S. 592 – 94. Vgl. noch unten Anm. 191.

[176] Antapodosis, l.II c.18: *Everardus comes potentissimus in Francia* (ed. BECKER, S. 45 Z.31 – 32); l.IV c.35:...*ad palatium suum, quod in Francia in loco qui Ingelenheim dicitur, constitutum est* (ed. BECKER, S. 128 Z.11 – 12). Vgl. noch Antapodosis, l.II, c.15, c.24, c.33: l.V c.17 (ed. BECKER, S. 45 Z.11 – 12, 49 Z.20 – 22, 127 Z.14 – 15, 139 Z.12 – 14); Hist. Ottonis, c.9, c.12 (ed. BECKER, S. 165 Z.5, 168 Z.31 – 32) zur römischen Synode vom Nov. 963: B – O 348e, 349.

[177] Antapodosis, l.II c.3: *rex Hulodoicus* (scil. Ludwig d.K.)... *Augustam venerat, quae est in Suevorum, Bagoariorum seu orientalium Francorum confinio civitas* (ed. BECKER, S. 37 Z.20 – 22); vgl. unten Anm. 187; l.II c.21: *Hoc eodem tempore Arnaldus* (scil. Arnulf von Baiern)... *Hungaria rediens, honorifice a Bagoariis atque ab orientalibus suscipitur Francis* (ed. BECKER, S. 47 Z.11 – 13); vgl. hierzu REINDEL, Luitpoldinger,Nr. 61, S. 119, 121. In der Regel bezeichnet Liudprand nur die Mainfranken als *Franci*; vgl. MOHR, Francia, S. 37; vgl. aber die folg. Anm.

[178] Antapodosis, l.I c.15:*Wido autem Franciam petit* (ed. BECKER, S. 17 Z.28); ebd. c.15: *Franci itaque Oddonem, quoniam Wido aberat, regem constituunt* (ed. BECKER, S. 17 Z.25 – 26); irrig insoweit MOHR, Francia, S. 37 Anm. 7: *Franci* kann hier nur die „Westfranken" meinen.

[179] Antapodosis, l.I c.15:...*Wido...Romam profectus absque Francorum consilio totius Franciae unctionem suscepit imperii* (ed. BECKER, S. 17 Z.23 – 24). Es verschlägt nichts, daß diese Nachricht historisch falsch und chronologisch irrig eingeordnet ist; vgl. HIESTAND, S. 47 m. Anm. 9, 50, 53 m. Anm. 41. Ruotger erwähnt die *Franci* überhaupt nicht. Allgemein s. LUGGE, S. 109.

[180] DD O.I. 137 – 43 (951 Okt. 9 – 952 Febr. 9): B – O 199 – 205. Die Unsicherheit der Kanzlei zeigt sich darin, daß D O.I. 136 (a.951): *regni autem nostri hic in Italia primo* (S. 216 Z.44): B – O 198, datiert, ähnlich dann wieder D O.I. 144 (952 Febr. 11): *regni vero domni Ottonis Italię I* (S. 225 Z.27 – 28): B – O 206. Vgl. WOLFRAM II, S. 137 m. Anm. 139. Vgl. bes. unten Kap. 8 § 3, S. 534 m. Anm. 569.

[181] So DD O.I. 137 – 39 (951 Okt. 9 – 15); in: DD O.I. 140 – 43 (952 Jan. 21 – Febr. 9) sind die Regierungsjahre in Italien vorangestellt: *anno vero domni Ottonis in Hitalia I, in Francia XVI*; vgl. FICHTENAU, Datierungen, S. 271 m. Anm. 27. Vgl. noch unten § 3, S. 164 – 65 m. Anm. 510 – 13.

[182] So etwa D K.III. 21 (880 März 21) für D O.I. 138; vgl. VIGENER, S. 136 – 37 m. Anm. 3; LUGGE, S. 109 – 10 m. Anm. 110 und bes. WOLFRAM II, S. 137 – 38.

Kanzlei *Francia* sonst durchaus im Sinn von Franken, vorzugsweise Rheinfranken gebraucht[183].

Franken, vor allem Mainfranken, bleibt die Bedeutung von *Francia* in den ostfränkisch – deutschen Quellen des 11. – 12. Jahrhunderts und in der Folgezeit. Die Belege dafür sind so zahlreich, daß ich mich auf wenige beschränken kann: Thietmar versteht unter *Francia* stets Franken[184], wobei Mainfranken als die *Orientalis Francia* herausgehoben erscheint[185]. Die fast gleichzeitigen Quedlinburger Annalen gebrauchen *Francia* zwar gelegentlich für Lothringen[186], im übrigen aber trotz des Widerspruchs von LUGGE [187] wie üblich für

---

[183] So eindeutig in DD O.II. 31 – 32 (973 Juni 5) S. 41 Z.27 – 28, 42 Z. 14 – 17: B – Mi 609 – 10; D O.II. 93 (975 Jan. 6): (Abtei Weissenburg) *in regione Francia et in pago Spyrensi sitam* (S. 107 – 08): B – Mi 674; D O.II 231 (980 Okt. 14): *actum in Francia in corte que vocatur Brusilla* (scil. Bruchsal) S. 260 Z.17 – 18: B – Mi 826; D O.III. 8 (985 Febr. 5):...*curtem Triburis vocatam in Frantia* (S. 404 Z.29): B – U 965; D O.III. 82 (992 Jan. 18):... *in Francia, hoc est Hagenenmunistre infra Moguntiam...* (S. 491 Z.24): B – U 1048. „Franken" allgemein ist wohl nur in der Bestätigung des Wittums der Kaiserin Adelheid gemeint: D O.II. 109 (975 Juni 8):...*in Elesazia videlicet, Francia, Turingia, Saxonia, Slavonia...* (S. 123 Z.20 – 21): B – Mi 690, und wörtlich so die Nachurkunde Ottos III.: D O.III. 36 (987 Mai 21) S. 435 Z.37 – 38: B – U 994. Vgl. auch LUGGE, S. 154 – 55.
[184] Chronicon, l.II c.6, c.7; l.V c.14, c.20, c.38 (ed. HOLTZMANN, S. 44 Z.12 – 13, 46 Z.13 – 15, 236 Z.27 – 28, 245 Z.19 – 20, 264 Z.21 – 22). Die einzige „Ausnahme" findet sich nicht bei Thietmar selbst, sondern in dem interpolierten Bericht über die Translation der Gebeine des hl. Vitus: l.VII c.13 (ed. HOLTZMANN, S. 415 Z.15). Dieser Corveyer Einschub des 12. Jh. fußt auf karolingischen Vorlagen und gebraucht in dem Satz: *translatus eo de Francia in Saxoniam*, das Wort eindeutig im Sinn von Westfranken/Frankreich. Wie bei Thietmar findet sich auch bei Adalbold *Francia* in der Regel im Sinne von Franken: Vita Heinrici imperatoris, c.8, c.10, c.13, c.25, c.28 (ed. WAITZ, S. 686 Z.2 – 3 und Z.20, 687 Z.7, 690 Z.2, Z.46 und Z.48; ed. van RIJ, S. 54, 56, 72, 76). Zu Adalbold von Utrecht vgl. WATTENBACH – HOLTZMANN I³, S. 101 – 03 und bes. WATTENBACH – HOLTZMANN – SCHMALE, S. 40* sowie zuletzt LIPPELT, S. 184 m. Anm. 33 ( – S. 185).
[185] Chronicon, l.V c.12; l.VI c.3, c.10, c.30, c.43; l.VIII c.18 (ed. HOLTZMANN, S. 234 Z.9 – 11, 276 Z.27 – 29, 284 – 86, 310 Z.8 – 9, 328 Z.14 – 15, 516 Z.1 – 2).
[186] Ann. Quedlinburg. ad an. 997: *imperator* (scil. Otto III.) *in Francia hiemavit* (ed. PERTZ, S. 91 Z.26 – 27): tatsächlich hielt sich Otto III. von Ende Sept. 997: D O.III. 254 (997 Sept. 29): B – U 1236, bis etwa 10. Dez.: B – U 1246g, in Aachen auf; ad an. 1012: *eodem anno in Francia vero non longe a Colonia* (ed. PERTZ, S. 81 Z.7); s. auch LUGGE, S. 150 m. Anm. 366, die aber nur den Beleg ad an. 1012 zitiert. Vgl. noch Gestarum episcoporum Virdunensium cont., c.9: *per totam Franciam seu Lotharingiam* (ed. WAITZ, S. 49 Z.18; vgl. ebd. Z.14 – 16). Zu den Quedlinburger Annalen und der Fortsetzung der „Gesta episcoporum Virdunensium" durch einen anonymen Mönch von St-Vanne „nach 1047" vgl. WATTENBACH – HOLTZMANN I³, S. 44 – 46, 193.
[187] Als Beleg für *Francia* = Ostreich zitiert LUGGE, S. 115 Anm. 140 – 41, Ann. Quedlinburg. ad an. 996: *Post haec Italico rite disposito regno Franciam revertitur* (scil. Otto III.) *et in Aggripina Colonia... celebrat Natalem* (ed. PERTZ, S. 73 Z.40 – 42) sowie

Franken[188]. Wipo kennt *Francia* sowohl im Sinne von Ost- als auch von Westfranken/Frankreich, obwohl natürlich für ihn *Francia* als *Orientalis Francia* ebenso vorwiegend Franken meint[189]. Bei Lampert von Hersfeld findet sich *Francia* so gut wie nie[190], doch einmal spricht er von den *principes* der *Francia Teutonica*, worunter Gesamtfranken zu verstehen ist[191]. Für Frutolf ist *Francia*, meist sagt auch er ausdrücklich *Orientalis Francia*,

---

ad an. 1004: *rex Heinricus de Francia in Italiam veniens...* (ed. PERTZ, S. 79 Z.1); auch die Ann. Hildesheim. ad an. 996 berichten: *imperator in Francia hiemavit* (ed. WAITZ, S. 27), was zumindest ungenau ist. Otto III. urkundete nach seiner Rückkehr aus Italien zuerst in Bruchsal: D O.III. 229 (996 Sept. 15): B – U 1209, und Heinrich II. war 1004 von Augsburg aufgebrochen: B – G 1559b, was nach Meinung der Ann. Quedlinburg. ad an. 1025 eine fränkische Stadt ist: *Franciam ingressus* (scil. Konrad II.) *apud Augustam more regio Pascha celebravit* (ed. PERTZ, S. 90 Z.28 – 29). LUGGE, aaO., folgt hier jedoch lediglich VIGENER, S. 137 m. Anm. 6. In beiden Fällen ist aber der Bezug auf Franken nicht auszuschließen, ein zweifelsfreier Bezug auf das Ostreich als ein Ganzes daher nicht gegeben; vgl. schon oben Anm. 63. Zu den Hildesheimer Annalen s. WATTENBACH – HOLTZMANN I³, S. 42 – 44 und WATTENBACH – HOLTZMANN – SCHMALE, S. 18*.

[188]) So etwa eindeutig Ann. Quedlinburg. ad ann. 999, 1009, 1012, 1017 (ed. PERTZ, S. 76 Z.5 – 6, 80 Z.9 – 11, Z.47 – 48, 81 Z.19) und oben Anm. 187. Unsicher ist die Bedeutung ad an. 1000: *tota ei* (scil. Otto III.) *Gallia, Francia, Suevia...obviam ruit* (ed. PERTZ, S. 77 Z.10 – 11), wo aber wohl doch Franken gemeint sein wird; sehr ungenau VIGENER, S. 137 m. Anm. 6 – 7.

[189]) Gesta Chuonradi, c.1: *quorum* (scil. principum) *consiliis consuevit Francia reges eligere* (ed. BRESSLAU, S. 9 Z.31), wobei man sich fragen muß, ob Wipo hier nicht gar an die alte *Francia* im frühkarolingischen Sinn denkt! Vgl. BEUMANN, Imperium, S. 179 m. Anm. 15. *Francia* = Westfranken/Frankreich: c.35: *Uodo de Francia in regno imperatoris quaedam loca invadens...*(ed. BRESSLAU, S. 56 Z. 1 – 2); vgl. dagegen c.31: *imperator...in Gallias Francorum venit* bzw. *in regno Heinrici regis Francorum* (ed. BRESSLAU, S. 50 Z.15, Z.18); vgl. noch unten Anm. 205. *Orientalis Francia*: Gesta Chuonradi, c.6, c.38 (ed. BRESSLAU, S. 29 Z.13 – 14, 58 Z.31). Zur Sache vgl. unten Kap. 10 § 3, S. 689 m. Anm. 486.

[190]) Lampert, Annales ad an. 972:...*Otto senior imperator cum iuniore Ottone de Italia perrexit in Franciam* (ed. HOLDER-EGGER, S. 42 Z. 1 – 2). VIGENER, S. 137, erblickt hierin einen Beleg für „Deutschland überhaupt", doch Otto I. zog über Konstanz direkt nach Ingelheim, wo er im Sept. des Jahres eine bedeutende Synode abhielt: B – O 553b-c. Hier gilt also derselbe Einwand wie oben Anm. 188, zumal ad an. 977 (ed. HOLDER-EGGER, S. 44 Z.5 – 6) zweifellos Franken (allerdings irrig) gemeint ist, worauf Vigener ebensowenig hinweist wie LUGGE, S. 115 Anm. 141, die in allem Vigener folgt.

[191]) Annales ad an. 1076: *Hoc Sueviae, hoc Baioariae, hoc Saxoniae, hoc Lutheringiae, hoc Franciae Teutonicae principibus denunciarunt* (ed. HOLDER-EGGER, S. 274 Z.4 – 6); so auch schon Wipo, Gesta Chuonradi, c.2 (ed. BRESSLAU, S. 15 Z.17 – 18); vgl. ferner Berthold, Annales ad an. 1077: *per Alsatiam et Lotharingiam et Theutonicam Franciam* (ed. PERTZ, S. 297 Z.33). Vgl. LUGGE, S. 75 – 76, mit weiteren Belegen; s. schon oben Anm. 174; s. noch Chronica regum Francorum zu 887/88: *Hic divisio facta est inter Teutones Francos et Latinos Francos* (ed. PERTZ, S. 214 Z.21 – 22), wobei hier allerdings Ost- und Westfranken in ihrer Gesamtheit gemeint sind; vgl. VIGENER, S. 17; LUGGE, S. 75 m. Anm. 150 und bes. EHLERS, Tradition, S. 226 – 27. Zu Lampert von Hersfeld s. WATTENBACH – HOLTZMANN II³, S. 456 – 71 und WATTENBACH – HOLTZMANN – SCHMALE, S. 141* – 42*; vgl. noch unten § 2, S. 152 m. Anm. 417.

Franken[192]; nur an einer Stelle ist mit *Francia* ein Teil Frankreichs gemeint[193].
Auch Ekkehard gebraucht *Francia* und *Orientalis Francia* promiscue für
Franken[194]; die *Franci* sind für ihn die Franken[195], während er die Franzosen als *Francigenae* bezeichnet[196]. So wird man Margret LUGGE zustimmen können, wenn sie feststellt, daß zwischen dem 11. und 12. Jahrhundert
ein Bruch vorliegt: „Es gibt keine kontinuierliche Anwendung des Fran-
cia-Namens für Ostfranken = Deutschland über das 11. Jahrhundert hinaus. Der Versuch Ottos von Freising, diese alte Bedeutung wiederzubele-
ben, war ein Akt historischer Gelehrsamkeit, „die nicht mehr unmittelbar
Anklang im Herzen des Volkes fand, sondern Ansprüche an dessen ge-
schichtliches Verständnis stellte"[197].

Otto spricht seine Auffassung an zahlreichen Stellen seines Werks aus[198],
so etwa anläßlich der Ereignisse von 887/88: *Porro Arnolfus totam Orientalem Franciam, quod modo Teutonicum regnum vocatur, id est Baioariam, Sueviam, Saxoniam, Turingiam, Fresiam, Lotharingiam rexit, Occi-
dentalem vero Odo ex eius auctoritate habuit*[199]. Am klarsten formuliert

---

192) Frutolf, Chronica ad ann. 1079, 1081, 1083, 1085, 1096, 1097 (ed. SCHMALE, S. 90
Z.22 – 23, 94 Z.23 – 24, 96 Z.4 – 5, 98 Z.27 – 28, 108 Z.3 – 4, 26 – 27); Frutolf ad ann.
1096/97 = Ekkehard, Chronica ad ann. 1096/97 (ed. SCHMALE, S. 124 Z. 20 – 21, 126
Z.16 – 17). Vgl. noch unten Anm. 195.
193) Frutolf, Chronica ad an. 1034: *Imperator* (scil. Konrad II.) *Franciam petit contra
Outonem, item Burgundiam vastat* (ed. SCHMALE, S. 60 Z.6 – 8). Der Text Frutolfs folgt
hier dem sogen. „Chronicon Wirziburgense" aus den frühen 90er Jahren des 11. Jh.; vgl.
SCHMALE, ed. cit., Einleitung, S. 10. *Francia* meint hier die Champagne, keineswegs die
französische Krondomäne.
194) Ekkehard, Chronica ad ann. 1105, 1106, 1120, 1122 (ed. SCHMALE, S. 190 Z.5 – 6 =
S. 224 Z.28 – 29, S. 196 Z.30 = S. 234 Z.24 – 25, S. 204 Z.25, S. 344 Z.14, S. 354 Z.29 – 30).
Charakteristisch ist Ekkehard ad an. 1106, wo es in der Rec.I heißt: *a Francia Otto
Babenbergensis* (scil. episcopus), in den Rec.II und III dagegen: *ab Orientali Francia Otto
Babenbergensis* (ed. SCHMALE, S. 204 Z.25 und S. 238/40 = S. 272 Z.27 – 28).
195) Frutolf, Chronica ad an. 1056: *Herimannus comes orientalium Francorum obiit* (ed.
SCHMALE, S. 70 Z.20 – 21) und Ekkehard, Chronica ad an. 1104 (ed. SCHMALE, S. 184
Z.25 – 27 = S. 224 Z.28 – 30) und bes. ad an. 1099: *Orientalibus autem Francis, Saxonibus
et Thuringis, Baioariis et Alamannis hęc bucina minime insonavit* (ed. SCHMALE, S. 140
Z.19 – 20) und dazu die folg. Anm.
196) Zu 1099 bemerkt Ekkehard in einer Art Exkurs über dieTeilnehmer am 1. Kreuzzug: *Francigenis occidentalibus facile persuaderi poterat sua rura relinquere* (ed. SCHMALE,
S. 140 Z.4 – 5). Vgl. noch Ekkehard ad an. 1124 anläßlich des geplanten Feldzugs Heinrichs
V. gegen Frankreich: *Cuius itaque fines* (scil. regis Gallie)...*iam iamque Theutonicus
exercitus cepit attingere, exploratores cottidie affirmant Francigenas maximo iam domi
congregato exercitu congressum expectare, immo temere expetere* (ed. SCHMALE, S. 368
Z.11 – 14). Zu den „Francigenae" vgl. noch unten Anm. 205.
197) LUGGE, S. 115.
198) Allgemein s. TELLENBACH, Tradition, S. 199 – 200; LUGGE, S. 202ff.; GOEZ,
S. 111ff. Zu Otto von Freising s. WATTENBACH – SCHMALE, S. 48ff.
199) Chronica, l.VI c.11 (ed. HOFMEISTER, S. 272 Z.8 – 12). An mehreren Stellen spricht
Otto von den *reges Francorum qui et Teutonicorum*; vgl. VIGENER, S. 221 m. Anm. 3, 230
m. Anm. 6; s. auch GOEZ, S. 116 m. Anm. 1 – 3.

er seinen Standpunkt zur Kontinuität des Frankenreichs in folgenden Sätzen: *Michi autem videtur regnum Teutonicorum, quod modo Romam habere decernitur, partem esse regni Francorum...Dehinc diviso...regno aliud orientale, aliud occidentale utrumque tamen Francorum dicebatur regnum. In orientali ergo, quod Teutonicorum dicitur, deficiente Karoli stirpe primus, manente adhuc in Occidentali Francia ex successoribus Karoli Karolo*(III. von Westfranken), *ex gente Saxonum successit Heinricus. Cuius filius Otto...dictus est primus rex Teutonicorum, non quod primus apud Teutonicos regnaverit, sed quod primus...ex... Saxonum sanguine natus imperium ad Teutonicos Francos revocaverit. Sicut autem Merovingis deficientibus ac Karolis succedentibus regnum tamen mansit Francorum, sic et Karolis decedentibus ex alia familia seu lingua in uno tamen regno Ottones subintroiere*[200]. Hier meint *Orientalis* und *Occidentalis Francia* also plötzlich wieder Ost- und Westfranken[201], besser: Deutschland und Frankreich, und unter den *Teutonici Franci* sind keineswegs die Bewohner Mainfrankens, sondern die Deutschen zu verstehen, obwohl Otto *Francia Orientalis* sehr wohl auch im Sinne von Mainfranken gebraucht[202] und *Franci* bei ihm sowohl die Franken des 6. – 10. Jahrhunderts als auch Franzosen und Deutsche, aber zudem speziell die Bewohner Mainfrankens und schließlich noch die Kreuzfahrer meinen kann[203]. Dieser Sprachgebrauch

---

[200]) Chronica, l.VI c.17 (ed. HOFMEISTER, S. 277 Z.1 – 3, Z.6 – 23); vgl. VIGENER, S. 196 m. Anm. 5, 203; TELLENBACH, Tradition, S. 183: LUGGE, S. 116 m. Anm. 143, 203 m. Anm. 4; BRÜHL, Anfänge, S. 175. Ganz verfehlt SCHLESINGER, Entstehung, S. 164, der diesen Passus, der natürlich nicht in sein Denkschema paßt, umzudeuten versucht, wobei das *regnum quod dicitur Francorum* im Bonner Vertrag „an dieser Stelle nur Reich der Franzosen"(sic) bedeutet haben soll. Eine Widerlegung erübrigt sich. Vgl. noch unten Epilog, S. 721 m. Anm. 84 – 85.

[201]) Ich verzichte darauf, alle Belege anzuführen; vgl. etwa noch die Kapitelüberschriften zu l.VI cc.10 – 11, cc.14 – 16, c.18, c.22 (ed. HOFMEISTER, S. 28 Z.13 – 14, Z.16 – 17, Z.26, Z.30 – 31, Z.34: S. 29 Z.1 – 2, Z.18 – 21) und oben mit Anm. 199 – 200.

[202]) Chronica, l.VII c.8, c.20 (ed. HOFMEISTER, S. 318 Z.16 – 23, 339 Z.15 – 340 Z.2); Gesta Friderici, l.I c.45: *in oppido Orientalis Franciae Franconofurde* (edd. WAITZ – v. SIMSON, S. 63 Z.24); l.II c.48: *in civitate Orientalis Franciae Herbipoli* (edd. WAITZ – v. SIMSON, S. 155 Z.9). Otto unterscheidet also nicht zwischen Rhein- und Mainfranken. Dagegen versteht er unter *orientale Francorum regnum* Deutschland: Gesta Friderici, l.I c.40, c.43 (edd. WAITZ – v. SIMSON, S. 59 Z.7 – 9, 61 Z.8 – 9); ebd. c.44 ist mit *Occidentalis Francia* Frankreich gemeint (edd. WAITZ – v. SIMSON, S. 63 Z.16 – 19).

[203]) Ich beschränke mich jeweils auf einige wenige Beispiele: *Franci* = Franken (Volk): Chronica, l.I prol., l.IV c.32, l.V prol., l.V c.9 u.ö. (ed. HOFMEISTER, S. 7 Z.26 – 28, 10 Z.27 – 28, 224 Z.5 – 7, Z.26 – 27, 227 Z.6 – 7, 241 Z.21 – 23, Z.23 – 25 u.ö.); Gesta Friderici, l.I c.45 (edd. WAITZ – v. SIMSON, S. 63 Z.25 – 27) u.ö.
*Franci* = Franken (an Rhein und Main): Chronica, l.VI c.15, c.31 (ed. HOFMEISTER, S. 274 Z.24 – 25, 297 Z.9); Gesta Friderici, l.I c.13, l.III c.26 (edd. WAITZ – v. SIMSON, S. 29 Z.18 – 19, 198 Z.12 – 16).
*Franci* = Ostfranken, Deutsche: Chronica, l.VI c.19, c.22 u.ö. (ed. HOFMEISTER, S. 280 Z.30, 285 Z.13 – 15 u.ö.); Gesta Friderici, l.II c.30, c.33, c.51 (edd. WAITZ – v. SIMSON, S. 137 Z.23 – 24, Z.36, 138 Z.15 – 16, 141 Z.33, 158 Z.28 – 30 und oben Anm. 199.

findet sich weiterentwickelt auch bei Gottfried von Viterbo u.a.[204], für den die *vera Francia* das Land zwischen Maas und Main bildet, d.h. im wesentlichen also Lothringen und Mainfranken[205]. Schon der um 1125 seine „Gesta regum Anglorum" schreibende Wilhelm von Malmesbury hatte dies ähnlich gesehen: *Lotharingi et Alamanni et ceteri Transrhenani populi, qui imperatori Teutonicorum subiecti sunt, magis proprie se Francos appellari iubent; et eos, quos Francos putamus, Golwala antiquo vocabulo quasi Gallos nuncupant. Quibus et ego assensum commodo, sciens, quod Karolus Ma-*

---

*Franci orientales*: Chronica, l.VI c.18, c.24; l.VII c.2 u.ö. (ed. HOFMEISTER, S. 278 Z.11–12, 288 Z.10–11, 311 Z.17–18); vgl. VIGENER, S. 14.
*Franci* = Westfranken, Franzosen: Chronica, l.V c.35, l.VII c.12, c.21 u.ö. (ed. HOFMEISTER, S. 259 Z.30–35, 324 Z.1–2, 340–41 u.ö.); Rahewin, Gesta Friderici, l.III c.8 (edd. WAITZ–v. SIMSON, S. 173 Z.5–9). *Franci occidentales*: Chronica, l.VI c.8, c.10 u.ö. (ed. HOFMEISTER, S. 270 Z.15–16, 271 Z.21–22 u.ö.).
*Franci* = Kreuzfahrer: Chronica, l.VII c.4 (ed. HOFMEISTER, S. 313 Z.20–22).
Allgemein vgl. TELLENBACH, Tradition, S. 199–200.
[204] Gottfried schreibt vorzugsweise Otto von Freising aus; interessant sind seine gelegentlichen Zusätze; so erläutert er die *Orientalis Francia* bei Otto, Chronica, l.VI c.6 (ed. HOFMEISTER, S. 268 Z.22) mit *scilicet circa Renum*, und ebenso in l.VI c.11: oben S. 119 m. Anm. 199, ergänzt er nach *rexit: et totum Renum*: Pantheon, part. XXIII c.22, c.24 (ed. WAITZ, S. 229 Z.17–18, 230 Z.35). Eigengut sind aber z.B.: *Hiis diebus Franci creant sibi regem Ottonem, filium Roberti*: ebd. c.21 (ed. WAITZ, S. 227 Z.30) oder c.27: *Ibi enim primi Franci fuerunt cis citraque Renum; que hodie Francia Orientalis usque ad terminos Bawarie appellatur, Francia vero Occidentalis est regnum illut, quod est cis citraque Sequanam et Ligerim fluvius* (ed. WAITZ, S. 232 Z.14–16; vgl. ebd. Z.22–23); vgl. LUGGE, S. 116 m. Anm. 143, 153 m. Anm. 391, 204. Zu Gottlieb von Viterbo s. WATTENBACH–SCHMALE, S. 77–92 und zuletzt Gerhard BAAKEN: Zur Beurteilung Gottfrieds von Viterbo, in: Geschichtsschreibung und geistiges Leben im Mittelalter (oben Anm. 101) S. 373–96.
[205] Speculum regum, l.II c.4: *Fines vere Francie* (ed. WAITZ, S. 66 Z. 4–10) und dazu LUGGE, S. 206–07. Zur Unterscheidung von *Franci, Francigenae* und *Francones* vgl. den „Liber memorialis" (Memoria seculorum) von 1185: ed. WAITZ, S. 104 Z.39–48 und ebd. Z.48–49: *Set tamen Francus et Franco unius provintie populus sunt*, und bes. Alexander von Roes, Noticia seculi, c.11 (ed. GRUNDMANN, S. 158–59), der eine *Prima Francia* und eine *Francia Minor* unterscheidet. Der älteste mir bekannte urkundliche Beleg für *Francigena* stammt aus dem Limousin: *sede Francigena sperante regem*: CHAMPEVAL XVI, S. 170 Nr. 544 (936 Juli). Fast gleichzeitig sind die Gesta episc. Autiss., c.40; *Wibaldus natione Francigena Cameracensis civitate indigena* (ed. DURU I, S. 358). Zu diesem, bald nach 933 entstandenen Teil der Gesta vgl. WATTENBACH–LÖWE, S. 569; s. ferner Gerbert, ep.2 (a. 983): *Rainerius Francigena nobis intimus* (ed. WEIGLE, S. 25 Z.9); vgl. auch Gerberts Epitaph: *primum Gerbertus meruit Francigena sede* (scil. Reims): L.P. II, S. 264. D O.I. † 82 (ang. 946 Sept. 20): *Otto...rex Lothariensium et Francigenum* (S. 161 Z.35–36): B–O † 141 ist leider eine Fälschung des 11. Jh.; s. unten Anm. 509; vgl. aber Aimoin, Miracula s. Benedicti, l.III c.1: *Lothario regi...Ludovicus successit. Qui immatura praeventus morte...Francigenae gentis principatum dereliquit* (ed. de CERTAIN, S. 127); Wipo, Gesta Chuonradi, c.29: *comes Uodo Francigena...* (ed. BRESSLAU, S. 47 Z.9); vgl. schon WAITZ V², S. 131 m. Anm. 2 und LUGGE, S. 207–08, mit weiteren Belegen; s. auch TELLENBACH, Tradition, S. 200–02; GOEZ, S. 227–29 und bes. WERNER, Nations, S. 294; vgl. noch EHLERS, Elemente, S. 582. Zu Aimoin von Fleury vgl. COUSIN, S. 202–03 und bes. VIDIER, S. 72–73, 183–84; zu den Miracula s. Benedicti ll.II–III s. ebd. S. 181ff., 192–95.

*gnus...ea gentilicia lingua usus sit, quam Franci Transrhenani terunt*[206]. Am klarsten formuliert dann Alexander von Roes: *Igitur veri et primi Franci sunt populi habitantes contra Galliam in Maguntina, Coloniensi et Treverensi diocesibus. Sed istorum Francorum mores militares...deficere ceperunt, postquam dominium temporale in hac Francia ad episcopos...est translatum...Illi vero Franci, qui morantur in Thoringia et in diocesi Herbipolensi, dicuntur Franci orientales*[207]. In all diesen Fällen bleibt jedoch zu beachten, daß es sich um den Sprachgebrauch intellektueller Kreise handelt. In diesem Zusammenhang verdient auch die im Rahmen der Heiligsprechung entstandene Fälschung auf den Namen Karls d.Gr. Erwähnung[208], die der: *principes regni nostri tam Italie quam Saxonie, tam Bawarie quam Alemannie et utriusque Francie tam Orientalis quam Occidentalis*, gedenkt[209]. So unzweifelhaft es sich hier um eine Fälschung handelt, so bemerkenswert ist die Inserierung in die fraglos echte Urkunde Friedrichs I. Barbarossa von 1166[210]. Die Frage, was hier unter *utraque Francia* zu verstehen sei, hat Margret LUGGE dahin beantwortet, daß die *Occidentalis Francia* Frankreich, die *Orientalis Francia* wohl Rhein- und Mainfranken bezeichne, wobei offen bliebe, wo Lothringen einzuordnen ist. Ich bin eher geneigt, in der *Occidentalis Francia* Lothringen zu erblicken(einschließlich Rheinfrankens) und möchte die *Orientalis Francia* allein auf Mainfranken beziehen[211]. Damit mag es mit der Bedeutung von *Francia* in

---

[206]) Gesta regum Anglorum, l.I c.68 (ed. STUBBS I, S. 70); vgl. LUGGE, S. 202 m. Anm. 1; TELLENBACH, Tradition, S. 182; KIENAST II, S. 533 m. Anm. 1524 und ebd. S. 358–59. Zu Wilhelm von Malmesbury und den „Gesta regum" vgl. bes. GRANSDEN, S. 168ff.

[207]) Noticia seculi, c.11 (ed. GRUNDMANN, S. 158 Z.2–6, Z.12–13); zu den Vorlagen vgl. LUGGE, S. 205–06.

[208]) Hierzu vgl. schon FOLZ, S. 208, 225–27, 231–34 und bes. MEUTHEN, S. 55–57, 57–60.

[209]) DD Karol. I, Nr. 295 (S. 442 Z.23–25): B–M² 493; vgl. LUGGE, S. 137–38, 204, die jedoch durch MEUTHEN, S. 57ff. weitgehend überholt ist. Vgl. unten mit Anm. 211.

[210]) D F. I. 502 (1166 Jan. 6) S. 432–34. Das inserierte Spurium auf den Namen Karls d.Gr. ist: ebd. S. 433, nicht gedruckt; vgl. ebd. S. 431–32 die Vorbem. von H. APPELT. Als Diktator konnte Walter KOCH den Notar Wortwin nachweisen: Die Reichskanzlei in den Jahren 1167–1174. Eine diplomatisch-paläographische Untersuchung (Wien 1972) S. 65ff., 68ff. (Österreich. Akad. der Wissensch., Phil.-hist. Klasse. Denkschriften, t.115); DERS.: Die Schrift der Reichskanzlei im 12. Jahrhundert (1125–1190). Untersuchungen zur Diplomatik der Kaiserurkunde (Wien 1979) S. 222–28 (ebd. Denkschriften, t.134). Zu Barbarossa als neuem Karl d. Gr. s. FOLZ, S. 197ff.; MEUTHEN, S. 64. Zur karolingischen Abstammung s. Gottfried von Viterbo, Pantheon, part. XXIV: *natus ex clarissima proienie Karulorum* (ed. WAITZ, S. 264 Z.23) und MEUTHEN, S. 64.

[211]) LUGGE, S. 204, die mit Sicherheit irrt, wenn sie annimmt, daß in dieser hochpolitischen Fälschung Lothringen mit Frankreich in einen Topf geworfen sein könnte. Der Fälscher denkt in den Grenzen des deutschen Reiches des 12. und nicht in denen des Karolingerreiches des 9. Jh.

deutschen Quellen des 11.–12. Jahrhunderts sein Bewenden haben[212], und ich wende mich der Bedeutung des Wortes in den westfränkisch/französischen Quellen des 10.–12. Jahrhunderts zu.

Das rechte Verständnis von *Francia* ist in den letzten Jahren mehrfach Gegenstand gelehrter Untersuchungen gewesen, und KIENAST hat mit Recht hervorgehoben: „Vom Sinn der Worte Francia, Franci hängt das richtige Verständnis der mittelalterlichen Geschichte Frankreichs ab"[213]. Entsprechendes gilt, wie ich hinzufügen möchte, bezüglich der Worte *theotiscus, teutonicus* für die deutsche Geschichte[214]. Analog zu der Entwicklung von Ostfranken, wo sich *Francia* immer stärker auf Rhein- und Mainfranken reduziert[215], ist auch in Westfranken zunächst eine Beschränkung der Bedeutung von *Francia* auf den Raum nördlich der Loire zu beobachten. Es ist also nicht so, daß die Aufgabe von *Francia* zur Bezeichnung des Gesamtreichs im Osten als quasi automatische Reaktion die Usurpation dieses Wortsinns im Westen hervorgerufen hätte, vielmehr ist eine parallele Entwicklung in Ost und West im Sinne einer Einschränkung auf einen begrenzten Raum festzustellen. So wie das Ostreich eine Verbindung von *Francia, Saxonia, Baioaria, Alamannia, Lotharingia, Turingia* und *Fresia* war[216], so Westfranken eine solche von *Francia, Burgundia, Aquitania, Septimania, Neustria ac Provincia*[217]. Die Bedeutung von *Francia* als der Bezeichnung für das Land zwischen Loire und Maas[218] tritt besonders klar bei Flodoard hervor, der das Wort regelmäßig in diesem Sinne gebraucht[219].

---

[212]) Ergänzend vgl. LUGGE, S. 108ff., 145ff. und bes. unten S. 127–29.

[213]) Herzogstitel, S. 26.

[214]) Hierzu ausführlich unten Kap. 3 § 1, S. 181ff.; § 2, S. 205ff.

[215]) Oben S. 109–11. Ein sehr spätes Beispiel für *Francia* = Franken und *Alemania* = Schwaben ist Const. II, Nr. 360 (1252 Aug. 4) S. 467 Z.38: *sive in Francia sive in Alemania*. Die Auflösung „Frankreich" und „Deutschland" im Register, S. 648, 657 s. v[is], ist nach dem Textzusammenhang auszuschließen: Wilhelm von Holland verpfändet Erzbischof Gerhard von Mainz für 2000 Mark Silber das *oppidum et castrum* Oppenheim.

[216]) Vgl. oben Anm. 40, Anm. 77, Anm. 93, S. 104 m. Anm. 106, Anm. 110, Anm. 116–17, Anm. 174, S. 119 m. Anm. 199. Die hier im Text gebotene Aufzählung faßt die Stellen in den zitierten Anm. zusammen.

[217]) Capit. II, Nr. 279 (876 Juni 30) S. 348 Z.27–28: *ita et nos* (wie im Text, erg. *episcopi*); vgl. KIENAST, Herzogstitel, S. 28–29. Es fehlen hier natürlich noch die Normandie und die Bretagne.

[218]) Zu den Grenzen der westlichen *Francia* vgl. bes. SCHNEIDMÜLLER, Terminologie, S. 56–57.

[219]) Mit deutlicher Abgrenzung zur *Burgundia* und zur *Aquitania*, aber auch zum *regnum Lothariense* in: Annales ad ann. 923, 924, 925, 926, 928, 930, 932, 933, 934, 935, 936, 940, 942, 944, 951 u.ö. (ed. LAUER, S. 18, 19, 23, 25, 28, 31, 34–35, 40, 45, 53, 56, 60, 61, 63–64, 76, 83, 85, 90–91, 95, 129–30 u.ö.); vgl. auch SCHNEIDMÜLLER, Terminologie, S. 55 m. Anm. 35; ebd. weitere Belege; vgl. noch die folgenden Anm.

Hiervon ging er nur einmal ab, als er zum Jahre 919 von einem Einfall der Ungarn berichtete, die: *Italiam partemque Franciae, regnum scilicet Lotharii*, geplündert hätten, doch 919 gehörte Lotharingien zu Westfranken[220]! Im übrigen sind die *principes* oder *proceres Franciae*[221] natürlich gleichfalls auf das *regnum Franciae*[222] unter Ausschluß etwa Burgunds oder Aquitaniens beschränkt[223]. Wenn Flodoard aber anläßlich der Synode von Ingelheim bemerkt: *quae dissensiones omne perturbaverunt regnum Francorum*[224], so wird doch deutlich, daß dem *regnum Francorum* hier ein höheres Gewicht im Sinne von Gesamtreich zukommt, allerdings – was für Flodoard selbstverständlich ist – beschränkt auf das Westfrankenreich[225]; auch Hugo von Flavigny versteht *regnum Francorum* so, wenn er zum Jahre 923 feststellt: *Rodulfus regendae praeficitur Franciae, et sic regnum Francorum ad extraneum transfertur*[226]. Bemerkenswert erscheint mir vor allem, daß Flodoard den Begriff *Francia* ausschließlich für den westfränkischen Raum – in welcher Begrenzung auch immer – gebraucht. Ostfranken ist für ihn keine *Francia*, und er vermeidet nach Kräften eine verbindliche Terminologie, indem er vorzugsweise geographische

---

220) Annales ad an. 919 (ed. LAUER, S. 1); vgl. JACOBSEN, Princeps, S. 58 Anm. 27; SCHNEIDMÜLLER, Terminologie, S. 57–58 m. Anm. 56–57; DERS. Nomen, S. 29; irrig WOLFRAM II, S. 125 m. Anm. 90. Zum Beginn von Flodoards Annalen vgl. JACOBSEN, Flodoard, S. 13–14.

221) Vgl. etwa Annales ad ann. 948, 954, 961, 963 (ed. LAUER, S. 112, 139, 150, 154). Von den *comites Franciae* spricht Flodoard in: Annales ad ann. 920, 922, 924 (ed. LAUER, S. 2, 8, 25 u.ö.); s. auch JACOBSEN, Princeps, S. 59–60 und unten Anm. 223.

222) Annales ad an. 923:...*relictoque infra regnum Franciae Karolo* (III. von Westfranken) *revertuntur* (scil. Lotharienses) *ad sua* (ed. LAUER, S. 13–14).

223) In dieser Hinsicht ist Flodoard, Annales ad an. 961 besonders aufschlußreich: ...*nonnulli tam Franciae quam Burgundiae proceres*, verbringen mit König Lothar das Osterfest in Laon; Lothar begibt sich dann: *cum matre Gerberga regina et quibusdam Franciae proceribus*, nach Burgund: *quo quidem ex Aquitania praesules ac primates ad eum veniunt* (ed. LAUER, S. 150). Vgl. aber unten Anm. 244 zu *regnum nostrum* im Sinne von *regnum Francorum*.

224) Annales ad an. 948 (ed. LAUER, S. 110); danach Hugo von Flavigny, Chronicon, l.I ad h. an: *causa maximarum dissensionum..., quae perturbaverant omne regnum Francorum* (ed. PERTZ, S. 361 Z.32; ed. LAUER, S. 207).

225) Vgl. auch SCHNEIDMÜLLER, Terminologie, S. 56 Anm. 44. In den Annalen gebraucht Flodoard den Terminus nur hier, in der Kirchengeschichte dagegen mehrfach.

226) Chronicon, l.I ad h. an. (ed. PERTZ, S. 358 Z.31; ed. LAUER, S. 196); vgl. KIENAST, Herzogstitel, S. 27 m. Anm. 103. Ich stimme Kienast zu, daß *Francia* hier nicht das gesamte Westfrankenreich meint, aber *regnum Francorum*? Hierzu nimmt Kienast keine Stellung; s. noch Chronicon, l.I ad an. 925: *Abhinc Virdunum et aliae civitates a regno Francorum defecerunt* (ed. PERTZ, S. 358 Z.57; ed. LAUER, S. 197–98). Vgl. SCHNEIDMÜLLER, Nomen, S. 41: „Das *regnum Francorum* war offensichtlich grösser als die *Francia*, der Francorum rex nicht nur Herrscher über seine *Franci*, sondern auch über andere *gentes*"; vgl. aber ebd. S. 228. Vgl. auch Flodoard, Hist. Rem. eccl., l.IV c.14 (edd. HELLER–WAITZ, S. 577 Z.4); s. noch unten Anm. 239 und Anm. 244 sowie bes. unten Kap. 4 § 2, S. 285 m. Anm. 270. Zu Hugo von Flavigny s. WATTENBACH–HOLTZMANN II³, S. 623–25. Zu Flodoards „Historia Remensis ecclesia" s. JACOBSEN, Flodoard, S. 59–62.

Kriterien gebraucht, die er allerdings auch auf andere Gebiete außerhalb der engeren *Francia* anwendet wie z.B. *in partibus Transligeranis, a Transmarinis regionibus, in Transrhenensibus Germaniae regionibus* u.ä.[227]. Vereinzelt sind solche Bezeichnungen auch auf Personen bezogen: so wird der angelsächsische König Alfred *rex Transmarinus* genannt[228], und Hugo d.Gr. erscheint einmal als *Transsequanus quondam princeps*[229], doch das sind Ausnahmen. Mit einer gewissen Regelmäßigkeit spricht Flodoard dagegen die Titulatur *Transrhenensis rex* oder auch nur *Transrhenensis* den ostfränkischen Königen zu[230], wobei Heinrich I. mehrfach als *Transrhenensis princeps* erscheint, Otto I. dagegen als *Transrhenensis rex*[231]. Wie immer man diese merkwürdige Titelgebung deuten will[232], die von Flodoard ja nicht zufällig so gewählt worden ist[233], deutlich wird auf jeden Fall

---

[227] Hist. Rem. eccl., l.II c.10 (edd. HELLER – WAITZ, S. 458 Z.24); Flodoard ad ann. 936, 944, 957 (ed. LAUER, S. 63, 93, 143); von einer *Transrhenensis patria* Ebos spricht Flodoard in: Hist. Rem. eccl., l.II c.19 (edd. HELLER – WAITZ, S. 467 Z.1–2); vgl. unten Anm. 229–30. Zu Flodoards Francia-Begriff vgl. ergänzend unten Kap. 4 § 3, S. 297 m. Anm. 360–62.

[228] Hist. Rem. eccl., l.IV c.5: *Albrado* (lies: *Alfredo) regi Transmarino* (edd. HELLER – WAITZ, S. 566 Z.28).

[229] Flodoard, Annales ad an. 960: *Richardus...filiam Hugonis, Transsequani quondam principis, ducit uxorem* (ed. LAUER, S. 148). Von den *Transsequanae partes* und den *Transsequanani* spricht auch Hinkmar in den Ann. Bert. ad ann. 863, 869, 871 (ed. GRAT, S. 97, 166, 181 m. Anm.e). Vgl. unten Anm. 233.

[230] Und zwar durchgängig von Ludwig II. von Ostfranken bis Arnulf; die Belege – vorwiegend aus der Hist. Rem. eccl. – zusammengestellt bei SCHNEIDMÜLLER, Terminologie, S. 63 m. Anm. 82; vgl. ebd. S. 62 m. Anm. 80 zum Rhein als Grenze bei Flodoard; vgl. schon MOHR, Absonderung, S. 37, der ebd. S. 38 m. Anm. 2–5, auf die Möglichkeit eines Einflusses aus Caesar hinweist.

[231] Flodoard, Annales ad ann. 920, 921, 938 (ed. LAUER, S. 3, 6, 69); Hist. Rem. eccl., l.IV c.16 (edd. HELLER – WAITZ, S. 577 Z.33); vgl. JACOBSEN, Princeps, S. 60–61 und die folg. Anm. Auch Richer nennt Otto I. einmal *rex Transrhenensium*: l.II c.49 (ed. LATOUCHE I, S. 208); vgl. dazu SCHNEIDMÜLLER, Terminologie, S. 83 Anm. 205.

[232] Die Erklärung von BEZZOLA, S. 29–30, Flodoard habe Heinrich *princeps* genannt, weil dieser nicht gesalbt worden sei, die JACOBSEN, Princeps, S. 61–62, als „überzeugend" aufnahm, scheint mir ganz unwahrscheinlich. Ich halte diesen Sprachgebrauch Flodoards für den bewußten Versuch der Abwertung des ostfränkischen Königs; so zutreffend auch WOLFRAM II, S. 127, den JACOBSEN, aaO., S. 62 Anm. 44, zu Unrecht kritisiert; kritisch zu Jacobsen auch SCHNEIDMÜLLER, Terminologie, S. 63 m. Anm. 83; DERS., Nomen, S. 31 Anm. 104; s. schon DERS., Tradition, S. 51–52 m. Anm. 19; s. noch unten Anm. 356. Vgl. bes. unten Kap. 4 § 3, S. 298–99 m. Anm. 366 und Anm. 368.

[233] Entgegen meiner Auffassung in: Anfänge, S. 168 m. Anm. 76, wonach Flodoard sich in diesem Sprachgebrauch Hinkmar angeschlossen hätte, glaube ich heute an die Eigenständigkeit von Flodoards Terminologie, zumal Hinkmar den Begriff *Transrhenensis* gerade nicht gebraucht; vgl. oben Anm. 229. Wohl aber spricht Lupus von Ferrières in seinen Briefen von einer *Transrhenana regio* oder den *Transrhenanae partes*: epp. 1, 6 (8), 20 (11) (ed. DÜMMLER, S. 8 Z.18, 18 Z.7, 27 Z.2–3; ed. LEVILLAIN I, S. 6, 62, 82); vgl. MOHR, Absonderung, S. 29. Lupus gebraucht diesen Begriff aber eher beiläufig und nicht so systematisch wie Flodoard; vgl. auch Heiric von Auxerre, der ein Schüler des Lupus gewesen war, in: Miracula s. Germani, l.II c.8: *Hludowicus rex Germaniae a Transrhenanis partibus violentus emergens* (ed. DURU I, S. 166; ed. WAITZ, S. 403 Z.51). Zu Heiric vgl. WATTENBACH – LÖWE, S. 565ff., bes. S. 568–69 m. Anm. 306.

der Versuch, Ostfranken aus der Francia-Terminologie und somit auch aus dem *regnum Francorum* auszugrenzen[234].

Bei Richer, von dem in der Forschung viel zu viel Aufhebens gemacht wird[235], findet sich *Francia* ein einziges Mal[236], wie ja auch *regnum Francorum, regnum Franciae* u.ä. bei ihm nur selten vorkommen[237]. Sehr viel interessanter ist da Gerbert von Reims, zumal er ja zugleich als d e r Repräsentant jener Kreise gelten darf, die engsten Kontakt zum ostfränkischen Hof hielten und dessen imperiale Ambitionen förderten. Gerbert hat nicht nur persönlich eine rege Korrespondenz geführt, sondern auch für hochgestellte Persönlichkeiten Westfrankens Briefe verfaßt wie für König Hugo, Königin Emma, Erzbischof Adalbero von Reims u.a.m.[238]. Auch für Gerbert stand es außer Frage, daß die w e s t fränkischen Könige die *reges Francorum* schlechthin waren, so wie *regnum Francorum* allein das westfränkische Reich meint[239]. Sein Francia-Begriff ist im übrigen eindeutig der auch bei Flodoard übliche[240]: weder muß sich *patria* allgemein auf das

---

234) Bei aller lobenswerten Sachlichkeit Flodoards – diesen Begriff ziehe ich der arg strapazierten „Objektivität" vor – ist der bewußte Versuch der Ausgrenzung Ostfrankens doch unverkennbar; in diesem Sinn auch SCHNEIDMÜLLER, Tradition, S. 49ff.; DERS., Terminologie, S. 63 – 65; DERS., Nomen, S. 31 – 32, 36; s. auch EHLERS, Tradition, S. 216 – 18. KARPF, Reichsbegriff, S. 94 – 96, geht hierauf nicht ein. Vgl. aber unten Kap. 4 § 3, S. 297 m. Anm. 359.

235) Hierzu vgl. bes. unten § 2, S. 146 m. Anm. 366 – 68.

236) Und hier folgt er fast wörtlich Flodoard, Annales ad an. 951 (ed. LAUER, S. 130): Richer, l.II c.99 (ed. LATOUCHE I, S. 290); vgl. SCHNEIDMÜLLER, Terminologie, S. 78 m. Anm. 178. Vgl. unten Kap. 4 § 3, S. 299 m. Anm. 370.

237) Sage und schreibe dreimal: Richer, l.I c.33; l.III c.91; l.IV c.97 (ed. LATOUCHE I, S. 70; II, S. 114, 308), während er in l.IV c.49 von *regnum Franciae* spricht (ed. LATOUCHE II, S. 222); in l.IV legt Richer den Ausdruck *regnum Francorum* allerdings den königlichen Räten in den Mund. Vgl. auch SCHNEIDMÜLLER, Tradition, S. 59 m. Anm. 61; DERS., Terminologie, S. 78 m. Anm. 174 – 75 und unten § 2, S. 147 m. Anm. 381, S. 148 m. Anm. 383 – 84; Kap. 4 § 3, S. 299 m. Anm. 371.

238) Vgl. WEIGLE, ed. cit., Einleitung, S. 3 m. Anm. 9 – 10.

239) Vgl. etwa Wendungen wie: *Quia misericordia Dei praeveniens regnum Francorum...nobis contulit,* in einem Brief König Hugos an den Grafen der spanischen Mark Borrellus: Gerbert, ep. 112 (ed. WEIGLE, S. 140 Z.16 – 17); die Reimser Kirche als *caput regni Francorum* in epp. 154, 181 (ed. WEIGLE, S. 182 Z.6 – 7, 212 Z.11); vgl. SCHNEIDMÜLLER, Terminologie, S. 69 m. Anm. 128 – 30. Z u m i n d e s t in ep. 112 hat *regnum Francorum* eine über den Raum der *Francia* hinausgehende Bedeutung; vgl. oben S. 123 m. Anm. 226.

240) Vgl. Gerbert, ep. 48: *Lotharius rex Franciae praelatus est solo nomine, Hugo vero non nomine, sed actu et opere* (ed. WEIGLE, S. 77 Z.18 – 19). Man beachte, daß Lothar hier nicht etwa *rex Franciae* genannt wird! Vgl. dazu unten Kap. 9 § 2, S. 584 m. Anm. 232. Gerbert, ep. 91: *fere continuum triennium in Frantia consumpsi* (ed. WEIGLE, S. 119 Z.9 – 10): der Brief ist an Abt Raimund von Aurillac gerichtet. In ep. 37 an Theophano gebraucht Gerbert *Francia* und *Gallia* synonym, was eindeutig stilistische Gründe hat, wie auch SCHNEIDMÜLLER, Terminologie, S. 70 Anm. 135, sah; s. noch BEZZOLA, S. 79 – 80 m. Anm. 37.

westfränkische Reich beziehen[241], noch kann die *nostra Francia* in einem
Brief König Hugos (wohl an Kaiserin Theophano) anders aufgefaßt werden als in dem üblichen Sinn[242]. Dies gilt auch für die westfränkischen Königsurkunden der Zeit[243]; besonders deutlich wird der „engere Francia-
Begriff" in der Datierung einiger Urkunden Ludwigs IV. nach seiner Entlassung aus normannischer Gefangenschaft 946: *quando etiam Franciam
recuperavit*[244], womit unzweifelhaft die Krondomäne gemeint ist.

Es würde zu weit führen, nun die weitere Entwicklung des Begriffs
*Francia* durch das 11. und 12. Jahrhundert in allen Einzelheiten zu verfolgen. Es geht nämlich nicht darum, weitere Belege für *Francia* im Sinne einer „France Mineure" beizubringen[245] – diese Bedeutung darf vielmehr
grundsätzlich unterstellt werden – , als um die Frage, seit wann das Wort

---

[241]) Gerbert, ep. 11: *Taceo de me, quem...equum emissarium susurrant, uxorem et filios
habentem propter partem familię męę de Frantia recollectam* (ed. WEIGLE, S. 33 Z.17 – 19)
kann *Frantia* zunächst ja wohl nur im üblichen Sinn gemeint sein, da Gerbert von Reims
nach Bobbio gezogen war; wenn er dann zwei Zeilen später schreibt: *Si patriam sequor...*
(ed. WEIGLE, S. 34 Z.1), so vermag ich nicht einzusehen, warum die *patria* – von der
*Francia* ist gar keine Rede – plötzlich Westfranken in seiner Gesamtheit meinen soll; so
aber nach LUGGE, S. 171 Anm. 535 auch SCHNEIDMÜLLER, Terminologie, S. 70 m. Anm.
133. Gerade bei Gerbert ist der Begriff der *patria* überaus problematisch; s. BEZZOLA,
S. 66 – 67 m. Anm. 6; s. auch KIENAST I, S. 107 m. Anm. 244b und bes. SCHNEIDMÜLLER,
Terminologie, S. 70 m. Anm. 134.
[242]) Gerbert, ep. 138: *in confinio nostre Francię, Burgundię ac Lothariensis regni occurrere vobis parati sumus* (ed. WEIGLE, S. 165 Z.17 – 18): B – U 1008c. Es ist willkürlich,
wenn SCHNEIDMÜLLER, Terminologie, S. 70 m. Anm. 136, unter *Burgundia* Hochburgund
verstehen will und auf diesem Umweg *Francia* = westfränkisches Reich setzt; s. aber Gerbert, ep. 74:...*vestrę praesentię ac regis Conradi in vicinia Romarici Montis* (Remiremont,
dép. Vosges, arr. Epinal), *ubi confinium regnorum est...me ac filium meum* (Königin Hemma und Ludwig V. von Westfranken) *occurrere volunt* (ed. WEIGLE, S. 105 Z.2 – 4): B – U
979d; vgl. hierzu bes. VOSS, Herrschertreffen, S. 61 m. Anm. 89 – 90, 62 m. Anm. 95 – 96,
die mit Recht das *confinium regnorum* in ep. 74 mit dem in ep. 138 in Parallele setzt. Vgl.
bes. unten Kap. 9 § 2, S. 588 Anm. 257.
[243]) SCHNEIDMÜLLER, Terminologie, S. 66 – 67 m. Anm. 116 – 17, zitiert: Actes de
Charles III le Simple, Nr. 18 (899 März 17):...*quorum* (scil. sanctorum patrum ac pontificum) *meritis nunc nostra sublimatur et gloriatur Francia* (S. 32 Z.19 – 20) und Gerbert,
ep. 138: oben Anm. 242, als mögliche Ausnahmen. Abgesehen davon, daß man Urkunden
und Briefe nicht durcheinanderbringen sollte, scheint mir auch eine sachliche Notwendigkeit nicht gegeben: schon die Hervorhebung von *nostra Francia* spricht doch eher für die
landläufige Bedeutung.
[244]) Actes de Louis, Nr. 27 – 29 (946 Juli 1) S. 67 Z.24 – 25, 70 Z. 3 – 4, 71 Z.25 – 26; vgl.
LAUER, ed. cit., Introduction, S. LXXI; verfehlt LUGGE, S. 170 – 71; s. schon KIENAST,
Herzogstitel, S. 25; zur Kritik s. auch SCHNEIDMÜLLER, Terminologie, S. 68 m. Anm. 120.
Diese drei DD – alle drei für Cluny gegeben – enthalten zudem einen bisher übersehenen
zwingenden Beleg für *regnum nostrum* = das gesamte Westfrankenreich: als Interve-
nienten erscheinen *Hugo dux Francorum et alter Hugo dux Burgundionum*, die beide als
(*illustrissimi, inclitissimi*) *principes regni nostri* bezeichnet werden (S. 66 Z.25 – 26, 69
Z.3 – 5, 71 Z.3 – 4). Hier ist also mit klaren Worten gesagt, daß Ludwig IV. nicht nur die
*Francia*, sondern auch die *Burgundia* zu seinem *regnum*, d.h. zum *regnum Francorum*,
rechnet.
[245]) Dies die Bezeichnung von DHONDT, Études, S. 1 Anm. 1.

in dem umfassenden Sinn gebraucht wird, der heute mit France = Frankreich verbunden ist. Hier harrt unser eine große Überraschung, denn dies geschieht erstaunlich spät, ja die Bedeutung von *Francia* = Nordfrankreich schrumpfte noch weiter, indem die Normandie, die Bretagne, Flandern, Anjou, die Champagne usw. aus ihr ausgegliedert wurden[246], so daß schließlich nur noch die sogen. Ile-de-France – der Begriff ist nach Marc BLOCH erstmals 1387 belegt[247] – übrig bleibt[248]. Daneben aber findet sich *Francia* in einer über die Krondomäne hinausreichenden Bedeutung[249] „schon" zu Ausgang des 11. Jahrhunderts, wobei allerdings Beachtung verdient, daß viele ang. eindeutige Belege in Wahrheit noch immer zweifelhaft sind[250]. In der Tat wird man einige Formulierungen in Urkunden und Chroniken des 11. Jahrhunderts in einem umfassenderen Sinn verstehen k ö n n e n, doch zwingend ist diese Deutung in keinem einzigen Fall. So bedeutet *Francia* noch in den Urkunden Philipps I. eindeutig die engere *Francia*[251] und in dem einzigen Fall, wo diese Bedeutung zweifelhaft sein

---

[246]) Vgl. LUGGE, S. 168 und bes. KIENAST, Herzogstitel, S. 14 m. Anm. 24; SCHNEIDMÜLLER, Nomen, S. 137.

[247]) Und zwar in der Chronik von Froissart; die erste urkundliche Erwähnung wäre 1429 Aug. 7 in einer Uk. des Herzogs von Bedford; vgl. Marc BLOCH: Les régions de France IX: L'Ile-de-France (Les pays autour de Paris), in: Revue de Synthèse 25 (1912) S. 209–23, 310–39, bes. S. 218 m. Anm. 3–4; vgl. KIENAST, Herzogstitel, S. 15 Anm. 25. Seit dem 13. Jh. wird die Abtei St-Denis als *S. Dionysius in Francia* bezeichnet: BLOCH, aaO., S. 215–16 m. Anm. 1.

[248]) Vgl. KIENAST, Herzogstitel, S. 14–15 m. Anm. 26.

[249]) Zur Datierung in sogen. Privaturkunden des 11. Jh. nach Herrschern *in Francia* und in *Aquitania* u.ä. eindrucksvolle Beispiele bei KIENAST, Herzogstitel, S. 22–24; vgl. etwa eine Uk. von 1077: *super gentem Francorum imperante Philippo rege et in Guasconia imperante W(illelmo) Pictavensi comite et in Legione (León) imperante Ildefonso imperatore et in Pampilonia et in Aragonia regnante Sancio Ramiris glorioso rege*: BESLY, S. 369bis; ebd. S. 365 (ann. 1028/29): *regnante rege Roberto in Francia et eius consobrino Guillelmo in Aquitania*; s. RICHARD I, S. 199 Anm. 1; vgl. ferner Ademar, Append.: *Et non solum omnis Aquitania, verum etiam Francia et Burgundia, Hispania et Britannia atque Langobardia* (ed. CHAVANON, S. 210). Vgl. noch KIENAST, aaO., S. 23 m. Anm. 82 sowie unten § 3, S. 176 m. Anm. 593–94.

[250]) KIENAST, Herzogstitel, S. 26 m. Anm. 97, leugnet mit Recht die Beweiskraft aller von LUGGE, S. 169ff. beigebrachten Belege für die Zeit bis Anf. 12. Jh.; ich stimme zu, doch die von KIENAST: ebd. S. 23 m. Anm. 79–79a, gebotenen Belege für eine ang. weitere Bedeutung dünken mich gleichfalls problematisch. Zum Sprachgebrauch Sugers vgl. KIENAST, aaO., S. 12 Anm. 14 (auf S. 15 i.f.), 14 m. Anm. 21 und bes. SCHNEIDMÜLLER, Nomen, S. 128 m. Anm. 91–94 und ebd. S. 129 m. Anm. 96–97.

[251]) Actes de Philippe Ier, Nr. 85 (a. 1077) S. 223 Z.1; Nr. 102 (a. 1080) S. 263 Z.25; Nr. 146 (ca. 1102) S. 372 Z.9. Zu Nr. 109 (a. 1083): *Philippo regnante in Francia* (S. 279 Z.11) vgl. LUGGE, S. 172 m. Anm. 542; KIENAST, Herzogstitel, S. 25 m. Anm. 92 und SCHNEIDMÜLLER, Nomen, S. 137 Anm. 132. Außerhalb der *Francia* wird der westfränkische König gelegentlich als *regnante in Francia* bezeichnet; vgl. etwa BERNARD – BRUEL II, Nr. 1450 (978 Aug. 9): *Lothario piissimo rege feliciter regnante in Francia* (S. 506); ebd. Nr. 989: *tempore Lotherio rege de Francia* (S. 85); BERNARD I, Nr. 635: *regnante Roberto rege in Francia* (S. 315); Nr. 812 (a. 1093): *regnante Philippo in Francia* (S. 429); ebenso Nr.824 (a.1087) S. 437 (*Philippo rege*); bes. ebd. Nr. 633 (a.1028): *regnante Roberto rege in Francia*

könnte, handelt es sich um einen historischen Bericht[252]. „Auf sicheren
Boden kommen wir mit den ‚Gesta Dei per Francos‘[253] Wiberts von Nogent...“: dieser Satz von KIENAST macht deutlich, daß zwischen der
Kreuzzugsbewegung und der Ausweitung des Wortsinnes von *Francia*[254],
insbesondere aber natürlich von *Franci* = Kreuzfahrer aller Nationen[255],
ein sachlicher Zusammenhang besteht[256]. Fortan steht *Francia* = Frankreich (und nicht = Krondomäne)[257] gleichberechtigt neben der engeren regionalen Bedeutung, die langsam an Boden verliert. Im 12. Jahrhundert
läßt sich „Pseudo-Turpin“ eine wunderschöne Geschichte einfallen, weshalb der Name *Gallia* in *Francia* umgewandelt wurde: *terra illa, quae antea vocabatur Gallia, nunc vocatur Francia, id est ab omni servitute alia-*

---

*et Rodulfo in Gallia* (S. 311); Nr. 811 (a.1097): *regnante Philippo in Francia, Willelmo duce
in Aquitania, Amato archiepiscopatum regente in urbe Burdegala* (S. 428); Nr. 822 (a. 1087:
*regnante Philippo in Francia, Henrico in Burgundia* (S. 436); Nr. 823 (a. 1087): *regnante
Philippo rege in Francia, Henrico in Burgundia* (S. 437); Nr. 834 (ca. 1090): *imperante
Henrico in Burgundia et Philippo in Francia* (S. 443). Zur Bedeutung von *Gallia* =
Königreich Burgund vgl. unten § 3, S. 178 m. Anm. 606. Außerhalb Burgunds kann *Gallia*
dagegen = *Francia* gebraucht werden wie etwa in der Saintonge: BERNARD I, Nr. 751 (ca.
1070): *Philippo regnante in Gallia*; Nr. 752 (a. 1083): *imperante Henrico imperatore*(!),
*Philippo regnante in Gallia* (S. 389). Zu der in Frankreich im 11. Jh. noch überwiegend
kühlen Reaktion auf den Investiturstreit vgl. WERNER, Imperium, S. 33 – 34 m. Anm. 1 – 2.
    [252]) Actes de Philippe Ier, Nr. 23 (a. 1065): *Habebat autem id temporis in sceptris Francia
Karolum augustum agnomine Calvum* (S. 65 Z.7 – 8). LUGGE, S. 171, ist nicht zu entnehmen, wie sie *Francia* an dieser Stelle auffaßt. Ich halte den Bezug auf das gesamte
Westfrankenreich für möglich, aber nicht stringent beweisbar. Eindeutig die engere *Francia* ist dagegen in: Actes de Philippe Ier, Nr. 125 (a. 1092): *cum in manu nostra totius Francie
pervenisset imperium* (S. 316 Z.28 – 29). SCHNEIDMÜLLER, Nomen, S. 137 Anm. 132, hält
*Francia* in beiden Fällen für geographisch nicht bestimmbar. Anders verhält es sich mit
*regnum Francorum*, das sich in den Urkunden Philipps I. allerdings nur einmal findet:
Actes de Philippe Ier, Nr. 85 (a. 1077): *pro salute et statu regni Francorum* und: *monarchiam
regni Francorum tenente Philippo rege* (S. 223 Z.13 – 14, Z.20 – 21); vgl. hierzu bes.
SCHNEIDMÜLLER, Nomen, S. 137 Anm. 132, zur Bedeutung von *Francia*, während er das
*regnum Francorum* wohl auch in einem weiteren Sinn versteht. Nach der Tabelle bei
GUYOTJEANNIN, S. 48, handelt es sich um eine Empfängerausfertigung ebenso wie Nr. 23
und Nr. 125. Vgl. auch unten Kap. 5, S. 305 m. Anm. 19.
    [253]) Noch die erste große Edition lateinischer Kreuzzugshistoriker von Jacques BON-
GARS, 2 Bde. in Fol., Hanau 1611, trug diesen Titel; s. BOEHM, Gesta, S. 62 m. Anm. 95.
    [254]) Die Belege bei KIENAST, Herzogstitel, S. 16 Anm. 28, sind schlagend; vgl. etwa
Wibert, Gesta Dei, l.II c.2, c.9, c.13: RHC. IV, S. 137A, 143F, 148B u.ö.; s. auch BOEHM,
Gedanken, S. 686 – 87.
    [255]) Vgl. BOEHM, Gedanken, S. 685 – 86 und ebd. S. 687. KIENAST, Herzogstitel, S. 16
m. Anm. 29, bemerkt dagegen, daß *Franci* als Bezeichnung der Aquitanier des Südens viel
jüngeren Datums ist; insoweit ist BOEHM, Gedanken, S. 684, zu modifizieren. Vgl. noch
oben S. 119 m. Anm. 203 und die folg. Anm.
    [256]) Vgl. KIENAST, Herzogstitel, S. 15 – 16, 26 und ebd. S. 13 Anm. 16. Zum 1. Kreuzzug
als dem einzigen „echten“ Kreuzzug s. BOEHM, Gesta, S. 46 m. Anm. 14.
    [257]) Kritisch hierzu schon LUGGE, S. 169 m. Anm. 526. Wibert, Gesta Dei, l. II c.18,
bezeichnet erstmals einen Grafen von Toulouse als *in supremo Franciae limbo* residierend:
RHC. IV, S. 150A; vgl. BOEHM, Gedanken, S. 686; SCHNEIDMÜLLER, Nomen, S. 117 m.
Anm. 48 – 49.

*rum gentium libera. Quapropter Francus liber dicitur, quia super omnes alias gentes decus et dominatio illi debetur*[258]. Seit dem 13. Jahrhundert bezeichnet *Francia* vorzugsweise Frankreich in seinem modernen Wortsinn[259].

Es ist an der Zeit, inne zu halten: *Francia* – ob mit oder ohne „ordnendes" Beiwort – hat sich als ein vielfältig schillernder, in seiner genauen Bedeutung häufig nicht sicher bestimmbarer Begriff erwiesen, der es unmöglich macht, eine Zusammenfassung dieses Abschnittes in wenigen Sätzen zu geben. Eine nicht geringe Schwierigkeit besteht darin, daß die Bedeutung des Wortes bei ein und demselben Autor ganz verschieden sein kann. So lassen sich nur allgemeine Entwicklungslinien aufzeigen, die nicht beanspruchen, dem historischen Verlauf in allen Einzelheiten gerecht zu werden. *Francia* hat zu keinem Zeitpunkt ausschließlich das gesamte Frankenreich bezeichnet: nach 843 zunächst vorzugsweise für das Mittelreich gebraucht, wird dort jedoch bald die Bezeichnung *regnum Hlotharii* bzw. *Lothariense* üblich, was erlaubt, daß das Wort nun im Westen Heimrecht gewinnt, während der Osten an *Francia Orientalis* festhält im Gegensatz zur *Francia Occidentalis* des Westreichs. Dort wird diese Bezeichnung jedoch nicht zur Kenntnis genommen und *Francia, Franci* für den Westen unter Ausschluß des Ostens beansprucht, wobei jedoch in Ost und West eine drastische Reduzierung der Wortbedeutung auf Franken im Ostreich (Mainfranken heißt vorzugsweise *Francia Orientalis*, später auch *Franconia*) und das Land zwischen Seine und Maas (später die eigentliche Ile-de-France) im Westreich eintritt. Obwohl *Francia* somit auch im Westen keineswegs gleichbedeutend ist mit dem westfränkischen Gesamtreich, dem gelegentlich als *regnum Francorum* eine der *Francia* übergeordnete Funktion zukommt, wird dem ostfränkischen Nachbarn unabhängig von dem politischen Standort der Chronisten konsequent die Anerkennung als eine *Francia (Orientalis)* und als *reges* bzw. *regnum Francorum* verweigert. Im 10. Jahrhundert fehlt somit in Ost u n d West ein Wort, das die p o l i t i - s c h e Einheit des ost- und westfränkischen Reiches – nach älterer Meinung: Deutschlands und Frankreichs – wiederzugeben vermöchte. Erst

---

[258] Pseudo-Turpinus, c.30 (ed. MEREDITH JONES, S. 221 Z.2–5). Der Cod. A. 6 (ed. MEREDITH JONES, S. 220 Z. 2–6) bietet keine erwähnenswerten Varianten. Ursache ist eine ang. Haussteuer von jährlich 4 *nummi* auf alle Häuser Galliens: *qui libentius reddebat Francus sancti Dionisii ubique vocatur, quoniam liber ab omni servitute, rege praecipiente, erat* (ed. MEREDITH JONES, S. 219 Z.35–221 Z.2). Die Ableitung *Francus* von frei ist alt, aber falsch; vgl. WENSKUS, Verfassung, S. 513–14. Schon Ermoldus Nigellus dichtete: v.378–79: *Namque ipsum nomen Francorum horresco recensens: Francus habet nomen de feritate sua* (ed. FARAL, S. 32).
[259] Die Belege für das 13. Jh. bei LUGGE, S. 174–75, sind völlig eindeutig; vgl. aber oben Anm. 250.

im fortgeschrittenen 11. Jahrhundert kann *Francia* in einigen wenigen Fällen in einem weiteren Sinn verstanden werden – und wird wohl auch tatsächlich so gemeint gewesen sein, ohne daß sich dies stringent beweisen ließe –, doch erst nach und weitgehend als Folge des 1. Kreuzzugs gewinnt das Wort die heute vertraute Bedeutung[260]; von Deutschland als dem *regnum Theutonicum* oder *Theutonicorum* wird weiter unten zu sprechen sein[261]. Aber nicht genug damit, daß sich die Geschichte der Bedeutung von *Francia* als überaus verschlungen und kompliziert erwiesen hat: erschwerend kommt noch hinzu, daß in den Quellen auch die aus der Antike überkommenen Begriffe *Gallia* und *Germania* eine wichtige Rolle spielen; ihnen wende ich mich daher im folgenden Abschnitt zu.

## § 2: Gallia und Germania.

Die Begriffe *Gallia* und *Germania* sind von Caesar zwar nicht erfunden, wohl aber durch ihn einem weiteren römischen Publikum – und danach unzähligen Generationen von Latein-Schülern – vertraut geworden. Der Eroberer Galliens hat von seinen Feldzügen einen – selbstverständlich politisch gefärbten – Bericht abgelegt[262], der in seinen einleitenden Sätzen eine präzise geographische Beschreibung Galliens bietet: *Gallia est omnis divisa in partes tres, quarum unam incolunt Belgae, aliam Aquitani, tertiam qui ipsorum lingua Celtae, nostra Galli appellantur. Hi omnes lingua, legibus, institutis inter se differunt. Gallos ab Aquitanis Garunna flumen, a Belgis Matrona et Sequana dividit... Eorum una pars, quam Gallos obtinere dictum est, initium capit a flumine Rhodano, continetur Garunna flumine, Oceano, finibus Belgarum, attingit etiam ab Sequanis et Helvetiis flumen Rhenum, vergit ad septentriones. Belgae ab extremis Galliae finibus oriuntur, pertinent ad inferiorem partem fluminis Rheni, spectant in septentrionem et orientem solem. Aquitania a Garunna flumine ad Pyrenaeos montes et eam partem Oceani, quae est ad Hispaniam, pertinet, spec-*

[260] Vgl. auch SCHNEIDMÜLLER, Nomen, S. 114ff. Mit *Franci* werden dagegen meist die Kreuzfahrer schlechthin bezeichnet; vgl. auch oben Anm. 203 i.f. Schon der Langobarde Liudprand von Cremona galt im 10. Jh. in Byzanz als *episcopus Francorum*: Legatio. c.19 (ed. BECKER, S. 186 Z.7–8).
[261] Unten Kap. 3 § 2, S. 218ff.
[262] Hyperkritisch fraglos Marcel RAMBAUD: L'art de la déformation historique dans les Commentaires de César, Paris 1966², der mir aber in der Tendenz mehr Recht zu haben scheint als die übereifrigen Verteidiger. Zur Frage der Glaubwürdigkeit Caesars referiert GESCHE, S. 71ff. und ebd. S. 89ff. meiner Meinung nach etwas zu sehr im Sinne Caesars.

*tat inter occasum solis et septentriones*[263]. Man beachte, daß bereits Caesar[264] drei Völker auf dem Boden der *Gallia* unterscheidet, und daß formal auch die Norditalien umfassende *Gallia Cisalpina*[265] sowie die schon lange vor Caesar zur Provinz gewordene *Provincia Narbonensis*[266] – die *Provincia* schlechthin – Bestandteile dieser *Gallia* waren, doch wenn Caesar von *Gallia* spricht, so meint er in der Regel Gallien unter Ausschluß der *Cisalpina* und der *Provincia*[267]; gelegentlich gebraucht er das Wort aber auch zur Bezeichnung des allein von den *Galli* besiedelten Raums[268]. Die gelehrte Erinnerung an die Tatsache, daß der norditalienische Raum in frührömischer Zeit als *Gallia Cisalpina* bezeichnet wurde, lebte bis ins Frühe Mittelalter fort: noch Flodoard nennt Rudolf von Burgund, der 922 auch zum König von Italien gewählt worden war, *Cisalpinae Galliae rex*[269], wobei er unter *Cisalpina Gallia* allerdings Hochburgund versteht[270]; der sogen. Aethicus Ister[271], der vielleicht mit Bischof Virgil von Salzburg

---

263) B.G.I, 1, 1 – 2, 5 – 7 (ed. SEEL, S. 7 Z.1 – 5, 7 Z.15 – 8 Z.6; ed. CONSTANS I, S. 1, 3); vgl. LUGGE, S. 9.

264) Auf die Frage, ob die oben zitierten Stellen tatsächlich von Caesar stammen oder womöglich später interpoliert worden seien, braucht hier nicht eingegangen zu werden; vgl. die zusammenfassende Darstellung bei GESCHE, S. 79 – 86, die wohl mit Recht den Interpolationshypothesen skeptisch gegenübersteht; vgl. auch LUGGE, S. 9 Anm. 3 (auf S. 10).

265) Vgl. Art „Gallia" in: RE.XIII (Stuttgart 1910) col. 624ff. und Art. „Gallia Cisalpina" in: Der Kleine Pauly, t.II (Stuttgart 1967) col. 681 – 82.

266) Vgl. zuletzt Charles EBEL: Transalpine Gaul. The Emergence of a Roman Province (Leiden 1976) bes. S. 64ff., 75ff., 96ff. (Studies of the Dutch Archaeological and Historical Society, vol. IV).

267) So zutreffend LUGGE, S. 10.

268) So etwa in: B. G.II, 3, 1: *Remi, qui proximi Galliae ex Belgis sunt* (ed. SEEL, S. 50 Z.17; ed. CONSTANS I, S. 49); III, 11, 3: *P. Crassum... in Aquitaniam proficisci iubet, ne ex his nationibus auxilia in Galliam mittantur* (ed. SEEL, S. 83 Z.10 – 12; ed. CONSTANS I, S. 81); vgl. LUGGE, S. 10 m. Anm. 5.

269) Flodoard, Annales ad ann. 922, 923, 924 (ed. LAUER, S. 7, 18, 22); vgl. die folg. Anm.

270) Dies erhellt aus: Flodoard, Annales ad an. 926: *expulso Rodulfo Cisalpinae Galliae rege, qui regnum illud* (scil. Italiam) *invaserat* (ed. LAUER, S. 35). HIESTAND, S. 138ff. geht auf die ganz konsequent gehandhabte Titulatur Rudolfs bei Flodoard nicht ein; s. aber HOFMEISTER, Burgund, S. 49. Nach 933 nennt Flodoard Rudolf den *Jurensis rex* und anläßlich dessen Todes *Jurensis ac Cisalpinae Galliae rex*: Annales ad ann. 935, 937, 940 (ed. LAUER, S. 61, 68, 78); Rudolfs Sohn Konrad wird ad an. 946: *Cisalpinae Galliae rex*, ad an. 951 aber wieder *rex Jurensis* genannt (ed. LAUER, S. 102, 132); LUGGE, S. 10 Anm. 4, dachte dagegen offenbar an Italien; sie übersah, daß Flodoard, Hist. Rem. eccl., l.III c.26 (edd. HELLER – WAITZ, S. 540 Z.3 – 4) bereits Karl v.d. Provence, den Bruder Lothars II., als *Cisalpinae Galliae rex* bezeichnet hatte; s. auch SCHNEIDMÜLLER, Terminologie, S. 55 m. Anm. 38. Rodulf Glaber spricht mehrfach vom *rex* oder *regnum Austrasiorum*: l.III c.2 § 38, c.9 § 38; l.V c.1 § 17, c.4 § 21 (ed. PROU, S. 59, 86, 127, 131). Zu den Titulaturen der Burgunderkönige in den Privaturkunden des 10. Jh. s. unten § 3, S. 178 m. Anm. 605 – 08. Vgl. bes. unten Kap. 7 § 3, S. 444 m. Anm. 237.

271) Aethicus Ister, Origo Francorum, c.6: *in Venetiam, quae Gallia Cisalpina dicitur* (ed. KRUSCH, S. 526 Z.14).

identifiziert werden darf[272], und besonders Paulus Diaconus haben dies-
bezüglich recht klare Vorstellungen[273]. In dem Epitaph Kaiser Ludwigs II.
(† 875) konnte ganz Italien nördlich von Latium als *Gallia* bezeichnet werden; der Chronist von Salerno sagt von Ludwig, daß dieser nach der Freilassung durch Arichis von Benevent: *Galliamque properavit*, und meint
damit gleichfalls Norditalien, während es bei Wido nicht sicher ist, ob
Westfranken oder das „Regnum Italiae" angesprochen sind, wenn er berichtet: *abiit Galliam regnaturus*[274].

Caesar hatte Gallien erobert; die Organisation der Verwaltung mußte er
seinem Adoptivsohn Augustus überlassen, der Gallien in eine *Lugdunensis, Belgica* und *Aquitania* gliederte und als *Tres Galliae* mit dem Kultmit-
telpunkt in Lyon zusammenfaßte[275]. Als Folge der Germanenfeldzüge
Domitians entstanden die Provinzen *Germania Superior* und *Germania
Inferior* i n n e r h a l b der alten *Gallia*, d.h. also links des Rheins[276]. Im Zu-
ge der diokletianisch-konstantinischen Verwaltungsreform wurden die
Großprovinzen in kleinere gegliedert und Gallien in zwei Diözesen, die
*diocesis Galliarum* und die *diocesis Viennensis* aufgeteilt, wobei die Loire
in etwa die Grenze bildete[277]. Auf Einzelheiten braucht nicht eingegangen

---

[272] So Heinz LÖWE: Ein literarischer Widersacher des Bonifatius. Virgil von Salzburg
und die Kosmographie des Aethicus Ister, in: Akad. der Wissensch. und Literatur (in
Mainz). Abhandlungen der geistes- und sozialwissensch. Kl., Jg. 1951, Nr. 11, Wiesbaden
1952. Eine zwingende Beweisführung ist natürlich nicht möglich, doch hat Löwe eine
Reihe beachtenswerter Indizien zusammengetragen.

[273] Paulus Diaconus, Historia, l.II c.33 (edd. BETHMANN – WAITZ, S. 85 Z.10 – 11, 86
Z.5 – 6) unterscheidet unter Berufung auf *veteres historiographos* sorgsam zwischen *Gallia
Transalpina* und *Cisalpina*. Zu Paulus Diaconus vgl. WATTENBACH – LÖWE, S. 212ff.; zur
„Historia Langobardorum": ebd. S. 221ff.

[274] Carmina de Ludovico II. imperatore, Nr. II (das Epitaph):
*nunc obitum luges infelix Roma patronum*
*omne simul Latium, Gallia tota dehinc*
*parcite iam vivus meruit haec praemia gaudet* (ed. TRAUBE, S. 405 Z.15 – 17);
Chronicon Salernitanum, c.109, c.142 (ed. WESTERBERGH, S. 122 Z.5 – 6, 150 Z.7 – 8). Der
Bezug auf Norditalien scheint mir auch bei Wido der wahrscheinlichere. Ich frage mich
auch, ob das Γαλλίας des Zeremonienbuchs nicht vielleicht auch Norditalien bezeichnen
könnte; vgl. HIESTAND, S. 91 Anm. 32, der darunter aber die Provence versteht. Eine
genaue Untersuchung des Vorkommens von *Gallia* im Sinne von Norditalien liegt außerhalb des Rahmens dieser Arbeit. Vgl. noch ergänzend unten S. 152 m. Anm. 419 – 21.

[275] Vorangegangen war eine Gliederung in *Gallia Narbonensis, Aquitania* und *Gallia
Comata*; vgl. JULLIAN IV², S. 67ff. und ebd. S. 89ff.; s. noch LUGGE, S. 10 – 11.

[276] JULLIAN IV², S. 102ff., 109ff., 113ff., 131ff. und bes. Christoph B. RÜGER: Germania Inferior. Untersuchungen zur Territorial- und Verwaltungsgeschichte Niedergerma-
niens in der Prinzipatszeit (Köln-Graz 1968) S. 32ff., 72ff. und ebd. S. 16ff. (Beihefte der
Bonner Jahrbücher, t.30); s. auch PETERSEN, S. 32ff., 43ff.; einfältig und verzerrend wie
fast immer JULLIAN, S. 179; vgl. unten Anm. 281.

[277] Grundlegend bleibt NESSELHAUF, bes. S. 11ff., 17ff.

zu werden[278]; wichtig ist in dem hier interessierenden Zusammenhang nur, daß eine *Germania I* und *Germania II* bis zum Ende des römischen Imperium in Gallien bestanden haben[279]. Diese r ö m i s c h e n Provinzen standen abgesehen von ihrer Grenzlage in keiner Beziehung zur so-gen.*Germania libera* rechts des Rheins. Kein Zweifel, daß für Caesar der Rhein die Grenze zwischen *Gallia* und *Germania* bedeutete[280], auch wenn dies in der Folgezeit nur sehr bedingt zutraf[281]; kein Zweifel aber auch, daß der Strom weder eine Volkstums- noch eine Sprachgrenze bezeichnete und germanische Völker – ich vermeide bewußt das irreführende Wort „Stämme"[282] – schon zur Zeit Caesars auf dem linken Rheinufer gesiedelt hatten[283]. Sowohl Caesar als auch Tacitus meinen, wenn sie von *Germania* sprechen, das freie Germanien rechts des Rheins[284], dessen Grenzen nach Süden und Osten nur schwer festzulegen sind[285]. Der verwirrende Sach-verhalt, daß auf beiden Ufern des Rheins Germanen gesiedelt hatten und neben der *Germania libera* auch zwei römische Provinzen *Germania I* und *II* bestanden[286], hat die Diskussion um den Rhein als die ang. „natür-liche" Ostgrenze Frankreichs seit den Tagen der Humanisten auf das schwerste belastet und immer wieder zu Mißverständnissen und unhisto-rischen Parallelen Anlaß gegeben. Erst in jüngster Zeit haben sich die Ge-müter etwas beruhigt und einer unvoreingenommenen, vom ang. Erbe der Antike nicht behinderten Betrachtungsweise Platz gemacht.

---

[278]) Vgl. NESSELHAUF, passim, bes. S. 23ff. Zur Wehrverfassung Galliens: ebd. S. 48ff.

[279]) Vgl. NESSELHAUF, S. 18, 65ff. Es sei daran erinnert, daß die Provinzen *Raetia I* und *Raetia II* für das spätere Ostfrankenreich kaum geringere Bedeutung haben als die germanischen Provinzen.

[280]) B.G. I, 28, 4: *Germani qui trans Rhenum incolunt* (ed. SEEL, S. 25 Z.8; ed. CON-STANS I, S. 22); VII, 65, 4: (Caesar) ...*trans Rhenum in Germaniam mittit* (ed. SEEL, S. 257 Z.1–2; ed. CONSTANS II, S. 258); vgl. LUGGE, S. 13; PETERSEN, S. 33.

[281]) Nur am Niederrhein bildete der Rhein wirklich die Grenze, am Oberrhein verbin-det der Limes die „Germania Superior" mit der „Raetia"; vgl. PETERSEN, S. 52ff. mit Fig. 1 auf S. 53 und ebd. S. 49–50.

[282]) Vgl. hierzu unten Kap. 4 § 1, S. 261ff.

[283]) Vgl. LUGGE, S. 12 m. Anm. 17–18; PETERSEN, S. 32–33 m. Anm. 3, mit weiterer Lit.

[284]) Dies betont zutreffend LUGGE, S. 13, 15. Tacitus geht so weit, sogar die auf dem erst kürzlich eingerichteten Dekumatenland siedelnden Germanenvölker nicht zu berück-sichtigen: Germania XXIX, 3 (4): *Non numeraverim inter Germaniae populos, quamquam trans Rhenum Danuviumque consederint, eos qui Decumates agros exercent* (ed. ÖNNER-FORS, S. 20 Z.14–16; ed. PERRET, S. 88).

[285]) So präzis Caesar bei den Grenzen Galliens, so vage ist er bei denen Germaniens, dessen Abgrenzung nach Osten besonders problematisch bleibt; vgl. LUGGE, S. 13–14.

[286]) EWIG, Beobachtungen, S. 326, bemerkt treffend: „Die Bezeichnung *Germania* war schon in der Antike doppeldeutig".

Für die Geschichte von *Gallia* und *Germania* in den folgenden Jahrhunderten ist von entscheidender Bedeutung, daß diese Begriffe neben „die auf die frühmittelalterlichen *nationes* gegründete politisch-geographische Terminologie" traten[287], was im wesentlichen das Werk der karolingischen Reform war[288]. Auch wenn letztlich die politisch-„nationale" Terminologie die Oberhand behielt[289], ist es ihr doch bis heute nicht gelungen, die antike völlig zu verdrängen. *Gallia* und *Germania* besaßen das ganze Mittelalter hindurch und erst recht natürlich im Humanismus einen gewissen gelehrt-antiquierten Beigeschmack[290], wozu der Umstand, daß beide Begriffe häufig gerade in der kirchlichen Verwaltungssprache Verwendung fanden[291], nicht unerheblich beigetragen haben dürfte. Statt unzähliger Einzelbelege beschränke ich mich auf zwei Titel von besonderem Rang: den des *primatus Galliarum*, um den sich die Metropoliten von Lyon, Reims, Sens und Vienne mit wechselndem Erfolg stritten[292], und den Ehrentitel des Mainzer Erzbischofs: *Sacri (Romani) Imperii per Germaniam archicancellarius*[293], während der Trierer seit 1313 den Titel eines: *Sacri Imperii per Galliam*

---

[287] EWIG, Beobachtungen, S. 325.

[288] Geradezu klassisch formuliert Paulus Diaconus, Historia, l.V c.32: *Francorum regnum aput Gallias Dagipertus regebat* (edd. BETHMANN – WAITZ, S. 154 Z.24); s. auch l.IV c.24: *Legatus* (scil. des Awarenkhans) *ad Gallias perrexit denuntians Francorum regibus...* (edd. BETHMANN – WAITZ, S. 125 Z.2 – 3).

[289] Vgl. auch oben S. 73 m. Anm. 440 – 41.

[290] Ein schönes Beispiel für solche gelehrt-nationale Verwendung von *Gallia* bietet Hariulf, Chronicon, l.II c.12: *a successoribus suis* (scil. Karls d.Gr.), *iis scilicet qui nostratem Galliam in sui sorte regni habuerunt...* (ed. LOT, S. 77). Ist es aber nur ein Zufall, daß sich bei einem Laien wie Nithard diese Begriffe nicht ein einziges Mal finden? Vgl. noch W. MÜLLER, S. 453 – 54 und RIDÉ I, S. 358 Anm. 79.

[291] Allgemein s. LUGGE, S. 43ff., 100ff.; vgl. auch HUGELMANN, S. 386.

[292] Vgl. Emile LESNE: La hiérarchie épiscopale. Provinces, métropolitains, primats en Gaule et Germanie depuis la réforme de saint Boniface jusqu'à la mort d'Hincmar 742 – 882 (Lille 1905) S. 100 Anm. 3, 239ff., 259 – 61 (Mémoires et travaux publiés par des professeurs des Facultés catholiques de Lille, t.I) und bes. Horst FUHRMANN: Studien zur Geschichte mittelalterlicher Patriarchate. II. Teil, in: ZSavRG., K.A. 40 (1954) S. 1 – 84, bes. S. 61ff.; III. Teil, in: ebd. 41 (1955) S. 95 – 183, bes. S. 111ff.; s. auch Ferdinand LOT – Robert FAWTIER: Histoire des institutions françaises au moyen âge, t.III: Les institutions ecclésiastiques (Paris 1962) S. 161 – 62. Vgl. unten Anm. 354.

[293] In staufischer Zeit hieß es noch: *(totius) Germaniae archicancellarius*: DD F.I. 523 (1167 Jan. 28) S. 465 Z.9; 534 (1167 Aug. 6) S. 480 Z.42; 767 – 68 (1178 Okt. 12) S. 320 Z.27 – 28, 322 Z.18 – 19; 772 (1179 Jan. 22) S. 326 Z.39 u.ö.; D F.I. 529 (1167, vor März 5): *regni Teutonici archicancellarii* (S. 472 Z.14) ist Ausnahme; wie in den DD F.I. noch in: Const. II, Nr. 187 (1234 Nov.) S. 229 Z.31 – 32; Nr. 197 (1235 Aug.) S. 265 Z.9 und noch Nr. 357 (1249 Febr. 19) S. 464 Z.26. Die neue Formel *per Germaniam* u.a. in: Const. II, Nr. 386 (1257 Jan. 25) S. 486 Z.1 – 2; Nr. 390 (1269 Apr. 25) S. 488 Z.21 – 22 u.ö.; vgl. bes. Const. III, Nr. 483 (1292 Juli 5): König Adolf von Nassau für den Erzbischof von Mainz: *quemlibet archiepiscopum Moguntinum esse et fore debere Sacri Imperii per Germaniam archicancellarium* (S. 470 Z.36 – 37). In: Const. V, Nr. 416 (1317 Juni 19) finde ich erstmals die Wendung: *Sacri Romani Imperii per Germaniam archicancellarius* (S. 352 Z.4 – 5), während es 1314 noch *Sacri Imperii* geheißen hatte: Nr. 127 (1314 Dez. 3) S. 127 Z.8 – 9;

*archicancellarius* führte[294]. Hier tritt sogleich wieder die Problematik des Begriffs *Gallia* zutage, der in diesem Fall das Königreich Arelat bezeichnet[295]. Wenn dagegen im 14. Jahrhundert von der *ecclesia Gallicana* die Rede ist[296], so ist damit die Kirche Frankreichs in ihrer Gesamtheit gemeint[297], deren „Freiheit" der König gegenüber dem Papst zu verteidigen vorgibt[298].

s. aber ZEUMER, S. 14 m. Anm. 3 – 5. Vgl. BRESSLAU I, S. 493ff., bes. S. 493 Anm. 1, der aber auf die Titelfrage praktisch nicht eingeht; W. MÜLLER, S. 453, läßt jede zeitliche Angabe vermissen; vgl. aber ebd. S. 459 Anm. 1 zur deutschen Übersetzung „durch Germanien Erzkanzler" seit 1439 statt des bis dahin üblichen „in deutschen Landen Erzkanzler"; s. noch HUGELMANN, S. 383 – 84. Problematisch die Formulierung bei RIDÉ I, S. 358 Anm. 79.

[294] Const. V, Nr. 14 (1313 Dez. 27) S. 12 Z.21 – 22; Nr. 15 (dto.) S. 13 Z. 13; Nr. 17 (1314 Jan. 29) S. 15 Z.5 (als Intitulatio); Nr. 39 (1314 Juni 5) S. 39 Z.31 – 32 mit Anm. a-c u.ö.; vgl. BRESSLAU I, S. 517 m. Anm. 1.

[295] Vgl. Const. IV/1, Nr. 262 (1308 Nov. 27): *Sacri Imperii per regnum Arelatense archicancellarius* (S. 228 Z.25 – 26) und bes. Const. V, Nr. 63 (1314 Sept. 20) c.12: *si contigat, nos intrare terminos archicancellerie sue, videlicet terminos Gallie aut regni Arelatensis* (S. 59 Z.43 – 44; fast wörtlich wiederholt in: Nr. 159 (1314 Dez. 3) c.3, S. 152 Z.23 – 24; vgl. BRESSLAU I, S. 516 – 17. Der Titel fehlt noch in: KERN, Acta, Nr. 286 (1308, wohl nach Mai 1) S. 234 Z.14, Z.15 – 16, Z.17; vgl. hierzu BRESSLAU I, S. 515 Anm. 3.

[296] Der Begriff findet sich schon, wie KÄMPF, S. 91, betont, bei Suger und Johann von Salisbury, und zwar regelmäßig mit Bezug auf den König von Frankreich, obwohl *Gallicanus* durchaus auch geographisch den Raum der *Gallia* bezeichnen kann; vgl. etwa Suger, Vita Ludovici Grossi, c.10: (Paschalis II.) *ut regem Francorum et filium regem designatum Ludovicum et ecclesiam Gallicanam consuleret*, und ebd.: *de omnibus questionibus tucius regis et regis filii et ecclesie Gallicane in Francia quam in Urbe disceptare* sowie noch ebd.: *domini designati Ludovici suffragio et consilio, in Gallicana celebri concilio collecta ecclesia* (ed. WAQUET, S. 50, 52, 66); c.24: *cum sederet Belvaci generali conventu Gallicana ecclesia* (ed. WAQUET, S. 174); c.27: (Gelasius II.) *ad tutelam et protectionem... regis Ludovici et Gallicane ecclesie compassionem...confugit* (ed. WAQUET, S. 200); c.32: (Innozenz II.) *visitando...Gallicanam, sicut rex exigebat, ecclesiam, ad partes se transfert Lotaringorum* (ed. WAQUET, S. 260). In allen diesen Fällen handelt es sich entweder um den direkten Schutz des französischen Königs (c.10) oder um ein in der Krondomäne (Beauvais) tagendes Konzil, das gegen Thomas von Marle das Anathem ausspricht (c.27); Innozenz II. war vor seiner Reise nach Lüttich, wo er mit Lothar III. zusammentraf, zuvor von Ludwig VI. in St-Benoît-sur-Loire empfangen worden und anschließend nur durch königliches Gebiet gezogen; vgl. SCHNEIDMÜLLER, Nomen, S. 127 m. Anm. 86; ebd. Anm. 88 auch Belege für *Gallicanus* im räumlichen Sinn; zu Johann von Salisbury: ebd. S. 134 Anm. 124 (auf S. 135), 136 m. Anm. 131. Kämpf übersah, daß sich Wendungen wie *Gallicanae ecclesiae* (im Plural!) und *Gallicana regio* schon bei Flodoard finden: Hist. Rem. eccl., l.IV c.1 (edd. HELLER – WAITZ, S. 556 Z.7 – 8, Z.10). LOT, Capet, S. 130 – 57, betitelt sein 4. Kap. „Le Gallicanisme aux IX^e et X^e siècles", was ich so nicht akzeptieren kann, da hier der geographische Bezug noch wesentlich akzentuierter ist als bei Suger, wo mir eine gewisse politische Bedeutung unleugbar zu sein scheint; anders KÄMPF, S. 91; vgl. aber MARTIN (unten Anm. 298) t.I, S. 33 – 34 und LUGGE, S. 196 – 97 m. Anm. 713. Vgl. noch unten Kap. 9 § 2, S. 600 m. Anm. 346 – 47.

[297] Auch hier ist jedoch der Bezug zum Königtum Voraussetzung; vgl. etwa die Denkschrift Philipps IV. über die Rechte des Königs auf Lyon vom Sept. 1307. Der König fordert: *iura regalium, ut in aliis ecclesiis Gallicanis, in quibus reges Francorum similia iura obtinuisse noscuntur*: ed. KERN, Acta, Nr. 285 c.2 (S. 226 Z.24 – 25).

[298] Zum „Gallikanismus" des 14. Jh. vgl. RIVIÈRE, S. 96ff., 122ff., 272ff.; s. auch Victor MARTIN: Les origines du Gallicanisme, 2 Bde. (Paris 1939) bes. t.I und MARTIN, S. 151ff.

Damit wende ich mich nunmehr der Bedeutung von *Gallia* und *Germania* im Frühmittelalter zu. Die Merowingerzeit interessiert hier nur am Rande; immerhin verdient bemerkt zu werden, daß das bei Gregor von Tours unzählige Male gebrauchte *Gallia* im 7. Jahrhundert stark zurücktritt und *Germania* in merowingischen Quellen meist gleichbedeutend ist mit *Francia*[299]. Einen wichtigen Einschnitt bedeutet die Wirksamkeit des Bonifatius, der *Gallia* für das Reich Pippins, *Francia* für das Karlmanns und *Germania* für das gesamte rechtsrheinische Missionsgebiet gebraucht[300]. Bei Einhard haben *Gallia* und *Germania* stets eine geographische Bedeutung, was aus Wendungen erhellt wie: *quia Saxones, sicut omnes fere Germaniam incolentes nationes*, oder: *iuxta flumina, quae et de Gallia et de Germania septentrionalem influunt oceanum* o.ä.[301]. Diese geographische Begrifflichkeit, die ohne den direkten Einfluß der Antike, insbesondere Caesars, nicht vorstellbar ist[302], findet sich auch in den großen Annalenwerken des 9. Jahrhunderts, die wie z.B. die älteren Metzer, die Reichs- und die Einhard-Annalen schon vor Einhards „Vita Karoli" entstanden sind. Aber wenn auch die Lorscher Annalen in der Tat bereits von *Gallia* und *Germania* sprechen[303], so bleibt es darum nicht weniger wahr, daß erst Einhard die geographische Gliederung in *Gallia* und *Germania*[304] – selbstver-

---

[299]) Vgl. EWIG, Beobachtungen, S. 326–27 m. Anm. 10–11 und Anm. 17–20, 330 m. Anm. 40–41.

[300]) Vgl. LUGGE, S. 46–48 und EWIG, Beobachtungen, S. 327–28.

[301]) Vita Karoli, c.7, c.17 (ed. HOLDER-EGGER, S. 9 Z.15–16, 21 Z.3–5); vgl. noch ebd. c.2, c.7, c.10, c.14, c.15, c.17, c.20 (ed. HOLDER-EGGER, S. 4 Z.6–7, 10 Z. 23–24, 13 Z.5, 14 Z.2, 17 Z.5 und Z.24, 18 Z.3 und Z.14–15, 21 Z.13–15, 25 Z.22–23); vgl. EWIG, Beobachtungen, S. 328–29.

[302]) Vgl. LUGGE, S. 38–39, 94.

[303]) Ann. Lauresham. ad an. 801: *qui* (scil. Karl d.Gr.) *ipsam Romam tenebat...seu reliquas sedes, quas ipse per Italiam seu Galliam necnon et Germaniam tenebat* (ed. PERTZ, S. 38) und danach fast wörtlich Chronicon Moiss. ad h.an. (ed. PERTZ, S. 305A Z.23–27). Zu den Lorscher Annalen und der Chronik von Moissac vgl. WATTENBACH–LÖWE, S. 187–88, 265–66; FALKENSTEIN, S. 22ff., bes. S. 22 Anm. 1 (–S. 24); s. auch EGGERT–PÄTZOLD, S. 33 m. Anm. 114. Ich lasse es dahingestellt, ob die Lorscher Annalen älter sind als die von H. Löwe in die Jahre 814/17 angesetzte Überarbeitung der Reichsannalen: WATTENBACH–LÖWE, S. 256; auf jeden Fall verrät die eher schablonenhafte Verwendung von *Gallia* und *Germania* – welche *sedes* Karls hätte eigentlich in der *Germania* gelegen? – geringe Vertrautheit mit der antiken Terminologie und erlaubt keine Rückschlüsse, was der Verfasser unter *Gallia* und *Germania* konkret verstand; vgl. LUGGE, S. 39 m. Anm. 167 und bes. unten Anm. 307.

[304]) Es ist dies e i n e r der Gründe, warum ich die sogen. Einhard-Annalen als tatsächlich von Einhard bearbeitet ansehe: *Gallia* und *Germania* sind vor dem Jahr 794 nur in der Überarbeitung der Reichsannalen bezeugt: Ann. q.d. Einhardi ad ann. 756, 758, 770, 777, 782, 786, 789, 790, 794 (ed. KURZE, S. 15, 17, 31, 51, 61, 73, 85, 87, 97); vgl. die folg. Anm. In den Ann. regni Franc. ad ann. 794, 795 (ed. KURZE, S. 94, 96) erscheint *Galliae* im Plural etwa in der Wendung: *synodus magna episcoporum Galliarum, Germanorum, Italorum*, wo Einhard schreibt: *concilium episcoporum ex omnibus regni sui provinciis...congregavit* (ed. KURZE, S. 94, 95). Vgl. noch unten Anm. 306.

ständlich mit dem Rhein als Grenze[305] – in der karolingischen Annalistik populär gemacht hat[306]. Dies führt dann in der Konsequenz dazu, daß die *metropolis Germaniae* Mainz, das linksrheinisch liegt, der *Gallia* zugeordnet wird[307].

Trotz der „starren Überlieferung" von *Gallia* und *Germania*, die Margret LUGGE mit Recht hervorhebt[308], trat nach 843 ein bemerkenswerter Bedeutungswandel ein: *Gallia* und *Germania* behalten zwar das ganze Mittelalter hindurch ihre geographische Bedeutung bei[309], ja diese überwiegt im 9. Jahrhundert ganz eindeutig[310], wobei vor allem Naturkatastrophen, Hungersnöte, Epidemien u.ä. in dieser Form räumlich umschrieben

---

[305]) Ann. regni Franc. ad an. 801:...*loca quaedam circa Renum fluvium et in Gallia et in Germania tremuerunt* (ed. KURZE, S. 114). Vgl. noch Ann. q.d. Einhardi ad ann. 782, 794: *trans Rhenum in Galliam se recepisset*, und : *transmisso Rheno in Galliam se recepit* (ed. KURZE, S. 61, 97); ad an. 786: *in ultimis Galliae finibus* (scil. in der Bretagne) (ed. KURZE, S. 73); ad an. 790: *ad Saltz palatium suum in Germania iuxta Salam fluvium constructum* (ed. KURZE, S. 87); vgl. LUGGE, S. 39; EWIG, Beobachtungen, S. 330.

[306]) Schon Max MANITIUS: Einhards Werke und Stil, in: NA. 7 (1882) S. 517 – 568, bes. S. 545, hatte Einhard für diese konsequente geographische Aufteilung des Frankenreichs in *Gallia* und *Germania* verantwortlich gemacht, wobei er allerdings die „Vita Karoli" in die ersten Jahre nach Karls Tod datiert hatte, während man sie heute mindestens ein Jahrzehnt später ansetzt: EGGERT – PÄTZOLD, S. 38 – 39 und oben Anm. 6 i.f. Unbeschadet der zutreffenden Umdatierung der „Vita Karoli" halte ich die These von Manitius nach wie vor für diskussionswürdig; entscheidend ist nun allerdings das Datum der Überarbeitung der Reichsannalen; vgl. oben Anm. 302 – 03; s. auch LUGGE, S. 39 m. Anm. 166 – 67.

[307]) EWIG, Beobachtungen, S. 330, bezieht *sedes per Germaniam* der Lorscher Annalen: oben Anm. 302, auf Mainz, was zumindest eine denkbare Möglichkeit ist; als *metropolis Germaniae* wird Mainz schon in Rudolfs Redaktion der Fuldaer Annalen ad an. 719 und dann noch einmal ad an. 852 bezeichnet (ed. KURZE, S. 2, 42); davon abhängig Ann. Mett. priores ad an. 718 nach Cod. B1 (ed. v. SIMSON, S. 26 Z. 27); vgl. dazu EGGERT, Auffassung, S. 45 m. Anm. 202. Vgl. aber Ann. regni Franc. ad an. 813: *Concilia...per totam Galliam...celebrata sunt, quorum unum Mogontiaci, alterum Remis, tertium Turonis, quartum Cabillione, quintum Arelati congregatum est* (ed. KURZE, S. 138); vgl. noch EWIG, aaO., S. 330 m. Anm. 39.

[308]) LUGGE, S. 93, als Untertitel des Kapitels: „Der Weg zur neuen Francia"; vgl. auch EWIG, Beobachtungen, S. 330 – 35.

[309]) So z.B. noch Otto von Freising, Gesta Friderici, l. II c.46: *Ea namque regio, quam Rhenus nobilissimus fluvius...intersecat, ex una ripa Galliae, ex altera Germaniae limes...* (edd. WAITZ – v. SIMSON, S. 153 Z.30 – 33); Giraldus Cambrensis, Liber de principis instructione, dist. I c.18: *usque ad Rheni fluenta, qui...Galliam dividit a Germanis* (ed. WARNER, S. 99); fast wörtlich so aber schon die „Miracula s. Genulfi" aus der Mitte des 11. Jh.; vgl. LUGGE, S. 97 m. Anm. 26 – 27 u.a. Zu Gerald von Wales († ca. 1223) vgl. GRANSDEN, S. 221 – 22, 242 – 46, 310 – 11.

[310]) So ohne jede Ausnahme in der Korrespondenz des Lupus von Ferrières: epp. 17, 62, 101, 102 (7, 87, 98, 99) (ed. DÜMMLER, S. 25 Z.15, 62 Z.10 – 11, 89 Z.13 und Z.30; ed. LEVILLAIN I, S. 70; II, S. 78, 116, 118). Typisch etwa ep. 1: *ex Gallia huc in Transrhenanam...regionem vobis* (scil. Einhard) *vicinior factus sum* (ed. DÜMMLER, S. 8 Z.18 – 19; ed. LEVILLAIN I, S. 6) oder ep. 103 (100): *Lupus ex monasterio Galliae quod vocatur Bethleem sive Ferrariae*; ganz ähnlich auch ep. 107 (129) (ed. DÜMMLER, S. 90 Z.16 – 17, 93 Z.2; ed. LEVILLAIN II, S. 120, 200); vgl. MOHR, Absonderung, S. 29 und oben Anm. 233. In den Annalenwerken verhält es sich nicht anders; vgl. etwa Ann. Bert. ad ann. 838, 842, 845, 847 (ed. GRAT, S. 24 – 25, 40, 49, 54). Für die Ann. Fuld. ad ann. 842, 843, 853 sind Mâcon,

werden[311], doch findet sich da und dort ein politischer Unterton, der *Germania* mit dem Ostfranken-[312], *Gallia* mit dem Westfrankenreich im Sinne von *Francia* gleichsetzt[313], wobei *Gallia* insbesondere noch Lotharingien bezeichnen kann: die Fuldaer Annalen sprechen zum Jahr 900 vom *Gallicanum regnum* Zwentibolds[314], und im 10.–11. Jahrhundert ist *Gallia* =

---

Verdun und Tours *Galliae civitates*, für Regino, Chronicon ad an. 882 ist Trier eine *Galliarum nobilissima civitas* (ed. KURZE, S. 33, 34, 43; ed. KURZE, S. 119); Regino, Chronicon ad an. 842 beschreibt Ludwigs Reichsteil wie folgt: *omnis Germania usque Rheni fluenta et nonnullae civitates cum adiacentibus pagis trans Rhenum* (ed. KURZE, S. 75); vgl. MOHR, Absonderung, S. 33; EWIG, Beobachtungen, S. 337; EGGERT, Auffassung, S. 159, 170. Die Beispiele ließen sich seitenlang fortsetzten. Noch Otto von Freising und Gottfried von Viterbo verfahren nach diesem Schema; vgl. RIDÉ III, S. 358 Anm. 77.

[311]) Auch hierfür nur einige wenige Beispiele: Ann. Bert. ad ann. 842, 843, 845, 846, 849, 873 (ed. GRAT, S. 43, 44, 50, 51, 56, 193); Ann. Fuld. ad ann. 850, 868, 873, 874 (ed. KURZE, S. 40, 67, 79, 83); vgl. LUGGE, S. 98–99; EGGERT, Auffassung, S. 68; vgl. unten Anm. 353. In: Ann. Fuld. ad ann. 873, 877, 880 (ed. KURZE, S. 79, 90, 96) spricht Meginhard in diesem Zusammenhang von *Germanicus populus*. Schon die Tatsache, daß er diesen Begriff nur im Zusammenhang mit Naturkatastrophen, Seuchen u.ä. gebraucht, sollte vor einer politischen Deutung im Sinne von „Deutschem Volk" bewahren; vgl. dazu EGGERT, Auffassung, S. 68 und bes. ebd. S. 70, der m. E. aber wohl doch zu viel in diese Stellen hineinliest, wenn er aus dieser Formulierung Meginhards schließt, daß „das Zusammengehörigkeitsgefühl innerhalb des ostfränkischen Reiches in den fünfziger bis siebziger Jahren... bedeutend(!) enger geworden sein" müsse; nur formal berechtigt daher: ebd. S. 70 m. Anm. 151, die Kritik an BARTMUSS, S. 99. Ich würde *populus* hier nicht mit „Volk" sondern mit „Bevölkerung" übersetzen. Zum Gebrauch von *Gallia* und *Germania* als Bezeichnung „weiter Räume" u.a. vgl. bes. LUGGE, S. 98. Vgl. noch unten Kap. 4 § 1, S. 248 m. Anm. 27.

[312]) So etwa bei Notker, Gesta Karoli, l. II c.11: oben Anm. 93; vgl. MOHR, Absonderung, S. 24 Anm. 1; s. auch die Bezeichnung Ludwigs II. von Ostfranken als *rex Germaniae* in den Ann. Bert.: unten S. 140 m. Anm. 323 und allgemein EWIG, Beobachtungen, S. 336ff. sowie EGGERT, Auffassung, S. 69ff., 163, 170ff. u.ö.; s. schon oben Anm. 117.

[313]) Vgl. etwa Ann. Fuld. ad an. 861: (einige Adlige aus dem Reich Ludwigs) *in Gallias ad Karlum regem secesserunt* (ed. KURZE, S. 55) und schon ad ann. 858–59: (Ludwig II.) *venit in Galliam...* und : *de Galliis rediens* (ed. KURZE, S. 50, 53). Meginhard nennt Karl d.K. mehrfach *Galliae tyrannus* und den westfränkischen König Karlmann *iuvenis rex Galliae*: Ann. Fuld. ad ann. 873, 875, 877, 888 (ed. KURZE, S. 78, 84, 90, 101); *rex Galliae* ist auch Odo in der Cont. Ratisb. ad an. 895 (ed. KURZE, S. 126); bes. aufschlußreich Cont. Ratisb. ad an. 885: *post obitum Karolomanni regis, qui tunc Galliam rexerat, Cesar regnum ipsum adgreditur...,remeavit in Franciam* (ed. KURZE, S. 113); vgl. MOHR, Francia, S. 32–33; DERS., Rolle, S. 370; EGGERT, Auffassung, S. 102; ungenügend HESSLER, S. 104; s. auch LUGGE, S. 64 m. Anm. 80. Die Ann. Xant. verstehen unter *Gallia* offenbar regelmäßig das Westreich; vgl. bes. ad an. 842: *Lotharius vastata Gallia rediens ad Aquis* und ebd.: *Lotharius ad Aquis, Karolus in Galliam, Ludewicus in Saxoniam* (ed. v. SIMSON, S. 12, 13); ad ann. 871, 873: *Karolus rex Galliae* (ed. v. SIMSON, S. 29, 32). Man beachte, daß nur ostfränkische Quellen von *rex Galliae*, nur westfränkische von *rex Germaniae* sprechen; s. auch MOHR, Entwicklung, S. 319, 322. Vgl. ferner EWIG, Beobachtungen, S. 343–45 und EGGERT, Auffassung, S. 71, 146–47 u.ö. sowie unten S. 140 m. Anm. 321.

[314]) Ann. Fuld., Cont. Ratisb. ad an. 900 (ed. KURZE, S. 134); vgl. MOHR, Rolle, S. 372; EWIG, Beobachtungen, S. 345, 354; EGGERT, Auffassung, S. 122, 126; NONN, Pagus, S. 53–54; verfehlt LUGGE, S. 124. *Gallia* = Lotharingien findet sich jedoch schon in den Ann. Fuld. ad an. 879: *Hugo* (scil. der Sohn Lothars II.) *...tyrannidem in Gallia exer-*

Lothringen ganz geläufig[315], wobei die *Gallia Belgica* als kirchenpolitische Bezeichnung in einigen Quellen des 9. Jahrhunderts Vorarbeit geleistet haben dürfte[316]. Bei Gerbert von Reims kann *Gallia* das Westfrankenreich[317] ebenso bedeuten wie Lothringen[318], aber auch im antik-geographischen Sinn gebraucht werden[319]. Hier bestätigt sich wieder einmal die schon mehrfach getroffene Feststellung, daß ein und derselbe Autor einen bestimmten Begriff in verschiedenen Bedeutungen anwenden kann, was EGGERT auch schon für den Gallia-Begriff Meginhards von Fulda feststellen mußte[320]. Indem *Gallia* verschiedentlich die politische Bedeutung von

---

*cebat*, und ad an. 881: *rex* (scil. Ludwig d.J.) *post Pascha in Galliam profectus Hugonem... ad se venientem* (ed. KURZE, S. 93, 96), wo abermals eindeutig nur Lotharingien gemeint sein kann; verfehlt daher LUGGE, S. 123 – 24, die überdies den Beleg zu 879 nicht berücksichtigt; ungenügend auch MOHR, Entwicklung, S. 319.

[315]) Die von LUGGE, S. 124 m. Anm. 184 – 86, als „zweifelhafte Fälle" geführten sind samt und sonders eindeutig auf Lothringen zu beziehen, insbes. Vita Iohannis, c.130: *Inde...Gallias ocius petit* (scil. Johannes) *atque...Gorziam venit* (ed. PERTZ, S. 375 Z.9 – 10): Johannes kam vom Königshof! Vgl. noch Ruotger, c.36: *...in Galliam, suo* (scil. Bruns) *iuri commissam provinciam* (ed. OTT, S. 37 Z.7 – 8); vgl. LUGGE, S. 125, wo ebd. noch weitere Belege zitiert werden; FLACH IV, S. 53 – 54 m. Anm. 1, hat diese Stelle im Sinne von Frankreich (Gaule) mißverstanden. Vgl. unten S. 150 m. Anm. 399 und Kap. 6 § 3, S. 400 m. Anm. 277.

[316]) Ann. Fuld. ad an. 863: die Erzbischöfe von Köln und Trier *Galliae Belgicae archiepiscopi* (ed. KURZE, S. 57); Cont. Ratisb. ad an. 888: Wido ist Thronkandidat in der *Gallia Belgica* (ed. KURZE, S. 116); Ann. Bert. ad an. 878: *...papa Iohannes generalem synodum cum episcopis Galliarum et Belgicarum provinciarum agens* (ed. GRAT, S. 223; vgl. ebd. S. 224); s. schon ad an. 864: *Nicolaus papa...epistolas per omnes archiepiscopos et episcopos Galliarum, Germaniarum et Belgicae provinciae mittit* (ed. GRAT, S. 115); vgl. LESNE (oben Anm. 292) S. 241; EWIG, Beobachtungen S. 343 m. Anm. 126; EGGERT, Auffassung, S. 109 – 10. In einer Uk. von 926 wird Lothringen als *regnum Belgicę Gallię* bezeichnet: MUB. I, Nr. 167, S. 231; weitere Belege bis ins 12. Jh. bei LUGGE, S. 129 – 30. Vgl. bes. unten S. 147 m. Anm. 382.

[317]) Gerbert, ep. 37: *...Gallia testis est* (ed. WEIGLE, S. 65 Z.5), alternativ zu *Frantia*: ebd. Z.6, gebraucht; zu einseitig fraglos BEZZOLA, S. 99, der *Gallia* generell mit Frankreich übersetzen möchte. Vgl. noch ep. 22: *non sufficiunt Galli mei* (ed. WEIGLE, S. 44 Z.17).

[318]) Dies die eindeutige Bedeutung in ep. 35: *...dumque Heinricum* (scil. Heinrich d.Z.) *in Gallia regnare prohibet* (ed. WEIGLE, S. 63 Z.14) und doch wohl auch in ep. 32 (ein Brief Karls von Niederlothringen): *Adsunt mecum Gallię principes* (ed. WEIGLE, S. 58 Z.11). Unsicher die Bedeutung in dem Gedicht ep. 186: *Quot habet viros Gallia, tot vobis mittam carmina* (ed. WEIGLE, S. 223 Z. 5 – 6); vgl. dazu BEZZOLA, S. 99 Anm. 88 (Frankreich) und dagegen LUGGE, S. 127 – 30 (Lothringen); vgl. SCHNEIDMÜLLER, Terminologie, S. 71 Anm. 138.

[319]) Gerbert, ep. 188: *Gratianopolis civitas in confinio Italię et Gallię sita est* (ed. WEIGLE, S. 225 – 26). Vgl. bes. SCHNEIDMÜLLER, Terminologie, S. 70 – 71 m. Anm. 139 – 42. Vgl. unten Kap. 9 § 2, S. 589 m. Anm. 262.

[320]) EGGERT, Auffassung, S. 71: „So wirkt sein (scil. Meginhards) Gallia-Begriff sehr schillernd"; die „Provence" bezeichnet *Gallia* bei Meginhard allerdings nicht; der Kampf gegen Boso spielte sich im Raum von Vienne ab.

*Francia* erhielt, konnten „ordnende Beinamen" für *Francia* auch auf die *Gallia* bezogen werden[321].

Die regelmäßige Bezeichnung Ludwigs II. von Ostfranken als *rex Germanorum* (Prudentius)[322] und als *rex Germaniae* (Hinkmar)[323] in den westfränkischen Reichsannalen – und nur hier! – sei Anlaß, kurz auf den auf dieser Titulatur fußenden Beinamen Ludwigs als des „Deutschen" einzugehen[324]. Mit Recht hatte EWIG betont: „Diese Bezeichnung diente der Unterscheidung, nicht der Wertung"[325]. Auch Heinrich I. und Otto I. wurden gelegentlich *rex Germanorum* genannt[326]. Daß es sich um einen groben Übersetzungsfehler handelt – *Germania* heißt nun einmal nicht „Deutschland", *Germanicus* nicht „Deutscher" – habe ich schon vor 18 Jahren betont[327], selbstverständlich ohne jedes Echo, obwohl doch nicht einmal SCHLESINGER behaupten würde, Ludwig sei ein Deutscher gewesen, und selbst ZATSCHEK diesen Beinamen nur in einer Art Trotzreaktion

---

321) Vgl. etwa Ann. Bert. ad an. 838: *omnisque occidua Galliae ora*; ad an. 842: *inferiores Galliae partes* (ed. GRAT, S. 24–25, 40); vgl. EWIG, Beobachtungen, S. 348–49; s. auch oben Anm. 95 sowie unten S. 152 m. Anm. 413–16.

322) Ann. Bert. ad ann. 844, 845, 846, 847, 849, 854, 855, 856, 858 (ed. GRAT, S. 48, 51, 53, 55, 57, 58, 68, 71, 72, 78); einzige Ausnahme: ad an. 863 (ed. GRAT, S. 123).

323) Ann. Bert. ad ann. 861–867, 869–875, 879, 882 (ed. GRAT, S. 85, 90, 93, 94, 97, 112, 113, 114, 118, 127, 131, 133, 135, 136, 156, 157, 165, 169, 183, 186, 188, 190, 192, 193, 196, 197, 198, 240, 245); Ausnahmen bei Prudentius: ad ann. 853, 857, 860 (ed. GRAT, S. 67, 68, 74, 84); vgl. EWIG, Beobachtungen, S. 336 m. Anm. 79; weitere Beinamen bei BÜHRER, S. 230 m. Anm. 113–14; unglücklich die Übersetzung von *pius rex Germaniae* bei SCHIEFFER, Entstehung, S. 67. Vgl. noch unten Anm. 326.

324) Weitere zeitgenössische Belege: Regino, Chronicon ad an. 868: *Ludovicus christianissimus rex, qui Germanis imperabat* (ed. KURZE, S. 95); *Germaniae rex* auch in den Miracula s. Germani, l.II c.8: oben Anm. 233; *Ludovicus Germanicus rex* findet sich, bezogen auf Ludwig II., in: Coll. Sangallensis, Nr. 10 (ed. ZEUMER, S. 404 Z.2) in der Datierung; bezogen auf Ludwig III. in den im 1. Viertel des 10. Jh. entstandenen „Gesta episcoporum Virdunensium" Bertars, c.20: *temporibus Ludovici Germanici regis* (ed. WAITZ, S. 45 Z. 25). Zu den „Gesta" vgl. WATTENBACH–HOLTZMANN I³, S. 166. Von *rex Germanus* spricht Nikolaus I: Ann. Fuld. ad an. 863 (ed. KURZE, S. 58): J.–E. 2751.

325) EWIG, Beobachtungen, S. 336.

326) Ann. Lobienses ad an. 923: *Eodem anno Karlus cum Heinrico rege Germanorum foedus iniit* (ed. WAITZ, S. 233 Z.25–26); Vita Iohannis, c.43: oben Anm. 165; Richer, l.II c.49: *Otto et Edmundus reges Germanorum et Anglorum* (ed. LATOUCHE I, S. 206); vgl. VIGENER, S. 225–26. Otto I. als *rex Germaniae*: Gestarum episcoporum Virdunensium cont., c.2 (ed. WAITZ, S. 45 Z.43). Die Fortsetzung der „Gesta" ist um 1050 entstanden: oben Anm. 187.

327) BRÜHL, Anfänge, S. 154 Anm. 24; s. auch WERNER, Nations, S. 290: „(le) roi Louis que les modernes ont nommé avec une inexactitude déplorable Der Deutsche"; vgl. auch FLECKENSTEIN, Anfänge, S. 150: „Korrekterweise müßte Ludwig der Deutsche nach dem heutigen Forschungsstand Ludwig von Ostfranken heißen"; so auch VOSS, Herrschertreffen, S. 9 und passim. Aber eine Schwalbe macht bekanntlich noch keinen Sommer. Vgl. die folg. Anm.

verteidigt[328]. Den im 12. Jahrhundert aufgekommenen Namen des „Voglers" für Heinrich I.[329] hat die Forschung mit vollem Recht aufgegeben. Das gravierendste Argument gegen diese harmlos-romantische Bezeichnung war, daß sie über drei Jahrhunderte nach Heinrichs Tod erstmals bezeugt ist. Doch wann hat man Ludwig II. von Ostfranken[330] das Attribut des „Deutschen" beigelegt? Die Antwort muß verblüffen: der früheste Beleg findet sich um 1730 bei dem Reichsgrafen Heinrich von BÜNAU (1697 – 1762), doch erst im Laufe des 19. Jahrhunderts wird der Name wirklich Gemeingut[331]. BÜHRER, der dies näher untersucht hat, stellt fest: „keiner eignete sich so gut zu ‚nationalpädagogischen' Zwecken wie er...; (er) galt in der damaligen Zeit...als der ‚Gründer' Deutschlands, als die Verkörperung nationaler Einheit und Macht, als lebendiges nationales Symbol"[332]. Nachdem so die völlige historische Sinnlosigkeit dieses Namens, zugleich aber auch die pseudonationale Komponente erwiesen ist, die zur Verfälschung unseres Geschichtsbilds ja geradezu einlädt, darf getrost davon ausgegangen werden, daß sich dieser Beiname in der ach so kritischen Geschichtswissenschaft noch einige Jahrhunderte halten wird.

[328]) ZATSCHEK, Ludwig, S. 65: „Ludwig, den wir auch weiterhin und mit vollem Bewußtsein ‚den Deutschen' nennen werden", obwohl er ihn selbst ebd. nur als „Wegbereiter...in der Reihe der Gestalter deutschen Schicksals und deutscher Zukunft" einstuft; seine Charakteristik Ludwigs: ebd. S. 62 – 64, würde einem nordischen Barden Ehre gemacht haben; vgl. hierzu auch BÜHRER, S. 232. Vgl. dagegen MAYER, S. 19: „daß Ludwig aber der Deutsche genannt wird, ist in der geschichtlichen Nachwirkung seiner Regierung begründet".
[329]) Vgl. WAITZ, Excurs 8, S. 209 – 14; WRACKMEYER, S. 93 – 94; Carl ERDMANN: Beiträge zur Geschichte Heinrichs I. V: Der Beiname „Vogler" (1943), in: Ottonische Studien (Darmstadt 1968) S. 106 – 17 und zuletzt bes. LIPPELT, S. 220 – 23. Mit Erstaunen stelle ich fest, daß selbst noch CORBET, S. 31 u.ö. von „Henri l'Oiseleur" spricht; ähnlich auch SUTHERLAND, S. 30: „Henry the Fowler"; s. noch unten Anm. 338.
[330]) Eigentlich müßte er ja als Ludwig I. von Ostfranken gezählt werden, da die Kaiser ihre eigene Zählung haben, doch Logik ist nicht die Stärke der Historiker und da sie Ludwig d.J. als III., Ludwig das Kind als IV. zählen, muß ich mich dem wohl oder übel anpassen; korrekt wäre fraglos Ludwig I. von Ostfranken. Die Konfusion auf diesem Gebiet beklagte schon P.F. KEHR in: DD LG., Vorrede, S. II Anm. 1, der im übrigen ungerührt von „deutschen" Karolingern spricht und an „Ludwig dem Deutschen" ausdrücklich festhält. Wenn man um jeden Preis einen Beinamen für Ludwig erfinden will, so könnte man ihn „Ludwig Germanicus" oder „den Ostfranken" nennen. „Louis le Germanique" im Französischen ist nicht gerade eine glückliche Bezeichnung, aber sie ist nicht so brisant und vor allem historisch nicht so verfälschend, wie es „Louis l'Allemand" wäre; s. auch oben Anm. 328.
[331]) Heinrich Reichsgraf von BÜNAU: Genaue und umständliche teutsche Kayser- und Reichsgeschichte, t.III (Leipzig 1739) S. 185. Hierauf verwies schon der von BÜHRER, S. 231, übersehene WAITZ V², S. 7 Anm. 3 (auf S. 8), der den Beinamen Ludwigs im übrigen verteidigt. Vgl. noch RÜCKERT, S. 114: „Ludwig ‚der Deutsche', wie man ihn mit Recht nennen kann, wenn man seine Verdienste für die Erhaltung der äußeren Sicherheit und Ehre Deutschlands bedenkt". Der Satz wurde 1848 niedergeschrieben. Zu Bünau s. auch TELLENBACH, Germanenbegriff, S. 147 m. Anm. 13.
[332]) BÜHRER, S. 232; vgl. ebd. S. 231 – 32.

Mit Herrscherbeinamen ist es ja überhaupt so eine Sache. Selbst Karl galt erst seit dem ausgehenden 10. Jahrhundert unbestritten als „der Große"; scheinbar ältere Belege beziehen sich – nicht zuletzt in Karls Intitulatio – meist auf das antike Kaiserepitheton[333]. Überdies ist lat. *Magnus* keineswegs immer als „der Große"[334], sondern häufig als „der Ältere" zu übersetzen, wie KIENAST überzeugend dargelegt hat[335]. Ob man körperliche Gebrechen oder Eigenheiten als Distinctivum gebrauchen will – Ludwig der Stammler, Ludwig der Blinde, Ludwig das Kind, Ludwig der Dicke u.a.m. –, bleibt so lange eine Frage des persönlichen Geschmacks[336], wie der Name einigermaßen zeitgenössisch bezeugt ist[337], was aber z.B. für Kaiser Karl III. „den Dicken" nicht zutrifft[338]. Flurschaden wird damit jedenfalls nicht angerichtet. Karl III. von Westfranken wird meist als „der Einfältige" bezeichnet (*Carolus Simplex*), was von Richer zwar lobend gemeint ist, aber von dem Regino-Fortsetzer ursprünglich herabsetzend gebraucht wurde[339]. In Wahrheit war Karl III. nicht „einfältiger" als andere Herrscher seiner Zeit[340], weshalb man gut daran tut, auf

---

[333]) Das hat Paul LEHMANN: Mittelalterliche Beinamen und Ehrentitel (1929) in: Erforschung des Mittelalters. Ausgewählte Abhandlungen und Aufsätze (Leipzig 1941; Nachdruck: Stuttgart 1959) S. 129–34, übersehen; ähnlich auch KIENAST, Magnus, S. 12–13 m. Anm. 67. Immerhin spricht Regino, Chronicon ad ann. 880, 887 (ed. KURZE, S. 116, 128) vom *magnus Carolus* (ohne *imperator*!) und ebenso Widukind, l.I c.15, c.19, c.28, c.31 (ed. HIRSCH, S. 25 Z.4, 29 Z.15, 40 Z.14–15, 44 Z.10–11). Vgl. unten S. 143 m. Anm. 344–45 und unten § 3, S. 162 m. Anm. 490–92 (In einem am 14.VI. 1990 vor der „Société de l'Histoire de France" in Paris gehaltenen Vortrag äußerte Herr Kollege K. F. WERNER weitgehend die gleiche Auffassung wie die hier vertretene.).

[334]) Interessante Beispiele für Otto d.Gr. bietet KIENAST, Magnus, S. 1, 10–12, bes. S. 11–12, im Sinne von „der Ältere"; zustimmend BÜHRER, S. 220–21.

[335]) KIENAST, Magnus, S. 1–9, vorwiegend anhand westfränkisch–französischen Materials.

[336]) Ich sehe in einem Herrscherattribut wie z.B. Karl „der Kahle" keinen Gewinn an historischer Erkenntnis, zumal dieser Beiname gelegentlich auch für Kaiser Karl III. gebraucht wird; vgl. WRACKMEYER, S. 59–60; SCHIEFFER, Entstehung, S. 72 m. Anm. 100. Vgl. noch unten Anm. 338 und S. 150 m. Anm. 403. Ludwig „der Blinde" ist geradezu irreführend: es müßte „der Geblendete" heißen.

[337]) Dies gilt für alle im Text genannten Namen mit Ausnahme Ludwigs d.K., dessen Beiname rund ein Jahrhundert jünger ist: unten Kap. 6 § 3, S. 389 m. Anm. 216; vgl. WRACKMEYER, S. 59, 60; SCHIEFFER, Entstehung, S. 58, 71. Zu Ludwig VI. „le Gros" von Frankreich s. bes. BÜHRER, S. 216–19.

[338]) Die Überlieferung ist die gleiche wie für Heinrich „den Vogler", d.h. 12. Jh.; vgl. WRACKMEYER, S. 60. Erstaunlich daher, daß EGGERT ständig von Karl „dem Dicken" spricht: Auffassung, S. 1, 50, 62, 66, 72 u.ö.; so aber auch SCHNEIDMÜLLER, Tradition, S. 5, 9, 11 u.ö.; DERS., Nomen, S. 46 u.ö., ja selbst FLECKENSTEIN, Anfänge, S. 150, 162.

[339]) Vgl. die Darstellungen Karls III. bei Richer, l.I c.14 (ed. LATOUCHE I, S. 34) und Cont. Regin. ad an. 925 (ed. KURZE, S. 157); vgl. ECKEL, S. 140–44; WRACKMEYER, S. 38–42; BÜHRER, S. 227–28; vgl. noch die folg. Anm.

[340]) Zu diesem Ergebnis gelangt auch Bernd SCHNEIDMÜLLER: Die „Einfältigkeit" Karls III. von Westfranken als frühmittelalterliche Herrschertugend. Überlegungen zum Cognomen simplex, in: Schweizer. Zeitschrift für Geschichte 28 (1978) S. 62–66, bes. S. 63,

auf diesen törichten Beinamen zu verzichten[341], und dies gilt ebenso für
Ludwig V. von Westfranken, dem völlig zu Unrecht der Beiname „le Fai-
néant" angehängt wurde[342]. Das Cognomen des „Frommen" ist, in
Deutschland vor allem mit Kaiser Ludwig „dem Frommen" verbunden
worden[343], doch hier handelt es sich um ein „heidnisch"-antikes Herrsche-
repitheton, dessen Bedeutung von der mittelalterlichen Auffassung von
*pietas* naturgemäß erheblich abwich[344]. Rudolf SCHIEFFER konnte zeigen,
daß dieses Herrscherattribut grundsätzlich jedem Karolinger zukam[345]
und eher zufällig an Kaiser Ludwig hängenblieb, aber ebensogut für den
mehrfach so genannten ang. „deutschen" Ludwig II. hätte angewendet
werden können[346]. Im 13. Jahrhundert legen die Annalen von St-Médard
diese Bezeichnung ausgerechnet Ludwig V. von Westfranken bei[347]. Hei-
ligsprechungen haben die Historiker mit Ausnahme von „Saint Louis"

---

65–66. Ergänzend sei bemerkt, daß Regino Kaiser Ludwig II. von Italien als *simplicitate
purus*, Ludwig II. von Westfranken als *vir simplex et mitis* charakterisiert: Chronicon ad
ann. 874, 878 (ed. KURZE, S. 107, 114). Vgl. noch unten Kap. 7 § 2, S. 439 Anm. 203.

[341] So SCHNEIDMÜLLER in allen seinen Arbeiten, zuletzt: Regnum, S. 95; zu einer
unerwünschten Konsequenz aus dieser richtigen Erkenntnis vgl. oben Anm. 62. i.f. Auch
in diesem Buch wird nur von „Karl III. von Westfranken" die Rede sein.

[342] Aufgrund seiner kurzen Regierungszeit berichtete Odorannus von Sens, Chronicon, c.II ad an. 982: *obiit Hludowicus rex iuvenis, Qui Nihil Fecit* (edd. BAUTIER – GILLES,
S. 96), woraus nach LOT, Carolingiens, S. 197 m. Anm. 1, der unpassende Beiname entstanden sein dürfte; s. aber schon Aimoin, Miracula s. Benedicti, l.II c.1: *Ludovicus
successit, qui Nihil fecisse praenomen sortitus est* (ed. de CERTAIN, S. 93), wobei allerdings
Ludwig II. d.St. gemeint ist, was auf einer Verwechslung beruhen dürfte; s. auch WRACK-
MEYER, S. 42 m. Anm. 23–24; SCHIEFFER, Entstehung, S. 59. Zu Odorannus († „nach
1045") vgl. BAUTIER – GILLES, ed. cit., Introduction, S. 7–28, bes. S. 7, 28.

[343] Auch in England heißt er „Louis the Pious", in Frankreich hat sich „Louis le Pieux"
erst im 20. Jh. durchgesetzt; davor hieß Ludwig meist „le Débonnaire" und dies zumindest
schon seit dem 16. Jh.; s. STEIN – LE GRAND, P.J., Nr. XII, S. 131 (a. 1535); vgl. SCHIEFFER,
Entstehung, S. 59. Abweichende Beinamen in einer anderen Sprache sind ungewöhnlich
und gerade in diesem Fall sehr bezeichnend. Vgl. zuletzt WERNER, Hludovicus, S. 68–69.

[344] Vgl. SCHIEFFER, Entstehung, S. 69 m. Anm. 77–80 und ebd. S. 70. WRACKMEYER,
S. 31, hatte auf die antike Komponente immerhin bereits hingewiesen. Für andere römische
Herrscherattribute wie *clemens, felix, invict(issim)us, magnus, pacificus* u.a. gilt dies „mutatis mutandis" jedoch in gleicher Weise, was LEHMANN (oben Anm. 333) S. 129ff. nicht
beachtet hatte.

[345] SCHIEFFER, Entstehung, S. 69: „Das Epitheton will offenbar nicht individualisieren,
sondern charakterisieren im Sinne eines vorgegebenen Ideals, das für alle betroffenen
Könige gleichermaßen verbindlich war". Als Illustration diene der Eintrag in die Ann.
Lobienses ad an. 840 und ad an. 973: *Hludowicus imperator pius et pacificus obiit*, und:
*Dominus noster Otto imperator augustus pius et pacificus...hac vita decessit* (ed. WAITZ,
S. 232 Z.24, 234 Z.45–47). Vgl. oben Anm. 344.

[346] Ausführlich hierzu SCHIEFFER, Entstehung, S. 60ff., 65ff.; ebd. S. 71–72 vielleicht
etwas zu kritisch zum Erstbeleg des Pius-Attributs für Ludwig I. bei Notker, Gesta Karoli,
l.II c.16: *...ut...memoria fiat... patris vestri Hludowici cognomento illustris* (scil. Ludwig II.
von Ostfranken) *et...avi vestri Hludowici agnomine pii* (ed. HAEFELE, S. 81 Z.2–3);
überholt WRACKMEYER, S. 32–33.

[347] Annales S. Medardi ad an. 979: *Ludovicus Pius, filius Lotharii, rex effectus est patre
vivente et volente* (ed. WAITZ, S. 520 Z.29).

recht wenig beeindruckt[348], jedenfalls kenne ich keine ernst zu nehmenden Historiker, die von St.Karl (d.Gr.) oder St. Heinrich (II.) sprächen[349]. Allgemein sollte man mit Herrscherbeinamen etwas vorsichtiger umgehen, als bisher geschehen ist und z.T. noch geschieht, wobei sich allerdings viele kaum bewußt sind, daß auch Karl „Martell", Hugo „Capet" oder Robert „Guiscard" in die Kategorie der historischen Beinamen fallen[350], die wie Karl „der Große"[351] so fest in unserem Sprachgebrauch verankert sind, daß der Charakter des Beinamens fast völlig vergessen ist.

Nach diesem vielleicht doch nicht überflüssigen Exkurs über historische Beinamen im allgemeinen und die der Karolinger im besonderen kehre ich nunmehr zur Bedeutung von *Gallia* und *Germania* in den Quellen des 10. Jahrhunderts zurück. Innerhalb des Begriffssystems Flodoards, von dem bereits die Rede war[352], ist für *Gallia* nur im strikt geographischen Sinn[353] oder im Zusammenhang mit der Kirchenorganisation Platz[354], während *Germania* neben diesen Bedeutungen[355] noch für das Ostreich

---

[348]) Vgl. BEAUNE, S. 224.

[349]) Etwas anderes ist es natürlich, wenn der Kult untersucht wird wie bei FOLZ, passim und oben S. 16 Anm. 73. Im Französischen ist „Saint Louis" dagegen ein fester Begriff, der auch in politischen und verfassungsgeschichtlichen Darstellungen verwendet wird; selbst die Aufklärung geruhte von „Louis IX dit Saint Louis" zu sprechen; vgl. WEIS, S. 75 – 76. BESLY, S. 105, nennt Kaiser Heinrich II. ausgerechnet „Henri le Boiteux".

[350]) Zu Hugo „Capet" vgl. BÜHRER, S. 226 und bes. unten Kap. 8 § 1, S. 491 Anm. 211. Zu Karl „Martell" vgl. Ulrich NONN: Das Bild Karl Martells in den lateinischen Quellen vornehmlich des 8. und 9. Jahrhunderts, in: Frühmittelalterliche Studien 4 (1970) S. 70 – 137, bes. S. 124ff. und WRACKMEYER, S. 86.

[351]) Im Französischen und Englischen ist „Charlemagne" ein Wort; „Charles le Grand" würde heute kein Mensch mehr auf Karl d. Gr. beziehen; wohl aber wurde Karl im 16. Jh. noch gelegentlich so genannt: STEIN – LE GRAND, P.J., Nr. XII, S. 131 (a. 1535), Nr. XV, S. 150 (a. 1538) u.ö. Vgl. oben Anm. 333.

[352]) Oben S. 122 – 23 m. Anm. 219 – 24.

[353]) Vgl. etwa Annales ad ann. 919, 931: die *Britannia* bzw. die *Brittones in Cornu Galliae* (ed. LAUER, S. 1, 50); s. noch Annales ad an. 924 (ed. LAUER, S. 22, 24) und Hist. Rem. eccl., l.I c.2, c.6, c.13, c.25; l.III c.1; l.IV c.52 (edd. HELLER – WAITZ, S. 414 Z.14, 417 Z.25, 423 – 24, 446 Z.57, 457 Z.23, 598 Z. 28); von der *Galliarum patria* spricht er: ebd. l.II c.3 (edd. HELLER – WAITZ, S. 451 Z.8). Noch Flodoard hat die Gewohnheit, Seuchen u.ä. im Stil der Annalistik des 9. Jh. mit der „Raumformel" *Germania Galliaque* o.ä. zu umschreiben: Annales ad ann. 927, 956 (ed. LAUER, S. 37, 142); vgl. schon oben S. 137 – 38 m. Anm. 311. Allgemein s. SCHNEIDMÜLLER, Terminologie, S. 55 – 56 m. Anm. 36 – 37 und Anm. 40.

[354]) Die Hist. Rem. eccl. erwähnt *episcopi Galliarum* mehrfach: l.II c.5, c.20; l.IV c.1, c.3 (edd. HELLER – WAITZ, S. 451 Z.48 – 49, 471 Z.44 – 45, 559 Z.1, 560 Z.23); s. auch Annales ad an. 948: (in Ingelheim) *coram...episcopis tam Galliae quam Germaniae, quibusdam episcopis Galliae Germaniaeque, convenerunt etiam Germaniae praesules cum quibusdam Galliarum episcopis* (ed. LAUER, S. 108, 109, 110); ähnlich auch bei Hugo von Flavigny, Chronicon, l.I ad h.an. (ed. PERTZ, S. 361 Z.27 – 28, Z.33; ed. LAUER, S. 206, 207); vgl. noch Hist. Rem. eccl., l.II c.18: *abbates per omnem Galliam et Germaniam*; l.III c.21 (Ansegis von Sens) *apostolica vice per Gallias et Germanias* (edd. HELLER – WAITZ, S. 465 Z.27 – 28, 515 Z.31).

[355]) Vgl. oben Anm. 353 – 54 und oben S. 124 m. Anm. 227.

gebraucht werden kann, wobei die Rheingrenze jedoch auch dann gewahrt bleibt[356]. Von wesentlich höherer Bedeutung als für Flodoard ist *Gallia* für Richer, den schillerndsten Historiker des 10. Jahrhunderts[357], der wohl gerade deshalb das Interesse der Historiker – eher im Übermaß – auf sich gezogen hat[358]. Sein nur im Autograph[359] überliefertes Werk[360] ist im Mittelalter kaum einmal benutzt worden[361] und hat gerade auf die französische Geschichtsschreibung des Mittelalters so gut wie überhaupt nicht eingewirkt[362]. Das harte Urteil, das von vielen Historikern über Richer gefällt wurde[363], ist von der Sache her fraglos berechtigt: Richer bietet keine Geschichtsschreibung aufgrund der ihm bekannten Fakten, sondern eine Geschichts k o n s t r u k t i o n, der sich alle Fakten unterzuordnen haben[364]. Ohne ihn darum als „Lügner" oder „Sonderling" einstufen zu wollen[365], sei doch vor einer Überschätzung der Bedeutung Richers, die angesichts

---

[356] Annales ad an. 928: *Heinricus Germaniae princeps cum multitudine Germanorum Rhenum transiit* (ed. LAUER, S. 42). Heinrich belagert dann eine Burg an der Maas in Lothringen, das zum Ostreich gehörte; vgl. WAITZ, S. 120 und B – O 22a-b; Hist. Rem. eccl., l.IV c.36 (edd. HELLER – WAITZ, S. 590 Z.7) trennt zwischen *Lotharensium vel Germanorum presules*; vgl. SCHNEIDMÜLLER, Terminologie, S. 55 m. Anm. 39; s. auch oben S. 124 m. Anm. 230.

[357] Zum Leben Richers, dessen Todesdatum unbekannt ist, vgl. KORTÜM, S. 12 – 18. Man weiß von ihm nur, was er selbst in seiner „Historia" von sich berichtet.

[358] Vgl. die Lit. bei WATTENBACH – HOLTZMANN I³, S. 296 – 300 und ergänzend WATTENBACH – HOLTZMANN – SCHMALE, S. 89* sowie SCHNEIDMÜLLER, Tradition, S. 52 Anm. 23 und zuletzt KORTÜM, S. 1 Anm. 4.

[359] Paul LEHMANN: Autographe und Originale namhafter lateinischer Schriftsteller des Mittelalters (1920) in: Erforschung des Mittelalters (oben Anm. 333) S. 359 – 80, bes. S. 367 – 68; vgl. die folg. Anm.

[360] Staatsbibliothek Bamberg, Misc. hist. 5 (olim E.III. 3): in Bamberg nachweisbar seit dem 12. Jh., erst von G.H. Pertz 1833 wiederentdeckt; vgl. LATOUCHE, ed. cit., t.I, S. XII – XIV; SCHNEIDMÜLLER, Terminologie, S. 86 Anm. 225 ( – S. 87) und zuletzt KORTÜM, S. 8 – 9.

[361] Mit Sicherheit nur von dem in Bamberg wirkenden Frutolf und um 1500 von Abt Trithemius; vgl. KORTÜM, S. 9 m. Anm. 18 – 20 und Anm. 22.

[362] Benutzung durch Hugo von Flavigny ist zumindest wahrscheinlich, durch Aimoin von Fleury denkbar; vgl. KORTÜM, S. 9 – 10 m. Anm. 23 – 24 gegen die Bedenken von SCHNEIDMÜLLER, Terminologie, S. 87 m. Anm. 227 – 28; vgl. jetzt aber DERS., Nomen, S. 41 m. Anm. 34 ( – S. 42).

[363] Zuletzt wieder von KIENAST II, S. 487ff., wo sich der permanente Gebrauch der falsche Assoziationen bewirkenden Begriffe „Deutschland" und „Frankreich", „deutsch" und „französisch" in diesem Zusammenhang besonders störend bemerkbar macht; vgl. hierzu unten Kap. 4 § 3, S. 287ff.; vgl. noch unten S. 146 m. Anm. 369, S. 148 m. Anm. 386.

[364] Dies hat SCHNEIDMÜLLER, Terminologie, S. 81ff. gut herausgearbeitet, auch wenn der Ausdruck „darstellerische Freiheit": ebd. S. 81, entschieden zu verharmlosend ist; s. schon DERS., Tradition, S. 52ff.; ebd. S. 59 betont der Vf., daß Richer um so „sachlicher" berichte, je näher er der eigenen Zeit komme und sein Bericht somit leichter nachprüfbar werde; vgl. aber unten Kap. 9 § 2, S. 593 Anm. 292 (auf S. 594). Vgl. auch KORTÜM, S. 26 m. Anm. 62.

[365] Die „Phantasie eines Sonderlings" wird von SCHNEIDMÜLLER, Terminologie, S. 86, 88 – 89, abgelehnt; vgl. aber unten S. 146 m. Anm. 367.

des Mangels an Quellen naheliegt[366] und sich in einem ungebührlich regen Interesse an dem Werk eines politischen Außenseiters[367] – so wird man ihn wohl doch nennen müssen – niederschlägt[368], ausdrücklich gewarnt. Seine Sachaussagen sind da, wo er alleinige Quelle ist, mit größter Vorsicht zu behandeln[369], sein politischer Einfluß war null[370]. Hier interessiert nur seine Gallia-Terminologie – man sollte besser von einer Gallia-Ideologie sprechen[371] –, die für ihn zentrale Bedeutung hat. Als Repräsentant eines ang. französischen Nationalgefühls wird er uns erneut beschäftigen[372].

Schon die ersten Kapitel seiner „Historia" lassen Richer als gelehrigen Schüler Caesars und zugleich seinen „Gestaltungswillen"[373], lies: seinen Hang zur Konstruktion, erkennen: er gliedert zunächst die Welt in *Asia*, *Africa* und *Europa*, um daran die Dreiteilung der *Gallia* in eine *Belgica*, *Celtica* und *Aquitanica* anzuschließen, wobei die *Belgica* selbstverständ-

---

[366] Für die letzten Jahrzehnte des 10. Jh. in Westfranken bietet Richer die einzige zusammenhängende Darstellung; vgl. WATTENBACH – HOLTZMANN I³, S. 300. Von geradezu rührender Gutgläubigkeit ist BEZZOLA, S. 130ff.; vgl. dazu treffend KIENAST II, S. 490 Anm. 1372.

[367] Richer war einfacher Mönch in St-Remi und hat nie eine politische Rolle gespielt, es nicht einmal zum Abt gebracht. Dies mögen sich alle die vor Augen halten, die Autoren wie Richer eine repräsentative Funktion zubilligen und ganze Bücher über solche Einzelgänger schreiben, derweilen die wirklich wichtigen Historiker vernachlässigt werden; vgl. die folg. Anm. Den Versuch von SCHNEIDMÜLLER, Terminologie, S. 88 – 89, Richer vom „Verdikt als Einzelgänger" zu entlasten, halte ich nicht für geglückt; vgl. noch unten Anm. 370 und bes. S. 148 – 49 m. Anm. 387 – 90.

[368] Die Historiker scheinen sich, um ein Wort von Jakob Burckhardt aufzunehmen, mehr für Autoren, „die lustig zu lesen sind", als für nüchterne, politisch aber wohl informierte Persönlichkeiten zu interessieren, wodurch die Gewichtung des einzelnen Autors unweigerlich in Schieflage gerät: über Richer und Widukind will die Literatur kein Ende nehmen, aber wo ist eine modernen Ansprüchen genügende Arbeit über den „Continuator Reginonis", der allgemein mit Erzbischof Adalbert von Magdeburg identifiziert wird, oder Flodoard als Historiker? Karl HAUCK: Erzbischof Adalbert von Magdeburg als Geschichtsschreiber, in: Festschrift für Walter Schlesinger, hgg. von Helmut BEUMANN t.II (Köln-Wien 1973) S. 276 – 353, ist als ein begrüßenswerter Anfang zu werten. Man lese aber, wie in WATTENBACH – HOLTZMANN I³, S. 166, der Vf. sich geradezu entschuldigt, wenn er das Werk Adalberts „unbedenklich als die beste Reichsgeschichte dieser Zeit" bezeichnet und sich beeilt hinzuzufügen: „ohne damit den eigentümlichen Vorzügen (sic) Widukinds zu nahe zu treten"; s. schon oben Anm. 76. Der Historiker Flodoard kommt bei JACOBSEN, Flodoard, S. 13 – 87, entschieden zu kurz.

[369] Dies betonen schon WATTENBACH – HOLTZMANN I³, S. 299; s. zuletzt KORTÜM, S. 113, der bes. auf K.-F. WERNER in: HZ.190 (1960) S. 577, verweist; s. auch KIENAST II: oben Anm. 366.

[370] Vgl. oben Anm. 367. Richer erinnert mich etwas an die Außenseiterrolle eines Pierre Dubois, der in seiner Bedeutung ja gleichfalls gewaltig überschätzt wurde, doch da hat es die Forschung inzwischen gemerkt. Vgl. noch unten S. 148 m. Anm. 387.

[371] Vgl. bes. SCHNEIDMÜLLER, Terminologie, S. 82 – 84 und dazu unten im folgenden.

[372] Vgl. unten Kap. 4 § 3, S. 299 – 300 u.ö..

[373] So SCHNEIDMÜLLER, Terminologie, S. 74 und KORTÜM, S. 27.

lich nach Osten durch den Rhein begrenzt wird[374]. Insoweit bleibt Richer ganz im Rahmen des geographischen Weltbilds der Antike, doch schon die Beschreibung der inneren Begrenzungen der *Gallia* läßt zumindest im Fall der *Aquitania* die Benutzung Isidors von Sevilla erkennen[375]. Entscheidend ist jedoch der politische Aspekt dieses Gallia-Begriffs: Richer will gerade nicht, worauf SCHNEIDMÜLLER mit vollem Recht hinweist[376], eine „Histoire de France" schreiben[377] – nichts lag Richer ferner[378] –, sondern eine Geschichte der *Gallia* und der *Galli*[379], die es ihm erlaubte, mittels Ersetzung des *Francia* seiner Vorlage durch *Gallia*[380] den „Wirkungsbereich" des westfränkischen Königtums, über dessen tatsächlichen Umfang er sich keinen Illusionen hingegeben haben kann, in unglaublicher Weise auszuweiten. Ganz bewußt gebraucht Richer daher Termini wie *Francia, Franci* und auch die offiziellen Titel wie *rex Francorum, regnum Francorum* so wenig wie nur möglich[381]; auch *regnum Hlotarii* findet sich bei ihm nicht: Lothringen ist die *Belgica*, sonst nichts[382]. Er erfindet Titulaturen

---

[374] Richer, l.I cc.1 – 2 (ed. LATOUCHE, S. 6, 8); vgl. SCHNEIDMÜLLER, Terminologie, S. 74 – 76. Es ist daher konsequent, wenn Richer, l.III c.67, Otto II.: *regnum Germaniae cum Galliarum aliqua parte,* beherrschen läßt (ed. LATOUCHE II, S. 82); vgl. BRÜHL, Anfänge, S. 168; s. noch unten Anm. 383.

[375] Vgl. SCHNEIDMÜLLER, Terminologie, S. 75 m. Anm. 154 – S6; s. auch KORTÜM, S. 21 m. Anm. 21 – 22.

[376] Terminologie, S. 77.

[377] So der grundfalsche Titel der Ausgabe von Latouche; vgl. die folg. Anm.

[378] Irrig daher auch CLASSEN, Verträge, S. 251, der hier allerdings nur die Formulierung von WATTENBACH – HOLTZMANN I³, S. 298, aufnahm. Falsch dagegen KORTÜM, S. 20 m. Anm. 9, der sich zur Begründung dieser Auffassung auf Richers Prolog beruft: *bella a Gallis saepenumero patrata* (ed. LATOUCHE I, S. 4), was LATOUCHE, aaO., S. 5, denn auch prompt mit „la mémoire des nombreuses guerres...soutenues par les Français" übersetzt. Selten kann eine Übersetzung den Leser so in die Irre führen wie im Falle Richers; Beispiele dafür bei SCHNEIDMÜLLER, Terminologie, S. 77 Anm. 170; vgl. noch unten Anm. 383 und unten Kap. 3 § 3, S. 237 Anm. 388.

[379] In der Ausgabe von Latouche hat das Werk Richers keinen Titel: der von WAITZ in der Schulausgabe gewählte Titel „Historiarum libri IV" (nach Pertz) ist modernen Ursprungs: ed. in us. schol. (Hannover 1877²) S. XI. KORTÜM, S. 7ff., 19ff. geht auf diese Frage nicht ein, was man in einer Spezialuntersuchung wohl hätte erwarten dürfen; er zitiert: ebd. S. 9 Anm. 19, aber den heute verlorenen Codex des Trithemius nach dem Nachlaßverzeichnis als „Historia Gallorum Richeri monachi". Ohne behaupten zu wollen, daß dies der Originaltitel des Werks gewesen wäre, scheint er mir von der Sache her jedenfalls vorzuziehen.

[380] Vgl. SCHNEIDMÜLLER, Terminologie, S. 76 – 77 m. Anm. 166 – 69.

[381] Die Belege bei SCHNEIDMÜLLER, Terminologie, S. 78; vgl. schon oben S. 125 m. Anm. 236 – 37. Man beachte, daß *regnum Francorum* bei Richer insgesamt nur dreimal vorkommt: oben Anm. 237.

[382] Richer, passim; vgl. etwa l.II c.92:...*Chonradus dux cum exercitu ex tota Belgica, ab Ottone rege missus. Ludovicus vero rex cum exercitu de Belgica ducis terram ingreditur* (ed. LATOUCHE I, S. 282). Vgl. unten Kap. 4 § 3, S. 300 m. Anm. 373 – 74.

wie *dux Galliarum* oder *rex Gallorum*[383]. Karl d.K. erscheint geradezu als *Germanorum atque Gallorum imperator egregius*[384]. Genug der Beispiele, die deutlich zeigen, wie Richer den Gallia-Begriff im Interesse seiner Gallia-Ideologie historisch verzerrend einsetzt. Nun hat KORTÜM überzeugend dargelegt, daß Richer nicht nur Sagen- und Legendenstoffe in seiner Darstellung verarbeitete und sich gewisser epischer Klischees bediente, sondern sich ganz allgemein auf der Grenze zwischen epischer Dichtung und Geschichtsschreibung bewegt, wobei die poetisch-literarische Form häufig über die historische Aussage den Sieg davon trägt[385]. Dies ändert aber nichts an der Tatsache, daß die Geschichtsschreibung Richers, wie KIENAST zutreffend betont, einen „sehr bewußten politischen Zweck" verfolgt[386]. Das Mißtrauen des um die Rekonstruktion der Fakten bemühten Historikers ist darum um so mehr geboten.

SCHNEIDMÜLLER glaubte nun, daß es sich hier trotz mancher Eigenheiten Richers doch um „einen für seine Zeit repräsentativen Sprachgebrauch" handle und Richer lediglich „eine Tendenz, die bereits vorher zu beobachten ist", fortführe[387]. Dem kann ich nicht zustimmen: Richers Lehrer Gerbert gebraucht *Gallia* vorzugsweise für Lothringen[388]. Daß auch andere Autoren den geographischen Gallia-Begriff im Sinne Caesars

---

[383]) Vgl. etwa Richer, l.II c.2, c.39 (ed. LATOUCHE I, S. 126, 188) zu *dux (omnium) Galliarum*; l.II c.3; *Galliarum principes* (ed. LATOUCHE I, S. 128) u.ä.; in l.III c.67 ist Otto I. *Germanorum* und Lothar *Gallorum rex* und Otto II. herrscht über das *regnum Germaniae cum Galliarum aliqua parte* (ed. LATOUCHE II, S. 82): oben Anm. 374; selbst Hugo Capet und Robert II. sind ihm in l.IV c.95 einmal *Gallorum reges* (ed. LATOUCHE II, S. 304); vgl. SCHNEIDMÜLLER, Terminologie, S. 78–79; BRÜHL, Anfänge, S. 168; s. auch unten Anm. 398. KORTÜM, S. 48–49, macht aus einem *dux Francorum = Gallorum* natürlich einen „Herzog der Franzosen"; vgl. schon oben Anm. 378. Ein Blick in: KIENAST, Herzogstitel, S. 65ff., 76ff. hätte nicht geschadet. Vgl. auch unten Kap. 8 § 1, S. 490 Anm. 204.

[384]) Richer, l.I c.4 (ed. LATOUCHE I, S. 10); vgl. SCHNEIDMÜLLER, Terminologie, S. 80 m. Anm. 191; DERS., Nomen, S. 45.

[385]) KORTÜM, S. 22ff., 25ff.

[386]) KIENAST II, S. 489; abschwächend ebd. S. 489: „Daß bei Richers Änderungen kompositorische Absichten mitsprachen, braucht man nicht zu leugnen". Das trifft aber nicht den Kern der Sache. Die Ablehnung der Auffassung von BEZZOLA, S. 105ff. bei KIENAST II, S. 490 m. Anm. 1372, bleibt darum nicht minder richtig. Vgl. noch unten Kap. 4 § 3, S. 300 m. Anm. 376–78.

[387]) SCHNEIDMÜLLER, Terminologie, S. 86, 88; vgl. DERS., Nomen, S. 276–77.

[388]) Vgl. oben S. 139 m. Anm. 318.

anwenden[389], beweist absolut nichts[390], denn niemand – und das gibt auch SCHNEIDMÜLLER zu – verbindet diesen Gallia-Begriff mit einer politischen Gallia-Konzeption, die auch nur entfernt mit der Richers verglichen werden könnte[391], so daß Richer eben doch der völlige Außenseiter ist, als den ich ihn oben bezeichnet habe. *Gallia* war auch keineswegs in aller Munde: bei Helgald oder Ademar von Chabannes etwa sucht man Begriffe wie *Gallia* und *Germania* vergebens. Dabei soll nicht unerwähnt bleiben, daß die *Galliarum patria* einmal in einer Urkunde König Roberts II. erwähnt wird[392], doch steht auch hier der allgemeine geographische Bezug so wenig außer Zweifel wie bei den *gentes Galliarum* in einer Urkunde Herzog Richards II. von der Normandie[393]. Von einem festen Kanzleigebrauch kann in beiden Fällen keine Rede sein[394]. Nicht unerwähnt bleibe, daß *Gallia* oder *Galliae* in burgundischen „chartae" des 10. Jahrhunderts wohl im Hinblick auf Lyon als des ehemaligen Kultzentrums der antiken *Gallia* auf das Königreich Burgund bezogen wird[395]. Auf weitere Beispiele für den Gebrauch von *Gallia* und *Germania* bei westfränkischen Autoren des 10. Jahrhunderts möchte ich verzichten und mich nun den ostfränkischen Autoren dieses Zeitraums zuwenden.

Geschichtskonstruktionen der monströsen Art Richers finden sich bei Widukind zwar nicht, doch steht er diesem an Voreingenommenheit der Berichterstattung kaum nach. Die Begriffe *Gallia* und *Germania* spielen in diesem Zusammenhang allerdings keine Rolle. In der Regel bezeichnet

---

[389]) Etwa Rodulfus Glaber, l.II c.4: *in infimis Galliarum partibus... situs regionis Galle quadra...locatione* (ed. PROU, S. 30); l.II c.15: *Quod prodigium pene homines universos qui videre infra Gallias terruit* (ed. PROU, S. 42); häufig die Wendung: *tam in Italia quam in Galliis* o.ä.: l.I c.5; l.II c.1, c.13; l.III c.1 u.ö. (ed. PROU, S. 6, 26, 40, 51). Vgl. bes. SCHNEIDMÜLLER, Nomen, S. 64 m. Anm. 7–9; DERS., Terminologie, S. 88 m. Anm. 231; zu den „Miracula s. Genulfi" vgl. ebd. S. 88 Anm. 230; s. noch ebd. S. 89. Zu Rodulf Glaber vgl. PROU, ed. cit., S. V–XI.

[390]) Erst recht natürlich nicht, ob es in Westfranken/Frankreich vielleicht eine Abschrift des Werks Richers gegeben haben könnte, was noch nicht einmal sicher ist; vgl. oben S. 145 m. Anm. 360–62.

[391]) Vgl. SCHNEIDMÜLLER, Terminologie, S. 88: „Der starke Gallia-Bezug, der bei Richer freilich in dieser Form einzigartig ist...".

[392]) NEWMAN, Nr. 31 (1008 Mai 17); vgl. SCHNEIDMÜLLER, Nomen, S. 39 m. Anm. 24, der ebd. Anm. 23 noch NEWMAN, Nr. 41 (1015, nach Okt. 15) zitiert, wo es heißt: *nos Gallica liberalitas ad regni provexit fastigia*; vgl. unten Anm. 395.

[393]) FAUROUX, Nr. 42, S. 147 (ca. 1015–1026).

[394]) NEWMAN, Nr. 41, ist auf jeden Fall Empfängerausfertigung: ebd. S. 53; für Nr. 31 (Or.) möchte ich dies nicht ausschließen. Allgemein s. SCHNEIDMÜLLER, Nomen, S. 39.

[395]) Vgl. dazu zahlreiche Belege: unten § 3, S. 178 m. Anm. 606.

*Gallia* bei Widukind das Westfrankenreich[396] und *Germania* Ostfranken[397], doch ist *Gallia* für ihn mehrfach der Name für das linksrheinische Gebiet oder für Lothringen[398], wie das auch bei Ruotger der Fall ist[399]. Der „Continuator Reginonis" gebraucht *Germania* überhaupt nicht, *Gallia* einmal wohl im Sinne von Westfranken[400], wobei er in anderem Zusammenhang sogar von der *Gallia Romana* spricht[401], was beweist, daß ihm der Rhein als Grenze zwischen *Gallia* und *Germania* vertraut war[402]. Liudprand von Cremona nennt Kaiser Karl III., dem er irrig den Beinamen *Calvus* gibt, einmal *rex Galliae*, wobei er unter *Gallia* zweifellos das Westfrankenreich verstanden hat[403]. Das ist aber auch schon die gesamte Aus-

---

[396] So eindeutig Widukind, l.I c.33; l.II c.39; l.III c.50, c.55, c.59 (ed. HIRSCH, S. 46 Z.9 – 10, 99 Z.12, 118 Z.6 – 7, 135 Z.10 – 12, 136 Z.8 – 10): B – O 10a, 139b, 237f, 240m; vgl. LEYSER, S. 41 – 42.

[397] Widukind, l.I c.29; l.III c.10, c.73 (ed. HIRSCH, S. 42 Z.1 – 2, 109 Z.20 – 21, 150 Z.2 – 3).

[398] Widukind, l.I c.27, c.34, c.39; l.III c.75 (ed. HIRSCH, S. 40 Z.12 – 13, 48 Z.12 – 13, 58 Z.11 – 12, 152 Z.6 – 8); zumindest in l.I c.34 und l.III c.75 muß Lothringen gemeint sein; vgl. aber B – O 549a; s. auch BEUMANN, Widukind, S. 226 – 27 m. Anm. 1; vgl. schon VIGENER, S. 119 – 20; LUGGE, S. 142. Vgl. auch Ann. Prum. ad an. 911: *Item Ungari totam Orientalem Frantiam devastantes necnon et partem Gallie, que citra Renum est* (ed. BOSCHEN, S. 82).

[399] Ruotger, c.24, c.37 (ed. OTT, S. 25 Z.5 – 6, 37 Z.7 – 8); in c.37 ist eindeutig Lothringen gemeint: oben Anm. 315.

[400] Cont. Regin. ad an. 946 (ed. KURZE, S. 163): B – O 139a-b. Unsicher ist die Bezeichnung ad ann. 932, 954 (ed. KURZE, S. 158, 168), wo es beide Male von den Ungarn heißt, daß sie *Rheno transito* die *Gallia* verwüsteten. Die Unsicherheit basiert auf der Tatsache, daß in beiden Fällen Lothringen und Westfranken betroffen waren, wobei der Cont. den Einfall von 937 irrig in das Jahr 932 setzt; vgl. B – O 43a, 63b-c, 237b und Flodoard, Annales ad h.ann. (ed. LAUER, S. 65 – 66, 137 – 38); vgl. unten mit Anm. 402. Die Ann. Augienses ad an. 926 berichten dagegen: *Ungari totam Franciam, Alsatiam, Galliam atque Alemanniam...vastaverunt* (ed. v. ARX, S. 68): B – O 12e (S. 14). Hier bezeichnet *Gallia* eindeutig Westfranken, ebenso ad an. 932: *Ungari per orientales Francos et Alemanniam...regnum Galliae devastaverunt...*(ed. v. ARX, S. 69): B – O 43b.

[401] Cont. Regin. ad an. 939: *Ludowicus rex Galliae Romanae* (ed. KURZE, S. 160); *Romanae* ist Zusatz Adalberts; s. Ann. Augienses ad h.an.: *Ludowicus, rex Galliae, invasit Alsatiam* (ed. v. ARX, S. 69); vgl. ebd. ad an. 875:...*Karolus, rex Galliae, Romam pervenit* (ed. v. ARX, S. 68).

[402] Eine bis zum Rhein reichende *Gallia* darf wohl schon aus der Formulierung ad ann. 932, 954: oben Anm. 400, erschlossen werden. Die Wendung: *Gallia Romana*, läßt erkennen, daß der Continuator eben nicht die gesamte *Gallia* für eine *Gallia Romana* hält, ohne daß *Gallia* = Lothringen gesetzt werden dürfte, denn dafür gebraucht er regelmäßig *Lothariense regnum*: oben Anm. 76. Auch hier hat *Gallia* also eine eindeutig geographische Bedeutung, die ebenso ad an. 946 unbeschadet des Feldzugs gegen Hugo nicht ausgeschlossen werden kann.

[403] Antapodosis, l.I c.14:...*rex Galliae Karolus, qui cognominatus est Calvus, praesentem moriendo mutavit vitam* (ed. BECKER, S. 16 Z.21 – 23). Die Verwechslung mit Kaiser Karl d.K. ist offenkundig, auch wenn nach dem Kontext nur Karl III. gemeint sein kann, auf den die Titulatur *rex Galliae* denkbar schlecht paßt.

beute[404]. Ähnlich dürftig ist es um Thietmar bestellt, der im Anschluß an Widukind zweimal von *Germania* spricht, das Wort im übrigen aber nicht mehr erwähnt[405]; sein Zeitgenosse Constantin von Metz unterscheidet dagegen sorgsam zwischen der Herrschaft Heinrichs II.: *in tota Germania quae citra Hrenum est, et in Lotharii regno, quod cis Rhenum est*[406]. Wenig ergiebig ist daneben Wipo, der Konrad II. *in Gallias Francorum* ziehen läßt[407].

Ich verzichte auf weitere Belege für *Gallia* und *Germania* in dem üblichen antik-geographischen Sinn für die Lande links und rechts des Rheins: diese Bedeutung ist das ganze Mittelalter hindurch geläufig, und zwar sowohl in Deutschland als auch in Frankreich[408]. Ebenso bleibt die Bedeutung *Germania* = Deutschland, *Gallia* = Frankreich in beiden Ländern lebendig, ohne daß es hierzu vieler Belege bedürfte, auch wenn ich einräume, daß dieser Wortgebrauch vor dem Humanismus nicht gerade häufig ist[409]. Schließlich mag die Verwendung von *Gallia* u n d *Germania* für Ostfranken – leicht verständlich als Kombination der beiden geographischen Begriffe – der Kürze willen außer Betracht bleiben[410]. In hohem Maße ungewöhnlich ist dagegen die Bezeichnung *Gallia* auch für die rechtsrheinischen Lande, d.h. also für Deutschland[411]. Obwohl nicht eigentlich zum Thema gehörig, seien hier doch einige ausgewählte Belege vorgestellt, wobei allerdings zu beachten ist, daß nicht alle von LUGGE angeführten Bei-

---

[404]) Ohne Bedeutung sind die *Galli Allobrogi*, wie er die Burgunder nennt: Antapodosis, l.III c.45 (ed. BECKER, S. 98 Z.5 – 8) und die *Germania* in klassischem Kontext in: Legatio, c.40 (ed. BECKER, S. 197 Z.12 – 13).

[405]) Chronicon, l.II c.7, c.15 (ed. HOLTZMANN, S. 46 Z.24 – 25, 56 Z.19 – 20); *Gallia* kommt bei ihm überhaupt nicht vor und findet sich in der Bedeutung Westfranken bzw. Frankreich nur in der Corveyer Bearbeitung des 12. Jh.: Chronicon, l.VI c.83, l.VII c.75 (ed. HOLTZMANN, S. 375 Z.14, 491 Z.26 – 29). Vgl. LUGGE, S. 142 und oben Anm. 184.

[406]) Vita Adalberonis, c.15 (ed. PERTZ, S. 663 Z.23 – 25). Durch den Passus: *ad regnandum quidem, necdum ad imperandum*, ist die Stelle auf die Zeit vor Heinrichs Kaiserkrönung (1014) zuverlässig datiert.

[407]) Gesta Chuonradi, c.31: *imperator cum exercitu...super Uodonem comitem in Gallias Francorum venit...Tunc in regno Heinrici regis Francorum...* (ed. BRESSLAU, S. 50 Z.14 – 15, Z.18). Vgl. unten Kap. 10 § 3, S. 672 Anm. 486.

[408]) Vgl. VIGENER, S. 119; LUGGE, S. 123, 130 – 31, 140, 216 u.ö.

[409]) Einige Belege bei VIGENER, S. 119 – 36; LUGGE, S. 140 – 45; W. MÜLLER, S. 452 – 53, der die relative Seltenheit des Vorkommens von *Germania* betont.

[410]) Hierzu vgl. LUGGE, S. 123ff., bes. S. 130, die fast ausschließlich Quellenmaterial des 9. – 10. Jh. behandelt, auf das hier bereits eingegangen wurde. Im 11. – 12. Jh. wird diese Verbindung zur Bezeichnung Deutschlands nicht mehr gebraucht.

[411]) Vgl. LUGGE, S. 132 – 40, der die folgenden Beispiele entnommen sind; s. aber schon VIGENER, S. 142 – 47.

spiele einschlägig sind[412]. Folkwin nennt Otto I. *rex Orientalis Galliae*, Constantin von Metz Herzog Friedrich I. von Oberlothringen *Galliae Medianae dux*[413]. Gerade solche Bezeichnungen veranlaßten LUGGE zu der begründeten Vermutung, daß die Ausweitung der *Gallia* auf rechtsrheinische Gebiete wohl von Lothringen ausgegangen sein dürfte[414]. Thangmar spricht von den *occidentales Galli* und meint damit die Flandrer[415], so daß also parallel zu *Francia* von einer *Gallia Orientalis, Mediana* und *Occidentalis* gesprochen werden kann[416]. Lampert von Hersfeld gebraucht *Gallia* mehrfach im Sinn von Deutschland[417]. Eine Lütticher Chronik des 13. Jahrhunderts weiß zu 1019 zu berichten, daß Papst Benedikt VIII.: *ab imperatore...invitatus in Gallias venit*[418]. Auf italienische Belege gehe ich im einzelnen nicht mehr ein[419]. Charakteristisch ist Benedikt von S. Andrea, der das Heer Arnulfs: *verum etiam a Baiuariorum, gens Galliarum*, zusammengesetzt sein läßt[420], doch gebraucht Benedikt *Gallia, Galliae* auch sonst gelegentlich für das Reich Ottos I.[421]

---

[412] Insbesondere nicht LUGGE, S. 134 m. Anm. 250, wo der *rex Galliarum* gerade nicht Heinrich III., sondern Heinrich I. von Frankreich meint! Vgl. noch unten Anm. 415.

[413] Folkwin, Gesta abbatum S. Bertini, c.109: *gloriosus Otto rex Orientalis Galliae advenerat* (ed. PERTZ, S. 631 Z.1–2): B–O 248a. Die Stelle ist um so bemerkenswerter, als wenige Zeilen später der Tod Ludwigs IV. mit den Worten berichtet wird: *gloriosissimus rex Francorum occidentalium Hludowicus decessit a seculo* (ed. PERTZ, S. 631 Z.13); Constantin, Vita Adalberonis, c.1: *patre Friderico, ...Galliae Medianae dux...* (ed. PERTZ, S. 659 Z.36–37). Zu Constantin von Metz vgl. WATTENBACH–HOLTZMANN I³, S. 184.

[414] LUGGE, S. 133.

[415] Thangmar, Vita Bernwardi, c.41: *occidentalibus Gallis rem publicam infestantibus* (ed. PERTZ, S. 775 Z.49): B–G 1644a (zu 1007). Zu Thangmar vgl. WATTENBACH–HOLTZMANN I³, S. 60–61 und WATTENBACH–HOLTZMANN–SCHMALE, S. 24*. Auch Otto von Freising, Gesta Friderici, l.II c.3 (edd. WAITZ–v. SIMSON, S. 104 Z.25) spricht von der *Occidentalis Gallia*, im Sinne von Frankreich; vgl. ebd. l.I c.40 (edd. WAITZ–v. SIMSON, S. 59 Z.6).

[416] Vgl. LUGGE, S. 140 und oben S. 140 m. Anm. 321.

[417] Lampert gebraucht *Gallia* allerdings nicht ausschließlich im Sinn von Deutschland, sondern bezeichnet damit gelegentlich auch den Raum Lothringen/Rheinfranken; vgl. aber etwa Annales ad an. 1063: *rex Heinricus* (IV.) *Ungariam cum exercitu ingressus...in pace remeavit ad Gallias* (ed. HOLDER-EGGER, S. 88 Z.9–13); 1064 pilgern Erzbischof Sigfrid von Mainz, die Bischöfe Gunthar von Bamberg, Otto von Regensburg und Wilhelm von Utrecht nach Jerusalem: *item alii quamplures columnae et capita Galliarum* (ed. HOLDER-EGGER, S. 92 Z.25–29); 1077 will Gregor VII. nach Augsburg reisen: *Igitur papa, dum in Gallias properaret...* (ed. HOLDER-EGGER, S. 288 Z.31). Vgl. VIGENER, S. 144–45; LUGGE, S. 134 m. Anm. 251.

[418] Rupert von Lüttich, c.19 (ed. WATTENBACH, S. 268 Z.46–47). Nach meiner Kenntnis hat Benedikt VIII. Lothringen nicht besucht; vgl. J.–L.I, S. 510–11 und HIRSCH III, S. 159ff.

[419] Hierzu s. LUGGE, S. 134–35. Dort nicht erwähnt ist u.a. das Chronicon Salernitanum, c.169, c.174 (ed. WESTERBERGH, S. 172 Z.15–16, 177 Z.22).

[420] Chronicon (ed. ZUCCHETTI, S. 162 Z.5–6).

[421] Vgl. noch Chronicon (ed. ZUCCHETTI, S. 176 Z.4–5, 179 Z.2). Auf die historische Korrektheit der Aussage kommt es hier nicht an; interessant ist auch die als Einheit aufzufassende Wendung: *in Gallias et in Saxonicum regnum* (ed. ZUCCHETTI, S. 175 Z.1).

Ich halte inne und fasse zusammen: *Gallia* und *Germania* haben bis hin zu den Humanisten ihre antike, zunächst rein geographisch aufzufassende Bedeutung beibehalten[422], doch ist seit dem 9. Jahrhundert eine Angleichung an den Francia-Begriff festzustellen, der die klare geographische Bedeutung verwischt. Beide Wörter k ö n n e n nun auch im Sinne von Ost- und Westfranken, von Deutschland und Frankreich gebraucht werden, was natürlich erheblich zur Verwirrung der Begriffe und der Geister beigetragen hat. Es ist einsichtig, daß weder *Gallia* noch *Germania* irgendwelche Datierungskriterien für die Ausbildung Deutschlands und Frankreichs liefern können, denn selbst im Späten Mittelalter ist die antik-geographische Bedeutung noch nicht vergessen und wird im Humanismus unter weitgehend politischen Vorzeichen erneut aktuell[423].

Mit Bedacht habe ich bisher die Herrschertitel sowohl in der Selbst- als auch in der Fremdaussage aus der Betrachtung ausgespart. Ihnen gilt mein Interesse im dritten und letzten Abschnitt.

§ 3: Die Intitulatio *rex* oder *rex Francorum*. Gentile Königstitel im Frankenreich. Titulaturen der Frankenkönige.

Die Intitulatio[424] des Frankenkönigs lautet, seitdem sie für uns faßbar wird[425], *rex Francorum* ohne weiteren Zusatz[426]. Die in der Forschung gelegentlich noch immer vertretene Behauptung, der Frankenkönig habe die römische Amtsbezeichnung eines *vir inluster* geführt[427], ist schlechter-

---

Vgl. noch die ca. 1084 in Ravenna entstandene Fälschung auf den Namen Leos VIII.: *Cumque imperator* (scil. Otto I.) *in partes Gallię secessisset:* ed MÄRTL, S. 186 Z.85; Const. I, Nr. 449 c.14 (S. 668 Z.39 – 40): J. – L. † 3705; B – Z † 368; zur Datierung s. auch B – Z † 352 (S. 138); s. auch unten Kap. 3 § 2, S. 213 m. Anm. 235.

[422] Vgl. oben S. 130ff. und LUGGE, S. 208ff., 216ff.

[423] Vgl. oben S. 73; s. auch LUGGE, S. 144.

[424] Ich gebrauche „Intitulatio" im Sinn der herrscherlichen Selbstaussage; vgl. WOLFRAM I, S. 9ff., 21ff.

[425] Das älteste merowingische Original datiert von 625, die glaubwürdige Kopialüberlieferung führt noch etwa 25 – 30 Jahre weiter zurück; aus dem 6. Jh. sind keine echten Königsdiplome überliefert; vgl. TESSIER, Diplomatique, S. 6 – 7, 17; s. schon BRESSLAU II/2, S. 486 – 90. Zu den Kapitularien und Briefen, die in das 6. Jh. zurückreichen – allerdings in jüngerer Überlieferung – , vgl. WOLFRAM I, S. 108 m. Anm. 2 – 4 und zuletzt BRÜHL, Urkunden, S. 477 m. Anm. 9.

[426] So etwa WOLFRAM I, S. 108, 112 u.ö.; vgl. ebd. S. 77 – 78, 84 – 87; vgl. auch BRÜHL, Urkunden, S. 483 m. Anm. 56.

[427] Die Diskussion in der Forschung zu diesem Thema will nicht abreißen; vgl. die Zusammenstellung der Lit. bei TESSIER, Diplomatique, S. 22 Anm. 2, dessen eigene Darlegungen:

dings absurd, wenn man bedenkt, daß der Langobardenkönig ein *vir excel-lentissimus*, der Burgundenkönig ein *vir gloriosissimus* war[428]. Die vor-übergehende Übernahme des Vir-inluster-Prädikats unter Pippin, Karl-mann und Karl d.Gr.[429] erklärt sich zwanglos aus dem Umstand, daß Pip-pin ja ursprünglich Hausmeier im Rang eines *vir inluster* gewesen war[430] und diese Würde in Unkenntnis ihres relativ niedrigen Ranges beizubehal-ten wünschte[431], bis Karl d.Gr. nach den Erfahrungen des Italienzugs von 774 den *vir inluster*, der in Italien jedem Gastalden zustand[432], ablegte[433] und sich stattdessen *rex Francorum et Langobardorum*[434], häufig mit dem Zusatz: *ac patricius Romanorum*, nannte[435].

Diese Intitulatio behielt er bei bis zu der – zumindest in ihrer tatsäch-lich erfolgten Form – unerwünschten Kaiserakklamation des Weih-nachtstages 800[436]. Auf den komplizierten Kaisertitel Karls ist hier nicht einzugehen[437]. Auch die weitere Entwicklung des Kaisertitels interessiert

---

ebd. S. 22 – 26, viel zu unentschlossen sind und nur die verschiedenen Thesen referieren. Ausführliche Darstellung auch bei WOLFRAM I, S. 116 – 27, der sich mit Recht ablehnend äußert; s. zuletzt BRÜHL, Urkunden, S. 483 m. Anm. 60.

[428]) Hierzu vgl. WOLFRAM I, S. 64 – 65, 87 und BRÜHL, Urkunden, S. 483 m. Anm. 58 – 59.

[429]) Pippin: DD Karol. I, Nr. 1 – 4, 6 – 10, 12 – 16, 18, 21 – 28 (752 März 1 – 768 Sept. 23); Nr. 5, 11, 17, 19 – 20, 29 – 30 (ann. 752 – 768); Karlmann: ebd. Nr. 43 – 53 (769 Jan. – 771 Dez.); Karl: ebd. Nr. 55 – 79 (769 Jan. 13 – 774 Febr. 19); vgl. TESSIER, Diplomatique, S. 85 und bes. WOLFRAM I, S. 209ff., 213ff. sowie unten mit Anm. 433.

[430]) Vgl. WOLFRAM I, S. 141 – 45.

[431]) Es ist mir unbegreiflich, wie TESSIER, Diplomatique, S. 25, in der Tatsache, daß der ehem. Hausmeier Pippin sich *vir inluster* nannte, „une difficulté sérieuse" für die Intitu-latio der Merowingerkönige erblicken konnte.

[432]) Vgl. WOLFRAM I, S. 218 m. Anm. 7; BRÜHL, Urkunden, S. 483 Anm. 60.

[433]) Zuerst in DD Karol. I, Nr. 80 (774 Juni 5): B – M² 165, endgültig aber erst mit DD Karol. I, Nr. 103 (775 Aug. 3): B – M² 192; vgl. TESSIER, Diplomatique, S. 86 m. Anm. 2 und bes. WOLFRAM I, S. 218 – 19.

[434]) So gleichfalls erstmals in DD Karol. I, Nr. 80: oben Anm. 433; vgl. unten S. 155 m. Anm. 447.

[435]) Das älteste Beispiel ist DD Karol. I, Nr. 81 (774 Juli 16): B – M² 167; vgl. TESSIER, Diplomatique, S. 85 – 86 und bes. WOLFRAM I, S. 225ff. Vgl. auch unten Kap. 8 § 2, S. 505 m. Anm. 330.

[436]) Hierzu vgl. BRÜHL, Krönungsbrauch, S. 393 – 98, was den „krönungstechnischen" Ablauf anbelangt; an dieser Darstellung halte ich fest; abzulehnen ist jedenfalls Karl-Josef BENZ: „Cum ab oratione surgeret". Überlegungen zur Kaiserkrönung Karls des Großen, in: DA. 31 (1975) S. 337 – 69, bes. S. 364 – 65, mit ganz abwegigen Thesen. Allgemein vgl. unten Kap. 8 § 2, S. 502 – 03.

[437]) Ausführlich dazu WOLFRAM II, S. 19 – 52; vgl. noch ebd. S. 53ff. und zuletzt BEUMANN, König, S. 40 – 42. Vgl. noch unten Kap. 8 § 2, S. 505 – 06.

nicht[438]; festzuhalten bleibt nur, daß bis in die Zeit der Ottonen[439] der Kaisertitel ohne gentilen Zusatz gebraucht wird, also weder *imperator Romanorum* noch *imperator Francorum*, sondern einfach *imperator augustus*[440]. Die einzige Ausnahme, der Brief Kaiser Ludwigs II. an Basilios I., der im „Chronicon Salernitanum" überliefert ist[441], blieb in seiner Echtheit nicht unbestritten[442]. Nur hier nennt Ludwig sich: *imperator augustus Romanorum*, während er Basilios als *imperator Nove Rome* anredet[443]. Schon das nachgestellte *Romanorum* macht stutzig[444], und ich gestehe, daß ich von der Authentizität des Schreibens in seiner überlieferten Form nicht überzeugt bin[445]. Doch wie immer man die Echtheit dieses Schreibens beurteilen will, so steht doch außer Zweifel, daß es sich nicht um ein Produkt der Kanzlei Ludwigs II. handelt[446].

Die Verbindung von *rex Francorum* mit *rex Langobardorum* findet sich im 9. Jahrhundert nur für Karl d.Gr.: keiner seiner Nachfolger hat jemals diesen Titel geführt[447]. Die in Italien als Unterkönige eingesetzten Pippin

---

[438]) Vgl. WOLFRAM II, S. 78ff. und unten Kap. 8 § 2, S. 509 – 10, 518.
[439]) Vgl. unten S. 167 m. Anm. 525 – 26.
[440]) Vgl. WOLFRAM II, S. 78, der betont, „daß alle Abweichungen davon (scil. von dem karoling. Titeltypus VIIa) als Sonderformen eingestuft und getrennt behandelt werden müssen"; vgl. noch ebd. S. 96 – 97 u.ö.; s. auch BEUMANN, König, S. 43 – 44.
[441]) Chronicon Salernitanum, c.107 (ed. WESTERBERGH, S. 107 – 21): B – M² 1247.
[442]) In der deutschen Forschung galt der Brief stets als echt; mit seinem bewundernswerten quellenkritischen Instinkt schrieb aber WAITZ V², S. 86 Anm, 2, schon 1893: „Die Echtheit, gegen die sich wohl Zweifel regen könnten(!), gilt als sicher". Ihm selbst war sie das also keineswegs. Auch in der französischen Forschung war man z.T. skeptisch; vgl. etwa Arthur KLEINCLAUSZ: La lettre de Louis II à l'empereur Basile le Macédonien, in: MA. 17 (1904) S. 45 – 53, der den Brief für eine Fälschung des Anastasius Bibliothecarius um 879 hielt; dagegen aber GAY, S. 84 – 88; s. auch HARTMANN III/2, S. 306 – 07 Anm. 26 und Ernst PERELS: Nikolaus I. und Anastasius Bibliothecarius (Berlin 1920) S. 238 Anm. 5 ( – S. 239); vgl. ferner EGGERT, Auffassung, S. 60 Anm. 76 mit weiterer Lit.; ergänzend s. noch ARNALDI, S. 121 m. Anm. 54 und zuletzt B – Zi 325.
[443]) c.107 (ed. WESTERBERGH, S. 107 Z.29 – 32).
[444]) Das findet auch GAY, S. 84, 88 und ist ein Hauptargument für KLEINCLAUSZ (oben Anm. 442) S. 48 – 49; vgl. aber WOLFRAM II, S. 90 – 91.
[445]) Ohne diese Frage hier vertiefen zu können, möchte ich zumindest eine „Bearbeitung" dieses ohnehin ja ungewöhnlich langen Dokuments im 10. Jh. annehmen. Es drängt sich mir der Eindruck auf, als ob der Brief in seiner vorliegenden Gestalt widerspiegelt, wie man sich im 10. Jh. in Salerno wünschte, daß Ludwig II. dem Basileus hätte schreiben sollen.
[446]) Auch GAY, HARTMANN und PERELS: oben Anm. 442, räumen ein, daß der Brief zumindest von Anastasius Bibliothecarius geschrieben sein dürfte; s. auch B – Zi 325. Vgl. unten Kap. 8 § 2, S. 509 m. Anm. 362.
[447]) Vgl. WOLFRAM I, S. 219. Zu der völlig singulären Intitulatio Karls in: DD Karol. I, Nr. 196 (801 März 4): *rex Francorum et Romanorum adque Langobardorum* (S. 264 Anm. a): B – M² 371, vgl. WOLFRAM I, S. 235 und FICHTENAU, Datierungen S. 250 – 52 sowie unten Kap. 8 § 2, S. 505 m. Anm. 331 – 33.

(781–810), Bernhard (812–817) und Ludwig II. (844–850) nannten sich alle, soweit dies die dürftigen Quellen erkennen lassen[448], *rex Langobardorum*[449], während das *regnum* in den zeitgenössischen Quellen meist als *regnum Italiae* erscheint[450]. Lothar I., der 822–825, 829(830)–833 und 834–840 praktisch selbständig über Italien herrschte[451], war bereits seit 817 Kaiser und führte daher zunächst den Titel: *Hlotharius augustus invictissimi domni imperatoris Hludowici filius*, ab 833 den auch nach der Rückverbannung nach Italien nicht mehr abgelegten Titel des Vaters: *Hlotharius divina ordinante providentia imperator augustus*[452]. Der einzigartige Titel Karls d.Gr. könnte mit P.S. LEICHT als eine gegenüber den langobardischen Großen 774 eidlich eingegangene Verpflichtung Karls gedeutet werden, die Langobarden als ein zweites Staatsvolk anzuerkennen[453], eine Verpflichtung, die mit Karls Tod erloschen wäre und schon bei den

---

[448] Weder von Pippin noch von Bernhard oder Ludwig II. (vor der Kaiserkrönung von 850) sind Königsurkunden überliefert: EITEN, S. 24–25, 55–56, 147. Auch die Kapitularien sind für die Titelfrage weitgehend unergiebig; s. aber die folg. Anm.

[449] DD Karol. I, Nr. 187 (799 Febr. 2): *filius noster Pipinus, rex Langobardorum* (S. 251 Z.25): B – M² 348; dto. Nr. 202 (803 Nov. 17) S. 271 Z.20: B – M² 405 und Capit. I, Nr. 91: *complacuit nobis Pipino...regi gentis Langobardorum* (S. 191 Z.27–28); vgl. EITEN, S. 24 m. Anm. 3; LEICHT, S. 223; WOLFRAM I, S. 220–21; FICHTENAU, Datierungen, S. 248 m. Anm. 34–35, 250; CLASSEN, Thronfolge, S. 213 m. Anm. 45–47. Auch Bernhard wird in „chartae" gelegentlich als *rex Langobardorum* bezeichnet; so nennt ihn auch das Chronicon Moiss. ad an. 814: *Et venit ad eum* (scil. Ludwig d. Fr.) *Bernardus, filius Pippini, rex Langobardorum...* (ed. PERTZ, S. 311 Z.19–20); vgl. LEICHT, S. 224 m. Anm. 15; FICHTENAU, Datierungen, S. 266 m. Anm. 3–4. Daß eine Intitulatio *rex Italiae* nicht existiert, betont treffend ARNALDI, S. 105 Anm. *; vgl. aber unten Anm. 450, 479, 481. LEICHT, S. 224ff. mißt der Unterscheidung von Selbst- und Fremdaussage nicht die nötige Bedeutung bei; ebd. S. 225–26 m. Anm. 16–20 lies: Eiten, statt: Eitel. Vgl. noch unten Anm. 451. Zu Bernhard von Italien vgl. bes. unten Kap. 6 § 2, S. 373 m. Anm. 121.

[450] So schon in DD Karol. I, Nr. 132 (781 März 15): *regnum a Deo nobis concessum et datum Italie* (S. 182 Z.31, auch S. 183 Z.15): B – M² 235; Nr. 187 (799 Febr. 2): *de regno nobis a Deo concesso Italiae* (S. 251 Z.24): B – M² 348. Vgl. auch Capit. I, Nr. 105 c.3:...*de regno Italiae pertinentibus* (S. 216 Z.13): Zuweisung unsicher, und bes. die „Ordinatio imperii", c.17: Capit. I, Nr. 136, S. 273 Z.11; s. auch WERNER, Hludovicus, S. 44 Anm. 142. Vgl. aber auch DD Karol. I, Nr. 93 und Nr. 125: oben Anm. 4. Von den: *antecessores nostri reges Italiae*, war schon im „Capitulare Italicum" von 801 die Rede gewesen: Capit. I, Nr. 98, S. 205 Z.1; vgl. LEICHT, S. 222, 224 und bes. WEISERT, S. 30 m. Anm. 43; allgemein s. BRÜHL, Fodrum, S. 393 m. Anm. 112.

[451] Vgl. EITEN, S. 73–95, bes. S. 74–75, 78, 87–89, 93–95.Lothar führte zu keinem Zeitpunkt den Titel eines *rex Langobardorum*, wohl aber Ludwig II. in den Jahren 844–850; s. EITEN, S. 76 m. Anm. 5, 145 m. Anm. 3; FICHTENAU, Datierungen, S. 268 m. Anm. 14. Als *rex Langobardorum* bezeichnet ihn der L.P., Vita Sergii II, c.13 (ed. DUCHESNE II, S. 89 Z.7): B – M² 1115a und bes. VOLPINI, Nr. 3 (847 Mai 12) S. 286 Z.7–8. Diesem von Manaresi übersehenen Placitum kommt auch insofern besondere Bedeutung zu, als es die Anwesenheit Lothars I. in Italien im Jahre 847 beweist. Vgl. dazu B – Zi 44 und Kap. 6 § 1, S. 360 m. Anm. 52–54; Kap. 8 § 2, S. 508 m. Anm. 351.

[452] DD Lo. I. 1–12 (822 Dez. 18–833 Apr. 17) und DD Lo. I. 13 (833 [Okt. 7]) ff.; vgl. EITEN, S. 87, 91 und Th. SCHIEFFER in: DD Lo. I., Einleitung, S. 3, 5–6; EGGERT, Auffassung, S. 238–39.

[453] LEICHT, S. 223 m. Anm. 11; WOLFRAM II, S. 49 m. Anm. 157.

Reichsteilungsplänen von 806, als der Plan einer Teilung Italiens bestand[454], unbeachtet bleiben konnte[455]. Die Eroberung Aquitaniens durch Pippin, die Sachsens durch Karl d.Gr. – beides für die Ausbildung eines künftigen Deutschland und Frankreich sehr viel wichtigere Ereignisse als die Eroberung des Langobardenreiches – hatten weder in der Intitulatio Pippins noch in der Karls einen Niederschlag gefunden[456].

Die einzigen Völker, die neben den Langobarden in der Intitulatio fränkischer Unterkönige erscheinen, sind die Aquitanier und die Baiern, jene beiden Völker also, die bei Karls Martell Erbteilung 741 noch außerhalb der karolingischen Herrschaft gestanden hatten[457]. Aquitanien ist, seit Karls Sohn Ludwig gemeinsam mit Pippin im Kindesalter zu Ostern 781 in Rom vom Papst zu Königen von Aquitanien und Italien gesalbt und gekrönt worden waren[458] – die älteste Nachricht von Krönungen im Frankenreich überhaupt[459] – fast ununterbrochen als Unterkönigreich ausgegeben gewesen[460], dessen Könige wohl regelmäßig den Titel eines *rex Aquitanorum* führten, wie dies für Ludwig und für beide Pippine ausdrücklich bezeugt ist[461]. Karl d.K., der gegen Pippin II. von Aquitanien schwere Kämpfe zu bestehen gehabt hatte, nannte sich in zwei Urkunden

---

[454] Vgl. CLASSEN, Thronfolge, S. 219 und Tafel 3: ebd. nach S. 216; s. schon LEICHT, S. 231. Bemerkenswert scheint mir, daß weder Aquitanien noch Baiern von solchen Teilungsplänen betroffen waren, was wohl durch die geographische Randlage beider Reiche bedingt war; vgl. auch BEUMANN, Unitas, S. 17 – 19.

[455] Dies betonen WOLFRAM II, S. 49 und FICHTENAU, Datierungen, S. 265.

[456] WOLFRAM I, S. 219: „Karl brach in Pavia mit der fränkischen Tradition, die dem ‚rex qui super nam gentem vel multas‘ keinen staatsrechtlichen Ausdruck verlieh".

[457] Ann. Mett. priores ad an. 741 (ed. v. SIMSON, S. 31): B – M² 42a; vgl. ZÖLLNER, S. 217. Selbstverständlich ist das Jahr 741 nicht als der unmittelbare Anlaß zur Einrichtung der späteren Unterkönigreiche aufzufassen. Vgl. unten Anm. 460 und S. 158 m. Anm. 465.

[458] B – M² 235b; vgl. BRÜHL, Krönungsbrauch, S. 399 – 401 und CLASSEN, Thronfolge, S. 211; die ebd. geäußerte Ansicht, der Krönungsbrauch sei den Franken durch die Langobarden vermittelt worden, ist abwegig; vgl. noch AUZIAS, S. 21, der sich der Tragweite dieses Ereignisses nicht bewußt ist, was leider auch für KIENAST, Studien, S. 53 m. Anm. 32, zutrifft.

[459] BRÜHL, Krönungsbrauch, S. 399, 408 Nr. 1.

[460] Vgl. EITEN, S. 35 – 46, 96 – 114, 139, 155 – 58, 165 – 76, 182 – 88, 203 – 10; FLACH IV, S. 481 – 95; AUZIAS, S. 3ff., 77ff., 125ff., 281ff., 360ff.; vgl. noch ZÖLLNER, S. 98 – 99; BEUMANN, Unitas, S. 17 – 18. Zu Pippin I. s. auch KIENAST, Studien, S. 57 – 58 m. Anm. 54.

[461] B – M² 516, 518 – 19; B – M² 517: *rex serenissimus Aquitaniae*, ist zumindest stark interpoliert; vgl. WOLFRAM I, S. 221 m. Anm. 20; s. schon EITEN, S. 40 m. Anm. 1, der aber die Problematik von B – M² 517 nicht erörtert. AUZIAS, S. 68 – 76, geht auf die aquitanischen DD Ludwigs nicht ein. Vgl. bes. Actes de Pépin I<sup>er</sup>; Actes de Pépin II, passim; vgl. LEVILLAIN, ed. cit., Introduction, S. CXXXVI – VII; ZATSCHEK, Reichsteilungen, S. 237 m. Anm.129. AUZIAS, S. 122 – 24, hatte keine Gelegenheit die Urkunden Pippins I. und Pippins II. zu behandeln; s. aber KIENAST, Studien, S. 57 m. Anm. 51 – 52.

des Jahres 849: *Francorum Aquitanorumque gratia Dei rex*[462], doch handelt es sich hier um Empfängerausfertigungen des Martinklosters in Tours, nicht um Produkte der Kanzlei[463]. Diese beiden Urkunden blieben jedoch isoliert und fanden nicht einmal im Martinskloster selbst Nachfolge[464]. In den Jahren seines bairischen Unterkönigtums, das Ludwig d.Fr. in offensichtlicher Analogie zu seinem ehemaligen Unterkönigtum in Aquitanien[465] 814 für Lothar, 817 für Ludwig II. von Ostfranken eingerichtet hatte[466], nannte sich Ludwig *rex Baioariorum*[467], gab diese Intitulatio aber 833 auf, als er seinen Herrschaftsanspruch auf jenes Territorium ausdehnte, das seit 843 als der östliche Reichsteil des „Regnum Francorum" offiziell anerkannt war[468].

Ludwig II. von Ostfranken führte fortan den Titel *rex* ohne gentilen Zusatz, was im Jahre 833 ein Novum war[469]. WOLFRAM spricht hier von ei-

---

[462]) Actes de Charles II le Chauve, t.I, Nr. 113 (S. 301 Z.35); Nr. 114 (S. 304 Z.21 – 22). In beiden Fällen hat der Herausgeber G. TESSIER die Intitulatio in spitze Klammern gesetzt; verfehlt AUZIAS, S. 250 Anm. 5 (auf S. 251); vgl. oben Anm. 50; vgl. noch die folg. Anm. Zu den Kämpfen Karls d.K. mit Pippin II. vgl. bes. AUZIAS, S. 152ff., 177ff., 216ff., 249ff., 278ff.

[463]) So schließlich auch TESSIER, Introduction, S. 150 m. Anm. 3; vgl. noch LUGGE, S. 58;EWIG, Beobachtungen, S. 345; KIENAST, Herzogstitel, S. 17 m. Anm. 32; WOLFRAM II, S. 107 – 08 m. Anm. 3.

[464]) Man würde dies wohl am ehesten für Odo erwarten, doch hat sich Odo „im Jahre 889 nach seiner Krönung" eben nicht „König der Franken und Aquitanier" genannt, wie ZÖLLNER, S. 99, behauptet, der sich ebd. Anm. 93 auf LOT, Carolingiens, S. 128, beruft; dieser spricht ebd. S. 128 Anm. 1 aber nicht von Odo, sondern von Karl III. von Westfranken; der angegebene Text: BOUQUET IX, S. 126A, ist überdies eine literarische Quelle, d.h. also eine Fremdaussage; FLACH IV, S. 495 Anm. 1, zitiert dagegen tatsächlich einen Beleg für Odo aus dem Jahr 889, doch auch hier handelt es sich um eine Fremdaussage; s. KIENAST, Herzogstitel, S. 17 Anm. 34, 20 m. Anm. 52; verfehlt daher auch RICHARD I, S. 118.

[465]) Dies betont BEUMANN, Unitas, S. 17; ebd. sieht er die Einrichtung von Unterkönigreichen in „Ordnungsvorstellungen" begründet, „die sich bei Karl d.Gr. bis 781 zurückverfolgen lassen".

[466]) Vgl. EITEN, S. 59 – 62, 114 – 33; s. auch ZATSCHEK, Ludwig, S. 32 – 33.

[467]) DD LG. 2 – 11 (12) (830 Okt. 6 – 833 Mai 27); in B – M² 850 (828 März 22) hatte die Kanzlei Ludwigs d.Fr. Ludwig II. bereits als *rex Baioariorum* bezeichnet; vgl. EITEN, S. 119 Anm. 3. Allgemein s. EITEN, S. 122; P.F. KEHR in: DD LG., Einleitung, S. XVIII – XIX; ZATSCHEK, Reichsteilungen, S. 188; WOLFRAM II, S. 105 m. Anm. 18; EGGERT, Auffassung, S. 236 – 37.

[468]) Zur Teilung von 833, die im Gegensatz zu den zahlreichen geplanten wirklich, wenn auch nur für kurze Zeit vollzogen wurde, s. ZATSCHEK, Reichsteilungen, S. 198 – 201; vgl. dazu aber die Einwände von EWIG, Beobachtungen, S. 336 Anm. 78. Allgemein s. ZATSCHEK, Reichsteilungen, S. 195 – 98; DERS., Ludwig, S. 34 – 35; EGGERT, Auffassung, S. 237ff.

[469]) DD LG. 13 (833 Okt. 19)ff.; vgl. EITEN, S. 126; P.F. KEHR in: DD LG., Einleitung, S. XIX; ZATSCHEK, Reichsteilungen, S. 204; WOLFRAM II, S. 104 – 05; EGGERT, Auffassung, S. 240 – 41 und die folg. Anm. Schief FLECKENSTEIN I, S. 168: Ludwig nannte sich nicht *rex in Orientali Francia*, so heißt es lediglich in der Datierung; vgl. schon oben S. 106 m. Anm. 119 – 20.

nem „absoluten Königstitel", den er vom „absoluten Kaisertitel" Ludwigs d.Fr. ableitet[470], was plausibel erscheint[471], ohne daß ich darum von einer „imperialen Qualität" des absoluten Königstitels sprechen möchte[472]. Als nächster Herrscher gebraucht Karl d.K. seit 840 den Rex-Titel[473], der fortan im Frankenreich dominiert: bis zum Ausgang des 9. Jahrhunderts nennen sich alle Frankenkönige, soweit sie nicht Kaiser sind, *rex*. Dies gilt gleichermaßen für die Nachkommen Karls d.K.[474] wie Ludwigs II. von Ostfranken[475], aber auch für Lothar II. und Zwentibold[476], für Odo von Westfranken[477] und die Könige von Burgund[478] sowie für die sogen. Na-

[470] WOLFRAM II, S. 104, 110 – 11.

[471] Zustimmend FICHTENAU, Datierungen, S. 274; BEUMANN, König, S. 39.

[472] So aber BEUMANN, König, S. 43; zustimmen möchte ich dagegen, wenn BEUMANN ebd. bemerkt: „Der Verzicht auf die zuvor regelmäßig gebrauchte Bereichsbezeichnung ... läßt für sich allein schon die Absicht erkennen, den Herrschaftsbereich offen zu halten"; vgl. auch WOLFRAM II, S. 113 und bes. unten S. 174 m. Anm. 584, S. 174 – 76.

[473] Actes de Charles II le Chauve, t.I, Nr. 1 (840 Okt.)ff.; vgl. TESSIER, Introduction, S. 150 m. Anm. 1; *rex Francorum* in: Actes de Charles II le Chauve, t.II, Nr. 389 (S. 371 Z.28) ist ein Kopistenzusatz; vgl. schon ebd. Vorbem. und TESSIER, Introduction, S. 151; s. auch WOLFRAM II, S. 112.

[474] Actes de Louis II le Bègue, Louis III et Carloman II, Nr. 3 – 31 (877 Nov. 30 – 879 Apr. 10), Nr. 43 (880 Dez. 30), Nr. 49 – 79 (880 Nov. 30 – 884 Dez. 10), Nr. 80 – 93 (880 März-884 Dez. 10); Nr. † 94 (ang. 877 März 16) ist ein Spurium des 11. Jh.: ebd. Vorbem., S. 238. Vgl. R.-H. BAUTIER, ed. cit., Introduction, S. XCII; Actes de Charles III le Simple, Nr. 1 – 6, Nr. 7 – 64 (896 Juli 25 – 910/911 Juni 17); vgl. Ph. LAUER, ed. cit., Introduction, S. LIII. Zu Odo vgl. unten Anm. 477.

[475] DD Kn. 1 – 28 (876 Nov. 2 – 879 Aug. 11); DD LJ. 1 – 24 (876 Nov. 11 – 882 Jan. 18); DD K. III. 2 – 30 (877 Apr. 15 – 881 Jan. 4); DD Arn. 1 – 139 (887 Nov. 27 – 895 Dez. 1); DD LK. 1 – 77 (900 Febr. 7 – 911 Juni 16). D LJ. † 28 (o.D.): *rex necnon et rector imperii Francorum*, ist ebenso ein Spurium, wie D Arn. † 187 (ang. 892 Apr. 4): *rex Francorum*, D Arn. † 188 (o.D.): *Romanorum rex* und D LK. † 82 (ang. 903): *rex Romanorum*, Spuria des 12. Jh. sind. Allgemein vgl. P.F. KEHR in: DD K. III., Einleitung, S. XXXI; DERS. in: DD Arn., Einleitung, S. XXVII; Th. SCHIEFFER in: DD LK., Einleitung, S. 88. Vgl. noch unten Anm. 481.

[476] DD Lo. II. 1 – 36 (855 Okt. 26 – 869 Jan. 22); DD Zw.1 – 28 (895 Mai 30 – 900 Jan. 9). D Lo. II. † 38 (ang. 865 Mai 6): *rex atque monarcha Lothariensis regni promotus*, ist eine Fälschung wohl des 12. Jh.; vgl. Th. SCHIEFFER in: DD Lo. II., Einleitung, S. 378; DERS. in DD Zw., Einleitung, S. 12 – 13.

[477] Actes d'Eudes, Nr. 1 – 42 (889 Juni 13 – 897 Okt. 21) und Nr. 43 – 50 (888 – 898); Nr. 52 (ang. 893): *rex Francorum*, ist ein Spurium wohl des 12. Jh.: ebd. Vorbem., S. 201. Allgemein vgl. R.-H. BAUTIER, ed. cit., Introduction, S. LXXXI – II.

[478] K a r l  v . d .  P r o v e n c e : Actes des rois de Provence, Nr. 1 – 9 (856 Okt. 10 – 862 Dez. 22), Nr. 10 – 12 (ann. 855 – 863): *Karolus...rex, piissimi quondam Hlotharii augusti et inclyti filius*. B o s o : Actes des rois de Provence, Nr. 17 – 20 (879 Nov. 8 – 881 Jan. 18), Nr. 21 (ann. 879 – 888). L u d w i g  III.: Actes des rois de Provence, Nr. 29 – 38 (892 März 18 – a.900). Actes des rois de Provence, Nr. 16 (879 Juli 25): *Ego Boso Dei gratia id quod sum, necnon et dilecta coniux mea Hirmingardis, proles imperialis* (S. 31 Z.15 – 16) ist einzigartig; vgl. BRUNNER, Fürstentitel, S. 250 m. Anm. 21 – 22. Actes des rois de Provence, Nr. † 27 (ang. 886/887): *Ego quippe Boso Burgundionum Ausoniorumque rex* (S. 48 Z.9 – 10) ist ein Spurium des 11. Jh.: ebd. Vorbem. S. 47; R u d o l f  I.: DD Rud. 3 – 11 (888 Juni 10 – 910 [911?] Apr. 11); vgl. Th. SCHIEFFER in: DD Rud., Einleitung, S. 77.

tionalkönige in Italien[479]. Es versteht sich, daß ich mich hierbei strikt auf den Königstitel beschränke und Varianten in der „Legitimationsformel"[480] sowie abweichende Formeln in der Datierung[481] nicht beachte. Unerheblich ist auch, daß Arnulf sich in einer wohl von Salomo III. von Konstanz stilisierten Urkunde nach dem Königstitel noch zusätzlich als: *ecclesiae catholicae filius et defensor*, bezeichnet, worin eine nun schon seit Jahren vom imperialen Bazillus befallene Geschichtsschreibung natürlich mal wieder eine Anwartschaft auf das Kaisertum – im Jahre 892 – herausgelesen hat[482]. Die Regel, daß sich die Frankenkönige schlicht *rex* ohne gentilen Zusatz titulieren, wurde erst im zweiten Jahrzehnt des 10. Jahrhunderts in einer ganz bestimmten historischen Situation durchbrochen: als Karl III. von Westfranken 911 von den Lotharingern als ihr König anerkannt wurde[483], nannte er sich seit 911/12 wieder mehrfach *rex Francorum*, dem in der Da-

---

[479]) DD Ber. I. 1 – 100 (888 März 2 – 915 Sept. 1), 101 – 07 (a.911 – 915); DD Wid. 1 – 3 (889 Mai 27 – 890 Dez.); DD L. III. 1 – 5 (900 Okt. 11-901 Jan. 19) und DD Hu., Hu.-Lo., Lo., Ber. II., Ber.II.-Adal., Adal., passim und noch DD Ard. 1 – 10 (1002 Febr. 20 – 1005 Febr. 25). D Ber.I.† 1 (ang. 896 Febr. 15): *Romanorum atque Langobardorum...rex* (S. 364 Z.1 – 3) ist Spurium; D Lo. † (ang. 934 Febr. 24): *Italiae rex* (S. 348 Z.1) ist ebenso eine moderne Fälschung wie ein Dep. auf den Namen Hugos: D Hu. dep. 12 (S. 364); vgl. HIESTAND, S. 176 Anm. 139. Bemerkenswert ist der Titel von D Ard. 1 (1002 Febr. 20): *Arduinus rex...secundum voluntatem Dei Salvatoris nostrique Liberatoris* (S. 699 Z.12 – 13). Vgl. noch unten Anm. 524.

[480]) Vgl. hierzu WOLFRAM I, S. 27 – 29, der im Anschluß an W. Staerk (1929) diesen Begriff der bisher üblichen Bezeichnung „Devotionsformel" vorzieht; ebenso BEUMANN, König, S. 39, 43 u.ö. Die Bezeichnung „Legitimationsformel" scheint auch mir die bessere zu sein.

[481]) Vgl. etwa die Formel: *anno...I regni Karlomanni...regis Bavvariorum*, in den Datierungen von DD Kn. 1 – 2, 12 – 13 und: *regis Italiae* in: DD Kn. 7, 9, 12; sonst heißt es regelmäßig *in Italia* bzw. *in Bavvaria (et) in Italia*; vgl. FICHTENAU, Datierungen, S. 268 m. Anm. 15 – 16. Zu der Formel *(hic) in Italia* vgl. LEICHT, S. 222, 234 und bes. FICHTENAU, Datierungen, S. 268, 270 – 71. Zu dem Invictissimus-Prädikat in der Signumzeile von Urkunden Karlmanns in: DD Kn. 9, 14 – 17, 19, 22 – 23, 25 – 26, handelt JÄSCHKE, Königskanzlei, S. 169ff., dessen „imperialer" Deutung ich trotz der Zustimmung E.E. Stengels nicht beipflichten kann; vgl. unten mit der folg. Anm. Vgl. noch unten S. 163 m. Anm. 502.

[482]) D Arn. 103 (892 Juli 2) S. 150 Z.36 – 37. Die „imperiale" Deutung bei SCHLESINGER, Arnulf, S. 241; JÄSCHKE, Königskanzlei, S. 180 m. Anm. 169 und leider auch WOLFRAM II, S. 150; vgl. ebd. S. 75, 98. Erfreulich nüchtern dagegen EGGERT, Auffassung, S. 298 – 300. Vgl. noch unten S. 176 m. Anm. 592 – 94.

[483]) Zu diesen Ereignissen vgl. zuletzt HLAWITSCHKA, Lotharingien, S. 194ff.; seine auch schon in früheren Jahren mehrfach vertretene These: ebd. S. 197 – 98, die Lotharinger hätten Ludwig d.K. bereits zu dessen Lebzeiten verlassen, hat mich nicht überzeugt; vgl. etwa SCHIEFFER, Kanzlei, S. 115 Anm. 11; MOHR, Rolle, S. 385 – 86; DERS., Geschichte, S. 91 Anm. 54, während SCHNEIDMÜLLER, Tradition, S. 133, zwar Hlawitschka zustimmt, ebd. Anm. 66 aber betont, daß „eine endgültige Entscheidung... sich... wohl nicht treffen lassen (wird), da die Chronologie der Ereignisse stets auf Grund mangelnder Nachrichten konstruiert werden muß". Dies ist nur bedingt richtig; vgl. dazu bes. unten Kap. 6 § 3, S. 397ff.

tierung die Formel: *largiore vero hereditate indepta*, entsprach[484]. Der Notar Hugo hat sogar seit Ende 911 für kurze Zeit auf die archaisierende Formel: *rex Francorum (et) vir illustris*, aus den Tagen Pippins und Karls d.Gr. zurückgegriffen, was gewiß nicht als archaisierende Marotte Karls III. gewertet werden darf[485]. Den Zusammenhang mit dem Erwerb der lotharingischen Stammlande des karolingischen Hauses hatte die Forschung schon immer gesehen[486], doch konnte EGGERT gute Gründe dafür ins Feld führen, daß Karl mit diesem Titel den Herrschaftsanspruch Konrads I. als solchen in Frage stellen und seine Ambition auf die Regierung im Gesamtreich zu erkennen geben wollte[487].

[484]) Erstmals in: Actes de Charles III le Simple, Nr. 67 (a.911 Dez. 20); vgl. schon ebd. Nr. 65 (ann. 911 – 15), während Nr. 66 (911 Aug. 3) auf jeden Fall vor Nr. 65 eingereiht werden muß; s. auch de FONT-RÉAULX, S. 43 und EHLERS, Anfänge, S. 25 Anm. 98; zu Nr. 67 vgl. die folg. Anm. Die Formel: *largiore hereditate indepta*, in der Datatio findet sich seit 911/12 regelmäßig unabhängig von der Form der Intitulatio. Vgl. LAUER, Introduction, S. LIV, LXXXVI; SCHIEFFER, Kanzlei, S. 134; WOLFRAM II, S. 116 – 18; EGGERT, Auffassung, S. 306 m. Anm. 611, 307 m. Anm. 617. Vgl. noch unten Kap. 6 § 3, S. 399 m. Anm. 275.

[485]) Actes de Charles III le Simple, Nr. 67 – 69 (alle drei im Original überliefert); vgl. EHLERS, Anfänge, S. 25 m. Anm. 98. Nr. 71 (912 Febr. 12) liest: *Karolus rex Francorum divina propitiante clementia et vir illustris*; Nr. 72 (912 Apr. 12): *Karolus divina propitiante clementia rex et vir illustris*, beide in kopialer Überlieferung. Die Legitimationsformel in Nr. 71 (Überlieferung: spätes 18. Jh.!) gehört natürlich umgestellt; Nr. 125 (912 Febr. 3) ist keine Fälschung, wie LAUER leichtfertig behauptet hat: Introduction. S. XCVI, sondern nur überarbeitet. Die Intitulatio ist mit Nr. 69 (Or.) identisch; vgl. schon de FONT-RÉAULX, S. 44 und bes. SCHIEFFER, Kanzlei, S. 137 – 38 sowie D LK. 68, Vorbem., S. 200 – 01. Die unmögliche Arbeitsweise Lauers demonstriert Fernand VERCAUTEREN am Beispiel des im Original überlieferten Nr. 67: Note critique sur un diplôme du roi de France Charles le Simple du 20 décembre 911, in: Miscellanea mediaevalia in memoriam Jan Frederik Niermeyer (Groningen 1967) S. 93 – 103; vgl. noch unten Kap. 6 § 3, S. 398 Anm. 268. Eine lange Liste von Korrekturen an der Edition Lauers, vorzugsweise die Datierungen betreffend, bei de FONT-RÉAULX, S. 41 – 44; LAUER, Introduction, passim, geht darauf mit keiner Silbe ein. Eine unerwartete Wiederaufnahme des Vir-illustris-Titels in: Capit. II, Nr. 290 (a. 920) S. 378 Z.26 – 27: *Karolus, vir illustris...rex Francorum*; vgl. unten Anm. 589. Vgl. noch Actes de Robert Ier et de Raoul, Nr. 22 (934 März 5): *rex Francorum et vir illustris*; vgl. dazu DUFOUR, ed. cit., Introduction, S. LIX – X; s. auch WOLFRAM II, S. 118 m. Anm. 73; SCHNEIDMÜLLER, Tradition, S. 146 – 47 m. Anm. 56 und dazu unten Anm. 589. Allgemein vgl. WOLFRAM II, S. 118 – 19; EGGERT, Auffassung, S. 306 – 07; s. schon PARISOT, S. 600. KERN, S. 6 Anm. 4, sieht dagegen die politische Bedeutung der neuen Intitulatio g e m i n d e r t(!) durch Karls „antiquarische Neigung".

[486]) Aus der Fülle der Lit. nenne ich nur PARISOT, S. 599 – 600; ECKEL, S. 97; LAUER, Introduction, S. LIV; SCHIEFFER, Kanzlei, S. 134; TESSIER, Diplomatique, S. 88; HLAWITSCHKA, Lotharingien, S. 202 m. Anm. 67; KIENAST, Herzogstitel, S. 16 – 17; MOHR, Rolle, S. 386; WOLFRAM II, S. 91, 114, 124; BEUMANN, Kaisertum, S. 79; SCHNEIDMÜLLER, Nomen, S. 20 u.a.m. Vgl. hierzu noch unten S. 175 m. Anm. 587 – 89.

[487]) Auffassung, S. 307 – 08; zustimmend MÜLLER-MERTENS, Regnum, S. 28; MOHR, Geschichte, S. 15 und zuletzt WERNER, Histoire, S. 450; s. aber schon FLACH III, S. 193 – 94; ZATSCHEK, Reich, S. 258 und TELLENBACH, Tradition, S. 191. Wie problematisch es ist, allein aufgrund der Intitulatio zu argumentieren, zeigt EHLERS, Anfänge, S. 25 – 26; ähnlich aber schon WOLFRAM II, S. 121ff., dem ich hier nicht zustimmen kann. Vgl. bes. unten S. 175 m. Anm. 589 – 90.

Der Titel *rex Francorum* ist im 10. Jahrhundert in Westfranken dominierend, kann jedoch keinen Ausschließlichkeitsanspruch erheben: auf der einen Seite findet sich nach wie vor – und keineswegs nur als „Ausnahme"[488] – der alte Titel *rex*[489] (gelegentlich mit so ungewöhnlichen Attributen wie *pacificus (pius) augustus et invict(issim)us*[490], auf der anderen Seite stehen Titel wie *Francorum rex (et) augustus*[491] und vor allem der einzigartige Titel Rudolfs von Westfranken: *gratia Dei Francorum et Aquitanorum atque Burgundionum rex pius, invictus ac semper augustus*[492], dessen Echtheit von Jean DUFOUR und Robert-Henri BAUTIER nachgewiesen worden ist[493]. Im Zusammenhang mit diesen Sonderformen im Titel König Rudolfs von Westfranken behandelt WOLFRAM zugleich einige Besonderheiten im Titel der Könige von Burgund[494], die sich zwischen 985 und 1029 gelegentlich auch *rex Burgundionum* nennen[495] und einmal sogar in deutlicher Abhängigkeit von provenzalischen „chartae" als *rex Alaman-*

---

[488] Vgl. auch TESSIER, Diplomatique, S. 88.

[489] Die Auszählung der im vollen Wortlaut überlieferten Diplome Karls III. (ab 912), Rudolfs, Ludwigs IV. und Lothars – die „Chartes et Diplômes" billigen den Deperdita eigene Nummern innerhalb der Reihe der mit vollständigem Text überlieferten Stücke zu – ergibt folgendes Bild: Karl III. (ab 911 Dez.): 13 von 56, Rudolf 10 von 21, Ludwig IV. 13 von 30, Lothar 17 von 45 DD. Die einzige von Robert I. überlieferte Uk. liest *rex*, von Ludwig V. hat die eine *rex*, die andere *rex Francorum*; insgesamt also 55 von 154 DD: das sind immerhin 35, 7%! Vgl. noch die folg. Anm. sowie unten Anm. 581 und Anm. 591, ferner unten Kap. 9 § 1, S. 560 m. Anm. 55.

[490] Actes de Raoul, Nr. 12 (927 Sept. 9): *pacificus, augustus et invictus rex*; ebenso Actes de Louis IV, Nr. 10 (939 Juni 20); Actes de Raoul, Nr. 18 (932 Juni 21): *pius, augustus atque invictissimus rex*. In allen drei Fällen handelt es sich um in Cluny hergestellte Empfängerausfertigungen; vgl. DUFOUR, ed. cit., Introduction, S. LX m. Anm. 4–5; s. schon WOLFRAM II, S. 143–45, der allerdings Actes de Raoul, Nr. 12, übersehen hat. Vgl. auch SCHNEIDMÜLLER, Tradition, S. 145–46 sowie unten Anm. 493.

[491] Actes de Lothaire, Nr. 45–46 (981 Juli 9); vgl. KIENAST, Herzogstitel, S. 17–18 m. Anm. 35; WOLFRAM II, S. 145. Vgl. unten Kap 9 § 1, S. 56–58.

[492] Actes de Raoul, Nr. 21 (933 Dez. 13) für St-Martin de Tulle; Nr. † 35 (ang. 935 Sept. 13) ist dagegen eindeutig eine moderne Fälschung. Daß mit *Burgundionum* nicht etwa das westfränkische Herzogtum Burgund gemeint ist, sondern das Königreich Hochburgund, dessen *sedes* Vienne in Rudolfs Hand war, bemerkt zutreffend LIPPERT, S. 83 m. Anm. 1. Vgl. noch die folg. Anm.

[493] DUFOUR, ed. cit., Introduction, S. LX–XI und ebd. Nr. 21 Vorbem., S. 93–94; vgl. schon WOLFRAM II, S. 146, der sich zurückhaltend äußerte und Nr. † 35 nicht als modernes Spurium erkannt hatte, da die kritische Edition der DD Rudolfs von Burgund damals noch nicht vorlag. Selbstverständlich handelt es sich auch hier um eine Empfängerausfertigung; St-Martin de Tulle unterstand seit 931 Cluny. Vgl. auch KIENAST, Herzogstitel, S. 17 Anm. 36, der die Fälschung gleichfalls nicht bemerkt hatte; ebensowenig LAUER, Raoul, S. 77 m. Anm. 2; s. auch SCHNEIDMÜLLER, Tradition, S. 146 m. Anm. 53.

[494] Rudolf III. von Burgund war ein Großneffe König Rudolfs von Westfranken; vgl. die Stammtafel bei LAUER, Raoul, S. 2 m. Anm. 5. Vgl. auch unten Kap. 7 § 2, S. 438 m. Anm. 192.

[495] DD Rud. 50 (985 März 19), 90 (a.993–1011), 121–22 (a.1029); in D 122 findet sich *rex Burgundionum* auch in der Signumzeile; vgl. Th. SCHIEFFER in: DD Rud., Einleitung, S. 77; WOLFRAM II, S. 135 m. Anm. 131; BEUMANN, König, S. 48 Anm. 57.

*dorum* (sic) bezeichnen[496]. Für Rudolf III. sind – unter Verzicht auf den Rex-Titel! – zwei einzigartige Sonderformen in Gestalt der Titel: *divina favente clementia regni tenens gubernacula potenter*, und: *divinae nutu clementiae regiae dignitatis donatus honoribus*, überliefert[497]. Über die Zeit nach der Angliederung Burgunds an das deutsche Regnum ist hier eigentlich nicht zu handeln, zumal sich an der Intitulatio des deutschen Königs nichts änderte[498], doch finden sich in der Signumzeile Heinrichs III. hin und wieder Titulaturen, die an den oben erwähnten Königstitel Konrads und Rudolfs III. erinnern wie z.B.: *Signum regis invictissimi Henrici tercii, Burgundionum primi, Romanorum secundi*[499].

Damit gehe ich nun zu den ostfränkischen Herrschern über: auch hier gilt, daß der „absolute" Königstitel von Konrad I. bis zu Otto III. das gesamte 10. Jahrhundert hindurch die Regel ist[500], soweit die genannten Herrscher nicht den Kaisertitel führen. Abweichungen von dieser Regel sind äußerst selten. Eine Intitulatio wie: *Romanorum et Francorum rex*, für Konrad I. bietet selbstverständlich nur Eberhard von Fulda im 12. Jahrhundert[501], während *rex invictus* im „Codex Laureshamensis" wohl echt ist, ohne daß daraus weitreichende Folgerungen gezogen werden dürften[502]. Der soeben erwähnte Eberhard von Fulda ernennt Heinrich I. zum: *rex et advocatus Romanorum augustus*, während ein für das Kloster Brogne tätiger Fälscher gleichfalls des 12. Jahrhunderts sich mit *Romanorum imperator* begnügt, und in einer echten, aber kopial überlieferten Urkunde Heinrichs *Romanorum* vor *rex* später hinzugefügt worden ist[503]. Für die

---

[496]) D Rud. 126 (a.1030–32); vgl. BEUMANN, König, S. 48 Anm. 57. Zur Titulatur vgl. bes. unten S. 177 m. Anm. 599.

[497]) DD Rud. 82–83 (a.998) für Cluny, 85 (a.999) für St-Barnard in Romans. Die Intitulatio von D 85 ist mit der in D 82 identisch, doch fehlt *potenter*. Notar ist in allen drei Fällen Paldolf; zu ihm vgl. Th. SCHIEFFER in: DD Rud., Einleitung, S. 55–62, bes. S. 57–58 und ebd. S. 77; s. auch WOLFRAM II, S. 142–43.

[498]) Konrad II. war beim Erwerb Burgunds bereits Kaiser; nach 1032 ist von ihm nur noch ein Diplom für einen burgundischen Empfänger bekannt: D Ko. II. 265 (1038 März 31): B–A 279. Eine burgundische Kanzlei hat erst Heinrich III. eingerichtet; s. BRESSLAU I, S. 442; s. auch BEUMANN, König, S. 46.

[499]) D H. III. 134 (1045 März 17) S. 170 Z.30; weitere Erwähnungen der *Burgundiones* in der Signumzeile in: DD H. III. 244 (1049 Dez. 4) S. 328 Z.1–2, 312–13 (a.1053) S. 427 Z.6–7, 428 Z.31–32; vgl. P. F. KEHR in: DD H. III., Einleitung, S. LX und bes. BEUMANN, Kaisertum, S. 87; DERS., König, S. 46–47, 48–52; vgl. noch unten S. 177 m. Anm. 600. Zu D H. III. 239 vgl. unten Kap. 3 § 2, S. 223–24 m. Anm. 307–09.

[500]) Vgl. WOLFRAM I, S. 103.

[501]) D Ko. I. † 38 (S. 35 Z.37–38): B–M² 2108.

[502]) D Ko. I. 18 (913 Juni 22) S. 17 Z. 24: B–M² 2088; vgl. dazu JÄSCHKE, Königskanzlei, S. 184 und korrigierend WOLFRAM II, S. 141.

[503]) DD H. I. 21 (929 Dez. 27) S. 57 Z.13: B–O 25, 34 (932 Juni 3) S. 68 Z. 34–35: B–O 42, † 43 (ang. 932 Apr. 5) S. 77 Z.36: B–O 39.

Folgezeit beschränke ich mich zunächst auf die Königsurkunden. Von Otto II. und Otto III. ist unter diesem Aspekt nicht viel zu berichten: beide werden je einmal *Romanorum rex (semper augustus)* genannt, was natürlich späte Zusätze sind[504]. Eine Fälschung auf den Namen Ottos III., die von SICKEL in das 11. Jahrhundert datiert wird, weist dieselbe Intitulatio auf[505]. Wenig Gewicht messe ich auch dem Attribut *pius rex* bei, das sich in zwei Diplomen Ottos III. findet[506] und das WOLFRAM für italienisches Diktat hält[507]. Bedeutsam ist dagegen eine Urkunde Ottos d.Gr., in der er sich *rex Lothariensium Francorum atque Germanensium* nennt[508]; dieser Urkunde entsprechen drei Spuria aus Gembloux, d.h. also aus Lothringen, in denen Otto I. und Otto II. als *rex* bzw. *imperator augustus Lothariensium et Francigenum* betitelt werden[509].

Das größte Interesse der Forschung galt jedoch schon immer drei Urkunden Ottos d.Gr. aus dem Jahre des ersten Italienzugs 951/52, die von einem italienischen Notar Wigfrid in Pavia ausgestellt wurden; es ist derselbe Notar, der auch die Datierung nach Jahren: *in Frantia,...in Italia...*, einführte, wie dies einst unter Karl III. üblich gewesen war[510]. In der ersten der drei Urkunden lautet die Intitulatio: *rex Francorum et Langobardo-*

---

[504] D O.II. 131 (976 Juli 4) S. 148 Z. 8: B – Mi 716; D O.III. 92 (992 [März 31]) S. 502 Z.41: B – U 1055. D 92 ist für Brogne bestimmt; vgl. oben S. 163 m. Anm. 503.

[505] D O.III. † 435 (ang. 997 Febr. 2) S. 871 Z.22: B – U 1466. Sickel datierte das Pseudo-Original in das späte 11. Jh., während sich M. Uhlirz für das 12. Jh. aussprach.

[506] DD O.III. 8 (985 Febr. 5; Or.) S. 404 Z. 25; 56 (989 Juli 23) S. 461 Z.19 – 20: B – U 965, 1015. Vgl. dazu oben S. 143, S. 162 m. Anm. 492.

[507] WOLFRAM II, S. 140 m. Anm. 5, der sich auf DD Hu. – Lo. 3, 52, 69 beruft: *Hugo et Lotharius...serenissimi et piissimi reges*, doch Wolfram hat das im Original überlieferte D O.III. 8 für Quedlinburg übersehen; D 56 ist zwar für einen italienischen Empfänger (Montecassino) bestimmt, aber in Ingelheim ausgestellt; auch heißt es in den DD O.III. *pius* und nicht *piissimus*.

[508] D O.I. 210 (960 Juni 3) S. 289 Z.34: B – O 282 (Empfängerausfertigung). Sowohl Sickel als auch Ottenthal verbauten sich das rechte Verständnis dieses Diploms, indem sie zwischen *Francorum* und *Lothariensium* ein Komma setzten und somit eine Dreigliedrigkeit des Titels suggerierten; s. schon EWIG, Beobachtungen, S. 356 m. Anm. 227; WOLFRAM II, S. 133 – 34; BEUMANN, Kaisertum, S. 83. Vgl. unten Kap. 3 § 2, S. 212 – 13 m. Anm. 228 – 29.

[509] DD O.I. † 82 (ang. 946 Sept. 20) S. 161 Z.36: B – O 141, † 438 (ang. 947 Juni 29) S. 591 Z.31: B – O 153; D O.II. † 187 (ang. 979 Apr. 3) S. 213 Z.4: B – Mi 778. Sickel hatte D O.I. 82 und D O.II. 187 noch unter die echten Stücke eingereiht und für interpoliert erklärt: es handelt sich um Spuria des 11. Jh.; nur D † 438 dürfte jünger sein (12. oder 13. Jh.?); vgl. ausführlich WOLFRAM II, S. 135 – 37; NONN, Herzogstitel, S. 550 – 51. Die Echtheit verteidigte Jutta BEUMANN: Sigebert von Gembloux und der Traktat de investitura episcoporum (Sigmaringen 1976) S. 12 Anm. 30 (– S. 13) (Vorträge und Forschungen, Sonderbd. 20); die von ihr vorgebrachten Argumente haben mich nicht überzeugt; die Annahme einer echten Vorlage scheint mir die wahrscheinlichere Lösung. Vgl. auch BEUMANN, Kaisertum, S. 83 Anm. 78a.

[510] Vgl. FLECKENSTEIN II, S. 60; WOLFRAM II, S. 137. Vgl. unten Kap. 8 § 3, S. 534 m. Anm. 569.

*rum*, in den beiden folgenden: *rex Francorum et (H)italicorum*[511]. Es verdient hervorgehoben zu werden, daß Wigfrid auch noch andere Diplome Ottos während dessen Aufenthalts in Norditalien diktierte[512], doch während er seine Zählung der Herrscherjahre noch einige Zeit beibehielt[513], blieb die neue Form der Intitulatio auf diese drei Stücke beschränkt, was eindeutig eine Anordnung voraussetzt[514], wieder den üblichen Titel *rex* zu gebrauchen[515]. Während der Titel: *rex Francorum et Italicorum*, Eigengut Wigfrids war[516], inspirierte sich der *rex Francorum et Langobardorum* fraglos am Königstitel Karls d.Gr. nach 774, zumal ein Privileg Karls für S. Ambrogio 951 vorgelegen haben dürfte[517] und der volle Königstitel Karls, d.h. einschließlich des *patricius Romanorum*, sogar aus der Kaiserzeit Ottos in zwei Diplomen für Lorsch überliefert ist[518]. Unklar sind die Gründe für die neue Intitulatio: will man darin nicht eine Eigenmächtigkeit Wigfrids sehen, was mich wenig wahrscheinlich dünkt[519], so wird man am ehesten geneigt sein, darin einen politischen Versuchsballon oder eine

---

[511] DD O.I. 138 (951 Okt. 10) S. 218 Z.8 – 9: B – O 200, 139 (951 Okt. 15) S. 219 Z.9 – 10: B – O 201, 140 (952 Jan. 21) S. 220 Z.33 – 34: B – O 202; vgl. MÜLLER-MERTENS, Regnum, S. 28 – 29; BRÜHL, Anfänge, S. 168; WOLFRAM II, S. 137 – 39; BEUMANN, Kaisertum, S. 82 – 83 u.a.m. Zur Geschichte der Forschung vgl. WEISERT, S. 34 – 36. Vgl. noch unten Anm. 552 und bes. unten Kap. 8 § 3, S. 535 m. Anm. 570 – 72.

[512] DD O.I. 137 (951 Okt. 9), 141 – 48 (952 Febr. 6 – März 12): B – O 199, 203 – 10; vgl. BRESSLAU I, S. 429, 440 Nr. 5; FLECKENSTEIN II, S. 35 Anm. 100, 36 m. Anm. 112.

[513] Neben D O.I. 137 auch noch in DD O.I. 141 – 43, während DD O.I. 144 – 45 (952 Febr. 11 – 15) nur noch nach: *regni domni Ottonis Italie I* bzw. *hic in Italia*, datiert sind; *hic in Italia* weist aber schon das von einem Notar Berengars II. diktierte D O.I. 136 (a.951): B – O 198, auf; vgl. WEISERT, S. 28 m. Anm. 34; s. schon BRÜHL, Anfänge, S. 168 Anm. 79 (auf S. 169). Vgl. oben Anm. 180 – 81.

[514] WEISERT, S. 29, scheint allerdings anzunehmen, daß die Initiative zur Einführung dieser Titel allein auf Wigfrid zurückzuführen sei, da sich Brun um die Kanzlei wenig oder gar nicht gekümmert habe; vgl. bes. ebd. S. 33; s. aber unten mit Anm. 519.

[515] So WEISERT, S. 30 m. Anm. 45, während WOLFRAM II, S. 139, auf die Gründe nicht eingeht; s. aber FICHTENAU, Datierungen, S. 271; vgl. noch EPPERLEIN, S. 340. Zu Brun als italienischen Kanzler Ottos s. FLECKENSTEIN II, S. 24 – 26, bes. S. 30 – 31 m. Anm. 67.

[516] WOLFRAM II, S. 139, 160; WEISERT, S. 29 – 30; vgl. unten Anm. 519.

[517] So WOLFRAM II, S. 138 und bes. WEISERT, S. 29 m. Anm. 38 – 39; direkte Vorlagen waren allerdings D K. III. 21 (880 März 21) und D Lo. I. 23 (835 Jan. 24) sowie D Hu.-Lo. 64 (924 Aug. 15).

[518] DD O.I. 252 (963 Jan. 26) S. 360 Z. 33 – 34: B – O 340, 425 (972 Dez. 27) S. 578 Z.38 – 39: B – O 559: Beide Stücke sind im „Codex Laureshamensis" des 12. Jh. überliefert. Sickel hatte beide Titel in spitze Klammern gesetzt, auch Ottenthal hielt sie für interpoliert; s. aber STENGEL, Heerkaiser, S. 82 m. Anm. 153; BEUMANN, Imperium, S. 191 m. Anm. 69 und danach WOLFRAM II, S. 138 m. Anm. 145; s. auch BRESSLAU II/1, S. 298 Anm. 5 zu St. 3213 (1108 Mai); vgl. noch MERTA, S. 197 m. Anm. 164.

[519] So aber WEISERT: oben Anm. 514. Eine Eigenmächtigkeit könnte allenfalls *Italicorum* statt *Langobardorum* gewesen sein. Wenn dieser Titel unerwünscht gewesen wäre, würde man seinen Gebrauch sofort und nicht erst nach ca. drei Monaten untersagt haben. Überdies findet er sich ja auch noch in späterer Zeit, und auch hier ist der politische Anlaß klar zu erkennen: unten S. 166 m. Anm. 521. Vgl. noch unten Kap. 8 § 3, S. 535 m. Anm. 571.

politische Konzession zu erblicken[520], die sich sehr schnell als überflüssig erwies, wie ja auch die Wiederaufnahme des Titels unter Heinrich II. im Jahre 1004 ephemer blieb[521]. „Es kann (jedoch) nicht genug betont werden, daß Otto sich hier ausdrücklich als *rex Francorum* bezeichnet"[522]: an diesem Satz halte ich trotz der unsachlichen Polemik SCHLESINGERS[523] mit Entschiedenheit fest[524].

---

[520] Vgl. auch WOLFRAM II, S. 138: „Um die Repräsentanten des italienischen Regnum zu gewinnen, war also Otto 951 bereit, sein Königtum nach dem Vorbild des großen Karl als fränkisch – langobardisches Regnum zu begreifen". Ich erblicke darin keine „Konzession", sondern eine bare Selbstverständlichkeit. Eine andere Auffassung des „Regnum Italiae" als die eines fränkisch – langobardischen war gar nicht möglich. Die Frage war nur, ob sich diese Auffassung in der Intitulatio niederschlagen sollte, was seit rund einhundert Jahren nicht mehr der Fall gewesen war; sie wurde daher schließlich auch von der Kanzlei Ottos I. verneint und 961 nicht mehr aufgenommen; vgl. noch unten mit Anm. 522.

[521] Anläßlich des 1. Italienzugs gegen Arduin von Ivrea; auch hier findet sich in der Kanzlei mehrfach die Intitulatio: *Francorum et (atque) Langobardorum rex*: DD H. II. 70 (1004 Mai 28): B – G 1564; 76 (Juni 17): B – G 1571; 79 (Juli 1): B – G 1574; 84 – 86 ([1004] Okt. 9 – 15): B – G 1582 – 84; 95 (1005 Mai 2): B – G 1594; ungewöhnlich ist: *Francorum pariterque Langobardorum...rex*, in: DD H. II. 74 – 75 (1004 Juni 12): B – G 1568 – 69; 78 (Juni 25): B – G 1573; alle drei DD sind von EB geschrieben. D 95 scheidet aus, da der Titel aus D O.I. 138: oben Anm. 511, übernommen ist, wie schon BRESSLAU II/1, S. 298 Anm. 2, gesehen hatte; s. auch FICHTENAU, Datierungen, S. 271 und bes. MERTA, S. 164 – 67. Vgl. noch DD Ko. 52 (a.1026): B – A 53; 64 (1026 Juni 17): *rex Francorum, Langobardorum et ad imperium designatus Romanorum* (S. 78 Z.17): B – A 66. D 52 ist nach D H. II. 75 geschrieben, und auch für D 64 nimmt BEUMANN, König, S. 69, mit Recht DD H. II. 84 als Vorlage an. Völlig singulär ist allerdings der Zusatz: *et ad imperium designatus Romanorum*; vgl. zu den DD Konrads II. BEUMANN, König, S. 68 – 69 und zuletzt MERTA, S. 173, die der Übernahme aus den VUU keine entscheidende Bedeutung beimessen, sondern die politische Lage Konrads für die Wahl des Titels verantwortlich machen möchte.

[522] So wörtlich schon BRÜHL, Anfänge, S. 168 Anm. 79 (auf S. 169), wo auch bereits alle oben Anm. 521 zitierten DD aufgeführt sind; vgl. die beiden folg. Anm.

[523] SCHLESINGER, Beginn, S. 545 – 46: „Wenn nach Ansicht von C. Brühl gar nicht genug betont werden kann, daß Otto sich in diesen Urkunden ausdrücklich als *rex Francorum* bezeichnet, so ist dem entgegenzuhalten, daß auch Heinrich II. und Konrad II. im gleichen Zusammenhang sich so bezeichnen und daß selbst Heinrich III. in der Bestätigung einer Urkunde Heinrichs II. die Intitulatio... nochmals übernommen hat, alles Könige, denen auch Brühl nicht bestreiten möchte, daß sie deutsche Könige waren"; ebd. S. 552 werden dann die oben Anm. 521 besprochenen DD zitiert.

[524] Abgesehen davon, daß ich Heinrich II. nur mit großen Vorbehalten als „deutschen" König bezeichnen würde, wird hier vor allem dem Leser suggeriert, daß ich die oben Anm. 521 behandelten DD nicht kenne und meine Argumentation schon darum abwegig sei. Bedeutung haben m.E. nur die DD Heinrichs II., der diesen Titel gleichfalls in einer prekären politischen Situation – das Gegenkönigtum Arduins – wieder aufnahm. Die DD Konrads beruhen beide auf VUU Heinrichs, und das gilt auch von der einzigen von Schlesinger selbständig beigesteuerten Uk.: D H. III. 26 (1040 Jan. 17), das nach D H. II. 85 geschrieben ist; s. MERTA, S. 178 m. Anm. 70. Schlesinger hätte auch noch D H. IV. 290 (1077 März 4) zitieren können, wo die Intitulatio laut Vorbem. gleichfalls auf ein D H. II. dep. zurückgeht; s. schon BRESSLAU II/1, S. 298 m. Anm. 4; MERTA, S. 192 m. Anm. 135 und oben Anm. 518. Es ist vielleicht nicht unbeachtlich, daß der Gegenkönig Arduin den ang. imperialen „absoluten Königstitel" gebraucht (einschließlich Invictissimus-Prädikat in der Signumzeile usw.), während Heinrich II. auf den fränkischen Charakter seines italienischen Königtums abstellt.

In seinem Kaisertitel folgte Otto d.Gr. gleichfalls karolingischem Vorbild, indem er sich – wie übrigens auch Wido, Lambert, Ludwig III. und Berengar I.[525] – einfach *imperator augustus* nannte[526]. Allerdings gab es auch hier vorübergehend eine gewisse Unsicherheit, denn der Notar Liudolf K, der zwischen 965 und 970 in der Kanzlei tätig war[527], gebrauchte in einer Serie von sechs Urkunden – alle aus dem ersten Halbjahr 966[528] – den Titel: *imperator augustus Romanorum et (ac) Francorum*[529]. Man hat darin eine Art persönlicher Marotte des Liudolf K erblickt, der sie fallen gelassen habe, als er damit keinen Anklang fand[530]. Wir verdanken es den Forschungen von WOLFRAM, daß die Intitulatio als eine herrscherliche Selbstaussage ernst genommen zu werden verdient: für Marotten kleiner Schreiber[531] ist da kein Raum[532]; in der Tat bringt WOLFRAM diese Intitulatio in Zusammenhang mit der politischen Lage in Lothringen nach dem Tode Bruns(† 965)[533]. Es ist dies eine ansprechende Vermutung[534], die jedenfalls zeigt, daß von einer Notarslaune keine Rede sein kann. Der Titel:

525) DD Ber. I. † 12 (ang. 916 Juli 10): *Romanorum imperator augustus* (S. 392 Z.2), † 13 (ang. 917 Juni 27): *Romanorum imperator semper augustus etc.* (S. 394 Z.1 – 2) sind Spuria; D † 13 ist sogar modernen Ursprungs.

526) Natürlich sind auch DD O.I. † 437 (ang. 948 Jan. 11): *Romanorum imperator augustus* (S. 590 Z. 19): B – O 158; † 447 (ang. 965 Mai 1): *Romanorum...imperator augustus* (S. 605 Z.21 – 22): B – O 381; † 448 (ang. 966 Juli 22): *imperator Romanorum augustus* (S. 607 Z.38): B – O 405; † 450 (ang. 968 Nov. 23): *Romanorum imperator semper augustus* (S. 610 Z.9): B – O:–; † 456 (ang. 984(!) Jan. 1): *Romanorum imperator augustus* (S. 618 Z.42): B – O: 73; † 462 (ang. 964 Dez. 24): *Germanorum rex ac Langobardorum...imperator augustus* (S. 632 Z.17 – 18): B – O: –; † 464 (ang. 968 Okt. 6): *Romanorum rex et imperator augustus* (S. 635 Z.33 – 34): B – O 480, allesamt Spuria meist des 12. Jh.; nur D † 464 ist wohl im 13. Jh. entstanden und DD † 450, † 462, die B – O nicht aufgenommen hat, sind moderne Machwerke.

527) Vgl. FLECKENSTEIN II, S. 35 Anm. 101. Über Liudolf K ist nichts Näheres bekannt; er läßt sich leider nicht mit einem bekannten Namen identifizieren, doch könnte er Lothringer gewesen sein; vgl. unten mit Anm. 533 – 34.

528) Das früheste Diplom datiert vom 24. Januar, das jüngste vom 28. Juli des Jahres. Alle DD sind in Ostfranken ausgestellt. Zur Datierung des undatierten D O.I. 322: B – O 426, vgl. WOLFRAM II, S. 90 m. Anm. 42.

529) DD O.I. 318, 322, 324 – 26, 329: B – O 420, 425 – 28, 431; vgl. WOLFRAM II, S. 90 m. Anm. 41; ebd. weitere Lit.; s. schon ZEUMER, S. 5. Vgl. noch die folg. Anm. sowie unten Anm. 534 und Anm. 552.

530) So schon SICKEL in: D O.I. 318 Vorbem., S. 432 und danach WEISERT, S. 33 m. Anm. 61; ähnlich auch SCHLESINGER, Beginn, S. 546.

531) Den relativ niedrigen Stand dieser Notare betont FLECKENSTEIN II, S. 39 – 40.

532) Auch SCHNEIDMÜLLER, Nomen, S. 34 Anm. 3 ( – S. 35) wertet alle Titel Ottos mit gentilem Zusatz als „wenige Ausnahmen" ab, die „kaum ins Gewicht fallen". Gerade die „Ausnahmen" und die Gründe für ihre Einführung (und Aufgabe) sind aber interessant.

533) WOLFRAM II, S. 91 – 94.

534) Die dürftigen Quellen lassen einen zwingenden Nachweis nicht zu; vgl. aber unten Kap. 8 § 3, S. 541 Anm. 616. OHNSORGE, Zweikaiserproblem, S. 60, begnügt sich mit der Feststellung, daß Otto diese Formel nicht gebilligt habe; dahinter soll Ottos urgermanische Ablehnung eines r ö m i s c h e n Kaisertums gestanden haben: ebd. S. 52. Vgl. noch die folg. Anm.

*imperator....Romanorum et Francorum*, blieb dennoch Episode; durchgesetzt hat sich schließlich die in der Spätzeit Ottos II. erstmals bezeugte[535] Intitulatio: *Romanorum imperator augustus*[536], die seit Otto III.[537] feste Kanzleiregel ist[538] und zweifellos die Entstehung des Titels *Romanorum rex* im 11. Jahrhundert[539] entscheidend beeinflußt hat[540], der im 12. Jahrhundert mit Heinrich V. schließlich zur Kanzleinorm wird[541]. Auf Sondertitel Ottos III. wie etwa das berühmte *servus apostolorum*[542], oder: *servus*

---

[535] Seit D O.II. 17 (968 Febr. 15): B – Mi 593, urkundet Otto II, als *imperator augustus* wie sein Vater. Der neue Titel findet sich zwar erstmals schon in: DD O.II. 142 (976 Nov. 7; Or.); 150 (a.977?): B – Mi 727, 733, doch blieb dieser erste Versuch des Notars FA ohne Folgen; vgl. WOLFRAM II, S. 94 – 95. MIKOLETZKY in: B – Mi 727, hielt es nicht für nötig, auf die neue Intitulatio hinzuweisen, falsch daher die Aussage in B – Mi 871; auch BEUMANN, König, S. 44, geht auf DD 142, 150 nicht ein. Häufiger tritt der neue Titel erst seit 982 auf; in D O.II. 272 (982 März 16): B – Mi 871, heißt es in der Signumzeile: *Romanorum imperatoris et invictissimi augusti* (S. 316 Z.38); ähnlich D O.II. 281 (982 Sept. 30): *serenissimi Romanorum imperatoris et invictissimi augusti* (S. 328 Z.38 – 39): B – Mi 881; beide DD sind von It. I verfaßt und weisen die übliche Intitulatio auf. Insgesamt haben nur 13 DD die neue Intitulatio: DD O.II. 273, 276 – 78, 282, 288, 291, 301, 304 – 06 (982 Apr. 18 – 983 Juni 14): B – Mi 872, 875 – 77, 882, 888 – 89, 893, 902, 905 – 07. Zu dem Titel *coimperator* in: DD O.II. 24 – 25 (972 Aug. 14 – 17): B – Mi 603 – 04, s. WOLFRAM II, S. 88 m. Anm. 31 – 33. Vgl. bes. unten Kap 9 § 1, S. 555 m. Anm. 18 – 19. OHNSORGE, Zweikaiserproblem, S. 66 – 67, versteigt sich zu der abenteuerlichen Behauptung, Otto II. habe sich nunmehr *imperator Romanorum* nennen können, „ohne daß dem deutschen Grundcharakter (sic) seiner Herrschaft Abbruch geschah".

[536] Vgl. schon SCHRAMM, Renovatio I, S. 83 – 84 und bes. WOLFRAM II, S. 94 – 95, der den Anteil der italienischen Kanzlei mit Recht hervorhebt.

[537] Vgl. BEUMANN, König, S. 44: „Zu den oft unterschätzten geschichtlichen Wirkungen dieses enthusiastischen Jünglings auf dem Kaiserthron gehört auch, daß seine Nachfolger an dem erst von ihm zur Norm erhobenen römischen Kaisertitel festgehalten haben"; s. auch KOCH, S. 111.

[538] Der Titel erscheint zuerst in: D O.III. 198 (996 Mai): B – U 1173, danach in: DD O.III. 203 – 06, 209, 222, 224, 231, 233, 235 – 38: B – U 1178 – 81, 1185, 1200, 1205, 1211, 1213, 1216, 1218 – 19, 1221. Ab D O.III. 242 (997 Apr. 18): B – U 1224, wird der Titel Kanzleinorm, von der nur selten abgewichen wird; vgl. allerdings unten Anm. 542 – 44. Vgl. WOLFRAM II, S. 155 m. Anm. 11 – 12; s. schon SCHRAMM, Renovatio I, S. 101. BEUMANN, König, S. 77, möchte eine Anregung Gerberts „nicht ausschließen", was mich unwahrscheinlich dünkt. Das Vorbild Ottos II. genügt durchaus.

[539] Die frühesten Belege: D H. II. 170 (1007 Nov. 1): B – G 1676 (erst 1017/21 ausgefertigt); J. – L. 4010 (1016 Apr. 8): B – Z 1169; D Ko. II. 53 (1026): B – A 54, bespricht ausführlich BEUMANN, König, S. 66ff.; vgl. ebd. S. 46ff. mit der älteren Lit.; s. schon KOCH, S. 111 – 13 und zuletzt MERTA, S. 167 – 68.

[540] Vgl. schon SCHRAMM, Renovatio I, S. 227 – 28, der indes auf den Vorgang Ottos II. verweist; s. aber BEUMANN, König, S. 75 m. Anm. 196; anders ZEUMER, S. 10.

[541] VIGENER, S. 238 – 39; MÜLLER-MERTENS, Regnum, S. 360 m. Anm. 140; KOCH, S. 185; BEUMANN, Kaisertum, S. 88; DERS., König, S. 79.

[542] Erstmals wohl in: D O.III. 389 (1001): *servus apostolorum et secundum voluntatem Dei Romanorum imperator augustus* (S. 819 Z.47 – 48): B – U 1399; verbesserte Edition von SCHRAMM, Renovatio II, Text III, S. 65 – 67. Vgl. hierzu SCHRAMM, Renovatio I, S. 157 – 58 und ebd. S. 161ff.; s. noch BEUMANN, Imperium, S. 194; WOLFRAM II, S. 158, 159. D O.III. 226 (996 Apr. 11?): B – U 1166, ist erst 1001 entstanden; vgl. B – O 1166. D O.III. 407 (1001 Juli 25) hat nur *Otto servus apostolorum* (S. 841 Z.11 – 12; Or.): B – U 1421; D O.III. 409 (1001 Sept. 11) liest: *Otto tercius servus apostolorum* (S. 843 Z.12 – 13):

*Iesu Christi*[543], *secundum voluntatem Iesu Christi*[544] u.ä., braucht hier nicht im einzelnen eingegangen zu werden[545]. Sie bezeugen nicht nur die Experimentierfreudigkeit der Kanzlei Ottos III.[546] und Leos von Vercelli[547], sondern m.E. zugleich auch die innere Unruhe des jungen Kaisers gerade in seinen letzten Lebensjahren[548]. Von besonderem Interesse ist in unserem Zusammenhang der Titel: *Otto tercius Romanus, Saxonicus et Italicus, apostolorum servus, dono Dei Romani orbis imperator augustus*[549], den angeblich Thangmar erfunden haben soll. In Wahrheit geht er aber wohl auf Otto III. zurück, der diese Urkunde, wie H. HOFFMANN zeigen konnte, selbst verfaßt hat[550]. Es schiene mir daher problematisch, sie als Beweis für eine ang. „Entfrankung"[551] des Ottonenreichs anzuführen[552].

---

B – U 1423; ebenso dann DD O.III. 414 – 16, 419: B – U 1428 – 30, 1433. D 422: B – U 1437 hat die Intitulatio wie D 407. Vgl. noch D O.III. 396 (1001 Apr. 4): *Otto servus apostolorum subscripsi* (S. 829 Z.31 – 32; eigenhändig): B – U 1407 = MANARESI II/1, Nr. 263, S. 469 Z.1.

[543]) D O.III.344 (1000 Jan. 17): *Otto tercius servus Iesu Christi et Romanorum imperator augustus secundum voluntatem Dei Salvatoris nostrique Liberatoris* (S. 774 Z.21 – 23): B – U 1341 und danach DD 346 – 48, 350, 352 – 53, 355, 358 – 59, 361, 366, 375 (1000 Juli 6): B – U 1344, 1346, 1349, 1351, 1353 – 54, 1357, 1360 – 61, 1365, 1373, 1383. Vgl. SCHRAMM, Renovatio I, S. 141 – 45 und WOLFRAM II, S. 156 – 57 m. Anm. 20 – 22, der diese Intitulatio auch für das in Gnesen selbst ausgestellte D O.III. 349 (1000 März): B – U 1350, annehmen möchte; vgl. noch ebd. Anm. 29.

[544]) D O.III. 388 (1001 Jan. 18): *Otto tercius secundum voluntatem Iesu Christi Romanorum imperator augustus sanctarumque ecclesiarum devotissimus et fidelissimus dilatator* (S. 818 Z.8 – 10): B – U 1398; vgl. SCHRAMM, Renovatio I, S. 157 m. Anm. 2; WOLFRAM II, S. 158, 159 m. Anm. 35 – 37.

[545]) Vgl. hierzu SCHRAMM, Renovatio I und WOLFRAM II: oben Anm. 542 – 44.

[546]) WOLFRAM II, S. 158 und ebd. 162 spricht von „Titelexperimenten".

[547]) Zu Leo vgl. SCHRAMM, Renovatio I, S. 119ff., 127ff.; FLECKENSTEIN II, S. 90 – 93, 102 – 03, 107 – 08 u.ö. sowie zuletzt PAULER, S. 33 – 45; s. noch SCHRAMM, Renovatio II, Text II, S. 62 – 64.

[548]) Vgl. etwa SCHRAMM, Renovatio I, S. 179 – 82, 184.

[549]) D O.III. 390 (1001 Jan. 23) S. 821 Z.8 – 9: B – U 1400. Das Original von D O.III. 390 ist im 2. Weltkrieg untergegangen; vgl. HOFFMANN (unten Anm. 550) S. 394.

[550]) Hartmut HOFFMANN: Eigendiktat in den Urkunden Ottos III. und Heinrichs II., in: DA. 44 (1988) S. 390 – 423, bes. S. 392 m. Anm. 5 und ebd. S. 392 – 97. Zu Thangmar als ang. Diktator s. SCHRAMM, Renovatio I, S. 157, 352; WOLFRAM II, S. 158 m. Anm. 32, 159 – 60, der die Bedeutung dieser völlig isoliert stehenden Intitulatio vielleicht doch etwas überschätzt; vgl. noch WENKUS, Studien, S. 115 Anm. 151.

[551]) So EWIG, Beobachtungen, S. 338: „Die ‚Entfrankung' des Ostreichs wird in dieser Reduzierung Germaniens deutlich" (scil. in der Reduzierung „auf das fränkische Stammland, die *Francia* des Ostreichs"); vgl. auch EGGERT, Auffassung, S. 118 – 120, 126 – 28, der den Begriff „Entfrankung" vermeidet: wie ich meine, zu Recht; zustimmend natürlich SCHLESINGER, Beginn, S. 546, aber in einem ganz anderen Zusammenhang; s. auch WOLFRAM II, S. 131 und die folg. Anm.

[552]) SCHLESINGER, Beginn, S. 546, zitiert D O.III. 390 nicht, doch erblickt er die „Entfrankung" in der Tatsache, daß die oben S. 165 m. Anm. 511, S. 167 m. Anm. 529, zitierten Titel sich nicht hätten durchsetzen können. Entscheidend ist aber doch, daß sie überhaupt gebraucht werden konnten. Die Gründe für ihre Aufgabe hatten jedenfalls nichts mit einer bewußten „Entfrankung" zu tun, die den Ottonen ganz fern lag. Vgl. auch BEUMANN, König, S. 78: „*regnum Francorum* mochte als Bezeichnung des ottonischen

Ich habe mich bisher auf die Titel allein in den Urkunden beschränkt und bin auf Briefe, Verträge u.ä. bewußt nicht eingegangen. In aller Regel bringen diese Titel keine neuen Erkenntnisse[553], doch gibt es Ausnahmen, die im folgenden besprochen werden sollen. Da ist an erster Stelle der in die „Translatio s. Alexandri" Meginhards aufgenommene Brief Lothars I. an Papst Leo IV. zu nennen, in dem sich der Kaiser als *Galliarum gentium tutor et rector* bezeichnet[554]. Der Brief stellt sich jedoch bei näherem Zusehen als Eigengut Meginhards heraus[555], der in dieser Form gewiß nicht an Leo IV. geschrieben worden ist[556]. Ohne daß man von einer Fälschung sprechen dürfte[557], handelt es sich doch mit Sicherheit nicht um einen offiziellen Titel, sondern um eine von Meginhard erfundene Titulatur. Ähnliches gilt von den in der sogen. „Collectio Sangallensis", der ang. Formularsammlung Bischof Salomos III. von Konstanz, die um 912 wohl von Notker d.St. angelegt wurde, überlieferten Titulaturen, die in keinem Fall einen offiziellen Sprachgebrauch erkennen lassen. Für den ang. *rex Germaniae* Ludwig (II.) und den ang. *ex Dei constitutione et antiquorum regum propagatione rex Alemanniae* Karl (III.) ist dies ganz offenkundig[558]. Mit Recht fragt daher WOLFRAM, warum dies ausgerechnet für den ang. Brief Ludwigs d.J. an Ludwig II. von Westfranken nicht gelten soll[559],

---

Regnum (scil. unter Otto III.) noch annehmbar erscheinen, obwohl die Ethnogenese der Nationen...bereits erhebliche Fortschritte gemacht hatte". Dem stimme ich gern zu. MOHR, Francia, S. 46, meint, man müßte an der Stelle von *Saxonicus* eher *Teutonicus* erwarten und folgert daraus, „daß der Begriff deutsch für die politische Gesamtheit noch nicht...eingebürgert war, wenn er auch wahrscheinlich(!) schon in der Umgangssprache benutzt wurde". Dazu vgl. unten Kap. 3 § 2, S. 227ff.

[553] Vgl. WOLFRAM II, S. 96ff., 151–52, 161–62. Vgl. aber unten S. 174 m. Anm. 583–84.

[554] D Lo. I. 110 (a.850) S. 258 Z.20–21 = Translatio s. Alexandri, c.4 (ed. KRUSCH, S. 428 Z.29–30).

[555] Dies zeigt überzeugend WOLFRAM II, S. 100–01.

[556] Zwei weitere Briefe, die Meginhard in die „Translatio" inserierte: c.4 (ed. KRUSCH, S. 427–28) = DD Lo. I. 108–09, lassen Kanzleidiktat erkennen; vgl. D Lo. I. 108 Vorbem., S. 256.

[557] KRUSCH, ed. cit., S. 412–13, erhob keine Einwände gegen die Echtheit; Th. SCHIEFFER in: D Lo. I. 110 Vorbem., S. 258, beschränkt sich auf die Feststellung, daß keine „ernstlichen Anhaltspunkte für... Kanzleiprovenienz" vorliegen.

[558] Coll. Sangallensis, Nr. 1 (S. 395 Z. 23), Nr. 5 (S. 399 Z.16); vgl. hierzu WOLFRAM II, S. 61 m. Anm. 17. Eindrucksvoll auch die Signumzeile in Nr. 2: *Signum K. serenissimi augusti, rectoris Francorum, Suevorum, Baioariorum, Turingorum, Saxonum domitorisque barbarum nationum* (S. 397 Z.13–14); vgl. FICHTENAU, Datierungen, S. 275–76; EGGERT, Auffassung, S. 163, 335; SCHLESINGER, Grundlegung, S. 269, bezieht das K. der Formelsammlung irrig auf Konrad I.; s. aber THOMAS, Regnum, S. 36–37. Hinzuweisen ist noch auf die Datatio in Nr. 1: *Actum Regino, curte publica*(!) *in regione Baioariorum* (S. 396 Z. 21); zu Baiern als *regio* vgl. EGGERT, Auffassung, S.318 Anm. 671. Vgl. bes. WOLFRAM II, S. 122–23.

[559] WOLFRAM II, S. 133 Anm. 120.

dessen Anrede: *Dilectissimo fratri...gloriosissimo Galliarum, Aquitaniae et Hispaniae regi Hludowico cognominis vester Hl. rex Francorum*[560], so niemals geschrieben worden sein kann[561] und ganz unzweifelhaft eine freie Erfindung Notkers ist, auch wenn die Forschung diesen Brief bisher meist als echt behandelt hat[562]. Bemerkenswert ist allerdings, daß Notker die „Entfrankung" Ostfrankens offenbar nicht so recht mitbekommen hat, denn er nennt ja gerade den ostfränkischen König *rex Francorum* und spricht dem westfränkischen diesen Titel ab[563].

Der mit Abstand wichtigste Text, der hier behandelt werden muß, ist jedoch der berühmte „Bonner Vertrag" vom 7. November 921[564], mit dem Karl III. von Westfranken und Heinrich I. von Ostfranken sich gegenseitig auf der Basis des Status quo anerkennen, wie aus der Wahl des Ortes erhellt[565]. Das starke gegenseitige Mißtrauen bei dieser Begegnung illustrieren die näheren Umstände des „Inseltreffens"[566], das im Frankenreich nur bei gespannten, von gegenseitigen Vorbehalten geprägten Herrscherzu-

---

[560] Coll. Sangallensis, Nr. 27 (S. 412 Z. 5 – 6).

[561] Die Anrede Ludwigs d.St. würde eine schwere Beleidigung bedeutet haben, wenn Ludwig d.J. sich gleichzeitig selbst den Titel *rex Francorum* beilegt; s. auch die Bemerkung von Wolfram v.d. Steinen bei WOLFRAM II, S. 133 Anm. 120 und ebd. S. 132 – 33, sowie PENNDORF, S. 144 – 45 m. Anm. 1025.

[562] So etwa LUGGE, S. 62, 65; SCHLESINGER, Grundlegung, S. 270; EWIG, Beobachtungen, S. 341 und EHLERS, Tradition, S. 216; s. schon B – M² 1562. Vorsichtig formulierte dagegen KIENAST, Studien, S. 57 Anm. 51: „ganz singulär"; DERS., Herzogstitel, S. 18: „absonderlich", doch zog er daraus leider keine Konsequenzen; zweifelnd aber schon DÜMMLER III², S. 96.

[563] Irrig ist allerdings, daß die Ann. Augienses ad an. 875 Ludwig III. als *rex Francorum* Ludwig II. als *rex Germaniae* gegenübergestellt hätten, wie EWIG, Beobachtungen, S. 338 Anm. 90 (nach Lugge) angibt. Die Ann. Augienses ad an. 879 sprechen von: *Karolus, filius Ludowici regis Francorum* (ed. PERTZ, S. 68), womit natürlich Ludwig II. gemeint ist. Die Cont. Augiensis des „Breviarium Erchanberti": oben Anm. 40, erwähnt Ludwig II. mehrfach als *rex Germaniae* und berichtet, daß dieser: *regni...sui, hoc est Francorum et Saxonum...cognominem suum Ludovicum coheredem faceret* (ed. PERTZ, S. 329 Z.23 – 24).

[564] Const. I, Nr. 1, S. 1 – 2: B – O 3; s. SCHNEIDER, Verträge, S. 10 – 11; VOSS, Herrschertreffen, S. 46 – 49, 213. Zu den teilweise grotesken Fehldeutungen dieses Vertrags in der älteren Lit. s. unten Kap. 7 § 2, S. 433 m. Anm. 161 – 63. Neuere Urteile: unten Anm. 576.

[565] Nämlich an der Grenze Lotharingiens, in dessen Besitz Karl III. damit anerkannt wurde; s. schon WAITZ, S. 61; B – O 3(S. 8); ECKEL, S. 114; FLACH IV, S. 274 – 75. Aus jüngerer Zeit vgl. BÜTTNER, Westpolitik, S. 20; KIENAST I, S. 52; BEUMANN, Kaisertum, S. 80 m. Anm. 67, dessen Polemik gegen mich an dieser Stelle mir unverständlich ist; s. zuletzt ALTHOFF – KELLER I, S. 72 und VOSS, Herrschertreffen, S. 49.

[566] Zu den „Inseltreffen" zuletzt ausführlich VOSS, Herrschertreffen, S. 39ff.; s. aber bereits SCHNEIDER, Verträge, S. 3ff., der auch hoch- und spätmittelalterliche Beispiele bietet.

sammenkünften üblich war[567]. Das Ergebnis des Bonner Grenztreffens war der Abschluß einer *amicitia*[568], ein Begriff, mit dem die ältere Forschung nicht viel anfangen konnte[569]. Schon WOLFRAM hob mit Recht hervor, daß nur die westfränkische Ausfertigung des Vertrags auf uns gekommen ist[570], was bestimmte Wendungen verständlich macht, auf die man viel zu großes Gewicht gelegt hat[571] und die ang. Dominanz des westfränkischen Königs zwanglos erklären[572]. Selbstverständlich lag die absolute Gleichberechtigung und Gleichrangigkeit beider Könige im Wesen dieses Vertrags, wie auch die Eingangsdatierung deutlich erkennen läßt: *anno...regni domni et gloriosissimi regis Francorum occidentalium Karoli XXIX, redintegrante XXIV, largiore vero hereditate indepta X..., anno quoque regni domni et magnificentissimi regis Francorum orientalium Heinrici tertio*[573]. In der Tat war dies ein großer diplomatischer Erfolg für

---

[567]) Im 9. Jh. z.B. 842 auf der Saône-Insel Ansille und 859 auf der Rhein-Insel bei Andernach: B – M² 1091l, 1439c; vgl. SCHNEIDER, Brüdergemeine, S. 179, 180; DERS., Verträge, S. 9 – 10; VOSS, Herrschertreffen, S. 40, 208. Ältere Inseltreffen sind offenbar nicht bekannt: SCHNEIDER, Verträge, S. 9 m. Anm. 33 – 34, zitiert nur noch ein „Brückentreffen" aus dem Jahre 577 zwischen Guntram und Chilperich II.

[568]) Const. I, Nr. 1 c.2: *Ego Karolus...rex Francorum occidentalium amodo ero huic amico meo regi orientali Heinrico amicus* (S. 1 Z.24 – 25): unten Kap. 7 § 2, S. 431 m. Anm. 150. Grundlegend zum Begriff der *amicitia* SCHNEIDER, Brüdergemeine, S. 84ff., 135ff.; DRABEK, S. 91ff.; SCHNEIDMÜLLER, Tradition, S. 117 m. Anm. 75; EHLERS, Anfänge, S. 32 – 33; ergänzend s. SCHMID, Unerforschte Quellen, S. 132 Anm. 51, 143 Anm. 101 und ebd. S. 143ff. sowie VOSS, Herrschertreffen, S. 183 m. Anm. 254; s. noch unten Anm. 573.

[569]) Was vor allem daran lag, daß man *amicitia* schlicht mit „Freundschaft" oder „amitié" übersetzte und sich des Rechtsgehalts der *amicitia* nicht bewußt war. Typisch hierfür ist z.B. PARISOT, S. 645: „L'amitié, voilà ce que Charles et Henri se promettaient l'un à l'autre, rien de plus"; auch ECKEL, S. 113, hat für den Vertragsinhalt nur eine Zeile übrig: „Charles et Henri se jurèrent réciproquement paix et amitié"; vgl. noch FLACH IV, S. 274 – 75. Ältere Wertungen des Bonner Vertrags als „Markstein der deutschen Geschichte" bei SCHMID, Unerforschte Quellen, S. 119 – 20. Vgl. bes. unten Kap. 7 § 2, S. 431ff.

[570]) WOLFRAM II, S. 127, der diesem Umstand allerdings nicht die gebührende Bedeutung beimißt; s. auch SCHNEIDMÜLLER, Tradition, S. 136; DERS., Nomen, S. 34 Anm. 34. Zu dem Überlieferungsproblem vgl. bes. CLASSEN, Verträge, S. 271 – 72. Vgl. die beiden folg. Anm.

[571]) Insbesondere das *regi orientali*, statt: *regi Francorum orientalium*: oben Anm. 568, dem in der ostfränkischen Fassung natürlich ein: *regi occidentali* entsprach; verfehlt schon FLACH III, S. 194 m. Anm. 3; IV, S. 274 Anm. 5; s. auch WOLFRAM II, S. 128; SCHNEIDMÜLLER, Tradition, S. 137; THOMAS, Regnum, S. 23 Anm. 28; s. aber BEUMANN, Sachsen, S. 895 Anm. 31; vgl. noch unten Anm. 573.

[572]) Von „westfränkischer Dominanz" spricht SCHNEIDMÜLLER, Tradition, S. 136, unter dem Eindruck der Interpretation des Bonner Vertrags, die WOLFRAM II, S. 127 – 29, bietet und der ich nicht zustimmen kann; vgl. unten Anm. 575.

[573]) Const. I, Nr. 1 c.1 (S. 1 Z.10 – 13). Auch hier ist zu beachten, daß die ostfränkische Fassung zweifellos die Herrscherjahre Heinrichs vorangestellt hat und die „Promissio" natürlich mit: *Ego Heinricus*, gefolgt von der vollständigen Intitulatio, begann. Die im übrigen verdienstliche Gegenüberstellung der Formulierungen bei EHLERS, Anfänge, S. 30, trägt der Überlieferungsfrage keine Rechnung.

Heinrich I.[574], der von dem im Westreich regierenden Karolingerkönig nicht nur formal anerkannt, sondern zugleich als absolut ebenbürtig eingestuft wurde[575], denn es war natürlich eine gravierende „capitis diminutio", daß Karl III. seinen Titel als *rex Francorum* mit Heinrich I. teilen mußte[576].

Dies bliebe auch dann richtig, wenn man SCHNEIDMÜLLERS Feststellung zustimmen wollte, daß „die westfränkischen Herrscher... keinen anderen König nach 921 mehr an dieser fränkischen Theorie partizipieren ließen"[577]. Dagegen wäre allerdings einzuwenden, daß allein der Vertragstext von 921 überliefert ist, während die übrigen ost- – westfränkischen Verträge des 10. Jahrhunderts von 923, 935, 942 und 980 in ihrem Wortlaut nicht bekannt sind[578]. Es ist also unmöglich zu sagen, welchen offiziellen Titel der ost- und der westfränkische König in diesen Verträgen führten; insbesondere für den nur zwei Jahre nach dem Bonner Vertrag geschlossenen Vertrag an der Ruhr[579] zwischen Heinrich I. und Robert I. wird man wohl schwerlich mit einschneidenden Veränderungen gegenüber dem Modell von 921 zu rechnen haben[580]. Auch möchte ich betonen, daß weder der westfränkische König in seinen Urkunden durchgängig den Titel eines *rex Francorum* oder *Francorum rex* geführt hat[581] noch der ostfränkische ausschließlich den Rex-Titel, auch wenn zuzugeben ist, daß die Ausnahmen

---

[574]) Dies ist auch die Ansicht von SCHLESINGER, Beginn, S. 545, der fortfährt: „sollte er (scil. der Erfolg) sichtbar gemacht werden, konnte der Titel gar nicht anders lauten". Dem ist nichts hinzuzufügen.

[575]) Unverständlich ist mir daher die Formulierung von WOLFRAM II, S. 129: „selbst ein König der Austrasier war dem Herrn der Francia (media) nicht gleichwertig, hat sich dieser auch einmal „rex Francorum occidentalium" nennen müssen". Vgl. bes. WERNER, Histoire, S. 452: „Mais il (scil. le traité de Bonn) contient la reconnaissance officielle de la part du roi carolingien, d'une égalité absolue de la royauté non carolingienne d'Henri Ier dans le cadre du monde franc". Vgl. unten S. 175 m. Anm. 589–90.

[576]) Dies betonen übereinstimmend KIENAST I, S. 52; SCHNEIDMÜLLER, Tradition, S. 137; ALTHOFF–KELLER I, S. 72. WERNER, Histoire, S. 452: „Voilà un abandon qui ne permettait plus de rêver de la *renovatio regni Francorum* sous l'égide du seul Carolingien". Verfehlt das Urteil von JARNUT, S. 106: „Wie so oft in der Geschichte wurde dabei eine neue politische Konstellation durch eine alte Formel legitimiert"; irrig aber schon PARISOT, S. 646. Vgl. noch unten Kap. 7 § 2, S. 434 m. Anm. 166–67.

[577]) So SCHNEIDMÜLLER, Nomen, S. 34.

[578]) Vgl. VOSS, Herrschertreffen, S. 180, 213–14.

[579]) Zur Örtlichkeit an der Ruhr (bei Essen), nicht an der Rur (Roer) vgl. bes. VOSS, Herrschertreffen, S. 50–52 gegen WAITZ, S. 69 m. Anm. 2, während LAUER, Raoul, S. 9, die Frage der Örtlichkeit nicht einmal einer Anmerkung würdigt. B–O 7b läßt die Frage offen; s. noch BÜTTNER, Westpolitik, S. 26 m. Anm. 2; unentschieden auch SCHMID, Unerforschte Quellen, S. 136, 138. Vgl. noch unten Kap. 7 § 2, S. 436 m. Anm. 176.

[580]) Allgemein s. SCHMID, Unerforschte Quellen, S. 138ff. Vgl. unten Kap. 7 § 2, S. 436.

[581]) Vgl. bes. oben S. 162 m. Anm. 489. Der Anteil von *rex Francorum* liegt unter Karl III. (nach 911) mit ca. 77% bei weitem am höchsten, unter Rudolf mit ca. 52% am niedrigsten. Die Inversion: *Francorum rex*, kann hier unbeachtet bleiben; vgl. aber LOHRMANN, S. 206.

bei den Ottonen wenig zahlreich sind. Hier handelt es sich jedoch um das „Innenverhältnis" Herrscher – Petenten von Urkunden, und dies führt mich zu einigen grundsätzlichen Überlegungen über die Aussagekraft von Herrschertiteln. Die Forschungen von Herwig WOLFRAM über die „Intitulatio" sind aus der modernen Diplomatik nicht mehr wegzudenken[582] und haben zu vertiefter Einsicht in Wesen und Bedeutung der herrscherlichen Selbstaussage in Urkunden geführt. Mehrfach hatte WOLFRAM dabei festzustellen, daß die Intitulatio ein- und desselben Herrschers verschieden gestaltet ist je nach dem, ob er eine Urkunde ausstellt, einen Vertrag abschließt, ein Gesetz erläßt oder einen Brief schreibt[583]. Schon dieser bemerkenswerte Umstand sollte davor bewahren, der Einzelform eine zu hohe Bedeutung beizumessen, besonders dann, wenn das überlieferte Material nur dürftig ist, wie dies für das 10. Jahrhundert nun einmal leider zutrifft[584].

Meine Bedenken richten sich gegen die Interpretation der Titel im Bonner Vertrag und – sachlich damit eng verbunden – um die Deutung des „absoluten" Königstitels, für dessen Einführung WOLFRAM eine Reihe überzeugender Gründe bietet[585]. Mit aller Vorsicht hatte er in diesem Zusammenhang auch bemerkt, daß „der umfassende Anspruch eines Frankenkönigs...aber...die M ö g l i c h k e i t (Sperrung BRÜHL) ein(schloß), das Kaisertum zu erringen"[586]. So zutreffend diese Aussage als historische Feststellung auch zweifellos ist, so bedenklich schiene es mir, daraus eine Überlegenheit des Rex-Titels über den Volltitel *rex Francorum* abzuleiten. Die Kanzlei Karls III. maß dem Titel *rex Francorum* offenkundig einen hö-

---

[582] WOLFRAM I – III, passim.

[583] Damit sind beileibe nicht alle Möglichkeiten erschöpft; selbst innerhalb der Gattung Urkunden sind erhebliche Unterschiede möglich: man denke nur an Mandate, Placita usw.; dies sah natürlich auch WOLFRAM I, S. 19ff.

[584] Dies gilt insbes. für Verträge, Gesetze, Kapitularien u.ä.m., auch um Briefe ist es mit Ausnahme einiger weniger Sammlungen (Gerbert) schlecht bestellt; was die Zahl der Urkunden anbelangt, so übertrifft Ostfranken das Westreich um ein Mehrfaches. Vgl. dazu unten Kap 8 § 1, S. 492ff.

[585] WOLFRAM II, S. 113, insbes. die beiden ersten Punkte. Die „lothringischen Sonderformen" liegen zeitlich erheblich nach der Einführung des absoluten Königstitels und können daher nicht mit zu dessen Begründung herangezogen werden. Sie beweisen allerdings die hohe Bedeutung, die man dem vollen Titel des Frankenkönigs im lothringischen Raum beimaß. Es handelt sich allerdings stets um Empfängerdiktat.

[586] WOLFRAM II, S. 113. Bei BEUMANN, König, S. 43, wird daraus bereits eine „imperiale Qualität" des absoluten Königstitels: oben S. 159 m. Anm. 472. Zu einer „petitio principii" führen die Überlegungen Wolframs bei EHLERS, Anfänge, S. 26; vgl. dazu unten Kap. 6 § 3, S. 399 Anm. 275.

heren Rang zu als dem einfachen Rex-Titel, und ich halte es für sehr fraglich, dies ausschließlich mit Lotharingien in Zusammenhang zu bringen, so unzweifelhaft der Erwerb Lotharingiens der unmittelbare Anlaß
zur Führung des neuen Titels gewesen ist[587]. Er barg in sich jedoch den
weitaus höheren Anspruch zur Herrschaft im Gesamtbereich, wie mir aufgrund des deutlich auf Karl d.Gr. anspielenden Vir-illuster-Zusatzes in
den frühen Urkunden nicht zweifelhaft ist[588]. Die Bedeutung des Bonner
Vertrags liegt nun gerade darin, daß mit der Anerkennung Heinrichs I. als
eines vollwertigen *rex Francorum* dieser Anspruch fallen gelassen werden
mußte[589]. Ich glaube daher, daß der volltönende Titel des *rex Francorum*
den einfachen Rex-Titel an Bedeutung grundsätzlich übertraf. Wenn die
ostfränkische Kanzlei an dem „absoluten" Titel dennoch festhielt, so wohl
einmal deshalb, weil ihr eine Änderung des alten Kanzleibrauchs nicht erforderlich schien, nachdem die grundsätzliche Gleichstellung mit dem Karolinger im Bonner Vertrag festgeschrieben worden war, zum andern aber
auch, weil diese Intitulatio den innenpolitischen Bedürfnissen der Ottonen am besten entsprach, was mir der entscheidende Gesichtspunkt gewesen zu sein scheint[590]. Auch die westfränkischen Könige maßen dem Titel
nicht mehr die Bedeutung zu, die er für Karl III. zunächst gehabt hatte[591].
Höchst fragwürdig schiene mir auch, aus dem „absoluten Königstitel" der
ostfränkischen Könige auf imperiale Ambitionen schließen zu wollen: dagegen spricht nicht nur die Tatsache, daß *rex* der übliche Königstitel der

---

[587] Vgl. oben S. 161 m. Anm. 486 – 87. Auch FLACH IV, S. 272 – 73, meint: „Il est
devenu plus pleinement roi des Francs et prend maintenant de préference ce titre de rex
Francorum au lieu du simple titre de rex".

[588] Oben S. 161 m. Anm. 485. Die Wiederaufnahme im Kapitulare von 920 ist gewiß
nicht zufällig, während die Urkunde Rudolfs von 934: oben Anm. 485, fraglos auf eine
VU Karls III. zurückgeht, was DUFOUR in: Actes de Robert Ier et de Raoul, Introduction,
S. LIX – X, nicht beachtet hat. Abweichend WOLFRAM II, S. 123ff.

[589] Vgl. oben S. 173 m. Anm. 574 – 76. Der Auffassung von Eggert, Müller-Mertens,
Werner u.a. stimme ich ausdrücklich zu. Vgl. noch unten Kap. 7 § 2, S. 434 m. Anm. 167.

[590] Vgl. noch unten Kap. 4 § 3, S. 294 m. Anm. 340.

[591] Dies bezeugt der willkürliche Wechsel von *rex* und *rex Francorum* das ganze 10.
Jh. hindurch, wozu TESSIER, Diplomatique, S. 88, bemerkt: „Les successeurs de Charles
le Simple s'intitulèrent tantôt *rex*, tantôt *rex Francorum*, tantôt *Francorum rex* sans que la
titulature reste constante pour un même souverain et que ses changements répondent à
une modification de la conjoncture politique". Vgl. schon oben S. 162 m. Anm. 489 – 90.
Auch in den „chartae" Burgunds wird der westfränkische König in der Datierung unter-
schiedlos *rex* oder *rex Francorum* genannt, wobei das einfache *rex* klar dominiert: BER-
NARD – BRUEL I – II, passim; BERNARD I – II, passim u.a.

Zeit und obendrein der dem regierenden Haus politisch genehmste war[592], sondern auch der Umstand, daß Wörter wie *imperium, imperator, imperare, imperialis*, nicht automatisch auf das Kaisertum bezogen werden dürfen[593], wie dies leider nur allzu oft geschehen ist[594].

Abschließend sei noch kurz auf die Titulaturen in den sogen. Privaturkunden eingegangen. Diese sind deshalb wichtig, weil sie zeigen, daß doch ein wesentlich größerer Formelreichtum herrschte, als nach den offiziellen Titeln in den Urkunden angenommen werden könnte. Ich muß mich hier allerdings auf eine knappe Übersicht beschränken, die lediglich die Vielfalt der Titulaturen mit Bezug auf die einzelnen *regna* zu belegen versucht. Dabei scheint mir bemerkenswert, daß der *rex Francorum* gerade in den „chartae" häufiger anzutreffen ist, als nach dem Titel erwartet werden dürfte. Selbst als Kaiser wird Ludwig d.Fr. in den Fuldaer Urkunden fast regelmäßig *rex Francorum* genannt, ähnlich auch Lothar I.[595], während Ludwig II. von Ostfranken meist als *rex orientalium Francorum* erscheint[596]. Die Selbständigkeit Lotharingiens als eigenständiges Regnum zeigt sich auch in den Urkundendatierungen, die allein die Herrschaftsjahre in Lotharingien zählen, was für Karl III. ebenso gilt wie für

---

[592] Will man Königen wie Lothar II., Karl v.d. Provence, Arduin oder gar Rudolf III. von Burgund etwa imperiale Ambitionen nachsagen, nur weil sie den absoluten Königstitel führten? Auch das Invictus- oder Invictissimus-Prädikat, das z.B. Arduin regelmäßig gebraucht, hat nicht die ihm von JÄSCHKE, Königskanzlei, S. 168ff. zugeschriebene Bedeutung.

[593] Dies ist der grundlegende Fehler in dem Aufsatz von JÄSCHKE, Königskanzlei, S. 143 – 44, 153, 183 – 84, 186 u.ö.; kritisch schon HOFFMANN, Geschichte, S. 39 m. Anm. 68 und bes. EGGERT, Auffassung, S. 275 Anm. 398 (– S. 276). Vgl. die folg. Anm.

[594] Bezüglich *imperialis* vgl. bes. HOFFMANN, Geschichte, S. 38ff. Zum Gebrauch von *imperium* in Königsukk. vgl. etwa BITTERAUF I, Nr. 639 (841 Okt. 30): *anno imperii Hludowici regis nostri*; DRONKE, Nr. 547, Nr. 550 (842 Okt. 13 – Nov. 30): *anno imperii Hlodowici regis orientalium Francorum* (S. 244, 245); Actes de Lothaire, Nr. 2 (a. 954/55): *veniens Hugo dux Francorum et pene totius imperii potentissimus* (S. 5 Z.15 – 16); vgl. ferner die Uk. Alfons' VI. von 1095 Febr. 13: *Ego Adefonsus Dei gratia Tolletani imperii rex et magnificus triumphator*: GUÉRARD II, Nr. 829, S. 186; vgl. ebd. S. 189. Auch in Burgund wurden die Regierungsjahre Lothars vorübergehend als *anni imperii* gezählt; vgl. BERNARD – BRUEL II, Nr. 993 (956 Apr.) S. 88: *anno autem imperii Lotharii regis, filii Ludovici regis, secundo*; vgl. noch ebd. Nr. 996, S. 91; Nr. 997, S. 92; Nr. 999, S. 94; Nr. 1004, S. 100; Nr. 1007, S. 103; Nr. 1035, S. 128; Nr. 1036, S. 130; Nr. 1038, S. 133; Nr. 1297 (971 Apr. 20) S. 375; in Nr. 1007 wird Lothar sogar als *filius Ludovici imperatoris* bezeichnet; vgl. noch BERNARD – BRUEL III, Nr. 1879 (991 Juni) 110; Nr. 1928 (992? Juli) S. 148; Nr. 2624 – 25 (a. 1005/06) S. 669. Verfehlt hierzu ZATSCHEK, Erwähnungen, S. 374. Vgl. weitere Belege bei WERNER, Imperium, S. 16 – 17.

[595] Vgl. bes. EGGERT, Auffassung, S. 319 m. Anm. 681 – 83; s. auch FICHTENAU, Datierungen, S. 193 m. Anm. 33. Vgl. unten Kap. 8, S. 527 m. Anm. 512.

[596] EGGERT, Auffassung, S. 319 – 20 m. Anm. 685 und Anm. 689 und ebd. S. 320 – 21.

Heinrich I.[597]. In St. Gallen wird Ludwig II. von Ostfranken mehrfach als *rex Alamannorum* tituliert[598].

Im Königreich Burgund ist u.a. die Form *rex Alamannorum* oder *Alamandorum* für die Rudolfinger bezeugt[599]. Die Signumzeile eines Präzepts Heinrichs III. für Cluny lautet dagegen: *Signum domni Heinrici secundi...Romanorum imperatoris augusti, Burgundionum primi*[600], was eine gewisse Entsprechung findet in der Titulatur Heinrichs III. in einer „charta" aus Marseille: *regnante Anrigo imperatore Alamannorum et Romanorum Burgundionumque atque Provincialium*[601]. Es ist dies, worauf bisher m.W. noch nicht hingewiesen worden ist, das älteste Zeugnis für *Alamanni* = Deutsche[602]. Andere Privaturkunden nennen den Burgunderkönig *rex Alamannorum sive (seu, vel) Provinciȩ*[603]. Dies ist der Regelfall; nur selten finden sich Abweichungen wie etwa *rex Alamannorum vel Provinciarum*[604]; in der Provence ungewöhnlich sind Formulierungen wie *rex*

---

[597] MUB. I, Nr. 163 (Juni 928): *anno vero domni Karoli gloriosi regis XII in regno quondam Hlotarii* (S. 228); Nr. 164 (a.924): *anno vero domni Heinrici gloriosissimi regis II* (S. 229); Nr. 169 (a.928): *anno vero V domni Henrici serenisssimi regis super regnum quondam Lotharii* (S. 234); Nr. 173 (ca. 928): *anno vero secundo regnante domno Ottone...super regnum quondam Lotharii* (S. 237); vgl. EGGERT, Auffassung, S. 313 m. Anm. 645; s. schon BRESSLAU II/2, S. 418 Anm. 3. Vgl. noch unten Kap. 7 § 1, S. 440 m. Anm. 207–11.

[598] WARTMANN II, Nr. 386, S. 7; Nr. 389, S. 10; Nr. 393, S. 14; Nr. 403, S. 24 u.ö.; Nr. 397, S. 19 liest: *rege in Alamannia*; so aber schon WARTMANN I, Nr. 348–50, S. 324, 325, 326. Vgl. EGGERT, Auffassung, S. 323–24 m. Anm. 713–15 und ebd. S. 250 m. Anm. 211–12; s. auch FICHTENAU, Datierungen, S. 274, der aber zu Unrecht die Existenz eines „regnum Alamannorum" leugnet; vgl. EGGERT, aaO., S. 322 m. Anm. 704.

[599] Vgl. etwa GUÉRARD I, Nr. 175, S. 206; Nr. 261, S. 284; Nr. 262, S. 285; Nr. 585, S. 576; MARION, Nr. XVIIIA, S. 29; Nr. XXXIIIA, S. 77. Weitere Belege bei VIGENER, S. 235 Anm. 8; POUPARDIN, Bourgogne, S. 183–84; FLACH IV, S. 383 Anm. 1 (auf S. 384) und BEUMANN, König, S. 48 Anm. 57.

[600] D H. III. 244 (1049 Dez. 4; Or.) S. 328 Z.1–2 und dazu BEUMANN, König, S. 50–51; vgl. MÜLLER-MERTENS, Regnum, S. 83–84. MERTA, S. 180 m. Anm. 79–81, folgt Beumann.

[601] GUÉRARD I, Nr. 657 (a.1045) S. 650; vgl. BEUMANN, König, S. 48, 51; s. auch KIENAST, Herzogstitel, S. 22.

[602] Vgl. dazu unten Kap. 3 § 3, S. 236 m. Anm. 380–81. Ich frage mich, ob nicht auch schon GUÉRARD I, Nr. 318 (1040 Okt. 24) S. 335: *regnante Cona(!) regem Alamannorum*, in diesem Sinn zu deuten ist; in Nr. 117 (a. 1056) S. 146: *regnante Henrico Allemannorum rege*, scheint mir dies sehr wahrscheinlich; ebenso ebd. Nr. 215 (a. 1056) S. 238; Nr. 544 (a. 1057) S. 541. Vgl. noch unten Anm. 615.

[603] GUÉRARD I, Nr. 15, S. 19 (*et Provinciȩ*); Nr. 18, S. 24; Nr. 41, S. 64; Nr. 69, S. 97; Nr. 70, S. 98; Nr. 72, S. 101; Nr. 76, S.104; Nr. 81, S. 110; Nr. 98, S. 123; Nr. 110, S. 138; Nr. 111, S. 139; Nr.113, S. 142; Nr. 133, S. 159; Nr. 165, S. 194 usw.

[604] So GUÉRARD I, Nr. 29, S. 41; Nr. 187, S. 216; Nr. 290, S. 309; II, Nr. 666, S. 13.

*Burgundionum* oder *rex in Gallia (Galliis)*[605]. Besonders letztere findet sich dagegen häufig in Hochburgund[606], wo man auch von *rex Jurensis*[607], gelegentlich sogar vom *rex Viennensis* spricht, was allerdings auch einschränkend gemeint sein kann[608]. Odo von Blois, der Gegenspieler Konrads II., war in der Provence allgemein anerkannt[609]; erst seit 1035 finden sich auch Datierungen nach Konrad II. und dessen Nachfolgern, die jedoch nur selten in der angestammten Form als *reges Alamannorum sive Provintie* tituliert werden[610]. Ganz allgemein geht die Datierung nach dem

---

[605] GUÉRARD I, Nr. 100 (a. 1025): *tempore Rodulfi regis Burgundionum* (S. 125); II, Nr. 1057 (a. 1020): *regnante Rodulfo rege in Galliis* (S. 529); vgl. noch GUÉRARD I, Nr. 545 (a. 1047): *regnante Henrico rege Langobardum et Burgundionum!* (S. 541) Die *Burgundia* wird aber auch im Norden nur selten erwähnt: BERNARD I, Nr. 96 (a. 991?): *regnante Conrado rege in Burgundia* (S. 72) sowie Nr. 731 (a. 1046): *regnante domino imperatore Henrico in Burgundia* (S. 378).

[606] Die Formel: *regnante N. (serenissimo) rege in Gallia (Gallias Galliis)* o.ä. ist in Hochburgund, und zwar vorzugsweise im Raum Lyon, ganz geläufig: BERNARD I, Nr. 61, S. 53; Nr. 137, S. 101; Nr. 146, S. 109; Nr. 147, S. 110; Nr. 174, S. 127; Nr. 261, S. 174; Nr. 643, S. 323; Nr. 659, S. 338; Nr. 671, S. 346; Nr. 708, S. 365; II, Nr. 1, S. 551; Nr. 15, S. 562; Nr. 38, S. 582; Nr. 42, S. 585; Nr. 43, S. 586; Nr. 47, S. 589; Nr. 48, S. 590; Nr. 58, S. 598; Nr. 72, S. 607; Nr. 73, S. 608; Nr. 75, S. 610; Nr. 82, S. 615; Nr. 94, S. 624; Nr. 102, S. 629; Nr. 103, S. 630; Nr. 105, S. 632; Nr. 115, S. 640; Nr. 121, S. 645; Nr. 123, S. 646; Nr. 126, S. 647; Nr. 130, S. 651; Nr 135, S. 654; Nr. 136, S. 655; Nr. 137, S. 656; Nr. 146, S. 663; Nr. 159, S. 672; Nr. 161, S. 673; Nr. 169, S. 679; Nr. 175, S. 682; Nr. 184, S. 690; Nr. 192, S. 698. Seltener ist die Wendung: *regnante N. rege Galliarum*, oder: *regni N. regis Galliarum*: BERNARD II, Nr. 19, S. 565; I, Nr. 152, S. 113. Vgl. noch BERNARD – BRUEL II, Nr. 1494, S. 547; Nr. 1500, S. 552; Nr. 1715, S. 738; III, Nr. 1995, S. 210.

[607] Die Formel: *regnante N. rege Jurensi (Jurensis, Jurensium)* o.ä. findet sich fast so häufig wie die oben Anm. 606 zitierte: BERNARD I, Nr. 38, S. 38; Nr. 76, S. 63; Nr. 123, S. 85; Nr. 125, S. 86; Nr. 130, S. 94; Nr. 131, S. 95; Nr. 135, S. 99; Nr. 167, S. 122; Nr. 191, S. 137; Nr. 203, S. 143; Nr. 260, S. 173; II, Nr. 7, S. 558; Nr. 20, S. 566; Nr. 23, S. 569; Nr. 30, S. 575; Nr. 40, S. 584; Nr. 63, S. 601; Nr. 66, S. 603; Nr. 70, S. 606; Nr. 116, S. 640; BERNARD – BRUEL II, Nr. 899bis, S. 754; Nr. 1210, S. 293. Singulär ist die Wendung: *regnante Condrado rege Jurensi in Gallia*: BERNARD II, Nr. 51, S. 592.

[608] Nämlich bezogen allein auf den Raum von Vienne, das Rudolf von Westfranken beanspruchte. Die beiden: *anno secundo regnante Radulfo rege Vien(n)ense*, gegebenen Ukk: BERNARD – BRUEL I, Nr. 437, S. 426; Nr. 439, S. 428, sind daher auf Rudolf von Westfranken und nicht auf Rudolf II. von Burgund zu beziehen, wie BERNARD – BRUEL, aaO., S. 426 Anm. 3, 428 Anm. 2, angenommen hatten; vgl. dagegen LIPPERT, S. 83 Anm. 1; POUPARDIN, Provence, S. 234 m. Anm. 4 und bes. HOFMEISTER, Burgund, S. 56 – 58. Dagegen ist BERNARD – BRUEL II, Nr. 998 (a. 956): *anno XVIIII regnante Conrado rege Viennensi* (S. 93) in der Tat nur eine Variante für *rege Jurensi, rege in Gallia* o.ä.

[609] Vgl. GUÉRARD I, Nr. 64 und Nr. 101 (1033 Jan.): *regnante Odone rege Alammanorum sive Provincie* (S. 92, 128); Nr. 176 (1035 Febr. 18): *anno primo*(!), *quod Odo rex cepit regnare* (S. 207); Nr. 183 (1035 März 1): *anno primo...regnare cepit* (S. 212). Die beiden letztgenannten Urkunden wurden in Arles ausgestellt; s. aber auch BERNARD II, Nr. 22 (a. 1034?): *Oddone Campanensi regnum Galliae*(=Burgund!) *summis iuribus sibi vindicante* (S. 568); vgl. FLACH IV, S. 426 Anm. 1 und unten Kap. 10 § 3, S. 686 m. Anm. 461.

[610] Ich kenne nur GUÉRARD I, Nr. 277, S. 299 (Konrad II.) und Nr. 369, S. 376 (Heinrich III.); II, Nr. 1063, S. 543 (Konrad II.). Man beachte aber GUÉRARD I, Nr. 188 (a. 1040!): *regnante nullo rege Provintie atque Burgundie* (S. 217); ähnlich auch Nr. 167 (a. 1041) S. 197. GUÉRARD I, Nr. 310, S. 327 und Nr. 378, S. 384 (beide aus dem Jahre 1033) bieten die übliche Formel: *regnante rege Alamannorum sive (seu) Provincie*, aber ohne

Herscher im Königreich Burgund in den Jahren nach 1032 spürbar zurück[611] und macht nicht selten Formulierungen Platz wie: *nullo nobis alio rege solo Christo domino in perpetuum* oder: *regnante rege regum omnium summo Jesu Christo, domino et salvatore nostro, cui et a quo per quemque com Patre Spirituve est omnis honor et gloria sine fine permanens*[612]. Nach 1057 verschwindet der Name des deutschen Königs in der Provence weitgehend aus den Datierungen[613] und wird gelegentlich sogar durch den König Philipps I. von Frankreich ersetzt[614]. Erst im 12.–13. Jahrhundert taucht der Name des deutschen Königs gelegentlich in provenzalischen „chartae" wieder auf[615], um mit Friedrich II. endgültig zu verschwinden[616].

Der Westfrankenkönig wird in aquitanischen „chartae" gelegentlich als *rex Aquitanorum* bezeichnet[617], weit häufiger jedoch als *rex Francorum et*

---

Namen! MARION, Nr. XIIIA (1034 Jan. 24): *anno tertio post obitum Radulfi regis* (S. 21), doch im Nov. 1034 ist Konrad anerkannt: ebd. Nr. XVA, S. 25. Vgl. FLACH IV, S. 430 m. Anm. 2.

611) Vgl. schon oben Anm. 609–10 und unten mit der folg. Anm. Insgesamt finden sich in GUÉRARD I–II ca. 30 Datierungen nach deutschen Königen von 1035 (Nr. 451, 556, 568, 592) – 1058 (Nr. 307, S. 325: *regnante Heinrico, rege Romanorum*), wo vielleicht noch Heinrich III. gemeint sein könnte. Vgl. noch unten mit Anm. 613.

612) GUÉRARD I, Nr. 526 (a. 1038) S. 520; II, Nr. 787 (a. 1042) S. 138. Die Formulierungen sind sehr vielfältig; vgl. etwa GUÉRARD I, Nr. 44–45, S. 69; Nr. 60, S. 88; Nr. 88, S. 116; Nr. 94, S. 121; Nr. 120, S. 150; Nr. 123–26, S. 153, 154,155; Nr. 131–32, S. 158; Nr. 162, S. 190; Nr. 180, S. 210; Nr. 229, S. 256; Nr. 238, S. 264; Nr. 239, S. 266; Nr. 242, S. 268 usw. Die Datierungen: *regnante domino nostro Jesu Christo* o.ä. setzen in den 30er Jahren des 11. Jh. ein, was kein Zufall sein kann. Eine Ausnahme ist Nr. 19 (1020 Juni 19): *regnante domino nostro Jesu Christo ubique et in Alamanna* (sic) *seu Provintia Rodulfo rege* (S. 25). In Hochburgund ist diese Form der Datierung sehr viel seltener! Vgl. FLACH IV, S. 426 Anm. 2.

613) Eine späte Datierung aus dem 11. Jh. ist GUÉRARD I, Nr. 567 (a. 1057): *regnante Henrico, rege puero* (S. 560). Die Datierung, genauer: die Jahresberechnung im Chartular von St-Victor ist ein Kapitel für sich und bedürfte sorgfältiger Prüfung. Die von Guérard in das Jahr 1022(!) gesetzte Uk. Nr. 417: *regnante Enrico imperatore* (S. 423) gehört natürlich in die 50er Jahre, wie ein Vergleich der Zeugen mit Nr. 416 (a. 1055) beweist. Vgl. auch oben Anm. 605 und Anm. 610. Vgl. noch Cartulaire de St-Chaffre, Nr. 366 (a. 1084): *Factum est hoc tempore Gregorii papae VII, Wuilhermo III° abate monasterio praesidente feliciter, rege Teutonicorum Aenrico obtinente nomen imperii infoeliciter* (S. 123); vgl. FLACH IV, S. 430 Anm. 3.

614) GUÉRARD I, Nr. 46, S. 71; Nr. 292, S. 311; Nr. 449, S. 455; Nr. 492, S. 495; II, Nr. 742, S. 91; Nr. 813, S. 161. Es handelt sich in der Mehrzahl n i c h t um Urkunden aus der Spanischen Mark, wo die Datierung nach dem westfränkisch/französischen König alte Tradition ist. Vgl. DHONDT, S. 251 und KIENAST, Studien, S. 88, 93–94.

615) GUÉRARD II, Nr. 777, Nr. 972 (beide a.1122): *regnante Henrico rege Alamannorum* (S. 123, 417), wo der Bezug auf Deutschland sicher ist. Vgl. auch Nr. 959 (1165 Juli 13): *Frederico regnante imperatore et Raimundo Berengarii comite Provincie existente* (S. 399); vgl. noch Nr. 955 (1173 März 5) S. 394.

616) GUÉRARD II, Nr. 909 (1229 Febr. 8) S. 311; Nr. 917 (1230 Jan. 30) S. 326; Nr. 947 (1225 Dez. 23) S. 377; Nr. 1120 (1224 Jan. 14) S. 594; Nr. 1124 (1236 Nov. 10) S. 599.

617) Die Belege bei KIENAST, Herzogstitel, S. 18 m. Anm. 41, 19 m. Anm. 43–44, 20 m. Anm. 51 und Anm. 57, 21 m. Anm. 60.

*(sive) Aquitanorum*[618], während die Titulatur *rex Francorum et Burgundionum* offenbar nicht belegt ist[619]. Ausnahmsweise findet sich je einmal *rex Francorum et Gotorum* für Karl III. und *rex Gotorum* für Robert II.[620]. Die Datierung allein nach dem *rex Francorum* ist jedoch recht häufig, was bei dem Titel des Westfrankenkönigs nicht verwundern kann[621]. Ich verzichte an dieser Stelle auf die Behandlung des Herzogstitels, für den auf das grundlegende Werk von KIENAST verwiesen sei[622]. Ich bemerke lediglich, daß der *dux Francorum* auf der gleichen Stufe steht wie ein *dux Burgundionum*[623], ein *dux Aquitanorum*[624] usw.; von einer ang. „vizeköniglichen" Stellung ü b e r den übrigen *duces* kann überhaupt keine Rede sein[625].

Zusammenfassend läßt sich sagen, daß aus der Untersuchung der Intitulatio im 9. und 10. Jahrhundert bei aller Beschränktheit der Aussage wegen der häufigen Verwendung des absoluten Königstitels doch so viel erhellt, daß das Königtum in West und Ost auch noch im 10. Jahrhundert als ein fränkisches aufgefaßt wurde. Dagegen ließe sich natürlich einwenden, daß Titel ihrem Wesen nach beharrend sind und aus ihnen nicht auf die politische Realität geschlossen werden dürfe. So ernst ich diesen Einwand nehme, so muß das Ergebnis dieses Abschnitts doch zunächst einmal zur Kenntnis genommen werden. Weit weniger eindeutig ist das Ergebnis für die Terminologie von *Francia*, *Gallia* und *Germania*: sie sind nicht eindeutig bestimmbar und bedürfen daher jeweils der Interpretation von Fall zu Fall. Nicht gesprochen habe ich bisher von den Begriffen *theodiscus* und *teutonicus* und der ang. volkssprachlichen Vorstufe *theudisk. Diese Frage ist so sehr mit weltanschaulichem Ballast und historischen Vorurteilen belastet, daß es mir ratsam schien, ihr in einem eigenen Kapitel nachzugehen.

---

618) Auch hier hat KIENAST die Belege zusammengestellt: Herzogstitel, S. 18 m. Anm. 40, 19 m. Anm. 45, Anm. 47 und Anm. 49, 20 m. Anm. 52 und Anm. 54, 21 m. Anm. 59 und Anm. 61 – 65. Vgl. ergänzend CHAMPEVAL XII, S. 270 – 71 Nr. 204 (931 Febr.).

619) So KIENAST, Herzogstitel, S. 18, der das Urkundenmaterial sehr gründlich gesichtet hat. Vgl. auch unten Kap. 5 § 1, S. 319 Anm. 106.

620) KIENAST, Herzogstitel, S. 20 – 21 m. Anm. 58, 21 m. Anm. 66, 298 und Anm. 128.

621) Auch hierfür zahlreiche Belege bei KIENAST, Herzogstitel, S. 18 – 21.

622) KIENAST, Herzogstitel, S. 55ff., 313ff.

623) KIENAST, Herzogstitel, S. 85ff.

624) KIENAST, Herzogstitel, S. 162ff.

625) Zu dieser alten Streitfrage vgl. bes. DHONDT, Études, S. 133 – 42 und ebd. Append. III, S. 285 – 91; s. auch KIENAST, Herzogstitel, bes. S. 68ff. Verfehlt CALMETTE, Naissance, S. 188 – 89 und schon FLACH III, S. 152: „une véritable vice-royauté, le *ducatus Francorum*" und ebd. S. 210: „Le *dux Francorum* avait, en effet, une véritable *primatie*. Il était le *primus inter duces*...". Unstreitig ist natürlich, daß der *dux Francorum* nach oder besser: neben dem König der mächtigste Mann im Westfrankreich war. Bemerkenswert scheint mir, daß Richer, l.IV c.97 (ed. LATOUCHE II, S. 308) nach der Königserhebung Hugos Odo von Chartres zu Recht oder zu Unrecht unterstellt, er habe *dux Francorum* werden wollen. Zum *comes Francorum* s. ergänzend WERNER, Untersuchungen III, S. 115.

## 3. KAPITEL

## DIE LINGUISTISCHE KOMPONENTE.

§ 1: Was heißt *theudisk? Die Bedeutung von *theodiscus* im 9. und 10. Jahrhundert.

Im Jahre 1935 stellte Carl ERDMANN in seinem noch heute lesenswerten Aufsatz „Der Name Deutsch" die Frage: „Warum hörten die Bayern, Schwaben, Ostfranken, Thüringer, Sachsen und Friesen im Laufe des früheren Mittelalters auf, sich für sechs verschiedene Völker zu halten und sahen sich fürderhin als ein einziges an? ...Auf diese Frage läßt sich eine klare Antwort geben. Wir brauchen nur der Geschichte des Wortes „Deutsch" nachzugehen"[1]. Er betont dann, daß „der Name Deutsch... im Ursprung keine volkstümliche, sondern eine gelehrte Bildung (ist)..., die Idee Deutsch entstand als ein Bildungsgut"[2], womit er den Forschungsstand des Jahres 1935 korrekt resümiert, allerdings auch insoweit, als er *theodisca lingua* falsch mit „deutsche Sprache" übersetzt[3], was in der Konsequenz zu der hundertfach nachgebeteten, schlechterdings absurden Behauptung führt, Karl d.Gr. habe „deutsch" gesprochen[4]: er hat selbstverständlich fränkisch gesprochen und sonst nichts[5]. ERDMANN war Historiker, und das ist wohl der Grund, warum der Historiker noch heute gern

---

[1]) ERDMANN, Name, S. 95.

[2]) ERDMANN, Name, S. 100. Zu diesem Aufsatz vgl. auch unten Kap. 4 § 1, S. 262 m. Anm. 120 – 25.

[3]) ERDMANN, Name, S. 96, 99 u.ö.; ebenso KIRN, S. 37 – 38 u.ö.; ZATSCHEK, Ludwig, S. 39; natürlich auch WEISGERBER, S. 46, 74 u.ö. und noch BETZ, S. 397: „Karl (hat) durch den Gebrauch der deutschen Sprache Klarheit zu erzielen versucht". Eindeutig auch der Titel des Aufsatzes von BAESECKE, S. 324: „Das Nationalbewußtsein der Deutschen(!) des Karolingerreiches nach den zeitgenössischen Benennungen ihrer Sprache"; ähnlich aber noch immer REXROTH, S. 283ff. Mit Zitaten dieser Güteklasse ließen sich viele Seiten füllen. Vgl. noch unten Anm. 48 und Anm. 52, S. 188 m. Anm. 59, S. 189 m. Anm. 64 – 65.

[4]) Dieser Unsinn findet sich bei unzähligen respektablen Gelehrten; ich gebe nur eine kleine Auswahl: ROSENSTOCK, S. 82; KIRN, S. 39 Anm. 2; KIENAST II, S. 533 und ebd. S. 530; vgl. schon oben S. 40 Anm. 183. Zur Abwechslung betont EHLERS, Anfänge, S. 42, von Karl d.K., „daß die Muttersprache dieses ersten *roi de France* das Deutsche war". Französischerseits s. etwa LEROUX, Royauté, S. 410.

[5]) So immerhin schon STEINBACH, S. 178, dessen Auffassungen ich im übrigen nicht teile. BETZ, S. 399, formuliert bemerkenswert unbestimmt: „So wie er sich als Franke, als Germane, fühlte und von seiner Sprache als der *lingua theodisca* sprach...".

zu diesem Beitrag greift, der auch in anderer Hinsicht höchst verdienstvoll ist. Es versteht sich aber wohl von selbst, daß die eigentliche Forschungsarbeit vor allem Sache der Germanisten und Romanisten sein muß, denen der Historiker allenfalls historische Argumentationshilfe liefern kann[6]. Im Rahmen meiner im wesentlichen an der politischen und Verfassungsgeschichte orientierten Fragestellung hielt ich ein Eingehen auf rein linguistische Fragen zunächst für überflüssig und fand dafür bei KIENAST Verständnis; SCHLESINGER hat indes gerade der Geschichte von *theodiscus - teutonicus* großes Gewicht beigemessen[7], und in einer um Vollständigkeit bemühten Darstellung der Problematik sollte die Sprachgeschichte in der Tat nicht fehlen[8]. Der nach Niederschrift dieses Abschnitts erschienene Aufsatz von Heinz THOMAS diente mir als willkommene Überprüfung und Bestätigung meiner schon zuvor getroffenen Feststellungen[9].

Die Diskussion der letzten Jahrzehnte war bestimmt von den Thesen des Sprachwissenschaftlers Leo WEISGERBER (1899 – 1985)[10], die daher in aller gebotenen Kürze dargelegt seien[11]. WEISGERBER geht aus von zwei erschlossenen westfränkischen Adjektiven *\*walhisk* und *\*theudisk*; letzteres wäre um 700 im zweisprachigen Gallien als Reaktion auf die völkische(!) Fremdheit der Romanen in einer Art Selbstbesinnung auf die eigene Art (nicht Sprache!) gebildet worden[12]. Hierbei spielt für WEISGERBER der ihm aus seiner Jugend vertraute Sprachenkampf in Lothringen eine zentrale Rolle[13], den er unbedenklich auf die fränkische Frühzeit übertrug,

---

[6]) Der Sammelband „Der Volksname Deutsch", den Hans EGGERS 1970 herausgegeben hat (Wege der Forschung, t.156), enthält nur die Beiträge des Historikers STEINBACH, S. 166 – 82 und des Rechtshistorikers ROSENSTOCK, S. 32 – 102. HUGELMANN, S. 270ff. bietet nichts Neues und wird daher im folgenden nicht weiter berücksichtigt. Unter den jüngeren Mediävisten hat sich vor allem Heinz Thomas mehrfach mit den Theorien der Linguisten aus historischer Sicht befaßt; wichtig vor allem THOMAS, Regnum, S. 17ff.; DERS., Anfänge, S. 287ff. und bes. unten mit Anm. 9.

[7]) SCHLESINGER, Beginn, S. 544 und allgemein DERS., Entstehung, S. 166 – 67. In der Diskussion meines in Frankfurt gehaltenen Vortrages kam Schlesinger immer wieder auf linguistische Einwände zurück; s. auch unten S. 200 m. Anm. 141; vgl. aber KIENAST III, S. 662.

[8]) Vgl. auch FRIED, Bemerkungen, S. 626 – 28 und dazu THOMAS, Ursprung, S. 295 – 96.

[9]) THOMAS, Ursprung, passim, bes. S. 324ff. und DERS., Rezeption. S. 21ff.

[10]) Weisgerber lehrte seit 1942 in Bonn auf dem Lehrstuhl für Keltologie und allgemeine Sprachwissenschaft; „Germanist" im akademischen Sinn ist er also nie gewesen; vgl. seine Antrittsvorlesung „Deutsch und Welsch" aus dem Jahre 1944: WEISGERBER, S. 233 m. Anm. 1.

[11]) Ich folge hier im wesentlichen der knappen Zusammenfassung von THOMAS, Anfänge, S. 287; s. auch STRASSER, S. 5 – 6; vgl. zuletzt THOMAS, Ursprung, S. 303 – 06.

[12]) Vgl. bes. WEISGERBER, S. 74ff., 187ff., 198ff., 212ff., 233ff., 268ff. Gegen Weisgerber nimmt BUCHNER, S. 579, an, daß „welsch" ursprünglich „keltisch" meinte.

[13]) Er war 1899 in Metz geboren und dort aufgewachsen: THOMAS, Anfänge, S. 287 m. Anm. 2; DERS., Ursprung, S. 304.

indem er – für die Zeit um 700 – von „dem westfränkischen *theudisk* als dem Wort der Grenzspannungen" sprach, das sich „um 900 im althochdeutschen *diutisk* als dem Wort der bewußt gewordenen volklichen Gemeinschaft" erfüllt habe[14]. Diese These fand die begeisterte Zustimmung von STEINBACH und FRINGS[15], wobei Vokabeln wie „Kampfgemeinschaft"[16] oder „Kampfbund"[17] gebraucht wurden. Diese bedingungslose Zustimmung hatte allerdings ihre guten Gründe: „Die neue Fragestellung fällt nicht zufällig zusammen mit neuen Arbeiten über die germanisch-fränkische Besiedlung Nordfrankreichs und die Entstehung der deutsch-französischen Sprachgrenze"[18]. Die „neuen Arbeiten", auf die FRINGS hier anspielt, waren von STEINBACH und PETRI[19], die sich ihrerseits wieder auf die Forschungen von FRINGS beriefen[20]. STEINBACH und PETRI hatten die gegenwärtige deutsch-französische Sprachgrenze historisch als eine „Ausgleichsgrenze" gedeutet[21]; in diese Konzeption ließ sich WEISGERBERS Auffassung von der Entstehung des Wortes *theudisk* zu Ausgang des 7. Jahrhunderts als eines „Heimatrufs der allmählich der Romanisierung erliegenden Franken"[22] natürlich nahtlos einbauen, und so entstand ein „Zitierkartell", in dem ein jeder die Theorien des anderen zur Stützung der eigenen Thesen heranzog. Dieses Geflecht von Hypothesen

---

[14] WEISGERBER, S. 220 – 21.

[15] STEINBACH, S. 176; FRINGS, S. 210.

[16] So STEINBACH, S. 176: „Der neue Name faßte das germanische Volkstum des fränkischen Reiches zusammen, war die Bezeichnung der neuen Kampfgemeinschaft, die an Stelle der alten fränkischen in der Auseinandersetzung mit dem romanischen Westen des Reiches sich bildete...".

[17] FRINGS, S. 221: „die Sprache des Kampfbundes der Franken, der sich in Westdeutschland und den Niederlanden bildet...". Den Ausdruck „Sprachgrenz- und Sprachkampfland" benutzt BAESECKE, S. 326. Vgl. noch unten mit Anm. 22.

[18] FRINGS, S. 210.

[19] Franz STEINBACH: Studien zur westdeutschen Stammes- und Volksgeschichte, Jena 1926 (Schriften des Instituts für Grenz- und Auslandsdeutschtum der Universität Marburg, H. 5; Nachdruck als 2. Auflage: Darmstadt 1962); Franz STEINBACH – Franz PETRI: Zur Grundlegung der europäischen Einheit durch die Franken, Leipzig 1939 (Deutsche Schriften zur Landes- und Volksforschung, t.1); Franz PETRI: Germanisches Volkserbe in Wallonien und Nordfrankreich. Die fränkische Landnahme in Frankreich und den Niederlanden und die Bildung der westlichen Sprachgrenze, 2 Bde., Bonn 1937 (Nachdruck 1942 als 2. Auflage); vgl. PETRI, S. 8 – 10.

[20] Hermann AUBIN – Theodor FRINGS: Kulturströmungen und Kulturprovinzen in den Rheinlanden. Geschichte, Sprache, Volkskunde, Bonn 1926; Theodor FRINGS: Grundlegung einer Geschichte der deutschen Sprache, Halle/Saale 1948; 1950[2]. Vgl. PETRI, S. 7 – 8 und unten Anm. 25.

[21] Hierzu s. PETRI, S. 10.

[22] So STRASSER, S. 5 – 6 nach WEISGERBER, S. 80: „in gewissem Sinne ein Heimatruf der in dem Schicksal der Romanisierung stehenden Franken"; ebd. S. 221 ist von einem „stolzen Ruf im Streit" die Rede; „Heimatruf" benutzt auch FRINGS, S. 231; vgl. dazu v. SEE, Interessen, S. 255b; kritisch auch schon TELLENBACH, Germanenbegriff, S. 158 – 59.

verdichtete sich so zu einer „Lehre" der „Bonner Schule", die nachhaltig auf die Forschung selbst noch der Nachkriegszeit bis weit in die 60er Jahre hinein eingewirkt hat[23].

Es kann hier nicht meine Aufgabe sein, mich mit den Methoden und Ergebnissen der Forschungen von STEINBACH und PETRI auseinanderzusetzen, die bei aller Kritikwürdigkeit fraglos auch große Verdienste hatten[24]; so war das Zusammenwirken von Bodenforschung, Namenkunde, Sprachgeographie und Geschichtswissenschaft methodisch nur zu begrüßen, solange jede Disziplin bei der ihr vertrauten Methode blieb und nicht in der Nachbardisziplin die Bestätigung für eigene Hypothesen suchte. Dies war speziell von germanistischer Seite nicht selten der Fall, was Hans KUHN, dem die ganze Richtung ohnehin nicht paßte, zu dem bissigen Kommentar veranlaßte, daß auf diese Weise „die Philologie zum Narren der Vorgeschichte" werde[25]. Die ganze Forschungsrichtung stand ja insofern unter einem Unstern, als ihre wichtigsten Veröffentlichungen in die Jahre 1937– 43 fielen und sie schon von daher „notgedrungen im außerdeutschen Blickwinkel das schiefe Licht außerwissenschaftlicher Wollenschaften" auf sich zog[26]. Gelegentliche Fehlleistungen haben noch dazu beigetragen, daß sich dieser Eindruck verfestigen mußte[27], obwohl niemandem der „Bonner Schule"[28] nachgesagt werden kann, ein überzeugter Anhänger

---

[23]) Vgl. die „Berichte" für die Jahre 1926–1953 und 1953–1976 von PETRI, S. 13ff., 121ff., die weitgehend apologetischen Charakter haben, wobei allerdings eine Reihe von „Mißverständnissen" zu bereinigen war; s. auch KIENAST, Studien, S. 13 m. Anm. 12b, 14 m. Anm. 13 (–S. 17!) und bes. THOMAS, Ursprung, S. 305–06 sowie unten Anm. 28.

[24]) Kritik übten vor allem die Romanisten, insbes. Ernst GAMILLSCHEG, der kurz vor Petri eine dreibändige „Romania Germanica" (Berlin-Leipzig 1934–36) veröffentlicht hatte; s. v. SEE, Interessen, S. 254a; vgl. oben Anm. 23; s. aber auch PETRI, S. 88ff. und bes. ebd. S. 173ff. Unter den Historikern hatte SCHLESINGER, Arnulf, S. 238, schon 1941 Bedenken angemeldet; vgl. noch ebd. S. 346 (zu S. 238).

[25]) In seiner Besprechung von Ernst SCHWARZ: Goten, Nordgermanen, Angelsachsen, Bern-München 1951 (1952) in: Hans KUHN: Kleine Schriften, t. I: Sprachgeschichte, Verskunst, hgg. von Dietrich HOFFMANN (Berlin 1969) S. 196–204, bes. S. 203. Eine scharfe Rezension der 1. Auflage der „Grundlegung" von Frings: oben Anm. 20, aus dem Jahre 1951 in: ebd. S. 182–95. Zu Frings s. auch v. SEE, Interessen, S. 254b.

[26]) So PETRI in einer Rezension von R. Bruch aus dem Jahre 1954; zitiert nach v. SEE, Interessen, S. 254b.

[27]) Vgl. Franz PETRI: Holland, Flandern, Wallonien. Vorlande des Reiches im Nordwesten. 3 Vorträge, Brüssel 1944 (Deutsches Institut Brüssel. Kleine Schriften, t.4). Diese Vorträge waren zumindest überflüssig.

[28]) Von der „Bonner Methode" spricht v. SEE, Interessen, S. 254a, der die „zeitgebundene Tendenz" hervorhebt; vgl. noch GRAUS, Verfassungsgeschichte, S. 557 m. Anm. 88. THOMAS, Ursprung, S. 296, bemerkt treffend, daß von den 18 Aufsätzen des von Hans Eggers 1970 herausgegebenen Sammelbands: oben Anm. 6, nicht weniger als elf in den Jahren 1940/44 veröffentlicht worden waren. Vgl. auch oben Anm. 24 sowie unten S. 185 m. Anm. 32–33.

des Regimes gewesen zu sein[29]. Dies gilt letztlich auch für WEISGERBER trotz seiner 1941 verkündeten „arteigenen Sprachlehre", die sich dann nach 1945 zur „Sprachinhaltsforschung" mauserte[30]. An seiner Deutung von *theudisk hat er aber unbeirrt festgehalten[31], und sein alter Mitstreiter PETRI bescheinigt ihm denn auch 1954, daß er dafür „wohl endgültig den Beweis erbracht" habe[32].

Dabei hat es an Widerspruch gegen WEISGERBER trotz der von FRINGS, PETRI u.a. dekretierten „Endgültigkeit" seiner Ergebnisse[33] nie gefehlt. Vor allem die Romanisten meldeten sogleich Vorbehalte an[34], aber auch auf germanistischer und indogermanistischer Seite war die Aufnahme der Weisgerberschen These zwiespältig: Franz SPECHT leugnete die spezifisch westfränkische Entstehung des Wortes – bekanntlich ein Grundpfeiler im Gedankengebäude WEISGERBERS – und erklärte es für „gemeinwestgermanisch"[35]; auch der Germanist BAESECKE leitete *theudisc anders ab als WEISGERBER[36], und Hennig BRINKMANN zog sich betont auf die mittellateinischen Wortbelege zurück: „Nicht an den möglichen und umstrittenen Frühformen unseres Wortes ‚deutsch'..., sondern an der lateinischen Form theodiscus hat sich das eigentliche Schicksal des Wortes erfüllt"[37]. Erst unlängst ist von Ingrid STRASSER der Vorschlag gemacht worden, ein

---

[29]) Als einem durch die „Gnade der späten Geburt" nicht Betroffenen steht mir ohnehin kein moralisches Urteil zu; s. auch GRAUS, Verfassungsgeschichte, S. 569 Anm. 135 i.f.; vgl. schon Rudolf VIERHAUS in: HZ. 207 (1968) S. 617. Man beachte, daß die wichtigen Werke von Aubin – Frings und Steinbach bereits 1926 erschienen waren: oben Anm. 19 – 20. Franz Steinbach (1895 – 1964) und Franz Petri (* 1903) standen damals in ihren besten Schaffensjahren, während Hermann Aubin (1885 – 1968) und Theodor Frings (1886 – 1968) zu einer älteren Generation zählten. Allgemein vgl. WERNER, Geschichtsbild, S. 70ff.

[30]) v. SEE, Interessen, S. 255a.

[31]) „Der Sinn des Wortes Deutsch" erschien erstmals 1949: WEISGERBER, S. 252 – 77. Seine Aufsatzsammlung „Deutsch als Volksname" wurde 1953 veröffentlicht.

[32]) PETRI, S. 57; in dem 2. Forschungsbericht: ebd. S. 154ff., wird der Name Weisgerbers nicht mehr erwähnt, obwohl dazu aller Anlaß gegeben gewesen wäre.

[33]) Vgl. oben mit Anm. 32 und FRINGS, S. 210: „Weisgerbers Schrift – gemeint ist: Theudisk. Der deutsche Volksname und die westliche Sprachgrenze (1940): WEISGERBER, S. 40 – 95 – führt von Seite zu Seite zu festen und, wie wir meinen, endgültigen Ergebnissen". ZÖLLNER, S. 32 – 33, beschränkt sich auf eine referierende Gegenüberstellung der Meinungen ohne eigene Stellungnahme. Ablehnend auch TELLENBACH, Germanenbegriff, S. 158 – 59 m. Anm. 91.

[34]) Vgl. LERCH, S. 261 – 89 und DERS.: Ist das Wort „Deutsch" in Frankreich entstanden? (1943) in: Der Volksname Deutsch (oben Anm. 6) S. 290 – 319 (Teilnachdruck). Zu Lerch vgl. zuletzt noch THOMAS, Ursprung, S. 299.

[35]) Franz SPECHT: Zu dem Wort „Deutsch" (1941) in: Der Volksname Deutsch (oben Anm. 6) S. 245 – 60; ausdrücklich zustimmend Hans Heinrich SCHAEDER: Zum Ursprung des Wortes 'Deutsch' (1943) in: ebd. S. 320 – 23.

[36]) Vgl. BAESECKE, S. 325 – 29 mit WEISGERBER, S. 291; s. auch ZÖLLNER, S. 33 Anm. 73 und zuletzt SONDEREGGER, S. 240 – 44.

[37]) BRINKMANN, S. 187; vgl. unten Anm. 43.

ostfränkisches *diutisk* statt westfränkisch *\*theodisk* als Vorstufe zu „deutsch" anzunehmen[38], was allerdings höchst fragwürdig bleibt[39]. WEISGERBER hat vor allem gegen LERCH und SPECHT energisch Front ge-macht[40], doch selbst wenn man ihm deren Widerlegung zugestehen wollte, was ich nicht tue[41], bleiben noch genug offene Fragen. Klaus von SEE hat einige Einwände gegen WEISGERBERS These zusammengefaßt[42]. Ich stelle meine eigenen Bedenken zunächst noch zurück und halte es mit BRINK-MANN, der meint: „Die *theodiscus*-Belege machen also die wichtigste Strecke auf dem geschichtlichen Weg des Wortes aus; wer sie erhellt, wird zugleich die Entstehungsgeschichte des Namens erhellen"[43].

Der älteste, wieder und wieder zitierte Beleg für das Wort *theodiscus* ist enthalten in einem Schreiben des päpstlichen Legaten Georg von Ostia an Papst Hadrian I. aus dem Jahre 786; in der Begleitung des Legaten befand sich neben Alkuin noch ein weiterer fränkischer Abt namens Wigbod. Ge-org von Ostia berichtet nun von zwei Synoden, die in England stattfanden: die Beschlüsse der ersten, in Corbridge abgehaltenen Synode wurden auf einer zweiten zu „Cealchyd" verlesen: ...*singula capitula perlecta sunt et tam Latine quam theodiscę, quo omnes intellegere potuissent*[44]. Den Zu-sammenhang mit fränkischem Sprachgebrauch hat man immer gesehen, doch zumeist Abt Wigbod als den Vermittler angenommen[45]. LEVISON konnte indes zeigen, daß Georg von Ostia, der keineswegs ein Kardinalbi-schof, dafür aber Bischof von Amiens gewesen war, diese Formulierung

---

[38] STRASSER, S. 31ff.

[39] Zur Kritik s. THOMAS, Anfänge, S. 295ff.; vgl. noch unten S. 199 – 200.

[40] WEISGERBER, bes. S. 114 – 15 (gegen Specht), S. 116 – 23 (gegen Lerch); ebd. S. 131 – 32 ziemlich von oben herab zu Brinkmann, der geduldet wird.

[41] Die rein linguistische Diskussion zwischen Specht und Weisgerber zu beurteilen, fehlt mir die Kompetenz.

[42] v. SEE, Interessen, S. 255b: 1. *\*walhisk*-welsch taucht nie in Verbindung mit seinem Gegenwort *\*theudisk/theodiscus* auf; 2. *theodiscus* meint nicht speziell das Fränkische, sondern z.B. auch das Angelsächsische, d.h. also „volkssprachlich" allgemein; 3. die von Weisgerber vorausgesetzte Bedeutung „dem eigenen Volk zugehörig" ist anfänglich kei-neswegs erkennbar; 4. das Wort ist zunächst auf den gelehrten Gebrauch beschränkt.

[43] BRINKMANN, S. 183. Das Zitat schließt direkt an das: oben S. 185, gebotene an.

[44] Alcuini epistolae, Nr. 3 (ed. DÜMMLER, S. 28 Z.15 – 16). Die Überlieferung ist 10. Jh.: ep. 3 (ed. DÜMMLER, S. 19 – 29) enthält die vollständigen Akten der Synoden, gehört aber nicht zum Briefcorpus Alkuins. Die Aufnahme unter dessen Briefe war eine editori-sche Entscheidung Dümmlers; vgl. aber unten S. 187 m. Anm. 46. Ausführlich zu dieser Stelle bes. THOMAS, Ursprung, S. 309ff., 321ff., der: ebd. S. 309, treffend von einem „sperrigen Beleg" spricht; vgl. noch ebd. S. 316; DERS., Rezeption, S. 24, glaubt an Ent-stehung „aller Wahrscheinlichkeit nach...am ehesten...bei Karls erste(m) Besuch in Rom 774", was doch sehr hypothetisch bleibt. Auch TELLENBACH, Germanenbegriff, S. 159, bemerkt zu dem ältesten Beleg: „und frisch gebildet war das Wort kaum".

[45] So etwa ROSENSTOCK, S. 90; WEISGERBER, S. 64 Anm. 66; BRINKMANN, S. 188; BAESECKE, S. 327 – 28; BETZ, S. 402 – 03; vgl. noch unten Anm. 48.

sehr wohl selbst gebraucht haben könnte[46]. Das ist durchaus plausibel[47], ändert aber nichts an der Tatsache, daß *theodiscę* hier unzweifelhaft das Angelsächsische meint[48]. Auch wenn der Kontext des Briefes die fränkische Provenienz nahelegt, so bleibt doch zu beachten, daß *theodisc* auch im Angelsächsischen belegt ist, wo es gleichfalls „volkssprachlich" heißt[49]. Den Bezug auf das Angelsächsische hat das Wort auch noch um die Mitte des 10. Jahrhunderts nicht verloren: Flodoard berichtet von der Ingelheimer Synode 948, daß der Brief Erzbischof Artolds an den Papst wegen der anwesenden Könige Otto I. und Ludwig IV., die folglich beide des Lateinischen nicht mächtig waren, *iuxta theotiscam linguam* übersetzt wurde[50], womit das Sächsische gemeint sein muß, das Ottos u n d Ludwigs IV. Muttersprache war[51], eine Tatsache, die allerdings von einer ganz in den „nationalen" Vorurteilen des 19. Jahrhunderts befangenen „kritischen" Geschichtsforschung nicht erkannt werden konnte[52].

---

[46]) Wilhelm LEVISON: England and the Continent in the Eighth Century (Oxford 1946; Nachdruck 1949) S. 126 – 29, bes. S. 128. Zu Georg von Ostia s. auch FICHTENAU, Barbarus, S. 342 m. Anm. 29; skeptisch TELLENBACH, Germanenbegriff, S. 159.

[47]) In dem Aufsatz: Amiens und die theodisca lingua (1949): WEISGERBER, S. 287 – 90, versucht Weisgerber, diesen Befund in sein System einzubauen, was mich in keiner Weise überzeugt hat; vgl. auch THOMAS, Ursprung, S. 309 und unten Anm. 49.

[48]) Damit sage ich nicht, daß es mit „angelsächsisch" übersetzt werden muß, allerdings auch nicht mit „germanisch", wie LERCH, S. 267 u.a. vorschlagen; so auch TELLENBACH, Reich, S. 176. Vgl. unten S. 188 m. Anm. 59 und S. 190 – 91.

[49]) Vgl. BAESECKE, S. 328 gegen WEISGERBER, S. 44 m. Anm. 8 (–S. 45), der die Bedeutung von angelsächsisch *theodisc* zu minimieren versucht, da es nicht in sein System paßt. Vgl. bes. unten S. 191 m. Anm. 76.

[50]) Flodoard, Hist. Rem. eccl., l.IV c.35: *post quarum litterarum recitationem* – das Schreiben Artolds – *et earum propter reges iuxta theotiscam linguam interpretationem* (edd. HELLER – WAITZ, S. 488 Z.30 – 31); so wörtlich auch in: Annales ad an. 948 (ed. LAUER, S. 112 – 13) mit der Variante *teutiscam* statt *theotiscam*; vgl. dazu die folg. Anm.

[51]) Die Mutter Ludwigs IV., Königin Otgiva, war nach der Gefangennahme Karls III. 923 sofort zu ihrem Vater, König Eduard d.Ä., geflohen; bis zu seiner Rückkehr 936 hatte Ludwig, der ca. 921 geboren war, ausschließlich am Hof der angelsächsischen Könige Eduard und Athelstan gelebt; s. ECKEL, S. 129 – 30; LAUER, Louis IV, S. 9 – 10 m. Anm. 1 – 2. Das Angelsächsische und das kontinentale Sächsisch standen sich im 10. Jh. noch sehr nahe, was Verständigungsschwierigkeiten ausschloß. Vgl. noch THOMAS, Regnum, S. 40 Anm. 115 i.f.

[52]) Nach B – O 166a (S. 82) und KÖPKE – DÜMMLER, S. 164, wäre die Verlesung des Schreibens Artolds „verdeutscht" worden; so auch KIRN, S. 39. LOT, Carolingiens, S. 309, spricht einfach von „teuton", was gleichermaßen irreführend ist, da es im 10. Jahrhundert ein „teuton" nicht gab. Noch VOSS, Herrschertreffen, S. 179, erwähnt eine Übersetzung ins „Althochdeutsche"; der einzige, der ganz selbstverständlich eine Übersetzung ins „Sächsische" annimmt, ist FICHTENAU, Horizont, S. 95. Lauer ist der Gedanke, daß ein „französischer" König „deutsch" spricht, natürlich sehr peinlich. Er verfällt auf folgenden Ausweg: „deutsch" kann Ludwig erst nach seiner Heirat mit Gerberga erlernt haben (die genau so sächsisch sprach wie er!), das Angelsächsische, das er beherrscht haben k ö n n t e, war vom „Deutschen" der Zeit schon zu weit entfernt, als daß er in der Lage gewesen wäre, es zu verstehen. Nach der Feststellung: „Il se pourrait même que Louis eût ignoré l'anglo-saxon" (Lauer schreibt zur Zeit der Faschoda-Krise!), schlägt er schließlich

Aber so wie *theodiscus* das (Angel)Sächsische bezeichnen kann, so auch das Gotische. Walafrid Strabo, der gelehrte Abt der Reichenau († 849)[53] behandelt in seinem um 841 entstandenen „Libellus de exordiis et incrementis rerum ecclesiasticarum"[54] in c.7: *Quomodo theotisce domus Dei dicatur*[55]. Seine Muttersprache[56] nennt er in der Einleitung dieses Kapitels: *nostra barbaries, quae est theotisca*[57], und *theotisci*[58] sind für ihn die „Volkssprachigen"[59]. Dann aber kommt er auf die *Gothi qui et Getae* zu sprechen[60], die *in Grecorum provintiis commorantes, nostrum, id est theotiscum sermonem habuerint*[61]; er erwähnt dann die gotische Bibelübersetzung, *quorum adhuc monimenta apud nonnullos habentur*[62], und bemerkt schließlich, er habe *fidelium fratrum relatione* erfahren, daß *apud quasdam Scytharum gentes, maxime Thomitanos eadem locutione* (scil. theotisca) *divina hactenus celebrari officia*[63]. Es wird sofort klar, daß Walafrid

---

vor, *teustica lingua* (sic) – in der Edition der „Annales" druckt er korrekt *teutiscam linguam*: oben Anm. 49 – als eine „déformation...due au copiste" von *rustica Romana lingua* zu betrachten(!), die Otto laut Widukind gekannt habe, womit zum guten Ende eben alle französisch sprachen: LAUER, Louis IV, S. 182 Anm. 1 (auf S. 183). Eine Widerlegung erübrigt sich, doch wiederholt LAUER in: Flodoard, Annales, S. 113 Anm. 1, diesen Unsinn erneut; kritisch dazu schon KIRN, S. 39 Anm. 2. Nur am Rande sei bemerkt, daß sich *theotiscam – teutiscam* bei Flodoard sowohl in den Annalen als auch in der Reimser Kirchengeschichte findet: oben Anm. 49; vgl. aber LOT, Carolingiens, S. 308 – 09.

[53]) Zu ihm vgl. WATTENBACH – LÖWE, S.321 – 22.
[54]) ed. KRAUSE, S. 474 – 516; vgl. WATTENBACH – LÖWE, S. 322 – 23.
[55]) ed. KRAUSE, S. 474 Z.16.
[56]) Zu der germanomanen Deutung, die Weisgerber diesem Wort verpaßt hat, vgl. v. SEE, Interessen, S. 256a.
[57]) Libellus, c.7: *Dicam tamen etiam secundum nostram barbariem, quae est theotisca, quo nomine eadem domus Dei appelletur* (ed. KRAUSE, S. 481 Z.7 – 8); auch Otfrid spricht von *huius linguae barbaries*: Ad Liutbertum (ed. LUDWIG, S. 5 Z.58). Zu dem Begriff der *barbaries* s. ROSENSTOCK, S. 87 m. Anm. 85 und bes. LERCH, S. 281 Anm. 14; BAESECKE, S. 340 – 41, 343 – 44; s. auch REXROTH, S. 295. Welche Sprache er unter *nostra barbaries* konkret verstand – falls er damit nicht etwa die Volkssprachen schlechthin bezeichnen wollte –, muß offen bleiben: er selbst war Alamanne, aber ein Vertrauensmann fränkischer Könige und stand in engen Beziehungen zum Hofe.
[58]) Libellus, c.7:...*a Latinis autem theotisci multa* (scil. verba) *et in communi locutione ut scamel, fenestra, lectar, in rebus autem divino servitio adiacentibus paene omnia...sed etiam theotisci proprias habent voces...* (ed. KRAUSE, S. 481 Z.20 – 21, Z.25); vgl. BRINKMANN, S. 198 – 99; KIRN, S. 37; s. auch STRASSER, S. 37.
[59]) Und beileibe nicht „die Deutschen", wie LERCH, S. 262, mißverständlich übersetzt (er meint: im Gegensatz zu den Lateinern, also die Sprachgemeinschaft); so aber auch BRINKMANN, S. 199 und natürlich WEISGERBER S. 63 Anm. 63 (auf S. 64) und ebd. S. 87, der aber immerhin von „Deutschsprachigen" bzw. von „Sprachdeutschen" spricht; vgl. auch EGGERS, S. 391: *Theotisci* ist bei Walafrid kein „Volksname".
[60]) Dieser Irrtum geht schon auf Jordanes zurück; vgl. BAESECKE, S. 329 – 30 m. Anm. 23.
[61]) Libellus, c.7 (ed. KRAUSE, S. 481 Z.34 – 36); s. auch BAESECKE, S. 330 Anm. 23; ungenau zitiert bei BETZ, S. 403.
[62]) Libellus, c.7 (ed. KRAUSE, S. 481 Z.37 – 39); vgl. BRINKMANN, S. 199; KIRN, S. 37.
[63]) Libellus, c.7 (ed. KRAUSE, S. 481 Z.39 – 40); vgl. BRINKMANN, S. 199.

mit dem *theotiscus sermo* das Gotische im Auge hat; indem er aber von *noster...sermo* spricht, wird das Fränkische und/oder Alamannische einbezo-
gen und wenige Zeilen später mit *eadem locutione* auch noch das „Skythi-
sche" erfaßt, was eine auf eine bestimmte Sprache bezogene Übersetzung
unmöglich macht; selbst „germanisch" wäre im Hinblick auf die *gentes
Scytharum* nicht unproblematisch[64], so daß schon hier deutlich wird, daß
*theotiscus* nur mit „volkssprachlich" übersetzt werden darf, wenn auch
fraglos germanische Sprachen damit gemeint sind[65]. Dieselbe Bedeutung
hat das Wort, wenn Frechulf von Lisieux bereits um 830 von *Gothi et caeterae nationes theotiscae* spricht, die aus Skandinavien kamen[66], wobei
auch hier auf das sprachliche Band, das diese *nationes* vereint, abzustellen
ist[67].

Dies ist ebenso der Fall, wenn Godescalc von Orbais in einem Gramma-
tiktraktat sich wundert: *gens teudisca sic habet pene distinctos casus in lingua sua, sicuti sunt et in Latina*[68]; auch hier ist eine „völkische"[69] Deu-

---

[64] So aber WEISGERBER, S. 64 Anm. 66 (auf S. 65: nach Krogmann) und BRINKMANN,
S. 200: „so kann *theotiscus* nur unabhängig von der Gemeinsamkeit germanischer Stämme
im Reiche Karls die Gemeinsamkeit in der germanischen Sprache bezeichnen"; ebd. stellt
er fest, „daß *Theodisci* auch als Name noch seinen ursprünglichen Gehalt als Sprachbezeichnung bewahrt, es ist noch nicht eigentlich zum Volksnamen geworden"; vgl. auch
LERCH, S. 268 und TELLENBACH, Reich, S. 176 – 77; zurückhaltend äußerte sich dagegen
KIRN, S. 36; vgl. jetzt THOMAS, Ursprung, S. 298 – 99.

[65] Dies wurde bisher meist nicht beachtet, auch nicht von FLECKENSTEIN, Anfänge,
S. 158; s. aber schon BETZ, S. 403; v. SEE, Interessen, S. 255b und zuletzt THOMAS, Ursprung,
S. 298. Vgl. noch unten Anm. 181 – 83.

[66] Frechulf, Chronicon, l.II c.17: *Alii vero affirmant eos de Scanza insula, quae vagina
gentium est, exordium habuisse, de qua Gothi et caeterae nationes theotiscae exierunt; quod
et idioma linguae eorum testatur*: PL. 106, col. 967D. Frechulf spricht an dieser Stelle vom
Ursprung der Franken und führt nach dem soeben angeführten Zitat fort: *Est enim in
eadem insula regio, quae, ut ferunt, adhuc Francia nuncupatur.* Quelle Frechulfs für den
Kern seiner Erzählung ist Jordanes, wie BAESECKE, S. 329 und BRINKMANN, S. 203, mit
Recht betonen, doch ist der Hinweis auf die *nationes theotiscae* sein Eigengut. Vgl. noch
BETZ, S. 403; REXROTH, S. 302; STRASSER, S. 36; THOMAS, Anfänge, S. 292; DERS., Ur-
sprung, S. 308 m. Anm. 43 u.a.m. Zu Frechulf vgl. WATTENBACH – LÖWE, S. 350 – 52. Zu
einem Beleg aus Tours um 830 vgl. unten § 2, S. 206 m. Anm. 180 – 83.

[67] Was die Mehrheit der Forschung auch tut: oben Anm. 66; anders natürlich WEIS-
GERBER, S. 63 – 64, der ebd. S. 66 von der „größeren Geschmeidigkeit des Gebrauchs"
spricht; s. noch ebd. S. 81 Anm. 105. WEISGERBER, S. 93, widerspricht sich dann aber
selbst, wenn er in seiner Tabelle den Frechulf-Beleg kommentiert mit „Adjektiv zur
Bezeichnung der Sprach-(kaum Volks-)zugehörigkeit"; auf diesen Widerspruch verwies
schon LERCH, S. 267 Anm. 7 und bes. ebd. S. 284; völlig verfehlt EGGERS, S. 380; s. dazu
unten Anm. 72.

[68] De praedestinatione, l.VIII c.13 (ed. LAMBOT, S. 195 Z.16 – 17); ebd. Z.14 spricht
Gottschalk von den *barbarae locutionis exempla*; vgl. Klaus VIELHABER: Gottschalk der
Sachse (Bonn 1956) S. 40, 86 (Bonner Historische Forschungen, t.5).

[69] Zu diesem durch den Mißbauch im sogen. „3. Reich" unerträglich gewordenen
Wort, das übrigens erst seit der Jahrhundertwende häufiger gebraucht wurde, s. LERCH,
S. 261 Anm. 2; s. auch THOMAS, Ursprung, S. 297: „das schlimme Wort...völkisch".

tung[70] mit Sicherheit auszuschließen[71], obschon man sich redlich bemüht hat, diesen Sachverhalt zu vertuschen[72]. Die Beziehung zum Gotischen findet sich auch bereits „um 805" in dem Donatus-Kommentar des Smaragd von St-Mihiel: *In Francorum namque Gothorumque genere haec patronomica species frequentatur multoties. A parte enim gentili et a teodisca illis eveniunt lingua*[73]. *Carmina theodisca* und eine *Passio Domini in theodisco et in Latino* werden in Bibliothekskatalogen aus der ersten Hälfte des 9. Jahrhunderts aufgeführt[74]. Nicht unerwähnt bleibe, daß sich das Wort auch außerhalb der Grenzen des Frankenreiches bezeugt findet. So spricht Asser in seinen „Gesta Aelfredi" von einer *perversa et detestabilis consuetudo in Saxonia, ultra morem omnium theotiscorum*, womit ein westsäch-

[70]) Etwa noch bei REXROTH, S. 290: „*Gens teudisca* – zum ersten Mal tritt uns hier das deutsche Volk als Begriff entgegen" (sic); verfehlt aber schon KIRN, S. 74; ZÖLLNER, S. 265 Anm. 39 und HLAWITSCHKA, Lotharingien, S. 58. Gegen diesen Unsinn vgl. THOMAS, Regnum, S. 3 – 25; DERS., Rezension, S. 126; vgl. noch die folg. Anm. Für die ältere Forschung war die Übersetzung „deutsches Volk" ganz natürlich; vgl. etwa ERDMANN, Name, S. 103 – 04: „Wichtiger aber als alles dieses ist der Begriff des „deutschen Volkes" (gens teudisca). Denn erst in ihm wird zum Ausdruck gebracht, daß die verschiedenen Stämme keine selbständigen Nationen sind, sondern daß alle Deutschsprechenden zusammen ein einziges Volk bilden". Verfehlt auch BRINKMANN, S. 200 („Volksname"); schief BAESECKE, S. 335 – 36. Was aber in den Jahren 1936 – 50 immerhin verständlich erscheinen mochte, ist im Jahre 1978 mehr als peinlich. Vgl. noch unten Anm. 170.
[71]) Selbst WEISGERBER, S. 86, der die Bedeutung „volkssprachlich" nicht zugeben kann, räumt ebd. Anm. 120 ein: „die enge Verbindung mit der Sprache ist noch deutlich sichtbar"; ebd. S. 94 in der Tabelle qualifiziert er den Passus mit „Adjektiv zur Bezeichnung des Sprachvolks"(!); noch SCHLESINGER, Grundlegung, S. 271 – 72, bemerkt zu Gottschalk: „wenn auch noch immer im Hinblick auf die Sprache"; im gleichen Sinn BUCHNER, S. 578, 581. Die einzig richtige Übersetzung bei THOMAS, Rezension, S. 126: „die Leute, welche die Volkssprache sprechen"; ebenso STRASSER, S. 34 und zuletzt EHLERS, Nation, S. 55 m. Anm. 200.
[72]) Vgl. etwa EGGERS, S. 380, der sich auf Th. Frings beruft, „daß auch *theodiscus* nur im westfränkischen Grenzbereich ins Lateinische eingedrungen sein kann" und fortfährt: „Dann aber ist kein Zweifel, daß das lateinische Wort wenigstens anfangs den gesamten Anwendungsbereich des westfränkischen Vorbildes gedeckt haben muß, also nicht allein die Sprache bezeichnet hat. Dafür gibt es in der Tat Beweise" (sic). Belege sind dann Frechulf: oben Anm. 66, und Gottschalk. Es stört Eggers auch nicht, daß der nächste Beleg erst in das fortgeschrittene 11. Jh.(!) gehört. Kritik an Eggers auch bei STRASSER, S. 42. Für BEUMANN, Kaisertum, S. 71, ist die Gottschalk-Stelle der „älteste Beleg, der eindeutig (sic) auf die Nation bezogen werden kann"; hierzu vgl. schon THOMAS, Regnum, S. 23 – 25 m. Anm. 36; s. auch STRASSER, S. 34 m. Anm. 142. BUCHNER, S. 578 m. Anm. 15, räumt immerhin ein, daß der Begriff „deutsch" für die Zeit um 800/830(!) noch „völlig unanwendbar" sei, was natürlich viel zu wenig ist.
[73]) Liber in partibus Donati, (edd. LÖFSTEDT – HOLTZ – KIBRE, S. 22; vgl. noch ebd. und S. 23); zitiert bei STRASSER, S. 36 Anm. 148; vgl. bes. BRINKMANN, S. 201 – 02; LERCH, S. 267; BAESECKE, S. 330; BETZ, S. 403; THOMAS, Anfänge, S. 292; DERS., Ursprung, S. 323 Anm. 76 (auch zur Datierung). Farblos WEISGERBER, S. 83 Anm. 112.
[74]) Die Belege bei STRASSER S. 33 – 34 m. Anm. 137 – 38 und unten Anm. 104; vgl. ebd. S. 21 m. Anm. 70 zu einem *evangelium theudiscum*, das 876 der Äbtissin von Faremoutier vermacht wurde; s. BRINKMANN, S. 191, 194, 195 und bes. SCHÜTZEICHEL, S. 291 – 92.

sischer (mercischer) Brauch gemeint ist[75]; auch hier scheint mir der Bezug auf die „Sprachgemeinschaft" offenkundig[76]. Das „Chronicon Salernitanum" bezeichnet noch im 10. Jahrhundert das Langobardische als eine *lingua todesca, quod olim Langobardi loquebantur*[77]. Diesem Satz muß wohl entnommen werden, daß zum Zeitpunkt der Niederschrift des „Chronicon" das Langobardische schon weitgehend in Vergessenheit geraten war[78].

Selbstverständlich kann *theodiscus* ebensogut das Fränkische bezeichnen, wie es oben schon mehrfach angeklungen ist. Nur dieses kann gemeint sein, wenn etwa Paschasius Radbertus, der gelehrte Abt von Corbie, in der „Vita" seines Vorgängers Adalhard schreibt: *si vero idem barbara, quam teutiscam dicunt, lingua loqueretur, praeeminebat claritatis eloquio*[79]. Will man allerdings spezifisch „fränkisch" sagen, so läßt sich dies natürlich am einfachsten mit *lingua Francorum* ausdrücken wie in der „Vita Pirminii" aus dem ersten Viertel des 9. Jahrhunderts oder wenige Jahrzehnte später bei Rudolf von Fulda[80]; schon Einhard hatte in seinen Annalen von den Wilzen, die *propria lingua Welatabi, Francica autem Wiltzi* genannt wer-

---

[75]) Asser, c. 13 (ed. STEVENSON, S. 12 Z.28 – 30). Es geht um die Rechtsstellung der Königin bei den Westsachsen: *Gens namque occidentalium Saxonum reginam iuxta regem sedere non patitur, nec etiam reginam appellari, sed regis coniugem permittit* (ed. STEVENSON, S. 11 Z.12 – 15). Diese Geschichte wird im Zusammenhang mit der Rolle von Karls d.K. Tochter Judith in England erzählt. Vgl. STRASSER, S. 35 m. Anm. 145; s. schon WEISGERBER, S. 87, der im Interesse seiner These annehmen muß, daß das Wort „in England unbekannt und ungeläufig ist, der Verfasser also sicher an festländischen Gebrauch anknüpft". Dafür spricht m.E. absolut nichts; vgl. die folg. Anm.

[76]) WEISGERBER, S. 95, setzt in seiner Tabelle hinter die Asser-Stelle: „Völkername?" Unverständlich ist mir die Formulierung bei STRASSER, S. 35: „Dialektal letztlich unbestimmbar bleibt..." bezüglich des Evangeliars von Autun: oben Anm. 74, und Asser. Soll das heißen, daß Fränkisch, Sächsisch, Bairisch usw. als „Dialekte" verstanden werden? Da es sich bei der von Asser angesprochenen *consuetudo* um eine Verfassungsfrage (Mitherrschaft der Königin) handelt, wird Asser in der Tat an Völker (im Plural!) gedacht haben, aber er umschreibt sie als eine Sprachgemeinschaft! Das erhellt auch aus der Einreihung dieser Stelle bei STRASSER, S. 33ff.

[77]) Chronicon Salernitanum, c.38 (ed. WESTERBERGH, S. 39 Z.1 – 2); vgl. STRASSER, S. 37 und die folg. Anm.

[78]) Der anonyme Verfasser erläutert die langobardische Rangbezeichnung *stoleseyz*, auf die sich die *lingua todesca* bezieht, nun wie folgt: *quod nos in nostro eloquio «qui ante obtutibus principis seu regibus milites hic inde sedendo perordinat» possumus vocitare* (ed. WESTERBERGH, S. 39 Z.2 – 4). Unbegreiflich ist mir, wie KIENAST, Studien, S. 39 Anm. 56, behaupten kann, „daß die Langobarden einst deutsch sprachen"!

[79]) Vita Adalhardi, c.77 (ed. PERTZ, S. 532 Z.30 – 31): PL. 120, col. 1546C; vgl. BRINKMANN, S. 195; KIRN, S. 39 m. Anm. 1. Zum Begriff der *barbara lingua* vgl. bes. FICHTENAU, Barbarus, S. 340 – 41. Zu Paschasius Radbertus s. WATTENBACH – LÖWE, S. 340 – 43, bes. S. 341 – 42.

[80]) Vita Pirminii, c.3: *ad illum veniens locum, ubi populo solebat sanctae praedicationis exhibere verbum utraque lingua, Romana scilicet Francorumque..., quia utramque linguam adprime sciebat* (ed. HOLDER-EGGER, S. 22 Z. 19 – 21; ed. de SMEDT, S. 34E); Miracula sanctorum, c.6: *quam lingua Francorum „spangam" vocant* (ed. WAITZ, S. 334 Z.38 – 39); vgl. BAESECKE, S. 327; HESSLER, S. 16 m. Anm. 17 – 18; KIRN, S. 38 – 39;

den, gesprochen und Ermoldus Nigellus unbefangen die *Francisca loquela* besungen[81]. Lupus von Ferrières gebraucht dafür in zwei berühmten Briefen *Germanica lingua*: im ersten Fall verwahrt er sich dagegen: *Germanicae linguae captum amore*, während seines Fuldaer Aufenthalts zahlreiche Bücher in fränkischer Sprache gelesen oder geschrieben zu haben[82]; im zweiten Fall empfiehlt er Abt Markward von Prüm drei Knaben – darunter seinen Neffen –, die er von Ferrières nach Prüm sendet: *propter Germanicae linguae nanciscendam scientiam*[83]. *Germanica lingua* kann allerdings auch das Altsächsische meinen, wie aus der lateinischen Vorrede zum „Heliand" erhellt, die meist auf „um 850" datiert wird[84]: *ut cunctus populus suae ditioni* (scil. Ludwigs II. von Ostfranken) *subditus theudisca loquens lingua eiusdem divinae lectionis nihilominus notionem acceperit. Praecepit namque cuidam viro de gente Saxonum, qui apud suos non ignobilis Vates habebatur, ut Vetus et Novum Testamentum in Germanicam linguam poetice transferre studeret*[85].

Es ist bemerkenswert, daß in diesem Passus *theudisca* und *Germanica lingua* nebeneinander stehen und eine deutlich geschiedene Bedeutung haben: *theudisca lingua* meint die Volkssprache allgemein (*cunctus populus*),

---

EGGERT, Auffassung, S. 44 m. Anm. 194. Zur „Vita Pirminii" vgl. WATTENBACH – LÖWE, S. 178 – 79 m. Anm. 42.

[81]) Ann. q.d. Einhardi ad an. 789 (ed. KURZE, S. 85); ganz ähnlich formuliert Einhard auch in der „Vita Karoli", c.12: *Sclavis, qui nostra consuetudine Wilzi, proprie vero, id est sua locutione, Welatabi dicuntur* (ed. HOLDER-EGGER, S. 15); vgl. BUCHNER, S. 580; EGGERT – PÄTZOLD, S. 39 m. Anm. 153; THOMAS, Ursprung, S. 320 m. Anm. 67 – 68; s. noch unten Kap. 4 § 1, S. 246 m. Anm. 14. Vgl. ferner Ermoldus Nigellus, v. 82: *Seu quis Franciscam mavult reserare loquelam* (ed. FARAL, S. 10); v. 1267: *Quos modo Brittones Francia lingua vocat* (ed. FARAL, S. 98). Vgl. EWIG, Beobachtungen, S. 341. BUCHNER, S. 577, betont, daß Einhard keine *lingua Francica* kenne, und auch die *lingua Alamanica, Suebica, Baiuvarica, Saxonica* „fast völlig" fehle, was so nicht zutrifft; vgl. unten S. 193 m. Anm. 88, S. 200 m. Anm. 142 und unten Anm. 246; s. schon oben S. 191 m. Anm. 80. (Buchner hält Einhard natürlich nicht für den Verfasser der sogen. Einhard-Annalen.)

[82]) Lupi ep. 41 (7): (ed. DÜMMLER, S. 49 Z.6 – 7; ed. LEVILLAIN I, S. 58); vgl. dazu REXROTH, S. 282 – 87, der wie üblich überinterpretiert und ganz unsinnig von der „deutschen Sprache" spricht; vgl. dazu unten S. 193 – 94 m. Anm. 91 – 93.

[83]) Lupi ep. 91 (35): (ed. DÜMMLER, S. 81 Z.26 – 30; ed. LEVILLAIN I, S. 158); in einem weiteren Brief betont Lupus die Nützlichkeit der Kenntnis des Rheinfränkischen: *cuius usum hoc tempore pernecessarium nemo...ignorat* ep. 70 (70): (ed. DÜMMLER, S. 67 Z.17 – 18; ed. LEVILLAIN II, S. 6); vgl. REXROTH, S. 287 – 88; s. aber schon ZÖLLNER, S. 260 m. Anm. 23, der wohl unter dem Einfluß von KIRN, S. 38 – 39, leider gleichfalls von „deutscher Sprache" spricht; treffend dagegen SCHÜTZEICHEL, S. 291.

[84]) Zur Datierung vgl. HAUBRICHS, S. 400 – 01, 432 – 34; s. aber die gravierenden Einwände von WERNER, Hludovicus, S. 99 m. Anm. 369(– S. 100). Als Verfasser vermutet HAUBRICHS, S. 422ff. Hrabanus Maurus, während REXROTH, S. 292, an Otfrid festhält.

[85]) Heliand, Praefatio (ed. SIEVERS, S. 3 Z.16 – S. 4 Z.4; ed. BEHAGHEL, S. 1). Eine kluge Rekonstruktion der ursprünglichen Textgestalt der „Praefatio" bietet HAUBRICHS, S. 409 – 10, hier S. 410 Z.15 – 20; vgl. ebd. S. 403ff.; s. auch THOMAS, Regnum, S. 40 Anm. 115. Vgl. BRINKMANN, S. 191; TELLENBACH, Reich, S. 176 – 77 und zuletzt SONDEREGGER, S. 238. Problematisch wie immer REXROTH, S. 292ff.

während die *Germanica lingua* speziell das Altsächsische bezeichnet[86], was angesichts der geographischen Bedeutung von *Germania*[87] nicht verwundern kann: *Germanica lingua* kann nur eine Sprache heißen, die rechts des Rheins gesprochen wird, sei dies nun Altsächsisch, Rheinfränkisch oder auch – wofür ich keinen Beleg kenne – Bairisch oder Alamannisch[88]. Mit „deutsch" hat das alles nichts zu tun. Ein so feiner Kenner wie BAESECKE sieht das allerdings anders: „Ein Sachse überträgt das Latein... ins Altsächsische, damit alles die ‚deutsche Volkssprache' sprechende Volk des Reiches... das Werk verstehe; die Sprache des Werkes erhält zum ersten Male[89] einen Eigennamen mit Edelklang(!): *Germanica*. Es wäre also angenommen, das weit abstehende(!) Altsächsische sei allen deutschen Mundarten(!) auch der Mitte und des Südens verständlich: das wäre eine ‚Ausschlagsweite' der *lingua theotisca*, die...der Einhörungskraft(!) unserer Vorfahren ein großes Zeugnis ausstellen würde"[90]. Man spürt deutlich: so recht vorstellen kann BAESECKE sich das alles nicht; die „Ausschlagsweite" von *theodiscus* ist ihm ebenso unheimlich wie die „Einhörungskraft" unserer wackeren Altvordern, aber es scheint ja nun einmal so dazustehen, und da muß man sich eben irgendwie einen Reim darauf machen. Das kommt dabei heraus, wenn man *theodisca lingua* mit „deutsche Sprache" übersetzt: da werden volle Sprachen zu Ehren einer nicht existenten „deutschen" Sprache zu „Mundarten" oder „Dialekten" degradiert[91] und Völker zu „Stämmen"[92]. Und das alles nur, weil sich die Epigonen der nationalen – ich vermeide

---

86) Vgl. BAESECKE, S. 334 und bes. HAUBRICHS, S. 425. Der Widerspruch von THOMAS, Regnum, S. 40 Anm. 115, hat mich nicht überzeugt, auch wenn er zutreffend einige Irrtümer in der Argumentation Haubrichs aufdeckt. Vgl. noch unten Anm. 88.

87) Oben S. 136 – 37 u. ö.

88) Wohl aber bezeichnen die Ann. Fuld. ad an. 882 Deventer als einen: *portum, qui Frisiaca lingua Taventeri nominatur* (ed. KURZE, S. 99). Zur *Saxonica loquela* Ottos d. Gr. vgl. unten Anm. 142; s. auch THOMAS, Ursprung, S. 319; vgl. ebd. S. 321.

89) Die Lupus-Briefe: oben Anm. 82 – 83, sind vielleicht einige Jahre älter, doch geht Baesecke nicht auf sie ein. Der „Edelklang" *Germanica* klingt darin ja auch recht banal.

90) BAESECKE, S. 334; vgl. noch ebd. S. 335: „Wir haben *lingua Germanica* mit ‚Deutsch' zu übersetzen. *Theodisca lingua* ist...der weitere und rohere, *Germanica lingua* der engere und feinere Begriff". Davon stimmt kein Wort. Verfehlt auch BETZ, S. 401, 404; vgl. FICHTENAU, Barbarus, S. 340 m. Anm. 2 – 3.

91) Vgl. dazu ERDMANN, Name, S. 97: „Aber es ist dennoch Tatsache, daß jeder Stamm seine eigene Sprache zu reden glaubte(!)... Es gab ja schon den Unterschied der Mundarten(!)...". Vielleicht verstanden diese „Stämme" von ihrer Sprache mehr, als es die Germanistik des 19. – 20. Jh. wahr haben will. Ähnlich aber noch EHLERS, Schriftkultur, S. 311, der „Stammes- und Regionalmundarten" der „germanischen Volkssprache" postuliert. Vgl. dagegen das um 1040 entstandene „Chronicon S. Michaelis in pago Virdunensi" (St-Mihiel) anläßlich der Lagerung von Truppen Konrads II. vor dem Feldzug gegen Odo II.: *ubi in tanta multitudine convenerant, linguis(!), regionibus, nationibusque diversi* (ed. WAITZ, S. 84 Z. 17 – 18; ed. LESORT, S. 28). Zur Chronik von St-Mihiel vgl. WATTENBACH – HOLTZMANN I³, S. 192. Zur Sache vgl. unten Kap 10 § 3, S. 689 m. Anm. 486 – 87.

92) Hierzu ausführlich unten Kap. 4 § 1, S. 261ff.

bewußt das Wort „völkischen" – Geschichtsschreibung des 19. Jahrhunderts einfach nicht vorstellen können, daß das deutsche Volk ein Produkt des deutschen Staates ist und nicht umgekehrt[93].

Die Vorrede zum Heliand spricht ja eigentlich eine Sprache, die deutlich genug ist, doch es gibt noch weitere klare Belege dafür, daß *theodiscus* eben nicht mit „deutsch" übersetzt werden darf. Walafrid Strabo, von dem bereits die Rede war, glossierte die Tiernamen im 3. Buch Mosis und schrieb über die betreffenden Wörter mehrfach ein *.s.* (= *Saxonice*) oder ein *.f.* (= *Francisce*)[94], was eine merkwürdige Art wäre, „Dialekte" zu bezeichnen. Otfrid, der Schüler Hrabans, gab in seinem Widmungsbrief an Erzbischof Liutbert von Mainz eine ausführliche Darlegung seiner Übersetzungsprinzipien. In diesem Brief findet sich dreimal das Wort *theotisce*, einmal *Francisce*[95]. Man hat daraus auf synonymen Gebrauch beider Wörter geschlossen[96]. Daß es sich der Sache nach um dasselbe handelt – nämlich um eine Übertragung ins Fränkische –, ist natürlich unbestreitbar, aber der Sinn der Wörter ist darum nicht notwendig derselbe, wie schon daraus erhellt, daß Otfrid in eben dieser Übertragung ausschließlich das spezifische *in frénkisgon* oder *in frénkisga zungun*[97] benutzt, was man damit zu erklären versucht hat, daß Otfrid ein *\*thiutiska zungun* nicht in seinem Wortschatz vorgefunden habe[98]. Auch hier erweist sich m.E. die vorgefaßte Meinung darüber, was Otfrid zu schreiben hatte, als ein Hindernis für das Verständnis des Textes[99]. Wenig ist einem kurzen Passus der „Miracula

---

[93]) Vgl. unten § 2, S. 233 m. Anm. 364–65 und unten: Epilog, S. 710–11.

[94]) Die Belege bei BAESECKE, S. 341–43; problematisch STRASSER, S. 49 Anm. 200.

[95]) Otfrid, Ad Liutbertum (ed. WOLFF, S. 4 Z.10, 5 Z.56, 6 Z.102); *Francisce*: ebd. S. 4 Z. 24. Vgl. noch: *Incipit liber evangeliorum...theotisce conscriptum* (ed. WOLFF, S. 10) und: *Cur scriptor hunc librum theotisce dictaverit* (ed. WOLFF, S. 11); vgl. STRASSER, S. 34–35 m. Anm. 143. Vgl. zuletzt EHLERS, Schriftkultur, S. 312–13 m. Anm. 47–48.

[96]) STRASSER, S. 47; s. schon BAESECKE, S. 343: „Das wandernde *francisce* enthält den Anspruch deutsch zu bedeuten, zumal in der Zeit des fränkischen Ostreichs kein Name für eine andere Stammessprache(!) erhalten ist"; s. auch THOMAS, Regnum, S. 29.

[97]) Otfrid I 1 Z.34, Z.46, Z.126; III 7, Z.13 (ed. WOLFF, S. 12, 14, 111); *in frénskiga zungun*: I 1 Z.114, Z.122 (ed. WOLFF, S. 14); *frénkisgero wórto*: V 14 Z.3 (ed. WOLFF, S. 240); *in githíuti frénskige liuti*: V 8 Z.8 (ed. WOLFF, S. 229); *githíuti*: III 10 Z.24 (ed. WOLFF, S. 117); vgl. THOMAS, Regnum, S. 29 m. Anm. 67; SONDEREGGER, S. 238, 239.

[98]) EGGERS, S. 386; vgl. ebd. S. 385: „Otfrid ist bei Hrabanus Maurus... und im deutsch gesinnten (sic), nicht partikularistisch fränkischen Fulda in die Schule gegangen. Er kann diese Schule nicht verlassen haben, ohne den Begriff des Deutschtums, wie er sich in *theodiscus* ausprägt (sic), zu erfassen"; s. aber BAESECKE, S. 345: „*\*theotisc* bleibt unbrauchbar, wenn das vaterländische Gefühl spricht..."; vgl. noch ebd. S. 343: „*theotisce* hat bei ihm keine deutsche Entsprechung, weil es noch immer abschätzig klingt". Vgl. die folg. Anm.

[99]) Wo immer Otfrid konkret das Fränkische meint, sagt er es auch; *theotisce* heißt bei Otfrid wie bei allen übrigen Autoren des 9. Jh. „volkssprachlich", was natürlich bei Gelegenheit alternierend zu „fränkisch" gebraucht werden kann. Es ist aber doch charakteristisch, daß Otfrid in der allgemein gehaltenen Vorrede, wo er seine linguistischen

sancti Vedasti" aus dem 3. Viertel des 9. Jahrhunderts zu entnehmen; auch Ratbod von Utrecht vermag nichts Neues beizusteuern[100]. Die Belege für *theudiscus* u.ä. enden um die Mitte des 11. Jahrhunderts[101] mit den „Miracula sancti Trudonis", in denen es heißt: *sive enim Theutisce aut Romane aut Latine sive Grece illi loqueris*[102]; von einigen weiteren Belegen des 11. Jahrhunderts wird weiter unten zu sprechen sein[103]. Hariulf zitiert dagegen im Jahre 1088 nur den karolingischen Bibliothekskatalog seiner Abtei[104] und fällt somit als selbständiger Beleg aus[105].

Die bisher besprochenen Wortbelege gehören sämtlich in den Bereich der religiös-kulturellen Belange. Die folgenden Konzilstexte leiten über zum Gebauch von *theodiscus* in der Rechts- und Amtssprache des Frankenreiches, wobei es sich wohl von selbst versteht, daß *theodiscus* hier der Sache nach das Fränkische meint. Bemerkenswert ist dabei vor allem, daß diese Texte zeitlich meist nicht unerheblich v o r den oben zitierten literarischen Belegen liegen und somit die Vermutung erlaubt ist, daß *theodiscus* ursprünglich gerade das Fränkische bezeichnen sollte[106]. Im Jahre 813 ließ Karl d.Gr. etwa gleichzeitig fünf Synoden in Arles, Chalon-s-S., Mainz, Reims und Tours einberufen, die sich mit Fragen der kirchlichen Disziplin, des Kultus u.a. zu befassen hatten. Auch die Frage der Predigt in der

---

Probleme erläutert, *theotisce* sagt, im fränkischen Text aber *in frénkisgon* u.ä., weil er da ja auch fränkisch schreibt; *in githíuti* bleibt Ausnahme; vgl. schon BRINKMANN, S. 193 – 94. Auch STRASSER, S. 47, wendet sich gegen das ang. Fehlen von *diutisk*; vgl. bes. THOMAS, Regnum, S. 29 – 30 m. Anm. 68; vgl. DERS., Anfänge, S. 296 – 97, mit berechtigter Kritik: ebd. S. 297, an STRASSER, S. 47 und zuletzt THOMAS, Rezeption, S. 26ff.

[100]) Ulmar von St-Vaast, Miracula S. Vedasti, l.II c.8 (9): *et ecce moritur Lethardus secundum nomen suum, si ita volueritis (volueris), compositum ex Latino et teudisco* (ed. HOLDER-EGGER, S. 401 Z.18 – 19): AA SS, Febr. 1, S. 815F; Radbod von Utrecht, c.4: *Dani Suevique, quos theotisci lingua sua Northman, id est aquilonales homines appellant* (ed. HOLDER-EGGER, S. 1242 Z.2). Zur Erklärung des Namens Lethardus vgl. auch Smaragd, Liber in partibus Donati (ed. MANITIUS, S. 63 – 64). Zu Ulmar vgl. WATTENBACH – LÖWE, S. 535 (die Angaben ebd. Anm. 164 und bes. Anm. 166 sind z.T. unzutreffend); zu Radbod vgl. WATTENBACH – HOLTZMANN I³, S. 99 – 100 m. Anm. 58; s. auch STRASSER, S. 21.

[101]) Daran ist gegen STRASSER: unten mit Anm. 105, festzuhalten.

[102]) Steppelin von St. Trond, Miracula S. Trudonis, l.II c.39 (ed. HOLDER-EGGER, S. 826 Z.54 – 55); vgl. FRINGS, S. 212; BAESECKE, S. 327. Vgl. noch unten Anm. 174.

[103]) Vgl. unten S. 204 m. Anm. 171 – 73.

[104]) Hariulf, Chronicon, l.III c.3: *Passio Domini in theodisco et Latine* (ed. LOT, S. 93): oben S. 190 m. Anm. 74. Der Katalog datiert von 831: Hariulf, aaO. (ed. LOT, S. 86). Zu Hariulf, der 1143 als Abt von Oudenburg (zwischen Brügge und Ostende) starb, vgl. LOT, ed. cit., Introduction, S. V – IX; zur Datierung der Chronik vgl. ebd. S. XVII – VIII.

[105]) Dies gegen STRASSER, S. 35 – 36 m. Anm. 137, die doch selbst auf diese Tatsache hinweist. Wir kennen den Katalog nur aus Hariulf. Man könnte also allenfalls sagen, daß der karolingische Bibliothekskatalog aus St-Riquier nur in einer Hs. von ca. 1100 (Hariulfs Autograph!) überliefert ist: LOT, ed. cit., Introduction, S. LVII.

[106]) Dies sah auch THOMAS, Ursprung, S. 325 u.ö.; vgl. unten S. 204 m. Anm. 169.

Volkssprache wurde behandelt, allerdings nur in Mainz, Reims und Tours. Während in Mainz recht farblos bestimmt wurde, daß, wer: *aliter non potuerit...in sua lingua hoc discat*[107], beschloß man in Reims: *prout omnes intellegere possent, secundum proprietatem linguae praedicare studeant*[108]. Am ausführlichsten äußerten sich die Konzilsväter in Tours: *Et ut easdem omelias quisque aperte transferre studeat in rusticam Romanam linguam aut theotiscam, quo facilius cuncti possint intellegere quae dicuntur*[109]. Hier tritt der Gegensatz von romanischer Volkssprache und den germanischen Sprachen, die als *theotisca lingua* zusammengefaßt sind, mit besonderer Deutlichkeit hervor[110]. Es verdient hervorgehoben zu werden, daß die Mainzer Synode vom 1. Oktober 847 die Bestimmungen von 813 wiederholt, aber nicht etwa die Mainzer dieses Jahres, sondern die von Tours[111], womit jedenfalls erwiesen ist, daß das *sua lingua* der Mainzer Synode von 813 im wesentlichen die *theotisca lingua*, konkret also das Rheinfränkische meint[112].

Bekannt ist der Bericht der „Reichsannalen" über die Reichsversammlung in Ingelheim im Jahre 788[113] :...*Franci et Baioarii, Langobardi et Saxones vel ex omnibus provinciis, qui ad eundem synodum congregati fuerunt, reminiscentes...quomodo domnum Pippinum regem in exercitu derelinquens et ibi, quod theodisca lingua harisliz dicitur, visi sunt iudicasse eundem Tassilonem ad mortem*[114]. Warum zu diesem Bericht eine Königsurkunde (sic) als Vorlage gedient haben soll, ist mir unerfindlich[115]. Auf jeden Fall handelt es sich um einen Terminus der fränkischen Rechtsspra-

---

[107]) Conc. II/1, Nr. 36 c.45 (S. 272 Z. 1 – 2).

[108]) Conc. II/1, Nr. 35 c.15 (S. 255 Z.17 – 18); vgl. BRINKMANN, S. 188; s. auch ROSENSTOCK, S. 87 – 88.

[109]) Conc. II/1, Nr. 38 c.17 (S. 288 Z.28 – 30); vgl. BRINKMANN, S. 188 – 89; LERCH, S. 271; BAESECKE, S. 327; BETZ, S. 403; gegen die Thesen von Betz vgl. bes. THOMAS, Ursprung, S. 317 – 18 m. Anm. 60. Eine grobe Fehlinterpretation bietet ROSENSTOCK, S. 87, aufgrund seiner Auffassung von *theotiscus* als der „Königssprache"; s. ebd. S. 86: ‚Deutsch' ist ein Herrenwort, ‚Romanisch' nicht"; s. noch TELLENBACH, Germanenbegriff, S. 160 und FICHTENAU, Barbarus, S. 341 m. Anm. 21, 342 m. Anm. 26 (statt: A. 22 lies: A. 21).

[110]) Dies betonte schon WEISGERBER, S. 78 m. Anm. 97, 83 m. Anm. 109; s. auch LERCH, S. 269, 270 – 71; unfaßlich SCHLESINGER, Grundlegung, S. 271.

[111]) Conc. III, Nr. 14 c.2 (S. 164 Z.14 – 16).

[112]) Von STRASSER, S. 34 m. Anm. 140, erwähnt, was sie nicht hindert, auf S. 33 zu schreiben, daß zur Synode von Tours „keine näheren Angaben" möglich seien.

[113]) Zeitgenössisch berichten die Annalen wohl ab 793, der Beleg ist also noch „vor 800" einzureihen; vgl. WATTENBACH – LÖWE, S. 250ff., bes. 252; irrig ROSENSTOCK, S. 65; ergänzend s. EGGERT – PÄTZOLD, S. 34 m. Anm. 120.

[114]) Ann. regni Franc. ad h.an. (ed. KURZE, S. 80): B – M² 294a. Vgl. zuletzt FICHTENAU, Barbarus, S. 341 – 42 und bes. THOMAS, Ursprung, S. 310ff.

[115]) So nach ROSENSTOCK, S. 47 auch WEISGERBER, S. 69, 82 Anm. 108.

che[116], auf dem ROSENSTOCK seine absurde These konstruiert hat, *theodisca lingua* sei die fränkische Heeressprache gewesen: „Das Heer spricht sein Urteil *theodisce*. Das Heer spricht deutsch!"[117]. Diesen Unsinn glaubt heute kein Mensch mehr[118]. Die Kapitularien erwähnen den *harisliz* oder *herisliz* mehrfach[119]; das „Capitulare Bononiense" von 811 spricht es mit aller Deutlichkeit aus: *Quicumque absque licentia...principis de hoste reversus fuerit, quod factum F r a n c i herisliz dicunt,...*[120]. Andere Termini der fränkischen Rechtssprache im Zusammenhang mit dem Heerwesen sind die Heersteuer: *collectas, quas theotisca lingua herizuph appellant*, die in westfränkischen Kapitularien erscheint[121], und das Ende der Mobilmachung 40 Tage nach Rückkehr vom Feldzug: *quod in lingua theodisca scaftlegi, id est armorum depositio, vocatur*. Diese Bestimmung eines Kapitulares Ludwigs d.Fr. aus dem Jahre 829 wird noch 864 von Karl d.K. wörtlich wiederholt[122].

Auch die Königsurkunden bieten einige Beispiele für den Gebrauch des Wortes *theodiscus*: Ludwig II. von Ostfranken genehmigte dem Kloster

---

116) Verfehlt WEISGERBER, S. 64 Anm. 66: „Äußerlich gesehen (sic), hält man unter *theodiscus* einbeschlossen 786 das Ags., 788 das Fränk. Bair., Langobard. u. Sächs. ...". Das wird von dem oben S. 196 m. Anm. 114 zitierten Text der Reichsannalen nicht gedeckt: *harisliz* ist zweifelsfrei ein fränkischer Terminus technicus, wie die im folgenden zitierten Belege beweisen; schief daher auch STRASSER, S. 33. Mit Recht spricht FICHTENAU, Barbarus, S. 342, von einer „Vereinheitlichung (der Rechtssprache) über die Latinisierung"; s. auch THOMAS, Ursprung, S. 311, 329 – 30.

117) ROSENSTOCK, S. 81; vgl. ebd. S. 80, 82 – 83 u.ö. sowie ebd. S. 46ff., 75ff.; vgl. noch ebd. S. 92: „Das Heer spricht deutsch. Und wo das Königsheer hindringt, da gibt es neben schwäbisch, sächsisch und bayrisch die deutsche Sprache"! Immerhin wird man daraus schließen dürfen, daß Rosenstock das Schwäbische, Sächsische usw. für Sprachen hält und nicht für „Dialekte". Zu Rosenstock vgl. zuletzt THOMAS, Ursprung, S. 301 – 03 und ebd. S. 303 – 04. Eine interessante Auseinandersetzung mit Rosenstock bereits bei Hermann JAKOBS: Der Volksbegriff in den historischen Deutungen des Namens Deutsch, in: Rhein. Vierteljahrsblätter 32 (1968) S. 86 – 104, bes. S. 97 – 99 und dazu THOMAS, Ursprung, S. 306 – 07.

118) Ablehnend schon BRINKMANN, S. 184, der sehr milde von „Überbewertung" spricht; s. auch FRINGS, S. 238.

119) Capit. I, Nr. 98 c.3 (a. 801): *Si quis adeo contumax aut superbus extiterit, ut, dimisso exercitu, absque iussione vel licentia regis domum revertatur, et, quod nos theudisca lingua dicimus herisliz, fecerit, ipse ut reus maiestatis vitae periculum incurrat* (S. 205 Z.20 – 22); s. auch Capit. I, Nr. 64 (a. 810) S. 153 Z.32. STRASSER, S. 33 Anm. 133, zitiert Capit. I, Nr. 98 mit drei schweren, sinnentstellenden Fehlern. Vgl. noch BRINKMANN, S. 184 – 85; verfehlt BETZ, S. 397, 403; schief LERCH, S. 281 Anm. 14; vgl. noch ROSENSTOCK, S. 73; WEISGERBER, S. 65 und bes. FICHTENAU, Barbarus, S. 342 m. Anm. 24; vgl. zuletzt THOMAS, Ursprung, S. 310 m. Anm. 45.

120) Capit. I, Nr. 74 c.4 (S. 166 Z.33 – 34); vgl. ROSENSTOCK, S. 70; BRINKMANN, S. 184.

121) Capit. II, Nr. 272 c.4 (Pîtres 862) S. 309 Z.18 – 19; s. schon Capit. II, Nr. 260 c.3 (Servais 853): *Similiter de collectis, quas theodisca lingua herizuph appellat* (S. 272 Z.14); vgl. BRINKMANN, S. 185.

122) Capit. II, Nr. 192 c.13 (Worms 829) S. 16 Z.27 – 28 = Nr. 273 c.33 (Pîtres 864) S. 324 – 25; vgl. STRASSER, S. 34 m. Anm. 139; s. bes. BRINKMANN, S. 185. Vgl. noch unten S. 199 m. Anm. 137.

Kempten 837 den Bezug von *sex carra* Salz aus Reichenhall ohne Abgaben: *nullum theloneum nec quod lingua theodisca muta vocatur...*[123]. Im selben Jahr 837 erhielt die Kirche von Salzburg ein Privileg, das eine Grenzbeschreibung enthält, in der sich die Wendung findet: *terminatur ab occidentali parte, quod theodisca lingua wagreini dicitur*[124]. Es versteht sich, daß mit *theodisca lingua* hier nur das Bairische gemeint sein kann[125]. Wenn Ludwig dagegen in zwei Privilegien für das Nonnenkloster Herford: *situm in ducatu Saxonico*, 30 Mansen mit insgesamt 60 *familiae* schenkt: *quae lingua eorum lazi dicuntur*[126], so ist dies selbstverständlich auf das Sächsische bezogen, das die Kanzlei hier statt mit *theodisca* mit *lingua eorum* umschreibt; ähnlich heißt es in einer Urkunde Zwentibolds: *et ex ea, sicut Franci...dicunt*; die hier angedeutete Lücke scheint sich bereits im Original befunden zu haben[127]. Als Otto d.Gr. 970 der Salzburger Kirche eine Schenkung machte, hielt es die Kanzlei für erforderlich, einige *predia in comitatu Marchwardi, marchionis nostri*, zweisprachig zu beschreiben: *istis...vocabulis nuncupata, hoc est curtem ad Uduleniduor lingua sclavanisca sic vocatam, theotisce̜ vero Nidrinhof nominatam*[128]. Otto II. bestätigte der Kirche von Salzburg 977 den gesamten Besitzstand aufgrund einer auf den Namen König Arnulfs gefälschten Urkunde, in der bereits zwei Ortsnamen *diutisce* erläutert waren, was die Kanzlei Ottos III. wörtlich übernahm[129].

---

[123] D LG. 24 (837 Apr. 8) S. 29 Z.38 – 39; wiederholt in: D LG. 36 (wohl 844 Apr.) S. 47 Z.27 – 28 und in: D Arn. 47 (889 Juni 3) S. 66 Z.32 – 33; vgl. STRASSER, S. 39 m. Anm. 160; THOMAS, Anfänge, S. 291.

[124] D LG. 25 (837 Sept. 23) S. 30 Z.29. Diese Uk. wird bei Strasser nicht erwähnt; s. aber schon TELLENBACH, Reich, S. 176 Anm. 10.

[125] Vgl. STRASSER, S. 40.

[126] D LG. 93 (858 Juni 13; Or.) S. 135 Z.13 – 15; D LG. (859 Apr. 25; Or.) S. 137 Z.31 – 32: *mansi XIIII cum familiis viginti, qui lingua eorum lati dicuntur*. Vgl. noch unten Kap. 5 § 1, S. 322 m. Anm. 131, S. 324 – 27. Auch ein Diplom Karls d.Gr. spricht vom Sächsischen als *eorum lingua*: DD Karol. I, Nr.218 (813 Mai 9; Or.): *proprisum, quod in eorum lingua bivanc vocatur* (S. 291 Z.31): B – M² 477.

[127] D Zw. 15 (897 Juni 28) S. 41 Z.20 – 21 und ebd. Vorbem., S. 40. Mutatis mutandis gilt dies für alle Diplome, in denen volkssprachliche Wörter mit: *in eorum (sua) lingua*, oder: *quod vulgo dicitur* o.ä. eingeführt werden; vgl. etwa oben S. 109 m. Anm. 140 und STRASSER, S. 32 – 33.

[128] D O. I. 389 (970 März 7) S. 530 Z.27 – 29: B – O 514. Vgl. STRASSER, S. 45 und bes. THOMAS, Rezeption, S. 33; s. noch unten § 2, S. 211 m. Anm. 219.

[129] D Arn. † 184 (ang. 885 Nov. 20) S. 283 Z.21 – 22, 284 Z.21 = D O. II. 165 (977 Okt. 1) S. 185 Z.40 – 41, 186 Z.20: B – Mi 753 = D O. III. 1 (984 Okt. 7) S. 393 Z.35 – 36, 394 Z.17 – 18: B – U 957. Vgl. VIGENER, S. 34; MÜLLER-MERTENS, Regnum, S. 123 m. Anm. 482; STRASSER, S. 30 m. Anm. 116 sowie unten S. 200 m. Anm. 138. Vgl. noch D H. II. 14 (1002 Sept. 3): *quos teutisca lingua overmerke nominamus* (S. 17 Z. 5): B – G 1503.

Diese Wortform ist eindeutig ein latinisiertes *diutisk*, das mit Sicherheit erstmals bei Notker Teutonicus um 1000 in der Form *in diutiskun* erscheint[130]; sie findet sich seit dem späten 9. Jahrhundert[131] mehrfach und zwar vorwiegend in Form von Glossen aus dem südostdeutschen Sprachraum[132]. An nicht zur Glossenliteratur gehörigen Belegen nenne ich noch eine St. Galler „charta" von 882[133] und die „Miracula s. Waldpurgis" Wolfhards um 895, in denen es heißt: *vir quidam de pago Nechariensi, qui lingua diutisca Nechargowe ab incolis nuncupatur*, und: *cerillum, que lingua diutisca rista nominatur*[134]. Aus der Tatsache des unterschiedlichen Vokalismus -*iu*- statt -*eo*- glaubte Ingrid STRASSER folgern zu dürfen, daß es ein „Ostwort" *diutisk* im Unterschied zu dem im Umkreis des karolingischen Hofes üblichen *theodiscus* gegeben habe; sie sprach daher von einer „eigenständigen, östlichen Entwicklung von *diutisk*..., die ihre ersten Ausprägungen im bairisch–oberdeutschen Raum" erfahren habe[135]. So unbestreitbar der unterschiedliche Vokalismus der bairischen Belege ist, so unzweifelhaft ist auch, daß ein inhaltlicher Unterschied zwischen *theodiscus* und *diutiscus* nicht besteht, wie THOMAS zwingend nachgewiesen hat[136]. Seinem eindrucksvollen Hinweis auf die Textvarianten im Wormser Capitulare von 829[137] läßt sich noch hinzufügen, daß die im Original überliefer-

---

[130] Zu diesen häufig besprochenen Belegen vgl. EGGERS, S. 387 – 89 und dazu THOMAS, Regnum, S. 28 – 29, 32 – 33; s. zuletzt SONDEREGGER, S. 239.

[131] Zuerst ang. um 880, was jedoch auf einer paläographischen Datierung beruht; es handelt sich um eine von Ingo Reiffenstein entdeckte Glosse zu *pilleum: frigium .i. huot diutisce*, in einer Salzburger Handschrift; vgl. STRASSER, S. 24 m. Anm. 90; s. aber THOMAS, Anfänge, S. 289 und schon DERS., Regnum, S. 30 Anm. 68; vgl. noch die folg. Anm.

[132] Vgl. Franz Josef WORSTBROCK: Thiutisce, in: Beiträge zur Geschichte der deutschen Sprache und Literatur 100 (1978) S. 205 – 12, dessen Belege aus dem Donatus-Kommentar des Erchanbert vielleicht noch älter sind (ca. 840/50); vgl. allerdings STRASSER, S. 29 und dazu THOMAS, Anfänge, S. 289. Weitere Belege bei BAESECKE, S. 348 – 49; STRASSER, S. 25ff.; THOMAS, aaO., S. 289 – 90.

[133] WARTMANN II, Nr. 621 (882 Juni): *cartam pacationis...quod thiutiscae suonbuoch nominamus* (S. 230); dazu kommt die von STRASSER, S. 25 m. Anm. 92, bekannt gemachte Uk. aus Eichstätt von 893(?): *Insuper huic tradicioni adiciens alodem, que diutisce dicitur pivanch*; s. auch THOMAS, Anfänge, S. 289 – 90. Zu der Uk. von 882 s. noch BRINKMANN, S. 194; FRINGS, S. 232; BAESECKE, S. 348; EGGERS, S. 385 und zuletzt STRASSER, S. 28 m. Anm. 108, 30 – 31. Im Register des Bandes „Der Volksname Deutsch" ist diese Uk. auf S. 407 als „Vertrag von Konstanz" verzeichnet.

[134] Miracula s. Waldpurgis, l.II c.7, l.III c.6c (ed. BAUCH, S. 232 Z.24 – 25, 276 Z.2); s. schon VIGENER, S. 34; vgl. zuletzt STRASSER, S. 28 m. Anm. 109 und THOMAS, Anfänge, S. 290 m. Anm. 17. Zu Wolfhard von Herrieden s. BAUCH, ed. cit., S. 27 – 36.

[135] STRASSER, S. 43; s. auch THOMAS, Anfänge, S. 295.

[136] Anfänge, S. 295 – 96; vgl. DERS., Ursprung, S. 306 m. Anm. 40, 330 Anm. 91.

[137] Neben *theodisca lingua* ist noch überliefert: *teodisca, theothisca, teutisca, theudisca, thutisca* und eben auch *thiudisca*: Capit. II, S. 16 Anm. q; s. oben S. 197 m. Anm. 122 und THOMAS, Anfänge, S. 296. Diese Varianten fehlen im Capitulare Pistense von 864, das die Bestimmung von 829 wörtlich übernahm: Capit. II, S. 324 c.33 Anm. g, was wohl kein Zufall ist.

te Urkunde Ottos II. für Salzburg einmal *diutisce*, das andere Mal *deotisce* liest[138]. Von einer „eigenständigen östlichen Entwicklung", zu der nach STRASSER zu allem Überfluß „die Nachbardisziplin der Historie...einige Anhaltspunkte zu liefern (scheint)"[139], kann also keine Rede sein[140].

Das karolingische Imperium war ein Vielvölkerstaat, dem eine Vielfalt von Sprachen korrespondierte, ohne daß diesen bei der Ausbildung des deutschen und französischen Staates und Volkes eine bestimmte Rolle zugefallen wäre[141]. Es ist klar, daß zumindest auf der Ebene der *reges* und *principes* Mehrsprachigkeit eine politische Notwendigkeit war, während der einfache Mann in der Regel nur sein heimisches Idiom kannte. Von Otto d.Gr., dessen Muttersprache natürlich das Sächsische war, wozu es des ausdrücklichen Zeugnisses Liudprands nicht eigens bedürfte[142], berichtet Widukind: *Preterea Romana lingua Sclavanicaque loqui scit, sed rarum est, quo earum uti dignetur*[143]. Widukind erwähnt hier nur die „exotischen" Sprachen: daß ein Frankenkönig auch fränkisch spricht, verstand sich für ihn von selbst. Bei politischen Treffen, auf denen die Könige sich u.U. an das (Heeres-)Gefolge der anderen Seite wandten, mußten sie sich daher gegebenenfalls einer Volkssprache des anderen Reichsteils bedienen. Das früheste und zugleich berühmteste Beispiel hierfür sind die sogen. Straßburger Eide, die Ludwig II. von Ostfranken und Karl d.K. am 14. Februar 842 vor der Versammlung der beiden Heere leisteten[144]: Karl in *theudisca lingua*, womit fraglos das Frän-

138) D O. II. 165, S. 185 Z.41: *diutisce*, S. 186 Z.20: *deotisce*.
139) STRASSER, S. 43.
140) Zu dem historischen „Pferdefuß" dieser Theorie s. unten § 2, S. 232 m. Anm. 355 – 57.
141) Dies ausdrücklich gegen SCHLESINGER, Entstehung, S. 169: „Eine Schlüsselstellung bei der Nationsbildung scheint der Sprache zuzukommen"; verfehlt schon HUGELMANN, S. 294 – 95 u.ö.; dagegen mit Recht GRAUS, Nationenbildung, S. 26, 139 – 41 und STRASSER, S. 8; s. schon EWIG, Volkstum, S. 273; vgl. noch THOMAS, Rezension, S. 124.
142) Liudprand, Hist. Ottonis, c.11:...*imperator, qui Romani eius loquelam propriam, hoc est Saxonicam, intellegere nequibant, Liudprando... episcopo praecepit, ut Latino sermone haec Romanis...exprimeret* (ed. BECKER, S. 167 Z. 28 – 31); im Index der Ausgabe: ebd. S. 229, wird „Saxonica loquela" als „deutsche Sprache" erklärt; s. auch Arnold von St. Emmeram, l.I c.7: *imperator* (scil. Otto I.) *ore iucundo Saxonicans dicit...* (ed. WAITZ, S. 552 Z.29). Zum Begriff der *Latini* bei Liudprand s. THOMAS, Regnum, S. 24 Anm. 35; vgl. auch Notker, Gesta Karoli, l.I c.10: *apud eos, qui in his regionibus Latino sermone utuntur* (ed. HAEFELE, S. 15 Z.8 – 9); vgl. dazu THOMAS, Regnum, S. 31 – 32. Zu Arnold von St. Emmeram vgl. WATTENBACH – HOLTZMANN I³, S. 269.
143) Widukind, l.II c.36 (ed. HIRSCH, S. 96 Z.18 – 19). *Romana lingua* meint beileibe nicht das Italienische des 10. Jh, das Liudprand: oben Anm. 142, ja noch als „Latein" bezeichnet, sondern das Altfranzösische; vgl. ed. cit., S. 96 Anm. 6 und LOT, Carolingiens, S. 308 – 09; s. auch HUGELMANN, S. 295. Des Lateinischen war Otto nicht mächtig; vgl. oben S. 187 m. Anm. 50 – 52.
144) Nithard, l.III c.5:...*et sacramenta, quae subter notata sunt, Lodhuwicus Romana, Karolus vero teodisca lingua iuraverunt. Ac sic ante sacramentum circumfusam plebem*

kische und nicht etwa das Bairische gemeint ist, und Ludwig *in Romana lingua.* Ähnlich verhielt es sich auf dem Treffen von Koblenz im Juni 860 zwischen Karl d.K., Lothar II. und Ludwig II. von Ostfranken[145], mit dem ein Schlußstrich unter die Ereignisse von 858/59 gezogen wurde[146]. Mit Recht betont Reinhard SCHNEIDER die „dringende (lies: hohe) Wahrscheinlichkeit einer mündlichen Eidesleistung in der Volkssprache" bei den Zusammenkünften der Könige[147], doch sind hierfür keine weiteren Beispiele überliefert.

Fast alle bisher besprochenen Wortbelege betreffen das Frankenreich nördlich der Alpen; die wenigen Ausnahmen[148] unterscheiden sich in nichts von den übrigen. Um so erstaunlicher ist es daher, daß selbst kritische Gelehrte, die weit davon entfernt sind, den „Deutsch" – Rummel um *theodiscus* mitzumachen, einräumen, daß „das langobardische Gebiet eine Sonderstellung einnimmt"[149]. Hierfür hat man ganze drei Belege namhaft gemacht, die in die Jahre 816, 845 und 891 bzw. 909 datiert werden[150]. Auf die Urkunde von ang. 891 – die einzige, für die ein Bezug auf das Volk außer Zweifel steht – wird im folgenden Paragraphen einzugehen sein[151]. Die *noticia brevis* von 816 aus Bergamo ist ein auch historisch höchst inter-

---

*alter teudisca, alter Romana lingua alloquuti sunt... Cumque Karolus haec eadem verba Romana lingua perorasset, Lodhuicus...haec deinde se servaturam est* (folgt der Eid *in Romana lingua*) *...Quod cum Ludhovicus explesset, Karolus teudisca lingua sic hęc eadem verba testatus est...Sacramentum autem, quod utrorumque populus, quique propria lingua testatus est, Romana lingua sic se habet:...teudisca autem lingua...* (ed. LAUER, S. 102, 104, 106, 108) = Capit. II, Nr. 247, S. 171 Z.18 – 21, 172 Z.10 – 11, Z.17 – 18, Z.24 – 25, Z.29; vgl. DÜMMLER I², S. 171 – 72; VIGENER, S. 33 m. Anm. 3; BRINKMANN, S. 186; LERCH, S. 270; BAESECKE, S. 336; KIRN, S. 38; ZÖLLNER, S. 260; HUGELMANN, S. 294 – 95; SCHNEIDER, Brüdergemeine, S. 12, 28, 29, 30 u.ö.; THOMAS, Regnum, S. 22; STRASSER, S. 20 – 21; VOSS, Herrschertreffen, S. 178, 207 u.ö.; THOMAS, Rezeption, S. 22; s. noch die folg. Anm.

[145]) Capit. II, Nr. 242: *Adnuntiatio domni Hludowici regis apud Confluentes lingua theodisca* (S. 157 Z.8 – 9); *Haec eadem domnus Karolus Romana lingua adnuntiavit et ex maxima parte lingua theodisca recapitulavit* (S. 158 Z.14 – 15); *Et domnus Hlotharius lingua theodisca in supra adnuntiatis capitulis se consentire dixit... Et tunc domnus Karolus iterum lingua Romana de pace commonuit* (S. 158 Z.30 – 32): B – M² 1290b = 1443b; vgl. BRINKMANN, S. 186; KIRN, S. 38; SCHNEIDER, Brüdergemeine, S. 12, 27 – 28, 32 – 34 u.ö.; s. auch VOSS, Herrschertreffen, S. 12, 41, 109 – 10, 118, 178, 210. Leider behauptet KIRN, aaO., sowohl für Straßburg 842 als auch für Koblenz 860, Karl bzw. Ludwig hätten „deutsch" gesprochen.

[146]) Vgl. DÜMMLER I², S. 445 – 58; CALMETTE, Diplomatie, S. 65 – 67.

[147]) Brüdergemeine, S. 29; s. auch VOSS, Herrschertreffen, S. 178.

[148]) Vgl. oben S. 191 m. Anm. 77 – 78 und das Capitulare Italicum von 801: oben Anm. 119; ergänzend s. noch STRASSER, S. 33 m. Anm. 134. Das macht insgesamt drei Belege, von denen STRASSER, S. 33, selbst sagt, daß sie „nichts Spezifisches erkennen" lassen (mit Bezug auf die beiden letztgenannten Stellen).

[149]) So STRASSER, S. 41; s. aber auch THOMAS, Regnum, S. 28, 39, 45 und die folg. Anm.

[150]) Zusammengestellt bei THOMAS, Regnum, S. 34 Anm. 84.

[151]) Unten § 2, S. 210 – 11.

essantes Original[152] in relativ gutem Erhaltungszustand[153] (Abb. 7). Es
heißt gegen Ende: *Haec factu(m) est presencia bonoru(m) hominu(m) qui
super manu(m) posuerit vel propria manu suun* (sic) *conensuu(m)* (sic) *sub-
scripserit, id est Borno, Gero, Rigmund teotischis*[154]. Der letzte Herausgeber, Alessandro COLOMBO, hatte *teotisksan* gelesen[155] und HLAWITSCH-
KA, der die Urkunde nicht gesehen hatte, dies zu *teotiskiani* ergänzen wollen[156]. Obschon das am Zeilenrand stehende Wort nicht mit letzter Sicherheit zu lesen ist[157], halte ich ein einfaches *teotischis* für so gut wie gewiß,
ohne daß darum die von HLAWITSCHKA postulierte gentile Bedeutung des
Wortes gegeben wäre: es handelt sich um drei *teotisce* sprechende Personen, wie ja auch die Namen erkennen lassen[158].

Als ang. „Parallelfall" zitiert HLAWITSCHKA ein Placitum aus Trient:
hier werden nicht weniger als 29 Persönlichkeiten im Umstand des *missus
atque iudex* Garibald und des herzoglichen *missus* Paulicio namentlich
aufgeführt, und es heißt dann: *et aliis vassi domnicis tam teutisci quam et
Langobardi*[159]. Natürlich hat man auch hier einen „über ein Sprachadjek-

---

[152] Es handelt sich um die einzige bekannte „charta", die allein nach den Regierungsjahren König Bernhards von Italien datiert: *regni domni Bernardi regis anno quinto*; vgl.
EITEN, S. 53 – 54 m. Anm. 1.

[153] Auf Zeile 9 rechts und Zeile 11 links bedingen zwei Einrisse einen Textverlust von
wenigen Buchstaben, auf Zeile 10 befindet sich ein Fleck, der etwa vier Buchstaben
unlesbar macht; vgl. unten Anm. 157. Durch Vermittlung meines Freundes und Kollegen
Domenico MAFFEI-Rom/Siena hat mir Frau Dr. Claudia STORTI STORCHI-Mailand, ein
gutes Foto der Urkunde nach Princeton gesandt, wofür ich auch an dieser Stelle meinen
herzlichen Dank sagen möchte. Die neue Signatur ist: Bergamo, Archivio Vescovile,
pergamene Capitolari, Arch. Cap. 3895.

[154] Cartario di Vigevano, Nr. 1 (816 Juli 19) S. 2; vgl. HLAWITSCHKA, Franken, S. 144
Nr. XXXVI. Der hier gegebene Text beruht auf meiner eigenen Lesung anhand des Fotos;
vgl. Abb. 7. Colombo hat im allgemeinen recht gut gelesen, doch verdirbt der pseudo-di-
plomatische Druck das Verständnis der Urkunde. Die Edition Colombos ist im übrigen
unvollständig: er hat nur die ersten 2 1/2 Zeilen des Textes und das Eschatokoll publiziert.

[155] Lupi hatte allerdings schon 1784 *teotisch* gelesen: ed. cit., S. 2 Anm. 10. COLOMBO,
aaO., hielt sein *teotisksan* für einen Eigennamen; dagegen mit Recht HLAWITSCHKA,
Franken, S. 144 Anm. 2, der allerdings zu fest auf die Kongruenz der erwähnten Zeugen
und der Unterschriften vertraut. So ist die von COLOMBO, ed. cit., S. 2, postulierte Lesung
„Petrus" höchst fraglich und beruht nur auf der Unterschrift eines Petrus, der aber kein
*presbiter* ist, wie nach der Zeugenliste angenommen werden müßte; vgl. auch unten S. 203
m. Anm. 164.

[156] HLAWITSCHKA, Franken, S. 144 Anm. 2.

[157] Der von Colombo als k gelesene Buchstabe ist in Wahrheit ein *hi*, jedenfalls kein
k; vgl. dazu Z.11 *kl*; das abschließende *s* ist klar lesbar; es folgen ein Buchstabe mit
Oberlänge (h?) und danach maximal zwei Buchstaben, die ein neues Wort bilden, das auf
Z.10 endet, wo die beiden ersten Buchstaben der Zeile ausgefallen sind.

[158] HLAWITSCHKA, Franken, S. 144, dem STRASSER, S. 19, 41 – 42, folgt.

[159] MANARESI I, Nr. 49 (845 Febr. 26) S. 161 – 65, bes. S. 162 Z.8 – 9. Das Placitum ist
im Original überliefert: „guasto da buchi e da lacerazioni laterali": MANARESI, ed. cit.,
S. 160; vgl. LERCH, S. 271.

Abb. 7: Bergamo, Arch. Vescovile, pergamene Capitolari, Arch. Cap. 3895. Das problematische *teotischis* findet sich am rechten Rand der 9. Zeile, ist aber doch deutlich lesbar (das i ist direkt an das h angehängt).

tiv hinausgehenden Gebrauch von teutiscus" entdecken wollen[160], wovon indes gar keine Rede sein kann. Das Placitum fand in dem sprachlichen Grenzraum Trient statt: unter *Langobardi* sind hier romanisierte Langobarden zu verstehen im Gegensatz zu den volkssprachigen *teutisci*, wie ZÖLLNER schon 1950 richtig gesehen hatte[161]. Daß es sich bei diesen *teutisci* konkret um Baiern handelt, zeigen Namen wie *Launulfus de Baovarius* (sic) im Umstand und *Johannes de Baovarius* als Zeuge[162]. Unerfindlich ist mir, inwiefern die Wendung: *tempore Langobardorum et Francorum*, einen Hinweis auf den gentilen Gebrauch von *teutiscus* geben könnte[163]. Beiläufig sei erwähnt, daß die im Umstand genannten Personen keineswegs alle unter den Unterzeichnern des Placitum aufscheinen und umgekehrt[164]. Den *teotischis* der Urkunde von 816 entsprechen somit die *teutisci* im Placitum von 845, so daß die „erweiterte" Bedeutung des Wortes in Italien nicht länger aufrechterhalten werden kann[165].

Damit ist es an der Zeit, die Ergebnisse dieses Paragraphen zusammenzufassen. Die Thesen WEISGERBERS haben sich als unhaltbar erwiesen[166]: von „Heimatruf", „Grenzspannungen" u.dgl. lassen die Quellen nichts erkennen, wohl aber zeigen sie, wie gut begründet die ältere Lehrmeinung war, die in *theodiscus* eine gelehrte Wortbildung erblickte[167], mag man diese nun am Hofe Karls d.Gr. lokalisieren wollen oder nicht[168]. THOMAS er-

---

[160]) So dezidiert LAMPRECHT I, S. 19; s. schon WAITZ V², S. 9 m. Anm. 1; vgl. noch VIGENER, S. 25 und ihm folgend WEISGERBER, S. 87 m. Anm. 122; s. auch BRINKMANN, S. 186 und in jüngerer Zeit HUGELMANN, S. 271; BEUMANN, Kaisertum, S. 97; DERS., König, S. 45; THOMAS, Regnum, S. 34 Anm. 84; STRASSER, S. 42 und THOMAS, Caesar, S. 261.

[161]) ZÖLLNER, S. 257 Anm. 11; verfehlt leider ebd. S. 265 m. Anm. 39. Vgl. auch BRÜHL, Irmingard, S. 831 m. Anm. 46; s. aber selbst SCHLESINGER, Grundlegung, S. 271. Derselbe Sachverhalt ist in einem meist übersehenen Placitum von Nov. 993 gegeben, das Herzog Heinrich III. von Baiern und Kärnten in Verona abhielt: im Umstand Heinrichs werden u.a. sieben *comites Theutiski* genannt: MANARESI II/1, Nr. 218, S. 303 Z.9 – 10. Manaresi hatte das Verständnis des Textes allerdings unnötig erschwert, indem er zwischen *comitibus* und *Theutiski* ein Komma setzte, was *Theutiski* als Eigenname erscheinen ließ; s. aber das Register: ebd. t.II/2, S. 817; vgl. noch MÜLLER-MERTENS, Regnum, S. 69 (mit Druckfehler 933 statt: 993).

[162]) MANARESI I, S. 161 – 62, 163 Z.31; s. auch ZÖLLNER, S. 257; verfehlt BRINKMANN, S. 186.

[163]) So STRASSER, S. 42, aufgrund von MANARESI I, S. 162 Z.10 – 16, bes. Z.15.

[164]) Vgl. MANARESI I, S. 161 Z.18 – S. 162 Z.8 mit S. 165 Z.19 – S. 166 Z.9; Launulfus und Johannes: oben Anm. 162, werden z.B. nicht genannt.

[165]) Insbesondere im Hinblick auf die Uk. von ang. 909: unten § 2, S. 210.

[166]) Vgl. auch THOMAS, Ursprung, S. 324. Zu einem letzten Argument Weisgerbers vgl. unten § 2, S. 233.

[167]) Vgl. etwa BRINKMANN, S. 188; LERCH, S. 264; BAESECKE, S. 331; BETZ, S. 402; THOMAS, Regnum, S. 27 und zuletzt v. SEE, Interessen, S. 255b – 56a.

[168]) Für Entstehung am Hof tritt etwa BETZ, S. 403 – 04, ein, während BAESECKE, S. 331, an die Schule Alkuins in Tours denkt; ähnlich schon BRINKMANN, S. 189 – 90; vgl. unten S. 204 m. Anm. 169. Eine Entstehung außerhalb des Hofkreises wird von FICHTENAU, Barbarus, S. 342, klar abgelehnt.

blickt in diesem Wort eine fränkische Schöpfung, die ihren Ursprung in der Rompolitik der Franken, genauer: Karls d.Gr. habe, der auf der rechtlichen Ebene *lingua theodisca* an die Stelle einer in vieler Hinsicht problematischen *lingua gentilis* zu setzten wünschte. Auch diese These bleibt zwar im strengen Sinn unbeweisbar, kann aber zumindest den Rang einer sinnvollen Arbeitshypothese beanspruchen[169]. Was die Bedeutung des Wortes anbelangt, so haben die vorstehenden Ausführungen gezeigt, daß die einzig korrekte Übersetzung von *theodiscus* „volkssprachlich" lautet (ursprünglich vor allem auf das Fränkische bezogen) und daß auch nicht ein einziger Beleg aus dem 9. oder 10. Jahrhundert im Sinne von „deutsch" interpretiert werden darf, wie dies der älteren Forschung leider selbstverständlich war und von einigen Unbelehrbaren unverdrossen noch heute versucht wird[170]. Erst im 11. Jahrhundert finden sich Stellen, die nun in der Tat einen erweiterten Sinn des Wortes erkennen lassen, so wenn der nach 1022 schreibende Thangmar von Otto III. und Silvester bemerkt: *iubent universos Theotiscos episcopos ad illorum praesentiam festinare*[171], oder Wolfhere um 1035 die *presentia tam Romanorum quam et Theutiscorum episcoporum et aliorum principum* feststellt[172]. So gewiß die sprachliche „Saite" auch hier noch mitschwingt, so kann der volkliche Bezug doch nicht übersehen werden; ganz eindeutig ist dies in der Rede der Fall, die Thangmar Otto III. an die aufständischen Römer halten läßt: *Vosne estis mei Romani? Propter vos quidem meam patriam, propinquos quoque reliqui. Amore vestro meos Saxones et cunctos Theotiscos, sanguinem meum, proieci*[173].

Das sind insgesamt drei Belege, in denen das Wort eine deutlich über das rein Sprachliche hinausgehende Bedeutung hat, ohne daß darum der ur-

---

[169] THOMAS, Ursprung, S. 321ff., bes. S. 324–26. Vertiefend DERS.: Frenkisk. Zur Geschichte von theodiscus und teutonicus im Frankreich des 9. Jahrhunderts, in: Beiträge zur Geschichte des Regnum Francorum. Referate...zum 75. Geburtstag von Eugen Ewig am 28. Mai 1988, hgg. von Rudolf SCHIEFFER (Sigmaringen 1990) S. 67–95, den ich nur noch bibliographisch berücksichtigen kann.
[170] Vgl. oben S. 190 m. Anm. 70. THOMAS, Regnum, S. 22, 23 u.ö. setzt „deutsch" stets in Anführungszeichen, doch sollte man das Wort am besten vermeiden. Unbefangen von „deutsch" (ohne Anführungszeichen) spricht dagegen leider noch BETZ, S. 397, 399, 400 u.ö.; schlimm auch EGGERT – PÄTZOLD, S. 176 Anm. 1059 und schon ebd. S. 166.
[171] Thangmar, Vita Bernwardi, c.30 (ed. PERTZ, S. 772 Z.24–25); vgl. VIGENER, S. 42–43.
[172] Wolfhere, Vita Godehardi prior, c.21 (ed. PERTZ, S. 182 Z.49); vgl. VIGENER, S. 43; EGGERS, S. 381. Zu Wolfhere vgl. WATTENBACH – HOLTZMANN I³, S. 63–65.
[173] Vita Bernwardi, c.25 (ed. PERTZ, S. 770 Z.24–26); vgl. SCHLESINGER, Grundlegung, S. 258; WERNER, Nations, S. 297–98; BRÜHL, Anfänge, S. 170; THOMAS, Regnum, S. 45; BEUMANN, Kaisertum, S. 109 Anm. 60; FRIED, Geschichte, S. 32; EGGERT – PÄTZOLD, S. 121–22; THOMAS, Rezeption, S. 36; DERS., Caesar, S. 262 u.a.m. Vgl. dazu noch unten Kap. 9 § 3, S. 609 m. Anm. 415–16.

sprüngliche Wortsinn vergessen gewesen wäre[174]. Denoch kann es kein Zufall sein, daß die einzigen Beispiele für diese erweiterte Wortbedeutung allesamt dem schon fortgeschrittenen 11. Jahrhundert angehören und aus dem Raum östlich des Rheins, genauer gesagt: aus Sachsen stammen[175]. Ebensowenig kann es ein Zufall sein, daß das Wort bald darauf ausstarb und der auf das deutsche Volk bezogene Wortsinn auf *teutonicus* überging, das für den neuen Wortgehalt offenbar als angemessener empfunden wurde. Diesem Wort werde ich mich nunmehr zuzuwenden haben.

§ 2: Die Bedeutung von *teutonicus* im 9. – 10. Jahrhundert und das Problem des „Regnum Teutonicorum".

Wenn ich die Geschichte von *teutonicus* getrennt von *theodiscus* erörtere, so gewiß nicht deshalb, weil ich der Annahme wäre, daß *teutonicus* schon von Anbeginn seines Auftretens an eine andere, deutlicher auf das Volk bezogene Bedeutung gehabt habe als *theodiscus*, wie von SCHLESINGER und anderen behauptet worden ist[176]. Davon kann gar keine Rede sein[177], wie sogleich zu zeigen sein wird. Doch bevor ich mich den frühesten Wortbelegen für *teutonicus* zuwende, sei zunächst kurz auf die Vorfrage nach der Entstehung des Wortes eingegangen. Zu den wenigen Punkten, über die in der Forschung Einigkeit besteht, zählen, daß *teutonicus* 1. jünger ist als *theodiscus*, 2. die „elegantere" lateinische Wortform darstellt und 3. von dem Volk der Teutonen abzuleiten ist[178]. Letzteres basiert auf WEISGERBERS scharfsinnigem und bis heute nicht widerlegtem

---

[174]) Vgl. oben S. 195 m. Anm. 101 – 02; s. noch Arnold von St. Emmeram, l.II c.61: ...*una rasta...idioma theutiscum rancinga iam nominavit* (ed. WAITZ, S. 572A Z.9 – 11). Als Beleg aus dem westlichen Raum wäre noch zu erwähnen: Ademar von Chabannes, l.III c.37: *Hic* (scil. Heinrich II.) *in terra theodisca a novo civitatem aedificavit vocabulo Baenburg* (ed. CHAVANON, S. 160 und ebd. S. 204); vgl. WEISGERBER, S. 86; LERCH, S. 262, 271. Zu Ademar s. CHAVANON, ed. cit., S. Vff., XIff. und bes. Karl-Ferdinand WERNER: Ademar von Chabannes und die Historia pontificum et comitum Engolismensium, in: DA. 19 (1963) S. 297 – 326, bes. S. 297 – 304, s. noch SCHNEIDMÜLLER, Nomen, S. 68 – 69 und unten § 2, S. 216 m. Anm. 252.

[175]) Grob gesprochen datieren die hier behandelten Quellen aus dem zweiten Viertel des 11. Jh. Alle drei oben Anm. 171 – 73 zitierten Belege fehlen in der Tabelle von WEISGERBER, S. 95. Dies zeigt, auf welch schwachen Füßen die Behauptung von WEISGERBER, S. 66, steht, wonach *theodiscus* stärker „an die westfränkische Seite des Sprachgrenzraumes" gebunden gewesen sei. Vgl. noch unten § 2, S. 217 m. Anm. 258.

[176]) Vgl. THOMAS, Regnum, S. 26 m. Anm. 44, 37 – 38 m. Anm. 102 – 04.

[177]) Zu den Implikationen einer solchen Annahme vgl. THOMAS, Regnum, S. 38.

[178]) Vgl. WEISGERBER, S. 67; EGGERS, S. 383; SONDEREGGER, S. 241, 243; STRASSER, S. 52. SCHLESINGER, Beginn, S. 544, hält *teutonicus* allerdings für eine gelehrte „Verballhornung" (sic) von *theodiscus*.

Nachweis, daß sich um 820/30 im Frankenreich die Auffassung durchzusetzen begann, die Teutonen seien ein germanisches und nicht ein galli-
sches Volk gewesen, wie man bis dahin meist angenommen hatte[179]. In diesem Zusammenhang behandelt WEISGERBER eine wohl um 820/30 in
Tours entstandene Glosse zu dem Virgilvers: *Teutonico ritu soliti torquere*
*cateias*, was der Glossator mit dem Satz kommentiert: *catheie lingua theo-*
*tisca hastę dicuntur*[180]. Damit ist zunächst ein weiterer Beleg für die *lingua*
*theotisca* gewonnen, die hier wohl das Fränkische bezeichnen soll, was allerdings von Ingrid STRASSER bestritten worden ist[181]. Die Frage könnte in
dem hier behandelten Zusammenhang eigentlich auf sich beruhen[182], doch
glaube ich, daß Heinz THOMAS eine überzeugende Widerlegung dieser
Auffassung gelungen ist[183].

Auch der nächste zu besprechende Wortbeleg scheint auf den ersten
Blick nur für *theodiscus* einschlägig zu sein. Hrabanus Maurus verfaßte
wohl um 820/30 einen kurzen Traktat „De inventione litterarum"[184]. Die
nur in einer Edition von Melchior GOLDAST (1606) vorliegende kleine
Schrift[185] enthält u.a. den Satz: *Litteras quippe, quibus utuntur Marcoman-*
*ni, quos nos Nordmannos vocamus, infra scriptas habemus: a quibus origi-*
*nem, qui theodiscam loquuntur linguam, trahunt.* Es folgt ein Runen-
alphabet[186]. Die sachliche Aussage Hrabans braucht hier nicht zu interes-

---

[179]) Vergil, Aen. VII 741 und die Frühgeschichte des Namens Deutsch (1936): WEIS-
GERBER, S. 11 – 39, bes. S. 23ff.; s. auch WEISGERBER, S. 67. Die ältere Auffassung etwa
bei VIGENER, S. 33 – 34 m. Anm. 1. Die nicht unbedingt wünschenswerte Konsequenz
daraus war, daß der antike *furor Teutonicus* auf die Deutschen bezogen werden konnte;
vgl. WERNER, Nations, S. 299. Vgl. dazu unten Kap. 4 § 2, S. 273 m. Anm. 194.
[180]) WEISGERBER, S. 14 – 16 und Abb. auf S. 22; zustimmend BAESECKE, S. 347 – 48;
zurückhaltend BRINKMANN, S. 189; vgl. noch STRASSER, S. 37 – 38.
[181]) STRASSER, S. 38 – 39. Nach ihr würde *theodisca lingua* hier sogar das Romanische
bezeichnen; vgl. aber die folg. Anm.
[182]) Es geht mir im Grunde nur um den Nachweis, daß *theodiscus* nicht „deutsch"
heißen kann, doch halte ich die Beschränkung von *theodiscus* auf die germanischen
Sprachen vom Quellenbefund her für gegeben.
[183]) Ausführlich THOMAS, Anfänge, S. 292 – 94. Vgl. auch oben S. 189 m. Anm. 64.
[184]) Zu der umstrittenen Verfasserschaft Hrabans, der im Rahmen dieser Abhandlung
keinerlei Bedeutung zukommt, s. zuletzt REXROTH, S. 305 – 06, mit geradezu absurden
Schlußfolgerungen, wie sie für Rexroth leider typisch sind. Zur Bedeutung Hrabans als
Literat und „Praeceptor Germaniae" einschränkend zuletzt Raymund KOTTJE: Hrabanus
Maurus – „Praeceptor Germaniae"? in: DA.31 (1975) S. 534 – 45, der dabei auf „De inventione" natürlich nicht eingeht.
[185]) In: PL. 112, coll. 1579 – 82, als *De inventione linguarum* gedruckt, was jedoch sicher
irrig ist; nach dem Zusammenhang und der Abhängigkeit von Isidor kann nur *litterarum*
gemeint sein; s. schon Georg BAESECKE: Das Abecedarium Nordmannicum (1941) in:
Kleinere Schriften zur althochdeutschen Sprache und Literatur, hgg. von Werner SCHRÖ-
DER (Bern-München 1966) S. 237 – 48, bes. S. 239 – 42 und REXROTH, S. 300, der aber den
Zusammenhang mit Isidor nicht gesehen hat. Vgl. noch unten Anm. 189.
[186]) PL. 112, col. 1581 – 82; vgl. BRINKMANN, S. 203 – 04; BAESECKE, S. 329 – 30.

sieren. Es genüge die Feststellung, daß *theodiscus* die bekannte sprachliche Bedeutung hat, und zwar eindeutig bezogen auf die *Nordmanni*, d.h. also auf germanische Sprachen. Nun ist die Schrift Hrabans aber in drei verschiedenen Fassungen überliefert, die nicht unerheblich voneinander abweichen[187]. Eine einzige Handschrift, der Cod. Vat. Urb. Lat. 290, bietet einen erheblich veränderten Text, in dem die *theodisca lingua* nicht mehr auf die *Nordmanni* bezogen wird, sondern auf die christliche Mission: *doctores eorum* (gemeint sind Goten und Wandalen) *tam Novum quam Vetus Testamentum in suam linguam, hoc est theotiscam vel in theotonicam converterunt cum istis litteris* (nämlich mit den Runen)[188]. Damit wäre dieser Traktat nach REXROTH der älteste Beleg für *teutonicus*, der folglich auf jeden Fall „vor 856", dem Todesjahr Hrabans, datiert werden müßte[189]. Doch der Vat. Urb. Lat. 290 gehört in das 11. Jahrhundert[190]: selbst wenn die Entstehungszeit der erweiterten Fassung unter Hraban gesichert wäre, wovon gar keine Rede sein kann[191], müßte noch immer die Möglichkeit eines späteren Einschubs in Rechnung gestellt werden. Der ang. Erstbeleg ist somit zu streichen.

Damit kann ich mich nunmehr den gesicherten Zeugnissen aus dem 9. Jahrhundert zuwenden. Als ältester Beleg wird wohl mit Recht die Nachricht der Fuldaer Annalen zum Jahr 876 angesehen, wonach Ludwig d.J. und Karlmann: *paternum inter se regnum diviserunt et sibi invicem fidelitatem servaturos esse sacramento firmaverunt. Cuius sacramenti textus theutonica lingua conscriptus in nonnullis locis habetur*[192]; auch hier muß

187) Zusammengestellt bei REXROTH, S. 301 Anm. 61.
188) Ich zitiere nach BRINKMANN, S. 204 und THOMAS, Anfänge, S. 292 Anm. 37, die beide auf Maßmann (1871) fußen.
189) Vgl. REXROTH, S. 306, 308; irrig aber schon SCHLESINGER, Grundlegung, S. 259–60, der aber doch wenigstens „wohl noch im Sinne von germanisch" schreibt. Hraban starb am 4. Februar 856; der Traktat „De inventione" stammt aber mit Sicherheit aus seiner Fuldaer Zeit (Abt 822–842) und muß daher zumindest „vor 847" angesetzt werden: Ann. Fuld. ad h.ann. (ed. KURZE, S. 36, 46). Nach G. BAESECKE (oben Anm. 185) S. 246–47, müßte man den Traktat aber in den 20er Jahren entstanden denken, was einen Abstand von etwa einem halben Jahrhundert zum nächsten datierten Beleg bedeuten würde.
190) Codices Urbinates Latini recensuit Cosimus STORNAJOLO, t.I: Codices 1–500 (Romae 1902; Nachdruck 1981) S. 261–62. In der Beschreibung des Codex wird „De inventione" nicht erwähnt; s. aber STRASSER, S. 36 Anm. 150 (auf fol. 71ᵛ).
191) STRASSER, S. 36 Anm. 150, bemerkt: „Die Schrift wurde von einem anonymen Autor erweitert"; ebenso HAUBRICHS, S. 420; vgl. noch ebd. S. 421–22; skeptisch auch THOMAS, Anfänge, S. 292 Anm. 37.
192) Ann. Fuld. ad h.an. (ed. KURZE, S. 89): B – M² 1520a; vgl. SCHNEIDER, Brüdergemeine, S. 14, 29. Auch dieses Treffen war ein „Grenztreffen", aber innerhalb Ostfrankens, weshalb es nicht in das Thema von VOSS, Herrschertreffen, S. 212 u.ö. fiel; vgl. SCHLESINGER, Grundlegung, S. 282.

unter der *theutonica lingua* konkret das Fränkische verstanden werden[193].
Nur etwa ein Jahrzehnt jünger sind zwei Stellen bei Notker dem Stammler,
der seine „Gesta Karoli Magni" wohl um 886/87 niedergeschrieben hat[194].
Auch er sieht zunächst den rein sprachlichen Aspekt, wenn er im Hinblick
auf die *cantilena Mettensis* sagt: *Apud nos autem, qui theutonica sive teutisca lingua loquimur, aut vernaculę met aut mette...nominetur*[195]. Hier ist
natürlich das Alamannische gemeint[196]. Historisch bedeutsamer ist allerdings der häufig übersehene zweite Beleg. Bei seiner Beschreibung der
Ringwälle der Awaren – die *gens Hunorum* Notkers – spricht er von *XX
miliaria Teutonica, quę sunt XL Italica*[197]. „Das ist allem Anschein nach
das erste Mal, daß *theodiscus/teutonicus* auf ‚deutschem' Boden seinen auf
die Sprache fixierten Bedeutungsbereich überschritten hat. Einen gentilen
und damit politischen Sinn hat das Wort dadurch aber noch lange nicht erreicht"[198], obwohl dies natürlich mehrfach behauptet worden ist[199]. Eine
Erweiterung des Bedeutungsgehalts ist unbezweifelbar, aber er bezieht
sich statt auf die Sprache nun auf ein Längenmaß, das mit dem entsprechenden Maß in Italien verglichen wird, weshalb ich von einer geographi-

---

[193]) Gegen die etwas zu gepreßte Deutung von EGGERT, Auffassung, S. 52 – 53, s. schon
THOMAS, Regnum, S. 39 – 41; wenig befriedigend REXROTH, S. 307 – 08, der: *in nonnullis
locis*, auf die drei Hofkapellen beziehen möchte, was mich eine höchst gekünstelte Erklärung dünkt: eine Aufbewahrung in den Hofkapellen war selbstverständlich und brauchte
nicht in dieser Form hervorgehoben zu werden. Erstaunlich ist, daß ein Kenner wie
EGGERT, aaO., S. 52, von „deutscher Sprache" spricht und als Beleg ebd. Anm. 25 ausgerechnet auf Weisgerber verweist; s. noch unten Anm. 196.
[194]) Vgl. HAEFELE, ed. cit., Einleitung, S. XIV – XV und LÖWE (oben S. 86 Anm. 11)
S. 134 – 36.
[195]) Gesta Karoli, l.I c.10 (ed. HAEFELE, S. 15 Z.10 – 12); vgl. BRINKMANN, S. 201;
BAESECKE, S. 348 (ungenau); REXROTH, S. 311 – 12; verfehlt EGGERT – PÄTZOLD, S. 66 –
68, der ebd. S. 67 noch immer von einer „Gemeinschaft der Deutschsprechenden" spricht;
vgl. die folg. Anm.
[196]) Dies gegen HESSLER, S. 110 m. Anm. 20, der die zutreffende Auffassung von F.G.
Schultheiß (1893) ausdrücklich ablehnt; verfehlt bes. SCHLESINGER, Grundlegung,
S, 282 – 83; irrig auch EGGERT – PÄTZOLD, S. 166, der ausgerechnet auf den Nonsens von
REXROTH, S. 306ff. verweist.
[197]) Gesta Karoli, l.II c.1 (ed. HAEFELE, S. 50 Z.18 – 19).
[198]) So THOMAS, Regnum, S. 39, der allerdings irrt, wenn er zur Erklärung „den sehr
viel weiteren Gehalt" des Wortes „im italienischen Sprachraum" bemüht; vgl. dazu unten
S. 210 m. Anm. 213 – 14.
[199]) Natürlich bes. von REXROTH, S. 312: „Diese Stelle zeigt eindeutig, daß das ursprünglich zur Kennzeichnung der Sprache verwendete Adjektiv inzwischen ebenfalls
(sic) zur Volksbezeichnung geworden ist...". Das behauptet einmal WEISGERBER,
S. 24, der lediglich sachlich feststellt, „daß das Ersatzwort sehr rasch auch für andere
Verwendungsarten geeignet war". Dem ist voll zuzustimmen; problematisch allerdings
die Tabelle: WEISGERBER, S. 95: „Völkeradjektiv". Allgemein zu den Interpretationskün-
sten von Rexroth s. THOMAS, Rezension, S. 124 – 27 und unten Kap. 4 § 2, S. 276
Anm. 213.

schen – und nicht politischen – Erweiterung des Wortsinns sprechen möchte[200].

Notker erwähnt in seinem schon genannten Martyrologium des Jahres 896 eine *Nova Francia*, in der, *ut Teutonico nomine prodit*, Würzburg gelegen sei[201]. Hier ist der sprachliche Bezug wieder unzweifelhaft, ebenso wie in der lateinischen Überschrift des Ludwigslieds: *Rithmus teutonicus de piae memoriae Hluduico rege, filio Hluduici aeque regis*[202]. Aber zur fast genau gleichen Zeit kennt die jüngere „Passio s. Kiliani" eine *Teutonica Francia*, mit der dem Zusammenhang nach nur die *Orientalis Francia*, d.h. Mainfranken, gemeint sein kann[203], womit erneut der geographische – und nicht der politisch-staatliche – Bezug gegeben wäre, den wir schließlich auch in dem zum Jahre 888 anzusetzenden „Rhythmus in Odonem regem", in Westfranken also, feststellen können, dessen letzte Strophe lautet:

> *Amen resultet Gallia,*
> *Amen cantet Burgundia,*
> *Bigorni regni spacia,*
> *Wasconia et Teutonica*[204].

Natürlich darf *Teutonica* hier nicht als „Landesname" politisch mißdeutet werden[205]. Das verbietet schon der Kontext des „Rhythmus", der *Teutonica* neben *Wasconia* (Aquitanien), *Burgundia*, *Gallia* (= *Francia*) und

---

[200]) Darum zögere ich auch, mit TELLENBACH, Reich, S. 210, hier einfach „deutsch" zu übersetzen. Vgl. noch unten mit Anm. 203–07.

[201]) Passio s. Kiliani, Einleitung (ed. LEVISON, S. 717 Z.8–9); vgl. bes. oben S. 101 Anm. 93 und unten Anm. 203; zur Deutung der *Francia Nova* vgl. bes. THOMAS, Regnum, S. 37 Anm. 103 (auf S. 38).

[202]) ed. BERG, S. 197. Die Übersetzung von R. SCHÜTZEICHEL: ebd. ist selbstverständlich korrekt: „Ein volkssprachiges Lied..."; zur Überlieferung und Datierung s. SCHÜTZEICHEL, S. 294–96; WERNER, Gauzlin, S. 195–96 m. Anm. 123–25 und ebd. S. 470 zu S. 195ff. HLAWITSCHKA, Lotharingien, S. 61 m. Anm. 104, formuliert denkbar unglücklich: „Man darf...nicht vergessen, daß zur gleichen Zeit diese Sprache der „Deutschsprecher" noch dazu dient, den westfränkischen Normannensieg (881) d.h. den Sieg des romanisch-sprechenden Westens...zu verherrlichen (althochdeutsches Ludwigslied)".

[203]) Passio s. Kiliani, Einleitung (ed. LEVISON, S. 720 Anm. 8) und ebd. c.1 (ed. LEVISON, S. 722 Anm. 3); zur Datierung vgl. ebd. S. 719. Die Deutung auf Mainfranken schon bei SCHLESINGER, Grundlegung, S. 270; s. auch BAESECKE, S. 348. Vgl. noch oben S. 101 m. Anm. 93, S. 104 m. Anm. 107.

[204]) Str. 10 (ed. v. WINTERFELD, S. 138); v. WINTERFELD, aaO., druckt im Anschluß an Mühlbacher *Teutonia*; die Hs. des 10. Jh. liest aber *Teutonica*, wie dem Apparat zu entnehmen ist; richtig SCHLESINGER: unten Anm. 205, und KIENAST, Herzogstitel, S. 30 u.a.

[205]) So aber SCHLESINGER, Arnulf, S. 239; HUGELMANN, S. 387; ohne Urteil STRASSER, S. 53; vgl. noch SCHNEIDMÜLLER, Tradition, S. 111–12 und unten Anm. 207.

sogar *Bigornia* (Bigorre) setzt [206]. Zu *Teutonica* wird *terra* zu ergänzen sein; der Begriff erscheint so als Synonym für *Germania*[207].

Nun gibt es aber ein Dokument, in dem der Bezug auf das Volk zweifels-frei belegt zu sein scheint: die Kanzlei der Königin Irmingard von der Provence, der Tochter Kaiser Ludwigs II. und der Angilberga, Gemahlin König Bosos von der Provence und Mutter Kaiser Ludwigs III. „des Blinden"[208], soll in einer nur in einem Druck des 18. Jahrhunderts überlieferten[209], meist in das Jahr 909 angesetzten, von HLAWITSCHKA aber in das Jahr 891 datierten Urkunde[210], jeweils zwei Persönlichkeiten: *ex genere Francorum, ex genere Langobardorum* und *ex genere Teutonicorum*, unter den Zeugen aufgeführt haben[211]. Dies wäre natürlich ein unanfechtbares Zeugnis für die Verwendung von *Teutonicus* im Sinne von „Deutscher", denn anders als „aus dem Volk der Deutschen" kann obiger Passus ja nicht übersetzt werden, und so wird diese Urkunde seit einem Jahrhundert als der klassische Beleg für die „völkische" Bedeutung des Wortes zitiert[212] und gilt überdies als das wichtigste Zeugnis für die italienische „Sonderentwicklung", von der oben bereits die Rede war[213]. Bei näherem Zusehen erweist sich die Urkunde jedoch als weder 891 noch 909 entstanden[214],

---

[206] Dies war für KIENAST, Herzogstitel, S. 30 Anm. 123, Anlaß zu der Vermutung, daß der Verfasser des „Rhythmus" von dort stamme. Schon Mühlbacher hatte die Abfassung während Odos Aufenthalt in Aquitanien im Jahre 888 angenommen; vgl. v. WINTERFELD, ed. cit., S. 137 (im Apparat). Vgl. bes. unten Kap. 5 § 1, S. 314 – 15.

[207] Vgl. SCHLESINGER, Grundlegung, S. 272, der *Teutonica* verfehlt als „Landesname" bezeichnet, aber treffend bemerkt: „Die *Germania* ist durch die *Teutonica*... ersetzt". *Germania* ist im 9. Jh. niemals Landesname! Schief auch KIENAST, Herzogstitel, S. 30, der *Theutonica* einfach mit dem „Ostreich" gleichsetzt. *Teutonica regna* sind die *regna* jenseits des Rheins, wo *teutonice* gesprochen wird!

[208] Vgl. BRÜHL, Irmingard, S. 824 – 26.

[209] AFFÒ, Append., S. 313 – 15 Nr. XIII; vgl. BRÜHL, Irmingard, S. 829 Anm. 36. Die Uk. wurde von allen bisherigen Editoren zu 909 angesetzt, doch war Irmingard damals schon über zehn Jahre tot; vgl. BRÜHL, aaO., S. 829 m. Anm. 37.

[210] HLAWITSCHKA, Franken, S. 266 Anm. 11; DERS., Lotharingien, S. 58 Anm. 99 (auf S. 59).

[211] AFFÒ, S. 314; vgl. HLAWITSCHKA, Franken, S. 314 Nr. 158; BRÜHL, Irmingard, S. 830 m. Anm. 42.

[212] So etwa DÜMMLER III², S. 8 Anm. 2; WAITZ V², S. 132 Anm. 4; VIGENER, S. 25; WEISGERBER, S. 24, 88; HUGELMANN, S. 272; SCHLESINGER, Grundlegung, S. 272; DERS., Beginn, S. 544, 551; SZÜCS, S. 170, 200; THOMAS, Regnum, S. 34 Anm. 84; STRASSER, S. 53 u.a.m. SZÜCS, S. 170, legt gerade der Uk. von 909, die er wie alle anderen nicht nachgeprüft, sondern von Hugelmann übernommen hat, großes Gewicht bei: „...und all dies...sozusagen als der Anfang der ‚deutschen Nation' interpretiert werden kann, da ja der Begriff *genus Teutonicorum* seit(!) 909 urkundlich belegbar ist".

[213] Oben S. 201 – 03.

[214] Zu dieser Scheinproblematik vgl. BRÜHL, Irmingard, S. 829 – 30, 836 m. Anm. 72.

sondern als eine zu allem Überfluß höchst primitive Fälschung[215] f r ü h e - 
s t e n s aus der Mitte des 12. Jahrhunderts, doch halte ich eine Entstehung 
„um 1200" für wahrscheinlicher[216]. Damit bleibt es dabei, daß das Wort 
*teutonicus* im 9. Jahrhundert in keinem einzigen Fall eine auf das Volk bezogene Bedeutung hat: es überwiegt ganz wie für *theodiscus* die Bedeutung 
„volkssprachlich", doch finden sich daneben vereinzelt Erweiterungen des 
Sinngehalts auf geographische Räume (Franken, Germanien), die für *theotiscus* nicht hatten festgestellt werden können[217].

Im 10. Jahrhundert werden die Teutonicus-Belege zahlreicher und 
übertreffen *theodiscus* an Häufigkeit, weshalb ich sie hier nicht mit Anspruch auf Vollständigkeit zu behandeln beabsichtige. Ich bespreche zunächst einige Königsurkunden, die in der älteren Forschung mehrfach als 
Belege für „deutsch" oder „Deutsche" zitiert worden sind[218]. Von relativ 
geringem Interesse sind Urkunden, in denen es statt der schon bekannten 
*theodisca lingua* nun eben *teutonica lingua* heißt[219]; auch die substantivier-
te Form: *quod Teutonici dicunt*, oder: *quem Teutici vocant*, bringt keine 
neuen Erkenntnisse[220]. Interessanter ist da eine Urkunde Ottos I. aus dem 
Jahre 961 für das Moritzkloster in Magdeburg, die festlegt, daß bestimmte 
*decimationes* von *Theutunici* und *Sclavi* gleichermaßen zu entrichten 
seien[221]. Für VIGENER handelt es sich hier um das älteste Zeugnis dafür,

---

[215] Der Fälschungsnachweis bei BRÜHL, Irmingard, S. 831 – 37. Direkte Vorlage ist ein 
Placitum Berengars von Jan. 903: MANARESI I, Nr.114, das gleichfalls ein Spurium ist; vgl. 
BRÜHL, aaO., S. 826 – 29. Zustimmend jetzt EHLERS, Schriftkultur, S. 317.

[216] Zur Datierung – ein späteres Datum ist keineswegs ausgeschlossen, ja sogar wahrscheinlich – vgl. BRÜHL, Irmingard, S. 836 – 37.

[217] Wobei noch einmal eigens betont sei, daß die linguistische Grundbedeutung auch 
hier stets erkennbar bleibt; lediglich die *miliaria Teutonica* Notkers, der das Wort im 
übrigen ganz konventionell gebraucht, fallen aus dem Rahmen.

[218] Vgl. schon WAITZ V², S. 9 Anm. 1.

[219] D O. I. 62 (944 Nov. 26):...*bestias..., quę teutonica lingua elo aut scelo appellantur* 
(S. 144 Z.1): B – O 120; D O. III. 261 (997 Okt. 26): ...*unum mansum genuilem, qui 
teutonica lingua lazeshuova dicitur...* (S. 678 Z. 27): B – U 1244; vgl. noch D O. II. 174 
(978 Apr. 17):...*in castello...quodam sclavonice quondam Budizco, nunc autem theutonice 
Grimmerslovo* (Grimschleben)...(S. 198 Z.32 – 33): B – Mi 765; DD O. II. 185a, 213a (= 
185b) (980 März 3):...*de eodem castello Grimerslevo theotonice, sclavonice Budizco nomi-
nato...* (S. 210 Z.36 – 38, 883 Z.37): B – Mi 806 – 08; D O.II.191 (979 Mai 20): ...*a summit-
ate vallis, ubi se Saxones et Thuringii disiungunt, que teutonice dicitur Girophti...* (S. 218 
Z.15 – 16): B – Mi 782; vgl. VIGENER, S. 34 – 35 m. Anm. 1 und Anm. 3.

[220] D O. II. 184 (983 Febr. 27): *necnon quod Teutonici dicunt uvarcophunga* (S. 209 
Z.12 – 13): B – Mi 776 = D O. III. 186 (995 Dez. 6): *ovarcapunga* (S. 595 Z.32 – 33): B – U 
1160 und die Spuria DD O. I. † 437 (ang. 948 Jan. 11), † 449 (ang. 968 Okt. 19): B – O 
†158, † 482; auch das gefälschte Privileg Johanns XII. enthält diesen Satz: J. – L. 3724; 
B – Z † 438 (mit weiterer Lit.); vgl. noch D O. III. 358 (1000 Mai 1): *montem quem Teutici 
vocant Langenberg* (S. 787 Z.33 – 34): B – U 1360. Der Schreiber hat wohl -on- ausgelassen; vgl. aber unten S. 215 m. Anm. 243 – 44.

[221] D O. I. 222b (961 Apr. 23) S. 306B Z.15 – 23: B – O 306. Mit D O. I. 232a: unten 
Anm. 223, ungenau zitiert bei SCHLESINGER, Entstehung, S. 162 m. Anm. 185.

daß „die Deutschen als Volkseinheit, als Nation gefaßt (sind) im Gegensatz zu dem fremden Volkstum der Slawen"[222]. Ähnlich spricht eine nur wenige Monate später gegebene Urkunde für das Moritzkloster von den *mancipia teutonica et sclavanica*[223]. Allein schon die Gegenüberstellung von *Teutonici* und *Sclavi* sollte vor einer übereilten Gleichsetzung von *Teutonicus* = Deutscher warnen. Hier wie 845 in Trient, wo von den *vassi teutisci* die Rede war, handelt es sich um ein Grenzgebiet, in dem vor allem auf die verschiedene Sprachzugehörigkeit geachtet wird.

Für SCHLESINGER geht es dagegen um „deutsche und slawische Unfreie": „die *Teutonici* sind in beiden Fällen...zweifellos Sachsen"[224]. Mit Recht bemerkt THOMAS dazu: „Man wird die Frage zu erörtern haben, ob es auch *mancipia Saxonica* gegeben haben kann"[225]; dieser Einwand liegt um so näher, als nicht einzusehen ist, warum die Kanzlei nicht von *mancipia Saxonica* gesprochen haben sollte, wenn es wirklich solche gewesen wären. Man wird also die beiden Urkunden ganz wie das Placitum von 845 zu interpretieren haben, d.h. aber, daß *Teutonici* nichts weiter bedeutet als „volkssprachige Leute" germanischer Zunge im Gegensatz zu den eine slawische Sprache sprechenden[226]. Ähnlich sprachbezogen ist die Aussage einer weiteren Urkunde Ottos I. aus dem Jahre 969: *cum nos in Kalabria residebamus...ibique...nostris fidelibus tam Kalabris quamque omnibus Italicis Francisque atque Teutonicis leges preceptaque...imponeremus*[227]. BEUMANN stellt diese Urkunde neben eine lothringische Empfängerausfertigung von 960, die in der Intitulatio von *rex Lotharensium Francorum atque Germanensium* spricht[228]. Der Vergleich scheint mir problematisch schon deshalb, weil in dem Diplom Ottos neben den *Franci* und *Teutonici* auch noch die *Kalabri* und *Italici* genannt werden; zumindest den *Kalabri*

---

222) VIGENER, S. 27; vgl. ebd. S. 26 – 27; s. auch WEISGERBER, S. 88 – 89; LUGGE, S. 120; anders bemerkenswerterweise SCHLESINGER, Entstehung, S. 162: „Unterscheidungsmerkmal ist hier wohl in erster Linie die Sprache".

223) D O.I. 232a (961 Juli 29) S. 318A Z.26; ebenso die Nachurkunde D O.I.281 (965 Apr. 12) S. 397 Z. 30: B – O 377; vgl. VIGENER, S. 27 Anm. 1. Zur Sache vgl. Charles VERLINDEN: La traite des esclaves. Un grand commerce international au Xᵉ siècle, in: Études de civilisation médiévale (IXᵉ – XIIᵉ siècles). Mélanges offerts à Edmond-René Labande... (Poitiers 1974) S. 721 – 30, bes. S. 723.

224) SCHLESINGER, Beginn, S. 544; vgl. oben S. 198 – 99 m. Anm. 159 – 62.

225) THOMAS, Regnum, S. 45 Anm. 136 i.f.; vgl. DERS., Rezeption, S. 31.

226) Zur Bedeutung von „Slawe" vgl. GIEYSZTOR, S. 352 m. Anm. 5; s. aber GRAUS, Nationenbildung, S. 28 m. Anm. 67.

227) D O.I. 371 (969 Apr. 18; Or.) S. 509 Z.9 – 12: B – O 490. Diese Uk. ist der Aufmerksamkeit von VIGENER, S. 39ff. entgangen; s. aber LUGGE, S. 120; vgl. noch WERNER, Nations, S. 297 und BRÜHL, Anfänge, S. 169 m. Anm. 81. Vorsichtig formuliert SCHLESINGER, Entstehung, S. 162 – 63 m. Anm. 186.

228) BEUMANN, Kaisertum, S. 83; s. schon NONN, Herzogstitel, S. 551.

entspricht kein politisches *regnum*, und es scheint mir doch sehr zweifelhaft, daß die Kanzlei Ottos allein die Lothringer, um die es sich selbstverständlich handeln müßte, den übrigen „Deutschen" so pointiert gegenüberstellen würde[229].

Ich halte auch hier eine sprachliche Gliederung für das Näherliegende: Ottos *fideles* setzen sich zusammen aus den griechischsprachigen *Kalabri*, den Vulgärlatein/Altitalienisch sprechenden *Italici*, den romanisch sprechenden *Franci*[230] und den germanischsprachigen *Teutonici*, wobei es sich von selbst versteht, daß die *Franci* Lothringer sind, auch wenn nicht alle Lothringer romanisch sprechen. So bin ich heute auch skeptischer als früher, ob die Formel: *nullus Italicus nullusque Teutonicus* oder: *Teutonicus sive Latinus nuntius*[231], „unzweifelhaft die Gesamtheit der Reichsangehörigen nördlich der Alpen (meint), d.h. die Deutschen", wie ich 1972 geschrieben hatte. Gerade der Ausdruck *nuntius Latinus* scheint mir darauf hinzudeuten, daß selbst noch die Präzepte Ottos III. eher eine sprachliche als eine „nationale" Unterscheidung im Auge haben[232]. Es gibt allerdings zwei Privilegien Papst Leos VIII. für Otto I., deren Formulierungen keinen Zweifel erlauben: im sogen. „Privilegium minus" erklärt der Papst: *largimur domno Ottoni primo Teutonico regi...huis regni Italiae...sibi facultatem successorem eligendi...*[233]. Das sogen. „Privilegium maius" bezeichnet Otto als: *inclitum virum, primum ex genere Teutonicorum...Romanorum imperatorem*[234]. Leider handelt es sich jedoch um eindeutige Fälschungen, die Karl JORDAN wohl mit Recht auf „um 1084" datiert und als in Ravenna entstanden nachweisen konnte[235]. Als Zeugnisse für das 10. Jahrhundert müssen sie daher ausscheiden.

---

[229] Bei dem oben S. 164 Anm. 508 zitierten Diplom handelt es sich fraglos um eine lothringische Empfängerausfertigung; vgl. NONN, Herzogstitel, S. 550; s. aber schon MOHR, Francia, S. 48.

[230] In diesem Sinne jetzt auch THOMAS, Rezeption, S. 32–33.

[231] D O. III. 324 (999 Mai 7) S. 752 Z.34: B – U 1321; D O. III. 329 (999 Sept. 22) S. 757 Z.24–25; B – U 1326; vgl. noch D Ard. 4 (1002 März 25): *nullus Latinus, nullus Teutonicus* (S. 704 Z.20–21): B – G 1483pp (S. 861) und danach D H. II. 74 (1004 Juni 12) S. 94 Z.34: B – G 1568.

[232] BRÜHL, Anfänge, S. 169; s. auch WERNER, Nations, S. 297; s. aber schon MOHR, Francia, S. 48: „Die Gegenstellung ‚Teutonicus' und ‚Latinus' deutet nochmals darauf hin, daß dabei die sprachliche Besonderheit die Hauptrolle spielt".

[233] ed. MÄRTL, S. 151–52; Const. I, Nr. 448 (S. 666 Z.23–24): J.-L. † 3704; B – Z † 367.

[234] ed. MÄRTL, S. 180–81; Const. I, Nr. 449 c.3 (S. 667 Z.28–29): J.-L. † 3705; B – Z † 368; s. auch FRIED, Geschichte, S. 33.

[235] Vgl. Karl JORDAN: Ravennater Fälschungen aus den Anfängen des Investiturstreits, in: AUF. 15 (1938) S. 426–48, bes. S. 441–42; die Fälschung als solche war schon von Ernst BERNHEIM nachgewiesen worden: Das unechte Dekret Hadrians I. im Zusammenhang mit den unechten Dekreten Leos VIII. als Dokumente des Investiturstreites, in: FDG. 15 (1875) S. 618–38; s. noch MÜLLER-MERTENS, Regnum, S. 320 und oben S. 152 Anm. 421 (auf S. 153).

Auch die literarischen Quellen der Zeit ergeben keinen anderen Befund. An die Fälschungen auf den Namen Leos VIII. schließe ich das Epitaph Papst Gregors V. († 999) an, das noch in das Todesjahr des Papstes gehören dürfte. Es ist historisch in vielerlei Hinsicht aufschlußreich: zunächst erfahren wir, daß Gregor, der früher Bruno hieß, *Francorum regia proles* entstamme, obwohl er fraglos Sachse war und der Papstkatalog ihn auch als *natione Saxo* einreiht[236]. Wichtig ist sodann, daß er als *lingua teutonicus* bezeichnet wird, dem der Verfasser der Inschrift nachrühmt:

> *Usus Francisca, vulgari et voce Latina*
> *Instituit populos eloquio triplici*[237].

Die Dreisprachigkeit Gregors umfaßte also das hier als *lingua teutonica* charakterisierte Sächsische, das Fränkische und das Vulgärlateinische[238]. Für Liudprand von Cremona ist dagegen die *lingua propria* Herzog Burchards von Schwaben, das Alamannische also, eine *teutonica*; an anderer Stelle berichtet er vom byzantinischen Hof, daß bei einem Gastmahl: *magnas in vos gentem Latinam et Teutonicam contumelias*, gefallen seien[239]. Folkwin von Lobbes erklärt um 980 den Namen: *Ursmarus ex duobus usitatis Galliae locutionem generibus, Latina videlicet et teutonica*[240]. Der Westfranke Flodoard bietet in seiner „Reimser Kirchengeschichte" die recht ausführliche Zusammenfassung eines Briefes Erzbischof Fulcos an König Arnulf, in dem er u.a. den König aufruft, nicht dem Beispiel König Hermanarichs zu folgen, von dem er *ex libris teutonicis* weiß, daß dieser: *omnem progeniem suam morti destinaverit*[241]. Dieser interessante Hinweis auf die Heldensage aus der Feder eines westfränkischen Kirchenfür-

---

[236]) Epitaphium, v. 3 (ed. STRECKER, S. 337 Z.3): L.P. II, S. 261 und ebd. S. 262; Gregor V. war ein Sohn Herzog Ottos von Kärnten und somit ein Neffe Ottos III.; er starb wohl im Febr. 999: B – Z 742, 854. Vgl. noch unten Kap. 4 § 1, S. 258 m. Anm. 97; Kap. 9 § 3, S. 608 m. Anm. 408.

[237]) Epitaphium, v. 5, v. 11 – 12 (ed. STRECKER, S. 337 Z.5, Z.11 – 12): L.P. II, S. 262.

[238]) Die Interpunktion folgt der Streckers, doch könnte *vulgari* auch auf *Francisca* bezogen werden, ohne daß dies etwas an dem vulgärlateinischen Charakter der *vox Latina* ändern würde. Vgl. jetzt auch THOMAS, Ursprung, S. 320 Anm. 69, der *lingua teutonica* mit *lingua Francisca* gleichsetzt, was mir nicht recht einleuchten will; so aber auch DERS., Caesar, S. 261.

[239]) Liudprand, Antapodosis, l.III c.14 (ed. BECKER, S. 80 Z.2 – 3); Legatio, c.37 (ed. BECKER, S. 194 Z.16 – 17); vgl. ebd. c.33: oben S. 114 Anm. 174. In all diesen Fällen ist der Bezug auf eine Sprachgemeinschaft offenkundig; vgl. auch VIGENER, S. 36, 40 und MOHR, Francia, S. 48. Zu den byzantinischen Tischsitten und Liudprands Verhältnis zu ihnen vgl. bes. RENTSCHLER, S. 36ff., 52ff.

[240]) Gesta abbatum Lobbiensium, c.2 (ed. PERTZ, S. 56 – 57); vgl. ebd. c.1: *Teutones hoc astipulare videntur. Nam locus ille eorum lingua Lobach dicitur* (ed. PERTZ, S. 56 Z.6 – 7); vgl. VIGENER, S. 36, 43; KIENAST III, Anhang IXa, S. 691.

[241]) Hist. Rem. eccl., l.IV c.5 (edd. HELLER – WAITZ, S. 564 Z.33 – 34); vgl. DÜMMLER III², S. 385; VIGENER, S. 35 m. Anm. 4.

sten ist auf das Jahr 893 datierbar und bezeugt, daß man in Reims um diese
Zeit die altfränkischen Heldenlieder – nur solche können gemeint sein –
gekannt und wohl auch noch gelesen hat[242]. Der um 990 schreibende Gerhard von Augsburg erklärt den Namen des hl. Udalrich dagegen wie folgt:
*theutica itaque lingua, hereditas a proavis derelicta, alt-oudal dicitur*[243],
wobei offen bleibt, ob er *teutisca* oder *teutonica* gemeint hat[244]. Auf jeden
Fall aber denkt er hier an eine zu seiner Zeit nicht mehr gesprochene Sprache. Thietmar gebraucht das Adverb *teutonice*[245]; Arnold von St. Emmeram spricht von der *teutonica loquela* und verwendet einmal sogar das
Verb *teutonizare*[246].

Wie man sieht, wird auch *teutonicus* im 10. und frühen 11. Jahrhundert so gut wie ausschließlich im Zusammenhang mit der Sprache gebraucht – die Beispiele ließen sich noch vermehren[247] –, und dies gilt
auch für die substantivische Verwendung des Wortes, die allerdings
selten ist. Bei dem eben erwähnten Thietmar († 1018) hat *Teutonici* allerdings schon eine politisch-volkliche Bedeutung[248], die bei Adalbold
von Utrecht († 1026) noch deutlicher hervortritt, doch verdient Beachtung, daß Adalbold wie auch schon Thietmar die Begriffe *Teutonici*,

---

242) Der Beleg gehört daher eigentlich hinter Notker eingereiht: oben S. 208. Zum
historischen Kontext dieses wichtigen Briefs vgl. unten Kap.6 § 2, S. 381 – 83.

243) Vita S. Oudalrici, Interpretatio nominis sancti Oudalrici (ed. WAITZ, S. 384 Z.23).
Zu Gerhard s. WATTENBACH – HOLTZMANN I³, S. 257 – 58; WATTENBACH – HOLTZ-
MANN – SCHMALE, S. 79*.

244) Vgl. oben Anm. 220. Da hier eine vergangene Sprache bezeichnet werden soll, ist
es sogar denkbar, daß Gerhard *teuticus* mit Absicht gebraucht hat.

245) Thietmar, Chronicon, l.I c.3: *provintiam, quam nos teutonice Deleminci vocamus,
Sclavi autem Glomaci appellant* (ed. HOLTZMANN, S. 6 Z.6 – 8); l.VI c.42: *ad curtem meam
sclavonice Malacin dictam, teutonice autem Egisvillam* (ed. HOLTZMANN, S. 326 Z.17 –
18); s. aber l.IV c.55: *Dobrawa enim sclavonice dicebatur, quod teutonico sermone Bona
interpretatur* (ed. HOLTZMANN,S. 194 Z.14 – 16); vgl. VIGENER, S. 37 m. Anm. 4 – 5; s.
noch unten Anm. 248.

246) Arnold von St. Emmeram, l.II c.69: *ob velandam teutonicae loquelae nudidatem*
(ed. WAITZ, S. 573 Z.6 – 7); l.II c.57: *... iuxta hoc, quod Saxonicum idioma teutonizare
solet* (ed.WAITZ, S.571A Z.11 – 12); vgl. VIGENER, S. 35 m. Anm. 7.

247) Zahlreiche Belege für *teutonicus* im sprachlichen Sinn aus dem 11. - 13. Jh. (auch
aus dem Ausland) bei VIGENER, S. 36 – 39.

248) Chronicon, l.V c.25: *Audiens autem* (scil. Arduin) *Teutonicos in Tridenti planicie
consedisse...* (ed. HOLTZMANN, S. 251 Z.6 – 7); vgl. noch ebd. c.26 (ed. HOLTZMANN,
S. 251 Z.17 und Z.28). Es sind dies, wie VIGENER, S. 42 Anm. 5, mit Recht hervorhebt,
die einzigen Belege für *Teutonici* bei Thietmar; vgl. jetzt bes. THOMAS, Rezeption,
S. 37 – 38; DERS., Caesar, S. 262 – 63 m. Anm. 91 – 92. Daß gerade dieser Teil wegen des
Verlusts eines Quaternio des Autographs nur in der Corveyer Bearbeitung des 12. Jh.
überliefert ist, hat keine Bedeutung: ed. HOLTZMANN, S. 238 Anm. k, 256*. Adalbold, der
Thietmar zur Vorlage genommen hatte, ist der beste Garant für die Zuverlässigkeit der
Überlieferung.

*Theotisci* nur dann gebrauchen, wenn von Italien die Rede ist[249]. Sobald die „Deutschen" im Ausland auftreten, benutzen beide den Franken, Sachsen, Baiern, Schwaben usw. umfassenden Sammelbegriff; sie tun dies aber niemals, wenn der König innerhalb Deutschlands reist: dann sprechen sie wie üblich von den *Franci* und der *Francia* (*Orientalis*), von den *Saxones* und der *Saxonia* usw. [250]. Ähnlich verhält es sich mit Wipo, der das Wort *Teutonici* mehrfach gebraucht und gleichfalls fast ausschließlich im Zusammenhang mit Italien[251]. In seinem „Tetralogus" erwähnt er die *terra Teutonicorum*[252], und er nennt die Deutschen auch einmal *Teutones*[253], was der geläufige Ausdruck bei dem um eine Generation älteren Brun von Querfurt ist, der an einer Stelle auch ähnlich wie Wipo von *Theutonum tellus* spricht[254]. Brun, der schon im Jahre 1009 den Märtyrertod erlitt, ist fraglos der älteste unter den bisher behandelten Autoren, die ein über die bisherigen Einzelregna hinausgehendes

---

[249]) Adalbold, Vita Heinrici, c.16, c.17, c.20, c.32, cc.38 – 40 (ed. WAITZ, S. 688 Z.8 – 9, Z.13, Z.17, Z.23, Z.28, Z.31, Z.33, Z.34 und Z.36; 689 Z.8; 691 Z.24 und Z.28; 693 Z.8, Z.13, Z.15, Z.17, Z.20, Z.27, Z.30, Z.37 – 38; ed. van RIJ, S. 64, 68, 78, 84, 86); vgl. bes. c.20: *de bello inter Italicos et Teotonicos habito audivit* (scil. Heinrich II.); c.32: *iniuriae, quam Teotonicis Itali intulerant, non immemor* (scil. Heinrich II.); c.40: *palatium* (scil. Papiense), *quod Teotonicis...unicum erat refugium* (ed. WAITZ, S. 689 Z.8, 691 Z.24, 693 Z.30; ed. van RIJ, S. 68, 78, 86); vgl. VIGENER, S. 43 – 44; THOMAS, Rezeption, S. 38 (statt: Ratbod, lies: Adalbold).

[250]) Wobei Adalbold beim Gebrauch von *Teutonici* Thietmar im Verhältnis von 20:3 übertrifft und dies bei der kurzen Episode des Eingreifens in Italien 1002 und 1004; vgl. auch VIGENER, S. 43 – 45 und bes. MÜLLER-MERTENS, Regnum, S. 122, 137 – 38.

[251]) Gesta Chuonradi, c.16: *inter Romanos et Teutonicos pro vili causa orta est seditio magna* (ed. BRESSLAU, S. 36 Z.26 – 27); c.37: *inter Teutonicos et cives Parmenses magna seditio orta est* (ed. BRESSLAU, S. 57 Z.6 – 7); vgl. noch c.13, c.17, c.32 (ed. BRESSLAU, S. 34 Z.17, 35 Z.6, 37 Z.11, 51 Z.7 – 10); die einzige „Ausnahme" ist c.19: *De coniuratione quorundam Teutonicorum* (ed. BRESSLAU, S. 38 Z.19 – 20, Z.21 – 22), aber diese Verschwörung fand statt: *morante in Italia imperatore!* Vgl. noch Tetralogus, v. 199 (ed. BRESSLAU, S. 81 Z.24). Vgl. dazu THOMAS, Rezeption, S. 40 – 41; DERS., Caesar, S. 263 – 65.

[252]) Tetralogus, v. 190 (ed. BRESSLAU, S. 81 Z.15); vgl. oben Anm. 174 eine ähnliche Formulierung bei Ademar von Chabannes, in der allerdings das sprachliche Element überwiegt; s. auch MÜLLER-MERTENS, Regnum, S. 124; BEUMANN, König, S. 59 – 60. Nur am Rande vermerke ich die Formulierung: *rex in omni Teutonica terra*, im Cod. Lat. Monac. 6388 (ed. KÖPKE, S. 136 Z.4; ed. HOFMEISTER, S. 391), die SCHLESINGER, Grundlegung, S. 266, irrig in die Jahre „nach 983" datiert: sie gehört bestenfalls in die Jahre „nach 1024", sehr wahrscheinlich aber erst in die Zeit „nach 1084"; vgl. MÜLLER-MERTENS, Regnum, S. 101 – 03; vgl. ebd. S. 123 – 24; s. zuletzt auch EHLERS, Schriftkultur, S. 307 m. Anm. 22.

[253]) Gesta Chuonradi, c.32: *Teutones ex una parte, ex altera archiepiscopus Mediolanensis...et caeteri Italici* (ed. BRESSLAU, S. 51 Z.9 – 10); vgl. MÜLLER-MERTENS, Regnum, S. 136 – 37, der im Falle Wipos die „italienische Komponente" von dessen Teutonicus-Begriff aber m.E. unterschätzt; vgl. noch BEUMANN, König, S. 53; THOMAS, Caesar, S. 264.

[254]) Brun, Vita s. Adalberti, c.9 (ed. KARWASIŃSKA, S. 8 Z.5); vgl. WENSKUS, Studien, S. 115 – 16; MÜLLER-MERTENS, Regnum, S. 123. Zu Brun vgl. WATTENBACH – HOLTZMANN I³, S. 48 – 51 und WATTENBACH – HOLTZMANN – SCHMALE, S. 18* – 21*; vgl. bes. WENSKUS, Studien, S. 2 – 4; ebd. S. 7ff., 13ff. zur Überlieferung.

„gesamtdeutsches" Bewußtsein erkennen lassen[255], das sich in Wendungen wie *humiliata Theutonum magnanimitas*, in der Bezeichnung Magdeburgs als *Theutonum nova metropolis* u.a. niederschlägt[256].

Allen bisher zitierten Autoren ist gemeinsam, daß sie in der ersten Hälfte, weitgehend sogar im ersten Viertel des 11. Jahrhunderts schreiben. Dies stimmt aufs beste überein mit der bereits oben getroffenen Feststellung, daß auch die Bedeutungserweiterung von *theodiscus* in eben diesen Jahren zu beobachten ist[257]. Wie bei *theodiscus* bleibt die ursprünglich allein auf die Sprache bezogene Bedeutung des Wortes nicht vergessen. Der gelehrte Otto von Freising spekuliert im 12. Jahrhundert über die Anfänge des Deutschen und des Französischen: *Videtur mihi inde Francos, qui in Galliis morantur, a Romanis linguam eorum, qua usque hodie utuntur, accomodasse. Nam alii, qui circa Rhenum ac in Germania(!) remanserunt, Teutonica lingua utuntur. Quae autem lingua eis ante naturalis fuerit, ignoratur*[258]. Hierauf „antwortet" gewissermaßen Wilhelm von Malmesbury mit der Feststellung: *Naturalis ergo lingua Francorum communicat cum Anglis, quod de Germania gentes ambae germinaverint*; wenige Zeilen zuvor hatte er festgestellt: *quod Karolus magnus...ea gentilitia lingua usus sit quam Franci Transrhenani terunt*[259]. Angesichts des gleichartigen Sinngehalts von *theodiscus* und *teutonicus*, der auch bei Otto von Freising zu beobachten war, kann es nicht wunder nehmen, daß die künstliche Wortbildung *theodiscus* um die Jahrhundertmitte endgültig von dem wohlklingenderen *teutonicus* abgelöst wird, das fortan sowohl sprachlich als auch auf das Volk bezogen im Sinne von „deutsch" gebraucht wird. Das Schicksal des Wortes über die Mitte des 11. Jahrhunderts hinaus zu verfolgen, ist im Zusammenhang der Fragestellung dieses Buches nicht erforderlich[260].

---

255) Vgl. bes. WENSKUS, Studien, S. 114 – 15 und ebd. S. 117ff. zum „Nationalismus" Bruns. Vgl. noch unten Kap. 9 § 3, S. 624 – 25.

256) Brun, Vita s. Adalberti, c.10 (ed. KARWASIŃSKA, S. 8 – 9); c.4 (ed. KARWASIŃSKA, S. 5 Z.5); vgl. noch c.10: *extra Theutonum consuetudinem* (ed. KARWASIŃSKA, S. 10 Z.15 – 16); vgl. WENSKUS, Studien, S. 114 – 16; s. auch MÜLLER-MERTENS, Regnum, S. 122, 138 – 39.

257) Vgl. oben S. 204 m. Anm. 171 – 73. Die Theotiscus-Belege sind um wenige Jahre jünger als die frühesten Teutonicus- bzw. Theutones-Zeugnisse.

258) Otto von Freising, Chronica, l.IV c.32 (ed. HOFMEISTER, S. 225 Z.22 – 27). Der Passus ist von Otto in eine lange Übernahme aus Frutolf inseriert. Der Hinweis auf die *lingua naturalis* verrät den Einfluß der Trojanersage. Bei Otto heißt *teutonicus* natürlich „deutsch" und nicht etwa „germanisch" oder „volkssprachlich".

259) Wilhelm von Malmesbury, Gesta regum (ed. STUBBS I, S. 70 Z.4 – 6).

260) Ich verweise auf die reiche Belegsammlung von VIGENER, S. 48 – 102, für die Zeit bis zum ausgehenden 13. Jh., wobei alle europäischen Länder berücksichtigt werden. Zum Wechsel von *theodiscus* zu *teutonicus* vgl. schon oben S. 205 m. Anm. 174 – 75.

Ich lasse nur noch zwei Belege folgen: der erste ist der „nach 1047" entstandenen Fortsetzung der „Gesta episcoporum Virdunensium" entnommen. Der anonyme Verfasser – ein Mönch aus dem Kloster St-Vanne –
charakterisiert den 962 zum Bischof erhobenen Wigfrid als: *domnus Wic-
fridus episcopus, de Bawariorum partibus, vir Teutonicus*, und als: *vir
Theutonicus, aecclesiae Basiliensis canonicus*, wird auch der 1046 zum Bischof eingesetzte Theoderich beschrieben[261]. Hier fehlt jeglicher Bezug
auf Italien: *Teutonicus* meint schlicht „Deutscher", wobei jedoch nicht
übersehen werden darf, daß im Sinne der „Gesta" die Lothringer hierin
nicht inbegriffen sind[262], was wohl noch immer auf das Konto der Sprach-
verschiedenheit zu buchen ist. Dies gilt ebenso für Bruno von Merseburg,
der in seinem „Saxonicum bellum" von *principes Saxoniae* berichtet, die
*cunctis gentibus Teutonicae linguae...legatos miserunt*, was zumindest
Zweifel erlaubt, ob er die *principes Saxoniae* diesen *gentes* zurechnete[263].

Die bisher untersuchten Quellenbelege haben gezeigt, daß sich im Laufe
der ersten Hälfte des 11. Jahrhunderts eine bemerkenswerte Erweiterung
des Wortsinns von *theodiscus/teutonicus* von der rein sprachlichen hin zur
völkischen Bedeutung vollzogen hat. Mit Bedacht habe ich noch nicht die
Verbindung von *teutonicus* mit politisch-staatsrechtlich relevanten Begriffen wie *rex* oder *regnum* behandelt[264]. Dies soll nunmehr mit der gebührenden Ausführlichkeit nachgeholt werden, wobei das grundlegende Werk von MÜLLER-MERTENS als willkommener Leitfaden dienen
kann[265]. Die ältesten Belege stammen nicht aus Deutschland, sondern
aus Italien und zwar aus Venedig und Benevent, also aus Gebieten, die
nicht zum „Regnum Italiae" gehören[266]. Johannes Diaconus, aufs engste
mit der Politik des Dogen Peter II. Orseolo und Ottos III. vertraut[267], be-

---

[261] Gestarum episcoporum Virdunensium cont., c.3, c.11 (ed. WAITZ, S. 46 Z.14 – 15,
51 Z.5 – 6); der Vorgänger Wigfrids Berengar wird dagegen als *vir nobilis et Saxonicus*
bezeichnet: ebd. c.2 (ed. WAITZ, S. 45 Z.34 – 35); vgl. noch ebd. c.7: *tum genere tum
moribus nobilissimum Heymonem...meruit a Theutonica* (ed. WAITZ, S. 47 Z.28 – 29).

[262] Dieser bisher nicht genügend beachtete Gesichtspunkt erhellt m.E. klar aus der
Tatsache, daß aus Lothringen stammende Bischöfe gerade nicht als *Teutonici* eingestuft
werden wie etwa Adalbero (c.6) oder Richard (c.11); vgl. VIGENER, S. 45 Anm. 4 (– S. 46);
vgl. noch ZIELINSKI, S. 41, 84. Allgemein s. WERNER, Nations, S. 297.

[263] Saxonicum Bellum, c.130 (ed. LOHMANN, S. 122 Z.28 – 29); vgl. THOMAS, Caesar,
S. 270 – 71; s. schon MÜLLER – MERTENS, Regnum, S. 217 – 18.

[264] Vgl. allerdings oben S. 213 m. Anm. 233. Es ist wohl kein Zufall, daß *theodiscus* in
diesem Kontext niemals gebraucht wird.

[265] MÜLLER-MERTENS, Regnum, bes. S. 44ff., 145ff., 328ff.

[266] Diesen Gesichtspunkt betont zu Recht auch MÜLLER-MERTENS, Regnum, S. 44.

[267] Zu ihm vgl. bes. MÜLLER-MERTENS, Regnum, S. 44 – 45 m. Anm. 7. Bezüglich der
letzten Erwähnung des Johannes in: D H. II. 388 (a.1018) S. 498 Z.1:B – G 1927, ist MÜLLER-
MERTENS, aaO., S. 45 Anm. 7, wohl etwas zu skeptisch; vgl. noch B – G 1514, 1693.

richtet in seinem wohl um 1010 verfaßten „Chronicon Venetum"[268] zum Weihnachtsfest 999: *his peractis trium annorum spatio imperator regno praefuit Italico, in quibus multa peregens, regnum visitavit Teutonicum*[269]; an anderer Stelle bezeichnet Johannes dieses Reich als *regnum ultramontanum* und läßt so seine geistige Distanz zu diesem Regnum erkennen[270]. Auch der Codex Cavensis 22, gleichfalls zu Anfang des 11. Jahrhunderts geschrieben[271], spricht im Zusammenhang mit dem Tod Ottos III., der Wahl Heinrichs II. und dessen Italienzug von 1004 von *Totonicum regnum* und vom *rex Totonicorum*[272].

Weiteren italienischen Quellen vorwiegend aus der Mitte des 11. Jahrhunderts kommt nur eine diesen Befund bestätigende Bedeutung zu. Die „Miracula Severi", die ein unbekannter Verfasser bald nach der Mitte des Jahrhunderts wohl in Neapel selbst aufzeichnete, werden eingeleitet mit der Zeitbestimmung: *tempore, quo Henricus, Theutonicorum rex, Conradi filius, Romam, ut imperii coronam ab Apostolica Sede sumeret, advenit*[273], was in das Jahr 1046 führt[274]. Im Sommer 1062 schrieb Kardinal Petrus Damiani († 1072) seine „Disceptatio synodalis", eine an die Augsburger Synode dieses Jahres gerichtete Rechtfertigungsschrift für Papst Alexander II.[275], in der er u.a. ausführt: *Rectores enim aulae regiae* – Heinrich IV. war ja noch minderjährig – *cum nonnullis Teutonici regni sanctis, ut ita loquar, episcopis conspirantes contra Romanam aecclesiam...*[276]. Es scheint

---

268) Der Cod. Vat. Urbin. 440 gehört auf jeden Fall in das frühe 11. Jh.; vgl. Codices Urbinates Latini (oben Anm. 190) S. 441 und MÜLLER-MERTENS, Regnum, S. 46 m. Anm. 8 – 11; s. noch allgemein WATTENBACH – HOLTZMANN I³, S. 331 – 32.

269) Chronicon (ed. MONTICOLO, S. 155 Z.13 – 15). Vgl. noch unten § 3, S. 235 m. Anm. 376.

270) Chronicon: (Heinrich II.) ... *tunc per Cumanum lacum ultramontanum petiit regnum* (ed. MONTICOLO, S. 165 Z.8 – 10); vgl. MÜLLER-MERTENS, Regnum, S. 47ff., bes. S. 53.

271) Vgl. MÜLLER-MERTENS, Regnum, S. 54 m. Anm. 74 und ebd. S. 55 – 57.

272) (Otto III.) *Obiit Romam, et corpus eius deportatus est a suis in Totonicum regnu*(sic), *a quo venerat ... Iste Henricus* (scil. Heinrich II.) *post discessum superscripti Ottoni factus rex Totonicorum ... Et ipse applicuit usque urbem Papia et igne cremavit eam, et sic reversus est in Totonicum regnum suum* (ed. WAITZ, S. 493 Z.21 – 23, Z.26 – 27, Z.29 – 30). Zu der anti-ottonischen Haltung dieser Quelle vgl. MÜLLER-MERTENS, Regnum, S. 59ff., bes. S. 63 – 64.

273) Miracula, c.10 (ed. CAPASSO, S. 275); vgl. MÜLLER-MERTENS, Regnum, S. 70 – 71.

274) Auch MÜLLER-MERTENS, Regnum, S.71, hält es für „wahrscheinlich, daß der durch den Cod. Cors. 777 aus der Zeit nach 1094 überlieferte deutsche Königsbegriff bereits von einem unbekannten Neapolitaner Hagiographen um die Mitte des 11. Jh. verwandt wurde".

275) Vgl. MÜLLER-MERTENS, Regnum, S. 72. Allgemein zu Petrus Damiani s. WATTENBACH – HOLTZMANN – SCHMALE, S. 860 – 67, bes. S. 866.

276) Disceptatio (ed. v. HEINEMANN, S. 87 Z.29 – 30); zu dieser Edition vgl. Paul SCHEFFER-BOICHORST: Textkritische Bemerkungen zu des Petrus Damiani Disceptatio synodalis, in: MIÖG. 13 (1892) S. 129 – 37. Zur Überlieferung s. auch MÜLLER-MERTENS, Regnum, S. 72 – 73.

dies das einzige Mal zu sein, daß Petrus Damiani den Begriff *regnum Teutonicum* gebraucht, der in seinem Denken gewiß keine zentrale Bedeutung einnimmt[277]. Eine polemische Bedeutung, wie sie uns später bei Gregor VII. und den Gregorianern begegnen wird, kann im Falle des Petrus mit Sicherheit ausgeschlossen werden[278]. In einem Montecassineser Codex aus der 2. Hälfte des 11. Jahrhunderts findet sich der Passus: *Venerunt Teotonici... et sicut lingua eorum est barbarica teotonica et guandala. ...et per dulcissima carmina ceperunt ululare sicut lupi* [279]. Hier ist mit dem Begriff der *Teotonici* noch in hohem Maße die Sprache verbunden, auch wenn das völkische Moment fraglos vorhanden ist und eher neidvoll-schmerzlich registriert wird[280]. Der aretinische Königskatalog des Primicerius Gerhard, der im Autograph auf uns gekommen und zwischen 1056 und 1064/70 entstanden ist[281], darf insofern unser Interesse beanspruchen, als er erstmals Otto d.Gr. als *rex Teutonicus* bezeichnet[282] und ein eindeutig national-italienisches Geschichtsbild verkörpert[283]. Nur beiläufig bemerke ich noch, daß auch der „nach 1077" verstorbene Arnulf von Mailand in seinem 1072 begonnenen Geschichtswerk die Begriffe *Teutonicorum rex* und *rex Teutonicus* verwendet[284].

---

[277]) Vgl. dazu MÜLLER-MERTENS, Regnum, S. 73 – 74. Dagegen finden sich bei Petrus nicht selten die *Teutonici* oder *Teutones*, was hier jedoch nicht zu interessieren braucht; s. MÜLLER-MERTENS, aaO., S. 73 m. Anm. 184 – 86.

[278]) Dies betont zutreffend auch MÜLLER-MERTENS, Regnum, S. 74.

[279]) FEDELE, S. 15. Zur Hs. ebd. S. 14, Anm.1.

[280]) Vgl. FEDELE, S. 15 Anm. 2; GOETZ, Nationalgefühl, S. 24 m. Anm. 1. Eindeutig auf das Volk bezogen ist die Bemerkung von Arnulf, Gesta, l.V c.8: *gens Teutonum illa barbarica* (edd. BETHMANN – WATTENBACH, S. 30 Z.32); vgl. unten Anm. 284.

[281]) Gerhard ist von 1025 – 1064 als *primicerius* der Kirche von Arezzo bezeugt, im Nov. 1070 war er bereits verstorben; das letzte im „Catalogus" verzeichnete Ereignis ist der Tod Heinrichs III.; die Abfassung dürfte daher näher an 1060 als an 1070 liegen; vgl. A. HOFMEISTER in: SS. XXX/2 (1934) S. 1430 m. Anm. 1 – 2; s. auch MÜLLER-MERTENS, Regnum, S. 75 Anm. 198.

[282]) Catal. Aret.: *Tunc Octo rex Teutonicus, accepta Adelasia, quę fuit uxor Lotharii regis, cum consilio Langobardorum introivit in regnum ...* (ed. HOFMEISTER, S. 1436 Z.17 – 18). Mit Ausnahme der Worte *Tunc Octo rex* ist der gesamte Passus ein Zusatz Gerhards zu seiner Vorlage, dem „Catalogus regum Langobardorum et Italicorum Lombardus"; vgl. MÜLLER-MERTENS, Regnum, S. 74 – 75 m. Anm. 193 – 94.

[283]) Dies zeigt sich etwa darin, daß Gerhard Karl d.Gr. *invitatus a Langobardis* nach Italien kommen läßt (ed. HOFMEISTER, S. 1434 Z.23). Auch Otto war ja *cum consilio Langobardorum* nach Italien gezogen: oben Anm. 282; s. noch MÜLLER-MERTENS, Regnum, S. 75 – 76. GOETZ, Nationalgefühl, S. 18ff. geht auf diese Quelle leider nicht ein.

[284]) Arnulf, Gesta, l.I c.5: (Walpert) *Ottonem Teutonicorum adiit regem*; c.7: (Otto I.) *venit Italiam primus ex Teutonibus imperator dictus Italicus*; l.II c.2: (Heribert) *adiit Germaniam solus ipse regem electurus Theutonicum* (edd. BETHMANN – WATTENBACH, S. 8 Z.18, Z.36 – 37; 12 Z.6 – 7); vgl. auch die Königsliste: ebd. S. 6. Vgl. MÜLLER-MERTENS, Regnum, S. 76 – 78. Zu Arnulf von Mailand vgl. WATTENBACH – HOLTZMANN – SCHMALE, S. 918 – 19.

Damit möge es mit italienischen Quellenzeugnissen vorläufig sein Bewenden haben[285]. Ich erlaube mir den Hinweis, daß die bisher behandelten
italienischen Quellen zwar von *rex Teutonicus* oder *Teutonicorum* sprechen, auch gelegentlich das *regnum Teutonicum* erwähnen, aber niemals
ein *regnum Teutonicorum*. Man mag das für Wortklauberei halten, doch
die Feststellung hat ihr Gewicht[286]. Belege aus Deutschland sind im 11.
Jahrhundert aus der Zeit v o r dem Investiturstreit außerordentlich selten.
Das bekannteste, allerdings noch immer umstrittene Zeugnis ist die Urkunde Heinrichs II. für das Bistum Brixen, die am 24. April 1020 in Bamberg während der Anwesenheit Papst Benedikts VIII.[287] ausgestellt wurde[288]. Die Intitulatio lautet hier: *Heinricus cęlesti aspirante clementia rex
Teutonicorum, imperator augustus Romanorum*[289], was in dieser Form im
ganzen 11. Jahrhundert einmalig ist[290] und erst in einer Nachurkunde
Heinrichs V. 1117 leicht abgewandelt übernommen wurde[291]. Die inhaltliche Echtheit des Stücks scheint mir unbeanstandbar[292], fraglich ist allein,
ob es im Original auf uns gekommen ist, wie meist versichert wird[293]. Die
dafür geltend gemachten Gründe sind auf den ersten Blick keineswegs

---

[285]) Vgl. aber unten S. 226; s. auch MÜLLER-MERTENS, Regnum, S. 79 – 80.

[286]) Vgl. unten S. 225, S. 227. Selbstverständlich fällt es mir nicht ein, daraus einen Unterschied in der Sache konstruieren zu wollen, dennoch bleibt der Befund bemerkenswert.

[287]) D H. II. 424: ... *interventu ac petitione venerabilis Benedicti papę* ... (S. 538 Z.38):
B – G 1965; B – Z 1218. Von den fünf während des Aufenthaltes Benedikts in Bamberg
ausgestellten Urkunden (DD H. II. 422 – 26: B – G 1963 – 67) interveniert der Papst nur
hier und in: D H. II. 422: B – G 1963; B – Z 1216. Selbstverständlich ist das ein Argument
für und nicht gegen die Echtheit; vgl. noch MÜLLER-MERTENS, Regnum, S. 67 Anm. 148,
68.

[288]) D H. II. 424 = SANTIFALLER, Nr. 16 = Bündner UB. I, Nr. 164: B – G 1965. Der
24. April ist der Weihetag des Bamberger Doms: B – G 1964a; B – Z 1219.

[289]) D H. II. 424, S. 538 Z.33 – 34 = Bündner UB. I, Nr. 164, S. 131.

[290]) Dies betont mit Recht MÜLLER-MERTENS, Regnum, S. 64; s. noch VIGENER, S. 229
Anm. 9.

[291]) St. 3155 (1117 Juni 17): SANTIFALLER, Nr. 34 = Bündner UB. I, Nr. 263, S. 198 – 99,
bes. S. 198: *Heinricus divina aspirante clementia quintus rex Theutonicorum et quartus
Romanorum*.

[292]) Dies ist auch die allgemeine Auffassung; nur MÜLLER-MERTENS, Regnum, S.67,
möchte eine Verfälschung nicht ausschließen; vgl. dazu unten S. 223 m. Anm. 302; vgl.
schon KIENAST I, S. 11 Anm. 22b (auf S. 12).

[293]) Zweifel an der Originalität hatte aus paläographischen Gründen bereits St.1743
geäußert; auch die Auskunft des Staatsarchivs Bozen an Herrn Kollegen Müller-Mertens
aus dem Jahre 1965 klang nicht gerade ermutigend; vgl. MÜLLER-MERTENS, Regnum, S. 65
m. Anm. 131; s. noch unten Anm. 300.

zwingend[294], die fehlende Besiegelung spräche eher dagegen[295]. MÜLLER-MERTENS erwog daher die Möglichkeit, daß die Intitulatio des Präzepts Heinrichs II. von dem Diplom Heinrichs V. abhänge und nicht umgekehrt, wie die Datierungen es erfordern würden[296].

Es besteht völlige Einigkeit darüber, daß die Urkunde Heinrichs II. keine Kanzlei-, sondern eine Empfängerausfertigung ist[297]. Damit erledigt sich die ganze Diskussion eigentlich von selbst, denn es steht außer Zweifel, daß diese Intitulatio so niemals von der Kanzlei gebraucht wurde. Im besten aller Fälle wäre es ein Beleg dafür, daß man sich im Jahre 1020 in Brixen[298] einen Titel *rex Teutonicorum* vorstellen konnte, was durchaus dem Befund über die Verbreitung des Wortes im volklich-politischen Sinn entspräche. Immerhin wäre es aber der älteste Beleg für das Vorkommen des Wortes außerhalb Italiens, was jedoch durch die Grenznähe Brixens zum „Regnum Italiae" gleichfalls eine befriedigende Erklärung finden würde[299]. Dennoch schien mir eine nochmalige Überprüfung der Urkunde unter paläographischen Gesichtspunkten angebracht[300], zumal sich die Hand aufgrund des Mangels an Brixener Originalurkunden aus dem 11. Jahrhundert nicht näher bestimmen läßt[301]. Die von MÜLLER-MERTENS erwogene Alternative würde allerdings eine Entstehung des Stücks „nach 1117" erforderlich machen, was aufgrund des paläographischen Befundes undenkbar ist; selbst der Gedanke, die Urkunde sei vielleicht irgendwann

---

294) Einen Vollziehungsstrich mit anderer Tinte könnte theoretisch jeder nachtragen, der um dessen Bedeutung weiß; die Nachtragung des Gau- und Grafennamens in einer dafür vorgesehenen Lücke hatte BEUMANN, Regnum, S. 121, nur als „wahrscheinlich" bezeichnet und wäre überdies kein Kriterium für Originalität: auch in einer Nachzeichnung ist ein solcher Nachtrag sehr wohl denkbar; vgl. unten Anm. 302.

295) D H. II. 424 Vorbem., S. 538: „Das Siegel mag mit einem Stück Pergament am unteren rechten Rande der Urkunde, auf dem auch der Name des Ausstellortes stand, abgeschnitten sein"; wörtlich so, aber ohne Anführungsstriche: B – G 1965.

296) MÜLLER-MERTENS, Regnum, S. 67; vgl. ergänzend ebd. S. 65 – 66.

297) Vgl. MÜLLER-MERTENS, Regnum, S. 67; BEUMANN, Regnum, S. 121; DERS., König, S. 45; EHLERS, Schriftkultur, S. 308 u.a.

298) Die hypothetische Annahme, daß die Urkunde von einem italienischen Schreiber aus dem Gefolge Benedikts VIII. diktiert sein könnte, hält auch MÜLLER-MERTENS, Regnum, S. 68 – 69, für wenig wahrscheinlich.

299) Ohne daß darum ein Hinweis auf die Tridentiner Urkunde von 845: oben S. 202 – 03 m. Anm. 159 – 62, erforderlich gewesen wäre, in der *theutiscus* noch eine eindeutig sprachliche Bedeutung hat; so aber MÜLLER- MERTENS, Regnum, S. 69, dem BEUMANN, Regnum, S. 121, folgt; ebenso auch MERTA, S. 171.

300) Schon MÜLLER-MERTENS, Regnum, S. 69, hatte den „Wunsch nach einer nochmaligen Überprüfung der Originalitätsfrage" geäußert. Dem Staatsarchiv Bozen bin ich für die Übersendung eines vorzüglichen Fotos zu Dank verpflichtet; vgl. Abb. 8.

301) SANTIFALLER, Nr. 1 – 34, sind ausschließlich Königs- und Kaiserurkunden, die mit großer Mehrheit im Original überliefert sind; die erste „Privaturkunde", eine Bischofsurkunde, datiert von 1120 Okt. 31: SANTIFALLER, Nr. 35, S. 40 – 41.

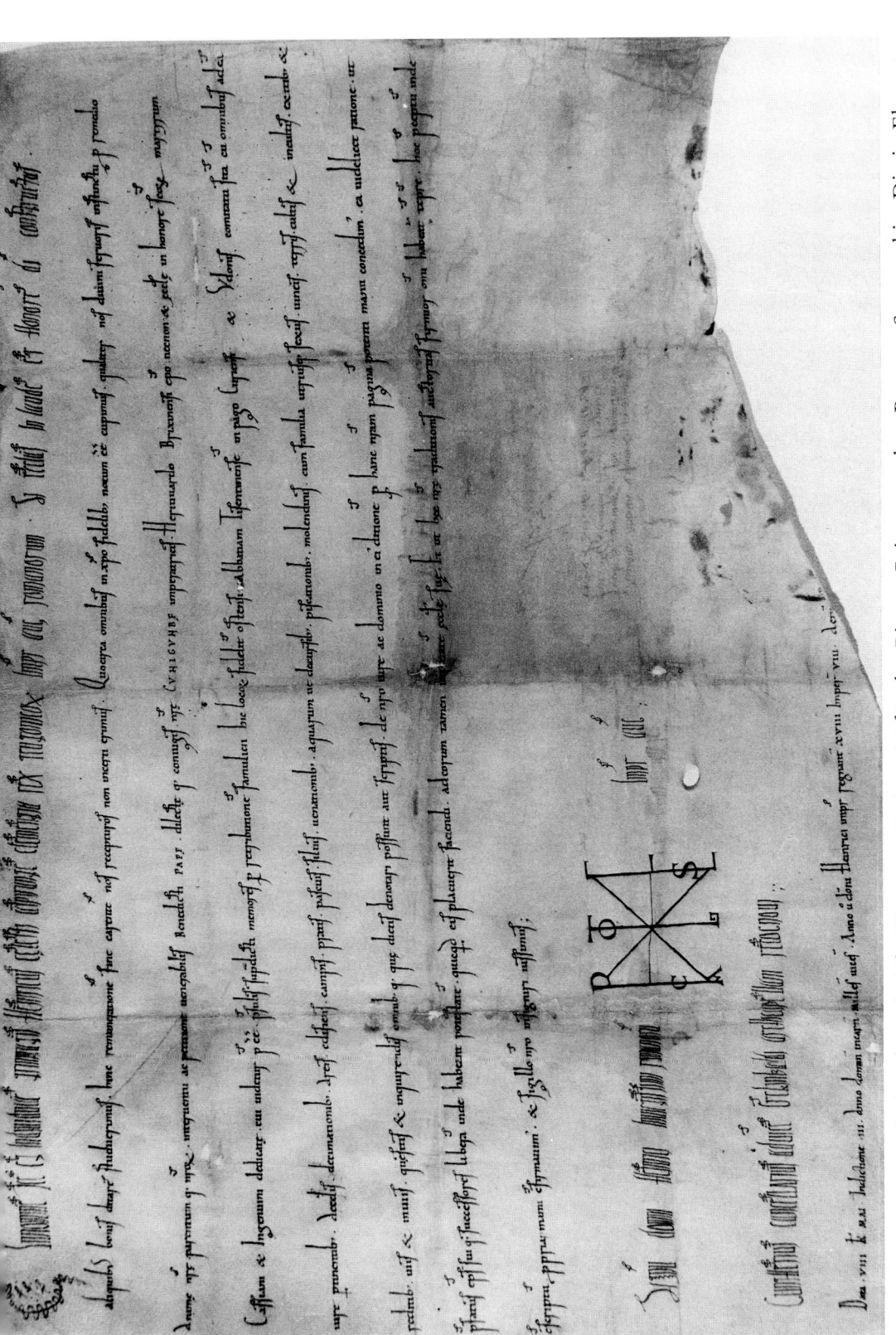

Abb. 8: Die Originalurkunde Heinrichs II. von 1020 Apr. 24 für das Bistum Brixen aus dem Bozener Staatsarchiv. Die in Elongata geschriebene, im ganzen 11. Jahrhundert einmalige Intitulatio: *rex Teutonicor(um), imp(erato)r aug(ustus) Romanorum* ist klar lesbar. In der Elongata geschriebenen Signumzeile heißt es dagegen lediglich: *Signu(m) domni Heinrici invictissimi Romanoru(m)* (M.) *imp(erato)r aug(ustus)*.

vor 1117 als Ersatz für ein verlorenes oder schwer beschädigtes Original in ihrer vorliegenden Form geschrieben worden, erweist sich als unbegründet, da die Schrift sich als eindeutig zeitgenössisch erwiesen hat[302]. So können wir nunmehr guten Gewissens die Feststellung treffen, daß D H. II. 424 in der Tat als der älteste Beleg für *rex Teutonicorum* auf deutschem Boden gelten muß (Abb. 8).

Ich schließe drei weitere Urkunden an, ein Papst- und ein Kaiserprivileg sowie eine burgundische „charta", die *regnum Teutonicum* bzw. *rex Teutonicorum* enthalten und hier besprochen werden sollen, auch wenn nur eine der beiden Urkunden in Deutschland gegeben ist. Nur geringe Beachtung verdient das Privileg Benedikts IX., mit dem der Papst ang. zu Jahresbeginn 1036 die Heiligsprechung Simeons von Trier verkündet, denn es handelt sich um eine offenkundige Fälschung wahrscheinlich aus dem Ende des 11. Jahrhunderts[303]. Die Adresse: *omnibus archiepiscopis, episcopis, sacerdotibus et universo clero cunctisque populis tam regni Teutonici quam etiam quarumcumque nationum vel linguarum salutem carissimam cum benedictione apostolica*, spricht für sich selbst[304]. So interessant dieses Spurium in vieler Hinsicht auch ist, als Beleg für *regnum Teutonicum* vor der Zeit des Investiturstreits[305] muß es ausscheiden[306]. Ein in Aachen gegebenes Privileg Heinrichs III. für das Stift St. Stephan zu Besançon im Königreich Burgund bietet in der Signumzeile(!) die Formulierung: *Signum domni Henrici regis invictissimi Teutonicorum tertii, secundi Romanorum*

---

302) Herr Privatdozent Dr. Theo KÖLZER-Giessen, der sich in seiner Habilitationsschrift eingehend mit der diplomatischen Paläographie des 10.–11. Jh. befassen mußte, hat die Urkunde auf meine Bitte sorgfältig untersucht und kam zu einem rundum positiven Ergebnis. Vgl. schon BEUMANN, König, S. 45 Anm. 38, der damit vollauf bestätigt wird. WERNER, Nations, S. 298, betont aber mit Recht, daß es sich um ein „fait isolé" handelt; die Kanzlei hätte er in diesem Zusammenhang besser aus dem Spiel gelassen. Inzwischen hat MÜLLER-MERTENS, Reichsstruktur, S. 253, die Echtheit der Empfängerausfertigung anerkannt; vgl. zuletzt MERTA, S. 170.
303) J.–L. 4112 (zu 1042) = ZIMMERMANN II, Nr. 599, S. 1128–29; vgl. die folg. Anm.
304) ZIMMERMANN II, S. 1128. Es ist mir unbegreiflich, wie immer wieder Rettungsversuche für diese schreiende Fälschung unternommen werden konnten. Auch der letzte Herausgeber ZIMMERMANN II, Nr. 599 Vorbem., S. 1128, enthält sich einer klaren Stellungnahme und erwägt sogar Empfängerausfertigung; der Zusammenhang mit ZIMMERMANN II, Nr. † 600 (J.–L. † 4113) ist offensichtlich. ZIMMERMANN, aaO., S. 1128, hat es versäumt, die ausführliche Erörterung des Stücks durch MÜLLER-MERTENS, Regnum, S. 80–83, zu erwähnen; vgl. noch unten Anm. 307.
305) Es würde sich um den einzigen bisher bekannten Beleg in einer Papsturkunde vor Gregor VII. gehandelt haben! Vgl. MÜLLER-MERTENS, Regnum, S. 81, 83. Vgl. unten Kap.4 § 1, S. 258.
306) Leider kommt auch MÜLLER-MERTENS, Regnum, S. 80–83, bes. S. 83, zu keinem eindeutigen Ergebnis, sondern spricht nur von einem „Zeugnis zweifelhafter Natur", was zu wenig ist.

*imperatoris augusti, Burgundionum primi* [307]. Die nur in modernen Abschriften überlieferte Urkunde ist zweifellos echt [308], doch es handelt sich
um ein Erzeugnis der burgundischen Kanzlei Heinrichs, auf deren Konto
diese gleichfalls einmalige Formulierung zu setzen ist [309]. In einer burgundischen „charta" wird schließlich 1034 datiert: *regnante Conone rege Teutonicorum* [310]. Dies beweist, daß *rex Teutonicorum* zwar für die Mitte des
11. Jahrhunderts auf deutschem Boden bezeugt ist, doch handelt es sich
um ein Produkt der burgundischen Kanzlei, wie in Burgund die Wendung
auch sonst gelegentlich einmal vorkommt, ohne einen festen Sprachgebrauch zu begründen.

Damit ist die urkundliche Ausbeute aber bereits erschöpft, und ich wende mich der literarischen Überlieferung zu, die gleichfalls höchst dürftig
ist, was die Zeit vor 1075 anbelangt. Mit Sicherheit können nur die Altaicher Annalen für diesen Zeitraum in Anspruch genommen werden, die
„bald nach 1073" entstanden sind. Sie verwenden den Begriff *regnum Teutonicum* mehrfach, und zwar sowohl im Zusammenhang mit Naturereig-
nissen als auch im politischen Kontext [311]. Mit den Annalen Bertholds von
Reichenau († 1088) und Lamperts von Hersfeld († 1081) stehen wir bereits
mitten im Investiturstreit, in dem *regnum Teutonicum* so häufig begegnet,
daß ich auf eine systematische Durchforstung der Quellen verzichten
kann [312]. Angesichts der Fülle der Quellenbelege scheint es mir unsinnig,
einzelne Autoren oder Schriften gesondert zu betrachten. Ich möchte lediglich der Frage nachgehen, wann neben *regnum Teutonicum* auch die
Formulierung *regnum Teutonicorum* gebraucht wird. Sowohl Lampert als

---

[307]) D H. III. 239 (1049 Juli 11) S. 320 Z. 32 – 33. Die Intitulatio ist die übliche.
[308]) So überzeugend BEUMANN, König, S. 48 m. Anm. 56 gegen die Bedenken von
MÜLLER-MERTENS, Regnum, S. 83 – 87, bes. S. 87.
[309]) Allgemein s. MÜLLER-MERTENS, Regnum, S. 83 – 84; BEUMANN, König, S. 46ff.
[310]) Cartulaire de St-Chaffre, Nr. 357, S. 121 (a. 1034); vgl. FLACH IV, S. 430 m. Anm. 3.
[311]) Ann. Altahenses ad an. 1038 (Hungersnot), ad an. 1042 (Kölner Reichstag), ad an.
1046 (Möglichkeit einer Flucht König Peters von Ungarn nach Deutschland), ad an. 1053
(Hilfstruppen *ex regno Teutonico* kämpfen erfolglos gegen die Normannen in Unterita-
lien), ad an. 1060 (kalter Winter) (ed. v. OEFELE, S. 23, 31, 43, 49, 55); vgl. noch Ann.
Altahenses ad an. 1061 (*Teutonici reges*), ad an. 1064 (*pontifices Teutoni, Romani et
Longobardi*), ad an. 1067 (*magnam multitudinem Teutonicorum ac Italicorum*) (ed. v.
OEFELE, S. 58, 64, 73); vgl. MÜLLER-MERTENS, Regnum, S. 88ff., bes. S. 92 – 93; s. noch
WATTENBACH – HOLTZMANN II³, S. 546 – 48, bes. S. 547 und THOMAS, Caesar, S. 266
Anm. 119.
[312]) Dieser Aufgabe unterzog sich mit großer Akribie MÜLLER-MERTENS, Regnum,
S. 182ff., 212ff., 225ff., 274ff. Ich erwähne lediglich die älteste urkundliche Nennung von
*regnum Teutonicum* in dem Privileg Bischof Rüdigers für die Speyerer Juden von 1084:
HILGARD, Nr. 11, S. 12 und dazu MÜLLER-MERTENS, aaO., S. 272 – 74. Vgl. aber unten
Epilog, S. 716 – 17 m. Anm. 56 – 57.

auch Berthold gebrauchen diesen Begriff je zweimal[313], obwohl natürlich auch bei Ihnen die adjektivische Form *regnum Teutonicum* die bei weitem geläufigere ist[314]. Es gibt jedoch noch eine dritte Quelle, die in diesem Zusammenhang besprochen werden muß, und das ist die sogen. „Fundatio monasterii Brunwilarensis".

Hier findet sich der fragliche Ausdruck gleichfalls, allerdings nur einmal gelegentlich des Eheprojekts König Mieszkos von Polen mit Richeza, der ältesten Tochter des lothringischen Pfalzgrafen Ezzo und Enkelin Kaiser Ottos II.[315]. Die auch noch in jüngster Zeit verteidigte Datierung der „Fundatio" in die Zeit um 1063[316] würde aus diesem Beleg sogar den ältesten überhaupt machen, doch kommt in Wahrheit frühestens ein Datum „gegen Ende 1077" in Betracht[317]. Zu allem Überfluß aber ist die „Fundatio" nur in Handschriften des 16.–18. Jahrhunderts überliefert, und es muß daher sehr ernsthaft die Frage gestellt werden, ob *regnum Teutonicorum* wirklich im Urtext gestanden hat. In der Tat meldet MÜLLER-MERTENS gravierende Bedenken an, die nicht leichten Herzens beiseitegeschoben werden können[318]. Was mich an die Ursprünglichkeit dieses Passus glauben läßt, ist gerade die Gegenüberstellung des *regnum Teutonicorum* und des *regnum Sclavorum*, doch bin auch ich weit davon entfernt, mich

---

[313]) Lampert, Annales ad an 1053: ... *ut a regno Teutonicorum deficerent* (scil. Itali); ad an. 1056: *ad villam Civois in confinio sitam regni Francorum et Teutonicorum* (ed. HOLDER-EGGER, S. 64 Z.23–24, 68 Z.16–17); Berthold, Annales ad an. 1077: ... *optimatum regni Teutonicorum placitum* ...; ad an. 1078: *legati...adiutorium...ad defensionem sanctae aecclesiae et regni totius Teutonicorum...promettendum advenerant* (ed. PERTZ, S. 288 Z.32, 311 Z.47–51); vgl. MÜLLER-MERTENS, Regnum, S. 186–88, 230; s. auch THOMAS, Bemerkungen, S. 391–92. Zu Berthold s. WATTENBACH–HOLTZMANN II³, S. 516–21 und bes. WATTENBACH–HOLTZMANN–SCHMALE, S. 156*–57*; s. auch MÜLLER-MERTENS, aaO., S. 182ff.

[314]) Vgl. MÜLLER-MERTENS, Regnum, S. 185ff., 228ff.

[315]) Fundatio, c.13 (12): *quoniam eiusdem occasione coniugii regnum Sclavorum regno Teutonicorum confoederari a multis spe non inani credebatur* (ed. PABST, S. 168; ed.WAITZ, S. 133 Z.2–3); zu den Editionen vgl. MÜLLER-MERTENS, Regnum, S. 262 Anm. 710; vgl. noch ebd. S. 262–63. Völlig überholt ist WATTENBACH–HOLTZMANN II³, S. 644–45. Zu der politischen Einordnung dieser Nachricht vgl. unten Kap. 10 § 2, S. 670.

[316]) So nach Hermann PABST: Die Brauweiler Geschichtsquellen, in: Archiv 12 (1874) S. 80–200, bes. S. 134ff. zuletzt Ernst WISPLINGHOFF: Die Urkundenfälschungen aus dem Benediktinerkloster Brauweiler bei Köln, in: Jb. des Kölnischen Geschichtsvereins 31–32 (1956/57) S. 32–73, bes. S. 50ff.; für die 60er Jahre des 11. Jh. optiert auch LUDAT, S. 83, der sich auf Wisplinghoff beruft.

[317]) Vgl. ausführlich MÜLLER-MERTENS, Regnum, S. 263ff., bes. S. 269. Der wichtige Aufsatz von WISPLINGHOFF: oben Anm. 316, ist bei WATTENBACH–HOLTZMANN–SCHMALE, S. 173*, nicht angezeigt.

[318]) Zur Überlieferung vgl. MÜLLER-MERTENS, Regnum, S. 263, 264 und ebd. S. 269ff. zur zweifelhaften Originalität von *regnum Teutonicorum*; s. auch BEUMANN, Kaisertum, S. 86 m. Anm. 91.

für die Originalität dieses Passus zu verbürgen[319]. Im besten aller Fälle
handelt es sich um ein Zeugnis aus den Jahren 1077/90, d.h. also keinesfalls
um den ältesten Beleg. Als „Erfinder" dieses Begriffs muß vielmehr Papst
Gregor VII. gelten.

Damit kehren wir noch einmal nach Italien zurück, das sich ja bereits als
das Ursprungsland von *regnum Teutonicum* herausgestellt hatte[320]. In der
Tat hat sich gerade Gregor VII. in seinem Kampf mit Heinrich IV. häufig
des Ausdrucks *regnum Teutonicorum* bedient, und zwar gerade in den Ma-
nifestcharakter tragenden Schreiben; hier lautet die Anrede: *omnibus
archiepiscopis, episcopis, ducibus, comitibus ceterisque principibus regni Teutonicorum Christianam fidem defendentibus*[321]. Daneben gebraucht Gregor *regnum Teutonicorum* noch mehrfach statt des auch bei ihm üblichen
*regnum Teutonicum*. Schon in der Bannsentenz der römischen Fastensynode von Februar 1076 heißt es: *Heinrico regi..., qui contra tuam ecclesiam
inaudita superbia insurrexit, totius regni gubernacula Teutonicorum et Italię contradico*[322]; der Begriff findet sich aber auch in weniger feierlichen
Schriftstücken[323]. Das plötzliche Auftreten von *regnum Teutonicum* oder
*Teutonicorum* in der Korrespondenz Gregors VII.[324] – und nur unter ihm
– kann kein Zufall sein. Der an der Kurie bis dahin übliche Begriff *Germania* kommt bei Gregor VII. überhaupt nicht vor, während *Gallia* einzig
und allein Frankreich (einschließlich Burgunds) bezeichnet[325]. MÜLLER-

---

[319] Sehr viel dezidierter ist LUDAT, S. 84. Vgl. auch oben S. 211–12 m. Anm. 221–23.
[320] Vgl. oben S. 218–20.
[321] Reg. Greg.IV, 12 (ed. CASPAR, S. 312 Z.7–8); eine ähnliche Formulierung in IV, 24
(ed. CASPAR, S. 337 Z.3–6). Die Schreiben datieren von Jan./Mai 1077. In seinem zu
Canossa geleisteten Eid spricht Heinrich IV. ganz entsprechend von den: *archiepiscopi et
episcopi, duces comites ceterique principes regni Teutonicorum*: Reg. Greg.IV,12a (ed.
CASPAR, S. 314–15); vgl. MÜLLER-MERTENS, Regnum, S. 148.
[322] Reg.Greg.III, 6* (ed. CASPAR, S. 253 Z.20–22); vgl. ebd. III, 10a (ed. CASPAR, S. 270
Z.18–21); vgl. auch das Protokoll der römischen Fastensynode von März 1080: *Et iterum
regnum Teutonicorum et Italię...interdicens ei omnem potestatem et illi dignitatem regiam
tollo*: Reg. Greg. VII, 14a (ed. CASPAR, S. 486 Z.15–16); vgl. MÜLLER-MERTENS, Regnum,
S. 150.
[323] Reg. Greg. IV, 13: *si in partes regni Teutonicorum... transierimus* (ed. CASPAR, S. 317
Z.8–9); IV, 25: *... in regnum Teutonicorum transire disposueramus* (ed. CASPAR, S. 339
Z.17–18); V, 7: *De motu et perturbatione regni Teutonicorum ...* (ed. CASPAR, S. 356 Z.19
und ebd. S. 358 Z.10). Alle zitierten Schreiben stammen aus dem Jahr 1077; vgl. MÜLLER-
MERTENS, Regnum, S. 151 m. Anm. 53; vgl. auch THOMAS, Bemerkungen, S. 396 m.
Anm. 45.
[324] Ich beschränke mich bewußt auf das „Registrum" und lasse die nicht in das
„Registrum" aufgenommenen Briefe und Privilegien beiseite; vgl. dazu MÜLLER-MER-
TENS, Regnum, S. 148 m. Anm. 16–17; zum „Registrum" vgl. WATTENBACH–HOLTZ-
MANN–SCHMALE, S. 853–55.
[325] Dies betont zutreffend MÜLLER-MERTENS, Regnum, S. 158–59; s. auch LUGGE,
S. 198.

MERTENS kam in sorgsam abwägender Untersuchung zu dem Ergebnis, daß Gregor mit dem Begriff *regnum Teutonicum* oder *Teutonicorum* alle Ansprüche Heinrichs auf außerdeutsche Gebiete (Böhmen, Polen, Ungarn, Burgund) ausdrücklich ausschließen wollte[326]. Es handelt sich also eindeutig um eine „Kampftitulierung", die die Rechte des legitimen „römischen" Königs mindern sollte. Sie wurde unter Gregors Nachfolgern wieder aufgegeben, war aber inzwischen so sehr in den allgemeinen Sprachgebrauch eingegangen, daß sie auch von kaiserlicher Seite bedenkenlos gebraucht wurde[327].

Als Ergebnis dieses Abschnitts bleibt festzuhalten, daß *regnum Teutonicorum*, von einer einzigen, nur etwa ein Jahrzehnt älteren Ausnahme abgesehen[328], erst seit den Tagen Gregors VII. üblich wird. Selbstverständlich besteht zwischen dem weit häufiger anzutreffenden *regnum Teutonicum* und *regnum Teutonicorum* kein sachlicher Unterschied, dennoch bleibt die Verschiedenheit der Ausdrucksweise ebenso beachtenswert wie die Tatsache, daß *regnum Teutonicorum* die seltenere sprachliche Form ist. Aus dem deutschen Sprachraum ist aus dem letzten Viertel des 11. Jahrhunderts ein rundes halbes Dutzend Belege nachgewiesen: das sind vielleicht 10% der Zeugnisse für *regnum Teutonicum*! Aber auch diese datieren ja alle aus den Jahren nach 1070, und *rex Teutonicorum* findet sich zuverlässig gleichfalls erst um die Mitte des Jahrhunderts bezeugt. Bedenkt man nun ferner, daß im 10. Jahrhundert *teutonicus* noch fast ausschließlich im rein sprachlichen Sinn gebraucht wird und selbst die Verbindung mit Sachen oder Personen nur selten vorkommt, dann mutet es wie ein Treppenwitz an, daß ausgerechnet die Form *regnum Teutonicorum* schon im Jahre 919 zur Bezeichnung eines „Reiches der Deutschen" gedient haben soll. Der Gedanke ist so absurd, daß er eigentlich mit drei Zeilen abzutun wäre, wenn einige Gelehrte – an der Spitze SCHLESINGER – daraus nicht so etwas wie eine „nationale" Frage gemacht hätten.

Es handelt sich um die sogen. „Annales Iuvavenses maximi", die von 725 – 956/57 reichen und erst 1921 von Ernst KLEBEL entdeckt wurden[329].

---

[326] MÜLLER-MERTENS, S. 164; vgl. ebd. S. 153ff., 165ff., 169ff.; s. auch THOMAS, Bemerkungen, S. 388 – 89.

[327] Ich verzichte daher auf Belege aus dem 12. Jh. und verweise allgemein auf VIGENER, S. 202ff.; es überwiegt ganz eindeutig *Teutonicum regnum*. Zum Anno- Lied vgl. THOMAS, Bemerkungen,S. 392 m. Anm. 34; zu Lampert von Hersfeld vgl. DERS., Caesar, S. 267 – 72.

[328] Vgl. oben S. 223 – 24.

[329] Eine neuaufgefundene Salzburger Geschichtsquelle (1921) = Ernst KLEBEL: Probleme der bayerischen Verfassungsgeschichte. Gesammelte Aufsätze (München 1957) S. 123 – 43. Es handelt sich um den Cod. 718 der Stiftsbibliothek in Admont.In der Diskussion vor 1921 (Vigener, Waitz u.a.) spielt diese Quelle somit keine Rolle.

Die Überlieferung ist fortgeschrittenes 12. Jahrhundert; nach BRESSLAU
handelt es sich um Schreibübungen von Schülern[330]. Ist schon dies nicht
gerade ein ermunternder Befund[331], so sind die sachlichen Fehler, die den
einzelnen Händen unterlaufen sind, schlechterdings haarsträubend: durch
ein falsch aufgelöstes $\overline{pp}$ wird aus dem Papst Zacharias ein Prophet, die
Verwechslung von $\overline{prim}$ (*primum*) und $\overline{impr}$ (*imperator*) macht Karl Martell plötzlich zum Kaiser; Karls Gemahlin Fastrat (Fastrada) heißt zu 795
Hartrat, weil der Schreiber in Gedanken noch beim Hartrat-Aufstand von
786 war[332]; zu 887 melden die Annalen: *Ludovicus rex obiit; Arnolfus rex
factus est* usw.[333]. In dieser köstlichen Quelle steht nun zum Jahre 920[334]
der Satz: *Bawarii sponte se reddiderunt Arnolfo duci et regnare eum fecerunt in regno Teutonicorum*[335] (Abb. 9). Man wird sorgsam zu trennen haben zwischen der historischen Glaubwürdigkeit der Nachricht als solcher,
die nicht bezweifelt werden soll[336], deren historisch-verfassungsge-
schichtlicher Aspekt uns jedoch noch zu beschäftigen haben wird[337], sowie
dem Gebrauch des Begriffs *regnum Teutonicorum*. BRESSLAU hatte diesen

---

[330] BRESSLAU, Annalistik, S. 7, datiert auf „Mitte des 12. Jahrhunderts...., eher etwas
vor als nach 1150 geschrieben"; innerhalb der hier allein interessierenden „Annales Iuvavenses" unterscheidet BRESSLAU „drei oder vier Hände": ebd. S. 8.

[331] „Auf mich hat die ganze Hs. den Eindruck gemacht...., daß wir hier Schreibübungen
von Schülern der Admonter Klosterschule vor uns haben, bei denen es gar nicht auf das,
was abgeschrieben oder exzerpiert wurde, ankam, die im Kloster liegen blieben, bis sie im
15. Jahrhundert zusammengebunden wurden": BRESSLAU, Annalistik, S. 7–8; zum Inhalt
der Hs. vgl. ebd. S. 6–7.Vgl. noch unten Anm. 352; s. aber unten Kap. 7 § 1, S. 424 m.
Anm. 92.

[332] Ann. q. d. Einhardi ad an. 785: *inmodica coniuratio, cuius auctorem Hardradum
comitem fuisse constabat* (ed. KURZE, S. 71): B – M² 270c.

[333] Die Fehler sind bei BRESSLAU, Annalistik, S. 9 Anm. 1, zusammengetellt; s. auch
REINDEL, Herzog Arnulf, S. 267; MÜLLER-MERTENS, Regnum, S. 109–10; THOMAS,
Regnum, S. 43 m. Anm. 123. Es ist charakteristisch, daß die Verteidiger des Ausdrucks
*regnum Teutonicorum* auf diese Dinge kaum eingegangen sind. Es wäre dies ja auch
schierer Positivismus; s. aber BEUMANN, Kaisertum, S. 97 Anm. 117.

[334] Alle Einträge dieser Jahre sind um eine Einheit zu hoch angesetzt: die Nachricht
gehört daher zu 919; vgl. BRESSLAU, Annalistik, S. 58 m. Anm. 5; s. auch REINDEL, Luitpoldinger, S. 128.

[335] Ann. Iuv. maximi ad h. an. (ed. BRESSLAU, S. 742 Z.21–22): REINDEL, Luitpolin-
ger, Nr. 61, S. 119ff.; DERS., Arnulf, S. 266ff.; vgl. unten S. 229 m. Anm. 344 und Kap. 7
§ 1, S. 419.

[336] Allerdings nicht in dem Sinne, als ob damit das ang. Gegenkönigtum Arnulfs von
Baiern bezeugt sei, wie die Forschung bisher einhellig angenommen hat; vgl. dazu unten
Kap. 7 § 1, S. 419–20.

[337] Zu den Deutungskünsten eines H. Mitteis vgl. etwa unten Kap. 7 § 1, S. 415–16 m.
Anm. 22 und Anm. 24.

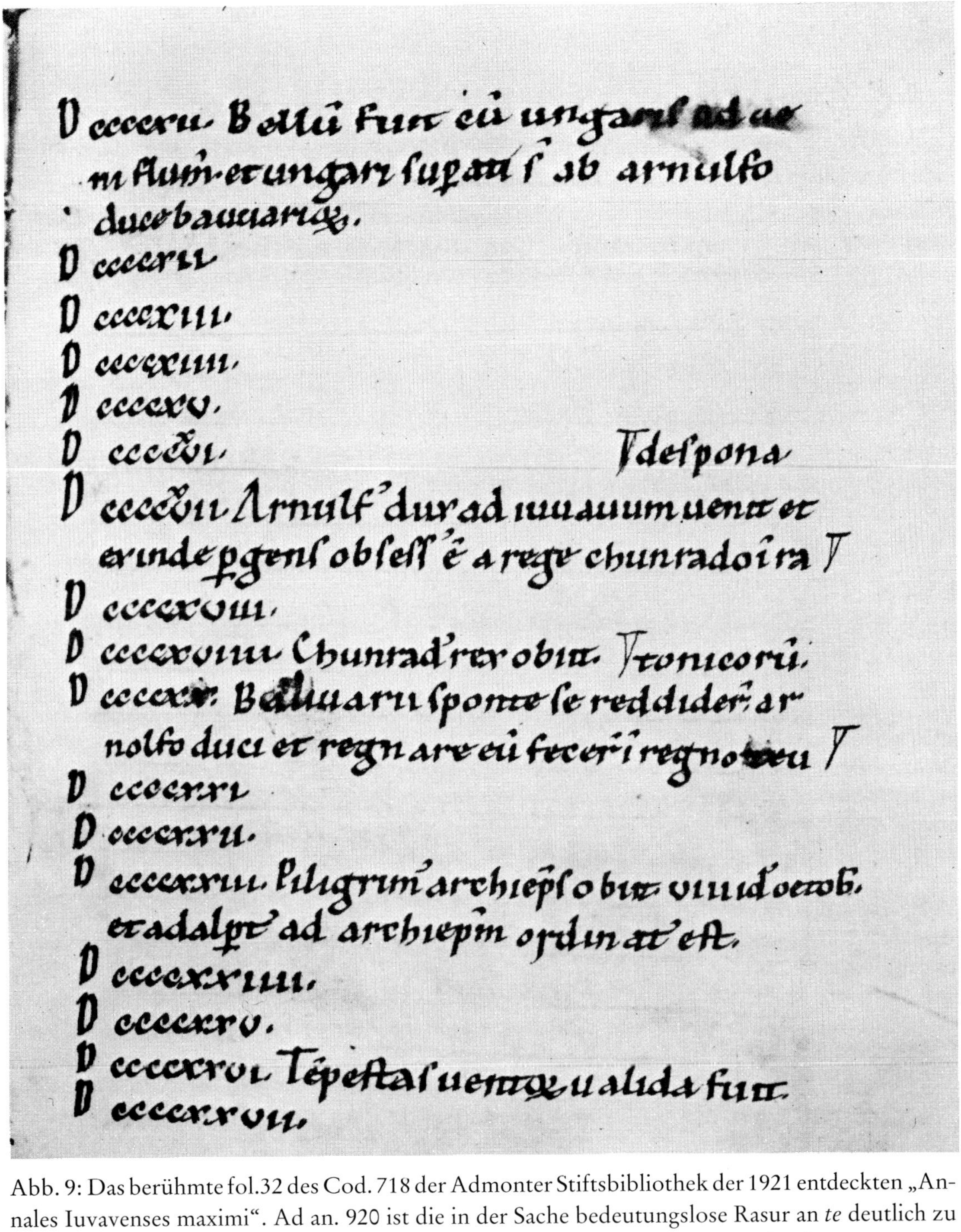

D ccccxi· Bellū fuit cū ungaris ad ae
m flum·et ungari fugati s̄ ab arnulfo
· duce bawwariæ·
D ccccxii·
D ccccxiii·
D ccccxiiii·
D ccccxv·
D ccccxvi·                                    ꝟ despona
D ccccxvii· Arnulf⁹ dux ad iuuauum uenit et
erinde pgens obsess ē a rege chunrado ira ꝟ
D ccccxviii·
D ccccxviiii· Chunrad⁹ rex obiit· ꝟ ronicorū·
D ccccxx· Bauuarii sponte se reddider· ar
nolfo duci et regnare eū fecerī regno teu ꝟ
D ccccxxi·
D ccccxxii·
D ccccxxiii· Piligrim⁹ archieps o bit· viii id octob·
et adalp̃t ad archiepm ordinat⁹ est·
D ccccxxiiii·
D ccccxxv·
D ccccxxvi· Tēpestas uentoꝗ ualida fuit·
D ccccxxvii·

Abb. 9: Das berühmte fol.32 des Cod. 718 der Admonter Stiftsbibliothek der 1921 entdeckten „Annales Iuvavenses maximi". Ad an. 920 ist die in der Sache bedeutungslose Rasur an *te* deutlich zu
erkennen. Auch an *Bavvarii* hatte der Schreiber bereits herumgepfuscht.

trotz gewisser Bedenken KLEBELS[338] ohne Zögern akzeptiert[339]. Die politisch motivierten Einwände von LÜDTKE[340] tat HEIMPEL mit dem Bemerken ab: „Freuen wir uns doch des neuen, nun also ältesten Belegs für den Begriff eines Deutschen Reichs"[341].

Nachdem die Freude somit „ex cathedra" dekretiert war, galt der Begriff *regnum Teutonicorum* zunächst einmal als tabu und allgemein als vollgültiger und häufig zitierter Quellenbeleg[342]; gelegentliche Einwände und Mahnungen zur Vorsicht wurden beiseite geschoben[343]. Dies änderte sich erst, als REINDEL die von BRESSLAU übersehene Feststellung traf, daß „die beiden ersten Buchstaben von *teutonicorum*... auf Rasur (stehen)"[344]. Er knüpfte daran die durchaus plausible Vermutung, der Amanuensis habe ursprünglich *Bawariorum* schreiben und Arnulf daher ein König in Baiern

---

[338] KLEBEL (oben Anm. 329) S. 137 Anm. 122: „Wenn der Ausdruck ‚Teutonicorum' dem Urtext entstammt, so wäre das wichtig". HEIMPEL, Bemerkungen, S. 34 Anm. 61, qualifiziert diesen nur allzu berechtigten Hinweis Klebels als „übervorsichtige Bemerkung" ab.

[339] BRESSLAU, Annalistik, S. 59: „...des deutschen Reiches (des regnum Teutonicorum), von dessen neuem Namen unsere Annalen kaum ein Jahrzehnt, nachdem es begründet war, das älteste Zeugnis ablegen"; ebd. Anm. 2 verweist er auf Vigener und betont, daß „bisher... kein Beleg für den Namen ‚regnum Teutonicum' oder ‚Teutonicorum' vor dem 11. Jahrhundert bekannt (war)", was ihn aber in keiner Weise stört.

[340] LÜDTKE, S. 96–97, dem es vor allem darum geht, das „Gegenkönigtum" Arnulfs zu beseitigen, das BRESSLAU, Annalistik, S. 58–59, unbezweifelbar schien. Die sachlichen Argumente Lüdtkes sind jedoch fraglos überzeugender als die „Gegenargumente" Heimpels; s. die folg. Anm.; vgl. auch MOHR, Heinrich I., S. 32 m. Anm. 14 (S. 81).

[341] HEIMPEL, Bemerkungen, S. 34. In seiner Argumentation vermengt Heimpel die Sachaussage mit der Frage nach der Zeitgenössischkeit von *regnum Teutonicorum* und behauptet allen Ernstes, der Ausdruck *Teutonici*(sic) sei seit 845 „längst gebräuchlich". Er bemerkt dazu: „Wenn er in der Kanzlei erst im 11. Jahrhundert aufkommt...., warum sollte man ihn nicht in einem bairischen Kloster ein paar Jahrzehnte früher(sic) – es handelt sich um 150 Jahre (Anm. BRÜHL) – mit dem Worte *regnum* verbunden haben?". Darauf folgt das im Text gebotene Zitat. Zu den ang. *Teutonici* von 845 vgl. oben S. 202–903 m. Anm. 159–62.

[342] Statt vieler zitiere ich beispielhaft SCHLESINGER, Arnulf, S. 239; MITTEIS, S. 264; HUGELMANN, S. 412 u.a.m.

[343] Vgl. etwa MOHR, Heinrich I., S. 32, der sich hier auf LÜDTKE: oben Anm. 340, berufen hatte; s. aber DERS., Francia, S. 43 m. Anm. 4–5; vgl. auch REINDEL, Arnulf, S. 266 Anm. 269. Ein vorsichtiger Warner war TELLENBACH (oben S. 11 Anm. 28) S. 140–41, auch wenn mich dessen Erklärung, die er selbst als „Versuch" bezeichnet hatte, nicht zu überzeugen vermag. Ablehnend ferner SPROEMBERG, Anfänge, S. 14–15; DERS., Imperium, S. 51.

[344] Arnulf, S. 267–68. BRESSLAU, ed. cit., S. 742 Anm. k, hatte zwar vermerkt, daß das erste *a* in *Bawarii* aus *c* korrigiert sei, die Korrektur bei *t* in *teutonicorum* aber übersehen; vgl. Abb. 9 und gute Ausschnittsvergrößerungen bei BEUMANN, Kaisertum, S. 90. Schon BRESSLAU, Annalistik, S. 5, hatte Fotos von zwei Seiten der Annalen, darunter auch fol. 32, veröffentlicht, doch ließ die Qualität der Fotos zu wünschen übrig; die Rasur am *t* war aber auch darauf bereits zu erkennen; vgl. noch MOHR, Francia, S. 43–44 und bes. unten Anm. 346.

werden wollen[345]. Dem paläographischen Ausgangspunkt dieser Hypothese hat nun kürzlich Helmut BEUMANN die Grundlage entzogen, indem
er in sorgfältiger Analyse der fraglichen Rasuren nachwies, daß an dieser
Stelle weder *Bawariorum* noch *Francorum* gestanden haben kann, es sich
vielmehr um ein gedankenloses *to* in direktem Anschluß an *regno* handelt;
der Schreiber hatte also ursprünglich *tonicorum* schreiben wollen und
nach *to* seinen Fehler bemerkt[346]. Der paläographische Befund führt somit
nicht weiter[347], und auch den Gedanken an eine Emendation *eorum* statt
*Teutonicorum* halte ich in Übereinstimmung mit BEUMANN für nicht
ernsthaft erwägenswert[348]. Es bleibt also bei dem überlieferten Text. Aber
ist damit auch bewiesen, daß *regnum Teutonicorum* schon in der Vorlage
des „Klosterschülers" gestanden hat, daß es sich also tatsächlich um eine
Formulierung des frühen 10. Jahrhunderts handelt?

Die Untersuchung BEUMANNS will eben dies beweisen, wobei der soeben besprochenen Frage selbstverständlich nur eine zweitrangige Bedeutung zukommt: „Wer *Teutonicorum* den Annalen des 10. Jahrhundert absprechen will, müßte von einer bereits emendierten Textvorlage des Admonter Schreibers ausgehen und könnte sich dafür allein auf das stützen,
was bewiesen werden soll: Daß die deutsche Reichsbezeichnung unmöglich schon in der ersten Hälfte des 10. Jahrhunderts gebraucht sein könne"[349]. Ich halte BEUMANNS Versuch, die Deutung von MÜLLER-MER-
TENS zu widerlegen[350], für nicht geglückt, und zwar schon deshalb nicht,
weil die Grundvoraussetzung, *teutonicus* sei schon früher im „völkischen"

---

[345] REINDEL, Arnulf, S. 268–69; vgl. schon DERS., Luitpoldinger, S. 128–29; zustimmend u.a. BRÜHL, Anfänge, S. 172; s. noch MOHR, Francia, S. 44–45; vgl. auch BEUMANN,
Kaisertum, S. 94 m. Anm. 114. Zum politischen Aspekt vgl. unten Kap. 7 § 1, S. 419–21.
[346] Ausführlich BEUMANN, Kaisertum, Anhang, S. 112–14; ebd. S. 113 auch zur Rasur
an *Bawarii*, wo nicht *a*, sondern *au* auf Rasur steht; es könnte dort ursprünglich *Bell(um)*
gestanden haben. All dies sind typische Flüchtigkeitsfehler von Anfängern, für die Sache
ergeben sie nichts; s. auch BEUMANN, aaO., S. 95; vgl. aber unten Anm. 352.
[347] Zustimmend zu Beumann auch FAUSSNER, S. 23.
[348] Die Emendation *eorum* hatte H. Zimmermann vorgeschlagen; THOMAS, Regnum,
S. 43–44, pflichtete ihr bei; dagegen mit Recht BEUMANN, Kaisertum, S. 97 Anm. 117 i.f.
[349] BEUMANN, Kaisertum, S. 95; vgl. ebd. S. 93ff. Schon DERS., Regnum, S. 121–23,
hatte zu beweisen versucht, daß *Teutonicorum* auf die Vorlage des Schreibers zurückgeht;
dagegen hatte František GRAUS in seiner Besprechung des Buchs von Müller-Mertens in:
Blätter für deutsche Landesgeschichte 110 (1974) S. 608–10, bes. S. 610, bereits ernste
Bedenken angemeldet; kritisch auch MÜLLER-MERTENS, Reichsstruktur, S. 71–72 m.
Anm. 45. Zustimmend zu Beumann selbstverständlich SCHLESINGER, Fritzlar, S. 199–
200. Vgl. aber unten S. 232 m. Anm. 359.
[350] MÜLLER-MERTENS, Regnum, S. 107ff., bes. S. 112–13; s. oben Anm. 349 und unten
Anm. 352.

Sinn gebraucht worden[351], einfach falsch ist, wie ich auf den vorangegangenen Seiten gezeigt zu haben glaube. Heinz THOMAS hatte den klugen Einfall, den Begriff *regnum Teutonicorum* ins „Deutsche" des 10. Jahrhunderts „rückzuübersetzen" und konnte zeigen, daß *diutiskono richi* „zu Arnulfs Zeiten ein sprachliches und damit auch politisches Unding (war)": „das regnum Teutonicorum der Salzburger Annalen ist somit als authentisches Zeugnis für Arnulfs Reichskonzeption abzulehnen, selbst wenn der Begriff tatsächlich im verlorenen Urtext dieser Quelle gestanden haben sollte[352]. Weder Heinrich I., noch Arnulf von Bayern sind Könige der Deutschen gewesen oder haben dies zu werden beabsichtigt, und zwar nicht deshalb, weil sie ein Deutsches Reich abgelehnt hätten, sondern weil dieses als politische Möglichkeit noch gar nicht in ihren Gesichtskreis getreten war"[353].

Dieses lange Zitat bringt die Problematik auf den Punkt: *regnum Teutonicorum* ist im 10. Jahrhundert ein Hapax, das weder sprachlich, noch historisch einen Sinn ergibt[354]. Den Versuch einer Germanistin, die These BEUMANNS von der sprachwissenschaftlichen Seite her zu stützen, ist

---

[351]) Vgl. SCHLESINGER, Beginn, S. 544; BEUMANN,Regnum, S. 120; vgl. DERS., Kaisertum, S. 87; DERS., König, S. 45. Die „Beweise" sind immer dieselben: das Tridentiner Placitum von 845, die *gens teudisca* bei Gottschalk, die falsche Urkunde von ang. 909 usw. Auch an eine Übernahme italienischen Sprachgebrauchs aufgrund der engen Verbindungen Salzburgs zu Italien, die JARNUT, S. 103 – 04, in Betracht zieht, ist nicht zu denken. Der Begriff *regnum Teutonicorum* findet sich auch in italienischen Quellen nicht vor 1010; vgl. schon oben S. 218 – 19. Dieser Tatsache ist sich JARNUT, S. 104, zwar bewußt, doch spielt er sie im Interesse seiner These herunter.

[352]) Zu dieser Annahme besteht indes kein Anlaß; vgl. oben Anm. 349 – 50. FAUSSNER, S. 23, vermutet, daß der Schüler *Teutonicorum* bereits in seiner Vorlage vorgefunden habe, was durchaus möglich ist, denn es will mir nicht recht einleuchten, daß man A n f ä n g e r über zweihundert Jahre alte Texte abschreiben läßt. Viel näher liegt doch die Vermutung, daß man ihnen aus welchen Gründen auch immer ausrangierte zeitgenössische Handschriften (z.B. wegen zu vieler Fehler, wegen störender Flecken, wegen Beschädigungen des Pergaments u.ä.m.) zum Kopieren überließ. Es handelte sich doch um Elementarschüler, wie die unglaublichen Fehler, die sie sich leisteten, zur Genüge zeigen; vgl. oben S. 228 m. Anm. 331 – 33 sowie unten Anm. 360; s. auch HLAWITSCHKA, Frankenreich, S. 208. THOMAS, Ursprung, S. 317 Anm. 59, bemerkt noch, daß die salzburgischen Urkundenschreiber das Wort *teutonicus*, das ihnen doch hätte naheliegen müssen, kaum gebrauchen: „Die Authentizität des berühmt-berüchtigten *regnum Teutonicorum* der Salzburger Annalen...wird vom Wortschatz der Salzburger Urkundenschreiber jedenfalls nicht gestützt".

[353]) THOMAS, Regnum, S. 42; s. auch FAUSSNER, S. 23. Die Erwiderung von BEUMANN, Kaisertum, S. 97 Anm. 117, geht am Kernproblem vorbei; vgl. noch die Replik von THOMAS, Anfänge, S. 302 Anm. 77; DERS., Rezension, S. 128.

[354]) Sollte es die Befürworter der „Einmaligkeit" dieses Ausdrucks – vgl. etwa BEUMANN, Kaisertum, S. 94 – nicht nachdenklich stimmen, daß eben dieser Ausdruck seit den 70er Jahren des 11. Jh. nicht etwa vereinzelt, sondern ganz massiv in kurzen zeitlichen Abständen auftritt?

bündig widerlegt, um nicht zu sagen „ad absurdum" geführt worden[355].
Man ist, in Abwandlung des bereits zitierten Satzes von Hans KUHN versucht zu sagen, daß hier die Philologie „zur Närrin der Geschichte"
wird[356]. Sieht man einmal ab von dem quasi-religiösen Eifer, mit dem
SCHLESINGER die Authentizität dieser Annalen-Stelle aus außerwissen-
schaftlichen Motiven zeit seines Lebens mit Klauen und Zähnen verteidigt
hatte[357], ist die Zahl derer, die diese Stelle als historische Quellen für einen
„deutschen" Reichsbegriff im 10. Jahrhundert ablehnen[358], inzwischen immer größer geworden[359]. Nach allen Regeln der historischen Methode
sollte dies in der Tat nicht mehr sein als eine bare Selbstverständlichkeit.
Die einzige Möglichkeit, das *regnum Teutonicorum* noch für das 10. Jahrhundert zu retten, wäre der Nachweis, daß *Teutonicorum* hier gerade keine „völkische" Bedeutung besäße, man in diese Stelle also Dinge hineinge-
lesen hätte, die sie gar nicht aussagen will. Das ist eine verführerische Hypothese, der jedoch nur Beweiskraft zugestanden werden könnte, wenn
sich zeigen ließe, was sie konkret hätte aussagen sollen und warum dies so
und nicht anders ausgedrückt worden ist[360]. Solange dies nicht in zwingender Form geschieht, finde ich es vollauf verständlich, daß in der jüngsten

---

355) THOMAS, Anfänge, S. 296ff. und ebd. S. 288 gegen STRASSER, S. 43ff., bes. S. 54; s.
auch THOMAS, Ursprung, S. 306.

356) Vgl. schon oben S. 184 m. Anm. 25. Wo immer STRASSER sich auf Historiker beruft:
ebd. S. 43 m. Anm. 176, 48 – 49, 54, zitiert sie gerade die, deren Thesen sie stützen möchte;
vgl. schon oben S. 183 – 84 m. Anm. 19 – 23. Allgemein vgl. v. SEE, Interessen, S. 256a:
„Ansonsten wird das fortdauernde Bedürfnis der Germanistik, dem jeweiligen politisch-
gesellschaftlichen Zeitgeist zu dienen, seit dem Ende der 60er Jahre eher von der Linguistik
als von der Sprachgeschichtsforschung wahrgenommen".

357) Vgl. etwa SCHLESINGER, Entstehung, S. 162 und oben Anm. 349. Es steht dies in
engstem Zusammenhang mit Schlesingers Kampf um das Jahr 919 als den Beginn der
deutschen Geschichte, der praktisch seine letzten Lebensjahre erfüllt hat. Eine eigentliche
Spezialuntersuchung hat Schlesinger zu diesem Thema aber nie vorgelegt, sondern sich
stets auf relativ allgemeine Bemerkungen beschränkt. Schlesinger war bei diesem Thema
sehr stark emotional engagiert, was der Sache nicht dienlich war. Vgl. noch oben S. 13 m.
Anm. 48.

358) Zu den Gründen für den fehlenden Reichsbegriff vgl. die Ausführungen von
MÜLLER-MERTENS, Regnum, S. 121ff.; s. auch unten Kap. 4 § 3, S. 301 – 02.

359) Ich nenne nur REINDEL, Arnulf, S. 266; WERNER, Nations, S. 291; MÜLLER-MER-
TENS, Regnum, S. 119 u.ö.; BRÜHL, Anfänge, S. 171 – 72; THOMAS, Regnum, S. 42; FAUSS-
NER, S. 23 u.a.m.; ausweichend HLAWITSCHKA, Frankenreich, S. 104; zurückhaltend ur-
teilen auch KIENAST I, S. 10 („falls die Überlieferung nicht täuscht") m. Anm. 22; FLEK-
KENSTEIN, Anfänge, S. 164 und EHLERS, Schriftkultur, S. 307 m. Anm. 21.

360) Hierzu tendiert neuestens Herr Kollege Beumann, wie ich einem telefonischen
Gespräch entnehmen konnte, mit dem Argument, Arnulf habe den Baiernnamen ebenso
vermeiden wollen wie den Frankennamen. Aber tut man einem Dilettanten mit solchen
Überlegungen nicht zu viel Ehre an? Ein solch jämmerliches Machwerk darf quellenkritisch doch nicht behandelt werden wie die zeitgenössische Abschrift eines Einhard oder
Widukind. An „italienischem Einfluß aus Baiern" und „mithin als Fremdbezeichnung"
glaubt EHLERS, Nation, S. 49. Auch dieser Vorschlag hat mich nicht überzeugt.

zusammenfassenden Darstellung der Zeit Heinrichs I. und Ottos d.Gr.
diese „Problematik" nicht mehr erwähnt wird[361].

Zum Abschluß dieses Paragraphen möchte ich noch einmal auf WEIS-
GERBER zurückkommen, nicht um noch einmal zu widerlegen, was keiner
Widerlegung mehr bedarf, sondern um auf eine Besonderheit in der Weisgerberschen Argumentation aufmerksam zu machen, die für den Historiker von zentraler Bedeutung ist. Bei seinen Bemühungen um die rechte
Ableitung des Wortes insistierte WEISGERBER nachdrücklich auf der
„Sonderstellung des Namens Deutsch", dem „überzeitlichen Gehalt des
Wortes deutsch", den „Rätseln der deutschen Sprache" usw.[362]. „Unter allen Völkernamen Europas nimmt d e r  N a m e (Sperrung Vf.) *Deutsch* rein
sprachlich gesehen eine Sonderstellung ein. In gewissem Sinne kann man
ihn als den j ü n g s t e n  V ö l k e r n a m e n  i n  E u r o p a (Sperrung Vf.) bezeichnen"[363]. Zur Begründung verweist er auf Wortbildungen wie Franzosen, Spanier, Engländer, Italiener usw., die ausnahmslos auf Länder- oder
Völker-, WEISGERBER spricht von „Stammesnamen", zurückzuführen
sind, während bei den Deutschen kein älterer Länder- oder Stammesname
vorliege: „Hier können wir sicher sagen, daß vor dem 9. Jahrhundert von
*Deutschen* im Sinne eines Volksnamens nicht gesprochen worden ist"[364].
Ich will an dieser Stelle nicht die – irrige – Sachaussage WEISGERBERS
diskutieren. Wichtig ist mir nur dessen historische Voraussetzung, die darin besteht, daß ein „Deutsches Reich" eben angeblich schon 887 – das
war die Mode um 1940 – oder spätestens 919 bestanden habe; die älteren
Belege für *theodiscus* „beweisen" dann zwanglos die Existenz eines deutschen Volksnamens v o r dem des deutschen Staates. In Wahrheit unterscheidet sich das Wort „Deutsche" aber in keiner Weise von den übrigen
Wortbildungen dieser Art, d.h. z u e r s t war der Ländername da, d a n a c h
bildet sich der Volksname aus. Die Erkenntnis, daß der deutsche Volksname wie alle übrigen entstanden ist, scheint mir nicht das geringste Ergebnis
dieses Abschnitts zu sein[365].

[361]) Vgl. ALTHOFF – KELLER I, S. 56 – 61.

[362]) WEISGERBER, S. 98ff., 252ff., 274ff., 41ff.

[363]) WEISGERBER, S. 98 u.ö.

[364]) WEISGERBER, S. 99 u.ö. Zustimmend noch immer EHLERS, Schriftkultur, S. 303.
SCHALK, S. 141, meinte 1943, „daß das Bewußtsein der französischen Einheit (Analoges
läßt sich vom Deutschen, Italienischen oder Spanischen sagen) älter ist als die staatliche Zusammenfassung". Genau das trifft n i c h t zu.

[365]) Auch hier zeigt sich wieder in erschreckender Weise die unselige Rolle einer ang.
völkischen Geschichtsschreibung, wie sie von Schlesinger, Hugelmann u.a. vertreten
wurde. Diesem Unfug hat noch FLECKENSTEIN, Anfänge, S. 155 – 56, entschieden zu viel
Ehre angetan. Wichtig jetzt die Ausführungen von THOMAS, Rezeption, S. 46 – 47.

## § 3: Deutschland als Teutonia und Alamannia.

Dieser Paragraph steht nicht in direktem Zusammenhang mit dem Thema dieses Buches und hat daher eher den Charakter einer „Appendix", wobei ich mich vorwiegend auf die von VIGENER zusammengestellten Quellenbelege stütze[366]. Ich tue dies einmal, um zu zeigen, daß die *Teutonica* im „Rhythmus in Odonem regem" im 9. Jahrhundert so isoliert steht wie das ang. *Teutonicorum regnum* im 10., zum anderen, weil im modernen Französischen Deutschland nun einmal „Allemagne" heißt und es mir sinnvoll scheint, die Ursprünge dieses Namens doch wenigstens in Umrissen zurückzuverfolgen. *Teutonia* findet sich in Deutschland nicht vor dem 12. Jahrhundert. Als ältestes Zeugnis zitiert VIGENER die Pegauer Annalen[367], doch stammt die Masse der Belege aus dem 13. Jahrhundert[368] und interessiert daher hier nicht. In der päpstlichen Kanzlei wird *Teutonia* seit Innozenz III. gebraucht und dominiert sogar in den ersten Jahrzehnten des 13. Jahrhunderts[369]. In deutschen Herrscherurkunden findet sich das Wort dagegen schon etwas früher: bereits die Kanzlei Friedrichs I. Barbarossa gebraucht es in dessen Vertrag mit Alessandria von 1183[370]. In Böhmen begegnet *Teutonia* bei Vinzenz von Prag[371], in Ungarn schon im frühen 12.

---

[366] VIGENER, S. 157ff., 168ff. (Frau Mireille SCHMIDT-CHAZAN-Metz hat mir wichtige Teile ihrer Materialsammlung zu *Alamannia* zur Verfügung gestellt. Herr Kollege L. GÉNICOT - Louvain-la-Neuve, membre de l'Institut, hat mir längere Computerauszüge des von ihm erfaßten belgischen Materials – auch zu *Francia* – übersandt, wofür ich beiden Gelehrten sehr herzlich danke.)

[367] Ann. Pegavienses, praef.: *Emelricus rex Theutoniae*; ad an. 1111: *rege vero in partes Teutoniae usque Nuenburc veniente...Boemiam ingreditur* (ed. PERTZ, S. 234 Z.36, 251 Z.12); in etwa gleichzeitig sind die „Annales antiqui" des Erfurter Petersklosters, die ad an. 1161 die Teilnehmer am Konzil von Lodi *de Theutonia* aufzählen (ed. HOLDER-EGGER, S. 20 Z.16–17). Zu den Erfurter „Annales antiqui" und den Pegauer Annalen vgl. WATTENBACH–SCHMALE, S. 405–06, 415–18, bes. S. 416.

[368] Vgl. VIGENER, S. 160–63. Man beachte, daß weder Otto von Freising noch Rahewin eine *Teutonia* kennen, wohl aber ein *regnum Teutonicum* oder *Teutonicorum*.

[369] Zahlreiche Belege bei VIGENER, S. 159 m. Anm. 1–5.

[370] D F.I. 841 (1183 März 14): *Si vero nuncius non erit in Italia, quinto tantum anno ibunt* (scil. consules) *in Teutoniam accipere investituram ab imperatore* (S. 53 Z.14–15); vgl. noch BÖHMER, Acta, Nr. 200 (1195 März 30): *anno regni eius in Theutonia* (S. 184): B–Ba 413. Beide Stücke sind in Italien gegeben und wohl auch von Italienern diktiert. Vgl. noch Const. II, Nr. 18 (a. 1198) S. 24 Z.4–5, Nr. 10 c.2 (a. 1206) S. 11 Z.10 u.ö.

[371] Annales ad an. 1142: *rex* (scil. Konrad III.) *... Theutoniam feliciter revertitur*; ad an. 1154: (Friedrich I.) *per Veronam Teutoniam cum trihumpho feliciter revertitur*; ad an. 1158: *plurimi quoque totius Teutonie principes...et alii Teutonie episcopi* (ed. WATTENBACH, S. 661 Z.20–21, 666 Z.20–21, 673 Z.15 und Z.21).

Jahrhundert[372], ebenso auch in England[373], während es in Frankreich nur
selten und spät Verwendung findet[374]. Die frühesten Belege stammen wieder einmal aus Italien: der älteste vielleicht von dem schon genannten Johannes Diaconus in der Form *Teutonica*[375], die sich auch bei Landulf findet, der jedoch einmal auch *Theutonia* gebraucht, doch bleibt das Wort in
Italien selten[376].

Einer sehr viel größeren Beliebtheit hat sich dagegen *Alamannia* oder
*Alemannia* erfreut, obwohl das Wort immer wieder zu Verwechslungen
mit Alemannien = Schwaben Anlaß gibt. Auch hier könnte Italien für die
weitere Bedeutung des Wortes verantwortlich sein. Das um 975 entstandene „Chronicon Salernitanum" sagt von Otto d.Gr.: *erat siquidem illo in
tempore Saxonum Allemannorumque rex*[377]. Hier meint *Alemanni* zweifellos mehr als nur die Bewohner des Herzogtums Schwaben, aber noch
nicht die Gesamtheit der Bevölkerung des ostfränkischen Reiches[378]. Bemerkenswert erscheint mir vor allem, daß statt des zu erwartenden *Fran-*

---

[372]) Vita Stephani regis Ungariae maior, c.15: (Konrad II.) *totius Teutoniae manu
coadunata Pannoniae terminos hostiliter conatus est invadere* (ed. WATTENBACH, S. 237
Z.7 – 8); vgl. WATTENBACH – HOLTZMANN II³, S. 817; s. noch GYÖRFFY, S. 6 – 7, 203 – 04.

[373]) Symeon von Durham, Historia regum: *Godefridus, capellanus reginae, qui cum illa
de Teutonia venerat in Angliam...* (ed. ARNOLD II, S. 269). Zu Symeon vgl. GRANSDEN,
S. 148 – 50, bes. S. 149 und ebd. S. 115 – 16; vgl. noch VIGENER, S. 165 – 66.

[374]) Vgl. VIGENER, S. 165. Zur Chronik von Morigny vgl. unten S. 237 m. Anm. 392 –
96.

[375]) Chronicon Venetum: *Dux* (scil. Petrus)... *audiens Ottonem regem* (scil. Otto III.)
*ad Italiam venturum...tunc suos nuncios denuo Teutonicam mittere disposuit* (ed. MONTI-
COLO, S. 151 Z.14 – 17). Für VIGENER, S. 158 m. Anm. 1, ist dies ein vollgültiger Beleg;
vgl. aber Chronicon: *Teutonicam petiit* (scil. Patriarch Vitalis) *regionem* (ed. MONTICOLO,
S. 143 Z.12); im Register der Edition Monticolos: ebd. S.210, sind beide Stellen unter
*Teutonica regio* ausgewiesen. In der Tat gebraucht Johannes *teutonicus* auch sonst nur
adjektivisch; vgl. oben S. 218 m. Anm. 269. Die zeitlich nächsten Belege bei Landulf: unten
Anm. 376, liegen fast ein Jahrhundert später.

[376]) Historia Mediolanensis, l.II c.16: *Ottonem Theutonicum Theutoniae fere totius
ducem*; vgl. aber l.II c.25: (Konrad II.) *nurum suam balsamo perunctam secum deferens,
Teutonicam tetendit*, und c.35: ... *in Burgundia aut in Teutonica aut in Francia...* (edd.
BETHMANN – WATTENBACH, S. 53 Z.34, 62 Z.37, 71 Z.2; ed. CUTOLO, S. 48 Z.9 – 10, 63
Z.24, 76 Z.22); vgl. bes. l.II c.2: *regibus cum tribus ac ducibus multis Franciae, Sansoniae,
Nurmandiae ac Theutonicae ac barbarorum multitudine innumerabili* (edd. BETHMANN –
WATTENBACH, S. 46 Z.2 – 3; ed CUTOLO, S. 27 Z.9 – 10). Landulf stellt also *Francia* und
*Normandia* neben *Sansonia* und *Teutonica*; vgl. dazu unten Anm. 379. Zu Landulf vgl.
Jörg W. BUSCH: „Landulfi senioris Historia Mediolanensis" – Überlieferung, Datierung,
Intention, in: DA.45 (1989) S. 1 – 30.

[377]) Chronicon Salernitanum, c.169 (ed. WESTERBERGH, S. 171 Z.28 – 29); vgl. ebd.
c.173: *comes Alemannorum Saxonumque* (ed. WESTERBERGH, S. 176 Z.14); vgl. noch unten
Anm. 379.

[378]) Vgl. auch WAITZ V², S. 140 „So kann es nur die Nachbarschaft sein, welche zuerst
den Romanischen Bewohnern Italiens und Galliens Gelegenheit bot, dem Namen (scil.
Alemannien) eine Beziehung zu geben, die ihm ursprünglich fremd war, die dann aber
auch anderswo Eingang erhielt". Vgl. dazu aber unten S. 242 m. Anm. 421.

*corum* der Chronist *Alemannorum* schreibt[379]. Der zur Zeit Heinrichs III. wirkende Anselm von Besate benutzt *Alemannia* bereits eindeutig im Sinn von „Deutschland"[380]; zur selben Zeit finden sich in Burgund die frühesten Belege für *Alamanni* im Sinne von „Deutsche"[381]. Auch für den Mailänder Arnulf ist Heinrich II. ein *rex Alamanniae*[382], doch hatte schon Gregor VII. Heinrich IV. 1076 gelegentlich einmal *rex Alamanniae* tituliert, allerdings nicht in einem an Heinrich selbst gerichteten Brief[383]. Im 12. Jahrhundert ist *Alemannia* in Italien so geläufig, daß sich weitere Belege an dieser Stelle erübrigen[384].

Für Frankreich hat VIGENER schon auf die wohl bald nach 1000 entstandene „Vita" des hl. Maiolus von Cluny hingewiesen[385], wo ein *legatus ex Alemanniae partibus* dem Heiligen den Tod Kaiser Ottos I. meldet; wenige Zeilen später sagt Syrus von Maiolus selbst: *In Alemanniae partibus quodam tempore cum moraretur*[386]. In beiden Fällen scheint mir der Bezug auf „Deutschland" zumindest fraglich[387], wenn man bedenkt, daß für den etwa gleichzeitigen Richer König Konrad von Burgund ein *rex Alemanno-*

---

[379]) Dies ist besonders auffällig, wenn er über die Zeit Karls d.Gr. berichtet: Chronicon Salernitanum, c.10: *Rex de quo iam diximus, Karolus, Gallorum, Saxonum, Alemmannorum simulque et Longobardorum Burgundiorumque validum movens exercitum* (ed. WESTERBERGH, S. 13 Z.28 – 30); vgl. aber ebd. c.9: *rex Karolus...cum Francis et Alemannis Burgundionis necnon et Saxonis, cum ingenti multitudine Italiam properavit* (ed. WESTERBERGH, S. 11 Z.18 – 20). Der Chronist weiß sehr wohl, daß Karl Franke war, wie er auch dem von ihm häufig benutzten L.P. entnehmen konnte. Vgl. noch VIGENER, S. 24 m. Anm. 1.
[380]) Epistola Anselmi Perypathetici ad imperatorem Heinricum: *Sed sic tecum leta suscipiat Gallia, quod per suum alumnulum tibi fida mandavit Italia. Non retractet nec barbarizet Alemannia, quod tam suum mininum ad hoc impulit Italia* (ed. MANITIUS, S. 100 Z.5 – 8); vgl. aber Rhetorimachia, c.7: *Non meo adventu resultaret Frantia, non vero Alemannia...* (ed. MANITIUS, S. 154 Z.5 – 6): hier sind Franken und Schwaben gemeint; irrig insoweit VIGENER, S. 102 m. Anm. 4. Zu Anselm von Besate vgl. bes. MANITIUS, ed. cit., S. 61 – 74 und zur Rhetorimachia: ebd. S. 74 – 86; s. auch WATTENBACH – HOLTZMANN – SCHMALE, S. 5*.
[381]) Vgl. oben S. 177 m. Anm. 601 – 02.
[382]) Arnulf, Gesta, l.I c.15: *Eodem tempore Heinricus creatus est rex Alamanniae*; vgl. ebd. c.9: *Cui* (scil. Otto II.) *in Alemanniae partibus superfuit puer sui nominis filius rex, mortuo patre, creatus*; l.V c.8: *Cumque exiret ab Urbe papa* (scil. Gregor VII.) *profecturus Alamanniam* (edd. BETHMANN – WATTENBACH, S. 10 Z.25 – 26, 9 Z.24 – 25, 30 Z.47 – 48); l.II c.14 (edd. BETHMANN – WATTENBACH, S. 15 Z.40) bezeichnen die *Alamanniae partes* allerdings Burgund! Vgl. schon WAITZ V², S. 138 Anm. 4 und VIGENER, S. 168 m. Anm. 7 – 9.
[383]) Reg. Greg. III, 15 (ed. CASPAR, S. 277 Z.5 – 6).
[384]) Vgl. VIGENER, S. 168 – 71.
[385]) VIGENER, S. 172 m. Anm. 10 – 11; vgl. dazu unten Anm. 387 und Anm. 390.
[386]) Vita s. Maioli, l.III c.10, c.11 (ed. WAITZ, S. 655 Z.16, Z.32 – 33). Auch die Überarbeitung der „Vita" des Syrus durch Aldebald bewahrt diese Formulierungen: l.III c.47 und Pars II (ed. CARNANDET, S. 680D-E). Zu Syrus vgl. WATTENBACH – HOLTZMANN I³, S. 301 m. Anm 35.
[387]) Auch WAITZ V², S. 138 Anm. 5, urteilte vorsichtig: „Auch V. Majoli... ist vielleicht schon so zu verstehen", was VIGENER, S. 172 Anm. 11 (auf S. 173) ganz zu Unrecht als „etwas zu unbestimmt" kritisiert.

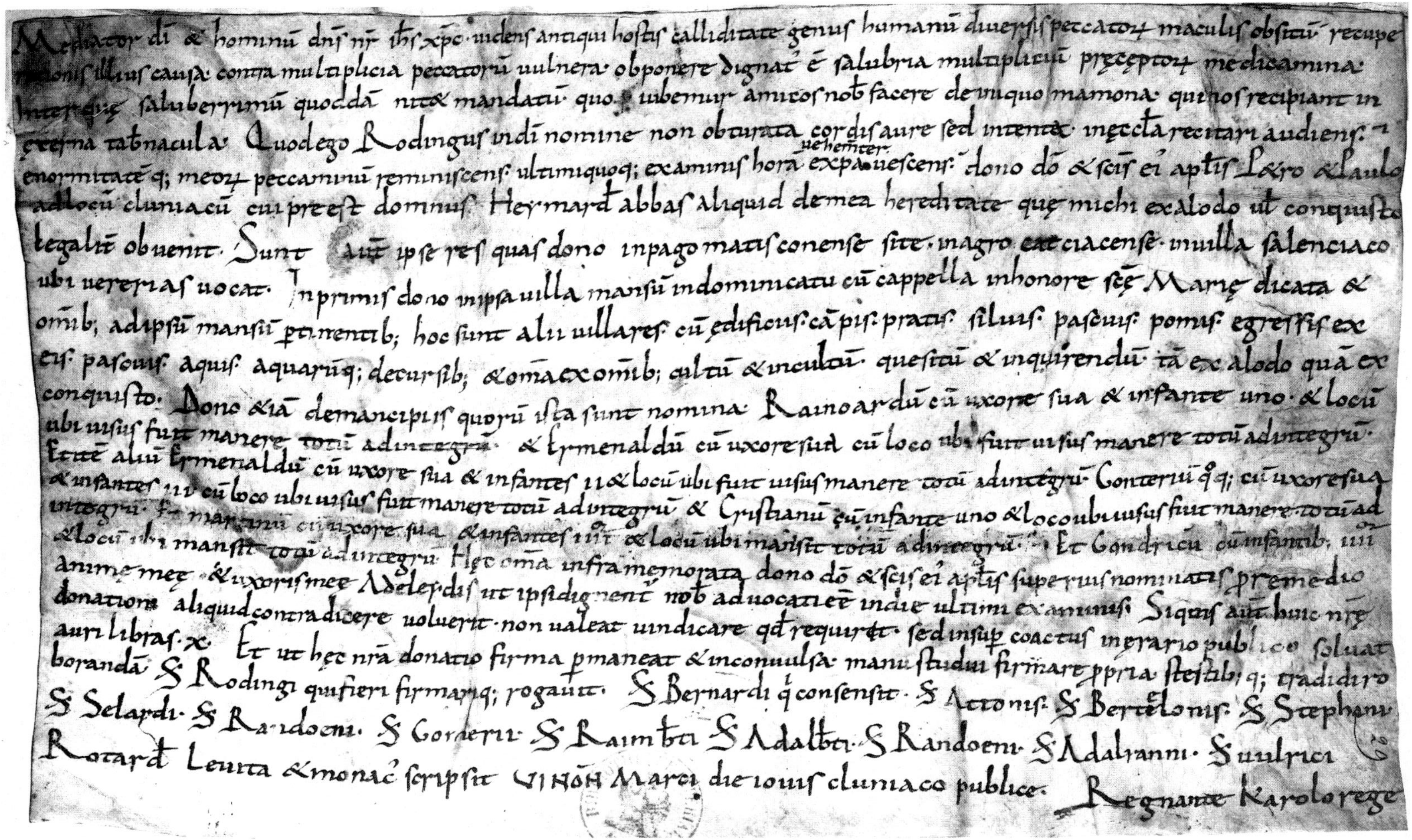

Abb. 10: Paris, Bibliothèque Nationale, Dép. des manuscrits, Coll. Bourgogne, vol. 76, Nr. 29. Diese „charta“ des Rodingus aus dem Jahre 954 ist in der rechten unteren Ecke: *Regnante Karolo rege*, datiert, womit nur Karl von Niederlothringen, der jüngere Bruder Lothars, gemeint sein kann.

*rum* ist[388]. Es könnte daher auch hier durchaus Burgund gemeint sein[389].
Am meisten stört mich an der Deutung VIGENERS, daß das zeitlich nächste
Zeugnis wieder einmal weit über hundert Jahre jünger ist[390]. So bezeichnet
z.B. der um die Mitte des 12. Jahrhunderts entstandene „Liber de compo-
sitione castri Ambaziae" die Söhne Dagoberts I. als *rex Alemanniae* und
*rex Francie*[391]. Die interessanteste Stelle findet sich in der Chronik von
Morigny. Unter den Anwesenden bei der Weihe des Klosters 1120 durch
Papst Calixt II. wird u.a. genannt: *Cono Praenestinus episcopus, totius
Francie ac Teotonie, Alamannie ac Saxonie legatus*[392]. Hier finden sich
gleich drei Schlüsselwörter zusammen in einer Titulatur. Die Deutung von
VIGENER ist mit Sicherheit falsch[393]: *Francia* kann nur die Lande nördlich
der Loire meinen, niemals „Franken und Lothringen"[394]. So wäre *Francia
ac Teotonia* vielleicht als eine Art Oberbegriff aufzufassen[395]; wahrscheinlicher dünkt mich jedoch eine gleichwertige Reihung, wobei sich natürlich
die Frage stellt, was unter *Teotonia* und *Alamannia* zu verstehen ist. VIGE-
NER hat in *Teotonia* „vielleicht Baiern" erblicken wollen, wovon keine Rede sein kann[396].

---

[388] Richer, l.III c.86 (ed. LATOUCHE II, S. 108, 110); sinnigerweise übersetzt LATOU-
CHE, ed. cit., S. 109, 111, diesen Passus zweimal mit „roi d'Allemagne"! Vgl. auch D Rud.
126: *Rodulfus rex Alamandorum*: oben S. 163 m. Anm. 496; vgl. noch DD Rud. 67 (S. 211),
153 (S. 335 Z.20 – 21); vgl. POUPARDIN, Bourgogne, S. 184 m. Anm. 2 – 3.Vgl. noch oben
S. 177 m. Anm. 599.

[389] Dies war zumindest die Meinung des Bearbeiters der „Vita", Aldebald, der in der
Pars II Majolus zunächst in der Provence weilen läßt und danach *in partibus Alemanniae*,
was ganz eindeutig auf Hochburgund bezogen werden muß. Schwaben kann zwar nicht
ausgeschlossen werden, ist aber unwahrscheinlich.

[390] VIGENER, S. 173. Es erweist sich immer wieder, daß im Falle solch isolierter Belege
entweder die Überlieferung spät ist oder dem Wort eine andere Bedeutung zukommt als
die später übliche.

[391] *Dagobertus, qui habuit duos filios... Sigisbertus rex Alemannie, Clodoveus Francie
fuit* (edd. HALPHEN – POUPARDIN, S. 17). Zur Datierung des „Liber" vgl. ed. cit., Introduction, S. XLVIIff.; vgl. WERNER, Imperium, S. 40 Anm. 2.

[392] l.II c.9 (ed. MIROT, S. 33).

[393] VIGENER, S. 141.

[394] Das entspricht dem Sprachgebrauch der Chronik, die *Francia* ausschließlich im
engeren „französischen" Sinn gebraucht; überdies war Kuno von Praeneste Legat für
Frankreich und Deutschland; vgl. Theodor SCHIEFFER: Die päpstlichen Legaten in Frankreich vom Vertrage von Meersen (870) bis zum Schisma von 1130 (Berlin 1935; Nachdruck:
Vaduz 1965) S. 198 – 212, bes. S. 207 – 08 (Historische Studien Ebering, H. 263).

[395] *Alamannia ac Saxonia* wären dann die nähere Erläuterung zu *Teotonia*, was mich
jedoch wenig wahrscheinlich dünkt; vgl. unten S. 239 m. Anm. 403. Tatsächlich hat sich
Kuno sowohl 1115 als auch 1118 im wesentlichen in Lothringen (Köln, Koblenz) und
Sachsen (Corvey, Gandersheim u.a.) aufgehalten; die Synode im fränkischen Fritzlar
(1118) fand in Grenznähe zu Sachsen statt; vgl. Otto SCHUMANN: Die päpstlichen Legaten
in Deutschland zur Zeit Heinrichs IV. und Heinrichs V. (Diss. phil. Marburg 1912)
S. 94 – 96, 100 – 06. Der Sache nach müßte also *Alamannia* hier mit Lothringen, *Teotonia*
mit Franken gleichgesetzt werden; vgl. aber unten S. 238 m. Anm. 399 – 400.

[396] VIGENER, S. 141. Kuno von Praeneste hat Süddeutschland nicht aufgesucht.

Da der deutsche König in dieser Chronik sowohl *rex Alamannorum*[397], als auch *rex Teutonicorum* genannt wird[398], hilft die Titulatur allein nicht weiter, auch wenn der anonyme Chronist *rex Teutonicorum* nur im Zusammenhang mit der Kurie gebraucht, d.h. also offenbar deren Sprachgebrauch übernimmt. Sicher ist nur, daß *Alamannia* keinesfalls das Herzogtum Schwaben meint; so bleiben nur Lothringen und Franken, und es ist nun eine Art Ermessensfrage, ob man *Teotonia* mit Lothringen, *Alamannia* mit Franken gleichsetzt oder umgekehrt. Es ist fraglos richtig, daß *Teutonia* uns schon mehrfach an der Stelle Frankens begegnet ist[399], auch kam *Alemanni* und *Alamannia* für Deutsche und Deutschland nördlich der Alpen zuerst in Lothringen auf[400], dennoch neige ich dazu, die erstgenannte Deutung auf Franken für die richtige zu halten, auch wenn Pseudo-Turpin Karl über *diversa regna* herrschen läßt: *Angliam scilicet, Galliam, Theutoniam, Baioariam, Lotharingiam, Burgundiam, Italiam, Brittaniam ceterasque regiones...Christiano imperio subiugavit*[401], wo *Theutonia* mit Gewißheit für Franken steht. Noch die Annalen von St-Médard erwähnen im Bericht über die Schlacht von Bouvines (1214): *multos alios principes Alemannorum, Theutonicorum, Hainoensium, Flandrensium et Anglo-*

---

[397] Chronicon Mauriniacense, l.II c.15: ... *Lotharius rex Alamannorum, patricius ac imperator Romanorum, qui...in Germania regnabat* (ed. MIROT, S. 54; vgl. ebd. S. 59); s. noch l.III c.7: *Alamannorum imperator Henricus* (ed. MIROT, S. 86). Gemeint ist allerdings Konrad III. als Teilnehmer des 3. Kreuzzugs; als solchen bezeichnet auch Odo von Deuil den deutschen König durchgängig und ebenso das Chronicon S. Petri Vivi Senonensis ad an. 1149 (edd. BAUTIER – GILLES, S. 200). Zu *imperator Alamannorum* o.ä. vgl. auch WERNER, Imperium, S. 39 Anm. 2, 41 Anm. 3 (auf S. 42).

[398] l.II c.14: *Statutum est in curia hinc ad patricium Romanorum, Teutonicorum regem, iter dirigere* (ed. MIROT, S. 52); vgl. l.II c.7: *Erat inter Summum Sacerdotem et regem Teutonicorum, qui per Karoli Magni regis Francorum successionem(!) patricius Romanorum erat, gravissima...de investituris...dissensio* (ed. MIROT, S. 25); ähnlich auch ebd. c.14 (ed. MIROT, S. 50).

[399] Vgl. oben S. 236 m. Anm. 379 und oben Anm. 377. Auch hier wäre der Anstoß also aus Italien gekommen. Vgl. bes. unten Anm. 414, wo *Teutonici* für *Franci orientales* gebraucht wird.

[400] VIGENER, S. 113, 179 – 80; vgl. schon WAITZ V², S. 139 m. Anm. 5. Der Akzent liegt allerdings auf der Einschränkung „nördlich der Alpen"; vgl. bes. oben S. 236 m. Anm. 380 – 83; s. auch unten S. 242 m. Anm. 420.

[401] Pseudo-Turpin, c.1 (ed. MEREDITH-JONES, S. 88 Z.9 – 15, 89 Z.10 – 16). Besonders schön ist die „Beuteverteilung" in Spanien in Gestalt der Zuweisung ganzer Reiche an die Hilfsvölker in c.18: *His itaque gestis terras et provincias Hyspaniae pugnatoribus et gentibus suis.... Karolus divisit: terram Navarrorum et Basclorum Brittanis et terram Castellanorum Francis et terram Nagerae et Caesaraugustae Graecis et Apulis, qui in nostro(!) exercitu erant, et terram Aragonis Pictavis et terram Andalouf iuxta maritima Theutonicis et terram Portugallorum Dacis et Flandris dedit. Terram Galleciae Franci inhabitare noluerunt, quoniam aspera illis videbatur* (ed. MEREDITH-JONES, S. 169 Z.4 – 13; vgl. ebd. S. 168 Z.4 – 12).

*rum*, auf der Seite Ottos IV.[402]. Auch hier dürften wohl die Fürsten der Franken und Lothringer gemeint sein. So möchte ich die Arbeitshypothese wagen, daß im Westen im allgemeinen *Alemannia* an die Stelle Frankens getreten ist, das in außerdeutschen Quellen nicht mehr *Francia* genannt werden konnte, da dieses Wort allein noch auf Frankreich und die Ile-de-France anwendbar war, wobei *Alemannia* überdies seit dem 12. Jahrhundert zugleich Deutschland im allgemeinen bezeichnen kann[403]. Einen eindrucksvollen Beleg für die hier vorgeschlagene Bedeutung des Wortes liefert Suger von St-Denis, der Heinrich V. im Jahre 1124 einen *exercitus Lotaringorum, Alemannorum, Baioariorum, Suevorum et Saxonum* gegen Ludwig VI. sammeln läßt[404]. Da hier die *Suevi* ausdrücklich genannt werden, können mit *Alemanni* nur die Franken gemeint sein. Die Zahl der Belege für *Alemannia* ist in Frankreich seit dem 12. Jahrhundert so überwältigend hoch, daß sich weitere Quellenzeugnisse erübrigen. Als besonders typisch im Sinne von *Franci* = Franzosen, *Alemanni* = Deutsche zitiere ich nur noch den Brief Wiberts von Gembloux an Erzbischof Philipp von Köln aus dem Jahre 1182: *Animadvertite et videte, quoniam occasiones adversus Francos querant Alemanni...*[405].

Abschließend sei noch auf den erstaunlich häufigen Gebrauch von *Alemannia* in Deutschland eingegangen. Schon Otto von Freising wandte sich in den „Gesta Friderici" mit Schärfe gegen die Bezeichnung Deutschlands als *Alemannia: Quare quidam totam Teutonicam terram Alemanniam dictam putant omnesque Teutonicos Alemannos vocare solent, cum illa tantum provincia, id est Suevia, a Lemanno fluvio vocetur Alemannia populique eam inhabitantes solummodo iure vocentur Alemanni*[406]. Damit ist zunächst einmal gesichert, daß *Alemannia* zu der Zeit, da Otto an den „Gesta" schrieb, d.h. im Jahre 1157, bereits in Gebrauch war und offenbar gar nicht so selten, denn sonst wäre Ottos Verärgerung unverständlich. In der Tat finden sich die ältesten Belege bereits im frühen 12. Jahrhundert,

---

[402]) Ann. S. Medardi ad an. 1214 (ed. WAITZ, S. 521 Z.30 – 31). Zu Bouvines vgl. zuletzt Georges DUBY: Le dimanche de Bouvines, 27 juillet 1214, Paris 1973 (Trente journées qui ont fait la France, t.V) und KIENAST II, S. 569 – 80.

[403]) Dies würde gut die relative Seltenheit des Vorkommens von *Teutonia* in französischen Quellen erklären; vgl. oben S. 235 m. Anm. 374.

[404]) Suger, Vita Ludovici Grossi, c.28 (ed. WAQUET, S. 218).

[405]) Alexander CARTELLIERI: Philipp II. August. König von Frankreich, t.I: Bis zum Tode Ludwigs VII. 1165 – 1180 (Leipzig 1899; Nachdruck: Aalen 1984) Beilage 13C, S. 94 – 105, bes. S. 99. Weitere Belege zusammengestellt bei VIGENER, S. 173 – 75; ebd. S. 175 – 79 zum normannischen England.

[406]) Gesta Friderici, l.I c.8 (edd. WAITZ – v. SIMSON, S. 25 Z.6 – 11); vgl. VIGENER, S. 64 – 65, 150, 184; s. schon WAITZ V², S. 139.

wie sogleich zu zeigen sein wird. Der Zorn Ottos war überdies vergeblich: sein eigener Fortsetzer Rahewin spricht häufig von *Alemannia*[407]. In die Urkunden drang das Wort unter Konrad III. ein, wobei der italienische Einfluß mit Händen zu greifen ist[408], und dies trifft auch für die Zeit Friedrichs Barbarossa zu[409]. Im 13. Jahrhundert ist *Alemannia* in der deutschen Kanzlei ganz geläufig[410]. Es gilt jedoch festzuhalten daß das Wort unter italienischem Einfluß von der Kanzlei rezipiert wurde und frühe Verwendungen in Süddeutschland wie z.B. in der „Passio Tiemonis" um 1150[411] wohl gleichfalls nach Italien weisen.

Darum soll die Bedeutung Lothringens für die Rezeption des Wortes nicht grundsätzlich geleugnet werden: man muß sich nur bewußt bleiben, daß zwei Einflüsse zu beachten sind, der lothringische und der italienische, wobei letzterer um einige Jahrzehnte älter ist als der lothringische, denn Albert von Aachen schrieb die ersten sechs Bücher seiner Geschichte des 1. Kreuzzugs wohl um 1100/02[412], und erst hier wird *Alemanni* und *Teu-*

---

[407]) Rahewin, Gesta Friderici, ll.III – IV, passim; vgl. VIGENER, S. 184 – 85 m. Anm. 1 – 3; s. auch W. MÜLLER, S. 458, 462.

[408]) D Ko. III. 226 (1150 März 14) S. 400 Z.30: *venientis ad nos in Alamanniam*. Die Uk. ist für Ascoli Piceno, der Diktator Italiener; vgl. D Ko. III. 226 Vorbem. In D Ko. III. 229 (1150 Apr. 16/20), einem Brief an die Kaiserin Irene, in dem sich zweimal *ad partes Alamannie* findet (S. 405 Z.37, 406 Z.7) bin ich dagegen unsicher, ob nicht doch Schwaben gemeint ist; anders VIGENER, S. 188.

[409]) D F. I. 91 (1154 Dez. 3): *tam in Italia quam in Alemannia* (S. 153 Z.6 – 7) und danach DD F. I. 241 – 42 (S. 33 Z.1, 35 Z.34): die roncalischen Gesetze 1158; vgl. ferner D F. I. 221 (1158 Juli 10): *et alii quam plures tam Alemannię quam Italię principes* (S. 3 Z.34); D F. I. 224 (1158 Sept. 1): *tres vero principes Alemanniae dextras dabunt* (S. 9 Z.13 – 14); D F. I. 281 ([1159] Sept. 16): *per Alemanniam et Burgundiam et Aquitaniam* (S. 93 Z.20); D F. I. 374 (1162 Juni 26): *Quodsi imperator fuerit in Alamania* (S. 235 Z.7); D F. I. 375 (1162, nach Juli 15): *si in Alamannia fuerit* (S. 241 Z.2); D F. I. 455 (1164 Aug. 8): *et secundo anno ad nos in Alamaniam unus vel duo veniant* (S. 358 Z.14 – 15); D F. I. 689 (1177, vor Aug. 1): *principes Alamannie iurabunt* (S. 207 Z.31). Fraglich scheint mir dagegen D F. I. 153 (115 [6] Okt.): *fideles imperii per Alemanniam constituti* (S. 263 Z.42), wo *Alemannia* sehr wohl auch Schwaben bezeichnen könnte, zumal Herzog Friedrich von Staufen der Empfänger ist. Vgl. noch VIGENER, S. 188 – 89.

[410]) Zahlreiche Belege bei VIGENER, S. 189 – 90.

[411]) Passio Tiemonis, c.7: ... *qui* (scil. Heinrich IV.) *per Italiam et Alemanniam* ...; c.11: *conflagraverunt ex Alamannia Bawarii, Suevi*... (ed. PERTZ, S. 56 Z.14 – 15, 58 Z.23). Zur „Passio" vgl. WATTENBACH – SCHMALE, S. 168. Vgl. noch die um etwa zwei Jahrzehnte ältere „Vita Heinrici imperatoris" Adalberts von Bamberg, der Benedikt VIII. *ad Alemanniam* reisen läßt: c.25 (ed. WAITZ, S.807 Z.27, Z.28 – 29); vgl. VIGENER, S. 184.

[412]) Zu Albert von Aachen vgl. WATTENBACH – HOLTZMANN II³, S. 640 – 41, wo die „Historia" noch zu „bald nach 1121" angesetzt wird, während die neuere Forschung nur noch l.XII auf „nach 1120" und die ll.VII – XI auf „vor 1119" datiert; vgl. WATTENBACH – HOLTZMANN – SCHMALE, S. 172*– 73*.

*tonici* promiscue gebraucht[413], doch Vorsicht ist geboten, denn Albert kennt auch die engere Bedeutung von *Alemannia*[414], weshalb die Bezeichnung einer Persönlichkeit als *Alemannus* oder *de Alemannia* nicht ohne weiteres auf „Deutschland" bezogen werden darf[415]; immerhin gibt es genügend eindeutige Belege[416], die erlauben, in Albert den vielleicht ersten A u t o r nördlich der Alpen zu sehen, der Deutschland als *Alemannia* bezeichnet. Einer möglichen älteren Erwähnung von *Alamannia* in einem Brief Bischof Herrands von Halberstadt, der um 1094 geschrieben, aber schlecht überliefert ist[417], stehe ich eher skeptisch gegenüber[418], während

---

[413]) Historia, l.I c.17: RHC. IV, S. 285B-D. Man beachte, daß die Kreuzfahrer bei Albert nur selten *Franci*, sondern fast ausschließlich *Galli* genannt werden; vgl. aber unten Anm. 416; in l.I c.16: RHC. IV, S. 284E, spricht Albert von *Romani Francigenae*, das auch sonst mehrfach vorkommt; vgl. die folg. Anm.

[414]) Vgl. etwa Historia, l.I c.23: *ex diversis regionibus Lotharingiae, Franciae Orientalis, Bawariae, Alemanniae* sammelt der *Teutonicus* Gottschalk ein Heer von 15.000 Mann: RHC. IV, S. 289F; s. auch l.III c.1: *Northmanni, Burgundiones, Britanni, Alemanni, Bawarii, Teutonici*(!) *omnis videlicet exercitus*: RHC. IV, S. 339A; nur drei Zeilen zuvor hatte er: *Francigenae, Lotharingii, Alemanni, Bawarii, Flandrienses et universum genus Theutonicorum*, aufgezählt; vgl. noch l.IV c.47: *Dux...Godefridus cum Theutonicis, Alemannis, Bawariis, Saxonibus, Lotharingiis*: RHC. IV, S. 422D; ebd. c.51: *in faciem adversariorum cum Alemannis, Bawariis, Saxonibus, Lotharingiis, Theutonicis et Romanis...*: RHC.IV, S. 425D. Vgl. noch unten Anm. 415 sowie oben S. 238 m. Anm. 399.

[415]) Historia, l.II c.30: *Hartmannus comes, unus de maioribus Alemanniae*; l.IV c.54: *Hartmannus, dives et nobilissimus et unus de praepotentibus in terra Alemaniae*: RHC. IV, S. 322B, 427 C-D; l.VII c.71: *Wicherus autem Alemannus*: RHC. IV, S. 553B. Hier wäre die Übersetzung „Deutschland" höchst fragwürdig; VIGENER, S. 180, gibt aber gerade die Stellen zu Graf Hartmann an, den er im selben Atemzug einen „schwäbischen Grafen" nennt, was auch zutrifft, denn Hartmann war Graf von Dillingen-Kyburg; auch der l.II c.1 erwähnte *comes Alemanniae* Emicho: RHC. IV, S. 299A; vgl. ebd. S. 295A-B, war ein Graf von Leiningen; vgl. A History of the Crusades, hgg. von Kenneth M. SETTON, t.I²: The First Hundred Years, hgg. von Marshall W. BALDWIN (Madison-Milwaukee-London 1969) S. 263 – 64, 265.

[416]) Historia, l.I c.11: *Grave...nobis infortunium, ex furore insipientium Theutonicorum ortum, imminet. Nostri quam plurimi cum ipsis Alemannis ...*: RHC. IV, S. 280A; l.VIII c.3: (*Longobardi*) *... illic consederunt, priusquam aliqua societas de regno Franciae aut Alemanniae illis iungeretur*: RHC. IV, S. 560E; l.VIII c.39: *Plurima autem milia Alemannorum, Francorum, Wasconum...illic exstincta fuisse referentur*: RHC. IV, S. 581D-E. *Franci* meint hier eindeutig Franzosen, weshalb sie neben den *Alemanni* genannt werden können im Gegensatz zu den Belegen: oben Anm. 413.

[417]) *Nonne Roma, nonne Tuscania, nonne Longobardia, nonne Alamannia, nonne Ungaria*(!) *sedes regni imperatoris tui fuerunt?* (ed. DÜMMLER, S. 291 Z.12 – 14). Der Brief ist inseriert in die um die Mitte des 12. Jh. entstandenen Disibodenberger Annalen, die ihrerseits in einer Hs. des 14. Jh. überliefert sind; vgl. DÜMMLER, ed. cit., S. 286; die Hs. ist stark fehlerhaft; vgl. Libelli de lite, t.III, S. 734. Vgl. WATTENBACH – HOLTZMANN II³, S. 409; WATTENBACH – SCHMALE, S. 142 – 43; zu Herrand s. ZIELINSKI, S. 109, 128, 184 und ebd. Liste 15, S. 277.

[418]) Nicht so sehr wegen der zeitlichen Priorität, die gegenüber Albert nur wenige Jahre ausmacht und daher unbeachtlich ist, sondern wegen des isolierten Wortbelegs in einem sehr spät und schlecht überlieferten Brief. Die Übernahme aus dem Reg. Greg. wäre bei einem so strengen Gregorianer wie Herrand allerdings durchaus denkbar.

sich gerade aus dem lothringischen Raum zahlreiche Belege für die erweiterte Bedeutung von *Alemannia* finden[419]. So wird ernstlich zu erwägen
sein, ob die neue Wortbedeutung nicht von Frankreich nach Deutschland,
sondern umgekehrt aus Lothringen nach Frankreich gewandert ist[420]. Sie
erfreute sich in Deutschland bis ins 14. Jahrhundert weit höherer Beliebtheit als etwa *Teutonia* oder gar *Germania*[421]. Daß Deutschland den heute
vertrauten Namen führt, ist dem Einfluß der Volkssprache zu verdanken;
wo diese bedeutungslos war wie natürlich in Frankreich, konnte die lateinische Wortform, die seit dem 12. Jahrhundert dominierte, in die Volkssprache eindringen, weshalb Deutschland in Frankreich „Allemagne"
heißt[422].

---

[419]) Zusammengestellt bei VIGENER, S. 180 – 81; s. auch WAITZ V², S. 139 Anm. 5.

[420]) Die burgundischen Belege des 11. Jh.: oben S. 177 m. Anm. 601 – 04, stehen vereinzelt und betreffen auch nicht das Frankreich des 11. – 12. Jh.; die italienischen Belege: oben
S. 236 m. Anm. 380 – 83, sind eindeutig älter. Vgl. schon oben S. 238 m. Anm. 400.

[421]) Dies gegen WAITZ V², S. 139, der befindet, daß der Gebrauch von *Alemannia*
„selbst in Deutschland Nachahmung gefunden habe"; vgl. noch die folg. Anm.; s. schon
oben Anm. 379.

[422]) Verfehlt daher WAITZ V², S. 138: „Die Nachbarvölker haben sich gewöhnt, den
Namen des südwestlichen Stammes der Alamannen in umfassender Bedeutung für die
Deutschen überhaupt zu verwenden"; im gleichen Sinn LAMPRECHT I, S. 21, der zusätzlich
auf das „politische Bewußtsein" der „Stämme" abstellt und befindet: „noch vertraten sie
(scil. die Stämme), jeder in seinem Sitz und über dessen Grenzen hinaus, zunächst selb-
ständig das deutsche Wesen(sic). Darum haben die Franzosen und Engländer des früheren
Mittelalters(?) uns „Allemands" zu nennen gelernt"; irrig auch W. MÜLLER, S. 455. Im
Englischen setzte sich aber schließlich das gelehrtere „Germany" durch.

# 4. KAPITEL

# ZUR FRAGE EINES „NATIONALGEFÜHLS" IM
# FRÜHEN MITTELALTER.

§ 1: *Gens - natio - populus*: Völker oder Stämme im 9. und
10. Jahrhundert?

Nachdem in den beiden voranstehenden Kapiteln der linguistisch-ter-
minologische Aspekt im Mittelpunkt des Interesses gestanden hatte, wende ich mich nunmehr der Frage zu, ob und inwieweit im Früh- und Hochmittelalter so etwas wie ein Nationalgefühl bestanden hat. Dies setzt die
Existenz mittelalterlicher Nationen in einer mit heutigen Maßstäben zumindest vergleichbaren Form voraus, wovon im folgenden Paragraphen
zu sprechen sein wird. In diesem Abschnitt beschränke ich mich auf die
Überprüfung der Terminologie, und zwar sowohl die der lateinischen
Quellen als auch die der modernen Historiker, wobei denkbare verfassungsgeschichtliche Konsequenzen aus diesem Befund zunächst einmal
ausgeklammert bleiben sollen. Ich beginne mit der Besprechung der frühmittelalterlichen Quellen. An der Spitze muß natürlich der große Enzy-
klopädist des 7. Jahrhunderts, Isidor von Sevilla, stehen[1], der in seinen
„Etymologiae" sowohl *gens* als auch *populus* zu definieren versucht[2], während er *natio* nur am Rande behandelt[3]. Auch der Sprachgebrauch der

---

[1]) Zu Isidor vgl. WATTENBACH – LEVISON, S. 86 – 88, bes. S. 87 m. Anm. 174; grundlegend Jacques FONTAINE: Isidore de Séville et la culture classique dans l'Espagne wisi-
gothique, 2 Bde., Paris 1959; vgl. zuletzt TEILLET, S. 463ff.

[2]) Das Buch IX hat die Überschrift: *De linguis, gentibus, regnis, militia, civibus,
affinitatibus* (ed. LINDSAY I). Die Edition von Lindsay hat keine moderne Seitenzählung,
weshalb sich Verweise auf die Edition erübrigen; zur Edition s. auch FONTAINE (oben
Anm. 1) t.I, S. 21 m. Anm. 2 – 3. Zur Bedeutung dieser Begriffe in der Antike vgl.
HEISSENBÜTTEL, S. 13 – 17. Vgl. auch NONN, Reich, S. 131.

[3]) Etym. IX, 2, 1: *Gens est multitudo ab uno principio orta sive ab alia natione
secundum propriam collectionem distincta, ut Graeciae, Asiae. Hinc et gentilitas dicitur.
Gens autem appellata propter generationes familiarum, id est a gignendo, sicut natio a
nascendo; IX, 4, 4 – 6: Genus aut a gignendo et progenerando dictum, aut a definitione
certorum prognatorum ut nationes, quae propriis cognationibus terminatae gentes appellantur. (5) Populus est humanae multitudinis, iuris consensu et concordi communione
sociatus. Populus autem eo distat a plebibus, quod populus universi cives sunt, connumeratis
senioribus civitatis...(6) Populus ergo tota civitas est; vulgus vero plebs est. Plebs autem dicta*

„Vulgata", insbesondere der „Libri psalmorum", hat natürlich auf das Frühe Mittelalter stark eingewirkt; ich gebe nur eine kleine Auswahl einschlägiger Bibelstellen: *Ne forte dicant in gentibus: ubi est Deus eorum? Et innotescat in nationibus coram oculis nostris ultio sanguinis servorum tuorum...; Confitebor tibi in populis, Domine, et psallam tibi in nationibus...; Ad faciendam vindictam in nationibus, increpationes in populis* [4]. *Rex gentium* ist ein Epitheton Gottes in der bekannten Stelle: *Quis non timebit te, o rex gentium*; im Mittelalter wird auch Christus gelegentlich so betitelt [5].

Der Gebrauch von *populi, nationes* und *gentes* ist nicht säuberlich zu trennen, und jeder Versuch einer präzisen Definition der drei Begriffe scheint mir a priori zum Scheitern verurteilt angesichts der Tatsache, daß sie häufig synonym gebraucht werden [6]. Ich verzichte auf weitere Belege aus dem 4. – 8. Jahrhundert mit Ausnahme des berühmten Schreibens Stephans III. an die Frankenkönige aus dem Jahre 770. Für ihn sind die Franken eine *praeclara* und *nobilissima*, die Langobarden dagegen eine *foetentissima* oder *horrida gens, quae in numero gentium nequaquam conputatur, de cuius natione et leprosorum genus oriri certum est*; der Papst weist die Könige u.a. darauf hin, daß keiner ihrer direkten Vorfahren: *ex alio regno vel extranea natione coniugem accepit* und warnt ganz allgemein vor der *voluntas uxorum aligenę gentis* [7]. Ich wende mich sogleich dem 9. – 11. Jahrhundert zu. Auch hier kann es sich jedoch nur um eine knappe Auswahl einschlägiger Quellenstellen handeln, da schon der Versuch einer

---

*a pluralitate; maior est enim numerus minorum quam seniorum*. Zu *natio* vgl. noch Etym.IX, 3, 2: *Regnum universae nationes suis quaeque temporibus habuerunt ut Assyrii, Medi, Persae, Aegyptii, Graeci...Inter omnia autem regna terrarum duo regna ceteris gloriosa traduntur: Assyriorum primum, deinde Romanorum, ut temporibus et locis inter se ordinata atque distincta*; vgl. hierzu KAHL, Beobachtungen, S. 67 m. Anm. 6 – 10; s. auch NONN, Reich, S. 131 und SCHMUGGE, S. 439 – 40.

[4]) Vulgata, Psalmi iuxta LXX, ps. 78, 10; 107, 4; 149,7 (ed. WEBER I, S. 870b, 910a, 952b); vgl. dazu unten Anm. 6. Die Belege sind sehr zahlreich, lassen sich jedoch anhand einer guten Bibelkonkordanz (Dutripon u.a.) leicht zusammenstellen. Allgemein vgl. HEISSENBÜTTEL, S. 20 – 23; s. noch KAHL, Beobachtungen, S. 84 – 85.

[5]) Jer. 10,7 (ed. WEBER II, S. 1181a); vgl. BEUMANN, Imperator, S. 335 – 36; LÖWE, Kaisertum, S. 255 – 56 m. Anm. 145 – 46.

[6]) Ich verweise nur auf Ps. 78, 10: die Übersetzung direkt aus dem Hebräischen statt aus der LXX liest: *quare dicunt gentes, ubi est Deus eorum. Nota fiat in gentibus ante oculos nostros ultio sanguinis servorum tuorum...*(ed. WEBER I, S. 871b). Statt *in nationibus* übersetzt Hieronymus hier *in gentibus*; vgl. dazu HEISSENBÜTTEL, S. 23. Es versteht sich von selbst, daß die biblische Bedeutung von *gentes, nationes* oder *populi* = Heiden hier außer Betracht bleibt; s. aber HEISSENBÜTTEL, S. 22, 50, 63, 90.

[7]) Cod. Carol., Nr. 45 (ed. GUNDLACH, S. 561 Z.12, Z.13 – 15, Z.21 – 22, Z.26 – 28, Z.31). Allgemein s. HEISSENBÜTTEL, S. 24ff. (weitgehend nach A. Dove: ebd. S. 7); zu Heissenbüttel vgl. die Kritik von F. MÜLLER, S. 249. Grundlegend zu den merowingischen *nationes* EWIG, Volkstum, S. 246ff.; ergänzend s. BUCHNER, S. 566, 571 – 72 und bes. TEILLET, S. 335ff., 367ff.; vgl. ebd. S. 503ff. zu den Westgoten im 7. Jh.

vollständigen Erfassung des Materials ein selbständiges Buch erfordern würde, dessen Nutzen allein in der Zusammenstellung von Belegen bestünde, ohne daß selbst eine umfassende Arbeit dieser Art mehr als nur einen Beitrag zur Definition der Begriffe zu geben vermöchte.

In seiner „Regni Divisio" des Jahres 831 wandte Kaiser Ludwig sich: *cuncto catholico populo...gentium ac nationum*, zu, *quae sub imperio...nostro constitutae sunt*[8], womit alle drei „Leitwörter" dieses Abschnitts in einer knappen Salutatio vereint sind. Ähnlich verfährt Regino von Prüm, wenn er in seinem Widmungsbrief an Erzbischof Hatto von Mainz schreibt: *Necnon et illud sciendum, quod sicut diversae nationes populorum inter se discrepant genere, moribus, lingua, legibus, ita sancta universalis aecclesia toto orbe terrarum diffusa... consuetudinibus aecclesiasticis ab invicem differt*[9]. Diese häufig zitierte Stelle besagt zunächst einmal nur, daß auch Regino keine klare Vorstellung hat, wenn er *natio* mit *populus* zu einem unübersetzbaren *nationes populorum* verbindet und dann das *genus* als erstes Unterscheidungsmerkmal anführt[10]. Statt *nationes populorum* gebraucht die ältere „Vita" der Königin Mathilde etwa sieben Jahrzehnte später die Wendung *gentium nationes*, wenn sie von Heinrich I. schreibt: *quaeque regna per circulum bello potens suo subiugaverat dominatui, scilicet Sclavos, Danos, Bawarios(!), Behemos ceterasque gentium nationes, quae Saxonico nunquam subesse videbantur imperio*[11]. Einen sachlichen Unterschied zwischen den *nationes populorum* Reginos und den *nationes gentium* der „Vita Mathildis" vermag ich nicht zu erkennen, doch dürfte es den Verfechtern eines „deutschen" Staates im 10. Jahrhundert einiges

---

[8]) Capit. II, Nr. 194 (831 Febr.) S. 21 Z.30–31.

[9]) Regino, Epistula...ad Hathonem archiepiscopum missa (ed. KURZE, S. XX). Es handelt sich um die Widmung seines kirchenrechtlichen Traktats „De synodalibus causis"; vgl. schon KIRN, S. 36, der *nationes populorum* einfach mit „Völker" übersetzt. Allgemein vgl. PENNDORF, S. 23ff., bes. S. 24 m. Anm. 163 und BEUMANN, Kaisertum, S. 99–100.

[10]) Vgl. KAHL, Beobachtungen, S. 65: „Für die Frage nach dem Ursprung der europäischen Großnationen im Mittelalter haben Stellen dieser Art die höchste Bedeutung. Für die Klärung des Sprachgebrauchs von *natio* oder auch *populus* geben sie nicht mehr her als die Erkenntnis, daß die neu entstehende Größe weder mit dem einen noch mit dem anderen dieser Ausdrücke gültig bezeichnet werden konnte, so daß Regino eben versuchte, mit einer Kombination beider weiterzukommen"; vgl. noch WENSKUS, Verfassung, S. 14–15; SCHLESINGER, Grundlegung, S. 257 und bes. DERS., Entstehung, S. 132, 33, 161; s. auch EHLERS, Elemente, S. 565 und NONN, Reich, S. 131.

[11]) Vita Mathildis antiquior, c.4 (ed. KOEPKE, S. 577 Z.2–4); vgl. HEISSENBÜTTEL, S. 53 m. Anm. 1 und bes. EGGERT–PÄTZOLD, S. 256. SCHLESINGER, Entstehung, S. 133, erwähnt diese Stelle lediglich unter dem Gesichtspunkt des „Doppelausdrucks" *gentium nationes*; mir scheint die inhaltliche Aussage wesentlich aufschlußreicher; vgl. unten S. 246 m. Anm. 12. Zur „Vita Mathildis antiquior" s. WATTENBACH–HOLTZMANN I³, S. 39–40; WATTENBACH–HOLTZMANN–SCHMALE, S. 17*; EGGERT–PÄTZOLD, S. 245–49 und zuletzt CORBET, S. 120–22.

Kopfzerbrechen bereiten, die Baiern neben den Slawen, Dänen und Böhmen zu den von den Sachsen „unterworfenen" Völkern gezählt zu sehen[12]. Benedikt von S. Andrea bemerkte zum Italienzug Ottos d.Gr. 961: *habebat* (scil. Otto) *autem secum gentes nationes, quorum lingue non agnoscebant gentis*[13].

Daß *gens, natio, populus* alternierend verwendet werden können, bezeugt Einhard in seinen Annalen: er spricht zum Jahr 789 zunächst von der *natio quaedem Sclavenorum..., quae propria lingua Welatabi, Francica autem Wiltzi vocatur*; wenige Zeilen später ist von *gens illa...bellicosa* die Rede und abermals einige Zeilen danach heißt es dann: *subacto illo populo*, zog Karl über die Elbe in die *Francia*, nämlich nach Worms, zurück. Ganz ähnlich berichten die Reichsannalen zum Jahre 823 von einem Streit um die Regierungsgewalt im *regnum Wilzorum*: der *populus Wilzorum* hatte nach dem Tode des Königs zunächst dessen ältesten Sohn zum Nachfolger gewählt, der *secundum ritum gentis* die Herrschaft antrat; er wurde jedoch wegen Unfähigkeit abgesetzt und die Königswürde dem jüngeren Bruder angetragen. Hier ist *populus* im Innenverhältnis, *gens* für die Bezeichnung des Volks von außen gebraucht[14]. In gleicher Weise bezeichnen die Reichsannalen 818 und 823 die Abodriten als eine *gens*, doch im Jahre 819 wird ihr König von den *primores populi sui* vor dem Kaiser angeklagt[15]. Die Franken sind in den Reichsannalen stets der *populus* des Kaisers[16],

---

[12]) Wobei es auf die historische „Richtigkeit" dieser Aussage gar nicht ankommt; entscheidend ist allein, daß der anonyme Verfasser der „Vita" die Baiern auf eine Stufe mit Böhmen, Dänen und „Slawen" stellt, was denn doch ein merkwürdiges „Nationalbewußtsein" noch „um 975" bezeugt, wie die Entstehungszeit der „Vita" allgemein angesetzt wird. Hierauf geht Schlesinger natürlich mit keinem Wort ein. Vgl. aber unten § 3, S. 293 m. Anm. 329.

[13]) Benedikt von S. Andrea, Chronicon (ed. ZUCCHETTI, S. 175 Z.6–8).

[14]) Ann. q. d. Einhardi ad an. 789 (ed. KURZE, S. 85, 87); Ann. regni Franc. ad an. 823 (ed. KURZE, S. 160). Der Kaiser entscheidet nach *gentis voluntatem: statuit, ut is delatum sibi a populo suo potestatem haberet.* Zur Bedeutung von *populus* im Unterschied zu *gens* vgl. HEISSENBÜTTEL, S. 63, 91–92; s. auch unten Anm. 19. Vgl. die folg. Anm. und oben S. 192 m. Anm. 81.

[15]) Ann. regni Franc. ad h. ann. (ed. KURZE, S. 149, 160); vgl. ebd. ad an. 823: *cum quibusdam primoribus populi sui* (scil. principis Abodritorum) *Compendium venit* (ed. KURZE, S. 162).

[16]) Vgl. etwa Ann. regni Franc. ad an. 814: *Habito generali populi sui conventu*; ad an. 815: *...generalem populi sui conventum habebat*; ad an. 817: *...generalem populi sui conventum...habuit*; ad an 821: *conventus generalis...magna populi Francorum frequentia celebratur* (ed. KURZE, S. 141, 142, 146, 156). Die Kirchenbuße von Attigny findet statt: *in praesentia totius populi sui*: ad an. 822 (ed. KURZE, S. 158); vgl. unten Anm. 24.

doch können sie auch als *gens* erscheinen[17], und dasselbe gilt für die Bretonen[18] und die Awaren[19]. Daß es sich hierbei tatsächlich vorwiegend um stilistische, weniger um sachliche Unterschiede handelt, zeigt ein Vergleich zwischen Einhard, der die Bretonen eine *perfida gens* nennt, während der Reichsannalist von einem *perfidus populus* spricht[20]. Ein letztes Beispiel bietet der „Astronomus", der die Reichsversammlungen in Frankfurt 822/23 einmal als *conventum circumiacentium nationum* beschreibt und danach als *conventum Francorum australium, Saxonum aliarumque eis conlimitantium gentium*[21].

In den großen Annalenwerken des 9. Jahrhunderts kommen *gens* und *populus* nicht gerade selten vor, wobei ich Wendungen wie *Christianus populus* oder *gentes/gentiles* im Sinne von Heiden ohnehin nicht berücksichtige[22]. Es fällt auf, daß *populus* ohne nähere Bezeichnung häufig allgemein gebraucht wird in Wortverbindungen wie: *cunctus populus, tanta populi multitudo, conventus populi, frequentia populi, consensus populi, clerus et populus* u.v.a.m., die alle in dem hier interessierenden Zusammenhang bedeutungslos sind[23]. In Verbindung mit Völkernamen findet sich *populus*

---

17) Ann. regni Franc. ad an. 811: *ex utraque parte utriusque gentis Francorum scilicet et Danorum* (ed. KURZE, S. 134); Ardo, Vita Benedicti, c.1: *Benedictus abbas ex Getarum*(sic) *genere...; pater...eius comitatum Magdolonensem...tenuit et Francorum genti fidelissimus extitit* (ed. WAITZ, S. 201 Z.14 und Z.16–17); vgl. noch unten Anm. 32. Natürlich sind auch die Sachsen eine *gens*: Ann. regni Franc. ad an. 797 (ed. KURZE, S. 100). Zu Ardo von Aniane, der von seinen Mitbrüdern auch Smaragdus genannt wurde und nicht mit Smaragdus von St-Mihiel verwechselt werden darf, s. WATTENBACH–LÖWE, S. 338–40; die „Vita" entstand um 822/23.

18) Ann. regni Franc. ad an. 799 ist von der *terra* und dem *populus* der Bretonen die Rede, ad an. 825 dagegen von den *primores gentis suae* (ed. KURZE, S. 108, 167); vgl. dazu unten Anm. 20 und unten Anm. 31.

19) Ann. regni Franc. ad an. 795: *tudun, qui in gente et regno Avarorum magnam potestatem habebat*; ad an. 799: *... gens Avarum a fide...defecit*; ad an. 796: *tudun...cum magna parte Avarorum ad regem venit, se cum populo suo et patria regi dedit* (ed. KURZE, S. 96, 98, 108); vgl. noch unten Anm. 36.

20) Ann. q. d. Einhardi ad an. 799 (ed. KURZE, S. 109); Ann. regni Franc. ad an. 824 (ed. KURZE, S. 165).

21) „Astronomus", c.35, c.36 (ed. PERTZ, S. 627 Z.1–2, Z.9–10; ed. TENBERKEN, S. 112, 113); vgl. SCHLESINGER, Grundlegung, S. 280. Belege zu *gens* und *natio* bei Beda, Alcuin und Paulus Diaconus bietet BUCHNER, S. 571–72, 574–76. Für das 6. Jh. vgl. bes. TEILLET, S. 13 m. Anm. 62–63.

22) Solche Formulierungen sind bes. in den Ann. Xant. und Ann. Vedast. häufig; vgl. etwa Ann. Xant. ad ann. 826, 845, 848, 849, 871, 873; Ann. Vedast. ad ann. 879, 880, 886 (ed. v. SIMSON, S. 7, 14, 15, 16, 16–17, 30, 33, 45, 48, 59); s. aber auch Ann. Bert. ad an. 833 (ed. GRAT, S. 8–9); Ann. Fuld., Cont. Ratisb. ad an. 886 (ed. KURZE, S. 114); allgemein vgl. HEISSENBÜTTEL, S. 64.

23) Ohne Anspruch auf Vollständigkeit zitiere ich beispielhaft: Ann. Bert. ad ann. 830, 831, 832, 833, 834, 837, 841, 846, 854, 862, 863, 867 u.ö. (ed. GRAT, S. 2, 3, 6, 10, 12, 13, 14, 22, 37, 38, 52, 69, 88, 95, 96, 136 u.ö.); Ann. Fuld. ad ann. 852, 856, 858, 863, 870 u.ö. (ed. KURZE, S. 42, 43, 47, 49, 50, 51, 56, 70 u.ö.); Ann. Xant. ad ann. 858, 866; Ann. Vedast. ad ann. 886, 890 (ed. v. SIMSON, S. 18, 23, 60, 61, 69). Die Beispiele ließen sich beliebig

dagegen relativ selten: regelmäßig nur in antiker Tradition *populus Romanus* oder *Romanorum*, häufig auch *populus Francorum*, doch nicht mit der gleichen Ausschließlichkeit[24]. Regino spricht gelegentlich von den *Galliarum populi*[25], Rudolf in den Fuldaer Annalen einmal von den *populi Germaniae*[26], während sein Fortsetzer Meginhard mehrfach mit *Germanicus populus* in ganz unpolitischem Sinn die Bevölkerung der rechtsrheinischen *Germania* bezeichnet[27] und nicht etwa das „deutsche Volk"; im übrigen ist *populus* oder *populi* in Verbindung mit Volks- bzw. Völkernamen nur selten bezeugt[28]. Interessant ist noch der Bericht Adrevalds von Fleury über die Ereignisse im Frankenreich im Jahre 832: Kaiser Ludwig: *suspectos Francorum primores habens, Germaniae populos Aquitaniam profecturos evocat, Saxones videlicet, Thoringos, Baioarios atque Alemannos*, was Adrevald zutiefst mißbilligt; er spricht dann von *quosdam supradictorum*

---

vermehren. Vgl. noch HEISSENBÜTTEL, S. 18, 92; vgl. ebd. S. 49 sowie unten S. 253 m. Anm. 57 und unten Anm. 61. Die Kapitularien Karls d.Gr. sprechen gelegentlich von den ihm unterworfenen *populi Christiani*: Capit.I, Nr. 83 (a. 813?) c.3 (S. 182 Z.3); Nr. 84 (a. 813?) c.3 (S. 182 Z.29).

[24]) So etwa Ann. Bert. ad an. 864 (ed. GRAT, S. 106); Ann. Fuld. ad an. 875; Cont. Ratisb. ad ann. 883, 896 (ed. KURZE, S. 85, 109, 128); s. schon „Astronomus", c.38 (ed. PERTZ, S. 628 Z.33; ed. TENBERKEN, S. 122); vgl. schon HEISSENBÜTTEL, S. 64, 92; s. aber ebd. S. 76 m. Anm. 4; s. noch unten S. 252 m. Anm. 50–51 und oben S. 246–47 m. Anm. 16–17.

[25]) Regino, Chronicon ad ann. 883, 887, 888 (ed. KURZE, S. 120, 127, 129); ad an. 888 ist auch vom *Italicus populus* die Rede (ed. KURZE, S. 127). Ein später Widerhall dieser Terminologie in den „Chronica regum Francorum" des 2. Viertels des 11. Jh., wo es zu 888 heißt: *ipsiusque*(scil. Arnulfi) *iussu et consensu Gallorum populi elegerunt Odonem ducem sibi in regem* (ed. PERTZ, S. 20–21); vgl. SCHNEIDMÜLLER, Tradition, S. 184. Die oben S. 117 Anm. 191 zitierte Stelle folgt direkt auf die hier genannte. Zu Richer vgl. unten S. 254 m. Anm. 70.

[26]) Ann. Fuld. ad an. 850 (ed. KURZE, S. 40); vgl. die folg. Anm.

[27]) Ann. Fuld. ad an. 873: *plaga et prima in gente Francorum visa, Germanicum populum...afflixit* (ed. KURZE, S. 79); vgl. noch ebd. ad ann. 877, 880 (ed. KURZE, S. 90, 96); vgl. dazu EGGERT, Auffassung, S. 70 m. Anm. 150–53 und oben S. 137–38 m. Anm. 311. In allen genannten Fällen und auch ad an. 850: oben Anm. 26, handelt es sich um Berichte von Naturkatastrophen, Hungersnot oder Seuchen.

[28]) Vgl. etwa Ann. Bert. ad an. 839: (Ludwig d.Fr.) *marcas populusque Germanicos disponere...non distulit* (ed. GRAT, S. 27); ad an. 844: (Ludwig II. von Ostfranken) *populus Sclavorum et terras adgressus* (ed. GRAT, S. 48); ad an. 862: *sed et hostes antea illis populis inexperti, qui Ungri vocantur, regnum eius* (scil. Ludwigs II. von Ostfranken) *depopulantur* (ed. GRAT, S. 93); ad an. 866: *rex Bulgarorum...in populo regni sui...* u.a. (ed. GRAT, S. 133); Ann. Fuld. ad an. 844: *populum sibi* (scil. Ludwig II. von Ostfranken) *...subiugatum* (scil. die Obodriten) *per duces ordinavit* (ed. KURZE, S. 35); ad an. 866: *legati Vulgarum...ad regem venerunt dicentes, regem illorum cum populo non modico ad Christum esse conversum* (ed. KURZE, S. 65); Cont. Ratisb. ad an. 898: *eorumque populum* (scil. der Mährer) *... dissensio atque discordia* (ed. KURZE, S. 132); ad an. 899: (die Baiern) *Zentobolchum puerum...suumque populum* (scil. der Mährer) *... eripuerunt* (ed. KURZE, S. 133); Regino, Chronicon ad an. 868: *populum* (scil. der Bulgaren) *noviter baptizatum* (ed. KURZE, S. 96); ad an. 889: *a finitimis sibi* (scil. der Ungarn) *populis, qui Pecinaci vocantur* (ed. KURZE, S. 132). Die Ann. Xant. und Vedast. gebrauchen *populus* in diesem Sinn überhaupt nicht.

*populorum duces*, die er zusammenfassend *Transrhenani* nennt[29]. Die normale Vokabel für „Volk" ist *gens*, die so ziemlich für alle denkbaren Völker jener Zeit belegt ist, d.h. für die Alamannen, die Angelsachsen und die Aquitanier[30], die Baiern, Bretonen und Bulgaren[31], die Franken, Friesen und Sachsen[32], die Goten und Gascogner[33], die Mauretanier und Sarazenen[34], die Böhmen, Mährer und allgemein die Slawen[35], die Ungarn und Awaren[36], die Normannen (Dänen und Schweden)[37] und nicht zu verges-

---

[29] Miracula s. Benedicti, l.I c.27 (ed. de CERTAIN, S. 61–62); vgl. schon KIENAST, Studien, S. 176 m. Anm. 16; REXROTH, S. 280 m. Anm. 15 und ebd. S. 278–79; vgl. auch oben S. 124 m. Anm. 233.

[30] Alemannen: Ann. Bert. ad an. 839: *Bodonem diaconum, Alamannica gente progenitum* (ed. GRAT, S. 27); Angelsachsen: Ann. Bert. ad ann. 856, 864 (ed. GRAT, S. 73, 106); Aquitanier: Ann. Fuld. ad an. 854 (ed. KURZE, S. 44); vgl. unten S. 252 m. Anm. 53. Zu den Aquitaniern als *gens* vgl. KIENAST, Herzogstitel, S. 39.

[31] Baiern: Ann. Fuld. ad ann. 884, 895, 898 (ed. KURZE, S. 111, 126, 132); Bretonen: Ann. Bert. ad an. 863 (ed. GRAT, S. 96); Regino, Chronicon ad ann. 837 (lies: 818!), 866 (ed. KURZE, S. 74, 91) und oben S. 247 m. Anm. 18; Bulgaren: Ann. Fuld. ad an. 867 (ed. KURZE, S. 65); Ann. Xant. ad an. 868 (ed. v. SIMSON, S. 25); Regino, Chronicon ad an. 868 (ed. KURZE, S. 95); Notker, Gesta Karoli, l.I c.27 (ed. HAEFELE, S. 37–38).

[32] Franken: Ann. Fuld. ad ann. 841, 884 (ed. KURZE, S. 32, 101); s. noch D LG.20 (837 Jan. 6): *et pro nobis...vel genti Francorum Domini misericordiam exorare* (S. 25 Z.7–8) sowie oben Anm. 17 und Anm. 27; Friesen: Ann. Xant. ad an. 873 (ed. v. SIMSON, S. 32–33); Regino, Chronicon ad an. 885 (ed. KURZE, S. 123); Sachsen: Ann. Bert. ad an. 841 (ed. GRAT, S. 42); Notker, Gesta Karoli, l.II c.5 (ed. HAEFELE, S. 53 Z.5–6) und oben Anm. 17.

[33] Goten: oben Anm. 17 (*Getae* = *Goti*!); vgl. KIENAST, Studien, S. 75 m. Anm. 2–3; Gascogner: Miracula s. Martialis, l.II c.3: *qui et principatum...super gentem nequissimam Wascorum obtinebat* (ed. HOLDER-EGGER, S. 281 Z.39–40). Der l.II der „Miracula" gehört noch dem frühen 8. Jh. an; vgl. WERNER, Principautés, S. 500.

[34] Ann. Mett. priores ad an. 692 (ed. v. SIMSON, S. 15 Z.4–7); ad an. 732: (Eodo dux) *gentem perfidam Sarracenorum ad auxiliandum sibi invitat* (ed. v. SIMSON, S. 27 Z.7–8); Regino, Chronicon ad an. 867 (ed. KURZE, S. 93) u.ö.

[35] Böhmen: Regino, Chronicon ad an. 890: *ducatus Behemensium, qui hactenus principem suae cognationis et gentis super se habuerant* (ed. KURZE, S. 134); Ann. Fuld., Cont. Ratisb. ad an. 897: *gentis Behemitarum duces* (ed. KURZE, S. 131); MÄHRER: Ann. Fuld., Cont Ratisb. ad ann. 884, 898 (ed. KURZE, S. 111, 131) und ebd. ad an. 882: *nuntiis Maravorum aliarumque gentium receptis* (ed. KURZE, S. 109); vgl. GRAUS, Nationenbildung, Beilage VIII/2–3, S. 193–95; Beilage III/8, S. 158–59; Slawen: Ann. Fuld. ad an. 849 (ed. KURZE, S. 38); Ann. Xant. ad an. 872 (ed. v. SIMSON, S. 30); Notker, Gesta Karoli, l.I c.27: *omne Sclavorum genus* (ed. HAEFELE, S. 38 Z.3); vgl. noch unten Anm. 37.

[36] Ungarn: Regino, Chronicon ad ann. 889, 901 (ed. KURZE, S. 131, 132, 148); Awaren: Notker, Gesta Karoli, l.II c.1: *gens Hunorum* (ed. HAEFELE, S. 49 Z.13). Notker bezeichnet die Awaren durchgängig als *Huni*: l.I c.17, l.II c.12 (ed. HAEFELE, S. 21 Z.9–10, 70 Z.12–13); vgl. noch l.II c.13: *Eodem...tempore cum imperator Hunorum...supradictas gentes in deditionem suscepisset* (ed. HAEFELE, S. 75 Z.19–21); vgl. noch oben S. 247 m. Anm. 19 und unten Anm. 39. Zu der ang. Abstammung der Ungarn von den Hunnen vgl. SZÜCS, S. 276ff.

[37] Normannen: Ann. Bert. ad an. 863 (ed. GRAT, S. 104); Ann. Fuld. ad ann. 873, 885 (ed. KURZE, S. 79, 102); Ann. Vedast. ad ann. 880, 884 (ed. v. SIMSON, S. 47, 55); Notker, Gesta Karoli, l.II c.19 (ed. HAEFELE, S. 89 Z.20–21); vgl. noch FAUROUX, Nr. 3 (968 März 18): *utrarum gentium Francorum scilicet et Normannorum... industria* (S. 71). Dänen: Ann. Fuld. ad an. 891: *gens fortissima inter Normannos Danorum* (ed. KURZE, S. 120); Schweden: Ann. Bert. ad an. 839: (eine Gesandtschaft erscheint vor Ludwig

sen die „Griechen", d.h. die Byzantiner[38]. Eine eindrucksvolle Liste: *de diversarum gentium adquisitione, quae quondam Francis subiectae fuerant*, bieten die „Annales Mettenses priores": es sind die *Saxones, Frisiones, Alemannos, Bawarios, Aquitanios, Wascones atque Brittones*[39], die nach Meinung des Annalisten wieder unterworfen werden mußten. Diesem Befund entspricht auch *gens* zur Bezeichnung von Völkern, während sich *populus* häufig auf kleinere Gruppen bezieht[40]. Der fabulierende Benedikt von S. Andrea, der als erster um 1000 Karl d.Gr. nach Jerusalem ziehen läßt, beschreibt diesen Zug wie folgt: *iussit*(scil. Karl d.Gr.) *fieri pontes super mares multitudinem*(!), *omnes Francorum et Saxonicum et Baiuarium, Aquitaniorum, Quassconicum, Pannoniorum, Avarorum, Alamannium, Langobardorum, quorum gentis multitudo nullus potest capere, ante se exire precepit*[41].

Im 10. Jahrhundert ändert sich an dieser Terminologie nichts. Für Widukind war es Gott, *qui serenissimum regem*(scil. Otto I.) *plurimis populis ac gentibus preficere voluit*; er betrachtet die Franken vorzugsweise als *po-*

---

d.Fr.): *qui se, id est gentem suam*, Rhos (Russen) *vocari dicebant*, (doch der Kaiser): *inter barbaras et nimiae feritatis gentes comperit eos gentis Sueonum esse* (ed. GRAT, S. 30 – 31): B – M² 993b; vgl. BAUTIER, Anne, S. 540 m. Anm. 2.

[38]) Ann. Xant. ad an. 814: *venerunt ad eum* (scil. Ludwig d.Fr.) *legati Grecorum et aliarum gentium* (ed. v. SIMSON, S. 5); vgl. unten S. 255 m. Anm. 76 sowie die folg. Anm.

[39]) Ann. Mett. priores ad an. 687 (ed. v. SIMSON, S. 12 – 13); vgl. WERNER, Principautés, S. 483 – 84; vgl. noch ad an. 692: *Confluebant autem ad eum* (scil. Pippin d.M.) *circumsitarum gentium legationes, Grecorum scilicet et Romanorum, Langobardorum, Hunorum quoque et Sclavorum atque Sarracenorum.* Die im Text genannten *gentes* bilden im 9. Jh. ausnahmslos karolingische *regna*; Vgl. unten Kap. 5 § 1, S. 308ff.

[40]) Vgl. etwa D Lo.I.55 (841 Jan. 1): *populus Curiensis* (S. 158 Z.27, Z.41); D Lo.I.62 (841 Sept. 1): *atque populus illi* (scil. dem Dogen von Venedig) *subiectus* (S. 171 Z.22; vgl. ebd. Z.31). Ein Streit um Weingärten zwischen den Bistümern Freising und Trient wird vor beiden Königen in Trient entschieden: *magna populorum concordia fiebat*: D LG.85 (o.J.) S. 122 Z.34. Ein Placitum Ludwigs II. von Ostfranken wird abgehalten: *cum multitudine...populi*, aus drei genannten Gauen: D LG.66 (853? März 11) S. 91 Z.24 – 25 und ebd. Z.41, S. 92 Z.40); vgl. noch D LG.112 (864 Jan. 6): *populus ipsius terre promisit* (S. 160 Z.36) in der Frage der Ablösung des *coniectum* des Erzbischofs von Salzburg in Kärnten. D K.III.17 (880 Jan. 11): *cum Urso duce Veneticorum et cum ipso populo Veneticorum, id est cum habitatoribus Rivoalti...tam episcopis, sacerdotibus quam et primatibus seu et reliquo populo...Et si, quod absit, aliquid mali...commissum fuerit, secundum pacti huius seriem emendare...repromittant, cuiuscumque gentis sit* (S. 27 Z.29 – 31, Z.34 – 36). Der etwas unorganisch angeschlossene Zusatz: *cuiuscumque gentis sit*, findet sich erstmals hier; vgl. aber unten S. 257 m. Anm. 92. Die Adresse in: D K.III.92a (a.883): *Italiae Germaniaeque populis* (S. 152 Z.4 – 5) beruht dagegen auf literarischer Überlieferung (Ratpert von St. Gallen)!

[41]) Benedikt von S. Andrea, Chronicon (ed. ZUCCHETTI, S. 113 Z.5 – 8). Zu Benedikt von S. Andrea vgl. WATTENBACH – HOLTZMANN I³, S. 336 – 37 und zuletzt KUNSEMÜLLER, S. 58ff., dessen Ausführungen zur Entstehung des Werkes nach Diktat: ebd. S. 37ff., 49ff., mich nicht völlig überzeugt haben. Vgl. schon oben S. 54 Anm. 280.

*pulus,* die Sachsen als *gens*[42], doch spricht er auch vom *populus Francorum atque Saxonum* und betont, Franken und Sachsen seien *olim socii et amici* gewesen: *iam fratres et quasi una gens ex Christiana fide*[43]. Auch für Widukind ist *gens* die übliche Bezeichnung für fremde Völker, wobei dies slawische Völker ebenso sein können[44] wie die Ungarn oder die Völker Britanniens[45], aber auch die Lothringer[46]. Widukind läßt Konrad allerdings von Heinrich sagen: *ipse enim vere rex erit et imperator multorum populorum*[47], doch kurz darauf bemerkt er, daß die *Saxonia ex serva facta est libera et ex tributaria multarum gentium domina*[48]. Die grundsätzliche Gleichrangigkeit von *gentes* und *populi* erhellt u.a. auch aus der „Vita" Bischof Adalberos von Metz, wenn es dort heißt: *fama sui longe lateque...po-*

---

[42]) Widukind, l.III c.20 (ed. HIRSCH, S. 115 Z.7 – 8); ebd. l.I c.9, c.22, c.25 (ed. HIRSCH, S. 10 Z.5, 11 Z.8 und Z.12, 33b Z.6 – 7, 38 Z.11 – 12): *populus Francorum*; ebd. Prefatio, l.I c.1, c.2, c.6, c.14, c.15, c.17, c.39; l.III c.15 (ed. HIRSCH, S. 1 Z.16, 4 Z.7 und Z. 9, 7 Z.18, 23 Z. 14 und Z.16, 25 Z.7, 27 Z.11, 58 Z.13, 112 Z.1): *gens Saxonica, gens mea, propria, nobilis* u.ä., doch sind auch die Sachsen ein *populus Dei*: l.I c.36 (ed. HIRSCH, S. 53 Z.9); vgl. noch l.I c.9: *populus Saxonum* (ed. HIRSCH, S. 15 Z.11) in der Rede an einen Merowingerkönig und l.I c.14: *in orientales scilicet populos, Angarios atque Westfalos* (ed. HIRSCH, S. 23 – 24), wo *populi* die Stämme des sächsischen Volkes bezeichnen. Vgl. noch die folg. Anm. und unten Kap. 5 § 1, S. 325 – 26.

[43]) Widukind, l.I c.15 (ed. HIRSCH, S. 25 Z.13); hierzu vgl. KARPF, Reichsbegriff, S. 146 – 47 m. Anm. 23; s. auch EGGERT – PÄTZOLD, S. 216. Vom *populus Francorum atque Saxonum* spricht Widukind bekanntlich bei den Königswahlen Heinrichs I. und Ottos I. sowie bei der abgelehnten Wahl Herzog Ottos 911: l.I c.16, c.26; l.II c.1 (ed. HIRSCH, S. 26 Z.9 – 10, 39 Z.6 – 7, 63 Z.9); vgl. BEUMANN, Widukind, S. 226; KARPF, aaO., S. 173. Ottos Tod 973 wird dem *populus* bekannt gegeben: l.III c.75 (ed. HIRSCH, S. 153 Z.7 und Z.8). Vgl. bes. unten § 3, S. 289 – 90 m. Anm. 300 – 05.

[44]) l.I c.36: *Cumque vicinae gentes a rege Heinrico factae essent tributariae, Apodriti, Wilti, Hevelli, Dalamanci, Boemii, Redarii...* (ed. HIRSCH, S. 51 Z.4 – 6). Zur böhmischen *gens* vgl. bes. GRAUS, Nationenbildung, Beilage V/5, S. 177 – 78, wo Widukind aber nicht erwähnt ist.

[45]) Widukind bezeichnet die Ungarn als *valida* oder *saeva gens*: l.I c.18, c.32; l.III c.46 (ed. HIRSCH, S. 28 Z.15, 45 Z.6, 128 Z.11; vgl. noch S. 29 Z.22); s. auch l.I c.18: (die Ungarn) *venientes et finitimas gentes circumquaque vastantes* (ed. HIRSCH, S. 29 Z. 13). Zu den Bretonen vgl. l.I c.8: *Erant enim hae gentes Brettis adversae Scotti et Pehtti* (ed. HIRSCH, S. 9 Z.24 – 25); *...Anglisaxones usque hodie vocitantur. De quibus...si quis... scire voluerit, historiam gentis eiusdem legat* (ed. HIRSCH, S. 10 Z.5 – 7); s. auch HEISSENBÜTTEL, S. 66 m. Anm. 4.

[46]) l.I c.30: *Lotharios, quia gens varia erat...mobilisque ad rerum novitates* (ed. HIRSCH, S. 42 – 43); s. auch l.II c.36: Brun wird *genti indomitae Lothariorum* vorgesetzt (ed. HIRSCH, S. 97 Z.19).

[47]) l.I c.25 (ed. HIRSCH, S. 38 Z.12 – 13). BEUMANN, Widukind, S. 259 – 60, hatte zulegen versucht, daß hier nicht „viele Völker" gemeint seien, sondern der Befehl über ein großes Heeresaufgebot; zur Begründung führte er an, daß ,Stämme' bei Widukind in der Regel *gens* heiße (!) und eine Übersetzung mit „Völker" schon deshalb nicht möglich sei, da sich „seine (scil. Heinrichs) Hoheit über die deutschen Stämme...bereits aus seiner Eigenschaft als *rex* (ergab)", was eine klassische „petitio principii" ist: wenn *gens* nämlich „Volk" meint und von „Stämmen" nicht gesprochen werden kann, ist die Begründung hinfällig; richtig daher LINTZEL, Widukind, S. 343 und LÖWE, Kaisertum, S. 236.

[48]) l.I c.34 (ed. HIRSCH, S. 48 Z.14 – 15); vgl. BEUMANN, Imperator, S. 338 – 39; DERS., Sachsen, S. 905 – 06.

*pulis gentibusque innotuit*[49]. Der Regino-Fortsetzer vermag zu dieser Untersuchung nicht viel beizusteuern: er kennt die *gens* der *Rugi*, d.h. Russen, zu deren Bischof Adalbert geweiht wird, und er spricht an einer Stelle vom *populus Romanus*[50], das ist alles. Auch Liudprand von Cremona ist dieser Begriff vertraut[51], doch benutzt er darüber hinaus Wendungen wie: *Ticinensis..., quod et Papiensis populus*, oder: *Camerinorum et Spoletinorum populus*, was erneut zeigt, daß *populus* nicht zuletzt auch für Gruppierungen unterhalb der Volk-Ebene gebraucht wird[52]. Im übrigen weiß Liudprand von der *gens Sclavorum innumera*, der *gens indomita* der *Dani*, einer *gens quaedam*, die von den Griechen *Rusios*, *lingua Teutonum* dagegen *Nordmanni* genannt werde, und schließlich von der *inpurissima gens* der Aquitanier[53]; häufig verwendet er *ex gente* oder auch *ex genere* zur Bezeichnung der volklichen Herkunft[54].

Auch Thietmar und Wipo liegen ganz auf der Linie der bisher behandelten Zeugnisse: *populus* spielt bei beiden nur eine untergeordnete Rolle[55], wenn man von der Funktion des *populus* bei der Königswahl und bei Bistumsbesetzungen absieht, wovon noch zu sprechen sein wird. Die soziale

---

[49]) Constantin von Metz, Vita Adalberonis, c.14 (ed. PERTZ, S. 662 Z.48); hierzu s. HEISSENBÜTTEL, S. 65 m. Anm. 4; vgl. ebd. S. 68 m. Anm. 4.

[50]) Cont. Regin. ad ann. 960, 961, 962 (ed. KURZE, S. 170, 171). Häufiger als *populus Romanus* gebraucht er allerdings *plebs Romana*: ad ann. 963, 965, 967 (ed. KURZE, S. 173, 176, 179). Der *populus Romanus* bei Widukind, l.I c.8 (ed. HIRSCH, S. 8 Z.5 – 6) meint die Römer der Antike. Vgl. noch HEISSENBÜTTEL, S. 65 und ebd. S. 64.

[51]) Hist. Ottonis, c.11, c.17 (ed. BECKER, S. 168 Z. 11, 172 Z.20 – 21); auch er gebraucht häufiger *plebs Romana, Romanorum*: Hist. Ottonis, c.9, c.10, c.12, c.15, c.20, c.22 (ed. BECKER, S. 164 Z.31 – 32, 166 Z.19 – 20 und Z.26 – 27, 168 Z.33 – 34, 171 Z.13 – 14, 173 Z.30 – 31, 174 Z.19); s. auch HEISSENBÜTTEL, S. 52.

[52]) Antapodosis, l.III c.39, l.V c.5 (ed. BECKER, S. 92 Z.16, 132 Z.19 – 20). Es finden sich jedoch immer wieder Ausnahmen: von der Wahl Konrads I. berichtet Liudprand wie folgt: *Chunradus Francorum ex genere oriundus...rex cunctis a populis ordinatur*: Antapodosis, l.II c.17 (ed. BECKER, S. 45 Z.26 – 28). Vgl. noch unten mit Anm. 54.

[53]) Antapodosis. l.III c.21, c.48; l.V c.15, c.31 (ed. BECKER, S. 82 Z.15, 100 Z.9 – 11, 137 – 38, 149 Z.35). Vgl. aber Legatio, c.37: *magnas in vos gentemque Latinam et Teutonicam contumelias evomere iussit* (ed. BECKER, S. 194 Z.16 – 17), wo die *gens* als Sprachgemeinschaft aufgefaßt ist. Vgl. noch unten § 2, S. 284 m. Anm. 260.

[54]) Antapodosis, l.III c.20: *ex Francorum genere Teutonicorum uxorem acceperat* (scil. König Hugo von Italien); l.III c.36: *ex Armeniorum scilicet gente oriundus* (scil. Kaiser Romanos I.); l.IV c.14: *tertiam Stephaniam genere Romanam* (Mätresse König Hugos); l.IV c.15: *eius coniux regnique consors ex eadem gente* (scil. Saxonica: Königin Mathilde); l.IV c.17: *ex Anglorum gente nobilissima* (scil. Otgith-Editha, die Gemahlin Ottos I.); l.V c.5: *Burgundionum ex gente progenitum* (scil. Pfalzgraf Sarilo, Markgraf von Camerino und Spoleto); vgl. dazu aber l.II c.32: (König Ludwig von Niederburgund) *Burgundionum sanguine genitum* (ed. BECKER, S. 82 Z.3 – 4, 91 Z.7 – 8, 112 Z.5 – 6 und Z.25 – 26, 114 Z.8, 132 Z.9 – 10, 52 Z.21); vgl. auch unten S. 257 m. Anm. 89.

[55]) Vgl. aber Thietmar, Chronicon, l.I c.19: *Ve populis, quibus regnandi spes in subsecutura dominorum sobole non relinquitur* (ed. HOLTZMANN, S. 24 Z.26 – 27) und dazu BEUMANN, Sachsen, S. 909 m. Anm. 70; s. auch LIPPELT, S. 149 m. Anm. 36.

Abstufung, die *populus* auch hier ausdrückt[56], findet sich bei Wipo erneut, wenn er die *coniurationes, quas fecerat populus contra principes*, in Italien erwähnt und in diesem Zusammenhang den *tumultus... populi Mediolanensis* hervorhebt[57]. Nicht anders steht es mit *gens*, das in aller Regel ein konkretes Volk bezeichnet[58] oder aber zur Erläuterung der Abstammung gebraucht wird[59]. Ein Blick in die Herrscherurkunden des 10. Jahrhunderts bestätigt nur das bisher gewonnene Bild. Ich beschränke mich auf den Gebrauch von *populus*[60], der in zwei Urkunden von Interesse ist: in dem berühmten Stiftungsprivileg für Quedlinburg erörtert Otto I. auch die Möglichkeit des Thronwechsels: *si autem alter e populo eligatur rex*, wobei der *populus* hier doch wohl den *populus Francorum et Saxonum* meint[61]. Das „Pactum" Ottos II. mit Venedig spricht wie üblich vom *populus* der Venezianer[62], enthält aber gegenüber dem „Pactum" Ottos d.Gr. eine bemerkenswerte Änderung: während dort noch von den *vicini Veneticorum* die Rede ist, die einzeln aufgeführt werden, heißt es bei Otto II.: *vicini p o p u l i tam ex nostro imperio quam ex predicto ducatu Venetiae...; hii sunt ex nostro scilicet iure: Papienses, Mediolanenses, Cremonen-*

---

56) Vgl. unten mit Anm. 62–64.

57) Wipo, Gesta Chuonradi, cc.34–35 (ed. BRESSLAU, S. 54 Z.4, S. 54–55). Vgl. noch HEISSENBÜTTEL, S. 69 m. Anm. 8.

58) Thietmar, Chronicon, l.VIII c.6: *Bernardus...apostatae istius gentis episcopus* (ed. HOLTZMANN, S. 498 Z.30–31): gemeint sind die Wagrier in Holstein; vgl. noch l.III c.17: *gentes, que suscepta Christianitate regibus et imperatoribus tributarie serviebant,... unanimi arma commoverant* (ed. HOLTZMANN, S. 118 Z.10–12): gemeint ist der Slawenaufstand von 983. Wipo spricht von der *gens Pannonica*: Gesta Chuonradi, c.24, c.26 (ed. BRESSLAU, S. 43 Z.12, 44 Z.14–15); vgl. noch c.6: (Konrad II.) *gentium regiones transcendit* (ed. BRESSLAU, S. 29 Z.6). Hier sind die deutschen „Stämme" gemeint, denn die Slawen bezeichnet er wenige Zeilen danach als *barbari*. Vgl. aber D O.I. 366: *Sclavorum gentis modo ad Deum converse vel convertende* (S. 503 Z.1): B–O 484, wird Adalbert als Erzbischof eingesetzt.

59) Vgl. etwa Thietmar, Chronicon, l.I c.2: *Romulea ex gente, que Iulium Cesarem...est secuta* (ed. HOLTZMANN, S. 5 Z.25–26); Wipo, Gesta Chuonradi, c.2 (Konrads II. Mutter Adelheid) *ex nobilissima gente Liutharingorum oriunda fuerat*; vgl. ebd.: *quorum parentes* (scil. der Brüder der Adelheid), *ut fertur, de antiquo genere Troianorum regum venerant* (ed. BRESSLAU, S. 15 Z.29–30, 16 Z.2–3).

60) Auch hier übergehe ich Wendungen wie: *cum clero et populo* u.ä., die sich mehrfach finden.

61) D O.I. 1 (936 Sept. 13) S. 90 Z.13–14: B–O 57; vgl. bes. unten § 3, S. 288 m. Anm. 288–92. Vgl. noch D O.I. 6 (a.936): *in futuras populorum successiones* (S. 95 Z.6): B–O 61.

62) Const. I, Nr. 17 (983 Juni 7): *maiores et minores illius Venetie populi* (S. 39 Z.8); Nr. 18 (983 Juni 7): *inter nostrum et suum populum..., cuncta generalitas populi Veneciae..., et reliquus populus Venetiae...,tumultum populi excitans* (S. 40 Z.14–15 und Z.37–38, 41 Z.1–2, 42 Z.24; ed. CESSI, S. 314 Z.19–20, 315 Z.15 und Z.57, 318 Z.142). Vgl. Const.I, Nr. 14 (967 Dez. 2): *...et cum ipso populo Venetiarum...,quam et primatibus seu reliquo populo...*(S. 33 Z.3–4 und Z.7; ed. CESSI, S. 309 Z.17, 310 Z.24).

*ses,... Veronenses...*[63]. Die Bezeichnung der Einwohnerschaft einer *civitas* als *populus* kann nur den verwundern, der die Definition des *populus* bei Isidor von Sevilla nicht kennt[64].

Für Westfranken genüge ein Blick in Flodoard und Richer. Ihr Sprachgebrauch weicht von dem bisher festgestellten in keiner Weise ab. Flodoard spricht allgemein von den *gentes* der *Gallia* und *Germania*[65] und läßt Heinrich I. 933: *cum Baioariis et Saxonibus ceterisque quibusdam sibi subiectis gentibus*, gegen die Ungarn ziehen, doch Brun von Köln bricht 959 nach Burgund auf: *cum Lothariensibus aliisque sibi subditis populis*[66]. Zum Jahr 949 berichtet er von der Osterfeier Ottos in Aachen: *ibi tunc diversarum gentium affuere legationes Graecorum scilicet, Italicorum, Anglorum et aliorum quorumdam populorum*[67]. Bei Richer wird daraus: *nec desunt legati Grecorum, Italorum, Anglorum atque aliorum plurimae legationes populorum*[68]. Er vermeidet so das Wort *gentes*, das er auch sonst nicht häufig gebraucht[69]; stattdessen zieht er *populus* vor, so wenn er von *Galliarum populi* und den *mores populorum* Galliens spricht, wobei er hier die *populi* des antiken Galliens meint[70], oder die *Anglos et reliquos transmarinos po-*

---

[63]) Const.I, Nr. 18 (S. 40 Z.28–29, Z.30–31; ed. CESSI, S. 315 Z.40–45): es werden insgesamt 24 *populi* aufgezählt, während es bei Otto I. nur 18 *vicini* waren: Const.I, Nr. 14 (S. 32–33; ed. CESSI, S. 309 Z.10–14). Die hier genannten Pavesen, Mailänder, Cremonesen und Veronesen fehlen in allen älteren „Pacta", während die Ferraresen und Paduaner zwar bei Otto I. nicht erwähnt werden, wohl aber in dem „Pactum" Berengars I. erscheinen. In: Const.I, Nr. 19 (o.J., Otto II.) heißen die Venezianer plötzlich *gens* (S. 43 Z.37, 44 Z.1).
[64]) Vgl. oben Anm. 3; s. schon Ann. regni Franc. ad an. 815: *aliarum civitatum populos ruinis oppressos esse testati sunt* (ed. KURZE, S. 143). Allgemein s. HEISSENBÜTTEL, S. 92.
[65]) Flodoard, Annales ad an. 927: *mortalitate in cunctas Germaniae Galliaeque gentes* (ed. LAUER, S. 37).
[66]) Flodoard, Annales ad ann. 933, 959 (ed. LAUER, S. 55, 147). Man beachte, daß er ad an. 933 zwar die Baiern nennt, aber nicht die Franken; vgl. hierzu bes. unten § 3, S. 297 m. Anm. 361. Zum historischen Sachverhalt vgl. unten Kap. 7 § 3, S. 453 m. Anm. 297–300. Vgl. noch Annales ad an. 940: *Tumque cum diversarum gentium, quas secum adduxerat* (scil. Otto I.) *multitudine,...in Burgundiam proficiscitur* (ed. LAUER, S. 78); s. auch HEISSENBÜTTEL, S. 65 m. Anm. 6.
[67]) Flodoard, Annales ad h. an. (ed. LAUER, S. 122); s. HEISSENBÜTTEL, S. 65 m. Anm. 5. Selbstverständlich sind auch die Normannen für Flodoard eine *gens*: ad an. 944 (ed. LAUER, S. 95); vgl. dazu unten Anm. 69.
[68]) Richer, l.II c. 86 (ed. LATOUCHE I, S. 274).
[69]) Die Normannen sind auch für Richer eine *gens*: l.I c.4; s. noch l.I c.32 (ed. LATOUCHE I, S. 12, 70); vgl. KIENAST, Herzogstitel, S. 40. Im übrigen gebraucht Richer das Wort *Nordmanni* jedoch ganz selten und spricht konsequent von *pyratae* bis hin zu der Titulatur: *pyratarum dux* oder *princeps*: l.II c.20, c.28, c.30; l.IV c.108 (ed. LATOUCHE I, S. 156, 168, 172; II, S. 328); vgl. noch unten S. 255 m. Anm. 72; § 2, S. 281 m. Anm. 241.
[70]) Richer, prol., l.I c.3 (ed. LATOUCHE I, S. 4, 8); vgl. noch l.III c.55: Gerberts Ruf erstreckt sich: *non solum per Gallias, sed etiam per Germaniae populos* (ed. LATOUCHE II, S. 64).

*pulos* erwähnt[71], doch der Wahl Lothars stimmen angeblich die *principes diversarum nationum* zu[72]. Auch hier wird die größere Unbestimmtheit von *populus* deutlich[73]. Der Ausdruck *e gente* findet sich m.W. weder bei Flodoard noch bei Richer, doch dieser gebraucht zweimal *genere*[74]. Nach diesen Beispielen aus Westfranken wende ich mich nun noch dem frühmit-telalterlichen Begriff von *natio* zu, der einiger erläuternder Bemerkungen bedarf.

Von *nationes* (im Plural) war oben als Synonym von *gentes* bereits mehrfach die Rede. Zwar läßt sich die Bedeutungsgleichheit mit *gentes* nicht immer in so fast schon „mathematischer" Weise darlegen wie oben[75], doch auch in den folgenden Beispielen wären *gentes* und *nationes* jederzeit austauschbar. Wenn die Fuldaer Annalen berichten: *Advenientibus undi-que nationum legatis*, so ist dies dasselbe wie die Nachricht der Reichsan-nalen: *legationes gentium, quae ad patrem venerunt, absolvit*[76]. In dem in-teressanten Bericht Wandalberts von Prüm über einen erbitterten Feind aller „Welschen", der uns noch näher beschäftigen wird, heißt es einmal: *Romanae n a t i o n i s ac linguae homines*, wenige Zeilen danach jedoch: *Ro-manae linguae vel g e n t i s homines*[77]. Adrevald von Fleury kommentiert die Ereignisse nach dem Tod Ludwigs d.Fr. wie folgt: *regnum Francorum, quod ex diversis nationibus solidum corpus fuerat effectum, trifariam divi-ditur atque a tribus eiusdem imperatoris filiis ad regendum suscipitur*[78]. Hier ist *nationes* mit *gentes* ebenso austauschbar, wie wenn Notker Karl III. als: *iam re ipsa imperator plurimarum...nationum*, beschreibt[79]. Widu-kind gebraucht *nationes* entsprechend, wenn er von Heinrich I. sagt: *Cum autem omnes in circuitu n a t i o n e s subiecisset*, unterwarf er schließlich auch noch die Dänen: *Perdomitis itaque cunctis circumquaque g e n t i b u s,*

---

[71]) Richer, l.I c.14 (ed. LATOUCHE I, S. 36). Allgemein vgl. HEISSENBÜTTEL, S. 67, 96.

[72]) Richer, l.III c.2 (ed. LATOUCHE II, S. 8); vgl. noch l.I c.4: die Normannen wollen: *interiores Gallarium partes irrumpere eorumque gentes...a finibus pellere* (ed. LATOUCHE I, S. 14).

[73]) Vgl. HEISSENBÜTTEL, S. 90, 92–93; F. MÜLLER, S. 273–74; vgl. unten S. 261 m. Anm. 118.

[74]) Richer, l.III c.43: (Gerbert) *qui Aquitanus genere*; l.IV c.87: (Robert II.) *Susannam uxorem, genere Italicam,...repudiavit* (ed. LATOUCHE II, S. 50, 286); vgl. aber unten S. 258 m. Anm. 97. Susanna–Rozala war eine Tochter Berengars II. von Italien; vgl. PFISTER, S. 43–46. Vgl. unten Kap. 8 § 3, S. 543 Anm. 637.

[75]) Vgl. oben S. 245 m. Anm. 9–11, S. 247 m. Anm. 21 u.ö.

[76]) Ann. Fuld., Cont. Ratisb. ad an. 889 (ed. KURZE, S. 118); Ann. regni Franc. ad an. 814 (ed. KURZE, S. 140).

[77]) Miracula s. Goaris, c.7 (ed. HOLDER-EGGER, S. 365 Z.38–39 und Z.45–46). Vgl. NONN, Reich, S. 132 und bes. unten § 2, S. 276 m. Anm. 207–08.

[78]) Miracula s. Benedicti, l.I c.33 (ed. de CERTAIN, S. 70). Auf diese Stelle folgt direkt die oben S. 89 m. Anm. 29 zitierte.

[79]) Gesta Karoli, l.I c.26 (ed. HAEFELE, S. 35 Z.14–16).

beschloß er nach Rom zu ziehen[80]. Die slawischen Völker sind für ihn generell *barbaras nationes*, wobei deutlich eine gewisse Mindereinschätzung zu spüren ist. Er gebraucht das Wort überdies nur im Plural[81]. Ähnlich wie Widukind formulieren auch Liudprand, der von Konrad I. sagt, daß dessen Name: *multis mundi nationibus imperaret*[82], und Thietmar, der *extraneas nationes* erwähnt[83]. Dieser Sprachgebrauch ist auch der königlichen Kanzlei vertraut[84], während er Flodoard und Richer offenbar fremd ist. Aimoin von Fleury dagegen hält nicht nur die Dänen für eine *natio*, sondern auch die Franken: *quae non immerito domina multarum evasit nationum*[85].

Alle diese Belege beweisen, daß die Begriffe *nationes* und *gentes* häufig austauschbar sind. Anders verhält es sich dagegen mit dem Singular *natio* in Verbindung mit einem Volksnamen: diese Kombination findet sich im 9.–11. Jahrundert sehr selten mit Ausnahme der Herkunftsbezeichnung *natione...*, die weit häufiger anzutreffen ist als *ex gente, genere* o.ä., das al-

---

[80]) Widukind, l.I c.40 (ed. HIRSCH, S. 59 Z.6 und Z.9–10). Zur Sache vgl. unten Kap. 7 § 3, S. 450 m. Anm. 274–79. Vgl. noch l.I c.8 und bes. l.I c.20: *ut aliis nationibus eo anno* (scil. 906 nach dem Ungarneinfall) *relicto proprio solo pro annona servirent* (scil. die Sachsen) und dagegen l.II c.6: *Nam Saxones imperio regis facti gloriosi dedignabantur aliis servire nationibus...* (ed. HIRSCH, S. 8 Z.4, 30 Z.6–7, 71 Z.22–23). Das Verhältnis von *natio* zu *gens* und *populus* bei Widukind ist 10:43:40 nach HEISSENBÜTTEL, S. 51; vgl. noch die folg. Anm.

[81]) So etwa l.I c.9, c.35; l.II c.20 (*nationes barbarorum*), c.21 (ed. HIRSCH, S. 13 Z.11, 14 Z.19–20, 48 Z.23, 62 Z.1, 84 Z.12–13, 85 Z.12); vgl. HEISSENBÜTTEL, S. 51 m. Anm.1. Widukind gebraucht *nationes* überdies niemals im Zusammenhang mit konkreten Volksnamen.

[82]) Antapodosis, l.II c.20 (ed. BECKER, S. 47 Z.9–10); vgl. noch l.VI c.2: *Berengarii nomen* (scil. Berengar II.) *celebre apud nonnullas praesertim apud Grecas extitit nationes* (ed. BECKER, S. 152 Z.30–31). Vgl. bes. HEISSENBÜTTEL, S. 52 m. Anm. 3. Das Verhältnis *natio* zu *gens* und *populus* bei Liudprand ist 15:50:43: HEISSENBÜTTEL ebd.

[83]) Chronicon, l.VI c.48: *Nostri predecessores suis senioribus semper fideles in extraneas nationes...optimi seviebant milites* (ed. HOLTZMANN, S. 334 Z.20–22). Von *exterae gentes* sprechen dagegen die Ann. Bert. ad ann. 839, 840 (ed. GRAT, S. 30, 36); s. noch HEISSEN-BÜTTEL, S. 53.

[84]) Vgl. etwa D O.I. 295 (965 Juni 27): *...censuali iure ab subditis nobis Sclavorum nationibus, videlicet Ucranis, Riezani, Riedere, Tolensane, Zerezepani* (S. 412 Z.9–10): B – O 396. Zu einem kirchenrechtlichen Text der Zeit um 900 vgl. KAHL, Beobachtungen, S. 72–74.

[85]) Aimoin, Historia Francorum, prooemium: PL. 139, col. 637C-D; vgl. ebd. col. 637C: *Regnum Francorum, antiqua Troianae gentis prosapia nobilitatum, cum virorum ferocis corporis animique virtute, tum maxime regum excellentissima semper viguisse potentia, luce clarius constat. Quae pro certo natio, licet eo quo censetur nomine praeferox esse noscatur.* Eine *natio Francorum*, wie F. MÜLLER, S. 275, schreibt, wird in dieser Form also nicht genannt; vgl. noch ebd. S. 275ff. und KAHL, Beobachtungen, S. 81–82. Vgl. noch Aimoin, Miracula s. Benedicti, l.II c.1: *Gallicanarum incolas regionum assiduis exterarum labefactores incursibus nationum* (ed. de CERTAIN, S. 92); ebd. auch *natio Danorum* (ed. de CERTAIN, S. 93). Zu Aimoins Anteil an den „Miracula s. Benedicti" (ll.II – III) vgl. VIDIER, S. 181–95, bes. S. 192; zur Qualität der Edition von de Certain vgl. ebd. S. 199–201 (bezüglich ll.IV – VII). Vgl. noch Aimoin, Historia Francorum, prol.: *res gestas gentis sive regum Francorum*: PL. 139, col. 627B.

lerdings gleichfalls bezeugt ist. So bemerkt Eugen EWIG feinsinnig, daß „man zwar *genere Francus* sein (konnte), aber nicht *genere Austrasius* oder *Neustrasius*"[86]. Beispiele für den Gebrauch von *genere* sind etwa, wenn Abt Warin in der „Translatio s. Viti" als: *ex nobilissimo Francorum atque Saxonum genere*, bezeichnet wird, oder wenn Gerbert Otto III. einen: *homo genere Graecus*(!), *imperio Romanus*, nennt[87]. Weitaus häufiger findet sich jedoch *natio* in diesem Sinne; ich stelle zusammen: *Roric natione Nordmannus* in den Fuldaer, *Galindo cognomento Prudentius...natione Hispanus* in den westfränkischen Reichsannalen. Auch die „Gesta pontificum Autissiodorensium", Notker, Flodoard und Wipo bedienen sich dieser Formulierung[88]. Besonders hübsch schreibt Liudprand: *Saleccum n a - t i o n e Bulgarium, e d u c a t i o n e Ungarium, domni papae*(scil. Johannes' XII.) *familiarissimum*[89]. In dieser m.W. singulären Form werden Volkszugehörigkeit und die Prägung durch Ausbildung und kulturelles Umfeld einander gegenübergestellt. Auch in die Urkundensprache der italienischen „charta" ist die Wendung eingegangen: *Constat nos qui professi sumus ambo ex nacionem*(sic) *nostra lege vivere Langobardorum*[90]. Die „Standardformel" kommt allerdings ohne *ex nacione* aus[91]. Daneben findet sich gelegentlich in Königsurkunden ein Passus in der Immunitätsformel: *tam ingenuis quam servis cuiuscumque sint nationis*[92].

---

[86]) EWIG, Volkstum, S. 268. Einschränkend zur Austauschbarkeit von *nationes* und *gentes* KAHL, Beobachtungen, S. 81 m. Anm. 57 (lies dort: S. 276 – 77, nicht: 278f.); vgl. noch F. MÜLLER, S. 282 – 83; SZÜCS, S. 291.

[87]) Translatio s. Viti, c.4 (ed. SCHMALE-OTT, S. 44); Gerbert, ep. 187 (ed. WEIGLE, S. 225 Z.2); vgl. BEUMANN, Unitas, S. 37 m. Anm. 128; DERS., Imperator, S. 339 Anm. 102.

[88]) Ann. Fuld. ad an. 850 (ed. KURZE, S. 39); Ann. Bert. ad an. 861 (ed. GRAT, S. 84); Gesta pont. Autiss. („um 873/77") c.35: *Angelelmus episcopus* (813 – 829) *natione Baioarius*; c.38: *Cristianus episcopus* (860 – 872/75) *natione Alemannus* (ed. DURU I, S. 352,356); aus dem „bald nach 933" entstandenen Teil vgl. etwa c.40: *Wibaldus nacione Francigena, Cameracensis civitate indigena*, oder c.43: *Betto episcopus* (915 – 918) *natione huius nostre Burgundie Burgundio, Senonice civitatis indigena* (ed. DURU I, S. 358, 371); Notker, Gesta Karoli, l.I c.2: *Albinus de natione Anglorum* (ed. HAEFELE, S. 3 Z.4); Flodoard, Annales, cont. ad an. 978: *Malcallanus* (scil. Mac Allen) *natione Hibernicus* (ed. LAUER, S. 164); Wipo, Gesta Chuonradi, c.1: *Aribo natione Noricus* (ed. BRESSLAU, S. 10 Z.5). Allgemein s. KIENAST, Herzogstitel, S. 38 – 39 m. Anm. 166 – 66d und Anm. 170. Zu Liudprand von Cremona vgl. oben Anm. 54. Zu den Gesta pont. Autiss. vgl. WATTENBACH – LÖWE, S. 569.

[89]) Hist. Ottonis, c.6 (ed. BECKER, S. 163 Z.18 – 19).

[90]) MANARESI I, Nr. 142 (944 Mai) S. 537 Z.25 – 27; vgl. ebd. S. 535 Z.14 – 16, 539 – 40, 542 Z.12 – 14; s. auch BERNARD – BRUEL II, Nr. 1228, S. 309 – 10; Nr. 1229, S. 315; Nr. 1230, S. 320; vgl. noch HUGELMANN, S. 287; s. schon TEILLET, S. 13 m. Anm. 64.

[91]) Dies gilt für die großeMehrheit der italienischen „chartae" des 9. – 10. Jh., in deren Formular es einfach heißt: *qui professus sum ex lege mea vivere Langobarda (Salica)* o.ä.

[92]) D LG. 80 (857 Apr. 21) S. 117 Z.32 (für Altaich); s. auch D L.III. † I (901 Jan. 18): *Habeantque ipsi liberi homines facundiam cuiuscumque sint natione, fideiussores...seu testes esse secundum suam legem* (S. 68 Z.8 – 10). Das Diplom für Como ist grob verfälscht,

Besonderes Interesse kommt in diesem Zusammenhang dem „Liber Pontificalis" zu[93], der in seinen Papstviten in der Regel die Herkunft des jeweiligen Papstes mit *natione...* angibt, wobei die Angabe *natione Romanus* die Spitzenstellung einnimmt[94]. Die römische Bürgerschaft wird also als *natio* betrachtet, jedoch nicht nur diese: auch Mailand gilt als solche, denn Alexander II. ist *natione Mediolanensis* und wird erst im „Liber Pontificalis" des Kardinals Boso († 1178) *natione Lombardus* genannt[95]. Boso unterscheidet auch gelegentlich zwischen Geburtsort (*patria*) und Herkunftsland(schaft); so heißt es von Honorius II.: *Emiliensis natione, patria Bononiensis*, oder von Alexander III.: *natione Tuscus, patria Senensis*[96]. Gregor V. ist dagegen *natione Saxo* und Silvester II. (Gerbert) *natione Aquitanus*[97]. Interessant auch, wie die deutschen und französischen Päpste des 11.–12. Jahrhunderts eingestuft werden. Clemens II. ist im „Liber Pontificalis" des Peter Wilhelm *natione Saxo*, Damasus *natione Noricus* ebenso wie Viktor II., Leo IX. dagegen ist *natione Teutonicus*, Stephan IX., Lothringer wie Leo, *natione Lotaringus*; bei Boso sind sie alle *natione Germanicus* oder *Theutonicus*, nur Stephan IX. bleibt *natione Lotteringus*[98]. Von den französischen Päpsten wird Nikolaus II. als: *natione Allobrogus, quod alio vocabulo Burgundio dicitur*, bezeichnet, Urban II. als *natione Gallus*, Calixt II. als *natione Francus* (= Franzose!), *consanguine-*

---

beruht aber auf echter Vorlage, zu der auch dieser Passus zu rechnen ist; vgl. D L.III. † I, Vorbem., S. 66–67; danach D O.II. 166 (977 Okt. 5) S. 188 Z.33–34: B – Mi 754. Mikoletzky erwähnt zwar die Verfälschung, hält es aber nicht für nötig, auf die Edition Schiaparellis und dessen Urteil über das D L.III. hinzuweisen, wie seine Bearbeitung der Regesten Ottos II. ja ohnehin völlig ungenügend ist.

[93]) Vgl. Louis DUCHESNE in: L.P. I, Introduction, S. I–CCLXII, bes. XLIXff., CCVIIff., CCXXXff. und dazu Cyrille VOGEL: Le Liber Pontificalis depuis l'édition de Duchesne, in: L.P. III, S. 5–19 sowie die „Introduction bibliographique": ebd. S. 21–42.

[94]) Vgl. etwa die Viten Leos III., Stephans IV., Paschalis' I., Gregors IV., Sergius' II., Leos IV. usw.: L.P.II, S. 1 Z.1, 49 Z.1, 52 Z.1, 73 Z. 1, 86 Z.1, 106 Z.1 u.ö. Zu Leo III. vgl. auch KAHL, Beobachtungen, S. 70–72.

[95]) L.P.II, S. 281 Z.1, 358B Z.33. Zum „Liber Pontificalis" des Kardinals Boso vgl. L. DUCHESNE in: L.P.II, Introduction, S. XXXVIIff.; vgl. ebd. S. IXff. zu den Katalogen des 10.–12. Jh., bes. S. XIXB; s. auch VOGEL (oben Anm. 93) S. 10–11 und unten Anm. 97.

[96]) L.P. II, S. 379 Z.8, 397 Z.7. Zu ähnlichen älteren Beispielen vgl. KAHL, Beobachtungen, S. 69 m. Anm. 14–15.

[97]) L.P. II, S. 261 Z.1, 263 Z.1. Diese Angaben finden sich im „Liber Pontificalis" des Petrus Guillelmus, der den L.P. bis 1130 fortführte (er lebte noch im Jahre 1142); vgl. L. DUCHESNE in: L.P. II, Introduction, S. XXIVff. und ebd. S. XIXA: *Gregorius natione Saxorum* (Katalog des 11. Jh.); s. auch Ademar, l.III c.31: *Girbertus natione Aquitanus* (ed. CHAVANON, S. 154); vgl. schon oben S. 234 m. Anm. 236. Allgemein zu *natione Aquitanus, natione Normannus* s. KIENAST, Herzogstitel, S. 40 m. Anm. 178 und Anm. 184a.

[98]) L.P.II, S. 273 Z.1, 274 Z.1, 275 Z.1, 277 Z.1 und ebd. S. 354B Z.32, 356A Z.22, 356B Z.4. Der Katalog des 11. Jh. nennt alle fünf Päpste: *natione (de) Alamania, ex genere Alamania* oder *ex regione Alamania* (Stephan IX.); bei Leo IX. wird ein erläuterndes *de Lotheris regno* hinzugefügt: Introduction, S. XIXA.

*tatis lineam a regibus Alemanniae, Franciae atque Angliae ducens*, was vor ihm noch kein Papst von sich hatte behaupten können[99].

Man wird in den oben zitierten Fällen *natio* am besten mit „Abkunft, Abstammung" übersetzen, nicht mit „Volk" und erst recht nicht mit „Nation", dessen eminent politische Bedeutung dem mittellateinischen Wort völlig abgeht[100]. Diese Entwicklung ist sehr viel jüngeren Datums und interessiert daher hier nur am Rande. Noch ein Wilhelm von Nogaret spricht in evidenter Parallele zur *ecclesia Gallicana* von der *natio Gallicana* als einer *natio notorie Christianissima*, womit sich *natio* auch im 14. Jahrhundert als noch nicht politisch „aufgeladen" erweist[101], ja F.W. MÜLLER konnte zeigen, daß der moderne Begriff der „Nation" im Französischen nicht aus mlat. *natio* abzuleiten ist, sondern daß es sich um „eine bewußte sprachliche Neugestaltung" handelt[102]. An den spätmittelalterlichen Universitäten, aber auch in den großen Handelsstädten haben die *nationes* in etwa den Charakter von Landsmannschaften, denen jedoch nicht notwendigerweise dieselbe Sprache gemeinsam ist[103], wie die *natio Germanica* des Konstanzer Konzils ja auch die dänischen, schwedischen, polnischen und ungarischen Prälaten umfaßte[104], was auf dem Baseler Konzil nicht mehr der Fall gewesen ist[105]. Gewiß läßt sich *natio Germanica* schon 1416 im

[99]) L.P. II, S. 280 Z.1, 293 Z.1, 322 Z.1–2; s. auch KAHL, Beobachtungen, S. 69 Anm. 15. Das bei GUENÉE, État, S. 155, zitierte Beispiel von *natione Gallicus* zu 1318 scheint mir daher nicht beweiskräftig. Wibert, Gesta Dei, l.II c.1 nennt Urban II.: *papa primus ex Francis*, allerdings mit einem einschränkenden: *ut ferunt, nisi falluntur*: RHC. IV, S. 135A, worin sich Wiberts innere Distanz zu dieser Aussage kund tut, was aber weder BOEHM, Gedanken, S. 686, noch EHLERS, Elemente, S. 582, veranlaßt hat, diesem Vorbehalt Wiberts Bedeutung zuzumessen. Von Calixt II. sagt auch Suger, Vita Ludovici Grossi, c.27, als dieser noch Erzbischof von Vienne war, er sei: *imperialis et regie celsitudinis dirivativa consanguinitate generosus* (ed. WAQUET, S. 202); vgl. hierzu WERNER, Imperium, S. 52 Anm. 2.

[100]) Vgl. HEISSENBÜTTEL, S. 50; s. auch KIRN, S. 21 und bes. KAHL, Beobachtungen, S. 82, 103.

[101]) Zitiert nach F. MÜLLER, S. 286 m. Anm. 97; s. auch KÄMPF, S. 103; vgl. noch KAHL, Beobachtungen, S. 105.

[102]) F. MÜLLER, S. 272: „daß es sich hierbei nicht um das langsame Hineingleiten eines im Lateinischen schon vorhandenen Wortes in die Vulgärsprache handelt, sondern um die bewußte sprachliche Neugestaltung eines geschichtlichen Bewußtseins".

[103]) Vgl. KIRN, S. 21; HUGELMANN, S. 288–89; KAHL, Beobachtungen, S. 87–88; NONN, Reich, S. 133–34, 136–37; s. schon DIEHL, S. 461 Anm. 2.

[104]) W. MÜLLER, S. 460–61; DIEHL, S. 461; HUGELMANN, S. 289–90 (ebd. S. 289 auch zu Vienne 1311 und Pisa 1409); KAHL, Beobachtungen, S. 88, mit dem interessanten Hinweis, daß Paulus Wladimiri, der Anwalt der Krone Polens, der die Auflösung des Deutschen Ordens beantragte, derselben „natio Germanica" angehörte wie der Deutsche Orden selbst; vgl. noch ebd. S. 93 m.Anm. 97, S. 96–97; s. auch NONN, Reich, S. 134–36. HUGELMANN, S. 291, spricht geschmackvoll von „ost- und nordeuropäischen Trabantenvölkern".

[105]) DIEHL, S. 463 und ebd. S. 461; HUGELMANN, S. 290.

Sinne einer „deutschen Nation" nachweisen[106], findet sich *natio* in eher politischer Bedeutung schon zu Ausgang des 13. Jahrhunderts[107], doch erst mit den *gravamina nationis Germanicae* von 1438 wird die *natio Germanica* – und nicht *Teutonica*[108]! – zu einem festen politischen Begriff[109], der ebenso auf das gesamte Deutschland in den Grenzen des 15. Jahrhunderts bezogen ist[110], wie der seit 1409 bezeugte der „deutschen Lande" im Gegensatz zum Römischen Imperium[111]. Diese Entwicklung gipfelt schließlich in der seit 1474 nachgewiesenen Bezeichnung „Heiliges Römisches Reich deutscher Nation" (Sacrum Romanum Imperium nationis Germanicae)[112], deren hier gegebene volle Form allerdings relativ selten gebraucht wurde[113]. Es verdient jedoch Beachtung, daß die „deutsche Nation" noch um die Mitte des 16. Jahrhunderts nicht die Sprach-, sondern die Staatsgrenze bezeichnet[114].

Dieser knappe Überblick über die Bedeutung von *gens*, *natio* und *populus* vom 9. bis in das frühe 11. Jahrhundert[115] zeigt zur Genüge, daß die Sprache der zeitgenössischen Quellen zur Beantwortung meiner oben gestellten Frage: Völker oder Stämme, nicht ausreicht. Am ehesten ent-

---

[106]) W. MÜLLER, S. 461 Anm. 1; DIEHL, S. 461–62, 473.

[107]) Annales S. Rudberti Salisburgenses ad an. 1278: *Generaliter enim natio non peccavit, sed principes nationis...* (ed. WATTENBACH, S. 803 Z.6–7) und dazu KAHL, Beobachtungen, S. 91–92. Zu Frankreich vgl. bes. GUENÉE, Etat, S. 155; s. noch SZÜCS, S. 291.

[108]) Zu *natio Teutonica*, seltener: *natio Alemanica* vgl. etwa HUGELMANN, S. 289, 291; KAHL, Beobachtungen, S. 93–94, 98–99 und NONN, Reich, S. 138–39; s. schon W. MÜLLER, S. 461 Anm. 2; DIEHL, S. 483.

[109]) Vgl. W. MÜLLER, S. 461; DIEHL, S. 464; NONN, Reich, S. 140–41.

[110]) DIEHL, S. 463–64; HUGELMANN, S. 291. Zu den Grenzen der *Germania* des 14.–15. Jh. im Gegensatz zum Frühmittelalter vgl. KAHL, Beobachtungen, S. 92.

[111]) Hierzu vgl. bes. DIEHL, S. 459–60, der gegen ZEUMER, S. 17, die älteste Verwendung von *dutschen landen* bereits für 1409 nachweist, während ZEUMER, aaO., keinen Beleg vor 1442 kannte; s. aber schon KIRN, S. 59. NONN, Reich, S. 137, äußert sich nicht zur Frage des Aufkommens des Begriffs *Dutsche lande*.

[112]) Auch hier hat DIEHL, S. 466 m. Anm. 3, den ältesten bisher bekannten Beleg beigesteuert, während für ZEUMER, S. 19, das älteste Zeugnis von 1512 datiert; so aber noch NONN, Reich, S. 130, der die Studie von Diehl offenbar nicht kennt.

[113]) Für die anderen Formen: Hl. Reich deutscher Nation, Röm. Reich deutscher Nation, vgl. die Belege bei ZEUMER, S. 18–20; s. noch ebd. S. 23ff.; vgl. auch DIEHL, S. 464–65 und NONN, Reich, S. 137.

[114]) Vgl. Karls V. „Declaratio episcopum et episcopatum Cameracensem sub Sacro Romano Imperio Germanice nationis esse..., quamvis lingua Germanica illis vernacula non sit, sed Gallico idiomate utantur" von 1556 Juni 2; vgl. DIEHL, S. 467–68; s. auch KAHL, Beobachtungen, S. 94–95 m. Anm. 102 und bes. NONN, Reich, S. 142.

[115]) Ich lege Gewicht auf diese Einschränkung, da die Bedeutung vom fortgeschrittenen 11. bis zum 13. Jh. nicht konstant bleibt; vgl. HEISSENBÜTTEL, S. 53ff., 68ff., 97ff.; s. auch unten S. 261 m. Anm. 119. Wesentliche Erkenntnisse für das 6.–7. Jh. finden sich vor allem bei TEILLET, S. 271ff., 305ff., 335ff., 367ff., 421ff. Ein schönes Beispiel für den unscharfen Gebrauch von *gens, populus, natio* noch um 1210 bei Otto von St. Blasien bietet NONN, Reich, S. 133.

spricht *gens* dem Begriff „Volk" in seiner Bedeutung als einer politisch verfaßten Gemeinschaft; *populus* leidet unter der allgemeinen Bedeutung von „Volk" im Gegensatz zu Klerus und/oder Adel und eignet sich daher gerade in dem hier behandelten Zeitraum wenig für die Bezeichnung eines von Klerus und Adel dominierten Staatswesens, in dem der einfache *populus* keine Rolle spielt[116]; *natio* wird nicht nur deutlich seltener gebraucht als *gens* und *populus*, das Wort bezeichnet auch vorwiegend die Abkunft von Personen und hat noch absolut nichts von seinem späteren „Edelklang"[117]. Als „Plurale tantum" sind *nationes* und *gentes* häufig austauschbar abgesehen davon, daß beide auch die allgemeine Bedeutung „Heiden" haben, während *populi* im Plural seltener anzutreffen ist als *gentes/nationes* und dann meist einfach nur „Leute" meint[118]. So bleibt es bei *gens* als dem „Schlüsselwort" für das 9.–11. Jahrhundert, das erst im Laufe des 12.–13. Jahrhunderts aus dieser zentralen Position zugunsten von *natio* verdrängt wird und schließlich sogar völlig auf die Bedeutung „Volk" verzichten muß[119]. Doch so unzweifelhaft *gens* in dem hier behandelten Zeitraum die meistgebrauchte Vokabel für „Volk" ist, so unzweifelhaft genügt die Verwendung dieses Wortes nicht als Kriterium zur Unterscheidung von „Volk" und „Stamm" und dies schon deshalb nicht, weil nach „herrschender Lehre" *gens* sowohl „Völker" als auch „Stämme" bezeichnen kann. Die Unsicherheit in der Wortwahl ist daher nicht nur eine Frage des Sprachgebrauchs der zeitgenössischen Quellen, sondern auch – ja sogar in ganz besonderem Maße – eine solche der modernen historischen Terminologie, der ich mich nunmehr zuwende.

Carl ERDMANN, dessen klugen Aufsatz ich schon mehrfach zu zitieren Gelegenheit hatte, schrieb 1935: „Wir bezeichnen heute die Bayern, Schwaben, Franken, Thüringer, Sachsen und Friesen als die deutschen ‚Stämme'; alle zusammen sind unser ‚Volk'. Diese Unterscheidung der Begriffe war im frühen Mittelalter noch unbekannt. Zu der Zeit, als die Karolinger im Frankenreich zur Macht kamen, bildeten unsere Vorfahren einfach ein halbes Dutzend verschiedener Völker", und kurz darauf: „Erst

---

[116] Vgl. dazu die Ausführungen von F. MÜLLER, S. 274; s. schon HEISSENBÜTTEL, S. 92 und oben S. 247–48 m. Anm. 23–24.

[117] Vgl. oben S. 257–59; s. auch HEISSENBÜTTEL, S. 62: „Jedenfalls entbehrt das Wort noch völlig des edlen Charakters, den wir ihm heute zusprechen".

[118] Vgl. oben S. 255–56 m. Anm. 75–80; s. auch HEISSENBÜTTEL, S. 50, 64, 92–93.

[119] frz.: les gens, ital.: la gente = Leute; vgl. bes. F. MÜLLER, S. 273–74, der u.a. auch auf die „Bedeutungsüberlastung" des Wortes hinweist: ebd. S. 274 m. Anm. 64. Die alte Bedeutung von *gens* hat sich im modernen Französisch nur im Begriff „droit des gens" = „ius gentium" erhalten; hierauf verweist TEILLET, S. 13 m. Anm. 66.

im Laufe des frühen und hohen Mittelalters, in einer Entwicklung von Jahrhunderten(!), wurde aus den Einzelvölkern ein neues größeres Volk: die Deutschen. Das war nicht etwa eine Rückkehr zu den Verhältnissen der altgermanischen Zeit, sondern durchaus eine Neubildung"[120]. Schon zwei Jahre zuvor hatte Martin LINTZEL – derselbe LINTZEL, der die „deutsche" Geschichte am liebsten im Jahre 843 beginnen lassen wollte[121] – in einem Aufsatz zur Schlacht bei „Riade" geschrieben: „von einem deutschen Volk und einer deutschen Nation kann man in dieser Zeit (scil. unter Heinrich I.) noch kaum reden; wohl aber von den Völkern und Nationen(!) der Franken, Sachsen, Schwaben und Bayern"[122]. Aus diesen Sätzen von ERDMANN und LINTZEL, die ich Wort für Wort unterschreibe, lassen sich drei in diesem Zusammenhang wichtige Feststellungen ableiten, die ich wie folgt resümiere: 1. Das „deutsche Volk" ist eine Summe seiner „Stämme". 2. Bevor sich das deutsche Volk als eine eigenständige Größe ausgebildet hatte[123], waren diese „Stämme" selbständige Völker. 3. Die Ausbildung dieses deutschen Volks vollzog sich als ein langsamer, Jahrhunderte dauernder Prozeß o h n e Anschluß an ältere germanische Völker als ein absolutes Novum[124]. Als logische Schlußfolgerung aus der zweiten Feststellung drängt sich der Gedanke auf, daß man von „Stämmen" folgerichtig erst dann sprechen sollte, wenn das deutsche Volk als fertige Größe faßbar wird, doch gerade in diesem Punkt läßt sowohl ERDMANNS als auch LINTZELS Wortwahl zu wünschen übrig[125], womit sie allerdings wahrlich nicht allein stehen.

---

[120]) ERDMANN, Name, S. 94; so zutreffend auch LEYSER, Konflikt, S. 134: „frühmittelalterliche deutsche Völker".
[121]) Vgl. oben S. 9 m. Anm. 12.
[122]) LINTZEL, Riade, S. 108.
[123]) Über den Zeitpunkt, zu dem das deutsche Volk als selbständige Größe faßbar wird, besteht zwischen Erdmann, Lintzel und mir ein erheblicher Dissens, doch dies ist vorwiegend eine chronologische Frage. Allgemein s. noch WENSKUS, Verfassung, S. 15, 84.
[124]) „Denn man muß sich hüten vor der landläufigen Verwechslung der Begriffe Germanisch und Deutsch", bemerkt ERDMANN, Name, S. 94 – 95, sehr zu Recht. Vgl. bes. oben S. 19ff.
[125]) So etwa ERDMANN, Name, S. 97: „Die deutschen Stämme sind sich der Gemeinsamkeit ihres Volkstums bewußt geworden aus der Tatsache, daß sie dieselbe Sprache hatten", was auch sachlich falsch ist; vgl. oben S. 193 m. Anm. 91. Verfehlt aber auch ERDMANN, aaO., S. 94: „Es hatten sich die neuen Stammeseinheiten(sic) gebildet, Langobarden, Alemannen, Burgunder, Franken, Sachsen usw., und diese fühlten sich jede als ein selbständiges „Volk" (diot)". Sie „fühlten" sich nicht nur so, sie waren es auch. Richtig dann aber ebd.: „daß sie miteinander ein einziges Volk bilden sollten, kam ihnen jedenfalls ebensowenig in den Sinn wie etwa uns Heutigen die Meinung, daß wir zusammen mit den Dänen oder Engländern ein Volk wären". Im Anschluß an das oben mit Anm. 122 mitgeteilte Zitat schreibt LINTZEL, Riade, S. 108, im nächsten Satz: „Die S t ä m m e hatten ihr eigenes Nationalgefühl"! Vgl. DERS., Widukind, S. 335ff.; s. noch unten § 2, S. 273 m. Anm. 192. Beachtenswert aber jetzt FLECKENSTEIN, Anfänge, S. 151, der in seiner Kritik

„In einer Geschichte des Stammesbegriffs könnte beispielhaft ein guter Teil der Geschichte der politischen Ideen des 19. Jahrhunderts behandelt werden", stellte Reinhard WENSKUS schon 1961 zutreffend fest[126]. Eben darum wäre es ein leichtes, zu diesem Thema einen umfangreichen Aufsatz, wenn nicht gar ein schmales Buch zu schreiben, was an dieser Stelle selbstverständlich nicht nachgeholt werden kann. Es geht mir hier ja auch „nur" um die terminologische Frage „Stamm" oder „Volk", der allerdings im Rahmen der Revision des Bildes der „modernen" Verfassungsgeschichte, wie sie Otto BRUNNER, Theodor MAYER und Walter SCHLESINGER verkörpern[127], m.E. eine wichtige Rolle zukommt[128], nachdem der Unsinn von der sogen. germanischen Treue, Sippe und Gefolgschaft – einst Kernstücke der ang. „neuen" Verfassungsgeschichte[129] – nun wohl endgültig zum alten Eisen gehört[130]. Selbstverständlich lassen sich „Stamm" und „Volk" in verschiedener Weise definieren[131]. Ich gehe von dem heutigen Sprachgebrauch aus, der im „Stamm" eine Untergliederung des Volkes erblickt[132], wie dies vielleicht am schärfsten in dem im übrigen höchst pro-

---

an Haller betont, daß man von „Stämmen" im Jahre 911 „nur im Vorgriff" sprechen könne: „von deutschen Stämmen kann bis dahin noch keine Rede sein. In den Quellen wird jedenfalls in dieser Zeit nur von Franken, Bayern, Alamannen und Sachsen gesprochen". Dem stimme ich gern zu, zumal dies zu Ausgang des 10. Jahrhunderts noch immer unverändert der Fall ist. Vgl. bes. unten Kap 9 § 2, S. 580, S. 594; § 3, S. 625 – 26.

[126]) WENSKUS, Verfassung, S. 14.

[127]) Hierzu allgemein GRAUS, Verfassungsgeschichte, S. 559ff., bes. S. 566 – 69. Der letzte Repräsentant dieser Richtung ist Karl Bosl; zu ihm vgl. GRAUS, aaO., S. 568 m. Anm. 133, 570 m. Anm. 141; s. auch oben S. 18 Anm. 78.

[128]) Was bei GRAUS, Verfassungsgeschichte, S. 573ff., m.E. zu wenig zum Ausdruck kommt; vgl. immerhin ebd. S. 572 Anm. 146, 584 – 85.

[129]) Von Walter SCHLESINGER: Randbemerkungen zu drei Aufsätzen über Sippe, Gefolgschaft und Treue (1963) in: Beiträge zur deutschen Verfassungsgeschichte des Mittelalters, t.I (Göttingen 1963) S. 286 – 334, allerdings unverdrossen verteidigt.

[130]) Zusammenfassend GRAUS, Verfassungsgeschichte, S. 569 – 70 m. Anm. 138 – 40; vgl. ebd. S. 560 m. Anm. 99 – 100.

[131]) Vgl. WENSKUS, Verfassung, S. 82ff.: „Der Stamm als Teil eines Volkes". Wenskus zeigt, daß „Stamm" und „Volk" ursprünglich Synonyme waren (so noch bei Jacob Grimm und Johann Gottfried Herder); vgl. unten Anm. 133. Erst seit der Wende vom 18. zum 19. Jh. beginnt man, im „Stamm" ein Glied, genauer: die Untergliederung eines Volkes zu sehen; TELLENBACH, Grundlagen, S. 283, spricht von „Stammesvölkern", worunter ich mir nichts vorstellen kann. Vgl. noch unten Anm. 133.

[132]) Dies tun beileibe nicht nur die Germanisten, wie WENSKUS, Verfassung, S. 83 m. Anm. 122, meint. Vgl. etwa einen Buchtitel wie Karl HAUSHOFER – Hans ROESELER: Das Werden des Deutschen Volkes. Von der Vielfalt der Stämme zur Einheit der Nation, Berlin 1941[3]. Die Jahreszahl und die Namen des Herausgeber bürgen für eine entsprechende „Färbung" der Beiträge; vgl. aber Paul ZAUNERT: Der Stammesbegriff in der deutschen Geschichte: ebd. S. 9 – 29.

blematischen Werk von HUGELMANN zum Ausdruck kommt[133]. Auch WENSKUS, der sich in seinem gelehrten Buch doch die Beschreibung der „S t a m m e s bildung" zum Ziel gesetzt hat, formuliert keineswegs immer konsequent: er nimmt zwar keinen Anstand von Zulu- und Bantuvölkern zu sprechen, aber die Wandalen, Goten, Franken usw. sind selbstverständlich „Stämme"[134]; er gebraucht überdies den Begriff der „Völkerschaft" im technischen Sinn einer „politischen Gemeinschaft" im Gegensatz zur „ethnischen Einheit" des Stammes, was mich höchst problematisch dünkt[135].

WENSKUS befaßte sich in seinem Werk nur mit „Stämmen", die in Italien und im späteren Deutschland gesiedelt hatten[136]. In Frankreich pflegt man von „Stämmen" nicht zu sprechen, obwohl es sie zweifellos gegeben hat, nur bezeichnet sie dort kein Mensch mit dem törichten Namen von

---

[133]) HUGELMANN, passim, bes. S. 70ff., 93ff, 217ff. Aber auch Hugelmann ist sich seiner Sache nicht sicher: ebd. S. 230 zitiert er die Ann. Magdeburg. ad an. 983 und bemerkt dazu: „so macht das den Eindruck, als ob die Bayern von den anderen Großstämmen distanziert und auf die Ebene der Völker gehoben würden". Aber warum nur die Baiern? Vgl. dazu oben S. 249 m. Anm. 31 u.ö. HUGELMANN, S. 230, bemerkt ferner, daß die Franken im großfränkischen Reich der führende „Stamm" gewesen seien und fährt fort: „ – vielleicht kann man für die damalige Zeit von Volk sprechen"; OHNSORGE, Zweikaiserproblem, S. 46, erwähnt zu 884 die „fränkischen Stämme"(sic), die sich in Karl III. einen „Schützer in der Not" suchten. In seiner Rezension des Buches von Hugelmann betont Otto BRUNNER, daß „die Rede von der Gliederung des deutschen Volkes in ‚Stämme' kaum über 1800 zurück(reicht)": HZ. 186 (1958) S. 103 – 11, bes. S. 109: Eichhorn sprach 1808 ganz unbefangen von den „deutschen Völkern"; vgl. auch ebd. S. 104: „Daher können die Begriffe Volk (Stamm) und Land alternativ verwendet werden". Auch RÜCKERT, Nationalbewußtsein, S. 345 – 46, formuliert noch 1861 in diesem Sinne: „Aber wo diese fremden Betrachter von den deutschen V ö l k e r n zusammen oder von einem einzelnen deutschen S t a m m e sprechen...". Zur Beurteilung von Hugelmann s. auch unten Anm. 186.
[134]) WENSKUS, Verfassung, S. 76; vgl. noch ebd. S. 70: „Das geschwächte V o l k (scil. der Franken) soll dann aber später nur noch unter duces gestanden haben"; ebd. S. 71: „Wir wollen nur noch einmal auf die Tatsache hinweisen, daß auch die V ö l k e r selbst nach den Königen (Karolini, Franci)... genannt wurden".; „Keine der V ö l k e r s c h a f t e n, die in der Römerzeit... ohne Könige waren..." (Sperrungen BRÜHL); diese Beispiele ließen sich leicht vermehren. Vgl. dann aber WENSKUS, aaO., S. 462ff., bes. S. 541 und die folg. Anm.
[135]) WENSKUS, Verfassung, S. 51; ebd. Anm. 248 ( – S. 52) die verschiedenen Bedeutungen von „Völkerschaft", die einmal mehr, einmal weniger als „Stamm" meinen können. Nach meinem Sprachempfinden steht die „Völkerschaft" unter dem „Volk" und ist sachlich gleichbedeutend mit „Stamm". WENSKUS, aaO., S. 13, sieht in der „Frage nach der Stammesbildung...letztlich ein geistesgeschichtliches Problem": eben darum vermag ich mit seiner Definition des Stammes als einer wirklichen oder vermeintlichen Abstammungsgemeinschaft (ebd. S. 50) nichts anzufangen, da sie für die politische Geschichte irrelevant ist. Allerdings sieht WENSKUS, Stammesadel, S. 465 – 66, in den „Stämmen" inzwischen selbst keine „biologisch-natürlichen Einheiten" mehr, sondern „Gruppen sehr verschiedener Herkunft und Tradition", die „eigentlich immer in...Umformung begriffen waren". Dem ist zuzustimmen.
[136]) Goten, Langobarden, Alamannen, Franken, Sachsen und Friesen, Thüringer, Baiern und Hessen: WENSKUS, Verfassung, S. 462ff., 485ff., 494ff., 512ff., 541ff., 551ff., 560ff., 570ff.

„tribus", sondern mit dem, den sie verdienen, nämlich mit „nations"[137], wobei man sich zur Unterscheidung von der „nation française" gelegentlich des Begriffs der „nationalités régionales" bedient[138], was in der Sache aber keinen Unterschied macht[139]. Das Verdienst, diese Tatsache auch in der deutschen Forschung in das rechte Licht gerückt zu haben[140], gebührt Walther KIENAST[141], der aber in dem Bestreben, die deutschen und die französischen „Stämme" für möglichst gleichstrukturiert zu erweisen, weit über das Ziel hinausgeschossen ist, wobei gerade dem „unglückseligen Wort ,Stamm'"[142] eine Schlüsselrolle zukommt[143]. Ganz und gar abwegig scheint mir KIENASTS These von der entscheidenden Rolle der „Stämme" bei der französischen Königswahl[144], die mit Recht abgelehnt worden ist[145]. Verzichtet man auf den irreführenden Begriff „Stamm", und liest stattdessen „Volk" („peuple", „nation"), so ergibt die von KIENAST gezogene Parallele zwischen Deutschland und Frankreich bei aller Würdi-

---

[137]) Vgl. zuletzt WERNER, Nations, S. 290, 301 – 02 u.ö. und bes. DERS., Duchés, S. 313 – 14; vgl. unten S. 266 m. Anm. 148.

[138]) „Les nationalités régionales. Leurs rapports avec la Couronne" ist der Titel von FLACH IV; vgl. ebd. III, S. 127ff.; ähnlich auch DHONDT, Études, S. 234 u.ö.; zur Kritik s. WERNER, Königtum, S. 182 Anm. 19, 183 Anm. 21. LOT, Naissance III, S. 287, urteilt: „La nationalité française n'aura pas de pires ennemies que les nationalités provinciales", womit der historische Sachverhalt auf den Kopf gestellt wird; vgl. noch ebd. S. 280: „Le royaume est en vérité une fédération de dynasties provinciales"; vgl. noch LOT, Formation, S. 280ff., wo er u.a. der Normandie den Charakter einer „nationalité" zuspricht: ebd. S. 280.

[139]) DHONDT, Études, S. 2 Anm.1, erwähnt eine „conscience nationale". Das ganze Werk basiert auf dem Gedanken von verschiedenen Völkern, aus denen schließlich Frankreich hervorgeht; vgl. aber oben Anm. 138.

[140]) Wo der Gedanke einer volklichen, pardon: „stammesmäßigen" Gliederung Frankreichs meist abgelehnt wird; er ist natürlich auch in Frankreich umstritten; weitgehend ablehnend z.B. GANSHOF, S. 148ff.

[141]) KIENAST, Studien, passim, bes. S. 1 – 10, 171ff.; s. zuletzt WERNER, Genèse, S. 289ff. und bes. unten S. 266 m. Anm. 147 – 48.

[142]) So wörtlich Franz STEINBACH (oben S. 183 Anm. 19) S. 15; durchaus zustimmend zitiert von KIENAST, Studien, S. 5 m. Anm. 17.

[143]) KIENAST, Studien, S. 4: „Indem ich den Ausdruck ,Stamm' unbedenklich auf Frankreich anwende, bin ich mir bewußt, daß ich altgeheiligten deutschen Sprachgewohnheiten ins Gesicht schlage; aber um so schärfer tritt so der natürliche Zusammenhang der Dinge ins Licht". Sehr viel treffender spricht WERNER, Nations, S. 300, von „tous les autres peuples du royaume" im Hinblick auf Westfranken/Frankreich; vgl. noch ebd. S. 301ff.; vgl. noch GANSHOF, S. 159 – 60; vgl. bes. WERNER, Duchés, S. 313 und unten S. 266 m. Anm. 149 – 51.

[144]) KIENAST, Studien, S. 130ff.

[145]) So z.B. von GANSHOF, S. 156 – 58. KIENAST, Studien, S. 145 m. Anm. 66, beruft sich hier ausgerechnet auf Richer, l.IV c.12 (ed. LATOUCHE II, S. 162), von dem er sonst herzlich wenig hält: oben S. 145 m. Anm. 363 und Anm. 366.

gung der Verschiedenheiten der Entwicklung[146] einen guten Sinn, denn Aquitanier, Burgunder und Normannen sind im 9.–10. Jahrhundert genauso *gentes* innerhalb des *regnum Francorum* wie Baiern, Franken oder Sachsen[147].

Man verbaut sich aber, wie das Buch von KIENAST zeigt, selbst das rechte Verständnis der Vorgänge, wenn man hier französische „Stämme" analog zu den deutschen postuliert zu einem Zeitpunkt, da weder Deutschland noch Frankreich existierten[148]. Es handelt sich selbstverständlich um Völker, wie Karl Ferdinand WERNER mit Recht immer wieder betont hat[149], weshalb es sich empfiehlt, statt von der weder in Ost-, noch in Westfranken vorhandenen Stammes-, besser von der Regna-Struktur dieser Reiche zu sprechen[150]. Auch unser eigener Sprachgebrauch ist ja alles andere als konsequent. Auf der einen Seite gebrauchen wir genüßlich die unsinnige Redensart von den „deutschen Stämmen" (im 9.–10. Jahrhundert), auf der anderen sind wir jedoch durchaus geneigt, den Langobarden, Goten, Wandalen usw., kurzum den „Stämmen", die später nicht im deutschen Volk aufgingen, ihren Charakter als Völkern großmütig zuzubilligen[151], und die Franken gelten in der Forschung ja mit Recht als „Reichs-

---

[146]) Es wäre töricht, eine bis ins Detail parallele Entwicklung in Ost- und Westfranken behaupten zu wollen; sie ist aber sehr viel weniger verschieden, als man nach den Bekundungen etwa eines Mitteis u.a. annehmen müßte; vgl. die Zitate bei KIENAST, Studien, S. 1–2 m. Anm. 1–4 u.a.m. Zur Sache vgl. bes. WERNER, Königtum, S. 186–88, 195.

[147]) KIENAST, Studien, S. 23ff., 42ff., 95ff.; WERNER, Genèse, S. 300ff.; DERS., Duchés, S. 315ff.

[148]) Niemand hat dies klarer gesehen als KIENAST selbst: Herzogtitel, S. 10 Anm. 5: „Wenn wir in diesem Sinn von französischen und deutschen ‚Stämmen' in karolingischer Zeit sprechen, so wird damit im Vorgriff auf die Zukunft (!) ein Volk als Oberbegriff vorausgesetzt, das damals noch gar nicht existierte". Diese Feststellung gilt allerdings auch noch für das 10. Jh., was die Lektüre von KIENAST I über weite Strecken so peinlich macht, weil hier ständig von „Deutschen" und „Franzosen" die Rede ist, die es noch gar nicht gab. Dies führt zu manchmal grotesken Fehlurteilen. Vgl. bes. unten Kap. 7–9, passim.

[149]) Zuletzt WERNER, Duchés, S. 314 und oben Anm. 143; s. aber schon RÜCKERT, Nationalbewußtsein, S. 37 (für Wandalen, Sueben, Angeln usw.); s. auch LOT, Nation, S. 260. JARNUT, S. 99, meint zwar, daß „die Übertragung mit Nation oder Volk...oft angemessener(sei) als die durch Stamm", doch hindert ihn dies nicht, selbst mehrfach von „Stamm" zu sprechen: ebd. S. 102, 107 u.ö.; unglücklich auch TELLENBACH, Grundlagen, S. 279ff.

[150]) Hierzu ausführlich unten Kap. 5 § 1, S. 305ff. Unglücklich daher auch EHLERS, Elemente, S. 572 m. Anm. 26. Die Auseinandersetzung um seine Thesen ist bei KIENAST I, S. 15 Anm. 25(–S. 16) bequem zusammengestellt, wobei die Kritik Werners allerdings noch nicht berücksichtigt sein konnte.

[151]) So etwa Heinrich RÜCKERT: oben Anm. 149; vgl. auch unten S. 272 m. Anm. 189. Auf Belege für „deutsche Stämme" vor 1000 verzichte ich: sie begegnen auf Schritt und Tritt.

v o l k" und nicht als „R e i c h s s t a m m"[152]. Daß selbstverständlich auch die Sachsen ein Volk sind, betonte mit Recht BAUERMANN[153] was ihn aber nicht hinderte, über „T e i l stämme des sächsischen Volkes" zu schreiben, wo die Bezeichnung „Stämme" ausnahmsweise einmal am Platze gewesen wäre[154]. Mit Recht spricht die Forschung auch von den „V o l k s rechten" des 7.–9. Jahrhunderts und in Nachfolge des Werks von Wolfgang LAZIUS von „V ö l k e r wanderung"[155] und nicht von „Stammesrechten" und „Stämmewanderungen", wie es die Systematik der Verfassungsgeschichte doch eigentlich erfordern würde. Auch bei der Nationenbildung slawischer Völker wie etwa Polen und Tschechen hat sich der Stammesbegriff nicht bewährt[156], zumal dabei sogar mit „Unterstämmen" zu rechnen wäre[157]. Wenn wir aber im folgenden konsequent von den frühmittelalterlichen *gentes* als Völkern sprechen wollen, so stellt sich nunmehr die Frage, ob diese Völker so etwas wie ein Nationalgefühl besaßen.

---

[152] Gerade bei den Franken, die sich so viele andere „Stämme" unterworfen hatten, tut sich die Forschung besonders schwer. Da sie auf „deutschem" Boden siedelten, haben sie gefälligst ein Stamm zu sein – vgl. WENSKUS, Verfassung, S. 512ff.; KIENAST, Studien, S. 10ff. –, doch hat man irgendwie das unbestimmte Gefühl, daß da wohl etwas nicht stimme; vgl. schon RÜCKERT, Nationalbewußtsein, S. 376: „das Selbstgefühl ihres(scil. der Franken) Stammes oder Volks"; vgl. ebd. S. 381.

[153] BAUERMANN, S. 48 und ebd. S. 63 Anm. 92: „Das heute (1945!) so gebräuchliche Wort *Stamm* ist irreführend und sollte besser gemieden werden"; vgl. aber die folg. Anm. LEYSER, Konflikt, S. 134, spricht treffend von der „Geschichte der frühmittelalterlichen deutschen Völker"; vgl. ebd. S. 79; s. noch ENGELS, S. 483.

[154] BAUERMANN, S. 48; vgl. ebd. S. 53, 62 („Teilstämme"). Vgl. auch WENSKUS, Verfassung, S. 546, der die ältere Forschung referiert und von drei *herescephe* spricht; hierzu vgl. bes. BAUERMANN, S. 38ff., 57ff. Vgl. noch unten Anm. 157 und unten Kap. 5 § 1, S. 325–26 Anm. 156–57.

[155] De gentium aliquot migrationibus...ll.XII, Basileae 1557. Es müßte also eigentlich „Völkerwanderungen" heißen, was von der Sache her auch korrekter wäre. Von „Volksrechten" sprechen alle Lehrbücher der Rechtsgeschichte. HUGELMANN, S. 35ff. behandelt allerdings tatsächlich Stammesrechte, nämlich die des 13. Jh.; verfehlt allerdings ebd. S. 24ff.

[156] GIEYSZTOR, S. 353, spricht zwar von „racines dans le palier tribal", vgl. dann aber ebd. S. 355ff.; s. zuletzt GRAUS, Nationenbildung, Beilage VI, S. 182ff., bes. S. 186–87; zu Mähren und Böhmen s. GRAUS, aaO., Beilagen III und V, S. 154ff., 170ff.; s. auch oben S. 249 m. Anm. 35. GRAUS, aaO., spricht von „Völkern und Nationen" und will ausdrücklich die Nationenbildung behandeln; das Wort „Stamm" setzt er regelmäßig in Anführungszeichen.

[157] GRAUS, Nationenbildung, Beilage VIII: Die böhmischen Stämme, S. 192ff. bes. S. 193–94, 199–200, der ebd. S. 200 von „Kleinstämmen" spricht. Die Quellenlage ist schlecht; doch warum sollte es sich nicht um Untergliederungen der *gens Bohemorum*: ebd. S. 177–78, d.h. also um wirkliche Stämme handeln? Vgl. schon oben mit Anm. 154.

## § 2: Nation und „Nationalgefühl" im Frühen Mittelalter.

Begriffe wie „Nation" und „Nationalgefühl" erscheinen vielen Historikern für das Frühe Mittelalter unangemessen[158]. Das erinnert mich an den sinnlosen Streit um den Begriff „Staat" im Mittelalter: wer an diesen Begriff die Kriterien des 19.–20. Jahrhunderts anlegt, darf sich nicht wundern, wenn er ihn tausend Jahre früher nicht findet[159]. Alle Versuche, die „Nation" wissenschaftlich zu definieren, sind bisher gescheitert[160]. „Es liegt im Wesen des Begriffs ‚Nation' selbst, daß es bisher nicht gelungen ist, ihn objektiv, endgültig und allgemeinverbindlich zu bestimmen", befand der Romanist Franz Walter MÜLLER[161] und konnte sich dafür auf Juristen vom Range eines Georg JELLINEK berufen[162], der sich hierbei seinerseits Gedanken von Ernest RENAN zu eigen machte[163], die dieser am 11. März 1882 in einem berühmten Vortrag in der Sorbonne unter dem Titel „Qu'est-ce qu'une nation?" geäußert hatte[164]. Aus diesem überaus gedankenreichen Vortrag eines der klügsten Köpfe Frankreichs im ausgehenden 19. Jahrhundert wird meist der Satz zitiert, eine Nation sei „ un plébiscite de tous les jours", was natürlich im Hinblick auf Elsaß-Lothringen gesagt war. Doch dieser auch heute, nach über hundert Jahren noch immer lesenswerte, ganz und gar nicht veraltete Vortrag enthält viele beherzigenswerte Sätze: „Une nation est une âme, un principe spirituel...

---

[158]) In der Diskussion meines damaligen Vortrags in der „Frankfurter Wissenschaftlichen Gesellschaft" beharrte Otto Vossler darauf, daß vor 1789 von „Nationalgefühl" keine Rede sein könne; vgl. dazu unten S. 271 m. Anm. 183 sowie unten Anm. 243; s. auch SCHLESINGER, Entstehung, S. 130–31.
[159]) Vgl. GUENÉE, Etat, S. 151–52; zustimmend GIEYSZTOR, S. 351–52; s. auch BUCHNER, S. 563; vgl. bes. GRAUS, Verfassungsgeschichte, S. 541, 549–50, 566–67.
[160]) Eine Auswahl an Definitionen bieten HERTZ, S. 11ff.; SCHLESINGER, Entstehung, S. 133ff., 140ff. u.a.m.
[161]) F. MÜLLER, S. 248.
[162]) Georg JELLINEK: Allgemeine Staatslehre (Berlin 1913³; mehrere Nachdrucke 1919/29 und Darmstadt 1960) S. 119: „Ist es demnach unmöglich, ein einziges sicheres objektives Kriterium der Nation anzugeben, so kann ein solches auch nicht durch eine feststehende Kombination mehrerer Elemente gefunden werden. Daraus ergibt sich, daß die Nation nichts Objektives im Sinne des äußerlich Existierenden ist. Sie gehört vielmehr zu der großen Klasse sozialer Erscheinungen, die mit äußeren Maßstäben überhaupt nicht gemessen werden können. Nation ist vielmehr etwas wesentlich Subjektives, d.h. das Merkmal eines bestimmten Bewußtseinsinhaltes. Eine Vielheit von Menschen, die durch eine Vielheit gemeinsamer, eigentümlicher Kulturelemente und eine gemeinsame geschichtliche Vergangenheit sich geeinigt und dadurch von anderen unterschieden weiß, bildet eine Nation"; vgl. ebd. S. 116ff.; zitiert bei F. MÜLLER, S. 247 Anm. 2.
[163]) JELLINEK, aaO., S. 119 Anm. 2, wonach wiederum F. MÜLLER, S. 247, zitiert. Das Urteil von HERTZ, S. 12: „the spokesmen of victorious Germany scornfully rejected it", ist zumindest eine unzulässige Verallgemeinerung. Vgl. unten S. 269 m. Anm. 167.
[164]) Œuvres I, S. 887–906; vgl. unten S. 269 m. Anm. 165–69.

L'homme n'est esclave ni de sa race, ni de sa langue, ni de sa religion[165], ni du cours des fleuves, ni de la direction des chaînes des montagnes[166]. Une grande agrégation d'hommes, saine d'esprit et chaude de cœur, crée une conscience morale qui s'appelle une nation"[167]. RENAN sagt aber auch: „Les nations ne sont pas quelque chose d'éternel. Elles ont commencé, elles finiront. La confédération européenne, probablement, les remplacera(!)", um sogleich hinzuzufügen: „Mais telle n'est pas la loi du siècle où nous vivons. A l'heure présente, l'existence des nations est bonne, nécessaire même"[168]. Und schließlich doch noch der Satz, um dessen willen RENAN meist zitiert wird: „Une nation est donc une grande solidarité, constituée par le sentiment des sacrifices qu'on a faits et de ceux qu'on est disposé à faire encore. Elle suppose un passé; elle se résume pourtant dans le présent par un fait tangible: le consentement, le désir clairement exprimé de continuer la vie commune. L'existence d'une nation est...un plébiscite de tous les jours, comme l'existence de l'individu est une affirmation perpétuelle de vie"[169].

Ferdinand LOT (1866–1952) urteilte in einem 1949 unter dem gleichen Titel erschienenen Aufsatz treffend: „Cette conférence ne représentait pas une improvisation, mais une doctrine"[170]. LOT schloß sich ihr im wesentlichen an, betonte aber eher noch stärker als RENAN die historische Komponente[171]. LOTS Kritik an dem von RENAN u.a. verkörperten „idéalisme français" trägt dem rassischen und sprachlichen Element in höherem Maße Rechnung, als dies bei RENAN geschehen war[172]; er unterscheidet insbe-

---

[165]) Hierzu hatte RENAN bereits vorher ausgeführt: „La vérité est qu'il n'y a pas de race pure...Les discussions sur les races sont interminables, parce que le mot race est pris...dans deux sens tout à fait différents...La langue invite à se réunir; elle n'y force pas... La religion ne saurait non plus offrir une base suffisante...": Œuvres I, S. 895–97, 899, 901; vgl. LOT, Nation, S. 260, 262; HERTZ, S. 52ff., 78ff., 98ff. hat diese drei Themen im einzelnen ausgeführt.

[166]) „Les limites de la France en 1789 n'avaient rien de naturel ni de nécessaire": Œuvres I, S. 893–94; vgl. ebd. S. 902–03; vgl. unten Kap. 5 § 3, S. 343.

[167]) Œuvres I, S. 903, 905–06. Dies sind die bei JELLINEK: oben Anm. 163, zitierten Passagen; s. auch LOT, Nation, S. 262.

[168]) Œuvres I, S. 905; der erste Teil des Zitats auch bei SCHLESINGER, Entstehung, S. 126.

[169]) Œuvres I, S. 904; vgl. SCHLESINGER, Entstehung, S. 126 m. Anm. 2–4.

[170]) LOT, Nation, S. 263, der eigens auf Renans Vorwort zu seinen „Discours et conférences" (1887) verweist, in dem dieser die Bedeutung des Vortrags noch einmal unterstrich: Œuvres I, S. 719–21; vgl. auch SCHLESINGER, Entstehung, S. 126. Unter marxistischen Vorzeichen zurückhaltend zu Renan SZÜCS, S. 171. GIEYSZTOR, S. 361, spricht von einer „définition admirable, mais désespérément inutile pour un médiéviste", was nur bedingt richtig ist.

[171]) „Une nation est une réussite historique": LOT, Nation, S. 269; vgl. ebd. S. 263.

[172]) LOT, Nation, S. 266–70.

sondere zwischen „nation" und „nationalité", die er im Sinn von juristi-
scher Staatsbürgerschaft und Volkszugehörigkeit gebraucht[173]. Für die
Moderne ist diese Unterscheidung in der Tat von kapitaler Bedeutung[174],
für das Frühe Mittelalter dagegen unbeachtlich. Wesentlich scheint mir
aber vor allem, daß für LOT die Existenz von Nationen im Mittelalter außer Zweifel steht, auch wenn seine Auffassung im einzelnen schwankend
ist[175]. Dies gilt natürlich erst recht für SCHLESINGER[176], aber selbst für den
vorwiegend an der Neuzeit interessierten Friedrich (Frederick) HERTZ[177],
ja es darf getrost als die Meinung der weitaus überwiegenden Zahl der Historiker gelten, die sich mit dieser Frage befaßt haben[178], weshalb es mir
überflüssig erscheint, hier auf die Problematik der Moderne im einzelnen
einzugehen[179], was ohnehin nicht Gegenstand dieses Buches sein kann. Ich
halte die Existenz von Nationen (Völkern) im Mittelalter für selbstverständlich[180]. Statt des von modernen Assoziationen vielleicht etwas zu
stark belasteten Begriffs der „Nation", der in seinem modernen Sinn ohnehin erst spätmittelalterlich ist[181], bevorzuge ich für das Frühe Mittelalter

---

[173]) Vgl. LOT, Nation, S. 253 – 54, 268 – 69. Nach modernem deutschen Sprachgebrauch
würde man in der „Nationalität" gerade die juristische Staatszugehörigkeit erblicken, die
über die nationalen Gefühle des mit einer bestimmten Staatsangehörigkeit Beglückten
absolut nichts aussagt; vgl. die folg. Anm.

[174]) Man denke nur an irische Terroristen mit britischem, baskische Terroristen mit
spanischem oder französischem Paß usw.; s. auch HERTZ, S. 7, der in diesem Sinne
zwischen „legal and social nationality" unterscheidet; vgl. noch SCHLESINGER, Entstehung, S. 158 Anm. 170.

[175]) Hierzu vgl. zusammenfassend SCHLESINGER, Entstehung, S. 127 – 29.

[176]) Vgl. etwa SCHLESINGER, Entstehung, S. 161ff.

[177]) HERTZ, S. 286ff. u.ö.; vgl. SCHLESINGER, Entstehung, S. 143.

[178]) SCHLESINGER, Entstehung, S. 161, betont mit Recht: „Es fällt auf, daß diejenigen,
die die Existenz von Nationen im Mittelalter in Abrede stellen, zumeist Soziologen sind
(auch Juristen: Erg. BRÜHL), diejenigen, die das Gegenteil behaupten, meist Historiker";
vgl. ebd. S. 130 – 31, 160; s. auch SCHMUGGE, S. 440 – 41.

[179]) Etwa auf die „neuen Nationen" in Afrika und Asien als eine Folge der Entkoloni-
alisierung. Über diese Problematik scheinen mir sachliche, emotionslose Aussagen im
Augenblick kaum möglich – und im Rahmen meiner Darlegungen auch völlig überflüssig;
Vgl. aber SCHLESINGER, Entstehung, S. 138 – 39 m. Anm. 71.

[180]) Ich kenne keinen Mediaevisten, der dies leugnete, und das Gerede von Soziologen,
die keine Quellen gelesen haben, ist mir höchst gleichgültig. Die Diskussion geht vielmehr
um die Frage, s e i t  w a n n von mittelalterlichen Nationen gesprochen werden kann. Hier
gehen die Meinungen in der Tat weit auseinander, und es gibt manche Mediaevisten, die
hier gegenüber dem Frühen Mittelalter Vorbehalte anmelden; vgl. etwa SZÚCS, S. 230
Anm. 14; s. noch SCHMUGGE, S. 441 – 43. BUCHNER, S. 564, spricht für das 6. – 9. Jh. von
„nationsähnlichen" Gruppen; s. auch unten Anm. 188.

[181]) Vgl. GUENÉE, Etat, S. 154 – 55, 160 – 61; vgl. oben S. 259 m. Anm. 100 – 01, S. 260
m. Anm. 107 – 09 u.a.

den Terminus „Volk", wohl wissend, daß „Volk" und „Nation" im Deutschen wie im Französischen nicht völlig deckungsgleich sind[182].

Dies zeigt sich sogleich, wenn ich nun nach dem „Nationalgefühl" dieser Völker frage, für das sich zumindest im Deutschen eine andere Vokabel
nicht anbietet, während im Französischen die Unterscheidung von „sentiment national" (für die Moderne ab 1789) und „sentiment patriotique" (für
die vorangehende Epoche) durchführbar und sinnvoll erscheint[183]. Die
Problematik ist in etwa die gleiche wie bei dem Begriff „Nation": wer die
Existenz von Nationen im Mittelalter leugnet, muß a fortiori auch ein mit
den Nationen verbundenes „Nationalgefühl" abstreiten, doch hat sich die
Erkenntnis, daß es neben den mittelalterlichen Nationen auch ein Nationalgefühl im Mittelalter gegeben habe, trotz erstaunlicher Fehlurteile[184]
schließlich doch allgemein Bahn gebrochen[185]. Dabei ist allerdings zu beachten, daß sich die Forschung durch die verhängnisvolle Fehleinschätzung der Völker als „Stämme", d.h. als etwas Untergeordnetes, die rechte
Einschätzung der Quellen selbst verbaut hat. Ein geradezu klassisches
Fehlurteil fällte Heinrich RÜCKERT schon 1861 in einem heute fast verges-
senen Aufsatz[186]; für das 6.–7. Jahrhundert befand er: „es gab nur Stam-
mesgefühle und nichts Höheres"[187]. Genau das war auch noch ein Jahrhundert später die vorherrschende Lehrmeinung. Für das Frühe Mittelal-

---

[182]) Zum Sprachgebrauch „Volk – Nation" vgl. JOACHIMSEN, Volk, S. 3: ein „Volks-
lied" ist keine Nationalhymne, ein „Volksfest" kein Nationalfeiertag. „Volk" hat hier den
Beigeschmack von „populär", „nichtstaatlich" wie schon lat. *populus*. Dies gilt im Deutschen wie im Französischen; s. auch KAHL, Beobachtungen, S. 102 Anm. 121.

[183]) „Volksgefühl" gibt es nicht und „Volksempfinden" meint ebenso wie „sentiment
populaire" etwas ganz anderes. Die Unterscheidung von „sentiment national" und „sentiment patriotique", für die ich im Deutschen kein Äquivalent wüßte, verdanke ich einem
Gespräch mit Herrn Kollegen J. LE GOFF-Paris; s. auch unten Anm. 188 und Anm. 243.

[184]) Erbauliche Belege bei WERNER, Nations, S. 285–86; s. auch KIRN, S. 10–11; irrig
allerdings ebd. S. 11 Anm. 3 der Hinweis auf Numa Denis FUSTEL de COULANGES:
Histoire des institutions de l'ancienne France, t.VI: Les transformations de la royauté
pendant l'époque carolingienne, hgg. von Camille JULLIAN (Paris 1892; Nachdruck:
Bruxelles 1964) S. 3–15, wo Fustel im wesentlichen nur von der Rüpelhaftigkeit merowingischer Könige spricht, von „mouvement national" ist nur in der von JULLIAN hinzu-
gefügten Kapitelüberschrift die Rede; wohl aber bemerkt FUSTEL, aaO., S. 619: „L'idée de
former des nations n'apparaît alors dans aucun esprit"; dagegen bereits MONOD, Opposition, S. 6; s. auch SZÜCS, S. 222 Anm. 5.

[185]) Vgl. schon KIRN, S. 12; s. oben S. 270 m. Anm. 175–78. Grundsätzliches bei SZÜCS,
S. 161ff. Eine scharfe und in weiten Teilen berechtigte Kritik an Szücs bei Joachim EHLERS:
Nation und Geschichte. Anmerkungen zu einem Versuch, in: ZHF. 11 (1984) S. 205–18,
bes. S. 209–10, 213–14, 217.

[186]) Erwähnt ist er bei HUGELMANN, S. 243, dessen Buch ja im wesentlichen den
Charakter eines umgestülpten Zettelkastens hat, in der Konzeption aber eher in die Jahre
1900/30 gehört; hierzu s. auch SZÜCS, S. 231 Anm. 3 (– S. 232) und MÜLLER-MERTENS,
Reichsstruktur, S. 59 Anm. 58.

[187]) RÜCKERT, Nationalgefühl, S. 371; vgl. noch LAMPRECHT I, S. 9ff.

ter kommt erschwerend hinzu, daß man, verführt von dem unsinnigen
Stammesgerede, ein Nationalgefühl suchte, das es noch gar nicht gab und
auch nicht geben konnte, nämlich das deutsche und französische, wie
schon LOT gesehen hatte[188]. Noch einmal gebe ich Heinrich RÜCKERT das
Wort. Dieser stellte besorgt fest, daß sich „eine wirkliche alamannische,
bairische, sächsische Nationalität" – warum spricht er nicht von der fränkischen? – hätte ausbilden können und fährt dann fort: „Da ist es denn
wunderbar zu sehen..., welcher Werkzeuge sich die Macht, die die Geschichte lenkt, bedient hat, um das deutsche Volk als eine Einheit zu e r -
h a l t e n ...(!)"[189].

Noch achtzig Jahre später war dem Lintzel-Schüler Wolfgang HESSLER
bei seiner Suche nach den „Anfänge(n) des deutschen Nationalgefühls in
der ostfränkischen Geschichtsschreibung des 9. Jahrhunderts" kein besseres Glück beschieden: auch er suchte dieses ang. deutsche Nationalbewußtsein vergebens. Er war ehrlich genug dies zuzugeben; da bei Dissertationen aber nun mal ein Ergebnis erwartet wird, rettete er sich in folgende Hilfskonstruktion: „Auf jeden Fall haben wir uns die Anfänge des deutschen Nationalgefühls auf einen engeren Kreis beschränkt zu denken.
Während die Menge des Volkes in ihren stammesgebundenen Vorstellungen lebt(!)..., erfassen nur die wenigsten dank ihrer besonderen Bega-
bung(!) bewußt die beginnende Scheidung und erfühlen(!) so als erste das
deutsche Volk"[190]. „Ein kleiner Kreis hat also etwas ‚erfühlt', wovon er
aber in stillschweigender Übereinkunft vorsorglich nicht gesprochen
hat"[191]. Was HESSLER tatsächlich fand, war dagegen ein ausgeprägtes
„Stammesbewußtsein", mit dem er – auf der Suche nach dem „höheren"
deutschen Nationalgefühl – nichts Rechtes anzufangen wußte. In Wahrheit hatte HESSLER in seiner als Materialsammlung durchaus schätzenswerten Arbeit sehr wohl ein Nationalgefühl oder besser: Nationalgefühle
entdeckt, nämlich solche der Franken, Sachsen, Baiern usw., die in seinen

---

[188]) Carolingiens, S. 208: „Les personnes qui voient un patriotisme français ou allemand
au X^e siècle sont, à notre avis, dupes d'une illusion". Er sieht die Ausbildung eines solchen
„patriotisme" erst im 14. Jahrhundert und fährt fort: „Auparavant il existe bien un
patriotisme, mais provincial(!); le seul lien qui réunit un Flamand et un Aquitain, c'est le
serment prêté à un même seigneur, le roi...“; s. auch BRÜHL, Anfänge, S. 167, wo ich die
zitierte Stelle bei Lot noch nicht kannte.
[189]) RÜCKERT, Nationalgefühl, S. 376 (für das 8. Jh.). Rückert zählte gewiß nicht zu den
großen Namen der deutschen Geschichtswissenschaft im 19. Jh., aber gerade darum
kommt seinem Urteil Gewicht zu: es ist weder die Meinung eines Genies noch die eines
Außenseiters, sondern die des durchschnittlichen deutschen Universitätsprofessors.
[190]) HESSLER, S. 136.
[191]) So schon BRÜHL, Anfänge, S. 166; s. auch WERNER, Nations, S. 291.

Augen aber nun einmal nur inferiores „Stammesbewußtsein" waren[192]. Es ist also immer wieder das alte Lied: indem man die Existenz einer politischen Größe postuliert, die es noch gar nicht gibt, verbaut man sich den Blick für das real Existierende, seien dies nun die Sprachen oder die Völker des 9.–10. Jahrhunderts.

Wenn ich mich nach diesen einführenden Überlegungen nunmehr konkret den Quellen zuwende, so sei zunächst festgehalten, welche Quellenkategorien mich im folgenden n i c h t interessieren werden. Es sind dies in erster Linie stereotype Gemeinplätze, wie sie als Topoi seit der Antike über fremde Völker verbreitet werden, doch hat Ludwig SCHMUGGE völlig richtig gesehen, daß hier im 11.–12. Jahrhundert „die Ausdrucksformen der Fremdstereotypen der Völkercharakteristiken eine neue Qualität (erreichen)"[193]. Schon dem 12. Jahrhundert sind Gemeinplätze wie der *furor Teutonicus* oder die *perfidia Anglica* geläufig[194]. Im Spätmittelalter werden diese Völkercharakteristiken unter meist negativen Vorzeichen zu einer Art Literaturgenus, das sich im 16. und 17. Jahrhundert einer gewissen Popularität erfreute[195]. Hand in Hand damit gingen Urteile über die einzelnen Sprachen. So soll nach einem ang. Wort Karls V. das Spanische die rechte Sprache sein, um mit Gott zu sprechen, das Polnische, um den Teufel zur Hölle zu schicken, das Französische zur Unterhaltung, das Italienische für die Diplomatie und das Deutsche zum Befehlen –, weshalb er zu seinem Pferd deutsch gesprochen haben soll. Amüsant ist auch eine lateinische Regel aus dem 17. Jahrhundert:

---

[192] Vgl. schon Hesslers Lehrer LINTZEL, Riade, S. 108: „Die Stämme hatten ihr eigenes Nationalgefühl": oben Anm. 125. Bemerkenswert hellsichtig urteilte LAMPRECHT I, S. 11: „Während sie (scil. die Deutschen) anfangs und noch auf die Dauer von mehr als vier Generationen (!) der Wucht der sich langsam vollziehenden nationalen Bildung so wenig gewachsen waren, daß sich ihr Reich in dieser Zeit nicht als nationale Einheit, sondern nur als Konglomerat der wichtigsten Stämme begriffen...". Er sieht auch die leichtere Nationsbildung im Osten gegenüber dem Westen, wo es „Rassen zu verschmelzen galt", macht diese „Gleichartigkeit" der „Stämme" dann aber verantwortlich für die „sehr starke äußere Machtstellung", die „rasch angestrebt und früh verwirklicht werden konnte". Zu Lamprecht s. KIRN, S. 76ff. und vom marxistischen Standpunkt aus SZÜCS, S. 223 Anm. 6.
[193] SCHMUGGE, S. 443. Zum antiken Vorbild s. unten Anm. 197. Die nationalen Vorurteile im 13. Jh., wie sie häufig an den Universitäten zum Ausdruck kamen, formulierte eindringlich Jakob von Vitry († 1240); vgl. KIRN, S. 29–30 m. Anm. 2; SCHMUGGE, S. 455–56 m. Anm. 54.
[194] Vgl. dazu KIRN, S. 26 m. Anm. 6, 45–46, 51, 64; s. auch SCHMUGGE, S. 448, 457–58; vgl. SZÜCS, S. 201; vgl. ebd. S. 207 zur „Disputatio inter Anglicum et Francum".
[195] Vgl. Hans WALTHER: Scherz und Ernst in der Völker- und Stämme-Charakteristik mittellateinischer Verse, in: AKG. 41 (1959) S. 263–301; Stanislaw KOT: Old international insults and praises. I. The Medieval period, in: Harvard Slavic Studies 2 (1954) S. 181–209; DERS.: Nationum proprietates, in: Oxford Slavonic Studies 6 (1955) S. 1–43; 7 (1957) S. 99–117.

| Cum Deo | loquendum | est | ob | sanctitatem | Hebraice. |
|---|---|---|---|---|---|
| Cum eruditis | loquendum | est | ob | sapientiam | Graece. |
| Cum magnatibus | loquendum | est | ob | maiestatem | Hispanice. |
| Cum heroibus | loquendum | est | ob | gravitatem | Germanice. |
| Cum amasiis | loquendum | est | ob | suavitatem | Gallice. |
| Cum hostibus | loquendum | est | ob | terrorem | Polonice. |
| Cum omnibus | loquendum | est | ob | potentiam | Latine[196]. |

In Wahrheit sind solche Völkercharakteristiken allerdings wesentlich älter: sie gehen, wie schon bemerkt, auf die Antike zurück[197], und es gibt aus dem Frühmittelalter Beispiele aus dem späten 9. Jahrhundert in Gestalt des Traktats „De proprietatibus gentium"[198] und etwa ein Jahrhundert später mit dem „Tractatus de vitiis et virtutibus gentium"[199], der sich insofern angenehm von dem älteren Vertreter seiner Gattung unterscheidet, als er positive und negative Eigenschaften der einzelnen Völker einander gegenüberstellt, also die *ferocitas* der Franken ihrer *fortitudo*, die *stulticia* der Sachsen ihrer *instancia*, die *superbia* der Römer ihrer *gravitas*, die *gula* der Gallier ihrer *firmitas* usw.; ähnlich war aber schon Salvian von Marseille im 5. Jahrhundert verfahren[200]. Auch Kernsätze wie: *Stulti sunt Romani, sapienti Paioari. Modica sapientia est in Romana; plus habent stultitia quam sapientia*, selbst wenn sie dieses Mal nicht in einem Verzeichnis von Völkerlastern stehen, sondern um 800 ausgerechnet als Interlinearglosse in ein „Gesprächsbüchlein" in Fulda eingetragen wurden, bereichern unsere Kenntnis von bairischer und romanischer Eigenart nicht[201]. Derartige Gemeinplätze helfen in der Tat nicht weiter, gleichgültig aus welchem Jahrhundert sie stammen; sie fanden natürlich leicht in die Annalen und Chroniken des Mittelalters Eingang, wozu ich für die Jahre bald

---

[196]) Beide Stellen zitiert bei KOT (oben Anm. 195) S. 104.

[197]) FICHTENAU, Horizont, S. 80 m. Anm. 3, zitiert als ältesten Vertreter dieser Gattung den Theophrast von Eresos, einen Schüler des Aristoteles.

[198]) Geschrieben 883 in Oviedo: ed. MOMMSEN, S. 389; vgl. ebd. S. 370–71; s. FICHTENAU, Horizont, S. 80 m. Anm. 2. Vgl. die folg. Anm.

[199]) Ediert von FLACH III, S. 128 Anm. 1, nach der Hs. 48 der Burger-Bibliothek in Bern. Flach hat aber nicht bemerkt, daß dieser Text (nach mehreren Hss.!) bereits von Th. MOMMSEN ein Jahrzehnt zuvor als „Forma secunda" des oben Anm. 198 zitierten Traktats: ebd. S. 389–90, publiziert worden war. Auch KIRN, S. 29 und FICHTENAU, Horizont, S. 80 Anm. 1, berufen sich allein auf Flach, obwohl FICHTENAU, aaO., S. 80 Anm. 2, die Edition Mommsens für den älteren Traktat doch selbst zitiert.

[200]) Vgl. FICHTENAU, Horizont, S. 80–81 m. Anm. 4–5.

[201]) Zur Deutung *Romani* = Romanen und nicht Römer vgl. Heinz DOPSCH: Zum Anteil der Romanen und ihrer Kultur an der Stammesbildung der Bajuwaren, in: Die Bajuwaren. Von Severin bis Tassilo 488–788. Ausstellungskatalog, hgg. von Hermann DANNHEIMER und Heinz DOPSCH (Salzburg 1988) S. 47–54, bes. S. 54. Vgl. im übrigen KIRN, S. 39 m. Anm. 3 (hiernach zitiert); s. auch ZÖLLNER, S. 161 und BUCHNER, S. 579, der es nicht für nötig hält, auf Kirn hinzuweisen; vgl. noch EGGERT – PÄTZOLD, S. 18 m. Anm. 19.

nach der Jahrtausendwende nur auf Thietmar von Merseburg und Rodulfus Glaber verweise, die sich in ihrer Voreingenommenheit gegen alles, was nicht zu ihrem Gesichtskreis passen will, in nichts nachstehen[202]. Liudprand von Cremona hat noch nie in dem Ruf gestanden, ein Mann des Maßes und des Ausgleichs gewesen zu sein, weshalb man auch mit Recht seine diplomatischen Fähigkeiten in Zweifel gezogen hat[203]. Auf die sachlich ja gar nicht so falsche Vorhaltung des Kaisers Nikephoros Phokas: ,*Vos non Romani, sed Langobardi estis*', antwortet Liudprand mit der geschmackvollen Bemerkung, *Romane* sei so ziemlich das übelste Schimpfwort, das er sich vorstellen könne[204].

Damit bin ich bei der zweiten Einschränkung dieser Untersuchung, die sich auf die einfache Formel bringen ließe, daß Geschimpfe und Haßtiraden kein Nationalgefühl ersetzen. Mit Recht bemerkt dazu Paul KIRN: „Derartige Beobachtungen erlauben eher eine Geschichte des Nationalhasses zu schreiben als eine Geschichte der Anhänglichkeit an die eigene Nation"[205], was ihn aber leider nicht gehindert hat, gerade einer Erzählung dieser Art hohe Bedeutung beizumessen, auf die ich daher des näheren eingehen muß, zumal sie in jüngster Zeit noch einmal Gegenstand der Untersuchung gewesen ist. In seinen 839 verfaßten „Miracula s. Goaris" berichtet Wandalbert von Prüm folgende Geschichte: ein gewisser Reginar, *homo licet nobilis*(!) ...*omnes Romanae nationis ac linguae homines ita quodam gentilicio odio execraretur*, daß er sich weigerte, die Ruhestätte des Heiligen aufzusuchen, weil er erfahren hatte, daß westfränkische Mönche aus Meaux sich dort aufhielten. Wandalbert bescheinigt ihm dafür *stultum odium* und einen *animus barbarus*, weil: *tanta eius animum innata ex feritate*[206] *barbarica stoliditas apprehenderat, ut ne in transitu quidem Romanae linguae vel gentis homines, et ipsos quoque bonos viros ac nobiles*(!) *libenter aspicere posset.* Er wählt einen Umweg und verhüllt sein Gesicht, um die Mönche nicht erblicken zu müssen. Die Strafe des Heiligen folgt natürlich auf dem Fuße: Reginar erkrankt schwer und stirbt nach wenigen

---

[202] Hierzu ausführlich FICHTENAU, Horizont, S. 81–82, mit Belegen.

[203] RENTSCHLER, S. 23ff; vgl. aber LEYSER, Liudprand, S. 134ff.

[204] Liudprand, Legatio, c.12 (ed. BECKER, S. 182–83); vgl. KIRN, S. 31; FICHTENAU, Horizont, S. 82–83 m. Anm. 15; RENTSCHLER, S. 24. Zu Liudprands Ausdrucksweise s. auch unten S. 284 m. Anm. 260. Vgl. bes. unten Kap. 9 § 3, S. 626 m. Anm. 543.

[205] KIRN, S. 27; s. auch EHLERS, Elemente, S. 568; vgl. noch unten S. 285.

[206] Die *ferocitas* bescheinigt den Franken auch der Traktat aus Oviedo (oben Anm. 198) S. 389 Nr. 5, 390 Nr. 12. Daneben erscheinen u.a. die *superbia Romanorum* und die *duritia Saxonum*: ebd. S. 389 Nr. 4 und Nr. 8. Vgl. noch oben S. 274 sowie unten Anm. 213.

Tagen[207]. Diese in der Tat bemerkenswerte Erzählung hat die Forschung häufig beschäftigt[208]. Es fragt sich, welche Folgerungen sie für ein wie auch immer geartetes Nationalgefühl erlaubt.

Bemerkenswert, weil höchst selten, ist die außergewöhnliche Bedeutung, die hier der Sprache beigemessen wird, was schon Paul KIRN gesehen und zur Kritik an FUSTEL de COULANGES[209] Anlaß genommen hatte[210]. Es handelt sich fraglos um einen krankhaften, sich in der Sprache manifestierenden Volkshaß, den Wandalbert, wie allein schon aus der Wahl seiner Worte hervorgeht (*stultum odium* u.a.), auf das schärfste mißbilligt. Er erzählt die Geschichte ja nur zu dem Zweck, um das göttliche Strafgericht an Reginar gebührend herausstellen zu können[211]. Ein besonderes Ärgernis ist ihm die Tatsache, daß es sich bei den westfränkischen Mönchen um: *boni homines ac nobiles* handelt, die der *homo nobilis* Reginar mit seinem *odium gentilicium*, seinem Volkshaß, verfolgt[212]. Selbstverständlich handelt es sich um einen krassen Einzelfall[213], den Wandalbert gerade darum so ausführlich erzählt, weil die Geschichte so absurd und unwahrscheinlich klingt. Damit soll natürlich nicht geleugnet werden, daß Unterschiede der Sprache zu allen Zeiten – und warum also nicht auch im 9. oder 10. Jahrhundert? – Anlaß zu Hänseleien, Reibereien und schließlich auch zu

---

[207]) Miracula s. Goaris, c.7 (ed. HOLDER-EGGER, S. 365 Z.37–39, Z.41, Z.44–46); s. schon oben S. 255 m. Anm. 77; vgl. noch unten Anm. 211.

[208]) KIRN, S. 40 m. Anm. 2; ZÖLLNER, S. 261; REXROTH, S. 281 m. Anm. 18 u.a.m.

[209]) FUSTEL de COULANGES (oben Anm. 184) S. 619, hatte etwas zu vereinfachend bemerkt: „mais personne ne pensait en ce temps-là que la langue pût être un signe d'inimitié". Die Erzählung Wandalberts kannten weder er noch sein Kritiker MONOD, Opposition, passim. Vgl. jetzt auch EHLERS, Anfänge, S. 42: „Sprachliche Gegensätze hat es mitunter gegeben, aber Spracheinheit kommt als konstitutives Merkmal politisch wirksamen Gemeinschaftsbewußtseins nicht in Betracht"; vgl. DERS., Kontinuität, S. 41.

[210]) KIRN, S. 48 Anm. 2; übertreibend wie üblich REXROTH, S. 281: „ohne daß der einschlägige Wortlaut die gebührende Beachtung gefunden hätte"!

[211]) Miracula, c.7: ...*post paucissimos dies vitam finivit. Ita qui stultissimo, immo superbissimo animo loci venerandi virorumque bonorum conspectus horruerat, iusto Dei iudicio et luce mortalibus communiter attributa et vita caruit* (ed. HOLDER-EGGER, S. 365 Z.52–54). Das 7. Kapitel ist überschrieben: *De Reginario...pro superbia punito.*

[212]) Der Hinweis darauf bei REXROTH, S. 281, ist verdienstlich, zu weitgehend dagegen seine Schlußfolgerung: „Demnach muß die Verachtung der niederen Schichten der romanischen Bevölkerung durch d e n (Sperrung BRÜHL) fränkischen Adel selbstverständlich gewesen sein". Wandalbert, natürlich selbst ein Adliger, hält ein solches Verhalten gerade von der Seite eines Standesgenossen gegenüber romanischen Adligen für besonders verwerflich; mehr will er nicht sagen und weitergehende Behauptungen sind willkürlich.

[213]) Aus der Tatsache, daß Wandalbert dem Reginar *barbarica feritas* vorwirft und die *ferocitas* als eine Eigenschaft der Franken in den oben Anm. 198–99 zitierten Traktaten gilt, folgert REXROTH, S. 281, messerscharf: „Man wird daher aus dieser Wendung schließen, daß es sich nicht um einen bedauerlichen Einzelfall, sondern um ein weit verbreitetes Gefühl der Abneigung gehandelt haben m a g". Zu solchen Auslegungskünsten fällt mir nichts mehr ein. Vgl. aber schon oben S. 208 Anm. 199. Sehr viel zurückhaltender, aber noch immer entschieden zu weit gehend KIRN, S. 40, 61; s. noch unten S. 281 m. Anm. 239.

ernsthaften Auseinandersetzungen werden können. Ein berühmtes Beispiel dafür bietet Richer im ersten Buch seiner „Historiae": bei einem ang.
Treffen zwischen Karl III. von Westfranken und Heinrich I. von Ostfranken[214] sei es zwischen *Germanorum Gallorumque iuvenes* aus dem Gefolge der beiden Könige, *linguarum idiomate offensi*, zu Händeln gekommen,
die einen Toten gekostet hätten[215]. Die ganze Geschichte ist von Richer
frei erfunden[216], bemerkenswert allerdings, daß er ein: *ut eorum mos est*,
hinzufügt, von dem nicht ganz klar ist, ob sich dieser *mos* allgemein auf die
Rauffreudigkeit der *iuvenes* oder spezifisch auf Streitigkeiten wegen der
Sprache bezieht[217].

Solche Streitigkeiten sind uns sonst nicht bezeugt, und es ist doch merkwürdig, daß die einzigen Quellen, die KIRN für „das Gefühl des Fremd-
seins, ja der heftigen Abneigung gegen den Anderssprechenden"[218] beibringen kann[219], das krankhafte Verhalten eines krassen Außenseiters und
die erfundene Geschichte Richers sind. Das ist die Ausbeute aus zwei Jahrhunderten, die „Das Trennende zwischen Deutschen und Franzosen" do-
kumentieren soll[220]! So hat FUSTEL letztendlich doch das Richtige getroffen, wenn er die Bedeutung der Sprache für die Ausbildung der Nationen
– vielleicht zu peremptorisch – geleugnet hatte[221]. Etwas anderes ist es
dann im 12. Jahrhundert, aus dem sich so manche Stimme der Abneigung
gegen die deutsche Sprache anführen läßt. Bekannt ist die Anekdote, daß

---

214) SCHLESINGER, Entstehung, S. 163, spricht vom „französischen" und „deutschen"
König und bemerkt dazu: „die nationalen Bezeichnungen werden von Richer...nicht
gebraucht, sondern sind zur Verdeutlichung von mir dazugesetzt". Zur „Verdeutlichung"
erlaube ich mir, die historisch allein korrekten Bezeichnungen für die beiden Herrscher
zu gebrauchen.
215) Richer, l.I c.20 (ed. LATOUCHE I, S. 48).
216) Und zwar zur Erklärung des Todes des Grafen Erlebald; vgl. dazu Flodoard,
Annales ad an. 920 (ed. LAUER, S. 3); s. LATOUCHE, ed. cit., S. 49 Anm. 3. Bei HUGEL-
MANN, S. 296; SCHLESINGER, Entstehung, S. 163; KIENAST II, S. 490–91 und sogar noch
bei SCHNEIDMÜLLER, Tradition, S. 46, wird nicht deutlich, daß es sich um eine Erfindung
Richers handelt; richtig aber KIRN, S. 42–43 und SCHLESINGER, Beginn, S. 546–47.
217) Was KIRN, S. 43 m. Anm. 1, selbstverständlich erscheint, ebenso HUGELMANN,
S. 296, 336 und SCHNEIDMÜLLER, Tradition, S. 46. Ich bin mir dessen nicht so sicher:
Händel unter *iuvenes* liegen nahe; daß dies um der Sprache willen geschieht, muß doch
schon deshalb eher eine Ausnahme sein, weil solche Begegnungen, wie sie Richer gerade
erfunden hatte, in der Wirklichkeit doch recht selten vorkamen. EHLERS, Kontinuität,
S. 41, bemerkt, daß das: *ut eorum mos est*, einen Nachtrag Richers zu seiner Erstfassung
darstellt, was den Bezug auf die Sprache nahelegen könnte.
218) KIRN, S. 39.
219) Ich rechne dazu nicht die von KIRN, aaO., zitierte Glosse über die „Weisheit" der
Baiern: oben S. 274 m. Anm. 201.
220) So die Kapitelüberschrift bei KIRN, S. 36, der hier das „Trennende" vom 9. bis zum
14. Jh. behandelt, wobei er zwischen dem 10. und den folgenden Jahrhunderten natürlich
keinen Einschnitt macht; für ihn gibt es „Deutsche" und „Franzosen" schon im 9. Jh.
221) Vgl. oben S. 276 m. Anm. 209–10.

Ludwig VI. den Gesandten Heinrichs V. zugerufen haben soll: *Tpwrut Aleman*[222]. Der Ausspruch ist schwerlich historisch, aber charakteristisch für die geistige Haltung eines Höflings um 1200[223]. Auch sonst sind Reibereien (wohl meist mit sprachlichem Hintergrund) zwischen Deutschen und Franzosen hin und wieder bezeugt wie etwa bei Otto von Freising[224], der davon aber charakteristischerweise im Zusammenhang mit dem 1. Kreuzzug berichtet[225], oder in der Ebersheimer Chronik[226], wo jedoch von Ereignissen aus der Zeit König Dagoberts erzählt wird[227]. Immerhin befinden wir uns hier mitten im 12. Jahrhundert, in einer Zeit also, da an der Existenz eines deutschen und französischen Nationalbewußtseins nicht gezweifelt werden kann[228].

Insgesamt ist die Bilanz der „deutsch–französischen Abneigung" bis in das 12. Jahrhundert hinein somit eher dürftig, wie auch KIRN zugeben muß[229]. Ich werde auf das 12. Jahrhundert noch kurz zurückzukommen haben, frage aber zunächst nach solchen „Abneigungen" i n n e r h a l b der

---

[222]) Walter Map, De nugis curialium, dist. V, c.5 (ed. JAMES, S. 458).

[223]) KIRN, S. 43 m. Anm. 3, bietet weitere Beispiele; s. auch HUGELMANN, S. 337.

[224]) Chronica, l.VII c.5: *Hic etiam inter Francos Romanos et Teutonicos, qui quibusdam amaris et invidiosis iocis frequenter rixari solent, tamquam in termino utriusque gentis nutritus utriusque linguae scius medium se interposuit ac ad commanendum multis modis informavit* (ed. HOFMEISTER, S. 315 Z.14 – 18). Die Rede ist von Gottfried von Bouillon, dem Otto hier Zweisprachigkeit bescheinigt. SCHLESINGER, Entstehung, S. 164, bezieht diesen Passus offenbar auf Gottfrieds Regiment in Niederlothringen statt auf den 1. Kreuzzug. Man beachte die Wendung *Franci Romani* und *Franci Teutonici* für Franzosen und Deutsche. Auch Ekkehard von Aura würdigt die Rolle Gottfrieds als Vermittler auf dem 1. Kreuzzug: *invidiam, quę inter utrosque naturaliter quodammodo versatur, per innatam sibi utriusque linguę peritiam mitigavit* (scil. Gottfried): Chronica ad an. 1099 (edd. SCHMALE – SCHMALE-OTT, S. 158 Z.8 – 10). Ekkehard sagt aber nichts über die Gründe der beiderseitigen *invidia*. Vgl. noch unten Epilog, S. 719 Anm. 74.

[225]) SCHMUGGE, S. 444ff. geht auf dieses Beispiel nicht ein, betont aber ebd. S. 446, daß „die Gegensätze, insbesondere zwischen deutschen und französischen Rittern,...schon auf dem ersten Kreuzzug deutlich geworden (waren)"; vgl. bes. SCHMUGGE, S. 450, anläßlich der Pilgerfahrten nach Santiago: „Dabei ist jedoch nicht zu übersehen, daß die Pilgerfahrten ähnlich wie die Kreuzzüge offenbar auch eine Wiege von Vorurteilen und Ressentiments unter den europäischen Völkern gewesen sind". Dem stimme ich voll und ganz zu.

[226]) Vgl. WATTENBACH – SCHMALE, S. 332 – 37, bes. S. 333 – 35. Die in der folg. Anm. zitierte Stelle gehört in den älteren, um 1160 entstandenen Teil des Chronicon und nicht in das 13. Jh., wie nach KIRN, S. 43, angenommen werden müßte. Die handschriftliche Vorlage ist bei der Beschießung Straßburgs 1870 untergegangen.

[227]) Chronicon Ebersheimense, c.3: *Cumque eos* (scil. die Bewohner der *cella*), *ut ab infestatione ipsorum* (scil. der Jäger Dagoberts) *cessarent, deprecarentur illi, ut Gallorum moris est, Teutonicam linguam subsannantes, cum derisione eos de conspectu suo abegerunt* (ed. WEILAND, S. 433 Z.7 – 9). Das Nachäffen des Deutschen geht hier von den *Galli* aus, und der Hinweis auf den *mos Gallorum* bezieht sich eindeutig auf die Sprache.

[228]) Vgl. bes. unten S. 282 m. Anm. 248 – 50.

[229]) KIRN, S. 27: „Zwischen Deutschen und Franzosen erklingen nur ausnahmsweise Stimmen des Hasses, und dann schallen sie von Westen herüber nach Osten, nicht umgekehrt. Aber ein sich gegenseitig Nichtgeltenlassenwollen, angeborene(?) Abneigung,

Völker, die später das deutsche und das französische Volk bilden werden. KIRN hatte diese Problematik sehr wohl erkannt, sie aber unglücklich unter der Überschrift „Stammesvielfalt und Volkseinheit bei Deutschen und Franzosen" abgehandelt[230], wobei er die „Stammesvielfalt" natürlich vorwiegend – aber nicht ausschließlich! – im 9.–10. Jahrhundert entdeckt. Ich beschränke mich auf drei Quellenbelege aus diesen Jahrhunderten, die, wie ich meine, aufschlußreich genug sind. Die Fuldaer Annalen berichten anläßlich der Reichsversammlung zu Trebur im Juni 875: *tunc inter Francos et Saxones seditio non modica exorta est, et nisi Hludowicus iunior*(scil. Ludwig III. d.J.) *cum suis intervenisset, iam districtis gladiis mutua se caede truncassent*[231]. Diese Geschichte ist zweifellos nicht erfunden, und sie betrifft auch keinen verrückten Einzelgänger, aber da es sich ja nur um einen „innerdeutschen" Zwist handelt, wird davon nicht lange geredet[232]. Immerhin war die Abneigung, um es milde auszudrücken, zwischen Franken und Sachsen, die etwa 50–60 Jahre später schon *quasi una gens* gebildet haben sollen, so stark, daß ohne das Dazwischentreten Ludwigs d.J. *cum suis*, also mit Mannschaft, ein Gemetzel unvermeidlich gewesen wäre. Daß Franken und Sachsen in einem Reich lebten und von demselben König regiert wurden, störte beide Parteien offenbar herzlich wenig. Es handelt sich auch nicht um einen isolierten Einzelfall, denn noch weit über ein Jahrhundert später berichten die Quedlinburger Annalen ähnliches, nur daß es dieses Mal zwischen Baiern und Sachsen – 1002 in Paderborn und abermals in Gegenwart des Königs – zu Auseinandersetzungen kam, die viele Tote kosteten[233]. Die Pointe dabei ist, daß der König selbst die bairische Herzogswürde innehatte und sächsischer Abstammung war.

Mein letztes Beispiel hat den Charakter einer privatrechtlichen Ergänzung oder Erläuterung zu dem eben Gesagten: ziemlich genau 20 Jahre

---

bekunden viele Zeugnisse". Kirn versäumt, eine chronologische Einordnung seiner Feststellung zu geben: vom 12. Jh. an wird man sie gelten lassen können.

[230]) KIRN, S. 62–79.

[231]) Ann. Fuld. ad h. an. (ed. KURZE, S. 83): B – M² 1509a.

[232]) Weder KIRN, S. 62ff. noch EGGERT, Auffassung, S. 54ff. o.a. gehen darauf ein, natürlich auch nicht SCHLESINGER, Entstehung, S. 161ff. DÜMMLER II², S. 385, bemerkt lakonisch: „Dies Aufflammen des Stammeshasses(sic), das in der Folge so großen und unheilvollen Einfluß auf die deutsche Geschichte gewann, steht in dieser Zeit noch ganz vereinzelt"; vgl. unten Anm. 257.

[233]) Ann. Quedlinburg. ad h.an: *Quas* (scil. filiae imperatoris Ottonis II.) *secum digno honore ducens, Cunigunda contectali sua una secum comitante, Patherbrunensem ventum est civitatem; quo periculosa inter Boiarios et Saxones orta est seditio, multorum* (!) *morte subsequuta* (ed. PERTZ, S. 78 Z.35–37); B – G 1496a hält dieses Ereignis für keiner Erwähnung wert; s. aber HIRSCH I, S. 226–27; s. auch SCHLESINGER, Beginn, S. 548; vgl. noch FRIED, Otto III., S. 76 Anm. 47 sowie unten Kap. 10 § 1, S. 634 m. Anm. 54.

nach dem oben besprochenen Zwischenfall tagte im Mai 895 eine ostfränkische Reichssynode in Trebur, der der Fall eines fränkischen Adligen zur
Beurteilung vorlag, der nach langjähriger Ehe, aus der mehrere Kinder hervorgegangen waren, seine ebenfalls adlige sächsische Gemahlin mit der Begründung verstoßen hatte, daß er sie nach sächsischem und nicht nach seinem, d.h. fränkischem Recht, geheiratet habe. Er ging daraufhin eine zweite Ehe ein. Die Synode löste die zweite Ehe auf und verurteilte den Franken, seine erste Gemahlin zurückzunehmen[234]. Sie hielt diesen „bedauerlichen Einzelfall" aber für wichtig genug, einer grundsätzlichen Entscheidung in Form eines eigenen Kanon gewürdigt zu werden, von dem zwei
Fassungen vorliegen. Die kürzere Fassung[235] entspricht inhaltlich weitgehend dem „Iudicium" der „Collectio Catalaunensis" und ist in nur einer
Handschrift überliefert[236]. Entscheidend ist somit die Version der sogen.
„Vulgata", die in sehr viel höherem Maße von dem konkreten Fall, der zur
Entscheidung vorlag, abstrahiert, wie schon aus der Überschrift hervorgeht: *Si quis alienigenam in matrimonium duxerit, habere debebit*[237]. *Alie-
nigena* kann ja wohl nur mit „Ausländerin" übersetzt werden[238], oder will
man etwa zu Ehren des Stammesbegriffs „Stammesfremde" sagen? Interessant ist allerdings, daß von der *mulier Saxonicae gentis* keine Rede mehr
ist, sondern als Beispiel (*verbi gratia*) eine *mulier Baioarica* genannt wird,
was erneut zeigt, daß mit Fällen dieser Art nicht nur im Verhältnis der
Franken zu den Sachsen zu rechnen war.

---

[234]) Capit. II, Nr. 252: Iudicia, c.4 (S. 207 Z.11–16). Was V. KRAUSE hier unter der
Rubrik „Iudicia" druckt, ist die Fassung der sogen. „Collectio Catalaunensis", die erstmals von Emil SECKEL ediert wurde: Zu den Acten der Triburer Synode 895, in: NA. 18
(1893) S. 365–409: Beilage II, S. 395–401, bes. S. 400 c.23; vgl. auch Paul FOURNIER:
L'œuvre canonique de Réginon de Prüm (1920) in: Mélanges de droit canonique, hgg. von
Theo KÖLZER, t.II (Aalen 1983)S. 333–72, bes. S. 365–66. Vgl. noch Capit. II, Nr. 252,
Tab. II, S. 202 Nr. 4.
[235]) Capit. II, Nr. 252 c.39a: *...quendam Franchum genere Saxonicae gentis mulierum
communi propinquorum consulta duxisse uxorem... quamvis enim una fides et unum
baptisma utramque nationem regat, legem tamen inter se, quantum ad seculum, sortiuntur
diversam...etc.* (S. 235B Z.29–32, Z.34–236B Z.1) Zur Abneigung Widukinds gegen die
Lothringer vgl. oben Anm. 46.
[236]) Capit. II, Nr. 252, Tab. III, S. 204 Nr. 39; vgl. Victor KRAUSE: Die Acten der
Triburer Synode von 895, in: NA. 17 (1892) S. 49–82, bes. S. 72–73 und ebd. Tab. I, S. 77
Nr. 21. Der Streit zwischen Seckel und Krause über den Charakter der Coll. Catal. braucht
hier nicht zu interessieren, da beide in dem entscheidenden Punkt übereinstimmen, daß
die sogen. Vulgata die offizielle Form der Veröffentlichung der Triburer Synodalakten ist:
KRAUSE, aaO., S. 65, 72 und dazu SECKEL (oben Anm. 235) S. 370.
[237]) Capit. II, Nr. 252 c.39: *Quicumque alienigenam, hoc est alienae gentis feminam,
verbi gratia Francus mulierem Baioaricam(!), utrorumque consultu propinquorum legitime
vel sua vel mulieris lege adquisitam in coniugium duxerit, velit nolit, tenenda erit nec ultra
ab eo separanda, excepta fornicationis causa* (S. 235 Z.28–36).
[238]) WERNER, Nations, S. 290, spricht treffend von „mariages conclus entre ressortis-
sants de peuples étrangers".

Ich betone noch einmal, daß ich mir nicht einbilde, mit diesen Stellen Beispiele für ein Nationalgefühl im Stil des 19. – 20. Jahrhundert geboten zu haben. Wenn man aber aus einer erfundenen Geschichte Richers und einer wahren, aber nur einen offenkundig extremen Einzelfall betreffenden Erzählung Wandalberts allen Ernstes weitreichende Schlußfolgerungen auf ein imaginäres deutsch–französisches oder doch zumindest romanisch–germanisches Verhältnis ziehen zu können glaubt[239], dann scheinen mir die oben besprochenen Beispiele allein aus dem ostfränkischen Bereich als Korrektiv um so wichtiger, als es sich hier ganz eindeutig gerade nicht um isolierte Einzelfälle handelt, sondern um sehr konkrete Beispiele einer noch zu Ausgang des 9. Jahrhunderts und um 1000 tiefsitzenden Abneigung – ich vermeide bewußt den Begriff „Völkerhaß" – der im Ostfrankenreich zusammengeschlossenen Völker zueinander. Wird man auch nicht von Zeugnissen eines positiven Nationalgefühls sprechen dürfen, so lassen die zitierten Stellen doch zumindest sehr deutlich etwas Negatives erkennen, nämlich wie weit man von einem die Völker des ostfränkischen Reiches umfassenden Gefühl der Gemeinsamkeit und Zusammengehörigkeit noch entfernt ist. Doch solche Zeugnisse sind natürlich nicht allein auf den Osten beschränkt, auch der Westen kann hierzu so manches beitragen.

Ich bemerkte bereits, daß Richer die seit 911 fest in der „Normandie" angesiedelten Normannen[240] noch zu Ausgang des Jahrhunderts grundsätzlich als *pyratae* bezeichnet[241]. Paul KIRN hat Richer bekanntlich ein „bis ins Krankhafte gesteigertes Nationalgefühl" attestiert[242], wovon ich beim besten Willen nichts entdecken kann[243]. Ganz im Gegenteil: nicht nur zeigt er eine deutliche Abneigung gegen die Bewohner Südgalliens[244], sondern gerade da, wo flammender Nationalismus doch am nächsten gelegen hätte, nämlich bei dem Einfall Ottos II. 978, ist er von bemerkenswer-

---

[239] Sehr weitgehend schon KIRN: oben Anm. 213; indiskutabel HUGELMANN, S. 296: „Hier handelt es sich also fast um einen ‚naturhaften' Gegensatz".

[240] Zur Rechtsstellung Rollos und seiner direkten Nachfolger, die keineswegs *duces* waren, vgl. bes. WERNER, Observations, S. 691ff. Vgl. noch unten Kap. 5 § 1, S. 312 m. Anm. 60 – 61; Kap. 6 § 3, S. 396 – 97.

[241] Vgl. schon oben Anm. 69; s. auch WERNER, Nations, S. 293; DERS., Observations, S. 701 m. Anm. 31; vgl. noch unten § 3, S. 299 m. Anm. 369.

[242] KIRN, S. 41. Bereits JANSSEN, S. 3, hatte Richer eine „krankhafte nationale Eitelkeit" attestiert und MONOD, Opposition, S. 16, sprach gar von Richers „chauvinisme".

[243] MONOD, Guibert, S. 244, sprach mit Recht von einem „soi-disant patriotisme de Richer"; s. auch (mit nicht durchgängig überzeugender Argumentation) BEZZOLA, S. 109ff.; vgl. ferner BRÜHL, Anfänge, S. 164 m. Anm. 66; vgl. noch SCHNEIDMÜLLER, Tradition, S. 52 Anm. 23 (– S. 53), der mit Recht die Frage stellt, „was um 1000 eigentlich national war". Zu Richer vgl. oben S. 145 m. Anm. 358 – 64.

[244] Vgl. Richer, l.I c.3, l.III c.95 (ed. LATOUCHE I, S. 10; II, S. 120); vgl. aber bes. unten S. 283 m. Anm. 254 – 56.

ter Kühle der Berichterstattung, ja er beginnt seine Darstellung mit einer außergewöhnlich positiven Würdigung Ottos II. als *vir magni ingenii totiusque virtutis, liberalium litterarum scientia clarus adeo, ut in disputando ex arte et proponeret et probabiliter concluderet*[245]. Er stellt dann ohne weitere Polemik fest, daß *horum*(scil. Ottos II. und Lothars) *discordiae incentivum principium Belgica* (d.h. Lothringen) *fuit*; die Aussöhnung der beiden Könige, der Richer in seinem Bericht eine *Oratio Gallorum ad Ottonem* und eine *Responsio Ottonis ad Gallos* voranstellt, registriert er mit offenkundiger Erleichterung[246]. Am Rande sei bemerkt, daß Richers Darstellung des philosophischen Streits zwischen Gerbert und Otric ebensoviel Raum beansprucht wie die der Ereignisse von 978/80[247]. Da weht in Sugers Schilderung des g e p l a n t e n Angriffs Heinrichs V. im Jahre 1124 doch ein ganz anderer Wind[248]. Hier ist das nationale Engagement nicht zu leugnen, auch wenn dessen Bedeutung wohl gelegentlich überbewertet worden ist[249] und Suger keineswegs als blinder Eiferer gegen das Imperium und die Deutschen gelten kann, zu dem man ihn hat stempeln wollen[250]. Mit Recht ist daher, so befremdlich dies auf den ersten Blick erscheinen mag, auf die Kreuzzüge hingewiesen worden[251], die, obwohl doch Sache der gesamten Christenheit[252], nicht unerheblich zur Bewußtwerdung und

---

[245] Richer, l.III c.67 (ed. LATOUCHE II, S. 82); vgl. unten § 3, S. 299 – 300 m. Anm. 372 und Anm. 374.

[246] Richer, l.III c.67, cc.79 – 81 (ed. LATOUCHE II, S. 82, 98, 100).

[247] Vgl. Richer, l.III cc.55 – 65 und cc.68 – 81 (ed. LATOUCHE II, S. 64 – 80, 82 – 100). In der gesamten Darstellung Richers findet sich kein böses Wort gegen Otto II. und ebensowenig ein Haßausbruch gegen die „Deutschen". Die Darstellung des Konflikts erscheint mir sogar bemerkenswert „unterkühlt".

[248] Suger, Vita Ludovici Grossi, c.28, legt den *regni proceres* folgende Worte in den Mund: *Transeamus, inquiunt, audacter ad eos, ne redeuntes impune ferant, quod in terrarum dominam Franciam superbe presumpserunt. Senciant contumacie sue meritum, non in nostra, sed in terra sua, que iure regio Francorum Francis sepe perdomita subiacet, ut, quod ipsi furtim in nos machinabantur atemptare, nos in eos coram retorqueamus* (ed. WAQUET, S. 222); vgl. noch am Schluß des Kapitels: *nichil clarius Francia fecit aut potencie sue gloriam ...quam cum uno eodemque termino de imperatore Romano et rege Anglico... triumphavit* (ed. WAQUET, S. 230). Zu Suger von St-Denis vgl. WAQUET, ed. cit., S. V – X; ebd. S. X – XVII zur „Vita".

[249] Etwa von KIRN, S. 80ff.; s. ferner TELLENBACH, Tradition, S. 192 – 93; KIENAST I, S. 194 – 95;BOEHM, Gedanken, S. 681 m. Anm. 4; einschränkend aber ebd. S. 681 – 82; s. auch WERNER, Imperium, S. 36 – 37 m. Anm. 1. Noch zurückhaltender urteilt GUENÉE, État, S. 157; s. noch EHLERS, Elemente, S. 568, 573 – 74.

[250] Dies betont zutreffend WERNER, Imperium, S. 41 m. Anm. 2, unter Verweis auf: Vita Ludovici Grossi, c.10: *dux Sauxonie Lotharius successit, vir bellicosus, reipublice defensor invictus...* (ed. WAQUET, S. 68); vgl. bes.: De glorioso rege Ludovico, c.2 (ed. MOLINIER, S. 148 – 49); s. auch KIENAST I, S. 195.

[251] BOEHM, Gedanken, S. 682, 684; s. zuletzt SCHMUGGE, S. 445 – 48.

[252] Was BOEHM, Gedanken, S. 683, vielleicht etwas zu stark idealisiert; s. auch SCHMUGGE, S. 444 m. Anm. 19.

Abgrenzung der eigenen Art von der anderer Völker und damit zur Entwicklung eines Nationalgefühls gerade in Frankreich beigetragen haben[253].

Die wichtigste Konstante ist jedoch die schier unüberwindliche Abneigung, die gelegentlich in echten Haß umschlägt, zwischen Nord und Süd[254], die mit der „Liquidierung" des Südens in den Albigenserkriegen ihren wenig ruhmreichen Höhepunkt fand[255]. Dieser Haß zwischen Süd und Nord, durch die Sprachbarriere der „langue d'œuil" und „langue d'oc" (occitanisch) noch vertieft[256], hat in dieser Form im ostfränkisch–deutschen Reich keine Parallele[257]. Bereits der „Astronomus" läßt seine Abneigung deutlich erkennen, wenn er zum Jahre 838 von Ludwig d.Fr. schreibt: *Cum ipse morem gentis*(scil. der Aquitanier) *nativum noverit utpote connutritus illis, et quia levitati atque aliis studentes vitiis gravitati atque stabilitati penitus renuntiarint*[258]. Mit diesem Urteil steht er im 9. Jahrhundert nicht allein[259]. Für Liudprand von Cremona sind die Aquitanier eine *inpurissima*

---

[253] Vgl. etwa den Bericht vom 2. Kreuzzug bei Odo von Deuil, l.III: *Nostris etiam erant importabiles Alemanni...; Sic Alemanni precedentes omnia perturbant...; Venerandus Mettensis episcopus et frater eius Reinaldus, comes de Mouçon, et Tullensis episcopus, Alemannos non ferentes*(!) *cum copioso exercitu adventum pacifici principis* (scil. Ludwigs VII.!) *expectabant* (ed. WAQUET, S. 36, 37, 40); kritisch zu den eigenen Landsleuten aber ebd. l.II: (in Worms) *Hic primam nostri populi stultam superbiam sensimus* (ed. WAQUET, S. 27); vgl. WERNER, Imperium, S. 40 m. Anm. 2 und bes. SCHMUGGE, S. 447 m. Anm. 30. Zu Odo von Deuil, dem Nachfolger Sugers als Abt von St-Denis, s. WAQUET, ed. cit., S. 7–9 und ebd. S. 10–14 zu Odos Schrift. Weitere Beispiele bieten KIRN, S. 48–49; BOEHM, Gedanken, S. 684–85 und SCHMUGGE, S. 446–47, 451–52. Allgemein s. Giles CONSTABLE: The Second Crusade as seen by contemporaries, in: Traditio 9 (1953) S. 213–79.

[254] Eine Auswahl von Quellen vom 10.–13. Jh. bei KIENAST III, Anh. I: Der Gegensatz von Nord- und Südfrankreich, S. 655–60. Zum 9. Jh. vgl. unten mit Anm. 258; s. auch BRÜHL, Fodrum, S. 223–25 und zuletzt FICHTENAU, Horizont, S. 84–85.

[255] Auch hierzu hat RENAN in seinem oben Anm. 164 zitierten Vortrag kluge Sätze gesagt: „L'unité se fait toujours brutalement; la réunion de la France du Nord et de la France du Midi a été le résultat d'une extermination et d'une terreur continuée pendant près d'un siècle"; er folgert daraus: „...l'essence d'une nation est que tous les individus aient beaucoup de choses en commun, et aussi que tous aient oublié bien des choses...tout citoyen français doit avoir oublié la Saint-Barthélemy, les massacres du Midi au XIIIᵉ siècle...: Œuvres I, S. 891, 892. Zum politischen Geschehen zuletzt KIENAST III, S. 589ff., 615ff.; ausführlich Charles PETIT-DUTAILLIS: Étude sur la vie et le règne de Louis VIII (Paris 1894; Nachdruck: Genève 1975) S. 184ff., 279ff., 296ff. (BEHE., fasc. 101). Vgl. noch unten S. 285 m. Anm. 268.

[256] Vgl. bes. KIENAST, Studien, S. 51 m. Anm. 25a, 71 m. Anm. 102.

[257] Das Ereignis von 875: oben S. 279 m. Anm. 231–32, scheint glücklicherweise ein Einzelfall gewesen zu sein. Die Aufstände gegen Otto d.Gr. hatten ganz andere Ursachen; vgl. LEYSER, Konflikt, S. 20ff., 43ff. Im 11. Jh. dürfte bei den Kämpfen der Sachsen gegen Heinrich IV. und Heinrich V. der Stammesgegensatz – hier wird man in der Tat von Stämmen sprechen dürfen – eine Rolle gespielt haben, entscheidend war er nicht; s. auch GIESE, S. 148ff.

[258] „Astronomus", c.61 (ed. PERTZ, S. 645 Z.36–38; ed. TENBERKEN, S. 225); vgl. KIENAST, Studien, S. 52 m. Anm. 26.

[259] Vgl. KIENAST, Studien, S. 52 m. Anm. 27–29 und bes. WERNER, Hludovicus, S. 101ff., bes. S. 115ff., der Ermoldus Nigellus als Autor des Walthrius-Epos zur Zeit Ludwigs d. Fr. nachweist.

*gens*[260]; Dudo von Saint-Quentin läßt seine Abneigung anläßlich der Heirat Wilhelms III. von Poitou mit der Schwester Wilhelms Langschwert von der Normandie deutlich erkennen[261]. Gerade Fürstenhochzeiten sind auch sonst Anlaß zu feindseligen Reaktionen[262]. Als Abt Abbo von Fleury aufgefordert wird, das Kloster La Réole, das Fleury unterstand[263], zu visitieren, soll er scherzend gesagt haben: *se illuc iturum, quando eum satietas cepisset vitae*[264]. Tatsächlich hat er bei dieser Visitation im Jahre 1004 den Tod gefunden[265]. Natürlich ist die Abneigung der Aquitanier gegen ihre Nachbarn im Norden nicht geringer. Herzog Acfred datiert sein Testament im Jahre 927 wie folgt: *anno V, quod infideles(!) Franci regem suum dehonestaverunt et Rodulfum in principem elegerunt*[266]. Die häufig zitierten Verse des provenzalischen Troubadours Peire Vidal gegen die Deutschen:

*Alamans trop descausitz e vilas*
*E quam negus si fenh d'esser cortes*
*Ira mortels cozens et enveitz es:*
*E lor parlar sembla lairar de cas*
*Per qu'ien no vuelh esser senher de Friza*
*Qu'anzis soven lo glat dels envios:*[267]

bezeugen in erster Linie eine heftige Abneigung gegen die Sprache, doch die satirischen Gedichte eines Peire Cardinal aus der Zeit der Albigenserkriege haben vor allem politischen Charakter und zeigen, daß der Haß der

---

[260]) Antapodosis, l.V c.31: oben S. 252 m. Anm. 53; vgl. KIENAST III, Anh. I, S. 635 Nr. 1.

[261]) Dudo von St-Quentin, l.III c.47: *Pictavenses semper sunt timidi frigidique armis et avari. Non decet talem puellam ab eis haberi* (ed. LAIR, S. 192). Die Hochzeit kam natürlich dennoch zustande. Zu Dudo vgl. WATTENBACH – HOLTZMANN II³, S. 305 – 06 und WATTENBACH – HOLTZMANN – SCHMALE, S. 94*.

[262]) So etwa bei der Hochzeit Roberts II. mit Constanze von Arles; vgl. Rodulfus Glaber, l.III c.9 (ed. PROU, S. 89): KIENAST III, Anh. I, S. 635 Nr. 5. Ähnlich auch bei der Hochzeit Heinrichs III. mit Agnes von Poitou im 11. und bei der Hochzeit Ludwigs VII. mit Eleonore von Aquitanien im 12. Jh.; vgl. WERNER, Nations, S. 293 – 94; s. schon KIRN, S. 34 – 35.

[263]) Vgl. COUSIN, S. 173 – 75.

[264]) Vita Abbonis, c.16: PL. 139, col. 406C. Aimoin fährt fort: *Et quanquam id ipse ludens diceret, tamen ita se post rei habuit exitus*; vgl. COUSIN, S. 175 – 76. Zur „Vita" vgl. ebd. S. 17 – 20 und bes. VIDIER, S. 93 – 94.

[265]) Ausführlich dargestellt in: Vita Abbonis, c.20: PL. 139, coll. 409 – 12, bes. coll. 410B – 411B. Vgl. COUSIN, S. 180 – 84; KIENAST III, Anh. I, S. 635 Nr. 4; s. auch WERNER, Nations, S. 293.

[266]) BERNARD – BRUEL II, Nr. 286, S. 287; vgl. KIENAST, Herzogstitel, S. 173 – 74 m. Anm. 55 und ebd. S. 175 (vor allem zur Intitulatio und nicht zur Datierung). Weitere Beispiele: unten Kap. 7 § 2, S. 438 m. Anm. 196.

[267]) Peire Vidal, Poesie, t.II, Nr. XXXI, 2 (ed. D'ARCO, S. 172 – 73); s. aber KIRN, S. 27.

Provenzalen im 13. Jahrhundert eher noch zugenommen hatte[268]. Diese Aquitanier mochten dem *regnum Francorum* angehören, aber kein Mensch wäre auf den Gedanken gekommen, sie als Franzosen zu bezeichnen[269]. Sie stehen damit aber nicht allein: die Königswahl Rudolfs von Burgund kommentiert Hugo von Flavigny trocken mit dem Satz: *Rodulfus regendae praeficitur Franciae, et sic regnum Francorum ad extraneum transfertur*[270]. Genug der Beispiele: es dürfte deutlich geworden sein, daß auch in Westfranken die *Franci* neben den Aquitaniern, Burgundern, Normannen usw. stehen; so wenig wie in Ostfranken gibt es im Westen im 9.–10. Jahrhundert ein alle Völker umfassendes Gesamtbewußtsein.

Die Beispiele, die ich für beide Reichsteile geboten habe, bezeugen in den meisten Fällen ein erheblich stärkeres Gefühl der Andersartigkeit im Verhältnis zu einem fremden Volk als das Bewußtsein der Gemeinsamkeit mit dem eigenen. Anlaß zur Betonung der Verschiedenartigkeit sind die Unterschiede in Sprache, Kleidung, Eß- und Trinksitten, Umgangsformen usw., die jedoch leicht in moralische Werturteile umschlagen oder münden. Selbstverständlich impliziert solche Kritik stets a u c h das Erkennen der Wesens- und der (wirklichen oder vermeintlichen) Vorzüge des eigenen Volks, doch geschieht dies nur als eine Art Nebenprodukt zur „Hauptsache", nämlich der Kritik am fremden Volk, wenn sich auf diese Weise wohl auch keine „Geschichte des Nationalhasses" schreiben ließe, wie Paul KIRN befürchtete[271]. Formen echten Hasses finden sich nur vereinzelt – es überwiegen Spott, Hohn, gelegentlich auch Verachtung und dazu die politische (nicht zuletzt religiös-kirchenpolitische) Feindschaft –, so fehlen doch Zeugnisse für den Stolz auf das eigene Volk, auf das also, was man gemeinhin als „Nationalbewußtsein" zu bezeichnen pflegt. Gern zitiert man in diesem Zusammenhang den „langen" Prolog zur „Lex Salica"[272]: *Gens Francorum inclita, auctorem Deo condita, fortis in arma, firma pace fetera, profunda in consilio, corporea nobilis, incolumna candore, forma egregia, audax, velox et aspera [nuper] ad catholicam fidem conversa, emunis ab heresa*[273]. Dieser Prolog wurde wohl um 763/64

---

[268]) Vgl. Karl VOSSLER: Peire Cardinal, ein Satiriker aus dem Zeitalter der Albigenserkriege (München 1916) S. 89–118 und ebd. Anh. I–II, S. 173–80 (SB. der Kgl. Bayer. Akad. der Wissensch. Philos.-philol. und hist. Klasse, Jg. 1916, 6. Abhandlung).

[269]) Vgl. schon WERNER, Nations, S. 294, für das 10.–11. Jh.

[270]) Hugo von Flavigny, Chronicon, l.I ad an. 923 (ed. LAUER, S. 196); vgl. schon oben S. 123 m. Anm. 226.

[271]) Oben S. 275 m. Anm. 205.

[272]) KIRN, S. 69 m. Anm. 4.

von dem Referendar Baddilo stilisiert[274]. Er ist fraglos ein eindrucksvolles Beispiel fränkischen Selbstbewußtseins, doch Beispiele dieser Art sind äußerst selten. Müssen wir uns daher mit der Feststellung von KIRN begnügen, wonach die mittelalterlichen Autoren „das Nationalgefühl als eine stillschweigend vorausgesetzte Tatsache" betrachteten? Das würde ja auch erklären, warum in den Quellen „bei weitem die Nachrichten, die von Feindseligkeiten zwischen den sich gegenseitig mit Mißtrauen und Abneigung betrachtenden nationalen Gruppen handeln", überwiegen[275].

An dieser Beobachtung ist zunächst einmal richtig, daß Gegensätze leichter ausgesprochen werden als Übereinstimmungen. KIRN war allerdings der Auffassung, daß es nicht möglich sei, mit der üblichen quellenkritischen Methode, die Meinung der „schweigenden Mehrheit" zu ergründen, was für das Jahr, in dem er schrieb (1942) auch durchaus zutraf. Doch 1960 veröffentlichte Rudolf BUCHNER einen Aufsatz über das Geschichtsbild Hermanns von Reichenau, in dem er auf die Bedeutung von Begriffen wie Wir, Unser, die Unsrigen usw. hinwies und dabei erstmals von „Wir-Gefühl" sprach[276]. Dieses Wort hat, obwohl fast unübersetzbar[277], seitdem weite Verbreitung gefunden[278] und als „Leitfossil"[279] zahlreicher Untersuchungen gedient[280]. Ohne die Bedeutung dieser Forschungen, denen wesentliche Einsichten verdankt werden, auch nur im mindesten herabsetzen zu wollen, sei doch rechtzeitig, wie ich hoffe, gewarnt vor einer allzu schematischen Anwendung dieses „Leitfossils"[281]. Die Auswertung der Ergebnisse von Wolfgang EGGERT und Barbara PÄTZOLD[282]

---

[273]) Lex Salica (100 Titel-Text), Prol. (ed. ECKHARDT, S. 2 § 1 [Kurzer Prolog]).

[274]) Vgl. Karl August ECKHARDT: Lex Salica. 100 Titel-Text (Weimar 1953) Einleitung, S. 42 – 55 (Germanenrechte. Neue Folge. Abteilung Westgermanisches Recht).

[275]) KIRN, S. 35.

[276]) Geschichtsbild und Reichsbegriff Hermanns von Reichenau, in: AKG. 42 (1960) S. 37 – 60, bes. S. 54 – 55.

[277]) GIEYSZTOR, S. 352, bemerkt: „Le lien ethnique que les érudits allemands appellent, d'un terme peu traduisible dans d'autres langues, «Wir-Bewußtsein»"; er erläutert dies dann als „conscience du «nous» face au monde environnant".

[278]) Wozu Buchner übrigens nur wenig beigetragen hat: Die politische Vorstellungswelt Adams von Bremen, in: AKG. 45 (1963) S. 15 – 59; Die frühsalische Geschichtsschreibung, in: La storiografia altomedievale, t.II (Spoleto 1970) S. 895 – 945 (Settimane di studio del Centro italiano di studi sull'alto medioevo, t.17) sowie oben Anm. 276 und BUCHNER, passim.

[279]) So BUCHNER, S. 566 – 67. Vgl. aber unten Kap. 8 § 1, S. 501 m. Anm. 299.

[280]) Insbesondere von E. Müller-Mertens, W. Eggert, B. Pätzold u.a.m.; s. EGGERT – PÄTZOLD, S. 15ff. und ebd. S. 7ff.

[281]) Ich denke dabei an die Legion Greifswalder Dissertationen aus der Schule Ernst Bernheims, in denen Augustin eine unverdient traurige Rolle spielt.

[282]) EGGERT – PÄTZOLD, passim, bes. S. 161 – 79; vgl. noch unten Kap. 8 § 1, S. 501 m. Anm. 298 – 99.

an dieser Stelle ist durch den Umstand erschwert, daß die unbedingt erforderliche Paralleluntersuchung für Westfranken/Frankreich fehlt und im Interesse der Proportionalität dieses Kapitels hier nicht nachgeholt werden kann. Daß eine solche Untersuchung durchaus sinnvoll wäre, zeigt etwa jene Nachricht aus Nevers, die den Aufbruch Ludwigs VII. zum 2. Kreuzzug schildert: *Hoc anno... profectus Ierosolimam Ludovicus rex Francorum...cum exercitu s u o et comite n o s t r o* [283]. Auf jeden Fall bezeugt dieses „Wir-Gefühl", dessen Beweiskraft man allerdings auch nicht überschätzen sollte[284], das Vorhandensein eines frühen Nationalgefühls, was SZÜCS ganz zu Unrecht bestreitet[285]. Es bleibt aber ein im wesentlichen auf die einzelnen Völker der Franken, Sachsen, Aquitanier usw. bezogenes Nationalgefühl, von einem deutschen oder französischen kann in der Tat noch keine Rede sein[286]. Es wäre allerdings zu prüfen, ob sich im 10. Jahrhundert nicht Ansätze zur Ausbildung eines „Gesamtbewußtseins" in Ostfranken und – auf anderer Ebene – im Westen finden. Hiervon soll im folgenden Abschnitt gehandelt werden.

§ 3: Allmähliche Ausbildung eines „deutschen" und „französischen" Gesamtbewußtseins im 10. Jahrhundert?

Im Mittelpunkt dieser Darlegungen steht selbstverständlich Widukind von Corvey und dessen Begriff der *Francia et Saxonia* sowie des *populus Francorum et Saxonum*, doch steht er mit diesen Begriffen nicht allein[287].

---

[283]) Annales Nivernenses ad an. 1147 (ed. WAITZ, S. 91 Z.21–22); vgl. WERNER, Königtum, S. 215; vgl. DERS., Nations, S. 295, mit weiteren Beispielen für ein ausgeprägtes französisches „Wir-Gefühl" im 13. Jh.! Vgl. auch oben Anm. 248 und Anm. 253.

[284]) Dieses Eindrucks kann ich mich bei EGGERT – PÄTZOLD, passim, nicht erwehren; EGGERT, Auffassung, passim, hatte vorsichtiger geurteilt. Vgl. bes. die folg. Anm.

[285]) Für SZÜCS, S. 208–12, der sich vorwiegend an französischen Quellen orientiert, kann von „Nationalgefühl" nicht vor dem 13. Jh. die Rede sein. Urteile, wie sie bei Odo von Deuil oder Wibert von Nogent begegnen: oben Anm. 253, haben für ihn nur den Charakter von „Manifestationen", die er als „Anfänge des Nationalbewußtseins" entschieden ablehnt: ebd. S. 201; vgl. dazu oben Anm. 185. Die Polemik von EGGERT – PÄTZOLD, S. 176 Anm. 1039, leidet unter der abwegigen Vorstellung einer „deutschen" Sprache im 9. Jh. Vgl. schon oben S. 233.

[286]) Dies hat SZÜCS, S. 200, klarer gesehen als Eggert; verfehlt natürlich ebd. der Hinweis auf das *regnum Teutonicorum* von ang. 919 und die gefälschte Uk. von ang. 909: oben S. 210–11; unsinnig auch die Behauptung ebd., daß aus diesem „politischen Rahmen" „niemals ein wirklicher Staat hervorgeht"; ähnlich schon LOT, Formation, S. 279:

So findet sich *Francia ac (et) Saxonia* bereits in zwei Diplomen Ottos d.Gr. und in einigen Spuria auf die Namen Arnulfs und Ottos[288], was beweist, daß Widukind hier eine quasi amtliche Formulierung aufgriff[289]. Aus der Tatsache, daß die beiden Diplome von 936 und 938 – auf die Spuria braucht nicht weiter eingegangen zu werden[290] – jeweils von ehemaligen Angehörigen der Kapelle Heinrichs I., nämlich von Adaldag und Poppo[291], diktiert bzw. rekognosziert wurden[292], schließt Barbara PÄTZOLD: „Es dürfte zweifelsfrei(!) sein, daß ‚Franken und Sachsen' hier nicht die beiden Herzogtümer, sondern den gesamten ostfränkisch–deutschen Herrschaftsbereich des Königs umschrieb"[293]. Ich lasse dies vorläufig dahingestellt und weise zunächst auf die Widukind-Stelle hin: *Rebus igitur rite compositis per omnem Franciam Saxoniamque et vicinos circumquaque gentes, Romam statuens proficisci...*[294], die selbstverständlich gleichfalls auf das ostfränkische Gesamtreich bezogen worden ist[295] ganz wie die Bemerkung des Regino-Fortsetzers zum Jahre 939: *Haec tempestas non in una solum, sed in omnibus Saxoniae et Franciae provinciis huc et illuc ver-*

---

„La France doit son existence au fait qu'elle a échappé à l'Empire dit romain..., car ce concept... est radicalement opposé à l'idée nationale".

[287]) Ausführlichste Behandlung bei PÄTZOLD, S. 19ff. und EGGERT – PÄTZOLD, S. 190ff.

[288]) DD O.I. 1 (936 Sept. 13) S. 90 Z.11: B – O 57; 20 (938 Mai 18) S. 108 Z.12 – 13: B – O 76; 212 (960 Juni 13) S. 293 Z.43: B – O † 284; vgl. dazu DD Arn. 62 (889 Okt. 13) S. 91 Z.41; 4 (889? Dez. 12) S. 11 Z.12 – beide verunechtet – und † 183 (ang. 889 Okt. 13) S. 280 Z.12. Vgl. LUGGE, S. 145 m. Anm. 329 – 34; ungenügend GIESE, S. 73 m. Anm. 92. Vgl. noch unten Anm. 292.

[289]) BEUMANN, Kaisertum, S. 82 m. Anm. 72; DERS., Unitas, S. 37 m. Anm. 127, vermutet, daß Widukind D O.I. 1 gekannt habe, was in der Tat denkbar ist.

[290]) In der Forschung wird ohnehin meist nur D O.I. 1 berücksichtigt; vgl. etwa HUGELMANN, S. 94; SCHLESINGER, Fritzlar, S. 219; BEUMANN, Unitas, S. 37; DERS., Kaisertum, S. 82.

[291]) Zu ihnen vgl. FLECKENSTEIN II, S. 10 – 11, 13 Anm. 42, 30, 35 Anm. 99, 36 m. Anm. 107, 53, 128, 130 u.ö.

[292]) Vgl. PÄTZOLD, S. 23 – 24, 25ff. sowie EGGERT – PÄTZOLD, S. 191 – 92. D O.I. 20, obwohl für Osnabrück gegeben und daher a priori verdächtig, hat sich dennoch als echt erwiesen; vgl. Karl BRANDI: Die Osnabrücker Fälschungen, in: Westfälische Zeitschrift 19 (1900) S. 120 – 73; Michael TANGL: Forschungen zu Karolinger Diplomen II. Die Osnabrücker Fälschungen (1909) in: Das Mittelalter in Quellenkunde und Diplomatik. Ausgewählte Schriften, t.I (Berlin 1966) S. 434 – 74 und zuletzt Kurt-Ulrich JÄSCHKE: Studien zu Quellen und Geschichte des Osnabrücker Zehntstreits unter Heinrich IV., in: AfD. 9 – 10 (1963/64) S. 112 – 285; 10 (1965/66) S. 280 – 402 (Diss. phil. Bonn 1964); vgl. ebd. S. 113 Anm. 6 (– S. 114), 115ff. und bes. S. 242 m. Anm. 195 – 96, 255 m. Anm. 281 – 83. PÄTZOLD, S. 29 – 30 und ebd. S. 31 konnte zeigen, daß der Passus: *per totam Franciam et Saxoniam*, der in einer Arnulf-Uk. nichts zu suchen hat, ursprüngliches Diktat von D O.I. 20 ist.

[293]) EGGERT – PÄTZOLD, S. 192; s. schon SCHLESINGER, Fritzlar, S. 219; DERS., Beginn, S. 541 und schon WAITZ V², S. 140 Anm. 4; s. zuletzt HLAWITSCHKA, Kriterien, S. 79.

[294]) Widukind, l.III c.63 (ed. HIRSCH, S. 137 Z.11 – 13): B – O 303a.

[295]) So etwa SCHLESINGER, Fritzlar, S. 216ff.; BEUMANN, Kaisertum, S. 81 – 82; DERS., Sachsen, S. 892; GIESE, S. 73ff.; EGGERT – PÄTZOLD, S. 196 u.a.m.

*sabatur*[296], obwohl der Verlauf der Ereignisse in diesem Jahre nicht gerade zugunsten dieser Deutung spricht[297].

Nachdem ich die Belege für *Francia et Saxonia* vorgelegt habe[298], wende ich mich dem Begriff des *populus Francorum et Saxonum* zu, der sich bei Widukind immer dann findet, wenn von Köngiswahlen die Rede ist, nämlich zu den Jahren 911, 919 und 936[299].So behauptet Widukind, daß schon 911: *omnis populus Francorum atque Saxonum quaerebat Oddoni* (scil. Otto dem Erlauchten, dem Vater Heinrichs I.) *diadema imponere regni*; dieser habe zwar das *onus imperii* abgelehnt und die Wahl Konrads empfohlen, doch: *penes Oddonem tamen summum semper et ubique fiebat imperium*[300]. Die künstlich konstruierte Parallele zu 919 ist nicht zu übersehen[301], als Eberhard: *designavit eum* (scil Heinrich I.) *regem coram omni populo Francorum et Saxonum*[302]. Der Höhepunkt ist natürlich 936, als nach Heinrichs I. Tod: *omnis populus Francorum atque Saxonum iam olim designatum regem a patre, filium eius Oddonem, elegit sibi in principem*[303]. Mit Recht hat BEUMANN auf den Singular *populus* und auf die von Einhard

---

[296] Cont. Regin. ad h. an. (ed. KURZE, S. 161); vgl. dazu GIESE, S. 74 Anm. 94; EGGERT – PÄTZOLD, S. 201 Anm. 98.

[297] Der Aufstand, an dessen Spitze Ottos Bruder Heinrich stand, betraf so gut wie ausschließlich Sachsen, Franken und Lothringen, das in der *Francia* m.E. eingeschlossen ist. Der Satz des Cont. Regin. steht am Ende seines Jahresberichts gewissermaßen als dessen Quintessenz; vgl. KÖPKE – DÜMMLER, S. 81ff.; s. auch LEYSER, Konflikt, S. 34 – 35 und bes. unten Kap. 8 § 1, S. 477 – 78.

[298] Nicht hierher zähle ich den bei Liudprand, Hist. Ottonis, c.12 überlieferten Brief Ottos an Johann XII. vom Jahre 963: ...*Otto... imperator augustus cum archiepiscopis Liguriae, Tusciae, Saxoniae, Franciae...* (ed. BECKER, S. 168 Z. 30 – 32): B – O 349, da es sich um eine einfache Aufzählung handelt und der genaue Wortlaut durch die Überlieferung bei Liudprand nicht gesichert erscheint; anders LUGGE, S. 145 und GIESE, S. 73 m. Anm. 93, der eine recht eigenwillige Vorstellung von einer Intitulatio hat. Bemerkenswert scheint mir, daß auf der römischen Synode ohnehin nur Adaldag von Bremen, Lantwart von Minden und Otgar von Speier aus Ostfranken anwesend waren; vgl. KÖPKE – DÜMMLER, S. 349.

[299] Vgl. schon oben Anm. 43 und bes. EGGERT, Krisenjahr, S. 50 – 51 sowie GIESE, S. 73. Es versteht sich, daß ich an dieser Stelle nicht auf die schwierigen Fragen der ostfränkischen Königserhebung im einzelnen eingehen kann. Allgemein s. unten Kap. 7 § 1, S. 415ff.; Kap. 8 § 1, S. 465ff.

[300] Widukind, l.I c.16 (ed. HIRSCH, S. 26 Z.9 – 10, 27 Z.1 – 4). Die Nachricht Widukinds ist erweislich falsch: B – M² 2011e; vgl. hierzu BEUMANN, Widukind, S. 238 und unten Kap. 6 § 3, S. 403 m. Anm. 298.

[301] Widukind will damit einmal eine Parallele zur „Designation" von 919 herstellen und überdies zeigen, daß den Sachsen eigentlich schon 911 die Krone gebührt hätte. All dies ist natürlich freie Erfindung Widukinds, der hier würdig neben Richer bestehen kann. Positiv urteilt dagegen WAITZ, S. 12 und ebd. Excurs 2, S. 190 – 94 und sogar noch MITTEIS, S. 244 – 45. Vgl. aber B – M² 2011e und bes. LINTZEL, Königswahlen, S. 201 – 03; DERS., Miszellen, S. 229ff. und TELLENBACH, Grundlagen, S. 290 m. Anm. 261.

[302] Widukind, l.I c.26 (ed. HIRSCH, S. 39 Z.6 – 7); vgl. SCHLESINGER, Beginn, S. 537, 541.

[303] Widukind, l.II c.1 (ed. HIRSCH, S. 63 Z.9 – 11): B – O 55g.

beeinflußte Formulierung Widukinds hingewiesen[304], Franken und Sachsen seien: *iam fratres et quasi una gens ex Christiana fide*[305]. Aber Widukind steht mit dieser Formel nicht allein: auch die Prümer Annalen gebrauchen sie, allerdings nicht im Zusammenhang mit *populus*, sondern mit *rex*, d.h. als Titulaturen. Zum Jahr 923 bezeichnen sie Heinrich I. als *Saxonum et orientalium Francorum rex*[306], zu 939 (lies: 936) und zu 962 Otto I. als *rex* bzw. *gubernator Francorum atque Saxonum*[307]. Das sind praktisch alle bekannten Quellen[308], und es fragt sich nun, welcher Aussagewert ihnen beigemessen werden darf.

Ehe ich mich in die luftigen Höhen geistesgeschichtlich-literarischer Deutungen wage, scheint es mir sinnvoll, einige banale Fakten in Erinnerung zu rufen: vor 950 besteht die Hofkapelle Heinrichs I. und Ottos I.

---

[304]) Vita Karoli, c.7: (Saxones)...*Christianae fidei... sacramenta susciperent et Francis adunati unus cum eis populus efficerentur* (ed. HOLDER-EGGER, S. 10 Z.28 – 30); vgl. BEUMANN, Kaisertum, S. 81; DERS., Unitas, S. 37 – 38; DERS., Sachsen, S. 892 – 93.

[305]) Widukind, l.I c.15 (ed. HIRSCH, S. 25 Z.13): oben Anm. 43; s. BEUMANN, Kaisertum, S. 81; GIESE, S. 69; KELLER, Reichsstruktur, S. 116.

[306]) Ann. Prum. ad h. an: *Eodem anno Heinricus Saxonum et orientalium Francorum rex quosdam optimates de regno Lotharii sibi in fideles spontaneos recepit* (ed. BOSCHEN, S. 82). Zu 911 hatten sie berichtet: ...*Carolus occidentalium rex regnum Lotharii suscepit* (ed. BOSCHEN, S. 82); vgl. dazu EGGERT – PÄTZOLD, S. 192 – 93, die Heinrichs Titulatur aus dem Bonner Vertrag ableiten möchten, wozu m.E. keine Notwendigkeit besteht angesichts der Nachricht ad an. 911, die von der gleichen Hand „h" geschrieben wurde; s. auch NONN, Herzogstitel, S. 548 m. Anm. 22. Der ältere Teil der Prümer Annalen bricht mit der Notiz zu 923 ab; s. BOSCHEN, S. 183, 205 – 07, 209 – 10.

[307]) Ann. Prum. ad an. 939: *Hic Otto rex gloriosus constitutus est gubernator Francorum atque Saxanum*(sic); ad an. 962: *Otto rex Francorum atque Saxonum Romam perrexit et imperator effectus est ab apostolo Johanne* (ed. BOSCHEN, S. 82, 83). Boschen hebt das *apostolo* durch (!) hervor; s. aber Ann. Remenses ad an. 999: *Hic levatus est domnus Gerbertus in apostolatum* (ed. WAITZ, S. 82 Z. 21). Die Reimser Annalen gehören in das 12. Jh., fußen aber mit Sicherheit auf älteren Vorlagen. Vgl. auch Gregor V. für das Stift Besalù (998 Apr.): *Bernardus Bisuldunensis...comes suggessit nostro apostolatui*: ZIMMERMANN I, Nr. 355, S. 693: B – Z 831; s. schon de COURSON, Nr. 240 (868 Aug. 29) S. 189: *primo anno apostolatus Adriani apostolici*. Die Nachricht zu 939 folgt in den Ann. Prum. unmittelbar auf die zu 923. Zu den für die Eintragungen ad ann.939 und 962 verantwortlichen Händen „n" und „p" s. BOSCHEN, S. 227 m. Anm. 2 und Anm. 4; s. auch EGGERT – PÄTZOLD, S. 194.

[308]) Zu erwähnen wäre allenfalls noch die wohl um 950/60 anzusetzende „Inventio et miracula s. Gisleni" aus dem hennegauischen Kloster St-Ghislain (c.2): ...*Henrico Saxonum rege Franciae Austrasiorum sive Germaniae gerente insignia sceptra, Ghisleberto earundem regionum duce vel consule...* (ed. HOLDER-EGGER, S. 577 Z.8 – 9); aus diesem stilistisch wenig befriedigenden Text macht Rainerus etwa 70 Jahre später: Miracula, c.1: *ea tempestate, qua Henricus rex Franciae, Saxoniae Germaniaeque gerebat sceptra et Gyslebertus ducatum regebat Franciae* (ed. HOLDER-EGGER, S. 580 Z.5 – 6). Nur diesen Passus zitiert WAITZ V², S. 136 Anm. 4 (auf S. 137). Man beachte, daß *Franciae, Saxoniae* usw. von *sceptra* abhängt und nicht von *rex*. Immerhin werden auch hier *Francia* und *Saxonia* von der übrigen *Germania* geschieden, von der ja zumindest die *Saxonia* ein unzweifelhafter Bestandteil ist. Zu den „Miracula" vgl. WATTENBACH – HOLTZMANN I³, S. 134 m. Anm. 170.

ausschließlich aus Sachsen und Franken[309]; Otto I. urkundet erstmals 952 außerhalb der *Francia et Saxonia*, und zwar in Zürich n a c h seinem 1. Italienzug[310]; die *Francia et Saxonia*[311] stellt den „Bereich unmittelbarer Königsherrschaft" dar, wie MÜLLER-MERTENS formuliert hat[312], neben dem die „Fernzonen der Zentralgewalt" kaum zur Geltung kommen[313]. Schließlich scheint mir beachtenswert, daß alle Bezüge auf die *Francia et Saxonia* bzw. auf den *populus Francorum atque Saxonum* in die Jahre vor 940 gehören[314] mit Ausnahme zweier Nachrichten, die sich beide auf den Italienzug von 961 beziehen[315]. Lassen wir diese beiden Stellen zunächst einmal außer Betracht, so dürfte klar sein, daß der Begriff *Francia et Saxonia* der „Verfassungswirklichkeit" der frühen ottonischen Herrschaft sehr genau entspricht[316], aber natürlich nicht im Sinne einer angeblichen Pars-pro-toto-Theorie, wie sie vor allem, aber nicht allein[317] von BEUMANN vertreten wurde[318], sondern ganz konkret im Sinne der tatsächlichen Herrschaftsgewalt der neuen Dynastie: „Die Wendung *Francia et Saxonia*, wenngleich wohl mehr politisch-ideologischen Inhalts, hat somit durchaus ihren realpolitischen Hintergrund; sie bringt die beiden Machtzentren des Königtums jener Zeit deutlich zur Anschauung"[319]. Betont sei, daß

---

[309]) Vgl. FLECKENSTEIN II, S. 13 – 14, 36ff., 44ff.

[310]) DD O.I. 146 (952 März 1): B – O 208 (Zürich), 155 (952 Aug. 9): B – O 218 (Augsburg), DD O.I. 170 – 71 (953 Nov. 29 – Dez. 10): B – O 236 – 37 (Aufhausen und Schierling südl. Regensburg); vgl. B – O 234b-c (Belagerung Regensburgs); s. FLECKENSTEIN II, S. 18. Zu Schwaben s. jetzt auch KELLER, Reichsstruktur, S. 76ff., bes. S. 77 – 79.

[311]) Zu dem von diesem Begriff umfaßten Raum s. MÜLLER-MERTENS, Reichsstruktur, S. 136, der Thüringen und Niederlothringen mit Recht miteinbezieht; s. auch ebd. S. 137 sowie unten Anm. 316 und Anm. 339.

[312]) Reichsstruktur, S. 133.

[313]) Reichsstruktur, S. 133 und ebd. S. 137 – 38 mit Karten.

[314]) Dies gilt für die Urkunden: oben Anm. 288, ebenso wie für die Nachrichten Widukinds, der „Annales Prumienses" und des Cont. Regin.: oben Anm. 296, 300, 302 – 03, 306 – 07; vgl. aber die folg. Anm.

[315]) Nämlich Widukind, l.III c.63: oben Anm. 294, und Ann. Prum. ad an. 962: oben Anm. 307.

[316]) Wobei die *Francia* nicht nur Rhein- und Mainfranken, sondern auch Lothringen, genauer: Oberlothringen umfaßt; s. schon oben Anm. 311.

[317]) Eine Übersicht zum Stand der Forschung bei GIESE, S. 74 m. Anm. 99; s. auch EGGERT – PÄTZOLD, S. 199ff.

[318]) BEUMANN, Widukind, S. 226; DERS., Kaisertum. S. 81 – 82; DERS., Imperator, S. 339; DERS., Sachsen, S. 892; s. aber auch LUGGE, S. 146; SCHLESINGER, Fritzlar, S. 217; NONN, Herzogstitel, S. 546; s. noch oben S. 288 m. Anm. 293.

[319]) EGGERT – PÄTZOLD, S. 198. Vgl. aber KELLER, Reichsstruktur, S. 115: „Doch darf man die ottonische ‚Francia et Saxonia' nicht nur in geographischem Sinne beziehen auf ein ‚eigentliches Herrschaftsgebiet' Ottos d.Gr."; vgl. dazu unten S. 293 m. Anm. 330.

auch die Beumannsche Reichsvolk-Theorie[320] mit dieser Deutung, die ja keineswegs neu ist[321], durchaus vereinbart werden kann, so lange man nicht andere Völker, konkret: die Baiern und die Schwaben „mitdenkt"[322], was aus Widukind nicht zwingend abgeleitet werden kann und darf[323].

Es bleiben so lediglich die beiden Nachrichten zu 961/62, die beide den 2. Italienzug betreffen, doch ist diese Gemeinsamkeit eher äußerlich und zufällig. Die „Annales Prumienses" berichten allgemein von Ottos Romzug und dem Erwerb der Kaiserwürde, wobei man es mit der Chronologie nicht so genau nehmen darf[324], während Widukind die Formel *Francia Saxoniaque*, die er nur hier gebraucht, im Zusammenhang mit dem Abschluß der Vorbereitungen des Romzugs verwendet. Entscheidend dünkt mich aber, daß der Prümer Annalist, der hier ja wohl ein Lütticher Annalist ist[325], lediglich eine Titulatur wiederholt, die er schon zum Jahr 939 benutzt hatte, weshalb auch eine direkte Abhängigkeit der „Annales Prumienses" von Widukind ausgeschlossen werden kann[326]. So bleibt also nur die Widukind-Stelle, die sich von der urkundlich bezeugten Formel *Francia et Saxonia* durch ein zusätzliches *omnis* unterscheidet: *per omnem Franciam Saxoniamque*, was für BEUMANN Anlaß war zu der Feststellung, daß „hier das ottonische Regnum als Ganzes im Gegensatz zu Italien" gemeint sei[327]. Ich könnte zu der Ausrede Zuflucht nehmen, daß Widukinds Terminologie nun einmal nicht sehr präzis ist[328], was sogar zutrifft, doch scheint mir dies überflüssig. Es ist nämlich nicht einzusehen, warum der Begriff an dieser

---

[320] Kritisch zu Beumann nach GOEZ, S. 71 bes. Heinrich SPROEMBERG: Betrachtungen zur Geschichte der Reichsidee (1961) in: Mittelalter und demokratische Geschichtsschreibung. Ausgewählte Aufsätze (Berlin 1971) S. 27–44, bes. S. 33–34 (Forschungen zur mittelalterlichen Geschichte, t.18); einschränkend auch LINTZEL, Königssalbung, S. 606 Anm. 89.

[321] Im restriktiven Sinn äußerten sich dezidiert Robert HOLTZMANN in: WATTENBACH – HOLTZMANN I³, S. 31 Anm. 89; HUGELMANN, S. 94 u.a.m.; vgl. noch unten Anm. 328.

[322] Genau das tut aber SCHLESINGER, Fritzlar, S. 217; s. noch die folg. Anm.

[323] Vgl. KARPF, Reichsbegriff, S. 173: „Für die Wendung *populus Francorum atque Saxonum* liegt die Deutung als herrschendes Reichsvolk nahe, die aber offenlassen muß, ob Widukind konkret auch Angehörige anderer Stämme darunter fassen will oder nicht". BEUMANN, Widukind, S. 226, hatte allerdings geschrieben: „*Saxonia* und *omnis Francia Saxoniaque* vertreten somit die bei Widukind noch fehlende Bezeichnung für die Gesamtheit der deutschen Stämme". Vgl. auch unten Kap. 7 § 1, S. 417 m. Anm. 34–35.

[324] Es sind dies die Hände „n" und „p": oben Anm. 307.

[325] BOSCHEN, S. 228 m. Anm. 7.

[326] Anders LUGGE, S. 147 m. Anm. 342.

[327] BEUMANN, Sachsen, S. 892.

[328] „Wenn mit ‚ganz Franken und Sachsen' ...wirklich Deutschland gemeint ist, wofür sonst Germania gesagt wird, so wäre das nur Beweis für eine unscharfe Ausdrucksweise oder für unklare geographische Begriffe": WATTENBACH – HOLTZMANN I³, S. 31 Anm. 89. Vgl. dazu noch unten S. 296 m. Anm. 350.

Stelle etwas anderes meinen soll als bisher. Auch hier hat er selbstverständlich das engere Herrschaftsgebiet Ottos im Blick und unter den *vicinas circumquaque gentes*, von denen Widukind ja ausdrücklich spricht, wird man nicht nur die Slawen, sondern auch die Baiern und Westfranken zu verstehen haben[329]. Auf jeden Fall handelt es sich nicht um eine Formulierung, die das Frankenreich im formal-staatsrechtlichen Sinn bezeichnet.

Hierfür hat Widukind nämlich durchaus einen Begriff parat: das *imperium Francorum*[330]! Er gebraucht diese Wendung unterschiedslos für die Zeit vor Heinrichs Königserhebung[331] wie für die Zeit danach, so wenn Heinrich in der Nachfolgefrage bestimmt: *Oddonem, qui maximus et optimus fuit, fratribus et omni imperio Francorum prefecit*[332], wenn Liudolfs Tod: *toto Francorum imperio relinquens suo vulnere vulnus durum*[333], oder wenn während Ottos 3. Italienzug: *pontifex Wilhelmus...a patre sibi commendatum regebat imperium Francorum*[334]. Man beachte, daß Widukind durchgängig vom *imperium Francorum* spricht und nicht vom *regnum*, das nur einmal, und zwar für die Zeit v o r Heinrichs Königtum, bei ihm belegt ist[335]. Die Herrschaft der Ottonen ist damit eindeutig als eine fränkische charakterisiert, was Otto auch bei seiner Krönung 936 aller Welt vor Augen führte, als er *tunica stricta more Francorum* vor den Altar trat[336]; na-

---

[329] Schließlich zählt die „Vita Mathildis antiquior", die ja nur wenige Jahre nach Widukind entstand (ca. 975 und 967/68) die Baiern munter zu den unterworfenen *gentes*: oben S. 245 m. Anm. 11. Zu den unruhigen 50er Jahren vgl. KÖPKE – DÜMMLER, S. 201ff., 248ff., 275ff.; s. auch LEYSER, Konflikt, S. 43ff. und bes. unten Kap. 8 § 1, S. 499ff.; § 3, S. 532ff.

[330] Darauf hatten bereits ERDMANN, Imperium, S. 179 und TELLENBACH, Tradition, S. 193, hingewiesen; vgl. auch BEUMANN, Imperator, S. 339 m. Anm. 105; DERS., Sachsen, S. 893 und zuletzt KELLER, Reichsstruktur, S. 115; KARPF, Reichsbegriff, S. 147.

[331] So etwa Widukind, l.I c.19: (die Mährer) *quantamque iniuriam imperio Francorum fecerint* (ed. HIRSCH, S. 29 Z.20 – 21); c.22: (Erzbischof Hatto) *qui tempore Ludewici adolescentis super imperio Francorum agri cura vigilabat* (ed. HIRSCH, S. 54 Z.20 – 22); vgl. noch ebd. l.I c.9: *qui* (scil. Saxones) *Francorum imperium quandoque destruerent*; c.10: *a quo nichil expectaret Francorum imperium nisi solum periculum* (ed. HIRSCH, S. 16 Z.5, 17 Z.21 – 22); vgl. dazu KARPF, Reichsbegriff, S. 173 – 74; BEUMANN, Sachsen, S. 893 – 94.

[332] Widukind, l.I c.41 (ed. HIRSCH, S. 60 Z.4 – 5). Vgl. auch l.II c.1: *Accipe, inquit* (scil. Erzbischof Hildebert), *hunc gladium, quo eicias omnes Christi adversarios..., auctoritate divina tibi tradita omni potestate totius imperii Francorum ad firmissimam pacem omnium Christianorum* (ed. HIRSCH, S. 66 Z.6 – 9); vgl. hierzu BEUMANN, Widukind, S. 207 – 08.

[333] Widukind, l.III c.57 (ed. HIRSCH, S. 135 Z.26). Liudolf war am 6.IX.957, im Begriff aus Italien zurückzukehren, in Pombia südl. des Lago Maggiore gestorben: B – O 254c.

[334] Widukind, l.III c.73 (ed. HIRSCH, S. 150 Z.4 – 6); vgl. GIESE, S. 129.

[335] In der berühmten ang. Rede Konrads I. zu Eberhard: *et quod ad te maxime respicit, Francorum toto regno consulito, mei adtendendo, fratris tui, consilio*: l.I c.25 (ed. HIRSCH, S. 38 Z.1 – 3).

[336] Widukind, l.II c.1 (ed. HIRSCH, S. 65 Z.13); vgl. dazu l.I c.9 (ed. HIRSCH, S. 15 – 16); vgl. KÖPKE – DÜMMLER, S. 35: „als ein Mann fränkischen Rechts erscheint er, der mit Insignien der fränkischen Herrschaft bekleidet werden soll"; vgl. HUGELMANN, S. 230; s.

türlich diente auch die Wahl des Krönungsorts Aachen zur Verdeutlichung der Tradition, in der Otto stand und zu stehen wünschte[337]. Offiziell war und blieb das Reich der Ottonen ein fränkisches Reich. Wenn Widukind bei den Wahlen der Jahre 911, 919 und 936 die wirkliche oder ver-
meintliche Rolle des *populus Francorum atque Saxonum* betont, so entspricht das sowohl seinem Stolz auf das eigene Volk als auch der politischen Realität, die den Sachsen das entscheidende Wort gab[338]. Doch das
ändert nichts an der Tatsache, daß hier bestenfalls „offiziöse" Vorstellungen formuliert werden.

Widukind wagt nicht einmal, seinen König als einen *rex Francorum et
Saxonum* zu bezeichnen, wie dies die „Annales Prumienses" – als einzige!
– tun[339], und der angeblich so „imperiale" Funktionstitel *rex* gewinnt einen viel besseren Sinn, wenn man in ihm den geradezu maßgeschneiderten
Titel für die ottonischen Könige erblickt, die auf diese Weise alle Eifer-
süchte der Völker Ostfrankens untereinander im Keim erstickten, denn es
handelt sich m.E. um den b e w u ß t e n Verzicht auf den Titel eines *rex*

---

auch SCHRAMM, Königskrönung, S. 52: (Otto) „ja nun selbst ein Franke", und BEUMANN,
Sachsen, S. 893: „Deutlicher konnte der fränkische Charakter des Königtums kaum her-
vorgehoben werden" sowie KELLER, Reichsstruktur, S. 116: ein König aus sächsischem
Stamm, „der mit der Krönung zugleich Franke wird"; s. schon Georg PHILIPPS: Deutsche
Reichs- und Rechtsgeschichte (München 1845) S. 164: „Seit dem (scil. seit 936) galt als
Rechtssatz: durch die Krönung wird der König Franke"; vgl. noch SCHRAMM, Kaiser,
S. 159; BEUMANN, Kaisertum, S. 82 m. Anm. 74; DERS., Imperator, S. 340 Anm. 108;
GIESE, S. 98 m. Anm. 248. Der Sachse Gregor V. wird in seinem Epitaph als *Francorum
regia proles* bezeichnet: L.P.II, S. 262. Vgl. noch unten S. 296 m. Anm. 346 und Kap. 7 §
1, S. 416 m. Anm. 25. Zu D O.I. 235 s. unten Kap 8 § 3, S. 540 – 41 m. Anm. 615.

[337]) Treffend formuliert HUGELMANN, S. 94: „Das Reich... war r e c h t l i c h... ein fränkisches, die Fortsetzung(!) des alten großfränkischen..., während p o l i t i s c h zur Zeit des
sächsischen Herrscherhauses... der sächsische Stamm die Hegemonie hatte". Die Hervorhebungen sind von Hugelmann, der diese richtige Einsicht allerdings durch die unsinnige
Verbindung mit dem „regnum Teutonicorum" und einem ang. „deutschen Volk" selbst
entwertet; s. aber die treffenden Bemerkungen von ZIMMERMANN, Ansätze, S. 387, 388
und schon RÜCKERT, Nationalbewußtsein, S. 381. Widukind versucht natürlich, die fränkische Tradition nach Kräften zu verschleiern; vgl. Herbert ZIELINSKI: Zur Aachener
Königserhebung von 936, in: DA. 28 (1972) S. 210 – 22; s. auch GIESE, S. 99 – 100 und
einschränkend KARPF, Reichsbegriff, S. 163 – 64.

[338]) In diesem Sinne auch EGGERT – PÄTZOLD, S. 200; vgl. noch KARPF, Reichsbegriff,
S. 164.

[339]) Wobei zu fragen wäre, was der lothringische Annalist unter dieser Titulatur
verstand! Mit Sicherheit waren die *Franci* für ihn auch – und sogar in erster Linie – die
Lothringer, denn Herzog Gottfried von Niederlothringen und Erzbischof Brun von Köln,
deren Tod er zu 964 und 965 meldet, sind für ihn *duces Francorum*: Ann. Prum. ad h. ann.
(ed. BOSCHEN, S. 83); vgl. BOSCHEN, S. 227 – 28 und bes. NONN, Herzogstitel, S. 546 – 47.
Die Singularität dieser Titulatur ist von der Forschung bisher nicht genügend herausgestellt worden, auch nicht von EGGERT – PÄTZOLD, S. 192ff. und KELLER, Reichsstruktur,
S. 115; s. aber NONN, Herzogstitel, S. 548; DERS., Pagus, S. 197 – 98. Es handelt sich hier
immerhin um eine Titulatur und nicht um einen beliebig auslegbaren Begriff wie *Francia
et Saxonia*. Vgl. noch unten Kap. 8 § 1, S. 497 m. Anm. 263.

*Francorum* [340]: eine solche Intitulatio war gegenüber den Sachsen nicht vertretbar; die Intitulatio: *rex Francorum et Saxonum*, die der politischen Realität zumindest bis hin zu Otto II. am besten entsprochen hätte, würde unweigerlich Ressentiments bei Baiern und Schwaben ausgelöst haben, die sich gewissermaßen als „unterworfene", zumindest aber als nur „angegliederte" Völker gefühlt hätten. Unter diesen Umständen war der einfache Rex-Titel der einzig sinnvolle Ausweg, da auf diese Weise niemand benachteiligt erscheinen konnte. Der Erwerb der Kaiserwürde, die in dem „absoluten Königstitel" allerdings durchaus nicht angelegt war [341], hat z u - s ä t z l i c h dazu beigetragen, daß man glaubte, dem Königstitel zunächst keine weitere Aufmerksamkeit schenken zu müssen. Zusammenfassend läßt sich daher sagen, daß die Wendung *Francia et Saxonia* in keiner Weise das gesamte „Deutschland" meint, noch meinen soll. Sie bezeichnet vielmehr die konkrete Herrschaftsbasis des ostfränkischen Königtums vorwiegend in den ersten Jahrzehnten der sächsischen Herrschaft.

Damit habe ich eigentlich schon auf die Einwände von Eckhard MÜLLER-MERTENS geantwortet, die dieser gegen meine These, das ottonische Königtum sei ein fränkisches Königtum [342], vorgebracht hat [343]. Er beruft sich dabei auf die – völlig unbestrittene – Tatsache, daß die „Basislandschaft" der Ottonen in Sachsen lag: „dem Itinerarzyklus nach war das Reich Ottos I. kein *regnum Francorum*" [344]. Selbstverständlich nicht, aber dann würde ich auch zögern, Arnulfs Reich als solches zu bezeichnen, denn unter ihm spielte Baiern – unter dem Aspekt der H ä u f i g k e i t der Aufenthalte – in etwa die Rolle, die Sachsen unter Otto I. zugefallen war [345]. Sollte man darum von einer *Francia et Baioaria* sprechen? Die politisch-wirtschaftlichen Grundlagen der Königsherrschaft sind nur die eine Seite der Medaille, die andere ist die staatsrechtliche, und da hatte sich seit 843 nichts geändert: das Reich war nach wie vor ein fränkisches ganz

---

340) Vgl. schon oben S. 175–76 m. Anm. 590–92.
341) Vgl. oben S. 176 m. Anm. 592–94.
342) So schon BRÜHL, Anfänge, S. 162ff.
343) MÜLLER-MERTENS, Reichsstruktur, S. 162–63.
344) MÜLLER-MERTENS, Reichsstruktur, S. 140ff., 248ff.
345) Vgl. BRÜHL, Fodrum, S. 33–36 (auch zu Ludwig II. von Ostfranken). Mein Buch von 1968 – geschrieben zum größten Teil bereits in den 50er Jahren! – leidet unter der unglücklichen Gliederung, da mir der fränkische Charakter des ottonischen Königtums damals selbst noch nicht klar war. Zum Itinerar Arnulfs vgl. Elfie-Marita EIBL: Zur Stellung Bayerns und Rheinfrankens im Reiche Arnulfs von Kärnten, in: Jb. für Gesch. des Feudalismus 8 (1984) S. 73–113, bes. S. 93ff., 105ff., die die Bedeutung Rheinfrankens im Itinerar Arnulfs mit Recht hervorhebt, doch ändert dies nichts an der Häufigkeit und Dauer der Aufenthalte Arnulfs in Baiern; s. jetzt auch MÜLLER-MERTENS, Reich, S. 145, der leugnet, daß Baiern ein „politischer Zentralraum des Ostfrankenreiches" war. Diese Aussage bedarf m.E. der Nuancierung.

gleich, wo sich die wirtschaftlichen Grundlagen befanden, ganz gleich auch, was eine politisch engagierte Historiographie ihren Lesern zu suggerieren sucht, wobei selbst ein Widukind, dem man mangelnden Stolz auf sein Volk gewiß nicht wird nachsagen wollen, den fränkischen Charakter des Reiches nicht verschweigen kann. Es ist daher falsch, von „Wiederanknüpfung" zu sprechen[346], oder das *regnum Francorum* als das „politische Leitbild" der Ottonen zu bezeichnen[347]: das Reich der Ottonen w a r ein fränkisches Reich, sie w a r e n *reges Francorum*, wie in ihrer Intitulatio ja auch gelegentlich zum Ausdruck kommt[348].

Es gibt im 10. Jahrhundert keinen die Völker des ostfränkischen Reiches umfassenden Gesamtbegriff: *regnum Teutonicum* oder *Teutonicorum* findet sich erst im 11. Jahrhundert[349], und auch *Germania* kann diesen Platz nicht beanspruchen, da der rein geographische Bedeutungsgehalt doch bei weitem überwiegt[350]. Nicht einzugehen ist hier auf die verschiedenen Translatio-Theorien sächsischer Quellen wie Widukind oder Hrotsvit von Gandersheim[351], und ebensowenig auf gelegentliche Behauptungen aus demselben Milieu, das Reich der Ottonen sei ein reines *regnum Saxonicum*[352]. Solche Thesen waren stets die Stimmen einzelner, die politisch wirkungslos blieben. Dabei ging der reale Einfluß der Franken, die seit 939 nicht einmal mehr einen eigenen *dux* hatten[353], ständig zurück. Dennoch haben die ottonischen Herrscher den fränkischen Charakter ihres Königtums nie geleugnet und gelegentlich sogar in ihrer Intitulatio betont; sie haben sich da-

---

[346] So GIESE, S. 97; verfehlt auch JARNUT, S. 104 und ebd. S. 107. Vgl. noch KELLER, Reichsstruktur, S. 125 – 26.

[347] So EGGERT – PÄTZOLD, S. 201; vgl. ebd. S. 206: „Noch immer galt das ottonische Reich vielen als Reich der Franken...". BEUMANN, Sachsen, S. 907, formuliert etwas unklar: „Zu den Voraussetzungen (scil. des Aufsteigens der ottonischen Dynastie) gehörte die Aneignung des fränkischen Königtums in seiner karolingischen Ausprägung...".

[348] Vgl. oben S. 164 – 66.

[349] Im wesentlichen erst seit den 70er Jahren des 11. Jh.: oben S. 224ff.

[350] Widukind gebraucht *Gallia* und *Germania* vorwiegend im klassischen Sinn als durch den Rhein geschiedene geographische Begriffe. Im Sinne von ganz Ostfranken aber eindeutig l.III c.72: *celebratisque magnifice nuptiis* (Otto II.972 in Rom) *omnem Italiam super hoc et Germaniam laetiores reddidit* (ed. HIRSCH, S. 150 Z.2 – 3); s. auch l.I c.29: *Arnulfus imperator, qui seniorem Karolum Germania expulit* (ed. HIRSCH, S. 42 Z.1 – 2). Der normale geograph. Gebrauch aber z.B. in l.III c.75: *Egressus est* (scil. Otto I.)...*de Italia cum magna gloria... cum victricibus alis Galliam ingressus est* (Otto verweilte kurz in Ingelheim!), *inde Germaniam transiturus...* (ed. HIRSCH, S. 152 Z.4 – 5 und Z.6 – 7). Verfehlt daher Robert HOLTZMANN: oben Anm. 327.

[351] Vgl. EGGERT – PÄTZOLD, S. 202ff., bes. S. 206ff. (Widukind), S. 223ff. (Hrotsvit).

[352] Etwa in den Hildesheimer Annalen; vgl. EGGERT – PÄTZOLD, S. 231ff.; s. auch ebd. S. 245ff. zur „Vita Mathildis antiquior", S. 265ff. zu Hrotsvits „Primordia coenobii Gandershemensis"; vgl. noch KARPF, Reichsbegriff, S. 114ff., 137ff.

[353] Vgl. KIENAST, Herzogstitel, S. 316 m. Anm. 15 – 18; vgl. ebd. S. 417; s. auch GOETZ, Dux, S. 338 – 40.

gegen nie *rex Saxonum* genannt[354]. Gerade der Erwerb der Kaiserwürde
962 zeigt erneut die Beibehaltung und Fortführung der fränkischen Tradition[355]. Die gentile Struktur des ottonischen Reiches erlaubte, wie Hagen
KELLER treffend hervorhebt[356], keinen alle Völker umfassenden Reichsbegriff[357]. Erst als das Ostfrankenreich ein *imperium Romanum* geworden
war, konnten sächsische Kreise diesen neuen Reichsgedanken aufgreifen
und als Vehikel zu einer Zurückdrängung des lästigen, realpolitisch längst
obsolet gewordenen Frankennamens benutzen[358], wobei sie ungewollt
den Intentionen der westfränkischen Historiographie entgegenkamen.

Der Westen darf nicht übergangen werden, obwohl die Problematik
hier anders gelagert ist. Die politische Schwäche des Königtums, dessen
Kräfte sich im Kampf mit den Robertinern verzehrten, erlaubten keine
Herrschaft zweier Völker im Stil einer *Francia et Saxonia*; der westfränkische König gebot nur über seine *Francia*. Diese *Francia* ist für Flodoard
ebenso wie der Begriff *regnum Francorum* oder *Franciae* aber eine rein
westfränkische Angelegenheit[359]. Diese Tendenz treibt bei Flodoard zum
Teil groteske Blüten: so läßt er den päpstlichen Legaten Marinus nach der
Ingelheimer Synode *in Saxoniam* reisen, um die neue Klosterkirche in Fulda zu weihen[360]. Daß dies keine geographische Unkenntnis ist, beweist
Flodoards Bericht über Heinrichs großen Ungarnsieg im Jahre 933: *Contra quos Heinricus cum Baioariis et Saxonibus ceterisque quibusdam sibi
subiectis gentibus omnes usque ad internetionem sternit*[361]. Flodoard ist
der einzige, der eine Mitwirkung der Baiern in dieser Schlacht behauptet:
die ostfränkischen Quellen, an der Spitze Widukind und der Regino-Fortsetzer, wissen davon nichts, was die deutsche Forschung nicht gehindert
hat, Flodoards Nachricht als Beweis für die Teilnahme der Baiern an der
Schlacht zu werten, obwohl dies ganz unwahrscheinlich ist[362]. Wenn es ein

---

354) D O. III. 390 (1001 Jan. 23): B – U 1400, kommt eine Ausnahmestellung zu; vgl. auch
EGGERT – PÄTZOLD, S. 282 m. Anm. 556 und oben S. 169 – 70 m. Anm. 549 – 52.

355) Hierzu vgl. ausführlich unten Kap. 8 § 3, S. 540 – 41.

356) KELLER, Reichsstruktur, S. 114ff.

357) Vgl. KARPF, Reichsbegriff, S. 206ff.

358) KELLER, Reichsstruktur, S. 120; s. auch KARPF, Reichsbegriff, S. 211.

359) Vgl. schon oben S. 123 m. Anm. 221 – 22 und Anm. 224 – 26.

360) Flodoard, Annales ad an. 948 (ed. LAUER, S. 120): B – Z 218 i.f.; vgl. bes. SCHNEID-
MÜLLER, Tradition, S. 64 m. Anm. 92; vgl. ebd. Anm. 90.

361) Flodoard, Annales ad an. 933 (ed. LAUER, S. 55): B – O 43b; vgl. unten mit der folg.
Anm.

362) Als historisch wertet die Nachricht WAITZ, S. 152 m. Anm. 4: „Und wie wenig man
auch den fremden Schriftstellern eine genaue Kunde dieser Ereignisse zutrauen mag, die
Nachricht zu verwerfen ist kein Anlaß"; ebd. nimmt Waitz aufgrund der Tatsache, daß

Volk gab, das 933 von Heinrich aufgeboten worden sein k ö n n t e, dann waren das die Franken, obwohl Widukind darüber schweigt[363].

Flodoard steht mit der Theorie „Baiern = Franken" übrigens nicht allein: auch Ademar von Chabannes hat die Baiern als „Ersatznation" auserkoren[364]. Die Abneigung Flodoards gegen Heinrich, den er erst im Augenblick des Todes *rex* nennt, meist aber despektierlich einfach nur *Heinricus*[365], hat offensichtlich persönliche Gründe[366], denn Otto I. verweigert

---

die Weingartener Annalen – als einzige! – den Tag der Schlacht angeben, auch Teilnahme der Alamannen an der Schlacht an! Es sollte eben ein rundum „deutscher" Sieg sein, aber wo bleiben da die Franken? Im Sinne von Waitz auch B – O 43b (S. 27) und sogar noch REINDEL, Luitpoldinger, Nr. 85, S. 162. JARNUT, S. 107, spricht gar von einem Sieg aller *gentes* des Reiches, der deren Zusammengehörigkeitsgefühl gestärkt habe. Davon steht nichts in den Quellen. Vgl. bes. unten Kap. 7 § 3, S. 453 m. Anm. 297 – 302.

[363] Widukind, l.I c.38: *Et convocato omni populo... Tali itaque pacto cum populo peracto dimisit rex multitudinem* (ed. HIRSCH, S. 55 Z.3, Z.24 – 25). Hier ist fraglos allein der sächsische Heerbann gemeint, doch schließt das ein Aufgebot auch des fränkischen Heerbanns nicht aus. Baiern und Alamannen waren überhaupt nicht betroffen: die Ungarn waren durch das Gebiet der Daleminzier – unter Umgehung Baierns! – nach Sachsen gezogen: B – O 43b (S. 26); dies betont auch LÜTTICH, S. 81 Anm. 150*. Widukind, aaO., erwähnt als Mitstreiter der Sachsen lediglich die Thüringer (ed. HIRSCH, S. 56 Z.13 – 14, 57 Z.15).

[364] Ademar, l.III c.20: *Tunc Baioarii et Alamanni ex gente eorum creaverunt sibi regem Hotonem* (ed. CHAVANON, S. 138); vgl. noch l.III c.22: *His diebus Hoto, rex Baioariorum, regnum Langobardorum sibi subegit* (ed. CHAVANON, S. 141). Heinrich I. von Ostfranken wird bei Ademar ebensowenig erwähnt wie Rudolf von Westfranken! Karl III. von Westfranken erhält Hilfe von Kaiser(!) Otto: *cum multo exercitu, partim de Baioaria, partim de Francia*, besiegt Karl seinen Gegenspieler Robert: *Rotbertum* (ohne Königstitel) *interfecit regnumque recuperans. Carolus migrante, Ludovicus pro eo regnavit*: l.III c.22 (ed. CHAVANON, S. 142 – 43). Bemerkenswert auch, wie Ademar den Bericht der Reichsannalen zum Jahr 823: oben S. 104 m. Anm. 106, umgestaltet (l.III c.9): *ubi* (scil. in Frankfurt) *fuerunt universi nobiles Franciae* (die Reichsannalen sagen das genaue Gegenteil!), *Saxones, Baioarii, Alamanni, Burgundiones, Aquitani* (eine freie Erfindung Ademars) *et qui sunt iuxta Hrenum et multe alie provintie* (ed. CHAVANON, S. 121). Die *Orientalis Francia* und die *Franci* allgemein werden nicht erwähnt. So vorgewarnt, liest man auch Ademars Bericht über die Pilgerreise Wilhelms II. von Angoulême nach Jerusalem im Jahre 1026 mit anderen Augen (l.III c.65): *Eo tempore Willelmus... comes per Baioariam iter egit ad Sepulchrum Domini* (ed. CHAVANON, S. 189). Die Nachricht ist nicht falsch, unterschlägt aber die Reise durch die *Francia* östlich des Rheins; vgl. noch FICHTENAU, Horizont, S. 91. Für Rodulf Glaber ist Robert II. *rex Francorum* und Heinrich II. *rex Saxonum*: l.I c.5, l.III c.1 (ed. PROU, S. 20 – 21, 51); vgl. WERNER, Imperium, S. 25 Anm. 1; s. noch FICHTENAU, Horizont, S. 82 und unten Anm. 380.

[365] Und zwar durchgängig! Besonders kraß tritt die Brüskierung Heinrichs in Flodoards Bericht ad an. 935 anläßlich des Treffens der drei Könige in Ivois hervor (ed. LAUER, S. 61): hier sind Rudolf von Westfranken und Rudolf II. von Burgund natürlich *reges*, nur der ungleich viel mächtigere Ostfrankenkönig wird *Heinricus* genannt; s. auch B – O 49a und VOSS, Herrschertreffen, S. 52 – 53, 56, 213. Ausnahmen sind Flodoard, Annales ad ann. 920, 921 (ed. LAUER, S. 3, 6), wo Flodoard Heinrich als *princeps Transrhenensis* bezeichnet – *princeps* ist für Flodoard aber auch Hugo d.Gr.! – und ad an. 936: *Heinrico rege...obeunte...* (ed. LAUER, S. 64). Vgl. schon oben S. 124 m. Anm. 231 sowie unten Anm. 368.

[366] Die These von BEZZOLA: oben S. 124 m. Anm. 232, halte ich schon deshalb für falsch, weil sie allenfalls Heinrichs Titulatur als *princeps* zu erklären vermöchte, aber in

Flodoard niemals den ihm zustehenden Königstitel[367]. Ich glaube, daß
Heinrichs Haltung zu Karl III. oder genauer gesagt: das herzliche Verhältnis Heinrichs zu Karls Kerkermeister Heribert II. von Vermandois[368] den
karolingischen Legitimisten Flodoard zu seiner ablehnenden Haltung bestimmt hat. Flodoard ist kein Mann der lauten Töne: seine Mißbilligung ist
häufig nur zwischen den Zeilen zu lesen. Darüber sollte jedoch nicht vergessen werden, daß auch Flodoard eine politische Überzeugung hat, die er
um so wirksamer vertritt, als er sie fast unbemerkt in seine Darstellung ein-
fließen läßt.

Nicht so Richer: er macht aus seiner Gesinnung keinen Hehl, wie schon
daraus ersichtlich wird, daß er die bereits fast ein Jahrhundert in der Normandie angesiedelten Normannen unverdrossen *pyratae* nennt und ihren
Anführer einen *dux pyratarum*[369]. Eine *Francia* östlich des Rheins kennt
Richer so wenig wie Flodoard, allerdings auch keine westlich des Flus-
ses[370]; selbst Begriffe wie *rex* oder *regnum Francorum* bzw. *regnum Franciae* finden sich bei ihm höchst selten einmal und eher beiläufig[371]. Zentrale
Begriffe sind es für ihn jedenfalls nicht, das sind vielmehr die pseudo-an-
tiken Namen *Gallia*, *Germania* und *Belgica*, die ihm erlauben, eine Schein-
welt zu erfinden, in der der westfränkische König über die *Gallia* gebietet
wie der ostfränkische über die *Germania*[372], wobei die *Belgica* = Lothrin-

---

keiner Weise die Negierung jeglicher Titulatur in den Jahren zwischen 921 und 936;
verfehlt daher auch KARPF, Reichsbegriff, S. 95–96.

[367] Er berichtet sogar von der Kaiserkrönung und nennt Otto *imperator*: Annales ad
ann. 962, 965 (ed. LAUER, S. 151, 157); vgl. BEZZOLA, S. 46ff.; JACOBSEN, Flodoard, S. 81;
KARPF, Reichsbegriff, S. 94–95.

[368] Im Bonner Vertrag waren Karl und Heinrich eine *amicitia* eingegangen, doch
Heinrich tat für Karl nicht das geringste, als er in die Gefangenschaft Heriberts geraten
war. Das mag politisch klug gewesen sein, da es ihm den Weg zum Erwerb Lothringens
ebnete, in Flodoards Augen war dies fraglos Verrat. Dreimal – ad ann. 928, 931, 932
berichtet er, daß Heribert sich – 928 *colloquii causa* gemeinsam mit Hugo – zu Heinrich
begeben habe, 931 kommendiert er sich Heinrich (ed. LAUER, S. 43, 49–50, 54). Dieses
„machiavellistische" Verhalten Heinrichs dürfte Flodoard abgestoßen haben. Von einer
generell antisächsischen Haltung kann bei ihm keine Rede sein. Vgl. auch unten S. 300.
Bei Ademar von Chabannes wird Heinrich I. so wenig erwähnt wie Rudolf von Westfranken im Gegensatz zu Karl III. von Westfranken und Otto I., die mehrfach genannt werden.

[369] Vgl. oben Anm. 69 und S. 281 m. Anm. 241.

[370] Das einzige Mal, da Richer den Begriff *Francia* gebraucht, folgt er Flodoard: oben
S. 125 m. Anm. 236.

[371] Vgl. SCHNEIDMÜLLER, Terminologie, S. 78 m. Anm. 173–77; vgl. schon oben S. 125
m. Anm. 237, S. 147 m. Anm. 381.

[372] Richer, l.III c.67: *Post obitum domni Ottonis Germanorum regis eius filius Otto a
Germanis Belgisque rex creatus...* (ed. LATOUCHE II, S. 82); l.III c.44: *rex Germaniae et
Italiae* (ed. LATOUCHE II, S. 52) u.ö.; vgl. SCHNEIDMÜLLER, Terminologie, S. 83 m. Anm.
203–04; s. schon KIENAST II, S. 487 Anm. 1355.

gen – Richer spricht niemals vom *regnum Lotharii* [373] – den Zankapfel zwischen beiden Reichen bildet[374]. Das Kaisertum Ottos d.Gr. existiert für Richer nicht[375]. Er stellt die Regierungszeit Karls III. von Westfranken in einer Weise dar, daß man an Karl d.Gr. denken muß[376]; abermals kommt Heinrich I. besonders schlecht weg, indem ihn Richer von Karl III. zum Herzog einsetzen läßt, doch Heinrich bricht die Vasallentreue[377]. Daß es sich um eine grobe Verunglimpfung Heinrichs und zugleich um eine bewußte Verfälschung der Geschichte handelt, steht außer Zweifel[378], doch die Herabsetzung Heinrichs I. – auch bei Richer gibt es hierfür keine Parallele etwa mit Otto I., auch Richer ist, wie schon angesichts seines Lehrers Gerbert vermutet werden darf, keineswegs ein Feind der Ottonen – könnte auf den Einfluß Flodoards zurückzuführen sein[379]. Die scheinbare Korrektheit, mit der Ademar von Chabannes und Rodulf Glaber im 11. Jahrhundert von *reges Saxonum* sprechen, darf nicht darüber hinwegtäuschen, daß damit zunächst einmal festgestellt werden sollte, daß sie keine *reges Francorum* waren; überdies bedeutet *Saxones* für Rodulf die Deutschen allgemein und keineswegs nur die Sachsen[380].

Zusammenfassend läßt sich sagen, daß auch im Westen ein auf realer Grundlage basierender, die Völker Westfrankens zusammenfassender Be-

---

[373]) Vgl. die zahlreichen Belege bei SCHNEIDMÜLLER, Terminologie, S. 75 – 76 m. Anm. 160 und oben S. 147 m. Anm. 382. *Lotharienses episcopi* sind bei Richer einmal (wohl nach Vorlage) belegt: l.IV c.59 (ed. LATOUCHE II, S. 244): SCHNEIDMÜLLER, aaO., S. 76 m. Anm. 162.

[374]) Richer, l.III c.67: *Penes quem* (scil. Otto II.) *regnum Germaniae cum Galliarum aliqua parte*(= Lothringen!) *usque ad diem vitae eius supremum mansit, sed aliquando dubio statu* (ed. LATOUCHE II, S. 82). Dies soll dann das Verhalten Lothars 978 und 984/85 erklären.

[375]) Vgl. SCHNEIDMÜLLER, Terminologie, S. 80 m. Anm. 192; unbefriedigend BEZZOLA, S. 105ff., 144 – 45; hierzu s. schon LÖWE, Kaisertum, S. 244 und KIENAST II, S. 490 Anm. 1372.

[376]) Vgl. KIENAST II, S. 487 – 88; s. auch SCHNEIDMÜLLER, Terminologie, S. 79 – 81; EHLERS, Elemente, S. 577 u.a.

[377]) Richer, l.I c.14, c.22 (ed. LATOUCHE I, S. 36, 56). In beiden Fällen hat Richer die erste Fassung „verschlimmbessert"; s. SCHNEIDMÜLLER, Terminologie, S. 81 – 82.

[378]) Vgl. etwa MONOD, Guibert, S. 242 – 43; KIRN, S. 41 – 42; s. aber SCHNEIDMÜLLER, Terminologie, S. 81 – 82 m. Anm. 199, 85 – 86.

[379]) Vgl. etwa oben S. 368 m. Anm. 367, S. 282 m. Anm. 245.

[380]) Vgl. etwa Rodulf Glaber, l.V c.1 § 17: *Heinricus* (scil. Heinrich III.), *filius Chonradi, rex Saxonum iam in re, Romanorum vero imperator in spe* (ed. PROU, S. 127); s. auch FICHTENAU, Horizont, S. 82. Belege finden sich bei Ademar und Rodulf auf Schritt und Tritt. Heinrich I. interessierte Rodulf nur insoweit, als Otto I.: *Henrici Saxonum regis filius*, ist: l.I c.4 § 8(ed. PROU, S. 10); die Robertiner waren: *affinitate consanguinitatis regibus Saxonum uniti*: l.II c.1 § 1 (ed. PROU, S. 26); vgl. bes. l.I c.5 § 22: *orta est discordia duorum regum Francorum videlicet ac Saxonum* (ed. PROU, S. 20). Beide Autoren waren übrigens ausgesprochen kaiserfreundlich gesonnen; vgl. WERNER, Imperium, S. 25 – 29. Vgl. noch unten Kap. 10 § 2, S. 667 m. Anm. 311.

griff nicht vorhanden war. Die Gallia-Ideologie Richers darbte der politischen Realität, was auch ihrem Erfinder nicht verborgen geblieben sein kann. Unzweifelhaft hatte diese Ideologie die Absetzung und Abgrenzung vom politisch übermächtigen Nachbarn intendiert. Richer selbst hat damit wenig Erfolg gehabt[381], doch schon die „Historia Francorum Senonensis", die nur etwa zwei Jahrzehnte nach Richer verfaßt – man müßte eigentlich sagen: „erfunden" – wurde[382], ist mit ihren „Geschichtskorrekturen" entschieden erfolgreicher gewesen[383]. Ist somit die Historiographie weitgehend unergiebig für die Frage eines westfränkischen Gesamtbewußtseins im 10. Jahrhundert, so findet sich ein allerdings völlig isoliertes Beispiel für ein solches, zumindest für den Raum nördlich der Loire, ausgerechnet in einer „Privaturkunde" aus dem Jahre 979, als Lothar seinen Handstreich auf Aachen ausgeführt hatte: *Data autem haec auctoritas mense Marcio sub magno rege Hlothario, anno scilicet XXVI regni eius, quando impetum fecit contra Saxones et fugavit imperatorem*[384]. Das Aufregende an dieser Datierung ist nicht nur ihr selbstbewußter Ton, sondern insbesondere die Tatsache, daß diese Urkunde aus dem Raum von Tours stammt, wo die Robertiner herrschten, die großen Rivalen des karolingischen Königtums. Zumindest in der *Francia* im weiteren Sinn ließe sich so ein gewisses Zusammengehörigkeitsgefühl über die Rivalität von Karolingern und Robertinern hinaus feststellen, doch ist zu beachten, daß gerade zu diesem Zeitpunkt einmal gutes Einvernehmen zwischen Lothar und Hugo „Capet" herrschte und insoweit im Westfrankenreich eine Ausnahmesituation bestand[385].

Ein „deutsches" und „französisches" Nationalbewußtsein im 9.–10. Jahrhundert hat sich somit als Wunschtraum vergangener Historikergenerationen erwiesen, wie allerdings schon ein LAMPRECHT erkannt hatte,

---

[381]) Vgl. oben S. 149.

[382]) Zu der bald nach 1015 entstandenen „Historia", die ihren Namen G. Waitz verdankt, vgl. LOT, Carolingiens, Append. VII, S. 338–45 und WATTENBACH – HOLTZMANN I³, S. 304 Anm. 47; s. auch EHLERS, Aufstieg, S. 2, 22 Anm. 1–3; Fotos von Vat. lat. Reg. 733A, fol. 3ʳ, 4ʳ: ebd. S. 12, 21.

[383]) Vgl. WERNER, Imperium, S. 9–11; DERS., Legitimität, S. 210–11. Die nicht primär anti-kapetingische, sondern gegen den Rivalen Reims gerichtete Tendenz der „Historia" betont mit Recht EHLERS, Aufstieg, S. 7, 9, 17, 22.

[384]) B.N., Collection Moreau, t.12, fol. 127 (979 März); vgl. LOT, Carolingiens, S. 107 m. Anm. 4; FLACH IV, S. 284 m. Anm. 1; WERNER, Imperium, S. 9 m. Anm. 1–3. Es handelt sich um eine Uk. der *canonici* von Marmoutier bei Tours für den Vater eines ihrer Mitbrüder; s. auch SCHNEIDMÜLLER, Tradition, S. 166–67 m. Anm. 52, der aber das „Nationalgefühl" überbetont, wie er damals ja ohnehin noch dem alten Frankreich-Deutschland-Begriff anhing, den er inzwischen selbst als überholt erkannt hat. Zum historischen Kontext vgl. EHLERS, Aufstieg, S. 10–11 und unten Kap. 9 § 1, S. 564ff.

[385]) Vgl. WERNER, Westfranken, S. 245; s. schon LOT, Carolingiens, S. 92–93.

wenn er zu 919 schrieb: „Von einer politischen Wendung des deutschen
Bewußtseins ist...zunächst nicht das geringste zu spüren"[386]. Selbst ein be-
scheidenes Gemeinschaftsbewußtsein der Völker Ost- und Westfrankens
läßt sich allenfalls in ganz schwachen Ansätzen gegen Ende des 10. Jahrhunderts erkennen[387] – von einem allgemein verbreiteten Gedankengut
kann ohnehin keine Rede sein –, und so bleibt von den „ideologischen"
Voraussetzungen der Auffassung, daß die Geschichte des 10. Jahrhunderts
„deutsche" und „französische" Geschichte sei, nichts mehr übrig. Im folgenden Kapitel soll jedoch noch auf einige verfassungsgeschichtliche Probleme eingegangen werden, die in diesem Sinne mißverstanden werden
konnten und natürlich von einer in pseudo-nationalen Vorurteilen befangenen Geschichtsschreibung auch prompt mißverstanden worden sind.

---

[386] LAMPRECHT I, S. 21.
    [387] Vgl. LAMPRECHT I, S. 20: „Hätte ein politisches Bewußtsein der Gesamtnation
schon im 10. Jahrhundert bestanden, zur Zeit König Heinrichs, in den Anfangsjahren
Ottos des Großen, wie hätte es nicht seine erste Aufgabe in der unverbrüchlichen und
ausschließlichen Begründung nationaler Einheit finden müssen! Das Gegenteil war der
Fall...“; es folgt eine Kritik an dem „Ideal eines neuen römischen Weltreichs", das
Lamprecht als Beweis für mangelndes Nationalbewußtsein ansieht, was so gewiß irrig ist.
Vgl. noch unten Kap. 8 § 2, S. 502ff.; § 3, S. 539ff. Zu Lamprechts „Deutscher Geschichte"
vgl. auch GRAUS, Verfassungsgeschichte, S. 532–33 m. Anm. 71–72.

# 5. KAPITEL

## PROBLEME DER VERFASSUNGSGESCHICHTE.

§ 1: *Regnum – ducatus – provincia*: Bemerkungen zur Gliederung des Frankenreiches im 9. – 10. Jahrhundert.

Wie ich im vorigen Kapitel gezeigt zu haben hoffe, kann im 9. – 10. Jahrhundert von „Stämmen" nicht die Rede sein: es handelt sich um Völker, die im fränkischen Großreich unter Führung der Franken zusammengeschlossen waren, dabei aber eine weitgehende Eigenständigkeit bewahren konnten, die u.a. in der Beibehaltung eigener „Volksrechte", die zumeist überhaupt erst in fränkischer Zeit redigiert wurden, und nicht zuletzt im eigenen Heeresaufgebot ihren Ausdruck fand. Selbstverständlich sind diese Völker, wie WENSKUS gezeigt hat[1], keine „reinrassigen" ethnischen Einheiten, sondern „Mischvölker". Auf diese Fragen ist hier nicht erneut einzugehen[2]. Im folgenden interessiert mich allein die territoriale Gliederung des Frankenreichs in dem fraglichen Zeitraum, nicht die Ausbildung eines territorialen Fürstentums unter welchem Namen auch immer und erst recht nicht die Geschichte großer Adelsfamilien, so wichtig solche Forschungen für das Verständnis des frühmittelalterlichen Fürstentums fraglos sind[3]. Das Thema dieses Abschnitts ist also nicht die Entstehung der ost- und westfränkischen Herzogtümer, was eine nur in mehreren Bänden zu lösende Aufgabe wäre, wenn man bedenkt, daß die allein auf Ostfranken beschränkte Abhandlung von H.-W. GOETZ, die überdies nur bestimmte Aspekte des Themas untersucht[4], bereits über 500 Seiten umfaßt; das nur der Frage des Herzogstitels gewidmete Buch von W. KIENAST ist ebenso stark[5]. So steht auch die in jüngster Zeit viel diskutierte

---

[1]) Wenskus spricht von „Stämmen", doch ändert dies nichts an der Richtigkeit der Beweisführung; vgl. die folg. Anm.
[2]) Vgl. schon oben S. 264 m. Anm. 135; s. auch GOETZ, Dux, S. 36ff.
[3]) Ich denke an die adelsgeschichtlichen Forschungen von G. Althoff, E. Hlawitschka, K. Schmid, R. Wenskus, K.F. Werner u.v.a.m.
[4]) Vgl. GOETZ, Dux, S. 11 – 12, 43, zur Abgrenzung und Formulierung des Themas.
[5]) GOETZ, Dux, passim; KIENAST, Herzogstitel, passim; vgl. ferner FLACH III – IV; DHONDT, Études, passim; STINGL, passim und die unzähligen Spezialuntersuchungen, die etwa bei GOETZ, Dux, S. 508ff. und KIENAST, Herzogstitel, S. 453ff. zitiert sind.

Frage nach dem sogen. „Jüngeren Stammesherzogtum"[6], das es selbstverständlich niemals gegeben hat[7], nicht noch einmal zur Diskussion.

Ich behandle im folgenden somit ausschließlich die politisch-territoriale
Gliederung des Frankenreichs über der Grafschaftsebene, die K.F. WER-
NER treffend die Regna-Struktur des Frankenreichs genannt hat[8]. Zum
besseren Verständnis dessen, was hiermit gemeint ist, scheint es mir erforderlich, zunächst einige Erläuterungen zum Begriff des *regnum* zu geben.
Karl d.Gr. gebot über das *regnum Francorum* und das *regnum Langobardorum*, die im *imperium Francorum* vereint waren[9], und daran änderte sich
auch unter Ludwig d.Fr. nichts. Einzelnachweise dürften sich erübrigen,
doch sei bemerkt, daß auch das fränkische Gesamtreich selbstverständlich
– gewissermaßen in abgekürzter Form – einfach *regnum* genannt werden
konnte[10]. Mit der Reichsteilung von 843 entstanden drei selbständige Reiche, die nach alter fränkischer Tradition alle drei *regna Francorum* waren[11], in der Regel aber entweder nach dem Herrscher oder aber mit einem

---

    [6]) Zum Forschungsstand vgl. GOETZ, Dux, S. 23ff., 31ff., 43ff., 50ff., 65ff., der aber
praktisch nur die Forschung ab ca. 1860/70 berücksichtigt und auf das frühe 19. Jh. nicht
mehr eingeht. Zur Kritik an der leider recht oberflächlich gearbeiteten Studie von Goetz
vgl. unten Anm. 95 – 96, 98 – 101, 114 – 15, 119 – 20 u.ö.

    [7]) Meine Hoffnung, daß nach den Ausführungen von GOETZ, Dux, S. 409ff., 424ff.,
das ang. „jüngere Stammesherzogtum" endgültig begraben sei, hat sich leider nicht erfüllt,
was an der Richtigkeit der Ergebnisse natürlich nichts ändert; einschränkend zur Methode
vgl. aber unten Anm. 104 und Anm. 114. Leider ist TELLENBACH, Grundlagen, S. 285, zu
diesem unglücklichen Terminus zurückgekehrt; ihm folgen JARNUT, S. 112 Anm. 10 und
sogar KELLER, Reichsstruktur, S. 103 m.Anm. 131; vgl. aber BRUNNER, Fürstentitel,
S. 214; SCHNEIDMÜLLER, Regnum, S. 97 – 98. Noch ganz im alten Fahrwasser STINGL,
S. 145ff., 190ff. und zuletzt wieder HLAWITSCHKA, Frankenreich, S. 201 – 05. Ich betone,
daß es mir hier nicht um den Gebrauch des Wortes „Stamm" geht, das leider auch Goetz
durchgängig benutzt; s. aber schon WERNER, Heeresorganisation, S. 793 – 95; DERS.,
Duchés, S. 311 – 14. Ich sehe keine Möglichkeit, die Lehre von den ang. Stammesherzogtümern mit unserer gesicherten Kenntnis der Regna-Struktur des Frankenreichs zu verbinden.

    [8]) WERNER, Principautés, S. 486 Anm. 7; DERS., Duchés, S. 313 Anm. 1 u.ö. Leider ist
Werners Habilitationsschrift von 1961 bis heute unveröffentlicht geblieben, was niemand
mehr bedauert als der Schreiber der folgenden Seiten! Vgl. noch SCHNEIDMÜLLER, Regnum, S. 98 – 99.

    [9]) Die beiden *regna* werden stets auseinandergehalten; *regnum Francorum* schließt
niemals das *regnum Langobardorum* ein, was WERNER, Genèse, S. 281, zu erwähnen
versäumt hat; vgl. schon oben S. 84 m. Anm. 4 – 5.

    [10]) Hierfür nur ein Beispiel: Ardo, Vita Benedicti, c.36: *Prefecit eum* (scil. Benedikt von
Aniane) *quoque imperator* (scil. Ludwig d.Fr.) *cunctis in regno suo coenobiis...* und ebd.
c.39: *monasteria in regno suo cuncta prenotata* (ed. WAITZ, S. 215 Z.34, 217 Z.40 – 41); in
dem Brief der Indener Mönche an Ardo: ebd. c.43, heißt es dann aber: *Hic est Benedictus,
per quem dominus Christus in omni regno Francorum regulam sancti Benedicti restauravit*
(ed. WAITZ, S. 219 Z.5 – 6); vgl. auch Ann. Bert. ad an. 839: *...descriptione regni sui* (scil.
Ludwigs d.Fr.) (ed. GRAT, S. 31).

    [11]) Und zwar schon seit merowingischer Zeit; vgl. Eugen EWIG: Die fränkischen
Teilungen und Teilreiche 511 – 613 (1952); DERS.: Die fränkischen Teilreiche im 7. Jahr-

„ordnenden Beiwort" (*Francia Orientalis, Francia Occidentalis* u.a.) bezeichnet wurden, jedoch selbstverständlich gleichfalls einfach *regnum* heißen konnten[12]. Es handelt sich hierbei um großräumige Teilreiche, an deren Spitze immer und ausnahmslos ein König steht[13]. Alle diese Teilreiche waren rechtlich *regna Francorum* – mit Ausnahme, ich wiederhole es, des *regnum Langobardorum*, das niemals den Namen *regnum Francorum* führt, obwohl es von fränkischen Königen regiert wurde[14] –, doch beanspruchten die Westfrankenkönige des 10. Jahrhunderts den Titel eines *rex Francorum* faktisch für sich allein[15], wobei sie von den innenpolitischen Schwierigkeiten der Ottonen profitierten[16], den Rex-Francorum-Titel zu führen[17]. Als Bezeichnung des westfränkischen Teilreichs[18] findet sich *regnum Francorum* dagegen selten[19].

Im folgenden soll vielmehr von einer dritten Kategorie von *regna* die Rede sein[20], die im allgemeinen Bewußtsein weniger verankert ist als die

---

hundert 613–714 (1953) in: Spätantikes und fränkisches Gallien. Gesammelte Schriften (1952–1973), hgg. von Hartmut ATSMA, t.I (München 1976) S. 114–71, S. 172–230 (Beihefte der Francia, t.3/I). Zu den karolingischen Autoren vgl. GOETZ, Regnum, S. 117ff., 125ff.

[12]) Vgl. oben S. 95ff.; s. auch WERNER, Genèse, S. 282. Wenn die Ann. Fuld., Cont. Ratisb. ad an. 885 melden: *Hugo, filius Hlotarii, in regno imperatoris incaute agens* (ed. KURZE, S. 114) und Wipo, Gesta Chuonradi, c.35, vermerkt: *Uodo de Francia in regno imperatoris quaedam loca invadens* (ed. BRESSLAU, S. 56 Z.1–2), dann ist mit *regnum imperatoris* jeweils Ostfranken/Deutschland gemeint; s. auch GOETZ, Regnum, S. 139 m. Anm. 101.

[13]) „Teilreiche" sind sorgsam zu trennen von den sogen. „Unterkönigreichen", die ein Herrscher zu Lebzeiten ausgibt und bestenfalls eine Anwartschaft auf die spätere Regierung eines Reichsteils geben. Diese Unterkönigreiche, die im 9. Jh. regelmäßig für Königssöhne eingerichtet wurden, sind jedoch keine *regna Francorum*, sondern führen den Namen der Region wie z.B. Aquitaniens oder Baierns. Vgl. bes. unten S. 306 m. Anm. 24–25; s. aber unten S. 307 m. Anm. 31 und bes. unten § 2, S. 330–31.

[14]) Zur Eigenständigkeit Italien s. auch SESTAN, S. 343ff. und ARNALDI, S. 110ff.

[15]) Vgl. oben S. 123–25, 160–62..

[16]) Unten Anm. 17; vgl. aber oben S. 165–66.

[17]) Vgl. oben S. 175–76 m. Anm. 590–94, S. 294–95 m. Anm. 340–41. Unbeschadet der Tatsache, daß die Ottonen den Titel *rex Francorum* als Selbstaussage nach Kräften vermieden, findet sich die Titulatur bei Schriftstellern und in „chartae" des 10. Jh. nicht selten; vgl. etwa WAITZ V², S. 130 m. Anm. 3–4.

[18]) Nach WERNER, Genèse, S. 282, wäre dies der Typ „r²" im Gegensatz zum Gesamtreich „r¹": ebd. S. 281. Von beiden wird in der Folge nicht mehr die Rede sein; vgl. oben S. 304 m. Anm. 9.

[19]) Actes de Louis IV, Nr. 44 (953 März 27; Or.): *qui nobis in Francorum successuri sunt regno* (S. 100 Z.9–10); SŒHNÉE, Nr. 80 (1048 Mai 23: Pf; Or.) S. 84–85: *agente in sceptris regni Francorum rege Henrio* (sic); Actes de Philippe Ier, Nr. 85 (a.1077): *pro... statu regni Francorum..., monarchiam regni Francorum tenente* (S. 223 Z.14, Z.20–21): oben S. 128 Anm. 252. Vgl. KIENAST I, S. 11 Anm. 22a, der aber Sœhnée nicht zitiert.

[20]) „r³" im System von WERNER, Genèse, S. 282–83; vgl. DERS., Heeresorganisation, S. 795. Ich spreche hier nur von den *regna* des 9.–10. Jh. Zu den Anfängen dieser Entwicklung im 7.–8. Jh. vgl. bes. WERNER, Principautés, S. 483ff. GOETZ, Regnum, S. 110ff. bringt das Kunststück fertig, in einem Aufsatz von ca. 80 Seiten die grundlegenden Arbeiten Werners nur zweimal an versteckter Stelle zu zitieren: ebd. S. 175 Anm. 217, 176 Anm. 220.

vorgenannten, obwohl sie schon von WAITZ gesehen, in ihrer Bedeutung für die Verwaltung des Karolingerreichs aber nicht voll gewürdigt wurde[21]. Er beschränkt sich auf die Feststellung: „Aber auch sonst werden die grossen Stammgebiete (sic) als Reiche bezeichnet, ohne dass daraus eine volle Selbständigkeit gefolgert werden soll"[22]. Der entscheidende Unterschied dieser Gruppe von *regna* gegenüber den bisher genannten ist neben der weitaus größeren Zahl vor allem die Tatsache, daß an ihrer Spitze nicht notwendig ein König steht[23], ja dies ist sogar eindeutig die Ausnahme und trifft nur dann zu, wenn ein solches *regnum* als „Unterkönigtum" ausgegeben wurde, wie dies etwa für Aquitanien und Baiern mehrfach der Fall war[24]. Diese Reiche bleiben jedoch auch dann *regna*, wenn sie nicht von einem König regiert werden[25]. In diesem Zusammenhang sei auf ein Über-

---

[21]) WAITZ V[2], S. 141 – 42; s. auch HUGELMANN, S. 95 – 96, 190 Anm. 6.

[22]) WAITZ V[2], S. 141 (für das 10. – 11. Jahrhundert); vgl. ebd. S. 36 für die Karolingerzeit: „Die Stammgebiete werden fortwährend geradezu als Reiche bezeichnet"; vgl. auch WAITZ III[2], S. 356, wo als Beispiele jedoch nur Sachsen und Baiern genannt werden. Waitz behandelt diese „regna" aber mehr als Kuriosa denn als Institution.

[23]) WERNER, Heeresorganisation, S. 795 – 96; vgl. unten S. 307 m. Anm. 26 – 28.

[24]) Vgl. EITEN, S. 35ff., 59ff., 96ff., 114ff., 155ff.; s. auch WERNER, Missus, S. 124.

[25]) Für Baiern vgl. etwa D O.I. 432 (973 Apr. 27; Or.): *ut a nullis successoribus nostris...vel etiam eiusdem regni ducibus* (S. 585 Z.21 – 22): B – O 566; D O.II. 136b (976 Juli 22; Or.): *in perturbatione... regni Baiowariorum* (S. 153B Z.15 – 16): B – Mi 722; D O.II. 167a (977 Okt. 5; nicht genehmigtes Kanzleikonzept): *ante discidium et desolationem regni Bawariorum* (S. 191 Z.7 – 8A): B – Mi 755; vgl. bes. Widukind, l.I c.27: *tradito semetipso* (scil. Arnulfo) *cum omni regno suo* (ed. HIRSCH, S. 40 Z.7 – 8); l.II c.36: *prefecitque* (scil Otto I.) *eum* (scil. Heinrich, Ottos Bruder) *regno Baioariorum* (ed. HIRSCH, S. 95 Z.6); l.III c.21: *eo quod paterno regno subrogaretur* (ed. HIRSCH, S. 115 Z.11 – 12); s. auch Thietmar, Chronicon, l.II c.6: (Regensburg) *Bawarii caput regni*; l.V c.14: *Bawarii regni ducatum* (ed. HOLTZMANN, S. 44 Z.28 – 29, 236 Z.17); vgl. KIENAST, Herzogstitel, S. 354 m. Anm. 16. Aufschlußreich noch die von WERNER, Genèse, S. 306, zitierte Uk. Heinrichs III. aus 1037, als er noch Herzog von Baiern war: *XI anno imperii Chonradi imperatoris, Heinrico, filio eius, regnum Bawariorum gubernante in Christo*. Vgl. noch unten Anm. 46. Für Aquitanien, das im 9. Jh. fast ständig ausgegeben war, ist es schwieriger, Belege zu finden; vgl. aber „Astronomus", c.61: *qualiter res ordinaretur Aquitanici regni* (ed. PERTZ, S. 645 Z.22; ed. TENBERKEN, S. 222); Miracula s. Martialis, l.III c.7 (a. 854): *per huius regni civitates...* (ed. HOLDER-EGGER, S. 283 Z.11); Ann. Bert. ad an. 872: (Karl d.K.) *in Aquitaniam misit et dispositionem ipsius regni ei* (scil. Bosoni) *commisit* (ed. GRAT, S. 186); Benedikt, Chronicon: *Loduicus rex Aquitanie* – gemeint ist wohl Ludwig II. d.St. – *cum Saxonis* (Normannen?) *pugnabat...Unde ablatum est regnum Aquitanie a Francis usque in presentem diem* (ed. ZUCCHETTI, S. 148 Z.6 – 8). Actes de Louis II le Bègue, Nr. 18 (878 Sept. 10): *genitor noster, imperator regni Aquitanici* (S. 58 Z.2) ist unzweifelhaft interpoliert, der fragliche Passus gilt als „une bévue particulièrement grossière": ed. cit., Nr. 18 Vorbem., S. 56; vgl. aber KIENAST, Studien, S. 63 m. Anm. 68. Bemerkenswert scheint mir eine normannische Herzogsurkunde von 1012, mit der Richard II., *marchio Normannorum*, und Wilhelm, *dux Aquitanorum*, einen Gütertausch zwischen den Abteien Bourgueil und Jumièges bestätigen: (*potestas*)...*quae est in Aquitaniae regno locata*: FAUROUX, Nr. 14, S. 90; vgl. noch WERNER, Fürstentum, S. 197 Anm. 54; s. auch Cartulaire de Charroux, Nr. 367 (a. 1048, nicht: 1018): *monasterio Sancti Theotfredi* (d.h. St-Chaffre), *quod est constructum in regno Aquitaniae* (S. 123). Allgemein s. KIENAST, Herzogstitel, S. 28 – 29. Vgl. noch unten S. 311 m. Anm. 52.

setzungsproblem hingewiesen: während man im Deutschen *regnum* ohne weiteres mit „Reich" übersetzen und damit das irreführende „Königreich" vermeiden kann[26], dürfte im Französischen das Wort „royaume", das unweigerlich die Assoziation zu „roi" hervorruft[27], kaum zu umgehen sein[28]. Die Tatsache, daß faktisch jeder fränkische König über mehrere *regna* der genannten Art herrschte, erklärt die Verwendung des Plurals in zeitgenössischen Quellen, wo der moderne Historiker den Singular erwarten würde. So widmet Otfrid sein Werk: *Ludovico orientalium regnorum regi sit salus aeterna*[29]; Regino spricht von den *occidentalia* und *orientalia regna* sowie von den *optimates ex omnibus regnis suae ditioni subditi*, die Arnulf zum Wormser Reichstag von 895 einberief[30]. Flodoard bemerkt von Otto I.: *nec eos* (scil. Hungaros) *ingredi sua regna permisit*[31]; die Quedlinburger Annalen melden zum Jahr 936, daß Otto I.: *paternis eligitur succedere regnis*[32]. Bekannt ist Wipos Formulierung vom *iter regis per regna*, die bei ihm nicht allein steht[33]. In einer Urkunde für Farfa spricht Lothar I. von den: *monasteria infra regna Francorum constituta*[34]; Otto d. Gr. nennt

---

26) Vgl. KIENAST, Studien, S. 11 Anm. 9 i.f. (auf S. 12): „Die Übersetzung 'Königreich' ist natürlich falsch" (gegen HUGELMANN, S. 95 u.a.); KELLER, Reichsstruktur, S. 110, 113, spricht treffend von 'Herzogreichen'; s. auch WERNER, Heeresorganisation, S. 796.

27) Wie im Lateinischen *regnum* ja zunächst einmal an einen *rex* denken läßt.

28) WERNER, Genèse, S. 286 u.ö. spricht von „petits royaumes" = „territoire de base"; DERS., Duchés, S. 320, gebraucht die Wendung „royaumes particuliers". Ein spezifisches Wort im Französischen fehlt, und ich behalte daher den lateinischen Begriff *regnum* bei. Die Schwierigkeit zeigt LOT, Naissance III, S. 282: „Même quand l'Aquitaine cesse d'être un 'royaume' (882) elle garde son individualité sous le titre de duché". Es müßte natürlich heißen: „cesse d'avoir un roi", denn es bleibt ja *regnum*: oben Anm. 25.

29) (ed. WOLFF, S. 1). Vgl. EHLERS, Schriftkultur, S. 311.

30) Regino, Chronicon ad h. an. (ed. KURZE, S. 143); vgl. noch Chronicon ad an. 866 (lies: 858): *Ludovicus* (II. von Ostfranken)... *gestiens occidentalia regna suo subiugare dominatui* (ed. KURZE, S. 90); ad an. 882: (Karl III.) *cum...omnibus regnis suae ditioni subditis* (ed. KURZE, S. 119); ad an. 891: *et congregato ex orientalibus regnis exercitu* (ed. KURZE, S. 137). In seinem oben: S. 245 Anm. 9, zitierten Brief an Erzbischof Hatto von Mainz betont Regino die verschiedenen *consuetudines in Galliarum Germaniaeque regnis* (ed. KURZE, S. XX).

31) Flodoard, Annales ad an. 955 (ed. LAUER, S. 140); vgl. ebd. ad an. 946: (Otto I.) *Qui maximum colligens ex omnibus regnis suis exercitum* (ed. LAUER, S. 102). Auch die westfränkischen Könige herrschen natürlich über mehrere *regna*: Actes de Louis IV, Nr. 4 (936 Dez. 25): (Hugo d.Gr.) *qui est in omnibus regnis nostris secundus a nobis* (S. 10 Z.19–20); vgl. hierzu KIENAST, Herzogstitel, S. 74; BRUNNER, Fürstentitel, S. 186–87 sowie unten Kap. 8 § 1, S. 472 m. Anm. 78; s. noch Hugo Capet 988 für Corbie: *per omnia regna nostra*: BOUQUET X, Nr. 4, S. 552D (NEWMAN, Catalogue, Nr. 2); vgl. WERNER, Königtum, S. 184 Anm. 22 (auf S. 185).

32) Ann. Quedlinburg. ad h. an. (ed. PERTZ, S. 54 Z.37–38).

33) Wipo, Gesta Chuonradi, c.6: *De itinere regis per regna* (ed. BRESSLAU, S. 27 Z.28); s. auch ebd. c.2: *singuli de singulis regnis* (ed. BRESSLAU, S. 19 Z.9–10); c.23: (der junge Heinrich III.) *deinde diversa regna peragrantes* (ed. BRESSLAU, S. 42 Z.27–28).

34) D Lo. I. 51 (840 Dez. 15) S. 147 Z.31, 148 Z.12. Vgl. ferner D Lo. I. 80 (843 Okt. 21): *in quoscumque*(sic) *pagis vel regnis nostris...tam citra quam ultra Renum...sive in*

Adelheid mehrfach *regnorum nostrorum consors* und Otto II. stellt in seiner berühmten Urkunde für Theophano als *dos legitima: quedam tam infra Italicos fines quam et in transalpinis regnis nostris habenda* [35]. Doch diese *regna* sind keine anonymen Größen, sie lassen sich mit Namen benennen.

Bevor ich jedoch diese *regna* im einzelnen vorstelle, sei kurz an die *tria regna* der Merowingerzeit erinnert, wie sie schon in einer „vor 690" zu datierenden „Tractoria" Theuderichs III., die im Original überliefert ist, genannt werden: *per regna Deo propitio nostra tam in Niustreco quam in Austria vel in Burgundia* [36]. Alle drei *regna* bestehen auch noch in karolingischer Zeit, doch haben sich *Auster-Austrasia* auf Mainfranken, *Neuster-Neustria* auf den Raum zwischen Seine und Loire reduziert [37]. Wenn die Kanzlei Karls d.Gr. in einer Urkunde für St. Martin zu Tours formuliert: *de rebus ipsius sancti in regna Deo propitia nostra Austria, Neustria et Burgundia, Aquitania et Provincia* [38], so ist die merowingische Tradition noch mit Händen zu greifen [39]. Zusätzlich zu den *tria regna* sind hier noch Aquitanien und die Provence genannt. Ich beschränke mich vorläufig auf Ost-

---

*iamdictis regnis vel aliarum regionum* (S. 200 Z.18 – 19, Z.41 – 42) und D Lo. I. 91 (845 Juni 13):*... intra regna Deo propitio nostra...*(S. 225 Z.9); vgl. unten mit Anm. 36 und Anm. 38.

[35]) DD O. I. 247 (962 Sept. 25) S. 354 Z.42: B – O 329; 260 (963 Sept. 12; Or.) S. 371 Z.8 – 9: B – O 348; 368 (968 Nov. 16; Or.) S. 505 Z.35 – 36: B – O 488; 369 (968 Nov. 16) S. 506 Z.42: B – O 487; vgl. dazu MOR, S. 22, der fälschlicherweise noch D O. I. 390 anführt. D O. II. 21 (972 Apr. 14) S. 29 Z.35: B – Mi 598; s. schon D H. I. 9 (925 März 30; Or.): *omnium aecclesiarum iura infra regna nostra* (S. 47 Z.1): B – O 12; vgl. SCHNEID-MÜLLER, Regnum, S. 101 Anm. 91; D O. I. 248 (962 Okt. 6): *consultu...Adaldac summi regnorum nostrorum consiliarii* (S. 356 Z.1 – 2): B – O 330; D O. I. 259 (963 Sept. 10) S. 369 Z.37: B – O 347; D O. I. 260 (963 Sept. 12): *...Widoni* (scil. episcopi Mutinensi)*... nostro fideli summoque regnorum nostrorum consiliario* (S. 371 Z.10 – 11): B – O 348. Das Zitat bei WERNER, Fürstentum, S. 184 Anm. 22 (auf S. 185) ist irrig (es handelt sich nicht um D O. I. 274).

[36]) DD Merov., Nr. 51, S. 46 Z.34 – 35; s. auch DD Merov., Nr. 48 (677 Sept. 15; Or.): *Dum et episcopos de rigna nostra tam de Niuster quam et de Burgundia...iussemus advenire* (S. 44 Z.26 – 27); vgl. noch Lib. hist. Franc., c.40A: *Burgundiones et Austrasii cum reliquis Francis* (scil. Neustriae)*...Chlotharium regem in totis tribus regnis in monarchiam elevaverunt* (ed. KRUSCH, S. 310A Z.9 – 10). Vgl. WERNER, Principautés, S. 491 m. Anm. 16; DERS., Genèse, S. 286 – 87; s. noch EWIG, Volkstum, S. 268. Es ist jedoch vor vorschneller Verallgemeinerung zu warnen: in der „Divisio regnorum" bezeichnet *haec tria regna* natürlich die drei den Söhnen Karls d.Gr. zugedachten Reiche: Capit. I, Nr. 45 (806 Febr. 6) c.10 (S. 128 Z.43). Vgl. noch unten S. 313 m. Anm. 66.

[37]) Vgl. EWIG, Volkstum, S. 265 m. Anm. 191; WERNER, Genèse, S. 286, 290; s. unten Anm. 49.

[38]) DD Karol. I, Nr. 141 (782 Apr.) S. 192 Z.10 – 11: B – M² 250; vgl. KIENAST, Herzogstitel, S. 31 m. Anm. 66, der allerdings die Bedeutung dieser Uk. für die Regna-Struktur nicht erkannt hat. Vgl. auch unten Anm. 105; s. aber WERNER, Genèse, S. 287.

[39]) Eine merowingische Vorlage scheint mir nicht ausgeschlossen; vgl. auch unten S. 324 m. Anm. 145 – 47.

franken, wo neben Baiern, das nicht erneut belegt zu werden braucht[40],
noch das *regnum Saxonicum*[41], das *regnum Fresonum*[42], das *regnum Ca-
rentanum*[43] und nicht zuletzt das *regnum, quod a multis Hlotharii dicitur*[44] belegt sind, wobei gerade das letztere eine harte Nuß für die Anhänger der Lehre von den ang. „Stammesherzogtümern" bildet, denn die
Lothringer waren nun einmal kein eigenständiger „Stamm", sondern
schlicht und einfach Franken[45]. Das *regnum Sueviae* finde ich erst im 11.
Jahrhundert bezeugt[46]. Es ist sorgsam zu trennen von den alten merowingischen Dukaten *Alamannia*, *Elisatia* und *Raetia*, die auch noch in karolingischer Zeit fortbestehen[47] und z u s a m m e n erstmals 829 für den nachgeborenen Sohn Kaiser Ludwigs, Karl „den Kahlen", zu einem *regnum Alisacinse*
vereint wurden. 865 lebte es als *regnum Alemanniae* gelegentlich der ostfränkischen Reichsteilung Ludwigs II. als Reich für dessen jüngsten Sohn

---

[40]) Vgl. schon oben Anm. 25; vgl. noch unten S. 310 m. Anm. 51, S. 322 m. Anm. 132,
S. 324.

[41]) D LG. 26 (840 Dez. 10): *...fines regni Saxonici...* (S. 32 Z.15); vgl. aber unten S. 325
m. Anm. 150 – 53. Das *regnum Saxoniae cum marchis suis* – im Gegensatz zum *ducatus
Toringiae cum marchis suis* – wird auch in dem Teilungsprojekt des Jahres 839 erwähnt:
Ann. Bert. ad h. an. (ed. GRAT, S. 32): B – M² 993c. Vgl. ZATSCHEK, Reichsteilungen,
S. 216; WERNER, Genèse, S. 290 – 91; DERS., Hludovicus, S. 98; irrig NONN, Pagus, S. 48
m. Anm. 95, der die einschlägigen Arbeiten Werners nicht kennt. Vgl. noch Ann. Hildesheim. ad an. 965: *Otto imperator de Langobardia venit ad Franconofurt et illum annum
integrum in regno Saxonum manebat* (ed. WAITZ, S. 22) und ZIMMERMANN I, Nr. 154
(962 Febr. 12): *in regno Saxonum* (S. 283): B – Z 304. Vgl. unten S. 310 m. Anm. 49 – 50,
S. 322 – 23 m. Anm. 131 und Anm. 134, S. 324 – 27.

[42]) Ann. Vedast. ad an. 882: *regnum Fresonum, quod olim Roricus Danicus tenu-
erat...*(ed. v. SIMSON, S. 51); vgl. HUGELMANN, S. 95 und unten S. 310 m. Anm. 51, S. 323
m. Anm. 135, S. 324 m. Anm. 142 – 43.

[43]) D Arn. 20 (888 März 19): *in regno Carentano* (S. 31 Z.8); D Arn. 109 (ca. 892/93):
*in comitatu Ruodperti in regno Carentano* (S. 161 Z.27 – 28); D O. I. 171 (953 Dez. 10):
*in regno Carentino* (S. 253 Z.8): B – O 237. Nur dieses Diplom kennt HUGELMANN, S. 190
Anm. 6, der erstaunt ist, den Begriff *regnum* schon vor der Abtrennung Kärntens von
Baiern 976 zu finden; s. aber WERNER, Missus, S. 126 Anm. 73.

[44]) D LK. 20 (903 Juni 24) S. 126 Z.22 – 23: oben S. 98 Anm. 74; vgl. auch oben S. 98
m. Anm. 75 – 76; vgl. KIENAST, Herzogstitel, S. 375; STINGL, S. 101; GOETZ, Dux, S. 233;
WERNER, Genèse, S. 299; DERS., Duchés, S. 319; SCHNEIDMÜLLER, Regnum, S. 100 – 01.

[45]) Dies hinderte DÜMMLER III², S. 357, allerdings nicht, die Lothringer als „deutschen
Stamm" zu bezeichnen; vgl. dagegen HLAWITSCHKA, Unteilbarkeit, S. 12; WERNER, Du-
chés, S. 316; STINGL, S. 182 und ENGELS, S. 483. Allgemein zum *regnum* Lotharingien
WERNER, Genèse, S. 303 – 05.

[46]) Wipo, Gesta Chuonradi, c.7: *regno Sueviae perrexit* (ed. BRESSLAU, S. 30 Z.25):
B – A 40a; Lampert, Annales ad an. 1075: *duo duorum regnorum exercitus Sueviae et
Baioariae* (ed. HOLDER-EGGER, S. 220 Z.11); vgl. WERNER, Heeresorganisation, S. 803 –
04.

[47]) Zumindest die beiden erstgenannten figurieren so im Teilungsplan von 839: Ann.
Bert. ad h. an. (ed. GRAT, S. 32) und unten Anm. 124; falsch STINGL, S. 54. Der *ducatus
Curiensis* ist bereits in der „Divisio regnorum" bezeugt: unten S. 323 m. Anm. 136. Die
*Raetia Curiensis* hat 903 einen *Purchart marchio*: D LK. 20, S. 126 Z.23 – 24, der jedoch
mit dem *comes et princeps Alamannorum* Burchard I. von Schwaben identisch ist; vgl.
STINGL, S. 54 – 56 und oben Anm. 44; s. noch unten S. 322 m. Anm. 129 – 30.

Karl, den späteren Kaiser Karl III., wieder auf und im 10. Jahrhundert wurde es zum „Herzogtum" Schwaben[48]. Thüringen finde ich nur einmal – und das in einer westfränkischen Chronik – als *regnum* bezeichnet[49]; es heißt in der Regel *ducatus* und dürfte seinen alten Regnum-Charakter durch die Abhängigkeit von den Sachsen, denen eine rechtliche Gleichstellung der Thüringer ein Dorn im Auge sein mußte, im Laufe des 9. Jahrhunderts verloren haben[50]. Die „Divisio regnorum" Karls d.Gr. aus dem Jahre 806 bietet gewissermaßen noch den Stand der spätmerowingischen Zeit, wenn sie – übrigens ohne irgendwelchen spezifizierenden Zusatz – *Alamannia, Baiovaria, Frisia, Saxonia* und *Turingia* aufzählt. Es lassen sich somit im 9. Jahrhundert insgesamt acht *regna* in Ostfranken nachweisen: Alamannien (Schwaben), Austrasien (Franken), Baiern, Friesland, Karantanien, Lotharingien, Sachsen und Thüringen, von denen jedoch Friesland und Thüringen ihren einstigen Regnum-Charakter zu Ausgang des 9. Jahrhunderts bereits verloren gehabt haben dürften[51].

---

[48]) Ann. Xant. ad an. 829: *Tradidit imperator Karolo, filio suo, regnum Alisacinse et Coriae et partem Burgundiae* (ed. v. SIMSON, S. 7); vgl. B – M² 868a (auf S. 341), 1459a. Vgl. bes. WERNER, Genèse, S. 283 – 84; DERS., Duchés, S. 317; MAURER, S. 185 – 86.

[49]) Ado von Vienne, Chronicon, cont. Iª: *Ludowicus praeter Noricam, quam habebat, tenuit regna, quae pater suus illi dederat, id est Alamanniam, Thoringiam, Austrasiam* (= Mainfranken!), *Saxoniam et Avarorum, id est Hunorum regnum* (ed. PERTZ, S. 324A Z.23 – 28): PL. 123, col. 138B; vgl. ZATSCHEK, Reichsteilungen, S. 207, Vgl. noch unten S. 314 m. Anm. 69. Zu Ados Weltchronik vgl. Anna-Dorothee v. den BRINCKEN: Studien zu den lateinischen Weltchroniken bis in das Zeitalter Ottos von Freising (Düsseldorf 1957) S. 126 – 28 und WATTENBACH – LÖWE, S. 622 – 24, bes. S. 623. Vgl. oben S. 308 m. Anm. 37.

[50]) Dies wird m.E. gerade aus dem Teilungsprojekt von 839 deutlich, wo dem *regnum Saxoniae* der *ducatus Toringiae* gegenübergestellt wird: oben Anm. 41, obwohl auch Thüringen *cum marchis suis* genannt wird ganz wie die *regna* Sachsen, Aquitanien und Gascogne; vgl. WERNER, Missus, S. 128, wo aber Thüringen gerade ausgelassen ist; ebd. S. 135 Anm. 100 spricht WERNER irrig vom *regnum Thuringiae* im Teilungsprojekt von 839; korrekt dagegen DERS., Genèse, S. 291, wo er bemerkt, daß Thüringen gerade wegen des *cum marchis suis* „quelquefois" *regnum* genannt werde, während DERS., Duchés, S. 318 – 19, die Existenz des *regnum Thuringionum* noch für das frühe 10. Jh. gegeben hält. BRUNNER, Fürstentitel, S. 301, meint dagegen: „Zu einer Eigenständigkeit als Regnum hat es Thüringen im Frankenreich denn auch nie gebracht"; ebd. behauptet er irrig, „daß Thüringen als Mark galt". Vgl. noch unten mit Anm. 51. Im späten 9. Jh. gilt Thüringen unzweifelhaft als Dukat; vgl. unten S. 323 m. Anm. 134, S. 324 m. Anm. 143.

[51]) Mit Ausnahme Baierns, das in Pippins Anteil fiel, waren alle genannten *regna* im Reichsteil Karls gelegen: Capit. I, Nr. 45 (806 Febr. 6) c.2 – 3 (S. 127 Z.23 – 24, Z.32 – 34); vgl. noch unten S. 314 m. Anm. 68. *Alamannia* wird hier offensichtlich als *regnum* bereits in den Grenzen von 829 aufgefaßt, denn es heißt: *Alamanniam, excepto portione, quam Pippino ascripsimus* (S. 127 Z.32 – 33); diesem war aber der *ducatus Curiensis* zugesprochen worden: unten Anm. 136, der demnach e i g e n t l i c h zur *Alamannia* hätte gerechnet werden müssen; das Elsaß wird nicht erwähnt, war also offenbar gleichfalls in der *Alamannia* inbegriffen! Eben darum möchte ich aber auch Friesland und Thüringen hier noch als *regna* auffassen, was sie zu Ende des Jahrhunderts zweifellos nicht mehr waren; vgl. unten S. 324 m. Anm. 143.

In Westfranken nennen die Königsurkunden des 9.–10. Jahrhunderts die *regna* Aquitanien[52], Burgund[53], Gotien oder Septimanien[54] und die Provence[55]. In nicht-königlichen Urkunden finde ich daneben noch das *regnum Britannicum* bezeugt[56], das jedoch zumindest faktische Unabhängigkeit genoß; immerhin könnten einige Beispiele aus jüngerer Zeit, als die Unabhängigkeit nicht mehr der des 9. Jahrhunderts entsprach[57], von Inter-

---

[52]) Vgl. schon oben Anm. 25 und Actes de Charles II. le Chauve, t.I, Nr. 13 (842 Nov. 23): *in regno Aquitanico atque Burgundiae* (S. 34 Z.2); t.II, Nr. 301 (867 Aug. 29; Or.): *sive inter Ligerim et Sequanam sive in regno Aquitaniorum* (S. 164 Z.18); vgl. KIENAST, Herzogstitel, S. 23 m. Anm. 75.

[53]) Oben Anm. 52 und Actes de Charles II le Chauve, t.II, Nr. 309 (868 Jan. 7): *intra regnum nostrum Burgundiae* (S. 78 Z.17); Capit. II, Nr. 275 (865 Febr.): *fidelibus in regno Burgundiae consistentibus* (S. 329 Z.24); Actes de Louis IV, Nr. 33 (949 Nov. 10): *cum... proceres regni Burgundie in Edua civitate* (scil. Autun) *convenirent...* (S. 78 Z.16–18). Man beachte, daß hier das sogen. Herzogtum Burgund gemeint ist und beileibe nicht die Königreiche Hoch- und Niederburgund! Vgl. etwa BERNARD–BRUEL II, Nr. 1229–30, (967 Juli 16 und 19), wo die Abtei Cluny als *sita regnum Burgundie* bzw. *constructum infra regnum Burgundie* (S. 317, 319) bezeichnet wird. Vgl. KIENAST, Herzogstitel, S. 23 m. Anm. 74; WERNER, Genèse, S. 301–02. Noch im fortgeschrittenen 11. Jh. spricht der Chronist Rodulf Glaber von den: *primores Francorum et Burgundionum regni*: l.II c.1 § 1 (ed. PROU, S. 26).

[54]) Actes de Charles II le Chauve, t.I., Nr. 43 (844 Juni 5): *quidam fidelium nostrorum regni Septimaniae* (S. 120 Z.15); t.II, Nr. 322 (869 Febr. 28): *infra Septimaniae regnum in pago Russilionense* (S. 210 Z.4); Actes de Charles III le Simple, Nr. 13 (898? Juni 23): *in toto regno nostro Goticae vel Septimaniae* (S. 23 Z.3); Nr. 26 (899 Juni 6): *in omni regno nostro Gotico sive Hispanie* (S. 55 Z.20–21); Actes de Lothaire Nr. 31 (968 Mai 17): *a partibus Gothici regni advenientem* (S. 75 Z.15). Dagegen ist Actes de Charles II le Chauve, t.II, Nr. † 465 (ang. 845 Jan. 21): *de illa nempe Gotthici regni marca..., in regni Gotthici finibus* (S. 539 Z.6, 545 Z.13–14) eine moderne Fälschung (die sogen. „Charte d'Alaon"). Vgl. KIENAST, Herzogstitel, S. 23 m. Anm. 76.

[55]) Actes de Louis II le Bègue, Louis III et Carloman II, Nr. 60 (881 Aug. 30): *Actum apud villam Costam regni Provinciȩ* (S. 160 Z.4–5); D K. III. 162 (a.887): *situm in regno Provinciae* (S. 263 Z.28). Vgl. Regino, Chronicon ad an. 855 (ed. KURZE, S. 77). Die Provence war 855–863 ein Teilreich für Lothars I. jüngsten Sohn Karl und gehörte seit 879 zum Reich Bosos: unten Kap. 6 § 1, S. 356–57; § 2, S. 369–71.

[56]) de COURSON, Nr. 24 (869 Apr. 17): *pro totius regni Britannici stabilitate* (S. 191); Nr. 243 (875 Aug. 1) S. 194: *et postea ipsius* (scil. Salomonis) *regnum obtinuerunt* (scil. Gurvand und Pasquiten); vgl. de LA BORDERIE, Chronologie, S. 40–41, 42. Vgl. noch Regino, Chronicon ad an. 862 (lies: 851 !): *Filius Nomenoi Herispoius regnum paternum obtinuit* (ed. KURZE, S. 80). Zur Chronologie der bretonischen Herzöge bzw. Könige vgl. de LA BORDERIE, aaO., S. 17–41, bes. S. 35. Vgl. noch WERNER, Hludovicus, S. 97 m. Anm. 359.

[57]) de LA BORDERIE, Histoire II, S. 52ff., 73ff., 84ff. Die Herzöge der Bretagne führten mehrfach den Königstitel und wurden gesalbt; vgl. noch de LA BORDERIE, Chronologie, S. 25, 35, 37, 40–41, 49–50 u.ö.; DERS., Histoire II, S. 52, 58, 109–10 u.ö.; s. auch KIENAST, Herzogstitel, S. 140, 143, der ebd. festzustellt, „daß jeder Gedanke an einen karolingischen Amtsherzog oder -grafen fernzuhalten ist", was die Belege: oben Anm. 56, hinsichtlich ihrer Beweiskraft abschwächt; s. auch KIENAST Studien, S. 11 Anm. 9 (auf S. 12) und die folg. Anm. Zu der Zeit des Alanus, in der die Unabhängigkeit der Bretagne immer stärker bedroht war, vgl. de LA BORDERIE, Chronologie, S. 43–54; DERS., Histoire II, S. 331ff.

esse sein[58]. Das Zeugnis Dudos von St-Quentin, dessen Nachrichten zur Bretagne in der Regel höchst fragwürdig sind, darf doch wenigstens insoweit herangezogen werden, als er Bretagne und Normandie als *regna* bezeichnet[59]. Letztere erscheint in zweifelsfreien Königsurkunden m.W. nicht vor Philipp I. als *regnum*[60] und nur wenig früher in den normannischen „Herzogsurkunden"[61]. Ist das *regnum Normannorum* somit im 11. Jahrhundert mehrfach nachgewiesen, datieren die Belege für das *regnum Flandrensium*[62] mit Ausnahme des in den letzten Jahren des 11. Jahrhun-

---

[58]) de COURSON, Nr. 305 (a. 931??): *Juhel Berenger consul..., dum ex more...curiam suam teneret et de communi utilitate regni sui...tractaret* (S. 257). Diese Uk. ist sehr umstritten; vgl. KIENAST, Herzogstitel, S. 146 m. Anm. 16; vgl. noch de LA BORDERIE, Recueil, Nr. 2 (ann. 1013/22): *infra dicionem regni nostri* (S. 7); zur Echtheit vgl. ebd. S. 9 – 10; de COURSON, Nr. 370 (a. 1112): *necnon pro stabilitate et prosperitate sui regni* (S. 323). Die Bedenken von KIENAST, Studien: oben Anm. 57, bezüglich der späten Belege teile ich nicht; vgl. DERS., Herzogstitel, S. 149 – 51.

[59]) Dudo, c.103: *comes Ricardus Northmannicum Britonumque tenens regnum* (ed. LAIR, S. 265). Zu Dudo vgl. de LA BORDERIE, Histoire II, S. 496 – 504: Les fables de Dudon de Saint-Quentin (Notes et éclaircissements XII).

[60]) Actes de Philippe Ier, Nr. 163 (o.D.): *Ricardo comite viriliter regnum gubernante Normannorum* (S. 406 Z.9 – 10). Es handelt sich nicht um eine Königsurkunde, sondern Philipp I. bestätigt mit seinem Signum eine Uk. des Grafen Drogo von Vexin; vgl. KIENAST, Herzogstitel, S. 23 m. Anm. 77; GUYOTJEANNIN, S. 48. Zur kgl. Unterschrift auf Fürsten- und Bischofsurkunden des 10. – 11. Jh. vgl. bes. LEMARIGNIER, Gouvernement, S. 42ff. Vgl. aber schon Actes de Lothaire, Nr. 24 (966 Febr. 7): *eiusdem regni marchisus* (S. 56 Z.21). Leider handelt es sich hier um ein Pseudo-Original des späten 11. Jh.: ed. cit., S. 53 Anm. 1 (auf S. 54). Ich hege jedoch keine Bedenken, diesen Passus bereits der echten Vorlage zuzusprechen; vgl. auch WERNER, Observations, S. 698, der aber auf die Überlieferungsfrage nicht eingeht.

[61]) FAUROUX, Nr. 61 (a. 1030): *temporalis regni statum...proficere credimus. Proinde notum esse cunctis regni nostri fidelibus...volumus* (S. 186) und bes. Nr. 67 (ann. 1028/33): *confidimus...regnum nostrum tranquilliori pace premuniri...;...res sancte ecclesie Rothomagensis, que caput et metropolis est regni nostri* (S. 202, 203); vgl. WERNER, Observations, S. 707 – 09, bes. S. 709 m. Anm. 49. Vgl. noch FAUROUX, Nr. 92 (a. 1038): *monarchiam regni Nortmannorum Willelmus...obtinebat* (S. 243); Nr. 95 (ca. 1037/40): *filius eius et ab illo tercius in regno Robertus* (S. 247); Nr. 122 (a. 1050): *inter ceteras ecclesias, que infra regnum nostrum site sunt...* (S. 289). Der älteste Beleg für *Northmannorum dux* (a. 1006) ist ein Signum: FAUROUX, Nr. 9 (S. 79); vgl. KIENAST, Herzogstitel, S. 111ff.; vgl. aber schon FAUROUX, Nr. 3 (968 März 18): *pro...regnique mei statu et salute...; omnibus fidelibus nostris...in regno nostro commanentibus* (S. 71). Vgl. WERNER, Observations, S. 698, 707.

[62]) Lambert von St-Omer, Genealogia comitum Flandriae, c.9: *Balduinus VII autem comes...in diebus suis potens super omnes Francorum principes bellis frequentibus ita nobiliter Flandrensium exaltavit regnum* (ed. HOLDER-EGGER, S. 311 Z.29 – 30); s. auch ebd. cont., c.12: *Aderat ibi Wilhelmus..., qui aliquo hereditatis iure post Karolum († 1127) succedere in regnum poterat*, und c.14: *Cum...predictus comes Willelmus per dimidium regnasset annum, ecce duo primores regni...a regno expellere conabantur* (ed. HOLDER-EGGER, S. 312 Z.29 – 30 und Z.45 – 46, Z.47 – 48; vgl. noch ebd. Z.51 – 52). Zu Lambert von St-Omer (um 1120) vgl. WATTENBACH – HOLTZMANN II³, S. 708 – 09 m. Anm. 216 (auf S. 710) und WATTENBACH – HOLTZMANN – SCHMALE, S. 183* – 85*.

derts schreibenden sogen. „Tomellus"[63] sämtlich erst aus dem 12. Jahrhundert[64], darunter auch eine auf den Namen Heinrichs IV. gefälschte Urkunde[65]. Das *regnum Niustria* oder *Neustria* in seinem geschmälerten Umfang findet sich im 9. Jahrhundert mehrfach bezeugt, im 10. Jahrhundert auch einmal neben dem *regnum Francie*, doch die Begriffe *Niustria/Neustria* verschwinden bald aus der Urkundensprache[66]. Im Süden wäre schließlich das *regnum* der Gascogne zu nennen, von dem in einer Urkunde des Grafen Wilhelm Sanchez die Rede ist[67]. Das macht also zehn *regna* im 9.–11. Jahrhundert: Aquitanien, Bretagne, Burgund, Flandern, Fran-

---

[63]) Historia monasterii Hasnoniensis, c.11: *Unde Balduinus gloriosus marchysus accitis quas poterat copiis, Antverpienses fines regni sui termino contiguos...aggredi parat* (ed. HOLDER-EGGER, S. 154–55). Louis SERBAT: Un historien imaginaire du XIe siècle. Le moine «Tomellus», in: Mém. de la Soc. nat. des Antiquaires de France, 8e série, t. VIII (1928–1933) S. 108–44, bes. 129ff. bemüht sich um den Nachweis, daß *tomellus* kein Personenname sei, sondern die Bedeutung von *libellus* habe. Dagegen aber Desiderius A. STRACKE: Over de Historia Hasnoniensis monasterii, in: Ons Geestelijk Erf 2 (1945) S. 173–95, der in „Tomellus" einen Mönch von Elno erblickt, der sowohl die „Historia" als auch die Schrift „De lite abbatiarum Elnonensis et Hasnoniensis" verfaßt hätte. Die Frage kann hier auf sich beruhen.

[64]) Galbert von Brügge, c.37: *unde honestatis suae* (scil. ecclesiae B. Donatiani) *fulgore preeminebat, velut regni sedes et in medio patriae securitate et pace* (ed. PIRENNE, S. 60); Auctarium Affligemense ad an. 1030: *Comes Balduinus...congregatis marchisiae suae sanctorum corporibus...cum aliis...reliquiis...congregatis totius regni sui primatibus..., pacem...firmari fecit* (ed. BETHMANN, S. 399 Z.34–48); vgl. WAITZ V², S. 142–43; HUGELMANN, S. 190 Anm. 6; KIENAST, Studien, S. 11 Anm. 9 (auf S. 12); SCHNEIDMÜLLER, Nomen, S. 97 m. Anm. 220–25.

[65]) D H. IV. † 487 (ang. 1104 Juni 5): *De regno Baldewini venientes...* (S. 663 Z.38); das Stück ist laut Vorbem.: ebd. S. 663: „nur wenig jünger als es sich ausgibt". Für WAITZ und HUGELMANN: oben Anm. 64, war die Uk. echt, doch während Waitz korrekt: MUB. I, Nr. 409, S. 467, zitierte, beruft sich Hugelmann irrig auf: Hildesheimer UB., Nr. 409, S. 467. Es handelt sich um den Zolltarif des Trierer Simeonstiftes in Koblenz.

[66]) Vgl. oben S. 308 m. Anm. 37–38 und unten S. 314 m. Anm. 68. Vgl. noch Actes de Charles II le Chauve, t.I, Nr. 182 (856 Febr.): (Erispoe) *Hludowico, regis filio, regnum Neustriae dedit* (S. 485 Z.2); vgl. ebd. S. 482 Z.20: *Karolus denique rex Franciae, Aquitaniae, Neustriae.* Beide Texte sind aber literarischen Ursprungs; vgl. ebd. t. II, Nr. † 472: *possessiones...tam in Frantia quam in Burgundia seu in Neustria sive etiam in Aquitania vel ubicumque in regnis...nostris* (S. 566 Z.6–8). Ein hochinteressanter später Beleg ist FAUROUX, Nr. 12 (a. 1009): *Ricardus...princeps et marchio totius Neustriae provinciae...* (S. 85). Vgl. noch ein Spurium des 11. Jh. für St-Germain-des-Prés, das ihr wörtlich übereinstimmt mit einem Spurium auf den Namen Ludwigs d. Fr.: B – M² † 683 (ang. 819 Juni 25) nach echter Vorlage; Ann. Bert. ad an. 880: (Ludwig III. erhält) *quod de Francia residuum erat ex paterno regno, sed et Niustriam cum marchis suis* (ed. GRAT, S. 241); vgl. dazu oben Anm. 41 und Anm. 50; Actes de Raoul, Nr. † 47 (ang. 912 Nov. 11): *propter diversa negotia regnorum Francie atque Neustrie* (S. 184 Z.26) wäre nach J. DUFOUR Spurium einer Grafenuk. Roberts I. als Laienabt von St-Martin de Tours: ebd. S. 182–84, was mich nicht völlig überzeugt hat. Auf jeden Fall würde es sich um ein Spurium noch des 10. Jh. handeln. Der fragliche Passus, der lediglich die zweijährige Abwesenheit Roberts von Tours begründen soll, scheint mir sehr gut in das frühe 10. Jh. zu passen.

[67]) DE MARCA, Histoire I, S. 291 Anm. 1: *propter stabilitatem pacemque tocius regni nostri.* Die lange Uk. (S. 291 Anm. 1 – S. 293) ist undatiert und wird zu 963 (?), 982 (?) oder 992 (?) eingereiht; vgl. KIENAST, Herzogstitel, S. 264 m. Anm. 41, dessen negatives

zien, Gascogne, Neustrien, Normandie, Provence und Septimanien, von denen immerhin sieben schon in der „Divisio regnorum" Karls d.Gr. von 806 erwähnt werden[68]; noch Erzbischof Ado von Vienne nennt um 870 in seiner Darstellung der Teilung von Verdun dieselben Namen[69], wobei zu beachten ist, daß die Bretagne praktisch Ausland war – zumindest de facto – und Flandern sowie die Normandie erst im 11.–12. Jahrhundert in den Kreis der *regna* eintreten.

Neben diesen eindeutigen Belegen für *regnum* im Sinne großflächiger Verwaltungseinheiten, an deren Spitze ein *rex, princeps, dux* oder *marchio* steht, finden sich auch einige Urkunden, in denen *regnum* in einem merkwürdig kleinteiligen Sinn gebraucht wird, so wenn um 982(?) Bischof Garcia von Auch, dem *gratia Dei marchioni et comiti* Wilhelm (Sanchez): *totius Astariacense necnon et reliqua regna*, einen Ehedispens erteilt[70], oder wenn um 945: *Isarnus comes et marchio, dum resideret in Paliarensis regnis*, die Gründungsurkunde des Nonnenklosters Burgals ausstellt[71], oder im Jahre 1004 in der Grafschaft Besalù die *regni proceres* (der Grafschaft!) erwähnt werden[72]. Die Tatsache, daß die Bezeichnung *regnum* für Grafschaften wie Astarac (*et reliqua regna*!), Pallars und Besalù sich ausschließlich in der „Marca Hispanica" findet, läßt meine schon oben geäu-

---

Urteil („wenig glaubwürdig") ich nicht teile. Die Überlieferung ist zumindest 11. Jh. Zu Wilhelm Sanchez vgl. Lot, Capet, S. 204; Dhondt, Études, S. 226–27 und zuletzt Kienast, Herzogstitel, S. 261 m. Anm. 30. Vgl. unten im Text.

[68]) Capit. I, Nr. 45 (806 Febr. 6) c.1: (an Ludwig)...*Aquitaniam totam et Wasconiam...et Provinciam ac Septimaniam vel Gothiam*; c.3: (an Karl, † 811)...*Franciam et Burgundiam...atque Alamanniam, Austriam et Niustriam...* (S. 127 Z.14, Z.20–21, Z.31–33). Vgl. oben S. 310 m. Anm. 51. Zu Flandern und Normandie s. oben S. 312–13; zur Bretagne vgl. oben S. 311–12; s. auch die folg. Anm.

[69]) Chronicon, cont. I[a]: (Lothar) *accepit regnum Romanorum et totam Italiam et partem Franciae orientalem totamque Provinciam*; (Karl d.K.) *mediatatem Franciae ab occidente et totam Neustriam, Britanniam et maximam partem Burgundiae, Gotiam, Vasconiam, Aquitaniam* (ed. Pertz, S. 324A Z.21–23, Z.28–32): PL. 123, col. 138B. Hier fehlen also nur Flandern und die Normandie, die beide noch zu Neustrien rechneten; vgl. oben S. 313 m. Anm. 66, s. noch unten S. 315 m. Anm. 78.

[70]) Gallia Christiana, t.I, Instrum., Nr. I, S. 159–60.

[71]) Vaissète – De Vic V, Nr. 82 – LXXV, col. 198, vgl. ebd. t.III, S. 140. Burgals gehört zur Diözese Urgel; vgl. Lot, Capet, S. 441. Pallars liegt westlich von Urgel in der heutigen Provinz Lérida.

[72]) De Marca, Marca, Append., Nr. 151, col. 960: ...*venit Odo episcopus* (von Gerona) *in castrum Bisullunum* (Besalù) *ante suprascriptum comitem* (scil. Bernardum) *ante suosque regni proceres*. Vgl. noch der bei Bouquet XVI (Paris 1814) Nr. 280, S. 91D, gedruckte Brief Ludwigs VII. an die Vizegräfin Ermengard von Narbonne von 1164: *et sua* (scil. Dei) *benignate in manu feminae dedit regnum Narbonensis provinciae* (Luchaire, Actes, Nr. 495). Die in Anm. 70–72 zitierten Urkunden auch bei Kienast, Studien, S. 11 Anm. 9 (auf S. 12), der diese Belege aber unglücklich zusammen mit vollwertigen Beispielen zitiert, wodurch der falsche Eindruck der Gleichrangigkeit entsteht. Werner, Genèse, passim, geht auf diese Sonderbedeutung nicht ein. Weitere Besonderheiten in der Titulatur aus dem Raum der „Marca Hispanica" bei Kienast, Herzogstitel, S. 438.

ßerte Vermutung zur Gewißheit werden, daß der Verfasser des „Rhythmus in Odonem regem", in dem von den *Bigorni regni spacia* die Rede ist (Grafschaft Bigorre), eben darum aus der Spanischen Mark stammen muß[73]. Es bleibt festzuhalten, daß dieser Gebrauch des Wortes *regnum* allein auf den engen Raum der sogen. „Marche d'Espagne" beiderseits der Pyrenäen beschränkt[74] und als Ausnahme zu werten ist.

Es ist nicht meine Absicht, in dieser Untersuchung auch auf die Verfassungsverhältnisse Italiens und die dort übliche Terminologie einzugehen, die zu der nördlich der Alpen markante Unterschiede aufweist. Bezüglich des Wortes *regnum* sei jedoch eine Ausnahme gestattet. Dabei geht es natürlich nicht um das *regnum Langobardorum* oder *regnum Italie*, von dem bereits die Rede war[75]. Im „Chronicon" des ob seines „Lateins" berüchtigten Mönchs Benedikt vom Berg Soracte findet sich zu Kaiser Ludwig II. der Satz: *ut veniret et defenderet ecclesia S. Petri et Romanum regnum*[76]. Benedikt ist für seine Fabeleien bekannt[77], und man könnte versucht sein, auch dieses *Romanum regnum* als „Erfindung" Benedikts abzutun, doch der ungleich seriösere Ado von Vienne, der etwa ein Jahrhundert vor Benedikt schreibt, berichtet anläßlich der Teilung von Verdun, daß Lothar I.: *accepit regnum Romanorum et totam Italiam*[78]. Gerade die Gegenüberstellung von *regnum Romanorum* und *Italia*[79] beweist, daß der römische

---

[73]) Oben S. 209–10 m. Anm. 204–06.

[74]) Die kleine Grafschaft Astarac entspricht heute in etwa dem Arrondissement Mirande (Dép. Gers), die Grafschaft Bigorre weitgehend dem Département Hautes-Pyrénées, während Besalù und Pallars auf der spanischen Seite Kataloniens gelegen sind; s. Auguste LONGNON: Atlas historique de la France depuis César jusqu'à nos jours (Paris 1882–89) Tafel IX und oben Anm. 71–72.

[75]) Oben S. 304 m. Anm. 9, S. 305 m. Anm. 14; vgl. auch HOFMEISTER, Markgrafschaften, S. 253–54. Interessant ist in diesem Zusammenhang die Formulierung der Hist. Langob. cod. Goth., c.9: *Hic* (scil. mit Desiderius) *finitum est regnum Langobardorum et incoavit regnum Italiae per gloriosissimum Carolum regem Francorum* (ed. WAITZ, S. 10 Z.33–34). Zur „Historia Langobardorum codicis Gothani" vgl. WATTENBACH–LÖWE, S. 207–08. Vgl. noch unten Anm. 79.

[76]) Chronicon (ed. ZUCCHETTI, S. 150 Z.6–7); vgl. ebd. S. 153 Z.6: *in Romano regno*.

[77]) Vgl. WATTENBACH–HOLTZMANN I³, S. 336–37; WATTENBACH–HOLTZMANN–SCHMALE, S. 109*. Vgl. schon oben S. 54 Anm. 280.

[78]) (ed. PERTZ, S. 324A Z.21–22): PL. 123, col.138B: oben Anm. 69. Bei Paulus Diaconus, Hist. Lang., l.IV c.36; l.V c.10; l.VI c.11, c.12 (edd. BETHMANN–WAITZ, S. 128 Z.9–10, 154 Z.12, 168 Z.16 und Z.23) meint *Romanorum regnum* dagegen das oströmische Reich! Vgl. auch unten Anm. 80.

[79]) Auf die verschiedenen Bedeutungen des Wortes *Italia* ist hier nicht einzugehen; vgl. etwa Benedikt, Chronicon: *propter hoc* (Sarazeneneinfall) *amplius rex Francorum in Italia non regnavit usque ad presentem diem* (ed. ZUCCHETTI, S. 153 Z.4–6), wo *Italia* eindeutig Süditalien meint. Dagegen trennt Liudprand die *Italia* von der *Tuscia*: Antapodosis, l.I c.38: *sicut circumcirca viderat* (scil. Ludwig III.) *Italiam, videret et Tusciam*; vgl. ebd. c.37: *tam ab Italiensibus quam a Tuscorum susciperetur principibus* (ed. BECKER, S. 54

Dukat tatsächlich als *regnum* bezeichnet werden konnte[80]. Es ist dies nicht das einzige Beispiel: auch Benevent wird in einem Capitulare Lothars I. einmal *regnum Beneventanum* genannt[81], während man in Benevent selbst eher von der *provincia Beneventana* sprach[82]. Dies zeigt deutlich, daß *regnum* als verwaltungstechnischer Terminus ein fränkisches Importwort ist[83], während in Italien meist *provincia* oder *marca* gebraucht wird[84], nur vereinzelt *ducatus*[85]. So findet sich *regnum* z.B. niemals für Tuszien verwendet[86], obwohl Liudprand von Cremona dem *marchio* Adalbert II. († 915)[87] sogar eine königsgleiche Stellung bescheinigt[88].

Das bisherige Ergebnis dieser Untersuchung läßt sich dahin zusammenfassen, daß die ang. Stammesherzogtümer Ost- und nach KIENAST auch

---

Z.18 und ebd. Z.13 – 14). Hier ist mit *Italia* zweifellos die Lombardei bezeichnet. Allgemein vgl. Michelangelo SCHIPA: Le «Italie» del medio evo. Per la storia del nome d'Italia, in: Arch. stor. per le prov. Napol. 20 (1895) S. 395 – 441 und HOFMEISTER, Markgrafschaften, S. 252 – 53. Zur *provincia Italia* s. noch GARMS-CORNIDES, S. 426 m. Anm. 31 und unten S. 327 m. Anm. 169.

[80]) Vgl. auch Chronicon regum Langobard. cod. Antoniani: *Karolus igitur, cum gubernasset regnum Francorum et Langobardorum necnon et Romanorum* (ed. SANDMANN, S. 80 Z.100 – 01); s. aber Chronicon Salernitanum, c.11: *Imperator quippe omnimodis non dici potest, nisi qui regnum Romanum preest, hoc est Constantinopolitanum* (!). *Reges Gallorum nunc usurparunt* (!) *sibi talem nomen* (ed. WESTERBERGH, S. 17 Z.16 – 18). Der Einfluß von Paulus Diaconus: oben Anm. 78, ist offenkundig.

[81]) Capit. II, Nr. 203 c.11 (S. 67 Z.16); vgl. GARMS-CORNIDES, S. 399. Das Capitulare wurde wohl im Sommer 847 erlassen: B – Zi 46.

[82]) Vgl. etwa Erchempert, c.18, c.19, c.34, c.79 (ed. WAITZ, S. 241 Z.29, 242 Z.5 – 6, 247 Z.26, 263 Z.43); vor allem aber findet sich *provincia Beneventana* im frühen 9. Jh. in der Intitulatio der Fürsten von Benevent und in der Datierung der „chartae"; vgl. bes. GARMS-CORNIDES, S. 387 – 93; allgemein zur Intitulatio des beneventanischen *princeps*: ebd. S. 354ff. Vgl. unten mit Anm. 84.

[83]) Vgl. auch Regino, Chronicon ad an. 842: *omnia regna Italiae* (ed. KURZE, S. 75); die Ann. Fuld., Cont. Ratisb. ad an. 883 bezeichnen das Herzogtum Spoleto als *regnum Witonis* (ed. KURZE, S. 110); vgl. BRUNNER, Fürstentitel, S. 322: „Die früh bemerkbare...regionale Differenzierung nach den drei großen Marchionaten Spoleto, Tuszien und Friaul...führte nicht zu einer Einteilung Italiens in mehrere regna"; s. schon HOFMEISTER, Markgrafschaften, S. 254 m. Anm. 2, der allerdings das Wesen des fränkischen Regnum-Begriffs noch nicht erfaßt hatte, sowie unten Anm. 86 – 87 und Kap. 8 § 3, S. 548 m. Anm. 676 – 77.

[84]) Vgl. allgemein GARMS-CORNIDES, S. 425ff. und unten S. 327; vgl. noch unten Anm. 86.

[85]) Gerade ein italienischer Autor wie Liudprand von Cremona gebraucht *ducatus* kein einziges Mal: GOETZ, Dux, S. 255. Allgemein vgl. BRUNNER, Fürstentitel, S. 319ff., bes. S. 322.

[86]) Aber selbstverständlich *provincia* und *marca*; vgl. Liudprand, Antapodosis, l.II c.36: *Adelbertus, Tusciae provinciae potens marchio*; l.III c.20: *Hucbertum...Tusciae provintiae princeps potens*; c.43: *Wido...Tusciae provinciae marchio*; l.V c.4: *Adelberti Tusciae provinciae marchionis*; vgl. noch l.III c.16: *Pisam, quae est Tusciae provinciae caput* (ed. BECKER, S. 34 Z.7 – 8, 82 Z.7 – 8, 95 Z.24, 131 Z.25 – 26 und ebd. S. 81 Z.8 – 9). Vgl. ferner Antapodosis, l.III, c.18: *Wido...Tusciae marcam tenebat*; c.47: *Lambertus, qui...Tusciae marcam tenebat...; Bosoni...Tusciae marcam contradidit*; l.IV c.11: *Dum...isdem Boso marcam Tusciae obtineret, coniux sua Willa...coepit amore flagrare, adeo ut totius Tusciae provinciae nulla nobilium matronarum...se...excoleret* (ed. BECKER, S. 81 Z.20 – 21, 99 Z.10 – 12, Z.33 – 34, 109 Z.28 – 33). Auf weitere Einzelheiten ist hier nicht mehr einzugehen.

Westfrankens, die mit K. BRUNNER besser als „das jüngere fränkische
Fürstentum" bezeichnet werden[89], in zeitgenössischen Quellen stets *regnum* heißen. Zur Nagelprobe kommt es nun, wenn wir die Quellen nach
dem Begriff *ducatus* befragen. Auch hier muß ich mich der gebotenen Kürze befleißigen, was angesichts der anregenden Studie von H.-W. GOETZ
nach den bahnbrechenden Arbeiten von K.F. WERNER aber wohl vertretbar ist[90]. GOETZ gibt in einer Art zusammenfassenden Übersicht eine Liste der von ihm behandelten *duces* und *ducatus* in den erzählenden Quellen
des 9. und 10. Jahrhunderts[91]: er kommt dabei auf 80 namentlich genannte
*duces* und 16 *ducatus*, doch GOETZ hat in seine Arbeit auch slawische, italienische, normannische, bretonische, ja sogar einen *dux* der Sarazenen
und zwei navarresische *duces* aufgenommen, d.h. *duces*, die zum *regnum
Francorum* entweder in gar keinem oder bestenfalls in einem höchst losen
und problematischen Abhängigkeitsverhältnis standen[92]. Die „berei-
nigte" Liste umfaßt daher 39 Namen und betrifft folgende Gebiete: Aqui-
tanien(2), Austrasien(1)[93], Baiern(3), Bretonische Mark(3)[94], Burgund(2)[95],

[87]) So nennt Liudprand ihn durchgängig, meist mit auszeichnenden Epitheta: Antapodosis, l.I c.30: *potentissimus marchio*; c.39: *illustris Tuscorum marchio*; l.II c.35: *Tuscorum
praepotentissimus marchio*; c.55: *Tuscorum potens marchio*; l.III c.7: *praepotens Tusciae
marchio* (ed. BECKER, S. 23 Z.15, 28 Z.20–21, 54 Z.1–2, 62 Z.25–26, 77 Z.8); vgl. bes.
l.I c.39: *Tantae quippe Adelbertus erat potentiae, ut inter omnes Italiae principes solus ipse
cognomento diceretur Dives* (ed. BECKER, S. 22–24); vgl. noch oben Anm. 86. Zu Adalbert
II. vgl. POUPARDIN, Provence, S. 173–76 und bes. HOFMEISTER, Markgrafschaften,
S. 388–400. HLAWITSCHKA, Franken, S. 98ff. beschränkt sich auf den norditalienischen
Adel; vgl. immerhin ebd. S. 63, 80–81, 105, 265 u.ö.
[88]) Liudprand legt Ludwig III., dessen erfolgreichen Romzug er verschweigt, bei
dessen ang. Besuch in Lucca folgende Worte in den Mund: *Hic* (scil. Adalbert II.) *rex
potius quam marchio poterat appellari; nullo quippe mihi inferior nisi nomine solummodo
est*: Antapodosis, l.I c.39 (ed. BECKER, S. 54–55); vgl. POUPARDIN, Provence, S. 182–84;
HOFMEISTER, Markgrafschaften, S. 394.
[89]) BRUNNER, Fürstentitel, S. 181.
[90]) Vgl. bes. WERNER, Duchés, S. 311ff.; DERS., Genèse, S. 278ff. und GOETZ, Dux,
S. 68ff., 93ff.
[91]) GOETZ, Dux, Anhang II, S. 434–37. Die Liste ist revisionsbedürftig, doch kommt
es hier auf Einzelheiten wenig an; vgl. allerdings unten Anm. 101 und die folgenden Anm.
[92]) Dies gilt vor allem für die bretonischen *duces*; vgl. schon oben S. 311 m. Anm. 56–
57. Vgl. auch KIENAST, Herzogstitel, S. 140ff.; DERS., Studien, S. 115ff.; BRUNNER,
Fürstentitel, S. 263ff.; s. schon FLACH IV, S. 173ff., 187ff. Zu Italien vgl. oben S. 315–16.
[93]) Der *dux Austrasiorum* Heinrich wird bei GOETZ, Dux, S. 435, als „Babenberger"
eingeordnet, was in die Irre führt; vgl. BRUNNER, Fürstentitel, S. 275 m. Anm. 103 sowie
unten Anm. 99 und Anm. 103.
[94]) Hierzu rechne ich den *dux* Rainald von „Nantes", den *dux Cenomannicus* Ragnold
(bei Goetz „Maine") und den *dux* Lambert (bei Goetz „Westfranken"); s. auch BRUNNER,
Fürstentitel, S. 221, 263, 275 und unten S. 318 m. Anm. 103. Vgl. Actes de Charles II le
Chauve, t.I, Nr. 181 ([856 Febr. 10]): *marcam sive comitatum Namneticum* (S. 452 Z.29)
ist damals in den Händen von Erispoe; vgl. DHONDT, Études, S. 85ff., 106.
[95]) Dieser Begriff fehlt bei GOETZ, Dux, S. 435–38, völlig, weil er Richard von
Burgund – vgl. aber GOETZ, aaO., S. 208 – in der Aufstellung übersehen hat. Der unter

Flandern(1), Franken(3)[96], Franzien(2)[97], Friesland(1), Baskische Mark(1)[98], Lothringen(2), Neustrien(3)[99], Ostmark(2), Provence(2)[100], Sachsen(5), Schwaben(2), Septimanien(1), Thüringen(3). Das sind 18 „Territorien"[101], von denen 14 oben als fränkische *regna* nachgewiesen wurden[102], wobei allerdings noch zu beachten ist, daß GOETZ in seiner Aufstellung auch die rein militärische Funktion der *duces* als Heerführer und Militärbefehlshaber berücksichtigt, für die eine territoriale Veranke-rung in dem ihrem Kommando unterstehenden Raum nicht unbedingt an-genommen werden kann[103].

---

„Autun" eingereihte *dux Augustodunensis* Bernhard ist Bernhard von Gotien, was GOETZ, aaO., S. 176 m. Anm. 3, nicht für erwähnenswert hält; vgl. aber DHONDT, Études, S. 153, 158 und BRUNNER, Fürstentitel, S. 227–28. Zur „marche d'Autun" vgl. bes. DHONDT, aaO., S. 151–53.

[96]) Der bei GOETZ, Dux, S. 435, mit eigener Rubrik geführte „Konrad (der Ältere)" ist selbstverständlich Franken zuzuweisen.

[97]) Hierher rechne ich neben Odo auch jenen *dux* Grippo, der in den „Miracula s. Wandregisili", l.II c.15 (ed. HOLDER-EGGER, S. 408 Z.47, 409 Z.5 u.ö.) auch als *prefectus...emporii Quentowici* erscheint (Quentowic; abgegangener Handelsplatz 2 km *nö* von Étaples im Dép. Pas-de-Calais), das auch Münzstätte war; vgl. Capit. II, Nr. 273 (864 Juni 25) c.12 (S. 315 Z.10–12); s. VOGEL, S. 88–89, 100. Es handelt sich somit um die „marche maritime"; vgl. DHONDT, Études, Append. II, S. 277ff.

[98]) Bei GOETZ, Dux, S. 437, als Wilhelm von „Bordeaux" eingeordnet; vgl. aber BRUNNER, Fürstentitel S. 221–22 und KIENAST, Herzogstitel, S. 258. Den von Lupus von Ferrières als *dux Vasconum* bezeichneten Seguin II. hat Goetz übersehen; s. aber KIENAST: ebd.; es handelt sich hier um die gegen die eigentliche Gascogne eingerichtete *marca*.

[99]) Die von GOETZ, Dux, S. 435, unter „Westfranken" geführten Gauzlin und Hugo (der Abt) sind hier Neustrien zugeordnet, wo auch der ang. *dux Austrasiorum* Heinrich eingereiht werden müßte; vgl. noch unten Anm. 103.

[100]) Der *dux Arelatensis* Folcrat ist neben Boso der Provence zugerechnet. Es ist klar, daß der Fuldaer Annalist, der allein Folcrat *dux* nennt, damit nur dessen Bedeutung unterstreichen wollte; selbstverständlich war Folcrat nur *comes*; vgl. POUPARDIN, Provence, S. 3–4.

[101]) GOETZ, Dux, S. 434–37, kommt allerdings auf 23, wobei Begriffe wie „Westfran-ken", „Babenberger", „Konrad der Ältere", dazu Städtenamen wie Arles, Autun, Bor-deaux usw. manchmal eine gewisse Hilflosigkeit in der Verwaltungsgeographie des Fran-kenreichs verraten, während „Burgund", „Bretonische Mark", „Gascogne" o.ä. fehlen; vgl. noch die folg. Anm.

[102]) Oben S. 308–14; „Austrasien" und „Neustrien" bleiben hier außer Betracht. Es fehlen oben die baskische, die bretonische, die burgundische und die flandrische sowie die „Ostmark". Für letztere kann GOETZ, Dux, S. 131 m. Anm. 1, ohnehin nur Ann. Fuld. ad an. 871 (ed. KURZE, S. 73) anführen, wo zwei Traungaugrafen (Engelschalk und Wilhelm) in ihrer Eigenschaft als Heerführer *duces* genannt werden; s. auch BRUNNER, Fürstentitel, S. 238. Zur bretonischen, burgundischen und baskischen Mark vgl. schon oben Anm. 94–95 und Anm. 98. Zu Flandern vgl. unten Anm. 116. Zu „Austrasien" vgl. die folg. Anm.

[103]) So ist z.B. der *Namnetorum dux* Rainald, der 843 im Kampf gegen die Bretonen fällt, von Haus aus ein Graf des Poitou; der *dux Augustodunensis* Bernhard ist kein anderer als Bernhard von Gotien; vgl. oben Anm. 94–95. Der ang. *dux Austrasiorum* Heinrich wird wohl nur seiner Herkunft wegen so genannt: er ist Militärbefehlshaber in Neustrien, und diesem Umstand verdankt er seine Titulierung als *dux*; vgl. schon PARISOT, S. 442, 469; BRUNNER, Fürstentitel, S. 286, 288 und STINGL, S. 65–66; ähnlich auch GOETZ, Dux, S. 111; s. noch WERNER, Missus, S. 134 Anm. 98.

Das von KIENAST aus den Urkunden gewonnene Bild bestätigt und verschärft zugleich das von GOETZ anhand der literarischen Quellen erarbeitete Ergebnis[104]. KIENAST gibt leider keine Tabellen, doch läßt sich sein Buch in knapper Form wie folgt resümieren: die ältesten urkundlichen Selbstaussagen datieren aus den Jahren 908 und 909, wohl nicht zufällig gerade aus Baiern und Aquitanien, die eine lange Tradition als karolingische Unterkönigreiche aufzuweisen hatten: *Arnolfus divina ordinante providentia dux Baioariorum et etiam adiacentium regionum*(!) *omnibus episcopis, comitibus et regni*(!) *huius principibus*[105], und – sehr viel bescheidener – Wilhelm der Fromme von Aquitanien: *Willelmus gratia Dei Aquitanorum dux atque marchio*[106]. Für Ostfranken/Deutschland (bis ca. 1180) hat KIENAST eine Liste der ihm bekannten Herzogsurkunden veröffentlicht: sie umfaßt 360 Nummern[107]; hiervon entfallen nur 15 auf das 10. Jahrhundert[108]. Das sind nicht einmal 5 %! In Westfranken sieht es nicht viel besser aus, ohne daß ich eine statistische Auswertung des Materials vorlegen könnte[109]. Vereinzelt findet sich hier der Dux-Titel allerdings be-

---

[104] Das Urteil von GOETZ, Dux, S. 75 – 78, über einen Gelehrten vom Range Kienasts ist hochmütig und ungerecht. Ich betone dies, weil ich selbst Kienast in zahlreichen Punkten und insbesondere dessen Gesamtkonzeption widersprechen muß, doch verbeuge ich mich mit tiefstem Respekt vor Kienasts Gelehrsamkeit und Quellenkenntnis, von der Goetz noch viel zu lernen hätte. Vgl. auch unten S. 320 m. Anm. 114.

[105] REINDEL, Luitpoldinger, Nr. 48, S. 78 – 79; KIENAST, Herzogstitel, S. 353, 409 Nr. 1; BRUNNER, Fürstentitel, S. 243 m. Anm. 64; STINGL, S. 131 – 32, 152. Die Handlung gehört in das Jahr 908, die Beurkundung k a n n später sein, liegt aber auf jeden Fall „vor 924": BRUNNER, aaO., S. 243 Anm. 63, der jedoch mit Recht bemerkt, daß „vieles gegen eine größere zeitliche Differenz zwischen Handlung und Beurkundung (spricht)". KIENAST, Herzogstitel, S. 354 m. Anm. 16, mißversteht völlig die Bedeutung von *regnum* in der Adresse; ähnlich aber auch STINGL, S. 130.

[106] DONIOL, Nr. 51, S. 73; die Uk. ist datiert: *anno duodecimo regni Karoli regis Francorum et Aquitanorum principis* (S. 74)! Vgl. KIENAST, Herzogstitel, S. 169 m. Anm. 27 (909 Mai 12); s. auch FLACH IV, S. 507 Anm. 2 (auf S. 509) und DHONDT, Études, S. 217. Er nannte sich schon 898: *comes, marchio atque dux*, jedoch ohne gentile oder territoriale Präzisierung: DONIOL, Nr. 309, S. 314. Die Datierung lautet: *anno quo mortuus est Odo rex Francorum vel Aquitanorum* (S. 315); vgl. KIENAST, aaO., S. 169 m. Anm. 25; vgl. ebd. S. 18 – 20 und oben S. 180 m. Anm. 618 – 19. Schon Bernhard Plantevelue, Wilhelms Vater, hatte um 873/74 als *comes, dux seu et marchio* geurkundet: KIENAST, aaO., S. 167 m. Anm. 12; vgl. BRUNNER, Fürstentitel, S. 211 – 12, 225 – 26 m. Anm. 67.

[107] KIENAST, Herzogstitel, S. 409 – 33 (einschließlich Deperdita, Placita, Notitiae und sogar Urkunden für italienische Empfänger); vgl. bes. STINGL, S. 131ff.

[108] B a i e r n : KIENAST, Herzogstitel, S. 409 – 10 Nr. 1 – 4, 4a (Nr. 4a = MANARESI II/1, Nr. 218); K ä r n t e n : KIENAST, aaO., S. 412 Nr. 1 – 1a (1001 Nov. 3) = MANARESI II/1, Nr. 267; S. 413 Nr. 1b; S c h w a b e n : KIENAST, aaO., S. 414 Nr. 1 – 1a; S a c h s e n : –. F r a n k e n : –. (Ober)lothringen: KIENAST, aaO., S. 417 – 18 Nr. 1 – 5. Die älteste sächsische Herzogsurkunde datiert immerhin von 1004: *Ego Bernardus Dei gratia dux Saxoniae* (nicht: *Saxonum*): KIENAST, aaO., S. 416 Nr. 1.

[109] Vgl. aber KIENAST, Herzogstitel, S. 58ff. (Franzien), 91ff. (Burgund), 111ff. (Normandie, 11. Jh.!), 143ff. (Bretagne), 167ff. (Aquitanien), 263ff. (Gascogne), 292ff. (Toulouse, Ende 11. Jh.).

reits im späten 9. Jahrhundert[110]. Der König betrachtet nur die Herzöge von Franzien und von Burgund, die er selbst ernannt hat, als wirkliche Herzöge[111]; alle übrigen müssen sich mit der einfachen Comes- oder der Comes et marchio-Titulatur zufrieden geben[112]. Insgesamt kommt KIE-NAST zu dem wahrlich nicht unwichtigen Ergebnis, daß ausschließlich die Regenten karolingischer *regna* den Dux-Titel führen, und dies sowohl in Ost- als auch in Westfranken[113], womit sich zugleich seine Prämisse bestätigt: „Verließen wir uns auf Chronisten statt auf Urkunden, zerflössen uns die Ergebnisse unter den Händen"[114]. Darum ist die Untersuchung der von den erzählenden Quellen gebrauchten Titulaturen nicht wertlos, wie KIENAST aus einer zweifellos zu einseitigen Sicht gemeint hat; die Untersuchung von GOETZ bildet eine wertvolle Ergänzung zu den von KIENAST gewonnenen Ergebnissen: es zeigt sich nämlich, daß neben den *regna*, deren Regenten ohnehin zu urkundlich bezeugten *duces* aufstiegen, die übrigen als *duces* bezeichneten Machthaber über *marcae* geboten, denen eine besonders wichtige politische Funktion zukam[115] und daher in den Augen

---

[110] Vgl. oben Anm. 106 und natürlich Boso, der 876 von Karl d.K. förmlich zum *dux* (und Regent Italiens!) ernannt worden war: KIENAST, Herzogstitel, S. 47 m. Anm. 226, 68 m. Anm. 71, 85 m. Anm. 4 u.ö.; BRUNNER, Fürstentitel, S. 212; GOETZ, Dux, S. 172–75.

[111] F r a n z i e n : Actes de Louis IV, Nr. 1 (936 Juli 25): *Hugo eximius duxque Francorum egregius* (S. 2 Z.12–13); Nr. 3 (936 Juli 25): *Hugo dux et abbas monasterii Sancti Germani Autissiodorensis* (S. 6 Z.24–25); Nr. 4 (936 Dez. 25): *consilio fidelium nostrorum...scilicet Hugonis dilectissimi nostri et Francorum ducis, qui est in omnibus regnis nostris secundus a nobis* (S. 10 Z.18–20): oben Anm. 31; Actes de Lothaire, Nr. 2 (a. 954/55): *veniens Hugo dux Francorum et pene totius imperii potentissimus...* (S. 5 Z.15–16): oben. S. 176 Anm. 594; s. auch Flodoard, Annales ad ann. 943, 960 (ed. LAUER, S. 90, 149); vgl. KIENAST, Herzogstitel, S. 63–68. B u r g u n d : Actes de Louis IV, Nr. 27–29 (946 Juli 1): *regni nostri principes, Hugo videlicet dux Francorum et alter Hugo, dux (scilicet) Burgundionum* (D 28: *et alter dux Burgundionum nomine Hugo*) (S. 66 Z.25–26, 69 Z.3–5, 71 Z.3–4); Actes de Lothaire, Nr. 35 (a. 974): *venerabilis dux Burgundiae Henricus* (S. 87 Z.5); vgl. KIENAST, Herzogstitel, S. 63 m. Anm. 33, 94–106; s. schon FLACH IV, S. 338 Anm. 3 (–S. 341).

[112] Vgl. KIENAST, Herzogstitel, S. 50, 439–40, 451 u.ö.

[113] Vgl. KIENAST, Herzogstitel, S. 434–36, dessen Betonung der „Stämme" in Ost- und Westfranken – Kienast spricht natürlich von „Deutschland" und „Frankreich" – ich allerdings nicht zustimmen kann; vgl. schon oben S. 316–17. Der Satz ist jedoch nicht umkehrfähig: nicht j e d e r Regent eines *regnum* muß notwendig *dux* werden. Vgl. dazu unten Anm. 116.

[114] KIENAST, Herzogstitel, S. 46; vgl. ebd. S. 444: „Ohne Urkunden verlieren wir den festen Boden unter den Füßen". Ich will dieser Aussage nicht widersprechen, halte sie aber für entschieden zu einseitig. Die Einwände von GOETZ, Dux, S. 76–77, zeugen indes von geringer Vertrautheit mit der diplomatischen Methode und mangelnder Erfahrung im Umgang mit Urkunden; geradezu grotesk das Urteil: ebd. S. 77: „Die Zusammenstellung des ersten Auftretens des „dux"-Begriffes in den Urkunden besitzt nicht die geringste Aussagekraft". Eine solche Behauptung ist nicht nur falsch, sondern verrät überdies eine bedenkliche methodische Leichtfertigkeit. Vgl. schon oben Anm. 104 sowie die folg. Anm.

[115] Dem rechtlichen Aspekt seines Themas widmet Goetz leider nicht die gebührende Aufmerksamkeit. Was GOETZ, Dux, S. 413ff. etwa zur Regna-Struktur zu sagen hat, ist

der Chronisten sehr wohl als *duces* bezeichnet werden konnten, auch wenn ihnen die rechtliche Anerkennung als *dux* letztlich versagt blieb[116].

Nach dieser, wie sich sogleich herausstellen wird, unbedingt erforderlichen Disgression über den Dux-Titel wende ich mich nunmehr dem Begriff *ducatus* zu. Auch hierfür hat GOETZ eine Liste vorgelegt, die insgesamt 16 Namen umfaßt[117], von denen elf zum *regnum Francorum* gehören[118]; es sind dies: Alamannien, Austrasien, Elsaß, Friesland, Lyon, Maine, Moselland, „Neustrien"[119], Ribuarien, „Schweizer Alpen"[120] und Thüringen. Die Liste ist nicht erschöpfend: der „Astronomus" erwähnt z.B. noch einen *ducatus Tolosanus*[121]. An der von GOETZ erstellten Liste fällt zweierlei auf: einmal das deutliche Überwiegen Ostfrankens[122], zum andern die eigenartige „Streuung" der Belege, die sich auf nur zwei Quellen reduzieren, nämlich Regino und die westfränkischen Reichsannalen[123], die anläß-

---

falsch oder unsinnig. Man wundert sich allerdings, wenn DERS., Konrad I., S. 110, besonders den Zeugniswert der Urkunden hervorhebt, da er in: Dux, passim, nur die literarischen Quellen gelten lassen will.

116) Hierher gehören vor allem die Grafen von Barcelona und von Flandern; vgl. schon DHONDT, Études, S. 108–09, 279–80 und KIENAST, Herzogstitel, S. 442–43, der im Fall der Grafen von Barcelona meint: „Hier mag es sich wirklich um den Anfang einer abgebrochenen Entwicklung handeln" (S. 442); zu Flandern, das ja auch erst im späten 11. und vorwiegend 12. Jh. als *regnum* erscheint, vgl. ebd. S. 443 m. Anm. 56: auch die dux-Belege gehören in die 2. Hälfte des 11. und in das 12. Jh.! Vgl. noch unten Anm. 138.

117) GOETZ, Dux, S. 437.

118) Auszuscheiden sind die italienischen Dukate Benevent und Friaul, die Dukate Böhmen und Mähren und natürlich auch der „Dukat" Bretagne. Der Dukat Friaul ist im 9. Jh. im übrigen eine *marca*, kein Dukat; s. auch unten Kap. 8 § 3, S. 548.

119) Der „Dukat" Neustrien ist wie der Dukat „Schweizer Alpen": unten Anm. 120, eine Erfindung von Goetz; es gibt ein *regnum Neustrie*: oben S. 313 m. Anm. 66, und einen *ducatum inter Ligerim et Sequanam*: Regino, Chronicon ad ann. 860, 861 (ed. KURZE, S. 78, 79), der an keiner Stelle *ducatus Neustrie* genannt wird; vgl. DHONDT, Études, S. 104, der aber von der „marche de Neustrie" spricht, die nichts anderes ist als die bretonische Mark; vgl. DHONDT, aaO., S. 102ff.

120) Gemeint ist damit der *ducatus inter Jurum et montem Jovis*, von dem Regino, Chronicon ad an. 859 (ed. KURZE, S. 78) spricht; es handelt sich dabei um die drei Grafschaften Genf, Lausanne und Sitten (Sion), die den Kern des späteren Königreichs Hochburgund bilden; vgl. POUPARDIN, Bourgogne, S. 7–10; HOFMEISTER, Burgund, S. 32.

121) Vita Hludowici, c.5: *Chorsone porro a ducatu semoto* (moto?) *Tolosano* (ed. PERTZ, S. 609 Z.31; TENBERKEN, S. 20 Z.4–5); die „Ordinatio imperii" sprach Pippin: *Aquitaniam, Wasconiam et markam Tolosanam*, zu: Capit. I, Nr. 136 (817 Juli) c.1 (S. 271 Z.20–21); vgl. dazu DHONDT, Études, S. 171–72.

122) Zu Westfranken zählt nur der *ducatus inter Ligerim et Sequanam*: oben Anm. 119, und der *ducatus Cenomannicus*, gleichfalls ein Teil Neustriens und nach DHONDT, Études, S. 85, identisch mit dem „très vaste comté du Mans"; vgl. ebd. S. 84–85, 95. Die Dukate von Lyon und: *inter Jurum et montem Jovis*: oben Anm. 120, gehören zum Mittelreich und später zu Burgund. Zum *ducatus Tolosanus* s. oben Anm. 121. Vgl. noch unten Anm. 127, Anm. 135 und S. 323 m. Anm. 137.

123) Zu Regino vgl. ausführlich GOETZ, Dux, S. 36ff.; zu den Ann. Bert. vgl. ebd. S. 164–65. Der wichtige Passus ad an. 839 (ed. GRAT, S. 32): oben Anm. 41, ist identisch mit Capit. II, Nr. 200, S. 58. Vgl. die folg. Anm.

lich des Berichts von der geplanten Reichsteilung des Jahres 839 nicht weniger als sieben Dukate nennen[124], allerdings nicht den *ducatus Lugdunensis*, den sie erst zum Jahr 856 erwähnen[125]. Die von GOETZ verschmähten Urkunden liefern wichtige Ergänzungen, auch wenn sich *ducatus* in den Urkunden Karls d.Gr., Ludwigs d.Fr. und beider Lothare[126] sowie in denen der ostfränkischen Karolinger[127] nur selten findet[128]: insgesamt 29 Diplome (von ca. 1320!) bieten *ducatus*, d.h. nur ca. 2 %. Am häufigsten, nämlich zwölfmal ist der alemannische Dukat bezeugt[129], viermal der *ducatus Alsacensis*[130], dreimal der *ducatus Saxoniae*[131], je zweimal die Dukate Baiern[132], Moselland[133] und Thüringen[134], je einmal die Dukate Auvergne,

---

[124]) Alle *ducatus* befinden sich in einem Reichsteil, und zwar die *ducatus Mosellicorum, ducatus Ribuariorum, ducatus Elisatiae, ducatus Alemanniae, ducatus Austrasiorum cum Swalafeld* (Schwalefeld) *et Nortgowi et Hessi, ducatus Toringiae cum marchis suis, ducatus Fresiae usque Mosam.* Die Ann. Bert. unterscheiden konsequent zwischen *ducatus* und *comitatus*; vgl. NONN, Pagus, S. 48 und die folg. Anm.

[125]) Ann. Bert. ad h. an. (ed. GRAT, S. 73). Irrig GOETZ, Dux, S. 437; zutreffend aber ebd. S. 165 m. Anm. 2. GOETZ, aaO., S. 165, formuliert allerdings unglücklich: „der (scil. der *ducatus* Lyon) in der Reichsteilung (scil. von 839!) noch Komitat war". *Comitatus* und *ducatus Lugdunensis* sind zwei verschiedene Verwaltungseinheiten! Vgl. POUPARDIN, Provence, S. 4 – 7.

[126]) Für Ludwig d.Fr. ist wie üblich das Fehlen der Diplomata-Edition zu beklagen; ich folge den Angaben von KIENAST, Herzogstitel, S. 48 – 49; s. auch STINGL, S. 128 – 29; vgl. aber unten Anm. 135, 137, 164. Italienische Dukate sind selbstverständlich nicht berücksichtigt.

[127]) In westfränkischen Königsurkunden kommt *ducatus* praktisch nicht vor; vgl. allerdings unten Anm. 135.

[128]) STINGL, S. 128, meint allerdings, daß sich dieser Begriff „nicht selten für deutsche(sic) Gebiete" finde.

[129]) Vgl. die Belege bei KIENAST, Herzogstitel, S. 48 m. Anm. 235 und Anm. 239, 49 m. Anm. 245 und Anm. 250; STINGL, S. 128 m. Anm. 177. Es heißt unterschiedslos: *ducatus Alamanniae* oder *ducatus Alamannicus*; nur DD Karol. I, Nr. 83 (ca. 774; Or.) liest: *in docato Alamanorum* (S. 119 Z.39 – 40): B – M² 170. Vgl. schon oben S. 309 m. Anm. 47.

[130]) PL. 104, col. 1050A, Nr. 55; col. 1051A, Nr. 56: B – M² 623 – 24 (816 Aug. 19 – 22); D Lo. I. 45 (840 Juli 25) S. 136 Z.4; D Lo. I. 105 (849 Aug. 25) S. 250 Z.21; D LJ. 10 (878 Sept. 13) S. 347 Z.20. Empfänger der drei erstgenannten Diplome und des D LJ. 10 ist Murbach (nach Dep. Karls d.Gr.).

[131]) WILMANS I, Nr. 14: *monasterium in Saxonia...in memorato ducatu Saxoniae* (S. 43); Nr. 51: *in ducatu Saxoniae...in memorato ducatu Saxoniae* (S. 51): B – M² 923 (833 Juni 8), 977 (838 Juni 7); D LG. 93 (858 Juni 13): *in ducatu Saxonico* (S. 135 Z.9). Vgl. unten S. 326 m. Anm. 163 – 65.

[132]) DD Karol. I, Nr. 162 (788 Okt. 25): *quia ducatus Baioarie ex regno nostro Francorum aliquibus temporibus infideliter per malignos homines Odilonem et Tassilonem, propinquum nostrum, a nobis subtractus et alienatus fuerit...* (S. 219 Z.20 – 22): B – M² 298; DD Karol. I, Nr. 212 (811 Nov.): (Altaich) *situm in ducatu Baioariorum* (S. 284 Z.3). Vgl. noch D LG. 80 (857 Apr. 21): *...sed et Thassilonis quondam ducis in ducatu Bawarico* (S. 117 Z.10) und Capit. I, Nr. 28 (794 Juni) c.3: *quantum illi* (scil. Tassiloni) *...in ducato Baioariorum legitime pertinere debuerant* (S. 74 Z.10 – 11). Vgl. unten S. 324 m. Anm. 144 – 47.

Friesland, Ribuarien und Westfalen[135]. Die „Divisio regnorum" erwähnt schließlich noch den Dukat von Chur[136].

Damit sind zunächst einmal eine Reihe neuer Dukate gewonnen: die Auvergne als einziger urkundlich bezeugter westfränkischer Dukat[137], Chur und Westfalen. Das sind immerhin 15 Dukate, von denen wir zuverlässige zeitgenössische Kunde haben[138]. Es fällt sofort auf, daß diese Dukate in keiner Weise mit den Namen jener *regna* übereinstimmen, an deren Spitze *duces* bezeugt sind[139], was gewiß kein Zufall sein kann[140]. Diesem Ergebnis scheinen nun allerdings zwei Namen zu widersprechen, die u r - k u n d l i c h als *ducatus* bezeichnet werden, obwohl sie unzweifelhaft *regna*

---

133) DD Karol. I, Nr. 148 (o.D.): *...totos scabinos de ducato Moslinse...* (S. 201 Z.26 – 27; ebd. Z.4 – 5: *unacum scabinis et testibus Moslinses*): B – M² 261 (ca. 781 – 791); DD Karol. I, Nr. 149 (783 Mai 1): *villa nostra...sita in ducato Moslinse* (S. 203 Z.10): B – M² 262. Auch dieser Dukat ist merowingischen Ursprungs. Wenn es dagegen in der Fundatio monasterii Brunwilarensis, c.(12) 11, heißt: *Theodericus, cuius tunc super Mosellam ducatus vigebat* (ed. PABST, S. 166; ed. WAITZ, S. 132 Z.19 – 20), so ist damit Herzog Dietrich I. von Oberlothringen († 1026/27) gemeint; vgl. KIENAST, Herzogstitel, S. 384. Im gleichen Sinn spricht auch Sigebert von Gembloux, Chronica ad an. 1048 (ed. PERTZ, S. 359 Z.7) vom *ducatus Mosellanorum*; vgl. noch ebd. ad an. 1070: *Gerardus dux Mosellanorum moritur* (ed. PERTZ, S. 362 Z.11); ähnlich schreibt Laurentius von Lüttich, Gesta episcoporum Virdunensium, c.30: *Mosellanum ducem Simonem* (ed. WAITZ, S. 506 Z.29). In all diesen Fällen bezeichnet *ducatus(dux) Mosellanorum(Mosellanus)* das Herzogtum Oberlothringen des 11./12. Jh.
134) D LJ. 9 (878 Mai 26): *...et in ducatu Turingie...* (S. 346 Z.17); D K. III. 106 (884 Juni 30): *...in ducatu Turingorum...* (S. 171 Z.9). Ergänzend wäre hier eine Uk. Karls d.K. für das Bistum Châlons zu nennen: Actes de Charles II le Chauve, t.I, Nr. 67 (845 Febr. 13): *res quę in ducatu Turingię esse noscuntur* (S. 194 Z.28). Vgl. unten S. 324 m. Anm. 143.
135) A u v e r g n e: PL. 133, col. 847C: *in ducatu Alvernico*: B – M² 796 (825 Juni 3); F r i e s l a n d: WILMANS, Nr. 20: *in ducatu Frisiae* (S. 65): B – M² 997 (839 Juli 8; Or.); KIENAST, Herzogstitel, S. 48 und STINGL, S. 128, haben B – M² 997 übersehen. R i b u a - r i e n: MUB. I, Nr. 64, S.72: *in ducatu Ribuariensae*: B – M² 953 (836 Jan. 10); vgl. ergänzend NONN, Pagus, S. 168 – 69 m. Anm. 1010. W e s t f a l e n: D LG. 95 (859 Apr. 25; Or.): *in ducatu Westfalorum* (S. 137 Z.9); vgl. unten S. 325 m. Anm. 155. Zum merowingischen Dukat Ribuarien, der nach 839 nicht mehr erwähnt wird, vgl. bes. NONN, Pagus, S. 170 – 72; vgl. ebd. S. 164ff.
136) Capit. I, Nr. 45 (806 Febr.) c.2: *unacum ducatu Curiensi* (S. 127 Z.29 – 30); vgl. oben Anm. 47 und Anm. 51.
137) Dies betonen auch KIENAST, Herzogstitel, S. 48 und STINGL, S. 128. Dieser Befund wäre selbst nicht in Frage gestellt, wenn die kritischen Edition der DD Ludwigs d.Fr. noch den einen oder anderen Namen ergeben sollte; vgl. oben Anm. 135. Im Hinblick allein auf die Ann. Bert. kommt GOETZ, Dux, S. 164 – 65, zu einem ähnlichen Ergebnis: „Bestimmte Gebiete (sic) scheinen einen der beiden Ausdrücke (scil. Dukat oder Komitat) zu bevorzugen...".
138) Nicht vergessen werden sollte die Nachricht bei Regino, Chronicon ad an. 818: *qui Balduinus* (I. von Flandern) *hucusque in Flandris ducatum tenet* (ed. KURZE, S. 73). Damit ist zwar nicht ausdrücklich ein *ducatus Flandrensis* bezeugt, aber es ist doch klar, daß für Regino der von Balduin ausgeübte *ducatus* sich auf Flandern bezieht. Vgl. auch oben Anm. 116.
139) Vgl. auch GOETZ, Dux, S. 113: „Ein Zusammenhang zwischen Dukat und Stammesherzogtum ist nirgendwo erkennbar" (bezüglich Reginos von Prüm).
140) Vgl. etwa WERNER, Genèse, S. 283 – 85.

waren: Baiern und Sachsen[141], sowie zwei Dukate, die zumindest auch als *regna* bezeugt sind: Friesland und Thüringen. Was die beiden letztgenannten anbelangt, so ist ihr Regnum-Charakter in der Tat fragwürdig: beide werden nur ein einziges Mal in einer erzählenden Quelle als *regnum* bezeichnet[142]; die entgegenstehenden urkundlichen Aussagen scheinen mir zwingend zu beweisen, daß es sich in der Tat nur um *ducatus* handelt, deren ursprünglicher Regnum-Charakter im Laufe des 9. Jahrhunderts verloren gegangen ist[143]. Mit Baiern liegen die Dinge einfach: nicht zufällig gehören die überlieferten Belege für den bairischen Dukat ausnahmslos in die Zeit Karls d.Gr.[144], und nicht zufällig stehen sie in Zusammenhang mit der Absetzung Tassilos: *quia ducatus Baioarie ex regno nostro Francorum...infideliter per...Odilonem et Tassilonem...a nobis subtractus...fuerit*[145]. Es ist offenkundig, daß hier noch der merowingische Dukatsbegriff zugrundeliegt, für den ein *dux* der vom König ernannte Verwalter eines territorial begrenzten *ducatus* ist[146], und dieser Begriff findet sich auch noch in dem Privileg für Altaich[147].

Nicht ganz so einfach liegen die Dinge beim *ducatus Saxoniae*, für den ja kein merowingischer Vorgänger angenommen werden kann. Daß es sich hier um größere räumliche Einheiten handelt, beweist die Tatsache, daß der *ducatus* deutlich geschieden ist von den *pagi* und über diesen steht[148]. Sowohl Corvey als auch Herford – das weibliche Gegenstück zu Corvey[149] – wer-

---

[141]) Vgl. oben S. 306 m. Anm. 25, S. 309 m. Anm. 41.

[142]) Oben S. 309 m. Anm. 42, S. 310 m. Anm. 49. Die „Divisio regnorum" von 806 nennt sowohl Friesland als auch Thüringen: oben Anm. 51.

[143]) Zu Thüringen vgl. schon oben S. 310 m. Anm. 50–51. Das Ende des thüringischen Dukats kam unter Konrad I.; vgl. WAITZ, S. 20–21, 22–23; WERNER, Duchés, S. 318–19. Liudprand nennt Heinrich: *Saxonum et Turingiorum praepotens dux*: Antapodosis, l.II c.18 (ed. BECKER, S. 46 Z.1–2).

[144]) D LG. 80: oben Anm. 132, bestätigt lediglich eine Immunität Karls d.Gr.: *sed et Thassilonis quondam ducis in ducatu Bawarico*. Empfänger ist übrigens das Kloster Altaich, für das DD Karol. I, Nr. 212 gegeben ist: oben Anm. 132.

[145]) DD Karol. I, Nr. 162: oben Anm. 132; s. auch Capit. I, Nr. 28: ebd.

[146]) Vgl. bes. WERNER, Genèse, S. 283. Mit Recht betont WERNER ebd., daß auch die Ausübung des dux-Amtes als *ducatus* bezeichnet wird; vgl. noch D O.II. 192 (979 Juni 10): *Otto Alamannorum et Bawariorum dux serenitatis nostrae intulit auribus, esse quoddam in Bawarica sui ducatus provincia coenobium Tegarinseo dictum* (S. 219 Z.32–34): B–Mi 783; vgl. STINGL, S. 130.

[147]) In dem D LG. 80: oben Anm. 132, wird nicht nur ein verlorenes Immunitätsprivileg Karls für Altaich erwähnt (LECHNER, Nr. 11), sondern auch ein solches Tassilos. Aus diesem wird der *ducatus Baioariorum* in das Diplom Karls Eingang gefunden haben.

[148]) Vgl. BAUERMANN, S. 55: „Wenn *comitatus* dem *pagus* entspricht, so könnte *ducatus* dahin zu verstehen sein, daß das gemeinte Gebiet...über den Gauen steht"; ebd. S. 55–56 wendet sich BAUERMANN mit Recht gegen den Gedanken eines Herzogtums. Bauermann trifft diese Feststellung im Hinblick auf den *ducatus Westfalorum*; vgl. dazu unten S. 326 m. Anm. 162–65.

[149]) Vgl. WILMANS, Exkurs I, S. 275ff.

den als *in ducatu Saxoniae* oder *Saxonico* gelegen bezeichnet, doch in den Gründungsurkunden für Corvey heißt es stattdessen: *in provincia Saxonica*[150], während Ludwig II. von Ostfranken die Wendung *regio Saxonica* gebraucht[151]. Da fällt es schwer, nicht auch die *fines r e g n i Saxoniae* in dem Diplom Ludwigs II. vom gleichen Datum als eine weitere stilistische Variante aufzufassen, zumal die benutzte Vorurkunde, das Gründungsprivileg Ludwigs d.Fr., an dieser Stelle: *infra ipsos supradictae Saxoniae fines*, liest[152]. Demnach wären *ducatus, provincia, regio* und *regnum Saxoniae* untereinander austauschbar, doch bleibt immerhin bemerkenswert, daß der Diktator Dominicus seine Vorlage, deren Wortlaut doch eindeutig war, durch den Einschub von *regni* verändert hat. Es kann keinem Zweifel unterliegen, daß für ihn das *regnum Saxoniae* gleichbedeutend ist mit der *provincia* oder *regio Saxonica*[153] und ganz allgemein das Siedlungsgebiet des sächsischen Volkes in seiner Gesamtheit bezeichnet. Gilt diese Feststellung auch für den Begriff *ducatus Saxoniae*?

Auf den ersten Blick liegt diese Schlußfolgerung nahe, und ich möchte sie keineswegs ausschließen[154]. In diesem Fall würden sowohl *regnum* als auch *ducatus* untechnisch zur Bezeichnung Sachsens gebraucht worden sein, doch scheint mir eine zweite Möglichkeit beachtenswert, die den chronologischen Aspekt stärker berücksichtigt. Beide Begriffe, *regnum* und *ducatus*, tauchen erstmals in dem Jahrzehnt 830/840 auf. Der *ducatus Westfalorum* wird 859 genannt, war aber älter[155]. BAUERMANN konnte

---

[150]) Oben Anm. 131. WILMANS, Nr. 7: *in eadem provincia Saxonica...,....Deum diligentibus Saxonibus infra ipsam provinciam...,... infra ipsos supradictae Saxoniae fines...,...ex propriis in eadem provinciae sibi conlatis...,...infra ipsam provinciam...,...quae infra eandem provinciam conlatae...* (S. 18, 19, 20): B – M² 779 (823 Juli 27); Nr. 8: *quod...dudum in provincia Saxonica...construere iussimus* (S. 23): B – M² 780 (823 Juli 27; Or.). Damit verschwindet der Begriff *provincia* aus den DD Ludwigs d.Fr. für Corvey; in den späteren Ukk. heißt es meist nur *monasterium in Saxonia (situm)*: WILMANS, Nr. 10, 13 – 14 (S. 28, 40, 43): B – M² 922 – 24 a.831/33, 833 Juni 1 – 8); D Lo. I. 112 (a.844/50) S. 262 Z.2; D LG. 132 (870 Sept. 25) S. 184 Z.15; D K. III. 158 (887 Mai 7) S. 256 Z.45; vgl. noch WILMANS, Nr. 9: *infra Saxoniam* (S. 26): B – M² 830 (826 Juni 20).

[151]) D LG. 27 (840 Dez. 10) S. 33 Z.27; vgl. unten Anm. 153.

[152]) D LG. 26 (840 Dez. 10; Or.) S. 32 Z.15 und dazu WILMANS, Nr. 7: oben Anm. 150. DD LG. 26 – 27 sind unter Benutzung der VUU Ludwigs d.Fr.: B – M² 779 – 80 von Dominicus diktiert: DD LG. 26 – 27 Vorbem., S. 31, 33.

[153]) In D LG. 27: oben Anm. 151, schreibt er *regio*, wo in der Vorlage *provincia* gestanden hatte; *provincia* ist in den DD LG. sehr selten und wird nie von Dominicus gebraucht; s. schon Anm. 150.

[154]) Es ist dies offensichtlich die Auffassung von BAUERMANN, S. 56 m. Anm. 62, der auf den *ducatus Saxoniae* nicht näher eingeht und dessen Gebrauch als „formular- oder diktatmäßig bedingt" ansieht.

[155]) D LG. 95: oben Anm. 135; vgl. BAUERMANN, S. 51, 55, der ebd. Anm. 61 aus den Corveyer Traditionen eine Schenkung von 822 zitiert: *in pago Leri in ducatu Falhon*.

zeigen, daß die sächsischen Stämme[156] in *herescephe = exercitus* gegliedert waren[157]. Die Vermutung liegt nahe, daß der *ducatus Westfalorum* das Stammesgebiet der Westfalen umfaßt[158]. Wäre es da nicht eine verführerische Annahme, daß der *ducatus Saxoniae* einem weiteren Stammesgebiet entspricht? *Regnum* und *ducatus Saxoniae* wären demnach getrennte territoriale Einheiten, wie dies beispielsweise für Ostfalen und das *Ostarriche* angenommen werden muß[159]. Aber Corvey und Herford liegen in Engern[160], und dort müßte man daher eher eine Form wie *ducatus Angriorum* o.ä. erwarten[161]. Überdies ist nicht einmal gesichert, daß *ducatus* in allen Fällen eine mehrere *pagi* umfassende Einheit bildet: der *ducatus Ribuarensis* z.B. ist sehr wahrscheinlich identisch mit dem *pagus Ribuarensis*, der mehrfach in den Diplomen der beiden Lothare begegnet und mehrere *comitatus* umfaßte[162].

Hierzu paßt die meist übersehene Tatsache, daß dieselbe im Original überlieferte Urkunde Ludwigs d.Fr., die erstmals den *ducatus Saxoniae* erwähnt[163], auch einen sonst nicht bezeugten *ducatus Budinisvelt* (Bodenfelde an der Weser, südl. Corvey) nennt[164], der mit Sicherheit nicht mehr als ein einfacher *pagus* gewesen sein kann[165]. Dies beweist zunächst einmal, daß *ducatus* auch in Sachsen eine kleinere, dem *pagus* entsprechende terri-

---

156) Nicht „Teilstämme", wie Bauermann mehrfach schreibt: oben Anm. 154.

157) Bauermann, S. 38ff., 57ff.

158) Auch Bauermann, S. 55 – 58, scheint dieser Auffassung zuzuneigen.

159) Vgl. Bauermann, S. 47 – 48 und D O. III. 232 (996 Nov. 1): *in regione vulgari vocabulo Ostarrichi* (S. 647 Z.21 – 22): B – O 1212 und D O. III. 286 (998 Apr. 29): *in pago...Osterriche vocitato* (S. 711 Z.8): B – U 1274.

160) Vgl. die Karten bei Bauermann, S. 42 – 43, 49.

161) Vgl. Bauermann, S. 45 – 47.

162) D Lo. I. 70 (843 März 20; Or.): *in pago Riboariense in comitatu Bunnense* (S. 185 Z.7); Lo. I. 96 (846 Mai 7): *in pago Riboariensi in comitatu Iuliacense* (S. 234 Z.25 – 26); D Lo. I. 112 (ca.844/50; Or.): *in pago Riboariensi in comitatu Bunnensi* (S. 261 – 62); D Lo. I. 139 (855 Sept. 19): *in pago Ribuariensi* (S. 311 Z.18); D Lo. II. 11 (859 Jan. 18): *in pago Riboariense* (S. 400 Z.2); D Lo. II. 26 (866 Jan. 17): *in pago Riboariense et in villa Bacheim* (S. 428 Z.11); D Lo. II. 32 (868 Nov. 24; Or.): *necnon et in pago Ribuariensae villas...*(S. 437 Z.33); vgl. Joseph Prinz: Pagus und comitatus in den Urkunden der Karolinger, in: AUF. 17 (1941 – 42) S. 329 – 58, bes. S. 347, 349, wo der *pagus* mit dem *ducatus Ribuariensis* und dieser mit dem „Herzogtum Lothringen"(!) gleichgesetzt wird, was in dieser Form mit Sicherheit abwegig ist. Vgl. zuletzt Nonn, Pagus, S. 172 – 73, 180 – 81 und oben Anm. 135.

163) B – M² 923: oben Anm. 131. Die Nennung des *ducatus* geschieht in eigenartiger Weise: Corvey wird zunächst lediglich als *in Saxonia* gelegen bezeichnet: oben Anm. 150, dann heißt es plötzlich: *in memorato ducatu*, obwohl dieser zuvor nicht erwähnt worden war. Vgl. unten S. 327 m. Anm. 166.

164) Wilmans, Nr. 14, S. 43. Bauermann, passim, erwähnt diesen Dukat mit keinem Wort und berücksichtigt Bodenfelde auch nicht auf seinen Karten: oben Anm. 160. Er fehlt selbstverständlich auch in den Listen von Kienast und Stingl: oben Anm. 126.

165) Womit natürlich auch Bauermanns Annahme: oben Anm. 148, relativiert wird, der *ducatus* grundsätzlich ü b e r die „Gaue" (*pagi*) stellt; s. schon oben mit Anm. 162.

toriale Einheit bezeichnen k a n n, wie dies für den *ducatus Ribuarensis* gezeigt werden konnte. Dennoch halte ich den Gedanken, daß der *ducatus Saxonicus* als eine Untergliederung des *regnum Saxoniae* aufgefaßt werden darf, weiterhin für erwägenswert. Es scheint mir nämlich, als ob in Sachsen gerade die umgekehrte Entwicklung zu beobachten ist wie in Thüringen: während dieses vom *regnum* zum *ducatus* absinkt, dürfte Sachsen vom ursprünglichen Eroberungsland, das undifferenziert als *provincia, regio, ducatus* bezeichnet werden konnte, erst unter Ludwig d.Fr. zum *regnum* im administrativen Vollsinn des Wortes aufgestiegen sein. Diese Annahme ist zwar nicht stringent beweisbar, würde jedoch die scheinbare Willkür in der Wortwahl gut erklären[166]. Von dem unsicheren, aber isolierten Fall des *ducatus Saxoniae* abgesehen, bleibt es somit bei meiner oben getroffenen Feststellung, daß sich *regnum* und *ducatus* n i c h t decken, letzterer vielmehr im 9. Jahrhundert eine kleinere territoriale Einheit bezeichnet, die im Rang unter einem *regnum*, in der Regel aber über dem *pagus* steht.

Zum Abschluß dieses Abschnitts sei noch kurz auf Begriffe wie *provincia, regio, patria* u.ä. eingegangen, die allesamt a u c h die Bedeutung von *regnum* haben können, in ihrer Anwendung aber viel schillernder sind als *regnum*[167]. Ich beschränke mich hier auf den mit Abstand am häufigsten benutzten Begriff: *provincia*[168]. In der „Expositio" zum „Liber Papiensis" finden sich folgende Bedeutungen von *provincia*: *Dicunt quidam unum totum regnum unam esse provinciam..., alii sunt, qui accipiunt provinciam, sicut in gestis Langobardorum legitur, in quibus dicitur, unam provinciam illud quod est a Pado usque ad Ticinum, et illud quod est a Ticino usque ad Addam aliam...Et alii dicebant, unum comitatum esse unam provinciam in hoc quod dicit, preses provinciae. Sed Guilielmus, quod melior est, dicit Langobardiam esse unam provinciam, Tusciam aliam et alia huiusmodi...*[169]. Der moderne Philologe hat dem kaum noch etwas hinzuzufügen. Bemerkenswert scheint mir die Vorliebe des Verfassers für die letztgenannte Definition, die d e r S a c h e n a c h den fränkischen *regna* („r 3" im System von WERNER) entsprechen. In der Tat scheinen mir im 9.–10.

---

[166] Nicht einmal für den *ducatus Saxoniae* kann ich der willkürlich generalisierenden Behauptung von STINGL, S. 129, zustimmen, wonach das Wort *ducatus* generell (!) „zur Lagebezeichnung eines Ortes" verwendet worden wäre. Vgl. noch oben S. 310 m. Anm. 49–50. Vgl. jetzt auch WERNER, Hludovicus, S. 94 m. Anm. 347.

[167] Vgl. schon das von WAITZ V², S. 191–93 bezüglich *provincia, regio, pagus* zusammengestellte Material; s. auch WERNER, Genèse, S. 289, 292–94, der aber irrig gerade *provincia* unter den Karolingern für seltener gebraucht hält als *regio, patria* u.a.

[168] Zu *patria* vgl. zuletzt GARMS-CORNIDES, S. 436ff.; s. schon SCHALK, S. 142–43.

[169] Zitiert nach GARMS-CORNIDES, S. 425 m. Anm. 19.

Jahrhundert die Belege für diese Bedeutung zu dominieren. Natürlich findet sich auch die Gleichsetzung mit *comitatus* oder *pagus*[170], doch bleibt dies Ausnahme. Erstaunlich häufig werden dagegen die karolingischen „Unterkönigreiche" wie Aquitanien[171], Baiern[172] oder Italien[173] als *provinciae* bezeichnet; aber auch die Gascogne[174], Lothringen[175], Sachsen und Franken[176], Friesland[177] u.a.m. konnten so genannt werden. Ein italienisches Capitulare Karls d.Gr. ist adressiert: *omnibus ducibus...per provincias Italiae...praepositis*[178], was die Definition des Guilielmus genau trifft. Fränkische Kapitularien aus der Zeit Pippins gebrauchen *provincia* im Sinne von *regnum* oder (merowingischem) *ducatus*[179]. Noch Eberhard von Fulda fälschte im 12. Jahrhundert: *De terminis beneficiorum huius Fuldensis monasterii* und gliederte in die *provinciae* Sachsen, Thüringen, Hessen und Wetterau, Rheinfranken (*provincia Reni et Wormatie*), Baiern und Alamannien, wo Fulda jeweil 3000 *mansi* Grundbesitz gehabt haben soll[180]. In Urkunden findet sich das Wort nicht ganz so häufig, doch überwiegt auch hier die Bedeutung von *regnum* in dem oben dargelegten Sinn[181].

---

[170]) Vgl. etwa D O. I. 195 (958 Juni 13): *in ipsa provincia* (S. 276 Z.19): B – O 262, meint den Hennegau: *in pago Heinia, in comitatu Godefridi* (S. 276 Z.17); D O. II. 21 (972 Apr. 14) für Theophano: *trans Alpes provincias Walacra, Wigle* (Walcheren und Wichelen) S. 29 Z.39: B – Mi 598, oder VAISSÈTE – DE VIC V, Nr. 82 – LXXV, col. 198: *nobiliores fideles nostros, qui in nostra provincia* (Pallars!) *consistunt*; vgl. oben S. 314 m. Anm. 71.

[171]) Ann. Fuld. ad an. 888: *Aquitanica provincia* (ed. KURZE, S. 116); Regino, Chronicon ad an. 853: *Aquitanica provincia* (ed. KURZE, S. 77); FLACH IV, S. 486 Anm. 3: *totius Aquitaniae provincia* (nach „Translatio" des hl. Janianus nach Noaillé a. 830) u.a.m.

[172]) Ann. regni Franc. ad an. 788: *rex in Baioariam profectus eandem provinciam ordinavit* (ed. KURZE, S. 85); Ann. Fuld. ad ann. 839, 870, 895 (ed. KURZE, S. 30, 72, 125) u.a.m.

[173]) Ann. Vedast. ad an. 875: *Italiam perrexit et pars maxima eiusdem provintiae...* (ed. v. SIMSON, S. 40); Translatio s. Alexandri, c.4: *primatibus Italie provinciae scripsit*; c.5: *Italiae fines pervenit atque Hludowicum, eiusdem provinciae regnatorem... appetiit* (ed. KRUSCH, S. 428 Z.12 – 13, 429 Z.12 – 13) u.a.m.

[174]) Ann. regni Franc. ad an. 819: *Wasconia provincia* (ed. KURZE, S. 152).

[175]) Ruotger, c.36: *in Galliam* (Lothringen!) *suo iuri commissam provinciam* (ed. OTT, S. 37 Z.7 – 8); Ann. Fuld., Cont. Ratisb. ad an. 893: *per occidentalium Francorum provinciam* (ed. KURZE, S. 122).

[176]) Cont. Regin. ad an. 939: *Haec tempestas* (scil. der Ungarneinfall)... *in omnibus Saxoniae et Franciae provinciis...versabatur* (ed. KURZE, S. 161).

[177]) Regino, Chronicon ad an. 882: *Fresia provincia* (ed. KURZE, S. 120).

[178]) Capit. I, Nr. 98 (a. 801) S. 204 Z.28 – 29.

[179]) Capit. I, Nr. 16 (ca. 758 – 768) c.9: *Si quis in alium ducatum seu provinciam fugerit* (S. 41 Z.3); Nr. 18 (a. 768) c.10: *et si de alia provincia advenerit, secundum legem ipsius patriae vivat* (S. 43 Z.18 – 19).

[180]) DRONKE, Nr. 62, S. 140 – 41. Vgl. noch oben S. 111 Anm. 149.

[181]) Vgl. etwa D O. II. 163 (977 Sept. 8): *curtem...quae est in provincia Karentana sita* (S. 183 Z.24, Z.27 – 28): B – Mi 751; D O. III. 355 (1000 Apr. 13): *centum mansos...in provincia Karinthia...sitos* (S. 785 Z.14 – 15): B – U 1357; D O. III. 325 (999 Mai 20): *in provincia Alsacia* (S. 754 Z.2): B – U 1322 († 1459); D O. III. 370 (1000 Juni 11): *in provintia Bawoariorum in civitate Ratisbona* (S. 798 Z.17 – 18): B – U 1377; D O. III. 366

Genug der Beispiele, die nur beweisen, daß die Wortwahl der Chronisten und Urkundenschreiber zwar stark variieren kann, aber unverändert dasselbe meint, nämlich die karolingischen *regna*. Als Ergebnis dieses Abschnitts ist festzuhalten, daß die Lehre vom „jüngeren Stammesherzogtum" mit der Aussage der Quellen nicht zu vereinbaren ist. Die karolingischen *regna* sind die wirklichen großen Verwaltungseinheiten des *regnum Francorum*, die terminologisch um die Mitte des 10. Jahrhunderts von den neuen „Dukaten" abgelöst werden[182], die mit den alten *regna* weitgehend identisch sind[183].

## § 2: Die Reichsteilungen des 9. Jahrhunderts und das sogen. „Unteilbarkeitsprinzip" des 10. Jahrhunderts.

Der Möglichkeiten, die Thronfolge zu regeln, sind viele, doch sind im Frühen Mittelalter vor allem zwei historisch relevant geworden: die Nachfolge des ältestens Sohnes und die Teilung des Reichs unter die überlebenden Söhne. Letzteres ist seit den Tagen Chlodowechs die klassische Form der Nachfolgeregelung im Frankenreich geblieben[184]. Im 9. Jahrhundert ist es neben zahlreichen Teilungsprojekten wie denen von 806, 817, 831 und 839, die niemals Realität geworden sind[185], in den Jahren 843, 855/56,

---

(1000 Mai 30): *duos...comitatus...in provincia quę dicitur Orientalis sive Australis Francia* (S. 795 Z.19–21): B–U 1373. Aufschlußreich bes. die Bestätigung des Wittums der Adelheid durch Otto II. in D O. II. 109 (975 Juni 8): *predia...in quibuscumque provintiis iacerent*; diese werden dann aufgezählt: *in quibuscumque regionibus* (!) *adiacentia, in Elesazia videlicet, Francia, Turingia, Saxonia, Slavonia* (S. 123 Z.17–19, Z.20–21): B–Mi 690. Vgl. noch FAUROUX, Nr. 52 (a. 1025/26): *in Normannica provintia* (S. 167).

[182]) Vgl. STINGL, S. 129, der die Bedeutung dieser Feststellung aber nicht bemerkt, sondern: ebd. S. 129–30, allen Ernstes glaubt, *ducatus* sei hier „nur als geographischer Begriff gebraucht".

[183]) Typisch die Fehleinschätzung bei Theodor MAYER: Fürsten und Staat (Weimar 1950) S. 233: „Stämme (lies: die Völker) und Stammesherzogtümer (lies: die *regna*) waren v o r dem Reich (gemeint ist wohl die Herrschaft Heinrichs I.) da, sie verdankten ihre politische und rechtliche Existenz nicht dem Reiche, sie wurden dem Reiche nur eingegliedert...". Für Mayer war der „Neuanfang" in Gestalt einer imaginären „Reichsgründung" 919 eben eine Selbstverständlichkeit. Auf weitere Lit. gehe ich nicht ein; vgl. oben S. 304 m. Anm. 7 und S. 313 m. Anm. 66.

[184]) In merowingischer Zeit durchaus nicht unbestritten; vgl. den schönen Aufsatz von Ian WOOD: Kings, Kingdoms and Consent, in: Early Medieval Kingship, hgg. von Peter H. SAWYER und Ian N. WOOD (Leeds 1979) S. 6–29. Einschränkend auch WERNER, Hludovicus, S. 16–17.

[185]) Hierzu vgl. bes. ZATSCHEK, Reichsteilungen, S. 185ff.; zur „Divisio regnorum" Karls d.Gr. und zur „Ordinatio Imperii" Ludwigs d.Fr. vgl. nach CLASSEN, Thronfolge, S. 216ff., 227–28 mit Tafeln 1–5: ebd. nach S. 216, zuletzt WERNER, Hludovicus, S. 27, 41–42, 50–51, 53–54 u.ö. insbes. zur „Ordinatio imperii" von 817. Vgl. schon oben S. 100 m. Anm. 86–88.

875 und 880 zu echten Reichsteilungen zwischen den Söhnen Ludwigs d.Fr., Lothars I., Ludwigs II. von Ostfranken und Ludwigs II. von Westfranken gekommen[186]. Daß in Westfranken nicht schon 877 geteilt wurde, ist nur der Tatsache zu verdanken, daß Karl d.K. von nur einem regierungsfähigen Sohn überlebt wurde[187]. Der Teilungsgedanke blieb auch weiterhin lebendig: Arnulf erhielt 889 in Forchheim von Franken und Baiern die Zusage, seine einer Friedelehe entstammenden Söhne Zwentibold und Ratold als Nachfolger anzuerkennen, allerdings mit der bezeichnenden Einschränkung, daß dies nur gelten solle, falls dem König aus seiner Muntehe mit Oda kein Sohn geboren werde[188]. Da dieser Fall 893 eintrat, blieb es bei der Absicht. In Italien hatten sich Wido und Berengar I. 889, Lambert und Berengar 896, aber auch noch Berengar I. und Rudolf von Burgund 923 auf eine Reichsteilung geeinigt. Im Westen führten Odo und Karl III. von Westfranken 896 Verhandlungen über eine Reichsteilung: daß Karl 897 mit einer Art Ruhesitz abgefunden werden konnte, lag an der für ihn inzwischen wesentlich ungünstigeren Lage[189].

Diese knappe historische Übersicht zeigt, daß das Teilungsprinzip im 9. Jahrhundert unangefochten dominierte. Dabei habe ich mit Bedacht die Errichtung sogen. „Unterkönigreiche" des Vaters für einen oder mehrere Söhne nicht berücksichtigt, da es sich bei diesen „vertikalen Teilungen" nicht um Teilungen im Vollsinn des Wortes handelt, wie dies bei den „horizontalen Teilungen" der Fall ist[190]: nur hier entstehen selbständige *regna Francorum*, die wieder zusammengeschlossen, aber auch unter Dritte aufgeteilt werden konnten. „Unterkönigreiche" bleiben dagegen stets unter der Oberaufsicht des Vaters und gehören zu dessen Reich. Es ist mir daher unbegreiflich, wie HLAWITSCHKA ernsthaft von einer „Reichsteilung" zwischen Arnulf und Zwentibold sprechen konnte[191]. Es handelte sich

---

[186] B – M² 1103a, 1177a (1208a), 1520a (1490c); zu der westfränkischen Realteilung von 880 vgl. WERNER, Gauzlin, S. 193–95; HLAWITSCHKA, Lotharingien, S. 235. Allgemein s. HLAWITSCHKA, Unteilbarkeit, S. 5.

[187] Doch hoffte Karl noch bis zuletzt auf die Geburt eines weiteren Thronfolgers; vgl. Capit. II, Nr. 281 (877 Juni 14) c.13 (S. 359); vgl. HLAWITSCHKA, Unteilbarkeit, S. 5, 18 Anm. 9; s. auch CLASSEN, Verträge, S. 276 m. Anm. 94.

[188] B – M² 1813a; vgl. HLAWITSCHKA, Lotharingien, S. 84; DERS., Unteilbarkeit, S. 5, 9. Vgl. dazu unten Kap. 6 § 3, S. 391 m. Anm. 221–22.

[189] HLAWITSCHKA, Unteilbarkeit, S. 6, 10–11, scheint mir die Bedeutung dieser „Teilung" zu überschätzen; vgl. unten Kap. 6 § 2, S. 380 m. Anm. 161. Zu den italienischen „Teilungen" vgl. bes. unten Kap. 8 § 1, S. 461 m. Anm. 3.

[190] Auch TELLENBACH, Unteilbarkeit, S. 113–14, trennt ausdrücklich die Teilungen zwischen Brüdern von der Einrichtung von „Unterkönigreichen".

[191] HLAWITSCHKA, Lotharingien, S. 132, 158 u.ö.; s. schon SCHIEFFER, Kanzlei, S. 27: „Formal handelt es sich ohne Zweifel...um ein autonomes Teilreich". Abschwächend HLAWITSCHKA, Unteilbarkeit, S. 9–10: „Und Arnulf hat ja schließlich auch 895...das

selbstverständlich um die Einrichtung eines Unterkönigreichs für Zwentibold, dem weitreichende Vollmachten zugestanden worden waren, die
sich um so verhängnisvoller auswirken mußten, als der schwerkranke Vater kaum noch Möglichkeiten zur Einwirkung auf seinen Sohn hatte[192].
Daß die Lotharinger nach Arnulfs Tod ohne Zögern Ludwig anerkannten
und nicht einmal Reginar den Versuch unternahm, Karl III. von Westfranken ins Land zu rufen, zeigt ganz eindeutig, daß der lotharingische Adel
sehr wohl wußte, wohin Lotharingien gehörte: die Unzufriedenheit mit
Zwentibold ging nicht so weit, daß man darüber vergessen hätte, daß Lotharingien ein *regnum* des ostfränkischen Reichs war[193].

Mit dem Beginn des 10. Jahrhunderts ist nun ein tiefgreifender Wandel
zu verzeichnen: fortan finden keine Teilungen zwischen Brüdern mehr
statt, wie TELLENBACH vor schon fast einem halben Jahrhundert treffend
hervorgehoben hat[194]. Der Titel seines Aufsatzes von 1941 lautete pro-
grammatisch: „Die Unteilbarkeit des Reiches" mit dem bemerkenswerten
Untertitel: „Ein Beitrag zur Entstehungsgeschichte Deutschlands und
Frankreichs", für die TELLENBACH im Gegensatz zu einem Teil meiner
Kontrahenten offenbar doch gemeinsame Entwicklungslinien ausmachen
kann[195]. Der Aufsatz TELLENBACHS hat mit Recht viel Beachtung gefunden; seine Ergebnisse haben dessen Schüler HLAWITSCHKA[196] und K.
SCHMID[197] noch zu vertiefen versucht. Mit Recht hat allerdings SCHMID
auch als „symptomatisch" hervorgehoben, „daß die Entdeckung und Dis-

---

regnum Lotharii vom Ostreich abtrennen und verselbständigen können, also praktisch (!)
eine Reichsteilung durchzuführen vermocht"; seine Argumentation: ebd. S. 18–19
Anm. 11, überzeugt nicht. Vgl. noch unten Kap. 6 § 2, S. 388 m. Anm. 209–12.

[192]) HLAWITSCHKA, Lotharingien, S. 159: „Daß Lotharingien aber dennoch – der...Re-
gelung mit anderen Nachfolgestaaten vergleichbar – zumindest unter der Suzeränität
Arnulfs bleiben sollte, liegt auf der Hand"; vgl. ebd. S. 159–61. Zutreffend daher Walter
SCHLESINGER in: HZ.208 (1969) S. 784: „Die fränkische Verfassungsgeschichte kennt eine
'echte' Reichsteilung zwischen Vater und Sohn nicht...Ich möchte lieber formulieren, daß
er faktisch-politisch selbständig, rechtlich jedoch Unterkönig war als umgekehrt"; gegen-
teilig urteilten EITEN, S. 201 und HLAWITSCHKA, aaO., S. 160 m. Anm. 11.

[193]) Wie hätte der lotharingische Adel, ohnehin entschlossen Zwentibold zu verlassen,
sonst einem Kind gehuldigt statt einem regierungsfähigen Herrscher wie Karl III.? Offenkundig sah der Adel keine Alternative, was auch von Reginar mitgetragen wurde.

[194]) TELLENBACH, Unteilbarkeit, S. 113: „Nie wieder ist im Osten oder Westen geteilt
worden. Niemals mehr haben zwei Brüder gemeinsam regiert oder auch nur den Königs-
namen geführt. Auch Unterkönigreiche...kommen nicht mehr vor". Zu dem letzten Satz
vgl. allerdings unten S. 335–36 m. Anm. 225–29.

[195]) Vgl. bes. TELLENBACH, Unteilbarkeit, S. 128: „Die Verwandlung des ost- und des
westfränkischen Reiches in den deutschen und französischen Staat des hohen Mittelalters
zeigte uns viele gleichartige Züge"; vgl. noch ebd. S. 124ff.

[196]) HLAWITSCHKA, Lotharingien, S. 214ff.; DERS., Unteilbarkeit, passim; DERS., Kriterien, S. 62ff.

[197]) SCHMID, Thronfolge, S. 501ff.; DERS., Unteilbarkeit, S. 1ff.

kussion der 'Unteilbarkeit des Reiches' der deutschen Geschichtswissenschaft vorbehalten blieb"[198]. Dies ist gewiß nicht zufällig und hat seinen tieferen Grund zweifellos in der Tatsache, daß der spektakulärste und historisch zugleich einzige(!) Fall der Durchsetzung der Primogenitur, die Nachfolgeregelung Heinrichs I., Ostfranken betrifft. Auf der Suche nach weiteren Beispielen konnte HLAWITSCHKA auf der Königsebene nur die Nachfolge im Königreich Hochburgund 912 anführen[199], die uns sogleich näher beschäftigen wird. Seine Beispiele für ungeteilte Nachfolgen in Baiern 907, Lotharingien 915 und im westfränkischen Burgund 921, d.h. auf der Ebene der *regna* – Hlawitschka spricht von „Machtbereiche(n) unterhalb der königlichen Stellung"[200] –, sind ohnehin nicht beweiskräftig, denn ich kenne aus dem 9. Jahrhundert kein Beispiel, daß diese *regna* je geteilt worden wären. Die „Ordinatio imperii" von 817 hatte dies für Baiern und Aquitanien sogar ausdrücklich untersagt[201]. Warum also sollte im 10. Jahrhundert plötzlich geteilt werden, was zuvor nie geteilt worden war[202]?

Das Beispiel Hochburgunds ist nur scheinbar eine Stütze von HLAWITSCHKAS These, denn das „Königreich" Hochburgund stand Baiern und Aquitanien an Bedeutung weit nach, weshalb auch hier eine Teilung a priori ausgeschlossen war[203]. Es lohnt jedoch, die methodische Bearbeitung durch HLAWITSCHKA etwas näher anzusehen. Bei Betrachtung der Stammtafel der Rudolfinger, die POUPARDIN seinem Werk über Hochburgund beigegeben hat[204], stellt man mit Erstaunen fest, daß der angebliche Bruder Rudolfs II. mit Namen Ludwig, um den es HLAWITSCHKA geht, hier gar nicht verzeichnet ist. Dies beruht allerdings auf einer Fehl-

---

[198] SCHMID, Unteilbarkeit, S. 3.

[199] HLAWITSCHKA, Lotharingien, S. 216 m. Anm. 95 – 96 und weitgehend wörtlich so DERS., Unteilbarkeit, S. 11.

[200] Unteilbarkeit, S. 12; vgl. ebd. S. 15.

[201] Capit. I, Nr. 136 (817 Juli) c.14: *Si vero aliquis illorum* (scil. filiorum) *decedens legitimos filios reliquerit, non inter eos potestas ipsa dividatur, sed potius populus...unum ex eis....eligat* (S. 272 Z.42 – 44). Diese Stelle zitiert auch HLAWITSCHKA, Unteilbarkeit, S. 23 Anm. 49.

[202] Hlawitschka vergißt ganz den Amtscharakter der Dux- oder Marchio-Würde, an der es ohnehin nichts zu „teilen" gab; vgl. TELLENBACH, Unteilbarkeit, S. 130. Vgl. noch unten Kap. 8 § 1, S. 462 m. Anm. 5 – 6.

[203] Ganz allgemein kam Teilung nur in einem „regnum Francorum" in Betracht, d.h. in einem *regnum* des Typs „r²": oben S. 305 m. Anm. 14 und Anm. 18, nicht in einem *regnum*, das einen eigenen Namen führt und generell zur Gruppe „r³" zu zählen ist: oben S. 305 m. Anm. 20. Diese wichtige Unterscheidung nach der Qualität der *regna* hat Hlawitschka nicht beachtet; vgl. auch die Bemerkungen von REINDEL, Luitpoldinger, S. 126 – 27: „Im Prinzip standen sich die Markgrafen der Provence, die Könige von Burgund, und die Herzöge von Sachsen und Bayern etwa so nahe, daß sie alle in die Reihe der *reguli* einzuordnen sind".

[204] POUPARDIN, Bourgogne, Ausfalttafel nach S. 512.

deutung des sonst recht genauen POUPARDIN, denn er selbst zitiert die
Urkunde der Adelheid, der Witwe Richards von Burgund(† 921), von
928/29[205], in der sie als *Adeleydis dono Dei comitissa* – ein sehr früher Beleg für die weibliche Form von *comes* – einige Schenkungen an Cluny vornahm[206]: *pro anima germani...mei domni Rodulfi regis* (scil. Rudolf I. von
Hochburgund), *tum vero pro requie domni mei pie memorie principis Richardi* (scil. Richard le Justicier) *ac pro Willa regina* (scil. die Gemahlin Rudolfs I.), *dehinc pro me et domno Rodulfo rege, filio meo* (scil. Rudolf von
Westfranken) *et item Rodulfo rege, nepote meo* (scil. Rudolf II. von Hochburgund), *pro aliis quoque filiis meis Hugone* (scil. Herzog Hugo „der
Schwarze" von Burgund, † 952), *Bosone* (scil. Boso, Graf in Lothringen,
† 935)[207] *et Ludowico nepote* (scil. Ludwig, der Bruder Rudolfs II.)[208]. Unter denen, die am 14. Juni 928 ihr Signum unter diese nach dem Vorbild der
Gründungsurkunde für Cluny von 910 redigierten „carta"[209] setzten, befanden sich: *Signum Iuditte, filie Rodulfi regis* (scil. eine weitere Schwester
Rudolfs II. von Hochburgund)[210], *Signum Rodulfi, filii Ludowici imperatoris* (scil. ein Sohn Kaiser Ludwigs III.)[211], *Signum Ugonis incliti comitis
atque fratris augusti*(!) *Rodulfi regis* (scil. der schon genannte Hugo von
Burgund) und an der Spitze: *Signum Adeleydis comitissę, regie matris*(!) *et
abbatissę*[212].

---

[205]) POUPARDIN, Bourgogne, S. 28 Anm. 2; richtig aber SCHMID, Unerforschte Quellen,
S. 137.

[206]) BERNARD – BRUEL I, Nr. 379, S. 358 – 61, bes. S. 358. Eine bessere Edition, die
HLAWITSCHKA, Unteilbarkeit, S. 23 Anm. 46, unbekannt geblieben war, bei LAPORTE,
S. 416 – 21, bes. S. 416, 418 – 19, nach einer Einzelkopie der 1. Hälfte des 11. Jh. in Fécamp;
zur Datierung s. LAPORTE, S. 416 m. Anm. 6. Zum Comitissa-Titel vgl. KIENAST, Herzogstitel, S. 89 m. Anm. 22a – b (– S. 90).

[207]) Zu diesem Boso, der auch Graf von Arles und Avignon war, weil er eine Tochter
Hugos von Arles geheiratet hatte, s. POUPARDIN, Bourgogne, S. 282 m. Anm. 5 und bes.
unten Kap. 7 § 2, S. 441 m. Anm. 216.

[208]) Für POUPARDIN, Provence, S. 208 Anm. 2 und LAPORTE, S. 419 Anm. 2, wäre damit
allerdings Kaiser Ludwig III. gemeint, den man aber doch nicht einfach *Ludovicus nepos*
genannt hätte, wenn selbst der Sohn als *filius Ludowici imperatoris* firmiert: unten mit
Anm. 211; richtig auch BÜTTNER, Westpolitik, S. 55 m. Anm. 44. LIPPERT, S. 93, hatte
diesen Ludwig für einen Sohn König Rudolfs von Westfranken gehalten, was natürlich
abwegig ist.

[209]) Vgl. BERNARD – BRUEL I, Nr. 112 (910 Sept. 11) S. 124 – 28, bes. S. 126 – 27 und
LAPORTE, S. 417, 419 – 20 und ebd. S. 422. Der bei Laporte kursiv gesetzte Text stimmt
mit der Gründungsurkunde Wilhelms wörtlich überein.

[210]) Die älteste Schwester Waldrada (!) heiratete den Markgrafen Bonifaz von Spoleto
(† ca. 953/54); die 2. Gemahlin Kaiser Ludwigs III. – zu seiner ersten Gemahlin vgl. unten
Kap. 8 § 2, S. 516 – 17 – hieß Adelheid und war wohl gleichfalls eine Schwester Rudolfs
II., wie schon aus dem Namen ihres Sohnes: unten mit der folg. Anm., geschlossen werden
darf. Vgl. noch POUPARDIN, Provence, S. 208 m. Anm. 4 und ebd. S. 317, der von der
1. Heirat Ludwigs aber nichts weiß; vgl. auch HIESTAND, S. 148.

[211]) Der nur hier genannt wird! Vgl. POUPARDIN, Provence, S. 208.

[212]) BERNARD – BRUEL I, Nr. 379, S. 361; LAPORTE, S. 420 – 21.

Auch wenn der Hinweis auf einen Bruder Rudolfs II. in der Urkunde der Adelheid: *regie matris*, eigentlich klar genug war[213], bedeutete es eine willkommene Bestätigung, daß der „Liber memorialis" von Remiremont einen auf ca. 920 zu datierenden Gedenkeintrag enthält: *Oremus pro Rodulfo rege cum Ludowico fratre suo*[214], der auch die letzten Zweifel beseitigt. Es ist durchaus wahrscheinlich, daß jener *Hludowicus comes*, der in einer wohl 928[215] in Herisau (Kanton Appenzell) geschriebenen *carta* genannt wird[216], mit jenem Bruder Rudolfs identisch ist, was schon BÜTTNER gesehen hatte[217]. Damit bestätigt sich, daß Rudolf I. mehrere Kinder gehabt hat, wie bereits einer *notitia* des Jahres 888 entnommen werden konnte: *propter remedium anime predicti imperatoris* (scil. Karoli III.) *seu etiam Ruodulfi serenissimi regis necnon etiam uxoris sue insuper filiorum filiarumque suarum*[218]. Leider ist dem nichts Konkretes zu entnehmen, da weder die Zahl noch die Namen der Kinder genannt werden[219]. Sollte sich Rudolf unter ihnen befunden haben, wie wohl angenommen werden darf, so war er bei seinem Herrschaftsantritt im Jahre 912 kein ganz junger Mann mehr. Entscheidend ist aber der Gebrauch, den HLAWITSCHKA von diesem alles in allem doch höchst mageren Quellenbefund macht: für ihn steht fest, daß Ludwig bei der Thronfolge 912 bewußt übergangen wurde. Aber was wissen wir eigentlich von diesem Ludwig, das diese Schlußfolgerung rechtfertigte? Wir wissen lediglich, daß er in den 20er Jahren am Leben und um 928 wahrscheinlich Graf im Thurgau im Reich H e i n r i c h s  I. war[220]. Wir kennen weder sein Alter – er könnte 912 noch minderjährig

---

213) Vgl. aber oben Anm. 208. Diese Fehldeutung bewirkte, daß Ludwigs Name in der Stammtafel: oben Anm. 204, nicht verzeichnet ist.

214) Zitiert nach HLAWITSCHKA, Lotharingien, S. 216 Anm. 96; s. auch SCHMID, Unerforschte Quellen, S. 122.

215) Die Uk. ist datiert: *annum VI Heinrici regis, Hludowicum comitem* (sic), was in Alemannien auf das Jahr 928 zu beziehen ist; s. auch BÜTTNER, Westpolitik, S. 54 m. Anm. 41.

216) WARTMANN III, Nr. 787(928 Juli 16) S. 9.

217) Ich möchte allerdings nicht sagen, daß Ludwig „als Graf im Thurgau n a c h g e w i e s e n  ist", wie dies HLAWITSCHKA, Unteilbarkeit, S. 11, tut. Die Uk. von 928: oben Anm. 215 – 16, macht zu diesem *Hludowicus comes* keinerlei Angaben, doch halte ich die Identifizierung mit dem Bruder Rudolfs II. für durchaus plausibel. Vgl. bes. BÜTTNER, Westpolitik, S. 54.

218) Cartulaire de Lausanne, Nr. 100 (888 Dez. 21) S. 132.

219) Dies betont zutreffend POUPARDIN, Bourgogne, S. 29 Anm. 1, auch wenn er die Skepsis vielleicht etwas übertreibt mit dem Satz: „mais il est...impossible de dire si Rodolfe II se trouvait parmi ceux-là" (scil. parmi les *filii* et *filiae* du document de 888).

220) Allerdings könnte der Thurgau vorübergehend – um 915/17 – zu Rudolfs Reich gehört haben, doch nach der verlorenen Schlacht von Winterthur gegen Burchard von Schwaben 919 ging ihm der Thurgau wieder verloren; vgl. POUPARDIN, Bourgogne, S. 30 m. Anm. 3, 31 m. Anm. 1. 925 heißt der Graf im Thurgau noch Adalhard, 933 bereits Bernhard; vgl. BÜTTNER, Westpolitik, S. 54 m. Anm. 42 – 43. Der Anlaß zur Ernennung

gewesen sein – noch sein Verhältnis zu Vater und Bruder; ja es ist nicht einmal sicher, ob Ludwig und Rudolf dieselbe Mutter hatten.

Wenn angesichts der katastrophalen Quellenlage so viele Fragen zur Geschichte Burgunds in diesen Jahrzehnten offen bleiben müssen, scheint es mir methodisch unerlaubt, auf dem Schweigen der Quellen eine verfassungsgeschichtliche Lehre aufzubauen, wie dies HLAWITSCHKA tut[221]. Das Beispiel Hochburgund ist nämlich das einzige, das HLAWITSCHKA als Parallele zu den Ereignissen von 929/30 anführen kann, die von SCHMID überzeugend gedeutet worden sind[222]. Man ist sich in der Forschung überdies einig, daß in Westfranken das Prinzip der „Unteilbarkeit des Reiches" gleichfalls beachtet worden sei, wobei HLAWITSCHKA ausdrücklich auf das Beispiel von 954 hinweist[223], als Lothar unter Übergehung seines jüngeren Bruders Karl zum König gewählt wurde[224]. Doch dies ist nur die halbe Wahrheit. Von der Forschung bisher nicht beachtet wurde nämlich die Tatsache, daß Ludwig IV. im Jahre 953 seinem nur wenige Monate alten zweiten Sohn Karl, dem späteren Herzog von Niederlothringen und Thronbewerber des Jahres 987[225], das *regnum* Burgund mit dem Königstitel überwies, wie z w e i burgundische „chartae", darunter ein Original, aus den Jahren 953/54 bezeugen[226], die beide nach einem *Karolus rex* datiert

---

Ludwigs zum Grafen im Thurgau kann nur vermutet werden: die Aussöhnung zwischen Heinrich I. und Rudolf II. auf dem Wormser Reichstag im Herbst 926 dürfte dafür den Anstoß gegeben haben; vgl. ALTHOFF – KELLER I, S. 92 sowie unten Kap. 7 § 3, S. 448 m. Anm. 267.

[221] Ein in die Form einer Tatsachenfeststellung gekleideter Satz bei HLAWITSCHKA, Unteilbarkeit, S. 11: „Im Königreich Hochburgund wurde also bereits 912 eine solche Abschichtung der Königsfamilie von der Person des Königs und von dessen Herrschaftsbereich vollzogen, wie sie Heinrich I. 929/30 im Ostreich vornahm", ist eine methodische Irreführung des Lesers, denn er suggeriert ihm ein Quellenfundament, das nicht existiert; vgl. überdies oben Anm. 203. SCHMID, Unteilbarkeit, S. 8 m. Anm. 36, verweist daher zu Unrecht auf Hlawitschka; vgl. aber HLAWITSCHKA, Unteilbarkeit, S. 22 Anm. 44. Vgl. auch unten S. 338 m. Anm. 248.

[222] SCHMID, Thronfolge, bes. S. 439ff. Die Einwände von HOFFMANN, Geschichte, bes. S. 10ff., 28ff. sind ernst zu nehmen, vermögen Schmids Grundthese m.E. aber nicht zu erschüttern; s. auch BRUNNER, Gruppen, S. 179 Anm. 211. Vgl. noch unten Kap. 8 § 1, S. 462 – 64.

[223] HLAWITSCHKA, Unteilbarkeit, S. 11: „obleich...sich sogar beim Tode König Ludwigs...953 (lies 954) wegen des Vorhandenseins von zwei Söhnen...theoretisch die Möglichkeit einer Erbteilung...geboten hätte"; s. auch BRÜHL, Reichsteilungsprojekt, S. 389 m. Anm. 196.

[224] LOT, Carolingiens, S. 8 – 10; SCHRAMM I, S. 81, mit der unsinnigen Bemerkung, daß sich die Thronbesteigung „unter deutschem Einfluß" vollzogen habe; KIENAST I, S. 76, sieht dagegen Gerberga „dem guten Willen" Hugos ausgeliefert, was eher zutrifft.

[225] Vgl. unten Kap. 9 § 2, S. 589ff.

[226] BERNARD – BRUEL I, Nr. 857, S. 811 – 12; Nr. 875, S. 829 – 31; vgl. LOT, Carolingiens, Append. III, S. 312 – 19, bes. S. 315 – 17, dem leider auch HOFMEISTER, Burgund, S. 92, folgt; dagegen BRÜHL, Reichsteilungsprojekt, S. 386 – 87.

sind, der niemand anderes sein kann als Ludwigs zweiter Sohn Karl[227]. Da im Augenblick von Ludwigs IV. unerwartet frühem Tod infolge eines Jagdunfalls die Nachfolge noch nicht geregelt und b e i d e Söhne noch minderjährig waren[228], wurde das Königtum erpreßbar, und Herzog Hugo von Franzien war fest entschlossen, sich seine Zustimmung zur Wahl Lothars zum höchstmöglichen Preis abkaufen zu lassen. Der Preis seiner Zustimmung war Burgund, und Gerberga zögerte keinen Augenblick, im Interesse der Wahl Lothars das „Königtum" ihres noch in der Wiege liegenden Sohnes zu opfern[229].

Das burgundische Königtum Karls blieb also Episode, und wir wissen nicht, welche Pläne Ludwig, wäre ihm ein längeres Leben beschieden gewesen, für Karl gehegt hätte. Sollte das Reich wirklich unter beiden Brüdern geteilt werden? Das scheint mir wenig wahrscheinlich, obschon der Königsname für Karl, der im Augenblick des Todes des Vaters selbstverständlich weder gekrönt noch gesalbt war[230], nachdenklich stimmen muß[231]. Ich vermute eher, daß an eine Art „Unterkönigtum" alter Art gedacht war, wobei es müßig ist, Spekulationen darüber anzustellen, wie das Verhältnis der beiden Brüder zueinander in der Zukunft geregelt werden sollte: die Geschichte ist darüber hinweggegangen. Wichtig bleibt lediglich die Tatsache, daß Ludwig keine Berührungsangst zeigte vor dem Gedanken einer wie auch immer gearteten Reichsteilung bzw. vor der Ausgliederung eines *regnum* für einen Sohn, und die Erfahrungen, die Otto I. gerade in jenen Jahren mit dem „Prinzip der Unteilbarkeit" in Ostfranken durchlebte[232], waren schwerlich dazu angetan, ihn zu einem Befürworter dieses

---

[227]) Ludwigs Gemahlin Gerberga, die Schwester Ottos d.Gr., hatte schon 945 einen Sohn Karl geboren, der bereits 946/47 als Geisel bei den Normannen starb; von den 953 geborenen Zwillingen Karl und Heinrich – so genannt nach ihren Großvätern Karl III. von West- und Heinrich I. von Ostfranken – starb Heinrich bald nach der Taufe; vgl. BRÜHL, Reichsteilungsprojekt, S. 386 m. Anm. 177–79.

[228]) Lothar war Ende 941 geboren und daher beim Tode des Vaters erst 13 Jahre alt, Karl stand erst im zweiten Lebensjahr; vgl. LOT, Carolingiens, S. 9–10; BRÜHL, Reichsteilungsprojekt, S. 388.

[229]) Vgl. BRÜHL, Reichsteilungsprojekt, S. 388–89.

[230]) Das war ja nicht einmal Lothar! Vgl. noch die folg. Anm.

[231]) Die Tatsache, daß zwei burgundische Urkundenschreiber Karl *rex* nennen, beweist nicht zwingend, daß Ludwig für Karl eine Krönung und Salbung zum König des *regnum* Burgund vorgesehen hatte, doch kann man sich auch schwer vorstellen, daß dies bei zwei in nicht unerheblichem zeitlichen Abstand schreibenden Notaren einfach nur eine „Marotte" gewesen wäre. Irgendein amtlicher Vorgang muß dem ja wohl zugrundegelegen haben. Sicher ist nur, daß Burgund für Karl bestimmt war und in irgendeiner Form ausgegliedert werden sollte.

[232]) Vgl. unten Kap. 8 § 1, S. 473–74.

Prinzips zu machen[233]. Inwieweit Ludwig sich hier ausdrücklich in einer karolingischen Teilungstradition stehend empfand[234], möchte ich mangels präziser Nachrichten ausdrücklich dahingestellt sein lassen. Den Gedanken an ein „Unterkönigtum" Ludwigs V. in Aquitanien, von dem noch EITEN sprach[235], halte ich dagegen für abwegig, wie schon SCHRAMM gesehen hatte[236], da hier nur versucht wurde, dem schon gewählten und gekrönten König mittels einer Heirat(!) zur Herrschaft in einem dem Königtum weitgehend entfremdeten Territorium, in Aquitanien nämlich, zu verhelfen, was völlig daneben ging[237].

So bleibt als e i n z i g e s Beispiel für die Durchsetzung der Primogenitur im 10. Jahrhundert, soweit ich sehe, die Nachfolgeregelung von 929/30, die Heinrich I. zugunsten Ottos I. durchgesetzt hatte[238]. Das dünkt mich denn doch eine recht dürftige Basis für einen „geistigen Erkenntnisvorgang bei den führenden Großen", an den HLAWITSCHKA allen Ernstes zu glauben scheint[239]. SCHMID sieht die Dinge sehr viel nüchterner – und richtiger –, wenn er feststellt: „Teilung setzte Stärke voraus. Erfolgten jedoch Einbrüche in die geteilte Herrschaft, die nicht bereinigt werden konnten, so schlug die Stärke rasch in Schwäche um"[240]. SCHMID betont zutreffend, daß alle „Nicht-Karolinger" auf Bündnisse mit ihren Großen angewiesen waren, denen, wie ich ausdrücklich hinzufügen möchte, nichts gleichgültiger war als ein sogen. Staatsgedanke. Da sie diesen Großen erhebliche Zugeständnisse machen mußten wie etwa Heinrich I. den Inhabern der *regna* Baiern und Schwaben, blieb für eine Teilungspraxis im Sinne der ka-

[233]) Vgl. schon BRÜHL, Reichsteilungsprojekt, S. 389. Skeptisch gegenüber den Teilungsplänen auch LEYSER, Konflikt, S. 30 – 31.

[234]) Vgl. SCHMID, Unteilbarkeit, S. 12ff.

[235]) EITEN, S. 203 – 10; im Sinne Eitens auch AUZIAS, S. 517 und KIENAST, Herzogstitel, S. 196.

[236]) SCHRAMM I, S. 81 – 82; zustimmend TELLENBACH, Unteilbarkeit, S. 113 Anm. 14.

[237]) Wesentlich ist, daß nicht der Vater das *regnum* verlieh, sondern daß es „angeheiratet" werden sollte. Vgl. noch unten Kap. 9 § 1, S. 570.

[238]) Vgl. oben S. 335 m. Anm. 222 und unten Kap. 8 § 1, S. 462 – 64; vgl. aber unten S. 338 m. Anm. 248.

[239]) Unteilbarkeit, S. 14 und ebd.: „Die wesentlichste Einsicht war, daß qualifizierte Herrschaft...nicht mehr allein den Regenten angeht und nicht dessen Familienbesitztum ist, daß Macht durch Teilung nicht vermehrt, sondern aufgelöst wird..., als man den Staat in der Führungsschicht allgemein als eine überpersönliche Einrichtung erkannt... hatte...". Diese idealistische Sicht wird m.E. durch die tatsächlichen Vorgänge nicht gestützt; vgl. unten mit der folg. Anm.

[240]) SCHMID, Unteilbarkeit, S. 11. Dies ist keineswegs „vordergründig" gesehen, wie HLAWITSCHKA, Kriterien, S. 66 Anm. 45, meint. Sein westfränkisches „Gegenbeispiel" betrifft ja gerade die Schwächephase des westfränkischen Reiches, in der man aber aus Gründen der karolingischen Tradition am Teilungsprinzip festhält.

rolingischen Tradition kein Raum[241]. Reichsteilungen und auch die Einrichtung von „Unterkönigreichen" erweisen sich so als eine auf die karolingische Dynastie beschränkte Institution[242], wobei allerdings nicht vergessen werden sollte, daß ja schließlich Ludwig d.Fr. mit der „Ordinatio imperii" von 817 das Prinzip der Primogenitur erstmals durchzusetzen bemüht gewesen war[243]. Daß es scheiterte, lag nicht zuletzt an Ludwig selbst, der unter dem Einfluß seiner zweiten Gemahlin die feierlich beschworenen Prinzipien von 817 umstieß[244]. Keiner der *reguli* von 888 kam auf den Gedanken, sein Reich zu teilen[245], doch nur Rudolf von Burgund hatte eine immerhin ca. 150 Jahre während Dynastie begründen können[246], die während der letzten hundert Jahre allerdings nicht viel mehr war als ein Anhängsel der ostfränkischen Ottonen[247]. Wenn aber die Durchsetzung der Primogenitur im ganzen 10. Jahrhundert[248] nur einmal politische Bedeutung gewann, was, so müssen wir fragen, waren dann die bestimmenden Faktoren zur Sicherung der Nachfolge?

Da ist zunächst festzustellen, daß die Nachfolge nur allzu häufig durch Dynastiewechsel verhindert wurde: allein in Westfranken fanden zwischen 887 und 936 deren fünf statt[249]. In Ostfranken sind in diesem Zeitraum nur zwei zu verzeichnen (911 und 919), was ganz entscheidend zu dessen relativer Stabilität in jenen Jahren beigetragen hat. In Italien hatten

---

[241] Vgl. SCHMID, Unteilbarkeit, S. 8; vgl. ebd. S. 14 und unten Kap. 8 § 1, S. 462 Anm. 7.

[242] Die Merowinger, unter denen Teilungen indes nicht selbstverständlich waren, bleiben hier natürlich außer Betracht; vgl. aber WOOD (oben Anm. 184) S. 11 – 13, 25 u.ö.

[243] Capit. I, Nr. 136 (817 Juli): ...*nequaquam nobis nec his, qui sanum sapiunt, visum fuit, ut amore filiorum aut gratia unitas imperii a Deo nobis conservati divisione humana scinderetur, ne forte hac occasione scandalum in sancta Ecclesia oriretur* (S. 270 Z.38 – 40). Hier steht der Einheitsgedanke eindeutig unter dem Aspekt der *unitas imperii*; s. auch HLAWITSCHKA, Unteilbarkeit, S. 5, 23 Anm. 49.

[244] Es ist müßig, darüber zu diskutieren, ob die „Ordinatio" ohne die Geburt Karls d.K. Bestand gehabt hätte; entscheidend ist, daß der Kaiser selbst sich über sie hinweggesetzt hat; vgl. jetzt bes. WERNER, Hludovicus, S 37, 53.

[245] Die „Abfindung" Karls III. von Westfranken 897 war keine echte Reichsteilung und betraf überdies nicht die Familie Odos; vgl. unten Kap. 6 § 2, S. 380 m. Anm. 161.

[246] POUPARDIN, Bourgogne, S. 29ff., 66ff., 113ff. Über kaum eine Periode in der Geschichte des Abendlandes sind wir so schlecht unterrichtet wie über das 10. Jh. in Burgund. Vgl. auch oben S. 334 m. Anm. 220 und bes. unten Kap. 7 § 3, S. 454ff.; Kap. 8 § 1, S. 484ff.

[247] Schon „vor 940" stand Konrad zu Otto I. in einem Lehnsverhältnis; so wird man doch wohl die Stelle bei Widukind, l.II c.35, interpretieren müssen: *abiit* (scil. Otto) *Burgundiam regem cum regno in suam accepit potestatem* (ed. HIRSCH, S. 94 Z.14 – 15): B – O 74a. HARTMANN III/2, S. 234, spricht von einer „Art Protektorat über Burgund"; HIESTAND, S. 179 – 80, enthält sich eines Urteils.

[248] Burgund sei ausdrücklich ausgeklammert; vgl. bes. oben S. 332 m. Anm. 202 – 03. Vgl. auch POUPARDIN, Bourgogne, S. 67 – 69, den die Frage der „Unteilbarkeit" nicht berührt.

[249] Vgl. schon BRÜHL, Anfänge, S. 161 m. Anm. 54.

sich fünf Familien um die Krone gestritten[250], doch erst Hugo von Arles
war es gelungen, eine dauerhafte Herrschaft zu errichten[251]. In solch insta-
bilen Verhältnissen mußte es die erste Pflicht eines Herrschers sein, die
Macht seines Hauses zu sichern. Auf die heiligen Eide der ang. so staatsbe-
wußten Großen für die Nachfolge im Todesfall war nicht viel zu geben. So
blieb als einziger Ausweg, daß der Herrscher noch zu Lebzeiten die Nachfolge regelte, indem er seinen Sohn wählen und krönen ließ. Auch dies
übrigens ein Umstand, der jeden Gedanken an Reichsteilung von selbst
verbot. Betrachten wir nun die Nachfolgeregelung in Ost- und Westfranken im 10. Jahrhundert, so ist festzustellen, daß Mitregentschaft des Nachfolgers zu Lebzeiten des Vaters den Regelfall bildet: Otto I. erhob Otto II.
961 zum Mitkönig, 967 zum Mitkaiser; dieser erreichte noch kurz vor seinem überraschenden Tod 983 die Wahl Ottos III. auf dem Reichstag zu
Verona, der noch im selben Jahr die Krönung in Aachen folgte[252]. Otto III.
und Heinrich II. starben ohne Leibeserben, doch Konrad II. ließ seinen
zehnjährigen Sohn Heinrich III. 1028 in Aachen zum König wählen und
krönen[253]. Dieser handelte 1053 bei der Wahl seines dreijährigen Sohnes
Heinrich IV. nicht anders[254].

In Westfranken bietet sich das gleiche Bild: Ludwig IV. starb unerwartet
früh und hatte daher noch keine Zeit für eine Nachfolgeregelung gefunden[255], doch Lothar erhob seinen Sohn Ludwig V. bereits 979 zum Mitkönig[256]. Nach dem Dynastiewechsel von 987 hatte Hugo Capet nichts Eili-
geres zu tun, als seinen Sohn Robert II. noch zu Weihnachten 987 in Orléans zum König wählen und krönen zu lassen[257]. Robert II. setzte durch,
daß sein ältester Sohn Hugo zu Pfingsten 1017 in Compiègne gekrönt wur-

---

[250]) Die Widonen (Wido und Lambert) gegen Berengar I. ; dieser gegen Ludwig v.d.
Provence und Rudolf II. von Burgund; dieser gegen Hugo von Arles. Allgemein s.
HARTMANN III/2, S. 105ff., 179ff., 197ff. und HIESTAND, S. 36ff., 50ff., 102ff., 128ff.,
138ff., 149ff.

[251]) Er hat sich etwa 20 Jahre in der Herrschaft halten können, doch auch er wurde
schließlich vertrieben und starb 948 in Arles: HARTMANN III/2, S. 235 – 36 und bes. unten
Kap. 8 § 1, S. 487 m. Anm. 181.

[252]) B – O 297a (B – Mi 574e – f), B – O 463b (B – Mi 592g); B – Mi 898b; UHLIRZ, Otto
III., S. 8 – 9.

[253]) B – A 117a (1028 Apr. 14); Konrad hatte seinen Sohn schon im Febr. 1026 in
Augsburg noch als *puer* zu seinem Nachfolger designiert: B – A 49b; vgl. BECKER, S. 15
und unten S. 340 m. Anm. 267.

[254]) Heinrich IV. wurde im Alter von drei Jahren 1053 in Trebur gewählt und am 17.
Juli 1054 in Aachen gekrönt: B – St 13, 18; vgl. STEINDORFF II, S. 227 – 28, 279 – 80 und
BECKER, S. 22 – 23.

[255]) Vgl. oben S. 336 m. Anm. 228 – 29.

[256]) Vgl. LOT, Carolingiens, S. 108 – 09.

[257]) LOT, Carolingiens, S. 216 – 17; DERS., Capet, S. 4 m. Anm. 1; LEWIS, S. 17. Vgl.
unten S. 340 – 41 m. Anm. 269.

de; nach dessen frühem Tod im September 1025 empfing der zweite Sohn
Heinrich I. 1027 in Reims Salbung und Krönung[258]. Es ist dies der einzige
Fall, daß die Nachfolge umstritten war und zu inneren Auseinandersetzungen führte[259]. Auch Heinrich erhob seinen Sohn Philipp 1059 zum
Mitkönig[260]. Früher noch als in Ost- und Westfranken findet sich das Mitkönigtum in Italien, wo Wido seinen Sohn Lambert schon 891 zum Mitkönig
wählen ließ, um ihn am Ostertag 892 sogar zum Mitkaiser zu erheben[261].
Alle Herrscher, die sich auf Dauer in Italien zu halten vermochten[262], sind
diesem Beispiel gefolgt: Lothar wurde 931 Mitkönig Hugos, Berengar II.
und Adalbert empfingen 950 die Krone gleich gemeinsam[263]. Für Westfranken liegt es nahe, an direkte Übernahme des Mitkönigtums in Ostfranken zu denken[264], während für Italien das byzantinische Vorbild wohl
kaum geleugnet werden kann[265].

Auffällig ist, wie häufig Kinder zu – natürlich rein formalen – Mitregenten des Vaters berufen wurden: Otto III. und Heinrich IV. waren bei
ihrer Wahl jeweils drei Jahre alt und überdies die einzigen Söhne des Vaters[266], Heinrich III., Philipp I. und Lothar von Italien nicht viel älter und
gleichfalls ohne Brüder[267]. Hugo von Westfranken hatte 1017 das 10. Lebensjahr wohl noch nicht vollendet, während Ludwig V. 979 immerhin
schon etwa 13 Jahre alt, aber noch immer minderjährig war[268], wie Robert
II., der 987 etwa 15 Jahre gezählt haben dürfte, dessen Vater erst wenige

---

    [258]) PFISTER, S. LXXVII, LXXXII, 71 – 73, 75, 76 – 77; s. auch BAUTIER, Anne, S. 547;
LEWIS, S. 27.
    [259]) Dies lag nicht zuletzt an Roberts Gemahlin Konstanze, die ihren jüngeren Sohn
Robert zum Nachfolger ihres Gemahls wünschte, eine Auffassung, die offenbar von der
Mehrheit des Hochadels geteilt wurde; vgl. PFISTER, S. 81 – 83; BAUTIER, Anne, S. 543,
547 m. Anm. 1. Vgl. unten S. 341 m. Anm. 271 und bes. unten Kap. 10 § 2, S. 663 – 64.
    [260]) FLICHE, S. 2 – 6; BAUTIER, Anne, S. 550; LEWIS, S. 46.
    [261]) HARTMANN III/2, S. 112, 113; HIESTAND, S. 60; Capit. II, Nr. 224 (891 Mai 1)
S. 107 – 09, erwähnt das Mitkönigtum Lamberts nicht, doch ist das Capitulare nur in der
Form überliefert, in der es in den „Liber Papiensis" inseriert wurde. In der im Cod.
Ambrosianus des „Liber Papiensis" zu findenden Datierung: in Kalendas Madias...anno
imperii eius primo; indictione IV: Capit. II, Nr. 224 Vorbem., S. 107 Z.11 – 12, ist IV
natürlich aus IX verlesen.
    [262]) Berengar I. hatte keinen Sohn und konnte Widos Beispiel daher nicht folgen; vgl.
HIESTAND, S. 130.
    [263]) HARTMANN III/2, S. 197, 243; HIESTAND, S. 163, 202.
    [264]) Vor dem Mitkönigtum Ottos II. war Liudolf 946 nur designierter Nachfolger
ohne Wahl und Krönung gewesen: B – O 131b und oben S. 337 m. Anm. 238.
    [265]) Es befremdet, daß OHNSORGE, Zweikaiserproblem, S. 48ff., 62ff. das Problem der
Mitherrschaft mit keiner Silbe berührt; vgl. aber HIESTAND, S. 63.
    [266]) B – Mi 815a; B – St 1, 13; STEINDORFF II, S. 117 – 18; BECKER, S. 13 – 14, 22 – 23.
    [267]) Heinrich war im Augenblick der Krönung knappe elf Jahre alt, Philipp noch keine
sieben und ebenso wohl auch Lothar: B – A e, 117a; BECKER, S. 15 – 16; BAUTIER, Anne,
S. 550 m. Anm. 6; POUPARDIN, Provence, S. 224 m. Anm. 6. Vgl. oben Anm. 252.
    [268]) PFISTER, S. 70 m. Anm. 1; LOT, Carolingiens, S. 108 m. Anm. 2.

Monate zuvor zum König gewählt worden war[269]. Schon die hohe Zahl von „einzigen Söhnen" macht deutlich, daß die Frage der „Einheit des Reiches" bei diesen Erhebungen zum Mitkönig nicht im Mittelpunkt der Überlegungen gestanden haben kann[270]. Das Problem der Reichseinheit stand auch bei Otto I. und Heinrich I. von Westfranken nicht zur Debatte, denn Ottos Bruder Heinrich und Heinrichs Bruder Robert strebten keine Reichsteilung an, sondern das Königtum für ihre Person. Beide mußten schließlich mit „Herzogtümern", d.h. mit alten karolingischen *regna*, abgefunden werden: Heinrich mit Baiern, Robert mit Burgund[271]. Dies sind im 10. und 11. Jahrhundert die einzigen Fälle, in denen die Nachfolge bestritten wurde und gefährdet war[272], ohne daß darum der Gedanke der Reichseinheit auf dem Spiel gestanden hätte. So verdienstlich und befruchtend die Fragestellung TELLENBACHS unzweifelhaft gewesen ist, so muß doch betont werden, daß nicht die „Unteilbarkeit des Reiches" die Sorge des 10. Jahrhunderts war, sondern die Sicherung der Nachfolge.

---

[269]) Roberts Geburtsjahr gibt LOT, Carolingiens, S. 74 m. Anm. 4, mit 972 an gegen PFISTER, S. 1 m. Anm. 1. Auch Robert war der einzige Sohn seines Vaters; vgl. PFISTER, S. 1. Vgl. bes. unten Kap 9 § 2, S. 596 m. Anm. 315.

[270]) Von den 13 Herrschern, die von 936 – 1056/60 in Ost- und Westfranken (Deutschland und Frankreich) zur Regierung kamen, waren nicht weniger als fünf die einzigen Söhne ihres Vaters: Otto III., Heinrich III. und Heinrich IV. in Ostfranken (Deutschland), Ludwig V. und Robert II. in Westfranken. Otto II. war der einzige Sohn Ottos d.Gr., der ihn überlebte. Drei Herrscher starben kinderlos: Otto III., Heinrich II. und Ludwig V. In Italien war Lambert der einzige Sohn Widos, Lothar der einzige legitime Sohn Hugos. Beide starben, ohne Söhne zu hinterlassen. Vgl. noch unten Anm. 272.

[271]) B – O 157a; PFISTER, S. 83. Die Forschung hat m.E. zu wenig beachtet, daß Heinrich keine Teilungspläne verfolgte, sondern an die Stelle des Bruders treten wollte. SCHMID, Unteilbarkeit, S. 15: „Der Fortbestand der ottonischen Königsdynastie ist daher Ottos Durchsetzungsvermögen zuzuschreiben", trifft nur zu, wenn man dies auf die direkte Linie Ottos bezieht.

[272]) Auseinandersetzungen um die Nachfolge bei Aussterben des Hauses oder dem Übergang auf eine Seitenlinie (Heinrich II., Konrad II.) sind hier natürlich nicht berücksichtigt. Von den sechs Nachfolgern Ottos d.Gr. bis zu Heinrich IV. wurden vier zu Lebzeiten des Vaters als Minderjährige zu Königen erhoben. Für Heinrich II. und Konrad II. trifft dies nur deshalb nicht zu, weil Otto III. und Heinrich II. ohne Leibeserben gestorben waren. In Westfranken wurden Ludwig V., Hugo und Philipp I. als Minderjährige zu Mitkönigen gekrönt, von denen Hugo vor dem Vater starb: oben S. 340 m. Anm. 258. Ludwig IV. starb unerwartet jung und hatte es versäumt die Nachfolge zu regeln. Von 13 Herrschern sind somit acht zu Lebzeiten des Vaters erhoben worden (davon sechs als Minderjährige), vier verdanken ihre Herrschaft einem Dynastiewechsel (Ludwig IV., Hugo Capet, Konrad II.) bzw. einem Wechsel der Linie innerhalb des regierenden Hauses (Heinrich II. wegen des kinderlosen Todes Ottos III.); ein König kam als Minderjähriger zur Regierung (Lothar), so daß allein Otto I. als volljähriger Mitkönig (ca. 24 Jahre alt) die Herrschaft antrat. Völlig verfehlt daher SCHRAMM I, S. 81. Zu einem ang. Teilungsprojekt im 11. Jh. vgl. Kap. 10 § 1, S. 638 – 39.

§ 3: Zur Frage sogen. natürlicher Grenzen.

Wenn man schreiben konnte, daß die Frage nach der „Unteilbarkeit des
Reiches" ein Problem der deutschen Geschichtsforschung gewesen ist[273],
dann wird man sagen müssen, daß die Frage der sogen. „natürlichen Grenzen" vorwiegend die französische Forschung bewegt hat. Hierbei geht es
natürlich nicht um Überlegungen auf der Basis geographischer Gegebenheiten[274], wie sie sich in dem sogen. Hexagon darstellen[275], sondern es
handelt sich um die politische Forderung nach dem Rhein als der ang. „natürlichen" Grenze Frankreichs, wie sie zwar seit dem Spätmittelalter hier
und da angeklungen war, aber erst seit der Französischen Revolution zur
politischen Doktrin erhoben wurde: „Ses limites (scil. de la République
française) sont marquées par la nature. Nous les atteindrons toutes des
quatre coins de l'horizon, du côté de l'Océan, du côté des Pyrénées, du côté des Alpes. Là sont les bornes de la France, nulle puissance humaine ne
pourra nous empêcher de les atteindre, aucun pouvoir ne pourra nous en-
gager à les franchir". Diese Worte Dantons, vor der „Convention" im Januar 1793 gesprochen[276], formulieren – auch in ihrer Beschränkung! –
gewissermaßen das außenpolitische Programm der Revolution; es ist symptomatisch, daß diese Grenzen, kaum erreicht, sofort überschritten wurden[277]. Nach 1871 ist der Ruf nach den „natürlichen Grenzen" erneut erklun-
gen, womit konkret die Rückgewinnung Elsaß-Lothringens gemeint war[278].

Selbstverständlich bestehen zwischen „politischen" und „geographischen" Grenzen Interferenzen, die schon von RATZEL erkannt worden
sind[279]. Nicht zufällig warnt WERNER davor, aus der geographischen Ge-
schlossenheit des „Hexagons" Schlußfolgerungen der Art zu ziehen, als ob

---

[273]) Oben S. 331–32 m. Anm. 198.
[274]) Dazu allgemein RATZEL, S. 563ff., dessen Kapitel über „Die natürlichen Grenzen",
allein unter geographischen Gesichtspunkten geschrieben ist; vgl. allerdings unten mit
Anm. 279 und Anm. 284. FIERRO, S. 17ff. benennt sein 1. Kapitel: „L'Œuvre de la Provi-
dence?"; vgl. ebd. S. 24–26: La théorie des frontières naturelles; vgl. dazu unten Anm. 285
und Anm. 326.
[275]) Hierzu WERNER, Histoire, S. 59ff.
[276]) Zitiert nach GUENÉE, Limites, S. 88; s. auch FIERRO, S. 25. Albert SOREL hat den
4. Band seines berühmten Werks: L'Europe et la Révolution française (Paris 1892) „Les
Limites naturelles, 1794–1795" betitelt. Vgl. aber oben S. 269 m. Anm. 166.
[277]) Wenn das linke Rheinufer auch formal für knapp zwei Jahrzehnte die Grenze
Frankreichs gebildet hat, so waren die von Napoleon für seine Familie eingerichteten
Vasallenstaaten östlich des Rheins doch nicht viel mehr als französische Provinzen. Vgl.
noch GUENÉE, Limites, S. 66; s. schon RATZEL, S. 573–74 und FIERRO S. 78.
[278]) Vgl. die bei ZELLER I, S. 21 Anm. 1, zusammengestellte Literatur. Es versteht sich,
daß der Ruf nach der „natürlichen" Rhein-Grenze im 1. Weltkrieg besonders laut erschallte.
[279]) Vgl. RATZEL, S. 582ff., 588ff.

damit die politischen Grenzen Frankreichs von Zeit und Ewigkeit her vorgegeben gewesen seien[280]. Noch einmal gebe ich dem großen Geist Ernest
RENAN das Wort, der in seinem schon mehrfach zitierten Vortrag unter
den fünf Gemeinsamkeiten, die n i c h t ausreichen, eine Nation zu begründen („Rasse", Sprache, Religion, wirtschaftliche Interessen[281]) ausdrücklich auch die Geographie nennt: „La géographie, ce qu'on appelle les frontières naturelles, a certainement une part considérable dans la division des
nations. La géographie est un des facteurs essentiels de l'histoire...Peut-on
dire cependant, comme le croient certains partis, que les limites d'une nation sont écrites sur la carte et que cette nation a le droit de s'adjuger ce qui
est nécessaire pour arrondir certains contours pour atteindre telle monta-
gne, telle rivière, à laquelle on prête une faculté limitante à priori? Je ne
connais pas de doctrine plus arbitraire, ni plus funeste. Avec cela on justifie
toutes les violences. Et d'abord, sont-ce les montagnes ou bien sont-ce les
rivières qui forment ces prétendues frontières naturelles?...Si l'histoire(!)
l'avait voulu, la Loire, la Seine, la Meuse, l'Elbe, l'Oder auraient autant que
le Rhin, ce caractère de frontière naturelle qui a fait commettre tant d'in-
fractions au droit fondamental, qui est la volonté des hommes"[282].

Die Gedanken RENANS sind natürlich stets vor dem Hintergrund des
Anspruchs Frankreichs auf Elsaß-Lothringen zu lesen[283], weshalb ihm
strategische, d.h. militärpolitische Überlegungen ein besonderer Dorn im
Auge waren, auch wenn er ihre Berechtigung bis zu einem gewissen Grade
– „mais il ne faut pas que ces concessions aillent trop loin" – anerkannte[284]. Im übrigen wurde der in Frankreich entwickelte Gedanke der „natürlichen" Rhein-Grenze in Deutschland nicht ungern zu polemischen
Zwecken und als Beweis für die Bedrohung der deutschen Westgrenze aufgenommen[285], wobei den elsässischen Humanisten mit Wimpfeling an der

[280] WERNER, Histoire, S. 63–64.
[281] In diesem Zusammenhang fällt der Satz: „Il y a dans la nationalité un côté de
sentiment ...; un *Zollverein* n'est pas une patrie": Œuvres, t.I, S. 902.
[282] Œuvres, t.I, S. 902–03. Renan vergißt hier, daß die Maas diesen Charakter einer
„natürlichen Grenze" für Jahrhunderte gehabt hatte, natürlich ohne daß sie je so genannt
worden wäre.
[283] Das ändert selbstverständlich nicht das Geringste an der Richtigkeit der obigen
Ausführungen, die keine Stütze für die in jenen Jahren gängige These von den „natürlichen
Grenzen Frankreichs" bildeten, ganz im Gegenteil!
[284] Œuvres, t.I, S. 903: „On parle de raisons stratégiques. Rien n'est absolu; il est clair
que bien des concessions doivent être faites à la necessité. Mais il ne faut pas que ces
concessions aillent trop loin. Autrement tout le monde réclamera ses convenances militaires, et ce sera la guerre sans fin". Positiv natürlich RATZEL, S. 593: „Die kriegsgeogra-
phische Auffassung der Grenze" unter ausdrücklichem Bezug auf Lothringen.
[285] Ein „Klassiker" dieser Art ist das Büchlein von JANSSEN, passim, dessen 1. Auflage
von 1861 im Jahre 1883 unverändert neu aufgelegt wurde; vgl. ZELLER I, S. 21 Anm. 1.

Spitze die Rolle des Vorreiters zugefallen war[286]. In Deutschland wie in Frankreich ging man dabei von der Konzeption einer spätestens seit den Tagen Philipps des Schönen konsequent und zäh verfolgten Politik aus, die ihre ersten Früchte unter Heinrich II., Richelieu und Ludwig XIV. getragen habe, aber erst mit der Französischen Revolution voll verwirklicht worden sei[287]. Daß diese Auffassung falsch ist, die französische „Ausdehnungspolitik" sich vielmehr eher zufällig und ohne irgendwelche Gesamtkonzeption vollzog, ist inzwischen klar nachgewiesen[288] und bedarf hier nicht des erneuten Beweises. So ist es denn auch in keiner Weise meine Absicht, noch einmal die Geschichte von Frankreichs Ostgrenze darzustellen[289], wobei natürlich auch hier die unbedachte Gleichsetzung von Westfranken mit Frankreich zu erbaulichen Fehlurteilen Anlaß gab[290].

Mein Interesse beschränkt sich auf das Aufkommen des Begriffs der „natürlichen Grenze" im Zusammenhang mit der Forderung nach dem linken Rheinufer. Es versteht sich dabei von selbst, daß es sich um die theoretische Begründung höchst realer Machtansprüche handelt: „Das menschliche Bedürfnis, den Begierden einen edleren Namen zu geben...ist jederzeit einer begehrlichen Politik zugestellt", hat KERN 1910 formuliert[291] und damit zugleich eingeräumt, daß die „Begründungen" sich der politischen Lage anzupassen haben. Als „Rechtsgrundlage" französischer Ansprüche diente um 1300 die „Vier-Ströme-Theorie": Schelde, Maas, Saône, Rhône, wie sie in einer Eingabe Philipps IV. an den Papst formuliert ist: *Item invenitur in scripturis et litteris antiquis...quod olim quidam(!) rex Francie habuit duos filios, quorum unus fuit rex Francie et alter imperator,*

---

Auf einer ganz anderen wissenschaftlichen Ebene angesiedelt ist das Buch von KERN, bes. S. 15ff., dem auf französischer Seite ZELLER I, S. 21ff. entspricht. Vgl. noch unten Anm. 287. Auch FIERRO, S. 24, bemerkt: „Paradoxalement l'idée de la frontière du Rhin paraît plutot une idée allemande, une idée découlant de la faiblesse et de l'émiettement de l'Empire, afin de borner l'expansion de la France".

[286]) Vgl. ZELLER I, S. 54–55 und schon oben S. 40–42

[287]) Dies ist etwa die Auffassung von SOREL, S. 244ff., 262ff.; ähnlich auch KERN, S. 56ff., der seine Darstellung aber schon im 14. Jh. abbricht. Vgl. ZELLER I, S. 21–22, der für diese Konzeption Janssen verantwortlich macht: oben Anm. 285, womit die Bedeutung des Werkchens wohl doch überschätzt wird.

[288]) Das Verdienst gebührt vor allem ZELLER I, S. 21ff., 40ff.; II, S. 415ff.; zu älteren Kritikern dieser These vgl. ZELLER I, S. 22 Anm. 1.

[289]) Vgl. zuletzt die knappe und kompetente Darstellung von GUENÉE, Limites, S. 73–91 und die aufschlußreichen Karten bei FIERRO, S. 75–76 Karten 10A-B sowie ebd. S. 23 Karte 1B.

[290]) So etwa KERN, Anhang, Exkurs I, S. 317: „Die größte Ausdehnung F r a n k r e i c h s im Mittelalter wurde vorübergehend durch die Angliederung Lothringens (911) erreicht. Bis 923 besaß Karl der Einfältige die Rheingrenze auf eine lange Strecke".

[291]) KERN, S. 15.

*et quod magna briga fuit inter eos orta super finibus regni et imperii..., hinc-*
*inde fuit inter eos per amicos communes*(!) *concordatum, quod quatuor flu-*
*mina, Scalzus, Mosa, Rodanus et Sagona, essent pro finibus de cetero regni*
*et imperii* [292]. Wo immer aber diese Theorie weitergehenden Ansprüchen
im Wege stand, wurde sie bedenkenlos aufgegeben: *Flumen enim Sagone* –
es geht noch immer um die französischen Ansprüche auf Lyon – *vel ali-*
*ud*(!) *non sunt usquequaque termini finium regni nostri, nec enim fines*
*regnorum semper per talia fluvia distinguuntur, sed per*
*nationes patrie atque terras, prout cuilibet regno ab initio fuerit sub-*
*iecte*[293]. Diese „Definition" distanziert sich von der im Augenblick un-
brauchbaren Theorie der Flüsse als Grenze[294] – der Rhein war noch weit!
– und stellt stattdessen geschickt ab auf „die nationale Zugehörigkeit der
Völker"[295].

Ein anderes, bei Gelegenheit herangezogenes, bei anderer Gelegenheit
„vergessenes" Argument ist die Sprache, die schon zu Ausgang des 13.
Jahrhunderts von vielen als wichtiger angesehen wird als die politische Zugehörigkeit[296]. Von politischer Relevanz wird dieses Argument vorzugsweise im 16.–17. Jahrhundert. So erklärte Heinrich IV. den Bewohnern
der Bresse und des Bugey: *Il estoit raisonnable que, puisque vous parlez na-*
*turellement françois, vous fussiez suiects à un roi de France. Je veux bien*
*que la langue espagnole demeure à l'Espagnol, l'allemande à l'Allemand,*
*mais toute la françoise doit estre à moy* [297]. Es versteht sich, daß das sprachliche Argument sofort in der Schublade verschwinden mußte, sobald
Frankreich mit dem Frieden von Münster seinen Fuß ins Elsaß setzte, aber,

---

[292] KERN, Acta, Nr. 274 (vor 1297 Aug.) § 16, S. 205 Z.12–17; vgl. hierzu KERN,
S. 17–18.
[293] KERN, Acta, Nr. 285 (1307 Sept.) § 7, S. 229 Z.28–30; vgl. KERN, S. 26–27, der mit
Recht bemerkt: „die Grenzen sind im Marsch" (ebd. S. 26); s. auch GUENÉE, Limites, S. 81.
[294] Ablehnend zu Flüssen als Grenze auch KERN, S. 16 m. Anm. 1; s. noch RATZEL,
S. 566.
[295] So übersetzt KERN, S. 27, den Passus *nationes patrie.*
[296] Ein hübsches Beispiel bei GUENÉE, Limites, S. 82: der französischsprachige Graf
von Montbéliard besiegt 1287 in einer Schlacht den deutschsprachigen Bischof von Basel
und den Grafen von Freiburg i.Br.; alle drei sind Lehnsträger des Reiches. Dieses Ereignis
kommentiert der Straßburger Ellenhard wie folgt: *...profectus est dominus Ruodulfus...*
*Romanorum rex...contra archiepiscopum et civitatem Bysuntinensem...ac generaliter con-*
*tra omnem Galliam, causa rei publice, id est ad recuperandum honorem et bonam famam*
*tocius Theutunie...*: Chronicon Ellenhardi ad an. 1289 (ed. JAFFÉ, S. 130 Z.34–38; vgl. ebd.
Z.38–45); s. auch WAGNER, S. 403 und GUENÉE, État, S. 153.
[297] Zitiert nach SOREL, S. 271; s. auch GUENÉE, Limites, S. 82–83. Das Argument der
Sprache gebrauchte schon Ludwig XI. im Kontext seiner flandrischen Politik; vgl. SOREL,
S. 257 m. Anm. 2. In diesem Zusammenhang ist nicht ohne Interesse, daß das Französische
in Frankreich selbst erst im 15. Jh. zur Nationalsprache wird; vgl. FIERRO, S. 154–56 mit
Karte 18 auf S. 157.

betont Bernard GUENÉE zutreffend: „jusque-là, et pendant des siècles, la limite politique du royaume a tendu moins vers une limite naturelle ou historique que vers une limite linguistique"[298]. Daß die Sprache im Spätmittelalter allgemein als das bessere Unterscheidungsmerkmal galt als „natürliche" Grenzen, wie Berge oder Flüsse, formuliert Gobelinus PERSON (1358 – 1425) in seinem „Cosmidromius" bei Erörterung der *Gallia triplex* wie folgt: *Unde antiqui considerabant divisiones provinciarum secundum limites et terminos fluminum, moncium et silvarum ac marium, sed v u l g a - res m o d e r n i*(!) *attendunt tales distinctiones secundum differencias idiomatum. Unde accidit, quod illa civitas, que est in aliqua provincia secundum unam consideracionem, est in alia provincia secundum aliam consideracionem*[299].

Man kann in diesen Ausführungen mit etwas gutem Willen ein Plädoyer für „natürliche" Grenzen im Sinne von „von der Natur gesetzte" Grenzen erblicken, von denen die *vulgares moderni* aber offenbar nicht viel halten. Auch sei betont, daß ein lateinischer Begriff wie *termini naturales* o.ä. fehlt; ich habe ihn auch anderwärts nicht finden können. Um den Rhein – um den es natürlich immer geht – als eine natürliche Grenze bezeichnen zu können, muß als Vorbedingung die Gleichsetzung von *Francia* mit *Gallia* vollzogen sein, denn es ist klar, daß von den Grenzen des westfränkischen Reiches im Vertrag von Verdun kein Weg zur Rheingrenze führt. Die Teilung Lotharingiens im Vertrag von Meersen 870 hielt nicht einmal ein Jahrzehnt[300]. Der Vertrag von Ribémont 880 schrieb die Ostgrenze Westfrankens/Frankreichs für die nächsten Jahrhunderte fest, woran auch die vorübergehende Option der Lotharinger für das Westreich (911 – 923) nichts zu ändern vermochte[301]. Mit der westfränkischen Königstradition war somit nicht viel anzufangen. Nur die Erinnerung an die *Gallia* Caesars hatte Aussicht auf eine politische Zukunft, wenn es gelang, die Grenzen der *Gallia* auf die *Francia* zu übertragen, d.h. *Gallia* und *Francia* zumindest vom Anspruch her für identisch zu erklären. Der erste Versuch in dieser Richtung war zweifellos die Geschichtskonstruktion Richers von St-

---

[298]) GUENÉE, Limites, S. 83, der ebd. S. 82 eine deutliche Sympathie für diese These erkennen läßt. Die Sensibilität für die Sprache ist jedoch vorwiegend ein Phänomen des Hohen und Späten, weniger des Frühen Mittelalters; vgl. oben S. 276 – 77 und die folg. Anm.

[299]) Cosmidromius, Prima aetas mundi, c.5 (ed. JANSEN, S. 3); vgl. ebd. Einleitung, S. VIIff., XXXVIIff.

[300]) Es scheint mir daher wenig angemessen, wenn KERN, S. 6, urteilt: „So hat Karl d.K. die Rheingrenze, dieses später so bedeutungsschwere Postulat, in die Geschichte eingeführt".

[301]) Vgl. unten Kap. 6 § 1, S. 361 m. Anm. 59, S. 366 m. Anm. 84 – 85; § 3, S. 401 m. Anm. 287 – 88; Kap. 7 § 2, S. 431ff.

Remi, doch ging es Richer gewiß nicht um die Rheingrenze und überdies blieb seinem Werk der literarische Erfolg versagt: seine Konzeption war und blieb die eines eigenwilligen Aussenseiters[302].

Ich konnte oben zeigen, daß *Gallia* im 9.–11. Jahrhundert zahlreiche verschiedene Bedeutungen haben kann und darin weitgehend dem schwankenden Sinngehalt von *Francia* entspricht, was Bernd SCHNEID-MÜLLER auch noch für das 12. Jahrhundert nachweisen konnte[303]. E i n e und überdies sehr seltene Bedeutung ist die Gleichsetzung von *Francia* mit der *Gallia* in ihren Grenzen der römischen Zeit, wofür ich nur den „Liber Floridus" des Kanonikus Lambert von St-Omer zu nennen wüßte, der um 1120 die *Francia* wie folgt definiert: *Francia autem ab oriente montem Jovis, ab occasu Oceanum, a meridie montem Pyreneum, a septentrione Rehnum* (sic) *habet fluvium*[304]. Er liefert auch gleich die Erklärung für diese Umbenennung: *ibique Francione mortuo – ex quo Francos vocatos affirmant – Franci prelia multa gesserunt et postea Galliam possederunt, quam a rege suo Francione Franciam vocaverunt*[305]. Im allgemeinen war man sich jedoch des grundsätzlichen Unterschieds zwischen *Gallia* und *Francia* sowohl im Reich als auch in Frankreich wohl bewußt[306]. Erst der Humanismus bringt hier ein neues Denken, da deutsche wie französische Humanisten es für „eleganter" und obendrein für „gelehrter" hielten, statt von Deutschland und Frankreich, „Allemagne" und „France", besser von „Gallien" und „Germanien", „Gaule" und „Germanie" zu sprechen, womit natürlich auch die alten Grenzen des römischen Gallien angesprochen waren[307], die schon früh mit denen des „royaulme de France" gleichgesetzt

---

[302] Vgl. oben S. 146–48.

[303] Oben S. 134ff. und SCHNEIDMÜLLER, Nomen, S. 165ff., 277.

[304] Liber Floridus (ed. DELISLE, S. 758). Die Beschreibung bezieht sich auf die merowingische Zeit. Vgl. KERN, S. 20–21, der das Gewicht dieses isolierten Passus aber wohl doch überbewertet; vgl. ZELLER I, S. 54 m. Anm. 1.

[305] Liber Floridus (ed. DELISLE, S. 767). Der Passus: *ex quo – affirmant*, steht einige Zeilen zuvor. Eine andere Deutung des Frankennamens bietet die Hs.J der Denkschrift von 1307: oben Anm. 293: *unde Guallici nomine Gualliarum huius terrarum ubique vocantur, Franci sequentibus temporibus nominati propter iugum a se servitutis* [amotum]: KERN, Acta, Nr. 285 (1307 Sept.) § 1, S. 226 Anm. e; s. auch SCHNEIDMÜLLER, Nomen, S. 160 m. Anm. 81a, 163, der als Vorbild auf Pseudo-Turpin verweist.

[306] ZELLER I, S. 53–56, übertreibt allerdings, wenn er meint, daß gerade in Frankreich die Erinnerung an die alten Grenzen der *Gallia* fast ausgestorben gewesen sei. Richtig ist, daß man daraus kein politisches Programm machte; abwegig JULLIAN, S. 244; s. noch SCHNEIDMÜLLER, Nomen, S. 34ff., 140ff., 191ff.

[307] Vgl. GUENÉE, Limites, S. 81–82; s. ergänzend PARISET, S. 8–9 und oben S. 75 m. Anm. 441.

wurden, wie der „Livre de la description des pays" bezeugt, den Gilles Le Bouvier, der „Premier roi d'armes" Karls VII., um 1450 verfaßt hatte[308].

Natürlich konnte es nicht ausbleiben, daß schon im 14. Jahrhundert hin und wieder Gerüchte von ang. Ansprüchen des französischen Königs auf das linke Rheinufer oder gar Abtretungsabsichten des römischen Königs kolportiert wurden. So soll König Albrecht Philipp dem Schönen bei Gelegenheit des Treffens in Vaucouleurs 1299[309] u.a. das linke Rheinufer als Gegenleistung für die Erblichkeit der Kaiserwürde abgetreten haben. Das jedenfalls berichtet Pierre Dubois[310], und Guillaume de Nangis nimmt diese Erzählung ohne Verständnis auf[311]. Beide machten sich damit nur zum Echo einer anti-habsburgischen Kampagne in Deutschland, die jeder vernünftigen Grundlage entbehrte[312]. Erst im 15. Jahrhundert gelegentlich der Armagnakenkriege 1444 ist erstmals konkret von französischen „Rheingelüsten" die Rede. Der Kanonikus Peter von Hasselt berichtete an den Trierer Erzbischof Jakob von Sierck, der ihn an den Hof Karls VII., der damals in Nancy residierte, entsandt hatte: *Ouch horete ich, he*(scil. Karl VII.) *habe geseit, Frankrych musze das land bis an den Rhine haben, und er forchte die dutschen Fursten nit, die wulle he alle slagen, einen und*

---

[308]) *Et l'autre ville est Mons, qui siet ou meilleu d'icelle riviere d'Escault et part le royaulme de France et l'Empire, ja soit ce que anciennement tous les pays de ça le Rin, depuis Basle jusques là où tumbe le Rin en mer, estoi[en]t du royaulme de France* (ed. HAMY, S. 108). Er zieht hieraus keinerlei Konsequenzen und nennt ebd. S. 31–32 die traditionelle Vier-Strom-Grenze als Grenze Frankreichs; vgl. ZELLER I, S. 55–56. Zur Schelde als Grenze vgl. schon die „nach 1164" entstandene „Flandria generosa", c.10: *Scaldis namque fluvius a fonte suo usque ad mare discernit regnum Lothariense a comitatu Flandriae, qui est de regno Francie...* (ed. BETHMANN, S. 320 Z.2–4).

[309]) Zu diesem Treffen vgl. GUENÉE, Limites, S. 79–80; HESSEL (unten Anm. 312) S. 82–84 und VOSS, Herrschertreffen, S. 83–84, 216.

[310]) Petrus de Bosco, De recuperatione terre sancte, c.116: *...quod dominus rex* (scil. Philippus IV.) *pro se et heredibus suis haberet, prout dicitur alias conventum fuisse, totam terram sitam citra Rinum Coloniensem vel saltem directum dominium et subiectionem comitatuum Provincie et Saveie...* (ed. LANGLOIS, S. 104); vgl. ZELLER I, S. 38 m. Anm. 3.

[311]) Guillelmus de Nangiaco, Chronicon ad an. MCCXCIX: *Circa festum Sancti Andreae Albertus rex Romanorum et Philippus rex Franciae pro pace utriusque regni et foedere confirmando apud Vallem Coloris convenerunt. Ubi, annuente rege Alberto, praelatis et baronibus Allemanniae, con cessum fuisse dicitur, quod regnum Franciae potestatis suae terminos, qui solum usque ad Mosam fluvium se extendunt, usque ad fluenta Rheni fluminis dilataret* (ed. GÉRAUD I, S. 308). Wilhelm von Nangis erwähnt nicht einmal irgendeine Gegenleistung Philipps, was beweist, daß er nur ein Gerücht nacherzählt, dessen Entstehung ihm unklar war; vgl. ZELLER I, S. 39 Anm. 2.

[312]) Dies betont treffend ZELLER I, S. 38–39; s. auch Alfred HESSEL: Jahrbücher des Deutschen Reichs unter König Albrecht I. von Habsburg (München 1931) S. 83, der aber Zeller nicht erwähnt; JANSSEN, S. 4 Anm. 3, hielt diesen ang. Vertrag noch für glaubwürdig. Erst im 16. Jh. im Laufe des langen Prozesses (1535–1561) gegen Claude La Vallée hat der „avocat général" des Königs, Jacques Cappel, von diesem ang. Vertrag in vorsichtiger Form („aucuns disent") politischen Gebrauch zu machen versucht: STEIN–LE GRAND, S. 151. Zur Zeit Richelieus gilt dies als Tatsache; vgl. SOREL, S. 273–74.

*nacher den anderen, awer he forchte die stedte und bawren*"[313]. Es sei nicht
vergesssen, daß der wackere Kanonikus letztlich nur vom Hörensagen berichtet, und Gedanken dieser Art bleiben auch in der Folgezeit isoliert[314].
Erst im fortgeschrittenen 16. Jahrhundert findet sich in gelehrten Juristen-
kreisen deutlich die Behauptung ausgesprochen – und sogleich als Argument in einem großen Prozeß vorgebracht –, daß das Königreich Frankreich seit alters bis an den Rhein gereicht habe[315].

Eine politische Doktrin war dies jedoch nicht; eine solche wurde erst er-
forderlich[316], als durch die berühmte „Voyage d'Allemagne" Heinrichs
II.[317] der eher zufällige Erwerb von Metz, Toul und Verdun gelang[318]. Sie
wurde prompt geliefert. 1568 erklärte der Lothringer Jean Le Bon: *Quand
Paris boira le Rhin, toute la Gaule r'aura, sa fin*[319]. Mit Sully überwogen
unter Heinrich IV. noch die Stimmen, die zur Mäßigung rieten[320], doch ein
Richelieu ließ sich davon nicht beeindrucken[321]. Sein sogen. „Politisches
Testament" stammt in Wahrheit zwar nicht von ihm selbst, sondern wahrscheinlich von dem Jesuiten Labbe[322], gibt aber seine Gedanken trefflich
wieder: „Hic igitur ministerii mei scopus restituere Galliae limites, quos
natura praefixit..."[323]. Hier ist nun eindeutig von „natürlichen Grenzen"
die Rede, und diese Idee wird sogar Bestandteil des amtlichen Sprachge-

---

[313]) Zitiert nach JANSSEN, S. 8; vgl. ebd. S. 6–9. Diesen Satz hat Janssen in modernem
Deutsch auf das Titelblatt seines Büchleins setzen lassen; vgl. noch ZELLER I, S. 51 Anm. 1
und ebd. S. 40ff.; überholt ist SOREL, S. 255–56.

[314]) Vgl. ZELLER I, S. 57: „Il est en effet remarquable qu'au lendemain de cette fugitive
apparition de 1444 l'idée du Rhin subit une longue éclipse" und dazu ebd. Anm. 1.

[315]) Der oben Anm. 312 zitierte Jacques Cappel erklärt um 1538 in einer „Remonstrance
à faire au Roy": „le Royaulme de France dès son commencement fut limité et s'estendit
du cousté des Allemaignes (!) jusqu'au fleuve du Rhin en y comprenant les terres et pays
qui de présent ont nom Lorraine et Barroys", und weiter: „le grand Roy Clovis, premier
Roi chrestien, qui n'eut jamais aultre titre que roy de France (!)...": STEIN – LE GRAND,
P.J., Nr. XX, S. 193–221, bes. S. 193; vgl. auch ebd. S. 131 und dazu ZELLER I, S. 58–59.
Für STEIN – LE GRAND, die um 1900 schreiben, ist es allerdings selbstverständlich, daß
die „réunion (!) du Clermontois à la France" (S. 79ff.) erforderlich gewesen sei: „pour
rendre à notre pays les limites naturelles dans lesquelles se renfermait autrefois la Gaule":
ebd. S. 92.

[316]) Grundsätzlich ist zu bemerken, daß die Theorie stets den tatsächlichen Gegebenheiten n a c h f o l g t und diese rechtfertigen soll.

[317]) Hierzu ausführlich ZELLER I, S. 285–392.

[318]) Vgl. ZELLER I, S. 70 und bes. ebd. S. 415–16, 424.

[319]) Zitiert nach GUENÉE, Limites, S. 82.

[320]) Vgl. SOREL, S. 266–68.

[321]) Dessenungeachtet ist die Darstellung der Politik Richelieus bei JANSSEN, S. 54ff.
völlig einseitig und tendenziös; vgl. dagegen SOREL, S. 272ff.

[322]) ZELLER I, S. 426; vgl. auch SOREL, S. 278; GUENÉE, Limites, S. 82, während KERN,
S. 18, offenbar keine Bedenken hegt.

[323]) Zitiert nach ZELLER I, S. 426; er bemerkt noch: ebd. S. 242, zu der Mentalität, in
der dieses ang. Testament geschrieben wurde: „Mais elle relève du journalisme plutôt que
de la politique."

brauchs, wenn es im Pyrenäenfrieden heißt: „les monts Pyrénées, qui avoi-
ent anciennement divisé les Gaules des Espagnes, feront aussi dorénavant
la division des deux mêmes royaumes"[324]. „L'idée érudite que les limites
historiques de la Gaule étaient les limites naturelles de la France a donc
bien existé", stellt Bernard GUENÉE fest, um sogleich fortzufahren: „il
faut bien convenir que rien ne permet d'en faire la grande idée de cette politique (scil. de la politique française aux XVIe et XVIIe siècles)"[325].

Ich kann zusammenfassen: das Mittelalter hat den Gedanken der „natürlichen Grenzen" nur ansatzweise gekannt und ihm keine entscheidende
Bedeutung beigemessen. Er wird erst in einer ganz bestimmten historischen Situation virulent und dient als politisch-historische Waffe im
Kampf um die ang. „natürliche" Rheingrenze. Der Historiker weiß, daß es
„natürliche" Grenzen nicht gibt: alle Grenzen sind zunächst einmal politisch-historische Grenzen, wie gerade die Pyrenäengrenze beweist[326], die
über ein Jahrtausend lang n i c h t die Grenze zwischen „Frankreich" und
„Spanien" bildete, aber heute durchaus als eine „natürliche" Grenze empfunden wird[327]. Dies natürlich nicht, weil die Pyrenäen in römischer Zeit
die Grenze zwischen der *Gallia* und der *Hispania* gebildet haben, sondern
weil sie seit über drei Jahrhunderten nicht in Frage gestellt worden ist.
Eben darum ist die heutige deutsch–französische Grenze (noch) keine
„natürliche" Grenze, weil die schwankenden Besitzverhältnisse in den
letzten hundert Jahren einen solchen Gedanken vorläufig verbieten, auch
wenn zu hoffen steht, daß sie im 21. Jahrhundert als die „natürliche" Grenze beider Staaten aufgefaßt werden kann.

---

[324]) Zitiert nach GUENÉE, Limites, S. 82.

[325]) GUENÉE, Limites, S. 82 und dazu oben S. 346 m. Anm. 298.

[326]) Vgl. auch RATZEL, S. 565. FIERRO, S. 26, stellt am Ende seines Abschnitts „La
théorie des frontières naturelles" treffend fest: „Ainsi peut-on, en definitive, affirmer –
en accord avec ce que la géographie laissait déjà deviner – qu'il n'existe pas pour la France
de frontières naturelles, mais que sa forme actuelle est le résultat d'une évolution historique étaleé sur deux millénaires"; vgl. noch die folg. Anm.

[327]) FIERRO, S. 20 m. Anm. 5, bemerkt: „L'on peut donc, à la vue du seul relief, qualifier
les frontières actuelles de la France avec l'Espagne et l'Italie de naturelles", um sogleich
die Problematik der Grenzziehung im einzelnen hervorzuheben; s. oben Anm. 326.

# II. HAUPTTEIL

## DIE POLITISCHE GESCHICHTE DER „REGNA FRANCORUM" VORWIEGEND IM 10. JAHRHUNDERT

6. KAPITEL

DAS FRANKENREICH VOM VERTRAG VON VERDUN BIS
ZUM AUSSTERBEN DER KAROLINGER IN
OSTFRANKEN (843–911/918).

§ 1: Die Jahre 843–887: Brüdergemeine, Reichsteilungen und
Interventionen. Das Schicksal des Mittelreichs.

In diesem der Darstellung der politischen Geschichte gewidmeten
2. Hauptteil kann es sich selbstverständlich nicht darum handeln, die allgemein bekannten Fakten noch einmal in extenso nachzuerzählen[1]. Sie
müssen vielmehr unter dem Aspekt des Fortwirkens der fränkischen
Reichsidee und des gleichzeitigen, allmählichen Auseinanderlebens der
einzelnen Reichsteile neu gewürdigt und eingeordnet werden. Gerade weil
die Untersuchungen des 1.Hauptteils auf unsere Fragestellung keine ver-
bindlichen Antworten zu geben vermochten, kommt der Betrachtung der
politischen Ereignisse erhöhte, ja die entscheidende Bedeutung zu. Dabei
ist die Periode 843 – 887 fraglos die politisch am wenigsten umstrittene, da
in der deutschen wie in der französischen Historiographie weitgehende
Einigkeit besteht in der Wertung dieses Zeitraums als einer Epoche zwar
des langsamen Auseinanderlebens von Ost und West, jedoch unzweifelhaft innerhalb des fränkischen Gesamtstaatverbands, der in den letzten
Jahren dieses Zeitabschnitts sogar noch einmal vorübergehend unter einem Szepter vereint sein wird.

Es herrscht heute auch weitgehend Einigkeit in der Forschung über die
Bedeutung des Vertrags von Verdun als des den Zeitgenossen unbewußt
gebliebenen Auslösers jener Kausalkette, an deren Ende schließlich
Deutschland und Frankreich stehen werden[2]. KLEINCLAUSZ hatte dies
schon um die Jahrhundertwende wie folgt formuliert: „et s'il (scil. le traité

---

[1]) Grundlegend für das Faktische DÜMMLER I² – III²; LOT–HALPHEN; CALMETTE,
Diplomatie; DERS., Naissance; FAVRE, ECKEL u.a.m.; politisch extrem einseitig im Sinne
der Mentalität der 30er Jahre, für Einzelheiten aber nützlich ZATSCHEK, Reich.
[2]) So schon BRÜHL, Anfänge, S. 153 – 54; s. auch MAYER, S. 17; SCHNEIDMÜLLER,
Tradition, S. 7 m. Anm.12. SCHALK, S. 140, spricht von dem „sprengenden Keim" in der
Reichseinheit.

de Verdun) n'a pas constitué les nationalités modernes, il leur aura donné l'éveil"[3]. Ich betone aber noch einmal, daß dieses Urteil die Wertung des zurückschauenden Historikers ist[4]. Ludwig II. von Ostfranken hat stets an dem Jahr 833 als dem „Epochejahr" seiner Herrschaft in Ostfranken festgehalten und dem Jahr 843 ganz offenkundig keine Bedeutung beigemessen[5]; für Karl d.K. hat der wenige Monate nach Verdun geschlossene Vertrag von Coulaines[6] gewiß höhere Bedeutung gehabt als der Teilungsvertrag von Verdun[7], aber all dies bestätigt nur meine oben vertretene Auffassung, daß eben nicht die Zeitgenossen, sondern erst die Spätergeborenen die wahre Bedeutung dieses Vertrages zu erkennen vermochten.

Daß der Verduner Vertrag für die künftigen Deutschland und Frankreich aber keine konstitutive Bedeutung haben konnte, erhellt allein schon aus der schlichten Tatsache der Dreiteilung, die dem ältesten Sohn Ludwigs d.Fr., Lothar I., neben dem Kaisernamen auch die Kaiserstädte Rom, Ravenna, Mailand, Trier und nicht zuletzt Aachen überließ. Dem von SCHLESINGER in seiner Relevanz zweifellos weit überschätzten Faktor der Sprache kam dabei keine Bedeutung zu: für das schmale künstliche Gebilde des sogen. Mittelreichs, das sich von Friesland bis nach Benevent erstreckte, versteht sich das von selbst, aber auch in den unter linguistischen Aspekten scheinbar einheitlicheren Reichen Ost- und Westfrankens sind die sprachlichen Barrieren etwa zwischen einem Aquitanier und einem Neustrier, einem Nordalbingier und einem Baiern kaum geringer einzuschätzen[8]. Daß die grundsätzliche Einheit des Frankenreichs durch Verdun nicht in Frage gestellt werden sollte, ist seit WAITZ Gemeingut der

---

[3]) Charles BAYET – Arthur KLEINCLAUSZ – Christian PFISTER: Le Christianisme, les Barbares, Mérovingiens et Carolingiens (Paris 1981) S. 392. Es handelt sich um eine Neuedition des 1903 erschienenen t.II/1 der von Ernest LAVISSE herausgegebenen „Histoire de France des origines à la Révolution"; der die Karolingerzeit behandelnde Abschnitt: ebd. S. 271ff., entstammt der Feder von A. KLEINCLAUSZ; zu dieser „Histoire de France" vgl. KEYLOR (oben S. 28 Anm. 110) S. 104–05 und ebd. S. 38–39, 41–42, 92–94 zu Lavisse.

[4]) Vgl. auch HLAWITSCHKA, Lotharingien, S. 11; s. noch JARNUT, S. 100.

[5]) Vgl. EGGERT, Auffassung, S. 247ff.; s. schon oben S. 106–07 m. Anm. 119–23, S. 158–59 m. Anm. 467–72.

[6]) Capit. II, Nr. 254, S. 253–55 (843 Nov.).

[7]) Grundlegend zum Vertrag von Coulaines CLASSEN, Verträge, S. 265ff.; s. auch TELLENBACH, Grundlagen, S. 255–56.Einschränkend EHLERS, Anfänge, S. 13–14, unter Hinweis auf Elisabeth MAGNOU-NORTIER: Foi et fidelité. Recherches sur l'évolution des liens personnels chez les Francs du VIIᵉ au IXᵉ siècle, Toulouse 1976 (Publications de l'Université de Toulouse-Le Mirail, série A, t.28) und DIES: Nouveaux propos sur „Foi et Fidelité", in: Francia 7 (1979) S. 537–50; dazu vgl. aber EHLERS, Anfänge, S. 14 Anm. 55.

[8]) Diesen Aspekt betont zutreffend SESTAN, S. 336–37 m. Anm. 38 und ebd. S. 338–39; vgl. auch MAYER, S. 15, 20 und HLAWITSCHKA, Frankenreich, S. 78. Die Polemik gegen das Mittelreich Lothars bei CALMETTE, Naissance, S. 74, ist unhistorisch und verkennt dessen eminente Bedeutung selbst nach dem scheinbaren Verfall. Vgl. auch unten Kap 7 § 3, S. 457 Anm. 325.

Forschung[9] und wird von niemandem bezweifelt; lediglich das Gewicht des Vertrags von Verdun für die künftige Entwicklung wird verschieden hoch veranschlagt[10].

Die Schlagworte, unter denen das politische Verhältnis der drei Brüder zueinander stand, waren *caritas* und *fraternitas*, mit denen die Quellen die Brüdergemeine der Jahre 843–855 umschreiben[11], doch die politische Realität sah leider anders aus. Die drei Brüder hatten sich in den zwölf Jahren bis Lothars Tod immerhin noch dreimal getroffen[12] und auf den insgesamt 16 Zweiertreffen jener Jahre halten sich die Zusammenkünfte zwischen Lothar und Ludwig mit denen zwischen Lothar und Karl in etwa die Waage[13], während Ludwig und Karl nur insgesamt dreimal zusammenkamen[14]. Es ist also offenkundig, daß Lothar die politischen Fäden zog, wobei er zunächst Ludwig, später Karl bevorzugte[15], während den jüngeren Brüdern zunächst nur Statistenrollen zufielen. Der „Kaisername" und die Autorität des älteren Bruders waren also durchaus keine leeren Worte[16]. Zumindest im Falle Karls, der in Verdun im Vergleich zu dem, was ihm

---

[9]) WAITZ IV², S. 699; CALMETTE, Diplomatie, S. 1; MAYER, S. 17; CLASSEN, Verträge S. 263–64 m. Anm. 51. PENNDORF, S. 1 m. Anm. 7; JARNUT, S. 100 u.a.m. Ludwig II. von Ostfranken spricht 847 in Meersen von *nostrum comune regnum*: Capit. II, Nr. 204 c.6 (S. 71 Z. 1–2); vgl. TELLENBACH, Grundlagen, S. 215.

[10]) Zu apodiktisch etwa PENNDORF, S. 1–2: „praktisch aber zog er (scil. der Vertrag von Verdun) die endgültige Teilung nach sich." Vgl. dagegen die nuancierende Betrachtung der Situation der Jahre 842/43 bei TELLENBACH, Grundlagen, S. 253ff.

[11]) Grundlegend SCHNEIDER, Brüdergemeine, S. 106ff. u.ö.

[12]) 844 in Yütz bei Diedenhofen, 847 und 851 in Meersen: VOSS, Herrschertreffen, S. 208, 209 und ebd. S. 11; vgl. CALMETTE, Diplomatie, S. 4–7, 12–13, 18–21; LOT–HALPHEN, S. 123–26, 171–77, 226–29 und zuletzt HLAWITSCHKA, Frankenreich, S. 78; VOSS, Herrschertreffen, S. 11, 200, betont zutreffend, daß alle drei Treffen im Mittelreich stattfanden. Zu dem Treffen zwischen Lothar und Karl 854 in Lüttich war auch Ludwig eingeladen, aber nicht erschienen: CALMETTE, Diplomatie, S. 23; VOSS, Herrschertreffen, S. 18; vgl. noch ebd. S. 97.

[13]) Vgl. VOSS, Herrschertreffen, S. 208–09. Die in der Forschung allgemein übliche „Gesamtbetrachtung" der Herrschertreffen 843–877 oder 843–881 verstellt etwas den Blick für die Rolle Lothars I. bis 855; vgl. etwa CLASSEN, Verträge, S. 264; s. aber VOSS, Herrschertreffen, S. 10ff.

[14]) In den Jahren 846, 849 und bereits im Hinblick auf Lothars Tod 855: VOSS, Herrschertreffen, S. 208, 209; vgl. hierzu CALMETTE, Diplomatie, S. 10–11, 17, 29; LOT–HALPHEN, S. 161, 201–02.

[15]) Das erste Zusammentreffen zwischen Lothar und Karl geschah erst 849 in Péronne, dem zwischen 852 und 854 sechs weitere folgten, während Lothar und Ludwig nach 850 nur noch einmal im Jahre 854 zusammenkamen: VOSS, Herrschertreffen, S. 208, 209 und ebd. S. 16. Allgemein vgl. CALMETTE, Diplomatie, S. 15–17.

[16]) Was in der Forschung m.E. nicht genügend zum Ausdruck kommt; vgl. aber PENNDORF, S. 4ff. und bes. VOSS, Herrschertreffen, S. 10ff.; schief dagegen CLASSEN, Verträge, S. 263: „drei völlig gleichberechtigte Herrscher, deren ältester durch den Kaisertitel nicht mehr als einen Ehrenvorrang besaß"; ähnlich auch HLAWITSCHKA, Lotharingien, S. 13: „Alles lief hierbei auf die völlige Gleichheit der drei Partner hinaus". Lothar scheint mir doch deutlich „gleicher" gewesen zu sein als seine beiden Brüder.

von seinem Vater 839 zugedacht worden war[17], fraglos am schlechtesten abgeschnitten hatte[18], war dies auch innenpolitisch bedingt: ein Großteil des ihm in Verdun zugesprochenen Reiches, nämlich Aquitanien, mußte er gegen den energischen Widerstand der Mehrheit des aquitanischen Adels, der dem 838 widerrechtlich übergangenen Pippin II. die Treue hielt[19], überhaupt erst einmal erobert werden. Die langjährigen Kämpfe, die auch durch die Königskrönung Karls am 6. Juni 848 in Orléans nicht beendet worden waren[20], kamen erst nach Lothars Tod zum Abschluß[21]. Darüber hinaus war Karls Reichsteil das bevorzugte Ziel normannischer Raubzüge[22] ganz zu schweigen von der Bretagne, die völlig zu unterwerfen Karl in seiner gesamten Regierungszeit nicht gelungen ist[23].

Der Tod Lothars I. bedeutete einen grundlegenden Wandel der politischen Konstellation im Frankenreich. Das ohnehin fragile Mittelreich wurde unter die drei Söhne Lothars I. dergestalt aufgeteilt, daß der älteste, Ludwig II., die Kaiserwürde mit Italien erhielt, Lothar II. im wesentlichen die Lande nördlich der Alpen mit Ausnahme der Provence und eines kleinen Teils von Burgund, die dem praktisch regierungsunfähigen jüngsten Sohn Karl (von der Provence) zugefallen waren[24]. Diese Teilung wurde von Ludwig II. von Italien angefochten und erst Ende 856 auf einem Treffen der drei Brüder in Orbe endgültig sanktioniert; danach sind die Brüder nur noch einmal 859 in Sault zusammengekommen[25]. Karl von der Pro-

---

[17]) Ann. Bert. ad an. 839 (ed. GRAT, S. 32): B – M² 993c. Ludwig d.Fr. hatte 839 sein Reich allein zwischen Lothar und Karl aufgeteilt, wobei Ludwig lediglich Baiern belassen worden war; Pippin II. von Aquitanien wurde nicht einmal der Erwähnung für wert befunden; s. auch ZATSCHEK, Reichsteilungen, S. 216.

[18]) So schon LOT – HALPHEN, S. 71; s. auch CLASSEN, Verträge, S. 249.

[19]) Vgl. schon EITEN, S. 155ff.; ZATSCHEK, Reichsteilungen, S. 216, 223, geht auf die Ereignisse von 838/39 nur am Rande, auf Pippin II. von Aquitanien gar nicht ein; ausführlich dagegen AUZIAS, S. 125ff., 152ff., 177ff., 216ff., 249ff., 271ff. Vgl. auch LOT – HALPHEN, S. 72: „La spoliation du jeune Pépin par son grand-père, au profit de Charles, dut être considérée comme une iniquité par plus d'un cœur honnête, même chez les Francs"; s. noch MAYER, S. 18, 20.

[20]) Richtig schon LOT – HALPHEN, S. 192 – 94; SCHRAMM I, S. 16 – 18, glaubte an eine auf Aquitanien beschränkte Krönung und Salbung; danach auch BRÜHL, Krönungsbrauch, S. 409 Nr. 13; s. zuletzt aber BAUTIER, Sacres, S. 34 – 35. Vgl. schon oben S. 92 Anm 50.

[21]) Erst 864 wurde Pippin II. gefangengenommen und zum Tode verurteilt; er wird danach in den Quellen nicht mehr erwähnt; vgl. Ann. Bert. ad h. an. (ed. GRAT, S. 115); s. AUZIAS, S. 327 – 38, 330 – 33 und zuletzt BUND, S. 444 – 46.

[22]) Vgl. VOGEL, bes. S. 125ff., 179ff.

[23]) Grundlegend hierzu de LA BORDERIE, Histoire II, S. 42ff., 52ff., 73ff., 87ff.

[24]) Zur Teilung von 855 vgl. bes. PARISOT, S. 88ff., 92ff.; s. auch POUPARDIN, Provence, S. 1 – 10 und ZATSCHEK, Reich, S. 91.

[25]) VOSS, Herrschertreffen, S. 209, 210; s. auch PARISOT, S. 90 – 91, der auf das Treffen von 859 nicht eingeht bzw. nur ein Treffen zwischen Ludwig und Lothar an unbekanntem Ort annimmt: ebd. S. 133 – 34. Vgl. noch unten S. 359 m. Anm. 44.

vence, der Epileptiker war, starb bereits 863; 861 war ein Versuch Karls d.K., sich dessen Reichsteils zu bemächtigen, gescheitert; das Reich Karls wurde 863 zwischen Ludwig und Lothar aufgeteilt[26]. Im übrigen sind die Jahre bis zum Tod Lothars II. erfüllt von hektischer Geschäftigkeit in Ost und West, was einmal durch die Feindschaft zwischen Ludwig II. von Ostfranken und Karl d.K., zum andern durch die verzweifelten Versuche Lothars II. bedingt war, die Nachfolge seines Sohnes Hugo im *regnum Lotharii* durchzusetzen.

Der Höhepunkt der Feindschaft zwischen Karl d.K. und Ludwig II. von Ostfranken fällt in die 50er Jahre, als einflußreiche aquitanische Adelskreise 854 Ludwig d.J. nach Aquitanien beriefen und 858 sogar der westfränkische Adel allgemein Ludwig II. die Krone Westfrankens anbot. Der Aquitanienfeldzug Ludwigs III. d.J. von 854 war eher ein militärisches Abenteuer als ein auf dauernde Herrschaft zielendes Unternehmen[27], doch der Zug Ludwigs II. in das Westfrankenreich 858, auf dem sich ihm die Führer des westfränkischen Adels in Ponthion kommendierten[28], verfehlte sein Ziel, die Entthronung Karls d.K., nur um Haaresbreite[29] nicht zuletzt dank des hinhaltenden Widerstands des westfränkischen Episkopats unter Führung Hinkmars von Reims[30]. Selbstverständlich war die Absetzung Karls d.K. spätestens mit dem Beginn des Feldzugs für Ludwig beschlossene Sache[31], wobei ihn auch die Tatsache, daß Karl gerade gemeinsam mit Lothar II. gegen die Normannen kämpfte[32], in keiner Weise störte. Wäre Ludwigs Unternehmen geglückt, so würde die Wiedererrichtung eines fränkischen Gesamtreichs zumindest nördlich der Alpen nur

---

[26] Vgl. PARISOT, S. 188 – 90, 223 – 27; POUPARDIN, Provence, S. 26ff., 32ff.; BUND, S. 435 – 36 u.a.m.

[27] B – M² 1407b; DÜMMLER I², S. 381 – 84; CALMETTE, Diplomatie, S. 23 – 27; AUZIAS, S. 274 – 78; FRIED, Ludwig, S. 6 und zuletzt BUND, S. 448 – 50.

[28] B – M² 1435a-n, 1463a-e; DÜMMLER I², S. 430 – 45; CALMETTE, Diplomatie, S. 38 – 60; AUZIAS, S. 300 – 03; BUND, S. 435 – 56. Vgl. unten Kap. 8 § 1, S. 480 m. Anm. 138 – 39.

[29] CALMETTE, Diplomatie, S. 59, betont allerdings mit Recht: „Le régime des armées carolingiennes ne comportait pas de longues campagnes". Die Entlassung seiner ostfränkischen Truppen war also nicht so sehr der schiere Leichtsinn, als den man sie oft gesehen hat, als vielmehr durch die Aufgebotsverhältnisse bedingt; s. auch KAHL, Burgund, S. 37 m. Anm. 16. Leichtsinn war allerdings das Verbleiben Ludwigs im Westen ohne zuverlässige militärische Bedeckung. Vgl. auch TELLENBACH, Grundlagen, S. 232, der aber Calmette nicht berücksichtigt.

[30] Vgl. CALMETTE, Diplomatie, S. 56 – 58; s. auch ZATSCHEK, Reich, S. 103: „Die feste Haltung Hincmars und der westfränkischen Bischöfe hat Karl dem Kahlen die Krone gerettet"; vgl. bes. PENNDORF, S. 36ff. und zuletzt BUND, S. 456 – 58.

[31] Eine völlige Fehleinschätzung – und zugleich Verharmlosung – der Absichten Ludwigs bei ZATSCHEK, Reich, S. 96ff. Vgl. oben S. 107 m. Anm. 125 – 26.

[32] Vgl. VOGEL, S. 162 – 65.

noch eine Frage der Zeit gewesen sein[33], woran auch der „Kaisername" Ludwigs II. von Italien nichts zu ändern vermocht hätte[34]. Allerdings wäre auch diesem „Gesamtreich" das Schicksal der erneuten Teilung mit völliger Sicherheit nicht erspart geblieben, wie die Ereignisse in Ostfranken schon zu Lebzeiten Ludwigs II. deutlich machen[35]. Das gespannte Verhältnis zwischen Karl und Ludwig bewirkte, daß diese sich 865 erstmals wieder seit 855 zu einem Zweiertreffen zusammenfanden[36]. Anlaß dazu war die „lotharingische Frage", die in den 60er Jahren das Interesse der Frankenkönige fast ausschließlich in Anspruch nahm und sogar eine vorübergehende „Aussöhnung" Karls und Ludwigs herbeiführte.

Der Streit um Lotharingien war von Lothar II. durch seinen unseligen Ehestreit selbst heraufbeschworen worden. Der große Fehler der älteren Forschung war es gewesen, diesen Streit unter dem Gesichtspunkt bürgerlicher Moralvorstellungen des 19. Jahrhunderts gewertet zu haben und zu allem Überfluß den einseitigen Propagandaschriften[37] Hinkmars von Reims aufgesessen zu sein[38]. Auf Einzelheiten des Verlaufs dieses Streits ist hier nicht einzugehen[39]. Fraglos hat es Lothar II. – wahrscheinlich unter dem Einfluß schlechter Ratgeber – an politischem Geschick, nicht zuletzt auch an menschlichem Anstand fehlen lassen, nachdem die Unfruchtbarkeit der Theutberga feststand und damit die Notwendigkeit für ihn gegeben war, zu seiner in Friedelehe mit ihm verbunden gewesenen ersten Ehefrau Waldrada zurückzukehren[40], da der aus dieser Ehe hervorgegangene Sohn Hugo der einzige Garant für das Fortbestehen eines selbständigen Mittelreichs war. Eben dies zu verhindern, war jedoch trotz gelegent-

---

[33]) Dies hat CALMETTE, Naissance, S. 90, klar erkannt; s. auch PENNDORF, S. 37–38 m. Anm. 268–69.

[34]) Vgl. unten S. 360 m. Anm. 50–51.

[35]) Vgl. CALMETTE, Diplomatie, S. 81, 133; EITEN, S. 158ff.; BUND, S. 469–70.

[36]) In Tusey und Köln: VOSS, Herrschertreffen, S. 211; vgl. aber unten S. 361 m. Anm. 58–59.

[37]) Propagandaschriften auch dann und sogar in besonders hohem Maße, wenn Hinkmar die literarische Form des Rechtsgutachtens wählt!

[38]) Hierzu vgl. bes. Carlrichard BRÜHL: Hinkmariana II: Hinkmar im Widerstreit von kanonischem Recht und Politik in Ehefragen (1964) in: Aus Mittelalter und Diplomatik. Gesammelte Aufsätze, t.I (Hildesheim-New York-Zürich 1989) S. 299–321.

[39]) Ausführliche Darstellung bei PARISOT, S. 143ff., 168ff., 211ff., 241ff., 285ff., natürlich ganz im Sinne Hinkmars; vgl. unten S. 359 m. Anm 42. Knapp zusammenfassend HLAWITSCHKA, Lotharingien, S. 17–18.

[40]) Alles, was in der Lit. über eine ang. Hörigkeit Lothars, die „Dämonie" der Waldrada u.ä. zu lesen ist, entbehrt jeder Grundlage und gehört in das Kapitel „Gartenlaube-Romantik": der Entschluß Theutberga zu ehelichen, war ebenso rein politischer Natur wie der, sie zu verstoßen. Karl d.Gr. hatte dies am Beispiel der Tochter des Desiderius ja vorexerziert, aber Lothar II. war eben kein Karl d.Gr. Töricht auch ZATSCHEK,Reich, S. 130: „Der Fürst, der sich wenigstens in seiner Liebe wahrhaft groß zeigte"; nüchtern wie immer HALLER II, S. 79–80.

lichen Zögerns das politische Ziel sowohl Karls d.K. als auch Ludwigs II. von Ostfranken, denen hierzu jedes Mittel recht schien, obwohl an der „Ebenbürtigkeit", d.h. an der hochadligen Herkunft Waldradas nicht der geringste Zweifel bestehen konnte[41]. Den gerisseneren Advokaten konnte Karl in Gestalt Hinkmars von Reims aufbieten, wobei seit 862 auch noch der Papst mit der Angelegenheit befaßt worden war, der sich die günstige Gelegenheit, einen Frankenkönig die Autorität des Römischen Stuhles fühlen zu lassen, natürlich nicht entgehen ließ[42]. Die Infamie Karls und Ludwigs ging dabei so weit, daß sie 867 mitten im Reich ihres Neffen, in Metz, einen Vertrag über die Teilung Lotharingiens schlossen[43].

Die Betrachtung der 27 Zweier- und sechs Dreiertreffen[44] in dem Zeitraum von 855–869 bestätigt das hier gezeichnete Bild. Allein schon die Zahl von insgesamt 33 Herrschertreffen in 14 Jahren gegenüber den 19 Herrschertreffen der Jahre 843–855 zeugen von der schon oben angemerkten Hektik in den verwandtschaftlichen Beziehungen[45], wobei Lothar II. eindeutig die Rolle des Hauptakteurs zufällt: an allen sechs Dreiertreffen und an 23 der 27 Zweiertreffen hat er teilgenommen, unter denen elf Zusammenkünfte mit Karl d.K. und sieben mit Ludwig II. von Ostfranken zu verzeichnen sind[46]. Auf den ersten Blick könnte es also scheinen, als ob Lothar nur die Politik seines Vaters fortgesetzt habe. In Wahrheit jedoch offenbart das ständige Herumreisen nur die Schwäche von Lothars

---

[41]) Sie starb viele Jahre nach dem Tod Lothars II. als Äbtissin des wohl vornehmsten lotharingischen Damenstifts Remiremont; ihre Tochter Berta heiratete den Markgrafen Adalbert von Tuszien. Bertas erster Ehe mit Graf Teutbald von Arles entstammt König Hugo von Italien; vgl. HLAWITSCHKA, Frankenreich, Anhang, Stammtafel I (S. 290). Zur Verwandtschaft der Waldrada vgl. bes. Karl SCHMID: Ein karolingischer Königseintrag im Gedenkbuch von Remiremont. Exkurs: Waldradas Verwandtschaft in neuen Quellen, in: Frühmittelalterliche Studien 2 (1968) S. 96–134, bes. S. 128–33 und zuletzt WENSKUS, Stammesadel, Exkurs II, S. 530–38.

[42]) Vgl. bes. PARISOT, S. 211ff.

[43]) Capit. II, Nr. 245, S. 167–68; vgl. bes. CALMETTE, Diplomatie, S. 110–11, der ebd.: Append. III, S. 195–200, den Vertrag irrig in das Jahr 868 setzt; s. auch PENNDORF, S. 62, die im Anschluß an J. Haller von dem „zynischste(n) politische(n) Aktenstück der Zeit" spricht. Vgl. auch oben S. 108 Anm. 128.

[44]) Neben den schon: oben S. 356 m.Anm. 25, behandelten zwei Treffen der drei Söhne Lothars I. 856 und 859 trafen Ludwig II. von Ostfranken, Karl d.K. und Lothar II. 859/60 bei Andernach und in Koblenz zur Bereinigung der Ereignisse von 858/59 zusammen: oben S. 357–58, dazu noch ein drittes Mal 862 in Savonnières; schließlich waren Karl d.K., Karl v.d.Provence und Lothar II. schon 859 in Savonnières zusammengekommen. Drei weitere Dreiertreffen zwischen Lothar II. und seinen Onkeln waren 859 in Basel, 863 als Grenztreffen und 866 in Metz vorgesehen, aber nicht zustandegekommen: VOSS, Herrschertreffen, S. 210–11 und ebd. S. 12, 40–41 u.ö. Als einziger Herrscher war Lothar II. an allen Dreiertreffen, auch an den geplanten, beteiligt.

[45]) Vgl. oben S. 355 m. Anm. 12–14.

[46]) VOSS, Herrschertreffen, S. 209–11 und ebd. S. 17–20.

Position: immer wieder versucht er, seine Onkel in Ost und West für seine Sache zu gewinnen, er biedert sich geradezu an und scheut auch vor Gebietsabtretungen nicht zurück[47], doch letztendlich ohne Erfolg. Auffällig ist die geringe Beteiligung Kaiser Ludwigs II. an diesen Begegnungen: er hat sich insgesamt sechsmal mit seinem Bruder Lothar getroffen[48] und einmal mit Ludwig II. von Ostfranken[49], das ist alles. Hier zeigt sich, daß Italien im 9. Jahrhundert eben doch nur ein Nebenschauplatz der fränkischen Geschichte war: die wichtigen Entscheidungen fielen stets in der alten *Francia*, und daran vermochte auch die schon 850, d.h. zu Lebzeiten des Vaters, erworbene Kaiserwürde nichts zu ändern[50]. Schon mit Ludwig II. setzt jener Prozeß ein, den ich als die Regionalisierung und in gewisser Weise auch als die „Provinzialisierung" der Kaiserwürde bezeichnen möchte[51]. Zwar ist es nicht richtig, daß Lothar I., wie man häufig lesen kann[52], Italien nach 840 nicht mehr aufgesucht habe[53], doch der eine nachweisbare Besuch im Jahre 847 zeigt nur um so klarer[54], wo auch nach Meinung Lothars I. die Grundlage der fränkischen Macht gelegen war.

Am 8. August 869 starb Lothar II. auf dem Rückweg von Rom, wo er mit Hadrian II. verhandelt hatte, unerwartet in Piacenza. Kaiser Ludwig II. war in Süditalien beschäftigt, Ludwig II. von Ostfranken lag krank in Regensburg danieder. Der einzige Handlungsfähige war Karl d.K., der die günstige Situation sogleich entschlossen nutzte, indem er ohne Rücksicht auf den in Metz mit seinem Bruder geschlossenen Vertrag in Lotharingien

---

[47]) So trat er 860 das Elsaß an Ludwig, 866 die Abtei St-Vaast an Karl d.K. ab: Ann. Bert. ad h. ann. (ed. GRAT, S. 83 – 84, 128) und bei der Teilung des Reiches Karls von der Provence kam er Ludwig II. von Italien sehr entgegen; s. POUPARDIN, Provence, S. 33-34; VOSS, Herrschertreffen, S. 19 m. Anm. 35. Die Abtretung des Elsaß läßt sich anhand der DD LG. leider nicht verifizieren; s. schon DÜMMLER II², S. 19 Anm. 3: „ein wirklicher Besitz des Elsasses durch Ludwig ist nicht nachweislich".

[48]) Einschließlich der beiden Dreiertreffen: oben S. 356 m. Anm. 25. Ein intensiver Kontakt fand erst in den letzten Lebensjahren Lothars statt und stand eindeutig im Zusammenhang mit dessen Ehestreit; vgl. VOSS, Herrschertreffen, S. 211 und ebd. S. 45.

[49]) 857 in Trient: B – M² 1212a; B – Zi 161; vgl. VOSS, Herrschertreffen, S. 44, 94, 209.

[50]) B – M² 1179a; B – Zi 67; vgl. BRÜHL, Krönungsbrauch, S. 366 Anm. 3 – 4, 409 Nr. 14; vgl. unten Kap. 8 § 2, S. 508 m. Anm. 353 – 54.

[51]) Doch darf diese „Provinzialisierung" nicht dahin mißverstanden werden, als ob die Kaiserwürde bedeutungslos geworden sei. In Byzanz nahm man sie unverändert ernst; vgl. bes. unten Kap. 8 § 2, S. 513ff.

[52]) Zuletzt noch bei HLAWITSCHKA, Frankenreich, S. 79.

[53]) B – Zi 44 und künftig Herbert ZIELINSKI: Ein unbeachteter Italienzug Kaiser Lothars I. im Jahre 847, in: QFitAB. 70 (1990).

[54]) VOLPINI, Nr. 3 (847 Mai 12) S. 286 Z. 5 – 8. Anlaß war die Organisation des Feldzugs Ludwigs II. gegen die Sarazenen, die im Jahr zuvor die Peterskirche geplündert hatten: B – M² 1126a; B – Zi 44, 46.

einmarschierte und das gesamte Erbe Lothars II. für sich beanspruchte[55].
Ungeachtet aller Proteste der beiden Ludwige und Papst Hadrians II.[56]
ließ er sich am 9.September 869 feierlich in Metz zum König von Lotharingien krönen und salben[57]. Er handelte hier also genau so bedenkenlos nach
seinem Eigeninteresse, wie dies sein Bruder 858 und beide Brüder gemeinsam gegenüber ihrem Neffen 867 im Metzer Vertrag getan hatten, und wie
er es 876 erneut tun wird[58]. Er konnte seine Beute aber nicht halten: angesichts der Kriegsdrohung seines Bruders Ludwigs mußte er in einen Kom-
promiß einwilligen, der auf dem Treffen der beiden Könige am 8. August
870 bei Meersen die Teilung Lotharingiens festschrieb, wobei u.a. Aachen,
Köln, Metz und Trier an das Ost-, Besançon, Cambrai, Lyon und Vienne
an das Westreich fielen[59]. Es verwundert schon nicht mehr, daß Ludwig II.
von Italien trotz päpstlicher Unterstützung erneut leer ausging.

Die Jahre 870–887 unterscheiden sich von der vorangegangenen Periode durch ein deutliches Nachlassen der Zusammenkünfte zwischen den
Herrschern. Beschränkt man die Übersicht allein auf die Treffen zwischen
ost- und westfränkischen bzw. italienischen Königen, so haben insgesamt
zwölf Treffen stattgefunden, weitere fünf waren geplant, sind aber nicht
zustande gekommen[60]. Zählt man die Herrschertreffen i n n e r h a l b Ost-
und Westfrankens hinzu[61], so erhöht sich die Zahl um ein rundes halbes

---

[55] DÜMMLER II², S. 281–82; PARISOT, S. 336ff.; CALMETTE, Diplomatie, S. 113–16;
TELLENBACH, Grundlagen, S. 270; vgl. oben S. 109 m. Anm. 136.

[56] DÜMMLER II², S. 285, 286–88, 293; PARISOT, S. 338–40, 353–56; CALMETTE,
Diplomatie, S. 118–20; TELLENBACH, Grundlagen, S. 265–66, 270–71.

[57] PARISOT, S. 344–47; SCHRAMM I, S. 24–29; II, S. 42–43; BRÜHL, Krönungsbrauch, S. 410 Nr. 21; vgl. ferner Walter SCHLESINGER: Zur Erhebung Karls des Kahlen
zum König von Lotharingien (1970), in: Ausgewählte Aufsätze von Walter Schlesinger
1965–1979 (Sigmaringen 1987) S. 173–98 (Vorträge und Forschungen, t.XXXIV) und
zuletzt BAUTIER, Sacres, S. 38–39, der aber den Aufsatz von Schlesinger nicht zitiert; s.
noch PENNDORF, S. 62ff.

[58] Vgl. schon MAYER, S. 20: „Daß Karl der Kahle gegen Osten Raum zu gewinnen
trachtete, ...darf ihm nicht übler angerechnet werden als etwa Ludwig dem Deutschen der
Einfall nach Aquitanien 854 oder gar der Einmarsch nach Frankreich (sic) im Jahre 858...“.
Vgl. noch unten S. 365 m. Anm. 76–78.

[59] Zu Meersen vgl. DÜMMLER II², S. 297–300; PARISOT, S. 366–78; CALMETTE,
Diplomatie, S. 125–27; HLAWITSCHKA, Lotharingien, S. 19; VOSS, Herrschertreffen,
S. 15, 41–42, 89, 91–92, 96, 104–05, 118, 211. Verfehlt MONOD, Opposition, S. 10, der
den Grenzverlauf von Meersen „d'une manière générale" zur deutsch–französischen
Grenze des Mittelalters erklärt, was schlicht falsch ist. Vgl. unten S. 366 m. Anm. 84–85.

[60] Vgl. VOSS, Herrschertreffen, S. 211–12. Unter den geplanten Treffen befinden sich
drei, in denen Kaiserin Angilberga als Partnerin vorgesehen war.Vgl. noch unten Anm. 63
und S. 362–63 m. Anm. 67.

[61] VOSS, Herrschertreffen, S. 8, wollte zwar „zum 9. Jahrhundert die Gesamtheit der
Treffen der Herrscher aus den karolingischen Teilreichen" zusammenstellen, hat dann
aber doch die i n n e r h a l b Ost- und Westfrankens stattgefundenen Treffen etwa zwischen
Ludwig d.J. und seinen Brüdern nicht erfaßt; vgl. die folg. Anm.

Dutzend[62], ohne daß dies den Gesamteindruck ändern könnte. Dreiertreffen sind selten[63], ein Vierertreffen war im Februar 879 bei Gondreville geplant, doch blieb es bei der Absicht[64]. Es ist dies nicht nur ein zahlenmäßiger Rückgang, dem vielleicht keine besondere Bedeutung beizumessen wäre, sondern vor allem auch ein Rückgang des politischen Niveaus, denn keiner der Nachfolger Karls d.K. und Ludwigs II. von Ostfranken hat deren Durchsetzungsvermögen und herrscherliche Fähigkeiten geerbt – am allerwenigsten Kaiser Karl III., der nach außen hin der erfolgreichste zu sein schien –, wobei allerdings zumindest in Ostfranken[65] eine Erbkrankheit die Regierungsfähigkeit der Herrscher ernsthaft in Frage stellte[66].

Die großen politischen Entscheidungen jener Jahre betrafen die Nachfolge Kaiser Ludwigs II. von Italien, der 875 ohne männlichen Erben gestorben war, und die Nachfolge Ludwigs II. von Ostfranken, der seinem Neffen ein Jahr später ins Grab folgte. Das Intrigenspiel um die Nachfolge

---

[62]) B – M² 1520a, 1530a, 1538a, 1574m, 1558a und Ann. Bert. ad an. 880 (ed. GRAT, S. 241); vgl. auch SCHNEIDER, Brüdergemeine, S. 183 – 84.

[63]) Sie beschränken sich auf die Zusammenkunft anläßlich des Vertrags von Ribémont: unten S. 366 m. Anm. 84, sowie auf das gemeinsame Unternehmen gegen Boso von Vienne im Anschluß an das Treffen in Gondreville, was bei VOSS, Herrschertreffen, S. 212, als zwei Treffen gezählt ist: unten § 2, S. 369 m. Anm. 103. Im Mai 874 trafen sich Kaiser Ludwig II. und Ludwig II. von Ostfranken gemeinsam mit Papst Johann VIII. bei Verona: B – M² 1504b; B – Zi 391, was nur sehr bedingt als „Dreiertreffen" gewertet werden kann, denn „Dritter im Bunde" war ja der Papst; vgl. noch unten Anm. 67. Im Oktober 879 trafen Karl III., Ludwig III. von Westfranken und Karlmann von Westfranken in Orbe zusammen: B – M² 1588b.

[64]) Capit. II, Nr. 169 (878 Nov. 1) c.5 (S. 170 Z.5 – 7). Vgl. aber unten Anm. 103.

[65]) Hemma, die Gemahlin Ludwigs II. von Ostfranken, muß erblich erheblich belastet gewesen sein, da praktisch alle ihre Kinder und Enkel recht früh an Schlaganfällen, Epilepsie, Kopfkrankheiten u.ä. starben. So unbestreitbar die Tatsache ist, so peinlich liest sich das hierauf bezügliche Kapitel bei ZATSCHEK, Reich, S. 296ff., wo das „Ahnenerbe" auf jeder Seite durchscheint.

[66]) Nachdem für die ostfränkischen Karolinger eine Erbkrankheit nicht bezweifelt werden kann, bemüht ZATSCHEK, Reich, S. 301 – 02, sich redlich, eine solche auch für die westfränkischen Karolinger nachzuweisen. Paradebeispiel ist natürlich Ludwig II. „der Stammler", der in der Tat jung stirbt, aber sein gleichnamiger Sohn rannte sich den Schädel ein, als er in Tours zu Pferd eine vor ihm flüchtende *puella* in deren Haus verfolgte: Ann. Vedast. ad an. 882 (ed v. SIMSON, S. 52). Das stimmt Zatschek immerhin mißtrauisch: „(er) scheint in seiner ersten Ehe mit Ansgard auch wieder(sic) an eine erbuntüchtige Frau geraten zu sein"; er räumt dann aber großmütig ein, „daß beide Könige keinen natürlichen Tod starben. Ludwig hatte in einer Weibersache(sic) eine tödliche Wunde erlitten, während Karlmann den Folgen eines Jagdunfalls erlag". Die Argumentation Zatscheks ist geradezu grotesk, bes. ebd. S. 302, wo er feststellt, daß „Ludwigs (IV.) Gemahlin Gerberga... doch wohl gesundes Blut in den verkümmernden französischen Zweig (brachte)". Blödsinniger geht es nicht mehr. In Wahrheit kann in der westfränkischen Linie von Erbkrankheiten natürlich gar keine Rede sein. Zu dem Zwischenfall in Tours s. auch WERNER, Gauzlin, S. 213 m. Anm. 175, doch weiß ich nicht, ob die Verfolgung der jungen Dame so „scherzhaft" war, wie Werner meint.

Kaiser Ludwigs war praktisch schon seit dem Tode Lothars II. im Gang[67], der der erste Anwärter auf die Nachfolge gewesen wäre. Nach dessen vorzeitigem Tod war es klar, daß die Kaiserkrone einem Angehörigen der ost- oder der westfränkischen Linie des karolingischen Hauses zufallen würde. Während Ludwig II. und seine ebenso einflußreiche wie ehrgeizige Gemahlin Angilberga, die erstmals in den Urkunden ihres Gemahls als *consors regni* oder *consors imperii* bezeichnet wird[68], wohl eher die ostfränkische Linie, d.h. Ludwigs II. von Ostfranken Sohn Karlmann, begünstigten[69], optierte Papst Johann VIII., dem hier eine vom Standpunkt der fränkischen Politik höchst unerwünschte Schiedsrichterrolle zufiel[70], für Karl d.K., dessen imperiale Pläne in Westfranken keineswegs auf ungeteilte Zustimmung stießen: Hinkmar hat für die imperialen Ambitionen seines Herrn nichts übrig gehabt und stets vor einem italienischen Abenteuer gewarnt[71], was wesentlich zu der Entfremdung zwischen Karl d.K. und seinem bisherigen ersten Ratgeber beitrug. Es gelang dem politisch ungleich geschickteren Karl, den von seinem Vater nach Italien entsandten Karlmann auszumanövrieren und am 25.Dezember 875 von Papst Johann VIII. in Rom zum Kaiser gekrönt zu werden[72]. Doch die Aufgaben, die seiner in

---

[67] Ludwig II. von Ostfranken traf sich im Mai 872 in Trient mit Angilberga, im Mai 874 mit Ludwig II. von Italien und Papst Johann VIII. bei Verona; Karl d.K. hatte 872 zweimal die Absicht, mit Angilberga in St-Maurice zusammenzutreffen, nahm aber beide Male Abstand; vgl. VOSS, Herrschertreffen, S. 95 – 96, 212; B – Zi 351, 391. Anders aber HIESTAND, S. 19: „Der Kampf der einzelnen Zweige der karolingischen Familie um die Kaiserkrone hatte mit dem Tode Ludwigs II. begonnen".

[68] Grundlegend MOR, S. 10ff. Die neue Titulatur findet sich erstmals in: B – M² 1236 (866, nach Mai 17?) = B – Zi 268. MOR, S. 11, hatte den Reichstag von Pavia des Jahres 865 für die Einführung der Consors-regni-Formel verantwortlich machen wollen, was mit Sicherheit abwegig ist, da diese Formel bereits in: J. – E. 2848 (863? März 14) erwähnt wird; vgl. B – Zi 209; B – Z † 174A (ang. 858 Okt. 13) ist ein Spurium wohl des späten 9. Jh. Vgl. auch unten Kap. 8 § 2, S. 510 – 11 m. Anm. 372 – 74.

[69] Vgl. oben Anm. 67 und DÜMMLER II², S. 340 – 41, 374; CALMETTE, Diplomatie, S. 128ff., bes. S. 136 – 37, 146. HARTMANN, III/1, S. 281 – 82; vgl. auch ZIMMERMANN, Imperatores, S. 392 und ebd. S. 398.

[70] Vgl. HALLER II, S. 142 – 43; s. schon CALMETTE, Diplomatie, S. 142 – 43, 149 – 50 und HARTMANN III/1, S. 282, 301; III/2, S. 15.

[71] Vgl. zuletzt PENNDORF, S. 66ff.; s. aber schon DÜMMLER II², S. 401. Ambivalent ist das Urteil von ZIMMERMANN, Imperatores, S. 385, der allerdings gründlich irrt, wenn er: ebd.S. 388, ausgerechnet Hinkmar eine „nüchtern-objektive und im Urteil zurückhaltende Berichterstattung" bescheinigt. Eine tendenziösere Geschichtsschreibung als die Hinkmars in den Ann. Bert. ist kaum vorstellbar. Vgl. auch unten Kap.8 § 2, S. 510 m. Anm. 365 – 67.

[72] Das Urteil von CALMETTE, Diplomatie, S. 149: „L'élection impériale fut certainement le triomphe le plus éclatant de toute la carrière de Charles le Chauve", verkennt das Kräfteverhältnis gründlich; vgl. noch ebd. S. 148ff.; ganz töricht ist aber auch das Urteil von OHNSORGE, Zweikaiserproblem S. 45: er sieht in Karl den „Prototyp dieser karolingischen Diadochenfürsten(sic), für die das Kaisertum ein politisches Spekulationsobjekt geworden war". Ludwig II. von Ostfranken antwortete auf Karls Italienzug mit einem

Italien harrten, überstiegen seine und seines Reiches Kräfte und auf der Rückkehr von seinem zweiten Italienzug ist Karl am 6.Oktober 877 gestorben.

Der Erwerb der Kaiserkrone und Italiens[73] ermutigte Karl d.K., auch in Ostfranken sein Glück zu versuchen, als sich dort durch den Tod seines lebenslangen Rivalen Ludwig am 28.August 876 die Nachfolgefrage stellte. Im Gegensatz zu Kaiser Ludwig II. hatte der ostfränkische Ludwig jedoch drei Söhne, unter die das Reich des Vaters schon zu dessen Lebzeiten aufgeteilt worden war[74]. Es stand also von Anfang an außer Frage, daß eine Intervention Karls nur mit Heeresmacht Aussicht auf Erfolg haben würde, zumal es im ostfränkischen Adel keine „westfränkische Partei" gab, die als politisches Feigenblatt hätte dienen können, wie dies 858 bei Ludwigs Einfall nach Westfranken geschehen war. Zu allem Unglück war sein Gegenspieler Ludwig III. d.J. der wohl begabteste der Söhne Ludwigs II. von Ostfranken, dessen Anteil bei der Reichsteilung von 876 praktisch die *regna* Franken und Sachsen und den ostfränkischen Teil Lotharingiens umfaßte, was den Reichenauer Fortsetzer des „Breviarium Erchanberti" veranlaßte, vom *regnum Francorum et Saxonum* zu sprechen, und Josef SEMMLER erblickte hierin zutreffend ein Vorstadium der künftigen *Francia atque Saxonia* des 10. Jahrhunderts[75]. Gegen diesen entschlossenen

---

Einfall in das Westfrankenreich und feierte W 875 in Attigny; vgl. CALMETTE, Diplomatie, S. 154–55 und bes. PENNDORF, S. 68–70; s. noch HARTMANN III/2, S. 15ff. und BUND, S. 467–68. Bewußt oder unbewußt fließt in die deutschen und französischen Darstellungen dieser Ereignisse, soweit sie älteren Datums sind, immer wieder die deutsch–französische Rivalität des 19. Jh. ein: Calmette tritt für den „Franzosen" Karl d.K., Dümmler für den „Deutschen" Ludwig II. ein. Bei ZATSCHEK, Reich, S. 192 u.ö. ist die politische Implikation schon mehr als peinlich. Zu dem „Pactum" Karls d.K. mit der Römischen Kirche vgl. bes. STENGEL, Entwicklung, S. 231–35 und zuletzt DRABEK, S. 50–53. Zur Kaiserkrönung vgl. unten Kap. 8 § 2, S. 512 m. Anm. 385.
[73]) Mit Recht betont CALMETTE, Diplomatie, S. 148, daß das Erbe Kaiser Ludwigs II. zwei säuberlich zu trennende Dinge umfaßte: zum einen die Kaiserwürde, zum andern die Herrschaft über das „Regnum Italiae". Der Papst hatte sich zunächst nur in der Vergabe der Kaiserwürde festgelegt, doch gelang es Karl d.K. überdies, sich in Pavia zum König von Italien wählen zu lassen; vgl. CALMETTE, Diplomatie, S. 159 und bes. ebd. S. 201–04; verfehlt DÜMMLER II², S. 401–03; treffend HALLER II, S. 144–45; s. auch HARTMANN III/2, S. 15. Irrig TELLENBACH, Grundlagen, S. 221: Urkundendatierungen sind m.E. kein Gegenargument, denn sie haben den Charakter von „Übergangsformeln": oben S. 93 m. Anm. 54. Vgl. noch ZIMMERMANN, Imperatores, S. 398, der von der „Unmöglichkeit einer Trennung von römischer Kaiserwürde und italischer Königswürde" spricht, obwohl diese Trennung 875 doch zunächst praktiziert worden war.
[74]) Nämlich 865 und noch einmal 872 in Forchheim: B–M² 1459a, 1490c; vgl. DÜMMLER II², S. 337–38, 352–55. Die Eifersucht Ludwigs d.J. und Karls III. richtete sich gegen den Erstgeborenen Karlmann, den sie vom Vater bevorzugt wähnten; vgl. bes. BORGOLTE, S. 50ff.; s. schon BUND, S. 469–71 und bes. FRIED, Ludwig, S. 7–8, 15.
[75]) Breviarium Erchanberti, cont. Augiensis ad an. 876 (ed. PERTZ, S. 329 Z.23–24); vgl. Josef SEMMLER: Francia Saxoniaque oder Die ostfränkische Reichsteilung von 865/76 und die

jungen König entschied das Schlachtenglück am 8. Oktober 876 bei Andernach zu dessen Gunsten, was sogar in westfränkischen Quellen als Gottesurteil empfunden wurde[76]. Im Kontext unserer Fragestellung interessiert dabei nur die Feststellung, daß auch Karl zumindest den Versuch unternommen hat, das Frankenreich in den Grenzen des Jahres 840 unter einem Szepter zu vereinen. Der Versuch ist gescheitert und hatte wohl nie Aussicht auf dauerhaften Erfolg[77]; er stieß bei den Zeitgenossen – auch in Westfranken – auf wenig Sympathie[78], doch all dies ändert nichts an der Tatsache, daß die, sei es auch gewaltsame, Wiedervereinigung des Reiches Karls d.Gr. in den 70er Jahren vorübergehend das ernsthaft verfolgte Ziel des bedeutendsten Karolingers jener Jahre gewesen ist.

Die folgenden Jahre sind in Ost und West gekennzeichnet durch rasche Herrscherwechsel[79], die der politischen Stabilität natürlich in höchstem Maße abträglich sein mußten, zumal die Normannengefahr keineswegs gebannt und im Begriffe war, nun auch Ostfranken zu überziehen[80]. Die größere politische Instabilität war jedoch fraglos im Westen konzentriert, wie sich schon 877 bei der Nachfolge Karls d.K.[81], in noch erhöhtem Maße

Folgen. Dieser gedankenreiche Aufsatz, der auch im folgenden mehrfach zu zitieren gewesen wäre, erscheint in: DA. 46 (1990). Dank des Entgegenkommens von Herrn Kollegen J. Semmler-Düsseldorf, hatte ich Gelegenheit, sein Manuskript vor der Drucklegung einzusehen, wofür ich auch an dieser Stelle meinen herzlichen Dank sage. Leider war es nicht möglich, die Arbeit noch in der ihr gebührenden Form in diesem Band zu berücksichtigen.
76) B–M² 1547i; vgl. das Urteil Hinkmars in den Ann. Bert. ad h. an. mit dem Bibelwort: *Qui praedaris nonne et ipse praedaberis?* (ed. GRAT, S. 209); vgl. TELLENBACH, Grundlagen, S. 252; s. auch FRIED, Ludwig, S. 14–15 und BUND, S. 473. Geradezu lächerlich die Formulierung bei ZATSCHEK, Reich, S. 189: „Der erste Zusammenstoß mit Frankreich". Vgl. noch unten mit Anm. 78.
77) Nach Ludwig d.J. wären immerhin auch noch Karlmann und Karl III., die in Andernach nicht präsent waren, zu bezwingen gewesen – das alles ohne Rückhalt im ostfränkischen Adel und ohne dessen *consensus*; vgl. dazu TELLENBACH,Grundlagen, S. 259ff. (ohne speziellen Bezug auf 876); s. noch HLAWITSCHKA, Lotharingien, S. 20; unbefriedigend BUND, S. 472–73, der glaubt, Karl würde sich mit der Anerkennung seiner „Oberherrschaft" durch seine drei Neffen begnügt haben, was den Charakter Karls m.E. gründlich verkennt.
78) Der ausführliche Bericht in den Ann. Bert. ad an. 876 (ed. GRAT, S. 206–10) ist eine einzige vernichtende Kritik an Karls Verhalten.
79) Ludwig II. d. St. stirbt 879, seine Söhne bereits 882 und 884; in Ostfranken stirbt Karlmann schon 880, Ludwig III. d.J. 882: Ann. Bert. ad an. 879 (ed. GRAT, S. 235); Ann. Vedast. ad ann. 882, 884 (ed. v. SIMSON, S. 52, 56): B–M² 1547c, 1576a.Vgl. bes. SCHMID, Unteilbarkeit, S. 11: „In einem Zeitraum von weniger als zehn Jahren (875–884) starben acht Karolingerkönige – den obengenannten sind noch Ludwig II. von Italien, Ludwig II. von Ostfranken und Karl d.K. hinzuzurechnen (Anm. BRÜHL) – und dazu weitere fünf Karolingersöhne".
80) Köln und Trier wurden 882 eine Beute der Normannen; vgl. VOGEL, S. 280ff. Vgl. unten S. 366 m. Anm. 88.
81) Vgl. zuletzt Carlrichard BRÜHL: Karolingische Miszellen I. Die Vorgänge in Westfranken beim Thronwechsel des Jahres 877, in : DA. 44 (1988) S. 355–70.

aber bei der Nachfolge Ludwigs d.St. 879 zeigte, als erneut eine Adelsfraktion den ostfränkischen Ludwig d.J. ins Land rief[82]. Gelang es diesem auch nicht, ganz Westfranken zu erwerben, wie es der Ehrgeiz seiner Gemahlin Liutgard gewesen wäre[83], so traten Ludwig III. und Karlmann von Westfranken im Vertrag von Ribémont 880 ihrem Vetter Ludwig d.J. doch immerhin jenen Teil Lotharingiens ab, der im Vertrag von Meersen zehn Jahre zuvor ihrem Vater zugesprochen worden war[84]. Für die Zeitgenossen war dies ein Vertrag und eine Abtretung wie jede andere; ganz wie beim Vertrag von Verdun bleibt abermals erst dem späteren Historiker die Erkenntnis vorbehalten, daß damals eine der dauerhaftesten Grenzen der Geschichte festgelegt wurde, die bis in das 14.Jahrhundert die unbestrittene Grenze zwischen Deutschland und Frankreich gebildet hat[85].

In Italien hatte Johann VIII. zwischenzeitlich einen neuen Kaiser in Gestalt Karls III., des jüngsten Sohnes Ludwigs II. von Ostfranken, kreiert[86]. Karl war ohne Schwertstreich als König von Italien anerkannt worden und hatte widerspruchlos das Erbe seiner früh verstorbenen Brüder, die ihm an Herrscherfähigkeiten weit überlegen gewesen waren, angetreten[87]. Als nun am 12. Dezember 884 auch noch der Westfrankenkönig Karlmann starb, der 882 unangefochten die Herrschaft im Reich seines Bruders Ludwig III., des Normannensiegers von Saucourt[88], hatte übernehmen können[89], einigte sich der westfränkische Adel darauf, die Krone unter Über-

---

[82]) Grundlegend WERNER,Gauzlin, S. 183ff.; s. auch BUND, S. 498–99.

[83]) Ann. Bert. ad an. 879: *Hludowicus ad palatium suum Franconofurth rediit. Audiens autem hoc uxor illius, satis moleste tulit, dicens quia si illa cum eo venisset, totem istud regnum* (scil.Westfranken) *haberet* (ed. GRAT, S. 238) und dazu WERNER, Gauzlin, S. 166 Anm. 36, 191; s. auch PENNDORF, S. 81; vgl. zuletzt FRIED, Ludwig, S. 16.

[84]) B–M² 1565f; vgl. HLAWITSCHKA, Lotharingien, S. 21; FRIED, Ludwig, S. 16–17.

[85]) MONOD, Opposition, S. 10–11, hält Ribémont nicht einmal der Erwähnung wert; ganz ähnlich CALMETTE, Naissance, S. 181, der Ribémont erwähnt, ohne auf den Inhalt des Vertrags mit einem Wort einzugehen.

[86]) Karl III. war am 12.Februar 881 in St.Peter von Johann VIII. zum Kaiser gesalbt und gekrönt worden: B–M² 1609a; B–Zi 646; BRÜHL, Krönungsbrauch, S. 411 Nr. 31. Vgl. DÜMMLER III², S. 180–81, mit der grotesken Formulierung: „er ist der erste rein deutsche Fürst, der als Caesar Augustus begrüßt wurde"; s. auch HALLER II, S. 172–73. Vgl. unten Kap.8 § 2, S. 513 m. Anm. 390.

[87]) Schon im Jan. 880 war Karl III. wahrscheinlich zum König von Italien gekrönt worden: B–M² 1591a; vgl. DÜMMLER III², S. 107–08 und BRÜHL, Krönungsbrauch, S. 384–85, 411 Nr. 30; zu sicher urteilt HLAWITSCHKA, Lotharingien, S. 52; vgl. noch TELLENBACH, Grundlagen, S. 291–92 m. Anm. 269a.

[88]) Vgl. VOGEL, S. 272–74. So erfreulich dieser Sieg vom Standpunkt der fränkischen Waffenehre auch war, so kam ihm doch keinerlei entscheidende Bedeutung zu; in diesem Sinne auch HLAWITSCHKA, Frankenreich, S. 86. Zu dem aus diesem Anlaß entstandenen „Ludwigslied" s. oben S. 209 m.Anm. 202.

[89]) Vgl. WERNER, Gauzlin, S. 214–15, der mit Recht betont, daß der erst 16jährige Karlmann ganz unter dem Einfluß Hugos „des Abts" stand.

gehung der Ansprüche des erst fünfjährigen Karl (III.)[90] dem Kaiser Karl III. anzubieten wohl in der Hoffnung, in ihm einen energischen Bekämpfer der Normannennot zu finden, doch gerade bei dieser Aufgabe versagte der kranke Kaiser kläglich[91]. Immerhin war es gerade dieser schwache Herrscher, der nicht etwa aufgrund eigener Verdienste und eines politischen Konzepts, sondern allein durch die Zufälle der Erbfolge noch einmal das fränkische Reich in allen seinen *regna* zusammenfassen konnte. Das Reich Karls d.Gr. war so scheinbar wiederhergestellt, aber eben doch nur scheinbar. Die Datierung von Karls III. Urkunden zeigt den Unterschied: hier werden die einzelnen Reichsteile unverändert als selbständige Größen behandelt, indem die Herrscherjahre getrennt gezählt werden, wie dies schon unter Ludwig II. von Ostfranken und Karl d.K. der Fall gewesen war[92]. Es ist wahrlich eine Ironie des Schicksals, daß gerade der Herrscher, der das Reich noch einmal unter einem Szepter geeint zu haben schien, ohne „legitimen" Leibeserben geblieben war[93]. Als Karls physische Regierungsunfähigkeit immer deutlicher zu Tage trat, setzte der letzte noch regierungsfähige Karolinger, der einer Friedelehe Karlmanns von Ostfranken entsprossene Arnulf, der Herrschaft Karls III. ein Ende[94], das der ab-

---

[90] Eine neue Krönung oder Salbung fand dieses Mal wohl nicht statt; vgl. BAUTIER, Sacres, S. 47. Zu dieser Übergehung der Ansprüche Karls III. von Westfranken s. HLAWITSCHKA, Lotharingien, Exkurs I, S. 235–36 und dazu WERNER, Gauzlin, S. 185–87 m. Anm. 93 und Anm. 101. Vgl. noch unten § 2, S. 371 m. Anm. 114, S. 373, S. 381 m. Anm. 164.

[91] Sowohl Karls Verhalten vor Elsloo 882 als auch vor Paris 886 war feige und schändlich, doch im Grunde war er ja ein regierungsunfähiger Herrscher; vgl. VOGEL, S. 285, 288–94, 333–36. Entschieden zu positiv urteilt TELLENBACH, Grundlagen, S. 294–95, auch wenn ihm zuzustimmen ist, daß ein g e s u n d e r Karl III. v i e l l e i c h t einen bedeutenden Herrscher abgegeben hätte; aber er war es nun einmal nicht, und man kann es den Zeitgenossen nicht verdenken, wenn sie über Karl hart geurteilt haben.

[92] Vgl. oben S. 90 m.Anm. 38–39, S. 92–93m. Anm. 51–59; s. auch BRÜHL, Anfänge, S. 153 Anm. 22.

[93] Er hatte allerdings einen „illegitimen" Sohn Bernhard, dessen Thronfolgerecht durch die Absetzung des Vaters praktisch erloschen war; Karl hatte sich beim Papst für Bernhards Nachfolge eingesetzt; vgl. HLAWITSCHKA, Lotharingien, S. 53; KELLER, Sturz, S. 360, 383; TELLENBACH, Grundlagen, S. 295–96 und bes. Eduard HLAWITSCHKA: Nachfolgeprojekte aus der Spätzeit Kaiser Karls III., in: DA. 34 (1978) S. 19–50, bes. S. 20–22; s. auch BORGOLTE, S. 55.Eine Verschwörung Bernhards gegen Arnulf im Jahre 890 scheiterte völlig, und 891/92 wurde er von Graf Rudolf von Rätien getötet; vgl. DÜMMLER III², S. 343–45; KELLER, Sturz, S. 369 m. Anm. 111 und zuletzt BUND, S. 489–90. Vgl. noch unten § 2, S. 372–73 m. Anm. 120–22. Daß Karl III. nur einen Sohn hatte, zeigt WERNER, Nachkommen, S. 456 (V 24). Zur Namengebung vgl. bes. WERNER, Hludovicus, S. 35 m. Anm. 112.

[94] Über die Ereignisse des Jahres 887 und insbes. über bestimmte Nachfolgeprojekte, die Karl III. verfolgt haben soll, ist unendlich viel geschrieben worden, was für die hier zentrale Fragestellung jedoch belanglos ist. Nach KELLER, Sturz, S. 336ff., 347ff., 358ff., 376–78 zusammenfassend jetzt TELLENBACH, Grundlagen, S. 294ff., 300ff.; s. auch oben Anm. 93.

gesetzte Kaiser nur um wenige Wochen überlebte[95]. Ausgerechnet dem
schwächsten Karolinger nach dem Tode Karls d. K. war es vergönnt gewesen, die Reichseinheit doch wenigstens äußerlich für wenige Jahre (885 –
887) verwirklicht zu haben, wobei nicht entschieden genug betont werden
kann, daß diese neuerliche Einheit nicht „manu militari" bewerkstelligt
worden ist – alle Versuche, auf diesem Weg zum Ziel zu kommen, waren
ausnahmslos gescheitert –, sondern kraft Erbrechts oder auf ausdrückliche Einladung der Großen des jeweiligen Regnum. Seine „Verlassung"
war letztlich nur die Konsequenz der eigenen Regierungsunfähigkeit[96].
Karls III. Tod bedeutete den Anbruch einer neuen Epoche in der Geschichte des Frankenreiches.

§ 2: Der Einschnitt der Jahre 887/88: alte und neue Regna.
Das Wiederaufleben des Königreichs Lotharingien. Das
Oberkönigtum Arnulfs von Kärnten und die Kaiser-
frage.

Daß das Jahr 887 einen tiefen Einschnitt in der Geschichte des Karolingerreiches bedeutet, haben schon die Zeitgenossen empfunden. Regino
von Prüm hat den hundertfach zitierten Satz geschrieben: *unumquodque*
*[regnum] de suis visceribus regem sibi creari disponit*[97], und der Regensburger Fortsetzer der ostfränkischen Reichsannalen formulierte noch griffi-
ger: *multi reguli in Europa vel regno Karoli, sui patruelis, excrevere*[98]. Beide
Autoren geben auch zugleich eine Liste der Könige, die sich nach und neben Arnulf zu Königen aufgeworfen hatten. Im Anschluß an die oben zitierte Stelle fährt der Regensburger Annalist fort: *Nam Perngarius, filius*

---

[95]) Karl III. starb bereits am 13.I.888, d.h. nur etwa zwei Monate nach seiner Absetzung: B – M² 1765(d); B – Zi 793; . Zu Karls Sterbeort Neudingen vgl. bes. BORGOLTE, S. 39ff. mit Karte auf S. 44; vgl. noch ebd. S. 49.

[96]) In seiner Fassung von 1944/45 bezeichnete Tellenbach „Karls III. Sturz, eine Herrscherverlassung alten Stils": TELLENBACH, Grundlagen, S. 229 – 33; s. auch HIESTAND, S. 92; problematisch dagegen SCHLESINGER, Arnulf, S. 235 – 36; vgl. noch JARNUT, S. 101 und bes. BUND, S. 478 – 89.

[97]) Regino, Chronicon ad an. 888; Regino fährt ebd. fort: *Quae causa magnos bellorum* *motus excitavit; non quia principes Francorum deessent, qui nobilitate, fortitudine et* *sapientia regnis imperare possent, sed quia inter ipsos... discordiam augebat, nemine tantum* *ceteros precellente, ut eius dominio reliqui se submittere dignarentur. Multos enim idoneos* *principes ad regni gubernacula moderanda Francia genuisset...* (ed. KURZE, S. 129); vgl. HIESTAND, S. 33 – 34; BRÜHL, Anfänge, S. 155 u.a.m.; vgl. unten S. 372 m. Anm. 119.

[98]) Ann. Fuld., Cont. Ratisb. ad an. 888 (ed. KURZE, S. 116); vgl. HIESTAND, S. 33 – 34 u.a.; vgl. unten S. 376 m. Anm. 137.

*Ebarhardi, in Italia se regem facit; Ruodolfus vero, filius Chuonradi, supe-*
*riorem Burgundiam apud se statuit regaliter retenere; inde itaque Hludo-*
*wicus, filius Bosoni, et Wito, filius Lantberti, Galliam Belgicam necnon et*
*Provinciam prout reges habere proposuerunt; Odo, filius Rodberti, usque*
*ad Ligerim fluvium vel Aquitanicam provinciam sibi in usum usurpavit;*
*deinceps Ramnolfus se regem haberi statuit*[98]. Der Bericht Reginos ist noch
wesentlich ausführlicher, erwähnt jedoch Ludwig III. von der Provence,
der ja noch ein Kind war, nicht und verzichtet auf die Nennung Ramnulfs
von Poitiers, der als einziger der hier Genannten seine Absicht, eine Königsherrschaft zu errichten, nicht verwirklichen konnte[99].

Um das Revolutionäre dieses Vorgangs zu begreifen, scheint mir eine
kurze Rückerinnerung erforderlich: nur knapp neun Jahre zuvor hatte Boso – immerhin Schwager und Schwiegersohn zweier Kaiser, nämlich Karls
d.K. und Ludwigs II.[100] – in der Provence ein Königtum errichtet[101], das
sogar die kirchliche Sanktionierung in Gestalt von Krönung und Salbung
erhalten hatte[102]. Ungeachtet dessen wurde er von allen damals regierenden Karolingern in seltener Einmütigkeit als Thronräuber verurteilt, ja es
kam 881 sogar zu einem gemeinsamen Kriegszug der west- und ostfränkischen Karolinger[103]. Diesem Feldzug war zwar kein entscheidender Erfolg

---

[99] Regino, Chronicon ad an. 888 (ed. KURZE, S. 129 – 30). Zu Ramnulf s. AUZIAS,
S. 434 – 38 sowie bes. unten Anm. 110 und S. 374 m. Anm. 127. Zu Ludwig v.d. Provence
vgl. unten S. 371 m. Anm. 115 – 16.

[100] Zu Bosos Laufbahn vor 879 vgl. bes. POUPARDIN, Provence, S. 41 – 96 und die
Stammtafel: ebd. vor S. 41. Bosos Schwester Richilde war seit 870 Gemahlin Karls d.K.,
er selbst heiratete 876 die einzige überlebende Tochter Kaiser Ludwigs II., Irmingard.
Eine Tochter Bosos, deren Namen wir nicht kennen, wurde 879 dem jungen Karlmann,
dem Sohn Ludwigs d.St., verlobt, doch kam die Ehe nicht zustande; vgl. FLACH III,
S. 175 – 76; POUPARDIN, aaO., S. 54 – 56, 73 – 79, 89 m. Anm. 8; BOEHM, Rechtsformen,
S. 39 – 43 und Stammtafel: ebd. S. 59; FRIED, Boso, S. 196 – 97 und WERNER, Nachkommen, S. 454 (IV 43 – 46), 456 (V 33 – 34).

[101] Vgl. POUPARDIN, Provence, S. 97ff., 109ff.

[102] Zur Krönung vgl. POUPARDIN, Provence, S. 97 und bes. BOEHM, Rechtsformen,
S. 15ff., bes. S. 24 – 30; s. zuletzt BAUTIER, Sacres, S. 46. POUPARDIN, Provence, S. 106,
betont zutreffend, daß Boso sich als Nachfolger Ludwigs d.St. betrachtete; in diesem Sinne
auch TELLENBACH, Grundlagen, S. 276 m. Anm. 184; verfehlt SCHLESINGER, Arnulf,
S. 238, auch hinsichtlich der ang. „wesenhaften Unterschiede deutscher und französischer
Staatsbildung"; ähnlich unsinnig ebd. S. 239: „Am Anfang der französischen Geschichte
steht von der Kirche geforderter Partikularismus, am Anfang der deutschen Geschichte
steht der Gedanke der Einheit der deutschen Stämme. Ein deutsches Volksbewußtsein
schickt sich an, einen deutschen Staat zu gestalten"(sic). Vgl. dazu unten Epilog, S. 710 m.
Anm. 18 – 20. Vgl. noch BRÜHL, Krönungsbrauch, S. 387 – 88, 411 Nr. 29, doch glaube
ich heute nicht mehr an Lyon als Krönungsort; so aber BOEHM, Rechtsformen, S. 25 – 26, 29.

[103] Es war dies der Anlaß zu dem Dreiertreffen im Juni 880 in Gondreville zwischen
den westfränkischen Königen Ludwig III. und Karlmann mit Karl von Schwaben, während der erkrankte Ludwig III. d.J. sich durch Gesandte vertreten ließ: B – M² 1603b; vgl.
DÜMMLER III², S. 144; POUPARDIN, Provence, S. 114 – 15; VOSS, Herrschertreffen, S. 21,
93, 109, 119 und oben S. 362 m. Anm. 63 – 64.

beschieden, er zeigt aber doch[104], wie ernst diese Verletzung des Gebots Papst Stephans II., daß nur ein König aus dem Geschlecht Pippins im Frankenreich herrschen dürfe[105], noch nach über einem Jahrhundert genommen wurde. Auch Papst Johann VIII. schloß sich der allgemeinen Verurteilung an, obwohl er Boso 878 adoptiert hatte[106], was allerdings nicht im Zusammenhang mit einem ang. Kaiserplan Johanns VIII. gesehen werden darf, wie FRIED überzeugend darlegen konnte[107]. Der Erwählte Johanns VIII. war vielmehr Ludwig II. d.St. von Westfranken, der indes schon 879 starb[108]. Wie unhistorisch dieser ang. Kaiserplan in der Forschung erörtert wurde, zeigt die helle Empörung über den Griff Bosos nach der K ö n i g s krone in einem nicht sonderlich bedeutenden karolingischen Teilreich zur Genüge[109].

Erst auf dem Hintergrund dieser Ereignisse wird die Ungeheuerlichkeit der Vorgänge von 888 ins rechte Licht gerückt: nicht e i n Nicht-Karolinger griff nach der Königswürde, sondern deren sechs, von denen kein einziger auch nur annähernd so nahe mit den Karolingern – sei es auch durch

---

[104]) Der 1. Feldzug 880 brachte kein Ergebnis; erst 882 konnte Bosos Bruder(!), Richard „le Justicier",Vienne im Auftrag Karlmanns einnehmen, doch auch dieser Erfolg war nur vorübergehender Natur und es gelang keinem der Karolingerkönige, Bosos habhaft zu werden oder einen entscheidenden Erfolg gegen ihn zu erringen; vgl. DÜMMLER III², S. 146–47; POUPARDIN, Provence, S. 120–27, 128–32. Unzuverlässig wie so oft CALMETTE, Naissance, S. 181–82; vgl. noch HLAWITSCHKA, Lotharingien, S. 90 m. Anm. 103-04. In den Jahren nach Bosos Tod († 11. Jan. 887), als sein Sohn Ludwig noch nicht regierungsfähig war, datierte man im Raum von Vienne: *in anno II*, ja sogar: *anno VI post obitum Bosoni regis* (889 Apr. bzw. 892 Dez.): BERNARD–BRUEL I, Nr. 37, S. 45; Nr. 49, S. 57. Im Raum Lyon datierte man dagegen noch im Okt. 897: *anno X post obitum Carlo rege imperatore* (Kaiser Karl III.): BERNARD–BRUEL I, Nr. 61, S. 71; vgl. noch ebd. Nr. 41, S. 49 u.ö.; s. auch unten Anm. 116 i.f.

[105]) Clausula de unctione Pippini: *...simulque Francorum principes benedictione sancti Spiritus gratia confirmavit et tali omnes interdictu et excommunicationis lege constrinxit, ut numquam de alterius lumbis regem in evo presumant eligere* (ed. WAITZ, S. 1 Z.31–33; ed. STOCLET, S. 3 Z.20–22): B–M² 76a; vgl. bes. SCHNEIDMÜLLER, Tradition, S. 81 m. Anm. 2. Zur „Clausula" vgl. WATTENBACH–LEVISON, S. 163 m. Anm 6 und zuletzt Alain STOCLET: La «clausula de unctione Pippini regis»: Mises au point et nouvelles hypothèses, in: Francia 8 (1980) S. 1–42, bes. S. 34, der diesen Teil der „Clausula" in die Jahre 830/34 datiert.

[106]) Vgl. POUPARDIN, Provence, S. 117–18; BOEHM, Rechtsformen, S. 43; FRIED, Boso, S. 197–99.

[107]) Vgl. FRIED, Boso, passim, bes.S. 197 und die folg. Anm.

[108]) FRIED, Boso, S. 201ff.; ebd. S. 193 Anm. 3 die bisherige Lit., die einhellig Boso zu Johanns VIII. Kandidaten für die Kaiserwürde gemacht hatte wie z.B. auch BOEHM, Rechtsformen, S. 43–45; vgl. noch FRIED, aaO., S. 193 m.Anm. 1–2.

[109]) Mit Recht betont FRIED, Boso, S. 195: „Die Ablehnung, die später Bosos usurpatorische Königserhebung...im gesamten Frankenreich erfuhr, läßt ahnen, welcher Sturm der Entrüstung sich erhoben hätte, wären Johanns geheime Pläne an die Öffentlichkeit gedrungen. Bosos angestrebtes Kaisertum glich einer Revolte wider die Karolinger, und die neuzeitliche Forschung sah den Papst infolgedessen in recht trübem Zwielicht". Fried zeigt dann selbst, daß zu einer solchen Sicht keine Veranlassung besteht.

Anheirat – verwandt war, wie dies Boso 879 von sich sagen konnte[110], ja Wido von Spoleto[111] und Odo von Paris[112] waren den Karolingern überhaupt nicht in einem faßbaren Verwandtschaftsverhältnis verbunden[113]. Um das Maß der Ungereimtheiten voll zu machen, waren die Ansprüche des inzwischen immerhin etwa neunjährigen Karl, des nachgeborenen Sohnes Ludwigs d.St., erneut übergangen worden[114], während der gleichfalls noch minderjährige Ludwig, der Sohn Bosos, schon 890 mit ausdrücklicher Zustimmung Arnulfs [115] zum König der Provence erhoben wurde[116]. Ein Mann, dem das Jahr 888 womöglich späte Gerechtigkeit hätte widerfahren

---

[110] Berengar von Friaul war über seine Mutter Gisela ein Enkel Ludwigs d.Fr., Ludwig v.d.Provence über seine Mutter Irmingard ein Enkel Kaiser Ludwigs II.; vgl. die Stammtafel I bei HLAWITSCHKA, Kriterien, S. 80–81; s. auch WERNER, Nachkommen, S. 421, 455 (V 10).Rudolf I. von Burgund war gar nur ein Großneffe von Ludwigs d.Fr. zweiter Gemahlin Judith; vgl. die Stammtafel der Welfen bei POUPARDIN, Provence, S. 211 und ebd. S. 148–49. Ramnulf II. von Poitiers ist ein Urenkel Ludwigs d.Fr., da sein Großvater Gerhard v.d.Auvergne eine Tochter Ludwigs geheiratet hatte; s.WERNER, Nachkommen, S. 410–11, 421, 450 (IV 15), 455 (V 17); so auch schon DHONDT, Études, S. 194 und AUZIAS, S. 130, 149 m. Anm. 64. Zu Boso vgl. oben S.369 m. Anm. 100.

[111] Daß die Widonen mit den Karolingern nicht verwandt waren, zeigte überzeugend Eduard HLAWITSCHKA: Waren die Kaiser Wido und Lambert Nachkommen Karls d.Gr.? in: QFitAB. 49 (1969) S. 366–86.Vgl. noch unten Anm. 113.

[112] Vgl. FAVRE, Append.I: La famille d'Eudes, S. 199–206. Odo selbst blieb ohne „legitimen" Erben; vgl. WERNER, Westfranken, S. 230; s. aber unten Anm. 163.

[113] Hierunter verstehe ich ein noch im 9. Jh. faßbares Verwandtschaftsverhältnis, das bei WERNER, Nachkommen, passim (1.–5. Generation) nachgewiesen ist. Nach HIESTAND, S. 56, „scheint jedoch eine sehr frühe Verschwägerung in der Zeit Karl Martells (fast unwiderlegbar) zu sein (d.h. der Widonen mit den Arnulfingern); ebd.S. 56 Anm. 58 bemerkt HIESTAND jedoch richtig,„ daß die beiden Spoletiner Wido und Lambert nie auf ihre Verwandtschaft mit den Karolingern gepocht haben", was mich das Entscheidende dünkt; s. auch HLAWITSCHKA, Lotharingien, S. 129 Anm. 59 (auf S.130–31).

[114] Von ihm ist 888 merkwürdigerweise überhaupt nicht die Rede, vielleicht weil er am Hofe Ramnulfs II. von Poitou lebte, der selbst Ansprüche auf Aquitanien erhoben und sich erst 889 auch im Namen Karls Odo unterworfen hatte; vgl. Ann.Vedast. ad h. an.: *Ramnulfus dux maximae partis Aquitaniae cum sibi faventibus venit ad eum* (scil. Odonem) *adducens secum Karolum puerum...et iuravit illi, quae digna fuerunt*(!)*simul et de ipso puerulo, ne quid mali de eo suspiceretur* (ed. v.SIMSON, S. 67). Vgl. DÜMMLER III², S. 317: „An Karl, das rechte Königskind aber, das sich in Ramnolfs Obhut befand, dachte zunächst Niemand". Vgl. noch unten S. 381 m. Anm. 164; s auch FAVRE, S. 78–79, 121–22; ECKEL, S. 10–11 und bes. WERNER, Nachkommen, S. 434–35.

[115] Irmingard hatte sich 889 und 890 (vielleicht mit ihrem Sohn Ludwig) zu Arnulf nach Forchheim begeben: B–M² 1813a, 1846a; vgl. HLAWITSCHKA, Lotharingien, S. 87–88; VOSS, Herrschertreffen, S. 24, 213. Die ältere Forschung hatte irrig nur einen Besuch Irmingards in Forchheim im Jahre 889 angenommen; s. etwa DÜMMLER III², S. 333 und POUPARDIN, Provence, S. 155 m. Anm. 2.

[116] Capit.II, Nr. 289 (890 Aug.): *Ludovicum, excellentissimi Bosonis regis filium, elegimus atque in regem ungendum decrevimus..., cui praestantissimus Carolus imperator iam regiam concesserat dignitatem, et Arnulphus, qui successor eius existit, per suum sceptrum perque suos sagacissimos legatos...fautor regni auctorque in omnibus esse comprobatur* (S. 377 Z.28–33); vgl. HLAWITSCHKA, Lotharingien, S. 88–89; TELLENBACH, Grundlagen, S. 295; SCHMID, Unteilbarkeit, S. 12 m. Anm. 56. Aus der älteren Lit. nenne ich nur DÜMMLER III², S. 332–33; POUPARDIN, Provence, S. 144–47, 155–57; FLACH III,

lassen können, Hugo, der ang. „illegitime" Sohn Lothars II., war durch seine Blendung (885) politisch bereits tot[117]. Statt seiner versuchte Rudolf I. von Burgund sich ganz Lotharingiens zu bemächtigen, was trotz einer Krönung in Toul 888 scheiterte[118]. Aber weit davon entfernt, die Zeiten zu beklagen, in denen solch unglaubliche Dinge geschehen können, zeigt Regino sich voller Stolz, daß es dem Frankenreich nicht an großen Persönlichkeiten gebrach, die Königswürde zu übernehmen: *multos enim idoneos principes*(!) *ad regni gubernacula moderanda Francia genuisset*[119].

Es dürfte offenkundig sein, daß sich in dem Jahrzehnt zwischen 879 und 888 ein tiefgreifender Wandel der Anschauungen vollzogen hatte. Wir müssen fragen, wie es zu diesem Wandel kommen konnte, und wie sich Arnulf, der einzige, wenn auch „illegitime" Karolinger, zu den neuen Königen gestellt hat. Hier scheint es mir an der Zeit, endlich mit dem Gerede von den ang. „legitimen" oder „illegitimen" Karolingern aufzuräumen, so als ob diese Frage für die Nachfolge entscheidend gewesen sei. „Entscheidend" war sie in Wahrheit nur dann, wenn man eines Arguments bedurfte, einen unwillkommenen Erben von der Thronfolge auszuschließen[120]. Pippin II. von Aquitanien war unzweifelhaft ein „legitimer" Karolinger und blieb dennoch bei der Thronfolge unberücksichtigt. Bernhard von Italien und Arnulf waren „illegitim" und wurden allgemein anerkannt; Bernhard wurde zwar später im Zusammenhang mit der „Ordinatio imperii" ein

---

S. 190, dessen Auffassung über die Rolle Arnulfs ich nicht teile; vgl. bes. BOEHM, Rechtsformen, S. 45 – 50; s. noch unten S. 376 m. Anm. 139. Eine „charta" aus dem Raum von Vienne ist datiert: *anno primo, quo Ludovicus benedictus fuit ad regem*: BERNARD – BRUEL I, Nr. 42, S. 50 (891 Jan.).

[117]) Anders BAUTIER, Eudes, S. 145, doch war Hugo 888 kein ernsthafter Kandidat mehr, obwohl er seine Blendung um viele Jahre überlebt hat: er starb wohl erst nach 900 als „Mönch" in Prüm; s. DÜMMLER III², S. 241; PARISOT, S. 477. Das tragische Geschick Hugos hat zuletzt TELLENBACH, Grundlagen, S. 286 – 88, unter dem Titel „Eine unterdrückte Königswahl" dargestellt; vgl. auch HLAWITSCHKA, Lotharingien, S. 18 – 19 m. Anm. 41, 22, 29, der aber zu einseitig auf die ang. Illegitimität abstellt; vgl. dazu unten mit Anm. 120 – 22. Vgl. jetzt auch WERNER, Hludovicus, S. 53.

[118]) Vgl. POUPARDIN, Bourgogne, S. 13 – 15 und bes. HLAWITSCHKA, Lotharingien, S. 69 – 71; s. auch BRÜHL, Krönungsbrauch, S. 412 Nr. 36. Vgl. unten S. 375 m. Anm. 130, S. 377 m. Anm. 145, S. 385 m. Anm. 186 – 87; § 3, S. 405 m. Anm. 314 – 15.

[119]) Oben Anm. 97. Vgl. auch HIESTAND, S. 34 – 35, 38. Zu Reginos Bericht vgl. noch KELLER, Sturz, S. 355 – 56.

[120]) Es versteht sich allerdings von selbst, daß es sich um die Söhne hochadliger Damen handeln mußte; mit unfreien *servae* gezeugte Söhne kamen niemals für die Nachfolge in Betracht. Ein zuverlässiger Indikator sind die zeitgenössischen Annalen und Chroniken, die grundsätzlich Söhne einer ang. *concubina* nur dann namentlich erwähnen, wenn diese *concubina* eine Adlige ist, d.h. mit dem König in einer regulären Friedelehe verbunden war. Unschön daher SCHMID, Unteilbarkeit, S. 11: „der Karolingerbastard Arnulf". Gegen die sogen. „legitimité dynastique" auch BAUTIER, Eudes, S. 145; vgl. bes. WERNER, Hludovicus, S. 52.

Opfer der Partei der Kaiserin Irmingard am Hofe Ludwigs d.Fr., doch spielte seine „Illegitimität" dabei nur eine untergeordnete Rolle[121]. Mit der „Legitimität" ist es wie mit der „Minderjährigkeit": sie wird je nach Bedarf aus der Schublade hervorgeholt – oder auch nicht. Bei Karl III. von Westfranken wurde sie immer wieder betont, doch Karls Stiefbruder Karlmann und der ostfränkische Ludwig „das Kind" waren Könige trotz ihrer Minderjährigkeit. Es kam ganz auf die politische Konstellation an, in der einmal „Illegitimität", „Minderjährigkeit" oder was sonst immer vorgebracht wurden, um eine bestimmte Kandidatur zu verhindern, während man ein anderes Mal in gleich gelagerten Fällen keine Einwände erhob. Damit soll beileibe nicht behauptet werden, daß sich Königserhebungen im freien Spiel der politischen Kräfte gewissermaßen im „rechtsfreien Raum" vollzogen hätten. Davon kann natürlich keine Rede sein[122]. Man hat m.E. aber nicht genügend berücksichtigt, daß gerade die Jahrzehnte zwischen 850 und 900 Jahrzehnte des politischen und zugleich auch verfassungsrechtlichen Umbruchs sind. Der Einwand der „Illegitimität" hatte aufgrund der politischen Konstellation erstmals bei Lothars II. Sohn Hugo gegriffen, wobei zu allem Überfluß auch noch das bessere Erbrecht Kaiser Ludwigs II. übergangen worden war. Bei allen verfassungsrechtlichen Überlegungen, deren Berechtigung ich nicht bestreite, sollten die politischen Machtfragen und Nützlichkeitserwägungen der „Königsmacher" stärkere Beachtung finden.

Damit ist das wichtige Problem der Rolle des Adels angesprochen, das in der neueren Forschung mit Recht im Mittelpunkt des Interesses steht[123]. Karl SCHMID hat treffend darauf hingewiesen, daß sich die Merowinger meist mit ausländischen Prinzessinnen vermählten, während die Karolin-

---

121) Zu der Tragödie Bernhards, dessen „Illegitimität" erst kürzlich zweifelsfrei nachgewiesen werden konnte, jetzt grundlegend WERNER, Hludovicus, S. 31–37, 42–50. Noch einem Arnulf gelang es, auf der Reichsversammlung in Forchheim 889 die Nachfolge seiner „illegitimen" Söhne Zwentibold und Ratold durchzusetzen für den Fall, daß seine „rechte Ehe" (Muntehe) kinderlos bliebe: B–M² 1813a; vgl. dazu SCHLESINGER, Grundlegung, S. 268 und bes. HLAWITSCHKA, Lotharingien, S. 68 Anm. 12. Als Ludwig d.K. geboren wurde, vermochte er, Zwentibold als König von Lotharingien durchzusetzen: unten S. 386 m. Anm. 195–96; s. auch DHONDT, Études, S. 45 m. Anm. 1. Es bedarf im übrigen wohl kaum des Hinweises, daß sich meine Bemerkungen nur auf das 9. Jh. beziehen. Für die spätere Zeit vgl. WERNER, aaO., S. 51–52.

122) So hätte Arnulfs Erhebung gegen einen regierungsfähigen Karl III. schwerlich eine Chance gehabt, und er hat dies zuvor ja auch nie versucht. Alle Empörungen gegen einen „legitimen" und regierungsfähigen Herrscher sind letztlich immer gescheitert, gleichgültig wie gut das Recht des Empörers war. Dies gilt für Bernhard von Italien wie für Pippin II. von Aquitanien, für Hugo von Lotharingien wie für Bernhard, den Sohn Karls III. Allgemein s. TELLENBACH, Grundlagen, S. 268.

123) Vgl. etwa TELLENBACH, Grundlagen, S. 253ff., 272ff. und SCHMID, Unteilbarkeit, S. 10ff.

ger grundsätzlich Damen aus dem Hochadel des eigenen Reichs heirateten, der damit in verwandtschaftliche Beziehungen zum Königshaus trat[124]. Nun konnte ich oben zeigen, daß keineswegs alle fränkischen Großen, die sich 888 zu Königen aufschwangen, mit den Karolingern verwandt waren[125], aber alle sechs „konnten von fürstlichen Stellungen ausgehen, die sie teils ererbt, teils selbst aus- und aufgebaut hatten"[126]. Der Abstand eines Karolingerkönigs zu einem solchen „Fürsten" war nicht so groß, daß jeder Gedanke an die Ablösung eines regierungsuntauglichen Karolingers durch einen erfolgreichen *princeps, marchio* oder *dux* von der Hand zu weisen gewesen wäre. Es gab 888 ja keine „Verschwörung" dieser sechs Fürsten gegen Karl III., sondern Karl wurde von Arnulf im Ostreich abgesetzt, und diese Absetzung oder „Verlassung" Karls hatte die fast gleichzeitigen Königseinsetzungen in anderen Teilen des Reiches zur Folge.

Es verdient überdies hervorgehoben zu werden, daß unter den Prätendenten keineswegs Einigkeit über die Verteilung der Machtsphären bestand. Während Berengar I. von Friaul sich von Anfang an auf Italien konzentriert und Ramnulf II. von Poitiers wohl nur eine Königsherrschaft in Aquitanien erstrebt, diesen Plan aber bald wieder aufgegeben hatte[127], war Wido von Spoleto zunächst um den Erwerb Westfrankens bemüht gewesen und in Langres auch bereits zum König gekrönt worden[128]. Erst die Erkenntnis, daß Odo von Paris offenbar über den stärkeren Anhang verfügte, veranlaßte ihn zur Rückkehr nach Italien und zum Erwerb der italienischen Krone in Auseinandersetzung mit Berengar[129]. Rudolf von

---

[124]) Die Ordinatio imperii, c.14: Capit.I, Nr. 136, S. 272, schrieb dies ausdrücklich vor; vgl. SCHMID, Unteilbarkeit, S. 9–11.

[125]) Oben S. 371 m. Anm. 110–14.

[126]) TELLENBACH, Grundlagen, S. 278. Tellenbach fährt fort: „Es muß nochmals betont werden, daß es im Karolingerreich längst sehr große ‚Große' gegeben hatte".

[127]) Das Faktum als solches scheint mir gesichert. Zweifelnd aber FAVRE, S. 122 m. Anm. 1; ähnlich auch WERNER, Westfranken, S. 229; s. dagegen BAUTIER, Eudes, S. 145; HLAWITSCHKA, Lotharingien, S. 86; KIENAST, Herzogstitel, S. 175, 178; SCHMID, Unteilbarkeit, S. 11 u.a.m.

[128]) FAVRE, S. 80–88; HIESTAND, S. 45–50; HLAWITSCHKA, Lotharingien, S. 73–74; DERS., Wido, S. 190–93 u.a.m. Widos stärkster Rückhalt in Westfranken war Erzbischof Fulco von Reims; zu dessen Verwandtschaft mit Wido vgl. HLAWITSCHKA, Franken, S. 75–76; SCHNEIDER, Fulco, S. 7. Die Krönung in Langres vollzog der dortige Bischof Geilo: BRÜHL, Krönungsbrauch, S. 412 Nr. 35 und zuletzt BAUTIER, Sacres, S. 47. Vgl. noch unten S. 382 m. Anm. 169. Zu Geilo von Langres s. auch BOEHM, Rechtsformen, S. 33 m. Anm. 90.

[129]) HIESTAND, S. 48, 50–51. Zur Tätigkeit der Widonen in Italien vor der Königserhebung Widos und zur Herkunft der Familie vgl. Eduard HLAWITSCHKA: Die Widonen im Dukat von Spoleto, in: QFitAB.63 (1983) S. 20–92. Sinnigerweise sind die ang. letzten „karolingischen" Kapitularien von Wido und Lambert erlassen: Capit. II, Nr. 223–25 (ann. 889–898); vgl. François-Louis GANSHOF: Was waren die Kapitularien? (Darmstadt 1961; flämische Erstausgabe: Brussel 1955) S. 34, 155. Doch haben die Ottonen noch

Burgund hatte zumindest den Versuch unternommen, ganz Lotharingien in seine Hand zu bekommen[130], und war so der einzige *regulus*[131] gewesen, der ein zum Ostfrankenreich gehöriges *regnum* beansprucht und damit die territoriale Integrität Ostfrankens in Frage gestellt hatte, was ihn zwangsläufig in Konflikt mit Arnulf brachte.

Hier erhebt sich naturgemäß die Frage nach der Rolle Arnulfs: hat er sich mit diesen Königserhebungen – gewissermaßen „zähneknirschend" – abgefunden, hat er sie zu verhindern gesucht, oder hat er sie gar gefördert? Letzteres wird man mit Bestimmtheit verneinen müssen, doch schiene es mir eine reichlich naive Betrachtungsweise zu unterstellen, Arnulf habe nach der Absetzung Karls III. alles gewonnen geglaubt und in Ruhe die Unterwerfung der übrigen Reichsteile abgewartet. Demnach müßten ihn die Königserhebungen in den anderen Reichsteilen – die ersten fallen immerhin schon in den Januar 888 [132] – völlig überrascht haben[133], was indes ganz unwahrscheinlich ist[134]. Arnulfs Haltung hat in Ostfranken nicht

mehrfach Kapitularien publiziert: Const. I, Nr. 8 (a. 951), Nr. 13 (a. 967), Nr. 21–22 (ann. 996–1002), Nr. 23 (a. 998), Nr. 312 (a. 1019), worüber GANSHOF, aaO., S. 154ff. kein Wort verliert.

[130]) Oben S. 372 m. Anm. 118 sowie unten S. 377 m. Anm. 145. Daß auch Odo versucht habe, lotharingisch–ostfränkisches Gebiet zu annektieren, behauptet ohne Quellengrundlage ZATSCHEK, Reich, S. 224, 283–83, woran FAVRE, S. 107–08, allerdings nicht ganz unschuldig ist; unter dem Einfluß von Favre auch BAUTIER, Eudes, S. 146; dagegen aber HLAWITSCHKA, Lotharingien, S. 74 m. Anm. 36(– S. 77!).

[131]) Zu diesem Begriff vgl. die Ausführungen von Hans Joachim KIRFEL: Weltherrschaftsidee und Bündnispolitik. Untersuchungen zur auswärtigen Politik der Staufer (Bonn 1959) S. 47–69, bes. S. 54 m. Anm. 38–41 (Bonner Historische Forschungen, t.12). Die Kritik von WERNER, Imperium, S. 37 Anm. 2, an Kirfels Regulus-Konzeption betrifft nicht das 9.Jh.; s. aber Bernhard TÖPFER: Reges Provinciales. Ein Beitrag zur staufischen Reichsideologie unter Kaiser Friedrich I., in: ZGW. 37 (1974) S. 1348–58.

[132]) Die Krönungen Berengars in Pavia und Rudolfs in St-Maurice fallen beide noch in die erste Januarhälfte: BRÜHL, Krönungsbrauch, S. 367, 411 Nr. 32–33. Vgl. HIESTAND, S. 36–39; POUPARDIN, Bourgogne, S. 10–12; KELLER, Sturz, S. 372. Vgl. bes. unten S. 376 m. Anm. 139. Die These von Louis DUPRAZ: L'avènement de Rodolphe Ier et la naissance du royaume de Bourgogne Transjurane (6 janvier 888), in: Schweiz. Zeitschrift für Geschichte 13 (1963) S. 177–95, wonach Rudolf präzis am 6. I. 888 gekrönt worden wäre, ist nicht zwingend begründet, auch wenn ich den 6. I. keineswegs ausschließen möchte. SCHIEFFER, Überblick, S. 6 Anm. 4, optiert für die Zeit nach Karls III. Tod, d.h. nach dem 14.I., was automatisch in die letzten Tage des Januars führen würde. Nicht mehr berücksichtigen konnte ich die schöne Studie von Giuseppe SERGI: Genesi di un regno effimero: la Borgogna di Rodolfo I, in: Boll. stor.-bibliografico subalpino 87 (1989) S. 5–44.

[133]) Vgl. DÜMMLER III², S. 306; FAVRE, S. 104; HLAWITSCHKA, Lotharingien, S. 66 Anm. 5.

[134]) Dies sah schon SCHLESINGER, Arnulf, S. 239–40, allerdings mit ganz abwegiger Argumentation, nämlich unter dem Gesichtspunkt eines ang. „deutschen Staatsgedankens", der sich damals Bahn gebrochen habe; dagegen mit Recht HLAWITSCHKA, Lotharingien,S. 65–68. Schlechthin absurd ist das Urteil von SCHLESINGER, aaO., S. 240: „Überblickt man das Geschehen, so werden die Anfänge einer deutschen (Sperrung vom Vf.) Politik sichtbar, fast möchte ich sagen einer östlich orientierten Politik kleindeutscher Prägung"(sic). Vgl. aber unten S. 376 m. Anm. 139.

nur Zustimmung gefunden. Der Regensburger Fortsetzer der ostfränkischen Reichsannalen läßt deutlich Kritik erkennen, wenn er Arnulf vorwirft, zu lange gezögert zu haben[135]. Für ihn waren die übrigen Thronbewerber *reguli*, die wie etwa Odo: *partim blanditiis, partim terroribus*[136]
diese Reiche „usurpiert" hatten[137], und auch für den den „Usurpatoren"
wesentlich freundlicher gesonnenen Regino ist Arnulf doch der unbestrittene *dominus naturalis*[138].

HLAWITSCHKA hat überzeugend dargelegt, daß Arnulf das ostfränkische Reich in den im Vertrag von Ribémont erreichten Grenzen als sein
„rechtmäßiges Erbe" beanspruchte, aber nicht das Reich Karls III. in seiner Gesamtheit; Hagen KELLER konnte darüber hinaus wahrscheinlich
machen, daß Karl III. selbst, nachdem seine Pläne für seinen Sohn Bernhard gescheitert waren, an eine Aufteilung des Großreiches gedacht hat.
Hierfür würden die kurz vor seiner Absetzung in Kirchen erfolgte Adop-
tion Ludwigs v.d. Provence ebenso sprechen wie die überraschend schnell
vorgenommenen Krönungen Berengars I. von Italien und Rudolfs I. von
Burgund noch im Januar 888; sogar eine Designation Berengars und Odos
durch Karl III. muß in Betracht gezogen werden, was die Haltung Widos,
der demnach ja schon von Karl III. von einer Teilnachfolge ausgeschlossen
worden wäre, gut erklären würde[139]. Es entspricht Arnulfs Haltung, daß er
eine westfränkische Gesandtschaft, die ihm etwa im Mai/Juni 888 – mit
Erzbischof Fulco von Reims an der Spitze – die Krone des Westfrankenreichs anbot, entließ: *sine ullo consilio vel consolatione*[140], und auch Papst

---

[135] Ann. Fuld., Cont. Ratisb. ad an. 888: *Illo diu morante, multi reguli...*: oben S. 368
m. Anm. 98.
[136] Dies allerdings die Formulierung der Odo wenig freundlich gesonnenen Ann.
Vedast. ad an. 888 (ed. v. SIMSON, S. 65). Zum Begriff des *terror*, der mit dem modernen
Gebrauch des Wortes nichts gemein hat, vgl. bes.TELLENBACH, Grundlagen, S. 261 – 64.
[137] Vgl. die: oben S. 368 m. Anm. 98, zitierten Formulierungen der Ann. Fuld.: *...se
regem facit* (Berengar), *...apud se statuit regaliter retenere...* (Rudolf von Burgund),
*...provinciam sibi in usum usurpavit ...* (Odo), *...se regem haberi statuit...*(Ramnulf); vgl.
HIESTAND, S. 33; mißverständlich FLACH III, S. 184 m. Anm. 2. Geradezu grotesk ist die
Formulierung von SCHLESINGER, Arnulf, S. 238: „Sie (scil. die *reguli*) waren Machtmen-
schen ohne Ehrfurcht vor dem Herkommen, ohne Scheu vor der Würde des königlichen
Namens und ohne Sinn für die Einheit des Reiches"; vgl. dazu allerdings die Einschränkung: ebd. S. 346; vgl. noch unten mit Anm. 139.
[138] Regino, Chronicon ad an. 888 (ed. KURZE, S. 129); dazu HLAWITSCHKA, Lotharingien, S. 65 – 66 m. Anm. 3 und bes. EGGERT, Auffassung, S. 193 – 94.
[139] HLAWITSCHKA, Lotharingien, S. 68 – 69; vgl. aber ebd. S. 71 – 72. HLAWITSCHKA,
aaO., geht mit keinem Wort auf die bemerkenswerten Thesen von KELLER, Sturz, S. 379 –
82, ein; auch bei TELLENBACH,Grundlagen, S. 276 – 79, vermisse ich eine Auseinandersetzung mit Keller; vgl. noch unten S. 377 m. Anm. 142.
[140] Flodoard, Hist. Rem. eccl., l.IV c.5 (edd.HELLER – WAITZ, S. 563 Z.27 – 28); s. auch
Ann. Vedast. ad an. 888: *...ut veniret* (scil. Arnulfus) *in Franciam et regnum sibi debitum*(!)
*reciperet* (ed. v. SIMSON, S. 65); vgl. FAVRE, S. 104 – 05; SCHLESINGER, Arnulf, S. 239 – 40;
HLAWITSCHKA, Lotharingien, S. 67, 70 m. Anm. 23; BUND, S. 503 – 04 u.a.

Stephan V. vermochte nicht, ihn 890 zum Eingreifen in Italien zu veranlassen[141]. Man hat daher von einem „Verzicht" Arnulfs auf diese Gebiete gesprochen[142]. Dieser Verzicht auf die direkte Herrschaft in diesen Reichsteilen bedeutete allerdings keineswegs völliges Desinteresse: die Teilkönige hatten zumindest formal die Oberherrschaft Arnulfs anzuerkennen, wofür sich neben dem Abschluß einer *amicitia* die Rechtsform der „lehnsherrlichen Suprematie" anbot[143]. Alle Teilkönige mit Ausnahme allein Widos[144] haben Arnulf auch tatsächlich gehuldigt, sogar Rudolf, den Arnulf wegen dessen lotharingischer Ambitionen mit größtem Mißtrauen betrachtete[145], und selbstverständlich auch Odo[146], was nur für den ein Problem ist, der Arnulf und Odo als deutschen und französischen König betrachtet[147], womit gerade die Unsinnigkeit einer solchen Sicht unter Be-

---

141) Ann. Fuld., Cont. Ratisb. ad an. 890 (ed. KURZE, S. 118–19); vgl. SCHLESINGER, Arnulf, S. 240 m. Anm. 14; HLAWITSCHKA, Lotharingien, S. 88, 123. Vgl. unten Kap. 8 § 2, S. 513 m. Anm. 395.

142) SCHLESINGER, Grundlegung, S. 266-67, mit viel zu starker Betonung eines imaginären „Wählerwillens", von dem wir nichts wissen; zur Kritik s. schon HLAWITSCHKA, Lotharingien, S. 67–68. Der „Verzicht" setzt natürlich voraus, daß Arnulf aus freien Stücken handelte und nicht nur als Vollstrecker der Teilungspläne Karls III., wie dies die Arbeit Kellers nahelegt: oben Anm. 139

143) So HLAWITSCHKA, Lotharingien, S.73 (nach Mitteis), doch ist „Suprematie" ein sehr schillernder Begriff; vgl. unten Anm. 147. Der Abschluß einer *amicitia* wird nur für Odo überliefert: Ann. Vedast. ad an. 888: *et facti amici* (ed. v. SIMSON, S. 65), doch will dies bei der schlechten Quellenlage nicht viel besagen. Gründlich mißverstanden wird die Nachricht der Ann. Vedast. von DÜMMLER III², S. 321: „sie schieden als gute Freunde voneinander"; unglücklich auch die Formulierung: ebd. S. 322, der „Wormser Vertrag" sei „ein Werk weiser Mäßigung beider Herrscher gewesen". Jeder Jurist wird daraus auf einen völkerrechtlichen Vertrag zwischen zwei souveränen Fürsten schließen, doch genau das war ja gerade nicht der Fall.

144) Vgl. dazu unten S. 383 m.Anm. 172–74. Zu Widos Rolle unter Karl III. und seiner „Ausgrenzung" vgl. oben Anm. 139.

145) Vgl. bes. HLAWITSCHKA, Lotharingien,S. 69–70, 79–81; schief ZATSCHEK, Reich, S. 225–26 m. Anm. 1; s. schon PARISOT, S. 488–91 und POUPARDIN, Bourgogne, S. 12–16. Der formale Huldigungsakt fand im Okt. 888 in Regensburg statt: B–M² 1804b. Die „Freundschaft" war jedoch nur von kurzer Dauer: bald zählte Rudolf neben Wido zu den zuverlässigsten Feinden Arnulfs; s. auch unten S. 378 m.Anm. 151, S. 383 m. Anm.176, S. 385 m. Anm. 186–87.

146) B–M² 1799a, 1800a. An der Lehnshuldigung kann nicht der geringste Zweifel bestehen, wie die Formulierung Fulcos von Reims in einem Brief an Arnulf nur fünf Jahre später deutlich zeigt: *cum nec in eo* (scil. Arnulfo) *sibi* (scil. Fulconi) *ulla spes remansisset, coactus sit, eius* (scil. Arnulfi) *hominis videlicet Odonis, dominatum suscipere*: Flodoard, Hist. Rem. eccl. l.IV c.5 (edd. HELLER–WAITZ, S. 563 Z.28–29); irrig hierzu FLACH III, S. 189 Anm. 3; ganz verfehlt DÜMMLER III²,S. 321 Anm. 5 (auf S. 322); zutreffend HLAWITSCHKA, Lotharingien, S. 75–76; unverständlich vage WERNER, Westfranken, S. 230; vgl. noch die folg. Anm. Vgl. zuletzt Olivier GUILLOT: Les étapes de l'accession d'Eudes au pouvoir royal, in: Media in Francia...Receuil de mélanges offert à Karl Ferdinand Werner à l'occasion de son 65e anniversaire par ses amis et collègues français (Paris 1989) S. 199–223, bes. S. 214–15, der aber gleichfalls nur die *amicitia* betont, nicht das *homagium*.

147) Daher denn auch die Unsicherheit in den Formulierungen: FAVRE, S. 113–14, sieht ganz klar, daß Odo Arnulfs „Mann" war, leugnet: ebd. S. 115, aber die Vasallität, „dont il ne peut être question dans des relations de souverain à souverain"; er spricht dann mit

weis gestellt wird. Die Anerkennung durch Arnulf war Odo so wichtig, daß er sich nach seiner Erstkrönung und Salbung in Compiègne wohl am 25. Februar oder 3. März 888[148] mit einer von diesem übersandten Krone ein zweites Mal zu Reims *in natale s. Brictii*, d.h. am 13. November, in der Herrschaft „befestigen" ließ[149].

In diesem Zusammenhang bewährt sich erneut eine Betrachtung der Herrschertreffen als eines Barometers der politischen Großwetterlage. Zwischen 888 und 899 sind elf Herrscherbegegnungen zu verzeichnen: an acht von ihnen bis zum Jahre 895 war Arnulf beteiligt, zwei sollen zwischen Zwentibold und Karl III. von Westfranken stattgefunden haben[150], und nur eine vereinigte im Winter 895/96 die Häupter der Opposition gegen Arnulf, nämlich Karl III. von Westfranken, Lambert von Italien und wohl auch Rudolf I. von Burgund in Remiremont[151]. Die dominierende

---

Bourgeois von einem „séniorat moral"; dagegen mit Recht FLACH III, S. 189, der aber irrig eine „simple fidélité due en vertu de la suprématie", aber kein „hommage constitué par la recommandation" annimmt: PARISOT, S. 490, spricht von einer „vague suzeraineté". Unbefriedigend auch DÜMMLER III², S. 322. Eindeutig aber jetzt BAUTIER, Sacres, S. 48 m. Anm. 146.

[148]) Und auf keinen Fall am 29.II.888, wie seit DÜMMLER III², S. 316 und FAVRE, S. 89 m. Anm. 4, alle Welt schreibt; so auch noch BRÜHL, Krönungsbrauch, S. 367, 411 Nr. 34 und BAUTIER, Sacres, S. 48. Vorsichtig dagegen SCHRAMM I, S. 68: „in den letzten Tagen des Februar 888". Odos „Promissio": Actes d'Eudes, Nr. 54, ist nicht datiert; lediglich die Annales S. Germani minores ad h.an.: *Odo rex a Francis elevatur II Kal. Mart.* (ed. PERTZ, S. 3 Z.40) geben dieses Datum, das jedoch sehr wohl auch das der Wahl gewesen sein kann; in diesem Fall wäre der 3.III. wahrscheinlicher als der 25.II.; Richer, l.I c.5: *...Martis, V feria...Odonem, virum militarem*(!) *et strenuum in basilica sancti...regem creant* (ed. LATOUCHE I, S. 16). Auch dies k a n n die Wahl meinen, die nicht notwendig mit der Krönung und Salbung zusammenfallen muß, doch was zählt das Zeugnis Richers für die Zeit Odos? FAVRE, S. 89 Anm. 4, bemerkt: „Les Carolingiens se font couronner le dimanche, Eudes rompt la tradition". Wollte Odo ein König 2. Klasse sein? Vgl. noch unten Kap. 9 § 2, S. 596 m. Anm. 309.

[149]) B – M² 1804a; vgl SCHRAMM I, S. 69 – 70 und bes. BRÜHL, Krönungsbrauch, S. 367 – 68, 412 Nr. 37; s. noch EHLERS, Anfänge, S. 18; WERNER, Westfranken, S. 230. FAVRE, S. 118 – 19, hat die Bedeutung dieser „Befestigungskrönung" nicht erkannt; auch BAUTIER, Eudes, S. 146, erwähnt sie nicht; s. aber jetzt DERS., Sacres, S. 49 m. Anm. 147.

[150]) VOSS, Herrschertreffen, S. 213; vgl. aber unten S. 379 m. Anm. 154 – 56. Zu ergänzen ist ein Treffen zwischen Arnulf und Ludwig v.d.Provence 894 in Lorsch: B – M² 1901a; vgl. POUPARDIN, Provence, S. 159 (Worms); DERS., Bourgogne, S. 24 (Lorsch); HLAWITSCHKA, Lotharingien, S. 125; s.schon DÜMMLER III², S. 389. Einen Besuch Berengars mit Zwentibold bei Arnulf im Jahre 893 erwähnt Liudprand, Antapodosis, l.I c.22 (ed. BECKER, S. 20 Z.25 – 26). Liudprand erweist sich im allgemeinen als gut informiert, und ich halte einen solchen Besuch für durchaus möglich, ja sogar wahrscheinlich, doch ist die Nachricht zu spät, um als zuverlässige Beglaubigung gelten zu können; s. schon DÜMMLER III², S. 374 und ZATSCHEK, Reich, S. 232.

[151]) Nachgewiesen von HLAWITSCHKA, Lotharingien, S. 145 – 55, aufgrund des Eintrags in den „Liber memorialis" von Remiremont; s. auch ebd. Tafel I, nach S. 144. Das Treffen zwischen Karl III. von Westfranken und Lambert darf als gesichert gelten, die Teilnahme Rudolfs I. von Burgund ist wahrscheinlich: HLAWITSCHKA, aaO., S. 155. Auf dem Italienzug von 894 hat Arnulf auf dem Rückweg auch Rudolf angegriffen; s. DÜMMLER III², S. 380 – 81, 388 – 89; POUPARDIN, Bourgogne, S. 21 – 24.

Rolle Arnulfs bei diesen Begegnungen zeigt sich auch in der Ortswahl: zu allen Begegnungen mit Arnulf begaben sich die Könige nach Ostfranken, d.h. nach Worms, Forchheim, Lorsch und Regensburg, kein Treffen fand auf der Grenze statt[152]. Die einzige „Ausnahme", das Zusammentreffen Arnulfs mit Berengar I. von Italien, erklärt sich leicht aus der politischen Lage: der in schwere Kämpfe mit Wido verstrickte Berengar konnte es nicht riskieren, Italien zu verlassen, weshalb Arnulf sich zur Entgegennahme der Huldigung in Trient verstand[153]. Dies war keineswegs die Betonung einer Sonderstellung Italiens oder eine Auszeichnung Berengars – etwa gegenüber Odo –, sondern die nüchterne Anerkennung der politischen Realität, die eine Reise Berengars zu Arnulf nicht erlaubte[154]. Die beiden Treffen Zwentibolds mit Karl III. von Westfranken sind übrigens gleichfalls in Lotharingien zu lokalisieren, nicht in Westfranken, falls sie überhaupt stattgefunden haben, was keineswegs sicher ist[155]. Es resultiert aus diesem Überblick, daß Arnulf in den Jahren seiner Regierungsfähigkeit, d.h. bis 897, die eindeutig dominierende Persönlichkeit war, die den Gang der Politik bestimmte[156].

---

152) B – M² 1800a, 1804b, 1813a,1846a, 1897f, 1901a, 1908a; vgl. bes.VOSS, Herrschertreffen, S. 23ff.; vgl. unten Anm. 198.

153) B – M² 1806b. Der politische Hintergrund des Treffens in Trient blieb in der Forschung meist unbeachtet; s. etwa VOSS, Herrschertreffen, S. 24. Mißverständlich HLAWITSCHKA, Lotharingien, S. 83: „(Arnulf) schickte sich – obgleich von niemandem gebeten und auch durch keine gegnerische Handlung herausgefordert – zu einem Heerzug nach Italien an". Für den Irrtum verantwortlich ist wohl die Formulierung der Ann. Fuld., Cont. Ratisb. ad h. an.: *Italiam equidem cum exercitu aggredi regi conplacuit* (ed. KURZE, S. 117). Daraus darf aber nicht auf einen Heerzug geschlossen werden, wie er 894 und 895 stattfand; der *exercitus* ist einfach Arnulfs Bedeckung für einen so weiten Marsch. Verfehlt aber schon DÜMMLER III², S. 325, da dieser noch von dem Gedanken beseelt war, Arnulf habe sofort das Reich Karls III. unter seiner Herrschaft wiederherstellen wollen; dazu vgl. aber oben S. 375 m. Anm. 133 – 34, S. 376 m. Anm. 139.

154) Man beachte die oben Anm. 150 erwähnte Möglichkeit, daß Berengar Arnulf 893 in Ostfranken aufgesucht hat; vgl. unten Anm. 156.

155) B – M² 1965b, 1981a. Beide Treffen sind nicht über jeden Zweifel erhaben; sicher bezeugt sind nur die Anwesenheit Karls III. in Gondreville (als Flüchtling): Actes de Charles III le Simple, Nr. 7 (896 Juli 25) und die Anwesenheit Zwentibolds in St.Goar 899, wo er mit Gesandten Karls und Arnulfs verhandelt: Regino, Chronicon ad h. an. (ed. KURZE, S. 147); vgl. PARISOT, S. 531 – 32, 548 (beide Male als Vermutung); vgl. VOSS, Herrschertreffen, S. 43, 93, die aber: ebd. S. 213, das Hypothetische dieser vielleicht plausiblen, aber keinesfalls gesicherten Zusammenkünfte nicht erkennen läßt. ECKEL, S. 43 – 44, 48 – 49, weiß davon nichts; auch HLAWITSCHKA, Lotharingien, S. 152, 161, 179, erwähnt nur die Fakten und geht auf mögliche Treffen zwischen Karl und Zwentibold nicht einmal anmerkungsweise ein.

156) Und zwar wohl in noch höherem Maße, als die tabellarische Übersicht bei VOSS, Herrschertreffen, S. 213, erkennen läßt. Klammert man nämlich die beiden nur vermuteten Treffen Zwentibolds mit Karl III. von Westfranken aus und akzeptiert man das m.E. plausible Treffen Arnulfs mit Berengar 893, dann ergeben sich zehn Treffen, an denen Arnulf in neun Fällen beteiligt war.

Die Regierung Arnulfs bis zu seinem Tode darzustellen, ist nicht Gegenstand dieser Untersuchung. Ich beschränke mich auf die Feststellung, daß das System des „Oberkönigtums" Arnulfs auch dann gewahrt blieb, als Erzbischof Fulco am 28. Januar 893 Karl III., den nachgeborenen Sohn Ludwigs d. St., doch noch zum westfränkischen König krönte; es bedeutet allerdings eine völlige Verkennung sowohl der politischen als auch der Rechtslage, wenn FLACH dies mit dem Satz kommentiert: „La Francie de Gaule élit roi (ou plutôt vice-roi)...le neustrien Eudes (888) e n a t t e n - d a n t que Charles le Simple soit couronné (893)"; ähnlich unsinnig spricht MITTEIS von einem „gekrönten Hausmeiertum" und „einer Art Reichs-verweserschaft", während das Königtum „als solches" erst 894 vergeben worden sei[157]. Solche Sätze gerade aus der Feder von Juristen zeigen, wie sehr die Rechtsgeschichte die „Revolution" von 888 mißverstanden hat. Im übrigen ordnete sich Karl Arnulf ebenso widerspruchslos unter wie Odo[158], was Arnulf in eine schwierige Lage, zugleich aber seine lehnsherrliche Autorität wirksam zur Geltung brachte[159], wobei er sich schließlich für Odo entschied[160], der bis zu seinem Tod am 1. Januar 898 die Macht in Westfranken behauptete – Karl war 897 mit einem kleinen Stück Landes abgefunden worden[161] –, aber im Augenblick des Todes seinen Getreuen

---

157) MITTEIS, S. 242; s. auch FLACH IV, S. 18; vgl. noch DÜMMLER III², S. 383; FAVRE, S. 155; ECKEL, S. 12–13; HLAWITSCHKA, Lotharingien, S. 115–16; SCHNEIDMÜLLER, Tradition, S. 123–24; BUND, S. 104–06; BRÜHL, Krönungsbrauch S. 412 Nr. 41 und zuletzt BAUTIER, Sacres, S. 49 m. Anm. 148–49. Zu Fulco vgl. bes. SCHNEIDER, Fulco, S. 1ff., 22ff.

158) Er kam 894 ebenso nach Worms, um Arnulf das *homagium* zu leisten, wie 888 Odo: B–M² 1897f; s. HLAWITSCHKA, Lotharingien, S. 125. Alle drei Treffen mit den westfränkischen Königen fanden in Worms statt; s. VOSS, Herrschertreffen, S. 25; vgl. schon oben S. 379 m. Anm. 152 sowie die beiden folg. Anm. und unten Anm. 171, S. 386 m. Anm. 194–95. MITTEIS, S. 242, beliebt übrigens von Karl IV. zu sprechen, was erfolgreich zur Verwirrung beiträgt.

159) Als die Lage die Westfranken durch die Plünderungen der Anhänger des jungen Königs in Burgund Ende 894 besorgniserregend wurde, befahl Arnulf beiden Königen, vor ihm zu erscheinen: ...iussit(!) ...ut Odo et Karolus ad eum venirent, quatinus tantae calamitatis malum inter eos finiret: Ann. Vedast. ad an. 895 (ed.v. SIMSON, S. 75); vgl. FAVRE, S. 172; ECKEL, S. 17–18 und bes. HLAWITSCHKA, Lotharingien, S. 136–37. In Cluny datierte man im November 893 voller Unbehagen: anno primo certantibus duobus regibus de regno, Odone videlicet et Karolo: BERNARD–BRUEL II, Nr. 53, S. 63.

160) Zu dem Wormser Reichstag des Jahres 895 erschien Odo in Person, während Karl sich durch Gesandte vertreten ließ, was ihn von vornherein in die schwächere Position brachte: B–M² 1908a; ZATSCHEK, Reich, S. 235–36 und die oben Anm. 159 zitierte Lit.; vgl. noch unten S. 386 m. Anm. 195.

161) Ann. Vedast. ad an. 897: et remisit (scil. Odo) eum (scil. Karolum) ad locum suum (ed. v. SIMSON, S. 78). FAVRE, S. 190–91, denkt wohl mit Recht an die Überlassung von Laon; s. auch WERNER, Westfranken, S. 232. Das Ergebnis der seit Winter 895/96 geführten Verhandlungen zwischen Odo und Karl war für diesen demütigend: noch 896 war eine Art Reichsteilung wenn auch mit deutlichem Vorteil für Odo in Aussicht genommen

die Wahl Karls (und nicht die seines Bruders Robert) empfahl[162]. Es war die erste reibungslose Thronfolge in Westfranken seit dem Tod Ludwigs d.Fr.[163].

Die Krönung Karls hatte Arnulf überrascht – Karl war ja noch immer nicht volljährig![164] – und ihn veranlaßt, von Erzbischof Fulco, dem „Königsmacher", eine Erklärung zu fordern, die Fulco in einem ausführlichen Schreiben auch sofort abgab. Er appellierte sehr geschickt an die „karolin-

---

worden; vgl. FAVRE, S. 182–86, 189–92. Die Wendung *ad locum suum* zeigt m.E. eindeutig, daß Karl 897 kein größeres Territorium erhielt, was ECKEL, S. 25, zu Unrecht bestreitet. Man sollte daher nicht von einer „erneuten Reichsteilung" sprechen, wie dies HLAWITSCHKA, Lotharingien, S. 216, tut; das ist für die „Abfindung" Karls zu hoch gegriffen; vgl. oben S. 330 m.Anm. 189. SCHNEIDER, Fulco, S. 167–69, versucht gar, den Umfang von Karls „Reichsteil" zu rekonstruieren, was ein aussichtsloses Unterfangen ist. Wenn die Ann. Vedast. von einem Versprechen für die Zukunft berichten: *deditque illi tantum de regno quantum sibi visum fuit promisitque maiora ei* (ed. v. SIMSON, S. 78), so besagt das nichts über den Umfang des Karl tatsächlich überlassenen Gebiets (*quantum sibi visum fuit!*) und könnte überdies eine Art „Vaticinium ex eventu" sein in Kenntnis des nur wenige Monate später eingetretenen Ereignisses. Gelegentlich dieser „Teilung" von 897 kam es zum einzigen persönlichen Zusammentreffen zwischen Odo und Karl, dessen Ort leider nicht genannt wird; s. auch ECKEL, S. 26.

[162]) Ann. Vedast. ad an. 898 (ed. v. SIMSON, S. 78–79); FAVRE, S. 193; ECKEL, S. 28–30. DÜMMLER III², S. 436, fällt ein krasses Fehlurteil: „Nicht mehr ein unberechtigter Emporkömmling und ein hilfloses Kind (sic) haderten dort um den Thron...". Es ist symptomatisch, daß von Karl III. vor dem Jahr seiner Alleinregierung ganze zwei Urkunden (aus fünf sogen. Regierungsjahren) überliefert sind: Actes de Charles III le Simple, Nr. 5 (894 Sept. 26), Nr. 7 (896 Juli 25); vgl. de FONT-RÉAULX, S. 46(Nr. 1, 3 – 4 sind Deperdita; Nr. 2 und Nr. 6 sind falsch datiert); vgl. de FONT-RÉAULX, S. 41. Nach Odos Tod datiert man im Raum Mâcon: *anno primo [post] obitum Odoni rege*: BERNARD – BRUEL II, Nr. 62 (898 März) S. 72 und im Mai 901: *annos III regnante Carolo pos obito Odono rege*: BERNARD – BRUEL II, Nr. 71, S. 81. Die sogen. Regierung Karls III. vor 898 wird einfach übergangen.

[163]) BAUTIER, Eudes, S. 150: „Charles le Simple peut ainsi lui succéder immédiatement et sans opposition, ce qui n'avait pas eu lieu depuis l'avènement de Louis le Pieux"; einschränkend s. aber WERNER, Westfranken, S. 232. FAVRE, S. 15, erwähnt einen im Jahre 903 bezeugten: *Guido, filius Ottonis* (scil. Odonis) *regis Franciae*(!), *qui tunc erat cum Alano*: de COURSON, Append., Nr. 64, S. 376; s. auch HLAWITSCHKA, Lotharingien, S. 218 m. Anm. 102. Dieser Sohn entstammt aber mit Gewißheit nicht der Ehe mit Theoderada, sondern einer früheren Friedelehe; s. schon WERNER, Westfranken, S. 238 Anm. 4 („falls die Nennung authentisch ist"); vgl. noch SCHMID, Unteilbarkeit, S. 12 Anm. 55. Die Auffassung von HLAWITSCHKA, aaO., daß man bei der Designation Karls durch Odo „dieses Abstraktionsvermögen (scil. „das Reich von der Person des Königs zu trennen") ...zum ersten Mal voll wirksam" sehe, teile ich nicht. Hierzu vgl. schon oben S. 337. Odo sah für seinen Bruder und a fortiori für seinen Friedelsohn keine Chance gegenüber einem schon gekrönten und gesalbten Karolinger! Zu dieser Erkenntnis bedarf es keinerlei Abstraktionsvermögens. Vgl. unten Kap.7 § 2, S. 435 m. Anm. 173–74.

[164]) Er war am 17. IX. 879 geboren und daher am 28. I. 893 noch nicht einmal 13 1/2 Jahre alt; vgl. HLAWITSCHKA, Lotharingien, S. 116: „kurz vor der Großjährigkeit stehend". Weil es Fulco so paßte, spielte das Alter plötzlich keine Rolle mehr; vgl. noch unten Anm. 168.

gische Solidarität" Arnulfs gegen einen *ab stirpe regia existens alienus* wie
Odo[165] und machte zugleich weise Ausführungen zur Frage der Idoneität
eines Herrschers[166], die die Verfassungshistoriker sehr beeindruckt haben[167], in Wahrheit aber nichts weiter waren als ein „nachgeschobenes Argument", wie die Juristen zu formulieren pflegen[168]; denn derselbe Fulco,
der sich hier als Retter der Legitimität aufspielt, hatte fünf Jahre zuvor die
Ambitionen Widos von Spoleto auf die Krone Westfrankens tatkräftig unterstützt[169]. Es handelt sich in dem Brief Fulcos denn auch nicht um grundsätzliche Ausführungen zum fränkischen Staatsrecht, wie man oft irrig geglaubt hat, sondern um eine Argumentation ad hoc, mit der eine ganz bestimmte politische Entscheidung Fulcos, eben die Krönung Karls, gerecht-

---

[165] Flodoard, Hist. Rem. eccl., l.IV c.5 (edd. HELLER – WAITZ, S. 563 Z.29); vgl. ferner
ebd.: *eligens eum* (scil. Karolum) *regem habere, quem solum post ipsum* (scil. Arnulfum)
*de regia ipsius habebant progenie et cuius predecessores ac fratres extiterant reges* (ed. cit.,
S. 503 Z.32 – 34) und noch ebd.: *tunc vero ille tantum princeps et hic parvus propinquus
eius Karolus de tota regali stirpe remanserint; perpendatque, quid contingere possit,..., cum
tot iam de aliena stirpe reges existant, et adhuc sint plures, qui sibi regium nomen affectent.
Quis post ipsius* (scil. Arnulfi) *decessum adiuvabit eius filium* (scil. Ludovicum), *ut ad
debitam sibi regni conscendat hereditatem, si contigerit, hunc sibi propinquum cadere
Karolum?* (ed. cit., S. 564 Z.26 – 30). Vgl. DÜMMLER III², S. 385; FAVRE, S. 163 – 64;
HLAWITSCHKA, Lotharingien, S. 120 – 21.
[166] Flodoard, Hist. Rem. eccl., l.IV c.5: *De hoc etiam, quod idem rex* (scil. Arnulfus)
*in culpa trahebat, quare non id ante fecissent(!), reddit rationem, quod, quando Karolus
imperator decessit(!) et idem Arnulfus regimen huius regni suscipere noluit, hic Karolus
adhuc admodum corpore simul et scientia parvulus existebat nec regni gubernaculis idoneus
erat et instante immanissima Nordmannorum persecutione periculosum erat – tunc eum
eligere* (edd. HELLER – WAITZ, S. 563 Z.34 – 38).
[167] Dieser Passus ist zu einer Art „locus classicus" der Idoneitätslehre geworden; vgl.
etwa FLACH III, S. 187 – 88, mit der gesamten verfassungsgeschichtlichen Lit.
[168] Karl war 888 nicht mehr und nicht weniger *idoneus* als 893, denn er war ja noch
immer nicht volljährig und bedurfte in jedem Fall einer vormundschaftlichen Regierung.
Wenn Fulco behauptet, daß es damals nicht ratsam gewesen sei (*periculosum!*) Karl zu
wählen, so läßt sich einwenden, daß Fulco damals um so mehr die Möglichkeit gehabt
hätte, seine politischen Vorstellungen durchzusetzen. Die Ausrede ist offenkundig, was
die Forschung aber nicht gehindert hat, diesen Entschuldigungsbrief wie einen Staats-
rechtstraktat zu lesen; vgl. etwa SCHNEIDMÜLLER, Tradition, S. 125 – 26; vgl. aber ebd.
S. 122 – 23.
[169] Vgl. oben S. 374 m.Anm. 128 – 29 und SCHNEIDER, Fulco, S. 44 – 45. Noch 893 muß
sich Fulco bei Arnulf vor dem – offenbar ausgesprochenen – Verdacht reinigen, er
bereite nur die Rückkehr Widos nach Westfranken vor: Flodoard, Hist. Rem. eccl., l.IV
c.5: *Quod autem iactitatum audierat causa Widonis hoc eum fecisse, ut hac arte subintro-
duceret in regnum et, dimisso puero Karolo, se verteret ad Widonem, asserit, ... contra se
scienter haec falsa fuisse iactata* (edd. HELLER – WAITZ, S. 564 Z.9 – 12); vgl. dazu HIE-
STAND, S. 64; dagegen aber mit Recht HLAWITSCHKA, Lotharingien, S. 121 Anm. 31 (auf
S. 122) und SCHNEIDER, Fulco, S. 92 – 93.

fertigt werden sollte[170]. Dieses Ziel hat er auch weitgehend erreicht[171]. Es besteht für den Historiker indes kein Anlaß, in diesem Brief mehr zu sehen, als er tatsächlich sein sollte, nämlich ein intelligentes Plädoyer für Karl, wobei die Argumentation einzig und allein von der politischen Lage diktiert war, in der Fulco und Karl sich befanden, und beileibe nicht von irgendwelchen „staatsrechtlichen" Grundsatzerwägungen des Reimser Erzbischofs[172].

Der einzige *regulus* von 888, der es abgelehnt hatte, mit Arnulf in Beziehungen zu treten und ihn als seinen *dominus naturalis* anzuerkennen, war Wido von Spoleto, in dem man so etwas wie das Haupt der Opposition gegen Arnulf erblicken kann[173]. So soll auch Kaiser Karls III. Sohn Bernhard nach seinem gescheiterten Aufstand zu Wido geflüchtet sein, was mich zumindest wahrscheinlich dünkt[174]. Arnulf hat Wido stets als seinen Feind betrachtet; 894 zog er gegen Wido, 895 gegen dessen Sohn Lambert zu Felde[175], wobei Rudolf von Burgund sich jeweils als zuverlässiger Bundesgenosse Widos und Lamberts erwies[176]. Es war die Tragik von Arnulfs Herr-

---

[170]) Dies gilt auch für die scheinbar so bedeutsamen Ausführungen über die ang. fränkische Tradition der Königswahl ohne vorherige Rückfrage bei einem anderen Frankenkönig: Flodoard, Hist. Rem. eccl., l.IV c.5: *De eo quoque, quod sine ipsius Arnulfi consilio presumpserint hoc agere, morem Francorum gentis asserit secutos fuisse, quorum mos semper fuit, ut rege decedente alium de regia stirpe vel successione sine respectu vel interrogatione cuiusquam maioris aut potentioris regis eligerent* (edd. HELLER – WAITZ, S. 563 Z.42 – 45). Hier liefert Fulco das Gegenargument selbst, denn Odo lebte noch und er war der *homo* Arnulfs; so schon FAVRE, S. 164; ungenügend dagegen SCHRAMM I, S. 78. SCHNEIDER, Fulco, S. 115, hat diesen naheliegenden Einwand nicht gesehen.

[171]) Karl wurde von Arnulf 894 in Worms freundlich empfangen und als Westfrankenkönig anerkannt: oben S. 380 m. Anm. 158; vgl. auch HLAWITSCHKA, Lotharingien, S. 120: „...dessen (scil. Fulcos) Argumentation...einen gewissen Eindruck beim Empfänger kaum verfehlt haben dürfte"; s. auch FAVRE, S. 165; anders ZATSCHEK, Reich, S. 231.

[172]) Vgl. schon FAVRE, S. 163: „...une lettre qui est une habile justification de sa conduite et un éloquent plaidoyer en faveur de Charles"; völlig verfehlt m. E. ECKEL, S. 15 – 16: „L'archevêque de Reims nous y (scil. dans cette lettre) apparaît à l'instar de son... prédécesseur Hincmar, comme un politique aussi soucieux des interêts de l'Etat que ceux de l'Eglise, mais avant tout profondément dévoué à son jeune maître...".

[173]) Es ist hier nicht der Ort, Widos Herrschaft in Italien darzustellen; vgl allgemein DÜMMLER III², S. 364ff.; HARTMANN III/2, S. 96ff.

[174]) Die Nachricht ist spätmittelalterlich, aber Gobelinus Person (1358 – 1421) kann sie nicht erfunden haben; vgl. Karl Andreas KEHR: Ein verschollenes karolingisches Annalenwerk, in: NA. 28 (1903) S. 323 – 35, bes. S. 330 – 31; vgl. auch HLAWITSCHKA, Lotharingien, S. 108 Anm. 160, 123, der die Nachricht gleichfalls für glaubwürdig hält; ähnlich HIESTAND, S. 53 m. Anm. 45.

[175]) Zuvor war schon Zwentibold 893 nach Italien entsandt worden; vgl. DÜMMLER III², S. 373 – 81, 413 – 23; ZATSCHEK, Reich, S. 231 – 32, 237 – 38; HIESTAND, S. 69 – 70, 73 – 74; HLAWITSCHKA, Lotharingien, S. 123 – 24, 142 – 44. Zu einer wichtigen Episode des ersten Italienzugs vgl. Jörg JARNUT: Die Eroberung Bergamos (894). Eine Entscheidungsschlacht zwsichen Kaiser Wido und König Arnulf, in: DA. 30 (1974) S. 208 – 15.

[176]) Vgl. oben Anm. 145 und S. 378 m. Anm. 151 sowie unten S. 385 m. Anm. 186 – 87.

schaft, daß er von dem 2.Italienzug als schwerkranker Mann heimkehrte, der kaum noch die Zügel der Regierung zu führen in der Lage war[177]. Die Eroberung Roms und die Kaiserkrönung durch Papst Formosus am 22. Februar 896 waren dafür kein Trost[178]. Zum ersten Mal hatte ein ostfränkischer Herrscher die Kaiserkrone erworben[179], doch sei ausdrücklich betont, daß Arnulf ein G e g e n kaiser war[180], da Wido und Lambert schon seit 891/92 die Kaiserwürde bekleideten[181]. Der relativ frühe Tod Widos († Dezember 894) und Lamberts († 15. Oktober 898), der als 18jähriger Jüngling ohne Leibeserben starb[182], befreite Arnulf von zwei gefährlichen Rivalen, und es half Arnulf nichts, daß der Regensburger Annalist Wido mehrfach als *tyrannus* titulierte[183]. Arnulf, ohnehin todkrank und kaum noch regierungsfähig[184], hatte so die wertlose Genugtuung, für wenige Monate der einzige Kaiser des Westens zu sein[185].

---

[177]) B – M² 1917a, 1918c; vgl. DÜMMLER III², S. 436 – 37; ZATSCHEK,Reich, S. 238 sowie unten mit Anm. 184.

[178]) B – M² 1913e-i; vgl. DÜMMLER III², S. 418 – 20; HARTMANN III/2, S. 119 – 21. SCHLESINGER, Arnulf, S. 240: „ein unerhörter Erfolg", hat die Bedeutung dieses Romzugs kraß überbewertet. Vgl. noch unten Kap. 8 § 2, S. 363 m. Anm. 404 – 05.

[179]) Karlmann, dem Ludwig II. die Kaiserkrone zugedacht haben dürfte, war von Karl d.K. im Bunde mit Johann VIII. ausgespielt worden: oben S. 363 m. Anm. 69 – 72; vgl. auch HARTMANN III/2, S. 120. Karl III. besaß in Ostfranken im Augenblick seiner Kaiserkrönung nur das *regnum Alemanniae*; s. aber oben Anm. 86.

[180]) Das betont mit vollem Recht HIESTAND, S. 73 – 74 m. Anm. 140, während HARTMANN III/2, S. 120, zwar den Begriff vermeidet, aber die Sache einräumt; unklar auch WAITZ V², S. 97. In der deutschen Forschung hat man natürlich meist in Wido und Lambert die „Usurpatoren" gesehen; s. aber zuletzt BUND, S. 490 – 92.

[181]) Vgl. DÜMMLER III², S. 368, 372; HARTMANN III/2, S. 111 – 12, 113; HIESTAND, S. 60 – 63; BRÜHL, Krönungsbrauch, S. 376 m. Anm. 5, 412 Nr. 39 – 40. Die Kritik von SCHNEIDER, Fulco, S. 89 – 92, stößt ins Leere, da ich aaO., Anm. 5 selbst auf die Problematik der Überlieferung hingewiesen habe; der Lösungsversuch von SCHNEIDER, aaO., S. 91 – 92, hat mich nicht überzeugt. Vgl. unten Kap. 8 § 2, S. 514 m. Anm. 398 – 401.

[182]) Vgl. DÜMMLER III², S. 381,432 – 33; HARTMANN III/2, S. 118, 132 – 33. Nach Arnulfs Abzug 896 hatten sich Lambert und Berengar I. auf eine friedliche Teilung geeinigt; nach Lamberts Tod wurde Berengar vorübergehend allgemein anerkannt; s. DÜMMLER III², S. 424 – 25, 433; HARTMANN III/2, S. 122, 133; HIESTAND, S. 75, der aber irrig die Etsch statt der Adda als Grenze zwischen den Machtsphären Lamberts und Berengars angibt.

[183]) Ann. Fuld., Cont. Ratisb. ad ann. 888, 893, 894 (ed. KURZE, S. 117, 122, 125); vgl. HIESTAND, S. 53.

[184]) Nach dem Herbst 897 hat er Baiern nicht mehr verlassen und ist am 8.XII.899 gestorben: B – M² 1955b; vgl. B – M² 1928a, 1936cff.; vgl. DÜMMLER III², S. 460.Trotz dieser schweren Krankheit hat Arnulf formal zwei volle Jahre „regiert", ohne daß auch nur der Versuch einer Herrscherverlassung unternommen worden wäre, auch nicht von Zwentibold!

[185]) Allerdings hatte die römische Synode des Jahres 898 Krönung und Salbung Arnulfs ausdrücklich für erpreßt und daher ungültig erklärt; vgl. schon DÜMMLER III², S. 429 – 30; HARTMANN III/2, S. 128; BRÜHL, Krönungsbrauch, S. 342 m. Anm. 4; HIESTAND, S. 78 – 79; BUND, S. 492 – 93. Zur Würdigung des widonischen und arnulfischen Kaisertums vgl. bes. unten Kap.8 § 2, S. 514 – 16.

Mit Bedacht habe ich die Behandlung der lotharingischen Frage an das Ende dieses Paragraphen gestellt, denn sie ist für meine Fragestellung von zentraler Bedeutung. Ich hatte bereits oben bemerkt, daß Rudolf von Burgund 888 den Versuch einer Wiederbelebung des einstigen Mittelreichs in den Grenzen des *regnum Hlotarii* Lothars II. erstrebt hatte, dabei auf den energischen Widerstand Arnulfs gestoßen war, der Rudolf trotz des in Regensburg geleisteten *homagium* mit Mißtrauen, wenn nicht gar Feindschaft gegenüberstand, weshalb es nicht verwundern kann, daß Rudolf stets engen Kontakt mit Wido hielt und diesen auch militärisch unterstützte[186]. Die „lotharingische Frage" darf daher nicht nur im Zusammenhang mit Arnulfs Verhältnis zu Westfranken gesehen, sondern muß ebenso im Kontext von dessen Beziehungen zu Burgund gewürdigt werden, wie HLAWITSCHKA überzeugend dartun konnte[187]. So lange das westfränkische Königtum in Händen Odos lag, war die Westgrenze Ostfrankens ungefährdet, denn Odo hatte an Lotharingien kein vitales Interesse: sein Machtzentrum lag im Raum zwischen Tours und Paris[188].

Dies änderte sich in dem Augenblick, da mit Karl III. von Westfranken 893 ein Rivale um den westfränkischen Thron auftrat, für den Lotharingien einen ganz anderen Stellenwert hatte als für Odo[189]. Als nun im September 893, d.h. nur wenige Monate nach Karls III. Krönung in Reims, Arnulfs Gemahlin Oda einen Sohn Ludwig gebar[190], wurde die alte Vereinbarung, die Arnulf 889 mit den Großen bezüglich der Nachfolge seiner Friedelsöhne Zwentibold und Ratold getroffen hatte, hinfällig. Damit ergab sich für Arnulf die Notwendigkeit, für seine beiden Söhne neue *regna* zu finden, um sie königlich auszustatten[191]. Schon 892 hatte er Zwentibold nach der Ermordung des lotharingischen Grafen Megingaud einen Teil von dessen Gütern verliehen und im Februar 893 das unruhige Land persönlich aufgesucht: *per totam occidentalium Francorum provintiam monasteria, episcopatus causa orationis obibat*[192], doch bezweifle ich,

---

[186]) So besonders 894 gelegentlich des ersten Italienzugs Arnulfs; vgl. bes. HLAWITSCHKA, Lotharingien, S. 124–25, 155; s. auch PARISOT, S. 509 und oben S. 377 m. Anm. 145 und S. 378 Anm. 151.

[187]) Vgl. HLAWITSCHKA, Lotharingien, S. 125, 132, 156 u.ö.

[188]) Vgl. FAVRE, S. 12–15; DHONDT, S. 101–02, 110–16.

[189]) Dies hat ZATSCHEK, Reich, S. 230, ausnahmsweise ganz richtig gesehen: „Jetzt erst wurde für die französischen Karolinger der Besitz Lotharingiens eine Lebensfrage". Vgl. noch unten § 3, S. 406 m. Anm. 320–21.

[190]) B – M² 1891a; vgl. DÜMMLER III², S. 362; PARISOT, S. 505 und unten § 3, S. 389 m. Anm. 215.

[191]) Vgl. HLAWITSCHKA, Lotharingien, S. 114; s. auch ZATSCHEK, Reich, S. 235 Anm. 1 und unten S. 386 m. Anm. 196.

[192]) Ann. Fuld., Cont. Ratisb. ad an. 893 (ed. KURZE, S. 122): B – M² 1883a; vgl. schon oben S. 112 Anm. 159.

ob sich hierin bereits Arnulfs Absicht erkennen läßt, Lotharingien seinem
Sohn Zwentibold zu überlassen, wie mehrfach angenommen worden ist[193].
Ein erster, auf dem Wormser Reichstag von 894 unternommener Versuch,
Zwentibold als König von Lotharingien durchzusetzen, scheiterte[194]. Erst
auf dem Reichstag von Worms des folgenden Jahres hatte er Erfolg: Zwentibold wurde in Gegenwart des Vaters und Odos von Westfranken zum König
von Lotharingien gesalbt und gekrönt, während Arnulf zu Weihnachten 887
in Regensburg wohl nur gekrönt worden war[195].

Nur am Rande bemerke ich, daß hier wieder einmal ein ang. „illegitimer"
Karolinger unangefochten die Herrschaft in einem *regnum* antrat, wie dies
ja auch schon 889 vorgesehen gewesen war[196]. Nicht die Zeitgenossen, die
modernen Historiker haben daran Anstoß genommen und in Unkenntnis
des Eherechts der Zeit ihrer kleinbürgerlichen Prüderie freien Lauf gelassen[197]. So war das alte *regnum Hlotharii* wiedererstanden[198]. Welche politischen Absichten Arnulf mit der Wiederbelebung dieses *regnum* – in Ge-

[193]) So etwa DÜMMLER III², S. 358–59; PARISOT, S. 503; ECKEL, S. 20; HLAWITSCHKA,
Lotharingien, S. 112–13 u.a.m. Ludwig wurde jedoch etliche Monate nach diesen Ereig-
nissen geboren, was mich zögern läßt, hier eine Politik von langer Hand zu sehen; auch
EITEN, S. 189, betont nur den Kausalzusammenhang zwischen der Geburt Ludwigs und
Arnulfs Wunsch nach Versorgung Zwentibolds.

[194]) B–M² 898f; vgl. DÜMMLER III², S. 387–88; PARISOT, S. 508; ECKEL, S. 20; EITEN,
S. 190; ZATSCHEK, Reich, S. 234; HLAWITSCHKA, Lotharingien, S. 125 u.a. Speziell zu den
Reichstagen von 894 und 895 vgl. Walter MOHR: Arnulfs lothringische Politik auf den
Wormser Reichstagen der Jahre 894 und 895, in: ALMA. 26 (1956) S. 167–76.

[195]) B–M² 1908a = 1955d; vgl. DÜMMLER III², S. 408–10; PARISOT, S. 513; ECKEL,
S. 20–21; EITEN, S. 191; ZATSCHEK, Reich, S. 236; SCHLESINGER, Anfänge, S. 151–52;
SCHIEFFER, Kanzlei, S. 26; HLAWITSCHKA, Lotharingien, S. 136 u.a. Zur Krönung und
Salbung Zwentibolds – letztere war in Ostfranken unüblich, ist in Lotharingien aber
sowohl für Karl d.K. bezeugt – vgl. BRÜHL, Krönungsbrauch,
S. 382–84, 412 Nr. 42. Unnötig skeptisch daher LINTZEL, Königssalbung, S. 596 Anm.
57. Zu der wahrscheinlichen Krönung Arnulfs in Regensburg s. KELLER, Sturz, S. 370 m.
Anm. 115, 372. Vgl. bes. unten § 3, S. 389 m. Anm. 214. ERDMANN, König, S. 3, zieht zu
Unrecht eine Linie von Zwentibold über Ludwig d.K. zu Konrad I. Vgl. unten § 2, S. 389
m. Anm. 216.

[196]) Vgl. oben S. 373 m. Anm. 121. Arnulfs jüngerer Friedelsohn Ratold sollte wohl
Italien erhalten, was an Arnulfs plötzlicher Erkrankung und dem dadurch bedingten
fluchtartigen Rückzug scheiterte; Ratold scheint nicht mehr lange gelebt zu haben, jedenfalls wird er nach 896 nicht mehr erwähnt; vgl. B–M² 1813a, 1918a; DÜMMLER III², S. 424,
480; EITEN, S. 189; ZATSCHEK, Reich, S. 238; SCHLESINGER, Anfänge, S. 151 m. Anm. 58;
HLAWITSCHKA, Lotharingien, S. 158; s. auch WERNER, Nachkommen, S. 460 (VI 24).

[197]) Hier nur zwei Kostproben Dümmlerscher Prosa in Ehefragen: „ein Jüngling (scil.
Zwentibold)..., der, geschändet durch den Flecken einer unehelichen Geburt...";  „Arnulf,
selbst ein Kind der Liebe, (pflog) Verkehr mit mehreren Kebsweibern...": DÜMMLER III²,
S. 409, 480. Bemerkenswert auch das Urteil über Zwentibold und Ludwig: „Da der Kaiser
mit Beischläferinnen Umgang pflog und er erwachsenen Sprößlingen aus solchen Verbindungen, wie es scheint, in seinem Herzen den Vorrang vor der schwächlichen Frucht
seiner Ehe einräumte": DÜMMLER III², S. 463.

[198]) Vgl. PARISOT, S. 513: „La Lorraine renaissait donc".

genwart des westfränkischen Königs – verfolgte, läßt der Regensburger Annalist am klarsten erkennen, wenn er von Zwentibold sagt: *infulam regni a patre suscipiens in Burgundia*(!) *et omni Hlotharico regno...rex creatus est*[199]. Die Stoßrichtung gegen Rudolf von Burgund, an dessen Eliminierung Arnulf offenkundig sehr viel gelegen war, steht vor Augen, während für Westfranken – dafür bürgt schon die Anwesenheit Odos – die Beibehaltung des Status quo angesagt war[200]. Nun hat sich Zwentibold um diese politischen Richtlinien des Vaters nicht gekümmert: er hat – unzweifelhaft gegen Arnulfs Willen – sogleich an der Seite Karls III. gegen Odo in Westfranken eingegriffen[201], sich mächtige lotharingische Große zu Feinden gemacht und auch sonst bei jeder Gelegenheit seinen mangelnden politischen Weitblick bewiesen. 897 trafen sich Arnulf und Zwentibold ein letztes Mal in Worms, wobei der Vater das zerschlagene Porzellan zu kitten versuchte[202], doch schon im folgenden Jahr forderte der bis dahin bei Zwentibold in hoher Gunst stehende *dux* Reginar Karl III. von Westfranken zum Eingreifen in Lotharingien auf, was vor dem Hintergrund der Versöhnung Zwentibolds mit Erzbischof Ratbod von Trier und einer möglichen, schließlich aber doch nicht gewährten Waffenhilfe von Zwentibolds Schwiegervater, Otto dem Erlauchten, gesehen werden muß[203]. Zwentibold konnte sich dieser Gefahr zwar gerade noch entziehen, doch das Ende war bereits abzusehen: nachdem die lotharingischen Großen in ihrer Mehrzahl schon im März 900 Ludwig IV. von Ostfranken gehuldigt hatten[204], fiel Zwentibold am 13. August 900 im Kampf gegen die Matfridinger in einem Gefecht in der Maas-Gegend[205].

---

[199]) Ann. Fuld., Cont. Ratisb. ad an. 895 (ed. KURZE, S. 126) und dazu unten mit der folg. Anm.

[200]) Vgl. HLAWITSCHKA, Lotharingien, S. 132; vgl. ebd. S. 163.

[201]) D Zw. 3 (895 Aug. 14) ist in Trosly westlich Laon gegeben; s. B – M² 1957b, 1958a; DÜMMLER III², S. 410 – 11; FAVRE, S. 175 – 78; PARISOT, S. 526 – 29; ECKEL, S. 22 – 23; ZATSCHEK, Reich, S. 239 – 40; HLAWITSCHKA, Lotharingien, S. 137 – 38.

[202]) B – M² 1929a; vgl. DÜMMLER III², S. 454 – 57; PARISOT, S. 533 – 37 und bes. HLAWITSCHKA, Lotharingien, S. 163 – 69. Es war dies die letzte Reise Arnulfs, die ihn aus Baiern herausführte.

[203]) B – M² 1973a – b, 1977a – e, 1978a, 1979a. Grundlegend hierzu Helmut BEUMANN: König Zwentibolds Kurswechsel im Jahre 898 (1966/67) in: Ausgewählte Aufsätze aus den Jahren 1966 – 1986. Festgabe zu seinem 75. Geburtstag, hgg. von Jürgen PETERSOHN und Roderich SCHMIDT (Sigmaringen 1987) S. 429 – 53, bes. S. 445ff., doch halte ich Beumanns Einschätzung der Absichten Arnulfs bei Zwentibolds Erhebung 895 für überzogen: ebd. S. 452 m. Anm. 74. Die ältere Lit. ist mit Beumanns Arbeit weitgehend überholt; vgl. noch HLAWITSCHKA, Lotharingien, S. 174 – 79 und zuletzt BUND, S. 494. Zu Reginar († 915) vgl. neben PARISOT, S. 540 – 43 bes. KIENAST, Herzogstitel, S. 375 – 76 und STINGL, S. 75 – 81, 98. Vgl. auch unten § 3, S. 406 m. Anm. 322 – 23.

[204]) B – M² 1984a; BEUMANN (oben Anm. 203) S. 452 – 53 und dazu unten § 3, S. 392 m. Anm. 226 – 27.

[205]) B – M² 1983c; DÜMMLER III², S. 501 – 02; PARISOT, S. 554 – 55; ECKEL, S. 55; EITEN, S. 202; HLAWITSCHKA, Lotharingien, S. 180. Vgl. unten § 3, S. 392 m. Anm. 228.

Weitere Einzelheiten aus der unsteten und unglücklichen Regierung Zwentibolds interessieren hier nicht. Das lotharingische *regnum* hat sich so nur knappe fünf Jahre als selbständige Größe behaupten können, und die lotharingischen Großen, die Zwentibold stürzten, hatten offenbar kein vitales Interesse an der Fortführung der lotharingischen Eigenständigkeit[206]. Viel Tinte ist über die Frage geflossen, welches Maß von Eigenständigkeit das lotharingische *regnum* während der wenigen Jahre seines Bestehens beanspruchen durfte. War es nur ein karolingisches „Unterkönigtum"[207] wie schon so viele vor ihm, oder war es, modern gesprochen, ein souveräner Staat[208]? Letzteres kann mit völliger Sicherheit ausgeschlossen werden, denn selbst HLAWITSCHKA, der entschiedenste Befürworter einer lotharingischen Eigenstaatlichkeit, räumt ein: „daß Lothringen aber dennoch...zumindest unter der Suzeränität Arnulfs bleiben sollte, liegt auf der Hand"[209]. Auch die Tatsache, daß fraglos nur die schwere Erkrankung Arnulfs auf dem 2.Italienzug verhindert hat, daß der Kaiser sich intensiver um die lotharingischen Belange kümmerte, gesteht HLAWITSCHKA zu[210]. Da andererseits aber die Verfechter der Unterkönigtum-These bereitwillig anerkennen, daß das Unterkönigtum Zwentibolds ein ungewöhnliches Maß an Selbständigkeit aufwies[211], scheint mir der Abstand zwischen beiden Auffassungen nicht sehr groß. Es läuft im Kern auf die Frage hinaus, ob 895 eine „Reichsteilung" stattgefunden hat oder nicht. Meine Auffassung hierzu habe ich bereits oben dargelegt: es handelte sich m.E. eher um die Ausgliederung eines *regnum* als um eine wirkliche Teilung im Vollsinn des Wortes[212], weshalb ich f o r m a l auch durchaus von einem „Unterkö-

---

[206]) Diesen Gesichtspunkt betont zutreffend HLAWITSCHKA, Lotharingien, S. 181; s. auch PARISOT, S. 558.

[207]) So vor allem EITEN, S. 201; s. auch SCHLESINGER, Grundlegung, S. 273.

[208]) Vgl. etwa DÜMMLER III², S. 409: „...Zwentibolds Königtum scheint ein völlig unabhängiges gewesen zu sein, seine Abhängigkeit vom Vater eine ganz lose, wesentlich nur durch die Kindespflicht bedingte"; FAVRE, S. 175: „Dans son nouveau royaume, Zwentibold avait l'autorité absolue d'un roi"; ähnlich auch WAITZ V², S. 55: „als selbständiges Reich"; unbestimmt PARISOT, S. 516–20.

[209]) So HLAWITSCHKA, Lotharingien, S. 159.

[210]) HLAWITSCHKA, Lotharingien, S. 160–61; ebd. S. 11 bemerkt er zu Arnulfs Einflußnahmen: „Es ist jedoch müßig, diese Art der Einflußnahme in strenge juristische Begriffe einkleiden zu wollen...". Dem stimme ich gern zu, aber warum insistiert Hlawitschka dann auf dem Begriff der „echten Reichsteilung", was ja schließlich auch ein staatsrechtlicher Begriff ist?

[211]) Oben Anm. 207. Zwentibold hatte das Münzrecht, eine eigene Kanzlei – Arnulf hat nach Mai 895 nicht mehr für lotharingische Empfänger geurkundet –, vergab Grafschaften und Benefizien usw.; an Arnulfs Heerfahrten hat er nicht teilgenommen; s. EITEN, S. 196–98; PARISOT, S. 517–18; SCHIEFFER, Kanzlei, S. 27, 35ff., 39ff.

[212]) Vgl. bes. oben S. 330–31 m. Anm. 191–93. Von „Abschichtung" spricht SCHLESINGER, Anfänge, S. 151. Für MARIOTTE, S. 165, stand Zwentibold „sous la coupe du roi de Germanie".

nigtum" sprechen würde, ohne damit die – unheilvoll – selbständige Politik Zwentibolds in Zweifel zu ziehen. Arnulfs und Zwentibolds Tod leiten den letzten Abschnitt dieses Kapitels, die Jahre 900–918, ein.

## § 3: Ostfranken unter Ludwig d.K. und Konrad I., Westfranken unter Karl III. Der Streit um Lotharingien.

Obwohl die hier zu erörternde Zeitspanne von 900–918 nicht unerheblich länger ist als die im voranstehenden Abschnitt behandelte Regierungszeit Arnulfs (887–899), dessen aktive Herrschaft ohnehin bis höchstens 897 gerechnet werden darf, wäre man geneigt anzunehmen, daß sie auf knapperem Raum zusammengefaßt werden könne. Der Eindruck täuscht, wie im folgenden zu zeigen sein wird, obwohl das „Barometer" der ost- und westfränkischen Beziehungen keinen Ausschlag zeitigt, d.h. zwischen 895 und 921 keine Treffen zwischen den Königen Ost- und Westfrankens stattgefunden haben[213]. Hierzu bestand allerdings auch wenig Anlaß. Während im Westen Karl III. seit der Übernahme der Alleinregierung im Jahre 898 allmählich Statur zu gewinnen begann, wählten die *proceres et optimates, qui sub dicione Arnulfi fuerant*, den noch nicht siebenjährigen Ludwig IV. in Forchheim zum König[214], dem die Geschichte zum Dank den Beinamen „das Kind" verliehen hat[215]. Bei dieser Gelegenheit wird zum ersten Mal von einer Königskrönung in Ostfranken berichtet, obwohl es höchstwahrscheinlich nicht die erste Krönung gewesen sein wird, die im ostfränkischen Reich stattgefunden hat[216].

---

[213] Vgl. VOSS, Herrschertreffen, S. 213. Ich übergehe die ohnehin nicht gesicherten Zusammenkünfte zwischen Zwentibold und Karl III. in den Jahren 896 und 899: oben Anm. 155.

[214] B–M² 1983d; Regino, Chronicon ad an. 900 (ed. KURZE, S. 147). Schon 897 wohl in Worms hatte der sieche Arnulf die Großen seinem damals knapp vierjährigen Sohn einen Treueid schwören lassen: B–M² 1929a. Vgl. SCHLESINGER, Anfänge, S. 153–54; BEUMANN, Einheit, S. 44. An eine gleichzeitige Salbung ist nicht zu denken, obwohl SCHLESINGER, Anfänge, S. 154, diesem Gedanken zuzuneigen schien; vgl. aber DERS., Fritzlar, S. 213 Anm. 70 und schon BRÜHL, Krönungsbrauch, S. 382 m. Anm. 5, 412 Nr. 44; unsicher aber auch BEUMANN, aaO., S. 44–45. Vgl. noch unten S. 404 m. Anm. 305.

[215] Der Beiname ist nicht strikt zeitgenössisch, sondern findet sich erstmals bei Thietmar, Chronicon, l.I c.5: *Conradus...Luthuwici successor pueri* (ed. HOLTZMANN, S. 10 Z.4–5); vgl. B–M² 1983d i.f.; s. auch ECKEL, S. 54: „ qui garde dans l'histoire le surnom de Louis l'Enfant". Vgl. oben S. 142 m. Anm. 336–37.

[216] Vgl. BRÜHL, Krönungsbrauch, S. 382ff., 402ff.; s. auch SCHLESINGER, Anfänge, S. 154. ERDMANN, König, S. 2–3, dem LINTZEL, Königssalbung, S. 596, folgt, vermutet auch eine Salbung Ludwigs, wovon keine Rede sein kann. Vgl. dazu unten Kap. 7 § 1, S. 423 m. Anm. 88–89.

In einem Brief Erzbischof Hattos von Mainz (891–913) an einen ungenannten Papst, der nach Lage der Dinge nur Benedikt IV. sein kann (900–903), findet sich hierzu folgender Kommentar: *in nostris partibus vacillavit navis ęcclesię. Quem regem eligeret, parvo tempore inscia mansit, et quia timor magnus aderat, ne solidum regnum in partes se scinderet, divino, ut credimus, instinctu factum est, ut filius senioris nostri, quamvis parvissimus, communi consilio principum et tocius populi consensu in regem elevaretur; et quia reges Franchorum semper ex uno genere procedebant, maluimus pristinum morem servare, quam nova institutione insidere. Sed cur hoc sine vestra iussione et permissione factum sit, vestram haut dubitamus latere prudentiam. Nulla scilicet alia causa actum constat, nisi quia paganis inter nos et vos consistentibus impeditum est iter nostrum ad sanctam matrem nostram Romanam sedem, ita ut nec legati a nostra parvitate ad vestram dignitatem dirigi potuissent...*[217]. Die Echtheit dieses Briefes, den der Herausgeber BRESSLAU für eine Stilübung der Zeit um 1140 hielt, war lange Zeit heftig umstritten, doch überwiegen seit dem grundlegenden Aufsatz von Horst FUHRMANN die Stimmen, die sich für die Echtheit aussprechen[218]. Es scheint mir offensichtlich, obwohl es m.W. bisher noch niemals ausgesprochen worden ist, daß dieser Brief nur die Antwort auf ein Monitum aus Rom sein kann, d.h. Hatto muß sich rechtfertigen ganz so, wie sich Fulco vor Arnulf zu rechtfertigen hatte. Und er tut dies auch im genau gleichen Stil: mit nachgeschobenen Argumenten, die die Gegenseite besänftigen und gnädig stimmen sollen[219]. Man wird daher Floskeln wie: *sine vestra iussione et permissione*, keinen normensetzenden Charakter zubilligen

---

[217]) Harry BRESSLAU: Der angebliche Brief des Erzbischofs Hatto von Mainz an Papst Johann IX., in : Historische Aufsätze Karl Zeumer zum 60. Geburtstag als Festgabe dargebracht (Weimar 1910) S. 9–30; die Edition des Briefs ebd. S. 27–30, hier S. 27. Vgl. hierzu BEUMANN, Einheit, S. 45, 57–58. Zum Adressaten vgl. ebd. S. 56 m. Anm. 49.

[218]) Zum Forschungsstand zuletzt BEUMANN, Einheit, S. 45–47 und FUHRMANN, Synode, S. 464–65 m. Anm. 47–48; vgl. bes. Horst FUHRMANN: Der angebliche Brief des Erzbischofs Hatto von Mainz an Papst Johannes IX., in: MIÖG. 78 (1970) S. 51–62, der allerdings nicht die Echtheit des Briefs nachweisen will, sondern lediglich die von Bresslau bestrittene zeitgenössische Benutzung der pseudoisidorischen Dekretalen; s. auch BEUMANN, aaO., S. 46–47. Im Sinne der Echtheit argumentieren PENNDORF, S. 168ff. und bes. BEUMANN, aaO., S. 50ff.; s. auch KARPF, Königserhebung, S. 11 m. Anm. 50.

[219]) BEUMANN, Einheit, S. 61 Anm. 62, vermutet zwar, daß Hatto den Fulco-Brief gekannt haben dürfte, was auch ich annehme; er sieht aber nicht den Parallelismus in der Situation der Antwortenden: in beiden Fällen war eine ohnehin nicht mehr rückgängig zu machende Königserhebung eines Minderjährigen zu „begründen" und vor allem zu rechtfertigen. Vgl. oben S. 382–83 m. Anm. 170.

dürfen und von Ludwig als Kandidaten für die Kaiserwürde kann schon gar keine Rede sein[220].

An Zwentibold, der doch immerhin volljährig war und sogar auf einige Jahre, wenn auch wenig glanzvoller Regierungserfahrung hinweisen konnte, dachte offenbar niemand, obwohl Zwentibold sich 897 wohl Hoffnungen auf eine Vergrößerung seines Reichs nach dem Tode des Vaters gemacht hatte[221]. Er hat den „Herrschaftsantritt" seines Halbbruders auch widerspruchslos hingenommen. Das kann natürlich durch seine schwierige Lage in Lotharingien erklärt werden, von der sogleich zu sprechen sein wird, doch will es mir scheinen, als ob hier wirklich einmal ein Grundsatz fränkischen Thronfolgerechts faßbar würde, daß nämlich ein aus einer Muntehe hervorgegangener Sohn vor einem einer Friedelehe entstammenden stets den Vorrang genießt. Dieser Grundsatz scheint mir um so zwingender, als er in den Quellen n i c h t über die Maßen betont wird[222]; das Gegenteil wäre bedenklich, würde doch damit sogleich wieder der Verdacht geweckt, daß im besten Fulco/Hatto-Stil Ausflüchte gesucht oder Argumente nachgeschoben werden sollen. Die faktische Regentschaft[223] führte Erzbischof Hatto von Mainz, Ludwigs Taufpate, neben dem unter den weltlichen Fürsten Konrad von Franken, der spätere Konrad I., einen herausragenden Einfluß ausübte[224].

Allerdings ist nicht zu verkennen, daß die Wahl eines Kindes für die Großen auch Vorteile hatte: nicht zufällig haben sich gerade in diesem

[220]) So aber BEUMANN, Einheit, S. 50; dagegen schon ZATSCHEK, Reich, S. 259; skeptisch auch FUHRMANN, Synode, S. 465 Anm. 48.

[221]) Darauf deuten die Arengen in zwei Urkunden des Jahres 897 hin: D Zw.14 (897 Juni 13): *regnum nobis caelitus commissum latius diffundere ac diutinis temporibus sanitatem nostram protelare...confidimus* (S. 43 Z.12 – 14); D Zw.16 (897 Juli 26): *nostrumque in hoc labenti seculo regnum dilatari et undique corroborari provide certissime scimus* (S. 46 Z.21 – 22); vgl. HLAWITSCHKA, Lotharingien, S. 169 m. Anm. 35 – 36; ähnlich schon ZATSCHEK, Reich, S. 238 m. Anm. 3.

[222]) Ausdrücklich weisen nur Regino und der Regensburger Fortsetzer der Fuldaer Annalen darauf hin: Regino, Chronicon ad an. 900: *filium..., quem ex legitimo matrimonio susceperat* (ed. KURZE, S. 148); Ann. Fuld., Cont. Ratisb. ad an. 900: *qui unicus...de legali uxore illi natus erat, in regnum successit* (ed. KURZE, S. 134).

[223]) Eine f o r m a l e Regentschaft bestand nicht; vgl. CALMETTE, Naissance, S. 190: „L'idée de régence était inconnue des Carolingiens"; anders HLAWITSCHKA, Lotharingien, S. 187 u.ö.; BEUMANN, Einheit, S. 45 u.a.m. Es hat den Anschein, als ob sich das Problem im Falle Ludwigs überhaupt zum ersten Mal stellte. Das genaue Alter Karls v.d. Provence bei dessen Regierungsantritt ist leider unbekannt. Die vom Vater ernannten *baiuli* minderjähriger Unterkönige wie etwa Adalhards für Pippin in Italien sind natürlich etwas anderes.

[224]) Vgl. WERNER, Westfranken, S. 234 und unten S. 404 m. Anm. 308.

Jahrzehnt die Kämpfe um die Vormachtstellung in mehreren *regna* entschieden: in Sachsen zugunsten der Liudolfinger, die schon bald das neue
Königsgeschlecht stellen sollten, in Franken zugunsten der Konradiner, in
Baiern zugunsten der Luitpoldinger[225]. Das größte Interesse – insbesondere im Zusammenhang mit dem Thema dieses Buches – darf jedoch die
Entwicklung der Verhältnisse in Lotharingien beanspruchen. Die lotharingischen Großen huldigten Ludwig d.K. bereits wenige Wochen nach
dessen Königswahl in Diedenhofen[226] und sagten sich damit von ihrem gekrönten und gesalbten König formell los[227]. Hierauf reagierte Zwentibold,
wie vorauszusehen war, mit Gewalt und zwang so seinen ungeliebten
Halbbruder, der das Land schon wieder verlassen hatte, zu eiliger Rückkehr. Zu einer Schlacht zwischen den Brüdern ist es nicht mehr gekommen: Zwentibold fiel schon wenige Monate später im Kampf gegen die lotharingischen Grafen Gerhard und Matfrid[228], die sich nun Hoffnung auf
die führende Position in Lotharingien machten, da Zwentibolds alter Gegenspieler Reginar schon im Jahre 898 zunächst auf Karl III. von Westfranken gesetzt hatte[229].

Reginar machte keinerlei Schwierigkeiten: er hatte sich nicht für Ludwig
eingesetzt, erkannte ihn aber um den Preis der Rückgabe seiner *honores*
vorbehaltlos an, doch kam er für die führende Position naturgemäß nicht
in Betracht[230]. Diese wollte die Familie der Matfridinger erringen, deren
Exponent Graf Gerhard sofort die Zwentiboldwitwe Oda heiratete[231], die
eine Tochter Ottos des Erlauchten und Schwester Heinrichs, des künftigen Königs von Ostfranken, war[232]. Der Versuch schlug jedoch fehl: die

---

[225] Vgl. HLAWITSCHKA, Lotharingien, S. 188; BRUNNER, Gruppen, S. 167.
[226] B – M² 1984a; vgl. PARISOT, S. 552 – 53; HLAWITSCHKA, Lotharingien, S. 180. Vgl.
unten S. 403 m. Anm. 302.
[227] Vgl. zuletzt BUND, S. 495 – 96; s. oben S. 387 m. Anm. 203 – 04.
[228] B – M² 1983a-c, 1988d; vgl. ZATSCHEK, Reich, S. 252 und oben S. 387 m. Anm. 305.
[229] PARISOT, S. 545 – 47; ECKEL, S. 47 – 48; HLAWITSCHKA, Lotharingien, S. 174 – 79;
vgl. zuletzt BRUNNER, Gruppen, S. 168: „In Lotharingien war von seiten der Konradiner
den Matfridingern ein ähnliches Schicksal zugedacht wie den Babenbergern“.
[230] PARISOT, S. 562; HLAWITSCHKA, Lotharingien, S. 189.
[231] Dies betont mit Recht HLAWITSCHKA, Lotharingien, S. 189 m. Anm. 10, der die
Heirat Ludwigs IV. von Westfranken 939 mit der Witwe Giselberts Gerberga, der Tochter
Heinrichs I., mit dieser Ehe in Parallele setzt. PARISOT, S. 555, sieht alles unter dem Aspekt
der persönlichen Gefühle Odas.
[232] Vgl. WERNER, Nachkommen, S. 459 – 60; s. schon PARISOT, S. 537 – 38; SCHIEFFER,
Kanzlei, S. 30. Oda starb an einem 2.VII., „nach 952“ nach über vierzigjähriger Witwen-
schaft, da ihr zweiter Gemahl Gerhard wohl gleichfalls in der Schlacht gegen die Ungarn
910 gefallen war; vgl. REINDEL, Luitpoldinger, Nr. 51, S. 94; HLAWITSCHKA, Lotharingien, S. 191 m. Anm. 21; LEYSER, Konflikt, S. 89.

erste Stelle in Lotharingien nahm spätestens seit 902 der Konradiner Gebhard ein, der 910 im Kampf gegen die Ungarn fiel; er war ein Bruder Konrads d.Ä. und Onkel des späteren Königs Konrad I.[233]. Erst jetzt, nachdem die konradinische Machtposition einen empfindlichen Rückschlag erlitten hatte, scheint Reginar mit seinen Ambitionen auf die führende Rolle in Lotharingien hervorgetreten zu sein, wie jene merkwürdige Urkunde vom 1. Juni 911 erkennen läßt, in der Reginar sich in Stablo, dessen Laienabt er war, als *comes et missus dominicus* tituliert[234]. Bis zum Tode Gebhards hatte er sich jedoch zurückgehalten und seinen Kampf gegen die Matfridinger sogar an der Seite der Konradiner geführt[235]. Als Ludwig IV. mit der Ernennung eines Nachfolgers zögerte, mochte Reginar mit dem altertümlichen Titel eines *missus dominicus* seine Ansprüche anmelden wollen. Der unerwartete Tod des Königs schuf dann eine ganz neue Lage[236].

Es versteht sich, daß von einer echten Herrschaft Ludwigs in Lotharingien keine Rede sein konnte. Insgesamt hat Ludwig nach seiner formalen Anerkennung dreimal lotharingischen Boden betreten: in den Jahren 902, 906 und 908[237], d.h. nur einmal nach seiner Volljährigkeit. Auch ein Blick auf die Zahl der für lotharingische Empfänger ausgestellten Diplome Ludwigs (15) zeigt im Vergleich zu Arnulf (28) und Zwentibold (28) einen deutlichen Rückgang der Beurkundungstätigkeit des Herrschers[238]. Dies muß im Zusammenhang gesehen werden mit der Tatsache, daß die Lotharinger keine Reichsversammlungen außerhalb Lotharingiens aufsuchten, und zwar weder unter Ludwig noch unter Karl III. von Westfranken[239], was schwerlich reine Willkür gewesen sein dürfte, sondern ihnen formell

---

[233]) Es ist dies eben jener *Kebehart dux regni quod a multis Hlotharii dicitur*, des schon mehrfach zitierten D LK. 20 (903 Juni 24) S. 126 Z.22 – 23: oben S. 98, S. 309 m. Anm. 44. Vgl. bes. HLAWITSCHKA, Lotharingien, S. 189 – 91; s. schon PARISOT, S. 566 – 68, 573 und SCHIEFFER, Kanzlei, S. 110 – 11.

[234]) HALKIN – ROLAND I, Nr. 51, S. 122: oben S. 113 – 14 m. Anm. 170 und SCHIEFFER, Kanzlei, S. 114; vgl. noch unten Anm. 270.

[235]) Vgl. HLAWITSCHKA, Lotharingien, S. 191 – 92; s. schon SCHIEFFER, Kanzlei, S. 113.

[236]) Hierzu unten S. 395ff.

[237]) DD LK. 13 (902 Febr. 5): Straßburg; 16 (902 Sept. 10): Metz; 18 (902 Okt. 9): Aachen; 49 – 50 (906 Okt. 19 – 20): Metz; 57 (908 Jan. 18): Aachen; vgl. noch B – M² 2037b, 2039a, 2040a. Allgemein s. SCHIEFFER, Kanzlei, S. 110. Vgl. noch BRÜHL, Palatium II, S. 46, 153.

[238]) Vgl. SCHIEFFER, Kanzlei, S. 109 – 10; HLAWITSCHKA, Lotharingien, S. 186.

[239]) Dies betonte schon PARISOT, S. 558 m. Anm. 4; s. auch SCHIEFFER, Kanzlei, S. 109.

zugesichert worden sein muß[240]. Die Sonderstellung Lotharingiens kam aber am klarsten in dem Umstand zum Ausdruck, daß die unter Zwentibold eingerichtete lotharingische Kanzlei sowohl unter Ludwig d.K. als auch vorübergehend unter Karl III. fortbestand[241]. Mit Recht bemerkte daher PARISOT schon 1898: „Le pays...ne fut pas incorporé à l'Allemagne (lies: à la Francie orientale) pas plus qu'il ne le sera onze ans plus tard à la France (lies: à la Francie occidentale)"[242].

Ludwigs Verhältnis zu Lotharingien mußte notwendig im Mittelpunkt dieser knappen Darstellung stehen, doch wäre über Ludwigs ereignisarme Regierungszeit ohnehin nicht sehr viel zu berichten gewesen. Gegenüber der größten Gefahr für Ostfranken, den Ungarn, die seit 898 überraschend Westeuropa heimzusuchen begonnen hatten und zunächst Italien durchstreiften[243], hat er versagt, doch das galt für wesentlich ältere und erfahrenere Heerführer wie etwa Luitpold von Baiern gleichermaßen, der 907 bei Preßburg eine schwere Niederlage erlitt – er selbst fand in der Schlacht den Tod[244] –, nachdem die Baiern am 4. Juli 900 an der Enns noch hatten einen Sieg erringen und eine weitere Schlacht 903 offen halten können[245]. Auch der sächsische Heerbann scheiterte im August 908 an dem ungarischen Reiterheer: in der Schlacht fiel u.a. der *marchio* Thüringens Burchard[246]. So darf es dem kaum 17jährigen Ludwig nicht zum Vorwurf gemacht werden, daß auch er 910 auf dem Lechfeld bei Augsburg an der Spitze eines großen fränkischen Heeres von den Ungarn vernichtend geschlagen wurde[247]. Ludwig konnte sich zwar retten, doch das Prestige des Kö-

---

[240]) Dies scheint mir ein wesentlicher Bestandteil der Vorverhandlungen zur Huldigung des Jahres 900 gewesen zu sein, auch wenn keine Quelle davon spricht; vgl. auch SCHIEFFER, Kanzlei, S. 109: „Eine Sonderstellung Lotharingiens...mag bei diesem Anlaß ausdrücklich ausbedungen worden sein".

[241]) Hierzu ausführlich SCHIEFFER, Kanzlei, S. 39ff., 115ff.; die Kontinuität unter Karl III. von Westfranken ist nicht so eindeutig, wie in der Forschung meist angenommen wird; vgl. SCHIEFFER, aaO., S. 131ff., 139ff.; s. schon oben Anm. 211.

[242]) PARISOT, S. 558.

[243]) LÜTTICH, S. 45, 114ff.; FASOLI, S. 91ff.; BÜTTNER, Ungarn, S. 438–40.

[244]) B – M² 2044a; REINDEL, Luitpoldinger, Nr. 45, S. 62–70; vgl. LÜTTICH, S. 54–55; FASOLI, S. 117ff.; REINDEL, Arnulf, S. 241-42; BÜTTNER, Ungarn, S. 441 u.a.m. Neben Luitpold fielen noch Erzbischof Theotmar von Salzburg, die Bischöfe von Freising und von Säben sowie viele andere.

[245]) B – M² 1992a, 2009a; REINDEL, Luitpoldinger, Nr. 22–23, S. 25–34; Nr. 32, S. 47; vgl. noch ebd. Nr. 36–37, S. 51–52; vgl. LÜTTICH, S. 47–48; FASOLI, S. 111–12; REINDEL, Arnulf, S. 241; BÜTTNER, Ungarn, S. 440.

[246]) B – M² 2052a; vgl. LÜTTICH, S. 53–54, 55–56; BÜTTNER, Ungarn, S. 440–41. Vgl. oben S. 324 m. Anm. 143.

[247]) B – M² 2064a (S. 819–21; statt: 2065a, lies: 2064b); vgl. LÜTTICH, S. 58–59; FASOLI, S. 122–24; BÜTTNER, Ungarn, S. 441–42. Vgl. oben Anm. 232 und S. 393 m. Anm. 233. Zu den Ungarnzügen der folgenden Jahre vgl. unten Kap.7 § 3, S. 450ff.; Kap.8 § 1, S. 499ff.

nigs hatte nach dieser ersten ernsthaften Bewährungsprobe sehr gelitten, und die Ungarn fuhren fort, Mittel- und Westeuropa heimzusuchen. Mitten in dieser krisenhaften Lage starb der gerade 18jährige König unerwartet am 24. September 911 ohne einen Leibeserben zu hinterlassen[248].

Damit wird das Jahr 911 zu einem Jahr von zentraler Bedeutung für die Geschichte des Frankenreiches, denn in der zweiten Jahreshälfte ballen sich drei wichtige Ereignisse: die Wahl eines Nicht-Karolingers in Ostfranken, der Übergang des lotharingischen Adels zu Karl III. von Westfranken und die Eingliederung eines wichtigen Teils des normannischen Heeres in den fränkischen Staatsverband. Ich beginne mit diesem Ereignis, das zu dem Hauptakteur des Jahres 911 hinführt, zu Karl III. von Westfranken, von dem aus dem Jahrzehnt zwischen 900 und 910 so gut wie nichts zu berichten ist[249] außer, daß im Jahre 900 sein alter Mentor, Erzbischof Fulco von Reims, im Auftrag Balduins II. von Flandern ermordet worden war[250], und er selbst im Jahre 907 die sächsische Adelige Frederun, eine nahe Verwandte der späteren Königin Mathilde[251], heiratete, was

[248] B – M² 2070b.
[249] Unter den 34 DD, die Ph. LAUER für den Zeitraum 900 März 25 – 909 Sept. 16 ediert hat: Actes de Charles III le Simple, Nr. 29–62, befinden sich vier Deperdita (Nr. 36, 44, 52, 58) und ein Spurium (Nr. 37). Die verbliebenen 29 DD zeigen den König in zwei Bischofsstädten (Nr. 51, 54, 60: Laon; Nr. 38: Troyes), fünf karolingischen Pfalzorten (Nr. 31, 42, 45, 49–50, 55, 61: Compiègne; Nr. 30, 32–33: Verberie; Nr. 29, 48: Ponthion; Nr. 56: Attigny und Nr. 53: Corbeny) und einem Kloster (Nr. 34–35: St-Benoît-sur-Loire), wo insgesamt 20 DD gegeben sind (davon 14 in den Pfalzen), zwei Urkunden sind ohne Ortsangabe (Nr. 46, 62), die restlichen Urkunden verteilen sich auf unbekannte *villae*; s. auch LEMARIGNIER, Gouvernement, S. 30 und Karte 1, nach S. 230. Allgemein s. ECKEL, S. 56, 58; BRÜHL, Fodrum, S. 49–50, 231.
[250] Hierzu vgl. ECKEL, S. 51–52 und SCHNEIDER, Fulco, S. 178–82.
[251] In diesem Sinne WERNER, Westfranken, S. 234, 238 Anm. 13, während Karl August ECKHARDT: Genealogische Funde zur allgemeinen Geschichte (Witzenhausen 1963²) S. 23–30 (Germanenrechte, N.F.; Deutschrechtliches Archiv, H.9) aus Frederun gar eine Schwester der Mathilde machen will, die in der Tat eine Schwester dieses Namens hatte; vgl. auch WENSKUS, Stammesadel, S. 132. Ganz im Sinne Eckhardts BRUNNER, Gruppen, S. 179, doch die These Eckhardts scheitert daran, daß Frederun unzweifelhaft die Schwester des Bischofs Bovo von Châlons-sur-Marne (917–947) war, eines ehemaligen Mönchs in Corvey; vgl. Actes de Charles III le Simple, Nr. 91 (917 Juli 26): *Ita vero nostra uxor...Frideruna hanc traditionem exequi curavit, ut dum adviveret frater eius Bovo, Catalaunensis antistes ecclesiae...* (S. 208 Z.12–13); Nr. 95 (918 Mai 26): *pro coniuge nostra Frederuna...et pro nobis...et pro Bovone praesule, fratre Frederunae, nostrae coniugis, ac nostro fidele(sic) Aganone hos decantent psalmos* (S. 219–20). Folglich wäre auch Bovo ein Bruder der Mathilde; er war jedoch ein naher Verwandter der beiden Äbte von Corvey dieses Namens, die mit Sicherheit Ekbertiner/Popponen waren; vgl. WENSKUS, aaO., S. 248ff., bes. S. 249–51. ECKEL, S. 99, will aus Frederun eine Lotharingerin machen, was mit Sicherheit falsch ist. Vgl. zuletzt ALTHOFF, Konvent, S. 30 m. Anm. 9, der von einer „Abtsippe" der „Bovonen" spricht; s. noch unten Kap. 7 § 2, S. 428 m. Anm. 129.

wohl im Kontext einer westfränkisch – sächsischen Allianz gegen die Konradiner gesehen werden muß[252]. Die Einfälle der Normannen in das Westfrankenreich hatten zwar nachgelassen, bedeuteten aber noch immer eine
ständige Bedrohung, der das Königtum weder allein noch im Bunde mit
den Großen hatte Herr werden können. So war im Jahre 910 der Erzbischof von Bourges, Madalbert, von den Normannen erschlagen worden,
ohne daß nähere Einzelheiten von einem Einfall der Normannen in das
Berry überliefert wären[253].

Einer der normannischen Seekönige namens Rollo, der das Gebiet der
unteren Seine beherrschte, belagerte im Frühsommer des Jahres 911 Chartres – eine angeblich vorangegangene Belagerung von Paris ist wohl in den
Bereich der Sage zu verweisen. Am 20. Juli 911 erlitt Rollo vor den Mauern
von Chartres gegen die vereinigten Heere Roberts von Neustrien (des
künftigen Königs Robert I.), Richards von Burgund und Ebolus' von Poitiers eine empfindliche Schlappe[254], die ihn Verhandlungen mit Karl III.
zugänglich machte. Dieser schloß mit ihm einen *foedus*[255] und ernannte
ihn zum *comes* der *civitas* Rouen, womit der Normanne erstmals in den
westfränkischen Staatsverband inkorporiert war[256]. Die Methode war
nicht neu[257], bisher aber ziemlich erfolglos gewesen. Mit dem möglicher-

---

[252]) Es sei daran erinnert, daß Heinrichs I. Schwester Oda die Gemahlin König Zwentibolds gewesen war; vgl. oben S. 392 m. Anm. 231 – 32; s. auch WERNER, Westfranken,
S. 234.

[253]) Vgl. VOGEL, S. 395 – 95. Nach Dudo von St-Quentin wäre der Anführer Rollo
gewesen: ebd. S. 393.

[254]) Jules LAIR: Le siège de Chartres par les Normands (911) in: Congrès archéologique
de France 67 (1900): Chartres (Paris-Caen 1901) S. 176 – 225, bes. S. 196ff.; VOGEL, S. 385,
395 – 99; s. auch WERNER, Observations, S. 695 Anm. 10.

[255]) Flodoard, Annales ad an. 925: *Nordmanni de Rodomo foedus, quod olim pepigerant,*
*irrumpentes...* (ed. LAUER, S. 29); vgl. ad an. 923: *terram, quae dudum Nordmannis ad*
*fidem Christi venientibus, ut hanc fidem colerent et pacem haberent, fuerat data* (ed.
LAUER, S. 16); s. auch Actes de Charles III le Simple, Nr. 92 (918 März 14; Or.) für
St-Germain-des-Prés: *praeter partem ipsius abbatię* (scil.Crucis sancti Audoeni) *quam*
*annuimus Normannis Sequanensibus, videlicet Rolloni suisque comitibus pro tutela*
*regni* (S. 211 Z.24 – 25); vgl. dazu KIENAST, Studien, S. 101 Anm. 22. Die *comites* Rollos
sind natürlich seine Genossen und nicht etwa Grafen; mit der *tutela regni* ist das Reich
Karls III. gemeint.

[256]) Vgl. WERNER, Observations, S. 695.

[257]) Man hat auf das Verhalten Karls d.K. gegenüber dem Bretonenfürsten Salomo
hingewiesen; vgl. dazu Ann. Bert. ad ann. 863, 867 (ed. GRAT, S. 96, 136, 137); vgl.
WERNER, Observations, S. 695 Anm. 13 (nach L.Musset). Es hätte vielleicht näher gelegen
– sowohl sachlich als auch chronologisch – auf die Vergabe Frieslands und anderer
*honores* an den Normannen Gottfried durch Karl III. zu verweisen: Ann. Bert. ad an. 882
(ed. GRAT, S. 247 – 48); vgl. VOGEL, S. 291 – 93. Auch hier war der Übertritt zum Christentum eine Vertragsbedingung. Mit Karls Einverständnis wurde Gottfried 885 ermordet; s. VOGEL, S. 304 – 07.

weise in St-Clair-sur-Epte geschlossenen Vertrag[258] war der Grundstein gelegt für die künftige Normandie, ohne daß jedoch von der „Gründung" der Normandie oder gar des „Herzogtums" Normandie gesprochen werden dürfte, wie dies in der Literatur unverdrossen immer wieder geschieht[259]. Es wäre jedoch ebenso falsch zu glauben, daß mit dem Jahr 911 die Normannengefahr ein für allemal beseitigt[260], oder gar die Christianisierung der Seine-Normannen[261] mit Rollos Übertritt zum Christentum abgeschlossen gewesen sei[262]. Mit dem Akt von 911 beginnt sich die Normandie der Herzöge des 11. Jahrhunderts[263] allenfalls abzuzeichnen[264].

Angesichts des geringen zeitlichen Abstands zwischen der Eingliederung der Normannen und dem Erwerb Lotharingiens[265] liegt die Frage ei-

---

258) Der einzige Chronist, der die Örtlichkeit erwähnt, ist der rund ein Jahrhundert nach den Ereignissen schreibende Kanzler Richards II. Dudo von St-Quentin, l.II c.28 (ed. LAIR, S. 168); s. LAIR, ed. cit., S. 62 und bes. WERNER, Westfranken, S. 233. Vgl. noch unten Anm. 264.

259) Vgl. WERNER, Observations, S. 691, 693 – 94; DERS., Westfranken, S. 233: „ein ’Herzogtum Normandie', das man gern 911 beginnen läßt, gab es jedoch noch lange nicht"; s. schon FLACH IV, S. 109 Anm. 1. Die veraltete Auffassung vertreten u.a. VOGEL, S. 400, 401 und selbst noch LEMARIGNIER, Gouvernement, S. 28.

260) Vgl. etwa Flodoard, Annales ad an. 930: *Rodulfus rex Nordmannos de Ligeri, qui Aquitaniam depraedationibus infestabant, in pago Lemovicino uno proelio pene delevit* (ed. LAUER, S. 45); ad an. 931: *...Brittones qui remanserant Nordmannis in Cornu Galliae subditi, consurgentes adversus eos qui se obtinuerant, ...omnes interemisse dicuntur qui inter eos morabantur Nordmannos...* (ed. LAUER, S. 50); vgl. LAUER, Raoul, S. 59, 71. Falsch daher VOGEL, S. 400: „Mit der Gründung der Normandie endet die Geschichte der Wikingerzüge nach dem Fränkischen Reich"; vgl. ebd S. 401; s. noch unten Kap.7 § 3, S. 443 – 44.

261) Im Gegensatz zu den nicht in das Westfrankenreich eingegliederten Loire-Normannen; vgl. oben Anm. 255 und Anm. 260; s. WERNER, Observations, S. 695 – 96 m. Anm. 15 – 16.

262) Flodoard, Annales ad an. 943: *Hugo dux Francorum crebras agit cum Nordmannis, qui pagani advenerant vel ad paganismum revertebantur, congressiones...* (ed. LAUER, S. 88); vgl. dazu bes. KIENAST, Studien, S. 107 – 08. Auf Einzelheiten kann hier nicht eingegangen werden.

263) Daß der Dux-Titel erst um 1006 eingeführt wurde – möglich war er ohnehin erst nach 987 –, macht WERNER, Observations, S. 699 – 702, wahrscheinlich; vgl. noch ebd. S. 702 – 04 m. Anm. 35.

264) Es war die Leistung des normannischen Hofhistoriographen Dudo von St-Quentin, die politischen Ambitionen Richards II. als alte normannische Tradition darzustellen: „Ce qui était un but politique de Richard II, Dudon a réussi à en faire un prétendu 'héritage historique' remontant au début du Xᵉ siècle": WERNER, Observations, S. 693; vgl. DERS., Westfranken, S. 233. Noch VOGEL, S. 392ff. legte seiner Darstellung im wesentlichen den Bericht Dudos zugrunde.

265) „Der Vertrag von St-Clair", wie er als „fable convenue" genannt werden mag, dürfte schwerlich vor Mitte September geschlossen worden sein; sicherer „terminus post" ist lediglich der 20.VII.911; die Nachricht von dem am 24.IX. erfolgten Tod Ludwigs d.K. kann schon Anfang Oktober am Hofe Karls (wo ?) bekannt gewesen sein; s. auch KIENAST, Studien, S. 95 m. Anm. 1. Vgl. noch unten Anm. 286.

gentlich nahe[266], ob zwischen beiden Ereignissen nicht womöglich ein
Kausalzusammenhang in dem Sinne bestanden haben könnte, daß Karl III.
den Vertrag mit Rollo ganz bewußt geschlossen hätte, um sich für seine
lotharingische Politik den Rücken frei zu halten. Diese These hat in ZAT-
SCHEK einen beredten Fürsprecher gefunden[267], wobei der Gedanke an
den „französischen Ausdehnungsdrang nach Osten" natürlich eine erhebliche Rolle spielte. Aber abgesehen von diesem Tribut an die Tagespolitik
des Jahres 1940, war es verdienstlich, die Frage doch wenigstens gestellt zu
haben. Sie kann jedoch bestenfalls als eine vage, ganz und gar unbeweisbare Hypothese gelten. Zur Zurückhaltung mahnt nicht nur die unsichere
Chronologie, die so weitreichende Folgerungen von vornherein fragwürdig erscheinen läßt[268], sondern auch die Frage, ob Karl so große Pläne, die
ihn doch unweigerlich in Konflikt mit dem Ostreich bringen mußten,
ernsthaft erwogen haben sollte, was mich höchst unwahrscheinlich dünkt.
Nimmt man aber an, daß Karl den Vertrag mit Rollo unter dem direkten
Eindruck der Todesnachricht aus dem Ostreich oder des Abfalls der Lotharinger von Ludwig geschlossen hätte[269], so wird das Ganze zu einem
sterilen Spiel mit hypothetischen Daten[270].

---

[266] Doch ist sie, sehe ich recht, nur von ZATSCHEK: unten Anm. 267, gestellt worden!
[267] ZATSCHEK, Reich, S. 256–58; vgl. aber unten mit Anm. 269.
[268] Der Aufenthaltsort Karls III. zwischen 911 Aug. 3 (Compiègne) und Dez. 20 (*villa
Cruztiaco*) ist unbekannt: Actes de Charles III le Simple, Nr. 66–68. Lauer hält die *villa
Cruztiaco* für Cruzy-le-Châtel im Dép.Yonne, arr. Auxerre. Dies ist mit Sicherheit irrig,
denn am 1.I.912 urkundet Karl in Metz: Actes cit., Nr. 69 (Nr. 67–69 sind Originale).
Nicht nur ist es unmöglich, in zwölf Tagen aus dem Herzen Burgunds nach Metz zu
ziehen, man muß auch annehmen, daß Karl nach Empfang der Nachricht vom Ableben
Ludwigs und der Einladung der Lotharinger sofort nach Lotharingien aufbrach. Hierfür
spricht auch, daß die Nrn. 67–69 für lotharingische Empfänger gegeben sind (Bischof
Stephan von Cambrai und Reginar als Laienabt von St. Maximin). PARISOT, S. 584 Anm.
1, identifiziert *Cruztiacum* mit Croissy (Dép. Oise, arr. Clermont). Träfe dies zu, hätte
Karl den Raum Compiègne noch im Dez. 911 nicht verlassen; auch dies scheint mir
unwahrscheinlich. ECKEL, S. 97, spricht von einem „endroit inconnu", den er offenbar
nach Lotharingien zu legen geneigt ist. Dies halte auch ich für die wahrscheinlichste
Annahme. SCHIEFFER, Kanzlei, S. 134 m. Anm. 8, weiß gleichfalls keinen besseren Vorschlag; s. noch VOGEL, S. 400 Anm. 1.
[269] Dies ist die Auffassung von ZATSCHEK, Reich, S. 258.
[270] Karl datiert seine Herrschaft in Lotharingien vom 1.XI.911: unten S. 399 m. Anm.
271–72. Ludwig d.K. stirbt am 24.IX.; das Datum des Vertrags mit Rollo ist unbekannt;
am 3.VIII. befindet Karl sich noch in Compiègne. Es ist nicht einmal sicher, ob er sich in
Person zum Vertragsabschluß mit Rollo begab; vgl. VOGEL, S. 400 Anm. 1, der die Zweifel
Dümmlers aber als „überkritisch": ebd. S. 399 Anm. 2, ablehnt. Selbst wenn die Lotharinger schon zu Lebzeiten Ludwigs von ihm abgefallen sein sollten – hierzu unten S. 401
m. Anm. 287–88 –, kann dies schwerlich vor Juli/August der Fall gewesen sein, da
Reginar am 1.VI.911 noch nach Ludwig datierte: HALKIN – ROLAND I, Nr. 51; vgl. oben
S. 393 m. Anm. 234. All dies ist so unsicher, daß keine Theorie auf diesen Daten aufbauen
kann.

In der Tat scheint die chronologische Reihenfolge der Ereignisse im Herbst 911 nur mühevoll rekonstruierbar. Die „Annales Prumienses", die einzige lotharingische Quelle, die sich zu dem Machtwechsel dieses Jahres äußert, bemerkt lakonisch: *Quo etiam anno Ludowicus rex, filius Arnulfi, moritur, et Carolus occidentalium* [erg.*Francorum*] *rex regnum Lotharii suscepit Kl.Nov.*[271] Die Glaubwürdigkeit dieser Angabe wird durch die Tatsache erhärtet, daß Karl III. in seinen Urkunden die Epoche der Herrscherjahre in Lotharingien: *largiore hereditate indepta*, zwischen dem 10. Oktober und dem 27. November beginnen läßt[272]. Nach den Prümer Annalen hätte Karl seine Herrschaft in Lotharingien eindeutig n a c h dem Tode Ludwigs d.K. angetreten und, nimmt man das *Kal.Novembris* beim Wort, sogar etwa eine Woche v o r der Wahl Konrads I. in Forchheim, die um den 7. – 10. November 911 erfolgte[273]. Man hat gemeint, die Wahl Konrads sei von den Völkern Ostfrankens beschleunigt vorgenommen worden, um eine Kandidatur Karls zu verhindern[274]. Der Gedanke scheint so abwegig nicht, wenn man an die neue Intitulatio Karls, die Largior-hereditas-Formel usw. denkt[275], bleibt aber natürlich Vermutung. Unstreitig ist jedenfalls, daß Karl und Konrad ihre Herrschaft in Lotharingien und Ostfranken in etwa gleichzeitig antraten[276], wobei Karl aber wohl doch eine geringe zeitliche Priorität gebührt.

Diesem Ergebnis scheint nun eine Nachricht der „Annales Alamannici" zu widersprechen, der man in der Forschung mit Recht, wie ich meine, hohes Interesse entgegengebracht hat. Die Annalen berichten zunächst zum Jahr 912: *Hludowicus rex mortuus. Chonradus, filius Chonradi comitis, a Francis et Saxonibus seu Alamannis ac Bauguariis rex electus. Et Hlodarii*

---

271) Ann. Prum. ad an. 911 (ed. BOSCHEN, S. 82). Zu der Hand „h", die diesen Eintrag geschrieben hat, vgl. BOSCHEN, S. 77 und ebd. S. 183ff., 195ff., bes. S. 205 – 06. Dieser Passus der Ann. Prum. wurde von Boschen erstmals im korrekten Wortlaut ediert; vgl. BOSCHEN, S. 78 m. Anm. 22, 82 ad an. 911.

272) LAUER, Introduction, S. LXXXVI; ausdrücklich zustimmend SCHIEFFER, Kanzlei, S. 115 Anm. 11.

273) B – M² 2070e; vgl. unten S. 403 m. Anm. 298.

274) So ZATSCHEK, Reich, S. 258.

275) Vgl. EGGERT, Krisenjahr, S. 57 und schon oben S. 161 m. Anm. 484 – 85. Zu genau gegenteiligen Schlußfolgerungen kommt EHLERS, Anfänge, S. 26, der unter dem Eindruck des „imperialen" absoluten Königstitels im Sinne Wolframs: oben S. 158 – 59 m. Anm. 470 – 72, allen Ernstes in dem Rex-Francorum-Titel eine B e s c h r ä n k u n g der Ansprüche Karls erkennen möchte, was ich für abwegig halte; vgl. schon oben S. 175 m. Anm. 587 – 88. Vgl. aber unten S. 403 m. Anm. 299.

276) So auch SCHIEFFER, Kanzlei, S. 133.

*Karolum regem Galliae super se fecerunt*[277]. Bis hierher ist nichts Neues gesagt, sieht man einmal davon ab, daß hier die Wahl Konrads v o r der Erhebung Karls berichtet wird, was mich nicht sehr wesentlich dünkt. Dieselbe Quelle bietet als letzte Nachricht zum Jahr 911 zusätzlich die Bemerkung: *Hlothariorum principes a Hludowico rege divisi*[278]. Das ist also „die knappe Notiz..., deren Wert alle diejenigen, die eine besondere Anhänglichkeit der Lothringer an das karolingische Haus stark herausstellen, notwendigerweise bezweifeln und bestreiten müssen"[279]. In der Tat hatte PARISOT den Quellenwert der Aussage der „Annales Alamannici" bestritten und betont: „La vérité est que les *Annales Alamannici*, dont la chronologie est souvent erronée, ont raconté deux fois le même événement, en le présentant de deux façons différentes"[280]. HLAWITSCHKA hat dem mit Recht entgegengehalten, daß „doch keinesfalls von einer Doppelberichterstattung...die Rede sein" könne[281]. Er hat jedoch versäumt, die Konsequenzen aus seiner eigenen Argumentation zu ziehen. Zunächst scheint es mir jedoch erforderlich, die „Annales Alamannici" in ihrem letzten, mit dem Jahr 885 einsetzenden Teil einer genaueren Prüfung zu unterziehen.

Die „Annales Alamannici" sind in ihrem jüngsten Teil (885 – 912) in zwei verschiedenen Redaktionen überliefert, von denen nur die knappere, hier nicht interessierende Fassung[282] unzweifelhaft in St.Gallen entstanden ist[283]. Die ungleich viel umfassendere und besser informierte „Redaktion M" gehört nicht nach St.Gallen und möglicherweise nicht einmal nach Ostfranken, denn sie ist nur in einer italienischen Handschrift, dem sogen.„Codex Modoetiensis", überliefert[284]. Ihr Verfasser wäre nach LENDI

---

[277]) Ann. Alamann. (Cod. M) ad an. 912 (ed. LENDI, S. 188). Zu dem späten Teil der „Annales Alamannici" vgl. WATTENBACH – HOLTZMANN I[3], S. 226 – 27 und zuletzt LENDI, S. 134ff. *Gallia* meint hier natürlich Lotharingien; vgl. schon oben S. 138 – 39 m. Anm. 315.

[278]) Ann. Alamann. (Cod. M) ad an. 911 (ed. LENDI, S. 188): B – M² 2070a.

[279]) HLAWITSCHKA, Lotharingien, S. 196.

[280]) PARISOT, S. 574.

[281]) HLAWITSCHKA, Lotharingien, S. 197 Anm. 46; vgl. ebd.: „Und doppelt wird überhaupt nichts gesagt, da das eine Mal (911) der Abfall von Ludwig d.K. hervorgehoben ist, das andere Mal (912) hingegen die Besitzergreifung Lotharingiens durch Karl mit der Huldigung der lotharingischen Großen".

[282]) So berichtet die St.Galler Fassung (Cod. T) ad an. 911 lediglich: *Hludowicus, filius Aronolf*(sic) *regis*(!), *moritur. Chunradus regnum accepit* (ed. LENDI, S. 188). Die St.Galler Redaktion umfaßt die Jahre 885 – 926: ed. LENDI, S. 182 – 92, die Redaktion M nur die Jahre 885 – 912: ed. LENDI, S. 182 – 90.

[283]) Vgl.LENDI, S. 83ff., bes. S. 91.

[284]) Achille VARISCO: Di un codice che si credeva perduto e che invece fortunatamente si conserva nell'Archivio capitolare della basilica di Monza, in: R. Istituto Lombardo di scienze e lettere. Rendiconti, Ser. II, vol. XXIX (1896) S. 667 – 77, hat gezeigt, daß der

„vermutlich ein Alemanne aus dem ostfränkisch – burgundischen Grenzraum, der kraft seiner Stellung über die rechtsgeschichtlichen Ereignisse
gut Bescheid wußte" [285]. Auf jeden Fall war er ein Mann mit sehr viel wei-
terem Gesichtskreis als das Mönchlein in St.Gallen, das für die Redaktion
T verantwortlich zeichnete [286]. Die merkwürdige Verteilung der Ereignisse
in Lotharingien auf zwei Jahre erklärt sich zwanglos, wenn man annimmt,
daß für den Annalisten das Jahr am 1. September begann, was gleichfalls
für italienische oder burgundische Herkunft spräche. Die *divisio* der Lotharinger von Ludwig fiele dann in den Juli/August, was ohnehin wahrscheinlich ist [287]; im September stirbt Ludwig und d a n a c h werden Konrad
und Karl in Ostfranken und Lotharingien zu Königen gesetzt. Das stimmt
genau zu allem, was wir sonst wissen. Der Annalist berichtet n i c h t von einer Einladung an Karl zu Lebzeiten Ludwigs. Welcher Art das Zerwürfnis
zwischen Ludwig und den lotharingischen Großen war, wissen wir
nicht [288], und es bleibt völlig offen, wie sich die Dinge entwickelt hätten,
wenn Ludwig länger am Leben geblieben wäre! Erst der unerwartete Tod
Ludwigs schuf eine ganz neue Situation.

---

ang. „Codex Veronensis" mit dem „Codex Modoetiensis" identisch ist. Die Fassung M
der „Annales Alamannici" ist also nur in einem Codex italienischer Provenienz überliefert; s. auch LENDI, S. 32 Anm. 2, 132, 134.

[285]) LENDI, S. 139; vgl. ebd. S. 137 – 39. Ich möchte eher an einen Burgunder denken,
wofür auch die Feindschaft gegen Arnulf spräche.

[286]) Dies zeigt die Redaktion T ad an. 912 (ed. LENDI, S. 188), die lediglich vom Besuch
Konrads I. am 26.XII.911 in St.Gallen: B – M² 2071c-d, und dessen Feldzug nach Lotharingien (aber nur von einem) zu berichten weiß; vgl. PARISOT, S. 587 m. Anm. 5.

[287]) Vgl. schon oben Anm. 270 und HLAWITSCHKA, Lotharingien, S. 198. Die ang.
falsche Jahreszahl 912 wurde den „Annales Alamannici" gern als Beweis für ihre wirre
Chronologie angekreidet: oben S. 400 m. Anm. 280; s. auch MOHR, Geschichte, S. 15.
Niemand hat bisher berücksichtigt, daß die Redaktion M der „Annales Alamannici" nicht
in St. Gallen entstanden ist und in ein ganz anderes Umfeld gehört: oben S. 400 m. Anm.
283 – 84.

[288]) Es ist darum auch müßig, Spekulationen anzustellen. Daß es um einen Konflikt der
Großen – nicht nur Reginars, der nirgendwo namentlich genannt wird – mit dem König
über die Machtstellung der Konradiner ging, ist sehr wohl denkbar, läßt sich aber mangels
ergänzender Quellenaussagen nicht zwingend beweisen. ECKEL, S. 94 – 95, traut Reginar
seherische Fähigkeiten zu, wenn er ihn den Tod des 18jährigen Ludwig voraussahnen läßt.
Es bedurfte jedoch n a c h Ludwigs Tod allenfalls einer nüchternen Einschätzung der
Machtverhältnisse, um die Wahl Konrads vorauszusagen. Vgl. noch MOHR, Rolle, S. 385 –
86.

Nun sah Reginar, den man wohl mit Recht als den Drahtzieher des
Frontwechsels betrachtet[289], die einzigartige Chance, mit Hilfe Karls III.
die dominierende Stellung der Konradiner in Lotharingien zu brechen[290],
ja man wird sogar sagen müssen, es war für ihn eine absolute politische
Notwendigkeit, denn gegenüber einem in Lotharingien so stark verwur-
zelten Königtum wie dem Konrads[291] hätte es für ihn keine Möglichkeit
mehr gegeben, die führende Stellung im *regnum Hlotharii* zu erringen. Mit
dem Schlagwort vom „karolingischen Legitimismus", der den lotharingischen Adel beseelt haben soll[292], wird man nicht operieren dürfen[293],doch
von einer „Königsverlassung" im Stil von 887 kann ebensowenig die Rede
sein[294]. Die „Annales Prumienses", die „Annales Alamannici" und die Be-
rechnung des Epochejahrs in der Kanzlei Karls III.[295] bezeugen übereinstimmend, daß Karl erst nach dem Tode Ludwigs die Herrschaft in Lotharingien angetreten hat[296]. Es gilt also HLAWITSCHKAS Feststellung: „Man
braucht an der klaren Aussage und der Reihenfolge in den Ann. Alamannici wirklich nicht zu zweifeln"[297]. Ist damit doch wenigstens der chronologische Ablauf der Ereignisse in Lotharingien, wie ich hoffe, endgültig

[289]) Vgl. schon SCHIEFFER, Kanzlei, S. 133 und bes. HLAWITSCHKA, Lotharingien,
S. 194–95, 198, vgl. noch MOHR, Rolle, S. 386.
[290]) Vgl. HLAWITSCHKA, Lotharingien, S. 199: „Mit der Wahl Konrads d.J. ... wurde
gerade derjenige an die Spitze des verwaisten Ostreichs berufen, dem der Übergang
Lotharingiens zum Westreich den schwersten persönlichen Schaden zugefügt hatte". Ich
würde sagen: die Wahrscheinlichkeit der bevorstehenden Wahl Konrads I. bewirkte den
Abfall Lotharingiens.
[291]) Dies sah schon ECKEL, S. 95: „De plus, cette séparation du reste de l'Allemagne
(lies: Francie orientale) devait necessairement porter un coup fatal à la puissance de la
famille de Franconie en Lorraine, puisque son centre d'action se trouvait précisément sur
la rive droite du Rhin". Das Urteil über Eckel bei de FONT-RÉAULX, S. 29 Anm. 2, scheint
mir zu hart, auch wenn es in dessen Buch an krassen Fehlurteilen nicht mangelt.
[292]) Vgl. PARISOT, S. 578: „Charles le Simple était un Carolingien: voilà, croyons-nous,
le principal, sinon l'unique motif qui détermine les Lorrains à lui offrir la couronne". Vgl.
ebd. S. 579. Für ECKEL, S. 95, ist dies zumindest ein zusätzliches Motiv für ihre Anhänglichkeit an Karl. LEMARIGNIER, Gouvernement, S. 31, spricht noch vom „vieux berceau
de la dynastie" und von den „vieux pays d'obédience carolingienne".
[293]) Dies gestehe ich HLAWITSCHKA, Lotharingien, S. 196, gern zu. SCHLESINGER,
Fritzlar, S. 202 und MOHR, Geschichte, S. 15, betonen dagegen den „legitimistischen"
Aspekt.
[294]) So aber HLAWITSCHKA, Lotharingien, S. 197–98, dem EHLERS, Anfänge, S. 25
Anm. 97, zustimmt; skeptisch ist BUND, S. 497.
[295]) Der Einwand von HLAWITSCHKA, Lotharingien, S. 197 Anm. 46, dieses Datum
(1.XI.) schließe eine schon früher ergangene Einladung an Karl nicht aus, ist wertlos, da
die postulierte Einladung nirgendwo bezeugt ist, in den „Annales Alamannici" jedenfalls
nicht!
[296]) So urteilt auch WERNER, Westfranken, S. 234; s. schon oben S. 160 Anm. 483.
[297]) HLAWITSCHKA, Lotharingien, S. 197 Anm. 46 i.f.

geklärt, so bleibt nun noch, den Herrschaftsantritt von Karls Gegenspieler Konrad zu untersuchen.

Die klare Aussage der wohlinformierten Redaktion M der „Annales Alamannici" läßt keinen Zweifel daran, daß Konrad von den vier Völkern Ostfrankens: den Franken (natürlich ohne die Lotharinger), Sachsen, Alamannen und Baiern zum König gewählt worden war[298]. Karl III. von Westfranken mag sich auf ganz Ostfranken Hoffnungen gemacht haben[299], ernsthaft in Erwägung gezogen haben ihn die Wähler Konrads gewiß nicht. Man mag darin eine „Abkehr des Ostreichs von der karolingischen Dynastie und eine Aufgabe des karolingisch–fränkischen Geblütsrechtsdenkens" erblicken[300], aber das besagt im Grunde wenig. Nicht nur war die Erinnerung an die Zeit, da das Reich zum letzten Mal unter einem Herrscher „geeint" war, wenig ermutigend – und inzwischen auch schon stark verblaßt –, Arnulf selbst hatte ja in weiser Selbstbeschränkung auf eine Ausweitung seiner Herrschaft über die Grenzen des ostfränkischen Reiches hinaus verzichtet. Warum sollten sich die ostfränkischen Großen nun einem westfränkischen König verschreiben, nur weil dieser Karolinger war? Was hatten sie von ihm, den sie nicht kannten, zu erwarten? So scheint mir die Wahl Konrads weder überraschend noch sonderlich „revolutionär", sondern vom Standpunkt der ostfränkischen Großen das Nächstliegende gewesen zu sein[301]. Über die äußeren Formen der Königserhebung erfahren wir so gut wie nichts. Im Gegensatz zu Karl III. in Lotharingien[302] scheint Konrad aber wohl doch eine Krönungs- oder Kro-

---

[298]) Oben S. 399–400 m. Anm. 277. Vgl. noch Liudprand, Antapodosis, l.II c.17: *rex cunctis a populis ordinatur* (ed. BECKER, S. 45 Z.28–29); s. REINDEL, Arnulf, S. 254ff.

[299]) Vgl. oben S. 399 m. Anm. 275. Ich betone, daß hier nur eine subjektive Erwartungshaltung Karls zur Diskussion steht. Wie man in Ostfranken darüber dachte, ist eine ganz andere Frage.

[300]) So HLAWITSCHKA, Lotharingien, S. 199. Ganz schlimm KIENAST I, S. 49: Karl III. besaß zwar einen Erbanspruch, doch „die deutschen Stämme, zum Gefühl eigenen Lebens erwacht, von den anarchischen Zuständen des Westens abgestoßen(sic), haben diesen Erbanspruch verneint". So ähnlich hätte man wohl auch vor 100 Jahren formulieren können!

[301]) Vgl. HLAWITSCHKA, Lotharingien, S. 199–201; s. jetzt auch GOETZ, Konrad I., S. 58; s. schon TELLENBACH, Unteilbarkeit, S. 124. SCHLESINGER, Fritzlar, S. 202, sieht hierin natürlich einen „Schritt von großer historischer Tragweite" und einen „Meilenstein auf dem Wege zu einem deutschen Reich", das für ihn ja schon knapp ein Jahrzehnt später beginnt. Von alledem kann natürlich gar keine Rede sein. Vgl. unten Kap. 7 § 1, S. 411ff.

[302]) Von einer lotharingischen Krönung Karls wird nichts berichtet. Wahrscheinlich fand lediglich ein Huldigungsakt statt wie schon 900 in Diedenhofen: oben S. 392 m. Anm. 226; s. auch MOHR, Geschichte, S. 16.

nenzeremonie[303] vollzogen zu haben, während mir die allein von Widukind berichtete Salbung[304] zweifelhaft ist[305]. Daß eine ang. Verwandtschaft Konrads mit den Karolingern eine Rolle gespielt hätte, ist nicht erweisbar[306].

Konrad I. hat in der Forschung keine gute Presse. Das liegt wohl vor allem daran, daß er keine Dynastie begründet hat, was ihn mit Odo von Westfranken verbindet[307]. Seine kurze Regierungszeit war ein einziger Kampf um die Behauptung seines Königtums: „So blieb Konrad I. ein König ohne Dynastie und die vornehmsten Adligen, die sich ihm ja sozial ebenbürtig fühlen mußten, haben mit ihrem Widerstand verhindert, daß er je wirklich herrschen konnte", bemerkt TELLENBACH treffend und fährt fort: „Man kann sich geradezu fragen, ob er nicht mächtiger gewesen war, als er mit seinen Verwandten und Erzbischof Hatto von Mainz für das karolingische Kind die Regierung führte"[308]. Vor allem fehlten ihm seine lotharingischen Besitzungen, die mit dem Ausscheiden Lotharingiens aus dem ostfränkischen Staatsverband natürlich verloren waren. Gerade diese Tatsache ließ jeden Gedanken an einen Ausgleich mit Karl III. aussichtslos erscheinen, so wie umgekehrt die relativ schnelle Anerkennung Heinrichs I. dessen Desinteresse an Lotharingien zur unausgesprochenen Voraussetzung hatte[309]. Die drei Feldzüge, die Konrad I. in den Jahren 912/13 *in*

---

[303] Ob es sich um einen weltlichen Krönungsakt oder nur um öffentliches Tragen der Krone gehandelt hat, möchte ich offen lassen, auch wenn ein förmlicher Krönungsakt zweifellos die höhere Wahrscheinlichkeit für sich hat.

[304] Widukind, l.I c.16: *Cuonradus, quondam dux Francorum ungitur in regem* (ed. HIRSCH, S. 27, Z.2-3). Als Tatsache gewertet von ERDMANN, König, S. 3; LINTZEL, Königssalbung, S. 597 („mit voller Bestimmtheit"); BRÜHL, Kronenbrauch, S. 429 m. Anm. 82; KARPF, Königserhebung, S. 13 – 14 und ENGELS, S. 487. Vgl. die folg. Anm.

[305] Das Zeugnis Widukinds reicht keinesfalls aus; s. dagegen SCHLESINGER, Anfänge, S. 154 – 55. Wenn ich die Nachricht von einer Salbung nicht einfach ablehne, so nur deshalb, weil die Synode von Hohenaltheim in c.21 und c.23 den König – Konrad wird nicht namentlich genannt – als einen *christum Domini* bezeichnet: Conc. VI/1, S. 28 Z.17, 30 Z.4, doch kann dies auch einfach dem AT oder einer kanonistischen Vorlage entnommen sein und ist daher kein zwingender Beleg für eine tatsächliche Salbung Konrads; anders aber SCHLESINGER, Fritzlar, S. 213 m. Anm. 70; s. noch FUHRMANN, Synode, S. 448, 452. Ähnlich schon LINTZEL, Königssalbung, S. 57 Anm. 60, der allein auf den *christus Domini* abstellt; s. noch KARPF, Königserhebung, S. 13 – 14. Vgl. aber oben Anm. 304.

[306] So zutreffend HLAWITSCHKA, Lotharingien, S. 197 Anm. 47; s. schon DÜMMLER III², S. 574 m. Anm. 1 und zuletzt GOETZ, Konrad I., S. 58 m. Anm. 10.

[307] Die Parallele zu Odo betonte schon TELLENBACH, Grundlagen, S. 244.

[308] TELLENBACH, Grundlagen, S. 244; s. auch HLAWITSCHKA, Lotharingien, S. 201 und schon PARISOT, S. 577.

[309] Vgl. allerdings unten Kap.7 § 2, S. 432 m. Anm. 153.

*Hlodarios* unternahm[310], verliefen trotz des zeitweiligen Vorstoßes bis nach Aachen letztlich ergebnislos. Konrad urkundete 912 und 913 in Straßburg[311], das zwischenzeitlich von einem lotharingischen Heer verwüstet worden war, doch mußte er zum Jahresende 913 auch das Elsaß aufgeben[312], während sein Einfluß in Friesland einige Jahre länger anhielt[313]; allerdings setzte Karl sich letztendlich auch hier durch.

Die Behauptung in Lotharingien war für Karl lebenswichtig, so wie der Verlust seiner lotharingischen Machtposition Konrad im Augenblick des Beginns seiner Königsherrschaft entscheidend geschwächt hat. Nicht unerwähnt darf dabei bleiben, daß der Burgunder – es ist noch immer jener Rudolf I., der schon 888 sein Interesse an Lotharingien bekundet hatte[314] – auch jetzt wieder den Machtwechsel in Lotharingien auszunutzen versuchte. Anders ist die Nachricht der Redaktion M der „Annales Alamannici": *Ruodulfus rex Burgundię ademit civitatem Basileam et inde ad propria*, wohl nicht zu verstehen[315], doch glaube ich nicht, daß Rudolf damit wie 888 den Versuch verbinden wollte, ganz Lotharingien in seine Hand zu bekommen. Unter dem Eindruck dieses Handstreichs, von dem wir nicht einmal wissen, ob er erfolgreich verlief, ist Karl offenbar in das Elsaß gezogen, wo er im Februar 912 nachweisbar ist[316]. Die von ZATSCHEK ge-

---

310) Vgl. B – M² 2075a, 2077a-b, 2087a; vgl. DÜMMLER III², S. 582, 586 – 87 und PARISOT, S. 587 – 89; s. noch ECKEL, S. 100 – 01 m.Anm. 1; MOHR, Geschichte, S. 16 – 17; WERNER, Westfranken, S. 234.

311) DD Ko.I. 5 (912 März 14), 17 (913 März 12). Wegen der fast auf den Tag genauen Übereinstimmung der Monatsdaten wollte PARISOT, S. 587 – 88, 592, nur einen Aufenthalt Konrads in Straßburg annehmen, doch sprechen alle Jahresangaben (Inkarnationsjahr, Indiktion und Regierungsjahr) jeweils einheitlich für 912 und 913. Vgl. noch BÜTTNER, Westpolitik, S. 10 – 11; s. jetzt auch GOETZ, Konrad I., S. 75 – 76 Abb. 1 – 2, 84 Abb. 8, 85.

312) Die Argumentation von PARISOT, S. 592 – 96, scheint mir zwingend; s. auch BÜTTNER, Westpolitik, S. 11. Der Versuch der Hohenaltheimer Synode, c.29: Conc. VI/1, S. 34, den von Karl eingesetzten Bischof Richwin zur Verantwortung zu ziehen, hatte keinen Erfolg; s. BÜTTNER, Westpolitik, S. 11; vgl. noch FUHRMANN, Synode, S. 453. Unsicher GOETZ, Konrad I., S. 114 m. Anm. 188 – 89.

313) PARISOT, S. 589 – 90, 609, sieht den Einschnitt in den Jahren 915/16 und bringt den Wechsel in Zusammenhang mit dem Konflikt zwischen Konrad und Heinrich von Sachsen, während BÜTTNER, Westpolitik, S. 11 – 12, den Umschwung auf 917 datiert.

314) Vgl. oben S. 372 m. Anm. 118. Rudolf I. starb am 25.X.912; vgl. POUPARDIN, Bourgogne, S. 28 m. Anm. 1.

315) Ann. Alamann. ad an. 912 (ed. LENDI, S. 188); vgl. POUPARDIN, Bourgogne, S. 27; s. schon DÜMMLER III², S. 581 m. Anm. 5 und PARISOT, S.580.

316) Actes de Charles III le Simple, Nr. 125 (913 Febr. 3): Kestenholz bei Schlettstadt; Nr. 71 (912 Febr. 12): Ruffach; zu der ang. Fälschung Nr. 125 vgl. de FONT-RÉAULX, S. 44 und oben S. 161 Anm. 485. Vgl. PARISOT, S. 588; ECKEL, S. 100.

äußerte Vermutung, mit seinem Zug nach Straßburg habe ihm Konrad den Rückweg verlegen wollen[317], scheint mir durchaus plausibel. Die Entscheidungsschlacht haben jedoch beide nicht gewagt. Man schloß einen vorübergehenden Waffenstillstand und im April ist Karl schon wieder in Nimwegen bezeugt[318]. In den Jahren 912–918 hat er häufig in Lotharingien geweilt und hier geurkundet, wobei die alten karolingischen Pfalzen Aachen, Diedenhofen, Gondreville, Herstal und Nimwegen im Mittelpunkt stehen[319].

Die langen Aufenthalte in Lotharingien in Verbindung mit der Betonung der karolingischen Herrschaftstradition unterschieden den Herrschaftsstil Karls III. grundsätzlich von dem Ludwigs d.K.[320], trugen aber auch nicht wenig zu dessen späterem Scheitern bei. Reginar war natürlich zunächst der große Nutznießer des politischen Umschwungs, an dem er führend beteiligt gewesen war, doch gerade angesichts der zentralen Bedeutung Lotharingiens für seine Herrschaft konnte Karl eine allzu dominierende Stellung Reginars nicht zulassen[321]. So hat Karl Reginar zwar noch kurz vor dessen Tod die Marchio-Würde zugestanden[322], doch der Bruch war auf die Dauer unvermeidlich und wurde durch Reginars Tod zu Ausgang des Jahres 915 nur beschleunigt, nicht ausgelöst[323]. Reginars Sohn Giselbert stand dem Vater an Ehrgeiz und Machtstreben nicht nach, und so nimmt es nicht wunder, daß schon gelegentlich des Placitum in

---

[317]) ZATSCHEK,Reich, S. 264. Auch ECKEL, S. 100, vermutet offenbar einen Zusammenhang, sieht aber nicht das auslösende Ereignis von Basel.

[318]) Actes de Charles III le Simple, Nr. 72 (912 Apr. 12).Die nächste Urkunde Karls datiert erst von 913 Juni 11 aus St.Arnulf bei Metz: Actes cit., Nr. 73; vgl. PARISOT, S. 588–89.

[319]) Actes de Charles III le Simple, Nr. 125, 71–72 (912 Febr. 3 – Apr. 12), 73–74 (913 Juni 11 – Aug. 13), 81–85 (915 Aug. 25–916 Apr. 9), 90–91 (917 Juli 26). Aachen: Nr. 90–91; Diedenhofen: Nr. 74, 83; Gondreville: Nr. 82; Herstal: Nr.84–85; Nimwegen: Nr. 72. Daneben ist Karl nur noch zweimal in St.Arnulf, d.h. in Metz bezeugt: Nr. 73, 81; vgl. BRÜHL, Palatium II, S. 46 m. Anm. 45. Vgl. noch oben Anm. 316.

[320]) Vgl. oben S. 393 m. Anm. 237. Ludwig hat im eigentlich lotharingischen Raum nur in Aachen und Metz geurkundet und hielt sich stets nur kurze Zeit im Lande auf.

[321]) Vgl. HLAWITSCHKA, Lotharingien, S. 202. PARISOT, S. 602–03, interessiert sich nur für die Frage, ob Reginar *dux* war und hat diesen wichtigen Aspekt nicht bemerkt: s. schon BÜTTNER,Westpolitik, S. 12,

[322]) Actes de Charles III le Simple, Nr. 81 (915 Aug. 25): *...Raginerus marchio strenuus...* (S. 181 Z.7–8); in Nr. 65 (ann. 911/15) wird er *comes Reynerus et demarcus* betitelt wie übrigens auch Robert von Neustrien (S. 147 Z.23). In Nr. 81 wird Reginar letztmals als lebend erwähnt, nur hier erhält er den Titel *marchio*; vgl. PARISOT, S. 602. Eine Würdigung Reginars: ebd. S. 610–11. Vgl. noch KIENAST, Herzogstitel, S. 377 m. Anm. 109.

[323]) Im Jahre 915 starben Reginar und bereits zuvor Erzbischof Radbod von Trier, der langjährige Erzkanzler Zwentibolds, Ludwigs d.K. und schließlich auch Karls; vgl. PARISOT, S. 60 und bes. SCHIEFFER, Kanzlei, S. 29, 43–46, 117–18, 139, 141.

Herstal im Januar 916 eine Distanzierung Karls von Giselbert und zugleich eine Annäherung an die alten Rivalen Reginars, die Matfridinger, zu verzeichnen ist[324], doch kam es noch nicht zum offenen Bruch. Der weitere Verlauf der Auseinandersetzung zwischen Karl und Giselbert fällt in die Regierungszeit Heinrichs I. und wird daher im folgenden Kapitel darzustellen sein[325].

Es ist hier nicht der Ort, die fast ununterbrochenen Kämpfe Konrads I. mit den sogen. „Stammesherzögen" zu schildern, in denen sich sein Leben verzehrt hat[326]. Diese *duces regni* fühlten sich Konrad durchaus ebenbürtig[327] und waren nicht willens, sich einem Mann zu beugen, der ihnen – aus ihrer Sicht – sein Königtum verdankte. Einen „Primus inter pares" wären sie bereit gewesen zu akzeptieren, einen König, der im Stil eines Karolingers herrschen wollte, nicht. Zu diesen inneren Schwierigkeiten gesellte sich noch eine Bedrohung von außen: die Ungarn, die für Ostfranken eine ungleich größere Gefahr bedeuteten, als dies die Normannen je gewesen waren, die ihre Raubzüge ja ganz überwiegend auf das Westreich konzentriert hatten. So wenig wie Karl, dessen Reich ja gleichfalls mehrfach heimgesucht wurde, konnte Konrad eine Entscheidungsschlacht gegen die Ungarn wagen[328] – Heinrich I. benötigte dafür eine mehrjährige Vorbereitungszeit, die Konrad nicht zur Verfügung stand – und mußte die Verteidigung den *duces* überlassen, die mehrheitlich versagten[329]. Der einzige,

---

324) Actes de Charles III le Simple, Nr. 84 (916 Jan. 19): ... *habito generali placito apud Haristallium, in conventu totius regni* (scil. Hlotharii)... wird unter den Anwesenden nach dem *comes palatii Widricus* und dem *comes Richvinus Gislebertus, Matfridus, Beringarius comes*(sic) genannt (S. 189 Z.10–11, Z.14–15); vgl. PARISOT, S. 614, 616–17.

325) Unten Kap. 7 § 2, S. 429–31.

326) Noch immer grundlegend DÜMMLER III², S. 547ff. Eine modernen Erfordernissen entsprechende Darstellung der Regierungszeit Konrads I. bleibt ein Desiderat der Forschung; vgl. aber BRUNNER, Gruppen, S. 168–71 und zuletzt GOETZ, Konrad I., S. 56ff., 109ff.

327) Mit Recht bemerkt TELLENBACH, Grundlagen, S. 244 Anm. 21: „Konrad I. war für Leute wie Erchanger, Berthold, Burchard, Arnulf nicht dasselbe, was einer der Nachkommen Karls des Großen gewesen wäre". Hier hätte auch Heinrich genannt werden müssen.

328) Er würde überdies auch nirgendwo Unterstützung außer bei seinen Franken gefunden, eine Niederlage aber mit Sicherheit das Ende seines Königtums bedeutet haben. Zur zentralen Rolle Frankens im Itinerar Konrads I. s. bes. GOETZ, Konrad I., S. 84 Abb. 8, 86–88, der ebd. S. 111–15 zwei Phasen in Konrads Regierung unterscheidet (911–913, 914–918) und dazu die Itinerarkarten: ebd. S. 75–81.

329) B–M² 2077b, 2088a, 2101c; vgl. LÜTTICH, S. 60ff.; ZATSCHEK, Reich, S. 266; BÜTTNER, Ungarn, S. 443 u.a.

der den Ungarn 913 am Inn eine schwere Niederlage beibringen konnte, war Arnulf von Baiern[330], doch schon im folgenden Jahr empörte er sich gegen Konrad I., wobei wohl dessen Konflikt mit Erchanger, dem Onkel Arnulfs, bestimmend gewesen sein dürfte[331]. Fortan bestimmte die Feindschaft zwischen Konrad und Arnulf, der vorübergehend zu den Ungarn hatte fliehen müssen, die ostfränkische Politik. 917 konnte Arnulf Baiern zurückgewinnen, und es gelang Konrad nicht mehr, ihn daraus zu vertreiben[332].

Neben dem fränkisch–bairischen Gegensatz verblaßten sogar die harten Kämpfe Konrads in Schwaben, die im Januar 917 mit der Hinrichtung der Brüder Erchanger und Berthold sowie deren Neffen Liutfrid ihren Höhepunkt erreichten[333]. An eher übergroßer Härte hat es Konrad also gewiß nicht fehlen lassen[334], aber gerade damit trieb er seine ehemaligen Standesgenossen erst recht in die Opposition. Auch mit Herzog Heinrich von Sachsen kam es 915/16 zu einer bewaffneten Auseinandersetzung, deren Ausgang zumindest offen blieb[335]. Als direkte Folge dieses Konflikts konnten die sächsischen Bischöfe – zweifellos auf Geheiß Heinrichs – an dem größten kirchenpolitischen Ereignis der frühen Jahrzehnte des 10. Jahrhunderts nicht teilnehmen[336], nämlich an der *sancta generalis synodus*, die am 20. September 916 unter Vorsitz des päpstlichen Legaten Petrus von Orte und wahrscheinlich in Anwesenheit Konrads I. in Hohenalt-

---

[330]) REINDEL, Luitpoldinger, Nr. 54, S. 103 – 06; DERS., Arnulf, S. 248 – 49; s. schon LÜTTICH, S. 61 – 62, 105.

[331]) REINDEL, Luitpoldinger, Nr. 55, S. 107 – 11; DERS., Arnulf, S. 257 – 58.

[332]) REINDEL, Luitpoldinger, Nr. 56, S. 111 – 14; Nr. 58, S. 116; Nr. 60, S. 118 – 19. Vgl. DERS., Arnulf, S. 259, 260; s. noch BÜTTNER, Ungarn, S. 442, 443. Bei dem erfolglosen Feldzug des Jahres 918 hätte Konrad nach Widukind, l.I c.25 (ed. HIRSCH, S. 37, Z.12 – 14) jene Wunde empfangen, an der er bald darauf gestorben wäre. Das: *ut quidam tradunt*, Widukinds sollte indes zur Vorsicht mahnen.

[333]) B – M² 2101b; vgl. DÜMMLER III², S. 611; MAURER, S. 36ff., 46 – 47; BRUNNER, Gruppen, S. 170 – 71; FUHRMANN, Synode, S. 465 – 68. Zu Erchanger und Berthold s. Michael BORGOLTE: Die Grafen Alemanniens in merowingischer und karolingischer Zeit. Eine Prosopographie (Sigmaringen 1986) S. 81 – 82, 110 – 11 (Archäologie und Geschichte. Freiburger Forschungen zum ersten Jahrtausend in Südwestdeutschland, Bd. 2). Vgl. noch die folg. Anm.

[334]) Die wurde schon bei der Hinrichtung des Babenbergers Adalbert 906 deutlich; s. DÜMMLER, III², S. 541 – 43; BRUNNER, Gruppen, S. 165. Mit Recht bemerkt BRUNNER, aaO., S. 170 – 71 zu 917: „War es bisher üblich, zum Tode Verurteilte zur Klosterhaft zu begnadigen, wurden jetzt zu lebenslanger Klosterhaft Verurteilte... getötet"; vgl. dazu Synode von Hohenaltheim, c. 21: Conc. VI/1, S. 28 – 29.

[335]) B – M² 2095b, 2096a; vgl. DÜMMLER III², S.596 – 97; s. auch PARISOT, S. 608 – 09.

[336]) Synode von Hohenaltheim, c.30: *De episcopis, qui de Saxonia non venerunt*: Conc. VI/1, S. 35.

heim(im Ries) zusammentrat[337]. Diese Synode, deren Beschlüsse hier nicht im einzelnen zu erörtern sind[338], wird in der Forschung meist als eine kraftvolle Demonstration des „deutschen" Episkopats für das Königtum Konrads I. gewertet[339], doch konnte Horst FUHRMANN zeigen, daß die Rolle des Papsttums, genauer: Papst Johanns X., sehr viel höher veranschlagt werden muß, als dies bisher geschehen ist[340]. Auch war der ostfränkische Episkopat keinesweges vollzählig vertreten: das Fehlen der lotharingischen Bischöfe, versteht sich von selbst[341]; die Abwesenheit der sächsischen Bischöfe wurde bereits erwähnt; daß die bairischen wahrscheinlich anwesend waren, lag an der politischen Konstellation des Jahres 916: im folgenden Jahr hätten sie mit Sicherheit gefehlt[342], so daß auch die Hohenaltheimer Synode letztlich ein getreues Spiegelbild der politischen Lage Ostfrankens bietet. Als Konrad I. am 23. Dezember 918 nach einem kampferfüllten Leben in noch jungen Jahren starb[343], sah die Zukunft des ostfränkischen Reiches düster aus, und die bisher bewahrte Einheit stand auf des Messers Schneide. Hiervon wird im folgenden Kapitel zu sprechen sein.

---

[337] Conc. VI/1, S. 18–40 mit der Einleitung von Horst FUHRMANN: ebd. S. 1–18, bes. S. 1–6. Zur Anwesenheit Konrads I. und zu Petrus von Orte vgl. FUHRMANN, Synode, S. 443, 456 m. Anm. 27, 462 m. Anm. 43; s. auch GOETZ, Konrad I., S. 79 Abb. 5, während: ebd. S. 84 Abb. 8, 85, Hohenaltheim nicht aufgeführt ist. Ich halte die Anwesenheit Konrads in Hohenaltheim schon wegen des päpstlichen Legaten für in hohem Maße wahrscheinlich; anders HELLMANN (unten Anm. 339) S. 302 m. Anm. 34.

[338] Vgl. FUHRMANN, Synode, S. 443ff.

[339] Manfred HELLMANN: Die Synode von Hohenaltheim (916). Bemerkungen über das Verhältnis von Königtum und Kirche im ostfränkischen Reich zu Beginn des 10. Jahrhunderts (1953), in: Die Entstehung des Deutschen Reiches. Deutschland um 900, hgg. von Hellmut KÄMPF (Darmstadt 1971³) S. 289–312 (Wege der Forschung, t.1) und dazu FUHRMANN, Synode, S. 441–42 m. Anm. 6–7.

[340] Vgl. FUHRMANN, Synode, S. 442–43, 452–54, 457–59, 461–64. Vgl. schon oben S. 390 m. Anm. 217–19.

[341] Unglücklich formuliert FUHRMANN, Einleitung (oben Anm. 337) S. 1: „Wenn man die sich nur locker zum Reichsverband zählenden lothringischen Bischöfe abzieht...". Lotharingien gehörte von 911–923 nicht zu Ostfranken, seine Bischöfe hatten folglich in Hohenaltheim nichts zu suchen; s. auch oben Anm. 312.

[342] Vgl. oben S. 408 m. Anm. 332. Auch so kommt FUHRMANN, Einleitung, S. 1, zu dem Ergebnis, daß „fast die Hälfte des ostfränkischen Episkopats gefehlt haben (könnte)".

[343] B–M² 2108b. Nach PARISOT, S. 622, wäre er vielleicht noch nicht einmal 40 Jahre alt gewesen. DÜMMLER III², S. 616–17, macht keine Altersangabe. Eine vornehme Würdigung bei PARISOT ebd., während DÜMMLER III², S. 618, befindet: „Seine ehrenvollste That ist vielmehr der Verzicht, mit welchem er seine irdische Laufbahn schloß"; dazu s. unten Kap.7 § 1, S. 421–22. Vgl. jetzt auch GOETZ, Konrad I., S. 115–18.

Versuchen wir, ein Fazit aus den Darlegungen dieses Kapitels zu ziehen, so drängt sich zunächst einmal die Feststellung auf, daß der Dekompositionsprozeß des fränkischen Großreiches fraglos große Fortschritte gemacht hat. Nach den Erfahrungen der Jahre 884–887 dachte niemand mehr an die Gesamtherrschaft eines Einzelnen, und Arnulf handelte klug, daß er sich mit einer weitgehend nominellen lehnrechtlichen Oberhoheit begnügte, die ihm in Italien und Burgund jedoch bestritten wurde. Das karolingische Legitimitätsdenken, 879 erstmals auf die Probe gestellt, erlitt 888 einen Schock, als plötzlich fünf fränkische Hochadlige nach der Krone griffen. Während es Karl III. von Westfranken schließlich gelang, die Normannen, die Jahrzehnte hindurch vornehmlich das Westfranken- und das Mittelreich heimgesucht hatten, in den westfränkischen Staatsverband auf Dauer zu integrieren, ließ sich dies für die seit ca. 900 im Westen auftauchenden Ungarn nicht einmal in Erwägung ziehen. Über all diesen Fermenten der Dekomposition sollte indes nicht vergessen werden, daß der fränkische Reichsgedanke noch durchaus lebendig war. Alle *reguli* des Jahres 888 fühlten sich als *reges* i n n e r h a l b des einen großen *regnum Francorum*, dessen Fortbestand ihnen selbstverständlich war. Das zähe Weiterleben des 869 nur scheinbar verschwundenen Mittelreichs und die Rolle Burgunds sind weitere Zeugnisse für das ungebrochene Fortwirken der fränkischen Staatsidee. Nirgendwo ist auch nur ansatzweise ein „deutscher" oder „französischer" Staatsgedanke erkennbar. Karl III. und Konrad I. denken und handeln ganz und gar in den Kategorien fränkischer Politik, und es schiene mir ein grotesker Anachronismus, hier von „Deutschland" und „Frankreich", von „deutscher" oder „französischer" Politik zu sprechen. Die Richtigkeit dieser Sicht wird heute nicht mehr ernsthaft bestritten. Daß Arnulf kein „Deutscher", Karl III. von Westfranken kein „Franzose" war, braucht – von verschwindend wenigen Unbelehrbaren aus der älteren Generation abgesehen – nicht mehr umständlich bewiesen zu werden. Diese Erkenntnis hat sich mittlerweile allgemein durchgesetzt. Es sind die folgenden Jahrzehnte, das Zeitalter der Ottonen also, an dem sich die Geister scheiden. Dieser Epoche wende ich mich in den beiden folgenden Kapiteln zu.

# 7. KAPITEL

## HEINRICH I. VON OSTFRANKEN (919–936) UND DIE AUSSCHALTUNG DER KAROLINGER IM WESTEN. DIE REGIERUNG RUDOLFS VON WESTFRANKEN (923–936).

§ 1: Die Königswahl Heinrichs durch Franken und Sachsen, das ang. Gegenkönigtum Arnulfs von Baiern und die Durchsetzung des Königtums Heinrichs in Schwaben und Baiern.

Bevor ich mich der politischen Geschichte der Jahre 919– 936 zuwende, scheinen mir einige Überlegungen zur Überlieferung, insbesondere zur literarischen, erforderlich. Was SCHLESINGER zur Königswahl Heinrichs I. gesagt hat, gilt im Grunde für den ganzen hier zu behandelnden Zeitraum: „Die Quellenlage ist trostlos"[1]. Es kann nicht genug betont werden, daß für die Jahre 919–936 in Ostfranken nicht eine einzige zeitgenössische Darstellung vorliegt. Alle vertrauten Namen: Widukind, der „Continuator Reginonis" (Adalbert von Magdeburg?), Liudprand von Cremona, Hrotsvith, der Verfasser der „Vita Mathildis antiquior" usw., sie alle haben ihre Werke erst in den 60er und 70er Jahren des Jahrhunderts abgeschlossen[2], d.h., politisch gesprochen, nach dem großen Ungarnsieg Ottos I., der wohl die entscheidene Zäsur in seiner Regierungszeit gewesen ist[3]. Für sie alle ist Otto der auf dem Werk des Vaters fußende und aufbauende Vollender der sächsischen Hegemonialstellung, was natürlich zutrifft, doch wird dabei die harte Zeit der Anfänge, als die Herrschaft Heinrichs und Ottos mehrfach auf des Messers Schneide stand, verharmlost oder gar bewußt idealisiert: was uns von der Regierungszeit Heinrichs I. berichtet wird, ist die offizielle oder offiziöse Auffassung des sächsischen Hofes

---

[1] SCHLESINGER, Fritzlar, S. 203. Zur ottonischen Hagiographie vgl. jetzt bes. CORBET, S. 73ff., 111ff., 120ff., 155ff.

[2] Allgemein s. WATTENBACH – HOLTZMANN I³, S. 26ff., 34ff., 39 – 40, 166ff., 318ff. Zu Widukinds Glaubwürdigkeit für die Frühzeit grundlegend LINTZEL, Miszellen, S. 226 – 29; s. auch EGGERT, Krisenjahr, S. 55; SCHLESINGER, Beginn, S. 534 – 35.

[3] Vgl. unten Kap. 8 § 1, S. 499ff.

der Jahre „nach 955/62", m.a.W., wir erfahren nur, was wir wissen s o l l e n und nicht, was wir wissen m ö c h t e n. Vor dieses Dilemma ist der Historiker der frühen Jahrhunderte häufig gestellt, das 10. Jahrhundert bildet da keine Ausnahme, eher ein klassisches Beispiel dafür, wie schwierig sich Geschichtsschreibung in quellenarmer Zeit gestaltet. Einseitige und offiziöse Geschichtsdarstellung tritt uns, um nur ein Beispiel zu nennen, auch in den westfränkischen Reichsannalen Hinkmars von Reims entgegen, auf den die modernen Historiker etwa in der Darstellung des Ehestreits Lothars II. reihenweise hereingefallen sind[4]. Im 9. Jahrhundert ist die Überlieferung jedoch vielfältiger und somit leichter überprüfbar, überdies meist zeitgenössisch; all dies trifft für die 1. Hälfte des 10. Jahrhunderts nicht zu.

Aber nicht nur das: alle oben genannten Autoren sind entweder selbst Sachsen oder stehen in engstem Kontakt mit dem sächsischen Hof. An ihrer prosächsischen Gesinnung, die bei einem Widukind schon manchmal peinliche Züge annimmt, kann nicht der leiseste Zweifel bestehen. Darüber hinaus ist auch ihre Loyalität gegenüber dem regierenden Haus offensichtlich: die innersächsische Opposition, die in den frühen Jahren Ottos d.Gr. eine so wichtige Rolle spielte[5], kommt selbstverständlich nicht zu Wort. Was die Adelskreise außerhalb Sachsens dachten, ist völlig unbekannt. Es gibt keine zeitgenössische Darstellung etwa des Hauses der Reginare in Lotharingien, der Luitpoldinger in Baiern, der Burchardinger in Schwaben usw. Es ist symptomatisch, daß das „Fragmentum de Arnolfo duce" ein noch nicht einmal eine Oktavseite füllendes Fragment ist[6], und die dürftigen Nachrichten etwa der Prümer, Salzburger, St. Galler Annalen, so wichtig und interessant sie auch sind, ersetzen weder den „Continuator Regionis" noch Liudprand, ja nicht einmal Widukind. Für Westfranken besitzen wir glücklicherweise das wertvolle, mit dem Jahr 919 einsetzende Annalenwerk des Reimser Kanonikus Flodoard, der als Archivar der Reimser Kirche Zugang zu wichtigen Dokumenten hatte. Er wurde um 893/94 geboren und schrieb als ein in viele politische Kämpfe seiner Zeit verwickelter Zeitgenosse. Dabei befleißigt er sich eines nüchtern-sachli-

[4]) Vgl. Carlrichard BRÜHL: Hinkmariana. II: Hinkmar im Widerstreit von kanonischem Recht und Politik in Ehefragen (oben S. 358 m. Anm. 38) S. 299–322. Vgl. zuletzt Marlene MEYER-GEBEL: Zur annalistischen Arbeitsweise Hinkmars von Reims, in: Francia 15 (1987) S. 75–108.

[5]) Vgl. LEYSER, Konflikt, S. 31ff., 57ff. und unten Kap. 8 § 1, S. 472–73 m. Anm. 82–83.

[6]) (ed. JAFFÉ, S. 570) und danach REINDEL, Luitpoldinger, S. 112; vgl. WATTENBACH– HOLTZMANN I³, S. 264.

chen Stils, der es manchmal schwer macht, sein eigenes Engagement zu erkennen[7]. Für den hier interessierenden Zeitraum 919–936 ist Flodoard
die mit Abstand wichtigste Quelle.

Man nennt das 10. Jahrhundert gern das „Saeculum ferreum“; wirklich
„eisern“ war aber nur die erste Hälfte des Jahrhunderts, und es ist gewiß
kein Zufall, daß der historiographische Ertrag dieser Jahrzehnte so dürftig
ist: wer um die Existenz kämpft, schreibt nicht Geschichte, deren Zukunft
in ungewissem Dunkel liegt. Das tut erst die Generation derer, die die
Früchte ernten von den Ängsten und Entbehrungen ihrer Väter und denen
die Zukunft hell erscheint. Wie schlecht es um die Überlieferung der Zeit
Heinrichs I. bestellt ist, zeigt auch ein Blick auf die Urkunden. Von Konrad I. sind uns aus sieben Regierungsjahren 36 Diplome überliefert, darunter 20 Originale[8], von Heinrich I. aus 17 Regierungsjahren nur 41 Diplome, davon 22 Originale[9], was ein Jahresmittel von ca. 2,4 gegenüber 5,3
unter Konrad I. ergibt. Allein für die Jahre 919–922 sind von Karl III. von
Westfranken 21 Urkunden bekannt, darunter aber nur drei Originale[10],
was einem Durchschnitt von 5,25 entspricht. Selbst von Rudolf besitzen
wir für die Jahre 924–935 immerhin 29 Urkunden, aber nur drei Originale[11]; hier liegt das Jahresmittel bei 2,2. Wie man sieht, kann von einer
Überlegenheit Ostfrankens in der Urkundenüberlieferung, die nach 936 ganz
unbezweifelbar ist, in den Jahren 919–936 noch keineswegs die Rede sein[12].

In diesem Zusammenhang scheint mir noch ein Wort zur Forschung der
letzten 50 Jahre erforderlich. Es versteht sich, daß ein Herrscher, der

---

[7]) Vgl. JACOBSEN, Flodoard. S. 13ff. und oben S. 298–99.

[8]) DD Ko.I.1 (911 Nov. 10; Or.) – 36 (918 Sept. 9; Or.). D Ko.I. † 38 (o.D.): B–M²
2108 ist ein Spurium, D Ko.I. † 37 (918 Sept. 12): B–M² 2107 ebenfalls, worauf GOETZ,
Konrad I., S. 60, 121–25, in einer diplomatischen Spezialuntersuchung zu meiner Überraschung nicht hinweist.

[9]) DD H.I. 1 (920 Apr. 3; Or.) – 41 (935 Okt. 20; Or.). Spuria und Deperdita sind wie bei
Konrad I. nicht berücksichtigt; später aufgefunden wurde D H.I. 20A (929 Dez. 1); vgl.
Martin MEYER: Ein übersehenes Diplom Heinrichs I., in: NA. 23 (1898) S. 115–21, während
D H.I. 17 ein Spurium ist; s. auch ERDMANN, König, S. 20 Anm. 4; vgl. noch unten Anm. 214.

[10]) Actes de Charles III le Simple, Nr. 99 (919 März 30) – Nr. 121 (922 Juni 15), doch
ist Nr. 113 ein Deperditum, Nr. 107 keine Uk. Karls III.; vgl. de FONT-RÉAULX, S. 43.
Die letzte Uk. Karls III., Nr. 122, datiert von 923 Juli 29, als Rudolf bereits König war.

[11]) Actes des Robert I^er et de Raoul, Nr. 3 (924 Apr. 6) – Nr. 26 (935 Dez. 28; Or.),
doch sind die Nrn. 10, 16, 23–24, 27–30 Deperdita; Nr. 32 ist entgegen dem Votum des
Editors echt; vgl. Carlrichard BRÜHL: Diplomatische Miszellen zur Geschichte des 9. und
10. Jahrhunderts. VI: Die Urkunden Karls des Einfältigen und Rudolfs von Westfranken
für das Nonnenkloster St-Andoche zu Autun, in: Aus Mittelalter und Diplomatik. Gesammelte Aufsätze, t.II (Hildesheim-München-Zürich 1989) S. 838–50, bes. S. 843ff.

[12]) Der Jahresdurchschnitt in Westfranken für die Jahre 919–935 liegt trotz der
schlechten Überlieferung für Robert I. und Rudolf noch immer bei 3 Urkunden jährlich
gegenüber 2,4 für Heinrich I. Vgl. auch ERDMANN, Kanzlei, S. 75 und unten S. 426 m.
Anm. 106–08.

angeblich am Anfang der deutschen Geschichte steht, stets das rege Interesse der deutschen Historiker gefunden hat. Dieses Interesse ist, wie ich ausdrücklich betonen möchte, auch dann gerechtfertigt, wenn man Heinrich I. n i c h t für den ersten deutschen König hält[13], wie dies hier vertreten wird. Nach der alten Erfahrungsregel, daß um so mehr über einen Gegenstand geschrieben wird, je weniger man von ihm weiß, ist die Literatur zu Heinrich I. fast unübersehbar, was der Sache nicht unbedingt dienlich war: weniger wäre oft mehr gewesen. Unglückseligerweise geriet Heinrich auch noch in die Niederungen der Tagespolitik, als in den Jahren des „3. Reiches" ausgerechnet der „Reichsführer ⚡⚡" Heinrich Himmler und der Parteiideologe Alfred Rosenberg ihre Liebe zu dem „urgermanischen" Heinrich entdeckten, was eine Literatur entsprechenden Niveaus hervorrief[14], die eine Antwort der Historikerzunft unvermeidlich machte; die Flut der Arbeiten zu Heinrich I. läßt sich damit zumindest teilweise erklären[15]. Die Reaktion nach 1945 konnte nicht ausbleiben, und die Monographie von Walter MOHR ist in der Tat nicht frei von gewissen Einseitigkeiten, die jedoch ausgerechnet von jenen kritisiert wurden, deren eigene Engstirnigkeit die Mängel der Mohrschen Darstellung bei weitem übertrifft[16]. Die selbst vom marxistischen Standpunkt törichte Darstellung von

---

[13]) Die Historiographie des 18. Jh. urteilte da übrigens wesentlich unbefangener als die deutschtümelnde des 19. Jh.; vgl. etwa Nicolaus Hieronymus GUNDLING: De Heinrico aucupe, Franciae orientalis Saxonumque rege(!) liber singularis, Halle-Magdeburg 1711.

[14]) LÜDTKE, passim und Alfred THOSS: Heinrich I. (919–936). Der Gründer des ersten deutschen Volksreichs, Goslar 1936. Das Buch erschien im „Blut und Boden-Verlag", womit alles gesagt ist. Vgl. schon oben S. 12 m. Anm. 41. Die Beschäftigung mit Heinrich I. war politisch erwünscht, was für Gelehrte wie Martin Lintzel oder Carl Erdmann ein willkommenes Alibi war. Vgl. auch oben S. 12 m. Anm. 42. Robert Holtzmanns Geschichte der sächsischen Kaiserzeit: oben S. 11 m. Anm. 36, hatte das große Verdienst, eine wissenschaftlich fundierte Gesamtdarstellung zu bieten, die gegenüber den politischen Zeitströmungen weitgehend immun war. Das Buch ist heute völlig überholt, weshalb ich auf eine Auseinandersetzung im einzelnen verzichte. Es ist allerdings peinlich, daß es noch 1979 in einer sogen. 6. Auflage erscheinen konnte.

[15]) MOHR, Heinrich I., passim, gefällt sich in breiten Zitaten von Historikern der national-liberalen Schule des 19. Jh., insbes. von Giesebrecht, Löher, Waitz u.a., auch tut er Narren wie Lüdtke und Thoß zu viel Ehre an, was sich jedoch aus dem Erscheinungsjahr seines Bändchens (1950) leicht erklärt. Die Zitate sind oft erhellend für den Geist ihrer Zeit – vgl. etwa MOHR, aaO., S. 80 Anm. 23, zur Übersetzung eines Passus von Widukind, l.I c.25 in der älteren Lit. –, doch hat einigen Leuten, die damals sehr einflußreich waren, einfach „die ganze Richtung" nicht gepaßt; vgl. die folg Anm.

[16]) Dies gilt vor allem für KIENAST I, S. 50 Anm. 103, dessen „politisch so tendenziöse Weise" viel schlimmer ist als die von Mohr; zurückhaltender äußert sich SCHLESINGER, Fritzlar, S. 203 Anm. 20: „in anderer Richtung einseitig". Die Unbeliebtheit Mohrs beruht vor allem auf der Tatsache, daß er ein Anhänger des saarländischen Separatisten „Joho" Hoffmann war; sein zum Fanatismus neigender, intoleranter Charakter trug nicht dazu bei, ihn beliebter zu machen – meine eigene Erinnerung an Mohr ist denkbar negativ –, doch sollte dies nicht auf die wissenschaftliche Würdigung seiner Arbeiten durchschlagen, die stärkere Beachtung verdienen, als ihnen in Deutschland meist entgegengebracht wird.

BARTMUSS hat schon EGGERT widerlegt[17]. Den heutigen Forschungsstand skizzieren mit erfreulicher Nüchternheit Gerd ALTHOFF und Hagen KELLER[18].

Schon bei der ersten hier zu erörternden Frage, der nach den näheren
Umständen des Herrschaftsantritts Heinrichs, sind die beiden negativen
Faktoren zu beklagen, auf die ich oben hingewiesen habe: Quellenarmut
und Literaturschwemme. Ich will versuchen, so knapp wie nur möglich zu
argumentieren. Der einzige einigermaßen ausführliche Bericht findet sich
bei Widukind[19]; er hat jedoch den Nachteil, alle Züge einer schon recht
weit fortgeschrittenen Legendenbildung zu tragen. Fedor SCHNEIDER
sprach denn auch treffend von einer „ottonischen Hoflegende" und stellte
trocken fest: „Der Vorgang bei der Wahl Heinrichs I. bleibt dunkel"[20],
womit er den Nagel auf den Kopf traf, aber natürlich auf den heftigen Widerspruch all derer stieß, die etwas auch dann ganz genau wissen wollen,
wenn es nach der Quellenlage beim besten Willen nicht möglich ist[21]. Damit soll nicht behauptet werden, daß all der Scharfsinn, der auf die Klärung
der mit Heinrichs Regierungsantritt verbundenen Fragen verwandt worden ist, nur historische Makulatur hervorgebracht hätte – ganz gewiß
nicht, aber man hat das Pferd gewissermaßen vom Schwanz her aufge-
zäumt, indem alle Interpretationsversuche Widukinds Bericht, weil so
schön ausführlich und scheinbar auch genau, zum Ausgangspunkt nehmen
und im Anschluß daran Überlegungen anstellen, was glaubhaft sei und was
vielleicht doch verworfen werden müsse, wobei die „Autorität" Widukinds eine zum Teil schon geradezu biblische Glaubensbereitschaft hervorrief[22].

---

[17]) EGGERT, Krisenjahr, S. 49ff. gegen BARTMUSS, S. 129–30, 265 u.ö.

[18]) ALTHOFF – KELLER I, S. 56ff.

[19]) Widukind, l.I cc.25–26 (ed. HIRSCH, S. 37–39). Zu dem Märchen von der ang.
Ablehnung der Königswahl durch Heinrichs Vater Otto im Jahre 911 vgl. oben S. 289 m.
Anm. 301.

[20]) Zitiert nach SCHLESINGER, Fritzlar, S. 203 m. Anm. 18–19, der dies natürlich
ablehnt; ähnlich schon HEIMPEL, Bemerkungen, S. 13–14; vgl. aber LINTZEL, Designation, S. 53–54 m. Anm. 5. Man wird allerdings, was bisher zu wenig beachtet wurde,
verschiedene Tendenzen innerhalb der ottonischen Hoflegende zu unterscheiden haben, von denen Widukind nur einen Strang repräsentiert, den ich den „mathildischen"
nennen würde (frdl. Hinweis von G. ALTHOFF - Giessen).

[21]) Vgl. etwa das oben Anm. 14 zitierte Buch von Robert Holtzmann und dazu
HEIMPEL, Bemerkungen, S. 15: „Gegen Widukinds Szene mag sprechen, daß sie zu schön
ist". LINTZEL, Designation, S. 49, beschreibt Widukinds Erzählung als „durchweg treu-
herzig und behaglich ausmalend", was zutrifft, nicht dagegen sein Zusatz „tendenz- und
phrasenfrei"; s. auch HEIMPEL, aaO., S. 12: „Diese Geschichte, deren biedere Monumen-
talität wie so manche Kapitel Widukinds(!) an eine Sage oder an ein Lied erinnert".

[22]) Ein typisches Beispiel hierfür ist der Kommentar von MITTEIS, S. 257–58, zu
Heinrichs I. Herrschaftsantritt bei den Sachsen nach dem Tode des Vaters: Widukind, l.I
c.21 (ed. HIRSCH, S. 30): „es ist kaum zu kühn, darin eine Art bedingter Königswahl zu
sehen; bedenkt man, daß die Königswahl vielfach ein sich über viele Jahre hinziehender

Ich will zunächst einmal Widukind beiseite lassen und nach den Fakten fragen, die wir unabhängig von seiner Erzählung als gesichert annehmen dürfen. Da ist zunächst einmal die Tatsache von Heinrichs Königswahl[23], der verfassungsgeschichtlich höchste Bedeutung zukommt, denn zum ersten Mal wurde ein Sachse, d.h. ein Nicht-Franke, zum König eines fränkischen Teilreichs gewählt[24]. An die Wahl von Nicht-Karolingern hatte man sich inzwischen gewöhnt, aber alle bisher gewählten Könige waren Franken und lebten nach fränkischem Recht. Mit der Wahl Heinrichs wurde auch dieses bisher nie angetastete Prinzip in Frage gestellt[25]. Die Gründe werden uns noch zu beschäftigen haben, hier sei zunächst nur das Faktum registriert. Der neue König entstammte dem wohl vornehmsten sächsischen Adelsgeschlecht der „Liudolfinger"[26] und hatte insbesondere nach seiner zweiten Ehe mit der reichen Immedingerin Mathilde, die ihre Abkunft auf Widukind zurückführte[27], eine absolut dominierende Stellung in Sachsen inne. Natürlich war er mit dem fränkischen Hochadel in mannigfacher Weise versippt[28]; sogar eine weitläufige Verwandtschaft mit den Karolingern über Karls d.Gr. Bruder Karlmann hat HLAWITSCHKA

---

'gestreckter' Tatbestand war, so könnte man auch schon für 912 den Beginn einer Wahlhandlung annehmen, die sich dann 919 vollenden sollte(sic)". Unnötig zu sagen, daß das ang. Wahlangebot der Franken und Sachsen an Otto d.E. 911: Widukind, l.I c.16 (ed. HIRSCH, S. 26–27) für MITTEIS, S. 244–46, historische Realität ist. LINTZEL, Designation, S. 54 Anm. 6, urteilt noch milde: „In unserer Forschung ist das Urteil darüber, wieweit man den Quellenaussagen glauben darf, nicht selten wohl etwas zu optimistisch". Vgl. auch oben S. 289 Anm. 301.

[23]) Der älteste zeitgenössische Bericht von Heinrichs Königtum ist Flodoard, Annales ad an. 920 (ed. LAUER, S. 3), der aber Heinrichs Wahl nicht erwähnt und ihn nur als *princeps Transrhenensis* tituliert. Die Quellen zusammengestellt bei B–O p (S. 3–4).

[24]) Es ist dies die m.E. wichtigste verfassungsgeschichtliche Tatsache, die aber bei einem Rechtshistoriker wie MITTEIS, S. 250ff. keine Reaktion auslöst; dafür spricht er von einer „heillos gewordenen Sippe", von Königsheil und Geblütsrecht, von „Königsopfer" und ähnlich schönen Dingen (S. 251). Der Hintergrund dieser scheinbaren Selbstverständlichkeit ist immer wieder der, daß 919 ja ang. die „deutsche" Geschichte beginnt, und warum sollte da nicht ein Sachse zum König gewählt werden? Vgl. aber ALTHOFF–KELLER I, S. 60.

[25]) Mit Recht betont JAKOBS, S. 523–24, daß das im Landrecht des Sachsenspiegels niedergelegte Prinzip, wonach der König nach fränkischem Recht lebt, „als Reflexion auf einen politischen Befund" auf das Jahr 919 zurückgeht. Vgl. auch oben S. 293 m. Anm. 336.

[26]) Zu den Anfängen des Geschlechts vgl. WENSKUS, Stammesadel, S. 66ff.; zu den direkten Ahnen Heinrichs I. s. bes. HLAWITSCHKA, Herkunft, S. 92ff.; vgl. aber LEYSER, Konflikt, S. 23–24.

[27]) Vgl. Karl SCHMID: Die Nachfahren Widukinds, in: DA. 20 (1964) S. 1–47, bes. S. 11ff. und ebd. S. 29, 44. Zu den Immedingern vgl. WENSKUS, Stammesadel, S. 115ff.

[28]) Heinrichs Großvater mütterlicherseits war der Babenberger Heinrich († 886); vgl. HLAWITSCHKA, Herkunft, S. 94, 144–45. Ich erwähnte bereits mehrfach, daß Heinrichs Schwester Oda die Gemahlin Zwentibolds war. Vgl. unten mit der folg. Anm.

wahrscheinlich zu machen versucht[29], doch hat diese Verwandtschaft, auf die keine Quelle – nicht einmal Widukind – anspielt, bei der Entscheidung der Wähler im Jahre 919 gewiß keine Rolle gespielt.

Eine zweite von Widukinds Darstellung unabhängige Tatsache ist das Datum von Heinrichs Herrschaftsantritt, der nach Aussage seiner Urkunden auf die Zeit zwischen dem 12. und 24. Mai 919 festgelegt werden kann[30]. Das bedeutet, daß zwischen dem Tod Konrads am 23. Dezember 918 und der Wahl Heinrichs volle fünf Monate verflossen sind. Wir wüßten nur zu gern, was in diesen fünf Monaten geschehen ist. WAITZ schien es selbstverständlich, daß man diese Zeit benötigt habe, um die „deutschen Stämme" zusammenzurufen, denn „darüber kann kein Zweifel sein, daß es galt einen König zu wählen, der als Nachfolger Konrads das Reich zu beherrschen hatte wie es seit Arnulf (!) gewesen"[31], weshalb er auch bedenkenlos die Nachricht des „Continuator Reginonis" übernimmt[32], wonach: *Heinricus dux consensu Francorum, Alamannorum, Bawariorum, Thuringorum et Saxonum rex eligitur*[33], was WAITZ mit Widukinds Formulierung vom *omnis populus Francorum atque Saxonum* gleichsetzt[34]. Diese Auffassung ist jedoch erweislich falsch, denn es steht außer Zweifel, daß tatsächlich nur Franken und Sachsen Heinrich zum König erhoben[35]. Es kann also vermutet werden, daß die Monate vor der Wahl angefüllt waren mit Verhandlungen über den Beitritt der Alamannen und Baiern, doch führten diese Verhandlungen zu keiner Einigung[36]. Es blieb bei dem Alleingang der Franken und Sachsen, und SCHLESINGER hat wohl mit Recht vermutet, daß Fritzlar erst dann zum Wahlort bestimmt wurde, als die Absage

---

[29]) Vgl. die Stammtafeln bei HLAWITSCHKA, Herkunft, S. 149, 162 und ebd. S. 145ff.; die Stammtafel der Äbtissin Haduwy von Herford bei HLAWITSCHKA, aaO., S. 149, ist nach WENSKUS, Stammesadel, S. 289, zu ergänzen; vgl. ebd. S. 345 Anm. 3091. Verfehlt WOLF, Gegenkönigtum, S. 393.

[30]) Vgl. WAITZ, S. 39 und ebd. Excurs 6, S. 203 – 05, bes. S. 204; s. auch GIESE, S. 22 m. Anm. 6.

[31]) WAITZ, S. 39.

[32]) WAITZ, S. 38.

[33]) Cont. Regin. ad an. 920 (ed. KURZE, S. 120).

[34]) Für WAITZ, S. 38, bedeutet das *omnis populus Francorum atque Saxonum* Widukinds „alle Angehörige des Reichs"; dazu vgl. oben S. 289 m. Anm. 299 – 303, S. 291 – 92. Treffend schon HEIMPEL, Bemerkungen, S. 32: „Diese Meinung (scil. Franken und Sachsen = alle Deutschen) hatte nie etwas für sich"; verfehlt dagegen MITTEIS, S. 259 und zuletzt noch HLAWITSCHKA, Kriterien, S. 79.

[35]) Dies ist heute allgemeine Auffassung; vgl. zuletzt EGGERT, Krisenjahr, S. 49; SCHLESINGER, Fritzlar, S. 209 u.ö.; GIESE, S. 22 – 23 u.a.m. Vgl. auch oben S. 292 m. Anm. 321 – 23.

[36]) MITTEIS, S. 250ff. hat für solche Bagatellen keinen Satz übrig; s. aber schon LINTZEL, Königswahlen, S. 208; richtig auch SCHLESINGER, Fritzlar, S. 209; s. noch GIESE, S. 22.

der Alamannen und Baiern bereits bekannt war[37]. Nun ist die Ortsangabe Fritzlar zwar auch nur bei Widukind überliefert[38], doch einen so traditionslosen unbedeutenden Ort kann man nicht erfinden[39]. Im Klartext heißt dies, daß Forchheim, wo die Wahlhandlungen der Jahre 900 und 911 stattgefunden hatten, offenbar nicht zugänglich war[40].

Die Alamannen hielten sich völlig abseits: die zeitgenössischen „Annales Alamannici" in ihrer St. Galler Version berichten zwar kurz den Tod Konrads I., dem in Schwaben gewiß niemand eine Träne nachgeweint haben wird, doch Heinrich wird bis zum Ende der Annalen im Jahre 926 mit keiner Silbe erwähnt[41]. Die gleichfalls in St. Gallen entstandene „Vita sanctae Wiboradae" des Hepidannus, auf die schon WAITZ hinwies[42], wird noch deutlicher: *iisdem diebus Burchardo duce Alemannorum bella gerente, populis etiam inter se dissidentibus propter Saxonicum Heinricum regem factum*[43]. Das zeitgenössische „Fragmentum de Arnolfo duce" bemerkt bissig: *Tunc vero idem Saxo Heinricus...hostiliter regnum Baioarie intravit, ubi nullus parentum suorum nec tantum gressum pedis habere visus est*[44], womit die antisächsische Stimmung in Baiern – Heinrich heißt nur *Saxo*; daß er König ist (zumindest der Franken und Sachsen), wird verschwiegen[45] – klar zum Ausdruck kommt. Die berühmteste Stimme des Dissenses sind aber natürlich die erst 1921 entdeckten älteren Salzburger Annalen[46], deren hundertfach zitierter Kommentar zum Jahr 920 lautet:

---

[37]) SCHLESINGER, Fritzlar, S. 209: „Die Wahl des Ortes am Schnittpunkt zweier bedeutender Straßenzüge nahe der fränkisch – sächsischen Grenze setzt wohl ohnehin voraus, daß die Nichtbeteiligung der süddeutschen Stämme bereits bekannt war"; vgl. auch REINDEL, Luitpoldinger, S. 127.

[38]) Widukind, l.I c.26: *Deinde congregatis principibus et natu maioribus exercitus Francorum in loco qui dicitur Fridisleri...* (ed. HIRSCH, S. 39 Z.4 – 6).

[39]) Fritzlar wird weder vor noch nach der Wahl Heinrichs jemals wieder als Versammlungsplatz einer Wahlversammlung erwähnt. Vgl. unten mit der folg. Anm.

[40]) Vgl. KELLER, Sturz, S. 371 – 72; EGGERT, Krisenjahr, S. 59 Anm. 73; SCHLESINGER, Fritzlar, S. 201 Anm. 8, der die Möglichkeit der Erhebung Arnulfs in Forchheim erwägt; s. aber unten S.419 – 21.

[41]) (ed. LENDI, S. 190, 192); vgl. EGGERT, Krisenjahr, S. 54.

[42]) WAITZ, S. 38 Anm. 3. Die „Vita" des Hepidannus ist „um 1072" entstanden und fußt auf den älteren „Vitae" Hartmanns und Ekkehards I. von St. Gallen; vgl. WATTENBACH – HOLTZMANN I³, S. 240. Eine Bemerkung wie die im Text mitgeteilte kann Hepidannus sich aber nicht aus den Fingern gesogen haben und muß auf einer St. Galler Tradition oder Vorlage beruhen; diese könnte die „Vita" Ekkehards I. († 973) gewesen sein, die leider verloren ist.

[43]) Vita s. Wiboradae, l.I, caput V, c.28: AA SS Maii, t.I, S. 302E.

[44]) (ed. JAFFÉ, S. 570 Z.11 – 13); s. auch REINDEL, Luitpoldinger, S. 112.

[45]) Natürlich handelt es sich nur um ein kurzes Fragment, und es ist nicht auszuschließen, daß Heinrich an anderer Stelle doch König genannt worden ist; von freundlicher Gesinnung gegenüber Heinrich war der Verfasser aber gewiß nicht erfüllt; s. auch FAUSSNER, S. 27.

[46]) Vgl. oben S. 227 – 28 m. Anm. 329 – 30.

*Bawarii sponte se reddiderunt Arnolfo duci et regnare eum fecerunt in regno Teutonicorum*[47]. Der Begriff des *regnum Teutonicorum* hat uns oben bereits ausführlich und mit negativem Ergebnis beschäftigt[48]; hier interessiert nur die historische Aussage, die in der Forschung höchst umstritten ist: handelt es sich um eine Doppelwahl[49] oder um ein Gegenkönigtum, wobei sich zusätzlich die Frage stellt, wer dann wohl zuerst gewählt worden ist[50]? Wollte Arnulf König von Ostfranken sein[51] oder nur von Baiern[52]?

In einem Punkt ist die Forschung sich allerdings seit Entdeckung der „Großen Salzburger Annalen" bemerkenswert einig: Arnulf war von den Baiern zum König gekürt worden[53]; die Diskussion begann erst bei der Frage, auf was sich das Königtum Arnulfs bezogen haben sollte. Noch einmal macht sich hier die unheilvolle Wirkung des sinnlosen Begriffs *Teutonicorum* bemerkbar, denn wenn dieses Wort tatsächlich so in der Urschrift der älteren Salzburger Annalen gestanden hätte, dann bleibt keine andere Wahl, als ein „Gegenkönigtum" Arnulfs, und zwar eher ein auf ganz Ostfranken als ein allein auf Baiern bezogenes[54] anzunehmen. Zu dieser Annahme zwingt aber nur der Begriff des *regnum Teutonicorum*, der nach allen Regeln der historischen Kritik niemals zeitgenössisch sein kann[55].

---

[47]) (ed. BRESSLAU, S. 742 Z.21–22): oben S. 228 m. Anm. 334–35.

[48]) Oben S. 228ff.

[49]) Für „Doppelwahl" MITTEIS, S. 266; SCHLESINGER, Fritzlar, S. 200; ALTHOFF–KELLER I, S. 56.

[50]) Dieses Problem erörtern REINDEL, Arnulf, S. 263; SPROEMBERG, Anfänge, S. 14–15; EGGERT, Krisenjahr, S. 54 und bes. WOLF, Gegenkönigtum, S. 385–88, der Arnulf „nach dem Gesetz der Logik" ausdrücklich v o r Heinrich gewählt sein läßt.

[51]) So die überwältigende Mehrheit der Forscher seit HEIMPEL, Bemerkungen, S. 32–35; vgl. etwa SPROEMBERG, Anfänge, S. 14: „wenn man auch jetzt ohne allzuviele Vorbehalte akzeptierte, daß Arnulf in der Tat zum deutschen König gewählt worden ist". Für WOLF, Gegenkönigtum, S. 383, „lag ein selbständiges bayerisches Königtum…überhaupt nicht in der Luft; es gab keinen einleuchtenden Grund dafür"; s. noch BEUMANN, Kaisertum, S. 94. GIESE, S. 83, läßt die Frage offen. Vgl. oben mit Anm. 49.

[52]) In diesem Sinn nach dem wissenschaftlich bedeutungslosen LÜDTKE, S. 96–97, vor allem MOHR, Heinrich I., S. 32 und REINDEL, Luitpoldinger, S. 128–29; DERS., Arnulf, S. 264ff.; vgl. zuletzt FAUSSNER, S. 17ff., bes. S. 25ff.; s. auch HLAWITSCHKA, Frankenreich, S. 105. SPROEMBERG, Anfänge, S. 13: „Es ist gleichsam ein Glaubenssatz gewisser bayerischer Kreise, daß ihr Gebiet schon seit alten Zeiten eine Sonderstellung gehabt hatte", ist eine Unverschämtheit.

[53]) Ich kenne keinen „Abweichler". Am zurückhaltendsten urteilt SPROEMBERG, Anfänge, S. 14: „als Beweis (scil. die Großen Salzburger Annalen) für die ansonsten nur unzulänglich bezeugte Königserhebung Arnulfs"; FAUSSNER, S. 25ff. vermeidet die Bezeichnung „König"; vgl. aber ebd. S. 29: „Arnulf war demnach über ein Jahr von (lies: vor) Fritzlar bereits wieder *Rex* im *Regnum Bavariae*". Vgl. noch unten S. 420 m. Anm. 65.

[54]) Das erhellt aus dem Begriff des *regnum Teutonicorum*, wenn man diesen nicht auf Baiern mit Teilen Ostfrankens beziehen will, wofür ich keine Parallele wüßte: man würde dann ein Hapax durch ein anderes ersetzen. Vgl. auch oben S. 232.

[55]) Hierzu ausführlich oben S. 230–32.

REINDEL hatte das Richtige schon 1953 gesehen, als er an Stelle von *Teutonicorum* ein sehr viel sinnvolleres *Baiowariorum* lesen wollte[56], doch seine paläographische Erklärung erwies sich als nicht stichhaltig[57], ohne darum in der Sache widerlegt zu sein. Es duldet m.E. keinen Zweifel, daß an dieser Stelle ursprünglich nur *regnum Baiowariorum* gestanden haben kann, wie dies die Salzburger Annalen an anderer Stelle lesen[58]. Unterstellt man aber diese Lesung, was m.E. zwingend erforderlich ist, dann wird der Text plötzlich höchst banal: von einem Königtum Arnulfs kann und braucht nun keine Rede mehr zu sein. Der *dux* Arnulf herrschte im *regnum Baiowariorum*, wie das zahllose andere *duces* in anderen *regna* in gleicher Weise taten[59]. Streng genommen paßt die Nachricht der Salzburger Annalen ohnehin besser zum Jahre 917: *Bawarii...se reddiderunt*, wie schon FAUSSNER mit Recht bemerkt hat[60]; die sogen. Chronologie der Salzburger Annalen ist jedenfalls kein gravierendes Gegenargument[61].

Nun ist die Nachricht der Salzburger Annalen zweifellos der „deutlichste Beleg"[62] für das ang. Königtum Arnulfs, aber doch nicht der einzige. Liudprand von Cremona berichtet nämlich zu 917 (!): *Hoc eodem tempore Arnaldus cum uxore et filiis Hungaria rediens, honorifice a Bagoariis atque ab orientalibus suscipitur Francis. Neque enim solum suscipitur, sed, ut rex fiat, ab iis vehementer hortatur*[63]. Die ältere Forschung ging darüber etwas zu leicht hinweg[64]; nach der Entdeckung der „Großen Salzburger Annalen" wurde der Passus in klarem Widerspruch zu dem historischen Kontext, in dem er bei Liudprand steht[65], auf das Jahr 919 bezogen[66]. Man vergißt dabei allerdings, daß Liudprand sagt: *ut rex fiat*, und nicht: *rex factus*

---

[56]) REINDEL, Arnulf, S. 267 – 68 und danach BRÜHL, Anfänge, S. 159 – 60.

[57]) Vgl. oben S. 230 m. Anm. 346 – 48.

[58]) Ann. Iuvav. maximi ad an. 935: *Eidem Eparhardo Arnolfus dux, pater eius, regnum Baiowariorum concessit regendum post se* (ed. BRESSLAU, S. 743 Z.7 – 8).

[59]) Oben S. 306 – 14.

[60]) FAUSSNER, S. 22 – 23. Vgl. noch unten mit Anm. 62.

[61]) Sie bieten zu 917 überhaupt keinen Eintrag! Offensichtlich ging dem Annalisten, der ja gleichfalls nicht zeitgenössisch schreibt, die Chronologie völlig durcheinander; vgl. noch unten mit Anm. 65.

[62]) So BEUMANN, Kaisertum, S. 94.

[63]) Liudprand, Antapodosis, l.II c.21 (ed. BECKER, S. 47 Z.11 – 14); vgl. aber noch unten Anm. 112 – 13.

[64]) Vgl. etwa WAITZ, S. 52 – 53.

[65]) Obwohl das Jahr 919 weder durch Liudprand noch durch die Ann. Iuv. maximi beglaubigt ist, stand 919 für die Forschung stets außer Frage; dabei wäre der Bezug auf 917 viel sinnvoller und doch wenigstens durch Liudprand gedeckt; vgl. aber die folg. Anm.

[66]) So selbst REINDEL, Luitpoldinger, Nr. 61, S. 119, 127; DERS., Arnulf, S. 265; WOLF, Gegenkönigtum, S. 377 – 78; vgl. ebd. S. 377 Anm. 20: „Auf die Zeit des 'Hungaria rediens' kommt es uns hier nicht weiter an"! Ähnlich indifferent aber schon LINTZEL, Designation, S. 57 Anm. 11.

*est*. Er berichtet von einem g e p l a n t e n Königtum Arnulfs[67] – und dies zu allem Überfluß zur Zeit Konrads I.! – , doch hat Arnulf sich offenbar nicht entschließen können, den letzten Schritt zu tun, denn an keiner Stelle nennt Liudprand Arnulf *rex*. Dies gilt in eher noch höherem Maße für Widukind, der doch alles Interesse daran gehabt haben müßte, die „Degradierung" Arnulfs zu berichten, die ja ein Ruhmesblatt für Heinrich gewesen wäre; aber auch er wie alle übrigen Historiker des 10. Jahrhunderts[68] kennt nur einen *dux* Arnulf[69]. Es besteht somit nicht der geringste Grund, ein Königtum Arnulfs anzunehmen, das von keiner Quelle des 10. Jahrhunderts bezeugt ist: weit davon entfernt, die Königswürde in Ostfranken angestrebt zu haben[70], ist Arnulf stets nur *dux* im *regnum Baiowariorum* gewesen[71].

Aber auch ohne das ang. Gegenkönigtum Arnulfs erwies sich die Lage Heinrichs im Augenblick seiner Wahl als äußerst prekär: weder der bairische noch der schwäbische Herzog erkannten das fränkisch – sächsische Königtum Heinrichs an. Das ostfränkische Reich stand vor dem Auseinanderbrechen: das Jahr 919 stellt sich so als das Jahr der schwersten Krise Ostfrankens dar[72], die zu überwinden Heinrich volle zwei Jahre benötigte. Von alledem findet sich bei Widukind kein Wort. Zum Ausgleich beglückt er seine Leser mit der erbaulichen Geschichte von der Designation Heinrichs durch Konrad auf dessen Sterbebett[73]. Obwohl eine Designation Heinrichs auch vom „Continuator Reginonis"[74] und von Liudprand von

---

[67]) Es ist schlicht falsch, wenn behauptet wird, Liudprand berichte von einer Königserhebung Arnulfs; das tut er gerade nicht; s. aber z.B. REINDEL, Arnulf, S. 264.

[68]) Eine Tegernseer Aufzeichnung des fortgeschrittenen 11. Jh. weiß zu berichten: *Arnolfus dux et tyrannus, dum regalem affectaret dignitatem, laesa maiestate regni, tempore regis Heinrici loca subscripta diripuit* (ed. PEZ, S. 741). Hier ist Arnulf also bereits „der Böse" und ein *tyrannus*, dem man alles Schlechte und warum dann nicht auch ein „crimen laesae maiestatis" nachsagt. Es heißt im übrigen: *dum regalem a f f e c t a r e t dignitatem*, was aus Liudprand mißverstanden sein dürfte. Autoren des späten 11. Jh. wie Bonizo von Sutri kommt selbstverständlich keine Bedeutung zu; vgl. schon WAITZ, S. 53 m. Anm. 1; s. auch REINDEL, Luitpoldinger, S. 129, der mich nicht überzeugt hat.

[69]) Vgl. bes. Widukind, l.I c.27: *Et rebus prospere gestis, transiit*(scil. Heinricus) *inde in Baioariam, cui presidebat Arnulfus dux* (ed. HIRSCH, S. 40 Z.3 – 4); vgl. unten Anm. 111. Es ist dies das erste Mal, daß Widukind von dem Verhältnis Heinrichs zu Arnulf spricht; davor hatte er Arnulf (ohne Titel) nur in c.25 als im Krieg mit Konrad I. befindlich erwähnt (ed. HIRSCH, S. 37 Z.12 – 13). Vgl. bes. unten S. 427 m. Anm. 116 – 18.

[70]) Dies vor allem gegen WOLF, Gegenkönigtum, S. 391ff.; s. auch FAUSSNER, S. 28ff.

[71]) Über das Verhältnis Baierns zu Ostfranken vgl. bes. unten S. 426 – 27.

[72]) Grundlegend EGGERT, Krisenjahr, S. 54ff.; s. auch HLAWITSCHKA, Lotharingien, S. 213: „Die Gefahr der Spaltung, das Gegenteil von Einheit und Unteilbarkeit, lag jedenfalls in der Luft". Selbst SCHLESINGER, Fritzlar, S. 220, muß zugestehen: „Die Gefahr einer Absplitterung ganz Süddeutschlands(sic) bestand 919 durchaus... Es war eine echte Krise". Der Aufsatz von Eggert wird bei Schlesinger leider nicht zitiert.

[73]) Widukind, l.I c.25 (ed. HIRSCH, S. 37 – 38); vgl. unten Anm. 78.

[74]) Cont. Regin. ad an. 919 (ed. KURZE, S. 156).

Cremona überliefert wird[75], bleibt ihre Historizität doch zweifelhaft[76], was die überwältigende Mehrzahl der Historiker allerdings nicht gehindert hat, Widukinds „Sterbebettlyrik" für bare Münze zu nehmen[77], so unwahrscheinlich die ganze Geschichte auch klingt[78]. Aber während die Frage, ob Heinrich von Konrad – aus welchen Motiven auch immer – zum Nachfolger ausersehen wurde, wohl doch bejaht werden muß, steht außer Zweifel , daß Heinrich nicht gesalbt wurde[79], obwohl spätere Quellen, die sich einen „ungesalbten König" [80] nicht mehr vorstellen konnten[81], das Gegenteil behaupten[82]. Doch abermals trägt Widukinds Bericht ganz unglaubwürdige Züge[83]. Mit Gewißheit werden sich Heinrichs Motive wohl

---

[75]) Liudprand, Antapodosis, l.II c.20 (ed. BECKER, S. 46 – 47).

[76]) Vgl. schon LINTZEL, Designation, S. 52ff.; DERS., Miszellen, S. 240ff. Damit leugne ich nicht die Möglich-, ja Wahrscheinlichkeit einer Absprache zwischen Heinrich und Konrad zu dessen Lebzeiten. Der erst nach 1010 schreibende Thietmar berichtet: Chronicon, l.I c.7: *quod postremo bonorum instinctu in amicitiam convenirent* (ed. HOLTZMANN, S. 12 Z.16 – 17).

[77]) So nach HEIMPEL, Bemerkungen, S. 13ff. insbes. MITTEIS, S. 251ff. und zuletzt wieder SCHLESINGER, Beginn, S. 535 („Nicht zu bezweifeln..."); DERS., Fritzlar, S. 205ff., der aber das Wort „Designation" vermieden sehen möchte. HLAWITSCHKA, Lotharingien, S. 218, sieht hier das „Abstraktionsvermögen (bei der Designation Heinrichs) voll wirksam"; für eine solche Formulierung habe ich kein Verständnis. Zurückhaltend, aber letztlich doch positiv ALTHOFF – KELLER I, S. 59 – 60.

[78]) REINDEL, Arnulf, S. 262 – 64, sieht in der „Designation" den Preis für das fränkisch – sächsische Bündnis gegen Arnulf, wobei er natürlich von dem ang. Königtum Arnulfs ausgeht; SPROEMBERG, Anfänge, S. 13 – 14, referiert im Kern zustimmend; s. auch FAUSSNER, S. 25. Ich könnte mir eine solche Abmachung sehr wohl ohne ein Königtum Arnulfs vorstellen. Mit LINTZEL, Miszellen, S. 245, leugne ich nicht die Möglichkeit einer Designation, doch gerade der Bericht Widukinds trägt unverkennbar sagenhafte Züge und ist der mit Abstand unglaubwürdigste.

[79]) Darin ist sich die Forschung ausnahmsweise einig, doch spricht man unter dem Einfluß Widukinds stets von einer „Ablehnung" der Salbung; vgl. dazu unten im Text.

[80]) „Der ungesalbte König" war der Titel des Aufsatzes von ERDMANN, König, S. 1 – 30, von dem die neuere Forschung ihren Ausgang nimmt. Ältere Auffassungen bei WAITZ, Excurs 10, S. 217 – 21; s. auch HEIMPEL, Bemerkungen, S. 20 – 22.

[81]) Dies wird vor allem aus Gerhards Vita s. Oudalrici, c.3 (ed. WAITZ, S. 389 Z.14 – 16) deutlich; vgl. ERDMANN, König, S. 25 m. Anm. 2; vgl. noch LINTZEL, Königssalbung, S. 584; SCHLESINGER, Beginn, S. 539; DERS., Fritzlar, S. 210.

[82]) Ann. Quedlinburg. ad an. 920 (ed. PERTZ, S. 52 Z.41); Ekkehard von St. Gallen, Casus s. Galli, c.49 i.f. (ed. HAEFELE, S. 110); vgl. hierzu LINTZEL, Königssalbung, S. 585, der Ekkehard nicht erwähnt, und SCHLESINGER, Beginn, S. 538.

[83]) Widukind, l.I c.26: *Cumque ei offeretur unctio cum diademate a summo pontifice, qui eo tempore Hirigerus erat, non sprevit, nec tamen suscepit: 'Satis', inquiens, 'michi est, ut pre maioribus meis rex dicar et designer, divina annuente gratia et vestra pietate; penes meliores vero nobis unctio et diadema sit: tanto honore nos indignos arbitramur'* (ed. HIRSCH, S. 39 Z.7 – 12). Kritisch hierzu zuletzt SCHLESINGER, Beginn, S. 539; DERS., Fritzlar, S. 213 – 14, der mit Recht betont, daß Heinrich gewiß nicht spontan über die ang. Ablehnung der Salbung entschieden haben wird; s. schon ERDMANN, König, S. 24. Der ganze Passus zeigt nur Widukinds Verständnislosigkeit gegenüber dem Faktum der unterbliebenen Salbung. Die Begründung von LINTZEL, Königssalbung, S. 598ff. hat mich nicht überzeugt; noch weniger KARPF, Reichsbegriff, S. 155 – 58, der Widukind unnötig ernst nimmt; vgl. auch JAKOBS, S. 524. Vgl. noch bes. unten Anm. 90.

niemals ergründen lassen[84]; ein ang. antikirchliches Verhalten im Sinne einer höheren Unabhängigkeit von den Bischöfen, das man ihm häufig unterstellt hat[85], vermag ich nicht zu erkennen[86]. Nach wie vor scheint mir auch gegen neuere Deutungen[87] meine schon 1962 gegebene Begründung, wonach Heinrich einfach die ostfränkische Tradition, die keine Königssalbung kannte[88], fortgesetzt hätte[89], die unkomplizierteste und daher die wahrscheinlichste zu sein, was einen weltlichen Krönungsakt in keiner Weise ausschließt[90].

Es ließ sich also zeigen, daß Widukind für die frühen Jahrzehnte des 10. Jahrhunderts ein sehr unzuverlässiger Berichterstatter ist, der seine objektive Unwissenheit, die ihm nicht zum Vorwurf gemacht werden kann, nur allzu gern durch ausschmückende Erzählungen ersetzt, denen die moder-

---

[84]) Dies bemerkt mit Recht schon WAITZ, S. 40.

[85]) In diesem Sinne bereits WAITZ, S.40; s. auch HEIMPEL, Bemerkungen, S. 22 – 23. Vgl. bes. ERDMANN, König, S. 25: „Denn eines ist unbestreitbar: ein König, der entgegen der Tradition ohne die kirchliche Weihe regierte, war kein Mann der Geistlichkeit"; dazu vgl. unten mit Anm. 88. Dieses Denken wird auch noch bei SCHRAMM, Kaiser, S. 155 und SCHLESINGER, Fritzlar, S. 214, deutlich. Eine antibischöfliche Tendenz wollen auch HLA-WITSCHKA, Frankenreich, S. 104 – 05 und sein Schüler GIESE, S. 81 – 82, erkennen; vgl. hierzu bes. KARPF, Königserhebung, S. 2 – 3, 15 – 16, 19.

[86]) Dagegen mit guten Gründen bereits MOHR, Heinrich I., S. 19 – 21, dessen eigene Deutung: ebd. S. 21, es sei nicht möglich gewesen, daß mehrere fränkische Könige gleichzeitig kirchlich geweiht gewesen sein könnten, allerdings abwegig ist; mit Recht ablehnend daher GIESE, S. 80. Vgl. auch ALTHOFF – KELLER I, S. 61 – 62.

[87]) ALTHOFF – KELLER I, S. 62 – 65, erblicken in Heinrichs „Verzicht" eine demonstrative Ablehnung der „karolingischen Formen der Herrschaftslegitimation", die sie durch das neue Herrschaftssystem der Amicitia-Verträge ersetzt sehen. So zutreffend die Beobachtung als solche ist – vgl. auch unten S. 434 –, so bezweifle ich doch einen Kausalzusammenhang zwischen diesen in späterer Zeit geschlossenen Verträgen und der Nicht-Salbung im Augenblick des Regierungsantritts. KARPF, Königserhebung, S. 12ff. und ebd. S. 23 – 24, ist im Anschluß an BARTMUSS, S. 252, geneigt, in Heinrichs Verzicht eher ein Zeichen der Schwäche und Konzessionsbereitschaft gegenüber den Herzögen zu erblicken, was mir ein beachtenswertes Argument zu sein scheint, das die mangelnde ostfränkische Tradition noch z u s ä t z l i c h verstärken würde; vgl. aber unten mit Anm. 89.

[88]) Vgl. dazu BRÜHL, Krönungsbrauch, S. 383 – 87; DERS., Kronenbrauch, S. 429 m. Anm. 79 – 81. Verfehlt ERDMANN, König, S. 2 – 15, der eine ostfränkische Salbungstradition durch den Papst postuliert, die auch LINTZEL, Königssalbung, S. 590ff. ablehnt. Unverständlich positiv zu Erdmann und Lintzel GIESE, S. 80. Vgl. schon oben S. 389 m. Anm. 216, S. 404 m. Anm. 305 – 06.

[89]) So schon BRÜHL, Krönungsbrauch, S. 388 m. Anm. 3; DERS., Kronenbrauch, S. 429 – 30; ablehnend aber KARPF, Königserhebung, S. 15 m. Anm. 63; vgl. dazu oben Anm. 87. Vgl. unten mit der folg. Anm.

[90]) SCHLESINGER, Nachwahl, S. 269 – 70, nimmt für Fritzlar eine weltliche Krönung Heinrichs an, was mich durchaus wahrscheinlich dünkt; vgl. DERS., Fritzlar, S. 215 und BRÜHL, Kronenbrauch, S. 430 m. Anm. 84 – 85. Eine Salbung ist nicht angeboten worden, weil sie überhaupt nicht zur Diskussion stand. Die von Widukind erzählte Geschichte ist dessen ureigenste Erfindung, da er sich nicht erklären konnte, warum Heinrich nicht gesalbt worden war. Es versteht sich von selbst, daß nur Widukind sie überliefert. ALTHOFF – KELLER I, S. 61, sehen dagegen in dem Verzicht „eine der persönlichsten Entscheidungen Heinrichs". Vgl. auch TELLENBACH, Grundlagen, S. 244 Anm. 22 ( – S. 245).

ne Forschung mit der lobenswerten Ausnahme LINTZELS viel zu leichtfertig gefolgt ist[91]. Für deren folgenschwersten Irrtum, nämlich für das ang. Gegen- oder Doppelkönigtum Arnulfs von Baiern, darf er allerdings nicht verantwortlich gemacht werden: das ist die „Schuld" jenes törichten Schreibers, dessen verunglückte Schreibübungen von der Forschung als ernste Geschichtsquelle, man muß schon sagen: mißbraucht worden sind[92]. Aber auch ohne das imaginäre „Königtum" Arnulfs bleibt es eine Tatsache, daß Heinrich zunächst nur der König der Sachsen und Franken war. Es bedurfte noch großer Anstrengungen, um das ostfränkische Reich doch wenigstens wieder in seinem Umfang wie beim Herrschaftsantritt Konrads I. wiederherzustellen. Im Gegensatz zu SCHLESINGER, der allen Ernstes meinte, „das junge deutsche(!) Einheitsbewußtsein" habe 919 die „Zerreißprobe" bestanden[93], betonte SPROEMBERG schon 1956, „daß Heinrich nicht, wie so oft behauptet wurde, die Würde eines deutschen Königs anstrebte, sondern er beanspruchte die Würde eines *rex Francorum*, vielleicht sogar die eines *imperator*. Seine politische Konzeption war von der fränkischen Tradition beherrscht; von einem deutschen Reich ist hier keine Spur"[94]. In der Tat: das Lebenswerk Heinrichs war, dem ostfränkischen Reich die Grenzen aus der Zeit Kaiser Arnulfs zurückgegeben zu haben.

Bis es soweit war, sollten indes noch einige Jahre vergehen. Zunächst galt es, die noch abseits stehenden *regna* Baiern und Schwaben durch Anerkennung von Heinrichs Königtum in das *regnum Francorum* des Ostens wieder einzugliedern. In Schwaben gelang dies relativ schnell: Burchard scheint sich schon 919 unterworfen zu haben[95], wobei ihm allerdings als

---

[91]) Dies gilt schon für HEIMPEL, Bemerkungen, S. 11ff., insbes. aber für SCHLESINGER, Fritzlar, passim, der jedes Wort Widukinds auf die Goldwaage legt.

[92]) Es kann nicht genug betont werden, daß uns die „Großen Salzburger Annalen" als S c h r e i b übung eines höchst mäßig begabten Mannes überliefert sind, die nicht nach den gleichen Kriterien beurteilt werden darf wie ein bewußt als Geschichtsquelle überliefertes Werk. Die seit BRESSLAU: oben S. 228 m. Anm. 331, einhellige Auffassung der Forschung, es handle sich um die Schreibübung eines Schülers hat anläßlich meines Vortrags im „Konstanzer Arbeitskreis" in Frankfurt a.M. am 3.VI.1989 Herr Kollege Peter RÜCK - Marburg, in Frage gestellt: für ihn wäre der Schreiber ganz im Gegenteil ein alter Mann. Diese Auffassung, die angesichts der paläographischen Kompetenz von P. Rück sehr ernst genommen zu werden verdient, wirft natürlich die Frage auf, wie gerade einem solchen Mann so horrende Schreibfehler unterlaufen konnten und warum mehrere Hände mit der Abschrift dieses relativ kurzen Textes befaßt waren, was m.E. doch eindeutig für eine Schreibübung spricht. Vgl. schon oben S. 228 m. Anm. 331–33.

[93]) SCHLESINGER, Fritzlar, S. 220; ganz verfehlt auch DERS., Anfänge, S. 160–61.

[94]) SPROEMBERG, Anfänge, S. 16; vgl. auch HLAWITSCHKA, Lotharingien, S. 213. Zu der ang. Ambition auf die Kaiserwürde vgl. unten § 3, S. 450 m. Anm. 275–79.

[95]) Grundlegend LINTZEL, Schwaben, S. 73ff.; s. auch MAURER, S. 132, 135, 137, 195–96.

Gegenleistung die Kirchenhoheit zugestanden worden sein dürfte[96]. Der kurzen Nachricht Widukinds ist im übrigen nicht viel mehr zu entnehmen[97], als daß es zwischen ihm und Heinrich zur offenen Schlacht nicht gekommen ist[98], während Herzog Burchard im selben Jahr 919 bei Winterthur einen Sieg über König Rudolf II. von Burgund erfocht[99], der offenbar die Ambitionen seines Vaters auf eine Ausdehnung Burgunds in Richtung auf Lothringen und den Bodensee wieder aufzunehmen beabsichtigte[100], doch die Chronologie der Ereignisse ist zu unsicher, als daß ein klarer Kausalzusammenhang zwischen dem Sieg Burchards bei Winterthur und der Abmachung mit Heinrich hergestellt werden könnte[101], auch wenn ein solcher durchaus wahrscheinlich ist[102]. Im übrigen war das Verhältnis Heinrichs zu Burchard eher kühl[103], doch hat dieser Heinrichs Königtum in Schwaben unzweifelhaft anerkannt[104]. Heinrich hat nie in Schwaben geurkundet und ist dort mit Ausnahme des Feldzugs von 919 nur noch einmal im Lande bezeugt[105]. Zu Lebzeiten Burchards ist eine einzige Urkunde

---

[96]) Vgl. LINTZEL, Schwaben, S. 74–75; s. auch BÜTTNER, Westpolitik, S. 9–10; ALTHOFF–KELLER I, S. 67. Bis zum Jahre 926, d.h. bis zum Tode Herzog Burchards, hat Heinrich keine Ukk. für schwäbische Bistümer oder Klöster gegeben; vgl. noch MAURER, S. 179, 193 u.ö.

[97]) Widukind, l.I c.27: *Eo ordine rex factus, Heinricus perrexit cum omni comitatu suo ad pugnandum contra Burchardum, ducem Alemanniae, Hic, cum esset bellator intolerabilis, sentiebat tamen, quia valde prudens erat, congressionem regis sustinere non posse, tradidit semet ipsum ei cum universis urbibus et populo suo* (ed. HIRSCH, S. 39–40); vgl. WAITZ, S. 43; LINTZEL, Schwaben, S. 73–74; MOHR, Heinrich I., S. 28–29. Vgl. noch unten Anm. 102 und § 2, S. 431.

[98]) LINTZEL, Schwaben, S. 74, vermutet wohl mit Recht einen Zusammenhang zwischen dem leichten und offenbar kampflosen Erfolg Heinrichs und dem Konflikt Burchards mit König Rudolf; vgl. SCHMID, Thronfolge, S. 481 m. Anm. 204.

[99]) Ann. Sangall. maiores ad an. 919: *Ruodulfus rex et Purchardus dux Alemannorum pugnaverunt ad Wintertura, et rex superatus est* (ed. HENKING, S. 281); vgl. HENKING, ed. cit., S. 360–61 und zur Sache WAITZ, S. 42–43; POUPARDIN, Bourgogne, S. 31, 372; LINTZEL, Schwaben, S. 73–74; BÜTTNER, Westpolitik, S. 8–9; MAURER, S. 47, 57–58 u.a.

[100]) Diesen Aspekt betonen zutreffend ALTHOFF–KELLER I, S. 66.

[101]) So schon LINTZEL, Schwaben, S. 74 und MOHR, Heinrich I. S. 28; ähnlich auch BÜTTNER, Westpolitik, S. 8.

[102]) Die stark höfisch gefärbte Geschichtsschreibung Widukinds ist wie immer allein auf die Verherrlichung des Sachsenkönigs ausgerichtet, doch fällt es mir schwer, beide Ereignisse als völlig unabhängig voneinander zu sehen, wie dies in der Darstellung von WAITZ, S. 42–44, geschieht.

[103]) Vgl. unten mit Anm. 104–06. Burchards Tod 926 bedeutet einen Einschnitt in den Beziehungen Heinrichs zu Schwaben; vgl. LINTZEL, Schwaben, S. 77ff. und unten § 3, S. 446–48.

[104]) Vgl. WAITZ, Excurs 18, S. 249 und LINTZEL, Schwaben, S. 74: in den alamannischen „chartae" der Zeit wird recht häufig nach Heinrich datiert; vgl. dagegen unten S. 427 m. Anm. 121.

[105]) Aber erst 930, d.h. nach dem Tode Herzog Burchards; vgl. SCHMID, Thronfolge, S. 455 m. Anm. 139 und unten Kap. 8 § 1, S. 463 m. Anm. 16. KELLER, Reichsstruktur, S. 79 m. Anm. 17, betont, daß zwischen 913 und 952(!) kein ostfränkischer König je in Schwaben und Baiern geurkundet hat; vgl. auch unten Anm. 122.

Heinrichs für einen schwäbischen Empfänger überliefert[106], doch ist die Tätigkeit der „Kanzlei"[107] gerade in dessen ersten Regierungsjahren quasi inexistent[108].

Sehr viel problematischer noch als mit Schwaben gestaltete sich Heinrichs Verhältnis zu Baiern, auch wenn das ang. Gegen- oder Doppelkönigtum Arnulfs entfällt. Obwohl die Chronologie wieder einmal völlig unsicher ist, wird man wohl von zwei Feldzügen Heinrichs gegen Arnulf in den Jahren 920/21 auszugehen haben[109]. Der Sachse scheint zunächst eine Schlappe erlitten zu haben[110], wovon sich natürlich weder bei Widukind[111] noch bei Liudprand[112] auch nur die leiseste Andeutung findet[113].

---

[106] D H.I. 2 (920 Nov. 30): B – O 2, für einen Vasallen Burchards, der in der Urkunde durchgängig als *comes* bezeichnet wird; vgl. KIENAST, Herzogstitel, S. 315 m. Anm. 6 und ebd. S. 368 m. Anm. 66; s. schon LINTZEL, Schwaben, S. 74, 75, 78; vgl. noch MAURER, S. 48, 145 m. Anm. 94, 146 – 47. Das 921 abgehaltene *regale placitum* in Seelheim (Hessen): B – O 3, ist das einzige, von dem feststeht, daß es von Burchard besucht wurde; s. schon WAITZ, S. 50 – 51 und bes. LINTZEL, Schwaben, S. 75. Vgl. noch ERDMANN, König, S. 20 Anm. 4.

[107] Hierzu vgl. bes. ERDMANN, Kanzlei, S. 74ff.

[108] Dies zeigte ERDMANN, Kanzlei, bes. S. 75 – 76. In den Jahren 919 – 926 ist von Heinrich im Schnitt e i n e Urkunde pro Jahr überliefert! Vgl. auch oben Anm. 12. Bemerkenswert erscheint mir vor allem, daß D H.I.1 (920 Apr. 3), fast ein Jahr nach Heinrichs Regierungsantritt ausgestellt, möglicherweise wirklich die erste von der „Kanzlei" gefertigte Urkunde Heinrichs ist; vgl. ERDMANN, König, S. 16 – 17; DERS., Kanzlei, S. 75 m. Anm. 85.

[109] So auch REINDEL, Luitpoldinger, S. 130; DERS., Arnulf, S. 269 – 70.

[110] Das scheint mir aus dem „Fragmentum de Arnulfo duce" zwingend hervorzugehen: *...credimus, quod Dei nutu primo ingressu ab incolis unius civitatis est superatus* (ed. JAFFÉ, S. 570 Z.14 – 15). Nach dem Zusammenhang kann mit dieser *civitas* wohl nur Regensburg gemeint sein; vgl. noch die Nachricht der Ann. Ratispon. ad an. 920: *interfectio Francorum* (ed. WATTENBACH, S. 583 Z.20); irriges Zitat bei REINDEL, Luitpoldinger, S. 130 m. Anm. 179 – 80. B – O 1a (S. 6) bezieht diese Nachricht fälschlich auf eine Niederlage Karls III. gegen Heinrich I. im Jahre 920: unten Anm. 138. Zu den Regensburger Annalen des 12. Jh. vgl. WATTENBACH – SCHMALE, S. 232 – 33.

[111] Widukind, l.I c.27: *Et rebus prospere gestis* (scil. in Alamannia) *transiit inde in Baioariam, cui presidebat Arnulfus dux. Quo comperto in presidio urbis quae dicitur Reginesburg obsedit eum. Videns autem Arnulfus, quia resistere regi non sufficeret, apertis portis egressus est ad regem, tradito semet ipso cum omni regno suo. Qui honorifice ab eo susceptus, amicus regis appellatus est* (ed. HIRSCH, S. 40 Z.3 – 9); vgl. schon oben Anm. 69. Hier stimmt zumindest die Chronologie nicht; auch zog Heinrich nicht direkt von Schwaben nach Baiern; vgl. noch REINDEL, Luitpoldinger, S. 130. Gegen den meist angenommenen Zusammenhang zwischen dieser Belagerung und der Befestigung Regensburgs durch Arnulf vgl. zuletzt BRÜHL, Palatium II, S. 239 – 40.

[112] Liudprand, Antapodosis, l.II c.21: *Rex Heinricus cum obtemperare suis omnes iussionibus, Arnaldum solummodo resistere cerneret, pervalido collecto exercitu Bagoariam tendit. Quod Arnaldus, ut audivit, eius non passus est in Bagoaria praestolari adventum; verum collectis, quibus valuit, copiis huic obviam properat. Cuperat sane et ipse rex fieri. Cumque in eo esset, ut bellum pariter inire deberent, sicut vir sapiens et Dei timens rex Heinricus cogitans ex utraque parte inrecuperabile posse damnum accidere, Arnaldus, quatinus cum solo solus loquatur, denuntiat. Putans igitur Arnaldus, quod singulari se acciret certamine, ad condictum locum solus hora statuta pervenit* (ed. BECKER, S. 47 – 48); vgl. die folg. Anm. und unten Anm. 116.

[113] Beide berichten offensichtlich ohne zeitgenössische Kunde. Die Widersprüche in den jeweiligen Berichten liegen klar zutage. Bemerkenswert, daß Liudprand von einer Bela-

Widukind meldet immerhin den Abschluß einer *amicitia*[114], deren Bedeutung der älteren Forschung nicht klar war[115]. Es handelte sich um einen – modern gesprochen – „völkerrechtlichen" Vertrag, der Arnulf ein Höchstmaß an Selbständigkeit, insbesondere das Recht der Bischofsernennung[116] und eine völlig eigenständige Außenpolitik garantierten[117], wobei Widukind „vergißt", auf den ang. abgelegten Königstitel hinzuweisen, was angesichts solch bedeutender Konzessionen Heinrichs doch wohl erwartet werden müßte[118]. Selbstverständlich zeigt sich hier auch ein neuer Herrschaftsstil[119], aber damit allein läßt sich nicht erklären, daß Arnulf nach einem Wort KLEBELS „die Königsgewalt ohne Königskrone" ausübte[120]. Das Ausmaß von Arnulfs Selbständigkeit läßt auch die Tatsache erkennen, daß die bairischen „chartae" von Heinrich praktisch keine Notiz nehmen[121] und dieser selbst im Laufe einer siebzehnjährigen Regierung ganze drei Urkunden für bairische Empfänger gegeben hat, von denen jedoch keine einzige in Baiern ausgestellt ist[122].

---

gerung Regensburgs nichts weiß und erneut darauf hinweist, daß sich Arnulf n a c h Heinrichs Königswahl noch immer mit eigenen Königsplänen trug; vgl. dazu oben S. 420 – 21 m. Anm. 63 und Anm. 67. In seiner Gesamtheit scheint mir Liudprands Bericht noch immer zuverlässiger als der Widukinds; so auch MOHR, Heinrich I., S. 33.

[114]) Oben Anm. 111: *amicus regis appellatus est*. FAUSSNER, S. 27, spricht vom „Vertrag von Regensburg", was die Richtigkeit der Version Widukinds voraussetzt. Vgl. die folg. Anm.

[115]) Noch REINDEL, Luitpoldinger, S. 131, ist sich der rechtlichen Bedeutung von *amicus regis* nicht sicher. Auch bei FAUSSNER, S. 25ff. vermisse ich eine Erörterung des Begriffs. Vgl. aber ALTHOFF – KELLER I, S. 68 – 69 und bes. unten mit Anm. 119; § 2 S. 431, S. 433 – 34 m. Anm. 164 – 65.

[116]) Liudprand, Antapodosis, l.II c.23: '*ipse* (scil. Heinricus) *vero te, ut tam fortunatum et praeditem virum, hoc pacto bearet animique tui furorem mulceret, ut, quod decessores non habuere tui, tibi concedatur, scilicet quatinus totius Bagoariae pontifices tuae subiaceant dicioni, tuaeque sit potestati uno defuncto alterum ordinare*' (ed. BECKER, S. 49 Z.2 – 7). Von diesem Satz befand schon WAITZ, S. 55: „Nur das letzte (scil. das Recht der Bischofsernennung) gehört der sicheren Geschichte an"; s. zuletzt FAUSSNER, S. 28; ALTHOFF – KELLER I, S. 69. Vgl. auch REINDEL, Luitpoldinger, Nr. 84, S. 161 – 62.

[117]) Vgl. bes. REINDEL, Arnulf, S. 274ff.; BRUNNER, Gruppen, S. 174ff.

[118]) Hier hat das „argumentum e silentio" Gewicht, denn die Ablegung des Königstitels durch Arnulf wäre für die Durchsetzung von Heinrichs Königtum doch von zentraler Bedeutung gewesen. Auch ALTHOFF – KELLER I, S. 68 – 69, wundern sich, daß es nicht zu einer Entscheidungsschlacht oder zu einer Reichsteilung kam. Eben dies wäre zu erwarten gewesen – wenn Arnulf wirklich den Königstitel geführt hätte. Vgl. auch unten § 2, S. 430 – 31; § 3, S. 446; Kap. 8 § 1, S. 461 – 62 m. Anm. 4 – 5.

[119]) Grundlegend hierzu ALTHOFF – KELLER I, S. 66ff.; s. auch unten S. 433 – 34 m. Anm. 164 – 65.

[120]) KLEBEL (oben S. 227 Anm. 329) S. 137 Anm. 122; vgl. noch WEINFURTER, S. 247.

[121]) Vgl. schon WAITZ, Excurs 18, S. 248 – 49 und danach LINTZEL, Schwaben, S. 74 m. Anm. 9.

[122]) DD H.I.14 (927 Okt. 18), 22 (930 Apr. 9), 28 (931 Apr. 14): B – O 18, 26, 34; s. auch REINDEL, Luitpoldinger, Nr. 71, S. 144 – 45; Nr. 78, S. 152; Nr. 82a-b, S. 156 – 59. Vgl. WAITZ, Excurs 18, S. 248; ERDMANN, König, S. 20 Anm. 4, zählt nur 2 DD für bairische Empfänger.

§ 2: Das Verhältnis zu Karl III. von Westfranken, der Bonner
Vertrag (921) und die Gefangennahme Karls III. in Westfranken (920/23). Der Vertrag an der Ruhr (923) und die
Rückgliederung Lotharingiens in das ostfränkische Reich
(923/28).

PARISOT warf anläßlich der Wahl Heinrichs I. die Frage auf, ob sich
auch Karl III. von Westfranken um die Nachfolge Konrads bemüht habe;
seine Antwort: „On n'en sait rien"[123], ist noch zu optimistisch. Mag Karl
911 doch wenigstens in Erwägung gezogen worden sein – etwas Sicheres
wissen wir auch darüber nicht[124] –, 919 stand der westfränkische König
mit Gewißheit nicht mehr zur Diskussion. Karls Lage in den Jahren 919/20
wird man ähnlich der Heinrichs I. als prekär bezeichnen dürfen; einem
Aufgebot gegen die Ungarn wohl im Jahre 919 hatte der westfränkische
Adel mit Ausnahme des Erzbischofs von Reims keine Folge geleistet[125].
Als Begründung oder besser: als Vorwand diente den Unzufriedenen die
Behauptung, daß Karl seinen Ratgeber Hagano: *de mediocribus potentem
fecerat*[126], was man fälschlich auf niedere Abkunft Haganos gedeutet hat[127].
Es scheint mir immerhin erwägenswert, daß Hagano als ein denkbarer
Verwandter der Königin Frederun[128], d.h. als landfremder Ostfranke, den
Neid und die Eifersucht des landsässigen Adels in Lotharingien und erst
recht natürlich in Westfranken hervorgerufen hätte[129]. Auf jeden Fall war
die Ablehnung des Günstlings Hagano nur der Vorwand für die Verlas-

---

[123]) PARISOT, S. 623.
[124]) Vgl. oben S. 403 m. Anm. 299–300.
[125]) Vgl. PARISOT, S. 627–28; ECKEL, S. 107 m. Anm. 3; LÜTTICH, S. 68–69 u.a.m.
[126]) Flodoard, Annales ad an. 920 (ed. LAUER, S. 2): unten Anm. 130.
[127]) So etwa PARISOT, S. 628: „Haganon était de basse(!) naissance". Das sagt Flodoard
gerade nicht; s. auch ECKEL, S. 106: „...un personnage d'origine inconnue et paraît-il, assez
obscure"; s. aber ebd. S. 107: „un homme d'origine relativement(!) obscure"; vgl. aber
unten mit der folg. Anm.
[128]) Daß Frederun Sächsin und nicht Lotharingerin war, steht außer Zweifel: oben
S. 395 m. Anm. 251. Hagano wird – ohne jeden Titel – erstmals 916 erwähnt: Actes de
Charles III le Simple, Nr. 84 (916 Jan. 19) S. 189 Z.18. Die Verwandtschaft mit Frederun
ist nicht sicher erweisbar; vgl. ECKEL, S. 107 m. Anm. 1. Es fällt auf, daß der Aufstieg
Haganos und der Tod Frederuns zeitlich nahe beieinander liegen.
[129]) WENSKUS, Stammesadel, S. 176–77, 183 u.ö. will Haganonen im Raum Lorsch/
Mittelrhein als Abkömmlinge Widukinds nachweisen, was jedoch höchst zweifelhaft
bleibt, da der Name in keinem sächsischen Nekrolog vorkommt, während in Remiremont zu Beginn des 10. Jh. zwei Träger dieses Namens aus dem lotharingischen Hoch-
adel(!) begegnen (frdl. Hinweis von Herrn Kollegen Althoff – Giessen, für den ich auch
an dieser Stelle herzlich danke). Die lotharingische Abkunft Haganos scheint daher wohl
doch die wahrscheinlichere Annahme; so schon ECKEL, S. 107 m. Anm. 1 und zuletzt
WERNER, Westfranken, S. 235. Zu erwägen wäre allerdings, ob Hagano nicht tatsächlich

sung Karls im Januar 920 in Soissons[130]; es gelang Erzbischof Heriveus nur mühsam, noch einmal eine Aussöhnung mit den westfränkischen Großen herbeizuführen[131], die aber nicht von Dauer war und die endgültige Verlassung nur um etwa ein Jahr hinauszögerte.

Besonders schwierig gestaltete sich die Lage Karls in Lotharingien, wo Reginars Sohn und Nachfolger Giselbert der geborene Gegenspieler um die Vormachtstellung im Lande war[132]. Das Jahr 919 brachte den bisher latent schwelenden Konflikt zum offenen Ausbruch, als Karl auf einem Placitum im Juni des Jahres die Servatius-Abtei in Maastricht, die: *violentia Rageneri comitis et filii eius Giselberti a predicta Treverensi ecclesia iam olim esset iniuste ablata*, dem Trierer Erzbischof Rotger restituierte[133]. Natürlich standen die Matfridinger jetzt wieder auf Karls Seite, während Giselbert von Heinrich I. unterstützt wurde[134]. Im folgenden Jahr spitzten sich die Dinge noch weiter zu, als es um die Besetzung des Lütticher Bistums zu einer Kraftprobe zwischen Karl und Giselbert kam[135]. Zwar gelang es Karl schließlich doch, seinen Kandidaten, den Matfridinger Richar, Abt von Prüm, durchzusetzen, doch Heinrich I. hatte für Giselbert Partei ergriffen und dessen Kandidaten, den Lütticher Kleriker Hilduin, unter-

---

dem Lorscher Raum entstammte und somit als Ostfranke und Landfremder den Haß sowohl der Lotharinger als auch der Westfranken auf sich zog.

[130]) Flodoard, Annales ad an. 920: *...pene omnes Franciae comites regem suum Karolum apud urbem Suessonicam, quia Haganonem, consiliarium suum, quem de mediocribus –* nicht: *de minoribus* o.ä. *– potentem fecerat, dimittere nolebat, reliquerunt* (ed. LAUER, S. 2). Karl urkundete am 20.I.920 in Soissons: Actes de Charles III le Simple, Nr. 105.

[131]) Vgl. PARISOT, S. 630–31; ECKEL, S. 108–09; BÜTTNER, Westpolitik, S. 13–14; WERNER, Westfranken, S. 235; BUND, S. 507–09 u.a.m.

[132]) Vgl. schon oben S. 406–07 m. Anm. 321–24 und bes. BÜTTNER, Westpolitik, S. 12. Zu Giselbert vgl. PARISOT, S. 611–13.

[133]) Actes de Charles III le Simple, Nr. 100 (919 Juni 13; Or.) S. 230 Z.16–18 und ed. cit., Nr. 103 (919 Juli 9): *a potestate eiusdem* (scil. Trevirensis) *sedis Ragnerus pridem comes eandem abbatiam violenter subtraxit..., illam reddere est compulsus... Verum Zvindebaldo perempto, iterum a Ragnero pervasa est ac post illum ab eius filio Gisleberto pari violentia* (S. 244 Z.25–245 Z.1); vgl. PARISOT, S. 624–27; BÜTTNER, Westpolitik, S. 12–13; HLAWITSCHKA, Lotharingien, S. 203. Ungenügend MOHR, Heinrich I., S. 38.

[134]) Das von Richer, l.I c.38 (ed. LATOUCHE I, S. 76) zum Jahr 922(!) berichtete Märchen, Giselbert sei *per aliquot annos*(!) zu Heinrich I. geflüchtet, fand bei MOHR, Heinrich I., S. 39, Glauben, der überdies willkürlich das Jahr 916 zum Jahr der Flucht Giselberts bestimmt; zurückhaltender allerdings DERS., Geschichte, S. 18, 93 Anm. 85, 94 Anm. 96. Ablehnend schon PARISOT, S. 624 Anm. 1 (–S. 625); BÜTTNER, Westpolitik, S. 15 Anm. 33, befindet, daß die Erzählung Richers „in den Gang der Ereignisse nicht recht eingeordnet werden kann". Selbst ZIMMERMANN, Streit, S. 19–20 und HLAWITSCHKA, Lotharingien, S. 203–04, halten das Geschwätz Richers offenbar für historisch. Flodoard weiß nichts von einer Flucht Giselberts, und damit sollte es sein Bewenden haben.

[135]) Ausführliche Darstellung bei ZIMMERMANN, Streit, S. 15ff., 20ff. Vgl. auch SANTIFALLER, Exkurs VI, S. 118–22 und B–Z 56–57.

stützt, der anfänglich auch von Karl in Erwägung gezogen worden war[136]. Heinrich hatte sich damit in schroffen Gegensatz zu Karl gestellt, der ihn als *inimicus* titulierte[137]. Im Verlaufe dieser Auseinandersetzung stieß Karl im Spätsommer 920 bis nach Pfeddersheim bei Worms vor[138], doch mußte er sich vor den Streitkräften Heinrichs I. wieder nach Herstal zurückziehen[139].

Heinrichs Engagement in Lotharingien zeigt mit aller Deutlichkeit, daß der neue ostfränkische König sein Reich in den Grenzen der Zeit Arnulfs und Ludwigs d.K. sah. Noch einmal sei daran erinnert, daß seine Schwester Oda für einige Jahre Königin von Lotharingien gewesen war[140]. Die Allianz mit Giselbert war unter diesen Umständen nur natürlich, und es scheint mir unzweifelhaft, daß Giselbert ohne die Unterstützung Heinrichs schwerlich gewagt haben würde, sich zum Herrscher Lotharingiens aufzuschwingen, was Flodoard veranlaßt, Giselbert ganz wie Heinrich als *princeps* zu titulieren[141]. Daraus hat SPROEMBERG in offenkundiger Parallele zu dem ang. Königtum Arnulfs auch eines für Giselbert postuliert[142] und damit vereinzelt Anklang gefunden[143], doch vermeidet die Mehrzahl

---

[136]) Unbeschadet seines Mißerfolgs in Lüttich brachte es Hilduin († 936) mit Hilfe König Hugos noch zum Erzbischof von Mailand; s. ZIMMERMANN, Streit, S. 35 – 36. Zum Anteil Kaiser Berengars an diesen Ereignissen vgl. bes. HIESTAND, S. 135 und unten Kap. 8 § 2, S. 518 m. Anm. 430.

[137]) Const. I, Nr. 290 (a.920) c.1: *...ab Heinrico, inimico nostro, episcopium Tungrensis ecclesiae petiit* (scil. Hilduinus); c.2: *...ut Herimannus, Agrippinae civitatis archiepiscopus per violentiam Heinrici suorumque fidelium illum* (scil. Hilduinum) *in pontificem consecraret* (S. 379 Z.6, Z.24 – 26); vgl. WAITZ, S. 49 m. Anm. 1; ECKEL, S. 111; ZIMMERMANN, Streit, S. 18 – 19, 24 – 25, 28 – 29.

[138]) Flodoard, Annales ad an. 920: *Qui Erlebaldus profectus ad regem* (scil. Karolum), *qui tunc morabatur in pago Warmacensi sedens contra Heinricum principem Transrhenensem* (ed. LAUER, S. 3); Cont. Regin. ad an. 923(!): *Karolus Alsatiam et partes illas Franciae iuxta Rhenum usque Mogontiam sibi usurpaturus usque Paternisheim villam iuxta Wormaciae hostiliter pervenit. Unde fidelibus regis Heinrici Wormaciae coadunatis aliter, quam decuerat regem, aufugit* (ed. KURZE, S. 157); vgl. die folg. Anm.

[139]) B – O 1a und zur Chronologie der Ereignisse nach ZIMMERMANN, Streit, S. 28, bes. BÜTTNER, Westpolitik, S. 16 – 18 m. Anm. 38.

[140]) Oben S. 392 m. Anm. 232

[141]) Flodoard, Annales ad an. 920: *Herimannus vero archiepiscopus Hilduinum ibi episcopum, eligente clero ac populo, favente necnon Gisleberto, quem plurimi Lotharienses principem, relicto Karolo rege, delegerant, ordinavit* (ed. LAUER, S. 4). Aus der Formulierung Flodoards erhellt, daß die „Wahl" Giselberts vor dem Hintergrund des Lüttischer Bistumstreits zu sehen ist; vgl. auch ZIMMERMANN, Streit, S. 20, 24, 27 – 28.

[142]) SPROEMBERG, Anfänge, S. 15 m. Anm. 47, der sogar erwägt, ob Giselbert nicht gar zum König von Westfranken gewählt worden sei.

[143]) Vgl. etwa MOHR, Geschichte, S. 19: „dann sieht das... so aus, als hätten sie(scil. die Lotharinger) mit ihm eine Art Gegenkönig eingesetzt"; vgl. auch DERS., Rolle, S. 386; vorsichtiger aber ebd. S. 387 m. Anm. 1; s. noch DERS., Heinrich I., S. 42 sowie KIENAST, Herzogstitel, S. 377. HLAWITSCHKA, Lotharingien, S. 204 Anm. 76, hält eine Königswahl für „nicht völlig sicher"; s. schon PARISOT, S. 631 – 32.

der Forscher, von einer Königswürde Giselberts zu sprechen[144], eine Vorsicht, die nur allzu berechtigt ist, wenn man bedenkt, daß das ang. Königtum Giselberts schon nach wenigen Monaten beendet war und dieser Karl erneut als König Lotharingiens anerkannte[145]. Diese Anerkennung war nicht von langer Dauer, denn im Sommer 921 kam es zu einer neuerlichen Abfallbewegung, als deren Anführer Graf Richwin von Verdun genannt wird, doch fällt es schwer zu glauben, daß Giselbert tatenlos abseits gestanden hätte[146]. Dagegen scheint Heinrich sich von den lotharingischen Händeln fern gehalten zu haben, wofür nicht nur die Bereinigung des Verhältnisses zu Arnulf von Baiern verantwortlich gemacht werden kann.

Im Sommer 921 hatte Heinrich mit Karl einen Waffenstillstand geschlossen, der ihm erlaubte die „bairische Frage" in seinem Sinne zu regeln. Er war aber ohnehin nicht an einem offenen Konflikt mit Karl III. interessiert, dem seinerseits so viele innere Schwierigkeiten ins Haus standen, daß er zumindest eine wohlwollende Neutralität Heinrichs anstreben mußte. So kam es am 7. November 921, noch vor Ablauf des Waffenstillstands am 11. des Monats, zu einem persönlichen Treffen beider Könige auf einer Rheininsel bei Bonn[147] und zum Abschluß des berühmten „Bonner Vertrags"[148] in Form einer *amicitia*, wie Heinrich sie auch mit Arnulf von Baiern und – wahrscheinlich – mit Burchard von Schwaben abgeschlossen hatte[149]. Im Unterschied zu diesen ist uns der Wortlaut der Bonner Abmachungen überliefert: *Ego Karolus... amodo ero huic amico meo... Heinrico amicus, sicut amicus per rectum debet esse suo amico, secundum meum scire et posse ea vero ratione, si ipse mihi iuraverit ipsum eundemque sacramentum et attenderit quae promisit. Sic me Deus adiuvet et istae sanctae reliquiae*[150]. Auf die Titelfrage bin ich oben ausführlich eingegangen und gedenke nicht, darauf noch einmal zurückzukommen[151].

---

[144] Man begnügt sich meist mit der Umschreibung *princeps*; so etwa auch ZIMMERMANN, Streit, S. 20. BÜTTNER, Westpolitik, S. 14, spricht von „selbständigem Herrscher"; ALTHOFF – KELLER I, S. 71: (lothringische Große) „die den mächtigen Giselbert zu ihrem Oberhaupt erhoben hatten". BRUNNER, Fürstentitel, S. 291, formuliert am besten: „ein königsgleicher Fürst in einem Regnum wie die Herzöge Bayerns und Alemanniens".
[145] Vgl. PARISOT, S. 640; BÜTTNER, Westpolitik, S. 18. MOHR, Rolle, S. 387, überschätzt m.E. die Rolle Heinrichs, wenn er schreibt: „So kam es letzten Endes unter Aufopferung Giselberts(!) zu einer Einigung zwischen Heinrich und Karl...".
[146] PARISOT, S. 643, stellt Giselbert sogar als den eigentlichen Anführer dar, was mir doch zweifelhaft ist; vorsichtiger formuliert BÜTTNER, Westpolitik, S. 19.
[147] B – O 3, S. 8; vgl. VOSS, Herrschertreffen, S. 49 und oben S. 171 m. Anm. 565.
[148] Const. I, Nr. 1, S. 1 – 2: B – O 3; s. oben S. 171 m. Anm. 564.
[149] Oben S. 425ff.
[150] Const. I, Nr. 1 c. 2 (S. 1 Z.24 – 28).
[151] Oben S. 172 – 73.

Der eigentliche Vertragsinhalt ist äußerst knapp und im Grunde nichtssagend, was erklärt, warum die ältere Forschung vom „Bonner Vertrag" nicht viel Aufhebens gemacht hat[152].

Entscheidend ist nämlich nicht der formale Wortlaut der *amicitia*, sondern die politische Konstellation, die zu ihrem Abschluß führte. Schon WAITZ und ihm folgend die ältere Forschung hatten klar erkannt, daß der unausgesprochene Verzicht auf Lotharingien als die politische Vorbedingung und Voraussetzung des „Bonner Vertrags" gelten müssen[153]. Lotharingische Bischöfe, an ihrer Spitze die Erzbischöfe Hermann von Köln und Rotger von Trier, erscheinen ebenso im Gefolge Karls III. wie Graf Matfrid, während Giselbert und Richwin nicht in Bonn anwesend waren, also offenbar im Aufstand gegen Karl verharrten[154]. Im Gefolge Heinrichs I. befand sich neben Erzbischof Heriger von Mainz recht unerwartet auch Bischof Nothing von Konstanz wohl als Beauftragter Herzog Burchards von Schwaben; aus dem Laienadel sind vor allem die Konradiner vertreten[155]. Unter methodischen Aspekten scheint mir die Feststellung von Belang, daß der angeblich ja immer so wohlinformierte Widukind den „Bonner Vertrag" so wenig erwähnt wie Liudprand[156], während der „Continuator Reginonis" eine unzweifelhaft falsche Darstellung gibt und dies zu allem Überfluß auch noch zum Jahre 924[157]. Ist diese Mißachtung des „Bonner Vertrags", den Flodoard selbstverständlich kennt[158], nur auf Unkenntnis zurückzuführen[159], oder verbirgt sich dahinter nicht vielleicht eine politische Absicht? Letzteres erscheint mir so gut wie sicher[160].

---

[152]) Vgl. etwa WAITZ, S. 60–61; PARISOT, S. 644–45; ECKEL, S. 113–14.

[153]) WAITZ, S. 61; PARISOT, S. 645; ECKEL, S. 113; FLACH IV, S. 274–75. Vgl. bes. MOHR, Heinrich I., S. 40.

[154]) Vgl. BÜTTNER, Westpolitik, S. 20–21; s. auch MOHR, Geschichte, S. 20.

[155]) Vgl. BÜTTNER, Westpolitik, S. 21.

[156]) Es ist erstaunlich, daß die Forschung von diesem offen zutage liegenden Tatbestand bisher so gut wie keine Notiz genommen hat; vgl. allerdings SCHMID, Unerforschte Quellen, S. 142, 143, der daraus aber keine Konsequenzen zieht.

[157]) Cont. Regin. ad an. 924: *Karolus et Heinricus reges apud Bonnam castellum conveniunt et pacem inter se facientes foedus ineunt, et Karolus nunquam sibi amplius Lothariense regnum usurpaturus regreditur* (ed. KURZE, S. 157). Zu den Ann. Lobienses ad an. 923 vgl. WAITZ, S. 61 Anm. 6.

[158]) Flodoard, Annales ad an. 921: *Karolus iterum pacem cum Heinrico firmat* (ed. LAUER, S. 6). Es ist dies die letzte Nachricht zum Jahr 921; zuvor hatte er bereits den Abschluß des Waffenstillstands: *usque ad missam Sancti Martini*, gemeldet (ed. LAUER, S. 6). Man beachte, daß Flodoard zu den Jahren 920/21 wesentlich knapper formuliert als für die Folgezeit.

[159]) Diese Frage wird, was den Cont. Regin. anbelangt, von LINTZEL, Adalbert, S. 401, bejaht; vgl. aber die folg. Anm.

[160]) Angesichts der ablehnenden Haltung der westfränkischen Historiographie gegenüber Heinrich I. – vgl. oben S. 298 m. Anm. 365–66 –, für die der „Bonner Vertrag" ja geradezu der „Auslöser" war, scheint mir das Schweigen insbes. Widukinds eine Art

So gering das Echo der Zeitgenossen und der späteren sächsischen Hof-
historiographie auch war, so hat die moderne Geschichtsschreibung die
Bedeutung dieser *amicitia* darum nicht verkannt, doch über ihre historisch-politische Einordnung gingen die Meinungen weit auseinander. Die
alte, vom deutschen „Nationalgedanken" beherrschte Auffassung formulierte am klarsten der Rechtshistoriker Heinrich MITTEIS: „Zum ersten
wurde im Bonner Vertrag das letzte staatsrechtliche Band zwischen den
ehemaligen fränkischen Reichsteilen zerschnitten(sic), die beiden Könige
des Westens und des Ostens traten sich als Souveräne gleichen Rechts auf
der Basis des Völkerrechts gegenüber; und zum zweiten konsolidierte sich
das Reich durch den Anschluß Bayerns mit dem der Schwabens eng zu-
sammenhängt. Die Parallele zu 1870(!) ist zu frappant, als daß man sie mit
Stillschweigen übergehen könnte"[161]. An anderer Stelle hatte MITTEIS den
Vertrag von 921 als den „Schlußstein in der Liquidation der karolingischen
Gesamtmonarchie" bezeichnet, was noch 1985 zustimmend zitiert worden ist[162]. Ähnlich abwegig ist die Stellungnahme SCHLESINGERS. Er bemerkt zunächst zutreffend, daß „der *rex Francorum orientalium* nicht nur
nicht Karlinger, sondern gar nicht Franke war", um fortzufahren: „Die
beiden genannten Gruppen der *Franci* (scil. der *Franci occidentales* und der
*Franci orientales*) sind vielmehr, so meine ich, das deutsche und französische Volk"(sic)[163].

Urteile dieser Art werden heute wohl kaum noch ernst genommen. Gewiß wird man die gewählte Vertragsform nach moderner Terminologie in
die Nähe eines völkerrechtlichen Vertrags rücken dürfen, aber diese Feststellung gilt für die *amicitia* Heinrichs mit Arnulf ebenso wie für die mit
Karl geschlossene. Alle diese Verträge werden innerhalb des fränkischen
Großreichs und nur mit Fürsten dieses Reichs geschlossen[164]. Sie sind die
Fortsetzung der Politik Kaiser Arnulfs mit neuen Mitteln: an die Stelle der
karolingischen Familienbündnisse, von denen der hohe Adel stets ausge-

---

ostfränkischer „Antwort" auf diese Angriffe gegen Heinrich. Natürlich kann schlichtes
Nicht-Wissen bei Widukind für die Zeit Heinrichs I. niemals ausgeschlossen werden.

[161] MITTEIS, S. 268. Auf die Parallele zu 1870 kommt Mitteis einige Zeilen später noch
einmal zurück, sie ist also kein „Ausrutscher".

[162] EHLERS, Anfänge, S. 33 m. Anm. 144; vgl. auch SCHMID, Unerforschte Quellen,
S. 120 m. Anm. 3–4.

[163] SCHLESINGER, Grundlegung, S. 270.

[164] Ich kenne keine *amicitia* zwischen Heinrich und einem Slawenfürsten o.ä.; auch
die Eingliederung der Normannen in Westfranken vollzog sich strikt auf der Ebene des
Lehnrechts. Eben darum scheint mir ein Terminus wie „völkerrechtlicher Vertrag" o.ä.
überaus problematisch, da er automatisch Assoziationen wie Souveränität (im modernen
Sinn) auslöst.

schlossen war, treten nun Verträge des Königs mit den Fürsten auf der Basis weitgehender Gleichberechtigung, weshalb diese Rechtsform auch in Bonn und bei späteren Gelegenheiten für Verträge zwischen Königen gewählt werden konnte. Gerade Heinrich I. hat seine Politik ganz wesentlich auf den Abschluß von Amicitia-Verträgen aufgebaut[165]. Im Grunde hatte Walter MOHR schon 1950 ganz richtig gesehen: „Im Bonner Vertrag liegt nicht eine Trennung, wie der größte Teil der modernen Forschung meint, sondern viel eher eine Vereinigung, ein Zurückgreifen auf ein altes Band. Die Neuerung liegt allein in der Tatsache, daß der Karolinger einen Sachsen als fränkischen König anerkennt"[166]. Dies war in der Tat das absolute Novum: erstmals mußte sich ein Karolinger dazu bequemen, einen anderen *rex* im Frankenreich, der zu allem Überfluß noch nicht einmal Franke war, als seinesgleichen anzuerkennen[167]. Die Frage scheint mir müßig, wer bei diesem Vertrag den größeren Vorteil für sich verbuchen konnte. Beide Herrscher durften im Augenblick des Vertragsabschlusses mit dem Erreichten zufrieden sein: Karl sah sich vom ostfränkischen König als Herrscher Westfrankens u n d Lotharingiens anerkannt; damit war der politische Status quo vertraglich abgesegnet worden. Daß Karl zugleich auf Ambitionen im Osten „verzichtet" habe, ist eine unbewiesene haltlose Behauptung fern jeglicher Realität[168]. Der Vorteil für Heinrich lag zweifellos in der formalen Anerkennung als gleichberechtigter Frankenkönig[169]. Dies mochte ihm das vorläufige Stillhalteversprechen in Lotharingien wert gewesen sein[170]. Auch wenn es nach über 1000 Jahren unmöglich ist, die Motive der Handelnden, von denen keine Quelle berichtet, zu ergründen, liegt doch zumindest die V e r m u t u n g nahe, daß Heinrich die Anerkennung Karls in Lotharingien nicht als für alle Zeiten gültig aufgefaßt hat, wie seine Haltung schon im Jahre 920 und dann in der Folgezeit zeigt. Natürlich wird man nicht behaupten dürfen, Heinrich sei gewissermaßen im Augenblick des Vertragsschlusses entschlossen gewesen, seine soeben mit

---

[165] Das betont zutreffend SCHMID, Unerforschte Quellen, S. 146; das ebd. S. 132 Anm. 51 angekündigte Buch von Gerd ALTHOFF – Karl SCHMID: Amicitiae. Dokumentation einer Bündnisbewegung durch Verbrüderungen und Freundschaften im beginnenden 10. Jahrhundert, ist bisher noch nicht erschienen. Vgl. noch ALTHOFF – KELLER I, S. 65, 72.

[166] MOHR, Heinrich I., S. 41.

[167] Vgl. oben S. 173 m. Anm. 575–76.

[168] Vgl. MOHR, Heinrich I., S. 42 m. Anm. 43 (gegen Wittich).

[169] Vgl. BÜTTNER, Westpolitik, S. 20; MOHR, Rolle, S. 387; ALTHOFF – KELLER I, S. 72 u.a.m.

[170] Von einer „Aufopferung Giselberts": so MOHR, Rolle, S. 387, möchte ich nicht sprechen.

Karl beschworene *amicitia* bei der erstbesten Gelegenheit zu brechen, aber Heinrich mußte genügend über die politische Lage in Westfranken informiert gewesen sein, um zu wissen, daß Karls Herrschaft auf tönernen Füßen stand. Zumindest für die Zukunft, so fern sie auch sein mochte, wollte er sich alle Optionen offen halten, wobei er die unmittelbare Konfrontation nach Möglichkeit zu vermeiden trachtete[171].

In der Tat gestaltete sich die politische Lage für Karl immer bedrohlicher. Zwar hat er zunächst den Kampf gegen Giselbert in Lotharingien energisch geführt – auch während der Fastenzeit, wie Flodoard mißbilligend bemerkt[172]. Einen entscheidenden Erfolg konnte er indes nicht erringen. Das Osterfest des Jahres 922 verbrachte Karl in Laon, das er jedoch bald darauf eilends verlassen mußte, da ihm die Gefangennahme durch aufrührerische westfränkische Große drohte, an deren Spitze Hugo stand, der Sohn des *marchio* Robert von Neustrien. Erzbischof Heriveus von Reims, der Karl zwei Jahre zuvor vor dem Schlimmsten bewahrt hatte, war schwer erkrankt und starb am 2. Juli 922. Zu diesem Zeitpunkt hatte Westfranken bereits einen neuen König in der Person Roberts von Neustrien, dem Bruder Odos, der 898 bei der Königswahl auf den Wunsch seines eigenen Bruders übergangen worden war[173]. Die Krönung und Salbung Roberts in St-Remi vor Reims vollzog daher Erzbischof Walter von Sens, der 888 schon Odo gekrönt hatte[174]. Karl war wie üblich nach Lotharingien geflohen, wo er Giselbert in der Burg Chèvremont (südlich Lüttich) belagerte; die Einnahme gelang jedoch nicht, da Roberts Sohn Hugo mit einem

---

171) Wie dies ja auch seine Politik gegenüber Baiern und Schwaben gewesen war! Vgl. bes. ALTHOFF – KELLER I, S. 72.

172) Flodoard, Annales ad an. 922: *Karolus regnum Lothariense ob persecutionem Gisleberti et Othonis rapinis, sacrilegiis atque incendiis etiam in tempore Quadragesimae, sicut et tota hieme vastat* (ed. LAUER, S. 7). Der hier genannte Otto ist der Sohn des Grafen Richwin von Verdun. Vgl. PARISOT, S. 647; ECKEL, S. 115; JACOBSEN, Flodoard, S. 15 m. Anm. 9 u.a.

173) Oben S. 380 – 81 m. Anm. 162. Zu den Ereignissen in Westfranken im 1. Halbjahr 922 vgl. PARISOT, S. 648 – 51; ECKEL, S. 117 – 19; LAUER, Raoul, S. 8 – 9; vgl. zuletzt JACOBSEN, Flodoard, S. 16 – 19.

174) Flodoard, Annales ad an. 922: *Franci Rotbertum seniorem eligunt, ipsique sese committunt. Rotbertus itaque rex Remis apud Sanctum Remigium ab episcopis et primatibus regni constituitur. Heriveus, Remorum archiepiscopus obiit tertia die post consecrationem regis Rotberti* (ed. LAUER, S. 10). Aus dieser Formulierung Flodoards erhellt mit aller Deutlichkeit, daß Heriveus am 30.VI. nicht der Coronator Roberts gewesen sein kann; in diesem Sinne schon LIPPERT, S. 14; ECKEL, S. 120; LAUER, Raoul, S. 9; EHLERS, Tradition, S. 217 m. Anm. 17; JACOBSEN, Flodoard, S. 17. PARISOT, S. 651, läßt die Frage offen; für Heriveus dagegen de FONT-RÉAULX, S. 36 – 37. BÜTTNER, Westpolitik, S. 24, formuliert unklar: „Wenige Tage nach der Krönung Roberts... starb Erzbischof Heriveus".

Entsatzheer herbeieilte. Robert folgte ihm auf dem Fuße und schloß mit den Anhängern Karls einen Waffenstillstand bis zum Oktober 923[175].

Diesen nutzte Robert, um schon zu Jahresbeginn 923 mit Heinrich an der Ruhr zusammenzutreffen[176]. Flodoard berichtet mit klaren Worten, daß Robert und Heinrich eine *amicitia* abschlossen ganz wie Heinrich und Karl 921 in Bonn. Schon die Tatsache des Abschlusses einer *amicitia* mit Robert, dem Gegenkönig Karls III., bedeutete eine flagrante Verletzung der mit diesem ausgehandelten *amicitia*[177], was in der Forschung meist nicht beachtet wird[178]. Der Wortlaut der *amicitia* ist nicht überliefert, doch darf als sicher angenommen werden, daß sie mit der 921 in Bonn beschworenen wörtlich übereinstimmte[179]. I n s o w e i t kann man tatsächlich mit SCHMID sagen, daß der Vertrag von 923 den von 921 „ersetzte"[180], wobei der Vertragsbruch gerade in diesem „Ersetzen" liegt[181]. Grundverschieden waren allerdings die politischen Voraussetzungen, unter denen die jeweiligen *amicitiae* geschlossen worden waren: während Karl als Preis für Heinrichs Nichteinmischung in Lotharingien und Anerkennung des Status quo immerhin die Anerkennung Heinrichs als völlig gleichberechtigten Frankenkönig zu bieten gehabt hatte, war Robert ein seinerseits um Anerkennung bemühter König und so wenig ein Karolinger wie Heinrich.

---

175) PARISOT, S. 652–53; ECKEL, S. 120, 122; LAUER, Raoul, S. 9. BUND, S. 510, berichtet die Phantasien Richers als historische Tatsachen, was nicht einmal ECKEL, S. 121–22, in den Sinn kommt.

176) Flodoard, Annales ad an. 923: *Rotbertus in regnum Lothariense proficiscitur locuturus cum Heinrico, qui ei obviam venit in pagum Ribuarium super fluvium Ruram; ubi se invicem paverunt et pacta amicitia datisque ab alterutro muneribus discesserunt* (ed. LAUER, S. 12): B – O 7b. Zur Örtlichkeit an der Ruhr, d.h. gleichfalls an der lotharingisch– ostfränkischen Grenze, vgl. oben S. 171 m. Anm. 565, S. 173 m. Anm. 579.

177) So mehr oder minder deutlich LIPPERT, S. 15: „der (scil. Heinrich) den Bonner Vertrag außer Acht ließ"; ECKEL, S. 122: „le roi d'Allemagne...s'empressa d'oublier les promesses qu'il avait faites à Charles le Simple"; LAUER, Raoul, S. 9: „Henri Ier qui, au mépris du traité de Bonn, noua des relations amicales avec l'usurpateur".

178) Und zwar gerade in der jüngeren Forschung: BÜTTNER, Westpolitik, S. 27: „ein unverkennbares Abrücken Heinrichs I. von Karl d.E."; fast wörtlich so HLAWITSCHKA, Frankenreich, S. 107; vgl. weitere Lit. bei SCHMID, Unerforschte Quellen, S. 138 m. Anm. 11. ALTHOFF–KELLER I, S. 72, äußern sich nicht zu dieser Frage, und WERNER, Westfranken, S. 235, erwähnt den Vertrag an der Ruhr mit keinem Wort. Unverständlich schon PARISOT, S. 652: „il(scil. Henri Ier) observa une stricte neutralité entre les deux adversaires"; ohne Werturteil WAITZ, S. 69. Vgl. noch unten mit Anm. 180–81.

179) Wobei lediglich statt *Karolus* nun *Robertus* zu lesen wäre: oben S. 431 m. Anm. 150–51; s. auch MOHR, Geschichte, S. 20: „der in seiner Art wohl ähnlich gewesen ist wie der ehedem zu Bonn mit Karl geschlossene". Vgl. noch oben S. 173 m. Anm. 580.

180) SCHMID, Unerforschte Quellen, S. 138.

181) Zu milde urteilt auch BÜTTNER, Westpolitik, S. 25: „Ob nicht der Bonner Vertrag...sinngemäß eine andere Haltung Heinrichs I. gegenüber dem Karolinger verlangt hätte, bleibe dahingestellt". Büttner fällt dieses Urteil im Hinblick auf die Ereignisse des Jahres 922, es gilt a fortiori für den Vertrag an der Ruhr; vgl. aber BÜTTNER, aaO., S. 29.

Er muß also notwendigerweise einen Preis für Heinrichs Frontwechsel – um einen solchen handelte es sich ganz zweifellos – gezählt haben, und dieser Preis kann nur in der Überlassung Lotharingiens bestanden haben, das für ihn eher eine Belastung als einen realen Machtzuwachs bedeutete[182].

Diesen Zusammenhang hat die bisherige Forschung zu meinem Erstaunen meist nicht bemerkt[183], obwohl er doch eigentlich offenkundig ist[184]. Was sonst hätte Robert denn zu bieten gehabt? Im eigentlichen Vertragstext fanden die politischen Absprachen keinen Niederschlag, wie dies ja auch 921 in Bonn nicht der Fall gewesen war[185]. Natürlich muß man SCHMID zustimmen, wenn er bemerkt, daß der Vertrag an der Ruhr „Episode blieb"[186], da Robert I. nur wenige Monate später fiel, doch ändert dies nichts an dessen grundsätzlicher Bedeutung für das künftige Schicksal Lotharingiens. Karl III. versuchte unter Bruch des Waffenstillstands mit einem lotharingischen Heer die militärische Entscheidung gegen Robert zu erzwingen. Am 15. Juni 923 kam es bei Soissons zur Schlacht, in deren Verlauf König Robert fiel, doch ein von Roberts Sohn Hugo und Heribert von Vermandois geführtes Hilfsheer entriß dem Heere Karls den sicher geglaubten Sieg und trieb es in die Flucht[187]. Der Tod Roberts blieb für Karl ohne Nutzen: es gelang ihm nicht, die Westfranken erneut zur Anerkennung seines Königtums zu bewegen. Von den drei Thronbewerbern: Hugo, dem Sohn Roberts, der meist den Beinamen „der Große" führt[188], Heribert II. von Vermandois, einem Nachkommen Bernhards von Italien[189], und Rudolf, dem Sohn und Nachfolger Richards von Burgund[190], wurde

---

[182]) Daß Robert in Lotharingien nicht auf Anhang rechnen konnte, zeigt auch sein dortiges Verhalten: er ließ sich Geiseln stellen und schloß einen Waffenstillstand bis zum 1. Oktober 923; vgl. schon WAITZ, S. 70; PARISOT, S. 653; ECKEL, S. 122; LAUER, Raoul, S. 9. Vgl. bes. BÜTTNER, Westpolitik, S. 31, der aber nur an das Elsaß denkt.

[183]) Typisch ist WAITZ, S. 69: „Über Lothringen scheint aber nichts abgemacht zu sein"; PARISOT, S. 652, lehnt den Gedanken an eine „alliance offensive" zwischen Heinrich und Robert ab und betont: „On ne connaît aucun acte d'hostilité commis par le roi de Germanie à l'encontre du roi de France et de Lorraine". Das hatte Heinrich auch gar nicht nötig: diese „actes d'hostilité" besorgten andere! Erstaunlich unpolitisch auch BÜTTNER, Westpolitik, S. 26. Vgl. aber unten Anm. 211.

[184]) Richtig gesehen hatte dies ausgerechnet LÜDTKE, S. 92, dem MOHR, Heinrich I., S. 42, beipflichtet; zutreffend auch KIENAST I, S. 52.

[185]) Oben S. 432 m. Anm. 152–53.

[186]) Unerforschte Quellen, S. 138.

[187]) PARISOT, S. 653–54; ECKEL, S. 122–24; LAUER, Raoul, S. 9–10; BÜTTNER, Westpolitik, S. 28. Unbefriedigend BUND, S. 510–11.

[188]) Gemeint ist jedoch „der Ältere"; vgl. KIENAST, Magnus, S. 3–4; s. schon oben S. 142 m. Anm. 335.

[189]) Vgl. LIPPERT, S. 17; LAUER, Raoul, S. 11, 22 Anm. 3 und bes. WERNER, Untersuchungen III, S. 92–93; DERS., Nachkommen, S. 417–18, 458 (VI,3).

[190]) Zu Rudolf vgl. LIPPERT, S. 20–24; LAUER, Raoul, S. 2–5.

am 13. Juli 923 in Soissons schließlich der letztgenannte zum König von Westfranken gewählt und gesalbt. Als Coronator fungierte zum dritten Mal Erzbischof Walter von Sens[191].

Es war dies der vierte Dynastiewechsel in einem Zeitraum von nur 35 Jahren. Obwohl Robert I. einen regierungsfähigen Sohn Hugo hatte, fiel die Wahl nicht auf diesen, sondern auf Roberts Schwager Rudolf, den *comes* im *regnum* Burgund[192] und nahen Verwandten der Bosoniden[193]. LIPPERT hatte schon 1886 den Grund für diese merkwürdige Wahl erkannt, nämlich das Bemühen der westfränkischen Großen, die Gründung einer neuen Dynastie zu verhindern[194]. Für den „um 1090" schreibenden Hugo von Flavigny († 1101) bedeutete diese Wahl eine „Translatio" des *regnum Francorum ad extraneum*[195], was beweist, daß dieser Dynastiewechsel in Westfranken/Frankreich noch zu Ausgang des 11. Jahrhundert als ähnlich einschneidend empfunden wurde wie der Dynastiewechsel des Jahres 919 in Ostfranken. Vor allem in Aquitanien hat man noch einige Jahre hindurch demonstrativ nach Karl III. geurkundet mit Wendungen wie: *anno quarto, quo infideles Franci principem suum Karolum propria sede exturbaverunt et Rodulphum elegerunt, Roberto interfecto*[196]. Mit dem Regierungsantritt Rudolfs war der Vertrag Heinrichs I. mit Robert I. schon wieder obsolet geworden, denn wir hören in den nächsten Jahren nichts vom Abschluß einer neuen *amicitia* zwischen Heinrich und Rudolf. Auch kam es nicht zu einer Entscheidungsschlacht zwischen Karl III. und Rudolf: unter dem Vorwand, auf seine Seite übertreten zu wollen, war es Heribert II. gelungen, Karl III. im Spätsommer 923 gefangen zu nehmen[197]. Heri-

---

[191]) LIPPERT, S. 19; ECKEL, S. 125; LAUER, Raoul, S. 12 und oben S. 435 m. Anm. 174.

[192]) In der einzigen Urkunde, die vor seiner Königswahl überliefert ist, nennt Rudolf sich schlicht *comes*: KIENAST, Herzogstitel, S. 90 m. Anm. 23 – 24. Flodoard bezeichnet ihn vor seiner Krönung nur als *Rodulfus, filius Richardi* (ed. LAUER, S. 14).

[193]) Vgl. die Stammtafel bei LAUER, Raoul, S. 2 m. Anm. 5.

[194]) LIPPERT, S. 18. LAUER, Raoul, S. 12, äußert sich zu dieser Frage nicht.

[195]) Oben S. 123 m. Anm. 226. Dagegen wertet die „Historia Francorum Senonensis" die Wahl Rudolfs keineswegs negativ, was natürlich aus der Anti-Reims-Haltung der „Historia" gut verständlich ist; vgl. EHLERS, Aufstieg, S. 7, 17 und oben S. 301 Anm. 383. Vgl. noch GOEZ, S. 93.

[196]) DONIOL, Nr. 327, S. 332; vgl. noch ebd. Nr. 39: *anno tertio, quo Karolus rex per infidos Francos dehonestatus est* (S. 63); Nr. 315: *anno quarto, quo Franci deinhonestaverunt* (DONIOL: *francidae inhonestaverunt*) *regem suum Karolum et contra legem sibi Rodulfum in regem elegerunt* (S. 320). Im Cartul. de St-Cyprien, fol. CVIII[r], 109[v] sind zwei „chartae" nach dem 30. Regierungsjahr Karls datiert, was m i n d e s t e n s in das Jahr 923, in Aquitanien aber wahrscheinlich in das Jahr 928 führt; s. auch Alexandre BRUEL in: BECh.27 (1866) S. 495 und LAUER, Raoul, S. 17 m. Anm. 4. Vgl. WERNER, Untersuchungen I, S. 262 – 63 und oben S. 284 m. Anm. 266 sowie unten § 3, S. 442 m. Anm. 220.

[197]) Flodoard, Annales ad h. an. (ed. LAUER, S. 15); vgl. PARISOT, S. 656 – 57; ECKEL, S. 127 – 28; LAUER, Raoul, S. 20 – 21.

bert sicherte sich damit ein ständiges Druckmittel gegen Rudolf[198] bis zum Tode Karls III. im Jahre 929[199], zugleich aber galt er künftigen Zeiten als der Prototyp des Verräters[200], womit die historische Rolle Heriberts II. nur sehr ungenügend erfaßt wird[201]; die Z e i t g e n o s s e n haben über Karl eher negativ geurteilt und sein Schicksal als selbst verschuldet empfunden[202]; die Stilisierung zum Märtyrer und „Heiligen" gehört erst dem folgenden Jahrhundert an[203].

Die *amicitia* zwischen Heinrich I. und Robert I. hatte dem Sachsen freie Bahn in Lotharingien gelassen, der nach Roberts Tod auch nicht zögerte, die einzigartige Gelegenheit zu nutzen. Ein Teil des lotharingischen Adels hatte sich zur Anerkennung des neu gewählten Westfrankenkönigs Rudolf entschlossen[204], doch: *Dum haec geruntur, Heinricus invitantibus se Gisleberto comite et Rotgario, Trevirorum praesule, qui necdum se Rodulfo subdiderant, Rhenum transmisisse regnumque Lotharii depraedari nuntiatur*[205]. Zuvor hatte er von einem Gesandten Karls III., der ihn im Namen

---

[198]) Vgl. LIPPERT, S. 35; PARISOT, S. 656; ECKEL, S. 131 und zuletzt BÜTTNER, Westpolitik, S. 39. Vgl. unten § 3, S. 442–43 m. Anm. 221–22.

[199]) PARISOT, S. 657; ECKEL, S. 131; LAUER, Raoul, S. 56.

[200]) Vgl. WERNER, Untersuchungen I, S. 262, der mit Recht betont, daß dies vor allem die Sicht des 12. Jh. ist, was Eckel, Lauer u.a. nicht beachtet haben; vgl. WERNER, aaO., S. 263 Anm. 2 und die folg. Anm.

[201]) Ganz typisch das Urteil von ECKEL, S. 127: „Cette abonimable trahison..."; ähnlich LAUER, Raoul, S. 21–22; „Il y avait là un abus trop injustifié de ruse perfide et de force brutale pour que, même en ce siècle de fer, l'opinion générale n'en fût point émue"; s. dagegen die treffenden Bemerkungen von WERNER, Untersuchungen I, S. 262; DERS., Westfranken, S. 235–36.

[202]) Vgl. etwa Urkundendatierungen wie: *anno tertio regni Radulfi regis, Karolo cum suis infidelibus merite(!) captus*, und: *anno secundo regni Radulfi regis, quo anno Karolus in custodia tenebatur*, wo *custodia* nicht nur die Haft, sondern auch die Haftstrafe meint; vgl. WERNER, Untersuchungen I, S. 263 m. Anm. 26–27; s. auch LAUER, Raoul, S. 16 m. Anm. 1–2 und unten § 3, S. 443 m. Anm. 228–29. FLACH IV, S. 526 (mit Facsimile auf S. 527) will statt: *merite captus*, ein unmögliches: *mente captas*, lesen.

[203]) Am eindrucksvollsten vielleicht im „Chronicon S. Benigni Divionensis" aus der Mitte des 11. Jh.: *Et Carolus ergastulo clausus, animam non corpus custodia exemit; qui dum viveret Simplex dictus est ob benignitatem animi; sanctus nunc recte potest vocari, quoniam iniuste ab infidelibus suis et periuris longa custodia carceris afflictus, vite superne est transmissus* (edd. BOUGAUD–GARNIER, S. 126); zu dieser Edition vgl. BULST, S. 17 Anm. 22. Vgl. ECKEL, S. 134 m. Anm. 3.

[204]) Flodoard, Annales ad h. an.: *Rodulfus a plurimis Lothariensium susceptus in regno, petitur a Wigerico, Metensium episcopo...* (ed. LAUER, S. 17). Damit ist zumindest ein Name aus dem Kreis der Anhänger Rudolfs genannt; ein zweiter war Graf Otto von Verdun, von dem Flodoard noch zum Jahr 923 berichtet: *Otho tantum ex his, qui se Rodulfo commiserant, ad Heinricum defecit* (ed. LAUER, S. 18). Vgl. LIPPERT, S. 36; PARISOT, S. 662ff.; LAUER, Raoul, S. 25–26; BÜTTNER, Westpolitik, S. 30.

[205]) Flodoard, Annales ad an. 923 (ed. LAUER, S. 18); s. auch Ann. Prum. ad an. 923: *Eodem anno Heinricus Saxonum et orientalium Francorum rex quosdam optimates de regno Lotharii sibi in fideles spontaneos recepit. Qui dedignati sunt Rudolfi fieri fideles, qui suo domino eos privabat* (ed. BOSCHEN, S. 82); vgl. PARISOT, S. 664 und BÜTTNER, Westpolitik, S. 32; vgl. zuletzt BOSCHEN, S. 207 und ebd. S. 209–10.

seines Herrn um Hilfe ersuchte, eine kostbare Reliquie des hl. Dionysius erhalten, die er dankbar annahm, ohne indes einen Finger für Karl zu rühren[206]. Die Bedeutung des Jahres 923 für den Wechsel Lotharingiens von West- nach Ostfranken erhellt aus der Tatsache, daß sowohl Erzbischof Rotger von Trier[207] als auch Giselbert als Herzog von Lotharingien[208] die Herrschaft Heinrichs I. in Lotharingien in der Datierung ihrer Urkunden mit dem Jahr 923 beginnen lassen[209], das sich so als das eigentliche Epochejahr[210] für die Wiedereingliederung Lotharingiens in den ostfränkischen Staatsverband erweist[211], auch wenn es noch zweijähriger Kämpfe bedurf-

---

[206]) Widukind, l.I c.33 (ed. HIRSCH, S. 45–46); der nach 1010 schreibende Thietmar weiß zusätzlich zu berichten, Karl habe bei dieser Gelegenheit auf seine lotharingischen Ansprüche verzichtet: Chronicon, l.I c.23: *Hic* (scil. Karolus) *Heinrici regis nostri, nepotis autem sui*(!), *inplorans auxilium, dexteram Christi martiris Dionisii et cum ea omne regnum Luthariorum, si ab eo liberaretur, sibi traditurum sacramentis promisit* (ed. HOLTZMANN, S. 30 Z.6–9); dieser Unsinn schien sowohl WAITZ, S. 72, als auch ECKEL, S. 126 – dieser immerhin mit einem einschränkenden „peut-être" – akzeptabel; beide vermengen überdies in unerlaubter Weise Widukind, l.I c.30 (ed. HIRSCH, S. 42–43) mit l.I c.33; vgl. noch LAUER, Raoul, S. 20; FLACH IV, S. 276 und bes. BÜTTNER, Westpolitik, S. 29 m. Anm. 8. Man beachte, daß dieser Bericht Widukinds durch den Zeitgenossen Flodoard nicht bestätigt wird, obwohl ihm dies doch Gelegenheit gegeben hätte, Heinrich erneut in einem schlechten Licht darzustellen. Ich möchte die Historizität von Widukinds Erzählung nicht ausschließen, halte sie aber für ungenügend beglaubigt. ALTHOFF – KELLER I, S. 72, beziehen die Nachricht auf das Jahr 922.

[207]) Vgl. MUB.I, Nr. 164 (a.924): *anno vero domini Heinrici gloriosissimi regis II* (S. 229); Nr. 171 (a.929): *anno vero domni Heinrici serenissimi regis VI super regnum quondam Lotharii* (S. 236); im Juni 923 hatte er nach Karl III. datiert: ebd. Nr. 163: *anno XII in regno quondam Hlotarii* (S. 228); vgl. schon WAITZ, S. 73 m. Anm. 6–7; PARISOT, S. 672 m. Anm. 3; s. auch BÜTTNER, Westpolitik, S. 31 m. Anm. 15.

[208]) MUB.I, Nr. 169 (a.928) S. 234: *Actum in Traiecto, anno dominicae incarnationis DCCCCXXVIII, anno vero V domni Henrici serenissimi regis super regnum quondam Lotharii, indictione I*: B – O 23. Giselbert nennt sich in dieser Uk. erstmals *gratia Dei dux*; vgl. KIENAST, Herzogstitel, S. 380 m. Anm. 126, 417 (6) Nr. 1. Vgl. unten S. 441 m. Anm. 214–15.

[209]) Nicht dagegen die Urkunden der Kölner Erzbischöfe, die Heinrichs Regierungsjahre ab 919 zählen und auch nicht nach *anni...super regnum quondam Lotharii* datieren; vgl. OEDIGER, Regg. 321, 325 (in Reg. 323 ist das Regierungsjahr ausgefallen) und schon PARISOT, S. 672 m. Anm. 2. In Trier wird dagegen der Herrschaft Ottos I. *super regnum quondam Lotharii* noch 952 gedacht: MUB.I, Nr. 193 (S. 255). Die Trierer Ukk. verlegen den Regierungsantritt Ottos übrigens hartnäckig in das Jahr 934.

[210]) Nicht einschlägig in diesem Zusammenhang ist eine im übrigen hochinteressante Uk. Erzbischof Hermanns I. von 922 Aug. 11 für das Nonnenkloster Gerresheim: *Actum publice Colonia civitate regnantibus christianissimis regibus Karolo et Heinrico...*: OEDIGER, Reg. 311, S. 103. Die Uk. ist verfälscht, die Datierung jedoch goldecht, da ein späterer Fälscher eine so haargenau in das Jahr 922 passende Datierung nicht hätte erfinden können; s. noch OEDIGER, aaO., S. 104. Schon PARISOT, S. 666 Anm. 1, hatte richtig erkannt, daß die Datierung auch nach Heinrich durch die Tatsache bedingt ist, daß Kloster Gerresheim rechtsrheinisch, d.h. auf ostfränkischem Gebiet gelegen war.

[211]) Was bei WAITZ, S. 73, nicht genügend deutlich wird und bei LIPPERT, S. 36–37, vollends untergeht. Auch BÜTTNER, Westpolitik, S. 30–32 und ALTHOFF–KELLER I, S. 73, betonen die Bedeutung des Einschnitts von 923 nicht in ausreichendem Maße. BÜTTNER, Westpolitik, S. 31, hatte vermutet, daß Robert I. 923 das Elsaß an Heinrich abgetre-

te[212], bevor: *Heinrico cuncti se Lotharienses committunt*[213]. Der Preis für die Rückgewinnung Lotharingiens war die Anerkennung Giselberts in der schon von dessen Vater Reginar angestrebten Herzogswürde[214]; überdies erhielt Giselbert wohl 928 die Hand von Heinrichs Tochter Gerberga und wurde so zum Schwiegersohn des ostfränkischen Königs[215]. Durch die Unterwerfung Bosos, des im Maasraum reich begüterten Bruders König Rudolfs von Westfranken[216], konnte die Befriedung Lothringens mit dem Feldzug des Jahres 928 als abgeschlossen gelten[217]. Heinrich hatte sein er-

---

ten habe; ALTHOFF – KELLER I, S. 72, stimmen dem zu, doch wissen wir über die Geschicke des Elsaß in jenen Jahren faktisch nichts. FLACH IV, S. 19, erkennt sehr wohl die Bedeutung des Jahres 923, formuliert unter dem Eindruck des Kriegsjahres 1917 jedoch höchst einseitig: „C'est de ce jour (scil. de la déposition de Charles le Simple) que se prépara la réunion de fait, toujours contestée en droit, de la Francie médiane à la Germanie, son rattachement violent, et par morceaux, au regnum Teutonum"; ähnlich töricht: ebd. S. 279. Vgl. noch die folg. Anm. und unten S.446 m. Anm. 245 – 47.

[212]) In deren Verlauf Rudolf zeitweise die Oberhand zu gewinnen schien, zumal Giselbert noch einmal eine Kehrtwendung zu Rudolf vollzog; vgl. LIPPERT, S. 37, 42 – 43, 52 – 53; PARISOT, S. 668 – 71; LAUER, Raoul, S. 26, 36 – 37, 40 – 41; BÜTTNER, Westpolitik, S. 32 – 40; ALTHOFF – KELLER I, S. 73 – 74. FLACH IV, S. 277, spricht von einer „anarchie de plusieurs années (923 – 925) qui ouvrit la porte à l'usurpateur saxon"; vgl. schon die vorige Anm.

[213]) Flodoard, Annales ad an. 925 (ed. LAUER, S. 33). Die vom Cont. Regin. ad an. 923 berichtete gewaltsame Unterwerfung des Bischofs von Metz (ed. KURZE, S. 157) gehört in das Jahr 925; so gegen WAITZ, S. 73 bereits LIPPERT, S. 53; s. auch PARISOT, S. 670; LAUER, Raoul, S. 40; BÜTTNER, Westpolitik, S. 33 Anm. 18, 87 Anm. 15. In Metz und Toul wurden die Herrschaftsjahre Heinrichs in Lothringen ab 925 gezählt: PARISOT, S. 672 m. Anm. 4; BÜTTNER, Westpolitik, S. 86.

[214]) Allerdings nicht im Jahre 925, wie WAITZ, S. 81 – 82, annehmen wollte; dagegen mit Recht schon PARISOT, S. 613 – 15, 673 und KIENAST, Herzogstitel, S. 377 – 80, bes. S. 380. Heinrich bezeichnete Giselbert seit 929 mehrfach als *dux*: D H.I. 30 (931 Okt. 24): *rogatu Gisleberti fidelis ac dilecti ducis nostri* (S. 65 Z.29): B – O 36; D H.I. 40 (935 Juni 8; Or.): *interveniente Gisalberto fideli nostro duce* (S. 73 – 74): B – O 50; D H.I. 20A (929 Dez. 1): *per interventum Gisalberti fidelis et admodum dilecti ducis nostri*: NA. 23 (1898) S. 120 – 21; vgl. oben Anm. 9 und KIENAST, Herzogstitel, S. 316 m. Anm. 17.

[215]) Zum Datum vgl. schon WAITZ, S. 121 m. Anm. 5. Ich bin geneigt, die Ernennung Giselberts zum *dux* – um eine solche und keineswegs um eine Usurpation muß es sich gehandelt haben – im Zusammenhang mit dessen Heirat mit Gerberga zu sehen. Die oben Anm. 208 zitierte Uk. Giselberts wäre dann wohl tatsächlich dessen erste Herzogsurkunde; s. auch B – O 22b; PARISOT, S. 673 m. Anm. 3; FLACH IV, S. 279 und zuletzt ALTHOFF – KELLER I, S. 74.

[216]) Zu dem jüngeren Bruder Rudolfs, der 924 eine Nichte Hugos v.d. Provence, des künftigen Königs von Italien, mit Namen Berta geheiratet hatte, und schon 935 starb, vgl. POUPARDIN, Bourgogne, S. 282 m. Anm. 5 ( – S. 283) und bes. LAUER, Raoul, S. 3, 14 – 15, 26 Anm. 3, 29, 40, 60 – 61, 70, 77. Er war ein höchst unruhiger Geist, der seinem Bruder mindestens ebensoviel Kummer bereitete wie dem meist als Gegenspieler aufgefaßten Heinrich I. Man muß sich hüten, hier „nationale" Gesichtspunkte ins Spiel zu bringen und Boso als einen Vertreter französischer Interessen in Lotharingien aufzufassen, wie dies LAUER, aaO., S. 77, tut; historisch sehr viel ausgewogener das Urteil von LIPPERT, S. 90 – 91; vgl. unten § 3, S. 446 m. Anm. 246.

[217]) Flodoard, Annales ad an. 928 (ed. LAUER, S. 42 – 43): B – O 22a-b; vgl. schon WAITZ, S. 120; LAUER, Raoul, S. 53 und bes. BÜTTNER, Westpolitik, S. 63 – 64 und ebd. S. 85 – 86; s. auch ALTHOFF – KELLER I, S. 71 sowie unten Anm. 247.

klärtes Ziel erreicht, Ostfranken in den Grenzen der Zeit Kaiser Arnulfs wiederherzustellen.

§ 3: Die Konsolidierung der Vormachtstellung Heinrichs I. nach 926 und der Ungarnsieg von 933. Die Stabilisierung des westfränkischen Königtums unter Rudolf. Die ang. Entstehung des Königreichs Burgund um 933.

Man hat m.E. bisher zu wenig beachtet, wieviel die Regierungen Heinrichs I. und Rudolfs über den chronologischen Befund hinaus gemeinsam haben. In beiden Reichen bedeuteten die Wahlen von 919 und 923 einen Wechsel der Dynastie verbunden mit einem Wechsel der „Kernlandschaften" des Königtums, der im Osten noch wesentlich radikaler ausfiel als im Westen: während sich hier Burgund dem bisherigen Zentrum der Königsherrschaft um Reims und Laon hinzugesellte, ist im Osten ein völliger Bruch mit der karolingischen Tradition zu verzeichnen, indem der Süden so gut wie völlig aus dem Königsitinerar verschwindet und Sachsen an die Stelle von Baiern tritt[218]. Beide Herrscher sahen sich mit Schwierigkeiten bezüglich der Anerkennung ihrer königlichen Stellung im Süden ihrer Reiche konfrontiert. Heinrich hatte dieses Problem im Augenblick der Wahl Rudolfs allerdings bereits erfolgreich gelöst[219], derweilen Rudolf fast ein Jahrzehnt um seine zumindest formale Anerkennung in Aquitanien und in der Gascogne ringen mußte: nachdem schon 924 eine erste Huldigung Wilhelms II. von Aquitanien († 926) erfolgt war, nutzte dieser die schwierige Lage Rudolfs im Jahre 926 zum Abfall, in dem auch Wilhelms II. Bruder und Nachfolger Acfred († 927) verharrte[220]. Als Heribert II. anläßlich seines Aufstands gegen Rudolf den gefangenen Karl III. 927 wieder aus der Versenkung hervorholte, kam es im folgenden Jahr zu einer persönlichen Begegnung Karls mit Rudolf in Reims, in deren Verlauf Karl das König-

---

[218]) Vgl. BRÜHL, Fodrum, S. 117 – 19. Die Bedeutung der Regierung Rudolfs hatte ich damals noch nicht erkannt – vgl. ebd. S. 231 Anm. 39 – , wie mein Buch von 1968 allgemein noch unter der antiquierten chronologischen Gliederung litt, die damals üblich war (z.B. „deutsche" Geschichte ab 919 u.ä.m.); vgl. noch oben S. 425 – 26 m. Anm. 105 – 06, S. 427 m. Anm. 122.

[219]) Im Jahre 921 war der ostfränkische Staatsverband bereits in seiner Gesamtheit wiederhergestellt: oben S. 424 – 27.

[220]) Flodoard, Annales ad h. ann. (ed. LAUER, S. 19 – 20, 35); vgl. LIPPERT, S. 38 – 39, 57, 61, 63; LAUER, Raoul, S. 27 – 28, 44, 49, 51.

tum Rudolfs anerkannte[221], ohne daß ihm dies viel genutzt hätte[222]. Formal bestand nun kein Anlaß mehr, im Süden an Karls Scheinherrschaft festzuhalten, doch erst 932 bequemten sich die Herren von Toulouse, der Rouergue und der Gascogne zur Huldigung[223].

Eine weitere, wenngleich höchst negative Gemeinsamkeit beider Reiche waren die Einfälle und Raubzüge fremder Völker, von denen Westfranken allerdings wie üblich sehr viel stärker betroffen war als Ostfranken, das allein von den Ungarn bedroht wurde[224], während die Fürsten Westfrankens abwechselnd gegen Normannen, Sarazenen und Ungarn zu Felde ziehen mußten. Die Sarazenen saßen seit ca. 900 im Raum von La Garde-Freinet (Dép. Var, arr. Draguignan, c<sup>on</sup> Grimaud), von wo sie erst 973(!) vertrieben wurden[225], doch eine Gefahr bildeten sie nur für die Fürstentümer des Südens, nicht für den König, der niemals direkt mit ihnen konfrontiert war[226]. Um so heftiger hatte er sich dagegen der Ungarn und der Normannen zu erwehren. Wie falsch die häufig zu lesende Auffassung ist, mit dem Jahr 911 seien die Normanneneinfälle in Westfranken endgültig zum Abschluß gekommen[227], wird durch einen Blick in Flodoards Annalen deutlich, in denen der Normannengefahr ganz zu Recht eine höhere Bedeutung beigemessen wird als den Ungarn. Karl III. hatte 922 in höchster Not die Normannen zu Hilfe gerufen: „das schwerste Vergehen, dessen man sich in diesen Tagen schuldig machen konnte"[228]. Als scheinbare Verteidiger der karolingischen Legitimität waren sie in Wahrheit natürlich nur am Ausbau und an der Verstärkung ihrer ohnehin schon einflußreichen Machtposition interessiert[229]. 924 und nochmals 926 mußte Rudolf eine

---

[221]) Flodoard, Annales ad an. 928 (ed. LAUER, S. 43); vgl. LIPPERT, S. 58ff., bes. S. 65–66, 67; LAUER, Raoul, S. 49, 55. Das Treffen zwischen Karl und Rudolf in Reims ist bei VOSS, Herrschertreffen, S. 213, nicht verzeichnet und auch sonst nicht berücksichtigt.

[222]) Obwohl Rudolf ihm den königlichen *fiscus* Attigny überlassen hatte – von der zusätzlichen Überlassung Ponthions spricht nur der Schwätzer Richer –, starb Karl 929 doch als Gefangener Heriberts. Formal war Rudolf bis 928 Gegenkönig; vgl. LIPPERT, S. 25, 67–68, 70; ECKEL, S. 133–34; LAUER, Raoul, S. 55–56.

[223]) Flodoard, Annales ad h. an. (ed. LAUER, S. 53); vgl. LIPPERT, S. 68–69, 79–80; LAUER, Raoul, S. 67–68. Die Spanische Mark stand auch weiterhin abseits: LIPPERT, S. 80 m. Anm. 2; LAUER, Raoul, S. 85.

[224]) Unten S. 450ff.

[225]) Vgl. POUPARDIN, Provence, S. 249ff.; DERS., Bourgogne, S. 86 m. Anm. 1, 100–04.

[226]) Grundlegend bleibt POUPARDIN, Provence, S. 243ff., bes. S. 257ff.

[227]) Vgl. schon oben S. 397 m. Anm. 260.

[228]) WERNER, Untersuchungen I, S. 262. Zur Sache vgl. LIPPERT, S. 16; ECKEL, S. 125; LAUER, Raoul, S. 11; vgl. oben S. 439 m. Anm. 202.

[229]) Es ist bezeichnend, daß 923 außer den Normannen nur Papst Johann X. – wohl unter dem Einfluß Berengars I. von Italien – für den gefangenen Karl III. eintrat; vgl. LIPPERT, S. 34–35 und ebd. S. 63; LAUER, Raoul, S. 51 sowie B–Z 76 (zu 926!).

außerordentliche Normannensteuer (*pecunia collaticia*) erheben und einer beträchtlichen Erweiterung des normannischen Besitzstandes in der „Normandie" zustimmen[230], derweilen die noch nicht in das Westfrankenreich integrierten Loire-Normannen im Herbst 924 unter Raginold ihre Raubzüge wiederaufnahmen und auch den vereinten Heeren Rudolfs und Hugos von Franzien zu trotzen vermochten[231]. Die normannischen Angelegenheiten beschäftigten Rudolf mit wechselndem Ausgang während seiner ganzen Regierungszeit, ohne daß ihm ein entscheidender Erfolg beschieden gewesen wäre[232].

Als die größte Geißel des Abendlandes galten den Zeitgenossen jedoch fraglos die Ungarn, die den Westen unvermindert mit ihren Streifzügen heimsuchten. Sie erschienen indes unregelmäßig und in größeren zeitlichen Abständen; insbesondere hegten sie nicht wie die Normannen den Wunsch auf Ansiedlung im Westfrankenreich, sondern begnügten sich mit der Beute, die ihre schnellen Pferde tragen konnten. Auch kam es nie zu einer entscheidenden Schlacht mit König Rudolf[233], denn die eigentliche „Königslandschaft", Franzien und Burgund, war von ihren Raubzügen kaum betroffen: wie bei den Sarazenen hatte das Italien benachbarte Königreich Burgund die Hauptlast der ungarischen Einfälle zu tragen, wie dies vor allem 924 der Fall war[234]; 926 war dagegen Franzien im engeren Sinn betroffen, doch der im Kampf gegen die Normannen kurz zuvor verwundete Rudolf konnte dem betroffenen Gebiet, dem Raum von Attigny – Reims, keine Hilfe bringen[235]; auch dieses Mal blieb Burgund nicht unbehelligt[236]. Dies gilt ebenso für den Raubzug des Jahres 935, der allerdings in erster Linie gegen das Herzogtum Burgund, die *Burgundia* im Sinne Flodoards[237], gerichtet gewesen zu sein scheint, ohne daß es Rudolf, der

---

[230]) Flodoard, Annales ad h. ann. (ed. LAUER, S. 19, 34); vgl. LIPPERT, S. 35 – 36, 38, 43, 57; LAUER, Raoul, S. 27, 44.

[231]) Vgl. LIPPERT, S. 44 – 48; LAUER, Raoul, S. 32 – 36.

[232]) Vgl. LIPPERT, S. 49 – 52, 55 – 56, 62, 70 – 71, 84 – 85, 91; LAUER, Raoul, S. 59, 71, 77, 85.

[233]) Dies betont zutreffend LAUER, Raoul, S. 44: „Ces envahisseurs passaient avec la rapidité d'un ouragan. Il était presque impossible de les atteindre pour les combattre...“; vgl. unten mit Anm. 235.

[234]) Vgl. POUPARDIN, Bourgogne, S. 214 – 16; LAUER, Raoul, S. 32; LÜTTICH, S. 130 – 32; FASOLI, S. 140 – 41; BÜTTNER, Westpolitik, S. 45 – 46.

[235]) Vgl. LAUER, Raoul, S. 43 – 44; LÜTTICH, S. 72 – 73. Es scheint, als ob Lothringen insbes. der Raum von Toul – Metz, stärker betroffen gewesen sei als das Rémois; s. auch FASOLI, S. 147 – 48.

[236]) Vgl. POUPARDIN, Bourgogne, S. 62 m. Anm. 5; FASOLI, S. 148.

[237]) HOFMEISTER, Burgund, S. 49, bemerkt mit Recht, daß Flodoard *Burgundia* nur für das „französische" Herzogtum Burgund gebraucht und niemals für das Königreich, das bei ihm die *Cisalpina Gallia* ist; vgl. schon oben S. 131 m. Anm. 270; s. noch unten Anm. 335.

sofort herbeieilte, gelungen wäre, den Feind zu stellen[238]. Doch so schwer die Schäden auch waren, die die Ungarn Westfranken zufügten, muß doch gesagt werden, daß die Hauptfeinde Westfrankens die Normannen gewesen sind, deren Rolle im Norden die der Sarazenen im Süden, d.h. im Königreich Burgund[239], entspricht.

Bei einem Vergleich der Herrschaft Rudolfs in Westfranken mit der Konrads I. und Heinrichs I. in Ostfranken überwiegen die Ähnlichkeiten mit Konrad I. und dies nicht nur, weil auch Rudolf ohne Leibeserben starb, was seine Regierung in den Augen von auf Dynastien fixierter Historiker automatisch als eine „Übergangsregierung" erscheinen ließ. In Wahrheit hat Rudolf seine Aufgabe sehr viel besser erfüllt als Konrad, der am Ende seiner Regierung trotz allen persönlichen Einsatzes politisch abgewirtschaftet hatte. Der Herrschaftsstil Rudolfs steht jedoch dem Konrads entschieden näher als dem Heinrichs, mit dem er aus Gründen der Chronologie meist verglichen wird, wobei Rudolf selbst da nicht schlecht abschneidet[240], doch das System der *amicitiae*, das Heinrich so meisterhaft zu handhaben wußte, war nicht der Regierungsstil Rudolfs[241], der sich im klassischen Spiel des „renversement des alliances" seine innerpolitischen Rivalen Hugo von Franzien und den unberechenbaren Heribert II. von Vermandois[242] vom Leibe hielt[243]. Daß er weniger erfolgreich war als Heinrich wird man ihm nicht ankreiden dürfen: dafür war seine Machtposition gegenüber Hugo und Heribert einfach zu schwach, die Bedrohung durch Normannen und Ungarn zu groß[244]. Die französische Forschung

---

238) Vgl. POUPARDIN, Bourgogne, S. 62–63; LAUER, Raoul, S. 75 m. Anm. 4; LÜTTICH, S. 85–86; FASOLI, S. 162, bezieht in Unkenntnis des oben Anm. 237 dargelegten Sprachgebrauchs Flodoards den *adventus Rodulfi regis* auf Rudolf II. von Burgund statt auf den Westfrankenkönig; bei LÜTTICH, S. 86, bleibt unklar, wer gemeint ist, doch spricht der Zusammenhang eher für den Burgunder.

239) Zu Burgund vgl. unten S. 454ff.

240) Vgl. etwa LIPPERT, S. 99–100, der auch Konrad I. in den Vergleich einbezieht, und LAUER, Raoul, S. 82–83, der wie so oft Lippert ausschreibt.

241) Vgl. aber unten S. 459 m. Anm. 337; zu Heinrich s. oben S. 433–34 m. Anm. 164–65.

242) Die Herrschaft Heriberts II., aus sich selbst heraus verstanden und nicht nur in ihrer Rivalität zum Königtum oder gar unter dem Gesichtspunkt des „Verrats" an Karl III., hätte eine monographische Behandlung verdient; vgl. schon oben S. 439 m. Anm. 200–01.

243) Er war fraglos der gefährlichste Gegenspieler Rudolfs. Auf Einzelheiten einzugehen ist hier nicht der Ort; vgl. allgemein LIPPERT, S. 58ff., 70, 81–82; LAUER, Raoul, S. 46ff., 58ff.; s. noch unten S. 459 m. Anm. 340.

244) Heinrich hatte sich nur mit den Ungarn auseinanderzusetzen und nach dem Tode Burchards von Schwaben auch nur noch einen politischen Gegenspieler von Format in Gestalt Arnulfs von Baiern, der sich jedoch nach dem Friedensschluß mit Heinrich stets loyal verhalten hat.

hat ihm natürlich den „Verlust" Lothringens angekreidet[245], was jedoch auf der irrigen, die Realitäten verzerrenden Voraussetzung der Existenz eines deutschen und französischen Staates beruht, die für jene Jahre eben völlig anachronistisch ist[246]. Es handelt sich um eine Machtverschiebung innerhalb des fränkischen Reiches, die lediglich den „Status quo ante" des Jahres 911 wiederherstellte, d.h. jene Grenzen, die Arnulf dem ostfränkischen Reich gesetzt hatte.

Die Rückgewinnung Lothringens[247] bedeutete selbstverständlich einen beträchtlichen Machtzuwachs für Heinrich I., und man kann sagen, daß Ostfranken fortan bis zum Ende des Jahrhunderts eine politische Vorrangstellung – ich betone nochmals – innerhalb des Frankenreichs einnimmt. Ein glücklicher innenpolitischer Umstand kam 926 hinzu: Herzog Burchard von Schwaben hatte sich 922 mit seinem „Erbfeind" Rudolf II. von Burgund ausgesöhnt und diesem seine Tochter Berta zur Frau gegeben, was Rudolfs Italienpolitik überhaupt erst ermöglichte[248]. Nach der blutigen Schlacht von Fiorenzuola (bei Piacenza) am 17. Juli 923[249] und der Ermordung Kaiser Berengars am 7. April des folgenden Jahres konnte Rudolf sich im gesicherten Besitz Italiens wähnen[250], doch eine Fraktion des italienischen Adels, an deren Spitze die Markgräfin Irmingard von Ivrea gestanden zu haben scheint[251], bot die Krone einem Halbbruder Irmin-

---

[245]) Vgl. etwa LAUER, Raoul, S. 85: „Ainsi la France se trouvait amoindrie...".

[246]) Darum ist es auch abwegig, aus Rudolfs Bruder Boso einen Vertreter „französischer" Interessen in Lotharingien zu machen, wie dies LAUER, Raoul, S. 77, tut: „C'était un précieux auxiliaire de Raoul et un utile représentant des interêts français en Lorraine qui disparaissait". Mit Recht hatte dagegen schon LIPPERT, S. 90, bemerkt, daß dieser Tod „Rudolf von mancher Unannehmlichkeit und Sorge befreite". Vgl. schon oben Anm. 216.

[247]) Mit den Jahren 923/25 beginnt für mich endgültig die Geschichte Lothringens; ich gebrauche fortan nicht mehr den Begriff „Lotharingien".

[248]) POUPARDIN, Bourgogne, S. 31 – 32; HARTMANN III/2, S. 191; MOHR, Heinrich I., S. 30; BÜTTNER, Westpolitik, S. 43 – 44.

[249]) Hiervon berichtet sogar Flodoard, Annales ad h. an: *Alter Rodulfus, Cisalpinae Galliae rex, quem Italici...in regnum receperant, cum ipso Berengario conflixit eumque devicit, ubi mille D viri cecidisse dicuntur* (ed. LAUER, S. 18 – 19); vgl. bes. Liudprand, Antapodosis, l.II cc.65 – 66 (ed. BECKER, S. 66 – 67); vgl. HARTMANN III/2, S. 192; POUPARDIN, Bourgogne, S. 44; HIESTAND, S. 140; BÜTTNER, Westpolitik, S. 44 m. Anm. 5.

[250]) Ein Italienzug Hugos v.d. Provence im Jahre 923, den POUPARDIN, Provence, S. 219 m. Anm. 1; DERS., Bourgogne, S. 47 m. Anm. 3, annehmen möchte, scheint mir nicht gesichert; vgl. aber ebd. S. 45 – 48; s. auch HIESTAND, S. 147 – 48.

[251]) Von ihr hat Liudprand, Antapodosis, l.III c.7, die denkbar schlechteste Meinung: *Causa autem potentiae huius*(scil. Hermengardae) *haec erat, quod...carnale cum omnibus, non solum principibus, verum etiam ignobilibus, commercium exercebat* (ed. BECKER, S. 77 Z.10 – 13); vgl. bes. POUPARDIN, Bourgogne, S. 54 m. Anm. 4; HARTMANN III/2, S. 195; HIESTAND, S. 146, Anm. 6. Zu Liudprands Verhältnis zum weiblichen Geschlecht vgl. allgemein SUTHERLAND, S. 17 – 20, bes. S. 17 – 18.

gards, dem *marchio* Hugo von der Provence, an[252]. Dies war für Rudolf Anlaß, eilends nach Burgund zurückzukehren, um dort ein Heer gegen Hugo aufzubieten; Rudolfs Schwiegervater Burchard schloß sich mit einem eigenen Heer dem Aufgebot Rudolfs an[253], das im März 926 über den Großen St. Bernhard nach Italien zog[254]. Durch eigenen Leichtsinn kam Herzog Burchard am 29. April 926 vor Novara ums Leben, woraufhin Rudolf seinen Zug abbrach und kampflos vor Hugo das Feld räumte[255]. Für Heinrich bot sich so – Burchard war ohne Leibeserben geblieben – die einzigartige Chance, in Schwaben einen Herzog seiner Wahl einzusetzen.

Dies gelang ihm in der Tat auf dem Reichstag zu Worms im November 926, „die erste wirkliche Reichsversammlung, die sich unter seiner Herrschaft nachweisen läßt"[256]. Die Nachfolgeregelung ließ sich nicht ohne die Zustimmung Arnulfs von Baiern und Rudolfs II. von Burgund bewerkstelligen, der Ansprüche auf Teile des Allodialbesitzes Burchards im Namen seiner Frau Berta erheben konnte[257] und persönlich in Worms erschien[258]. Während die Zustimmung Arnulfs offenbar durch Konzessionen im bairisch–alamannischen Grenzraum erkauft werden konnte[259],

---

[252]) Hugo war ein Sohn Berthas († 925), der Tochter Lothars II. und der Waldrada, aus ihrer 1. Ehe mit Graf Theobald († vor 898), dem Sohn des berüchtigten Laienabts Hukbert von St-Maurice; Irmingard war eine Tochter aus der 2. Ehe der Bertha mit Adalbert II. von Tuszien († wohl 915); vgl. die Stammtafel bei POUPARDIN, Provence, nach S. 216 (nach S. 242 des Nachdrucks). Hugos Stiefbruder Wido herrschte seit ca. 915 in Tuszien. Vgl. unten Kap 8 § 2, S. 519 m. Anm. 441, S. 520 m. Anm. 450–51.

[253]) POUPARDIN, Bourgogne, S. 56; HARTMANN III/2, S. 196; HIESTAND, S. 142–43; BÜTTNER, Westpolitik, S. 46.

[254]) Hierzu vgl. bes. BÜTTNER, Westpolitik, S. 47; vgl. schon HARTMANN III/2, S. 196: „Es war nur natürlich, daß, wenn der Beherrscher des St. Bernhard ausgespielt hatte, der Beherrscher des Mont-Cenis wieder an seine Stelle trat". SCHROD, S. 7–11, erwähnt die Paßbenutzung der Burgunderkönige und auch Burchards mit keinem Wort.

[255]) POUPARDIN, Provence, S. 221; DERS., Bourgogne, S. 57–58; HARTMANN III/2, S. 196–97; HIESTAND, S. 143; BÜTTNER, Westpolitik, S. 47; SCHIEFFER, Überblick, S. 10.

[256]) ALTHOFF–KELLER I, S. 84. Vgl. aber unten S. 448 m. Anm. 260.

[257]) Dies betont zutreffend BÜTTNER, Westpolitik, S. 48.

[258]) D H.I.11 (926 Nov. 3): *actum in civitate Wormatia, praesente domno rege Ruodolfo* (S. 48 Z.34–35): B–O 14. Es ist dies die einzige Erwähnung König Rudolfs, der hier auch nur deshalb genannt wird, weil der Empfänger der Uk. das Burgund benachbarte rätische Bistum Chur ist; D H.I.12 (926 Nov. 4): B–O 15 für St. Gallen erwähnt Rudolf nicht; auch keine erzählende Quelle gedenkt dieses historisch so wichtigen Treffens. Die Unsicherheit von WAITZ, S. 90 – vgl. aber ebd. S. 91 – , ob der burgundische oder der westfränkische Rudolf gemeint sei, ist unbegründet: letzterer war von den in Worms behandelten Angelegenheiten nicht betroffen und wäre auch schwerlich nach Ostfranken gezogen, um mit Heinrich zusammenzutreffen; vgl. unten S. 459 m. Anm. 338. Für Rudolf von Burgund treten daher mit Recht ein: B–O 13a; HOFMEISTER, Burgund, S. 36 Anm. 1; LINTZEL, Schwaben, S. 79; BÜTTNER, Burgenbauordnung, S. 11; DERS., Westpolitik, S. 49–50 m. Anm. 28; KIENAST I, S. 54 m. Anm. 112; unnötig zweifelnd VOSS, Herrschertreffen, S. 56 Anm. 73, 213. Vgl. dazu unten Kap. 9 § 3, S.607 m. Anm. 403.

[259]) Vgl. schon LINTZEL, Schwaben, S. 83 und bes. BÜTTNER, Westpolitik, S. 48 m. Anm. 21–22.

scheint das bisher meist gespannte ostfränkisch – burgundische Verhältnis in Worms auf neue Grundlagen gestellt worden zu sein. Leider sind wir über den Wormser Reichstag extrem schlecht unterrichtet: der zeitgenössische Flodoard berichtet zwar den Tod Burchards in Italien, weiß aber offenbar nichts – oder will nichts wissen – von Rudolfs Besuch bei Heinrich[260]. Zu seinem Schweigen hätte er auch allen Grund gehabt, denn man nimmt wohl mit Recht an, daß die berühmte Hl. Lanze[261] auf dem Wormser Tag, d.h. also im Jahre 926[262] und nicht erst im Jahre 935[263], an Heinrich übergeben wurde[264], womit Rudolf die Oberhoheit Heinrichs formell anerkannte, wie Liudprand ausdrücklich betont: *facti sunt amici in illa die, qui prius inimici erant ad invicem*[265]. Auch hier also der Abschluß einer *amicitia* bei gleichzeitiger Huldigung Rudolfs. Heinrichs Gegenleistung bestand in der Anerkennung, vielleicht sogar in der Erweiterung des burgundischen Besitzstands in Südschwaben einschließlich Basels[266]; die Belehnung von Rudolfs Bruder Ludwig mit der Grafschaft im Thurgau ist wohl gleichfalls in diesem Zusammenhang zu sehen[267].

Nachdem Heinrich sich so mit den Nächstbetroffenen abgestimmt hatte, konnte er den neuen Herzog ernennen, zu dem er den Konradiner Hermann ausersah, der sich durch Heirat mit Burchards Witwe sogleich an das

---

[260] Flodoard, Annales ad an. 926 (ed. LAUER, S. 35). Weder Widukind noch Liudprand, noch der Cont. Regin. erwähnen den Wormser Reichstag, was erneut beweist, wie dürftig die Kenntnis dieser Autoren von der Zeit Heinrichs I. ist. Vgl. aber unten Anm. 268.

[261] Zur Hl. Lanze vgl. SCHRAMM, Herrschaftszeichen II, S. 492ff., bes. S. 527ff.

[262] Das Jahr 922, für das noch WAITZ, S. 66 – 67; B – O 7a (S. 9 – 10) und POUPARDIN, Bourgogne, S. 376 – 77, eingetreten waren, wird heute nicht mehr in Erwägung gezogen; s. schon HOFMEISTER, Burgund, S. 36 Anm. 1.

[263] So zuletzt wieder HIESTAND, S. 173 – 74; weitere Lit. zu 935 zitiert BÜTTNER, Westpolitik, S. 51 Anm. 31 (R. Holtzmann, W. Holtzmann, H.E. Mayer); vgl. noch LINTZEL, Schwaben, S. 81. SCHRAMM, Herrschaftszeichen III, S. 501, 537, läßt die Datierungsfrage offen. KIENAST I, S. 58 Anm. 119, erklärt es für „unmöglich, zwischen 926 und 935 zu entscheiden"; vgl. schon ebd. S. 54. Diese Auffassung teile ich nicht.

[264] Für 926 treten ein HOFMEISTER, Burgund, S. 36; LINTZEL, Schwaben, S. 81 – 82; DERS.: Zur Erwerbung der heiligen Lanze durch Heinrich I. (1951) in: Ausgewählte Schriften, t.II (Berlin 1961) S. 85 – 91; BÜTTNER, Westpolitik, S. 50 – 54; SCHIEFFER, Überblick, S. 10; MAURER, S. 136; ALTHOFF – KELLER I, S. 92; weitere Lit. bei HIESTAND, S. 172 Anm. 121.

[265] Liudprand, Antapodosis, l.IV c.25 (ed. BECKER, S. 119 Z.12 – 13). Ganz unbefriedigend die Darstellung von MOHR, Heinrich I., S. 68ff. MARIOTTE, S. 170, schließt nicht aus, daß Rudolf II. schon damals Vasall Heinrichs geworden ist, was auch ich für wahrscheinlich halte.

[266] Liudprand, Antapodosis, l.IV c.25, sagt ausdrücklich: *quod non solum eo*(scil. donum) *dantem se auri argentique muneribus, verum etiam Suevorum provinciae parte non minima honoravit* (ed. BECKER, S. 119 Z.16 – 18). Vgl. hierzu BÜTTNER, Westpolitik, S. 52 – 53; s. auch LINTZEL, Schwaben, S. 82 – 83 und MAURER, S. 196 – 97, 201.

[267] Dies betonte bereits BÜTTNER, Westpolitik, S. 54 – 55. Vgl. oben S. 334 m. Anm. 215 – 17 und Anm. 220.

alte Herzogsgeschlecht „ansippte"²⁶⁸. Hermann war ein Vetter Konrads I.;
seine Einsetzung unterstreicht das gute Verhältnis Heinrichs zu den Kon-
radinern, wie dies auch aus der von Flodoard berichteten Befriedungsmis-
sion Eberhards von Franken in Lothringen erhellt²⁶⁹. Allerdings war nun
von einer *amicitia* im Stil der einst mit Burchard geschlossenen keine Rede
mehr: wie selbstverständlich beanspruchte Heinrich fortan das Recht der
Bischofseinsetzung, und wir hören auch nichts mehr von einer schwäbischen Italienpolitik²⁷⁰. An deren Stelle trat die Italienpolitik Arnulfs von
Baiern, die Heinrich genauso hingenommen hat wie die Burchards²⁷¹. Die
„Großen Salzburger Annalen" berichten zum Jahr 934: *Longobardi Epar-
hardum, filium Arnolfi ducis, in dominum acceperunt. Eodem anno Arnolfus dux et Udalpertus archiepiscopus cum Baiowariis iter hostile in Italiam
fecerunt*²⁷². Der Versuch, Italien für Eberhard zu gewinnen, scheiterte völ-
lig²⁷³. Gerade dieser Umstand läßt es mir fraglich erscheinen, ob Heinrich

---

²⁶⁸) Cont. Regin. ad an. 926: *Herimanno ducatus Alamanniae committitur, qui viduam
Burchardi duxit uxorem* (ed. KURZE, S. 158). Der Regino-Fortsetzer berichtet also sehr
wohl das Faktum der Einsetzung Hermanns und dessen Eheschließung mit der Witwe
Burchards, aber er weiß weder von dem Besuch Rudolfs bei Heinrich noch vom Wormser
Reichstag. Vgl. noch BÜTTNER, Westpolitik, S. 49; MAURER, S. 132; ALTHOFF – KELLER
I, S. 81, 131. Allgemein s. LINTZEL, Adalbert, S. 405 – 06.
²⁶⁹) Flodoard, Annales ad an. 926: *Ebrardus quidam Transrhenensis in regnum Lotharii
mittitur ab Heinrico justitiam faciendi causa et Lotharienses inter se pace consociat* (ed.
LAUER, S. 36); vgl. WAITZ, S. 90, der diesen Eberhard fälschlich auf Heinrichs Schwager,
den Grafen von Hamalant, bezieht; unsicher auch B – O 13a (S. 14) und MOHR, Heinrich
I., S. 44 m. Anm. 55. Allein schon Flodoards Ausdrucksweise *quidam Transrhenensis*
spricht m.E. für den Frankenherzog; s. auch ALTHOFF – KELLER I, S. 93; s. schon WAITZ,
S. 91: Hermann war ein Sohn Gebhards, des 910 gefallenen *dux in regno Hlotarii*(!). Vgl.
oben S. 393 m. Anm. 233.
²⁷⁰) Vgl. LINTZEL, Schwaben, S. 78 – 79, 83; BÜTTNER, Westpolitik, S. 49.
²⁷¹) Es schiene mir allerdings gewagt zu behaupten, Heinrich habe Arnulf 926 in Worms
grünes Licht für eine selbständige Italienpolitik gegeben. Dafür finde ich in den Quellen
keinen Anhaltspunkt; allerdings auch nicht für die Behauptung von LINTZEL, Schwaben,
S. 84: „Er (scil. Arnulf) handelte sicher nicht im Einvernehmen mit Heinrich"; ähnlich
auch HIESTAND, S. 175. Ob „im Einvernehmen", bleibe dahingestellt, doch hat Heinrich
keinen Finger gerührt, um Arnulfs Pläne zu durchkreuzen; s. auch ALTHOFF – KELLER I,
S. 99 – 100.
²⁷²) Ann. Iuv. maximi ad h. an. (ed. BRESSLAU, S. 743 Z.4-6). Der Einfall Arnulfs war
bereits durch Liudprand, Antapodosis, l.II cc.49 – 52 (ed. BECKER, S. 100 – 01) bekannt;
vgl. WAITZ, S. 166 – 67. Ganz sicher abwegig ist es, wenn man diesen Italienzug Arnulfs
mit dem ang. geplanten Italienzug Heinrichs I. in Verbindung zu bringen versucht („in
fördernder oder selbstsüchtiger Absicht"), wie dies B – O 51a (S. 31) tut. Vgl. noch die
folg. Anm.
²⁷³) Zum Italienzug Arnulfs vgl. HIESTAND, S. 174 – 75 und schon Fritz WEIGLE: Zur
Geschichte des Bischofs Rather von Verona, in: DA.5 (1942) S. 347 – 86, bes. S. 355 – 57,
378 – 83; s. auch FAUSSNER, S. 26, 31. Ich möchte nicht so weit gehen wie ALTHOFF – KEL-
LER I, S. 99, die „Arnolf von Bayern sogar seinen Sohn Eberhard in Verona zum König
Italiens wählen und ihm von Großen aus dem östlichen Oberitalien huldigen lassen". Von
einer Wahl und Huldigung steht in den „Großen Salzburger Annalen" kein Wort. Unbegreiflich ist mir, wie LINTZEL, Kaiserpolitik, S. 186, behaupten kann: „Arnulf von Bayern

wirklich, wie Widukind behauptet: *Romam proficisci statuit, sed infirmi-tate correptus, iter intermisit*[274]. Im Gegensatz zu der meist vertretenen Auffassung, Heinrich habe am Ausgang seiner Regierung einen Italienzug geplant[275], halte ich angesichts des Schweigens des über italienische Fragen weit besser informierten Liudprand[276] und Widukinds unbezweifelbarer Tendenz zur Geschichtskonstruktion[277] größte Zurückhaltung für gebo-ten[278], auch wenn ein sicheres Urteil wohl niemals wird gefällt werden können[279].

Auf dem Wormser Reichstag sollen aber nicht nur die Besetzung des Herzogtums Schwaben und das Verhältnis zu Burgund zur Debatte ge-standen haben, sondern nicht zuletzt auch die Ungarngefahr, die gerade in jenen Jahren von besonderer Aktualität war. Die Ungarn hatten Sachsen 919 und 924(?) heimgesucht, ohne daß es gelungen wäre, sie zu stellen: Heinrich war nach Widukind gezwungen, sich in die Burg Werla zurück-

---

hat 934 seinen Sohn Eberhard in Pavia(!) zum König krönen lassen". Der Zug Arnulfs wird ausführlich schon von Liudprand, Antapodosis, l.III cc.49 – 52 (ed. BECKER, S. 100 – 01) beschrieben, ohne daß dieser jedoch über das geplante Königtum Eberhards ein Wort hätte verlauten lassen; s. auch WAITZ, S. 166 – 67 (zu 935) und HARTMANN III/2, S. 198.

[274]) Widukind, l.I c.40 (ed. HIRSCH, S. 59 Z.10); s. SMIDT, S. 93.

[275]) Vgl. schon WAITZ, S. 167 – 70; B – O 51a (S. 31: „wahrscheinlich handelt es sich um einen Zug zur Erlangung der Kaiserkrone"); HOFMEISTER, Burgund, S. 106; HEIMPEL, Bemerkungen, S. 40 – 42; ERDMANN, König, S. 339. In jüngerer Zeit s. etwa BEUMANN, Kaisertum, S. 445 und KIENAST I, S. 58: „Es war nur natürlich, daß er an einen Romzug und die Kaiserkrone dachte". Nichts scheint mir weniger „natürlich" als dies.

[276]) Der Einwand von WAITZ, S. 168, Liudprand habe von einem unausgeführten Plan – im Gegensatz zu Widukind! – keine Kunde haben können, ist natürlich absurd. Gerade Liuprand hatte als erfahrener Höfling wesentlich bessere Informationsquellen zur Verfü-gung als der Corveyer Mönch; s. auch MOHR, Heinrich I., S. 67 und zuletzt SUTHERLAND, S. 3ff., 10 – 11.

[277]) Vgl. schon oben S. 289 m. Anm. 300 – 01; vgl. noch Widukind, l.I c.39: *Deinde pater patriae imperatorque ab exercitu appellatus est*(scil. Heinrich I. 933) mit l.III c.49: (Otto I.) *Triumpho celebri rex factus gloriosus ab exercitu pater patriae imperatorque appellatus est* (ed. HIRSCH, S. 58 Z.2 – 3, 128 Z.23 – 24); vgl. zuletzt ALTHOFF – KELLER I, S. 101 und bes. unten Kap. 8 § 3, S. 550 – 51.

[278]) Ich glaube allerdings nicht an die zuletzt wieder von SMIDT, Exkurs 1, S. 93 – 99, verfochtene These einer Pilgerreise, sondern halte die ganze Nachricht für eine der zahllosen Erfindungen Widukinds; kritisch auch MOHR, Heinrich I., S. 67 – 68, 73 – 75; vgl. bes. ALTHOFF – KELLER I, S. 100 – 01 und die folg. Anm.

[279]) Natürlich läßt sich das Argument, Heinrich sei durch die Italienpolitik Burchards und Arnulfs zu einer Italienpolitik geradezu gedrängt worden, nicht einfach von der Hand weisen, obwohl die von diesen Fürsten in Italien gemachten Erfahrungen doch eher entmutigend waren; so auch MOHR, Heinrich I., S. 74. Vgl. noch LINTZEL, Schwaben, S. 83 – 84, der ebd. S. 84 feststellt: „Gleichgültig, ob bei dieser Anlehnung(scil. Burgunds an Ostfranken) der Gedanke an eine italienische Politik mitspielte oder ob sie ihn wach-rief, sie war eine Etappe auf dem Weg dahin". Vgl. noch unten S. 457 m. Anm. 325 – 26.

zuziehen und mußte den Verwüstungen tatenlos zusehen[280]. Ein glücklicher Zufall wollte es jedoch, daß ein ungarischer Fürst gefangengenommen werden konnte. Für dessen Auslieferung forderte und erhielt Heinrich einen neunjährigen Waffenstillstand bewilligt, wobei er sich zusätzlich zu erheblichen Tributzahlungen bereit erklären mußte[281]. Dieses von
der älteren Forschung übereinstimmend in das Jahr 924 datierte Ereignis,
gehört jedoch, wie LINTZEL wahrscheinlich machen konnte, in das Jahr
926[282], was eine Behandlung dieser Frage in Worms um so näher liegend
erscheinen läßt[283]. Es galt nun, die verbleibende Zeit zu nutzen, um den
Ungarn endlich Paroli bieten zu können. Zu diesem Zweck ließ er Burgen
bauen, was ein WAITZ noch als „Städtebau" mißverstand[284], und ordnete
die Wehrverfassung neu[285]. LINTZEL hat zu zeigen versucht, daß Heinrichs Maßnahmen für „das ganze Reich" gegolten hätten und der Tribut in

---

[280]) Vgl. WAITZ, S. 41–42, 76–78; LÜTTICH, S. 70–72; FASOLI, S. 132, 141–42; MOHR,
Heinrich I., S. 49 u.a.m.
[281]) Widukind, l.I c.32: *Contigit autem quendam ex principibus Ungariorum capi
vinctumque ad regem duci. Ungarii vero ipsum in tantum dilexerunt, ut pro redemptione
illius innumera auri et argenti pondera offerent. Rex autem spernens aurum expostulat
pacem, tandemque obtinuit, ut reddito captivo cum aliis muneribus ad novem annos pax
firmaretur* (ed. HIRSCH, S. 45 Z.9–15); zur Datierung vgl. die folg. Anm.
[282]) LINTZEL, Riade, S. 102ff.; ihm folgen ERDMANN, Burgenordnung, S. 149–50;
BÜTTNER, Ungarn, S. 445–46; JÄSCHKE, Burgenbau, S. 24ff.; ALTHOFF–KELLER I,
S. 83–84. Vgl. die folg. Anm.
[283]) So etwa JÄSCHKE, Burgenbau, S. 29 und zuletzt ALTHOFF–KELLER I, S. 84:
„Hier(scil. in Worms) traf Heinrich wichtige Entscheidungen über die Herrschaftsver-
hältnisse im Süden und Westen des Reiches. Gleichzeitig wurden Beschlüsse zur Verteidigung gegen die Ungarn gefaßt, die das ganze Reich betrafen"! Ich kenne keine Quelle,
der das zu entnehmen wäre; auch LINTZEL, Riade, S. 106–07, behauptet das nicht, wohl
aber ERDMANN, Burgenordnung, S. 150–52; BÜTTNER, Burgenbauordnung, S. 2 und
ebenso JÄSCHKE, Burgenbau, S. 29. Ich will keineswegs leugnen, daß in Worms auch die
Frage der Verteidigung gegen die Ungarn zur Sprache gebracht worden sein kann und
wohl auch ist; insoweit stimme ich BÜTTNER, aaO., S. 11, gern zu. Ich leugne aber
entschieden, daß damals die sogen. Burgenbauordnung mit Gültigkeit für ganz Ostfranken erlassen worden wäre. Wann diese Ordnung erlassen wurde, wissen wir nicht und sie
galt bestenfalls für Sachsen und Franken, mit Sicherheit nicht für Baiern und Schwaben.
[284]) WAITZ, S. 92–93 und ebd. Excurs 14, S. 231–37: Die Städtegründungen Heinrichs
I.; vgl. ERDMANN, Burgenordnung, S. 139ff.; BÜTTNER, Burgenbauordnung, S. 3ff. und
zuletzt JÄSCHKE, Burgenbau, S. 18ff.
[285]) Widukind, l.I c.35: *Et primum quidem ex agrariis militibus nonum quemque eligens,
in urbibus habitare fecit, ut caeteris octo confamiliaribus habitacula extrueret...Concilia et
omnes conventus atque convivia in urbibus voluit celebrari* (ed. HIRSCH, S. 48–49). Zu
den vielumstrittenen *agrarii milites* vgl. noch ERDMANN, Burgenordnung, S. 145, 148
Anm. 5, 158 m. Anm. 2; BÜTTNER, Burgenbauordnung, S. 4 Anm. 13; JÄSCHKE, Burgenbau, S. 20–22, 31–32 und zuletzt Josef FLECKENSTEIN: Zum Problem der agrarii milites
bei Widukind von Corvey (1984) in: Ordnungen und formende Kräfte des Mittelalters.
Ausgewählte Beiträge (Göttingen 1989) S. 315–32; vgl. noch das Kurzreferat von Wolfgang HUSCHNER zu einem im Okt. 1988 im damaligen Ost-Berlin gehaltenen Vortrag von
M. Springer über die *agrarii milites* bei Widukind im Rahmen des zu Ehren von E.
Müller-Mertens veranstalteten Kolloquiums „Wesen und Entstehung des Feudalismus"
in: Zeitschrift für Geschichtswissenschaft 37 (1989) S. 832–34, bes. S. 833.

der Tat von allen „Stämmen" gezahlt worden sei[286], doch davon kann keine Rede sein, so unbefriedigend dies auch unter dem Aspekt einer ang. „deutschen" Geschichte erscheinen muß[287]. Ich bleibe bei der schon von WAITZ und der gesamten älteren Forschung vertretenen Auffassung, daß der Vertrag Heinrichs mit den Ungarn allein Sachsen und Thüringen, im besten aller Fälle auch noch Franken betraf[288].

Wohl noch vor Ablauf des Waffenstillstands[289] verweigerte Heinrich 932 weitere Tributzahlungen, was unweigerlich einen ungarischen Einfall im nächsten Jahr zur Folge haben mußte. Die Ungarn griffen 933 in Italien, Burgund und Sachsen gleichzeitig an[290]. Schon ihr Weg über das Daleminzierland statt durch Baiern zeigt, daß sie den mit Arnulf geschlossenen Waffenstillstand respektierten und nur Sachsen das Ziel ihres Beutezugs war[291]. Hier wurden sie von Heinrich erwartet. Ein kleineres Kontingent, das sich vom Hauptheer abgesondert hatte, wurde in Abwesenheit Heinrichs geschlagen; dieser stellte das Gros des ungarischen Heeres im Augenblick des Abzugs und schlug es in die Flucht. Es kam bei „Riade", das bis heute nicht mit Sicherheit lokalisiert werden konnte[292], daher nicht zu einer Vernichtungsschlacht, wie vereinzelt behauptet worden ist[293], viel-

---

[286]) So LINTZEL, Riade, S. 106–07 und danach ERDMANN, Burgenordnung, S. 148–49. Lintzels Beweisführung steht auf schwachen Füßen, da die Teilnahme aller „deutschen" Völker an der Schlacht von Riade ein Hauptargument ist; dazu s. aber unten S. 453 m. Anm. 296–300.

[287]) LINTZEL, Riade, S. 107, betont selbst: „Der Umstand, daß die Politik Heinrich I. gegen die Ungarn und sein Krieg gegen sie eine Angelegenheit des ganzen Reiches gewesen sind, ist nun aber für die Beurteilung der deutschen Geschichte während der Regierung Heinrichs von sehr wesentlicher Bedeutung. Der Kampf gegen die Ungarn war nämlich fast die einzige Handlung einer Reichspolitik in der Zeit des ersten sächsischen Königs".

[288]) Vgl. WAITZ, S. 78 und ebd. S. 102–03. Gerade der auch von LINTZEL, Riade, S. 104, eingeräumte selbständige Friedensschluß Arnulfs von Baiern mit den Ungarn zeigt doch, daß hier jedes Regnum für sich verhandelte, wobei es völlig gleichgültig ist, ob dieser Vertrag nun 926 oder 927 geschlossen wurde; s. auch MOHR, Heinrich I., S. 53.

[289]) Dies konnte LINTZEL, Riade, S. 104, plausibel machen. Die Polemik von MOHR, Heinrich I., S. 50–54, gegen den Unfug von LÜDTKE, S. 106ff. ist zwar für das Jahr 1950 verständlich, liest sich heute aber doch sehr mühsam; s. noch JÄSCHKE, Burgenbau, S. 24–27.

[290]) Flodoard, Annales ad h. an.: *Hungari se in tres partes dividunt, quorum pars una Italiam petit, alia terram Heinrici trans Rhenum invadit...* (ed. LAUER, S. 55); vgl. FASOLI, S. 156.

[291]) Hierzu vgl. LÜDTKE, S. 170 und ihm folgend MOHR, Heinrich I., S. 61.

[292]) Ausführlich LINTZEL, Riade, S. 93ff., bes. S. 100–01: „irgendwo in der Nähe der thüringisch–sächsischen Grenze".

[293]) Das war die Meinung von LÜDTKE, S. 175–76 und Konsorten; vereinzelte ältere Stimmen blieben isoliert; s. MOHR, Heinrich I., S. 63–64.

mehr wurden nur wenige Gefangene gemacht[294]. „Irgendwelche entscheidende Niederlage war den Ungarn nicht beigebracht worden", hatte LÜTTICH schon 1910 erkannt[295]. Der Wert des Sieges lag vor allem im Psychologischen: zum ersten Mal seit 910 war ein ostfränkischer König den Ungarn entgegengetreten, und er hatte gesiegt[296]. Der Sieg war allein ein Sieg der Sachsen und Thüringer, andere Völker Ostfrankens waren daran nicht beteiligt[297]. Die entgegenstehende Aussage Flodoards[298], der zu allem Überfluß von einer Vernichtungsschlacht mit 36.000 Toten spricht[299], ist erweislich falsch, wie die „Annales Iuvavenses maximi" klar erkennen lassen[300]; auch das von den Weingartener Annalen überlieferte Datum des 15. März 933[301] scheint mir zumindest fraglich[302].

---

[294] Hauptquelle ist Widukind, l.I c.38 (ed. HIRSCH; S. 55–57), der vor Liudprand, Antapodosis, l.II cc.28–31 (ed. BECKER, S. 51–52) den Vorzug verdient. Der Cont. Regin. ad an. 934 (ed. KURZE, S. 159) begnügt sich mit zwei Zeilen, und die hat er aus den „Annales Augustani" abgeschrieben! Zur Schlacht bei Riade vgl. WAITZ, S. 150ff.; B–O 43a-d; LÜTTICH, S. 80ff.; FASOLI, S. 156ff.; MOHR, Heinrich I., S. 59ff.; BÜTTNER, Ungarn, S. 447–48; ALTHOFF–KELLER I, S. 89–90 u.a.m.

[295] LÜTTICH, S. 84; vgl. aber schon WAITZ, S. 157; s. noch FASOLI, S. 160; MOHR, Heinrich I., S. 63 u.a.

[296] Vgl. auch LÜTTICH, S. 84: „…die Persönlichkeit Heinrichs ward durch den errungenen Erfolg nicht wenig gehoben"; s. auch FASOLI, S. 160: „Altissimo era il significato morale di questa battaglia…".

[297] So zutreffend schon LÜTTICH, S. 81 Anm. 150*.

[298] Oben S. 297 m. Anm. 361. Während WAITZ, S. 157 und LINTZEL, Riade, S. 98–99, an Flodoard durchaus Kritik üben, halten sie an diesem Punkt beharrlich fest; vgl. unten mit Anm. 300 und bes. oben S. 297–98 m. Anm. 362–63.

[299] Im Anschluß an die: oben S. 297 m. Anm. 361, zitierte Stelle bemerkt er noch: *quorum triginta sex milia caesa referuntur praeter eos, quos absorbuit fluvius et qui vivi capti sunt* (ed. LAUER, S. 55). Zur Kritik vgl. neben den oben Anm. 298 zitierten Autoren noch LÜTTICH, S. 81 Anm. 150* und FASOLI, S. 160 Anm. 26.

[300] Die Ann. Iuv. maximi ad an. 933 melden den Sieg Heinrichs wie folgt: *Heinricus rex bellum cum Ungaris fecit, et Ungari superati sunt* (ed. BRESSLAU, S. 743 Z.3). Die geistige Distanz zu diesem Ereignis, an dem die Baiern eben keinen Anteil haben, ist mit Händen zu greifen. Vgl. dagegen Ann. Iuv. maximi ad an. 952: *Otto rex Italiam acquisivit cum Baiowariis* (ed. BRESSLAU, S. 743 Z.21). Vgl. noch unten Kap. 8 § 1, S. 500 m. Anm. 290. Ungeachtet dessen hat man mit Inbrunst am „gesamtdeutschen" Sieg von Riade festgehalten; vgl. WAITZ, S. 152; LINTZEL, Riade, S. 106–07; REINDEL, Luitpoldinger, Nr. 85, S. 162; SCHMID, Thronfolge, S. 483 und sogar noch ALTHOFF–KELLER I, S. 89. Widukind, l.I c.38 spricht ausdrücklich von: *Saxones pariter cum Thuringis congregati* (ed. HIRSCH, S. 56 Z.13–14), und Liudprand widerspricht dem nicht; dabei sollte es bleiben.

[301] Ann. Weingart. ad an. 933: *Heinricus Ackarenos* (= Hungaros!) *interfecit Idibus Mart.* (ed. PERTZ, S. 67); vgl. WAITZ, S. 152 m. Anm. 5; ungenau zitiert bei FASOLI, S. 158 Anm. 17. Zu den Weingartener Annalen s. WATTENBACH–HOLTZMANN I³, S. 227, 249.

[302] Wenn dieses Datum vom 15.III. zuträfe, müßten die Ungarn mit ihrem Reiterheer spätestens Anfang Februar, d.h. mitten im Winter, aufgebrochen sein, zu einem Zeitpunkt also, da es für die Pferde praktisch kein Futter gab. Ich vermag keinen Grund zu erkennen, warum die Ungarn zu so unvernünftig früher Zeit aufgebrochen sein sollen, zumal von einem Überraschungsangriff nach der Ablehnung der Tributzahlung ja ohnehin keine Rede sein konnte: sie wußten, daß sie erwartet wurden. Das Datum *Idibus Martii*, das sich

In demselben Jahr 933, in dem Heinrich seinen großen Prestigeerfolg gegen die Ungarn errang[303], soll auch das Königreich Burgund aus der Vereinigung der Reiche Hoch- und Niederburgund entstanden sein. So jedenfalls steht es in allen großen Darstellungen zu lesen[304]. Angesichts der hohen Bedeutung, die Burgund im Rahmen dieser Arbeit zukommt, sei auf diese dornenvolle Frage in aller gebotenen Kürze eingegangen. Einziges Quellenzeugnis für einen Vertrag zwischen Rudolf II. und Hugo von Italien ist der für diese Jahre nicht sonderlich zuverlässige Liudprand, der wie folgt berichtet: *His temporibus Italienses in Burgundiam ob Rodulfum, ut adveniat, mittunt. Quod Hugo rex, ut agnovit, nuntiis ad eundem directis, omnem terram, quam in Gallia ante regni susceptionem tenuit, Rodulfo dedit, atque ab eo iusiurandum, ne aliquando in Italiam veniret, accepit*[305]. Mit etwas gutem Willen[306] kann man aus dieser Stelle einen Vertrag zwischen den beiden Burgunderfürsten erschließen, mit dem Hugo die Gefahr eines erneuten Italienzugs Rudolfs abgewendet hätte. Aber nicht nur ist die Datierung dieses Vertrages völlig unsicher[307], auch sachlich bleiben viele Fragen offen. Zunächst einmal wäre zu fragen, was denn konkret un-

---

auch im Weissenburger Nekrolog des 12. Jh. findet – vgl. HLAWITSCHKA, Lausanner Annalen, S. 134 m. Anm. 53 – dürfte hier wie dort aus einem *VI* der Vorlage in *III* verlesen worden sein; ein ähnliches Beispiel bei HLAWITSCHKA, aaO., S. 136. Die Einfälle der Jahre 937 und 954 fanden gleichfalls in winterlicher Jahreszeit statt, doch waren hier Überraschungsangriffe geplant: unten Kap. 8 § 1, S. 499 m. Anm. 276, und Anm. 283–84. Die großen Siege über die Ungarn in den Jahren 943 und 955 wurden im Hochsommer erfochten, auch der Einfall des Jahres 938 fiel in den Sommer: unten Kap. 8 § 1, S. 499 m. Anm. 278–80, S. 500–01.

[303]) Zur endgültigen Abwendung der Ungarngefahr unter Otto I. vgl. unten Kap. 8 § 1, S. 500–02.

[304]) LIPPERT, S. 83; POUPARDIN, Provence, S. 230–31; DERS., Bourgogne, S. 59–61; LAUER, Raoul, S. 70; BÜTTNER, Westpolitik, S. 79–81; HIESTAND, S. 173; SCHIEFFER, Überblick, S. 11–12; KIENAST I, S. 57; HLAWITSCHKA, Frankenreich, S. 112 u.v.a.m.

[305]) Liudprand, Antapodosis, l.III c.48 (ed. BECKER; S. 100 Z.1–6).

[306]) Von einem schriftlichen Vertrag sagt Liudprand kein Wort. HIESTAND, S. 172 Anm. 122 (auf S. 173 i.f.), glaubt, dies aus D Hu.–Lo. 43 (936 Juni 24) ableiten zu können, wo es heißt: *quandam cortem nostram infra regnum Burgundiae atque in comitatu Viennense adiacentem* (S. 131 Z.5–6); er hätte noch ergänzend zitieren können: D Hu.–Lo. 34 (933 März 8) für Cluny: *duas cortes iure proprietatis nostrę coniacentes in comitatu Lugdunensi* (S. 106 Z.7–8) und bes. D Hu.–Lo. 71 (945 Jan. 25): *cortem unam iuris nostri quae Casteneto Inferiore nuncupatur..., positam in comitatu Viennensi* (S. 225 Z.7–9); vgl. dazu schon HOFMEISTER, Burgund, S. 45–46, 50 Anm. 2. Diese DD beweisen aber doch eher das Gegenteil, da Hugo und Lothar hier noch 936 und sogar 945 besitzrechtliche Verfügungen im *regnum Burgundiae* treffen. Auch das sofortige Erscheinen Hugos und Lothars in Burgund nach dem Tod Rudolfs II. und die Doppelhochzeit in Colombier: DD Hu.–Lo. 46–47 (937 Dez. 12) sprechen doch nicht gerade für eine vorangegangene Verzichterklärung Hugos; anders HIESTAND, S. 179–80. Vgl. noch unten Kap. 8 § 1, S. 485 m. Anm. 167–68, S. 486 m. Anm. 174.

[307]) Vgl. die „Datenauswahl" zwischen 928 und 935 bei HOFMEISTER, Burgund, S. 43; vgl. noch BÜTTNER, Westpolitik, S. 80 Anm. 69.

ter *omnis terra in Gallia* zu verstehen ist. BÜTTNER hält unter Hinweis auf den Sprachgebrauch Liudprands, der die *Gallia* sehr wohl von der *Provincia* zu trennen wisse, die gesamte Provence einschließlich Arles von vornherein für ausgeschlossen[308].

Dies würde die Bedeutung des Vertrags bereits erheblich mindern, aber damit nicht genug: nach dem Zeugnis Flodoards kamen Rudolf von Westfranken und Hugo von Italien 928 zu einem *colloquium* zusammen, an dem auch Heribert II. von Vermandois teilnahm[309]. Auf diesem Treffen, dessen Örtlichkeit unbekannt ist[310], soll Hugo Heriberts Sohn Odo das Viennois überlassen haben, doch hat dieser dort niemals irgendwelche Hoheitsrechte ausgeübt[311]. Der Sohn des erst 928 verstorbenen Kaisers Ludwig III.[312], Karl Konstantin[313], hat nie versucht, die Nachfolge des Vaters anzutreten, was man auf die angebliche „Illegitimität" Karl Konstantins zurückgeführt hat[314], die wohl lediglich in der Phantasie Richers

---

[308]) In der Tat berichtet Liudprand, Antapodosis, l.V c.31, daß Hugo 946: *relicto Lothario et simulata pace Berengarii fidei tradito in Provinciam omni cum pecunia properavit* (ed. BECKER, S. 149 Z.22–24) und dort ist er auch gestorben: *Rege Hugone Provinciae in partibus defuncto*: Antapodosis, l.VI c.2 (ed. BECKER, S. 152 Z.29); vgl. unten Kap. 8 § 1, S. 487 m. Anm. 181–82. Gerade *Gallia* gebraucht Liudprand höchst selten: wenn er Kaiser Karl III. *rex Galliae* nennt: Antapodosis, l.I c.14 (ed. BECKER, S. 16 Z.21), so ist damit ja keinesfalls Burgund gemeint.

[309]) Flodoard, Annales ad an. 928: *Heribertus se illi* (scil. Rodulfo regi) *committit …Deinde cum Rodulfo proficiscitur in Burgundiam* (d.h. in das westfränkische Burgund) *obviam Hugoni, Italiae regi…Hugo rex, habens colloquium cum Rodulfo, dedit Heriberto comiti provinciam Viennensem vice filii sui Odonis* (ed. LAUER, S. 43).

[310]) Wahrscheinlich an der Grenze zwischen dem westfränkischen Herzogtum und dem Königreich Niederburgund. LIPPERT, S. 66, schloß aus dem Umstand, daß Hugo im Nov. 928 in Vienne bezeugt ist: DD Hu.16–17 (928 Nov. 12, [14–22], Rudolf habe ihn dort aufgesucht, was mich höchst zweifelhaft dünkt; wie Lippert auch LAUER, Raoul, S. 54; s. aber POUPARDIN, Provence, S. 225 Anm. 6. VOSS, Herrschertreffen, S. 213, hat dieses Treffen übersehen.

[311]) LIPPERT, S. 66; POUPARDIN, Provence, S. 225–29; DERS., Bourgogne, S. 59–60; LAUER, Raoul, S. 54–55; HOFMEISTER, Burgund, S. 50–52; FOURNIAL, S. 415–16; HLAWITSCHKA, Verbindungen, S. 45 m. Anm. 74–75 u.a.

[312]) Zum Todesjahr Ludwigs III. vgl. POUPARDIN, Provence, S. 226 m. Anm. 4–5; HOFMEISTER, Burgund, S. 51 Anm. 2.

[313]) Zu ihm vgl. nach POUPARDIN, Provence, S. 209ff. und HOFMEISTER, Burgund, S. 38 Anm. 2 bes. HIESTAND, S. 95–96, der in ihm wohl mit Recht einen Sohn der byzantinischen Prinzessin Anna, der ersten Gemahlin Kaiser Ludwigs III., erblickt, an dessen Legitimität kein Zweifel sein kann. Die Bedenken von SCHIEFFER, Überblick, S. 11 Anm. 10, teile ich nicht; s. auch HLAWITSCHKA, Verbindungen, S. 32–33 und DERS., Frankenreich, S. 112. Vgl. noch unten Kap. 8 § 2, S. 517 m. Anm. 420–22.

[314]) So etwa POUPARDIN, Provence, S. 209–10, bes. S. 227: „S'il n'avait pas été bâtard, il eût pu sans doute régner et succéder à son père"; im gleichen Sinn aber auch HLAWITSCHKA, Verbindungen, S. 39–40. Für FOURNIAL, S. 413, ist Karl Konstantin der illegitime, Rudolf der legitime Sohn Ludwigs d. Bl. Von diesem Rudolf weiß man praktisch nichts; vgl. POURPADIN, Provence, S. 208 m. Anm. 2; FOURNIAL, S. 413 Anm. 2 und oben S. 333 m. Anm. 211.

existierte[315]. In Wahrheit sah Karl Konstantin als Sohn eines seit über zwei
Jahrzehnten geblendeten, praktisch also regierungsunfähigen Herrschers
und angesichts des ihm von Hugo entgegengebrachten Mißtrauens keine
Chance für die ihm rechtlich zweifellos zustehende Nachfolge, weshalb er
sich 931 dem westfränkischen König Rudolf kommendierte[316] und ihm
933 die Stadt Vienne übergab[317], was HOFMEISTER mit Recht als eine
Schutzmaßnahme Rudolfs zugunsten Karl Konstantins und gegen Hugo
von Italien deutet[318]. Zieht man all dies in Betracht, so bleibt für den Vertrag zwischen Hugo und Rudolf II. kaum noch ein Verhandlungsspiel-
raum. Auch BÜTTNER, der doch an diesen Vertrag glaubt, muß letztendlich eingestehen: „So blieb zur Verwirklichung des Vertrags…zunächst eigentlich nur das Alpengebiet südlich des Genfer Sees bis zum Mont-Cenis
hin übrig… Die Ansprüche(!) im Rhonetal aber waren für den Hochbur-
gunder im Jahre 933 Möglichkeiten, die einmal der Zukunft angehören
konnten"[319].

Ich bin der Meinung, daß dies doch ein sehr dürftiges Ergebnis wäre für
einen Vertrag, der angeblich die Verschmelzung Hoch- und Niederburgunds unter dem Szepter des Hochburgunders bewirkt haben soll und des-

---

[315]) Richer, l.II c.98: *Hic ex regio quidem genere natus erat, sed concubinali stemmate
usque ad trivatum sordebat* (ed. LATOUCHE I, S. 288). Der zeitgenössische Flodoard weiß
davon nichts! Überflüssig daher auch der Scharfsinn von HIESTAND, S. 96; ganz ähnlich
aber auch HLAWITSCHKA, Verbindungen, S. 33 m. Anm. 25 – 26. Zu der ang. Trennung
der Ehe Ludwigs mit Anna und der fragwürdigen Legitimität von Karl Konstantin vgl.
unten Kap. 8 § 2, S. 517.

[316]) Flodoard, Annales ad an. 931: *Anno DCCCCXXXI Rodulfus rex Viennam profectus, Karolo Constantino, Ludovici Orbi filio, qui eam tenebat, subiectionem pollicitante,
revertitur…* (ed. LAUER, S. 46). Da der Jahresbericht Flodoards mit dieser Nachricht
beginnt, ist die Huldigung Karl Konstantins in die ersten Wochen des Jahres anzusetzen;
vgl. LIPPERT, S. 73; POUPARDIN, Provence, S. 229; DERS., Bourgogne, S. 248; LAUER,
Raoul, S. 60 – 61; HOFMEISTER, Burgund, S. 52 m. Anm. 2; BÜTTNER, Westpolitik, S. 76 –
77 u.a.m.; vgl. unten mit Anm. 318.

[317]) Flodoard, Annales ad an. 933: *Vienna Rudolfo regi, tradentibus eam his qui eam
tenebant, deditur* (ed. LAUER, S. 55); vgl. LIPPERT, S. 83 und bes. HOFMEISTER, Burgund,
S. 53. POUPARDIN, Provence, S. 231 und LAUER, Raoul, S. 70, sehen in dieser Nachricht
einen indirekten Beleg für den ang. damals abgeschlossenen Vertrag zwischen Rudolf und
Hugo, „doch gerade hier gibt das Schweigen Flodoards besonders zu denken": HOFMEI-
STER, aaO., S. 53 Anm. 2 i.f. und unten S. 458 m. Anm. 330 – 31. HLAWITSCHKA, Verbin-
dungen, S. 47 – 48, bezieht diese Stelle auf Rudolf von Westfranken und Rudolf II. von
Burgund, was mich nicht überzeugt hat. Auch im Viennois wurde nach Rudolf von
Westfranken in den „chartae" datiert; vgl. etwa BERNARD – BRUEL I, Nr. 437 und Nr. 439:
*anno secundo regnante Radulfo rege Vien(n)ense* (S. 426, 428); irrig BERNARD – BRUEL I,
S. 426 Anm. 3; s. dagegen LIPPERT, S. 83 Anm. 1; POUPARDIN, Provence, S. 234 Anm. 4
und bes. HOFMEISTER, Burgund, S. 56 – 58; vgl. ferner FOURNIAL, S. 423 Anm. 40(–
S. 425).

[318]) HOFMEISTER, Burgund, S. 53; vgl. oben mit Anm. 316.

[319]) BÜTTNER, Westpolitik, S. 81, dem SCHIEFFER, Überblick, S. 11 – 12, im wesentlichen folgt.

sen Bedeutung den Zeitgenossen und insbesondere einem politischen Kopf wie Flodoard doch eigentlich nicht hätte entgehen dürfen[320]. Auch hat man viel zu selten die Frage gestellt, mit welchem Recht Hugo eigentlich einen Verzicht aussprechen konnte. LIPPERT spricht von „anfechtbaren Machtbefugnissen"[321]. Hugo hatte im Reich Ludwigs des Blinden zwar eine königsgleiche Stellung ausgeübt[322], doch ist er Ludwig nicht als König gefolgt. Nur als solcher wäre er aber doch in der Lage gewesen, einen Vertrag dieser Tragweite abzuschließen, der praktisch auf die Auflösung des eigenen Reiches hinausgelaufen wäre! Jacques FLACH folgert denn auch: „L'ancien royaume de Provence (dont Hugues d'Arles n'eut du reste, jamais la souveraineté) n'a donc pu être réuni au royaume de Bourgogne transjurane, aux environs de 933, comme on l'a unaniment cru jusqu'ici"[323]. Er bestreitet aber nicht grundsätzlich die Existenz eines Vertrags zwischen Rudolf und Hugo, sondern spricht von einer „cession limitée en droit et en fait", die „tout au plus un point d'appui ou un prétexte à une politique envahissante" geliefert habe[324]. Die Argumentation FLACHS ist sehr stark durch die Kriegshysterie des Jahres 1917 und der vermeintlich „deutschen" Ansprüche auf Burgund bestimmt, womit a priori eine falsche historische Fragestellung vorgegeben war.

In Wahrheit ging es natürlich um den Versuch des ostfränkischen Königs, das Mittelreich Lothars[325] in seiner Gesamtheit mit dem ostfränkischen Reichsteil zu verbinden, wobei allenfalls die künftige Stellung Ita-

---

[320] Es genügt nicht, wenn BÜTTNER, Westpolitik, S. 79–80, feststellt: „Von diesem Abkommen berichtet uns als einzige Quelle Liudprand von Cremona; deshalb aber ist kein Grund gegeben, an seiner Berichterstattung zu zweifeln". Immerhin schreibt Liudprand fast eine Generation nach dem berichteten Ereignis und BECKER, ed. cit., Einleitung, S. XIX, bemerkt: „Als seine Hauptquelle müssen wir daher die mündliche Überlieferung annehmen". Flodoard ist dagegen ein wohlinformierter, politisch interessierter Zeitgenosse, doch er weiß von einem solchen Vertrag nichts! Eduard HLAWITSCHKA: Die Königsherrschaft der burgundischen Rudolfinger, in: Hist. Jb. 100 (1980) S. 444–56, bes. S. 449–50, sieht sehr wohl die Problematik dieses ang. Vertrags, löst sie aber wie üblich auf dem Erbwege. SUTHERLAND, passim, geht auf Burgund leider nicht ein.

[321] LIPPERT, S. 83.

[322] Vgl. POUPARDIN, Provence, S. 205–07.

[323] FLACH IV, S. 394.

[324] FLACH IV, S. 394; vgl. ebd. S. 391.

[325] Für FLACH IV, S. 407: „le royaume artificiel créé, aux dépens de la Gaule(sic), pour Lothaire I^er"; vgl. schon oben S. 354 Anm. 8. Dieses Urteil verkennt nicht nur die Berechtigung des karolingischen Prinzips der Reichsteilungen: oben S. 329–30, es unterstellt auch im Geiste eines Camille Jullian, der nicht zufällig im Vorwort lobend zitiert wird: ebd. S. 5 m. Anm. 5, die Präexistenz eines „Gallien" = Frankreich, das es im 9. Jh. als historische Größe einfach nicht gibt; vgl. schon oben S. 134. Das Zitat schließt direkt an den in der folg. Anm. zitierten Satz an.

liens noch in der Schwebe gelassen wurde[326]. Wenn aber einerseits die staatsrechtliche Gültigkeit, andererseits die praktischen Auswirkungen des ang. Vertrags zwischen Hugo und Rudolf II. zweifelhaft und umstritten sind, scheint es mir nur konsequent, mit HOFMEISTER die Frage aufzuwerfen, ob dieser Vertrag jemals geschlossen wurde, oder ob es sich – dies die These von HOFMEISTER – nicht um einen Irrtum Liudprands handelt, der Rudolf von Burgund mit seinem gleichnamigen Vetter Rudolf von Westfranken[327] verwechselt hätte[328]. Die scharfsinnigen Ausführungen von HOFMEISTER haben in der Forschung wenig Anklang gefunden, ohne doch jemals überzeugend widerlegt worden zu sein. Nach den Nachrichten Flodoards über die politische Präsenz Rudolfs von Westfranken im Viennois[329] hätte ein Arrangement Hugos mit dem Westfrankenkönig jedenfalls näher gelegen als mit dem Burgunder, von dem aus den fraglichen Jahren keinerlei politisch relevante Aktivitäten bekannt sind[330]. Ich halte die Erklärung von HOFMEISTER, die angesichts der mehr als nur „bruchstückhaften" Überlieferung weder zwingend widerlegt noch bewiesen werden kann[331], für die historisch bei weitem plausibelste. Die Konsequenz für meine Darstellung ist, daß die reale Verbindung Hoch- und Niederburgunds im folgenden Kapitel zu behandeln sein wird[332].

Aus dieser Sicht gewinnt auch das „Dreikönigstreffen" des Jahres 935 in Ivois am Chiers neue Bedeutung[333]. Flodoard, der wie üblich den ausführ-

---

[326]) Dies hatte HOFMEISTER, Burgund, S. 71, richtig gesehen, und FLACH IV, S. 407, stimmt ihm ausdrücklich zu; beide gehen jedoch von der irrigen Voraussetzung einer „deutsch–französischen" Rivalität aus, die nicht bestand. FLACH IV, S. 407, kommentiert seine Zustimmung zu Hofmeister mit dem Satz: „De même qu'ils se sont emparés violemment et astucieusement de la vallée du Rhin et de la Meuse, les rois et empereurs de Germanie ont voulu s'emparer de la vallée du Rhône et de la Saône, afin de soumettre à leur autorité toute l'ancienne Lotharingie…"; vgl. schon oben Anm. 325. Vgl. auch oben S. 450.

[327]) Rudolfs II. Vater und Rudolfs von Westfranken Mutter waren Geschwister; vgl. die Stammtafel bei POUPARDIN, Bourgogne, nach S. (512); s. auch HLAWITSCHKA, Verbindungen, S. 38.

[328]) So HOFMEISTER, Burgund, S. 42ff., 60ff.

[329]) Oben S. 456 m. Anm. 316–17.

[330]) Auch das ang. Angebot, erneut in Italien einzugreifen, beruht ja allein auf Liudprand: oben Anm. 305! Aus den rund 25 Königsjahren Rudolfs II. in Hochburgund kennt SCHIEFFER kein einziges Privileg, sondern lediglich ein Placitum, ein Mandat oder Rundschreiben, ein Deperditum und zwei sogen. Konsensakte: DD Rud. 22–26; vgl. dazu Th. SCHIEFFER, in: DD Rud., Einleitung, S. 43–44.

[331]) Alles reduziert sich letztlich auf die fünf Zeilen bei Liudprand: oben S. 454 m. Anm. 305 und dazu HOFMEISTER, Burgund, S. 55 und ebd. S. 48–49; s. auch oben Anm. 317 und Anm. 330.

[332]) Unten Kap. 8 § 1, S. 484ff.

[333]) B–O 49a; vgl. bes. VOSS, Herrschertreffen, S. 52–56 und unten Anm. 335.

lichsten Bericht gibt[334], stellt naturgemäß vor allem die Westfranken betreffenden Ergebnisse dieses Treffens heraus[335], doch kann nicht der geringste Zweifel bestehen, daß auch burgundische Probleme zur Debatte standen[336], anders die Anwesenheit Rudolfs II. ja gar nicht erklärbar ist. Das Treffen am Chiers zeigt, daß die lothringische Frage endgültig im Sinne Heinrichs I. entschieden war, wie die dort zwischen den anwesenden Königen geschlossene *amicitia* ja offenbar dazu diente, den Status quo des gegenseitigen Besitzstandes zu sichern, was in der Praxis darauf hinauslief, daß Rudolf von Burgund sich damit abzufinden hatte, daß der Raum um Lyon – Vienne zunächst in der Hand des westfränkischen Königs blieb[337]. Rudolf II. wurde als der rangniedrigere König eingestuft, wie die Tatsache zeigt, daß er sich am Treffpunkt der beiden Frankenkönige einfinden mußte, derweilen Heinrich 931 selbst mit Hugo d.Gr. als dem Gesandten Rudolfs von Westfranken an der Grenze verhandelt hatte[338]. Dies führt uns zu der Feststellung, daß alle drei Treffen Heinrichs I. mit den jeweiligen westfränkischen Königen in den Jahren 921, 923 und 935 ausnahmslos Grenztreffen waren, während Rudolf II. von Burgund Heinrich schon 926

---

[334]) Doch hat auch Widukind, l.I c.39 davon gehört: *Ipse enim rex talis erat, qui nichil negaret amicis* (scil. Heriberto). *Perrexit igitur Galliam, rex regem alloquitur et perfecto negotio reversus est in Saxoniam* (ed. HIRSCH, S. 58 Z.10 – 13). Die Anwesenheit Rudolfs II. von Burgund scheint Widukind unbekannt geblieben zu sein. Weder Liudprand noch der Cont. Regin. erwähnen das Dreikönigstreffen am Chiers.

[335]) Flodoard, Annales ad an. 935: *deinde locutus cum missis Heinrici ad eius properat colloquium, ubi etiam Rodulfus rex Jurensis interfuit; pactaque inter ipsos amicitia, etiam Heribertum cum Hugone* (scil. Hugo d.Gr.) *pacarunt, redditis quibusdam suis eidem Heriberto possessionibus. Sed et Heinricus, Bosone* (scil. der Bruder Rudolfs von Westfranken) *recepto terram quam prius habuerat, ei ex magna parte restituit* (ed. LAUER, S. 61). Flodoard sagt nichts über die Örtlichkeit; vgl. aber D H.I.40 (935 Juni 8): *iuxta flumen Char* (S. 74 Z.17): B – O 50. Zur Terminologie Flodoards vgl. oben S. 444 m. Anm. 237.

[336]) LIPPERT, S. 89, hält eine Regelung der burgundischen Verhältnisse für „nicht unwahrscheinlich"; noch unsicherer LAUER, Raoul, S. 75: „sans qu'on sache au juste la cause de sa venue" (scil. Rudolfs II.); s. aber BÜTTNER, Westpolitik, S. 91; HLAWITSCHKA, Frankenreich, S. 112 und unten mit der folg. Anm. KIENAST I, S. 56 – 57, geht auf die burgundische Frage mit keinem Wort ein.

[337]) So BÜTTNER, Westpolitik, S. 91; LIPPERT, S. 89 Anm. 1, hielt die Überlassung des Viennois an Rudolf II. für „wenig glaubhaft"; LAUER, Raoul, S. 75, meinte zwar: „peut-être était-ce en vue de régler la question du Viennois", er hütet sich aber zu sagen, wie er sich diese Regelung vorstellt. Weder HOFMEISTER, Burgund, passim, noch POUPARDIN, Provence; DERS., Bourgogne, passim, gehen auf das Treffen von Ivois ein.

[338]) Flodoard, Annales ad an. 931: *Rodulfus rex pergens ad Atiniacum, Hugonem ad Heinricum mittit; a quo Heinricus, acceptis obsidibus et pacta securitate, trans Rhenum recedit* (ed. LAUER, S. 50). Natürlich ist es nicht sicher, ob es sich hier um ein Grenztreffen stricto sensu handelt, oder ob man sich nur in Grenznähe, aber z.B. in Lothringen traf; vgl. BÜTTNER, Westpolitik, S. 74, 95; VOSS, Herrschertreffen, S. 52.

in Worms aufgesucht hatte[339]. Die Regierung Heinrichs gegenüber den westfränkischen Königen ist somit geprägt von dem Prinzip striktester Gleichrangigkeit, doch finden sich bereits unter Heinrich gelegentlich Fälle, daß westfränkische Große bei Heinrich Rückhalt suchten und zu diesem Zweck nach Ostfranken zogen[340].

Im Zusammenhang dieses Buches bedarf der die Zeitgenossen sehr beeindruckt habende Dänenfeldzug des Jahres 934[341] keines näheren Eingehens, so wenig wie die Slawenfeldzüge der Jahre 928/29, 932/933, mit denen Heinrich die slawischen Grenzvölker in Abhängigkeit hielt[342]. Bemerkenswert ist dabei, daß solche Kriegszüge erst aus den Jahren nach 926 überliefert sind. Die Regierungszeit Heinrichs gliedert sich somit deutlich in zwei Abschnitte: in einen ersten der inneren Konsolidierung (919 – 926) und in einen zweiten der Machtsicherung nach außen (927 – 936). Unter chronologischen Gesichtspunkten müßte die Sicherung der Nachfolge, die sich Heinrich schon 929/30 angelegen sein ließ, fraglos an dieser Stelle behandelt werden. Da hiermit aber direkt zur Regierung Ottos I. übergeleitet wird, soll sie im folgenden Kapitel Platz finden.

---

[339]) Vgl. VOSS, Herrschertreffen, S. 213 und ebd. S. 48ff., doch trifft es: ebd. S. 48, gerade nicht zu, daß „während der restlichen Regierungszeit Heinrichs I. (d.h. nach 921)...das Verhältnis der beiden Reiche durch ein politisches Übergewicht des ostfränkischen Königs...gekennzeichnet" gewesen wäre; das läßt sich erst von Otto I. sagen. Vgl. noch oben S.431, S. 436, S. 477 m. Anm. 258 und unten Kap. 8 § 1, S.485 – 86; Kap. 9 § 3, S. 607 m. Anm. 403.

[340]) Dies gilt vor allem für Heribert II. von Vermandois, der Heinrich 927 und 929 – hier gemeinsam mit Hugo d.Gr. – aufsuchte; s. Flodoard, Annales ad an. 927: *Heribertus comes legatos suos trans Rhenum dirigit ad Heinricum; quibus reversis, evocatur ad colloquium Heinrici per eosdem; ad quos properans cum Hugone, Rotberti filio, pace firmata, muneribus Heinricum honorat et honoratur ab illo*; ad an. 929: *Hugo et Heribertus ad Heinricum colloquii causa proficiscuntur* (ed. LAUER, S. 37, 43): B – O 16a, 22a. 931 wird Heribert II. sogar Lehnsmann Heinrichs: Flodoard, Annales ad an. 931: *Heribertus comes ad Heinricum proficiscitur eique sese committit* (ed. LAUER, S. 49 – 50): B – O 35a; Ende 932 sucht er Heinrich ein letztes Mal auf: Annales ad h. an.: *Heribertus trans Rhenum ad Heinricum proficiscitur* (ed. LAUER, S. 54): B – O 43a i.f. Vgl. LIPPERT, S. 59, 65, 76, 82; LAUER, Raoul, S. 47 – 48, 53, 63 – 64. Zu Flodoards Haltung zu Heinrich und Heribert s. oben S. 299 m. Anm. 368.

[341]) B – O 46b; Vgl. WAITZ, S. 159 – 62.
[342]) B – O 23a-d, 23e-f, 42a, 46a; vgl. WAITZ, S. 122 – 32, 163.

## 8. KAPITEL

## DIE OTTONEN IN OSTFRANKEN UND DIE KAROLINGER IN WESTFRANKEN BIS ZUM TOD OTTOS D. GR. (936–973).

§ 1: Die Nachfolgeregelung in Ostfranken und die Rückkehr zur karolingischen Dynastie in Westfranken. Innere Schwierigkeiten Ottos I. und Ludwigs IV. Die lothringischen Wirren. Die Reimser Frage und die Ingelheimer Synode (948). Das allmähliche Zusammenwachsen Burgunds in den 40er Jahren. Der Thronwechsel des Jahres 954 in Westfranken. Der „archidux" Brun in Lothringen. Ottos und Bruns Schiedsrichterrolle im Westen (936 – 965). Das „Oberkönigtum" Ottos des Großen und die Lechfeldschlacht (955).

Nachdem Heinrich I. seine Machtstellung innerhalb des ostfränkischen Reiches hinreichend konsolidiert hatte, galt es die Nachfolge für sein Haus zu sichern. Ich konnte bereits oben zeigen, daß die „Unteilbarkeit des Reiches" nicht die Sorge des 10. Jahrhunderts gewesen ist[1]. Sie war für jeden Nicht-Karolinger selbstverständlich[2]. Was im 9. Jahrhundert bereits in den Klein-Regna Aquitanien, Baiern, aber auch Italien[3] praktiziert worden war, galt jetzt sogar für die Groß-Regna Ost- und Westfranken, d.h. für die eigentlichen *regna Francorum*. Heinrich I. hat eine Reichsteilung keinen Augenblick erwogen, auch gar nicht erwägen können, da die Herzogtümer Baiern, Franken, Lothringen und Schwaben keinerlei Teilungsmasse boten: über den Kopf der Herzöge hinweg und ohne deren Zustimmung gab es in diesen *regna* nicht einen Quadratmeter Land, der

---

[1]) Oben S. 329ff., bes. S. 338ff.

[2]) Es ist kein Zufall, daß der letzte, Projekt gebliebene Teilungsplan in Westfranken Ludwig IV. zum Urheber hatte: oben S. 335 – 36 m. Anm. 226 – 29.

[3]) HIESTAND, S. 140 – 41, bemerkt treffend, daß die sogen. Reichsteilungen der Jahre 889, 896, 902(?) und 923 stets „Teilungen" zwischen einem Kaiser und einem König waren, wobei diese ohnehin mehr Abfindungscharakter für den jeweils Schwächeren, in praxi also für Berengar I., hatten.

für eine „Teilung" verfügbar gewesen wäre! Eine Teilung hätte also nur im
Rahmen der sächsischen Hausmacht Heinrichs erfolgen können und würde mit völliger Sicherheit neben dem Risiko eines „Adelskrieges" das Ende
der sächsischen Vormachtstellung bedeutet haben. Gegen die schier rüh-
rend idealistische Deutung eines HLAWITSCHKA[4] hatte Karl LEYSER
schon vor einem Jahrzehnt betont, „daß nicht das Ende der karolingischen
Teilungen, sondern das Überleben der größeren *regna* als solcher erklärt
werden muß"[5]. Deren Überleben vollzog sich in einer „Angleichung nach
unten", d.h. Ostfranken ist fortan so unteilbar, wie es die *regna* Baiern,
Schwaben oder Sachsen seit eh und je gewesen waren[6].

Heinrich war somit in seiner grundsätzlichen Entscheidung gar nicht
frei[7]. Die Frage lautete nicht: Teilung oder Reichseinheit; die Entscheidung, die Heinrich zu fällen hatte, war sehr viel persönlicherer Natur: welcher der drei in Frage kommenden Söhne[8] sollte nachfolgen? Der älteste
Sohn der Mathilde, Otto, war 912 geboren, ihr zweiter Sohn Heinrich *in
aula regali natus* und wahrscheinlich etwa zehn Jahre jünger als Otto[9]; der
jüngste, etwa 925 geborene Sohn Brun war im Augenblick der Thronfol-
geregelung sogleich für die geistliche Laufbahn bestimmt worden und
stand somit nicht zur Disposition[10]. So lange man in der Forschung die
Ordnung der Nachfolge durch Heinrich in die Zeit kurz vor dessen Tod
verlegte[11], schien eine echte Alternative bestanden zu haben, da der von
der Mutter favorisierte Heinrich damals doch immerhin die Volljährigkeit

---

[4]) Für die Aufgabe des Teilungsprinzips beruft sich HLAWITSCHKA, Lotharingien,
S. 219, allen Ernstes auf „einen geistigen Erkenntnisvorgang der Großen"; vgl. schon oben
S. 337 m. Anm. 239.

[5]) LEYSER, Konflikt, S. 31.

[6]) Vgl. oben S. 332 m. Anm. 201 – 02.

[7]) So auch SCHMID, Thronfolge, S. 487: „Allein, wäre es Heinrich I. möglich gewesen,
die Königsherrschaft unter seine Söhne jemals aufzuteilen? Er hätte bei der Durchsetzung
eines solchen Entschlusses in die den Herzögen zugestandenen Herrschaftsrechte eingreifen und diese gänzlich umgestalten, ja abschaffen müssen, wodurch ohne Frage ein Krieg
im Innern des Reiches entfesselt worden wäre, in dem er auf verlorenem Posten gestanden
hätte". Vgl. schon oben S. 338 m. Anm. 241 und unten Kap. 10 § 1, S. 638 m. Anm. 83 – 86.

[8]) Der Heinrichs Friedelehe mit Hatheburg entsprossene Thankmar – vgl. Widukind,
l. II c. 9 (ed. HIRSCH, S. 73) – kam für die Nachfolge nicht in Frage; s. KÖPKE – DÜMMLER,
S. 15 – 16; SCHMID, Thronfolge, S. 440, 486 m. Anm. 224; LEYSER, Konflikt, S. 26.

[9]) B – O 54c; KÖPKE – DÜMMLER, S. 12 m. Anm. 5, 14 m. Anm. 2; LEYSER, Konflikt,
S. 29. Vgl. bes. LINTZEL, Miszellen, S. 276 – 82. Unlängst hat ALTHOFF, Konvent, S. 35 m.
Anm. 9, unter Hinweis auf die „Intervention" Heinrichs in: D H.I. 3 (922 Apr. 22) S. 41
Z. 29 – 30: B – O  4, die begründete Vermutung geäußert, daß Heinrich wohl zu O 922
geboren oder getauft worden ist.

[10]) B – O 23h; KÖPKE – DÜMMLER, S. 14 – 15; SCHMID, Thronfolge, S. 441 m. Anm. 91;
HLAWITSCHKA, Lausanner Annalen, S. 142 Anm. 22.

[11]) Vgl. etwa LINTZEL, Miszellen, S. 261 – 71; SCHMID, Thronfolge, S. 426ff., 463 – 64.

erreicht gehabt hätte[12]. Seit Karl SCHMID jedoch zeigen konnte, daß die Nachfolgefrage bereits in den Jahren 929/30 entschieden worden war[13], ist einsichtig, daß Heinrich zum damaligen Zeitpunkt nur seinen ältesten Sohn Otto in Betracht gezogen haben kann, der damals als einziger voll-jährig war. Es wäre ja ohnehin erstaunlich, daß Heinrich erst quasi im An-gesicht des Todes sein Haus bestellt haben sollte, was bei einem so vor-sichtigen, stets auf politische Absicherung seiner Schritte bedachten Herr-scher doch eigentlich kaum vorstellbar ist[14]; leider war die mehr litera-risch-philologische als politische Denkweise vieler Historiker des Früh-mittelalters wenig geeignet, hier Klarheit zu schaffen.

Es ist nicht meine Aufgabe, hier die Einzelheiten der von Heinrich ge-troffenen Nachfolgeregelung darzulegen, was im wesentlichen auf eine Wiederholung der Ergebnisse von SCHMID hinausliefe[15]. Nur einige we-nige Punkte seien noch einmal betont: 1. Um die Anerkennung Ottos als seines Nachfolgers durchzusetzen, reiste Heinrich 929/30 durch alle ost-fränkischen Herzogtümer; einen solchen „Ritt durch das ganze Reich" einschließlich Baierns und Schwabens hat er weder vorher noch nachher unternommen[16]; 2. Voraussetzung für die Zustimmung Herzog Arnulfs war offensichtlich gewesen, daß Heinrich seinerseits der Nachfolge von Arnulfs Sohn Eberhard in Baiern gleichfalls noch zu Lebzeiten des Vaters zustimmen würde, was fünf Jahre später auch geschah[17]. In

---

12) Vgl. B – O 52a; KÖPKE – DÜMMLER, S. 14; LEYSER, Konflikt, S. 29. Zur Rolle Mathildes s. auch CORBET, S. 31 – 32.

13) Vgl. SCHMID, Thronfolge, S. 439ff.

14) Dies ist im nachhinein natürlich leicht gesagt, doch war mir dieser Gedanke schon vor vielen Jahren gekommen. Es ist immer wieder erstaunlich, in welchem Maße sich eine ang. kritische Geschichtsschreibung zum Nachbeter einer doch anerkannt dürftigen und problematischen Überlieferung macht. Die politische Fragestellung gerät dabei entschie-den ins Hintertreffen.

15) Oben Anm. 13. Lediglich Schmids Ausführungen zu D O.I. 1 (936 Sept. 13), das in der künftigen kritischen Edition der DD Ottos I., die ein dringliches Desiderat der Forschung ist, D O.I. 2 sein wird, sind von der Forschung mit berechtigter Kritik aufgenommen worden; vgl. SCHMID, Thronfolge, S. 466 – 76 und dazu JAKOBS, S. 515ff.; HOFFMANN, Geschichte, S. 28ff.; SCHLESINGER, Erbfolge, S. 238 – 39; KELLER, Herzöge, S. 125 Anm. 15 und zuletzt HLAWITSCHKA, Untersuchungen, S. 17 – 20. Zu dem wirkli-chen D O.I. 1 = D O.I. 466 (936 Aug. 8) vgl. SCHMID, Thronfolge, S. 453 Anm. 137 und unten Anm. 33.

16) Vgl. SCHMID, Thronfolge, S. 459 – 62, mit einer Karte des Reisewegs Heinrichs: ebd. S. 461. Der Aufenthalt Heinrichs und Ottos auf der Reichenau, den noch ALTHOFF – KEL-LER I, S. 105, annehmen, wird von HLAWITSCHKA, Untersuchungen, S. 91 – 93, mit recht guten Gründen bezweifelt; zwingend angenommen zu werden, braucht er jedenfalls nicht.

17) Vgl. REINDEL, Arnulf, S. 285, der den Zusammenhang mit der Nachfolgeregelung Heinrichs natürlich noch nicht gesehen hatte; vgl. aber SCHMID, Thronfolge, S. 464. FAUSSNER, S. 31, glaubt, daß es zur Designation des Sohnes keiner Übereinkunft mit dem ostfränkischen Königtum bedurft habe. Das sehe ich anders. Ganz abwegig LINTZEL, Schwaben, S. 84.

der Tat melden die „Großen Salzburger Annalen" zum Jahre 935: *Eidem Eparhardo Arnolfus dux, pater eius, regnum Baiowariorum concessit regendum*[18], was erneut die fast vollständige Selbständigkeit des bairischen *regnum* erkennen läßt[19]; 3. Die Verheiratung Ottos mit der angelsächsischen Prinzessin Edgitha im Jahre 929[20] war ein zentraler Bestandteil der Nachfolgeregelung ebenso wie die erneute Wittumgestellung für Mathilde: *cum consensu et astipulatione filii nostri Ottonis*[21]; 4. Die von Cono von Estavayer, dem Propst der Lausanner Kirche, dem Chartular der Domkirche von Lausanne um 1235/40 vorangestellten sogen. „Annales Lausannenses"[22] wissen zu berichten: *Otto rex benedictus fuit in Maguncia anno Domini DCCCCXXX*[23]! Die Glaubwürdigkeit der Ottonen-Einträge in den Lausanner Annalen hat HLAWITSCHKA überzeugend nachgewiesen[24]; er hat das *benedictus fuit* allerdings mit „gutheißen" übersetzen wollen statt, wie man erwarten dürfte, mit „gesalbt", weil er sich eine Salbung Ottos in Mainz in diesem Jahr nicht vorstellen konnte[25]. Dies führt uns zu Widukinds Schilderung von Ottos Krönung und Salbung in Aachen.

---

[18]) Ann. Iuv. maximi ad h.an. (ed. BRESSLAU, S. 743 Z.7 – 8); vgl. die folg. Anm. sowie unten S. 474 m. Anm. 98 – 99.

[19]) Unverständlich ist mir, wie LINTZEL, Schwaben, S. 78, unter Berufung auf die Ann. Iuv. maximi schreiben kann, Arnulf habe „die bayrischen Großen ihm (d.h. Eberhard) Treue schwören lassen". Die Annalen fahren nach der oben im Text zitierten Stelle fort: *et XI^mo Kal. Augusti veniebat* – das kann sich grammatikalisch nur auf Arnulf beziehen! – *ad Salinam* (scil. Reichenhall?)...*et fidelitatem iuraverunt ei* (scil. Arnulfo!) *Salinarii cuncti tam nobiles quam ignobiles viri* (ed. BRESSLAU, S. 743 Z.8 – 10). Die Reise Arnulfs, die durch die Datumangabe deutlich von dem Voranstehenden abgegrenzt wird, hat mit der Nachfolgeregelung nichts zu tun. Wie Lintzel aber auch SCHRAMM, Kaiser, S. 156; DERS., Königskrönung, S. 37 m. Anm. 11 und noch FAUSSNER, S. 31. WEINFURTER, S. 247 Anm. 34 (auf S. 248) bezieht *ad Salinam* auf Salzburg, was mir einleuchtet.

[20]) Und nicht 930; so nach HOFFMANN, Geschichte, S. 10 Anm. 2 bes. HLAWITSCHKA, Lausanner Annalen, S. 130 m. Anm. 31 (auf S. 144) und DERS., Untersuchungen, S. 90 gegen SCHMID, Thronfolge, S. 463. Die Heirat mit einer angelsächsischen Prinzessin bot den Vorteil, keine Verständigungsprobleme aufzuwerfen; vgl. oben S. 187 m. Anm. 51 – 52. Zugleich aber war es eine Heirat innerhalb der „Familie der Könige", die die Liudolfinger von den ostfränkischen Herzogsfamilien distanzierte. Zu Edgitha und ihrem Nachruhm vgl. CORBET, S. 46ff.

[21]) D H.I. 20 (929 Sept. 16; Or.) S. 56 Z.12 – 13: B – O  24; vgl. SCHMID, Thronfolge, S. 441 – 42; HOFFMANN, Geschichte, S. 10.

[22]) Hierzu vgl. BOSCHEN, S. 165ff., bes. S. 168 – 69; HLAWITSCHKA, Lausanner Annalen, S. 125 – 27.

[23]) Ann. Lausann. ad h.an. (ed. ROTH, S. 8); vgl. BOSCHEN, S. 169 Anm. 389; HLAWITSCHKA, Lausanner Annalen, S. 128.

[24]) Lausanner Annalen, S. 132ff.; ebd. S. 128 – 31 speziell zu der Eintragung ad an. 930.

[25]) So HLAWITSCHKA, Lausanner Annalen, S. 131: „Gerade in diesen Vorgang (scil. der Nachfolgeregelung von 930)...gewährt uns nun die Lausanner Quelle mit der Nachricht, daß Ottos Königtum damals (930) in Mainz gepriesen bzw. „gutgeheißen" wurde (*benedictus fuit*), einen erwünschten kleinen Einblick"; vgl. noch ebd. S. 145 Anm. 39; DERS., Untersuchungen, S. 91, formuliert dagegen: „mit Einschluß einer kirchlichen Segnung". Was stellt sich Hlawitschka darunter vor? Vgl. aber unten S. 467 m. Anm. 42 – 43.

Noch vor wenigen Jahren konnte KARPF schreiben: „Widukinds Bericht über den Herrscherwechsel von 936 ist die zentrale Quelle zur deut-
schen(sic) Königserhebung im 10. Jahrhundert"[26]. Ich würde im Hinblick
auf die Erfahrungen mit Widukind bei der Wahl Heinrichs I. einschränkend formulieren: Widukinds Bericht ist – wieder einmal – der ausführlichste[27]. Der „Continuator Reginonis" widmet diesem Ereignis zwei Zeilen, und Liudprand von Cremona nutzt es, die *prudentia* Heinrichs I. zu
preisen[28]. Andere Quellen sind nicht ausführlicher[29], und so kann es kaum
wunder nehmen, daß sich die Forschung immer wieder mit dieser „zentralen Quelle" befaßt hat[30]. Dabei müßte natürlich zunächst einmal die Frage
im Mittelpunkt stehen, woher Widukind, der im Jahre 936 noch keine
zwölf Jahre alt und mit Sicherheit kein Augenzeuge gewesen war[31], eigentlich seine Weisheit bezogen hat. Diese Frage hat leider so gut wie gar keine
Beachtung gefunden. SCHRAMM ging dagegen so weit, die Erzählung Widukinds als V o r l a g e des Mainzer Ordos anzunehmen, während RÖRIG
umgekehrt einen verlorenen Ordo, nämlich den des Jahres 936, als Vorlage
Widukinds annahm[32]. Das ist aber auch schon alles, was m.W. bisher an
Quellenkritik geboten wurde. Dies scheint mir um so problematischer, als
wir für den Aachener Tag praktisch a l l e i n auf Widukinds Bericht angewiesen sind, denn außer der Tatsache, daß die Zeremonie tatsächlich in Aachen

---

   26) KARPF, Reichsbegriff, S. 162; vgl. ebd. S. 162–68 Karpfs eigene Deutung dieses
Berichts.
   27) Widukind, l.II cc.1–2 (ed. HIRSCH, S. 63–67). Kein Einzelvorgang wird in Widukinds Darstellung so ausführlich behandelt wie dieser!
   28) Cont. Regin. ad an.936: *Heinricus rex...diem clausit extremum, cui filius suus Otto
consensu primorum regni successor eligitur* (ed. KURZE, S. 159); Liudprand, Antapodosis,
l.IV c.16: *Quantae fuerit prudentiae quantaeque rex Heinricus scientiae hinc probari
potest, quod potissimum ac religiosissimum natorum suorum regem constituit* (ed. BECKER,
S. 113 Z.16–18). Es folgt die Meldung von Heinrichs Tod und ein Gedicht Liudprands
zu Ehren beider Könige (ed. BECKER, S. 113–14).
   29) Die Quellen zusammengestellt bei B–O 55h. Heranzuziehen wären allenfalls noch
die Ann. Quedlinburg. ad h.an.: *Heinricus obiit. Cuius filius Otto...iure haereditario*(!)
*paternis eligitur succedere regnis* (ed. PERTZ, S. 54 Z.37–38): oben S. 307 m. Anm. 32. Die
Ann. Iuv. maximi erwähnen den Aachener Tag überhaupt nicht, auch Flodoard verliert
darüber kein Wort; vgl. aber unten S. 473 m. Anm. 87.
   30) Es ist nicht meine Absicht, hier in die kein Ende nehmen wollende Diskussion um
die ostfränkische Königswahl einzugreifen, eine Diskussion, die meist unter der falschen
Flagge einer ang. „deutschen" Königswahl geführt wird; vgl. noch oben mit Anm. 26. Ich
verweise auf den von Eduard HLAWITSCHKA herausgegebenen Sammelband: Königswahl
und Thronfolge in ottonisch-frühdeutscher Zeit, Darmstadt 1971 (Wege der Forschung,
t.178).
   31) Was SCHRAMM, Aachen, S. 40, zu meinem Erstaunen immerhin für „möglich, aber
nicht beweisbar" hält. Vgl. auch unten S. 468 m. Anm. 50.
   32) RÖRIG, S. 93–94 und ebd. Excurs I, S. 138–40. SCHRAMM, Aachen, S. 40 Anm. 21,
hat diese These selbst revoziert. Vgl. aber unten S. 468 m. Anm. 49–50.

stattfand[33] und seit dem Tode des Vaters nur wenige Wochen verstrichen waren[34], ist Widukind für alles übrige der einzige Gewährsmann[35].

Die Entdeckung von SCHMID hat die Sache noch insofern kompliziert, als nunmehr feststeht, daß Otto im Augenblick des Todes des Vaters bereits Mitkönig war[36]. Er zog daher als bereits gewählter und gekrönter König nach Aachen. Das erklärt vorzüglich die kurze Frist, die zwischen dem Tod Heinrichs und Ottos Aachener Krönung verstrich – die Herzöge brauchten nicht mehr gefragt zu werden, „Wahlverhandlungen" waren keine erforderlich[37] –, steht aber in Widerspruch zu Widukinds Angabe, daß eine Wahlzeremonie stattgefunden habe. Hagen KELLER hat gezeigt[38], daß Widukinds Zeugnis über die Aachener Vorgänge nicht „gleichsam als Bericht eines neutralen Augenzeugen" übernommen wer-

---

[33] D O.I. 466 (936 Aug. 8): *actum Aquisgrani palatio* (S. 638 Z.34): B – O 56.

[34] Heinrich I. starb am 2. VII. 936 in Memleben: B – O 55b, in Gegenwart Ottos, der auch bei den Beisetzungsfeierlichkeiten in Quedlinburg anwesend war: B – O 55f; Otto wurde am 7. VIII. in Aachen gekrönt: B – O 55h; dieses Datum findet sich nicht bei Widukind, sondern ist aus D O.I. 466 zwingend zu erschließen, während KÖPKE – DÜMMLER, S. 41, noch den 31. VII. angenommen hatten. SCHRAMM, Kaiser, S. 157, spricht versehentlich vom 7. April 936.

[35] Vgl. bes. KELLER, Widukind (Ms.): unten Anm. 38; vgl. noch SCHRAMM, Aachen, S. 39 m. Anm. 20.

[36] Ich kann daher SCHRAMM, Kaiser, S. 156, nicht zustimmen, wenn dieser schreibt: „Heinrich ging erst recht nicht so weit wie die italienischen Könige, die ihre Söhne bereits vor ihrem Tode zu ‚Mitkönigen' erhoben, um den Wahlvorgang seines Inhalts zu entleeren"; ähnlich DERS., Aachen, S. 35. Nachdem nun davon ausgegangen werden muß, daß Otto seit 930 de jure Mitkönig war, verstehe ich nicht, warum ALTHOFF – KELLER I, S. 110 – 11, dies abzuwerten versuchen. Daß Otto keinen echten Anteil an der Herrschaft des Vaters gehabt und offenbar keine Urkunden in eigenem Namen vor 936 ausgestellt hat, ändert nichts am Faktum des Mitkönigtums. Lothar von Italien durfte Urkunden ausstellen und hatte neben Hugo dennoch keinen Einfluß auf die Regierungsgeschäfte. Entgegen ALTHOFF – KELLER I, S. 111, glaube ich, daß Otto und Edgitha Heinrich auf seinen Reisen seit 930 begleiteten und nicht in Magdeburg residierten, wie man angenommen hat. Vgl. auch SCHMID, Thronfolge, S. 445 und ebd. S. 446ff. Vgl. noch unten Kap. 9 § 1, S. 554 m. Anm. 8.

[37] RÖRIG, S. 88, hat daher ganz richtig gesehen: „Dorthin (scil. nach Aachen) kam nicht ein zu Wählender, sondern der rechtswirksam zur Herrschaft im fränkischen(!) Reich Bestimmte"; s. auch ALTHOFF – KELLER I, S. 112.

[38] KELLER, Widukind (Ms.). Ich bin Herrn Kollegen H. KELLER-Münster, für die Zusendung seiner beiden bisher noch ungedruckten Vorträge in Freiburg (1969) und Münster (1972) zu herzlichem Dank verpflichtet. Da beide Aufsätze ungedruckt sind und eine künftige Form der Veröffentlichung im Ermessen von Herrn Keller liegt, den ich nicht zu präjudizieren gedenke, steht alles hier Ausgeführte in meiner wissenschaftlichen Verantwortung. Die Zitate sollen lediglich meine Verpflichtung gegenüber der Gedankenführung Kellers betonen, gleichgültig, ob dieser seine Ausführungen von 1969/72 heute noch so aufrechterhält oder differenzierter sieht; daß er sie nicht in Bausch und Bogen verworfen hat, schließe ich aus der Übersendung an mich. Daß ich mich jeglicher Polemik gegen ungedruckte Ausführungen enthalte, versteht sich von selbst.

den dürfe, wie das in der bisherigen Forschung meist geschehen ist[39].
Schon früher war aufgefallen, daß Widukind Königin Edgitha mit keinem
Wort erwähnt, die in Aachen doch nicht gefehlt haben kann[40]; auffällig ist
ferner, daß die Hl. Lanze bei Widukind nirgendwo in Erscheinung tritt[41].
In diesem Zusammenhang gewinnt nun der Eintrag der Lausanner Annalen zum Jahre 930 erst sein volles Gewicht. Man wird ihn um so ernster
nehmen müssen, als die Annalen auch die – von Widukind gleichfalls ver-
schwiegene – Krönung und Salbung Ottos II. von Aachen im Jahre 961,
also abermals zu Lebzeiten des Vaters, berichten. Eben darum scheint mir
aber auch nicht zweifelhaft, daß Otto – wohl gemeinsam mit Edgitha – in
Mainz zum König gesalbt und gekrönt worden ist[42].

Diese Feststellung ist von großer Wichtigkeit. Die Aachener Krönung,
die ich keineswegs in Zweifel ziehen möchte, hätte damit nur noch den
Rang einer „Befestigungskrönung"[43]. Was dann aber mit der von Widukind berichteten Salbung, die in Aachen unmöglich wiederholt worden
sein kann[44]? Was dann aber auch mit dem Krönungsmahl, auf dem alle vier
Herzöge zugegen gewesen sein und dem jungen König symbolisch gedient
haben sollen[45]? Eine solche Harmonie kann ich mir zwar im Kopfe Widukinds vorstellen[46], aber nicht in der politischen Realität des Jahres 936[47].

[39]) Skeptisch gegenüber Widukinds Bericht war allerdings schon LINTZEL, Miszellen,
S. 270 Anm. 161 (auf S. 271), wenn er fragt: „Wo bleibt in ihm (scil. dem Bericht) die
Huldigung durch die geistlichen Fürsten?"; s. noch SCHRAMM, Königtum, S. 38.

[40]) Vgl. schon KÖPKE – DÜMMLER, S. 41 – 42, die entgegen der Aussage Thietmars
bezweifeln, daß Edgitha geweiht wurde: „wäre es wirklich geschehen, Widukind...hätte
es nicht vergessen können"; s. auch SCHMID, Thronfolge, S. 506.

[41]) Dies betont SCHMID, Thronfolge, S. 506.

[42]) So mit Recht schon KELLER, Widukind (Ms.); vgl. oben S.464 m. Anm. 23 – 25. Ein
erster Hinweis bereits bei SCHMID, Thronfolge, S. 457.

[43]) Diesen Begriff gebraucht auch KELLER, Widukind (Ms.) nach BRÜHL, Krönungsbrauch, S. 366ff.; vgl. noch DERS., Kronenbrauch, S. 425 – 27.

[44]) Vgl. aber unten S. 469 m. Anm. 56 – 57 und Anm. 62.

[45]) Nach SCHRAMM, Aachen, S. 49, war es „nach unserem Wissen überhaupt das erste
Mal..., daß alle Herzöge sich um ihren König versammelten"; vgl. DERS., Kaiser, S. 158;
s. aber unten mit den folg. Anm.

[46]) Die Anwesenheit aller vier Herzöge ist in späterer Zeit durchaus bezeugt; vgl. etwa
Thietmar, Chronicon, l.IV c.9: Celebrata est proxima paschalis sollemnitas in Quidelinge-
burg a rege (scil. Ottone III. puero a. 986), ubi quattuor ministrabant duces, Heinricus
(von Baiern) ad mensam, Conrad (von Schwaben) ad cameram, Hezil (Heinrich von
Kärnten) ad cellarium, Bernhardus (von Sachsen) equis prefuit (ed. HOLTZMANN, S. 140
Z.19 – 22); allgemein vgl. WAITZ VI², S. 332 – 35. Es ist dies das erste bekannte Beispiel
nach dem von ang. 936, doch zeigt die Tatsache, daß die Hofdienste der Herzöge selbst
bei einfachen Festkrönungen geleistet werden, daß dieser Brauch älteren Datums ist; vgl.
unten S. 469 – 70 m. Anm. 62 – 64.

[47]) Die Anwesenheit Giselberts als des eigentlichen Gastgebers ist selbstverständlich;
er war überdies Ottos Schwager. Die Anwesenheit Eberhards von Franken ist durchaus
wahrscheinlich, die Hermanns von Schwaben immerhin denkbar; s. auch ZIMMERMANN,
Ansätze, S. 383 – 84, der sich allerdings der Problematik der Widukind-Stelle nicht be-

Wenn aber einerseits feststeht, daß Widukind 936 kein Augenzeuge gewesen sein kann und auch ein – verlorener – Krönungsordo als Vorlage auszuscheiden hat[48], andererseits aber der Gedanke, daß Widukind hier aus
eigener Kenntnis berichtet, keineswegs von der Hand zu weisen ist, so
bleibt nur die Annahme übrig, daß Widukind eine von ihm selbst beobach-
tete Krönung späterer Zeit in das Jahr 936 zurückprojeziert. Hierfür
kommt aber nur die Aachener Krönung Ottos II. 961 in Betracht, an der
Widukind – er war damals ein fortgeschrittener Dreißiger – teilgenommen haben dürfte[49]. Dieser Umstand ist auch von Bedeutung für Widukinds Bericht, wonach Otto 936 anläßlich seiner Krönung *tunica stricta
more Francorum* gekleidet gewesen sei. Ohne diesen Sachverhalt für Ottos
Krönungen 930 und 936 in Zweifel ziehen zu wollen, dürfte damit aber
auch für den jungen Otto II. feststehen, daß er in fränkischer Tracht gekrönt und gesalbt worden ist[50]. Nun hat Widukind gerade die Krönung
und Salbung Ottos II. 961 in seinem Geschichtswerk ebenso verschwiegen, wie er die Erstkrönung und Salbung Ottos I. 930 in Mainz unterschla-
gen hat[51], weil für ihn die Regierung eines Königs erst mit dem Tode des
Vorgängers einsetzen kann[52].

Über die feierliche Erstkrönung und Salbung Ottos II. in Aachen zu
Pfingsten 961, wohl nicht im Beisein des Vaters[53], sind wir u. a. durch den
„Continuator Reginonis" unterrichtet: *Indeque* (scil. Wormatiae) *progre-*

---

wußt ist. Dagegen hat Widukind den alternden Arnulf von Baiern so gut wie sicher einfach
dazuerfunden. Arnulf kann von Heinrichs Tod schwerlich vor dem 10. VII. erfahren
haben. Der Zug von Regensburg nach Aachen mit großem Gefolge – über 600 km! –
erforderte mindestens drei Wochen. Arnulf hätte also nur ganz wenige Tage zur
Vorbereitung dieser beschwerlichen Reise zur Verfügung gehabt. Unterstellt man aber
eine feierliche Gesandtschaft an Arnulf, so kann diese unmöglich vor dem 15. VII. in
Regensburg eingetroffen sein, womit die persönliche Anwesenheit Arnulfs in Aachen ipso
facto ausgeschlossen wäre, denn dann hätte er buchstäblich am nächsten Tag aufbrechen
müssen. Überlegungen dieser Art lassen mir auch die Anwesenheit Hermanns von Schwaben in Aachen zweifelhaft erscheinen. Vgl. bes. unten Anm. 63–64.
  [48]) Vgl. SCHRAMM, Aachen, S. 40 m. Anm. 23–24 und ebd. S. 43–44.
  [49]) Vgl. KELLER, Widukind (Ms.): „Die Genauigkeit seiner Aussagen macht unwahrscheinlich, daß er nur 30 Jahre alten Erinnerungen oder gar einer fremden Erzählung folgt.
Die Unmittelbarkeit des Berichts findet jedoch eine einfache Erklärung, wenn er auf ein
wesentlich jüngeres Ereignis bezogen ist, das seinerseits an Ottos Herrschaftsantritt in
Aachen anknüpfte" (gemeint ist Aachen 961).
  [50]) Widukind, l.II c.1 (ed. HIRSCH, S. 65 Z.13); vgl. schon oben S. 295 Anm. 336. Dieser
Umstand ist m. W. bisher noch nicht beachtet worden. Er betont den fränkischen Charakter des Königtums auch noch im fortgeschrittenen 10. Jh. Vgl. noch unten § 3, S. 542.
  [51]) So schon SCHMID, Thronfolge, S. 435 und KELLER, Widukind (Ms.). Die Lausanner
Annalen halten es gerade umgekehrt: Ann. Lausann. ad ann. 930, 961 (ed. ROTH, S. 8);
vgl. HLAWITSCHKA, Lausanner Annalen, S. 128, 135 und oben S. 464 m. Anm. 24.
  [52]) Vgl. SCHMID, Thronfolge, S. 434–35.
  [53]) Vgl. hierzu MÜLLER-MERTENS, Reichsstruktur, S. 81, 131–32 u.a. gegen KÖPKE–
DÜMMLER, S. 322–23 und UHLIRZ, Otto II., S. 4.

*diens convenientia quoque et electione omnium Lothariensum*[54] *Aquis rex ordinatur*[55]; Ruotger fügt hinzu, daß die Erzbischöfe Brun von Köln, Wilhelm von Mainz und Heinrich von Trier den Knaben salbten[56]. Mit Widukinds Bericht zu 936 hat diese Krönung zunächst einmal gemeinsam, daß von der Königin keine Rede ist, da Otto II. fünf Jahre alt war und erst 972 heiratete[57]. Die zweifache Thronsetzung Ottos I. in Aachen[58] entspricht in auffälliger Weise der Nachwahl der Lothringer 961, was schon v. OTTENTHAL bemerkt hatte[59]. Die *electio in principem* des Jahres 936 steht bei Widukind selbst in stilistischer Parallele zu der *electio* Ottos II. nach dem Tode des Vaters[60]; in beiden Fällen handelt es sich aber gar nicht um eine Königswahl, wie dies 961 bei der Nachwahl der Lothringer tatsächlich der Fall gewesen war, sondern um die Begründung des Gefolgschaftsverhältnisses gegenüber dem neuen Gefolgsherrn[61]. Die Salbung, von der Widukind spricht, kann unmöglich 936, sie muß aber 961 gespendet worden sein. Auch das Krönungsmahl von 936 ist in der von Widukind geschilderten Form[62] zweifellos ein Produkt von dessen schöpferischer Phantasie[63].

---

[54]) Diese hatten also in Worms, wo die Wahl stattgefunden hatte, nicht mitgewählt; vgl. B – O 297a (B – Mi 574e); vgl. dazu unten im Text.

[55]) Cont. Regin. ad an. 961 (ed. KURZE, S. 171).

[56]) Ruotger, c.41: *unxeruntque Ottonem, aequivocum patris Bruno archiepiscopus ac Wilhelmus et Heinricus...regem in Aquisgrani palatio* (ed. OTT, S. 43 Z.14 – 17). Die Quellen zusammengestellt bei B – O 299a (B – Mi 574f); vgl. KÖPKE – DÜMMLER, S. 36 – 37; WAITZ VI², S. 174.

[57]) B – Mi 574d, 597e.

[58]) Zunächst im Vorhof: *collocarunt novum ducem in solio ibidem constructo*, danach in der Kirche am Ende der Krönungszeremonie: *ab eisdem pontificibus ducitur ad solium...unde ipse omnes videre et ab omnibus ipse videri posset*: Widukind, l.II c.1 (ed. HIRSCH, S. 64 Z.3 – 4, 66 Z.20 – 23).

[59]) B – O 299a, S. 145 Z.2, bemerkt OTTENTHAL: „wohl ähnlich wie bei Otto I.“; vgl. bes. SCHMID, Thronfolge, S. 506; s. auch KELLER, Widukind (Ms.).

[60]) Widukind, l.II c.1 (ed. HIRSCH, S. 63 Z.8 – 12, 64 Z.1 – 7) und l.III c.76 (ed. HIRSCH, S. 153 Z.15 – 20); gegenübergestellt bei SCHMID, Thronfolge, S. 433.

[61]) KELLER, Widukind (Ms.); s. auch SCHMID, Thronfolge, S. 434.

[62]) Widukind, l.II c.2: *duces vero ministrabant. Lothariorum dux Isilberhtus, ad cuius potestatem locus ille pertinebat, omnia procurabat, Evurhardus mensae preerat, Herimannus Franco* (!) *pincernis, Arnulfus equestri ordini et eligendis locandisque castris preerat* (ed. HIRSCH, S. 67 Z.2 – 6).

[63]) Ausgerechnet der Herzog mit dem längsten Reiseweg, nämlich Arnulf, soll für den Lageraufbau verantwortlich gewesen sein, was doch bedeuten würde, daß dieser mindestens eine Woche vor der Krönung in Aachen hätte eintreffen müssen. WAITZ VI², S. 333 – 34, betont, daß Sachsen immer das Marschallamt bekleidet habe, Baiern stets das des Schenken. Im Hinblick auf 936 meint er dann, daß die Funktionen offenbar noch nicht fest mit den einzelnen Herzogtümern verbunden gewesen seien!

Dagegen hat ein solches feierliches Mahl mit Gewißheit 961 stattgefunden[64].
Der scheinbar so präzise Bericht Widukinds zur Krönung Ottos 936 erweist sich so als eine vorzügliche Quelle für Widukinds Vorstellungen
vom ottonischen Königtum; als Quelle für die faktischen Ereignisse des
Jahres 936 ist er wertlos.

Aber nicht nur Ostfranken erhielt im Jahre 936 einen neuen König, auch
in Westfranken hatte es wieder einmal einen Dynastiewechsel gegeben.
Allgemein bedeuten die Jahre 936/37 einen Generationswechsel im Frankenreich: am 14. oder 15. Januar 936 war Rudolf von Westfranken gestorben, am 2. Juli folgte ihm Heinrich I. ins Grab; am 14. Juli 937 starb Herzog Arnulf von Baiern und fast genau zur gleichen Zeit, am 11. oder 13. Juli, auch Rudolf II. von Burgund[65]. Der Tod Rudolfs von Westfranken, der
ohne männlichen Erben starb, warf erneut das schwierige Problem der
Nachfolge auf. Der mächtigste Fürst in Westfranken war ohne Zweifel
Hugo, der Sohn König Roberts, doch Heribert II. von Vermandois noch
immer ein gefährlicher Rivale und weder Hugo der Schwarze, der Bruder
Rudolfs und dessen Nachfolger in Burgund, noch Arnulf von Flandern
konnten ein Interesse an der Wahl Hugos haben[66]. Da keiner der in Frage
kommenden *principes* die Krone einem Rivalen gönnte[67], war die einfach-
ste Lösung die Rückkehr zur „angestammten" Dynastie, zumal dies auch
noch den Vorteil bot, daß der einzige legitime Thronanwärter Ludwig, der
Sohn Karls III. von Westfranken und der angelsächsischen Prinzessin
Eadgyfu (Odgiva) ein Knabe war, der 936 gerade das Volljährigkeitsalter

---

[64] Die Feier zu Pf 961 war vorausplanbar und zweifellos von langer Hand vorbereitet
worden. Die Herzöge konnten also rechtzeitig nach Worms und Aachen entboten werden.
Der Tod Heinrichs war nicht vorhersehbar gewesen; die rasche Ansetzung der Befestigungskrönung in Aachen beweist, daß Otto es – natürlich aus innersächsischen Gründen
– eilig hatte, was aber die rechtzeitige Unterrichtung der Herzöge fast unmöglich erscheinen läßt, zumal der Termin des 7. VIII. gewiß nicht schon am Todestag Heinrichs
festgelegt worden sein kann; vgl. auch oben Anm. 48. Ich leugne nicht die Möglich-, ja
sogar die Wahrscheinlichkeit eines Festmahls am 7. VIII. 936; ich leugne aber mit Entschiedenheit die von Widukind angegebene personelle Zusammensetzung. Vgl. noch
unten S. 473 m. Anm. 87 – 90.
[65] Rudolf von Westfranken: LIPPERT, S. 92; LAUER, Raoul, S. 78 m. Anm. 4.
Heinrich I.: B – O 55b; WAITZ, S. 174, 282.
Arnulf von Baiern: B – O 69a; REINDEL, Luitpoldinger, Nr. 91, S. 175 – 81.
Rudolf II. von Burgund: B – O 74a; POUPARDIN, Bourgogne, S. 65 m. Anm. 2.
Allgemein s. ALTHOFF – KELLER I, S. 123.
[66] Vgl. die „Vorstellung der Kandidaten" bei LAUER, Louis IV, S. 2 – 9; s. dazu noch
DHONDT, Études, S. 266.
[67] Vgl. schon LAUER, Louis IV, S. 15, 240 – 41 und erneut DHONDT, Études, S. 266;
vgl. noch die folg. Anm.

erreicht haben mochte[68]. Seine Mutter hatte nach der Gefangennahme Karls III. fluchtartig das Land verlassen und war zu ihrem Vater, dem Angelsachsenkönig Eduard I., zurückgekehrt, an dessen Hof und dem seines Onkels Athelstan (925 – 939) Ludwig aufgewachsen war[69] mit dem Ergebnis, daß er besser angelsächsisch sprach als fränkisch oder romanisch[70].

Nachdem sich eine von Hugo entsandte Gesandtschaft für die Sicherheit des künftigen Königs verbürgt hatte, landete dieser in Boulogne, wo er von Hugo d. Gr., der ja seinerseits ein Schwager Athelstans war, dessen Schwester Eadhild er in erster Ehe geheiratet hatte[71], und weiteren *Francorum proceres*[72] empfangen wurde, die ihm sogleich huldigten[73]. Am 19. Juni 936, also nur knapp zwei Monate vor dem Herrschaftsantritt Ottos in Ostfranken, wurde er von Erzbischof Artold von Reims in Laon gesalbt und gekrönt[74]. Der junge König stand zunächst völlig unter dem Einfluß des „Königmachers" Hugo[75], der mit ihm gegen Hugo d. Schw. nach

---

[68]) Ludwig war wahrscheinlich 921 geboren: LAUER, Louis IV, S. 10 Anm. 2; ECKEL, S. 104. Ein weiterer nicht zu unterschätzender Vorteil zumindest für Hugo d. Gr. war, daß das zur Ausstattung Ludwigs zur Verfügung zu stellende Königsgut zu Lasten seines Rivalen Heribert II. ging; vgl. WERNER, Westfranken, S. 239 – 40; s. noch SCHNEIDMÜLLER, Tradition, S. 147 – 48.

[69]) Vgl. ECKEL, S. 129 – 30; LAUER, Louis IV, S. 9 – 10.

[70]) Vgl. schon oben S. 187 m. Anm. 51 – 52; LOT, Carolingiens, S. 308 – 09 und zuletzt FICHTENAU, Horizont, S. 95.

[71]) Vgl. LAUER, Louis IV, S. 8, 12 Anm. 4. Eadhild war eine Schwester der Eadgyfu. Karl III. und Hugo waren also beide Schwäger Athelstans. Vgl. unten S. 476 – 77 m. Anm. 116, S. 478 m. Anm. 126.

[72]) Deren Namen unbekannt bleiben; vgl. LAUER, Louis IV, S. 12 Anm. 7.

[73]) Flodoard, Annales ad an. 936: *Hugo comes (!) trans mare mittit pro accersiendo ad apicem regni suscipiendum Ludowico, Karoli filio, quem rex Alstanus, avunculus ipsius, accepto prius iureiurando a Francorum legatis, in Franciam...dirigit; cui Hugo et ceteri Francorum proceres obviam profecti, mox navim egresso...apud Bononiam sese committunt, ut erat utrinque depactum* (ed. LAUER, S. 63); vgl. LAUER, Louis IV, S. 11 – 12.

[74]) Flodoard, Annales ad an. 936: *Indeque ab ipsis Laudunum deductus ac regali benedictione ditatus ungitur atque coronatur a domno Artoldo archiepiscopo, praesentibus regni principibus cum episcopis XX et amplius* (ed. LAUER, S. 63 – 64); vgl. LAUER, Louis IV, S. 13 – 14. Der einzige zeitgenössische Bericht von Gewicht ist der Flodoards. Das Geschwätz Richers, auf das Lauer unnötig oft eingeht, ist daneben völlig unbedeutend.

[75]) Vgl. LAUER, Louis IV, S. 16. Die in der 2. Hälfte des 11. Jh. redigierten Annales S. Germani Parisiensis, deren Chronologie etwas verwirrt zu sein scheint, melden zum Jahr 942(!) die Wahl Ludwigs IV. mit den Worten: *Obiit Rodulfus rex, et Hludovicus, filius Karoli, regnum recepit, Hugone duce et abbate* (ed. PERTZ, S. 168 Z. 6 – 7); so aber auch schon ad an. 931 zur Krönung Rudolfs (ed. PERTZ, S. 168 Z. 2.). Die scheinbar so konfuse Chronologie der „Annales S. Germani" dürfte auf Kopistenfehlern beruhen: DCCCCXXXI ist wohl verlesen aus XXIII und DCCCCXXXXII aus XXXVII, so daß zu 936 lediglich ein Jahr Differenz bestünde und 923 sogar korrekt angegeben wäre. In Aquitanien datierte man vorübergehend: *anno I post obitum Rudolfi regis*: Cartul. de St-Cyprien, fol.IIIIXXʳ, 95ᵛ.

Burgund zog[76] und anschließend nach Paris, d.h. in sein eigenes Herr-schaftsgebiet, wo ein Karolinger nur noch Gastrechte genoß[77]. Ludwig dürfte Hugo d. Gr. wohl schon anläßlich seiner Krönung in Laon förmlich zum *dux Francorum* ernannt haben. In seinem am Weihnachtstag in der Pfalz Compiègne gegebenen Diplom für das Pfalzstift St-Corneille nennt er Hugo: *dilectissimus noster et Francorum dux, qui est in omnibus regnis nostris secundus a nobis*[78]. Doch die Entfremdung zwischen Ludwig und Hugo ließ nicht lange auf sich warten, und es begann Ludwigs Kampf ums Überleben im Krieg mit einem übermächtigen Gegner: Ludwig verbrachte 945 über ein Jahr in Gefangenschaft und verlor vorübergehend sogar sei-nen einzigen Rückhalt, das feste Laon[79]. Auf Einzelheiten dieses Kampfes ist hier nicht einzugehen. Ph. LAUER faßte ihn in die Worte: „Jamais la lut-te des descendants de Robert le Fort contre la royauté carolingienne n'avait été plus longue ni plus acharnée que sous ce règne"[80].

Aber die Schwäche des westfränkischen Königtums im 10. Jahrhundert ist ja hinlänglich bekannt und steht angeblich in krassem Gegensatz zu der Stärke des ottonischen Königtums. Diese Auffassung ist – insbesondere im Hinblick auf die Stärke nach außen – nicht grundsätzlich falsch, sie be-darf jedoch der Differenzierung. Auch Otto d. Gr. hat sich mehrfach mit den Herzögen auseinandersetzen müssen, was der Forschung natürlich nicht verborgen geblieben ist[81]. Aber neben diesen Rebellionen im Rah-men der „großen Politik", bei denen es für Otto um die Behauptung der Königswürde im Kampf gegen seinen Bruder Heinrich ging, was uns noch beschäftigen wird, fällt auf, daß Ottos Herrschaft gerade in seinem Stammland Sachsen keineswegs unumstritten war. Gewiß hängt dies zu ei-nem guten Teil mit den immer wieder erneuerten Aufstandsversuchen Heinrichs zusammen, aber doch keineswegs ausschließlich. Karl LEYSER, dem wir eine grundlegende Würdigung der „sächsischen Opposition" ge-gen Otto I. verdanken, hat mit Recht bemerkt, es sei „schwierig, einen

---

[76]) Ludwig urkundet am 25. und 26. VII. in Auxerre: Actes de Louis IV, Nr. 1–3, was LAUER, Raoul, S. 79, zu der Vermutung veranlaßt, er habe gemeinsam mit Hugo an der Beisetzung Rudolfs von Westfranken teilgenommen, die am 11. Juli in Ste-Colombe bei Sens stattgefunden hatte. Bei dem Verhältnis beider zu Hugo d. Schw. halte ich dies für völlig ausgeschlossen.

[77]) Vgl. DHONDT, Études, S. 67–68, 130ff. und bes. BRÜHL, Fodrum, S. 227–28, 231–32, 234–35; vgl. unten S. 490 m. Anm. 209.

[78]) Actes de Louis IV, Nr. 4 (936 Dez. 25) S. 10 Z.19–20: oben S. 307 Anm. 31; vgl. noch LAUER, Louis IV, S. 16 Anm. 2 und bes. WERNER, Westfranken, S. 239–40.

[79]) LAUER, Louis IV, S. 131–43; KIENAST I, S. 67. Ludwig gewann Laon erst 949 durch List zurück: LAUER, aaO., S. 199–200; B – O 175a.

[80]) LAUER, Louis IV, S. 242; vgl. ebd. S. 239.

[81]) Vorwiegend in den ersten Jahren seiner Regierung; vgl. dazu unten S. 475ff.

Zeitraum zwischen 936 und 973 zu finden, in dem Otto in seinem Stammland keine Feinde hatte und diese Feinde sich nicht rührten"[82], doch muß auch LEYSER einräumen, daß „das Beweismaterial hierfür(scil. für die Widerstände gegen Ottos Herrschaft in Sachsen) nach 955 schwerer zu erfassen und zu deuten ist"[83]. Die außerordentliche Härte, die Otto im Kampf gegen seine inneren Gegner an den Tag legte[84], zeigt, wie ernst er diese nahm. Im Gegensatz zu seinem Kampf gegen die Herzöge, in dem neben politischen, häufig familiäre Motive wirksam waren, ging es Otto hier um den Grundsatz, daß die Treue gegenüber dem König Vorrang haben müsse gegenüber der Treue, die ein Gefolgsmann seinem Herrn schuldet[85].

Die ernsteste Bedrohung von Ottos Herrschaft ging jedoch zweifellos von dessen Bruder Heinrich aus, dem die Sympathien der Mutter gehört zu haben scheinen[86]. Der Konflikt mit Heinrich war absehbar gewesen. In Westfranken berichtet Flodoard nicht von der Aachener Krönungszeremonie, wohl aber von der offenbar schon vorher geschwelt habenden Rivalität zwischen Otto und Heinrich[87], die die außerordentliche Eile, ja Hektik erklärt[88], in der die Aachener Krönung vollzogen wurde[89], und warum Heinrich zu dieser Zeit in Sachsen gewissermaßen unter Bewachung gehalten werden mußte[90]: die Lage war schon vor Ottos Krönung

---

[82]) Konflikt, S. 21.

[83]) Konflikt, S. 43 und ebd. S. 43ff.

[84]) LEYSER, Konflikt, S. 65 m. Anm. 33, verweist auf 27 DD Ottos I., mit denen dieser konfiszierten Grundbesitz verteilte; ebd. S. 65 spricht Leyser von den „Opfern seiner (scil. Ottos) Unerbittlichkeit". Im Gegensatz dazu betont ALTHOFF, Königsherrschaft, S. 277 – 78, die weit größere Härte im Umgang mit Verschwörern in karolingischer Zeit.

[85]) So treffend LEYSER, Konflikt, S. 67.

[86]) Vgl. zuletzt ALTHOFF – KELLER I, S. 119.

[87]) Flodoard, Annales ad an. 936: *Heinrico rege sub isdem diebus obeunte, contentio de regno inter filios ipsius agitatur; rerum tandem summa natu maiori nomine Othoni obvenit* (ed. LAUER, S. 64). Nur an dieser Stelle nennt Flodoard Heinrich *rex*. Vgl. schon oben S. 298 m. Anm. 365 und die folg. Anm.

[88]) Am Tage der Stiftung des Servatius-Klosters in Quedlinburg zum Gedenken an den Vater (31. Juli) war er bereits auf dem Weg nach Aachen: B – O 55f. Nichts zeigt wohl deutlicher, wie abwegig der Gedanke ist, Arnulf von Baiern sei in Aachen anwesend gewesen. Die älteste Uk. für St. Servatius ist D O.I. 1 (936 Sept. 13; Or.): B – O 57; vgl. KÖPKE – DÜMMLER, S. 45 – 46.

[89]) Wenn Flodoard: oben Anm. 87, bemerkt, daß die *summa rerum*, d.h. das Königtum, dem *maior natus* zugefallen sei, so kann sich das nur auf die Aachener Krönung beziehen, denn den weiteren Ausgang des Kampfes konnte Flodoard nicht voraussehen, wenn man mit LAUER, ed. cit., Introduction, S. XIX, annimmt, daß die Annalen „ayant été écrites pour la plus grande partie au jour le jour, à mesure que les nouvelles arrivaient"; vgl. aber JACOBSEN, Flodoard, S. 13ff., 23 – 24 u.ö.

[90]) Widukind, l.II c.2: *Sigifridus vero, Saxonum optimus et a rege secundus, gener quondam regis, tunc vero affinitate coniunctus, eo tempore procurabat Saxoniam, ne qua hostium interim irruptio accidisset nutriensque iuniorem Heinricum secum tenuit* (ed. HIRSCH, S. 67 Z.6 – 10); Sigfrid starb schon 937; vgl. KÖPKE – DÜMMLER, S. 69 und ALTHOFF – KELLER I, S. 119, 123.

explosiv! Bis zu dem Zeitpunkt, da Otto seinen Bruder mit der Überlassung des *regnum Baioariorum* im Jahre 948 endlich zufriedenzustellen vermochte[91], wobei der bairische Zweig des liudolfingischen Hauses seinen Anspruch auf die Königswürde niemals aufgab[92] und 1002 schließlich verwirklichen konnte[93], hat Heinrich mit Otto fast ununterbrochen Krieg geführt: „Der junge Heinrich konnte sich...seinen Anteil an dem, was für seine Familie unteilbar geworden war, nur dadurch sichern, daß er entweder seinen Bruder Otto ermordete oder ihm seine sächsischen Anhänger abgewann und Bündnisse mit den fränkischen und lothringischen Herzögen einging... Er versuchte alle drei Wege"[94]. Auch Heinrich zeigt also keine Neigung zur Reichsteilung[95]: er will in seiner *cupiditas regnandi* lediglich sich selbst an die Stelle seines Bruders setzen[96], der ihm ganz im Gegensatz zu seiner sonstigen Härte mit ungewöhnlicher Milde und Nachsicht begegnete[97].

Betrachtet man die Ereignisse der ersten fünf Regierungsjahre Ottos im Vergleich zu der Herrschaft des Vaters, so fällt auf, daß Otto unabhängig von der Auseinandersetzung mit dem Bruder, die natürlich auf dessen Initiative zurückging, sich in kürzester Frist mit den getreuen Paladinen seines Vaters, mit Eberhard von Franken und Giselbert von Lothringen, überwarf und sich diese zu Todfeinden machte. Zugleich brach er auch mit dem Nachfolger Arnulfs von Baiern und vertrieb Eberhard, der 935 noch vom Vater zur Nachfolge bestimmt worden war[98], aus dem Land[99]. Was Widukind zur Begründung anführt: *et filii eius in superbiam elati regis iussu contempserunt ire in comitatum*[100], vermag nicht zu befriedigen: eine Verweigerung der Huldigung halte ich für undenkbar[101]; vielmehr wird es

---

[91] B – O 157a (S. 78 – 79); vgl. KÖPKE – DÜMMLER, S. 159 – 61.
[92] Vgl. LEYSER, Konflikt, S. 33 und unten Kap. 9 § 2, S. 576 m. Anm. 184, S. 578 – 80.
[93] Vgl. unten Kap. 10 § 1, S. 627ff.
[94] LEYSER, Konflikt, S. 31 – 32.
[95] Vgl. dazu oben S. 341 m. Anm. 271 und die folg. Anm.
[96] Widukind, l.II c.12: *nimia regnandi cupiditate illectus* (ed. HIRSCH, S. 78 Z.6 – 7); l.II c.15: *ardens cupiditate regnandi* (ed. HIRSCH, S. 79 Z.18). Während die Regierenden den Teilungsgedanken längst aufgegeben hatten, war er in der Historiographie noch längst nicht erloschen: „Sie (scil. die Überlieferung der geteilten Königswürde) starb viel langsamer als die Praktik selbst", bemerkt LEYSER, Konflikt, S. 32; vgl. ebd. Anm. 43.
[97] Vgl. bes. LEYSER, Konflikt, S. 32 – 33; s. auch WERNER, Hludovicus, S. 52 m. Anm. 186.
[98] Oben S. 463 – 64 m. Anm. 17 – 18.
[99] B – O 75a, 76g; KÖPKE – DÜMMLER, S. 71, 78 – 79; REINDEL, Luitpoldinger, Nr. 93, S. 186 – 88; FAUSSNER, S. 32.
[100] Widukind, l.II c.8 (ed. HIRSCH, S. 72 Z.15 – 16).
[101] So schon FAUSSNER, S. 32 gegen KÖPKE – DÜMMLER, S. 68 und WAITZ V², S. 77. Völlig verständnislos auch KIENAST, Herzogstitel, S. 359: „nachdem Arnulfs Sohn Eberhard als Rebell(!) abgesetzt worden war".

um das Ausmaß der bairischen Selbständigkeit gegangen sein[102]. Da der von Otto schließlich 938 belehnte Berthold (938–947), ein jüngerer Bruder Arnulfs[103], auf die herzogliche Kirchenhoheit verzichten mußte[104], wird wohl diese der eigentliche Streitpunkt zwischen Otto und Eberhard gewesen sein[105]. Es ist schwer vorstellbar, daß die Schuld für diese Zerwürfnisse immer nur auf Seiten der Herzöge gelegen haben sollte[106]. Der tiefere Grund für das plötzliche Aufbrechen von Konflikten so ziemlich auf allen Ebenen scheint eher in einem neuen Herrschaftsstil Ottos begründet, der dem des Vaters diametral entgegengesetzt war.

Mit Recht haben daher ALTHOFF–KELLER ihre Kapitelüberschrift: „Kontinuität beim Herrschaftsantritt Ottos des Großen?" mit einem Fragezeichen versehen[107], und ich bin geneigt, von einem klaren Bruch zu sprechen. Das ist gewiß nicht nur eine Frage des politischen Temperaments: von der behutsamen, abwägenden, sich nach allen Seiten absichernden Art des Vaters scheint der Sohn nicht viel geerbt zu haben. Ihm machte es nichts aus, sich mit drei oder vier Feinden gleichzeitig anzulegen und damit mehrfach den Fortbestand seiner Herrschaft aufs Spiel zu setzen. Aber über diese Unterschiede in der Persönlichkeit hinaus ist vor allem eine tiefgreifende Differenz im Herrschaftsstil festzustellen. Das Schlüsselwort zur Politik Heinrich I. lautete *amicitia*, ein Begriff, der unter Otto d.

---

[102]) In diesem Sinn auch ALTHOFF–KELLER I, S. 128, während KELLER, Reichsstruktur, S. 109, noch unsicher gewesen war.

[103]) Vgl. REINDEL, Luitpoldinger, Nr. 93, S. 188–89; KIENAST, Herzogstitel, S. 359–60, 410 Nr. 3.

[104]) Ann. Iuv. maximi ad an. 938: *Egilolfus archiepiscopus obiit; Heroldus archiepiscopus factus est ab Ottone rege* (ed. BRESSLAU, S. 743 Z.13–14); vgl. auch KÖPKE–DÜMMLER, S. 79 m. Anm. 3, die sich aber noch auf Thietmar, Chronicon, l.I c.26 (ed. HOLTZMANN, S. 32, 34) berufen.

[105]) Die Forschung begnügt sich meist mit der Feststellung, daß Otto dem neuen Herzog diesen „wichtigen Bestandteil der Unabhängigkeit" genommen habe: ALTHOFF–KELLER I, S. 128; s. auch FAUSSNER, S. 33 und schon KÖPKE–DÜMMLER, S. 79. Es liegt doch auf der Hand, daß Eberhard sich eben dies nicht bieten lassen wollte und darum zum „Empörer" wurde, was jedoch auch KELLER, Reichsstruktur, S. 109, nicht in Rechnung gestellt hat.

[106]) Eberhard von Franken war ein jahrelanger Vertrauter Heinrichs I. gewesen, Giselbert dessen Schwiegersohn seit 928: oben S. 441 m. Anm. 215. Zumindest seit diesem Zeitpunkt ist von einer Verstimmung zwischen ihm und Heinrich nichts mehr bekannt. Alle Interventionen in Westfranken scheinen mit diesem abgesprochen gewesen zu sein.

[107]) ALTHOFF–KELLER I, S. 112. Auch im Verhältnis zu der „Bündnisbewegung der Großen", die unter Heinrich I. in großem Stil praktiziert worden war, trat mit Otto I. ein Wandel ein; vgl. ALTHOFF, Konvent, S. 37 m. Anm. 57.

Gr. nur noch selten gebraucht wird[108]. Die hegemoniale Stellung[109], die Heinrich am Ende seiner Regierung als Frucht seiner beharrlichen, aber stets auf Ausgleich bedachten Politik zugefallen war – Widukind bezeichnet ihn im Augenblick des Hinscheidens als: *ipse rerum dominus et regum maximus Europae*[110] – , verdankte er der Anerkennung und Respektierung der bestehenden Ordnung, nicht zuletzt der Position der Herzöge[111]. Otto dagegen betonte die übergeordnete Stellung des Königtums wesentlich stärker als sein Vater; sein Regierungsstil ist sehr viel „karolingischer" und knüpft eher bei Karl d. Gr. an als bei Heinrich I.[112]. Die Selbstherrlichkeit von Ottos Personalentscheidungen zeigt, daß Otto entschlossen war, sich im Interesse der Stellung des Königtums über die von Heinrich stets respektierten Ansprüche der Adelssippen hinwegzusetzen[113].

Der Konflikt mit Eberhard von Franken und Giselbert von Lothringen lag so gewissermaßen in der Logik der Dinge und war durch den neuen Herrschaftsstil geradezu vorprogrammiert. In diesem Konflikt setzte Otto nicht nur seine eigene Herrschaft aufs Spiel, sondern auch die Zugehörigkeit Lothringens zu Ostfranken. Die Initiative dazu ging keineswegs von Ludwig IV. aus, der vollauf mit Hugo d. Gr. beschäftigt war[114]. Dieser hatte bereits 937 Ottos Schwester Haduwy (Hedwig) geheiratet[115] und

---

[108]) Vgl. aber unten S. 477 m. Anm. 117. Allgemein s. ALTHOFF – KELLER II, S. 235 – 36 und oben S. 431 u.ö.

[109]) Diesen Begriff ziehe ich dem häufig gebrauchten des „imperialen Königtums" vor, zumindest was die Regierungszeit Heinrichs I. anbetrifft. Vgl. noch unten § 3, S. 552 m. Anm. 708 – 10.

[110]) Widukind, l.I c.41 (ed. HIRSCH, S. 60 Z.6 – 7); vgl. BEUMANN, Widukind, S. 234, 246 – 47.

[111]) Vgl. ALTHOFF – KELLER I, S. 80, 94 – 95, 98 – 99 u.ö.; vgl. bes. S. 99: „Die moderne Interpretation, Heinrich habe eine selbständige Außenpolitik der Herzöge nicht verhindern...können, unterstellt, daß er sie verhindern wollte".

[112]) Vgl. auch ALTHOFF – KELLER I, S. 130 – 31; vgl. aber ebd. II, S. 236 – 37.

[113]) Vgl. ALTHOFF – KELLER I, S. 125: „Otto I. hat es nicht geschafft, seine Entscheidung auf den allgemeinen Konsens der Großen zu stellen. Vielmehr hat er wiederholt Große, die Ansprüche auf bestimmte Ämter anmeldeten, in einer Weise düpiert, daß man fast geneigt ist anzunehmen, daß dies absichtlich geschah"; vgl. noch ebd. S. 126ff.

[114]) Hugo hatte sich 937 mit seinem alten Rivalen Heribert II. von Vermandois ausgesöhnt, um sich auf seinen Kampf mit Ludwig konzentrieren zu können; vgl. LAUER, Louis IV, S. 19; HEIL, S. 23.

[115]) Flodoard, Annales ad an. 938: *Hugo princeps, filius Rotberti, sororem Othonis regis Transrhenensis, filiam Heinrici, ducit uxorem* (ed. LAUER, S. 69). Das Jahr der Heirat wird von Flodoard falsch angegeben, da Hugo in der ersten Uk., in der er sich selbst *Francorum dux* nennt, bereits als Gemahl Haduwys erscheint: BOUQUET IX (1757) S. 720 – 22, bes. S. 721A: *seniori patrique nostro domno Hugoni necnon amabilimae et multum dilectae coniugi suae Haduidi...*; die Uk. ist: *in anno secundo iam regnante domno Hludovico rege*, gegeben (S. 722A), d.h. 937 Sept. 14; vgl. KIENAST, Herzogstitel, S. 58 Anm. 11 und B – O 63a; KÖPKE – DÜMMLER, S. 62 m. Anm. 4; LAUER, Louis IV, S. 27 m. Anm. 4; HEIL, S. 24 m. Anm. 18.

war somit Ottos Schwager geworden[116]. Wohl 938 schlossen Ludwig und Otto eine *amicitia*, die selbstverständlich nur auf der Basis des territorialen Status quo beruht haben kann[117]. Als 939 der große Aufstand gegen Otto losbrach, dessen Verlauf hier nicht im einzelnen zu schildern ist[118], siegte auch bei Ludwig die Begehrlichkeit über die Bündnistreue, und er nahm die Huldigung der lothringischen Großen mit Giselbert an der Spitze schließlich doch entgegen[119]. Er zog daraufhin nach Verdun und ins Elsaß, kehrte dann aber noch vor der Ankunft des Heeres Ottos, das Breisach belagert hatte[120], nach Laon zurück[121], wo Ottos Verbündete, Hugo von Franzien und Heribert von Vermandois, offenbar eine Rebellion gegen ihn angezettelt hatten[122]. Aus einer scheinbar ausweglosen Lage wur-

---

[116]) In erster Ehe war er mit einer Schwester Athelstans verheiratet gewesen: oben S. 471 m. Anm. 71, die eine Tante von Ottos Gemahlin Edgitha war. Vgl. noch unten S. 478 m. Anm. 126.

[117]) Flodoard, Annales ad an. 939: *Lotharienses Othonem regem suum deserunt et ad Ludowicum regem veniunt, qui eos recipere distulit ob amicitiam, quae inter eos, legatis ipsius Othonis et Arnulfo comite* (scil. Arnulf I. von Flandern) *mediante, depacta erat.* Dem Zusammenhang nach kann der Vertrag zwischen Otto und Ludwig nur 938 geschlossen worden sein; vgl. LAUER, Louis IV, S. 37–38; HEIL, S. 34–35. Ein ang. Zug Ludwigs IV. nach Breisach im Jahre 938 hat nicht stattgefunden. Grundlage für diesen Zug ist die irrige Datierung einer Uk. Ludwigs IV., die zu 939 und nicht zu 938 gesetzt werden muß: Actes de Louis IV, Nr. 8 (ang. 938 Aug. 24); gegen KÖPKE–DÜMMLER, S. 77 und B–O 76e vgl. bes. HEIL, S. 29–33; unsicher bleibt LAUER, Louis IV, S. 37–38; KIENAST I, S. 59 m. Anm. 121, glaubt an einen Feldzug Ludwigs im Jahre 938; vgl. aber unten mit Anm. 120 und unten Anm. 240.

[118]) Vgl. KÖPKE–DÜMMLER, S. 81ff.; LAUER, Louis IV, S. 40ff.; HEIL, S. 38ff.; KIENAST I, S. 59ff.; ALTHOFF–KELLER II, S. 141–43.

[119]) Flodoard, Annales ad an. 939: *Lotharienses iterum* – vgl. oben Anm. 117 – *veniunt ad regem Ludowicum et proceres ipsius regni, Gislebertus scilicet dux et Otho* (Graf von Verdun), *Isaac* (Graf von Cambrai) *atque Theodericus* (Graf von Holland) *comites eidem se regi committunt* (ed. LAUER, S. 72): B–O 77a; vgl. LAUER, Louis IV, S. 41–42; HEIL, S. 39–40.

[120]) Die Belagerung von Breisach, das der Cont. Regin. ad an. 953 als ein *latibulum semper Deo regique rebellantium* bezeichnet (ed. KURZE, S. 167) ist wohl in den September zu setzen: B–O 78b (S. 48). Es ist klar, daß die Uk. Ludwigs IV.: oben Anm. 117, hierher gehört, zumal der Cont. Regin. die Belagerung Breisachs ausdrücklich nach der Vertreibung Ludwigs durch Otto beginnen läßt: *Quo* (scil. Ludovico) *expulso Brisacam castellum munitissimum obsedit* (ed. KURZE, S. 160); vgl. B–O 78a und HEIL, S. 44 Anm. 26.

[121]) Vgl. LAUER, Louis IV, S. 42–45. KIENAST I, S. 61, spricht höchst unpassend von „lothringischen Träumen", denen „der junge Karolinger" nachjagte, um ihm prompt „Mangel an politischem Augenmaß" zu bescheinigen. Ich glaube nicht, daß es um die Jahresmitte 939 viele in Ostfranken gab, die dem Königtum Ottos eine Zukunft zubilligten. Warum hätte ausgerechnet Ludwig es tun sollen? Schließlich darf man nicht vergessen, daß Otto seine Rettung einem historischen Zufall verdankte: unten S. 478 m. Anm. 123.

[122]) Otto hatte mit Hugo, Heribert, Arnulf von Flandern und Wilhelm Langschwert an unbekanntem Ort (Attigny?) ein Bündnis abgeschlossen: Flodoard, Annales ad an. 939 (ed. LAUER, S. 73); vgl. dazu LAUER, Louis IV, S. 42–43: „Ce pacte avec l'étranger, au moment où le roi semblait sur le point de recouvrer une Province, jette un profond discrédit sur les grands feudataires de cette époque. Parmi eux se trouve Hugues le Grand que certains historiens ont voulu nous représenter comme l'incarnation du parti natio-

de Otto durch den Überfall von Andernach gerettet, an dem er noch nicht einmal persönlichen Anteil hatte nehmen können[123]: Eberhard von Franken fiel im Kampf, Giselbert ertrank in den Fluten des Rheins[124]. Dieser glückliche Erfolg Ottos, der natürlich auch für die Zukunft von höchster Bedeutung war, zeitigte zunächst einige unmittelbare Ergebnisse.

So eilte Ludwig IV. unverzüglich nach Lothringen und heiratete dort die um etwa sieben Jahre ältere Witwe Giselberts Gerberga[125], womit nun auch er zum – vorerst unerwünschten – Schwager Ottos geworden war[126], der seine Schwester eigentlich dem neuen Baiernherzog zugedacht hatte[127]. Natürlich sollte diese Ehe[128] Ludwigs Ansprüche auf Lothringen unter-

---

nal...". Zu solch unsinnigen Schlußfolgerungen kommt eine Geschichtsschreibung, die die nationalen Kriterien des 19. Jh. auf das 10. Jh. überträgt. Es handelt sich um Machtkämpfe innerhalb des Frankenreiches und unter den Großen dieses Reiches. Vgl. aber KELLER, Staatlichkeit, S. 252.

[123]) B – O 78b (S. 49); KÖPKE – DÜMMLER, S. 91 – 93. Der Coup von Andernach war das Werk der Grafen Udo von der Wetterau, eines Bruders Herzog Hermanns von Schwaben, und Konrad vom Niederlahngau; vgl. Liudprand, l.IV c.29 (ed. BECKER, S. 125 Z.3 – 19). Der einzige Herzog der Zeit Heinrichs I., der sich nicht gegen Otto empörte, war Hermann von Schwaben; vgl. dazu ALTHOFF – KELLER II, S. 149 – 50.

[124]) Flodoard, Annales ad an. 939 (ed. LAUER, S. 73) erwähnt nur den Tod Giselberts; vgl. aber Widukind, l.II c.26 (ed. HIRSCH, S. 88 Z.10 – 15); Cont. Regin. ad an. 939 (ed. KURZE, S. 161) und Liudprand, Antapodosis, l.IV c.29 (ed. BECKER, S. 125 Z.19 – 23). Als Todestag Giselberts und somit auch als der Tag des Treffens von Andernach ist der 2. Okt. nachgewiesen; vgl. Joseph DEPOIN: La mort du duc Gislebert de Lorraine, in: MA. 20 (1907) S. 82 – 86, bes. S. 84 – 85 (nach einem Nekrolog des späten 14. Jh., das auf älteren Vorlagen fußt); s. auch WERNER, Westfranken, S. 240.

[125]) Flodoard, Annales ad an. 939: *Ludowicus rex in regnum Lothariense regressus, relictam Gisleberti Gerbergam duxit uxorem* (ed. LAUER, S. 74): B – O 78d; vgl. KIENAST I, S. 61 – 62 und SCHNEIDMÜLLER, Tradition, S. 151 m. Anm. 34. Zu Gerberga s. noch KÖPKE – DÜMMLER, S. 16 m. Anm. 1 (913 oder 914 geboren), 94.

[126]) Es erscheint mir bemerkenswert, daß Robertiner und Karolinger in jenen kritischen Jahrzehnten zweimal Schwäger sind: Karl III. und Hugo d. Gr. sind die Schwäger Athelstans, Hugo d. Gr. und Ludwig IV. die Ottos d. Gr.; s. auch oben S. 471 m. Anm. 71, S. 476 – 77 m. Anm. 116.

[127]) Zumindest erzählt das Liudprand, Antapodosis, l.IV c.31 (ed. BECKER, S. 126), wonach Otto Berthold die Wahl gelassen habe, ob er Gerberga oder deren Tochter, *quam poenes se habuerat* (ed. BECKER, S. 126 Z.29) zur Ehe nehmen wolle, doch habe Berthold sich für die Tochter entschieden. Die Geschichte ist anekdotenhaft und in dieser Form sicher unhistorisch; auch war Bertholds Gemahlin Biltrud schwerlich eine Tochter der Gerberga; eine Tochter Giselberts und der Gerberga mit Namen Alberada war dagegen mit dem Grafen Ragnold von Roussy vermählt; s. schon KÖPKE – DÜMMLER, S. 100 m. Anm. 1 – 2.

[128]) Aus Gerbergas Ehe mit Giselbert entstammte zumindest ein Sohn Heinrich(!) und eine Tochter: oben Anm. 127. Beide wurden am Hofe Ottos erzogen. Vgl. Widukind, l.II c.26 (ed. HIRSCH, S. 89 Z.3 – 5) und weiter: *Mater autem pueri* (scil. Heinrici) *copulata est coniugio Hluthowico regi, et Heinricus, frater regis, discedens a Lothariis secessit in regnum Karoli* (ed. HIRSCH, S. 89 Z.5 – 8). Vgl. oben S. 99 m. Anm. 79. Dieser Sohn Giselberts und

mauern[129], das so noch einmal zum Zankapfel zwischen Ost- und West-franken wurde[130]. Die Ehe mit der klugen und ehrgeizigen Gerberga[131] er-wies sich für Ludwig u n d für Otto als politisch sehr wertvoll, da es Ottos Schiedsrichterrolle im Westen erleichterte, wenn beide Rivalen um die Macht in Westfranken seine Schwäger waren. Unter diesem Aspekt sind die persönlichen Treffen zwischen Otto und Ludwig/Gerberga sowie zwischen Otto und Hugo d. Gr. von besonderem Interesse[132]. Allein zwi-schen Otto und Ludwig fanden zwischen 942 und 950 nicht weniger als sieben Begegnungen statt, dazu kommt noch ein Besuch Gerbergas bei Otto in Aachen[133]. Von diesen acht Treffen ist nur eines, das von August 947 am Chiers, ein wirkliches Grenztreffen gewesen[134], meist kam man je-doch in Lothringen, einmal sogar in Rheinfranken zusammen[135]. Das gro-

---

der Gerberga scheint ursprünglich als Herzog von Lothringen vorgesehen gewesen zu sein; vgl. KELLER, Reichsstruktur, S. 108; s. schon MOHR, Geschichte, S. 30 – 31. Später hört man indes nichts mehr von ihm; Widukind, l.II c.33 (ed. HIRSCH, S. 94 Z.6) meldet den Tod zum Jahre 944, womit meine ursprüngliche Vermutung, Erzbischof Heinrich von Trier sei mit diesem Sohn der Gerberga identisch, nicht aufrecht erhalten werden kann.

[129]) Ludwigs 941 geborener Sohn hieß Lothar!

[130]) MOHR, Rolle, S. 391, betont mit Recht, daß „eine eigene Partei der lothringischen Selbständigkeit...sich nicht mehr im alten Ausmaße feststellen" lasse und „Lothrin-gen...nun ausschließlich Streitobjekt zwischen Ost und West wurde". Vgl. bes. unten S. 481 – 82 m. Anm. 145 – 47 und Kap. 9 § 1, S. 564ff.; § 2, S. 583ff.

[131]) Vgl. die unhistorische, aber charakteristische Erzählung des Iocundus, Translatio s. Servatii, c.77, wonach Gerberga wütend darüber gewesen sei, daß Giselbert es abgelehnt habe, König von Lothringen zu werden: *quia eius inscia, dum fratre minor non esset et genere ingenii et virtute, sibi regnare non licuit* (ed. KOEPKE, S. 124 Z.4 – 5). Die Krönung der Gerberga erwähnt Erzbischof Artold von Reims in einem Schreiben an Papst Marinus bei Flodoard, Hist. Rem. eccl., l.IV c.35: *postquam Ludovicum regem...Gerbergam quo-que reginam benedixeram et sacro perfuderam crismate* (edd. HELLER – WAITZ, S. 586 Z.24 – 25): B – Z † 172, der das Schreiben für eine – natürlich zeitgenössische – Fälschung hält. Die Sachaussage wird davon nicht berührt.

[132]) Vgl. schon BRÜHL, Anfänge, S. 162 – 63. Im Gegensatz zu Gerberga tritt ihre Schwester Haduwy in der Politik völlig hinter ihrem Gemahl zurück; vgl. aber unten S. 491 m. Anm. 212.

[133]) B – O 110a und D O.I. 52 (942 Nov. 17), B – O 139a-b, 148a, 154a, 166a, 174a, 175a(?), 180a; vgl. VOSS, Herrschertreffen, S. 213 – 14 und ebd. S. 29ff.

[134]) B – O 154a; vgl. VOSS, Herrschertreffen, S. 58. Die erste Zusammenkunft 942 in Visé an der Maas: B – O 110a, war kein Grenztreffen! Visé liegt im Lüttichgau, d.h. in Lothringen „en plein pays carolingien", aber ziemlich weit von der Grenze entfernt; vgl. VOSS, aaO., S. 31 m. Anm. 75. An das Treffen bei Cambrai 946 schloß sich direkt der Kriegszug nach Westfranken an: B – O 139a-b, wobei Ludwig möglicherweise erst auf westfränkischem Boden zum Heer Ottos stieß; vgl. VOSS, aaO., S. 29.

[135]) Zweimal zu Ostern in Aachen (947 und 949 mit Gerberga), 948 in Ingelheim: B – O 148a, 174a, 166a; vgl. VOSS, Herrschertreffen, S. 32 – 33. Vgl. noch unten S. 481 m. Anm. 141 und Anm. 143.

ße Familientreffen zu Pfingsten 965 fand in Köln statt: hier versammelten
sich auf einem Reichstag um die gerade aus Italien zurückgekehrten Otto
und Adelheid, Ottos Mutter Mathilde, sein Bruder Brun, Erzbischof von
Köln und *archidux* Lothringens, sein Sohn Otto II., seine Schwester Gerberga mit ihren Söhnen Lothar und Karl, sein Neffe Heinrich II. von Baiern, der künftige „Zänker", die Herzöge Hermann Billung und Friedrich
von Lothringen und viele andere [136].

Zu diesen Begegnungen zwischen den Königen müssen aber noch die
zwischen Otto und Hugo d. Gr. hinzugerechnet werden, der eine fast königsgleiche Stellung in Westfranken einnahm. Die Beziehungen zwischen
Otto und Hugo waren natürlich besonders dann gut, wenn die mit Ludwig
zu wünschen übrig ließen. So trafen sich Otto und Hugo in dem für Otto
so kritischen Jahr 939 gleich zweimal, und beide Male war Hugo begleitet
von Heribert II. von Vermandois [137]. Als Otto 940 zur Offensive überging
und in Westfranken einfiel [138], kommendierten sich ihm Hugo d. Gr., Heribert von Vermandois und Graf Rotgar von Laon in Attigny genau so,
wie dies westfränkische Große schon 858 in Ponthion gegenüber Ludwig
II. von Ostfranken getan hatten [139]. Als der politische Wind aus anderer
Richtung wehte, entzog Otto sich 945 einem Treffen mit Hugo und fiel
946 – dieses Mal als Verbündeter Ludwigs IV. gegen Hugo – erneut in

---

[136]) B – O   386b; OEDIGER, Reg. 462 und DD O.I. 288 – 92 (965 Juni 2 – 8): B – O
387 – 91, 393; vgl. KOEPKE – DÜMMLER, S. 371ff.; LOT, Carolingiens, S. 49 – 50; ganz
schief SCHOENE, S. 69 – 71; s. noch KIENAST I, S. 85 – 86; WERNER, Histoire, S. 483; VOSS,
Herrschertreffen, S. 35 – 36; ALTHOFF – KELLER II, S. 195 – 96; BRÜHL, Palatium II, S. 7 –
8, 38 – 39 und unten S. 484 m. Anm. 161, S. 488 m. Anm. 189. Über die Anwesenden (ohne
Damen) gibt am besten eine von Brun *gratia Dei archiepiscopus et primiscrinius* rekognos-
zierte Uk. des Bischofs *Everacrus, servorum Christi servus* (von Lüttich) Auskunft, der
Otto I. (*Signum Ottonis invictissimi caesaris*), Otto II. (*Signum Ottonis serenissimi regis*),
Lothar (*Signum Lotharii regis*), die Erzbischöfe von Köln, Trier und Reims, neun Bischöfe, die Herzöge Hermann und Friedrich u.v.a. (insgesamt 47 Namen) ihre Signa zugesetzt
haben: Actes de Lothaire, Nr. 23 (965 Juni 2): *actum Coloniae palatio* (S. 52 Z.4 – 9, 53
Z.3 und Z.6): B – O   392 und OEDIGER, Reg. 465. Da Otto nur sein Signum anbrachte,
wurde die Uk. nicht in die DD O.I. aufgenommen (vgl. D O.I. 291 Vorbem.), wohl aber
in die Edition der DD Lothars! Vgl. noch JACOBSEN, Flodoard, S. 81. Das Fehlen Wilhelms von Mainz betont KELLER, Kaisertum, S. 268.
[137]) B – O   77b (S. 47), 78d (S. 50); vgl. LAUER, Louis IV, S. 42 – 43, 50; HEIL, S. 42,
52 – 53.
[138]) B – O   89a-e; vgl. KÖPKE – DÜMMLER, S. 105 – 07; LAUER, Louis IV, S. 58 – 60;
HEIL, S. 53ff.; KIENAST I, S. 62 – 63.
[139]) Flodoard, Annales ad an. 940:...*Hugo et Heribertus...ad munitionem Petraepontem*
(scil. Pierrepont) *deproperant, indeque Othoni regi obviam proficiscuntur; cui coniuncti
ad Atiniacum eum perducunt, ibique cum Rotgario comite ipsi Othoni sese committunt* (ed.
LAUER, S. 77): B – O   89b. Vgl. bes. KIENAST I, S. 63; III, S. 663 – 64, der von Doppelva-
sallität spricht. Der Vorgang entspricht exakt dem von Ponthion 858: B – M² 1435h; in
Attigny schloß Ludwig II. ein Bündnis mit Lothar II. und forderte den Treueid der
Westfranken: B – M² 1435h. Vgl. aber unten Kap. 10 § 3, S. 702 – 03.

Westfranken ein[140], doch das Osterfest 951 begingen Otto und Hugo gemeinsam in Aachen[141]. Nach 953 läßt das Interesse Ottos an den westfränkischen Angelegenheiten deutlich nach, da er diese bei seinem Bruder Brun in guten Händen wußte, der für seinen jungen Neffen Lothar in Westfranken als Mitregent fungierte und auf Wunsch Gerbergas mehrfach in Westfranken eingriff[142]. Häufig traf Brun mit Gerberga und Lothar zusammen, wobei der Ort der Zusammenkunft allein von den politischen Gegebenheiten bestimmt war[143].

Dieser ungewöhnlich intensive politisch-diplomatische Verkehr zwischen den Königen, aber auch mit dem *dux Francorum* Hugo, kann nicht allein mit den verwandtschaftlichen Bindungen erklärt werden, wie allein schon daraus erhellt, daß Otto 940 als Gegner, 946 als Verbündeter Ludwigs IV. nach Westfranken zog. Die Schiedsrichterrolle, die Otto im Westen zugefallen war, darf also keineswegs als eine „Familienangelegenheit" erklärt werden, wie man gelegentlich geglaubt hat[144]; wohl aber erleichterten die familiären Bande Otto und Brun die Durchsetzung ihrer auf Ausgleich bedachten Politik, die ganz und gar dem gesamtfränkischen Rahmen verhaftet und innerhalb dieses Rahmens auf Festschreibung des Status quo bedacht war, der Lothringen beim Ostreich beließ, wie dies seit den Tagen Arnulfs der Fall gewesen war. Ludwig IV. hatte seine Hoffnungen auf den Gewinn Lothringens spätestens 942 in Visé begraben müssen, was bereits aus dem Ort der Zusammenkunft hervorgeht[145] und die

---

[140] B–O 139a-d, 141a-i und D O.I. 81 (946 Sept. 19): *actum iuxta civitatem Remis dictam* (S. 161 Z.8): B–O 140; vgl. KÖPKE – DÜMMLER, S. 150ff.; LAUER, Louis IV, S. 145ff.; HEIL, S. 84 – 87; KIENAST I, S. 67 – 68.

[141] B–O 127a, 194a; vgl. KÖPKE – DÜMMLER, S. 143, 144 – 45, 188 – 89; LAUER, Louis IV, S. 137 – 38, 216 – 17; HEIL, S. 80 – 81, 98; VOSS, Herrschertreffen, S. 32.

[142] Allgemein s. LOT, Carolingiens, S. 18ff.; SCHÖNE, S. 39ff., 57ff.; MOHR, Rolle, S. 393 – 95; WERNER, Westfranken, S. 243 und bes. VOSS, Herrschertreffen, S. 35. Brun intervenierte zweimal (959 und 960) in Westfranken und zog bis nach Burgund: LOT, Carolingiens, S. 25, 27 – 28; SCHÖNE, S. 51 – 53. Zu Flodoards Stellung zu Brun s. JACOBSEN, Flodoard, S. 75 – 77. Vgl. unten S. 489 m. Anm. 198 – 200, S. 491 m. Anm. 213 – 14.

[143] So z.B. in Compiègne und Köln: Flodoard, Annales ad an. 959: *Bruno iterum in Franciam venit et apud Compendium cum regina sorore ac nepotibus suis* (scil. Lothar und Hugo „Capet") *discordantibus...colloquium habuit...Lotharius rex cum matre regina Coloniam proficiscitur in diebus Paschae moraturus hac festivitate cum avunculo suo* (ed. LAUER, S. 146); vgl. unten Anm. 147.

[144] So SCHNEIDMÜLLER, Tradition, S. 153; s. schon MOHR, Rolle, S. 393. Richtig aber VOSS, Herrschertreffen, S. 29: „Als ein wichtiges Element...kommen die verwandtschaftlichen Bindungen hinzu".

[145] Viel zu unsicher daher KIENAST I, S. 66 m. Anm. 136a; verfehlt LAUER, Louis IV, S. 85 Anm. 1 (auf S. 86): „Rien ne permet de croire que Louis ait alors renoncé à la Lorraine ainsi qu'à la suzeraineté sur Vienne et Lyon". Das Schweigen der Quellen erklärt sich leicht: Flodoard hatte kein Interesse, solche Dinge urbi et orbi zu verkünden, Widukind,

Grundlage der geschlossenen *amicitia* gewesen sein muß[146]. Hieran änderte sich zu Lebzeiten Ottos d. Gr. selbstverständlich auch unter dem
doch eher noch schwächeren Lothar nichts[147]. Die Schwierigkeiten, die
die deutsche und französische Geschichtsschreibung des 19. und frühen
20. Jahrhunderts – und zum Teil noch bis in die jüngste Zeit: man denke
nur an KIENAST, SCHLESINGER und HLAWITSCHKA – mit dem rechten
Verständnis der politischen Vorgänge des 10. Jahrhunderts hatte, lag begründet in dem Umstand, daß sie die Schablone des deutschen und französischen Nationalstaatgedankens auf die politische Welt des 10. Jahrhunderts legte, auf die sie nun einmal nicht paßt[148]. Als Konsequenz aus dieser
ahistorischen Betrachtungsweise, die sich ja nicht nur auf die ang.
„deutsch–französischen" Beziehungen beschränkt[149], wären wir zu der
Annahme gezwungen, daß die Politik des 10. Jahrhunderts in einer Kette
hoch- und landesverräterrischer Aktionen bestanden hätte[150], wie dies
sonst aus keinem Jahrhundert der deutsch–französischen Beziehungen
des Mittelalters zu verzeichnen ist.

　　　Diese Fehleinschätzung blieb auch keineswegs allein auf den „nationalen" Aspekt beschränkt: was dem 19. Jahrhundert „Aufruhr", „Rebellion", „Verrat" am eigenen König war, ist in Wahrheit das R e c h t des
Adels auf Selbsthilfe, auf „Fehde", auch gegen den eigenen Herren, wenn
dieser nach allgemeiner Ansicht der Standesgenossen die Rechte eines der
ihren mißachtet[151]. Ein besonders eindrucksvolles Beispiel für das soeben

[146]) Flodoard, Annales ad an. 942: *Ludowicus rex Othoni regi obviam proficiscitur et
amicabiliter se mutuo suscipientes amicitiam suam firmant conditionibus* (ed. LAUER,
S. 85); s. auch DRABEK, S. 100 m. Anm. 354, die Flodoard nach SS.III zitiert.

[147]) Wenn es daher bei Flodoard, Annales ad an. 959 anläßlich des Besuches Lothars
und Gerbergas bei Brun in Köln: oben Anm. 143, heißt: *Dataque illi* (scil. Brunoni)
*securitate de regno Lothariense...* (ed. LAUER, S. 146), so handelt es sich nicht um eine
Grundsatzerklärung, sondern einfach um eine Nichteinmischungszusage in die gerade 959
erneut aufflammenden lothringischen Händel; vgl. schon KÖPKE – DÜMMLER, S. 300ff.;
LOT, Carolingiens, S. 26, hatte darin einen grundsätzlichen Verzicht erblickt, wozu kein
Anlaß gegeben war; s. aber ebd. S. 27 – 29; richtig sah die Dinge MOHR, Rolle, S. 394;
erneut unsicher KIENAST I, S. 80. Vgl. noch unten S. 491 – 92.

[148]) Vgl. schon BRÜHL, Anfänge, S. 164 – 65.

[149]) Ich erinnere nur an die Fehleinschätzung der Rolle des „Verräters" Heribert II. von
Vermandois: oben S. 439 m. Anm. 200 – 01, die Verkennung der *regna* als ang. „Stammes-
herzogtümer", die Überbetonung der ang. „Unteilbarkeit" zu Lasten der Sicherung der
Nachfolge usw.

[150]) Vgl. etwa das Urteil von LAUER, Louis IV, S. 42 – 43, über das Verhalten Hugos d.
Gr. und seiner Verbündeten im Jahre 939: oben Anm. 122. Mit Urteilen dieser Art ließen
sich auf deutscher und französischer Seite Bände füllen.

[151]) Hierzu vgl. bes. ALTHOFF – KELLER II, S. 149ff. und zuletzt allgemein ALTHOFF,
Königsherrschaft, S. 237ff.; s. auch ERKENS, S. 334 m. Anm. 120, 335 und erneut KELLER,
Staatlichkeit, S. 263 m. Anm. 67.

Ausgeführte ist das kirchenpolitische Großereignis des 10. Jahrhunderts nördlich der Alpen, die *sancta et generalis synodus* des Jahres 948 in Ingelheim[152], auf der unter dem Vorsitz eines päpstlichen Legaten[153] und in Anwesenheit Ottos und Ludwigs IV. der kein Ende nehmen wollende Streit um die Besetzung des Reimser Erzstuhls entschieden werden sollte[154], der ja nichts anderes war als die Fortsetzung des Machtkampfes zwischen Karolingern und Robertinern auf kirchenpolitischem Gebiet[155]. Mit der nationalen Brille des 19. Jahrhunderts betrachtet, hätte hier also der „deutsche" König auf „deutschem" Boden auf Bitten des anwesenden „französischen" Königs über Angelegenheiten der „französischen" Kirche auf einer im wesentlichen von „deutschen" Bischöfen beschickten Synode entschieden. Aber ist das denn nicht eine ungeheuerliche Vorstellung? Wann hätte ein f r a n z ö s i s c h e r König sich je so tief erniedrigt[156]? Und wenn der Ankläger Ludwig IV. Ottos Schwager war, so gilt dies ebenso für den angeklagten Hugo d. Gr.

---

152) Zusammenfassend Horst FUHRMANN: Die „heilige und Generalsynode" des Jahres 948 (1964) in: Otto der Große, hgg. von Harald ZIMMERMANN (Darmstadt 1976) S. 46 – 55 (Wege der Forschung, t.450). Hauptquelle ist Flodoard, der in Ingelheim anwesend war: Annales ad an. 948 (ed. LAUER, S. 107 – 16), fast wörtlich auch: Hist. Rem. eccl., l.IV cc.34 – 35 (edd. HELLER – WAITZ, S. 585 – 89); s. auch JACOBSEN, Flodoard, S. 31ff., der leider noch völlig dem Denken in „deutsch – französischen" Kategorien verhaftet ist. Vgl. schon oben S. 187 m. Anm. 52.

153) Bischof Marinus von Bomarzo; seine Rolle war nicht so eindrucksvoll wie die des Legaten Petrus von Orte in Hohenaltheim 916: oben S. 409 m. Anm. 340. Die Anwesenheit beider Frankenkönige gab dem Königtum in Ingelheim ein ganz anderes Gewicht; da Ludwig auch formal als Ankläger auftrat, fiel Otto quasi von selbst die (informelle) Richterrolle zu.

154) Er war ausgelöst worden durch die unkanonische Wahl des fünfjährigen Hugo, des Sohnes Heriberts II. von Vermandois, zum Erzbischof nach dem Tode Seulfs im Jahre 925. Nach dem Einnahme von Reims 931 ließ König Rudolf mit Zustimmung Hugos d. Gr. den Mönch Artold von St-Remi zum Erzbischof wählen und weihen. Als Hugo jedoch 940 seinerseits Reims eroberte, wurde Artold vertrieben und Hugo – inzwischen doch wenigstens 20 Jahre alt – erneut eingesetzt. Als es Otto und Ludwig IV. 946 in gemeinsamer Anstrengung gelang, Reims zurückzugewinnen, wurde auch Artold wieder in seine alte Würde eingesetzt. Vgl. LIPPERT, S. 53 – 55, 75 – 78; LAUER, Raoul, S. 41 – 43, 64 – 65; DERS., Louis IV, S. 53 – 56, 148 – 50. Zur Komplizierung der Rechtslage trug bei, daß Artold 940 und 941 zu einem förmlichen Verzicht gezwungen worden war, während Hugo 946 Reims ohne eine formelle Verzichtserklärung verlassen hatte.

155) Vgl. Auguste DUMAS: L'église de Reims au temps des luttes entre Carolingiens et Robertiens, in: Revue de l'église de France 30 (1944) S. 5 – 38 und bes. Harald ZIMMERMANN: Ottonische Studien I: Frankreich und Reims in der Politik der Ottonenzeit (1962) in: Im Bann des Mittelalters. Ausgewählte Beiträge zur Kirchen- und Rechtsgeschichte. Festgabe zu seinem 60. Geburtstag, hgg. von Immo EBERL und Hans-Hennig KORTÜM (Sigmaringen 1986) S. 1 – 69.

156) In der Tat ist schon zu Ausgang des Jahrhunderts unter dem wahrlich nicht sehr mächtigen Hugo Capet davon keine Rede mehr; dies betont zutreffend SCHNEIDMÜLLER, Tradition, S. 181, dessen Wertung der Ingelheimer Synode: ebd. S. 153 – 54, mich im übrigen nicht überzeugt hat: der Ausdruck „internationale Synode" ist schlicht falsch und der Vorsitz des päpstlichen Legaten auf jeder Synode seit der Spätantike eine Selbstverständlichkeit u.a.; vgl. bes. unten Kap. 9 § 2, S. 600 – 02.

Gerade hier wird die Absurdität des nationalstaatlichen Denkschemas besonders deutlich. Mit Recht stellen daher ALTHOFF–KELLER fest: „Das Denken in nationalstaatlichen Kategorien war dieser Zeit ganz offensichtlich fremd. Wenn sie dann allerdings fortfahren: „Für die Versammlung bestimmender scheint das Bewußtsein der Zusammengehörigkeit der christlichen Reiche und der gemeinsamen karolingischen Vergangenheit gewesen zu sein"[157], so möchte ich dem zwar nicht widersprechen, aber doch die gesamtfränkische Gegenwart, d.h. das Denken noch ganz in den Kategorien des fränkischen Großreichs, stärker betont wissen[158]. Trotz der unbezweifelbaren machtpolitischen Überlegenheit Ottos steht die r e c h t l i c h e Gleichrangigkeit beider Frankenkönige außer Zweifel[159]. Man wird daher auch nicht von einem Oberkönigtum Ottos im Rechtssinne sprechen dürfen, wie dies für Arnulf durchaus angemessen war[160]. Die Überlegenheit Ottos gegenüber dem westfränkischen König war eine rein faktische, und ich halte es daher – trotz der inzwischen erfolgten Kaiserkrönung in Rom – für eine arge Übertreibung, wenn LOT von Lothar gelegentlich des Kölner Reichstages von 965 sagt, er habe dort „sans doute l'effet d'un roi vassal" gemacht[161], auch wenn die Kaiserwürde Otto nun fraglos den höheren Ehrenrang verlieh[162]. WERNER trifft den Sachverhalt wohl am besten, wenn er Otto „die Stellung eines Familienpatriarchen im g e s a m t f r ä n k i s c h e n Rahmen (Sperrung BRÜHL)… und dies schon vor seiner Kaiserkrönung" zubilligt[163].

Das lebhafte Interesse, das Otto in seinen frühen Regierungsjahren den Verhältnissen an der Westgrenze entgegenbrachte, hatte sich schon 937 beim Tode Rudolfs II. von Burgund gezeigt. Rudolf war im Juli 937 gestorben, und Otto hatte es verstanden, den noch unmündigen Thronfolger Konrad in seine Gewalt zu bringen[164], was Widukind in die Worte kleidet:

---

[157] ALTHOFF – KELLER II, S. 163.

[158] Statt von der „Zusammengehörigkeit der christlichen Reiche" sollte man besser von der „Zusammengehörigkeit der fränkischen Reiche" sprechen.

[159] Insoweit stimme ich SCHNEIDMÜLLER, Tradition, S. 153 – 54, gern zu.

[160] Oben S. 377 – 79.

[161] LOT, Carolingiens, S. 49. Übertreibend auch THEIS, S. 124: „Louis IV et son fils Lothaire font figure de sujets du Saxon (scil. Otto I.), tout comme Hugues le Grand, puis Hugues Capet lui-même"; ganz verfehlt SCHOENE, S. 70: „Nie mußte Lothar (scil. im Jahre 965) der Gedanke deutlicher aufgegangen sein, daß sein Reich ein Geschenk war (sic), das er aus der Hand des deutschen Herrschers empfangen hatte"!

[162] Aber auch nicht mehr! Die r e c h t l i c h e Gleichstellung beider Reiche blieb davon unberührt; vgl. WERNER, Imperium, S. 19ff. und bes. unten Kap. 10 § 2, S. 666 – 67.

[163] WERNER, Westfranken, S. 243. Für LOT, Carolingiens, S. 49, war Otto „le maître de l'Europe occidentale", was unter machtpolitischen Gesichtspunkten wohl auch richtig ist.

[164] Vgl. POUPARDIN, Bourgogne, S. 70ff.; FOURNIAL, S. 427ff.

*Rex...abiit in Burgundiam, regem cum regno in suam accepit potestatem*[165], während Flodoard deutliche Kritik erkennen läßt[166]. Mit dieser Intervention kam Otto zweifellos der König Hugos von Italien zuvor, der Mitte Dezember 937 in Colombier am Genfer See Rudolfs Witwe Berta ehelichte[167] in der offenkundigen Absicht, damit die Vormundschaft über Konrad zu gewinnen[168], die von Rechts wegen Konrads Mutter zugestanden hätte[169]. Es war also ein Wettlauf zwischen Otto und Hugo um die Sicherung des Einflusses auf Burgund. In diesem Wettlauf blieb schließlich Otto Sieger, ohne daß darüber nähere Einzelheiten bekannt wären[170]. Mit dem Scheitern seiner Pläne in Burgund erlosch auch das Interesse Hugos an Berta, die nach einigen Jahren enttäuscht nach Burgund bzw. nach Schwaben zurückkehrte[171]. Will man nicht unterstellen, daß Otto einfach das Recht des Stärkeren geübt habe[172], so kann der Grund für seine Intervention nur in der Kommendation Rudolfs II. auf dem Wormser Reichs-

---

[165] Widukind, l.II c.35 (ed. HIRSCH, S. 94 Z.13–15); vgl. POUPARDIN, Bourgogne, S. 71 m. Anm. 3. Mit Sicherheit unsinnig ist es, mit POUPARDIN, aaO., S. 73, eine „quasi-captivité" Konrads am Hofe Ottos anzunehmen; s. auch SCHIEFFER, Überblick, S. 14. HLAWITSCHKA, Verbindungen, S. 28, spricht von einem „Protektorat" Ottos I.; s. noch ebd. S. 48–50 und unten Anm. 178.

[166] Annales ad an. 940: (Otho rex)...*post Ludowicum in Burgundiam proficiscitur, habens secum Conradum, filium Rodulfi regis Jurensis, quem iamdudum dolo captum sibique adductum retinebat* (ed. LAUER, S. 78); ad an. 937 hatte Flodoard gemeldet: *Rodulfus Jurensis Cisalpinae Galliae rex obiit, cui filius parvus Chonradus in regno succedit* (ed. LAUER, S. 68); vgl. die folg. Anm.

[167] Die Wittumsgestellungen für Berta und deren siebenjährige Tochter Adelheid, die mit Lothar verlobt wurde, datieren vom 12. XII. 937: DD Hu.-Lo. 46–47; vgl. POUPARDIN, Bourgogne, S. 67 m. Anm. 2 und SCHIEFFER, Überblick, S. 13. Vgl. noch unten § 3, S. 532 m. Anm. 552.

[168] Dies erkannte schon POUPARDIN, Bourgogne, S. 67 Anm. 1.

[169] Vgl. FLACH IV, S. 397 m. Anm. 1. ALTHOFF–KELLER II, S. 164, sprechen von Otto „als selbsternannte(m) Vormund", was die Rechtsfrage in der Schwebe läßt.

[170] Dies erlaubt die Intervention Ottos ziemlich genau auf den Winter 937/38 zu datieren, da Hugo Berta im Dez. 937 wohl schwerlich geheiratet hätte, wenn Konrad zu diesem Zeitpunkt bereits in der Gewalt Ottos gewesen wäre; s. auch B–O 74a. Zur Krönung Konrads in Lausanne vgl. unten S. 486 m. Anm. 178. Die Theorie von HLAWITSCHKA, Verbindungen, S. 50ff., bes. S. 56–57, der Ottos Eingreifen aus dessen ang. Schwägerschaft mit Ludwig von Burgund begründen möchte, ist ganz hypothetisch und überzeugt nicht. Ludwig ist 928 letztmals bezeugt. War er 937/38 überhaupt noch am Leben? Vgl. schon oben S. 334 m. Anm. 220; s. bes. unten S. 486 m. Anm. 173.

[171] Liudprand, Antapodosis, l.IV c.14: *Hugo denique multarum concubinarum deceptus inlecebris praefatam coniugem suam Bertam maritali non solum non coepit amore diligere, verum modis omnibus execrare...* (ed. BECKER, S. 111 Z.26–29); vgl. SUTHERLAND, S. 19. Cont. Regin. ad an. 953: *Indeque in Alsatiam progrediens* (scil. Otto) *socrui suae Bertae... abbatiam in Erestein dedit* (ed. KURZE, S. 166). Daraus kann nicht notwendig geschlossen werden, daß Berta sich erst seit diesem Jahr in Ostfranken aufhielt.

[172] So natürlich FLACH IV, S. 396: „La vérité toute nue est qu'Otton Ier n'avait d'autre titre que la violence dont il a usé". Man schrieb das Jahr 1917! In wesentlich milderer Form, aber ähnlich FOURNIAL, S. 427; vgl. noch SCHIEFFER, Überblick, S. 14 und dazu oben Anm. 170 sowie die folg. Anm.

tag von 926 gefunden werden[173]. Es spricht nicht unbedingt für die Realität des Vertrages zwischen Rudolf II. und Hugo, wenn dieser nach Rudolfs Tod sofort versucht, dessen Reich in die Hand zu bekommen[174].

Die Existenz eines solchen Vertrages habe ich oben in Übereinstimmung mit FLACH und HOFMEISTER abgelehnt[175]. Die Anwesenheit Konrads am ostfränkischen Hof bedeutet zunächst ein Machtvakuum in Hochburgund[176], in dem der Westfrankenkönig Ludwig IV. seine Ansprüche auf das Viennois vorläufig noch behauptete[177]. 942 ist Konrad nach Burgund zurückgekehrt[178] und wird sogleich im Viennois, bald auch

[173]) Dies ausdrücklich gegen die unbeweisbare Hypothese von HLAWITSCHKA: oben Anm. 170; vgl. noch oben S. 448 m. Anm. 265–66. KIENAST I, S. 62 Anm. 126, befindet: „Formelle Lehnsabhängigkeit ist möglich, sogar wahrscheinlich", möchte jedoch „davon das quellenmäßig unmittelbar Bewiesene scharf...trennen". Dies scheint mir für die Geschichte Burgunds im allgemeinen und für die Geschichte in der 1. Hälfte des 10. Jh. im besonderen nicht durchführbar; vgl. auch SCHIEFFER, Überblick, S. 14; s. schon POUPARDIN, Bourgogne, S. 70–72.

[174]) Man kann natürlich behaupten, daß Hugo sich über die früheren Abmachungen einfach hinweggesetzt habe. Aber wenn er ohnehin entschlossen gewesen wäre, auf Rechtsfragen keine Rücksicht zu nehmen, hätte er auf die Eheschließung mit Berta verzichten können. Vgl. schon oben S. 454 Anm. 306.

[175]) HOFMEISTER, Burgund, S. 47ff.; FLACH IV, S. 394, der allerdings ebd. S. 391 m. Anm. 3, doch einen Vertrag annimmt, wonach Hugo „abandonna alors à ce dernier (scil. Rodolfe II) son duché de Provence(!) et peut-être aussi les droits aléatoires qu'il prétendait avoir récupérés sur le Viennois par suite de la rupture entre Raoul et Herbert". Vgl. oben S. 458 m. Anm. 327–31. MARIOTTE, S. 167, erwähnt den ang. Vertrag mit keinem Wort.

[176]) KIENAST I, S. 62 Anm. 126, schreibt: „Bis Konrad 942 in sein Reich heimkehrte, übte Otto die tatsächliche Herrschaft aus" (sic). Welche Akte der „Herrschaftsausübung" Ottos in Burgund kennt Kienast? Vgl. noch HLAWITSCHKA, Verbindungen, S. 50. Wenn Adelheid tatsächlich eine Schwester Rudolfs II. war, wie ich vermute: unten Anm. 421, dann wäre der Anspruch der Rudolfinger auf Niederburgund nach Ludwigs III. Tod leicht zu erklären. Karl Konstantin hätte sich dann Ludwig IV. wahrscheinlich deshalb kommendiert: unten Anm. 177, um einen Rückhalt gegenüber Rudolf und Hugo bzw. Otto und Hugo zu haben.

[177]) Flodoard, Annales ad. an. 941: Ludowicus rex a Karlo Constantino in Vienna recipitur (ed. LAUER, S. 83). Es ist durchaus wahrscheinlich, wird von Flodoard aber nicht ausdrücklich gesagt, daß Karl Konstantin bei dieser Gelegenheit Ludwig IV. huldigte. Von förmlicher Huldigung sprechen aber POUPARDIN, Bourgogne, S. 73; FLACH IV, S. 393 und der doch sonst so quellenbewußte KIENAST I, S. 65 Anm. 136; richtig aber LAUER, Louis IV, S. 73 und HOFMEISTER, Burgund, S. 53, dem HLAWITSCHKA, Verbindungen, S. 47 m. Anm. 85, zustimmt.

[178]) Von einer Krönung Konrads in Lausanne erfahren wir aus D. Rud. 102 (1011 Aug. 25): ubi pater noster nosque (scil. Rudolf III.) post eum regalem electionem et benedictionem adepti sumus (S. 259 Z. 39–40). Das Datum wird natürlich nicht genannt, doch scheint mir 937 recht unwahrscheinlich; vgl. SCHIEFFER, Überblick, S. 12–13, der zu der Datierung der Krönung aber nicht Stellung nimmt. Es ist übrigens bösartiger Unsinn, wenn POUPARDIN, Bourgogne, S. 74, von einer „mise en liberté" spricht: Konrad war niemals Ottos Gefangener; sein Verhältnis zu Otto war, auch schon bevor er dessen Schwager wurde, ein freundschaftliches. An beiden Feldzügen nach Westfranken hat Konrad teilgenommen: Flodoard, Annales ad ann. 940, 946 (ed. LAUER, S. 78, 102). Vgl. schon oben Anm. 165.

im Lyonnais, anerkannt[179]. Es scheint mir durchaus plausibel, daß das Treffen Ottos mit Ludwig IV. in Visé zumindest indirekt hierauf von Einfluß gewesen ist[180]. Erst einige Jahre später, frühestens seit 948, d.h. aber nach dem Tode Hugos von Italien in Arles am 10. April 948[181] und ganz zweifellos im Zusammenhang damit[182], kann von einer Anerkennung der Herrschaft Konrads in der Provence gesprochen werden[183]. Gleichgültig also, ob man den ang. Vertrag zwischen Hugo von Italien und Rudolf II. für historisch hält oder nicht, auf jeden Fall war es Konrad und nicht Rudolf[184], der Hoch- und Niederburgund zu einem Reich zusammenschloß[185]. Es dürfte sich von selbst verstehen, daß dieses Ausgreifen Konrads ohne die Rückendeckung und Unterstützung Ottos nicht möglich gewesen wäre[186].

---

[179]) Die ersten im Namen Konrads ausgestellten Königsurkunden datieren von April/Juni 943 und sind für Cluny gegeben: DD Rud. 27 – 29, doch schon im Juli 942 wird: *iubente et consentiente domno nostro Chuonrado excellentissimo rege*, eine Verleihung in der Grafschaft Escuens (Dép. Jura) vorgenommen: D Rud. 64; vgl. D Rud. 65 (943 März 28). Vgl. noch HOFMEISTER, Burgund, S. 61 – 62, 75ff.; KIENAST I, S. 65 Anm. 136 und bes. SCHIEFFER, Überblick, S. 14 – 15, 16 – 17; s. noch HLAWITSCHKA, Verbindungen, S. 29, 48 m. Anm. 90.

[180]) So schon POUPARDIN, Provence, S. 238 – 39; DERS., Bourgogne, S. 74 – 75; dagegen FLACH IV, S. 398 – 39. KIENAST I, S. 65 Anm. 136, betont, daß die ersten Datierungen nach Konrad schon vor dem Treffen von Visé liegen, doch will das nicht viel besagen, da es nur auf Ludwigs Zustimmung ankommt; anders allerdings HLAWITSCHKA, Verbindungen, S. 48 Anm. 90 nach FOURNIAL, S. 426, 428ff., die mich beide nicht überzeugt haben. Auch hier darf das Schweigen der Quellen nicht verwundern: Flodoard will über den für Ludwig ungünstigen Ausgang des Treffens von Visé nichts sagen, Widukind, der Regino-Fortsetzer u.a. wissen nichts; s. HOFMEISTER, Burgund, S. 67 m. Anm. 2 und oben Anm. 145.

[181]) HARTMANN III/2, S. 236, 242 Anm. 15, gibt noch irrig den 10. IV. 947 an; vgl. aber HIESTAND, S. 198 m. Anm. 25; SCHIEFFER, Überblick, S. 17, vgl. auch unten § 3, S. 531 m. Anm. 546.

[182]) Diesen Zusammenhang betont zutreffend HOFMEISTER, Burgund, S. 69.

[183]) Vgl. HOFMEISTER, Burgund, S. 69, 94ff.; s. auch POUPARDIN, Bourgogne, S. 199, 299 Anm. 3 i.f., 323 und bes. SCHIEFFER, Überblick, S. 17; im gleichen Sinne auch HLAWITSCHKA, Verbindungen, S. 48 Anm. 91; s. aber unten Anm. 185.

[184]) Vgl. schon POUPARDIN, Bourgogne, S. 198 – 99: „Il est impossible de dire dans quelles conditions Rodolfe II avait pu y exercer (scil. en Provence) un semblant d'autorité après le traité de 933"; s. auch MARIOTTE, S. 167; vgl. schon oben S. 455 m. Anm. 308.

[185]) Die älteste mit Sicherheit in der Provence ausgestellte Uk. Konrads datiert erst von 967: D Rud. 42 (967 Apr. 6): *actum Arelatensi civitate* (S. 161 Z.11). Verfehlt daher HLAWITSCHKA, Verbindungen, S. 48, wonach Konrad „bald darauf" (d.h. bald nach 942/43) auch in der Provence anerkannt worden sei; vgl. aber oben Anm. 183. Es ist auffällig, daß nur wenige DD Konrads eine Ortsangabe aufweisen und überdies nicht vor 960! Am häufigsten erscheint Vienne (DD 36, 40, 41, 45, 46), daneben noch Lausanne (D 35; verunechtet), Lyon (D 47) und Aix (D 51) sowie St-Maurice d'Agaune (DD 49, 50) und Cussey bei Besançon (D 43) als einzige *villa*.

[186]) Vgl. HOFMEISTER, Burgund, S. 69: „Man wird die Vermutung aussprechen dürfen, daß es wiederum Otto der Große war, unter dessen Auspizien Konrad seinem Werk den Schlußstein einfügte..."; die Ausführungen von HOFMEISTER, aaO., S. 69 – 70, sind zu einseitig unter dem ang. „deutschen" Aspekt der Politik Ottos in Burgund gesehen.

Als Konrad um 965/66 in zweiter Ehe[187] die Schwester Lothars von Westfranken und Nichte Ottos d. Gr. Mathilde heiratete[188], eine Ehe, die wohl
ebenso auf dem Kölner Reichstag zu Pfingsten 965 ausgehandelt worden
war wie die Lothars mit Ottos Stieftochter Emma[189], scheint der Westfrankenkönig auf seine Rechte im Forez verzichtet zu haben[190], womit das
Königreich Burgund seine endgültige Gestalt gewann.

Als in Westfranken Ottos Schwager Ludwig IV. unerwartet und in noch
jugendlichen Jahren am 10. September 954 an den Folgen eines Jagdunfalls
in Reims verstarb und in St-Remi vor den Mauern beigesetzt wurde[191], geriet das westfränkische Königtum, das Ludwig unter großen Anstrengungen erneut zu Ansehen gebracht hatte[192], sogleich wieder in eine schwere
Krise: Ludwig war erst 33 Jahre alt gewesen und hatte die Regelung der
Nachfolge noch nicht in Angriff genommen. Es war offenbar an eine Art
Unterkönigtum für seinen jüngeren Sohn Karl in Burgund gedacht[193],
doch dieser lag beim Tode des Vaters noch in den Windeln, während der
als Thronfolger vorgesehene Lothar zwar immerhin gerade 13 Jahre alt,

---

[187]) In erster Ehe war er mit einer sonst nicht näher faßbaren *Adela* oder *Adelana*
verheiratet, die 963 noch lebte: D Rud. 38 (963 März 23): *pro remedio nostrae animę,
Adelane videlicet reginę et infantum nostrorum* (S. 153 Z. 19 – 20). POUPARDIN, Bourgogne, S. 384 m. Anm. 2, hielt sie irrig zu diesem Zeitpunkt für bereits verschieden; die
Tochter Gisela aus dieser Ehe heiratete Heinrich II. „den Zänker" von Baiern und war
die Mutter Kaiser Heinrichs II. Als Schwiegervater Heinrichs hat Konrad in den Krisen-
jahren 984/85 eine wichtige Vermittlerrolle gespielt; vgl. unten Kap. 9 § 2, S. 580.

[188]) Sie wird erstmals in D Rud. 39 (966 Aug. 10) genannt:...*Chuonradus piissimus rex
et uxor suo* (sic) *Mattilt regina et filii eius Cuono* (S. 155 Z. 1 – 2). Zu ihr vgl. POUPARDIN,
Bourgogne, S. 386 – 87.

[189]) Für Lothars Ehe mit Emma wird dies allgemein angenommen; vgl. KÖPKE – DÜMM-
LER, S. 375 Anm. 4; LOT, Carolingiens, S. 49 m. Anm. 3. Für Konrad ist dies mindestens
ebenso wahrscheinlich, ohne daß darum Konrads persönliche Anwesenheit in Köln
erforderlich gewesen wäre. Die Präsenz Konrads in Köln kann allerdings auch nicht mit
Sicherheit ausgeschlossen werden; vgl. POUPARDIN, Bourgogne, S. 75ff., bes. S. 80 – 81.
Bemerkenswert scheint mir die Kühle, mit der Flodoard die Eheschließung Lothars
berichtet: Annales ad an. 966: *Lotharius rex uxorem accepit Emmam, filiam regis quondam
Italici* (ed. LAUER, S. 158). Es hätte doch eigentlich näher gelegen, auf die Mutter, Kaiserin
Adelheid, und die enge Verbindung zum ottonischen Haus hinzuweisen.

[190]) Dies betont ausdrücklich das Chronicon S. Benigni Divionensis: *Cui* (scil. Heinrico
III. imperatori) *ex successione paterna iure provenit regnum Burgundie. In cuius regni
termino sita est Lugdunum civitas, quam Lotharius Francorum rex dedit in dotem sorori
sue Mathilde regine, quam despondit Chorrado Burgundie regi...* (edd. BOUGAUD – GAR-
NIER, S. 188). Vgl. POUPARDIN, Bourgogne, S. 80 m. Anm. 5; HOFMEISTER, Burgund, S. 68
m. Anm. 2; FOURNIAL, S. 440ff.; KIENAST I, S. 65 Anm. 136 (auf S. 66) und noch HLA-
WITSCHKA, Verbindungen, S. 49 – 50 m. Anm. 95, der wie üblich auf die Verwandtschaft
abstellt und unsinnigerweise von „König Lothar IV.(sic) von Frankreich(!)" spricht.

[191]) Vgl. LAUER, Louis IV, S. 231 – 32 und unten Anm. 202.

[192]) Vgl. die Würdigung Ludwigs IV. bei LAUER, Louis IV, S. 234ff.

[193]) Vgl. dazu BRÜHL, Reichsteilungsprojekt, S. 385ff. und oben S. 335 – 36 m.
Anm. 225 – 29.

aber noch nicht gesalbt und gekrönt war[194]. Im Augenblick des Todes Ludwigs war Otto zu allem Überfluß in den letzten gegen ihn gerichteten gefährlichen Aufstand verstrickt[195], was ihm nicht gestattete, wirksam im Westreich einzugreifen[196]. Sein gerade erst im August 953 zum Erzbischof von Köln erhobener Bruder Brun war in höchst ungewöhnlicher Weise gleichzeitig als Herzog von Lothringen eingesetzt worden[197] und sollte als solcher künftig zugleich auch als Ottos Beauftragter für die Beziehungen zum Westreich fungieren. Diese Aufgabe erfüllte Brun in der Folgezeit zur vollsten Zufriedenheit seines Bruders und seiner Schwester[198], doch im Jahre 954 war er viel zu sehr mit den Nöten Ottos befaßt, denen sich auch noch ein Ungarneinfall hinzugesellte[199], als daß er sich mit voller Kraft um die Nachfolge Ludwigs hätte kümmern können[200].

Gerberga hatte sich also in erster Linie mit den Bedingungen auseinanderzusetzen, die ihr Schwager Hugo d. Gr. für seine Zustimmung zur Königswahl Lothars stellte, und diese Bedingungen waren hart. Selbst der zurückhaltende Flodoard läßt dies erkennen, wenn er berichtet: *Lotharius puer, filius Ludowici, apud Sanctum Remigium rex consecratur ab Artaldo archiepiscopo, favente Hugone principe ac Brunone archiepiscopo ceterisque praesulibus ac proceribus Franciae, Burgundiae atque Aquitaniae. Burgundia quoque et Aquitania Hugoni dantur ab ipso*[201]. Salbung und Krönung fanden am 12. November in St-Remi statt[202]; zwischen dem Tod

---

[194]) Flodoard, Annales ad ann. 941, 953 (ed. LAUER, S. 82, 136). Ludwig hatte drei Söhne (Karl, Ludwig, Heinrich) verloren; der fünfjährige Ludwig war kurz vor dem Vater gestorben; vgl. LAUER, Louis IV, S. 124, 153 Anm. 3, 196, 225, 230; LOT, Carolingiens, S. 10; vgl. ebd. S. 8.

[195]) An der Spitze des Aufstands standen Ottos Sohn Liudolf und sein Schwiegersohn Konrad; vgl. KÖPKE – DÜMMLER, S. 211ff.; NAUMANN, S. 70ff., 115ff.; LEYSER, Konflikt, S. 39 – 41; BRUNNER, Gruppen, S. 191 – 92; ERKENS, S. 335ff.; ALTHOFF – KELLER II, S. 152ff. Vgl. noch unten § 3, S. 537 m. Anm. 585.

[196]) Mitte Dez. 954 schloß er auf dem Reichstag in Arnstadt mit Liudolf und Konrad Frieden: B – O 239b (S. 117); vgl. KÖPKE – DÜMMLER, S. 241 – 42; NAUMANN, S. 127.

[197]) B – O 232a; KÖPKE – DÜMMLER, S. 220, 225, 227; OEDIGER, Regg. 383, 389, 393; NAUMANN, S. 84 – 86; ERKENS, S. 336 – 37; MOHR, Geschichte, S. 36 – 37; BEUMANN, Rückblick, S. 421 – 22; vgl. unten S. 498 m. Anm. 270.

[198]) Vgl. schon oben S. 481 m. Anm. 142 – 43.

[199]) LÜTTICH, S. 98ff.; BÜTTNER, Ungarn, S. 451 – 52; OEDIGER, Reg. 398; NAUMANN, S. 124 – 26.

[200]) Diesen Gesichtspunkt betonte schon LOT, Carolingiens, S. 8 – 9.

[201]) Flodoard, Annales ad an. 954 (ed. LAUER, S. 139). Der Bericht von Richer, l.III c.1 (ed. LATOUCHE III, S. 8) darf nicht als selbständige Quellenaussage herangezogen werden, wie dies bei OEDIGER, Reg. 399, geschieht; s. noch SCHRAMM I, S. 81; II, S. 40 und zuletzt SCHNEIDMÜLLER, Tradition, S. 156.

[202]) Actes de Lothaire, Nr. 4 (955 Jan. 1) für St-Remi: *in cuius sacro templo genitor noster domnus Ludowicus tumulatus esse dinoscitur, ubi etiam...ab omnibus Francorum proceribus electus sum ac regali diademate coronatus* (S. 9 Z.5 – 8). Zum Datum s. LOT, Carolingiens, S. 9 m. Anm. 1.

Ludwigs und der Krönung seines Sohnes waren also fast genau zwei Monate vergangen, was allein schon auf schwierige Vorverhandlungen schließen läßt[203]. Am Ende erhielt Hugo die *regna* Burgund und Aquitanien, was ihm gegenüber Lothar eine schier erdrückende Übermacht verlieh[204]. Bei der Krönung Lothars ist Hugo mit Sicherheit zugegen gewesen[205], während mir die mehrfach angenommene[206] Präsenz Bruns fraglich erscheint, da dieser spätestens am 17. Dezember auf dem Reichstag zu Arnstadt (*sw* Erfurt) anwesend gewesen sein muß[207] und eine Reise von über 500 km Luftlinie im Winter in nur einem Monat kaum vorstellbar ist[208]. Hugo übte zunächst am Hofe des jungen Lothar einen Einfluß aus, der geradezu als eine Wiederholung der Situation von 936 bezeichnet werden kann bis hin zum Empfang des jungen Königs in Paris als Gast Hugos[209]. Hugos aquitanische Ambitionen blieben erfolglos, doch Burgund fiel ihm nach dem plötzlichen Tod Herzog Giselberts (8. April 956) tatsächlich zu. Hugo schien allmächtig, doch nur wenige Wochen nach diesem großen Triumph starb auch er am 16. oder 17. Juni 956 und wurde neben seinem Großvater Odo in St-Denis beigesetzt[210].

---

[203] LOT, Carolingiens, S. 9, sieht dagegen „un retour de loyalisme", von dem ich nichts entdecken kann; s. auch SCHNEIDMÜLLER, Tradition, S. 156–57.

[204] Es ist ganz klar, daß der Satz Flodoards: *Burgundia...et Aquitania Hugoni dantur*: oben S. 489 m. Anm. 201, nicht die Folge, sondern die Voraussetzung für Lothars Krönung war. LOT, Carolingiens, S. 11, fällt auf Richers Geschwätz herein, wenn er meint, Hugo „méritait bien le titre de Dux Galliarum que lui donne Richer". SCHOENE, S. 33, übersetzt *dux Galliarum* allen Ernstes mit „Herzog aller Franzosen"! Vgl. schon oben S. 148 Anm. 383.

[205] Dies schließe ich nicht so sehr aus der Formulierung Flodoards: oben S. 489 m. Anm. 201, als aus der Nachricht der Ann. S. Columbae ad an. 954: *Cuius filius Chlotharius...patri succedens regni gubernacula suscepit civitate Remis ordinatione Hugonis Francorum ducis* (ed. PERTZ, S. 105; ed. DURU I, S. 205). Zu den Annales S. Columbae Senon. vgl. WATTENBACH–HOLTZMANN I³, S. 304 m. Anm. 46.

[206] Vgl. etwa SCHOENE, S. 33; OEDIGER, Reg. 399; unklar KÖPKE–DÜMMLER, S. 245, während LOT, Carolingiens, S. 9, nur vom „appui d'Otton et de Brunon" spricht.

[207] B–O 239b (S. 117); vgl. KÖPKE–DÜMMLER, S. 241 m. Anm. 5 und oben S. 489.

[208] Zumal Brun weder in Reims noch in Arnstadt mit kleinem Gefolge aufgetreten sein kann. Auch erscheint es in höchstem Maße unwahrscheinlich, daß Brun Reims bereits am Tag nach der Krönung verlassen hätte und erst am 16. XII. in Arnstadt eingetroffen wäre. Die Wahl Wilhelms zum Erzbischof von Mainz, auf die sich das Datum vom 17. XII. bezieht – vgl. KÖPKE–DÜMMLER, S. 241 Anm. 5 – , fand wohl erst gegen Ende des Reichstags statt, der daher bereits um den 10.–12. begonnen haben dürfte. Es blieben so kaum 30 Tage für diese anstrengende Winterreise mit großer Bedeckung, wobei auch noch ein kurzer Aufenthalt in Köln einzukalkulieren wäre.

[209] Lothar verbrachte das Osterfest 955 als Gast Hugos in Paris und hatte diesen zuvor auf dem Feldzug gegen Herzog Wilhelm III. „Werghaupt" („Tête-d'Etoupes") und zur Belagerung von Poitiers begleitet ganz wie Ludwig IV. 936 zur Belagerung von Langres; vgl. LOT, Carolingiens, S. 11–13 und oben S. 472 m. Anm. 76–77. Zu Wilhelm III. s. auch KIENAST, Herzogstitel, S. 188–91. SCHNEIDMÜLLER, Tradition, S. 156–57, unterschätzt die dominierende Rolle Hugos bis zu dessen Tod; vgl. unten S. 491 m. Anm. 213.

[210] LOT, Carolingiens, S. 15–17; DERS., Capet, S. 185 m. Anm. 4.

Damit stellte sich auch für die Robertiner das Problem, daß alle drei Söhne Hugos d. Gr. noch minderjährig waren[211]; die Regentschaft führte Gerbergas Schwester Haduwy, was zumindest eine vorübergehende Entspannung der Lage in Westfranken bewirkte[212]. Die dominierende Stellung Bruns von Köln[213] wäre ohne den unerwarteten Tod Hugos d. Gr. gar nicht denkbar; de facto war er es, der bis zu seinem Tod 965 die Fäden der westfränkischen Politik in Händen hielt und bemüht war, den Interessen beider Neffen gerecht zu werden[214]. Ferdinand LOT hat in diesem Zusammenhang die Frage aufgeworfen, warum Otto nicht selbst das westfränkische Königtum anstrebte[215]. Er bezweifelt zu Recht, daß Otto jemals solche Ambitionen gehegt habe[216], doch seine Begründungen: Respekt vor der karolingischen Tradition, die Machtstellung der Robertiner und ihres Anhangs, die Schwierigkeiten im eigenen Land, schließlich die „Ablenkung" nach Italien[217], bleiben letztlich an der Oberfläche. Gewiß ging die politische Konzeption Ottos weit über die des Vaters hinaus: während für diesen Ostfranken in den Grenzen der Zeit Kaiser Arnulfs das politische Ziel gewesen war, wollte Otto das gesamte ehemalige Mittelreich Lothars I. und nicht nur Lothringen unter seine Herr-

---

[211] Der älteste war Hugo mit dem Beinamen „Capet", der spätere König. Zu diesem Beinamen, der übrigens auch für Hugo d. Gr. bezeugt ist, vgl. LOT, Carolingiens, Append. IV, S. 320 – 22 und bes. DERS., Capet, Append. VI, S. 304 – 23; vgl. oben S. 144 m. Anm. 350. Das Geburtsjahr Hugos ist nicht überliefert; spätestens um 960, als er Lothar huldigte, muß er volljährig gewesen sein, was ein Geburtsjahr „um 944/45" nahelegt; vgl. auch LOT, Carolingiens, S. 34. Hugos Brüder Otto und Heinrich, zweifellos nach ihrem ostfränkischen Onkel und Großvater genannt, waren Herzöge von Burgund; vgl. KIENAST, Herzogstitel, S. 95 – 97.

[212] Gerberga und Haduwy standen stets auf freundschaftlichem Fuße; zum ersten Konflikt zwischen Lothar und Hugo kam es erst 958 in der burgundischen Frage; vgl. LOT, Carolingiens, S. 19, 22, 24 – 25, 48.

[213] LOT, Carolingiens, S. 18 – 53, stellt das 2. Kapitel über die Minderjährigkeit Lothars unter die Überschrift: „La régence de Brunon. – Depuis la mort de Hugues le Grand jusqu'à la mort de Brunon". Brun starb am 11. X. 965 in Reims: OEDIGER, Reg. 477. Wenn SCHNEIDMÜLLER, Tradition, S. 157, bemerkt, daß für Ludwig IV. „ein anderer Nachfolger nicht in Betracht kam", so ist doch zu betonen, daß der Preis dieser „Selbstverständlichkeit" exorbitant hoch war. Es mag ja sein, daß „die Nachfolge Lothars ... also ganz im Sinne der ottonischen Familienpolitik gewesen sein (dürfte)", aber im Augenblick des Todes Ludwigs IV. war Otto gar nicht in der Lage, seinen Einfluß geltend zu machen; vgl. oben S. 489 m. Anm. 199. Alleiniger „Königsmacher" war 954 Hugo.

[214] So bemerkt LOT, Carolingiens, S. 32, zum Abschluß des Friedens zwischen Lothar und Hugo im Jahre 960 treffend: „En ménageant ce traité, Brunon avait plutôt songé à l'intérêt général de tous ses neveux qu'à celui du seul Lothaire"; vgl. ebd. Anm. 2. Vgl. schon oben S. 481 m. Anm. 142 – 43 und oben Anm. 213.

[215] LOT, Carolingiens, S. 52: „On peut s'étonner que le roi de Germanie n'ait pas mis à profit la mort de Louis IV pour s'emparer de la couronne de la France (lies: Francie) occidentale".

[216] LOT, Carolingiens, S. 52: „En réalité, la chose présentait de si grandes difficultés et si peu d'avantages réels qu'Otton n'y songea peut-être jamais".

[217] LOT, Carolingiens, S. 52 – 53.

schaft bringen, doch Westfranken hat in diesen Überlegungen mit Gewißheit
nie eine Rolle gespielt: mochte ein Ludwig II. von Ostfranken noch solche
Pläne gehegt haben[218], ein Jahrhundert später wären sie den Zeitgenossen nur
noch als politische Chimäre erschienen: West- und Ostfranken waren bereits
so feste politische Größen, daß eine einfache Angliederung – von allen objektiven Schwierigkeiten, die LOT durchaus richtig gesehen hat, einmal abgesehen – zu keinem Zeitpunkt ernsthaft erwogen werden konnte[219].

Nach der Darstellung der auswärtigen Beziehungen – Italien bleibe
vorläufig noch ausgeklammert[220] – scheint mir ein Vergleich des Herrschaftsstils und der Herrschaftspraxis in Ost- und Westfranken aufschlußreich. Ich hatte oben gezeigt, daß die Zahl der von den ost- und westfränkischen Herrschern ausgestellten Urkunden in den ersten Jahrzehnten des
10. Jahrhunderts in etwa gleich hoch ist, ja daß die Überlieferung für die
westfränkischen Könige sogar etwas reicher fließt als für die ostfränkischen[221]. Dies ändert sich nun grundlegend mit dem Herrschaftsantritt
Ludwigs IV. und Ottos I.: aus den Jahren 936–973 kennen wir 68 Urkunden Ludwigs IV. und Lothars [222] gegenüber 337 Diplomen Ottos I.[223], wobei die Präzepte und Placita für italienische Empfänger nicht berücksichtigt sind[224]. Das ist eine Relation von ca. 1:5, doch wenn man die Überlieferung berücksichtigt, verschlechtert sich diese noch weiter: von den 68
westfränkischen Diplomen sind 12 im Original auf uns gekommen[225], d.h.

---

[218]) Vgl. oben S. 357–58.

[219]) Im Gegensatz zu Ludwig II. und Ludwig III. von Ostfranken ist Otto niemals von
Kreisen des westfränkischen Adels aufgefordert worden, die Herrschaft in Westfranken zu
übernehmen; die Eigenständigkeit Westfrankens stand zu keinem Zeitpunkt zur Disposition.

[220]) Vgl. dazu unten § 2, S. 508ff; § 3, S. 531ff.

[221]) Oben S. 413 m. Anm. 8–12.

[222]) Von den 53 Nummern der Edition der DD Ludwigs IV. sind 13 Deperdita: Actes
de Louis IV, Nr. 13–15, 39, 43, 46–53; von den 33 Nummern Lothars bis zum Jahr 973
zwar nur drei: Actes de Lothaire, Nr. 8, 16, 30, doch Actes de Lothaire, Nr. 19, 23 sind
Urkunden eines Laienabts und eines Bischofs, denen Lothar sein Signum hinzufügt. Zu
diesem neuen Typ der Urkunde vgl. LEMARIGNIER, Gouvernement, S. 38ff, 44ff. und
kritisch dazu meine Besprechung in: GGA.221 (1969) = Aus Mittelalter und Diplomatik.
Gesammelte Aufsätze, t.II (Hildesheim-München-Zürich 1989) S. 575–95, bes. S. 585–
87.

[223]) Die Sickelsche Edition umfaßt 468 Nummern, von denen DD 435–467 als Spuria
ausscheiden, aber ebenso die DD 264 und 354 (Deperdita) sowie DD 355, 366, 434 (Briefe);
vgl. noch die folg. Anm. und bes. unten Anm. 227; ferner gelten die DD 9, 133, 162, 188,
226, 250, 292 und 315 heute als moderne Fälschungen. Vgl. noch unten S. 495 m. Anm.
248–49.

[224]) Es sind deren insgesamt 94, die mit D 136 (a.951) und in großer Zahl mit D 234
(961 Dez. 3) einsetzen; vgl. unten S. 433 m. Anm. 227–30.

[225]) Actes de Louis IV, Nr. 1, 12, 18, 34, 37, 42, 44; Actes de Lothaire, Nr. 1, 12, 25–26,
29. Das sind 12 Originale in 38 Jahren; von Otto I. sind allein aus den Jahren 936–940 22
Originale überliefert.

in einem Verhältnis von etwa 1:5,7, von den 337 Urkunden Ottos dagegen volle 185, wobei ich 20 zweifelhafte Fälle[226] nicht mitgezählt habe[227]; hier liegt die Relation somit bei 1:1,8! Dabei ist die Nicht-Berücksichtigung der italienischen Empfänger eigentlich nicht gerechtfertigt[228], denn es ist einsichtig, daß Otto während seiner langen Italienaufenthalte nach 961 weit weniger Urkunden für ostfränkische Empfänger ausgestellt hat[229], als er dies bei ständigem Aufenthalt in Ostfranken getan haben würde[230].

Natürlich weist auch das Itinerar der Herrscher charakteristische Unterschiede auf. Von den 70 Urkunden, die für die beiden westfränkischen Könige einschlägig sind[231], sind acht ohne Ortsangabe überliefert[232]. Von den verbleibenden 62 sind allein 29 Diplome in Laon und Reims ausgestellt[233], das sind fast 47%! Aus der Krondomäne datieren insgesamt 40 Diplome = 64,5%[234]. Doch während die alten Karolingerpfalzen mit Ausnahme von Compiègne so gut wie völlig aus dem Itinerar verschwinden[235],

---

[226] Das sind Stücke, die von SICKEL als „Diplom zweifelhafter Originalität", „Nachzeichnung", „Abschrift in Diplomform" u.ä. eingestuft wurden: DD 8, 39, 67, 84 – 85, 94, 101, 108, 134, 195, 209 – 10, 212, 276 – 77, 306, 330, 369, 391. Hier scheint mir in vielen Fällen das letzte Wort noch nicht gesprochen, wie ja eine Neuedition der DD O.I. – III. eines der wichtigsten Desiderata der Forschung ist.

[227] Es versteht sich, daß ich mich bei allen hier angegebenen Zahlen allein auf die Edition von SICKEL stütze und neuere Forschungsergebnisse, insbes. neu aufgefundene Originale, von denen es etwa ein halbes Dutzend gibt, nicht berücksichtige, da es hier ausschließlich um die Relationen geht, deren Sprache deutlich genug ist. Sehr viel detaillierter aber MÜLLER-MERTENS, Reichsstruktur, S. 168 m. Anm. 6, 169.

[228] In Italien liegt die Relation der Originale zur Gesamtzahl der überlieferten Urkunden bei 39 : 94, d.h. 1 : 2, 4, also etwas ungünstiger als nördlich der Alpen. DD 263, 372 wurden bei den Originalen nicht mitgezählt; vgl. oben Anm. 226.

[229] 37 ab 951, 34 ab 961 gerechnet; s. MÜLLER-MERTENS, Reichsstruktur, S. 227; KELLER, Reichsstruktur, S. 93. Bemerkenswert scheint mir, daß Otto in Italien zwar hin und wieder für ostfränkische Empfänger geurkundet hat, aber nur einmal in Ostfranken für einen italienischen Empfänger: D O.I. 429 (973 März 28) für das Bistum Cremona; s. auch MÜLLER-MERTENS, Reichsstruktur, S. 170 m. Anm. 22 und unten § 3, S. 537 m. Anm. 589, S. 549 m. Anm. 688.

[230] Allein in den von Aufständen und Kriegszügen geprägten Jahren 936 – 940 hat Otto 35 DD gegeben: DD O.I. 1 – 35, 468 (936 Aug. 8 – 940 Sept. 25). D O.I. 9 ist mod. Spurium.

[231] Zu den oben Anm. 222 genannten DD gesellen sich noch zwei Deperdita, deren Ausstellort bekannt ist: Actes de Louis IV, Nr. 13 (Laon), Nr. 14 (Reims). Grundsätzlich zähle ich Abteien wie St-Jean de Laon, St- Remi de Reims und St-Médard de Soissons, in denen sich kgl. Klosterpfalzen befanden, den jeweiligen Bischofsstädten zu; vgl. BRÜHL, Palatium I, S. 40 – 42, 70 – 72, 80 – 82.

[232] Actes de Louis IV, Nr. 7, 9, 15, 17, 20; Actes de Lothaire, Nr. 9, 32 – 33.

[233] Während sich die Zahl der in Laon und Reims gegebenen Urkunden unter Ludwig IV. 7 : 10 verhält, beträgt sie für die Regierungszeit Lothars (bis 973) 11 : 1! Laon ist somit für beide Könige der wichtigste, weil sicherste Ort; s. BRÜHL, Palatium I, S. 75 – 76 und ebd. S. 56 – 57; s. auch DERS., Fodrum, S. 231 – 32 m. Anm. 41 – 43.

[234] Zu den genannten Orten sind noch Compiègne (3), Chévregny (3), Soissons (2), Verberie (2) und Trosly hinzuzuzählen. Vgl. aber unten mit der folg. Anm. sowie unten Anm. 237 – 39.

[235] Allgemein s. BRÜHL, Fodrum, S. 231 – 32 und ebd. S. 18 – 20, 40 – 42, 49 – 50. Vgl. aber unten Anm. 239.

nimmt die Zahl der *villae*, die zuvor nie in Erscheinung getreten waren und die die Herausgeber teilweise nicht einmal zu identifizieren vermochten[236], in erstaunlichem Maße zu: nicht weniger als elf weitgehend unbekannte *villae*[237] treten als Ausstellorte königlicher Urkunden in Erscheinung. Insgesamt verteilen sich die 62 Urkunden Ludwigs IV. und Lothars auf 27 Orte, was den Vorrang von Laon und Reims nur um so deutlicher erkennen läßt, da mit Ausnahme von Compiègne und Dijon[238] alle anderen Aufenthaltsorte nur einmal im Itinerar der Westfrankenkönige belegt sind[239]. Bedenkt man nun noch, daß mehrere Urkunden auf Feldzügen gegeben sind[240], andere als Gast bei fremden Fürsten[241], so tritt die alles beherrschende Stellung der Krondomäne klar hervor. Es dürfte kein Zufall sein, daß Reims und Soissons einschließlich der großen Abteien noch in den Gista-Verzeichnissen des 13. Jahrhunderts eine große Rolle spielen[242].

Allein schon die enorme Differenz in der Zahl der ausgestellten Urkunden läßt erwarten, daß sich das Itinerar Ottos I. wesentlich von dem seiner westfränkischen Verwandten unterscheidet. Die grundlegenden Forschungen von Eckhard MÜLLER-MERTENS zum Itinerar Ottos d. Gr. dispensieren mich von einer erneuten Untersuchung[243]. Festzuhalten bleibt allerdings, daß die von MÜLLER-MERTENS am Itinerar Ottos entwickelte

---

[236]) Vgl. etwa Actes de Louis IV, Nr. 10 (939 Juni 20): *in Querceto iuxta Dotiacum villam*; Nr. 12 (940 Febr. 14): *villa Gurziaico super Madernam fluium*; Nr. 22 (944 März 4): *Burione villa*; Nr. 26 (945 Juni 26): *in villa vocante Prinpriciaco*; Nr. 35 (950 Juni 8): *in villa que dicitur Trisluro*; Actes de Lothaire, Nr. 13 (960 Dez. 10): *in Tablidina villa*.

[237]) Neben den oben Anm. 236 genannten noch Chévregny (Dép. Aisne, arr. Laon, c^on Anizy-le-Château): Actes de Louis IV, Nr. 27–29 (946 Juli 1); Pouilly-sur-Loire (Dép. Nièvre, arr. Cosne): Actes cit., Nr. 37 (951 Febr. 3); Trosly (wohl Dép. Aisne, arr. Laon, c^on Coucy-le-Château): Actes de Lothaire, Nr. 10 (956 Nov. 7); Condes (Dép. Haute-Marne, arr. und c^on Chaumont-en-Bassigny): Actes cit., Nr. 14 (961 Okt. 5); Vitry-en-Perthois (Dép. Marne, arr. und c^on Vitry-le-François): Actes cit., Nr. 20 (964 Febr. 22).

[238]) Compiègne: Actes de Louis IV, Nr. 4 (936 Dez. 25); Actes de Lothaire, Nr. 6 (955 Mai 21), Nr. 11 (958 Febr. 9).
Dijon: Actes de Lothaire, Nr. 12 (958 Nov. 23), Nr. 29 (967 Aug. 30).

[239]) An einigen Orten sind aber gelegentlich eines Aufenthalts zwei oder drei Urkunden gegeben; vgl. Actes de Louis IV, Nr. 1–3 (936 Juli 25–26): Auxerre; Nr. 18–19 (942 Jan. 5–7): Poitiers; Nr. 27–29 (946 Juli): Chévregny; Actes de Lothaire, Nr. 25–26 (966 Mai 5): St-Vaast zu Arras; Nr. 27–28 (967 Juni 5): Verberie.

[240]) In Auxerre hatte der junge Ludwig Hugo d. Gr. auf dem Feldzug gegen Herzog Hugo d. Schw. begleitet; vgl. LAUER, Louis IV, S. 16–17 und oben Anm. 239. Die in Breisach gegebene Uk. Ludwigs: Actes de Louis IV, Nr. 8 (ang. 938 Aug. 24) wurde auf einem Einfall ins Elsaß gegeben; vgl. oben Anm. 117 und Anm. 120.

[241]) So Ludwig IV. im Jan. 942 bei Herzog Wilhelm „Werghaupt" in Poitiers, Lothar Ostern 955 bei Hugo d. Gr. in Paris und im Juni 965 bei Otto d. Gr. in Köln; vgl. Actes de Louis IV, Nr. 18–19: oben Anm. 239, Actes de Lothaire, Nr. 2: Paris (gehört zu O 955), Nr. 23 (965 Juni 2): Köln; vgl. oben S. 480 m. Anm. 136, S. 490 m. Anm. 209.

[242]) Vgl. BRÜHL, Fodrum, S. 295–97; zu Laon vgl. ebd. S. 287, 293.

[243]) Allgemein s. MÜLLER-MERTENS, Reichsstruktur, bes. S. 79ff., 165ff.

Methode[244] nicht automatisch auf jedes beliebige Herrscheritinerar angewendet werden kann: auf das der westfränkischen Könige des 10. Jahrhunderts wäre sie praktisch unanwendbar, doch gerade im Fall der Ottonen mit der sehr viel reicheren Überlieferung gibt sie interessante Auf-
schlüsse. Bei einem Verhältnis der tradierten Urkunden von ca. 5:1 sollte
man auch eine entsprechend höhere Zahl von Aufenthaltsorten erwarten,
die sich jedoch mit 84 gegenüber 27 westfränkischen nur in der Relation
von 3:1 bewegt[245]. Bei einer Regierungszeit Ottos d. Gr. nördlich der Alpen von mindestens 26 Jahren, genauer gesagt von 9508 Tagen[246], beträgt die Zahl der urkundlich für einen bestimmten Tag und Ort gesicherten Aufenthalte genau 296 Tage; aus diesen 296 Tagen werden dann bei nä-
herer Betrachtung insgesamt 920 Tage, für die der königliche Aufenthalt
an bestimmten Orten als quellenkritisch abgesichert gelten kann[247]. Das
macht 3,1% (für 296 Tage) bzw. 9,7% (für 920 Tage) der Regierungszeit
Ottos d. Gr., für die der Aufenthaltsort des Herrschers bekannt ist[248] –
und das bei einem König, von dem fünfmal mehr Urkunden überliefert
sind als von seinen westfränkischen Amtsgenossen[249]!

Nun sind diese 920 Tage natürlich nur das Gerüst, das zum weiteren
Ausbau dienen soll, und MÜLLER-MERTENS gelingt es mittels z.T. komplizierter Überlegungen schließlich doch, für etwa 80% des ostfränkischen Itinerars zumindest die Aufenthaltsräume, wenn auch nicht die
genauen Aufenthaltsorte festzulegen[250]. Er unterscheidet treffend zwischen *Francia et Saxonia* als den Zentren der „unmittelbaren Königsherrschaft" und den „Fernzonen der Zentralgewalt", zu denen vor allem Baiern, Friesland und Schwaben zu zählen sind[251], während Frankfurt, Magdeburg, Aachen, Quedlinburg und Ingelheim zu den bevorzugten Aufent-

[244] Zu den methodischen Fragen vgl. bes. MÜLLER-MERTENS, Reichsstruktur, S. 91ff.,
101ff.
[245] Vgl. Tabelle 1 bei MÜLLER- MERTENS, Reichsstruktur, S. 265 und ebd. S. 88.
[246] Die Aufenthalte in Italien sind hier ebensowenig berücksichtigt wie die Feldzüge
nach Westfranken, gegen die Slawen usw. Die Gesamtdauer der Regierungszeit Ottos d.
Gr. vom 2. VII. 936 – 7. V. 973 beträgt fast 37 Jahre, genau: 13.459 Tage.
[247] MÜLLER-MERTENS, Reichsstruktur, S. 85 – 88.
[248] MÜLLER-MERTENS, Reichsstruktur, S. 91.
[249] Vgl. oben S. 492 m. Anm. 222 – 23. Dabei ist noch zu berücksichtigen, daß die
Urkundenzahl Ottos für nur 26, die Ludwigs IV. und Lothars dagegen für 37 Regierungsjahre gilt.
[250] Vgl. MÜLLER-MERTENS, Reichsstruktur, S. 101ff., bes. S. 133 – 34 und ebd. S. 158ff.
[251] MÜLLER-MERTENS, Reichsstruktur, S. 138ff., 143ff., 148ff. und Tabelle 2: ebd.
S. 267 – 68; Tabelle 3, S. 269; zu Schwaben vgl. ergänzend KELLER, Reichsstruktur, S. 76ff.
und ebd. S. 91 Fig. 1. Vgl. schon oben S. 291 m. Anm. 312 – 13.

haltsorten im Raum der „unmittelbaren Königsherrschaft" gehören[252]. Aber dieses Bild bedarf der Korrektur durch einen Blick auf die Empfänger der Urkunden. Überraschenderweise ist es nämlich nicht so, daß den Kerngebieten der Königsherrschaft, grob gesprochen also der *Francia et Saxonia*, auch eine entsprechende Bevorzugung der Urkundenempfänger aus diesem Raum entspräche. Ganz im Gegensatz zu dem Itinerarbefund, der Otto I. nicht vor 952 und 953 in Schwaben und Baiern ausweist[253], beginnt die Beurkundungstätigkeit Ottos für schwäbische und bairische Empfänger bereits in den Jahren 937/40 und der prozentuale Anteil beider Herzogtümer liegt mit knapp 24% der Empfänger und 22,5% der ausgestellten Urkunden ganz erheblich über ihrem Anteil am Itinerar Ottos[254]. Hierzu bietet der Befund bezüglich der Empfänger der westfränkischen Königsdiplome eine verblüffende Parallele: auch hier läßt sich nämlich ein Empfängerkreis feststellen, der weit über das engere Wirkungsgebiet des westfränkischen Königtums, das sich im wesentlichen auf den Raum zwischen Laon und Reims beschränkt, hinausgeht und gerade in der Spanischen Mark und im äußersten Süden, der den König nie gesehen hat, zahlreiche Urkundenempfänger verzeichnet[255].

Mit Recht hat MÜLLER-MERTENS betont, daß das Itinerar des Herrschers nicht so sehr von den wirtschaftlichen als vor allem von den politischen Gegebenheiten bestimmt wird[256]. Diese Betonung des Primats der Politik gilt für Ost- wie für Westfranken gleichermaßen, und es steht außer Zweifel, daß dem Verhältnis der Könige zu den *duces* oder *marchiones* an der Spitze der einzelnen *regna* hierbei entscheidende Bedeutung zukommt. Ich hatte bereits oben betont, daß mit Otto I. ein Wechsel im Ver-

---

[252]) Wobei zu beachten ist, daß die Zahl der überlieferten Aufenthalte keineswegs der Dauer der Aufenthalte entspricht; so sind von Otto 12 Aufenthalte in Frankfurt und 22 in Magdeburg überliefert, doch in Frankfurt hat er sich 226 Tage aufgehalten, in Magdeburg nur 105; ähnlich verhält es sich mit Aachen und Quedlinburg (8:17 Aufenthalte, aber 87 : 69 Tage Verweildauer); s. MÜLLER-MERTENS, Reichsstruktur, S. 92 – 93 und ebd. S. 269 Tabelle 3 sowie unten Anm. 254.

[253]) Diesen Gesichtspunkt betonte FLECKENSTEIN II, S. 18 m. Anm. 4 – 6; vgl. dazu MÜLLER-MERTENS, Reichsstruktur, S. 173 m. Anm. 33; s. jetzt auch KELLER, Reichsstruktur, S. 91 Fig. 1.

[254]) Vgl. hierzu MÜLLER-MERTENS, Reichsstruktur, S. 172 – 73, 176ff., 198. Unter den in Tabelle 3 auf S. 269 zusammengestellten 18 „politischen Vororten", auf die 85% der erfaßbaren Aufenthaltstage und 59% der Aufenthalte entfallen, befindet sich kein einziger Ort in Schwaben, in Baiern allein Regensburg, das nach der Zahl der Aufenthaltstage (57) sogar an 5. Stelle steht, nach der Zahl der Aufenthalte (5) aber an das untere Ende der Tabelle gehört.

[255]) Vgl. LEMARIGNIER, Gouvernement, Carte d'implantation 2, nach S. 225. Vgl. noch unten Kap. 9 § 2, S. 582 – 83 m. Anm.

[256]) MÜLLER-MERTENS, Reichsstruktur, S. 98 – 99.

hältnis des Königtums zu den Herzögen eingetreten war: während Heinrich I. der in dem jeweiligen *regnum* führenden Familie eine Art vizeköniglicher Stellung eingeräumt bzw. belassen hatte, legte Otto stärkeres Gewicht auf die faktische Vorrangstellung des Königtums[257], ohne daß ihm dies in vollem Umfang gelungen wäre. Für den Süden, d.h. für Baiern und Schwaben, konnte KELLER jedenfalls feststellen, daß „die Einschränkung der königlichen Herrschaftsgewalt... zwar nicht in vollem Umfang, aber doch dem Prinzip nach über das ganze 10. Jahrhundert hinweg bestehen (blieb)"[258]. Bekanntlich hatten Ludwig IV. wie auch Otto I. in den ersten Jahren ihrer Regierung um das politische Überleben zu kämpfen gehabt[259], doch Ludwig war es niemals gelungen, die Rivalität der Robertiner wirksam auszuschalten, sein Einfluß südlich der Loire war – worüber gelegentliche Urkundenausfertigungen für Empfänger in der Spanischen Mark u.a. nicht hinwegtäuschen können – zudem gleich null, während Otto im Süden Ostfrankens zwar selten in Erscheinung trat, aber doch immerhin über die Besetzung der Bistümer entschied und sein Wort auch sonst respektiert wurde, wie die zahlreichen Urkunden für Empfänger aus Baiern und Schwaben beweisen[260].

Vor allem aber ist Otto etwas gelungen, wovon Ludwig nicht einmal hätte träumen können: nach dem Tode Eberhards von Franken 939 im Aufstand gegen den König[261] wurde das „Herzogtum" Franken[262] – der Titel *dux Francorum* ist in Ostfranken ohnehin ungebräuchlich[263] – nicht

---

[257]) Vgl. oben S. 475 – 76.

[258]) KELLER, Reichsstruktur, S. 105; vgl. ebd. S. 104 – 05. Die Einschränkung Kellers bezieht sich auf das Recht der Bistumbesetzung durch den König, die Otto durchzusetzen vermochte; vgl. oben S. 475 m. Anm. 105; s. aber schon oben S. 449 m. Anm. 270.

[259]) Vgl. oben S. 472 – 73.

[260]) Vgl. oben S. 496 m. Anm. 254 und oben Anm. 258.

[261]) Oben S. 478 m. Anm. 123 – 24.

[262]) „Franken" war kein so klar umrissenes *regnum* wie etwa Baiern oder Schwaben, und Eberhard wird im Gegensatz zu seinem Bruder Konrad urkundlich niemals *dux* genannt; s. KIENAST, Herzogstitel, S. 316 m. Anm. 15 – 16. Wohl aber bezeichnet der spät schreibende Widukind Eberhard zweimal als *dux*: Widukind, l.II c.1, c.26 (ed. HIRSCH, S. 67 Z.2 – 4, 88 Z.10 – 11), aber nicht als *dux Francorum*; vgl. auch ZIMMERMANN, Ansätze, S. 384; vgl. ebd. S. 386 – 87. Verfehlt LEROUX, Royauté, S. 249.

[263]) Als Intitulatio kommt er nicht vor; nur in einer Uk. von 1102 bezeichnet sich Friedrich I. von Schwaben einmal als *Suevorum dux et Francorum*, was nicht dasselbe ist; s. KIENAST, Herzogstitel, S. 414 Nr. 3 = 417 Nr. 2; vgl. ebd. S. 316 m. Anm. 18. Widukind, l.II c.11 spricht einmal von den *duces Francorum inter se...divisi* (ed. HIRSCH, S. 75 Z.4 – 5), als er von dem Tod Eberhards, des Neffen Herzog Hermanns von Schwaben, berichtet, doch ist dies natürlich ebensowenig ein amtlicher Titel wie der *dux Francorum*, als den Widukind Konrad I. gelegentlich von dessen ang. Königssalbung bezeichnet: l.I c.16 (ed. HIRSCH, S. 27 Z.2); vgl. ZIMMERMANN, Ansätze, S. 385 m. Anm. 31, 390 – 91 und bes. oben S. 294 m. Anm. 339; s. noch KELLER, Reichsstruktur, S. 106 – 07 zu Widukind, l.II. c.11 und zuletzt WEINFURTER, S. 280 m. Anm. 178.

wieder ausgegeben[264], was m. E. nicht so sehr in der mangelnden „Verwur-
zelung" des Herzogtums bei den Franken seine Ursache hat[265] als in der
Tatsache, daß Franken zwar „auf dem Wege zum Herzogtum" war[266], diesen Rang aber trotz der herzoggleichen Stellung Eberhards noch nicht erreicht hatte[267] und auch künftighin nie erreichen wird[268]. Obwohl Franken daher als ein Sonderfall unter den ostfränkischen Dukaten gewertet
werden muß, ändert dies nichts daran, daß Otto mit der Einziehung Frankens einen Herrschaftsakt vollzog, der in dieser Form und zu diesem Zeitpunkt in Westfranken undenkbar gewesen wäre.

Allgemein gelang es Otto, die Herzogtümer mit Angehörigen der eigenen Familie zu besetzen oder die regierende Familie dem Königshaus „an-
zusippen": seine Brüder Heinrich und Brun waren Herzöge von Baiern
und Lothringen; sein Sohn Liudolf heiratete die einzige Tochter Herzog
Hermanns von Schwaben, Ita, und war 950–953 Herzog von Schwaben;
seine Tochter Liutgard wurde schon früh mit Herzog Konrad von Lothringen verheiratet; Sachsen und Franken unterstanden Otto direkt[269]. Mit
Ausnahme Bruns, der als der lothringische *archidux* – mit dieser Titulatur
wollte Ruotger wohl Bruns Stellung ü b e r den Herzögen von Ober- und
Niederlothringen umschreiben[270] – stets ein loyaler Gefolgsmann Ottos
geblieben ist[271], haben sich alle anderen[272] irgendwann einmal gegen den
König gestellt[273], was beweist, daß die ang. „Stammesinteressen" in Wahrheit nur Machtkämpfe „um die Rangordnung innerhalb des Königshau-
ses" waren[274].

---

[264]) Vgl. ZIMMERMANN, Ansätze, S. 388; ALTHOFF – KELLER II, S. 144, 213 u.a.

[265]) So ALTHOFF – KELLER II, S. 213.

[266]) ZIMMERMANN, Ansätze, S. 386.

[267]) Vgl. bes. ZIMMERMANN, Ansätze, S. 386 – 88.

[268]) Zum Herzogtum der Würzburger Bischöfe im 12. Jh. vgl. ZIMMERMANN, Ansätze,
S. 391ff.

[269]) Vgl. KIENAST, Herzogstitel, S. 318ff., bes. S. 319, 372, 381 – 82 u.ö. und ALTHOFF –
KELLER II, S. 144 – 45, 148 u.ö.; s. auch KELLER, Reichsstruktur, S. 105. Zu den schwäbi-
schen Herzögen s. noch MAURER, S. 48 – 49, 79 – 80, 132 – 33, 144 u.ö. Zur Position der
Billunger in Sachsen unter Otto I. vgl. zuletzt ENGELS, S. 493.

[270]) Ruotger, c.20: *fratrem suum Brunonem occidenti tutorem et provisorem, et, ut ita
dicam, archiducem in tam periculoso tempore misit* (ed. OTT, S. 19 Z.12 – 14): OEDIGER,
Reg. 389; vgl. NAUMANN, S. 85 – 86; KIENAST, Herzogstitel, S. 382 m. Anm. 133 – 34 und
NONN, Pagus, S. 197 – 98.

[271]) Die Nachrichten bei Thietmar, Chronicon, l.II c.23 (ed. HOLTZMANN, S. 66) und
der noch wesentlich jüngeren „Vita Brunonis altera" sind eindeutig legendär: OEDIGER,
Reg. 409.

[272]) Heinrich von Baiern allerdings nur v o r seiner Erhebung zum Herzog: oben S. 474
m. Anm. 91 – 94.

[273]) Vgl. ALTHOFF – KELLER II, S. 145 – 49.

[274]) KELLER, Reichsstruktur, S. 105; s. auch ERKENS, S. 321 – 24.

Damit komme ich zum Abschluß dieses Paragraphen zu der großen au-
ßenpolitischen Bewährungsprobe Ottos, zum Abwehrkampf gegen die
Ungarn. Der Ungarnsieg Heinrichs I. von 933 hatte in erster Linie den
psychologischen Effekt gehabt, die Legende von der Unbezwingbarkeit
der Ungarn zu zerstören; entscheidende militärische Bedeutung war ihm
nicht zugekommen[275]. Schon im Februar 937 waren sie erneut in Ostfranken eingefallen, wagten aber angesichts eines starken Heeresaufgebots
Ottos keinen Angriff auf Sachsen[276], sondern hausten vor allem in Westfranken[277]. Im folgenden Jahr – wie üblich waren die Ungarn über die innenpolitische Lage in Ostfranken gut unterrichtet – unternahmen die
Ungarn einen Einfall nach Sachsen, der jedoch trotz der schwierigen Lage,
in der Otto sich befand[278], mit einem Mißerfolg endete[279]. 943 errang Herzog Berthold von Baiern einen Sieg über die Eindringlinge an der Traun[280];
Herzog Heinrich, Ottos Bruder, schlug die Ungarn schon 948 *ad Vloz-
zum*[281] und trug den Krieg 950 erstmals seit 907 wieder nach Ungarn hinein[282]. Der Nimbus der Unbesiegbarkeit war also schon brüchig geworden, doch die Gefahr bestand unverändert weiter, wie sich gerade im Spät-
winter 954 zeigte – abermals einem Jahr schwerer innerer Wirren in Ostfranken! –, als die Ungarn erneut in Baiern und Lothringen einfielen[283], wobei die Partei Ottos die Gegenseite, d.h. die Herzöge Liudolf und Konrad,
immerhin Sohn und Schwiegersohn des Königs, beschuldigte, die Ungarn
ins Land gerufen zu haben, was so schwerlich zugetroffen sein dürfte[284].

---

[275] Vgl. schon oben S. 453 m. Anm. 295 – 96.
[276] B – O 63b-c; KÖPKE – DÜMMLER, S. 58 – 59; LÜTTICH, S. 88 – 89; FASOLI, S. 166 –
67; BÜTTNER, Ungarn, S. 448 – 49.
[277] Vgl. LÜTTICH, S. 89ff.; LAUER, Louis IV, S. 20ff.; FASOLI, S. 167ff.
[278] In der Tat wird von einem direkten Eingreifen Ottos in die Kämpfe nichts berichtet;
s. schon LÜTTICH, S. 95 – 96.
[279] B – O 76f; KÖPKE – DÜMMLER, S. 77 – 78; LÜTTICH, S. 96 – 97; BÜTTNER, Ungarn,
S. 449.
[280] B – O 113a; KÖPKE – DÜMMLER, S. 130; LÜTTICH, S. 109; REINDEL, Luitpoldinger,
Nr. 99, S. 196 – 99; BÜTTNER, Ungarn, S. 449.
[281] Vgl. LÜTTICH, S. 110 m. Anm. 30. Der Ort ist nicht identifiziert.
[282] Wo er sich nicht besser aufführte als die Ungarn auf ihren Zügen ins Frankenreich;
vgl. KÖPKE – DÜMMLER, S. 182 m. Anm. 3 – 4; LÜTTICH, S. 111 m. Anm. 35, der aber mit
Sicherheit irrt, wenn er den von Widukind, l.II c.36 erwähnten *Ticinus* (ed. HIRSCH, S. 95
Z. 16) auf die Theiß deutet. Obwohl Widukind hier als Zeitgenosse schreibt, verwechselt
er offenbar Heinrichs Zug gegen Ungarn mit dessen Eingreifen in Italien (Aquileia); vgl.
KÖPKE – DÜMMLER, S. 187 m. Anm. 1.
[283] B – O 237b; KÖPKE – DÜMMLER, S. 231 – 35; LÜTTICH, S. 98 – 101; FASOLI, S. 201 –
05; BÜTTNER, Ungarn, S. 451 – 53.
[284] Hierzu vgl. bes. NAUMANN, S. 123 – 27; s. auch BÜTTNER, Ungarn, S. 451 – 52. Vgl.
aber KELLER, Staatlichkeit, S. 262 – 63.

Schon im Sommer des Jahres 955 fand der nächste Einfall der Ungarn statt, die unter ihrem Führer Horka Bulcsu[285] erneut über Baiern in Ostfranken einfielen. Es handelte sich dieses Mal um ein ungewöhnlich großes Heer[286], mit dem wohl für den insgesamt doch enttäuschenden Ausgang des Feldzugs des Vorjahres Rache genommen werden sollte. Ganz im Gegensatz zu 933, als Heinrich den Ungarn mit seinen Sachsen und Thüringern allein entgegengetreten war[287], konnte Otto dieses Mal ein aus fast allen Völkern Ostfrankens zusammengesetztes Heer aufbieten, in dem außer den Lothringern, die unter Brun an der Westgrenze wachten[288], und dem Gros des sächsischen Heeres: *eo quod iam bellum Sclavanicum urgeret*[289], alle Völker vertreten waren: der *exercitus Francorum Boioariorumque*, die die ersten vier *legiones* bildeten[290], die Schwaben unter Führung Herzog Burchards im sechsten und siebten Treffen, im achten 1000 ausgesuchte böhmische Ritter – Böhmen war erst 950 wieder unter ostfränkische Oberhoheit gebracht worden[291] – , während Otto mit seinen Sachsen die fünfte „legio", *quae erat maxima, quae et dicebatur regia*[292], bildete. Der Schlachtverlauf im einzelnen ist hier ebensowenig zu verfolgen[293], wie die Frage nach dem genauen Schlachtort „auf dem Lechfeld" nicht zu interessieren braucht[294]. Otto erfocht am Tage des hl. Laurentius, d.h. am 10. August, einen glänzenden Sieg, der lediglich durch den unglücklichen

---

[285]) Er war schon der Führer des Einfalls von 954 gewesen, hatte zuvor in Byzanz die Patricius-Würde erhalten und sich dort auch taufen lassen; s. LÜTTICH, S. 146; BÜTTNER, Ungarn, S. 450 – 51. Vgl. unten Anm. 297.

[286]) Cont. Regin. ad an. 955: *Ungari cum tam ingenti multitudine exeuntes, ut non, nisi terra eis dehisceret vel caelum eos obrueret, ab aliquo se vinci posse dicerent...* (ed. KURZE, S. 168).

[287]) Vgl. oben S. 453 m. Anm. 297.

[288]) Ruotger, c.36: *Cum videret, se ad prestitutum diem seniori et fratri suo...cum auxiliaribus copiis non posse occurrere, simulque esset sollicitus, ne forte barbari bellum vitantes suo iuri commissam provinciam, declinarent arbitratus sic se regno consulere votisque imperatoris sic amplius deservire* (ed. OTT, S. 37 Z.4 – 9); vgl. hierzu LÜTTICH, S. 152; s. auch KÖPKE – DÜMMLER, S. 254.

[289]) Widukind, l.III c.44 (ed. HIRSCH, S.123 Z.18); s. auch ebd. c.49: *Nam ipsi* (scil. Saxones) *bello Ungarico aberant, Sclavanico certamine reservati* (ed. HIRSCH, S. 129 Z.6 – 7); vgl. KÖPKE – DÜMMLER, S. 251 m. Anm. 6.

[290]) Widukind, l.III c.44 (ed. HIRSCH, S. 124 Z.1 und Z.15 – 19).

[291]) B – O 189a – 190b; vgl. KÖPKE – DÜMMLER, S. 180 – 81 und HOFFMANN, Böhmen, S. 21 – 22.

[292]) Widukind, l.III c.44 (ed. HIRSCH, S. 124 Z.20 und ebd. S. 125 Z.3 – 8). Zum böhmischen Heeresaufgebot allgemein s. HOFFMANN, Böhmen, S. 51 – 52, der aber nicht eigens auf 955 eingeht. Das „normale" Aufgebot schein 300 Ritter betragen zu haben.

[293]) B – O 240e-i; KÖPKE – DÜMMLER, S. 253ff.; LÜTTICH, S. 150ff.; FASOLI, S. 202ff.; BÜTTNER, Ungarn, S. 454 – 55. Weitere Lit. bei BRÜHL, Palatium II, S. 198 m. Anm. 51.

[294]) Die Lit. zuletzt bei BRÜHL, Palatium II, S. 198 m. Anm. 39.

Tod Herzog Konrads getrübt war[295]. Drei gefangene *duces gentis Unga-riae* wurden auf Befehl Herzog Heinrichs gehängt[296], der krankheitshal-ber an der Schlacht nicht hatte teilnehmen können und noch im selben Jahr starb[297].

Der Erfolg Ottos war gewaltig: *ut numquam ante apud n o s t r a t e s vic-toria talis audiretur aut fieret*, urteilte der „Continuator Reginonis"[298], wobei ausdrücklich auf das hier bei ihm erstmals zu verzeichnende „Wir-Gefühl" hingewiesen sei[299]. Selbst in Trierer Urkunden wurde des großen Siegs in der Datierung gedacht[300]. Zweifellos hat die Lechfeldschlacht das Zusammengehörigkeitsgefühl der Völker Ostfrankens erheblich gestärkt. Mit Recht bemerkte BÜTTNER: (die Lechfeldschlacht) „bleibt das erste Zeichen und die erste g e m e i n s a m e (Sperrung BRÜHL) Leistung des ot-tonischen Reiches nach der Überwindung seiner letzten gefährlichen Kri-se"[301]. Die blutige Niederlage auf dem Lechfeld[302] bewirkte, daß die Un-garn ihre Züge gegen Süd- und Westeuropa aufgaben[303] und trotz fortdau-

---

[295]) Widukind, l.III c.47 (ed. HIRSCH, S. 128). Für Ruotger, c.35 (ed. OTT, S. 36 Z.13 – 20) war dieser Tod die Buße für Konrads Empörung gegen Otto. Konrad wurde feierlich im Wormser Dom bestattet: BRÜHL, Palatium II, S. 117 m. Anm. 49. Zum Aufstieg des hl. Laurentius zum Reichspatron neben dem hl. Mauritius vgl. BEUMANN, Rückblick, S. 435ff.; DERS., Laurentius, S. 169 – 70, 175 – 76.

[296]) Herzog Heinrich starb am 1. XI. 955: B – O 240n; vgl. REINDEL, Luitpoldinger, Nr. 107, S. 220 – 21; s. auch Widukind, l.III c.44: *prefecti ducis Heinrici* befehligten die drei bairischen Treffen: *Nam ipse bello interim aberat eo, quod valitudine corporis laborasset, qua et mortuus est* (ed. HIRSCH, S. 124 Z.15 – 18); vgl. dazu LINTZEL, Widu-kind, S. 332 – 33.

[297]) Widukind, l.III c.48 (ed. HIRSCH, S. 128). Unter den Hingerichteten befand sich auch Horka Bulcsu: oben Anm. 285; vgl. LÜTTICH, S. 164 – 65 und bes. GYÖRFFY, S. 44.

[298]) Cont. Regin. ad h.an. (ed. KURZE, S. 168); s. auch Widukind, l.III c.49: *Neque enim tanta victoria quisquam regum intra ducentos annos ante eum laetatus est* (ed. HIRSCH, S. 129 Z. 4 – 6); vgl. BÜTTNER, Ungarn, S. 454 – 55; s. auch ALTHOFF – KELLER II, S. 171.

[299]) Vgl. schon LINTZEL, Adalbert, S. 405 Anm. 18, der dieses Wir-Gefühl – ohne es so zu nennen –, lange vor Buchner konstatiert hat; vgl. noch EGGERT – PÄTZOLD, S. 88 m. Anm. 498 und ebd. S. 87 – 88; s. bes. S. 286 – 87.

[300]) MUB. I, Nr. 199 (955 Nov. 21): *eodem anno Otto rex Ungros vicit* (S. 260); Nr. 198 (955 Sept. 9): *eodem anno gloriosus rex Otto <et imperator> Ungros vicit <et Romano imperio subegit>* (S. 259); hierzu s. BÜTTNER, Ungarn, S. 455 m. Anm. 69 und bes. STENGEL, Heerkaiser, S. 60 – 61. Die Überlieferung ist 14. Jh., die in spitze Klammern gesetzten Wörter sind selbstverständlich interpoliert; s. auch BEUMANN, Rückblick, S. 438 Anm. 4.

[301]) Ungarn, S. 454 m. Anm. 66; s. auch BEUMANN, Rückblick, S. 455: „Niemand zwei-felt an der konsolidierenden Wirkung der Ungarnschlacht".

[302]) Die Verluste der Ungarn waren fürchterlich; nur wenige sahen die Heimat wieder; vgl. LÜTTICH, S. 163 – 64; ablehnend dagegen GYÖRFFY, S. 44, der aber einräumt, daß „etwa die Hälfte oder zwei Drittel des Heeres umgekommen war". Das dürfte genügen.

[303]) Und keineswegs nur gegen Ostfranken! Es gibt eben doch Schlachten von weltge-schichtlicher Bedeutung, auch wenn dies einigen „Historikern" nicht in ihr vorfabriziertes Weltbild paßt; vgl. noch LÜTTICH, S. 165.

ernden Kleinkriegs nach West und Ost[304] schließlich doch in die europäische Völkergemeinschaft eingegliedert werden konnten[305]. Widukind berichtet, daß *rex...ab exercitu pater patriae imperatorque appellatus est*[306].
Damit ist die Kaiserfrage angeschnitten, die uns in den beiden folgenden
Abschnitten beschäftigen wird.

§ 2:  Die Erneuerung des römischen Kaisertums im Westen.
       Die Sonderstellung Italiens 887 – 951 und das sogen. rom-
       freie Kaisertum.

Die Erneuerung des römischen Kaisertums im Westen geht bekanntlich
auf Karl d. Gr. zurück, weshalb dieses Ereignis hier zumindest erwähnt
werden muß, auch wenn es nicht meine Absicht ist, auf Einzelheiten einzugehen. Insbesondere soll nicht noch einmal erörtert werden, ob Karl
überhaupt Kaiser werden wollte – was durchaus möglich, aber nicht
stringent beweisbar ist[307] – , und ob er es am 25. Dezember 800 in der uns
überlieferten Form werden wollte, was ich für ausgeschlossen halte[308]. In
der Forschung wird mit Hartnäckigkeit die ursprünglich als zentrales Ereignis des Tages vorgesehene Krönung und Salbung von Karls gleichnamigen Sohn und präsumptiven Haupterben[309] heruntergespielt[310]. Glaubt
man ernstlich, daß Karl diese im Rahmen seiner Hausordnung und Nachfolgeregelung ungemein wichtige Krönung durch seine Kaiserakklamation[311] gewissermaßen selbst hätte entwerten wollen, wie die Reaktion der

---

    304) Allgemein s. LÜTTICH, S. 167ff. und bes. GYÖRFFY, S. 44ff.
    305) Hierzu vgl. unten Kap. 9 § 3, S. 620 – 21.
    306) Widukind, l.III c.49 (ed. HIRSCH, S. 128 Z.23 – 24); hierzu s. unten § 3, S. 550 – 51.
    307) Die bisher vorgetragenen Argumente sind bestenfalls Indizien, aber keine zwingen-
de Beweisführung, was eine allzu „geistesgeschichtlich" orientierte Geschichtsschreibung
aber nicht einzuräumen bereit ist. Grundlegend zu allen mit Karls Kaisertum zusammen-
hängenden Fragen CLASSEN, Begründung, bes. S. 47ff.; s. aber BEUMANN, Rückblick,
S. 428: „Es darf heute als gesichert gelten, daß Karl d. Gr. hatte Kaiser werden wollen, als
er im Jahre 800 nach Rom zog"; vgl. bes. DERS., Paderborner Epos, S. 16ff.
    308) So schon BRÜHL, Krönungsbrauch, S. 395 – 96; auch CLASSEN, Begründung, S. 75 –
77, hat mich nicht vom Gegenteil überzeugt, doch räumt CLASSEN, aaO., S. 76, immerhin
ein: „Der Möglichkeiten sind viele und volle Gewißheit wird sich in diesen Fragen nicht
erlangen lassen"; ebd. S. 77 gesteht er zu, daß Karl „den Verlauf der Ereignisse am
Weihnachtstage des Jahres 800 ganz dem Papst Leo...zuschob". Dem kann ich zustimmen.
    309) Vgl. Karls Reichsteilungsplan von 806: Capit. I, Nr. 45 c.3 (S. 127) und dazu
CLASSEN, Thronfolge, S. 205 – 08 sowie oben S. 100 m. Anm. 86 – 88.
    310) Selbst von CLASSEN, Begründung, S. 62, der diesem Ereignis gerade einen Satz
widmet. Vgl. dazu im folgenden.
    311) Zu dieser s. CLASSEN, Begründung, S. 65 – 68.

Quellen ja deutlich zeigt[312]? Entscheidend für das Verständnis des Vorgangs in der Peterskirche ist jedoch, daß allein die Akklamation Karl zum Kaiser gemacht hat und nicht die Krönung, die lediglich die Krönung und Salbung des Sohnes einleiten sollte, wie dies bei jeder Mitkrönung üblich ist[313], und mit Sicherheit ist Karl an diesem Tag nicht gesalbt worden[314], wie gelegentlich noch immer angenommen wird[315]. Mehr zu diesem „bis zum Überdruß behandelten Stoff"[316] sei an dieser Stelle nicht ausgeführt. Unstreitig wurde mit der Akklamation des Jahres 800 das „Zweikaiserproblem" geschaffen[317], das fortan die Beziehungen zwischen dem Frankenreich und Byzanz häufig genug getrübt hat[318].

Wie Karl sich eine Kaiserkrönung vorstellte, führte er bei der Krönung seines letzten noch lebenden Sohnes Ludwig 813 in Aachen aller Welt vor Augen: *coronam illi inposuit* (scil. *Karolus*) *et imperialis nominis sibi consortem fecit; Bernhardumque, nepotem suum, filium Pippini, filii sui, Italiae praefecit et regem appellari iussit*[319]. Von einer Salbung oder irgendeiner geistlichen Beteiligung an diesem rein weltlichen Akt ist nirgendwo

---

[312] Daß Karl tatsächlich gekrönt und gesalbt wurde, muß aus dem „Liber Pontificalis" in Verbindung mit einem Brief Alkuins geschlossen werden; s. schon BRÜHL, Krönungsbrauch, S. 398 m. Anm. 3 – 4; im gleichen Sinne BAUTIER, Sacres, S. 21, 23, der aber die Krönung nicht erwähnt.

[313] Vgl. BRÜHL, Krönungsbrauch, S. 397 – 98 und ebd. S. 371ff., wo ich statt von der korrekteren „Mitkrönung" noch von „Beikrönung" spreche; s. aber BRÜHL, Kronenbrauch, S. 414 – 15.

[314] Der „Liber Pontificalis" würde eine Salbung Karls unmöglich verschwiegen haben, der in den Augen eines Klerikers doch allemal der höhere Rang gegenüber der Krönung gebührt und die Leo niemals an Karl vollzogen hat! Die Nachricht des um 837/38 schreibenden Thegan, zu dessen Zeit Kaisersalbungen bereits normal waren, hat kein Gewicht: Thegan, c.1: *Pippinus senior et rex genuit Karolum, quem Leo Romanus pontifex consecravit et unxit ad imperatorem...* (ed. PERTZ, S. 590 Z. 42 – 44). Der zwar schon um 812/14, aber im fernen Byzanz nach Hörensagen schreibende Theophanes kann dagegen nicht als Zeugnis angeführt werden; anders BAUTIER, Sacres, S. 21 – 23.

[315] Und selbst CLASSEN, Begründung, S. 68 – 69, unnötig problematisiert, weil er Karls „Mitkrönung", die eine Salbung zwingend ausschließt, nicht erkannt hat; ähnlich auch BAUTIER, Sacres, S. 23.

[316] So treffend Horst FUHRMANN im Vorwort zu CLASSEN, Begründung, S. (V). Eine längere Denk- und vor allem Schreibpause wäre gewiß wünschenswert.

[317] Dies die Formulierung von OHNSORGE, Zweikaiserproblem, S. 7 und passim. Der Titel ist wohl noch das Beste an diesem überaus problematischen Buch. ARNALDI, S. 121, übernimmt den deutschen Begriff.

[318] Vgl. OHNSORGE, Zweikaiserproblem, S. 32ff., 47ff., 97ff.

[319] Ann. regni Franc. ad an. 813 (ed. KURZE, S. 138): B – M² 479b; vgl. schon BRÜHL, Krönungsbrauch, S. 362 – 63, 408 Nr. 3 und zuletzt DERS.: Selbstkrönungen von Kaisern und Königen (13. – 19. Jahrhundert), in: Festschrift Nikolaus Grass zum 70. Geburtstag dargebracht..., hgg. von Kurt EBERT (Innsbruck 1986) S. 35 – 48, bes. S. 47 m. Anm. 82 – 84; anders EPPERLEIN, S. 318 m. Anm. 2 und BAUTIER, Sacres, S. 24 – 25. Unter dem Aspekt des Mitkaisertums vgl. OHNSORGE, Mitkaisertum, S. 261 – 62. Auch DELOGU, S. 50, spricht vom „*Mitkaisertum* occidentale". Zu Bernhards Königtum vgl. WERNER, Hludovicus, S. 31ff.

die Rede[320]. In exakt gleicher Weise hat Ludwig dann 817, gleichfalls in Aachen, seinen ältesten Sohn Lothar der Kaiserwürde teilhaftig werden lassen: *generalem populi sui conventum Aquisgrani...habuit, in quo filium suum primogenitum Hlotharium coronavit et nominis atque imperii sui socium sibi constituit, caeteros* (scil. Pippinum et Ludovicum) *reges appellatos, unum Aquitaniae, alterum Baioariae praefecit*[321]. Die Parallele geht sogar so weit, daß in beiden Fällen neben der Kaiserkrönung auch noch eine bzw. zwei Königskrönungen – selbstverständlich gleichfalls von Laienhand – stattgefunden haben[322]. Beide Kaiserkrönungen wurden jedoch nach wenigen Jahren vom Papst in Verbindung mit einer Salbung wiederholt: 816 hatte sich Papst Stephan IV. eigens nach Reims ins Frankenreich begeben[323], 823 empfing Lothar während eines Aufenthalts in Italien *rogante Paschale papa* in Rom Krönung und Salbung aus der Hand Paschalis' I.[324]. Bezeichnenderweise wird die Salbung vom Redaktor der offiziösen „Reichsannalen" in beiden Fällen verschwiegen[325]; der „Liber Pontificalis" seinerseits erwähnt die Krönungsakte mit keinem Wort[326].

---

[320] Vgl. LINTZEL, Kaisertum, S. 127; OHNSORGE, Zweikaiserproblem, S. 30 und bes. CLASSEN, Begründung, S. 100–01 sowie zuletzt BAUTIER, Sacres, S. 25. Verfehlt ERDMANN, Kaiseridee, S. 22–23. Zur sogen. Aachener Kaiseridee vgl. unten S. 527 m. Anm. 514–16.

[321] Ann. regni Franc. ad an. 817 (ed. KURZE, S. 146): B – M² 649a; vgl. BRÜHL, Krönungsbrauch, S. 363, 408 Nr. 5; BAUTIER, Sacres, S. 29. Vgl. noch OHNSORGE, Mitkaisertum, S. 262 und ausführlich unter dem Aspekt des *consors regni* DELOGU, S. 48 m. Anm. 3, 61–63, der : ebd. S. 51, 52, 55, 57, Belege für *consors regni* auch bei früheren Autoren des 6.–8. Jh. beibringt, wobei in jedem Fall männliche Mitkönige gemeint sind. Der Begriff *consors imperii* findet sich schon bei Tacitus: DELOGU, S. 66.

[322] Hierzu ausführlich BRÜHL, Krönungsbrauch, S. 385–87; DERS., Kronenbrauch, S. 442; vgl. auch LINTZEL, Kaisertum, S. 127–28 und BAUTIER, Sacres, S. 25–29. Vgl. schon oben Anm. 319.

[323] B – M² 633a; vgl. BRÜHL, Krönungsbrauch, S. 408 Nr. 4; s. auch OHNSORGE, Zweikaiserproblem, S. 33; BAUTIER, Sacres, S. 26–28 und zuletzt WERNER, Hludovicus, S. 39–40, der die Bedeutung der Salbung Irmingards zutreffend herausstellte.

[324] B – M² 770a; vgl. Brühl, Krönungsbrauch, S. 408 Nr. 7; ZIMMERMANN, Imperatores, S. 383–84; BAUTIER, Sacres, S. 29–30 und die folg. Anm.

[325] Ann. regni Franc. ad an. 816: *celebratis ex more missarum sollemniis* (scil. Stephanus papa) *eum* (scil. Hludovicum) *diadematis inpositione coronavit* (ed. KURZE, S. 144); ad an. 823:... *Romam venit* (scil. Hlotarius) *et honorifice ab illo* (scil. ab Paschale papa) *susceptus in sancto paschali die apud Sanctum Petrum et regni coronam et imperatoris atque augusti nomen accepit* (ed. KURZE, S. 161); vgl. BRÜHL, Krönungsbrauch, S. 368–70, bes. S. 369 m. Anm. 4 und die folg. Anm.

[326] BRÜHL, Krönungsbrauch, S. 369 Anm. 5, 380 m. Anm. 2–3; s. auch LINTZEL, Kaisertum, S. 130. Die *benedictio* Lothars erwähnt allein die Vita Walae, l.II c.17 (ed. PERTZ, S. 564 Z.6–8). Es hat den Anschein, als ob die römische Krönung Lothars die Karls von W 800 zum Vorbild nahm, doch, da das Überraschungsmoment nun ausfiel, unter Nachholung der 817 naturgemäß nicht gespendeten Salbung; s. auch EPPERLEIN, S. 318–19 m. Anm. 7–8.

Karl d. Gr. hatte über den „Kaisernamen" erst verfügt, nachdem er im Jahre 812 mit Byzanz zu einer politischen Einigung gekommen war[327]. Erst in diesem Jahr anerkannte der oströmische Kaiser Michael I. Rhangabe (811 – 813) das usurpierte Kaisertum Karls, nicht ohne fortan den in Byzanz bis dahin „amtlich fast nie verwandten Titel βασιλεύς (τῶν) Ῥομαίων in die Amtssprache einzuführen", derweilen Theophanes Karl fortan als βασιλεύς τῶν Φράγγων bezeichnet[328]. In der Intitulatio Karls wirkte sich die Kaiserakklamation erst mit Verzögerung aus: die erste nach dem Weihnachtstag 800 überlieferte Urkunde, die am 4. März 801 noch immer aus Rom datiert[329], scheint noch die seit 775 übliche Intitulatio: *Carolus gratia Dei rex Francorum et Langobardorum ac patritius Romanorum*, aufzuweisen[330], doch handelt es sich um eine unerlaubte Emendation von MÜHLBACHER; überliefert ist allein: *rex Francorum et Romanorum adque Langobardorum*[331], was keineswegs „einen vom Abschreiber verderbten Titel" bezeichnen muß, wie MÜHLBACHER glaubte[332], sondern offenbar eine Unsicherheit der Kanzlei bezüglich der Titelfrage erkennen läßt[333]. Erst in der folgenden Urkunde vom 29. Mai 801 findet sich die fortan bis zum Ende der Regierungszeit maßgebliche Intitulatio: *Karolus serenissi-*

---

[327]) Hierzu vgl. bes. CLASSEN, Begründung, S. 93 – 97; zu zögernd BAUTIER, Sacres, S. 25 Anm. 61.

[328]) CLASSEN, Begründung, S. 94 – 95 m. Anm. 353; s. schon OHNSORGE, Zweikaiserproblem, S. 29.

[329]) DD Karol. I, Nr. 196 (S. 264 Z.1 – 2): B – M² 371; vgl. unten Anm. 331.

[330]) Gelegentlich auch: *atque* oder *necnon et patricius Romanorum*: DD Karol. I, Nr. 99 (775 Mai 29), Nr. 103 (775 Aug. 3): B – M² 187, 192 u.ö.; vgl. oben S. 154 m. Anm. 434 – 35. Der Patricius-Zusatz findet sich regelmäßig ab DD Karol. I, Nr. 111 (776 Juni 9): B – M² 201; die einzige echte Ausnahme ist DD Karol. I, Nr. 180 (797 Febr. 17): B – M² 335, das jedoch nur abschriftlich überliefert ist (12. Jh.), während DD Karol. I, Nr. 128 (779 Nov. 17): B – M² 226, in der Intitulatio unverändert einer VU von 771 folgt.

[331]) DD Karol. I, Nr. 196, S. 264 Anm. a.; s. schon oben S. 155 Anm. 447. Zur Überlieferung des 9. Jh. aus dem Kapitelarchiv der Kathedrale von Arezzo vgl. Peter CLASSEN: Romanum gubernans imperium. Zur Vorgeschichte der Kaisertitulatur Karls des Großen (1951/52) in: Ausgewählte Aufsätze von Peter Classen, hgg. von Josef FLECKENSTEIN (Sigmaringen 1983) S. 197 – 204, bes. S. 199 m. Anm. 68, 204 Nr. 5 (Vorträge und Forschungen, t.XXVIII). Auf dieser Einzelüberlieferung basiert die Abschrift in dem Rotulus wohl des späten 9. Jh. im gleichen Archiv; hierzu vgl. Carlrichard BRÜHL: Studien zu den langobardischen Königsurkunden (Tübingen 1970) S. 96 m. Anm. 510 (Bibliothek des Deutschen Historischen Instituts in Rom, t.XXXIII).

[332]) DD Karol. I, Nr. 196 Vorbem., S. 263; s. auch WOLFRAM I, S. 235, der von einem „Intermezzo" spricht; überkritisch dagegen plötzlich CLASSEN, Begründung, S. 73 m. Anm. 282. Ich sehe keinen Grund, die Authentizität der Intitulatio von DD Karol. I, Nr. 196 in Zweifel zu ziehen; s. auch die folg. Anm.

[333]) Mit Recht hatte CLASSEN (oben Anm. 331) S. 199, bemerkt: „Man wird aus der nur abschriftlich überlieferten Urkunde nicht zu weitgehende Schlüsse ziehen dürfen: sie ist aber doch nicht hinwegzuinterpretieren, sondern als Zeugnis für eine vorübergehende Verlegenheit zu werten"; zustimmend auch WOLFRAM I, S. 235, der diesen Passus wörtlich zitiert. Diese Aussage scheint mir sinnvoller als eine überzogene Skepsis: oben Anm.

*mus augustus a Deo coronatus magnus pacificus imperator, Romanum gu-
bernans imperium, qui et per misericordiam Dei rex Francorum et Langobardorum*[334]. Diese höchst komplizierte Intitulatio[335], die von keinem der
Nachfolger Karls übernommen wurde[336], ist offenbar die Frucht nicht
minder komplizierter Überlegungen am Hofe Karls, die m. E. deutlich einen Kompromißcharakter tragen im Hinblick auf die künftige Haltung
von Byzanz[337], womit der von WOLFRAM herausgearbeitete „Komposit-
charakter" der neuen Intitulatio keineswegs geleugnet werden soll[338].

Die Intitulatio der Diplome Karls galt, was nicht selbstverständlich ist,
auch für dessen Briefe und Kapitularien[339]. Um so bemerkenswerter ist
die Tatsache, daß Karls Intitulatio in einem Schreiben an den schon erwähnten Kaiser Michael I. ganz anders stilisiert ist: *Karolus divina largien-
te gratia imperator et augustus idemque rex Francorum et Langobardorum*; Michael wird als *dilectus et honorabilis frater* und *gloriosus imperator
et augustus* angeredet[340]. Der nicht datierte Brief ist nach den in ihm ge-

---

332. Sollte dies etwa daran liegen, daß hieraus geschlossen werden könnte, Karl habe sich
noch im März 801 geweigert, den Kaisertitel zu führen? Vgl. auch CLASSEN, Begründung,
S. 73 Anm. 282: „die Zeugnisse...deuten auf erste Unsicherheit in der Kanzlei, aber nicht
auf Unsicherheit Karls selbst". Will Classen damit sagen, daß Karl sich um die Titelfrage
nicht gekümmert oder gar, daß die Kanzlei Karls Titelwünsche sabotiert habe?
[334]) DD Karol. I, Nr. 197: B – M² 372 – Nr. 218 (813 Mai 9): B – M² 477. Für SCHALK,
S. 139, lautete Karls Kaisertitel „imperator Francorum et Langobardum, patricius Romanorum", wofür ich keinen Beleg kenne; vgl. aber oben S. 505 m. Anm. 330.
[335]) Zu ihr ausführlich WOLFRAM II, S. 28ff. und CLASSEN, Begründung, S. 71 – 74.
[336]) Capit. I, Nr. 98, das mit guten Gründen in das Jahr 801 gesetzt wird, auch wenn es
nach CLASSEN, Begründung, S. 73 Anm. 282, „nicht genau datierbar" ist, hat eine etwas
abweichende Intitulatio: *Karolus divino nutu coronatus, Romanum regens imperium
serenissimus augustus* (S. 204 Z.27 – 28). Da Karl auch in seinen Kapitularien regelmäßig
die Intitulatio seiner Diplome gebraucht, scheint mir dieses Capitulare aufgrund dieser
Intitulatio zwingend vor Mai 801 einzuordnen zu sein; s. auch WOLFRAM II, S. 32 m.
Anm. 61, der es allerdings „nach dem Auftreten des ersten Urkundentitels datieren"
möchte, was mir nicht einleuchtet. Die gleiche Intitulatio findet sich auch in: Capit. I, Nr.
134 (816 Nov.) S. 267 Z.41 – 42, auf den Namen Ludwigs d. Fr.; vgl. aber ebd. S. 267
Anm. a und CLASSEN, Begründung, S. 101 Anm. 381.
[337]) Dieser Aspekt ist weder bei Classen noch bei Wolfram berücksichtigt. CLASSEN,
Begründung, S. 73, spricht sogar von dem „ganze(n) Gewicht des allein echten, römischen
Kaisertums", das in Karls Titel zum Ausdruck komme.
[338]) WOLFRAM II, S. 50: „Die kaiserliche Intitulatio Karls war aus lateinisch – römischen Kaisertitulaturen zusammengesetzt, die besonders in reichsitalienischen Datumfor-
meln vorkamen"; vgl. auch ebd. im folgenden.
[339]) Vgl. etwa die Briefe in: Capit. I, Nr. 75 (ann. 804 – 811), Nr. 103 (ann. 806 – 810),
Nr. 122 (ann. 803 – 811), Nr. 125 (ann. 809 – 812); in Nr. 124 (807 Nov.) scheint sie mir
überlieferungsbedingt verkürzt. In den Kapitularien ist eine Intitulatio ungewöhnlich;
vgl. aber das „Praeceptum pro Hispanis": Capit. I, Nr. 76 (812 Apr. 2) und das Aachener
Kapitulare von 801/813: ebd. Nr. 77, sowie die „Divisio regnorum": Capit. I, Nr. 45 (806
Febr. 2). Gerade diese bietet in zwei Codices aber auch eine offenbar vom „Constitutum
Constantini" abzuleitende Intitulatio, wie Schlesinger wahrscheinlich machen konnte;
vgl. zuletzt CLASSEN, Begründung, S. 89 m. Anm. 342. Vgl. schon oben S. 100 Anm. 88.
[340]) Epistolae variae, Nr. 37 (ed. DÜMMLER, S. 556 Z.1 – 3): B – M² 476.

nannten Namen der fränkischen Gesandten, Erzbischof Amalar von Trier
und Abt Peter von Nonantula, mit Gewißheit in das Frühjahr 813 einzureihen[341]. Die Gesandtschaft traf den am 11. Juli 813 gestürzten Michael I.
nicht mehr an, sondern wurde von dessen Nachfolger Leo V. (813–820)
empfangen[342]; bei ihrer Rückkehr war Kaiser Karl schon verstorben, und
die byzantinische Gegengesandtschaft wurde bereits von Ludwig d. Fr.
abgefertigt[343]. Da der Brief Karls unzweifelhaft in das Frühjahr 813 anzusetzen ist[344], stellt sich so die Frage, ob es sich bei dem neuen Titel um eine
grundsätzliche Neuformulierung handelt, für die uns angesichts von Karls
baldigem Tod nur dieser eine Beleg überliefert wäre[345], oder ob nur eine
Intitulatio „ad hoc" für die Antwort an den oströmischen Kaiser gewählt
wurde. Eine sichere Antwort auf diese Frage ist nicht möglich, doch
spricht m. E. eine gute Wahrscheinlichkeit dafür, daß Karl noch selbst den
hybriden Kaisertitel des Jahres 801 zu den Akten gelegt hat[346].

Auf jeden Fall haben die Nachfolger Karls d. Gr. bis hin zu Otto II. sich
bei wechselnden Legitimationsformeln in der Regel mit der einfachen Intitulatio *imperator augustus* ohne irgendwelchen gentilen Zusatz sowie
ohne zusätzlichen Königstitel begnügt[347], und WOLFRAM bemerkt treffend, „daß alle Abweichungen davon als Sonderformen eingestuft und ge-

---

[341] Ann. regni Franc. ad an. 813: *Imperator Aquisgrani hiemavit et incipiente verni
temperie Amalharium Treverensem episcopum et Petrum abbatem monasterii Nonantulas
propter pacem cum Michahele imperatore confirmandam Constantinopolim misit* (ed.
KURZE, S. 137): B – M² 476a.

[342] Allgemein s. OSTROGORSKY, S. 168; vgl. bes. CLASSEN, Begründung, S. 95–96.

[343] Ann. regni Franc. ad an. 814: *Inter quas* (scil. legationes) *praecipua fuit legatio de
Constantinopoli directa. Nam Leo imperator...dimisso Amalhario episcopo et Petro abbate,
qui ad Michahelem quidem missi, ad se tamen venerunt, legatos suos...cum eis ad domnum
Karolum et per eos descriptionem et confirmationem pacti et foederis misit* (ed. KURZE,
S. 140): B – M² 519k. Dieses Ereignis muß etwa in den März/April 814 fallen.

[344] Da Ostern im Jahre 813 am 27. März gefeiert wurde, kann die Gesandtschaft Aachen
wohl frühestens in der ersten Aprilwoche verlassen haben; die letzte datierte Urkunde
Karls ist am 9. Mai ausgestellt: oben Anm. 334. Zwischen dem Brief an Kaiser Michael und
DD Karol. I, Nr. 218 liegen also höchstens sechs Wochen, doch kann die Gesandtschaft
ihre Reise sehr wohl auch erst im Mai angetreten haben.

[345] Um die Überlieferung der Urkunden aus der Kaiserzeit Karls ist es ohnehin schlecht
bestellt: nur 22 DD zwischen 801 und 813 sind bekannt: oben Anm. 334, doch DD Karol.
I, Nr. 215 ist als Spurium zu streichen und DD Karol. I, Nr. 217 ist identisch mit Capit.
I, Nr. 76: oben Anm. 339. Aus den Jahren 788–800 sind allein 35 sicher datierte DD
überliefert: DD Karol. I, Nr. 160 (788 März 28) – Nr. 195 (ann. 796–800).

[346] Auch WOLFRAM II, S. 22–24, neigt der Annahme eines Titelwechsels Karls noch
im Jahre 813 zu, was meine Zustimmung findet, doch Sicherheit ist nun einmal nicht zu
gewinnen. CLASSEN, Begründung, S. 95–96, geht auf diese Frage zu meinem Erstaunen
mit keinem Wort ein. EPPERLEIN, S. 317 Anm. 5, denkt dagegen eher an eine Sonderform
im Verkehr mit Byzanz.

[347] Vgl. WOLFRAM II, S. 78 m. Anm. 1–3 und oben S. 155 m. Anm. 440.

trennt behandelt werden müssen"[348]. Darauf ist hier nicht des näheren einzugehen. Wesentlich erscheint mir vor allem, daß von Karl d. Gr. bis zu
Lothar I. alle Träger des Kaisernamens so gut wie ausschließlich nördlich
der Alpen residierten: Karl hat nach der Kaiserakklamation italienischen
Boden nicht mehr betreten; dasselbe gilt für Ludwig d. Fr., auch wenn dieser im Spätherbst 817 einen Heerzug gegen Bernhard von Italien und im
Mai 837 eine ang. Romfahrt *orationis causa* geplant hatte, die beide nicht
zur Ausführung kamen[349]. Lothar war Italien als zeitweiliger Unterkönig
zwar enger verbunden gewesen als sein Vater[350], doch nach dessen Tod
und dem Abschluß des Vertrags von Verdun hat er nur noch einmal 847 zu
einem kurzen Aufenthalt in Pavia geweilt[351]. Bis zu Lothars I. Tod 855 war
es somit eine Selbstverständlichkeit, daß der Kaiser des Westens im Frankenreich nördlich der Alpen, und zwar vorwiegend in Aachen, residierte[352]. Die Lage änderte sich, als Lothar wohl schon 840 im Augenblick des
Aufbruchs aus Italien das Land als Unterkönigreich seinem ältesten Sohn
Ludwig überließ, der 844 in Rom von Sergius II. zum König gekrönt wurde und 850, abermals in Rom, aus den Händen Papst Leos IV. die Kaiserkrone empfing[353]. Es war dies die erste konstitutive Kaiserkrönung und
-salbung durch einen Papst!

Mit dieser Kaiserkrönung Ludwigs II. trat zunächst keine grundsätzliche Änderung ein: wie Ludwig I. und Lothar I. war auch Ludwig II. zu
Lebzeiten des Vaters, allerdings nicht direkt durch diesen, zum Kaiser erhoben worden[354], wobei in allen Fällen das Vorbild von Byzanz deutlich

---

[348]) WOLFRAM II, S. 78.

[349]) Bernhard war Ludwig entgegengeeilt und hatte sich ihm im Dez. 817 in Chalon-s-
Saône unterworfen: B – M² 515l-m, 658a; der in Wahrheit gegen Lothar gerichtete Romzug konnte wegen eines Normanneneinfalls nicht stattfinden, zudem hatte Lothar vorsorglich die Alpenpässe sperren lassen: B – M² 965a, 965c; 1056a.

[350]) Er hat in den Jahren 822 – 825 und erneut 829 – 840, nur unterbrochen durch den
Aufstand gegen den Vater 833/34, über Italien geherrscht, nach 834 praktisch als unab-
hängiger Regent: DD Lo. I.1 – 12 (822 Dez. 18 – 833 Apr. 17), 22 – 41 (834 Juni 25 – 840
Febr. 19); vgl. EITEN, S. 73 – 95, bes. S. 95; s. schon oben S. 156 m. Anm. 451.

[351]) B – Zi 44 und oben S. 360 m. Anm. 53 – 54.

[352]) Unter Karl d. Gr. und Ludwig d. Fr. bis etwa 830, aber auch unter Lothar I, hatte
Aachen zweifellos Residenzcharakter, selbst wenn es nicht zur „Hauptstadt" aufsteigen
konnte; vgl. Carlrichard BRÜHL: Remarques sur les notions de «capitale» et de «résidence»
pendant le haut moyen age (1967), in: Aus Mittelalter und Diplomatik. Gesammelte
Aufsätze, t.I (Hildesheim-München-Zürich 1989) S. 115 – 137, bes. S. 121, 131 – 33. Vgl.
noch unten S. 528.

[353]) B – M² 1177d, 1179a; vgl. BRÜHL, Krönungsbrauch, S. 409 Nr. 12 und Nr. 14; s.
auch EITEN, S. 139 – 55; ERDMANN, Kaiseridee, S. 28; EPPERLEIN, S. 319; BAUTIER, Sacres,
S. 32. Mit Recht bemerkt OHNSORGE, Mitkaisertum, S. 264, daß die Kaiserkrönung seit
850 eine rein römische Angelegenheit ist.

[354]) Vgl. oben S. 503 – 04; s. auch HARTMANN III/1, S. 225.

wird[355]. Im Unterschied zu seinen Vorgängern und insbesondere zu seinem Vater ist Ludwig II. auch nach Lothars I. Tod praktisch auf Italien beschränkt geblieben[356]. Daran änderte nicht einmal der Tod seines Bruders Lothar II. 869 etwas, dessen Reich zunächst von Karl d. K. allein usurpiert, aber schließlich im Vertrag von Meersen 870 zwischen Karl und Ludwig II. von Ostfranken geteilt wurde: Kaiser Ludwig II., der den weitaus besseren Erbanspruch hatte, ging trotz päpstlicher Fürsprache leer aus[357]. Damit war eine völlig neue Lage geschaffen: es ist „seit der Begründung des fränkischen Kaisertums das erste Mal, daß das Kaisertum auf Italien allein beschränkt war"[358]. Gewiß wird Italien „nun geradezu zum Kaiserland"[359], doch das ist ein schwacher Trost für einen Herrscher, der über das Frankenreich oder doch zumindest über seinen Erbteil nördlich der Alpen, d.h. das eigentliche fränkische Kernland, gebieten möchte. Die Abtrennung Italiens von den fränkischen Kernlanden wird auch durch einen direkteren Einfluß auf das Papsttum nicht aufgewogen, als ihn die fränkischen Herrscher des Nordens geltend machen konnten, denn die Unterstützung des Papstes reichte nicht einmal aus, Ludwig II. den ihm zustehenden Erbteil zu verschaffen.

Dieses „auf Italien reduzierte Kaisertum"[360] wirkte sich naturgemäß auf die Titulatur Ludwigs II. aus, auch wenn seine offizielle Intitulatio davon selbstverständlich unberührt blieb: Ludwig II. nannte sich in seinen Diplomen genauso *imperator augustus* wie dies schon Ludwig d. Fr. und Lothar I. getan hatten[361]. Die einzige „Ausnahme", der ang. Brief Ludwigs an Basilios I. von 871 ist mir, wie schon oben bemerkt, höchst suspekt und auf gar keinen Fall ein Produkt der kaiserlichen Kanzlei[362]. In den erzählenden Quellen, vor allem in den Annalenwerken der Zeit, sieht es allerdings anders aus. Prudentius von Troyes, der Redaktor der westfränkischen Reichsannalen bis 861, hat offenbar Mühe, das Kaisertum Ludwigs auch nur zur Kenntnis zu nehmen, denn zwischen 856 und 860 nennt er

---

355) So auch CLASSEN, Begründung, S. 100–01, bezüglich 813; s. noch BRÜHL, Kronenbrauch, S. 442.
356) So lautete jedenfalls der Teilungsplan Lothars, mit dem Ludwig sich allerdings nur schwer abzufinden bereit war: B–M² 1177a, 1208a, doch ist es ihm auch in späteren Jahren nicht gelungen, in nennenswertem Umfang über Italien auszugreifen: B–M² 1216g, 1222b; vgl. jetzt B–Zi 139, 146, 154, 179, 210.
357) B–M² 1242c (1325e), 1473f–g, 1478c–h; s. auch B–Zi 311 und oben S. 361 m. Anm. 55–59.
358) HARTMANN III/1, S. 241; zu kraß urteilt LINTZEL, Kaisertum, S. 132.
359) Dies die Formulierung von ZIMMERMANN, Imperatores, S. 384.
360) So FLECKENSTEIN I, S. 133.
361) Oben S. 507 m. Anm. 347; s. auch ZIMMERMANN, Imperatores, S. 390.
362) B–Zi 325; vgl. oben S. 155 m. Anm. 441–46.

ihn dreimal *imperator Italiae*, und je einmal *rex Italiae*, *rex Italorum* sowie einfach nur *rex*[363]. Eine solche Taktlosigkeit passiert seinem Fortsetzer, dem erfahrenen Hofmann Hinkmar von Reims, natürlich nicht: er gibt Ludwig stets den ihm gebührenden Imperator-Titel[364]. Um so schwerer wiegt es allerdings, daß er ihn in den Jahren 863/64 als *Italiae vocatus imperator* bzw. *imperator Italiae nominatus* zu bezeichnen beliebt[365], was bei einem so tückischen Autor wie Hinkmar bedeutsam ist[366]. Im übrigen stimme ich aber ZIMMERMANN zu, wenn er hinter der von Hinkmar häufig gebrauchten Titulatur *imperator Italiae* oder *Italiae imperator*[367], die sich selbst im Vertrag von Fouron 878 findet[368], „weniger mißgünstige Absicht" vermutet, „als man im ersten Augenblick annehmen möchte"[369], zumal sich diese Titulatur auch in den Ludwig durchaus wohlgesonnenen Fuldaer Annalen findet[370], allerdings zweimal mit der interessanten Variante *imperator de Italia*[371]. Ludwigs überaus ehrgeizige Gemahlin Angilberga ist die erste italienische Herrscherin, die in den Urkunden ihres Gemahls seit 866 regelmäßig als *consors imperii* bezeichnet wird[372], doch ist

---

[363] Ann. Bert. ad ann. 853, 856: *rex Italiae*, ad an. 859: *Italorum rex*, ad an. 858: *Ludoicus rex* (ed GRAT, S. 68, 72, 82, 78); korrekt natürlich ad an. 846 (ed. GRAT, S. 53); vgl. ZIMMERMANN, Imperatores, S. 389–90, der gleichfalls der Ansicht ist, daß „es dem Annalisten sichtlich schwergefallen zu sein (scheint), sich an das Kaisertum Ludwigs II. zu gewöhnen". Vgl. aber Ann. Bert. ad ann. 856, 857, 860 (ed. GRAT, S. 73–74, 83).

[364] Eine Ausnahme ist Ann. Bert. ad an. 882: *Engilbergam vero, Hludovvici Italiae regis uxorem, quam imperator* (scil. Karl III.) *in Alemanniam transduxerat* (ed. GRAT, S. 249). Ludwig II. war damals bereits sieben Jahre tot; der Satz ist einer der letzten der Ann. Bert., die wenige Zeilen später abbrechen. Der kurz vor dem Tode stehende Hinkmar war hier wohl nur unachtsam, eine politische Absicht ist nicht zu vermuten.

[365] Ann. Bert. ad ann. 863, 864 (ed. GRAT, S. 96, 105, 115) und die folg. Anm.

[366] Auch ZIMMERMANN, Imperatores, S. 384, 387–88, kommt hier zu einem negativen Befund. Zu Zimmermanns Urteil über die „nüchtern-objektive" Geschichtsschreibung Hinkmars s. schon oben S. 363 Anm. 71.

[367] So etwa Ann. Bert. ad ann. 863, 864, 865, 866, 872, 875 (ed. GRAT, S. 97, 112, 116, 117, 122, 126, 134, 192, 198).

[368] Ann. Bert. ad an. 878: *De regno vero, quod Hludovvicus imperator Italiae habuit...* (ed. GRAT, S. 231) und Capit. II, Nr. 246 (S. 169 Z.10): B–M² 1560.

[369] Imperatores, S. 389; vgl. ebd. S. 388. ZIMMERMANN, aaO., S. 386, bemerkt zutreffend, daß Hinkmar Ludwig II. in etwa ebenso oft *imperator Italiae* nenne wie einfach *imperator*, was nicht auf einen herabsetzenden Beigeschmack der erstgenannten Formulierung schließen lasse.

[370] Ann. Fuld. ad ann. 859, 865, 871, 875 (ed KURZE, S. 53, 63 Sp. 2, 74, 84); vgl. ZIMMERMANN, Imperatores, S. 388–89. EGGERT, Auffassung, S. 59–60, sieht darin eine Abschwächung des Kaisertitels im Sinne eines „Kleinkaisers".

[371] Ann. Fuld. ad ann. 870, 878 (ed. KURZE, S. 72, 91). Auf diese Formulierung geht ZIMMERMANN, Imperatores, S. 388–89, nicht ein; s. aber EGGERT, Auffassung, S. 59–60 m. Anm. 73.

[372] Vgl. MOR, S. 10–12, der als erstes Beispiel B–M² 1236 = B–Zi 268 zitiert und den Paveser Reichstag von 865 für die Einführung der neuen Titulatur verantwortlich macht; vgl. aber DELOGU, S. 47–48, 91 und die folg. Anm. Vgl. schon oben S. 363 m. Anm. 68.

die Titulatur älter[373] und bezeichnet im 9. Jahrhundert gewiß keine förmliche Institution, wie DELOGU gegen MOR zeigen konnte[374].

Für ein volles Vierteljahrhundert waren unter Ludwig II. Kaisertum und Herrschaft über das *regnum Italiae* identisch, was ohne Zweifel traditionsbildend gewirkt hat, auch wenn das Kaisertum der „Franken" in Italien nicht gerade begeistert aufgenommen worden ist[375], und ein Andreas von Bergamo selbst noch unter dem von ihm durchaus geschätzten Ludwig II. das Jahr 873 als das 100. Jahr seitdem: *Francorum gens Italia ingressi sunt*, bezeichnen konnte[376]. Noch stärker war die Abneigung gegen die Anerkennung eines römischen Kaisertums des Westens naturgemäß in Benevent, wie das Geschichtswerk Erchemperts zur Genüge erkennen läßt[377]. Hier „an der Grenzscheide zwischen abendländischem und byzantinischem Imperium..., an der sich die imperialen Ansprüche überschnitten und aufhoben"[378], stand man den Franken besonders kritisch gegenüber. In einer dem „Chronicon" Benedikts vom Andreas-Kloster auf dem Soracte angehängten Kaiserliste wird des Kaisertums Karls d. Gr. und dessen Nachfolgern nicht gedacht, wohl aber heißt es: *Leon qui et Chazaris* (= Leon IV.) *ann. V. Iste Leo imperabat Romanis*(!), *quando Carolus rex Beneventum venit*, und: *Constantinus solus* (= Konstantin VI.) *ann. VII. Sub isto ceperunt Franci dominare Romanos*[379]. Auch der erste Versuch eines fränkischen Herrschers, energisch nach Süditalien auszugreifen, endete, obwohl im Zeichen des Kampfes gegen die Sarazenen unternommen und trotz bemerkenswerter Teilerfolge wie der Einnahme Baris 871[380], letztlich mit ei-

---

[373] DELOGU, S. 87 m. Anm. 5, verweist mit Recht auf D Lo.I. 101 (848 März 16): *quae* (scil. Kaiserin Irmingard) *iugali vinculo nobis sociata est consorsque imperii nostri effecta* (S. 241 Z.24 – 25); vgl. noch D K.III. 42 (881 Okt. 14) für Richgard: *regni nostri consorti* (S. 70 Z.29) und bes. Actes de Charles II le Chauve, t.II, Nr. 269 (864 Juni 20) für St-Germain d'Auxerre: *simul cum consorte regni nostri Irmintrude* (S. 106 Z.25) und: Actes de Charles III le Simple, Nr. 56 (907 Apr. 19) für Friderun: *regnique consortem statuimus* (S. 122 Z.10); vgl. DELOGU, S. 95 – 96.

[374] Vgl. bes. DELOGU, S. 91ff. gegen MOR, S. 9 u.ö. Der Terminus *consors regni* oder *imperii* auf den Mitkaiser bezogen, findet sich bereits im frühen 9. Jh.: DELOGU, S. 61ff.; vgl. schon oben Anm. 319.

[375] Vgl. LÖWE, Grenzen, S. 214 – 15.

[376] Andreas von Bergamo, c.17 (ed. WAITZ, S. 229 Z.16 – 17); vgl. LÖWE, Grenzen, S. 215.

[377] Vgl. einige Beispiele bei LÖWE, Grenzen, S. 215 – 16.

[378] LÖWE, Grenzen, S. 216.

[379] (ed. WAITZ, S. 486 Z.17 – 18, Z.20); vgl. LÖWE, Grenzen, S. 216. Beide Nachrichten sind sachlich falsch: Karl weilte 787 in Capua, doch damals regierte Konstantin VI.; als er zum Kaiser akklamiert wurde, war Konstantin bereits geblendet (797) und Irene Alleinherrscherin. Die antifränkische Gesinnung dieser Kaiserliste entspricht in keiner Weise der Benedikts selbst; vgl. KUNSEMÜLLER, S. 84 – 87.

[380] B–M² 1242a-b, 1242d; 1246a-f = B–Zi 312 – 18; vgl. HARTMANN III/1, S. 283 – 84, 286 – 88.

ner Katastrophe, da das Mißtrauen des Fürsten von Benevent Adelchis
größer war als das gemeinsame Interesse des Kampfes gegen die Muslime[381].
Der Prestigeverlust Ludwigs war auch durch die „Befestigungskrönung"
Hadrians II. nicht wiedergutzumachen[382], die Süditalienpolitik des Kaisers völlig gescheitert.

Nach dem Tode Ludwigs II.: *magna tribulatio in Italia advenit*[383], und
nun zeigte sich sogleich die Problematik der Krönung und Salbung durch
den Papst, denn über die Vergabe der Kaiserkrone entschied nun faktisch
Papst Johann VIII. (872–882), der sich über die von Ludwig II. und Angilberga geplante Nachfolgeregelung, die den ostfränkischen Zweig der
Karolinger ins Auge gefaßt hatte[384], hinwegsetzte und am 25. Dezember
875 Karl II. von Westfranken zum Kaiser salbte und krönte[385], doch konnte dieser die hochgespannten Erwartungen des Papstes nicht erfüllen.
Trotz einer neuen Kaiserbulle „Renovatio imperii Romani et Francorum",
mit der die Kaiserbulle Ludwigs d. Fr. „Renovatio regni Francorum" ersetzt und der Bulle Karls d. Gr. „Renovatio imperii Romani" angeglichen
wurde[386], blieb der Papst doch letztlich auf sich selbst gestellt. Auch Karls
2. Italienzug vermochte daran nichts zu ändern; Karl starb auf der Rückkehr am 6. Oktober 877[387]. Damit begann erneut der Streit um die Kaiserwürde, in dem sich nunmehr Karlmann von Baiern und Ludwig II. d. St.
von Westfranken gegenüberstanden, wobei der Papst abermals den westfränkischen Bewerber bevorzugte; doch Karlmann erkrankte noch im

---

[381] Adelchis setzte Ludwig im Aug. 871 in Benevent gefangen und ließ ihn erst nach
über einmonatiger Haft ziehen: B – M² 1251a-b = B – Zi 328, 330; vgl. HARTMANN III/1,
S. 291–93. Selbst Erchempert, c.34, mißbilligt dieses Verhalten, fügt aber entschuldigend
hinzu:...*Coeperunt Galli* (= Franken) *graviter Beneventanos persequi ac crudeliter vexare*
(ed. WAITZ, S. 247 Z.23 und ebd. Z.24–35).
[382] B – M² 1253c-d = B – Zi 349; vgl. BRÜHL, Krönungsbrauch, S. 365–66, 410 Nr. 22;
DERS., Kronenbrauch, S. 429. BAUTIER, Sacres, S. 32 Anm. 81, sieht darin nur eine „céré-
monie destineé à la population"; er verkennt die Parallele zu 834/35, die er: ebd. S. 30,
selbst behandelt hat. Verfehlt auch DRABEK, S. 49. Der „Befestigungscharakter" erhellt
insbes. aus der Tatsache, daß die Krönung am Sonntag n a c h Pfingsten stattfand und nicht
Pf 872, wie B – Zi 349 zeigen konnte.
[383] Andreas von Bergamo, c.19 (ed. WAITZ, S. 229 Z.37).
[384] B – M² 1254a, 1263b, 1275a, 1512a. Auf den militärischen Konflikt zwischen Karl
d. K. und Karlmann, dem Sohn Ludwigs II. von Ostfranken, ist hier nicht einzugehen;
vgl. B – M² 1512b, 1513a, 1517m, 1522a-b, 1529a und oben S. 363 m. Anm. 69.
[385] BRÜHL, Krönungsbrauch, S. 365–66, 410 Nr. 23 und oben S. 363 m. Anm. 72; s.
noch LINTZEL, Kaisertum, S. 133 und bes. SCHRAMM, Karl, S. 119ff.; vgl. zuletzt BAUTIER,
Sacres, S. 40.
[386] Vgl. SCHRAMM, Siegel, S. 37–39, 50–51, 56–57; DERS., Bilder, S. 38–39, 43, 51
und Tafeln, S. 274 Nr. 5a-f, 288 Nr. 14a-d, 305 Nr. 34a-d. Zur Bulle Karls d. Gr. s. noch
CLASSEN, Begründung, S. 81, 101. Vgl. noch unten S. 515 m. Anm. 408–09.
[387] Vgl. CALMETTE, Diplomatie, S. 169ff. und bes. HARTMANN III/2, S. 29–32, 36–
41; SCHRAMM, Karl, S. 134ff.

Winter 877 so schwer, daß er fortan regierungsunfähig war[388], und Ludwig d. St. seinerseits starb bereits am 10. April 879, so daß Johann VIII. sich nun doch auf Ostfranken verwiesen sah, wo der jüngste Sohn Ludwigs II. von Ostfranken, Karl III. mit dem törichten Beinamen „der Dicke"[389], als der Kandidat des Papstes am 12. Februar 881 in Rom die Kaiserkrone empfing[390], doch der „Kaisermacher" Johann VIII. war trotz allem nicht stark genug, sich in Rom zu behaupten: am 15. Dezember 882 wurde er in Rom ermordet[391]. Das Charakteristikum der Jahre 875–887 ist der Umstand, daß es der Papst war, der über die Vergabe der Kaiserkrone entschied[392], daß beide Kaiser jener Jahre aus dem Frankenreich nördlich der Alpen kamen und daß alle beide in ihrer vornehmsten Pflicht, der *defensio sanctae Romanae ecclesiae*, kläglich versagten[393]. Die erneute Verbindung des Kaisertums mit dem Frankenreich nördlich der Alpen hatte sich so für beide Seiten als wenig förderlich erwiesen[394].

Es kann daher nicht wunder nehmen, daß sich im Augenblick des Todes Karls III. nicht aller Augen in Italien gewissermaßen automatisch nach Norden richteten, wo der einzige noch herrschaftsfähige Karolinger Arnulf sich überdies am Erwerb der Kaiserwürde zunächst völlig desinteressiert zeigte[395]. Die revolutionären Ereignisse der Jahre 887/88 habe ich oben ausführlich besprochen, und es besteht kein Anlaß, auf diese Ausführungen zurückzukommen[396]. Nach dem raschen Scheitern seiner west-

---

388) B–M² 1529a, 1538a; vgl. DÜMMLER III², S. 64–67; HARTMANN III/2, S. 47–48. Zu Ludwig d. St. als Kaiserkandidat Johanns VIII. s. FRIED, Boso, S. 201ff. und oben S. 370 m. Anm. 107–08; vgl. noch ZATSCHEK, Reich, S. 174ff.

389) Vgl. oben S. 142 m. Anm. 338.

390) B–M² 1609a: BRÜHL, Krönungsbrauch, S. 411 Nr. 31 und oben S. 366 m. Anm. 86.

391) Zu Johann VIII. ausführlich Arthur LAPÔTRE: L'Europe et le Saint-Siège à l'époque carolingienne, t.I: Le pape Jean VIII, Paris 1895; knapp und kritisch wie üblich HALLER II, S. 139–75; s. auch HARTMANN III/2, S. 47–92 und LÖWE, Grenzen, S. 209–10.

392) Dies betont zutreffend auch ZIMMERMANN, Imperatores, S. 392; s. noch HARTMANN III/2, S. 65.

393) Keiner von beiden ist gegen die Sarazenen zu Felde gezogen, weil er ein solches militärisches Risiko gar nicht eingehen konnte; keiner vermochte den Papst vor seinem spoletinischen Nachbarn zu schützen; vgl. HARTMANN III/2, S. 50–53, 72–73, 91–92; HALLER II, S. 144–45, 150–51, 153–54, 172–74; HIESTAND, S. 24–29.

394) LINTZEL, Kaisertum, S. 133, urteilt dagegen, daß „durch diese Herrscher (scil. Karl d. K. und Karl III.) ...das Kaisertum aus seiner Isolierung in Italien...sozusagen nach Europa(sic) zurückgeführt (wurde)". Lohnten diese Erfolge die „Rückführung"? Vgl. SCHRAMM, Karl, S. 132ff.

395) Ann. Fuld., Cont. Ratisb. ad an. 890: *prefatus dux* (scil. Zwentibold von Mähren) *ab apostolico* (scil. Stephan V.) *rogatus regem* (scil. Arnulf) *enixe interpellabat, ut urbe Roma domum Sancti Petri visitaret et Italicum regnum a malis Christianis* (gemeint ist Wido!) *et inminentibus paganis ereptum ad suum opus restringendo dignaretur tenere* (ed. KURZE, S. 118–19): B–M² 1844b; vgl. HIESTAND, S. 53 und oben S. 377 m. Anm. 141; s. noch unten S. 514 m. Anm. 397.

396) Oben S. 368ff.

fränkischen Ambitionen gelang es Wido von Spoleto, sich 889 in Italien gegen Berengar durchzusetzen; doch die Königswürde genügte Wido nicht, und Papst Stephan V. sah sich trotz einigen Zögerns[397] schließlich genötigt, Wido am 21. Februar 891 zum Kaiser zu krönen[398]. Hier hatte ein Nicht-Karolinger, den mit der karolingischen Dynastie nicht einmal eine nähere Verwandtschaft verband[399], nicht nur nach der Königskrone gegriffen, was Arnulf unter gewissen Voraussetzungen noch hätte hinnehmen können[400], sondern er beanspruchte die höchste Würde der Christenheit[401]. Dies war eine offene Herausforderung Arnulfs, zumal Wido klar die Absicht erkennen ließ, eine neue Dynastie zu gründen: zu Ostern 892 krönte und salbte der neue Papst Formosus (891–896) Widos Sohn Lambert in Ravenna[402] zum Mitkaiser[403]. Nun erst sah sich Arnulf zum Eingreifen veranlaßt: 894 zog er gegen Wido, 895 gegen Lambert zu Felde und erzwang am 15. oder (wahrscheinlicher) 22. Februar 896 seine Kaiserkrönung durch Papst Formosus[404], denselben Formosus, der knapp vier Jahre zuvor Lambert zum Mitkaiser gekrönt hatte und so selbst ein „Gegenkaisertum" heraufbeschwor, das ein Novum in der Geschichte des Frankenreiches darstellte[405].

Das wahrhaft Revolutionäre an diesem Vorgang war, daß hier der Karolinger formal als Gegenkaiser auftrat, während die Widonen das ältere und päpstliche sanktionierte Kaisertum repräsentierten, d.h. eine mit den Karolingern bestenfalls ganz weitläufig verwandte Familie[406] beansprucht an

---

397) HARTMANN III/2, S. 111, vermutet mit Recht, daß Stephan V. über die steigende Macht Widos besorgt war; ähnlich HALLER II, S. 190 und HIESTAND: oben Anm. 395.

398) BRÜHL, Krönungsbrauch, S. 412 Nr. 39 und oben S. 384 m. Anm. 181.

399) Vgl. oben S. 371 m. Anm. 111 sowie unten Anm. 406.

400) Unter der Voraussetzung nämlich, daß auch Wido wie alle anderen Teilkönige zumindest die formale Oberhoheit Arnulfs anerkannt hätte, doch gerade dies hat Wido nie zugestehen wollen: oben S. 376 m. Anm. 139, S. 377 m. Anm. 144; s. auch HIESTAND, S. 53 m. Anm. 42–43.

401) Ein krasses Fehlurteil fällte LINTZEL, Kaisertum, S. 134: „Wido von Spoleto oder Berengar von Friaul, die auf einen Winkel Italiens beschränkt blieben (sic), führten ein unbeachtetes Schattendasein". Vgl. dazu im folgenden.

402) Zur Problematik des Krönungsorts s. HIESTAND, S. 60–61.

403) BRÜHL, Krönungsbrauch, S. 412 Nr. 40 und ebd. S. 376 m. Anm. 5. OHNSORGE, Mitkaisertum, S. 264ff. geht auf das Mitkaisertum Lamberts mit keiner Silbe ein. Offenbar war es ihm nicht imperial genug. Daß Wido auch nach 891 noch westfränkische Ambitionen hegte, zeigt Eduard HLAWITSCHKA: Kaiser Wido und das Westfrankenreich, in: Person und Gemeinschaft im Mittelalter. Karl Schmid zum 65. Geburtstag (Sigmaringen 1988) S. 187–98, bes. S. 195ff.

404) B–M² 1913h: BRÜHL, Krönungsbrauch, S. 412 Nr. 43.

405) HARTMANN III/2, S. 120–21; HIESTAND, S. 73. HALLER II, S. 191, geht auf diese wichtige Frage erstaunlicherweise mit keinem Wort ein. Vgl. noch oben S. 384 m. Anm. 178–80. Ganz unglücklich formuliert ERDMANN, Kaideridee, S. 29, der von einem „Kleinkaisertum" Lamberts spricht. Vgl. unten S. 528 m. Anm. 518.

406) Verwandtschaftliche Bindungen lassen sich für das frühe 8. Jh. wahrscheinlich machen, waren den Zeitgenossen aber mit Sicherheit nicht geläufig: oben S. 371 Anm. 113.

deren Stelle nicht nur ein wichtiges fränkisches *regnum*, sondern zugleich auch die Kaiserwürde und dies in der klar erkennbaren Absicht, eine neue Dynastie zu begründen, denn anders kann das Mitkaisertum Lamberts ja unmöglich verstanden werden. Und diese Absicht muß bei Wido schon seit 888 bestanden haben, denn nur er hat konsequent die Leistung des *homagium* an Arnulf verweigert und sich so außerhalb des Kreises der unter Arnulf selbständig als Könige herrschenden Nicht-Karolinger gestellt. Dabei erhebt Wido seinen Herrschaftsanspruch bewußt als f r ä n k i s c h e r und beileibe nicht als italischer Herrscher, wie allein schon sein gescheiterter Versuch beweist, das westfränkische Reich zu erwerben. Das „Mitkaisertum" Lamberts wird in der Forschung in der Regel als „eine formale Doppelherrschaft im byzantinischen Sinn" gesehen[407], doch ein Herrscher, der auf den Kaiserbullen die „Renovatio regni Francorum" beschwört[408], mag sehr wohl auch an das Vorbild Karls d. Gr. und Ludwigs d. Fr. gedacht haben[409], zumal das Verhältnis Widos zu Byzanz gerade aufgrund seiner faktischen Beschränkung auf Italien denkbar schlecht war[410]. Da das Kaisertum Arnulfs auch von der Kirche förmlich verworfen wurde[411], beruht es letztlich nur auf einem historischen Zufall, näm-

---

[407] So HIESTAND, S. 63. OHNSORGE, Zweikaiserproblem, S. 46, verschwendet auf die Kaiser der Jahre 891 – 915 volle zwölf Zeilen(!) und nennt nur Berengar namentlich; s. schon oben Anm. 403.

[408] DD Wid. 4 (891 Febr. 21), 7 (891 Febr. 21), 10 (891 Juli) weisen eine Bleibulle mit der genannten Inschrift auf; vgl. SCHRAMM, Siegel, S. 59 – 60; DERS., Bilder, S. 66 und Tafel 328 Nr. 67 – 68a-b sowie bes. HIESTAND, S. 54 m. Anm. 47 – 48. Diese Bulleninschrift weicht sowohl von der Kaiser Ludwigs II. ab – vgl. hierzu SCHRAMM, Siegel, S. 52 – 53 – als auch von der Karls d. K.: oben S. 512 m. Anm. 386. Arnulf wählte dieselbe Devise wie Wido, doch er war Karolinger! Vgl. SCHRAMM, Siegel, S. 59; DERS., Bilder, S. 65 und Tafel 325 Nr. 60a-b. Zu Ageltrude als *consors imperii* vgl. MOR, S. 15.

[409] Oben S. 503 – 04 m. Anm. 319 – 21, S. 512 m. Anm. 386. Die Kaiserbulle Karls d. Gr. las allerdings „Renovatio Romani imperii"; zum Begriff der Renovatio s. bes. CLASSEN, Begründung, S. 81 Anm. 317. Selbstverständlich kann auch für Karl byzantinisches Vorbild angenommen werden: OHNSORGE, Zweikaiserproblem, S. 30; CLASSEN, Begründung, S. 81; SCHRAMM, Bilder, S. 38 – 39 und Tafel 274 Nr. 5a-k, 288 Nr. 14a-d. Es scheint mir aber nicht sinnvoll, immer nur nach einem byzantinischen Modell zu suchen, wenn auch ein fränkisches als d i r e k t e Vorlage sehr wohl denkbar wäre, wobei es nichts verschlägt, daß dieses seinerseits sehr wohl auf Byzanz zurückzuführen ist.

[410] Vgl. HIESTAND, S. 64 – 66, bes. S. 66.

[411] Vgl. schon oben S. 384 Anm. 185. Mit Ausnahme Ludwigs IV., der seinen Vater selbstverständlich zumeist – aber nicht ausnahmslos – als *imperator* tituliert: DD LK.1, 8, 12, 15, 20, 26, 28 – 30, 32, 46 – 47, 66, wird Arnulf in den DD der ostfränkischen Könige aus dem Sächsischen Hause regelmäßig nur als *rex* bezeichnet. Ausnahmen sind D Ko.I. 30 (916 Juli 6) S. 28 Z.4 nach VU D LK.66 (909 Jan. 20) S. 197 Z.27 (D Ko. I. † 37 = B – M² 2107 ist Spurium E. 10. Jh.) und danach D O.II. 178 (978 Mai 17) S. 203 Z.13: B – Mi 769. D O.II. 303 (983 Juni 10) S. 359 Z.25: B – Mi 904 und danach D O.III. 121 (993 Apr. 30) S. 533 Z. 24 – 25: B – U 1089, beide für Kempten, folgen D O.I. 22 (939 Sept. 11; Or.) S. 110 Z.7, das *Arnolfus etiam rex* liest, während das Kemptener Kopialbuch des späten 11. Jh., in dem die DD O.II. – III. überliefert sind, an dieser Stelle *imperator* hat, was eindeu-

lich dem Unfalltod(?) des jungen Lambert, daß es nicht zur Bildung einer fränkischen, jedoch nicht-karolingischen Kaiserdynastie in Italien gekommen ist[412]. Nichts zeigt deutlicher als diese Tatsache, wie brüchig der Alleinherrschaftsanspruch des karolingischen Hauses seit 887/88 geworden war[413], wenn in den Augen einiger Großer sogar die Kaiserwürde zur Disposition stand und die Widonen das „Imperium Romanum" – und keineswegs ein „nationalitalienisches" Sonderkaisertum – beanspruchten[414].

Ludwig III. und Berengar I., die nach den Widonen die Kaiserwürde erwarben – Ludwig III. am 15. oder 22. Februar 901, Berengar I. am 3. Dezember 915[415] – waren beide Karolinger in weiblicher Linie[416] und sind unter diesem Aspekt weniger interessant als die Widonen. Das tragische Ende der Herrschaftsambitionen Ludwigs durch die von Berengar in bestem Karolingerstil befohlene Blendung wohl am 21. Juli 905 in Verona[417] nach einer „kaiserlichen Herrschaft" von nicht einmal zwei Jahren[418] wäre kaum der Erwähnung wert, wenn mit Ludwigs Namen nicht der Versuch einer ἕνωσις der beiden Kaiserreiche auf dem Wege der Heirat verbunden wäre, denn Ludwigs Gemahlin Anna war die Tochter des griechischen Ba-

---

tig auf das Konto des Kemptener Kopisten geht; ähnlich liest der nicht genehmigte Entwurf eines Diploms Ottos II. für Passau: *Hludovicus et Arnolfus imperatores*: D O.II. 111a (975 Juni 21) S. 125 Z.24–25: B – Mi 692, während das genehmigte Präzept diesen Passus nicht aufweist: D O.II. 111b: B – Mi 693.

[412]) Die Ottonen erkennen zumindest Lambert als kaiserlichen Vorgänger an: D O.I. 338 (967 Febr. 13): *praedecessores nostri Ludovicus et Lambertus imperatores* (S. 461 Z.44): B – O 442, für Benevent-Siponto und D O.II. 231 (980 Okt. 14; Or.): *per precepta...magnorum...imperatorum Karoli, Ludovici, Lamberti ceterorumque imperatorum et regum* (S. 259 Z. 16–17): B – Mi 826 für Reggio; vgl. DD Lamb. dep. 1, 5; vgl. auch HIESTAND, S. 79 Anm. 167.

[413]) Liudprand von Cremona, im allgemeinen eher widonenfeindlich gesonnen, lobt Lambert in den höchsten Tönen: *Quod si non cita mors hunc* (scil. Lambertum) *raperet, is esset, qui post Romanorum potentiam totum sibi orbem viriliter subiugaret*: Antapodosis, l.I c.44 (ed. BECKER, S. 32 Z.4–6) und hierzu HIESTAND, S. 80–81.

[414]) Daß auf die Datierungsformel *hic in Italia* nichts zu geben ist, zeigt überzeugend ZIMMERMANN, Imperatores, S. 395–96. Noch ein so brillanter Geist wie Gian Piero BOGNETTI befand 1952: „Guido...che...per breve ora credette di essersi assicurata la corona di Francia(!) ed ebbe poi...la corona d'Italia e la corona imperiale, e che combattè in Arnolfo le prime cupidigie tedesche(!) sulla Penisola": Dal Congresso di Studi longobardi al Centro di Studi per l'alto Medioevo (1953), in: L'età longobarda, t.III (Milano 1967) S. 347–59, bes. S. 359.

[415]) POUPARDIN, Provence, S. 171 m. Anm. 1, optiert für den 15. II., HIESTAND, S. 103 m. Anm. 88, für den 22. II. 901. Zu Berengar I. vgl. B – Z 38–40 und HIESTAND, S. 131 m. Anm. 83 (8. XII. wohl Druckfehler für 3. XII.).

[416]) Ludwig III. war ein Enkel Kaiser Ludwigs II., Berengar I. gar Kaiser Ludwigs d. Fr. aus dessen 2. Ehe mit Judith; vgl. die Stammtafel 1 bei HLAWITSCHKA, Frankenreich, Anhang, S. (290–91) und oben S. 371 Anm. 110.

[417]) Vgl. HARTMANN III/2, S. 181–82; HIESTAND, S. 104–05. Zur Blendung zuletzt ALTHOFF, Königsherrschaft, S. 277 m. Anm. 41–42.

[418]) Verteilt auf zwei Italienzüge: Okt. 900 – Juli 902 (Kaiser seit Febr. 901) und Mai/Juli 905: HARTMANN III/2, S. 180–82; HIESTAND, S. 102–05.

sileus Leon VI. (886–912) und die Ehe muß um 900 geschlossen worden sein, als Anna noch keine 14 Jahre zählte[419]. Die Blendung Ludwigs hat allen an diese Ehe geknüpften politischen Spekulationen ein Ende gesetzt. Es steht fest, daß aus Ludwigs Ehe mit Anna ein Sohn hervorging: Karl Konstantin, der spätere Graf von Vienne[420]. Da Ludwig im Jahre 915 mit einer *dilecta ac benemerita coniux nostra Adaleida augusta* verheiratet ist[421], erscheint die Annahme vernünftig, daß Anna damals bereits verstorben war[422] und Adelheid als die Mutter von Ludwigs zweitem Sohn Rudolf zu gelten hat[423]. HLAWITSCHKA behauptet dagegen, Anna habe in zweiter Ehe Kaiser Berengar I. geheiratet[424], der gleichfalls um 915 erstmals von seiner *dilectissima coniuncx*(sic) Anna spricht[425], die aber wahrscheinlich eine Tochter der älteren Anna war[426]. HLAWITSCHKA schafft dieses ganze künstliche Durcheinander nur, um Karl Konstantin als eine Art „Friedelsohn" deklarieren zu können[427], da es ihm nicht in den Kopf will, daß die Söhne eines geblendeten und folglich machtlosen Herrschers keine Nachfolgechancen haben[428].

---

[419] Grundlegend HIESTAND, S. 90–98; s. auch HLAWITSCHKA, Verbindungen, S. 31–33, der Hiestand aber nur beiläufig erwähnt; ungenügend OHNSORGE, Zweikaiserproblem, S. 48.

[420] Zum Namen Karl Konstantin vgl. HIESTAND, S. 95–96.

[421] Actes des rois de Provence, Nr. 54 (915 Jan. 18) S. 100 Z. 12–13. Der Name und insbesondere der des Sohnes Rudolf: unten mit Anm. 423, weisen eindeutig nach Hochburgund. Adelheid war wahrscheinlich eine Schwester Rudolfs II. von Hochburgund. HLAWITSCHKA, Verbindungen, S. 38ff., der doch sonst mit Vermutungen nicht geizt, erwägt diese Möglichkeit nicht einmal.

[422] HLAWITSCHKA, Verbindungen, S. 42–43, behauptet ohne den Schatten eines Beweises, daß Ludwigs Ehe mit Anna „um 912" aufgelöst worden sei und diese dann in 2. Ehe Berengar geheiratet habe. Vgl. dagegen Werner OHNSORGE: Zur Frage der Töchter Kaiser Leons VI. (1958) in: Konstantinopel und der Okzident. Gesammelte Aufsätze zur Geschichte der byzantinisch–abendländischen Beziehungen und des Kaisertums (Darmstadt 1966) S. 171–75, bes. S. 175 m. Anm. 3, wonach Anna „vor 906", vielleicht sogar schon „um 903" verstorben wäre, was mich sehr wahrscheinlich dünkt.

[423] Das hat die Forschung vor Hlawitschka auch immer angenommen; vgl. schon oben S. 455 m. Anm. 313–15. HLAWITSCHKA, Verbindungen, S. 42, behauptet schlicht das Gegenteil und hält dies auch noch für die „naheliegendste (sic) Antwort". Vgl. schon oben S. 333 m. Anm. 211.

[424] Verbindungen, S. 43. Beweise hat HLAWITSCHKA nicht zu bieten außer der Feststellung: ebd. Anm. 65, daß „über deren (scil. Annas) Herkunft bislang nichts bekannt ist".

[425] D Ber. I. 107 (ca. 915) S. 275 Z.3–4; vgl. noch DD Ber.I. 129 (920 Sept. 8) S. 335 Z.20, 139 (923 [Sept.–Dez.]): *Annam dilectem coniugem regnique nostri consortem* (S. 358 Z.7).

[426] Dies vermutete bereits HIESTAND. S. 129–30 m. Anm. 78, der nur vor dem in der Tat enormen Altersunterschied – ca. 40–50 Jahre! – zurückschreckt. Aber in der Politik sind auch die unwahrscheinlichsten Dinge möglich.

[427] Verbindungen, S. 43. So aber schon POUPARDIN, Bourgogne, S. 247 und MARIOTTE, S. 165.

[428] Eben darum konnte Ludwig sich glücklich preisen, daß er seinem Sohn doch wenigstens die Grafschaft Vienne übertragen durfte. Es war dies ein für Hugo ganz außergewöhnlicher Großmut, bei der das Erbrecht überhaupt keine Rolle spielte; anders natürlich HLAWITSCHKA, Verbindungen, S. 40–41, 43.

Die Ehe Berengars I. mit der Tochter Ludwigs III. und der Byzantinerin
Anna scheint kurz vor der Kaiserkrönung vom Dezember 915 geschlossen
worden zu sein und hätte insofern Symbolcharakter gehabt, als damit die
zumindest formale Aussöhnung mit dem auf seinen Befehl geblendeten
Ludwig bewirkt worden wäre[429]. Im übrigen ist über das Kaisertum Berengars (915–924) nicht viel zu sagen. Auch wenn es fraglos richtig ist,
daß ihm die Kaiserkrönung – wie übrigens allen seinen Vorgängern – keinen territorialen Zugewinn gebracht hat, so festigte sie doch seine Stellung
als Oberhaupt der karolingischen Partei, was ihm 920 ein erfolgreiches
Eingreifen in den Lütticher Bistumstreit erlaubte[430]. Berengars Ermordung am 7. April 924 setzte seinem Kaisertum ein plötzliches Ende[431], derweilen der blinde Ludwig III. noch bis zum Juni 928 lebte, doch handelt es
sich hier nur um eine formale Führung des Kaisertitels ohne jegliche
*auctoritas*[432]. Dieser Kaisertitel lautete für alle schlicht: *imperator augustus*[433]. Die einzige Ausnahme: *caesar imperator augustus*, die sich – ohne
Legitimationsformel! – je einmal für Wido und für Lambert findet[434],
stammt von demselben Notar Heimerich, der hier offenbar experimen-
tiert hat, aber dann zur üblichen Intitulatio zurückgekehrt ist[435]. Berengar
scheint einen Kaiserornat byzantinischen Typs getragen zu haben ähnlich
wie Karl d.K., dem dies der Fuldaer Annalist zum Vorwurf machte[436], und
auch die Kaiserkrone, die Pendilien und *figurale* aufwies[437], läßt eindeutig

---

[429]) Vgl. Gesta Berengarii, l.IV v. 58–65 (ed. v. WINTERFELD, S. 396–97). In diesem
Sinne bereits HIESTAND, S. 129 m. Anm. 76 (nach Prévité-Orton); zu den „Gesta Berengarii" vgl. WATTENBACH – LÖWE, S. 414–15 m. Anm. 119.
[430]) HIESTAND, S. 134–35 m. Anm. 106 und oben S. 429–30.
[431]) Vgl. HARTMANN III/2, S. 193; HIESTAND, S. 136.
[432]) Actes des rois de Provence, Nr. 47 (905 Okt. 26), Nr. 49 (907 Okt. 19) – Nr. 68
(927 Dez. 25); vgl. oben S. 516 m. Anm. 415–18.
[433]) Actes des rois de Provence, Nr. 53 (912 Apr. 4; Or.): *imperator*, ist eine Schlamperei
der Kanzlei ohne weitere Bedeutung.
[434]) D Wid. 21 ([894] Apr.) S. 55 Z.1–2; D Lamb. 1 ([895] Jan.) S. 71 Z.1–2. Beide DD
sind im Original überliefert.
[435]) So zutreffend WOLFRAM II, S. 73–74, 85 gegen HIESTAND, S. 70–71 m. Anm. 123,
der diese Intitulatio irrig mit dem Einfall Arnulfs 894/95 in Verbindung bringt; DD Lamb.
2–3 (895 Febr.–Dez. 6; Or.), die gleichfalls von Heimerich rekognosziert sind, haben
schon wieder die übliche Intitulatio. Zu Heimerich s. auch BRESSLAU I, S. 404, 405; vgl.
noch ZIMMERMANN, Imperatores, S. 395 m. Anm. 70.
[436]) Ann. Fuld. ad an. 876: *Karolus rex de Italia in Galliam rediens novos et insolitos
habitus assumpsisse perhibertur; nam talari dalmatica indutus et baltheo desuper accinctus
pendente usque ad pedes necnon capite involuto serico velamine ac diademate desuper
inposito dominicis festisque diebus ad aecclesiam procedere solebat. Omnem enim consuetudinem regum Francorum contemnens Grecas glorias optimas arbitrabatur* (ed. KURZE,
S. 86); vgl. SCHRAMM I, S. 43; II, S. 52 Anm. 3–4; BRÜHL, Krönungsbrauch, S. 259–60,
410 Nr. 24; SCHRAMM, Karl, S. 133 u.a.m. Zum Kaiserornat Berengars s. HIESTAND, S. 134
m. Anm. 98.
[437]) Vgl. hierzu HIESTAND, S. 134 m. Anm. 99–101 und: ebd. Abb. 1, nach S. 128.

östlichen Einfluß erkennen, doch selbst die eifrigste „Imitatio imperii" schaffte die Tatsache nicht aus der Welt, daß der konkrete Herrschaftsbereich Berengars auf Italien beschränkt blieb[438].

Die übrigen sogen. „Nationalkönige" haben die Kaiserwürde nicht erlangt und könnten daher hier übergangen werden. Über das „hochburgundische Zwischenspiel"[439] der Regierung Rudolfs II. (922–926) ist unter dem Aspekt der Kaiserwürde in der Tat nicht viel zu sagen: sollte Rudolf imperiale Pläne gehegt haben, was natürlich nicht ausgeschlossen werden kann, so war er jedenfalls meilenweit von ihrer Realisierung entfernt, als er sich 926 für immer aus Italien verabschiedete, um noch elf weitere Jahre als König von Hochburgund zu herrschen[440]. Sein Rivale Hugo von der Provence, auch er ein Karolinger in weiblicher Linie[441], regierte fortan in Italien unangefochten für annähernd zwei Jahrzehnte (926–945) und war nach Otto d. Gr. fraglos der bedeutendste Regent des „Regnum Italiae" im 10. Jahrhundert[442]. Mit der Herrschaft über Italien verband er praktisch auch die über Niederburgund mit Ausnahme des Gebiets von Vienne und Lyon[443]. Daß ich nicht an den ang. Abtretungsvertrag mit Rudolf II. von Burgund glaube, habe ich oben ausführlich dargelegt[444]. Es lag nicht an ihm, sondern an der Wachsamkeit Ottos d. Gr., daß er nach dem Tode Rudolfs II. nicht auch Hochburgund mit seiner Herrschaft verbinden konnte[445]. Hugo war fest entschlossen, Italien seinem Haus zu erhalten, wie die Tatsache beweist, daß er schon 931 seinen damals höchstens einjährigen Sohn Lothar zum Mitregenten erhob[446] und fortan mit ihm gemeinsam ur-

---

[438]) Außerhalb Italiens nahm nur Flodoard von Berengars Tod Notiz: Annales ad an. 924: *Interea Berengarius, rex Italiae*(!) *a suis interimitur* (ed. LAUER, S. 23); ad an. 922 (ed. LAUER, S. 7) nennt Flodoard Berengar *rex Langobardorum*, er gibt ihm aber nie den Kaisertitel; verfehlt daher ZIMMERMANN, Imperatores, S. 398–99.

[439]) So HIESTAND, S. 138, als Kapitelüberschrift.

[440]) Vgl. HIESTAND, S. 138–44 und oben S. 446–47.

[441]) Über seine Mutter Berta von Tuszien aus deren erster Ehe war er ein Enkel Lothars II. und stammte im gleichen Verwandtschaftsgrad wie Ludwig III. in direkter Linie von Karl d. Gr. ab: HIESTAND, S. 147 und die Stammtafel 1 bei HLAWITSCHKA, Frankenreich, Anhang, S. (290).

[442]) HARTMANN III/2, S. 197–242; HIESTAND, S. 147–93.

[443]) Vgl. POUPARDIN, Provence, S. 227ff.; ergänzend s. FOURNIAL, S. 414ff. Hugo hat in Niederburgund niemals den Königstitel geführt, auch hat keine Krönung stattgefunden, doch daß „Hugo begonnen (hatte), seine Stellung im Königreich Provence zu liquidieren": HARTMANN III/2, S. 197, werte ich als krasses Fehlurteil; s. noch HIESTAND, S. 161.

[444]) Oben S. 454ff., S. 486.

[445]) Vgl. oben S. 484–85 m. Anm. 164–70.

[446]) Hugos zweite Gemahlin Alda – vgl. Liudprand, Antapodosis, l.III c.20: *Hic ex Francorum genere Teutonicorum uxorem acceperat nomine Aldam, quae filium ei genuerat nomine Lotharium* (ed. BECKER, S. 82 Z.3–5) – wird urkundlich erstmals im Jahre 927 erwähnt: D Hu. 9 (927 Juli 22; Or.): *Aldam inclitam karissimamque coniugem nostram regnique nostri consortem* (S. 31 Z.1–2); vgl. noch D Hu. 24 (929 Sept. 17) S. 71 Z.8; D

kundete[447], auch wenn an eine effektive Herrschaft Lothars natürlich nicht zu denken war.

Kein Herrscher hat sich so intensiv – und vergeblich – um die römische Kaiserwürde bemüht wie Hugo. Die beste und scheinbar absolut sichere Gelegenheit bot sich, als er, gerade Witwer geworden[448], die Hand der römischen Senatorin Marozia gewann[449], die, ihrerseits Witwe von Hugos Halbbruder Wido von Tuszien[450], nach einer Stütze für ihre Herrschaft über Rom Ausschau hielt, wobei die kanonisch höchst anfechtbaren und geradezu chaotisch zu nennenden Verwandtschaftsverhältnisse[451] zunächst überhaupt keine Rolle spielten[452]. Würde Hugo sich nach vollzogener Hochzeit mit Marozia sofort zum Kaiser haben krönen lassen – der Papst war der leibliche Sohn Marozias! – , so wäre das ganze Gerede über die ang. Erneuerung des abendländischen Kaisertums durch Otto d. Gr.

---

Hu. 25 – 26 (930 Sept. 16) S. 74 Z.18, 77 Z.1 – 2; D Hu.-Lo. 29 (932 Febr. 29) S. 89 Z.2 – 3. Bald nach diesem Datum dürfte sie gestorben sein; vgl. unten Anm. 448. Lothar erscheint in: D Hu.-Lo. 28 (931 Okt. 17) als Mitkönig und urkundet in: D Lo. 1 (946 Mai 27) erstmals allein, war damals also mit Sicherheit volljährig, was ein Geburtsjahr um 930 nahelegt; s. auch POUPARDIN, Provence, S. 224 Anm. 6, der aber die DD von 927 und 929 nicht kennt.

[447]) Liudprand, Antapodosis, l.IV c.2: *Igitur rex Hugo dum prosperari sibi cuncta prospiceret, filium suum Lotharium...cunctis coniventibus post se regem constituit* (ed. BECKER, S. 104 Z. 9 – 11). Nach 931 Okt. 17: oben Anm. 446, hat Hugo nicht mehr allein geurkundet: DD Hu.-Lo. 28 – 83 (947 Apr. 24). In der Edition von SCHIAPARELLI sind die DD Hu. und Hu.-Lo. leider durchgezählt; s. auch HIESTAND, S. 164.

[448]) Alda muß im Frühjahr/Sommer 932 gestorben sein, da Hugo spätestens im Herbst des Jahres den Romzug antrat, der ihm die Kaiserkrone bringen sollte; am 1. VII. 932 urkundete er bereits in Lucca: D Hu.-Lo. 46 – 47 und unten mit den folg. Anm. Zu dem Versuch von 926 s. unten Anm. 460.

[449]) Liudprand, Antapodosis, l.III c.44: *Marozia, scortum impudens satis, nuntios suos post Widonis mariti sui obitum Hugoni regi dirigit eumque invitat, ut se adeat Romamque nobilissimam civitatem sibi adsumat. Hoc autem non aliter posse fieri testabatur, nisi eam rex Hugo sibi maritam faceret* (ed. BECKER, S. 96 Z.12 – 16); vgl. HIESTAND, S. 164. Liudprand hat Marozia gehaßt und bezeichnet sie mehrfach als *meretrix*: l.III c.43, c.45 (ed. BECKER, S. 96 Z.9 – 10, 97 Z.15 und Z.25); vgl. SUTHERLAND, S. 19, 37, 39, 56, 62. Zu Liudprands Verhältnis zu Rom vgl. LINTZEL, Studien, S. 394 – 95.

[450]) Marozia war zuvor mit Alberich I. von Spoleto und Wido von Tuszien verheiratet gewesen, wozu sich noch die Möglichkeit einer illegitimen Ehe mit Papst Sergius III. gesellt, aus der der spätere Papst Johann (XI.) hervorgegangen sein soll: so berichtet jedenfalls Liudprand, Antapodosis, l.III c.43 (ed. BECKER, S. 96 Z.8 – 10), doch ist Liudprands Parteilichkeit mit Händen zu greifen; s. auch HARTMANN III/2, S. 238 Anm. 2.

[451]) Vgl. den Stammbaum bei HIESTAND, S. 182 und ebd. S. 181, wo auch die 4. Ehe Hugos mit Berta von Hochburgund berücksichtigt ist: oben S. 485 m. Anm. 167 – 68.

[452]) Mit welcher „Eleganz" Hugo sich des kanonischen Ehehindernisses entledigte, kann man bei HARTMANN III/2, S. 217 (nach Liudprand, Antapodosis, l.III c.47) nachlesen. Wären die diversen Ehen Hugos nicht zweifelsfrei bezeugt, würde Hlawitschka, für den es auf der Welt und vor allem in der Ehe immer nach Recht und Gesetz zugeht, sich weigern, diese Möglichkeiten auch nur in Betracht zu ziehen. Aber in der Politik ist so manches möglich, was sich unsere Schulweisheit nicht träumen läßt. Von irgendwelcher Empörung in Rom hören wir übrigens nichts: empört ist Liudprand – 30 Jahre nach den Ereignissen.

gegenstandslos[453]. Er wünschte aber wahrscheinlich in der Tradition Karls
d. Gr. am Weihnachtstag 932 aus den Händen des Papstes die Kaiserkrone
zu empfangen[454]. Auf jeden Fall agierte er zu sorglos und gab seinen Gegnern, an deren Spitze naturgemäß Alberich II. stand, der älteste Sohn der
Marozia, der um sein Erbe, vielleicht sogar um sein Leben fürchten mußte[455], Gelegenheit zur Empörung. Hugo entkam mit knapper Not dem gegen ihn gerichteten Aufstand der Römer[456], Marozia wurde wie Johann
XI. von Alberich gefangengesetzt und verschwindet aus der Geschichte[457].
Alle Bemühungen Hugos in der Folgezeit, sich Roms zu bemächtigen
schlugen fehl, obwohl er Alberich im Jahre 936 sogar seine Tochter Alda
zur Gemahlin gab[458]. Ein letzter militärischer Versuch scheiterte 941[459]:

---

[453]) Vgl. schon die Ausführungen von HIESTAND, S. 158–59 m. Anm. 72a sowie unten
S. 522 m. Anm. 460 und § 3, S. 540 m. Anm. 607–11.

[454]) Bei HIESTAND, S. 165, als Tatsache vermerkt, doch findet sich eine Bestätigung
weder bei Liudprand noch bei Benedikt von S. Andrea; s. auch HARTMANN III/2, S. 217–
18. Ich halte die These von Hiestand für plausibel – am 17. I. 933 urkundet Hugo bereits
wieder in Arezzo: D Hu.-Lo. 33 – , aber nicht für gesichert.

[455]) Daß Hugo beabsichtigt habe, ihn blenden zu lassen, erzählt Benedikt, Chronicon
(ed. ZUCCHETTI, S. 166 Z.1–2). Das ist angesichts von Hugos Verhalten zu seinem
Stiefbruder Lambert: oben Anm. 452, nicht undenkbar, doch reicht das Zeugnis Benedikts, der um 1000 schreibt, nicht aus. Benedikt bemerkt hier übrigens, daß Hugo:
*Romanum regnum in sua redigeret potestatis* (ed. ZUCCHETTI, S. 166 Z. 2–3), wo es mir
zweifelhaft ist, ob hier nur der römische Dukat gemeint sein soll; s. oben S. 315 m. Anm. 76
und Anm. 78; vgl. noch SUTHERLAND, S. 47–48.

[456]) Das ist das einzig gesicherte Resultat, das sich der stark romanhaften Erzählung
Liudprands als Faktum entnehmen läßt: Antapodosis, l.III c.45 (ed. BECKER, S. 97–98);
s. auch Benedikt, Chronicon (ed. ZUCCHETTI, S. 166–67); vgl. HARTMANN III/2, S. 218;
HIESTAND, S. 165. Über die Motive des Aufstands der Römer wissen wir nichts; die
Gründe Alberichs liegen dagegen auf der Hand. Marozias Herrschaft scheint in Rom nicht
sehr beliebt gewesen zu sein, was absolut nichts mit ihrem ang. so schlechten Lebenswan-
del zu tun haben muß.

[457]) Liudprand, Antapodosis, l.III c.46 berichtet irrig: *Expulsus igitur rex Hugo cum
praefata Marozia, Romanae urbis Albericus monarchiam tenuit* (ed. BECKER, S. 198 Z.22–
23); korrekt berichtet dagegen Flodoard, Annales ad an. 933: *nuntiantque* (scil. missi...Ro-
ma redeuntes) *Iohannem papam, filium Mariae quae et Marocia dicitur, sub custodia
detineri a fratre suo nomine Albrico, qui matrem quoque suam Marociam clausam servabat
et Romam contra Hugonem regem tenebat* (ed. LAUER, S. 54); s. auch B–Z 113. Marozia
muß vor Dez. 937 gestorben sein, da Hugo zu diesem Zeitpunkt munter seine 4. Ehe
einging, ohne daß es darum im Westen zu einem Tetragamiestreit gekommen wäre wie im
Osten unter Leon VI.; vgl. OHNSORGE (oben Anm. 422) S. 175 Anm. 3; OSTROGORSKY,
S. 215–16; HIESTAND, S. 83, 125 und oben Anm. 451.

[458]) Flodoard, Annales ad an. 936: *Hugo rex Italiae Romam nisus capere afflicto exercitu
suo fame et equorum interitu, pacta tandem pace cum Albrico dans ei filiam suam coniugem, ab obsidione desistit* (ed. LAUER, S. 64). Alberich heiratete Hugos Tochter allerdings
erst, nachdem sein Versuch, eine byzantinische Prinzessin zu ehelichen, gescheitert war;
s. HIESTAND, S. 168–69, 177–79.

[459]) D Hu.-Lo. 47 (941 Juni 25): *Actum iuxta Roma, in monasterio sanctȩ virginis
Agnetis* (S. 172 Z.12–13). Gemeint ist das Kloster Sant'Agnese fuori le mura. Vgl. noch
HARTMANN III/2, S. 218–21 und HIESTAND, S. 178–79, der allerdings irrig meint, es
scheine Hugo „einmal auch wirklich ein Stadtteil in seine Hände gefallen zu sein": ebd.
S. 179. Sant'Agnese liegt weit vor der aurelianischen Mauer.

Rom blieb Hugo verschlossen, doch die Tatsache ist nicht aus der Welt zu schaffen, daß nur ein lächerlicher Zufall verhindert hat, daß die Kaiserwürde zwischen 932 und 948 vakant geblieben ist[460].

Aber wenn es Hugo auch nicht vergönnt war, das Kaisertum zu erwerben, so traten seine imperialen Ambitionen – den Begriff „imperiales Königtum" vermeide ich bewußt – um so deutlicher hervor. So gelang es ihm nach längeren Vorverhandlungen, seine – illegitime! – Tochter Berta[461], die in Byzanz Eudokia hieß, im Jahre 944 mit dem byzantinischen Thronfolger Romanos II. (959–963) zu vermählen[462]. Das frühe Mitkönigtum Lothars möchte ich nicht mit Hugos Kaiserplänen in Verbindung bringen[463], da auch Berengar II. und Adalbert von Anbeginn als Mitkönige auftreten[464], ohne daß darum ernsthaft von imperialen Plänen der beiden gesprochen werden könnte[465]. Wohl aber scheint Hugo – unzweifelhaft nach byzantinischem Vorbild[466] – das kaiserliche Vorrecht, Purpururkunden ausfertigen zu lassen[467], in besonderen Fällen in Anspruch genommen zu haben[468], doch bleibt zu beachten, daß eine Purpurausfertigung im Westen regelmäßig ein auf gewöhnliches Pergament geschriebenes „Normaldi-

---

[460] So schon BRÜHL, Anfänge, S. 174 m. Anm. 103. Zu dem ersten Versuch Hugos im Jahre 926, durch ein *foedus* mit Johann X. die Kaiserwürde zu erlangen, vgl. HIESTAND, S. 160–61. Johann X. starb 929 im Gefängnis, wahrscheinlich durch Mord: B–Z 79, 84, 89, 91, 98. Es fällt auf, daß B–Z die Arbeit von Hiestand weitgehend ignoriert.

[461] Liudprand, Antapodosis, l.V c.14: *Rex itaque Hugo hac audita relatione* (scil. der byzantinischen Gesandten) *directis iterum nuntiis Romanô denuntiat se legitimo ex coniugio filiam non habere, sed si ex concubinarum*(!) *filiabus vellet, egregiam ei forma posse praestare* (ed. BECKER, S. 137 Z.17–20). Berta dürfte nach Antapodosis, l.III c.14 (ed. BECKER, S. 112 Z.3–5) eine Tochter der „Juno" Roza und nicht der „Venus" Pezola gewesen sein, wie HIESTAND, S. 183 m. Anm. 168, irrig angibt. Hugo war offenbar so etwas wie der August der Starke des 10. Jh.

[462] Sie starb aber schon 949, nur ein Jahr nach dem Vater; vgl. HIESTAND, S. 184, 201.

[463] So aber HIESTAND, S. 163, 203.

[464] DD Ber. II.-Ad.1 (951 Jan. 17; Or.) – 16 (961 Mai 30; Or.); vgl. HIESTAND, S. 202. Vgl. aber unten § 3, S. 537 m. Anm. 589–590.

[465] HIESTAND, S. 203, bemerkt treffend: „Von allen Königen Italiens zwischen 887 und 962 könnte man Berengar und seinen Sohn als einzige in einem gewissen Sinne nationale, langobardische oder italienische, sicher als partikularistische Herrscher bezeichnen". Vgl. bes. unten § 3, S. 537–38, 543–44.

[466] Vgl. BRÜHL, Purpururkunden, S. 605–08.

[467] Wobei zu beachten ist, daß byzantinische Purpururkunden bzw. -briefe Originalausfertigungen der kaiserlichen Kanzlei sind, für die keine „normale" Pergamentvorlage existiert: BRÜHL, Purpururkunden, S. 608–09. Purpururkunden scheinen vorwiegend ein Stilmittel der byzantinischen Außenpolitik gewesen und auf diesem Wege Hugo zur Kenntnis gekommen zu sein; vgl. BRÜHL, aaO.

[468] Konkret kommt nur die Urkunde Hugos und Lothars für Sant'Ambrogio bei Mailand in Frage: D Hu.-Lo. 64 ([942] Aug. 15) Vorbem. S. 190; die Uk. war überdies mit einer *bulla aurea nostris imaginibus insignita* beglaubigt: ebd. S. 193 Z.17–18; vgl. BRÜHL, Purpururkunden, S. 609–10 m. Anm. 57; s. auch HIESTAND, S. 189–90 sowie unten S. 523 m. Anm. 470.

plom" voraussetzt, also eine Sonder- oder Prunkausfertigung, aber niemals eine normale Kanzleiausfertigung darstellt[469]. Daß er unter diesen Umständen gelegentlich auch Goldbullen gebrauchte, versteht sich fast von selbst, auch wenn keine Originale auf uns gekommen sind[470]. Schließlich spricht eine gute Wahrscheinlichkeit dafür, daß Hugo eine Plattenkrone trug. Die unter seinem Namen bekannte Krone[471], die in der Französischen Revolution untergegangen ist[472], war allerdings eine Votivkrone[473], doch ist hier der Typ der späteren „Reichskrone" vorweggenommen[474]. So zeugt auch die vermutlich von Hugo verwendete Kronenform für die imperialen Ambitionen ihres Trägers[475].

Damit sind die Könige Italiens bis zum Tode Hugos besprochen[476], und ich wende mich nur noch kurz einer Form des Kaisertums zu, die in der Forschung seit STENGEL unter dem Stichwort „romfreies Kaisertum" erörtert wird[477]. Dieser Begriff umschreibt zwei sorgsam auseinanderzuhaltende Dinge: zum einen die Tatsache, daß auf der iberischen Halbinsel, in Britannien, aber auch in Süditalien das fränkische Kaisertum z.T. bewußt ignoriert, z.T. in seiner Bedeutung stark relativiert wird[478], zum andern,

---

[469]) BRÜHL, Purpururkunden, S. 615–19. HIESTAND, S. 190, ist der Meinung, daß die Herstellung von Purpurpergament im Westen im 10. Jh. nicht bekannt gewesen sei und es sich daher um die Wiederverwendung eines byzantinischen Auslandsschreiben handeln müsse. Ohne diese Möglichkeit leugnen zu wollen, halte ich sie doch für recht unwahrscheinlich.

[470]) Neben dem oben Anm. 468 zitierten D Hu.-Lo. 64 noch D Hu.-Lo. 51 (939 März 20) für Bobbio; die Uk. in der vorliegenden Form ist unzweifelhaft ein Spurium, jedoch nach echter, möglicherweise gleichfalls auf Purpurpergament geschriebener Vorlage; vgl. D Hu.dep. 2, S. 356–59; eine Rekonstruktion der echten Vorlage des D Hu.-Lo. 51: ebd. D Hu.-Lo. dep. 15, S. 367–68. Vgl. auch SCHRAMM, Siegel, S. 60 mit m. E. ungerechtfertigten Zweifeln an der Beschreibung der Goldbulle; vgl. D Hu.- Lo. 51 Vorbem., S. 154; s. auch HIESTAND, S. 187.

[471]) Unsere Kenntnis beruht allein auf einer Skizze des französischen Antiquars Nicolas Claude Fabri de Peiresc aus dem Jahre 1612, abgebildet bei SCHRAMM, Herrschaftszeichen II, S. 402 Fig. 8; zu Peiresc vgl. ebd. S. 398; s. noch POUPARDIN, Provence, Append. X/3, S. 366–68.

[472]) Vgl. HIESTAND, S. 191.

[473]) Daran läßt die Inschrift der Krone wie auch das Material (vergoldetes Silber) keinen Zweifel; vgl. SCHRAMM, Herrschaftszeichen II, S. 401.

[474]) Dies betont HIESTAND, S. 191, während SCHRAMM, Herrschaftszeichen II, S. 403 mit Abb. 51 (Tafel 42) die Parallele zu einer gleichfalls untergegangenen Krone Ottos II. für das Kloster Berge bei Magdeburg betont.

[475]) Es scheint mir ein legitimer Schluß, eine Plattenkrone für Hugos Kronenzeremoniell anzunehmen, wenn er diese Form sogar für eine Votivkrone verwendet, die SCHRAMM, Herrschaftszeichen II, S. 403, auf die Jahre 945/48 datiert.

[476]) Zu Berengar II. und Adalbert vgl. unten § 3, S. 531ff.

[477]) Den Forschungsstand bis 1967 skizziert EPPERLEIN, S. 307–09. Allgemein zur „Kaiseridee" im 9. und 10. Jh. vgl. den guten Forschungsbericht bei HLAWITSCHKA, Frankenreich, S. 215–20.

[478]) Grundlegend hierzu LÖWE, Grenzen, S. 210–19.

daß es auch i n n e r h a l b des Frankenreichs eine vom römischen Kaiserge-
danken deutlich abgesetzte „Aachener Kaiseridee" gegeben haben soll, die
auf Karl d. Gr. selbst zurückzuführen wäre[479]. Ich stelle deren Erörterung
vorläufig zurück und behandle zunächst den „romfreien Kaisertitel"[480] in
Spanien und Britannien. Er beruht auf der altbekannten, wohl schon im 6.
Jahrhundert[481] getroffenen Feststellung des sogen. „Ämtertraktats" „De
gradus Romanorum"[482] wonach *imperator* ist: *cuius regnum procellit in toto orbe et sub eo reges aliorum regnorum, et non imperatores sed reges no-
minantur*[483], was dann im 9.–10. Jahrhundert abgeschwächt wird zu: *qui
super totum mundum, aut qui precellit in eo*[484]. Ein *imperator* ist also ein
Herrscher, dem mehrere *regna* zugleich untertan sind[485], und LINTZEL
spricht in diesem Zusammenhang zutreffend von einem „Großkönigtum"[486].
Als ein solches Großkönigtum hat man wohl die Imperator-Würde bei
den Angelsachsen aufzufassen[487]; die ganz ungewöhnliche Vielfalt an Kö-
nigstituaturen in den Urkunden des 10.–11. Jahrhunderts[488] beruht im
wesentlichen auf der Tatsache, daß es in den angelsächsischen Reichen

---

[479]) Dies vor allem die These von ERDMANN, Kaiseridee, S. 16ff.
[480]) So STENGEL, Kaisertitel, S. 263.
[481]) Zur Datierung vgl. zuletzt BEYERLE, S. 20–21, der Entstehung im Ostgotenreich „vor 550" annimmt und den Charakter des Traktats als „Lehrmittel" oder „Schulheft" betont: ebd. S. 2, 4.
[482]) Während CONRAT 1908 nur eine einzige Hs. kannte, den Vat. Lat. Reg. 1050: ed. CONRAT, S. 248–50, beruht die Edition von BAESECKE 1933 bereits auf zwei (St. Gallen 913, E. 8. Jh.): ed. BAESECKE, S. 1–8; zu einem in weiteren fünf Hss. bekannten Auszug vgl. Georg BAESECKE in: ZSavRG., GA. 45 (1935) S. 230–32; vgl. noch BEYERLE, S. 2–6.
[483]) Dies die Lesart des Sangall. 913 (ed. BAESECKE, S. 5); vgl. BEYERLE, S. 7, 11–12, dessen Übersetzung: ebd. S. 12, mir zweifelhaft ist; s. auch ERDMANN, Kaiseridee, S. 16–17 und zuletzt FRIED, Otto III., S. 58.
[484]) Decursio, c.I, 9 (ed. CONRAT, S. 248; ed. BAESECKE, S. 5). BEYERLE, S. 6, 16, teilt die Überlieferung in die „Textäste" α und β, wobei der Textast β in der Regel die besseren Lesarten bietet.
[485]) Dies zeigt auch der Satz von I, 8: *Rex qui super unam gentem <vel multas>* (ed. CONRAT, S. 248; ed. BAESECKE, S. 5) des „Textastes β". Daß *vel multas* ein späterer, da den ursprünglichen Sinn verderbender Zusatz ist, zeigt der „Auszug"; vgl. BAESECKE (oben Anm. 482) S. 232; BEYERLE, S. 7, hat hier < > vergessen; FRIED, Otto III., S. 58, hält das *vel multas* offenbar für ursprünglich.
[486]) LINTZEL, Kaiserpolitik, S. 172.
[487]) Materialzusammenstellungen bieten bereits ERDMANN, Kaiseridee, S. 38–43; Edmund E. STENGEL: Imperator und Imperium bei den Angelsachsen (1962) in: Abhandlungen und Untersuchungen zur Geschichte des Kaisergedankens im Mittelalter (Köln-Graz 1965) S. 287–342, bes. S. 325ff. und zuletzt KLEINSCHMIDT, S. 89ff., 114ff.
[488]) Diese Vielfalt endet ziemlich abrupt mit dem Jahre 1066; vgl. ERDMANN, Kaiseridee, S. 43: „obgleich er (scil. Wilhelm der Eroberer) durch seine Doppelherrschaft beiderseits des Kanals besonderen Anlaß zu einem erhöhenden Titel gehabt hätte". Dies beweist eben, daß die angelsächsische Imperator-Titulatur eine völlig andere Bedeutung hatte wie auf dem Kontinent; s. bes. KLEINSCHMIDT, S. 118 m. Anm. 149a.

trotz mehrfacher gegenteiliger Behauptung[489] eine eigentliche Königskanzlei nicht gegeben hat[490].

Mit dem iberischen Kaisertitel liegen die Dinge etwas schwieriger. Eine
Spezialuntersuchung zum Titel der spanischen Könige fehlt[491], was kein
Zufall ist[492]. Im Gegensatz zu Britannien, wo die überwältigende Mehrzahl der Belege dem 10. Jahrhundert angehört[493], sind die iberischen später, denn der beabsichtigte Kauf einer Kaiserkrone aus dem Schatz von St.
Martin zu Tours durch Alfons III. von Asturien und León (866–910), von
dem wir aus einem Brief Alfons' III. an die Kanoniker von Tours aus dem
Jahre 906 wissen[494] und dessen Echtheit ERDMANN nachgewiesen hat[495],
beweist natürlich nichts über die Führung des Imperatortitels, der für Alfons III. nicht überliefert ist[496]. Die bei weitem größte Zahl der spanischen
Urkunden, in denen der Kaisertitel gebraucht wird, datiert ohnehin erst
aus dem fortgeschrittenen 11. Jahrhundert[497]. Es ist jedoch zu beachten,
daß es sich in Spanien nicht um Titulaturen wie in Britannien, sondern um
echte Titel handelt. Im Jahre 1135 fand am Pfingstsonntag in León sogar
die feierliche Kaiserkrönung von Alfons VII. (1126–1157) statt[498], der
fortan regelmäßig als *Hispanie imperator* urkundet und nach Kaiserjahren

---

[489] Vornehmlich im viktorianischen England: KLEINSCHMIDT, S. 77 m. Anm. 6, 80 m.
Anm. 20–21.

[490] Vgl. bes. KLEINSCHMIDT, S. 79ff., bes. S. 83–84; vgl. noch ebd. S. 84–87 und
S. 116ff.

[491] Auch Intitulatio III bietet keinen Beitrag zu den spanischen Herrschertiteln; vgl.
die folg. Anm.

[492] Bis heute fehlen leider kritische, modernen Ansprüchen genügende Editionen der
Urkunden der Könige von León, Aragon, Kastilien, Galicien, Navarra usw. Es scheint
mir dies eines der dringendsten Desiderata der heutigen Diplomatik. Diese Lücke zu
schließen, sind natürlich in erster Linie die spanischen Diplomatiker aufgerufen.

[493] Vgl. etwa KLEINSCHMIDT, S. 89–115 u.ö.

[494] Am bequemsten zugänglich ist der Druck in: PL. 133, col. 730 Anm. 125 (auf coll.
731–32); weitere Drucke zitiert ERDMANN, Kaiseridee, S. 32 Anm. 1; s. noch LÖWE,
Grenzen, S. 223 Anm. 105. Zur Krone selbst vgl. SCHRAMM, Herrschaftszeichen II,
S. 483–84.

[495] Vgl. ERDMANN, Kaiseridee, S. 31–33; zustimmend SCHRAMM, Herrschaftszeichen
II, S. 484; LÖWE, Grenzen, S. 223–24; EPPERLEIN, S. 323.

[496] Er wäre allerdings in Urkunden seines Sohnes Ordoño II. als *imperator* bezeichnet
worden: STENGEL, Kaisertitel, S. 247 m. Anm. 27; s. noch LÖWE, Grenzen, S. 219, 223
Anm. 108. Zwei Diplome von ang. 867 und 877, in denen Alfons III. als *Hispaniae
imperator* erscheint, sind Spuria des 11. oder 12. Jh.: LÖWE, Grenzen, S. 223 Anm. 108; s.
schon ERDMANN, Kaiseridee, S. 33 Anm. 4.

[497] Ältere Beispiele bei ERDMANN, Kaiseridee, S. 34 m. Anm. 1; vgl. noch LÖWE,
Grenzen, S. 219–20. Für das 11.–12. Jh. vgl. ERDMANN, aaO., S. 35–36; s. auch EPPER-
LEIN, S. 323–26.

[498] Hierzu nach ERDMANN, Kaiseridee, S. 36 und STENGEL, Kaisertitel, S. 248, 250
Anm. 60 bes. EPPERLEIN, S. 326 und unten S. 526 m. Anm. 503.

datiert[499]. Doch war diesem hispanischen Kaisertum keine Dauer beschieden[500]; allein schon die Tatsache, daß Alfons X. von Kastilien (1252–1284) über den *rex Romanorum* die römische Kaiserwürde anstrebte[501], entwertet das nicht-römische Kaisertum seiner Vorgänger, das übrigens weder vom Papst noch von den Staufern anerkannt worden war[502]. Bei den Angelsachsen und in Spanien tritt jedenfalls der hegemoniale Charakter dieses romfreien Kaisertums im Sinne des „Ämtertraktats" deutlich zutage[503].

Ganz unzweifelhaft war diese hegemoniale Konzeption des Kaisertums auch im Frankenreich bekannt. So behauptet Meginhard in den ostfränkischen Reichsannalen wahrheitswidrig von Karls d. K. Krönung zum König von Lotharingien 869 in Metz, daß dieser: *se imperatorem et augustum quasi duo regna possessurus appellare praecepit*[504]; Regino beschreibt Karls d. Gr. Kaisertum mit den Worten: *summum imperii fastigium non solum Francorum, verum etiam diversarum gentium regnorumque*[505], und Notker nennt Ludwig II. von Ostfranken in einer berühmten Stelle einmal: *rex vel imperator totius Germanię Rhetiarumque et Antiquę Francię necnon Saxonię, Turingię, Norici, Pannoniarum atque omnium septentrionalium nationum*[506]. In diesem Zusammenhang erscheint es bemerkenswert, daß

---

[499]) Grundlegend Peter RASSOW: Die Urkunden Kaiser Alfons' VII. von Spanien, in: AUF. 10 (1929) S. 327–468, bes. S. 356–62, 388–89, 396–97, 407; s. auch EPPERLEIN, S. 326.

[500]) Vgl. ERDMANN, Kaiseridee, S. 36; STENGEL, Kaisertitel, S. 248; EPPERLEIN, S. 327 u.a.

[501]) Dies betont zutreffend EPPERLEIN, S. 327 m. Anm. 4.

[502]) Vgl. ERDMANN, Kaiseridee, S. 36 m. Anm. 4 und bes. EPPERLEIN, S. 326 m. Anm. 8.

[503]) Dies läßt bei den Angelsachsen das Kaisertum Knuts d. Gr., der an Konrads II. Kaiserkrönung in Rom teilgenommen hatte, ebenso erkennen wie die Begründung, die die „Chronica de Alfonso VII", l.I c.27 von dem Kaisertum dieses Herrschers gibt: *ut vocarent regem imperatorem pro eo, quod rex Garsias et rex Zafadola Sarracenorum et comes Raymundus Barcinonensium et comes Adefonsus Tolosanus et multi comites et duces Gasconiae et Franciae in omnibus essent obedientes ei*: zitiert nach STENGEL, Kaisertitel, S. 250 Anm. 60 (auf S. 251). Zu Knut in Rom vgl. BRESSLAU, Jbb. I, S. 139, 145 und B–A 73c-d. In seinem Brief nach England verschweigt Knut seine Anwesenheit bei der Kaiserkrönung Konrads! Vgl. LÖWE, Kaisertum, S. 248 m. Anm. 102–03; s. auch STENGEL, Kaisertitel, S. 250 m. Anm. 56; KLEINSCHMIDT, S. 114 Anm. 144 und FRIED, Otto III., S. 58 Anm. 10.

[504]) Ann. Fuld. ad an. 869 (ed. KURZE, S. 70); vgl. ERDMANN, Kaiseridee, S. 30; STENGEL, Kaisertitel, S. 249; EPPERLEIN, S. 320; EGGERT, Auffassung, S. 91–92, mit berechtigter Kritik an Stengel: ebd. Anm. 294.

[505]) Regino, Chronicon ad an. 880 (ed. KURZE, S. 116); vgl. ERDMANN, Kaiseridee, S. 29 m. Anm. 4 und bes. EGGERT, Auffassung, S. 161–62.

[506]) Gesta Karoli, l.II c.11 (ed. HAEFELE, S. 67 Z.15–18); vgl. schon oben S. 101 m. Anm. 93 und LINTZEL, Kaiserpolitik, S. 173; ZATSCHEK, Erwähnungen, S. 376; ERDMANN, Kaiseridee, S. 30 m. Anm. 3; STENGEL, Kaisertitel, S. 288; EPPERLEIN, S. 322; EGGERT, Auffassung, S. 163 u.a.

eben dieser Ludwig II. sogar urkundlich hin und wieder als *imperator* bezeichnet wird, wenn auch stets nur als Fremdaussage[507]. Die Datierung
nach dem *imperator Hludowicus* setzt schon 847/48 ein[508] und zieht sich
bis in die letzten Lebensjahre Ludwigs hin[509]. STENGEL hat geglaubt, die
Kaisertitulaturen Ludwigs II. als eine Art Fuldaer Antwort auf die Kaiserkrönung Karls d. K. werten zu dürfen[510], was mit Sicherheit abwegig ist[511].
Wer solchen Titulaturen ein hohes Gewicht beimessen will, der möge sich
vor Augen halten, daß gerade in Fulda mehrfach nach den Jahren des *piissimus rex* Ludwig, in Werden nach dem *rex* Lothar datiert wurde, womit
die Kaiser Ludwig d. Fr. und Lothar I. gemeint waren[512]. So unzweifelhaft
daher die hegemoniale Kaiscridee im fränkischen Reich bekannt war, so
sehr sollte man sich doch hüten, daraus politische Folgerungen für einen
bestimmten Herrscher zu ziehen[513].

In ganz besonderem Maße gilt diese Feststellung für die sogen. „Aachener Kaiseridee", die ERDMANN in die Forschung eingeführt hat[514]. Er
sieht diese Kaiseridee[515] vor allem in den Aachener Kaiserkrönungen von
813 und 817 lebendig[516] und fixiert ihr Ende auf das Jahr 855, d.h. auf das
Todesjahr Lothars I.[517]. Die Folgezeit, insbesondere die Herrschaft der

---

[507] Das Material stellte schon ZATSCHEK, Erwähnungen, S. 375–77, zusammen; vgl.
noch STENGEL, Kaisertitel, Exkurs, S. 282–86, dessen Abwertung des Beitrags von Zatschek: ebd. S. 282 Anm. 1, ganz unangebracht ist; s. zuletzt LÖWE, Kaisertum, S. 236 Anm.
24.

[508] LACOMBLET I, Nr. 63 (847 Aug. 18) S. 29; Nr. 64 (a. 848) S. 29; vgl. dazu ZATSCHEK,
Erwähnungen, S. 375. Vgl. noch LACOMBLET I, Nr. 65 (a. 855) S. 31; WARTMANN II, Nr.
451 (ca. ann. 856/57) S. 69; II, Nr. 542 (868 Dez. 20) S. 156.

[509] DRONKE, Nr. 612 (876 Febr. 14) S. 276; WARTMANN II, Nr. 578 (876 Mai 20) S. 191;
hierzu vgl. STENGEL, Kaisertitel, S. 285 Anm. 18. D LG.143 (a.871?) S. 200, ist ein frag-
würdiges Regest des 15. Jh., D LG. † 185a (ang. 876 Mai 18) S. 272, ein Spurium Eberhards
von Fulda aus dem 12. Jh.

[510] Kaisertitel, S. 286.

[511] Dem widerspricht allein schon die Tatsache, daß solche Titulaturen lange vor 875
bezeugt sind; vgl. noch unten mit Anm. 513. Vgl. bes. WERNER, Imperium, S. 14 Anm.
3 (– S. 15).

[512] DRONKE, Nr. 444, 445, 455, 457, 459, 462, 466, 482, 491–92, 506 (ann. 824–837);
LACOMBLET I, Nr. 56 (841 Nov. 29) S. 25, Nr. 57 (843 Nov. 12) S. 26, Nr. 58 (844 Juni
17) S. 26, Nr. 60 (845 Jan. 7) S. 27. Hierauf verwies bereits ZATSCHEK, Erwähnungen,
S. 378.

[513] Dieser Versuchung erliegt leider auch EPPERLEIN, S. 322, wenngleich in wesentlich
behutsamerer Form als Stengel.

[514] Kaiseridee, S. 16–31; s. schon oben S. 524 m. Anm. 479.

[515] Vom „Aachener Kaisertum" sprach schon LINTZEL, Kaisertum, S. 127; s. noch
unten Anm. 517.

[516] Vgl. oben S. 503–04 m. Anm. 319–22; s. LINTZEL, Kaisertum, S. 127–29; ERD-
MANN, Kaiseridee, S. 22–23.

[517] ERDMANN, Kaiseridee, S. 29: „War das Aachener Kaisertum seit 855 erloschen, so
blieb doch ein fränkischer Kaisergedanke übrig, der sich mit dem römischen nicht deck-
te"! Vgl. dazu unten § 3, S. 550–52.

italienischen Kaiser Wido, Lambert, Ludwig III. und Berengar I. charakterisiert er mit dem Satz: „aus dem Universalkaiser war ein Kleinkaiser geworden"[518]. Ein wesentlicher Bestandteil der Erdmannschen Konstruktion ist der Hinweis auf den ang. Ausbau Aachens zu einer *Roma secunda*,
wie er schon im sogen. „Paderborner Epos" „Karolus magnus et Leo papa", das wohl mit Recht in das Jahr 799 datiert wird[519], als der *ventura Roma* geplant gewesen sein soll[520], doch handelt es sich hier um eine schlimme Überinterpretation, wie schon FALKENSTEIN eindeutig nachgewiesen
hat[521]. ERDMANN stützt seine These vom beabsichtigten Ausbau Aachens
zur *Roma secunda* ganz wesentlich auf den Umstand, daß das „Secretari-
um" bei der Pfalzkirche „den römischen Namen Lateran" erhielt[522]. Dieser Name findet sich schon im „Chronicon Moissiacense"[523], doch hat
FALKENSTEIN überzeugend nachgewiesen, daß er weder auf einer Ähn-
lichkeit mit dem römischen Lateranpalast beruht[524], noch im Hinblick auf
eine ang. Papstresidenz in Aachen gewählt worden sein kann[525]. Eine „Aachener Kaiseridee" hat es niemals gegeben, denn Karl d. Gr. konnte 813
nichts anderes weitergeben, als was er selbst empfangen hatte, und das war
die römische Kaiserwürde[526]. Er hatte die F o r m der Vergabe des Kaisertums in seinem Sinne modifiziert, aber es ist unsinnig zu behaupten, „daß
auch das nicht-römische Aachener Kaisertum Karls...zur Hälfte ein römisches war", und es war auch kein „Ableger des römischen Kaisergedankens"[527], denn in Aachen sind stets nur römische Kaiser gekrönt worden,
und die Idee des hegemonialen Kaisertums, wie sie etwa im „Ämtertraktat" ihren Ausdruck findet, hat mit Aachen nicht das geringste gemein.

---

[518]) ERDMANN, Kaiseridee, S. 29. Dazu vgl. schon oben S. 514 Anm. 401 und Anm. 405.
[519]) Zur Datierung vgl. BEUMANN, Paderborner Epos, S. 7 – 12; s. noch EPPERLEIN,
S. 313 Anm. 1 und FALKENSTEIN, S. 95.
[520]) Karolus magnus et Leo papa, v. 95 – 96:
>  *sed et urbe potens, ubi Roma secunda*
>  *Flore novo, ingenti, magna consurgit ad alta*
> v. 98: *Altaque disponens venturae moenia Romae* (ed. BRUNHÖLZL, S. 66).
Hierzu vgl. ERDMANN, Kaiseridee, S. 22; BEUMANN, Paderborner Epos, S. 19, 23 u.ö.
[521]) FALKENSTEIN, S. 97ff.
[522]) ERDMANN, Kaiseridee, S. 23; zustimmend BEUMANN, Paderborner Epos, S. 22.
[523]) Chronicon Moiss. ad an. 796: *Nam ibi* (scil. Aquis) *firmaverat sedem suam atque
ibi fabricavit ecclessiam mirae magnitudinis...Fecit autem ibi palatium quod nominavit
Lateranis...* (ed. PERTZ, S. 303 Z.3 – 6); hierzu vgl. FALKENSTEIN, S. 3, 22ff.
[524]) FALKENSTEIN, S. 32ff., 50ff., 85ff.
[525]) FALKENSTEIN, S. 92ff., 112ff., 129ff.
[526]) Dies zeigen allein schon Titel und Bulle: oben S. 505 – 06, S. 512.
[527]) ERDMANN, Kaiseridee, S. 25.

§ 3: Ottos Italienpolitik und die ostfränkische Fortsetzung des römisch – fränkischen Kaisertums (961 – 973).

Nachdem ich kurz das römische Kaisertum des 9. und frühen 10. Jahrhunderts behandelt habe und in diesem Zusammenhang auch auf das „hegemoniale Kaisertum" – diesen Begriff ziehe ich der negativen Umschreibung „nichtrömische Kaiseridee" vor – eingegangen bin, ist es an der Zeit, zur Geschichte Ottos d. Gr. zurückzukehren, dessen Italienpolitik und Fortsetzung des römisch – fränkischen Kaisertums ich bisher bewußt ausgespart hatte. Die Forschung war immer davon ausgegangen, daß Italien erst ab 951 in Ottos Blickfeld getreten sei[528]. Dessen Politik hatte sich bis dahin neben der Konsolidierung seiner Herrschaft im Innern vor allem auf die westfränkischen Verhältnisse und die Sicherung des ostfränkischen Einflusses auf Burgund konzentriert[529]. Gewiß darf dem Interesse Ottos an Burgund entnommen werden, daß er auch Italien als eine potentielle Einflußsphäre betrachtete, da Otto – über die Ambitionen Heinrichs I. weit hinausgreifend – offenbar das ganze ehemalige Mittelreich Lothars I. und nicht nur Lothringen als zumindest grundsätzlich mit Ostfranken verbunden betrachtete. Das bedeutet allerdings nicht notwendig, daß Otto auch die staatsrechtliche Verbindung mit Ostfranken ins Auge gefaßt hätte: Burgund zumindest blieb formal ein unabhängiges *regnum* noch weit über Ottos Lebzeiten hinaus, und dasselbe wird zunächst wohl auch für Italien geplant gewesen sein, ohne daß sich dies zwingend nachweisen ließe.

Entgegen der bisherigen „communis opinio" hatte F. SIELAFF 1954 die Auffassung vertreten, daß Otto I. schon im Sommer 941 einen Italienzug gegen Hugo von Italien unternommen hätte[530]: „Es ist wahrscheinlich, daß Otto I. König Hugo von Italien besiegt und sich untertan gemacht hat. Es ist wahrscheinlich, daß das im September oder Oktober 941 in Norditalien geschehen wäre"[531]. In der Tat findet sich in den im „Regestum Farfense" überlieferten „Annales Farfenses" des späten 11. Jahrhunderts zum Jahr 942 der Eintrag: *Otto rex venit Italiam*; das kann kaum als reines Versehen betrachtet werden, da diese Nachricht wörtlich so zum Jahre 951 wieder-

---

[528] Es ist dies „communis opinio", für die sich Einzelbelege erübrigen.
[529] Oben S. 478ff., S. 484ff.
[530] Frithjof SIELAFF: Erben der Karolinger. Studien zur Geschichte des frühen Hochmittelalters, Habil. schr. Greifswald 1954 (masch. schr.) S. 85 – 113. Eine Fotokopie dieses Teils der Arbeit verdanke ich Herrn Kollegen H. ZIELINSKI-Giessen.
[531] SIELAFF, aaO., S. 110.

holt wird[532] und Gregor von Catino, der auf dieser Seite zahlreiche Korrekturen vorgenommen hat, gerade hier auf jegliche Besserung verzichtet
(Abb. 11), was nur bedeuten kann, daß er seine Vorlage ausschreibt[533], ohne daß deren Quellenwert näher bestimmbar ist[534]. Man würde sich über
diese doch recht unsichere Quelle nicht weiter den Kopf zerbrechen, wäre
da zwischen dem 6. August, an dem Otto in Magdeburg bezeugt, und dem
25. November 941, an dem er in Dortmund nachweisbar ist, nicht eine
Lücke von 110 Tagen im Itinerar, in der man einen Italienzug von allerdings nur kurzer Dauer unterbringen könnte[535]. Die schlecht begründete
These SIELAFFS[536] hat in der Forschung unnötig viel Aufsehen erregt[537]. Ein
Italienzug im Jahre 941 unterstellt Otto einen Kaiserplan schon zu diesem
Zeitpunkt[538], was m.E. außerhalb jeglicher politischen Möglichkeit lag[539]

---

[532]) Annales Farfenses ad h. ann. (ed. BETHMANN, S. 588 Z.47 und Z.54; edd. GIORGI –
BALZANI, S. 16). Die Edition von Bethmann ist zuverlässiger als die jüngere von Giorgi –
Balzani; das Urteil von SIELAFF, aaO., S. 107, ist schlicht falsch.

[533]) Möglicherweise ein Farfenser Annalenwerk des frühen 11. Jh. aus der Zeit des Abts
Hugo († 1039); die dieser vermuteten Vorlage entnommenen Passagen hat Bethmann
in seiner Edition in größerer Type gesetzt; vgl. BETHMANN, ed.cit., S. 587. Hierzu zählen
beide oben mit Anm. 532 zitierten Einträge.

[534]) Das abschließende Urteil von BETHMANN, ed.cit., S. 587, über die „Annales Farfenses" lautet: „Haec omnia (scil. die benutzten Papst- und Kaiserkataloge etc.) igitur
errorum plena sunt, nulliusque plane auctoritatis". Es ist nur nicht einzusehen, warum die
unbekannte(n) Quelle(n) einen höheren Wert haben sollen. Die Ausführungen von SIE-
LAFF, aaO., S. 85ff., bes. S. 92ff. befriedigen in keiner Weise.

[535]) DD O.I. 41–42: B–O 99–100 und dazu MÜLLER-MERTENS, Reichsstruktur,
S. 127–28. Die marschtechnische Möglichkeit, daß Otto in dieser Zeit einen solchen Zug
unternommen haben könnte, steht außer Zweifel; vgl. unten Anm. 537.

[536]) Es ist mir unangenehm, gegen eine ungedruckte Arbeit zu polemisieren, doch muß
ich sagen, daß die Argumentation Sielaffs sich auf ein Geflecht vager Möglichkeiten und
offenkundiger Irrtümer gründet, auf die ich hier im einzelnen nicht eingehen möchte; vgl.
noch unten Anm. 538–39.

[537]) Zustimmend u.a. BEUMANN, Rückblick, S. 445 m. Anm. 3; die ursprünglich ganz
positive Stellungnahme von MÜLLER-MERTENS (1955) hat sich zu einer abwartenden
Position gemindert: Reichsstruktur, S. 128 Anm. 129: „Eine eingehende Diskussion der
Ergebnisse Sielaffs...in der Fachliteratur steht noch aus"; ebd. S. 128 betont er mit Recht
die technische Möglichkeit des Italienzugs und neigt wohl doch eher zu einem positiven
Urteil.

[538]) Das sagt SIELAFF, aaO., S. 96, ausdrücklich: „Wir haben einigen Grund zu der
Annahme, daß Otto von vornherein (Sperrung BRÜHL) einen Anspruch auf Italien
und die Kaiserkrone erhoben hat". Natürlich spukt dabei der ang. geplante Romzug
Heinrichs I. in den Köpfen, der m. E. eine freie Erfindung Widukinds ist; anders natürlich
BEUMANN, Rückblick, S. 445–46. Vgl. schon oben S. 450 m. Anm. 274–79.

[539]) Sielaff entwertet seine eigene Argumentation, wenn er einräumt, daß die Schlacht gegen
Hugo vielleicht auch in Burgund und womöglich gar in Abwesenheit Ottos I. geschlagen
worden sein könne; s. MÜLLER-MERTENS, Reichsstruktur, S. 128 m. Anm. 129. Der von
SIELAFF, aaO., S. 111, als Auslöser vermutete Romzug Hugos war ein völliger Fehlschlag:
Hugo hat Rom nicht betreten; verfehlt daher SIELAFF, aaO., S. 95. Weder Liudprand noch
Flodoard wissen von einem Italienzug Ottos im Jahre 941 – auf das Schweigen des ohnehin
schlecht informierten Widukind gebe ich nichts –, und das scheint mir durch keine gewagten
Hypothesen aufgewogen werden zu können. Vgl. noch unten S. 531 m. Anm. 545.

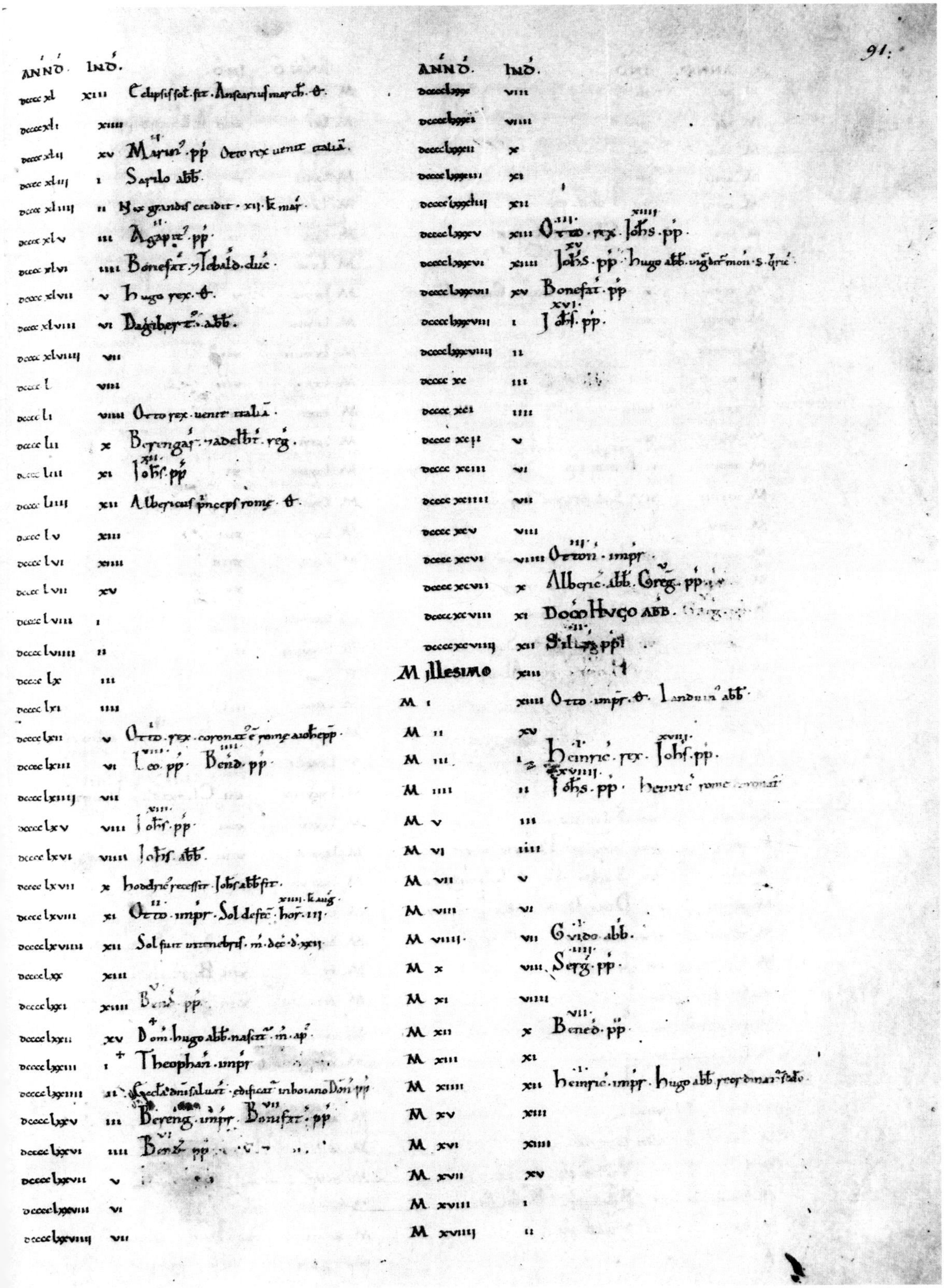

Abb 11: Biblioteca Vaticana, Cod.Vat.Lat. 8487, fol. 91ʳ (Regestum Farfense): die „Annales Farfenses" von der Hand Gregors von Catino (Ende 11. Jh.). Die Eintragungen ad. ann. 942 und 951 lesen übereinstimmend: *Otto rex venit Italia(m)*.

und daher abzulehnen ist[540].

Es bleibt also bei der von der Forschung seit alters vertretenen Annahme, daß Otto erst 950/51 näher mit der italienischen Frage befaßt wurde. Der formale Anlaß zu Ottos Eingreifen war scheinbar ein romantisch-sentimentaler, nämlich die „Befreiung" und Heirat Adelheids, der Witwe König Lothars, doch waren selbstverständlich höchst reale machtpolitische Fragen im Spiel[541]. Der stets mißtrauische Hugo von Italien hatte um 940 beschlossen, sich seines potentiellen Rivalen Berengar von Ivrea, eines Enkels Kaiser Berengars I. in mütterlicher Linie[542], durch Blendung zu entledigen — so berichtet zumindest Liudprand[543]. Berengar hielt es jedenfalls für ratsam, nach Ostfranken zu fliehen, wo er wohl im Jahre 942 von Herzog Hermann von Schwaben aufgenommen wurde. Ein Auslieferungsersuchen Hugos lehnte König Otto zwar ab, scheint aber mit Berengar keine näheren Kontakte gepflogen zu haben[544]. Erst im Frühjahr 945 wagte dieser die Rückkehr nach Italien, die das Ende der Herrschaft Hugos einleitete[545]. Auch wenn Hugo auf Wunsch Berengars dem Namen nach zunächst noch König blieb[546], war Berengar der eigentliche Macht-

---

[540]) Ablehnend schon SMIDT, S. 91 Anm. 70; BRÜHL, Fodrum, S. 453 Anm. 8 und DERS., Anfänge, S. 174 Anm. 103. ALTHOFF – KELLER II, S. 165ff. gehen auf die These Sielaffs nicht ein, auch Hiestand würdigt sie keines Wortes.

[541]) Vgl. dazu unten S. 533 m. Anm. 556 – 58.

[542]) Vgl. HLAWITSCHKA, Frankenreich, Anhang, Stammtafel I (S. 290 – 91). Berengar war mit einer Nichte König Hugos mit Namen Willa, der Tochter von Hugos Stiefbruder Boso von Tuszien, verheiratet, den Hugo schon um 936 hatte einkerkern lassen; vgl. KÖPKE – DÜMMLER, S. 185 Anm. 3; s. Liudprand, Antapodosis, l.IV. c.11 (ed. BECKER, S. 109 Z.24 – 28).

[543]) Liudprand, Antapodosis, l.V c.10 (ed. BECKER, S. 135); vgl. KÖPKE – DÜMMLER, S. 112 – 13.

[544]) Liudprand, Antapodosis, l.V cc.12 – 13 (ed. BECKER, S. 136 – 37). Weder Widukind noch der Cont. Regin. verlieren darüber auch nur ein Wort. Daß Berengar schon damals einen Vasalleneid geleistet hätte, wie zuletzt HLAWITSCHKA, Frankenreich, S. 119, annimmt, scheint mir durch das: *quanta rex devotione susceperit*, Liudprands (ed. BECKER, S. 136 Z.18) nicht gedeckt; auch Widukind, l.III c.11: *licet olim Hugonem fugiens regi subderetur* (ed. HIRSCH, S. 110 Z.15 – 16) ist viel zu vage; in diesem Sinne schon HARTMANN III/2, S. 234, 241 Anm. 15 und HIESTAND, S. 195 Anm. 6.

[545]) Otto hat den Zug Berengars weder gefördert noch verhindert, was für einen Herrscher, der ang. schon 941 gegen Hugo zu Felde gezogen sein soll, recht merkwürdig anmutet. Vgl. KÖPKE – DÜMMLER, S. 137 – 40; HARTMANN III/2, S. 234 – 36; HIESTAND, S. 195 – 96 u.a.m.

[546]) Er hatte abdanken und mit seinen gewaltigen Schätzen in die Provence ziehen wollen, was Berengar zunächst verhinderte, dann Hugo aber doch ziehen ließ. Die letzte von Hugo und Lothar gemeinsam gegebene Uk. datiert vom 24. IV. 947: D Hu.-Lo. 83. Hugo starb am 10. IV. 948 in Arles: oben S. 487 m. Anm. 181. Am 19. V. 947 urkundet Lothar erstmals allein: D Lo. 2; D Lo. 1(945 Mai 27) steht isoliert und gehört in die Zeit der großen Empörung gegen Hugo. Vgl. HARTMANN III/2, S. 235 – 36; HIESTAND, S. 196.

haber[547]. Nach Hugos Abzug in die Provence regierte Lothar noch drei Jahre, starb aber bereits am 22. November 950, angeblich durch Gift[548]. Berengar zögerte keinen Augenblick und ließ sich gemeinsam mit seinem Sohn Adalbert am 15. Dezember 950 in Pavia zum König salben und krönen, womit die faktischen Machtverhältnisse lediglich legalisiert wurden[549]. Es ist dies die erste sicher bezeugte Königskrönung in der Michaelskirche und zugleich die einzige Doppelkrönung im Westen[550], von der wir Kunde haben[551].

Eben diese Krönung setzte nun aber jene Kausalkette in Gang, die schließlich die Intervention Ottos d. Gr. bewirkte. Lothars 19jährige Witwe Adelheid[552], eine Tochter Rudolfs II. von Burgund, der 922–926 selbst König von Italien gewesen war, und somit auch eine Schwester von Ottos Schützling Konrad von Burgund[553], stand offenbar von Anfang an

---

[547] Liudprand, Antapodosis, l.V c.30: *Quamquam enim iterato Hugonem atque Lotharium reges Italici susciperent, Berengarium tamen nomine solum marchionem, potestate vero regem, illos vocabulo reges, actu autem neque pro comitibus habebant* (ed. BECKER, S. 148–49). In D Lo. 1: oben Anm. 546, wird Berengar als *marchio summusque regni nostri consiliarius* bezeichnet (S. 252 Z.6–7), ebenso auch D Hu.-Lo. 83 (oben Anm. 546) S. 243 Z.7–8; in D Lo. 8 (948 Juni 11) erscheint er sogar als: *inclitus marchio regnique nostri summus consors* (S. 267 Z. 4–5); vgl. MOR, S. 16–17; HIESTAND, S. 196 m. Anm. 11–13.

[548] Seine letzte Urkunde datiert vom 4. VI. 950: D Lo. 16 (Or.). Das Gerücht von einer Vergiftung findet sich bereits bei Flodoard, Annales ad an. 950 (ed. LAUER, S. 128); s. auch Liudprand, Antapodosis, l.V c.10 (ed. BECKER, S. 135 Z.28–29); dagegen wohl mit Recht HARTMANN III/2, S. 237, 242 Anm. 16; s. noch HIESTAND, S. 201 m. Anm. 39–40 und SMIDT, S. 76, der an Malaria denkt.

[549] So zutreffend HARTMANN III/2, S. 243, 262 Anm. 1. HIESTAND, S. 202, spricht unglücklich von einer Krönung mit der „Eisernen Krone"; vgl. dazu Reinhard ELZE: Die „Eiserne Krone" in Monza, in: SCHRAMM, Herrschaftszeichen II, S. 450–79, bes. S. 464ff., 474ff.

[550] Es gibt keine von Berengar II. allein ausgestellte Königsurkunde: DD Ber. II. – Ad. 1–16 (951 Jan. 17 – 961 Mai 30). Zwischen dem 23. V. 954 und dem 13. I. 958(!) ist keine Uk. Berengars und Adalberts bekannt: DD Ber. II. – Ad. 9–10. Wohl aber sind drei DD Adalberts aus den Jahren 960/61 überliefert: DD Ad. 1–3, von denen DD 1–2 jedoch nach beiden Königen datieren, während die Datatio von D 3 fehlt. Vgl. bes. unten S. 538 m. Anm. 594.

[551] Catalogi regum Italicorum Oscelenses II: *Et in...die qui fuit...XV die Decembris, inter basilica Sancti Michaeli qui dicitur maiore, fuerunt electi et coronati Berengarius et Adalbertus, filio eius, regibus, et regnaverunt in pace annos XII* (ed. WAITZ, S. 520 Z.20–22); vgl. BRÜHL, Fodrum, S. 417–18. Zur Doppelkrönung vgl. HIESTAND, S. 202–03, der jedoch irrt, wenn er ebd. Anm. 46 von der „ersten sicher bezeugten Krönung in Pavia" spricht; das ist die Krönung Berengars I. 888: Gesta Berengarii, l.I v. 57–60 (ed. v. WINTERFELD, S. 360).

[552] Sie intervenierte in keinem einzigen der 16 überlieferten DD Lothars, doch machte Lothar ihr zweimal Schenkungen: DD Lo. 3 (947 Juni 27; Or.): *reginae Adeleidae nostraeque amabili coniugi* (S. 255 Z.6–7), 14 (950 März 31; Or.): *Adeleidae amantissimae coniugi nostrae et consorti regni nostri* (S. 282 Z.7–8); vgl. MOR, S. 16; s. aber unten Anm. 584.

[553] Zu Adelheid vgl. KÖPKE–DÜMMLER, S. 190 m. Anm. 4; s. auch HARTMANN III/2, S. 244; HIESTAND, S. 204 Anm. 58 und oben Anm. 167. Die Stiefschwester ihrer Mutter Berta, Ida, war überdies die Gemahlin von Ottos d. Gr. Sohn Liudolf.

in Opposition zu den neuen Königen, obwohl doch eine Ehe zwischen ihr und Adalbert nahe gelegen hätte[554]. Ihr großer Reichtum, das Erbe sowohl der rudolfingischen als auch der hugonidischen Ansprüche auf Italien[555] machte sie fast automatisch zur Gegenspielerin der neuen Dynastie. Berengar ließ sie nach wenigen Monaten in Como gefangensetzen, was auf Fluchtpläne Adelheids hindeutet[556]. Ihre Gefangenschaft und gelungene Flucht – aber nicht über die Alpen, sondern hinter die Mauern des festen Reggio – gaben Anlaß zu höchst romantischen Schilderungen, die hier nicht zu interessieren brauchen[557]. Adelheid selbst hat sich dieser schweren Zeit ihr Leben lang erinnert[558], doch all das ändert nichts an der Tatsache, daß Ottos Entschluß zum Eingreifen selbstverständlich rein politischer Natur gewesen ist und bereits im Hinblick auf den künftigen Erwerb der Kaiserwürde gesehen werden muß[559]. Dem Entschluß zum Italienzug kam Ottos Sohn Liudolf, seit Anfang 950 Herzog von Schwaben, mit einem Zug auf eigene Faust zuvor: *patri...placere desiderans*, wie der Regino-Fortsetzer in höfischer Zurückhaltung schreibt, in Wahrheit aber wohl doch, um den Vater vor ein „fait accompli" zu stellen[560]. Dank der

---

[554] Für PABST, S. 349 Anm. 1, ist dies ein Faktum: „jenes Adalbert, der einst zum Gemahl der Kaiserin Adelheid bestimmt gewesen"; mit Recht skeptisch dagegen KÖPKE – DÜMMLER, S. 191 m. Anm. 1.

[555] Ich vermeide bewußt das Wort „Rechte", denn die R e c h t s grundlage von Adelheids Ansprüchen war nach der vollgültigen Wahl und Krönung Berengars II. höchst fragwürdig. Von einem Erbrecht, das die Ann. Quedlinburg. ad an. 951 postulieren: *regnum Langobardiae quod illi haereditario iure cesserat* (ed. PERTZ, S. 58 Z.13 – 14) kann im Ernst keine Rede sein, auch wenn KÖPKE – DÜMMLER, S. 190, urteilen, daß sie sich als „Erbin der Krone", hätte betrachten dürfen; HIESTAND, S. 204 m. Anm. 54 – 55, billigt ihr mit Mor ein Designationsrecht zu und betrachtet die Herrschaft Berengars als „eine Usurpation", was ganz im Sinne der ottonischen Partei ist; ALTHOFF – KELLER II, S. 165 – 66, gehen auf die Rechtsfrage nicht ein.

[556] Dies sah schon HARTMANN III/2, S. 245. Como ist der Ausgangs- und Endpunkt der Bündner Alpenpässe (Lukmanier oder Septimer); s. SCHROD, S. 11 – 12, 52.

[557] Allerdings nicht beim Cont. Regin. ad an. 951, der nüchtern feststellt: *rex Otto in Italiam ire volens...quoniam Adalheidam, viduam Lotharii regis Italici,...a vinculis et custodia, qua a Berengario tenebatur, liberare sibique eam in matrimonium assumere regnumque cum ea simul Italicum adquirere deliberavit* (ed. KURZE, S. 164 – 65). HLAWITSCHKA, Frankenreich, S. 120, urteilt dagegen: „Das persönlich-menschliche Motiv der Hilfe für eine junge Königswitwe..., die Suche nach einer würdigen Gemahlin...wie auch die 936 schon betonte karolingische Tradition...mögen Ottos Entschluß einzugreifen gleichermaßen mitbestimmt haben".

[558] Sie ließ die Daten ihrer Gefangennahme und Befreiung zum Gedächtnis in ein Kalender eintragen; vgl. B – O 196a (S. 92) und ALTHOFF – KELLER II, S. 165.

[559] Von einem „imperialen Zuschnitt" seiner Politik sprechen ALTHOFF – KELLER II, S. 166. Das romantisierende Gerede des 19. Jh. verdient keine Widerlegung; vgl. auch DUPRÈ-THESEIDER, S. 59; s. noch oben Anm. 556.

[560] Cont. Regin. ad an. 951 (ed. KURZE, S. 165); vgl. HIESTAND, S. 205 Anm. 61, der vermutet, Liudolf habe „Italien als eine Art Unterkönigtum in Besitz...nehmen" wollen. Nicht nachvollziehen kann ich Hiestands Annahme: ebd. Anm. 61: „ein Unterkönigtum mit Liudolf und vermutlich Adelheid(!) an der Spitze". Vgl. noch ERKENS, S. 317.

Warnungen, die Herzog Heinrich von Baiern nach Italien übermittelte[561], scheiterte der mit einem rein alamannischen Heer unternommene Zug Liudolfs völlig[562] und trug erheblich bei zur Entfremdung zwischen Vater und Sohn[563].

Im Gegensatz zu Liudolf gelang es Otto, sich Norditaliens praktisch ohne Schwertstreich zu bemächtigen, da Berengar aus Pavia floh und die Stadt oder besser: Bischof Liutfrid II.[564] sogleich zu Otto überging[565]. Programmgemäß fand in Pavia die Hochzeit mit Adelheid statt, die von Reggio herbeigeeilt und von Herzog Heinrich von Baiern feierlich nach Pavia geleitet worden war[566]. Otto hielt sich etwa fünf Monate in Pavia auf und beging hier das Weihnachtsfest 951[567], doch hören wir nichts von einer förmlichen Krönung und Salbung zum König von Italien[568], obwohl er in seinen Urkunden die Herrschaftsjahre in Italien neben denen in der *Francia* zählte[569] und sich sogar einmal in der Tradition Karls d. Gr. *rex*

---

[561] Cont. Regin. ad an. 951: *Heinricus dux, omnium eius* (scil. Liudolfs) *honorum et prosperitatum invidus, de Bawaria per Trientum legatos suos premisit in Italiam omnium- que quorum potuit, mentes Italicorum ab eo avertit in tantum, ut nec civitas nec castel- lum...filio pateretur* (ed. KURZE, S. 165); vgl. die folg. Anm.

[562] Widukind, l.III c.6: *armatumque militem in Italiam ducens, aliquantis ibi urbibus captis et sub custodia traditis, ipse revertitur in Franciam* (ed. HIRSCH, S. 108 Z.6 – 8) läßt nicht einmal den Zusammenhang mit dem nachfolgenden Zug des Vaters erkennen und verschweigt natürlich auch die Intervention Herzog Heinrichs; s. noch die folg. Anm. KÖPKE – DÜMMLER, S. 193, verkennen die Situation, wenn sie von einem „Jugendstreich" Liudolfs sprechen.

[563] Das spricht der Cont. Regin. ad an. 951 klar aus: *Tunc Liudolfus dux haec, quae prescripsimus* (scil. die Hochzeit Ottos mit Adelheid) *aegre ferens, in consulto patre archiepiscopo Friderico comite in patriam revertitur* (ed. KURZE, S. 165); Widukind, l.III c.9 mildert den Sachverhalt: *Quod cum vidisset, filius eius Liudolfus tristis a rege discessit...* (ed. HIRSCH, S. 109 Z. 12 – 13): B – O 201a (S. 95). Daß Liudolf vor dem Vater nach Italien gezogen war, wird – offenbar bewußt – verschwiegen: oben Anm. 562.

[564] Zu Liutfrid (943 – 971) vgl. PAULER, S. 117 – 18, der sich allerdings auf eine dürftige Zusammenstellung von Fakten beschränkt.

[565] B – O 196b-c; vgl. KÖPKE – DÜMMLER, S. 194 – 95; HARTMANN III/2, S. 247 – 48; LINTZEL, Kaiserpolitik, S. 146.

[566] B – O 201a; vgl. KÖPKE – DÜMMLER, S. 197 – 98; HARTMANN III/2, S. 248 – 49. Geradezu kindisch ist der Bericht Widukinds, l.III c.9: *Cumque in Langobardiam ventum esset, aureis muneribus amorem reginae super se probare temptavit. Quo fideliter experto in coniugium sibi eam sociavit cumque ea urbem Papiam, quae est sedes regia, obtinuit* (ed. HIRSCH, S. 109 Z.8 – 12). Ist es nur ein Zufall, daß Widukind Adelheid an keiner Stelle seines Werks namentlich erwähnt? Vgl. auch unten Anm. 582.

[567] Von etwa Mitte September 951 bis Mitte Februar 952: B – O 196c – 206; W 951: B – O 201b; vgl. noch BRÜHL, Fodrum, S. 453, 466 m. Anm. 70.

[568] So übereinstimmend B – O 196c; KÖPKE – DÜMMLER, S. 197; HARTMANN III/2, S. 248; HIESTAND, S. 205; BRÜHL, Fodrum, S. 499 m. Anm. 462 u.a.m.; s. aber DUPRÈ- THESEIDER, S. 60, der zumindest eine „Proklamation" der italienischen Großen annehmen möchte.

[569] Das erste in Pavia gegebene Diplom: D O.I. 135 (951 Sept. 23) S. 215 Z.22 – 23, datiert noch: *anno...regni...domni Ottonis XV*, D O.I. 136 (a. 951; Or.) S. 216 Z.44 bereits: *anno...regni autem nostri hic in Italia primo*. DD O.I. 137 – 39 (951 Okt. 9 – 15) stellen:

*Francorum et Langobardorum*[570], zweimal moderner: *et Italicorum*[571] titulierte[572]. Die Anknüpfung an Karl d. Gr. und die fränkische Tradition ist mit Händen zu greifen[573]. Diese Anknüpfung ging aber weit über die Aufnahme der Intitulatio Karls d. Gr. hinaus. Mit der Wendung: *simulato itinere Romam proficisci statuit*, deutet Widukind an[574], was Flodoard, der keine höfischen Rücksichten zu nehmen hatte[575], mit klaren Worten ausspricht: *legationem pro susceptione sui Romam dirigit, qua non obtenta...*[576]. Natürlich war es Aufgabe der von Erzbischof Friedrich von Mainz geleiteten Gesandtschaft, die Möglichkeiten für eine Kaiserkrönung zu sondieren[577], doch Alberich II. hatte wenig Anlaß, dem ungleich viel mächtigeren Otto eine Würde zuzugestehen, die er Hugo verweigert hatte[578]. Ein Feldzug gegen Rom im Stile Arnulfs mit einem noch nicht unterworfenen Berengar im Rücken[579] und dem Risiko einer möglicherweise langwierigen Belagerung Roms oder der Engelsburg schien Otto mit Recht zu ge-

---

*anni regni Ottonis regis...in Frantia, in Italia I*, nebeneinander; DD O.I. 140–43 (952 Jan. 21 – Febr. 9) nennen zuerst die Jahre *in Italia* und danach *in Francia*; DD O.I. 144–45 (952 Febr. 11–15), letzteres bereits in Como gegeben, datieren nur nach dem 1. Jahr in Italien, doch ist leider keines der beiden DD im Original überliefert. Vgl. schon oben S. 115 m. Anm. 180–81; s. noch KÖPKE – DÜMMLER, S. 197 Anm. 1.

570) D O.I. 138 (951 Okt. 10): oben S. 161 m. Anm. 511; irrig B – O 198 i.f. und HIESTAND, S. 205–06 m. Anm. 64; s. noch BEUMANN, Imperium, S. 190–91.

571) Die Bezeichnung *regnum Langobardorum* ist im 10. Jh. nicht mehr die Regel. Man spricht meist vom *regnum Italicum*, den *reges Italici* usw.; *Italicus* bezeichnet jeden Bewohner des *regnum Italicum* ohne Rücksicht auf das Recht, nach dem er lebt.

572) DD O.I. 139–40 (951 Okt. 15 – 952 Jan. 21): oben S. 161–62 Anm. 511–21; s. noch DUPRÈ-THESEIDER, S. 60.

573) Dies betonen auch ALTHOFF – KELLER II, S. 166; vgl. noch oben S. 162 m. Anm. 522–24.

574) Widukind, l.III c.9 (ed. HIRSCH, S. 109 Z.8); vgl. BEUMANN, Rückblick, S. 445 und unten mit Anm. 576.

575) Auch der Cont. Regin. ad an. 951 (ed. KURZE, S. 165) verschweigt diese Gesandtschaft. Allgemein vgl. LINTZEL, Adalbert, S. 405.

576) Annales ad an. 952 (ed. LAUER, S. 133): B – O 201a (S. 95); vgl. schon KÖPKE – DÜMMLER, S. 199–200; HARTMANN III/2, S. 249; HIESTAND, S. 206 m. Anm. 66–67; s. noch KELLER, Kaisertum, S. 236 und die folg. Anm.

577) Neben der oben Anm. 576 zitierten Lit. vgl. noch DUPRÈ-THESEIDER, S. 60; BEUMANN, Rückblick, S. 449 und ALTHOFF – KELLER II, S. 166–67. Skeptisch aber SMIDT, S. 29, 101–02.

578) Daß Alberich und nicht Papst Agapet II. (946–955) für diese Ablehnung verantwortlich war, steht für mich außer Zweifel; in diesem Sinne auch LINTZEL, Kaiserpolitik, S. 149; GRUNDMANN, S. 207, während HIESTAND, S. 206, hier unnötig kompliziert. Vgl. schon oben S. 521 m. Anm. 458–59.

579) Nach Ausweis der „chartae" war das Königtum Ottos nur in der Lombardei anerkannt. HIESTAND, S. 206, meint: „Ein Rätsel bleibt das widerstandslose Weichen Berengars vor dem deutschen König". Ich glaube, daß dieses Weichen Berengars auf der realistischen Einschätzung seiner militärischen Möglichkeiten beruhte. Der Abfall von ihm in der Lombardei war doch offenbar allgemein.

wagt: so entschloß er sich zum Rückzug und ließ seinen Schwiegersohn, Herzog Konrad von Lothringen, im Lande zurück[580].

Mit der Rückkehr nach Ostfranken datierte Otto nicht mehr nach Herrscherjahren in Italien, sondern wie früher nach den ab 936 gezählten *anni regni*; den Titel eines *rex Francorum et Italicorum* hatte er schon zwischen dem 21. Januar und 6. Februar 952 abgelegt und den „absoluten" Rex-Titel wiederaufgenommen[581]. Dies läßt m.E. deutlich erkennen, daß Otto schon im Augenblick des Abzugs aus Italien eine auf Dauer berechnete Herrschaft über Italien nicht mehr ins Auge gefaßt hatte und einen Ausgleich mit Berengar II. anstrebte, den einzuleiten offenbar Herzog Konrad beauftragt war. Dieser einigte sich sehr rasch mit Berengar, der den Herzog zum Abschluß des Vertrags, der mit Sicherheit die Huldigung Berengars und Adalberts vorsah, nach Ostfranken begleitete. Mag nun Konrad die erhaltenen Instruktionen falsch ausgelegt oder einfach überschritten haben, auf jeden Fall war Otto nicht geneigt, die von seinem Vertreter ausgehandelten Bedingungen ohne weiteres zu akzeptieren. Zwar wurde Berengar in Magdeburg, wo der Hof zur Feier des Osterfests weilte, ein königlicher Empfang zuteil[582], doch Otto ließ Berengar ungebührlich lange auf eine Audienz warten[583], womit er Konrad in das Lager Liudolfs und anderer Unzufriedener trieb, die den Einfluß Heinrichs von Baiern auf Otto und den der Berengar selbstverständlich feindlich gesonnenen Adelheid[584] um jeden Preis einzuschränken versuchten und damit den letzten großen

---

[580] Am 15. II. 952 urkundet er in Como, am 1. III. in Zürich: DD O.I. 145 – 46: B – O 207 – 08. Das Zurückbleiben Konrads meldet der Cont. Regin. ad an. 952: *ducem autem Cuonradum ad persequendum Berengarium in Italia reliquit* (ed. KURZE, S. 165).

[581] Vgl. BRESSLAU II/2, S. 417 – 18 und oben S. 534 – 35 m. Anm. 569 – 72.

[582] Dies betont Widukind, l.III c.10: *Cui* (scil. Berengario) *regiae urbi* (scil. Magdeburg) *appropinquanti occuritur miliario ab urbe a ducibus et prefectis palatinorumque primoribus et regaliter susceptus, ductus in urbem, iussus est in hospitio sibi parato manere* (ed. HIRSCH, S. 109 – 10). Nach der Betonung des königlichen Empfangs, den Widukind doch gewiß nicht zufällig hervorhebt, ist der nachfolgende Affront um so unverständlicher, und diesen Eindruck hatte Widukind offenkundig bezweckt; vgl. die folg. Anm. Mit Recht haben LINTZEL, Kaiserpolitik, S. 198 und ALTHOFF – KELLER II, S. 178, hier von einer indirekten Kritik an Ottos Regierungsstil gesprochen; s. noch ERKENS, S. 320 – 21.

[583] Im Anschluß an die oben Anm. 582 zitierte Stelle fährt Widukind fort: *Neque enim faciem regis intra tres dies videre promeruit. Quod aegre ferens Cuonradus, qui eum adduxerat...suspectum super hac causa Heinricum fratrem regis habentes...* (ed. HIRSCH, S. 110 Z.3 – 7). Auch der Cont. Regin. ad an. 952 unterstreicht die negative Rolle Heinrichs: *Berengarius eiusdem ducis*(scil. Konrads) *consilio sponte sua in Saxoniam ad regem venit. Nihil tamen de his, quae voluit, obtinuit, sed machinatione Heinrici ducis fratris vix vita et patria indulta in Italiam rediit* (ed. KURZE, S. 165); vgl. noch unten Anm. 585.

[584] Die Haltung Adelheids ist menschlich verständlich; ihr Einfluß auf Otto scheint von Anbeginn an sehr groß gewesen zu sein: sie erscheint in dessen DD häufig als Intervenientin, zuerst in D O.I. 141 (952 Febr. 6) und danach in DD O.I. 145 – 46, 165, 176 – 78, 182, 188, 196, 208, 212, 214, 216 – 17, 222a, 226 u.ö., bes. häufig natürlich

Aufstand gegen Otto heraufbeschworen[585]. Als Berengar *cum filio suo Adalberto* auf dem Augsburger Reichstag im August 952, den der „Continuator Reginonis" als einen *conventus Francorum, Saxonum, Bawariorum, Alamannorum et Langobardorum* bezeichnet[586], schließlich *regiae se in vassalicium dedidit dominationi et Italiam iterum cum gratia et dono regis accepit regendam*[587], war es in der Tat Heinrich von Baiern, der durch die Unterstellung der Marken von Verona und Aquileia als einziger einen territorialen Nutzen aus der Unterwerfung Berengars zog[588].

Zwischen Februar 952 und Herbst 961 hat Otto den Boden Italiens nicht wieder betreten und in diesem Zeitraum auch keine Urkunden für italienische Empfänger ausgestellt[589]. Berengar und Adalbert herrschten unter der Oberhoheit Ottos fast ein Jahrzehnt[590], doch war ihre Herrschaft keine glückliche: besonders in kirchlichen Kreisen scheint man mit Berengars

---

während der Italienzüge (D O.I. 234ff.); als *consors regni* wird sie erstmals in D O.I. 238 (962 März 13) bezeichnet, danach häufig; vgl. bes. MOR, S. 20–22; s. auch OHNSORGE, Mitkaisertum, S. 275; UHLIRZ, Mitkaisertum, S. 385 m. Anm. 21 und zuletzt CORBET, S. 258–59.

[585] Es ist immerhin auffällig, daß zwei so verschiedene Charaktere wie Widukind und der Cont. Regin. sich in der Beurteilung der Rolle Heinrichs völlig einig sind; NAUMANN, S. 111ff. geht auf die Vorgänge in Magdeburg leider nicht ein; vgl. aber ebd. S. 92, 94, 113. Zu dem Aufstand von 953/54 vgl. schon oben S. 489 m. Anm. 195. Die Rolle Heinrichs unterstreicht auch ERKENS, S. 320–21 m. Anm. 68–69; ebd. S. 322 Anm. 72 berechtigte Kritik an NAUMANN, S. 97ff.

[586] Cont. Regin. ad an. 952 (ed. KURZE, S. 166). Die Anwesenheit der *Langobardi* ergibt sich aus der Tatsache der Belehnung Berengars und Adalberts mit Italien. Ganz selbstverständlich werden die Franken vor den Sachsen genannt: Adalbert weiß sehr wohl um den fränkischen Charakter des Reichs; vgl. schon oben S. 293ff. u.ö. Allgemein zu dem Reichstag auf dem Lechfeld s. KELLER, Reichsstruktur, S. 81 m. Anm. 29–30.

[587] Cont. Regin.: oben Anm. 586; B–O 217a; vgl. schon KÖPKE–DÜMMLER, S. 205–08; HARTMANN III/2, S. 250–51; HIESTAND, S. 207; KELLER, Kaisertum, S. 236–37.

[588] Auch diese Nachricht bietet allein der Cont. Regin. ad an. 952: *Marca tantum Veronensis et Aquileiensis excipitur, quae Heinrico, fratri regis, committitur* (ed. KURZE, S. 166); vgl. bes. HOFMEISTER, Markgrafschaften, S. 385–86. Die Vermutung liegt nahe, daß Konrad Berengar die Belehnung mit Italien ohne territoriale Einbußen zugesichert hatte, was Heinrich im Bunde mit Adelheid hintertrieb. In der Lit. finde ich dafür allerdings keinen Hinweis; vgl. KÖPKE–DÜMMLER, S. 208 m. Anm. 2; DUPRÈ-THESEIDER, S. 60; HIESTAND, S. 207; ERKENS, S. 320–21 u.a.m. Im Anschluß an BRESSLAU I, S. 464 und BRÜHL, Fodrum, S. 547 m. Anm. 513–14, betont KELLER, Staatlichkeit, S. 251 m. Anm. 15, mit Recht, daß die Mark Verona ebenso wie die im 12. Jahrhundert dem Herzogtum Schwaben unterstellte Grafschaft Chiavenna staatsrechtlich auch weiterhin zum „Regnum Italiae" gehörten.

[589] D O.I. 213 (960 Juli 13): B–O 285, für die Abtei S. Sesto in Friaul ist keine Ausnahme, da Friaul damals mit Baiern verbunden war: oben Anm. 588; irrig insoweit MÜLLER-MERTENS, Reichsstruktur, S. 170 m. Anm. 22, wo auch D 213 zitiert wird; s. aber schon KÖPKE–DÜMMLER, S. 313 Anm. 1, dem HARTMANN III/2, S. 263 Anm. 7 (auf S. 264) folgt, und oben S. 493 m. Anm. 229 sowie unten S. 549 m. Anm. 688.

[590] Am 9. IX. 952 urkunden sie wieder in Pavia: D Ber.–Ad. 6; ihr letztes gemeinsames Diplom datiert vom 30. V. 961: D Ber.–Ad. 16, das Jahresmittel liegt also bei 1,2! Vgl. schon oben Anm. 550. Zu Willa als *regni consors* in: D Ber.–Ad. 14 (960 Okt. 25) S. 333 Z.9–10; vgl. MOR, S. 17.

Regiment sehr unzufrieden gewesen zu sein[591]. Überdies hatten sie offenbar die Unvorsichtigkeit begangen, auf dem Höhepunkt des Aufstands gegen Otto, als sowohl ihm als auch Heinrich jede Möglichkeit zum Eingreifen genommen war, die Mark Verona-Friaul wieder an das „Regnum Italicum" anzugliedern[592]. So bedurfte es nur eines leichten Anstoßes, um Otto nach den großen Ungarn- und Slawensiegen des Jahres 955 erneut zum Eingreifen zu bewegen. Dieses Mal wurde Liudolf vom Vater ausdrücklich mit dem Feldzug gegen Berengar beauftragt[593]: er zog im September 956 nach Italien, nahm ohne Mühe Pavia ein, schlug im folgenden Jahr in offener Feldschlacht König Adalbert, und alles deutete darauf hin, daß Liudolf als Nachfolger Berengars im Namen Ottos Italien regieren sollte[594], als er auf dem Heimweg nach Schwaben im Herbst 957 plötzlich in der Nähe des Lago Maggiore starb[595]. Dies gab Berengar und Adalbert noch einmal eine Schonfrist, die diese jedoch nicht zu nutzen wußten. Als Adalbert überdies die päpstlichen Interessen in Mittelitalien bedrohte, war es ausgerechnet Johann XII., der Sohn jenes 954 verstorbenen Patricius' Alberich II.[596], der bis zu seinem Tode jede Kaiserkrönung erfolgreich verhindert hatte, der im Herbst 960 eine Gesandtschaft an Otto sandte und diesen zum Romzug aufforderte[597].

---

[591]) Zu den Gründen vgl. die knappen Bemerkungen von HARTMANN III/2, S. 252. Obwohl PAULER, passim, die Bischöfe der Jahre 951 – 961 (und z.T. noch aus früherer Zeit) ausführlich behandelt – vgl. etwa ebd. S. 9 – 12, 20 – 21, 25 – 30, 47 – 49 u.ö. –, vermißt man jegliche Würdigung der Kirchenpolitik Berengars II. und Adalberts, womit er sich eine wesentliche Vergleichsmöglichkeit entgehen läßt; s. aber GOETZ, Nationalgefühl, S. 16.

[592]) Diese durch keine chronikalische Nachricht zu erhärtende Vermutung beruht lediglich auf dem Testament des Grafen Milo von Verona, das im Juli 955 nach Berengar und Adalbert datiert ist: HARTMANN III/2, S. 252, 263 Anm. 7 (auf S. 264); zu sicher daher HIESTAND, S. 120. Unklar formuliert DUPRÈ-THESEIDER, S. 61.

[593]) Ottos Bruder Heinrich war bekanntlich am 1. XI. 955 gestorben, sein gleichnamiger Sohn – der künftige „Zänker" –, dem Otto sogleich Baiern verlieh, noch ein Kind von ca. vier Jahren: B – O 240n (S. 124); REINDEL, Luitpoldinger, Nr. 107, S. 220 – 21.

[594]) B – O 252a, 254c. Nicht zufällig sind zwischen Mai 954 und Jan. 958 keine DD Berengars II. überliefert: oben Anm. 550. Vgl. KÖPKE – DÜMMLER, S. 287 – 89; HARTMANN III/2, S. 253 – 54; GRAF, S. 9 Nr. 5. HIESTAND, S. 210 m. Anm. 84, widmet dem Unternehmen Liudolfs nur wenige Zeilen.

[595]) B – O 254c; vgl. GRAF, S. 9 Nr. 6. Das genaue Todesdatum ist nicht bekannt. Liudolf wurde in St. Alban bei Mainz beigesetzt; s. BRÜHL, Palatium II, S. 110. Als Todesursache ist wohl Malaria anzunehmen; vgl. SMIDT, S. 76 – 77.

[596]) B – Z 254; vgl. HARTMANN III/2, S. 255 – 56; HALLER II, S. 204 – 05. Im Augenblick seiner Wahl war Octavian, der sich dann Johannes XII. nannte, etwa 19 Jahre alt! Vgl. noch GRUNDMANN, S. 208.

[597]) B – Z 283; B – O 289b, 289d; vgl. KÖPKE – DÜMMLER, S. 317; HARTMANN III/2, S. 257; GRAF, S. 52 Anm. 3. LINTZEL, Kaiserpolitik, S. 149, vermutet, daß der Papst „von einer römischen Partei" – von welcher? – zu diesem Schritt gedrängt worden sei; unklar formuliert GRUNDMANN, S. 208; s. noch DRABEK, S. 64 m. Anm. 297 und ALTHOFF – KELLER II, S. 179 – 80.

Der Romzug wurde nicht zuletzt auch unter dem Eindruck der von lombardischen Bischöfen gegen Berengar vorgebrachten Beschwerden beschlossen[598], derweilen Liudprand schon 950 an Ottos Hof geflohen war, um dort „Wiedervergeltung" zu üben[599]. Er gehörte wie Adelheid selbstverständlich zu Ottos engsten Beratern in italienischen Angelegenheiten. Nachdem Otto noch Wahl und Krönung seines gleichnamigen Sohnes in Worms und Aachen durchgesetzt hatte[600], versammelte sich das Heer im August 961 in Augsburg und zog wie schon 951 über den Brenner in die Lombardei. Ganz wie 951 wurde Pavia ohne Schwertstreich besetzt, wo Otto und Adelheid erneut das Weihnachtsfest begingen[601], derweilen Abt Hatto von Fulda und andere *fideles* dem Papst schon Anfang Dezember im Namen Ottos einen Sicherheitseid geleistet hatten[602]. König und Heer setzten ihren Marsch nach Rom bald nach Weihnachten fort, ohne sich um Berengar und Adalbert zu kümmern, die wohl hofften, nach dem in Bälde erwarteten Abzug Ottos wieder im Lande herrschen zu können. Am 31. Januar 962 lagerte das Heer am Monte Mario nordwestlich der Peterskirche, und schon am 2. Februar wurde Otto gemeinsam mit Adelheid von Johannes XII. zum Kaiser gesalbt und gekrönt[603]. Nach fast vierzigjähriger, wenn auch zufälliger Vakanz[604] hatte der Westen wieder einen Kaiser. Der Bedeutung dieses Ereignisses waren sich die Zeitgenossen durchaus bewußt: der westfränkische Chronist Flodoard erwähnt sie ebenso wie das „Chronicon Salernitanum"[605]. Die Millennium-Feier des Jahres 1962 gab Anlaß zu einer Flut von Arbeiten, die hier unmöglich alle

---

[598] W 960 weilten Waltpert von Mailand und Petrus von Novara am Hofe Ottos in Regensburg: B–O 289c (S. 141). Zu Petrus II. von Novara s. PAULER, S. 21, der in seinem enttäuschenden Buch auf die Diözese Mailand und ihre Bischöfe nicht eingeht.

[599] Dies ja die Übersetzung des Titels seines Geschichtswerks „Antapodosis"; zu diesem vgl. KARPF, Reichsbegriff, S. 5 – 12; SUTHERLAND, S. 45ff. und bes. LEYSER, Liudprand, S. 126ff. Zu Liudprand als Bischof von Cremona: PAULER, S. 148 – 50 und LEYSER, aaO., S. 124 Anm. 15.

[600] Vgl. oben S. 468 – 70.

[601] B–O 307a-e, 308a; s. KÖPKE–DÜMMLER, S. 325 – 27; vgl. SCHROD, S. 14 – 16.

[602] Const. I, Nr. 10 – 11, S. 20 – 23: B–O 309a; B–Z 287; vgl. BEUMANN, Rückblick, S. 444; DRABEK, S. 65 u.a.

[603] B–O 309b-c; B–Z 293 – 94; vgl. KÖPKE–DÜMMLER, S. 328 – 29; HARTMANN III/2, S. 260 – 61; HALLER II, S. 208; DUPRÈ-THESEIDER, S. 61; HIESTAND, S. 217 – 18; ALTHOFF–KELLER II, S. 183 u.a.

[604] Vgl. oben S. 522 m. Anm. 460.

[605] Flodoard, Annales ad an. 962: *Otho rex Romam pacifice adiit et amabiliter exceptus atque honore illic imperiali sublimatus est* (ed. LAUER, S. 151); Chronicon Salernitanum, c.169 (ed. WESTERBERGH, S. 172). Die weiteren Quellen, die von der Kaiserkrönung berichten, verzeichnet B–Z 294. Vgl. noch WERNER, Imperium, S. 7 m. Anm. 1.

gewürdigt werden können[606]. Ich beschränke mich auf die im Zusammenhang dieser Arbeit wesentlichen Aspekte.

Da ist zunächst einmal die Feststellung wichtig, daß es sich nicht um die „Erneuerung" der römischen Kaiserwürde handelt[607] und erst recht nicht um die „Begründung" einer „deutschen" Kaiserpolitik[608], sondern ganz einfach um die direkte F o r t s e t z u n g der von Karl d. Gr. inaugurierten Kaiserpolitik, wie GRUNDMANN doch wenigstens prinzipiell richtig gesehen hatte[609], auch wenn er wie 1962 üblich verfrüht vom „deutschen König" spricht[610] und die konstitutive Bedeutung der Krönung durch den Papst viel zu spät ansetzt[611]. Das Kaisertum Ottos war das römisch – fränkische Karls d. Gr. und sonst nichts. Leider besitzen wir von Otto keine Bulle, wie dies für Wido der Fall ist, doch hat schon SCHRAMM mit Recht angenommen, daß sie in der Tradition Ludwigs d. Fr. die Devise „Renovatio regni Francorum" trug[612], während das Siegel lediglich die der Intitulatio entsprechende Formel: OTTO IMP. AUG. aufweist[613]. Daß das ostfränkische Reich den Sachsenkönigen als ein fränkisches Reich galt, zeigt einmal Widukind, der anläßlich des Todes Liudolfs den Verlust für das *imperium Francorum* beklagt[614], ferner die Tatsache, daß wohl Otto II. 961 es war, der *tunica stricta more Francorum* in Aachen gekrönt wurde

---

[606]) Zu erinnern ist vor allem an die dreiteilige „Festschrift zur Jahrtausendfeier der Kaiserkrönung Ottos des Großen"; KELLER, Kaisertum; BEUMANN, Rückblick; GRUNDMANN, passim; LÖWE, Kaisertum, S. 231 Anm. 1 u.a.m.

[607]) So etwa LÖWE, Kaisertum, S. 232; FLECKENSTEIN, Anfänge, S. 165 u.a.

[608]) Vgl. etwa BEUMANN, Rückblick, S. 412: „Die deutsche Kaiserpolitik des Mittelalters, die mit dem 2. Februar 962 ihren Anfang nahm..."; s. schon BRÜHL, Anfänge, S. 173 m. Anm. 101.

[609]) GRUNDMANN, S. 204: „Denn als sich Otto I. ...zum Kaiser krönen ließ, wurde keineswegs nur das seit 800 bestehende Kaisertum nach einer Unterbrechung wiederhergestellt, erneuert und fortgesetzt...". Die drei von Grundmann gebrauchten Verben sind keine Synonyma; s. aber auch BEUMANN, Rückblick, S. 428; vgl. noch die folg. Anm.

[610]) Das Neue an der Krönung Ottos wäre nach GRUNDMANN, S. 204, daß fortan nur der deutsche König Kaiser werden und daß er nur vom Papst in Rom gekrönt werden könne. Beide Aussagen sind falsch, doch ließe sich der erste Teil leicht durch den Einschub von „ostfränkisch" richtigstellen. In der Tat blieb die Kaiserwürde fortan mit Ostfranken und später mit dem Deutschen Reich in Personalunion verbunden. Es ist anzuerkennen, daß GRUNDMANN, aaO., der langjährigen Vakanz des Kaisertums keine Bedeutung beimißt; verfehlt OHNSORGE, Zweikaiserproblem, S. 60; s. noch die folg. Anm.

[611]) Nämlich mit Ottos Kaiserkrönung 962: GRUNDMANN, S. 204. In Wahrheit ist seit Ludwig II. jeder Frankenkaiser allein vom Papst gekrönt worden. Die Kaiserkrönungen in Ravenna 892 und in Bologna 1530 beweisen, daß Rom zwar der normale Krönungsort sein s o l l , aber nicht sein m u ß ; vgl. BRÜHL, Fodrum, S. 419, 497, 615 – 16 und oben S. 508 m. Anm. 353, S. 514 m. Anm. 402.

[612]) SCHRAMM, Kaiser, S. 173; vgl. oben S. 515 m. Anm. 408 – 09; s. noch OHNSORGE, Zweikaiserproblem, S. 59.

[613]) SCHRAMM, Kaiser, S. 173; DERS., Bilder, S. 73 und Tafel 333 Nr. 83.

[614]) Widukind, l.III c.57: *Liudulfus...obiit; toto Francorum imperio relinquens suo vulnere vulnus durum* (ed. HIRSCH, S. 135 Z. 23 – 26); vgl. schon oben S. 293 m. Anm. 333.

und entsprechendes für Otto I. allenfalls vermutet werden kann[615]. Zeigen schon diese Beispiele, die mit der Kaiserkrönung Ottos nicht in Zusammenhang stehen, wie lebendig der Gedanke des fränkischen Reiches selbst bei einem „Berufssachsen" wie Widukind war, so beweist die 966 vorübergehend gebrauchte Intitulatio Ottos als *imperator augustus Romanorum et Francorum*, daß man sich auch in Hofkreisen des römisch-fränkischen Charakters von Ottos Kaisertum vollauf bewußt war[616].

Wenn es dieses Beweises noch bedürfte, so genüge der Hinweis auf Ottos berühmtes „Pactum" mit der Römischen Kirche, das vom 13. Februar 962 datiert[617], d.h. im Augenblick der feierlichen Synode, die Papst Johann XII. in Anwesenheit Ottos in St. Peter abhielt[618]. Die Urkunde ist nicht in der Originalausfertigung erhalten, sondern nur in einer in etwa zeitgleichen Prunkabschrift auf Purpurpergament[619], eine der kostbarsten Cimelien des Vatikanischen Archivs[620]. Der Text hält sich eng an die älteren Vorlagen, von denen jedoch nur das „Pactum" Ludwigs d. Fr. mit Paschalis I. vom Jahre 817 und die sogen. „Constitutio Romana" Lothars I. vom November 824 auf uns gekommen sind[621]. SICKEL hatte daher in seiner Edition nur die aus diesen beiden Texten übernommenen Passagen durch Petitdruck kenntlich gemacht, wobei er sich der Problematik dieses

---

[615] Vgl. dazu oben S. 468 m. Anm. 50.

[616] DD O.I. 318, 322, 324–26, 329 (966 Jan. 24 – Juli 28): oben S. 167 m. Anm. 528–29. Alle diese DD sind in Ostfranken ausgestellt (Utrecht, Nimwegen, Duisburg, Quedlinburg, Wallhausen) und alle von „Liudolf K" diktiert (davon drei Or.). Von einer „Schreibermarotte" kann natürlich keine Rede sein, doch kennen wir die politischen Gründe für die Einführung wie auch für die Aufgabe der neuen Intitulatio nicht; vgl. aber oben S. 167 m. Anm. 533–34. Die Empfänger sind mehrheitlich, aber nicht ausschließlich Lothringer (D 326 ist für Chur, D 329 für Magdeburg bestimmt). Ganz abwegig OHNSORGE, Zweikaiserproblem, S. 60, der aus der Aufgabe des Titels auf Ottos ang. Abneigung gegen das römische Kaisertum schließt: Widukindus triumphans! Vgl. bes. KELLER, Kaisertum, S. 279–80; s. noch BEUMANN, Imperator, S. 333. Vgl. auch unten S. 542 m. Anm. 624.

[617] SICKEL, Beilage II, S. 178–82, bietet eine diplomatische Edition; meist benutzt wird D O.I. 235 (962 Febr. 13) S. 324–27 = Const. I, Nr. 12: B–O 311; B–Z 305. Letzte Edition bei STENGEL, Entwicklung, S. 245–48.

[618] Auf dieser Synode wurde Magdeburg zum Erzbistum erhoben: B–O 310; J.–L. 3690; B–Z 304; vgl. KÖPKE–DÜMMLER, S. 333–34; BEUMANN, Rückblick, S. 434–35, 447–49. Weitere Lit. zitiert B–Z 304. Zur Ostpolitik der Ottonen vgl. unten Kap. 9 § 3, S. 617ff.

[619] Vgl. BRÜHL, Purpururkunden, S. 610 m. Anm. 58. Eine Teilabb. schon bei SICKEL, nach S. 176 und zuletzt SCHRAMM–MÜTHERICH, S. 140 Nr. 65 und Tafel 65.

[620] Zur Problemgeschichte des „Ottonianum" vgl. bes. ZIMMERMANN, Ottonianum, S. 26ff., 40ff., der sich allerdings vor allem für die Wirkungsgeschichte im 17.–18. Jh. interessiert.

[621] Capit. I, Nr. 172, S. 352–55; Nr. 161, S. 322–23: B–M² 643, 1021. Zum „Pactum Ludovicianum" vgl. zuletzt DRABEK, S. 35ff und ebd. S. 65ff. Zum „Ottonianum" s. noch die folg. Anm.

Vorgehens selbst im Hinblick auf die „bekannten" Texte voll bewußt war[622]. Uns interessiert hier nur ein Passus aus dem § 12[623], der als „Rechtfertigungsformel" für den Abschluß des „Pactum" bezeichnet werden könnte: *pro remedio animę nostrę et filii nostri sive parentum nostrorum et pro cuncto a Deo conservato atque conservando Francorum populo*[624]. Der Sachse Otto schließt das „Pactum" mit der römischen Kirche: *pro cuncto a Deo conservato atque conservando Fr a n c o r u m populo*! Mag diese Formulierung nun auf das Ottonianum zurückgehen[625] oder auf ein früheres Pactum[626], auf jeden Fall hat Otto keinen Anstoß daran genommen, daß hier zwar der *populus Francorum*, nicht aber seine Sachsen erwähnt werden[627]. Dabei kann die seit SICKEL viel erörterte Frage[628], ob das „Ottonianum" in seiner Originalfassung oder in einer interpolierten Version überliefert ist[629], ganz auf sich beruhen bleiben[630], da der fragliche Passus auf keinen Fall von diesem Interpolations-, d.h. Verfälschungsverdacht betroffen wäre[631].

---

[622]) D O.I. 235 Vorbem., S. 323–24. Zur Überlieferung des „Pactum" Ludwigs d. Fr., die spät (11. Jh.) und wenig zuverlässig ist, vgl. SICKEL, S. 50ff.; vgl. dazu auch ULLMANN, S. 297ff.; STENGEL, Entwicklung, S. 225ff. Eine Edition des „Ludovicianum" bot schon SICKEL, Beilage I, S. 173–77.

[623]) Die Paragraphenzählung wurde natürlich von Sickel zur Vereinfachung der Zitierweise eingeführt; auch STENGEL, Entwicklung, S. 245–48, behielt sie bei.

[624]) ed. SICKEL, S. 180 Z.24–25; D O.I. 235, S. 325 Z. 36–38; ed. STENGEL, Entwicklung, S. 246; vgl. unten Anm. 626. Vgl. OHNSORGE, Zweikaiserproblem, S. 72.

[625]) So müßte nach dem Druck von Sickel angenommen werden. In den beiden von ihm herangezogenen Vorlagen: oben Anm. 621, findet sich der Passus jedenfalls nicht. Auch ULLMANN, S. 297, berücksichtigt nur diese beiden Texte.

[626]) STENGEL, Entwicklung, S. 223 Anm. 30 und ebd. S. 246 Anm.hh, hält den Passus „vielleicht" für einen Zusatz von 876; aber warum gerade 876, als Karl d.K. mit seinem Sohn Ludwig d.St. ein denkbar schlechtes Verhältnis hatte? D O.I. 235 ist gemeinsam mit Otto II. gegeben, obwohl dieser gar nicht in Rom anwesend war! Vgl. dazu unten Kap. 9 § 1, S. 556–57. Die „Edition" Stengels ist ein Geflecht teils plausibler, teils ganz willkürlicher Hypothesen; kritisch schon HALLER II, S. 551–53 und dazu STENGEL, aaO., S. 243–45, der mich nicht überzeugt hat; bewundernd aber DRABEK, S. 68–69.

[627]) Ganz unbefangen berichtet Brun von Querfurt, Vita s. Adalberti (rec. A) c. 21: *Hoc ipso tempore iter agit Romam rex Fr a n c o r u m Otto tercius* (ed. KARWASIŃSKA, S. 32 Z.5–6).

[628]) Vgl. ZIMMERMANN, Ottonianum, S. 65ff.; vgl. die folg. Anm.

[629]) Für Verfälschung sprach sich dezidiert ULLMANN, S. 311ff. aus; dagegen noch am ausführlichsten STENGEL, Entwicklung, S. 223 Anm. 31; vgl. auch unten Anm. 631.

[630]) Mangelnde Auseinandersetzung mit der These Ullmanns rügte auch SCHRAMM, Kaiser, S. 173 Anm. 44 (– S. 174); eindeutig ablehnend DRABEK, S. 69 Anm. 224; ohne eigene Stellungnahme ZIMMERMANN, Ottonianum, S. 67 m. Anm. 111; auch in: B–Z 305, wo unter den Drucken nicht einmal D O.I. 235 verzeichnet ist, fehlt eine Sachaussage, die spätestens hier erforderlich gewesen wäre. Im Rahmen meines Themas besteht kein Anlaß, dieser Frage nachzugehen. Vgl. noch die folg. Anm.

[631]) ULLMANN, S. 311–12, hält nur die §§ 15–19 für im Herbst 963 interpoliert; s. ebd. S. 313ff. Seine Argumentation, insbes. seine Kritik an dem sogen. Sacramentum Eugens II.: ebd. S. 316ff., scheint mir bedenkenswert; der Hinweis von ZIMMERMANN, Ottonianum, S. 67–68, auf die fraglos sehr gelehrten Ausführungen von STENGEL, Entwicklung,

Ein näheres Eingehen auf Ottos Italienpolitik der Folgezeit liegt nicht in der Intention dieses Buches. Konflikte mit dem Papsttum waren vorhersehbar und führten zu handfesten Eingriffen Ottos in die Besetzung der „Cathedra Petri"[632], doch betrifft dies in erster Linie die Geschichte des Papsttums[633]. Den Kampf gegen Berengar und Adalbert nahm Otto erst nach der Kaiserkrönung ernsthaft auf. Hierbei zeigte sich, daß die kampflose Überlassung der lombardischen Tiefebene wohl nur eine Taktik gewesen war im Hinblick auf den baldigen Abzug der landfremden Truppen. Als die Könige erkennen mußten, daß ihre Herrschaft als solche bedroht war, erwiesen sie sich als zähe Gegner. Erst nach längerer Belagerung ergaben sich die letzten Burgen Garda und S. Leo (bei S. Marino): Berengar und seine Gemahlin Willa wurden als Gefangene nach Ostfranken geführt und kehrten nicht mehr nach Italien zurück[634]. Berengars Sohn und Mitkönig Adalbert führte den aussichtslosen Kampf von Corsica aus weiter, wagte 965 während Ottos Abwesenheit sogar einen letzten Aufstand, der jedoch von Herzog Burchard von Schwaben rasch unterdrückt wurde, wobei ein jüngerer Sohn Berengars, Wido, der vielleicht Markgraf von Spoleto gewesen war, den Tod fand[635]. Adalbert setzte den Kampf auch noch im Folgejahr fort und fand sogar bei einigen Bischöfen wie Ottos Erzkanzler für Italien, Bischof Wido von Modena, und Bischof Sigolf von Piacenza Unterstützung[636]; er räumte Italien erst 969 und starb schließlich im Exil in Autun[637], während sein jüngerer Bruder Konrad sich mit Otto aussöhnte und die Markgrafschaft Ivrea, die „Stammlande" sei-

S. 222ff. und die nicht voll überzeugenden Ausführungen von Bertolini: ebd. S. 67 Anm. 111, genügt jedenfalls nicht. Ganz im Sinne Stengels aber DRABEK, S. 72 Anm. 242.

[632]) Bis hin zur Absetzung Johanns XII., der ihn gekrönt hatte, und Benedikts V. 963/64; vgl. ausführlich Harald ZIMMERMANN: Papstabsetzungen des Mittelalters (Graz-Wien-Köln 1968) S. 77ff.; s. noch SUTHERLAND, S. 82ff. und schon GRAF, S. 54ff.

[633]) Knapp und treffend wie meist HALLER II, S. 210ff.

[634]) B – O 320a-b, 321a, 340c, 348b, 351a; vgl. KÖPKE – DÜMMLER, S. 340 – 41, 345 – 46, 348, 355; GRAF, S. 10 Nr. 9 – 10 und ebd. S. 52 – 54; ALTHOFF – KELLER II, S. 187, 188 – 89. Berengar starb am 6. VIII. 966 in Bamberg, Willa scheint schon vor dem Tode ihres Gemahls den Schleier genommen zu haben: KÖPKE – DÜMMLER, S. 380 – 81.

[635]) B – O 380a, 409a; vgl. KÖPKE – DÜMMLER, S. 368, 381 – 82; GRAF, S. 14 Nr. 18 und ebd. S. 56. Vgl. aber HOFMEISTER, Markgrafschaften, S. 424 – 25.

[636]) B – O 427a; vgl. KÖPKE – DÜMMLER, S. 408, 410, 456; POUPARDIN, Bourgogne, S. 221 m. Anm. 6. Zu den Bischöfen Wido und Sigolf s. PAULER, S. 64 – 69, 82 – 83. Zu Wido als Erzkanzler unter Berengar und Otto s. auch BRESSLAU I, S. 397 – 98, 429, 441.

[637]) Vgl. KÖPKE – DÜMMLER, S. 459 – 60; GRAF, S. 59; HIESTAND, S. 218 – 19. Adalberts Sohn Otto Wilhelm († 21.IX.1027) war der wohl mächtigste Graf im Herzogtum Burgund, seine Mutter Gerberga die 1. Gemahlin Herzog Heinrichs I. von Burgund (965 – 1002), des Bruders von Hugo Capet; s. LOT, Capet, S. 417 m. Anm. 4 – 5; RICHARD, S. 4 – 6, 7; KAHL, Burgund, S. 27 – 28. Auch hier zeigt sich wieder die gesamtfränkische Verflechtung des in Italien regierenden hohen Adels. Vgl. bes. unten Kap. 10 § 2, S. 660 m. Anm. 250, S. 664 m. Anm. 291; vgl. noch oben S. 255 Anm. 74.

nes Vaters, zurückerhielt[638]. Erst seit dem Jahre 969 gab es in Italien keinen Rivalen mehr für Otto, der damit seine und seiner Nachfolger Herrschaft über das „Regnum" endgültig gesichert hatte[639].

Es versteht sich, daß die Kaiserkrönung von 962 eine Belastung der griechisch–fränkischen Beziehungen bedeuten mußte, da das Kaisertum nunmehr mit der fraglos mächtigsten Dynastie des Westens verbunden war,
was in Byzanz, das mit den fränkisch–italienischen Kaisern einen Ausgleich gesucht hatte[640], nur mit Besorgnis und Ablehnung aufgenommen
werden konnte. Der Gegensatz entzündete sich wie üblich an der Titelfrage: dem fränkischen Gesandten Bischof Liudprand von Cremona[641] verweigerte Nikephoros II. Phokas (963–969) den Kaisertitel, während er
umgekehrt für Liudprand – und ebenso für Johann XIII. – ein *imperator
Graecorum* war[642]. Die Krönung und Salbung des noch nicht volljährigen
Otto, der eigens vom Vater nach Italien gerufen worden war[643], nach byzantinischem Vorbild zum Mitkaiser[644] am Weihnachtstag 967 durch
Papst Johann XIII.[645] zeigt die Entschlossenheit Ottos, die Kaiserwürde
seiner Dynastie zu sichern. Seinen Bemühungen um eine byzantinische
Prinzessin für seinen Sohn war zu Lebzeiten von Nikophoros Phokas kein
Erfolg beschieden, wobei sich die Frage stellt, ob der eitle und wenig diplomatische Liudprand der rechte Mann für die heikle Mission der Brautwerbung gewesen ist[646]. Doch der Nachfolger Nikephoros'II. Johannes I.

---

[638]) Vgl. KÖPKE – DÜMMLER, S. 459 m. Anm. 3. Zu der „Mark" Ivrea s. aber HOFMEI-
STER, Markgrafschaften, S. 259–61.
[639]) Zu grundsätzlichen Aspekten dieser Herrschaft s. ALTHOFF – KELLER II, S. 190–
91, 241–43 und unten Epilog, S. 723–25.
[640]) Oben S. 516–17, S. 522.
[641]) Wir besitzen über die Gesandtschaftsreise Liudprands dessen eigenen, leidenschaft-
lich antigriechischen Bericht: Relatio de legatione Constantinopolitana (ed. BECKER,
S. 175–212); vgl. hierzu RENTSCHLER, S. 20ff., 47ff.; s. zuletzt LEYSER, Liudprand, S. 124
und ebd. S. 142 m. Anm. 66 zur Überlieferung.
[642]) B–Z 444–45 (968 Aug. 15 – Sept. 17); s. auch OHNSORGE, Zweikaiserproblem,
S. 62–63, der jedoch von der Vorstellung besessen ist, der „deutsche" Otto habe kein
„Kaiser der Römer" sein wollen, was natürlich völliger Unsinn ist. Liudprand redet beide
Ottonen in seiner „Legatio" ausdrücklich als *Romanorum invictissimos imperatores au-
gustos* an (ed. BECKER, S. 175 Z. 19–20), was OHNSORGE, aaO., S. 60, völlig falsch
interpretiert. Zur Persönlichkeit Nikephoros'II. s. OSTROGORSKY, S. 238ff.
[643]) B–O 454a, 461a; vgl. KÖPKE – DÜMMLER, S. 423ff.
[644]) Die Titulatur *coimperator* für Otto II. in den DD O.I. findet sich a u s s c h l i e ß l i c h
in den Privilegien für Magdeburg: DD O.I. 361–63 (968 Okt. 2) S. 498 Z.9–10 und
Z.36–37, 499 Z.24–25; D O.I. 377 (969 Juli 26) S. 518 Z.17; DD O.I. 383, 385–88 (970
Jan. 17–25) S. 525 Z.25–26, 527 Z.7–8 und Z.39, 528 Z.27, 529 Z.19; D O.I. 404 (971
Dez. 1) S. 550 Z.25. MOR, S. 22, spricht zu allgemein von „diplomi germanici"; s. aber
UHRLIRZ, Mitkaisertum, S. 383. Vgl. noch unten Kap. 9 § 1, S. 555 m. Anm. 15–19.
[645]) B–O 463b; B–Mi 592g; B–Z 433; vgl. ALTHOFF – KELLER II, S. 203.
[646]) Vgl. dazu RENTSCHLER, S. 20–22, 28–30 u.ö.; vgl. auch OSTROGORSKY S. 241–42;
OHNSORGE, Heirat, S. 33; LEYSER, Liudprand, S. 134ff.

Tzimiskes (969–976)[647] war um rasche Beilegung des Konflikts mit dem Westkaiser bemüht, indem er den Wünschen Ottos entgegenkam und zwar keine Purpurgeborene, dafür aber eine nahe Verwandte, die Prinzessin Theophano[648], als künftige Gemahlin Ottos II. nach Italien sandte. Die Hochzeit wurde mit großer Prachtentfaltung am 14. April 972, eine Woche nach Ostern, in Rom vollzogen[649]. Die vom selben Tag datierende Prunkausfertigung der Wittumsurkunde für Theophano[650] zeigt die Bedeutung, die man am Hofe Ottos der byzantinischen Heirat beimaß[651].

Bevor es jedoch zur fränkisch–byzantinischen Aussöhnung und damit zugleich zur Anerkennung des westlichen Kaisertums gekommen war, hatte Otto mehrfach in die süditalienischen Verhältnisse einzugreifen versucht. Ich lege Gewicht auf die Feststellung, daß nicht erst Otto II., sondern bereits Otto d. Gr. eine auf Expansion bedachte Süditalienpolitik getrieben hat, die naturgemäß größtes Mißtrauen in Byzanz hervorrufen mußte. Otto hatte hierfür einen wichtigen Bundesgenossen in Gestalt des Fürsten von Benevent und Capua Pandulf „Eisenkopf" gefunden, dem der Kaiser – spätestens im Januar 967 – auch den Dukat Spoleto und die Mark Camerino übertragen hatte[652]. Am 13. Februar 967 urkundet Otto erstmals in Benevent, wo ihn Pandulf empfing[653]. Durch die Erhebung Capuas und Benevents zu Metropolitensitzen sollten diese süditalienischen Fürstentümer enger mit dem „Regnum Italiae" und damit auch mit dem Kaisertum des Westens verbunden werden[654]. 968 führte Otto einen ersten

647) Über ihn vgl. OSTROGORSKY, S. 243–47; s. auch OHNSORGE, Heirat, S. 35; LEYSER, Liudprand, S. 134ff.
648) Zu ihrer Herkunft vgl. OSTROGORSKY, S. 246 m. Anm. 1; s. noch KIENAST I, S. 90 Anm. 194a und zuletzt Gunther WOLF: Nochmals zur Frage: Wer war Theophano? in: BZ. 81 (1988) S. 272–83, der Theophano zu einer Nichte des Kaisers Johannes II. Tzimiskes erklärt, was mir einleuchtet.
649) B–O 536b-c; B–Mi 597e; B–Z 492; vgl. KÖPKE–DÜMMLER, S. 479–83; UHLIRZ, Otto II., S. 24–26; OHNSORGE, Zweikaiserproblem, S. 63–64; DERS., Heirat, S. 14.
650) D O.II. 21 (972 Apr. 14): B–Mi 598. Auch hier handelt es sich nur um eine gleichzeitige kalligraphische Prachtausfertigung auf Purpurpergament; s. BRÜHL, Purpururkunden, S. 610 m. Anm. 59, 616 m. Anm. 102–03. HOFFMANN, Buchkunst I, S. 103–16, möchte die Gestaltung dieser einzigartigen Uk. dem „Meister des Registrum Gregorii" zuweisen. Vgl. noch OHNSORGE, Heirat, S. 40ff., wie immer mit problematischen Hypothesen wie z.B. der Behauptung, daß Liudprand von Cremona der Diktator von D O.II. 21 gewesen sei u.a.m.
651) Der Umfang dieses Wittums übertraf alles bisher Dagewesene; s. schon UHLIRZ, Otto II., S. 26; HARTMANN IV/1, S. 32. Verfehlt OHNSORGE, Heirat, S. 44–46.
652) Vgl. HOFMEISTER, Markgrafschaften, S. 425. In D O.I. 336 (967 Jan. 11): B–O 441, interveniert Pandulf bereits als marchio Camerini et Spoletani ducatus; s. auch KÖPKE–DÜMMLER, S. 414 m. Anm. 1; GAY, S. 297–98, 320; HARTMANN IV/1, S. 19 und DUPRÈ-THESEIDER, S. 63, der von einer Südmark spricht.
653) D O.I. 338: B–O 442; vgl. KÖPKE–DÜMMLER, S. 414–15; HARTMANN IV/1, S. 19.
654) B–Z 393 (a. 966), 459 (969 Mai 26); vgl. KÖPKE–DÜMMLER, S. 411 m. Anm. 5, 462 m. Anm. 3; GAY, S. 353–56; HARTMANN IV/1, S. 19–20 und bes. LINTZEL, Kaiserpolitik,

Feldzug nach Apulien, der nach der erfolglosen Belagerung Baris bald abgebrochen wurde[655]. Ein zweiter Zug, im Winter-Frühjahr 968/69 nach dem Scheitern von Liudprands Gesandtschaft begonnen[656], brachte kein besseres Ergebnis, bewirkte aber, daß Otto sowohl das Weihnachtsfest 968 als auch Ostern 969 an unbekannten Orten in Apulien und Kalabrien beging[657]. Im Frühjahr 970 unternahm der Kaiser seinen dritten und letzten Zug, der außer der Freilassung des im Jahre zuvor bei Bovino in griechische Gefangenschaft geratenen Pandulf[658] nichts einbrachte[659]. Insgesamt waren die drei süditalienischen Feldzüge allesamt Fehlschläge, die Otto jedoch weit über ein Jahr seiner Regierungszeit in Italien gekostet haben[660]. Die byzantinische Heirat im Jahre 972 besiegelte dann den Status quo[661].

Ein letztes Wort wäre noch über Ottos Herrschaftsstil in Italien zu sagen. Otto d. Gr. hat seit seinem 1. Italienzug 951 insgesamt über 9 1/2 Jahre in Italien verbracht, was 44,5% seiner Regierungszeit seit August 951 und immerhin noch 26,5% seit seinem Herrschaftsantritt 936 entspricht[662]. Es versteht sich wohl von selbst, daß Otto sich niemals so lange hätte im Süden aufhalten können, wäre es ihm in den Jahren vor 951 nicht gelungen, seine Herrschaft in Ostfranken, die, wie wir gesehen haben, mehrfach auf des Messers Schneide stand, hinreichend zu stabilisieren. Rechnet man gar ab September 961, d.h. vom Augenblick des 2. Italienzugs, der die dauerhafte Herrschaft Ottos über Italien ja eigentlich erst einleitet, dann be-

S. 159–60. Dem Privileg für Benevent hatte Otto sein Signum beigefügt; vgl. BEUMANN, Rückblick, Exkurs, S 456–58, bes. S. 456–57; s. noch unten Anm. 691.

[655] Liudprand, Legatio, c.11 (ed. BECKER, S. 182 Z.15–19). Liudprand gibt hier eine Äußerung des Nikephoros Phokas wieder; vgl. B–O 467a, 468a-c; KÖPKE–DÜMMLER, S. 436–37; GAY, S. 304–05; HARTMANN IV/1, S. 23–24.

[656] In einem in Fermo gehaltenen Placitum spricht Otto seine Absichten mit klaren Worten aus: *dum in Apuliam expeditionem ageremus, ut ipsam sublatam a Grecis nostro Italico regno redintegrare laboraremus...*: D O.I. 367 (968 Nov. 2): B–O 486; s. GAY, S. 295–96; DUPRÈ-THESEIDER, S. 66; s. auch OHNSORGE, Heirat, S. 35.

[657] B–O 489a-b; vgl. KÖPKE–DÜMMLER, S. 457–62; GAY, S. 310–12; HARTMANN IV/1, S. 27–30. Vgl. noch TELLENBACH, Kaiser, S. 236 und unten S. 547 m. Anm. 665–67.

[658] Vgl. KÖPKE–DÜMMLER, S. 463–64; GAY, S. 313–14; HARTMANN IV/1, S. 28–29; LEYSER, Liudprand, S. 135 m. Anm. 46. Pandulf wurde als Gefangener nach Konstantinopel gebracht.

[659] B–O 521a–523a; vgl. KÖPKE–DÜMMLER, S. 473–74; GAY, S. 315–18; HARTMANN IV/1, S. 30–31. Die Freilassung Pandulfs war jedoch keineswegs eine Folge des Feldzugs Ottos, sondern des Machtwechsels in Byzanz, und der freigelassene Pandulf bestimmte Otto zum sofortigen Rückzug; vgl. noch DUPRÈ-THESEIDER, S. 66–67.

[660] Vgl. BRÜHL, Fodrum, S. 476 m. Anm. 124, 477 Anm. 134, 478 m. Anm. 137.

[661] Eine allgemeine Würdigung von Ottos Süditalienpolitik bei LINTZEL, Kaiserpolitik, S. 159–61, mit rundum negativem Ergebnis; s. auch SMIDT, S. 21–25.

[662] Vgl. BRÜHL, Fodrum, S. 453 m. Anm. 9, 457 m. Anm. 27. MÜLLER-MERTENS, Reichsstruktur, S. 88–89, errechnet eine Aufenthaltsdauer in Italien zwischen 3383 und 3559 Tagen, d.h. zwischen ca. 9 Jahren 3 Monaten und 9 Jahren 9 Monaten.

trägt der Anteil Italiens sogar volle 78,4%. Im Gegensatz zu seinem Herrschaftsstil im Norden hat Otto im Süden den Aufenthalt in den Städten bevorzugt, was in Italien jedoch als bare Selbstverständlichkeit gelten muß. Er hat indes nicht einfach d i e Städte bevorzugt, sondern ganz konkret drei: Pavia, Ravenna und Rom, in denen wir ihn nicht weniger als 30mal bezeugt finden gegenüber 21 Aufenthalten in insgesamt 17 weiteren Civitates[663], unter denen Lucca mit drei Besuchen „herausragt"[664]. Fragt man nun gar nach der Dauer der Aufenthalte, so wird die Vorrangstellung der drei oben genannten Städte geradezu erdrückend: von den 23 Oster- und Weihnachtsfesten, die Otto in Italien beging, hat er nur vier[665] n i c h t in Pavia, Ravenna oder Rom begangen, wobei jedoch Pavia eindeutig auf den beiden ersten[666], Ravenna und Rom ebenso eindeutig auf dem dritten Italienzug dominieren[667], was wohl nur im Zusammenhang mit der kaiserlichen Tradition dieser Städte gesehen werden kann[668].

Angesichts des Residenzcharakters, den Pavia[669], Ravenna und – in minderem Maße[670] – Rom für Otto hatten, scheint es müßig, nach den bevorzugten „Kernlandschaften" seiner Herrschaft in Italien zu fragen. In der Tat wäre ein sich bei diesem Wort aufdrängender Vergleich mit Ost-

---

[663]) Vgl. BRÜHL, Fodrum, S. 462 m. Anm. 50; DERS., Honorantiae, S. 150; s. SCHROD, S. 68ff., bes. S. 72, 105 – 06 und zuletzt TELLENBACH, Kaiser, S. 234, 236 – 37, 250.

[664]) B – O 315 – 16 (962 März 13), 357 – 62 (964 Juli 29 – Aug. 10), 504 (969 Nov. 9); vgl. SCHROD, S. 111 – 12.

[665]) Neben W 968/O 969: oben Anm. 657, noch O 964: *in Camerino ducatu* (gemeinsam mit dem aus Rom vertriebenen Leo VII.): B – O 354b und O 968 (noch bei der Belagerung von Bari?); vgl. B – O 468b-c.

[666]) W 951, W 961, O 962, W 962, O 963, W 964, W 969: B – O 201b, 308a, 316a, 338a, 340a, 364a, 506a. Auf dem letzten Italienzug, der immerhin fast sechs Jahre währte, hat er nur noch W 969 in Pavia begangen; s. auch BRÜHL, Fodrum, S. 466 m. Anm. 72 und TELLENBACH, Kaiser, S. 235. Vgl. auch unten Kap. 9 § 1, S. 572 m. Anm. 146.

[667]) R o m : W 963, W 966, W 967, W 970, O 972: B – O 351a, 439a, 463b, 527b, 536. R a v e n n a : O 967, O 969, O 971, W 971: B – O 443a, 515a, 528a, 535a. Vgl. BRÜHL, Fodrum, S. 474 – 75; TELLENBACH, Kaiser, S. 235 – 36. Vgl. unten Kap. 9 § 1, S. 572 m. Anm. 147 und bes. § 3, S. 610 – 11.

[668]) Vgl. UHLIRZ, Restitution, S. 5: „Über der königlich langobardischen Hauptstadt Pavia stand nun Ravenna als Residenz des kaiserlichen Italiens"; ebd. S. 5 Anm. 1 eine Zusammenstellung der Aufenthalte Ottos I. in Ravenna; unglücklich formuliert DUPRÈ-THESEIDER, S. 65. Zur Pfalz in Ravenna vgl. BRÜHL, Fodrum, S. 486 – 87.

[669]) Pavia konnte vor der Angliederung Italiens an Ostfranken sogar als die Hauptstadt Italiens bezeichnet werden; vgl. Carlrichard BRÜHL: Zum Hauptstadtproblem im Mittelalter (1963) in: Aus Mittelalter und Diplomatik. Gesammelte Aufsätze, t. I (Hildesheim-München- Zürich 1989) S. 89 – 114, bes. S. 94 – 96, 104 – 11. Zur Königspfalz vgl. bes. BRÜHL, Honorantiae, S. 144 – 49.

[670]) Nach Rom kam Otto in erster Linie aus zeremoniellen Anlässen wie den Kaiserkrönungen und der Hochzeit des Sohnes mit Theophano sowie zur Niederschlagung von Aufständen, zur Ab- bzw. Einsetzung von Päpsten, zu bedeutenden kirchlichen Ereignissen und Kirchenfesten; vgl. B – O 309a – 312a, 348b – 351d, 355b-g, 439a – 441, 461a – 65, 495 – 96, 527a, 536a – 538. Vgl. TELLENBACH, Kaiser, S. 242 – 43.

franken irreführend: von „Kernlandschaften" in diesem Sinne kann in
Italien keine Rede sein[671], doch hat die Lombardei allein schon aufgrund
der langen Aufenthalte Ottos in Pavia einen deutlichen Vorsprung[672]. Bereits auf seinem zweiten Italienzug mußte Otto mit jener Seuche Bekannt-
schaft machen, die auch in der Folgezeit den Erfolg ganzer Italienzüge bestimmt hat, mit der Malaria[673]. Im Sommer 964 brach eine schwere Seuche
in Ottos Heer aus, der eine *innumera multitudo tam nobilium quam igno-
bilium* zum Opfer fielen, darunter Ottos Verwandter Erzbischof Heinrich von Trier und Herzog Gottfried von Niederlothringen[674]. Dies führt
uns zu der letzten in diesem Zusammenhang doch wenigstens kurz zu behandelnden Frage, zu der nach Ottos Verbündeten in Italien. Ich hatte schon
oben bemerkt, daß in Italien von einer Gliederung in *regna* wie nördlich
der Alpen nicht die Rede sein kann[675]; auch eine „Dukatsverfassung" hat es
entgegen einer in der italienischen Forschung weit verbreiteten Annahme
nicht gegeben[676]: die *ducatus* Spoleto und Benevent, die *marcae* Friaul und
Tuszien wären nördlich der Alpen als *regna* bezeichnet worden[677].

So hat man häufig die Auffassung vertreten, daß Otto in ang. Parallele
zu seiner Politik in Ostfranken[678] im Rahmen des sogen. „Reichskirchensystems"[679] auch in Italien eine konsequente Politik der Begünstigung
und Privilegierung der Bischöfe betrieben habe, die somit die eigentlichen
Stützen der ottonischen Herrschaft in Italien – im Gegensatz zum Hoch-

---

671) Vgl. BRÜHL, Fodrum, S. 483. Die Emilia – Romagna und Rom – Latium verdanken
ihre relativ hohen Aufenthaltszahlen allein Ravenna und Rom, so daß in Wahrheit nur die
Romagna dank Ravenna (und das auch erst ab 967) in weitem Abstand zur Lombardei den
Rang einer „Königslandschaft" beanspruchen könnte. Vgl. noch die folg. Anm.
672) Dieser Vorsprung wird durch einfaches Auszählen der Aufenthalte nicht genügend
deutlich, wenn man bedenkt, daß Otto sich während des 1. Italienzugs fast ausschließlich
in Pavia aufgehalten hat: B – O 196c – 206a (ca. 5 Monate), ferner von Sept. 962 bis Ende
April 963: B – O 329 – 340a (mindestens 7 Monate) und von Dez. 969 bis Mitte März 970
(mindestens 3 Monate): B – O 505 – 14 (mindestens 3 Monate, aber O 970 in Ravenna!),
wobei ich mich auf die längsten Aufenthalte beschränke, die allein ein Jahr und drei
Monate ausmachen, d.h. so lange, wie alle Süditalienzüge Ottos zusammen: oben S. 546
m. Anm. 660. Es sei daran erinnert, daß die Mark Verona mit Friaul seit 952 dem Herzog
von Baiern unterstand: oben S. 537 m. Anm. 588.
673) Vgl. Otto KESTNER: Alpenpässe und römische Malaria in der mittelalterlichen
Kaiserzeit, in: Hist. Vierteljahrsschrift 30 (1935) S. 686 – 719, bes. S. 692ff. und BRÜHL,
Fodrum, S. 532 – 33; s. noch SMIDT, S. 73 – 77 mit Exkurs 6: ebd. S. 110 – 12.
674) B – O 355g, 362a; vgl. KESTNER, aaO., S. 696 – 97; ALTHOFF – KELLER II, S. 189.
675) Vgl. schon oben S. 315 – 16 und HOFMEISTER, Markgrafschaften, S. 251ff.
676) Vgl. schon HOFMEISTER, Markgrafschaften, S. 247ff.
677) Vgl. HOFMEISTER, Markgrafschaften, S. 254 – 55, der sich dieser Verschiedenheit
der Terminologie indes nicht bewußt ist.
678) So etwa HARTMANN IV/1, S. 57; vgl. aber schon DUPRÈ-THESEIDER, S. 63 und zuletzt
bes. ALTHOFF – KELLER II, S. 216 – 22 sowie SCHIEFFER, Reichsepiskopat, S. 293 – 94.
679) Vgl. etwa SANTIFALLER, S. 37, 39, 42 u.ö. Zu diesem offenbar erst nach 1945 in die
Forschung eingeführten Begriff vgl. SCHIEFFER, Reichsepiskopat, S. 293 Anm. 10.

adel – gebildet hätten[680]. Gegen diese Lehre hatte schon Mathilde UHLIRZ Bedenken geäußert[681], denen DUPRÈ-THESEIDER sich ausdrücklich anschloß[682]; sie ist unlängst von PAULER erneut energisch bestritten worden[683]: Otto hat fraglos auch einige Bischöfe privilegiert, ohne daß dies in ein „System" gepreßt werden dürfte[684], doch darf daneben die Rolle der neuen „kleinen" Markgrafschaften nicht übersehen werden[685], so daß man von einem „Reichskirchensystem" unter den Ottonen nicht sprechen sollte[686], wie ja auch die Besetzung der Bistümer mit landfremden, konkret also meist ostfränkischen Bischöfen, für Otto I. nicht einmal ansatzweise nachgewiesen werden kann[687]. Ferner ist zu bemerken, daß Ostfranken und Italien unter Otto I. noch recht unverbunden nebeneinander stehen: weilt der Kaiser in Ostfranken, so hört jegliche Beurkundungstätigkeit für italische Empfänger praktisch auf[688]; aber auch die ostfränkischen Empfänger müssen sich während des kaiserlichen Aufenthalts in Italien mit nur wenigen Gunstbezeugungen Ottos begnügen[689]; das plötzliche Ansteigen

---

[680]) Geradezu klassisch formuliert von HARTMANN IV/1, S. 57: „Otto hat gewiß mit Bewußtsein in Italien dieselbe Politik fortgesetzt, die er in Deutschland eingeschlagen hatte"; vgl. dazu PAULER, S. 164–65; s. noch unten Anm. 686.

[681]) Kirchenpolitik, S. 210, 212–13, 218 und bes. S. 238; vgl. die Karte: ebd. S. 207 und DIES., Restitution, S. 26 m. Anm. 1. Insgesamt ist allerdings auch ihr Urteil noch stark von der „herrschenden Lehre" beeinfluß; vgl. etwa UHLIRZ, Kirchenpolitik, S. 208; s. dazu PAULER, S. 166–67. Vgl. noch unten Kap. 9 § 1, S. 572 m. Anm. 145.

[682]) DUPRÈ-THESEIDER, S. 64–65; vgl. DERS.: Vescovi e città nell'Italia precomunale, in: Atti del II Convegno di storia della chiesa in Italia (Padova 1964) S. 55–109, bes. S. 92ff.

[683]) PAULER, passim, bes. S. 164ff.

[684]) Dies betonte bereits DUPRÈ-THESEIDER, S. 64.

[685]) Vgl. DUPRÈ-THESEIDER, S. 62–63 und zuletzt PAULER, S. 167–71; vgl. ebd. S. 6–7, 19, 46, 55, 58.

[686]) In diesem Sinne schon PAHNCKE, S. 28: „So ist seine (scil. Ottos) italienische Politik, so weit sie die Bischöfe angeht, obwohl durch sein allgemeines Prinzip über die Stellung der Bischöfe im Reiche (scil. Ostfranken) vorgezeichnet(!), praktisch doch wesentlich unter dem Charakter des Versuches zu betrachten, d.h. im einzelnen stark zurückhaltend...Seine Arbeit gilt hauptsächlich der Idee (sic), wenig dem speziellen Fall"; vgl. dazu PAULER, S. 164–65, 166–67, der ungerecht hart über einen Doktoranden urteilt, der natürlich versuchen mußte, seine eigenen, durchaus richtigen Ergebnisse mit der sogen. „herrschenden Lehre" in Einklang zu bringen, was notgedrungen zu verfehlten Formulierungen führte.

[687]) Vgl. schon SCHWARTZ, S. 3 und PAHNCKE, S. 33ff. Unnötig zu betonen, daß in allen diesen Werken stets von „deutschen" Bischöfen u.ä. gesprochen wird, aber dieser Fehler findet sich sogar noch bei PAULER, S. 164, 166, 168 u.ö., wo er nun wirklich peinlich ist.

[688]) Die einzige Ausnahme ist D O.I. 429 (973 März 28): B–O 563, für Cremona; vgl. PAULER, S. 150, der aber die Bedeutung des Stücks nicht erkannt hat. Vgl. schon oben Anm. 229 und S. 537 m. Anm. 589.

[689]) Auf dem 2. Italienzug sind es nur drei: D O.I. 236 (962 Febr. 21): B–O 313, für das Bistum Konstanz, D O.I. 252 (963 Jan. 26): B–O 340, für das Kloster Lorsch, D O.I. 255 (963 Juni 14): B–O 343, für das Kloster Kempten. Zu undifferenziert KELLER, Reichsstruktur, S. 99.

der Beurkundungstätigkeit für Ostfranken auf dem 3. Italienzug ist weitgehend[690] der Erhebung Magdeburgs zum Erzbistum zuzuschreiben[691], das nun durch eine lange Reihe kaiserlicher Privilegien bedacht wird[692].

Zum Abschluß dieses Kapitels komme ich noch einmal auf die Frage des „romfreien Kaisertums" zurück, das uns bereits oben beschäftigt hat[693]. So unzweifelhaft eine solche Auffassung des Kaisertums nicht nur außer-, sondern auch innerhalb des Frankenreichs bestanden hat, so unzweifelhaft hatte Otto sich gegen diese Auffassung und für ein römisch–fränkisches Kaisertum im Sinne Karls d. Gr. entschieden[694], und es ist blanker Unsinn, wenn OHNSORGE glaubt, Otto eine besondere Abneigung gegen das römische Kaisertum attestieren zu müssen[695]. Das wagt nicht einmal Widukind: der erprobte Geschichtskonstrukteur zieht vor, die ihm bekannte historische Wahrheit schlicht nicht zur Kenntnis zu nehmen, besser gesagt, sie zu manipulieren. Nach der Ungarnschlacht auf dem Lechfeld, so weiß er zu berichten: *Triumpho celebri rex factus gloriosus ab exercitu pater patriae imperatorque appellatus est*[696]. Ich werde niemals begreifen, wie man dieser Stelle historische Faktizität beimessen konnte[697] angesichts der Tatsache, daß Widukind anläßlich des Ungarnsiegs Heinrichs I. denselben Unsinn schon einmal erzählt hatte[698]. Da Widukind aber sehr

---

[690] Aber doch nicht ausschließlich! Die Zahl der ostfränkischen Empfänger ist spürbar höher als auf dem 2. Italienzug (Chur, Elten, Hersfeld, Hilwartshausen, Metz, Nordhausen, Salzburg, Speyer, Worms, zwei Grafen u.a.); ich übergehe Beurkundungen für Aquileia und Verona (Bistum, S. Maria in Organo), die dem bairischen Herzog unterstanden. Vgl. aber unten Kap. 9 § 1, S. 571 m. Anm. 143.

[691] B – Z 298 (962 Febr.), 304 (962 Febr. 12), 418 (967 Apr. 20), 450 (968 Okt. 18). Zu dem von Otto mitunterfertigten B – Z 418 vgl. BEUMANN, Rückblick, Exkurs, S. 456 – 58, bes. S. 457. Zu B – Z 304 vgl. zuletzt BEUMANN, Laurentius, S. 149 – 50.

[692] Nicht weniger als elf (einschließlich Kloster Berge und eines Diploms für das Bistum Merseburg): DD O.I. 345, 361 – 63, 365 – 66, 385 – 88, 404: B – O 453, 476 – 78, 484 – 85, 510 – 13, 535; vgl. noch B – O 473a, 474 – 75. Auch dies wird bei KELLER, Reichsstruktur, S. 99, nicht deutlich.

[693] Oben S. 524 – 26.

[694] Vgl. schon oben S. 539 m. Anm. 603 – 05; s. noch ERDMANN, Imperium, S. 182.

[695] OHNSORGE, Zweikaiserproblem, S. 60; s. schon oben S. 541 m. Anm. 616.

[696] Widukind, l.III c.49 (ed. HIRSCH, S. 128 Z.23 – 24): oben S. 502 m. Anm. 306.

[697] So etwa BEUMANN, Rückblick, S. 433; zumindest unklar formuliert auch Hansmartin DECKER-HAUFF in: SCHRAMM, Herrschaftszeichen II, S. 620; vgl. LINTZEL, Widukind, S. 342 – 43; DERS., Kaisertum, S. 138, läßt die Frage offen. Klar ablehnend dagegen STENGEL, Heerkaiser, S. 56 – 57, 65, 74 u.ö.; GRUNDMANN, S. 206; s. auch EPPERLEIN, S. 336. Auf die Frage der ang. in den Jahren vor 961 für Otto I. gefertigten Kaiserkrone gehe ich bewußt nicht ein. Die letzte Stellungnahme ist von Mechthild SULZE- DÖRMANN: Die Kaiserkrone Konrad II. (1024 – 1039). Neue Untersuchungen zu Alter und Herkunft der Reichskrone, Sigmaringen 1990.

[698] Widukind, l.I c.39: *Deinde pater patriae, rerum dominus imperatorque ab exercitu appellatus, famam potentiae virtutisque cunctis gentibus et regibus(!) longe lateque diffudit* (ed. HIRSCH, S. 58 Z.2 – 5); vgl. BEUMANN, Widukind, S. 228, 233, 255 u.ö.; DERS., Konzeption, S. 81 u.a.

wohl weiß, daß Heinrich niemals den Kaisertitel trug, fährt er fort, ihn als *rex* zu bezeichnen, während Otto nach 955 für ihn nur noch *imperator* ist[699]. Er geht dabei so weit, von Ottos Romzug und der Einnahme Roms ohne Erwähnung des Papstes zu berichten[700]; auch die Erhebung Magdeburgs zum Erzbistum erwähnt er mit keinem Wort[701], obwohl er sein Werk mit der Nachricht von Ottos Beisetzung in Magdeburg beschließt[702]. In seinem letzten Satz fällt dann aber doch noch das schreckliche Wort: *Ita defunctus est...imperator R o m a n o r u m , rex gentium, divinarum humanarumque rerum multa ac gloriosa saeculis relinquens monimenta*[703].

Damit sind die Phantasien Widukinds, die in der Forschung unnötig wichtig genommen wurden[704], hinreichend gewürdigt. Doch obwohl Widukind in mancher Hinsicht ein Aussenseiter ist[705], in seiner Opposition gegen die Italienpolitik stand er gerade in Sachsen gewiß nicht allein[706],

---

[699]) Dies betonte schon LINTZEL, Kaiserpolitik, S. 199; s. auch BEUMANN, Widukind, S. 228; GRUNDMANN, S. 207; EPPERLEIN, S. 337.

[700]) Widukind, l.III c.63 (ed. HIRSCH, S. 137–38). Die Chronologie der diversen Italienzüge geht hier wirr durcheinander. Bemerkenswert ist der Satz: *Imperiumque cum filio quam magnifice dilataverit, nostrae tenuitatis non est edicere* (ed. HIRSCH, S. 138 Z.2–4); vgl. BEUMANN, Widukind, S. 35, 179; s. schon LINTZEL, Widukind, S. 342.

[701]) Zu den Gründen für dieses Schweigen vgl. bes. BEUMANN, Konzeption, S. 99ff.; s. noch DERS., Imperator, S. 330–31.

[702]) Widukind, l.III c.76:...*transtulit* (scil. Otto II.) *corpus patris in civitatem, quam ipse magnifice construxit vocabulo Magathaburg* (ed. HIRSCH, S. 154 Z.1–2); vgl. schon BEUMANN, Widukind, S. 258 m. Anm. 7 und zuletzt DERS., Imperator, S. 331–32.

[703]) Widukind, l.III c.76 (ed. HIRSCH, S. 154 Z.2–5). Dieser „Anhang" der cc.70–76 wird allgemein Widukind zugeschrieben; vgl. etwa BEUMANN, Widukind, S. 261 u.ö.; verfehlt OHNSORGE, Mitkaisertum, S. 287 Anm. 139. Es würde dies eine völlige Kehrtwendung Widukinds in seiner Haltung zum römischen Kaisertum bedeuten, wie ja auch die Aufnahme des Briefes Ottos: l.III c.70 (ed. HIRSCH, S. 146–47) erkennen läßt, in der von der Kaiserkrönung Ottos *a beato apostolico* (ohne Namen!) die Rede ist. Die Echtheit des Briefs, wenn auch wahrscheinlich überarbeitet, steht außer Frage; s. BEUMANN, Widukind, Exkurs, S. 266ff.; vgl. schon LINTZEL, Widukind, S. 342, 345, mit der Einschränkung: „wenn sie (scil. die Zusätze) von ihm stammen!" Auch ich bleibe skeptisch trotz BEUMANN, Widukind, S. 264–65; vgl. etwa noch KARPF, Reichsbegriff, S. 170, 174–75. Die jüngste Stellungnahme von BEUMANN, Imperator, S. 324–40, bes. S. 332–36, stellt u.a. die veränderten ottonisch–byzantinischen Beziehungen unter Otto II. als Grund für die Verwendung des Doppeltitels heraus und für den *rex gentium* eine biblische Herleitung.

[704]) Dabei hat es an kritischen Stimmen, darunter immerhin Namen wie Albert Hauck, Harry Bresslau und Wilhelm Wattenbach, nicht gefehlt. Aber das waren natürlich alles nur primitive Positivisten; vgl. LINTZEL, Widukind, S. 318 Anm. 4, der diese Skepsis jedoch: ebd. S. 318–19, ausdrücklich ablehnt, allerdings zugeben muß, daß Widukind gewiß nicht zum engeren Vertrautenkreis Ottos zählte: ebd. S. 319 m. Anm. 5. Zu Widukinds Kaiserbegriff vgl. noch STENGEL, Heerkaiser, S. 74ff.

[705]) Das verbindet ihn mit dem etwas jüngeren Westfranken Richer; vgl. oben S. 146 m. Anm. 167. Beiden gemeinsam ist der Hang, die Geschichte nach ihrem Gusto zu konstruieren, was häufig genug wider besseres Wissen geschieht.

[706]) Dies zeigt GIESE, S. 125ff. in überzeugender Weise; s. aber schon LINTZEL, Kaiserpolitik, S. 199.

auch wenn Hrotsvith von Gandersheim in lobhudelnder Form die römische Kaiseridee preist[707]. Unzweifelhaft hatte Otto schon in den 50er Jahren eine kaiserähnliche Stellung, was in der Forschung als „imperiales Königtum" umschrieben wurde[708]. Ich liebe diese Formel nicht[709], doch besteht auch für mich kein Zweifel, daß das Königtum Ottos das seiner Mitkönige inner- und außerhalb des *imperium Francorum* turmhoch überragte[710]. Indem sich Otto bewußt in die fränkische Tradition seit Karl d. Gr. einordnete[711] und damit für das römische Kaisertum und gegen ein „Heerkaisertum" Widukindscher Prägung optierte[712], hatte er eine Entscheidung gefällt, die nicht nur für sein Haus, sondern auch für die künftige deutsche Geschichte bindend sein sollte[713]. Auf Sinn und Nutzen dieser Entscheidung wird noch zurückzukommen sein[714], hier genüge die Feststellung, daß sie irreversibel war und schließlich auch nördlich der Alpen, insbesondere in Sachsen, angenommen wurde.

---

[707]) Vgl. ERDMANN, Imperium, S. 183–85; s. zuletzt KARPF, Reichsbegriff, S. 126ff.

[708]) Grundlegend KELLER, Kaisertum, bes. S. 242ff.; zustimmend KIENAST I, S. 73 m. Anm. 157a, trotz einiger Abstriche; s. auch ALTHOFF – KELLER II, S. 158ff.

[709]) Vgl. auch KIENAST I, S. 73 Anm. 157a zu JÄSCHKE, Königskanzlei, passim: „Manchen «imperialen» Illusionen, nicht nur der Ottonenzeit, dürfte damit ihr Flackerlicht ausgeblasen sein" (dies im Hinblick auf HOFFMANN, Geschichte, S. 38ff.); vgl. bes. KIENAST III, Anh. XIV: Das angebliche «imperiale Königtum» der letzten Karlinger und ersten Capetinger, S. 712–25, bes. S. 714ff.. Sehr viel vorsichtiger urteilt auch STENGEL, Heerkaiser, S. 59: „Imperiale S p u r e n in der Königszeit Ottos des Großen". Vorbehalte gegenüber Jäschke auch bei SCHNEIDMÜLLER, Tradition, S. 190, der aber im übrigen: ebd. S. 189–91, vorsichtige Kritik an Kienast übt. Zutreffend ist zweifellos, daß in Westfranken *regalis* und *imperialis* gern synonym gebraucht wurden und darin eine gewisse Tendenz gegen das römische Kaisertum deutlich wird.

[710]) Vgl. etwa oben S. 484 m. Anm. 161–63. Auch auf den britischen Inseln oder in Spanien gab es keinen Herrscher, der sich mit Otto hätte messen können. Der Kalif von Cordoba lief natürlich „außer Konkurrenz".

[711]) Diese Tradition betont mit Recht BEUMANN, Rückblick, S. 428ff. gegen die eher abwertende Einschätzung von LINTZEL, Kaiserpolitik, S. 166ff.

[712]) Vgl. ERDMANN, Imperium, S. 182, der jedoch die Bedeutung des ang. „Aachener" Kaisergedankens stark überschätzt: ebd. S. 180–82 und oben S. 527–28; s. auch LÖWE, Kaisertum, S. 236.

[713]) Vgl. auch ALTHOFF – KELLER II, S. 190.

[714]) Unten Epilog, S. 723–25.

# 9. KAPITEL

## DAS ALLMÄHLICHE AUSEINANDERTRETEN OST- UND WESTFRANKENS IN DEN LETZTEN JAHRZEHNTEN DES 10. JAHRHUNDERTS (ca. 973 – 987/1002).

§ 1: Otto II. und Lothar. Die Interventionen von 978. Otto II. in Italien und das Scheitern seiner Süditalienpolitik.

Otto d.Gr. starb am 7. Mai 973 in Memleben nach einer für einen mittelalterlichen Herrscher ungewöhnlich langen Regierungszeit von knapp 37 Jahren[1], auch hierin vergleichbar seinem Vorbild, dem großen Karl, der ihn in der Dauer der Herrschaft sogar noch um etwa acht Jahre übertraf. Zur historischen Größe gehört nun einmal neben dem Glück des Tüchtigen auch das Element der Dauer: welches Urteil würde die Geschichte über Otto gefällt haben, wenn er zufällig bereits im Jahre 950 gestorben wäre? Er hätte dabei noch immer eine längere Regierungszeit aufzuweisen gehabt als sie seinem Sohn und Nachfolger Otto II. vergönnt war. Otto ließ den Vater nach dessen Wunsch in seiner Gründung Magdeburg beisetzen[2]. Der langjährige Aufenthalt in Italien, wohin auch der junge Otto im Herbst 967 vom Vater berufen worden war[3], machte zunächst ein längeres Verweilen des Hofes in Ostfranken erforderlich, um dort die königliche Macht nach dem Tod des Vaters wieder zur Geltung zu bringen. Der Übergang der Herrschaft auf Otto II. hatte sich in aller Ruhe vollzogen, da Otto bereits seit 961 Mitkönig, seit 967 auch Mitkaiser gewesen war[4]. Otto war damals etwa zwölf Jahre alt[5], und sein Vater hielt es für angemessen, den Sohn fortan am Hofe zu halten wohl in Erinnerung an die Schwierig-

---

[1] B – O 574c; vgl. KÖPKE – DÜMMLER, S. 509 – 10; UHLIRZ, Otto II., S. 29 – 30.

[2] B – Mi 606a; vgl. UHLIRZ, Otto II., S. 31 – 32.

[3] Otto II. traf sich Ende Okt. 967 mit dem Vater in Verona und hat den Hof bis zum Tode Ottos I. nicht mehr verlassen: B – O 454a, 549a; B – Mi 590a, 601a-d, 605d, 605i-m; vgl. unten S. 554 m. Anm. 7.

[4] B – O 299a, 463b; B – Mi 574f, 592g; vgl. KÖPKE – DÜMMLER, S. 322, 429; UHLIRZ, Otto II., S. 4 – 5, 9. Vgl. oben S. 539 m. Anm. 600, S. 544 m. Anm. 643 – 45.

[5] Nach Cont. Regin. ad an. 955 (ed. KURZE, S. 168): B – Mi 574d; vgl. UHLIRZ, Otto II., S. 1 m. Anm. 2.

keiten, die ihm einst der zum Thronfolger designierte Liudolf bereitet hatte[6]. Eine von Ekkehard IV. von St. Gallen († „nach 1057") erzählte Anekdote zeigt, daß dies keineswegs nach dem Geschmack des Sohnes war[7], der jedoch auch nach der Heirat mit Theophano den Vater nicht umzustimmen vermochte[8].

Die Forschung ist sich darin einig[9], daß Otto II. zu Lebzeiten des Vaters keine echte Regierungsgewalt ausübte[10]. Dies ist um so erstaunlicher, als er – offenbar im Gegensatz zu Otto I.[11] – von Anfang an ein formelles Beurkundungsrecht eingeräumt erhielt, dessen sich die vormundschaftliche Regierung allerdings nur sehr zurückhaltend bediente[12], zumal eine eigentliche Kanzlei für den Thronfolger nicht eingerichtet wurde[13]. Aber auch in Italien bleibt Ottos II. Beurkundungstätigkeit gering[14] und beschränkt sich in der Regel wie schon zuvor auf Bestätigungen väterlicher

---

[6]) Vgl. oben S. 499 m. Anm. 284, S. 533 – 34.

[7]) Ekkehard IV. von St. Gallen, Casus s. Galli, c.146: *Miramur, ait*(scil. Otto II.), *cum tam firmiter imperium teneat, quod baculus deciderit. Enimvero quasi leo regna, quę adhuc cepit, firmissime tenuit, neque mihi, quamvis filio, partem vel unam dedit* (ed. HAEFELE, S. 284). Die Begebenheit kann sich unmöglich so zugetragen haben, wie Ekkehard sie schildert, doch trifft sie genau das psychologische Problem; vgl. auch HAEFELE, ed.cit., Einleitung, S. 7 – 10; s. aber UHLIRZ, Otto II., S. 10; BECKER, S. 10.

[8]) Ich vermute, daß Otto nach den Erfahrungen mit Liudolf seinen Sohn Otto genauso am kurzen Zügel hielt, wie das Heinrich I. mit ihm selbst getan hatte; s. schon oben S. 466 Anm. 36.

[9]) UHLIRZ, Otto II., S. 9 – 10; BECKER, S. 12: „Otto ist politisch so sehr und so wenig Mitregent am Ende wie am Beginne seiner Laufbahn zu Lebzeiten des Vaters"; vgl. ebd. S. 11.

[10]) Für die Jahre 961 – 967, in denen Brun von Köln und Wilhelm von Mainz für den Unmündigen die Regentschaft führten, versteht sich das von selbst: B – O 303a; B – Mi 574g; vgl. KÖPKE – DÜMMLER, S. 322 – 23; UHLIRZ, Otto II., S. 5 – 6; BECKER, S. 6. Aufschlußreich ist hierfür eine Urkundendatierung aus Trier: *regnante Ottone regulo anno II eiusque patre imperium possidente feliciter in Domino* (963 Juni 10): MUB.I, Nr. 213, S. 273; vgl. Nr. 211 (963 Apr. 17): *Regni Ottonis regis et patris sui cęsaris principatum tenentis II* (S. 271). Am 21.VII.963 urkundete „Otto II." für St. Maximin: D O.II. 7 (B – Mi 581).

[11]) Otto I. scheint vor dem Tode Heinrichs I. keine Urkunden ausgestellt zu haben, falls die miserable Überlieferung nicht trügt!

[12]) Insgesamt 13 DD vor Antritt des Italienzugs 967: DD O.II. 1 (961 Juli 25) – 13 (967 Jan. 18): B – Mi 575 – 82, 584 – 89; vgl. BECKER, S. 10 m. Anm. 4.

[13]) Vgl. UHLIRZ, Otto II., S. 5 – 6, 10; BECKER, S. 10.

[14]) DD O.II. 14 (967 Okt. 15): Brixen – 23 (972 Juli 11): Brescia = B – Mi 590 – 601 (D O.II. 22a-b sind bei B – Mi als zwei Nummern gezählt: B – Mi 599 – 600). Man beachte, daß Otto II. auch in Italien ausschließlich für ostfränkische Empfänger urkundet. Zur Verteilung der DD O.II. auf die einzelnen Jahre vgl. BECKER, S. 12 Anm. 3: aus den Jahren 966, 969 und 971 ist keine Urkunde Ottos überliefert, aus den Jahren 964, 965 und 970 je eine. Zu 961: ang. 4; vgl. aber D O.II. 2 Vorbem.; danach also 961: 1, 962: 4 und nicht umgekehrt wie bei Becker. Zu der unglaublichen Schlampigkeit, mit der die Regesten von B – Mi bearbeitet sind, vgl. die Überlieferungsangabe zu DD O.II. 22a-b: „Abschrift von Waitz aus dem jetzt (d.h. ca. 1887) nicht zugänglichen Chartular von S. Paul in Verdun" (S. 30, 32) mit der wörtlich übereinstimmenden Formulierung in B – Mi 599 – 600 (a.1950)! Vgl. noch unten S. 557 m. Anm. 34.

Präzepte[15]. Die Abhängigkeit vom Vater wird besonders in der Wittumgestellung für seine Gemahlin Theophano deutlich, die entgegen dem Usus
auch nach den Regierungsjahren des Vaters datiert ist[16] und überdies noch
dessen Signum aufweist[17]. Obwohl Otto II. so viele Jahre hindurch Mitkönig und Mitkaiser seines Vaters gewesen war, führte er nur in zwei Urkunden für denselben Empfänger den Titel *coimperator*[18], der im übrigen eine
Eigenheit des Diktats der Diplome Ottos I. für Magdeburg darstellt[19].
Entgegen der italienischen Tradition (Hugo – Lothar, Berengar II. – Adalbert)[20], die Otto I. ja nicht unbekannt geblieben sein konnte, findet sich gemeinsame Ausstellung von Urkunden selten und offenbar nur im letzten
Jahr des Aufenthalts in Italien[21]. Es gibt allerdings eine bemerkenswerte
Ausnahme, die man in ihrer Bedeutung bisher erstaunlicherweise nicht er-
kannt hat[22], nämlich das „Pactum" Ottos für die römische Kirche: *Ego Otto*

---

[15]) Vgl. bes. BECKER, S. 11, mit dem Resumé: „die Urkunden von 961 und von 972
beweisen die gleiche Unselbständigkeit"; s. aber unten Anm. 34.

[16]) D O.II. 21 (972 Apr. 14): *Data...imperii sanctissimi genitoris nostri Ottonis XI, nostri
vero V* (S. 30 Z.11 – 12): B – Mi 598. Die Datierungen in: DD O.II. 18 – 19 (968 Okt. 3):
B – Mi 594 – 95, für Magdeburg sind kein Gegenbeweis, da LH einfach das Protokoll von
D O.I. 361 (968 Okt. 2): B – O 476, gedankenlos abgeschrieben hat: DD 18 – 19 sind allein
nach den Regierungsjahren Ottos I. datiert; vgl. die folg. Anm.

[17]) D O.II. 21: *Signum invictissimorum domni* (M.) *magni et pacifici, item signum domni*
(M.) *perenniter augustorum* (S. 30 Z.8 – 9). Auch hier weisen DD 18 – 19: oben Anm. 16, nur
die Signumzeile Ottos I. auf (S. 26 Z.33, 27 Z.29); vgl. noch WOLFRAM II, S. 87 – 88.

[18]) DD O.II. 24 – 25 (972 Aug. 14 – 17; Or.) für Einsiedeln: *Otto iunior senioris...coim-
perator augustus* (S. 33 Z.37 – 38, 35 Z.4 – 5): B – Mi 602 – 03; vgl. ferner D 24: *quia nos
patre nostro dilectissimo ac coimperatore volente* (S. 33 – 34) und D O.II. 26 (972 Aug. 18;
Or.) für St. Gallen: *per nostri genitoris dilectissimi ac coimperatoris voluntatem* (S. 35
Z.31 – 32): B – Mi 604. Alle drei DD sind von WB verfaßt und geschrieben; vgl. BECKER,
S. 8 m. Anm. 6, der D 25 übersehen hat, und bes. UHLIRZ, Mitkaisertum, S. 384. Vgl. schon
oben S. 168 Anm. 535. Die entsprechende Formulierung *condux* für den künftigen Hein-
rich II. gebraucht D O.III. 155 (994 Nov. 23) S. 566 Z.36: B – U 1125; B – G 1483c; vgl.
WEINFURTER, S. 245, 262.

[19]) Vgl. schon oben S. 544 m. Anm. 644. Auch BECKER, S. 8 Anm. 6, hat dies nicht
erkannt; erst recht nicht OHNSORGE, Mitkaisertum, S. 267.

[20]) Vgl. oben S. 519 – 20, S. 532.

[21]) D O.I. 410 (972 Mai 25): *Otto itemque Otto divina favente clementia imperatores
augusti* (S. 558 Z. 27 – 28): B – O 540; D O.I. 414 (o.D.): *Otto itemque Otto divina favente
clementia imperatores augusti* (S. 566 Z.9 – 10): B – O 549. Die Überlieferung von D 414
für Novara ist sehr schlecht (nur Drucke), während D 410 für S. Apollinare in Ravenna
im Original vorliegen soll, doch war das Stück ursprünglich nicht gesiegelt und der
Vollziehungsstrich ist offenbar nicht zeitgenössisch; vgl. D O.I. 410 Vorbem., S. 558 und
B – O 540. Dennoch scheint mir die gemeinsame Ausstellung nicht grundsätzlich anfecht-
bar, da sich D 410 und D 414 gegenseitig stützen. Vgl. noch das Placitum bei MANARESI
II/1, Nr. 171 (972 Juli 30): *Dum in Dei nomine ad monasterio Sancti Ambrosii, ubi domnus
Otto et item Otto imperatores preerant* (S. 121 Z.1 – 2): B – O 545 (D O.I. 416); vgl. noch
BECKER, S. 8 m. Anm. 3 – 4 und bes. SICKEL, S. 108 – 09.

[22]) Das Faktum wurde meist nur registriert: B – O 311 (S. 151): „zugleich mit seinem
Sohne"; BECKER, S. 7; B – Mi 578a. Die Bemerkungen von SICKEL, S. 107, sind treffender
als die unsinnigen Hypothesen von STENGEL, Entwicklung, S. 223 Anm. 30, 245 Anm. b,
der diesen Passus allen Ernstes auf die Pacta von 825 oder 850 zurückführen möchte.

*Dei gratia imperator augustus unacum Ottone glorioso rege, filio nostro, divina ordinante providentia spondemus...*[23].

Otto II. hielt sich 962 fraglos nicht in Rom auf, auch weicht die Formulierung von den späteren Urkunden deutlich ab[24]. Selbstverständlich k a n n diese Wendung bereits so in der Originalausfertigung gestanden haben, weil Otto seinen Sohn in diesem feierlichen „Pactum" sogleich mitverpflichten wollte[25], aber dann müßte doch angesichts der bereits oben zitierten „Rechtfertigungsklausel" entweder die Originalität dieses Passus oder eine Vorlage, die gleichfalls zwei Kaiser nennt[26], angenommen werden[27]. Man darf aber vielleicht die Vermutung wagen, hierin einen späteren Einschub zu sehen, der erst im Augenblick der Anwesenheit Ottos II. in Italien, d.h. nach Herbst 967, eingefügt worden wäre[28], was natürlich auch die mehrfach geäußerte These einer späteren Erweiterung, d.h. Verfälschung, in neuem Licht erscheinen ließe[29]. Bekanntlich ist nur die kalligra-

---

[23]) D O.I. 235 (962 Febr. 13) S. 324 Z.46 – 48.

[24]) Vgl. oben Anm. 21 und UHLIRZ, Otto II., S. 5 – 7 (ohne direkte Erwähnung des Pactum); s. schon SICKEL, S. 107.

[25]) So etwa BECKER, S. 7. Ich möchte diese M ö g l i c h k e i t keineswegs ausgeschlossen wissen.

[26]) Dies ist die Meinung von STENGEL, Entwicklung, S. 223 Anm. 30, der in der ursprünglichen Fassung das Pactum von 892 als Vorlage vermutete, dies aber in seiner Bearbeitung ausdrücklich zurücknahm: vgl. ebd. S. 245 Anm. b: „vielleicht 825 oder 850, aber mit *imperatore*". SICKEL, S. 93 107 – 08, glaubt aufgrund der Worte: *divina ordinante providentia*, die „förmlich nachhinken" (S. 107), gar an direkten Einfluß des „Ludovicianum" vgl. aber D O.I. 242 (962 Apr. 20; Or.) S. 343 Z.41 – 42: B – O 320.

[27]) Vgl. schon oben S. 542 m. Anm. 625 – 26. In jedem Fall muß aber eine Umstilisierung der ang. Vorlage angenommen werden, wie auch Sickel und Stengel einräumen: oben Anm. 26. Betrachtet man die „kritische" Edition von STENGEL, Entwicklung, S. 245 – 48, so gibt es außer den Eigennamen und dem Datum kaum ein Wort, das nicht von irgendwoher „übernommen" wäre. Ich halte eine solche Methode, die das Gras wachsen hören möchte, für gefährlich und abwegig. Man stelle sich den Redaktor des „Pactum" Ottos I. bei der „Zusammensetzung" seines Textes konkret vor! Damit soll die Existenz verlorener Vorlagen selbstverständlich nicht grundsätzlich bestritten werden. Am wahrscheinlichsten erscheint mir die Benutzung des verlorenen „Pactum" von Wido und Lambert: D Wid.dep. 9 (S. 66 – 67); s. auch STENGEL, Entwicklung, S. 220 Anm. 10. Vgl. dazu Angelo MERCATI: Frammenti in papiro di un diploma imperiale a favore della chiesa romana, in: Papsttum und Kaisertum... Paul Kehr zum 65. Geburtstag dargebracht, hgg. von Albert BRACKMANN (München 1926; Nachdruck: Aalen 1973) S. 163 – 67, bes. S. 166; s. noch DRABEK, S. 60 – 63.

[28]) Hierfür spricht der für eine Doppelausfertigung merkwürdige Beginn: *Ego Otto...*; eine Formulierung wie oben Anm. 21 hätte eine tiefgreifende Veränderung des Textes vornehmlich im Eschatokoll erforderlich gemacht. Zu Ottos Legitimationsformel *Dei gratia* vgl. DD O.I. 238 (962 März 13), 244 (962 Aug. 6; Or.) 249 (962 Nov. 3; Or.) u.ö. sowie SICKEL, S. 106. Das „Nachhinken" der Legitimationsformel Ottos II. – wenn sie überhaupt als solche aufzufassen ist – erklärt sich am unverfänglichsten durch den ungeschickten Einschub. Für STENGEL, Entwicklung, S. 245 Anm. a und c, datieren die beiden Formeln „vielleicht seit 872" und „wohl seit 825". Ein Kommentar erübrigt sich.

[29]) Vgl. oben S. 542 m. Anm. 629 – 31. Es soll mit diesen Zeilen nicht der Eindruck erweckt werden, als ob damit ein Fälschungsnachweis erbracht sei; vgl. unten Anm. 31.

phische Prunkausfertigung auf uns gekommen, von der niemand sagen kann, ob sie wirklich 962 oder nicht vielleicht erst anläßlich der Kaiserkrönung Ottos II. – oder gar noch einige Jahre später – angefertigt worden ist[30]. Ich behaupte nicht, daß dies so gewesen sein m u ß , und erst recht behaupte ich damit keine Verfälschung des „Pactum"[31], doch scheint mir diese völlig isolierte gemeinsame Ausstellung bereits im Jahre 962 in A b w e - s e n h e i t  d e s  M i t a u s s t e l l e r s  zumindest befremdlich und der Gedanke einer späteren, leicht umgearbeiteten Neufassung in Gestalt der Prunkausfertigung[32] durchaus erwägenswert[33].

Die selbständige Regierung Ottos beginnt mit D O.II.28, d.h. es sind 27 Urkunden Ottos II. aus der Zeit seines Mitkönigtums überliefert. Verteilt auf die 12 Jahre, die hierfür anzusetzen sind, ergibt dies ein Jahresmittel von etwa 2,2 Urkunden[34]. Eine solche Beurkundungstätigkeit des gekrönten Thronfolgers vor Antritt der Alleinherrschaft findet sich nördlich der Alpen erstmals bei Otto II. und danach erst wieder bei Heinrich VI.[35]. In Ostfranken hat Otto II. in den etwa 7 1/2 Jahren seines dortigen Aufenthalts insgesamt 210 Urkunden gegeben, von denen wir Kenntnis haben[36],

---

Geht man aber von einer Überarbeitung des Textes der Prunkausfertigung aus, so wären Einschübe oder Veränderungen gegenüber dem originalen Text von 962 sehr wohl denkbar. Für SICKEL, S. 43 – 44, handelt es sich dagegen um „eine gleichzeitige, von Amtswegen angefertigte und unmittelbare Abschrift des Originalpactums von 962, kurz ein Duplicat des letzteren". Eben dies scheint mir fraglich.

[30]) Auch SICKEL, S. 41, 43, behauptet nicht mehr, als daß das „Pactum" in der uns vorliegenden Form noch in das 10. Jahrhundert zu datieren ist; ein Urteil, dem ich voll zustimme. Vgl. bes. unten Anm. 32.

[31]) Dieser Nachweis müßte sehr viel umfassender geführt werden. Sollte sich meine Hypothese weiter erhärten lassen, so wäre dies allenfalls die Abklärung einer V o r a u s - s e t z u n g - bzw. Fälschungsvermutung.

[32]) Das muß indirekt auch SICKEL, S. 16, einräumen: „Aber dass man etwa noch um 990...ebenso wie es in O.(scil. Ottonianum) der Fall ist, zu schreiben verstanden hat, wird nicht in Abrede gestellt werden können".

[33]) Dies bedeutet allerdings zugleich ein Überdenken der Zuverlässigkeit der Prunkausfertigungen auf Purpur, die bisher stets als getreue Abschriften der Vorlage betrachtet wurden, was in dem einzigen Fall, da es nachprüfbar ist, auch tatsächlich zutrifft; vgl. BRÜHL, Purpururkunden, S. 615 – 17. Ich behaupte nicht, den N a c h w e i s  erbracht zu haben, daß dies nicht der Fall ist, zumal schon die direkte Vorlage von D O.I. 235 diese „Korrekturen" – falls es sich um solche handelt – enthalten haben kann.

[34]) Die Krönung in Aachen erfolgte am 26.V.961, Otto I. starb am 7.V.973: B – O 299a, 574c. Vgl. oben Anm. 12 und Anm. 14 sowie DD O.II. 24 – 27 (972 Aug. 14 – Okt. 18): B – Mi 602 – 05. Im letzten Jahr vor dem Tod des Vaters hat Otto II. immerhin 8 DD ausgestellt und ergänzend dazu oben Anm. 21. Man gewinnt daraus doch den Eindruck, daß der Einfluß Ottos nach der Hochzeit mit Theophano gestiegen ist.

[35]) Dies betont zutreffend BECKER, S. 10. Nicht einschlägig sind natürlich die von karolingischen Unterkönigen in ihren Teilreichen gegebenen DD.

[36]) D O.II. 28 (973 Juni 2): B – Mi 606 – D O.II. 236 (980 Okt. 29): B – Mi 831 sowie DD O.II. 79a (974 Mai 24), 213a (980 März 3): B – Mi 660, 806. D O.II. 33 (973 Juni 6): B – Mi 611, ist ein Deperditum. Von diesen 210 DD sind 113 im Original überliefert. Vgl. noch unten Anm. 40 und S. 559 m. Anm. 50.

was einem Jahresmittel von genau 28 und einem monatlichen Durchschnitt von etwa 2,5 Urkunden entspricht. Von diesen Diplomen betreffen zwölf italienische Empfänger[37]; neun sind ohne Ausstellort gegeben[38] und scheiden daher für das Itinerar aus, so daß 201 Diplome für eine Itineraruntersuchung zur Verfügung stehen. Angesichts der relativ kurzen Regierungszeit Ottos II. in Ostfranken verlohnt sich keine Detailuntersuchung, wie sie E. MÜLLER-MERTENS für Otto I. vorgelegt hat[39], die hier aber ohnehin nicht nachgeholt werden könnte. Ich beschränke mich daher auf einige wenige Feststellungen. Die 201 Urkunden Ottos II. verteilen sich auf 60 Aufenthaltsorte, von denen 29 nur einmal urkundlich bezeugt sind[40]. Von diesen 60 Orten entfallen nur acht auf die Herzogtümer Baiern und Schwaben[41], die nach wie vor vom Hof kaum aufgesucht werden[42]. Nach der Zahl der Aufenthalte stehen Allstedt mit zehn und Magdeburg mit acht Aufenthalten deutlich an der Spitze[43], doch ist auffällig, daß Otto niemals Ostern oder Weihnachten in Magdeburg, nur Ostern 976 in Allstedt be-

---

[37]) DD O.II. 71 (974 Apr. 2) für das Patriarchat Grado (stark verunechtet): B – Mi 651; 120 (975 Nov. 24) für das Bistum Lodi: B – Mi 702; 144 (976 Nov. 22) für das Bistum Pavia: B – Mi 729; 154 (977 Apr. 16) für das Patriarchat Aquileia: B – Mi 741; 166 (977 Okt. 5) für das Bistum Como: B – Mi 754; 173 (978 Apr. 11) für die Abtei S.Pietro in Ciel d'Oro zu Pavia: B – Mi 764; 175 – 76 (978 Apr. 17 – 18) für die Bistümer Acqui und Cremona: B – Mi 766 – 67; 206 (979 Nov. 5) für das Bistum Tortona: B – Mi 798; 212 (980 Febr. 12) für das Bistum Bergamo: B – Mi 804; 220 (980 Juni 16) für die Söhne des Grafen von Treviso: B – Mi 815; 231 (980 Okt. 14) für das Bistum Reggio: B – Mi 826. In fünf Fällen (DD 144, 166, 173, 175 – 76) waren die Petenten am Hof anwesend. In D O.II. 154 (977 Apr. 16) für das Patriarchat Aquileia interveniert der *Karentanorum dux* Heinrich. Vgl. noch unten Anm. 143 – 44.

[38]) DD O.II. 62, 79a, 94, 145, 147, 149, 150, 202, 233: B – Mi 641, 660, 675, 730, 732 – 33, 735, 793, 829. Von diesen sind DD 94, 150, 202 und 233 sowohl ohne Datum als auch ohne Ortsangabe.

[39]) Vgl. MÜLLER-MERTENS, Reichsstruktur, S. 79ff., 165ff.

[40]) Hier wie auch im folgenden geht es grundsätzlich nur um Relationen, nicht um die Exaktheit einer Spezialuntersuchung, wie sie im Rahmen dieses Buches nicht vorgelegt werden kann. Ich bin mir wohl bewußt, daß über die Urteile von Sickel das letzte Wort noch nicht gesprochen ist. Mikoletzky hat sich in B – Mi im wesentlichen damit begnügt, Sickel – bis hin zu den Überlieferungsangaben! – möglichst wörtlich abzuschreiben; vgl. schon oben Anm. 14.

[41]) Im Herzogtum Baiern: Regensburg (zwei Aufenthalte), Passau und Etterzhausen. Im Herzogtum Schwaben: Erstein (hier W 975 und 979), Brumath und Bruchsal 975/76, sodann Bruchsal, Konstanz, St. Johann-Höchst auf dem Wege nach Italien 980.

[42]) Die beiden Züge 976/77 waren durch die Empörungen Heinrichs „des Zänkers" bedingt: B – Mi 711a, 715a, 717a-b; B – Mi 750b – 756. Zu Schwaben s. oben Anm. 41 und KELLER, Reichsstruktur, S. 77 – 79.

[43]) Gefolgt von Dornburg, Memleben, Nimwegen und Tribur mit je 5, Bodfeld, Frankfurt, Grone, Ingelheim und Pöhlde mit je 4 Aufenthalten; s. BRÜHL, Fodrum, S. 119 m. Anm. 16. Nach der Zahl der Beurkundungen führen Allstedt und Magdeburg (je 15) vor Aachen (9), Erstein, Frankfurt, Grone und Tribur (je 6) usw.

gangen hat[44], während die Bedeutung von Aachen, Frankfurt, Ingelheim, Quedlinburg und Pöhlde gerade hier hervortritt[45]. Auf gar keinen Fall kann Magdeburg als die „Reichshauptstadt" im 10. Jahrhundert bezeichnet werden[46].

Diese kurze „Urkundenstatistik" lädt ein zu einem Vergleich mit Westfranken. Ich konnte schon oben zeigen, daß mit Otto I. eine krasse Überlegenheit der ostfränkischen Urkundenüberlieferung gegenüber der westfränkischen einsetzt[47], die sich mit Otto II. eher noch verstärkt. Betrachtet man die zehneinhalb Jahre, die Lothar und Otto II. nebeneinander regieren[48], so finden sich für Lothar in diesem Zeitraum ganze 15 Urkunden bezeugt[49], was einen Mittelwert von 1,2 pro Jahr ergibt, d.h. das jährliche Urkundenmittel Lothars ist gerade halb so hoch wie das monatliche Ottos II. Unter diesen 15 Diplomen Lothars befinden sich ganze zwei Originale[50]. Im Gegensatz zu den 60 Orten, in denen wir Otto II. urkundlich bezeugt finden, läßt sich Lothar nur in Laon und Compiègne mehrfach nachweisen[51], an drei weiteren Orten noch je einmal[52], das ist alles. Laon wird

---

[44]) O 976: B – Mi 713e. Zu Magdeburg, das auch unter Otto I. niemals Festtagspfalz war, s. BRÜHL, Fodrum, S. 153 Anm. 158 und unten mit Anm. 46.

[45]) O 974 und 978 in Quedlinburg, O 977 und 980 in Ingelheim, Pf 975 und W 978 in Frankfurt, W 974 und 979 in Pöhlde, O 975 und wahrscheinlich Pf 980 in Aachen: B – Mi 653a, 763a; 737a, 809b; 682a, 771f; 672a, 800a; 680a und 812; vgl. noch BRÜHL, Fodrum, S. 125 – 26 m. Anm. 42 – 43.

[46]) So aber Albert BRACKMANN: Magdeburg als Hauptstadt des deutschen Ostens im frühen Mittelalter (Leipzig 1937) S. 18, 26, 29, 74; einschränkend bereits Robert HOLTZMANN: Otto der Große und Magdeburg (1936) in: Aufsätze zur deutschen Geschichte im Mittelelberaum (Darmstadt 1962) S. 1 – 33, bes. S. 4. Kritisch zu Brackmann auch BRÜHL, Fodrum, S. 153 m. Anm. 157 – 58.

[47]) Vgl. schon oben S. 492ff.

[48]) Der Einfachheit halber rechne ich für Lothar die gesamte Regierungszeit Ottos II., obwohl dessen Aufenthalt in Italien: unten S. 571 m. Anm. 141 – 43, noch gar nicht berücksichtigt ist.

[49]) Actes de Lothaire, Nr. 34 – 50, doch sind Actes cit., Nr. 37, 43 und 47 Deperdita; Nr. 63 halte ich im Gegensatz zu den Herausgebern für echt, aber außerhalb der Kanzlei entstanden.

[50]) Actes de Lothaire, Nr. 38 – 39. Vgl. dazu oben Anm. 36: 113 Originale Ottos II. nur bis 980!

[51]) Laon: Actes de Lothaire, Nr. 41 – 42, 44 – 46, 48 (ann. 977 – 982). Compiègne: Actes de Lothaire, Nr. 34 – 36, 38 (ann. 974 – 975); Nr. 64 (a.983). Bedenkt man, daß Actes cit., Nr. 37, 43 und 47 Deperdita sind (Nr. 47 allerdings mit der Ortsangabe Troyes und dem Datum 981 Nov. 7, doch die Überlieferung ist J. Vignier!), so handelt es sich praktisch um zwei „Reihen": Compiègne 974 – 75, Laon 977 – 82, wobei jedoch zu beachten ist, daß aus den Jahren 970 – 73(!) und 978 – 79 keine Königsurkunden auf uns gekommen sind; Actes de Lothaire, Nr. 40 ist ohne Orts- und Datumangabe.

[52]) Actes de Lothaire, Nr. 39 (a.976): Douai; Nr. 49 (a.982): Parentignat (Dép. Puy-de-Dôme); Nr. 50 (a.982): Boussac (Dép. Haute-Loire); die beiden letztgenannten Orte in comitatu Arvernensi (Auvergne) sind während Lothars Aquitanienzug gegeben; s. auch unten S. 570 m. Anm. 132; vgl. LOT, Carolingiens, S. 128 m. Anm. 2 und unten S. 570 m. Anm. 128 – 31. Zu dem Aufenthalt in Douai vgl. LOT, aaO., S. 84 – 85; SCHOENE, S. 92 Anm. 15.

in Lothars Urkunden einmal *urbs regalis* und zweimal *civitas regia* genannt[53], was selbstverständlich nicht als Hinweis auf eine „Hauptstadt" mißverstanden werden darf, sondern nur unterstreicht, daß Lothar in diesen Jahren praktisch ein „König von Laon" war[54]. Dennoch ist sein Selbstbewußtsein ungebrochen: gerade in jenen Jahren nennt er sich in der Intitulatio praktisch ausnahmslos *rex Francorum*[55], in zwei Diplomen geradezu provokativ: *Francorum rex (et) augustus*[56], was ich keineswegs im Zusammenhang mit der Erhebung Ludwigs V. zum Mitregenten sehen möchte[57], sondern eher als eine interne Rangerhöhung für den Hausgebrauch[58]. Die einzige Urkunde, die Lothar gemeinsam mit seinem Sohn Ludwig ausgestellt hat, weist eine einzigartige Intitulatio auf: *Hlotharius genitor genitusque eius Hlodovicus utrique opitulante gratia Dei Francorum reges*[59], was so der Kanzlei schwerlich in die Feder geflossen ist[60].

Die Frühzeit der Regierung Lothars bis 965 stand unter dem bestimmenden Einfluß seines Onkels Brun von Köln[61]. Hatte schon das Hinscheiden Bruns unzweifelhaft dazu beigetragen, Lothars Beziehungen zu

---

[53]) Actes de Lothaire, Nr. 48 (a.982): *Datum Lauduno, urbe regali* (S. 110 Z.20); Nr. 45–46 (981 Juli 9): *Actum Lauduno, civitate regia* (S. 104 Z.13, 107 Z.10); vgl. BRÜHL, Palatium I, S. 75–76 m. Anm. 24.

[54]) Vgl. BRÜHL, Fodrum, S. 232, 253; DERS., Palatium I, S. 75 m. Anm. 22–23.

[55]) Actes de Lothaire, Nr. 40 (o.D.) ist die einzige Ausnahme. Zur Bedeutung des Titels *rex Francorum* vgl. oben S. 160–61, S. 162 m. Anm. 489.

[56]) Actes de Lothaire, Nr. 45–46 (981 Juli 9) für den *dux Rossilionensis Goifredus*. Diese beiden schlecht überlieferten Ukk. (17. Jh.) fallen völlig aus dem Rahmen des üblichen Kanzleidiktats Lothars, weshalb ich an Empfängerausfertigungen denken möchte. In Nr. 45 nennt Lothar Gottfried *amicus noster* (S. 104 Z.11); in beiden DD findet sich im Eschatokoll die Formel: *Regnante domno Lothario augusto serenissimo* und: *Signum domni Lotharii* (M.) *Francorum regis augusti* (S. 104 Z.14 und Z.17, 107 Z.11–12 und Z.14). Beide DD sind überdies die einzigen jener Jahre, die ein komplettes Datum einschließlich Monat und Tag angeben. Vgl. auch oben S. 162.

[57]) Dies war die Meinung der Herausgeber Louis HALPHEN und Ferdinan LOT, ed.cit., Introduction, S. XXV. Zum Herzogstitel Gottfrieds von Roussillon vgl. KIENAST, Herzogstitel, S. 200–01 m. Anm. 175, der an eine „Unachtsamkeit der königlichen Notare" denkt, was mich schon deshalb nicht überzeugt, weil ich diese Urkunden nicht in der Kanzlei entstanden glaube; vgl. oben Anm. 56 und die folg. Anm.

[58]) WOLFRAM II, S. 147, formuliert treffend: „Die Beschränkung oder, wenn man will, allgemeine Ereignisbezogenheit der augustalen Experimente bis 987 dienten den Bedürfnissen der Abtei Cluny. Auf derselben Linie lag Goifred von Roussillon, der einen ‚augustus rex' haben wollte, der ihn legitimierte… Der augustale Königstitel bildet daher keine außenpolitische Demonstration, etwa als Antwort der Karolinger auf das ottonische Kaisertum, sondern hatte eine ganz bestimmte innenpolitische Bedeutung, die aber außerhalb der Machtsphäre des ‚rex Francorum' existierte"; vgl. noch ebd. S. 145, wo Wolfram mit Recht gegen die „Irrtumstheorie" Kienasts: oben Anm. 57, Stellung nimmt.

[59]) Actes de Lothaire, Nr. 56 (979 Juni 8 – 986 März 2) S. 130 Z.31–32; Nr. 65 (979 Juni 8 – 986 März 2) ist ein Spurium des 12. Jh. Vgl. noch unten Anm. 121.

[60]) Dies auch die Auffassung der Editoren: ed.cit., Introduction, S. XI, XXV; anders WOLFRAM II, S. 149.

[61]) Vgl. oben S. 491 m. Anm. 213–14.

Ostfranken abzuschwächen[62], so hat der Tod seiner Mutter Gerberga, der Schwester Ottos d.Gr., am 14. März 968 diese Entwicklung noch weiter gefördert[63], zumal Otto in jenen Jahren vollauf mit den Angelegenheiten Italiens, genauer: Süditaliens, befaßt war und keine Zeit hatte, seine Aufmerksamkeit Westfranken zuzuwenden[64]. Es wäre allerdings grundfalsch, nun sogleich auf ein allgemeines „renversement des alliances" zu schließen: Lothars wohl Ende 965 oder Anfang 966 eingegangene Ehe mit Emma, der Tochter der Kaiserin Adelheid aus deren Ehe mit Lothar von Italien[65], zeigt zur Genüge, daß an einen grundsätzlichen Wechsel der Politik weder in Ost- noch in Westfranken gedacht wurde[66]. Eine indirekte Kritik an Ottos Verhalten gegenüber dem Papsttum, die man aus einer Urkunde Lothars für das Bistum Langres von ang. 967 oder 977 hat herauslesen wollen, da hier die „Konstantinische Schenkung" zitiert wird, ist gegenstandslos, da es sich um eine Fälschung frühestens des späten 11. Jahrhunderts handelt[67]. Im übrigen sind wir gerade über die Jahre 966 – 973 ausnehmend schlecht unterrichtet, da der zuverlässige Flodoard 966 starb und Richer – ohnehin eine höchst problematische Quelle – aus dieser Zeit so gut wie keine politisch relevanten Nachrichten gibt[68]. Eine einzige Ausnahme verdient Erwähnung: zur Osterzeit 972 fand sich als Gesandter König Lothars der Archidiakon der

---

[62]) Mit Recht haben LOT, Carolingiens, S. 54ff. und SCHOENE, S. 76ff. den Tod Bruns zu dem entscheidenden Gliederungspunkt ihrer Darstellung gemacht.

[63]) So zutreffend LOT, Carolingiens, S. 62, während SCHOENE, S. 83 – 84, unnötig dramatisiert: „Die Verbindung mit dem Ostreiche...drohte (ganz)...zu zerreißen" (S. 83); vgl. unten mit Anm. 65 – 66.

[64]) Vgl. oben S. 544 – 46.

[65]) Diese Ehe war wohl auf dem großen Kölner Familientreffen des Jahres 965 ausgehandelt worden; vgl. LOT, Carolingiens, S. 49, 54 m. Anm. 2; SCHOENE, S. 71, 79 – 80 und oben S. 488 m. Anm. 189.

[66]) Der beste Beweis ist die Erhebung des Metzer Kanonikus Adalbero, der ein Neffe des Metzer Bischofs Adalbero I. († 964) war, auf den Reimser Erzstuhl nach dem Tod des Erzbischofs Odelrich am 6. XI. 969; vgl. LOT, Carolingiens, S. 63 – 65; SCHOENE, S. 84 – 86. Zu Adalbero vgl. bes. unten § 2, S. 584 m. Anm. 231.

[67]) Actes de Lothaire, Nr. 29 (ang. 967 Aug. 30; Ps.–Or.) S. 72 Z. 16 – 20 und dazu LÖWE, Kaisertum, S. 352 – 55; WERNER, Imperium, S. 8 Anm. 2; KELLER, Kaisertum, S. 352 – 55; KIENAST I, S. 86 m. Anm. 186a. Vgl. aber Robert-Henri BAUTIER: Les diplômes royaux carolingiens pour l'église de Langres (1985) in: DERS., Chartes, sceaux et chancelleries. Études de diplomatique et de sigillographie médiévale, t.I (Paris 1990) S. 209 – 42, bes. S 211 – 13 (Mémoires et documents de l'École des Chartes, t.34). Ich korrigiere hiermit mein in der 1. Auflage vertretenes Urteil.

[68]) Vgl. schon LOT, Carolingiens, S. 54: „Cette période est très obscure, très mal connue" (gemeint sind die Jahre 965 – 973); s. auch SCHOENE, S. 81 – 82. Aus den Jahren 970 – 973 ist keine einzige Uk. überliefert: oben Anm. 51. Actes de Lothaire, Nr. 33, weist kein Eschatokoll auf und ist irgendwann zwischen 954(!) und 972 gegeben.

Reimser Kirche Gerannus in Rom ein[69], und es scheint mir plausibel, daß diese Gesandtschaft im Zusammenhang stand mit der Hochzeit Ottos II. mit Theophano, die eben um diese Zeit in Rom gefeiert wurde[70].

Der Tod Ottos d.Gr. bedeutete auch für die ost- – westfränkischen Beziehungen einen gewichtigen Einschnitt, selbst wenn dieser zunächst nur psychologischer Natur war: die übermächtige „Patriarchengestalt" Ottos d.Gr., neben dem Lothar natürlich immer nur eine Statistenrolle gespielt hatte[71], war plötzlich nicht mehr, und Otto II. als der um 14 Jahre jüngere Vetter Lothars konnte dieses Autoritätsvakuum nicht schließen. Mit seinen knapp 32 Jahren war Lothar gewissermaßen „über Nacht" zum „elder statesman" geworden, der den gerade 18jährigen Otto II. an politischer Erfahrung bei weitem übertraf. Man darf überdies nicht vergessen, daß in Lothars Adern mehr sächsisches Blut floß als in denen Ottos[72]. Es versteht sich, daß alle diejenigen, die, solange Otto d.Gr. lebte, ihre Ansprüche hatten zurückhalten müssen, nach dessen Tod um so ungestümer damit hervortraten. Dies galt in besonderem Maße für die Söhne jenes Reginar III. Langhals, der nach einem fehlgeschlagenen Aufstand gegen Brun im Jahre 957 von diesem an Otto d.Gr. ausgeliefert worden war, der ihn nach Böhmen exilierte, wo Reginar auch starb[73]. Die Söhne Reginars, Reginar IV. und Lambert, hatten sich an den Hof Lothars geflüchtet und kehrten auf die Nachricht von Ottos Tod eilends in den Hennegau zurück, überfielen Péronne und töteten u.a. die beiden Grafen Warner und Rainald, denen

---

[69]) Richer, l.III c.45: *Quo tempore G(erannus) Remensium archidiaconus in logica clarissimus habebatur. Qui etiam a Lothario, Francorum rege, eadem tempestate O(ttoni) regi(!) Italiae legatus directus est* (ed. LATOUCHE II, S. 54). Richer erzählt die Geschichte nur im Kontext der geistigen Entwicklung und Ausbildung Gerberts (l.III cc.43–65: ed. LATOUCHE II, S. 50–80), der politische Aspekt der Reise interessiert ihn nicht, doch stehen B–Z 496–98 mit dieser Gesandtschaft zweifellos in Zusammenhang. Gerannus nimmt Gerbert von Aurillac bei dieser Gelegenheit mit nach Reims, wo dessen große Karriere beginnt; s. LOT, Carolingiens, S. 75–76; vgl. noch ebd. S. 69 Anm. 1.

[70]) Dies hatten schon KÖPKE–DÜMMLER, S. 483 angenommen; zustimmend SCHOENE, S. 86, während LOT, Carolingiens, S. 76, sich mit der Feststellung begnügt: „Nous ignorons le but de ce voyage"; unsicher auch B–Z 496. Mit Sicherheit waren die Hochzeitsfeierlichkeiten Otto II. nicht der einzige Anlaß zu dieser Reise; vgl. schon oben Anm. 69.

[71]) Vgl. schon oben S. 484 m. Anm. 163; s. noch WERNER, Histoire, S. 489: „Le royaume sort du système ottonien".

[72]) Dies betonte mit Recht bereits FICHTENAU, Horizont, S. 241. Otto II. war nur zu 50% Sachse, Lothar zu 75%, da neben seiner Mutter Gerberga auch seine Großmutter väterlicherseits eine Angelsächsin gewesen war. Vgl. schon oben S. 187 Anm. 51; s. noch unten § 2, S. 603 m. Anm. 376.

[73]) B–O 254a; vgl. KÖPKE–DÜMMLER, S. 293–94, 296–97; LOT, Carolingiens, S. 22; SCHOENE, S. 42–43.

Brun seit 965 die Verwaltung des Hennegau übertragen hatte[74]. Otto II. gelang es rasch, des Aufstands Herr zu werden, doch Reginar und Lambert entkamen nach Westfranken[75]. Ein im Jahre 976 mit größeren Kräften und wohl auch mit Unterstützung des westfränkischen Hofes begonnenes Unternehmen scheiterte nach blutiger Schlacht vor Mons[76].

An diesem Feldzug hatte auch Lothars Bruder Karl teilgenommen, dem Lothar noch immer – Karl war inzwischen etwa 23 Jahre alt, also älter als Otto II. – eine standesgemäße Ausstattung verweigerte, wahrscheinlich vor allem deshalb, weil seine eigenen Mittel dazu nicht ausreichten und er um der Versorgung des Bruders willen die guten Beziehungen zu Hugo Capet und den übrigen Großen des Reiches nicht aufs Spiel setzen wollte[77]. Das persönliche Verhältnis zwischen Lothar und Karl verschlechterte sich noch weiter, als dieser die Königin Emma offen des Ehebruchs mit dem neugeweihten Bischof Ascelin (Diminutiv von Adalbero) von Laon beschuldigte[78]. Lothar verwies Karl des Landes[79]. Es ist dennoch wahrscheinlich, daß es sich in der Tat um unbewiesenes Gerede gehandelt hat[80], doch die Feindschaft zwischen Lothar und Karl war darum nur um so stärker. Während Lothar bei dem Einfall der Söhne Reginars 974 in strikter

---

[74]) B – Mi 641a; LOT, Carolingiens, S. 78 – 79; UHLIRZ, Otto II., S. 45; SCHOENE, S. 88; MOHR, Frage, S. 706 – 07; DERS., Geschichte, S. 47.

[75]) B – Mi 647b; LOT, Carolingiens, S. 79 – 80; UHLIRZ; Otto II., S. 46 – 47; SCHOENE, S. 88 – 89; MOHR, Frage, S. 707; DERS., Geschichte, S. 47; KIENAST I, S. 88.

[76]) B – Mi 713b; LOT, Carolingiens, S. 83 – 84 m. Anm. 3, sieht im Ausgang der Schlacht eher einen Erfolg des Hauses Vermandois gegenüber den Grafen von Cambrai, während UHLIRZ, Otto II., S. 73 – 75, den unentschiedenen Ausgang betont und SCHOENE, S. 90 – 93, gar einen „deutschen" Sieg zu erkennen glaubt; s. noch MOHR, Frage, S. 707; DERS., Geschichte, S. 48. KIENAST I, S. 88 – 89, äußert sich dazu nicht.

[77]) Die indirekte Unterstützung, die Lothar seinem Bruder 976 gewährt hatte, könnte der Hoffnung entsprungen sein, Karl auf diese Weise in Lothringen zu versorgen; in diesem Sinne auch KIENAST I, S. 88; vgl. schon LOT, Carolingiens, S. 83.

[78]) Richer, l.III c.66 (ed. LATOUCHE II, S. 80). Richer nennt Karl nicht ausdrücklich, das tut erst Bischof Dietrich von Metz in einem Schmähbrief des Jahres 984: unten Anm. 102. In der Angelegenheit trat eine Synode in St-Macre zusammen, deren Datierung umstritten ist: LOT, Carolingiens, S. 91 Anm. 4 i.f. datiert sie auf Mai 977, UHLIRZ, Otto II., S. 89 Anm. 8, auf 981/83, während HEFELE – LECLERCQ IV/2, S. 833 – 37, sie leider nicht erwähnen. Folgt man der Datierung von Uhlirz, so könnte die Landesverweisung Karls nicht im Zusammenhang mit den Gerüchten um Emma gestanden haben, was LOT, aaO., S. 88, voraussetzt; ebenso SCHOENE, S. 97 – 98 und MOHR, Frage, S. 708. Die Frage mag hier auf sich beruhen.

[79]) Richer, l.IV c.9, läßt Karl vor Adalbero von Reims in einer erfundenen Rede ausdrücklich sagen: *Licet a fratre de regno pulsus sim...* (ed. LATOUCHE II, S. 156); vgl. dazu unten § 2, S. 593 m. Anm. 290. KIENAST I, S. 89, äußert sich nicht über die Gründe des Zwists zwischen Lothar und Karl.

[80]) Dies das Urteil von LOT, Carolingiens, S. 88, dem sich MOHR, Frage, S. 708, anschließt.

Neutralität verharrt hatte[81], dürfte der Einfall von 976 zumindest mit seiner ausdrücklichen Billigung, wenn auch nicht mit seiner militärischen Unterstützung erfolgt sein[82]. Nach dem Scheitern des Unternehmens schien es ein geschickter Schachzug Ottos, Reginar IV. und Lambert im Mai 977 aus freien Stücken ihre Erbgüter im Hennegau mit Ausnahme von Mons zurückzugeben. Den von Lothar des Landes verwiesenen Karl belehnte er mit dem Herzogtum Niederlothringen[83], was am westfränkischen Hof als direkter Affront aufgefaßt werden mußte[84]. Niemandem konnte verborgen bleiben, daß die Beziehungen zwischen dem ost- und dem westfränkischen Hofe trotz des engen Verwandtschaftsverhältnisses spürbar abgekühlt waren.

Man hat geglaubt, die Ereignisse des Jahres 978 als das Ergebnis einer spätestens seit 973 systematisch betriebenen Politik der Rückgewinnung Lothringens darstellen zu können[85], doch kann davon keine Rede sein[86]. Die einzige ausführliche zeitgenössische Quelle zu dem Überfall Lothars auf Otto, der mit seiner schwangeren Gemahlin im Sommer 978 in Aachen residierte, ist ausgerechnet der phantasievolle Schwätzer Richer, der als Mönch von St-Remi aber selbstverständlich kein Augenzeuge war[87]. Die St. Galler Annalen betonen als Lothars Motiv, daß er Aachen: *tamquam sedem regni patrum suorum*, und überdies: *terram quoque inter Mosellam et Renum*, für sich habe gewinnen wollen[88], was alle Wahrscheinlichkeit

---

[81] Dies räumt sogar SCHOENE, S. 89, ein, der viel zu sehr bemüht ist, die Gewinnung Lothringens als durch Lothar von langer Hand vorbereitet darzustellen. Vgl. dazu unten mit Anm. 85–86.

[82] Diesen Eindruck vermittelt auch LOT, Carolingiens, S. 84ff.; s. noch SCHOENE, S. 91–92, während UHLIRZ, Otto II., S. 73 m. Anm. 6, zu harmlos urteilt.

[83] B–Mi 742a; LOT, Carolingiens, S. 91, spricht von einem „coup de maître"; einschränkend UHLIRZ, Otto II., S. 87–88; s. noch SCHOENE, S. 96–98; MOHR, Frage, S. 707–08; DERS., Geschichte, S. 49.

[84] Selbst SCHOENE, S. 98, meint: „Eine Versöhnungspolitik kann das nicht genannt werden"; s. auch UHLIRZ, Otto II., S. 88: „König Lothar und seine Gemahlin...empfanden gewiß den Schlag, der ihnen durch diese Ernennung (lies: Belehnung) versetzt wurde, auf's Tiefste".

[85] So vor allem SCHOENE, S. 76ff. Ganz töricht MOHR, Frage, S. 708: „Wir können vielleicht den Text Richers dahin ergänzen, daß Lothar mit dem Tode Ottos I. das Recht des sächsischen Hauses auf Lothringen hinfällig erachtete". Das ist reine Phantasie.

[86] LOT, Carolingiens, S. 92, urteilt vorsichtig: „C'est qu'en effet, depuis deux ans au moins (d.h. seit 976), Lothaire semblait avoir conçu le dessein de recouvrer la Lorraine". UHLIRZ, Otto II., S. 105, denkt an eine direkte Reaktion auf die Ereignisse des Vorjahrs; s. noch SCHNEIDMÜLLER, Tradition, S. 164 m. Anm. 45.

[87] Richer, l.III cc.68–71 (ed. LATOUCHE II, S. 82–88): B–Mi 770a, wo Richer noch nach SS.III zitiert wird. Allgemein s. LOT, Carolingiens, S. 92ff.; UHLIRZ, Otto II., S. 105ff.; SCHOENE, S. 101ff.; MOHR, Frage, S. 712ff.; KIENAST I, S. 89ff.

[88] Ann. Sangall. maiores ad an.978 (ed. HENKING, S. 296). Die Gesta episc. Camerac., l.I c.97, bemerken: *Lotharius rex Karlensium* (!), *nepos videlicet suus* (scil. Ottos II.), *illum volens privare imperio occulta expeditione adeo incautum paravit invadere...ut...posset* (scil.. Otto II.) *resistere* (ed. BETHMANN, S. 440 Z.31–33).

für sich hat[89]. Es will mir scheinen, als ob die lothringische Politik Lothars weniger dessen eigenen politischen Überlegungen entsprang als vielmehr dem geistigen Vermächtnis der Gerberga, die ihre Herrscherjahre in Lothringen wohl nie vergessen konnte. Die Detailangaben Richers zu Lothars Feldzug sind im Zweifel dessen freie Erfindung[90]. Diskussionswürdig scheint mir lediglich die Frage, ob Lothar wirklich einen Überfall plante[91], oder ob das Unternehmen von langer Hand vorbereitet war[92]. In letzterem Fall müßte man wohl eher an einen Feldzug gegen Lothars Bruder Karl denken als an einen Überfall auf Otto[93]. Da der Überfall auf Aachen aber das zentrale Ereignis darstellt, das schließlich auch Ottos Gegenreaktion auslöst und zugleich rechtfertigt, scheint mir die Annahme, Lothar habe tatsächlich einen Überfall auf Aachen geplant, die wahrscheinlichere[94]. Dann aber sind alle Angaben Richers über die Größe des Heeres, über des-

---

[89]) Während Richer, l.III c.71, als einzigen Beweggrund angibt: *Lotharius cum exercitu affuit, Ottonem se capturus ratus* (ed. LATOUCHE II, S. 86); s. auch c.69: *se sponte ituros cum rege, et Ottonem aut comprehensuros, aut interfecturos, aut fugaturos pollicentur* (ed. LATOUCHE II, S. 84).

[90]) Das beginnt schon bei der Zahl von 20.000 Mann, die Lothars Heer gezählt haben soll: l.III c.70 (ed. LATOUCHE, S. 86). Unsinnig ist auch, daß Lothar erst im Augenblick, da Otto in Aachen weilte, eine Versammlung der Großen mit Hugo Capet an der Spitze in Laon einberufen hätte: c.68 (ed. LATOUCHE II, S. 84). Entweder hat diese Versammlung wesentlich früher stattgefunden oder überhaupt nicht, was ich für die wahrscheinlichere Möglichkeit halte, da Richer die Marotte hat, in Permanenz Beratungen stattfinden zu lassen; vgl. unten Anm. 336. Es lohnt nicht, auf weitere Einzelheiten einzugehen. Ob Lothars Truppen den Adler der Aachener Pfalz nach Osten (Richer) oder nach Westen (Thietmar) gedreht haben, ist mir höchst gleichgültig; s. aber MOHR, Frage, S. 714–16. Vgl. noch die folg. Anm.

[91]) Dies ist die Auffassung von LOT, Carolingiens, S. 92: „Il se décida brusquement à tenter l'aventure. Le moyen qu'il voulait employer, était fort habile, s'il était peu loyal". Dies hindert ihn: ebd. S. 93, aber nicht, von der Einberufung einer Versammlung der Großen in Laon zu sprechen. Alle „kritischen" Historiker schreiben eben fleißig nach, was Richer ihnen aufgetischt hat; ähnlich auch SCHOENE, S. 101–03. Warum SCHNEIDMÜLLER, Tradition, S. 164, Lothar „auf Unterstützung durch eine lothringische Adelsfraktion" hoffen läßt, ist mir unklar.

[92]) In diesem Fall würde Lothar erst in Grenznähe von der Anwesenheit Ottos in Aachen erfahren und sich in diesem Augenblick zu dem Überfall entschlossen haben; in diesem Sinne etwa UHLIRZ, Otto II., S. 107 und KIENAST I, S. 90; s. aber oben Anm. 88.

[93]) Dies ist die These von MOHR, Frage, S. 713, die aber eine Versammlung der Großen in Laon voraussetzt, die nur bei Richer überliefert und mir in höchstem Maße suspekt ist. Richer will dem Leser hier eine Einheitsfront der *Galli* vorgaukeln, die wohl nur in seiner Phantasie bestand. Das Einvernehmen zwischen Lothar und Hugo, das ich nicht bestreiten möchte, konnte schon früher hergestellt worden sein. Auch WERNER, Westfranken, S. 245, sieht in Lothars Zug eine Reaktion auf Karls Erhebung zum Herzog im Vorjahr; vgl. noch SCHNEIDMÜLLER, Tradition, S. 164–65.

[94]) Es bedurfte nämlich in keiner Weise einer Information über die Anwesenheit Ottos in Aachen erst auf dem Marsche. Das *iter regis per regna*, um mit Wipo zu sprechen, d.h. die Aufenthalte des Hofes in den einzelnen Pfalzen, war lange vorausgeplant und allgemein bekannt; Lothar war darüber möglicherweise sogar offiziell informiert worden; vgl. BRÜHL, Fodrum, S. 80–81, 164–65.

sen Aufstellung usw. Makulatur, was nicht hindert, daß sie bisher für bare Münze genommen wurden[95]. Selbstverständlich kann dieses „Kommandounternehmen" nur mit einer relativ kleinen Schar, vielleicht einigen hundert Rittern, unternommen worden sein[96], doch der rechtzeitig gewarnte Otto konnte gerade noch nach Köln entkommen[97].

Es versteht sich, daß Otto diese Schmach durch einen Vergeltungsfeldzug zu rächen versuchte. Er bot ein großes Heer auf[98] und kündigte auf den 1. Oktober seinen Einfall nach Westfranken förmlich an[99], was offenbar als Gegensatz zu Lothars Überfall gedacht war[100]. Lothar hatte dem Heer Ottos nicht viel entgegenzusetzen und floh nach Étampes. Die Pfalzen Attigny und Compiègne wurden eingeäschert; Laon fiel durch List in

[95]) Vgl. etwa UHLIRZ, Otto II., S. 107 und sogar KIENAST I, S. 90; vgl. aber WERNER, Heeresorganisation, S. 816.

[96]) Wer im Vertrauen auf Richer an dem großen Heer Lothars festhalten will, muß auch die Schwerfälligkeit eines solchen Heeres in Kauf nehmen und sollte daher zumindest nicht von einem „Überfall" sprechen, denn das Vorrücken eines großen Heeres ist nicht geheimzuhalten. Von einem Überraschungseffekt kann da keine Rede mehr sein.

[97]) Auch was Richer, l.III cc.70–71 (ed. LATOUCHE II, S. 86, 88) über Ottos Ungläubigkeit, über die Plünderung der Pfalz usw. erzählt, ist Rhetorik. Die nüchterne Tatsache ist, daß Lothar Aachen besetzte, Otto aber entkommen konnte. Alles andere ist Wortgeklingel Richers, auf das man nichts geben sollte; vgl. dagegen UHLIRZ, Otto II., S. 107–09. Es ist schon geradezu ein kritischer Exzeß, daß UHLIRZ, aaO., S. 109, gegen Richers Wort: *Abscessit*(scil. Otto II.) *non sine lacrimis* (ed. LATOUCHE II, S. 86) bezüglich der Tränen Bedenken anmeldet; s. auch LATOUCHE, ed.cit., S. 87 Anm. 3.

[98]) Die Größe dieses Heeres betont selbst der dem Krieg mit Lothar ablehnend gegenüberstehende und daher unverdächtige Brun von Querfurt: Vita s. Adalberti, c.10: *Alia hora, quem rex*(scil. Otto II.) *congregat optimus populus* (= Heer!), *et qualem postea videre non contigit valde grandis exercitus, cum esset melius pugnare cum paganis, sine reverentia fraternę christianitatis congrediuntur cum Karolinis Francis* (ed. KARWASIŃSKA, S. 9 Z.2–5). Der Überfall Lothars rührt Brun offenbar nicht; s. auch WENSKUS, Studien, S. 153 m. Anm. 406. Von 30.000 *equites* sprechen sowohl Richer, l.III c.74 (ed. LATOUCHE II, S. 90) als auch die Ann. Sangall.maiores ad an. 978: *Contra quem*(scil. Lotharium) *statim Otto triginta milia equitum in Franciam duxit et ostiliter eam devastans, famosissimam fecit expeditionem* (ed. HENKING, S. 296). Radulf Glaber, l.I c.3 § 7 (ed. PROU, S. 9) spricht gar von 60.000, was bei JANSSEN, S. 1, sogleich zu einem „Nationalheer" hochstilisiert wird. LOT, Carolingiens, S. 98, hält die Zahl 60.000 („en y comprenant les écuyers, valets, archers etc.") offenbar für realistisch; UHLIRZ, Otto II., S. 113, begnügt sich mit 30.000, was natürlich noch immer eine wilde Übertreibung ist; wichtig hierzu KIENAST I, S. 93 Anm. 200. Vgl. Gesta episc.Camerac., l.I c.97: *tantae copiae exercitum movit, ut nemo tantam postea vel ante vidisse se meminisse potuerit* (ed. BETHMANN, S. 440 Z.47–48), die damit wohl das Richtige treffen.

[99]) Gesta episc. Camerac., l.I c.97: *illi*(scil. Lothario)... *Otto legationem dirigere festinavit, aperte videlicet denuntians, quod propter ultionem suae tantae perfidiae..., sed sublatis omnibus fraudulentiis Kalendis Octobribus ad debilitandum sui regni imperium*(!) *procederet* (ed. BETHMANN, S. 440 Z.38–41). Im Heer Ottos befand sich auch ein italisches Kontingent: KIENAST I, S. 93. Neuere Lit. zur Datierung der „Gesta" (bis l.III c.50 um 1024/25 verfaßt) bei SCHNEIDMÜLLER, Tradition, S. 77 Anm. 44.

[100]) KIENAST I, S. 90, empört sich ganz zu Unrecht: „Man hielt das Ziel des Feldzuges(scil. Lothars), der daher gegen Recht und Sitte durch keine Absage angekündigt wurde,...streng geheim". Das beweist eben, daß es sich nicht um einen Feldzug handelte, sondern um einen Überfall, und Überfälle wurden auch im Mittelalter nicht vorher angekündigt.

die Hände Karls von Niederlothringen; Reims, der Sitz Erzbischof Adalberos, wurde verschont[101]. Aus einem erst 984 von Karl von Niederlothringen an Bischof Dietrich von Metz geschriebenen Brief[102] hat man herauslesen wollen[103], daß Karl in Laon zum König ausgerufen worden sei[104].
Ich glaube nicht, daß die wenigen Worte des Briefes eine so weitgehende
Aussage zu tragen vermögen[105]; auf gar keinen Fall wurde Karl in Laon
zum König gesalbt und gekrönt[106], mögen auch vielleicht Pläne für ein Gegenkönigtum bestanden haben[107]. Auffällig an Ottos Feldzug ist die Belagerung von Paris, das einzunehmen er nicht erwarten konnte[108]. MOHR
hat die erwägenswerte Hypothese aufgestellt, daß Otto vielleicht versucht
habe, Herzog Hugo zur Anerkennung eines Königtums Karls zu bewegen[109], doch schlug dieser Versuch fehl[110]. Auf dem Rückzug wurde an der
Aisne Ottos Nachhut geschlagen[111], was schon von einigen Zeitgenossen
unnötig aufgebauscht wurde[112], woraus aber insbesondere die spätere

---

[101]) Zum äußeren Verlauf des Feldzugs vgl. LOT, Carolingiens, S. 99 – 102; UHLIRZ,
Otto II., S. 112 – 14; SCHOENE, S. 107 – 11; KIENAST I, S. 93 – 95 u.a.; s. noch B – Mi 771d.
[102]) Gerbert, ep.32 (ed. WEIGLE, S. 57 – 60). Sowohl der Brief Bischof Dietrichs als auch
der Karls sind in Gerberts Briefsammlung überliefert; sie strotzen von üblen Beschimp-
fungen und gegenseitigen Anschuldigungen (epp. 31 – 32), was wahrlich kein gutes Licht
auf Gerberts Charakter wirft. Vgl. unten mit Anm. 104 und unten Anm. 331.
[103]) So schon LOT, Carolingiens, S. 99 m. Anm. 1; danach KIENAST I, S. 93 – 94; MOHR,
Frage, S. 720 („der geistige Schwerpunkt der Aktion", d.h. des Feldzugs); DERS., Rolle,
S. 396; EHLERS, Aufstieg, S. 10 u.a.
[104]) Gerbert, ep.32: *An cum Lotharium regem Francorum, quem gloriosum vocas, cum
maxime oderis, hunc, inquam, cum regno pellebas meque regnare cogebas...* (ed. WEIGLE,
S. 58 – 59).
[105]) SCHOENE, S. 105 m. Anm. 5, spricht von Karl als „Thronprätendenten", was schon
besser klingt (ebd. Anm. 5 lies: Karl, statt: Ludwig); UHLIRZ, Otto II., S. 113, bemerkt
von Karl, daß er „sich zur Rolle eines Kronansprechers gebrauchen ließ", was wohl
dasselbe meint. Auch WERNER, Westfranken, S. 245, erwähnt das ang. Gegenkönigtum
Karls mit keinem Wort.
[106]) So zutreffend bereits LOT, Carolingiens, S. 99 Anm. 1, besonders im Hinblick auf
die Salbung. Karl würde 987 nicht verfehlt haben, auf eine vorangegangene Krönung und
Salbung zum König von Westfranken hinzuweisen. Vgl. noch unten § 2, S. 599.
[107]) Einschränkend SPROEMBERG, Alleinherrschaft, S. 56.
[108]) Dies betont schon UHLIRZ, Otto II., S. 114 – 15; s. auch MOHR, Frage, S. 720.
[109]) MOHR, Frage, S. 720 – 22, der damit vor allem dem berühmten „Halleluja" der
ostfränkischen Ritter auf dem Montmartre eine neue Deutung gibt, von dem als einzige
Quelle die Gesta episc. Camerac., l.I c.97 (ed. BETHMANN, S. 441 Z.5 – 9) berichten; vgl.
aber KIENAST I, S. 95, der diese These der Erwähnung nicht für wert hält.
[110]) Gerade das geplante Königtum Karls dürfte Hugo und Lothar verbunden haben,
denn ein westfränkischer König Karl, der zugleich über Niederlothringen gebot und
womöglich den Rückhalt des Kaisers genoß, wäre für Hugo ein sehr viel gefährlicherer
Gegner gewesen als der schwache Lothar; so auch KIENAST I, S. 95 und EHLERS, Aufstieg,
S. 10. 987 dachte man am ostfränkischen Hof allerdings anders: unten § 2, S. 591.
[111]) Richer, l.III c.77 (ed. LATOUCHE II, S. 94 – 96); Gesta episc. Camerac., l.I c.98 (ed.
BETHMANN, S. 441); weitere Quellen zitiert LOT, Carolingiens, S. 103 Anm. 1(– S. 104).
[112]) Vgl. schon die: oben S. 301 m. Anm. 384, zitierte Urkundendatierung aus Tours.

französische Geschichtsschreibung einen gewaltigen Sieg gemacht hat[113], doch gelangte Ottos Hauptheer ohne Schwierigkeiten nach Ostfranken zurück[114].

MOHR hat im Zusammenhang mit dem Feldzug von 978 von „der jetzt sichtbaren Konsolidierung des ostfränkischen Reiches zum deutschen Reich" gesprochen, der „eine ebensolche des westfränkischen zum französischen Reich" entsprochen habe[115]. So gewiß es richtig ist, daß die Tage der „patriarchalischen Vorherrschaft" Ottos d.Gr. vorüber waren, so sicher die Ereignisse in Westfranken in diesem Jahr weiter zur Entfremdung zwischen Ost- und Westfranken beitrugen, so wenig halte ich doch dieses Jahr für geeignet, den Markstein der Entstehung Deutschlands und Frankreichs zu bezeichnen. Ich sehe hier ganz im Gegenteil noch die alte karolingische Tradition lebendig, sich „manu militari" – und sei es auch im Wege des Überfalls auf den ahnungslosen Vetter – einen territorialen Zugewinn zu verschaffen, aber selbstverständlich innerhalb der Grenzen des regnum Francorum. Wie aussichtslos unterlegen Lothar machtpolitisch war, zeigt der Verlauf des Rachefeldzugs Ottos, dem alle wichtigen Plätze des Karolingers zum Opfer fielen[116], während Hugo in Paris erfolgreich Widerstand leistete. So mußte Lothar sich zum Einlenken bequemen: in einem das gegenseitige Mißtrauen und die Distanz zwischen Lothar und Otto betonenden Grenztreffen in Margut-sur-Chiers im Mai 980[117] wurde die alte amicitia um den Preis von Lothars förmlichem Verzicht auf Lothringen wiederhergestellt[118]. Es war dies

---

[113]) Am krassesten wohl die schon bald nach 1015 redigierte Hist. Franc. Senon., die zuguterletzt Lothar Kaiser Otto II. mit Lothringen belehnen läßt: contra voluntatem Hugonis et Heinrici, fratris sui... Quae causa magis contristavit corda principum Francorum (ed. WAITZ, S. 367 Z.37–38). Auch die späten Annales S. Medardi melden ad an. 980: Saxones(!) Franciam vastaverunt et a Francis cum imperatore suo Othone fugati sunt (ed. WAITZ, S. 520 Z.30–31). Vgl. bes. WERNER, Imperium, S. 9–10.

[114]) Vgl. schon LOT, Carolingiens, S. 103: „La victoire des Français se borna donc au massacre des valets et à la prise des bagages"; vgl. noch UHLIRZ, Otto II., S. 116; SCHOENE, S. 113; MOHR, Frage, S. 723; KIENAST I, S. 95 u.a.

[115]) Rolle, S. 396. Vgl. schon oben S. 14 m. Anm. 56. Besser WERNER, Westfranken, S. 245: „Die Ereignisse von 978 haben zur Aussonderung des regnum Francorum aus der gesamtfränkischen Welt beigetragen" (Sperrung BRÜHL), doch übernimmt Werner hier unkritisch die Terminologie der westfränkischen Quellen; auch Ostfranken war ein regnum Francorum.

[116]) Mit Ausnahme von Reims, weil Erzbischof Adalbero mit Otto im Einvernehmen stand; vgl. LOT, Carolingiens, S. 102 m. Anm. 3 und unten § 2, S. 584 m. Anm. 233–34.

[117]) B–Mi 811a und D O.II. 218 (980 Juni 3): B–Mi 813; vgl. VOSS, Herrschertreffen, S. 59–61, 214.

[118]) Vgl. LOT, Carolingiens, S. 118–19, der das Treffen zu Margut irrig in den Juli 980 datiert; UHLIRZ, Otto II., S. 131, 133–35; SCHOENE, S. 121–26; KIENAST I, S. 96–98; WERNER, Westfranken, S. 245. Wie MOHR, Frage, S. 724–25, auf den Gedanken kommen konnte, Otto II. habe als Gegenleistung zu dem von Lothar ausgesprochenen Verzicht Karl von Niederlothringen fallen lassen, ist mir unerfindlich.

das erste Treffen zwischen dem ost- und dem westfränkischen König und das einzige zwischen Otto II. und Lothar[119], was den Tiefstand des politischen Barometers anzeigt.

In der Euphorie des Scheinerfolgs über Otto II. und des guten Einvernehmens mit Hugo Capet war es Lothar gelungen, seinen Sohn Ludwig (V.), der damals gerade 13 Jahre alt war, an Pfingsten 979 in Compiègne nach ostfränkischem Vorbild zum König salben und krönen zu lassen[120]. Es war das erste Mal, daß in Westfranken dem Sohn noch zu Lebzeiten des Vaters die Königssalbung zuteil wurde[121]. Ludwig IV. mochte für Lothar ähnliche Pläne gehegt haben, doch war es ihm nicht vergönnt gewesen, sie zu realisieren[122]. Sehr bald stellte sich jedoch bei Lothar wieder das alte Mißtrauen gegen Hugo ein, was ihn schließlich veranlaßte, seinen Frieden mit Otto II. zu machen. Hugo war über das Treffen in Margut nicht informiert gewesen und fühlte sich hintergangen, was ihn veranlaßte, nun seinerseits die Initiative zu ergreifen und sich zu Otto II. nach Rom zu begeben[123]. Zu Ostern 981 fand in Rom ein großes Familientreffen statt[124], das in etwa an das Kölner Treffen 965 erinnert mit dem Unterschied, daß nun Hugo und nicht Lothar Westfranken vertrat[125]. Otto und Hugo schieden als Verbündete[126], womit Otto die schon von seinem Vater praktizierte

---

119) Vgl. Voss, Herrschertreffen, S. 214. Zu dem Treffen in Margut war Lothar in Begleitung seines Sohnes Ludwig V. erschienen; vgl. unten mit der folg. Anm.

120) Vgl. LOT, Carolingiens, S. 108–09; SCHOENE, S. 114–16; SCHRAMM I, S. 81–82; WERNER, Westfranken, S. 245.

121) Dies betont zutreffend BAUTIER, Sacres, S. 51, der ebd. Anm. 156: Actes de Lothaire, Nr. 56, wohl richtig auf die Krönung Ludwigs V. in Compiègne bezieht.

122) Vgl. oben S.488–89.

123) Vgl. LOT, Carolingiens, S. 120–23; UHLIRZ, Otto II., S. 153; KIENAST I, S. 98; VOSS, Herrschertreffen, S. 111, 139.

124) B–Mi 840a. Anwesend waren neben Otto II. die Kaiserinnen Theophano und Adelheid, Ottos Schwester Äbtissin Mathilde von Quedlinburg, König Konrad von Burgund und Königin Mathilde, Herzog Otto von Schwaben und Baiern, der Sohn Liudolfs, Herzog Hugo Capet, wahrscheinlich auch Adalbero von Reims und Gerbert sowie viele Kirchenfürsten aus Ostfranken und Italien; vgl. LOT, Carolingiens, S. 122 Anm. 3 (auf S. 123); UHLIRZ, Otto II., S. 152–53; KIENAST I, S. 98–99.

125) Zum Kölner Treffen im Juni 965, an dem auch Otto II. und Lothar teilgenommen hatten, wenn auch mehr oder weniger als Statisten, vgl. oben S. 480 m. Anm. 136.

126) Die Fabeleien von Richer, l.III cc.82–88 (ed. LATOUCHE II, S. 102–12), die LOT, Carolingiens, S. 122–26, noch mehr oder minder wörtlich übernommen hatte, bezeichnet KIENAST I, S. 98 Anm. 221, zutreffend als „ein paar Fakten in einem Fabelmeer". Auch BEZZOLA, S. 142, spricht von einer anekdotenhaften Erzählung, schluckt aber wie auch KIENAST I, S. 99 und die übrige Forschung die alberne Mär: Richer, l.III c.85 (ed. LATOUCHE II, S. 106), Otto habe mit Hugo Capet lateinisch gesprochen und Bischof Arnulf von Orléans dabei als Dolmetscher gedient. Ich bin mir nicht sicher, ob Otto II. in der Lage war, eine politische Unterhaltung auf lateinisch zu führen; geradezu grotesk ist der Gedanke, er habe dies mit Hugo Capet, dem Sohn seiner Tante Haduwy, getan. Selbstverständlich sprach Hugo normalerweise die *rustica Romana lingua* des ausgehenden 10. Jh., aber als fränkischer Fürst sprach er selbstverständlich auch fränkisch und als

Schiedsrichterrolle im Westen wiederaufnahm[127]. Das ang. von Lothar und Emma eingefädelte Eheprojekt zwischen ihrem damals knapp 14jährigen Sohn Ludwig und der etwa 30jährigen Adelheid von Anjou, die im Jahre 980 bereits zweifache Witwe war[128], halte ich allerdings für eine böswillige Erfindung Richers zum Zwecke der Verächtlichmachung der karolingischen Dynastie[129]. Adelheid heiratete in dritter – nicht vierter – Ehe den Markgrafen Wilhelm I. von der Provence, der 993/94 starb, und war danach noch über drei Jahrzehnte Witwe[130]. Von einer ang. Scheidung Ludwigs fabuliert nur Richer[131]; sicher bezeugt ist lediglich der Aquitanienzug Lothars im Jahre 982, auf dem von Ludwig nicht die Rede ist[132].

Wenige Monate nach dem Abschluß der neuen *amicitia* brach Otto II. nach Italien auf, das er nicht mehr verlassen sollte. Seine ostfränkischen Regierungsjahre brauchen uns im Augenblick nicht weiter zu beschäftigen[133]. Als Otto II. im Herbst 980 über einen der Bündner Pässe nach Italien zog, war dies bereits sein zweiter Italienzug[134]. Er hatte mit dem Vater in den Pfalzen von Pavia, Ravenna und Rom geweilt und an der wenig erfolgreichen Heerfahrt nach Süditalien 968/69 teilgenommen[135]. Der zweite Aufenthalt in Italien knüpfte direkt an den der Jahre 967/72 an. Wie

---

Sohn einer Sächsin, der oft mit seinem Onkel Brun von Köln zusammengetroffen war, ebenso sächsisch. Die ganze Geschichte erfindet Richer nur, weil er für seine „Schwert-Story" eine dritte Person benötigt, die er auf diese Weise einführt. Freie Erfindung ist auch die Behauptung Richers, l.III c.85 (ed. LATOUCHE II, S. 108), Otto II. habe Hugo bis fast an die Alpen geleiten lassen; vgl. dazu VOSS, Herrschertreffen, S. 167. Aus Richer ist nicht mehr zu entnehmen, als daß Hugo bei Otto in Rom war; der Rest sind Fabeleien.

[127]) Diesen Gesichtspunkt betont SPROEMBERG, Alleinherrschaft, S. 56.

[128]) Sie war die um 950 geborene Schwester des Grafen Gottfried „Graumantel" (Grisegonelle) von Anjou und in erster Ehe mit Stephan von Gévaudan († vor 975/76), in zweiter mit dem Grafen Raimund von Toulouse († um 978) verheiratet. Zu den komplizierten Überlieferungsverhältnissen, die viele Fragen offen lassen, s. zuletzt LAURANSON – ROSAZ, S. 88–90, 127–28; vgl. unten mit Anm. 130.

[129]) Richer, l.III cc. 93-95 (ed. LATOUCHE II, S. 118, 120). Ich gedenke, auf diese Frage an anderer Stelle zurückzukommen. Unnötig zu betonen, daß die älteren Darstellungen auf eine Paraphrasierung der Erzählung Richers hinauslaufen.

[130]) Sie starb erst 1026 und wurde im Kloster Montmajour bei Arles beigesetzt; vgl. POUPARDIN, Bourgogne, S. 287 Anm. 2 und bes. LAURANSON – ROSAZ, S. 93, 94.

[131]) l.III c. 95: *Regina* (d.h. Adelheid)... *verita maioris incommodi iniuriam, Wilelmum Arelatensem adiit eique nupsit; et sic ex divortio adulterium publicum operatum est* (ed. LATOUCHE II, S. 120). Bei LOT, Caroliengs, S. 129, wird daraus eine Flucht Adelheids. Auffällig überdies, daß außer Richer kein Mensch von diesem *adulterium* weiß und daran Anstoß nimmt: weder die Feinde Lothars noch die Kirche!

[132]) Actes de Lothaire, Nr. 49–50: oben Anm. 52; beide DD nur mit der Jahresangabe 982. Zu den Folgerungen für das Itinerar Lothars vgl. LOT, Caroliengs, S. 128 Anm. 2 (auf dem Hinzug zur ang. Hochzeit) und dagegen LAURANSON – ROSAZ, S. 92 Anm. 217 (auf dem ang. Rückzug).

[133]) Zu den mehrfachen Empörungen Heinrichs d.Z. vgl. im Zusammenhang: unten § 2, S. 576 m. Anm. 184, S. 577 – 80.

[134]) B – Mi 831a und oben S. 544 m. Anm. 643, S. 553 m. Anm. 3.

[135]) Vgl. oben S. 544 – 45.

selbstverständlich begleitete ihn die Kaiserin Theophano mit dem erst wenige Monate alten Sohn Otto, dem künftigen Otto III.[136]. Ihr Einfluß auf den Kaiser, der sich bereits in Ostfranken in zahlreichen Interventionen kund getan hatte[137], nahm in Italien, das ihr naturgemäß näher stand, eher noch zu. In den Urkunden für italienische Empfänger – und nur in diesen – erscheint sie regelmäßig als die *consors imperii* Ottos[138], der sie in einigen in Ostfranken gegebenen Diplomen sogar als *coimperatrix* bezeichnete[139], was offenbar doch mehr bedeuten sollte als *consors imperii* und von Mathilde UHLIRZ wohl zutreffend als das Recht auf Nachfolge im byzantinischen Sinn interpretiert wird[140]. Aus den rund drei Jahren, die Otto II. in Italien verbracht hat, kennen wir 82 Urkunden, was einem Jahresmittel von ca. 27 Diplomen entspricht[141]. Von diesen 82 Urkunden, die sich auf 22 Örtlichkeiten verteilen[142], sind nicht weniger als 35 für ostfränkische Empfänger gegeben, für die auch 20 der insgesamt überlieferten 37 Originale bestimmt sind[143], was die

---

[136]) Er wurde Ende Juni oder Anfang Juli im Kesselwald bei Nimwegen geboren; vgl. hierzu ausführlich THOMAS, Otto III., S. 43 – 46. Der Marsch über die Alpen erfolgte im November 980: B – Mi 815a, 831a; vgl. UHLIRZ, Otto II., S. 135 m. Anm. 15, 137 – 39.

[137]) Sie intervenierte erstmals in: D O.II. 26 (972 Aug. 18): B – Mi 604, für St. Gallen, danach in: D O.II. 42 (973 Juni 27): B – Mi 620, das SICKEL: ebd. Vorbem., S. 51, irrig als erste Intervention der Theophano bezeichnet, was sogar Mikoletzky aufgefallen ist.

[138]) So auch schon in den in Ostfranken ausgestellten DD für italienische Empfänger, zuerst in: DD O.II. 173, 175 – 76 (978 Apr. 11 – 18) S. 196 Z.23, 199 Z.29 – 30, 201 Z.14: B – Mi 764, 766 – 67 u.ö.; vgl. UHLIRZ, Mitkaisertum, S. 386 m. Anm. 23, die auch die „Vorliebe" der Notare der italienischen Kanzlei für diese Titulatur betont (in Anm. 23 Druckfehler: DD O.III. statt: DD O.II. ).

[139]) So erstmals in: D O.II. 76 (974 Apr. 29; Or.) für Theophano: *dilectissimae coniugi nostrae Theophanu coimperatrici augustae necnon imperii regnorumque consorti* (S. 92 Z.33 – 34): B – Mi 656; vgl. UHLIRZ, Mitkaisertum, S. 385 m. Anm. 17; danach in einer Gruppe von DD für Memleben: DD O.II. 194 – 96 ([979] Juli 21; D 194 Or.) S. 221 Z.36, 222 Z.31, 223 Z.23: B – Mi 785 – 87, der auf die Titulatur nicht eingeht. In D O.II. 191 (979 Mai 20; Or.) ebenfalls für Memleben interveniert Theophano nicht, doch heißt es in der Gedenkformel: *pro remedio animae nostrae et contectalis nostrae [Theophanu coimperat]ricis auguste* (S. 218 Z.38 – 39): B – Mi 782. Vgl. schon die Wittumsurkunde D O.II. 21 (972 Apr. 14), mit der Theophano ausdrücklich in das *consortium imperii* aufgenommen wird (S. 29 Z.31): B – Mi 598. Vgl. noch D O.II. 157 (977 Mai 10) für Kloster Bouxières: *interventu...coniugis aeque imperatricis* (S. 177 Z.23 – 24): B – Mi 744. Der Begriff *consortium regni* ist karolingisch; s. DELOGU, S. 84, 96.

[140]) Vgl. UHLIRZ, Mitkaisertum, S. 386 m. Anm. 22 und Anm. 25 – 26; oberflächlich OHNSORGE, Mitkaisertum, S. 275.

[141]) DD O.II. 237 (980 Dez. 5) – 317 (983 Aug. 27) und D O.II. 250a (o.D.): B – Mi 847. Das Jahresmittel entspricht fast genau dem Ottos II. in Ostfranken: oben S. 557 – 58.

[142]) Von diesen hat er in 13 nur je einmal geurkundet, doch ist Otto mit Ausnahme von Rom, wo er viermal, sowie von Pavia, Ravenna und Salerno, wo er je zweimal nachweisbar ist, in allen übrigen Orten Italiens nur einmal bezeugt. Am häufigsten hat er in Verona geurkundet (21), vor Ravenna (8), Rom und Capua (je 6). Vgl. noch die folg. Anm.

[143]) Und zwar DD O.II. 237, 241, 245 – 47, 252, 258 – 59, 267, 269, 270 – 71, 274 – 75, 280, 284, 290, 313, wobei Magdeburg nur noch mit 4 DD (DD 258 – 59, 270 – 71) vertreten ist. Ausgespart habe ich Ottos Aufenthalt in Verona, das dem Herzog von Baiern unterstand; zutreffend UHLIRZ, Otto II., S. 184 Anm. 4: an der politischen Zugehörigkeit zu Baiern kann so wenig ein Zweifel sein wie an der staatsrechtlichen zu Italien; s. schon oben

bessere Überlieferung für den ostfränkischen Raum eindrucksvoll unterstreicht[144].

Die Politik Ottos II. in Italien war die konsequente Fortsetzung der Politik des Vaters[145], wie sich schon aus den Festtagsaufenthalten ablesen
läßt: Pavia, das auf dem letzten Italienzug Ottos d.Gr. nur noch einmal als
Weihnachtspfalz diente, spielt unter Otto II. kaum noch eine Rolle[146]; Ravenna und Rom sind wie für Otto I. so auch für den Sohn die bevorzugten
Festpfalzen[147], doch kommt auch dem Süden eine beträchtliche Bedeutung
zu[148]. Damit ist der entscheidende Aspekt der Italienpolitik Ottos II. angesprochen: kein Kaiser vor oder nach ihm hat einen so hohen Anteil seiner Regierungszeit in Süditalien, besser: im Kampf um Süditalien zuge-
bracht wie Otto II., insgesamt 51,5% [149]! Man hat geradezu den Eindruck,
als ob Otto sich hier als der Testamentsvollstrecker des Vaters fühlte[150],

---

S. 537 m. Anm. 588. Von den 23 in Verona gegebenen DD (DD 298 – 99 sind ohne
Ortsangabe, aber sicher nach Verona gehörig) sind 17 für ostfränkische Empfänger
bestimmt, darunter allerdings je eines für Parenzo (Istrien), Aquileia (auch schon D 241)
und die Kanoniker von Verona. Selbst wenn man diese 4 DD nicht berücksichtigt, bleiben
noch immer 31 DD für unzweifelhaft ostfränkische Empfänger, d.h. etwa 37,3%! Eine
Karte der italienischen Urkundenempfänger während des Italienzugs 980 – 983 bei UH-
LIRZ, Kirchenpolitik, S. 243. Vgl. noch unten Anm. 145.

[144]) Die 20 Originale für italienische Empfänger machen nur 13,3% der insgesamt 150
überlieferten Originale Ottos II. aus!

[145]) Zu gewissen Nuancen seiner Kirchenpolitik vgl. UHLIRZ, Kirchenpolitik, S. 240ff.,
die aber ebd. S. 244 feststellt: „Von einer planmäßigen Förderung der weltlichen Macht
der Bischöfe kann höchstens in der Zeit die Rede sein, da Otto II. noch in Deutschland
weilte...In manchen Fällen hat er nicht einmal die Verfügungen des Vaters in vollem
Ausmaße erneuert...“; vgl. noch DIES., Restitution, S. 10 – 11; s. schon oben S. 549 m.
Anm. 681 und Anm. 686.

[146]) Otto II. gibt nur eine einzige Uk. in Pavia: D O.II. 237 (980 Dez. 5): B – Mi 833
und ist danach nur noch einmal im Frühjahr 983 kurz in der Stadt bezeugt: B – Mi 891a.
Otto hielt sich im Dez. 980 in Pavia auf, feierte W 980 aber in Ravenna! Vgl. die folg.
Anm. In Pavia fand allerdings die von König Konrad von Burgund bewerkstelligte Aussöhnung zwischen Kaiserin Adelheid, die den Hof im Sommer 978 vor allem wohl wegen
der westfränkischen Politik Ottos verlassen hatte, und ihrem Sohn statt: B – Mi 771b, 833a;
vgl. UHLIRZ, Otto II., S. 110 m. Anm. 20, 139 m. Anm. 29.

[147]) Ravenna: W 980; Rom: O 981, W 982, O 983: B – Mi 833b, 840a, 890a, 890f-g
(B – Z 607 – 08, 614 – 15). Vgl. TELLENBACH, Kaiser, S. 236, der jedoch für W 982 und O
983 irrig Salerno statt Rom angibt (ebd. statt B – Mi 840 und 820 lies: 840a, 890); s. schon
UHLIRZ, Otto II., S. 182, 184. Vgl. noch TELLENBACH, aaO., S. 250.

[148]) Salerno: W 981; Tarent: O 982: B – Mi 865a, 871 – 72; vgl. TELLENBACH, Kaiser,
S. 236.

[149]) Vgl. BRÜHL, Fodrum, S. 478 m. Anm. 136 – 37.

[150]) Es ist mir unbegreiflich, wie LOT, Carolingiens, S. 129, schreiben konnte: „En
descendant en Italie, Otton avait l'intention de s'emparer de la Pouille et de la Calabre,
dot(!) de sa femme Théophano“. Von dieser „Mitgift“ berichtet keine Quelle.

der ernsthaft an die Einheit Italiens unter der Autorität des *imperator Romanorum* gedacht zu haben scheint[151]. Da das byzantinische Reich durch innere Kämpfe nach dem Tode des Johannes Tzimiskes († 976) weitgehend gelähmt war[152], richtete sich der Angriff Ottos vor allem gegen die Sarazenen, die in Süditalien erhebliche Fortschritte gemacht hatten[153]. Noch bevor er den großen Feldzug des Jahres 982 begann, forderte er Verstärkungen aus Ostfranken an[154] und rückte nach Apulien vor. Leider war der treue Verbündete Ottos d.Gr., Pandulf Eisenkopf, gerade im März 981 gestorben, und seine Söhne zeigten sich nicht imstande, das väterliche Erbe zu behaupten[155]. Der große Feldzug des Jahres 982, der den Kaiser – noch immer begleitet von Theophano, deren *infantilia consilia*(!) Brun von Querfurt die Verantwortung für den Süditalienfeldzug aufbürdet, der eben nicht als Heidenkreuzzug, sondern nur zur Mehrung seines Reiches unternommen worden sei[156] – bis nach Rossano führte, ist hier nicht im einzelnen zu schildern[157]. Die fürchterliche Niederlage bei Capo Colonne gegen die Scharen des Emir Abu-al-Qāsim am 13. Juli 982[158] setzte den kaiserlichen Ambitionen auf die Beherrschung Süditaliens ein Ende. Nur in

---

151) Dies deutet Thietmar, Chronicon, l.III c.20, immerhin an: *Interim cesar Romanum sic regebat imperium, ut, quod patrem suum prius respiciebat, omne detineret et Saracenis sua inpugnantibus viriliter resisteret et finibus suis longe hos effugaret* (ed. HOLTZMANN, S. 122 Z.16 – 19); B – Mi 866a, der m.E. irrig von einer „Verkennung der Absichten seines Vaters" spricht; zutreffend aber UHLIRZ, Otto II., S. 162. Auch die Ann. Sangall. maiores ad an.982 lassen die Expansionsabsichten Ottos II. deutlich erkennen: *Otto imperator non contentus finibus patris sui, dum esset Rome, egressus est occupare Campaniam, Lucaniam, Galabriam, Apuliam et omnes ulteriores partes Italiae... Qua causa imperator Constantinopolitanus, sub cuius erat haec omnis terra imperio...eum temptat revocare ab incepto...;...Saracenos ex Sicilia et aliis insulis maris et finibus Africae...adversus eum conduxit in proelium. Cum quibus ille infeliciter dimicavit* (ed. HENKING, S. 297). Der Sachverhalt ist falsch dargestellt, die Absichten Ottos erscheinen dagegen richtig gesehen; s. auch GAY, S. 329.
152) Vgl. OSTROGORSKY, S. 247 – 48.
153) Vgl. UHLIRZ, Otto II., S. 165 – 66, 169; GAY, S. 324 – 26.
154) Es ist dies der berühmte „Indiculus loricatorum": Const.I, Nr. 436, S. 632 – 33. Grundlegend hierzu WERNER, Heeresorganisation, S. 805ff., 823ff.; s. schon UHLIRZ, Otto II., Excurs VIII, S. 247 – 53.
155) UHLIRZ, Otto II., S. 163, 176, 178, 182; GAY, S. 327, 331 – 32; s. auch SMIDT, S. 22 – 23.
156) Vita Adalberti, c.10: *Qui cum stupentibus oculis nefas horret, tandem pudet, quia mulierem audiuit, tandem sero pęnitet, quia infantilia consilia secutus sententias maiorum proiecit* (ed. KARWASIŃSKA, S. 9 Z.12 – 14). Die Behauptung Bruns ist gewiß unzutreffend, zeigt aber die Abneigung gegen die Griechin, der er solche *infantilia consilia* eben zutraut; s. auch WENSKUS, Studien, S. 127 Anm. 240, 153 m. Anm. 407; s. schon SCHRAMM, Renovatio II, S. 5 Anm. 1.
157) B – Mi 856c – 882b; vgl. UHLIRZ, Otto II., S. 174ff.; GAY, S. 333ff.
158) B – Mi 874a-b; vgl. UHLIRZ, Otto II., S. 177 – 78 und ebd. Excurs IX, S. 254 – 61; GAY, S. 337 – 38.

abenteuerlicher Flucht konnte Otto sich der Gefangennahme entziehen[159], um dann eilends von Rossano nach Norden aufzubrechen[160].

So schmerzlich die Niederlage des Frankenkaisers, so hoch der – nutzlos – entrichtete Blutzoll auch war, den rückschauenden Historiker beschleicht trotz alledem ein Gefühl aufrichtiger Erleichterung bei dem Gedanken, was Ottos Nachfolgern, d.h. den deutschen Königen und Kaisern des 11. Jahrhunderts, an Anstrengungen erspart geblieben ist, den aussichtslosen Kampf gegen Griechen und Sarazenen zugleich weiterzuführen[161], denn es wäre doch naiv zu glauben, daß ein siegreicher Ausgang der Schlacht bei Capo Colonne[162], ja selbst die völlige Vernichtung des feindlichen Heeres, eine dauerhafte Herrschaft des Kaisers über Süditalien hätte aufrichten können[163]. Die direkten Folgen der Niederlage waren auch so schon schlimm genug gewesen: die mühsam errungene Oberherrschaft über die Elbslawen ging: *peccato Ottonis*, wie Brun von Querfurt ausdrücklich betont, in einem blutigen Aufstand noch 983 verloren[164]. Auch die Dänen versuchten verlorenes Terrain zurückzugewinnen[165]. Die ostfränkischen Fürsten forderten Rechenschaft vom Kaiser, der auf Pfingsten 983 einen Reichstag nach Verona einberief[166], doch kann keine Rede davon sein, daß Otto im Februar/März 983 an einem Fürstentag in Mainz teilgenommen hätte[167]. Die Ereignisse in Süditalien bewogen Otto, möglichst früh – er war ja erst 28 Jahre alt – die Nachfolgefrage zu regeln. Daß seine

---

[159]) Vgl. UHLIRZ, Otto II., Excurs X, S. 262–72; GAY, S. 338–39.

[160]) Am 2. VIII. urkundet er: *in Calabria iuxta flumen quod vocatur Laginum* (am Laino), am 18. VIII. ist er bereits in Salerno und am 26. IX. in Capua: DD O.II. 278–80: B–Mi 877–79; vgl. UHLIRZ, Otto II., S. 180–81. In Capua traf sich Otto mit der Kaiserin Adelheid, die wohl aus Rom herbeigeeilt war.

[161]) Vgl. schon BRÜHL, Fodrum, S. 479 m. Anm. 139, wo allerdings statt „deutsch" „fränkisch" zu lesen ist.

[162]) GAY, S. 339 u.ö. spricht von der „bataille de Stilò"; eine Begründung gibt er nicht.

[163]) Byzanz hatte sich noch nicht einmal zu Wort gemeldet! Glaubt man ernsthaft, der oströmische Basileus würde die Liquidation seiner süditalienischen Besitzungen stillschweigend hingenommen haben? Was wäre mit den Sarazenen auf Sizilien geworden? Der Fragen ist kein Ende. Vgl. auch SMIDT, S. 23 und bes. GAY, S. 109ff., 145ff., 212ff. u.ö.

[164]) Brun von Querfurt, Vita Adalberti, c.10: *Tunc peccato Ottonis multa mala surrexere* (ed. KARWASIŃSKA, S. 8 Z.17–18). Allgemein vgl. B–Mi 914b-d, 916c; vgl. zuletzt Wolfgang FRITZE: Der slawische Aufstand von 983 – eine Schicksalswende in der Geschichte Mitteleuropas, in: Festschrift der Landesgeschichtlichen Vereinigung für die Mark Brandenburg zu ihrem hundertjährigen Bestehen 1884–1984 (Berlin 1984) S. 9–55; s. auch FRIED, Otto III., S. 14.

[165]) UHLIRZ, Otto II., S. 203.

[166]) B–Mi 891b; vgl. UHLIRZ, Otto II., S. 184ff. und oben Anm. 143.

[167]) So aber Mathilde UHLIRZ: Der Fürstentag zu Mainz im Februar–März 983, in: MIÖG.58 (1950) S. 267–83, bes. S. 281–83; DIES., Otto III., S. 5; zustimmend GIESE, S. 127; vgl. dagegen BRÜHL, Fodrum, S. 454 Anm. 10.

Herrschaft trotz der schweren Niederlage bei Cotrone nicht ernstlich gefährdet war, beweist die Tatsache, daß sein erst dreijähriger Sohn Otto ohne Schwierigkeit zum König gewählt wurde[168]. Der Vater sandte ihn – einer glücklichen Eingebung folgend – sogleich zur Krönung nach Aachen. In Verona wurde noch der Böhme Adalbert (Wojciech) – Erzbischof Adalbert von Magdeburg war sein Firmpate gewesen – als erster seines Volkes zum Bischof von Prag geweiht[169]; der Reichstag beriet ferner über einen weiteren Zug gegen die Sarazenen, der glücklicherweise nicht mehr zustande kam[170]. Otto scheint im Sommer 983 noch einmal nach Apulien gezogen zu sein[171]. Weihnachten wollte er offenbar in Rom verbringen, doch dazu kam es nicht mehr: der junge Kaiser starb in Anwesenheit seiner Gemahlin Theophano und Papst Johanns XIV. an den Folgen einer Gewaltkur gegen die Malaria[172] am 7. Dezember 983 und wurde als zweiter Frankenkaiser in Italien, als erster und einziger in Rom, im Paradies der Peterskirche bestattet[173]; sein Sarkophag befindet sich noch heute in den vatikanischen Grotten[174].

§ 2: Otto III. Die vormundschaftliche Regierung und ihr Verhältnis zu Westfranken. Die Wahl Hugos Capet. Die Reimser Frage als Beispiel des Auseinanderlebens.

Am Weihnachtstag 983 wurde Otto III. von der Hand der Erzbischöfe Willigis von Mainz und Johann von Ravenna zum König gesalbt und gekrönt[175]. Die Beteiligung eines italienischen Kirchenfürsten läßt keine andere Deutung zu, als daß die Krönung für Ostfranken und Italien gleichermaßen Gültigkeit haben sollte[176], doch blieb dies in Italien zunächst nur

---

[168]) B – Mi 898b; vgl. UHLIRZ, Otto II., S. 197 m. Anm. 29; vgl. unten mit Anm. 175.

[169]) B – M 892a, 914; vgl. UHLIRZ, Otto II., S. 187 – 88; die neuere Lit. bei FRIED, Otto III., S. 12 Anm. 4.

[170]) B – Mi 902a; vgl. UHLIRZ, Otto II., S. 198.

[171]) B – Mi 918, 919a; vgl. UHLIRZ, Otto II., S. 200.

[172]) Vgl. SMIDT, S. 77. Auf das Geschwätz des medizinverrückten Richer, l.III c.96 (ed. LATOUCHE II, S. 122) ist nichts zu geben; falsch UHLIRZ, Otto II., S. 206 Anm. 54.

[173]) B – Mi 919e; vgl. UHLIRZ, Otto II., S. 206 – 07.

[174]) Renzo U. MONTINI: Tombe regali in Roma, in: Studi Romani 4 (1956) S. 259 – 73, bes. S. 268 – 71 mit Abb. 54 – 55.

[175]) B – U 956t; vgl. UHLIRZ, Otto III., S. 9.

[176]) Vgl. UHLIRZ, Otto III., S. 9: „Diese gemeinsame Handlung der beiden Kirchenfürsten in Aachen sollte ein Sinnbild der in der Hand der Ottonen vereinten Herrschaft über die beiden karolingischen Teilreiche(!) sein". Vgl. noch BECKER, S. 13; BRÜHL, Fodrum, S. 499 m. Anm. 264.

ein frommer Wunsch[177]. Im Augenblick der Krönung des noch nicht vierjährigen Kindes war Kaiser Otto II. bereits verstorben, der junge Otto damit formal nicht Mitkönig, wie es vom Vater intendiert war, sondern der alleinige König des ostfränkischen Reichsteils und Italiens[178]. Seine Mutter Theophano weilte bei Eintreffen der Todesnachricht in Aachen[179] noch in Italien, ebenso die Großmutter Adelheid. Bevor beide nach Ostfranken eilen konnten[180], überstürzten sich dort die Ereignisse. Von zwei Seiten drohte dem Königtum Ottos höchste Gefahr, und in beiden Fällen handelte es sich um nächste Verwandte: Lothar von Westfranken, ein Vetter 2. Grades und Enkel Heinrichs I.[181], sah die einzigartige Möglichkeit gekommen trotz aller gegenteiligen Zusicherungen in Margut drei Jahre zuvor, sich doch noch in den Besitz Lothringens setzen zu können, wobei ihm die Frage, wer in Ostfranken die Nachfolge Ottos II. antrat, höchst gleichgültig war[182]. Wesentlich gefährlicher waren daher die Ansprüche Herzog Heinrichs II. „des Zänkers", wie König Lothar ein Vetter 2. Grades des königlichen Knaben[183]. Er hatte zweimal, 974 und 976, gegen Otto II. rebelliert und noch ein drittes Mal 977 zusammen mit Herzog Heinrich von Kärnten und Bischof Heinrich von Augsburg – „die Empörung der drei Heinriche" –, woraufhin er 978 zu Bischof Folkmar von Utrecht in Haft gegeben worden war[184].

---

[177]) Das Königtum Ottos wurde als ruhend betrachtet, ohne daß es zu einem Gegenkönigtum o.ä. gekommen wäre; vgl. bes. UHLIRZ, Otto II., S. 197 m. Anm. 29(–S. 198); einige Ausnahmen verzeichnet BECKER, S. 13 Anm. 7; s. aber UHLIRZ, Kirchenpolitik, S. 257 m. Anm. 5.

[178]) B – U 956r; vgl. BECKER, S. 14; UHLIRZ, Otto III., S. 9.

[179]) Dies geschah unmittelbar nach der Krönung: B – U 956u; UHLIRZ, Otto III., S. 9.

[180]) Theophano muß Rom nach dem Tode ihres Gemahls sehr bald verlassen haben, denn um die Weihnachtszeit ist sie bereits in Pavia, wo sich Adelheid aufhielt; erst im Apr. 984 treten beide Kaiserinnen auf dringende Aufforderung Erzbischof Willigis' von Mainz die Reise nach Ostfranken an, wo sie Mitte Juni 984 eintreffen, um Ende Juni am Hoftag von Rohr (bei Meiningen) teilzunehmen: B – U 956s, 956x, 956x/1, 956c/2, 956q-r/2; UHLIRZ, Otto III., S. 22 – 25, 33 m. Anm. 88. Vgl. unten S. 579 – 80.

[181]) Als Sohn von Ottos d.Gr. Schwester Gerberga war er ein Vetter 1. Grades von Otto II.; vgl. die Stammtafel 2 bei HLAWITSCHKA, Frankenreich, Anhang, S.(292 – 93).

[182]) Es gibt nicht den geringsten Hinweis darauf, daß Lothar Ottos Nachfolge angestrebt hätte: daran dachte in Ost und West niemand; Lothar wollte das karolingische Stammland Lothringen gewinnen, das sein Großvater zeitweilig besessen hatte; weiter gingen seine Ambitionen nicht.

[183]) Sein Vater Herzog Heinrich I. war Ottos I. jüngerer Bruder; Lothar wie Heinrich d.Z. waren daher beide Enkel Heinrichs I. in direkter Linie; unverständlich ist mir die Behauptung von UHLIRZ, Otto III., S. 11 Anm. 5, Lothar sei „ein Oheim Ottos III. jedoch entfernteren Grades" (als Heinrich d.Z. ) gewesen; richtig KIENAST I, S. 100.

[184]) B – Mi 667b, 711a, 715a, 717a-b, 750b, 763c, 769b; vgl. UHLIRZ, Otto II., S. 50 – 54, 76 – 79, 92 – 94. Als Folge dieser Aufstände war 976 Kärnten mit den Marken Verona und Aquileia als selbständiges Herzogtum unter Heinrich d.J., dem Sohn Herzog Bertholds von Baiern, abgetrennt worden; dieser war im folgenden Jahr in den Aufstand der drei

Es geht hier nicht darum, die Einzelheiten des Kampfs um die Vormundschaft für Otto III. darzustellen[185]. Sowohl Heinrich d.Z. als auch Lothar – auf Anraten Adalberos von Reims – beanspruchten die Vormundschaft[186], nachdem Heinrich in seiner Gier nach der Herrschaft Lothar offenbar Lothringen als Preis für dessen Unterstützung angeboten hatte; zu dem vereinbarten Zusammentreffen in Breisach am 1. Februar 984, auf dem das Bündnis geschlossen werden sollte, erschien er aber nicht, offenbar weil das Gerücht des bevorstehenden Treffens, dessen Tendenz vor aller Augen lag, ihm im ostfränkischen Adel viele Sympathien zu kosten drohte[187]. Sowohl Lothar als auch Heinrich ließen nach kurzer Zeit die Maske fallen und machten aus ihren wahren Absichten keinen Hehl mehr: Lothar nahm im Frühjahr 984 Verdun nach kurzer Belagerung ein, womit er sich mögliche Sympathisanten im lothringischen Adel entfremdete, und den mächtigen Grafen Gottfried von Verdun, den Bruder Erzbischof Adalberos, zum erbitterten Feind machte[188]. Es verdient festgehalten zu werden, daß Lothars Streben, Lothringen zu gewinnen, weder im west- noch im ostfränkischen, vor allem aber im lothringischen Adel irgendwelchen Widerhall fand: sowohl Adalbero von Reims und sein Bruder Gottfried als auch die energische Beatrix, die Witwe Herzog Friedrichs von Oberlothringen und Schwester Hugos Capet(!), standen fest auf der Seite Ottos III.[189]. Der Kampf um Lothringen in den Jahren 984/86 ist eine rein dynastische Angelegenheit der westfränkischen Karolinger, die weder links noch rechts des Rheins irgendwelche „nationalen" Emotionen ausgelöst hat: eine „Partei Lothars" hat es im lothringischen Adel nicht ge-

---

Heinriche verwickelt, doch während Heinrich d.Z. in Haft blieb, erhielt der jüngere Heinrich 983 das Herzogtum Baiern: B – Mi 891b; vgl. UHLIRZ, Otto II., S. 186 – 87 und zuletzt ERKENS, S. 338 – 44; vgl. noch ALTHOFF, Königsherrschaft, S. 275 m. Anm. 35.

185) Ausführlich, in einzelnen Punkten nicht unproblematisch UHLIRZ, Otto III., S. 10ff.

186) Vgl. LOT, Carolingiens, S. 134ff.; UHLIRZ, Otto III., S. 28 – 29.

187) B – U 956a/1, 956d/1, 956f/1; vgl. LOT, Carolingiens, S. 142 – 45, der das geplante Treffen von Breisach jedoch auf den 1.II.985 datiert; ebenso KIENAST I, S. 102 m. Anm. 233( – S. 103), der mich nicht überzeugt hat; zutreffend m. E. UHLIRZ, Otto III., S. 14 – 15 und ebd. Exkurs III, S. 432 – 41, bes. S. 433 – 34.

188) B – U i/2; vgl. LOT, Carolingiens, S. 145 – 46 (wiederum zu 985); UHLIRZ, Otto III., S. 30 – 31.

189) Man sieht hier die ganze Absurdität der veralteten „deutsch – französischen" Terminologie: der Kanzler des „französischen" Königs kämpft für die Interessen des „deutschen", derweilen ein „deutscher" Herzog dem „französischen" König Lothringen offeriert, das von der Schwester des „französischen" Herzogs Hugo Capet und vom „französischen" Kanzler für den „deutschen" König gerettet wird. Wer darin einen Sinn zu erblicken vermag, dem ist nicht zu helfen. Es handelt sich auch jetzt noch – der Akzent liegt allerdings auf „noch" – um Machtfragen innerhalb des *regnum Francorum*.

geben[190], umstritten war lediglich die Parteinahme für Heinrich d. Z. oder Otto III.[191].

Die Gefahr, die dem Königtum Ottos III. von der Seite Heinrichs d. Z. drohte, war ungleich höher einzuschätzen als die territorial begrenzten Ambitionen Lothars. Nachdem Heinrich von Bischof Folkmar offenbar sogleich nach Bekanntwerden des Todes Ottos II. freigelassen worden war[192], gelang es ihm nicht nur sehr schnell, eine seiner Kandidatur, die sich zunächst formal noch hinter dem Anspruch auf die Vormundschaft verbarg, wohlgesonnene Partei des Adels und der Geistlichkeit hinter sich zu sammeln, sondern insbesondere auch den jungen Otto ebenso wie die Reichsinsignien in seine Hand zu bekommen[193]. Nach kurzer Zeit ließ Heinrich jedoch seinen Anspruch auf die Königswürde erkennen und forderte zumindest eine Mitregentschaft für seine Person, was Gerbert in einem im Auftrag Adalberos von Reims geschriebenen Brief an Egbert von Trier durchblicken läßt: *Forte quia Grecus est*(scil. Otto III.), *ut dicitis*(!), *more Grecorum conregnantem instituere vultis?*[194]. Das Osterfest 984 beging Heinrich wie ein Ottone in Quedlinburg, wo er von seinen Anhängern zum König proklamiert wurde[195]. Er hat bei dieser Gelegenheit zwei-

---

[190]) Die Verbündeten Lothars waren die Grafen Odo von Chartres-Meaux und Heribert von Troyes, persönliche Feinde Adalberos von Reims und Gottfrieds von Verdun; von lothringischen Helfern Lothars hört man nichts; vgl. LOT, Carolingiens, S. 145 m. Anm. 2 und ebd. Append.X, S. 370ff. Kein einziger lothringischer Graf hat m.W. auf der Seite Lothars an den Kämpfen um Verdun teilgenommen; vgl. aber die folg. Anm. und bes. unten S. 583ff.

[191]) Ganz töricht die Darstellung bei KIENAST I, S. 105ff. unter stramm „deutsch–französischen" Vorzeichen; sehr zögernd verhielt sich fraglos Erzbischof Egbert von Trier, der am längsten für Heinrich eintrat; vgl. UHLIRZ, Otto III., S. 46, 51, 53. Erst nach der Huldigung Heinrichs d. Z. in Frankfurt Ende Juni 985 und dem *colloquium dominarum* in Metz stellt sich Egbert klar auf die Seite des jungen Königs: B–U 969l, 972b; UHLIRZ, aaO., S. 54, 56, 62. Vgl. unten Anm. 193–94 und Anm. 259.

[192]) B–U 956v, 956y; UHLIRZ, Otto III., S. 12. Entgegen der Unsicherheit von M. Uhlirz ist mir nicht zweifelhaft, daß Bischof Folkmar Heinrich aus freien Stücken aus seinem Gewahrsam entlassen hat. Zu Folkmar s. FLECKENSTEIN II, S. 68–69, 75.

[193]) B–U 956y, 956a/1; vgl. UHLIRZ, Otto III., S. 12–14. Hauptstützen Heinrichs waren die Erzbischöfe Warin von Köln († 985) und Egbert von Trier, deren Rolle wohl vor allem durch ihre Rivalität zu Willigis von Mainz diktiert war; s. auch B–U 956d/1. Zur Rolle Heinrichs d. Z. in Sachsen s. GIESE, S. 23–26. Zu Egbert vgl. auch FLECKENSTEIN II, S. 56, 69, 72, 75, 114, der Warin von Köln nicht erwähnt.

[194]) Gerbert, ep.26 (ed. WEIGLE, S. 49 Z.1–2): B–U 956b-c/1; vgl. UHLIRZ, Otto III., S. 13, doch hat Egbert nicht „dem auf ihm lastenden Druck" nachgegeben, sondern sich Heinrich willentlich angeschlossen und seine Vasallen mitgezogen. Vgl. noch OHNSORGE, Mitkaisertum, S. 271 und SCHLESINGER, Erbfolge, S. 244.

[195]) Thietmar, Chronicon, l.IV c.2: *...Heinricus proximum Pascha Quidilingeburg festivis peregit gaudiis. Quo magnus regni primatus colligitur, a quibusdam autem venire illo nolentibus ad omnia diligenter inquirenda nuntius mittitur. Hac in festivitate idem a suis publice rex appellatur laudibusque divinis attollitur* (ed. HOLTZMANN, S. 132 Z.19–24): B–U 956t/1; vgl. UHLIRZ, Otto III., S. 18. KIENAST I, S. 101, spricht zu vage von einer

fellos eine Krone getragen; eine Krönungszeremonie in Verbindung mit einer Salbung hat jedoch gewiß nicht stattgefunden[196], was entscheidend zu dem schließlichen Scheitern Heinrichs beigetragen hat. Das Widmungsbild eines heute in der „Bibliothèque Nationale" zu Paris befindlichen, einst der „Sainte Chapelle" gehörigen Evangeliars, das damit präzis in das Jahr 984 datiert werden kann, bezeugt, daß Heinrich von seinen Anhängern als der legitime König betrachtet wurde[197]. Doch just mit dem Quedlinburger Osterfest begann Heinrichs Stern zu sinken. Der Herzog war zu weit gegangen: gerade seine geistlichen Anhänger mußten vor einer Salbung Heinrichs gegen den bereits gesalbten Otto zurückschrecken, was der Opposition unter Führung Willigis'von Mainz und Herzog Bernhards von Sachsen Gelegenheit gab, ihre Kräfte zu sammeln[198].

Die Waage neigte sich endgültig auf die Seite des königlichen Kindes, als die beiden Kaiserinnen wohl im Juni 984 endlich in Ostfranken eintrafen und sich zunächst nach Mainz begaben; von dort zogen sie mit großem Gefolge[199] nach „Rara" (Rohr bei Meiningen), wohin ein großer Reichstag auf den 29. Juni einberufen war, zu dem auch Heinrich d.Z. nach mannig-

---

„Huldigung" der Anhänger Heinrichs; richtig GIESE, S. 24; s. noch HOFFMANN, Böhmen, S. 37. Allgemein vgl. SCHLESINGER, Erbfolge, S. 242 – 43.

196) Ann. Quedlinburg. ad an.984:...*regnum tyrannice invasit*(scil. Heinrich), *atque in id elationis usque prorupit, ut et rex dici et in regem benedici appeteret. Sed rex dici a paucis obtinuit; in regem vero benedici, prohibente Deo, prohibente fidelium sibi non consentientium, sed regi electo et uncto iure...non meruit* (ed. PERTZ, S. 66b Z.6 – 13): B – U 956t/1; s. BRÜHL, Kronenbrauch, S. 424, 433; s. auch SCHLESINGER, Erbfolge, S. 243.

197) B.N., Ms.lat.8851, fol.16: abgebildet bei SCHRAMM, Bilder, S. 373 Tafel 121. Die vier kleinen „Münzbild"-Medaillons tragen die Inschriften „Heinricus rex Francorum" (links und rechts), „Otto imperator augustus Romanorum" (oben) und „Otto iunior imperator augustus" (unten). Die alte Erklärung, Heinrich I. sei zweimal dargestellt worden, ist unsinnig; die Deutung auf Kaiser Heinrich II. scheitert m.E. an dem Fehlen Ottos III.; es kann daher, wie schon Nordenfalk gesehen hatte, nur Heinrich d.Z. gemeint sein; irrig insoweit SCHRAMM, aaO., S. 93, 215, wo das Evangeliar auf „1002 – 1004" datiert wird; KELLER, Herrscherbild, S. 301 Anm. 51, geht auf diese Frage nicht ein; s. aber WEINFURTER, S. 267 Anm. 120. HOFFMANN, Buchkunst I, S. 483, entscheidet sich gleichfalls für die Spätdatierung, wobei er allerdings die Rolle Egberts von Trier im Thronstreit verkennt (frdl. Hinweis von Herrn Kollegen G. ALTHOFF – Giessen).

198) B – U 956 u-w/1, 956b/2; vgl. schon LOT, Carolingiens, S. 132: „Si le duc de Bavière s'était contenté du titre de régent et de tuteur, il eût très probablement réussi à maintenir son ascendant en Germanie pendant de longues années; cette tentative de mettre la main sur la couronne souleva l'indignation générale"; s. auch UHLIRZ, Otto III., S. 18 – 21 und zuletzt ERKENS, S. 345. Wie im Falle Hugos Capet war es die Salbung, die den Episkopat davon abhielt, einen Gegenkönig zu investieren; vgl. unten § 2, S. 599 m. Anm. 334.

199) In Begleitung von Adelheid und Theophano befanden sich u.a. Adelheids Bruder und Heinrichs d.Z. Schwiegervater Konrad von Burgund, ihre Tochter Äbtissin Mathilde von Quedlinburg, Herzog Konrad von Schwaben und natürlich Erzkanzler Willigis von Mainz; vgl. UHLIRZ, Otto III., S. 33.

fachen Rückschlägen[200] sein Erscheinen mit dem königlichen Knaben[201] eidlich zugesagt hatte. In „Rara" versammelten sich nach Aussage der Quedlinburger Annalen die Fürstlichkeiten: *cum totius Italiae, Galliae, Sueviae, Franciae, Lotharingiae primis, occursu quoque Saxonum, Thuringorum, Sclavorum cum universis optimatibus*[202]; ganz entsprechend hatten die an dieser Stelle auf alten Vorlagen fußenden Magdeburger Annalen des 12. Jahrhunderts den Reichstag von Verona im Jahre zuvor beschrieben als: *conventus Saxonum, Francorum, Lotharingiorum, Bawariorum, Italicorum aliorumque natione, lingua et habitu dissimilium*[203]. Es ist offenkundig, daß weder die Vorlage des Magdeburger Chronisten noch der Quedlinburger Annalist eine Gesamtbezeichnung für alle Völker des Ostfrankenreichs kennen: diesen Begriff gibt es nicht, und er wird erst knapp hundert Jahre später gebräuchlich; bis dahin ist und bleibt Ostfranken die Summe der in ihm zusammengeschlossenen Völker[204]. Mit dem Tag von „Rara" und der Auslieferung Ottos III. an die beiden Kaiserinnen ist der ostfränkische Thronstreit entschieden, auch wenn es noch ein volles Jahr dauern wird, bis er mit der förmlichen Aussöhnung in Frankfurt und der neuerlichen Belehnung Heinrichs d.Z. mit Baiern seinen endgültigen Abschluß findet; Heinrich d.J. mußte sich mit Kärnten und den Marken Verona und Friaul begnügen[205].

Im Herbst 984 nahm die ostfränkische Kanzlei nach einer Unterbrechung von über einem Jahr ihre Tätigkeit wieder auf[206]. Es ist dies die läng-

---

[200]) Schon das Treffen in Bürstadt Mitte Mai 984 mit Willigis von Mainz und Konrad von Schwaben war ein Fehlschlag gewesen; einen Monat später wurde er in Eythra (an der Elster) von seinen Gegnern umzingelt und mußte sich eidlich verpflichten, Otto III. in „Rara" auszuliefern: B – U 956e/2, 956m/2; vgl. UHLIRZ, Otto III., Exkurs II, S. 427 – 29.

[201]) Der Aufenthaltsort des jungen Otto vor seiner Übergabe an Theophano in „Rara" ist unbekannt; vgl. UHLIRZ, Otto III., S. 32 – 33. Er befand sich wahrscheinlich in der Obhut von Heinrichs Gemahlin Gisela in Merseburg, doch berichtet davon keine Quelle.

[202]) Ann. Quedlinburg.ad an.984 (ed. PERTZ, S. 66 Z.22 – 24): B – U 956q/2 (S. 433).

[203]) Ann. Magdeburg.ad an.983 (ed. PERTZ, S. 157 Z.3 – 4): B – Mi 891b (S. 391); vgl. BRÜHL, Anfänge, S. 169 Anm. 82. Zu den Magdeburger Annalen vgl. WATTENBACH – SCHMALE, S. 390 – 91. Vgl. schon oben S. 537 m. Anm. 586.

[204]) Vgl. BRÜHL, Anfänge, S. 169, wo ich aber versäumt habe, auf die Ann. Quedlinburg. hinzuweisen. FLECKENSTEIN, Anfänge, S. 157, betont mit Recht, daß „Veränderungen...Zeit brauchen" und „naturgemäß zu einem relativ späten Zeitansatz" führen. Dem stimme ich gern zu, und weise darauf hin, daß *regnum Teutonicum* o.ä. erst frühestens 1070 gebräuchlich wird!

[205]) B – U 956s/2, 958b, 963a, 968d, 969c-g, 969l; vgl. UHLIRZ, Otto III., S. 34 – 35, 38, 42 – 43, 55 – 56; KIENAST I, S. 102 – 03, 110 – 11, dessen Ausführungen unter einer irrigen Chronologie der Ereignisse leiden; vgl. oben Anm. 184; s. zuletzt THOMAS, Otto III., S. 49.

[206]) D O.II. 317 (983 Aug. 27): B – Mi 918 – D O.III.1 (984 Okt. 7): B – U 958; vgl. B – U 957b.

ste Unterbrechung der Beurkundungstätigkeit nach dem Herrschafts-
übergang von Konrad I. auf Heinrich[207]. Doch nachdem Theophano die
Geschäfte energisch in die Hand genommen hatte[208], arbeitete die Kanzlei
fast wieder in dem gewohnten Rhythmus: bis zur Volljährigkeitserklärung
Ottos auf dem Reichstag zu Sohlingen Ende September 994[209] hat sie immerhin 143 auf uns gekommene Diplome – davon 84 Originale – ausgestellt[210], die sich fast gleichmäßig auf die Vormundschaft der Theophano
und der Adelheid verteilen[211], was einem Jahresmittel von immerhin etwas
mehr als 14 Urkunden entspricht[212]. Dies ist zwar spürbar geringer – fast
genau die Hälfte! – als in der Regierungszeit Ottos II.[213], doch für eine
vormundschaftliche Regierung ein höchst respektables Zeugnis ihrer Regierungstätigkeit. Der Anteil italienischer Empfänger ist, wie nicht anders
zu erwarten, verhältnismäßig gering, aber er ist vorhanden[214]. Theophano

---

207) D Ko.I.36 (918 Sept. 9): B – M²2106 – D H.I.1 (920 Apr. 3): B – O 1. Vgl. oben
S. 413 m. Anm. 8 – 9.
208) Adelheid hatte sich schon im Sommer 985 wieder nach Pavia begeben: B – U 972a.
Ob eine persönliche Verstimmung vorlag, oder ob es sich um eine Art Arbeitsteilung in
den Regierungsgeschäften handelt, muß offen bleiben; mit Sicherheit haben dagegen die
Eingriffe Theophanos in die Verwaltung Italiens 988 zu einer tiefen Verstimmung Adelheids geführt, die sich nach Burgund zurückzog; vgl. UHLIRZ, Otto III., S. 60 – 61,
104 – 05; DIES., Mitkaisertum, S. 387, bemerkt, daß Theophano in der Zeit ihrer Vormundschaft 31mal interveniert gegenüber nur 5 Interventionen Adelheids.
209) B – U 1117a; vgl. UHLIRZ, Otto III., S. 174 – 75. D O.III. 148 (994 Sept. 27) datiert:
*anno vero tertii Ottonis regnantis XI, aetatis autem XV* (S. 559 Z.9): B – U 1118.
210) DD O.III. 1 (984 Okt. 7): B – U 958 – 146 (994 Juli 6): B – U 1115. D O.III. 76
(a.991): B – U 1040, ist ein Deperditum, DD O.III. 92, 105: B – U 1465, 1469, sind moderne
Spuria aus der Werkstatt Schotts.
211) DD O.III. 1 – 72 entfallen auf die Vormundschaft der Theophano, DD O.III.
73 – 146 (ohne DD 76, 92, 105) auf die Adelheids, was einem Verhältnis von 72:71
entspricht, doch führte Adelheid die Regentschaft nur von Okt. 991 bis Ende Sept. 994,
d.h. knapp drei Jahre gegenüber rund sieben Jahren für Theophano, unter der das Jahresmittel deutlich niedriger liegt (ca. 10); s. die folg. Anm.
212) Ab Okt. 984 gerechnet; vgl. aber oben Anm. 211. Das Jahresmittel unter Adelheid
liegt schon wieder bei über 23!
213) Vgl. oben S. 557 – 58.
214) Unter Theophano: DD O.III. 46 (988 Aug. 27) für das Bistum Verona: B – U 1004;
50 (988 Okt. 22) für Graf Mainfred: B – U 1008; 53 – 54 (989 Apr. 5) für die Abtei S.Pietro
in Ciel d'Oro und das Bistum Parma: B – U 1011 – 12; 56 (989 Juli 23) für die Abtei
Montecassino: B – U 1015; 65 (990 Juni 18) für das Patriarchat Aquileia: B – U 1024; 69
(991 Apr. 18) für das Bistum Treviso: B – U 1029; 70 (o.D.) für Graf Raimbald von Treviso:
B – U 1030.
Unter Adelheid: DD O.III. 97 (992 [Juni] 20) für das Bistum Cremona: B – U 1063;
99 – 101 (992 Juli 19) für das Bistum Asti, Venedig und das Kloster Breme: B – U 1065 – 67.
Das sind insgesamt 12 DD in ca. 10 Jahren; vgl. oben S. 558 m. Anm. 37. Zu Verona und
Aquileia s. schon oben Anm. 143, doch ist D O.III. 46 von einem italienischen Notar
diktiert. Nur DD 53 und 101 sind im Original überliefert. Allgemein s. UHLIRZ, Kirchen-
politik, S. 255.

unternahm im Jahre 989/90[215] sogar einen Italienzug[216], auf dem sie die daniederliegende Zentralverwaltung des „Regnum Italiae" zu reformieren versuchte[217] und in eigenem Namen urkundete: einmal als *Theophanu...imperatrix augusta*[218], danach als: *Theophanius...imperator augustus*[219], was ich keineswegs für einen Kopistenirrtum[220], sondern für die tatsächlich gebrauchte Intitulatio halte[221], zumal die männliche Titelform für Frauen gerade in diesen Jahren auch anderweitig bezeugt ist[222]. Die westfränkischen Urkundenzahlen sind wie üblich extrem niedrig: für die Jahre 984 – 996 sind für insgesamt vier Könige[223] ganze 16 Urkunden

---

[215]) Einen bereits für 987 geplanten Italienzug hatte die Kaiserin aus Gesundheitsgründen absagen müssen: B – U 986a, 1005a, 1008a.

[216]) Von Nov. 989 bis Anf. Mai 990: B – U 1017g, 1017l, 1017n, 1019e-f, 1019h, 1019m, 1020c-d; vgl. schon Theodor v. SICKEL: Erläuterungen zu den Diplomen Otto III., II: Der letzte Aufenthalt der K. Theophanu in Italien, in: MIÖG. 12 (1891) S. 231 – 45, der nur die Datierung des Zuges behandelt; vgl. aber UHLIRZ, Otto III., S. 117 – 23; s. schon DIES., Kirchenpolitik, S. 256 – 58; vgl. noch BRÜHL, Fodrum, S. 454 Anm. 11, 482 m. Anm. 153.

[217]) Hierzu vgl. BRÜHL, Fodrum, S. 506 – 11 und bes. DERS., Honorantiae, S. 155ff.

[218]) D Theoph. 1 (990 Jan. 2) S. 876 Z.13: B – U 1017p. Empfänger ist die Abtei S. Vincenzo am Volturno. In der Datierung heißt es: *anno vero regni tertii Ottonis regnantis III* (lies: *VI*): S. 876 Z.29.

[219]) D Theoph. 2 (990 Apr. 1) S. 876 Z.39–40: B – U 1019k. Empfänger ist die Abtei Farfa. Hier lautet die Datierung: *anno vero imperii domni Theophanii imperatoris XVIII* (S. 877 Z.16 – 17), was auf 972 führt! Vgl. unten mit den folg. Anm.

[220]) So etwa HARTMANN IV/1, S. 153 Anm. 1; s. noch B – U, S. 846 zu 1019k. In der Tat ist die Uk. nur im „Regestum Farfense" überliefert, und die falsche Auflösung einer Abkürzung, wie sie Hartmann vermutet, wäre Gregor von Catino durchaus zuzutrauen; vgl. etwa Carlrichard BRÜHL: Chronologie und Urkunden der Herzöge von Spoleto im 8. Jahrhundert (1971) in: Aus Mittelalter und Diplomatik. Gesammelte Aufsätze, t.II (Hildesheim-München-Zürich 1989) S. 653 – 746, bes. S. 678 – 81, 694 u.ö.

[221]) Dafür spricht vor allem die Datierung, die Gregor von Catino nicht erfunden haben kann: oben Anm. 219; s. auch B – U 1019k (Nachtrag auf S. 846) und bes. UHLIRZ, Mitkaisertum, S. 389 m. Anm. 42, während OHNSORGE, Mitkaisertum, S. 275ff. auf diese Uk. erstaunlicherweise nicht eingeht.

[222]) Vgl. etwa D O.II. 308 (983 Juni 15) für das Bistum Lüttich: *nostram adierunt serenitatem venerabilis...Mettensium episcopus Theodericus...et illustris dux Beatrix, nostra consobrina* (S. 365 Z.9 – 11): B – Mi 909; D O.III. 63 (990 Juni 18): *ob petitionem et interventum Hadevige ducis* (S. 469 Z.38 – 39): B – U 1022. Zumindest D 63 ist ein unanfechtbares Original. Auf beide DD machte bereits MOHR, Geschichte, S. 49 – 50, aufmerksam; vgl. noch MAURER, S. 55 – 56. Auch Gerbert nennt Beatrix von Oberlothringen regelmäßig *domina dux*; vgl. KIENAST, Herzogstitel, S. 342, 348 m. Anm. 143. KIENAST, aaO., S. 342, erklärt die Bezeichnung *dux* als „rein sprachlicher Natur", weil „die weibliche Form von dux...erst später allgemein gebräuchlich (wurde)"; immerhin zitiert er selbst D O.III. 2 (a.984):*...nostrae nepti ductrici...,...iam dicta ductrix...* (S. 396 Z.14 – 15, Z.26 – 27): B – U 958; vgl. KIENAST, aaO., S. 325 Anm. 91; s. noch ebd. S. 342 m. Anm. 204, 204a-d. Die weibliche Form von *dux* war um 980/90 zweifellos bekannt, wenn auch vielleicht nicht geläufig. Hier geht es nur darum, daß eine Frau mit dem männlichen Funktionstitel bezeichnet werden konnte.

[223]) Lothar für die Jahre 984 – 986 März 2, Ludwig V.: 986 März 2 – 987 Mai 22, Hugo Capet: 987 Juli 3 – 996 Okt. 24, Robert II.: 987 Dez. 25 – 996. Es schien mir sinnvoll, die volle Regierungszeit Hugos Capet in den Vergleich einzubeziehen.

überliefert[224], was für 13 Jahre einen Durchschnitt von ca. 1,25 Urkunden pro Jahr ergibt, doch liegt das Jahresmittel, allein auf die Regierungszeit Hugos Capet mit Robert II. bezogen, immerhin bei 2,5[225].

Gerade dieses Beispiel macht aber deutlich, daß eine geringe Beurkundungstätigkeit nicht unbedingt als Gradmesser für die politische Aktivität eines Herrschers gewertet werden darf, wie ich bereits am Beispiel Heinrichs I. und Rudolfs von Westfranken zeigen konnte[226] und sich nun für Lothar und Hugo Capet erneut erweist. Gerade in diesen Jahren einer quasi inexistenten Kanzleitätigkeit entfaltete Lothar nämlich eine außerordentliche diplomatische und teilweise auch militärische Aktivität, die auf den Erwerb Lothringens oder doch zumindest eines Teils Lothringens zielte. Die Einzelheiten dieser Bemühungen sind hier nicht darzustellen[227]; sie gipfeln nach hartnäckiger Belagerung in der erneuten Eroberung von Verdun[228] im März 985[229]. Adalbero von Reims, dessen Bruder, Graf Gottfried von Verdun, mit vielen anderen lothringischen Großen in Gefangenschaft geraten war[230], befand sich in einer schwierigen Lage: sein Neffe Adalbero, der Sohn des Grafen Gottfried, war etwa im Oktober 984 zum Bischof von Verdun gewählt worden und hatte am 3. Januar 985 ge-

---

[224]) Actes de Lothaire, Nr. 51 (a.984?); Nr. 52 – 54 sind Deperdita; Nr. 56 gehört sehr wahrscheinlich in das Jahr 979, ebenso die beiden überlieferten Urkunden Ludwigs V.: Actes de Lothaire, Nr. 69 – 70; vgl. BAUTIER, Sacres, S. 51 Anm. 156 und oben S. 560 m. Anm. 59; s. noch die folg. Anm.

[225]) Die kritische Edition der DD Hugos und Roberts II. im Rahmen der „Chartes et diplômes" ist noch nicht erschienen, aber in Vorbereitung. Ich verdanke dem Bearbeiter, Herrn Kollegen Olivier GUYOTJEANIN-Paris, die folgenden Zahlen: Hugo 9 DD, Hugo und Robert zusammen 6. NEWMAN, Nr. 2 – 8, ist ungenügend. Für die mühevolle Arbeit, die in Form einer Tabelle niedergelegt ist, sage ich Herrn GUYOTJEANIN auch an dieser Stelle meinen besten Dank.

[226]) Vgl. oben S. 442ff.

[227]) Quellen sind leider allein Richer, l.III cc.103 – 08 (ed. LATOUCHE II, S. 130 – 40) und einige Briefe Gerberts, die allesamt nicht sicher datiert sind. Auch wenn Richer in den ll.III – IV nicht mehr so unverfroren Geschichte „konstruieren" kann wie in den beiden vorangegangenen Büchern, weil sein Bericht von den Zeitgenossen leichter nachprüfbar wird, so bleibt für den Historiker doch ein sehr ungutes Gefühl, sich einem solchen „Führer" anvertrauen zu müssen, zumal auch hier die Rhetorik die sachliche Darstellung – wie immer bei Richer – überwuchert.

[228]) Die Rückgewinnung Verduns durch Graf Gottfried fällt etwa in den Sept./Okt. 984: B – U 956y/2; vgl. UHLIRZ, Otto III., S. 35 – 36.

[229]) B – U 962g, 967a, 967c, 968a; vgl. LOT, Carolingiens, S. 146 – 48; UHLIRZ, Otto III., S. 44 – 49, die die Ereignisse natürlich viel zu sehr unter „deutsch – französischem" Aspekt sieht; sie vermutet überdies, daß Lothar lediglich die Grafschaft Verdun für sich zu gewinnen trachtete, während LOT, Carolingiens, S. 146, an ganz Lothringen denkt; vgl. dazu unten S. 584 m. Anm. 233 – 34. Vgl. noch KIENAST I, S. 104 – 05.

[230]) Neben Gottfried selbst noch sein Sohn Friedrich, Graf Siegfried von Luxemburg und Herzog Dietrich von Oberlothringen; vgl. dazu KIENAST I, S. 105 – 06; s. auch UHLIRZ, Otto III., S. 45.

weiht werden sollen, was Erzbischof Egbert von Trier jedoch nach Kräften hintertrieb[231]. Weil Adalbero von Reims seinem Neffen das Bistum Verdun verschafft hatte, beschuldigte ihn Lothar des Hochverrats, derweilen Gerbert bemüht war, Hugo Capet auf die Seite Adalberos und der Ottonen zu ziehen, da *Lotharius rex Franciae praelatus est solo nomine, Hugo vero non nomine, sed actu et opere*[232]. Auf die Anschuldigungen Lothars[233] erwidert Adalbero: *Cum senior meus rex Lotharius Lothariense regnum nec haberet nec revocaret...*[234], wobei auch hier selbstverständlich in den Kategorien des fränkischen Großreichs gedacht ist[235]. Es kam zu einem Placitum in Compiègne am 11. Mai 985, an dem u.a. auch Herzog Karl von Niederlothringen teilnahm[236]. Beim Herannahen einer „Armee" von

---

[231] Adalbero wurde Nachfolger des zum Bischof von Metz promovierten Adalbero I., eines Sohnes der Herzogin Beatrix von Oberlothringen, den Egbert am 20.XII. 984 zum Bischof von Metz weihte; die für Jan. 985 vorgesehene Weihe Adalberos II. von Verdun fand erst im Sommer 985 nach der Unterwerfung Egberts von Trier unter die vormundschaftliche Regierung Ostfrankens statt: B – U 958a, 962c-d, 962h, 968f, 973a. In D O.III. 19 (985 Aug. 25): B – U 975, erscheint Egbert erstmals als Intervenient. Vgl. LOT, Carolingiens, S. 141, 149 Anm. 1; UHLIRZ, Otto III., S. 39, 40, 50 – 51.

[232] Gerbert, ep.48 (ed. WEIGLE, S. 77 – 78). Dieser Satz umschreibt nichts weiter als den tatsächlichen Sachverhalt, wenn man *Francia* nicht auf das ganze Westfrankenreich bezieht, wie dies nach LOT, Capet, S. 1, auch KIENAST I, S. 108 – 09 und SCHNEIDMÜLLER, Tradition, S. 172 – 73, tun; ähnlich auch UHLIRZ, Otto III., S. 47, die vom „wahren Herrscher Frankreichs" spricht. Ganz falsch LUGGE, S. 178, die Lothar gar zum *rex Franciae* macht. Vgl. schon oben S. 125 Anm. 240. Bezieht man *Francia* dagegen auf die *Francia* im engeren Sinne, dann verliert der Satz seine ang. Aggressivität.

[233] In der „Obiectio in Adalberonem": Gerbert, ep.57 (ed. WEIGLE, S. 87) heißt es: *Quod nepotem meum*(scil. Adalbero II. von Verdun), *clericum videlicet meae*(scil. der Reimser) *ecclesiae, licentia donaverim, quia et palatium adierit*(scil. der Theophano) *et dono alterius regis*(scil. Ottos III.) *episcopatum acceperit eius regni, quod senior meus Lotharius in proprium ius revocaverat* (ed. WEIGLE, S. 87 Z.14 – 17). Hier ist mit *dono alterius regis* nicht etwa ein ausländischer König gemeint – so aber LOT, Carolingiens, S. 156: „un roi étranger"; ähnlich KIENAST I, S. 109: „ein fremder König" – , sondern ein a n d e r e r König i n n e r h a l b des Frankenreichs. Vgl. aber unten S. 590 m. Anm. 271 – 73.

[234] Gerbert, ep.57: Purgatio (ed. WEIGLE, S. 87 Z.20 – 21). In dieser „Purgatio" erwähnt Adalbero auch: *ut senior meus imperatoris filio*(scil. Otto III.) *advocatus foret* (ed. WEIGLE, S. 88 Z.2).

[235] Die Verteidigung Adalberos war daher f o r m a l unanfechtbar: er war so wenig ein „Verräter" der „nationalen Interessen Frankreichs", wie man dies etwa von Egbert von Trier im Hinblick auf „Deutschland" behaupten könnte. B e i d e dachten und handelten im Rahmen des fränkischen Großreichs, innerhalb dessen der Besitz Lothringens nur eine Gewichtsverlagerung bedeutete. Man beachte, daß sich die Anklage Lothars gegen Adalbero nur auf eine kirchenpolitische Maßnahme Adalberos bezieht, n i c h t auf eine Konspiration gegen Lothars Königtum. Lothar hatte in Margut schließlich förmlich auf Lothringen verzichtet. Adalbero konnte daher guten Gewissens an Egbert schreiben: *nostris regibus puram fidem, purum servitutis obsequium semper impendemus, in nullo deviabimus*: Gerbert, ep.54 (ed. WEIGLE, S. 84 Z.11 – 12); anders natürlich LOT, Carolingiens, S. 158; s. noch unten Anm. 330.

[236] Neben Karl von Niederlothringen durfte Reginar IV. von Hennegau nicht fehlen. Beide standen auf der Seite Heinrichs d.Z. , der seinerseits einen *legatus* nach Compiègne

600 Rittern unter Führung Hugos Capet stob die Versammlung in alle Winde auseinander[237]. Zu einem neuen Prozeß kam es nicht mehr; Hugo söhnte sich bald darauf mit Lothar um den Preis der Freilassung der Gefangenen von Verdun aus [238] – Graf Gottfried blieb ausgenommen[239] –, Lothar bereitete einen Feldzug gegen Cambrai und Lüttich vor[240], als am 2. März 986 der Tod den nur 44jährigen ereilte[241]. Dieser unerwartete Tod, der: *et Belgis requiem et huic regnandi finem dedit,* wie der ang. so nationalistische Richer trocken bemerkt[242], brachte zwar noch nicht das Ende, wohl aber einen Aufschub im Kampf um Lothringen. Die Königin-Mutter Emma versuchte sofort wieder die guten Kontakte zum ottonischen Hof, insbesondere natürlich zu ihrer Mutter Adelheid, der *mater regnorum,* wiederherzustellen[243], doch ihre Bemühungen blieben erfolglos; sie mußte

entsandt hatte: unten Anm. 237. An dieses Verhalten Karls wird Theophano sich erinnert haben, als dieser nach der Krone Westfrankens griff; vgl. unten S. 586 m. Anm. 245. Anm.

[237]) Gerbert, ep.58 (ed. WEIGLE, S. 89): B – U 969e. Richer berichtet nach der Einnahme Verduns sofort Lothars Tod: unten Anm. 241. Bei Richer wären es mindestens 6000 *milites* gewesen, Gerbert ist da nüchterner. Vgl. LOT, Carolingiens, S. 158; UHLIRZ, Otto III., S. 52 – 53; KIENAST I, S. 109 – 10.

[238]) Gerbert, ep.59 (ed. WEIGLE, S. 90 – 91): B – U 969h; vgl. LOT, Carolingiens, S. 158; s. aber ebd. S. 186; UHLIRZ, Otto III., S. 53 und bes. KIENAST I, S. 110 m. Anm. 251a – 52; vgl. unten Anm. 243.

[239]) Die Bedingungen für Gottfried waren so hart, daß dieser vorzog, Gefangener zu bleiben: Gerbert, ep.59: oben Anm. 238; vgl. unten S. 597 m. Anm. 322.

[240]) Hier folge ich in der Chronologie KIENAST I, S. 111 m. Anm. 256 gegen B – U 956o/2 und UHLIRZ, Otto III., S. 30. Wie Kienast schon LOT, Carolingiens, S. 162. Einzige Quelle sind die um 1024/25 entstandenen Gesta episc. Camerac., l.I c.105: *Dein quoque episcopatum Cameracensium se occupaturum esse minatur...* (ed. BETHMANN, S. 445 Z.3 – 4). Das ist aber auch so ziemlich die einzige glaubwürdige Aussage des ganzen Kapitels, in dem es von falschen Angaben nur so wimmelt. Es genügt schon ein Blick auf die Überschrift: *Lotharius rex Karlensium et Einricus dux Baioariorum quisque pro se tendunt ad imperium*(!) *Lothariensium puerque regius ab Einrico rapitur*(!), *sed postea vi eripitur*(!) (ed. BETHMANN, S. 444 Z. 43 – 44). Ich begreife nicht, daß so kritische Geister wie LOT, Carolingiens, S. 163 und KIENAST I, S. 111 – 12, die alberne Mär, Bischof Rothard sei auf diese Nachricht hin sogleich zu Lothar gereist(!), um ihn zu bewegen, Cambrai erst nach dem Fall Lüttichs zu besetzen, als historisches Faktum hinnehmen konnten, Kienast sogar mit der sarkastischen Bemerkung: „Kein erbauliches Bild von der Sicherheit dieses Grenzbistums, das ein Bollwerk des Reiches bilden sollte" (S. 112).

[241]) Richer, l.III c.109 (ed. LATOUCHE II, S. 140): B – U 979c. Adalbero von Reims und Gerbert waren bei Lothars Tod anwesend! Die langen medizinischen Ausführungen über die tödliche Krankheit sind trotz der räumlichen Nähe zu Lothars Sterbeort Laon nicht glaubwürdiger als der entsprechende Bericht zum Tod Ottos II.: oben Anm. 172. Richer läßt Lothar übrigens 68 Jahre alt werden (ed. LATOUCHE II, S. 140)! Vgl. LOT, Carolingiens, S. 164 m. Anm. 2; ebd. S. 167 – 68 eine Würdigung Lothars. Lothar wurde an der Seite seiner Eltern in St-Remi vor Reims beigesetzt; s. BRÜHL, Palatium I, S. 71 m. Anm. 162.

[242]) l.III c.108 (ed. LATOUCHE II, S. 140). Vgl. schon oben S. 281 – 82.

[243]) Gerbert, ep.74: *In hoc...vestro iuditio utemur, ut non solum H(emmae) reginę, sed omnium dicamini mater regnorum* (ed. WEIGLE, S. 105 Z.6 – 8); vgl. LOT, Carolingiens, S. 186 – 87; UHLIRZ, Otto III., S. 71 – 72; BEZZOLA, S. 83 – 84; KIENAST I, S. 113. Es

sogar den Hof verlassen und flüchtete zu Hugo Capet[244]. Ludwig V. entschloß sich nach einigem Zögern – wohl unter dem Einfluß seines Onkels, Herzog Karls, der Emma gehaßt hat[245] – die lothringische Politik des Vaters wiederaufzunehmen, was zu diesem Zeitpunkt keinerlei Aussicht auf Erfolg mehr bot[246]. Von diesem Kurswechsel war vor allem Erzbischof Adalbero von Reims betroffen, den Ludwig mit seinem Haß verfolgte. Im Februar 987 drohte Ludwig eine Belagerung von Reims an[247], die Adalbero nur durch die Zusage, sich am 27. März einem *conventus Francorum* in Compiègne zu stellen[248], abwenden konnte. Als der auf den 18. Mai verschobene Hoftag dann tatsächlich zusammentrat, war von einem Prozeß gegen Adalbero keine Rede mehr: wohl unter dem Einfluß der Herzogin Beatrix von Oberlothringen schien Ludwig plötzlich wieder einem Ausgleich geneigt[249] – ein großes Treffen im Kloster Montfaucon nordwestlich von Verdun wurde verabredet[250] –, doch Ende Mai 987 – wohl

---

scheint, als ob erst damals – und noch immer mit Ausnahme Graf Gottfrieds – die Gefangenen von Verdun freigekommen wären: Gerbert, ep.71 (ed. WEIGLE, S. 102 Z.11 – 12); vgl. LOT, aaO., S. 186 m. Anm. 3. Vgl. unten S. 597 m. Anm. 322.

[244]) Gerbert, ep.97 (ed. WEIGLE, S. 127); vgl. LOT, Carolingiens, S. 193 – 94; UHLIRZ, Otto III., S. 74; KIENAST I, S. 113. Nach B – U 983i (S. 465) wäre Emma nach Reims geflohen, was mit Sicherheit irrig ist. Vgl. noch FICHTENAU, Horizont, S. 94 – 95.

[245]) Diese Hypothese – keine Quelle sagt darüber auch nur ein Wort – findet sich bereits bei LOT, Carolingiens, S. 193 m. Anm. 3, dem UHLIRZ, Otto III., S. 74 und KIENAST I, S. 113 (als Tatsache) folgen. Sie hat in der Tat eine hohe Wahrscheinlichkeit für sich.

[246]) Nach der Aussöhnung Heinrichs d.Z. mit Theophano und Adelheid in Frankfurt und dem darauf folgenden Frontwechsel Erzbischof Egberts von Trier fehlten sowohl der rechtliche Vorwand als vor allem die nötige Unterstützung in Lothringen; vgl. schon oben S. 580 m. Anm. 205 und oben Anm. 231.

[247]) Zur Datierung s. B – U 989b und KIENAST I, S. 113 Anm. 263, 114 gegen LOT, Carolingiens, S. 192; vgl. noch die folg. Anm.

[248]) Gerbert, ep.89: *In quem cumulum ira furorque regis*(scil. Ludwigs V.) *in nos*(scil. Adalbero) *proruperit, testis est impetus eius repentinus et inopinatus vixque sine multa caede partium repulsus...VI. Kal. April. conventus Francorum indictus est, ibique crimine infidelitatis pulsabimur...*, nämlich die alte Anklage Lothars von 985: oben S. 584 m. Anm. 233 – 34: B – U 989b-c; s. auch Gerbert, ep.101 (ed. WEIGLE, S. 131 Z.15) und unten Anm. 250. Zur Frage der Rückgabe Verduns vgl. unten S. 597 m. Anm. 321.

[249]) Vgl. LOT, Carolingiens, S. 195; UHLIRZ, Otto III., S. 81 – 82; KIENAST I, S. 115; vgl. dazu unten Anm. 252.

[250]) Gerbert, ep.101 zählt die vorgesehenen Teilnehmer auf: es sind Kaiserin Adelheid (aber nicht Theophano!), König Ludwig V. und seine Mutter Emma, Herzog Konrad von Schwaben(?), Hugo Capet und natürlich die *domina dux* Beatrix von Oberlothringen, die *causa conficiendę pacis* in Montfaucon zusammentreffen sollten (ed. WEIGLE, S. 131 Z.15 – 17); vgl. VOSS, Herrschertreffen, S. 61, 96. KIENAST I, S. 115, nennt wohl versehentlich auch König Konrad von Burgund; ebenso schon UHLIRZ, Otto III., S. 82, während LOT, Carolingiens, S. 195, statt Konrad von Schwaben Herzog Karl von Niederlothringen vermutet (die Hss. lesen in der Tat nur: *duci C.,*), was im Rahmen einer allgemeinen Aussöhnung m.E. einen besseren Sinn ergibt.

am 21. – starb der erst 20jährige Ludwig V. an einem Jagdunfall[251], womit eine völlig neue politische Situation gegeben war[252].

Das durch einen unglücklichen Zufall gescheiterte Treffen von Montfaucon sei Anlaß, erneut das Barometer der ost- – westfränkischen Beziehungen der Könige zu befragen. Ingrid VOSS verzeichnet für das Jahrzehnt 985–995 nicht weniger als sieben Treffen[253], was für seinen sehr regen diplomatischen Verkehr zwischen Ost und West spricht. Diese „Treffen" weisen, jedoch im Gegensatz zu den bisher behandelten einige merkwürdige Gemeinsamkeiten auf: 1. Es handelt sich vorwiegend um Absichtserklärungen[254], denn von den sieben geplanten Zusammenkünften haben zumindest drei mit Sicherheit oder mit an Sicherheit grenzender Wahrscheinlichkeit n i c h t stattgefunden[255], und keine einzige ist quellentechnisch zweifelsfrei gesichert[256]; von den verbleibenden vier Treffen sind

---

[251] Richer, l.IV c.5 (ed. LATOUCHE II, S. 150) mit dem üblichen medizinischen Nonsens; vgl. LOT, Carolingiens, S. 196 m. Anm. 2; UHLIRZ, Otto III., S. 83; KIENAST I, S. 115–16. Vgl. unten Anm. 293.

[252] Es scheint mir in diesem Zusammenhang von Interesse, das Urteil von LOT, Carolingiens, S. 168–69, über die Politik im 10. Jh. im allgemeinen zu zitieren: „Quand on lit l'histoire du haut moyen âge et du Xᵉ siècle en particulier, on est étonné de l'absence d'idée politique, de dessein arrêté, en un mot d'esprit de suite. Les événements se succèdent au hasard, sans lien apparent. Les alliances se nouent et se dénouent pour des motifs futiles, obscurs ou inconnus. On ne peut compter sur rien ni sur personne. L'ami d'aujourd'hui devient brusquement un ennemi mortel à la moindre circonstance; par contre, on voit des alliances se former soudain entre ennemis acharnés la veille encore...Les hommes de cette époque, surtout les seigneurs laïques, ressemblent à des barbares. Ils en ont les passions violentes, la ruse, la cruauté, la perfidie, et en même temps la légèreté, le manque de réflexion, avec de brusques retours de sensibilité et de piété...". Das Bild vereinfacht natürlich, trifft auf den westfränkischen Adel auch stärker zu als auf den ostfränkischen, enthält aber doch treffende Beobachtungen, die durch die neuere Adelsforschung nicht aus der Welt geschafft worden sind. Natürlich wird man Herrschern wie Heinrich I., Otto I., ja selbst Lothar eine „idée politique" oder einen „dessein arrêté" nicht absprechen wollen, doch hat Lot hier wohl auch eher den hohen Adel im Auge.

[253] Und zwar Metz 985, bei Remiremont 986, Montfaucon 987, Stenay 988, ein Grenztreffen 989, „Novivilla" 992 und Mouzon 995: B–U 972b; 979d, 983c; 991a; 1003i; 1008d, 1009b; 1059a-b; 1138e; vgl. VOSS, Herrschertreffen, S. 214 und im folgenden.

[254] Vgl. auch VOSS, Herrschertreffen, S. 59, 61.

[255] Montfaucon: oben S. 586 m. Anm. 250–51. Hugo Capet hatte Kaiserin Theophano für den 22.VIII.988 zu einem Treffen nach Stenay mit seiner Gemahlin Adelheid zwecks Abschlusses einer *amicitia* eingeladen: Gerbert, ep.120 (ed. WEIGLE, S. 147–48). Der präzise und überdies kurzfristige Terminvorschlag seitens des Rangniederen(!), der überdies nicht in Person zu erscheinen beabsichtigte, hat Theophano offenbar gekränkt; ihr Itinerar – im Aug./Sept. weilt sie in der Absicht nach Italien zu ziehen, am Bodensee: B–U 1004–05 (988 Aug. 27–Okt. 12); s. noch B–U 1003l – schließt ein Treffen mit Königin Adelheid zu dem genannten Datum aus; s. UHLIRZ, Otto III., S. 101 m. Anm. 37 gegen LOT, Carolingiens, S. 234; s. aber DERS., Capet, S. 9 Anm. 2 und bes. VOSS, Herrschertreffen, S. 61–62. Zu Mouzon 995 s. unten S. 602 m. Anm. 360–62.

[256] Richer erwähnt keines der Treffen und die Korrespondenz Gerberts ergeht sich meist nur in Andeutungen oder spricht von Projekten: oben Anm. 250 und Anm. 255; vgl. aber unten S. 602.

zwei völlig fraglich[257], die beiden restlichen gut denkbar, ja sogar wahrscheinlich[258]. 2. Mit Ausnahme des *colloquium dominarum*, an dem vorwiegend Damen beteiligt waren[259], sind alle übrigen geplanten oder durch-
geführten Zusammenkünfte eindeutig Grenztreffen[260], was die wachsende
Distanz zwischen den Reichen erkennen läßt: die Zeiten, da ein Ludwig
IV., Hugo d.Gr. und Gerberga abwechselnd zu Otto d.Gr. reisten, um in

---

[257]) Nämlich Remiremont 986 und das „Grenztreffen" von 989. Nach Gerbert, ep.74,
lud Königin Emma ihre Mutter Adelheid und ihren Onkel Konrad von Burgund nach
Remiremont: *in vicinia Romarici Montis, ubi confinium regnorum est*, ein (ed. WEIGLE,
S. 105 Z.3), wohin sie mit Ludwig V. kommen will. Ob das Treffen stattgefunden hat, ist
völlig offen: „auf keinen Fall aber ist ein Erfolg erzielt worden": UHLIRZ, Otto III., S. 72;
vgl. ebd. S. 68 – 69, 71 – 72; s. noch LOT, Carolingiens, S. 187; MARIOTTE, S. 171 (positiv);
KIENAST I, S. 113 Anm. 259 und VOSS, Herrschertreffen, S. 61. König Hugo lud Kaiserin
Theophano im Dez. 988 – dieses Mal in höflicherer Form – zu einem Treffen ein: *Sed a
Kl. Jan. usque ad inicium quadragesimę, in confinio nostrę Francię, Burgundię ac Lotha-
riensis regni occurere vobis parati sumus, sicut designabitis diem certum et locum suo
nomine descriptum, ut pax et concordia regnorum...nostro vitio non destituatur*: Gerbert,
ep.138 (ed. WEIGLE, S. 165 Z.16 – 20); vgl. dazu UHLIRZ, Otto III., S. 107 – 08; KIENAST
I, S. 122 m. Anm. 283, die beide nicht an das Zustandekommen des Treffens glauben; VOSS,
Herrschertreffen, S. 62, läßt die Frage offen und denkt als geplante Örtlichkeit wie 986 an
Remiremont. Gerbert, epp.144 und 146 (ed. WEIGLE, S. 171, 173) verstärken meine
Zweifel, daß Hugos Wunsch in Erfüllung ging, doch ist über das Itinerar der Theophano
im Winter 988/89 nichts bekannnt: B – U 998f. Vgl. noch oben S. 126 m. Anm. 242.
[258]) Zu Metz 985 vgl. die folg. Anm. Otto III. urkundet am 19.V.992 in *Novivilla*, am
25.V. in Margut(*Mergula*): DD O.III. 93 – 94: B – U 1060 – 61. In D O.III. 93 ist Adelheid
Intervenientin. An diesen Orten hatte der Hof nichts zu suchen, wenn nicht ein Grenz-
treffen anstand, für das zu diesem Zeitpunkt übrigens aller Anlaß gegeben war. Gegen die
Skepsis von KIENAST I, S. 126 Anm. 300 (auf S. 127), die VOSS, Herrschertreffen, S. 63
Anm. 97, offenbar teilt, halte ich mit UHLIRZ, Otto III., S. 154 – 55 und Exkurs VII,
S. 464 – 67, das Treffen im Mai 992 mit Hugo und Robert II. (oder mit einem von beiden)
für gesichert, ja ich halte dieses Treffen für das am besten bezeugte überhaupt. Zu
*Novivilla* vgl. die verschiedenen Lokalisierungsvorschläge bei VOSS, Herrschertreffen,
S. 63. Vgl. noch unten Anm. 356.
[259]) Eine Liste der möglichen Teilnehmer gibt B – U 972b. Hauptquelle ist wie üblich
Gerbert, hier ep.62: *colloquium dominarum sic commutavit, ut solus veniat Henricus* (ed.
WEIGLE, S. 93 Z.20). Für LOT, Carolingiens, S. 161, bedeutete dies, daß „pour des raisons
demeurées inconnues Henri (gemeint ist der Zänker) se trouva seul au rendez-vous", daß
folglich nicht stattgefunden hätte. M. UHLIRZ in: B – U 972b deutet das *solus* m.E.
zutreffend, daß Heinrich „allein", d.h. ohne seine Gemahlin Gisela und seine Schwester
Gerberga, die Äbtissin von Gandersheim, nach Metz gekommen war; vgl. bes. Gerbert,
ep.63 (ed. WEIGLE, S. 94 – 95). Aus der gewandelten Haltung Erzbischof Egberts: oben
Anm. 191 und Anm. 235, schließe ich auf einen erfolgreichen Abschluß des Treffens, an
dem wohl Kaiserin Theophano, Königin Emma, Herzogin Adelheid, die Gemahlin Hugos
Capet, und die Herzogin Beatrix von Oberlothringen sowie natürlich Heinrich d.Z.
teilgenommen haben. Bischof Notker von Lüttich war zumindest eingeladen: Gerbert,
ep.66 (ed. WEIGLE, S. 97). Vgl. auch UHLIRZ, Otto III., S. 54 m. Anm. 60, während
KIENAST I, S. 111 Anm. 254, die Frage offen läßt. VOSS, Herrschertreffen, S. 214, begnügt
sich mit der tabellarischen Erfassung.
[260]) Dies betont auch VOSS, Herrschertreffen, S. 61; vgl. oben Anm. 257 und unten
S. 589 m. Anm. 262.

Aachen das Osterfest zu begehen, waren ein für allemal vorbei[261]. Hugo
Capet besaß 992 sogar die Unverfrorenheit, den Papst zu einem Grenztreffen nach Grenoble einzuladen: *in confinio Italię et Gallię sita...ad quam
Romani pontifices Francorum regibus occurrere soliti sunt*[262]! 3. Im Gegensatz zu früheren Treffen ist die Dominanz des weiblichen Elements auffällig, was natürlich zum Teil durch die Minderjährigkeit Ottos III. bedingt
ist, aber doch nicht ausschließlich[263].

Der plötzliche Tod Ludwigs V. löste im ganzen Westfrankenreich tiefe
Betroffenheit aus[264]. Die Tatsache, daß Ludwig entgegen seinem letzten
Willen in Compiègne und nicht seinem Wunsche gemäß in Reims bestattet
wurde[265], zeigt, daß man es eilig hatte, über die Nachfolge zu beschließen.
Die Quellenlage zur Wahl Hugos Capet kann in gewisser Weise mit der
zur Wahl Heinrichs I. verglichen werden: in beiden Fällen geht es um die
Begründung einer neuen Dynastie, und beide Male stammt der scheinbar
genaueste, auf jeden Fall aber ausführlichste Bericht aus der Feder eines
höchst unzuverlässigen Mannes. Man wird einwenden, daß Richer bei aller
notorischen Unzuverlässigkeit doch schließlich als Zeitgenosse schreibe.
Das ist zwar richtig, erhöht aber keineswegs dessen Glaubwürdigkeit.
Und was sagt Richer eigentlich? Die sechs Kapitel, in denen Richer zunächst die Niederschlagung des Prozesses gegen Adalbero und anschließend die Vorbereitungen zur Wahl beschreibt[266], sind nichts weiter als die
Aneinanderreihung von sechs „Reden" – drei von Adalbero, zwei von
Hugo, eine Karls von Niederlothringen[267] –, von denen selbstverständlich

---

[261]) Vgl. Voss, Herrschertreffen, S. 28ff. und oben S. 479–81; s. auch unten S. 601 m.
Anm. 355.

[262]) Gerbert, ep.188 (ed. WEIGLE, S. 225–26) und dazu LOT, Capet, S. 85–86. KIENAST
I, S. 127, spricht nicht zu Unrecht von „einer herausfordernden Gegeneinladung des
Papstes nach Grenoble". Vgl. unten S. 601 m. Anm. 356.

[263]) Auch die Königinnen Emma und Adelheid, die Gemahlin Hugos Capet, waren
politisch höchst aktiv, ganz zu schweigen von der Herzogin Beatrix von Oberlothringen;
vgl. oben Anm. 250, 255, 257, 259; vgl. noch VOSS, Herrschertreffen, S. 171–72.

[264]) Eine Uk. aus Le Puy (Auvergne) datiert: *anno in quo Ludowicus rex in adolescentia
vitam finivit*: BERNARD – BRUEL III, Nr. 1728 (987 Aug. 11) S. 2. König Hugo wird nicht
erwähnt!

[265]) Obwohl dies nur von Richer, l.IV c.5 (ed. LATOUCHE II, S. 150, 152) berichtet wird,
halte ich die Nachricht für glaubwürdig, den angegebenen Grund, die ang. zu große
Entfernung, für lächerlich; s. auch LOT, Carolingiens, S. 196; THEIS, S. 17–18.

[266]) Richer, l.IV cc.6–11 (ed. LATOUCHE II, S. 152–62); s. die folg. Anm.

[267]) Adalbero spricht in c.8 (Vorschlag, die Entscheidung zu verschieben und Garantie
für Hugo, daß in der Zwischenzeit niemand etwas *de principe statuendo* unternehmen
werde), c.10 (Antwort an Karl) und c.11 (Wahlvorschlag zugunsten Hugos), Hugo in c.6
(Reinigung Adalberos von den bisher erhobenen Vorwürfen) und c.7 (Vorschlag, Adalbero den: *exsequendae rationis honorem de utilitate regni*, anzuvertrauen), Karl in c.9
(Plädoyer für sein Erbrecht). Die Rede Karls ist nach Sallust stilisiert.

keine einzige in dieser Form gehalten wurde[268]. Sie lassen allenfalls die Tendenzen der Beteiligten erkennen, so wie Richer sie darzustellen wünschte, gewissermaßen als Auftrittsmonologe in seiner Dramaturgie des Thronstreits. Die konkreten historischen Fakten sind dabei gleich null[269]. Lediglich die beiden von Adalbero gegen Karl erhobenen Vorwürfe, die diesen vor der Wahlversammlung als Nachfolger Ludwigs disqualifizieren sollten, verdienen Beachtung: *tanta capitis imminutione habuit* (scil. Karl), *ut externo regi servire non horruerit et uxorem de militari ordine sibi imparem duxerit? Quomodo ergo magnus dux patietur de suis militibus feminam sumptam reginam fieri sibique dominari?*[270].

Es ist mir unbegreiflich, wie die gesamte Forschung von LOT bis KIENAST das Gerede Richers für bare Münze nehmen und überdies auch noch als die tatsächliche Meinung Adalberos ausgeben konnte[271]. LOT zeigt sich zwar über die Perfidie Adalberos empört, Karl ausgerechnet den Vorwurf des *externo regi servire*[272] zu machen, da er doch selbst „un homme tout devoué à l'empire" gewesen sei[273]; er bezweifelt im übrigen aber, daß die-

---

[268]) In diesem Punkt ist sich die Forschung ausnahmsweise einig; vgl. LOT, Capet, S. 1 Anm. 3, doch in: Carolingiens, S. 201ff. gab er den Gang der Ereignisse noch getreulich nach Richer wieder; ebd. S. 206 betont er sogar die Echtheit der Rede Adalberos (c.11) „non pour la forme, mais pour le fond" und gibt sie auf S. 204–06 in vollständiger französischer Übersetzung; ebenso noch THEIS, S. 14–15; ebd. S. 16 bemerkt THEIS zwar: „Certes Richer connaît trop ses classiques. Maints discours...sont de pures fictions...", aber gerade die Rede Adalberos in c.11 hält er wie Lot dem Inhalt nach für authentisch. Vgl. aber unten S. 593 m. Anm. 289.

[269]) Das Faktum des Hoftags in Compiègne ist bekannt, aber Richer sagt kein Wort darüber, daß schon Ludwig einen Ausgleich mit Adalbero angestrebt hatte. Adalbero war in Compiègne folglich gar nicht mehr „Angeklagter" im Sinne Richers. Es ist auch ganz unwahrscheinlich, daß Adalbero erst auf Empfehlung Hugos den Wahlvorgang in die Hand nahm; diese Rolle stand ihm von amtswegen als Erzkanzler zu; so zutreffend auch SCHRAMM I, S. 84. Daß sich Adalbero und Hugo damals sogleich über die Nachfolge verständigten, versteht sich von selbst.

[270]) Richer, l.IV c.11 (ed. LATOUCHE II, S. 160, 162); vgl. dazu im folgenden.

[271]) Zu Lot s. oben Anm. 268; s. ferner KIENAST I, S. 118: „Der Reimser Erzbischof warf...Herzog Karl vor, ihm fehlten die erforderlichen Herrschergaben, er diene einem fremden König und sei mit einer Frau niederen Standes vermählt. Von diesen Einwänden kann höchstens der letzte die Gefühle der sehr aristokratisch gestimmten Hörer ernstlich beeindruckt haben". An der Sachaussage Richers zweifelt Kienast keinen Augenblick! Ebenso SCHRAMM I, S. 83 und leider auch SCHNEIDMÜLLER, Tradition, S. 173.

[272]) Richer spricht tatsächlich von einem *rex externus*, was LATOUCHE, ed. cit., S. 161, zutreffend mit „prince (warum „roi"?) étranger" übersetzt. Gerade Adalbero kann das so niemals gesagt haben; vgl. oben S. 584 m. Anm. 233. Adalbero war ein überzeugter Anhänger der Idee des fränkischen Gesamtreichs, Richer offenbar weit weniger.

[273]) Carolingiens, S. 208: „Mais c'est ici que se manifeste pleinement l'impudence véritablement extraordinaire de l'archevêque de Reims. Cette accusation est stupéfiante de la part d'un homme tout dévoue à l'empire...et qui, au moment même où il prononçait ce discours, exécutait peut-être les instructions qu'il avait reçues d'Allemagne"; die „Erklärung" von LATOUCHE, ed.cit., S. 160 Anm. 1, überzeugt nicht, läßt aber doch wenigstens einen Hauch von Kritik an der ang. Rede Adalberos erkennen.

ses Argument auf die Versammlung einen tiefen Eindruck gemacht haben könne[274]. All dies ist völlig richtig, und die Forschung ist sich – LOT inbegriffen – darin einig, daß Hugo im vollen Einverständnis mit dem ostfränkischen Hof, ja gewissermaßen als dessen Kandidat gewählt worden ist[275], denn es konnte nicht im Interesse Theophanos liegen, daß ihr eigener Lehnsmann König von Westfranken würde, was eine mögliche Abspaltung Niederlothringens hätte zur Folge haben können[276]. Dieses Argument im Munde Adalberos wäre also ebenso nutzlos wie töricht gewesen, m.a.W., hier spricht nicht Adalbero, sondern Richer. Von dem Vorwurf der nicht standesgemäßen Ehe sagt LOT, daß er der gefährlichste war, und KIENAST stimmt dem zu[277]. Das ist falsch: würde dieser Vorwurf zugetroffen haben, wäre er absolut tödlich gewesen, aber gerade hier zeigt sich der Irrweg der Forschung, die blind dem Fabulierer – hier kann man schon sagen: dem Lügner – Richer glaubt, denn diese Behauptung, die sich selbstverständlich nur bei ihm findet, ist schlicht und einfach dessen böswillige Erfindung[278].

Richer selbst nennt im Augenblick, da er die Einkerkerung Karls berichtet, auch den Namen von Karls Gemahlin: sie hieß Adelheid, und ihre Kinder haben allesamt königliche Namen, was nicht zuletzt auch für den der

---

[274] LOT, Carolingiens, S. 208 – 09: „Nous doutons d'ailleurs de la portée de cet argument sur l'assemblée...Nous sommes très sceptique sur le patriotisme des hommes de cette époque, et nous croyons que l'assemblée était bien indifférente à ce que Charles fut duc de Basse-Lorraine". Vgl. dazu unten S. 598 – 600.

[275] B – U 995a-c; vgl. LOT, Carolingiens, S. 208: „En réalité, de Charles et de Hugues, le vrai vassal de l'empire n'était pas celui que désignait Adalbéron"; s. noch KIENAST I, S. 119; WERNER, Origines, S. 495 u.a.; verfehlt SCHNEIDMÜLLER, Tradition. S. 173.

[276] Es braucht nur an das englisch – französische Verhältnis im 12. – 15. Jh. erinnert zu werden, um die Problematik zu erkennen, die sich hier für den ostfränkischen König auftat. Dies gilt auch dann, wenn man noch von der Idee eines fränkischen Gesamtreichs ausgeht, denn Lothringen wurde nun einmal in Ostfranken als integraler Bestandteil dieses Reiches betrachtet.

[277] LOT, Carolingiens, S. 209: „La troisième accusation de l'archevêque était plus sérieuse..."; KIENAST: oben Anm. 271. Auch THOMAS, Otto III., S. 51, spricht von der Mesalliance Karls als von einer Tatsache. Vgl. dazu die folg. Anm. und im folgenden.

[278] Ich verweise auf die „eigenwillige" Abstammungstheorie Richers für Odo: im Augenblick der Königswahl nennt er ihn *virum militarem ac strenuum*; seinen Vater Robert, den mächtigen *marchio* Neustriens, charakterisiert Richer: *Hic* (scil. Odo) *patrem habuit ex equestri ordine*(!) *Rotbertum*: l.I c.5 (ed. LATOUCHE I, S. 16). Überflüssige Mühe macht sich daher Johanna Maria van WINTER: Uxorem de militari ordine sibi imparem, in: Miscellanea mediaevalia in memoriam Jan-Frederik Niermeyer (Groningen 1967) S. 113 – 24; vgl. schon WERNER, Untersuchungen III, S. 118. Ob eine Persönlichkeit hochadlig ist, bestimmt bei Richer weniger der Stammbaum als die persönliche Wertschätzung und politische Einordnung. Vgl. auch LEWIS, S. 232 Anm. 40, der mit Recht bemerkt: „a solution which merely conflates them(scil. Richer und die Hist. Franc. Senon.) is suspect".

Mutter zutrifft[279]. Schon darum fällt es schwer, an die ang. „mésalliance" Karls zu glauben, durch die sich dieser doch aller Erbaussichten begeben hätte. Auch würde ihn der ostfränkische Hof unter diesen Umständen schwerlich zum Herzog erhoben haben[280]. So hatte man denn in der Forschung mit gutem Grunde angenommen, diese Adelheid sei eine Tochter Heriberts II. von Troyes[281], von der auch LOT sagt: „son alliance aurait fait honneur au duc de France lui-même"[282]. Man sollte meinen, damit sei alles geklärt, aber weit gefehlt: da Richer Adalbero sagen läßt, Karls Gemahlin sei *de militari ordine* gewesen, muß diese vernünftige Annahme eben falsch sein. LOT behauptet daher, die Tochter Heriberts habe Agnes geheißen, was er aber selbst nicht glaubt[283], verheiratet Karl in e r s t e r Ehe mit einer Tochter unbekannten Namens Heriberts II., die die Mutter von

---

[279]) Richer, l.IV c.49: *K[arolum] ergo cum uxore Adelaide et filio Ludovico et filiabus duabus, quarum altera Gerberga, altera Adelaidis dicebatur, necnon et Ar[nulpho] nepote carceri dedit* (ed. LATOUCHE II, S. 222, 224). Die eine Tocher war also nach Karls Mutter, der Sohn nach Karls Vater benannt worden. Adelheid hieß neben der Gemahlin Hugos Capet u.a. aber auch die Mutter Heriberts II. von Troyes: LOT, Capet, Append. XI, S. 401. Überdies hieß so auch die Gemahlin Roberts, des Sohnes Heriberts II., der 956 nach dem Tode seines Schwiegervaters Giselbert, Grafen von Chalon, Autun und Beaune, die Grafschaft Troyes erbte; der Sohn dieser Adelheid, Heribert „I.", wird 967 Nachfolger seines Vaters Robert auch in der Grafschaft Troyes: WERNER, Untersuchungen III, S. 110 – 13. Nichts läge also näher, als daß eine Tochter dieses Heribert Adelheid hieß, da dieser Name im Hause Vermandois offenbar eine Art weiblicher Leitname ist; vgl. dazu unten Anm. 281. WERNER, aaO., S. 115, betont im übrigen mit Recht, daß es gerade das Bündnis Karls mit dem Hause Vermandois war, das den Erzbischof von Reims in das gegnerische Lager trieb.

[280]) Man fragt sich überdies, warum Adalbero in seiner ang. Antwort an Karl bei Richer, l.IV c.10 (ed. LATOUCHE II, S. 158) sich dieses gravierende Argument hätte entgehen lassen. Selbstverständlich fehlt es auch in dem tatsächlich geschriebenen Brief Adalberos an Karl aus dem Jahre 988, wo es einfach nicht fehlen durfte: Gerbert, ep.122 (ed. WEIGLE, S. 149 – 50). Karls Sohn Otto, der das westfränkische Abenteuer nicht mitgemacht hatte, wurde Nachfolger des Vaters als Herzog von Niederlothringen und war ein enger Vertrauter Ottos III.; er starb ohne Erben „vor 1012"; vgl. LOT, Carolingiens, S. 279 – 81; UHLIRZ, Otto III., S. 135, 137, 337, 394; KIENAST, Herzogstitel, S. 389; WERNER, Westfranken, S. 248. Vgl. noch unten Anm. 284 und Anm. 288.

[281]) So etwa WAITZ, ed. in us.schol., S. 133 Anm. 2; vgl. LATOUCHE, ed.cit., S. 161 Anm. 2. Es wird ausdrücklich gesagt in der Hist. Franc. Senon.: *Cui*(scil. Ludwig V.) *successit Karolus, frater eius*(!)...*Eodem anno rebellavit*(!) *contra Karolum Hugo, dux Francorum, eo quod accepisset Karolus filiam Herberti comitis Trecarum* (ed. WAITZ, S. 367 – 68); vgl. auch EHLERS, Aufstieg, S. 13. Die Hist. Franc. Senon. enthält zahllose sachliche Fehler und ist sehr tendenziös, aber es ist nicht einzusehen, warum diese Angabe über die Gemahlin Karls erfunden sein soll; so schon LOT, Carolingiens, S. 209 Anm. 2 und bes. oben Anm. 279. Man beachte, daß in diesem Fall die eine Tochter nach der Großmutter väterlicher-, die andere nach der mütterlicherseits genannt worden wäre! Daß Heribert II. von Vermandois gerade nicht Graf von Troyes gewesen ist, zeigt WERNER, Untersuchungen III, S. 106ff., 114 – 15. Zur Hist. Franc. Senon. s. schon oben S. 301 Anm. 382 – 83.

[282]) LOT, Carolingiens, S. 209 Anm. 2.

[283]) LOT, Carolingiens, S. 209 Anm. 2, muß jedoch zugeben, daß der Name Agnes erst seit dem 16. Jh.(!) in einzelnen Geschichtswerken auftaucht. Vgl. unten mit der folg. Anm.

Karls Sohn Otto gewesen wäre, dessen Legitimität sich ja beim besten Willen nicht bestreiten läßt[284], und macht Adelheid zu Karls zweiter Frau, von der alle übrigen Kinder abstammten[285]. In der Tat begründet die „Historia Francorum Senonensis", die wie Richer nur eine Gemahlin Karls kennt, die Empörung Hugos – und damit den ganzen Thronstreit – doch damit, daß Karl gewagt hatte, die Tochter des Grafen Heribert von Troyes zu heiraten[286]. Das allein würde schon die Theorie von LOT hinfällig machen, denn dann käme diese Dame nur als sogen. „zweite" Gemahlin Karls in Betracht[287], die folglich gerade nicht die Mutter des unzweifelhaft ebenbürtigen ältesten Sohnes Otto gewesen sein könnte[288]. Das Gerede Richers erweist sich so als das, was es auch sein sollte, nämlich als Verleumdung und Brunnenvergiftung[289].

Nachdem so die völlige Haltlosigkeit von Richers Argumentation in der mit Abstand wichtigsten der sechs „Reden" gezeigt werden konnte, darf getrost angenommen werden, daß sie samt und sonders freie Erfindungen Richers ohne irgendwelchen historischen Hintergrund sind[290]. So vorgewarnt, wird man auch das die eigentliche Königswahl schildernde 12. Kapitel[291] mit der gebotenen Vorsicht lesen[292]. Nach Richer wäre Hugo auf

---

284) Vgl. oben Anm. 280. Es erscheint ja beim besten Willen nicht denkbar, daß der ostfränkische Hof den illegitimen Sohn eines mit seiner gesamten Familie eingekerkerten und somit machtlosen Vaters ohne Widerspruch der Großen(!) die Nachfolge im Herzogtum zugestanden hätte, wenn auch nur der leiseste Zweifel an dessen Legitimität laut geworden wäre. Vgl. noch unten Kap. 10 § 1, S. 636 m. Anm. 69.

285) LOT, Carolingiens, S. 209 Anm. 2.

286) Oben Anm. 281. Die Geschichte als solche ist natürlich, man ist versucht zu sagen: im besten Richer-Stil, frei erfunden, setzt aber voraus, daß Karl die *filia Heriberti comitis Trecarum* tatsächlich geheiratet hat. Da dies aber der ang. Anlaß des Thronstreits gewesen sein soll, müßte sie notwendig die „zweite" Gemahlin gewesen sein; vgl. oben im Text.

287) Oben mit Anm. 285. Ich möchte betonen, daß ich die Theorie von Lot, die mich in manchen Punkten an Hlawitschka erinnert, für völlig abwegig halte; vgl. oben S. 517 m. Anm. 424–27.

288) Vgl. bes. oben Anm. 284. Otto muß der älteste Sohn gewesen sein, den der Vater zum Schutz seiner Interessen in Niederlothringen zurückgelassen hatte.

289) Das wichtigste Argument ist indes das Verhalten der Großen während Karls Empörung gegen Hugo, die offenbar nichts dabei fanden, einen Fürsten zu unterstützen, dessen Frau weit unter ihnen gestanden hätte.

290) Dies gilt insbesondere für die ang. Rede Karls vor Adalbero in Reims (c.9), gegen die allein schon die Dauer der Reise Karls nach Reims spricht, ganz zu schweigen davon, daß dies bei kleiner Begleitung ein unkalkulierbares Risiko für ihn bedeutet hätte; eine Heeresbegleitung scheitert aber aus Zeitgründen und hätte wohl nur zu einer Belagerung von Reims geführt. Trotz alledem hat die Forschung unbeirrt an Karls Besuch bei Adalbero festgehalten; s. etwa LOT, Carolingiens, S. 203; LEMARIGNIER, Date, S. 126, 129; WERNER, Westfranken, S. 246 u.a.m. Vgl. bes. oben Anm. 279.

291) Richer, l.IV c.12 (ed. LATOUCHE II, S. 162).

292) Für SCHRAMM I, S. 84, ist Richer als „Vertrauter Adalberos"(sic) eine Quelle, der man „vertrauensvoll" folgen darf; für ihn zeigt Richer, „wie dieser(scil. Adalbero) und Hugo(!) die ‚Wahl' angesehen haben wollten"; auch LEMARIGNIER, Date, S. 125–26, geht

einer Versammlung der Großen in Senlis, d.h. im Herrschaftsbereich Hugos Capet, zum König gewählt und am 1. Juni 987, d.h. nur zwölf Tage nach Ludwigs V. Tod[293], in Noyon zum König gekrönt und gesalbt worden: *per metropolitanum*(scil. Adalbero) *aliosque episcopos Noviomi coronatus, Gallis, Brittanis, Danis, Aquitanis, Gothis, Hispanis, Wasconibus rex Kal. Jun. praerogatur*[291]. Ich stelle zunächst fest, daß auch Richer die Völker des Westfrankenreichs einzeln aufzählt und die *Galli* hier offenbar nur die Bewohner der *Francia*, allenfalls noch der *Burgundia* meinen, die auffälligerweise fehlt[294], während die *Dani* natürlich die Normannen sind, die Richer sonst liebevoll als *pyratae* zu titulieren pflegt[295]. Selbst für Richer gibt es also trotz seiner Gallia-Ideologie[296] keine Sammelbezeichnung für die „Franzosen"; er nennt die einzelnen Völker, die in ihrer Gesamtheit das Westfrankenreich ausmachen[297], wobei es keine Rolle spielt, inwieweit Hugo über die genannten Völker eine effektive Herrschaft auszuüben imstande war[298]. Immerhin ist es beachtenswert, daß Richer hier eine im großen und ganzen korrekte Liste[299] der Völker Westfrankens bietet, was bei einem ideologisch so aufgeladenen Mann wie ihm nicht als selbstverständlich gelten kann.

Die Forschung hat sich aber weniger mit dieser Stelle als vor allem mit der Frage beschäftigt, ob Hugo wirklich am 1. Juni und ausgerechnet in

---

für Richer durchs Feuer, während SCHRAMM, aaO., doch immerhin einräumt, „daß sachliche Kritik manche Handhaben findet"; kritisch auch THEIS, S. 16. Dem Urteil von SCHNEIDMÜLLER, Tradition, S. 59: „je näher er(scil. Richer) seiner Zeit und damit überprüfbarer Wahrheit kommt, desto objektiver berichtet er", kann ich in dieser allgemeinen Formulierung nicht zustimmen. Ich würde sagen: er wird vorsichtiger, aber er fährt unverdrossen fort, die Geschichte nach seinen Vorstellungen umzubiegen.

[293]) Vom 21.V. ab gerechnet; Richer gibt den 22. Mai als Todestag, das Stundenbuch der Königin Emma, Ludwigs Mutter, nennt den 21., was den Vorzug verdient; s. LEMARIGNIER, Date, S. 126 Anm. 4, der sich nicht entscheidet, und BAUTIER, Sacres, S. 52.

[294]) Ich glaube hier eher an eine Nachlässigkeit Richers, der die Burgunder einfach vergessen hat, als an eine so weite Auslegung von *Galli*. Weder LOT, Carolingiens, S. 212 Anm. 1, noch BEZZOLA, S. 171 m. Anm. 19 oder SCHNEIDMÜLLER, Tradition, S. 59, gehen auf diese Frage ein.

[295]) Vgl. oben S. 254 Anm. 69, S. 299 m. Anm. 369 und LOT, Carolingiens, S. 212 Anm. 1.

[296]) Hierzu vgl. SCHNEIDMÜLLER, Tradition, S. 59–60; DERS., Terminologie, S. 78ff. und oben S. 147–49.

[297]) Darauf verwies auch LOT, Carolingiens, S. 212 Anm. 1: „On voit que dans les idées du temps il n'y avait pas encore de roi de France". LEMARIGNIER, Gouvernement, S. 28, spricht von „régions ethniques".

[298]) Die Krondomäne Hugos beschreibt zuletzt THEIS, S. 158ff.; s. auch LOT, Capet, S. 187ff. und bes. William Mendel NEWMAN: Le domaine royal sous les premiers Capétiers 987–1180 (Thèse Strasbourg; Paris 1937) bes. S. 102ff., 202, 216; vgl. noch LEMARIGNIER, Gouvernement, S. 37ff. und Carte 3.

[299]) Zum Fehlen Burgunds vgl. oben Anm. 294.

dem doch relativ traditionslosen und unbedeutenden Noyon[300] gekrönt
worden ist. Trotz einer umfangreichen Literatur zu diesem Fragenkom-
plex scheint ein allgemeiner Consensus noch lange nicht in Sicht[301]. Wenigstens in der Frage des Ortes schien sich eine „communis opino" zugunsten von Noyon herausgebildet zu haben[302], nachdem Ferdinand LOT seine Option für Reims selbst widerrufen hatte[303], doch ist unlängst R.-H.
BAUTIER erneut für Reims eingetreten[304]; es geht mir hier so wie mit Fritzlar: ich kann mir nicht vorstellen, daß man einen Ort wie Noyon einfach
erfinden kann und möchte daher an diesem als der „lectio difficilior" festhalten[305]. Auch halte ich eine räumliche Trennung von Krönung und Salbung für völlig ausgeschlossen[306]: Hugo wurde in Noyon sowohl gekrönt
als auch gesalbt[307]. Bleibt noch das Datum, über das viel Tinte geflossen ist[308],
obwohl mir gerade dieses zweifelsfrei zu sein scheint: der 1. Juni kommt

300) Immerhin wurde hier Karl d.Gr. 768 nach dem Tod des Vaters zum zweiten Mal
gesalbt: B – M²130d; vgl. BRÜHL, Krönungsbrauch, S. 402 – 04, 407 Nr. III; DERS., Kronenbrauch, S. 438. Hierauf verweist auch THEIS, S. 17, doch ist es sehr die Frage, ob man
sich 987 an diesen Präzedenzfall erinnerte. Der geschwätzige Richer erwähnt ihn jedenfalls nicht.
301) BAUTIER, Sacres, S. 52 Anm. 160, kündigt einen Beitrag unter dem Titel an: „L'avènement de Hugues Capet et le sacre de Robert le Pieux", der viele bisher als gesichert
angenommene Ergebnisse in Frage stellt; vgl. im folgenden. Es ist bedauerlich, daß die
Akten der verschiedenen Kongresse, die 1987 anläßlich der Tausendjahrfeier des kapetingischen Königtums abgehalten wurden, in der Mehrzahl noch nicht erschienen sind.
302) PFISTER, S. 144 Anm. 3; LOT, Capet, S. 3; SCHRAMM I, S. 84; II, S. 66 Anm. 6;
LEMARIGNIER, Date, S. 126 m. Anm. 5; KIENAST I, S. 118; SCHNEIDMÜLLER, Tradition,
S. 110 Anm. 22 (nach R. Holtzmann); WERNER, Westfranken, S. 246; THEIS, S. 17 u.a.m.
303) Carolingiens, S. 211 – 12 und dazu: ebd. S. 410 – 11; vgl. oben Anm. 302.
304) BAUTIER, Sacres, S. 52 und oben Anm. 301. Unerheblich ist UHLIRZ, Otto III.,
S. 84.
305) Ich halte das schon aus dem von G. MONOD bei LOT, Carolingiens, S. 410,
vorgebrachten Grunde für zwingend, daß der Reimser Mönch Richer, auch wenn er ganz
gewiß kein Vertrauter Adalberos war – einen solchen „Vertrauten" hatte Adalbero nicht
nötig, Gerbert war schon schlimm genug –, doch niemals hätte wagen können, eine vor
seinen Augen stattgefundene Zeremonie dieser Bedeutung nach Noyon zu verlegen. Ich
traue Richer so ziemlich jeden Blödsinn zu, aber diesen nicht. Das „Zeugnis" der Hist.
Franc. Senon.: *Eodem anno*(scil.a.991!) *unctus est in regem Remis civitate Hugo dux* (ed.
WAITZ, S. 368 Z.10 – 11) ist m.E. ohne Gewicht; s. auch SCHRAMM I, S. 84; II, S. 66 Anm. 6.
306) Dafür kenne ich aus dem gesamten Mittelalter kein Beispiel. Die „Nachsalbungen"
Ludwigs d.Fr. 816 und Lothars I. 823, jeweils durch den Papst(!), sind etwas anderes und
liegen mehrere Jahre nach dem allein konstitutiven Krönungsakt; anders BAUTIER, Sacres,
S. 52 m. Anm. 160; vgl. auch oben S. 503 – 04. Wohl aber kann ich mir gut vorstellen, daß
sich Hugo nach seiner Wahl dem Volk unter der Krone gezeigt hat, wie das ja auch für
Heinrich I. wahrscheinlich ist: oben S. 423 Anm. 89 und allgemein BRÜHL, Kronenbrauch,
S. 423 – 24, 430, 433.
307) So schon LOT, Capet, S. 3 und zuletzt wieder WERNER, Westfranken, S. 246; s. auch
B – U 995h.
308) Am ausführlichsten, aber nicht voll überzeugend LEMARIGINIER, Date, S. 125ff.,
der im Banne Richers doch eher dem 1.VI. zuneigt; ebenso auch KIENAST I, S. 118.

sowohl aus chronologischen[309] als auch aus krönungstechnischen Gründen[310] nicht in Frage. Die Annalen von St-Denis sind gewiß keine ideale
Quelle[311], aber da sie praktisch als einzige das Datum des 3. Juli überlie-
fern[312], bleibt gar keine andere Wahl. Alle Versuche, die beiden Daten in
irgendeiner Form miteinander zu verbinden[313], halte ich für aussichtslos,
zumal das Datum des 1. Juni im Originalmanuskript Richers ein späterer
Nachtrag ist[314]. Hugo wurde also nach menschlichem Ermessen am 3. Juli
987 in Noyon von Adalbero von Reims zum neuen König Westfrankens
gesalbt und gekrönt.

Nach ostfränkischem Vorbild trug Hugo sogleich Sorge, daß sein 15jäh-
riger Sohn Robert (II.) noch im gleichen Jahr, am Weihnachtstag 987, in
Orléans zum Mitkönig gekrönt und gesalbt wurde[315]. Adalbero soll dabei
nach Richer Schwierigkeiten gemacht haben; das ist nicht auszuschließen,
sogar wahrscheinlich[316], doch auf gar keinen Fall kann er einen so törich-

---

[309] Der 1.VI.987 fiel auf einen Mittwoch. Ich kenne keine Erstkrönung eines Herr-
schers, die an einem gewöhnlichen Werktag stattgefunden hätte; s. dazu oben S. 378
Anm. 148. Vgl. auch THEIS, S. 17, 18. SCHRAMM II, S. 66 Anm. 6, läßt „Die...Frage des
Datums...auf sich beruhen"; s. noch LEMARIGNIER, Date, S. 128.

[310] Es ist völlig undenkbar, daß neben all den politischen Vorbereitungen und Beratungen der nicht geringe Aufwand für ein „Sacre" in nicht einmal 14 Tagen hätte vorbereitet werden können. LEMARIGNIER, Date, S. 128 Anm. 13 und ebd. S. 134 Anm. 35,
bemerkt, daß Pf 987 auf den 12.VI. fiel. Da Pfingsten ein beliebter Krönungstermin war
und gerade im Falle Hugos besonders nahegelegen hätte, wurde offenbar selbst dieses
Datum noch als zu früh empfunden; s. auch THEIS, S. 19.

[311] Vgl. LEMARIGNIER, Date, S. 126.

[312] Annales S. Dionysii ad an.987: *Obiit Ludovicus, filius Lotharii, et ipso anno V. Non.
Iul. Ugo rex factus est et in supradicto anno III.(sic) Kal. Ianuar. Rodbertus, filius
Hugonis, Deo iuvante rex ordinatus est* (ed. WAITZ, S. 720 Z.19 – 21); fast wörtlich so
Annales S.Germani minores ad h.an. (ed. PERTZ, S. 4 Z.12 – 14); s. dazu HAVET (unten
Anm. 313) S. 295 – 96.

[313] Das versuchte schon Julien HAVET: Les couronnements des rois Hugues et Robert.
Un document interpolé par Pierre Pithou, in: RH.45 (1891) S. 290 – 97, bes. S. 296 – 97,
der eine Zweitkrönung am 3.VII. annimmt und dafür als Parallele auf die Zweitkrönung
Odos in Reims verweist, die jedoch eine Befestigungskrönung war; vgl. LEMARIGNIER,
Date, S. 128 und oben S. 378 m. Anm. 149. Auch LEWIS, S. 17, meint: „Hugh was quickly
crowned, perhaps twice".

[314] Darauf hatte bereits WAITZ, ed. in us.schol., S. 133 Anm. 4, hingewiesen, was
LATOUCHE ed.cit., S. 162, aber nicht beachtet hat, weshalb auch LEMARIGNIER, Date,
passim, nicht darauf eingeht; s. aber WERNER, Westfranken, S. 249 Anm. 11.

[315] Richer, l.IV c.13 (ed. LATOUCHE II, S. 166) und oben Anm. 312; vgl. LOT, Carolingiens, S. 216 – 17; DERS., Capet, S. 4 (zum 30.XII.); SCHRAMM I, S. 88; KIENAST I,
S. 118 – 19; LEWIS, S. 17; BAUTIER, Sacres, S. 52 u.a.m.

[316] Vgl. die Ausführungen von LOT, Carolingiens, S. 241 – 42, denen ich zustimme. Die
Darstellung Richers wird überdies gestützt durch einen Brief Hugos an den *dux Citerioris
Hispaniae* – so Richer – Borellus: Gerbert, ep.112 (ed. WEIGLE, S. 140 – 41); s. auch
WERNER, Westfranken, S. 247. LEWIS, S. 19, glaubt dagegen, Adalbero habe gar keinen
Anlaß gehabt, die Krönung zu verweigern; vgl. die folg. Anm.

ten Einwand vorgebracht haben, wie Richer ihm in den Mund legt[317]. Hugo dachte sogar daran, die Hand einer byzantinischen Prinzessin für seinen Sohn zu gewinnen; der in diesem Zusammenhang von Gerbert geschriebene Brief, der vielleicht nicht einmal abgesandt worden ist[318], läßt nach seinem Tenor[319] die Haltung Gerberts gegenüber dem ostfränkischen Hof in einem zumindest zweifelhaften Licht erscheinen[320]. Dennoch bestand zunächst ein gutes Einvernehmen zwischen diesem und dem neuen westfränkischen König, der den Zankapfel Verdun schleunigst aus der Welt schaffte[321]; auch Graf Gottfried von Verdun kam nun endlich frei[322]. Aber das Königtum Hugos und Roberts war beileibe nicht so gefestigt, wie es zunächst den Anschein haben mochte: nicht nur die moderne Forschung[323], auch viele Zeitgenossen sahen in dem kapetingischen Königtum eine Usurpation[324]. Der Kreis von Hugos Wählern hatte sich im wesentlichen auf dessen Vasallen und die ihm verwandtschaftlich verbundenen Fürstenhäuser beschränkt[325]; auch wird man Hugo glauben dürfen, daß er

---

[317] Adalbero soll zunächst geantwortet haben: *non recte posse creari duos reges in eodem anno* (ed. LATOUCHE II, S. 164). Schon LOT, Carolingiens, S. 216 Anm. 3, sprach von einem „scrupule bizarre"; ablehnend auch SCHRAMM I, S. 87–88. LEWIS, S. 19, bemerkt: „Richer is explicit, but he is often highly rhetorical: there is no certainty that the exchange, as reported, is even historical".

[318] Vgl. die Zusammenstellung der Meinungen bei WEIGLE, ed.cit., S. 139 Anm. 4; s. auch KIENAST I, S. 120; s. aber die folg. Anm.

[319] Gerbert, ep.111:...*nec regna nec opes vestras in ea*(scil. amicitia et societas) *requiramus, sed haec conditio, quae nostri iuris sunt, vestra efficit, magnoque usui, si placet, haec nostra coniunctio erit magnosque fructus afferet. Etenim nobis obstantibus nec Gallus*(scil. Lothringer!) *nec Germanus fines lacesset Romani imperii* (ed. WEIGLE, S. 139 Z.13–17): B – U 998e. *Romanum imperium* meint hier natürlich das oströmische Reich; vgl. LOT, Carolingiens, S. 218 m. Anm. 3; ganz verfehlt BEZZOLA, S. 99 Anm. 88. Pierre RICHÉ: Gerbert et Hugues Capet, in: Annuaire – Bulletin de la Soc. de l'histoire de France 1987(1989) S. 63–72, bes. S. 67, hält Gerbert für den Urheber des Hochzeitsplans.

[320] Die Spitze gegen die Süditalienpolitik des ostfränkischen Hofes ist nicht zu verkennen; vgl. OHNSORGE, Zweikaiserproblem, S. 65, 108; UHLIRZ, Otto III., S. 98; LUGGE, S. 130; LÖWE, Kaisertum, S. 244; KIENAST I, S. 120 m. Anm. 278; SCHNEIDMÜLLER, Tradition, S. 182; THOMAS, Otto III., S. 51–52.

[321] B – U 997a; vgl. LOT, Carolingiens, S. 214; DERS., Capet, S. 4 m. Anm. 3; UHLIRZ, Otto III., S. 87; KIENAST I, S. 119 m. Anm. 250; WERNER, Westfranken, S. 246.

[322] B – U 995d; vgl. LOT, Carolingiens, S. 214; UHLIRZ, Otto III., S. 86–87; KIENAST I, S. 119. Vgl. bes. Gerbert, ep.103 (ed. WEIGLE, S. 133–34).

[323] So u.a. LOT, Carolingiens, S. 206–08, 294; SCHRAMM I, S. 83; KIENAST I, S. 118.

[324] LOT, Carolingiens, S. 215–16; vgl. etwa CHAMPEVAL X, S. 707 Nr. 141: *in mense Septembri Ugone rege et Carolo sperante* (Sept. 988) und dagegen ebd. S. 154 Nr. 62: *in mense Octobrio, anno primo regnante Ugone rege* (Okt. 987); XII, S. 662–63 Nr. 263: *anno secundo regnante Karolo rege* (März 988); Cartul. de St-Cyprien, fol. CXVII[r]: *Ugo et Carlo de regno contendunt*; vgl. LOT, Carolingiens, S. 291 Anm. 2. So gewiß solche Formeln nicht überbewertet werden sollten, darf man sie doch nicht als bedeutungslos abtun. Daß sich die Aquitanier für den gefangenen Karl nicht schlugen, ist selbstverständlich. Das haben sie im 10. Jh. für keinen König der *Francia* getan; es wäre ja wohl auch ziemlich aussichtslos gewesen, doch bekunden diese Datierungen ihre Gefühle gegenüber Hugo. Vgl. noch unten Anm. 337; s. schon oben S. 438 m. Anm. 196.

[325] Vgl. LOT, Carolingiens, S. 210–11; KIENAST I, S. 118; THEIS, S. 16–17.

eigentlich gar nicht hatte König werden wollen[326], und WERNER bemerkt mit Recht, „daß Hugo paradoxerweise aus einem mächtigen Herzog ein schwacher König geworden war"[327].

Die Richtigkeit dieses Urteils wird durch den Verlauf des Kampfes mit Karl von Niederlothringen erwiesen, der sich im Frühjahr 988 Laons im Handstreich bemächtigen konnte[328]. Das Auf und Ab des westfränkischen Thronstreits braucht hier in den Einzelheiten nicht zu interessieren[329]; er wurde durch den Tod des großen Adalbero von Reims am 23. Januar 989[330] und eine ganz törichte Nachfolgeregelung König Hugos, der ausgerechnet einen illegitimen Sohn König Lothars mit Namen Arnulf, einen Karolinger also, zum Erzbischof ernannte[331], noch weiter erschwert, da Arnulf sich sehr bald auf die Seite Karls schlug und diesem Reims in die Hand spielte[332], so daß Karl praktisch über die gesamte karolingische

---

[326]) Richer, l.IV c.28 legt Hugo die Worte in den Mund: *Divae memoriae Ludovico, Lotharii filio, orbi subtracto, si proles superfuisset, eam successisse dignam foret. Quia vero regiae generationi successio nulla est...* (ed. LATOUCHE II, S. 188); vgl. dazu schon LOT, Carolingiens, S. 197, 207 und bes. ebd. S. 294: „Ce qui frappe dans cette révolution(!) de 987, c'est qu'elle n'est necessitée par rien et ne répond aux vœux de personne, à peine aux désirs de ceux qui en profiteront"; vgl. noch ebd. S. 296 Anm. 1: „Louis V était trop jeune pour que le duc de France pût projeter de recueillir sa succession. Il n'y pensait certainement pas quinze jours avant son élection"; s. noch KIENAST I, S. 118 und zuletzt SCHNEID-MÜLLER, Tradition, S. 58–59.

[327]) Westfranken, S. 250. Die Parallele zu Konrad I. liegt auf der Hand.

[328]) Richer, l.IV c.16 (ed. LATOUCHE II, S. 168, 170, 172): B–U 1003a; vgl. LOT, Carolingiens, S. 221–24, der sich aber im wesentlichen mit einer Übersetzung Richers begnügt; vgl. noch KIENAST I, S. 120.

[329]) Allgemein s. LOT, Carolingiens, S. 224ff., 243ff.; KIENAST I, S. 120–24; WERNER, Westfranken, S. 247–48.

[330]) B–U 1009c; vgl. LOT, Carolingiens, S. 236–42, der seine Bedeutung keineswegs „gewaltig übertreibt", wie KIENAST I, S. 122 Anm. 286, glaubt; Lots Urteil ist allerdings getrübt, wenn er von unhistorischen Voraussetzungen ausgeht und z.B. Adalbero Verrat an Lothar vorwirft und betont: „C'est lui qui a empêché la réunion(sic) de la Lorraine à la France" (S. 238) und folgerichtig mit dem Satz schließt: „On peut...pardonner à ce personnage le mal qu'il a fait à notre pays(!)..., on peut...s'intéresser à sa vie, il est impossible de l'aimer ni de l'estimer"; hier sah nun wieder KIENAST I, S. 122, Anm. 286, klarer: „Das heißt doch...die Gunst der Stunde in ihrer dauernden Bedeutung zu überschätzen"; s. auch HEFELE–LECLERCQ IV/2, S. 838 Anm. 1 (–S. 840). Verräter im Vollsinn des Wortes waren Arnulf von Reims und Ascelin von Laon, aber nicht Adalbero. Vgl. unten mit Anm. 332 und Anm. 335.

[331]) B–U 1013b; vgl. LOT, Carolingiens, S. 244–51: UHLIRZ, Otto III., S. 109–11; WERNER, Westfranken, S. 247. Wem der Vergleich der epp.31–32 (ed. WEIGLE, S. 54–60): oben Anm. 102, nicht genügt, um sich ein Bild von Gerberts Charakter zu machen, dem sei die Lektüre der epp.154–55 (ed. WEIGLE, S. 181–84) wärmstens empfohlen. Die völlige Charakterlosigkeit Gerberts, die gerade aus seinen Briefen in erschreckendem Maße deutlich wird, geht bei BEZZOLA, S. 65ff. völlig unter. Vgl. noch unten Anm. 346.

[332]) B–U 1017m; vgl. LOT, Carolingiens, S. 254–57; KIENAST I, S. 123. Zur Haltung Arnulfs ist Gerbert, ep.165 beachtenswert: *Omnia enim tempus habent. Dicimus tacenda, tacemus dicenda, agimus quod nolumus, quod volumus nequimus...Regium nomen apud Francos pene emortuum est...,sed propter impia tempora...clam agimus, quod palam non possumus* (ed. WEIGLE, S. 194 Z.7–8, Z.11–14). Vgl. LOT, Capet, S. 18–19.

Krondomäne gebot und auch Gerbert vorübergehend in sein Lager zu ziehen verstand[333]. Es bleibt völlig unverständlich, warum Karl es trotz seiner Verbindung mit Arnulf von Reims versäumte, sich von diesem zum König salben zu lassen[334]. Den schließlichen „Sieg" am 30. März 991 verdankt Hugo einem schändlichen Verräter[335], nicht der eigenen militärischen Überlegenheit. Karl wurde mit der gesamten in Laon befindlichen Familie nach Orléans gebracht, wo er wohl bald darauf gestorben ist[336]. Selbst in Urkundendatierungen findet sich noch ein Widerhall dieses Ereignisses, das die Zeitgenossen fraglos tief bewegt hat[337]. Sein Schicksal entbehrt zweifellos nicht einer gewissen Tragik[338]: man hat ihn zweimal um sein gu-

[333] B – U 1019c, 1019g. Gerbert, ep.164 an Bischof Ascelin von Laon ist völlig eindeutig: *Curre enim, dum aliquid otii superest, neque spem tuam ponas in Ligeri et Sequana* (ed. WEIGLE, S. 193 Z.10 – 11); vgl. noch: *sub imperio*(!) *patris mei Ad(alberonis) Divi augusti Loth(arii) germanus frater, heres regni, regno expulsus est. Eius emuli, ut opinio multorum est*(!), *interreges*(!) *creati sunt. Quo iure legitimus heres*(!) *exheredatus est, quo iure regno privatus?* (ed. WEIGLE, S. 192 – 93). Vgl. LOT, Carolingiens, S. 258 – 59, 378; SCHRAMM, I, S. 89.

[334] Diese Frage stellt mit vollem Recht WERNER, Westfranken, S. 247. Gerbert, ep.168 nennt ihn *princeps* (ed. WEIGLE, S. 196 Z.18). Die Hist. Franc. Senon. sagt ausdrücklich: *Nondum autem ipse Karolus erat unctus in regem resistente Hugone duce* (ed. WAITZ, S. 368 Z.8 – 9). Das schließt nicht aus, daß er eine Königskrone getragen hat; zu einem „Sacre" ist es aber nicht gekommen, offenbar weil auch der westfränkische Episkopat vor einer Zweitsalbung zurückschreckte; vgl. schon oben S. 579 m. Anm. 198.

[335] Nämlich dem oben Anm. 333 genannten Bischof Ascelin von Laon, dessen Verrat Richer, l.IV cc.41 – 49 (ed. LATOUCHE II, S. 204 – 24) genüßlich ausmalt. KIENAST I, S. 124, urteilt mit Recht: „Es war das schwärzeste Verbrechen des Jahrhunderts". WERNER, Histoire, S. 495, rechnet einfach Verrat gegen Verrat auf; s. aber DERS., Westfranken, S. 247 – 48. Zu Adalbero vgl. bes. Robert T. COOLIDGE: Adalbero, bishop of Laon, in: Studies in Medieval and Renaissance History 2(1965) S. 1 – 114, der durchgängig zu den hier behandelten Fragen zu vergleichen ist.

[336] B – U 1028b. Richer, l.IV c.49 (ed. LATOUCHE II, S. 222, 224) läßt Hugo zuvor mit seinen Großen über das Los Karls und seiner Familie beratschlagen: bei Richer wird pausenlos Rat gehalten, weil ihm das erlaubt, seine berüchtigten „Reden" einzufügen. Richers Bericht ist offenbar auch sachlich falsch, denn zumindest Karls Sohn Ludwig hat fraglos überlebt, wie eine auf 1005/12 zu datierende Uk. Herzog Wilhelms V. von Aquitanien beweist: *Signum Lodoici, filii Karoli regis* (ohne Titel): zitiert nach RICHARD I, S. 199 m. Anm. 2 (bei KIENAST, Herzogstitel, S. 204 – 08, bes. S. 206 Anm. 204, offenbar übersehen). Ich zögere aber, ihn mit jenem *Hludovicus comes Alemannorum* (ohne Hinweis auf die Abstammung) zu identifizieren, der auf der Rückkehr von einer Pilgerfahrt zum Mont St-Michel um 1015 als Mönch von St-Pierre-le-Vif in Sens starb: Chronicon S. Petri Vivi ad an. 1015 (edd. BAUTIER – GILLES, S. 114). Weitgehend überholt LOT, Carolingiens, S. 277ff. (erster Hinweis von Herrn Kollegen K.F. WERNER in einem am 14.VI. 1990 vor der Société de l'Histoire de France gehaltenen Vortrag, der die beiden Ludwige jedoch für eine Person hält).

[337] BERNARD – BRUEL III, Nr. 1915 (992 Jan.): *anno quinto Hugone rege feliciter regnante in Francia, Karolo trusus in carcere* (S. 137); vgl. dazu LOT, Capet, S. 258; s. noch BALUZIUS, Append., col. 384: *anno quinto sperante Karolo rege* (992 Jan.); zweifelhaft dagegen RICHARD I, S. 122 Anm. 1; s. aber CHAMPEVAL X, S. 156 Nr. 67: *mense Octobrio, anno VII regnante Hugone rege* (993 Okt.). Vgl. unten Kap. 10 § 3, S. 688 m. Anm. 476.

[338] In ihrem melodramatischen Stil schreibt UHLIRZ, Otto III., S. 83 – 84: „Karl nahm den Kampf um die Krone Frankreichs auf und hat sich darin, ein Schauspiel von erschütternder Tragik, zu solcher Größe erhoben(sic), wie er sie niemals in seinem früheren Leben hatte ahnen lassen".

tes Recht betrogen[339], den Erfolg hat er nicht festzuhalten vermocht. Hinter den Kerkermauern von Orléans endet die Geschichte der Karolinger in Westfranken.

Der durch die unglückliche Personalentscheidung Hugos bei der Besetzung des Reimser Erzstuhls entstandene Streit zwischen König und Erzbischof, der für Hugo weit mehr war als eine reine Prestigefrage[340], führte zu einem mehrjährigen, auf beiden Seiten mit Erbitterung geführten Streit. Auch hier interessiert nicht sein Verlauf im einzelnen[341], wohl aber ist dieser Streit in mancherlei Hinsicht symptomatisch für die Entwicklung des west-– ostfränkischen Verhältnisses. Nachdem alle Versuche, Arnulf zur Abdankung zu bewegen und die Bemühungen einer westfränkischen Gesandtschaft bei Papst Johann XV. gescheitert waren[342], berief Hugo zum 17. Juni 991[343] ein Konzil in das Kloster St-Basle in Verzy bei Reims in der erklärten Absicht, hier die Absetzung Arnulfs zu erreichen[344]. Dies gelang ihm auch, und Gerbert, der natürlich längst wieder die Fronten gewechselt hatte, wurde zum Erzbischof von Reims gewählt[345]. Die Schärfe der Angriffe auf das Papsttum, wie sie insbesondere Bischof Arnulf von Orléans vortrug, haben F. LOT in diesem Konzil einen Vorläufer des „Gallikanismus" erblicken lassen[346], was nur sehr bedingt zutrifft[347]. Die Gerbert noch auf dem Konzil von Chelles im Mai 994 zugesicherte Treue des westfränkischen Episkopats und der Könige[348] erwies sich auf die Dauer doch als trügerisch. Auf der Synode zu St-Remi in Reims am 1. Juli 995 schlug die Stimmung endgültig um[349], und

---

[339] 954 bei der Thronfolge Lothars, 987 bei der Ludwigs V.; vgl. oben S. 488 m. Anm. 193.

[340] Vgl. WERNER, Westfranken, S. 250, der die rechtliche Seite zu wenig beachtet.

[341] Hierzu ausführlich LOT, Capet, S. 20ff. und HEFELE – LECLERCQ IV/2, S. 844ff.

[342] B – U 1020h, 1024b; B – Z 691 – 93; vgl. LOT, Capet, S. 25 – 27; HEFELE – LECLERCQ IV/2, S. 844.

[343] B – U 1035c. Zum Datum s. LOT, Capet, S. 256 – 58; HEFELE – LECLERCQ IV/2, S. 844, betonen, daß im Jahre 991 nur ein Konzil in St-Basle stattfand. Pierre RICHÉ: Gerbert et le gallicanisme du Xᵉ au XIXᵉ siècle, in: Revue d'histoire de l'Église de France 72 (1986) S. 5 – 17, bes. S. 9ff. behandelt vor allem die Wirkungsgeschichte des Konzils von St-Basle seit dem 16. Jh.

[344] B – U 1031a; vgl. LOT, Capet, S. 31 – 32.

[345] Zum Verlauf vgl. LOT, Capet, S. 22 – 81; HEFELE – LECLERCQ IV/2, S. 844 – 67.

[346] LOT, Capet, S. 130 – 57, schreibt ein ganzes Kapitel über „Le Gallicanisme aux IXᵉ – Xᵉ siècles" und zeichnet dabei – ganz zu recht, wie ich meine – ein sehr negatives Bild von Gerbert: ebd. S. 150ff.

[347] Vgl. schon oben S. 135 m. Anm. 296.

[348] B – U 1113a; vgl. LOT, Capet, S. 87 – 88; HEFELE – LECLERCQ IV/2, S. 873 – 74; UHLIRZ, Otto III., S. 181 – 82. Zur Datierung dieser leider nur durch Richer, l.IV c.89 (ed. LATOUCHE II, S. 288 – 92) bekannten Synode vgl. bes. UHLIRZ, Otto III., Exkurs X, S. 478 – 86, bes. S. 479 – 83; s. auch KIENAST I, S. 127 und B – Z 721.

[349] B – U 1139b; vgl. LOT, Capet, S. 98 – 103; HEFELE – LECLERCQ IV/2, S. 879 – 83; UHLIRZ, Otto III., S. 185 – 86. WERNER, Westfranken, S. 251, sieht hier wohl mit Recht den steigenden Einfluß Roberts II. am Werk.

im Herbst 996 flüchtete Gerbert aus Reims an den ostfränkischen Hof[350]. Spätestens im Juni 997 erhielt Arnulf das Erzbistum Reims zurück und zugleich das Pallium, das ihm Gregor V. durch Abt Abbo von Fleury hatte überbringen lassen[351].

Aber es kommt mir hier gar nicht auf den Verlauf der Auseinandersetzungen um den Reimser Erzstuhl an, sondern auf das Verhältnis Ostfrankens und des Papsttums zu diesem Streit. Kaum hatte Papst Johann XV. von dem Konzil in St-Basle erfahren, dessen Akten ihm allerdings erst sehr viel später zur Kenntnis kamen[352], da entsandte er den Abt Leo von S. Alessio auf dem Aventin, den späteren Erzbischof von Ravenna[353], zusammen mit Bischof Dominicus von Sabina nach Ostfranken(!), um zu Ostern 992 in Aachen gemeinsam mit den Bischöfen Westfrankens über die Reimser Frage ein Konzil abzuhalten, zu dem auf Befehl Hugos kein einziger westfränkischer Bischof erschien[354]. „Seit der Ingelheimer Synode (948) hatten sich die Zeiten geändert", bemerkt dazu KIENAST mit Recht[355], doch darf auch nicht übersehen werden, daß die westfränkischen Könige, die von diesem Konzil – im Gegensatz zu Ingelheim 948! – nichts Gutes zu erwarten hatten, ganz bewußt einfach „abblockten", denn auf die Aufforderung Johanns XV. an Hugo, sich in Rom zu rechtfertigen, antwortete dieser in einer geradezu dreist zu nennenden Form[356]. Das Angebot des Legaten Leo, der im Frühjahr 993 erneut in der Reimser Angele-

---

[350] B – U 1210a, 1247b. Zum Datum vgl. UHLIRZ, Otto III., Exkurs XI, S. 487 – 93 gegen LOT, Capet, Append. IV, S. 286 – 97, der für April 997 eingetreten war.

[351] B – U 1226b; B – Z 776, 795. Auch hier sind die Daten, nicht das Faktum, umstritten. Gegen LOT, Capet, S. 126 – 27, der die Wiedereinsetzung Arnulfs auf Jan./Febr. 998 datiert, vgl. bes. UHLIRZ, Otto III., Exkurs XV, S. 518 – 25, bes. S. 524 – 25. Vgl. noch unten Anm. 359.

[352] Diese erhielt der päpstliche Legat Leo erst Pf 993 in Mouzon, d.h. volle zwei Jahre nach der Abhaltung des Konzils; vgl. UHLIRZ, Otto III., S. 166 – 67 und ebd. Exkurs X, S. 481 – 83.

[353] Er ist es wohl, der 999 vom Kaiser zum Nachfolger Gerberts in Ravenna bestimmt wird; vgl. UHLIRZ, Otto III., S. 296 m. Anm. 48.

[354] B – U 1045a, 1054b-c; B – Z 696; vgl. LOT, Capet, S. 83 – 85; UHLIRZ, Otto III., S. 153 – 54; KIENAST I, S. 126.

[355] KIENAST I, S. 126 – 27. LOT, Capet, S. 83, mißversteht die Situation, wenn er die Wahl Aachens erklärt mit „assez près du royaume de Hugues Capet, mais hors de son atteinte" und ebd. S. 85: „mais encore dans un Etat étranger, presque ennemi". Dahinter steht natürlich die irrige Vorstellung von einem deutschen und französischen Staat im 10. Jh. Vgl. noch unten Anm. 366.

[356] B – U 1064b, 1068a; B – Z 706, 710. Vgl. Gerbert, ep.188: oben S. 589 m. Anm. 262; s. auch RICHÉ (oben Anm. 319) S. 70. Man beachte jedoch, daß wenige Monate zuvor Hugo und Robert aller Wahrscheinlichkeit nach mit Adelheid und Otto III. in Novivilla zusammengetroffen waren; vgl. oben Anm. 258.

genheit in Ostfranken weilte[357], auf westfränkischem Gebiet mit den Königen zu verhandeln, blieb ebenfalls erfolglos, was beweist, daß eben mehr auf dem Spiele stand als nur der rechte Ort[358]. Die dritte Legationsreise Leos hatte diesen abermals nach Ostfranken geführt[359]; er berief eine Synode in das Kloster Mouzon nahe der westfränkischen Grenze zum 2. Juni 995 ein, für die neben Otto III. auch die westfränkischen Könige ihr Kommen zugesagt zu haben scheinen[360].

Leider ist unsere einzige Quelle Richer, dessen Räuberpistolen in der Forschung mal wieder unnötige Verwirrung gestiftet haben[361]. Selbstverständlich dient die ganze frei erfundene Geschichte nur dazu, die Abwesenheit Hugos und Roberts zu begründen, über deren wirkliche Motive nur Vermutungen angestellt werden können[362], doch fand das geplante Königstreffen in Mouzon jedenfalls nicht statt, und der Synode blieb ohne

---

[357] B – U 1085b, 1088b. Zur Datierung vgl. UHLIRZ, Otto III., S. 165 – 66 und ebd. Exkurs X, S. 482 – 83.

[358] B – U 1094a; B – Z 718. Zu dem Brief Leos an den König, indem er diesem anbietet *infra regnum vestrum* zu verhandeln, vgl. Harald ZIMMERMANN: Abt Leo an König Hugo Capet, in: Festschrift Karl Pivec. Zum 60. Geburtstag gewidmet von Kollegen, Freunden und Schülern, hgg. von Anton HAIDACHER und Hans Eberhard MAYER (Innsbruck 1966) S. 327 – 43 (Innsbrucker Beiträge zur Kulturwissenschaft, t.12). Nach Erhalt der Konzilsakten von St-Basle brach der Legat die Verhandlungen mit Hugo ab.

[359] B – U 1133a, 1135b; B – Z 727. Man war an der Kurie also offensichtlich unverdrossen der Meinung, daß der ostfränkische Hof der wichtigste Ansprechpartner in der Reimser Angelegenheit sei und diese von Ostfranken aus erledigt werden könne. In der Tat hat Leo Westfranken erstmals anläßlich der Reimser Synode am 1.VII.995 betreten: B – U 1139b; HEFELE – LECLERCQ IV/2, S. 879 – 82; UHLIRZ, Otto III., S. 185 – 86.

[360] Nach Richer wären die Könige sogar aufgefordert worden, Ort und Zeit der Synode zu bestimmen! Vgl. Richer, l.IV c.95: *eisque*(scil. Galliae regibus), *ut cum suis episcopis conveniant rationabiliter suadeant locum etiam tempusque quo et quando conveniendum esset a regibus discerent eorumque animum ex hoc sibi referrent* (ed. LATOUCHE II, S. 304). Vgl. die folg. Anm.

[361] Richer, l.IV cc.96 – 98 (ed. LATOUCHE II, S. 304 – 12). Der doch wahrlich nicht leichtgläubige Kienast ist auf Richers Kriminalstory glatt hereingefallen: KIENAST I, S. 128. UHLIRZ, Otto III., S. 184, erklärt salomonisch, daß „wir die geheimnisvollen Fäden nicht ganz zu entwirren (vermögen)". Dagegen aber schon LOT, Capet, S. 172 Anm. 1, der richtig erkannte, daß die von Richer erzählte Intrige keineswegs mit Mouzon in Zusammenhang gebracht werden darf; er datiert die Verschwörung Ascelins von Laon gegen Hugo und Robert auf 993 und räumt ein, daß Otto III. – damals also noch Adelheid! – mit der Sache nichts zu tun hatte: ebd. S. 170 – 73. Nicht verstehe ich dagegen die Frage von LOT, Capet, S. 172 Anm. 1 (auf S. 173): „Comment Richer a-t-il pu commettre une aussi grossière confusion?" Solche „confusions" sind für ihn doch selbstverständlich.

[362] Sie wollten eine förmliche Verurteilung durch eine Synode, an der ihre eigenen Bischöfe teilgenommen hätten, natürlich vermeiden. Der von Richer, l.IV c.96 vorgebrache Einwand: *indignum etiam sibi*(scil. regibus) *videri, si correctioni episcoporum Germaniae suos subdat*(scil. episcopus), *cum isti non minus nobiles, non minus potentes, aeque etiam aut amplius sapientes sint* (ed. LATOUCHE II, S. 306) ist natürlich freie Erfindung und verrät einen gewissen Komplex Richers. Vgl. LOT, Capet, S. 90: „Il faut simplement retenir de ce récit arrangé, dénaturé(scil. de Richer) que les évêques français reçurent l'ordre de ne pas assister au concile". THOMAS, Otto III., S. 55, spricht von einer „Abkapselung des westfränkischen Reiches gegenüber dem ottonischen Imperium".

die Teilnahme der westfränkischen Bischöfe ein Erfolg versagt[363]. Es ist deutlich zu spüren, daß sich in dem halben Jahrhundert zwischen Ingelheim und Mouzon eine Wandlung vollzogen hat: Ost- und Westfranken sind weiter auf Distanz gegangen. Man trifft sich wieder – wenn überhaupt – an der Grenze[364], und Otto III. ist mit Robert II. niemals zusammengetroffen[365]. Natürlich darf dieser Sachverhalt nicht überinterpretiert werden in dem Sinne, als ob damit nun „Deutschland" und „Frankreich" als feste politische Größen vor uns stünden. Davon kann keine Rede sein. Die erwähnten Fakten sind Indizien für die Zukunft, nicht mehr. Man stelle sich die Reaktion eines Suger vor, wenn ein päpstlicher Legat seinem König zugemutet hätte, in Aachen oder auch in Mouzon über die Besetzung des Reimser Erzstuhls zu verhandeln! Hugo und Robert erheben an keiner Stelle – soweit die Überlieferung hier ein Urteil erlaubt – grundsätzliche Einwände der oben angedeuteten Art gegen das Vorgehen des Legaten: sie begnügen sich damit zu sabotieren, so gut sie können[366]. Auch sei nicht vergessen, daß Hugo Capet „sächsischer" war als Otto III.[367].

So erhebt sich naturgemäß die Frage, welche Bedeutung dem Dynastiewechsel des Jahres 987 beizumessen ist. Der Einschnitt wurde schon von den Zeitgenossen empfunden[368]. Die um 1015 verfaßte „Historia Francorum Senonensis" kommentiert die Wahl Hugos mit dem Satz: *Hic deficit regnum Karoli Magni*[369], und diese Sicht findet sich auch noch im 13. Jahrhundert[370], aber erst seit dem 16. Jahrhundert gilt der 3. Juli 987 für manche

---

363) B – U 1138e. Der einzige westfränkische Teilnehmer war Gerbert! Vgl. HEFELE – LECLERCQ IV/2, S. 876 – 78; UHLIRZ, Otto III., S. 185; KIENAST I, S. 129; WERNER, Westfranken, S. 251. Die „Historiae" Richers enden mit Mouzon.

364) Vgl. oben S. 588 m. Anm. 260.

365) Das Desinteresse Ottos III. an Westfranken betont THOMAS, Otto III., S. 55 – 56.

366) Als „neue" Könige waren sie in Protokollfragen im Zweifel besonders empfindlich, überdies hatten sie – ganz im Gegensatz zu Ludwig IV. in Ingelheim – von einem unter Vorsitz des päpstlichen Legaten tagenden Konzil, wo immer es zusammengetreten wäre, nichts Gutes zu erwarten; es drohte ihnen ein Gesichtsverlust. Hinzu kam noch die Eheaffäre Roberts II. mit Bertha, der Witwe des Grafen Odo I. von Blois; s. unten Kap. 10 § 3, S. 685 Anm. 454.

367) Hugo und Otto II. hatten mit Heinrich I. einen gemeinsamen Großvater. Hugo war zu je 50% Franke und Sachse, Otto III. zu 50% Grieche und nur zu 25% Sachse; s. auch FICHTENAU, Horizont, S. 94 – 95. Vgl. noch unten § 3, S. 624.

368) Interessant eine Urkundendatierung aus der Spanischen Mark: *anno primo, quod cepit regnare Rodbertus rex, filio Ugoni regi, qui pridem fuit dux* (997 Juni 11): GUÉRARD II, Nr. 1044, S. 511, der die Uk. irrig auf 996 datiert. Hugo starb am 24.X.996; vgl. LOT, Capet, Append. V, S. 298 – 303.

369) Hist. Franc. Senon. ad an.991 (ed. WAITZ, S. 368 Z.12); vgl. aber ebd. ad an.750: *Hic deficit progenies Chlodovei regis* (ed. WAITZ, S. 364 Z.39 – 40). Vgl. EHLERS, Aufstieg, S. 3, 14, 17, 22; SCHNEIDMÜLLER, Tradition, S. 78.

370) Annales S. Medardi ad an.986: *et ita disiunctum est regnum Francorum a genealogia Karoli magni imperatoris et regis Francorum* (ed. WAITZ, S. 520 Z.35 – 36).

Historiker als die „journée fondatrice de la France"[371]. Dieser Gedanke, der verständlicherweise bis heute viele Anhänger – und nicht nur in Frankreich[372] – gefunden hat, findet seine Parallele in der von SPROEM-BERG verfochtenen These, daß damit „das Regiment Ottos III. ... das Ende des gesamtfränkischen Reiches und den Beginn einer neuen Zeit (bildet)"[373], wovon noch zu sprechen sein wird[374].

Für den modernen Historiker steht außer Zweifel, daß die Wahl Hugos Capet weder einen verfassungs- noch einen sozialgeschichtlichen Ein-schnitt bedeutet[375]; nicht umsonst spricht Jean-François LEMARIGNIER von den „prolongements carolingiens" bis etwa 1025/30[376]. Auch außen-politisch bedeutete der Dynastiewechsel keine grundsätzliche Wende. Sollte der ostfränkische Hof gehofft haben, auf diese Weise die „lothringi-sche Frage" gelöst zu haben, so sah er sich auf die Dauer getäuscht: der „Reditus regni Francorum ad stirpem Karoli"[377] macht die Kapetinger seit dem 12. Jahrhundert[378] zu den direkten Erben der Karolinger[379] mit allen sich daraus ergebenden Konsequenzen[380]. Die historische Bedeutung des Dynastiewechsels von 987, der in seltenem Ausmaß ein Produkt des histo-rischen Zufalls war[381], liegt, wie vor fast einem Jahrhundert schon Ferdi-nand LOT gesehen hatte, in dem Umstand begründet, daß der Kampf zwi-

---

[371]) So THEIS, S. 227; vgl. bes. LOT, Carolingiens, Append. XI: Examen des différentes appréciations sur le changement de dynastie et l'élection de Hugues Capet, S. 378–94, bes. S. 383–84; über die Forschung seit dem 18. Jh. vgl. LOT, aaO., S. 387ff.; vgl. noch DERS., Capet, Append. VII: Légendes sur Hugues Capet, S. 324–50.

[372]) Vgl. etwa MOHR, Rolle, S. 398: „Aber im großen Entwicklungsgang gesehen, hat sich mit dem Jahre 987 das westfränkische Reich endgültig zum französischen Staat gewandelt"; vorsichtiger formuliert WERNER, Westfranken, S. 249:"...so ist es doch nicht unberechtigt, im Rückblick(!) hier die Anfänge der...kapetingischen Monarchie und damit des aus ihr hervorgehenden Frankreich zu erkennen".

[373]) SPROEMBERG, Imperium, S. 57. Auf anderem Weg kommt THOMAS, Otto III., S. 63ff. zu einem ähnlichen Ergebnis.

[374]) Vgl. unten § 3, S. 625–26.

[375]) Vgl. zuletzt DHONDT, S. 76–80; LEMARIGNIER, Gouvernement, S. 37, 67; BRÜHL, Fodrum, S. 234; WERNER, Westfranken, S. 249.

[376]) Gouvernement, S. 37ff. und unten Kap. 10 § 2, S. 661.

[377]) Diese Formel findet sich erstmals im 13. Jh. bei Vinzenz von Beauvais, Speculum historiale, l.XXXI c.126 (ed. DOUAI, S. 1276): *De reditu regni Francorum ad stirpem Karoli*; vgl. WERNER, Legitimität, S. 203–04. Vinzenz seinerseits fußt auf Andreas von Marchiennes; vgl. WERNER, aaO., S. 204–05, 219–22; s. schon KERN, S. 23, der aber das Vorbild des Andreas nicht erkannt hat.

[378]) Den Versuchen im 11. Jh. kommt keine höhere Bedeutung zu; vgl. KIENAST I, S. 119–20 m. Anm. 277 und unten Kap. 10 § 3, S. 691ff..

[379]) Vgl. bes. WERNER, Legitimität, S. 217ff.

[380]) Nämlich mit den erneut aufflammenden Ansprüchen auf die karolingischen „Stammlande", auch wenn dazu zunächst noch wenig Gelegenheit gegeben war; vgl. KERN, S. 7, 23ff.; s. noch oben Anm. 378.

[381]) Dies unterstreicht mit vollem Recht LOT, Carolingiens, S. 293. Vgl. oben S. 599 m. Anm. 335–36.

schen Karolingern und Robertinern die Kräfte des Westfrankenreichs lähmten. Einer von beiden mußte weichen[382]. Der historische Zufall wollte, daß dies die Karolinger waren.

Damit ist die Behandlung der Jahre 983–994/96 abgeschlossen, die aus unterschiedlichen Gründen sowohl in Ost- als auch in Westfranken Krisenjahre waren. Der letzte Abschnitt dieses Kapitels soll der selbständigen Regierung Ottos III. gewidmet sein.

§ 3: Otto III. als römischer Kaiser: Renovatio imperii Romanorum. Die Ostpolitik Ottos III. als Missionspolitik. Die neuen Regna.

Auf dem Reichstag in Sohlingen in der zweiten Septemberhälfte des Jahres 994 war Otto III. für volljährig erklärt worden[383] und nahm die Regierungsgeschäfte fortan in eigene Hände. Es ist erstaunlich, mit welcher Energie und geistigen Selbständigkeit der junge Herrscher die Zügel der Regierung vom ersten Augenblick an führte – und noch erstaunlicher, daß er gegenüber so mächtigen und politisch ungleich erfahreneren Männern wie etwa Erzbischof Willigis von Mainz[384] oder Herzog Heinrich II. von Baiern damit tatsächlich Erfolg hatte[385]. Bei der Durchsetzung seines Willens scheute der junge Herrscher auch vor für ihn bitteren persönlichen Konsequenzen nicht zurück[386]. Angesichts der starken Persönlichkeit

---

[382] Vgl. LOT, Carolingiens, S. 296: „Aussi, quelque peu glorieux que soit l'avènement des Capétiens, nous ne dirons pas que ce fut un malheur. Il fallait que l'un des deux partis disparût...". WERNER, Westfranken, S. 248, äußert sich im gleichen Sinne. Allgemein s. LOT, aaO., S. 293ff.; DERS., Capet, S. 245–46 u.ö. Lot steht dabei mit seiner Neigung eher auf Seiten der Karolinger, weil diese so wacker um Lothringen gekämpft hatten: „Il est certain que les tentatives des derniers Carolingiens pour ressaisir la Lorraine furent une des causes capitales de leur déchéance. Mais qui oserait leur reprocher ces tentatives?...": LOT, Carolingiens, S. 296.

[383] B–U 1117a; vgl. D O.III. 148 (994 Sept. 27): *anno vero tertii Ottonis regnantis XI, aetatis autem XV* (S. 559 Z.9): B–U 1126. Vgl. noch UHLIRZ, Otto III., S. 174–75.

[384] Zu der imponierenden Persönlichkeit des Willigis vgl. FLECKENSTEIN II, S. 33–34, 77ff. und zuletzt ZIELINSKI, S. 20, 136, 259.

[385] Gegen den Willen Herzog Heinrichs ernannte Otto III. seinen Kapellan Gebhard zum Bischof von Regensburg; kurze Zeit nach diesem Zwist starb Heinrich d.Z. am 28.VIII.995 in Gandersheim: B–U 1121b, 1142a, 1144c; vgl. UHLIRZ, Otto III., S. 178, 187 und bes. FLECKENSTEIN II, S. 83–84, 85–86; s. noch THOMAS, Otto III., S. 54.

[386] Ottos Lieblingsschwester Sophia ist aus unbekannten Gründen seit Ende 997 nicht mehr am Hofe nachweisbar; auch Willigis und Erzbischof Giselher von Magdeburg verlieren seit genau diesem Zeitpunkt deutlich an Einfluß; s. UHLIRZ, Otto III., S. 249–50, 348. Es fällt schwer, hier keinen Zusammenhang persönlicher u n d politischer Natur zu vermuten. Vgl. auch unten S. 609 m. Anm. 416.

Ottos scheint es nur sinnvoll, sein Itinerar in Ostfranken zu gliedern in die Zeit der Vormundschaft und die der selbständigen Regierung mit dem bemerkenswerten Ergebnis, daß erstmals seit der Zeit Karls d.Gr. und Ludwigs d.Fr. wieder Aachen an der Spitze der aufgesuchten Itinerarorte steht[387], jenes Aachen, das schon Otto d.Gr. als seine *precipua cis Alpem regia sedes* bezeichnet hatte, doch Otto III. übertraf den Großvater in seinem Lobpreis: *ubi nostra sedes ab antecessore nostro, scilicet Karolo famosissimo imperatore augusto, constituta atque ordinata esse dinoscitur*[388]. Die karolingische Tradition, in die sich ja schon Otto I. ganz bewußt gestellt hatte[389], wird von Otto III. noch stärker betont[390]. Bekanntlich war er es, der nach der Rückkehr von Gnesen in Aachen das Grab des großen Karl öffnen ließ[391], womit er die religiösen Gefühle seiner Zeit aufs schwerste verletzte[392], und in Aachen hat er auf seinen eigenen Wunsch die letzte Ruhe gefunden[393].

Otto III. hat f o r m a l fast 19 Jahre regiert, in Wahrheit jedoch nur sieben Jahre und vier Monate, also erheblich kürzer als der Vater, der mit noch nicht dreißig Jahren ins Grab gesunken war und dessen Regierungszeit allein in Ostfranken länger währte als die des Sohnes insgesamt[394]. Von Otto III. sind uns aus den zwei Jahren und acht Monaten, die er in Ostfranken persönlich anwesend war, 96 Urkunden überliefert[395]. Das entspricht ei-

---

[387]) Wobei auch die Dauer der Aufenthalte ungewöhnlich ist! Unter der vormundschaftlichen Regierung stand Ingelheim deutlich an der Spitze; vgl. FLECKENSTEIN II, S. 140–41 und BRÜHL, Fodrum, S. 120, 154 Anm. 164. Vgl. noch unten Anm. 399–400.

[388]) D O.I. 316 (966 Jan. 17) S. 430 Z.31: B–O 418; D O.III. 347 (1000 Febr. 6) S. 776 Z.30–32: B–U 1346; vgl. RIECKENBERG, S. 22–23; FLECKENSTEIN II, S. 146; BRÜHL, Fodrum, S. 150–51 m. Anm. 147.

[389]) FLECKENSTEIN II, S. 145 und oben S. 476 m. Anm. 112.

[390]) Vgl. FLECKENSTEIN II, S. 146–50; KELLER, Reichsstruktur, S. 126.

[391]) Hierzu grundlegend Helmut BEUMANN: Grab und Thron Karls des Großen zu Aachen, in: Karl der Große. Lebenswerk und Nachleben, t.IV: Das Nachleben, hgg. von Wolfgang BRAUNFELS und Percy Ernst SCHRAMM (Düsseldorf 1967) S. 9–38, bes. S. 10–11, 18, 26 und die folg. Anm.

[392]) Die schärfste Kritik formulieren die Ann. Hildesheim. ad an.1000: *Quo tunc ammirationis causa Magni imperatoris Karoli ossa contra divine religionis ecclesiastica [praecepta?] effodere precepit...Sed de hoc, ut postea claruit, ulcionem aeterni vindicis incurrit* (ed. WAITZ, S. 28). Vgl. noch Thietmar, Chronicon, l.IV c.47: *Imperator antiquam Romanorum consuetudinem iam ex parte magna deletam suis cupiens renovare temporibus, multa faciebat, quod diversi diverse sentiebant* (ed. HOLTZMANN, S. 184 Z.29–30); vgl. BEUMANN (oben Anm. 391) S. 32–33.

[393]) Hier wurde der Leichnam am Ostertag des Jahres 1002 beigesetzt: B–U 1450/IVl.

[394]) Vgl. oben S. 557 m. Anm. 36.

[395]) B–U 1117–1164 (171/2 Monate), 1209d–1247 (15 Monate), 1340a–1380a (51/2 Monate). Von den letzteren ist jedoch ein Monat für die Gnesenfahrt abzuziehen. In diesem Zeitraum hat Otto ang. 109 DD ausgestellt: DD O.III. 147 (994 Sept. 22) – 190 (996 Febr. 18), 229 (996 Sept. 15) – 263 (997 Dez. 13), 344 (1000 Jan. 17) – 373 (1000 Juni 20). Von dieser Zahl sind abzuziehen das in Gnesen ausgestellte D 349, ferner D 363 (Otto

nem Jahresmittel von 36 und einem monatlichen Durchschnitt von drei Urkunden. Von diesen 96 Diplomen sind 63, d.h. 65,6%, im Original über- liefert und neun sind für italienische Empfänger bestimmt[396]. Alle diese Werte übertreffen die Vergleichszahlen für Otto II. nicht unerheblich[397]. Die 92 in Ostfranken gegebenen Urkunden verteilen sich auf 34 Aussteller- orte, unter denen Sachsen mit 15 noch immer eine gewisse Vorrangstellung behauptet, doch ist auffällig, daß sowohl die Häufigkeit als auch die Dauer der Aufenthalte in Sachsen spürbar nachlassen[398], während Franken und Lothringen an Bedeutung gewinnen[399], wie auch ein Blick auf die Festtags- orte zeigt[400]. Baiern und Schwaben sind nach wie vor im wesentlichen Durchzugsgebiete nach Italien[401], doch beginnt Schwaben allmählich ein gewisses Eigengewicht zu gewinnen[402], wie u.a. das Treffen Ottos III. mit Rudolf III. von Burgund in Bruchsal im Juni des Jahres 1000 beweist[403]. Nicht vergessen sei, daß die unter Otto III. deutlich zunehmende Verlei-

---

nicht anwesend: B – U 1370), DD 241, 260 (Briefe), DD 165, 167, 240 (Deperdita; vgl. B – U 1138, 1223/1223I), DD 188, 230, 234, 354 (mod. Spuria; vgl. B – U 1453, 1455, 1470, 1473), DD 149, 362 (Spuria; vgl. B – U 1458, 1362). Von den verbleibenden 96 DD sind die DD 184, 233, 345, 353 ohne Datum und Ausstellort überliefert und fallen daher für die weitere Untersuchung aus.

[396]) DD 147 (Or.), 154 (Or.), 182, 236 (Or.), 237, 250, 255 (Or.), 263, 360; das in Gnesen gegebene D 349 ist für das Bistum Vicenza bestimmt. D 149 ist Spurium und D 165 ein Deperditum: B – U 1458, 1138; vgl. oben Anm. 395; s. noch unten Anm. 479.

[397]) Vgl. oben S. 557 – 58 m. Anm. 36 – 37.

[398]) Magdeburg steht mit vier (kurzen!) Aufenthalten an der Spitze vor Quedlinburg, Gandersheim und Leitzkau mit je zwei. Die 31 in Sachsen gegebenen DD verteilen sich auf 15 Orte, unter denen Quedlinburg mit 6 DD der Löwenanteil zukommt, während in Magdeburg nur 2 DD gegeben wurden. Vgl. noch unten Anm. 400.

[399]) Allerdings vor allem aufgrund der Dominanz von Aachen, wo Otto bei insgesamt fünf Aufenthalten 18 DD gibt, während Ingelheim/Mainz und Frankfurt zurücktreten; in Tribur hat Otto bei zwei Aufenthalten 7 DD ausgestellt; vgl. FLECKENSTEIN II, S. 141 – 42; BRÜHL, Fodrum, S. 120.

[400]) Unter denen Sachsen nur noch mit O 1000 in Quedlinburg vertreten ist: B – U 1351d. Vgl. dagegen O 955,0 997 und Pf 1000 in Aachen: B – U 1135b, 1370a; zu O 997 (28.III.) vgl. DD 237 – 38 (März 25 – Apr. 6); W 995 und W 996 in Köln: B – U 1162a, 1217b (keine Urkundenausstellungen!), W 994 in Erstein: B – U 1128a; vgl. noch RIEK - KENBERG, S. 22, der allerdings vormundschaftliche und selbständige Regierung nicht trennt. Weder Ingelheim/Mainz noch Frankfurt sind unter Otto III. als Festtagspfalzen ausdrücklich bezeugt; s. FLECKENSTEIN II, S. 143, 144. Es scheint mir nach den Ausstel- lungsdaten von D 166 (995 Juni 12) und D 224 (997 Mai 18) allerdings sehr wohl möglich, daß Otto Pf 995 (9. Juni) in Frankfurt und Pf 997 (16. Mai) in Merseburg begangen hat.

[401]) Dies gilt auf jeden Fall für Baiern, das Otto nur auf Zügen nach oder von Italien berührt. Otto urkundet in Regensburg (4), Trient und Staffelsee.

[402]) Vgl. schon oben Anm. 400 und die folg. Anm. KELLER, Reichsstruktur, S. 80, betrachtet das gesamte 10. Jh., wobei dann: ebd. S. 81, der Aufenthalt von 994 als Ausnahme erscheint. Im Gegensatz zu den 6 in Baiern gegebenen DD hat Otto jedoch 15 DD in Schwaben gegeben (je 4 in Bruchsal und Hohentwiel, 3 in Erstein).

[403]) B – U 1367a-b; D Rud.88 (1000 [Juni]): Acta Bruchsala (S. 239 Z.34). Diese Zusam- menkunft ist VOSS, Herrschertreffen, passim, entgangen, bestätigt aber den auch sonst

hung von Hoheitsrechten an die Kirche – erstmals werden Grafschaften an Bischöfe vergeben[404] – in Richtung auf ein „Reichskirchensystem" geht, das aber bestenfalls in Ansätzen erkennbar ist[405].

Obwohl sich somit auch in Ostfranken unter Otto III. Ansätze zu einem neuen Regierungsstil erkennen lassen[406], steht doch außer Zweifel, daß Ottos Verhältnis zu Rom und zum Kaisertum das eigentlich Neue seiner Politik ausmachen. Auch hier scheint mir einleitend eine Betrachtung des Urkundenmaterials angebracht. Otto III. hat von den 7 Jahren 4 Monaten selbständiger Herrschaft 4 Jahre und 6 Monate in Italien verbracht[407], d.h. also 54% seiner Regierungszeit. Sieht man einmal ab von dem kurzen, allein auf den Erwerb der Kaiserwürde ausgerichteten Italienzug des Jahres 996, auf dem Otto am Himmelfahrtstag aus der Hand des von ihm kurz zuvor designierten Papstes Gregor V., des einzigen Sachsen auf dem päpstlichen Thron[408], die Kaiserkrone empfing[409], und der völlig untypisch verlief[410], so sollte man seit dem zweiten Italienaufenthalt

---

zu beobachtenden Sachverhalt, daß der Burgunderkönig nicht „grenztreffenfähig" ist; vgl. VOSS, aaO., S. 56 Anm. 73, 86 – 87, 213, 214. Vgl. aber UHLIRZ, Otto III., S. 338 m. Anm. 95; SCHIEFFER, Überblick, S. 31 und KELLER, Reichsstruktur, S. 80 m. Anm. 20, wo auch Lit. zu Bruchsal zitiert wird. Vgl. noch unten Kap. 10 § 2, S.659 – 60.

[404] SANTIFALLER, Exkurs IV: Übersicht über die Verleihungen und Bestätigungen von staatlichen Hoheitsrechten für die deutsche Kirche bis zum Jahre 1106, S. 78 – 115, bes. S. 107, erwähnt Grafschaftsverleihungen unter Otto III. an die Bischöfe von Lüttich, Magdeburg, Hildesheim, Würzburg, Paderborn und Verdun; vgl. ebd. S. 56. Er berücksichtigt nicht Italien. Vgl. dazu unten Kap. 10 § 1, S. 644 m. Anm. 136 – 37.

[405] Für SANTIFALLER, S. 37, findet das „ottonisch – salische Reichskirchensystem... seinen Abschluß(!) durch den unter Otto I. erfolgten Einbau des Papsttums". Ein Kommentar dürfte sich erübrigen; vgl. aber unten Kap. 10 § 1, S. 643 m. Anm. 126 – 29.

[406] Vgl. FLECKENSTEIN II, S. 85ff., 111ff.; KELLER, Reichsstruktur, S. 86, 89 – 90, 118 u.ö.

[407] BRÜHL, Fodrum, S. 454, ist durch einen Druckfehler 1 Jahr 1 Monat (statt: 1 Jahr 7 Monate) für den 3. „Italienzug" angegeben, was dann: ebd. S. 457, auf die Gesamtdauer des Aufenthalts in Italien durchgeschlagen hat.

[408] „Sachsen" und nicht „Deutschen", wie man meist liest; vgl. schon oben S. 234 m. Anm. 236. Vgl. noch B – U 1168b, 1170a; B – Z 741 – 42; vgl. UHLIRZ, Otto III., S. 201. Gregor V., ursprünglich Brun von Kärnten, war ein Sohn Herzog Ottos von Kärnten und Urenkel Ottos d.Gr., der aus der Hofkapelle hervorgegangen war; vgl. FLECKENSTEIN II, S. 79 m. Anm. 115, 132, 147 u.ö. Zum Verhältnis Ottos III. zu Gregor V. s. UHLIRZ, Kirchenpolitik, S. 298 – 99. Vgl. noch unten Kap 10 § 3, S. 681 m. Anm. 418.

[409] B – U 1171b; B – Z 750; BRÜHL, Fodrum, S. 497; vgl. UHLIRZ, Otto III., S. 204, die die Feierlichkeit mit viel Einbildungskraft schildert: „aus deren(scil. der Menge) Stimmengewirr laut das helle Kyrie eleison der Deutschen im Wechselgesang hervortönte".

[410] Er ist mit seiner Dauer von nur fünf Monaten fast eine Vorwegnahme der Italienzüge Heinrichs II.: unten Kap. 10 § 2, S.653 – 54. Auf dem Italienzug von 996: B – U 1164b – 1208a, ist in allen Städten urkundlich nur ein Aufenthalt nachweisbar; außer Rom (10) und Pavia (4) hat Otto in allen anderen Orten lediglich eine Uk. ausgestellt. Von 33 DD sind nur zwei für ostfränkische Empfänger bestimmt: DD 197, 208, beide im Original überliefert.

Ottos statt von „Italienzügen" eher von einem „Besuch in Ostfranken" sprechen, denn in den 49 Monaten zwischen Ottos Ankunft in Pavia zum Weihnachtsfest des Jahres 997 bis zu seinem Tod am 24. Januar 1002 in Paterno hat
sich der Kaiser nur noch knapp 6 Monate in Ostfranken und der *Sclavinia*
aufgehalten, m.a.W., Italien ist zum eigentlichen „Kernland" von Ottos
Herrschaft geworden[411]. Dies ist nicht etwa ein durch den unerwarteten Tod
Ottos bedingter Zufall in dem Sinne, daß Otto nach diesem Aufenthalt wieder längere Zeit in Ostfranken verbracht haben würde[412], sondern ein bewußter Kurswechsel seiner Politik: Italien, genauer: die beiden Kaiserstädte Ravenna und Rom[413], weit weniger die Königsstadt Pavia[414], sollten die Zentren
seiner Herrschaft bilden. Dies ist der h i s t o r i s c h e Inhalt der immer wieder
zitierten Sätze, die Thangmar Otto III. in den Mund legt: *Propter vos quidem*
*patriam meam propinquos quoque r e l i q u i. Amore vestro meos Saxones et*
*cunctos Theotiscos, sanguinem meum, p r o i e c i*[415]. Es scheint mir nicht zweifelhaft, daß hier der tiefere Grund für das Zurücktreten des Willigis, der eine
solche Politik nicht billigen konnte, zu suchen ist[416].

Es versteht sich, daß der Aufenthalt Ottos in Italien seit dem Weihnachtsfest 997 als eine Einheit betrachtet werden muß: die knapp sechs
Monate, die Otto III. im Jahre 1000 im wesentlichen in Gnesen, Quedlinburg und Aachen verbrachte[417], sind da nur Episode. Es fällt zunächst auf,

---

[411]) Dies hat sich die Forschung unter dem Eindruck des festen Begriffs der „Italienzüge" nie so recht klargemacht. Angesichts der großen Entfernung ist dieser Einschnitt
viel radikaler als etwa die Verlagerung der königlichen Kernlandschaft von Baiern/Fran-
ken nach Sachsen! BRÜHL, Fodrum, S. 452ff. habe ich die Dinge noch ganz in der
traditionellen Weise gesehen. Vgl. dazu unten mit Anm. 413–14.

[412]) Für sich allein betrachtet, hat der 3. Italienzug Ottos d.Gr. länger gedauert als der
Aufenthalt Ottos III. in Italien ab 998: BRÜHL, Fodrum, S. 453, 454. Aber Otto I. hat eine
dauernde Verlegung der Herrschaft nie auch nur in Betracht gezogen, ist nach Ostfranken
zurückgekehrt und dort gestorben. Vgl. bes. unten S. 625 m. Anm. 536.

[413]) Zu Rom vgl. unten S. 610–11. Zur Bedeutung Ravennas vgl. schon UHLIRZ,
Restitution, S. 5: oben S. 547 Anm. 668; vgl. noch UHLIRZ, aaO., S. 12ff. Die Bevorzugung
Ravennas hatte aber bereits unter Otto I. eingesetzt; vgl. BRÜHL, Fodrum, S. 503 m.
Anm. 297 und oben S. 547 m. Anm. 667. Vgl. auch oben S. 572 m. Anm. 147 sowie unten
S. 610 m. Anm. 425–26.

[414]) Pavia war unter Otto d.Gr. zunächst das eigentliche Zentrum der Königsherrschaft
gewesen; vgl. oben S.547 m. Anm. 666; s. aber schon oben S. 572 m. Anm. 146.

[415]) Oben S. 204 m. Anm. 173. In der Begeisterung für den Wortbeleg *Theotiscos* in
einem deutlich über das rein Sprachliche hinausgehenden Sinn hat man die eminente
historisch-politische Bedeutung dieser Stelle meist vergessen; vgl. aber KELLER, Reichsstruktur, S. 118–19.

[416]) FLECKENSTEIN II, S. 104, sieht die Entfremdung vor allem in dem Verhältnis des
Willigis zu Adalbert von Prag begründet. Dies mag ein Anstoß gewesen sein, erklärt m.E.
aber nicht die d a u e r h a f t e Zurücksetzung seit Antritt des 2. Italienzugs. Willigis war
schwerlich Gegner einer Italienpolitik im Sinne Ottos d.Gr., er mißbilligte aber gewiß die
überzogene Politik Ottos III.; in diesem Sinne mit Recht auch HARTMANN IV/1, S. 138.

[417]) Vgl. oben Anm. 395 und Anm. 400 sowie unten S. 621–23.

daß Otto III. keine der des Vaters vergleichbare Süditalienpolitik getrieben hat: über die Linie Gaeta-Capua-Benevent ist er, abgesehen von einer Wallfahrt zum Monte Gargano *penitentię* – statt: *orationis*! – *causa*[418] nicht hinausgekommen[419], und der Anteil Süditaliens an seinem italienischen Itinerar macht nur ca. 14% aus[420]. Ob es bei dieser weisen Beschränkung geblieben wäre, wenn Otto länger regiert hätte, vermag niemand zu sagen, doch spricht die Vermutung eher dafür als dagegen[421]. Die Gesamtzahl der während Ottos III. Italienaufenthalt auf uns gekommenen Urkunden beträgt 115[422], was einem Jahresmittel von etwa 29 und einem Monatsdurchschnitt von 2,3 Urkunden entspricht, womit die Werte des Vaters nur geringfügig übertroffen werden[423]. Die 115 Diplome verteilen sich auf 22 Orte[424], unter denen Rom, Ravenna und Pavia so kraß herausragen[425], daß diese drei Städte, wie schon oben bemerkt, ganz eindeutig als die drei „Hauptpfeiler, auf denen der Bau des erstehenden Imperiums ruhen sollte"[426], gedacht waren, was sich auch in den Festtagsaufenthalten

---

[418]) Petrus Damiani, Vita beati Romualdi, c.25 (ed. TABACCO, S. 53): B – U 1303a; vgl. UHLIRZ, Otto III., S. 292 – 93; BRÜHL, Fodrum, S. 465 Anm. 67.

[419]) B – U 1302a, 1303 – 04c; 1322c – 23e; 1332a, 1334; 1419a; vgl. GAY, S. 371 – 74; UHLIRZ, Otto III., S. 288 – 93, 302 – 05, 379. Geurkundet hat Otto nur in Capua, Benevent und Gaeta: DD O.III. 309 – 10 (999 Febr. 20 März 11), 337 (999 Nov. 12): B – U 1303 – 04, 1334.

[420]) Vgl. BRÜHL, Fodrum, S. 477, 478. Otto III. hielt sich insgesamt etwa sechs Monate in Unteritalien auf.

[421]) Ähnlich auch UHLIRZ, Otto III., S. 289 – 90, 305. Ottos angestrebte Ehe mit einer byzantinischen Prinzessin spricht gegen eine geplante Konfrontation mit Byzanz, die im Falle der Fortsetzung der Politik Ottos II. doch unvermeidlich gewesen wäre. Vgl. unten S. 624 m. Anm. 529 – 30.

[422]) DD O.III. 264 – 343, 374 – 425 und dazu das neu aufgetauchte Original: B – U 1386. Von diesen DD sind DD 319 und 338 ein Brief bzw. ein Mandat, D 425 ist ein Entwurf, DD 269, 274, 325, 335, 376, 406 haben sich zwischenzeitlich als Spuria herausgestellt (B – U 1468, 1462, 1459, 1456, 1467, 1479). Weil ohne Ortsangabe überliefert, sind DD 266, 280, 332, 342, 379, 389, 397, 404, 417 für die Itineraruntersuchung nicht verwertbar.

[423]) Für Otto II. liegt das Jahresmittel bei 27 Urkunden: oben S. 571 m. Anm. 141.

[424]) Zu den süditalienischen Städten vgl. oben Anm. 419. Im „Regnum" hat Otto in folgenden Orten geurkundet: Bologna, Borgo S. Donnino (Fidenza), Fonte Rutoli, Lucca, Marlia (bei Lucca), Palazzuolo, Paterno (bei Rom), Perugia, Pistoia, Raiano (bei Rom), Todi, bei Tivoli und Verona sowie in den Klöstern Farfa und Subiaco; hierzu vgl. UHLIRZ, Italienpolitik, S. 293 – 94. In Paterno am Soracte, wo er starb, hat Otto 5 DD gegeben (bei zwei Aufenthalten), in Borgo S. Donnino, Cremona und Marlia je 3 (bei jeweils einem Aufenthalt), in allen anderen Orten nur ein oder zwei. Vgl. aber die folg. Anm. Zu Fonte Rutoli, Marlia, Palazzuolo und Paterno vgl. SCHROD, S. 125 – 26, 114 – 15, 135, 137.

[425]) Die Zahlen der Urkundenausfertigungen lauten: Rom 40, Ravenna 22, Pavia 12. Aus diesen drei Städten allein sind somit 70% der mit Ortsangabe überlieferten DD Ottos III. in Italien überliefert! Nach der Zahl der Aufenthalte steht Rom mit 9 vor Ravenna mit 6 und Pavia mit 5; vgl. BRÜHL, Fodrum, S. 462 m. Anm. 53, wo allerdings auch der 1. Italienzug berücksichtigt ist; vgl. noch ebd. S. 463 m. Anm. 57 – 58, 465 m. Anm. 66. Zu Rom vgl. noch TELLENBACH, Kaiser, S. 250.

[426]) UHLIRZ, Kirchenpolitik, S. 295 – 96.

niederschlägt[427]. Als Zentrum seiner Herrschaft galt für Otto aber doch
Rom, die *urbs regia*[428], wie er sie in seiner berühmten Urkunde nennt[429], in
der er die sogen. Konstantinische Schenkung als obsolet – nicht als Fälschung – betrachtet und der römischen Kirche aus freien Stücken acht
Grafschaften überläßt[430].

Die von den Päpsten selbst verwirkte Gültigkeit der „Konstantinischen
Schenkung" bot ihm zugleich die Handhabe zur Verlegung der kaiserlichen Pfalz bei St. Peter, wo die Kaiser bei ihren Romaufenthalten bisher
residiert hatten[431], auf den alten Kaiserhügel, den Palatin, wo Otto in der
Nähe des vornehmsten römischen Klosters, S. Cesario in Palatino, seine
Pfalz errichtete[432]. Auf die Herrschaft und vor allem auf den Regierungsstil Ottos III. in Italien im allgemeinen und in Rom im besonderen des näheren einzugehen, besteht nach den grundlegenden Forschungen von Per-

---

[427] Otto verbrachte O 996 und W 997 in Pavia, W 999 und O 1001 in Ravenna sowie
O 998, W 998, O 999 und W 1000 in Rom: B – U 1166a, 1247a; 1338b, 1407c; 1263a, 1279c,
1305c, 1394d; vgl. BRÜHL, Fodrum, S. 466 Anm. 71; TELLENBACH, Kaiser, S. 236. Nur W
1001 feierte Otto III. mit Silvester II. in Todi: B – U 1435b, weil sich Rom im Aufstand
befand.

[428] D O.III. 389: *in hac nostra Urbe regia* (S. 820 Z.4 – 5); vgl. auch die Arenga: *Romam
caput mundi profitemur, Romanam ecclesiam matrem omnium esse testamur* (S. 819 – 20);
ed. SCHRAMM, Renovatio II, Text III, S. 66; vgl. ebd. I, S. 168 – 69.

[429] D O.III. 389: *Hec sunt enim commenta ab illis ipsis inventa, quibus Iohannes
diaconus cognomento Digitorum Mutilus preceptum aureis litteris scripsit [et] sub titulo
magni Constantini longa mendacii tempora finxit* (S. 820 Z.13 – 15); ed. SCHRAMM, Renovatio II, Text III, S. 66 § 4 und dazu die folg. Anm.

[430] D O.III. 389: B – U 1399: B – Z 937, ist nicht im Original überliefert und darbt des
Eschatokolls; vgl. SCHRAMM, Renovatio II, Text III, S. 65; vgl. aber ebd. I, S. 169 – 72.
Daß Otto in D 389 nicht die Fälschung des „Constitutum Constantini" behauptete,
sondern nur dessen Verfälschung durch den Johannes *cognomento Digitorum Mutilus*
zeigte nach Horst FUHRMANN: Konstantinische Schenkung und abendländisches Kaisertum. Ein Beitrag zur Überlieferungsgeschichte des Constitutum Constantini, in: DA.22
(1966) S. 63 – 178, bes. S. 128ff. abschließend Kurt ZEILLINGER: Otto III. und die Konstantinische Schenkung. Ein Beitrag zur Interpretation des Diploms Kaiser Ottos III. für
Papst Silvester II. (D O.III. 389) in: Fälschungen im Mittelalter. Internationaler Kongreß
der Monumenta Germaniae Historica München, 16. – 19. September 1986, Teil II: Gefälschte Rechtstexte. Der bestrafte Fälscher (Hannover 1988) S. 509 – 36, bes. S. 519ff. Der
Passus: *preceptum aureis litteris scripsit*, bezieht sich nicht auf eine Purpurausfertigung
des C. C., sondern auf das „Ottonianum"; irrig insoweit BRÜHL, Purpururkunden, S. 611;
vgl. ZEILLINGER, aaO., S. 521 – 22.

[431] Die Pfalz bei St-Peter wurde wahrscheinlich schon zur Zeit Karls d.Gr. errichtet;
vgl. ausführlich Carlrichard BRÜHL: Die Kaiserpfalz bei St. Peter und die Pfalz Ottos III.
auf dem Palatin (1954; Neufassung 1984) in: Aus Mittelalter und Diplomatik. Gesammelte
Aufsätze, t.I (Hildesheim-München-Zürich 1989) S. 3 – 31, bes. S. 3 – 18.

[432] Sie wird in: DD O.III. 383 – 84 (1000 Nov. 1): *in palacio monasterio* (S. 812 Z.20,
814 Z.21): B – U 1392 – 93 erwähnt, aber leider ohne nähere Lagebezeichnungen; vgl.
BRÜHL (oben Anm. 431) S. 24 – 25 und allgemein: ebd. S. 19ff. Daß Otto nicht aus persönlicher Neigung, sondern allein aufgrund seiner imperialen Pläne in Rom residierte,
betont m.E. mit Recht ERDMANN, Patricius, S. 108.

cy Ernst SCHRAMM kaum Anlaß[433]. Die verzerrende Darstellung der Persönlichkeit Ottos III. bei L. M. HARTMANN[434], der Otto III. u.a. „kindisches Wesen", „Lust an Titeln und Spielerei", „Luftschlösser bauende Phantasterei" u.ä.m. bescheinigte[435], hat SCHRAMM endgültig widerlegt[436] und den ang. Byzantinismus, die Titelmanie usw. auf das rechte Maß zurückgeführt[437]. Die Geltungssucht eines Johannes Philagathos, der als Gegenpapst Johann XVI. ein schreckliches Schicksal erlitt[438], braucht in diesem Zusammenhang nicht erörtert zu werden[439]. Der in einer einzigen Urkunde Ottos bezeugte *magister imperialis palatii*[440] dürfte in der Tat eine Neuschöpfung im Zusammenhang mit der Verlegung der kaiserlichen Residenz nach Rom gewesen sein[441]. Der unter Otto mehrfach bezeugte *logotheta*[442] bzw. *cancellarius et logotheta*[443] ist die Bezeichnung des italienischen Kanzleramts, wie SCHRAMM gezeigt hat[444]. In einem Punkt zeigte Otto, daß er sich über die Würde des kaiserlichen Amtes klarer gewesen ist

---

[433] SCHRAMM, Renovatio I, S. 87ff., 102ff.

[434] HARTMANN IV/1, S. 136ff.

[435] Alle diese Freundlichkeiten bei HARTMANN IV/1, S. 140. Vgl. aber auch WAITZ V², S. 109: „Sein ganzes Thun hat einen phantastischen Charakter und blosse Schattenbilder sind es, die er hinzustellen vermag".

[436] Vgl. bes. SCHRAMM, Renovatio II, Exkurs I: Kaiser Otto III. im Lichte der zeitgenössischen Autoren und der modernen Forschung, S. 3–16, bes. S. 11ff. Vgl. noch unten S. 623–24.

[437] SCHRAMM, Renovatio II, Exkurs II: Der „byzantinische Hofstaat" Ottos III., sein historischer Kern und dessen Bedeutung, S. 17–33; vgl. dazu aber ERDMANN, Patricius, S. 105–09, der das literarische Element m.E. zu stark betont. Zu der ang. „Romanisierung" der Kanzlei vgl. MÜLLER, Heribert, S. 124–25.

[438] B–U 1218b, 1246c, 1259c–d; B–Z 784, 804–05, 814, 816–20; vgl. GRAF, S. 67–68; UHLIRZ, Otto III., S. 258–60. Trotz der schweren Mißhandlungen hat Johann noch längere Zeit ein elendes Dasein in einem römischen Kloster gefristet.

[439] In D O.III. 69 (991 Apr. 18) nennt er sich: *Johannes Dei gracia archiepiscopus et primicerius sancte Romane ecclesie, proto a secretis ac protovestiarius Ottonis regis* (S. 477 Z. 16–17): B–U 1029, doch diese Uk. ist drei Jahre vor der Volljährigkeit Ottos unter der Regentschaft der Theophano ausgestellt; vgl. SCHRAMM, Renovatio II, S. 18; s. schon BRESSLAU I, S. 454 m. Anm. 2.

[440] D O.III. 339 (999 Dez. 2) = MANARESI II/1, Nr. 254:...*Alberico, filio Gregorii, atque imperialis palatii magistro...* (S. 440 Z.26–27): B–U 1336. Der Name erscheint in einer Liste von 13 genannten Persönlichkeiten aus dem Umstand des Kaisers in einem Placitum.

[441] So schon SCHRAMM, Renovatio II, S. 25–26; ERDMANN, Patricius, S. 107, hält dies im Interesse seiner These: oben Anm. 437, nur für eine Vermutung.

[442] Diese Amtsbezeichnung findet sich auch in den Kanzleien Heinrichs II., Friedrichs II. und bei den Normannenkönigen; vgl. BRESSLAU I, S. 454 m. Anm. 3 und Anm. 5, 574 Anm. 6, 578, 581 u.ö.

[443] Dies die Titulatur Heriberts in: D O.III. 304 (998 Okt. 6) S. 731 Z.22–23: B–U 1296; später wird er als *logotheta principalis et cancellarius* bezeichnet: D O.III. 334 (999 Okt. 22; Or.): B–U 1331 (als Intervenient); vgl. BRESSLAU I³, S. 469 A II2, 470 B II4; FLECKENSTEIN II, S. 106–09 und bes. MÜLLER, Heribert, S. 129–33.

[444] SCHRAMM, Renovatio II, S. 32–33. Wenn ERDMANN, Patricius, S. 106, hier von „schönklingenden Worten" spricht, so ist das zwar richtig, ändert aber nichts an dem konkreten Amt.

als alle seine Vorgänger und Nachfolger: er ernannte einen *patricius Romanorum*[445] in Gestalt seines sächsischen Kämmerers Ziazo[446] und dokumentierte damit, daß nur der Kaiser befugt ist[447], *patricii* zu ernennen[448], während ein Heinrich III. den Titel als Kaiser zwar nicht geführt[449], das Amt aber doch angenommen hatte[450].

Dies führt mich zu einigen Überlegungen zum Kaisertum Ottos III. Der betont römische Charakter dieses Kaisertums braucht nach den Ausführungen von SCHRAMM nicht eigens hervorgehoben zu werden[451]. Ottos Kaiserbulle, die er seit 998 ausschließlich gebrauchte[452], formuliert das Programm des jungen Kaisers knapp und prägnant: „Renovatio Imperii Romanorum"[453], wo-

---

[445] D O.III. 346 (1000 Jan. 31; Or.): *interventu ac petitione Zazzi Romanorum patricii* (S. 775 Z.32): B – U 1344; D O.III. † 406 (1001 Juli 19): *interventu et petitione nostri dilecti fidelis et patritii Romanorum Zazi* (S. 840 Z.17 – 18): B – U 1420, † 1486. In D O.III. 172 (995 Sept. 10) interveniert er als *Tiezo noster camerarius* (S. 583 Z.19 – 20): B – U 1146. Vgl. auch ERDMANN, Patricius, S. 93 – 94.

[446] Zu Ziazo vgl. bes. UHLIRZ, Kirchenpolitik, S. 297 Anm. 3; vgl. DIES., Otto III., S. 301. FRIED, Otto III., S. 82 m. Anm. 3 – 4, scheint Ziazo für einen Römer zu halten.

[447] Ich betone: n u r der Kaiser! Dies gilt selbstverständlich bereits für die Verleihung des Patriziats an Pippin und seine beiden Söhne im Jahre 754; grundlegend hierzu Josef DEÉR: Zur Praxis der Verleihung des auswärtigen Patriziats durch den byzantinischen Kaiser (1970) in: Byzanz und das abendländische Herrschertum. Ausgewählte Aufsätze von Josef Deér, hgg. von Peter CLASSEN (Sigmaringen 1977) S. 424 – 38, bes. S. 432ff. (Vorträge und Forschungen, t.XXI) z.T. in Polemik gegen CLASSEN, Begründung, S. 21 m. Anm. 61. Völlig abwegig die Formulierung von SCHRAMM, Renovatio I, S. 63: „Im Abendland ist die Patriciuswürde also nach- und nebeneinander vom Basileus, vom Papst, vom Kaiser und von den Römern vergeben, vom Kaiser, von Römern, von Süditalienern geführt worden". Nicht überzeugt hat mich auch die Ableitung des ottonischen Patriziats bei ERDMANN, Patricius, S. 102 – 05, der hier literarische Reminiszenzen wie etwa den „Ämtertraktat" am Werke sieht; vgl. schon oben Anm. 437.

[448] ERDMANN, Patricius, S. 92, betont mit Recht, daß Ziazo nicht der einzige von Otto III. ernannte Patricius war; vgl. unten S. 622 m. Anm. 516. Nicht zustimmen kann ich ihm, wenn er aus der Bezeichnung von Ottos Tante Mathilde von Quedlinburg, die der Kaiser 997 zur Reichsverweserin nördlich der Alpen eingesetzt hatte, als *matricia* eine förmliche Patricius-Ernennung herauslesen und damit den außerrömischen Charakter des Patriziats begründen will: ERDMANN, aaO., S. 92, 97 – 99.

[449] Die übliche Intitulatio lautete: *Heinricus divina favente clementia Romanorum imperator augustus*: DD H.III. 178ff.; in DD H.III. 292 (1052 Juni 17), 296 (1052 Juli 8), 298 (1052 Juli 13), alle drei für italienische Empfänger und von einem italienischen Notar diktiert, findet sich die pompöse Formel: *magnus ac triumphator Romanorum imperator augustus*; vgl. MERTA, S. 181 m. Anm. 83 – 84; s. schon MÜLLER-MERTENS, Regnum, S. 74 – 75 m. Anm. 198.

[450] Nur Heinrich IV. führt in einer Stabloer Empfängerausfertigung: D H.IV.408 (1089 Nov. 22; Or.) den Titel: *Heinricus gratia Dei Romanorum imperator et patritius* (S. 539 Z.29). Das ist ebenso „sinnvoll" wie der *rex Francorum, vir inluster* in der Intitulatio Pippins und seiner Söhne. Die neuere Lit. zum römischen Patriziat Heinrichs III. nach SCHRAMM, Renovatio I, S. 229ff. bei MERTA, S. 181 m. Anm. 85.

[451] Renovatio I, S. 88ff., 100ff.; s. auch ERDMANN, Imperium, S. 186ff.

[452] Es war dies ein absolutes Novum: alle Vorgänger Ottos, soweit sie überhaupt über eine Bulle verfügten, hatten daneben das Wachssiegel beibehalten; vgl. SCHRAMM, Renovatio I, S. 117; BRESSLAU II/2, S. 564 – 65; OHNSORGE, Mitkaisertum, S. 274.

[453] Abgebildet bei SCHRAMM, Bilder, S. 81 – 82, 349 Abb. 101a-b, 102a-b und dazu SCHRAMM, Renovatio I, S. 117 – 18.

bei es auf sich beruhen mag, ob die Anregungen zu dieser Politik mehr
in der Gedankenwelt Gerberts oder in der Leos von Vercelli zu suchen
sind[454]. Gerade im Hinblick auf das Kaisertum Ottos III. hatte in Frankreich vor fast genau hundert Jahren eine wissenschaftliche Kontroverse
zwischen Alfred LEROUX und Ferdinand LOT stattgefunden, die zwar allgemein unter dem Titel „La Royauté française et le Saint Empire romain"
ausgetragen wurde[455], aber vor allem um das 10. – 11. Jahrhundert kreiste.
LEROUX vertrat in dieser Debatte z.T. völlig unhaltbare Thesen, und LOT
hatte leichtes Spiel, diese zu widerlegen[456], doch LEROUX hatte manches
richtig empfunden, ohne es recht einordnen zu können, weil er ja genauso
in den nationalen Kategorien des 19. Jahrhunderts dachte wie LOT und alle
Zeitgenossen. Es ist bewundernswert, in welchem Ausmaß LOT sich von
diesen Kategorien zu befreien vermochte[457], doch wenn LEROUX behauptet, daß das Reich Hugos Capet und seiner Nachfolger rechtlich ein Bestandteil des „Saint Empire romain germanique" gewesen sei[458], so ist das
natürlich Unsinn[459]. Aber Hugo wäre es wohl nicht in den Sinn gekommen
zu leugnen, daß sein Reich ein Bestandteil des *imperium Francorum* bildete, auch wenn er auf größtmögliche Eigenständigkeit des Westreichs bedacht war[460].

---

[454] SCHRAMM, Renovatio I, S. 119ff., bes. S. 127 – 29, neigte mehr zu Leo von Vercelli,
ERDMANN, Patricius, S. 107 – 08, mehr zu Gerbert. Angesichts der bruchstückhaften
Überlieferung wird sich nach einem Jahrtausend ein zwingender Nachweis weder in dem
einen noch in dem anderen Sinne jemals führen lassen. Für Schramm war Leo unzweifelhaft „Italiener"; UHLIRZ, Kirchenpolitik, S. 278 – 81, hielt ihn für einen „Deutschen"; vgl.
zuletzt PAULER, S. 33 – 34, der ihn mit Bloch wohl zutreffend für einen Romanen hält.
Zur Haltung Heriberts vgl. MÜLLER, Heribert, S. 107ff., 117ff.

[455] Vgl. LEROUX, Royauté, S. 241ff., 408ff.

[456] In einer Zuschrift an die Schriftleitung der RH.: Lettre de M.F.Lot à propos de
l'article de M. A. Leroux, in: RH.50 (1892) S. 147 – 51; vgl. auch LOT, Capet, S. 247
Anm. 1.

[457] Vgl. etwa LOT, Carolingiens, S. 237 Anm. 3, wo er gegen D.-J. WITTE (1869)
Stellung nimmt, der von Gerbert – übrigens fälschlich – sagt, daß kein Ausländer jemals
mit größerem Recht den Ehrennamen eines deutschen Patrioten habe beanspruchen
können. LOT, aaO., bemerkt dazu: „C'est là une méprise. Au Xᵉ siècle, il n'y avait plus de
patriotisme allemand que de patriotisme français. Gerbert était dévoué à l'idée de l'empire
romain, c'est tout différent". Was Lot hier 1890 schrieb, hatte Kienast noch 1975 nicht
begriffen!

[458] LEROUX, Royauté, S. 252, 254, 409.

[459] Wie etwa auch die Vergleiche zwischen Rom und Reims als Krönungsstädte,
zwischen den zwölf „pairs de France" und den sieben Kurfürsten, seine Ausführungen zu
Karl von Niederlothringen, der „ne songea jamais à contester à Otton II son titre
impérial", obwohl er der einzige direkte Nachfahre Karls d.Gr. war und seit 977 ang.
Aachen besaß – als Lehnsmann Ottos II.! All dies sind natürlich ganz unausgegorene,
z.T. geradezu aberwitzige Thesen; vgl. LEROUX, Royauté, S. 249, 257 und dazu LOT (oben
Anm. 456) S. 148 – 49; unsinnig dazu LEROUX, aaO., S. 411 – 12.

[460] Vgl. oben S. 601 – 03; s. auch unten S. 626.

Von besonderem Interesse sind in unserem Zusammenhang eine Reihe von Herrscherbildern, „deren Tradition so lange unterbrochen war" und die „nun wieder in den Codices (auftauchen)"[461], über deren Deutung Hagen KELLER unlängst bedenkenswerte Ausführungen gemacht hat[462], indem er „die Herrscherbildnisse in den aus dem liturgischen *apparatus regius* stammenden Prachthandschriften" dem liturgisch-sakralen Charakter des ottonischen Königtums zuordnete[463]. Konkret handelt es sich um drei Herrscherbildnisse des gleichen Typs, die heute in Chantilly, Bamberg und München aufbewahrt werden (Abb. 12–16)[464] und in der Forschung stets Beachtung gefunden haben, wobei das Einzelblatt in Chantilly, das HOFFMANN wohl mit Recht als ursprünglich einer liturgischen Handschrift zugehörig anspricht[465], etwas die Rolle des Außenseiters einnimmt[466]. In dem hier zu erörternden Zusammenhang interessiert nicht so sehr die Darstellung des Herrschers, in der ich mit Vorbehalt jeweils Otto III. erblicke[467], als vielmehr die auf allen drei Bildern erscheinenden huldigenden Frauengestalten, die durch Beischriften als „huldigende Nationen" (SCHRAMM) – ich ziehe die Bezeichnung „huldigende Provinzen" vor – gekennzeichnet sind. Diese Beischriften lauten wie folgt[468]:

---

[461] HOFFMANN, Buchkunst I, S. 12.

[462] KELLER, Herrscherbild, S. 290ff.

[463] KELLER, Herrscherbild, S. 299 und ebd. S. 299ff. Auf die im folgenden behandelten Probleme geht Keller nicht im einzelnen ein.

[464] Chantilly, Musée Condé, Ms. 14bis: Abb. 12 (SCHRAMM, Bilder, S. 358 Tafel 106); Bamberg, Staatsbibliothek, Class. 79, fol. 1: Abb. 13–14 (SCHRAMM, Bilder, S. 361 Tafel 109);
München, Bayer. Staatsbibliothek, Clm. 4453, fol. 23v–24r: Abb. 15–16 (SCHRAMM, Bilder, S. 362–63 Tafel 110).
Vgl. hierzu SCHRAMM, Bilder, S. 203–04 Nr. 106, 205 Nr. 109, 205 Nr. 110 und HOFFMANN, Buchkunst I, S. 37–41, bes. S. 39 Nr. 12–13 und ebd. S. 12–14; vgl. noch die folgenden Anm.

[465] HOFFMANN, Buchkunst I, S. 469, dessen Datierung in die Zeit Ottos II. mich nicht überzeugt hat. Er bezweifelt jedoch mit Recht die Zugehörigkeit des Blattes zu dem Trierer „Registrum Gregorii", die meist – auch von Schramm – unterstellt wird; vgl. noch unten Anm. 469.

[466] SCHRAMM, Renovatio I, S. 118–19, hatte diese Bilder als erster in die historische Forschung eingeführt, war aber auf das Blatt aus Chantilly nicht eingegangen; vgl. noch unten mit Anm. 468–69. Überholt ist UHLIRZ, Otto III., S. 400–02.

[467] In diesem Sinne auch SCHRAMM, Bilder: oben Anm. 464. Die Einwände von HOFFMANN, Buchkunst I, S. 38–39 Nr. 6, 12–13, sind ernst zu nehmen, doch treibt er die Skepsis m.E. zu weit; zu Chantilly vgl. unten Anm. 469; s. noch unten Anm. 475 und Anm. 477.

[468] Die Reihung ist die von SCHRAMM, Bilder, S. 207, dessen Urteil: „Die Reihung der Gestalten und ihre Reihenfolge sind also Schritt für Schritt präzisiert und verbessert worden", entschieden zu apodiktisch ist. Es gibt durchaus Argumente für die Ansetzung der Bamberger Miniaturen nach den Münchnern; vgl. unten Anm. 475 und Anm. 477.

Chantilly: FRANCIA, ITALIA, GERMANIA, ALAMANNIA;
Bamberg: ITALIA, GERMANIA, GALLIA, SCLAVANIA;
München: ROMA, GALLIA, GERMANIA, SCLAVINIA.

Auffällig ist das Fehlen der *Sclavinia* auf der Chantilly-Miniatur, was mit dem großen Slawenaufstand von 983 in Verbindung gebracht werden könnte und für eine Entstehungszeit der Miniatur „bald nach 983" spräche[469]. Die Sonderstellung dieses Blattes zeigt sich auch in den nur hier anzutreffenden Begriffen *Francia* und *Alamannia*. Daß *Francia* für *Gallia* steht, ist offensichtlich und auch durch literarische Parallelen gesichert[470]. Beides meint die Lande links des Rheins i n n e r h a l b des ostfränkischen Reiches, also vorzugsweise Lothringen[471]. Schwieriger ist es mit der sonst nicht bezeugten *Alamannia*, die LUGGE auf die rechtsrheinischen Gebiete südlich der Donau deutet im Gegensatz zur *Germania*, unter der allein die Lande nördlich der Donau zu verstehen seien[472]. Diese Deutung, die im Sprachgebrauch der Zeit keine Entsprechung findet, scheint mir sehr gekünstelt. Ich glaube vielmehr, daß die *Alamannia* als Lückenbüßer für die eigentlich zu erwartende *Sclavinia* eingefügt wurde, um die Vierzahl der „Provinzen" zu vervollständigen, die sich auch auf den beiden anderen Miniaturen findet, und daß der Künstler hier einfach seiner Heimat(Reichenau?) ein Denkmal setzen wollte[473]. Daß die *Gallia* vor der *Germania* den Vortritt hat[474], erklärt SCHRAMM wohl zutreffend mit der Bedeutung Aa-

[469] So auch HOFFMANN, Buchkunst I, S. 469, der das hier gebotene Argument nicht berücksichtigt. Es könnte sich daher durchaus um ein „Erinnerungsbild" an Otto II. handeln, was SCHRAMM, Bilder, S. 204, in Erwägung gezogen, aber schließlich doch verworfen hatte. Abwegig LUGGE, S. 128, die gerade das Blatt aus Chantilly für das jüngste hält. Erwägenswert scheint mir allerdings, daß hier ohne Rücksicht auf das tatsächliche Alter Ottos III. dieser in einer Art Idealbild des Kaisers schlechthin dargestellt wäre; vgl. etwa KELLER, Herrscherbild, S. 299, 300; s. auch HOFFMANN, Buchkunst I, S. 12–13. Unbefriedigend daher SCHRAMM, Bilder, Exkurs: Die für Otto III. und Heinrich II. verwandten Gesichtstypen, S. 220–22.
[470] Vgl. LUGGE, S. 129; s. schon oben S. 113–14, 294 m. Anm. 339.
[471] So bereits SCHRAMM, Renovatio I, S. 119: „Gallia (Westdeutschland) und Germania (Ostdeutschland) kommen erst an zweiter und dritter Stelle; DERS., Bilder, S. 207 und zuletzt FRIED, Otto III., S. 61.
[472] LUGGE, S. 129. Wohl aber zählte die Salzburger Kirchenprovinz nicht zur *Germania*; vgl. BEUMANN, Laurentius, S. 152 Anm. 56.
[473] Das Einzelblatt in Chantilly wird allgemein dem „Meister des Registrum Gregorii" zugeschrieben, dessen Persönlichkeit bisher allen Identifizierungsversuchen erfolgreich widerstanden hat; vgl. HOFFMANN, Buchkunst I, S. 116, 117, 122ff. Daß der Meister in Trier unter Erzbischof Egbert gearbeitet hat, steht außer Zweifel, besagt aber nichts über seine Herkunft; s. auch HOFFMANN, aaO., S. 91ff.
[474] Jedenfalls auf dem Blatt von Chantilly, wo *Francia* und *Italia* vorn neben dem Kaiser, *Germania* und *Alamannia* deutlich dahinter stehen; darum scheint mir die Reihung bei SCHRAMM, Bilder, S. 207: *Germania, Francia – Italia, Alamannia*, geradezu irreführend; auch in Clm. 4453 steht die *Gallia* vor der *Germania;* vgl. Abb. 12, 15 und die folg. Anm.

Abb. 12: Chantilly, Musée Condé, Ms. 14bis. Das Einzelblatt zeigt Otto III. (?), umge-
ben von den huldigenden Provinzen. Auffällig ist das Fehlen der *Sclavinia*, was für eine
Entstehung des Blatts „bald nach 983" spricht.

Abb. 13: Bamberg, Staatsbibliothek, Class. 79, fol.1: Die huldigenden Provinzen werden von der *Italia* angeführt, die *Sclavinia* beschließt die Reihe.

Abb. 14: Bamberg, Staatsbibliothek, Class. 79, fol. 1: Otto III. (?) nimmt die Huldigung der Provinzen entgegen. Die Beischrift weist die thronende Gestalt als *Heinrichus* aus, was die Zuweisung an Otto III. aber nicht ausschließt.

Abb. 15: München, Bayer. Staatsbibliothek, Clm. 4453, fol. 23ᵛ: Der Münchner Codex zeigt die *Roma* vor der *Gallia* an der Spitze der huldigenden Provinzen, was exakt der politischen Vorstellungswelt Ottos III. entspricht.

Abb. 16: München, Bayer. Staatsbibliothek, Clm. 4453, fol. 24$^r$: Daß der thronende Kaiser hier Otto III. darstellt, sollte nicht bezweifelt werden. Über das wirkliche Aussehen des jungen Kaisers geben weder dieses Blatt noch Abb. 12 oder Abb. 14 irgendwelche Hinweise.

chens[475], während die *Italia*, im Münchner Codex die *Roma*[476], die Reihe der huldigenden Frauengestalten anführt[477], was unzweifelhaft vor dem Hintergrund der Kaiserwürde zu sehen ist und gerade für Otto III. typisch erscheint[478]. Ein letzter Punkt ist die *Sclavinia*: das Wort kann das gesamte Slawenland einschließlich Böhmens und Polens bezeichnen[479], und in diesem Sinn hat man auch die Miniaturen deuten wollen[480], doch schwerlich zu Recht. Im Gegensatz zu einem imaginären „Weltherrschaftsanspruch"[481] bezeichnet *Sclavinia* beide Male nur die dem Ostfrankenreich unterworfenen slawischen Territorien, also gerade nicht Polen, ganz so wie die *Gallia* ja auch nicht das Westfrankenreich, sondern nur Lothringen symbolisiert[482].

Die Darstellung der *Sclavinia* auf den Bamberger und Münchner Miniaturen zeigt die Bedeutung des Verhältnisses zu den Völkern des Ostens. So erstaunlich es in einem der „Geburt Deutschlands und Frankreichs" gewidmeten Buch erscheinen mag, ist es doch unumgänglich – wenn auch in aller gebotenen Kürze – auf die ottonische Ost- und das heißt auf die Missionspolitik einzugehen. Diese Politik ist gewiß keine Erfindung Ottos III.; sie war in großem Stil bereits von Otto d.Gr. eingeleitet worden und

---

[475]) Bilder, S. 207. Dies gilt aber nur für Clm. 4453, nicht für die Bamberger Miniatur: Abb. 13, wo es sich gerade umgekehrt verhält. Man kann dies mit SCHRAMM: oben Anm. 468, als eine kontinuierliche Entwicklung ansehen, doch ist der Gedanke an eine „Kurskorrektur" unter Heinrich II. zumindest erwägenswert; vgl. noch unten Anm. 477.

[476]) Nicht *Romania*, wie LUGGE, S. 128, irrig schreibt; vgl. Abb. 15.

[477]) Dies paßt so präzis zu Otto III., daß ich die Vorbehalte von HOFFMANN, Buchkunst I, S. 333, nicht verstehe; s. auch BEUMANN, Imperium, S. 195. Nicht so sicher ist dagegen die Datierung der beiden Bamberger Miniaturen, zumal die Beischrift zu dem thronenden Herrscher HEINRICHUS lautet; vgl. HOFFMANN, Buchkunst I, S. 310–11. Trotz SCHRAMM, Bilder, S. 205, ist daher eine Datierung in die Zeit Heinrichs II. nicht auszuschließen, zumal die *Italia* ja auch als „Wiederherstellung" der alten Terminologie gedeutet werden könnte; vgl. aber die folg. Anm.

[478]) Dies ist letztlich der Grund, warum ich Abb. 12–16 einheitlich in die Zeit Ottos III. anzusetzen geneigt bin; die Heinrich II. mit Sicherheit zuzuschreibenden Darstellungen sehen ganz anders aus; vgl. SCHRAMM, Bilder, S. 374–78 Nr. 122–25; s. auch HOFFMANN, Buchkunst I, S. 14. Vgl. noch WEINFURTER, S. 293–94 und unten Anm. 545.

[479]) Vgl. etwa D O.III. 349 (1000 März): *actum in Sclavania in civitate Gnesni...* (S. 779 Z.28): B – U 1350; vgl. oben Anm. 346.

[480]) SCHRAMM, Bilder, S. 207, unter ausdrücklichem Hinweis auf D O.III. 349; LUDAT, S. 159 Anm. 418. *Sclavinia* ist ein ebenso interpretationsbedürftiger Begriff wie *Gallia* oder *Germania*; vgl. auch GIEYSZTOR, S. 352 m. Anm. 6 und ebd. S. 353ff. zum Begriff *Polonia*; s. noch FRIED, Otto III., S. 61 Anm. 26.

[481]) Aus der fast schon überreichen Lit. nenne ich Walther HOLTZMANN: Das mittelalterliche Imperium und die werdenden Nationen, Köln-Opladen 1953 (Arbeitsgemeinschaft für Forschung des Landes Nordrhein-Westfalen. Geisteswissenschaften, H. 7); LÖWE, Grenzen, S. 229–30; DERS., Kaisertum, S. 233ff.; WERNER, Imperium, passim; ebd. S. 2 Anm. 2 (– S. 3) eine kritische Würdigung der älteren Lit.

[482]) Dies betont mit Entschiedenheit FRIED, Otto III., S. 61, dem ich voll zustimme. Eine extensive Bedeutung von *Sclavinia* müßte bewiesen werden.

hatte einen ersten Höhepunkt in der Gründung des Erzbistums Magdeburg gefunden, das Otto nach seinem großen Ungarnsieg zu errichten entschlossen war[483]. Es wäre allerdings verfehlt, diese Missionspolitik gewissermaßen zur Vorbedingung der Kaiserkrönung zu machen: Otto hätte
noch Dutzende von Heidensiegen erringen können und die Kaiserkrone
dennoch nicht erlangt, wenn etwa Alberich länger gelebt hätte oder Johann
XII. nicht gerade in Bedrängnis geraten wäre. Für den Papst ist der Kaiser
*defensor ecclesiae*, nichts weiter. Diese *defensio* k a n n sich gewiß auch in
einem großen Sieg über die Ungarn manifestieren, und dies war zweifellos
die Lesart Ottos[484], doch dem Papst lag der Schutz vor seinen innerrömi-
schen und italienischen Feinden gewiß mehr am Herzen, und mit der M i s -
s i o n hatte Ottos Ungarnsieg ja ohnehin nichts zu tun[485]. Erst nachdem
große Schwierigkeiten seitens des ostfränkischen Episkopats (zunächst
seitens Wilhelms von Mainz, später Bernhards von Halberstadt) überwunden waren, kam es 967 endgültig zur Einrichtung des Magdeburger Erz-
stifts und zur – unerwarteten – Ernennung Adalberts zum ersten Erzbischof[486]. Mit Recht betont LINTZEL, daß die Kaiserwürde Ottos auf diese
Vorgänge keinerlei Einfluß hatte[487].

In der Missionspolitik Ottos d.Gr. vermochte sein Sohn und Nachfolger keine eigenen Akzente zu setzen mit Ausnahme der Auflösung des
wohl gleichfalls schon 955 vom Vater gelobten Bistums Merseburg[488], womit dem persönlichen Ehrgeiz des intriganten Giselher Genüge geschah,
der auf diese Weise 981 den Magdeburger Erzstuhl erhielt[489]. Im Jahre 999
hatte Otto III. auf einem römischen Konzil diesen Fehlgriff des Vaters, der
nicht nur in Merseburg auf heftige Kritik gestoßen und für dessen baldigen

---

[483]) Vgl. schon LINTZEL, Kaiserpolitik, S. 181; weitere Lit. bei BEUMANN, Laurentius,
S. 148 Anm. 43; s. auch ALTHOFF – KELLER II, S. 174.
[484]) Vgl. dazu BEUMANN, Rückblick, S. 434ff.
[485]) Auch BEUMANN, Laurentius, S. 149, betont diesen Umstand; vgl. noch LÖWE,
Kaisertum, S. 236 – 37.
[486]) Vgl. KELLER, Kaisertum, S. 263ff., 273ff. und zuletzt ALTHOFF – KELLER II, S. 174 –
78, 184 – 86, 198 – 202; neuere Lit. bei FRIED, Otto III., S. 104 m. Anm. 15; s. noch
SANTIFALLER, S. 221.
[487]) LINTZEL, Kaiserpolitik, S. 181 – 82. Eher ließe sich schon die Auffassung vertreten,
daß Otto, würde er nicht so viele Jahre in Italien geweilt haben, wohl rascheren Erfolg
gehabt hätte; vgl. auch ALTHOFF – KELLER II, S. 194; anders BEUMANN, Rückblick,
S. 453 – 54.
[488]) Hierzu vgl. BEUMANN, Laurentius, S. 139ff., 149ff., 165ff.
[489]) B – Mi 847a, 856a-b, 858a; B – Z 597 – 600; vgl. UHLIRZ, Otto II., S. 159ff.; neuere
Lit. bei BEUMANN, Laurentius, S. 141 Anm. 14. Zu Giselher vgl. FLECKENSTEIN II,
S. 42 – 43, 75, 129, 211 u.ö.

Tod verantwortlich gemacht worden war[490], korrigiert und den Entscheid der Synode von 981 aufgehoben[491]. Es war dies nichts weiter als die Wiederherstellung des alten Rechtszustands zur Zeit Ottos d.Gr., wie dies auch schon von Theophano gewünscht worden war[492]. Aber Ottos III. Konzeption ging über die Ottos d.Gr. weit hinaus. Für diesen war Magdeburg das alleinige Zentrum der ostfränkischen Slawenmission: dem Magdeburger Erzbischof stand es nach dem Privileg Johanns XIII. frei: *per congrua loca, ubi...Christianitas creverit, episcopos ordinare*, wobei der Mitwirkung des Kaisers bei der Gründung neuer Suffraganbistümer in einem späteren Privileg ausdrücklich gedacht wird[493]. Allerdings ist das ca. 968 gegründete Bistum Posen[494] entgegen der Behauptung Thietmars[495] wohl niemals Suffragan Magdeburgs, sondern ein exemtes Bistum gewe-

---

[490]) Vor allem Brun von Querfurt hat stärker noch als Thietmar heftige Kritik an Otto II. wegen der Auflösung Merseburgs geübt; vgl. etwa Brun, Vita Adalberti, c.12: *Mira res! In tantis adversis illum circumfluentibus non resipiscit, quid contrarium ministro eterni imperatoris egerit, quid pio Laurentio peccaverit, non recognoscit. Episcopatum, quem pater in sacrum honorem preciosissimo martyri erexit, ambicione suorum in peccatum ductus filius destruxit; non faciens ordinem, quasi qui aquam in mare fundit, episcopatum deiecit, ut plenum deliciis archiepiscopatum ditaret. Tulit episcopum optimo Laurentio, posuit Parthenopoli archipresulem nostro Mauricio. Factum est contra ius in ecclesia Dei...* (ed. KARWASIŃSKA, S. 13 Z.12 – 13) und Thietmar, Chronicon, l.III prol., c.25 (ed. HOLTZMANN, S. 94, 96, 130 Z.2 – 3); vgl. UHLIRZ, Otto II., S. 211 – 12 m. Anm. 69; WENSKUS, Studien, S. 164ff.; LIPPELT, S. 158 – 59; BEUMANN, Laurentius, S. 166; s. noch unten S. 624 m. Anm. 533.

[491]) Const. I, Nr. 24 c.3: *Ut episcopatus Merseburgensis...in proprium honorem redeat a sancta sede apostolica iudicatum est per universale concilium, praesidente domino Ottone tertio augusto caesare et domino Gregorio papa quinto* (S. 51 Z.27 – 31): B – U 1299c; B – Z 846; vgl. UHLIRZ, Otto III., S. 283ff., bes. S. 285 – 86. Auf das Verfahren gegen Erzbischof Giselher, dem sich dieser immer wieder zu entziehen wußte, ist hier nicht einzugehen; vgl. unten Anm. 493.

[492]) Thietmar, Chronicon, l.IV c.10: *imperator*(scil. Otto III.) *iam factus vir...semperque Merseburgensis destructionem aeclesiae deflens...quam diu in corpore vixit, hoc votum perficere studuit monitis piae matris* (ed. HOLTZMANN, S. 142 Z.12 – 16). Den ersten Anlauf unternahm Otto wohl schon anläßlich der Paveser Synode, die Gregor V. im Febr. 997 abhielt: B – U 1217i; B – Z 786; vgl. UHLIRZ, Otto III., S. 232 – 33 m. Anm. 12; LIPPELT, S. 163 – 64. Wirklichkeit wurde die Wiedererrichtung des Bistums erst nach dem Tode Erzbischof Giselhers († 1004); vgl. HIRSCH I, S. 276ff.; LIPPELT, S. 87ff.; B – Z 990. Vgl. unten Kap. 10 § 1, S.629 Anm. 17.

[493]) ZIMMERMANN I, Nr. 177 (967 Apr. 20) S. 348: B – Z 418; Nr. 192 (968 Okt.) S. 379: B – Z 452. Vgl. BEUMANN, Laurentius, S. 153 m. Anm. 57 – 58.

[494]) Päpstliche Privilegien für das Bistum Posen sind erst aus wesentlich späterer Zeit überliefert; B – Z † 738 (ca. 995) ist nur der Entwurf eines Privilegs für Giselher von Magdeburg, der auf die Unterstellung Posens unter Magdeburg zielte; s. auch FRIED, Otto III., S. 146 m. Anm. 16.

[495]) Thietmar, Chronicon, l.VI c.65 (im Zusammenhang mit dem Tode Erzbischof Taginos von Magdeburg am 9.VI.1012): *Eodem die Vungerus Posnaniensis cenobii pastor, consacerdos suus*(scil. Taginos) *et suffraganeus* (ed. HOLTZMANN, S. 356 Z.4 – 6); s. FRIED, Otto III., S. 106 m. Anm. 26. Zu Tagino vgl. FLECKENSTEIN II, S. 113, 159, 176, 179. 201, 209, 211 u.ö.; ZIELINSKI, S. 96, 166, 174 – 75 u.ö.

sen[496], hatte also stets außerhalb des direkten Einflußbereichs des Magdeburger Metropoliten gestanden[497].

Otto III. tat aber nun etwas, was der Konzeption Ottos I. diametral zuwiderzulaufen schien: er förderte die Gründung neuer Metropolitensitze in Gnesen und Gran[498] und entzog damit die polnische und die ungarische Kirche dem „deutschen" Einfluß, wie es im Hinblick auf die polnische Kirche Albert HAUCK (1845–1918) klassisch formulierte: „Otto opferte die Missionsaufgabe der deutschen Kirche dem Gedanken an ein christliches, aus selbständigen Staaten bestehendes Universalreich... In der Tat hat Otto die weitere Ausbreitung des deutschen Volkstums nach Osten dadurch verhindert, und hat er der deutschen Kirche den Beruf entzogen, den sie bisher mit großen Erfolgen erfüllt hatte"[499]. Immerhin räumt damit auch HAUCK indirekt ein, daß Otto – und nicht etwa der Papst – dabei die treibende Kraft war[500]. Ohnehin muß die parallele Entwicklung in Polen und Ungarn stärker, als dies bisher geschehen ist, betont werden[501], nachdem die grundlegenden Forschungen von Johannes FRIED in m.E. völlig überzeugender Weise gezeigt haben, daß auf dem bekannten Widmungsbild des Liuthar-Evangeliars der Aachener Schatzkammer[502] Stephan von Ungarn und Boleslaw Chrobry als Könige dargestellt sind[503]. B e i d e erhielten von Otto eine Nachahmung der Mauritius-Lanze[504], deren Reliquiencharakter schon BEUMANN herausgearbeitet hatte[505]. B e i de wurden gekrönt, wobei die Krone natürlich abermals ein Geschenk

---

[496]) Vgl. zuletzt FRIED, Otto III., Exkurs: Bischof Unger von Posen und das Erzbistum Magdeburg, S. 144–47; s. noch ebd. S. 103 Anm. 10.

[497]) Zu dem ang. Deutschtum Ungers vgl. bes. FRIED, Otto III., S. 101ff.

[498]) Daß die formale Gründung mittels päpstlicher Privilegierung zu erfolgen hatte, ist selbstverständlich; vgl. B – Z 902, 942, † 943; s. bes. SANTIFALLER, S. 221. Dies ändert nicht das mindeste an der treibenden Rolle Ottos III., die in den betroffenen Ländern aus falsch verstandenem Nationalstolz gern heruntergespielt wird. Für Ungarn vgl. etwa GYÖRFFY, S. 113ff. und dazu FRIED, Otto III., S. 132–33; s. noch unten Anm. 504 und Anm. 506.

[499]) Kirchengeschichte Deutschlands, t.III³⁻⁴ (Leipzig 1906; Nachdruck als 9. Auflage: Berlin 1958) S. 272–73; ebd. S. 272 zu Unger von Posen: „er sah klarer, was Deutschland frommte, als der Kaiser"; zitiert auch bei FRIED, Otto III., S. 101–02.

[500]) Das betont mit Recht schon SCHRAMM, Renovatio I, S. 154.

[501]) Vgl. das Kapitel „Polen und Ungarn" bei FRIED, Otto III., S. 65ff.; s. schon OHNSORGE, Zweikaiserproblem, S. 71.

[502]) SCHRAMM, Bilder, S. 359 Tafel 107 und ebd. S. 204–05; s. auch HOFFMANN, Buchkunst I, S. 72, 85–86, 307.

[503]) FRIED, Otto III., bes. S. 38ff., 56ff.; s. noch unten S. 623 m. Anm. 523.

[504]) Zu Polen vgl. unten S. 622 m. Anm. 515; zu Ungarn vgl. FRIED, Otto III., S. 129–35. GYÖRFFY, S. 116, anerkennt die Existenz der Lanze, läßt sie aber vom Papst gesandt sein, was abwegig ist; s. schon UHLIRZ, Otto III., Exkurs XX, S. 558–59.

[505]) BEUMANN, Rückblick, S. 436, 440–43. Vgl. schon oben S. 448 m. Anm. 261–64.

Ottos III. war[506], auch wenn dies nicht wörtlich so in der einzigen annähernd zeitgenösischen Nachricht über Krönung und Salbung Stephans steht[507]. Doch während die Krönung Stephans in Abwesenheit Ottos erfolgte[508] und unbestritten blieb, liegen die Dinge für Polen noch wesentlich komplizierter.

Ottos Wallfahrt nach Gnesen im Jahre 1000 war eines der wichtigsten Ereignisse während dessen kurzer Regierung[509], auch wenn ihre Bedeutung selbst von den Zeitgenossen nicht voll erkannt worden ist[510]. Die anläßlich dieses Besuchs geplante Erhebung Gnesens zum Erzbistum ist bekanntlich am Einspruch des *episcopus terrae* Unger von Posen gescheitert[511], wobei überdies fraglich bleibt, ob ursprünglich wirklich Gnesen und nicht etwa Prag als Sitz des Erzbischofs vorgesehen war[512]. In unserem Zusammenhang interessiert vor allem die Frage, ob Boleslaw Chrobry anläßlich des Gnesenbesuchs Ottos König geworden ist. Der sogen. „Gallus Anonymus"[513], der im frühen 12. Jahrhundert schrieb, aber über gut informierte Vorlagen verfügte[514], liefert einen ausführlichen Bericht über Ottos Aufenthalt in Gnesen. Bei einem Festmahl sei der *imperator Romanus* voller Bewunderung für *gloriam et potentiam et divitias* Boleslaws gewesen und habe gesagt: *„per coronam imperii mei, maiora sunt que video,*

---

[506] GYÖRFFY, S. 114, meint dagegen: „Es gehört schon etwas Befangenheit dazu, aus diesem Satz herauszulesen, daß Stephan die Krone vom Kaiser erhalten habe", was den Textzusammenhang bei Thietmar: unten Anm. 507, gründlich mißversteht. Wer sonst, wenn nicht der Kaiser soll die Krone übersandt haben? Györffy glaubt, es sei „nicht zu bestreiten, daß die Krone vom Papst stammt", was mit Sicherheit nicht der Fall war. Mit „Abhängigkeit von Deutschland" hat das überhaupt nichts zu tun; vgl. FRIED, Otto III., S. 118 – 19 und die folg. Anm.

[507] Thietmar, Chronicon, l.IV c.59: *Imperatoris autem predictil.*(scil. Otto III.) *gratia et hortatu, gener Heinrici, ducis Bawariorum, Waic* (= Stephan) *in regno suimet episcopales cathedras faciens, coronam et benedictionem accepit* (ed. HOLTZMANN, S. 198 Z.18 – 21). Vgl. hierzu UHLIRZ, Otto III., Exkurs XXIII, S. 575ff. und bes. FRIED, Otto III., S. 66 – 67, 132 – 33.

[508] Das Datum der Krönung ist wie so ziemlich alles in der frühen Geschichte Ungarns umstritten: für den 15. oder 17.VIII.1001 optiert UHLIRZ, Otto III., S. 581 – 82; für „den ersten Tag des neuen Jahrtausends", also wohl den 25.XII.1000, spricht sich GYÖRFFY, S. 114, aus. Die Frage mag hier auf sich beruhen.

[509] Von einem „wahrhaft welthistorischen Ereignis" spricht FRIED, Otto III., S. 81.

[510] Aus der reichen Lit. nenne ich SCHRAMM, Renovatio I, S. 135ff.; UHLIRZ, Otto III., S. 310 – 13, 319ff. und Exkurs XX, S. 549ff.; LUDAT, S. 69ff.; FRIED, Otto III., S. 69ff., 81ff. Eine Würdigung der polnischen Literatur muß ich mir aus sprachlichen Gründen versagen; sie wird am besten bei LUDAT, S. 157ff. im kritischen Apparat geboten.

[511] Vgl. zuletzt FRIED, Otto III., S. 102 – 08.

[512] FRIED, Otto III., S. 87 – 93.

[513] Pierre DAVID: Les sources de l'histoire de Pologne à l'époque des Piasts (Paris 1934) S. 35 – 55; neuere Lit. bei LUDAT, S. 71, 158 Anm. 412 – 13; s. noch UHLIRZ, Otto III., Exkurs XX, S. 551.

[514] Vgl. etwa WENSKUS, Studien, Exkurs über den Liber de passione martyris und die Passio s. Adalperti, S. 202 – 46, bes. S. 216ff.

*quam fama percepi". Suorumque consultu magnatum coram omnibus adie-cit: „Non est dignum tantum ac virum talem sicut unum de principibus du-cem aut comitem nominari, sed in regale solium glorianter redimitum dia-demate sublimari". Et accipiens imperiale diadema capitis sui capiti Bo-lezlavi in amicicie fedus inposuit et pro vexillo triumphali clavum ei de cru-ce Domini cum lancea Sancti Mauricii dono dedit.* Otto erhält dafür von Boleslaw *sancti Adalberti brachium*; überdies: *imperator eum fratrem et cooperatorem imperii constituit et populi Romani amicum et socium appel-lavit*[515].

Zwei Dinge scheinen mir bei der Lektüre dieses Berichts offensichtlich: nie und nimmer kann eine Krönung Boleslaws in der von dem französi-schen Mönch geschilderten Form – gewissermaßen zwischen Fisch und Hauptgericht – vollzogen worden sein; nie und nimmer aber auch kann er diese Erzählung frei erfunden haben. Dafür bürgen mehrere Termini tech-nici der Zeit wie der *foedus amicitiae* und der Begriff des *amicus populi Ro-mani*, die Schenkung einer Mauritius-Lanze mit einer Partikel des Kreuz-nagels u.a.m. All dies kann ein Chronist des 12. Jahrhunderts, der überdies ein Landfremder war, nicht erfunden haben. Man hat vermutet, daß Otto Boleslaw zum *patricius* ernannt habe, was möglich, aber nicht erweisbar ist[516]. Etwas Bedeutsames muß geschehen sein, denn der Zeitgenosse Thietmar von Merseburg, ein geschworener Feind Boleslaws[517], schreibt ohne nähere Erklärung: *Deus indulgat imperatori* (scil. Ottoni), *quod tri-butarium faciens dominum ad hoc umquam elevavit, ut, oblita sui genitoris regula, semper sibi prepositos auderet in subiectionem paulatim detrahe-re*[518]. Er gibt ihm zwar nie den Königstitel, doch will das nichts besagen, wenn man bedenkt, daß die Krönung und Salbung Boleslaws im Jahre 1025: *in iniuriam regis Chuonradi*, wie Wipo eigens betont[519], in keiner

---

[515]) Gallus Anonymus, c.6 (ed. MALECZYŃSKI, S. 19 Z.8–17, 20 Z.1–3).

[516]) Ablehnend UHLIRZ, Otto III., Exkurs XX, S. 553–55; positiv LUDAT, S. 161 Anm. 429, während FRIED, Otto, III., S. 54 m. Anm. 74, 69 m. Anm. 7, 74 Anm. 39, skeptisch bleibt.

[517]) Vgl. etwa Chronicon, l.IV c.45; *Bolizlavus, qui maior laus non merito, sed more antiquo interpretatur* (ed. HOLTZMANN, S. 182 Z.25–26).

[518]) Thietmar, Chronicon, l.V c.10 (ed. HOLTZMANN, S. 232 Z.22–25). Der Herausge-ber verweist in diesem Zusammenhang: ed.cit., S. 233 Anm. 4, auf l.IV c.45, d.h. auf den Bericht vom Zug nach Gnesen; vgl. schon LUDAT, S. 71; s. auch FRIED, Otto III., S. 74.

[519]) Wipo, Gesta Chuonradi, c.9: *insignia regalia et regium nomen in iniuriam regis Chuonradi sibi aptavit, cuius temeritatem cito mors exinanivit* (ed. BRESSLAU, S. 31–32) und Ann. Quedlinburg. ad an.1025: *ut uncto etiam sibi imponi coronam temere sit usurpatus* (ed. PERTZ, S. 90 Z.24); vgl. FRIED, Otto III., S. 74 m. Anm. 37.

polnischen Quelle erwähnt wird[520]. Der „Akt von Gnesen" kann daher nur als eine weltliche Königserhebung[521] durch Otto III. gedeutet werden[522], wie dies durch FRIEDS meisterliche Deutung des Widmungsbilds des Liuthar-Evangeliars noch weiter erhärtet worden ist[523].

Eine Würdigung der Persönlichkeit Ottos III. ist angesichts des frühen Todes im Alter von noch nicht einmal 22 Jahren ein schwieriges Unterfangen. Seine Ausstrahlung und fast schon genialische Begabung, die ihm den Ehrennamen „Mirabilia mundi" eintrug[524], stehen außer Zweifel. Er starb zudem in einem politisch höchst heiklen Augenblick: „in der ersten großen Krise seiner Politik, die für ihn zugleich eine innere Krise war", wie SCHRAMM treffend bemerkt und fortfährt: „Auf welche Weise er aus ihr herausgefunden haben würde, ist eine unbeantwortete Frage, und deshalb wird das Urteil über Otto III. immer in der Schwebe bleiben müssen", wobei er zu bedenken gibt: „Wie würde das Urteil lauten, wenn eine ebenso zufällige Krankheit Otto d.Gr. zwischen der Empörung der Herzöge und dem Sieg auf dem Lechfelde dahingerafft hätte...?"[525] All dem ist fraglos zuzustimmen, und es wäre gewiß ein Fehler, das politische Urteil über Otto von der zufälligen Lage im Augenblick seines Todes abhängig zu machen[526]. Dennoch lassen sich gravierende Bedenken nicht unterdrücken. Damit meine ich nicht so sehr den Aufstand der Römer, den Otto fraglos niederzuschlagen in der Lage gewesen wäre, wie er ja auch 997 der Revolte Arduins im Raum von Vercelli Herr wurde[527]. Bedenklich scheint mir zum einen, wie blitzartig das Herrschaftssystem Ottos III. nach dessen Tod in Italien zusammenbrach, so daß kaum die Leiche des jungen Kaisers nach Ostfranken zurückgebracht werden konnte[528], zum anderen die byzanti-

---

[520] Dies betont FRIED, Otto III., S. 73; vgl. ebd. S. 74 zur fehlenden Rex-Benennung in den ostfränkisch – deutschen Quellen.

[521] Hierzu vgl. BRÜHL, Krönungsbrauch, S. 387 – 88.

[522] In diesem Sinne auch schon BRÜHL, Krönungsbrauch, S. 388 Anm. 2 und bes. FRIED, Otto III., S. 117ff., 123 – 25; zögernd LUDAT, S. 72, 161 Anm. 428 – 29.

[523] FRIED, Otto III., S. 137ff. und schon oben S. 620 m. Anm. 503.

[524] Die Bezeichnung *mirabilia mundi* bereits in: Catalogus regum et imperatorum e codice Monacensi (ed. KOEPKE, S. 136 Z.10; ed. HOFMEISTER, S. 392); vgl. SCHRAMM, Renovatio I, S. 185 m. Anm. 1 und Nachtrag, S. 353; s. noch Edmond-René LABANDE: Mirabilia mundi. Essai sur la personnalité d'Otton III, in: Cahiers de civilisation médiévale 6 (1963) S. 297 – 313, 455 – 76.

[525] SCHRAMM, Renovatio II, Exkurs IB, S. 10; s. auch Renovatio I, S. 184. Vgl. schon oben S. 553.

[526] In diesem Sinne bereits SCHRAMM, Renovatio II, S. 10; vgl. auch LUDAT, S. 70.

[527] B – U 1218c-d, 1291 – 92; vgl. PIVANO, S. 222ff.; GRAF, S. 19 Nr. 31, 21 Nr. 36 und ebd. S. 69 – 70; UHLIRZ, Otto III., S. 235, 277 – 78, 286 – 87; s. noch PAULER, S. 32. Vgl. noch unten Kap. 10 § 2, S. 650 m. Anm. 175.

[528] B – U 1450/IVb-d; vgl. UHLIRZ, Otto III., S. 393 – 94. Vgl. unten Kap. 10 § 1, S. 627 m. Anm. 1.

nische Heirat. Die so heiß begehrte Porphyrogenneta, die Byzanz erstmals dem Kaiser des Westens zugestanden hatte, war gerade im Augenblick von Ottos Tod in Bari gelandet[529]. Ein Sohn aus dieser Ehe wäre zu drei Vierteln Grieche und nur noch zu einem Achtel Sachse gewesen! Würde ein solcher Nachfolger nördlich der Alpen als König angenommen worden sein, wenn selbst der Salier Heinrich IV. den Sachsen als Fremder erschien[530]? So glaube ich, daß der frühe Tod Ottos III. bei aller ihm innewohnenden Tragik dem Kaiser das persönliche Scheitern, dem Reich schwere und auf die Dauer doch nutzlose Opfer erspart hat.

Die Problematik der Politik Ottos III. ist nicht erst von der modernen Forschung gesehen worden: auch vielen Zeitgenossen war sie bewußt. Hierbei stand die Verlagerung der Residenz nach Rom schon bei diesen im Zentrum der Kritik. Für einen Constantin von Metz, der bereits um 1015 schrieb, stand fest, daß Otto: *in Romana urbe totum pene vitae suae tempus exegit, unde sic imperii sui regna et patriae devastabantur*[531]! Die „Gesta" der Bischöfe von Cambrai, nur etwa ein Jahrzehnt später verfaßt, stehen der „Renovatio imperii" zwar im Grunde positiv gegenüber, kritisieren aber gleichfalls die *avaricia* und *superbia* der Römer[532]. Besonders ausführlich äußerte sich Brun von Querfurt, der Otto nahe stand und dessen Verehrung für den hl. Adalbert teilte. Gerade seinem Urteil über den verstorbenen Freund kommt daher hohes Gewicht zu, auch wenn dieses Urteil, wie schon das über Otto II.[533] von dem Gedanken des Eingreifens Gottes, d.h. als Strafe für das Abweichen vom rechten Wege[534], bestimmt ist. Er lobt ihn als *monachorum pater, episcoporum mater, humilitatis et clemencię filius, religionis et karę fidei albus famulus, dives bonę voluntatis et pauper cum fine virtutis*, und sagt dennoch: *erat autem bonus cesar in non recto itinere*[535]. Auch Brun kritisiert heftig die Rom-Politik Ottos:

---

[529] B – U 1450/IVe. Als Brautwerber war Erzbischof Arnulf von Mailand zu Ausgang des Jahres 1000 nach Byzanz gereist: B – U 1394c. Der Name der Braut ist unbekannt; sie kehrte sofort nach Byzanz zurück; s. noch OHNSORGE, Zweikaiserproblem, S. 69.

[530] Selbstverständlich lagen die Gründe für die erbitterten Kämpfe Heinrichs IV. mit den Sachsen tiefer und waren nicht in der „Stammesferne" Heinrichs begründet; s. GIESE, S. 154ff.; s. aber unten Kap. 10 § 1, S. 645ff.

[531] Vita Adalberonis, c.25 (ed. PERTZ, S. 667 Z.36 – 37); vgl. SCHRAMM, Renovatio II, Exkurs IA, S. 8.

[532] Vgl. das ausführliche Zitat bei SCHRAMM, Renovatio II, Exkurs IA, S. 7.

[533] Vita Adalberti, c.12: *Non enim diu supervixit Otto cęsar, postquam rei publicę talem errorem genuit Christianorum tot mortibus paganorum animos sociavit* (ed. KARWASIŃSKA, S. 13 Z.10 – 12); allgemein vgl. WENSKUS, Studien, S. 164ff.

[534] Vgl. SCHRAMM, Renovatio II, Exkurs IA, S. 4 – 6. Eine ausführliche Darlegung des Verhältnisses von Brun zu Otto III. bei WENSKUS, Studien, S. 171 – 86 und ebd. S. 200.

[535] Vita quinque fratrum, c.7 (ed. KARWASIŃSKA, S. 47 Z.22 – 24, 43 Z.19 – 20). Zu Brun vgl. auch FLECKENSTEIN II, S. 95 – 96.

*Num cum sola Roma ei placeret et ante omnes Romanum populum pecunia et honore dilexisset, ibi semper stare, hanc renovare ad decorem secundum pristinam dignitatem ioco puerili*(!) *in cassum cogitavit,* und weiter: *Peccatum*(!) *regis hoc fuit. Terram suę nativitatis, delectabilem Germaniam, iam nec videre voluit; tantus sibi amor habitare Italiam fuit, ubi mille languoribus, mille mortibus seva clades armata currit* [536]. Es geht hier nicht um die sachliche Fragwürdigkeit dieser Aussage [537], sondern um die Einhelligkeit der Verurteilung von Ottos Italienpolitik mit ganz verschiedenen Begründungen; eben diese Einhelligkeit läßt einen Erfolg dieser Politik, selbst wenn Otto ein längeres Leben beschieden gewesen wäre, fraglich erscheinen.

Ein letztes Wort wäre noch zu der Frage zu sagen, ob und inwieweit die Regierung Ottos III. als der entscheidende Einschnitt gelten kann, von dem ab von „deutscher" Geschichte gesprochen werden sollte. Ernste Gelehrte haben diese Frage bejaht [538]. Ich muß gestehen, daß ich keinen Herrscher zu nennen wüßte, der für einen solchen Einschnitt weniger in Betracht käme als gerade Otto III., dessen ganzer Ehrgeiz es war, Rom erneut zum Sitz der Caesaren zu machen und der nach eigenem Eingeständnis „sein eigenes Blut" zugunsten des Römertums aufgegeben hatte [539]. Niemandem lag der Gedanke an ein „deutsches Volk" ferner als ihm, der Ungarn und Polen als gleichberechtigte Partner dem „Romanum imperium" einzugliedern bemüht war und vielleicht auch hinsichtlich Venedigs ähnliche Ziele verfolgte [540]. In diesem Zusammenhang scheint es mir ungemein charakteristisch, daß auch zu Ausgang des Jahrhunderts noch immer kein „die Deutschen" zusammenfassender Begriff geläufig ist. Wenn Regino zum Jahre 882 gelegentlich der Belagerung von Elsloo durch Karl III. sagt, daß dieser: *cum omnibus in Franciam* (= Lotharingien!) *venit et cum Langobardis, Baioariis, Alamannis, Thuringis, Saxonibus, Fresonibus et omnibus regnis suae ditioni subditis Nortmanos...obsidere exorsus est* [541], so vermag ich weder einen formalen, noch einen

---

[536] Vita quinque fratrum, c.7 (ed. KARWASIŃSKA, S. 43 Z.8 – 11, Z.12 – 14); vgl. unten mit der folg. Anm.

[537] Hierzu vgl. WENSKUS, Studien, S. 174 – 76. Bemerkenswert ist ja gerade, daß die Sachaussage Bruns ganz fragwürdig ist; er gibt aber eine Stimmung wieder, die offenbar auch in den Otto wohlgesonnenen Kreisen weit verbreitet war. Zu Thietmars Haltung vgl. LIPPELT, S. 165 – 66.

[538] SPROEMBERG und THOMAS: oben Anm. 373.

[539] Oben S. 609 m. Anm. 415. Es kommt nicht darauf an, ob die Rede, die Thangmar Otto vor den Römern halten läßt, „historisch" ist: auf jeden Fall gibt sie Ottos Gedanken getreulich wieder.

[540] Dies erwägt FRIED, Otto III., S. 64 Anm. 37.

[541] Regino, Chronicon ad h.an. (ed. KURZE, S. 119): B – M² 1638a, wo im Regest natürlich von „allen deutschen Stämmen" die Rede ist.

sachlichen Unterschied zu erkennen zu der schon oben zitierten Feststellung des Regino-Fortsetzers von 952[542], zu der Aussage des Placitum Ottos I. vom 17. April 967: *residentibus cum eis* (scil. Otto I. und Johann XIII.) *Romanorum, Francorum, Langobardorum atque Saxorum, Allamanorum gens*[543], oder zu der zwar taktlosen aber aufschlußreichen Bemerkung Liudprands vor Kaiser Nikephoros Phokas: *Quos*(scil. Romanos) *Langobardi scilicet, Saxones, Franci, Lotharingi, Bagoarii, Suevi, Burgundiones tanto dedignamur, ut inimicos nostros commoti nil aliud contumeliarum, nisi: Romane! dicamus*[544]. Nicht anders formulieren die Magdeburger Annalen anläßlich des Reichstags von Verona 983[545], und nicht anders formuliert auch die Kanzlei Ottos III., wenn sie im Mai 996 in zwei Diplomen für Freising und Salzburg betont, sie seien: *consensu et consilio episcoporum et laicorum astantium ipsius apostolici Gregorii, Romanorum, Francorum, Baioariorum, Saxonum, Alsatiensium, Suevorum, Lotharingorum,* gegeben[546]. Es ist dies auch keine „deutsche" Eigenart: der ang. so nationale „Franzose" Richer läßt Hugo Capet 987: *Gallis, Brittanis, Danis, Aquitanis, Gothis, Hispanis, Wasconibus,* zum König gesetzt werden[547]. Auch er kennt also keinen Gesamtbegriff für die „Franzosen"[548]. So wenig daher von einem echten Einschnitt die Rede sein kann, so wenig darf das weitere Auseinandertreten Ost- und Westfrankens verkannt werden. Die „Überziehung" der „Renovatio imperii Romanorum" löste in Ostfranken Abwehrreaktionen aus, die zweifellos zur Betonung der Eigenständigkeit und damit zugleich auch zur Zusammengehörigkeit der im Ostfrankenreich zusammengeschlossenen Völker beitrugen[549]; ebenso hat die bewußte Abkapselung Westfrankens, die die ersten „Kapetinger" aus kirchenpolitischen Gründen betrieben[550], den Prozeß des Auseinandertretens der beiden Reiche wohl eher unbewußt weiter gefördert.

---

[542] Cont.Regin.ad h.an. (ed. KURZE, S. 166): oben S. 537 m. Anm. 586.

[543] D O.I. 340, S. 465 Z.3 – 4: B – O 445; B – Z 416 = MANARESI II/1, Nr. 155, S. 51 Z.15 – 16 (Or.).

[544] Liudprand, Legatio, c.12 (ed. BECKER, S. 182 – 83); vgl. oben S. 275 m. Anm. 204.

[545] B – Mi 891b (S. 391): oben S. 580 m. Anm. 203; vgl. schon BRÜHL, Anfänge, S. 169 m. Anm. 82.

[546] D O.III. 197 (996 Mai 22; Or.) S. 605 Z.27 – 29: B – U 1172; B – Z 753 und D O.III. 208 (996 Mai 28) S. 619 Z.19 – 20: B – U 1183; B – Z 759; vgl. SCHRAMM, Renovatio I, S. 91, der es „bemerkenswert" findet, „daß die Römer an der Spitze der deutschen Stämme aufgezählt werden"; vgl. aber oben S. 617; s. noch UHLIRZ, Otto III., S. 208.

[547] Richer, l.IV c.12 (ed. LATOUCHE II, S. 162): oben S. 594 m. Anm. 291.

[548] Vgl. schon oben S. 594 m. Anm. 296 – 98.

[549] SPROEMBERG, Imperium, S. 54, hat im Grunde richtig erkannt, daß „die Entstehung eines deutschen Nationalbewußtseins... gegen das Imperium" erfolgte. Vgl. auch GOEZ, S. 76: „Allgemeine Anerkennung fand die nationale Bindung des römischen Kaisertums erst in der Salierzeit".

[550] Vgl. oben S. 601 – 03.

# 10. KAPITEL

## HEINRICH II., KONRAD II. UND HEINRICH III. IM OSTEN, ROBERT II. UND HEINRICH I. IM WESTEN: DER BEGINN EINER NEUEN ÄRA (ca. 1002–1056).

§ 1: Heinrich II. als Fortsetzer und Veränderer der ottonischen Politik. Die umstrittene Wahl Heinrichs. Der neue Herrschaftsstil und das Reichskirchensystem.

Der völlig unerwartete Tod des jungen Kaisers, der ohne Leibeserben starb, stürzte Ostfranken und Italien in eine schwere politische Krise. Nur mit Mühe gelang es Erzbischof Heribert, den Leichnam des Kaisers durch Italien nach Ostfranken zu geleiten[1], wo Herzog Heinrich IV. von Baiern, der Sohn Heinrichs des Zänkers[2] und somit ein Urenkel Heinrichs I. und Vetter 2. Grades Ottos III.[3], den Leichenzug in Polling erwartete[4]. Erzbischof Heribert wurde genötigt, Heinrich die Reichsinsignien auszuliefern, doch hatte er die Hl. Lanze bereits nach Köln(?) vorausgesandt, was Heinrich veranlaßte, Heribert in Haft zu nehmen, bis dieser seinen Bruder, Bischof Heinrich von Würzburg, als Geisel stellte und die Hl. Lanze herausgab[5]. Heinrich ließ Ottos III. Eingeweide feierlich in St.Afra zu Augsburg

---

[1]) B – U 1450 IV/b-d; B – G 1483gg; vgl. MÜLLER, Heribert, S. 142ff.

[2]) Er zählt als Heinrich IV., da seinem Vater das Herzogtum vorübergehend abgesprochen gewesen und 983 an Heinrich III., den Sohn Herzog Bertholds, ausgegeben worden war; erst 985 war Heinrich II. d. Z. wieder mit Baiern belehnt worden und Heinrich III. mußte sich mit Kärnten bescheiden; vgl. B – Mi 763c, 769b, 891b; B – U 969l, 976c; vgl. schon oben S. 580 m. Anm. 205. Heinrich IV. war dem Vater 995 im Herzogtum gefolgt: B – U 1144c, 1146c.

[3]) Er war ein Vetter 2. Grades zu Otto III. ebenso wie zu Robert II. von Westfranken, dem verstorbenen Ludwig V. von Westfranken und Rudolf III. von Burgund: sie alle waren Urenkel Heinrichs I. und Großneffen (Otto III. natürlich ein Enkel) Ottos d.Gr. Im Gegensatz zu Robert II. und Rudolf III. war Heinrich d. Z. jedoch ein Großneffe Ottos im Mannesstamm, d.h. ein Enkel von Ottos d.Gr. Bruder Heinrich I.; vgl. die Stammtafel 2 bei HLAWITSCHKA, Frankenreich, Anhang, S. (292 – 93) und DERS., Untersuchungen, S. 77 – 78; s. schon SCHLESINGER, Erbfolge, S. 225.

[4]) B – U 1450 IV/g; B – G 1483gg.

[5]) Thietmar, Chronicon, l.IV c.50 (ed. HOLTZMANN, S. 188 Z.22 – 31): B – G 1483gg; vgl. HIRSCH I, S. 194 – 95. Zu Heribert vgl. bes. FLECKENSTEIN II, S. 87, 113, 115, 212; MÜLLER, Heribert, S. 145, 154ff.; ZIELINSKI, S. 44, 121 – 22, 191 – 92 u.ö. Zu der umstrittenen Frage, wohin Heribert die Hl. Lanze gesandt haben könnte, vgl. die vorsichtig abwägenden Ausführungen von MÜLLER, aaO., S. 154 – 55; vgl. noch unten Anm. 14.

beisetzen und begleitete den Trauerzug bis Neuburg an der Donau[6]. Der
sterbende Heinrich d. Z. hatte seinem Sohn im Augenblick, da er ihn zur
Übernahme des *regnum* Baiern in die *patria* entließ, als die Quintessenz
seiner politischen Erfahrung den Rat gegeben: *numquam regi ac domino
resistas*[7], und Heinrich war der ihm vom Vater empfohlenen Maxime während der gesamten Regierungszeit Ottos III. treu geblieben: er hatte sich
nicht an der von Thietmar berichteten Verschwörung gegen den Kaiser beteiligt[8] und gemeinsam mit Hugo von Tuszien Otto und den Papst im Januar 1001 vor der drohenden Gefangennahme durch die Römer in Sicherheit gebracht[9]. Doch nun war der Kaiser tot und Heinrich entschlossen,
die seinem Haus 936 entgangene Königswürde für sich zu beanspruchen.
Die „Vita Mathildis posterior", die auf Geheiß Heinrichs II. wohl bald
nach dessen Thronbesteigung entstanden ist[10], sieht darin die verdiente
Erhöhung der Heinrichs-Linie des ottonischen Hauses nach den langen
Jahren der Zurücksetzung: *Dominus Deus omnipotens, qui te elegit*[11].

     Die Wahl Heinrichs II. ist neben der Heinrichs I. die umstrittenste in
der Geschichte des Ostfrankenreichs und hat eine umfangreiche Literatur

---

     [6]) B–G 1483hh-kk; vgl. HIRSCH I, S. 195 und zuletzt KELLER, Herzöge, S. 133–34
m. Anm. 60.
     [7]) Thietmar, Chronicon, l.IV c.20 (ed. HOLTZMANN, S. 154 Z.22–25): B–G 1483e;
vgl. die folg. Anm.
     [8]) Thietmar, Chronicon, l.IV c.49: *Appropinquantem eius*(scil. Ottonis III.) *obitum
multa prevenere importuna. Namque nostri duces et comites* (d.h. die sächsischen) *non sine
conscientia episcoporum, multa contra eum conspirare nituntur. Heinrici ducis, postea
successoris sui, ad hoc auxilium postulantes. Hic ultima patris suimet et equivoci moni-
ta...memori servans in pectore...nullum his prebuit assensum* (ed. HOLTZMANN, S. 188
Z. 1–7): B–G 1483bb; vgl. HIRSCH I, S. 186; UHLIRZ, Otto III., S. 383, die beide keinerlei
Zweifel an der Richtigkeit der Nachricht hegen. Ich möchte immerhin anmerken, daß
unser einziger Gewährsmann für die Haltung Heinrichs, Thietmar, ein überzeugter
Anhänger des Kaisers war; s. auch LIPPELT, S. 166ff. Die Unruhe in Sachsen soll damit
natürlich nicht geleugnet werden; vgl. schon GIESE, S. 127–28.
     [9]) B–U 1402b; B–G 1483aa; vgl. UHLIRZ, Otto III., S. 365–66.
     [10]) Zur „Vita Mathildis reginae posterior" s. WATTENBACH–HOLTZMANN I³, S. 40
und zuletzt CORBET, S. 155ff., der sie als das „chef d'œuvre de l'hagiographie ottonienne"
bezeichnet.
     [11]) Vita Mathildis posterior, c.20 (ed. PERTZ, S. 297 Z.1). Die „Vita" vergißt nicht zu
betonen, daß Mathilde auch ihren Enkel Heinrich (d.Z.): *aliis nepotibus* (d.h. auch Otto
II.) *in amore praeposuit* (ed. PERTZ, S. 296 Z.24–25). Einer Verbindung mit Adelheids
Tochter Emma riet sie jedoch ab: *Absit, ut de nostra parte vobis eveniat tantum triste;
expedit enim filiae vestrae*(scil. Adelheids) *feliciori se viro adiungere.* – Emma heiratete
966 Lothar von Westfranken – *Hoc nomen*(scil. Heinricum) *tunc solummodo decus
habuit, quamdiu dominus noster Heinricus*(scil. Heinrich I.) *vixit...Speramus autem hoc
nomen non excidere de genere nostro, priusquam aliquis parvulus nepos oriatur de eiusdem
parvuli semine, qui sublimetur regali dignitate* (ed. PERTZ, S. 296 Z.40–41, Z.44–45). Es
handelt sich um ein klassisches „Vaticinium ex eventu". Vgl. dazu WEINFURTER, S. 270,
292 und CORBET, S. 162, 165–67, der die „Vita posterior": ebd. S. 167, geradezu als „une
arme destinée à prouver la legitimité d'Henri II" bezeichnet.

hervorgerufen[12], auf die ich hier nicht im einzelnen einzugehen gedenke, doch scheinen mir die folgenden Gesichtspunkte wichtig: 1. Ein direkter Leibeserbe war nicht vorhanden, eine Designation hatte nicht stattgefunden[13]; 2. Es traten mehrere Thronbewerber auf: Heinrich IV. von Baiern, Hermann II. von Schwaben und Markgraf Ekkehard von Meissen; letzterer wurde noch vor der Königswahl Heinrichs in einer Privatfehde getötet[14]; 3. Der nächste Verwandte Ottos III., Herzog Otto von Kärnten, ein Enkel Ottos d.Gr. in weiblicher Linie[15], soll angeblich auf die Thronfolge zugunsten Heinrichs verzichtet haben, falls man Thietmar in diesem Punkte trauen kann[16]. Ähnlich wie im Falle Heinrichs I. ist die ausführlichste Quelle, nämlich Thietmar von Merseburg, zugleich die problematischste[17]. Zwar berichtet Thietmar im Gegensatz zu Widukind über die Regierung Heinrichs II. als Zeitgenosse, doch muß dies nicht unbedingt

---

[12]) Vgl. zuletzt WEINFURTER, S. 269 Anm. 127 und HLAWITSCHKA, Untersuchungen, S. 11ff. Die ausführlichste Darstellung bot bisher SCHLESINGER, Erbfolge, S. 221ff., der allerdings den Wahlgedanken wohl doch etwas zu stark betont hat.

[13]) Vgl. RÖRIG, S. 97; s. auch HLAWITSCHKA, Frankenreich, S. 33 – 34 u.a.m.

[14]) B – G 1483tt-vv; vgl. HIRSCH I, S. 196ff. LUDAT, S. 82, hält nach dem späten Zeugnis der „Fundatio monasterii Brunwilarensis" den lothringischen Pfalzgrafen Ezzo, einen Schwager Ottos III., gleichfalls für einen Thronbewerber, was MÜLLER, Heribert, S. 154 – 55, mit Recht ablehnt. Nach der „Fundatio" wäre Ezzo ja auch der Adressat der Hl. Lanze gewesen, die Heribert dem Leichenzug Ottos III. vorausgesandt hatte; vgl. oben S. 627 m. Anm. 5. Vgl. noch unten § 2, S. 670 m. Anm. 334.

[15]) Er war der Sohn von Ottos d. Gr. Tochter Liudgard aus deren Ehe mit Herzog Konrad „dem Roten" von Lothringen und Vater des von Otto III. eingesetzten Gregor V. (Brun); er muß im Jahre 1002 bereits über 50 Jahre alt gewesen sein, da Liudgard und Konrad im Jahre 947 oder 948 die Ehe geschlossen hatten. Im Jahre 1002 war er nur „Titularherzog" von Kärnten und erhielt das Herzogtum erst nach Heinrichs Regierungsantritt zurück; vgl. SCHLESINGER, Erbfolge, S. 224 m. Anm. 23; KELLER, Herzöge, S. 133; s. auch WEINFURTER, S. 281. Vgl. noch unten mit der folg. Anm. und unten Anm. 107.

[16]) Thietmar, Chronicon, l.V c.25: *Hic*(scil. Otto von Kärnten)*...morum gravitate actuumque probitate parentelam suam decorabat. Et cum post mortem cesaris*(scil. Ottos III.) *iure consanguinitatis et etatis virtutumque maturitate ab Heinrico tunc duce in regem eligeretur, tantum hoc onus humiliter recusans, eundem*(scil. Heinrich) *primus per internuncios ac per seipsum quasi ad hoc apciorem sibi preposuit fideliterque semper adiuvit* (ed. HOLTZMANN, S. 249 Z.31 – 38). Otto starb bereits am 4.XI.1004; vgl. HIRSCH I, S. 326 m. Anm. 5 – 6. Es ist daher immerhin denkbar, daß er sich der anstrengenden Herrscheraufgabe nicht mehr gewachsen fühlte. Dennoch macht das Ganze eher den Eindruck eines abgekarteten Spiels, d.h. Heinrich war sich der Ablehnung Ottos sicher; in diesem Sinne bereits SCHLESINGER, Erbfolge, S. 224, der ebd. S. 225 von einem „provozierten Verzicht" spricht; s. auch KELLER, Herzöge, S. 133 und oben Anm. 15. Für WEINFURTER, S. 270; HLAWITSCHKA, Untersuchungen, S. 44 u.a. offenbart sich hier Heinrichs Auffassung von der Thronfolge. Ich würde „formale Begründung" vorziehen. Im übrigen findet sich auch diese Nachricht allein bei Thietmar; vgl. unten Anm. 18 und Anm. 107.

[17]) Thietmars Parteilichkeit zugunsten Heinrichs ist mit Händen zu greifen: für ihn ist Heinrich vor allem der Wiederhersteller des Bistums Merseburg, dessen Bischof Thietmar im Jahre 1009 wurde; s. auch SCHLESINGER, Erbfolge, S. 224; LIPPELT, S. 89ff., 166 – 67 und oben S. 619 m. Anm. 491 – 92. Zu Thietmar, der nicht aus der Kapelle kam, s. noch FLECKENSTEIN II, S. 214 – 15 und ZIELINSKI, S. 88 – 89, 174 – 75 u.ö.; vgl. zuletzt ALTHOFF, Studien, S. 112.

ein Vorzug sein, und ich kann mich des Eindrucks nicht erwehren, als ob er seine Darstellung – und zwar gerade für die Zeit des Herrschaftsantritts – im Interesse seines Helden „geschönt" habe, auch wenn sich dies im Detail nicht zwingend beweisen läßt. In diesem Zusammenhang ist es nun von besonderer Bedeutung, daß ausgerechnet Thietmar anläßlich der Beisetzung Ottos III. am Ostertag 1002 in Aachen[18] berichtet, daß: *maxima pars procerum, qui hiis interfuerunt exequiis Herimanno duci auxilium promittunt ad regnum acquirendum et tuendum, Heinricum mencientes ad hoc non esse idoneum propter multas causarum qualitates*[19]. Auch an anderer Stelle scheint bei Thietmar die Unbeliebtheit Heinrichs durch, die offenbar nicht allein auf den Hochadel beschränkt war[20].

Die Forschung hatte schon immer gesehen, daß bei der Wahl Heinrichs der erbrechtliche mit dem Wahlgedanken konkurrierte[21]. Es versteht sich von selbst, daß Heinrich als der nächstverwandte Agnat Ottos III. das Erbprinzip verfocht, wie es seine Kanzlei in einer berühmten Urkunde für die Straßburger Bischofskirche vom 15. Januar 1003 klar formuliert hat: *ea que cum tali cesare*(scil. Otto III.) *nobis erat parentele et consanguinitatis affinitas..., ut, Deo praeside, concors populorum et principum nobis concederetur electio et hereditaria in regnum sine aliqua divisione successio*[22]. Und Adalbold von Utrecht bescheinigte seinem Helden: *ut de ducatu transduceretur ad regnum, de vexillo extolleretur in solium hereditarium*[23]. Auffällig ist allerdings, daß Thietmar Heinrichs Erbanspruch nur ganz

---

[18]) Hierzu vgl. bes. RIECKENBERG, S. 23 m. Anm. 8–9. Zu Ottos III. Verhältnis zu Aachen vgl. schon oben S. 606.

[19]) Thietmar, Chronicon, l.IV c.54 (ed. HOLTZMANN, S. 192 Z.27–30): B–G 1483ss; vgl. USINGER, S. 440; MÜLLER, Heribert, S. 149–50; KELLER, Herzöge, S. 135 und unten S. 632 m. Anm. 33.

[20]) Thietmar, Chronicon, l.V c.2: *De quo*(scil. Heinrich II.) *post mortem imperatoris*(scil. Ottos III.) *cuidam venerando patri revelacione divina sic dictum est:* 'Recordaris, frater, qualiter cecinit populus: Deo nolente voluit dux Heinricus regnare? Nunc autem debet Heinricus divina predestinacione regni curam providere' (ed. HOLTZMANN, S. 222 Z.12–16). Zu diesem ursprünglich wohl auf Heinrich d.Z.zu beziehenden Spottvers – R. HOLTZMANN, ed. cit., S. 222 Anm. 2, spricht unglücklich von der Übersetzung der „Stelle eines Volkslieds" – vgl. bes. LIPPELT, S. 167.

[21]) Dies leugnet auch HLAWITSCHKA, Untersuchungen, S. 15, nicht, obwohl er dem Erb- oder Geblütsrecht einen wesentlich höheren Stellenwert einräumt, als es die bisherige Forschung tat, doch schon RÖRIG, S. 98 m. Anm. 56, bezeichnete die Wahlen Heinrichs II. und Konrads II. nach K. Brandi (1920) als „ein Suchen nach dem Erben".

[22]) D H.II. 34, S. 38 Z.9–13: B–G 1525; vgl. dazu SCHLESINGER, Erbfolge, S. 221–22, 251; WEINFURTER, S. 269–70; überzogen HLAWITSCHKA, Untersuchungen, S. 43–45; s. aber KELLER, Herzöge, S. 134 m. Anm. 68; vgl. noch unten S. 638 m. Anm. 81–82 sowie unten Anm. 90 und Anm. 113.

[23]) Vita Heinrici imperatoris, c.1 (ed. WAITZ, S. 684 Z.16–17; ed. van RIJ, S. 48). Adalbold führt den *hereditarium solium* allerdings: *ut ab his, qui genealogias computare noverant, audivimus,* auf Karl d.Gr. zurück und erwähnt die Verwandtschaft mit Otto nur

beiläufig im Zusammenhang mit der sächsischen Fürstenversammlung in Werla als d e r e n Argument zugunsten Heinrichs erwähnt[24]; er verliert aber kein Wort über Heinrichs Erbanspruch im Verlauf von dessen Auseinandersetzung mit Hermann von Schwaben, wo eine solche Bemerkung zumindest nahe gelegen hätte; insbesondere würde man einen Hinweis darauf erwarten, daß Heinrichs Thronanspruch gegenüber dem seiner Mitbewerber der geblütsrechtlich bessere gewesen sei[25]. Überdies erscheint bemerkenswert, daß Thietmar an der Thronbewerbung Ekkehards von Meissen und Herzog Hermanns allenfalls versteckte Kritik übt[26], aber an keiner Stelle einen offenen Vorwurf zu erheben wagt[27], ja er räumt sogar ein, daß Ekkehard ausgerechnet in Hildesheim, wohin er: *cum Bernwardo antistite... venit...ut rex suscipitur honorificeque habetur*[28]. Doch Ekkehards Kandidatur war selbst in Sachsen umstritten[29], sein vorzeitiger

---

mit einem einleitenden *insuper* (ed. PERTZ, S. 684 Z.17–19; ed. van RIJ, S. 48). Vgl. schon JAKOBS, S. 527 m. Anm. 65; SCHLESINGER, Erbfolge, S. 252 Anm. 172; WEINFURTER, S. 269 m. Anm. 128 und unten Anm. 42.

[24]) Thietmar, Chronicon, l.V c.3: *Huius*(scil. des Markgrafs Liuthar) *consilio dux*(scil. Heinrich von Baiern) *quendam militem ad civitatem quae Werlu dicitur, ad neptes suas, consorores Sophyam et Ethelheidam, et ad omnes, qui tunc ibi convenerant, regni*(scil. Sachsen!) *primates misit. Qui omnibus...auxiliantibus...domino suimet ad regnum*(scil. die Königsherrschaft) *bona plurima promisit. Cui*(scil. militi) *mox a maxima multitudine vox una respondit, Heinricum Christi adiutorio et iure hereditario regnaturum* (ed. HOLTZMANN, S. 222 Z.33, 224 Z.1–7): B–G 1483mm. Vgl. KELLER, Herzöge, S. 134, der das Wort „Erbrecht" zutreffend in Anführungszeichen setzt. Vgl. aber SCHLESINGER, Erbfolge, S. 229–31; s. noch DERS., Nachwahl, S. 259–60.

[25]) Im Gegensatz zu HLAWITSCHKA, Untersuchungen, S. 20, scheint mir dem „argumentum e silentio" in diesem Falle ein hoher Beweiswert zuzukommen; die von HLAWITSCHKA, aaO., S. 20 Anm. 35, beigebrachten Belege sind mit dem Fall von 1002 gerade nicht vergleichbar und überdies meist nicht einmal zeitgenössisch; zu dem Fulco-Brief (nicht: „d i e Briefe" Fulcos!) vgl. schon oben S. 382–83; s. auch unten Anm. 30.

[26]) Das zeigt die Anekdote über das Verhalten Ekkehards in der Pfalz Werla und die Charakteristik Hermanns: *Herimannus Alamanniae et Alsaciae dux, timoratus et humilis homo*(!), *a multis, quibus lenitas eius placuit, seductus contra Heinricum armavit*: Chronicon, l.V c.3 (ed. HOLTZMANN, S. 222 Z.22–24); vgl. ebd. c. 4 (ed. HOLTZMANN, S. 224). Vgl. dazu KELLER, Herzöge, S. 135–36; vgl. auch MÜLLER, Heribert, S. 148.

[27]) Sein Bericht vom Tod Ekkehards in Pöhlde ist höchst respektvoll formuliert und läßt sogar eine gewisse Anteilnahme erkennen: Chronicon, l.V c.6 (ed. HOLTZMANN, S. 226, 228): B–G 1483vv.

[28]) Chronicon, l.V c.4 (ed. HOLTZMANN, S. 224 Z.24–25). Bernward, der alte Freund und Lehrer Ottos III., hatte also für Ekkehard Partei bezogen! Vgl. KELLER, Herzöge, S. 138 und ALTHOFF, Studien, S. 106 m. Anm. 400. Mit Recht bemerkt SCHIEFFER, Reichsepiskopat, S. 298, daß „1002...jeder der rivalisierenden Thronanwärter seine Parteigänger unter den Bischöfen fand".

[29]) Vgl. oben Anm. 24 und B–G 1483ll-mm. Auf Ekkehards Seite stand neben einigen Bischöfen vor allem Herzog Bernhard; s. ALTHOFF, Studien, S. 105–06, 121; die Gegenpartei repräsentierten Markgraf Liuthar und Ottos III. Schwestern Sophie und Adelheid; s. auch KELLER, Herzöge, S. 138. Zu dem engen Verhältnis der Ekkehardiner mit den Piasten vgl. bes. LUDAT, S. 18ff. Ekkehards Tochter Oda heiratete noch 1018 Boleslaw Chrobry: unten § 2, S. 671 m. Anm. 343.

Tod beendete alle mit seinem Namen verknüpften Hoffnungen oder Be-
fürchtungen[30].

Der sehr viel gefährlichere Konkurrent Heinrichs war fraglos Herzog
Hermann II. von Schwaben (997–1003)[31], den offenbar die Mehrheit der
Fürsten[32] zum König ausersehen hatte[33]. Alle Bemühungen Heinrichs, die
Begleiter des Trauerzuges des verstorbenen Kaisers mit Versprechungen
auf seine Seite zu ziehen, waren mit Ausnahme Bischof Sigfrids von Augsburg ergebnislos geblieben[34]. Allein dieser Umstand beweist, daß die Zeitgenossen von dem ang. „Erbrecht" Heinrichs nicht sonderlich beeindruckt waren. Schon darum ist nicht einzusehen, warum Hermann von
Schwaben um jeden Preis mit den Ottonen verwandt gewesen sein soll, um
als Thronkandidat auftreten zu können[35]. Seine Gemahlin Gerberga, eine
Enkelin von Ottos d.Gr. gleichnamiger Schwester, war zwar aufs engste
nicht nur mit den Ottonen, sondern auch mit den westfränkischen Karo-

---

[30]) Eben darum scheint mir auch die Frage einer eventuellen Verwandtschaft mit den
Ottonen, von der keine zeitgenössische Quelle weiß, im Grunde gleichgültig. HLA-
WITSCHKA, Untersuchungen, S. 20ff. bemüht sich um den mit zahlreichen Hypothesen
und Vermutungen gespickten Nachweis, daß Ekkehard ein Ururenkel von Heinrichs I.
Bruder Liudolf gewesen sei, der schon „vor 912" verstorben war; vgl. die „rekonstru-
ierte" Stammtafel bei HLAWITSCHKA, aaO., S. 26. Selbst wenn man Hlawitschkas Beweisführung in allen Punkten zustimmen wollte, wovon ich weit entfernt bin, erscheint mir
die Annahme absurd, daß eine so entfernte Verwandtschaft eine konkrete politische
Bedeutung für die Gegenwart gehabt hätte, falls man von ihr überhaupt noch Kenntnis
gehabt haben sollte. Das Schweigen der Quellen erscheint mir insofern sehr beredt; vgl.
auch oben S. 631 m. Anm. 25 und unten Anm. 41. Gegen die These von Hlawitschka schon
KELLER, Herzöge, S. 137 Anm. 88, den HLAWITSCHKA, aaO., nicht widerlegt hat. Vgl.
noch ALTHOFF, Studien, S. 106 m. Anm. 401.
[31]) Zu ihm vgl. bes. MAURER, S. 88ff., 192, 200 u.ö.; weitere Lit. zitiert KELLER,
Herzöge, S. 135 Anm. 69.
[32]) Eine Liste der Parteigänger Hermanns bei HLAWITSCHKA, Untersuchungen, S. 45
Anm. 140, doch ist diese Liste zwangsläufig unvollständig; s. auch KELLER, Herzöge,
S. 140 m. Anm. 99.
[33]) KELLER, Herzöge, S. 135, betont mit Recht, daß Hermann: *a multis...seductus*: oben
Anm. 26, zur Kandidatur gedrängt und nicht wie Ekkehard aus eigener Initiative tätig
geworden war. Vgl. auch oben S. 630 m. Anm. 19, S. 631 m. Anm. 26.
[34]) Thietmar, Chronicon, l.IV c.50: *Is*(scil. Heribert von Köln) *cum omnibus, qui huc
imperatoris funus sequebantur, excepto antistite Sigifrido, duci tunc non consenciebat
neque omnino denegabat, sed quo melior et maior populi tocius pars se inclinaret, libenter
assensurum pronunciabat* (ed. HOLTZMANN, S. 188, Z.31–33, 190 Z.1–2): B–G 1483gg;
vgl. MÜLLER, Heribert, S. 147; s. auch SCHLESINGER, Erbfolge, S. 225–26.
[35]) Sicher ist lediglich, daß Hermann der Sohn Herzog Konrads von Schwaben war,
alles weitere sind Hypothesen! Vgl. HLAWITSCHKA, Untersuchungen, S. 48 m. Anm. 145.
Die heutige Forschung identifiziert Konrad von Schwaben allgemein mit Kuno von
Öhningen; vgl. dazu HLAWITSCHKA, aaO., S. 58ff., 99ff. Auf die damit verbundenen
genealogischen Diskussionen gedenke ich nicht einzugehen. Zu Konrad von Schwaben
(982–997), der als erster den Titel eines: *Alamannorum et Alsaciorum dux* führt: DD
O.III. 47 (988 Okt. 12; Or.) S. 448 Z.25–26: B–U 1005, D O.III. 130 (993 Juli 2; Or.)
S. 541 Z.33: B–U 1098; vgl. noch MAURER, S. 151, 185, 199–200; s. schon KIENAST,
Herzogstitel, S. 320 m. Anm. 39.

lingern und den burgundischen Rudolfingern verwandt[36], doch die Bemühungen von HLAWITSCHKA, auch für Hermann liudolfingische Verwandtschaft nachzuweisen[37], landen auf der Grundlage unzähliger Hypothesen abermals nur bei einem der Brüder Heinrichs I.: zur Abwechslung ist es dieses Mal Thankmar, von dem wir genau so wenig wissen wie von Liudolf[38]. Sein „Verwandtschaftsverhältnis" zu den Liudolfingern bestünde also wie im Falle Ekkehards von Meissen in dem gemeinsamen Urahn Otto dem Erlauchten, der schon 912 gestorben war[39]. Zum „Nachweis" dieses Verhältnisses benötigt HLAWITSCHKA knapp 40 Seiten[40], und abermals verliert keine zeitgenössische Quelle auch nur ein Wort darüber[41]. Wenn man schon um jeden Preis einen „geblütsrechtlichen" Anspruch Hermanns postulieren will, dann läge es doch wohl näher, die unbestreitbare, allgemein bekannte ottonisch-karolingische Deszendenz von dessen Gemahlin Gerberga ins Feld zu führen[42], zumal ja auch HLAWITSCHKA geblütsrechtliche Ansprüche in weiblicher Linie für durchaus legitim hält[43].

Auf jeden Fall vertraute Heinrich seinem „Erbrecht" so wenig, daß er die von den Fürsten wohl anläßlich der Beisetzung Ottos III. in Aachen beschlossene Wahlversammlung verhinderte oder – wahrscheinlicher – ihr zuvorkam[44], indem er seine beste Trumpfkarte ausspielte: die politische Macht[45], an der dem Baiernherzog niemand gleichkam. Da Heinrich

---

[36]) Die Abstammung Gerbergas ist ungleich vornehmer als die Hermanns: unter ihren Ahnen bis zur 4. Generation befinden sich neun(!) Könige, darunter drei Karolinger; vgl. die Stammtafel bei HLAWITSCHKA, Untersuchungen, S. 47. Von den 16 Namen der 4. Generation sind für Gerberga nur zwei unbekannt, für Hermann deren 14!

[37]) Untersuchungen, S. 43ff.

[38]) Vgl. die Stammtafel bei HLAWITSCHKA, Untersuchungen, S. 74.

[39]) Vgl. HLAWITSCHKA, Untersuchungen, S. 73.

[40]) Untersuchungen, S. 43 – 79.

[41]) Vgl. schon oben S. 631 m. Anm. 25 und oben Anm. 30. HLAWITSCHKA, Untersuchungen, S. 73, macht sich – wohl von Althoff angeregt – selbst den Einwand, „daß man sich...der Verwandtschaft Hermanns mit dem Herrscherhaus...eventuell gar nicht mehr bewußt gewesen sei", geht darüber aber mit der schlichten Behauptung hinweg, daß „eine Verwandtschaft mit dem Königshaus (das „vor 912" noch gar kein Königshaus war: Anm. BRÜHL) länger bewußt" bleibe: ebd. S. 73, 75.

[42]) Vgl. oben Anm. 36. Es erscheint mir bemerkenswert, daß Adalbold Heinrichs Abkunft auf Karl d.Gr. zurückzuführen bemüht ist: oben Anm. 23; vgl. SCHLESINGER, Erbfolge, S. 231.

[43]) HLAWITSCHKA, Untersuchungen, S. 75 Anm 251; s. schon oben S. 629 m. Anm. 15 – 16; s. auch SCHLESINGER, Erbfolge, S. 225.

[44]) B – G 1483ss; vgl. KELLER, Herzöge, S. 134 m. Anm. 66, 135 m. Anm. 72, 136 – 37. SCHLESINGER, Erbfolge, S. 226, betont treffend, daß Heinrich zwar nichts gegen seine eigene Wahl einzuwenden hatte, den Fürsten aber das Recht auf eine freie Wahl unter mehreren Bewerbern bestritt; in diesem Sinne bereits USINGER, S. 439.

[45]) Dies hat KELLER, Herzöge, S. 133ff. sehr viel klarer erkannt als Hlawitschka, s. aber schon USINGER, S. 445.

von Anfang an auf sein sogen. Erbrecht gepocht hatte, konnte er im Hinblick auf die Krönung sehr viel selbstbewußter auftreten als Hermann von Schwaben, für den die Wahl der Großen Voraussetzung war[46]. Hermann sah sich daher „gegenüber der energischen, zupackend-überrumpelnden Art, in der Heinrich vorging"[47], von vornherein in die Defensive gedrängt. Heinrichs Verbündeter im Episkopat war dabei Erzbischof Willigis von Mainz, der unter Otto III. von den Regierungsgeschäften weitgehend ferngehalten worden war[48], wobei wohl auch die Rivalität zu Heribert von Köln, dem einstigen Vertrauten Ottos III., eine nicht zu unterschätzende Rolle gespielt haben dürfte[49]. Auf jeden Fall gelang es Heinrich trotz militärischer Opposition Hermanns[50] ein „fait accompli" zu schaffen, indem er sich am 7. Juni 1002 – einem gewöhnlichen Sonntag[51] – in Mainz von Franken und Baiern zum König wählen ließ und sogleich aus der Hand von Willigis Krönung und Salbung empfing[52]. An dieser Wahl und Krönung war so ziemlich alles ungewöhnlich: Ort und Zeitpunkt[53] – die Krönung der Königin wurde am 10. August in Paderborn nachgeholt[54] –, die fehlende Thronsetzung, die nur in Aachen auf dem Karlsthron hätte stattfin-

---

[46]) Vgl. KELLER, Herzöge, S. 135, 137.

[47]) KELLER, Herzöge, S. 135. Schon USINGER, S. 445, sah „in dieser kecken Ergreifung der Zügel des Reichs...dessen Hauptverdienst".

[48]) Vgl. oben S. 605 m. Anm. 386, S. 609 m. Anm. 416. Unter diesem Aspekt dürfte auch das energische Eintreten von Ottos III. Schwester Sophia für Heinrich: oben Anm. 24, nicht zufällig sein: auch sie hatte ja unter Otto III. nach 997 zu den „Zurückgesetzten" gehört: oben S. 605 Anm. 386.

[49]) Vgl. MÜLLER, Heribert, S. 152 m. Anm. 268; s. schon SCHRAMM, Königskrönungen, S. 115 m. Anm. 31 und zuletzt SCHIEFFER, Reichsepiskopat, S. 298 m. Anm. 38.

[50]) Es war Hermann gelungen, Heinrichs Rheinübergang bei Worms zu verhindern, doch konnte dieser durch ein Täuschungsmanöver bei Mainz den Rhein überqueren: B – G 1483xx; vgl. HIRSCH I, S. 214 – 15; SCHMIDT, Königsumritt, S. 142.

[51]) Der 7.VI. war der 1. Sonntag nach Trinitatis (Pfingsten war im Jahre 1002 auf den 24.V. gefallen). Schon das Datum der Krönung läßt die Hast erkennen, mit der Heinrich seine Gegner vor vollendete Tatsachen zu stellen suchte.

[52]) B – G 1483yy; vgl. HIRSCH I, S. 215 – 16. SCHMIDT, Königsumritt, S. 114 – 15 m. Anm. 1, tritt unter Berufung auf SCHRAMM, Königskrönungen, S. 115 m. Anm. 32, für den 6.VI., einen Sonnabend, ein, was die Hektik bei den Krönungsfeierlichkeiten noch unterstreichen würde, doch halte ich am 7.VI. fest; zustimmend zu Schramm aber SCHLESINGER, Nachwahl, S. 256 m. Anm. 8; vgl. noch SCHMIDT, aaO., S. 140ff. und KELLER, Herzöge, S. 134 u.a.m.

[53]) Zum Datum vgl. oben Anm. 51. Mainz erscheint hier nach der Krönung Ottos I. 930 erstmals als Krönungsort, womit sich dem Mainzer Metropoliten die Chance bot, seinen Bischofssitz zum „rechten Ort" der Königskrönung zu machen gegenüber dem Pfalzort Aachen, wie dies in Westfranken dem Reimser Metropoliten gegenüber dem Pfalzort Compiègne gelingen sollte; vgl. BRÜHL, Fodrum, S. 150 m. Anm. 141, 257 m. Anm. 153 – 54.

[54]) B – G 1496a; vgl. HIRSCH I, S. 225 – 26. Der 10.VIII. war der Tag des hl. Laurentius; als Coronator fungierte erneut Willigis; s. auch SCHRAMM, Königskrönungen, S. 119.

den können[55], vor allem aber die Tatsache, daß eine allgemeine Wahl unterblieben und Heinrich nur von den *Franci orientales* und Baiern gewählt worden war[56]. Der auf die Mainzer Krönung folgende „Umritt", der hier nach jahrhundertelanger Aussetzung[57] erstmals wieder durchgeführt wurde[58], ist in Wahrheit nach der treffenden Formulierung von Roderich SCHMIDT „eine Königserhebung in Etappen"[59].

Heinrich versuchte zunächst, Hermann von Schwaben in direkter Konfrontation niederzuwerfen, was ihm jedoch nicht gelang[60]. Erst danach entschloß er sich, über Thüringen, wo er die Huldigung des mächtigen Grafen Wilhelm II. von Weimar entgegennahm[61], nach Sachsen zu ziehen. Die Wahl und Krönung in Mainz war, wie der Quedlinburger Annalist mißbilligend vermerkt, *insciis Saxonibus* erfolgt[62]. Das bedeutet nicht, daß die Sachsen noch immer an dem Gedanken einer Gegenkandidatur festgehalten hätten: diese Frage war mit dem unerwarteten Tod Ekkehards von Meissen, der aber offenbar mit Hermann von Schwaben ein gemeinsames

---

[55]) So SCHMIDT, Königsumritt, S. 144, während SCHRAMM, Königskrönungen, S. 116, vermutet, daß man „um der Form zu genügen, Heinrich auf irgendeinen andern Stuhl gesetzt" habe, gibt aber zu: „ein Schaden blieb an der Vollwertigkeit der Feier". An die Stelle der Thronsetzung trat daher die Übergabe der Hl. Lanze; vgl. SCHRAMM, aaO., S. 116–17; MÜLLER, Heribert, S. 153 u.a.; vgl. noch SCHMIDT, aaO., S. 124–125, 141.

[56]) Thietmar, Chronicon, l.V c. 11: (Heinrich)...*cum primis Bawariorum et orientalium Francium*(sic) *Wormatiam venit. Deinde ad Mogontiam celeriter properando...ibidem...in regem electus, a Willigiso...coronatur* (ed. HOLTZMANN, S. 232 Z.30–31, 234 Z.1–6). Die Rheinfranken und Oberlothringer, deren Herzog Dietrich sich bisher abwartend verhalten hatte, traten noch in Mainz der Wahl Heinrichs II. bei; vgl. SCHMIDT, Königsumritt, S. 115, 140–42.

[57]) Ein „Königsumritt" war in merowingischer Zeit üblich gewesen, unter den Karolingern aber außer Übung gekommen und auch von den Ottonen nicht wieder aufgenommen worden. Vgl. schon USINGER, S. 443; RIECKENBERG, S. 93; einschränkend aber SCHMIDT, Königsumritt, S. 223–31, bes. S. 225ff. Vgl. auch KELLER, Reichsstruktur, S. 90, der betont, daß sich „ein Umritt...nur durch seine Planmäßigkeit von der ständigen Umfahrt des Königs im Reich (unterscheidet)".

[58]) Doch hatte man schon immer gesehen, daß der Umritt Heinrichs im Interesse seiner vollgültigen Anerkennung als König geschah; vgl. etwa USINGER, S. 443–44; WAITZ VI², S. 204–05 und Julius FICKER: Vom Reichsfürstenstande. Forschungen zur Geschichte der Reichsverfassung zunächst im 12. und 13. Jahrhunderte, t.II/2, hgg. von Paul PUNTSCHART (Graz-Leipzig 1921; Nachdruck: Aalen 1961) § 381, S. 20; RIECKENBERG, S. 94.

[59]) Königsumritt, S. 114.

[60]) B–G 1487a-c; vgl. HIRSCH I, S. 217–20.

[61]) B–G 1493a; vgl. HIRSCH I, S. 221; SCHMIDT, Königsumritt, S. 126. Wilhelm war ein alter Gegner Ekkehards gewesen und somit gewissermaßen ein natürlicher Bundesgenosse Heinrichs. Dennoch mußte Heinrich auch hier einen Preis zahlen: er erließ den seit merowingischer Zeit den Franken(!) geschuldeten Schweinezins; s. auch LUDAT, S. 166 Anm. 462 (auf S. 167).

[62]) Ann. Quedlinburg. ad an.1002 (ed. PERTZ, S. 78 Z.26).

Vorgehen geplant hatte[63], praktisch gegenstandslos geworden[64]. Sie bestanden aber auf einer Wahl, die am 25. Juli 1002 in Merseburg stattfand[65];
es war dies jedoch eine Wahl ganz in Heinrichs Sinne, zu der er als der einzige Kandidat antrat[66]. Allerdings mußte Heinrich vor Herzog Bernhard,
der bekanntlich zunächst auf der Seite Ekkehards gestanden hatte, und
dem versammelten Adel eine Art „Wahlkapitulation" anerkennen, die
zeigt, daß es die Sachsen mit ihrem Wahlrecht ernst meinten und zumindest die Fiktion aufrechterhalten werden sollte, daß sie es waren, die über
die Königswürde verfügten, was mit der erneuten Übergabe der Hl. Lanze
durch Herzog Bernhard – eine zweite Salbung war naturgemäß ausgeschlossen[67] – öffentlichen Ausdruck fand[68]. Mit dieser „Nachwahl" der
Sachsen war die Entscheidung zugunsten Heinrichs faktisch gefallen. Der
Beitritt der Niederlothringer, deren Herzog Otto, der Sohn des im Kerker
von Orléans verstorbenen Herzogs Karl und engster Vertrauter Ottos III.,
sich völlig abseits hielt[69], war danach nur noch eine Formsache. Wohl nicht
ohne Absicht bestimmte Heinrich Duisburg zum Ort der Huldigung[70],
wo auch Heribert von Köln sich dem ungeliebten neuen König unterwarf[71],

---

[63]) Thietmar, Chronicon. l.V c.4: (Ekkehard)...*optimum duxit, ut occidentales visendo
regiones Herimannum ducem cum caeteris optimatibus de rei publice suique commoditate,
alloqueretur* (ed. HOLTZMANN, S. 224 Z.21–23): B–G 1483uu; vgl. KELLER, Herzöge,
S. 138. Das Treffen zwischen Hermann und Ekkehard war in Duisburg vorgesehen; vgl.
unten Anm. 70.

[64]) Der einzige „Vollsachse" war Ekkehard von Meissen gewesen; bei der Wahl
zwischen einem bairischen Sachsen (Heinrich) und einem schwäbischen Franken (Hermann) stand der aus der ottonischen Seitenlinie stammende Heinrich den Sachsen selbstverständlich näher, was den Frontwechsel Herzog Bernhards hinreichend erklärt; s. auch
SCHLESINGER, Nachwahl, S. 259 und ALTHOFF, Studien, S. 106.

[65]) B–G 1493c; vgl. HIRSCH I, S. 221–23; SCHMIDT, Königsumritt, S. 130–31; grundlegend SCHLESINGER, Nachwahl, S. 256ff.

[66]) Vgl. oben Anm. 44; s. noch SCHLESINGER, Nachwahl, S. 262–63.

[67]) Vgl. BRÜHL, Kronenbrauch, S. 415–16. Selbstverständlich fand aber eine Krönung
statt; vgl. SCHLESINGER, Nachwahl, S. 267; ALTHOFF, Studien, S. 106.

[68]) Vgl. Thietmar, Chronicon, l.V cc.15–16 (ed. HOLTZMANN, S. 236, 238–39); vgl.
dazu SCHRAMM, Königskrönungen, S. 118; SCHMIDT, Königsumritt, S. 122–23; SCHLE-
SINGER, Erbfolge, S. 245–46; DERS., Nachwahl, S. 263; s. auch KELLER, Herzöge, S. 139.

[69]) Seiner Anwesenheit wird weder in Duisburg noch in Aachen gedacht: unten Anm.
71–72. In den DD H.II. erscheint er nie als Intervenient und wird lediglich in einer
primitiven Fälschung wohl des 12. Jh. für Florennes als „Zeuge" erwähnt: D H.II. † 517
(ang. 1012 Apr. 15) S. 666 Z.38: B–G † 1756. Auch Thietmar erwähnt Otto mit keinem
Wort; vgl. SCHMIDT, Königsumritt, S. 137. Zu Otto vgl. schon oben S. 592 Anm. 280,
S. 593 m. Anm. 284 und Anm. 288.

[70]) In Duisburg hatten wenige Monate zuvor Ekkehard von Meissen und Hermann
von Schwaben zusammentreffen wollen, doch war das Treffen aus uns unbekannten
Gründen abgesagt worden; vgl. oben Anm. 63 und MÜLLER, Heribert, S. 161.

[71]) B–G 1498a; vgl. bes. MÜLLER, Heribert, S. 160ff. Zu den weiteren Beziehungen
Heriberts zu Heinrich, d.h. zu der „simulatae pacis longa discordia", die hier im einzelnen
nicht interessiert, vgl. bes. MÜLLER, Heribert, S. 163ff.

so daß schließlich am 8. September in Aachen, am Tag Mariae Geburt, die feierliche Thronsetzung im Rahmen einer rein formellen Zustimmungswahl erfolgen konnte[72].

Damit war die endgültige Entscheidung gefallen: der einzige, der bisher noch immer auf seiner Kandidatur beharrt hatte, Hermann II. von Schwaben, sah sich nunmehr völlig isoliert. Noch bevor Heinrich wie geplant im Frühjahr des folgenden Jahres den entscheidenden Feldzug gegen Hermann beginnen konnte, bot der Schwabenherzog – wohl durch Vermittlung einiger Fürsten – seine Unterwerfung an: am 1. Oktober 1002 nahm ihn Heinrich in Bruchsal in Gnade auf und beließ ihm sein Herzogtum[73]; lediglich zur Wiedergutmachung des von seinen Truppen in der Abtei St. Stephan angerichteten Schadens wäre Hermann laut Thietmar verpflichtet worden[74]. Davon wird noch zu sprechen sein. Wichtig ist zunächst einmal die Feststellung von USINGER: „Auf so gewaltsame Weise hat sich weder vorher noch nachher ein deutscher König der Krone bemächtigt"[75]. Man mag dies im Hinblick auf Heinrich I. relativieren, der zur Durchsetzung seines Herrschaftsanspruchs volle zwei Jahre benötigt hatte[76] im Gegensatz zu Heinrich II., der sein Ziel in nur vier Monaten erreichte[77]. Aber noch ein weiteres scheint die beiden Heinriche miteinander zu verbinden, nämlich die Gefahr der Abspaltung eines Teils des ostfränkischen Reiches. Für die Zeit Heinrichs I. war dies eine unbezweifelbare Realität[78], für das

---

72) Thietmar, Chronicon, l.V c.20: *a primatibus Luithariorum in regem collaudatur*(scil. Heinrich) *et in sedem regiam more antecessorum suorum exaltatur et glorificetur* (ed. HOLTZMANN, S. 245 Z.17–19): B–G 1504a; vgl. SCHRAMM, Königskrönungen, S. 120; SCHMIDT, Königsumritt, S. 129, 132–33; SCHLESINGER, Erbfolge, S. 248 Anm. 149; DERS., Nachwahl, S. 267–68; MÜLLER, Heribert, S. 162–63, mit berechtigter Kritik an Schramm.

73) Thietmar, Chronicon, l.V c.22: *...Heremannus dux...Brusele regi humiliter presentatur. Misericorditer eius graciam impetravit et in beneficio...miles et amicus eius fidus efficitur* (ed. HOLTZMANN, S. 247 Z.12–19): B–G 1508a; vgl. HIRSCH I, S. 228–30 und SCHMIDT, Königsumritt, S. 145–47; MAURER, S. 82, 137; KELLER, Herzöge, S. 137 sowie zuletzt WEINFURTER, S. 269. Vgl. aber die folg. Anm.

74) Thietmar, aaO.: *excepto Argentine dampno, quod idem iussu et consilio regis de sua proprietate et abbaciam in eadem urbe sitam*(scil. St. Stephan) *reparavit* (ed. HOLTZMANN, S. 247 Z.16–18); vgl. MAURER, S. 88–89, 159. Zu dem Nonnenkloster St. Stephan vgl. die bei MAURER, S. 89 Anm. 313, zitierte Lit. Vgl. aber unten S. 641 m. Anm. 112–13.

75) USINGER, S. 445.

76) Wobei es sich von selbst versteht, daß weder Heinrich I. noch Heinrich II. zu „deutschen" Königen gewählt wurden, was immer Schlesinger, Hlawitschka u.a. dazu sagen. Vgl. schon oben S. 12–13, S. 424 u.ö.

77) Seit der Mainzer Krönung gerechnet: oben S. 634 m. Anm. 51–52. Zählt man noch die Monate der Wahlvorbereitung seit Polling hinzu: oben S. 627 m. Anm. 4–5, so ergeben sich sieben Monate, was noch immer sehr wenig ist und Zeugnis ablegt von der „energischen, zupackend-überrumpelnden Art" Heinrichs: oben S. 634 m. Anm. 47. Vgl. auch ERKENS, S. 347.

78) Vgl. oben S. 418, S. 421 u.ö.

beginnende 11. Jahrhundert ist dieser Gedanke nur schwer vorstellbar, doch die St. Galler Annalen – die einzige schwäbische Quelle, die für den fraglichen Zeitraum einige wertvolle Nachrichten überliefert[79] – sagen ausdrücklich: *Otto imperator Rome sine herede*(!) *defunctus est; cui successit Heinricus de regio genere...cum quo et Herimannus dux Alamanniae et Alsatiae regnum forte dividere et parti aspirare temptabat*[80]. Hält man daneben das *sine aliqua divisione* des Diploms Heinrichs II. für Straßburg[81], so liegt der Gedanke nahe, daß sich in der Umgebung Hermanns „separatistische Bestrebungen" bemerkbar machten[82].

Es scheint mir dies in der Tat eine bemerkenswerte Parallele zu den Vorgängen der Jahre 919/20, doch wäre es völlig verfehlt, hier den Begriff der „Reichsteilung" zu gebrauchen. Eine Reichsteilung im karolingischen Sinn, für die der Vertrag von Verdun das klassische Beispiel abgibt, geht immer aus von der ideellen Einheit des *regnum Francorum*, das früher oder später wieder zur faktischen Einheit zurückfinden wird; es waren Teilungen innerhalb der karolingischen Familie[83]. Für eine solche Teilung fehlte schon 919[84], erst recht aber 1002 jegliche Voraussetzung[85], wie SCHLESINGER richtig erkannt hatte[86]. Der Einwand von HLAWITSCHKA, daß „der Anspruch auf Anteil und Teilung(sic)...nicht wahlrechtlich begründbar, sondern...nur geblüts- und erbrechtlich zu erheben" gewesen sei[87], geht am Kern des Problems vorbei. Denn abgesehen davon, daß die hypothetische, in meinen Augen ganz und gar unbewiesene ang. Abstammung Hermanns von dem Heinrich-Bruder Thankmar († „vor 912") doch niemals einen echten geblütsrechtlichen Teilungsanspruch gegenüber einem vergleichsweise nahen Verwandten Ottos III. wie Heinrich II. zu begründen vermochte[88], stand eine „Reichsteilung" ja auch gar nicht zur Debatte, son-

---

[79]) Zu dem in seinem älteren Teil bis 1024 reichenden Annalenwerk s. WATTENBACH – HOLTZMANN I³, S. 227 und WATTENBACH – HOLTZMANN – SCHMALE, S. 74*. Vgl. noch unten Anm. 91 und Anm. 481.

[80]) Ann. Sangall. maiores ad an.1002 (ed. HENKING, S. 301).

[81]) Oben S. 630 m. Anm. 22; vgl. unten Anm. 90.

[82]) So SCHLESINGER, Erbfolge, S. 222 Anm. 9.

[83]) Vgl. oben S. 329ff., bes. S. 337–38.

[84]) Vgl. oben S. 461–62.

[85]) Weshalb WEINFURTER, S. 273, auch zu Unrecht auf die „Unteilbarkeit des Reiches" verweist. Um diese ging es gar nicht, sondern um die Möglichkeit einer sezessionistischen Abspaltung; vgl. aber unten Anm. 90.

[86]) Erbfolge, S. 229 Anm. 9: „so daß eine Teilung im Sinne des fränkischen Thronfolgerechts gar nicht in Betracht kam". Bemerkenswerterweise postuliert Schlesinger damit die Gültigkeit f r ä n k i s c h e n Thronfolgerechts für die Zeit um 1000.

[87]) Untersuchungen, S. 46.

[88]) Unnötig zu betonen, daß keine Quelle darauf auch nur den geringsten Hinweis gibt.

dern eine Abspaltung, wobei die „Erinnerung an das alte Mittelreich"[89] durchaus eine Rolle gespielt haben könnte. Die Frage ist allerdings, ob man der isolierten Nachricht[90] der „Annales Sangallenses maiores" eine solche Tragweite zubilligen will[91]. Tut man es dennoch[92], so bleibt festzuhalten, daß Hermann schon nach kürzester Frist[93] die Aussichtslosigkeit solcher Bestrebungen einsah[94]. Das ostfränkische Reich des Jahres 1002 erweist sich somit als wesentlich gefestigter als das des Jahres 919.

Der neue Herrscher, der sich so zu Ausgang des Jahres 1002 allgemein als König Ostfrankens anerkannt sah, unterschied sich von seinem Vorgänger nicht nur durch das reifere Alter – er war immerhin bereits 29 Jahre alt[95] –, sondern vor allem durch ein wesentlich kühleres, berechnenderes Temperament. Daß gerade er eines Tages zur Ehre der Altäre erhoben werden würde[96], ahnte im Jahre 1002 gewiß niemand. Die betonte Distanz, in der die engsten Vertrauten Ottos III. wie Otto von Niederlothringen oder Heribert von Köln auch nach dem Tod des jungen Kaisers zu Heinrich II. verharrten, zeigt ebenso einen bevorstehenden Kurswechsel an wie der Eifer, mit dem ein Willigis von Mainz oder Ottos Schwester Sophie für

---

[89]) So HLAWITSCHKA, Untersuchungen, S. 46 Anm. 142.

[90]) Die Forschung hat den bekannten Passus aus D H.II. 34: *sine aliqua divisione successio*: oben S. 630 m. Anm. 22, stets als ergänzenden Beleg zu der Nachricht der Ann. Sangall. maiores aufgefaßt; so etwa SCHLESINGER: oben Anm. 82; HLAWITSCHKA: oben Anm. 89, und auch KELLER, Herzöge, S. 127 Anm. 27, doch ist die von WEINFURTER, S. 273, vorgeschlagene Übersetzung: „ohne daß es weitere königsgleiche oder königsähnliche Gewalten neben ihm geben könne", nicht einfach von der Hand zu weisen.

[91]) Es handelt sich keineswegs um ein offiziöses, dem Hof Hermanns nahestehendes Geschichtswerk, und es läßt sich nicht mit Gewißheit sagen, daß Hermann wirklich so weitgehende Pläne gehegt habe; in diesem Sinne etwa B – G 1483ss. Es gibt zu denken, daß Heinrich Herzog Hermann sein Herzogtum beließ, was natürlich auch aus rein machtpolitischen Erwägungen geschehen sein kann.

[92]) Wie Hlawitschka, Keller, Schlesinger u.a.: oben Anm. 90. USINGER, passim und MAURER, passim, gehen auf diese Frage nicht ein; WEINFURTER, S. 273, lehnt den Gedanken an eine „Teilung des Reiches" ab; vgl. aber oben Anm. 85 und Anm. 90.

[93]) Ob der Gedanke an ein selbständiges Königtum unabhängig von dem Heinrichs Hermann von Anfang an vorgeschwebt hat, oder ob er erst in der letzten Phase des Kampfes gefaßt wurde, wie KELLER, Herzöge, S. 127 Anm. 27 i.f. vermutet, mag dabei auf sich beruhen. Entscheidend ist, daß er nicht weiterverfolgt wurde – falls er je bestanden haben sollte.

[94]) Er unterwarf sich am 1.X.1002 in Bruchsal: B – G 1508a; vgl. unten S. 641 – 42. Man beachte, daß die Lothringer zwar keine Begeisterung für Heinrich zeigten – Herzog Otto von Niederlothringen gehörte wohl zu den entschiedensten Opponenten: oben Anm. 69 –, aber auch keine ernsthafte Opposition an den Tag legten. Robert II. von Westfranken verhielt sich im ostfränkischen Thronstreit völlig passiv.

[95]) B – G 1483a. Heinrich war am 6.V.973 in Hildesheim als ältester Sohn Heinrichs des Zänkers geboren worden und somit sieben Jahre älter als Otto III.

[96]) Er wurde noch vor Karl d.Gr. am 14.III.1146 durch Eugen III. kanonisiert; s. Wilhelm BERNHARDI: Konrad III. (Leipzig 1883; Nachdruck: Berlin 1975) S. 477 – 78 (Jahrbücher der Deutschen Geschichte).

Heinrich eingetreten waren[97]. Heinrich hat also einen neuen Kurs zumindest in der „Außenpolitik" wohl von Anfang an zugesagt, und es besteht nicht der geringste Anlaß zu der Annahme, daß er hier nur unter dem „Zwang der Umstände" gehandelt habe[98]. Hiervon wird im folgenden Abschnitt zu sprechen sein[99]; doch auch im Verhältnis zu den Herzögen und zur Reichskirche hat Heinrich neue Wege beschritten. Selbstverständlich wäre es töricht, von einem völligen Bruch Heinrichs mit der Politik der Ottonen zu sprechen, wie schon Theodor SCHIEFFER mit Recht betont hatte, der aber zugleich feststellt, daß „beim Jahre 1002…mit wesentlich höherem Recht ein geschichtlicher Einschnitt angesetzt werden (darf)" als beim Jahre 1024, wo ihn die Lehrbücher in der Regel anzusetzen pflegen[100]. Ich bin darüber hinaus der Meinung, daß die neue Devise der Bulle Heinrichs II., die er entgegen dem bisher üblichen Brauch bereits als König[101] neben dem üblichen Wachssiegel führte[102]: „Renovatio regni Francorum"[103], durchaus als Kontrastprogramm zu der Politik der „Renovatio imperii Romanorum" Ottos III. gedacht war[104], wie die Mehrzahl der Historiker zutreffend annimmt[105].

Daß mit der Herrschaft Heinrichs II. auch innenpolitisch eine neue Ära beginnt, hatte die Forschung schon seit langem erkannt, dabei aber in erster Linie an Itinerar, bischöfliche Servitialpflicht, die „Vollendung" des ottonischen „Reichskirchensystems" u.ä. gedacht. Stefan WEINFURTER gebührt das Verdienst, die Aufmerksamkeit auf Heinrichs neues Verhältnis zu den Herzogtümern, insbesondere zu denen des Südens, gelenkt zu

---

[97] Vgl. oben S. 634 m. Anm. 48 – 49, S. 636 m. Anm. 69 – 71; s. auch oben S. 631 m. Anm. 28.

[98] Wie dies LUDAT, S. 157 Anm. 411 (auf S. 158) durchblicken läßt.

[99] Unten § 2, S. 668ff.

[100] SCHIEFFER, Heinrich II., S. 2 und ebd. S. 1 – 2; s. auch ENGELS, S. 533.

[101] Dies betonte bereits BRESSLAU I, S. 565; SCHRAMM, Bilder S. 92, bringt dies mit dem Eintreffen einer byzantinischen Gesandtschaft in Zusammenhang, die Ende 1002 am Hofe Heinrichs eingetroffen sein soll, wovon aber weder B – G noch HIRSCH I, S. 193 – 242, etwas wissen. Vgl. noch OHNSORGE, Zweikaiserproblem, S. 72 – 73, der wie immer überinterpretiert („Das Epochemachende…ist jedoch"), aber gleichfalls die von Schramm postulierte Gesandtschaft nicht kennt, der Heinrichs „Antwortsurkunde"(sic) gegolten habe, die eben „kaiserartig auszustatten" gewesen wäre. All das sind unbeweisbare Vermutungen.

[102] Im Gegensatz zu Otto III. hat Heinrich II. auch noch als Kaiser gesiegelt; vgl. BRESSLAU I, S. 565; SCHRAMM, Bilder, S. 92, 210 und ebd. S. 367 Abb. 114 – 16.

[103] SCHRAMM, Bilder, S. 211 und ebd. S. 168 Abb. 117a-b – 119a-b.

[104] Vgl. oben S. 613 m. Anm. 452 – 53. SCHRAMM, Bilder, S. 92 – 93, ist bemüht, den Wechsel der Bullendevise herunterzuspielen, was mir nicht einleuchtet; ähnlich aber auch LUDAT, S. 157 Anm. 411 (auf S. 158). Die persönliche Verehrung Heinrichs für Otto III., auf die Ludat hinweist, beweist gar nichts: es ist leicht, einen Toten zu verehren (dessen Tod ihm überdies zur Herrschaft verhalf!) und politisch entgegengesetzte Wege zu gehen.

[105] So z.B. auch SCHIEFFER, Heinrich II., S. 3.

haben[106]. Nicht nur wurde das Territorium der beiden Herzogtümer beträchtlich reduziert: Kärnten von Baiern 1002 definitiv abgetrennt[107], der elsässische Dukat nach dem Tode Herzog Hermanns († 1004) von dem alamannischen gelöst[108]. Darüber hinaus aber hat Heinrich auch die „königsgleiche" Stellung des bairischen und des schwäbischen Herzogs systematisch unterminiert. Zunächst zerstörte er die Machtposition des Markgrafen Heinrich von Schweinfurt (980–1017), dem er Hoffnung auf die Nachfolge im bairischen Herzogsamt gemacht hatte[109]. Das Herzogtum erhielt 1002 Heinrichs Schwager Heinrich von Lützelburg (Heinrich V. von Baiern), der völlig landfremd war und keine eigene Machtgrundlage in Baiern besaß[110]. Als er den Versuch unternahm, den bairischen Adel mittels einer *coniuratio* auf sich einzuschwören, setzte Heinrich II. ihn 1009 kurzerhand ab; erst 1017 erhielt er das Herzogtum zurück[111]. Ähnlich rigoros ging Heinrich in Schwaben vor: die Unterwerfung Herzog Hermanns in Bruchsal rettete diesem zwar seine Herzogswürde, aber um den Preis des *caput ducatus* Straßburg[112], in dem fortan der Bischof wieder die Stadtherrschaft übernahm[113], und unter Aufgabe des Einflusses auf die

[106]) WEINFURTER, bes. S. 247ff., 270ff.

[107]) Die Überlassung der realen Herrschaft in Kärnten, dessen n o m i n e l l e r *dux* Otto bis dahin seit seinem erzwungenen Verzicht von 985 gewesen war, scheint die „Geschäftsgrundlage" für Ottos Wahlvorschlag zugunsten Heinrichs und dessen Scheinangebot gewesen zu sein; s. WEINFURTER, S. 277 m. Anm. 163 und oben S. 629 m. Anm. 16.

[108]) Schon Hermanns Vater hatte seit 988 den Titel eines *Alamannorum et Alsaciorum dux* geführt: oben Anm. 35; von Hermann ist dies nicht überliefert, doch gerade er hatte Straßburg zum *caput ducatus sui* gemacht: unten Anm. 112; vgl. KIENAST, Herzogstitel, S. 320 m. Anm. 39–40 und bes. MAURER, S. 159, 185, 199–200 u.ö.; WEINFURTER, S. 270–71.

[109]) Vgl. WEINFURTER, S. 273–75. Der Schweinfurter erhielt nach seiner Niederwerfung die Markgrafschaft zurück, büßte dabei jedoch mehrere Grafschaften ein und blieb in seiner Macht entscheidend geschwächt; s. bes. ALTHOFF, Königsherrschaft, S. 268–72; s. auch ERKENS, S. 347–48.

[110]) B–G 1559a; vgl. WEINFURTER, S. 275–76. Zur Machtstellung des bairischen Herzogs im 10. Jh. vgl. ebd. S. 247ff., bes. S. 262ff. Zu Heinrichs Kämpfen mit den Lützelburgern vgl. ERKENS, S. 349–51.

[111]) B–G 1699d, 1716a, 1903a, 1908a, 1916a; vgl. WEINFURTER, S. 276–77.

[112]) Thietmar, Chronicon, l.V c. 12: *caput ducatus sui Argentinam que Strazburg dicitur* (ed. HOLTZMANN, S. 234 Z. 14–15). Nur Regensburg und Straßburg werden von Thietmar so bezeichnet; vgl. ebd. l.II c. 6 (ed. HOLTZMANN, S. 44 Z. 28–29); *caput regni* sind ihm das dänische Leire (bei Roskilde auf Seeland) und Kiew: l.I c. 17, l.VIII c. 32 (ed. HOLTZMANN, S. 22 Z. 28, 24 Z. 1; 530 Z. 25–26); Rom nennt er *omnium capud urbium* (ed. HOLTZMANN, S. 484 Z. 25–26); vgl. dazu SCHRAMM, Renovatio I, S. 36 Anm. 4.

[113]) Vgl. WEINFURTER, S. 271. Gerade dem oben Anm. 22 zitierten D. H. II. 34, mit dem das Nonnenkloster St. Stephan: *Herimanni ducis assensu*, dem Bischof restituiert wird, kommt hierbei zentrale Bedeutung zu: WEINFURTER, S. 273; vgl. auch MAURER, S. 155.

schwäbische Reichskirche[114]; auch die Münzprägung wird nun königlich und die Verwaltung des Königsguts durch den Herzog eingeschränkt[115]. Mit Recht spricht daher MAURER vom Ende „eine(r) Epoche in der Geschichte der Herzogsherrschaft...in den ersten Jahrzehnten des 11. Jahrhunderts"[116].

Es liegt in der Logik dieser Entwicklung, daß die Reichskirche unter Heinrich in wesentlich höherem Maße zum Reichsdienst herangezogen wurde, als dies unter den Ottonen der Fall gewesen war. Heinrichs Kanzlei umschrieb diesen Sachverhalt treffend mit dem Evangelistenwort: *cui plus committitur, plus ab eo exigitur*[117]. Von der verstärkten Heranziehung der Bischöfe zum *servitium regis* wird sogleich bei der Besprechung des Itinerars zu handeln sein, hier sei zunächst auf die stärkere Einbindung der Bischöfe in die Verwaltung des Reiches eingegangen. Voraussetzung hierfür war selbstverständlich eine entsprechende personelle Auswahl, die sich am einfachsten dadurch bewerkstelligen ließ, daß der König den Bischof aus dem Kreis seiner Hofkapellane ernannte[118], doch sollte dieser Faktor, der stets nur einer unter mehreren bei der Entscheidung des Königs sein konnte[119], nicht überbewertet werden: selbst unter Heinrich II. bildeten die aus der Hofkapelle hervorgegangenen Bischöfe nicht die Mehrheit des ostfränkischen Episkopats[120]. Mit Recht betont Rudolf SCHIEFFER, daß der König bei der Besetzung der Bischofsstühle divergierenden Interessen insbesondere im Hinblick auf die großen Adelsfamilien Rechnung tragen mußte und in seinen Entscheidungen keineswegs völlig frei war[121]. Es war

---

[114] Mit Recht betont WEINFURTER, S. 272, daß unter Heinrich II. „der schwäbische Herzog als Intervenient für die schwäbische Reichskirche, ja überhaupt für alamannische Empfänger von Königsurkunden (verschwindet)".

[115] Vgl. WEINFURTER, S. 272.

[116] MAURER, S. 125.

[117] Luc.12, 48; vgl. DD H.II. 433 (1020 Juli 24) S. 554 Z.20, 509 (o.J.) S. 652 Z.32: B – G 1974, 2061. D H.II. † 509 wurde von Eberhard von Fulda im 12. Jh. stark verfälscht, wovon der zitierte Passus jedoch nicht betroffen ist; s. auch SCHIEFFER, Heinrich II., S. 30 m. Anm. 3; BRÜHL, Fodrum, S. 127 m. Anm. 50a.

[118] Grundlegend FLECKENSTEIN II, passim; zu Heinrich II.: ebd. S. 156ff., 199ff., der die Kontinuität zu Otto III., insbes. aber zu Otto d.Gr. hervorhebt: FLECKENSTEIN II, S. 156 – 57; im gleichen Sinne schon SCHIEFFER, Heinrich II., S. 11.

[119] SCHIEFFER, Reichsepiskopat, S. 296 – 97, unterstreicht die regionale Gebundenheit der Bischofsernennungen durch den König und die divergierenden Interessen, die der König bei seinen Personalentscheidungen zu berücksichtigen hatte, wobei „immer wieder neu die schwierige Balance zwischen den ständig rivalisierenden Großen gesucht werden mußte" (S. 297); vgl. unten mit Anm. 121.

[120] Dies hebt nach ZIELINSKI, S. 104 – 05, auch SCHIEFFER, Reichsepiskopat, S. 296, hervor. Vgl. bes. unten S. 643 m. Anm. 122 – 23.

[121] Reichsepiskopat, S. 296 – 97. Unbefriedigend LIPPELT, S. 127ff.; s. aber ZIELINSKI, S. 165ff.

schon ein ungewöhnlich hoher Prozentsatz, daß Heinrich von den während seiner Regierungszeit eingetretenen 51 Vakanzen[122] 21, d.h. 41,2%, mit Mitgliedern der Hofkapelle besetzen konnte[123]. Es wäre allerdings auch verfehlt, einen künstlichen Gegensatz zwischen „Hofkapelle" und „Hochadel" konstruieren zu wollen, denn die Angehörigen der Hofkapelle entstammten ja gleichfalls dieser sozialen Schicht[124], so daß SCHIEFFER formulieren konnte: „Die gleichsam angeborenen Führungsansprüche des Hochadels auch in der Kirche sind durch die Einschaltung der Hofkapelle...nicht überwunden worden, sondern es wurde allenfalls der Weg zu ihrer Durchsetzung formalisiert"[125].

In der Forschung war – nicht zuletzt unter dem Einfluß von SANTIFALLER[126] – lange Zeit die Auffassung vorherrschend, als ob das „ottonisch-salische Reichskirchensystem"[127] ein von Otto d.Gr. planmäßig errichtetes Herrschaftsgebäude gewesen sei, um die Macht des Hochadels, insbesondere der Herzöge, einzudämmen[128], doch hat sich das Urteil in den letzten Jahren dahin modifiziert, daß „die erste Hälfte des 11. Jahrhunderts, also die Zeit von Heinrich II. bis zu Heinrich III., als höhere Entwicklungsstufe...von der Ära der drei Ottonen selbst (abzuheben)" ist[129]. Wenn man den Akzent auf das problematische Wort „System" legt[130], so kann kein Zweifel sein, daß von einem Reichskirchen s y s t e m vor Heinrich II. nicht gesprochen werden darf, wofür unter Otto III. allenfalls An-

---

[122] Zu diesen 51 Ernennungen kommen noch die Besetzung des neu gegründeten Bistums Bamberg 1007 und des wiedererrichteten Bistums Merseburg 1004: in beiden Fällen ernannte Heinrich Angehörige der Hofkapelle, nämlich seinen Kanzler Eberhard in Bamberg und den Kapellan Wigbert in Merseburg; vgl. FLECKENSTEIN II, S. 167ff., 184, 214; s. auch ZIELINSKI, S. 46 – 47, 104, 218, 260, 266 u.ö.

[123] Vgl. die aufschlußreiche Tabelle bei FLECKENSTEIN II, S. 211 – 12 und ebd. S. 215 – 17. Die Tabelle ist noch um die bei Fleckenstein nicht berücksichtigten Bischofsernennungen in den Bistümern Brixen, Cambrai, Toul und Trient ergänzt worden.

[124] Vgl. schon FLECKENSTEIN II, S. 39ff., 78ff. für die Zeit Ottos d.Gr. und Ottos III.; s. noch die wenig befriedigenden Tabellen bei SANTIFALLER, S. 123ff. und zuletzt SCHIEFFER, Reichsepiskopat, S. 295.

[125] Reichsepiskopat, S. 295.

[126] Vgl. etwa SANTIFALLER, S. 37: „Das ottonisch-salische RKS (= Reichskirchensystem) fand seinen Abschluß(sic) durch den unter Otto I. erfolgten Einbau des Papsttums"; s. schon oben S. 608 Anm. 405. Santifallers eigene primitiven, aber nützlichen Tabellen widerlegen diese Aussage. Vgl. noch ENGELS, S. 514 – 16.

[127] Zur Entstehung dieses Begriffs vgl. schon oben S. 548 Anm. 679.

[128] Vgl. die Skizzierung des Forschungsstands bei SCHIEFFER, Reichsepiskopat, S. 291 – 92, 293.

[129] So SCHIEFFER, Reichsepiskopat, S. 293; vgl. auch SCHIEFFER, Heinrich II., S. 13.

[130] SANTIFALLER, S. 28ff. stellt einige sogen. „Hauptmerkmale des ottonisch-salischen Reichskirchensystems" zusammen. Es lohnt nicht, hier des näheren darauf einzugehen. Ausgesprochen irreführend ist die Tabelle: ebd. S. 117, wo er die Jahre 936–1024 als Einheit betrachtet, womit die Bedeutung der Regierungszeit Heinrichs II. erfolgreich verschleiert wird. Auch ENGELS, S. 514 Anm. 156, spricht von einer „zu sehr systematisierenden Monographie".

sätze zu registrieren sind[131]. Diese Feststellung gilt für Ostfranken und Italien gleichermaßen[132]. Entscheidend für die Würdigung der Eingliederung des Episkopats in die weltliche Verwaltung des Reiches ist das, was SANTIFALLER als die „staatlichen Hoheitsrechte" bezeichnet, worunter er allerdings auch die Immunitätsverleihungen begreift[133], die in spätrömische Zeit zurückreichen und bereits in merowingischer Zeit häufig sind[134]. Solchen Verleihungen oder Bestätigungen kommt natürlich keinerlei Beweiskraft zu; auch eine Wildbannverleihung, ein Münzprivileg oder eine Zollbefreiung[135] machen aus einem Bischof noch keinen kaiserlichen Administrator. Dies ist erst der Fall, wenn der Bischof auch die Funktionen eines Grafen wahrnimmt[136]. Erst dann wird die Bedeutung der Regierungszeit Heinrichs II. klar, denn er verlieh doppelt so viele Grafschaftsrechte, wie dies Otto III. getan hatte[137]. Der Episkopat war überdies wertvoll als „Transmissionsriemen" königlicher Entscheidungen und Maßregeln auf dem Wege von Synoden[138], die Domkirchen und Reichsabteien bildeten den bevorzugten – wenn auch nicht alleinigen – Schauplatz des sakralen Königtums im Rahmen der „Festkrönungen"[139].

Damit habe ich übergeleitet zu jenem Aspekt der Regierung Heinrichs II., der von der Forschung seit Bruno HEUSINGER[140] als gewichtiger Ein-

---

[131] Vgl. oben S. 608 m. Anm. 404–405.

[132] Zu Italien vgl. oben S. 608ff. sowie unten § 2, S. 656ff.

[133] SANTIFALLER, Exkurs IV, S. 78–115, bes. S. 79–97.

[134] Zur merowingischen Immunität, die sich in wesentlichen Punkten von der karolingischen unterscheidet, vgl. bes. Léon LEVILLAIN: Note sur l'immunité mérovingienne, in: Revue d'histoire du droit français et étranger 4e série, t. 6 (1927) S. 38–67; vgl. TESSIER, Diplomatique, S. 10 Anm. 2 und allgemein BRÜHL, Fodrum, S. 108–09.

[135] Auch solche Privilegien finden sich schon in merowingischer Zeit; vgl. SANTIFALLER, Exkurs IV, S. 97–105.

[136] Die Verleihung des regnum Lothariense an Brun von Köln 953 geschah ad personam und beileibe nicht an das Erzbistum Köln; verfehlt daher SANTIFALLER, Exkurs IV, S. 106. Auch das ebd. zitierte D O.I. 209 (a.960): B – O 280, verleiht nur den Königshof in Chur und die Grafschaftsrechte im Tal Bergell (nicht in der gesamten Grafschaft; es gibt auch weiterhin einen Grafen von Chur); zu allem Überfluß handelt es sich um eine „Nachzeichnung", die nicht über alle Zweifel erhaben ist; vgl. allerdings die Bestätigung durch D O.II. 124 (976 Jan. 3; Or.): B – Mi 708. Das ist bis zum Jahre 985 alles!

[137] Betroffen sind die Bistümer Cambrai, Köln, Paderborn, Trient (drei Grafschaften verstorbener Grafen!), Utrecht, Worms (zwei Grafschaften) und Würzburg sowie die Klöster Fulda und Gandersheim: SANTIFALLER, Exkurs IV, S. 107–08; vgl. WEINFURTER, S. 286.

[138] Martin BOYE: Quellenkatalog der Synoden Deutschlands und Reichsitaliens von 922–1059, in: NA.48 (1929) S. 45–96 und Conc. VI/1 (bis 960); unter Heinrich II. fanden nach der Terminologie von Boye 11 National- und 4 Provinzialsynoden in Ostfranken statt, während die sogen. „Reichssynoden" ausnahmslos in Italien abgehalten wurden: BOYE, aaO., S. 70–78. Vgl. SCHIEFFER, Reichsepiskopat, S. 300.

[139] Vgl. dazu SCHIEFFER, Reichsepiskopat, S. 300–01 und unten S. 646–47.

[140] Servitium regis in der deutschen Kaiserzeit, in: AUF. 8 (1923) S. 26–159 und als Separatdruck. Bruno Heusinger gab die Geschichtswissenschaft bald auf, studierte Jura

schnitt erkannt worden ist, nämlich zum *servitium regis* der Reichskirche[141], das in engster Verbindung mit dem Itinerar des Königs gesehen werden muß. Es steht nämlich außer Zweifel, daß Heinrich die Reichskirche in sehr viel höherem Maße zum Servitium herangezogen hat[142], als dies unter seinen Vorgängern der Fall gewesen war[143]: „aber hier wie auch sonst hat erst Heinrich II. die Ansätze unter Otto III. in feste Bahnen zu lenken gewußt"[144]. Betrachtet man allein die für Heinrich II. besonders gute urkundliche Überlieferung[145], so ist Heinrich in 83 Orten, darunter 19 Bischofsstädten, bezeugt[146]. Die Problematik einer rein zahlenmäßigen Erfassung des Urkundenmatrials[147] oder des mechanischen Auszählens der Herrscheraufenthalte[148] tritt gerade bei Heinrich II. besonders kraß her-

---

und wurde Präsident des Bundesgerichtshofes, während sein Bruder Adolf der erste Generalinspekteur der Bundeswehr war.

[141]) Zum *servitium regis* der Bistümer und Abteien vgl. allgemein BRÜHL, Fodrum, S. 197ff.

[142]) Vgl. HEUSINGER (oben Anm. 140) S. 67–69; RIECKENBERG, S. 40ff.; BRÜHL, Fodrum, S. 127 m. Anm. 49.

[143]) Gewisse Ansätze für eine Bevorzugung der Bischofssitze konnte FLECKENSTEIN II, S. 140–42, 144, allerdings bereits für die Zeit der selbständigen Regierung Ottos III. feststellen.

[144]) So schon BRÜHL, Fodrum, S. 127.

[145]) Die Edition der DD H.II. ist insofern unübersichtlich, als häufig Unternummern gebraucht werden: DD H.II. 5a-b, 39a-b, 58a-b, 83a-b, 204a-b, 256a-b, 322a-b, 332a-b, 335a-b, 348a-b-c, 405a-b, 501a-b, 507a-b. Als Spuria, z.T. nach echter Vorlage, haben zu gelten: DD 81, 217, 251, 260, 278, 346–47, 359, 419, 466, 509; D 90 ist nur ein Entwurf, D 129 ein italienisches Breve recordationis, D 143 ein Synodalprotokoll, D 174a eine Bischofsurkunde, D 361 eine Inschrift, D 440 ein Auszug aus der „Vita Meinwerci"; DD 390bis, 304bis sind spätere Einschübe. Ohne Ortsangabe sind überliefert: DD 3, 40, 69, 90, 113, 194, 197, 238, 239–41, 282, 305, 308, 383–84, 387, 389, 390, 411, 427, 436, 473, 476, 478, 493, 495, d.h. 27 DD, so daß etwa 470 DD für die Itineraruntersuchung verwertbar sind.

[146]) Die folgenden Angaben beziehen sich allein auf Ostfranken. Die 19 Bischofsstädte sind:

| | |
|---|---|
| in Franken: | Bamberg (ab 1008), Mainz, Speyer, Worms, Würzburg; |
| in Sachsen: | Halberstadt, Hildesheim, Magdeburg, Merseburg (seit 1004), Minden, Paderborn; |
| in Lothringen: | Köln, Lüttich, Trier, Utrecht; |
| in Schwaben: | Augsburg, Basel, Straßburg; |
| in Baiern: | Regensburg. |

Aus dem Itinerar resultieren urkundlich nicht bezeugte Aufenthalte in Metz und Verdun: B–G 2047a-b (a.1023); schon 1009 hatte Heinrich Metz erfolglos belagert: B–G 1716a.

[147]) In der Urkundenhierarchie, die weitgehend bedeutungslos ist, steht Frankfurt (52) vor Regensburg (34), Bamberg (31), Merseburg (25), Mainz (18), Köln und Magdeburg (je 13), Aachen (12) und Allstedt (11). Wesentliche Beobachtungen zur „Regionalisierung der Urkundenausstellung" bei KELLER, Reichsstruktur, S. 92ff. mit Fig. 2–5. Zur Problematik einer reinen Urkundenstatistik vgl. unten Anm. 149.

[148]) Nach den nackten Aufenthaltszahlen steht Merseburg mit 25 Aufenthalten klar an der Spitze vor Magdeburg (17), Bamberg (16), Mainz (13), Allstedt (12), Aachen und Pöhlde (je 11) sowie Frankfurt (10). Vgl. aber die folg. Anm.

vor[149], weshalb eine detaillierte Untersuchung des Itinerars nach der Methode von Eckhard MÜLLER-MERTENS angebracht erscheint und auch bereits vorliegt[150], aber hier leider nicht berücksichtigt werden kann[151]. In dieser Untersuchung werden gewiß auch die Festtagsorte das ihnen gebührende Interesse finden, die bei HEUSINGER noch keine Rolle spielten[152]. Hier ist die Feststellung interessant, daß die bewährten Festtagspfalzen der Ottonenzeit keineswegs verschwinden: Pöhlde bleibt bis 1016 die klassische Weihnachtspfalz[153]; erst in den letzten Regierungsjahren treten hier Bischofssitze in Erscheinung, unter denen Paderborn herausragt[154]. Unter den Osterpfalzen dominiert Merseburg[155], jedoch bei weitem nicht so aus-

---

[149]) Von den 52 in Frankfurt gegebenen Urkunden entfallen 33 auf den ersten Aufenthalt im Nov. 1007: DD H.II. 143 – 170 (1007 Nov. 1): B – G 1646 – 47, 1649 – 76 und DD H.II. 200 – 204b (uneinheitliche Datierung): B – G 1711 – 14, 1716. Die ausführlichste Chronik zur Geschichte Heinrichs II. stammt aus der Feder des Merseburger Bischofs Thietmar, weshalb Aufenthalte in Merseburg mit besonderer Genauigkeit verzeichnet sind, ohne daß ich darum die Bedeutung Merseburgs unter Heinrich II. in Zweifel ziehen möchte.

[150]) Gerald BEYREUTHER: Die Reichsstruktur im Spiegel der Herrschaftspraxis Heinrichs II., Diss.phil. Berlin-Ost; die Arbeit soll 1991 erscheinen; vgl. MÜLLER-MERTENS, Reich, S. 142 m. Anm. 21.

[151]) Beyreuther, ein Schüler von E. Müller-Mertens, hat mehrfach Vorträge über das Itinerar Heinrichs II. gehalten, u.a. auch in Giessen, doch konnte ich diesen Vortrag leider nicht hören. Meine an ihn herangetragene Bitte um Überlassung eines Thesenpapiers wurde zu meinem Bedauern nicht erfüllt.

[152]) Vgl. aber RIECKENBERG, S. 60 – 62; BRÜHL, Fodrum, S. 128 – 30 und zuletzt MÜLLER-MERTENS, Reich, S. 151 – 52.

[153]) Heinrich ist hier W 1003, 1005, 1006, 1007, 1008, 1009, 1011, 1012, 1014 und 1016 nachweisbar: B – G 1552b, 1605a, 1624a, 1678a, 1696a, 1721a, 1750c, 1767a, 1852b, 1896a; W 1002, 1010 und 1017 beging Heinrich in Frankfurt, das in diesem Jahr letztmals als Weihnachtspfalz genannt wird, ohne daß hier wie im Fall von Pöhlde, das 1017 durch Brand zerstört wurde, ein äußerer Anlaß erkennbar wäre: B – G 1524b, 1737a, 1916b; vgl. RIECKENBERG, S. 46, 51, 67 (ebd. S. 51 lies: 1017 statt: 1018). W 1004 verbrachte Heinrich in Dornburg, W 1020 bei der Belagerung der Burg Hammerstein: B – G 1590a, 1978a. Thietmar, Chronicon, l.V c.38, betont ausdrücklich, daß Heinrich Weihnachten 1003 *more priorum* in Pöhlde beging (ed. HOLTZMANN, S. 264 Z.24). Zu 1011 nennt Thietmar Pöhlde während die Hildesheimer Annalen, die sich auch sonst mehrfach bei der Angabe des Festtagsorts irren, Dornburg angeben: B – G 1750c; vgl. dazu B – G 1696a, 1937a, 2031c. Zweifellos war Thietmar hier besser informiert als der Hildesheimer Annalist; irrig insoweit RIECKENBERG, S. 46 Anm. 1; s. noch BRÜHL, Fodrum, S. 129 m. Anm. 58 – 59, 164 m. Anm. 200 – 02. Zu Italien vgl. unten § 2, S. 655 m. Anm. 211.

[154]) P a d e r b o r n: W 1015, 1018, 1022: B – G 1870b, 1937a, 2031c; W ü r z b u r g: W 1019; B a m b e r g: W 1023: B – G 1059b, 2054a. Seit 1018 verbrachte Heinrich das Weihnachtsfest nur noch in Bischofsstädten (W 1020 ist eine militärisch bedingte Ausnahme). Die Feier des Weihnachtsfestes verteilt sich unter Heinrich auf nur sechs Orte.

[155]) Hier ist Heinrich fünfmal zu Ostern bezeugt, nämlich 1008, 1015, 1019, 1021, 1023: B – G 1680a, 1861d, 1944b, 1982b, 2037c; s. auch RIECKENBERG, S. 44 – 45, der jedoch mißverständlich formuliert, daß Heinrich „seit 1015(sic) nicht mehr in Quedlinburg das Osterfest beging" (S. 45): er hat hier einzig und allein O 1003 gefeiert, d.h. das erste Osterfest seiner Herrschaft: B – G 1537b. Auch hier bemerkt Thietmar ausdrücklich, daß dies *antecessorum suorum more* geschehen sei: Chronicon, l.V c.31 (ed. HOLTZMANN, S. 257 Z.5 – 7). 1015, 1019 und 1021 verbrachte Heinrich den Palmsonntag jeweils in Walbeck,

schließlich wie die Weihnachtspfalz Pöhlde; auch treten die Bischofsstädte hier stärker hervor als im Winter[156]. Die Feier von Pfingsten ist noch weiter gestreut als die des Osterfestes, überdies nicht so regelmäßig überliefert wie letzteres[157]. Daß auch den Zeitgenossen der Wechsel der Gastungspolitik bewußt war, beweist der Quedlinburger Annalist, wenn er zur Osterfeier Heinrichs 1013 bemerkt, daß sie *necessitate cogente* in Paderborn stattgefunden habe, *quod eatenus regibus insolitum fuit*[158]. Von keinem Herrscher des 10. oder 11. Jahrhunderts ist uns ein so ungewöhnlich reicher Festtagskalender überliefert[159] wie gerade von Heinrich II.[160].

---

was auch zu 1008 und 1023 angenommen werden darf; vgl. schon RIECKENBERG, S. 45 m. Anm. 9 und ebd. S. 63. Ich deute den *mos priorum suorum* anders als FLECKENSTEIN II, S. 111, der in dieser Wendung eine grundsätzliche Herrschaftsmaxime erblickt. Vgl. noch unten Anm. 160.

[156]) Neben Merseburg noch in zehn weiteren Orten, doch nur in Regensburg (O 1007, 1010) und Bamberg (O 1016, 1020), vielleicht in Ingelheim (O 1006? 1017) je zweimal: B – G 1631a, 1724a; 1877b, 1962b; 1899b; zu O 1006 (21.IV.) vgl. D H.II. 112 (1006 Apr. 24): B – G 1612 (natürlich kann Mainz nicht ausgeschlossen werden). Vgl. ferner O 1003: Quedlinburg: oben Anm. 155; O 1005: Aachen, O 1009: Augsburg, O 1011: Raum Mainz/Frankfurt?, O 1012: Lüttich, O 1013: Paderborn (aber Aachen war vorgesehen!), O 1018: Nimwegen, O 1024 Magdeburg(!): B – G 1591e, 1699a, 1755c, 1780a, 1923d, 2059d. Von den insgesamt 11 Orten, in denen Heinrich das Osterfest feierte, sind 7 Bischofssitze. Vgl. noch unten mit Anm. 158.

[157]) In insgesamt 13 Orten, von denen jedoch nur 10 gesichert sind. Am häufigsten beging Heinrich Pfingsten in Mainz: 1007, 1008 (Pf: 16.V.; DD H.II. 177 – 79 datieren vom 18.V.: B – G 1685 – 87), 1010 (Pf: Mai 28; DD H.II. 219 – 20 datieren vom 1.VI.: B – G 1732 – 33), 1023: B – G 1641b (Pf nicht erwähnt), 2039a; dreimal in Merseburg: Pf 1009, 1012, 1013: B – G 1707a, 1760a, 1783b (Pf nicht erwähnt); in Bamberg und Magdeburg vielleicht je zweimal: 1011 (Pf: 13.V.; D H.II. 227 datiert vom 9.V.: B – G 1740), 1014: B – G 1839c; 1019 (Pf: 17.V.; D H.II. 409 datiert vom 20.V., D 408 aus Allstedt vom 10.V.: B – G 1949 – 50), 1021: B – G 1982c. Vgl. ferner Pf 1003: Halberstadt, 1006: Erstein (Pf: 9.VI.; D H.II. 115 datiert vom folgenden Tag: B – G 1615), 1015: Imbsheim (mit Bischof von Paderborn), 1017: Werden, 1018: Ingelheim, 1024: Goslar: B – G 1541b, 1866c, 1931a, 2061a. Nicht gesichert sind die Pfingstaufenthalte in Allstedt 1020 (Pf: 5.VI.; D H.II. 431 datiert vom 29. V.: B – G 1972), in Mörfelden 1016 (Pf: 20.V.; DD H.II. 350 – 51 datieren vom 17. – 18.V.: B – G 1884 – 85), in Utrecht 1005 (Pf: 20.V.; D H.II. 97 datiert vom 31.V.!: B – G 1596); s. schon RIECKENBERG, S. 60 m. Anm. 8. In der literarischen Überlieferung findet sich das Pfingstdatum erst seit Heinrich II. mit einiger Regelmäßigkeit angegeben, was aber nicht bedeutet, daß der Herrscher das Pfingstfest früher nicht auch schon feierlich begangen hätte; vgl. BRÜHL, Fodrum, S. 129 m. Anm. 60 und ergänzend DERS., Kronenbrauch, S. 441 – 42.

[158]) Ann. Quedlinburg. ad an.1013 (ed. PERTZ, S. 81 Z.49 – 50); vgl. RIECKENBERG, S. 41; BRÜHL, Fodrum, S. 130 m. Anm. 61 – 62.

[159]) Damit soll nicht gesagt sein, daß Heinrichs Vorgänger die in der folg. Anm. genannten Festtage nicht begangen hätten: es ist dies vor allem eine Frage der im Falle Heinrichs II. ungewöhnlich günstigen Überlieferung.

[160]) Mehrfach ist für Heinrich II. überliefert, wo er Epiphanias, Palmsonntag, die Fastenzeit, Peter und Paul (29.VI.), die drei großen Marienfeste (Purificatio, Assumptio und Nativitas Mariae, resp. am 2.II., 15.VIII und 8.IX.), das Fest des hl. Mautitius (22.IX.) u.a. begangen hat; s. schon RIECKENBERG, S. 61; vgl. ebd. S. 54. Vgl. bes. BRÜHL, Kronenbrauch, S. 418 – 20.

Eine Analyse des Itinerars im einzelnen muß ich mir an dieser Stelle versagen[161]. Es steht außer Zweifel, daß mit Heinrich II. neue Namen im Itinerar auftauchen, die in dem der Ottonen nicht zu finden waren oder bestenfalls eine untergeordnete Rolle spielten[162]. Hier ist natürlich an erster Stelle Bamberg zu nennen, der *locus unice sibi dilectus*[163], wo er ein neues Bistum gründete und reicher ausstattete, als dies Otto d.Gr. in Magdeburg getan hatte[164], was WEINFURTER geradezu von einem „Überbistum" sprechen läßt[165]. Auch Paderborn gewinnt erst mit Heinrich II. Bedeutung für das Königsitinerar, während Merseburg seine Spitzenstellung im Itinerar zum einen gewiß der persönlichen Vorliebe Heinrichs für das von ihm wiederhergestellte Bistum, zum andern aber der Tatsache verdankt, daß Merseburg der Ausgangspunkt von Heinrichs Polenzügen war[166]. Heinrich zeichnet auch für die Verlegung der Pfalz von Werla nach Goslar verantwortlich[167]. Dennoch wird man den tiefen Einschnitt in den Gastungsgewohnheiten, der Heinrich angeblich von seinen Vorgängern trennt, relativieren müssen, wofür ich zwei Gründe namhaft machen möchte: zum einen ist die verstärkte Heranziehung der Bistümer zum *servitium regis* nicht mehr als so einschneidend zu betrachten, wie man einst glaubte, seitdem wir wissen, daß das *servitium regis* nicht ausschließlich auf e i n e m Leistungspflichtigen lastete, sondern in der Regel gemeinschaftlich von

---

[161] Vgl. künftig BEYREUTHER: oben Anm. 150, und vorläufig MÜLLER-MERTENS, Reich, S. 145–46: „Heinrich II. soll im folgenden außer Betracht bleiben mit dem Hinweis, daß in verschiedenen Punkten teils Gleiches, teils Ähnliches bereits über ihn zu sagen wäre, was jetzt über den ersten Salier zur Sprache kommen soll"; vgl. unten S. 649 m. Anm. 170–71.

[162] So ist Paderborn ein einziges Mal unter Otto I. bezeugt: D O.I.196 (958 Juni 25): B–O 263; in Merseburg urkundete Otto I. nur zweimal: DD O.I.151–52 (952 Juni), 431–33 (973 Apr. 27): B–O 214–15, 565–67; sein Sohn Otto II. einmal: D O.II. 79 (974 Mai 24): B–Mi 659, erst Otto III. bzw. die vormundschaftliche Regierung etwas häufiger; in Bamberg urkunden Otto II. und Otto III. je einmal: D O.II. 131 (976 Juli 4): B–Mi 716, D O.III. 21 (985 Sept. 30): B–U 977; vgl. RIECKENBERG, S. 44 Anm. 6 und unten mit den folg. Anm.

[163] So übereinstimmend Thietmar, Chronicon, l.VI c.30,l.VII c.66 (ed. HOLTZMANN, S. 310 Z.9, 480 Z.17–18); Adalbold, Vita Heinrici imperatoris, c.28 (ed. WAITZ, S. 690 Z.44–45; ed. van RIJ, S. 74); vgl. RIECKENBERG, S. 53 m. Anm. 2.

[164] Vgl. WEINFURTER, S. 277–78; s. schon RIECKENBERG, S. 53–54.

[165] Vgl. WEINFURTER, S. 286 m. Anm. 199. Vom „Speyer Heinrichs II." spricht RIECKENBERG, S. 55.

[166] Vgl. RIECKENBERG, S. 42, 43 m. Anm. 5.

[167] Hierzu bes. RIECKENBERG, S. 46–48, 62–63 und zuletzt WEINFURTER, S. 281–82. Goslar war zunächst nur eine „Jagdpfalz" gewesen wie Bodfeld oder Siptenfelde; vgl. BRÜHL, Fodrum, S. 120 m. Anm. 20. Erst ab ca. 1015 tritt es als Pfalz deutlicher hervor, während Werla nur noch Versammlungsort des sächsischen Landtags bleibt (von einem sächsischen „Stammesherzogtum" möchte ich für die Zeit Heinrichs II. noch nicht sprechen). Vgl. bes. Wilhelm BERGES: Zur Geschichte des Werla-Goslarer Reichsbezirks

Bischof und/oder Reichsabtei in Verbindung mit einem oder gar mehreren Königshöfen aufgebracht wurde[168], weshalb z.B. die Verlagerung der Aufenthalte Heinrichs von Ingelheim nach Mainz gastungsrechtlich wahrscheinlich bedeutungslos war[169]. Mindestens ebenso wichtig ist die Feststellung von MÜLLER-MERTENS, daß die gesteigerte Heranziehung der Bischöfe gerade in solchen Räumen erfolgte, die bis dahin eher zu den „Fernzonen" der Königsherrschaft gezählt hatten und erst unter Heinrich zu „Nahzonen" werden[170], während er im übrigen die Kontinuität des Itinerars seit der Ottonenzeit herausstellt[171], was bisher meist nicht beachtet wurde. Ergänzend wären nun noch Itinerar und Herrschaftsstil Heinrichs II. in Italien zu würdigen, was im folgenden Abschnitt nachgeholt werden wird.

§ 2: Das Gegenkönigtum Arduins in Italien. Die italienische Krönung Heinrichs (1004) und der Erwerb der Kaiserkrone (1014). Die burgundische Frage. „Prolongements carolingiens" und neue Politik in Frankreich. Heinrich II. und Robert II. Das gewandelte Verhältnis zu Polen.

Der Tod Ottos III. war gleichbedeutend mit dem sofortigen Ende der ostfränkischen Herrschaft in Italien[172]. Kaum einen Monat nach dem Tode des Kaisers – der Leichenzug hatte vielleicht noch nicht einmal die Alpen

---

vom neunten bis zum elften Jahrhundert, in: Deutsche Königspfalzen. Beiträge zu ihrer historischen und archäologischen Erforschung, t.I (Göttingen 1963) S. 113–57, bes. S. 133, 141, 151–54.

[168]) Vgl. bes. BRÜHL, Fodrum, S. 180–81, 192–93, 209–11 u.ö.

[169]) Angesichts der relativ geringen Entfernung zwischen Ingelheim und Mainz muß ohnehin mit Lieferungen des Bischofs nach Ingelheim bei Anwesenheit des Hofes gerechnet werden und umgekehrt natürlich von Ingelheim nach Mainz, wenn der König sich dort aufhält; s. auch BRÜHL, Palatium II, S. 92–98. Hinzu kommt das enge Verhältnis Heinrichs zu Willigis von Mainz und die besseren Möglichkeiten der Darstellung des sakralen Königtums am Sitz des bedeutendsten ostfränkischen Metropoliten; unbefriedigend RIECKENBERG, S. 51; vgl. aber ebd. S. 73 zu Konrads II. Verhältnis zu Mainz. Vgl. auch MÜLLER-MERTENS, Reich, S. 151.

[170]) Vgl. MÜLLER-MERTENS, Reich, S. 147 gegen KELLER, Reichsstruktur, S. 90, 98.

[171]) MÜLLER-MERTENS, Reich, S. 152–53; vgl. ebd. S. 145 zum Vergleich zwischen Heinrich II. und Konrad II. Auf das Itinerar Konrads II. gehe ich hier nicht näher ein; vgl. auch unten § 3, S. 673 m. Anm. 358. Vgl. künftig Eckhard MÜLLER-MERTENS – Wolfgang HUSCHNER: Die Reichsstruktur im Spiegel der Herrschaftspraxis Konrads II.; Herr Dr. W. HUSCHNER war so freundlich, mir ein Thesenpapier seiner Arbeit zu übersenden, wofür auch an dieser Stelle bestens gedankt sei; vgl. im übrigen MÜLLER-MERTENS, Reich, S. 142, 145–46, 147, 152–53.

[172]) Vgl. oben S. 623 m. Anm. 528, S. 627 m. Anm. 1.

überschritten – wurde der Markgraf Arduin von Ivrea[173] am 15. Februar
1002 in der Michaelskirche zu Pavia zum König des „Regnum Italiae" gekrönt[174]. Arduin war ein erprobter Gegner Ottos III., der schon 997 einen
Aufstand gegen den jungen Kaiser angezettelt hatte, der damals – in Abwesenheit Ottos – leicht niedergeschlagen worden war[175]. Auch das Königtum Arduins mußte von Anfang an mit einer starken Opposition rechnen, da große Teile des Episkopats Arduin feindlich gesonnen waren[176],
doch gibt es zu denken, daß ausgerechnet Ottos III. italienischer Erzkanzler, Bischof Peter von Como, diese Funktion auch unter Arduin beibehielt[177].
Gegen den von Heinrich II. nach Italien ausgesandten Herzog Otto von
Kärnten konnte sich Arduin durch einen Sieg in der Schlacht bei Fabbrica
im Brentatal wohl im Januar 1003 zunächst behaupten[178], doch zog Heinrich, kaum daß er seine Herrschaft in Ostfranken gesichert hatte, Ende
März 1004 selbst nach Italien[179] und ließ sich als erster ostfränkischer
Herrscher[180] am 14. Mai 1004 in S.Michele zu Pavia zum König krönen in
offenkundiger „Antwort" auf die Königskrönung Arduins[181], der kampf-

---

[173]) Zu Arduin, der erst unter Otto III. die Markgrafschaft Ivrea erhalten hatte, vgl.
bes. HIRSCH I, S. 236–37; PIVANO, S. 222 m. Anm. 2–3. Dürftig wie fast immer PAULER,
S. 19–20 m. Anm. 2. Er ist n i c h t identisch mit dem Pfalzgrafen Arduin, wie das nach
UHLIRZ, Otto III., S. 277 Anm. 167, 302, angenommen werden müßte; s. aber schon
PIVANO, S. 222 Anm. 3 (auf S. 223), 238–39; s. auch PAULER, S. 140; vgl. noch BULST,
S. 23, 116.
[174]) B–G 1483ee; vgl. HIRSCH I, S. 236–37; PIVANO, S. 248–49; HARTMANN IV/1,
S. 160–61; GRAF, S. 23 Nr. 39 und ebd. S. 73–74.
[175]) Vgl. oben S. 623 m. Anm. 527. Bei dieser Gelegenheit hatten die Anhänger Arduins
Bischof Peter von Vercelli ermordet, den sie in dessen eigener Kirche verbrannten; vgl. D
O.III. 323 (999 Mai 7): *Damus omnia predia Ardoini, filii Daidonis, quia hostis publicus
adiudicatus episcopum Petrum Vercellensem interfecit et interfectum incendere non expa-
vit* (S. 749 Z.38–39): B–U 1320; vgl. dazu Const. I, Nr. 35 (a. 999) S. 53; HARTMANN
IV/1, S. 130–31 und UHLIRZ, Otto III., S. 294–95. Eine ang.: *in hoc coronationis nostre
festoso die*, gegebene Uk. Arduins ist ein genealogisches Spurium des berühmten Mailänder Fälschers Carlo Galluzzi aus dem 17. Jh.; vgl. HOLTZMANN, S. 456, 466–69.
[176]) Vgl. schon HIRSCH I, S. 238–39; PIVANO, S. 250–51; GOETZ, Nationalgefühl,
S. 17.
[177]) Vgl. HOLTZMANN, S. 457–59; BRESSLAU I, S. 444, 469; PAULER, S. 157–61, der
weder Holtzmann noch Bresslau zu zitieren für nötig hält. DD Ard. 2–4 (1002 März 25)
sind für das Bistum Como gegeben; vgl. HOLTZMANN, S. 463–64; PIVANO, S. 249.
[178]) B–G 1524a; vgl. HIRSCH I, S. 240–42; PIVANO, S. 251; HARTMANN IV/1, S. 163–
64; GRAF, S. 23–24 Nr. 40.
[179]) B–G 1559b–1569; O 1004 feierte Heinrich im Brentatal und Pf 1004 – schon
wieder auf dem Rückweg – in Grumo im Agnotal bei Luzern: B–G 1562b, 1566a. Vgl.
HIRSCH I, S. 301ff.; PIVANO, S. 251ff.; GRAF, S. 24 Nr. 41 und ebd. S. 74–75; vgl. noch
unten Anm. 211. Vgl. bes. oben S. 166 m. Anm. 521.
[180]) Kein Ottone war je in Pavia gekrönt worden: oben S. 534 m. Anm. 568, S. 575–76;
vgl. BRÜHL, Fodrum, S. 499 m. Anm. 262–63. Absurd erscheint mir die These eines
Gegenkönigtums Arduins bereits im Jahre 1000; vgl. aber PIVANO, S. 237–38.
[181]) B–G 1562g; vgl. HIRSCH I, S. 306 und SCHRAMM, Königskrönungen, S. 120–21.
Hirsch und Schramm behaupten übereinstimmend, daß Heinrich am 14.V., einem Sonntag,

los das Feld geräumt und auch schon vor Heinrichs Eintreffen in Italien keine sonderlich beeindruckende Regierungstätigkeit entfaltet hatte[182]. Anläßlich der Krönung kam es zu einer Revolte der Paveser Bürgerschaft, die blutig unterdrückt wurde[183], doch war Heinrichs Herrschaft über Italien fortan gesichert[184]. Ohne daß Arduin den Königstitel jemals offiziell abgelegt hätte[185], spielte er politisch keine Rolle mehr[186]: nach einem kurzen politischen Zwischenspiel im Sommer 1014[187] legte er als kranker Mann

---

gewählt und am folgenden Tag, das hieße also am Montag, gekrönt worden sei, was völlig undenkbar ist; richtig aber B – G 1562g. Es war dies die letzte Krönung, die in Pavia stattfand; vgl. BRÜHL, Honorantiae, S. 151 m. Anm. 86.

[182] Man kennt von ihm ganze zehn Ukk.: DD 1 (1002 Febr. 20) – 10 (1005 Febr. 27), davon immerhin fünf Originale; vgl. HOLTZMANN, S. 456, 460ff. und ebd. S. 466ff. zu den drei(?) modernen Fälschungen auf Arduins Namen; s. oben Anm. 175 und unten Anm. 185. Vgl. noch oben S. 166 Anm. 524 i.f.

[183] B – G 1562g; HIRSCH I, S. 307 – 09; PIVANO, S. 252; GRAF, S. 25 Nr. 43 und ebd. S. 75 – 76; BRÜHL, Honorantiae, S. 151, 152 – 54.

[184] Er urkundet am 17.VI.1004 bereits wieder in Zürich: DD H.II. 76 – 77: B – G 1571 – 72. Vgl. unten Anm. 220.

[185] Er führt ihn in D Ard. 10 (1005 Febr. 27; Or.): B – G 1591c; dagegen ist D Ard. 9 (ang. 1005 Jan. 28) trotz HOLTZMANN, S. 458 und B – G 1591b in das Jahr 1004 zu setzen; s. schon die zutreffende Kritik von PIVANO, S. 259 – 60, der allerdings D 9 in das Jahr 1003 datieren möchte, wozu kein Anlaß besteht; vgl. noch unten S. 652 m. Anm. 188 – 89. Zu Beginn von Heinrichs 2. Italienzug hatte Arduin seine Unterwerfung angeboten, falls Heinrich ihn als Markgraf anerkennen würde, was dieser jedoch ablehnte: B – G 1790b; vgl. HIRSCH II, S. 416. Problematisch ist eine Uk. Arduins für S. Siro zu Pavia, die HOLTZMANN, S. 472 – 77, gleichfalls für eine Fälschung von Carlo Galuzzi: oben Anm. 175, hielt, was jedoch keineswegs sicher ist. Den Text bietet Domenico CARUTTI: Il conte Umberto I (Biancamano) e il re Ardoino. Ricerche e documenti (Roma 1884²) S. 296 – 97 Nr. VI, dessen Ausführungen: ebd. S. 259ff., Holtzmann nicht genügend beachtet hat; im Sinne von Carutti auch PIVANO, S. 258 – 59 (zu 1011). Die Unsitte, ang. moderne Fälschungen einfach nicht zur Kenntnis nehmen zu wollen, hat bewirkt, daß ein sorgsamer diplomatischer Vergleich, der hier natürlich nicht nachgeholt werden kann, nun sehr erschwert ist. Ich behalte mir vor, auf diese Uk. an anderer Stelle zurückzukommen.

[186] Dies meint auch PIVANO, S. 257, doch warum behauptet er dann ebd. S. 256: „Lontano dall'Italia, Arduino non tardò a reconquistare il perduto potere, traendo vendetta dei traditori". Der als Beleg zitierte Arnulf von Mailand ist hierfür kein Bürge, die übrigen Belege betreffen alle das Jahr 1014; vgl. noch HARTMANN IV/1, S. 169 – 70; GRAF, S. 76 und unten mit der folg. Anm.

[187] In zwei Ukk. des Jahres 1014 aus Dortmund und Sohlingen sowie in einer wohl doch etwa gleichzeitigen Uk. ohne Datumangabe erwähnt Heinrich Arduins Umtriebe im Raum Novara-Vercelli-Pavia; vgl. D H.II. 320 (a. 1014) für Bischof Peter von Novara: *qui nostre fidelitatis causa multa sustinuit, famem videlicet, sitim estus et frigus, et insuper et glaciosas rupes collesque satis asperos nudis pedibus persequentibus inimicis fugiendo superavit, quin etiam nunc presencialiter multa dampna Arduino devastante recepit...* (S. 401 Z.18 – 21): B – G 1846; D H.II. 321 (a. 1014) für die Kirche von Pavia:...*Ubertum comitem... Otbertum marchionem...et Albertum, nepotem illius, postquam nos in regem et imperatorem elegerunt et post manus nobis datas...cum Dei nostroque inimico Arduino regnum nostrum invasisse, rapinas, predas, vastationes ubique fecisse...* (S. 403 Z.3 – 6): B – G 1487; D H.II. 322a (o.D.) für die Kirche von Vercelli: *quia isti* (scil. genannte Personen), *postquam nobis fidelitatem iuraverunt, corona regni Longbardici(!) et diademate imperii nobis iam attributa, Ardoino regni nostri invasori iuncti omnia vastaverunt et maxime Eusebianam ecclesiam miserabiliter afflixerunt* (S. 408b Z.5 – 10): B – G 1891

die Krone auf dem Altar des von ihm mannigfach geförderten Klosters Fruttuaria nieder[188], wurde dort Mönch und starb am 14. Dezember 1015[189].

Bevor ich mich im einzelnen der Herrschaft Heinrichs II. in Italien zuwende, sei die Frage aufgeworfen, inwieweit das Königtum Arduins als Ausdruck eines italienischen Nationalgefühls gewertet werden könnte. Dem italienischen „Risorgimento" war dies selbstverständlich, und noch PIVANO spricht unbefangen von Arduin als dem „re nazionale"[190], obwohl er durchaus die eigentlichen Triebfedern von dessen Handeln erkannte[191], die Adalbold dahin zusammenfaßt, daß Arduin: *cum maioribus nihil tractabat, cum iunioribus omnia disponebat*[192], womit die sozial-stän-

---

(zu 1016 eingereiht); s. noch D Ko.II. 54 (a. 1026) für die Kirche von Como (nach VU Heinrichs II.):...*cuidam Yeronimo, olim Vincentino episcopo, periuro apostate, qui ob nimiam insolentiam suam seniorem nostrum*(scil. Heinrich II.)...*post manus sibi traditas...et postquam eum in regem et imperatorem elegit...Ardoino, regni sui invasori, q u i t u n c p r o r e g u l o c o m p u t a b a t u r, associatus est..., cum quo pariter predas et incendia in ecclesias Dei fidelesque suos palam exercuit* (S. 63 Z.17–23): B–A 55. Vgl. noch Thietmar, Chronicon, l.VII c.2 (ed. HOLTZMANN, S. 398 Z.29–31). Allgemein vgl. HARTMANN IV/1, S. 184–85; GRAF, S. 25 Nr. 43 und ebd. S. 76–77. Vgl. HIRSCH II, S. 434–37; PIVANO, S. 271–74, der aber die hierher gehörigen Ereignisse schon einmal: ebd. S. 256 zu den Jahren „nach 1004" berichtet hatte; vgl. oben Anm. 186.

[188]) D Ard.9: oben Anm. 185, ist für Fruttuaria gegeben; nur hier wird Arduins Gemahlin Berta genannt: *Bertam dilectam coniugem nostram nostrique regni consortem* (S. 712 Z.7). Arduin war bei der Weihe Fruttuarias anwesend, wie Rodulfus Glaber bezeugt: Vita s. Willelmi, c.17: *ibi namque collocari praecepit*(scil. Willelmus) *basilicam, quam praesente Arduino rege cum aliquibus episcopis sacrari iussit* (ed. WAITZ, S. 656b Z.39–41): PL.142, col.712. BULST, S. 118–19, bezieht die Anwesenheit Arduins auf die Weihe im Dez. 1006 und nicht auf den Gründungsakt von 1003, was möglich, aber nicht sicher erweisbar ist. Wilhelm von Dijon gedenkt in seiner Gründungsurkunde, die von 14 Bischöfen und Erzbischöfen, 6 Äbten, 313(!) Mönchen sowie von König Robert und dessen Sohn Hugo unterschrieben ist: ed. BULST, Anhang 1, S. 223–36, ausdrücklich des: *adiutorium multorum, precipue Harduini regis et Berte, uxoris eius* (S. 224 Z.16–17). Bereits im Sommer 1006 erhielt Wilhelm von Heinrich II. in Aachen ein Schutzprivileg für Fruttuaria: D H.II. 120 (1006 Aug. 31): B–G 1620. Zur „Vita" Wilhelms von Rodulf Glaber s. BULST, S. 16–17 m. Anm. 20.

[189]) B–G 1870a; Vita s. Willelmi, c.17: *in qua*(scil. basilica) *etiam isdem rex*(scil. Arduin) *cum sua coniuge*(scil. Berta) *et filiis humatus quiescit* (ed. WAITZ, S. 656b Z.43–44): PL.142, col.712. Vgl. noch HIRSCH II, S. 437–38; PIVANO, S. 272–73 m. Anm. 1 und BULST, S. 136 m. Anm. 2. Bei dem Vorgang in Fruttuaria handelt es sich um ein „Kronenopfer", wie wir dies 1065 auch aus Spanien anläßlich des Thronverzichts Ferdinands I. in León kennen; vgl. BRÜHL, Kronenbrauch, S. 422–23.

[190]) PIVANO, S. 248; s. ferner POUPARDIN, Bourgogne, S. 427: „le dernier roi national de Lombardie"; auch UHLIRZ, Otto III., S. 235, 294, fließt das Wort „national" im Zusammenhang mit den Bestrebungen Arduins leicht aus der Feder; vgl. noch KIENAST I, S. 136: „nationaler Gegenkönig". Für FEDELE, S. 2, „la coscienza della nazionalità è...una della correnti perenni della nostra storia" – und dies seit der Antike. Der Satz stammt allerdings aus dem Jahre 1915, als die nationale Hysterie einen traurigen Höhepunkt in Europa erreicht hatte.

[191]) Vgl. PIVANO, S. 222–23, 248–49, 254.

[192]) Vita Heinrici imperatoris, c.15 (ed. WAITZ, S. 687 Z.38–39; ed. van RIJ, S. 62); ebd. nennt Adalbold Arduin einen *episcopicida*: oben Anm. 175, der: *non regnabat, sed vitiis in se regnantibus subserviebat in Italia* (ed. WAITZ, S. 687 Z.29–30 ed. van RIJ, S. 62).

dische Komponente des Gegensatzes zur Politik Ottos III. und Heinrichs II. klar formuliert war. In der Tat fehlt in den Quellen der Zeit jeder Hinweis auf eine bewußt „nationale" Aktion Arduins, was ja allein schon daraus erhellt, daß er jeweils nur eine Fraktion des Adels u n d des Episkopats – dieser sei nicht vergessen! – hinter sich zu scharen vermochte, deren Eigeninteressen offenkundig sind. Die Leichtigkeit, mit der Heinrich ihn eliminieren konnte, zeigt die Schwäche seiner Position, wobei die sozialständische Problematik mit Arduins Tod natürlich nicht aus der Welt geschafft war und sich auch weiterhin in unkoordinierten Gewalttätigkeiten Luft machte[193]. So wenig also das Königtum Arduins ein „nationalitalisches" Königtum gewesen ist[194], so sehr sollte man sich doch vor übereilten Schlußfolgerungen hüten, die jegliches nationales Element in der Herrschaft Arduins zu leugnen bemüht sind[195]. Es steht außer Zweifel, daß in den ersten Jahrzehnten des 11. Jahrhunderts eine gewisse Bewußtwerdung der Andersartigkeit, ein Gefühl der Gemeinsamkeit gegenüber den fremden Herren zu verzeichnen ist[196], das – nicht stark genug, ein selbständiges italisches Königtum zu schaffen[197] – doch immerhin bemüht war, die Krone Italiens aus der Union mit Ostfranken/Deutschland zu lösen, was jedoch nicht gelang[198]. Ein eher unbewußtes Ausbrechenwollen aus der ostfränkischen Vorherrschaft sollte daher als ein Faktor neben, besser: nach anderen beachtet werden.

Nachdem Heinrich sich seines italischen Gegenspielers in einer „promenade militaire" – zu einer Schlacht zwischen Heinrich und Arduin ist es weder 1004 noch 1014 gekommen – entledigt hatte, verließ er Italien sogleich wieder, um erst nach über neun Jahren zurückzukehren, dieses Mal zum Zwecke des Erwerbs der Kaiserkrone, die ihm Papst Benedikt VIII.

---

Auch für Thietmar, Chronicon, l.VI c. 93 ist Arduin natürlich ein: *a Longabardis falso rex appellatus* (ed. HOLTZMANN, S. 384 Z. 31 – 32); s. noch ebd. l.VII c. 24: *Hardvigus nomine tantum rex* (ed. HOLTZMANN, S. 426 Z. 29); vgl. PIVANO, S. 223, 251.

[193]) Vgl. HIRSCH III, S. 119 ff.; PIVANO, S. 273 – 74.

[194]) Auch Arduin war Franke, der nach salischem Recht lebte; s. GOETZ, Nationalgefühl, S. 17. Aus den Quellen spricht kein Fremdenhaß gegen die *Teutonici*, sondern ein Haß der Italiener untereinander je nach politisch-sozialem Standort.

[195]) GOETZ, Nationalgefühl, S. 17, formuliert vorsichtig: „Daß sich Arduin bei seinem Widerstand gegen einen deutschen Herrscher als Vertreter italienischer Belange fühlte oder ausspielte, ist begreiflich (ich kenne allerdings keine Quelle, in der dies verbis expressis gesagt würde: Anm. BRÜHL), besagte aber noch nicht, daß er nationale Forderungen weiterer Kreise vertrat..."; s. auch BRÜHL, Anfänge, S. 178.

[196]) Vgl. oben S. 623 – 24 und FEDELE, passim, bes. S. 14 ff.

[197]) Dazu fehlte es an den machtpolitischen Voraussetzungen; hinzu kam die Eifersucht der Großen untereinander; vgl. auch unten § 3, S. 674 m. Anm. 364.

[198]) Hierzu vgl. unten § 3, S. 674 ff.

am 14. Februar 1014 in St. Peter aufs Haupt setzte[199]; auch dieser Zug dauerte nur etwa sieben Monate[200]. Die dritte und letzte Heerfahrt Heinrichs führte ihn erneut für etwa neun Monate nach Italien[201], wobei Heinrich dieses Mal über Rom hinaus nach Benevent vorstieß und über vier Monate im Süden verbrachte[202]. Auf dem Rückweg besuchte er wahrscheinlich die berühmte Abtei Cluny im Herzogtum Burgund[203]. Schon diese knappe Zusammenstellung von Heinrichs Italienaufenthalten, die alles in allem ein Jahr und sieben Monate beanspruchten bei einer Gesamtdauer der Regierung Heinrichs II. von 22 Jahren und einem Monat[204], zeigt den völligen Bruch[205] des Herrschaftsstils des letzten Sachsenkaisers mit dem seiner Vorgänger und insbesondere Ottos III.[206]. Es war dies auch keineswegs eine „persönliche Note" Heinrichs, vielmehr „setzt mit (ihm) die Reihe der ,unergiebigen' oder besser gesagt: der sich einer gastungspolitischen Analyse entziehenden Itinerare ein"[207], die für das gesamte 11. Jahrhundert und die erste Hälfte des 12. Jahrhunderts typisch ist[208], wobei lediglich der

---

[199] B – G 1800b; B – Z 1125; vgl. Thietmar, Chronicon, l.VII c.1 (ed. HOLTZMANN, S. 396, 398). Kunigunde, die an dem 2. Italienzug teilnahm, wurde mit ihrem Gemahl in St.Peter gekrönt. Vgl. noch HALLER II, S. 229 – 30.

[200] B – G 1790a – 1839a; vgl. HIRSCH II, S. 414 – 33. BRÜHL, Fodrum, S. 454, ist die Dauer des 1. und 2. Italienzugs durch einen Setzerfehler vertauscht.

[201] B – G 2006a – 2027c; vgl. HIRSCH III, S. 194 – 225.

[202] B – G 2012a – 2024; vgl. HIRSCH III, S. 198 – 210; GAY, S. 419 – 25; BRÜHL, Fodrum, S. 477. Vgl. unten S. 655 m. Anm. 212 – 13.

[203] B – G 2027c; vgl. Joachim WOLLASCH: Kaiser Heinrich II. in Cluny, in: Frühmittelalterliche Studien 3(1969) S. 327 – 42. Der Aufenthalt ist nur in der „Vita Heinrici imperatoris" Adalberts von Bamberg und in der gleichfalls erst dem fortgeschrittenen 12. Jh. angehörigen „Vita Meinwerci" überliefert: Vita Heinrici II. imperatoris, c.28:...dimisso exercitu...Cluniacum, eo quod multa de religione et statu loci illius audiret, orationis causa cum paucis familiaribus suis perrexit (ed. WAITZ, S. 809 Z.25 – 27); Vita Meinwerci, c.28: ...imperator(scil. Heinricus)...Cluniacum quoque, inter alia ubique terrarum pro sue religionis fervore et situ loci nominatum, cum domno Meinwerco episcopo et paucis familiaribus suis adiit (ed. TENCKHOFF, S. 32). Der Verfasser der „Vita" hat die „Vita" Adalbolds gekannt; vgl. WATTENBACH – HOLTZMANN I³, S. 72 und WATTENBACH – HOLTZMANN – SCHMALE, S. 28*.

[204] Das ergibt einen Anteil des italienischen Itinerars von 6,6%! Vgl. BRÜHL, Fodrum, S. 457 (auf 7% aufgerundet). Vgl. dazu oben S. 546 – 47, S. 572 m. Anm. 149, S. 608 m. Anm. 407.

[205] BRÜHL, Fodrum, S. 466, hatte ich von einem „Wandel" in Italien, einem „Bruch" in Deutschland (lies: Ostfranken) gesprochen. Ich sehe dies heute gerade umgekehrt: der „Bruch" in Italien scheint mir gravierender als der in Ostfranken. Richtig bleibt allerdings, daß es sich nicht um einen Wandel der Gastungsgewohnheiten handelt, sondern um eine „Nivellierung" aufgrund der kurzen Aufenthaltsdauern.

[206] Es scheint mir daher nicht berechtigt, die Italienzüge der Ottonen und Salier zusammenzufassen, wie dies MÜLLER-MERTENS, Reich, S. 148, tut; vgl. BRÜHL, Fodrum, S. 457 – 58 und unten Anm. 208.

[207] BRÜHL, Fodrum, S. 461. Für Konrad II. leugnet dies HUSCHNER: oben Anm. 171. Ich bleibe skeptisch; vgl. unten § 3, S. 681 m. Anm. 420.

[208] Vgl. BRÜHL, Fodrum, S. 454 – 55, 457, 580. Zwischen 1004 und 1080 und erneut zwischen 1119 und 1157 fand kein Italienzug statt, der über zwei Jahre in Anspruch ge-

Investiturstreit politisch bedingte und teilweise unfreiwillig lange Aufenthalte in Italien erforderlich machte[209]. Es versteht sich, daß die alten „Pfeiler" der ottonischen Italienpolitik: Pavia, Ravenna, Rom, ihre Bedeutung im Herrscheritinerar weitgehend einbüßten[210], auch wenn Pavia und Ravenna – hier ist Heinrich einmal ganz „Ottone" – noch immer die bevorzugten Festtagspfalzen sind[211]. Ungewohnt „ottonisch", aber im Sinne Ottos d.Gr., ist das Eingreifen Heinrichs in Süditalien[212] mit der völlig überflüssigen Kraftprobe der zweimonatigen Belagerung Troias[213]. Auf dem Rückweg brach im Heer des Kaisers eine *pestilentia* aus, die mehr Menschenleben kostete als der gesamte Italienzug[214].

---

nommen hätte; von den zwölf hier in Betracht kommenden Zügen dauerten neun sogar unter einem Jahr! Die Intervalle liegen bei m i n d e s t e n s drei Jahren (Heinrich II./Konrad II. 1022/26, Heinrich IV. 1077/81, Heinrich V.1111/16, Lothar 1133/36), meist aber wesentlich höher: volle 23 Jahre zwischen 1097 und 1110, 17 Jahre zwischen 1137 und 1154: BRÜHL, aaO.; unglücklich daher MÜLLER- MERTENS, Reich, S. 148. Zu den Intervallen bei den Rom-Besuchen vgl. bes. TELLENBACH, Kaiser, S. 237 – 38.

[209] Heinrich IV. irrte zwischen 1094 und 1097 untätig in Italien umher, da die Alpenpässe gesperrt waren; vgl. BRÜHL, Fodrum, S. 455 m. Anm. 20. Der prozentuale Anteil Italiens an seiner Herrschaft wird dadurch natürlich verfälscht: rein rechnerisch liegt er bei ca. 25% (von der Volljährigkeit ab gerechnet), in Wahrheit bestenfalls bei 17%. Der 2. Italienzug Heinrichs V. dauerte knapp 2 1/2 Jahre: BRÜHL, aaO., S. 455 m. Anm. 17; vgl. noch ebd. Anm. 19 und TELLENBACH, Kaiser, S. 235.

[210] Nach der Zahl der Aufenthalte steht Pavia mit vier deutlich vor Verona mit drei, Ravenna und Rom mit je zwei, während er an allen übrigen Orten nur einmal bezeugt ist; vgl. BRÜHL, Fodrum, S. 467 m. Anm. 74; s. auch TELLENBACH, Kaiser, S. 234. Sämtliche *villae* oder *curtes*, in denen Heinrich nachgewiesen ist, finden sich nur dieses eine Mal im italienischen Itinerar der Ottonen und Salier; vgl. SCHROD, S. 52, 64, 74, 75, 82, 87, 117, 119, 129; BRÜHL, aaO., S. 470 m. Anm. 89. Es handelt sich immerhin um zwölf Orte gegenüber acht unter Otto III., der sich mehr als doppelt so lange in Italien aufgehalten hat; vgl. BRÜHL, aaO., S. 463. Insgesamt ist Heinrich II. in 24 Orten Italiens (ohne Süditalien) bezeugt.

[211] P a v i a : W 1013, O 1014; R a v e n n a : W 1021: B – G 1790c, 1818a; 2008a. O und Pf 1022 lag Heinrich vor Troia: B – G 2019a, 2020; vgl. TELLENBACH, Kaiser, S. 236 und unten Anm. 213.

[212] Ann. Sangall. maiores ad an.1022: *Heinricus imperator in gravi manu Apuliam ingressus, a Beneventanis gratulantibus honorifice et magnifice suscipitur. Troiam, Capuam, Salernam, Neapolim, urbes imperii sui ad Grecos deficientes, ad deditionem coegit* (ed. HENKING, S. 306). Vgl. SCHIEFFER, Heinrich II., S. 3.

[213] Heinrich wurde auf dem gesamten Süditalienzug, sogar zur Belagerung von Troia, von Benedikt VIII. begleitet: B – G 2015a, 2019a, 2021b; B – Z 1235, 1238 – 39, 1241. Der Papst begleitete den Kaiser bis Pavia und hielt dort mit diesem eine Synode ab: B – G 2027b; B – Z 1249. Zur Belagerung von Troia s. noch GAY, S. 421 – 22; unsinnig OHNSORGE, Zweikaiserproblem, S. 73 – 74. Heinrich II. ist der einzige ostfränkisch-deutsche Herrscher des 11. Jh., der in Süditalien noch militärische Operationen größeren Stils unternommen hat; vgl. BRÜHL, Fodrum, S. 478 – 79.

[214] Ann. Sangall. maiores ad an.1022: *Sed circa egressum Italiae pestilentia exercitum eius affecit e t m a x i m a p a r t e absumpsit, ut Romani imperii corpus tot membrorum suorum destitutionem sine miseria et dolore memorare non possit* (ed. HENKING, S. 307); HENKING, ed. cit., S. 307 Anm. 257, bemerkt treffend, daß diese Nachricht wohl auf dem Bericht von Augenzeugen fußt. B – G war sie dennoch keine Regestennotiz wert; s. aber oben S. 548 m. Anm. 673 – 74.

Ein Blick auf die in Italien gegebenen Urkunden Heinrichs bestätigt das bisher gewonnene Bild eines tiefen Einschnitts im Herrschaftsstil: von den 67 Urkunden, die Heinrich auf seinen drei Italienzügen im Lande gegeben hat[215] – darunter 29 Originale[216] – sind nur drei für nicht-italische Empfänger bestimmt[217]. Das Monatsmittel von ca. 3,5 Urkunden liegt weit über dem der Ottonenzeit; auch der Anteil der Originale für italische Empfänger ist spürbar größer als unter den Ottonen[218] und zeugt somit von einer höheren Intensität der Herrschaftsausübung während der beiden[219] Aufenthalte in Italien. Doch während die Regierungstätigkeit für Ostfranken praktisch ruht, wenn der König in Italien weilt[220], gilt dies keineswegs für Italien während Heinrichs Aufenthalt in Ostfranken: 36 für italische Empfänger in Ostfranken ausgestellte Diplome sind überliefert[221], zu

---

[215] 1. Italienzug: DD 68, 70 – 75: 7 DD;
2. Italienzug: DD 274 – 314 + DD 290bis, 304bis, 308bis, doch D 282 gehört wohl nicht zu Heinrich II., D 288 ist ein Spurium: 43 DD;
3. Italienzug: DD 461 – 478, doch DD 466 und 478 sind Spuria: 16 DD. DD 299, 461, 465, 467 sind Placita: MANARESI II/2, Nr. 283, 309, 310, 312. DD 308 und 308bis sind Ernennungen von Königsboten (D 308bis in: DD Ko.II., S. 426).
[216] 1. Italienzug: DD 68, 71, 73;
2. Italienzug: DD 275 – 76, 279 – 80, 283 – 84, 291 – 95, 296a, 297, 301 – 03, 304bis, 310 – 11, 314. Zu DD 296a, 297, 304 s. B – G 1816, 1818, 1827; D 283 ist für einen ostfränkischen Empfänger: unten Anm. 217.
3. Italienzug: DD 464, 469 – 70, 472, 474 – 75, 477. D 478 wurde nicht berücksichtigt.
Zu der im Vergleich zu Ostfranken deutlich schlechteren Überlieferung in Italien s. schon oben S. 492 Anm. 228, S. 571 – 72.
[217] D H.II. 277 (1014 Jan. 17): B – G 1794, für das Bistum Straßburg, D H.II. 283 (1014 Febr.; Or.): B – G 1802, für das Bistum Bamberg, D H.II. 307 (a. 1014): B – G 1829, für das Bistum Paderborn. Zu D H.II. 282 (o.D.): B – G 1802 vgl. unten Anm. 220. Alle diese DD wurden auf dem 2. Italienzug gegeben, D 283 ist vom Tag der Kaiserkrönung datiert.
[218] Die Zahl der in Italien gegebenen Urkunden beträgt für Otto I. 94 (49), für Otto II. 82 (17), Otto III. 148 (40). Die in Klammern gesetzten Zahlen bezeichnen die Originale für italienische Empfänger. Vgl. oben S. 492 – 93 m. Anm. 224 und Anm. 228, S. 571 – 72, S. 608 Anm. 410, S. 610 m. Anm. 423. Diese Zahlen sind natürlich vor dem Hintergrund der ungleich viel längeren Aufenthaltsdauer der Ottonen in Italien zu sehen.
[219] Der sogen. 1. Italienzug fällt angesichts seiner extremen Kürze völlig aus dem Rahmen, was beweist, daß Heinrich ihn lediglich wegen des Gegenkönigtums Arduins unternommen hatte, nachdem die Expedition Ottos von Kärnten ein Fehlschlag gewesen war. Kaum war er gekrönt, zog er auch schon wieder zurück über die Alpen, und es dauerte über 9 Jahre, bevor er wieder den Fuß auf den Boden Italiens setzte. Dieses Mal war der Anlaß die Kaiserkrönung.
[220] Oben Anm. 217. D 282 ist möglicherweise eine Urkunde Heinrichs III.! Vgl. bes. KELLER, Reichsstruktur, S. 119.
[221] DD H.II.41 (1003 Febr. 28): B – G 1534, 84 – 85 (1004 Okt. 9): B – G 1582 – 83, 95 (1005 Mai 2): B – G 1594, 113 (a. 1006): B – G 1613, 120 (1006 Aug. 31): B – G 1620, 129 (1007 Apr. 2): B – G 1631, 130 (1007 Apr. 10): B – G 1632, 132 (a. 1007): B – G 1635, 172 (a. 1007): B – G 1679, 173 (a. 1008): B – G 1680, 183 (a. 1008): B – G 1691, 185 (1008 Juli 15): B – G 1693, 191 (1009 Apr. 5): B – G 1699, 243 (1012 Apr. 30): B – G 1757, 245 – 46 (1012 Mai 14): B – G 1759 – 60, † 251 (a. 1012): B – G † 1766 (Spurium nach echter Vorlage), 254 (a. 1013): B – G 1770, 336 – 37 (1015 Okt. 4): B – G 1867 – 68, 338 (a. 1015): B – G 1869, 322b (a. 1016?): B – G 1891, 369 (1017 Juni 29): B – G 1905, 373 (a. 1017): B – G

denen sich noch einige Deperdita gesellen[222]. Mehrfach begaben sich Bischöfe oder Äbte des „Regnum Italiae"[223], ja sogar der Papst in Person[224],
nach Ostfranken, um Privilegien für ihre Kirchen zu erwirken[225], und auch
hier übertrifft Heinrich bei weitem seine ottonischen Vorgänger[226]. Die
Herrschaft Heinrichs II. über Italien stützte sich weit stärker als unter den
Ottonen auf den Episkopat, der sich aber nun in hohem Maße aus dem ostfränkischen Klerus rekrutierte. Natürlich ist es unsinnig, Heinrich eine
„Abneigung...gegen die italienische Nation"(sic) zu unterstellen[227]; auch
kann gar keine Rede davon sein, daß selbst nur die lombardischen Bistü-

---

1910, 388 (a. 1018): B – G 1927, 399 (a. 1019): B – G 1940, 400 (1019 Juli 13): B – G 1941,
405 (1019 Apr. 9): B – G 1946, 425 – 26 (1020 Apr. 25 – 26): B – G 1966 – 67, 427 (o.D.):
B – G 1968, 435 (1020 Okt. 30): B – G 1976, 436 (a. 1020): B – G 1977, 482 – 83 (1023 Jan.
4 – 5): B – G 2032 – 33. DD 243, 426 sind für das Patriarchat Aquileia gegeben. DD 95,
130, 183, 191, 245 – 46, 254, 337, 399, 400, 425, 435 – 36, 482 sind Originale und den 29
Originalen: oben Anm. 216, hinzuzuzählen, so daß insgesamt 43 Originale für italische
Empfänger überliefert sind. Für die Ottonen lauten die entsprechenden Zahlen: Otto I.:
–, Otto II. 3 (darunter D O.II. 154 für Aquileia), Otto III.: 4. Vgl. noch unten Anm.
223 – 24.

222) B – G 1581 (1004 Okt. 5) für das Kloster Cortolona, B – G 1848 für das Bistum
Como; dagegen sind B – G 1562 für das Bistum Feltre, B – G 1570 für das Bistum Como,
B – G 1739 für das Kloster St.Adalbert zu Ravenna und B – G 1835 für das Kloster
S.Giovanni bei Parma aus den Jahren 1004 und 1013/14 wohl doch auf dem 1. bzw. 2.
Italienzug gegeben. B – G 2064, 2068, 2070, 2072 und 2076 sind undatiert und daher hier
nicht zu verwerten; dies gilt auch für B – G 1932 für das Bistum Assisi, das nur allgemein
auf „vor 1018 Juni" datiert werden kann.

223) Vgl. bes. das „Breve recordationis" D H.II. 129, in dem die Anwesenheit mehrerer
italischer Bischöfe, Äbte und Grafen sowie der *muntii* der Bischöfe von Arezzo und Siena
bei Heinrich in Neuburg an der Donau bezeugt ist (S. 155 Z.34 – 39). Die Anwesenheit
des italischen Petenten ist bezeugt in: DD 41 (Bischof von Parma), 85 (Bischof von
Cremona), 95 (Abt von S.Ambrogio), 120 (Abt von Fruttuaria), 130 (Abt von S.Salvatore
in Monte Amiata), 185 (*legatus* des Abts von S.Ilario in Venedig), 191 (Abt von S.Apollinare in Classe), 254 (Archididakon von Bergamo), 336 – 37 (Bischof von Como), 388
(Diakon Johannes, *cappellanus* des Dogen von Venedig), 400 (*nuntius* des Abts von
Montecassino), 405 (Abt von Farfa), 426 (Patriarch von Aquileia), 436 (Kanoniker von
Arezzo).

224) Benedikt VIII. 1020 nach Bamberg: B – G 1962b, 1963, 1964a, 1965 – 66, 1967a;
B – Z 1209 – 26. Bei dieser Gelegenheit erneuerte Heinrich das „Pactum" mit der römischen Kirche: Const. I, Nr. 33: D H.II. 427: B – G 1968: B – Z 1221. Auch von diesem
„Pactum" existierte eine heute verlorene Prunkausfertigung auf Purpurpergament, die
1339 noch vorhanden war; vgl. BRÜHL, Purpururkunden, S. 611 m. Anm. 71, 616. Die
Anknüpfung an Otto d.Gr. ist offenkundig.

225) Diese doch recht intensiven Beziehungen zwischen Italien und dem Kaiserhof
sollten davor warnen, die Effizienz der Regierung Heinrichs II. in Italien zu unterschätzen.

226) Niemals zuvor war ein Papst in das Ostfrankenreich gezogen. Die Zahl der in
Ostfranken für italische Empfänger ausgestellten DD beträgt für Otto I.: 1, Otto II.: 11,
Otto III.: 9; vgl. oben S. 549 m. Anm. 488, S. 558 m. Anm. 37, S. 607 m. Anm. 396. Zur
Reise Benedikts VIII. vgl. auch Carlrichard BRÜHL: Zur Geschichte der Procuratio
canonica vornehmlich im 11. und 12. Jahrhundert (1974) in: Aus Mittelalter und Diplomatik. Gesammelte Aufsätze, t.I (Hildesheim-München-Zürich 1989) S. 323 – 35, bes.
S. 327.

227) So SCHWARTZ, S. 5.

mer[228] jemals mehrheitlich in ostfränkischer Hand gewesen wären. Dennoch wird man SCHWARTZ gern zustimmen, wenn er feststellt, daß „unter Heinrich II. die Dinge ganz anders (werden)"[229]. Die Infiltration ostfränkischer, vorwiegend aus der Kapelle hervorgegangener Bischöfe[230] in Italien variiert regional sehr stark: das Patriarchat Aquileia war seit 1019 bis in das 13. Jahrhundert hinein fest in deutscher Hand[231]; dies gilt zumindest für das 11. Jahrhundert auch für Ravenna[232], während das wichtige Mailand niemals einem ostfränkisch/deutschen Kleriker anvertraut werden konnte[233]. Zusammenfassend läßt sich sagen, daß Heinrich energischer in Italien regierte, als nach der Kürze seiner Präsenz im Lande angenommen werden könnte.

Ein besonderes Interesse Heinrichs galt Burgund, das spätestens seit den Tagen Ottos d. Gr. auf das engste mit Ostfranken verbunden war[234]. Die absehbare Kinderlosigkeit Rudolfs III. von Burgund (993–1032)[235], der seit 1011 in zweiter Ehe mit der Provenzalin Irmingard verheiratet war – sie starb erst nach dem September 1057[236] – war für Heinrich Grund genug, sich intensiv um die burgundischen Verhältnisse zu kümmern, da ein Ausscheren Burgunds aus der Abhängigkeit von Ostfranken unter allen

---

[228]) Die verschiedene Intensität kaiserlicher Ernennungspolitik, die allein schon von der Geographie, aber auch von verfassungsrechtlichen Faktoren vorgegeben ist, betont zutreffend SCHWARTZ, S. 11ff.

[229]) SCHWARTZ, S. 4; vgl. auch PAHNCKE, S. 62–63.

[230]) Vgl. FLECKENSTEIN II, S. 187ff., dessen Interesse allerdings ganz überwiegend den ostfränkischen Verhältnissen gilt.

[231]) Vgl. SCHWARTZ, S. 30–36; vgl. unten mit Anm. 233.

[232]) Vgl. SCHWARTZ, S. 151–61. Eine detaillierte Untersuchung der Bistumbesetzungen in der Lombardei, Emilia und Toscana von 951 bis zum Regierungsantritt Barbarossas wäre ein Desiderat der Forschung. Pahncke endet leider mit Heinrich II., Schwartz ist in vielen Punkten veraltet und die ohnehin regional und chronologisch eng begrenzte Arbeit von Pauler leider völlig ungenügend.

[233]) Zu den Gründen vgl. SCHWARTZ, S. 13–19.

[234]) Vgl. oben S. 447–48, S. 454ff., S. 484ff.

[235]) Dies betont auch KAHL, Burgund, S. 31.

[236]) Rudolf war zweimal verheiratet, blieb aber in beiden Ehen kinderlos, was die Annahme unwahrscheinlich macht, er habe einen unehelichen Sohn namens Hugo gehabt; Wilhelm und Hugo hießen aber die beiden Söhne Irmingards aus deren erster Ehe, und Hugo ist daher wohl identisch mit dem seit 1019 bezeugten Bischof von Lausanne; vgl. POUPARDIN, Bourgogne, S. 146 m. Anm. 3; KAHL, Burgund, S. 36 und dagegen SCHIEFFER, Überblick, S. 21 sowie D Rud. 136 (a. 1019) Vorbem., S. 313. Über die Herkunft Irmingards weiß man so gut wie nichts; KAHL, aaO., S. 25–26, vermutet verwandtschaftliche Beziehungen zu Graf Humbert „Weißhand", dem Stammvater des Hauses Savoyen, der auf jeden Fall der Vogt ihrer Besitzungen war. Von Irmingard sind 8 „cartae" überliefert, davon 6 aus ihrer Witwenzeit: DD Rud. 136 (a. 1019)–143 (1057 Sept. 20). Letzte Uk. ist datiert: *post mortem Heynrici imperatoris secundi anno I...Dom(i)no regnante et regem expectante* (S. 324 Z.25–26). Vgl. noch POUPARDIN, aaO., S. 125 m. Anm. 1; SCHIEFFER, aaO., S. 20–21.

Umständen verhindert werden mußte[237]. Auch hierin befolgte Heinrich die Politik Ottos d.Gr., der seit 937 die Hand über Burgund gehalten hatte. Seine Position war besonders stark, da er über alle lehnsrechtlichen Bande hinaus[238] ein Neffe Rudolfs III. war[239]. Schon 1006 trat Rudolf diesem das wichtige Basel ab[240]. In Ostfranken erfreute sich der Burgunderkönig keines hohen Ansehens: die St.Galler Annalen bezeichnen ihn geradezu als *regulus*[241], Thietmar hält ihn für einen *rex mollis et effeminatus*[242] und bemerkt sarkastisch: *nullus enim, ut audio, qui sic presit in regno: nomen tantum et coronam habet, et episcopatus hiis dat, qui a principibus eliguntur*[243], was ihm offensichtlich der Gipfel königlicher Machtlosigkeit bedeutet[244]; dagegen sagt er von Otto-Wilhelm: *miles est regis in nomine et dominus in re*[245]. Im Jahre 1016 traf Heinrich II. mit Rudolf III. und dessen Gemahlin Irmingard in Straßburg zusammen[246], nachdem dieser der Aufforderung des Kaisers, sich zu Ostern bei ihm in Bamberg einzufinden, nicht nachgekommen war[247], doch unterstreicht dies noch einmal meine schon oben ge-

---

[237] MARIOTTE, S. 168, bemerkt sehr richtig, daß gegenüber einem abhängigen und eng mit Ostfranken verbundenen Burgund kein Handlungsbedarf bestand. Erst das drohende Aussterben des Herrscherhauses machte die Annexion in Form einer Personalunion unvermeidbar. Vgl. unten § 3, S. 685 – 86.

[238] Diese sind bekanntlich quellenmäßig nicht mit Sicherheit erweisbar, aber m.E. aus dem historischen Kontext zwingend zu erschließen; vgl. bes. MARIOTTE, S. 174, 182 – 83; etwas zurückhaltender urteilt SCHIEFFER, Überblick, S. 14, 31.

[239] So u.a. SCHIEFFER, Überblick, S. 31, doch war er wohl nur ein Stiefneffe, da seine Mutter Gisela der 1. Ehe Konrads, Rudolf aber dessen 2. Ehe mit Mathilde entstammte; so bereits POUPARDIN, Bourgogne, S. 385 m. Anm. 2, 387 m. Anm. 6 mit Stammtafel, nach S. (512); MARIOTTE, S. 176 m. Anm. 1 und zuletzt HLAWITSCHKA (oben S. 437 Anm. 320) S. 452.

[240] B – G 1616a; vgl. HIRSCH I, S. 391ff.; BRESSLAU, Jbb. I, S. 82ff.; POUPARDIN, Bourgogne, S. 120 – 21; MARIOTTE, S. 176; SCHIEFFER, Überblick, S. 31; KIENAST I, S. 139 m. Anm. 334. KAHL, Burgund, S. 36, hält ein Treffen zwischen Heinrich und Rudolf „möglicherweise in Basel" für gesichert, „ohne daß ein Besuch in den rudolfingischen Kernlanden auszuschließen wäre". Dafür kenne ich keinen Quellenbeleg, die M ö g l i c h - k e i t ist allerdings erwägenswert; s. noch KAHL, aaO., S. 37.

[241] Ann. Sangall. maiores ad an.995: *quosdam suorum paterna hereditate privare conatus, bello lacessitus est, ubi ipse regulus licet copiosum haberet exercitum, facile tamen victus et fugatus est* (ed. HENKING, S. 300); vgl. POUPARDIN, Bourgogne, S. 116 m. Anm. 1 – 2; MARIOTTE, S. 173 – 74 und KIRFEL (oben S. 375 Anm. 131) S. 56 m. Anm. 47 – 49.

[242] Thietmar, Chronicon, l.VII c.30 (ed. HOLTZMANN, S. 434 Z.16); vgl. HIRSCH III, S. 35 Anm. 5.

[243] Thietmar, Chronicon, l.VII c.30 (ed. HOLTZMANN, S. 434 Z.21 – 24); vgl. POUPARDIN, Bourgogne, S. 177 – 78; s. auch ENGELS, S. 531 Anm. 246.

[244] Zu der gastungsrechtlichen Bedeutung dieses Passus s. BRÜHL, Fodrum, S. 126 – 27.

[245] Thietmar, Chronicon, l.VII c.30 (ed. HOLTZMANN, S. 434 Z.29 – 30); vgl. KAHL, Burgund, S. 28 m. Anm. 33.

[246] B – G 1886a; vgl. HIRSCH III, S. 36 – 38; POUPARDIN, Bourgogne, S. 124 – 26; MARIOTTE, S. 176 – 77; VOSS, Herrschertreffen, S. 157, 171. Vgl. D Rud. 109 (a. 1016 [Mai – Juni]).

[247] B – G 1877b; vgl. HIRSCH III, S. 36; POUPARDIN, Bourgogne, S. 124; MARIOTTE, S. 176; SCHIEFFER, Überblick S. 32; VOSS, Herrschertreffen, S. 86, 114.

troffene Feststellung, daß der Burgunderkönig nicht „grenztreffenfähig" war und sich stets nach Ostfranken zu begeben hatte[248]. Der Vertrag von Straßburg, mit dem Rudolf sich Heinrich kommendierte[249], war in seiner Stoßrichtung eindeutig gegen Otto-Wilhelm, den mit Abstand mächtigsten Vasallen Rudolfs[250], gerichtet, gegen den Heinrich einen ergebnislosen Feldzug unternahm[251]. Im Februar 1018 traf Rudolf, erneut begleitet von Irmgard und deren Söhnen, mit Heinrich zusammen; dieses Mal war Mainz der Ort der Begegnung[252]. Abermals trug Rudolf − jetzt jedoch erstmals: *cum uxore sua et privignis ac optimatibus universis*[253] − Heinrich sein Reich auf[254]. Im Sommer des Jahres 1018 zog Heinrich *exercitu collecto* nach Burgund und stieß bis zur Rhône vor[255]. Die folgenden Jahre sind für uns in Dunkel gehüllt: erst unter Heinrichs Nachfolger Konrad II. wird die burgundische Frage gelöst werden[256].

Ich schließe die Besprechung der westfränkischen Verhältnisse direkt an die der burgundischen an. Ein letztes Mal sei ein Vergleich des west- und ostfränkischen Königsitinerars und des überlieferten Urkundenmaterials versucht, der sich jedoch von denen der ottonischen Zeit nicht signifikant unterscheidet: noch während des gesamten 11. Jahrhunderts bleibt die Zahl der überlieferten Königsurkunden in Westfranken/Frankreich ganz

---

[248]) Vgl. schon oben S. 607 m. Anm. 403.

[249]) Hieran ist nach dem Wortlaut des Berichts von Thietmar, Chronicon, l.II c.28, nicht zu zweifeln: *omnem namque Burgundiae regionis primatum per manus ab avinculo suimet accepit et de maximis rebus sine eius consilio non fiendis securitatem firmam* (ed. HOLTZMANN, S. 432 Z.13 – 16); vgl. HIRSCH III, S. 36 m. Anm. 3. Gegen die Einwände von POUPARDIN, Bourgogne, S. 126 – 27 s. schon MARIOTTE, S. 178; vgl. noch KAHL, Burgund, S. 38; SCHIEFFER, Überblick, S. 32.

[250]) Zu Otto-Wilhelm vgl. schon oben S. 543 Anm. 637 und oben S. 659 m. Anm. 245. Vgl. bes. POUPARDIN, Bourgogne, S. 222ff. und die folg. Anm.

[251]) B – G 1886a, 1888a; vgl. HIRSCH III, S. 37 – 38; POUPARDIN, Bourgogne, S. 131 – 32; SCHIEFFER, Überblick, S. 32; KIENAST I, S. 144 m. Anm. 348. Die Konfiskation der Lehen Otto-Wilhelms blieb „lettre morte".

[252]) B – G 1921a; vgl. HIRSCH III, S. 79; POUPARDIN, Bourgogne, S. 133 – 34; SCHIEFFER, Überblick, S. 32.

[253]) Thietmar, Chronicon, l.VIII c.7 (ed. HOLTZMANN, S. 500 Z.19 – 21).

[254]) Hierzu vgl. bes. KAHL, Burgund, S. 39; s. auch MARIOTTE, S. 176 – 78; KIENAST I, S. 144 – 45.

[255]) B – G 1934a-b; vgl. HIRSCH III, S. 80 m. Anm. 2; POUPARDIN, Bourgogne, S. 134 – 35. Die Haltung Rudolfs blieb undurchsichtig. Eine undatierte Uk. Rudolfs III. für das Kloster Savigny, die SCHIEFFER zutreffend auf „vor 1018 Sept?" datiert, trägt neben dem Signum Rudolfs auch das *Signum Heinrici imperatoris*: D Rud. 113 (S. 279 Z.22 – 23), doch scheint es gewagt, hieraus auf ein herzliches Einvernehmen zwischen Heinrich und Rudolf zu schließen; vgl. D Rud. 113 Vorbem., S. 278 – 79 und SCHIEFFER, Überblick, S. 33.

[256]) Unten § 3, S. 683ff.

erheblich hinter der in Ostfranken/Deutschland zurück[257]. Hinzu kommt der vor allem von LEMARIGNIER herausgearbeitete Sachverhalt, daß die Zahl der in der Kanzlei redigierten Königsurkunden abnimmt im Vergleich zu den vom König mit seinem „Signum" validierten „chartae"; Hand in Hand mit dieser Entwicklung geht eine zweite, die bewirkt, daß auch die eigentlichen Königsurkunden, die in karolingischer Zeit selbstverständlich keiner Zeugen bedurften[258], nunmehr gleichfalls von mehreren *testes* – teilweise sogar von recht niedrigem sozialen Rang – unterschrieben werden[259]. Beide Entwicklungen erreichten ihren Höhepunkt erst unter Philipp I.[260] und charakterisieren auf ihre Weise eine „royauté de premier âge féodal", wie LEMARIGNIER formuliert hat[261], im Gegensatz zu den „prolongements carolingiens", die er noch bis etwa 1025 erkennen zu können glaubt[262]. Unter Beschränkung allein auf die Urkunden Roberts II. vom Augenblick der Alleinherrschaft bis zu seinem Tode (24. Oktober 996–20. Juli 1031)[263] ergibt sich folgendes Bild: 61 Urkunden ausgestellt auf den Namen des Königs = 1,7 pro Jahr[264] und 14 Unterschriften des Königs auf „chartae", was bereits in etwa dem Anteil dieses Urkundentyps zur Zeit Philipps I. entspricht[265]. Dagegen ist der Anteil der Originale an der Gesamtzahl der Urkunden unter Robert II. ungewöhnlich hoch und

---

[257]) Dies gilt bis Heinrich IV. und Philipp I. einschließlich, wie ein Blick in die einschlägigen Urkundeneditionen: DD H.IV. und Actes de Philippe Ier, passim, beweist; s. schon BRÜHL, Fodrum, S. 221 m. Anm. 3. Die Edition der Urkunden Heinrichs I., besorgt von Olivier GUYOTJEANNIN-Paris, darf wohl für 1991/92 erwartet werden.

[258]) Mit Ausnahme einiger ganz weniger Fälle, in denen Solemnitätszeugen vorkommen wie z.B. im Fall der „Pacta" mit der römischen Kirche, doch sind diese Ausnahmen ohne Bedeutung; vgl. BRESSLAU II/1, S. 202 m. Anm. 1.

[259]) LEMARIGNIER, Gouvernement, S. 42–43, 46; vgl. BRÜHL, Fodrum, S. 234 m. Anm. 55a.

[260]) Die Edition der DD Philipps I. umfaßt 181 Nrn., von denen 6 Deperdita (Nr. 1, 59, 68, 139, 165–66) sowie 8 Briefe oder Mandate (Nr. 119, 137, 148, 150, 167, 169, 171) abzuziehen sind. Von diesen 167 Nrn. sind 39 (41) „chartae" mit Unterschrift des Königs = 24%. Königsurkunden ohne Zeugenunterschriften sind die große Ausnahme, insgesamt etwa ein gutes Dutzend: Actes de Philippe Ier, Nr. 39 (1068 Juni 15) S. 112–14, weist 55 zeitgenössische „Signa" auf; s. schon BRÜHL, Fodrum, S. 234 Anm. 55a (auf S. 235); GUYOTJEANNIN, S. 39, 48.

[261]) Gouvernement, S. 67ff.

[262]) Gouvernement, S. 37ff.

[263]) Das sind immerhin rund 12 1/2 Jahre mehr als die 22jährige Regierungszeit Heinrichs II., doch belasse ich es der Einfachheit halber bei einem Vergleich zwischen diesen beiden Herrschern, der eindrucksvoll genug ist.

[264]) Nach frdl. Mitteilung von Herrn Kollegen O. GUYOTJEANNIN: oben S. 583 Anm. 225, der noch 10 Deperdita Roberts anführt, doch habe ich diese in den bisherigen Vergleichen niemals berücksichtigt und muß sie daher auch hier außer Betracht lassen.

[265]) Vgl. oben Anm. 260. Natürlich betrifft dies nur die Relation, nicht die absoluten Zahlen.

liegt weit über den Zahlen für die letzten Karolinger[266]. Der Vergleich mit Heinrich II. ist eindeutig: für die 22 Regierungsjahre des Kaisers besitzen wir ca. 270 Originale allein für ostfränkische Empfänger, und die Gesamtzahl der für diese Empfängergruppe gegebenen Diplome liegt bei über 400[267]. Damit ist das Wesentliche gesagt: die überlegene Intensität der Herrschaftsausübung in Ostfranken springt in die Augen.

Das ist aber noch nicht alles: die so ungleich viel schlechtere Überlieferung in Westfranken hat ihre Konsequenzen auch für das Itinerar. Man vergleiche nur die 25 Oktavseiten bei PFISTER mit den 262 Quartseiten der „Regesta Imperii" von GRAFF[268]. Es genüge der Hinweis, daß von den 61 Diplomen Roberts II., die auf uns gekommen sind, nur 17 ein vollständiges Datum (Ort, Jahr, Monat, Tag) aufweisen[269], das entspricht ca. 0,5 pro Jahr! Auch die erzählenden Quellen (Helgald, Rodulfus Glaber, Ademar von Chabannes u.a.) sind für das Herrscheritinerar nicht annähernd so ergiebig wie ein Thietmar von Merseburg oder selbst die Hildesheimer und Quedlinburger Annalen[270]. Auch dies ist keine Besonderheit der Regierung Roberts II., sie gilt praktisch für das gesamte 11. Jahrhundert[271]. So kann es nicht wunder nehmen, daß über das Itinerar Roberts nur sehr dürftige Aussagen möglich sind: sie beschränken sich im wesentlichen auf die Tatsache, daß der König seine eigentliche Krondomäne[272] kaum verließ, es sei denn, er befand sich auf einem Kriegszug, einer Pilgerreise oder er traf sich mit einem fremden Fürsten[273]. Soweit man daher überhaupt von ei-

---

[266] NEWMAN, Nr. 9, 13, 24, 27 – 29, 31, 39, 44, 50, 64, 70, 73, 82 – 85, 88, 93 = 19 DD = ca. 30%. Vgl. dazu oben S. 492 m. Anm. 225, S. 559 m. Anm. 50.

[267] Vgl. oben S. 645 m. Anm. 145. Zu Italien vgl. ergänzend oben S. 656 m. Anm. 215 – 17.

[268] PFISTER, S. LXII – XXXVI und B – G, S. 855 – 1116. Dabei verschlägt es nichts, daß die Übersicht von Pfister etwas veraltet und natürlich nicht nach den strengen Normen der „Regesta Imperii" gearbeitet ist. Auch eine moderne Bearbeitung würde nicht sehr viel umfangreicher ausfallen; vgl. noch LEMARIGNIER, Gouvernement, S. 52 – 53.

[269] NEWMAN, Nr. 9 (997 Apr. 19, Paris), Nr. 13 (999 Okt. 26, Paris) Nr. 15 (1001 Apr. 14; O: Apr. 13, Orléans), Nr. 18 (W 1002, Orléans), Nr. 19 (O 1003, St-Denis), Nr. 24 (1005 Aug. 25, vor Avallon), Nr. 26 (Himmelfahrt [30. Mai] 1006, Fécamp), Nr. 29 (Epiphanias 1006 [?], Senlis), Nr. 30 (1007 Sept. 27, Bois de Boulogne), Nr. 31 (Pf 1008, Chelles), Nr. 39 (1014 Nov. 11, Orléans), Nr. 46 (1017 Juni 9, Compiègne), Nr. 47 (1018 Febr. 27, Autun), Nr. 49 (1019 Febr. 24, Sens), Nr. 73 (1028 Mai 14, Chelles), Nr. 82 (1030 Apr. 4; O 1030: März 29, Orléans), Nr. 83 (1030 Sept. 23, Argilly). Auch diese Daten sind nicht alle zweifelsfrei und bedürfen noch der Überprüfung in der kritischen Edition, die hoffentlich in Bälde von O. GUYOTJEANNIN-Paris, zu erwarten ist; vgl. oben Anm. 264.

[270] Vgl. schon BRÜHL, Fodrum, S. 221 – 22 m. Anm. 4 – 5.

[271] Vgl. die Itinerarkarten IV – V bei BRÜHL, Fodrum II.

[272] Vgl. NEWMAN (oben S. 594 Anm. 298) S. 105ff., 202, 216; zu Heinrich I. vgl. ebd. S. 115ff.

[273] So weilte Robert häufig in Burgund – vgl. dazu unten S. 664 m. Anm. 286 –, unternahm zwei Pilgerreisen nach Rom (ca. 1009/10, 1016), eine nach St-Jean d'Angély (a. 1010) und besuchte an seinem Lebensende auf seinem einzigen Zug in den Süden Toulouse,

nem „Itinerar" Roberts II. sprechen kann, läßt sich sagen, daß Robert vorwiegend in Orléans und Paris residierte[274], während er die alte karolingische Domäne um Reims und Laon nicht sehr häufig aufgesucht zu haben scheint[275], doch 1017 fand in Compiègne, 1027 in Reims, beide Male am Pfingsttag, das „Sacre" des Thronfolgers statt[276]. Die neue Dynastie hat also am Krönungsort nichts geändert, sondern die karolingische Tradition unverändert fortgesetzt[277]. Auch der karolingische Festkrönungsbrauch wurde im alten Stil beibehalten, obschon die dürftigen Quellen nicht erlauben, einen „Festtagskalender" des westfränkischen Königs aufzustellen, wie dies für Heinrich II. ohne weiteres möglich ist[278].

Allein die Betrachtung des Itinerars Roberts II. läßt erkennen, daß die Machtstellung des westfränkischen Königs trotz der Annektion der karolingischen Krondomäne noch nicht sehr gefestigt war. Dies zeigte sich schon an den Schwierigkeiten, die Robert hatte, seinen Sohn zu Lebzeiten zum Mitregenten wählen zu lassen. Bereits bei der Krönung Hugos sollen die Großen von der Wahl des Sohnes abgeraten haben[279]; bei dem „Sacre" des zweiten Sohnes Heinrich hatte Robert nicht nur mit den Intrigen seiner Gemahlin Konstanze zu kämpfen[280], sondern auch mit grundsätzlichen Einwänden. So schrieb der in Poitiers wirkende Scholaster Hildegar an Bischof Fulbert von Chartres: *Est autem haec eorum ad componendam*

---

Conques und Aurillac: PFISTER, S.LXXII, LXXVI Nr. 54 (B – Z 1167), LXXXVI. Vgl. noch unten S. m. Anm.

[274]) Er urkundet neunmal in Orléans und sechsmal in Paris: NEWMAN, Nr. 15, 18, 39, 44, 51, 58, 81 – 82, 89; 9, 13, 50, 70, 72, 76.

[275]) Robert ist urkundlich je zweimal in Reims und Compiègne, ein einziges Mal in Laon nachweisbar: NEWMAN, Nr. 67, 71; 46, 66; 52. Allgemein vgl. BRÜHL, Fodrum, S. 235 m. Anm. 67. Unter Heinrich I. steht Laon dagegen nach der Zahl der Urkundenausfertigungen an 2. Stelle: BRÜHL, aaO., S. 235 – 36.

[276]) NEWMAN, Nr. 46, 68; PFISTER, S.LXXVII, LXXXII und ebd. S. 71 – 73, 76 – 78; SCHRAMM I, S. 97 – 98, 120; BRÜHL, Fodrum, S. 256 – 67 m. Anm. 151. Vgl. noch unten S. 664 m. Anm. 290 – 91.

[277]) Nach 1027 fanden mit Ausnahme der Krönungen Ludwigs VI. 1108 in Orléans und Heinrichs IV. 1594 in Chartres, die beide politisch bedingt waren, alle „Sacres" der französischen Könige in Reims statt; vgl. SCHRAMM I, S. 104 – 05 und BRÜHL, Fodrum, S. 257 – 58.

[278]) Vgl. SCHRAMM I, S. 120 – 24; BRÜHL, Fodrum, S. 258 – 60; vgl. oben Anm. 269 und dagegen oben S. 646 – 47.

[279]) Rodulfus Glaber, l.III c.9: *Providusque de regni successu elegit*(scil. Robert II.) *regnare post se illorum primogenitum, Hugonem nomine, puerum adhuc, clarissimę indolis illustrem. Cumque de ipsius sacrando sublimio primates regni consuluisset, tale ei dedere responsum: Sine puerum, rex, si placet, crescendo procedere in viriles annos, ne, veluti de te gestum est, tanti regni pondus infirmae committas aetatis* (ed. PROU, S. 81); vgl. PFISTER, S. 71.

[280]) Vgl. PFISTER, S. 74 und oben S. 339 – 40; vgl. unten S. 664 m. Anm. 291.

*utrinque litem sententia: patre vivente nullum regem sibi creari*[281]. Auch Herzog Wilhelm V. von Aquitanien zeigte sich von dem Gedanken der Wahl Heinrichs wenig erbaut[282], nahm dann aber doch am „Sacre" in Reims teil[283], während Fulbert dieses zwar auf das lebhafteste befürwortet hatte, aus Angst vor Konstanze aber gesundheitliche Gründe vorschützte, um nicht nach Reims ziehen zu müssen[284]. Am deutlichsten offenbarte sich die schwache Position des kapetingischen Königtums jedoch in der Frage des Herzogtums Burgund: am 15. Oktober 1002 war Herzog Heinrich, der Bruder Hugos Capet, ohne legitimen Leibeserben gestorben[285]. Das Herzogtum fiel an die Krone zurück, doch bedurfte es jahrelanger erbitterter Kämpfe, bevor Robert als Herzog anerkannt war[286]; er gab es dann aber 1016 oder 1017 an seinen erst 1008 geborenen Sohn Heinrich aus[287], was unwillkürlich an die Handlungsweise Ludwigs IV. im Jahre 953 denken läßt[288]. An der tatsächlichen Herrschaft Roberts in Burgund änderte das zunächst nichts[289], doch kaum hatte Heinrich die Volljährigkeit erreicht, starb 1025 unerwartet sein älterer, schon zum König gesalbter Bruder Hugo[290]. Nachdem Heinrich 1027 seinerseits zum Mitregenten Roberts II. gesalbt worden war[291], bestand noch einmal die Chance, Burgund bei der

---

281) Fulbert, ep. 115 (ed. BEHRENDS, S. 206). Hildegar fährt fort: *quod si acrius institerint in vita patris hoc fieri, quem meliorem senserit ad regem debere sublimari* (ed. BEHRENDS, S. 206); vgl. PFISTER, S. 76.

282) Fulbert, ep. 116 (ed. BEHRENDS, S. 208, 210); vgl. PFISTER, S. 77.

283) Ebenso wie schon 1017 in Compiègne: PFISTER, S. 72, 76; vgl. LEMARIGNIER, Gouvernement, S. 47–48.

284) Fulbert, ep. 124: *Temptarem tamen...eo*(scil. Remis) *pervenire, si non absterreret sevicia matris eius, cui satis creditur, cum mala promittit, fidem facientibus multis et memorabilibus gestis eius* (ed. BEHRENDS, S. 222).

285) PFISTER, S.LXVIII Nr. 23 Anm. 225; RICHARD, S. 3 m. Anm. 5.

286) Vgl. PFISTER, S. 256ff.; RICHARD, S. 3–6. Vgl. auch NEWMAN, Nr. 24 (Avallon), 35 (Auxerre), 47 (Autun), 49 (Sens), 57 (Héry, Dép. Auxerre), 60 (Avallon), 65 (Autun).

287) Vgl. PFISTER, S. 265, der die Verleihung des Herzogtums an Heinrich zeitgleich mit dem „Sacre" Hugos in Compiègne ansetzen möchte („il nous est simplement permis de conjecturer..."), während RICHARD, S. 6, „en 1016 au plus tard(?)" annimmt und ebd. treffend bemerkt: „et ceci(scil. le nom d'Henri) peut apparaître comme un nom de candidature". Die Argumente von PFISTER, S. 265, zur Verteidigung der Verleihung Burgunds haben mich nicht überzeugt. Zum Geburtsjahr Heinrichs s. PFISTER, S. 70.

288) Oben S. 488 m. Anm. 193.

289) Es hat nicht den Anschein, als ob Heinrich vor seiner Königswahl aktiv in die burgundischen Verhältnisse eingegriffen hätte; er unterschreibt mit seinem Vater 1025/26 eine Uk. des Bischofs Helmuin von Autun und interveniert als *Celticae Burgundiae dux* in einer Uk. „vor Mai 1027" für die Kirche von Chalon: NEWMAN, Nr. 65, 67; vgl. PFISTER, S. 265–70; RICHARD, S. 7 m. Anm. 2.

290) Hugo starb, gerade 18 Jahre alt, am 17.IX.1025: PFISTER, S. 75.

291) PFISTER, S. 77–78. Neben Wilhelm V. von Aquitanien: oben mit Anm. 283, hat auch der mächtige Gegenspieler Roberts in Burgund, Graf Otto-Wilhelm, am „Sacre" Heinrichs teilgenommen; er starb nur wenige Monate später am 21.IX.1027; vgl. RICHARD, S. 7; irrig PFISTER, S. 78 Anm. 1, 267 m. Anm. 2.

Krone zu halten[292], doch sie wurde wiederum vertan: um sein Königtum im Kampf gegen die Ambitionen seiner Mutter und seines Bruders Robert zu sichern, mußte Heinrich diesem 1031/32 Burgund überlassen[293], und fortan war der westfränkisch/französische König in Burgund genau so ein Fremder[294] wie in Aquitanien[295]. Otto d.Gr. hatte dagegen schon 938 vermocht, das ihm zugefallene Herzogtum Franken nicht wieder auszugeben und damit die Macht der Krone wesentlich stärken können[296].

Im Gegensatz zu Otto III., der zwar 999 in Rom gemeinsam mit Papst Gregor V. über Robert in dessen Eheangelegenheit zu Gericht gesessen hatte[297], aber niemals mit ihm zusammengetroffen war[298], haben zwischen Robert II. und Heinrich II. zwei Treffen stattgefunden: das eine im Sommer 1006 an oder wohl besser auf der Maas[299], von dem allein die Datie-

---

[292] Im Augenblick des Todes Roberts hat Heinrich das Herzogtum offenbar noch besessen; vgl. BERNARD – BRUEL IV, Nr. 2852: *anno ab incarnatione Domini MXXXI, indictione XIII, vicesimo V die post transsitum domni Rotberti gloriosissimi regis Francorum, anno XL regni ipsius qui est VI* (lies: V) *filii eius piissimi domni Heinrici, ex quo unctus est in regem super gentem Francorum et Burgundionum* (S. 52–53). Nicht nur werden hier Franken und Burgunder als zwei getrennte *gentes* aufgeführt, auch das „Sacre" gilt – zumindest nach der Auffassung des Schreibers der „carta", getrennt für Franken und Burgunder. Vgl. RICHARD, S. 7 m. Anm. 4.

[293] RICHARD, S. 8 und ebd. S. 8ff. Die von Robert begründete Linie der Herzöge von Burgund erlosch erst im Jahre 1361 mit Philippe de Rouvres.

[294] Unter Heinrich I. und Philipp I. finden sich praktisch keine Urkundenausstellungen mehr in Burgund; vgl. BRÜHL, Fodrum, S. 235–36 m. Anm. 58–59, 239 m. Anm. 73; s. auch Itinerarkarte V. Nur Sens gehört ab Heinrich I. unbestritten zur Krondomäne: RICHARD, S. 8 und ebd. S. 9 Fig. 2.

[295] Vgl. Aimoin, Vita Abbonis, c.20: (bei Betrachtung der Ruinen der alten Pfalz Chasseneuil bemerkt Abbo lächelnd): *Potentior...nunc sum domino nostro rege Francorum intra hos fines* (scil. südlich der Loire), *ubi nullus eius veretur dominium*: Pl.139, col. 410A; vgl. LEMARIGNIER, Gouvernement, S. 41 m. Anm. 14. In seiner berühmten Schilderung der Persönlichkeit Wilhelms V. von Aquitanien betont Ademar von Chabannes, l.III c. 41: *Et quocumque iter ageret vel conventum publicum exerceret, potius rex quam esse dux putabatur...* (ed. CHAVANON, S. 163). Ademar erwähnt auch die guten Beziehungen Wilhelms zu Kaiser Heinrich: *Cum imperatore Hainrico ita amiciciis copulatus est, ut muneribus alterutrum se honorarent...Romani pontifices eum venientem Romam sic reverenter excipiebant acsi esset eorum augustus omnisque Romanus senatus patrem eum sibi adclamabat* (ed. CHAVANON, S. 163–64); Vgl. noch unten Anm. 371. Ganz typisch ist eine in Poitiers auf Bitten Gottfrieds von Aquitanien ausgestellte Uk. Philipps I.: Actes de Philippe I^er, Nr. 84 (1076 Okt. 14): *tunc enim temporis cum magna festinatione et nimis private veneramus Pictavim ad Gaufredum, ducem Aquitanorum, ut nobis auxilium preberet contra Guillelmum regem Anglorum et comitem(!) Normannorum...*; er entschuldigt sich daher: *quia ideo nostri sigilli inpressionem huic carte imponere non iussimus, quia illud apud nos non habebamus* (S. 220 Z. 24–27); s. dazu FLICHE, S. 272 m. Anm. 5. Vgl. auch BRÜHL, Fodrum, S. 224 m. Anm. 14–15.

[296] Vgl. oben S. 497–98.

[297] Const. I, Nr. 24 c. 1 (S. 51): B–U 1299c; B–Z 846; vgl. UHLIRZ, Otto III., S. 283ff.

[298] Vgl. oben S. 603 m. Anm. 365.

[299] B–G 1613a, 1619a; vgl. HIRSCH I, S. 401–02; PFISTER, S. 363–64; KIENAST I, S. 138 und bes. VOSS, Herrschertreffen, S. 65, 187, 214.

rung einer Urkunde Roberts kündet[300]. Über das zweite sind wir ungleich viel besser informiert: es fand am 10./11. August 1023 in Ivois und Mouzon statt[301], worüber nicht nur der ausführliche Bericht des Cluniazensermönchs Rodulf Glaber († 1050) vorliegt[302], sondern überdies auch eine von Robert und Heinrich gemeinsam ausgestellte Urkunde für die Bischofskirche von Limoges[303]. Über kein Herrschertreffen des 10. und 11. Jahrhunderts, sind wir, was Fragen des Protokolls anbelangt, so ausführlich und genau unterrichtet, wie über die Zusammenkunft von Ivois/Mouzon am Chiers[304]. Die Darstellung Rodulfs zeigt mit aller Deutlichkeit, wie sehr man auf beiden Seiten bemüht war, die absolute Gleichrangigkeit der beiden Könige – trotz des Kaisertitels Heinrichs! – zu betonen. Das geht so weit, daß Heinrich – gerade weil er Kaiser ist – den ersten Schritt tut und Robert in Ivois aufsucht, was dieser am folgenden Tag mit einem Besuch bei Heinrich in Mouzon erwidert[305]. Aus den ausgehan-

---

[300] BOUQUET X, S. 588 Nr. XVII: *Actum publice supra Mosam apud regale colloquium gloriosissimi regis Rotberti atque Henrici regis serenissimi anno ab incarnatione domini nostri Jesu Christi MVI* (S. 589 B): NEWMAN, Nr. 28. Die im Anschluß an HIRSCH I, S. 401, von VOSS, Herschertreffen, S. 66, vorgeschlagene Übersetzung „auf der Maas" wird gestützt durch Rodulf Glaber, der zu 1023 berichtet, man habe zunächst erwogen, *ut in fluminis medio navibus portarentur simul locuturi*: l.III c.2 § 8 (ed. PROU, S. 59); vgl. auch SCHNEIDER, Verträge, S. 11.

[301] B – G 2041a; vgl. HIRSCH III, S. 257 – 63; PFISTER, S. 369 – 71; KIENAST I, S. 146 – 48; VOSS, Herrschertreffen, S. 120, 127, 131, 187, 215.

[302] Rodulf Glaber, l.III c.2 § 8 (ed. PROU, S. 58 – 59); ausführlicher noch Gesta episc. Camerac., l.III c.37 (ed. BETHMANN, S. 480 Z.20 – 49). Robert II. hatte Fulbert von Chartres nach Mouzon entboten, der sich indes entschuldigte: Fulbert, ep.81 (ed. BEHRENDS, S. 146). Zur Datierung dieses Briefs s. auch VOSS, Herrschertreffen, S. 120 Anm. 43.

[303] PFISTER, S.LIV – V Nr. 8: *Rotbertus [rex] divina ordinante providentia et imperator augustus Haenricus.* Die Urkunde ist in der Coll.Moreau, t.18 der B.N. ohne Eschatokoll überliefert; NEWMAN, S. 182** hat die Uk als eine „charte d'origine purement privée" nicht in seinen Katalog aufgenommen unter Hinweis auf Jacques de FONT-RÉAULX: Sancti Stephani Lemovicensis cartularium, in: Bull. de la Soc. archéol. et historique du Limousin 69 (1922) S.5 – 258, bes. S. 36 – 37 Nr. 14; vgl. dazu aberKIENAST I, S. 146 Anm. 355 (auf S. 147 i.f.), der das Stück zutreffend für einschlägig hält, aber mit Recht betont, daß es „nicht etwa als eine Auswirkung des Kaisergedankens in Frankreich" gelten dürfe. Heinrich II. hat in Ivois für das Kloster Mouzon geurkundet: D H.II. 492 (a. 1023): B – G 2043; die westfränkischen Besitzungen des Klosters hatte Robert II. schon 1020 bestätigt: PFISTER, S.LIII – IV Nr. 7 = NEWMAN, Nr. 52. Die beiden DD stimmen fast wörtlich überein; vgl. schon PFISTER, S.LIV Anm. 1; NEWMAN, S. 68; ganz verfehlt KERN, S. 6 Anm. 3.

[304] Dies betont mit Recht auch VOSS, Herrschertreffen, S. 127. Rodulf Glaber war kein Augenzeuge und schrieb seine „Historia" um 1046/48 im Kloster Cluny: PROU, ed.cit., Introduction, S.VI. Er muß sein Wissen jedoch von einem Augenzeugen bezogen haben. Sollte dies Abt Odilo in Person gewesen sein, dem die „Historia" gewidmet ist? Vgl. aber unten Anm. 306.

[305] Rodulf Glaber, l.III c.2 § 8: *Nam cum...ad invicem colloquendum super Mosam fluvium, qui limes est utriusque regni, convenissent, plures ex ambobus partibus musitarent indecens esse, ut quis illorum tantorum scilicet regum, semet humilians quasi in alterius transiret auxilium, hoc etiam fore potissimum*: oben Anm. 300. *Sed viri eruditissimi illud*

delten Vereinbarungen[306] ist durch Heinrichs Tod schon im folgenden Jahr nichts mehr geworden; das Verhältnis Roberts zu Konrad II. wird uns im folgenden Abschnitt beschäftigen[307]. Fortan ist es festes diplomatisches Protokoll, daß sich der ostfränkisch/deutsche und der westfränkische/französische König auf der Grenze treffen und nur hier[308].

Man könnte geneigt sein, diesem Treffen eine über seine politische Zufälligkeit weit hinausreichende historische Bedeutung zuzuschreiben, indem man etwa hier den Beginn der „deutschen" und „französischen" Geschichte ansetzt[309]. Ich möchte demgegenüber zwei zeitgenössische Quellenaussagen in Erinnerung rufen, die nachdenklich stimmen sollten: Thietmar († 1018), der das Treffen von 1023 ja nicht mehr erlebt hat, berichtet zum Jahr 1016: *In regno namque pacifici et per omnia venerabilis*(!) *Roberti regis comprovinciales hii mutuo confligentes, interfecti sunt plus quam tria hominum milia*[310]. Und wie urteilt der „Franzose" Rodulf Glaber über Heinrich II.? *Regnantibus quoque duobus christianissimis regibus, Henrico scilicet Saxonum*(!) *rege et Roberto Francorum*(!)[311], *etsi ab exteris nationibus illorum quieverunt patrie, creberrime tamen preliis fatigate sunt intestinis*[312], wobei er entschieden gegen die *consueta fraus* der *gens Langobardorum* Stellung nimmt[313]. So unbezweifelbar die Regierung

---

*uterque in mente habens „quanto magnus es, humilia te in omnibus"* (Eccl. III, 20), *primo namque mane surgens imperator transiit cum paucis ad regem Francorum...* (ed. PROU, S. 58–59). Vgl. dazu WERNER, Imperium, S. 23 Anm.2 (auf S. 24).

306) Im Jahre 1024 sollte in Pavia ein ökumenisches Konzil abgehalten werden; vgl. HIRSCH III, S. 263; PFISTER, S. 371. Hiervon berichtet Rodulf kein Wort; sein Bericht hält sich ausschließlich an den äußeren Verlauf; zum Thema der Verhandlungen äußert sich Rodulf nicht. Vgl. aber WERNER, Imperium, S. 23–24 m. Anm. 2, mit unglücklicher Charakterisierung Konrads II. Vgl. aber unten § 3, S. 691 m. Anm. 499; s. auch WERNER, Westfranken, S. 253.

307) Unten § 3, S.691–93.

308) Die erste Ausnahme von dieser Regel ist der Besuch Kaiser Karls IV. bei Karl V. von Frankreich in Paris im Jahre 1378! Vgl. VOSS, Herrschertreffen, S. 127; Ferdinand SEIBT: Karl IV. Ein Kaiser in Europa 1346–1378 (München 1978; Nachdruck 1985) S. 320, 344 und bes. Heinrich NEUREITHER: Das Bild Kaiser Karls IV. in der zeitgenössischen französischen Geschichtsschreibung (Diss.phil. masch.schr. Heidelberg 1965) S. 115–26.

309) Vgl. aber meine Überlegungen: unten Epilog, S. 715–17.

310) Chronicon, l.VII c.46 (ed. HOLTZMANN, S. 454 Z.29–31). Gemeint ist die Schlacht von Pontlevoy vom 6.VII. 1016 zwischen Odo von Blois und Fulco Nerra von Anjou; vgl. PFISTER, S. 237–38.

311) Auch Rodulf beachtet die seit Flodoard im Westen strikt befolgte Sprachregelung, wonach es außerhalb Westfrankens keine Franken und folglich keinen *rex Francorum* geben kann; vgl. schon oben S. 300 m. Anm. 380.

312) Rodulf Glaber, l.III c.1 (ed. PROU, S. 51). Allgemein vgl. WERNER, Imperium, S. 25–26 m. Anm. 1, der ebd. Anm. 2 mit Recht auch gegen LÖWE, Kaisertum, S. 246–48, Stellung nimmt.

313) Rodulf Glaber ebd.: *Longobardorum gens consueta fraude dissensit sibique regem Arduinum quendam*(!) *unguentes instituerunt, sed licet diu multumque renitentes, postea...cum suorum cede maxima imperialibus semet subdidere preceptis* (ed. PROU, S. 51).

Heinrichs II. und Roberts II. eine wichtige Etappe des Auseinandertretens „Deutschlands" und „Frankreichs" bezeichnet, zögere ich doch, hier den entscheidenden Einschnitt anzusetzen[314].

Ein letztes Wort sei in diesem Zusammenhang zur Ostpolitik Heinrichs II. gesagt, insbesondere also zu seinem Verhältnis zu Boleslaw Chrobry, dem einstigen Vertrauten Ottos III. Nirgendwo scheint mir der Bruch Heinrichs mit der Politik seines Vorgängers offenkundiger als in dessen Verhältnis zu dem Polenkönig[315]. Boleslaw hatte sich 1002 bei Heinrich in Merseburg eingefunden und diesem als Reichsfürst gehuldigt, war aber bei der Abreise von einer *armata multitudo* überfallen worden, hinter der Boleslaw die Anstiftung Heinrichs vermutete, was nach Thietmar: *per Deum testor absque regis consilio et consciencia*, geschehen wäre[316]. Mag dies nun zutreffen oder nicht[317], auf jeden Fall stand das Verhältnis Heinrichs zu Boleslaw von Anfang an unter einem schlechten Stern. Als Boleslaw im folgenden Jahr die Krone Böhmens mit der seinen vereinte, war Heinrich durchaus bereit, diesen neuen Sachverhalt anzuerkennen, forderte aber, daß der Polenfürst die: *terram nuper...occupatam, de sua*(scil. Heinrichs) *gracia, ut ius antiquum poscit, retinere sibique in omnibus fideliter vellet servire...*[318], was Boleslaw ablehnte[319], worüber es zum endgültigen Bruch kam: Heinrich II. belehnte Jaromir in Prag im Sommer 1004 mit dem Herzogtum Böhmen[320], das fortan in ständiger Abhängigkeit vom Reiche blieb[321]. Um sich in Böhmen durchsetzen zu können, hatte Heinrich jedoch 1003 ein Bündnis mit den nach 983 wieder zu ihrem alten Götterglau-

---

[314]) Wie ich dies: BRÜHL, Anfänge, S. 176–77, etwas voreilig getan habe. In diesem Zusammenhang möchte ich auf eine Beobachtung hinweisen, die sich mir bei der Lektüre der „Jahrbücher" Heinrichs II. ergab, die ja bekanntlich von drei verschiedenen Autoren stammen: HIRSCH I, S. 387, spricht S.Hirsch von Robert als dem „König von Westfrancien", H. BRESSLAU in: HIRSCH III, S. 257ff. dagegen durchgängig vom „König von Frankreich"!

[315]) Vgl. oben S. 620–23.

[316]) Thietmar, Chronicon, l.V c. 18 (ed. HOLTZMANN, S. 241–42, bes. S. 241 Z.26–27): B–G 1494a; vgl. LUDAT, S. 79–80.

[317]) LUDAT, S. 167 Anm. 463, glaubt Thietmar aufs Wort. Ich neige mehr zu der alten Erfahrung: Qui s'excuse, s'accuse, doch wird sich niemals Gewißheit in dem einen oder dem anderen Sinn erlangen lassen; s. auch ALTHOFF, Studien, S. 108.

[318]) Thietmar, Chronicon, l.V c.31 (ed. HOLTZMANN, S. 255 Z.38–39, 257 Z.1); vgl. HOFFMANN, Böhmen, S. 30–31.

[319]) Das Urteil von LUDAT, S. 80: „Mit dieser Weigerung hatte Boleslaw offenbar alte Ansprüche und Rechte des deutschen Königtums mißachtet, deren Gültigkeit ihm jedoch aus der Sicht eines gleichrangigen Herrschers über die *Sclavinia* im Rahmen des *Imperium Romanum* durchaus anfechtbar und zweifelhaft erscheinen konnte", ist mir etwas zu verständnisvoll. Es ist doch offenkundig, daß Boleslaw die noch nicht voll gefestigte Herrschaft Heinrichs zu seinen Gunsten zu nutzen trachtete.

[320]) B–G 1580a-c; vgl. HOFFMANN, Böhmen, S. 31–32; s. ALTHOFF, Studien, S. 109.

[321]) Vgl. HOFFMANN, Böhmen, S. 31–33.

ben zurückgekehrten[322] Liutizen geschlossen[323], was Thietmar in die berühmten Worte kleidet: *hactenusque rebelles...de inimicis familiarissimos effecit*[324]. An dieser „Kehrtwendung" der bisherigen Politik hatte selbst der Heinrich stets loyal gesonnene Thietmar schwer zu tragen[325], ganz zu schweigen von einem religiösen Eiferer wie Brun von Querfurt, der in seinem berühmten Brief an den König ausruft: *Bonumne est persequi Christianum et habere in amicitia populum paganum? Quae conventio Christi ad Belial? Quę comparatio luci ad tenebras? Quo modo conveniunt Zvarasiz diabolus*[326] *et dux sanctorum, vester et noster Mauritius? Qua fronte coeunt sacra Lancea et qui pascuntur humano sanguine diabolica vexilla*[327]?

Auch die moderne Forschung ist sich der Bedeutung von Heinrichs „renversement des alliances" stets bewußt gewesen. Schon Siegfried HIRSCH sprach von dem „vielleicht wichtigsten Entschluß seines Regiments"[328], und Herbert LUDAT zögerte nicht, „dieser Kehrtwendung in der Reichspolitik...eine epochale Bedeutung" zuzusprechen, „die für die Entwicklung der politischen Verhältnisse in Mitteleuropa von größter Tragweite geworden ist", wobei er natürlich nicht versäumt, die krasse Diskontinuität zwischen der Politik Ottos III. und Heinrichs II. zu unterstreichen, die „das Christianisierungswerk (unterbrach) und...schließlich den Piastenstaat aus allen Bindungen an das Imperium entgleiten (ließ), ohne die heidnischen Landschaften zwischen Elbe und Ostsee vor dem 12. Jahrhundert pazifizieren und inkorporieren zu können"[329]. Ich selbst habe in Abwandlung des bekannten Ranke-Worts vom „Eiseshauch nationaler Interessenpolitik" gesprochen, zugleich aber auch vor einer Überbetonung dieser politischen Wende gewarnt[330]. Die Einzelheiten der – weitgehend erfolglosen – Kriegsführung Heinrichs gegen Boleslaw brauchen

---

[322] Also nicht einfach mit den „heidnischen" Liutizen, wie man meistens liest; vgl. Vita Adalberti, c. 10: *Ea tempestate effrena gens Luttizi pagani iugum Christianitatis deponunt* (ed. KARWASIŃSKA, S. 8 Z. 15) und dazu WENSKUS, Studien, S. 151–52.

[323] B–G 1537b; vgl. HIRSCH I, S. 256ff.; LUDAT, S. 80–81; GIESE, S. 146–47 u.a.m.

[324] Thietmar, Chronicon, l.V c. 31 (ed. HOLTZMANN, S. 256 Z. 2–4) und die oben Anm. 323 zitierte Lit.

[325] Vgl. LIPPELT, S. 169–70; s. auch WENSKUS, Studien, S. 189 m. Anm. 171.

[326] Dies ist der Name der liutizischen Hauptgottheit; vgl. Thietmar, Chronicon, l.VI c. 23: *interius*(scil. portae orientalis) *dii stant manu facti, singulis nominibus insculptis, galeis atque loricis terribiliter vestiti, quorum primus Zvarasici dicitur* (ed. HOLTZMANN, S. 302 Z. 18–21).

[327] Brun von Querfurt, Epistola ad Henricum regem (ed. KARWASIŃSKA, S. 101 Z. 19– 102 Z. 1). Vgl. WENSKUS, Studien, S. 193 und ebd. S. 143ff., 190–91 zur Frage des Heidenkriegs und der Liutizenmission.

[328] HIRSCH I, S. 256.

[329] LUDAT, S. 81; vgl. auch GIESE, S. 147 und bes. ALTHOFF, Studien, S. 109.

[330] BRÜHL, Anfänge, S. 176–77 m. Anm. 112.

hier nicht nachgezeichnet zu werden. Die Unlust, mit der die Feldzüge seitens des in erster Linie betroffenen sächsischen Adels geführt wurden, hat die Forschung schon früh registriert[331]. Andererseits fühlte sich Boleslaw auch während der Auseinandersetzungen mit Heinrich der Idee des „Imperium Romanum" weiterhin verpflichtet[332]. So kam es zu Pfingsten 1013 in Merseburg noch einmal zu einem Ausgleich: Boleslaw erschien persönlich vor Heinrich, huldigte ihm und wurde von diesem mit der Lausitz und dem Milsenerland belehnt[333]. Die unerwartete Aussöhnung Heinrichs mit dem lothringischen Pfalzgrafen Ezzo[334], der bis dahin zu den erbittertsten Gegnern des Königs gezählt hatte, im Jahre 1012[335], könnte hierbei wegweisend gewesen sein, da die Ehe von Ezzos Tochter Richeza mit Boleslaws Sohn und Nachfolger Mieszko II. († 1034) vielleicht noch im Jahre 1013 seit den Tagen von Gnesen ein Hauptziel der Politik Boleslaws gewesen war[336]. Dennoch scheint es mir überzogen, die Merseburger Pfingstfeier in die Nähe des „Gnesener Konzepts" zu rücken[337].

Wie wenig tragfähig auch die Merseburger Vereinbarungen waren, zeigte sich in der Folgezeit sehr schnell. Boleslaw brach sein Versprechen, zu Heinrichs Romzug Hilfstruppen zu stellen[338], und weigerte sich, am Osterfest 1015 in Merseburg zu seiner Rechtfertigung vor Heinrich zu er-

---

[331]) Vgl. LUDAT, S. 81–82 und die ebd. S. 168 Anm. 475 zitierte Lit.; vgl. jetzt auch ALTHOFF, Studien, S. 109, 111, 117.

[332]) Darauf verweist LUDAT, S. 82.

[333]) B–G 1769a, 1769d, 1769f; 1783a–c; vgl. HIRSCH II, S. 396–97. Bei Heinrichs Festkrönung am Pfingsttage trug ihm Boleslaw das Schwert voran. Am selben Tag wurde – in Anwesenheit Boleslaws – der neue Böhmenherzog Odalrich vom König investiert: B–G 1783b; vgl. noch HOFFMANN, Böhmen, S. 31–32; vgl. dazu B–G 1760o.

[334]) Dieser war ein Schwiegersohn Kaiser Ottos II., dessen Tochter Mathilde († 1025) er geheiratet hatte, was Thietmar, Chronicon l.IV c.60, mit dem Satz kommentiert: *Et hoc multis displicuit* (ed. HOLTZMANN, S. 200 Z.6–7). Die neuere Lit. zu Ezzo zitiert WEINFURTER, S. 283 Anm. 192; vgl. noch LUDAT, S. 72, 82–83; s. auch HLAWITSCHKA, Untersuchungen, S. 77 Anm. 256.

[335]) Dies die These von LUDAT, S. 83–85, 169 Anm. 485, dem LIPPELT, S. 170, folgt, während WEINFURTER, S. 284 m. Anm. 193–94, für 1014 eintritt, ohne indes auf Ludat einzugehen. Je nach dem, wie man die Aussöhnung Heinrichs mit Ezzo datiert, ist sie als Voraussetzung oder Folge des Friedens mit Boleslaw aufzufassen. Bei B–G finde ich dazu keinen Hinweis.

[336]) Vgl. hierzu schon HIRSCH III, S. 88 m. Anm. 3. Das Jahr der Eheschließung ist unsicher, die Tatsache als solche steht außer Zweifel. LUDAT, S. 86, datiert die Geburt des ersten Sohnes Kazimierz in das Jahr 1016; vgl. noch ebd. S. 72. Zum Namen Kazimierz/Karl vgl. LUDAT, S. 86–87.

[337]) So aber LUDAT, S. 85; kritisch dazu auch GIESE, S. 147–48 m. Anm. 632.

[338]) Thietmar, Chronicon, l.VI c.92: *Ad supplementum huius itineris* (scil. des Romzugs) *Bolizlavus antea invitatus nil asspiravit et in bene promissis more solito mendax apparuit* (ed. HOLTZMANN, S. 384 Z.14–16): B–G 1790a.

scheinen[339]. Es kam noch 1015 und erneut 1017 zu Feindseligkeiten, die abermals ergebnislos endeten[340] und schließlich im Frieden von Bautzen am 30. Januar 1018 ihren Abschluß fanden, von dem Thietmar, Boleslaws Todfeind[341], lakonisch bemerkt: *non ut decuit, set sicut tunc fieri potuit*[342]. In der Folgezeit, für die uns der bei aller unverhohlenen Feindseligkeit doch wertvolle Leitfaden Thietmars fehlt, scheinen sich die Beziehungen eher gebessert zu haben, nachdem Boleslaw 1018 in 4. Ehe die Tochter des 1002 erschlagenen Markgrafen Ekkehard von Meissen geheiratet hatte[343]. Doch all dies kann nicht darüber hinwegtäuschen, daß das alte Vertrauens-verhältnis wie in den Tagen Ottos III. zerbrochen war. Polen war kein in-tegraler Bestandteil des Imperium mehr wie unter Otto, und auch LUDAT muß einräumen: „In der Imperiumskonzeption der Salier ist zunächst je-denfalls der Piastenstaat als Vormacht der *Sclavinia* ausgeschieden"[344]. Die Träume eines Brun von Querfurt, den Heinrich wohl nie so recht ernst genommen hat[345], vom gemeinsamen Heidenkrieg mußten zerrinnen vor der harten Realität des politischen Gegensatzes Heinrichs und Boleslaws, wobei dieser keineswegs der harmlose Idealist ist, als den Brun ihn sieht[346]. Im Rahmen meiner Untersuchung besteht keine Notwendigkeit mehr, die Verhältnisse im Osten in die Betrachtung einzubeziehen.

---

[339]) B – G 1851b, 1852b, 1857a, 1861d–e. Boleslaw erklärt, sich lediglich einem Fürsten-gericht stellen zu wollen; vgl. LUDAT, S. 88.

[340]) B – G 1866e–m, 1896d, 1897c, 1907a, 1908a–e; vgl. HIRSCH III, S. 18ff., 55ff.; LUDAT, S. 174 Anm. 512.

[341]) LUDAT, S. 88, betont mit Recht die einseitig feindliche Haltung Thietmars gegen-über Boleslaw. Vgl. bes. WENSKUS, Studien, S. 186ff. über das Verhältnis Bruns von Querfurt zu Heinrich und Boleslaw Chrobry.

[342]) Chronicon, l.VIII c.1 (ed. HOLTZMANN, S. 492 Z.27 – 28): B – G 1920b; vgl. LIP-PELT, S. 170 – 71.

[343]) Vgl. schon HIRSCH III, S. 87 – 88 und bes. LUDAT, S. 88 – 89; s. auch ALTHOFF, Studien, S. 113.

[344]) LUDAT, S. 90.

[345]) Brun von Querfurt, Epistola ad Henricum regem: *Inde erat, quod me abeunte videbaris irasci, inde etiam fuit, quod me et plura mea digna risui ad circumstantes heroas, me absente irrisisti* (ed. KARWASIŃSKA, S. 101 Z.6 – 8); vgl. WENSKUS, Studien, S. 191.

[346]) Auch er verhandelte mit den Liutizen und sah in der Mission natürlich gleichfalls in erster Linie ein politisches Mittel der Machtausweitung; vgl. WENSKUS, Studien, S. 193 – 95. Zur Interpretation des Briefs Bruns an Heinrich vgl. zuletzt FRIED, Otto III., S. 77ff.

§ 3: Konrad II. und Heinrich III. in Italien. Konrad II. und
der Erwerb Burgunds. Das Verhältnis Konrads II. und
Heinrichs III. zu Frankreich.

Am 13. Juli 1024 war Heinrich II. in der Pfalz Grone ohne Leibeserben
gestorben und seinem Wunsch gemäß im Dom seiner Lieblingsstiftung
Bamberg beigesetzt worden[347]. Sein kinderloser Tod war absehbar gewesen und stürzte das Reich daher nicht in eine so schwere Krise, wie dies bei
dem unerwarteten Tod Ottos III. der Fall gewesen war, auch wenn die Unruhe im Reich nicht unterschätzt werden sollte. Es standen nur zwei
Thronbewerber zur Auswahl[348]: beide Enkel im Mannesstamm jenes Otto
von Kärnten, der 1002 ang. freiwillig auf den Thron verzichtet hatte[349], beide
hießen Konrad[350]. Gewählt wurde am 4. September 1024 in „Kamba" im
Rheingau schließlich der ältere Konrad[351], „d.h. man blieb dem dynastischen Geblüts- und Erbgedanken so treu, wie es bei dem gegebenen Perso-
nalbestande überhaupt möglich war"[352]. Die Krönung und Salbung durch
Aribo von Mainz geschah bereits am 8. September des Jahres abermals in

[347] B – G 2063a; vgl. HIRSCH III, S. 299 – 300. Es scheint mir bemerkenswert, daß jeder
Liudolfinger an einem anderen Ort beigesetzt wurde: Heinrich I. in Quedlinburg, Otto I. in
Magdeburg, Otto II. in Rom, Otto III. in Aachen und Heinrich II. in Bamberg; s. auch
BRÜHL, Fodrum, S. 147.
[348] Wipo, Gesta Chuonradi, c.2, sagt zwar: *inter multos pauci electi sunt et de paucis
admodum duo sequestrati sunt* (ed. BRESSLAU, S. 15 Z.11 – 12), doch schon BRESSLAU, Jbb.
I, S. 11, hat dies für fraglich gehalten; im gleichen Sinne B – A m (S. 9) und jetzt auch
HLAWITSCHKA, Untersuchungen, S. 80 – 81.
[349] Vgl. oben S. 629 m. Anm. 16, S. 641 Anm. 107. Vgl. HLAWITSCHKA, Frankenreich,
Anhang, Stammtafel, 2, S. (292).
[350] Konrad „der Ältere" (* ca. 990) war der Sohn des bereits ca. 995 verstorbenen
Heinrich, des ältesten Sohnes Herzog Ottos von Kärnten († 1004), der lange vor dem
Vater verstorben war; Konrad der Jüngere (* ca. 1005) war der Sohn des 1011 verstorbenen
Herzogs Konrad von Kärnten, dem der Großteil des Wormser Familienbesitzes gehörte,
doch ein Herzogtum besaß keiner von beiden; vgl. BRESSLAU, Jbb. I, S. 2ff., 57 – 58; B – A
a–h; HLAWITSCHKA, Untersuchungen, S. 81 – 82. Zufällig starben beide Konrade im Jahre
1039, nachdem „der Jüngere" 1036 mit dem Herzogtum Kärnten belehnt worden war, das
1012 Adalbero von Eppenstein statt des noch minderjährigen Konrad erhalten hatte: B – G
1750b, B – A 232a; vgl. BRESSLAU, Jbb. II, S. 350; s. auch ENGELS, S. 497 – 98.
[351] B – A m; vgl. BRESSLAU, Jbb. I, S. 17ff.; Martin LINTZEL: Zur Wahl Konrads II.
(1949) in: Ausgewählte Schriften, t.II (Berlin 1961) S. 421 – 30, bes. S. 426ff. betont die
„freie Wahl" der Fürsten zu einseitig, nachdem er ebd. S. 421ff. den Gedanken einer
Designation Konrads durch Heinrich II. zumindest nicht völlig verworfen hatte: ebd.
S. 424. Eine Designation halte ich in Übereinstimmung mit Bresslau für ausgeschlossen;
s. noch KELLER, Herzöge, S. 144. Der heute abgegangene Ort „Kamba" lag auf dem
rechten Rheinufer im Rheingau gegenüber Oppenheim; vgl. BRESSLAU, Jbb. I, S. 17 – 18.
[352] SCHIEFFER, Heinrich II., S. 2. Die sogen. Salier sind also eigentlich „Ottonen": der
Großvater Konrads II. war ein Enkel Ottos d.Gr. in weiblicher Linie. Er war ja schon
1002 der nächste Anverwandte des verstorbenen Kaisers gewesen: oben S. 629 m. Anm. 16.

Mainz[353]. Seit dem Tode Heinrichs waren nicht einmal zwei Monate vergangen. Auch der neue König hatte mit gewissen Schwierigkeiten zu
kämpfen, die dieses Mal von lothringischer[354], in minderem Maße wohl
auch von sächsischer Seite kamen[355], doch der nach dem Vorbild Heinrichs
II. vollzogene Königsumritt mit der Thronsetzung in Aachen[356] bewirkte
die rasche Anerkennung des neuen Herrschers in allen Teilen des Reiches[357],
ohne daß es zu militärischen Konflikten gekommen wäre. Es ist nicht meine Absicht, eine Itineraranalyse Konrads II. und Heinrichs III. vorzuneh-
men[358], und verzichte auch auf die bisher üblichen Vergleiche der Urkun-
dendichte und des Herrschaftsstils in Ost und West[359]. Ich beschränke
mich auf die schon von Theodor SCHIEFFER getroffene Feststellung: „Sei-
ne(scil. Konrads II.) Politik läßt sich...auf einen gemeinsamen Nenner
bringen, indem man sie als eine bewußte Fortsetzung kennzeichnet...des
Beispiels, das Heinrich II. gegeben hatte"[360]. Dies gilt durchaus auch für
Konrads II. Kirchenpolitik, obwohl das von den Kirchenreformern gefäll-
te Urteil über Heinrich „den Heiligen" und Konrad „den Simonisten"

---

[353] B – A n; vgl. BRESSLAU, Jbb. I, S. 26 – 27. Aribo verweigerte die Krönung von
Konrads Gemahlin Gisela, wofür meist die wohl schon 1016 geschlossene, wegen zu naher
Verwandtschaft kanonisch anfechtbare Ehe verantwortlich gemacht wird; vgl. HLA-
WITSCHKA, Untersuchungen, S. 75 Anm. 250, 132ff. Aber sollte diese Tatsache Aribo
wirklich bis zum Augenblick der Krönung verborgen geblieben sein? Die Krönung
Giselas wurde am 21.IX. von Pilgrim von Köln im Kölner Dom nachgeholt, womit die
Mainzer Krönungstradition, die mit Heinrich II. begonnen hatte, schon nach wenigen
Jahren wieder abriß: B – A 4a; vgl. BRESSLAU Jbb. I, S. 36 – 37. Allgemein s. SCHRAMM,
Königskrönungen, S. 122ff., 125ff.; s. auch BRÜHL, Fodrum, S. 150.

[354] Die Lothringer waren für den jüngeren Konrad eingetreten, was damit zusammen-
hängen mag, daß Herzog Friedrich von Oberlothringen der Stiefvater des jüngeren
Konrad war; doch auch Herzog Gozelo von Niederlothringen und Erzbischof Pilgrim
von Köln hatten Konrad nicht gewählt, die Lothringer waren vor der Krönung abgezogen,
die Sachsen wohl gar nicht anwesend gewesen: B – A m (S. 8, 10), S; vgl. BRESSLAU, Jbb. I,
S. 12 – 13, 25; s. schon PABST, S. 354.

[355] Die Sachsen hatten sich v o r Konrads Wahl in Werla zu einem Landtag zusammen-
gefunden und dort offenbar beschlossen, sich genauso zu verhalten wie bei der Wahl
Heinrichs II. Konrad mußte nach Sachsen ziehen, wo ihm die sächsischen Großen an W
1024 auf einem feierlichen Hoftag in Minden huldigten: B – A l, 8b-c; vgl. BRESSLAU, Jbb. I,
S. 11 – 13, 40 – 43; SCHMIDT, Königsumritt, S. 161 – 63; GIESE, S. 31 – 32.

[356] B – A 5a; vgl. BRESSLAU, Jbb. I, S. 37 – 38; SCHRAMM, Königskrönungen, S. 125 –
126. Zum Königsumritt vgl. bes. SCHMIDT, Königsumritt, S. 150ff.

[357] Nachdem Erzbischof Pilgrim aus der lothringischen Einheitsfront bereits ausge-
brochen war: oben Anm. 353, huldigten die lothringischen Herzöge Gozelo und Theoderich W 1025 in Aachen: B – A 48a; vgl. BRESSLAU, Jbb. I, S. 111 – 13; s. schon PABST, S. 365.
Vgl. bes. unten S. 693 m. Anm. 512.

[358] Vgl. künftig die oben Anm. 171 angekündigte Arbeit von Eckhard MÜLLER-MER-
TENS und Wolfgang HUSCHNER.

[359] Die übrigens keine neuen Erkenntnisse im Vergleich zu den bisher gewonnenen
vermitteln würden: bis zum Ende des Jahrhunderts ändert sich nichts Grundsätzliches.
Vgl. noch unten S. 681 m. Anm. 420 – 21.

[360] Heinrich II., S. 4.

nicht nur das Bild des Mittelalters, sondern auch der modernen Forschung entscheidend geprägt hat[361].

Diese Beschränkung allein auf die „Außenpolitik" läßt zugleich erkennen, daß ich nunmehr den Zeitpunkt für gekommen erachte, da von „Deutschland" und „Frankreich", von „deutscher" und „französischer" Politik gesprochen werden k ö n n t e, doch habe ich diese Begriffe ganz bewußt in Anführungszeichen gesetzt, die bei den folgenden Ausführungen stets mitzudenken sind. Von dieser Problematik wird im „Epilog" noch ausführlich zu handeln sein[362]. Ich wende mich zunächst dem „Regnum Italiae" zu, das seit den Tagen Ottos d.Gr. in dauernder Personalunion mit Ostfranken verbunden war. Bereits bei der Besprechung der Herrschaft Heinrichs II. in Italien hatte ich jedoch den Versuch des Markgrafen Arduin erörtern müssen, durch ein „nationalitalienisches" Königtum – von einem „Gegenkönigtum" sollte man nicht sprechen, da es zum Zeitpunkt von Arduins Wahl überhaupt keinen ostfränkischen König gab – die Personalunion mit Ostfranken zu beenden, und ich hatte in diesem Zusammenhang die Frage aufgeworfen, ob hier nicht mehr im Spiele war als nur partikularistische Sonderinteressen, die ohne Frage a u c h eine wichtige Rolle gespielt hatten[363]. Da ist es nun symptomatisch, daß sich beim Tode Heinrichs II. dieselben Tendenzen, die schon 1002 wirksam gewesen waren, erneut und eher noch virulenter als damals bemerkbar machen. Doch der norditalische Adel hatte die Lektion von 1002 gelernt: ein „nationaler", sprich: ein lombardischer Großer hatte als König von Italien keine Chance; das zumindest stand nach dem gescheiterten Königtum Arduins unzweifelhaft fest[364]: kein lombardischer *marchio* verfügte über das machtpolitische Potential, dem ostfränkisch/deutschen König Paroli bieten zu können. Die Konsequenz aus dieser Erkenntnis konnte nur lauten, die Krone Italiens einem außerdeutschen Fürsten anzubieten, und das konnte nach Lage der Dinge nur ein westfränkisch/französischer sein.

So wandten sich die zu einem Herrschaftswechsel entschlossenen lombardischen Großen an Robert II. und boten ihm oder dessen bereits gekröntem Sohn Hugo, der bald darauf sterben sollte, die Krone Italiens an,

---

[361]) Grundlegend hierzu SCHIEFFER, Heinrich II., S. 21ff., 34ff. und ergänzend Karl Josef BENZ: Kaiser Konrad II. und die Kirche, in: ZKG.88 (1977) S. 190–217, bes. S. 207ff, 213ff.
[362]) Unten Epilog, S. 715ff.
[363]) Vgl. oben S. 652–53.
[364]) Auch PFISTER, S. 372, bemerkt: „Mais au lieu de choisir un roi national – ce qui aurait sans aucun doute excité bien des jalousies et créé des divisions – ils(scil. les princes italiens) jetèrent leurs regards sur un prince du dehors".

doch wurden sie sogleich abschlägig beschieden[365]. Daraufhin begaben
sich die Gesandten an den Hof Wilhelms V. von Aquitanien in Poitiers, wo
sie ein offeneres Ohr für ihre Vorschläge fanden. Auch über diese Vorgänge sind wir so gut wie ausschließlich[366] aus Briefen Wilhelms unterrichtet,
die im Briefcorpus Bischof Fulberts von Chartres überliefert sind[367]. So erfahren wir, daß der führende Kopf der lombardischen Opposition gegen
das Verbleiben Italiens im Verband mit Ostfranken der *marchio* Manfred
II. von Turin war, zweifellos einer der reichsten und angesehensten Fürsten Italiens[368]. Die italische Gesandtschaft hatte die Krone Wilhelm V.
(993 – 1030) oder dessen gleichnamigem Sohn angeboten[369], doch auch hier
hatte der Vater für seine Person sogleich abgelehnt, obwohl er durch seine

[365]) Am „ausführlichsten " äußert sich Graf Fulco Nerra von Anjou in einem Brief an
König Robert: (Graf Wilhelm von Poitiers = Wilhelm V. von Aquitanien) teilt ihm mit,
*quod postquam Itali discesserunt a vobis diffisi, quod vos regem haberent, petierunt filium
suum*(scil. Wilhelms) *ad regem*: Fulbert, ep. 104 (ed. BEHRENDS, S. 188): B – A b-q; vgl.
PABST, S. 348; BRESSLAU, Jbb. I, S. 72 – 73; PFISTER, S. 372; GRAF, S. 26 Nr. 50 und ebd.
S. 83; KIENAST I, S. 149. Von dieser Gesandtschaft ist weder bei Helgald noch bei Wipo
die Rede.

[366]) Lediglich Ademar von Chabannes, l.III c. 62, macht eine Ausnahme: *Langobardi
vero fine imperatoris*(scil. Heinrici) *gavisi, destruunt palatium imperiale, quod erat Papiae
et iugum imperatorium a se excutere volentes, venerunt multi nobiliores eorum Pictavam
urbem ad Willelmum ducem Aquitanorum, et eum super se regem constituere cupiebant.
Qui prudenter cavens, cum Willelmo comite Egolismae*(scil. Angoulême) *Langobardorum
fines penetravit et diu placitum tenens cum ducibus Italiae, nec in eis fidem reperiens,
laudem et honorem eorum pro nihilo duxit* (ed. CHAVANON, S. 188). Vgl. noch unten Anm.
368 – 69 und Anm. 372.

[367]) Der Grund liegt darin, daß die Briefsammlung Fulberts von dessen Schüler Hildegar in Poitiers zusammengestellt wurde, der ihr eigene, z.T. im Dienst Herzog Wilhelms
von Aquitanien geschriebene Briefe hinzufügte; vgl. BEHRENDS, ed.cit., Introduction, S.L
u.ö.; vgl. schon PABST, S. 349.

[368]) Vgl. den Brief Wilhelms an Manfred, in dem er diesem den Verzicht auf die
Kandidatur seines Sohnes mitteilt: *Gens enim vestra infida est, insidiae graves contra nos
orientur. Si eas vel cavere vel superare non possumus, regnum nobis minime proderit, fama
nostra periclitabitur*: Fulbert, ep. 111 (ed. BEHRENDS, S. 196, 198). In den DD Ko.II. erscheint
Manfred weder als Intervenient noch als Empfänger: Konrad bestätigt lediglich dem
Kloster S. Giusto zu Susa den von diesem geschenkten Besitz, doch auch dies erst nach
dem Tod († ca. 1034/35) Manfreds: D Ko.II. 254 (1037 Dez. 29): B – A 265 (verfälscht);
vgl. auch D Ko.II. † 289: B – A † 266; unwahrscheinlich daher die Annahme eines Dep.
für Manfred bei B - A 72b. Zwei Töchter Manfreds, Adelheid und Irmgard, waren jedoch
mit Herzog Hermann IV. von Schwaben und Otto von Schweinfurt vermählt; Manfreds
Witwe Berta war daher in den letzten Jahren Konrads eine Stütze von dessen Herrschaft;
vgl. BRESSLAU, Jbb. I, S. 69 – 70, 75 m. Anm. 3; II, S. 189, 266.

[369]) In offenkundiger Parallele zu dem Angebot an Robert und Hugo: oben mit Anm.
365, spricht Ademar: oben Anm. 366, zwar nur von Wilhelm V., doch die Korrespondenz
Wilhelms läßt klar erkennen, daß dieser einzig und allein eine Kandidatur des Sohnes
erwogen hatte. Daß das Angebot an beide gerichtet war, sagt Wilhelm ausdrücklich in
einem Brief an Leo von Vercelli: *Itali suaserunt mihi et filio meo intromittere de regno
Italiae, facientes nobis sacramentum et ipsius regni et Romani imperii adquirendi per
rectam fidem quantum potuerunt*: Fulbert, ep. 103 (ed. BEHRENDS, S. 186): B – A r; vgl.
PABST, S. 350; BRESSLAU, Jbb. I, S. 75; PFISTER, S. 373; GRAF, S. 83; KIENAST I, S. 150. Vgl.
dazu unten Anm. 372.

3. Gemahlin Agnes, eine Enkelin König Adalberts[370], am meisten für die Königswürde prädestiniert erscheinen mochte[371]. Eine Erkundungsreise, die Wilhelm in Begleitung des gleichnamigen Grafen von Angoulême im Spätsommer/Herbst des Jahres 1025 nach Italien unternommen hatte[372], was doch immerhin die Ernsthaftigkeit seines Engagements beweist[373], endete unbefriedigend: es zeigte sich nämlich, daß die italienischen Großen von Wilhelm eine strikt antibischöfliche Politik, insbesondere die Neubesetzung mehrerer Bischofssitze mit ihren Parteigängern forderten, was Wilhelm mit Entrüstung zurückwies[374]. Auch hier wird deutlich, daß die Standesinteressen der Opposition deren „nationale" Gefühle, sofern solche überhaupt vorhanden waren, bei weitem überwogen[375]. Immerhin fällt auf, daß ein so enger Vertrauter Ottos III. wie Leo von Vercelli in die Pläne Wilhelms eingeweiht war[376] und an ihnen zumindest keinen Anstoß

---

[370]) Sie war eine Tochter des Grafen Otto-Wilhelm: oben S. 543 Anm. 637, S. 659 m. Anm. 245. Vgl. BRESSLAU, Jbb. I, S. 74; KIENAST I, S. 149 m. Anm. 364. Deren Tochter Agnes wurde 1043 die 2. Gemahlin Kaiser Heinrichs III.; vgl. STEINDORFF I, S. 154–55.

[371]) Wilhelm V. war fraglos einer der bedeutendsten Fürsten seiner Zeit, der Robert II. an Macht und Einfluß gewiß nicht nachstand; vgl. das Portrait, das Ademar von Chabannes, l.III c.41, von ihm entworfen hat (ed. CHAVANON, S. 163). Vgl. noch PABST, S. 349–50; BRESSLAU, Jbb. I, S. 74–75; PFISTER, S. 283ff.

[372]) Fulbert, ep.109: *Dux noster Guillelmus vobis*(scil. Fulbert) *amicissimus profecturus est in Italiam...sciscitari de causa filii sui, si cum honore et incolumitate sua fieri queat. Itali enim elegerunt eum sibi ad regem, facientes ei sacramentum et Italiae regnum concedendi et Romanum imperium adquirendi per rectam fidem quantum possint* (ed. BEHRENDS, S. 194): B–A 40b und oben Anm. 366. Zu der Übereinstimmung mit ep.103: oben Anm. 369, vgl. PABST, S. 351 Anm. 1.

[373]) Die Versprechungen der lombardischen Gesandten schlossen offenbar sogar die Kaiserwürde ein: oben Anm. 369 und Anm. 372, ohne daß darum die formelle Zustimmung des Papstes unterstellt zu werden brauchte. Die Tuskulaner Grafen, die in Rom geboten, hatten schwerlich ein Interesse an einem Wechsel der Schutzmacht; vgl. HALLER II, S. 230.

[374]) Wilhelm V. an Leo von Vercelli: *Longobardos non arguo deceptionis, quam in me exercere vellent. Quantum enim in ipsis fuit, partum erat mihi regnum Italiae, si unum facere voluissem, quod nefas iudicavi, scilicet ut ex voluntate eorum episcopos, qui essent Italiae, deponerem et alios rursum illorum arbitrio elevarem. Sed absit a me rem huiusmodi facere, ut pastores aecclesiae, quibus mei patres semper honorem exibuerunt...sine crimine inhonorem*: Fulbert ep.113 (ed. BEHRENDS, S. 202): B–A 40b; vgl. PABST, S. 361–62; BRESSLAU, Jbb. I, S. 106–08.

[375]) Dies betonte schon PABST, S. 361. Zu apodiktisch aber GOETZ, Nationalgefühl, S. 18, der Wilhelm von Aquitanien nicht einmal erwähnt.

[376]) Wilhelm fordert ihn in: Fulbert, ep. 103, ganz handfest zur Hilfe auf: *Unde mando vobis et precor vestram gratiam, ut adiuvetis nos de hac causa, sicut melius scitis et potestis. Modo pareat, si verum est, quod semper mihi dixistis, vos amicum meum esse et rerum mearum curam habiturum, si opus esset* (ed. BEHRENDS, S. 186). Diese Sätze schließen direkt an das oben Anm. 369 gebotene Zitat an; vgl. ergänzend Fulbert, ep. 113 (ed. BEHRENDS, S. 200); vgl. PABST, S. 351–52.

nahm[377], doch hat Wilhelm das italienische Abenteuer schließlich aus eigenem Entschluß aufgegeben. Gelegentlich der Besprechung des Verhältnisses Konrads II. zu Robert II. wird noch einmal auf Wilhelms Italienpolitik zurückzukommen sein[378].

Als Wilhelm V. um das Jahresende 1025 endgültig auf alle italienischen Ambitionen verzichtete, war die politische Lage im Lande bereits weitgehend wieder im Sinne der bisherigen Machtverhältnisse stabilisiert. Zwar hatten die Pavesen, kaum daß die Nachricht von Heinrichs Tod bekannt geworden war, die Königspfalz innerhalb der Mauern zerstört[379], doch darf man auch hierin keinen Akt „nationaler Befreiung" erblicken, sondern vor allem die Zerstörung der Zentralverwaltung des „Regnum Italiae"[380], die bei aller Ineffizienz, die sie seit Jahrzehnten auszeichnete – ein Reformversuch unter Theophano 990/91 war völlig gescheitert[381] –, doch ein Hemmnis bildete für die Ausbildung der Stadtherrschaft der „Comune" durch die neu aufsteigende Schicht des Bürgertums[382]. Zu einer „nationalen Einheitsbewegung" ist es dabei nicht gekommen, ganz im Gegenteil: das Selbständigkeitsstreben der Comunen ließ neue Rivalitäten erstehen[383], die jeden Gedanken an ein nationalitalienisches Königtum auf Jahrhunderte ausschloß[384]. So wird nach 1025 das Prinzip der Verbindung des „Reg-

---

[377] Er hat Wilhelm allerdings von dem italienischen Abenteuer abgeraten und sandte ihm einen Trostbrief: Fulbert, ep.112: *Ne tristeris, amice karissime, si Longobardi te deceperunt. Ego certe optimum tibi dabo consilium, si mihi credere volueris* (ed. BEHRENDS, S. 198). Leo war gewiß kein „Verräter", aber ein Vertrauensverhältnis wie zu Otto III. bestand zu Konrad nicht, und man spürt, daß er sich auch Wilhelm oder dessen Sohn als König hätte vorstellen können, was auch gar nicht anstößig ist, wenn man einmal die nationalen Denkschablonen des 19. Jh. als unhistorisch erkannt hat. Die Krone Italiens war eben nicht einem „Franzosen" statt einem „Deutschen" angeboten worden, sondern einem Aquitanier, der genauso ein Fürst im Frankenreich war wie Konrad, Robert oder der Burgunderkönig.

[378] Vgl. unten S. 691 – 93.

[379] GRAF, S. 26 Nr. 49 und B – A i; vgl. SOLMI, S. 187 – 88; BRÜHL, Honorantiae, S. 151.

[380] Vgl. SOLMI, S. 198ff. und ergänzend BRÜHL, Honorantiae, S. 150, 167 – 69. Dies hat GOETZ, Nationalgefühl, S. 19, nicht erkannt.

[381] Hierzu vgl. bes. BRÜHL, Honorantiae, S. 156ff., bes. S. 162 – 64

[382] Vgl. SOLMI, S. 212ff., der die Dinge zu einseitig betrachtet, dem ich jedoch im Grundsatz zustimme; s. BRÜHL, Honorantiae, S. 169; vgl. DERS., Fodrum, S. 504 – 05.

[383] Es braucht nur an die Stauferzeit erinnert zu werden: die Herrschaft Friedrichs I. in Italien lebte doch geradezu von der Todfeindschaft der italienischen Comunen untereinander; vgl. Carlrichard BRÜHL: Die Finanzpolitik Friedrich Barbarossas in Italien (1971) in: Aus Mittelalter und Diplomatik. Gesammelte Schriften, t.I (Hildesheim-München-Zürich 1989) S. 267 – 91, bes. S. 283 – 84 m. Anm. 82; s. auch GOETZ, Nationalgefühl, S. 23.

[384] Der Gedanke taucht nicht vor 1400 bei Giangaleazzo Visconti wieder auf, blieb jedoch ephemer; vgl. Daniel M. BUENO de MESQUITA: Giangaleazzo Visconti, Duke of Milan (1351 – 1402). A Study in the Political Career of an Italian Despot (Cambridge 1941) S. 272ff., 293ff., 307ff. und ergänzend Carlrichard BRÜHL – Cinzio VIOLANTE: Die „Honorantie civitatis Papie". Transkription, Edition, Kommentar (Köln-Wien 1983) S. 5 – 6.

num Italiae" mit Deutschland nicht mehr ernsthaft in Frage gestellt[385], nicht einmal im Investiturstreit[386]. Das bedeutet aber nur, daß die italienische Königswürde für das italienische Nationalgefühl bedeutungslos geworden war[387] und die italienische Forschung mit Recht bei dem Jahre 1024 einen Einschnitt macht[388], nicht im Sinne der „Staatwerdung" Gesamtitaliens, die im Mittelalter zu keinem Zeitpunkt je verwirklichbar war, sondern in dem des Beginns jener „civiltà nuova" der Comunen[389], die in der Tat als das italienische Analogon[390] zur Staatwerdung Deutschlands und Frankreichs betrachtet werden muß[391].

Die Zerstörung der Paveser Pfalz war nicht so sehr die Zerstörung eines Gebäudes gewesen als die einer Verwaltung; eben deshalb forderte sie den Zorn Konrads II. heraus, der den Pavesen nach den berühmten Worten Wipos in Konstanz vorwarf: *Si rex periit, regnum remansit, sicut navis remanet, cuius gubernator cadit. Aedes publicae fuerant, non privatae, iuris erant alieni, non vestri*[392]. Es war dies keineswegs ein lokales Ereignis[393],

---

[385]) Zu einem letzten aussichtslosen Versuch Ariberts von Mailand vgl. unten S. 682 m. Anm. 427–28; vgl. auch BRÜHL, Fodrum, S. 760. Ein sicheres Indiz für die Selbstverständlichkeit, mit der das „Regnum Italiae" als mit dem „Regnum Teutonicum" verbunden betrachtet wurde, ist die Tatsache, daß die Salier nach Konrad II. und ebenso die Staufer auf eine eigene italienische Königskrönung verzichteten; vgl. BRÜHL, Fodrum, S. 499–500, 617–18. Die Zeremonie einer italienischen Krönung lebt erst im 14. Jh. wieder auf, als von einer echten Herrschaft des deutschen Königs keine Rede mehr sein konnte: BRÜHL, aaO., S. 620–21. Vgl. aber die folg. Anm.

[386]) Als die gregorianische Partei in Italien einen Gegenkönig gegen Heinrich IV. aufstellte, fiel ihre Wahl auf dessen Sohn Konrad, der – als Gegenkönig! – 1093 in Mailand, d.h. wohl in S.Ambrogio, gekrönt wurde; vgl. BRÜHL, Fodrum, S. 500 m. Anm. 272.

[387]) GOETZ, Nationalgefühl, S. 23, bemerkt: „Von Friedrich Barbarossa bis zu Friedrich II. waren die Staufer die Erzieher zur ‚italianità'". Das ist zumindest einseitig gesehen, denn auch die Staufer hatten ihre Anhängerschaft, die darum nicht einfach als „unitalienisch" abqualifiziert werden darf. Doch sind die verschiedenen Königsdynastien in Italien – Süditalien inbegriffen – bis in das 18. Jh. hinein allesamt fremdländisch; vgl. schon oben Anm. 384.

[388]) So vor allem SOLMI, S. 212 u.ö., während Gioachino VOLPE: Albori della nazione italiana, in: Momenti di storia italiana (Firenze 1925) S. 3–58, bes. S. 39, den Einschnitt eher „um 1000" ansetzen möchte; vgl. BRÜHL, Anfänge, S. 179 m. Anm. 119–20; vgl. unten mit Anm. 390.

[389]) So formuliert SOLMI, S. 239, im Gegensatz zum „rozzo governo barbarico" der Ottonen; dazu vgl. BRÜHL, Fodrum, S. 509–10 und bes. DERS., Honorantiae, S. 163, 169.

[390]) Die Analogie bezieht sich auch auf die Dauer der Entwicklung! Für Solmi beginnt diese Entwicklung im Jahre 1024, ihr Abschluß fällt auch für Solmi in eine wesentlich spätere Zeit. Die voll ausgebildeten Comunen sind bekanntlich eine Erscheinung des 12. Jh. Vgl. unten Epilog, S. 724.

[391]) Dies betont zu Recht auch GOETZ, Nationalgefühl, S. 20ff.

[392]) Gesta Chuonradi c.7 (ed. BRESSLAU, S. 30 Z.16–19); grundlegend hierzu Helmut BEUMANN: Zur Entwicklung transpersonaler Staatsvorstellungen (1956) in: Wissenschaft vom Mittelalter. Ausgewählte Aufsätze, hgg. von Roderich SCHMIDT (Köln-Wien 1972) S. 135–74.

[393]) Von „lokalen Ursachen" sprach dagegen GOETZ, Nationalgefühl, S. 18, der allerdings zu Unrecht auf GRAF, S. 82, verweist, der keineswegs „lokale Ursachen" für die Zerstörung verantwortlich gemacht hatte.

sondern von grundsätzlicher Bedeutung, wie der König, aber auch die Pavesen sehr wohl erkannt hatten, denn sie nahmen lieber die königliche Ungnade und die Schrecken einer Belagerung in Kauf[394], als in diesemPunkt nachzugeben: auch bei der Aussöhnung zu Jahresbeginn 1027 blieb es dabei, daß die Pfalz *intra muros* nicht wieder aufgebaut wurde[395]. Längst vor dem Italienzug Konrads waren jedoch einige seiner italischen Anhänger unter Führung Erzbischof Ariberts von Mailand „über Berg" gezogen[396], um Konrad am Pfingsttag 1025 (6. Juni) in Konstanz zu huldigen; Aribert sagte unter Gestellung von Geiseln eidlich die Krönung zum König des „Regnum Italiae" zu[397]. Der Italienzug Konrads verzögerte sich etwas und kam erst im folgenden Jahr zustande: er begann im Februar 1026 und fand Ende Mai 1027 seinen Abschluß[398], dauerte also knapp 16 Monate[399]. Auf diesem Zug wurde Konrad zunächst Ende März 1026 wohl in Mailand[400] von Aribert zum König gekrönt[401] und empfing am Ostertag des Jahres

---

[394]) B – A 38a, 61c; vgl. BRESSLAU, Jbb. I, S. 80 – 81, 124 – 26; SOLMI, S. 188 – 89; GRAF, S. 27 Nr. 52 und ebd. S. 84, 86.

[395]) B – A 72c; vgl. BRESSLAU, Jbb. I, S. 136 – 37; SOLMI, S. 189; GRAF, S. 87. Vgl. zuletzt BRÜHL, Honorantiae, S. 168 – 69.

[396]) Die Zusammensetzung der Gesandtschaft bleibt unsicher: namentlich genannt wird nur Aribert: *cum caeteris optimatibus Italiae:* Wipo, Gesta Chuonradi, c.7 (ed. BRESSLAU, S. 29 Z.20 – 21). Mit hoher Wahrscheinlichkeit sind die weiteren *optimates* in den Kreisen des lombardischen Episkopats zu suchen, auch wenn kein einziger Name gesichert ist. Im Gegensatz zu BRESSLAU, Jbb. I, S. 80, glaube ich nicht an die Anwesenheit Leos von Vercelli; die Peters von Novara ist wahrscheinlich, aber nicht gesichert, da D Ko.II. 38 (1025 Juni 10): B – A 39, für Novara der Anwesenheit Peters nicht ausdrücklich gedenkt. Eine zweite Gruppe italienischer Großer, deren personelle Zusammensetzung völlig unbekannt ist, huldigte Ende Juni in Zürich: B – A 40a; vgl. BRESSLAU, Jbb. I, S. 82. Die pavesische Gesandtschaft, die in der Pfalzfrage mit Konrad ergebnislos verhandelte: oben mit Anm. 392, war mit Aribert am Königshof eingetroffen.

[397]) Wipo, Gesta Chuonradi, c.7 (ed. BRESSLAU, S. 29 – 30): B – A 38a; vgl. BEUMANN, Imperium, S. 181.

[398]) B – A 52a – 103. Am 31. V. 1027 urkundet Konrad in Brixen: D Ko.II. 101: B – A 104; vgl. BRESSLAU, Jbb. I, S. 119 – 88.

[399]) Vgl. BRÜHL, Fodrum, S. 454.

[400]) Arnulf, l.II c.12, sagt lediglich: *veniens Chuonradus Italiam, ab eo*(scil. Heriberto) *ut moris est coronatur in regno* (edd. BETHMANN – WATTENBACH, S. 12 Z.11 – 12). Arnulf schreibt ohnehin fast ein halbes Jahrhundert nach den Ereignissen und macht keine Ortsangabe. Da der traditionelle Krönungsort Pavia nicht zur Verfügung stand, kommt eigentlich nur Mailand, genauer S. Ambrogio, in Frage: in diesem Sinne bereits BRÜHL, Fodrum, S. 499 – 500 m. Anm. 268 – 69 und bes. DERS.: Die Stätten der Herrschaftsaus-übung in Mailand von der Spätantike zum hohen Mittelalter, in: Atti dell'11° Congresso internazionale di studi sull'alto medioevo. Milano, 26 – 30 ottobre 1987, t.II (Spoleto 1989) S. 855 – 83, bes. S. 873 m. Anm. 112 – 13. SCHRAMM, Königskrönungen, S. 127, beschränkt sich auf die Angabe Mailand, während SOLMI, S. 205, zwischen Mailand und Monza schwankt, doch stand Monza mit Sicherheit nicht zur Debatte.

[401]) B – A 59a; vgl. BRESSLAU, Jbb. I, S. 122 m. Anm. 5; WAITZ V², S. 115 m. Anm. 2. Die Tatsache der Krönung scheint mir trotz der Bedenken von B – A 59a nicht zu bezweifeln; s. auch SCHIEFFER, Heinrich II., S. 7. KAHL, Burgund, S. 45 Anm. 49, glaubt an eine Festkrönung, was keinen Sinn ergäbe.

1027 aus der Hand Johanns XIX. die Kaiserkrone[402] in Gegenwart des
Burgunderkönigs Rudolf III.[403] und des angelsächsisch-dänischen Königs
Knut d.Gr.[404]. Ein zweiter Zug führte Konrad im Januar 1037 erneut nach
Italien in Begleitung seines Sohnes, des bereits zu Ostern 1028 in Aachen
gekrönten Heinrich III.[405]. Diese Heerfahrt, die durch heftige Auseinandersetzungen mit Aribert von Mailand gekennzeichnet war[406], dauerte bis
Anfang August 1038[407] und sah Konrad sogar etwa zwei Monate in Süditalien[408]. Insgesamt beläuft sich die von dem ersten „Salier" in Italien verbrachte Zeit auf zwei Jahre und zehn Monate[409], was einem Anteil an der
gesamten Herrschaftsdauer von ca. 19,2% entspricht[410].

Dieser Anteil ist relativ hoch und liegt jedenfalls deutlich über dem des
Vorgängers und des Nachfolgers, denn Heinrich III. hat während seiner
selbständigen Regierungszeit (1039–1056) nur 16 Monate in Italien ver-
bracht[411], was einem Anteil vor nur 9% an seiner Herrschaft entspricht[412].
Dabei sind diese 16 Monate auch noch auf zwei Züge verteilt: der erste
dauerte von Ende September – Mitte Mai 1047[413], der zweite von Ende
März – Mitte November 1055[414], d.h. also beide Male etwa acht Monate[415].
Heinrich III. wurde in alter ottonischer Tradition nicht mehr eigens zum
König des „Regnum Italiae" gekrönt[416], empfing aber selbstverständlich

---

[402] B – A 73c; vgl. BRESSLAU, Jbb. I, S. 138ff.; TELLENBACH, Kaiser, S. 236, 251. Vgl.
unten S. 681 m. Anm. 417.
[403] B – A 72a, 73c; vgl. KAHL, Burgund, S. 34, 43; SCHIEFFER, Überblick, S. 34 und D
Rud. 134. Es handelte sich um die erste persönliche Zusammenkunft beider Herrscher.
Vgl. unten S. 683 – 84 m. Anm. 442 – 43.
[404] B – A 73c-d; vgl. BRESSLAU, Jbb. I, S. 139; KAHL, Burgund, S. 34 u.a.
[405] B – A 117a (ohne Erwähnung, daß der 14. April der Ostertag war); vgl. BRESSLAU,
Jbb. I, S. 240 – 42; SCHRAMM, Königskrönungen, S. 127 – 30.
[406] Zu den Kämpfen mit Aribert vgl. BRESSLAU, Jbb. II, S. 228ff.; GRAF, S. 28 – 29 Nr.
57 und ebd. S. 89ff. Allgemein s. unten S. 681 m. Anm. 422.
[407] B – A 244b – 290; am 11.VIII. 1038 urkundet Konrad wieder in Brixen: D Ko.II.
277: B – A 291. Vgl. BRESSLAU, Jbb. II, S. 227 – 87, 305 – 19; BRÜHL, Fodrum, S. 454 m.
Anm. 14.
[408] B – A 280a – 285a (1038 Ende April – Juni); vgl. BRESSLAU, Jbb. II, S. 288ff., 305 – 14.
Der Kaiser feierte Pf 1038 in Capua: B – A 280a. Vgl. noch GAY, S. 442 – 43, 444 – 47.
[409] BRÜHL, Fodrum, S. 454; TELLENBACH, Kaiser, S. 251 (beide 2 Jahre 11 Monate).
[410] BRÜHL, Fodrum, S. 457 (20%); vgl. oben Anm. 409.
[411] BRÜHL, Fodrum, S. 454 (15 Monate); TELLENBACH, Kaiser, S. 251.
[412] BRÜHL, Fodrum, S. 457, hatte ich nur 7% angegeben; vgl. dazu oben Anm. 411.
[413] STEINDORFF I, S. 305 – 35 und DD H.III. 176 (1046 Nov. 25): Lucca – 204 (1047
Mai 11): Raum Trient.
[414] STEINDORFF II, S. 297 – 322 und DD H.III. 336 (1055 März 27): Trient – 358 (1055
Nov. 13): Volargne. Am 20.XI.1055 urkundet er in Brixen: D H.III. 359.
[415] Auf dem ersten Zug etwas länger, auf dem zweiten etwas kürzer; s. TELLENBACH,
Kaiser, S. 251.
[416] Vgl. BRÜHL, Fodrum, S. 500 m. Anm. 270.

am Weihnachtstag des Jahres 1046 in St. Peter vor Rom die Kaiserkrone aus der Hand des am selben Tag von ihm zum Papst erhobenen Clemens II. (Suidger von Bamberg)[417], den man mit etwas gutem Willen als den ersten „deutschen" Papst bezeichnen kann[418]. Auch einen kurzen Zug in den Süden hat Heinrich III. unternommen, der ihn in Begleitung des Papstes nach Montecassino, Capua und Benevent führte[419]. Einzelheiten des Itinerars gedenke ich weder für Konrad II. noch für Heinrich III. zu erörtern[420] und bin auch sehr skeptisch, ob eine Untersuchung des Itinerars Konrads II. in Italien – das einzige im ganzen 11. Jahrhundert, das für eine solche Untersuchung überhaupt in Frage kommt – wirklich wesentliche Einsichten vermitteln kann[421]. Gerade die Regierung Konrads II. war – in viel höherem Maße als die Heinrichs II. – eine Zeit des politisch-sozialen Umbruchs, die sich nicht zufällig in zahlreichen Aufständen in den Städten gegen den Kaiser niederschlug[422]. Konrad II. trug dem durch eine Annäherung an den hohen Adel und die rechtliche Absicherung der Valvassorenschaft Rechnung, die in der „Constitutio de feudis" vom 28. Mai 1037 während der Belagerung Mailands ihren Niederschlag fand[423], ohne daß darum von einem „Bruch" mit der Politik Heinrichs II. gesprochen werden dürfte[424]. Heinrich III., dem Italien in anderer Weise zum Schicksalsland geworden

---

[417] STEINDORFF I, S. 315 – 16; vgl. noch BRÜHL, Fodrum, S. 497; TELLENBACH, Kaiser, S. 236, 251.

[418] Keinesfalls Gregor V., der so wenig „Deutscher" war wie sein Nachfolger Silvester II. „Franzose"; vgl. schon oben S. 234 m. Anm. 236, S. 258 m. Anm. 97, S. 608 m. Anm. 408. Auf die mehrfachen Eingriffe Heinrichs III. in die Besetzung der „Cathedra Petri" wie allgemein auf dessen Kirchenpolitik ist hier nicht einzugehen; vgl. HALLER II, S. 276ff.

[419] STEINDORFF I, S. 323 – 29. Eine einzige Urkunde ist auf diesem Zug gegeben: D H.III. 184 (1047 Febr. 3) in Capua für Montecassino. Vgl. noch GAY, S. 475 – 77; BRÜHL, Fodrum, S. 477 m. Anm. 129, 478.

[420] Allgemein vgl. BRÜHL, Fodrum, S. 467 m. Anm. 75 – 76, 470 m. Anm. 90 – 91, 475 m. Anm. 113 und Anm. 115 – 17. Vgl. oben S. 673 m. Anm. 358 – 59.

[421] Vgl. die vorläufigen Ergebnisse bei MÜLLER-MERTENS, Reich, S. 149, aufgrund der Arbeit von W. HUSCHNER: oben Anm. 171. Es ist doch kein Zufall, daß „die Nahzone der deutschen Königsherrschaft in Italien" ausgerechnet „die Region Verona-Aquileia-Istrien" ist, die dem Herzog von Baiern untersteht und wo in besonderem Maße „deutsche" Bischöfe fungierten wie gerade in Aquileia: oben S. 658 m. Anm. 231 – 32.

[422] Es kam zu Aufständen in Ravenna, Rom und Parma: GRAF, S. 27 – 29 Nr. 53, 56, 58. Zu Pavia s. schon oben S. 677 m. Anm. 379 – 80. Dazu gesellen sich der Widerstand Rainers von Tuszien und der erbitterte Kampf gegen Aribert von Mailand: ebd. Nr. 55, 57; B – A 244e–f, 244i, 252a, 254c–d, 254f und oben Anm. 406. Vgl. noch BRÜHL, Honorantiae, S. 168.

[423] Const. I, Nr. 45 = D Ko.II. 244: B – A 254; vgl. BRESSLAU, Jbb. II, S. 244 – 47.

[424] Schon deshalb nicht, weil sich dieser soziale Umbruch unter Heinrich II. noch nicht in nennenswertem Umfang bemerkbar gemacht hatte und die Reaktion Heinrichs daher nicht nachprüfbar ist; vgl. bes. SCHIEFFER, Heinrich II., S. 8 – 10.

ist[425], erntete die Früchte der väterlichen Politik, indem er eine von Revolten gegen seine Herrschaft so gut wie völlig freie Regierungszeit in Italien verbuchen konnte[426].

Auf dem Höhepunkt des Kampfes gegen Konrad II. hatte Aribert von Mailand die Krone Italiens 1037 abermals einem „französischen" Fürsten angeboten, dem Grafen Odo von der Champagne[427]. Eine bessere Wahl konnte Aribert kaum treffen, denn Odo war seit 1032 Konrads Gegenspieler in Burgund. Gerade hatte er einen Einfall nach Lothringen unternommen und die Bischofsstadt Toul belagert[428]; das Angebot Ariberts kam ihm daher sehr gelegen. Er zog jedoch nicht nach Italien oder Burgund, wie doch eigentlich zu erwarten gewesen wäre[429], sondern unternahm im Herbst des Jahres einen erneuten Einfall nach Lothringen vielleicht in der Hoffnung, sich Aachens bemächtigen zu können[430]; er scheint die Grenzfestung Bar-le-Duc eingenommen zu haben[431], doch am 15. November 1037 trat ihm Herzog Gozelo von Lothringen mit einem starken Heer entgegen; in der blutigen Schlacht wurde Odo vernichtend geschlagen[432] und auf der Flucht getötet[433], womit sich die Pläne Ariberts in nichts auflösten

---

[425]) Heinrichs erste Gemahlin Gunhild, eine Tochter Knuts d.Gr.: oben S. 680 m. Anm. 404, mit der er sich 1035 verlobt hatte, starb 1038 an der Malaria in Italien; Heinrich selbst ist sehr wahrscheinlich an den Spätfolgen einer 1055 empfangenen Infektion gestorben; vgl. BRESSLAU, Jbb. II, S. 145–48, 169–70, 318; B–A 225c, 238c, 285a; SMIDT, S. 74, 79–80. Vg. noch unten Anm. 534.

[426]) GRAF, S. 30–31 Nr. 59–66, verzeichnet keinen einzigen ernsthaften Aufstand gegen den Kaiser; vgl. ebd. S. 98: „Heinrich III. (hat) von allen deutschen Kaisern den geringsten Widerstand in Italien erfahren".

[427]) B–A 254e: unten Anm. 463; vgl. BRESSLAU, Jbb. II, S. 256–57; KIENAST I, S. 159–60. Zu Odo vgl. unten S. 685 m. Anm. 453–54.

[428]) B–A 254e; vgl. BRESSLAU, Jbb. II, S. 254–55.

[429]) Hierzu vgl. bes. BRESSLAU, Jbb. II, S. 267–68 gegen PABST, S. 368. BRESSLAU, aaO., S. 267, betont, daß man Odos Politik „schwerlich...als eine allgemein französische" bezeichnen dürfe. Das ist natürlich richtig, gilt aber nicht nur für Odo!

[430]) Annalista Saxo ad an. 1037: *Uto Burgundie tirannus...corde elato Aquisgrani palacium invadere decrevit seque ibi Nativitatem Christi sessurum preiactavit* (ed. WAITZ, S. 681 Z.24–27); vgl. BRESSLAU, Jbb. II, S. 268 m. Anm. 3; KIENAST I, S. 160 m. Anm. 393. Zu dem um 1150 schreibenden „Annalista Saxo", der wohl mit Abt Arnold von Berge identifiziert werden darf, vgl. WATTENBACH–SCHMALE, S. 14–18. Der „Annalista" fußt hier auf den verlorenen „Annales Hildesheimenses maiores"; vgl. WATTENBACH–HOLTZMANN I³, S. 42–43.

[431]) BRESSLAU, Jbb. II, S. 270, ist zweifelnd, während KIENAST I, S. 160, die Einnahme Bars als Tatsache berichtet.

[432]) B–A 264a; vgl. BRESSLAU, Jbb. II, S. 270–73; KAHL, Burgund, S. 93; KIENAST I, S. 160; BOSHOF, Lothringen, S. 66 m. Anm. 9 und die folg. Anm.

[433]) Wipo, Gesta Chuonradi, c.35: *Eodem anno praefatus comes Uodo de Francia in regno imperatoris quaedam loca invadens a Gozelone duce Liutharingorum et filio suo Godefrido*(scil. Graf von Verdun) *et Gerhardo comite*(scil. ein Onkel Konrads II. von der Mutterseite) *atque a militia episcopi Metensis pugna commissa cum illo fugiendo interfectus est, et vexillum eius caesari in Italiam allatum hostem interemptum testabatur* (ed. BRESSLAU, S. 56 Z.1–6); vgl. noch KIENAST I, S. 160 m. Anm. 393 (– S. 161).

und Konrad zugleich von seinem erbittertsten Rivalen befreit war. Die Feststellung von BRESSLAU, daß dieses Mal der Plan zu einem Gegenkönigtum nicht vom Hochadel ausging, sondern vom Episkopat, ja daß gerade die Markgrafen in Italien auf Konrads Seite standen und dessen alter Gegenspieler Gozelo den entscheidenden Sieg über Odo erfocht, ist völlig zutreffend[434], darf aber nicht zu dem Trugschluß verleiten, Konrad habe hier einen bewußten Bruch mit der Politik seines Vorgängers vollzogen, wo es sich in Wahrheit nur um die konsequente Weiterentwicklung von dessen Politik handelt[435]. Zu neuerlichen Plänen für ein Gegenkönigtum in Italien ist es nicht mehr gekommen. Auch in Burgund, dem ich mich nunmehr zuwende, war mit dem Tod Odos alles entschieden.

Heinrichs II. burgundische Politik wurde oben ausführlich dargestellt: die engen Familienbande u n d der Mainzer Vertrag von 1018 schienen eine reibungslose Nachfolge Heinrichs nach dem Tode Rudolfs III. zu garantieren[436]. Doch das Unerwartete geschah: nicht Rudolf starb als erster sondern Heinrich. Nächster Verwandter – von dem lehnrechtlichen Verhältnis sehe ich zunächst bewußt ab – war nun Otto Wilhelm, der Sohn König Adalberts von Italien, doch auch er starb am 21. September 1027, d.h. noch immer fünf Jahre vor Rudolf III.[437]. Zu Konrad II. waren die Beziehungen zunächst kühl[438], und Rudolf söhnte sich 1026 mit seinem alten Feind Otto-Wilhelm und dessen Sohn Rainald förmlich aus[439]. Konrads Gemahlin Gisela, die als eine Tochter von Rudolfs Schwester Gerberga dessen Nichte war[440], verhandelte, nachdem Konrad im Sommer 1025 bei der Besetzung des Bistums Basel seine Ansprüche deutlich zu erkennen gegeben hatte[441], offenbar persönlich mit ihrem Onkel[442]. Das Ergebnis zeigte sich

---

[434] Jbb. II, S. 258, 268 – 69. Vgl. oben S. 673 m. Anm. 354.

[435] SCHIEFFER, Heinrich II., S. 10, spricht treffend von „einer organischen Weiterentwicklung". Vgl. schon oben S. 681 m. Anm. 424.

[436] Oben S. 658ff.

[437] Vgl. oben S. 543 Anm. 637 und oben Anm. 291.

[438] Wipo, Gesta Chuonradi, c.8, sagt ausdrücklich: *Sed defuncto imperatore Heinrico Ruodulfus rex promissa sua irrita fieri voluit* (ed. BRESSLAU, S. 31 Z.24 – 25).

[439] Dies bezeugt D Rud. 118 (1026 Juli 13) für St-Bénigne in Dijon:...*quoniam Otto comes eiusque filius Rainaldus, duo regni nostri preclarissimi principes, cum consorte regni nostri Hermengarde regina nostram adierunt sublimitatem* (S. 287 Z.25 – 27); in D Rud. 121 (a. 1029) für Cluny interveniert: *fidelis noster Reinaldus comes, filius Ottonis cognomento Wilelmi, viri inlustrissimi* (S. 293 Z.14 – 15); vgl. SCHIEFFER, Überblick, S. 34.

[440] Vgl. die Stammtafel bei HLAWITSCHKA, Untersuchungen, S. 57; s. auch KAHL, Burgund, S. 34.

[441] B – A 39a; vgl. BRESSLAU, Jbb. I, S. 84 – 85; POUPARDIN, Bourgogne, S. 138 – 39; KAHL, Burgund, S. 43; SCHIEFFER, Überblick, S. 33. Vgl. die folg. Anm.

[442] Dies kann nicht sehr lange nach Konrads Aufenthalt in Basel geschehen sein. Wipo, Gesta Chuonradi, c.8, gibt leider keine Datierungshilfe, wenn er schreibt: *Basileam sibi subiugavit*(scil. Chuonradus), *ut animadverteret, si rex Rodulfus promissa attenderet.*

in der Teilnahme Rudolfs an Konrads Kaiserkrönung in Rom und dem zweifellos schon in Rom vereinbarten Treffen in Basel[443], zu dem Konrad dem wesentlich älteren Rudolf nach Muttenz entgegenzog und dort ein *familiare colloquium* mit diesem hielt[444], bevor schließlich durch Vermittlung von Kaiserin Gisela, wie Wipo erneut betont[445]: *regnoque Burgundiae imperatori tradito eodem pacto, quemadmodum prius antecessori suo Heinrico imperatori datum fuerat*[446]. Das Abkommen galt auch für den Fall, daß Konrad vor Rudolf sterben und Heinrich die Nachfolge angetreten haben sollte[447]. Es ist dies der letzte politische Akt Rudolfs, von dem wir Kunde haben[448]. Rudolf III. starb am 5. oder wahrscheinlicher am 6. September 1032 und wurde in der Kathedrale von Lausanne beigesetzt[449].

---

*Quos postea Gisela regina, filia sororis ipsius regis, bene pacificavit* (ed. BRESSLAU, S. 31 Z. 27–30). „Terminus ante quem" ist jedenfalls der Italienzug Konrads, an dem Gisela teilgenommen hat; überdies sandte Rudolf um die Weihnachtszeit 1026 Boten zu Konrad, der W 1026 in Ivrea beging, um seine Teilnahme an Konrads Kaiserkrönung zuzusagen: B–A 72a. Dies dürfte schwerlich allein auf Rudolfs Initiative zurückzuführen und die grundsätzliche Entscheidung zugunsten Konrads wohl schon damals gefallen sein; in diesem Sinne auch POUPARDIN, Bourgogne, S. 142–143 und SCHIEFFER, Überblick, S. 34.

[443]) Vgl. schon oben S. 680 m. Anm. 403; vgl. BRESSLAU, Jbb. I, S. 221: „eine Zusammenkunft..., die man vielleicht schon in Italien verabredet hatte". Rudolf hat sich offenbar bereits in Rom von Konrad getrennt, ihn jedenfalls nicht auf dem Marsch in den Norden begleitet; vgl. auch POUPARDIN, Bourgogne, S. 140–41.

[444]) Wipo, Gesta Chuonradi, c.21: *perveniens*(scil. Chuonradus) *usque ad Basileam Ruodolfum regem Burgundiae alloquitur, qui illic sibi occurebat extra urbem iuxta vicum qui Mittenza dicitur, et habito familiari colloquio imperator regem secum duxit in urbem* (ed. BRESSLAU, S. 41 Z.1–5): B–A 112a. KAHL, Burgund, S. 34, überbewertet m.E. die höfliche Geste Konrads, die an der Abhängigkeit Rudolfs doch nicht das geringste änderte; s. auch VOSS, Herrschertreffen, S. 87. Von einer „Gleichbehandlung" Rudolfs vermag ich nach dem Wortlaut des Wiposchen Berichts nichts zu erkennen.

[445]) Wipo, Gesta Chuonradi, c.21, sagt ausdrücklich: *Confirmata inter eos pace Gisela imperatrice haec omnia mediante...* (ed. BRESSLAU, S. 41 Z.5–6). Es schließt das unten mit der folg. Anm. gebotene Zitat direkt an. Vgl. schon oben Anm. 442. KAHL, Burgund, S. 34–35, würdigt die Vermittlerrolle Giselas nur an dieser Stelle.

[446]) WIPO, Gesta Chuonradi, c.21 (ed. BRESSLAU, S. 41 Z.6–8): B–A 112a. Vgl. BRESSLAU, Jbb. I, S. 222, der allerdings die Bedeutung des *familiare colloquium* in Muttenz: oben Anm. 444, überschätzt: das Grundsätzliche war längst geregelt; vgl. oben Anm. 442. Vgl. bes. KAHL, Burgund, S. 35–36, 46–47; KIENAST I, S. 153; SCHIEFFER, Überblick, S. 34.

[447]) Dies wird aus Wipo, Gesta Chuonradi, c.29, erschlossen: *licet regnum Burgundiae Chuonrado imperatori et filio eius Heinrico regi a Ruodolfo rege, postquam ipse superstes non esset, per iusiurandum iam dudum confirmatum esset* (ed. BRESSLAU, S. 47 Z.15–18): B–A 112a; in diesem Sinne bereits BRESSLAU, Jbb. I, S. 222; unnötig zweifelnd KAHL, Burgund, S. 35 m. Anm. 9.

[448]) So schon POUPARDIN, Bourgogne, S. 143; s. zuletzt SCHIEFFER, Überblick, S. 34. Gerade aus den letzten Lebensjahren Rudolfs sind allerdings relativ viele Diplome überliefert: DD Rud. 119 (1028 Apr. 16) – 128 (ann. 1031/32).

[449]) BRESSLAU, Jbb. II, S. 9 m. Anm. 3; POUPARDIN, Bourgogne, S. 144 m. Anm. 2–3; KAHL, Burgund, S. 54 m. Anm. 1; SCHIEFFER, Überblick, S. 34. Urteile wie „il termina...sa vie misérable" bei POUPARDIN aaO., S. 144; „son roi imbécile" bei PFISTER, S. 380, oder:

Zuvor hatte der Sterbende die Insignien seiner Herrschaft an Konrad übersandt, der so offiziell als der Nachfolger designiert war[450].

Die Rechtslage war damit klar: „ein besserer Rechtsanspruch als Konrad ihn zu vertreten hatte, (war) beim Tode Rudolfs III. allem Anschein nach nicht vorhanden"[451], doch dieser Anspruch war ein rein lehnrechtlicher. Nach dem Verwandtschaftsverhältnis, das ja ohnehin nur für Gisela, nicht für Konrad Gültigkeit hatte[452], war der älteste lebende Verwandte Rudolfs im Augenblick des Todes dessen Neffe Odo I. als Graf der Champagne, Odo II. als Graf von Blois, Chartres und Tours, seit 1019/23 auch Graf von Troyes und Meaux[453], ein Vetter Giselas und Enkel König Konrads von Burgund[454]. So sicher diese Verwandtschaft keinen Rechtsanspruch auf die Krone Burgunds begründen konnte, so sicher haben viele Zeitgenossen darin doch einen solchen gesehen[455] oder zumindest sehen wollen[456]. Es hat allerdings den Anschein, als ob Odo in richtiger Einschätzung sowohl der Rechts- als auch der Machtfrage zunächst bereit gewesen wäre, Konrad als Oberlehnsherrn anzuerkennen, wenn dieser ihm nur die

---

„Einige Jahre später...endete...sein Schattenregiment" bei KIENAST I, S. 153, sind wohl doch zu sehr durch die Brille Thietmars gesehen bzw. im Falle Pfisters von dem Trauma 1870 diktiert.

[450]) B – A 189b. Der als Überbringer der Insignien genannte Seliger erscheint als Zeuge in: DD Rud. 110 (a. 1016) S. 271 Z.8 – 9, 156 (1009 Juni 6) S. 337 Z.34; vgl. SCHIEFFER, Überblick, S. 34; s. auch KAHL, Burgund, S. 55 – 56. Daß damals n i c h t die Mauritius-Lanze übergeben wurde, zeigt SCHRAMM, Herrschaftszeichen II, S. 514.

[451]) KAHL, Burgund, S. 51; s. schon POUPARDIN, Bourgogne, S. 148.

[452]) Nur Konrads Sohn Heinrich zählte Rudolf III. zu seinen direkten Vorfahren: er war dessen Großneffe. Das Erbrecht in weiblicher Linie war stets umstritten; vgl. KAHL, Burgund, S. 49, mit anfechtbarer Argumentation. Auf jeden Fall hat Konrad sich nicht auf ein ang. Erbrecht berufen, dies tat nur Odo. POUPARDIN, Bourgogne, S. 149 – 50, betont, daß eine „parenté en ligne collaterale" ohnehin nur „un titre pour l'élection, un moyen pour faciliter la reconnaissance par les grands" gewährte und keinen Rechtsanspruch; ebd. S. 150 Anm. 2 ablehnend zu den ang. Erbansprüchen Giselas. Vgl. aber unten mit Anm. 455.

[453]) Zu Odo vgl. POUPARDIN, Bourgogne, S. 151–53 und bes. DHONDT, Aspects, S. 203; s.noch KAHL, Burgund, S. 52–53; WERNER, Westfranken, S. 268–69 u.a.; weitere Lit. zitiert BOSHOF, Krise, S. 268 Anm. 11.

[454]) Vgl. die Stammtafel bei HLAWITSCHKA, Frankenreich, Anhang, S. (291). Die Mutter Odos war die berühmte Bertha, die als von der Kirche nicht anerkannte 2. Gemahlin Roberts Westfranken in einen schweren kirchenpolitischen Konflikt stürzte; vgl. PFISTER, S. 47 – 60. Bertha war Königin von 996 bis ca. 1001: PFISTER, S. 50 – 51, 60.

[455]) Nicht zuletzt sogar der durchaus kaiserfreundliche Rodulf Glaber, l.III c.9 § 38, der Konrads Anspruch auf Burgund, den er voll billigt, rein erbrechtlich begründet: *habens in coniugio neptam prefati Rodulfi; o b h o c maxime valenter resistens contradice-bat Odoni* (ed. PROU, S. 86). Über die mindestens ebenso guten erbrechtlichen Ansprüche Odos schweigt Rodulf sich an dieser Stelle aus; vgl. aber POUPARDIN, Bourgogne, S. 150 m. Anm. 1, 153 m. Anm. 2; KAHL, Burgund, S. 32, 57.

[456]) Die alten Anhänger Otto-Wilhelms werden Konrad II. schwerlich freiwillig anerkannt und jeden Vorwand benutzt haben, um sich dessen Herrschaft zu entziehen.

eigentliche Herrschaft in Burgund überlassen hätte[457], doch gerade das lag nun keinesfalls im Interesse Konrads, der in dem wichtigen Durchgangsland Burgund unmöglich einen so mächtigen und – aus seiner Sicht – so unzuverlässigen Fürsten wie Odo dulden konnte[458]. Odo hatte dies sehr schnell erkannt und sein Heil im militärischen Zugriff gesucht, wobei ihm bemerkenswerte Anfangserfolge gelangen[459]. Insbesondere in der Provence, die ja ohnehin ein politisches und kulturelles Eigenleben führte[460], wurde Odo z.T. noch im Jahre 1035 als König anerkannt, wenn man den Datierungen der „chartae" insoweit trauen darf[461]. Förmlich zum König gewählt oder gar gekrönt ist Odo jedoch nicht worden[462], auch hat keine Entscheidungsschlacht zwischen ihm und Konrad stattgefunden. Das Angebot der Krone Italiens im Jahre 1037 – der letzte Versuch, Burgund und Italien o h n e Beteiligung Ostfrankens/Deutschlands zu verbinden – kam schon viel zu spät[463]: gerade Aribert war es ja gewesen, der an der Spitze eines italischen Aufgebots 1034 wesentlich zur Niederwerfung Odos beige-

·

[457]) Wipo, Gesta Chonradi, c.29: *nec se regem ausus est facere*(scil. Uodo), *nec tamen regnum voluit dimittere. Referebant quidam illum dixisse saepe, quod numquam rex fieri, sed tamen semper magister esse regis vellet* (ed. BRESSLAU, S. 47 Z.11 – 14); vgl. BRESSLAU, Jbb. II, S. 14 – 15; POUPARDIN, Bourgogne, S. 153; KAHL, Burgund, S. 64 – 65; KIENAST I, S. 153. Der Passus: *Referebant quidam* – *vellet,* scheint mir das Verhältnis Odos zu Robert II. sehr viel besser zu treffen als das zu Konrad II., und sei es nur, weil Konrad damals ja bereits Kaiser war; verfehlt m.E. die Konstruktion von KAHL, aaO., S. 65.

[458]) Darüber ist die Forschung sich einig; vgl. zuletzt KAHL, Burgund, S. 65 – 66 und KIENAST I, S. 153. Vgl. schon oben S. 658 – 59.

[459]) Auf die militärischen Einzelheiten ist hier nicht einzugehen; am wichtigsten war wohl die Einnahme von Neuenburg und Murten, aber auch der Große St.Bernhard war in seiner Hand! Vgl. BRESSLAU, Jbb. II, S. 15; POUPARDIN, Bourgogne, S. 154ff.; B – A 189c; KAHL, Burgund, S. 58 – 59 u.a.m.

[460]) Rudolf III. hat nach Aussage der überlieferten Urkunden kein einziges Diplom in der Provence ausgestellt und scheint über Romans (Dép. Drôme) im Süden nicht hinausgekommen zu sein; vgl. SCHIEFFER, Überblick, S. 29. Diese Entwicklung hatte sich bereits unter Konrad angebahnt: SCHIEFFER, aaO., S. 19; s. auch HLAWITSCHKA, Frankenreich, S. 161.

[461]) Diesen Datierungen steht POUPARDIN, Bourgogne, S. 155 Anm. 5, allerdings recht skeptisch gegenüber: „Mais, pour la Provence du moins, il ne faut pas attacher aux formules de cette espèce une importance trop grande". Im Text spricht er von einer „reconnaissance sans doute très platonique". Vgl. noch oben S. 178 m. Anm. 609 – 10.

[462]) Vgl. oben Anm. 457. Offenbar hatte Odo aber an eine Krönung in Vienne gedacht, über die der Gang der Ereignisse hinweggeschritten ist; vgl. POUPARDIN, Bourgogne, S. 158 – 59; KAHL, Burgund, S. 62 – 63, 66.

[463]) Oben S. 682 m. Anm. 427 – 29. Vgl. noch Arnulf, Gesta, l.II c.14: *Quo Heribertus audito...secreta igitur legatione suggerit Oddoni, potenti Franchorum comiti, ut se favente arripiat regnum Italiae* (edd. BETHMANN – WATTENBACH, S. 15 Z.40 – 42). Die letzte burgundisch – italische Verbindung datierte aus den Tagen Rudolfs II. und Hugos: oben S. 519.

tragen hatte[464]. Die Schlacht bei Bar-le-Duc besiegelte das Schicksal dieses unruhigen Geistes[465], der eigentlich von Anbeginn an auf verlorenem Posten kämpfte, zumal auch der französische König aus wohlverstandenem Eigeninteresse gegen Odo Partei ergriffen hatte[466].

Konrad II. war im Augenblick des Ablebens Rudolfs im Osten beschäftigt[467], was die Anfangserfolge Odos überhaupt ermöglichte. Konrad und Heinrich begingen das Weihnachtsfest 1032 in Straßburg und brachen von dort, alarmiert von den Nachrichten aus Burgund, zu einem Winterfeldzug gen Süden auf, der sie über Basel nach Peterlingen (Payerne) führte[468]. Wipo berichtet dazu wie folgt: *veniens*(scil. Chuonradus) *ad Paterniacum monasterium in Purificatione sanctae Mariae* (d.h. am 2. Februar) *a maioribus et minoribus regni ad regendam Burgundiam electus est et in ipsa die pro rege coronatus est*[469]. Die Forschung hat daraus einhellig auf eine burgundische Königskrönung Konrads geschlossen[470]. Nur WAITZ hatte einst Zweifel angemeldet, doch seine Begründung überzeugte nicht[471]. Erst H.-D. KAHL hatte den Passus Wipos einer sorgsamen Textkritik unterzogen und war dabei zu dem Ergebnis gekommen, daß Konrad nicht z u m König von Burgund, sondern nur *pro rege*, d.h. an Stelle seines Sohnes Heinrich im Rahmen einer Festkrönung als Regent für diesen gewählt und gekrönt worden sei[472]. Diese kluge und interessante Hypothese hat in der Forschung erstaunlich geringen Widerhall gefunden[473]. Man wird KAHL gern zugestehen, daß die

---

[464] B – A 222a; vgl. BRESSLAU, Jbb. II, S. 109 – 11; POUPARDIN, Bourgogne, S. 166 – 67; KAHL, Burgund, S. 85 – 86, betont zutreffend, daß seit 978 kein italisches Truppenkontingent an militärischen Operationen außerhalb Italiens teilgenommen hatte; vgl. oben S. 566 Anm. 99; s. noch unten S. 690 m. Anm. 490 – 91.
[465] Oben S. 682 m. Anm. 432 – 33.
[466] Hierzu vgl. unten S. 689 m. Anm. 485, S. 694 m. Anm. 523.
[467] Vgl. BRESSLAU, Jbb. II, S. 8 – 9; KAHL, Burgund, S. 67.
[468] B – A 190a, 191a; vgl. BRESSLAU, Jbb. II, S. 69 – 70; POUPARDIN, Bourgogne, S. 159 – 60; KAHL, Burgund, S. 67 – 68, der die Teilnahme Heinrichs an diesem Zug: ebd. S. 67 Anm. 4, m.E. zu Unrecht bezweifelt. Vgl. unten Anm. 482.
[469] Gesta Chuonradi, c.30 (ed. BRESSLAU, S. 49 Z.6 – 9).
[470] So etwa BRESSLAU, Jbb. II, S. 70; POUPARDIN, Bourgogne, S. 160; B – A 192a; KIENAST I, S. 153 m. Anm. 376; WERNER, Westfranken, S. 255; SCHIEFFER, Überblick, S. 34. Weitere Lit. zitiert KAHL, Burgund, S. 70 Anm. 14. Eigenartig die Formulierung von HLAWITSCHKA, Frankenreich, S. 161: „...Konrad ließ sich...zum Regenten(!) Burgunds wählen und krönen"; vgl. dazu unten Anm. 479.
[471] WAITZ V², S. 117 m. Anm. 4. Die Einwände gegen Peterlingen als Krönungsort sind nicht haltbar; vgl. schon POUPARDIN, Bourgogne, S. 160. Daß der Coronator nicht genannt wird, ist kein Argument gegen die Krönung.
[472] KAHL, Burgund, S. 70 – 77.
[473] KIENAST I, S. 153 Anm. 376 (auf S. 154) begnügt sich mit einem Verweis auf die kurze, aber durchaus wohlwollende Anzeige von Th. SCHIEFFER in: HZ.214 (1972) S. 633 – 34, der einige Bedenken vorbrachte: unten S. 688 m. Anm. 478. Ob die Formulierung von HLAWITSCHKA: oben Anm. 470, auf Kahl zurückgeht, wird nicht gesagt, wäre aber denkbar.

Wortwahl Wipos in der Tat eigenartig ist und zu Mißdeutungen Anlaß geben kann[474]. Kein Gewicht lege ich allerdings auf seine Entdeckung, daß drei „chartae" für Cluny[475] in ihrer Datierung auf den Baseler Vertrag von 1027 als Beginn der Herrschaft Konrads über Burgund abzustellen scheinen[476]. Bei allem Respekt vor dem aufgewandten Scharfsinn glaube ich nicht, daß die These haltbar ist: nicht nur kenne ich für eine solche Form der Regentschaft – Heinrich war bereits volljährig[477] – keine Parallele, und überdies sind ja auch mehrfach Kinderkrönungen bezeugt[478], vor allem scheint mir KAHL das Wesen der Festkrönung zu verkennen[479], der ja „per definitionen" kein konstitutiver Charakter zukommen kann[480].

Militärisch war dieser Winterfeldzug im übrigen kein Erfolg: wegen der ungewöhnlichen Kälte mußte die Belagerung von Murten und Neuenburg

---

[474]) Es ist richtig, daß Wipo in der Regel auf die *benedictio* oder *consecratio* abstellt und auch den Namen des Coronators zu nennen pflegt. Aber die von KAHL, Burgund, S. 70 Anm. 16, eingeräumte „Ausnahme" der Krönung zum König von Italien ist eben nicht als „Festkrönung" abzutun, wie KAHL, aaO., S. 49 Anm. 45, zu glauben scheint; vgl. auch oben Anm. 401. Das Versprechen Ariberts, an Konrad eine Festkrönung zu vollziehen, wäre nach dem Kontext doch geradezu lächerlich. Vgl. schon oben Anm. 471.

[475]) BERNARD – BRUEL IV, Nr. 2917, 2920, 2921 und dazu KAHL, Burgund, S. 44 – 45.

[476]) Solche Datierungskritierien, die nicht ausdrücklich auf ein bestimmtes Ereignis Bezug nehmen, hier also den Baseler Vertrag, sind gerade in den südlichen Gebieten Burgunds höchst fragwürdig; vgl. schon oben Anm. 461. Mit einer ähnlichen Argumentation wollte Richard I, S. 122 Anm. 1, nachweisen, daß im Poitou mehrere „chartae" die Regierungsjahre Roberts II. seit der Einkerkerung Karls von Niederlothringen oder dessen Tod datieren, aber in keiner dieser Ukk. wird Karl erwähnt! Vgl. dazu oben S. 599 m. Anm. 337.

[477]) Er war am 28.X.1017 geboren, hatte im Febr. 1033 das 15. Lebensjahr somit bereits überschritten: B – A e; vgl. STEINDORFF I, S. 1 – 2. Die Behauptung von KAHL, Burgund, S. 54 – 55, 74, 83, Heinrich sei damals noch nicht mündig gewesen und erst im Juli 1033 in Memleben für mündig erklärt worden (d.h. fünf Monate nach Payerne) – so auch BRESSLAU, Jbb. II, S. 84 – 85 –, beruht lediglich auf der Schlußfolgerung, daß damals Heinrichs Erzieher, Bischof Egilbert von Freising, zum Dank für seine Dienste zwei Privilegien erhielt: DD Ko.II. 195 – 96 (1033 Juli 19): B – A 202 – 03, was nur die Mündigkeit Heinrichs zu jenem Zeitpunkt beweist, aber nicht, daß sie damals erst förmlich wirksam wurde; vgl. auch BECKER, S. 21. Zur Rolle Bischof Egilberts vgl. auch ENGELS, S. 497 – 98.

[478]) Darauf verwies bereits SCHIEFFER (oben Anm. 473) S. 634. Vgl. schon oben S. 339 m. Anm. 254, S. 340 m. Anm. 267.

[479]) Dies ist mein Haupteinwand gegen die Kahlsche These: Festkrönungen sind reine Routinekrönungen ohne jegliche konstitutive Bedeutung; sie können daher z.B. auch nicht als Zeichen der Übernahme einer Regentschaft dienen; falsch insoweit auch die Formulierung von HLAWITSCHKA: oben Anm. 470: man kann nicht zum Regenten eines Landes gekrönt werden; man ist König, oder man ist es nicht. Vgl. noch unten Anm. 482.

[480]) Vgl. die obige Anm. Die Bedeutung des Festes „Purificatio Mariae" wird von KAHL, Burgund, S. 73, fraglos unterschätzt. Auch von Heinrich II. ist uns die Feier dieses Kirchenfests mehrfach ausdrücklich bezeugt: oben Anm. 159 – 60. Eine Festkrönung an diesem Tag wäre nichts Ungewöhnliches, doch war der Tag, zumal die politische Notwendigkeit drängte, zu einer echten Krönungszeremonie ebenso geeignet.

ergebnislos abgebrochen werden[481]. Auf dem Rückzug empfing Konrad in Zürich die Huldigung von Rudolfs Witwe Irmingard und von Graf Humbert „Weißhand" von Savoyen, die auf Umwegen, wahrscheinlich über den hohen Mont-Cenis (2098 m), bei schneidender Kälte nach Zürich gekommen waren[482]; dies beweist, daß die Zahl der in Peterlingen versammelten Großen nicht sehr hoch gewesen sein kann[483], ohne daß dies im geringsten die Rechtsgültigkeit der Krönung gemindert hätte[484]. Nach dem relativen Mißerfolg dieses Winterfeldzugs traf Konrad Ende Mai mit Heinrich I. von Frankreich an der Maas zusammen, wobei das gemeinsame Vorgehen gegen Odo wohl im Mittelpunkt der Beratungen stand[485]. Dies bedeutete vorübergehend eine Verlagerung des Kriegsschauplatzes nach Lothringen und in den Westen. Im September unternahm Konrad einen Feldzug gegen die Territorien Odos – im modernen Sprachgebrauch also nach Frankreich[486] – mit ausdrücklicher Billigung des französischen Königs! Odo wagte keine Entscheidungsschlacht, mußte *necessitate compulsus humiliter* um Frieden bitten: *promittens Burgundiam dimittere*[487], was

---

[481]) B – A 192b; vgl. BRESSLAU, Jbb. II, S. 70–71; POUPARDIN, Bourgogne, S. 461; KAHL, Burgund, S. 78–79 m. Anm. 6, der die Belagerung Neuenburgs unnötig in Zweifel zieht: die Aussage der wohl informierten Ann. Sangall. maiores ad an. 1033 (ed. BRESSLAU, S. 92 Z.20–22) reicht zur Beglaubigung aus. Zu dem Schlußteil der Ann. Sangall. maiores vgl. WATTENBACH – HOLTZMANN I³, S. 230–31.

[482]) B – A 192c; vgl. BRESSLAU, Jbb. II, S. 71–72; POUPARDIN, Bourgogne, S. 161–62 und bes. KAHL, Burgund, S. 79–81. Da die Anwesenheit Heinrichs in Zürich bezeugt ist, schiene es mir willkürlich anzunehmen, er sei erst wieder in Zürich zum Vater gestoßen; s. schon oben Anm. 468. Dies spricht natürlich gleichfalls gegen die These einer „Regentschaftskrönung", für die es m.W. keine Parallele gibt.

[483]) Wie ja auch die Formulierung Wipos: *a maioribus et minoribus:* oben S. 687 m. Anm. 469, erkennen läßt, was man etwa übersetzen könnte mit: „alle, die gerade anwesend waren". Die „Partei Konrads" ist übrigens ebenso schwer faßbar wie die Odos. Daß Otto-Wilhelms Sohn Rainald sich wohl neutral verhielt, zeigt SCHIEFFER, Überblick, S. 35; anders KAHL, Burgund, S. 60, doch ist das Verhalten Rainalds unter Heinrich III. kein Maßstab für die Herrschaft Konrads II.; wie Kahl aber auch RICHARD, S. 13, während POUPARDIN, Bourgogne, S. 155, von einer „attitude enigmatique" spricht.

[484]) Ich möchte nicht mit KAHL, Burgund, S. 81, eine „Fortsetzung des Wahlaktes, der in Payerne begonnen hatte" annehmen – hier hat fraglos Mitteis Pate gestanden –, sondern vom Beitritt zur Wahl von Payerne sprechen. Vgl. auch unten S. 690 m. Anm. 492.

[485]) B – A 194b und bes. unten S. 694 m. Anm. 518–20.

[486]) Wipo, Gesta Chuonradi, c.31, formuliert natürlich korrekt: *Eiusdem anni aestate imperator cum exercitu suo super Uodonem comitem in Gallias Francorum*(!) *venit* – es gab auch eine burgundische *Gallia:* oben S. 178 m. Anm. 605 – *dicens, si Uodo in Burgundia res alienas iniuste quaereret, de suo proprio, iuvante Deo, aliquid perdere deberet. Tunc in regno Heinrici regis Francorum in praediis tamen et beneficiis Uodonis tantas devastationes et incendia fecit imperator...* (ed. BRESSLAU, S. 50 Z.14–20). Ein solcher Feldzug konnte natürlich nur mit Zustimmung Heinrichs geführt werden, der zur gleichen Zeit das Odo gehörende Sens belagerte: Chronicon S.Petri Vivi ad h.an. (edd. BAUTIER – GILLES, S. 118); vgl. ebd. ad an. 1034 (edd. BAUTIER – GILLES, S. 118).

[487]) Wipo, Gesta Chuonradi, c.3, (ed. BRESSLAU, S. 50 Z.20–22); Ann. Sangall. maiores ad an. 1033 (ed. BRESSLAU, S. 92 Z.25–27); vgl. die folg. Anm.

ihm bei einem persönlichen Zusammentreffen mit Konrad gewährt wurde[488]. Odo brach seinen Eid und fiel abermals in Lothringen ein[489], so daß Konrad im Sommer 1034 erneut zu einem Feldzug nach Burgund aufbrach, wobei er sich dieses Mal sogar italischer Hilfstruppen versicherte[490]. Dem Zangenangriff des über den Großen St. Bernhard einfallenden lombardischen Heeres und der ins das Rhônetal vordringenden Truppen Konrads, die sich bei Genf vereinten, war Odo nicht gewachsen: er verließ fluchtartig Burgund und kehrte nicht mehr dorthin zurück[491]. Ein feierlicher Staatsakt in Genf, auf dem weitere, bisher Odo verbundene Herren sich Konrad unterwarfen und nun ihrerseits der Payerner Wahl beitraten[492], wurde mit einer Festkrönung abgeschlossen[493]. Die Angliederung Burgunds war damit rechtlich und faktisch Realität geworden. Nähere Einzelheiten sind hier nicht zu erörtern[494]. Auf einem Reichstag zu Solothurn (Soleure) im Herbst 1038, nach der Rückkehr vom 2. Italienzug, „übergab" Konrad seinem Sohn Heinrich das *regnum Burgundiae*[495], um auch hier die Nachfol-

---

[488] B – A 209a; vgl. BRESSLAU, Jbb. II, S. 86 – 89; POUPARDIN, Bourgogne, S. 163 – 65; KAHL, Burgund, S. 84.

[489] BRESSLAU, Jbb. II, S. 103; POUPARDIN, Bourgogne, S. 165 – 66; KAHL, Burgund, S. 84 – 85.

[490] B – A 222a; vgl. BRESSLAU, Jbb. II, S. 103 – 05, 108 – 13; POUPARDIN, Bourgogne, S. 166 – 69; KAHL, Burgund, S. 85 – 88. Schon auf dem Reichstag zu Regensburg zu O 1034 waren italische und lothringische Große erschienen; unzweifelhaft war bereits hier der künftige Feldzug besprochen worden. Vgl. im übrigen oben S. 686 – 87 m. Anm. 464.

[491] Oben Anm. 490. KAHL, Burgund, S. 88, bemerkt zutreffend, daß von Odo in den Quellen praktisch gar nicht die Rede und es daher zweifelhaft sei, ob Odo überhaupt ein Heer ins Feld geführt habe. POUPARDIN, Bourgogne, S. 169 – 70, betont, daß Odo nach 1034 keinen Versuch mehr unternommen hat, irgendwelche Rechte in Burgund geltend zu machen.

[492] Vgl. POUPARDIN, Bourgogne, S. 167: „La plupart des seigneurs encore fidèles au prétendant français, sinon tous, vinrent faire leur soumission..."; KAHL, Burgund, S. 88 – 89, der ebd. S. 90 mit Genf den Wahlakt „in Payerne begonnen, in Zürich fortgeführt, definitiv besiegelt" sein läßt; vgl. dazu schon oben Anm. 484.

[493] Dies läßt der Wortlaut der Ann. Sangall. maiores ad an. 1034 ganz klar erkennen: *in festivitate sancti Petri ad Vincula*(scil. 1. Aug.) *coronatus producitur et in regnum Burgundionum rex eligitur* (ed. BRESSLAU, S. 93 Z.1 – 2); verfehlt bereits WAITZ V², S. 117 Anm. 3 – 4; auch POUPARDIN Bourgogne, S. 168, hat den Passus gründlich mißverstanden. Nach dem Wortlaut der Ann. Sangall. wäre sogar einfaches „unter Krone gehen" nicht undenkbar; in diesem Sinne B – A 222b; doch plädiert KAHL, Burgund, S. 90 – 91, wohl mit Recht für eine echte Festkrönung; s. auch MARIOTTE, S. 180 Anm. 2. Zum „Unter Krone gehen" vgl. zuletzt BRÜHL, Kronenbrauch, S. 423 – 24, 433, 441. Was die von den Ann. Sangall. gemeldete Wahl anbelangt, so bezieht sich diese selbstverständlich auf die ehemaligen Anhänger Odos; eine allgemeine Akklamation aller Anwesenden ist damit nicht ausgeschlossen.

[494] So wurde z.B. Murten erst nach dem Genfer Festakt eingenommen: B – A 222d; vgl. noch KAHL, Burgund, S. 92 – 93; s. auch POUPARDIN, Bourgogne, S. 168, 170.

[495] Wipo, Gesta Chuonradi, c.38: *...quarta die primatibus regni cum universo populo laudantibus atque rogantibus imperator filio suo...regnum Burgundiae tradidit...* (ed. BRESSLAU, S. 58 Z.22 – 24): B – A 291b.

ge des Sohnes zu sichern[496]. Als er am 4. Juni 1039 in Utrecht verschied[497], war das Haus bestellt: zum ersten Mal seit 973 vollzog sich ein Herrschaftswechsel ohne Rebellionen und Disput um die Nachfolge[498].

Damit wende ich mich nun endlich der wichtigsten Frage dieses Abschnitts zu, dem Verhältnis Konrads II. und Heinrichs III. zu Frankreich. Während ich in allen politisch relevanten Fragen in Übereinstimmung mit Th. SCHIEFFER eine fast nahtlose Kontinuität der Politik von Heinrich II. zu Konrad II. feststellen konnte, scheint dies, was das Verhältnis zu Frankreich anbelangt, nicht der Fall gewesen zu sein. So zutreffend die Beobachtung ist, so verfehlt wäre die Schlußfolgerung, daß hier ein bewußter und gewollter Wechsel der Politik seitens Konrads vorliege. Vielmehr ging die Initiative zu der Verschlechterung des Verhältnisses eindeutig auf den Westen zurück, und der Grund lag wohl vor allem darin, daß der bis zum Augenblick seiner Wahl weithin unbekannte Konrad II. – er war bis dahin ja nicht einmal als Regent eines Herzogtums hervorgetreten! – im Westen, konkret: bei Robert II. und Wilhelm V. von Aquitanien, die beide beste Beziehungen zu Heinrich II. unterhalten hatten und diesen geradezu verehrten, einfach nicht genügend politischen Kredit besaß[499]. Ein Angebot der Krone Italiens in Konkurrenz zu Heinrich II. würden beide Fürsten nicht eine Sekunde ernsthaft erwogen haben, bei Konrad II. war das etwas anderes[500]. Und eben im Zusammenhang mit dem Angebot der Krone Italiens an Wilhelm von Aquitanien ist auch der ang. Streit um Lothringen zwischen Robert und Konrad enstanden, der in der Forschung, vor allem natürlich in der des 19. Jahrhunderts, viel zu sehr dramatisiert worden ist[501]. Nicht vergessen sei überdies, daß die hier zu besprechenden Ereignisse in die Jahre 1025/26, d.h. also in die Frühzeit Konrads II. fallen, als dieser seine Herrschaft auch im Innern noch nicht völlig konsolidiert hatte. Dabei

---

[496]) Und beileibe nicht zu eigenverantwortlicher Herrschaft; in diesem Sinne bereits BRESSLAU, Jbb. II, S. 324 – 25; POUPARDIN, Bourgogne, S. 174 – 75; B – A 291b; MARIOTTE, S. 180, während KAHL, Burgund, S. 98, offenbar an eine echte Herrschaft Heinrichs III. denkt, wovon keine Rede sein kann; s. auch BECKER, S. 19 – 20.

[497]) B – A 296c; vgl. BRESSLAU, Jbb. II, S. 335 – 37.

[498]) Dies betont zutreffend HLAWITSCHKA, Frankenreich, S. 163; vgl. STEINDORFF I, S. 47ff.

[499]) Diesen Umstand betont sehr zu Recht WERNER, Imperium, S. 22 Anm. 1.

[500]) Vgl. etwa den Brief Wilhelms V. an Leo von Vercelli, in dem Wilhelm seine Verwunderung ausspricht: *quod illius C(ononis) partibus consensisti, qui nec in sua terra aliquid tibi umquam donavit, neque posse donare fertur* (!), *nec aliquid auferre in regno Italiae*: Fulbert, ep. 113 (ed. BEHRENDS, S. 200).

[501]) Vgl. etwa JANSSEN, S. 2, 4 und auf französischer Seite PFISTER, S. 375ff., die sich an Borniertheit in nichts nachstehen. Vgl. auch WERNER, Imperium, S. 23 Anm. 1.

steht keineswegs Lothringen im Mittelpunkt, sondern Italien, denn der Urheber des Plans war Wilhelm V., nicht Robert.

Unter den Fulbert-Briefen ist u.a. auch ein Brief des Grafen Fulko Nerra von Anjou an Robert II. überliefert, der uns schon als das wichtigste Zeugnis für die Ablehnung der italienischen Königswürde durch Robert begegnet ist[502]. Nachdem Fulko diese Ablehnung festgestellt und das Angebot an Wilhelm V. erwähnt hat, fährt er fort: *Nunc ergo mandat*(scil. Guillelmus) *vobis postulans suppliciter gratiam vestram, ut detineatis homines de Lotharingia et Fredericum ducem*(scil. Herzog Friedrich von Oberlothringen, † 1033)[503] *atque alios, quos poteritis, ne concordent cum rege Cono, inflectendo eos quantum quiveritis ad auxilium eius*[504]. Fulko verspricht Robert *pro hoc negotio* im Namen Wilhelms die Summe von 1000 lb. sowie 100 *pallia* (gemeint sind wohl Gewänder) und 500 lb. für die Königin[505]. Wilhelm erbittet im Sommer 1025 lediglich die diplomatische Hilfe Roberts[506], von einem Feldzug ist keine Rede! Selbstverständlich kann die von Wilhelm bewirkte Aussöhnung zwischen Odo II. von Blois und Robert in diesem Sinne aufgefaßt werden[507], doch ist dies keineswegs zwingend[508]. Daß Robert wirklich einen Einfall geplant habe, berichten al-

---

[502] Fulbert, ep. 104: oben Anm. 365.

[503] Er regierte bereits neben seinem alten Vater Herzog Dietrich, † ca. 1026/27; vgl. KIENAST I, S. 151 Anm. 369. Doch wenn selbst Wipo, Gesta Chuonradi, c. 19 (ed. BRESSLAU, S. 39 Z.1 m. Anm. 1) Dietrich mit Friedrich verwechselt, würde ich dies auch bei Fulko nicht ausschließen wollen. Vgl. noch KIENAST, Herzogstitel, S. 325.

[504] Fulbert, ep. 104 (ed. BEHRENDS, S. 188): B – A 8e; vgl. PABST, S. 356; BRESSLAU, Jbb. I, S. 76 u.a.

[505] KIENAST I, S. 151, kommentiert dieses Angebot: „womit das französische Königtum in einer Weise eingeschätzt wird, welche die ganze Armseligkeit seiner Stellung kläglich entblößt". Ein solches Urteil ist fraglos zu hart.

[506] PABST, S. 356, geht entschieden zu weit, wenn er behauptet: „Man sieht, dieser Brief setzt ein vollständiges Einverständnis des französischen Hofes mit den Lothringern, namentlich mit Herzog Friedrich voraus". Wilhelm bittet Robert doch nur, sich für ihn in dieser Angelegenheit zu verwenden; von einem Einverständnis der Lothringer mit Robert ist keine Rede.

[507] So etwa schon BRESSLAU, Jbb. I, S. 76 – 77; PFISTER, S. 376. Für PABST, S. 357, steht es sogar fest, „daß Robert mit ganzer Seele auf den lothringischen Plan einging". Aber auch WERNER, Westfranken, S. 254 und selbstverständlich KIENAST I, S. 150 m. Anm. 367, glauben an Roberts Invasionspläne. Ich halte sie zumindest für fragwürdig; vgl. unten S. 693 m. Anm. 510.

[508] Robert II., Wilhelm V. und Odo II. hatten sich in der ersten Jahreshälfte 1025 in Tours getroffen; NEWMAN, Nr. 64 (a. 1025) bezeugt nur die Anwesenheit Wilhelms, doch Odos bevorzugte Residenz war Tours. PFISTER, S. LXXXI Nr. 75, 377, datiert die Uk. in den März 1025 und hält die Anwesenheit Odos für wahrscheinlich; s. noch NEWMAN, S. 81 Anm 5. Auch PABST, S. 357, räumt ein, daß sich die vermutete, wenngleich durchaus wahrscheinliche Teilnahme Odos an diesen Verhandlungen wohl nur auf Burgund bezogen haben kann. Für Robert war es doch schon ein Erfolg, wenn Odo ihn in Ruhe ließ! Ein Angriff auf Lothringen wäre für ihn ein unkalkulierbares Risiko gewesen, dessen Nutzen ich nicht sehe. Sollte er ernsthaft geglaubt haben, daß beide lothringische Herzöge

lein die „Gesta" der Bischöfe von Cambrai[509], die hier aber sehr wohl kur-
sierenden Gerüchten aufgesessen sein können[510]. Tatsächlich ist es n i c h t
zu einem Angriff auf Lothringen gekommen[511], und die lothringischen
Herzöge unterwarfen sich bereits zu Weihnachten 1025 in Aachen[512]. Daß
die grenznahen Orte stets unter *machinationes* der Nachbarn zu leiden
hatten, was nicht zuletzt auf die seltenen Aufenthalte der Herrscher in diesen Gebieten zurückzuführen ist[513], soll darum nicht bestritten werden
und ist uns anläßlich der Wahl Brunos, des späteren Papstes Leo IX., zum
Bischof von Toul im Jahre 1026 ausdrücklich bezeugt[514], kann jedoch
nicht als Zeugnis irgendwelcher Invasionspläne gelten.

In der Folgezeit hören wir nichts von neuen Konflikten, doch hat niemals eine persönliche Zusammenkunft zwischen Konrad und Robert stattgefunden, und die Beziehungen scheinen eher kühl gewesen zu sein[515]. Der
Tod Roberts II. am 20. Juli 1031 stürzte Westfranken/Frankreich in eine
schwere innenpolitische Krise, aus der das Königtum geschwächt hervorging[516]. Der Tod Rudolfs III. von Burgund im folgenden Jahr rief Odo von
Blois-Chartres auf den Plan, der zu seinem ohnehin schon immensen fran-

---

bereit gewesen wären ihm zu huldigen? Der Episkopat stand auf jeden Fall abseits. Das
Ganze scheint mir mehr ein Produkt der Gerüchteküche in den Grenzlanden als ein realer
politischer Plan gewesen zu sein.

[509]) Gesta episc. Camerac., l.III c.50: *Nihilominus regem Francorum placare muneribus
studuit*(scil. Bischof Gerhard von Cambrai), *ne sibi primitus usurpationem inferret, quam
toto regno facere ad consilium habuit* (ed. BETHMANN, S. 485 Z.11 – 13). Mit *totum regnum*
ist wohl Lothringen gemeint. Dieser Teil der „Gesta" wäre noch in etwa zeitgenössisch:
oben S. 566 Anm. 99.

[510]) Keine einzige französische Quelle weiß von solchen Plänen Roberts zu berichten,
wobei ich auf das Schweigen Helgalds kein Gewicht lege. In den Grenzgebieten ist man
stets mißtrauisch und Gerüchten wird da leichter geglaubt als in abgelegeneren Regionen;
vgl. unten mit Anm. 514 und S. 697 – 98.

[511]) Dies gegen PFISTER, S. 377, der aufgrund der Nachricht der Gesta episc. Camerac.:
oben Anm. 509, annahm, „que les coups furent frappés dans la Lorraine supérieure".
Davon weiß keine Quelle.

[512]) B – A 48a: oben Anm. 357.

[513]) Vgl. Hartmut HOFFMANN: Von Cluny zum Investiturstreit, in: AKG. 45 (1963)
S. 165 – 209, bes. S. 181; s. auch RIECKENBERG, S. 50 m. Anm. 7 und die folg. Anm.

[514]) Wibert von Toul, Vita Leonis IX., l.I c. 8: *Se quaquaversum impeti atque inquietari
paene quotidianis depraedationibus sive concertationibus, utpote in trium regnorum con-
stitutos confiniis, in imperii sui videlicet finibus, in quibus tanto acrius ab hostibus labora-
rent, quanto longius terrarum spatia ab eius praesentia*(scil. imperatoris) *eos arcerent.
Praeterea civitatem suam a Francorum regibus iugiter reposci diversis et multis machina-
tionibus* (ed. WATTERICH I, S. 135); vgl. BOSHOF, Lothringen, S. 96 – 97 m. Anm. 165. Zur
Verfasserfrage der „Vita Leonis" vgl. zuletzt HOFFMANN (oben Anm. 513) Exkurs,
S. 203 – 09.

[515]) Dies vermutet zumindest BRESSLAU, Jbb. II, S. 74.

[516]) Jan DHONDT: Une crise du pouvoir capétien 1032 – 1034, in: Miscellanea mediaevalia in memoriam Jan Frederik Niermeyer (Groningen 1967) S. 137 – 48, bes. S. 138ff.

zösischen Besitz nun auch noch den Erwerb der Krone Burgunds anstrebte. Es lag im Interesse beider Herrscher, eine weitere Ausdehnung der Macht des Grafen der Champagne zu verhindern[517]. Bischof Brun von Toul und Abt Poppo von Stablo fungierten als Vermittler des Treffens[518], das Konrad und Heinrich I. wohl Ende Mai 1033[519] in Deville an der Maas zusammenführte[520]. Das Treffen war ein voller politischer Erfolg: als ein Ergebnis der Allianz mit Heinrich muß der Feldzug Konrads gegen Odos französische Territorien gewertet werden, denn es ist undenkbar, daß Konrad wenige Monate nach der Zusammenkunft in Deville, auf dem sogar die Verlobung von Konrads noch unmündiger Tochter Mathilde mit Heinrich I. beschlossen worden war[521] – Mathilde starb leider bald darauf, wohl schon 1034[522] –, ohne ausdrückliche Vereinbarung *in regno Heinrici regis Francorum* einen Feldzug geführt hätte[523], zumal mehrere Chronisten die in Deville geschlossene *amicitia* zwischen Konrad und Heinrich

---

[517]) KIENAST I, S. 152, kritisiert die „deutschfeindliche Politik" Roberts und fragt: „Hätte ihn die burgundische Krone auf Odos Haupt wie die italienische auf dem des Aquitaniers nicht eine viel größere Gefahr dünken müssen als die deutsche Herrschaft in Burgund und Italien?" Seine Antwort: „Die Hoffnung, Lotharingien wieder zu erobern, verblendete ihn...". Einzige Quellengrundlage ist der oben Anm. 509 zitierte Passus der Gesta episc. Camerac. Vgl. schon oben S. 585 Anm. 240.

[518]) So BRESSLAU, Jbb. II, S. 76 – 77; s. auch B – A 194b und VOSS, Herrschertreffen, S. 68 Anm. 118. BOSHOF, Lothringen, S. 96 – 97 m. Anm. 184, verwechselte Robert II. und Heinrich I.

[519]) Zum Datum vgl. BRESSLAU (unten Anm. 520) S. 461 – 62 und KIENAST I, S. 155 Anm. 381.

[520]) B – A 194b; D Ko.II. 189 (o.D.): *Facta est autem hec commutatio apud Divillam, ubi colloquium fuit inter imperatorem Cuonradum et Heinricum regem Franchorum, ducatum Hlotariensis regni tenente duce Gozilone* (S. 252 Z. 11 – 13): B – A 195; vgl. bes. Harry BRESSLAU: Über die Zusammenkunft zu Deville zwischen Konrad II. und Heinrich I. von Frankreich und über das Todesdatum Herzog Friedrichs II. von Oberlothringen, in: Jahr-Buch der Gesellschaft für lothringische Geschichte und Altertumskunde 18 (1906) S. 456 – 62; DHONDT (oben Anm. 516) S. 146 – 47; KIENAST I, S. 155 und zuletzt VOSS, Herrschertreffen, S. 68 – 69, 116, 158, 215.

[521]) Wipo, Gesta Chuonradi, c.32 (ed. BRESSLAU, S. 51 Z.23 – 26) erwähnt die Verlobung erst nach dem Burgundzug Konrads II. von 1034, doch da er das Treffen von Deville mit Schweigen übergeht, kommt dieser chronologischen Einordnung keine Bedeutung zu; vgl. B – A 194b; s. schon BRESSLAU, Jbb. II, S. 77 – 78; s. auch WERNER, Westfranken, S. 255.

[522]) B – A 210d; vgl. BOSHOF, Lothringen, S. 73 Anm. 43; BAUTIER, Anne, S. 543 – 44. Wipo, Gesta Chuonradi, c.32: *obiit Wormatiae ibique sepulta est* (ed. BRESSLAU, S. 51 Z.26 – 27). D Ko. II. 204 (1034 Jan. 30) für die Kirche von Worms: B – A 211, erwähnt Mathilde nicht, die damals folglich noch gelebt haben muß; anders BRESSLAU, Jbb. II, S. 101. Beide Töchter Konrads, Beatrix und Mathilde, starben vor dem Vater.

[523]) Dies betont mit vollem Recht schon BRESSLAU, Jbb. II, S. 77, während die übrige Forschung über diesen nicht gerade unwichtigen Gesichtspunkt mit bemerkenswerter Nonchalance hinweggeht. Nicht zufällig betont Wipo, Gesta Chuonradi, c.31 nach dem im Text zitierten Passus: *in praediis t a m e n et beneficiis Uodonis tantas devastationes...fecit imperator* (ed. BRESSLAU, S. 50 Z.18 – 20). Vgl. schon oben Anm. 486.

hervorheben[524], denn der Vertrag von Deville hatte in Ost und West gleichermaßen Beachtung gefunden[525].

Bis zum Tode Konrads II. blieben die Beziehungen zu Frankreich unverändert freundlich, und daran änderte sich auch unter Heinrich III. zunächst nichts, auch wenn mit dem Tod Odos II. 1037 eine wichtige Voraussetzung der politischen Allianz entfallen zu sein schien[526]. Die beiden Herrscher trafen sich erstmals am 21. (?) April 1043 bei Ivois (heute: Carignan) am Chiers[527], wo schon Heinrich I. von Ostfranken 935 mit Rudolf von Westfranken und Rudolf II. von Burgund zusammengetroffen war[528]. Über den Inhalt der Verhandlungen verlautet nichts, doch ist die Vermutung gewiß nicht zu gewagt, daß die geplante Eheverbindung Heinrichs III. mit Agnes von Poitou[529] einen wichtigen Teil der Unterredungen ausgefüllt haben wird[530]. Sollte Heinrich I.[531] geplant haben, seinen Namensvetter von diesem Vorhaben abzubringen, so wäre das Ergebnis von Ivois für ihn negativ gewesen[532], denn trotz mancher kirchenrechtlichen Kritik – vorwiegend aus Lothringen[533] – wurde die Ehe zwischen Heinrich und

---

[524] Die Belege stellen zusammen KIENAST I, S. 155 Anm. 382 und bes. VOSS, Herrschertreffen, S. 187; s. noch die folg. Anm.

[525] Es ist irreführend, wenn KIENAST I, S. 155 Anm. 382, bemerkt: „Die Zusammenkunft...wird uns, wie schon frühere, nur durch eine Urkunde bezeugt". Das gilt für das Treffen und die Ortsangabe, aber nicht für das bei dieser Gelegenheit geschlossene *pactum securitatis et amicitiae*: Rodulf Glaber, l.IV c.8 § 23 (ed. PROU, S. 111), das weithin Beachtung fand.

[526] Dies betont BAUTIER, Anne, S. 545, doch glaube ich nicht, daß die Übertragung der burgundischen Königswürde in Solothurn 1038 auf Heinrich III. den französischen König ernstlich beunruhigt haben könnte. Die Anerkennung der Herrschaft der Salier in Burgund muß doch schon in Deville festgelegt worden sein.

[527] D H.III. 105 (1043 Apr. 21): *actum apud Evodium* (S. 134 Z.5); vgl. STEINDORFF I, S. 175–75; ungenügend DHONDT, Empire, S. 89 m. Anm. 2; vgl. KIENAST I, S. 164–654; VOSS, Herrschertreffen, S. 69–70, 173, 180.

[528] Oben S. 458–59; vgl. VOSS, Herrschertreffen, S. 52–53.

[529] Die Brautwerbung war schon bald nach Pfingsten 1042 durch Bischof Bruno von Würzburg erfolgt: vgl. STEINDORFF I, S. 156–57. Zu Bruno vgl. FLECKENSTEIN II, S. 172–173, 191, 290 und ZIELINSKI, S. 32, 108, 120, 230, 281 Liste 18.

[530] Dies ist mit Recht die „communis opinio" der Forschung, doch ist man sich über die Absichten Heinrichs III. nicht einig; vgl. unten mit Anm. 532 und Anm. 535.

[531] Das Urteil von DHONDT, Aspects, S. 199: „Henri Ier demeure un fantôme pour l'historien", ist natürlich überspitzt, enthält aber einen Kern Wahrheit; s. auch BOSHOF, Lothringen, S. 74 Anm. 44. Die „Thèse" der „École des Chartes" von Frédéric Sœhnée (1891) ist ebenso unveröffentlicht geblieben wie die des Belgiers Jan Dhondt (um 1938); dieser hat zur Regierungszeit Heinrichs I. doch wenigstens eine Reihe von z.T. umstrittenen Aufsätzen veröffentlicht; Vgl. DHONDT, Empire, passim; DERS., Aspects, passim; weitere Arbeiten zitiert BAUTIER, Anne, S. 542 Anm. 1; s. noch DHONDT, Aspects, S. 199 Anm. 1 und oben Anm. 516 sowie unten Anm. 570.

[532] Dies ist die Auffassung von DHONDT, Empire, S. 89–90; vgl. dazu unten Anm. 95.

[533] Hierzu vgl. nach STEINDORFF I, S. 188–92, auch KIENAST I, S. 163–64 und BOSHOF, Lothringen, S. 122–23.

Agnes im November 1043 in Mainz und Ingelheim geschlossen[534]. Es ist aber recht unwahrscheinlich, daß Heinrich I. diesen Plan verfolgt haben sollte[535] und die Beziehungen blieben auch nach der poitevinischen Hochzeit zunächst noch freundlich. Die Entfremdung zwischen den beiden Heinrichen war gewissermaßen „hausgemacht". Anlaß war der Entschluß Heinrichs III., in der Frage des lothringischen Herzogtums die Macht des Hauses Verdun wenn nicht zu brechen, so doch zu beschneiden, indem er 1044 beim Tode Herzog Gozelos, des Siegers von Bar-le-Duc, das Herzogtum nicht geschlossen dessen Sohn Gottfried (dem Bärtigen) überließ, sondern es zwischen beiden Söhnen Gozelos, Gottfried und Gozelo II., aufteilte[536], obwohl letzterer praktisch regierungsunfähig war, wie Heinrich sehr wohl wußte[537].

In dem Aufstand Gottfrieds gegen Heinrich, den dieser zunächst rasch niederzuschlagen vermochte[538], soll Gottfried sich mit dem französischen König verbündet haben[539], was BOSHOF jedoch als einen Irrtum des Altaicher Annalisten erweisen konnte[540]. Die lothringische Frage war mit dem Erfolg Heinrichs III. im Jahre 1045 keineswegs gelöst und erwies sich immer mehr als eine schwere Belastung der Politik Heinrichs[541]. Sie interes-

---

[534] Agnes wurde Mitte November, wahrscheinlich am 19., in Mainz zur Königin gekrönt; das Beilager fand in Ingelheim statt; vgl. STEINDORFF I, S. 192–93; KIENAST I, S. 164. Allgemein vgl. Marie-Luise BULST-THIELE: Kaiserin Agnes (Leipzig-Berlin 1933) S. 18–19 (Beiträge zur Kulturgeschichte des Mittelalters und der Renaissance, Bd. 52). Vgl. noch KIENAST I, S. 167 m. Anm. 410. Zu einem byzantinischen Heiratsprojekt 1027/29 schon vor Heinrichs Vermählung mit Gunhild vgl. OHNSORGE, Zweikaiserproblem, S. 74–75.

[535] Vgl. bes. KIENAST III, Anh. IV, S. 667–69: Die poitevinische Ehe Heinrichs III. und König Heinrich I. von Frankreich; ergänzend BOSHOF, Lothringen, S. 73–74 m. Anm. 41. Auch WERNER, Westfranken, S. 256, sieht zwischen der Heirat und der politischen Entfremdung keinen Kausalzusammenhang.

[536] Ann. Altahenses ad an. 1044: *Gozzilo dux Luthareorum obiit…Duos enim ducatus totidemque filios habuerat, quorum alteri Godefrido ducatum unum, dum viveret ipse, tradi permiserat, alterum usque ad finem vitae sibi retinuit, quem alteri filio Gozziloni… rex dare voluit. Frater vero consentire noluit* (ed. v. OEFELE, S. 34); vgl. dazu BOSHOF, Lothringen S. 69ff.

[537] Zu Gozelo II., den Heinrich bereits 1046 wieder absetzte, um Niederlothringen dem Lützelburger Friedrich zu übertragen, vgl. BOSHOF, Lothringen, S. 70, 85–88; DERS., Krise, S. 268–70.

[538] Vgl. BOSHOF, Lothringen, S. 75–79, 84–85. Gottfried unterwarf sich im Juli 1045 und wurde in Haft genommen.

[539] Ann. Altahenses ad an. 1044: *Eiusmodi rationis* (die Verweigerung Niederlothringens seitens Heinrichs III.) *nuncium cum saepius audiret, sed ad hoc nullo modo perduci valeret, coniuravit cum rege Karlingorum adversus regem, dominum suum* (ed. v. OEFELE, S. 38). Diese Nachricht wurde von der Forschung allgemein akzeptiert; s. zuletzt noch DHONDT, Empire, S. 91 m. Anm. 4; auch KIENAST I, S. 165, erzählt den Bericht des Altaicher Annalisten auf deutsch nach.

[540] Lothringen, S. 72–75.

[541] Vgl. BOSHOF, Lothringen, S. 89ff., 123–25; zu lothringischen Eigenständigkeitsgefühlen noch im 11. Jh. vgl. ebd. S. 125 Anm. 310.

siert hier nur insoweit, wie das Verhältnis Heinrichs III. zu seinem französischen Namensvetter betroffen ist. Dieser scheint erst während und nach Heinrichs Romzug in die lothringischen Händel verwickelt. Einzige Quelle hierfür – keine französische Quelle berichtet auch nur ein Wort über irgendwelche lothringische Ambitionen Heinrichs I.! – ist Anselm von Lüttich († 1056), der in seinen „Gesta episcoporum Leodiensium" dieser Frage breiten Raum widmet[542]. Hierbei ist allerdings zu beachten, daß das gesamte Buch II den Episkopat Wazos von Lüttich (1042–1048)[543] behandelt, der die „Gesta" in Auftrag gegeben hatte[544] und daher im Mittelpunkt von Anselms Darstellung steht. Als dieser seine „Gesta" „nach 1050" niederschrieb, war Wazo jedoch bereits verstorben. Um so gewichtiger sind daher die Sätze, mit denen Anselm den ang. Briefwechsel Wazos mit Heinrich I. einführt: *Sed ecce dum brevitati studens materiae succumbere timui, multa dicenda praeterii; ex quibus est unum, quod multis arbitror esse incognitum, factum illud memorabile, quod longe positus et facie forsitan ignotus regis Francorum animos iam pervasam animo Lothringiam sibi usurpare deliberantis, more Pauli per litteras mitigavit et pene ab ipso incepti impetu revocavit*[545].

Anselm unterstellt also selbst, daß diese bedeutende Tat Wazos – Lüttich liegt auf dem Weg nach Aachen und wäre mit Sicherheit von den einfallenden Truppen des französischen Königs nicht verschont geblieben –, bisher weithin unbekannt geblieben sei, obwohl er doch in Lüttich selbst und nur wenige Jahre nach Wazos Tod schrieb. Es hätte sich also um eine geheime Aktion des Bischofs gehandelt, deren Sinn um so weniger einleuchtet, als er im Falle einer konkreten Bedrohung doch umgehend Schutzmaßnahmen hätte einleiten müssen. Dennoch hat die Forschung bisher keine Bedenken gegen den Bericht Anselms erhoben[546]. Am kritischsten ist BOSHOF, der doch wenigstens meint: „Nicht in allen Einzelheiten wirkt der Bericht des Lütticher Chronisten zuverlässig... Auch an dem Bilde, das Anselm von der Wirkung des Vorgehens seines Bischofs

---

[542]) Diesen Umstand betont auch BOSHOF, Lothringen, S. 90.

[543]) Zu Wazo vgl. die bei BOSHOF, Lothringen S. 77 Anm. 58, zitierte Lit. und ergänzend FLECKENSTEIN II, S. 193–94, 225, 289–90; ZIELINSKI, S. 23, 78 m. Anm. 26, 81, 115–16, 133 Anm. 355, 175–76.

[544]) Sie wurden jedoch in dem Wazo betreffenden Teil erst nach dessen Tod zwischen 1050–1056 verfaßt. Vgl. schon oben S. 113 Anm. 167.

[545]) Anselm, l.II c.61 (ed. KOEPKE, S. 225 Z.23–27). Das c.61 trägt die Überschrift: *Quod regem Francorum, ne Aquasgrani invaderet, per litteras absterruerit.*

[546]) Vgl. zuletzt noch KIENAST I, S. 165–67, der Anselm brav nacherzählt; s. auch unten Anm. 600.

entwirft, wird man gewisse Abstriche machen müssen; die panegyrische Absicht dürfte hier manches überzeichnet haben"[547]. Dies ist noch sehr wohlwollend geurteilt. Ich halte die Geschichte für im wesentlichen frei erfunden, wobei die Entblößung des Landes von der Ritterschaft – Heinrich III. unternahm gerade seinen ersten Italienzug – Gerüchten von einem bevorstehenden Einfall des Kapetingers Nahrung gegeben haben könnte; sie mögen sogar von Gottfried und seinen Verbündeten ganz bewußt in die Welt gesetzt worden sein. Tatsache ist jedenfalls, daß Heinrich I. n i c h t in Lothringen eingegriffen hat, auch dann nicht, als die Lage im Herbst 1047 seine Intervention zwingend erfordert hätte[548], wenn denn je ein solcher Plan gefaßt gewesen wäre[549]. So wenig ich daher an eine tatsächlich geplante Intervention Heinrichs I. glaube, der im Jahre 1047 ganz andere Sorgen hatte[550], so aufschlußreich sind doch einige Argumente, die Anselm anführt.

So macht er für das gesamte Projekt gar nicht Heinrich I. verantwortlich, sondern dessen Ratgeber, die ihm empfahlen: *ut Aquisgrani palatium, ut aiunt*(!)*, olim iuri suo appendicium, cum magnis armorum copiis invadat, regem et principes nostros abesse...postremo nichil obstare, quin possessa principali sede, in partem regni sui caetera deinceps cedat Lotharingia*[551]. Ist das nicht beste Stammtischstrategie im Stil eines Pierre Dubois? Wazo soll nun ausgeführt haben: *duo haec regna, si invicem, ut hactenus*(!)*fuerint pacata, cunctis terrarum nationibus timori fore, nichil praeter Deum formidantia*[552]. Heinrich I. erklärt dagegen, angesichts der erlittenen *perfidiae*,

---

[547] Lothringen, S. 91; vgl. noch ebd.: „Wie ernst die französischen Invasionspläne tatsächlich gewesen sind, ist schwer zu sagen". Grundsätzlich zweifelt Boshof aber die Historizität des Berichts Anselms nicht an.

[548] Heinrich III. hatte gegen Dietrich von Holland eine empfindliche Schlappe erlitten; erst danach griff Gottfried in den Kampf ein – erstmals seit 1044 – im Bündnis mit Balduin V. von Flandern und Hermann von Hennegau. Wenn überhaupt, so wäre in diesem Augenblick die Gelegenheit zum Angriff gegeben gewesen! Vgl. STEINDORFF II, S. 17ff.; BOSHOF, Lothringen, S. 93–96.

[549] STEINDORFF II, S. 3–4, läßt daher die Pläne Heinrichs I. mit der Rückkehr Heinrichs III. aus Italien enden, sieht also keinen Zusammenhang mit den Ereignissen im Herbst 1047. Das entspricht zumindest der Auffassung Anselms.

[550] Unverständlich ist mir DHONDT, Empire, S. 94: „On a peu de détails sur l'activité du roi Henri I$^{er}$ de France en 1046 et 1047; quelques indices permettent néanmoins d'inférer qu'il pratiquait en ces années une politique d'hostilité vigilante à l'egard de l'Allemagne"; vgl. aber BOSHOF, Lothringen, S. 92–93.

[551] Anselm, l.II c.61 (ed. KOEPKE, S. 225 Z.34–37) und dazu KIENAST I, S. 166: „Heinrich ist der erste Capetinger, der ausdrücklich Ansprüche auf das ehemalige Mittelreich als karlingisches Erbe erhoben hat. Die neue Dynastie nahm die großfränkischen Ansprüche der alten wieder auf" – und das Heinrich I.!

[552] Anselm, l.II c.61 (ed. KOEPKE, S. 225 Z.42–43). KIENAST I, S. 166, bemerkt dazu: „eine Erwägung, die im Laufe der Geschichte oft angestellt, aber selten befolgt wurde"; ebd. Anm. 409 werden noch wesentlich ausführlichere Zitate aus Anselm gegeben, als dies hier geschieht, aber ohne jeglichen Versuch einer Kritik.

*iniuriae* und *crimina*(!), von denen keine Quelle weiß[553]: *velle sibi vindica-*
*re regnum et palatium ab antecessoribus hereditario iure*(!) *sibi debitum*[554].
Davon hört man im ganzen 11. Jahrhundert sonst nie etwas, aber ausgerechnet der schwächste aller Kapetinger soll diese Forderung in dieser törichten Form erhoben haben? Im zweiten Brief Wazos kommt es aber
noch besser: er appelliert an die *regia liberalitas* des Kapetingers, stellt ihm
das Unziemliche seines Verhaltens vor Augen, gegen einen Abwesenden
Krieg zu führen: *expectetur reditus regis nostri, ut, quid expediat tunc a vo-*
*bis fiat decentius!* Um allem die Krone aufzusetzen, soll der wahrlich
reichstreue Wazo Heinrich I. sogar bestätigt haben: *sedes regni antecesso-*
*ribus d o l o circumventis sublata, tibi est repetenda*[555]. Das nenne ich einen
sicheren Blick für die politische Realität des Jahres 1047, und da gerade
„Realität" angesagt ist, weiß Anselm denn auch zu berichten: *Qua senten-*
*tia viri Dei audita, tyrannica rabies confestim est sedata*[556], und der ergrif-
fene Leser ist geneigt, ein Amen hinzuzufügen.

Diese Mär hat die kritische Geschichtswissenschaft bis heute widerspruchslos hingenommen und sich beim Nachbeten womöglich noch etwas auf ihre „Quellennähe" eingebildet, denn schließlich ist Anselm ein
wohlinformierter Zeitgenosse, der seine „Gesta" allenfalls „in liebender
Verehrung" Wazos geschrieben hat[557]. Um das Maß der Ungereimtheiten
voll zu machen, trafen die beiden Heinriche im Oktober 1048 erneut bei
Ivois zusammen[558], was die Laubacher Annalen mit dem Satz kommentie-
ren: *Heinricus imperator cum Heinrico rege amicitiam firmat*[559]. Läßt man
einmal das Gerede Anselms beiseite, dann trifft die Feststellung von BOS-
HOF voll und ganz zu: „nirgendwo gibt es Anzeichen dafür, daß es nach
der letzten Zusammenkunft der beiden Monarchen im Jahre 1043 zu Zwi-

---

[553]) Darauf hatte bereits BOSHOF, Lothringen, S. 91, abgestellt; vgl. aber oben Anm.
547.

[554]) Anselm, l.II c.61 (ed. KOEPKE, S. 225 Z.46–47).

[555]) Anselm, l.II c.61 (ed. KOEPKE, S. 226 Z.7, Z.8–9). KIENAST I, S. 167, kommentiert
wohlwollend, daß Wazos „Reichstreue über jeden Zweifel erhaben war", kritisiert die
„bedeutsamen Worte" aber dennoch: „mochten sie auch aus Diplomatie, nicht aus Überzeugung geschrieben sein". Sie sind nie geschrieben worden, und auf diesen Gedanken
hätte Kienast getrost selbst kommen dürfen.

[556]) Anselm, l.II c.61 (ed. KOEPKE, S. 226 Z.14). Anselm fährt fort: *et subito inmutatus*
*mente rex episcoporum iubet adesse coetum, epistolam mandat viri Dei coram se recitari.*
*Recitata, hunc recte dici sacerdotem, hunc vero protestatur esse episcopum, qui extraneus*
*extraneo sibi prae cunctis ex debito fidelibus sanum dedisset consilium*: ebd. Z.14–17.

[557]) So wörtlich H. SPROEMBERG in: WATTENBACH – HOLTZMANN I³, S.148. Zu einem
Fall ähnlich dubioser zeitgenössischer „Geschichtsschreibung" vgl. oben S. 589ff.

[558]) Vgl. STEINDORFF II, S. 44–45; VOSS, Herrschertreffen, S. 70, 187. Vgl. unten S. 700
m. Anm. 567.

[559]) Ann. Laubienses ad an. 1048 (ed. PERTZ, S. 20 Z.3).

stigkeiten gekommen ist"[560]. Es ist daher schiere Willkür, wenn DHONDT selbst aus dem großen Hoftag Heinrichs I. zu Pfingsten 1048 in Senlis[561] eine „marque non déguisée d'hostilité envers l'empereur" herauslesen will[562]. Schlechterdings absurd ist der Gedanke, den DHONDT jedoch für eine historische Realität zu halten scheint[563], daß Heinrich III. seinem französischen Namensvetter bei dieser Gelegenheit Lothringen oder doch wenigstens einen namhaften Teil des Landes versprochen haben soll[564]. Daß a u c h lothringische Fragen zur Sprache kamen, darf angesichts der Tatsache, daß Gottfried noch immer nicht unterworfen war[565], durchaus vermutet werden, zumal Bischof Brun von Toul, der künftige Leo IX., als Vermittler des Treffens hervorgetreten war[566], doch ist über den Inhalt der Gespräche ganz wie 1033 und 1043 nichts Näheres bekannt, und damit muß es sein Bewenden haben[567].

Bald nach 1048 begannen jedoch tatsächlich Gewitterwolken am Himmel der „deutsch–französischen" Beziehungen aufzuziehen. Ein erstes Anzeichen dafür war die neue Ehe des bis dahin noch immer kinderlosen[568] Heinrich I.: die schon 1049 begonnenen Verhandlungen mit dem Fürstenhaus von Kiew fanden 1051 ihren Abschluß, indem Heinrich eine Tochter des Großfürsten Jaroslaw von Kiew mit Namen Anna heiratete[569]. Wie jede Fürstenhochzeit der Zeit hatte natürlich auch diese einen politischen

---

[560]) Lothringen, S. 91.
[561]) SŒHNÉE, Nr. 80 (1048 Mai 23); vgl. DHONDT, Empire, S. 96.
[562]) DHONDT, Empire, S. 96–97; zustimmend aber LEMARIGNIER, Gouvernement, S. 115: „D'indispensables alliances contre l'empereur Henri III". Von alledem steht in den Quellen kein Wort. Das Itinerar Heinrichs I., soweit die wenigen Urkunden überhaupt erlauben, von einem Itinerar zu sprechen, zeigen den König in den Jahren 1047/48 in L a o n (W 1047): SŒHNÉE, Nr. 74–75, 78; St-Quentin: Nr. 76–77 (a. 1046 oder 1047); Paris: Nr. 79 (1048 Apr. 17; O 1048: Apr. 3); S e n l i s : Nr. 80 (1048 Mai 23; Pf.: Mai 22); S e n s : Nr. 81 (ohne Monatsangabe). Das sind völlig normale Residenzen, denen keine politische Absichten entnommen werden können. Das ang. Projekt einer Invasion Lothringens 1047 ist ebenso imaginär wie das ang. Bündnis mit Gottfried dem Bärtigen 1044; vgl. schon oben S. 696.
[563]) DHONDT, Empire, S. 99, 106.
[564]) Hierzu vgl. unten S. 704 m. Anm. 597.
[565]) Er unterwarf sich erst im Juli 1049 in Aachen; s. STEINDORFF II, S. 83–84; KIENAST I, S. 169–71; BOSHOF, Lothringen, S. 97–100; vgl. ebd. S. 104–05.
[566]) Vgl. BOSHOF, Lothringen, S. 96–97.
[567]) DHONDT, Empire, S. 97 m. Anm. 2, hält die Deutung des Treffens bei Ivois von STEINDORFF II: oben Anm. 558, für „fort mal expliqué", gibt aber keine bessere; KIENAST I, S. 168–69, enthält sich einer Stellungnahme. BOSHOF, Lothringen, S. 97, 108, sieht die Interessengemeinschaft im „Kampf gegen mächtige Vasallen"; dem kann ich zustimmen.
[568]) Eine Tochter, die er von seiner Gemahlin Mathilde hatte, starb bald nach der Mutter, d.h. nach 1044; s. BAUTIER, Anne, S. 544 m. Anm. 3–5.
[569]) Zu Anna vgl. die Lit. bei BAUTIER, Anne, S. 540–41 und ergänzend BOSHOF, Lothringen, S. 109 m. Anm. 237. Zu Anna nach dem Tode Heinrichs I. vgl. bes. FLICHE, S. 25ff. und BAUTIER, aaO., S. 552ff.

Hintergrund[570]. Es kann nicht ausgeschlossen werden, daß es diese Anna war, die eine russische Gesandtschaft im Jahre 1042 Heinrich III. als Gemahlin angeboten hatte, falls die Nachricht Lamperts glaubwürdig ist[571]. Als Anna Heinrich I. heiratete, waren ihre beiden Schwestern bereits Königinnen von Ungarn und Norwegen[572], ihre Tante Herzogin von Polen[573]. Andreas von Ungarn war ein geschworener Feind Heinrichs III., der gegen ihn 1051 und 1052 zwei ergebnislose Feldzüge geführt hat[574]; Harald der Strenge stand Heinrich zumindest kühl gegenüber, und Kasimir von Polen war ein unzuverlässiger Lehnsmann, auch wenn er seine Krone Heinrich verdankte[575]. Der Umkreis, aus dem Heinrich I. seine Gemahlin gewählt hatte, war also dem Reiche Heinrichs III. keineswegs wohlgesonnen[576]. Das von Leo IX., dem ehemaligen Bischof des Grenzbistums Toul, 1049 in Reims abgehaltene Konzil hatte nach anfänglichem Zögern nicht die Zustimmung Heinrichs I. gefunden, der sich auch weigerte, in Person an ihm teilzunehmen[577]. Die Stimmung gibt am besten Anselm von Lüttich wieder, wenn er die Räte des Königs wie folgt zitiert: *Regni sui*(scil. Henrici) *decus annihilari, si in eo Romani Pontificis auctoritatem dominari permitteret, vel si eidem, ut decreverat, occurens praesentiae suae favorem ad cogendum concilium exhiberet. Addunt etiam: Quod nullus antecessorum eius id reperiatur aliquando concessione, ut ob similem causam in Franciae urbes ingressus pateret alicui papae...*[578].

---

[570]) Hier denkt Jan DHONDT erstaunlicherweise ganz unpolitisch: Sept femmes et un trio de rois, in: Contributions à l'histoire économique et sociale 3 (1964 – 1965) S. 35 – 70, bes. S. 57 – 58; vgl. ebd. S. 66ff.; s. aber BOSHOF, Lothringen, S. 110.

[571]) Lampert, Annales ad an. 1043: *Rex incarnationis Domini Goslariae celebravit* (d.h. W 1042)*...Ibi inter diversarum provinciarum* (!) *legatos legati Ruscorum tristes redierunt, quia de filia regis sui, quam regi Heinrico nupturam speraverant, certum repudium reportabant* (ed. HOLDER-EGGER, S. 58 Z.10 – 11, Z.13 – 16); Ann. Altahenses ad an. 1043: *Legati quoque Ruzonum magna dona tulerunt, sed maiora recipientes redierunt* (ed. v. OEFELE, S. 32). Vgl. schon STEINDORFF I, S. 164 m. Anm. 3; s. auch BOSHOF, Lothringen, S. 110. BAUTIER, Anne, S. 545ff. geht auf diese Frage nicht ein. DHONDT, Empire, S. 103 Anm. 4, hält Lampert für glaubwürdig und vermutet sogar, daß Heinrich I. bei dieser Gelegenheit erstmals von Anna erfuhr, was mir zu weit geht.

[572]) Anastasia hatte Andreas von Ungarn (1046 – 1060) geheiratet, Elisabeth 1045 König Harald den Strengen von Norwegen (1047 – 1066).

[573]) Maria Dobrogneva war eine Schwester Jaroslaws und heiratete 1041 Kasimir I. von Polen (1041 – 1058); vgl. BAUTIER, Anne, S. 549.

[574]) Vgl. STEINDORFF II, S. 154ff., 179ff.

[575]) Vgl. STEINDORFF I, S. 61, 113 – 14 u.ö.

[576]) Dies betont BOSHOF, Lothringen, S. 110; vgl. DERS., Krise, S. 274 – 75.

[577]) STEINDORFF II, S. 85ff.; KIENAST I, S. 171 – 72; BOSHOF, Lothringen, S. 108 – 09. Heinrich unternahm zu diesem Zeitpunkt einen Feldzug gegen den Grafen von Anjou; s. BOSHOF, aaO., S. 100 m. Anm. 185 – 86.

[578]) Anselm, Historia dedicationis ecclesiae S.Remigii (ed. WATTERICH I, S. 116); vgl. WERNER, Imperium, S. 32 und die oben Anm. 577 zitierte Lit.

Neben der vom französischen König grollend hingenommenen engen Allianz zwischen Heinrich III. und Leo IX.[579] trug auch der Streit um die Echtheit der angeblich in St. Emmeram zu Regensburg aufgefundenen Reliquien des hl. Dionysius gewiß nicht zur Verbesserung der Beziehungen bei[580]. Immerhin hören wir auf diese Weise, daß 1051 und 1052 Gesandtschaften zwischen den Höfen verkehrten[581]. Den entscheidenden Grund für die drastische Verschlechterung des Verhältnisses zwischen Kaiser und König bildet jedoch unzweifelhaft eine Verschiebung der innerfranzösischen Machtkonstellation, deren Konsequenzen auch in das Reich hineinwirkten. Gottfried Martell, der mächtige Graf des Anjou, hatte um 1050 seine Gemahlin Agnes, die Mutter der Kaiserin, verstoßen und war eine neue Ehe eingegangen; das enge Verhältnis zum Kaiserhof war damit zerbrochen. Agnes zog sich zu ihrem Sohn Wilhelm VI. von Aquitanien zurück, doch ihr Einfluß auf Wilhelm wurde nach einem gescheiterten Feldzug gegen Gottfried Martell immer geringer, so daß sie wohl 1054 Poitiers verließ und sich an den Hof Theobalds III. von Blois-Chartres begab, derweilen Heinrich I. und Gottfried Martell seit ca. 1052 Verbündete waren[582]. Theobald III. von Blois-Chartres war ein Sohn jenes Odo II., der 1037 bei Bar-le-Duc gegen Gozelo von Lothringen Schlacht und Leben verloren hatte[583]. Man sollte ihn daher unter den erbitterten Feinden des Kaisers vermuten, doch die Politik hat ihre eigenen Gesetze: vielleicht angestachelt von Agnes, die sich an ihrem ehemaligen Gemahl rächen wollte, begab sich Theobald zu Ostern 1053 an den in Mainz residierenden Kaiserhof, wurde Heinrichs *miles* und versprach ihm *auxilium*[584].

Der Vorgang war nicht neu: auch Hugo d. Gr. und Heribert II. von Vermandois hatten sich 939 Otto I. in Attigny kommendiert[585], und KIENAST hat durchaus zutreffend bemerkt, daß zwischen dem Handeln Theobalds

[579]) Vgl. noch WERNER, Imperium, S. 31–32; BOSHOF, Krise, S. 273.

[580]) Hierzu vgl. BOSHOF, Lothringen, S. 110–12; DERS., Krise, S. 273. Auf Einzelheiten gedenke ich nicht einzugehen; s. noch WERNER, Imperium, S. 32 Anm. 3 (– S. 33) und EHLERS, Elemente, S. 576; DERS., Kontinuität, S. 23.

[581]) Vgl. DHONDT, Empire, S. 103 m. Anm. 2 und danach KIENAST I, S. 175.

[582]) Zu diesen Ereignissen, die ich hier nur raffend zusammenfassen kann, vgl. DHONDT, Empire, S. 101ff.; BOSHOF, Lothringen, S. 113 und für das Anjou grundlegend Louis HALPHEN: Le comté d'Anjou au XIᵉ siècle (Thèse; Paris 1906) bes. S. 50ff.

[583]) Oben S. 682 m. Anm. 432–33, S. 687 m. Anm. 465.

[584]) Hermann von Reichenau, Chronicon ad h. an: *Mogontiae paschale festum celebravit*(scil. Heinrich III.). *Ubi Theodpaldus, filius Odonis, ad eum de Galliis veniens et miles eius effectus, auxilium suum illi pollicitus est* (ed. PERTZ, S. 133 Z.30–3.); vgl. KIENAST, Fürsten I, S. 21; Zu Hermann „dem Lahmen" (Hermannus Contractus, 1013–1054) vgl. WATTENBACH–HOLTZMANN I³, S. 232–38, 248 und bes. WATTENBACH–HOLTZMANN-SCHMALE, S. 75*–76*.

[585]) Oben S. 480 m. Anm. 139.

in Mainz 1053 und Hugos d.Gr. in Attigny 939 kein r e c h t l i c h e r Unterschied besteht[586]. Inzwischen aber waren mehr als hundert Jahre ins Land
gegangen und was 939 ohne viel Aufhebens geschehen konnte, mußte ein
Jahrhundert später als Verrat empfunden werden[587]. Man hat hinter dieser
Huldigung wohl mit Recht die lenkende Hand der rachelüsternen Agnes
vermutet[588], doch ändert dies nichts daran, daß Heinrich I. in dem Verhalten des Kaisers eine grobe Illoyalität sehen mußte. Hinzu kam, daß sich
zwischen Heinrichs I. Hauptfeind, dem Normannenherzog Wilhelm II.,
dem späteren „Eroberer" (1035–1087), und Heinrich III. eine Allianz gegen Flandern anbahnte, in der Heinrich I. erneut einen feindseligen Akt erblicken konnte[589]. Bei so viel angesammeltem politischen Zündstoff zeugt
es für die bisher vertrauensvollen Beziehungen zwischen beiden Herrschern, daß sie sich kurz nach Pfingten 1056 – abermals bei Ivois – zu einer Aussprache trafen[590]. Doch dieses Mal wurde die alte *amicitia* nicht erneuert. Heinrich I. scheint dem Kaiser schwere Vorwürfe gemacht und ihn
des Bruchs des *pactum* von 1048 geziehen zu haben, was Heinrich III. offenbar mit Gegenvorwürfen beantwortete[591]. Lampert behauptet sogar
– die älteren Altaicher Annalen wissen davon nichts –, Heinrich I. habe
dem Kaiser vorgeworfen: *quod partem maximam regni Francorum dolo
patribus eius(!) occupatam reddere tamdiu distulisset*[592], was Heinrich III.
mit einem Angebot zum Zweikampf beantwortete, dem sich Heinrich I.
durch nächtliche Flucht entzogen hätte[593]. Der Altaicher Annalist berichtet

---

586) KIENAST I, S. 173; vgl. ebd. III, Anh. III, S. 663–67, bes. S. 665.
587) Insoweit muß ich mein Urteil in: BRÜHL, Anfänge, S. 164, korrigieren, ohne daß
dies etwas am Gesamtbefund ändert.
588) Dies ist die plausible Hypothese von DHONDT, Empire, S. 104–06, in einer sonst
weitgehend verfehlten Arbeit; zustimmend KIENAST I, S. 173–174 m. Anm. 432, mit
einem einschränkenden „vielleicht"; s. auch WERNER, Westfranken, S. 257; BOSHOF,
Lothringen, S. 113–14; DERS., Krise, S. 273.
589) Hierauf verweist WERNER, Westfranken, S. 257.
590) Vgl. STEINDORFF II, S. 340–41; KIENAST I, S. 175–77; WERNER, Westfranken,
S. 257; BOSHOF, Lothringen, S. 114–15; DERS., Krise, S. 273–74; VOSS, Herrschertreffen,
S. 70–71, 215 und die folg. Anm.
591) Ann. Altahenses ad h. an.: *et mox*(scil. nach Pfingsten) *regi Charalingorum ad
colloquendum in finibus utriusque regni occurrit. Ibi rex*(scil. Heinrich I.!) *cepit negare
quoddam pactum, quod inter ipsum et imperatorem pridem fuerat factum* (ed. v. OEFELE,
S. 52); Lampert, Annales ad h. an.: *perrexit*(scil. imperator) *ad villam Civois in confinio
sitam regni Francorum et Teutonicorum colloquium ibi habiturus cum rege Francorum. A
quo contumeliose atque hostiliter obiurgatus, quod multa sepe sibi mentitus fuisset...*(ed.
HOLDER-EGGER, S. 68 Z.16–19); es folgt der Passus: unten mit Anm. 592; vgl. BOSHOF,
Lothringen, S. 114.
592) Lampert, Annales ad h. an. (ed. HOLDER-EGGER, S. 68–69).
593) Allgemein s. Werner GOEZ: Über Fürstenzweikämpfe im Spätmittelalter, in: AKG.
49 (1967) S. 135–63.

ähnlichen Unsinn[594].

Unsere Hauptquellen stimmen lediglich in dem – allerdings entscheidenden – Punkt überein, daß die beiden Heinriche im Zorn voneinander
schieden[595]. Von einer Rückgabeforderung der *pars maxima regni Francorum* – Lampert sagt nicht *Lotharingiam*, obwohl diese gemeint sein muß[596]
– kann m.E. überhaupt keine Rede sein, obwohl DHONDT allen Ernstes
annahm, Heinrich III. habe 1048 eine entsprechende Zusage gegeben[597], doch
beruht dies ja alles auf der unbewiesenen und, wie ich hoffe gezeigt zu haben, auch ganz unwahrscheinlichen Voraussetzung, daß Heinrich I. schon
1047 Absichten auf Lothringen gehegt hätte. Ich räume gern ein, daß
Heinrich I. damit gedroht haben k ö n n t e, dem Kaiser in Lothringen
Schwierigkeiten zu machen, obwohl dies gerade damals recht aussichtslos
erscheinen mußte, ich halte ihn aber nicht für so wahnsinnig, daß er ausgerechnet im Jahre 1056, als der Kaiser nach außen[598] auf dem Höhepunkt
seiner Macht stand[599], im Ernst die Abtretung Lothringens gefordert haben könnte – und dies auch noch aufgrund einer Zusage Heinrichs III.!
Weder war dieser der Mann, ein solches Versprechen zu geben – seine Lage 1048 war keineswegs so, daß er zu einer solch ungeheuerlichen Zusage
hätte gezwungen werden können[600] –, noch war Heinrich I. ein so welt-

---

[594] Ann. Altahenses ad h. an: *Sed cum imperator paratus esset, acie potius dimicare
quam veritatem semel susceptam omittere, ad ultimum etiam proposuit examen monoma-
chiae per se ipsum et illum pugnandae. Quibus rebus ut rex se iam victum intellexit, cum
suis omnibus noctu clam aufugit* (ed. v. OEFELE, S. 52); ähnlichen Unfug erzählt Lampert:
*ille proxima nocte fuga lapsus in suos se fines recepit* (ed. HOLDER-EGGER, S. 69 Z.3–4).
STEINDORFF II, S. 341, berichtet dies als unumstößliches historisches Faktum unter
Hinweis auf einen ähnlichen Unsinn, den die Gesta episc. Camerac., l.I c.98 (ed. BETH-
MANN, S. 441 Z.35–37) von Lothar und Otto II. berichten. Auch KIENAST I, S. 177,
bezweifelt die Forderung zum Zweikampf nicht, der Ausgang ist ihm gleichgültig; ebenso
DHONDT, Empire, S. 107 und sogar GOEZ (oben Anm. 593) S. 144; vgl. ebd. S. 143.
Zumindest der ja nur als Feigheit zu deutende nächtliche Abzug Heinrichs ist mit
Sicherheit eine böswillige Erfindung, die den Rest der Erzählung nicht glaubwürdiger
macht.
[595] DHONDT, Empire, S. 107, bemerkt richtig: „Pour la première fois depuis 1033
l'alliance conclue par Conrad II et confirmée implicitement(sic) par Henri III était
officiellement rompue"; s. auch KIENAST I, S. 177.
[596] So auch DHONDT, Empire, S. 106 Anm. 1 (– S. 107) und KIENAST I, S. 176; zurückhaltender urteilt BOSHOF, Lothringen, S. 115 m. Anm. 261.
[597] Empire, S. 106–07.
[598] Zu der Unzufriedenheit mit Heinrichs Politik im Innern vgl. aber KIENAST I,
S. 174–175; BOSHOF, Krise, S. 266, 275ff.; s. auch GIESE, S. 149.
[599] Gerade hatte der Kaiser die Markgräfin Beatrix von Canossa gefangen genommen,
derweilen ihr Gemahl Gottfried der Bärtige fliehen mußte; die Flandrer hatten 1055 eine
empfindliche Schlappe gegen die Lothringer einstecken müssen; das Verhältnis des Kaisers
zum Papsttum war enger denn je; vgl. KIENAST I, S. 174, 175.
[600] DHONDT, Empire, S. 99: „Henri III se voyait à un fil de perdre la Lotharingie" ist
eine maßlose Übertreibung; ablehnend auch KIENAST I, S. 176 Anm. 438. Vgl. oben S. 698.

fremder Phantast, eine solche Forderung zu erheben. Ich glaube, daß Lothringen in den Verhandlungen von 1056 überhaupt keine Rolle gespielt hat, und die ganze Aufregung in der Literatur[601] über die lothringischen Ambitionen Heinrichs I. aus der Luft gegriffen sind[602].

Ich breche hier die historische Darstellung ab, nicht weil ich glaube, daß im Jahre 1056 die „deutsche" oder die „französische" Geschichte beginnt – davon wird noch im Epilog zu handeln sein –, sondern weil Deutschland und Frankreich durch den noch 1056 erfolgten Tod Heinrichs III.[603] und den Tod Heinrichs I. im Jahre 1060[604] – in beiden Fällen war der Nachfolger minderjährig, und es bedurfte einer vormundschaftlichen Regierung[605] – zunächst einmal mit sich selbst beschäftigt waren und die engen Kontakte der 30er und 40er Jahre abrissen. Das nächste Treffen[606] zwischen dem deutschen und französischen König wird erst 1171[607] bei Toul in einer völlig veränderten Welt stattfinden[608] So ist es nunmehr an der Zeit, die gewonnenen Ergebnisse zusammenzufassen und einige grundsätzliche Erwägungen zu den Anfängen der deutschen und französischen Geschichte anzustellen.

---

601) Neben JANSSEN, S. 2 vgl. etwa KERN, S. 8: „Heinrich I. Kapet(sic) sprach von seinem Erbrecht auf die Aachener Residenz; er beschuldigte den Kaiser der Usurpation fränkischen Reichsgebiets".

602) Selbst DHONDT, Empire, S. 108, räumt ein: „il convient d'ailleurs de ne pas perdre de vue que sa politique lotharingienne(scil. d'Henri Ier) est dans son principe essentiellement accessoire et défensive"; auch KIENAST I, S. 176–77, mißt der Frage der Glaubwürdigkeit Lamperts eine viel zu große Bedeutung bei; strikt ablehnend mit Recht BOSHOF, Lothringen, S. 115.

603) Heinrich III. starb am 5. X. 1056 in Bodfeld und wurde im Dom von Speyer beigesetzt: STEINDORF II, S. 353–57.

604) Heinrich I. starb am 4. VIII. 1060 in Vitry bei Orléans und wurde in St-Denis beigesetzt: FLICHE, S. 7; WERNER, Westfranken, S. 257.

605) Vgl. FLICHE, S. 7ff.; BULST-THIELE (oben Anm. 534) S. 33ff.

606) Eine Zusammenkunft zwischen Heinrich V., Philipp I. und Paschalis II. war 1107 geplant, kam aber nicht zustande; vgl. Gerold MEYER v. KNONAU: Jahrbücher des Deutschen Reiches unter Heinrich IV. und Heinrich V., t. VI (Leipzig 1907; Nachdruck: Berlin 1965) S. 40–47 (Jahrbücher der Deutschen Geschichte).

607) Ich übergehe die „Treffen" auf dem 2. Kreuzzug und die gleichfalls nur geplanten zwischen Friedrich I. und Ludwig VII. 1157 und 1162: VOSS, Herrschertreffen, S. 73, 215.

608) Am 14.II. 1171 zwischen Toul und Vaucouleurs; s. VOSS, Herrschertreffen, S. 73, 215.

# EPILOG

Der Leser, der mit mir den langen Weg von 843 bis zum Tod Heinrichs III. 1056 zurückgelegt hat, wird hier mit Recht fragen, wann denn nun wirklich von „deutscher" und „französischer" Geschichte gesprochen werden könne. Es ist nicht meine Absicht, an dieser Stelle noch einmal das Für und Wider aller bisher vorgebrachten Datenvorschläge zu erörtern. Es steht außer Zweifel, daß der Vertrag von Verdun, unbeabsichtigt und von den Zeitgenossen unbemerkt, das auslösende Moment jenes langwierigen Dekompositionsprozesses des fränkischen Reiches gewesen ist, an dessen Ende schließlich Deutschland und Frankreich stehen werden, doch glaubt heute zumindest kein Historiker mehr, daß damals diese beiden Staatswesen als fertige historische Größen in die Geschichte eingetreten wären[1]. Auch alle späteren Daten, die vorgeschlagen wurden oder hätten vorgeschlagen werden können, sind wichtige Marksteine auf dem Wege des allmählichen Auseinandertretens: der Vertrag von Ribémont 880 schrieb die ost- – westfränkische und damit auch die deutsch–französische Grenze auf Jahrhunderte hinaus fest[2], das Jahr 888 sah die ersten fränkischen Könige, die nicht im Mannesstamm Karolinger, ja teilweise nicht einmal mit diesen verwandt waren; unter ihnen strebten die Widonen sogar die erbliche Kaiserwürde an, was nur ein historischer Zufall verhindert hat. Während dem Jahr 911 unter allgemeinhistorischen Aspekten keinerlei Relevanz zukommt[3], liegt die Bedeutung der Jahre 919/921 in dem Faktum, daß erstmals ein Fürst aus nicht-fränkischem Geschlecht eine fränkische Königskrone trug und dies im Jahre 921 von dem letzten damals regierungsfähigen Karolinger förmlich sanktioniert wurde[4]. Die „lothringische Frage" war nur vorübergehend unter Karl III. von Westfranken von poli-

---

[1]) Oben S. 8 – 10, S. 353 – 55.
[2]) Oben S. 10 – 11, S. 368 – 72, S. 514 – 16. Der Vertrag von Ribémont, der die Grenzen Ost- und Westfrankens für ein rundes halbes Jahrtausend fixierte, hat in der Forschung m.E. nicht die ihm gebührende Beachtung gefunden; vgl. aber oben S. 366 m. Anm. 84 – 85; vgl. auch oben S. 344 – 45.
[3]) Es bedeutet nichts weiter als das Aussterben der Karolinger in Ostfranken und die Wahl eines neuen fränkischen Königs, wie dies im Westen schon 888 geschehen war; vgl. oben S. 11 – 12, S. 395 und unten S. 708 m. Anm. 5.
[4]) Oben S. 12 – 13, S. 415 – 17, S. 431 – 35. Dabei sei nicht vergessen, daß das ostfränkische Reich gelegentlich der Wahl Heinrichs I. eine Staatskrise durchlebte, die es an den Rand des Auseinanderbrechens brachte; vgl. oben S. 417 – 21.

tischer Brisanz, verlor aber angesichts der immer stärkeren ostfränkischen
Dominanz sehr rasch an Bedeutung und ist für den hier behandelten Zeit-
raum – und noch lange darüber hinaus – ohne Einfluß auf die politische
Entwicklung[5].

Das Jahr 955 bedeutet das Ende der Ungarngefahr für das Abendland in
seiner Gesamtheit und in einem weiteren Sinn das Ende der Einfälle fremder Völker in das Frankenreich, was vorwiegend die Normannen meint,
die seit den 40er Jahren des 9. Jahrhunderts insbesondere Westfranken
kontinuierlich heimgesucht und das Land noch lange nach der teilweisen
Eingliederung in den westfränkischen Staatsverband beunruhigt hatten.
Zugleich wurde mit dem Ungarnsieg Ottos auf dem Lechfeld die politische Vormachtstellung Ostfrankens für das nächste Jahrhundert zemen-
tiert, die 962 mit dem Erwerb der Kaiserwürde in direkter Fortsetzung der
Tradition Karls d.Gr. ihren sichtbaren Ausdruck fand und Otto d.Gr. zum
„Patriarchen des Abendlandes" machte[6]. Nach Ottos d.Gr. Tod kühlten
die Beziehungen zwischen Ost- und Westfranken rasch ab. Der törichte
Überfall Lothars auf Aachen 978 und der unvermeidliche Vergeltungsfeldzug Ottos II. sind dafür ein Symptom, auch wenn mit dem Treffen der beiden Könige 980 in Margut scheinbar alle Differenzen beigelegt wurden.
Der unerwartet frühe Tod Ottos II. beschwor in Ostfranken eine schwere
Staatskrise herauf, die Lothar zur Annektion zumindest von Teilen Lothringens zu nutzen suchte, doch blieben seine Bemühungen mangels Unterstützung im Lande erfolglos. Der Dynastiewechsel des Jahres 987 in Westfranken und die selbständige Regierung Ottos III. seit 994, der sich für
westfränkische Belange nicht interessierte, trugen weiterhin zur Entfremdung zwischen Ost und West bei, zumal die westfränkischen Könige aufgrund ihres gespannten Verhältnisses zum Papsttum engere Kontakte bewußt abblockten. Die übersteigerte Renovatio-Politik Ottos III. stieß
überdies auch in Ostfranken auf Ablehnung[7].

Heinrich II. brach entschlossen mit der Politik seines Vorgängers und
lenkte in die Bahnen Ottos d.Gr. zurück[8]. Er leitete die für ein mit Italien
verbundenes Ostfranken unverzichtbare Angliederung Burgunds ein, dessen letzter König ohne Nachkommenschaft geblieben war. Seine Bezie-

---

[5]) Oben S. 376–77, S. 397–404, S. 405–07, S. 429–30, S. 436–37, S. 439–42, S. 476–
79, S. 481–82, S. 564–66, S. 577–78. Vgl. unten mit Anm. 7.

[6]) Oben S. 484, S. 499–502, S. 538–42 u.ö; vgl. bes. SPROEMBERG, Imperium, S. 58.

[7]) Oben S. 564–69, S. 577–80, S. 583–85, S. 593–96, S. 601–03, S. 608–13, S. 623–25.

[8]) Dies gilt allerdings nicht für das viel kritisierte Bündnis Heinrichs II. mit den
Liutizen, das nicht nur für Otto III., sondern auch für Otto I. undenkbar gewesen wäre;
vgl. im übrigen oben S. 639–40.

hungen zu Robert II. waren freundlich und um protokollarische Gleichrangigkeit bemüht, wie sie in dem Treffen von 1023 zum Ausdruck kam
und dies auch in den späteren Zusammenkünften der Fall sein wird[9]. Versuche in Italien, nach dem Tode Heinrichs II. die ostfränkisch/deutsche
Vorherrschaft abzuschütteln, scheiterten rasch. Es ist jedoch symptomatisch, daß die Krone Italiens dem westfränkischen König und dem Herzog
von Aquitanien angeboten wurde, beides Fürsten aus dem alten „Regnum
Francorum". Konrad II. erwarb Burgund 1034 im Bündnis mit Heinrich I.;
die freundschaftlichen Beziehungen währten bis 1056, und die ang. Ambitionen Heinrichs I. auf Lothringen haben sich im wesentlichen als Hirnge-
spinste herausgestellt[10].

Dies ist in gerafftester Form die Zusammenfassung der Beziehungen
zwischen Ost- und Westfranken im Zeitraum der hier behandelten rund
zwei Jahrhunderte[11]. Ich habe bereits mehrfach betont, daß ich mich au-
ßerstande sehe, in irgendeinem der hier genannten Daten einen Markstein
für den Beginn der deutschen und/oder französischen Geschichte zu erblik-
ken[12], wobei heute ohnehin weitgehend Einigkeit darüber bestehen dürfte,
daß es sich bei der Ausbildung Deutschlands und Frankreichs um einen
„gestreckten Tatbestand", zu deutsch: um einen langwierigen Entwick-
lungsprozeß handelt, der mit isolierten Jahreszahlen auch nicht annähernd
erfaßt werden kann[13]. Doch bevor ich zu dieser Frage zurückkehre,
scheint es mir erforderlich, noch einige grundsätzliche Fragen zu klären
und Einwände zu entkräften, die im Zusammenhang mit der Abgrenzung
und der Wertung der deutschen und französischen Geschichte von Wichtigkeit sind und bisher nur am Rande oder überhaupt nicht erörtert werden konnten.

Für einige Gelehrte stellt sich die Frage, ob die deutsche und französische Geschichte gewissermaßen „synchron" zu beginnen habe, oder ob
nicht mit einer chronologischen Verschiebung gerechnet werden müsse,
wobei es dann dem Urteil des Einzelnen überlassen bliebe, welches Land

---

[9]) Oben S. 658 – 60, S. 665 – 67.

[10]) Oben S. 674 – 77, S. 692 – 93, S. 696 – 700.

[11]) Wobei Italien in dieser Zusammenfassung grundsätzlich außer Betracht blieb. Zur
Italienpolitik der ostfränkisch-deutschen Herrscher vgl. unten S. 723 – 25.

[12]) Vgl. etwa oben S. 410, S. 424, S. 433, S. 568, S. 603 – 04, S. 625 – 26, S. 667 – 68 u.ö.;
vgl. unten S. 716 m. Anm. 49 – 51.

[13]) Eine Ausnahme macht nur HLAWITSCHKA, Kriterien, S. 49ff., 77ff., der unverdrossen die Jahre 900/920 als die Zeit der Wende betrachtet. Ich gehe darauf hier nicht mehr
ein; vgl. noch unten Anm. 48.

nun die Rolle des Vorreiters übernimmt[14]. Die Frage scheint banal, wenn
man die schon oben getroffene Feststellung bedenkt, daß es sich ohnehin
um einen Prozeß „de longue durée" handelt[15]. Selbstverständlich wurden
die deutsche und die französische Geschichte nicht am selben Tag einge-
läutet: das konnten und können guten Gewissens nur die behaupten, für
die Deutschland und Frankreich mit dem Vertrag von Verdun in die Geschichte eintreten, was heute aber von keinem ernsthaften Historiker mehr
behauptet wird. Aber so harmlos ist die Frage natürlich nicht gemeint,
denn es geht nicht um wenige Jahre, die bedeutungslos wären, sondern um
viele Jahrzehnte. Für Ferdinand LOT beginnt die französische Geschichte
843, die deutsche aber erst 911. Ebensogut könnte man die deutsche 911
oder 919, die französische aber erst 987 beginnen lassen[16]. Beide Möglichkeiten scheinen mir gleichermaßen absurd, denn sie implizieren in jedem
Falle, daß der eine Reichsteil Jahrzehnte hindurch fränkische, der andere je
nach Bedarf „deutsche" oder „französische" Politik getrieben habe, aber
auch dieser Vergleich hinkt: wenn nämlich der eine Reichsteil sich als eigenständiges Staatswesen auffaßt – gleichgültig ob als „Deutschland"
oder „Frankreich" –, dann bliebe ja nur ein „Rumpf-Frankenreich" übrig,
das nun notwendig ein Eigenleben entfalten müßte und somit binnen kürzester Frist gleichfalls ein selbständiges Reich bilden würde. Es bleibt also
bei meiner schon 1972 erhobenen Forderung, daß, wer „Deutschland"
sagt, „Frankreich" mitdenken muß und umgekehrt[17], wobei geringfügige
Zeitdifferenzen selbstverständlich keine Rolle spielen.

Eine weitere gravierende Vorfrage ist die nach der sogen. „völkischen"
Geschichtsschreibung, zu der SCHLESINGER sich Zeit seines Lebens in lo-
benswerter Offenheit bekannte[18]: „Das Primäre ist nicht das deutsche
Reich, sondern das deutsche Volk"[19] und an anderer Stelle: „Ein deutsches
Volksbewußtsein schickt sich an, einen deutschen Staat zu gestalten"[20].

---

[14]) Diese Frage hat zu meiner Überraschung in vielen Diskussionen, die ich geführt
habe, eine nicht unerhebliche Rolle gespielt. Ich halte die Frage für abwegig, möchte aber
nicht den Eindruck erwecken, ihr ausweichen zu wollen; vgl. etwa MOHR, Entwicklung,
S. 313 und KIENAST III, Anh. IIa, S. 662.

[15]) Vgl. schon BRÜHL, Anfänge, S. 151.

[16]) LOT, Naissance, S. 150: oben S. 11 Anm. 32; s. dagegen KIENAST III, Anh. IIa,
S. 662.

[17]) BRÜHL, Anfänge, S. 152; unverständlich EHLERS, Nation, S. 39 Anm. 124 i.f.

[18]) Das Bekenntnis zur „völkischen Geschichtsschreibung" durchzieht Schlesingers
Œuvre wie einen roten Faden, so daß sich Einzelbelege erübrigen; vgl. aber unten mit den
beiden folg. Anm.; s. noch MOHR, Entwicklung, S. 313 – 14.

[19]) SCHLESINGER, Grundlegung, S. 284; kritisch dazu EHLERS, Nation S. 30 – 31, 34 –
35, 38 u.ö.

[20]) SCHLESINGER, Arnulf, S. 239; s. schon oben S. 369 Anm. 102.

An diesem Denken sind nun allerdings die Germanisten des 19. Jahrhunderts nicht unschuldig, die eine „deutsche Sprache" erfanden längst bevor von einem deutschen Staat – selbst nach den Vorstellungen des 19. Jahrhunderts – die Rede sein konnte. Das Wort *theudiscus* hat in diesem Zusammenhang eine unselige Rolle gespielt, die erst in jüngster Zeit in ihrer vollen Bedeutung erkannt worden ist[21]. Die Folgen waren katastrophal, wenn man bedenkt, daß noch 1943 kein geringerer als der hochberühmte Georg BAESECKE einen Aufsatz mit dem Titel schreiben konnte: „Das Nationalbewußtsein der Deutschen des Karolingerreiches nach den zeitgenössischen Benennungen ihrer Sprache"[22]. Da braucht man sich über den fälschenden Beinamen Ludwig „der Deutsche", der ja ein Produkt des 19. Jahrhunderts ist, wahrlich nicht zu wundern[23]. Die Preisfrage, ob die Germanisten diese Auffassung den Historikern aufgeschwatzt haben oder umgekehrt die Historiker den Germanisten, mag hier auf sich beruhen und ist nur noch von wissenschaftsgeschichtlichem Interesse[24]. Der Glaube an die geradezu mythische Macht des „Volksgeistes" entsprach dem Credo der Romantik und war gewissermaßen geistiges Allgemeingut, so daß es auf die Priorität wenig ankommt. Er war übrigens keineswegs auf Deutschland beschränkt, sondern hat – in anderer Form – auch in Frankreich seine Wirkung entfaltet[25], doch spielt das in dem hier zur Debatte stehenden Zusammenhang keine Rolle.

Aber nicht nur ging das „Volk" dem „Staat" ang. weit voraus, es hatte gefälligst auch möglichst „artrein" zu sein. In dieser Hinsicht ist ein Gelehrtenstreit des 19. Jahrhunderts äußerst aufschlußreich, der um die Mitte des vergangenen Jahrhunderts die Gemüter stark bewegte, dann aber – inzwischen stritt man sich über die „Richtigkeit" der deutschen Italienpolitik des Mittelalters[26] – praktisch der Vergessenheit anheim gefallen war[27]. Es handelt sich um die im Jahre 1845 zwischen SYBEL und WAITZ geführte Diskussion über die ang. „rein germanische" Struktur des fränkischen und

---

[21]) Von historischer Seite sind hier vor allem die Arbeiten von Heinz Thomas zu nennen; allgemein vgl. oben S. 181ff., S. 205ff.

[22]) Vgl. oben S. 181 Anm. 3. Baesecke war kein wilder Nazi: dieser Titel entsprach seiner wissenschaftlichen Überzeugung. Vgl. selbst BÖCKENFÖRDE, S. 75 – 76.

[23]) Vgl. oben S. 140 – 41.

[24]) Mein Verdacht richtet sich insbesondere gegen die Gebrüder Grimm; vgl. etwa das Zitat bei EHLERS, Nation S. 27 m. Anm. 68; s. auch TELLENBACH, Germanenbegriff, S. 145 – 49; vgl. allgemein GOLLWITZER, Germanismus, S. 287ff., 295ff.; s. noch GRAUS, Vergangenheit, S. 388 m. Anm. 52.

[25]) Vgl. EHLERS, Nation, S. 29 – 30; s. auch oben S. 10 m. Anm. 24.

[26]) Dazu unten S. 723 – 25.

[27]) Den einzigen Hinweis fand ich bei DANNENBAUER, S. 30, während BÖCKENFÖRDE, bes. S. 99ff. darauf mit keinem Wort eingeht.

damit natürlich auch des deutschen Reiches. WAITZ betonte – übrigens
unter ausdrücklicher Berufung auf Jakob GRIMM! – in Polemik gegen SY-
BEL: „Man stellt die Deutschen – gemeint sind natürlich wieder einmal die
Germanen – den Schwarzen gleich, die jeder eigenthümlichen Entwicklung unfähig erscheinen, und nur in den Formen mit den Elementen europäischer Civilisation hier und da zur unabhängigen Herrschaft gelangt
sind..., ich behaupte, daß die germanischen Staaten auf römischem Boden
ein Anderes waren im Verhältnis zur alten Welt, als Neger- und Mulattenstaaten Amerika's Europa gegenüber sich darstellen"[28]. SYBEL machte dazu noch im selben Band folgende Ausführungen: „Es ist ebenso wenig auf
dem Gebiet der Politik wie der Religion schimpflich für ein Volk, fremde
Erzeugnisse zu mehrem Gewinn sich anzueignen... Der beste Patriotismus
– WAITZ hatte den SYBELS in Frage gestellt! – ist nichts anderes als klare
Einsicht in die starken und schwachen Seiten seiner Nation, und legte die
Geschichte, was auch ich für die Germanen in keiner Weise zugebe, vornehmlich von den letzteren Zeugnis ab, so würde das bloß patriotische Zu-
decken derselben ebenso unwissenschaftlich als unpatriotisch sein"(!)[29].
Ein halbes Jahrhundert später brachte FUSTEL de COULANGES das Problem auf den Punkt, indem er formulierte: „Le patriotisme est une vertu,
l'histoire est une science; il ne faut pas les confondre"[30].

Daß die Germanen keine Deutschen sind, ist heute Gemeingut der For-
schung. Aber noch Johannes HALLER hielt es 1922 für nötig, dies seinen
Lesern eindringlich ins Gedächtnis zu rufen, wobei er im pädagogischen
Eifer weit über das Ziel hinausschoß mit der Behauptung: „Alle Deutschen

---

[28]) Georg WAITZ: Zur deutschen Verfassungsgeschichte, in: Zeitschrift für Geschichtswissenschaft..., hgg. von W. Adolf SCHMIDT, t. 3 (Berlin 1845) S. 6–49, bes. S. 18. Es
handelt sich um eine Sammelrezension von Arbeiten fast ausschließlich zur germanischen
Rechts- und Verfassungsgeschichte; Sybels 1844 erschienenes Buch über die „Entstehung
des deutschen Königthums" behandelt Waitz auf den S. 13–41. Vgl. dazu schon oben S. 20
Anm. 82.
[29]) Heinrich v. SYBEL: Germanische Geschlechtsverfassung, in: Zeitschrift (oben Anm.
28) S. 293–349, bes. S. 347. Es war dies praktisch eine Rezension des 1. Bandes der
Waitzschen Verfassungsgeschichte. SYBEL fährt aaO. fort: „Waitz fürchtet, daß meine
Behauptungen geeignet seien, eine Vergleichung der deutschen (!) Reiche vom Jahr 500
mit den Neger- und Mulattenstaaten Amerika's zu veranlassen; ich kann nur erwiedern,
daß die Statthaftigkeit dieses Vergleichs unbestreitbar sein wird, wenn man nach einem Jahrtausend (!) die westindischen Neger auf uns zurücksehen dürfen, wie wir auf die auguste-
ischen und constantinischen Zeiten"! Man beachte, daß der Aufsatztitel v. Sybels „G e r -
m a n i s c h e Geschlechtsverfassung" lautet, auch wenn er dann von den „deutschen Reichen" um 500 spricht.
[30]) Histoire des institutions politiques de l'ancienne France, t.III: La monarchie franque (Paris 1888; Nachdruck: Bruxelles 1964) S. 31; vgl. HERRICK, S. 19ff. Die Diskussion
zwischen Waitz und v. Sybel kannte Fustel nicht.

sind Germanen, aber nicht alle Germanen sind Deutsche"[31]. Natürlich ist
der politische Hintergrund solcher pangermanischen Theorien ebenso mit
Händen zu greifen[32] wie ihre Ablehnung durch einen FUSTEL de COU-
LANGES, der die römische Komponente des Frankenreichs vielleicht überbetont, aber die Struktur dieses Reiches jedenfalls klarer erfaßt hat als seine „germanistischen" Kontrahenten[33], womit er aber selbst in Frankreich
eher eine Außenseiterrolle einnahm[34]. Interessant ist dabei die Feststellung, daß die beiden angeblich so betont nationalistischen Historiker v.
SYBEL und FUSTEL de COULANGES in ihrer geschichtstheoretischen Aus-
gangsposition einander sehr viel näher stehen, als dies nach ihren politischen Stellungnahmen angenommen werden könnte[35]. Aber schon Augustin THIERRY hatte in seiner „Lettre II sur l'histoire de France" festgestellt: „Les Franks étaient un peuple mixte" und macht sich über die Historiker lustig, die diese „faible variété" nur als „barbare et indéchiffrable"
empfinden: „il faut l'unité absolue, la monarchie administrative". In diesem Zusammenhang äußert er einige beherzigenswerte Wahrheiten, die
bisher wenig Beachtung gefunden haben: „Ainsi, par une fausse assimila-
tion des conquêtes des rois franks au gouvernement des rois de France, dès
qu'on rencontre la même limite géographique, on croit voir la même existence nationale et la même forme de régime"[36].

Aber damit nicht genug. THIERRY ist sich auch bewußt, daß die Ausdehnung Frankreichs auf Eroberung beruhte und nicht auf „réunions" oder
„rattachements": „Ces accessions territoriales, ces réunions à la couronne,
comme on les appele ordinairement – THIERRY schrieb diese Zeilen um
1827; nach 1870 sprach man dann von „rattachements à la France" –, qui
depuis le XIIᵉ siècle jusqu' au XVIᵉ, sont les grands événements de notre
histoire, il faut leur rendre leur véritable caractère, celui de conquête plus

---

[31]) Epochen (oben S. 12 Anm. 37) S. 17. Vgl. dazu EHLERS, Nation, S. 30 Anm. 86 (auf
S. 31): „Die Elbslawen wurden dabei ebenso vergessen wie die Romanen im Rhein- und
Moselraum". Vgl. aber noch JOACHIMSEN, Volk, S. 3: „Die Entstehung eines deutschen
Volkes aus dem Germanentum": so selbst in der überarbeiteten Auflage von 1956.

[32]) Vgl. GOLLWITZER, Germanismus, S. 301ff., 327ff., 337ff.

[33]) Oben S. 26 – 28.

[34]) Dies betont zutreffend DANNENBAUER, S. 16, 30; s. auch HERRICK, S. 95ff. und
oben S. 28 Anm. 110.

[35]) Neben die Aussage Sybels über den Patriotismus: oben S. 712 m. Anm. 29, stelle
man den Satz von FUSTEL: „Le véritable patriotisme n'est pas l'amour du sol, c'est l'amour
du passé, c'est le respect pour les générations qui nous ont précédés": De la manière
d'écrire l'histoire en France et en Allemagne depuis cinquante ans (oben S. 27 Anm. 108):
Questions historiques (oben S. 23 Anm. 92) S. 6 und ebd. S. 15. Zu Fustels Geschichtsauffassung allgemein vgl. HERRICK, S. 19ff.; zu v. Sybel vgl. SCHNEIDER, Streitschriften,
S. XVff.

[36]) THIERRY, Lettre II, S. 23.

ou moins violente, plus ou moins habile, plus ou moins masquée par des
raisons diplomatiques. Il ne faut pas que l'idée d'un droit universel préexis-
stant, puisée dans des époques postérieures, leur donne un faux de légalité;
– THIERRY spricht n i c h t von den „natürlichen Grenzen" Frankreichs! –
on ne doit pas laisser croire que les habitants des provinces de l'ouest et du
sud, comme Français de vieille date, soupiraient au XII$^e$ siècle après le gouvernement du roi de France, ou simplement reconnaissaient dans leurs
gouvernements seigneuriaux(sic) la tache de l'usurpation. C e s  g o u v e r -
n e m e n t s  é t a i e n t  n a t i o n a u x  p o u r  e u x ; et tout étranger qui s'avan-
çait pour les renverser leur faisait violence à eux-mêmes, quel que fût son
titre et le prétexte de son entreprise, il se constituait leur ennemi". Er fährt
dann fort: „Le temps a d'abord adouci, puis effacé les traces de cette hostilité primitive; mais il faut la saisir au moment où elle existe"[37]. Bis auf den
heutigen Tag ist der Mythos der ang. von Urzeiten angelegten Einheit
Frankreichs – man lese nur Camille JULLIAN – stärker geblieben, als die
schon vor 150 Jahre formulierten Erkenntnisse eines Augustin THIERRY.

Immerhin hat auch hier die Fachwissenschaft bereits einige Breschen in
das Glaubensgebäude der Schulbuchweisheit geschlagen. Bernard GUE-
NÉE stellt nüchtern fest: „En France, au commencement était l'État, le royaume, et dans ce cadre politique vivaient plusieurs nations, des gens de
physique, de costume, de coutumes, de langue différents"[38]. Am Ende seiner lesens- und beherzigenswerten Ausführungen kommt er zu der
Schlußfolgerung: „L'État a créé la nation", um fortzufahren: „Mais la nation devient maintenant (d.h. etwa seit dem 14. Jh.) le meilleur soutien de
l'État"[39]. Aber GUENÉE beschränkt das Ergebnis seiner Untersuchung auf
Frankreich und nimmt Deutschland oder Italien ausdrücklich aus[40]. Ich
bin weit davon entfernt, historische Gesetze erfinden zu wollen: das über-
lasse ich gern zweitklassigen Philosophen. Es ist jedoch mein Eindruck,
daß zumindest in aller Regel und unter Beschränkung auf die abendländische Geschichte[41] zunächst der Staat da war, aus dem eine Nation hervor-

---

[37]) Lettre II, S. 24; vgl. unten Anm. 94.
[38]) GUENÉE, État, S. 154 und ebd. S. 155ff.
[39]) GUENÉE, État, S. 161, 164.
[40]) GUENÉE, État, S. 164: „Et au Moyen Age, les choses se sont passées hors de France
tout autrement qu'en France. En France, l'État a précédé la nation; ailleurs, comme en
Italie ou en Allemagne, la nation a précédé l'État". Natürlich fußt Guenée hier auf der Lit.,
in der dieser Unsinn ja oft genug behauptet wurde.
[41]) In den beiden Amerikas scheint es jedoch nicht anders gewesen zu sein. Zum
Mittleren Orient und zu Asien kann ich mir kein Urteil erlauben. In Afrika sind die von
den ehemaligen Kolonialherren gezogenen, ganz willkürlichen Grenzen der Quell ständiger Unruhen und blutiger „Stammesfehden". (Natürlich handelt es sich auch hier um

gegangen ist. Polen ist nur ein scheinbares Gegenbeispiel[42], und Italien hat gewiß eine Sonderentwicklung genommen, innerhalb deren aber die alte r ö m i s c h e Einheit Italiens bis in das 6. Jahrhundert hinein nicht vergessen werden darf[43]. Für Deutschland steht jedenfalls außer Frage, daß ganz wie in Frankreich der Staat das deutsche Volk geschaffen hat[44] und nicht umgekehrt, wie die Anhänger der „völkischen" Geschichtsschreibung fälschlich behauptet haben[45]. Ich brauche wohl nicht eigens zu betonen, daß eine ang. „völkische" Geschichtsschreibung nichts zu tun hat mit einer „Geschichte des deutschen Volkes", die selbstverständlich einen legitimen Gegenstand der Historiographie im allgemeinen, der deutschen im besonderen bildet[46].

Nach diesen Vorabüberlegungen kehre ich nun zurück zu der eingangs gestellten Frage, wann denn nun wirklich von deutscher und französischer Geschichte gesprochen werden könne. Als ich 1972 Heinrich II. „mit Einschränkungen" als ersten deutschen König bezeichnete[47], war die Reaktion zunächst noch überwiegend negativ; erst allmählich setzte sich die neue Sicht auch im Kreise der Fachgenossen durch. Es ist nicht meine Absicht, den Weg, den die Forschung seitdem genommen hat, an dieser Stelle noch einmal nachzuzeichnen[48]. Inzwischen ist die Forschung eher geneigt,

---

Völker.) Die Zukunft der afrikanischen Staaten wird weitgehend davon abhängen, inwieweit sie imstande sind, ihren Staatsangehörigen ein nationales Gemeinschaftsgefühl zu vermitteln. Davon sind diese Staaten mehrheitlich noch weit entfernt.

[42]) Polen hat im Mittelalter einen selbständigen Staat gebildet. Die Erinnerung daran hat auch die polnischen Teilungen überdauert und einen modernen Nationalstaat, wenn auch erst spät, ermöglicht.

[43]) Zu Italien, das im Rahmen dieses Buches naturgemäß immer nur eine Nebenrolle gespielt hat, vgl. vorläufig GOETZ, Nationalgefühl, S. 7ff.; vgl. oben S. 677 – 78. Die höchst komplizierte Entwicklung zu einem italienischen Volk a l s   e i n e r   p o l i t i s c h e n   G r ö ß e verdiente eine detaillierte Untersuchung, die hier nicht geboten werden kann, im übrigen aber auch ein Thema für den Historiker der Neuzeit ist.

[44]) Vgl. EHLERS, Nation, S. 30ff., bes. S. 37 – 38; s. schon DERS., Elemente, S. 584 – 85; s. auch JARNUT, S. 111: „So erschuf nicht das deutsche Volk das deutsche Reich, sondern das Reich formte sein Volk, um dann schließlich nach diesem benannt zu werden".

[45]) Oben S. 710 m. Anm. 18 – 20. Selbst FLECKENSTEIN, Anfänge, S. 155 – 56, glaubt, daß sich die Entstehung des deutschen Reiches und des deutschen Volkes „einander bedingen". Die Präzedenz des Staates wird mit einer solchen Formulierung verwischt.

[46]) Vorausgesetzt, daß auch wirklich vom d e u t s c h e n Volk die Rede ist und nicht etwa von den Franken oder gar von den Germanen. Mein Mißtrauen gründet sich bei solchen Titeln darauf, daß der Staat dabei zu leicht aus den Augen verloren wird. Er ist aber die Voraussetzung und Basis einer Geschichte des deutschen Volkes. In Frankreich ist eine solche Feststellung eine Banalität, in Deutschland leider nicht.

[47]) BRÜHL, Anfänge, S. 176.

[48]) Der einzige, der unbeirrt an der Zeit „um 900/20" festhält und zur Verteidigung dieser Auffassung noch 1988 (!) eine eigene Abhandlung veröffentlichte, ist Eduard HLAWITSCHKA: oben Anm. 13; DERS., Verbindungen, S. 40 Anm. 54, hatte einst positiver geurteilt.

mir den Vorwurf zu machen, nicht weit genug gegangen zu sein[49], und dieser Vorwurf ist m.E. berechtigt. Ich revoziere daher förmlich meinen 1972 vorgeschlagenen Zeitansatz für den Beginn der deutschen Geschichte: er liegt zweifellos später, doch wage nicht nicht, ein präzises Datum zu nennen. Angesichts der Tatsache, daß sich das 11. Jahrhundert immer deutlicher als die eigentliche Epoche des Übergangs herausschält[50], verzichte ich auf eine neuerliche Diskussion aller für das 10. Jahrhundert vorgeschlagenen Daten, die ich schon oben abgelehnt habe[51]. V o r der Zeit Konrads II. von „deutscher Geschichte" zu sprechen, scheint mir ohnehin ein Unding. Es ist aber beachtenswert, daß noch der um 1045 schreibende Wipo in seinen „Gesta Chuonradi" den älteren Konrad zu seinem jüngeren Vetter sagen läßt: *vota, studia, consensus Francorum, Liutharingorum, Saxonum, Noricorum, Alamannorum...ad nos*(scil. die beiden Konrade) *conferebant*[52]. Wipo formuliert also noch, wie das für die Autoren des 10. Jahrhunderts charakteristisch ist, auch er kommt nicht auf den Gedanken, hier von *Teutonici* zu sprechen, obwohl er das Wort sehr wohl kennt[53].

Als der Annalist Berthold von Reichenau († 1088)[54], der den Begriff des *regnum Francorum* sonst nicht kennt, die Wahl Rudolfs von Rheinfelden zum Gegenkönig am 15. März 1077 schildert[55], formuliert er: *in media quadragesima Mogontiacum perveniens*(scil. Rudolf) *ab eisdem episcopis in iustum regem, rectorem et defensorem t o t i u s  r e g n i  F r a n c o r u m laudatus, unctus et ordinatus est*[56]. Ganz ähnlich gebraucht auch Lampert von Hersfeld im Zusammenhang mit der Wahl Rudolfs die Wendung: *Proinde*

---

[49]) Vgl. THOMAS, Caesar, S. 245: „und selbst Carlrichard Brühl, der von dieser communis opinio(scil. des Beginns einer „deutschen" Geschichte um 900/20) in beträchtlichem Maße abgewichen ist, hat doch vor der Schwelle zur Epoche der Salier haltgemacht...";
vgl. dazu unten Anm. 61. Insoweit muß ich der Kritik von KIENAST III, Anh. IIa, S. 663, zustimmen, obwohl sie ganz anders gemeint war.

[50]) Zu Deutschland vgl. Stefan WEINFURTER: Herrschaft und Reich der Salier. Grundlinien einer Umbruchepoche, Sigmaringen 1990.

[51]) Oben S. 709 m. Anm. 12 – 13.

[52]) c. 2 (ed. BRESSLAU, S. 17 Z. 15 – 16); vgl. dazu THOMAS, Caesar, S. 263; zur Sache vgl. auch KELLER, Herzöge, S. 141 – 42.

[53]) Oben S. 216 m. Anm. 251 – 53, S. 625 – 26.

[54]) Zu ihm vgl. WATTENBACH – HOLTZMANN II³, S. 514 – 21 und WATTENBACH – HOLTZMANN – SCHMALE, S. 156* – 57*, bes. S. 157*.

[55]) Rudolf von Rheinfelden war für wenige Jahre Heinrichs IV. Schwager gewesen, doch seine Gemahlin Mathilde, die Schwester Heinrichs IV., bereits 1060 verstorben; vgl. HLAWITSCHKA, Untersuchungen, S. 56 – 57. Zur Wahl Rudolfs vgl. MEYER von KNONAU (oben S. 705 Anm. 606) t.III (Leipzig 1900; Nachdruck: Berlin 1965) Exkurs I, S. 627 – 38 und zuletzt KELLER, Herzöge, S. 145ff.

[56]) Annales ad h. an. (ed. PERTZ, S. 292 Z. 33 – 35). Dieser Passus ist in der bisherigen Diskussion so gut wie unbeachtet geblieben; MEYER v. KNONAU (oben Anm. 55) S. 632, zitiert ihn beiläufig und ohne Kommentar; s. aber MÜLLER-MERTENS, Regnum, S. 188, der hier eine unbekannte Vorlage annimmt; vgl. auch THOMAS, Caesar, S. 271 Anm. 145.

*monere eos*(scil. principes Teutonici regni), *ut...et regno Francorum, quod diu iam unius hominis puerili levitate vexetur, quaqua possint ratione moderentur*[57]. Es sind dies die letzten Belege, die ich zur Bezeichnung des ostfränkisch/deutschen Reiches als *regnum Francorum* a u s   a k t u e l l e m   p o l i t i s c h e m   A n l a ß  kenne[58]. Es wäre natürlich töricht, aus diesen beiden isolierten Belegen, die überdies beide aus dem gregorianischen Lager stammen, auf den ungebrochen Fortbestand des Frankenreichs seit den Tagen Karls d.Gr. oder doch wenigstens Arnulfs zu schließen. Es sind Ausnahmen, die auch für eine Ausnahmesituation – die Wahl eines Gegenkönigs – gebraucht werden, aber doch zeigen, daß die Idee des fränkischen Reiches noch nicht gelehrte Erinnerung war, wie dies ein Jahrhundert später der Fall sein wird. Heinz THOMAS hat darüber hinaus überzeugend dargelegt, daß dem Begriff *Teutonici* im Augenblick seiner Rezeption um 1045 „keinerlei historische und politische Dimension zugemessen" worden war[59]; während in der „Chanson de Roland" *Franceis* als Substantiv bereits im Zusammenhang mit der *France* und den *Francs* erscheint, läßt das im Entstehen begriffene Adjektiv *diutsch* im Anno-Lied den Zusammenhang mit der fränkischen Tradition kaum noch erkennen[60].

Auch unter linguistischem Aspekt ist daher das 11. Jahrhundert ein Jahrhundert des Wandels und des Übergangs[61], doch der Historiker denkt vor allem in politisch-konstitutionellen Kategorien. Da liegt es natürlich nahe, im Investiturstreit den entscheidenden Einschnitt zu erblicken, zumal der Begriff des *rex* und des *regnum Teutonicorum* als eine „Kampftitulatur" gerade Gregors VII. nachgewiesen werden konnte[62]. Der „Streit von Ivois" 1056 ist ganz gewiß nicht das gesuchte Datum, denn nach dem Tod der beiden Protagonisten waren die „deutsch–französischen" Beziehungen unter Heinrich IV. und Philipp I. unverändert freundlich, auch wenn es – aus äußeren, nicht aus grundsätzlichen politischen Gründen – nie zu einem persönlichen Zusammentreffen der beiden Monarchen gekommen ist[63]. Doch unstreitig hat der Investiturstreit in Frankreich zu-

---

[57] Annales ad an. 1077 (ed. HOLDER-EGGER, S. 303 Z.17 – 20); vgl. THOMAS, Caesar, S. 269, 271.

[58] Zum gelehrten Gebrauch eines Otto von Freising vgl. unten S. 721.

[59] Caesar, S. 276.

[60] THOMAS, Caesar, S. 273 – 76.

[61] THOMAS, Caesar, S. 276, bemerkt dazu: „Ob es vor diesem Hintergrund besonders sinnvoll ist, das 10. Jahrhundert so dezidiert als Beginn der deutschen Geschichte hervorzuheben, kann hier dahingestellt bleiben".

[62] Vgl. oben S. 226 – 27 und ergänzend THOMAS, Caesar, S. 265 – 68.

[63] Vgl. oben S. 704 – 05.

718 Epilog

nächst nur ein schwaches Echo gefunden[64], und Philipp I., der ja selbst mit
Gregor VII. in der Frage der Bischofsernennungen[65], mit Urban II. in der
Frage seiner unerlaubten Ehe mit Bertrada von Montfort[66] zerstritten war,
soll angeblich sogar geneigt gewesen sein, auf Bitten Heinrichs IV. zu dessen Gunsten einzugreifen, falls Bruno von Merseburg in diesem Punkt
Glaubwürdigkeit verdient[67]: *sed ille*(scil. Philipp) *similiter a suis accusatus
et paene paterno solio depositus, vix suum honorem, cui adhuc haerebat, se
dixit retinere, nedum isti suum, a quo penitus ceciderat, temptaret repo-
nere*[68]. Mag dies nun zutreffen oder nicht[69], auf jeden Fall war Lothringen
zwischen Philipp I. und Heinrich IV. kein Thema, obwohl Heinrich doch
gewiß leichter erpreßbar gewesen wäre als sein Vater[70]. Die freundlichen
Beziehungen zwischen beiden Herrscher bezeugt Heinrichs berühmter
Brief an Philipp aus dem Jahre 1106, dessen Anrede für sich spricht: *Princeps clarissime et omnium, in quibus post Deum amicorum nostrorum fide-
lissime! Primum et precipuum inter omnes vos excepi, cui conqueri et deplorare
calamitates et omnes miserias meas necessarium duxi, et etiam genibus vestris
advolvi, si liceret salva maiestate imperii*[71].

So betont Odilo ENGELS daher m.E. mit vollem Recht, daß der Investiturstreit den Abschluß der Staatwerdung Deutschlands und Frankreichs
zwar fraglos gefördert hat, er aber weder deren Auslöser noch deren Vor-

---

[64]) Vgl. bes. WERNER, Imperium, S. 33 – 34.

[65]) Hierzu ausführlich FLICHE, S. 389ff.

[66]) Er hatte 1092 seine Gemahlin Bertha, die ihm mehrere Kinder geschenkt hatte,
verstoßen und war mit der von ihm entführten Gemahlin des Grafen Fulko von Anjou
eine illegitime Ehe eingegangen; vgl. FLICHE, S. 36ff., 45ff. und KIENAST I, S. 178 – 81.

[67]) Bellum Saxonicum, c.36: *Philippum, Latinae Franciae rectorem, multis pollicitatio-
nibus sollicitat, ut antiquae memor amicitiae (!) sibi, quandocumque vocatus fuerit, in
auxilium veniat* (ed. LOHMANN, S. 38 Z.13 – 15); vgl. schon oben S. 114 m. Anm. 175.

[68]) Bellum Saxonicum, c.36 (ed. LOHMANN, S. 38 Z. 15 – 17).

[69]) FLICHE, S. 330 – 31, scheint Brunos Geschichte Glauben zu schenken, doch Bruno
berichtet im gleichen Atemzug von Hilfsgesuchen an den König von England und den
Herzog von Aquitanien, die gleichfalls ablehnen. Dies macht doch sehr stark den Eindruck, als ob Bruno lediglich versuchte, die Isolierung Heinrichs herauszustreichen. Es
scheint mir höchst fraglich, daß er über Heinrichs Korrespondenz mit fremden Fürsten
und zugleich über deren Antworten unterrichtet gewesen wäre. Auch KIENAST I, S. 180,
hält die Geschichte für „gewiß erfunden".

[70]) Lothringen spielt in dem Buch von Fliche überhaupt keine Rolle; nicht einmal von
den Gegenkönigen hat Philipp I. Abtretungszusagen zu erhalten versucht, was KIENAST
I, S. 178 – 84, der Erwähnung nicht für wert hält.

[71]) Brief 39 (ed. ERDMANN, S. 52 Z. 15 – 19); der Brief schließt u.a. mit der Wendung:
*vobis fiducialius et honestius habeo deplorare has omnes miserias meas; fiducialius quidem
propter mutuę consanguinitatis et antiquę amicitię debitum, honestius autem propter tanti
regni nomen gloriosum* (ed. ERDMANN, S. 58 Z.4 – 7); vgl. WERNER, Imperium, S. 21 m.
Anm. 5 – 6 (– S. 22); vgl. ebd. S. 53 – 54; KIENAST I, S. 181 m. Anm. 452, der ebd. S. 182
Anm. 453a m.E. zu Unrecht die freundlichen Beziehungen zwischen Heinrich und Philipp
leugnet.

bedingung gewesen ist[72]. Ich halte es zwar für unmöglich, innerhalb des
11. Jahrhunderts ein festes Datum für den Beginn der deutschen und französischen Geschichte anzugeben, ich möchte aber ein Datum nennen, zu
dem dieser Prozeß der Verselbständigung mit Sicherheit abgeschlossen
war: im Jahre 1107 scheiterte eine geplante Zusammenkunft zwischen
Heinrich V., Philipp I. und Paschalis II.; stattdessen schlossen Philipp I.
und Paschalis II. ein Bündnis mit eindeutig antikaiserlicher Spitze. Die er-
zwungene Kaiserkrönung Heinrichs V. 1111 und die Gefangennahme Paschalis' II. riefen e r s t m a l s in Frankreich helle Empörung hervor und
trieben es nur um so fester an die Seite des Papsttums, für das Frankreich
bis zum Ausgang des Jahrhunderts eine Art Beschützerrolle übernahm[73].
Seit dem frühen 12. Jahrhundert sind Deutschland und Frankreich ohne jeden Zweifel selbständige historische Größen, wie bald darauf die Worte
Sugers anläßlich eines drohenden deutschen Einfalls 1124 beweisen[74], aber
für die Zeit von 1025 – 1106, d.h. für die gesamte Salierzeit, wüßte ich keinen wirklich zwingenden Vorschlag zu machen, auch wenn der Tod der
beiden Heinriche 1056/60 zweifellos einen gravierenden Einschnitt bedeutet, wie denn auch Jean RICHARD für die kapetingische Monarchie
feststellen konnte: „La royauté des successeurs d'Hugues Capet était encore très semblable à celle des derniers Carolingiens, et le règne de Philippe Ier
allait marquer une modification très sensible de la nature et des moyens
d'action du pouvoir royal"[75], wobei dieser Einschnitt auf ca. 1075 datiert
werden kann[76].

Es wäre töricht, die Salierzeit in Deutschland und das kapetingische Königtum bis hin zu Philipp I. unter dem Stichwort „Frankenreich" einordnen zu wollen, wie dies für das 10. Jahrhundert noch unumgänglich geboten erscheint. Das macht ja gerade den Übergangs- oder, um mit WEIN-
FURTER zu sprechen, den Umbruchcharakter der Salierzeit aus, daß sie
n i c h t m e h r fränkisch, aber n o c h n i c h t deutsch im Vollsinn des Wortes ist, auch wenn sich der Sprachgebrauch „Deutschland" und „Frank-

---

[72]) ENGELS, S. 533 – 34; vgl. ebd. S. 538ff. Engels erörtert das Problem weniger unter
dem politischen Aspekt als unter der Auffassung des Bischofsamts; auch geht er naturgemäß auf Frankreich nicht ein.
[73]) Vgl. WERNER, Imperium, S. 34 – 36; KIENAST I, S. 185 – 89; s. noch BRÜHL (oben
S. 657 Anm. 226) S. 328.
[74]) Oben S. 282 m. Anm. 248. N i c h t einschlägig ist dagegen der von WERNER, Imperium, S. 35 Anm. 2, zitierte Passus aus Ekkehard von Aura, da es sich dabei um ein
Beispiel für die Rivalitäten auf dem 1. Kreuzzug handelt: oben S. 278 Anm. 224; auch
würde ich hier nicht von „Erbfeindschaft" sprechen wollen.
[75]) RICHARD, S. 15.
[76]) Vgl. LEMARIGNIER, Gouvernement, S. 141ff.: L'amorce d'un redressement.

reich" für die Zeit nach Heinrich II. vertreten läßt[77]. Die wissenschaftliche
Redlichkeit gebietet die Feststellung, daß Heinrich SPROEMBERG schon
1956 formuliert hatte: „Das Reich der Ottonen u n d S a l i e r als ‚deutsch'
zu qualifizieren, ist ein Anachronismus, welcher den staatsrechtlichen
Vorstellungen jener Zeit widerspricht"[78]. Dieser Satz fand damals in der
Forschung kein Echo. Dies lag einmal in der Person SPROEMBERGS begründet, der sein wissenschaftliches Ansehen in der Bundesrepublik gerade in jenen Jahren auf das schwerste kompromittiert hatte[79], zum andern
aber auch daran, daß die Zeit für diese Behauptung, für die SPROEMBERG
keine detaillierte Begründung gab, wie wohl hätte erwartet werden dürfen,
einfach noch nicht reif war: als ich 16 Jahre später die Zeit Heinrichs II.
vorschlug, war dies für die damalige Historikergeneration in ihrer Mehrheit kaum erträglich; im Jahre 1930 oder früher wären solche Thesen
schlicht undenkbar gewesen und zwar sowohl in Deutschland als auch in
Frankreich, denn historische Erkenntnisse sind nun einmal nicht zu jeder
beliebigen Zeit durchsetzungsfähig, und dies ist keineswegs nur eine Frage
der politischen Opportunität, wie vordergründig angenommen werden
könnte. Die Zeit der Nationalismen, die den Gang der europäischen Geschichte im 19. Jahrhundert und bis zum 2. Weltkrieg bestimmt haben, ist
– zumindest in Mitteleuropa – vorüber. Ein vereintes Europa, das schon
Ernest RENAN zu Ausgang des vergangenen Jahrhunderts heraufdäm-
mern sah[80], erlaubt eine unbefangenere Betrachtungsweise der nationalen
Vergangenheit, als dies noch vor wenigen Jahrzehnten denkbar gewesen
wäre. Es ist längst keine Frage des nationalen Prestiges mehr, ob Karl d.Gr.
Deutscher oder Franzose war, und es sollte künftig keine sein, daß die Ottonen, aber auch Hugo Capet und Robert II. Frankenkönige waren und
nicht „deutsche" oder „französische Könige"[81].

    Es scheint angebracht, einen Augenblick die Konsequenzen zu beden-
ken, die sich aus der in diesem Bande gebotenen Sicht der „deutsch – französischen" Beziehungen ergeben. Sie sind zunächst einmal diktiert von
dem Wissen um die gemeinsame Abkunft. Kronzeuge dieser Auffassung
ist Otto von Freising. Unter Berufung auf die – von ihm natürlich nicht als

---

[77]) Vgl. oben S. 667 – 68, S. 674.
[78]) Anfänge, S. 17: oben S. 14 Anm. 55.
[79]) Sproemberg hatte ohne Not einen Ruf nach Leipzig angenommen und spielte dort
die Rolle des „bürgerlichen Historikers" von Ulbrichts Gnaden. Er ist in vielem Walter
Mohr vergleichbar; s. oben S. 14 Anm. 56.
[80]) Oben S. 269 m. Anm. 168.
[81]) Vgl. schon BRÜHL, Anfänge, S. 180.

solche erkannte – Fälschung auf den Namen Leos VIII.[82] diskutiert er die
Frage, ob Otto I. der erste *rex Teutonicorum* genannt werden könne und
beantwortet sie wie folgt: *Michi autem videtur regnum Teutonicorum,
quod modo Romam habere cernitur, partem esse regni Francorum... Dehinc* – nach dem Tode Karls d.Gr. – *diviso inter filiorum filios regno aliud
orientale, aliud occidentale, utrumque tamen Francorum dicebatur regnum*[83]. Das einstige Mittelreich wird schon nicht mehr erwähnt, obwohl
Otto sehr wohl davon weiß[84]. Es folgen seine bekannten Ausführungen
über die Dynastiewechsel von den Merowingern auf die Karolinger und
von diesen auf die Ottonen: *regnum tamen mansit Francorum*[85]. Daß auch
ihm die grundsätzliche Gleichrangigkeit beider Reiche geläufig war, bezeugt seine Aussage zur „Konstantinischen Schenkung": *...Romana ecclesia occidentalia regna sui iuris tanquam a Constantino sibi tradita affirmat,
in argumentumque tributum exceptis duobus Francorum regnis usque hodie exigere non dubitat*[86].
Diese Geschichtslektion Ottos von Freising, auf deren Bedeutung ich
schon früher hingewiesen hatte[87], hätte die Historiker doch eigentlich
nachdenklich stimmen sollen über den fränkischen Charakter des *regnum
Teutonicorum*, das für Otto noch um die Mitte des 12. Jahrhunderts ein
*regnum Francorum* ist[87]. Aber auch in Frankreich blieb die gemeinsame
Herkunft der beiden Reiche nicht vergessen. Im Spätherbst 1241 wandte
sich Ludwig IX. in einer delikaten Angelegenheit an den Kaiser: Friedrich
hatte mehrere französische Erzbischöfe, Bischöfe und Äbte, die sich zu
dem von Gregor IX. ausgeschriebenen allgemeinen Konzil hatten begeben
wollen, nach der gewonnenen Seeschlacht bei Elba gefangengenommen[88].
Ludwig schrieb daraufhin an den Kaiser: *Tenuit hactenus indubitanter nostra fiducia, quod inter imperium et regnum nostrum longo temporis tractu
mutua dilectione firmata, nulla posset exoriri materia odium et scandalum
paritura; cum antecessores nostri felicis memorie reges universi usque ad*

---

[82] Oben S. 213 m. Anm. 233 – 35.
[83] Chronica, l.VI c.17 (ed. HOFMEISTER, S. 277 Z. 1 – 3, Z.6 – 8).
[84] Chronica, l.V c.35 (ed. HOFMEISTER, S. 259 Z. 24 – 29).
[85] Chronica, l.VI c.17 (ed. HOFMEISTER, S. 227 Z. 8 – 23): oben S. 119 m. Anm. 200.
[86] Chronica, l.IV c.3 (ed. HOFMEISTER, S. 187 Z.26 – 30).
[87] BRÜHL, Anfänge, S. 175 und oben S. 119.
[88] Ernst KANTOROWICZ: Kaiser Friedrich der Zweite, t.I³ (Berlin 1931; Nachdruck:
Düsseldorf-München 1963) S. 500 – 01.

*tempora nostra honorem imperii et sublimitatem zelaverint, et nos qui post ipsos, Deo volente, regnamus, in eodem proposito tenebamur; necnon et antiqui Romanorum imperatores et nostri proximi, unum et idem regnum et imperium estimantes, unitatem pacis et concordie servaverunt et inter eos alicuius dissensionis scintilla non illuxit*[89]. Der Brief hatte Erfolg: die französischen Prälaten wurden freigelassen[90]. Hier ist nur von Belang, daß auch Ludwig IX. die gemeinsame Wurzel, damit aber auch die Gleichrangigkeit von *regnum* und *imperium* betont: *unum et idem regnum et imperium estimantes.*

Deutschland und Frankreich hatten während des Hohen Mittelalters keine Grenzprobleme: weder Lothringen noch gar die Rheingrenze standen zur Diskussion. Der „Erbfeind" Frankreichs im 14. und 15. Jahrhundert war England, nicht Deutschland. Gewiß standen sich in der Schlacht von Bouvines Deutsche und Franzosen gegenüber, aber es ging nicht um einen nationalen Gegensatz, sondern um einen dynastischen: Verbündeter Philipps II. war der junge Staufer Friedrich, und das kapetingisch-staufische Bündnis hat bis zum Tode des Kaiser gehalten. Das allmähliche Vordringen Frankreichs nach Osten seit dem ausgehenden 13. Jahrhundert hatte seine Ursache in der hier nicht darzustellenden Schwäche des deutschen Königtums nach dem fälschlich so genannten Interregnum[91]. Die deutsch–französische „Erbfeindschaft" ist eine Erfindung Maximilians I., die von den deutschen Humanisten willig aufgegriffen wurde, doch die ang. Erbfeindschaft meinte in Wahrheit die dynastische Rivalität der Häuser Habsburg und Valois[92]. Ein n a t i o n a l e r Gegensatz ist nicht vor den Eroberungskriegen Napoleons festzustellen und erreichte seinen Höhepunkt in den Jahren 1870–1920, ist also jüngsten Datums. Damit soll nicht der Eindruck einer falschen Idylle beschworen werden: selbstverständlich gab es Aversionen und Reibereien aus z.T. nichtigen Anlässen, bestanden politische Gegensätze und Rivalitäten. Die von KERN beschriebene Aus-

---

[89]) H.-Br. VI/1 (Paris 1860) S. 19. Den Hinweis auf diesen Brief verdanke ich Herrn Kollegen Jean RICHARD-Dijon, membre de l'Institut.
[90]) Vgl. KANTOROWICZ (oben Anm. 88) S. 520–21.
[91]) Grundlegend Peter MORAW: Von offener Verfassung zu gestalteter Verdichtung. Das Reich im Späten Mittelalter (Berlin 1985) S. 147ff. (Propyläen-Geschichte Deutschlands, hgg. von Dieter GROH, Bd. III).
[92]) Vgl. oben S. 48–50.

dehnungspolitik Frankreichs nach Osten ist kein Phantom[93], wenn sie
auch nicht annähernd so systematisch durchgeführt wurde, wie dieser geglaubt hatte[94]; das alles war aber Fürstensache[95], der keine nationale
Feindschaft im Volk entsprach. Von einer solchen kann frühestens im
Pfälzischen Erbfolgekrieg mit der unnötigen Niederbrennung mehrerer
Städte (u.a. Heidelberg, Speyer, Worms) gesprochen werden, war aber nicht
von Dauer.

Im Französischen spricht man vom „Royaume" und meint Frankreich;
im Deutschen spricht man vom „Reich" und meint das „Imperium", obwohl doch beide Wörter von *regnum* abgeleitet sind und ursprünglich eine
völlig wertfreie Raumbezeichnung bedeuteten[96]. In Deutschland erlebte
das Wort jedoch einen Bedeutungswandel, der es in die Nähe der politischen Mystik rückte[97]. Das „Reich" meint eben nicht das Königreich
Deutschland, sondern die Gesamtheit des erst um die Mitte des 13. Jahrhundert als „Heiliges Römisches Reich"[98] bezeichneten Verbandes von
Deutschland, dem sogen. „Reichsitalien" und Burgund[99]. Dies sei nun
doch Anlaß, in aller gebotenen Kürze noch einmal auf die leidige Frage der
„Richtigkeit" oder besser: der Notwendigkeit der deutschen Italienpolitik
einzugehen, die in der deutschen Forschung unter dem vereinfachenden
Stichwort des Sybel–Ficker-Streits eine schon über hundertjährige Geschichte hat[100]. Es bedarf wohl kaum des erneuten Nachweises, daß die
staufische Italienpolitik[101] nach den Maßstäben moderner „Realpolitik"
ein gigantischer Irrweg gewesen ist, der Deutschlands Kräfte unnütz im
Süden band; Kräfte, deren das Königtum dringend in der Heimat bedurft
hätte, um aus dem „Reich" einen „Staat" zu formen, wie dies in Frankreich
zu eben dieser Zeit geschah[102]. Die gewaltigen Verluste an Menschenleben,
nicht zuletzt durch immer wieder auftretende Seuchen, die ganze Feldzüge

---

[93]) KERN, S. 56ff.

[94]) Vgl. ZELLER I, S. 21ff. Der Titel des Buches von Zeller ist charakteristisch: „La
réunion de Metz à la France". Metz war vor 1552 niemals französisch gewesen. Hier
spuken Karl d.K. und Karl III. von Westfranken als französische Könige.

[95]) KIENAST, Fürsten I – II/1, passim.

[96]) Peter v. POLENZ: Das Wort „Reich" als unpolitische Raumbezeichnung, in: Zeitschrift für deutsche Philologie 76 (1957) S. 80 – 94.

[97]) Vgl. GRAUS, Vergangenheit, S. 200ff., bes. S. 204.

[98]) ZEUMER, S. 14; s. GRAUS, Vergangenheit, S. 203.

[99]) Vgl. noch oben S. 260.

[100]) Vgl. SCHNEIDER, Streitschriften, S. XIff.; SMIDT, S. 10ff.; GOLLWITZER, Auffassung, S. 483 – 84, 484ff.

[101]) Nur sie ist d e u t s c h e Italienpolitik; vgl. unten S. 724 m. Anm. 104 und Anm. 106.

[102]) Wilhelm BERGES: Das Reich ohne Hauptstadt, in: Das Hauptstadtproblem in der
Geschichte.Festgabe zum 90. Geburtstag von Friedrich Meinecke (Tübingen 1952) S. 1 –
29, bes. S. 9ff. (Jahrbuch für Geschichte des deutschen Ostens, Bd. 1).

zum Scheitern brachten, die jahrelange Abwesenheit des Herrschers von
Deutschland, die zu Verschwörungen und Auflehnungen ja geradezu ein-
luden, all das ist zu offenkundig, als daß es hierzu noch langer Ausführungen bedürfte[103]. Der Kampf Friedrichs I. gegen die im 12. Jahrhundert zu
voller Kraft erstarkten Comunen, insbesondere Mailand, band die Kräfte
des Kaisers auf 13 Jahre: mehr als ein Drittel seiner Regierungszeit[104]. Mit
den großen Seemächten Pisa und Genua, die formal fraglos zum „Regnum
Italiae" gehörten, schloß der Kaiser Verträge wie mit fremden Mächten[105].

Der alte Streit hat durch die in diesem Band begründete Erkenntnis, daß
die Politik Ottos d. Gr. und seiner Nachfolger ohnehin nur die direkte
Fortsetzung der fränkischen Kaiserpolitik ist und mit d e u t s c h e r Geschichte daher nichts zu tun hat, erheblich von seiner ursprünglichen Brisanz eingebüßt[106]. Es macht natürlich einen Unterschied, ob ein ang. deutscher König das römische Kaisertum e r n e u e r t und somit bewußt eine eigentlich bereits aufgegebene Politik der Frankenkaiser auf das Konto
Deutschlands wiederaufleben läßt – so die bisherige Lesart[107] –, oder ob
die Staufer als die Erben der fränkisch-salischen Politik eine schon über
300 Jahre alte Tradition f o r t s e t z e n. Das deutsche Privatrecht kennt die
Rechtsfigur der „Ausschlagung einer Erbschaft" (§§ 1942, 1944ff. BGB),
die Geschichte nicht. Ein Verzicht auf Italien hätte in Deutschland helle
Empörung ausgelöst und wäre von niemandem – die Könige Frankreichs
und Englands inbegriffen – verstanden worden. Man kann sich aus den
Zwängen einer langen historischen Tradition nicht so einfach davonsteh-
len, auch wenn der spätere Betrachter gute Gründe für eine andere Politik
entdecken mag. Für die Zeitgenossen gab es zu der Italienpolitik der Staufer keine Alternative[108]. Mit der Frage nach der Geburt des deutschen und
des französischen Volkes hat das alles auf den ersten Blick herzlich wenig

---

[103] SMIDT, S. 46ff. spricht zwar nur vom „deutschen" Königtum des 10.–11. Jh., um
das es hier gerade nicht geht, doch sind seine Ergebnisse mutatis mutandis auch auf das
12. Jh. anwendbar.

[104] BRÜHL, Fodrum, S. 583.

[105] Vgl. zuletzt Josef RIEDMANN: Die Beurkundung der Verträge Friedrich Barbarossas
mit italienischen Städten. Studien zur diplomatischen Form von Vertragsurkunden im 12.
Jahrhundert (Wien 1973) S. 48ff., 53ff., 129ff. (Diss. phil. Wien 1966; SB. der Österreich.
Akad. der Wissensch., Phil.-hist. Klasse, 291. Bd., 3. Abhandlung).

[106] Der Streit hatte sich in erster Linie auf die Politik der Ottonen als ang. „deutscher"
Könige konzentriert; vgl. SMIDT, S. 2–3 und oben Anm. 103.

[107] Vgl. oben S. 540ff.

[108] Damit sage ich nicht, daß die D u r c h f ü h r u n g dieser Politik, insbes. in der Ära
Rainalds von Dassel, stets sehr glücklich gewesen wäre! Zu der Politik Rainalds könnte
ich mir sehr wohl eine Alternative vorstellen. Psychologisches Einfühlungsvermögen in
die italienische Mentalität war nicht die Stärke der staufischen Politik.

zu tun, aber diese Italienpolitik spielte eben auch in den Beziehungen zu
Westfranken/Frankreich eine nicht zu unterschätzende Rolle. „Wenn sich
die Methoden der kaiserlichen Politik(scil. Heinrichs III.) noch immer am
ottonischen Vorbild orientierten, so ließ sich das französische Königtum
nicht mehr mit den Maßstäben des 10. Jahrhunderts messen", bemerkt
BOSHOF[109]. Die fränkische Tradition der Kaiserpolitik setzte die ostfrän-
kisch/deutschen Herrscher als die Inhaber der Kaiserwürde unter Zug-
zwänge, die für die westfränkisch/französischen Könige nicht galten. Was
im 11. und 12. Jahrhundert unter Mühen noch aufgefangen werden konnte,
erwies sich auf Dauer doch als eine zu große Belastung: Frankreich ging
den Weg zum zentral regierten Einheitsstaat früher und leichter als
Deutschland, das den Föderalismus als mitbestimmendes Regierungsprin-
zip nie aufgeben konnte, was sich übrigens heute als ein Vorzug herausstellt. Für die Geburt Deutschlands und Frankreichs sind diese Überlegungen ohne Belang; für die Zukunft möchte ich noch einmal die schönen
Sätze von Jean Bodin zitieren, die dieser schon vor 400 Jahren niederschrieb: „ac magna me spes habet fore, ut cum Germani et Galli persuasum
habuerint se esse consanguineos et fratres...perpetuo se foedere atque amicitia complectantur"[110].

---

[109]) Krise, S. 274.
[110]) Methodus, c.IX (ed. MESNARD, S. 246B Z.31 – 36): oben S. 72 – 73 m. Anm. 422.

# ABBILDUNGSNACHWEISE

Der Verlag dankt den genannten Archiven, Bibliotheken und Museen für die Erlaubnis, die angeführten Abbildungen zu veröffentlichen.

1. Staatliche Museen zu Berlin. Sammlung der Zeichnungen in der National-Galerie.
2. Bildarchiv Foto Marburg im kunstgeschichtlichen Institut der Philipps-Universität. Arch. Nr. 1080877.
3. – 5. Roger-Viollet. Documentation générale photographique, Paris.
6. Chatrousse, „Aux martyrs de l'indépendance nationale". Musée Bargoin, Clermont-Ferrand, Frankreich.
7. Bergamo, Archivio Vescovile, pergamene Capitolari, Arch. Cap. 3895.
8. Originalurkunde Heinrichs II. von 1020 Apr. 24, Archivio di Stato Bolzano, Genehmigung vom 10.9.1990.
9. Admonter Stiftsbibliothek, Cod. 718, fol. 32: „Annales Iuvavenses maximi".
10. Paris, Bibliothèque Nationale, Dép. des manucrits, Coll. Bourgogne, vol. 76, Nr. 29.
11. Rom, Biblioteca Vaticana, Cod. Vat. Lat. 8487, fol. 91$^r$ : „Annales Farfenses".
12. Chantilly, Musée Condé, Ms. 14bis.
13. Bamberg, Staatsbibliothek, Msc. Class. 79, fol. 1. Josephus-Handschrift.
14. Bamberg, Staatsbibliothek, Msc. Class. 79, fol. 1. Josephus-Handschrift.
15. München, Bayerische Staatsbibliothek, Clm. 4453, fol. 23$^v$. Evangeliar Ottos III.
16. München, Bayerische Staatsbibliothek, Clm. 4453, fol. 24$^r$. Evangeliar Ottos III.

# GEOGRAPHISCHES-, PERSONEN- und SACHREGISTER

Die Umlaute ä, ö, ü sind als a, o, u, i und j als getrennte Buchstaben eingereiht worden. Die Abkürzungen bedeuten: Bf. = Bischof, Ebf. = Erzbischof, E. = Ende, Gem. = Gemahlin, Gf. = Graf, Gft. = Grafschaft, Hg. = Herzog, Hgt. = Herzogtum, Kg. = König, Kgn. = Königin, Ks. = Kaiser, Ksn. = Kaiserin, Mgf. = Markgraf. Die Sachbetreffe können naturgemäß nur einen ungefähren Anhaltspunkt bieten, vor allem die Lemmata Deutschland, Frankreich, Ostfrankenreich, Westfrankenreich u.ä. konnten aus naheliegenden Gründen nicht durchgängig aufgenommen werden. Für die administrative Einordnung deutscher und italienischer Orte fanden folgende Abkürzungen Verwendung: RB. = Regierungsbezirk, Lkr. = Landkreis (in Bayern), Kr. = Kreis; Prov., prov. = Provinz, provincia, com. = comune. Die Kreiseinteilung in der ehemaligen „DDR" ist nach dem Stand vom 1.IX.1990 angegeben; hier sind in naher Zukunft Änderungen wahrscheinlich.

- als *ducatus* 321, 322[124]

*Austrasii* 103[101], 257

*Austrifrancia*, s. Franken

Autun (Dép. Saône-et-Loire) 311[53], 318[101], 543, 662[269], 664[286]

Auvergne

- *Alvernicus ducatus* 322, 323, 323[135]

- *comitatus* 559

Auxerre (Dép. Yonne) 494[239] [240], 664[286]

Avallon (Dép. Yonne) 662[269], 664[286]

Aventinus, Johannes (Hans Turmair, 1477–1534) 37, 44, 45, 47, 50[251] [253] [255], 66

Awaren, *Avari (Huni)*

- *gens Avarorum (Hunorum)* 208, 249, 250, 310[49]

- *imperator Hunorum* 249[36]

- *populus Avarorum* 247, 247[19]

- *regnum Avarorum (Hunorum)* 247, 247[91], 310[49]

Babenberger, Adelsgeschlecht 318[101], 392[229]

*Babinberch*, s. Bamberg

Bachem (Nordrhein-Westfalen, RB. Köln, Kr.Frechen) 326[162]

Baddilo, Referendar in der Kanzlei Pippins I. (bezeugt 757–766) 286

Baiern, *Baioaria, Bagoaria, Baiwaria, Bawaria* 87[17], 89[34], 91[40], 94, 99[77], 100[85], 102[97], 104, 104[105], 105[109], 106, 108[133], 109, 111[149], 114[171], 115, 117[191], 118, 120[204], 121, 122, 238, 261, 319[108], 332, 356[17], 412, 421[71], 426, 426[111] [112], 435[171], 442, 463, 497[262], 534[561], 645[146]

- *als ducatus* 317, 322, 322[132], 324, 324[147],

- als karolingisches Unterkönigreich 319, 328, 328[172]
  s. auch Lothar I., Ludwig II. von Ostfranken

- als ostfränk. Kernlandschaft 295, 295[345], 609[411]

- als *provincia* 111[149], 328, 328[172]

- als *regio* 170[558]

- als *regnum* 306, 306[25], 310, 323f., 337, 461, 628

- Herzöge als *reguli* 332[203]

- im Königstinerar des 10. Jh. 495, 496, 496[254], 497, 558, 558[41], 607, 607[401] [402]

- Unteilbarkeit des *regnum* 157[454], 332, 461, 462
  s. auch (Baiern (Volk), *Noricum*, Kärnten

Baiern (Volk), *Baiovarii, Bagoarii, Baiowarii, Bawarii* usw. 44, 102[97], 105, 105[110], 114[174], 115[177], 188[195], 157, 196, 228 (= 419), 239, 240[411], 241[414], 245f., 246[12], 274, 277[219], 295, 330, 399, 417, 418, 420, 453[300], 625, 626, 635, 635[56]

- = Franken 254[66], 297f., 298[364]

- als *gens* 149, 249[31], 250, 254, 266, 293

  - als *gens Galliarum* 152

- als *populus Germaniae* 248

- als Stamm / Volk 261f., 264[133] [136]

- als Teil der *nobiles Franciae* 298[364]

- *dux Baiovariorum* 319

- *natione Baiovarius* 257[88]

- *regnum Baioariorum, Bawariorum* u.ä. 229, 230, 420, 420[58]

- *imperium Baioarium* 101[89]

- *regnum Burgundiae* 338[247], 454[306], 684, 684[447], 690, 690[495],
- Unmöglichkeit der Teilung 332ff., 338

s. auch *Burgundia, Cisalpina Gallia, Gallia, Galliae*

Burgund 3: Königreich Niederburgund seit 879 311[53], 369f., 371, 376, 454, 455[310]

- Vereinigung mit Hochburgund 487, 487[185] [186]

s. auch Ludwig III. von der Provence, Provence

Burgunder, *Burgundiones, Edui* 85, 236[379], 241[414], 626

- als *gens* 25[254], 266
- als *natio* 257[88], 258
- als *populus* 87
- als Teil der *nobiles Franciae* 298[364]
- als Volk 262[125], 285
- *Burgundionum regna* 114[173]
  s. auch *Galli Allobrogi*

*Burgundia* 1: als Teil des Franken- oder Westfrankenreichs 86[14], 87, 88[17], 89, 94, 94[62], 97[92], 99[77], 100, 104, 122, 122[219], 123[223], 126[242], 209, 308, 308[36], 314[68], 444, 444[237], 455[309], 588[257]

- *regnum Burgundiae* 311, 311[52] [53], 313, 314[68] [69], 332, 335f.
  s. auch *Celtica Burgundia*

*Burgundia* 2: Königreich Burgund oder Hochburgund 112[159], 113[109], 118[193], 126[242] (= 588[257]), 178[605], 235[376], 238, 240[409], 254[66], 454, 485, 485[166], 687, 689, 689[486]

- als *regio* 660[249]
- *Burgundia Superior* 369

- *regnum Burgundiae* 338[247], 454[306], 485, 684, 684[447], 690, 690[495]

Burgundische Mark

- *dux* 318[102]

*Burio villa* (in Westfranken; belegt 944) 494[236]

Bürstadt (Hessen, RB. Darmstadt, Kr. Bergstraße) 584[200]

Byzanz (Byzantinisches Reich) 214, 214[239], 503[314], 573

- Beziehungen zum Frankenreich, Ostfrankenreich 17[75], 503ff., 544f., 574[163], 610[421], 624, 640[101]
- Mitregentschaft 340
  s. auch *Imperium Romanum*

Byzantiner, s. *Graeci*

*Cabillonum*, s. Chalon-sur-Saône

Caesar, Gaius Julius, römischer Staatsmann,. Feldherr und Schriftsteller (100 – 44 v.Chr.) 23[95], 31[132], 45, 76, 76[444], 130, 130[262], 131, 131[264], 132, 133, 133[280], 133[285], 136, 148, 253[59], 346

Calixt II., Papst (1119–1124) 237, 258, 259[99]

Cambrai (Dép. Nord) 120[205], 257[88], 361

- Bistum 643[123], 644[137]
- Gfn. 563[76]
- Damenfrieden von 49[246]

Camerino (Prov. Macerata)

- *Camerinus ducatus* 547[665]
- *Camerinorum et Spoletinorum populus* 252

Campano, Giovanni Antonio, Bf. von Teramo, päpstl. Legat in

Florentius von Worcester († 1118),
Chronist 113[164]

Flüsse als natürliche Grenzen 343f.,
345[294], 346

*foedus*, s. Hugo von Italien, Karl III.
von Westfranken

Folcrat, *dux* (recte *comes*) *Arelatensis*
(bezeugt 845) 318[100]

Folkmar (Poppo), Bf. von Utrecht
seit 976 († 990) 576, 578, 578[192]

Folkwin, Abt von Lobbes seit 965,
vertrieben 970 od. 972 († 990)
113[165], 152, 214

Fonte Rutoli (Prov. Siena, com.
Castellina in Chianti) 610[424]

Fontenoy-en-Puisaye (Dép. Yonne,
arr. Auxerre, c[on] St-Sauveur),
Schlacht bei 7[3]

Forchheim (Bayern, RB. Oberfran-
ken)
  – Pfalz 330, 371[115], 379, 399, 418,
  418[40]
    s. auch Herrschertreffen 889, 890

Formosus, Papst (891–896) 514

Fouron-le-Comte (Prov. Liège, Belgien)
  – Vertrag 96[67]

Flote, Pierre(† 1302), Kanzler Kg.
Philipps IV. von Frankreich 61

Fragmentum de Arnulfo duce 412,
418

*Franceis* in der „Chanson de Roland"
717

*Franci*, *Franchi*, Franken (ohne den
ostfränkischen Volksteil u.
Stamm)
  – = alle Angehörigen des Fränkischen Imperium 114[174]
  – = Aquitanier 128[255]

– = Franken als Gesamtvolk 119,
119[203], 190, 250, 264[133], 715[46]

– = Franzosen 55, 111[149], 119,
120[203], 238[401], 239, 241[416], 258

– = *Galli* 120

– = Kreuzfahrer 119, 120[203], 128,
241[413]

– = Lothringer 97[72], 212f., 294[339]
  – *veri et primi Franci* 121

– = Main- u. Rheinfranken,
s. Franken (Volk in Ostfranken)

– = Ostfranken in ihrer Gesamtheit 119[203], 542

– = Westfranken 120[203], 435[174]
  – *Franci infideles* 284, 438,
  438[136]

– als ang. *indigenae* 44

– als ang. „Kampfbund" in Westfranken 183, 183[16] [17]

– als *gens* 127[249], 247[17], 249[32] [37]
  – *gens inclita, nobilissima* u.
  *praeclara* 244, 285
  – *genere Francus, Francorum*
  190, 210, 252[64] (= 519[446]), 257,
  280[235]

– als Germanen 55, 55[292]

– als *natio* 256
  – *natione Francus* (= Franzose)
  258

– als *populus* (Gesamtvolk) 246,
246[16]
  s. auch *populus Francorum*

– als „Reichsvolk" 266f.

– ang. Abstammung von den Trojanern 43, 43[209], 44, 55f., 256[85],

– Eigenschaften 274f., 276[213]

– *imperator Romanorum et Francorum*, s. Otto I.

Fürstenzweikampf (Heinrich III. von Deutschland / Heinrich I. von Frankreich) 703, 704[594]

Gaeta (Prov. Latina) 610, 610[419]

Gaguin, Robert, General des Trinitarierordens (ca. 1433–1501), franz. Humanist u. Historiograph 40[186], 50[251], 51f., 51[263], 52[264] [265] [267] [268], 53, 54, 54[279], 55, 63, 64, 74[434]

Galater
– als „Baiern" 45
– als „gallisch" sprechendes Volk 71[408]

Galindo, s. Prudentius

Galli 63[347], 85, 120[205], 130, 147, 147[378], 236[379], 248[25], 565[93], 626
– = Bewohner der *Francia*, evtl. der *Burgundia* 594, 594[294]
– = Kreuzfahrer 241[413]
– = Lothringer 597[319]
– als *natio* 258
– *dux Gallorum* 148[383]
– *imperator Gallorum atque Germanorum*, s. Karl II. von Westfranken
– *rex Gallorum* 148
  s. auch Lothar von Westfranken
  s. auch Gallier, *mos*

Galli Allobrogi (Burgunder) 151[404]
– *natione Allobrogus* 258

Galli orientales (Flandrer) 152, 152[415]

Gallia 130ff., 180
– = *Francia* 125[240], 126f., 127[251], 128f., 136, 139[320], 209, 346f.
– = Frankreich 75, 75[441], 151, 153
– Bretagne (*in Cornu Galliae*) 144[353]; s. auch 137[305]

– bei Caesar 130f.
– bei Gregor VII. 226
– bei Richer 146f.
– im antik-geographischem Sinn 136f., 139, 139[319], 148f., 149[389], 150, 150[402], 151, 153, 296[350], 347
– = Königreich Burgund 135, 135[295], 454
  s. auch Burgund 2
– = Lotharingien 138f., 138[314], 139, 139[315] [318], 400[277]
– = Lothringen 148, 150, 150[398] [399] [400], 236[380], 328[175], 616, 617
– = Lothringen/Rheinfranken 152[417]
– = Norditalien 132, 132[274]
– = Ostfranken/Deutschland 151, 152
– = Reich Pippins d.J. 136
– = Westfranken, Frankreich 90, 132, 138, 138[313], 139, 139[317], 150, 150[400], 151[405], 153, 299
– als Otto III. huldigende Provinz 616[471] [474], 617, 617[480]
– *gens Galliae* 254, 254[65]
– *regnum Galliae*
  – Kgreich Burgund 178[609]
  – Lotharingien Zwentibolds 138
– *rex in Gallia* (Burgund) 178[606]
– *rex Galliae* 118[196], 150[141]
  s. auch Karl II. von Westfranken, Karl III. von Westfranken, Odo von Paris, Westfrankenreich (Könige)
– *Gallia Belgica* 139, 139[316]
– *archiepiscopi Galliae Belgicae* (Ebfe. von Köln und Trier) 139[316]
– *regnum Gallię Belgicę* (Lotharingien) 139[316]

Gozelo I., Hg. von Niederlothringen (1023–1044) 97[72], 98[76], 673[354], 682, 682[433], 683, 696, 696[536],

Gozelo II., Hg. von Niederlothringen (1044–1046) 696, 696[536 537], 702

Grabbe, Christian Dietrich (1801–1836) dtsch. Dichter 39[179]

Grado (Prov. Gorizia),

– Patriarchat 558[37]

*Graeci* (Byzantiner) 63[347], 238[401], 243[3]

– als *gens* 250, 257[38 39]

– *genere Graecus* 257

– *populus Graecorum* 254

Gran (Esztergom, Ungarn)

– Metropolitensitz 620

Grandes Chroniques de France 52, 54, 54[282 283]

*Gratianopolis*, s. Grenoble

*Gravamina nationis Germanicae* 260

Gregor V. Papst (996–999) 214, 214[236], 258, 258[97], 290[307], 293[336], 601, 608, 608[408], 619[492], 629[15], 665

– als „Deutscher" 681[418]

Gregor VII., Papst (1073–1085) 152[417], 179[613], 220, 223[305], 226, 227, 236, 236[382], 717f.

Gregor IX., Papst (1227–1241) 721

Gregor, Bf. von Tours seit 573 († nach 593) 136

Gregor von Catino († ca. 1130) Mönch im Kloster Farfa, Chronist 530, 580[220 221]

*Greifesdorf*, s. Kraisdorf

Grenoble (Dép. Isère) 139[319], 589, 589[262]

Grenzen

– natürliche 342ff., 714

– politische 342, 350

Grenztreffen 459, 459[338], 479, 479[134], 587[253], 588, 588[257], 589, 589[262], 666f.

s. auch Herrschertreffen

Griechen als ang. Vorfahren der Gallier 71

Griechisch

– als ang. Sprache in Gallien vor der römischen Eroberung 67

Grimm, Jakob (1785–1863), Germanist 711, 712

Grimm, Wilhelm (1786–1859), Germanist 711

Grimschleben, *Grimmerslovo* (Sachsen-Anhalt, Kr. Bernburg, Stadt Nienburg) 211[219]

Grippo *dux, prefectus emporii Quentowici* (9.Jh.) 318[97]

Grone (Niedersachsen, RB. Braunschweig, Stadt Göttingen)

– Pfalz 558[43], 672

Grumo (im Agnotal bei Luzern) 650[179]

Guibert von Nogent, s. Wibert von Nogent

Guido, Sohn Odos von Westfranken (bezeugt 903) 381[163]

Guido, s. auch Wido

Guilielmus, Glossator des „Liber Papiensis" (2.H. 11. Jh.) 327, 328

Guillaume de Nangis († ca. 1302) 348

Guillaume Fichet (1433–ca. 1480), franz. Humanist 52[265]

Gunhild, Gem. Heinrichs III. († 1038) 682[425], 696[534]

Gunthar, Bf. von Bamberg seit 1057 († 1065) 152[417]

Gunthar, Ebf. von Köln 850–863 († nach 871) 91[44]

- in Opposition zu Heinrich II. 632[34], 636, 639

Heriger, Ebf. von Mainz seit 913 († 927) 432

Herisau (Kanton Appenzell, Schweiz) 334

Heriveus (Hervé), Ebf. von Reims seit 900 († 922) 429, 435, 435[174]

*herizuph* (Heersteuer) 197, 197[121]

Hermanarich, Ostgotenkg. († 376) 214

Hermann der Cherusker, s. Arminius

Hermann I. Hg. von Schwaben (926–949) 467[47], 469[62], 478[123], 497[263], 531

- Abstammung 449, 449[269]
- Heirat mit der Witwe Burchards von Schwaben 448f., 449[268]

Hermann II., Hg. von Schwaben (997–1003) 641, 641[108]

- ang. Verwandtschaft mit den Ottonen 632ff.
- Bewerbung um die Nachfolge Heinrichs II. 629ff.
- als *Alamanniae et Alsaciae dux* 631[26], 638
- Auseinandersetzung mit Heinrich II. von Ostfranken um die Nachfolge Ottos III. 632ff.
- ang. Reichsteilungsplan 638

Hermann IV., Hg. von Schwaben (1030–1038) 675[368]

Hermann I. Billung, Hg. in Sachsen († 973) 480, 480[136]

Hermann, Gf. von Hennegau († 1050) 698[548]

Hermann, *comes orientalium Francorum* († 1056) 118[195]

Hermann I., Ebf. von Köln seit 889/890 († 924?) 430, 430[137] [141], 432, 440[210]

Hermann von Reichenau (Hermannus Contractus, † 1050), Chronist 702[584]

Hermannsgrün, Ritter Hans von († 1500), dtsch. Humanist 49[249]

Herold, Ebf. von Salzburg seit 939 († 958) 475[104]

Herrand, Bf. von Halberstadt seit 1089 († 1102) 241, 241[418]

Herrschaftspraxis in Ost- und Westfranken in der Zeit Ottos I. 492ff.

Herrscherattribute, römische 143[344]

Herrscherbeinamen 142ff.

Herrscherbilder 615ff.

Herrschertreffen

- 844 Yütz (Lothar I., Ludwig II. von Ostfranken, Karl II. von Westfranken) 355[12]
- 847 u. 851 Meersen (Lothar I., Ludwig II. von Ostfranken, Karl II. von Westfranken) 355[12]
- 849 Péronne (Lothar I. / Karl II. von Westfranken) 355[15]
- 854 Lüttich (Lothar I., Karl II. von Westfranken) 355[12]
- 855 (Ludwig II. von Ostfranken/ Karl II. von Westfranken) 358
- 856 Orbe (Ks. Ludwig II., Lothar II., Karl von der Provence) 356, 359[44]
- 859 Savonnières (Karl II. von Westfranken/Lothar II./Karl von der Provence) 359[44]
- 859 Sault (Ks. Ludwig II. / Lothar II. / Karl von der Provence) 356, 359[44]

ken / Rudolf II. von Burgund)
458f., 459[335], 695

– 939 (Otto I. / Hugo d. Gr. / Heribert II. von Vermandois; zweimal) 480

– 942 Visé an der Maas (Otto I. /
Ludwig IV.) 479[134], 481, 481[145],
487, 487[180]

– 946 Cambrai (Otto I. / Ludwig
IV.) 479[134]

– 947 Aachen (Otto I. / Ludwig
IV.) 479[135]

– 947 am Chiers (Otto I. / Ludwig
IV.) 479

– 948 Ingelheim (Otto I. / Ludwig
IV.) 479[135]

– 949 Aachen (Otto I. / Gerberga)
479

– 951 Aachen (Otto I. / Hugo d.
Gr.) 481

– 959 Compiègne (Ebf. Brun / Lothar von Westfranken u. Gerberga) 481[143]

– 965 Köln ( Otto I., Otto II., Lothar von Westfranken, Ksn.
Adelheid, Kgn. Gerberga, Brun
u. a.) 480, 561[65], 569, 569[125]

– 980 Margut-sur-Chiers (Otto
II./Lothar von Westfranken u.
Ludwig V.) 568, 568[118], 569,
569[119], 576, 584[235], 708

– 984 Breisach (Lothar von Westfranken / Heinrich „der Zänker“) 577, 577[187]

– 985 Metz ( Ksn. Theophano,
Kgn. Emma / Hzn. Adelheid /
Gem.Hugos Capet / Hzn. Beatrix von Oberlothringen / Heinrich d. Z.) 587[253], 588, 588[253 259]

– 986 Remiremont (Ksn. Adelheid / Kgn. Emma / Kg. Konrad
von Burgund; fraglich) 588[257]

– 987 Montfaucon (Ksn. Adelheid /
Ludwig V. / Kgn. Emma / Hg.
Hugo Capet / Hg. Konrad von
Niederlothringen; nur geplant)
586[250], 587[252 253 255]

– 988 Stenay (Ksn. Theophano /
Adelheid, Gem. Hugos Capet;
nur geplant) 587[253]

– 989 Grenze zwischen Westfranken, Burgund u. Lothringen
(Ksn. Theophano / Hugo Capet;
fraglich) 587[253], 588[257]

– 992 *Novivilla* (Adelheid und Otto III. / Hugo Capet und Robert
II.) 587[253], 588[258], 601[356]

– 995 Mouzon (Otto III. / Hugo
Capet u. Robert II.; nur geplant)
602, 602[360 361], 603, 603[363]

– 1000 Bruchsal (Otto III. / Rudolf III. von Burgund) 607,
607[403]

– 1006 auf der Maas (Heinrich II.
von Ostfranken / Robert II. von
Westfranken) 665f., 666[300]

– 1016 Straßburg (Heinrich II. von
Ostfranken /Rudolf III. von Burgund u. Irmingard) 659

– 1018 Mainz (Heinrich II. von
Ostfranken / Rudolf III. von
Burgund mit Familie) 660

– 1023 Ivois/Mouzon (Heinrich
II. von Ostfranken / Robert II.
von Westfranken) 666f.,
666[301 303 305], 709

– 1025 Tours (Robert II. von West-
franken / Hz. Wilhelm V. von
Aquitanien / Gf. Odo II. von
Blois) 692[508]

- 1027 Basel (Konrad II. von Ostfranken / Rudolf III. von Burgund) 684, 684[444]
- 1033 Deville (Konrad II. von Ostfranken / Heinrich I. von Westfranken) 689, 694, 694[520 521], 695[526]
- 1043 Ivois (Heinrich III. von Westfranken/ Heinrich I. von Ostfranken) 695
- 1048 Ivois (Heinrich III. von Ostfranken / Heinrich I. von Westfranken) 699, 700, 700[567]
- 1056 Ivois (Heinrich III. von Ostfranken / Heinrich I. von Westfranken) 703, 703[591]
- 1107 (Heinrich V. von Deutschland / Philipp I. von Frankreich / Papst Paschalis II.; nur geplant) 705[606], 719
- 1171 Toul/Vaucouleurs (Friedrich I. Barbarossa / Ludwig VII. von Frankreich) 705, 705[608]
- 1299 Vaucouleurs (Albrecht I. / Philipp IV von Frankreich) 348
- 1378 Paris (Ks. Karl IV, / Kg. Karl V. von Frankreich) 667[308] s. auch Grenztreffen

Herrschertreffen auf Inseln 171, 171[566], 172[567]

Hersfeld (Hessen, RB. Kassel, Kr. Hersfeld-Rotenburg) 35[149]
- Kloster 84[4], 550[690]

Herstal (Prov. Liège, Belgien)
- Pfalz 406, 406[319], 407, 407[324], 430

Héry (Dép. Yonne, arr. Auxerre, c^{on} Seignelay) 664[286]

Hessen, *Hassia*
- als *provincia* 328

Hessen (Volk)

- als Stamm 264[136]

Hessus, Eobanus (1488–1540), dtsch. Humanist 38

*Hetanus*, s. Heden

*Hevelli*
- slaw. *gens* 251[44]

Hexagon
- geogr. Form Galliens 342f.

Heymo, Bf. von Verdun seit 988 († 1024) 218[261]

*Hibernicus*
- *natione Hibernicus* 257[88]

Hieronymus, Kirchenlehrer (347/348–419/420) 244[6]

Hieronymus, Bf. von Vicenza seit 1000 († 1004) 651[187]

Hildebert, Abt von Fulda (923–926), Ebf. von Mainz seit 926 († 957) 293[332]

Hildegar, Schüler Fulberts von Chartres (11.Jh.) 664[281], 675[366]

Hildesheim (Niedersachsen, RB. Hannover) 631, 639[95]
- Bistum 608[404], 645[146]

Hilduin, Bf. von Lüttich 920, Ebf. von Mailand seit 932 († 936) 429f., 430[136 137 141]

Hilwartshausen (Niedersachsen, RB. Braunschweig, Kr. Northeim, Stadt Dussel)
- Kloster 550[690]

Himmler, Heinrich (1900–1945), Reichsführer ⚡⚡ 414

Hinkmar, Ebf. von Reims seit 845 († 882) 56, 56[297], 91, 91[44], 96[68], 112[156], 124[229 233], 357, 357[30], 358, 358[37], 359, 363, 363[71], 412, 510, 510[366] s. auch Annales Bertiniani

*Hispani* 63[347]

– *natione Mediolanensis* 258

– *populus Mediolanensis* 253

Mainfred, Gf. (bezeugt 988) 581[214]

Mainz (Rheinland-Pfalz, RB. Rheinhessen-Pfalz) 87[20], 105[109], 114[171],
116[183], 121, 137[307], 430[138], 579,
634, 634[50], 645[146] [147][148], 647[156] [157],
649, 649[169], 696, 702, 702[548], 703,
716

– als Krönungsort 673[353]; s. auch
Agnes von Poitou, Heinrich II.,
Konrad II., Otto I.

– Erzbistum 134, 134[293]

– ang. Fürstentag 574

– *metropolis Germaniae* 137, 137[307]

– *sedes per Germaniam* 137[307]

– St. Alban 538[595]

– Synode 813 195f.

– Synode 847 196

– Synode 852 105[109]
s. auch Herrschertreffen 1018

Malaria 532[548], 538[595]

– als Anlaß von Seuchen im ostfränk. / dtsch. Heer 548, 548[672],
655, 655[214]

Malcallanus, Abt von St-Michel-en-
Tiérache und St-Vincent de Laon
(† 978) 257[88]

Manfred, *marchio* von Turin, Kopf
der lombardischen Opposition
gegen Konrad II. († 1034/35) 675,
675[368]

Mannus, sagenhafter Stammvater der
germ. Völker 47

*marca* (als verwaltungstechnischer
Terminus) 316

*Marca Hispanica*, s. Spanische Mark

*marchio* an der Spitze eines *regnum*
314
s. auch *principes*

Marchio-Würde

– Amtscharakter 332

Marchward, *marchio* in Kärnten
(bezeugt 970) 198

*Marcomanni*

– *quos nos Nordmanni vocamus*
206

Margarethe von Österreich, Statthalterin der Niederlande, Tochter Ma-
ximilans I. (1480–1530) 48f., 49[246]

Margut-sur-Chiers (Dép. Ardennes,
arr. Vouziers) 98[75],588[258]
s. auch Herrschertreffen 980

Maria Dobrogneva, Gem. Kasimirs I.
von Polen 701[573]

Marinus II., Papst (942–946) 479[131]

Marinus, Bf. von Bomarzo, päpstl.
Legat auf der Synode von Ingelheim 297, 483, 483[153]

Markward, Abt von Prüm seit 829
(† 853) 192

Marlia (Prov. Lucca, com. Capànno-
ri) 610[424]

Marmoutiers (Dép. Indre-et-Loire,
arr. Tours)

– Abtei 301

Marozia, Gem. Hg. Alberichs I. von
Spoleto, Gem. Mgf. Widos von
Tuszien, ang. illegitime Gem.
Papst Sergius' III., Gem. Kg. Hu-
gos von der Provence ( † nach 932)
520, 520[449], 521, 521[456] [457]

Mars-la-Tour (Dép. Moselle, arr.
Briey, c[on] Chambley)

– Schlachtort 1870 21

Martin Mair, kurmainzischer Kanzler (ca. 1420–1480) 35[153]

Martin von Troppau, Ebf. von Gnesen 1278 († 1278), Chronist 63[348]

Matfrid, Gf. von Metz († nach 921),
    392, 432, 407[324]

Matfridinger, lothring. Adelsge-
    schlecht 387, 392, 392[129], 393, 407,
    429

Mathilde, Gem. Heinrichs I. von
    Ostfranken († 968) 395, 395[251],
    416, 463, 463[12], 464, 480, 628[11]

 – als *consors regni* 252[54]

Mathilde, Tochter Ks. Konrads II.,
    Verlobte Heinrichs I. von West-
    franken († wohl 1034) 694,
    694[521] [522]

Mathilde, Tochter Gf. Liudolfs von
    Braunschweig, Gem. Kg. Hein-
    richs I. von Westfranken 700[568]

Mathilde, Tochter Kg. Ludwigs IV.
    von Westfranken, Gem. Kg. Kon-
    rads von Burgund († nach
    980/990) 488, 488[188], 569[124], 659[239]

Mathilde, Gem. Rudolfs von Rhein-
    felden († 1060) 716

Mathilde, Äbtissin von Quedlinburg
    seit 966(† 999) 569[124], 579[199]

 – *matricia* 613[448]

Mathilde, Tochter Ottos II., Gem.
    des Pfalzgfn. Ezzo († 1025) 670[334]

Mauretanier

 – als *gens* 249

Mauritius, Hl.

 – als Reichspatron 501[295]

 – als *dux sanctorum* 669

Mauritius-Lanze, s. Heilige Lanze

Maximilian I., dtsch. Kg., Ks. 1508
    (1493–1519) 48, 49[246], 722

Meaux (Dép. Seine-et-Marne) 275

*Mediomatricum*, s. Metz

Meersen (Prov. Limburg, Niederlan-
    de) s. Herrschertreffen 847, 851

Megingaud, lotharingischer Gf.
    († 892) 385

Meginhard von Fulda († 888), Anna-
    list 91[40], 105, 105[111], 138[311] [313],
    139, 139[320], 170, 248, 526

 s. auch Annales Fuldenses

Meiningen (Thüringen) 579

Meinwerk, Bf. von Paderborn seit
    1009 († 1036) 654[203]

Meisterlin, Sigmund († nach 1489),
    dtsch. Humanist 44

Melanchthon, Philipp (1497–1560),
    dtsch. Humanist und Reformator
    72

Memleben (Sachsen-Anhalt, Kr. Ne-
    bra)

 – Pfalz 553, 558[43], 571[139], 688[477]

Merowinger 373, 721

 – Königsumritt 635[57]

Merseburg (Sachsen-Anhalt) 550[692],
    580[201], 600[400], 636, 645[146] [147] [148],
    646, 646[149], 647[156] [157], 648[162], 668,
    670

 – als Ort von Festkrönungen,
    s. Heinrich II. von Ostfranken

 – Bistum 618, 619, 629[17], 643[122],
    648

Metz (Dép. Moselle) 92, 106[116], 349,
    359, 398[268], 406[320], 441[213], 444[235],
    550[690], 578[191], 645[146]

 – als Krönungsort, s. Karl II. von
    Westfranken

 – Abtei St.Arnulf 406[318] [319]
    s. auch Herrschertreffen 868,
    985; Vertrag von Metz

Michael I. Rhangabe, byzant. Ks.
    (811–813) 505, 506, 506[341]

Mieszko II., Kg. von Polen (1025–
    1034) 225, 670, 670[336]

*milites agrarii* 451[285]

– *Mosellicorum ducatus* 322[124]

– *Mosellanus dux* 323[133]

Mouzon (Dép. Ardennes, arr. Sedan)

– Abtei 666[303]

– Synode 602, 602[360] [361], 603, 603[363]
  s. auch Herrschertreffen 995

Münster (Nordrhein-Westfalen),
Frieden von 345

Münster, Sebastian (1489–1552),
dtsch. Humanist 45

Münzprivileg, Königsrecht 644

Murbach (Dép. Haut-Rhin, arr. u.
c[on] Guebuiller)

– Abtei 322[130]

Murner, Thomas (1475–1537), dtsch.
Reformator 37, 37[163], 40, 40[187], 41,
41[199]

Murten (Kanton Freiburg, Schweiz)
686[459], 688, 690[454]

Muttenz (Kanton Basel-Land,
Schweiz)

– *colloquium familiare* 684, 684[446]

Mythos, s. Galliermythos, Germanen-
mythos, Keltenmythos


Nachfolgeregelung im Frankenreich
329ff.
s. auch Mitregentschaft

Nancy (Dép. Meurthe-et-Moselle)
348

Napoleon I. Bonaparte (1804–
1814/15, † 1821), Ks. der Franzosen 19, 19[81], 342[247]

Napoleon III. (1850–1871,† 1879),
Ks. der Franzosen 24[100], 30

*Narbona*, Narbonne (Dép. Aude) 84[6]

– *Narbonensis provincia* 131

natio, nationes 243ff.

– (Abkunft, Abstammung) 258f.,
261

– Definition bei Isidor von Sevilla
243, 243[3]

Nation

– im frühen Mittelalter 271ff.

– Definition von Renan 269, 343
  s. auch *natio*

Nation / Volk, Nation / Stamm 270ff.

nationale Vorurteile an den Universitäten des 13.Jh. 273[193]

Nationalgefühl 7ff., 243ff.

– im frühen Mittelalter 271ff., 711

Nationalismus der Humanisten 47ff.

*nationes*

– = Heiden 261

– = Landsmannschaften 259

– an den mittelalterlichen Universitäten 46[227]

Nationsbegriff 268ff.

Nationswerdung 714f.

Naukler(i)us, Johannes (eigentl. J.
Werge) (1425–1510), dtsch. Humanist 39[182]

Navarra, Königreich 525[492]

– *duces* 317

Neapel (Prov. Napoli) 219, 655[212]

Nestor von Kiew († 1115), Mönch u.
Chronist 36[161]

Neuburg a. d. Donau (Bayern, RB.
Oberbayern, Lkr. Neuburg-Scho-
benhausen) 628, 657[223]

Neudingen (Baden-Württemberg,
RB. Freiburg, Kr. Schwarzwald,
Stadt Donaueschingen) 368[95]

Neuenburg (Kanton Neuenburg,
Schweiz) 686[459], 688, 689[481]

*Neustrasii, Nivistrii*

- *dux* von Franzien 318[97]
- Krönung in Compiègne 378, 435
- Huldigung an Arnulf 888 377f., 377[146 147], 380, 380[158]
- Nachfolgeregelung 380f.
- Reichsteilung mit Karl III. von Westfranken 330, 380
- Zweitkrönung in Reims 378, 378[148], 596[313]
- Verschwörung gegen ihn 92[48]

Odo I., Gf. von Chartres u. Meaux (973/975–996) 578[190]

Odo I., Gf. von der Champagne (II. als Gf. von Blois, Chartres und Tours) (996–1037) 151[407], 178, 193[91], 603[366], 667[310], 695, 702, 702[548]

- als *Burgundie tirannus* 682[430]
- Ambitionen auf das *regnum Italiae* 682, 686, 686[463]
- Anspruch auf Burgund 685ff., 693f.
- Anerkennung als Kg. in der Provence 686, 686[461 462]
- Titulatur *rex Alamannorum sive Provincie* 178[609]
- Konflikt mit Konrad II. von Ostfranken 682, 685ff.
- Verhältnis zu Robert II. von Westfranken 692
  s.auch Herrschertreffen 1025

Odo, Sohn Gf. Heriberts II. von Vermandois († 946) 455, 455[309]

Odo, Bf. von Gerona seit 995 († 1010) 314[72]

Odo von Deuil, Abt von St-Denis seit 1151 († 1162) 283[253 397], 287[285]

Odorannus, Mönch in St-Pierre-le-Vif bei Sens († ca. 1046), Chronist 143[342]

Oppenheim (Rheinland-Pfalz, RB. Rheinhessen-Pfalz, Kr. Mainz-Bingen)
- *oppidum et castrum* 122[215]

Orbe (Kanton Waadt, Schweiz) s. Herrschertreffen 856, 879

Ordinatio Imperii, s. Reichsteilungen

Ordoño II., Kg. von León (914–924) 525[496]

Oriflamme, Banner der Abtei St-Denis u. kgl. Feldzeichen 58

Orléans (Dép. Loiret) 599, 662[269], 663, 663[274]
- als Krönungsort, s. Ludwig VI. von Frankreich

Osnabrück (Niedersachsen, RB. Weser-Ems) 288[292]

ost-/westfränkische Beziehungen passim, bes. 600ff.

Ostfalen 326
- *Ostarriche* 326, 326[181]

Ostfranken (Volk) 181, 341[270], 331[195]
- (Franken, Sachsen, Alamannen, Baiern) 403
  s. auch *Franci Orientales, Teutonici*

Ostfrankenreich 7, 7[3], 90, 96, 102, 108[128], 108[133], 112, 113, 115, 122, 123, 125, 125[234], 129, 133, 167[528], 174[584], 207[192], 354, 389, 413, 549, 717
- = *Francia, Saxonia, Baioaria, Alamannia, Lotharingia, Turingia, Fresia* 122
- Abneigung der Völker untereinander 279ff.
- als die Summe der in ihm zusammengeschlossenen Völker 580
- *ducatus* 321ff.
- *dux* 319, 319[108]

- Dynastiewechsel 442
- Gefahr der Spaltung 637ff.
- innenpolitische Krisen nach dem Tod des Herrschers 575ff., 627ff., 672, 705
- Krönungsbrauch 389, 423, 423[88]
- Nachfolgeregelungen 461
- Regna-Struktur 309f.
- „Reichskirchensystem" 644
- Unteilbarkeit 461f.
  s. auch *Austrifrancia, Francia, Francia Orientalis, Francia Teutonica, regnum Arnolfi, regnum Ludowici, regnum orientale, regnum Teutonicorum, Teutonicus*

Ostgoten
- als „deutscher Volks- und Heerhaufen" 20

Ostmark,
- ang. *duces* 318, 318[102]

*Ostrofrancia*
- Ostfrankenreich 110[143]
  s. auch Franken

Ota, s. Oda

Otbert, *marchio* in Norditalien (bezeugt 1014) 651[187]

Otfrid, Mönch von Weißenburg († nach 868) 188[57], 192[84], 194, 194[98][99], 307

Otgar, Bf. von Speyer seit 960 († 970) 289[298]

Otric von Magdeburg (2.H. 10.Jh.), Domscholaster 282

Otto der Erlauchte, Hg. von Sachsen (898–912) 12[41], 387, 392, 569[124], 633
- ang. Ablehnung der Königswahl 251[43], 289, 415[19][22]

Otto I. der Große, ostfränk. Kg., Ks. 962 (936–973) 13, 14, 111, 113[169],

117[190], 143[345], 147[382], 166, 193[88], 198, 211, 212, 213, 236, 250, 293, 296[350], 298, 306[25], 309[41], 460, 460[339], 477[120], 478[127], 544f., 553, 576[181][183], 608[408], 623, 627[3], 629, 629[15], 642[118], 648[162], 665, 702
- als *pater patriae et imperator* bei Widukind 450[277], 502, 550
- als Patriarch des Abendlandes 484, 708
- Aachener Krönung u. Thronsetzung 936 293, 464ff., 469, 473, 473[88]
- ang. Italienzug 941 529f., 531[545]
- ang. „Reichskirchensystem" unter Otto I. 548f.
- Aufstände u. Opposition in Ostfranken 283[257], 289[297], 412, 477f., 478[123], 489, 489[195][196], 498, 536f., 538
- Beisetzung in Magdeburg 551, 551[702], 553, 672[347]
- burgundische Politik 254[66], 338[247], 484ff., 529, 659
- Ehe mit Adelheid 531, 534, 534[563][566]
- Ehe mit Edgitha 464, 464[20]
- Erhebung Ottos II. zum Mitkaiser 544
- Fortsetzung des abendländischen Kaisertums 520, 529, 540f., 550ff., 618, 708, 724
- fränkisch-karolingische Tradition 534f., 540, 540[609], 550, 552, 606
- Gründung des Erzbistums Magdeburg 550, 618, 648
- Herr über mehrere *regna* 307, 307[31]
- Herrschaftspraxis 492ff., 529, 546ff.

– Bistum 516[412], 558[37]

Reginar I., Gf. von Henne- und Haspengau († 915) 113, 331, 331[193], 392, 401[288], 402, 406, 406[321], 429, 429[133]

  – als *dux* in Lotharingien 387

  – als Laienabt in Stablo 393

  – als Laienabt von St.Maximin 398[268]

  – als *marchio* in Lotharingien 406, 406[322, 323], 407

  – als *missus et comes dominicus* 113

Reginar III. „Langhals", Gf. von Hennegau (verbannt 958, Todesjahr unbekannt)

  – Aufstand gegen Brun 562

Reginar IV., Gf. von Hennegau (977–1013) 584[236]

  – Empörung nach dem Tod Ottos I. 562f., 564

Reginar, ostfränk. Adliger (9. Jh.) 275f., 276[213]

Reginare, Adelsgeschlecht in Lothringen 412

Regino, Abt von Prüm (892–899, † 915), Chronist 89, 89[30, 32], 97, 106, 123, 245, 245[10], 248, 307, 307[30], 328[181], 368, 369, 372, 376, 391[222], 526

*Regino,* s. Regensburg

Reginold, Führer der Loire Normannen (1.H. 10.Jh.) 444

*regnum = provincia* 327

*regna, regna Francorum*

  – = Unterkönigreiche 305[13], 306

  – = große Verwaltungseinheiten des *regnum Francorum* 134, 329

  – im Karolingerreich 306ff.

  – Unteilbarkeit 332

  – *occidentalia et orientalia* 106[116] (= 307, 307[30])

    – *regna occidentalia* (= der Westen) 721

Regna-Struktur

  – im Frankenreich 304ff.

  – in Italien 548

  – in Ostfranken 266

  – in Westfranken 266

*regnum*

  – Bezeichnung des fränk. Gesamtreichs wie auch der Reichsteile nach 843 304, 305

  – als verwaltungstechnischer Terminus 316

  – (Frankreich), Gleichrangigkeit mit *imperium* (Deutschland) 721

  – in der spanischen Mark 314f.

  – Übersetzungsproblematik 306, 306[26, 27, 28]

    s. auch unter den einzelnen Gebieten

*regnum Caroli* (Provence) 96[66]

*regnum Coriae* 310[48]

*regnum imperatoris* (Ostfranken/Deutschland) 305[12]

*regnum Karlomanni* (Westfrankenreich) 96, 96[69]

*regnum Karoli* (Westfrankenreich) 95f., 96[69], 99, 99[79]

*regnum quondam Karoli Magni* 96[68]

*regnum Karolorum* 109[141]

*regnum* (*Lotharicum, Hlotharicum*) (Lotharingien) 91[40], 98[76], 112[159]

*regnum Lothariense* (*Hlothariense, Lothariensium, Lothoringicum, Luthariensis*) (Lotharingien) 98, 98[76], 126[242], 122[219], 150[402], 436[176], 584, 588[257], 644

Reims (Dép. Marne) 126[241], 137[307], 442, 443[221], 444, 481[140], 488, 493, 493[231 233], 494, 567, 568[116], 589, 598, 663, 663[275]
- als Krönungsort 56, 614[459], 634[53]
  s. auch Heinrich I. von Westfranken, sacre
- Auseinandersetzungen um Besetzung des Erzstuhles 483, 598, 600ff.
- Kirche als *caput regni Francorum* 125[239]
- Konzil 1049 701
- Metropolit 134
- Synode 813 195f.
- Synode 995 600, 602[359]
- Kloster St-Remi 488, 489, 489[202], 493[231], 585[241]
- Rémois 444[235]
  s. auch Hugo Capet, Ludwig d. Fr.

Religion
- Bedeutung für die Ausbildung einer Nation 269, 343

„religion royale" in Frankreich
- eine falsche Übersetzung 59f.

Religionskriege in Frankreich 67

Reliquien des Hl.Dionysius
- ang. Auffindung in Regensburg 702
- Geschenk Karls III. von Westfranken an Heinrich I. von Ostfranken 439f.

Remiremont (Dép. Vosges, arr. Epinal) 126[242], 428[129]
- Damenstift 359[41]
  s. auch Herrschertreffen 895/96, 986

Renovatio-Begriff 515[409]

Renovatio-Imperii-Politik, s. Otto III.

Renovatio regni Francorum, s. Heinrich II. von Ostfranken

Reuchlin, Johann (1455–1522), dtsch. Humanist 50[251]

*rex*
- absoluter Königstitel 158ff., 163, 173, 174ff.
  - Aufgabe in Westfranken 160f., 162[489], 173f.
  - Beibehaltung in Ostfranken unter den Ottonen 294f.
- an der Spitze eines *regnum* 306

*rex christianissimus*
- als Titel des französischen Königs 40

*rex gentium*
- Christus, Gott 244

*rex invictus* (Konrad I.) 163

*rex pacificus, (pius), augustus et invictus* (Rudolf von Westfranken) 162, 162[490]

Rémois, s. Reims

*Rhaetia, Rhetiae* 101[93], 106[117],
- röm. Provinz 133[279 281]
- merow. Dukat 309
- *Raetia Curiensis* 309[47]

Rhätier
- als ang. Germanen (Deutsche) 45

Rhein
- als ang. natürliche Grenze Frankreichs 342ff.

Rheinfränkisch
- als Sprache 192[83]

Rheinufer, linkes
- französische Ansprüche 41, 62, 342, 343f.

*Rhos* (Russen)
- als *gens* 249[36]

- als Volk 181, 261, 262, 262[125], 267, 267[153]

Eigenschaften 274
s. auch *Saxones*

Sachsen-Weimar, Großherzogtum 8

Sachsenspiegel, Landrecht 416[25]

Sächsisch
- als „Dialekt" 191[76], 193[91]
- als Sprache 187, 197[117]
- sächsische Nationalität 272
- sächsisches Recht 280
- sächsische Teilstämme 267, 267[154]

Sacre der westfränkisch/französischen Kge. 663, 663[277]

*Saeculum ferreum* (10.Jh.) 413

Saintonge (frz. Provinz) 127[251]

Salbungen, s. unter den Personeneinträgen

Saleccus, *familiaris* Johanns XII. 257

Salerno (Prov. Salerno) 571[142], 572[147 148], 574[160], 655[212]

Salier 14, 14[55], 654[206], 672[352]
- Fortsetzung der ottonischen Politik 725
- keine ital. Königskrönung 678[385]

Salierzeit als Umbruchsepoche 719f.

*Salina*, s. Reichenhall, Salzburg

salisches Recht 653[194]

Salomo, 3. Kg. Israels (971–929 v.Chr.) 85[8]

Salomo, Hg. der Bretagne (857–874) 311[56], 396[257]

Salomo III., Abt von St.Gallen, Bf. von Konstanz seit 890 († 919) 160, 170

Salz (Bayern, RB. Unterfranken, Kr. Rhön-Grabenfeld)

- Pfalz 137[305]

Salvian von Marseille (5.Jh.) 274

Salzburg (Land Salzburg, Österreich) 231[351], 464[19]
- Erzbistum. 198, 200, 250[40], 550[690], 626

Sancho Ramirez, Kg. von Aragon (1063–1094) 127[249]

*Sansonia*, s. *Saxonia*

Santiago de Compostela (Prov. La Coruña, Galicien, Spanien)
- ang. Pilgerfahrt Karls d. Gr. 55
- Pilgerfahrten 278[225]

Saône als natürliche Grenze Frankreichs 344f.

*Saraceni*, Sarazenen 84[6], 511, 512
- als *gens* 249, 249[34], 250[39]
- im Westfrankenreich 443, 444, 445
- in Süditalien 573, 573[151]

Sarilo, Mgf. von Camerino und Spoleto (939–942) 252[54]

Sarmaten, antikes iran. nomad. Reitervolk
- als ang. Germanen ( Deutsche) 45

Sault (Dép. Vaucluse, arr. u. c[on] Carpentras)
s. Herrschertreffen 859

Savigny (Dép. Rhône, arr. Lyon, c[on] L'Arbresle)
- Kloster 660[255]

Savonnières (Dép. Meurthe-et-Moselle, arr. Toul, c[on] Toul-Nord)
s. Herrschertreffen 859, 862

*Saxones* 105, 105[110], 105[110], 112[156], 118[195], 136, 196, 211[219], 216, 236[379], 239, 241[414], 279, 399, 417, 453[300], 609, 625, 626, 635, 716
- (Deutsche) 300

– als Teil der *nobiles Franciae*
298[364]

– als *populus Germaniae* 248

– *dux Saxonum,* s. Heinrich I. von
Ostfranken

– Eigenschaften 274, 275[206]

– *gens Saxonica, Saxonum* 192,
247, 250, 251[42], 252[54], 254, 280,
280[235], 626

  – *gens Saxonum occidentalium*
  191[75]

– *natione Saxo, Saxorum* 258, 258[97]

– *populus Saxonum* 251[42]

– *rex Saxonum* s. Heinrich I. von
Ostfranken, Heinrich II. von
Ostfranken, Heinrich III. von
Ostfranken
s. auch *Franci et Saxones*

*Saxonia (Sansonia)* 85[7], 89, 91[40], 99[77],
101[93], 102[97], 103[104], 104, 104[105],
105[109], 106[116 117], 111[149], 114[171],
116[183], 116[183], 117[191], 121, 122,
138[313], 216, 235[376], 237[395], 289[298],
325, 325[153], 408[336], 536[583]

– (Ostfrankenreich) 297

– als *domina multarum gentium*
251

– als *provincia* 328[181]

– als *regio* 328[181]

– als *regnum* 310[44]

– *ducatus Saxoniae* 322, 322[131],
324, 325[150 154], 326, 326[163]

– *provincia Saxoniae* 328[176]

– *rex Saxoniae,* s. Heinrich I. von
Ostfranken

*Saxonicus*

– *ducatus Saxonicus* 198, 325, 327

– *loquela Saxonica* 193[88]

– *mancipia Saxonica* 212

– *provincia Saxonica* 325, 325[150]

– *regio Saxonia* 325, 325[153]

– *regnum Saxonicum* (Siedlungsgebiet des sächsischen Volkes in
seiner Gesamtheit) 325, 325[153]

– *imperium Saxonicum* 245

Schadow, Gottfried (1764–1850),
dtsch. Bildhauer 28

*scaftlegi, idest armorum depositio* 197

Schelde als natürliche Grenze Frankreichs 344f.

Schierling (Bayern, RB. Oberbayern,
Lkr. Regensburg-Land) 291[310]

Schinkel, Karl Friedrich (1781-1841),
dtsch. Baumeister u. Maler 29

Schwaben (Volk) 292, 295, 435[171]

– als deutscher Stamm der Neuzeit
261

– als Nation 262

– als Teil eines Volkes 181

– als Volk 181, 261, 262
s. auch *Alamanni*

Schwaben, *Suevia* 111[49], 412, 461,
463, 495, 496, 496[254], 497, 497[262],
645[146]

– als *regnum* 337

– Herzogtum 310, 319[100], 558,
558[41 42], 537[588]

– im Itinerar Ottos I. 607, 607[402]

– *regnum,* Unteilbarkeit 462
s. auch *Alamannia, Suevia*

– als Sprache 197[117]

– schwäbische Reichskirche 642,
642[114]

Schweinfurt (Bayern, RB. Unterfranken) 110[145]

Schweizer Alpen

– Nonnenkloster St.Stephan 637, 637[74], 641[113]

– Stadtherrschaft des Bischofs 641 s. auch Herrschertreffen 1016

Straßburger Eide 19[79], 200f., 200[144], 201[145]

Studium generale, s. Paris

Subiaco (Prov. Roma)
  – Abtei 610[424]

*Suessiones*, s. Soissons

*Suevi* 99[77], 111[149], 114[174], 115[177], 117[188], 117[191], 118, 239, 240[411], 626
  – *dux Suevorum* 497[263]
  – *dux Suevorum et Francorum*, s. Friedrich I. von Schwaben

Suger, Abt von St-Denis seit 1122 († 1151), franz. Staatsmann u. Geschichtsschreiber 127[250], 135[295], 239, 282, 282[248]

*Suinvorde*, s. Schweinfurt

Sully, Maximilien de Bétune, Baron de Rosnyduc de Sully (1560–1641) 349

*Sunderenhof*, s. Sonderhofen

*suonbuoch = carta pacationis* 199[133]

Susa (Prov. Torino)
  – Kloster S.Giusto 675[368]

Susanna, Gemahlin Roberts II. von Westfranken, s. Rozala-Susanna

Swatopluk I., Hg. von Mähren (870–894) 513[395]
  – *regnum Zwentibaldi, nepotis Rastizi* 97[73]

Sybel, s. Waitz–Sybel-Streit

Sybel–Ficker-Streit 13[50], 723

Synoden 644
  – Typologie 644[138]
    s. auch Arles, Augsburg, Chelles, Chelsea, Chalon-sur-Saône, Cor-bridge, Fritzlar, Hohenaltheim, Ingelheim, Mainz, Mouzon, Pavia, Reims, Rom, Tours, Trebur

Syrus, Mönch in Cluny (um 1000), Hagiograph 236

*Tablidina villa* (in Westfranken) 494[236]

Tacitus, Publius Cornelius († ca. 120 n.Chr.), röm. Historiker 21, 35, 37, 44, 47, 71, 133

Tagino, Ebf. von Magdeburg seit 1004 († 1012) 619[495]

Taillepied, Noël (1540–1589), franz. Humanist 65

Tarent (Prov. Taranto) 572[148]

Tassilo III., Hg. von Baiern 748–788 († nach 794)
  – Absetzung 324
  – *dux in ducatu Bawarico* 322[132], 324[144]

Tegernsee (Bayern, RB. Oberbayern, Lkr. Miesbach)
  – Kloster 324[146]

*teodiscus, teudiscus, teutiscus, theodiscus, theotiscus, theudiscus, thiudiscus* usw.
  – Ableitung des Wortes, s. *theudisk
  – als linguistischer Begriff 186ff.
  – als politischer Begriff 218ff.
  – als Wort der fränkischen Amts- und Rechtssprache 195ff.
  – ang. in der Bedeutung „Romanisch" 206[181]
  – ang. Sprache des fränk. Heeres 197

- in volklich-politischer Bedeutung 218ff.
- *lingua teutonica* 207, 211, 211[219], 214, 215, 217, 278[227]
  - *theutonica sive teudisca lingua* 208
- *loquela teutonica* 215, 215[246]
- *mancipia teutonica* 212
- *miliaria teutonica* 208, 211[217]
- *natio teutonica* 260, 260[108]
  - *natione Teutonicus* 258
- *regnum Teutonicum* 118, 223, 224[311], 580[204]
- *regna teutonica* (= *regna*, wo *teutonice* gesprochen wird) 210
- *(regio) Teutonica* 235[375]
- *sermo theutonicus* 215[245]
- *(terra) Teutonica* 209f.
  s. auch *theodiscus / teutonicus*

*Teutonici, Teotonici, Theutonici* 211, 211, 211[220],212, 213, 220, 220[277], 224[311], 228[341], 241[414], 653[194], 717
- = *Alemanni* = Deutsche 238[401], 240
- = Deutsche 238
- volkssprachige Leute 212
- als ang. Sachsen 212
- *ex genere Teutonicorum* 210, 210[212]
- polit. Gebrauch des Wortes in Italien 215f., 215[248], 216[249 250]
- *reges Teutonici* 224[311]
- *regnum Teutonicorum* 223, 234, 678[385], 703[591]
  - als *pars regni Francorum* 721
  - in den Salzburger Annalen 237ff.
- *imperator Teutonicorum* 120

- *rex Teutonicorum*, s. Heinrich II. von Ostfranken, Heinrich III., Heinrich IV., Heinrich V., Otto I.
- *rex, regnum Teutonicorum* als „Kampftitulatur" Gregors VII. 226f., 717
- *terra Teutonicorum* 216
  s. auch *Franci Teutonici*

*teutonizare* = volkssprachlich reden 215

Thangmar von Hildesheim, Biograph Bernwards (um 1025) 152, 169[550], 204, 609

Thankmar, Bruder Heinrichs I. von Ostfranken († vor 912) 633, 638

Thankmar, Friedelsohn Heinrichs I. († 938) 462[8]

Thegan, Chorbischof von Trier († nach 848), Verfasser einer „Vita" Ludwigs d. Fr. 87[16], 503[314]

Theobald III. (I.) Gf. von Blois-Chartres (1037–1089) 702, 702[584], 703

Theobald, Gf. von Vienne († vor 898) 447[252]

Theoderich der Große (Dietrich von Bern), Kg. der Ostgoten seit 471, Regent des weström. Reiches (493–526) 20, 20[86], 39[177]
- als „Deutscher" 80

Theoderich, Bf. von Verdun seit 1046 († 1089) 218

Theoderich I., Bf. von Metz, s. Dietrich I., Bf. von Metz

Theoderich II., Gf. von Holland (bezeugt 939) 477[119]

Theodosius, I. röm. Ks. (379–395) 20

Theogerus, Bf. von Metz seit 1118 († 1120) 101[93]

Theophanes, Abt von Sigriane († 817), byzant. Chronist 503[314], 505

579, 579[199], 580[200], 605, 605[384] [386], 609, 609[416], 634, 634[54], 635[56], 639, 649[169]

Wiltzi (*Welabati, Weltzi, Wilti, Wilzi*), Wilzen 192, 192[81]

- als *gens* 251[44]
- als *natio...Sclavenorum* 246
- als *populus* 246
- *regnum Wilzorum* 246

Wimpfeling, Jakob (1450–1528), dtsch. Humanist 37, 37[163], 39[182], 40f., 40[187], 41[199], 44, 48, 48[239] [245], 49, 49[247] [249], 52, 52[265], 343

Winterthur (Kanton Zürich, Schweiz)

- Schlacht bei 334[220], 425, 425[99]

Wipo († ca. 1050), Kapellan Ks. Konrads II., Geschichtsschreiber 97[72], 114, 115[175], 117, 151, 216, 216[253], 252, 253, 257, 716

Wirtschaftliche Interessen

- Bedeuteng für die Ausbildung einer Nation 269, 343, 343[1]

Wittum

- der Adelheid, Gem. Kg. Lothars von Italien u. Ks. Ottos I. 116[183], 328[181], 485[167]
- der Bertha, Gem. Kg. Rudolfs II. von Burgund u. Kg. Hugos von Italien 485[167]
- der Mathilde, Gem Kg. Heinrichs I. von Ostfranken 464
- der Theophano, Gem Ks. Ottos II. 308, 545, 545[650], 555

Wolfger, Mönch in Prüfening († ca. 1173), Hagiograph 102[93]

Wolfhard, Mönch in Herrieden († um 902), Hagiograph 199[134]

Wolfhere von Hildesheim († nach 1065), Hagiograph 204, 204[172]

Worms (Rheinland-Pfalz, RB. Rheinhessen-Pfalz) 246, 283[253], 379, 634[50], 694[522], 723

- Bistum 550[690], 644[137], 645[146]
- *pagus Wormacensis* 430[138]
- Reichstag 894 386, 386[194]
- Reichstag 895 307, 380[160], 386, 386[195]
- Reichstag 926 335[220], 447f., 447[258], 448[260], 449[268] [271], 450f., 459f., 485f.
- Reichstag 1495 49[249]
- Treffen mit den westfränk. Kgn. in Worms 380[159] [160] s. auch Herrschertreffen 894, 895, 897, 926; Otto II., Wahl

Wortwin, Notar in der Kanzlei Friedrichs Barbarossa 121[210]

Würzburg (Bayern, RB. Unterfranken)

- Bistum 109, 111, 111[150], 119[202], 121, 608[404], 644[137], 645[116]
- *castellum, castrum Orientalis Franciae* (*Ostrofranciae*) 104, 104[107], 110[143]
- *castrum, immo civitas* 101[93]
- *episcopatus et ducatus* 111[150]

Yeronimo, s. Hieronymus

Yütz (Dép. Moselle, arr. Thionville) s. Herrschertreffen 844

Zacharias, Papst (741–752)

- ang. Prophet 228

Ziazo, Gf. von Eilenburg (999– nach 1006), Kämmerer Ottos III. 613[446]